JN452219

2025

이영진 헌법재판관 퇴임기념 판례집

헌법은 누구의 편인가?
: 소수의견과 기본권보호

Constitutional Justice beyond Sides

: Dissenting opinions and protection of fundamental rights

이 영 진

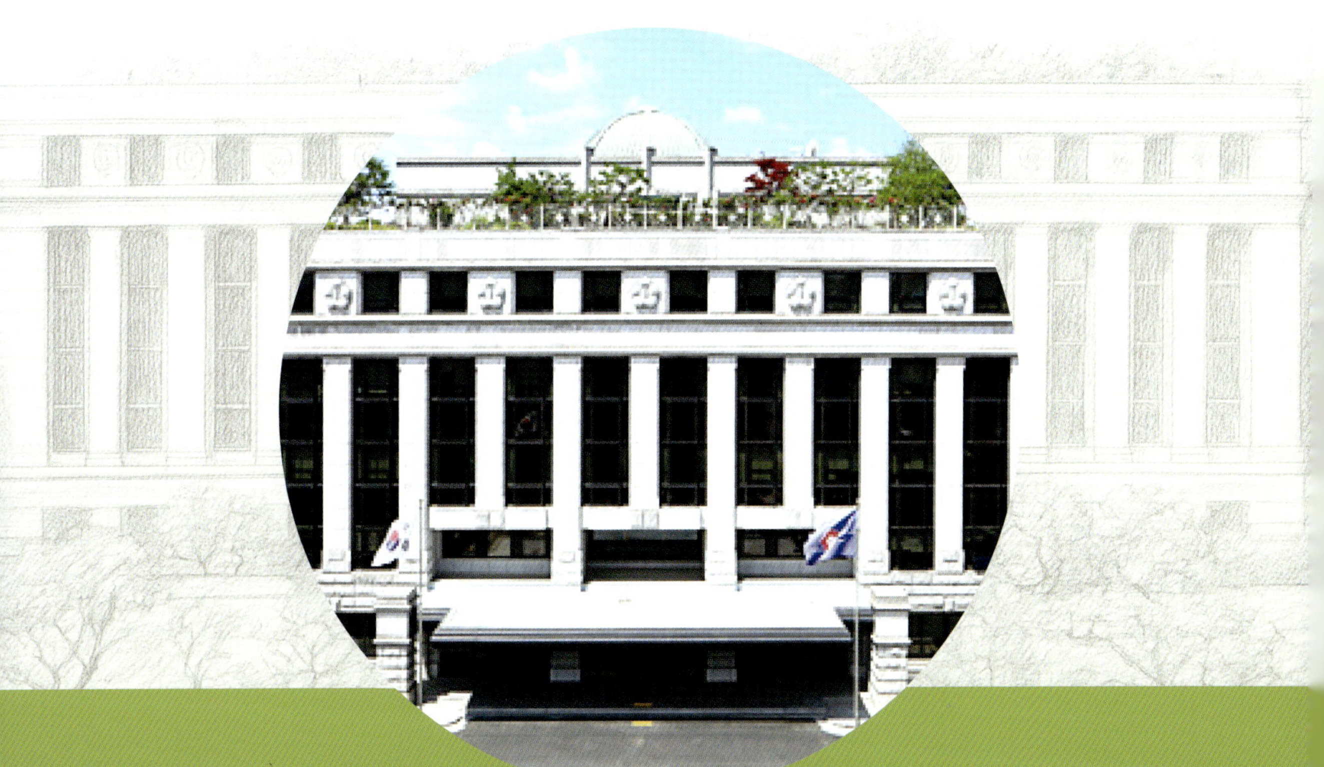

고시계사

이영진 재판관 근영

이영진 헌법재판관 퇴임기념 판례집

헌법은 누구의 편인가?
: 소수의견과 기본권보호

Constitutional Justice beyond Sides

: Dissenting opinions and protection of fundamental rights

이영진 헌법재판관 연보

1961. 7. 25. 충남 홍성 출생

[학력 및 경력]

1968. 3. 홍성군 갈산국민학교 입학(제54회)

1974. 2. 서울 영등포국민학교 졸업(제28회)

1977. 2. 서울 당산중학교 졸업(제6회)

1980. 2. 서울 남강고등학교 졸업(제5회)

1984. 2. 성균관대학교 법률학과 졸업

1986. 2. 성균관대학교 대학원 법학과 수료 (법학석사, 공법전공)

1990. 제32회 사법시험 합격

1993. 2. 사법연수원 제22기 수료

1993. 3. 청주지방법원 판사

1997. 2. 수원지방법원 판사

1998. 8. 성균관대학교 대학원 법학과 수료 (법학박사, 공법전공)

2000. 2. 서울지방법원 판사

2002. 2. 서울지방법원 동부지원 판사

2002. 3. 일본 동경대학 법학부 객원연구원(~2003. 2.)

2003. 8　법원행정처 사법제도연구법관, 사법정책실 판사, 사법정책담당관(~2006. 2.)

2004. 2.　서울고등법원 판사(~2008. 2.)

2008. 2.　전주지방법원 부장판사

2009. 2.　수원지방법원 부장판사

2009. 9.　국회 법제사법위원회 전문위원(~2011.9.)

2011. 9.　사법연수원 교수

2012. 2.　서울중앙지방법원 부장판사

2015. 2.　부산고등법원 창원재판부 부장판사

2015. 9.　성균관대학교 법학전문대학원 초빙교수

2017. 2.　서울고등법원 부장판사

2018. 10.　헌법재판소 헌법재판관

2021. 5.　헌법재판소 헌법실무연구회 회장

2024. 10.　헌법재판관 퇴임

2024. 11.　성균관대학교 법학전문대학원 석좌교수

2025. 3.　대한체육회 스포츠공정위원회 위원장

[논 문]

1. 헌법상 의회의 대정부견제권, 성균관대학교 법학석사 학위논문(1986)
2. 일본 사법시험제도의 개혁논의, 고시계 36권 6호(1991. 5.)
3. 종교의 자유와 실정법규위반, 제22기 사법연수생논문집(1993)
4. 지역주민들이 공설화장장설치결정처분의 취소를 구할 수 있는 원고적격을 가지는지 여부, 판례월보 307호(1996)
5. 행정소송법상 취소소송의 원고적격 : 학설의 소개와 한·일판례의 중심으로, 법조 45권 1호(1996. 1.)
6. 공설화장장설치결정처분의 취소, 고시계 41권 3호(1996. 2.)
7. 형법상 상해의 의의와 강간·강제추행치상죄에 있어서의 경미한 상해의 취급(상)·(하), 사법행정 제38권 9호·10호(1997)
8. 종교의 자유의 한계와 정교분리에 관한 연구: 미연방대법원판례를 중심으로 한 각국 판례의 비교, 성균관대학교 법학박사 학위논문(1998)
9. 의료과오소송의 법리와 최신 판례의 동향(1)·(II) –치과의료의 경우를 중심으로, 대한치과의사학회지 제39권 제3호·제4호(2001)
10. 사법권과 종교단체의 내부분쟁: "부분사회론"의 소개와 종교단체내분에의 사법심사에 관한 각국 판례의 비교, 사법논집 33집(2001)
11. 법원의 통일법제 준비와 평가, 법학논집 제10권 제2호, 이화여자대학교 법학연구소(2006)
12. 모의재판 실시 경과 및 평가, 국민의 사법참여 연구 1권, 사법제도개혁추진위원회(2006)
13. 성년 후견제도 연구(공저), 성년후견제도연구 집필진(2007)
14. 헌법상 영토·통일조항의 개정논의와 남북특수관계론: 국가보안법의 위헌·폐지론과 관련하여, 통일사법정책연구(2008)

15. 바람직한 조정기법과 조정기일의 운영: 민사합의부의 운영경험과 조정활성화방안과 관련하여, 경기법조 16호(2009)
16. 모의재판 실시 경과 및 평가, 형사재판의 제문제 제6권 고현철 대법관 퇴임기념 논문집, (박영사)(2009)
17. 영국의 사법제도와 그 시사점, 경기법조 18호(2011)
18. Dispute Resolution in the Korea Community(미국 Pepperdine University Law School Conference 발표문)(2015)
19. Present Status of Mediation System of Korean Court and Activation of Mediation – Focusing on Practice of The Seoul Central District Court, SUNGKYUNKWAN JOURNAL OF SCIENCE & TECHNOLOGY LAW(2015)
20. 외국국가의 재판권면제에 관한 연구, 미국헌법연구 제25권 제3호, 미국헌법학회(2014)
21. 한국법학원 학술세미나 지정토론문, 저스티스 통권 제146-3호(2015)
22. 서울중앙지법 조정담당 부장판사로서 근무한 경험과 소회, 서울중앙지법 조정마당 열린대화 제8호(2015)
23. 국가면제에 관한 실무적 연구: 위안부 피해배상소송과 관련한 각국의 판례비교, 고요한 정의의 울림, 신영철 대법관 퇴임기념 논문집(2015)
24. A study on State Immunity – With regard to the lawsuits for damage of comfort women raised in a court of Korea, SUNGKYUNKWAN JOURNAL OF SCIENCE & TECHNOLOGY LAW(2016)
25. 납골당설치신고 반려처분 취소판결 후 재반려처분의 적법 여부: – 서울행정법원 2009. 10. 9. 선고 2007구합21945 판결 등과 관련하여 –, 성균관법학 제29권 제3호 (2017)

발간사

저는 지난 2024. 10. 17. 헌법재판소 재판관으로서 6년간의 소임을 마치고 퇴임하였습니다. 재임하였던 지난 6년간(2018. 10. 18.~2024. 10. 17.) 다양하고 중요한 결정을 통해, 국민의 기본권을 보호하고 헌법을 수호하기 위한 나름의 역할을 하였다고 생각합니다. 물론 저의 비루(鄙陋)하고 천학비재(淺學菲才)한 인품 탓에 매 사건 타당하고 합리적인 결정을 내렸다고 자부하지는 못하지만, 9명의 현자로 칭송되는 재판관 중 한 사람으로서 재판 업무에 부족함이 없도록 매사 신중하고 최선을 다하고자 노력하였습니다.

재임 중 헌법재판 절차 및 주요 결정례 소개의 특강을 진행하면서, 또 퇴임 후 법학전문대학원의 석좌교수로 부임하여 후학을 가르치면서 느낀 점은 국민들과 젊은 학생들이 헌법재판에 지대한 관심을 가지고 있다는 것이었습니다. 특강을 하면서 헌법재판에 관한 많은 질문을 받았는데, 그 질문의 성격과 깊이를 보았을 때, 국민들이 관심 있는 사건의 결정문만 읽어보는 것만으로는 평소 갖고 있던 궁금증이 해소되지 않을 것 같은 느낌을 받았습니다. 우리 사회에서 여야 정당의 갈등이 점점 심화되고, 빈부격차나 남녀차별, 이념과 진영 논리의 대립, 세대 간·지역 간 갈등 등도 해소되기는커녕 날로 심화되는 일로에 있으니, 헌법재판소가 이러한 사회 현실 문제에 대해 현명한 판단을 내려주어 갈등이 치유되었으면 하는 바람이 커지면서 이러한 궁금증이 발생한 것이라고 생각합니다.

재판관으로 재임 중 우리 사회에 부각된 주요 문제(agenda)에 대하여 최종결론을 내렸으나, 국회나 우리 사회가 우리 헌법재판소의 결론에 터 잡아 안정화되기는커녕 더욱 혼란의 길로 접어드는 경우도 많았습니다. 헌법재판소 결정을 존중하지 않는 현상이 여전히 있는 것이지요. 특히 국회는 헌법재판소의 위헌 결정 이후 수년이 지나도록 그 결정 취지에 따른 개선입법을 하고 있지 않는 경우도 허다합니다. 2002. 9. 19. 내려진 약사법 헌법불합치결정, 2019. 4. 19. 내려진 낙태죄 헌법불합치 결정 등이 대표적인 예입니다.

외국에서는 헌법재판관이나 대법관을 '저스티스'(Justice)라고 부릅니다. 정의로운 결정을 내린다는 의미에서 존중의 뜻으로 붙여준 것으로 이해합니다. 미국의 법학자 러셀 갤러웨이(Russell W. Galloway) 교수는 "법은 누구 편인가"(Justice for All? : The Rich and Poor in Supreme Court History, 1790-1990) 라는 책에서, 미국 연방대법원의 역대 판결을 분석하여 연방대법원은 시대에 따라 부자의 시녀, 가난한 사람의 대변인, 이익집단 간의 조정자 등 서로 다른 3개의 역할을 했던 기관이라고 소개한 바 있습니다. 미국 연방대법원은, 명칭은 대법원이나 우리 헌법재판소와 같이 헌법재판을 주로 하는 최고 사법기관이고, 9명의 연방대법관들의 임기는 종신(終身)으로, 이들은 권위를 최고로 존중받으면서 다양한 정치·사회적 분쟁을 판결로 최종 해결하는 역할을 수행합니다.

우리나라에는 갤러웨이 교수처럼 역대 헌법재판소 결정을 분석하여 시대에 따라 헌법재판관들이 어떤 입장을 고수하면서 첨예한 분쟁을 해결하고자 하였는지에 관한 연구는 아직 없는 것으로 알고 있지만, 저는 이 책이 일반 국민들에게 헌법재판관들의 고민과 성찰이 어떻게 표현되었는지를 소개하는 단초가 되었으면 하는 바람입니다.

지금껏 우리 사회에는 사회적으로 민감한 이슈에 관한 사건에서는 헌법재판소의 결정이 내려졌음에도 국론이 계속 분열되는 현상이 만연하였습니다만, 이제는 헌법재판소의 결정을 정의를 대변하는 재판관이 내린 결정으로 받아들이고, 그 취지에 터 잡은 이해와 공감을 통하여 우리 사회가 안정의 길로 가기를 희망해 봅니다.

이 책은 저의 지난 6년간의 헌법재판 역사를 기록하고, 또 저의 소회를 수록한 책입니다. 저는 국회 선출 몫의 재판관이므로 국회 선출을 거쳐 대통령으로부터 임명장을 받았습니다. 이와 관련하여 재판관 임명장, 취임 및 퇴임사, 헌법재판관으로서 국외출장을 가서 발표한 연설문 등도 수록하여 재판관 활동에 따른 역사성을 살리고, 저의 각오도 새삼 되짚어 보는 계기로 삼았습니다.

작금의 헌법재판소에는 1년에 3,000여 건의 사건이 접수되어 수많은 결정이 내려지고 있지만, 이 책에는 저의 재임 중에 선고한 사건 가운데 재판관들 사이에 의견이 나뉘고, 그 중 제가 소수의견이나 보충의견을 개진하였던 사건을 중심으로 추려 모았습니다. 따라서 어떤 사건이 우리 사회에 미치는 영향이 매우 중요하고 국민의 관심이 지대하였더라도 전원일치의 의견에 이른 사건이나 저의 의견이 법정의견이 된 사건들은 이 책에 수록하지 않았습니다. 2021. 10. 28. 선고된 법관(임성근) 탄핵 사건(2021헌나1, 각하), 2023. 2. 23. 선고된 성폭력범죄의 처벌 등에 관한 특례법 제3조 제1항 위헌제청 등 사건(2021헌가9, 주거침입강제추행죄 및 주거침입준강제추행죄에 대하여 무기징역 또는 7년 이상의 징역에 처하도록 한 '성폭력처벌법' 제3조 제1항 중 해당 부분에 대하여 위헌결정을 선고한 사건), 2023. 3. 23. 선고된 기획재정부 주택시장 안정화 방안 중 일부 위헌확인 사건(2019헌마1399, 초고가 아파트에 대한 주택구입용 주택담보대출 금지조치 등의 위헌성을 다툰 사건으로서 기각결정 선고), 2023. 7. 25. 선고된 행정안전부장관(이상민) 탄핵 사건(2023헌나1, 기각), 2024. 6. 27. 선고된 직계혈족, 배우자, 동거친족, 동거가족 또는 그 배우자간의 권리행사방해죄는 그 형을 면제하도록 한 형법 제328조 제1항 등 위헌확인 등 사건[2020헌마468, 2020헌바341, 2021헌바420, 2024헌마146(병합), 헌법불합치], 2024. 8. 29. 선고된 검사(이정섭) 탄핵 사건(2023헌나4, 기각) 등이 수록되지 아니한 대표적인 결정례입니다.

아홉 분의 재판관들의 의견이 나뉜다는 것은 그만큼 사안이 복잡하고 쟁점이 많으며, 다양한 해석과 결론이 가능하다는 것을 의미합니다. 저는 어떤 때에는 다수의견으로서 법정의견의 편에 서고, 어떤 때에는 법정의견에 반대하는 소수의견을 내었지만, 어떠한 의견을 내었던 간에 그 근원에는 우리 사회에서 소외된 사람들의 기본권을 보호하고, 국가권력의 남용에 제동을 걸려는 노력이 있었습니다. 기본적으로는 우리 사회의 공익을 우선으로 생각하였지만, 개인의 기본권이 수인한도를 넘을 정도로 침해됐을 때, 또 국민의 상식과 배치되거나 불편한 생활을 개선할 필요가 있을 때에는 과감히 소수의견을 밝혀 기본권을 보호하고자 하였습니다. 국회의 입법재량권을 존중하여 현행 법률의 합헌성을 최대한 존중하면서도, 우리 사회가 장차 바뀌어 나아갈 방향이나 대안의 제시가 가능할 때에는 위헌의견을 내거나 대안을 제시함에 주저하지 아니하였습니다. 우리의 헌법 정신이나 규범과 사회 현실 사이에 큰 괴리가 있어 이를 시정하여 상호 일치를 이룸이 바람직하다고 생각하였음에도, 재판관 전원이 일치해 시정하지 못하였을 때에는 큰 자괴감에 빠지기도 하였습니다.

해외 출장 중 만난 서구 국가의 재판관들은 헌법재판 결정을 내리는 과정에서 재판관들 간의 의견이 분열되지 않도록 설득에 설득을 거듭하여 의견의 일치를 모아 선고하려고 노력한다는 말을 들려주었습니다. 재판관들의 의견이 나누어지는 경우, 국론이 분열되어 사회 통합이나 갈등의 치유가 멀어질 수 있기 때문이라고 합니다. 매우 타당하고 지혜로운 생각입니다. 우리 재판소도 의견이 서로 다를 때 자신의 논리를 잘 설명하여 다수의견이 되도록 노력하는 점은 외국과 다를 바 없었습니다. 그러나 상대 재판관들에 대한 설득이 부족해서인지, 아니면 개개 재판관들의 소신이 완고하여서인지 최종적으로 의견통일을 이루지 못한 경우도 여러 번 있었습니다.

우리 헌법재판 역사상 간통죄를 처벌하는 형법조항의 위헌성을 다투는 사건이 4차례 다루어진 바 있는데, 3번째까지는 합헌이었지만 마지막 4번째에는 위헌 결정이 내려진 것과 같이(헌재 2015. 2. 26. 2009헌바17 사건 참조) 어제의 소수의견이 수년이 지나 법정의견이 되는 경우도 있으니, 그때그때의 재판관들의 의견을 통일시키는 것은 실로 지난한 일이고, 소수의견이라 하여 일방적으로 무시할 것은 아닐 것입니다. 물론 소수의견이 항상 옳다고 단정해서도 안 될 것입니다.

미국의 경우에도, 1973년에 선고된 로 대 웨이드(Roe v. Wade) 판결에서는 임신 여성의 헌법상 낙태권을 폭넓게 인정하였다가 50년 뒤인 2022년의 돕스 대 잭슨여성보건기구(Dobbs v. Jackson Women's Health Organization) 판결에서는 로 앤 웨이드 판결을 폐기하고 주 정부가 낙태 금지법을 제정하는 형식으로 낙태를 막을 수 있도록 하는 판결을 선고하여 국민의 분열을 초래한 것을 보면, 재판소의 결정은 만고불변한 진리가 아니라 시대가 변하고, 재판관들의 구성이 바뀌면 언제든지 바뀔 수가 있다고 할 것입니다.

제가 재임 중 관여한 헌법재판소 결정에 관한 평의 내용과 그 뒷이야기를 수록하면 보다 흥미진진하고 이해와 설득에 많은 도움이 되겠지만, 이는 법에 위반되는 것이고, 한편으로 또 다른 갈등을 유발할 수도 있는 것이기 때문에, 이 책에서는 무미건조하더라도 의견이 나뉜 헌재 결정문 전문을 그대로 수록하는 데 그치기로 하였습니다. 갈라지는 의견 중 어느 견해가 더 타당하거나 적절한지는 결정을 읽으시는 독자께서 스스로 판단하실 일이고, 궁극적으로는 먼 훗날 학자와 역사가가 평가를 할 부분이기도 합니다. 저의 의견이 집약된 결정 내용을 통하여 소수의견이 담고 있는 기본권 보호 정신이 장차 더 확산될 수 있다면 그보다 더 큰 기쁨은 없을 것이며, 이로써 대한민국은 보다 탄탄한 민주국가, 법치국가로 성장할 것입니다.

재판관으로 재임하는 6년 내내 도움을 주신 동료 재판관님과 헌법연구관님들, 또 그 밖의 헌법재판소 직원 여러분께 다시 한번 감사를 드립니다. 특히 헌법재판 업무에 헌신적인 헌법연구관님들의 불철주야 지대한 협력과 도움이 없었다면 재판소가 발전하기 어려웠을 것입니다. 이 분들의 앞날에 행복과 건승을 기원합니다. 아울러 기초 자료를 수집하는 데 많은 도움을 준 정상언, 김관훈 비서관과 출판을 기꺼이 맡아 주신 고시계사의 정상훈 사장님께도 감사를 올립니다.

2025. 6. 어느 봄날

성균관대학교 법학전문대학원 연구실에서

석좌교수 이 영 진

목 차

헌법재판소 주요결정 (2019~2024)

[2019년]

[2020년]

[2021년]

[2022년]

[2023년]

[2024년]

부 록

헌법재판소 주요 결정 (2019~2024)

헌법재판소 주요 결정 (2019~2024)

1. 공무원연금법 제64조 제1항 등 위헌확인 등

[2019. 2. 28. 2017헌마403, 2017헌바372·515(병합)]

【판시사항】

가. 범죄의 종류와 그 형의 경중을 가리지 않고 일률적으로 재직 중의 사유로 금고 이상의 형이 있으면 퇴직급여 및 퇴직수당의 일부를 감액하도록 규정하고 있는 공무원연금법 조항에 대하여 합헌을 결정한 선례들을 원용하여 동일한 내용을 규정하고 있는 구 공무원연금법(2009. 12. 31. 법률 제9905호로 개정되고, 2016. 1. 27. 법률 제13927호로 개정되기 전의 것) 제64조 제1항 제1호와 구 공무원연금법(2016. 1. 27. 법률 제13927호로 개정되고, 2018. 3. 20. 법률 제15523호로 개정되기 전의 것) 제64조 제1항 제1호(이하 위 두 조항을 합하여 '이 사건 법률조항'이라 한다)가 재산권, 인간다운 생활을 할 권리를 침해하지 아니하고, 평등원칙에도 위배되지 않는다고 판단한 사례

나. 범죄의 종류와 그 형의 경중을 가리지 않고 재직기간 5년 이상인 공무원에게 금고 이상의 형이 있으면 무조건 퇴직급여의 2분의 1을 감액하도록 규정하고 있는 구 공무원연금법 시행령(2012. 3. 2. 대통령령 제23651호로 개정되고, 2018. 9. 18. 대통령령 제29181호로 개정되기 전의 것) 제55조 제1항 제1호 나목(이하 '이 사건 시행령조항'이라 한다)이 재산권 및 인간다운 생활을 할 권리를 침해하는지 여부(소극)

【결정요지】

가. 헌법재판소는 2010헌바354 등 다수의 사건에서 이 사건 법률조항과 같은 규정이 재산권과 인간다운 생활을 할 권리를 침해하지 아니하고, 평등원칙에도 위배되지 않는다고 판시하였는바, 위 선례의 판단은 타당하고, 이 사건에서 이와 달리 판단하여야 할 사정변경이 없다.

나. 이 사건 시행령조항이 공무원에게 금고 이상의 형이 있는 경우 재직기간 5년을 기준으로 퇴직급여 감액의 정도를 달리한 것은, 퇴직급여 산정방법상 재직기간이 짧을수록 급여액 중 본인의 기여금이 차지하는 비율이 상대적으로 높은 것을 감안하여 재직기간이 짧은 사람의 경우에는 감액의 수준을 낮게 하고 재직기간이 긴 사람은 감액의 수준을 높게 하여 감액의 정도를 실질화한 것이고, 퇴직급여를 감액하는 경우에도 이미 낸 기여금 및 그에 대한 이자의 합산액 이하로는 감액할 수 없다고 하여 공무원의 퇴직급여를 보호하는 장치도 마련하고 있는바, 재직 중의 사유로 금고 이상의 형을 받은 경우 재직기간이 5년 이상인 공무원에 대하여 그 퇴직급여를 2분의 1 감액하도록 한 것은 입법재량의 한계를 넘은 것이라고 보기 어려우므로, 이 사건 시행령조항은 재산권, 인간다운생활을 할 권리, 평등권을 침해하지 아니한다.

재판관 이영진의 이 사건 법률조항에 대한 반대의견

공무원이 저지른 고의범이라 하더라도 직무관련성 여부, 구체적인 범죄행위의 유형과 내용, 죄질의 경중에 따라 그 비난가능성이 다르므로, 이를 고려하여 입법목적 달성에 필요한 범위에 한하여 퇴직급여 등의 감액사유로 삼아야 하고, 선고받은 형의 경중을 고려하여 감액의 범위를 차등적으로 규정하는 것이 필요함에도 불구하고, 이 사건 법률조항은 금고 이상의 형이 확정되었다는 사정만으로 공무원의 지위

를 박탈하는 것에서 나아가 일률적으로 퇴직급여와 퇴직수당을 감액하도록 규정하고 있는바, 과잉금지원칙에 위배되어 재산권을 침해한다.

【심판대상조문】

구 공무원연금법(2009. 12. 31. 법률 제9905호로 개정되고, 2016. 1. 27. 법률 제13927호로 개정되기 전의 것) 제64조 제1항 제1호

구 공무원연금법(2016. 1. 27. 법률 제13927호로 개정되고, 2018. 3. 20. 법률 제15523호로 개정되기 전의 것) 제64조 제1항 제1호

구 공무원연금법 시행령(2012. 3. 2. 대통령령 제23651호로 개정되고, 2018. 9. 18. 대통령령 제29181호로 개정되기 전의 것) 제55조 제1항 제1호 나목

【참조판례】

가. 헌재 2013. 8. 29. 2010헌바354등, 판례집 25-2상, 382, 397

헌재 2016. 6. 30. 2014헌바365, 판례집 28-1하, 516, 522

【당 사 자】

청 구 인 1. 김○택(2017헌마403)
국선대리인 변호사 윤정대
2. 김○욱(2017헌바372)
대리인 법무법인 대원
담당변호사 하인수 외 1인
3. 박○열(2017헌바515)
대리인 법무법인 웅지
담당변호사 김완영

당해사건 1. 서울행정법원 2016구합9909 퇴직연금과지급금환수처분취소(2017헌바372)
2. 서울행정법원 2017구합69083 퇴직연금 감액 및 과지급금 환수 처분 취소(2017헌바515)

【주 문】

1. 청구인 김○택의 심판청구를 기각한다.
2. 구 공무원연금법(2009. 12. 31. 법률 제9905호로 개정되고, 2016. 1. 27. 법률 제13927호로 개정되기 전의 것) 제64조 제1항 제1호 및 구 공무원연금법(2016. 1. 27. 법률 제13927호로 개정되고, 2018. 3. 20. 법률 제15523호로 개정되기 전의 것) 제64조 제1항 제1호는 헌법에 위반되지 아니한다.

【이 유】

1. 사건개요

가. 2017헌마403

청구인 김○택은 2010. 6.경까지 33년간 ○○청에서 근무하다 퇴직한 사람으로, 2015. 7. 13. ○○청에서 행정사무관으로 근무 중 저지른 특정범죄가중처벌등에관한법률위반(뇌물)의 범죄사실로 징역 1년, 집행유예 2년 등을 선고받고[서울중앙지방법원 2014고합1502, 2015고합36등(병합)], 2016. 9. 22. 항소기각(서울고등법원 2015노2057등) 및 2017. 1. 12. 상고기각(대법원 2016도16340) 판결을 받아 위 징역형이 확정되었다.

이후 위 청구인은 재직 중의 사유로 금고 이상의 형이 확정된 경우 재직기간 5년 이상인 사람의 퇴직급여를 2분의 1 감액하도록 규정한 공무원연금법 제64조 제1항 제1호 및 같은 법 시행령 제55조 제1항 제1호 나목으로 인하여 2017. 2.부터 2분의1 감액된 퇴직급여(월 1,386,070원)를 지급받게 되었다.

이에 위 청구인은 위 조항들이 청구인의 기본권을 침해한다고 주장하며, 2017. 4. 17. 이 사건 헌법소원심판을 청구하였다.

나. 2017헌바372

청구인 김○욱은 2007. 6. 30.까지 약 33년 7개월간 ○○시 소속 공무원으로, 2008. 3. 12.부터 약 4년 4개월간 ○○실 소속 공무원으로 근무하다 퇴직하였고, 2008. 10. 공무원연금법에 따른 재직기간 합산신청을 하였다. 위 청구인은 ○○실 근무 중 저지른 특정경제범죄가중처벌등에관한법률위반(알선수재)의 범죄사실로 2012. 11. 9. 징역 2년 6월 등을 선고받고(서울중앙지방법원 2012고합1057), 2013. 6. 7. 항소기각(서울고등법원 2012노3874) 및 2013. 10. 11. 상고기각(대법원 2013도7359) 판결을 받아 위 징역형이 확정되었다.

공무원연금공단은 2016. 6. 29. 공무원연금법 제64조 제1항 제1호 및 같은 법 시행령 제55조 제1항 제1호에 따라 이미 위 청구인에게 지급된 퇴직연금의 2분의

1(금 56,383,640원)을 환수하는 처분을 하였다.

이에 위 청구인은 공무원연금공단의 위 환수처분의 취소를 구하는 소를 제기하고(서울행정법원 2016구합9909), 그 소송 계속 중 공무원연금법 제64조 제1항 제1호에 대하여 위헌법률심판제청을 신청하였으나(서울행정법원 2016아12851), 2017. 7. 14. 각하되자, 2017. 8. 11. 이 사건 헌법소원심판을 청구하였다.

다. 2017헌바515

청구인 박○열은 2013. 12. 31.까지 약 36년간 교정직렬 공무원으로 근무하다 퇴직한 사람으로, 2016. 8. 10. ○○교도소 근무 중 저지른 사기의 범죄사실로 징역 10월, 집행유예 2년, 사회봉사명령 120시간을 선고받고(수원지방법원 2016고단2989), 항소하여 2016. 12. 23. 징역 10월, 집행유예 2년을 선고받은 후(수원지방법원 2016노5437) 상고하지 아니하여 판결이 확정되었다.

공무원연금공단은 2017. 4. 10. 공무원연금법 제64조 제1항 제1호 및 같은 법 시행령 제55조 제1항에 따라 앞으로 위 청구인에게 2분의 1 감액된 퇴직급여를 지급하고, 이미 위 청구인에게 지급된 퇴직수당의 2분의 1(금 34,972,190원)과 퇴직연금의 2분의 1(금 4,078,440원)을 환수하는 처분을 하였다.

이에 위 청구인은 공무원연금공단의 위 감액 및 환수처분의 취소를 구하는 소를 제기하고(서울행정법원 2017구합69083), 그 소송 계속 중 공무원연금법 제64조 제1항 제1호에 대하여 위헌법률심판제청을 신청하였으나(서울행정법원 2017아12721), 2017. 12. 8. 기각되자, 2017. 12. 19. 이 사건 헌법소원심판을 청구하였다.

2. 심판대상

가. 2017헌마403 사건의 청구인은 공무원연금법 제64조 제1항 제1호와 같은 법 시행령 제55조 제1항 전부를 심판대상으로 삼고 있으나, 위 시행령 조항 중 청구인과 관련하여 문제되는 부분은 '제1호 나목'이므로, 심판대상은 이 부분으로 한정한다.

따라서 2017헌마403 사건의 심판대상은 구 공무원연금법(2016. 1. 27. 법률 제13927호로 개정되고, 2018. 3. 20. 법률 제15523호로 개정되기 전의 것) 제64조 제1항 제1호, 구 공무원연금법 시행령(2012. 3. 2. 대통령령 제23651호로 개정되고, 2018. 9. 18. 대통령령 제29181호로 개정되기 전의 것) 제55조 제1항 제1호 나목이 청구인의 기본권을 침해하는지 여부이다.

나. 2017헌바372 사건의 심판대상은 구 공무원연금법(2009. 12. 31. 법률 제9905호로 개정되고, 2016. 1. 27. 법률 제13927호로 개정되기 전의 것) 제64조 제1항 제1호가 헌법에 위반되는지 여부이고, 2017헌바515 사건의 심판대상은 구 공무원연금법(2016. 1. 27. 법률 제13927호로 개정되고, 2018. 3. 20. 법률 제15523호로 개정되기 전의 것) 제64조 제1항 제1호가 헌법에 위반되는지 여부이다(이하 위 모든 공무원연금법 조항을 '이 사건 법률조항'이라 하고, 위 시행령 조항을 '이 사건 시행령조항'이라 한다).

다. 심판대상조항의 내용은 다음과 같고, 관련조항의 내용은 [별지]와 같다.

[심판대상조항]

구 공무원연금법(2009. 12. 31. 법률 제9905호로 개정되고, 2016. 1. 27. 법률 제13927호로 개정되기 전의 것)

제64조(형벌 등에 따른 급여의 제한) ① 공무원이거나 공무원이었던 자가 다음 각 호의 어느 하나에 해당하는 경우에는 대통령령으로 정하는 바에 따라 퇴직급여 및 퇴직수당의 일부를 감액하여 지급한다. 이 경우 퇴직급여액은 이미 낸 기여금의 총액에「민법」제379조에 따른 이자를 가산한 금액 이하로 감액할 수 없다.

1. 재직 중의 사유로 금고 이상의 형을 받은 경우(직무와 관련이 없는 과실로 인한 경우 및 소속상관의 정당한 직무상의 명령에 따르다가 과실로 인한 경우는 제외한다)

구 공무원연금법(2016. 1. 27. 법률 제13927호로 개정되고, 2018. 3. 20. 법률 제15523호로 개정되기 전의 것)

제64조(형벌 등에 따른 급여의 제한) ① 공무원이거나 공무원이었던 자가 다음 각 호의 어느 하나에 해당하는 경우에는 대통령령으로 정하는 바에 따라 퇴직급여 및 퇴직수당의 일부를 감액하여 지급한다. 이 경우 퇴직급여액은 이미 낸 기여금의 총액에「민법」제379조에 따른 이자를 가산한 금액 이하로 감액할 수 없다.

1. 재직 중의 사유로 금고 이상의 형이 확정된 경우

(직무와 관련이 없는 과실로 인한 경우 및 소속상관의 정당한 직무상의 명령에 따르다가 과실로 인한 경우는 제외한다)

구 공무원연금법 시행령(2012. 3. 2. 대통령령 제23651호로 개정되고, 2018. 9. 18. 대통령령 제29181호로 개정되기 전의 것)

제55조(형벌 등에 따른 퇴직급여 및 퇴직수당의 감액) ① 공무원 또는 공무원이었던 사람이 법 제64조 제1항 각 호의 어느 하나에 해당하게 되었을 때에는 다음 각 호의 구분에 따라 퇴직급여 및 퇴직수당을 감액한다. 이 경우 퇴직연금 또는 조기퇴직연금은 그 감액사유에 해당하게 된 날이 속하는 달까지는 감액하지 아니한다.

1. 법 제64조 제1항 제1호 및 제2호에 해당하는 사람
나. 재직기간이 5년 이상인 사람의 퇴직급여: 그 금액의 2분의 1

3. 청구인들의 주장

가. 2017헌마403

(1) 이 사건 법률조항은 범죄의 종류와 그 형의 경중을 가리지 않고 일률적으로 재직 중의 사유로 금고 이상의 형이 있으면 퇴직급여 및 퇴직수당의 일부를 감액하도록 규정하고 있는바, 청구인의 재산권 및 인간다운 생활을 할 권리를 침해한다. 또한, 이 사건 법률조항은 퇴직연금은 감액하되, 퇴직일시금은 감액하지 않고 있는바, 이는 퇴직연금 선택자와 퇴직일시금 선택자를 합리적 이유 없이 차별하여 청구인의 평등권을 침해한다.

(2) 이 사건 시행령조항은 범죄의 종류와 그 형의 경중을 가리지 않고 재직기간 5년 이상인 공무원에게 금고 이상의 형이 있으면 무조건 퇴직급여의 2분의 1을 감액하도록 규정하고 있는바, 청구인의 재산권 및 인간다운 생활을 할 권리를 침해한다.

나. 2017헌바372

재직기간 합산신청을 하여 종전의 재직기간과 이후의 재직기간을 합산하여 퇴직급여를 받는 경우에는 재임용 후 재직기간 중 범죄사실로 금고 이상의 형을 받게 되어 이 사건 법률조항에 의하여 퇴직급여를 감액받더라도 재직기간 합산신청 전 확정된 퇴직급여에 대해서도 감액되도록 하는 것은 재산권, 인간다운 생활을 할 권리 및 평등권을 침해한다.

다. 2017헌바515

이 사건 법률조항은 범죄의 종류, 범죄의 직무관련성, 형의 경중 등을 가리지 않고 일률적으로 금고 이상의 형이 있는 경우 퇴직급여를 감액하도록 규정하고 있는바, 재산권, 인간다운 생활을 할 권리 및 평등권을 침해한다.

4. 판 단

가. 이 사건 법률조항에 대한 판단

(1) 헌법재판소 선례

헌법재판소는 수차례 이 사건 법률조항이 재산권과 인간다운 생활을 할 권리를 침해하지 아니하고, 평등원칙에도 위배되지 않는다고 판단하였는바(헌재 2013. 8. 29. 2010헌바354등; 헌재 2013. 9. 26. 2013헌바205; 헌재 2016. 6. 30. 2014헌바365; 헌재 2016. 12. 29. 2015헌바372 참조), 그 요지는 다음과 같다.

『(가) 재산권 및 인간다운 생활을 할 권리를 침해하는지 여부

이 사건 법률조항은 공무원이 퇴직한 뒤 그 재직 중의 근무에 대한 보상을 함에 있어 공무원으로서의 신분이나 직무상 의무를 다하지 못한 공무원과 성실히 근무한 공무원을 동일하게 취급하는 것은 오히려 불합리하다는 측면과 아울러 보상액에 차이를 둠으로써 공무원 범죄를 예방하고 공무원이 재직 중 성실히 근무하도록 유도하는 효과를 고려한 것이라 할 수 있으므로, 그 입법목적의 정당성 및 수단의 적합성이 인정된다.

공무원의 직무와는 관련이 없는 사유라 하더라도 그에 대한 법률적 혹은 사회적 비난가능성, 공직에 대한 신뢰를 실추시킬 가능성은 직무와 관련이 있는 사유보다 더욱 큰 경우를 충분히 예상할 수 있으므로 지급제한 사유를 직무관련사유로 한정하지 아니하였다는 것만으로 곧바로 비례의 원칙에 반한다고 볼 수 없다. 나아가 이 사건 법률조항은 급여의 감액사유를 위와 같은 범죄행위로 인하여 금고 이상의 형을 받은 경우로 한정하고 있고, 감액의 대상이 되는 경우에도 본인의 기여금과 그에 대한 이자의 합산액 부분만큼은 감액하지 못하도록 규정하고 있는 등(공무원연금법 제64조 제1항 후문), 그 침해를 최소화하고 있다.

이 사건 법률조항으로 달성하고자 하는 공익은 공무원으로 하여금 재직 중 법령을 준수하고, 성실하고 청렴하게 근무하도록 유도하며 공무원에 대한 국민의 신뢰를 유지하는 것으로서 그 중요성이 결코 적지 않다.

그러나 퇴직급여 감액사유는 결국 공무원 자신이 저지른 범죄에서 비롯된 것인 점에서 이 사건 법률조항으로 인하여 퇴직공무원들이 침해받는 사익에 비하여 달성하고자 하는 공익은 더욱 크다고 인정된다.

따라서 이 사건 법률조항은 재산권과 인간다운 생활을 할 권리를 침해하지 아니한다.

(나) 평등원칙에 위배되는지 여부

국민연금이 근로관계로부터 독립하여 제3자인 보험자로 하여금 피보험자의 생활위험을 보호하도록 함으로써 순수한 사회정책적 차원에서 가입자의 노령보호를 주된 목적으로 하는 데 비하여, 공무원연금은 근무관계의 한 당사자인 국가가 다른 당사자인 공무원의 사회보장을 직접 담당함으로써 피보험자(공무원)에 대한 사회정책적 보호 외에 공무원근무관계의 기능유지라는 측면도 함께 도모하고 있다. 그리고 공무원연금법상 퇴직수당도 민간기업의 퇴직금제도에 상응하는 근로보상적 성격이 강하기는 하지만, 기본적으로는 다른 급여들과 마찬가지로 사회보장적 내지 공로보상적 성격도 함께 가지고 있으며, 구체적인 보장범위도 근로기준법 내지 '근로자퇴직급여 보장법'상 법정퇴직금과는 차이가 있다.

그렇다면 공무원연금제도가 국민연금이나 법정퇴직금과 비교하여 위와 같은 기본적인 차이가 있는 점, 이 사건 법률조항이 공무원범죄를 사전에 예방하고 공직사회의 질서를 유지하는 데 목적이 있는 점 등에 비추어 볼 때, 이 사건 법률조항은 평등원칙에 위반되지 아니한다.

한편, 이 사건 법률조항은 퇴직연금 및 퇴직일시금 등 퇴직급여 모두를 감액대상으로 규정하고 있어 퇴직연금을 지급받은 경우를 퇴직일시금을 받은 경우와 달리 취급하고 있지 아니하는바(공무원연금법 제42조 제1호, 제64조 제1항), 이러한 측면에서도 이 사건 법률조항은 평등원칙에 위배되지 아니한다.』

이 사건 법률조항에 대한 선례의 결정 이유는 이 사건에서도 그대로 타당하고 그와 달리 판단해야 할 아무런 사정변경을 찾을 수 없으므로, 이를 원용하기로 한다.

(2) 청구인 김○욱(2017헌바372)의 기타 주장에 대한 판단

위 청구인은 재직기간 합산신청을 하여 종전의 재직기간과 이후의 재직기간을 합산하여 퇴직급여를 받는 경우 재임용 후의 범죄사실로 인하여 이 사건 법률조항에 의하여 퇴직급여의 감액을 받게 되더라도 재직기간 합산신청 전 확정된 퇴직급여에 대해서도 감액되도록 하는 것은 위헌이라는 취지로 주장한다.

살피건대, 재직기간 합산제도는 퇴직한 공무원 등이 새로 공무원으로 임용되는 경우 종전의 재직기간과 이후의 재직기간을 합산하는 것으로 본인이 원하는 바에 따라 결정된다(공무원연금법 제25조 제2항). 재직기간 합산을 신청하여 종전의 재직기간이 합산된 때에는 적법한 합산제외 신청이 없는 한 당사자는 재임용 전후의 재직기간 동안 연속하여 재직한 것으로 의제되므로, 재임용 후 다시 퇴직함에 따라 지급받게 되는 퇴직급여 및 퇴직수당은 재임용 전후의 전체 재직기간에 관한 것일 뿐, 재임용 전의 재직기간에 관한 부분과 재임용 후의 재직기간에 관한 부분으로 나뉜다고 볼 수는 없고, 따라서 재임용 후 재직기간 중의 사유로 금고 이상의 형을 받는 경우 합산된 전체 재직기간에 따른 퇴직급여 및 퇴직수당 전부에 대하여 감액하고 초과지급분이 있으면 환수하도록 운영되고 있다(대법원 2009. 9. 24. 선고 2007다56876 판결 참조).

급여수급권자는 재직기간 합산신청을 하였을 경우 퇴직급여의 산정에 있어 재임용 전 재직기간이 전체 재직기간에 합산되어 평가됨으로써, 재직기간 합산신청을 하지 아니하고 재임용 전, 후 기간에 대하여 각각 별도로 퇴직급여를 수령하였을 경우에 비하여 훨씬 많은 액수의 퇴직급여를 수령할 수 있는 이익을 누리게 되므로, 재직기간 합산신청을 한 후에 재임용 후 재직기간 중의 사유로 급여제한 사유가 발생하였을 경우에도 재임용 전 재직기간을 포함한 전체 재직기간을 합산하여 이에 대한 퇴직급여를 감액하고, 특별히 재임용 후 재직기간에 한정하여 이에 대한 퇴직급여에 대해서만 감액하는 규정을 마련하지 아니한다고 하여 이를 두고 현저히 불합리하다고 보기 어렵다. 만약 이 경우 재임용 후의 재직기간에 대해서만 퇴직급여를 감액할 수 있다고 한다면 재임용으로 재직기간 합산신청을 하여 근무하는 사람의 경우 퇴직급여가 제한지급될 위험은 재임용 후 재직기간에 관한 부분에 한정되는 한편 재직기간 합산으로 인하여 퇴직급여가 증가되는 이익은 그대로 누리게 되고, 반면 중간에 퇴직 없이 계속 근무해 온 사람의 경우 전체 재직기간에 관하여 퇴직급여가 제한지급될 위험을 그대로 부담하게 되므로 오히려 형평에 반하게 된다 할 것이다.

따라서 위 청구인의 주장은 이유 없다.

(3) 소결

따라서 이 사건 법률조항은 재산권, 인간다운 생활을 할 권리를 침해하지 아니하며, 평등원칙에도 위배되지 아니한다.

나. 이 사건 시행령조항에 대한 판단(2017헌마403)

이 사건 시행령조항에서 재직기간 5년 이상인 사람이 재직 중의 사유로 금고 이상의 형이 확정된 경우 퇴직급여의 2분의 1을 감액하여 지급하도록 규정함에 따라 청구인 김○택의 재산권, 인간다운 생활을 할 권리, 평등권이 침해되는지 여부가 문제된다. 그런데 공무원연금제도는 공무원을 대상으로 한 종합적인 사회보장제도로서 법률에 의한 형성을 필요로 한다. 특히, 재직 중의 사유로 금고 이상의 형으로 인해 퇴직급여를 제한하는 경우 그 구체적인 감액 정도에 관해서는 국가가 재정부담능력과 전체적인 사회보장 수준 및 공무원연금의 형성절차 등을 종합하여 합리적 수준에서 결정할 수 있고, 그 결정이 현저히 자의적이거나 합리성을 상실한 경우에 한하여 헌법에 위반된다고 할 것이다.

살피건대, 이 사건 시행령조항을 비롯한 공무원연금법 시행령은 공무원 또는 공무원이었던 사람에게 퇴직급여 및 퇴직수당의 일부를 감액하여 지급할 사유가 있는 경우 그 사유와 해당 공무원의 재직기간을 종합적으로 고려하여 감액의 정도를 구체화하고 있다. 즉, '재직 중의 사유로 금고 이상의 형이 확정된 경우'(공무원연금법 제65조 제1항 제1호)와 '탄핵 또는 징계에 의하여 파면된 경우'(동항 제2호)에는 재직기간 5년을 기준으로 그 이상인 때는 퇴직급여의 2분의 1을, 그 미만인 때에는 4분의 1을 감액하고, '금품 및 향응 수수, 공금의 횡령·유용으로 징계에 의해 해임된 경우'(동항 제3호)에는 재직기간 5년을 기준으로 그 이상인 때는 4분의1, 그 미만인 때는 8분의 1을 감액한다. 또한, 재직 중의 사유로 형법과 군형법상의 내란죄, 외환죄 등 반국가적 범죄를 범하여 금고 이상의 형이 확정된 경우에는 이미 낸 기여금에 이자를 가산한 금액만을 반환할 뿐 나머지 퇴직급여는 전혀 지급하지 않도록 하고 있다(동조 제4항).

이러한 점에 비추어 볼 때, 이 사건 시행령조항이 재직기간 5년을 기준으로 그 감액의 정도를 달리한 것은, 원칙적으로 퇴직 당시의 기준소득월액을 기준으로 퇴직급여를 산정하고 있는 퇴직급여 산정방법상(공무원연금법 제30조, 제43조), 재직기간이 짧을수록 급여액 중 본인의 기여금이 차지하는 비율이 상대적으로 높은 것을 감안하여, 재직기간이 짧은 사람의 경우에는 감액의 수준을 낮게 하고 재직기간이 긴 사람은 감액의 수준을 높게 하여 감액의 정도를 실질화한 것이다.

한편, 공무원연금법상 퇴직급여의 재원은 기준소득월액의 9퍼센트에 해당하는 공무원의 기여금과 이와 동액의 국가 또는 지방자치단체의 부담금으로 형성되는바(공무원연금법 제66조, 제67조), 퇴직급여 중 본인의 기여금에 해당하는 부분은 재직 중 근무의 대가로서 지급하였어야 할 임금의 후불적 성격이 강하고, 그 나머지 부분은 재직 중의 성실한 근무에 대한 공로보상 또는 사회보장적 급여의 성격이 강하다고 할 수 있다. 따라서 퇴직급여를 본인의 기여금 이하로 감액한다면 이미 지급하였어야 할 임금의 일부를 사후에 발생한 사유를 들어 박탈하는 것과 같은 결과를 초래할 수도 있으므로, 이 사건 법률조항은 퇴직급여를 감액할 경우에도 이미 낸 기여금의 총액에 민법 제379조에 따른 이자를 가산한 금액 이하로 감액할 수는 없다고 하여 공무원의 퇴직급여를 보호하는 장치를 마련하고 있다.

결국 퇴직급여 중 본인의 기여금과 그에 대한 이자의 합산액을 초과하는 부분에 대한 감액의 범위는 원칙적으로 입법자가 감액사유에 해당하는 범죄행위나 의무위반행위의 태양, 공무원연금제도의 목적 및 퇴직급여의 법적 성격 등을 고려하여 자유롭게 정할 수 있다고 할 것인바, 이 사건 시행령조항이 재직 중의 사유로 금고 이상의 형을 받은 공무원의 재직기간이 5년 이상인 경우 퇴직급여 감액의 범위를 2분의1로 규정한 것을 두고 이러한 입법재량의 한계를 넘어선 것이라고는 보여지지 아니한다(헌재 1995. 6. 29. 91헌마50 참조).

한편, 위 청구인은 공무원연금법이 제정될 당시보다 평균수명이 연장되었으며 공무원의 퇴직 이후의 생활에 있어 퇴직급여가 차지하는 중요성에 비추어 볼 때 퇴직급여의 2분의 1이라는 감액의 정도가 지나치다고 주장한다.

그러나 퇴직급여가 노후소득보장 혹은 사회보장의 성격을 가지고 있다 하여 그것이 공무원 퇴직급여 제도가 가진 목적의 전부는 아니며, 의료기술과 생활수준의 향상으로 평균수명이 연장된 만큼 국가가 계속하여 공무원의 노후 생활을 일정 수준 이상으로 보장할 것인지는 국가의 재정상태와 공무원 및 공무원이 아닌 국민의 형평을 고려하여 결정될 수밖에 없는 것이다.

요컨대, 공무원 퇴직급여의 법적 성격상 그 감액의 정도는 원칙적으로 입법재량의 영역에 속하는 것인 점,

감액의 정도를 재직기간의 장단에 따라 차등화하고 있다는 점, 감액을 하더라도 본인의 기여금 이하로 감액할 수는 없다는 점 등을 고려할 때, 재직 중의 사유로 금고 이상의 형을 받은 경우 재직기간이 5년 이상인 공무원에 대해 그 퇴직급여를 2분의 1 감액하도록 한 것은 입법자의 재량의 한계를 넘은 것이라고 보기 어려우므로, 이 사건 시행령조항은 위 청구인의 재산권, 인간다운 생활을 할 권리, 평등권을 침해하지 아니한다.

5. 결 론

그렇다면 청구인 김○택의 심판청구는 이유 없어 이를 기각하고(2017헌마403), 이 사건 법률조항은 헌법에 위반되지 아니하므로(2017헌바372, 2017헌바515) 주문과 같이 결정한다. 이 결정에는 아래 6.과 같은 재판관 이영진의 이 사건 법률조항에 대한 반대의견이 있는 외에는 관여 재판관의 의견이 일치되었다.

6. 재판관 이영진의 이 사건 법률조항에 대한 반대의견

나는 다수의견과는 달리 이 사건 법률조항이 과잉금지원칙에 위반하여 재산권을 침해한다는 헌재 2016. 6. 30. 2014헌바365 결정에서의 반대의견과 그 뜻을 같이 하며, 이에 더하여 아래와 같이 견해를 밝히는 바이다.

가. 먼저 위 2014헌바365 결정에서 재판관 이정미, 재판관 이진성의 반대의견의 요지를 살펴보면 다음과 같다.

『(1) 재산권을 침해하는지 여부

직무와 관련 없는 범죄의 경우는 그로 인하여 실추되는 공직에 대한 국민의 신뢰의 손상이 직무관련 범죄에 비하여 없거나 그 정도가 약하다고 보아야 하므로 고의범이라 하더라도 죄질의 경중, 반국가적 범죄 여부, 파렴치 범죄 여부 등을 고려하여 입법목적 달성에 필요한 범위에 한하여 퇴직급여 등의 감액사유로 삼는 것이 타당하다. 그런데 모든 범죄는 법령에 위반되는 행위를 전제로 하는바, 이를 공무원의 법령준수의무와 연관 짓는다면 결국 공무원이 저지르는 모든 범죄는 고의, 과실을 막론하고 공무원의 신분상 의무 위반으로 귀결되고, 이러한 결과는 이 사건 법률조항을 개정한 취지와도 어긋나게 된다.

일반직장인과 공직자는 같은 직업인이라는 인식이 보편화되는 추세이고 특히 오늘날 급여에 관한 한 공익과 사익의 질적 구분은 어려워졌다. 이러한 상황 속에서 단지 금고 이상의 형을 받았다는 이유만으로 이미 공직에서 퇴출당할 공무원에게 더 나아가 일률적으로 그 생존의 기초가 될 퇴직급여 등까지 반드시 감액하도록 규정한다면 그 법률조항은 침해되는 사익에 비해 지나치게 공익만을 강조한 입법이라고 아니할 수 없다.

따라서 이 사건 법률조항은 과잉금지원칙을 위반하여 청구인의 재산권을 침해한다.

(2) 평등원칙에 위반되는지 여부

이 사건 법률조항은 공무원이 재직 중의 사유로 인하여 금고 이상의 형을 받은 때에 퇴직급여 및 퇴직수당의 일부를 감액하여 지급하도록 규정하여, 퇴직급여에 있어서는 국민연금법상의 사업장가입자에 비하여, 퇴직수당에 있어서는 근로기준법상의 근로자에 비하여 각각 차별대우를 하고 있다. 이러한 차별은 공무원의 국민 전체에 대한 봉사자로서의 성실근무의 유도라는 입법목적 및 공무원연금제도의 공무원의 성실한 복무에 대한 보상이라는 부수적 성격을 감안한다고 하더라도 일반국민이나 근로자와 비교하여 지나친 차별을 한 것이고, 그 차별에는 합리적인 근거를 인정하기 어려워 결국 자의적인 차별에 해당한다.

따라서 이 사건 법률조항은 평등원칙에 위반된다.』

나. 이 사건 법률조항의 입법목적은 공무원으로서의 직무상 의무를 성실히 이행하지 아니한 공무원에 대하여 보상을 달리함으로써 공무원 범죄를 예방하고 공무원이 재직 중 직무상 의무를 성실히 이행하도록 도모하려는 것이다.

입법자는 헌재 2007. 3. 29. 2005헌바33 헌법불합치 결정 이후 "직무와 관련이 없는 과실로 인한 경우 및 소속 상관의 정당한 직무상의 명령에 따르다가 과실로 인한 경우를 제외한다."는 예외규정을 신설함으로써 직무관련성이 없는 과실범을 퇴직급여와 퇴직수당의 감액대상에서 제외하였으나 고의범에 대해서는 별도의 예외규정을 마련하지 아니하였다.

그러나 고의범 중에서 직무관련성이 전혀 없고 범죄행위의 내용에 비추어 공무원에 대한 국민의 신뢰를 저버리는 정도에 이르지 아니하는 경우와 직무관련 범죄, 반국가적 범죄, 파렴치 범죄로서 공직에 대한 신뢰성을 크게 손상시키는 범죄의 경우는 그 비난가능성이 매우 다르다. 즉, 공무원이 직무와 전혀 무관하게 폭행이나 명예훼손 등의 범죄를 저지른 경우와 뇌물죄 등을 저지른 경우를 동일하게 평가해서는 아니 된다. 공무원이 직무와 관련 없는 고의범죄를 저질러 형사처벌을 받는다면 직무에서 배제하거나 일정한 경우 해당 공무원의 지위를 박탈함으로써 공공의 이익을 도모하는 것이 필요할 수 있지만, 그렇다고 하여 퇴직과 동시에 생활안정을 위해 당연히 지급될 것으로 기대되는 퇴직급여 등까지도 필요적으로 감액해야 할 정당한 이유를 찾기 어렵다.

이 사건 법률조항의 입법목적이 공무원이 재직 중 성실히 근무하도록 유도하고자 하는 데에 있다면 퇴직급여 등의 감액대상이나 범위 또한 그러한 입법목적을 달성하기 위하여 필요한 범위 내에서 이루어져야 한다. 따라서 고의범에 대해서도 직무 관련성 여부, 죄질의 경중, 반국가적 범죄 여부, 파렴치 범죄 여부 등을 고려하여 입법목적 달성에 필요한 범위에 한하여 퇴직급여 등의 감액사유로 삼는 것이 적절하고, 나아가 감액의 범위와 관련하여서도 이를 일률적으로 정할 것이 아니라 선고받은 형의 경중을 고려하여 차등적으로 규정하는 보다 세심한 배려가 필요하다는 점에서 이 사건 법률조항은 침해의 최소성을 갖추지 못하였다.

그리고 직무관련성이 전혀 없고, 구체적인 범죄행위의 유형과 내용, 죄질의 경중에 비추어 국민의 신뢰가 크게 실추되었다고는 볼 수 없는 경우까지도, 형사처벌을 하는 외에 공무원의 지위를 박탈하여 더 이상 급여소득을 얻을 수 없게 하는 것에서 더 나아가 금고 이상의 형이 확정되었다는 사정만으로 공무원 본인과 가족의 생존의 기초가 될 퇴직급여와 퇴직수당까지 일률적으로 반드시 감액하는 것은 침해되는 사익에 비해 지나치게 공익만을 강조한 입법으로서 법익의 균형성도 충족하지 못하였다고 할 것이다.

따라서 이 사건 법률조항은 과잉금지원칙에 위배되어 청구인들의 재산권을 침해한다.

재판관 유남석 서기석 조용호 이선애 이석태 이은애 이종석 이영진 김기영

[별지] 관련조항

구 공무원연금법(2016. 1. 27. 법률 제13927호로 개정되고, 2018. 3. 20. 법률 제15523호로 개정되기 전의 것)

제23조(재직기간의 계산) ② 퇴직한 공무원·군인 또는 사립학교교직원(이 법, 「군인연금법」 또는 「사립학교교직원 연금법」을 적용받지 아니하였던 자는 제외한다)이 공무원으로 임용된 경우에는 본인이 원하는 바에 따라 종전의 해당 연금법에 따른 재직기간 또는 복무기간을 제1항의 재직기간에 합산할 수 있다.

제24조(재직기간의 합산방법) ① 제23조 제2항에 따라 재직기간 또는 복무기간을 합산받으려는 자는 재직기간 합산신청서를 공단에 제출하여야 한다.

② 제1항에 따라 재직기간 합산신청을 하여 합산을 인정받은 자는 퇴직 당시에 받은 퇴직급여액[제64조(「사립학교교직원 연금법」 제42조에서 준용하는 경우를 포함한다) 또는 「군인연금법」 제33조에 따라 급여액에 제한을 받았을 때에는 그 제한이 없는 경우에 받았어야 할 급여액으로 한다]에 대통령령으로 정하는 이자를 가산하여 공단에 반납하여야 한다. 다만, 재직기간 합산을 인정받은 자가 퇴직연금·조기퇴직연금 또는 퇴역연금의 수급자인 경우에는 연금인 급여는 반납하지 아니한다.

제31조(급여의 환수) ① 공단이나 지방자치단체는 급여를 받은 자가 다음 각 호의 어느 하나에 해당하는 경우에는 그 급여액을 환수하여야 한다. 이 경우 제1호의 경우에는 급여액에 대통령령으로 정하는 이자 및 환수비용을 가산하여 징수하고, 제2호 또는 제3호의 경우로서 환수금을 내야 할 자가 기한 내에 내지 아니한 경우에는 대통령령으로 정하는 이자를 가산하여야 한다.

1. 부정한 방법으로 급여를 받은 경우
2. 급여를 받은 후 그 급여의 사유가 소급하여 소멸된 경우
3. 그 밖에 급여가 잘못 지급된 경우

제43조(연금의 지급기간 및 지급시기) ① 연금인 급여는 그 급여의 사유(제53조에 따른 장해연금등급의 개정사유를 포함한다)가 발생한 날이 속하는 달의 다음 달부터 그 사유가 소멸된 날이 속하는 달까지의 급여분을 지급한다. 다만, 제46조 제1항 제1호부터 제4호까지 및 같은 조 제2항에 해당되는 경우에는 해당 퇴직연금 지급이 시작되는 시점이 되는 날이 속하는 달(제23조 제1항에 따라 재직기간에 포함되는 경우는 제외한다)부터 그 사유가 소멸된 날이 속하는 달까지의 급여분을 지급한다.

제65조(비용부담의 원칙) ① 제42조에 따른 급여 중 퇴직급여 및 유족급여(제56조제1항 제2호·제3호에

따른 유족연금, 같은 조 제4항에 따른 위험직무순직유족연금, 제61조 제1항에 따른 순직유족보상금 및 제61조 제3항에 따른 위험직무순직유족보상금은 제외한다. 이하 이 항에서 같다), 제51조 제2호에 따른 장해급여에 드는 비용은 공무원과 국가 또는 지방자치단체가 부담한다. 이 경우 퇴직급여 및 유족급여에 드는 비용은 적어도 5년마다 다시 계산하여 재정적 균형이 유지되도록 하여야 한다.

제66조(기여금) ① 기여금은 공무원으로 임명된 날이 속하는 달부터 퇴직한 날의 전날 또는 사망한 날이 속하는 달까지 월별로 내야 한다. 다만, 기여금 납부기간이 36년을 초과한 자는 기여금을 내지 아니한다.

② 제1항의 기여금은 기준소득월액의 1만분의 900에 상당하는 금액으로 한다. 이 경우 기준소득월액은 공무원 전체의 기준소득월액 평균액의 100분의 160을 초과할 수 없다.

2. 군복 및 군용장구의 단속에 관한 법률 제8조 제2항 위헌제청

[2019. 4. 11. 2018헌가14]

【판시사항】

가. 유사군복의 판매 목적 소지를 금지하는 '군복 및 군용장구의 단속에 관한 법률'(2006. 4. 28. 법률 제7933호로 전부개정된 것) 제8조 제2항 중 '판매목적 소지'에 관한 부분, 이를 위반한 경우 1년 이하의 징역 또는 1천만원 이하의 벌금으로 형사처벌하는 '군복 및 군용장구의 단속에 관한 법률'(2014. 5. 9. 법률 제12555호로 개정된 것) 제13조 제1항 제2호 중 제8조 제2항의 '판매목적 소지'에 관한 부분(이하 '심판대상조항'이라 한다) 중 '유사군복' 부분이 죄형법정주의의 명확성원칙에 위배되는지 여부(소극)

나. 심판대상조항이 유사군복을 판매 목적으로 소지하여 직업을 영위하는 자의 직업의 자유 및 일회적·단발적으로 판매하고자 유사군복을 소지하는 자의 일반적 행동의 자유를 침해하는지 여부(소극)

【결정요지】

가. '군복 및 군용장구의 단속에 관한 법률' 제2조 제3호에 따르면 유사군복은 '군복과 형태·색상 및 구조 등이 유사하여 외관상으로는 식별이 극히 곤란한 물품으로서 국방부령이 정하는 것'이다. 심판대상조항의 입법취지가 군인 아닌 자의 군 작전 방해 등으로 인한 국방력 약화 방지에 있음을 고려할 때, 유사군복이란 일반인의 눈으로 볼 때 군인이 착용하는 군복이라고 오인할 정도로 형태·색상·구조 등이 극히 비슷한 물품을 의미한다.

이른바 밀리터리 룩은 대부분 군복의 상징만 차용하였을 뿐 형태나 색상 및 구조가 진정한 군복과는 다르거나 그 유사성이 식별하기 극히 곤란한 정도에 이르지 않기 때문에, 심판대상조항의 적용을 받지 않는다.

심판대상조항의 문언과 입법취지, 위와 같은 사정을 종합하면, 건전한 상식과 통상적인 법감정을 가진 사람은 '군복 및 군용장구의 단속에 관한 법률'상 판매목적 소지가 금지되는 '유사군복'에 어떠한 물품이 해당하는지를 예측할 수 있고, 유사군복을 정의한 조항에서 법 집행자에게 판단을 위한 합리적 기준이 제시되고 있어 심판대상조항이 자의적으로 해석되고 적용될 여지가 크다고 할 수 없다.

따라서 심판대상조항은 죄형법정주의의 명확성원칙에 위반되지 아니한다.

나. 군인 아닌 자가 유사군복을 입고 군인임을 사칭하여 군인에 대한 국민의 신뢰를 실추시키는 행동을 하는 등 군에 대한 신뢰 저하 문제로 이어져 향후 발생할 국가안전보장상의 부작용을 상정해볼 때, 단지 유사군복의 착용을 금지하는 것으로는 입법목적을 달성하기에 부족하고, 유사군복을 판매 목적으로 소지하는 것까지 금지하여 유사군복이 유통되지 않도록 하는 사전적 규제조치가 불가피하다.

유사군복의 범위는 진정한 군복과 외관상 식별이 곤란할 정도에 해당하는 물품으로 엄격하게 좁혀서 규정하고 있기 때문에, 심판대상조항에 의하여 판매목적 소지가 금지되는 유사군복의 범위가 지나치게 넓다거나 이에 관한 규제가 과도하다고 할 수 없다.

유사군복이 모방하고 있는 대상인 전투복은 군인의 전투용도로 세심하게 고안되어 제작된 특수한 물품이다. 이를 판매 목적으로 소지하지 못하여 입는 개인의 직업의 자유나 일반적 행동의 자유의 제한 정도는, 국가안전을 보장하고자 하는 공익에 비하여 결코 중하다고 볼 수 없다.

따라서 심판대상조항은 과잉금지원칙을 위반하여 직업의 자유 내지 일반적 행동의 자유를 침해한다고 볼 수 없다.

재판관 서기석, 재판관 이석태, 재판관 이영진의 반대의견

유사군복의 판매목적 소지 행위를 허용한다고 하여 국방력을 약화시키거나 군 작전에 방해되는 결과로 이어질 위험이 있다고 보기는 어렵다. 유사군복을 구매하여 이를 어떻게 활용할 지는 개인의 자유에 달린 것으로서 결과적으로 국가안전보장에 끼칠 영향 또한 천차만별이기 때문이다. 심판대상조항은 국가안보를 위태롭게 할 의도가 전혀 없고 단지 경제적 이익을 취하기 위한 유사군복 단순 판매목적 소지마저도 일률적으로 금지하고 있다. 그로 인해 심판대상조항의 보호법익을 저해할 가능성이 전혀 없는 자들까지도 형사처벌 대상에 포함되는 문제가 발생한다.

타인에게 어떠한 직접적 행동이나 피해를 끼치지 않는 한 누가 어떠한 의복을 입는가는 개인의 개성이자 자유로 받아들이고 있는 것이 일반화되는 등 국민의 인식이 변화하여, 심판대상조항의 규제는 더 이상 신설 당시의 존재이유를 유지하고 있다고 보기 어렵다. 그렇다면 유사군복을 구매하여 착용하는 자들에 대한 규제도 그 필요성이 의문시되는 마당에 입법목적과의 관련성이 더욱 먼 유사군복의 판매목적 소지까지 금지·형사처벌하는 것은 과도한 규제이다.

유사군복의 판매목적 소지를 허용한다고 하더라도 간첩죄나 공무원 자격사칭죄 등 형사처벌 조항들을 통하여 심판대상조항이 달성하려는 입법목적은 충분히 보호될 수 있다.

따라서 심판대상조항은 과잉금지원칙을 위반하여 직업의 자유 내지 일반적 행동의 자유를 침해한다.

【심판대상조문】

군복 및 군용장구의 단속에 관한 법률(2006. 4. 28. 법률 제7933호로 전부개정된 것) 제8조 제2항 중 '판매목적 소지'에 관한 부분

군복 및 군용장구의 단속에 관한 법률(2014. 5. 9. 법률 제12555호로 개정된 것) 제13조 제1항 제2호 중 제8조 제2항의 '판매목적 소지'에 관한 부분

【참조조문】

헌법 제10조, 제13조 제1항, 제15조, 제37조 제2항

군복 및 군용장구의 단속에 관한 법률(2015. 7. 20. 법률 제13395호로 개정된 것) 제2조 제3호

군복 및 군용장구의 단속에 관한 법률(2006. 4. 28. 법률 제7933호로 전부개정된 것) 제9조 제2항, 제13조

군복 및 군용장구의 단속에 관한 법률 시행규칙(2017. 10. 18. 국방부령 제938호로 개정된 것) 제4조 [별표 1]

군인복제령(2017. 9. 29. 대통령령 제28346호로 개정된 것) 제4조, 제5조, 제6조, 제7조, 제8조

【참조판례】

가. 헌재 2009. 9. 24. 2007헌마949, 판례집 21-2상, 749, 759

헌재 2013. 7. 25. 2011헌바39, 판례집 25-2상, 65, 73

헌재 2016. 2. 25. 2013헌바105등, 판례집 28-1상, 26, 33

헌재 2016. 11. 24. 2015헌가29, 판례집 28-2하, 110, 119

나. 헌재 2000. 4. 27. 98헌가16등, 판례집 12-1, 427, 455

헌재 2009. 11. 26. 2008헌바58등, 판례집 21-2하, 520, 534

헌재 2011. 7. 28. 2010헌바115, 판례집 23-2상, 95, 100

헌재 2015. 2. 26. 2009헌바17등, 판례집 27-1상, 20, 28

헌재 2016. 3. 31. 2013헌가2, 판례집 28-1상, 259, 294

헌재 2018. 5. 31. 2013헌바322등, 판례집 30-1하, 88, 106

【당 사 자】

제청법원 부산지방법원

제청신청인 최○권

당해사건 부산지방법원 2018고정920 군복및군용장구의단속에관한법률위반

【주 문】

'군복 및 군용장구의 단속에 관한 법률'(2006. 4. 28. 법률 제7933호로 전부개정된 것) 제8조 제2항 중 '판매목적 소지'에 관한 부분, '군복 및 군용장구의 단속에 관한 법률'(2014. 5. 9. 법률 제12555호로 개정된 것) 제13조 제1항 제2호 중 제8조 제2항의 '판매목적 소지'에 관한 부분은 헌법에 위반되지 아니한다.

【이 유】

1. 사건개요

당해사건의 피고인이자 위헌제청신청인 최○권은 부산 남포동에서 유사군복 등의 의복을 판매하는 노점상으로, 2018. 2.경 유사군복에 해당하는 방한복 상의외피 14점, 전투복 하의 6점, 해병대 전투복 상의 1점, 전투화 4켤레를 판매할 목적으로 소지하여 '군복 및 군용장구의 단속에 관한 법률'위반죄로 약식명령을 고지받았다(2018. 5. 24. 부산지방법원 2018고약2278).

피고인은 위 약식명령에 대하여 정식재판을 청구하고(2018고정920), 위헌법률심판제청신청을 하였다(2018초기1274). 부산지방법원은 2018. 7. 25. 그 신청을 받아들여 '군복 및 군용장구의 단속에 관한 법률' 제8조 제2항에 대하여 위헌법률심판을 제청하였다.

2. 심판대상

제청법원은 '군복 및 군용장구의 단속에 관한 법률' 제8조 제2항만을 위헌제청하였으나, 당해사건은 형사재판이므로 금지조항인 위 제8조 제2항과 함께 재판에 직접 적용되는 형사처벌조항인 '군복 및 군용장구의 단속에 관한 법률' 제13조 제1항 제2호도 심판대상으로 삼기로 한다(헌재 2018. 2. 22. 2015헌바124). 또한 같은 법 제8조 제2항의 유사군복의 제조, 판매, 판매목적 소지 중 당해사건에 적용되는 '판매목적 소지'부분으로 심판대상을 한정한다.

따라서 이 사건 심판대상은 '군복 및 군용장구의 단속에 관한 법률'(2006. 4. 28. 법률 제7933호로 전부개정된 것, 이하 '군복단속법') 제8조 제2항 중 '판매목적 소지'에 관한 부분(이하 '금지조항') 및 '군복 및 군용장구의 단속에 관한 법률'(2014. 5. 9. 법률 제12555호로 개정된 것) 제13조 제1항 제2호 중 제8조 제2항의 '판매목적 소지'에 관한 부분(이하 '처벌조항', 둘을 합하여 '심판대상조항'이라 한다)이 헌법에 위반되는지 여부이다. 심판대상조항(밑줄 친 부분)은 다음과 같고, 관련조항은 [별지]와 같다.

[심판대상조항]

군복 및 군용장구의 단속에 관한 법률(2006. 4. 28. 법률 제7933호로 전부개정된 것)

제8조(군복 등의 제조·판매의 금지) ② 누구든지 유사군복을 제조 또는 판매하거나 판매할 목적으로 소지하여서는 아니 된다. 다만, 다음 각 호의 어느 하나의 경우에 사용하기 위한 때에는 그러하지 아니한다.

1. 문화·예술활동 또는 국방부령이 정하는 의식행사를 하는 경우
2. 다른 법령에 따라 착용·사용 또는 휴대가 허용된 경우
3. 국가기관 또는 지방자치단체의 시책에 따른 활동 등 공익을 위한 활동으로 국방부령이 정하는 경우

군복 및 군용장구의 단속에 관한 법률(2014. 5. 9. 법률 제12555호로 개정된 것)

제13조(벌칙) ① 다음 각 호의 어느 하나에 해당하는 자는 1년 이하의 징역 또는 1천만원 이하의 벌금에 처한다.

2. 제8조의 규정을 위반한 자

3. 제청법원의 위헌법률심판제청 이유

가. 군복단속법 제8조 제2항에서 금지하는 '유사군복'을 정의한 제2조 제3호에 따르더라도 어느 것이 '군복과 형태·색상 및 구조 등이 유사하여 외관상으로는 식별이 극히 곤란한 물품으로서 국방부령이 정하는 것'에 해당하는지 판단하기 곤란하다.

대통령이 1973. 1. 16. 위 조항을 비상국무회의에서 제안하여 그곳에서 원안 그대로 가결될 당시 제안이유

는 '군복 및 군용장구는 가장 기본적인 군수품으로 철저한 관리가 요청된다. 유사품이 제조·판매되고 있어 국방력 강화와 군 작전에 지장을 초래한다. 군복 및 군용장구의 착용·사용이나 제조·판매를 단속함으로써 자주국방과 총력안보에 기여하려는 것'이었다. 입법목적이 국가안보임을 고려하더라도 '외관상으로는 식별이 극히 곤란한'이란 유사군복 개념은 각자마다 다른 주관적인 것일 수밖에 없어 형사처벌하기에 너무 불명확하고 애매하다.

나. 심판대상조항은 과잉금지원칙을 위반하여 밀리터리 룩(military look) 의복을 제조 또는 판매하는 자의 영업 내지 직업의 자유를 침해한다.

유사군복의 구입용도는 대부분 자신을 다른 사람과 달리 보이고 싶은 욕망에 기인한 것이지, 국가의 안전보장을 저해할 의도로 노점상에서 유사군복을 구입하는 것은 매우 특별한 경우일 것이다. 따라서 유사군복을 판매하면 구매자의 패션 변화만 있을 뿐 국가의 안전보장에는 별다른 연관이 없다. 자주국방과 총력안보를 저해할 수 있는 유사군복의 판매를 금지할 필요가 있더라도, 심판대상조항은 국가안보를 저해할 위험이나 이를 유발하려는 의도, 군인과 식별이 곤란하게 하려는 의도 등 아무런 추가적인 제한요건을 두지 않고 있다. 유사군복 제조·판매의 목적이나 판매 대상과 관계없이 이를 제조·판매하기만 하면 자동적으로 형사책임으로 연관시키는 것은 지나치게 행정편의적이고, 단속의 편의에만 치중한 나머지 군복과의 혼동을 유발할 목적이 없고, 국가안보를 저해할 위험이 없는 단순한 밀리터리 룩 의복을 제조·판매·판매 목적으로 소지하는 자의 기본권을 과도하게 제한한다.

4. 판 단

가. 심판대상조항의 입법취지

유사군복 제조, 판매, 판매목적 소지(이하 통칭하여 '판매 등'이라 한다)를 금지하고 이를 위반할 경우 처벌하도록 하는 군복단속법 제8조 제2항, 제13조 제1항 제2호는 비상국무회의에서 가결되어 1973. 1. 30. 법률 제2457호로 신설된 이래로 조문의 위치 이동 이외에 실질적인 내용은 지금까지 그대로 유지되어 왔는바, 위 조항들의 입법취지는 유사품이 제조, 판매되고 있어 국방력 강화와 군 작전에 지장을 초래하고 있으므로 군복 및 군용장구의 착용사용이나 제조, 판매를 단속함으로써 자주국방과 총력안보에 기여하기 위함이다.

나. 쟁점

심판대상조항 중 '유사군복' 부분이 추상적이고 불명확한 개념으로서 죄형법정주의의 명확성원칙을 위반하는지 여부가 문제된다.

또한 심판대상조항은 유사군복을 판매 목적으로 소지하는 행위를 금지하고 이를 위반한 경우 형사처벌하므로, 그로 인하여 직업으로 유사군복을 판매하는 자의 직업의 자유가 제한되고, 일회적·단발적으로 유사군복을 판매 목적으로 소지하는 자의 일반적 행동의 자유권이 제한되므로(헌재 2000. 4. 27. 98헌가16; 헌재 2011. 7. 28. 2010헌바115 등 참조), 위 각 기본권의 침해 여부를 살펴보기로 한다.

다. 죄형법정주의의 명확성원칙 위반 여부

(1) 죄형법정주의의 명확성원칙의 의의와 기준

헌법 제13조 제1항 전단은 모든 국민은 행위 시의 법률에 의하여 범죄를 구성하지 아니하는 행위로 소추되지 아니한다고 규정하고 있고, 제12조 제1항 후문은 누구든지 법률과 적법한 절차에 의하지 아니하고는 처벌·보안처분 또는 강제노역을 받지 아니한다고 규정하고 있다. 죄형법정주의에서 파생되는 명확성원칙은 누구나 법률이 처벌하고자 하는 행위가 무엇이고, 그에 대한 형벌이 어떠한 것인지를 예견할 수 있으며, 그에 따라 자신의 행위를 결정할 수 있도록 구성요건을 명확히 정하여야 함을 의미한다(헌재 2016. 11. 24. 2015헌가29). 그러나 구성요건이 다소 광범위하여 법관의 보충적인 해석이 필요하더라도 건전한 상식과 통상적인 법감정을 가진 사람으로 하여금 적용대상자와 금지되는 행위를 충분히 알 수 있도록 규정하고 있다면 명확성원칙에 위반된다고 할 수 없다(헌재 2009. 9. 24. 2007헌마949).

(2) 이 사건의 경우

(가) 유사군복의 판매목적 소지행위를 금지 및 처벌하는 심판대상조항은, 금지되는 행위는 군복단속법 제8조 제2항(이하 단순히 "법"이라고 할 때는 '군복단속법'을 지칭하는 것으로 한다)에서, 행위의 대상인 '유사군복'의 정의는 법 제2조 제3호에서 따로 규정하는 방식을 채택하고 있으므로 그 명확성원칙 위반 여부는 위 금지조항 뿐 아니라 정의조항인 법 제2조 제3호의 규정 내용을 함께 살펴야 하고, 만일 유사군복을 정의한 법 제2조 제3호의 내용이 처벌조항과의 관련 하에서 죄형법정주의의 명확성원칙에 반하는 것이라면 위 정의조

항을 구성요건의 일부로 하고 있는 심판대상조항 자체가 위헌으로 되게 된다(헌재 2013. 7. 25. 2011헌바39 참조).

(나) 법 제2조 제3호에 따르면 유사군복은 "군복과 형태·색상 및 구조 등이 유사하여 외관상으로는 식별이 극히 곤란한 물품으로서 국방부령이 정하는 것"이다. '유사하다'의 사전적 의미는 '서로 비슷하다'는 것이다(국립국어원 표준국어대사전). 또한, 법문언상 '극히' 식별이 곤란한 정도라고 규정되어 있으므로, 판매 등이 금지되는 유사군복은 군복단속법상의 군복과 비교하였을 때 단순히 유사한 정도보다 더 높은 정도로 유사한 물품만 해당한다. 이러한 사전적 의미 외에도, 심판대상조항의 입법취지가 군인 아닌 자의 군 작전 방해 등으로 인한 국방력 약화 방지에 있음을 고려할 때, 유사군복은 일반인의 눈으로 볼 때 군인이 착용하는 군복단속법상 군복(이하 '진정한 군복'이라 한다)이라고 오인할 정도로 형태·색상·구조 등이 극히 비슷한 물품을 의미한다.

'유사', '식별 곤란'이라는 용어는 군복단속법에서만 사용되는 고유한 개념이 아니고, 일반인이 일상적으로 사용하거나 다른 법령들에서도 사용되는 일반적인 용어로서 특별한 경우를 제외하고는 법관의 보충적 해석 작용 없이도 일반인들이 그 대강의 의미를 이해할 수 있는 표현이다. 심판대상조항에서 사용되는 의미 또한 일반적으로 사용되는 의미범위를 넘지 않고 있다(헌재 2016. 2. 25. 2013헌바105등 참조). 그와 달리 유사군복에 해당하는 형태·색상·구조를 구체적으로 열거하기 어려울 뿐만 아니라 구체적으로 열거하게 되면 이를 회피하는 탈법행위에 대처하기 어려우므로, '유사', '외관상 식별이 극히 곤란'이라는 추상적인 기준을 두는 것이 불가피하다.

(다) 이른바 밀리터리 룩으로 통칭되는 다양한 의복들은 대부분 군복의 상징만 차용하였을 뿐 형태나 색상 및 구조가 진정한 군복과는 다르거나 그 유사성이 식별하기 극히 곤란한 정도에 이르지 않아, 유사군복에 해당하지 않는 것으로 판단되는 경우가 많다.

유사군복을 판매 목적으로 소지하였다는 이유로 실제 단속되는 사례들을 보면 진정한 군복을 가져다가 그대로 모방하여 제조된 물품을 판매하거나 인터넷 상으로 판매글을 게시하면서 그 대상이 진정한 군복과 같은 외관을 띤 사진과 함께 모조품임을 언급하지 않는 경우도 있는 등 진정한 군복과 유사성이 높은 경우로 국한됨을 알 수 있다. 국방부 조사본부의 사실조회 회신에 따르면 진정한 군복까지 포함한 입건 수가 연간 7명(2015년), 14명(2016년), 13명(2017년)으로 저조한 편인데(최근 5개년 불법거래 단속 및 사법처리현황), 이를 보더라도 군복과의 유사성이 없는 단순 밀리터리 룩 의복까지 심판대상조항에 의하여 무분별하게 판매 등 행위가 금지되고 있는 것으로 보기는 어렵다.

(라) 심판대상조항의 문언과 입법취지, 위와 같은 사정을 종합하면, 건전한 상식과 통상적인 법 감정을 가진 사람은 군복단속법상 판매목적 소지가 금지되는 '유사군복'에 어떠한 물품이 해당하는지를 예측할 수 있고, 유사군복을 정의한 조항에서 법 집행자에게 판단을 위한 합리적 기준이 제시되고 있어 심판대상조항이 자의적으로 해석되고 적용될 여지가 크다고 할 수 없다.

(3) 소결

심판대상조항은 죄형법정주의의 명확성원칙에 위반되지 아니한다.

라. 직업의 자유 및 일반적 행동의 자유 침해 여부

(1) 입법목적의 정당성과 수단의 적합성

유사군복의 판매목적 소지를 금지하고 처벌함으로써 국가안전보장에 총력을 기한다는 심판대상조항은 입법목적이 정당하며, 군 작전을 방해하려는 자, 군인을 사칭하려는 자에게 유사군복이 유통되지 않도록 하는 데에 적합한 수단이다.

(2) 침해의 최소성

(가) 군복은 전투 목적과 기능에 적합하게 디자인된 특수한 복식으로서 군인임을 나타내는 가장 직접적인 표지이다. 남파 간첩이나 적군이 유사군복을 착용하여 군인으로 위장해 침투하거나, 군인 아닌 자가 유사군복을 입고 군인임을 사칭하여 금품을 갈취하거나 군인에 대한 국민의 신뢰를 실추시키는 행동을 하는 경우 등을 상정해볼 때, 군인과의 오인가능성 측면에서 유사군복은 군복단속법 제9조 제1항, 제13조 제2항으로 금지되고 있는 진정한 군복을 군인 아닌 자가 착용했을 경우와 결과적으로 동일한 정도의 위해를 유발할 수 있다. 국민 정서는 아직 우리나라가 테러의 위험에 상시 노출되어있다는 경각심이 낮은 편이어서, 군복을 착용한 자는 테러범 내지 군인을 사칭하는 자이거나 혹은 군인 아닌 자가 그의 개성 발현 수단으로서 군복을 입었을 것이라고 생각하기보다는 진정한 군인일 것이라는 신뢰가 높은 상황이다. 이러한 상황에서 유사군복을 착용하고 진정한 군인으로 위장한 자들에 의한 테러 등 국

가적 위험이 일단 발생하면 국가 안전보장에 치명적인 결과를 가져옴과 동시에 사회적 혼란과 불안감을 초래할 가능성이 매우 크므로, 단순히 사후적으로 규제하는 것만으로는 문제가 해소되기 어렵다.

게다가 유사군복이 집회·시위 참가자들에 의해 빈번히 착용되고 있는 것이 현실인데, 동일한 유사군복을 다수의 인원이 통일하여 착용하는 경우 위협성과 호전성의 과시효과가 있을 뿐 아니라 집회·시위의 배후에 군대, 더 나아가 국가와 연관된 집회라는 오해를 불러일으킬 수 있다. 그 외에도 군인 아닌 자가 유사군복을 입고 군인에 대한 국민의 신뢰를 실추시키는 행동을 함으로써 국민들의 신뢰가 저하되면, 향후 유사시에 군 작전을 수행할 때 국민의 협력이 원활하게 이루어지지 않을 수 있다. 이러한 부작용을 방지하기 위해서는 단지 유사군복의 착용을 금지하는 것으로는 부족하고 판매 목적으로 소지하는 것까지 금지하여 유사군복이 유통되지 않도록 하는 사전적 규제조치가 불가피하다.

(나) 미국 형법(18 U.S. Code) 제702조나 통일군사법전(10 U.S. Code 47편, the Uniform Code of Military Justice), 독일 형법 제132a조 제2항, 영국의 제복에 관한 법률(Uniform Act 1894) 제3조, 프랑스 형법 제433-15조와 국사원령 제R. 643-1조, 캐나다 형법 제419조 등 외국 입법례들도 유사군복의 착용을 금지 및 처벌하는 것이 일반적이다. 한편 외국 입법례들은 유사군복의 착용만을 규제하는 입법이 더 일반적인 반면, 우리는 유사군복의 착용뿐 아니라 유사군복의 판매목적 소지까지도 별도의 조항을 두어 처벌하고 있고, 법정형 역시 유사군복 판매목적 소지행위가 더 무거운 등 유사군복의 구매자보다 공급자 위주의 규제를 한다는 점에서 다소 차이가 있는 것은 사실이다.

그런데 유사군복 판매목적 소지는 그것이 직업으로서든 취미의 일환이든 영리를 추구하는 행위이지 단순한 기호나 외부적 표현행위가 아닌데다가, 유사군복의 착용을 궁극적으로 막으려면 유사군복의 유통과정상 나타나는 각 단계마다 적절한 억제수단이 필요하고, 공급억제의 필요성 측면에서 유사군복의 판매목적 소지가 유사군복 착용보다 규제 필요성이 낮은 것도 아니다. 따라서 유사군복의 착용을 금지하고 위반한 경우를 처벌하는 조항이 있다고 하여 유사군복의 판매목적 소지를 별도로 규제할 필요성이 없어지는 것은 아니다.

(다) 심판대상조항이 유사군복의 판매목적 소지를 금지하는 범위 역시 필요한 최소한도에 그치고 있다.

1) 먼저, 유사군복을 정의한 법 제2조 제3호의 위임을 받은 같은 법 시행규칙은 유사군복에 해당하는 물품을 전투복, 전투화, 전투모, 계급장, 장성급(將星級) 장교표지(이상 일반복), 야전상의, 방한복, 비행복, 특전복(이상 특수복)으로 제한하고 있다(제4조 [별표 1]).

이에 따르면 전투복이 아닌 근무복이나 정복, 예모, 정모, 특수모, 행사복, 예복은 아무리 군인과 식별이 어려울 정도로 유사한 물품이라도 판매 목적으로 소지할 수 있다. 더욱이 유사군복은 현재 군인이 착용하고 있는 군복과의 유사성을 기준으로 하기 때문에, 2013. 5. 23. 개정된 군인복제령에 따른 디지털 무늬 군복 도입으로 더 이상 군인이 착용하지 않는 구형 얼룩무늬(카무플라쥬)의 전투복과 야전상의와는 식별이 곤란할 정도의 유사품의 판매 등은 금지되지 않는다(단, 방한복과 전투화는 구형 물품도 유사품 제조 시 단속대상에 해당).

2) 다음으로, 판매 등이 금지되는 유사군복의 범위는 외관상 진정한 군복과 식별이 곤란할 정도이므로 그 유사성 정도를 엄격하게 좁혀서 규정하고 있고, 군인복제령 제2조 내지 제8조 및 그에 따르는 [별도1] 내지 [별도5]에서 해당 군복의 형태·색상·구소를 구체적으로 명시하고 있으므로, 이와 비교하여 오인가능성이 낮은 유사품이나 단순 밀리터리 룩 의복은 심판대상조항의 규제대상에서 제외된다.

3) 마지막으로 군복단속법 시행규칙상 유사군복에 해당하는 물품이고 외관상으로 식별이 극히 곤란한 유사군복이라 하더라도 법 제8조 제2항 단서 제1호 내지 제3호에서는 문화·예술활동 또는 국방부령이 정하는 의식행사를 하는 경우, 다른 법령에 따라 착용·사용 또는 휴대가 허용된 경우, 국가기관 또는 지방자치단체의 시책에 따른 활동 등 공익을 위한 활동으로 국방부령이 정하는 경우 예외적으로 유사군복의 판매목적 소지를 허용하고 있다.

(라) 따라서 심판대상조항에 의하여 판매목적 소지가 금지되는 유사군복의 범위가 지나치게 넓다거나 이에 관한 규제가 과도하다고 할 수 없다.

(3) 법익의 균형성

유사군복이 모방하고 있는 대상인 전투복은 군인의 전투용도로 세심하게 고안되어 제작된 특수한 재화라는 특성이 있으므로, 입법자는 이를 모방한 물품이 이윤추구의 수단과 매매행위의 대상이 되는 것을 부정적으로 평가하여 이를 일반적으로 금지하고, 예외적인 경우에만 판매목적 소지를 허용하였다. 심판대상조항으로 인하여 다양한 군복 중 '전투복, 전투화, 전투모, 계급장, 장성급 장교표지, 야전상의, 방한복, 비행복, 특전복'에 한하여 그 형태·색상·구조 등이 유사하여 외관상으로는 식별이 '극히' 곤란한 유사군복의 경우에만 판매목적 소지가 금지되고 그 이외의 일반적인 밀리터리 룩 의복에 대해서는 판매목적 소지가 허용된다. 그로 인하여 유사군복 판매업자 등의 직업의 자유나 일반적 행동의 자유가 위와 같은 범위에서 제한된다 하더라도, 그 제한의 정도가 외관상 식별이 극히 곤란한 유사군복의 유통을 금지함으로써 이를 통해 군인을 사칭하고 군사시설에 잠입하는 등의 행위가 일어날 가능성을 방지하여 국가안전보장과 질서를 유지하려는 공익에 비하여 결코 중하다고 볼 수 없다.

(4) 소결

심판대상조항은 과잉금지원칙을 위반하여 직업의 자유 내지 일반적 행동의 자유를 침해하지 아니한다.

5. 결 론

그렇다면 심판대상조항은 헌법에 위반되지 아니하므로 주문과 같이 결정한다. 이 결정은 재판관 서기석, 재판관 이석태, 재판관 이영진의 아래 6.과 같은 반대의견이 있는 외에는 나머지 관여 재판관의 일치된 의견에 의한 것이다.

6. 재판관 서기석, 재판관 이석태, 재판관 이영진의 반대의견

우리는 심판대상조항이 직업의 자유 내지 일반적 행동자유권을 침해하여 헌법에 위반된다고 생각하므로 아래와 같이 반대의견을 밝힌다.

가. 입법목적의 정당성과 수단의 적합성

심판대상조항의 입법목적은 1973. 1. 30. 신설될 당시에는 격변하는 국내외 정세와 당대의 안보위기감, 대북 안보태세 강화노력을 반영한 것이므로 정당하며, 유사군복의 판매목적 소지를 금지하고 이를 위반한 경우 형사처벌하는 것은 유사군복이 유통되지 않도록 함으로써 군 작전을 방해하려는 자, 군인을 사칭하려는 자의 수중에 유사군복이 공급되지 않도록 하는 수단으로서는 적절하다.

그러나 금지하는 행위의 사회유해성 내지 법익침해에 대한 입법자의 판단이 현재 시점에서도 유효하게 유지될 수 있는지에 대하여는 의문의 여지가 있다. 즉, 위 조항이 1973년에 국회가 아닌 비상국무회의에서 가결되어 신설된 이후 약 40년의 세월이 흐르는 동안 냉전 종식, 우리나라의 국방력 강화, 재래식 전투에서 정보전·과학전·사이버 공격 등 현대전으로의 전투양상 변화, 군사정권에서 문민정부 정착으로 인한 사회 분위기 변화, 경제력 향상과 그에 따른 의복에 대한 국민의 인식 변화 등 제반 사정이 변경된 점을 고려해야 한다. 지금도 유사군복이 사회에 유해하거나 국가안전보장에 끼치는 해악이 뚜렷하여 이를 금지 및 형사처벌하는 것이 직업의 자유 내지 일반적 행동자유권에 가하는 제한을 정당화할 수 있는 정도의 공익 달성 효과가 있는지는 재검토가 필요하다.

나. 침해의 최소성

(1) 사회에 끼치는 해악이 크지 않거나 구체적 법익에 대한 명백한 침해가 없는 경우에는 국가권력이 개입해서는 안 된다는 것이 현대 형법의 추세이다(헌재 2015. 2. 26. 2009헌바17등). 그런데 심판대상조항은 아래와 같이 보호법익과의 관계가 미약한 경우까지도 일률적으로 금지하고 있다.

유사군복의 판매목적 소지 행위를 허용한다고 하여 국방력을 약화시키거나 군 작전에 방해되는 결과로 이어질 위험이 있다고 보기는 어렵다. 경험칙 상 적군이 우리 군으로 위장하고 국내로 침투하기 위해서 국내에서 판매되고 있는 유사군복을 구입할 가능성은 낮다. 따라서 유사군복이 적군의 수중에 들어가지 않게 국내에서 판매 등을 일절 금지하여야 한다는 주장은 설득력이 낮다.

국방력 약화 내지 군 작전 방해 방지라는 입법목적은 엄밀한 군인신분 확인, 근무 태세 강화, 간첩·테러 위협에 관한 정보기관의 정보수집 업무 충실로도 충분히 달성할 수 있다. 군 작전에 방해되는 행위에 대해서는 이미 간첩죄(제98조), 이적죄(제99조) 등 형법상 처벌조항이 있음에도 굳이 그 단계에 이르지 않은 유사군복 판매목적 소지 행위를 미리 금지·처벌할 필요성이 없다.

게다가 유사군복을 구매하여 이를 어떻게 활용할 지는 개인의 자유에 달린 것으로서 결과적으로 국가안전보장에 끼칠 영향 또한 천차만별이다. 가령, 유사군복을 단지 개인적 기호에 따라 구입하여 군에 대한 의식을 고취할 용도로 가정에서 단순히 전시하는 경우도 있을 수 있다. 유사군복 중 전투모·전투복·전투화 전부를 갖춰서 구입할 수도 있고, 등산용으로 전투화만 구입할 수도 있다. 이처럼 유사군복이 끼칠 국가안전보장상의 영향은 유사군복의 판매목적 소지 때문이 아니라 구매자가 누구이며 그가 어떤 행위를 하는지에 따라 결정되는데, 구매자의 악용가능성을 이유로 유사군복의 판매목적 소지까지 금지하는 것은 지나친 규제이다.

외국 입법례를 보더라도 미국·독일·영국·프랑스·캐나다 등의 나라는 유사군복의 착용행위만 처벌하고 있을 뿐 판매나 판매목적 소지행위까지 처벌하고 있지 않다. 이미 유사군복의 착용은 금지 및 형사처벌되고 있고(군복단속법 제9조 제2항, 제13조 제2항), 군인사칭행위를 처벌하는 공무원 자격사칭죄, 군인인 것처럼 행세하면서 협박하거나 기망하는 경우 협박죄·사기죄·공갈죄·강요죄 등 형사처벌 조항이 존재하므로, 유사군복의 판매목적 소지를 금지하지 않더라도 충분히 일반예방적 효과를 달성할 수 있다.

유사군복의 제조 및 판매 등으로 국방력을 약화시키는 행위나 군 작전에 방해가 될 위험을 사전에 방지할 필요를 인정한다 하더라도 심판대상조항은 '국가안보를 저해한다는 점을 알면서' 또는 '국가안보를 해할 목적'과 같은 초과주관적 구성요건으로서의 고의나 목적을 요구하지 않으므로, 국가안보를 위태롭게 할 의도가 전혀 없고 단지 경제적 이익을 취하기 위한 유사군복 단순 판매목적 소지미지도 일률적으로 금지하고 있다. 이는 달성하려는 입법목적에 비하여 과도하게 넓은 규제이고, 그로 인해 심판대상조항의 보호법익을 저해할 가능성이 전혀 없는 자들까지도 형사처벌 대상에 포함되는 문제가 발생하고 있다.

(2) 심판대상조항이 예외적으로 국가기관의 시책에 따른 활동 등의 경우에는 유사군복의 판매 등을 허용하여 금지 및 처벌 범위를 최소화하려고 한 것은 바람직하나, 이들 사유들은 어디까지나 유사군복을 구매하여 착용하는 자의 의도와 행위 여하에 따라 유사군복 판매자의 가벌성이 결정된다는 문제가 있어 판매자에 대한 규제로서는 침해 최소성을 충족하지 않는다. 실제로도 유사군복 판매 등 행위를 단속할 때에 이러한 예외사유에 해당하는지 여부를 따지지 않고 일률적으로 단속하고 있고, 국방부 조사본부의 사실조회 회신에 따르면 그러한 예외사유에 해당한다는 이유로 유사군복 판매 등을 공식적으로 허용한 사례도 없다.

(3) 유사군복의 수요층이 늘어나면서 시장이나 노점상뿐 아니라 인터넷을 통해 해외에서 제조되고 저가로 판매되는 유사군복을 손쉽게 구매할 수 있는 실정이므로 우리나라에서 판매하는 자만을 금지, 단속하더라도 유사군복 유통을 근절시키기 어렵다. 그리고 이러한 형사처벌이 유사군복 판매 범죄에 대한 일반예방적 효과를 거두고 있음을 보여주는 자료도 존재하지 아니한다. 유사군복만의 통계가 아니라 진정한 군복과의 단속까지 합쳐보아도 최근 5년간 경찰에 고발된 자는 연간 최저 9명(2014년)부터 최다 633명(2017년)에 불과하고, 그 중 경찰에서 실제로 입건한 숫자는 연간 최저 1명(2013년)부터 최다 14명(2016년)으로 극히 적다(국방부 조사본부 사실조회 회신). 이러한 단속 실태는 결국 심판대상조항의 규범력과 당위성이 미약함을 방증하는 것으로서, 단지 수사기관의 간헐적 단속, 선별적 형사소추와 같은 집행상의 문제에 불과하다고 볼 수는 없다(헌재 2016. 3. 31. 2013헌가2의 반대의견 참조). 결국 유사군복 판매목적 소지죄는 행위규제규범으로서의 기능을 잃어가고 있어 형사정책상으로도 일반예방 및 특별예방의 효과를 모두 거두기 어려운 것이다(헌재 2009. 11. 26. 2008헌바58등 참조).

(4) 유사군복 착용에 대한 일반적인 인식 변화로 말미암아 심판대상조항의 규제는 더 이상 신설 당시의 존재이유를 유지하고 있다고 보기 어렵다. 현재 우리 사회에서 군인 아닌 자가 유사군복을 착용하여 시가지에서 돌아다니면서 민간인을 상대로 군인을 사칭하여 금품을 갈취하는 일이나 군 작전을 방해하는 일이 빈번히 일어나고 있다고 보기 어렵다. 그에 비해 군복을 모방한 의복이 유행의 일부가 되는 등 군복을 군인들의 전유물이 아닌 문화·유행의 일부분으로 보는 시각이 대두하였고, 근본적으로는 타인에게 어떠한 직접적 행동이나 피해를 끼치지 않는 한 누가 어떠한 의복을 입는가는 개인의 개성이자 자유로 받아들이고 있는 것이 일반화되었다. 그렇다면 유사군복을 구매하여 착용하는 자들에 대한 규제도 그 필요성이 의문시되는 마당에 입법목적과의 관련성이 더욱 먼 유사군복의 판매목적 소지까지 금지·형사처벌하는 것은 과도한 규제이다.

(5) 유사군복의 판매목적 소지를 허용한다고 하더라도 앞서 본 다른 형사처벌 조항들을 통하여 심판대상조항이 달성하려는 입법목적은 충분히 보호될 수 있다고 할 것이므로, 단지 군인을 사칭하려는 자에 의한 악용가능성이 있다는 이유만으로 심판대상조항에 의한 일률적·절대적 유사군복 판매목적 소지의 금지가 정당화될 수는 없다. 이러한 사정들을 종합하여 볼 때, 심판대상조항은 그 입법목적을 달성하는 데 필요한 최소한

도의 범위를 넘어, 규제가 불필요하거나 또는 허용하는 것이 가능한 유사군복 판매목적 소지까지도 이를 일률적·전면적으로 금지하고 있다고 할 것이므로 침해의 최소성에 위배된다(헌재 2018. 5. 31. 2013헌바322등 참조).

다. 법익의 균형성

이처럼 유사군복의 판매목적 소지를 일반적으로 금지하고 형사처벌한다고 하여 과연 국방력 약화 방지, 군인사칭행위 방지라는 공익 달성에 얼마나 기여하는지는 막연하고 불분명한 것에 비하여, 유사군복을 판매 목적으로 소지하여 직업을 영위하는 자의 직업의 자유 및 일회적·단발적으로 판매하고자 유사군복을 소지하는 자의 일반적 행동의 자유는 중대하게 제한된다. 심판대상조항은 법익의 균형성도 상실하였다.

라. 소결

심판대상조항은 직업의 자유 내지 일반적 행동자유권을 침해하여 헌법에 위반된다.

재판관 유남석 서기석 조용호 이선애 이석태 이은애 이종석 이영진 김기영

[별지] 관련조항

군복 및 군용장구의 단속에 관한 법률(2015. 7. 20. 법률 제13395호로 개정된 것)

제2조(정의) 이 법에서 사용하는 용어의 정의는 다음과 같다.

1. "군복"이라 함은「군인사법」제47조의3의 규정에 따른 군모·제복·군화·계급장·표지장·피아식별띠 및 국방부령이 정하는 특수군복을 말한다.
2. "군용장구"라 함은 군용표지가 있는 물품으로서「군수품관리법」에 따른 일반물자의 장구류 중 국방부령이 정하는 것을 말한다.
3. "유사군복"이라 함은 군복과 형태·색상 및 구조 등이 유사하여 외관상으로는 식별이 극히 곤란한 물품으로서 국방부령이 정하는 것을 말한다.

군복 및 군용장구의 단속에 관한 법률(2006. 4. 28. 법률 제7933호로 전부개정된 것)

제9조(군복 등의 착용·사용금지) ② 누구든지 유사군복을 착용하여 군인과 식별이 곤란하도록 하여서는 아니 된다.

군복 및 군용장구의 단속에 관한 법률(2014. 5. 9. 법률 제12555호로 개정된 것)

제13조(벌칙) ① 다음 각 호의 어느 하나에 해당하는 자는 1년 이하의 징역 또는 1천만원 이하의 벌금에 처한다.

1. 제3조 제1항의 규정에 따른 허가를 받지 아니하고 군복 또는 군용장구를 제조 또는 판매하거나 판매할 목적으로 소지한 자

② 제9조의 규정을 위반한 자는 10만원 이하의 벌금이나 구류 또는 과료에 처한다.

군복 및 군용장구의 단속에 관한 법률 시행규칙(2017. 10. 18. 국방부령 제938호로 개정된 것)

제4조(유사군복의 범위) 법 제2조 제3호에서 "국방부령이 정하는 것"이라 함은 별표 1에서 정하는 것을 말한다.

[별표 1] 유사군복의 범위(제4조 관련)

분류		세항
유사군복	기본군복	전투복, 전투화, 전투모, 계급장, 장성급(將星級) 장교표지
	특수군복	야전상의, 방한복, 비행복, 특전복

군인복제령(2017. 9. 29. 대통령령 제28346호로 개정된 것)

제4조(군모) ② 군모의 제식은 별도 1에 따른다.

제5조(제복) ⑤ 제복의 제식은 별도 2에 따른다.

제6조(군화) ② 군화의 제식은 별도 3에 따른다.

제7조(계급장) ② 계급장의 제식은 별도 4에 따른다.

제8조(표지장) ② 표지장 중 모표, 정근장, 상장 및 장성급 장교 표지의 제식은 별도 5에 따른다.

3. 초·중등교육법 시행령 제80조 제1항 등 위헌확인

[2019. 4. 11. 2018헌마221]

【판시사항】

가. 자율형 사립고등학교(이하 '자사고'라 한다)를 후기학교로 정하여 신입생을 일반고와 동시에 선발하도록 한 초·중등교육법 시행령(2017. 12. 29. 대통령령 제28516호로 개정된 것, 이하 '시행령'이라 한다) 제80조 제1항(이하 '이 사건 동시선발조항' 이라 한다)과 자사고를 지원한 학생에게 평준화지역 후기학교에 중복지원하는 것을 금지한 시행령 제81조 제5항 중 '제91조의3에 따른 자율형 사립고등학교는 제외한다' 부분(이하 '이 사건 중복지원금지 조항' 이라 하고 위 두 조항을 합하여 '심판대상조항' 이라 한다)이 교육제도 법정주의에 위반하여 청구인들의 기본권을 침해하는지 여부(소극)

나. 이 사건 동시선발 조항이 기본권 제한의 한계를 일탈하여 청구인 학교법인의 사학운영의 자유를 침해하는지 여부(소극)

다. 이 사건 동시선발 조항이 신뢰보호원칙을 위반하여 청구인 학교법인의 사학운영의 자유를 침해하는지 여부(소극)

라. 이 사건 동시선발 조항이 청구인 학교법인의 평등권을 침해하는지 여부(소극)

마. 이 사건 중복지원금지 조항이 청구인 학생 및 학부모의 평등권을 침해하는지 여부(적극)

【결정요지】

가. 초·중등교육법은 고등학교 교육제도와 그 운영에 관하여 기본적인 사항을 이미 규정하고 있고, 다만 고등학교의 입학방법과 절차 등 입학전형에 관한 사항은 각 지역과 시점에 따라 달라지는 고등학교 교육에 대한 수요 및 공급의 상황과, 각종 고등학교별 특성 등을 고려하여야 할 필요성으로 인하여 행정입법에 위임하고 있다(제47조 제2항). 따라서 심판대상조항이 신입생 선발시기와 지원 방법을 대통령령으로 규정한 것 자체가 교육제도 법정주의에 위반된다고 보기는 어렵다.

심판대상조항은 우리나라가 고교평준화 제도를 원칙으로 하면서 이를 보완하기 위하여 여러 형태의 특수한 고등학교들을 인정하고 있음에 따라 학교 유형별 수요자 층이 다름을 고려하여 학교 유형별로 신입생 선발시기를 달리 정하고, 평준화지역 후기학교와 자사고 등의 특성을 고려하여 지원 방법도 달리 정한 것이다. 따라서 심판대상조항은 고등학교 교육에 대한 수요 및 공급의 상황과, 각종 고등학교별 특성 등을 고려하여 규정한 것으로서 수권법률인 초·중등교육법 제47조 제2항의 위임취지에 부합한다.

나. 사립학교도 공교육의 일익을 담당한다는 점에서 국·공립학교와 본질적 차이가 있을 수 없기 때문에, 국가가 일정한 범위 안에서 사립학교의 운영을 감독·통제할 권한과 책임을 지고 있으며, 그 규율의 정도는 그 시대의 사정과 각급 학교의 형편에 따라 다를 수밖에 없다. 이 사건 동시선발 조항이 청구인 학교법인의 사학운영의 자유를 제한하고 있더라도 그 위헌 여부는 헌법 제37조 제2항에 의한 기본권 제한의 한계를 벗어나 자의적으로 그 본질적 내용을 침해하였는지 여부에 따라 판단되어야 한다.

이 사건 동시선발 조항은 동등하고 공정한 입학전형의 운영을 통해 '우수학생 선점 해소 및 고교서열화를 완화'하고 '고등학교 입시경쟁을 완화'하기 위한 것이다. 당초 자사고를 전기학교로 규정한 취지는 자사고가 교육과정을 자율적으로 운영할 수 있도록 하면 일반고와 차별화된 교육을 제공할 것으로 기대되므로, 개별 자사고들의 건학이념 및 교육과정에 적합한 학생들을 후기학교보다 먼저 선발할 수 있도록 한 것인데, 당초 취지와 달리 자사고는 일반고와 교육과정에서 큰 차이가 없이 운영되었고, 전기모집은 학업능력이 우수한 학생을 선점하기 위한 목적으로 이용되었다. 일반고의 입장에서 고교 유형에 따른 부당한 차별이라는 주장도 제기되고 학교 유형간 학력격차도 확대되는 등 현재에 이르러서는 자사고를 전기학교로 규정하는 것이 더 이상 정당성을 찾기 힘든 상황이 되었다.

개별 자사고에 적합한 학생을 선발함에 있어서 핵심적 요소는 선발 방법인바, 자사고와 일반고가 동시선발하더라도 해당 학교의 장이 입학전형 방법을 정할 수 있으므로 해당 자사고의 교육에 적합한 학생을 선발하는 데 지장이 없고, 시행령은 입학전형 실시권자나 학생 모집 단위 등도 그대로 유지하여 자사고의 사학운영의 자유 제한을 최소화하였다. 또한 일반고 경쟁력 강화만으로 고교서열화 및 입시경쟁 완화에 충분하다고 단정할 수 없다. 따라서 이 사건 동시선발 조항은 국가가 학교 제도를 형성할 수 있는 재량 권한의 범위 내에 있다.

다. 자사고는 초·중등교육법 제61조에 따른 학교인데 위 조항은 신입생 선발시기에 관하여 자사고에 특별한 신뢰를 부여하였다고 볼 수 없다. 또한 입학전형에 관한 사항은 고등학교 교육에 대한 수요 및 공급의 상황과 각종 고등학교별 특성 등을 고려하여 정할 필요성이 있고, 전기학교로 규정할 것인지 여부는 특정 분야에 재능이나 소질을 가진 학생을 후기학교보다 먼저 선발할 필요성이 인정되는지에 따라 달라질 수 있는 가변적인 성격을 가지고 있다. 자사고가 당초 도입취지와 달리 운영되고 있음은 앞서 본 바와 같고 자사고가 전기학교로 유지되리라는 기대 내지 신뢰는 자사고의 교육과정을 도입취지에 충실하게 운영할 것을 전제로 한 것이므로 그 전제가 충족되지 않은 이상 청구인 학교법인의 신뢰를 보호하여야 할 가치나 필요성은 그만큼 약하다. 고교서열화 및 입시경쟁 완화라는 공익은 매우 중대하고, 자사고를 전기학교로 유지할 경우 우수학생 선점 문제를 해결하기 곤란하여 고교서열화 현상을 완화시키기 어렵다는 점, 청구인 학교법인의 신뢰의 보호가치가 작다는 점을 고려하면 이 사건 동시선발 조항은 신뢰보호원칙에 위배되지 아니한다.

라. 어떤 학교를 전기학교로 규정할 것인지 여부는 해당 학교의 특성상 특정 분야에 재능이나 소질을 가진 학생을 후기학교보다 먼저 선발할 필요성이 있는지에 따라 결정되어야 한다. 과학고는 '과학분야의 인재 양성'이라는 설립 취지나 전문적인 교육과정의 측면에서 과학 분야에 재능이나 소질을 가진 학생을 후기학교보다 먼저 선발할 필요성을 인정할 수 있으나, 자사고의 경우 교육과정 등을 고려할 때 후기학교보다 먼저 특정한 재능이나 소질을 가진 학생을 선발할 필요성은 적다. 따라서 이 사건 동시선발 조항이 자사고를 후기학교로 규정함으로써 과학고와 달리 취급하고, 일반고와 같이 취급하는 데에는 합리적인 이유가 있으므로 청구인 학교법인의 평등권을 침해하지 아니한다.

마. 이 사건 중복지원금지 조항은 고등학교 진학 기회에 있어서의 평등이 문제된다. 비록 고등학교 교육이 의무교육은 아니지만 매우 보편화된 일반교육임을 고려할 때 고등학교 진학 기회의 제한은 당사자에게 미치는 제한의 효과가 커 엄격히 심사하여야 하므로 차별 목적과 차별 정도가 비례원칙을 준수하는지 살펴야 한다. 자사고를 지원하는 학생과 일반고를 지원하는 학생은 모두 전기학교에 지원하지 않았거나, 전기학교에 불합격한 학생들로서 고등학교에 진학하기 위해서는 후기 입학전형 1번의 기회만 남아있다는 점에서 같다.

시·도별로 차이는 있을 수 있으나 대체로 평준화지역 후기학교의 입학전형은 중학교 학교생활기록부를 기준으로 매긴 순위가 평준화지역 후기학교의 총 정원 내에 들면 평준화지역 후기학교 배정이 보장된다.

반면 자사고에 지원하였다가 불합격한 평준화지역 소재 학생들은 이 사건 중복지원금지 조항으로 인하여 원칙적으로 평준화지역 일반고에 지원할 기회가 없고, 지역별 해당 교육감의 재량에 따라 배정·추가배정 여부가 달라진다. 이에 따라 일부 지역의 경우 평준화지역 자사고 불합격자들에 대하여 일반고 배정절차를 마련하지 아니하여 자신의 학교군에서 일반고에 진학할 수 없고, 통학이 힘든 먼 거리의 비평준화지역의 학교에 진학하거나 학교의 장이 입학전형을 실시하는 고등학교에 정원미달이 발생할 경우 추가선발에 지원하여야 하고 그조차 곤란한 경우 고등학교 재수를 하여야 하는 등 고등학교 진학 자체가 불투명하게 되기도 한다. 고등학교 교육의 의미, 현재 우리나라의 고등학교 진학률에 비추어 자사고에 지원하였었다는 이유로 이러한 불이익을 주는 것이 적절한 조치인지 의문이 아닐 수 없다.

자사고와 평준화지역 후기학교의 입학전형 실시권자가 달라 자사고 불합격자에 대한 평준화지역 후기학교 배정에 어려움이 있다면 이를 해결할 다른 제도를 마련하였어야 함에도, 이 사건 중복지원금지 조항은 중복지원금지 원칙만을 규정하고 자사고 불합격자에 대하여 아무런 고등학교 진학 대책을 마련하지 않았다. 결국 이 사건 중복지원금지 조항은 고등학교 진학 기회에 있어서 자사고 지원자들에 대한 차별을 정당화할 수 있을 정도로 차별목적과 차별 정도 간에 비례성을 갖춘 것이라고 볼 수 없다.

재판관 서기석, 재판관 조용호, 재판관 이선애, 재판관 이종석, 재판관 이영진의 이 사건 동시선발조항에 대한 위헌의견

(1) 이 사건 동시선발 조항이 과잉금지원칙을 위반하여 사학운영의 자유를 침해하였는지 여부

사립학교 교육의 자율성과 독자성을 보장하는 것은 사립학교제도의 본질적 요체이므로 사립학교 교육에 대한 국가의 간섭은 사립학교가 담당하는 공교육, 즉 학력인정에 필요한 교육의 충실을 확보하기 위하여 필요한 한도에 그쳐야 하며, 학교법인이나 사립학교의 자율적 운영을 제한하기 위해서는 헌법 제37조 제2항의 요건을 갖추어야 한다.

자사고에 대한 논쟁은 사학의 자율성과 공공성, 교육의 수월성과 형평성 중 무엇을 강조할 것인가라는 교육철학의 문제로 귀결된다는 점을 고려하면 입법목적 자체는 일단 수긍할 수 있고, 이 사건 동시선발 조항은 그 목적달성에 기여하는 적합한 수단이라 볼 수 있다.

자사고는 국가 및 지방자치단체로부터 재정적으로 독립하는 대신 일반 사립고보다 폭넓은 자율권을 향유하고 학생선발권에 대한 규제도 되도록 받지 않는다고 보아야 한다. 자사고의 고액 등록금 납부와 각 학교마다 건학이념에 따른 특성화 교육, 전국단위모집 자사고의 경우 기숙사를 운영하는 점 등을 고려하면 자사고로서는 일반고 모집에 앞서 학생을 선발할 수밖에 없으므로 전기모집은 자사고 운영에 있어 핵심적 요소이다.

우수학생 선점과 고교서열화 완화를 위해서는 궁극적으로 일반고의 경쟁력을 강화시켜야 할 것인데 이 사건 동시선발 조항은 손쉬운 자사고에 대한 규제를 택하여 전체 고등학교를 하향평준화시킬 수 있고, 자사고 입학전형에서 교과지식 질문이 금지되는 등 특별히 고교입시를 과열시킨다고 볼 수 없는 점 등에 비추어 입법목적 달성에 기여하는 정도는 불확실하다. 나아가 이 사건 동시선발 조항과 이 사건 중복지원금지 조항으로 인하여 자사고 불합격자는 평준화지역 후기학교 배정이 보장되지 못하는

결과 자사고 지원을 기피하게 되고 자사고의 존폐 여부에까지 영향을 미칠 수 있다. 또한 법정 기준에 미달하거나 지정 목적 달성이 불가능한 자사고의 경우 교육감이 지정 취소를 하는 등 개별적인 규제를 통해 덜 제약적인 방식으로 입법목적을 달성할 수 있다. 따라서 이 사건 동시선발 조항은 침해의 최소성 원칙에 위배되고, 달성하려는 공익보다 청구인 학교법인이 침해받는 사익이 훨씬 커 법익의 균형성도 인정하기 어려우므로 이 사건 동시선발 조항은 과잉금지원칙을 위반하여 청구인 학교법인의 사학운영의 자유를 침해한다.

(2) 이 사건 동시선발 조항이 신뢰보호원칙에 위반하여 사학운영의 자유를 침해하였는지 여부

청구인 학교법인의 자사고 설립·운영은 단지 학교법인의 사익을 위한 것이 아니라, 국가가 고교 교육의 다양성과 자율성, 수월성과 책임성이라는 또다른 공익을 실현하고자 일정한 방향으로 유인·권장하고, 더 나아가 '대통령령'으로 '전기학교 선발'을 보장함으로써 청구인 학교법인이 이에 호응하여 이루어진 것이고, 청구인 학교법인의 이러한 신뢰는 헌법상 특별히 보호가치가 있는 신뢰이다.

그런데 이 사건 동시선발 조항은 그 입법목적 달성에 기여하는 정도가 미미하거나 불확실한 정도에 그치지만, 청구인 학교법인의 경우 재정보조금을 받지 않고 법인전입금과 학생의 수업료 등으로 운영되기 때문에 학생들의 자사고 기피현상으로 학교 운영에 큰 어려움을 겪게 되고, 더 이상 손실을 감당하기 힘든 수준이 되면 일반고로 전환할 수밖에 없게 된다. 특히 청구인 학교법인은 물적·인적 투자 규모가 커 단순히 일반고로 전환하여 청구인 학교법인의 불이익을 해결할 수 없다. 정부가 자사고의 입학전형 시기를 변경하면서도 사전에 충분한 검토와 의견수렴을 거쳤다는 흔적은 찾아보기 어렵고, 더욱이 2017. 12. 29. 시행령을 전격 개정하면서 아무런 경과조치도 없이 2019학년도부터 바로 시행에 들어갔다. 따라서 이 사건 동시선발 조항은 신뢰보호원칙에 위배하여 청구인 학교법인의 사학운영의 자유를 침해한다.

재판관 조용호의 교육제도 법정주의에 관한 반대의견

고등학교 제도, 종류 및 운영에 관한 기본적인 사항은 국가와 사회질서에 미치는 영향과 파급효과가 매우 크고, 입학전형제도는 학생 및 학부모, 학교, 교육당국 등 이해관계가 다양하게 얽혀 있는바, 이러한 제도의 설계는 국민의 대표기관인 국회가 직접 법률로 결정하여야 하는 것이지 백지식으로 행정입법에 위임하여서는 아니 될 것이다. 그런데 우리 초·중등교육법은 자사고 등 고등학교의 종류 및 입학전형제도를 법률에서 직접 규정하지 않고 시행령에서 비로소 규정하고 있다.

나아가 자사고에 관한 시행령 제76조의3 제4호, 제91조의3은 모두 법률사항을 법률에 근거도 없이 시행령에 규정한 것으로서 교육제도 법정주의에 위반하였고, 위 규정들이 위헌인 이상 이를 전제로 한 심판대상조항들 역시 교육제도 법정주의에 위반된다고 보아야 한다.

재판관 서기석, 재판관 이종석의 교육제도 법정주의에 관한 법정의견에 대한 보충의견

우리는 심판대상조항 자체가 교육제도 법정주의에 반하는 것은 아니라는 점에 동의하면서도, 향후 국회가 고등학교의 종류 및 그 입학전형제도에 관하여는 법률에서 직접 규정하고 구체적인 입학방법과 절차 등에 관하여는 시행령에 위임하도록 입법하는 것이 교육제도 법정주의에 보다 부합한다는 의견을 밝힌다.

【심판대상조문】

초·중등교육법 시행령(2017. 12. 29. 대통령령 제

28516호로 개정된 것) 제80조 제1항, 제81조 제5항 중 '제91조의3에 따른 자율형 사립고등학교는 제외한다' 부분

【참조조문】

헌법 제11조, 제31조 제1항, 제6항,

초·중등교육법(2012. 3. 21. 법률 제11384호로 개정된 것) 제47조 제2항, 제61조

초·중등교육법 시행령(2017. 12. 29. 대통령령 제28516호로 개정된 것) 제76조의3, 제77조, 제80조 제2항, 제81조, 제82조, 제85조, 제86조, 제91조의3

【참조판례】

가. 헌재 2013. 11. 28. 2011헌마282등, 판례집 25-2하, 501, 508-509

헌재 2016. 2. 25. 2013헌마838, 판례집 28-1상, 242, 251

나. 헌재 2009. 4. 30. 2005헌바101, 판례집 21-1하, 23, 36-37

다. 헌재 1999. 7. 22. 97헌바76등, 판례집 11-2, 175, 195

마. 헌재 2011. 2. 24. 2008헌바56, 판례집 23-1상, 12, 18

헌재 2017. 12. 28. 2016헌마649, 판례집 29-2하, 537, 544

【당 사 자】

청 구 인 [별지1] 청구인 명단과 같음

청구인들 대리인 법무법인(유한) 바른

담당변호사 김용균 외 1인

법무법인 서울

담당변호사 이석연

변호사 이명웅

【주 문】

1. 초·중등교육법 시행령(2017. 12. 29. 대통령령 제28516호로 개정된 것) 제81조 제5항 중 '제91조의3에 따른 자율형 사립고등학교는 제외한다' 부분은 헌법에 위반된다.

2. 청구인들의 나머지 심판청구를 기각한다.

【이 유】

1. 사건개요

가. 청구인 1 내지 3은 자율형 사립고등학교(이하 '자사고'라 한다)인 ○○고, □□고, △△고를 각 운영하는 학교법인들이다(이하 '청구인 학교법인'이라 한다). 청구인 4 내지 6은 초·중등교육법 시행령 제77조 제2항에 따라 시·도 조례로 정하는 지역(이하 '평준화지역'이라 한다)의 중학생들로서 자사고 입학을 희망하는 자들(이하 '청구인 학생'이라 한다. 특히 청구인 4, 6은 전주, 청주 소재 중학교에 재학 중이다)이고, 청구인 7 내지 9는 그 학부모들이다(이하 '청구인 학부모'라 한다).

나. 2018학년도까지의 고등학교 입시 일정에서는 자사고가 전기에 선발하는 고등학교 또는 학과(이하 '전기학교'라 한다)에 포함되어 학생들이 전기에 자사고를 지원하고 불합격할 경우 후기에 선발하는 고등학교 또는 학과(이하 '후기학교'라 한다)를 지원하는 것이 가능하였다(초·중등교육법 시행령 제85조 제2항). 그러나 2017. 12. 29. 초·중등교육법 시행령이 대통령령 제28516호로 개정되면서 제80조 제1항에서 제5호를 삭제하여 자사고를 후기학교로 정하고, 제81조 제5항 중 괄호 안에 '제91조의3에 따른 자율형 사립고등학교는 제외한다' 부분을 삽입하여 자사고를 지원한 학생에게는 초·중등교육법 시행령 제90조 제1항 제6호에 해당하는 특수목적고등학교(이하 '외국어고·국제고'라 한다) 및 자사고를 제외한 평준화지역의 후기학교(이하 '평준화지역 후기학교'라 한다)에 중복지원하는 것을 금지하였다(이하 '이 사건 개정'이라 한다).

다. 이에 청구인들은 이 사건 개정으로 인해 학생과 학부모는 자사고 지원이 어려워지고 자사고는 학생선발에 어려움을 겪게 되었으므로, 개정 시행령이 학생과 학부모의 학교선택권, 학교법인의 사립학교 운영의 자유로서의 학생선발권, 평등권을 침해하고 신뢰보호원칙 등을 위반한다고 주장하면서 2018. 2. 28. 이 사건 헌법소원심판을 청구하였다.

2. 심판대상

청구인들은 초·중등교육법 시행령 제80조 제1항 중 전기학교에서 자사고를 제외하는 부분 및 제81조 제5항 중 자사고에 관한 부분에 대하여 심판청구를 하였다. 청구인들의 주장은 전기학교를 규정한 초·중등교육법 시행령 제80조 제1항 각 호에 자사고를 포함시키지 아니한 것이 위헌이라는 것으로서 부진정입법부작

위를 다투는 취지이므로 시행령 제80조 제1항 전체를 심판대상으로 삼는 것이 상당하다.

따라서 이 사건 심판의 대상은 초·중등교육법 시행령(2017. 12. 29. 대통령령 제28516호로 개정된 것) 제80조 제1항(이하 '이 사건 동시선발 조항'이라 한다)과 제81조 제5항 중 '제91조의3에 따른 자율형 사립고등학교는 제외한다' 부분(이하 '이 사건 중복지원금지 조항'이라 하고, 위 두 조항을 합하여 '심판대상조항'이라 한다)이 청구인들의 기본권을 침해하는지 여부이다. 심판대상조항은 다음과 같고 관련조항은 [별지2]와 같다.

[심판대상조항]

초·중등교육법 시행령(2017. 12. 29. 대통령령 제28516호로 개정된 것)

제80조(선발시기의 구분) ① 고등학교 신입생의 선발은 전기와 후기로 나누어 행하되, 전기에 선발하는 고등학교 또는 학과(이하 "전기학교"라 한다)는 다음 각 호의 고등학교 또는 학과를 말하며, 후기에 선발하는 고등학교 또는 학과(이하 "후기학교"라 한다)는 전기에 해당되지 아니하는 모든 고등학교 또는 학과로 한다.

1. 삭제
2. 일반고등학교 중 예·체능계고등학교(예술·체육 등의 전문교육을 주로 하는 고등학교를 말한다. 이하 같다)
3. 제90조에 따른 특수목적고등학교. 다만, 제90조 제1항 제6호에 해당하는 특수목적고등학교는 제외한다.
4. 제91조에 따른 특성화고등학교
5. ~~제91조의3에 따른 자율형 사립고등학교~~ 〈삭제, 2017.12.29.〉
6. 일반고등학교에 설치한 학과 중 교육감이 정하는 학과(예술인 및 체육인 양성을 목적으로 설치한 학과 또는 제91조에 따른 특성화고등학교에 상응하여 특정 분야의 인재양성을 목적으로 설치한 학과로 한정한다)

제81조(입학전형의 지원) ⑤ 제1항 본문에도 불구하고 제77조 제2항에 따라 시·도 조례로 정하는 지역의 후기학교(제90조 제1항 제6호에 해당하는 특수목적고등학교 및 제91조의3에 따른 자율형 사립고등학교는 제외한다) 주간부에 입학하고자 하는 자는 교육감이 정하는 방법 및 절차에 따라 2이상의 학교를 선택하여 지원할 수 있다.

3. 청구인들의 주장 요지

가. 심판대상조항으로 인한 불이익

자사고는 원래 전기학교로서 학생들은 자사고에 먼저 지원하였다가 불합격할 경우 후기학교에 자유롭게 지원할 수 있었는데, 심판대상조항으로 인하여 후기에 자사고를 지원하면 평준화지역 후기학교를 지원할 수 없게 되었다.

특히 강원, 경기, 충북, 전북, 제주의 각 교육감이 공고한 '2019학년도 고등학교 입학전형 기본계획'은 자사고 불합격자들을 평준화지역 후기학교의 배정 또는 추가배정 대상에 포함시키지 아니하였다. 이에 따라 위 평준화지역의 학생들은 자사고 불합격 시 자신의 지역 학교군 내에 모집정원에 미달된 평준화지역 후기학교가 있다 하더라도 해당 학교군 내에서 배정을 받을 수 없어서 통학거리가 멀고 선호도가 떨어지는 비평준화지역의 정원미달 후기학교의 추가모집에 지원하거나 고입재수를 할 수밖에 없게 되었다. 이와 같이 학생들이 자사고에 지원하였다가 불합격할 경우 평준화지역 후기학교 배정에 있어 불이익을 입게 되는 결과, 청구인 학교법인과 청구인 학생 및 학부모는 다음과 같은 기본권의 침해를 받게 된다.

나. 평등권 침해

심판대상조항은 초·중등교육법 시행령(이하 '시행령'이라 한다) 제90조 제1항 제5호에 해당하는 특수목적고등학교(이하 '과학고'라 한다)는 그대로 전기학교로 유지하면서 자사고만 후기학교로 규정하여 본질적으로 같은 성격의 과학고와 자사고를 달리 취급하고, 본질적으로 다른 성격의 후기에 신입생을 선발하는 일반고등학교(이하 '일반고'라 한다)와 자사고를 같이 취급하고 있으므로 청구인 학교법인의 평등권을 침해한다.

자사고를 지원하는 학생은 ① 과학고에 지원하는 학생과 달리 해당 자사고를 제외한 후기학교에 지원이 불가능하고, ② 평준화지역 안에 소재하는 일반고(이하 '평준화지역 일반고'라 한다)에 지원하는 학생과 달리 중복지원이 불가능한바, 심판대상조항은 자사고 지원 학생을 과학고 지원학생, 평준화지역 일반고 지원학생에 비해 합리적인 이유 없이 차별하여 청구인 학생 및 학부모의 평등권을 침해한다.

다. 사학운영의 자유 침해

사학운영의 자유에는 학생선발권도 포함되는데, 심판대상조항은 자사고 지원자들에게 심리적 위축효과를 주어 사실상 자사고 지원을 포기하게 하여 자사고를 궤멸에 이르게 함으로써 청구인 학교법인의 사학운영의 자유(학생선발권)를 침해한다.

라. 학교선택권 침해

모든 학생은 자신의 능력에 따라 적합한 교육기관을 자유롭게 선택할 권리가 있는데, 심판대상조항은 사실상 자사고를 지원하기 매우 어렵게 만들어 청구인 학생 및 학부모의 학교선택권을 침해한다.

마. 신뢰보호원칙 위반

청구인 학교법인은 자사고 설립조건으로 제시된 '전기모집원칙' 내지 '학생들의 자유로운 자사고 지원 보장 방침'을 믿고 15년간 자사고 운영에 막대한 투자와 노력을 기울여왔는바, 심판대상조항은 청구인 학교법인의 이러한 법적 신뢰를 합리적 근거 없이 훼손하였으며, 정부의 교육정책을 믿고 자사고 입학을 준비해온 청구인 학생 및 학부모의 신뢰도 침해하였다.

바. 교육제도 법정주의 등 위반

학생과 학부모의 학교선택권과 사학운영의 자유는 법률에 근거해서만 제한이 가능한데, 자사고의 존속여부나 입학방법, 절차에 관하여 법률에 대강의 내용도 마련하지 아니한 채 시행령에서 임의로 규제하고 있으므로 심판대상조항은 헌법 제31조 제6항의 교육제도 법정주의와 제75조 포괄위임금지원칙을 위반하였다.

4. 고등학교 입학제도 및 자사고 제도

가. 현행 고등학교 입학전형

현행 고등학교 입학전형은 크게 실시권자와 실시시기에 따라 대별된다.

(1) 입학전형 실시권자

고등학교 입학전형은 당해 학교의 장이 실시하는 경우와 교육감이 실시하는 경우로 나누어진다. 입학전형은 원칙적으로 당해 학교의 장이 실시하고, 평준화지역 후기학교의 입학전형은 교육감이 실시한다(시행령 제77조 제2항). 당해 학교의 장이 입학전형을 실시하는 경우 입학전형방법 등 입학전형에 관하여 필요한 사항은 교육감의 승인을 얻어 당해 학교의 장이 정한다(시행령 제77조 제1항).

특수목적고등학교(외국어고·국제고 제외), 특성화고등학교는 전기학교이고, 후기학교 중 외국어고·국제고 및 자사고는 시행령 제77조 제2항에서 제외되므로, 결국 교육감이 입학전형을 실시하는 고등학교는 평준화지역 일반고 및 자율형 공립고등학교로서 무시험 추첨·배정에 의하여 입학전형을 실시하는 이른바 평준화고등학교로 분류된다. 현재 서울특별시와 6대 광역시, 세종특별자치시를 포함하여 상당수의 지역들에서 시·도 조례로 교육감이 후기학교의 입학전형을 실시하도록 정하고 있다.

(2) 입학전형 실시 시기

고등학교 신입생의 선발은 전기와 후기로 나누어 실시한다. 전기학교는 ① 일반고등학교 중 예·체능계 고등학교, ② 외국어고·국제고를 제외한 특수목적고등학교, ③ 특성화고등학교, ④ 일반고등학교에 설치한 학과 중 교육감이 정하는 학과(예술인 및 체육인 양성을 목적으로 설치한 학과 또는 특성화고등학교에 상응하여 특정 분야의 인재양성을 목적으로 설치한 학과), 그리고 ⑤ 영재교육진흥법 제2조 제4호의 영재학교(이하 '영재학교'라 한다)이며, 나머지 모든 고등학교 또는 학과는 후기에 선발한다(시행령 제80조 제1항, 영재교육진흥법 시행령 제14조 제3항). 다만 교육부장관이 정하여 고시하는 지역의 학교는 선발시기를 달리하여 신입생을 선발할 수 있다(시행령 제80조 제2항).

자사고는 원래 전기학교였으나(2017. 12. 29. 개정되기 전 시행령 제80조 제1항 제5호), 2017. 12. 29. 시행령이 개정됨에 따라 일반고와 같이 후기학교로 분류되었다(이 사건 동시선발 조항).

(3) 지원가능 지역

고등학교 입학 지원자는 그가 재학한 중학교가 소재하는 지역의 1개 학교를 선택하여 해당 학교의 입학전형 실시권자에게 지원하거나 거주지의 입학전형 실시권자에게 지원하여야 한다(시행령 제81조 제1항). 다만 고등학교 입학 지원자가 거리·교통이 통학상 불편하거나, 그가 재학한 중학교가 소재하는 지역에 지원하려는 전기학교가 소재하지 아니하는 등 교육상 특별한 사유로 인접 시·도에 소재한 고등학교에 입학하는 것이 적절하다고 인정되는 경우에는 관계 교육감이 협의하여 정하는 바에 따라 그 인접한 고등학교의 입학전형 실시권자에게 지원할 수 있다(시행령 제81조 제2항). 한편 시행령 제81조의2에 따른 고등학교, 시행령 제90조 제1항 제7호에 해당하는 특수목적고등학교(이하 '예고·체고'라 한다), 시행령 제90조 제1항 제10호에 해당하는 특수목적고등학교(산업수요 맞춤형 고등학교), 시행령 제91조에 따른 특성화고등학교 중 교육부장관 또는 교육감이 정하는 학교는 학생이 그가 재학한 중학교가 소재하는 지역(또는 거주지)과 관계없이 1개 고등학교를 선택하여 지원할 수 있다(이른바 전국단위모집 고등학교, 시행령 제81조 제3항). 청구인 학교법인이 운영하는 자사고는 모두 전국단위모집 자사고에 해당한다.

(4) 중복지원 가능 여부

앞서 본 바와 같이 고등학교 입학 지원자는 1개 학교를 선택하여 지원함이 원칙이다(시행령 제81조 제1항). 다만 평준화지역 후기학교 주간부에 입학하고자 하는 자는 교육감이 정하는 방법 및 절차에 따라 2 이상의 학교를 선택하여 지원할 수 있다(시행령 제81조 제5항). 2 이상의 학교를 선택하여 지원한 경우에는 그 입학지원자 중에서 추첨에 의하여 당해 학교 정원의 전부 또는 일부를 배정할 수 있으며(시행령 제84조 제2항), 구체적인 입학전형의 방법과 절차는 교육감의 재량사항이므로 각 시·도별로 달라진다. 교육감은 매년 3월 31일까지 관할지역에 소재하는 고등학교의 다음 학년도 입학전형의 실시절차·방법 및 변경사항 등 입학전형에 관한 기본적인 사항을 정한 입학전형기본계획을 수립하여 공고하여야 한다(시행령 제78조 제1항).

한편 2017. 12. 29. 이 사건 동시선발 조항의 개정으로 외국어고·국제고와 자사고가 후기학교로 편입되면서, 시행령 제81조 제5항에서 이들 학교의 경우에는 중복지원이 불가능함을 명확히 하였다.

나. 자사고 제도

(1) 자사고

자사고는 국가 또는 지방자치단체로부터 교직원 인건비(교원의 명예퇴직 수당은 제외한다) 및 학교·교육과정운영비를 지급받지 아니하고, 교육부령으로 정하는 법인전입금기준 및 교육과정운영기준을 충족하는 사립고등학교 중 교육감의 지정을 받아 학교 또는 교육과정을 자율적으로 운영할 수 있는 고등학교이다(시행령 제91조의3).

자사고의 전신은 자립형 사립고등학교라 할 수 있는데, 국가가 재정지원을 하지 않는 대신 교육과정 및 학교운영의 자율성을 더 넓게 보장하는 형태의 학교이다. 자립형 사립고등학교는 예고·체고, 과학고, 외국어고·국제고 등 특수목적고등학교에 이어 고교평준화 제도의 획일적인 교육과정에 대한 보완책으로 등장했다. 자립형 사립고등학교는 2002년경부터 시범운영되었으며 2006년경 확대운영되었다.

2009. 3. 27. 시행령이 개정되면서 자사고에 관한 규정을 신설하였고(제105조의3), 시범운영 중인 자립형 사립고등학교가 자사고 지정을 신청하는 경우에는 신청서 제출을 면제해 주도록 하여(부칙 제3조) 자립형 사립고등학교를 자사고로 전환할 수 있도록 하였다. 청구인 학교법인이 운영하는 학교들은 모두 자립형 사립학교로 시범운영 하다가 자사고로 전환한 학교들이다.

(2) 자사고의 입학전형

자사고의 입학전형방법은 교육부령으로 따로 정하도록 하고 있는데(시행령 제82조 제2항 제2호), 초·중등교육법 시행규칙(이하 '시행규칙'이라 한다)에 따르면, 자사고의 입학전형은 원칙적으로 학교의 장이 해당 학교의 교육과정 특색 등을 고려하여 자율적으로 정한 방법으로 실시하되, 서울특별시에 있는 자사고의 입학전형은 추첨하는 방법 또는 추첨과 면접 등을 결합하는 방법으로 실시한다(제72조 제1항, 제2항). 단, 자사고별로 필기시험이나 교과지식 측정을 목적으로 한 입학전형을 실시할 수는 없다(제72조 제3항). 그에 따라 서울 외의 지역의 자사고는 대체로 학교생활기록부의 기록과 면접 등을 통하여 선발하고 있다.

(3) 자사고 불합격자의 고등학교 진학 방법

이 사건 중복지원금지 조항으로 인하여 자사고 지원자에 대하여는 시행령 제81조 제5항의 적용이 배제되므로, 자사고 지원자는 평준화지역 후기학교에 지원할 수 없다.

교육감은 학생배치계획상 추가 선발·배정이 필요한 경우 평준화지역 후기학교의 신입생을 추가로 선발·배정할 수 있고(시행령 제86조 제1항), 학교의 장이 입학전형을 실시하는 고등학교에 정원미달이 발생하면 해당 학교의 장이 신입생을 추가로 선발할 수 있다(시행령 제86조 제2항). 그러나 '학생배치계획상 추가 선발·배정이 필요'하거나 '학교의 장이 입학전형을 실시하는 고등학교에 정원미달이 발생'할 것인지 여부는 매우 불확실하고, 그러한 사유가 발생하였다고 하더라도 신입생을 추가로 선발할 것인지 여부는 전적으로 교육감 및 학교의 장의 재량에 따라 결정된다. 이에 따라 자사고 불합격자는 고등학교에 진학할 수 있는지 여부가 교육감이나 학교의 장의 재량에 의해 좌우되는 매우 불안정한 상태에 처하게 되었다.

실제로 공고된 각 시·도별 2019학년도 고등학교 입학전형기본계획을 살펴보면 서울을 비롯한 대부분의 시·도는 자사고 불합격자를 평준화지역 후기학교 추첨·배정에서 처음부터는 아니더라도 어느 단계에서 포함시키고 있다. 그런데 경기, 강원, 충북, 전북, 제주의 경우는 입학전형기본계획에서 이들에 대한 배정을 예정하고 있지 않고 있으며, 나아가 평준화지역 후기학교가 정원에 미달되어도 자사고 불합격자를 배정하지 않을 것임을 분명히 한 지역도 있었다. 따라서 이들 지역의 학생들은 자사고에 지원하여 불합격할 경우 고등학교 진학 가능성이 매우 불투명한 상태이다.

5. 쟁점의 정리

가. 청구인들은, 자사고와 일반고를 동시에 선발하고, 자사고 지원자에게 평준화지역 일반고의 중복지원을 허용하지 아니하는 것을 법률이 아닌 시행령에 규정한 것이 교육제도 법정주의와 포괄위임금지원칙 위반이라고 주장한다.

그런데 심판대상조항은 법률에 위임근거가 있는 것인지, 즉 법률유보원칙 위반 여부가 문제될 뿐이므로 포괄위임금지원칙 위반 여부는 문제되지 아니한다. 따라서 심판대상조항이 교육의 영역에서의 법률유보원칙인 교육제도 법정주의를 위반하여 청구인들의 기본권을 침해하는지 여부만을 판단한다. 교육제도 법정주의 위반 여부는 이 사건 동시선발 조항 및 이 사건 중복지원금지 조항에 공통되는 쟁점이므로 함께 살펴보기로 한다.

나. 헌법 제10조, 제31조 제1항, 제4항에서 도출되는 사학의 자유는 학교법인을 설립하고 이를 통하여 사립학교를 설립·경영하는 것을 내용으로 하는바(헌재 2001. 1. 18. 99헌바63; 헌재 2013. 11. 28. 2007헌마1189 등 참조), 사립학교의 설립 취지에 맞는 교육을 실시하기 위해서는 학생선발에 있어서도 일정한 자유를 인정할 필요가 있다. 따라서 이 사건 동시선발 조항이 자사고를 전기학교에 포함시키지 아니한 것이 청구인 학교법인의 사학운영의 자유를 침해하는지 여부를 살펴본다.

다. 청구인 학교법인은, 자사고가 전기학교로 유지될 것이라는 신뢰가 침해되었다고 주장하므로 이 사건 동시선발 조항이 신뢰보호원칙에 위배되는지 여부를 살펴본다.

청구인 학생 및 학부모는, 청구인 학교법인과 별개로 자사고가 전기학교로 유지될 것이라는 신뢰를 침해당하였다고 주장한다. 그러나 이 사건 동시선발 조항은 자사고 진학 준비에 어떠한 영향을 미친다고 보기 어렵고, 청구인 학생이 자사고가 전기학교일 경우만을 전제로 한 어떠한 입시준비행위가 있었다고 할 수 없으므로, 신뢰행위 자체가 존재하지 아니한다. 따라서 청구인 학생 및 학부모의 신뢰보호원칙 위반 주장은 더 나아가 살펴보지 아니한다.

라. 청구인 학교법인은, 이 사건 동시선발 조항이 과학고는 그대로 전기학교로 유지하면서 자사고만 후기학교로 변경하여 본질적으로 같은 성격의 과학고와 자사고를 달리 취급하고, 본질적으로 다른 성격의 일반고와 자사고를 같이 취급하고 있어 청구인 학교법인의 평등권을 침해한다고 주장하므로, 이에 대하여 살펴본다.

마. 청구인 학생 및 학부모는, 심판대상조항으로 인하여 자사고를 지원하는 학생은 ① 과학고에 지원하는 학생과 달리 해당 자사고를 제외한 후기학교에 지원이 불가능하고, ② 평준화지역 일반고에 지원하는 학생과 달리 중복지원이 불가능하므로, 심판대상조항은 청구인 학생 및 학부모의 평등권을 침해한다고 주장한다.

그러나 평등원칙 위반의 특수성은 대상 법률이 정하는 '법률효과' 자체가 위헌이 아니라, 그 법률효과가 수범자의 한 집단에만 귀속하여 '다른 집단과 사이에 차별'이 발생한다는 점에 있기 때문에, 평등원칙의 위반을 인정하기 위해서는 우선 법적용에 관련하여 상호 배타적인 '두 개의 비교집단'을 일정한 기준에 따라서 구분할 수 있어야 한다(헌재 2003. 12. 18. 2002헌마593; 헌재 2012. 3. 29. 2010헌바100 참조). 전기학교 지원은 누구나 할 수 있고, 전기학교에 지원하였다가 불합격한 학생은 다시 후기학교에 지원할 수 있다(시행령 제85조 제2항 참조). 그렇다면 전기학교 지원자와 후기학교 지원자는 상호 배타적인 두 개의 비교집단이라고 볼 수 없다.

따라서 이 사건 중복지원금지 조항이 청구인 학생 및 학부모를 평준화지역 일반고에 지원하는 학생과 달리 취급하여 청구인 학생 및 학부모의 평등권을 침해하는지 여부만을 살펴본다.

바. 결국 우리가 판단하는 것은, ① 심판대상조항의 교육제도 법정주의 위반 여부, ② 이 사건 동시선발 조항이 헌법 제37조 제2항의 기본권 제한의 한계를 벗어나거나 신뢰보호원칙을 위반하여 청구인 학교법인의 사학운영의 자유를 침해하는지 여부 및 청구인 학교법인의 평등권을 침해하는지 여부, ③ 이 사건 중복지원금지 조항이 청구인 학생 및 학부모의 평등권을 침해하는지 여부이다.

6. 교육제도 법정주의 위반 여부

심판대상조항이 자사고의 신입생 선발시기와 지원방법을 법률로 정하지 아니하고 대통령령에 규정한 것이 교육제도 법정주의에 반하여 청구인들의 기본권을 침해하는지에 대하여 살펴본다.

가. 교육제도 법정주의 의의

헌법 제31조 제6항은 "학교교육 및 평생교육을 포함한 교육제도와 그 운영, 교육재정 및 교원의 지위에 관한 기본적인 사항은 법률로 정한다."고 하여 교육제도 법정주의를 규정하고 있다. 이 조항은, 특히 학교교육의 중요성에 비추어 교육에 관한 기본정책 또는 기본방침 등 교육에 관한 기본적 사항을 국민의 대표기관인 국회가 직접 입법절차를 거쳐 제정한 형식적 의미의 법률로 규정하게 함으로써 국민의 교육을 받을 권리가 행정기관에 의하여 자의적으로 무시되거나 침해당하지 않도록 하고, 교육의 자주성과 중립성을 유지하고자 하는 데에 그 의의가 있다(헌재 2013. 11. 28. 2011헌마282등 참조).

그런데 헌법 제31조 제6항 소정의 교육제도 법정주의는 교육제도에 관한 기본방침을 제외한 나머지 세부적인 사항까지 반드시 형식적 의미의 법률만으로 정하여야 한다는 의미는 아니다. 그러므로 입법자가 정한 기본방침을 구체화하거나 이를 집행하기 위한 세부시행 사항은 하위법령에 위임이 가능하다(헌재 1991. 2. 11. 90헌가27; 헌재 2016. 2. 25. 2013헌마838 참조).

나. 판단

(1) 초·중등교육법(이하 '법'이라 한다)은 고등학교 교육제도와 그 운영에 관하여 교육의 목적(제45조), 수업연한(제46조), 입학자격(제47조), 학과와 교과 및 교육과정(제48조) 등 기본적인 사항을 이미 규정하고 있다. 또한 법 제61조 제1항은 '학교교육제도를 포함한 교육제도의 개선과 발전을 위하여 특히 필요하다고 인정되는 경우 한시적으로' 대통령령으로 정하는 바에 따라 초·중등교육법 조항의 일부를 적용받지 않는 학교 또는 교육과정을 운영할 수 있도록 규정함으로써 다양한 고등학교 교육제도를 운영할 수 있는 근거를 마련하고 있다.

다만 고등학교의 입학방법과 절차 등 입학전형에 관한 사항은 각 지역과 시점에 따라 달라지는 고등학교 교육에 대한 수요 및 공급의 상황과 각종 고등학교별 특성 등을 고려하여야 할 필요성으로 인하여 행정입법에 위임하고 있다(법 제47조 제2항). 따라서 심판대상조항이 고등학교별 특성과 필요성에 따라 신입생 선발시기와 지원 방법을 대통령령으로 규정한 것 자체가 교육제도 법정주의에 위반된다고 보기는 어렵다.

(2) 위와 같이 고등학교 신입생 선발시기와 지원 방법을 대통령령으로 규정한 것이 교육제도 법정주의에 위반되지 않는다고 하더라도, 이를 구체화한 심판대상조항이 그 위임의 범위를 벗어났다면 이는 법률에 근거가 없는 것이 되어 교육제도 법정주의에 위배된다. 따라서 심판대상조항이 자사고의 신입생 선발시기를 후기로 정하고, 중복지원을 금지한 것이 모법의 위임 범위를 벗어난 것인지 살펴본다.

심판대상조항의 모법인 법 제47조 제2항은 고등학교의 입학방법과 절차 등에 필요한 사항을 대통령령으로 정하도록 위임하고 있는데, 이때 고등학교의 입학방법과 절차 등에 필요한 사항이란 입학전형의 실시권자, 신입생 선발시기, 지원 방법, 지원할 수 있는 학교의 지역적 제한, 입학전형 방법 등을 의미한다. 또한 이를 대통령령에 위임한 취지는 각 지역과 시점에 따라 달라지는 고등학교 교육에 대한 수요 및 공급의 상황과 각종 고등학교별 특성 등을 고려하여야 할 필요성으로 인한 것임은 위에서 본 바와 같다.

심판대상조항은 우리나라가 고교평준화 제도를 원칙으로 하면서 이를 보완하기 위하여 여러 형태의 특수한 고등학교들을 인정하고 있음에 따라 학교 유형별 수요자 층이 다름을 고려하여 학교 유형별로 신입생 선발시기를 달리 정한 것이다. 또한 학교를 선택하여 지원하는 것에 실질적 효과가 보장됨이 없이 사실상 추첨에 따라 배정되는 평준화지역 후기학교와 선택과 지원에 따라 추첨과 면접 등으로 이루어진 각 학교별 입학전형을 치르게 되는 자사고 등의 특성을 고려하여 지원 방법도 달리 정한 것이다. 따라서 심판대상조항은 고등학교 교육에 대한 수요 및 공급의 상황과 각종 고등학교별 특성 등을 고려하여 규정한 것으로서 수권법률의 위임취지에 부합한다.

다. 소결

따라서 심판대상조항이 교육제도 법정주의를 위반하여 청구인들의 기본권을 침해한다고 볼 수 없다.

7. 이 사건 동시선발 조항에 대한 판단

이 부분에 관하여는 아래와 같이 재판관들의 의견이 나뉜다.

가. 재판관 유남석, 재판관 이석태, 재판관 이은애, 재판관 김기영의 합헌의견

(1) 사학운영의 자유 침해 여부

(가) 기본권 제한의 한계 일탈 여부

1) 쟁점 및 심사기준

사립학교도 공교육의 일익을 담당한다는 점에서 국·공립학교와 본질적인 차이가 있을 수 없기 때문에 공적인 학교 제도를 보장하여야 할 책무를 진 국가가 일정한 범위 안에서 사립학교의 운영을 감독·통제할 권한과 책임을 지는 것 또한 당연하다 할 것이고, 그 규율의 정도는 그 시대의 사정과 각급 학교의 형편에 따라 다를 수밖에 없다(헌재 2001. 1. 18. 99헌바63; 헌재 2009. 4. 30. 2005헌바101 참조).

따라서 이 사건 동시선발 조항이 신입생 선발시기를 후기로 정함으로써 청구인 학교법인의 사학운영의 자유를 제한하고 있더라도 그 위헌 여부는 헌법 제37조 제2항에 의한 기본권 제한의 한계를 벗어나 자의적으로 그 본질적인 내용을 침해하였는지 여부에 따라 판단되어야 할 것이다(헌재 2001. 1. 18. 99헌바63; 헌재 2009. 4. 30. 2005헌바101 참조).

한편 청구인 학교법인은 이 사건 동시선발 조항으로 인해 일반고에 우선하여 신입생을 선발할 수 있는 권리, 소위 우선선발권을 침해당한다고 주장한다. 그러나 청구인 학교법인이 이 사건 개정 전 법령에 따른 고등학교 선발시기 내지 입학전형 제도에 따라 우수한 학생을 일반고에 우선하여 선점해 왔다고 하더라도, 이는 청구인 학교법인이 법령이 부여한 기회를 활용하여 얻은 반사적인 이익일 뿐이다. 따라서 청구인 학교법인이 주장하는 우선선발권은 헌법상 기본권인 사학운영의 자유의 한 내용으로 보호된다고 볼 수 없으므로, 청구인 학교법인의 위 주장은 더 나아가 살펴보지 아니한다.

2) 판단

가) 이 사건 동시선발 조항은 동등하고 공정한 입학전형의 운영을 통해, '우수 학생 선점 해소 및 고교서열화를 완화'하고 '고등학교 입시경쟁을 완화'하기 위한 것이다.

2009. 3. 27. 개정된 시행령은 학교 또는 교육과정을 자율적으로 운영할 수 있는 사립고등학교를 지정하여 고등학교 교육을 다양화하고, 학생들이 자신의 적성에 맞는 다양한 학교를 선택할 수 있도록 하기 위하여 자사고 제도를 도입하였다(제105조의3). 이 사건 개정 전까지 자사고는 전기학교로 규정되어 있었는데(제80조 제1항 제5호), 그 취지는 자사고가 학교 또는 교육과정을 자율적으로 운영할 수 있도록 하면 일반고와 차별화된 교육을 제공할 것으로 기대되므로, 개별 자사고들이 추구하는 건학이념 및 그에 따른 교육과정에 적합한 학생들을 후기학교보다 먼저 선발할 수 있도록 한 것이었다.

그런데 자사고는 당초 취지와 달리 일반고와 교육과정에서 큰 차이가 없이 운영되었고, 전기학교로서의 자사고 제도는 대학 진학을 위한 학업능력이 우수한 학생을 선점하기 위한 목적으로 이용되었다. 교육부의 사실조회 회신에 의하면, 2017학년도 기준 46개 자사고 중 29개 학교가 교육부 권장기준 이상으로 국어·영어·수학 교과를 편성하였는데, 이는 자사고가 일반고와 다른 교육과정이 아니라 일반고보다 더 대학입시에 치중하는 교육과정을 운영하고 있음을 보여준다. 그 결과 자사고에 우수 학생의 쏠림현상이 나타났고, 고교서열화 현상이 초래되었다. 이에 자사고 입학을 위한 입시경쟁이 과열되고 다시 자사고가 우수 학생을 선점하는 악순환이 계속되었다.

고교평준화를 전제로 하면서 이로 인한 교육의 획일성을 보완할 수 있는 다양한 교육을 제공할 목적으로 자사고 제도를 도입한 취지에 비추어 볼 때, 대학 진학을 위한 학업능력이 우수한지 여부는 일반고와 다른 교육과정을 운영하는 자사고에 적합한 학생의 선발기준이 될 수 없고, 자사고가 학업능력이 우수한 학생들을 선점하는 것은 오히려 고교평준화를 전제로 하면서 그 보완책으로 자사고 제도를 도입한 입법취지에 부합한다고 할 수 없다.

교육부의 교육통계분석자료집에 의하면, 2018년 기준 전국 전체 고등학교 중 66%가 일반고이고, 전국 전체 고등학생 중 71.3%가 일반고에 재학 중으로, 일반고가 고등학교의 대부분을 차지하고 있음에도, 그동안 일반고는 학생선발, 교육과정 자율성 등에서 우위에 있는 자사고에 비하여 수준이 낮은 학교처럼 인식되었다. 특히 일반고가 다른 유형의 학교 선택이 모두 이루어진 후 선행 진학 기회를 놓친 학생들이 진학하는 비선호학교의 이미지를 갖게 되면서, 일반고 입장에서 고교 유형에 따른 부당한 차별이라는 주장이 제기되었다.

이미지뿐만 아니라 실제로 학교 유형간 학력격차도 확대되었다. 교육부나 시·도별 교육청에서 실시하는 '국가수준 학업성취도 평가' 등을 분석한 연구결과에 따르면 자사고가 일반고보다 평균 학업성취도가 높게 나타났고, 그 차이는 점점 심화되고 있다. 자사고의 우수 학생 선점이 이러한 학력격차가 발생하게 된 원인의 일정 부분을 차지하고 있음을 부정하기는 어렵다.

따라서 현재에 이르러서는 다양한 고등학교 교육을 제공한다는 명목으로 자사고를 전기학교로 규정하는 것이 더 이상 정당성을 찾기 힘든 상황이 되었다.

나) 개별 자사고가 추구하는 건학이념 및 그에 따른 교육과정에 적합한 학생들을 선발함에 있어서 핵심적인 요소는 그러한 학생들을 선발하기 위한 '방법'에 있고, 반드시 일반고보다 먼저 신입생을 선발해야만 적합한 학생들을 선발할 수 있는 것은 아니다.

그러므로 자사고를 후기학교로 하여 일반고와 동시에 학생을 선발하게 하더라도, 자사고는 일반고와 달리 그 입학전형을 해당 학교의 장이 해당 학교의 교육과정 특색 등을 고려하여 정할 수 있으므로(시행령 제82조 제2항 제2호, 시행규칙 제72조 참조), 해당 자사고가 목표로 하는 다양한 교육에 적합한 적성·소질·능력을 갖춘 학생들을 선발하는 데에 지장이 없다.

따라서 시행령이 이 사건 동시선발 조항을 통하여 자사고를 후기학교로 정하면서, 입학전형 실시권자, 입학전형방법의 자율성 등을 그대로 유지한 것은 자사고의 사학운영의 자유에 대한 제한을 최소화한 것으로 볼 수 있다.

한편 고교서열화 현상을 해결하기 위해서는 일반고의 경쟁력을 강화시키는 것 역시 필요하다. 실제로 교육부는 교육과정 편성·운영의 다양화, 행정적·재정적 지원 강화 등을 내용으로 하는 일반고 교육역량 강화 지원 사업을 추진하고 있다.

그러나 일반고의 경쟁력을 강화시키는 정책을 추진하더라도, 자사고를 전기학교로 정한다면 자사고 제도가 대학 진학을 위한 학업능력이 우수한 학생을 선점하는 방식으로 운영됨으로써 고등학교가 서열화되고 고등학교 입시경쟁이 과열되는 것을 방지하기에 충분하다고 단정하기 어렵다.

따라서 국가가 일반고의 경쟁력을 강화시키는 정책을 시행함과 동시에 자사고를 후기학교로 정한 것은 국가의 공적인 학교 제도를 보장하여야 할 책무에 의거하여 학교 제도를 형성할 수 있는 광범위한 재량 권한의 범위 내에 있는 것이다.

다) 그렇다면 이 사건 동시선발 조항이 기본권 제한의 한계를 벗어나 자의적으로 그 본질적인 내용을 침해하였다고 볼 수 없다.

(나) 신뢰보호원칙 위반 여부

1) 신뢰보호원칙

신뢰보호원칙은 헌법상 법치국가의 원칙으로부터 도출되는데, 그 내용은 법률의 제정이나 개정 시 구법질서에 대한 당사자의 신뢰가 합리적이고도 정당하며 법률의 제정이나 개정으로 야기되는 당사자의 손해가 극심하여 새로운 입법으로 달성하고자 하는 공익적 목적이 그러한 당사자의 신뢰의 파괴를 정당화할 수 없다면, 그러한 새로운 입법은 허용될 수 없다는 것이다.

그러나 사회 환경이나 경제여건의 변화에 따른 필요성에 의하여 법률은 신축적으로 변할 수밖에 없고 변경된 새로운 법질서와 기존의 법질서 사이에는 이해관계의 상충이 불가피하므로, 국민이 가지는 모든 기대 내지 신뢰가 헌법상 보호될 것은 아니다. 따라서 신뢰보호원칙 위반 여부는 한편으로는 침해받은 신뢰이익의 보호가치, 침해의 중한 정도, 신뢰가 손상된 정도, 신뢰침해의 방법 등과 다른 한편으로는 새로운 입법을 통해 실현하고자 하는 공익적 목적을 종합적으로 비교·형량하여 판단하여야 한다(헌재 1995. 10. 26. 94헌바12; 헌재 1999. 7. 22. 97헌바76등 참조).

2) 판단

청구인 학교법인은, 이 사건 동시선발 조항이 전기학교였던 자사고를 후기학교로 변경하여 자사고의 전기학교 유지에 대하여 가지고 있던 신뢰를 침해받았다고 주장한다. 이하에서는 청구인 학교법인이 자사고의 전기학교 유지에 대하여 가지고 있던 신뢰가 헌법상 보호가치가 있는 것인지, '동등하고 공정한 입학전형의 운영', '우수 학생 선점 및 고교서열화 완화', '고등학교 입시경쟁 완화'라는 공익과 비교형량할 때 우위에 있는 것인지 여부에 관하여 살펴본다.

가) 신뢰이익의 존재 및 보호가치

학교교육에 관한 한 국가는 광범위한 형성권을 가지고 있으며(헌재 2000. 4. 27. 98헌가16등; 헌재 2009. 4. 30. 2005헌바101 참조), 그에 따라 국가는 교육의 다양성과 형평성, 교육의 공공성과 사학의 자율성, 학생의 학교선택권 등 여러 요소들을 종합하여 다양한 고교 입학 전형 방식을 시도하여 왔다. 특히 교육과 학교 제도에 있어서는 교육환경의 변화에 따라 국가가 적절하게 대응하기 위하여 교육정책을 탄력적·합리적으로 운영할 필요성이 크다. 또한 교육과 학교 제도에 관하여 어떠한 제도를 도입하여 시행하여 왔다 하더라도 그 제도의 예상치 못한 부작용 등이 발견될 경우 이를 시정하여야 하는 것은 교육정책을 수립하는 국가의 의무이며, 정책 변경이 필요한 경우에도 기존 정책을 신뢰한 당사자들의 신뢰보호를 위하여 잘못된 정책을 반드시 유지하여야 한다고 할 수는 없다.

자사고는 법 제61조의 위임에 따라 시행령 제91조

의3에서 규정한 고등학교이다. 법 제61조에 따라 운영되는 학교는 '학교교육제도를 포함한 교육제도의 개선과 발전을 위하여 특히 필요하다고 인정되는 경우 한시적으로' 시행령으로 정하는 바에 따라 법조항의 일부를 적용받지 않을 수 있는데, 법 제61조는 적용이 제외될 수 있는 조항을 제21조 제1항(교장·교감의 자격), 제24조 제1항(학년도), 제26조 제1항(학년제), 제29조 제1항(교과용 도서의 사용), 제31조(학교운영위원회의 설치), 제46조(수업연한)로 규정하고 있다. 따라서 법 제47조 제2항이 규정한 '고등학교의 입학방법과 절차 등에 필요한 사항'에 해당하는 신입생 선발시기에 관하여 다른 고등학교에 비하여 자사고에게 특별한 신뢰를 부여하였다고 볼 수 없다.

또한 앞서 본 바와 같이 입학방법과 절차 등 입학전형에 관한 사항은 각 지역과 시점에 따라 달라지는 고등학교 교육에 대한 수요 및 공급의 상황과 각종 고등학교별 특성 등을 고려하여 정할 필요성이 있고, 입학전형에 관한 사항에 포함되는 전기학교로 규정할 것인지 여부 역시 위와 같은 사정들을 종합적으로 고려하여 특정 분야에 재능이나 소질을 가진 학생을 후기학교보다 먼저 선발할 필요성이 인정되는지에 따라 달라질 수 있는 가변적인 성격을 가지고 있다.

당초 자사고 제도의 도입목적은 고교평준화 제도의 기본 틀을 유지하면서 고교평준화 제도의 문제점으로 지적된 획일성을 보완하기 위해 고교 교육의 다양화를 추진하고, 학습자의 소질·적성 및 창의성 개발을 지원하며 학생·학부모의 다양한 요구 및 선택기회 확대에 부응하기 위한 것이었다. 자사고는 다양한 고등학교 교육을 제공한다는 취지에 따라 일반고보다 앞서 학생을 선발할 수 있도록 설계되었음에도 불구하고, 실제 일반고와 교육과정에서 큰 차이가 없이 운영되었고 오히려 전기모집 제도를 활용한 우수 학생 선점에 기반하여 대학입시에 치중한 결과 고교서열화 현상의 원인으로 지목받고 있음은 앞서 본 바와 같다. 따라서 애초에 다양한 고등학교 교육을 제공한다는 명목으로 자사고를 전기학교로 규정하였던 것은 더 이상 정당성을 찾기 힘든 상황이 되었다.

청구인 학교법인도 위와 같은 자사고 제도의 도입취지를 잘 알고 있었고, 자사고 지정 당시 교육과정이 입시위주로 운영되지 않도록 학교 자체적으로 점검할 것을 통보받았다. 그렇다면 자사고가 전기학교로 유지되리라는 기대 내지 신뢰는 자사고의 교육과정을 도입취지에 충실하게 운영할 것을 전제로 한 것이므로, 위와 같이 그 전제가 충족되지 않은 이상 청구인 학교법인의 신뢰를 보호하여야 할 가치나 필요성은 그만큼 약하다고 할 것이다.

나) 신뢰이익과 공익의 비교형량

이 사건 동시선발 조항은 자사고의 우수 학생 선점 및 고교서열화를 완화하고 과열된 고등학교 입시경쟁을 완화하기 위한 것이다.

전기학교로서의 자사고 제도가 대학 진학을 위한 학업능력이 우수한 학생을 선점하기 위한 목적으로 이용됨에 따라 자사고에 대한 우수 학생 쏠림 현상과 고교서열화 현상이 초래되었고, 일반고 및 일반고 학생들에 대한 차별문제가 심각해짐에 따라 우수 학생 선점 문제 및 고교서열화를 완화하고 입시경쟁을 억제하여야 할 필요성이 커졌음은 앞서 본 바와 같다.

고교서열화 및 입시경쟁 완화라는 공익은 매우 중대한 점, 자사고를 전기학교로 유지할 경우 우수 학생 선점 문제를 해결하기 곤란하여 고교서열화 현상을 완화시키기 어렵다는 점, 청구인 학교법인의 전기학교 유지에 대한 신뢰의 보호가치가 작다는 점을 고려하면, 청구인 학교법인의 신뢰가 공익보다 크다고 보기 힘들다.

다) 소결

따라서 이 사건 동시선발 조항은 신뢰보호원칙에 위배된다고 할 수 없다.

(2) 평등권 침해 여부

어떤 학교를 전기학교로 규정할 것인지 여부는 해당 학교의 특성상 특정 분야에 재능이나 소질을 가진 학생을 후기학교보다 먼저 선발할 필요성이 있는지에 따라 결정되어야 한다.

과학고는 과학 인재 양성을 위한 전문적인 교육을 목적으로 하는 고등학교로서 특수목적고등학교에 해당하며(시행령 제90조 제1항 제5호), 보통교과와 전문교과를 교육한다. 과학고의 경우 전문교과는 과학의 기초적인 학습 내용을 바탕으로 과학의 여러 분야에서 심화된 내용을 학습함으로써, 과학에 대하여 올바르게 인식하고 과학의 학문적 체계를 이해함과 아울러, 과학 연구에 필요한 탐구 능력을 기르고, 실생활에 직면한 문제를 과학적으로 해결할 수 있는 능력을 습득하여 장차 우수한 과학자가 될 수 있는 소양을 함양함을 목표로 한다.

자사고는 국가나 지방자치단체로부터 지원을 적게 받는 대신 학교 또는 교육과정을 자율적으로 운영할 수 있는 고등학교이다(시행령 제91조의3 제1항). 자사고의 도입목적은 고교평준화 제도의 기본 틀을 유지하면서 고교평준화 제도의 문제점으로 지적된 획일성을 보완하기 위해 고교 교육의 다양화를 추진하고, 학습자의 소질·적성 및 창의성 개발을 지원하며, 학생·학부모의 다양한 요구 및 선택기회 확대에 부응하는 것이다. 그러나 자사고의 교육과정 편성·운영 기준은 일반고와 동일하다. 실제 자사고의 교육과정 운영사례도 일반고와 다르지 않고 대학입시를 위한 교육에 치중하고 있음은 앞서 본 바와 같다.

그렇다면 과학고의 경우 '과학 분야의 인재 양성'이라는 설립 취지나 전문적인 교육과정의 측면에서 과학 분야에 재능이나 소질을 가진 학생을 후기학교보다 먼저 선발할 필요성을 인정할 수 있으나, 자사고의 경우 교육과정 등을 고려할 때 후기학교보다 먼저 특정한 재능이나 소질을 가진 학생을 선발할 필요성은 적다고 보인다.

따라서 이 사건 동시선발 조항이 자사고를 후기학교로 규정함으로써 과학고와 달리 취급하고, 일반고와 같이 취급하는 데에는 합리적인 이유가 있으므로, 이 사건 동시선발 조항은 청구인 학교법인의 평등권을 침해하지 아니한다.

나. 재판관 서기석, 재판관 조용호, 재판관 이선애, 재판관 이종석, 재판관 이영진의 위헌의견

(1) 사학운영의 자유로서 학생선발권

사립학교는 그 설립자의 특별한 설립이념을 구현하거나 독자적인 교육방침에 따라 개성 있는 교육을 실시할 수 있을 뿐만 아니라, 공공의 이익을 위한 재산출연을 통하여 정부의 공교육 실시를 위한 재정적 투자능력의 한계를 자발적으로 보완해 주는 역할을 담당한다. 헌법재판소는 사립학교에 대한 위와 같은 인식을 바탕으로, 비록 헌법에 명문의 규정은 없지만 학교법인을 설립하고 이를 통하여 사립학교를 설립·경영하는 것을 내용으로 하는 사학의 자유가 헌법 제10조, 제31조 제1항, 제4항에서 도출되는 기본권임을 확인하는 한편, 학교 교육이 개인·사회·국가에 지대한 영향을 미친다는 점에서 사립학교도 국·공립학교와 본질적으로 다를 바 없음을 밝힌 바 있다(헌재 2001. 1. 18. 99헌바63; 헌재 2013. 11. 28. 2007헌마1189등 참조).

자사고는 부분적이나마 사립학교 본래의 모습, 즉 '사학의 정형(定型)'을 회복시키기 위해 도입되었다. 해방 이후 우리나라의 사립학교는 공교육 체제의 한 구성요소로서 기능해왔기 때문에 독자적인 건학이념을 실현하는데 상당한 제약이 있었다. 이에 자사고의 교육과정 및 학교 운영 전반에 상당한 자율성을 보장해 줌으로써, 고유한 건학이념에 따라 사학 본래의 모습으로 발전할 수 있는 계기를 마련해주고자 한 것이다. 사학운영의 자유는 국가가 형성적으로 만들어준 것이 아니라 금지된 자유의 일부 회복일 뿐이므로 최대한 보장되어야 한다. 사학운영의 자유 중 학생선발권은 그 핵심적 내용이고, 학생선발권을 실행함에 있어 선발시기는 가장 중요한 결정사항 중 하나이다. 따라서 삭제되기 전의 시행령 제80조 제1항 제5호는 자사고의 전기모집을 보장하였다. 그런데 이 사건 동시선발 조항으로 인하여 자사고는 더 이상 전기에 입학전형을 실시할 수 없게 됨으로써 청구인 학교법인은 사학운영의 자유 중 학생선발권(특히 학생선발의 시기)을 제한받는다.

(2) 과잉금지원칙 위반 여부

(가) 심사기준

학교법인은 설립자가 정한 설립취지에 따라 사립학교를 설립하여 자주적·자율적으로 운영할 수 있는 자유를 가지며, 이는 헌법상의 기본권으로 보장된다(헌재 2001. 1. 18. 99헌바63 참조). 학교법인과 사립학교는 설립자의 특별한 의지와 재산에 의하여 독자적인 교육목적을 구현하기 위하여 설립되는 것이므로 사립학교 교육의 자율성과 독자성을 보장하는 것은 사립학교 제도의 본질적 요체이다. 사립학교의 자주성과 자율성은 교육의 자주성과 전문성을 살리기 위하여 보장되어야 하지만, 교육의 다양성을 구체적으로 실현하기 위해서도 보장되어야 한다. 사립학교 교육에 대한 국가의 간섭은 사립학교가 담당하는 공교육, 즉 학력인정에 필요한 교육의 충실을 확보하기 위하여 필요한 한도에 그쳐야 한다. 헌법 제31조 제6항이 사립학교를 포함한 교육제도의 내용 형성을 입법권에 위임하였다고 하더라도, 사립학교에 관한 법령이 학교법인이나 사립학교의 자율적 운영을 제한하기 위해서는 헌법 제37조 제2항의 요건을 갖추어야 하고, 헌법 제31조 제1항이 보장하고 있는 교육받을 권리와 교육선택권을 충실하게 보장하기 위하여 필요한 경우에 최소한도의 제한에 그쳐야 한다(헌재 2009. 4. 30. 2005헌바101 반대의견 참조).

(나) 판단

1) 입법목적의 정당성 및 수단의 적합성

교육당국에 의하면, 이 사건 동시선발 조항, 즉 자사고의 전기모집을 삭제한 개정 시행령의 입법목적은 '동등하고 공정한 입학전형의 운영'을 통해, '우수학생 선점 해소 및 고교서열화를 완화'하고 '고등학교 입시경쟁을 완화'한다는 것이다.

학생들의 학구열, 자사고의 훌륭한 시설과 교과선택의 자율성·교육의 다양성 등 우수한 교육환경과 교원의 전문성·진로 및 인성지도 등 양질의 교육서비스 제공이 어우러져 이른바 명문대 입시에서 자사고가 일반고보다 다수의 합격자를 배출하게 되었음은 사실이다. 교육당국은 자사고 진학을 희망하는 학생들이 일반고 진학을 희망하는 학생들보다 사교육비를 많이 지출한다는 조사결과 등을 들어 자사고가 입시과열을 부추긴다고 보고 있다(2017년 이 사건 시행령 개정안 관련 교육부 보도자료 참조). 그런데 자사고 입학전형은 추첨 또는 추첨과 면접을 결합하는 방법(서울), 학교생활기록부의 기록과 면접 등(서울 이외)에 의하고, 필기시험이나 교과지식 측정을 목적으로 한 입학전형이 금지되므로(시행규칙 제72조 제2항, 제3항), 고교 입시경쟁을 유발하는 측면은 크다고 볼 수 없다. '우수학생 선점'이라는 부분은 공교육의 수준을 끌어올려 양질의 교육을 제공할 책임이 있는 교육당국이 그러한 책임은 포기한 채 단지 우수학생의 자사고 진학을 막겠다는 의지 표현에 불과하다. 대학입시가 고등학교 교육의 대전제로 된 우리 교육 현실에서 자사고를 포함한 각 고등학교 간의 경쟁은 불가피하다. '고교서열화'라는 것도 법령상 아무런 근거가 없는 주관적·사실적 개념으로 오히려 사회나 교육당국에서 이른바 명문대 합격자 수만을 가지고 평가한 것에 불과하다. '동등하고 공정한 입학전형의 운영'이라는 것은 결국 공교육, 즉 고등학교 평준화에 대한 불신이 자사고 선호로 이어진 것이지 자사고가 공교육을 망가뜨린 것이 아니라는 점을 간과한 명분론일 뿐이다.

그런데 현 정부는 일반고와 자사고 간의 학력격차가 학교의 교육효과보다는 우수학생 선발효과 때문이라는 판단 아래 자사고의 전기모집을 보장하는 시행령 규정을 삭제하였다. 그 진정한 의도는 평준화 정책의 확대를 위해 자사고를 우회적으로 폐지하고자 하는 것으로 보인다. 정권이 바뀌었다고 해서 과거 여러 정부에서 추진해온 자사고의 전기모집에 관한 교육정책을 국민적 합의나 사회적 공론화 없이 하루 아침에 변경하는 것은 교육을 정치의 도구로 전락시키는 결과를 가져온다. 결국 이 사건 동시선발 조항은 사실상 자사고를 고사시키려는 것으로서 그 수단의 적합성도 결여하였다.

다만, 기본적으로 자사고에 대한 논쟁은 사학의 자율성과 공공성, 교육의 수월성(秀越性)과 형평성 중 무엇을 우선적으로 강조할 것인가라는 교육철학의 문제로 귀결되고, 현 정부의 교육철학이 아래에서 보는 바와 같이 과거 김영삼 정부로부터 박근혜 정부에 이르기까지의 그것과 달리 하기 때문이라는 점을 고려한다면 위와 같은 입법목적 자체는 일단 수긍할 수 있고, 이 사건 동시선발 조항은 그 목적달성에 기여하는 적합한 수단이라 볼 수 있다.

2) 침해의 최소성

이 사건 동시선발 조항은 다음과 같이 청구인 학교법인의 사학운영의 자유를 과도하게 제한하고 있다.

① 자사고가 건학이념에 따른 특성화·다양화된 교육을 실시하기 위해서는 그에 적합한 적성·소질·능력을 갖춘 학생들을 우선 선발할 수 있어야 하는데, 이 사건 동시선발 조항은 자사고 운영에 있어 핵심적 요소인 전기모집을 삭제함으로써 자사고 운영의 근간을 흔들고 있다.

자사고는 국가나 지방자치단체로부터 재정적으로 독립되어 있다. 일반 사립고등학교는 정부로부터 보조금을 지원받을 수 있는데 반하여, 자사고는 시행령 제91조의3 제1항 제1호에 따라 '국가 또는 지방자치단체로부터 교원의 명예퇴직 수당을 제외한 교직원 인건비 및 학교·교육과정 운영비를 지급받지 아니할 것'을 조건으로 하여 지정된다. 나아가 학교법인에게는 시행규칙 제77조 소정의 법인전입금 기준을 충족하여야 할 의무가 부과되어, 정부로부터 재정적 독립을 유지하여야 하는 것은 물론이고 법인전입금을 고정적으로 납부하여야 하는 부담까지 지게 된다. 그렇다면 자사고는 국가 및 지방자치단체로부터 재정적으로 독립하는 대신 일반 사립고등학교에 비하여 더 폭넓은 자율권을 향유하고, 학생선발권에 대한 규제도 되도록 받지 않는다고 보아야 한다(헌재 2015. 11. 26. 2014헌마145 참조).

또한 자사고 학생들은 일반고에 비하여 평균 3배 정도의 등록금을 납부하고, 특히 청구인 학교법인의 경우 전국단위모집 자사고로서 전국에서 모인 학생들을 위해 기숙사를 운영하고 있다. 자사고는 대학입학 준비기관으로서의 일반적인 고교교육을 실시하면서도 각 학교마다 건학이념에 따른 다양화·특성화 교육도 함께 추구하고 있다. 이러한 점을 고려한다면 자사고는 일반고 모집에 앞서 학생을 선발할 수밖에 없고, 전기모집은 자사고 운영에 있어서 핵심적 요소이다.

② 반면, 이 사건 동시선발 조항이 입법목적 달성에 기여하는 정도는 미미하거나 불확실하다. 교육당국은 자사고와 일반고 간의 학력격차의 원인을 단순히 우수학생 선점 효과로 지목하고 있을 뿐, 자사고와 일반고

간 교육과정 차이로 인한 효과는 외면하고 있다. 우수 학생 선점과 고교서열화 문제를 해결하기 위해서는 궁극적으로 일반고의 경쟁력을 강화시켜야 한다. 그런데 이 사건 동시선발 조항은 일반고의 학력저하의 책임을 자사고에 돌려 그 입법목적 달성이라는 명분 아래 자사고에 대한 손쉬운 규제를 택한 것이다.

③ 나아가 이 사건 동시선발 조항은 뒤에서 보는 바와 같이 이 사건 중복지원 금지 조항과 결합하여 자사고의 존폐 여부에까지 영향을 미칠 수 있다.

평준화지역 일반고에 진학하려는 학생들은 중학교 학교생활기록부를 기준으로 시·도별 전체 평준화지역 후기학교 정원 내에 들면 고등학교 배정 대상자로 선발되고 고등학교 배정이 보장된다. 그런데 이 사건 동시선발 조항 및 이 사건 중복지원 금지 조항으로 인하여 자사고는 일반고와 같은 후기학교가 되고, 후기학교 중 자사고를 지원하였다가 불합격하는 경우 뒤에서 살펴보는 바와 같이 평준화지역 일반고에 지원할 기회가 없고 교육감의 정책에 따라서는 학교군 내의 일반고에 배정·추가배정되지 못하여 통학이 힘든 먼 거리의 비평준화지역으로 진학하거나 그조차 곤란한 경우 재수를 하여야 한다. 자사고의 입학전형은 앞서 본 바와 같이 추첨과 면접 등(서울) 또는 학생생활기록부의 기록과 면접 등(서울 이외)에 의하여 실시된다. 해당 학교의 경쟁률이나 합격 여부를 예측할 수 없는 상태에서 학생과 학부모들이 자사고 불합격시 입게 되는 불이익이 너무 크기 때문에 자사고 지원을 포기하거나 기피하게 될 것이고, 그 결과 자사고는 학생선발에서 상당한 제한을 받고 정원 미달사태를 맞게 되거나 학교 재정의 악화로 운영난을 겪게 됨으로써 자사고의 형태를 유지하는 것조차 불가능한 상황에 처할 가능성도 있고, 결국 자연스럽게 일반고로 전환할 수밖에 없다.

④ 자사고가 거짓이나 그 밖의 부정한 방법으로 회계를 집행한 경우, 부정한 방법으로 학생을 선발한 경우, 교육과정을 부당하게 운영하는 등 지정 목적을 위반한 중대한 사유가 발생한 경우, 교육감이 5년마다 해당 학교 운영 성과 등을 평가하여 지정 목적의 달성이 불가능하다고 인정되는 경우(시행령 제91조의3 제4항 참조)에는 교육감이 자사고의 지정을 취소할 수 있다. 이와 같이 개별적인 규제와 심사를 통해서 덜 제약적인 방식으로 입법목적을 달성할 수 있음에도, 이 사건 동시선발 조항은 일률적으로 자사고의 일반고 전환을 유도하고 있어 부당하다(이 부분 설시는 작금의 전국 24개 자사고 재지정과 관련하여 교육부 및 10개 시·도교육청이 평가지표를 대폭 바꾸거나 강화한 조치의 정당성 여부 및 그에 따른 재지정 심사가 정당한지 여부와는 별개의 문제이다).

한편, '공교육의 정상화와 자사고의 바람직한 운영'이라는 공익은 자사고의 지정 또는 자사고의 전기모집을 유지한 채로 그 운영방식을 개선하는 방법으로도 충분히 달성할 수 있다. 즉, 자사고를 일반고로 전환하면 그에 따라 정부의 재정지원이 뒤따라야 하는데, 차라리 자사고의 전기모집을 그대로 유지하면서 일반고 전환에 따른 재정지원 부분을 다른 일반고에 투입하여 공교육을 살리는 덜 침해적인 방법이 있다. 굳이 자사고를 억제하려면 위 시행령 제91조의3 제4항 소정의 지정 취소 사유가 있는 자사고에 대하여 지정취소를 하거나 신규 자사고 지정을 자제하는 정책을 펴는 수준이어야 하는 것이다.

⑤ 위와 같은 점을 종합하여 보면, 이 사건 동시선발 조항은 침해의 최소성 원칙에 위배된다.

3) 법익의 균형성

이 사건 동시선발 조항의 입법목적에 따른 공익을 인정한다 하더라도, 위에서 본 바와 같이 이 사건 동시선발 조항은 청구인 학교법인의 학생선발권을 중대하게 제한하고 있으며, 나아가 자사고의 안정적 운영 또는 존립 그 자체를 위협하고 있다. 어느 나라에서도 우수학생 선점을 해소하고 고교서열화 및 고등학교 입시경쟁을 완화한다는 명목으로 명문 사립고등학교를 폐지하거나 폐지를 유도하는 경우는 없다. 이 사건 동시선발 조항은 그 달성하고자 하는 공익보다 청구인 학교법인이 침해받는 사익이 훨씬 크다고 할 것이므로 법익의 균형성도 인정하기 어렵다.

(다) 소결

세계는 4차 산업혁명이라는 문명사적 대전환기에 있다. 나라와 민족의 명운이 걸린 이런 중차대한 시기에 우리가 세계사를 선도하기 위해서는 주요 선진국의 경우와 같이 고등학교에서도 자기주도학습, 창조적 문제해결, 소통기반 협력 등의 역량을 키워주는 교육혁명이 필요하다. 그런데 이 사건 동시선발 조항은 고교 평준화에 매몰되어 '사학의 자율성과 교육의 수월성' 보장을 통한 4차 산업혁명을 거부하거나 외면하고 있다. 이 사건 동시선발조항은 과잉금지원칙을 위반하여 청구인 학교법인의 사학운영의 자유를 침해한다.

(3) 신뢰보호원칙 위반 여부

청구인들은 이 사건 동시선발 조항이 전기학교였던 자사고를 후기학교로 변경하여 청구인 학교법인이 자사고의 전기모집에 대하여 가지고 있던 신뢰를 침해하였다고 주장하고 있다. 따라서 청구인 학교법인이 자사고의 전기모집에 대하여 가지고 있던 신뢰가 헌법상 보호가치가 있는 것인지, 교육당국이 입법목적으로 내세우는 공익과 비교형량할 때 우위에 있는 것인지 여부, 즉 이 사건 동시선발 조항이 신뢰보호원칙에 반하여 청구인 학교법인의 사학운영의 자유를 침해하는지 살펴본다.

(가) 신뢰이익의 존재 및 보호가치

개인의 신뢰이익에 대한 보호가치는 ① 법령에 따른 개인의 행위가 국가에 의하여 일정방향으로 유인된 신뢰의 행사인지, ② 아니면 단지 법령이 부여한 기회를 활용한 것으로서 원칙적으로 사적 위험부담의 범위에 속하는 것인지 여부에 따라 달라진다. 만일 법령에 따른 개인의 행위가 단지 법령이 반사적으로 부여하는 기회의 활용을 넘어서 국가에 의하여 일정 방향으로 유인된 것이라면 특별히 보호가치가 있는 신뢰이익이 인정될 수 있고, 원칙적으로 개인의 신뢰보호가 국가의 법령개정이익에 우선된다고 볼 여지가 있다(헌재 2002. 11. 28. 2002헌바45; 헌재 2007. 4. 26. 2003헌마947등 참조).

1974년에 도입된 고교평준화 체제가 교육의 획일화와 학력저하를 불러왔고 학교의 무책임성을 조장했다는 문제의식에서, 정권의 변화에도 불구하고 학교체제의 다양성과 자율성의 토대 위에 교육의 수월성과 책임성을 추구해야 한다는 주장이 지속되어 왔다. 그리하여 학교 자율화 및 다양화의 정책기조는 김영삼 정부의 1995년 '5. 31. 교육개혁' 이후 교육정책의 기본 방향으로 자리잡아 왔다. 그 결과 김대중 정부는 2002년부터 자립형 사립고의 시범운영을 실시하면서 운영 상태가 우수한 학교들을 대상으로 자립형 사립고로의 전환을 적극적으로 유도·권장하였고, 노무현 정부는 시범운영의 성과를 분석한 결과 긍정적 효과가 나타났다고 보아 그 시범운영기간을 연장하였으며, 이명박 정부는 '고교다양화300' 프로젝트의 하나로 자사고를 도입하면서 자립형 사립고를 통합·확대하였는데, 사립고등학교의 자사고 설치에 대한 호응도가 낮자 법인전입금 등 조건을 완화하여 주면서까지 자사고 도입을 권장하였고, 이러한 정책기조는 박근혜 정부에서도 이어져 왔다. 그 결과 현재 전국적으로 40여개의 자사고가 있다. 이처럼 자사고는 평준화 정책을 유지하면서 사학의 자율성, 고교 교육의 다양성·특수성 추구, 교육경쟁력 강화, 학생·학부모의 학교선택권 확대, 조기 해외유학에 대한 대안, 사립학교 지원예산 절감 및 공립학교 투자 확대 등을 위해 마련된 제도적 보완책이다.

특히 청구인 학교법인이 운영하는 학교들은 2002년경 자사고의 전신인 '자립형 사립고' 시범운영학교로 지정되어 자립형 사립고로 운영되어 오다가 2009. 3. 27. 시행령 개정으로 제105조의3에 자사고 제도가 도입되자 자사고로 전환하여 현재에 이르고 있다. 자립형 사립고 시범운영학교로 지정될 당시 교육당국은 시범학교 선정·운영방안을 발표하면서 학생선발에 있어 '전기학교로 선발'할 것을 명시하여 자립형 사립고 시범학교로 지정 신청할 것을 안내하였고, 이에 따라 청구인 학교법인은 자립형 사립고 시범학교 지정을 신청하였다.

자립형 사립고에서 자사고 전환 추진 당시 강원도 교육청이 청구인 학교법인 ○○학원에게 보낸 '2010년 자율형 사립고등학교 전환신청서 제출' 공문을 보면 2010년 시범운영 기간이 종료되어 '자율형 사립고'로 전환을 추진하니 전환신청서를 제출하여 달라는 내용이고, '자율형 사립고 전환 운영 기준'이 첨부되어 있다. 위 기준에는 입학전형(전국단위 모집), 교육과정(공통기본 교과의 50%까지 자율), 재정운영(재정결함보조금 미지급, 법인전입금 기준, 수업료는 일반고의 3배 이내일 것) 등에 대하여 기재되어 있고, 기타 사항으로 '자립형 사립고 시범운영 지침 준수'가 기재되어 있었다. '자립형 사립고 시범운영 지침'에는 전기모집 방침이 포함되어 있었으므로 청구인 학교법인은 자사고 전환 이후에도 전기학교로 유지될 것임을 신뢰하였으며, 위 기준에 정권의 변동에 따라 자사고의 전기모집이 폐기될 수도 있다는 등의 부대조건은 없었다. 청구인 학교법인 □□학원과 학교법인 ▽▽학원이 각 전북 교육청, 울산광역시 교육청으로 받은 공문에는 그러한 기재가 없으나, 실질적으로 위와 같은 내용의 '운영 기준'에 따라 자사고로 전환되었다. 실제 2009. 3. 27. 시행령 개정으로 자사고가 법제화되면서 전기학교에 자사고가 명시되었다(제80조 제1항 제5호). 따라서 청구인 학교법인은 자사고의 경우에도 자립형 사립고 시범운영 지침상의 '전기학교 선발'이 그대로 유지된다고 믿었고, 그에 따라 자사고로 전환을 선택하였다. 청구인 학교법인은 자립형 사립고 시범운영 당시부터 자사고로 전환되어 현재에 이르기까지 약 15년간 '전기 입학전형'을 포함한 학생선발권이 계속 유지될 것이라고 믿고 높은 법인전입금 비율을 유지하면서 국가나 지방자치단체의 보조금을 포기하고 일반고에서는 필요 없는 기숙사를 설치하는 등 자사고 운영에 많은 투자를 하여 왔다.

그렇다면 청구인 학교법인의 자사고의 설립·운영은 단지 학교법인의 사익을 위한 것이 아니라, 국가가 고교 교육의 다양성과 자율성, 수월성과 책임성이라는 또 다른 공익을 실현하고자 일정한 방향으로 유인·권장하고, 더 나아가 '대통령령'으로 '전기학교 선발'(삭제되기 전 시행령 제80조 제1항 제5호) 내지 '학생들의 자유로운 자사고 지원'을 보장함으로써 청구인 학교법인이 이에 호응하여 이루어진 것이고, 청구인 학교법인의 이러한 신뢰는 헌법상 특별히 보호가치가 있는 신뢰인 것이다.

(나) 신뢰이익과 공익의 비교형량

2005년 교육인적자원부에서 실시한 자립형 사립고 시범운영에 대한 평가 결과, 자립형 사립고는 지정조건을 대체로 준수하면서, 나름대로 건학이념을 제시하였고, 학교구성원들은 비교적 건학이념을 잘 이해하고 공유하고 있으며, 학교행정과 운영의 자율성이 신장되었고 이를 바탕으로 수업의 질 개선, 다양화·특성화 교육 확대, 고교 선택기회 확대, 수월성 제고, 사학 운영 모형을 제시하는 등 긍정적 효과가 나타났다고 한다[한국교육개발원, 자립형 사립고등학교 시범운영 평가보고서(2005), 104면 참조].

그런데 이 사건 동시선발 조항은 그 입법목적 달성에 기여하는 정도가 미미하거나 불확실한 정도에 그치지만, 이 사건 동시선발 조항 및 이 사건 중복지원금지 조항으로 인하여 청구인 학교법인은 막대한 피해를 입게 된다. 청구인 학교법인의 경우 심판대상 조항으로 인하여 학생들의 자사고 기피현상이 발생하여 학교 운영에 큰 어려움을 겪게 될 것은 분명하다. 즉, 자사고는 국가나 지방자치단체로부터 재정보조금을 받지 않고 법인전입금과 학생의 수업료 등으로 운영이 되기 때문에 학생 수 감소는 학교 운영에 큰 타격이 되고, 다른 사립학교에 비하여 법인전입금을 높은 수준으로 유지하고 있어 그 손실은 더욱 커질 것이다. 청구인 학교법인이 더 이상 손실을 감당하기 힘든 수준이 되면 결국 자사고 운영을 포기하고 일반고로 전환할 수밖에 없게 된다. 이 경우 상황에 따라서는 엄청난 재원을 투입한 기숙사 등 교육시설 및 교육시스템을 무용지물로 만들 수도 있으며, 청구인 학교법인이 운영하는 자사고가 일반고로 전환하는 것으로는 막대한 손해·손실·불이익을 해결할 수 없다.

한편, 자사고는 헌법 제31조 제6항에 따라 법률로 정하고 있는 학교교육제도에 관한 사항 중 일부가 적용되지 않는 학교이고, 자사고 제도의 운영은 국가의 교육정책과도 긴밀하게 관련되며, 자사고의 입학전형 시기는 그 운영주체인 학교법인은 물론 해당 학교에 입학하고자 하는 학생들에게 미치는 영향도 크다. 따라서 자사고의 입학전형 시기는 국가의 교육정책과 해당 지역의 실정 등을 고려하여 신중하게 이루어져야 할 필요가 있다. 특히 새로운 교육제도는 충분한 검토와 의견수렴을 거쳐 신중하게 시행되어야 하고, 그러한 과정을 거쳐 시행되고 있는 교육제도를 다시 변경하는 것은 관련된 다수의 이해관계인들뿐만 아니라 국가의 교육시책에 대한 일반 국민의 신뢰에도 큰 영향을 미칠 수 있는 만큼 더욱 조심스럽게 이루어져야 한다(대법원 2018. 7. 12. 선고 2014추33 판결 참조). 교육제도의 이러한 특성에 비추어 볼 때 청구인 학교법인은 자사고 입시가 전기학교에서 후기학교로 변경될 것이라는 점을 쉽게 예측하기 어려웠을 것이고, 정부가 자사고의 입학전형 시기를 전기학교에서 후기학교로 변경하면서도 사전에 충분한 검토와 의견수렴을 거쳤다는 흔적은 찾아보기 어렵다. 더욱이 자사고의 전기모집 근거인 구 시행령 제80조 제1항 제5호를 2017. 12. 29. 전격 삭제하고 아무런 경과규정이나 경과조치도 없이 2019학년도부터 바로 시행에 들어갔다. 이러한 조처는 국가의 교육시책에 대한 이해관계인들은 물론 일반 국민의 신뢰에도 크게 악영향을 미치는 것이다.

그렇다면 시행령 개정 전 자사고의 전기모집 조항에 대한 청구인 학교법인의 신뢰와 그로 인하여 입게 되는 불이익은 결코 작다고 보기 어려울 뿐만 아니라, 자사고를 후기학교로 변경함으로써 달성하려고 하는 공익은 그 효과가 불확실하거나 미미한 것으로 보이고, 오히려 자사고를 통하여 실현하고자 하는 고교 교육의 다양성과 자율성, 수월성과 책임성이라는 또다른 공익의 희생이 더욱 크고 확실해 보인다.

(다) 이 사건 동시선발 조항은 국가정책의 계속성을 부인함으로써 신뢰보호원칙에 위배하여 청구인 학교법인의 사학운영의 자유를 침해하고 있다.

(4) 소결

위에서 본 바와 같이 이 사건 동시선발 조항은 과잉금지원칙 및 신뢰보호원칙에 위반하여 청구인 학교법인의 사학운영의 자유를 침해한다. 이 사건 동시선발 조항이 사학운영의 자유를 침해한다고 판단한 이상 평등권을 침해한다고 하는 청구인 학교법인의 주장에 대하여는 더 나아가 판단하지 아니한다.

8. 이 사건 중복지원금지 조항에 대한 판단

가. 쟁점 및 심사기준

(1) 시행령 제81조 제5항은 평준화지역 후기학교 주간부에 입학하고자 하는 자는 교육감이 정하는 방법 및 절차에 따라 2 이상의 학교를 선택하여 지원할 수 있도록 규정하고 있다. 그런데 이 사건 중복지원금지 조항은 후기학교 중 자사고의 경우 중복지원을 금지하고 있는바, 이 사건 중복지원금지 조항이 자사고에 진학하고자 하는 청구인 학생의 평등권을 침해하는지 여부가 문제된다. 한편 학부모는 비록 헌법에 명문으로 규정되어 있지는 않지만 혼인과 가족생활을 보장하는 헌법 제36조 제1항, 행복추구권을 보장하는 헌법 제10조 및 열거되지 않은 기본권에 관한 헌법 제37조 제1항으로부터 나오는 자녀교육권을 가지므로 마찬가지로 청구인 학부모의 평등권 침해 여부도 함께 살펴본다.

(2) 일반적으로 차별이 정당한지 여부에 대해서는 자의성 여부를 심사하지만, 헌법에서 특별히 평등을 요구하고 있는 경우나 차별적 취급으로 인하여 관련 기본권에 대한 중대한 제한을 초래하게 된다면 입법형성권은 축소되어 보다 엄격한 심사척도가 적용된다(헌재 2000. 8. 31. 97헌가12; 헌재 2011. 2. 24. 2008헌바56 참조).

자의심사의 경우에는 차별을 정당화하는 합리적인 이유가 있는지 여부만을 심사하기 때문에 그에 해당하는 비교대상 간의 사실상의 차이나 입법목적(차별목적)을 발견·확인하는 데 그치는 반면, 비례심사의 경우에는 단순히 합리적인 이유의 존부 문제가 아니라 차별을 정당화하는 이유와 차별 간의 상관관계에 대한 심사, 즉 비교대상 간의 사실상의 차이의 성질과 비중 또는 입법목적(차별목적)의 비중과 차별의 정도에 적정한 균형관계가 이루어져 있는가를 심사하게 된다(헌재 2001. 2. 22. 2000헌마25; 헌재 2011. 2. 24. 2008헌바56 참조).

(3) 이 사건의 경우 뒤에서 보는 바와 같이 고등학교 진학 기회에 있어서의 평등이 문제된다. 헌법은 제31조 제1항에서 "능력에 따라 균등하게"라고 하여 교육영역에서 평등원칙을 구체화하고 있다. 헌법 제31조 제1항은 헌법 제11조의 일반적 평등조항에 대한 특별규정으로서 교육의 영역에서 평등원칙을 실현하고자 하는 것이다. 평등권으로서 교육을 받을 권리는 '취학·진학의 기회균등', 즉 각자의 능력에 상응하는 교육을 받을 수 있도록 학교 입학에 있어서 자의적 차별이 금지되어야 한다는 차별금지원칙을 의미한다. 헌법 제31조 제1항은 취학·진학의 기회에 있어서 고려될 수 있는 차별기준으로 '능력'을 제시함으로써, 능력 이외의 다른 요소에 의한 차별을 원칙적으로 제한하고 있다. 여기서 '능력'이란 '수학능력'을 의미하고 교육제도에서 수학능력은 개인의 인격발현과 밀접한 관계에 있는 인격적 요소이며, 학교 입학에 있어서 고려될 수 있는 합리적인 차별기준을 의미한다(헌재 2017. 12. 28. 2016헌마649 참조).

또한 교육시설 중 '고등학교'의 진학이 문제되는바, 교육부의 2018년 교육기본통계에 의하면 2018년도 우리나라 전체 중학교 졸업자의 약 99.7%가 고등학교 과정에 진학하였다. 비록 고등학교 교육이 의무교육은 아니지만 매우 보편화된 일반교육임을 알 수 있다. 따라서 고등학교 진학 기회의 제한은 대학 등 고등교육기관에 비하여 당사자에게 미치는 제한의 효과가 더욱 크므로 보다 더 엄격히 심사하여야 한다. 따라서 이 사건 중복지원금지 조항의 차별 목적과 차별의 정도가 비례원칙을 준수하는지 살펴본다.

나. 판단

(1) 이 사건 중복지원금지 조항은 앞서 본 이 사건 동시선발 조항과 마찬가지로 '우수학생 선점 해소 및 고교서열화를 완화'하고 '고등학교 입시경쟁을 완화'하기 위하여 신설된 것이다. 자사고 지원자들에게 일반고 지원을 금지시킴으로써 보다 더 철저히 자사고의 우선선발 가능성을 차단하기 위한 것으로서 이 사건 중복지원금지 조항은 그 목적달성에 어느 정도 기여하는 수단이라 볼 수 있다.

(2) 자사고를 지원하는 학생과 일반고를 지원하는 학생은 모두 후기학교 지원자라는 점에서 동일하다. 이 학생들은 모두 전기학교에 지원하지 않았거나, 전기학교에 지원하였다가 불합격한 학생들로서 고등학교에 진학하기 위해서는 후기 입학전형 1번의 기회만 남아있다는 점에서 같다.

시·도별로 차이는 있을 수 있으나 대체로 평준화지역 후기학교의 입학전형은 중학교의 학교생활기록부를 기준으로 매긴 순위가 평준화지역 후기학교의 총 정원 내에 드는 학생들을 합격자(배정대상자)로 선발하는 방식이다. 이른바 내신성적을 기준으로 평준화지역 후기학교 총 정원 내에 드는 학생들은 평준화지역 후기학교 배정이 보장되는 것이다.

반면 자사고에 지원하였다가 불합격한 평준화지역 소재 학생들은 이 사건 중복지원금지 조항으로 인하여 원칙적으로 평준화지역 일반고에 지원할 기회가 없다. 교육감은 학생배치계획상 추가 선발·배정이 필요한 경우 평준화지역 후기학교의 신입생을 추가로 선발·배정할 수 있고(시행령 제86조 제1항), 학교의 장이 입학전형을 실시하는 고등학교에 정원미달이 발생하면 해당 학교의 장이 신입생을 추가로 선발할 수 있다(시행령 제86조 제2항). 그러나 '학생배치계획상 추가 선발·배정이 필요'하거나 '학교의 장이 입학전형을 실시하는 고등학교에 정원미달이 발생'할 것인지 여부는 매우 불확실하고, 그러한 사유가 발생하였다고 하더라도 신입생을 추가로 선발할 것인지 여부는 전적으로 교육감 및 학교의 장의 재량에 따라 결정된다.

이에 따라 일부 지역의 경우 평준화지역 자사고 불합격자들에 대하여 일반고 배정 절차를 마련하지 아니하여 자사고에 지원하였다가 불합격한 학생들은 일반고의 후기 입학전형은 물론 추가 선발·배정을 통하여 자신의 학교군에서 일반고에 진학할 수 없는 상황에 처하기도 하였다. 이와 같이 자사고에 지원한 학생들은 학교생활기록부에 따른 순위가 평준화지역 후기학교 총 정원 내에 들더라도 사실상 고등학교 진학이 어려워지는 경우도 발생하였다.

(3) 고등학교는 중학교에서 받은 교육의 기초 위에 중등교육 및 기초적인 전문교육을 하는 것을 목적으로 한다(법 제45조). 고등학교 교육은 의무교육인 중학교 교육의 기초 위에 일반적인 교양을 높이고 기초적인 전문지식을 익힘으로써 대학 입학준비 또는 취업준비를 하는 과정이다. 현재 우리나라에서 고등학교 교육은 비록 의무교육은 아니나 의무교육인 초등학교 및 중학교 취학률·진학률에 버금가는 진학률을 보여주듯이 대부분의 학생이 중학교 졸업 직후 고등학교에 진학하고 있다. 이는 고등학교 교육의 중요성에 대하여 우리 사회가 보편적으로 인정하고 있음을 보여주는 것이다.

그런데 자사고에 불합격한 학생들은 자신이 재학 중인 중학교의 소재지 또는 거주지의 시·도별 교육감의 정책에 따라 평준화지역 일반고에 배정되지 못하고 통학이 힘든 먼 거리의 비평준화지역의 학교에 진학하거나 학교의 장이 입학전형을 실시하는 고등학교에 정원미달이 발생할 경우 해당 학교의 장이 실시하는 추가선발에 지원하여야 하고 그조차 곤란한 경우 고등학교 재수를 하여야 한다. 자사고에 지원하였다가 불합격한 어린 학생들에게 단지 자사고에 지원하였었다는 이유만으로 위와 같은 불이익을 주는 것이 과연 적절한 조치인지 의문이 아닐 수 없다.

(4) 대다수의 학생이 일반고에 진학하고 있음은 앞서 본 바와 같고, 평준화지역 일반고를 추첨에 의해 배정하면서도 학생들에게 복수의 학교를 지원할 수 있도록 하는 것은 단순히 근거리 기준 배정이 아닌 학생들의 선호를 반영하기 위한 것이다. 평준화지역 일반고 내에서도 교풍(校風), 통학의 편의성, 사립학교의 경우 특정 종교를 기반으로 한 학교인지 여부 등을 고려하여 학생 개인별 선호하는 학교는 다양할 수 있다. 이를 고려하여 서울과 같은 지역의 경우는 학생들에게 거주지 인근 학교군 뿐만 아니라 서울 전 지역을 대상으로 하는 전체 단일학군에서 학교를 선택할 수 있는 기회까지 부여하고 있다. 그런데 자사고를 지원하는 학생들은 이 사건 중복지원금지 조항으로 인하여 고등학교 진학 자체가 불투명하게 되었다.

(5) 자사고와 평준화지역 후기학교의 입학전형 실시권자가 달라 자사고 불합격자에 대한 평준화지역 후기학교 배정에 어려움이 있다면, 단순히 입학전형 실시시기만 후기로 정할 것이 아니라 이를 해결할 다른 제도를 마련하였어야 한다. 그런데 이 사건 중복지원금지 조항은 중복지원금지 원칙만을 규정하고 자사고 불합격자에 대하여 아무런 고등학교 진학 대책을 마련하지 않았다. 따라서 자사고 불합격자는 고등학교에 진학할 수 있는지 여부가 시·도별 교육감의 재량에 의해 좌우되는 매우 불안정한 상태에 처하게 되었다. 실제로 일부 지역에서는 교육감이 평준화지역 후기학교 배정을 거부하는 상황도 발생하고 있다.

(6) 결국 이 사건 중복지원금지 조항은 고등학교 진학 기회에 있어서 자사고 지원자들에 대한 차별을 정당화할 수 있을 정도로 차별 목적과 차별의 정도 간에 비례성을 갖춘 것이라고 볼 수 없다.

다. 소결

따라서 이 사건 중복지원금지 조항은 청구인 학생 및 학부모의 평등권을 침해하여 헌법에 위반된다. 이 사건 중복지원금지 조항이 평등권을 침해하여 위헌임을 확인한 이상 이 사건 중복지원금지 조항에 대한 청구인들의 그 밖의 주장에 대해서는 판단하지 아니한다.

9. 결 론

그렇다면 이 사건 동시선발 조항에 대하여는 재판관 4인이 합헌의견, 재판관 5인이 위헌의견으로 비록 위헌의견이 다수이긴 하지만 헌법 제113조 제1항, 헌법재판소법 제23조 제2항 단서 제1호에서 정한 헌법소원 인용결정을 위한 정족수에 미달하므로 이 사건 동시선발 조항에 대한 심판청구 부분은 기각한다. 이 사건 중복지원금지 조항은 헌법에 위반되므로 재판관 전원의 일치된 의견으로 주문과 같이 결정한다. 이 결정 중 교육제도 법정주의와 관련하여 재판관 조용호의 아래 10.과 같은 반대의견과 재판관 서기석, 재판관 이종석의 아래 11.과 같은 법정의견에 대한 보충의견이 있다.

10. 교육제도 법정주의에 관한 재판관 조용호의 반대의견

나는 자사고 등 고등학교의 종류 및 입학전형제도를 법률에서 직접 규정하지 않고 법률의 위임근거도 없이 시행령에서 비로소 규정한 결과 심판대상조항 역시 교육제도 법정주의에 위반된다고 생각하므로 그 이유를 밝힌다.

넓은 의미의 교육제도 법정주의는 국가의 백년대계인 교육이 일시적인 특정 정치세력에 의하여 영향을 받거나 집권자의 통치상의 의도에 따라 수시로 변경되는 것을 예방하고 장래를 전망한 일관성이 있는 교육체계를 유지·발전시키기 위한 것이며, 그러한 관점에서 국민의 대표기관인 국회의 통제 하에 두는 것이 가장 온당하다는 의회민주주의 내지 법치주의 이념에서 비롯된 것이다. 이는 헌법이 한편으로는 교육을 받을 권리를 국민의 기본권으로서 보장하고 다른 한편으로 이를 실현하는 의무와 책임을 국가가 부담하게 하는 교육체계를 교육제도의 근간으로 하고 있음을 나타내는 것이라고 할 수 있다(헌재 1992. 11. 12. 89헌마88; 헌재 2000. 3. 30. 99헌바14; 헌재 2001. 2. 22. 99헌바93 등 참조). 헌법 제31조 제6항의 교육제도 법정주의는 교육에 관한 기본정책 또는 기본방침 등 교육에 관한 기본적 사항을 법률로 규정하게 함으로써 국민의 교육을 받을 권리가 행정기관에 의하여 자의적으로 무시되거나 침해당하지 않도록 하고, 교육의 자주성과 중립성을 유지하고자 하는 데에 그 의의가 있다(헌재 2013. 11. 28. 2011헌마282등 참조).

'교육기본법'은 제9조에서 "유아교육·초등교육·중등교육 및 고등교육을 하기 위하여 학교를 둔다(제1항). 학교의 종류와 학교의 설립·경영 등 학교교육에 관한 기본적인 사항은 따로 법률로 정한다(제4항)."고 규정하고 있고, 이에 따라 유아교육법, 초·중등교육법, 고등교육법이 따로 제정되어 있다. 그런데 고등교육법 제2조에서는 학교의 종류로 대학, 산업대학, 교육대학, 전문대학, 방송대학·통신대학·방송통신대학 및 사이버대학, 기술대학, 각종학교를 두어 대학의 종류를 세분화하여 명시하고 있다. 이에 반하여 초·중등교육법 제2조는 학교의 종류로 초등학교·공민학교, 중학교·고등공민학교, 고등학교·고등기술학교, 특수학교, 각종학교를 두고 있을 뿐, 고등학교의 종류나 구분·유형 등에 관하여는 아무런 규정을 두고 있지 아니하고 달리 시행령에 위임하는 규정을 두고 있지도 않다. 그럼에도 시행령은 제76조의3[고등학교의 구분]에서 고등학교를 일반고등학교, 특수목적고등학교, 특성화고등학교, 자율고등학교로 구분하면서, 제4호에서 '자율고등학교(제91조의3에 따른 자율형 사립고등학교 및 제91조의4에 따른 자율형 공립고등학교를 말한다)'라고 규정하여 비로소 자사고에 관한 근거규정을 두고 있다. 특히 자사고에 관한 제76조의3 제4호의 규정은 2010. 6. 29. 신설된 조항이다(신설 당시 제76조의2 제4호).

고등학교의 제도, 종류 및 운영에 관한 기본적인 사항은 국가와 사회질서에 미치는 영향과 파급효과가 매우 크고, 고등학교 입학전형제도는 학생 및 학부모의 학교선택권, 학교의 학생선발권, 교육당국의 정책, 사립학교의 자율성 등 이해관계가 다양하게 얽혀 있다. 이같이 상충되는 이해관계를 조정한 고등학교의 종류와 입학전형제도의 설계는 국민의 대표기관인 국회가 직접 공청회 등을 통해 다양한 의견을 수렴하고 조정을 거쳐 법률로 결정하여야 하는 것이지 백지식으로 행정입법에 위임하거나 그러한 위임조차 없이 행정입법에서 비로소 규정해서는 안 될 사항이다(헌재 2009. 4. 30. 2005헌마514 반대의견; 헌재 2012. 11. 29. 2011헌마827 반대의견 참조).

다수의견은 법 제61조를 자사고의 운영 근거규정 중 하나로 보고 있다. 그러나 법 제61조는 1997. 12. 13. 법률 제5438호로 법이 제정될 당시부터 존재하였던 규정으로, '대통령령으로 정하는 바에 따라 초·중등교육법 일부 조항을 한시적으로 적용하지 아니하는 학교 또는 교육과정을 운영할 수 있다'고 규정하고 있는데, 이때 적용이 제외되는 조항은 교장·교감의 자격(제21조 제1항), 3월 1일부터 이듬해 2월 말일까지로 정한 학년도(제24조 제1항), 학년제(제26조 제1항), 교과용 도서(제29조 제1항), 학교운영위원회(제31조), 초등학교·중학교·고등학교의 각 수업연한(제39조, 제42조, 제46조)이다. 이처럼 법 제61조는 교장·교감의 자격, 수업연한, 학년제 등에 관한 조항만 적용을 제외하고 있을 뿐,

자사고에 대하여는 전혀 규정하고 있지 아니하다. 시행령 제91조의3은 비록 '법 제61조에 따라 학교 또는 교육과정을 자유롭게 운영할 수 있는 고등학교'라고 규정하고 있지만, 막상 자사고가 법 제61조에서 예외를 규정한 조항에 대하여 자율성을 행사한다고 보기는 어렵고, 실제 법 제61조는 자사고 운영과는 거의 관련도 없다.

그리고 다수의견은 법 제47조 제2항을 심판대상조항의 모법으로 보고 있으나, 법 제47조 제2항이 시행령에 위임한 것은 '고등학교의 입학방법과 절차 등'에 관한 것일 뿐 '고등학교의 종류'에 관한 것이 아니므로, 이 역시 심판대상조항은 물론 자사고의 본질적 규정인 시행령 제91조의3에 대한 위임규정도 아니다. 결국 지금의 자사고는 법률상의 근거 없이 만들어진 후 뒤늦게 시행령에서 근거규정을 두어 운영되고 있는 셈이다. 이는 과학고 등 특수목적고등학교의 경우도 마찬가지이다.

한편, 자사고에 관한 본질적인 규정인 시행령 제91조의3은 자사고 지정·고시의 요건, 절차(제1항, 제6항), 건학이념 및 학교운영에 관한 계획, 교육과정 운영에 관한 계획, 입학전형실시에 관한 계획 등 자사고 지정 신청서 제출시 포함시킬 사항(제2항), 입학정원의 20퍼센트 이상을 기초생활 수급자나 차상위 계층 등에서 선발하도록 하는 사회통합형 전형 실시 의무(제3항), 자사고 지정 취소의 요건 및 절차(제4, 5, 6항), 지정 취소 후의 후속절차(제7항), 기타 필요한 사항은 교육부령으로 정하도록(제8항) 규정하고 있다. 특히 제1항은 자사고로 지정되기 위해서는, 국가 또는 지방자치단체로부터 교직원 인건비 및 학교·교육과정운영비를 지급받지 아니할 것(제1호), 교육부령으로 정하는 법인전입금 및 교육과정운영기준을 충족할 것(제2호)이라는 2가지 요건을 모두 갖출 것을 요구하고 있다. 이와 같은 자사고의 지정 요건(제1항), 사회통합형 전형 실시 의무(제3항), 자사고 지정 취소 및 그 후속절차에 관한 규정(제4항 내지 제7항) 등은 자사고의 운영 주체에 대하여 경제적 부담 등 의무를 부과하거나 사회통합형 전형방법을 강제함은 물론 지정 취소의 경우 자사고로서의 법적 지위를 소멸시킨다. 이는 국민의 권리의무에 관한 규정으로서 전형적으로 법률에서 규정하여야 할 법률사항인 것이다.

결국 자사고에 관한 시행령의 위 규정들(제76조의3 제4호, 제91조의3)은 모두 법률사항을 법률, 즉 초·중등교육법에서 직접 규정하지 않고 위임근거도 없이 시행령에서 규정하여 교육제도 법정주의에 위반된다. 따라서 자사고에 관한 본질적 사항인 시행령의 위 규정들이 위헌인 이상 이를 전제로 한 심판대상조항 역시 교육제도 법정주의에 위반된다고 보아야 한다.

11. 교육제도 법정주의에 관한 재판관 서기석, 재판관 이종석의 법정의견에 대한 보충의견

우리는 심판대상조항 자체가 교육제도 법정주의에 반하는 것은 아니라는 합헌의견에 동의하면서도, 지금 자사고의 존폐 및 신입생 선발시기를 둘러싸고 벌어지고 있는 교육계의 혼란이 자사고 등 고등학교의 종류 및 신입생 선발시기를 법률에서 직접 규정하지 않고 시행령에서 비로소 규정하고 있는 데에 기인하고 여기에 여러 가지 문제가 있다는 반대의견의 지적에 일부 공감한다. '고등학교의 종류나 구분, 유형'과 '신입생 선발시기'와 같이 학생과 학부모, 학교법인, 나아가 국가와 사회에 미치는 영향이 큰 교육정책에 관하여 국회에서 논의되거나 국회의 통제를 받지도 아니한 채 행정기관, 즉 교육당국이 일방적으로 결정할 수 있게 된다면 경우에 따라서 특정이념을 추구하는 교육단체 또는 정치세력의 의도에 따라 수시로 변경될 우려가 있고, 지금 자사고를 둘러싸고 벌어지고 있는 혼란이 이와 무관하지 않다. 따라서 자사고의 존폐 및 신입생 선발시기를 둘러싸고 지금 벌어지고 있는 논란을 근본적으로 불식시키기 위하여 향후 국회가 자사고를 비롯한 고등학교의 종류 및 그 입학전형제도에 관하여는 법률에서 직접 규정하고 구체적인 입학방법과 절차 등에 관하여는 시행령에 위임하여 정하도록 입법을 하는 것이 교육제도 법정주의에 보다 부합한다는 의견을 밝힌다. 국회에서 이종배 의원 등 10인이 2018. 1. 12. '고등학교의 유형'과 '신입생 선발시기' 등을 법률에 직접 규정하도록 하는 내용의 초·중등교육법 개정안을 제출한 바 있다.

재판관 유남석 서기석 조용호 이선애 이석태 이은애 이종석 이영진 김기영

[별지 1] 청구인 명단

학교법인 ○○학원 외 8인

[별지 2] 관련 조항

교육기본법(2007. 12. 21. 법률 제8705호로 개정된 것)

제9조(학교교육) ① 유아교육·초등교육·중등교육 및 고등교육을 하기 위하여 학교를 둔다.

④ 학교의 종류와 학교의 설립·경영 등 학교교육에 관한 기본적인 사항은 따로 법률로 정한다.

초·중등교육법(2012. 3. 21. 법률 제11384호로 개정된 것)

제2조(학교의 종류) 초·중등교육을 실시하기 위하여 다음 각 호의 학교를 둔다.

1. 초등학교·공민학교
2. 중학교·고등공민학교
3. 고등학교·고등기술학교
4. 특수학교
5. 각종학교

제45조(목적) 고등학교는 중학교에서 받은 교육의 기초 위에 중등교육 및 기초적인 전문교육을 하는 것을 목적으로 한다.

제47조(입학자격 등) ② 그 밖에 고등학교의 입학방법과 절차 등에 필요한 사항은 대통령령으로 정한다.

제61조(학교 및 교육과정 운영의 특례) ① 학교교육제도를 포함한 교육제도의 개선과 발전을 위하여 특히 필요하다고 인정되는 경우에는 대통령령으로 정하는 바에 따라 제21조 제1항·제24조 제1항·제26조 제1항·제29조 제1항·제31조·제39조·제42조 및 제46조를 한시적으로 적용하지 아니하는 학교 또는 교육과정을 운영할 수 있다.

② 제1항에 따라 운영되는 학교 또는 교육과정에 참여하는 교원과 학생 등은 이로 인하여 불이익을 받지 아니한다.

초·중등교육법 시행령(2017. 12. 29. 대통령령 제28516호로 개정된 것)

제76조의3(고등학교의 구분) 고등학교는 교육과정 운영과 학교의 자율성을 기준으로 다음 각 호의 학교로 구분한다.

1. 일반고등학교(특정분야가 아닌 다양한 분야에 걸쳐 일반적인 교육을 실시하는 고등학교를 말하되, 제2호부터 제4호까지의 규정에 따른 고등학교에 해당하지 않는 고등학교를 포함한다. 이하 같다)
2. 제90조에 따른 특수목적고등학교
3. 제91조에 따른 특성화고등학교
4. 자율고등학교(제91조의3에 따른 자율형 사립고등학교 및 제91조의4에 따른 자율형 공립고등학교를 말한다)

제77조(고등학교 입학전형의 실시권자) ①고등학교의 입학전형은 당해 학교의 장이 실시한다. 이 경우 입학전형방법 등 입학전형에 관하여 필요한 사항은 교육감의 승인을 얻어 당해 학교의 장이 정한다.

② 제1항에도 불구하고 다음 각 호의 요건을 모두 충족하는 지역으로서 시·도 조례로 정하는 지역 안에 소재하는 제80조제1항에 따른 후기학교(제90조 제1항 제6호에 해당하는 특수목적고등학교 및 제91조의3에 따른 자율형 사립고등학교는 제외한다)의 입학전형은 교육감이 실시한다.

1. 학교 간 거리, 교통의 발달 정도 등에 비추어 학생의 통학에 불편이 없을 것
2. 중학교 졸업생 수와 고등학교 입학 정원이 적절한 균형을 이룰 것
3. 다음 각 목의 내용을 포함하는 타당성 조사 결과 교육감이 입학전형을 실시하는 것이 적합할 것
   가. 학교군 설정
   나. 학생배정방법
   다. 학교 간 교육격차 해소계획
   라. 비선호 학교 해소계획
   마. 단위학교 교육과정의 다양화·특성화 계획
4. 해당 지역에 거주하는 학생·학부모 등을 대상으로 실시한 여론조사 결과가 시·도 조례로 정하는 기준을 충족할 것. 이 경우 여론조사 내용에는 제3호 각 목의 사항이 포함되어야 한다.

제78조(입학전형기본계획의 수립 및 공고) ① 교육감은 고등학교 입학전형의 공정한 관리를 위하여 매년 3월 31일까지 관할지역에 소재하는 고등학교의 다음 학년도 입학전형의 실시절차·방법 및 변경사항 등 입학전형에 관한 기본적인 사항을 정한 입학전형기본계획을 수립하여 공고하여야 한다. 다만, 공고 이후에 제76조의3에 따른 고등학교의 구분이 변경되는 등 특별한 사유가 있을 때에는 입학전형 실시기일 3개월 전까지 변경계획을 수립하여 공고하여야 한다.

② 입학전형실시권자가 입학전형을 실시하려는 경우에는 제1항에 따른 입학전형기본계획(이하 "입학전형기본계획"이라 한다)의 범위에서 그 실시기일 3개월 전(다음 학년도에 개교예정인 학교의 경우 그 실시기일 30일 전)까지 입학전형일시, 원서접수 및 전형방법 등 입학전형의 실시에 관한 계획을 수립하여 공고하여야 한다.

第80조(선발시기의 구분) ② 제1항에도 불구하고 교육부장관이 정하여 고시하는 지역의 학교는 선발시기를 달리하여 신입생을 선발할 수 있다.

第81조(입학전형의 지원) ①고등학교 입학전형에 응시하고자 하는 자는 그가 재학한 중학교가 소재하는 지역의 1개 학교를 선택하여 해당 학교의 입학전형 실시권자에게 지원하여야 한다. 다만, 제1호부터 제3호까지에 해당하는 자는 제89조 제4항에 따른 거주지의 입학전형 실시권자에게 지원하여야 하고, 제4호 또는 제5호에 해당하는 자는 그가 재학한 중학교가 소재하는 지역의 1개 학교를 선택하여 해당 학교의 입학전형 실시권자에게 지원하거나 제89조 제4항에 따른 거주지의 입학전형 실시권자에게 지원할 수 있다.

1. 제97조 제1항 각호의 1에 해당하는 자
2. 중학교 학구로 인하여 다른 시·도에서 수학한 자
3. 중학교 졸업자로서 거주지가 이전된 자
4. 제76조에 따른 특성화중학교 졸업예정자 및 졸업자
5. 제105조 제1항에 따른 자율학교로 지정받아 제68조 제1항에 따른 지역별·학교군별 추첨 방법 이외의 방법으로 학생을 선발한 중학교 졸업예정자 및 졸업자

② 제1항의 규정에도 불구하고 고등학교 입학전형에 응시하고자 하는 자가 거리·교통이 통학상 불편하거나, 그가 재학한 중학교가 소재하는 지역에 지원하려는 전기학교가 소재하지 아니하는 등 교육상 특별한 사유로 인접 시·도에 소재한 고등학교에 입학하는 것이 적절하다고 인정되는 경우에는 관계교육감이 협의하여 정하는 바에 따라 그 인접한 고등학교의 입학전형 실시권자에게 지원할 수 있다.

③ 제1항의 규정에도 불구하고 전기학교 중 다음 각 호의 어느 하나에 해당하는 고등학교의 입학전형에 응시하려는 자는 그가 재학한 중학교가 소재하는 지역(제1항 각 호의 어느 하나에 해당하는 자는 그가 거주하는 지역)에 관계없이 1개 고등학교를 선택하여 해당 고등학교의 입학전형실시권자에게 지원하여야 한다.

1. 제81조의2에 따른 고등학교
2. 제90조 제1항 제7호 및 제10호에 해당하는 특수목적고등학교
3. 제91조에 따른 특성화고등학교 중 교육부장관 또는 교육감이 정하는 학교
4. 삭제

第81조의2(학생모집의 특례) 다음 각 호의 요건에 모두 해당하는 고등학교의 장은 입학전형실시권자와 교육부장관이 미리 협의하여 정한 범위에서 해당 고등학교가 소재하는 지역 외의 중학교에 재학한 자(제81조 제1항 각 호의 어느 하나에 해당하는 자는 해당 고등학교가 소재하는 지역 외에 거주하는 자)를 모집할 수 있다. 이 경우 그 모집비율은 제81조제1항에 따른 입학전형의 지원원칙을 훼손하지 아니하는 범위에서 정하여야 한다.

1. 국가 또는 지방자치단체로부터 '지방교육재정교부금법 시행령' 별표 1에 따른 교직원인건비 및 학교·교육과정운영비를 지급받지 아니할 것
2. 매년 학교법인회계에서 학교회계로 전입되는 금액(이하 "법인전입금"이라 한다)이 교육부장관이 정하는 기준 이상일 것
3. 교육부장관이 교육과정의 편성·운영, 학사운영 및 교수학습방법 등을 평가하여 필요하다고 인정할 것

第82조(입학전형방법) ② 후기학교의 입학전형은 중학교의 학교생활기록부(학교생활기록부가 없는 경우에는 이에 갈음하여 활용하는 자료를 말한다)의 기록 또는 선발고사에 의하거나 이를 병합한 방법 또는 제1항에 따른 방법으로 한다. 다만, 다음 각 호에 해당하는 학교의 입학전형은 다음 각 호의 방법에 따른다.

1. 제90조 제1항 제6호에 해당하는 특수목적고등학교: 제1항에 따른 방법
2. 제91조의3에 따른 자율형 사립고등학교: 교육부령으로 정하는 방법

第84조(후기학교의 신입생 선발 및 배정방법) ② 제77조 제2항에 따라 시·도 조례로 정하는 지역의 후기학교 주간부 신입생은 고등학교 학교군별로 추첨에 의하여 교육감이 각 고등학교에 배정하되, 제81조 제5항에 따라 2이상의 학교를 선택하여 지원한 경우에는 그 입학지원자 중에서 추첨에 의하여 해당학교 정원의 전부 또는 일부를 배정할 수 있다. 다만, 제90조 제1항 제6호에 해당하는 특수목적고등학교 및 제91조의3에 따른 자율형 사립고등학교의 신입생은 해당 학교의 장이 선발한다.

第85조(전기학교 지원자의 후기학교 지원) ① 전기학

교의 신입생으로 선발된 자는 후기학교에 입학할 수 없다.

② 전기학교에 지원하여 신입생으로 선발되지 아니한 자가 후기학교에 입학을 원할 때에는 제84조 제1항 내지 제4항의 규정에 의하여 교육감이 추첨·배정하거나 당해학교의 장이 선발한다.

제86조(추가 선발 및 배정) ① 교육감은 제52조에 따른 학생배치계획상 추가 선발·배정이 필요한 경우 제81조, 제81조의2, 제82조, 제82조의2 및 제83조부터 제85조까지의 규정에 따라 직접 입학전형을 실시하는 고등학교의 신입생을 추가로 선발·배정할 수 있다.

② 학생모집 결과 선발인원이 모집정원에 미달하는 고등학교 또는 학과의 경우 해당 고등학교(학교의 장이 입학전형을 실시하는 고등학교로 한정한다)의 장은 제81조의2, 제82조, 제82조의2 및 제83조부터 제85조까지의 규정에 따라 신입생을 추가로 선발할 수 있다.

③ 제1항 및 제2항에 따른 추가 선발·배정은 해당 학년도 고등학교 입학전형에 합격한 사람을 대상으로 할 수 없다.

제90조(특수목적고등학교) ① 교육감은 다음 각 호의 어느 하나에 해당하는 학교 중에서 특수분야의 전문적인 교육을 목적으로 하는 고등학교(이하 "특수목적고등학교"라 한다)를 지정·고시할 수 있다. 다만, 제10호의 학교 중 국립의 고등학교는 교육부장관이 지정·고시한다.

6. 외국어에 능숙한 인재 양성을 위한 외국어계열의 고등학교와 국제 전문 인재 양성을 위한 국제계열의 고등학교

제91조의3(자율형 사립고등학교) ① 교육감은 다음 각 호의 요건에 모두 해당하는 사립의 고등학교를 대상으로 법 제61조에 따라 학교 또는 교육과정을 자율적으로 운영할 수 있는 고등학교(이하 "자율형 사립고등학교"라 한다)를 지정·고시할 수 있다. 이 경우 미리 교육부장관의 동의를 받아야 한다.

1. 국가 또는 지방자치단체로부터 '지방교육재정교부금법 시행령' 별표 1에 따른 교직원 인건비(교원의 명예퇴직 수당은 제외한다) 및 학교·교육과정 운영비를 지급받지 아니할 것
2. 교육부령으로 정하는 법인전입금기준 및 교육과정운영기준을 충족할 것

④ 교육감은 자율형 사립고등학교가 다음 각 호의 어느 하나에 해당하는 경우에는 그 지정을 취소할 수 있다.

1. 거짓이나 그 밖의 부정한 방법으로 회계를 집행한 경우
2. 부정한 방법으로 학생을 선발한 경우
3. 교육과정을 부당하게 운영하는 등 지정 목적을 위반한 중대한 사유가 발생한 경우
4. 지정 목적 달성이 불가능한 사유의 발생 등으로 인하여 학교의 신청이 있는 경우
5. 교육감이 5년마다 시·도 교육규칙으로 정하는 바에 따라 해당 학교 운영 성과 등을 평가하여 지정 목적의 달성이 불가능하다고 인정되는 경우

초·중등교육법 시행규칙(2019. 3. 11. 교육부령 제177호로 개정된 것)

제72조(자율형 사립고등학교의 입학전형) ① 영 제82조 제2항 제2호에 따라 자율형 사립고등학교의 입학전형은 해당 자율형 사립고등학교의 장이 해당 학교의 교육과정 특색 등을 고려하여 정하는 방법으로 실시한다.

② 제1항에도 불구하고 서울특별시에 있는 자율형 사립고등학교의 입학전형은 해당 자율형 사립고등학교의 장이 다음 각 호의 방법 중 어느 하나를 선택하여 실시한다. 다만, 영 제91조의3 제3항에 따라 선발하는 사람에 대한 입학전형은 해당 자율형 사립고등학교의 장이 정하는 방법으로 실시한다.

1. 해당 자율형 사립고등학교에 지원하는 사람 중에서 추첨하는 방법
2. 제1호에 따른 추첨과 학교장 추천서, 중학교 학교생활기록부(학교생활기록부가 없는 경우에는 이를 갈음하여 활용하는 자료를 말한다)의 기록, 실험·실습, 실기시험 또는 면접 등을 결합하는 방법

③ 자율형 사립고등학교의 입학전형 실시권자는 제1항 및 제2항에 따른 입학전형을 실시하는 경우에 자율형 사립고등학교별로 필기시험이나 교과지식 측정을 목적으로 한 입학전형을 실시할 수 없다.

4. 사학기관 재무·회계 규칙 제15조의2 제1항 위헌확인 등

[2019. 7. 25. 2017헌마1038·1180(병합)]

【판시사항】

가. 유치원의 학교에 속하는 회계의 예산과목 구분을 정한 '사학기관 재무·회계 규칙'(2017. 2. 24. 교육부령 제122호로 개정된 것, 이하 '이 사건 규칙'이라 한다) 제15조의2 제1항 단서 및 별표 5, 별표 6(이하 '심판대상조항'이라 한다)이 사립유치원 설립·경영자의 사립유치원 운영의 자유를 침해하는지 여부(소극)

나. 심판대상조항에 의하여 사립유치원 설립·경영자의 재산권이 제한되는지 여부(소극)

다. 심판대상조항이 평등권을 침해하는지 여부(소극)

라. 심판대상조항이 신뢰보호의 원칙에 위반되는지 여부(소극)

마. 심판대상조항이 법률유보원칙에 위반되는지 여부(소극)

【결정요지】

가. 개인이 설립한 사립유치원 역시 사립학교법·유아교육법상 학교로서 공교육 체계에 편입되어 그 공공성이 강조되고 공익적인 역할을 수행하며, 국가 및 지방자치단체로부터 재정지원 및 세제혜택을 받고 있다. 따라서 사립유치원의 재정 및 회계의 투명성은 그 유치원에 의하여 수행되는 교육의 공공성과 직결된다. 심판대상조항은 개인이 경영하는 사립유치원의 실정에 맞는 재무·회계기준을 제시하고 이에 따르도록 함으로써 그 재정의 건전성과 투명성을 확보한다. 이는 국가와 지방자치단체의 재정지원을 받는 사립유치원이 개인의 영리추구에 매몰되지 아니하고 교육기관으로서 양질의 유아교육을 제공하는 동시에 유아교육의 공공성을 지킬 수 있는 재정적 기초를 다지기 위한 것으로서 그 목적이 정당하다.

사립유치원이 그 재정을 건전하고 투명하게 운영하지 못한다면 교육의 질 저하로 유아교육의 공공성 및 그에 대한 신뢰는 나빠지고 나아가 국가의 교육재정의 건전성에도 악영향을 미칠 수 있다. 따라서 유아교육을 담당하고 국가 및 지방자치단체로부터 재정 지원을 받는 사립유치원은 그 운영에 공공성이 담보될 수 있도록 국가가 관여하는 것은 불가피하고, 사립유치원의 재무회계를 국가가 관리·감독하는 것은 사립유치원 경영의 투명성을 제고할 수 있는 적합한 수단이다.

심판대상조항이 규정한 예산과목의 내용은 유치원의 재정 건전성 확보를 위해 그 필요성이 인정되고, 일정 부분 사립유치원에 운영의 자율성을 보장하고 있으며, 교육감이 예산과목 구분을 조정할 수 있도록 함으로써 구체적 타당성도 도모하고 있다. 비록 심판대상조항의 사립유치원 세입·세출예산 과목에 청구인들이 주장하는 바와 같은 항목들(유치원 설립을 위한 차입금 및 상환금, 유치원 설립자에 대한 수익배당, 통학 및 업무용 차량 이외의 설립자 개인 차량의 유류대 등)을 두지 않았다고 하더라도, 그러한 사정만으로는 심판대상조항이 현저히 불합리하거나 자의적이라고 볼 수 없다. 따라서 심판대상조항이 입법형성의 한계를 일탈하여 사립유치원 설립·경영자의 사립유치원 운영의 자유를 침해한다고 볼 수 없다.

나. 심판대상조항은 사립유치원의 세입·세출예산 과목을 규정할 뿐 교사 등 시설물 자체에 대한 청구인들의 소유권이나 처분권에는 어떠한 영향도 미치지 않는다. 뿐만 아니라 유치원 설립·경영자가 자기 자신에게 교지·교사의

사용대가를 지급할 수 없는 것은 유아교육법상 요구되는 유치원설립기준의 충족을 위해 스스로 교지·교사를 제공한 것에 기인한 것으로서 심판대상조항에 의한 별도의 재산권 제한은 인정되지 않는다.

다. 사립유치원은 국가 및 지방자치단체의 재정지원을 받는 점에서 개인병원과 본질적 차이가 있으므로 비교집단이 될 수 없다. 또한 어린이집의 경우 청구인들의 주장과 달리 사립유치원과 거의 동일한 정도의 회계관리가 이루어지고 있으므로 차별취급 자체가 존재하지 않는다. 한편 사립유치원 역시 공공성이 강조되는 교육을 담당하는 사립학교법상 학교라는 점에서 국·공립학교나 다른 사립학교와 본질적 차이가 없으므로 이들을 동일하게 취급한다고 하여 평등권을 침해한다고 볼 수 없다.

라. 사립유치원은 교육기본법, 초·중등교육법, 유아교육법에 따른 학교로서 이 사건 규칙 제정 당시부터 그 적용을 받아 왔고, 그 회계의 예산과목에 대하여 심판대상조항 신설 이전에도 별표 3, 별표 4의 적용을 받아왔는바, 사립유치원 설립자의 자율적인 경영 및 이윤추구가 가능하다는 신뢰가 형성되었다거나 그러한 신뢰가 보호할 만한 정도에 이르렀다고 보기는 어려우므로, 심판대상조항이 신뢰보호의 원칙에 위반된다고 볼 수 없다.

마. 기본권 제한에 관한 법률유보원칙은 '법률에 근거한 규율'을 요청하는 것이고, 심판대상조항은 학교법인의 회계규칙 기타 예산 또는 회계에 관하여 필요한 사항은 교육부장관이 정하도록 한 사립학교법 제33조, 이를 사립학교 경영자에게 준용하도록 한 사립학교법 제51조에 근거한 것이므로 법률유보원칙에 위반된다고 볼 수 없다.

재판관 이은애, 재판관 이종석, 재판관 이영진의 보충의견

원칙적으로 유아교육의 책임은 국가 및 지방자치단체가 부담하고 유치원의 공통과정은 무상교육의 대상임에도 국가와 지방자치단체의 재정상황 등을 고려하여 개인도 사립유치원을 설립할 수 있게 하고 있고, 실제 개인 설립 사립유치원이 유아교육에서 차지하는 비중이 상당히 높다. 최근 사립유치원에 대한 회계집행 등을 점검한 결과 위법·부당한 위반사례가 다수 적발되었지만, 아직도 많은 사립유치원 설립·경영자들은 교육자로서의 본분을 지키면서 국가와 지방자치단체를 대신하여 우리나라 유아교육에 크게 기여하고 있다.

최근 발생한 사립유치원 사태를 사회통합적 차원에서 근원적으로 해결하고 유아교육의 공공성이 훼손되지 않도록 하기 위해서는, 교육부가 '유치원 공공성 강화 방안'을 마련함에 있어 사립유치원 설립·경영자들이 주장하는 사립유치원 운영상의 어려움을 경청하고 그 해결방안을 함께 협의하는 것이 바람직할 것이다. 나아가 '유치원 공공성 강화 방안'을 개인 설립 사립유치원에 적용하는 데는 일정한 유예기간을 두거나 과도기적 지원책을 마련하고, 사립유치원의 폐원을 희망하는 경우 유아들의 학습권 피해와 설립·경영자들의 경제적 손실을 최소화하면서 합리적인 절차를 거쳐 폐원할 수 있는 방안을 마련하는 등 현실 상황을 반영한 정책적 배려를 하는 것이 필요하다.

【심판대상조문】

사학기관 재무·회계 규칙(2017. 2. 24. 교육부령 제122호로 개정된 것) 제15조의2제1항 단서, 별표 5, 별표 6

【참조조문】

교육기본법(2007. 12. 21. 법률 제8705호로 개정된 것) 제9조

부가가치세법(2013. 6. 7. 법률 제11873호로 전부개

정된 것) 제26조 제1항 제6호

사립학교법(1963. 6. 26. 법률 제1362호로 제정된 것) 제51조

사립학교법(1981. 2. 28. 법률 제3373호로 개정된 것) 제5조

사립학교법(1997. 1. 13. 법률 제5274호로 개정된 것) 제73조의2

사립학교법(2013. 3. 23. 법률 제11690호로 개정된 것) 제33조

사립학교법(2015. 3. 27. 법률 제13224호로 개정된 것) 제29조

소득세법(2018. 12. 31. 법률 제16104호로 개정된 것) 제19조 제1항 제15호

유아교육법(2012. 3. 21. 법률 제11382호로 개정된 것) 제24조 제1항

유아교육법(2013. 3. 23. 법률 제11690호로 개정된 것) 제24조 제3항

유아교육법(2016. 5. 29. 법률 제14155호로 개정된 것) 제30조 제1항

유아교육법(2017. 12. 19. 법률 제15232호로 개정된 것) 제8조

지방세특례제한법(2018. 12. 24. 법률 제16041호로 개정된 것) 제19조, 제177조의2

고등학교 이하 각급 학교 설립·운영 규정(2018. 11. 6. 대통령령 제29275호로 개정된 것) 제7조

부가가치세법 시행령(2013. 6. 28. 대통령령 제24638호로 전부개정된 것) 제36조 제1항 제1호

소득세법 시행령(2010. 2. 18. 대통령령 제22034호로 개정된 것) 제35조

유아교육법 시행령(2013. 3. 23. 대통령령 제24423호로 개정된 것) 제29조, 제32조

유아교육법 시행규칙(2015. 8. 4. 교육부령 제70호로 개정된 것) 제4조 제1항

사학기관 재무·회계 규칙(2017. 2. 24. 교육부령 제122호로 개정된 것) 제15조의2 제2항, 제18조 제1항, 제22조의2 제1항

【참조판례】

가. 헌재 2009. 4. 30. 2005헌바101, 판례집 21-1하, 23, 36-37

헌재 2001. 1. 18. 99헌바63, 판례집 13-1, 60, 68

헌재 2016. 2. 25. 2013헌마692, 판례집 28-1상, 208, 218-219

【당 사 자】

청 구 인 1. 염○○(2017헌마1038)
대리인 법무법인(유한) 동인
담당변호사 한창호 외 5인
2. [별지1] 청구인 명단과 같음(2017헌마1180)
대리인 법무법인(유한) 화우
담당변호사 이준상 외 3인

【주 문】

청구인들의 심판청구를 모두 기각한다.

【이 유】

1. 사건개요

가. 청구인들은 사립유치원을 운영하고 있는 사람들로서 사립학교법 제31조 제1항, 제51조에 따라 유치원의 예산 및 결산을 관할 교육청에 보고하고 공시하여야 하는 사람들이다.

나. 청구인 염○○은 2017. 9. 15. 학교에 속하는 회계의 예산과목 구분을 규정한 '사학기관 재무·회계 규칙'(2017. 2. 24. 교육부령 제122호) 제15조의2 제1항, 별표 5, 별표 6이 자신의 직업의 자유, 재산권, 평등권을 침해하고 신뢰보호의 원칙, 법률유보원칙에 위반된다고 주장하면서 그 위헌확인을 구하는 헌법소원심판을 청구하였고(2017헌마1038), 청구인 강○○ 외 122명은 2017. 10. 23. 위 '사학기관 재무·회계 규칙' 별표 5, 별표 6이 청구인들의 직업의 자유, 재산권, 평등권을 침해한다고 주장하면서 그 위헌확인을 구하는 헌법소원심판을 청구하였다(2017헌마1180).

2. 심판대상

청구인 염○○(2017헌마1038)은 '사학기관 재무·회계 규칙' 제15조의2 제1항 전체와 별표 5, 별표 6에 대하여 위헌확인을 구하고 있으나, 청구인에게 직접 적용되는 부분은 '사학기관 재무·회계 규칙' 제15조의2 제1항 단서와 별표 5, 별표 6이므로, 심판대상을 '사학기관 재무·회계 규칙' 제15조의2 제1항 단서와 별표 5, 별표 6이 청구인의 기본권을 침해하는지 여부로 한정한다.

한편 청구인 강○○ 외 122명(2017헌마1180)은 '사학기관 재무·회계 규칙'의 별표 5, 별표 6만을 심판의 대상으로 삼아 그 위헌확인을 구하나, 위 별표 5, 별표 6은 '사학기관 재무·회계규칙' 제15조의2 제1항 단서에 의하여 위 청구인들에게 적용되므로, 이에 관한 부분을 심판대상에 포함시키기로 한다.

따라서 이 사건 심판대상은 '사학기관 재무·회계 규칙'(2017. 2. 24. 교육부령 제122호로 개정된 것, 이하 '이 사건 규칙'이라 한다) 제15조의2 제1항 단서 및 별표 5, 별표 6(이하 '심판대상조항'이라 한다)이 청구인들의 기본권을 침해하는지 여부이다.

심판대상조항은 다음과 같다.

[심판대상조항]

사학기관 재무·회계 규칙(2017. 2. 24. 교육부령 제122호로 개정된 것)

제15조의2(예산과목의 구분) ① 법인의 업무에 속하는 회계와 학교에 속하는 회계의 예산과목의 구분은 별표 1부터 별표 4까지에 따른다. 다만, 유아교육법 제2조 제2호에 따른 유치원의 경우 학교에 속하는 회계의 예산과목 구분은 별표 5 및 별표 6에 따른다.

별표 5, 별표 6은 [별지2]와 같다.

3. 청구인들의 주장

가. 2017헌마1038 사건

(1) 심판대상조항은 설립자의 사적 재산인 교사 등의 사용 대가를 설립자가 이익 또는 사용료 등의 방법으로 지급받을 방법이 없도록 하고, 학부모에 대한 지원금의 성격을 가진 유아교육법 시행령 제29조에 따른 공통과정지원금(학부모가 지원금을 받아 유치원에 납입하는 금액을 포함)과 방과후 과정 운영을 위한 보조금을 보조금 및 지원금으로 분류하도록 하여 엄격한 회계 관리를 요구함으로써 사립유치원 운영에서 직업의 자유와 재산권을 침해한다.

(2) 심판대상조항은 법인 이외의 사인(이하 '개인'이라 한다)이 설립한 사립유치원과 유사한 성격을 가진 개인병원 및 어린이집과 달리 사립유치원에만 회계관리의 엄격성을 요구하여 차별취급하고 있고, 법인이 설립한 사립학교에 적용하는 기준을 성격이 다른 개인이 설립한 사립유치원에도 일률적으로 적용하도록 함으로써 평등권을 침해한다.

(3) 심판대상조항은 자율적인 경영 및 이윤추구가 가능한 것으로 신뢰하여 사립유치원을 설립한 청구인 염○○의 신뢰에 반하여 사립유치원의 운영에 제한을 가함으로써 신뢰보호의 원칙에 위반되고, 사인의 기본권 제한은 법률로써 해야 함에도 불구하고 교육부령으로 기본권을 제한하도록 함으로써 법률유보원칙에 반한다.

나. 2017헌마1180 사건

(1) 심판대상조항은 청구인들이 사립유치원을 운영하면서 얻을 수 있는 수입 및 지출할 수 있는 비용의 항목을 한정하고 있는바, 유치원 설립을 위한 차입금 및 상환금, 유치원 시설의 시설보전료, 유치원 시설의 증·개축을 위한 비용 내지 적립식 보험료 또는 유치원 시설에 대한 보상비, 유치원 설립자에 대한 급여 내지 수익배당, 유류비 항목을 두지 않음으로써 청구인들의 직업수행의 자유 및 재산권을 침해한다.

(2) 개인이 설립·운영하는 사립유치원의 세입과 세출에 관하여 별표 5, 별표 6의 항목을 한정하여 따르도록 한 것은 본질적으로 사립유치원 설립·경영자를 다른 기본권 주체인 국·공립학교 설립자 또는 그에 준하여 공익성이 요구되는 사립학교를 설립·경영하는 학교법인과 동일하게 취급하는 것으로서 평등원칙에 위반된다.

4. 판 단

가. 사립유치원 개관

(1) 유아교육의 공공성

교육에 관한 국민의 권리·의무와 국가·지방자치단체의 책임을 정하고 교육제도 및 그 운영에 관한 기본적 사항을 규정함을 목적으로 하는 교육기본법은 유아교육·초등교육·중등교육 및 고등교육을 하기 위하여 학교를 둔다고 규정함으로써(제9조 제1항), 유치원도 학교에 포함시키고 있는 한편, 학교는 공공성을 가진다고 규정하고 있다(제9조 제2항). 교육기본법 제9조에 따라 유아교육에 관한 사항을 정하고 있는 유아교육법은 유치원의 설립, 감독기관의 지도와 감독, 교직원의 임무와 자격, 교육과정 등 거의 모든 영역에 걸쳐 사립유치원과 국·공립유치원을 동일하게 규율하고 있다. 즉 사립유치원은 국가나 지방자치단체가 설립하고 운영하는 것은 아니지만, 교육관계법(유아교육법, 사립학교법)에 의하여 국·공립학교와 마찬가지의 지원과 감독·통제를 받는 학교이다. 또한 유치원 공통교육과정인 누리과정(유치원교육과정, 교육부고시 제2015-61

호)은 만 3~5세 유아의 심신의 건강과 조화로운 발달을 도와 민주시민의 기초를 형성하는 것을 목적으로 하는바, 초등학교 취학 전의 모든 유아에게 공정한 출발선을 보장하기 위하여 전국의 모든 공·사립 유치원에서 동일하게 적용되고 있다.

사립유치원은 위와 같이 공공성을 가진 학교로서 다양한 세제혜택을 받고 있다. 즉 사립유치원의 사업소득세와 부가가치세는 면제되고(소득세법 제19조 제1항 제15호, 소득세법 시행령 제35조, 부가가치세법 제26조 제1항 제6호, 부가가치세법 시행령 제36조 제1항 제1호 참조), 교지와 교사의 취득세와 재산세 역시 매년 감면되어 왔다(지방세특례제한법 제19조, 제177조의2 참조).

(2) 설립별 유치원 현황

2018. 4. 1.을 기준으로 우리나라 유치원 총 9,021개 중 국립이 3개소, 공립이 4,798개소로서 53.2%를 차지하며, 사립은 4,220개소로서 46.8%이다. 사립유치원 중 가장 큰 비중을 차지하는 것은 개인이 설립·운영하는 유치원으로서 전체 사립유치원의 86.2%에 해당한다. 취원 유아 수를 살펴보면, 2018. 4. 1. 기준으로 국립은 249명, 공립은 172,121명, 사립은 503,628명으로서 유치원 취원 유아의 74.5%가 사립유치원에 재원하고 있는 것으로 나타났다. 교원 수 역시 국립 22명, 공립 15,847명, 사립 39,023명으로서 사립유치원이 차지하는 비중이 71.1%에 달하는 것으로 나타났다.

(3) 유아교육에 대한 재정지원

현행 사립유치원의 재원은 국가·지방자치단체 및 교육청으로부터 교부받는 보조금 및 지원금, 학부모 등이 유치원에 납부하는 수익자부담수입, 설치·경영자가 유치원회계로 이전한 설치·경영자이전수입, 유치원 운영을 위해 금융기관 등에서 대출을 받은 금액으로서 유치원회계로 이전된 차입금, 적립금에서 유치원회계로 이전된 적립금이전수입, 기부·후원금 수입 등으로 구성된다. 한편 초등학교 취학 직전 3년의 유아교육은 무상으로 실시하고, 이는 국·공립뿐 아니라 사립유치원에도 적용된다(유아교육법 제24조 제1항, 유아교육법 시행령 제29조 제1항 제1호). 또한 유아교육법에 의하여 국가 및 지방자치단체는 사립유치원의 설립 및 유치원 교사의 인건비 등 운영에 드는 경비의 전부 또는 일부를 보조한다(유아교육법 제26조 제3항, 유아교육법 시행령 제32조). 이에 따라 사립유치원 재원의 대부분을 차지하는 것은 국가·지방자치단체 및 교육청으로부터 교부받는 보조금 및 지원금이다. 유아교육 전체 재원 중 공공 재원의 비율은 2014년도 기준으로 83%를 차지하고 있으며, 2018년도 사립유치원에 대한 유아학비 보육료 및 방과후과정비의 지원 예산액은 1조 6천억 원이다.

(4) 사립유치원의 회계

종래 사립유치원은 이 사건 규칙으로 개정되기 전의 구 '사학기관 재무·회계 규칙'(2017. 2. 24. 교육부령 제122호로 개정되기 전의 것)에 따라 법인회계와 교비회계로 구분하여 관리하는 학교법인 등 법인에게 적합한 내용으로 구성된 세입·세출예산 과목의 적용을 받아왔다. 이로 인해 개인이 운영하는 사립유치원의 재무회계는 정부지원금, 정부보조금, 부모부담금으로 수입재원을 마련하고 있으나, 그에 따른 지출 항목 구분이 미흡하여 투명한 수입·지출 확인이 어려운 구조였고 사립유치원 내 전문인력 부족으로 인하여 회계관리가 제대로 이루어지지 못하는 면이 있었다.

이에 이 사건 규칙은 사립유치원의 운영자금의 출처, 사용처를 명확히 하기 위하여 종전 사립유치원의 세입·세출 항목을 세분화하는 내용으로 개정된 것이다.

나. 제한되는 기본권

(1) 헌법재판소는 비록 헌법에 명문의 규정은 없지만 학교법인을 설립하고 이를 통하여 사립학교를 설립·경영하는 것을 내용으로 하는 사학의 자유가 헌법 제10조, 제31조 제1항, 제4항에서 도출되는 기본권임을 확인한 바 있다(헌재 2001. 1. 18. 99헌바63; 헌재 2016. 2. 25. 2013헌마692 참조). 개인의 설립·경영이 허용(유아교육법 제2조, 제7조 제3호)되는 유치원의 경우, 설립·경영자인 개인에게 사립학교 운영의 자유가 인정된다.

청구인들은 사립유치원 설립·경영자로서 심판대상조항이 정하는 예산과목 구분에 따라 유치원 운영과 관련한 수입·지출을 관리할 의무를 부담하고 있으므로, 심판대상조항은 청구인들의 사립학교 운영의 자유를 제한한다.

(2) 청구인들은 심판대상조항이 청구인들의 직업의 자유를 침해한다고 주장하나, 하나의 규제로 인해 여러 기본권이 동시에 제약을 받는 경우에는 기본권 침해를 주장하는 청구인의 의도 및 기본권을 제한하는 입법자의 객관적 동기 등을 참작하여 먼저 사안과 가장 밀접한 관계에 있고 또 침해의 정도가 큰 주된 기본권을 중심으로 해서 그 제한의 한계를 따져 보아야 할 것인데(헌재 2013. 11. 28. 2007헌마1189등 참조), 심판대상조항과 관련한 청구인들의 주장, 입법자의 입법동기 등을 고려하면 심판대상조항은 사립유치원 운영의 자유

와 가장 밀접한 관계에 있다. 따라서 직업의 자유에 대한 침해 여부는 따로 판단하지 아니한다.

(3) 청구인들은 심판대상조항이 청구인들 소유의 토지 및 건물에 대한 사용수익권을 과도하게 제한하여 재산권을 침해한다고 주장한다. 그러나 심판대상조항은 사립유치원의 세입·세출예산 과목을 규정할 뿐 교사등 시설물 자체에 대한 청구인들의 소유권이나 처분권에는 어떠한 영향도 미치지 않는다. 뿐만 아니라 유치원 설립·경영자가 자기 자신에게 교지·교사의 사용대가를 지급할 수 없는 것은 유아교육법상 요구되는 유치원설립기준의 충족을 위해 스스로 교지·교사를 제공한 것에 기인한 것으로서 심판대상조항에 의한 별도의 재산권 제한은 인정되지 않는다.

(4) 청구인들은 개인병원, 어린이집, 국·공립학교와의 관계에서 심판대상조항이 청구인들의 평등권을 침해한다고 주장한다. 그러나 사립유치원은 국가 및 지방자치단체의 재정지원을 받는 점에서 개인병원과 본질적 차이가 있으므로 비교집단이 될 수 없다. 또한 어린이집의 경우 청구인들의 주장과 달리 사립유치원과 거의 동일한 정도의 회계관리가 이루어지고 있으므로 차별취급 자체가 존재하지 않는다. 한편 사립유치원 역시 공공성이 강조되는 교육을 담당하는 사립학교법상 학교라는 점에서 국·공립학교나 다른 사립학교와 본질적 차이가 없으므로 이들을 동일하게 취급한다고 하여 평등원칙에 위반된다고 볼 수 없다. 결국 심판대상조항으로 인한 평등권 침해는 문제되지 않는다.

다. 사학운영의 자유 침해 여부

(1) 사립학교는 그 설립자의 특별한 설립이념을 구현하거나 독자적인 교육방침에 따라 개성 있는 교육을 실시할 수 있을 뿐만 아니라 공공의 이익을 위한 재산출연을 통하여 정부의 공교육 실시를 위한 재정적 투자능력의 한계를 자발적으로 보완해 주는 역할을 담당하므로, 사립학교 설립의 자유와 운영의 독자성을 보장할 필요가 있다. 그러나 다른 한편, 사립학교도 공교육의 일익을 담당한다는 점에서 국·공립학교와 본질적인 차이가 있을 수 없기 때문에 공적인 학교 제도를 보장하여야 할 책무를 진 국가가 일정한 범위 안에서 사립학교의 운영을 관리·감독할 권한과 책임을 지는 것 또한 당연하다 할 것이고, 그 규율의 정도는 그 시대의 사정과 각급 학교의 형편에 따라 다를 수밖에 없는 것이므로, 교육의 본질을 침해하지 않는 한 궁극적으로는 입법권자의 형성의 자유에 속하는 것이라 할 수 있다(헌재 2009. 4. 30. 2005헌바101; 헌재 2012. 2. 23. 2011헌바14 참조).

(2) 개인이 설립한 사립유치원 역시 사립학교법·유아교육법상 학교로서 공교육 체계에 편입되어 그 공공성이 강조되고 공익적인 역할을 수행한다. 사립유치원은 공교육이라는 공익적 서비스를 제공함에 따라 국가 및 지방자치단체로부터 그 운영재원의 대부분에 해당하는 재정지원 및 다양한 세제혜택을 받고 있다. 따라서 사립유치원의 재정 및 회계의 투명성은 그 유치원에 의하여 수행되는 교육의 공공성과 직결된다고 할 것이다.

심판대상조항은 개인이 경영하는 사립유치원의 실정에 맞는 재무·회계기준을 제시하고 이에 따르도록 함으로써 그 재정의 건전성과 투명성을 확보한다. 이는 국가와 지방자치단체의 재정지원을 받는 사립유치원이 개인의 영리추구에 매몰되지 아니하고 교육기관으로서 양질의 유아교육을 제공하는 동시에 유아교육의 공공성을 지킬 수 있는 재정적 기초를 다지기 위한 것으로서 그 목적의 정당성이 인정된다.

(3) 사립학교법은 교비회계에 속하는 수입이나 재산은 다른 회계에 전출하거나 대여할 수 없도록 하는 회계의 구분에 관한 규정을 개인이 운영하는 사립유치원에도 준용하고 있고(제51조, 제29조), 이를 위반한 경우 벌칙규정을 두고 있다(제73조의2). 유아교육법도 유치원의 지도·감독기관은 유치원이 시설·설비, 교육과정 운영, 유치원 원비 인상률 및 그 밖의 사항에 관하여 교육관계 법령 또는 이에 따른 명령이나 유치원규칙을 위반한 경우에는 원장 또는 그 설립·경영자에게 기간을 정하여 그 시정 또는 변경을 명할 수 있도록 규정함으로써(제30조 제1항), 사립유치원 운영에서 공공성과 재정의 건전성 및 회계의 투명성을 강조하고 있다.

사립유치원이 그 재정을 건전하고 투명하게 운영하지 못한다면 교육의 질 저하로 유아교육의 공공성 및 그에 대한 신뢰는 나빠지고 나아가 국가의 교육재정의 건전성에도 악영향을 미칠 수 있다. 따라서 유아교육을 담당하고 국가 및 지방자치단체로부터 재정 지원을 받는 사립유치원은 그 운영에서 공공성이 담보될 수 있도록 국가가 관여하는 것은 불가피하다. 재무회계는 본래 기업의 경영활동을 외부에 공표할 목적으로 작성하는 회계로서, 기업 외부 이해관계자들이 합리적인 의사결정을 할 수 있도록 필요한 회계정보를 제공할 목적으로 행하여지는 회계이며, 사립유치원의 재무회계를 국가가 관리·감독하는 것은 사립유치원 경영의 투명성을 제고할 수 있는 적합한 수단이라고 할 수 있다.

(4) 유아교육법 시행령 제29조에 따른 공통과정지원금(학부모가 지원금을 받아 유치원에 납입하는 금액을 포함)과 방과 후 과정 운영을 위한 보조금은 유아교육법 시행규칙 제4조 제1항에 따라 유아교육비 지원신청을 한 보호자의 인증을 거쳐 매월 유치원으로 입금하게 되는 것으로서 실질적으로 유아학비에 해당할 뿐만 아니라, 사립유치원에 지원되는 공공재원의 대부분을 차지하는 것으로서 전형적인 교비회계에 속하는 수입에 해당한다. 따라서 앞서 본 사립유치원 운영에서 공공성과 재정의 건전성을 위하여 공통과정지원금(학부모가 지원금을 받아 유치원에 납입하는 금액을 포함) 및 방과 후 과정 운영을 위한 보조금을 심판대상조항의 세입예산 과목(별표 5)에 포함시켜 다른 회계에 전출하거나 대여할 수 없도록 할 필요성이 있다.

(5) 이 사건 규칙 별표 6은 유치원회계 세출예산 과목을 정하면서 운영비나 시설·설비비, 상환금 등 항목에 교사(校舍)의 임대료에 상응하는 사용대가나 교지·교사 구입에 사용된 차입금의 상환을 포함시키고 있지 않다. 그런데 사립유치원의 경우도 학교법인과 마찬가지로 그 설치·경영하는 사립유치원에 필요한 시설·설비와 당해 유치원의 경영에 필요한 재산을 갖추어야 한다(사립학교법 제51조, 제5조, 유아교육법 제8조). 특히 유치원의 교사 및 교지는 유치원을 설립·경영하는 자의 소유이어야 한다(고등학교 이하 각급 학교 설립·운영 규정 제7조). 이는 교육기관인 사립유치원의 재정적인 충실을 기하기 위한 것이다. 만일 유치원 세입예산으로 유치원 설립·운영을 위해 설립·경영자 스스로 제공한 교지·교사의 사용대가를 지급하거나 교지·교사 구입에 사용된 차입금의 상환을 할 수 있도록 한다면, 이는 유치원 설립요건으로 일정한 재산을 갖추도록 한 취지에 위반된다. 한편 이 사건 규칙 별표 6은 노후교실의 개축·증축 등을 위한 건축적립금(이 사건 규칙 제22조의2 제1항) 및 관할청이 특히 필요하다고 보아 인정한 적립금의 지출을 허용하고 있고, 유치원 설립·경영자가 원장 등 임원, 교원으로 재직하면서 급여 등을 받아 경제적 이익을 얻는 것도 허용하고 있으며, 통학 및 업무용 차량의 구입이나 정비·유지비, 유류대의 지출 역시 허용하고 있다. 이러한 범위를 넘는 비용의 적립이나 유치원 설립자에 대한 수익배당, 통학 및 업무용 차량 이외의 설립자 개인 차량의 유류대 지출 등은 유치원의 설립·운영을 위한 비용으로 보기 어렵거나 유치원의 재정 건전성을 악화시키고 그에 따라 교육의 질을 저하시킬 수 있으므로, 이를 별도의 세출예산과목으로 규정하지 않은 것이 자의적 규제라고 볼 수는 없다.

(6) 사립유치원이 심판대상조항의 적용으로 수입 및 지출할 수 있는 비용의 항목이 한정되는 등 엄격한 재무·회계관리가 이루어진다고 하더라도 이로 인해 사립유치원 운영의 자율성이 완전히 박탈되는 것은 아니다. 심판대상조항인 별표 5 유치원회계 세입예산 과목 및 별표 6 유치원회계 세출예산 과목 자체에 의하더라도, 사립유치원은 '목'의 경우는 필요에 따라 추가하거나 삭제할 수 있고, 잉여금이 발생하는 경우 통상 '전년도이월금(이월사업비, 정산대상재원사용잔액, 순세계잉여금)' 세입과목을 통해 다음 연도로 이월하여 계속해서 해당 사립유치원의 목적사업이나 운영비용에 사용할 수 있으며, 예산 외의 예측할 수 없는 지출이나 예산의 초과 지출에 충당하기 위한 예비비를 편성할 수 있다. 또한 예산확정 후에 생긴 사유로 인하여 이미 성립된 예산에 변경을 가할 필요가 있을 때에는 일정한 절차를 거쳐 추가경정예산을 편성할 수도 있다(이 사건 규칙 제18조 제1항). 유치원 운영을 위하여 필요한 비용 또는 시설 개·보수를 위하여 금융기관 등으로부터 차입을 할 수 있고, 그 원리금은 공통과정지원비, 교육비, 설치·경영자이전수입(법정부담전입금 제외), 잡수입금, 순세계잉여금을 재원으로 하여 상환할 수 있으며, 위 항목을 재원으로 하여 노후교실의 개축·증축을 위한 건축적립금 및 관할청이 특히 필요하다고 인정한 적립금을 세출예산으로 편성할 수 있다.

뿐만 아니라 이 사건 규칙 제15조의2 제2항은 실태 등을 고려하여 교육감이 예산과목 구분을 조정할 수 있도록 함으로써 구체적 타당성도 도모하고 있다.

(7) 이상을 종합하여 보면, 비록 심판대상조항의 사립유치원 세입·세출예산 과목에 청구인들이 주장하는 바와 같은 항목들을 두지 않았다고 하더라도, 그러한 사정만으로는 심판대상조항이 현저히 불합리하거나 자의적이라고 볼 수는 없다. 따라서 심판대상조항이 입법형성의 한계를 일탈하여 사립유치원 설립·경영자의 사립유치원 운영의 자유를 침해한다고 볼 수는 없다.

라. 청구인 염○○의 나머지 주장에 관한 판단

(1) 청구인 염○○은 심판대상조항이 자율적인 경영 및 이윤추구가 가능한 것으로 신뢰하여 사립유치원을 설립한 자신의 신뢰에 반하여 사립유치원의 운영에 제한을 가함으로써 신뢰보호의 원칙에 위반된다고 주장한다.

사립유치원은 교육기본법, 초·중등교육법, 유아교육법에 따른 학교로서 이 사건 규칙 제정 당시부터 그 적용을 받아 왔고, 그 회계의 예산과목에 대하여 심판대상조항 신설 이전에도 별표 3, 별표 4의 적용을 받아왔는바, 위 청구인이 주장하는 바와 같은 사립유치원 설립자의 자율적인 경영 및 이윤추구가 가능하다는 신뢰가 형성되었다거나 그러한 신뢰가 보호할 만한 정도에 이르렀다고 보기는 어렵다. 따라서 위 청구인의 위 주장은 이유 없다.

(2) 청구인 염○○은 심판대상조항이 교육부령으로 기본권을 제한함으로써 법률유보원칙에 반한다고 주장한다.

그러나 기본권 제한에 관한 법률유보원칙은 '법률에 근거한 규율'을 요청하는 것이고, 심판대상조항은 학교법인의 회계규칙 기타 예산 또는 회계에 관하여 필요한 사항은 교육부장관이 정하도록 한 사립학교법 제33조, 이를 사립학교경영자에게 준용하도록 한 사립학교법 제51조에 근거한 것이므로 법률유보원칙에 위반된다고 볼 수 없다. 따라서 위 청구인의 위 주장도 이유 없다.

5. 결 론

그렇다면 청구인들의 심판청구는 모두 이유 없으므로 기각하기로 하여 관여 재판관 전원의 일치된 의견으로 주문과 같이 결정한다. 이 결정에는 아래 6.과 같은 재판관 이은애, 재판관 이종석, 재판관 이영진의 보충의견이 있다.

6. 재판관 이은애, 재판관 이종석, 재판관 이영진의 보충의견

우리는 심판대상조항이 청구인들의 재산권을 제한하지 않고 사학 운영의 자유를 침해하지 않는다는 법정의견에 동의하나, 사립유치원 운영을 관리·감독할 책임을 지고 있는 교육부로서는 '유치원 공공성 강화 방안'을 마련함에 있어 국가 및 지방자치단체를 대신하여 유아교육의 상당 부분을 담당하고 있는 개인 설립 사립유치원의 설립·경영자인 청구인들의 주장을 경청하고 충분한 사회적 논의를 거쳐 점진적·단계적으로 그 방안을 모색하는 등 정책적 배려를 하는 것이 필요함을 밝히고자 한다.

헌법재판소는 의무교육의 무상원칙과 관련하여, 무상의 범위는 학교교육에 필요한 모든 부분을 완전 무상으로 제공하는 것이 바람직한 방향이나 국가의 재정상황을 도외시할 수 없다는 점, 의무교육에 있어 필수불가결한 비용 이외의 비용을 무상의 범위에 포함시킬 것인지는 국가의 재정상황과 국민의 소득수준, 학부모들의 경제적 수준 및 사회적 합의 등을 고려하여 입법자가 입법정책적으로 해결해야 할 문제라는 점을 밝힌 바 있다(헌재 2012. 8. 23. 2010헌바220 참조).

그런데 우리나라의 유아교육은, 1998. 9. 17. 개정된 유아교육진흥법에서 처음으로 초등학교 취학 직전 1년의 유아교육을 무상으로 실시할 것을 규정한 이래 무상교육 비용의 지원대상을 확대하여 오다가 2012. 3. 21. 유아교육법(법률 제11382호, 시행일 2013. 3. 1.)의 개정으로 초등학교 취학 직전 3년의 유아교육은 전 계층에 대하여 무상으로 실시하게 되었고, 한편 유치원의 공통과정은 무상교육의 대상이므로(유아교육법 제24조 제1항, 같은 법 시행령 제29조 제1항 제1호), 청구인들이 운영하는 사립유치원의 공통과정은 의무교육은 아니지만 무상교육의 대상이 된다. 위 선례에서 판시한 바와 같이 무상교육의 이념을 완전히 실현하기 위해서는 사립유치원의 운영에 제공되는 교지·교사의 소유 및 사용에 따른 비용도 국가와 지방자치단체가 부담함이 바람직하다. 그러나 현실적으로 국가와 지방자치단체가 재정상황상 모든 유치원을 국·공립으로 운영할 수 없기 때문에 개인도 일정한 인가요건을 갖추면 사립유치원을 설립·경영할 수 있게 한 것이다.

나아가 살피건대, 사립유치원 교지·교사의 소유 및 사용에 따른 비용을 국가와 지방자치단체가 부담하지 않는다고 하여 이를 위헌 또는 위법이라고 할 수는 없다 하더라도 원칙적으로 유아교육의 책임은 국가 및 지방자치단체가 부담하고(유아교육법 제3조) 유치원의 공통과정은 무상교육의 대상인 점, 국가와 지방자치단체의 재정상황 등을 고려하여 개인도 사립유치원을 설립할 수 있게 하고 있는 점, 우리나라는 구 교육법(1949. 12. 31. 법률 제86호로 제정된 것) 제정시부터 개인의 사립유치원 설립·경영을 허용하여, 2018. 4. 현재 우리나라 전체 유치원 9,021개소 중 사립유치원이 4,220개소(46.8%), 사립유치원 취원 유아 수는 503,628명으로 전체 취원 유아의 74.5%, 전체 사립유치원 중 개인 설립 사립유치원이 86.2%인 3,675개소에 이를 정도로 개인 설립 사립유치원이 유아교육에서 차지하는 비중이 상당히 높은 점, 한편 청구인들은 유치원 설립 당시부터 개인 소유의 교지·교사를 아무런 대가 없이 유치원 운영에 제공하여 왔을 뿐만 아니라 이를 매도하거나 담보에 제공할 수 없는 등의 법령상 제한을 받고 있는 점, 최근 사립유치원에 대한 회계집행 등을 점검한 결과 위법·부당한 위반사례가 다수 적발되었지만, 그 동안의 잘못된 관행이나 교육당국의 방치 또한 그 원인 중 하나로 보여지고, 아직도 많은 사립유치원 설립·경영자들은 교육자로서의 본분을 지키면서 국가와 지방자치단체를 대신하여 우리나라 유아교육에 크게 기여하고 있는 점, 교육부는 2018. 10. '유치원 공공성 강화 방안'의 일환으로 다양한 방식의 국·공립 유치원 확대를 추진하면서 학부모가 직접 유치원의 설립·운영에 참여하는 부모협동형 유치원을 도입할 경우 시설 소유의무를 완화하고 정부·공공기관의 시설임대를 허용하는 방안과 개인 설립 사립유치원이 폐원을 희망하는 경우 교지·교사를 국가 등이 매입하거나 장기임차하여 국·공립 유치원을 신설하는 방안을 제시하고 있는 점, 대부분의 OECD 국가들은 국가와 지방자치단체의 보조금을 재원으로 무상유아교육을 제공하고 있고, 일부 국가의 경우 개인 설립 사립유치원에 대하여 재정 지원을 선행하고 일정한 유예기간을 거쳐 학교법인화를 유도하는 정책을 시행하여 오고 있는 점 등을 종합적으로 고려해 볼 때, 최근 발생한 사립유치원 사태를 사회통합적 차원에서 근원적으로 해결하고 유아교육의 공공성이 훼손되지 않도록 하기 위해서는, 교육부가 '유치원 공공성 강화 방안'을 마련함에 있어 사립유치원 설립·경영자들이 주장하는 사립유치원 운영상의 어려움을 경청하고 그 해결방안을 함께 협의하는 한편 '유치원 공공성 강화 방안'을 개인 설립 사립유치원에 적용하는 데는 일정한 유예기간을 두거나 과도기적 지원책을 마련하고, 사립유치원의 폐원을 희망하는 경우 유아들의 학습권 피해와 설립·경영자들의 경제적 손실을 최소화하면서 합리적인 절차를 거쳐 폐원할 수 있는 방안을 마련하는 등 현실 상황을 반영한 정책적 배려를 하는 것이 필요하다.

재판관 유남석 이석태 이은애 이종석 이영진 김기영 문형배 이미선

[별지 1] 청구인 명단

강○○ 외 122인

[별지 2]

[별표 5] 유치원회계 세입예산 과목(제15조의2 제1항 단서 관련)

관	항	목	세부 내역
1. 보조금 및 지원금			국가·지방자치단체 및 교육청으로부터 교부받는 보조금 및 지원금
	1. 공통과정지원금		유아교육법 시행령 제29조에 따른 공통과정지원금(학부모 등이 지원금을 받아 유치원에 납입하는 금액을 포함한다)
		1. 공통과정지원금	
	2. 방과후과정운영보조금		방과후과정 운영을 위한 보조금(방과후과정 관련 인건비 보조금 및 급식비·간식비 보조금을 포함한다)
		1. 방과후과정운영 보조금	
	3. 인건비 보조금		교원 급여 등 인건비 관련 보조금 ※ 방과후과정 관련 인건비 보조금은 방과후과정운영 보조금으로 처리
		1. 국가보조금	
		2. 지방자치단체보조금	
		3. 교육청보조금	

	4. 자본 보조금		교사(校舍) 등 시설·설비 및 장비 관련 보조금
		1. 국가보조금	
		2. 지방자치단체보조금	
		3. 교육청보조금	
	5. 일반운영 보조금		급식비·간식비 보조금 등 위에서 나열되지 않은 유치원 운영 관련 보조금 ※ 방과후과정 관련 급식비·간식비 보조금은 방과후과정운영 보조금으로 처리
		1. 국가보조금	
		2. 지방자치단체보조금	
		3. 교육청보조금	
2. 수익자부담수입			학부모 등이 유치원에 납부한 비용
	1. 교육비		
		1. 입학금	
		2. 일반 교육과정비	일반 교육과정 운영을 위해 받은 수익자부담금 ※ 학부모 등이 공통과정지원금을 받아 납입한 금액은 공통과정지원금으로 처리
	2. 방과후과정비		
		1. 방과후교육·돌봄비	방과후교육 및 돌봄활동을 위해 받은 수익자부담금 ※ 방과후 특성화교육을 위해 받은 비용은 방과후특성화비로 처리
		2. 방과후특성화비	방과후교육 중 특성화교육을 위해 받은 수익자부담금
	3. 급식비·간식비		
		1. 일반급식비·간식비	일반 교육과정 시간의 급식·간식 제공을 위해 받은 수익자부담금
		2. 특별급식비·간식비	일반 교육과정 시간 외(방과후과정 또는 아침·저녁 시간 등)에 제공되는 급식·간식 제공을 위해 받은 수익자부담금
	4. 그 밖의 수익자부담수입		
		1. 현장체험학습비	소풍 및 견학 등의 현장체험학습활동을 위해 받은 수익자부담금
		2. 통학차량이용비	통학차량이용을 위해 받은 수익자부담금
		3. 졸업앨범비	졸업앨범 제작·구입을 위해 받은 수익자부담금
		4. 그 밖의 교육활동 수익자부담수입	위에서 나열되지 않은 수익자부담금

3. 설치·경영자이전수입			설치·경영자가 학교회계로 이전한 금액 ※ 설치·경영자가 대출을 받아 학교회계로 이전한 금액은 차입금으로 처리
	1. 설치·경영자이전수입		
		1. 설치·경영자이전수입	
4. 차입금			유치원 운영을 위해 금융기관 등에서 대출을 받은 금액으로서 학교회계로 이전된 금액
	1. 차입금		
		1. 단기차입금	대출을 받은 회계연도 종료 전에 상환할 것이 예정된 차입금
		2. 장기차입금	단기차입금 외의 차입금
5. 적립금이전수입			적립금에서 학교회계로 이전된 금액
	1. 적립금이전수입		
		1. 적립금이전수입	
6. 잡수입금			
	1. 잡수입금		
		1. 이자수입	금융기관 등에 예치한 예금의 이자수입
		2. 행정활동수입	물품 등 자산 매각 수입, 임대료 수입, 사용료 수입 및 보험금 수입 등 행정활동으로 발생한 수입
7. 기부·후원금수입			기부 또는 후원으로 발생한 수입
	1. 기부·후원금수입		
		1. 기부·후원금수입	
8. 지연수납수입			해당 회계연도 전에 이전 또는 수납되었어야 하나 이전·납부되지 않다가 해당 회계연도에 이전·납부된 수입
	1. 지연수납수입		
		1. 지연수납수입	
9. 전년도이월금			
	1. 전년도이월금		
		1. 이월사업비	명시이월, 사고이월 및 계속비 이월 금액
		2. 정산대상재원사용잔액	전년도에 국가, 지방자치단체 및 교육청 등으로부터 지원받은 목적사업비 등의 집행 잔액
		3. 순세계잉여금	전년도 세계잉여금 중 이월사업비와 정산대상재원사용잔액을 제외하고 남는 금액

비고
1. 관·항은 해당하는 관·항만을 선택하여 사용한다.
2. 목은 필요에 따라 추가하거나 삭제할 수 있다.
3. 결산을 하는 경우에는 예산에서 사용한 관·항·목에 따른다.

[별표 6] 유치원회계 세출예산 과목(제15조의2 제1항 단서 관련)

관	항	목	세부 내역
1. 인건비			유치원에서 근무하는 교직원 등의 인건비
	1. 교원인건비		정규직 교원인건비
		1. 급여	기본급 및 성과상여금
		2. 수당	정근수당, 가족수당, 시간외근무수당, 교직수당 등 보수지급 명목으로 지급되는 각종 수당
		3. 복리후생비	정액급식비, 명절휴가비, 연가보상비 등 보수지급 명목으로 지급되는 복리증진비
		4. 법정부담금	사립학교교직원연금, 국민연금, 건강보험, 고용보험 및 산재보험 등과 관련하여 지출하는 금액
		5. 퇴직금 및 퇴직적립금	퇴직급여 및 퇴직적립금
	2. 직원인건비		정규직 직원인건비
		1. 급여	기본급 및 성과상여금
		2. 수당	정근수당, 가족수당 및 시간외근무수당 등 보수지급 명목으로 지급되는 각종 수당
		3. 복리후생비	정액급식비, 명절휴가비, 연가보상비 등 보수지급 명목으로 지급되는 복리증진비
		4. 법정부담금	사립학교교직원연금, 국민연금, 건강보험, 고용보험 및 산재보험 등과 관련하여 지출하는 금액
		5. 퇴직금 및 퇴직적립금	퇴직급여 및 퇴직적립금
	3. 그 밖의 인건비		무기계약직 보수, 기간제근로자 보수, 보조·대체교사 보수 및 일용직 급여 등 위에서 나열되지 않은 인건비
		1. 그 밖의 인건비	
2. 운영비			
	1. 관리운영비		
		1. 수용비	소모품 구입비, 인쇄비, 교육용도서 외 일반도서 구입비, 차량 정비·유지비, 청소용역비, 임차료, 대관료 및 비품대여료 등 유치원운영에 소요되는 일반적인 경비 ※ 통학차량 정비·유지비는 통학차량이용비로 처리

2. 수수료 및 제세공과금	전기·전화요금, 하수도료, 상하수도료, 안전공제회비, 보험료, 자동차세, 환경개선부담금 및 교직원 건강검진비 등 각종 수수료 및 제세공과금 성격의 경비
3. 연료비	도시가스비, 지역난방료 및 차량 유류대 등 건물 난방 및 차량유지 등을 위해 사용하는 연료비 ※ 통학차량 유류대는 통학차량이용비로 처리
4. 여비	출장에 따른 소요 여비
5. 그 밖의 관리운영비	위에서 나열된 것 외에 유치원 운영을 위하여 소요된 경비
2. 업무추진비	
1. 일반업무추진비	유치원 운영 업무추진비 및 일반사업추진 업무추진비
2. 직책급업무추진비	직책에 따른 업무추진을 위해 해당 직책을 가진 사람에게 지급하는 경비
3. 일반교육활동비	유치원 일반 교육활동 소요 경비
1. 일반교육활동비	
1. 교사연수·연구비	교직원 연수비 및 연구비
2. 교재·교구구입비	교육 기자재, 교육용도서 등 구입 및 제작 소요 경비
3. 행사비	원아 교육과 직접 관련된 각종 행사 소요 경비
4. 장학금	원아에게 지급되는 장학금
5. 복리비	원아건강검진비 등 원아 건강 및 안전 관련 소요 경비
6. 일반급식비·간식비	일반 교육시간 내 제공되는 급식 및 간식을 위한 소요 경비
4. 선택적교육활동비	
1. 방과후교육활동비	
1. 방과후교육·돌봄비	방과후교육 및 돌봄활동을 위한 소요 경비
2. 방과후특성화비	방과후교육 중 특성화교육을 위한 소요 경비
2. 그 밖의 교육활동비	
1. 현장체험학습비	소풍 및 견학 등의 현장체험학습활동을 위한 소요 경비
2. 통학차량이용비	통학차량 정비·유지비 및 유류대 등 통학차량 이용을 위한 소요 경비
3. 특별급식비·간식비	일반 교육과정 시간 외(방과후과정 또는 아침·저녁 시간 등)에 제공되는 급식·간식 제공을 위한 소요 경비
4. 졸업앨범비	졸업앨범 제작·구입 소요 경비

		5. 수익자부담재원 교육활동비	위에서 나열된 것 외에 수익자부담금을 재원으로 하는 교육활동 소요 경비
5. 적립금			건축적립금 및 관할청이 특히 필요하다고 보아 인정한 적립금 ※ 퇴직적립금은 인건비로 처리
	1. 적립금		
		1. 적립금	
6. 상환금			유치원 운영을 위해 금융기관 등에서 학교회계로 이전된 차입금을 상환하기 위해 지출한 금액
	1. 상환금		
		1. 단기차입상환금	대출을 받은 회계연도 종료 전에 상환할 것이 예정된 차입금의 원리금 상환액
		2. 장기차입상환금	단기차입상환금 외의 차입금 원리금 상환액
7. 반환금			
	1. 반환금		
		1. 보조금반환금	보조금 미사용 등에 따른 반환금
		2. 수익자반환금	수익자부담금 미사용에 따른 반환금
8. 시설·설비비			
	1. 시설비		
		1. 신·증축비	시설 신·증축비 및 부대 경비
		2. 유지비	시설 유지, 수선 및 개·보수 소요 경비
	2. 설비·비품비		
		1. 취득비	설비 설치비, 비품 구입비, 차량 구입비(차량할부금 포함) 등 설비나 비품 취득 소요 경비
		2. 유지비	설비, 장비 및 비품의 정비·유지 비용 ※ 차량 정비·유지 비용은 차량 성격에 따라 수용비 또는 통학차량이용비로 처리
9. 지연지출금			해당 회계연도 이전에 지출되었어야 하나 지출되지 않았다가 해당 회계연도에 지출된 사업비 등
	1. 지연지출금		
		1. 지연지출금	

10. 잡지출			원 단위 절사금 등 위에서 나열되지 않은 성격의 지출
	1. 잡지출		
		1. 잡지출	
11. 예비비			재해·재난 관련 비용 등 예산 외의 예측할 수 없는 지출이나 예산의 초과 지출에 충당하기 위한 경비
	1. 예비비		
		1. 예비비	

비고

1. 관·항은 해당하는 관·항만을 선택하여 사용한다.
2. 목은 필요에 따라 추가하거나 삭제할 수 있다.
3. 결산을 하는 경우에는 예산에서 사용한 관·항·목에 따른다.

5. 조세범 처벌법 제15조 제1항 위헌소원

[2019. 8. 29. 2018헌바265·266(병합)]

【판시사항】

가. 현금영수증 의무발행업종 사업자로 하여금 건당 10만 원 이상의 현금거래 시 의무적으로 현금영수증을 발급하도록 하고, 그 의무 위반 시 미발급 거래대금의 100분의 50에 상당하는 과태료를 부과하도록 한 법인세법(2014. 1. 1. 법률 제12166호로 개정된 것) 제117조의2 제4항 본문(이하 '현금영수증 발급의무조항'이라 한다), 구 조세범 처벌법(2010. 1. 1. 법률 제9919호로 전부개정되고, 2018. 12. 31. 법률 제16108호로 개정되기 전의 것) 제15조 제1항 본문 중 법인세법(2014. 1. 1. 법률 제12166호로 개정된 것) 제117조의2 제4항 본문에 관한 부분(이하, '과태료조항'이라 하고, 현금영수증 발급의무조항과 합하여 '심판대상조항'이라 한다)이 과잉금지원칙에 반하여 직업수행의 자유를 침해하는지 여부(소극)

나. 심판대상조항이 평등원칙에 위배되는지 여부(소극)

【결정요지】

가. 심판대상조항은 현금거래가 많은 업종의 사업자에 대한 과세표준을 양성화하여 세금탈루를 방지하고 공정한 거래질서를 확립하기 위한 것이므로, 입법목적의 정당성과 수단의 적합성이 인정된다. 또한 탈세의 유인이 큰 고액 현금거래에 대하여만 적용되고, 현금영수증 미발급행위 자체에는 위반의 동기 및 태양, 경위와 방식 등에 따른 위법성의 정도에 있어 큰 차이가 있다고 보기 어려운 점, 과태료 액수를 감면받을 수 있는 규정이 마련되어 있는 점 등에 비추어 침해 최소성 원칙에도 위배되지 아니한다. 투명하고 공정한 거래질서를 확립하고 현금거래가 많은 업종의 과세표준을 양성화하려는 공익은 현금영수증 의무발행업종 사업자가 입게 되는 불이익보다 훨씬 크므로 법익균형성도 충족한다.

나아가 구 조세범 처벌법(2016. 3. 2. 법률 제14049호로 개정되고, 2018. 12. 31. 법률 제16108호로 개정되기 전의 것) 제15조 제2항이 신설되어 착오나 누락에 대하여 과태료를 감경할 수 있게 된 점, 2014. 1. 1. 현금영수증 발급의무조항의 개정으로 건당 10만 원 이상으로 기준금액이 변경된 것은 거래의 투명성과 세원 관리의 효율성을 높이기 위한 것인 점, 2018. 12. 31. 종전의 과태료 제재가 미발급대금의 100분의 20에 상당하는 가산세로 개정된 것은 현금영수증 발급의무 위반에 대한 납세자의 부담을 완화하고, 불복 시 권리구제의 편의를 도모하기 위한 정책적 판단에서 비롯된 것인 점 등에 비추어 볼 때, 종전의 합헌 선례(2013헌바56등, 2017헌바57)를 변경할 만한 사정이 없으므로 과잉금지원칙에 위배되지 아니한다.

나. 과태료조항은 과태료 부과금액을 미발급 거래대금의 100분의 50으로 일률적으로 정하고 있으므로 사업자별 실질적인 이익을 고려하지 않고 있으나, 현금영수증 미발급행위 자체에는 위법성의 정도에 있어 큰 차이가 있다고 보기 어렵고, 미발급 거래대금이 클수록 비난가능성 또한 커진다는 점에 비추어 보면 입법재량의 범위를 현저히 일탈하여 평등원칙에 위반되었다고 볼 수 없다.

재판관 이선애, 재판관 이종석, 재판관 이영진의 과태료조항에 대한 반대의견

과태료조항은 구체적·개별적 사정을 고려하

지 않고 현금영수증 미발급액만을 기준으로 하여 상한 없이 과태료를 부과하도록 하고, 정당한 사유가 있는 경우에도 면제 규정을 두고 있지 않으며, 착오나 누락에 대한 과태료 감경규정의 신설만으로 기본권 제한이 완화되었다고 볼 수도 없다. 2018. 12. 31. 과태료 제재가 가산세로 개정된 것도 이러한 지적을 반영한 것으로 보인다. 과태료조항에 의하여 실현하고자 하는 공익은 가산세 등 보다 완화된 입법형식을 통하여도 충분히 달성될 수 있는 반면, 구체적·개별적 사정에 따른 감면의 여지없이 과도하게 부과되는 과태료 제재에 따른 불이익은 매우 크므로, 과태료조항은 과잉금지원칙에 위반되어 직업수행의 자유를 침해한다.

【심판대상조문】

법인세법(2014. 1. 1. 법률 제12166호로 개정된 것) 제117조의2 제4항 본문

구 조세범 처벌법(2010. 1. 1. 법률 제9919호로 전부개정되고, 2018. 12. 31. 법률 제16108호로 개정되기 전의 것) 제15조 제1항 본문 중 법인세법(2014. 1. 1. 법률 제12166호로 개정된 것) 제117조의2 제4항 본문에 관한 부분

【참조조문】

헌법 제11조 제1항, 제15조, 제37조 제2항

국세기본법(2018. 12. 31. 법률 제16097호로 개정된 것) 제48조

구 법인세법(2009. 12. 31. 법률 제9898호로 개정되고, 2010. 12. 30. 법률 제10423호로 개정되기 전의 것) 제117조의2 제4항

구 조세범 처벌법(2016. 3. 2. 법률 제14049호로 개정되고, 2018. 12. 31. 법률 제16108호로 개정되기 전의 것) 제15조 제2항

【참조판례】

가. 헌재 2015. 7. 30. 2013헌바56등, 판례집 27-2상, 85

헌재 2017. 5. 25. 2017헌바57

【당 사 자】

청 구 인 1. 주식회사 ○○(2018헌바265)
대표이사 김○○
2. 주식회사 □□(2018헌바266)
대표이사 박○○
청구인들 대리인 변호사 유진우

당해사건 1. 부산지방법원 2017과237 조세범처벌법위반(2018헌바265)
2. 부산지방법원 2017과235 조세범처벌법위반(2018헌바266)

【주 문】

법인세법(2014. 1. 1. 법률 제12166호로 개정된 것) 제117조의2 제4항 본문, 구 조세범 처벌법(2010. 1. 1. 법률 제9919호로 전부개정되고, 2018. 12. 31. 법률 제16108호로 개정되기 전의 것) 제15조 제1항 본문 중 법인세법(2014. 1. 1. 법률 제12166호로 개정된 것) 제117조의2 제4항 본문에 관한 부분은 모두 헌법에 위반되지 아니한다.

【이 유】

1. 사건개요

가. 2018헌바265

청구인은 부산 동구(주소 생략)에서 예식장업 등을 영위하여 온 법인이다. 청구인은 2015년 3월경부터 2016년 6월경까지의 거래대금 중 현금영수증 발급 대상인 1,336,594,945원에 대하여 현금영수증을 발급하지 아니하였다는 이유로 2017. 7. 31. 부산진세무서장으로부터 현금영수증 미발급 거래대금의 100분의 50에 상당하는 668,297,472원의 과태료 부과처분을 받았다.

청구인은 위 과태료 부과처분에 대하여 이의제기를 하여 과태료 재판(부산지방법원 2017과237) 계속 중 과태료 부과처분의 근거가 된 구 조세범 처벌법 제15조 제1항에 대하여 위헌법률심판제청을 신청하였으나 2018. 6. 4. 위 제청신청이 기각되자(부산지방법원 2018카기213), 2018. 7. 10. 이 사건 헌법소원심판을 청구하였다.

나. 2018헌바266

청구인은 부산 연제구(주소 생략)에서 예식장업 등을 영위하여 온 법인이다. 청구인은 2014년 7월경부터 2016년 6월경까지의 거래대금 중 현금영수증 발급 대

상인 484,302,726원에 대하여 현금영수증을 발급하지 아니하였다는 이유로 2017. 8. 1. 동래세무서장으로부터 현금영수증 미발급 거래대금의 100분의 50에 상당하는 242,151,362원의 과태료 부과처분을 받았다.

청구인은 위 과태료 부과처분에 대하여 이의제기를 하여 과태료 재판(부산지방법원 2017과235) 계속 중 과태료 부과처분의 근거가 된 구 조세범 처벌법 제15조 제1항에 대하여 위헌법률심판제청을 신청하였으나 2018. 6. 4. 위 제청신청이 기각되자(부산지방법원 2018카기212), 2018. 7. 10. 이 사건 헌법소원심판을 청구하였다.

2. 심판대상

청구인들은 구 조세범 처벌법 제15조 제1항 본문을 심판대상으로 하여 이 사건 헌법소원심판을 청구하였다. 그러나 청구인들은 현금영수증 발급의무를 규정하고 있는 법인세법 제117조의2 제4항 본문을 위반하여 과태료 부과처분을 받은 자들이고, 법인세법 제117조의2 제4항 본문은 그에 대한 제재조항인 구 조세범 처벌법 제15조 제1항 본문과 밀접불가분의 관계에 있다 할 것이므로 법인세법 제117조의2 제4항 본문도 심판대상에 포함시켜 판단하기로 한다.

그렇다면 이 사건 심판대상은 법인세법(2014. 1. 1. 법률 제12166호로 개정된 것) 제117조의2 제4항 본문(이하 '현금영수증 발급의무조항'이라 한다), 구 조세범 처벌법(2010. 1. 1. 법률 제9919호로 전부개정되고, 2018. 12. 31. 법률 제16108호로 개정되기 전의 것) 제15조 제1항 본문 중 법인세법(2014. 1. 1. 법률 제12166호로 개정된 것) 제117조의2 제4항 본문에 관한 부분(이하 '과태료조항'이라 하고, 현금영수증 발급의무조항과 합하여 '심판대상조항'이라 한다)이 헌법에 위반되는지 여부이다. 심판대상조항은 다음과 같다.

[심판대상조항]

법인세법(2014. 1. 1. 법률 제12166호로 개정된 것)

제117조의2(현금영수증가맹점 가입·발급 의무 등) ④ 대통령령으로 정하는 업종을 경영하는 내국법인이 건당 거래금액(부가가치세액을 포함한다)이 10만 원 이상인 재화 또는 용역을 공급하고 그 대금을 현금으로 받은 경우에는 제3항에도 불구하고 상대방이 현금영수증 발급을 요청하지 아니하더라도 대통령령으로 정하는 바에 따라 현금영수증을 발급하여야 한다. (단서 생략)

구 조세범 처벌법(2010. 1. 1. 법률 제9919호로 전부개정되고, 2018. 12. 31. 법률 제16108호로 개정되기 전의 것)

제15조(현금영수증 발급의무의 위반) ①「소득세법」 제162조의3 제4항,「법인세법」 제117조의2 제4항에 따른 의무를 위반한 자에 대해서는 현금영수증을 발급하지 아니한 거래대금의 100분의 50에 상당하는 과태료를 부과한다. (단서 생략)

3. 청구인들의 주장

가. 과태료조항은 일정금액 이상의 현금거래에 있어 소비자의 요구와 관계없이 현금영수증을 발급하지 않은 경우 법인세 등과 별도로 거래대금의 100분의 50에 상당하는 과태료를 일률적으로 부과하면서, 의무 위반과 관련한 구체적·개별적인 사정이나 동기 등을 고려하지 않고 있으며, 법원조차도 과태료를 전혀 감액할 수 없도록 한다. 또한 과태료 미납 시 가산세도 부과되는 점 등에 비추어 볼 때, 과태료조항은 과잉금지원칙에 위반하여 직업수행의 자유 및 재산권을 침해한다.

나. 현금영수증 의무발행업종 사업자들의 각 업종의 특성과 사업형태 등에 따라 현금영수증을 발급하지 않은 거래로 인하여 얻는 이익이 모두 다름에도 불구하고, 과태료조항은 현금영수증 미발급 거래로 인한 이익이나 누락한 세금 등을 기준으로 과태료를 산정하도록 하지 않고 현금영수증 미발급 거래대금의 100분의 50으로 과태료 액수를 일률적으로 정하고 있다. 따라서 현금영수증 미발급으로 인해 얻은 이익이 상이한 사업자들에 대하여 합리적인 이유 없이 동일한 제재를 가하므로 평등권을 침해한다.

다. 과태료조항은 의무위반의 동기나 태양, 누락된 세금을 납부하였는지 여부 등에 따른 위법성을 전혀 고려하지 못하도록 규정하여 공정한 재판을 받을 권리와 법관의 양형재량권을 침해한다.

라. 거래금액보다 적은 금액으로 현금영수증을 발급한 경우 과태료를 부과할 수 있는지가 불명확하므로, 과태료조항은 조세법률주의의 명확성원칙에도 위반된다.

4. 판 단

가. 쟁점의 정리

심판대상조항은 현금영수증 의무발행업종 사업자로 하여금 건당 거래금액이 10만 원 이상인 재화나 용역을 공급하고 그 대금을 현금으로 받은 경우 상대방이 현금영수증의 발급을 요청하지 아니하더라도 이를 발급하도록 의무를 부과하고, 그에 위반하는 경우 과태료를 부과하는 것을 그 내용으로 하므로, 현금영수증 의무발행업종 사업자인 청구인들의 직업수행의 자유를 제한한다.

청구인들은 과태료 부과에 의한 재산권 침해도 주장하고 있으나, 과태료 부과 및 과태료 제재의 획일성 내지 과중성에 대한 문제는 직업수행의 자유 침해 여부를 판단할 때 그 내용이 포함되어 고려되므로, 재산권 침해 여부에 대하여는 별도로 판단하지 아니한다.

청구인들은 과태료조항이 법원으로 하여금 위반행위자의 구체적 사정에 따른 사법적 판단을 할 수 없도록 하여 법관의 양형재량권을 지나치게 제한하고 공정한 재판을 받을 권리를 침해한다고 주장하나, 이는 현금영수증 발급의무를 위반한 경우 일률적으로 미발급 거래대금의 100분의 50을 과태료 부과기준으로 한 것을 문제 삼는 것으로 과잉금지원칙 위반 여부에서 고려될 수 있으므로 별도로 판단하지 아니한다.

또한 과태료조항은 과태료 부과금액을 현금영수증을 발급하지 아니한 거래대금의 100분의 50으로 정하고 있는데, 현금영수증 발급 부분과 미발급 부분은 양적으로 구분할 수 있다. 따라서 문언 자체의 의미 및 현금거래의 가분적 특성에 비추어 볼 때, 거래대금 중 일부에 대하여만 현금영수증을 발급하지 아니한 경우에도 미발급 부분에 상응하여 과태료가 부과되고, 달리 이러한 경우를 규제 대상에서 제외하여야 할 이유를 찾기 어려우므로, 거래대금 중 일부에 대하여 현금영수증을 미발급한 경우 과태료조항의 적용 여부가 불명확하다는 취지의 주장은 따로 살피지 아니한다.

청구인들은 과태료조항이 일률적인 과태료 산정기준을 두고 있어 평등원칙에 위반된다는 주장도 하고 있으므로, 이하에서는 심판대상조항이 과잉금지원칙에 위반하여 청구인들의 직업수행의 자유를 침해하는지 여부와 평등원칙에 위반되는지 여부에 대하여 차례로 살펴본다.

나. 과잉금지원칙 위반 여부

(1) 헌법재판소의 선례

(가) 헌법재판소는 이 사건 과태료조항과 구 법인세법(2009. 12. 31. 법률 제9898호로 개정되고, 2010. 12. 30. 법률 제10423호로 개정되기 전의 것) 제117조의2 제4항 등에 대하여 합헌결정을 선고한바 있다(헌재 2015. 7. 30. 2013헌바56등). 그 결정의 요지는 다음과 같다.

『심판대상조항은 고소득 전문직 사업자 등 고액 현금거래가 많은 업종의 사업자에 대하여 과세표준을 양성화하여 세금탈루를 방지하고 공정한 거래질서를 확립하기 위한 것이므로, 그 입법목적의 정당성과 수단의 적합성이 인정된다.

어떤 행정법규 위반행위에 대하여 입법자가 행정질서벌인 과태료를 부과할 것인지, 행정형벌을 부과할 것인지, 과태료를 부과하기로 한 경우 그 과태료의 액수를 정하는 것은 입법재량에 속한다. 심판대상조항은 현금영수증 의무발행업종 사업자의 모든 현금거래에 대하여 적용되는 것이 아니라 탈세의 유인이 큰 고액 현금거래에 대하여만 적용되는 것으로 범위를 한정하고 있다. 현금영수증 미발급행위 그 자체에는 위반의 동기 및 태양, 경위와 방식, 사후의 정황에 따른 위법성의 정도에 있어서 큰 차이가 있다고 보기도 어렵다. 또한 심판대상조항은 모든 사업자에 대하여 현금영수증 발급의무를 지우고 이를 위반하는 경우 과태료를 부과하는 것이 아니라, 특히 고액 현금거래가 많아 소득탈루의 가능성이 높은 업종으로 그 대상을 한정하고 있다. 현금영수증 발급절차가 까다롭다고 할 수 없고, 현금영수증의 발급에 많은 시간과 비용이 소요되는 것도 아니다. 그 밖에 5일 이내의 무기명 발급, 사업자에 대한 세금계산서 발급 등을 통해 현금영수증 발급의무의 위반을 피할 수 있으며, 의견 제출 기한 내에 자진납부하거나 수급자 요건 등에 해당하는 경우 과태료를 감면받을 수도 있다. 이처럼 고소득 전문직 사업자 등의 탈세를 방지하고 그 실효성을 확보하기 위해서는 일정한 경우 현금영수증의 발급을 의무화하고, 위반 시 그에 상응하는 과태료를 부과하는 것이 불가피하며, 현금영수증의 발급 시기, 방식 등에 있어서 방법을 다양화하고 있고, 과태료 액수를 감면받을 수 있는 규정 역시 마련되어 있는 이상, 심판대상조항은 침해의 최소성 원칙에 위배되지 아니한다.

심판대상조항은 투명하고 공정한 거래질서를 확립하고 고소득 전문직 사업자 등 고액 현금거래가 많은 업종의 과세표준을 양성화하는 데 그 입법목적이 있는바, 이러한 공익은 매우 중대하고 긴요하다. 반면, 심판대상조항으로 인하여 제한받는 사익은 일정금액 이상의 현금거래 시 별도의 수수료 부담 없이 현금영수증 발급장치에 상대방의 휴대전화번호 등을 입력하고 현금영수증을 출력·발급하는 등의 의무를 부담하는 데 불과하므로, 심판대상조항이 추구하는 공익은 현금영수증 의무발행업종 사업자가 입게 되는 불이익보다 훨씬 크다. 따라서 심판대상조항은 직업수행의 자유를 침해하지 아니한다.』

(나) 헌법재판소는 위 2013헌바56등 결정이 선고된 후 2013헌바56등 결정의 심판대상조항과 동일한 내용의 구 소득세법 조항과 구 조세범 처벌법 조항이 문제된 2017헌바57 사건에서 위 선례의 내용을 인용하고, 이에 덧붙여 구 조세범 처벌법(2016. 3. 2. 법률 제14049호로 개정되고, 2018. 12. 31. 법률 제16108호로 개정되기 전의 것) 제15조 제2항이 신설되어 착오나 누락으로 현금영수증 발급의무를 위반한 자 중 거래대금을 받은 날부터 7일 이내에 관할 세무서에 자진 신고하거나 현금영수증을 자진 발급한 경우에는 그 과태료를 감경할 수 있게 되어 기본권 제한 정도는 오히려 완화되었고, 달리 선례를 변경할 만한 특별한 사정도 없다고 보아 위 합헌입장을 그대로 유지하였다(헌재 2017. 5. 25. 2017헌바57 참조).

(2) 선례 변경의 필요 여부

(가) 현금영수증 발급의무조항이 2014. 1. 1. 개정되어 의무발급의 기준금액이 건당 30만 원 이상에서 10만 원 이상으로 변경됨에 따라 심판대상조항의 적용범위가 종전보다 넓어지게 되었다. 그러나 이는 거래의 투명성과 세원 관리의 효율성을 높이기 위하여 현금영수증의 의무발급 대상을 확대한 것이라 할 수 있고, 건당 30만 원 이상의 거래에 대하여 현금영수증 발급의무를 부담시킬 경우 과태료를 회피하기 위하여 30만 원이 안 되도록 거래금액을 나누는 등의 탈법행위가 일어날 수 있는 상황을 함께 고려한 것이므로, 입법자의 이러한 선택이 선례의 침해최소성의 판단에 영향을 미친다고 보기 어렵다.

(나) 한편, 2018. 12. 31. 조세범 처벌법이 개정되면서 과태료조항이 삭제되고, 법인세법상 가산세조항으로 바뀌었고 부과금액도 현금영수증 미발급 거래대금의 100분의 20으로 낮아지게 되었다. 이와 같이 종전의 과태료 제재를 가산세로 대체한 것은 현금영수증 발급의무 위반에 대한 납세자의 부담을 완화하고, 납세자가 이에 불복할 경우 권리구제의 편의를 도모하기 위한 정책적 판단에서 비롯된 것이지, 과태료조항에 위헌의 의심이 있어 이에 대한 반성적 고려에 터 잡은 것이라고 보기 어렵다. 따라서 과태료조항이 가산세조항으로 바뀌었다는 점은 선례를 변경할 만한 사정에 해당한다고 보기 어렵다.

(3) 소결

그렇다면 선례의 입장은 이 사건에서도 그대로 타당하므로, 심판대상조항은 과잉금지원칙에 위반되지 않는다.

다. 평등원칙 위반 여부

청구인들은 업종의 특성과 사업형태 등에 따라 현금영수증을 발급하지 않은 거래로 인하여 얻는 이익이 모두 다름에도 불구하고, 과태료조항이 현금영수증 미발급 거래대금만을 과태료 산정 기준으로 함에 따라 취득한 이익이 다른 현금영수증 의무발행업종 사업자 상호간을 동일하게 취급함으로써 합리적인 이유 없이 실질적으로 차별하므로 평등원칙에 위배된다고 주장한다.

과태료조항은 과태료 부과금액을 현금영수증을 발급하지 아니한 거래대금의 100분의 50으로 일률적으로 정하고 있으므로 사업자별로 실질적인 이익에 따른 차이를 고려하지 않고 동일한 기준을 적용하는 것은 사실이다. 그런데 입법자가 그 재량으로 행정질서벌인 과태료를 부과하기로 입법상의 결단을 한 경우 과태료의 액수를 정하는 것 역시 입법재량에 속한다고 볼 것이며, 현금영수증 발급의무를 부담하고 있는 사업자가 그 의무를 위반하였다면 비록 의무위반의 동기나 태양, 경위와 방식, 사후의 정황에 다소 차이가 있다 할지라도 현금영수증 미발급이라는 의무위반행위 그 자체에는 위법성의 정도에 있어서 큰 차이가 있다고 보기 어렵다. 나아가 과태료조항에 따른 과태료 제재는 단순히 현금영수증 미발급으로 얻은 이익에 대한 환수의 성격뿐만 아니라, 현금영수증 발급의무 위반에 대한 제재로서의 성격을 함께 가지고 있으므로 현금영수증 미발급 거래대금이 클수록 비난가능성 또한 커진다. 이러한 점에 비추어 보면 실제 취득한 이익이 아니라 현금영수증 미발급 거래대금을 과태료 부과의 기준으로 삼았다는 점만으로 심판대상조항이 입법재량의 범위를 현저히 일탈하여 평등원칙에 위반되었다고 볼 수 없다.

5. 결 론

그렇다면 심판대상조항은 헌법에 위반되지 아니하므로 주문과 같이 결정한다. 이 결정에는 아래 6.과 같은 재판관 이선애, 재판관 이종석, 재판관 이영진의 과태료조항에 대한 반대의견이 있는 외에는 나머지 관여 재판관들의 의견이 일치되었다.

6. 재판관 이선애, 재판관 이종석, 재판관 이영진의 과태료조항에 대한 반대의견

우리는 과태료조항이 직업수행의 자유를 침해하여 헌법에 위반된다고 생각하므로, 다음과 같이 그 이유를 밝힌다.

가. 입법자가 입법재량의 범위 내에서 행정질서벌인 과태료를 과하기로 하였다면, 다시 그 과태료의 액수를 정하는 것도 역시 입법재량에 속하는 것이기는 하다. 하지만 그것이 헌법재판소가 관여할 정도로 입법재량을 현저히 불합리하게 또는 자의적으로 행사한 것이라고 판단할 정도이면 이는 입법재량을 벗어나는 것이 된다(헌재 2009. 3. 26. 2007헌가22 참조).

과태료조항은 현금영수증 발급의무 위반자에 대하여 부과할 과태료의 액수를 감액의 여지없이 일률적으로 미발급액의 50%로 정하고 있고 이러한 과태료의 기준은 법원의 과태료 재판에 있어서도 구속력이 있으므로, 과태료 사건을 담당하는 법원으로서는 불처벌결정을 하지 않는 한 과태료조항이 정한 금액을 과태료 금액으로 정할 수밖에 없다. 이와 같이 위반행위에 대한 과태료의 기준을 획일적으로 법률로 정한 것 자체를 헌법에 위반된다고 할 수는 없는 것이지만, 과태료조항이 과태료 부과대상으로 정하고 있는 의무발행업종 사업자의 현금영수증 발급의무 위반의 경우에는 그 위반의 동기 및 태양, 현금을 수령한 시기와 방법, 현금영수증 미발급 경위, 사후의 정황 등에 따라 위법성 정도에 큰 차이가 있을 수밖에 없음에도 이와 같은 구체적·개별적 사정을 고려하지 않고 오로지 미발급액만을 기준으로 하여 일률적으로 정해진 액수의 과태료를 부과한다는 것은 구체적 위반행위의 책임 정도에 상응한 제재가 되기 어렵다(헌재 2015. 7. 30. 2013헌바56등 반대의견 참조).

나. 조세범 처벌법상의 다른 과태료를 포함하여 현행 개별 법률상 대부분의 과태료 제도는 과태료의 상한을 정하고 그 안에서 행정청의 재량을 인정하거나, 구체적인 의무위반의 태양에 따라 그 액수를 세분화하고 있다. 이와는 달리 과태료조항은 미발급액의 50%라고 규정하고 있을 뿐, 그 상한이 없어 현금영수증 미발급액에 따라 한도 없이 과태료 액수가 증가하게 된다.

한편, 납세의무에 부수되는 협력의무 위반 시 대표적인 제재 수단으로 기능하는 가산세와 행정질서벌인 과태료는 그 실질이 매우 유사하고, 다만 제재의 형식을 달리할 뿐이라고 보아야 한다. 가산세의 경우 그 부과의 원인이 되는 사유가 천재·지변 등 기한연장사유에 해당하거나 납세자가 의무를 이행하지 아니한 데 대한 정당한 사유가 있는 때에는 해당 가산세를 부과하지 않고, 수정신고 또는 기한 후 신고를 하는 구체적 사정에 따라 감면하는 규정을 두고 있다(국세기본법 제48조). 그러나 과태료조항은 위와 같은 취지의 규정을 두고 있지 않다.

결국 심판대상조항의 입법목적은 가산세의 형식을 취하거나 과태료를 부과하면서 상한의 규정 또는 구체적·개별적 사정에 따라 감면 가능성을 열어두는 것만으로도 충분히 달성할 수 있는 것이므로 과태료조항은 필요 이상의 과잉수단이라고 하지 아니할 수 없다(헌재 2015. 7. 30. 2013헌바56등 반대의견 참조).

2016. 3. 2. 법률 제14049호로 신설된 구 조세범 처벌법(2016. 3. 2. 법률 제14049호로 개정되고, 2018. 12. 31. 법률 제16108호로 개정되기 전의 것) 제15조 제2항은 착오나 누락으로 현금영수증 발급의무를 이행하지 않은 자 중 거래대금을 받은 날부터 7일 이내에 관할 세무서에 자진 신고하거나 현금영수증을 자진 발급한 경우에는 과태료를 감경할 수 있도록 하였다. 그러나 과태료가 현금영수증 미발급액을 기준으로 일률적으로 부과되면서 상한이 없는 점은 달라지지 아니하였고, 위반 행위와 관련된 구체적·개별적 사정을 종합적으로 고려하여 감경하는 것이라 볼 수 없을 뿐만 아니라, 발급 지연에 정당한 사유가 있는 경우에도 여전히 과태료조항에 따라 과태료가 부과될 수 있으므로 과태료 감경규정의 신설만으로는 기본권 제한이 충분히 완화되었다고 볼 수 없다.

2018. 12. 31. 개정된 조세범 처벌법은 과태료조항을 삭제하고 이를 소득세법과 법인세법상 가산세로 전환하면서 미발급액의 20%로 제재수준을 경감하였는바, 이는 위와 같은 취지의 선례(헌재 2015. 7. 30. 2013헌바56등)의 반대의견에서 지적한 사항을 반영한 것으로 보인다.

다. 과태료조항에 의하여 실현하고자 하는 공익은 보다 완화된 입법형식을 통하여도 충분히 달성될 수 있는 반면, 구체적·개별적 사정에 따라 감면의 여지없이 과도하게 부과되는 과태료에 의해 초래되는 불이익은 매우 크다 할 것이므로, 제한을 통하여 얻는 공익적 성과와 제한이 초래하는 부정적인 효과가

합리적인 비례관계를 현저하게 일탈하였다. 따라서 과태료조항은 과잉금지원칙에 위반되어 직업수행의 자유를 침해하므로 헌법에 위반된다(헌재 2015. 7. 30. 2013헌바56등 반대의견 참조).

재판관 유남석 이선애 이석태 이은애 이종석 이영진 김기영 문형배 이미선

6. 식품위생법 제7조 제4항 등 위헌소원

[2019. 11. 28. 2017헌바449]

【판시사항】

가. 식품의 제조방법에 관한 기준을 위반하여 소매가격으로 연간 5천만 원 이상의 식품을 제조·판매한 경우 무기 또는 3년 이상의 징역과 그 소매가격의 2배 이상 5배 이하에 해당하는 벌금을 필요적으로 병과하도록 한 구 '보건범죄 단속에 관한 특별조치법'(2011. 4. 12. 법률 제10579호로 개정되고, 2017. 12. 19. 법률 제15252호로 개정되기 전의 것) 제2조 제1항 제2호 중 식품위생법 제7조 제4항 가운데 제1항 제1호의 제조방법에 관한 부분을 위반하여 식품을 제조·판매한 부분(이하 '형사처벌조항'이라 한다), '보건범죄 단속에 관한 특별조치법'(2011. 4. 12. 법률 제10579호로 개정된 것) 제2조 제2항 중 식품위생법 제7조 제4항 가운데 제1항 제1호의 제조방법에 관한 부분을 위반하여 소매가격으로 연간 5천만 원 이상의 식품을 제조·판매한 부분(이하 '벌금병과조항'이라 하고, 형사처벌조항과 벌금병과조항을 합하여 '심판대상조항'이라 한다)이 죄형법정주의의 법률주의에 위반되는지 여부(소극)

나. 심판대상조항이 형벌의 구성요건 일부를 고시에 위임한 것이 헌법에 위반되는지 여부(소극)

다. 심판대상조항이 포괄위임금지원칙에 위반되는지 여부(소극)

라. 심판대상조항이 책임과 형벌 간 비례원칙에 위반되는지 여부(소극)

마. 심판대상조항이 형벌체계의 균형성을 상실하여 평등원칙에 위반되는지 여부(소극)

【결정요지】

가. 심판대상조항은 위생상 위해방지, 식품영양의 질적 향상과 식품에 관한 올바른 정보제공이라는 식품위생법 입법목적 달성을 어렵게 할 수 있는 식품의 제조방법기준 위반행위 중 연간 소매가격이 5천만 원 이상이어서 국민보건을 해할 개연성이 상당히 높다고 인정되는 행위를 형벌을 통해 금지하고자 하는 행위의 본질적 내용으로 밝혔다고 볼 수 있으므로 죄형법정주의의 법률주의에 위반되지 아니한다.

나. 심판대상조항은 형벌의 구성요건 일부에 해당하는 식품의 제조방법기준을 고시에 위임하고 있는데, 식품의 제조방법기준을 정하는 작업에는 전문적·기술적 지식이 요구되고 식품산업의 발전에 따른 탄력적·기술적 대응과 규율이 필요하므로, 심판대상조항이 이를 식품의약품안전처 고시에 위임하는 것은 불가피하다. 그러므로 심판대상조항이 식품의 제조방법기준을 식품의약품안전처 고시에 위임한 것이 헌법에서 정한 위임입법의 형식을 갖추지 못하여 헌법에 위반된다고 할 수 없다.

다. 식품으로 인하여 생기는 위생상의 위해방지, 식품영양의 질적 향상 도모, 식품에 관한 올바른 정보 제공으로 국민보건의 향상에 이바지하고자 하는 심판대상조항의 입법목적, 식품 제조 등의 구체적 내용을 종합하여 보면, 심판대상조항의 위임에 따라 식품의약품안전처장이 규율할 내용은 국민보건 향상의 관점에서 식품 일반에 적용될 수 있는 공통적인 제조방법 및 식품별 특성을 고려한 제조방법에 관한 구체적이고 세부적인 기준이 될 것임을 충분히 예측할 수 있으므로 심판대상조항은 포괄위임금지원칙에 위반되지 아니한다.

라. 심판대상조항을 위반한 범죄의 죄질과 국민보건의 증진이라는 보호법익의 중요성, 일

반예방이라는 형사정책적 측면 등을 고려할 때, 식품의 제조방법기준을 위반하여 소매가격 기준으로 연간 5천만 원 이상의 식품을 제조·판매한 행위를 심판대상조항에 따른 중형으로 처벌하는 것은 필요한 입법조치이다. 개별적 사정에 따라 구체적인 범죄행위의 불법성의 정도가 다를 수 있으나 입법자가 형사정책적 이유에 기초하여 심판대상조항을 두었고, 위와 같은 범죄행위의 불법성을 평가하여 그에 상응하는 법정형을 규정한 이상, 이러한 입법자의 판단이 심판대상조항의 입법목적을 달성하는 데 있어 지나친 것이라고 단정하기 어렵다. 법관은 작량감경 없이 징역형의 집행유예를 선고할 수 있고, 작량감경을 통해 책임에 상응하는 징역형을 선고할 수 있다. 벌금형의 작량감경이 가능하고, 벌금형만의 선고유예도 가능하며, 법관이 징역형 양형과정에서 필수적으로 병과되는 벌금형을 참작하여 구체적 형평을 기할 수도 있으므로, 심판대상조항은 책임과 형벌간 비례원칙에 위반되지 아니한다.

마. 식품의 제조방법기준을 위반한 식품의 제조·판매행위는 소매가격의 액수가 그 죄의 경중을 가늠하는 중요한 기준이므로 제조·판매한 식품의 연간 소매가격을 기준으로 하여 징역형의 기간과 벌금형의 필요적 병과 여부에 차이를 두는 것은 합리적인 이유가 있어 심판대상조항이 형벌체계의 균형성을 상실하여 평등원칙에 위반된다고 할 수 없다.

벌금병과조항에 대한 재판관 이선애, 재판관 이석태, 재판관 이영진의 반대의견

우리는 배수벌금을 필요적으로 병과하는 벌금병과조항이 책임과 형벌 간 비례원칙에 반한다고 생각한다.

형사처벌조항 위반자는 벌금병과조항에 따라 최소한 1억 원 이상의 벌금형의 필요적 병과라는 가중처벌을 받아야 한다. 벌금병과조항에 의하여 선고되는 배수벌금을 감당할 재력이 없어 환형처분을 받게 되는 경우 형법 제70조 제2항에 따라 300일 이상의 기간 동안 노역장에 유치되는데, 이로 인하여 형사처벌조항 위반자에게 최소한 300일 이상의 징역형을 추가로 선고하는 효과가 나타난다.

범죄수익을 박탈하는 것은 몰수제도의 고유한 기능이므로 배수벌금을 필요적으로 병과하여 범죄수익을 박탈하려는 것은 몰수제도의 취지를 무색하게 한다. 징역형과 벌금형을 병과하면서 동시에 징역형과 벌금형의 하한을 각각 정하는 입법형식은 책임에 알맞은 형벌을 이끌어내기 어렵게 하고, 이러한 문제점은 배수벌금형의 형태가 필요적 병과형제도와 결합하는 경우 더욱 배가된다.

벌금형에 대해 작량감경, 선고유예를 할 수 있다 하더라도 개별 사건의 특수성이나 다양한 양형요소들을 모두 고려하여 적정한 양형을 하는 것에는 한계가 있다. 또 공범 중에는 경제적 수익이 없거나 경미한 경우가 있을 수 있는데, 범행가담 정도나 그로 인해 얻게 되는 경제적 이익을 고려하지 않은 채 일률적·획일적으로 고액의 벌금형을 필요적으로 병과하는 것은 과도한 형벌이 될 수 있다. 이러한 문제점을 고려하면, 개별 사건의 특수성이나 다양한 양형 요소들에 따라 법관이 벌금형의 병과 여부 및 적정한 벌금액을 정할 수 있도록 벌금형을 임의적 병과로 변경하고 벌금 액수의 상한만을 두는 것 내지 벌금액의 상한이 있는 벌금형의 임의적 병과를 전제로 하되 위반행위에 의한 이득액에 따라 벌금액의 상한을 단계화시키는 방식을 도입하는 것 등을 대안으로 생각할 수 있다.

【심판대상조문】

구 보건범죄 단속에 관한 특별조치법(2011. 4. 12. 법률 제10579호로 개정되고, 2017. 12. 19. 법률 제15252호로 개정되기 전의 것) 제2조 제1항 제2호 중 식품위생

법 제7조 제4항 가운데 제1항 제1호의 제조방법에 관한 부분을 위반하여 식품을 제조·판매한 부분

보건범죄 단속에 관한 특별조치법(2011. 4. 12. 법률 제10579호로 개정된 것) 제2조 제2항 중 식품위생법 제7조 제4항 가운데 제1항 제1호의 제조방법에 관한 부분을 위반하여 소매가격으로 연간 5천만 원 이상의 식품을 제조·판매한 부분

【참조조문】

헌법 제11조, 제13조 제1항, 제37조 제2항, 제40조, 제75조, 제95조

식품위생법(2016. 2. 3. 법률 제14022호로 개정된 것) 제7조 제1항, 제4항, 제95조 제1호

【참조판례】

가. 헌재 2012. 6. 27. 2011헌마288, 판례집 24-2하, 773, 782

헌재 2014. 3. 27. 2011헌바42, 판례집 26-1상, 375, 390

나. 헌재 2016. 10. 27. 2015헌바360등, 판례집 28-2상, 632, 641

헌재 2017. 9. 28. 2016헌바140, 판례집 29-2상, 416, 428-429

다. 헌재 2014. 7. 24. 2013헌바183등, 판례집 26-2상, 149, 159

헌재 2016. 3. 31. 2014헌바382, 판례집 28-1상, 388, 395-396

라. 헌재 1998. 5. 28. 97헌바68, 판례집 10-1, 640, 653

헌재 2005. 7. 21. 2003헌바98, 판례집 17-2, 34, 39-40

헌재 2010. 3. 25. 2008헌바84, 판례집 22-1상, 421, 427

헌재 2012. 11. 29. 2011헌바103, 판례집 24-2하, 132, 137

【당 사 자】

청 구 인　강○○

대 리 인　법무법인(유한) 로고스

담당변호사 이상도 외 1인

당해사건　서울서부지방법원 2017고합133

보건범죄단속에관한특별조치법위반

(부정식품제조등) 등

【주　문】

구 보건범죄 단속에 관한 특별조치법(2011. 4. 12. 법률 제10579호로 개정되고, 2017. 12. 19. 법률 제15252호로 개정되기 전의 것) 제2조 제1항 제2호 중 식품위생법 제7조 제4항 가운데 제1항 제1호의 제조방법에 관한 부분을 위반하여 식품을 제조·판매한 부분, 보건범죄 단속에 관한 특별조치법(2011. 4. 12. 법률 제10579호로 개정된 것) 제2조 제2항 중 식품위생법 제7조 제4항 가운데 제1항 제1호의 제조방법에 관한 부분을 위반하여 소매가격으로 연간 5천만 원 이상의 식품을 제조·판매한 부분은 모두 헌법에 위반되지 아니한다.

【이　유】

1. 사건개요

청구인은 고춧가루 제조 및 판매업 등을 목적으로 설립된 농업회사법인 주식회사 ○○물산을 실제 운영하는 사람으로서, 고춧가루를 제조·판매함에 있어 원료 고추에 포함된 고추씨 이외의 고추씨를 첨가하여 고춧가루를 제조하여서는 아니 됨에도 2014. 7.경부터 2017. 3.경까지 원료 고추에 포함된 고추씨 이외의 고추씨를 섞어 고춧가루를 제조하여 판매하였다는 등의 범죄사실로 공소제기 되어, 2017. 9. 27. 서울서부지방법원에서 징역 4년 및 벌금 55억 원을 선고받았다(2017고합133). 청구인이 항소하여 2018. 4. 18. 항소심에서 징역 3년 6월 및 벌금 46억 원으로 감경되었고(서울고등법원 2017노3159), 2018. 7. 11. 상고가 기각되어 위 판결이 확정되었다(대법원 2018도6254).

청구인은 1심 재판 계속 중 식품위생법 제7조 제4항, 제1항 및 '보건범죄 단속에 관한 특별조치법' 제2조 제1항 제2호, 제2항에 대하여 위헌법률심판제청신청을 하였으나(2017초기541), 2017. 9. 27. 위 신청이 기각되자 2017. 10. 25. 이 사건 헌법소원심판을 청구하였다.

2. 심판대상

청구인은 식품위생법 제7조 제4항, 제1항, '보건범죄 단속에 관한 특별조치법' 제2조 제1항 제2호, 제2항 전체에 대하여 헌법소원심판을 청구하였으나, 당해사건에서는 청구인이 식품의약품안전처장이 고시하는 '식

품의 기준 및 규격'을 위반하여 식품을 제조하여 판매한 것이 문제되므로, 심판대상을 이와 관련된 부분으로 한정한다.

따라서 이 사건 심판대상은 구 '보건범죄 단속에 관한 특별조치법'(2011. 4. 12. 법률 제10579호로 개정되고, 2017. 12. 19. 법률 제15252호로 개정되기 전의 것) 제2조 제1항 제2호 중 식품위생법 제7조 제4항 가운데 제1항 제1호의 제조방법에 관한 부분을 위반하여 식품을 제조·판매한 부분(이하 '형사처벌조항'이라 한다), '보건범죄 단속에 관한 특별조치법'(2011. 4. 12. 법률 제10579호로 개정된 것) 제2조 제2항 중 식품위생법 제7조 제4항 가운데 제1항 제1호의 제조방법에 관한 부분을 위반하여 소매가격으로 연간 5천만 원 이상의 식품을 제조·판매한 부분(이하 '벌금병과조항'이라 한다)이 헌법에 위반되는지 여부이다(이하 '보건범죄 단속에 관한 특별조치법'은 '보건범죄단속법'이라 하고, 형사처벌조항과 벌금병과조항을 합하여 '심판대상조항'이라 한다). 심판대상조항 및 주요 관련조항은 다음과 같고, 그 밖의 관련조항은 [별지]와 같다.

[심판대상조항]

구 보건범죄 단속에 관한 특별조치법(2011. 4. 12. 법률 제10579호로 개정되고, 2017. 12. 19. 법률 제15252호로 개정되기 전의 것)

제2조(부정식품 제조 등의 처벌) ①「식품위생법」 제37조 제1항 및 제4항의 허가를 받지 아니하거나 신고를 하지 아니하고 제조·가공한 사람,「건강기능식품에 관한 법률」 제5조에 따른 허가를 받지 아니하고 건강기능식품을 제조·가공한 사람, 이미 허가받거나 신고된 식품, 식품첨가물 또는 건강기능식품과 유사하게 위조하거나 변조한 사람, 그 사실을 알고 판매하거나 판매할 목적으로 취득한 사람 및 판매를 알선한 사람, 「식품위생법」 제6조, 제7조 제4항 또는 「건강기능식품에 관한 법률」 제24조 제1항을 위반하여 제조·가공한 사람, 그 정황을 알고 판매하거나 판매할 목적으로 취득한 사람 및 판매를 알선한 사람은 다음 각 호의 구분에 따라 처벌한다.

2. 식품, 식품첨가물 또는 건강기능식품의 가액(價額)이 소매가격으로 연간 5천만 원 이상인 경우: 무기 또는 3년 이상의 징역에 처한다.

보건범죄 단속에 관한 특별조치법(2011. 4. 12. 법률 제10579호로 개정된 것)

제2조(부정식품 제조 등의 처벌) ② 제1항의 경우에는 제조, 가공, 위조, 변조, 취득, 판매하거나 판매를 알선한 제품의 소매가격의 2배 이상 5배 이하에 상당하는 벌금을 병과(倂科)한다.

[관련조항]

식품위생법(2016. 2. 3. 법률 제14022호로 개정된 것)

제7조(식품 또는 식품첨가물에 관한 기준 및 규격) ① 식품의약품안전처장은 국민보건을 위하여 필요하면 판매를 목적으로 하는 식품 또는 식품첨가물에 관한 다음 각 호의 사항을 정하여 고시한다.

1. 제조·가공·사용·조리·보존 방법에 관한 기준
2. 성분에 관한 규격

④ 제1항 및 제2항에 따라 기준과 규격이 정하여진 식품 또는 식품첨가물은 그 기준에 따라 제조·수입·가공·사용·조리·보존하여야 하며, 그 기준과 규격에 맞지 아니하는 식품 또는 식품첨가물은 판매하거나 판매할 목적으로 제조·수입·가공·사용·조리·저장·소분·운반·보존 또는 진열하여서는 아니 된다.

3. 청구인의 주장

가. 심판대상조항은 처벌조항의 구성요건을 법률로 정하지 아니한 채 아무런 기준 없이 식품의약품안전처 고시에 포괄적으로 위임함으로써 그 위임에 따라 식품의약품안전처장이 고시하는 '식품의 기준 및 규격'에 규정될 내용을 예측할 수 없고, 이로 인해 식품의약품안전처장의 자의적인 행정입법을 초래할 여지가 있으므로 죄형법정주의의 법률주의 및 포괄위임금지원칙에 위반된다.

나. 고추씨는 국민건강을 해치거나 위생상의 위해를 일으키는 식품이 아님에도 불구하고 심판대상조항은 원료 고추에 포함되지 않은 별도의 고추씨를 고춧가루 제조에 사용한 경우 그 가액이 소매가격으로 연간 5천만 원 이상이면 무기 또는 3년 이상의 징역과 소매가격의 2배 이상 5배 이하의 벌금 병과라는 지나치게 과중한 형벌을 규정하고, 고춧가루 제조에 사용할 수 없는 별도의 고추씨 판매액 뿐 아니라 원료고추의 판매액을 모두 포함하여 소매가액을 산정하도록 하고 있어 죄질에 비해 형벌이 지나치게 과중하므로 책임과 형벌 간 비례원칙에 위반된다.

다. 심판대상조항은 식품위생법 제7조 제4항 위반에 대한 벌칙규정인 식품위생법 제95조 제1호와 구성요건인 행위태양이 동일하고 다만 소매가격 액수에 차이가 있을 뿐인데 징역형의 기간 및 벌금형의 필요적 병과 여부에 과도한 차이를 두고 있고, '식품이 인체에 현저히 유해한 경우'에 관한 가중처벌규정인 보건범죄단속법 제2조 제1항 제1호, '위해식품등의 판매 등 금지'에 관한 식품위생법 제4조와 '병든 동물 고기 등의 판매 등 금지'에 관한 식품위생법 제5조 위반에 대한 벌칙규정인 식품위생법 제94조 제1항 제1호와 비교하여 보더라도 그 법정형이 지나치게 높으므로 형벌체계의 균형성을 상실하여 평등원칙에 위반된다.

4. 판 단

가. 쟁점의 정리

심판대상조항은 처벌대상이 되는 행위를 식품위생법 제7조 제4항 가운데 제1항 제1호의 제조 방법에 관한 기준(이하 '제조방법기준'이라 한다)을 위반하여 소매가격으로 연간 5천만 원 이상의 식품을 제조·판매한 경우로 규정하고 있는데, 식품위생법 제7조 제1항 제1호는 식품의 제조방법기준을 식품의약품안전처 고시에 위임하고, 같은 조 제4항은 제1항 제1호에 따라 정해진 식품의 제조방법기준에 따라야 함을 규정하고 있다. 그러므로 심판대상조항이 구성요건 행위의 내용을 하위법령에 위임한 것이 죄형법정주의의 법률주의에 위반되는지 여부, 그리고 위임의 형식과 관련하여 심판대상조항이 구성요건 행위를 고시와 같은 행정규칙에 위임하는 것이 헌법에 위반되는지 여부, 나아가 심판대상조항이 포괄위임금지원칙에 위반되는지 여부를 차례로 살펴본다.

다음으로, 심판대상조항이 책임과 형벌 간의 비례원칙에 위반되는지, 그리고 형벌체계상의 균형성을 상실하였는지 여부에 대하여 살펴본다.

나. 죄형법정주의의 법률주의 위반 여부

죄형법정주의의 법률주의는 특정한 범죄행위의 구체적 내용을 하위법령에서 형성하도록 허용하는 경우에도 형벌의 범위는 법률에 구체적으로 설정되어야 하고, 아울러 금지의 실질도 그 대강의 내용은 이미 법률에 의하여 설정되어 있을 것을 요구한다(헌재 2012. 6. 27. 2011헌마288; 헌재 2014. 3. 27. 2011헌바42 참조).

살피건대, 형사처벌조항은 식품의 제조방법기준을 위반하여 제조·판매한 식품의 가액이 소매가격으로 연간 5천만 원 이상인 경우 무기 또는 3년 이상의 징역에 처하도록 규정하고, 벌금병과조항은 제조·판매한 제품의 소매가격의 2배 이상 5배 이하에 상당하는 벌금을 병과하도록 규정하여 형벌의 범위를 법률 스스로 규정하고 있다.

한편, 식품위생법 제7조 제4항은 같은 조 제1항에 따라 기준과 규격이 정하여진 식품은 그 기준에 따라 제조하여야 하며, 그 기준과 규격에 맞지 아니하는 식품은 판매하거나 판매할 목적으로 제조하여서는 아니 된다고 규정하고 있는데, 같은 조 제1항은 식품의약품안전처장으로 하여금 국민보건을 위하여 필요하면 판매를 목적으로 하는 식품에 관한 제조방법기준을 정하여 고시하도록 하고 있다. 그리고 식품위생법 제1조는 "이 법은 식품으로 인하여 생기는 위생상의 위해를 방지하고 식품영양의 질적 향상을 도모하며 식품에 관한 올바른 정보를 제공하여 국민보건의 증진에 이바지함을 목적으로 한다."고 하여 국민보건을 위하여 필요한 경우들을 구체적으로 규정하고 있다.

결국 심판대상조항은 위 조항들을 유기적·체계적으로 종합하여 판단할 때, '위생상 위해방지뿐 아니라 식품영양의 질적 향상과 식품에 관한 올바른 정보 제공이라는 식품위생법 입법목적 달성을 어렵게 할 수 있는 식품의 제조방법기준 위반행위 중 연간 소매가격이 5천만 원 이상이어서 국민보건을 해할 개연성이 상당히 높다고 인정되는 행위'를 형벌을 통해 금지하고자 하는 행위의 본질적 내용으로 밝혔다고 볼 수 있다.

따라서 심판대상조항에 의한 범죄구성요건의 실질은 이미 법률에 규정되어 있다 할 것이므로, 죄형법정주의의 기본적 요청인 법률주의에 위반된다고 볼 수 없다.

다. 형벌의 구성요건 일부를 고시에 위임한 것이 헌법에 위반되는지 여부

(1) 고시 등 행정규칙에의 위임 가능성

오늘날 의회의 입법독점주의에서 입법중심주의로 전환하여 일정한 범위 안에서 행정입법을 허용하게 된 동기는 사회적 변화에 대응한 입법수요의 급증과 종래의 형식적 권력분립주의로는 현대사회에 대응할 수 없다는 기능적 권력분립론에 있다. 이러한 사정을 감안하여 헌법 제40조·제75조·제95조의 의미를 살펴보면, 국회가 입법으로 행정기관에게 구체적인 범위를 정하여 위임한 사항에 관하여는 당해 행정기관이 법 정립의 권한을 갖게 되고, 이때 입법자가 그 규율의 형식도 선택할 수 있다고 보아야 하므로, 헌법이 인정하고 있는 위임입법의 형식은 예시적인 것으로 보아야 한다. 따라서 법률이 일정한 사항을 행정규칙에 위임하더라도 그 행정규칙은 위임된 사항만을 규율할 수 있으므로, 국회입법의 원칙과 상치되지 않는다. 다만, 행정규칙은 법규명령과 같은 엄격한 제정 및 개정절차를 필요로 하지 아니하므로, 기본권을 제한하는 내용의 입법을 위임할 때에는 법규명령에 위임하는 것이 원칙이고, 고시와 같은 형식으로 입법위임을 할 때에는 법령이 전문적·기술적 사항이나 경미한 사항으로서 업무의 성질상 위임이 불가피한 사항에 한정된다(헌재 2016. 10. 27. 2015헌바360등; 헌재 2017. 9. 28. 2016헌바140 참조).

(2) 위임의 불가피성

심판대상조항은 식품의 제조방법기준을 고시에 위임하고 있다. 식품위생법 제2조 제1호는 '식품'을 '모든 음식물(의약으로 섭취하는 것은 제외한다)'로 정의하고 있는데, 식품의 종류 및 범위는 식품산업의 발전과 소비환경의 변화, 사회경제적 요인에 따른 식품정책 등에 따라 지속적으로 변화하여 그 종류가 굉장히 다양하고 범위도 방대할 수밖에 없다. 이러한 식품을 위생적으로 취급·관리하고 식품영양의 질적 향상을 도모하며 식품에 관한 올바른 정보를 제공하기 위해 그 제조방법기준을 정하는 작업에는 전문적·기술적 지식이 요구되므로, 식품의 제조방법기준을 일일이 파악하여 법률에 규정하는 것은 입법기술상 상당한 어려움이 있다. 또한 식품산업이 발전함에 따라 제조의 유형 역시 보다 다양해지고 전문화될 것임이 충분히 예견되므로 탄력적·기술적 대응과 규율 역시 필요하다.

따라서 식품의 제조방법기준에 관한 사항은 전문적·기술적 사항으로서 심판대상조항이 이를 식품의약품안전처 고시에 위임하는 것은 불가피하다고 할 것이다.

(3) 소결

심판대상조항이 형벌 구성요건 일부를 고시에 위임한 것이 헌법에서 정한 위임입법의 형식을 갖추지 못하여 헌법에 위반된다고 할 수 없다.

라. 포괄위임금지원칙 위반 여부

(1) 위에서 본 바와 같이 식품의 제조방법기준에 관한 사항은 전문적·기술적 사항이므로, 심판대상조항이 이를 식품의약품안전처 고시에 위임할 필요성이 인정된다. 그러나 전문적·기술적 사항으로서 업무의 성질상 고시와 같은 행정규칙의 형식으로 입법위임을 하는 것이 불가피하다고 인정되는 경우라도, 그러한 위임은 헌법 제75조의 포괄위임금지원칙을 위반하여서는 안 되고, 반드시 구체적·개별적으로 한정된 사항에 대하여 행하여져야 한다. 여기에서 '구체적으로 범위를 정하여'라 함은 하위규범에 규정될 내용 및 범위의 기본사항이 가능한 한 구체적이고도 명확하게 법률에 규정되어 있어서, 그 법률 자체로부터 하위규범에 규정될 내용의 대강을 예측할 수 있어야 함을 의미한다. 이때 예측가능성의 유무는 당해 특정조항 하나만을 가지고 판단할 것은 아니고, 관련 법조항 전체를 유기적·체계적으로 종합하여 판단하여야 한다(헌재 2014. 7. 24. 2013헌바183등; 헌재 2016. 3. 31. 2014헌바382 참조).

(2) 판단

심판대상조항은 식품의약품안전처장이 국민보건을 위하여 필요한 경우 식품의 제조방법기준을 정하여 고시하도록 하고 있다.

식품위생법 제2조는 '식품'을 의약으로 섭취하는 것을 제외한 모든 음식물로 정의하고 있다(제1호). 식품위생법에서 '제조'의 의미를 정하고 있지는 않지만, 제조(製造)는 사전적 의미로 '공장에서 큰 규모로 물건을 만드는 것 또는 원료에 인공을 가하여 정교한 제품을 만드는 것'이다. 그렇다면 식품의 제조는 원료 그대로의 상태로 또는 원료에 식품첨가물이나 다른 식품을 첨가하여 가열, 건조, 살균, 냉각, 여과, 농축, 분쇄, 발효, 숙성 등의 일정한 작업을 거쳐 음식물을 만드는 행위임을 충분히 알 수 있다.

나아가 심판대상조항은 '국민보건을 위하여 필요한 경우' 식품의약품안전처장으로 하여금 이러한 사항을 고시할 수 있도록 하고 있는데, 식품위생법은 식품으로 인하여 생기는 위생상의 위해 방지, 식품영양의 질적 향상 도모, 식품에 관한 올바른 정보 제공이 국민보건의 증진에 이바지함을 규정함으로써(제1조) 국민보건을 위하여 필요한 경우들을 구체적으로 규정하고 있다.

이러한 규정들의 내용을 종합하여 보면, 심판대상조항이 규정하고 있는 식품의 제조방법기준이라는 개념이 다소 광범위하게 보일 수 있다고 하더라도, 심판대상조항의 위임에 따라 식품의약품안전처장이 규율할 내용은 위생상의 위해 방지뿐만 아니라 식품영양의 질적 향상 도모, 식품에 관한 올바른 정보 제공이라는 국민보건 향상의 관점에서 식품 일반에 적용될 수 있는 공통적인 제조방법 및 식품별 특성을 고려한 위와 같은 제조방법에 관한 구체적이고 세부적인 기준이 될 것임을 충분히 예측할 수 있다.

더욱이 심판대상조항의 적용을 받는 사람들은 식품위생법에서 정한 영업의 종류에 따른 시설기준에 적합한 시설을 갖추어 허가를 받거나 신고 또는 등록을 한 후 영업을 하게 된 사람들이다(식품위생법 제36조, 제37조). 이들은 영업 개시 전에 식품위생에 관한 교육을 받아야 하며, 영업을 시작한 후에도 매년 식품위생에 관한 교육을 받아야 하므로(식품위생법 제41조, 식품위생법 시행령 제27조), 자신이 영업의 범위 내에서 취급하는 식품의 제조방법기준이 어떠한 것일지 예측할 수 있는 정도의 전문지식과 능력을 갖추고 있다고 보아야 한다. 특히 당해사건에서 문제된 '원료고추 외의 고추씨를 첨가하여 고춧가루를 제조한 행위'와 같이 소비자가 그 첨가 여부를 알 수 없는 식품을 첨가하여 중량을 증가시키고 소비자에게 올바른 정보를 제공하지 않는 식품을 제조하여 유통시키는 행위에 대해서는 사회 일반이 이미 그 불법성과 유해성을 잘 알고 있고, 이를 금지하는 행위를 포함한 식품의 제조방법에 관한 사항은 대부분의 식품제조업자가 알 수 있는 내용이라 할 것이다.

그렇다면 심판대상조항이 수범자로 하여금 처벌의 대상이 되는 행위의 실질을 예측하게 할 수 없을 정도로 불명확하게 규정하고 있다거나 포괄적으로 입법사항을 위임하고 있다고 볼 수 없다. 따라서 심판대상조항은 포괄위임금지원칙에 위반되지 아니한다.

마. 책임과 형벌 간 비례원칙 위반 여부

(1) 어떤 행위를 범죄로 규정하고 이를 어떻게 처벌할 것인가 하는 문제, 즉 범죄의 설정과 법정형의 종류 및 범위의 선택은 행위의 사회적 악성과 범죄의 죄질 및 보호법익에 대한 고려뿐만 아니라 우리의 역사와 문화, 입법 당시의 시대적 상황, 국민일반의 가치관과 법감정 그리고 범죄예방을 위한 형사정책적 측면 등 여러 가지 요소를 종합적으로 고려하여 입법자가 결정할 사항으로서 광범위한 입법재량이 인정되어야 할 분야이며, 벌금의 필요적 병과 여부도 원칙적으로 입법정책의 문제이다(헌재 1998. 5. 28. 97헌바68; 헌재 2005. 7. 21. 2003헌바98 등 참조). 그리고 기존 법규의 법정형만으로는 어떤 범죄행위를 예방하고 척결하기에 미흡하다는 입법정책적 고려에 따라 이를 가중처벌하기 위하여 특별형벌법규를 제정한 경우에는 기존 법규의 법정형만을 기준으로 하여 그 특별형벌법규의 법정형의 과중 여부를 쉽사리 논단해서도 안 될 것이다(헌재 2010. 3. 25. 2008헌바84; 헌재 2012. 11. 29. 2011헌바103 등 참조).

(2) 판단

(가) 심판대상조항은 식품의 제조방법기준에 관한 식품의약품안전처장의 고시를 위반하여 식품을 제조·판매한 사람으로서, 제조·판매한 식품의 가액이 소매가격으로 연간 5천만 원 이상에 해당하는 사람에 대하여 식품위생법의 법정형보다 징역형을 가중하면서 제조·판매한 식품 소매가격의 2배 이상 5배 이하에 상당하는 벌금형을 필수적으로 병과하도록 하는 규정으로, 보건범죄단속법 제정 당시부터 존재하여 왔고, 현재까지도 시대의 변화에 따라 법정형이 조정되거나 일부 자구가 수정되는 것을 제외하고는 거의 그대로 유지되어 오고 있다.

이는 식품의 제조방법기준을 위반한 경우, 이욕범죄(利慾犯罪)라는 범죄의 특성상 그러한 식품제조행위로 인하여 인체의 건강을 해치거나 식품에 관한 그릇된 정보를 제공할 위험성이 크고, 실제로 위험이 현실화된 경우 사실상 그 피해를 되돌릴 수 없다는 점을 감안하여, 입법자가 식품의 제조방법기준을 위반하는 범죄를 예방하고 근절하겠다는 형사정책적 고려 하에 심판대상조항을 두게 된 것이기 때문이다.

더구나 소매가격(매출액) 기준으로 연간 5천만 원 이상 식품을 제조한 경우 그 영업규모에 비추어 국민보건을 광범위하게 위협할 수 있다. 식품의 제조방법기준을 위반하여 소매가격 5천만 원 이상의 식품을 제조한 범죄의 죄질과 국민보건의 증진이라는 보호법익의 중요성, 최근까지도 기준 위반 식품제조 범죄가 끊이지 않고 있다는 점과 일반예방이라는 형사정책적 측면 등 여러 요소를 고려하여 보았을 때, 입법자가 식품의 제조방법기준을 위반하여 소매가격(매출액) 기준으로 연간 5천만 원 이상의 식품을 제조·판매한 행위를 심판대상조항에 따른 중형으로 처벌하는 것은 필요하고도 바람직한 입법조치라 할 것이다. 비록 심판대상조항이 식품 중의 부정한 성분만의 가액을 구분하지 아니하고 소매가격을 산정하고 있으나, 부정한 성분이 식품에 섞여 하나의 완제품이 되었을 경우 전체로서 하나의 식품이 되기 때문에 부정하지 않은 부분과 부정한 부분을 구별하기 어려울 뿐만 아니라 식품 전체가 국민보건에 위해를 끼칠 위험성이 있어 부정하지 않은 부분과 부정한 부분을 구별하지 아니하고 가액을 산정하는 것은 식품을 매개로 한 이욕범죄를 가중처벌함으로써 부정식품 제조를 근절한다는 심판대상조항의 입법목적 달성을 위해 필요한 것이다.

(나) 심판대상조항에 해당하는 행위는 그 범행의 동기나 목적, 식품제조행위의 모습, 제조한 식품의 위생상 문제와 인체 유해성, 제조·판매한 식품의 양 등에 따라 개별 행위별로 불법성의 경중이 달라질 수 있다.

그러나 형사처벌조항은 기본적으로 제조방법기준을 위반하여 식품을 제조·판매함으로써 국민보건에 해악을 끼칠 수 있는 위험성이 있는 행위 중 제조·판매한 식품의 가액이 소매가격으로 연간 5천만 원 이상에 해당하여 특히 불법성이 높다고 인정되는 행위 자체를 가중처벌하기 위한 조항이고, 벌금병과조항은 위와 같은 행위에 대하여 벌금형을 필수적으로 병과함으로써 그 범죄로 인한 이익을 환수하기 위한 조항이므로, 심판대상조항의 법정형이 책임과 형벌 간 비례원칙을 준수하였는지 여부를 판단함에 있어서는 그 기본이 되는 행위인 '제조방법기준을 위반하여 소매가격 5천만 원 이상의 식품을 제조·판매한 행위' 자체의 불법성을 바탕으로 해당 법정형이 비례원칙을 준수하였는지를 판단해야 할 것이다.

설령 제조·판매한 식품이 인체에 유해한 것인지 여부와 같은 개별적 사정에 따라 구체적인 범죄행위의 불법성의 정도가 다를 수 있다고 하더라도, 앞서 본 바와 같이 입법자가 형사정책적 이유에 기초하여 심판대상조항을 두었고, 특히 위와 같은 범죄행위의 불법성을 '무기 또는 3년 이상의 징역' 및 '제조·판매한 식품 소매가격의 2배 이상 5배 이하의 벌금'으로 평가하여 법정형을 규정한 이상, 이러한 입법자의 판단이 그 입법목적을 달성하는 데 있어 불필요하다거나 지나친 것이라고 단정하기는 어렵다 할 것이다.

(다) 형사처벌조항의 법정형 중 징역형의 범위는 무기 또는 3년 이상에 해당한다. 법관은 범인의 연령, 성행, 환경, 범행의 동기, 수단과 결과, 범행 후의 정황 등 여러 양형요소를 참작하여 작량감경 없이도 집행유예를 선고할 수 있고, 또한 작량감경을 함으로써 책임에 상응하는 징역형을 선고할 수도 있다. 그리고 벌금병과조항에서 정하고 있는 벌금형과 관련하여서도 그 범죄의 정상에 참작할 만한 사유가 있을 때 작량감경이 가능하고, 경우에 따라서는 벌금형만의 선고유예도 가능하며, 법관으로서는 필요한 경우 징역형의 양형과정에서 필수적으로 병과되는 벌금형을 참작함으로써 구체적 형평을 기할 수도 있을 것이다.

(라) 그렇다면 심판대상조항은 책임과 형벌 간 비례원칙에 위반된다고 볼 수 없다.

바. 형벌체계의 균형성과 평등원칙 위반 여부

(1) 청구인은 심판대상조항이 식품위생법 제7조 제4항 위반에 대한 벌칙규정인 제95조 제1호와 구성요건인 행위태양이 동일하고 다만 소매가격 액수에 차이가 있을 뿐인데 징역형의 기간 및 벌금형의 필요적 병과 여부에 과도한 차이를 두고 있으므로 형벌체계의 균형성에 반한다고 주장한다.

식품의 제조방법기준을 위반한 식품의 제조·판매행위는 결국 판매 대금이라는 경제적 이익을 노린 범죄로서 그것이 사회에 미치는 병폐는 제조·판매한 식품의 양이 많을수록, 판매 대금의 액수가 클수록 가중된다는 점에서 볼 때, 비록 소매가격의 액수가 그 죄의 경중을 가늠하는 유일한 기준은 아니라 할지라도 가장 중요한 기준임에 비추어 심판대상조항과 같이 제조·판매한 식품의 연간 소매가격을 기준으로 하여 징역형의 기간과 벌금형의 필요적 병과 여부에 차이를 두는 것은 합리적인 이유가 있다. 또한 제조방법기준을 위반하여 제조한 식품의 특성과 가격을 고려할 때 소매가격 5천만 원 상당의 양이라면 '불특정 다수'에게 유통되거나 적어도 소수의 사람에게라도 '장기간' 섭취하게 해 결과적으로 심판대상조항의 보호법익인 국민보건에 위해를 끼칠 수 있는 수준으로 볼 수 있으므로 이를 가중처벌의 기준금액으로 삼는 것이 현저히 자의적이라거나 입법재량을 일탈한 것이라고 보기 어렵다.

(2) 청구인은 식품의 기준 및 규격을 위반하여 인체에 현저히 유해한 식품을 제조·판매한 경우에 관한 처벌규정인 보건범죄단속법 제2조 제1항 제1호의 법정형이 그보다 가벌성이 낮은 심판대상조항 위반행위의 법정형과 거의 유사하여 형벌체계의 균형성에 반한다고 주장한다.

그러나 심판대상조항은 보건범죄단속법 제2조 제1항 제1호에 비하여 가벌성이 낮은 행위를 처벌대상으로 하고, 그에 따라 법정형도 그보다 가볍게 달리 규정한 것이므로 형벌체계의 균형성에 반한다고 볼 수 없다.

(3) 청구인은 심판대상조항의 법정형이 '위해식품등의 판매 등 금지'에 관한 식품위생법 제4조 및 '병든 동물 고기 등의 판매 등 금지'에 관한 식품위생법 제5조 위반에 대한 벌칙규정인 식품위생법 제94조 제1항 제1호의 법정형과 비교하여 보더라도 그 정도가 지나치게 높아 부당하다고 주장한다.

그러나 식품위생법 제94조 제1항 제1호 중 제4조, 제5조 위반죄는 심판대상조항이 규율대상으로 하는 제조방법기준 위반 식품제조·판매행위와는 그 행위태양과 죄질이 다른 별개의 범죄이므로, 이러한 범죄들을 동일 선상에 놓고 그 중 한 범죄의 법정형을 기준으로 하여 단순히 평면적인 비교를 함으로써 다른 범죄의 법정형이 과중한지 여부를 판정할 수 없다.

(4) 그렇다면 심판대상조항이 형벌체계의 균형성을 상실하여 평등원칙에 위반된다고 볼 수 없다.

5. 결 론

심판대상조항은 모두 헌법에 위반되지 아니하므로 주문과 같이 결정한다. 다만 벌금병과조항에 대하여서는 아래 6.과 같은 재판관 이선애, 재판관 이석태, 재판관 이영진의 반대의견이 있다.

6. 벌금병과조항에 대한 재판관 이선애, 재판관 이석태, 재판관 이영진의 반대의견

우리는 배수벌금을 필요적으로 병과하는 벌금병과조항이 책임과 형벌 간 비례원칙에 반한다고 생각하므로 다음과 같이 반대의견을 밝힌다.

가. 벌금병과조항은 식품위생법 제95조 제1호에 대한 가중규정으로서 식품의 제조방법기준을 위반하여 제조·판매한 식품의 가액이 소매가격으로 연간 5천만 원 이상인 경우 그 제조·판매한 식품의 소매가격의 2배 이상 5배 이하의 벌금형을 필요적으로 병과하도록 규정하고 있다. 그런데 벌금병과조항이 적용되기 위해서는 적어도 식품의 제조방법기준을 위반하여 제조·판매한 식품의 가액이 소매가격으로 연간 5천만 원 이상이어야 하므로, 형사처벌조항 위반자는 법정형 기준으로 무기 또는 3년 이상의 징역형과 함께 최소한 1억 원(5천만 원 × 2배) 이상의 벌금형의 필요적 병과라는 가중처벌을 받아야 한다.

그런데, 2014. 5. 14. 법률 제12575호로 개정된 형법상 노역장유치조항은 선고하는 벌금이 1억 원 이상 5억 원 미만인 경우에는 300일 이상, 5억 원 이상 50억 원 미만인 경우에는 500일 이상, 50억 원 이상인 경우에는 1,000일 이상의 유치기간을 정하도록 하고 있으므로, 최소한 1억 원 이상의 벌금형의 필수적 병과를 예정하고 있는 벌금병과조항과 위 노역장유치조항이 결합될 경우 최소한 300일 이상의 징역형을 추가로 선고하는 효과가 나타난다. 즉 벌금병과조항과 위 노역장유치조항이 결합된 결과 배수벌금을 감당할 재력이 없어 환형처분을 받게 되는 경우에는 형사처벌조항에서 정한 징역형 외에 별도의 징역형을 추가로 선고받은 것이나 다름없는 결과를 초래할 수 있다.

나. 범죄로부터 생기는 불법수익을 박탈하는 것은 원래 몰수제도의 고유한 기능인데, 배수벌금을 필요적으로 병과하여 범죄수익을 박탈하려는 입법방식으로 벌금형이 그 기능을 떠맡는 것은 몰수제도의 취지를 무색하게 한다. 벌금형의 병과는 책임원칙에 의해 정해지는 형량의 한계에 머물러야 하고, 행위에 상응하는 책임의 총량은 일정하게 정해져 있을 것이므로, 행위와 책임을 일치시키기 위해서는 징역과 병과되는 벌금 어느 한쪽의 부과량에 따라 다른 한쪽의 부과량이 조정될 수 있어야 한다. 그러나 징역형과 벌금형을 병과하도록 하는 입법형식을 취하면서 동시에 징역형과 벌금형의 하한을 각각 정하는 것은 책임에 알맞은 형벌을 이끌어 내기 어렵게 한다. 특히 총액벌금형을 택하고 있는 우리나라에서는 자유형과 벌금형을 상호 환산하는 기준이 명확하지 않기 때문에 행위자에 대하여 그의 책임 이상의 처벌을 하게 될 여지가 많다. 이러한 문제는 배수벌금형의 형태가 필요적 병과형제도와 결합하는 경우 더욱 배가된다.

다. 벌금형에 대한 선고유예가 가능하다고 하지만 자격정지 이상의 형을 받은 전과가 있는 자에게는 선고유예를 할 수 없다. 선고유예는 범행의 가담 정도가 극히 경미하거나 실질적 피해가 거의 없는 경우 등과 같이 유죄임에도 형의 선고를 유예할 만한 특별한 사정이 있는 경우 예외적으로 이루어지므로, '소매가격'의 2배 내지 5배에 달하는 고액 벌금형을 선고하는 사안에서 죄질이나 불법성, 피해의 정도가 경미하다고 보아 선고유예를 한다는 것은 실무상 쉽지 않다. 2018. 1. 7.부터 시행 중인 형법 제62조 제1항에 의하면 500만 원 이하의 벌금형에 대하여만 집행유예가 가능하므로, 형사처벌조항 위반죄에 병과되는 고액의 벌금형에 대한 집행유예는 사실상 기대하기 어렵다. 결국 배수벌금형을 필요적으로 병과함에 있어서 작량감경, 선고유예가 가능하다는 사정만으로는 개별 사건의 특수성이나 다양한 양형요소들을 모두 고려하여 적정한 양형을 하는 것에 한계가 있다.

라. 나아가 공범에 대하여 벌금병과조항이 적용되는 경우 특히 불합리한 결과가 초래될 수 있다. 즉, 공범 중에는 경제적 수익이 없거나 경미한 경우가 있을 수 있는데, 범행가담정도나 그로 인해 얻게 되는 경제적 이익을 고려하지 않은 채 일률적·획일적으로 모든 공범에 대해 고액의 배수벌금형을 필요적으로 병과하는 것은 지나치게 과도한 형벌이 될 수 있다.

마. 이러한 문제점을 고려하면, 개별 사건의 특수성이나 다양한 양형요소들에 따라 법관이 벌금형의 병과 여부 및 적정한 벌금액을 정할 수 있도록 벌금형을 임의적 병과로 변경하고, 벌금 액수의 상한만을 두는 것 내지 벌금액의 상한이 있는 벌금형의 임의적 병과를 전제로 하되 위반행위에 의한 이득액에 따라 벌금액의 상한을 단계화시키는 형식으로서 이득액이 벌금형의 상한을 초과하는 경우 벌금액을 이득액 이하로 부과할 수

있도록 입법하는 방식[예컨대 벌금 슬라이드(slide)제]을 도입하는 것 등을 대안으로 생각할 수 있을 것이다.

바. 이상의 내용을 종합하면, 배수벌금을 필요적으로 병과하는 벌금병과조항은 책임과 형벌 간의 비례원칙을 준수하였다고 볼 수 없으므로 헌법에 위반된다.

재판관 유남석 이선애 이석태 이은애 이종석 이영진 김기영 문형배 이미선

[별지] 관련조항

보건범죄 단속에 관한 특별조치법(2017. 12. 19. 법률 제15252호로 개정된 것)

제1조(목적) 이 법은 부정식품 및 첨가물, 부정의약품 및 부정유독물의 제조나 무면허 의료행위 등의 범죄에 대하여 가중처벌 등을 함으로써 국민보건 향상에 이바지함을 목적으로 한다.

제2조(부정식품 제조 등의 처벌) ①「식품위생법」제37조 제1항, 제4항 및 제5항의 허가를 받지 아니하거나 신고 또는 등록을 하지 아니하고 제조·가공한 사람,「건강기능식품에 관한 법률」제5조에 따른 허가를 받지 아니하고 건강기능식품을 제조·가공한 사람, 이미 허가받거나 신고된 식품, 식품첨가물 또는 건강기능식품과 유사하게 위조하거나 변조한 사람, 그 사실을 알고 판매하거나 판매할 목적으로 취득한 사람 및 판매를 알선한 사람,「식품위생법」제6조, 제7조 제4항 또는「건강기능식품에 관한 법률」제24조 제1항을 위반하여 제조·가공한 사람, 그 정황을 알고 판매하거나 판매할 목적으로 취득한 사람 및 판매를 알선한 사람은 다음 각 호의 구분에 따라 처벌한다.

1. 식품, 식품첨가물 또는 건강기능식품이 인체에 현저히 유해한 경우: 무기 또는 5년 이상의 징역에 처한다.

식품위생법(2016. 2. 3. 법률 제14022호로 개정된 것)

제1조(목적) 이 법은 식품으로 인하여 생기는 위생상의 위해(危害)를 방지하고 식품영양의 질적 향상을 도모하며 식품에 관한 올바른 정보를 제공하여 국민보건의 증진에 이바지함을 목적으로 한다.

제2조(정의) 이 법에서 사용하는 용어의 뜻은 다음과 같다.

1. "식품"이란 모든 음식물(의약으로 섭취하는 것은 제외한다)을 말한다.
2. "식품첨가물"이란 식품을 제조·가공·조리 또는 보존하는 과정에서 감미(甘味), 착색(着色), 표백(漂白) 또는 산화방지 등을 목적으로 식품에 사용되는 물질을 말한다. 이 경우 기구(器具)·용기·포장을 살균·소독하는 데에 사용되어 간접적으로 식품으로 옮아갈 수 있는 물질을 포함한다.

제4조(위해식품등의 판매 등 금지) 누구든지 다음 각 호의 어느 하나에 해당하는 식품등을 판매하거나 판매할 목적으로 채취·제조·수입·가공·사용·조리·저장·소분·운반 또는 진열하여서는 아니 된다.

1. 썩거나 상하거나 설익어서 인체의 건강을 해칠 우려가 있는 것
2. 유독·유해물질이 들어 있거나 묻어 있는 것 또는 그러할 염려가 있는 것. 다만, 식품의약품안전처장이 인체의 건강을 해칠 우려가 없다고 인정하는 것은 제외한다.
3. 병(病)을 일으키는 미생물에 오염되었거나 그러할 염려가 있어 인체의 건강을 해칠 우려가 있는 것
4. 불결하거나 다른 물질이 섞이거나 첨가(添加)된 것 또는 그 밖의 사유로 인체의 건강을 해칠 우려가 있는 것
5. 제18조에 따른 안전성 심사 대상인 농·축·수산물 등 가운데 안전성 심사를 받지 아니하였거나 안전성 심사에서 식용(食用)으로 부적합하다고 인정된 것
6. 수입이 금지된 것 또는「수입식품안전관리 특별법」제20조 제1항에 따른 수입신고를 하지 아니하고 수입한 것
7. 영업자가 아닌 자가 제조·가공·소분한 것

제5조(병든 동물 고기 등의 판매 등 금지) 누구든지 총리령으로 정하는 질병에 걸렸거나 걸렸을 염려가 있는 동물이나 그 질병에 걸려 죽은 동물의 고기·뼈·젖·장기 또는 혈액을 식품으로 판매하거나 판매할 목적으로 채취·수입·가공·사용·조리·저장·소분 또는 운반하거나 진열하여서는 아니 된다.

제94조(벌칙) ① 다음 각 호의 어느 하나에 해당하는 자는 10년 이하의 징역 또는 1억원 이하의 벌금에 처하거나 이를 병과할 수 있다.

1. 제4조부터 제6조까지(제88조에서 준용하는 경우를 포함하고, 제93조 제1항 및 제3항에 해당하는

경우는 제외한다)를 위반한 자

제95조(벌칙) 다음 각 호의 어느 하나에 해당하는 자는 5년 이하의 징역 또는 5천만 원 이하의 벌금에 처하거나 이를 병과할 수 있다.

1. 제7조 제4항(제88조에서 준용하는 경우를 포함한다), 제9조 제4항(제88조에서 준용하는 경우를 포함한다) 또는 제13조 제1항 제2호부터 제5호까지의 규정을 위반한 자

식품의 기준 및 규격(2016. 12. 29. 식품의약품안전처 고시 제2016-153호)

제5. 식품별 기준 및 규격

21. 조미식품

21-5 고춧가루 또는 실고추

3) 제조·가공기준

(2) 고춧가루에 포함되는 고추씨는 원료 고추에서 생성된 것에 한하여 사용이 가능하고 별도로 고추씨를 첨가하여 고춧가루 제조에 사용할 수 없다.

7. 조세범 처벌법 제10조 제3항 등 위헌소원 등

[2019. 11. 28. 2017헌바504, 2018헌바336(병합)]

【판시사항】

가. 구 '조세범 처벌법'(2010. 1. 1. 법률 제9919호로 전부개정되고, 2018. 12. 31. 법률 제16108호로 개정되기 전의 것) 제10조 제3항 제1호 및 구 '조세범 처벌법'(2012. 1. 26. 법률 제11210호로 개정되고, 2018. 12. 31. 법률 제16108호로 개정되기 전의 것) 제10조 제3항 제3호(이하 위 조항들을 합하여 '이 사건 처벌조항'이라 한다)가 죄형법정주의의 명확성원칙에 위반되는지 여부(소극)

나. 이 사건 처벌조항이 재화 또는 용역(이하 '재화 등'이라 한다)의 공급거래에 종사하는 사업자의 직업수행의 자유를 침해하는지 여부(소극)

다. '특정범죄 가중처벌 등에 관한 법률'(2010. 3. 31. 법률 제10210호로 개정된 것) 제8조의2 제1항 제1호 가운데 구 '조세범 처벌법'(2012. 1. 26. 법률 제11210호로 개정되고, 2018. 12. 31. 법률 제16108호로 개정되기 전의 것) 제10조 제3항에 관한 부분(이하 '이 사건 가중처벌조항'이라 한다)이 죄형법정주의의 명확성원칙에 위반되는지 여부(소극)

라. 이 사건 가중처벌조항과 '특정범죄 가중처벌 등에 관한 법률'(2010. 3. 31. 법률 제10210호로 개정된 것) 제8조의2 제2항 중 제1항 제1호 가운데 구 '조세범 처벌법'(2012. 1. 26. 법률 제11210호로 개정되고, 2018. 12. 31. 법률 제16108호로 개정되기 전의 것) 제10조 제3항에 관한 부분(이하 '이 사건 벌금병과조항'이라 한다)이 책임과 형벌 간의 비례원칙에 위반되는지 여부(소극)

【결정요지】

가. 부가가치세법의 과세 체계, 세금계산서와 세금계산서합계표(이하 '세금계산서 등'이라 한다)의 기능 및 '조세범 처벌법' 제10조 제3항의 입법취지 등을 종합하면 이 사건 처벌조항의 적용 대상이 무엇인지 합리적으로 파악할 수 있고, 위 조항이 자의적으로 해석·집행될 염려가 있다고 보기도 어렵다. 따라서 이 사건 처벌조항은 죄형법정주의의 명확성원칙에 위반되지 아니한다.

나. 이 사건 처벌조항은 사실에 부합하지 않는 세금계산서 등의 유통을 근절하여 거래질서 및 세정질서를 확립하기 위한 것으로 입법목적이 정당하고, 세금계산서 등의 명의인 사이에 실물 거래가 없었던 경우 해당 세금계산서의 발급·세금계산서합계표의 제출 행위를 처벌하는 것은 위와 같은 입법목적 달성에 적합한 수단이다. 세금계산서 등의 명의인 사이에 실물 거래가 없었음에도 해당 세금계산서의 발급·세금계산서합계표의 제출 행위를 한 경우는 부가가치세의 과세체계를 어지럽히고 조세 포탈로 이어질 가능성이 크며, 처벌조항의 구성요건과 보호법익은 '조세범 처벌법' 제3조 또는 제11조의 그것과 다르고, 매입세액 불공제나 가산세 부과 등 행정상의 제재만으로 입법목적을 동등하게 달성할 수 있다고 단정하기 어렵다. 그리고 사실에 부합하지 않는 세금계산서 등의 유통을 근절하여 거래질서 및 세정질서를 확립하고자 하는 공익은 헌법 제38조의 납세의무의 이행을 확보하기 위한 것으로 매우 중대하다. 따라서 이 사건 처벌조항이 과잉금지원칙에 반하여 재화 등의 공급거래에 종사하는 사업자의 직업수행의 자유를 침해한다고 볼 수 없다.

다. 이 사건 가중처벌조항 중 '영리의 목적'이

란 '널리 경제적인 이익을 취득할 목적'을 의미한다고 해석할 수 있으므로, 위 조항은 죄형법정주의의 명확성원칙에 위반되지 아니한다.

라. 이 사건 가중처벌조항 및 이 사건 벌금병과조항에서 규율하는 서류들을 실물 거래 없이 수수하거나 거짓으로 작성하여 정부에 제출하는 행위가 조세질서에 미치는 악영향이 크고, 공급가액등의 합계액이 불법의 정도를 드러낼 수 있는 가장 보편적인 징표라는 점에서 공급가액등의 합계액을 기준으로 하여 단계적으로 가중처벌하고, 벌금형의 필요적 병과 여부를 달리하는 것은 합리적 이유가 있다. 법관은 작량감경 없이도 집행유예를 선고할 수 있고, 작량감경 등을 통한 벌금형의 감액 및 벌금형만의 선고유예도 가능하다. 따라서 위 조항들은 형벌과 책임 간의 비례원칙에 위배되지 않는다.

재판관 이선애, 재판관 이석태, 재판관 이영진의 이 사건 벌금병과조항에 대한 반대의견

포탈세액에 대한 부과·징수 내지 범죄수익에 대한 몰수·추징이 가능한 경우에도 배수벌금을 필요적으로 병과하는 것은 범죄에 비하여 과도한 경제적 고통을 안겨주는 것이고, 벌금병과조항과 형법상 노역장유치 조항이 결합된 결과 배수벌금을 감당할 재력이 없어 환형처분을 받는 경우에는 별도의 징역형을 추가로 선고받은 것과 다름없게 된다.

우리나라의 총액벌금형 제도 하에서는 자유형과 벌금형의 상호 환산 기준이 명확하지 않아 행위자의 책임 이상으로 처벌하게 될 여지가 많은데, 이러한 문제는 배수벌금이 필요적으로 병과될 경우 배가된다. 배수벌금형의 필요적 병과 시 작량감경, 선고유예가 가능하다는 사정만으로는 개별 사건의 특수성 등을 고려하여 적정한 양형을 하는 것에 한계가 있고, 정범의 공급가액등의 합계액을 기준으로 공범에게도 일률적·획일적으로 배수벌금을 필요적으로 병과하는 것은 공범에게 지나치게 과도한 형벌이 될 수 있다.

이와 같은 점을 종합하면, 이 사건 벌금병과조항은 책임과 형벌 간의 비례원칙에 반하여 헌법에 위반된다.

【심판대상조문】

구 조세범 처벌법(2010. 1. 1. 법률 제9919호로 전부개정되고, 2018. 12. 31. 법률 제16108호로 개정되기 전의 것) 제10조 제3항 제1호

구 조세범 처벌법(2012. 1. 26. 법률 제11210호로 개정되고, 2018. 12. 31. 법률 제16108호로 개정되기 전의 것) 제10조 제3항 제3호

특정범죄 가중처벌 등에 관한 법률(2010. 3. 31. 법률 제10210호로 개정된 것) 제8조의2 제1항 제1호 가운데 구 조세범 처벌법(2012. 1. 26. 법률 제11210호로 개정되고, 2018. 12. 31. 법률 제16108호로 개정되기 전의 것) 제10조 제3항에 관한 부분

특정범죄 가중처벌 등에 관한 법률(2010. 3. 31. 법률 제10210호로 개정된 것) 제8조의2 제2항 중 제1항 제1호 가운데 구 조세범 처벌법(2012. 1. 26. 법률 제11210호로 개정되고, 2018. 12. 31. 법률 제16108호로 개정되기 전의 것) 제10조 제3항에 관한 부분

【참조조문】

헌법 제12조 제1항, 제13조 제1항, 제15조, 제37조 제2항

조세범 처벌법(2010. 1. 1. 법률 제9919호로 전부개정된 것) 제3조 제1항

조세범 처벌법(2015. 12. 29. 법률 제13627호로 개정된 것) 제11조

조세범 처벌법(2018. 12. 31. 법률 제16108호로 개정된 것) 제10조 제3항

【참조판례】

가. 헌재 2013. 6. 27. 2011헌바75, 판례집 25-1, 447, 454

헌재 2013. 12. 26. 2012헌바217등, 판례집 25-2하, 673, 684

헌재 2015. 7. 30. 2013헌바56등, 판례집 27-2상,

85, 95-96

다. 헌재 2013. 12. 26. 2012헌바217등, 판례집 25-2하, 673, 685-686

라. 헌재 2013. 12. 26. 2012헌바217등, 판례집 25-2하, 673, 687-689

【당 사 자】

청 구 인 1. 이○○(2017헌바504)
2. 권○○(2018헌바336)
3. 이□□(2018헌바336)
4. ○○ 주식회사(2018헌바336)
대표이사 김○○

청구인들 대리인 법무법인 평원
담당변호사 정영주 외 5인

당해사건 1. 서울고등법원 2017노1791 특정범죄가중처벌등에관한법률위반(허위세금계산서교부등)등(2017헌바504)
2. 서울고등법원 2017노2740 특정범죄가중처벌등에관한법률위반(허위세금계산서교부등)등(2018헌바336)

【주 문】

1. 구 조세범 처벌법(2010. 1. 1. 법률 제9919호로 전부개정되고, 2018. 12. 31. 법률 제16108호로 개정되기 전의 것) 제10조 제3항 제1호, 구 조세범 처벌법(2012. 1. 26. 법률 제11210호로 개정되고, 2018. 12. 31. 법률 제16108호로 개정되기 전의 것) 제10조 제3항 제3호, 특정범죄 가중처벌 등에 관한 법률(2010. 3. 31. 법률 제10210호로 개정된 것) 제8조의2 제1항 제1호 가운데 구 조세범 처벌법(2012. 1. 26. 법률 제11210호로 개정되고, 2018. 12. 31. 법률 제16108호로 개정되기 전의 것) 제10조 제3항에 관한 부분 및 특정범죄 가중처벌 등에 관한 법률(2010. 3. 31. 법률 제10210호로 개정된 것) 제8조의2 제2항 중 제1항 제1호 가운데 구 조세범 처벌법(2012. 1. 26. 법률 제11210호로 개정되고, 2018. 12. 31. 법률 제16108호로 개정되기 전의 것) 제10조 제3항에 관한 부분은 모두 헌법에 위반되지 아니한다.

2. 청구인 이□□ 및 청구인 ○○ 주식회사의 심판청구를 모두 각하한다.

【이 유】

1. 사건개요

가. 2017헌바504

(1) 청구인 이○○은 무자료 폐동(銅, 구리)을 유통하는 자로서, 한○○, 이△△, 이▽▽, 이×× 등과 공모하여, 사실은 위 청구인과 한○○ 등이 주식회사 □□ 등에 무자료 폐동을 공급하였을 뿐 이△△가 해당 업체에 이를 공급하지 않았음에도, 이△△가 자신의 명의로 비철도소매업체 사업자등록을 한 '△△' 명의로 주식회사 □□ 등에 세금계산서를 발급하는 수법으로, 2013. 1. 24.부터 2013. 6. 17.까지 영리의 목적으로 재화의 공급 없이 공급가액 합계 21,122,203,145원 상당의 세금계산서를 발급하고, 한○○, 이▽▽, 이×× 등과 공모하여 2011. 7. 25.경부터 2014. 1. 24.경까지 영리의 목적으로 공급가액 합계 88,696,404,776원 상당의 세금계산서합계표를 거짓으로 기재하여 제출하였다는 범죄사실로, 1심 및 항소심에서 징역 3년 6월 및 벌금 110억원을 선고받았다[수원지방법원 2017. 5. 26. 선고 2016고합300, 513(병합), 2017고합131(병합), 서울고등법원 2017. 11. 24. 선고 2017노1791]. 이에 위 청구인이 상고하였으나(대법원 2017도20770), 2018. 2. 28. 상고가 기각되었다.

(2) 한편, 위 청구인은 항소심 계속 중 '조세범 처벌법' 제10조 제3항 및 '특정범죄 가중처벌 등에 관한 법률' 제8조의2에 대하여 위헌법률심판 제청신청을 하였으나 2017. 11. 7. 위 신청이 기각되자, 위 조항들에 대하여 2017. 12. 8. 이 사건 헌법소원심판을 청구하였다.

나. 2018헌바336

(1) 청구인 권○○은 ▽▽ 주식회사(이하 '▽▽'이라 한다) 및 청구인 ○○ 주식회사(이하 '청구인 ○○'라 한다)의 실제 운영자이고, 청구인 이□□는 ××의 대표자이다.

청구인 권○○은 2013. 10. 25.경부터 2015. 1. 23.경까지 ▽▽ 및 청구인 ○○의 운영과 관련하여 영리의 목적으로 재화나 용역(이하 '재화 등'이라 한다)의 공급 없이 공급가액 합계 123,660,653,770원의 세금계산서합계표를 거짓으로 기재하여 제출하였다는 등의 범죄사실로, 청구인 이□□는 2014. 7. 1.경부터 같은 해 12. 19.경까지 ××의 운영과 관련하여 영리의 목적으로 재화 등의 공급 없이 공급가액 합계 28,493,040,300원 상당의 세금계산서를 발급하거나

거짓으로 기재한 세금계산서합계표를 제출하였다는 범죄사실로, 청구인 ○○는 실제 운영자인 청구인 권○○이 ○○의 업무에 관하여 위와 같은 위법행위를 하였다는 범죄사실로, 2017. 8. 18. 각각 1심에서 유죄판결을 선고받았다[의정부지방법원 고양지원 2015고합135, 2017고합50(병합)].

(2) 위 청구인들은 1심 판결에 불복하여 항소하고(서울고등법원 2017노2740), 항소심 계속 중인 2017. 10. 27. '조세범 처벌법' 제10조 제3항 및 '특정범죄 가중처벌 등에 관한 법률' 제8조의2에 대한 위헌법률심판 제청신청을 하였으나 2018. 6. 27. 위 신청이 각하되자, 위 조항들에 대하여 2018. 8. 2. 이 사건 헌법소원심판을 청구하였다.

(3) 한편, 2018. 6. 27. 선고된 당해 사건 법원의 항소심 판결 및 2018. 11. 29. 선고된 대법원의 파기환송 판결(2018도11253)에 따른 환송 후 항소심(서울고등법원 2018노3451)에서 위 청구인들에 대한 공소장변경이 이루어졌다. 청구인 권○○에 대한 변경된 공소사실은 위 청구인이 ▽▽ 운영 중 재화 등의 공급 없이 공급가액 합계 90,952,955,890원 상당의 세금계산서를 발급하거나 발급받았고, 청구인 ○○ 운영 중 재화 등의 공급 없이 공급가액 합계 24,540,691,680원 상당의 세금계산서를 발급받았다는 것이고, 청구인 이□□에 대한 변경된 공소사실은 위 청구인이 재화 등의 공급 없이 공급가액 합계 28,493,040,300원 상당의 세금계산서를 발급하였다는 것이며, 청구인 ○○에 대한 변경된 공소사실은 실제 운영자인 청구인 권○○이 청구인 ○○의 업무에 관하여 위와 같은 위법행위를 하였다는 것이다.

(4) 환송 후 항소심 법원은 2019. 6. 27. 청구인 권○○에 대하여는 ▽▽ 관련 일부 공소사실만 유죄로 인정하고 ▽▽ 관련 나머지 공소사실과 청구인 ○○ 관련 공소사실은 무죄로 판단하여 징역 1년 6월 및 벌금 52억 원을 선고하였고, 청구인 이□□ 및 청구인 ○○에 대하여는 무죄를 선고하였다. 위 판결에 대하여 검사는 상고하지 아니하고 청구인 권○○만 상고하였으나(대법원 2019도9766), 2019. 9. 25. 상고가 기각되었다.

2. 심판대상

가. 2017헌바504

청구인 이○○은 '조세범 처벌법' 제10조 제3항 및 '특정범죄 가중처벌 등에 관한 법률' 제8조의2 전부에 대하여 이 사건 심판청구를 하였다. 그러나 위 청구인은 재화 등의 공급 없이 세금계산서를 발급하고 세금계산서합계표를 거짓으로 기재하여 제출하였다는 범죄사실로 유죄판결을 받고 해당 세금계산서 및 세금계산서합계표의 공급가액 합계가 50억 원 이상이라는 이유로 징역형이 가중되고 벌금형이 병과되었으므로, 심판대상을 이에 관한 부분으로 한정한다.

나. 2018헌바336

청구인 권○○, 청구인 이□□ 및 청구인 ○○는 '조세범 처벌법' 제10조 제3항 및 '특정범죄 가중처벌 등에 관한 법률' 제8조의2 전부에 대하여 이 사건 심판청구를 하였다. 그러나 앞서 본 바와 같은 당해 사건에 대한 환송 후 항소심에서의 공소장 변경을 통하여, 청구인 권○○은 재화 등의 공급 없이 세금계산서를 발급하거나 발급받았다는 범죄사실로 유죄판결을 받고 해당 세금계산서의 공급가액 합계가 50억 원 이상이라는 이유로 징역형이 가중되고 벌금형이 병과되었으며, 청구인 ○○는 실제 운영자인 청구인 권○○이 재화 등의 공급 없이 세금계산서를 발급받았다는 공소사실로 재판을 받았고, 청구인 이□□는 재화 등의 공급 없이 세금계산서를 발급하였다는 공소사실로 재판을 받았으므로, 심판대상을 이에 관한 부분으로 한정한다.

다. 이 사건 심판대상

(1) 2017헌바504 사건의 심판대상은 구 '조세범 처벌법'(2010. 1. 1. 법률 제9919호로 전부개정되고, 2018. 12. 31. 법률 제16108호로 개정되기 전의 것) 제10조 제3항 제1호, 구 '조세범 처벌법'(2012. 1. 26. 법률 제11210호로 개정되고, 2018. 12. 31. 법률 제16108호로 개정되기 전의 것) 제10조 제3항 제3호(이하 위 조항들을 합하여 '이 사건 처벌조항'이라 한다), '특정범죄 가중처벌 등에 관한 법률'(2010. 3. 31. 법률 제10210호로 개정된 것) 제8조의2 제1항 제1호 가운데 구 '조세범 처벌법'(2012. 1. 26. 법률 제11210호로 개정되고, 2018. 12. 31. 법률 제16108호로 개정되기 전의 것) 제10조 제3항에 관한 부분(이하 '이 사건 가중처벌조항'이라 한다) 및 '특정범죄 가중처벌 등에 관한 법률'(2010. 3. 31. 법률 제10210호로 개정된 것) 제8조의2 제2항 중 제1항 제1호 가운데 구 '조세범 처벌법'(2012. 1. 26. 법률 제11210호로 개정되고, 2018. 12. 31. 법률 제16108호로 개정되기 전의 것) 제10조 제3항에 관한 부분(이하 '이 사건 벌금병과조항'이라 하고,

이 사건 가중처벌조항과 합하여 '이 사건 특정범죄가중법조항'이라 한다)이 헌법에 위반되는지 여부이다.

(2) 2018헌바336 사건의 심판대상은 구 '조세범 처벌법'(2010. 1. 1. 법률 제9919호로 전부개정되고, 2018. 12. 31. 법률 제16108호로 개정되기 전의 것) 제10조 제3항 제1호 및 이 사건 특정범죄가중법조항이 헌법에 위반되는지 여부이다.

심판대상조항의 내용은 다음과 같고, 관련조항은 [별지]와 같다.

[심판대상조항]

구 조세범 처벌법(2010. 1. 1. 법률 제9919호로 전부개정되고, 2018. 12. 31. 법률 제16108호로 개정되기 전의 것)

제10조(세금계산서의 발급의무 위반 등) ③ 재화 또는 용역을 공급하지 아니하거나 공급받지 아니하고 다음 각 호의 어느 하나에 해당하는 행위를 한 자는 3년 이하의 징역 또는 그 세금계산서 및 계산서에 기재된 공급가액이나 매출처별세금계산서합계표, 매입처별세금계산서합계표에 기재된 공급가액 또는 매출처별계산서합계표, 매입처별계산서합계표에 기재된 매출·매입금액에 부가가치세의 세율을 적용하여 계산한 세액의 3배 이하에 상당하는 벌금에 처한다.

1. 부가가치세법에 따른 세금계산서를 발급하거나 발급받은 행위

구 조세범 처벌법(2012. 1. 26. 법률 제11210호로 개정되고, 2018. 12. 31. 법률 제16108호로 개정되기 전의 것)

제10조(세금계산서의 발급의무 위반 등) ③ 재화 또는 용역을 공급하지 아니하거나 공급받지 아니하고 다음 각 호의 어느 하나에 해당하는 행위를 한 자는 3년 이하의 징역 또는 그 세금계산서 및 계산서에 기재된 공급가액이나 매출처별세금계산서합계표, 매입처별세금계산서합계표에 기재된 공급가액 또는 매출처별계산서합계표, 매입처별계산서합계표에 기재된 매출·매입금액에 부가가치세의 세율을 적용하여 계산한 세액의 3배 이하에 상당하는 벌금에 처한다.

3. 부가가치세법에 따른 매출·매입처별 세금계산서 합계표를 거짓으로 기재하여 정부에 제출한 행위

특정범죄 가중처벌 등에 관한 법률(2010. 3. 31. 법률 제10210호로 개정된 것)

제8조의2(세금계산서 교부의무 위반 등의 가중처벌)

① 영리를 목적으로「조세범 처벌법」제10조 제3항 및 제4항 전단의 죄를 범한 사람은 다음 각 호의 구분에 따라 가중처벌한다.

1. 세금계산서 및 계산서에 기재된 공급가액이나 매출처별세금계산서합계표·매입처별세금계산서합계표에 기재된 공급가액 또는 매출·매입금액의 합계액(이하 이 조에서 "공급가액등의 합계액"이라 한다)이 50억 원 이상인 경우에는 3년 이상의 유기징역에 처한다.

② 제1항의 경우에는 공급가액등의 합계액에 부가가치세의 세율을 적용하여 계산한 세액의 2배 이상 5배 이하의 벌금을 병과한다.

3. 청구인들의 주장

가. 2017헌바504

(1) 폐동 등 폐자원 공급거래의 경우 매입의 근거 자료 없이 현금으로 거래되는 경우가 많은바, 실제로 재화 등을 공급하는 거래(이하 '실물 거래'라 한다)가 존재함에도 실물 거래의 공급자 또는 공급받은 자(이하 '실물 거래의 당사자'라 한다)와 세금계산서 또는 세금계산서합계표에 공급자 또는 공급받은 자로 기재된 자(이하 '세금계산서 등의 명의인'이라 한다)가 불일치하는 경우가 발생할 수 있다. 그러므로 실물 거래의 과정에서 명의대여나 조세포탈이 이루어진 경우 이를 처벌하는 것은 별론으로 하더라도, 실물 거래의 당사자와 세금계산서 등의 명의인이 불일치한다는 이유로 세금계산서의 발급·세금계산서합계표의 제출 행위 자체를 형사처벌하고, 공급가액의 합계에 따라 가중처벌까지 하는 것은 지나친 규제이다. 따라서 심판대상조항은 인간의 존엄과 가치 및 행복추구권을 침해하고, 책임에 기초하지 않은 형벌을 예정하여 죄형법정주의 및 과잉금지원칙에도 위배된다.

(2) 실물 거래가 존재함에도 실물 거래의 당사자와 세금계산서 등의 명의인이 불일치한다는 이유로 조세포탈 여부 등 거래의 실질을 따지지 않고 세금계산서의 발급·세금계산서합계표의 제출 행위를 일률적으로 처벌하는 것은 평등원칙에 위반된다. 또한, 2014년 폐동거래와 관련된 부가가치세 매입자납부제도가 신설되어 매입자가 직접 부가가치세를 납부하고 있음에도 위와 같은 행위를 2013년 이전과 동일하게 처벌하는 것은 평등원칙에 위반된다.

공급받지 아니하고 세금계산서를 발급하거나 발급받은 행위'는 재화 등을 공급하지 아니한 사람이 자신을 공급자로 기재한 세금계산서를 발급하거나 재화 등을 공급받지 아니한 사람이 자신이 공급받는 자로 기재된 세금계산서를 발급받는 행위를 의미하고, '재화 등을 공급하지 아니하거나 공급받지 아니하고 세금계산서합계표를 거짓으로 기재하여 정부에 제출한 행위'는 재화 등을 공급하거나 공급받지 아니한 사람이 재화 등의 공급에 관한 세금계산서합계표를 거짓으로 기재하여 정부에 제출한 행위를 의미한다(대법원 2015. 2. 26. 선고 2014도14990 판결 참조).

따라서 실물 거래가 아예 존재하지 아니함에도 세금계산서 등의 명의인 사이에 실물 거래가 있었던 것처럼 기재한 세금계산서의 수수 및 세금계산서합계표의 작성·제출행위가 이 사건 처벌조항의 대상이 됨은 물론, 실물 거래가 존재하는 경우라 하더라도 실물 거래의 당사자가 제3자의 위임을 받아 제3자의 사업자등록을 이용하여 제3자를 공급하는 자로 기재한 세금계산서를 교부하거나 제3자가 공급받는 자로 기재된 세금계산서를 교부받은 경우 및 제3자 명의로 재화 등의 공급에 관한 세금계산서합계표를 작성하여 정부에 제출한 경우에는 해당 제3자가 위 세금계산서 수수 및 세금계산서합계표 작성·제출행위를 한 것으로 볼 수 있으므로, 그가 재화 등을 공급하거나 공급받지 아니한 이상 이 사건 처벌조항 범행의 정범이 되고, 실물 거래의 당사자는 가담 정도에 따라 그 범행의 공동정범이나 방조범이 될 수 있다(대법원 2012. 5. 10. 선고 2010도13433 판결 참조).

그렇다면 건전한 상식과 통상적인 법감정을 가진 사람이라면 이 사건 처벌조항의 적용대상자가 누구이고 구체적으로 금지되는 행위가 무엇인지 합리적으로 파악할 수 있다고 할 것이고, 법을 해석 또는 집행하는 기관이 이를 자의적으로 해석하거나 집행할 염려가 있다고 보기도 어렵다.

따라서 이 사건 처벌조항은 죄형법정주의의 명확성 원칙에 위반되지 아니한다.

다. 직업수행의 자유 침해 여부

(1) 이 사건 처벌조항은 사실에 부합하지 않는 세금계산서 및 세금계산서합계표의 유통을 근절하여 거래질서 및 세정질서를 확립하기 위한 것으로 입법목적이 정당하고, 세금계산서 등의 명의인 사이에 실물 거래가 없었던 경우 해당 세금계산서의 발급·세금계산서합계표의 제출 행위를 처벌하는 것은 위와 같은 입법목적 달성에 적합한 수단이다.

(2) 이 사건 처벌조항은 조세포탈이나 사업자등록 명의의 대여와는 별개로 실물 거래 없이 세금계산서의 발급·세금계산서합계표의 제출 행위를 한 경우 및 실물 거래가 존재하더라도 실물 거래의 당사자가 아닌 제3자의 위임을 받아 해당 제3자의 명의로 세금계산서의 발급·세금계산서합계표의 제출 행위를 한 경우를 일률적으로 처벌하고 있으나, 다음과 같은 사정을 종합적으로 고려하면, 이 사건 처벌조항이 침해의 최소성에 위반된다고 보기도 어렵다.

(가) 실물 거래 없이 세금계산서의 발급·세금계산서합계표의 제출 행위를 하거나, 실물 거래가 존재하더라도 실물 거래의 당사자가 아닌 제3자의 위임을 받아 해당 제3자의 명의로 세금계산서의 발급·세금계산서합계표의 제출 행위를 한 경우는 부가가치세법상 발급의무가 없는 세금계산서를 수수하거나 부가가치세법상 제출의무가 없는 세금계산서합계표를 제출한 경우로서, 과세관청으로 하여금 실물 거래의 존부나 실물 거래의 당사자 및 거래내용을 파악하기 어렵게 하여 부가가치세의 과세체계를 어지럽히고 부가가치세 등 조세의 포탈로 이어질 가능성이 크다.

(나) '조세범 처벌법'은 제3조 제1항에서 사기 기타 부정한 행위로써 부가가치세 등의 조세를 포탈하거나 조세 환급·공제를 받는 행위를 처벌하도록 규정하고 있고, 제11조에서 조세의 회피 또는 강제집행의 면탈을 목적으로 타인의 성명을 사용하여 사업자등록을 한 자 등을 처벌하도록 규정하고 있다. 그러나 이 사건 처벌조항은 사실에 부합하지 않는 세금계산서의 발급·세금계산서합계표의 제출 행위가 조세의 포탈·회피 또는 강제집행의 면탈 여부와 관계없이 전 단계 세액공제방식을 채택하고 있는 부가가치세 제도의 근간을 훼손할 수 있다는 점에서 이를 처벌하도록 규정한 것으로, '조세범 처벌법' 제3조 또는 제11조와는 구성요건적 행위태양과 보호법익이 서로 다를 뿐 아니라 어느 한 죄의 불법과 책임 내용에 다른 죄의 그것이 모두 포함되지 않는다.

(다) 부가가치세법은 제60조에서 사업자가 재화 등을 공급하거나 공급받지 않고 세금계산서를 발급하거나 발급받은 경우, 사업자가 재화 등을 공급하고 그 거래상대방이 아닌 타인에게 세금계산서를 발급한 경우, 사업자가 재화 등을 공급받고 그 거래상대방이 아닌 타

인 명의의 세금계산서를 발급받은 경우 등에 대하여 가산세를 부과하도록 규정하고 있고, 제39조에서 사업자가 세금계산서를 발급받지 아니하거나 세금계산서합계표를 제출하지 않은 경우 등에는 공급받는 자에 대하여 매입세액 불공제라는 제재를 가하도록 규정하고 있다.

그러나 매입세액 불공제나 가산세 부과의 경우 이러한 불이익을 감수하고서라도 위법한 세금계산서의 발급·세금계산서합계표의 제출 행위를 계속할 경제적 동기가 있을 수 있다는 점에서, 이러한 행정상의 제재만으로 사실에 부합하지 않는 세금계산서의 발급·세금계산서합계표의 제출과 관련한 위법행위를 근절하기 위한 이 사건 처벌조항의 입법목적을 동등하게 달성할 수 있다고 단정하기 어렵다.

(3) 사실에 부합하지 않는 세금계산서 및 세금계산서합계표의 유통을 근절하여 거래질서 및 세정질서를 확립하고자 하는 공익은 헌법 제38조에 의하여 부과된 납세의무의 올바른 이행을 확보하기 위한 것으로서 이 사건 처벌조항으로 인하여 제한되는 사익에 비하여 매우 중대하므로, 이 사건 처벌조항은 법익의 균형성도 충족한다.

(4) 따라서 이 사건 처벌조항이 과잉금지원칙에 반하여 재화 등의 공급거래에 종사하는 사업자의 직업수행의 자유를 침해한다고 볼 수 없다.

6. 이 사건 특정범죄가중법조항에 대한 판단

가. 헌법재판소 선례

헌법재판소는 이 사건 특정범죄가중법조항 및 이와 동일한 내용을 규정하고 있던 구 특정범죄가중법 조항들에 대하여 수차례 합헌결정을 하였다(헌재 2013. 12. 26. 2012헌바217등; 헌재 2015. 12. 23. 2015헌바244; 헌재 2015. 12. 23. 2015헌바249; 헌재 2016. 5. 26. 2016헌바81; 헌재 2017. 7. 27. 2017헌바226; 헌재 2018. 3. 29. 2016헌바202등 참조). 위 결정들 중 이 사건 가중처벌조항이 가중처벌의 요건으로 규정하고 있는 '영리의 목적'의 의미가 모호하여 죄형법정주의의 명확성원칙에 위반되는지 여부 및 이 사건 특정범죄가중법조항이 책임과 형벌 간의 비례원칙에 위반되는지 여부에 관한 판단 부분의 요지는 다음과 같다.

「(1) 죄형법정주의의 명확성원칙 위반 여부

영리(營利)라 함은 재산상의 이익을 뜻하는 것인데, 이 사건 가중처벌조항이 규제하는 무거래 세금계산서 등의 수수, 허위기재한 매출·매입처별 세금계산서합계표 등의 제출행위는 그러한 행위 자체를 대가로 하는 경우 이외에 허위의 거래실적을 만들어 금융기관으로부터 대출을 받거나 공사 수주를 받거나 유지하려는 경우 등 다른 재산상의 이익을 위하여 저지를 수도 있으며, 그러한 경우도 정확한 과세자료의 수수질서 확립을 저해한다는 점은 충분히 예상할 수 있다.

그렇다면 이 사건 가중처벌조항 중 '영리의 목적'이란 '널리 경제적인 이익을 취득할 목적'을 의미한다고 해석할 수 있고, 통상의 판단능력을 가진 수범자라면 위와 같은 의미내용을 별다른 어려움 없이 파악할 수 있다. 나아가 개별적인 사안에서 영리의 목적의 구체적인 내용은 행위자의 주관적 의도와 객관적 상황 등을 종합적으로 고려한 법관의 법 보충작용을 통한 판례에 의하여 합리적으로 결정될 수 있을 것이며, 달리 법관에 의한 자의적인 해석의 위험성이 있다고 보기도 어렵다.

따라서 이 사건 가중처벌조항은 죄형법정주의의 명확성원칙에 위반되지 아니한다.

(2) 책임과 형벌 간의 비례원칙 위반 여부

(가) 보호법익의 중요성

이 사건 특정범죄가중법조항의 입법목적은 위와 같은 무거래 세금계산서 수수행위 등이 세정질서의 근간을 흔드는 중대한 범죄임에도 불구하고 그에 대처하는 '조세범 처벌법'의 처벌규정으로는 범죄예방에 실효를 거두지 못하고 있는 현실에 대한 반성적 고려에서 비롯된 것이다.

(나) 가중기준의 합리성

이 사건 가중처벌조항 위반죄가 국가나 사회에 미치는 악영향은 공급가액등의 합계액이 클수록 가중되므로, 비록 위 합계액이 죄의 경중을 가늠하는 유일한 기준은 아니라고 할지라도 중요한 기준 가운데 하나임은 분명하고, 그 불법의 정도를 드러낼 수 있는 가장 보편적인 징표라는 점에서 공급가액등의 합계액을 기준으로 하여 단계적으로 가중처벌하고, 벌금형의 필요적 병과 여부를 달리하는 것은 합리적 이유가 있다고 할 것이다. 더구나 이 사건 특정범죄가중법조항은 그 공급가액등의 합계액이 50억 원 이상인 경우에만 적용되는데, 우리나라의 경제 여건 등에 비추어 보았을 때 그 기준액수가 지나치게 낮다고 볼 수도 없다.

(다) 과잉형벌인지 여부

이 사건 가중처벌조항에서 정한 법정형은 공급가액등의 합계액이 50억 원 이상인 경우 3년 이상의 유기징역으로 정하여져 있는바, 법관은 나머지 여러 양형요소들을 고려하여 작량감경 없이도 집행유예를 선고할 수 있다.

또한, 이 사건 벌금병과조항에서 정하고 있는 벌금의 필요적 병과 여부는 원칙적으로 입법정책의 문제이고, 나아가 조세 관련 범죄의 경우 재산형을 형벌내용으로 포함하는 것이 그 범죄의 특성에 합치하며, 무거래 세금계산서 수수행위 등이 가지는 반사회적, 반윤리적 성격에 비추어 볼 때 이 사건 가중처벌조항 위반자에 대하여 경제적 불이익을 가하고 아울러 그가 부정하게 취득한 이익을 박탈할 필요도 크다.

입법자료 등을 살펴보면 이 사건 벌금병과조항이 소위 자료상으로부터 불법적으로 취득한 이익을 박탈하는 데 주된 목표를 두고 있었던 것으로 보이는 것은 사실이나, 무거래 세금계산서 등을 수수하는 행위 자체로부터 직접적으로 이익을 취득하지 아니하더라도 금융기관으로부터 대출에 관련된 이익을 얻거나 일정 규모 이상의 입찰자격 등을 취득하는 등 간접적인 이익을 목적으로 무거래 세금계산서를 수수하는 등의 행위 역시 자료상이 출현하는 원인을 제공함과 동시에 필연적으로 조세포탈의 위험을 수반하고 있다는 점에서 이 사건 벌금병과조항을 적용하는 것이 부당하다고 보이지 않는다.

(라) 이 사건 벌금병과조항이 법관의 양형재량을 과도하게 제한하는지 여부

이 사건 벌금병과조항에서 벌금형을 필요적으로 병과하도록 하고 있는 것은 일정액 이상의 무거래 세금계산서 수수 등 범죄에 대하여 그 위법성과 비난가능성의 정도를 높게 평가하여 징벌의 강도를 높이고자 한 입법자의 결단이라 보아야 할 것이다. 법관은 구체적 사건에서 이 사건 벌금병과조항을 적용함에 있어 정상에 따라 작량감경 등을 통한 벌금형의 감액을 할 수 있고, 경우에 따라서는 벌금형만의 선고유예도 가능하다.

그렇다면 이 사건 벌금병과조항에 따른 벌금형의 필요적 병과가 입법재량의 한계를 벗어난 자의적인 것이라고는 보기 어려워 법관의 양형재량의 범위를 과도하게 제한하고 있다고도 볼 수 없다.

(마) 소결

이러한 모든 사정을 고려할 때, 이 사건 특정범죄가중법조항은 그 범죄의 죄질 및 이에 따른 행위자의 책임에 비하여 지나치게 가혹한 것이라고 할 수 없으므로, 책임과 형벌 간의 비례원칙에 위반되지 아니한다.」

나. 선례 변경의 필요성 여부

이 사건에서 위 선례의 판단을 변경할 만한 사정 변경이나 필요성이 인정되지 않고 위 선례의 취지는 이 사건에서도 그대로 타당하므로, 위 선례의 견해를 그대로 유지하기로 한다.

7. 결 론

심판대상조항은 모두 헌법에 위반되지 아니하고, 청구인 이□□ 및 청구인 ○○의 심판청구는 모두 부적법하므로 이를 각하하기로 하여 주문과 같이 결정한다. 이 결정은 아래 8.과 같은 재판관 이선애, 재판관 이석태, 재판관 이영진의 벌금병과조항에 대한 반대의견이 있는 외에는 관여 재판관 전원의 일치된 의견에 따른 것이다.

8. 재판관 이선애, 재판관 이석태, 재판관 이영진의 벌금병과조항에 대한 반대의견

우리는 배수벌금을 필요적으로 병과하는 이 사건 벌금병과조항이 책임과 형벌 간 비례원칙에 반한다고 생각하므로 다음과 같이 반대의견을 밝힌다.

가. 이 사건 벌금병과조항은 구 '조세범 처벌법' 제10조 제3항에 대한 가중규정으로 세금계산서 등에 기재된 '공급가액등의 합계액'이 50억 원 이상인 경우 공급가액등의 합계액에 부가가치세의 세율을 적용하여 계산한 세액의 2배 이상 5배 이하의 벌금형을 필요적으로 병과하도록 규정하고 있다. 그런데 부가가치세의 세율은 10%로 정하여져 있으므로, 이 사건 가중처벌조항 위반자는 법정형 기준으로 3년 이상의 유기징역형과 함께 최소한 10억 원(50억 원 × 10% × 2) 이상의 벌금형의 필요적 병과라는 가중처벌을 받아야 한다.

이 사건 가중처벌조항 위반자가 무거래 세금계산서 등을 이용하여 허위 매입세액 공제 또는 허위 손금산입의 방법으로 조세포탈을 하였거나 위와 같은 범죄행위로 수수료 등 금전적 이익을 얻은 경우 포탈세액에 대한 부과·징수 내지 범죄수익에 대한 몰수·추징이 가능함에도 이 사건 벌금병과조항에 의해 고액의 벌금형이 필요적으로 병과된다는 점에서, 불법적으로 취득한 이익을 박탈함과 아울러 범죄자에게 경제적 불이익을 가하여 제재함으로써 과세자료 수수질서의 정상화를 도모할 수 있다는 점을 감안하더라도 이 사건 벌금병과조항은 범죄에 비하여 과도한 경제적 고통을 안겨준다고 할 것이다.

나. 형법상 노역장유치조항은 선고되는 벌금이 1억 원 이상 5억 원 미만인 경우에는 300일 이상, 5억 원 이상 50억 원 미만인 경우에는 500일 이상, 50억 원 이상인 경우에는 1,000일 이상의 유치기간을 정하도록 하고 있으므로, 최소한 10억 원 이상의 벌금형의 필요적 병과를 예정하고 있는 이 사건 벌금병과조항과 위 노역장유치조항이 결합될 경우 최소한 500일 이상의 징역형을 추가로 선고하는 효과가 나타난다. 즉, 이 사건 벌금병과조항과 위 노역장유치조항이 결합된 결과 배수벌금을 감당할 재력이 없어 환형처분을 받게 되는 경우에는 이 사건 가중처벌조항에서 정한 징역형 외에 별도의 징역형을 추가로 선고받은 것이나 다름이 없는 결과를 초래할 수 있다.

다. 범죄로부터 생기는 불법수익을 박탈하는 것은 원래 몰수제도의 고유한 기능인데, 배수벌금을 필요적으로 병과하여 범죄수익을 박탈하려는 입법방식으로 벌금형이 그 기능을 떠맡는 것은 몰수제도의 취지를 무색하게 한다. 벌금형의 병과는 책임원칙에 의해 정해지는 형량의 한계에 머물러야 하고, 행위에 상응하는 책임의 총량은 일정하게 정해져 있을 것이므로, 행위와 책임을 일치시키기 위해서는 징역과 병과되는 벌금 어느 한쪽의 부과량에 따라 다른 한쪽의 부과량이 조정될 수 있어야 한다. 그러나 징역형과 벌금형을 병과하도록 하는 입법형식을 취하면서 동시에 징역형과 벌금형의 하한을 각각 정하는 것은 책임에 알맞은 형벌을 이끌어 내기 어렵게 한다. 특히 총액벌금형을 택하고 있는 우리나라에서는 자유형과 벌금형을 상호 환산하는 기준이 명확하지 않기 때문에 행위자에 대하여 그의 책임 이상의 처벌을 하게 될 여지가 많다. 이러한 문제는 배수벌금형의 형태가 필요적 병과형제도와 결합하는 경우 더욱 배가된다.

라. 벌금형에 대한 선고유예가 가능하다고 하지만 자격정지 이상의 형을 받은 전과가 있는 자에게는 선고유예를 할 수 없다. 선고유예는 범행의 가담 정도가 극히 경미하거나 실질적 피해가 거의 없는 경우 등과 같이 유죄임에도 형의 선고를 유예할 만한 특별한 사정이 있는 경우 예외적으로 이루어지므로, '공급가액등의 합계액'이 50억 원 이상인 경우 최소한 10억 원 이상의 벌금형을 선고하는 사안에서 죄질이나 불법성, 피해의 정도가 경미하다고 보아 선고유예를 한다는 것은 실무상 쉽지 않다. 2018. 1. 7.부터 시행 중인 형법 제62조 제1항에 의하면 500만 원 이하의 벌금형에 대하여만 집행유예가 가능하므로, 이 사건 가중처벌조항 위반죄에 병과되는 고액의 벌금형에 대한 집행유예는 사실상 기대하기 어렵다. 결국 배수벌금형을 필요적으로 병과함에 있어서 작량감경, 선고유예가 가능하다는 사정만으로는 개별 사건의 특수성이나 다양한 양형요소들을 모두 고려하여 적정한 양형을 하는 것에 한계가 있다.

마. 나아가, 공범에 대하여 이 사건 벌금병과조항이 적용되는 경우 특히 불합리한 결과가 초래될 수 있다. 공범 중에는 경제적 수익이 없거나 경미한 경우가 있을 수 있는데, 범행가담 정도나 그로 인해 얻게 되는 경제적 이익을 고려하지 않은 채 일률적·획일적으로 모든 공범에 대해 고액의 배수벌금형을 필요적으로 병과하는 것은 지나치게 과도한 형벌이 될 수 있다.

바. 이러한 문제점을 고려하면, 개별 사건의 특수성이나 다양한 양형요소들에 따라 법관이 벌금형의 병과 여부 및 적정한 벌금액을 정할 수 있도록 벌금형을 임의적 병과로 변경하고, 벌금 액수의 상한만을 두는 것 내지 벌금액의 상한이 있는 벌금형의 임의적 병과를 전제로 하되 위반행위에 의한 이득액에 따라 벌금액의 상한을 단계화시키는 형식으로서 이득액이 벌금형의 상한을 초과하는 경우 벌금액을 이득액 이하로 부과할 수 있도록 입법하는 방식[예컨대 벌금 슬라이드(slide)제]을 도입하는 것 등을 대안으로 생각할 수 있을 것이다.

사. 이상의 내용을 종합하면, 배수벌금을 필요적으로 병과하는 이 사건 벌금병과조항은 책임과 형벌 간의 비례원칙을 준수하였다고 볼 수 없으므로 헌법에 위반된다.

재판관 유남석 이선애 이석태 이은애 이종석 이영진 김기영 문형배 이미선

[별지] 관련조항

조세범 처벌법(2018. 12. 31. 법률 제16108호로 개정된 것)

제10조(세금계산서의 발급의무 위반 등) ③ 재화 또는 용역을 공급하지 아니하거나 공급받지 아니하고 다음 각 호의 어느 하나에 해당하는 행위를 한 자는 3년 이하의 징역 또는 공급가액에 부가가치세의 세율을 적용하여 계산한 세액의 3배 이하에 상당하는 벌금에 처한다.

1. 「부가가치세법」에 따른 세금계산서를 발급하거나 발급받은 행위
2. 「소득세법」 및 「법인세법」에 따른 계산서를 발급하거나 발급받은 행위
3. 「부가가치세법」에 따른 매출·매입처별 세금계산서합계표를 거짓으로 기재하여 제출한 행위
4. 「소득세법」 및 「법인세법」에 따른 매출·매입처별 계산서합계표를 거짓으로 기재하여 제출한 행위

조세범 처벌법(2010. 1. 1. 법률 제9919호로 전부개정된 것)

제3조(조세 포탈 등) ① 사기나 그 밖의 부정한 행위로써 조세를 포탈하거나 조세의 환급·공제를 받은 자는 2년 이하의 징역 또는 포탈세액, 환급·공제받은 세액(이하 "포탈세액등"이라 한다)의 2배 이하에 상당하는 벌금에 처한다. 다만, 다음 각 호의 어느 하나에 해당하는 경우에는 3년 이하의 징역 또는 포탈세액등의 3배 이하에 상당하는 벌금에 처한다.

1. 포탈세액등이 3억 원 이상이고, 그 포탈세액등이 신고·납부하여야 할 세액(납세의무자의 신고에 따라 정부가 부과·징수하는 조세의 경우에는 결정·고지하여야 할 세액을 말한다)의 100분의 30 이상인 경우
2. 포탈세액등이 5억 원 이상인 경우

조세범 처벌법(2015. 12. 29. 법률 제13627호로 개정된 것)

제11조(명의대여행위 등) ① 조세의 회피 또는 강제집행의 면탈을 목적으로 타인의 성명을 사용하여 사업자등록을 하거나 타인 명의의 사업자등록을 이용하여 사업을 영위한 자는 2년 이하의 징역 또는 2천만 원 이하의 벌금에 처한다.

② 조세의 회피 또는 강제집행의 면탈을 목적으로 자신의 성명을 사용하여 타인에게 사업자등록을 할 것을 허락하거나 자신 명의의 사업자등록을 타인이 이용하여 사업을 영위하도록 허락한 자는 1년 이하의 징역 또는 1천만 원 이하의 벌금에 처한다.

8. 구 사립학교교직원 연금법 제42조 제1항 전문 위헌소원

[2019. 11. 28. 2018헌바455]

【판시사항】

가. 사립학교 교원이 재직 중의 사유로 금고 이상의 형이 확정된 경우 퇴직급여를 감액하도록 하고 있는 구 '사립학교교직원 연금법' (2009. 12. 31. 법률 제9908호로 개정되고, 2013. 5. 22. 법률 제11767호로 개정되기 전의 것) 제42조 제1항 전문 중 공무원연금법 제64조 제1항 제1호 준용 부분(이하 '심판대상조항'이라 한다)이 청구인의 재산권을 침해하는지 여부(소극)

나. 심판대상조항이 평등원칙에 위반되는지 여부(소극)

【결정요지】

가. 심판대상조항은 교원범죄를 예방하고 교원이 재직 중 성실히 근무하도록 유도하기 위한 것으로서 그 입법목적은 정당하고, 수단도 적합하다. 심판대상조항은 퇴직급여 등의 감액사유에서 '직무와 관련 없는 과실로 인하여 범죄를 저지른 경우' 등을 제외하고, 이러한 범죄행위로 인하여 '금고 이상의 형을 받은 경우'로 한정하는 등 입법목적의 달성을 위하여 필요한 범위 내에서 감액사유에 해당하는 범죄를 가능한 유형화하여 규정한 것으로 볼 수 있다. 감액의 범위도 국가 및 학교법인의 부담 부분을 넘지 않도록 한 점 등을 고려하면 침해의 최소성도 인정된다.

청구인은 퇴직급여의 일부가 감액되는 사익의 침해를 받지만, 이는 교원 자신이 저지른 범죄에서 비롯된 것인 점, 교원 개개인이나 교직에 대한 국민의 신뢰를 유지하고자 하는 공익이 결코 작지 않은 점, 특히 심판대상조항은 구 사립학교연금법조항보다 감액사유를 더욱 한정하여 침해되는 사익을 최소화하고자 하였다는 점에서 법익의 균형성도 인정된다. 따라서 심판대상조항은 청구인의 재산권을 침해하지 않는다.

나. 사립학교교원연금제도가 국민연금이나 법정퇴직금과 기본적인 차이가 있는 점, 교원은 일정한 법령준수 및 충실의무 등을 지고 있는 점, 심판대상조항은 구 사립학교연금법조항과 달리 교원 신분이나 직무와 관련 없는 과실범의 경우에는 감액 사유에서 제외하고, 감액의 수준도 국가 및 학교법인 부담분만큼의 급여에 불과하며, 교원범죄를 사전에 예방하고 교직사회의 질서를 유지하는 데 그 목적이 있는 점 등에 비추어 볼 때, 심판대상조항이 교원을 국민연금법상 사업장가입자나 근로기준법상 근로자에 비하여 합리적 이유 없이 차별취급하고 있다고 단정할 수 없으므로 심판대상조항은 평등원칙에 위반되지 아니한다.

재판관 이영진의 반대의견

사립학교 교직원연금법의 입법연혁에 비추어 퇴직금제도에 관해선 사립학교 교원은 일반근로자와 본질적으로 동일한 집단이다. 사학연금법상 퇴직금의 재원은 개인부담금, 국가부담금, 법인부담금으로 구성되고, 여기서 학교경영자가 부담하는 법인부담금은 근로자퇴직급여 보장법상 일반근로자의 사용자가 부담하는 부담금과 성격이 유사하다. 그런데 심판대상조항이 공무원연금법을 준용함으로써 국가부담금뿐만 아니라 법인부담금까지 감액하는 것은, 사립학교 교원과 일반 근로자 간의 본질적 동일성을 훼손하는 것으로서 합리적인 근거가 있는 차별이라고 보기 어렵다. 따라서 심판대상조항은 교원들을 일반 근로자와 비교하여 합리적인 이유 없이 차별하고 있어 평등원칙에 위반된다.

【심판대상조문】

구 사립학교교직원 연금법(2009. 12. 31. 법률 제9908호로 개정되고, 2013. 5. 22. 법률 제11767호로 개정되기 전의 것) 제42조 제1항 전문 중 '공무원연금법 제64조 제1항 제1호 준용' 부분

【참조조문】

헌법 제11조 제1항, 제23조 제1항, 제37조 제2항

구 공무원연금법(2009. 12. 31. 법률 제9905호로 개정되고, 2016. 1. 27. 법률 제13927호로 개정되기 전의 것) 제64조

구 공무원연금법 시행령(2005. 6. 30. 대통령령 제18923호로 개정되고, 2012. 3. 2. 대통령령 제23651호로 개정되기 전의 것) 제55조

【참조판례】

가. 나. 헌재 2013. 9. 26. 2010헌가89등, 판례집 25-2상, 586

헌재 2019. 2. 28. 2017헌마403등, 판례집 31-1, 188

【당 사 자】

청 구 인 김○○

대 리 인 법무법인(유한) 예율
담당변호사 김웅

당해사건 인천지방법원 2015가단239989
퇴직연금

【주 문】

구 사립학교교직원 연금법(2009. 12. 31. 법률 제9908호로 개정되고, 2013. 5. 22. 법률 제11767호로 개정되기 전의 것) 제42조 제1항 전문 중 '공무원연금법 제64조 제1항 제1호 준용' 부분은 헌법에 위반되지 아니한다.

【이 유】

1. 사건개요

가. 청구인은 1979. 3. 1.부터 ○○고등학교에서 교사로 재직하였던 자이다. 청구인은 재직 중인 2008년경 사기 협의로 기소되어 2009. 7. 24. 광주지방법원 순천지원에서 징역 8월에 집행유예 2년을 선고받았으며(2008고단2392) 위 판결은 그대로 확정되어(광주지방법원 2009. 11. 4. 선고 2009노1809 판결, 대법원 2010. 1. 28. 선고 2009도12821 판결) 구 사립학교법 제57조에 따라 2010. 1. 28. 그 직에서 당연퇴직 되었다.

나. 사립학교교직원연금공단은 '사립학교교직원 연금법'(이하 '사학연금법'이라 한다) 제42조 제1항이 준용하는 공무원연금법 제64조 제1항 제1호에 따라 퇴직급여와 퇴직수당의 2분의 1을 감액하여 청구인에게 지급하였다(이하 '이 사건 감액지급'이라 한다).

다. 이에 청구인은 2015. 10. 19. 사립학교교직원연금공단을 상대로 이 사건 감액지급에 따라 지급받지 못한 퇴직급여와 퇴직수당 일부 및 그 지연손해금 등의 지급을 구하는 소송을 제기하면서(인천지방법원 2015가단239989), 위 소송 계속 중인 2016. 11. 29. 구 사학연금법 제42조 제1항 전문 중 '공무원연금법 제64조 제1항 제1호 등 준용' 부분에 대해 위헌법률심판제청신청을 하였으나(인천지방법원 2016카기10131), 2018. 10. 17. 퇴직급여 등 지급청구가 기각되고 같은 날 위헌법률심판제청신청도 기각되자, 2018. 11. 14. 이 사건 헌법소원심판을 청구하였다.

2. 심판대상

이 사건 심판대상은 구 '사립학교교직원 연금법'(2009. 12. 31. 법률 제9908호로 개정되고, 2013. 5. 22. 법률 제11767호로 개정되기 전의 것) 제42조 제1항 전문 중 '공무원연금법 제64조 제1항 제1호 준용' 부분이 헌법에 위반되는지 여부이다. 심판대상조항 및 관련조항은 다음과 같다.

[심판대상조항]

구 사립학교교직원 연금법(2009. 12. 31. 법률 제9908호로 개정되고, 2013. 5. 22. 법률 제11767호로 개정되기 전의 것) 제42조(「공무원연금법」의 준용) ① 제33조에 따른 단기급여 및 장기급여에 관한 급여의 종류, 급여의 사유, 급여액 및 급여의 제한 등에 관한 사항은 「공무원연금법」 제34조부터 제41조까지, 제41

조의2, 제42조 및 제43조, 제43조의2, 제44조 및 제45조, 제45조의2, 제46조, 제46조의2, 제47조부터 제49조까지 및 제51조부터 제61조까지, 제61조의2 및 제62조부터 제64조까지의 규정 중 해당 규정(순직유족연금 및 순직유족보상금에 관한 규정은 제외한다)을 각각 준용한다. (후문 생략)

[관련조항]

구 공무원연금법(2009. 12. 31. 법률 제9905호로 개정되고, 2016. 1. 27. 법률 제13927호로 개정되기 전의 것) 제64조(형벌 등에 따른 급여의 제한) ① 공무원이거나 공무원이었던 자가 다음 각 호의 어느 하나에 해당하는 경우에는 대통령령으로 정하는 바에 따라 퇴직급여 및 퇴직수당의 일부를 감액하여 지급한다. 이 경우 퇴직급여액은 이미 낸 기여금의 총액에 「민법」 제379조에 따른 이자를 가산한 금액 이하로 감액할 수 없다.

1. 재직 중의 사유로 금고 이상의 형을 받은 경우(직무와 관련이 없는 과실로 인한 경우 및 소속상관의 정당한 직무상의 명령에 따르다가 과실로 인한 경우는 제외한다)

3. 청구인의 주장

사학연금법상의 각종 급여는 재직 중 직무에 대한 공로보상적 성격을 가지고 있는데, 심판대상조항은 직무관련성이 없는 고의의 범죄를 예방하는 부당한 목적을 달성하기 위해 후불임금 삭감이라는 적합하지 않은 수단을 사용하므로 청구인의 재산권을 침해한다. 나아가 공무원, 사립학교 교원을 제외한 근로자와 사립학교 교원을 자의적으로 차별하므로 평등원칙에 위반된다.

4. 판 단

가. 헌법재판소 선례

헌법재판소는 헌재 2013. 9. 26. 2010헌가89등 결정과 2013헌바170 결정에서 구 '사립학교교직원 연금법'(2009. 12. 31. 법률 제9908호로 개정되고, 2013. 3. 23. 법률 제11690호로 개정되기 전의 것) 제42조 제1항 전문 중 '공무원연금법 제64조 제1항 제1호 준용' 부분이 과잉금지원칙과 평등원칙에 위반되지 않는다고 판단하였는바, 그 요지는 다음과 같다.

『(1) 과잉금지원칙 위반 여부

교원도 일반 직장인과 같은 하나의 직업인으로서 보호를 받아야 마땅하나, 현행 교육법제는 공·사립학교 교원을 가리지 아니하고 동등한 처우를 하도록 규율하고 있으며(헌재 2010. 7. 29. 2008헌가15 참조), 교원은 그러한 지위에 기하여 재직 중 직무전념의무, 법령준수의무, 명령복종의무, 비밀엄수의무, 품위유지의무 등을 부담한다. 이 사건 법률조항은 사립학교 교원의 경우에도 재직 중의 사유로 금고 이상의 형을 받은 경우 퇴직급여 및 퇴직수당의 일부를 감액한다. 이는 재직 중의 근무에 대한 보상을 함에 있어 교원으로서의 신분이나 직무상 의무를 다하지 못한 자와 성실히 근무한 자를 동일하게 취급하는 것이 오히려 불합리하다는 측면과 보상액에 차이를 둠으로써 교원범죄를 예방하고 교원이 재직 중 성실히 근무하도록 유도하는 효과를 고려한 것이라 할 것이므로, 이 사건 법률조항의 입법목적은 정당하고 수단의 적합성도 인정된다.

이 사건 법률조항은 '직무와 관련이 없는 과실로 인한 경우' 및 '소속 상관의 정당한 직무상의 명령에 따르다가 과실로 인한 경우'는 제외하여 퇴직급여 등의 감액사유를 한정하고 있고, 감액의 범위도 국가 및 법인의 부담 부분을 넘지 않도록 한 점 등을 고려하면 침해의 최소성도 충족하였다고 볼 수 있다.

이 사건 법률조항으로 달성하는 공익은 공교육의 수행자인 교원으로 하여금 재직 중 법령을 준수하며, 성실하고 청렴하게 근무하도록 유도하는 것으로서 그 중요성이 결코 작지 않은 반면, 이 사건 법률조항에서 규정한 퇴직급여 감액사유는 결국 교원 자신이 저지른 범죄에서 비롯된 것인 점 등에서 이 사건 법률조항으로 달성하는 공익은 더욱 크다고 인정된다.

따라서 이 사건 법률조항은 과잉금지원칙에 위반되지 않는다.

(2) 평등의 원칙 위배 여부

국민연금이 근로관계로부터 독립하여 제3자인 보험자로 하여금 피보험자의 생활위험을 보호하도록 함으로써 순수한 사회정책적 차원에서 가입자의 노령보호를 주된 목적으로 하는 데 비하여, 사립학교교원연금은 국가와 함께 근무관계의 한 당사자인 학교법인이 다른 당사자인 사립학교 교원의 사회보장을 직접 담당함으로써 피보험자(교원)에 대한 사회정책적 보호 외에 교원근무관계의 기능유지라는 측면도 함께 도모하고 있다.

사립학교교원 연금제도가 국민연금이나 법정퇴직금과 비교하여 위와 같은 기본적인 차이가 있는 점, 교원은 일정한 법령준수 및 충실의무 등을 지고 있는 점, 이 사건 법률조항은 구 사립학교연금법조항과 달리 교원 신분이나 직무와 관련 없는 과실범의 경우에는 감액 사유에서 제외하고, 감액의 수준도 국가 및 법인 부담분 만큼의 급여에 불과하며, 교원범죄를 사전에 예방하고 교직사회의 질서를 유지하는 데 목적이 있는 점 등에 비추어 볼 때, 사립학교 교원을 국민연금법상 사업장가입자에 비하여 혹은 근로기준법상 근로자에 비하여 합리적 이유 없이 차별적 취급을 하고 있다고 단정할 수 없다.』

이 사건 심판대상조항에 대한 선례의 결정 이유는 이 사건에서도 그대로 타당하고 그와 달리 판단해야 할 아무런 사정변경을 찾을 수 없다.

나. 기타 주장에 대한 판단

청구인은 심판대상조항이 사학연금법상의 각종 급여를 삭감하는 것은 임금 없이 근로를 제공하는 강제 노역(헌법 제12조 제1항)에 해당하여 위헌이라고 주장한다. 강제노역이란 법률과 적법한 절차에 의한 경우를 제외하고 본인의 의사에 반하는 노역을 과하는 것인데(헌재 1998. 7. 16. 97헌바23 참조) 심판대상조항은 퇴직급여 및 퇴직수당의 일부를 줄여 지급하는 것일 뿐 본인의 의사에 반하는 노역을 강제하고 있지 아니하므로 이에 관한 청구인의 주장은 이유 없다.

5. 결 론

그렇다면 이 사건 심판대상조항은 헌법에 위반되지 아니하므로 주문과 같이 결정한다. 이 결정에는 아래 6.과 같은 재판관 이영진의 반대의견이 있는 외에는 관여 재판관의 의견이 일치되었다.

6. 재판관 이영진의 반대의견

나는 다수의견과는 달리 이 사건 심판대상조항이 과잉금지원칙에 반하고 평등원칙에 위반된다는 헌재 2013. 9. 26. 2010헌가89등 결정과 2013헌바170 결정에서의 반대의견과 그 뜻을 같이 하며, 이에 더하여 아래와 같이 견해를 밝히는 바이다.

가. 먼저 위 2010헌가89등 결정과 2013헌바170 결정의 반대의견 요지를 살펴보면 다음과 같다.

『(1) 과잉금지원칙 위반 여부

공교육을 담당하는 교원이 범법행위를 했다면 그에 대한 제재와 기본권의 제한은 피할 수 없다. 그러나 그 제재방법은 일차적으로 파면을 포함한 징계가 원칙이고, 그 행위가 범죄행위에까지 이른 경우라면 형사처벌을 받게 하면 된다. 그럼에도 불구하고 금고 이상의 죄를 지었다고 하여 위와 같은 제재에 덧붙여 퇴직과 동시에 생활안정을 위해 당연히 지급될 것으로 기대되는 퇴직급여 등까지도 필요적으로 감액해야 한다면 거기에는 다른 수단으로는 교원 범죄를 예방하고 성실한 교직 수행을 유도함으로써 교직에 대한 국민의 신뢰를 도모한다는 입법목적을 달성할 수 없다는 특별한 사정이 있어야 할 것이다.

직무와 관련 없는 범죄의 경우 고의범이라 하더라도 범죄의 죄질의 경중, 반국가적 범죄 여부, 파렴치 범죄 여부 등을 고려하여, 퇴직급여 등의 감액사유로 삼는 것이 상당하다고 인정되는 범죄를 유형화하거나 이것이 어렵다면 퇴직급여 등의 감액 대상이 되는 범죄의 선고형의 하한을 높게 규정하여 중한 죄를 저지른 경우에만 감액 대상이 되도록 하면 된다. 그러나 이 사건 법률조항이 죄질, 반국가적 범죄 여부, 파렴치 범죄 여부 등을 고려하지 아니하고 일률적으로 퇴직급여 등의 감액사유로 삼는 것은 입법목적의 달성에 반드시 필요한 기본권 제한이라고 볼 수 없으므로, 침해의 최소성원칙에 위배된다.

교원은 교직수행을 위하여 도덕성을 갖출 것이 요구되므로 퇴직급여 등의 제한을 통해 달성코자 하는 공익도 작지 않다. 그러나 교직의 구조 및 사회인식의 변화로 일반직장인과 교원은 같은 직업인이라는 인식이 보편화되는 추세이고 특히 오늘날 급여에 관한 한, 공익과 사익의 질적 구분은 어려워졌다. 이러한 상황 속에서 일률적으로 그 생존의 기초가 될 퇴직급여 등까지 반드시 감액하도록 한다면 그 법률조항은 지나치게 공익만을 강조한 입법이라고 아니할 수 없다.

따라서 이 사건 법률조항은 과잉금지원칙에 위반된다.

(2) 평등원칙 위배 여부

이 사건 법률조항은 교원의 직무와 관련 있는 범죄뿐만 아니라 직무와 관련 없는 고의범죄를 저지른 경우에도 퇴직급여 수급권을 제한하고 있다. 이러한 차별은 교원의 성실근무 유도라는 입법목적을 감안해도 일반 국민이나 근로자와 비교하여 지나친 차별을 한 것이고, 그 차별에는 합리적인 근거를 인정하기 어려워 결국 자의적인 차별에 해당한다.

따라서 이 사건 법률조항은 평등원칙에 위배된다.』

나. 1960. 1. 1. 공무원연금법이 제정되었으나, 사립학교 교원은 여전히 근로기준법상 퇴직금제도의 적용

을 받아왔다. 다만 당시 사학경영기관은 영세성, 재정난으로 국공립 교원보다 처우가 낮아서 사립학교 교원의 사기저하와 불만이 심각해짐에 따라 사학관련단체에서 사립학교교원연금법 제정을 요구하기에 이르렀고, 이에 따라 국공립교직원에 적용하는 공무원연금법과 유사한 내용의 사립학교교원연금법이 1974. 1. 1. 제정·시행되었다. 이러한 입법연혁에 비추어 보면 사립학교 교원은 적어도 퇴직금제도에 관해선 일반 근로자와 본질적으로 동일한 집단으로 취급되었음을 알 수 있다.

물론 사립학교 교원은 사립학교법에 의한 신분 및 사회보장을 받고, 교육공무원과 동일한 복무규정이 적용되며(사립학교법 제55조 제1항), 사용자가 아닌 국가가 퇴직금의 일부를 부담하는 점(사학연금법 제46조)에서 일반 근로자와 차이가 있다. 그러나 교원 직무의 특수성에서 비롯된 이러한 차이를 감안하더라도, 사립학교 교원과 일반 근로자의 본질적 동일성을 완전히 부정할 수는 없다. 입법자는 두 집단 사이의 위와 같은 차이를 고려하여 퇴직금 제도를 다르게 설계할 수는 있으나, 두 집단의 본질적 동일성을 훼손할 정도로 퇴직금 제도가 서로 다르다면 이는 합리적 근거가 없는 차별로서 평등원칙에 위반된다고 보아야 한다.

사학연금법상 퇴직금의 재원은 개인부담금, 국가부담금, 법인부담금으로 구성되고, 여기서 학교경영자가 부담하는 법인부담금은 근로자퇴직급여 보장법상 일반 근로자의 사용자가 부담하는 부담금과 성격이 유사하다. 그런데 심판대상조항이 공무원연금법을 준용함으로써 국가부담금뿐만 아니라 법인부담금까지 감액하는 것은, 사립학교 교원과 일반 근로자 간의 본질적 동일성을 훼손하는 것으로서 합리적인 근거가 있는 차별이라고 보기 어렵다.

결국 이 사건 심판대상조항은 근로기준법상의 근로자와 본질적으로 같은 사립학교 교원을 정당한 이유 없이 차별하여 평등원칙에 위반된다.

재판관 유남석 이선애 이석태 이은애 이종석 이영진 김기영 문형배 이미선

9. 평가인정 학습과정 운영에 관한 규정 제2조 제2항 제2호 등 위헌확인

[2019. 11. 28. 2016헌마40]

【판시사항】

가. '학점인정 등에 관한 법률'(이하 '학점인정법'이라 한다) 제3조에 따라 교육부장관으로부터 평가인정을 받은 학습과정을 설치·운영하는 교육훈련기관(이하 '교육훈련기관'이라 한다)에서 학습과정을 이수하고 있는 사람들에 대하여, '평가인정 학습과정 운영에 관한 규정'(2015. 10. 20. 대통령령 제26591호로 제정된 것, 이하 '이 사건 운영규정'이라 한다) 제2조 제2항 제2호(이하 '이 사건 모집방법 제한조항'이라 한다) 및 같은 항 제5호 중 '학부, 학과'에 관한 부분(이하 '이 사건 명칭사용 금지조항'이라 하고, 위 각 조항을 합하여 '이 사건 운영규정 부분'이라 한다)이 기본권 침해의 자기관련성이 있는지 여부(소극)

나. '평가인정 학습과정 운영지침'(2016. 1. 6. 교육부고시 제2015-85호, 이하 '이 사건 운영지침'이라 한다) Ⅱ. 1. 3)항 중 '학습자 모집 시, 특정 다른 교육훈련기관(학습과정 포함)을 명시하여 안내하거나 교육훈련기관 간 협약 등을 통하여 공동으로 학습자를 모집할 수 없으며' 부분 및 6)항 중 '학과, 학부'에 관한 부분(이하 '이 사건 운영지침 부분'이라 한다)이 공권력의 행사에 해당하는지 여부(소극)

다. 이 사건 모집방법 제한조항이 교육훈련기관 운영자들의 직업수행의 자유를 침해하는지 여부(소극)

라. 이 사건 명칭사용 금지조항이 교육훈련기관 운영자들의 직업수행의 자유를 침해하는지 여부(소극)

마. 이 사건 운영규정이 교육훈련기관 운영자들의 평등권을 침해하는지 여부(소극)

【결정요지】

가. 이 사건 운영규정 부분은 청구인 운영자들과 같은 교육훈련기관을 직접적인 수범자로 하고 있을 뿐이고, 학습자가 자유롭게 학습과정을 선택하고 교육을 받을 기회를 제한하지는 아니한다. 또한 학점인정법 시행령 제2조는 교육행정기관의 장이나 대학이 국가나 지방자체단체로부터 필요한 경비를 지원받아 상담자료실을 설치하여 학습자에게 필요한 자료를 제공하거나 상담에 응할 수 있도록 하고 있고, 교육부장관의 업무위탁에 따라 학점은행제 운영을 맡고 있는 국가평생교육진흥원에서도 지역별, 기관별, 학습과정별로 분류하여 교육훈련기관 정보를 상세하게 제공하고 있다. 이러한 사정을 고려해 볼 때 이 사건 운영규정 부분으로 인해 청구인 학습자들이 입는 불이익은 간접적, 사실적 이해관계에 불과하다고 보는 것이 타당하다. 결국 교육훈련기관에서 학습과정을 이수하고 있는 사람들에 대하여 사건 운영규정 부분은 기본권 침해의 자기관련성이 인정되지 아니한다.

나. 이 사건 운영지침 부분은 교육훈련기관의 학습과정 등록을 유도하거나 교육훈련기관 간에 연계하여 공동으로 학습자를 모집하는 것 그리고 학부, 학과의 명칭을 사용하는 것을 금지하고 있는 이 사건 운영규정 부분의 내용을 그대로 확인한 것에 불과하고, 학습자 모집 시 준수사항과 관련하여 이 사건 운영규정 등 상위 법령의 명시적 위임을 받은 것으로 보이지도 아니하므로, 기본권을 새로이 침해하는 공권력의 행사에 해당한다고 볼 수 없다.

다. 이 사건 모집방법 제한조항은 교육훈련기관이 사실상 대학과 같이 운영되는 것을 방지하고, 교육훈련기관이 다른 교육훈련기관의 모집 대행업체로서의 역할을 하는 것을 방지하기 위한 것이다. 교육훈련기관이 다른 교육훈련기관의 학습과정 등록을 유도하거나 서로 연계하여 공동으로 학습자를 모집하는 경우에는 1개 교육훈련기관에서 인정받을 수 있는 최대학점을 제한한 학점인정법 시행령 조항을 잠탈하고, 교육훈련기관이 사실상 대학과 같이 운영되는 결과를 초래할 가능성이 있다. 이는 학습자로 하여금 조직적으로 연계된 교육훈련기관들이 사실상 대학 또는 전문대학과 동일하다고 오인 혼동할 가능성이 높여 학습자에게 피해를 입힐 수 있으며, 나아가 학교 밖에서 이루어지는 다양한 형태의 학습 및 자격을 학점으로 인정받을 수 있도록 함으로써 궁극적으로 열린 학습사회, 평생학습사회를 구현한다는 학점은행제도 본연의 취지에도 반한다. 한편 교육훈련기관으로서는 학습자를 모집하면서 자신이 개설 운영하고 있는 각종 학습과정을 충분히 설명할 수 있고, 특정 학위 취득을 위하여 다른 교육훈련기관의 학습과정을 이수할 필요가 있는 경우에는 국가평생교육진흥원 등이 제공하고 있는 각종 홍보자료 등을 통하여 이를 종합적으로 안내하고 학습자의 상담에 응할 수 있다. 이러한 사정들을 종합하면 이 사건 모집방법 제한조항은 과잉금지원칙을 위반하여 교육훈련기관 운영자들의 직업수행의 자유를 침해하였다고 할 수 없다.

라. 이 사건 명칭사용 금지조항은 학점인정법상 교육훈련기관이 마치 대학이나 전문대학처럼 학습자를 모집하거나 유인하는 것을 방지함으로써 학습자에게 올바른 정보를 제공하기 위한 것이다. 학점인정법상 평가인정된 학습과정을 이수한 학습자에게 대학 또는 전문대학에서 해당 과목을 이수한 것과 동등한 학력이 인정된다고 해서 교육훈련기관을 고등교육기관에 준하는 지위에 있다고 볼 수는 없다. 교육훈련기관이 '학부'나 '학과'의 명칭을 사용할 경우 학습자가 교육훈련기관을 대학이나 전문대학과 동일한 수준의 교육기관이라고 오인하거나 혼동할 가능성이 크고, 이로 인하여 학습자가 입는 피해는 매우 심각할 것이다. 또한 학교 밖의 평생교육시설의 교육과 정규교육의 경계가 무너질 우려도 있다. 한편 교육훈련기관으로서는 '학과', '학부'라는 명칭을 사용하지 못하더라도 '전공'이라는 표현을 사용함으로써 자신이 설치 운영하는 학습과정을 이수하면 어떤 학위를 수여받을 수 있는지 학습자가 바로 이해할 수 있도록 홍보할 수 있다. 이러한 사정들을 종합하면 이 사건 모집방법 제한조항은 과잉금지원칙을 위반하여 교육훈련기관 운영자들의 직업수행의 자유를 침해하였다고 할 수 없다.

마. 학점인정법상 교육훈련기관은 고등교육법상 대학이나 전문대학, 특성화고등학교, 독학학위법상 시험면제 교육기관과 본질적으로 동일한 비교집단이라고 볼 수 없으므로, 이들 사이에 차별취급이 발생하였다고 볼 수 없다.

재판관 이영진, 재판관 문형배의 이 사건 운영규정의 모집방법 제한조항 중 등록 유도 금지 부분과 이 사건 운영규정의 명칭사용 금지조항 중 학과 명칭사용 금지 부분에 대한 반대의견

이 사건 모집방법 제한조항의 입법목적의 달성은 1개 교육훈련기관에서 인정받을 수 있는 학점을 제한하고, 교육훈련기관은 다른 교육훈련기관과 연계하여 공동으로 학습자를 모집하는 것을 제한하는 것으로 충분하다. 그럼에도 이 사건 모집방법 제한조항으로 인하여 학점인정법상 교육훈련기관은 다른 교육훈련기관의 학습과정 등록을 유도하는 것도 금지된다. 학점인정법은 1개의 교육훈련기관에서 이수 가능한 학점을 제한하고 있기 때문에, 각각의 교육훈련기관이 전문성 있는 학습과정을 개설하여 평가인정을 받고 그 전문성을 공유하기 위하여 다른 교육훈련기관의 학습과정 등록을 유도하는 것은 오히려 자연스럽고 필요한 모집방법이다. 따라서 등록 유도 금지 부분으로 교육훈련기관의 직업수행의 자유를 과도하게 제한하는 결과를 초래하고, 이는 결국 학습자의 불이익으로 귀착된다고 할 것이다. 또한 교육훈련기관이 학습자를 모집할 수 있는 다양하고 효율적인 방법이 모두 차단되는 이상, 법익의 균형성도 갖추지 못하였다고 볼 것이다.

'학과'라는 용어는 대학이나 전문대학뿐만 아니라 특성화고등학교에서도 사용되고 있는 용어로서, 대학이나 전문대학에서만 사용가능한 고유의 명칭이 아니다. 특성화고등학교에서 '학과'라는 명칭을 사용하더라도 일반 국민이 특성화고등학교를 대학이나 전문대학으로 오인 혼동할 우려는 없다. 이는 학점인정법상 교육훈련기관의 경우에도 마찬가지로서 교육훈련기관이 당해 기관의 정식 명칭만 제대로 표기한다면 '학과'라는 명칭을 사용하더라도 이를 대학이나 전문대학으로 오인 혼동할 가능성은 없다고 할 것이다. 교육훈련기관으로서는 표준교육과정을 토대로 하여 자신이 설치 운영하는 학습과정이 어떤 학과, 어떤 학위와 관련되는지를 학습자가 바로 이해할 수 있도록 홍보할 것이 학습자 모집을 위하여 필수적이고 핵심적인 영업활동이라 할 것이다. 그럼에도 '학과'라는 명칭을 사용하지 못할 경우 교육훈련기관으로서는 자신이 운영하고 있는 학습과정이 어느 학과의 학점으로 인정받을 수 있는지를 나타낼 수 없게 되어 학습자 모집에 어려움을 겪게 되어 운영에 막대한 피해를 입게 될 것이다.

따라서 이 사건 운영규정의 모집방법 제한조항 중 등록 유도 금지 부분과 명칭사용 금지조항 중 학과 명칭사용 금지 부분은 과잉금지원칙을 위반하여 청구인 운영자들의 직업수행의 자유를 침해한다.

【심판대상조문】

평가인정 학습과정 운영에 관한 규정(2015. 10. 20. 대통령령 제26591호로 제정된 것) 제2조 제2항 제2호, 제5호 중 '학부, 학과'에 관한 부분

평가인정 학습과정 운영지침(2016. 1. 6. 교육부고시 제2015-85호) Ⅱ. 1. 3)항 중 '학습자 모집 시, 특정 다른 교육훈련기관(학습과정 포함)을 명시하여 안내하거나 교육훈련기관 간 협약 등을 통하여 공동으로 학습자를 모집할 수 없으며' 부분 및 6)항 중 '학과, 학부'에 관한 부분

【참조조문】

고등교육법(1997. 12. 13. 법률 제5439호로 제정된 것) 제4조 제1항

고등교육법(2011. 7. 21. 법률 제10866호로 개정된 것) 제28조, 제47조

고등교육법(2011. 9. 15. 법률 제11043호로 개정된 것) 제11조 제7항

고등교육법(2013. 3. 23. 법률 제11690호로 개정된 것) 제5조, 제11조 제8항

고등교육법(2016. 5. 29. 법률 제14148호로 개정된 것) 제62조

사립학교법(2007. 7. 27. 법률 제8545호로 개정된 것) 제20조의2

사립학교법(2012. 1. 26. 법률 제11216호로 개정된 것) 제25조

사립학교법(2013. 3. 23. 법률 제11690호로 개정된 것) 제47조

학점인정 등에 관한 법률(2007. 12. 21. 법률 제8712호로 개정된 것) 제8조 제1항

학점인정 등에 관한 법률(2013. 3. 23. 법률 제11690호로 개정된 것) 제3조 제1항, 제7조 제1항, 제9조

학점인정 등에 관한 법률(2015. 3. 27. 법률 제13229호로 개정된 것) 제2조, 제4조의2, 제5조

학점인정 등에 관한 법률 시행령(2013. 3. 23. 대통령령 제24423호로 개정된 것) 제13조

학점인정 등에 관한 법률 시행령(2015. 9. 25. 대통령령 제26549호로 개정된 것) 제11조, 제16조

【참조판례】

가. 헌재 2014. 8. 28. 2012헌마776, 판례집 26-2상, 411, 416

나. 헌재 1997. 12. 19. 97헌마317, 판례집 9-2, 751, 760-761

다. 헌재 1997. 11. 27. 97헌바10, 판례집 9-2, 651, 665

헌재 2002. 11. 28. 2001헌마596, 판례집 14-2, 734

헌재 2011. 10. 25. 2010헌마661, 판례집 23-2하, 101, 123-124

【당 사 자】

청 구 인 재단법인 ○○ 외 24인
대리인 법무법인(유한) 화우
담당변호사 조대현 외 5인

【주 문】

1. 청구인 육○○, 신○○의 심판청구를 모두 각하한다.

2. 나머지 청구인들의 심판청구 중

가. 평가인정 학습과정 운영지침(2016. 1. 6. 교육부고시 제2015-85호) Ⅱ. 1. 3)항 중 '학습자 모집 시, 특정 다른 교육훈련기관(학습과정 포함)을 명시하여 안내하거나 교육훈련기관 간 협약 등을 통하여 공동으로 학습자를 모집할 수 없으며' 부분과 6)항 중 '학과, 학부'에 관한 부분에 대한 심판청구를 모두 각하하고,

나. 나머지 심판청구를 모두 기각한다.

【이 유】

1. 사건개요

가. 청구인 육○○, 신○○을 제외한 나머지 청구인들은 '학점인정 등에 관한 법률'(이하 '학점인정법'이라 한다) 제3조에 따라 교육부장관으로부터 평가인정을 받은 학습과정을 설치·운영하는 교육훈련기관의 운영자들(이하 '청구인 운영자들'이라 한다)이고, 청구인 육○○, 신○○은 위와 같은 교육훈련기관에서 학습과정을 이수하고 있는 사람들(이하 '청구인 학습자들'이라 한다)이다.

나. 한편 2015. 10. 20. 대통령령 제26591호로 제정된 '평가인정 학습과정 운영에 관한 규정' 제2조 제2항 제2호 및 2016. 1. 6. 교육부고시 제2015-85호로 제정된 '평가인정 학습과정 운영지침' Ⅱ. 1. 3)항에 따라 교육훈련기관의 장이 학습자를 모집할 때 다른 교육훈련기관의 학습과정 등록을 유도 또는 안내하거나 교육훈련기관 간에 연계하여 공동으로 학습자를 모집하는 것이 금지되었고, 위 규정 제2조 제2항 제5호 및 위 지침 Ⅱ. 1. 6)항에 따라 교육훈련기관이 학습자를 모집하면서 '학부', '학과' 등의 명칭을 사용하는 것이 금지되었다.

다. 이에 청구인 운영자들은 위 각 조항이 자신들의 직업수행의 자유를 침해하며, 대학 등을 비롯한 다른 교육기관과 자신들을 합리적 이유 없이 차별한다고 주장하고, 청구인 학습자들은 위 각 조항이 자신들의 교육을 받을 권리와 인격의 자유로운 발현권을 침해한다고 주장하면서 2016. 1. 15. 이 사건 헌법소원심판을 청구하였다.

2. 심판대상

이 사건 심판의 대상은 '평가인정 학습과정 운영에 관한 규정'(2015. 10. 20. 대통령령 제26591호로 제정된 것, 이하 '이 사건 운영규정'이라 한다) 제2조 제2항 제2호(이하 '이 사건 모집방법 제한조항'이라 한다) 및 같은 항 제5호 중 '학부, 학과'에 관한 부분(이하 '이 사건 명칭사용 금지조항'이라 하고, 위 각 조항을 합하여 '이 사건 운영규정 부분'이라 한다), '평가인정 학습과정 운영지침'(2016. 1. 6. 교육부고시 제2015- 85호, 이하 '이 사건 운영지침'이라 한다) Ⅱ. 1. 3)항 중 '학습자 모집 시, 특정 다른 교육훈련기관(학습과정 포함)을 명시하여 안내하거나 교육훈련기관 간 협약 등을 통하여 공동으로 학습자를 모집할 수 없으며' 부분 및 6)항 중 '학과, 학부'에 관한 부분(이하 '이 사건 운영지침 부분'이라 한다)이 청구인들의 기본권을 침해하는지 여부이다.

심판대상조항은 다음과 같다.

[심판대상조항]

평가인정 학습과정 운영에 관한 규정(2015. 10. 20. 대통령령 제26591호로 제정된 것)

제2조(학습자의 모집) ② 교육훈련기관의 장은 학습자를 모집하려는 경우에는 다음 각 호의 사항을 준수하여야 한다.

2. 다른 교육훈련기관의 학습과정 등록을 유도하거나 교육훈련기관간에 연계하여 공동으로 학습자를 모집하지 말 것

5.「고등교육법」에 따른 대학으로 오인(誤認)할 수 있는 대학, 학부, 학과, 정시, 수시 등의 명칭은 사용하지 말 것

평가인정 학습과정 운영지침(2016. 1. 6. 교육부고시 제2015-85호)

Ⅱ. 학사운영

1. 학습자 모집

○ 교육훈련기관의 장은 평가인정을 받은 학습과정 단위로 학습자를 모집하되, 다음 각 호의 사항을 준수하여야 함

3) 학습자 모집 시, 특정 다른 교육훈련기관(학습과정 포함)을 명시하여 안내하거나 교육훈련기관 간 협약 등을 통하여 공동으로 학습자를 모집할 수 없으며, 대행업체와 연계하여 모집할 수 없음

6)「학점인정 등에 관한 법률 시행령」제17조에 따라 교육부장관이 정하는 표준교육과정에 따른 학습과정명을 준수하여야 하며,「고등교육법」에 따른 대학으로 오인할 수 있는 대학, 학과, 학부, 정시, 수시 등의 명칭은 사용할 수 없음

3. 청구인들의 주장요지

가. 청구인 운영자들의 주장요지

(1) 사설 대행업체를 통한 학습자 모집을 금지하는 것과는 달리 교육훈련기관 상호 간의 연계를 통한 학습자 모집은 이를 금지해야 할 이유가 전혀 없으므로 목적의 정당성 및 수단의 적합성이 인정되지 아니한다. 또한 교육훈련기관 단독으로 학습자를 모집하는 것 이외에 학습자를 모집할 수 있는 효과적인 방법 일체를 불가능하게 하므로 피해의 최소성 원칙에 반한다. 따라서 이 사건 모집방법 제한조항 및 이 사건 운영지침의 모집방법 제한 부분은 과잉금지원칙에 위배되어 청구인 운영자들의 직업수행의 자유를 침해한다.

(2) 교육훈련기관이 당해 기관의 정식 명칭을 제대로 표기한다면 '학부', '학과'라는 명칭을 사용하여 학습과정을 표기하더라도 이를 대학 또는 전문대학으로 혼동할 가능성은 없다. 또한 교육훈련기관 중 상당수는 학력인정이나 학위수여에 필요한 전공과목 전부를 운영하고 있는데, 이를 일괄하여 하나의 단위로 표기하지 못한다면 이는 교육훈련기관 운영을 사실상 불가능하게 하는 것이다. 따라서 이 사건 명칭사용 금지조항 및 이 사건 운영지침의 명칭사용 금지 부분은 교육훈련기관의 영업의 자유를 과도하게 제한한다.

(3) 대학, 전문대학과 달리 학점인정법상 교육훈련기관에 대해서 학습자 모집방법을 제한하고, 특성화고등학교, '독학에 의한 학위취득에 관한 법률(이하 '독학학위법'이라 한다)'에 따른 시험면제과정을 운영하고 있는 기관들과 달리 학점인정법상 교육훈련기관에만 '학부', '학과'라는 명칭을 사용할 수 없도록 하는 것은 아무런 합리적 이유를 찾을 수 없는 차별에 해당한다.

나. 청구인 학습자들의 주장요지

이 사건 모집방법 제한조항은 교육훈련기관간의 제휴 또는 공동 모집을 금지함으로써 학력인정 및 학위취득을 위한 청구인 학습자들의 학습과정 이수를 매우 어렵게 하고, 이 사건 명칭사용 금지조항은 학습자의 학습인정을 위한 학습과정 선택에 있어 어떤 과정이 필요한지 살펴보기 어렵게 한다. 이로써 청구인 학습자들이 각자 원하는 바에 따라 자유롭게 학습과정을 선택하고 교육을 받을 수 있는 권리 및 인격의 자유로운 발현권을 침해한다.

4. 적법요건에 관한 판단

가. 청구인 학습자들의 이 사건 운영규정 부분에 대한 심판청구에 관한 판단

(1) 헌법재판소법 제68조 제1항에 의하면 헌법소원은 공권력의 행사 또는 불행사로 헌법상 보장된 기본권을 침해받은 자가 그 심판을 구하는 제도로서, 이 경우 심판을 구하는 자는 심판의 대상인 공권력의 행사 또는 불행사로 자기의 기본권이 현재 그리고 직접적으로 침해받고 있는 자여야 한다. 공권력 작용의 직접적인 상대방이 아닌 제3자라고 하더라도 그 제3자의 기본권을 직접적이고 법적으로 침해하고 있는 경우에는 그 제3자에게 자기관련성이 인정될 수 있다. 그렇지만 타인에 대한 공권력의 작용이 단지 간접적, 사실적 또는 경제적인 이해관계로만 관련된 제3자에게는 자기관련성이 인정되지 않는다(헌재 2014. 8. 28. 2012헌마776 참조).

(2) 이 사건 운영규정 부분은 청구인 운영자들과 같은 교육훈련기관을 직접적인 수범자로 하고 있을 뿐이고, 학습자가 자유롭게 학습과정을 선택하고 교육을 받을 기회를 제한하지는 아니한다.

또한 학점인정법 시행령 제2조는 교육행정기관의 장이나 대학이 국가나 지방자체단체로부터 필요한 경비를 지원받아 상담자료실을 설치하여 학습자에게 필요한 자료를 제공하거나 상담에 응할 수 있도록 하고 있

고, 교육부장관의 업무위탁에 따라 학점은행제 운영을 맡고 있는 국가평생교육진흥원에서도 지역별, 기관별, 학습과정별로 분류하여 교육훈련기관 정보를 상세하게 제공하고 있다.

이러한 사정을 고려해 볼 때 이 사건 운영규정 부분으로 인해 청구인 학습자들이 입는 불이익은 간접적, 사실적 이해관계에 불과하다고 보는 것이 타당하다.

결국 이 사건 운영규정 부분에 대한 청구인 학습자들의 헌법소원심판청구는 자기관련성이 결여되어 부적법하다.

나. 청구인들의 이 사건 운영지침 부분에 대한 심판청구에 관한 판단

(1) 공권력의 행사가 헌법소원의 대상이 되려면 당해 공권력의 행사가 기본권을 새로이 침해하여야 한다. 따라서 만약 당해 공권력의 행사에 앞서 기본권을 침해하는 내용의 다른 공권력의 행사가 이미 존재하고 있고, 당해 공권력의 행사는 선행 공권력의 행사와 실질적으로 동일한 내용으로서 그에 대한 확인적 의미만을 갖고 있을 뿐, 선행 공권력의 행사에 아무런 변경을 가져오지 않는 경우라면, 당해 공권력의 행사는 기본권을 새로이 침해하는 헌법재판소법 제68조 제1항 소정의 공권력의 행사에 해당하지 않는다(헌재 1997. 12. 19. 97헌마317 참조).

또한, 행정규칙은 일반적으로 행정조직 내부에서만 효력을 가지는 것이고 대외적인 구속력을 갖는 것이 아니어서 원칙적으로 헌법소원의 대상이 아니다.

(2) 이 사건 운영지침 부분은 교육훈련기관의 학습과정 등록을 유도하거나 교육훈련기관 간에 연계하여 공동으로 학습자를 모집하는 것 그리고 학부, 학과의 명칭을 사용하는 것을 금지하고 있는 이 사건 운영규정 부분의 내용을 그대로 확인한 것에 불과하고, 학습자 모집 시 준수사항과 관련하여 이 사건 운영규정 등 상위 법령의 명시적 위임을 받은 것으로 보이지도 않는다.

따라서 이 사건 운영지침 부분은 청구인들의 기본권을 새로이 침해하는 공권력의 행사에 해당한다고 볼 수 없다.

다. 소결

청구인 학습자들의 이 사건 운영규정 부분에 대한 심판청구는 자기관련성이 결여되어 부적법하고, 이 사건 운영지침 부분은 헌법소원의 대상인 공권력의 행사에 해당하지 않으므로 이 부분에 대한 청구인들의 심판청구는 부적법하다.

5. 청구인 운영자들의 이 사건 운영규정 부분에 대한 심판청구의 본안에 관한 판단

가. 학점은행제도의 개관

(1) 학점은행제의 개념

학점은행제는 1997. 1. 13. 법률 제5275호로 제정된 학점인정법에 따라 학교에서 뿐만 아니라 학교 밖에서 이루어지는 다양한 형태의 학습 및 자격을 학점으로 인정받을 수 있도록 하고, 학점이 누적되어 일정 기준을 충족하면 학위취득을 가능하게 함으로써 궁극적으로 열린 학습사회, 평생학습사회를 구현하기 위하여 도입된 제도이다. 학점은행제는 학교교육, 특히 고등교육분야에서 소외되어 왔던 계층에 대한 교육에의 접근 기회를 넓히는 등 언제, 어디서나 평생에 걸쳐 교육을 받을 수 있는 사회를 실현하는 것을 그 목적으로 한다.

(2) 학점인정법의 주요 내용

(가) 이용대상자

학점은행제는 고등학교 졸업자나 동등 이상의 학력을 가진 자를 대상으로 하고 있는데(학점인정법 제9조), 대학을 다니다가 졸업 내지 중퇴하고 이수한 학점을 인정받고자 하는 경우, 이미 학위를 갖고 있지만 새로운 전공분야를 공부하여 다른 학위를 취득하고자 하는 경우, 대학에서 시간제 등록을 통하여 이수한 학점을 인정받고자 하는 경우, 학점으로 인정되는 국가자격 및 국가기술자격, 국가공인 민간자격을 취득하여 학점을 인정받고자 하는 경우 등이 대표적 이용 사례이다.

(나) 교육훈련기관

교육부장관은 대통령령으로 정하는 평생교육시설, 직업교육훈련기관 및 군(軍)의 교육·훈련시설 등 교육훈련기관이 설치·운영하는 학습과정에 대하여 대통령령으로 정하는 바에 따라 평가인정을 할 수 있다(학점인정법 제3조 제1항). 여기서 '평가인정'이란 교육부장관이 학습과정에 대하여 교수 또는 강사가 일정한 자격을 갖추었는지 여부, 학습 및 연구활동에 적합한 교육기본시설 및 설비를 갖추었는지 여부, 학습과정의 내용이 표준교육과정에 맞게 구성되었는지 여부 등 대통령령으로 정한 기준에 적합한지를 평가하여 학점인정 학습과정으로 인정하는 것으로, 평가인정의 대상은 교육훈련기관 자체가 아니라 교육훈련기관이 설치 운영하는 개별 학습과정이 법령에서 정한 기준을 갖추었는지 여부이다.

(다) 학점인정 및 학력인정

교육부장관은 학점인정법에 따른 평가인정을 받은 학습과정을 마친 자에게 그에 상당하는 학점을 인정하는데(학점인정법 제7조 제1항), 일정한 학점(학사학위는 140학점 이상, 전문학사학위는 2년제의 경우 80학점 이상, 3년제의 경우 120학점 이상)을 인정받은 자는 고등교육법 제2조 제1호에 따른 대학이나 같은 법 제2조 제4호에 따른 전문대학을 졸업한 자와 같은 수준 이상의 학력이 있는 것으로 인정된다(학점인정법 제8조 제1항, 같은 법 시행령 제13조). 한편 학점인정법 시행령 제11조 및 [별표 3] '학력인정 등을 위한 학점인정의 기준' 비고 제7호는 1개 교육훈련기관에서 인정받을 수 있는 학점을 학사학위과정의 경우는 최대 105학점, 전문학사학위과정의 경우는 최대 60학점(수업연한이 3년 이상인 경우 90학점)으로 제한하고 있다.

(라) 학위 수여

학점인정법에서의 '학위'란 고등교육법 제35조 제1항에 따른 학사학위나 같은 법 제50조 제1항에 따른 전문학사학위와 같은 수준의 효력을 가지는 학위로서(학점인정법 제2조 제2호), 학위 수여는 교육부장관에 의한 학위수여와 대학의 장 등에 의한 학위 수여로 이원화 되어 있다(학점인정법 제9조, 같은 법 시행령 제16조).

(3) 교육훈련기관과 대학과의 구분

대학은 인격을 도야하고 국가와 인류사회의 발전에 필요한 심오한 학술이론과 그 응용방법을 가르치고 연구하며, 국가와 인류사회에 이바지함을 목적으로 하고(고등교육법 제28조), 전문대학은 사회 각 분야에 관한 전문적인 지식과 이론을 가르치고 연구하며 재능을 연마하여 국가사회의 발전에 필요한 전문직업인을 양성함을 목적으로 한다(고등교육법 제47조). 반면 교육훈련기관은 학력인정과 학위취득의 기회를 주는 것 자체를 목적으로 하는바, 앞서 본 바와 같이 학점인정법상 평가인정은 교육부장관이 교육훈련기관이 설치 운영하는 학습과정에 대하여 일정 기준을 갖추었는지를 평가하여 학점인정 학습과정으로 인정하는 것이지 해당 학습과정을 설치 운영한 교육훈련기관을 대상으로 하는 것이 아니다.

고등교육법상 학교를 설립하고자 하는 자는 시설·설비 등 대통령령으로 정하는 설립기준을 갖추어야 하는데(고등교육법 제4조 제1항), 대학설립운영규정에 의해 교지, 교사, 교원, 기본재산 등의 엄격한 설립 요건을 충족해야 하며, 사립학교의 경우에는 사립학교법에 의하여 학교법인을 설립하여야 한다. 반면에 학점인정법상 교육훈련기관은 개별 법률에 의해 설립되거나 등록된 교육시설 또는 학원들로서, 학점인정법은 해당 교육훈련기관의 설립에 관해서는 별다른 규율을 하고 있지 않다.

고등교육법에 의한 고등교육기관은 교육부장관으로부터 고등교육법, 그 하위 법령, 시행규칙, 사립학교법령 등에 의한 관리·감독을 받는다(고등교육법 제5조). 학교법인이 관할청의 관리감독을 따르지 않거나 관련 법령을 위반하는 경우 행정재재의 대상이 될 뿐만 아니라(고등교육법 제62조, 사립학교법 제47조) 임원취임 승인의 취소 및 임시이사 선임의 사유가 되기도 한다(사립학교법 제20조의2, 제25조). 반면에 학점인정법상 교육훈련기관은 학점인정법상 준수사항을 위반하는 경우에도 평가인정 취소 등 그에 따른 제재를 받는 것에 그친다(학점인정법 제5조).

고등교육법상 각 학교는 등록금의 인상률이 직전 3개 연도 평균 소비자 물가상승률의 1.5배를 초과하게 하여서는 아니 되고, 각 학교가 등록금의 인상률을 직전 3개 연도 평균 소비자 물가상승률의 1.5배를 초과하여 인상한 경우에는 교육부장관은 해당 학교에 행정적·재정적 제재 등 불이익을 줄 수 있는 반면(고등교육법 제11조 제7항, 제8항), 교육훈련기관의 경우 학습비 인상률을 제한하는 규정이 없다.

이와 같이 고등교육법상 대학, 전문대학 등과 학점인정법상 교육훈련기관은 그 설립 목적과 설립 방법, 운영 방법, 관리 감독 등에서 서로 다른 규정 체계에 의하여 규율되므로, 교육훈련기관이 고등교육기관에 준하는 지위를 가진다고 볼 수 없다.

학점인정법이 1개의 교육훈련기관에서 인정받을 수 있는 학점을 제한하는 취지 역시 교육훈련기관에서 백화점식으로 학습과정을 개설하여 사실상 대학과 같이 운영하는 것을 방지하기 위한 것이다. 그럼에도 교육훈련기관이 사실상 대학과 같이 운영된다면 고등교육법상 학교에 대한 설립, 운영, 관리 감독 규정을 잠탈하는 결과를 초래하고, 학교 밖에서 이루어지는 다양한 형태의 학습 및 자격을 학점으로 인정받을 수 있도록 하여 열린 학습사회, 평생학습사회를 구현하고자 하는 학점인정제도의 취지 역시 몰각될 우려가 있다. 나아가 고등교육법상 대학 및 전문대학과정의 이수를 희망하는 학습자가 교육훈련기관이 사실상 대학과 같이 운영됨으로 인하여 교육훈련기관을 대학으로 오인함으로써 입게 되는 시간적, 물질적 피해는 사후적으로 구제받기 어렵다.

(4) 이 사건 운영규정과 운영지침의 제정

2015. 3. 27. 개정된 학점인정법에는 교육훈련기관으로 하여금 평가인정 학습과정 운영에 관한 규정을 준수하도록 하고, 위반 시 평가인정 취소 등 행정조치를 할 수 있도록 하는 규정이 신설되었고(제4조의2, 제5조 제1항 제4호), 이에 따라 이 사건 운영규정이 2015. 10. 20. 대통령령 제26591호로, 이 사건 운영지침이 2016. 1. 6. 교육부고시 제2015-85호로 제정되었다.

이 사건 운영규정과 지침은 학습자 모집 및 등록, 학습비, 수업·출석 등 학습과정 운영과 성적 평가 등 교육훈련기관이 학습자를 대상으로 평가인정 학습과정을 운영함에 있어 관련된 내용을 규율하고 있다.

나. 직업수행의 자유 침해 여부

(1) 제한되는 기본권

헌법 제15조는 모든 국민은 직업선택의 자유를 가진다고 규정하고 있고, 이는 직업결정의 자유, 전직의 자유, 직업수행의 자유 등을 그 내용으로 하는 종합적이고 포괄적인 직업의 자유를 보장하는 것이라고 해석된다. 즉 자신이 원하는 직업 내지 직종을 자유롭게 선택하는 직업선택의 자유뿐만 아니라 그가 선택한 직업을 자기가 결정한 방식으로 자유롭게 수행할 수 있는 직업수행의 자유 역시 헌법상 보장된 기본권에 속한다(헌재 1997. 11. 27. 97헌바10; 헌재 2002. 11. 28. 2001헌마596 등 참조).

이 사건 운영규정 부분은 교육훈련기관으로 하여금 다른 교육훈련기관의 학습과정 등록을 유도하거나 교육훈련기관 간에 연계하여 공동으로 학습자를 모집하지 못하도록 하고, '학부', '학과' 등의 명칭사용을 금지함으로써, 청구인 운영자들의 직업수행의 자유를 제한한다.

(2) 심사기준

직업의 자유도 다른 기본권과 마찬가지로 절대적으로 보호되는 것이 아니라 공익상의 이유로 제한될 수 있음은 물론이다. 앞서 본 바와 같이 직업의 자유는 크게 직업선택의 자유와 직업수행의 자유로 나눌 수 있는데, 헌법재판소는 직업의 자유의 제한에 대한 위헌심사에서도 기본적으로는 비례의 원칙을 적용하고 있다. 그러나 직업선택의 자유와 직업수행의 자유는 기본권 주체에 대한 그 제한의 효과가 다르기 때문에 제한에 있어서 적용되는 기준도 다르며, 특히 직업수행의 자유에 대한 제한의 경우 인격발현에 대한 침해의 효과가 일반적으로 직업선택 그 자체에 대한 제한에 비하여 작기 때문에 그에 대한 제한은 폭넓게 허용된다. 다만 그렇다고 하더라도 직업수행의 자유에 대한 제한이 헌법 제37조 제2항에 의거한 비례의 원칙(과잉금지의 원칙)에 위배되어서는 안 된다. 즉, 직업수행의 자유를 제한하는 법률이 헌법에 위반되지 아니하기 위해서는 직업수행에 대한 제한이 공익상의 이유로 충분히 정당화되고, 입법자가 선택한 수단이 의도하는 입법목적을 달성하기에 적합해야 하며, 입법목적을 달성하기 위하여 동일하게 적합한 수단들 중에서 기본권을 되도록 적게 제한하는 수단을 선택하여야 하고, 제한의 정도와 공익의 비중을 비교형량하여 추구하는 입법목적과 선정된 입법수단 사이에 균형적인 비례관계가 성립하여야 한다(헌재 2011. 10. 25. 2010헌마661).

(3) 이 사건 모집방법 제한조항

(가) 목적의 정당성 및 수단의 적합성

학점인정법 시행령 제11조 및 [별표 3] '학력인정 등을 위한 학점인정의 기준' 비고 제7호는 학습자가 1개 교육훈련기관에서 인정받을 수 있는 학점을 제한함으로써 학위를 취득하기 위해서는 최소한 2개 이상의 교육훈련기관에서 학점을 인정받아야 하도록 하고 있는데, 앞서 본 바와 같이 그 취지는 교육훈련기관이 백화점식으로 학습과정을 개설하여 사실상 대학과 같이 운영하는 것을 방지하기 위한 것이다.

그런데 교육훈련기관이 다른 교육훈련기관의 학습과정 등록을 유도하거나 서로 연계하여 공동으로 학습자를 모집하는 경우에는 1개 교육훈련기관에서 인정받을 수 있는 최대학점을 제한한 위 학점인정법 시행령 조항을 잠탈할 우려가 있고, 교육훈련기관이 사실상 대학과 같이 운영되는 결과를 초래할 가능성이 있다. 이는 결국 학점은행제도가 학위취득의 수단으로 전락하여 고등교육 분야에서 소외되어 왔던 계층에 대한 교육에의 접근 기회를 넓혀 평생에 걸쳐 교육을 받을 수 있는 사회의 실현이라는 학점은행제도 본래의 취지가 몰각될 수 있다.

한편, 교육훈련기관이 학습자를 모집함에 있어 제3자가 그 모집을 대행하는 경우 허위 또는 과장 홍보, 교육훈련기관과 대행업자 간 음성적인 금전 수수 등의 폐해가 예상되고, 이로 인해 학습자의 선택권이 제대로 보장되지 않으며, 사후에 그러한 사실이 확인되더라도 학습자가 구제받기 어려울 수 있다. 그런데 교육훈련기관이 학습자에게 다른 교육훈련기관으로의 등록을 유도하거나 다른 교육훈련기관과 연계하여 공동으로 학습자를 모집하는 경우 해당 교육훈련기관은 사실상 다른 교육훈련기관의 대행업체의 역할을 하게 되고, 이 경우에도 위와 같은 제3자의 학습자 모집 대행으로 인한 폐해가 발생할 가능성이 높다.

이 사건 모집방법 제한조항은 교육훈련기관이 사실상 대학과 같이 운영되는 것을 방지하고, 교육훈련기관이 다른 교육훈련기관의 모집 대행업체로서의 역할을 하는 것을 방지하기 위한 것으로, 목적의 정당성 및 수단의 적합성이 인정된다.

(나) 피해의 최소성 및 법익의 균형성

통상적으로 학습자는 교육훈련기관의 홍보자료 또는 담당자와의 상담을 통하여 학점은행제를 통한 학위 취득 여부 및 해당 교육훈련기관이 개설한 학습과정의 이수 여부를 결정하게 된다. 그런데 교육훈련기관이 제휴 등을 통하여 다른 교육훈련기관의 학습과정 등록을 유도하거나 교육훈련기관들이 연계하여 공동으로 학습자를 모집할 경우, 1개 교육훈련기관에서 인정받을 수 있는 학점을 제한하는 학점인정법 시행령 제11조의 규정 취지를 잠탈하여 교육훈련기관이 사실상 대학과 같이 운영되는 결과를 초래할 가능성이 있음은 앞서 본 바와 같다. 특히 학점인정법에 따라 일정한 학점을 인정받은 자는 고등교육법 제2조 제1호에 따른 대학이나 같은 법 제2조 제4호에 따른 전문대학을 졸업한 자와 같은 수준 이상의 학력이 있는 것으로 인정되는데, 교육훈련기관이 제휴 등을 통하여 다른 교육훈련기관의 학습과정 등록을 유도하거나 공동으로 학습자를 모집하면서 대학이나 전문대학 졸업자와 같은 수준의 학력이 인정됨을 강조할 경우 각 교육훈련기관이 결합하여 실질적으로 대학과 같이 운영됨으로써, 학습자로서는 각 교육훈련기관별로 평가인정 받은 학습과정에도 불구하고 조직적으로 연계된 교육훈련기관들이 사실상 대학 또는 전문대학과 동일하다고 오인 혼동할 가능성이 높다. 이로 인해 학습자가 입는 피해는 사후적으로 구제받기 어려울 뿐만 아니라, 이는 결국 학교 밖에서 이루어지는 다양한 형태의 학습 및 자격을 학점으로 인정받을 수 있도록 함으로써 궁극적으로 열린 학습사회, 평생학습사회를 구현한다는 학점은행제도 본연의 취지에도 반하는 결과를 초래한다.

이 사건 모집방법 제한조항은 교육훈련기관이 다른 교육훈련기관과 공동으로 학습자를 모집하는 것을 금지할 뿐만 아니라 다른 교육훈련기관의 학습과정 등록을 유도하는 것도 금지하고 있다. 여기서의 '유도'란 학습자로 하여금 다른 교육훈련기관의 학습과정에 등록하도록 적극적으로 이끄는 행위를 의미하고, 이러한 정도에 이르지 않는 단순한 안내 등의 행위는 이에 포함되지 않는다고 볼 것이다. 이와 같은 유도행위는 교육훈련기관들이 공동으로 학습자를 모집하는 것과 유사하여 교육훈련기관이 사실상 대학과 같이 운영되는 결과를 초래하므로, 이러한 형태의 규제 역시 학점은행제도가 학위취득의 수단으로 전락하는 것을 방지하기 위하여 필요하다.

한편, 이 사건 모집방법 제한조항은 교육훈련기관이 다른 교육훈련기관의 학습과정 등록을 유도하거나 교육훈련기관들이 공동으로 학습자를 모집하는 것을 금지하고 있을 뿐이다. 교육훈련기관으로서는 학습자를 모집하면서 자신이 개설 운영하고 있는 각종 학습과정을 충분히 설명할 수 있고, 특정 학위 취득을 위하여 다른 교육훈련기관의 학습과정을 이수할 필요가 있는 경우에는 국가평생교육진흥원 등이 제공하고 있는 각종 홍보자료 등을 통하여 이를 종합적으로 안내하고 학습자의 상담에 응할 수 있다.

이상과 같이 이 사건 모집방법 제한조항을 통하여 교육훈련기관이 사실상 대학과 같이 운영되는 것을 방지하고, 교육훈련기관이 다른 교육훈련기관의 모집 대행업체로서의 역할을 하는 것을 방지함으로써 교육훈련기관의 수준향상 및 학습자의 선택권 보장이라는 공익을 달성할 수 있고, 이러한 공익은 이 사건 모집방법 제한조항으로 인하여 교육훈련기관이 직업수행의 자유를 제한받는 정도에 비하여 매우 중대하다.

(4) 이 사건 명칭사용 금지조항

(가) 목적의 정당성 및 수단의 적합성

앞서 살핀 바와 같이 고등교육기관인 대학, 전문대학 등과 학점인정법상 교육훈련기관은 그 설립 목적과 방법, 운영 방법, 관리 감독 등에서 서로 다른 규정 체계에 의하여 규율되고 있다.

이와 같이 고등교육기관과 교육훈련기관이 구별됨에도 불구하고 학점은행제를 통해 수여받은 학위는 대학 또는 전문대학의 학위와 동등한 학력이 인정된다는 점에서, 학점인정법상 교육훈련기관이 학부, 학과 등의 명칭을 사용하는 경우 해당 교육훈련기관을 마치 대학 또는 전문대학과 같은 고등교육기관으로 오인 혼동할 가능성이 매우 높다.

이 사건 명칭사용 금지조항은 학점인정법상 교육훈련기관이 마치 대학이나 전문대학처럼 학습자를 모집하거나 유인하는 것을 방지함으로써 학습자에게 올바른 정보를 제공하기 위한 것으로, 교육훈련기관으로 하여금 '학부', '학과'라는 명칭을 사용하지 못하도록 하는 것은 이와 같은 목적을 달성하기 위한 적합한 수단이다.

(나) 피해의 최소성 및 법익의 균형성

학점인정법상 평가인정은 교육부장관이 교육훈련기관이 설치 운영하는 학습과정에 대하여 일정 기준을 갖추었는지를 평가하여 학점인정 학습과정으로 인정하는 것으로서, 평가인정의 대상은 해당 학습과정이지, 해당 학습과정을 설치 운영한 교육훈련기관이 아니다.

학점인정법 시행령 제5조는 평가인정 기준으로 학습과정의 내용이 표준교육과정에 맞게 구성되어 있을 것 이외에 교수 또는 강사가 일정 자격을 갖추고, 대학 또는 전문대학에 상응하는 수준의 교육기본시설 및 설비를 갖출 것을 규정하고 있으나, 그러한 경우에도 해당 교육훈련기관이 평가인정을 신청한 학습과정을 적절하게 운영할 수 있는지를 평가하는 데 초점이 맞추어져 있다.

따라서 학점인정법상 평가인정된 학습과정을 이수한 학습자에게 대학 또는 전문대학에서 해당 과목을 이수한 것과 동등한 학력이 인정된다고 해서 교육훈련기관을 고등교육기관에 준하는 지위에 있다고 볼 수는 없다.

그런데 교육훈련기관에 대하여 '학부', '학과' 명칭의 사용을 허용할 경우 학습자가 교육훈련기관을 대학이나 전문대학과 동일한 수준의 교육기관이라고 오인하거나 혼동할 가능성이 크고, 이로 인하여 학습자가 입는 피해는 매우 심각할 것이다. 또한 교육훈련기관이 사실상 대학 또는 전문대학처럼 운영되는 결과를 초래하여 학교 밖의 평생교육시설의 교육과 정규교육의 경계가 무너질 우려도 있다.

한편, 교육부에서 2015. 11. 13 이 사건 운영지침을 '학점은행제 교육훈련기관 학사운영 등에 관한 지침' 제정안으로 입법예고할 당시에는 Ⅱ. 1. 6)항에서 '고등교육법에 따른 대학으로 오인할 수 있는 대학, 학과(전공), 학부, 정시, 수시 등의 명칭은 사용할 수 없음'으로 규정되어 '학부', '학과' 이외에 '전공'이라는 명칭 역시 대학으로 오인될 수 있는 명칭에 해당한다고 보았으나, 2016. 1. 6. 공포 및 시행된 이 사건 운영지침에는 '고등교육법에 따른 대학으로 오인할 수 있는 대학, 학과, 학부, 정시, 수시 등의 명칭은 사용할 수 없음'으로 규정되어 '(전공)'부분이 삭제되었다. 따라서 교육훈련기관으로서는 '학과', '학부'라는 명칭을 사용하지 못하더라도 '전공'이라는 표현을 사용함으로써 자신이 설치 운영하는 학습과정을 이수하면 어떤 학위를 수여받을 수 있는지 학습자가 바로 이해할 수 있도록 홍보할 수 있다.

국가평생교육진흥원은 학과, 학부라는 명칭 대신에, 학사, 학위, 전공 등의 명칭을 사용하여 학습자가 이수하여야 할 학습과정을 안내하고 있고, 이는 교육훈련기관 역시 마찬가지이다.

이와 같이 교육훈련기관이 자신이 개설하는 학습과정을 전공 단위별로 표기할 수 있는 이상, 이 사건 명칭사용 금지조항을 통하여 교육훈련기관을 대학이나 전문대학으로 오인 혼동함으로써 학습자가 입는 피해를 방지할 수 있는 공익에 비하여 위 금지조항으로 인한 교육훈련기관의 직업수행의 자유 제한의 정도는 크다고 볼 수 없다.

(5) 소결

따라서 이 사건 운영규정 부분이 과잉금지원칙을 위반하여 청구인 운영자들의 직업수행의 자유를 침해하였다고 할 수 없다.

다. 평등권 침해 여부

(1) 고등교육법상 대학, 전문대학 등과 학점인정법상 교육훈련기관은 그 설립 목적과 설립 방법, 운영 방법, 관리 감독 등에서 서로 다른 규정 체계에 의하여 완전히 다르게 규율되므로, 교육훈련기관이 고등교육기관에 준하는 지위를 가진다고 볼 수 없음은 앞서 본 것과 같다.

(2) 특성화고등학교는 초·중등교육법 시행령 제91조에 근거하여 소질과 적성 및 능력이 유사한 학생을 대상으로 특정 분야의 인재양성을 목적으로 하는 교육 또는 자연현장 실습 등 체험위주의 교육을 전문적으로 실시하는 학교로서 고등학교의 한 형태로, 학점인정법상 교육훈련기관과는 그 설립 목적 및 배경, 교육 내용 등을 달리하고 있다.

(3) 독학학위법에 근거하여 시행되고 있는 독학사 제도는 고등학교 졸업이나 이와 동등한 수준 이상의 학력이 인정되는 사람을 대상으로 학위취득시험을 실시하여 학사학위 취득의 기회를 부여하는 제도로, 학점은행

제와는 달리 독학자가 대학이나 전문대학으로 오인 혼동할 우려가 있는 교육기관을 상정하기 어렵다. 독학학위법 시행령 제9조 제1항 제4호, 시행규칙 제5조에 의하여 시험과목 면제과정을 설치하여 운영하는 교육기관의 경우에도 그것이 독학사 제도의 틀 안에서 운영되는 이상 이를 학점인정법상 교육훈련기관과 동일한 기준에서 평가할 수는 없다.

(4) 이상과 같이 학점인정법상 교육훈련기관은 고등교육법상 대학이나 전문대학, 특성화고등학교, 독학학위법상 시험면제 교육기관과 본질적으로 동일한 비교집단이라고 볼 수 없으므로, 이들 사이에 차별취급이 발생하였다고 볼 수 없다.

따라서 이 사건 운영규정 부분이 청구인 운영자들의 평등권을 침해하였다고 볼 수 없다.

6. 결 론

그렇다면 청구인 학습자들의 심판청구를 모두 각하하고, 청구인 운영자들의 심판청구 중 이 사건 운영지침 부분에 대한 심판청구를 모두 각하하며, 이 사건 운영규정 부분에 대한 심판청구를 모두 기각하기로 하여 주문과 같이 결정한다. 이 결정에는 아래 7.과 같은 재판관 이영진, 재판관 문형배의 이 사건 운영규정의 모집방법 제한조항 중 등록 유도 금지 부분과 이 사건 운영규정의 명칭사용 금지조항 중 학과 명칭 사용 금지 부분에 대한 반대의견이 있는 외에는 관여 재판관의 일치된 의견에 따른 것이다.

7. 재판관 이영진, 재판관 문형배의 이 사건 운영규정의 모집방법 제한조항 중 등록 유도 금지 부분과 이 사건 운영규정의 명칭사용 금지조항 중 학과 명칭사용 금지 부분에 대한 반대의견

우리는 법정의견과 달리 이 사건 운영규정의 모집방법 제한조항 중 등록 유도 금지 부분(이하 '등록 유도 금지 부분'이라고만 한다)과 이 사건 운영규정의 명칭사용 금지조항 중 학과 명칭사용 금지 부분(이하 '학과 명칭사용 금지 부분'이라고만 한다)은 과잉금지원칙, 구체적으로 등록 유도 금지 부분은 피해의 최소성 및 법익의 균형성 원칙을, 학과 명칭사용 금지 부분은 수단의 적합성과 피해의 최소성 및 법익의 균형성 원칙을 위반하여 청구인 운영자들의 직업수행의 자유를 침해한다고 생각하므로, 다음과 같이 견해를 밝힌다.

가. 등록 유도 금지 부분

(1) 이 사건 모집방법 제한조항으로 인하여 학점인정법상 교육훈련기관은 다른 교육훈련기관과 연계하여 공동으로 학습자를 모집하는 것뿐만 아니라 다른 교육훈련기관의 학습과정 등록을 유도하는 것도 금지된다. 그러나 이 사건 모집방법 제한조항의 입법목적은 교육훈련기관이 사실상 대학과 같이 운영되는 것을 방지하고, 교육훈련기관이 다른 교육훈련기관의 모집 대행업체로서의 역할을 하는 것을 방지하기 위한 것에 있으므로 이러한 입법목적은 학점인정법 시행령 제11조 및 [별표 3] '학력인정 등을 위한 학점인정의 기준' 비고 제7호에서 정하고 있는 바와 같이 1개 교육훈련기관에서 인정받을 수 있는 학점을 제한하고, 교육훈련기관은 다른 교육훈련기관과 연계하여 공동으로 학습자를 모집하는 것을 제한하는 것으로 충분하다. 나아가 교육훈련기관의 연계를 통한 학습자 모집으로 인한 폐해가 발생할 우려가 있다면, 그러한 행위만을 금지하는 것이 바람직할 것이다.

교육훈련기관 사이의 제휴를 통하여 교육훈련기관이 다른 교육훈련기관의 학습과정 등록을 유도한다고 하여 해당 교육훈련기관이 백화점식으로 학습과정을 개설하는 것이 아니고 대학처럼 운영되는 것은 더더욱 아니다. 학점인정법은 1개의 교육훈련기관에서 이수 가능한 학점을 제한하고 있기 때문에, 각각의 교육훈련기관이 전문성 있는 학습과정을 개설하여 평가인정을 받고 그 전문성을 공유하기 위하여 다른 교육훈련기관의 학습과정 등록을 유도하는 것은 오히려 자연스럽고 필요한 모집방법이다.

(2) 등록 유도 금지 부분으로 인하여 교육훈련기관은 평가인정을 받아 학습과정을 개설해 놓고도 학습자를 효과적으로 모집하지 못하게 될 우려가 높고, 이는 교육훈련기관의 직업수행의 자유를 과도하게 제한하는 결과를 초래한다. 또한, 학습자 모집에 어려움을 겪는 교육훈련기관으로서는 학습과정의 질 향상에 집중하지 못하고, 학습자 모집에 시간과 노력을 투입해야 하는데, 이는 결국 학습자의 불이익으로 귀착된다.

(3) 등록 유도 금지 부분을 통하여 교육훈련기관이 사실상 대학과 같이 운영되는 것을 방지하고, 교육훈련기관이 다른 교육훈련기관의 모집 대행업체로서의 역할을 하는 것을 방지함으로써, 교육훈련기관의 수준향상 및 학습자의 선택권 보장이라는 공익을 달성할 수 있다고 하더라도, 교육훈련기관이 학습자를 모집할 수 있는 다

양하고 효율적인 방법이 모두 차단되는 이상, 법익의 균형성도 갖추지 못하였다고 볼 것이다.

나. 학과 명칭사용 금지 부분

(1) '학과'라는 용어는 대학이나 전문대학뿐만 아니라 특성화고등학교에서도 사용되고 있는 용어로서, 대학이나 전문대학에서만 사용가능한 고유의 명칭이 아니다. 특성화고등학교에서 '학과'라는 명칭을 사용하더라도 일반 국민이 위 학교를 대학이나 전문대학으로 오인 혼동할 우려는 없고, 이는 학점인정법상 교육훈련기관의 경우에도 마찬가지이다.

또한, 이 사건 운영규정 제2조 제2항 제3호는 해당 교육훈련기관의 명칭을 사용하도록 하고 있고, 교육훈련기관은 개별 법령에 의하여 직업전문학교, 실용전문학교 또는 학원이라고 표기하도록 규정되어 있으므로, 교육훈련기관이 당해 기관의 정식 명칭만 제대로 표기한다면 '학과'라는 명칭을 사용하더라도 이를 대학이나 전문대학으로 오인 혼동할 가능성은 없다고 할 것이다.

결국 학과 명칭사용 금지 부분은 입법 목적 달성을 위한 적합한 수단으로 볼 수 없다.

(2) 표준교육과정은 평가인정의 기준, 학점 및 학력인정의 기준, 학위 수여의 요건에 관한 사항을 종합적으로 연계하기 위하여 교육부장관이 고시하는 학점은행제 교육과정을 말한다(학점인정법 시행령 제17조). 2018. 1. 현재 제22차 표준교육과정이 고시되어 있는데, 학사과정의 경우 26개 학위, 115개 전공으로, 전문학사의 경우 13개 학위, 110개 전공으로 세분화되어 있다.

교육훈련기관으로서는 위와 같은 표준교육과정을 토대로 하여 자신이 설치 운영하는 학습과정이 어떤 학과, 어떤 학위와 관련되는지를 학습자가 바로 이해할 수 있도록 홍보하는 것이 학습자 모집을 위하여 필수적이고 가장 핵심적인 영업활동이라 할 것이다. 그럼에도 '학과'라는 명칭을 사용하지 못할 경우 교육훈련기관으로서는 자신이 운영하고 있는 학습과정이 어느 학과의 학점으로 인정받을 수 있는지를 나타낼 수 없게 된다. 명칭 자체로 어느 학과에 속하는지 불분명한 학습과정은 학습자가 이를 이수하려고 하지 않을 것이고, 이로써 교육훈련기관은 학습자 모집에 어려움을 겪게 되어 운영에 막대한 피해를 입게 된다.

(3) 설령 학과 명칭사용 금지 부분을 통하여 교육훈련기관을 대학이나 전문대학으로 오인 혼동함으로써 학습자가 입는 피해를 방지할 수 있는 공익이 인정된다고 하더라도, 이로 인하여 교육훈련기관이 위와 같은 막대한 피해를 입는 이상, 법익 사이의 균형을 갖추었다고 볼 수 없다.

재판관 유남석 이석태 이은애 이종석 이영진 김기영 문형배 이미선

10. 공직선거법 제8조의5 제6항 등 위헌확인

[2019. 11. 28. 2016헌마90]

【판시사항】

가. 인터넷선거보도심의위원회(이하 '이 사건 심의위원회'라 한다)로 하여금 인터넷 선거보도의 공정을 보장하기 위하여 필요한 사항을 정하여 공표하도록 정한 공직선거법(2004. 3. 12. 법률 제7189호로 개정된 것) 제8조의5 제6항(이하 '이 사건 공선법조항'이라 한다)에 대한 심판청구가 기본권 침해의 직접성을 갖추고 있는지 여부(소극)

나. 인터넷언론사에 대하여 선거일 전 90일부터 선거일까지 후보자 명의의 칼럼이나 저술을 게재하는 보도를 제한하는 구 '인터넷선거보도 심의기준 등에 관한 규정'(2011. 12. 23. 인터넷선거보도심의위원회 훈령 제9호로 제정되고, 2017. 12. 8. 인터넷선거보도심의위원회 훈령 제10호로 개정되기 전의 것) 제8조 제2항 본문과 '인터넷선거보도 심의기준 등에 관한 규정'(2017. 12. 8. 인터넷선거보도심의위원회 훈령 제10호로 개정된 것, 이하 '이 사건 심의기준 규정'이라 한다) 제8조 제2항(이하 위 두 조항을 합하여 '이 사건 시기제한조항'이라 한다)이 법률유보원칙에 반하여 청구인의 표현의 자유를 침해하는지 여부(소극)

다. 이 사건 시기제한조항이 과잉금지원칙에 반하여 청구인의 표현의 자유를 침해하는지 여부(적극)

【결정요지】

가. 이 사건 공선법조항은 이 사건 심의위원회로 하여금 인터넷 선거보도의 공정을 보장하기 위하여 필요한 사항을 정하여 공표하도록 위임하고 있고, 청구인의 표현의 자유를 제한하는 것은 이 사건 시기제한조항으로 인한 것이므로, 이 사건 공선법조항에 대한 심판청구는 기본권 침해의 직접성을 갖추지 못하였다.

나. 이 사건 시기제한조항은 공직선거법 제8조의5 제6항, 제9항, '인터넷선거보도심의위원회의 구성 및 운영에 관한 규칙' 제17조 등의 위임에 따라 제정된 것으로서 법률에 근거를 두고 있다.

이 사건 시기제한조항의 효과와 인터넷 선거보도 심의 제도의 취지, 이 사건 심의위원회의 성격 등에 비추어 보면, 모법에서 이 사건 시기제한조항을 포함한 이 사건 심의기준 규정에 포함될 내용에 대해 어느 정도 포괄적으로 위임할 필요성이 인정되므로, 이 사건 심의위원회가 어느 시기부터 인터넷언론사에 후보자 명의의 칼럼 등을 게재하는 것을 제한할 것인지를 공직선거법의 취지와 내용을 고려하여 정한 것이라면, 이를 모법의 위임범위를 벗어난 것이라고 볼 수 없다. 공직선거법은 선거일 전 90일을 기준으로 다양한 규제를 부과하고 있는데, 이 사건 심의위원회도 이러한 입법자의 판단을 존중하여 이 사건 시기제한조항에도 선거일 전 90일을 기준으로 설정하였다. 따라서 이 사건 시기제한조항이 모법의 위임범위를 벗어났다고 볼 수 없으므로 법률유보원칙에 반하여 청구인의 표현의 자유를 침해하지 않는다.

다. 이 사건 시기제한조항은 선거일 전 90일부터 선거일까지 후보자 명의의 칼럼 등을 게재하는 인터넷 선거보도가 불공정하다고 볼 수 있는지에 대해 구체적으로 판단하지 않고 이를 불공정한 선거보도로 간주하여 선거의 공정성을 해치지 않는 보도까지 광범위하게 제한한다. 공직선거법상 인터넷 선거보도 심의의 대상이 되는 인터넷언론사의 개념은 매우 광범위한데, 이 사건 시기제한조항이 정하고 있는 일률적인 규제와 결합될 경우 이로 인해 발생할 수 있는 표현의 자유 제한이 작다고 할 수 없다. 인터넷언론의 특성과 그에 따른 언론시장에서의 영향력 확대에 비추어 볼 때, 인터넷언론에 대하여는 자율성을 최대한 보장하고 언론의 자유에 대한 제한을 최소화하는 것이 바람직하고, 계속 변화하는 이 분야에서 규제 수단 또한 헌법의 틀 안에서 다채롭고 새롭게 강구되어야 한다. 이 사건 시기제한조항의 입법목적을 달성할 수 있는 덜 제약적인 다른 방법들이 이 사건 심의기준 규정과 공직선거법에 이미 충분히 존재한다. 따라서 이 사건 시기제한조항은 과잉금지원칙에 반하여 청구인의 표현의 자유를 침해한다.

재판관 이선애, 재판관 이종석, 재판관 이영진의 이 사건 시기제한조항에 대한 반대의견

국민의 의사가 왜곡되지 않는 공정한 선거결과를 얻기 위해서 선거보도에 있어 언론의 공정성은 반드시 확보되어야 한다. 국민 여론형성 및 선거에 대한 인터넷매체의 영향력이 증가한 상황에서, 선거가 임박한 민감한 시기에, 특정 공직선거 후보자 명의의 칼럼 등이 인터넷언론에 게재될 경우, 그 후보자는 '광고 효과'를 누리게 되어 후보자 사이에 기회 불균등의 문제가 발생하게 된다.

이 사건 시기제한조항은 선거와 관련한 민감한 시기에 인터넷언론사에 대한 후보자 사이의 불균등한 접근가능성이나 노출가능성을 원천적으로 차단하여 인터넷 선거보도의 공정성을 확보하기 위한 것으로서 목적의 정당성 및 수단의 적합성이 인정된다.

미디어선거 시대가 도래하고 사회의 전반적인 이슈가 연성화(軟性化) 되면서, 정당이나 정책보다는 후보자의 이미지가 선거결과에 더 많은 영향을 미치는 것으로 분석되고 있다. 내용과 무관하게 언론에 후보자의 이름이 노출되는 것만으로도 득표율이 높아진다는 연구결과들이 있고, 후보자의 언론 등장은 유권자에게 단순한 친밀감을 주는 차원을 넘어 정치적 지지를 강화하게 하는 효과까지 있다고 한다. 하나의 분야에서 전문성이 있다고 평가되면 다른 분야에서도 전문성이 있는 것으로 보인다는 후광효과이론이나, 후보자의 예능프로그램 출연만으로도 유권자의 신뢰가 쌓인다는 연구결과에서 볼 수 있듯이, 후보자가 직접 작성한 칼럼 등이 인터넷언론이라는 공기(公器)에 담기게 되면, 그 내용이 어떤 것이든, 정치와 무관한 분야에 관한 것이거나 심지어 감성에만 호소하는 것일지라도 유권자에게 미치는 영향력은 강화된다. 따라서 선거보도의 공정성을 확보하기 위해서 인터넷언론이 후보자 이미지 강화효과를 특정 후보자에게만 부여하지 않도록 조치를 취할 필요가 있다.

또한 후보자가 직접 작성한 칼럼 등은 후보자 개인의 주관적인 사상이나 감정 등을 주된 내용으로 하고 있어 광고효과를 가지게 되므로, 공직선거법상 광고 금지 등의 규정을 잠탈할 가능성도 있다. 이에, 선거에 관한 여론이 구체적으로 형성되고 투표권행사가 이루어지는 민감한 시기인, 선거일 전 90일부터 선거일까지는, 인터넷언론에 후보자 명의의 칼럼 등의 게재를 일률적으로 금지할 필요성이 있다.

이 사건 시기제한조항은 '인터넷언론사'에 게재하는 것을 금지할 뿐, 다른 인터넷 공간인 후보자 개인이 개설한 인터넷 홈페이지 또는 그 게시판·대화방 등에 게시하는 것은 금지되지 않는 점(공직선거법 제59조), 선거에 민감한 시기인 '선거일 전 90일부터 선거일까지'만 금지되는 점, 이 사건 심의위원회의 인터넷언론사에 대한 심의결과에 따라 후보자가 사후적으로 칼럼 등을 게재하지 못하게 되는 것에 그치는 점, 선거에 민감한 시기에 후보자에 대한 광고를 하지 못하도록 일률적으로 금지하는 외에 동일한 수준으로 목적을 달성할 수 있는 다른 대안을 상정하기 어려운 점을 종합하면, 침해의 최소성 및 법익의 균형성을 모두 충족하고 있어, 공직선거 후보자의 표현의 자유를 침해한다고 볼 수 없다.

선거와 관련이 없거나 심지어 정서에만 호소하는 경우에도 후보자의 지지에 영향을 미치게 되는 상황에서, '선거와의 관련성' 유무에 따라 규제하게 되면, 언론 노출만으로도 발생하는 후보자 광고라는 불공정한 효과를 방지할 수 없으며, '선거와의 관련성'이라는 매우 추상적이고 불분명한 기준으로는 이 사건 심의위원회에 의한 자의적인 운용가능성을 방지할 수 없다.

또한, 이미 인터넷언론에 후보자의 칼럼 등이 게재되어 선거에 불공정한 영향을 미친 사후에 그 불공정한 영향을 제거 또는 교정할 수 있는 방법을 찾기 어렵다. 특히 선거일에 임박할수록 불공정한 영향력은 커질 수밖에 없는데, 이를 막을 수 없다는 점에서도 문제이다.

인터넷 매체의 특성상 인터넷언론에 대하여는 자율성을 최대한 보장하고 언론의 자유에 대한 제한을 최소화하는 것이 바람직하다고 하는 견해가 있을 수 있으나, 이는 인터넷 환경의 긍정적인 측면만을 고려한 것일 뿐이고, 낮은 진입 장벽으로 인한 전문성 및 자질이 떨어지는 인터넷언론의 출현 가능성, 허위나 불법정보의 급속한 확대·재생산의 문제, 최근 발달한 디지털 여과(filtering) 기술과 맞춤형 추천 알고리즘 기술에 의해 구현되는 편향적인 정보 취득 및 편견 강화 현상 등과 같은 인터넷 환경의 부정적인 측면을 고려하지 않은 것으로 보인다.

인터넷언론이 우리 사회에 미치는 큰 영향력에 비추어보면, 인터넷언론에게 그에 걸맞은 사회적 책임이 요구된다. "언론의 책임은 특정 매체의 속성에 따라 국한될 수 없으며, 여론에 영향을 미칠 수 있는 매체라면 영향력의 크기에 따라 사회적 책임을 부과 받"아야 하기 때문이다. 전통적인 언론도 인터넷언론을 통하여 동일한 뉴스를 유통하고, 인터넷언론을 통한 여론이 전통적인 언론에도 영향을 미치는 등 매체 간 경계가 사라지고 있는 '매체융합' 상황에서, 선거보도에 관한 규율을 언론매체마다 달리하자는 것은 현실과 괴리가 있다. 인터넷언론도 선거에 관한 여론형성에 영향력을 행사하는 공중매체로서의 기능과 역할을 수행하는 이상 마땅히 그에 상응하는 공적 책임을 부담하여야 한다.

인터넷 공간에서의 정보취득은 이용자의 주체적인 선택에 따라 특정 선호에 따른 차별적인 정보취득이 가능하고, 자신의 신념에 부합하는 내용만을 선별하여 소비하고 그에 반하는 정보를 외면하는 현상이 나타날 수 있으며, 최근에는 여과 기술이나 맞춤형 알고리즘 기술로 인하여 이용자의 주체적인 선택 없이도 정치 성향에 부합하는 정보만을 선별적으로 받을 수 있는 현상까지 있음을 염두에 둘 때, 인터넷 환경에서 특정 성향의 인터넷언론사에서 특정 후보자의 칼럼 등을 게재하여 발생하는 후보자간의 기회불균등의 문제를 다른 매체를 통한 게재만으로 해결하기 어렵다. 선거를 앞둔 길지 않은 기간 내에 반론이나 토론 등과 같은 자율적인 방법에 의한 교정이 가능한지도 의문이다.

재판관 이은애의 이 사건 시기제한조항에 대한 법정의견에 대한 보충의견

반대의견은 법정의견이 '선거와의 관련성'을 기준으로 칼럼 등의 게재 여부를 결정하자는 것이어서 표현을 내용에 따라 규제한다고 지적하나, 법정의견은 별도의 기준을 설정해야 한다거나 내용 규제를 하자는 것이 아니다. 또한 반대의견은 법정의견이 사상의 자유 시장의 원리에 따라 문제가 해결될 수 있다고 보고 있다고 지적하나, 법정의견은 인터넷언론에 대한 모든 규제를 제거하자는 것이 아니라, 이 사건 시기제한조항이 인터넷 환경의 특성을 고려하지 않아 인터넷언론에 대한 적합한 규제가 아니라는 점을 지적한 것이다. 이 사건 시기제한 조항은 청구인의 표현의 자유를 일률적으로 광범위하게 제한하기 때문에 침해의 최소성원칙에 반한다.

【심판대상조문】

공직선거법(2004. 3. 12. 법률 제7189호로 개정된 것) 제8조의5 제6항

구 인터넷선거보도 심의기준 등에 관한 규정(2011. 12. 23. 인터넷선거보도심의위원회 훈령 제9호로 제정되고, 2017. 12. 8. 인터넷선거보도심의위원회 훈령 제10호로 개정되기 전의 것) 제8조 제2항 본문

인터넷선거보도 심의기준 등에 관한 규정(2017. 12. 8. 인터넷선거보도심의위원회 훈령 제10호로 개정된 것) 제8조 제2항

【참조조문】

헌법 제21조 제1항, 제37조 제2항

헌법재판소법 제68조 제1항

공직선거법(2017. 2. 8. 법률 제14556호로 개정된 것) 제8조, 제8조의5, 제8조의6, 제256조 제2항 제4호

인터넷선거보도심의위원회의 구성 및 운영에 관한 규칙(2016. 1. 15. 중앙선거관리위원회규칙 제444호로 개정된 것) 제1조, 제2조의2, 제17조, 제20조

인터넷선거보도 심의기준 등에 관한 규정(2011. 12. 23. 인터넷선거보도심의위원회 훈령 제9호로 제정된 것) 제1조, 제2조, 제8조 제1항

【참조판례】

가. 헌재 2013. 6. 27. 2011헌마475, 판례집 25-1, 584, 588

나. 헌재 2016. 4. 28. 2012헌마630, 판례집 28-1하, 87, 96

다. 헌재 2011. 12. 29. 2007헌마1001등, 판례집 23-2하, 739, 755

헌재 2016. 10. 27. 2015헌마1206등, 판례집 28-2하, 1, 18

【당 사 자】

청 구 인 하○○(변호사)

【주 문】

1. 구 인터넷선거보도 심의기준 등에 관한 규정(2011. 12. 23. 인터넷선거보도심의위원회 훈령 제9호로 제정되고, 2017. 12. 8. 인터넷선거보도심의위원회 훈령 제10호로 개정되기 전의 것) 제8조 제2항 본문, 인터넷선거보도 심의기준 등에 관한 규정(2017. 12. 8. 인터넷선거보도심의위원회 훈령 제10호로 개정된 것) 제8조 제2항은 헌법에 위반된다.

2. 청구인의 나머지 심판청구를 각하한다.

【이 유】

1. 사건개요

가. 인터넷언론사인 ○○는 저명인사에게 블로그를 개설하여 블로거로 활동하도록 하는 방식으로 기사를 생산하고 있다. 청구인은 ○○당의 공동운영위원장으로서 ○○의 블로거로 활동하면서, 2014. 12. 18.부터 2016. 1. 29.까지 15회에 걸쳐 ○○의 인터넷홈페이지에 청구인 명의의 칼럼을 게재하였다.

나. 청구인은 2016. 1. 11. 제20대 국회의원선거에 출마하기 위해 서울특별시 ○○구선거구에 예비후보자로 등록하였다. 인터넷선거보도심의위원회는 ○○에 게재된 청구인 명의의 2016. 1. 20.자 및 2016. 1. 29.자 칼럼이 선거일 전 90일부터 제한하고 있는 후보자 명의의 칼럼을 게재한 것으로서, 공직선거법 제8조(언론기관의 공정보도의무)와 '인터넷선거보도심의위원회의 구성 및 운영에 관한 규칙' 제2조의2(인터넷언론사의 공정한 선거보도) 제1항을 위반하였다는 이유로, 2016. 2. 1. ○○에게 '공정보도 협조요청'을 하였다. 청구인은 ○○ 담당자로부터 위와 같은 사실을 전해 듣고 칼럼 게재를 중단하였다.

다. 이에 청구인은, 위와 같이 인터넷언론사에 후보자 명의의 칼럼 등을 게재하는 것을 제한하는 근거규정인 공직선거법 제8조의5 제6항 및 구 '인터넷선거보도 심의기준 등에 관한 규정' 제8조 제2항이 청구인의 표현의 자유를 침해한다고 주장하며, 2016. 2. 2. 이 사건 헌법소원심판을 청구하였다.

2. 심판대상

청구인은 구 '인터넷선거보도 심의기준 등에 관한 규정'(2011. 12. 23. 인터넷선거보도심의위원회 훈령 제9호로 제정되고, 2017. 12. 8. 인터넷선거보도심의위원

회 훈령 제10호로 개정되기 전의 것) 제8조 제2항 전체를 심판대상으로 삼고 있으나, 위 규정 제8조 제2항 단서는 본문에 대한 예외로서 일정한 경우 후보자 명의의 칼럼 등을 게재하는 것을 허용하고 있으므로, 이 부분은 심판대상에서 제외하기로 한다.

한편 이 사건 심판청구 이후 개정되어 현재 시행 중인 '인터넷선거보도 심의기준 등에 관한 규정'(2017. 12. 8. 인터넷선거보도심의위원회 훈령 제10호로 개정된 것) 제8조 제2항은 구 '인터넷선거보도 심의기준 등에 관한 규정' 제8조 제2항 본문이 후보자 명의의 칼럼이나 저술을 게재하는 보도를 제한하는 것과 달리 후보자 명의의 칼럼, 논평, 기고문, 저술 등을 게재하는 것을 제한하는 것으로 개정되었으나, 양자의 내용은 실질적으로 동일하여 동종의 기본권 침해 문제가 제기될 수 있다. 따라서 현행 '인터넷선거보도 심의기준 등에 관한 규정' 제8조 제2항의 위헌 여부는 구 '인터넷선거보도 심의기준 등에 관한 규정' 제8조 제2항 본문과 결론을 같이 할 것이 명백하다. 그러므로 법질서의 정합성과 소송경제를 위하여 위 현행 '인터넷선거보도 심의기준 등에 관한 규정' 조항도 이 사건 심판대상에 포함시키기로 한다.

따라서 이 사건 심판대상은 공직선거법(2004. 3. 12. 법률 제7189호로 개정된 것) 제8조의5 제6항(이하 '이 사건 공선법조항'이라 한다), 구 '인터넷선거보도 심의기준 등에 관한 규정'(2011. 12. 23. 인터넷선거보도심의위원회 훈령 제9호로 제정되고, 2017. 12. 8. 인터넷선거보도심의위원회 훈령 제10호로 개정되기 전의 것, 이하 '구 심의기준 규정'이라 한다) 제8조 제2항 본문, '인터넷선거보도 심의기준 등에 관한 규정'(2017. 12. 8. 인터넷선거보도심의위원회 훈령 제10호로 개정된 것, 이하 '이 사건 심의기준 규정'이라 한다) 제8조 제2항(이하 위 두 조항을 합하여 '이 사건 시기제한조항'이라 한다)이 청구인의 기본권을 침해하는지 여부이다. 심판대상조항은 다음과 같고 관련조항은 [별지] 기재와 같다.

[심판대상조항]

공직선거법(2004. 3. 12. 법률 제7189호로 개정된 것)

제8조의5(인터넷선거보도심의위원회) ⑥ 인터넷선거보도심의위원회는 인터넷 선거보도의 정치적 중립성·형평성·객관성 및 권리구제 기타 선거보도의 공정을 보장하기 위하여 필요한 사항을 정하여 이를 공표하여야 한다.

구 인터넷선거보도 심의기준 등에 관한 규정(2011. 12. 23. 인터넷선거보도심의위원회 훈령 제9호로 제정되고, 2017. 12. 8. 인터넷선거보도심의위원회 훈령 제10호로 개정되기 전의 것)

제8조(시기에 따른 특별제한) ② 인터넷언론사는 선거일 전 90일부터 선거일까지 후보자명의의 칼럼이나 저술을 게재하는 보도를 하여서는 아니 된다. 다만, 선거일 전 180일 전부터 계속 연재하였고 후보자의 명의가 드러나지 않는 저술의 경우에는 그러하지 아니하다.

인터넷선거보도 심의기준 등에 관한 규정(2017. 12. 8. 인터넷선거보도심의위원회 훈령 제10호로 개정된 것)

제8조(시기에 따른 특별제한) ② 인터넷언론사는 선거일 전 90일부터 선거일까지 후보자 명의의 칼럼, 논평, 기고문, 저술 등을 게재하여서는 아니 된다.

3. 청구인의 주장

이 사건 공선법조항은 국민의 기본권 제한에 관한 사항을 인터넷선거보도심의위원회에 포괄적으로 위임하여 헌법 제37조 제2항의 한계를 넘어 표현의 자유를 침해하고 포괄위임금지원칙에도 위배된다. 또한 이 사건 시기제한조항은 후보자가 선거와 직접 관련이 없거나 선거에 영향을 미치는 내용이 포함되어 있지 않은 기고문을 게재하는 것까지 제한하는 등 과잉금지원칙에 위배되어 표현의 자유를 침해한다.

4. 이 사건 공선법조항에 대한 판단

법률조항 자체가 헌법재판소법 제68조 제1항의 헌법소원의 대상이 될 수 있으려면 그 법률조항에 의하여 구체적인 집행행위를 기다리지 않고 직접 자기의 기본권을 침해받아야 한다. 집행행위에는 입법행위도 포함되므로 법률규정이 그 규정의 구체화를 위하여 하위규범의 시행을 예정하고 있는 경우에는 원칙적으로 당해 법률의 직접성은 부인된다(헌재 2013. 6. 27. 2011헌마475 참조).

이 사건 공선법조항은 인터넷선거보도심의위원회(이하 '이 사건 심의위원회'라 한다)로 하여금 인터넷 선거보도의 공정을 보장하기 위하여 필요한 사항을 정하여 공표하도록 위임하고 있고, 인터넷언론사에 일정기간 후보자 명의의 칼럼 등을 게재하지 못하도록 하여 청구인의 표현의 자유를 제한하는 것은 구체적으로 이 사건 시기제한조항으로 인한 것이므로, 이 사건 공선법조항 자체가 직접 청구인이 다투고자 하는 기본권을 침해한다고 볼 수 없다.

따라서 이 사건 공선법조항에 대한 심판청구는 기본권 침해의 직접성을 갖추지 못하여 부적법하다.

5. 이 사건 시기제한조항에 대한 판단

가. 인터넷 선거보도 심의 제도 개관

(1) 공직선거와 선거보도

(가) 현대민주국가에 있어서 선거는 국가권력에 대하여 민주적 정당성을 부여하고 국민을 정치적으로 통합하는 중요한 방식이다. 그런데 선거의 결과는 여론의 실체인 국민의 의사가 표명된 것이기 때문에 민주국가에서 여론의 중요성은 특별한 의미를 가진다(헌재 1995. 7. 21. 92헌마177등 참조).

오늘날 언론기관은 국민이 정치적 의사를 형성하는데 필요한 정보를 제공하고, 공적인 담론을 제시함으로써 여론의 형성에 결정적인 영향을 미친다. 국민은 선거보도를 통해 중요한 선거쟁점이나 후보자의 정책, 정치이념 등을 파악하여 선거권을 행사하게 된다. 따라서 선거보도의 자유는 민주주의를 유지·발전시키기 위한 토대가 되므로 최대한 보장되어야 한다(헌재 1995. 7. 21. 92헌마177등 참조).

그러나 위와 같이 언론기관이 정치적·사회적으로 미치는 영향력이 강력하기 때문에 언론기관이 공정성과 객관성을 유지하지 않을 경우 자칫 정치적·사회적 여론을 왜곡시킬 수 있다. 따라서 공정한 선거보도가 이루어지도록 하여 선거에 관한 공정하고 자유로운 여론이 형성될 수 있도록 규율할 필요가 있다(헌재 2015. 7. 30. 2013헌가8 참조).

(나) 이에 따라 공직선거법은 언론기관에 대해 포괄적으로 공정보도의무를 부담하도록 명시적으로 규정하면서(제8조), 선거방송심의위원회·선거기사심의위원회·인터넷선거보도심의위원회를 설치하여 선거보도의 공정성을 심의하여 사후적으로 교정하는 제도를 두고 있다(제8조의2 내지 제8조의6).

다만 입법자는 공직선거법에 어떠한 선거보도를 불공정하다고 볼 것인지에 대해 자세히 규정하기 보다는, 각 위원회로 하여금 그 기준을 정하여 공표하도록 함으로써(공직선거법 제8조의2 제4항, 제8조의3 제6항, 제8조의5 제6항), 선거보도의 자유를 폭넓게 보장하면서 선거보도의 공정성을 중립적인 기관으로 하여금 심의하여 교정하도록 하였다.

(다) 더불어 공직선거법은 언론기관이 선거에 부당한 영향을 미치는 것을 방지하기 위하여 다음과 같은 다양한 행위를 금지하고 이를 위반하는 경우 처벌하는 규정을 두고 있다.

언론기관 종사자는 실제로 특정 후보자에 대하여 유리하거나 불리한 조치를 취하였는지에 관계없이 선거운동 목적 등으로 제공되는 금품·향응 기타의 이익을 받거나 권유·요구 또는 약속할 수 없다(공직선거법 제97조 제3항, 제235조 제1항). 언론기관 종사자는 특정 후보자를 당선되게 하거나 당선되지 못하게 할 목적으로 허위논평·보도 등을 할 수 없으며, 객관적 자료를 제시하지 않고 선거결과를 예측하는 보도를 할 수 없다(공직선거법 제96조 제2항, 제252조 제1항). 언론기관은 후보자 등의 방송연설을 불공평하게 중계방송하거나 토론회 등을 편집하여 중계방송할 수 없다(공직선거법 제71조 제12항, 제82조의2 제13항 후단, 제252조 제4항).

또한 누구든지 공직선거법이 허용하는 경우를 제외하고 방송시설이나 구내방송 등을 이용하여 선거운동을 할 수 없다(공직선거법 제98조, 제99조, 제252조 제3항).

나아가 언론기관이 해당 매체나 그 영향력을 이용하여 선거운동에 나서거나 선거에 개입하는 행위를 할 경우 그 행위 태양에 따라, 허위사실공표나 후보자비방(공직선거법 제250조, 제251조), 여론조사 결과 왜곡 보도(공직선거법 제96조 제1항, 제252조 제2항), 탈법적인 광고(공직선거법 제82조의7 제5항, 제94조, 제252조 제3항), 신문·잡지 등의 통상방법 외의 배부(공직선거법 제95조 제1항, 제252조 제3항), 탈법방법에 의한 문서·도화 등의 배부 등(공직선거법 제93조 제1항, 제255조 제2항 제5호), 조직 내에서의 직무상 행위나 거래상 특수한 지위를 이용한 선거운동(공직선거법 제85조 제3항, 제255조 제1항 제9호), 선거운동을 위한 사조직 또는 유사기관의 설치 등(공직선거법 제87조 제2항, 제89조 제1항, 제255조 제1항 제11호, 제13호)에 해당하여 처벌될 수 있다(헌재 2016. 6. 30. 2013헌가1 참조).

(2) 인터넷 선거보도 심의 제도

(가) 이 사건 심의위원회는 인터넷언론사의 인터넷홈페이지에 게재된 선거보도의 공정성을 유지하기 위하여 중앙선거관리위원회에 설치·운영된다(공직선거법 제8조의5 제1항). 이 사건 심의위원회는 국회에 교섭단체를 구성한 정당이 추천하는 각 1인과 방송통신심의위원회, 언론중재위원회, 학계, 법조계, 인터넷 언론단

체 및 시민단체 등이 추천하는 자를 포함하여 중앙선거관리위원회가 위촉하는 11인 이내의 위원으로 구성된다(공직선거법 제8조의5 제2항). 이를 통해 이 사건 심의위원회의 구성이 민주성과 전문성의 조화를 이루도록 하고 있다.

(나) 이 사건 심의위원회는 인터넷 선거보도의 공정성을 심의하는데, 선거보도의 심의는 관련 법규 및 이 사건 심의위원회가 정하는 심의기준 등에 따른다[인터넷선거보도심의위원회의 구성 및 운영에 관한 규칙(이하 '이 사건 심의위원회 규칙'이라 한다) 제17조]. 이 사건 심의위원회의 심의에서 가장 직접적인 기준이 되는 것은 이 사건 심의위원회가 직접 제정하여 공표하고 있는 이 사건 심의기준 규정이다. 공직선거법은 이 사건 심의위원회로 하여금 인터넷 선거보도의 공정을 보장하기 위하여 필요한 사항을 정하여 공표하도록 정하고 있으며(제8조의5 제6항), 이에 따라 인터넷 선거보도의 심의를 위해 이 사건 심의위원회 훈령으로 이 사건 심의기준 규정을 마련하고 있다.

(다) 이 사건 심의위원회는 심의 결과 선거보도의 내용이 공정하지 않다고 인정되는 때에는 당해 인터넷언론사에 대하여 해당 선거보도의 내용에 관한 정정보도문의 게재, 경고문 게재, 경고, 주의 등 필요한 조치를 명하여야 한다(공직선거법 제8조의6 제1항, 이 사건 심의위원회 규칙 제20조 제1항).

이 사건 심의위원회가 경고문의 게재를 결정한 때에는 해당 인터넷언론사의 인터넷홈페이지 초기화면에 게재하도록 하여야 하며, 선거보도의 내용과 관련하여 경고문의 게재 또는 경고를 결정한 때에는 필요한 경우 해당 선거보도에 그 처분이 있음을 표시하게 할 수 있다(이 사건 심의위원회 규칙 제20조 제2항). 그 경고문의 게재기간은 3일로 하되, 그 위반시기 또는 사안의 중요성 등을 감안하여 7일까지 연장할 수 있고(이 사건 심의기준 규정 제12조), 경고문의 게재 또는 경고 조치에 대한 알림문의 게재는 해당 기사가 게재되어 있는 동안으로 한다(이 사건 심의기준 규정 제13조). 이 사건 심의위원회는 위와 같은 조치를 취한 경우 그 종류와 내용을 이 사건 심의위원회 홈페이지에 게재하되, 정정보도문 또는 경고문 게재의 조치를 받은 언론사명을 이 사건 심의위원회 홈페이지의 초기화면에 공개한다(이 사건 심의기준 규정 제15조 제1항).

만일 해당 인터넷언론사가 이 사건 심의위원회가 명한 조치를 이행하지 않을 경우 2년 이하의 징역 또는 1천 500만 원 이하의 벌금에 처한다(공직선거법 제256조 제2항 제4호).

나. 쟁점의 정리

이 사건 시기제한조항으로 인하여 청구인이 인터넷 언론사에 청구인 명의의 칼럼 등을 게재하는 데 제한을 받게 되었으므로, 이 사건 시기제한조항은 청구인의 표현의 자유를 제한한다. 따라서 이 사건의 쟁점은 이 사건 시기제한조항이 법률유보원칙과 과잉금지원칙에 반하여 청구인의 표현의 자유를 침해하는지 여부이다.

다. 법률유보원칙 위반 여부

(1) 법률유보원칙의 의의

국민의 기본권은 헌법 제37조 제2항에 의하여 국가안전보장·질서유지 또는 공공복리를 위하여 필요한 경우에 한하여 이를 제한할 수 있으나, 그 제한의 방법은 원칙적으로 법률로써만 가능하고, 제한의 정도도 기본권의 본질적 내용을 침해할 수 없으며 필요한 최소한도에 그쳐야 한다. 여기서 기본권 제한에 관한 법률유보원칙은 '법률에 근거한 규율'을 요청하는 것이므로, 그 형식이 반드시 법률일 필요는 없다 하더라도 법률상의 근거는 있어야 한다. 따라서 모법의 위임범위를 벗어난 하위법령은 법률의 근거가 없는 것으로 법률유보원칙에 위반된다(헌재 2016. 4. 28. 2012헌마630 참조).

(2) 판단

(가) 먼저 이 사건 시기제한조항이 법률에 근거를 두고 있는지에 관하여 살펴본다.

이 사건 공선법조항은 "인터넷선거보도심의위원회는 인터넷 선거보도의 정치적 중립성·형평성·객관성 및 권리구제 기타 선거보도의 공정을 보장하기 위하여 필요한 사항을 정하여 이를 공표하여야 한다."라고 규정하여 이 사건 심의위원회가 인터넷 선거보도의 공정을 보장하기 위하여 필요한 사항에 대해 직접 정하도록 위임하고 있다. 또한 공직선거법 제8조의5 제9항은 "인터넷선거보도심의위원회의 구성·운영, 위원 및 상임위원의 대우, 사무국의 조직·직무범위 기타 필요한 사항은 중앙선거관리위원회규칙으로 정한다."고 규정하고 있고, 이에 따라 이 사건 심의위원회 규칙 제17조는 "선거보도의 심의는 관련 법규 및 심의위원회가 정하는 심의기준 등에 따른다."고 규정하고 있다.

따라서 이 사건 시기제한조항은 위와 같은 공직선거법과 이 사건 심의위원회 규칙 조항의 위임에 따라 제정된 것으로서 법률에 근거를 두고 있다.

(나) 다음으로 이 사건 시기제한조항이 모법의 위임범위를 벗어난 것인지에 관하여 살펴본다.

이 사건 공선법조항과 관련 규정은 이 사건 심의기준 규정에 규정될 내용에 대해 다소 포괄적으로 위임하고 있다.

이 사건 시기제한조항을 포함한 이 사건 심의기준 규정은 대외적으로 공표되어 인터넷언론사가 선거보도의 공정을 보장하기 위하여 준수하여야 할 규범으로 작용한다. 그렇지만 이 사건 심의기준 규정은 일차적으로 이 사건 심의위원회가 인터넷 선거보도의 공정성을 심의하기 위한 기준으로 마련된 것이다. 따라서 이 사건 시기제한조항으로 인하여 후보자 명의의 칼럼 등을 게재하는 것이 직접 금지되거나, 인터넷언론사가 이 사건 시기제한조항을 위반하였다는 이유로 바로 법률상 불이익을 받는 것은 아니다. 다만 이 사건 심의위원회는 이 사건 시기제한조항을 위반한 인터넷 선거보도에 대해 심의를 거쳐 위반의 정도에 따라 경고문 게재 등의 조치를 명할 수 있다. 이 경우에도 해당 인터넷언론사는 경고문을 게재하거나 해당 선거보도에 경고 등의 처분이 있었다는 것을 표시하여야 할 뿐이고, 해당 선거보도의 게재를 철회하거나 내용을 수정해야 하는 것은 아니다. 그리고 해당 인터넷언론사가 이를 이행하지 않을 경우에야 비로소 형사처벌될 수 있다.

그러므로 이 사건 시기제한조항은 인터넷언론사가 후보자 명의의 칼럼 등을 게재하는 것을 사전적으로 금지하는 것은 아니고, 위와 같은 후속 절차를 예정하고 있는 데 따라 인터넷언론사로 하여금 이를 자발적으로 준수하게 하고, 사후적으로 교정하도록 하는 법적인 효과를 지니고 있을 뿐이다.

공직선거법이 이와 같이 인터넷 선거보도 심의 제도를 구성하고 있는 것은 선거보도의 자유를 폭넓게 보장하면서 인터넷 선거보도의 공정도 보장하기 위한 것이다. 또한 앞서 본 바와 같이, 이 사건 심의위원회는 구성에 있어서 민주성과 전문성이 조화를 이루는 중립적인 기관으로 이루어져 있는데, 공직선거법은 민주적·전문적·중립적인 이 사건 심의위원회로 하여금 직접 이 사건 심의기준 규정을 제정·공표하도록 하여 인터넷 선거보도의 공정성이 최대한 자율적이고 자발적으로 준수될 수 있도록 하고 있다.

따라서 위와 같은 이 사건 시기제한조항의 효과와 인터넷 선거보도 심의 제도의 취지, 이 사건 심의위원회의 성격 등에 비추어 보면, 이 사건 공선법조항 등 모법에서 이 사건 시기제한조항을 포함한 이 사건 심의기준 규정에 포함될 내용에 대해 어느 정도 포괄적으로 위임할 필요성이 인정된다.

한편, 선거일에 임박한 기간 동안 인터넷언론사에 후보자 명의의 칼럼 등이 게재될 경우 해당 보도는 선거보도의 공정성을 해칠 우려가 있으므로 이 사건 심의기준 규정에서 이를 제한할 필요가 있다. 인터넷 선거보도의 심의는 관련 법규 및 이 사건 심의위원회가 정하는 심의기준 등에 따르므로(이 사건 심의위원회 규칙 제17조), 이 사건 심의위원회가 이 사건 심의기준 규정을 마련하는 데에 있어서 공직선거법의 취지와 내용을 고려하게 될 것을 충분히 예상할 수 있다. 따라서 이 사건 심의위원회가 어느 시기부터 인터넷언론사에 후보자 명의의 칼럼 등을 게재하는 것을 제한할 것인지를 정할 경우에도 공직선거법의 취지와 내용을 고려하여 정한 것이라면, 이를 모법의 위임범위를 벗어난 것이라고 볼 수 없다.

공직선거법은 다음과 같이 선거일 전 90일을 기준으로 다양한 규제를 부과하고 있다. 입후보하려는 공무원 등은 선거일 전 90일까지 그 직을 그만두어야 한다(공직선거법 제53조 제1항). 누구든지 선거일 전 90일부터 선거일까지 정당 또는 후보자의 명의를 나타내는 저술 등을 공직선거법이 허용하는 방법 외로 광고할 수 없고, 후보자는 방송 등의 광고에 출연할 수 없다(공직선거법 제93조 제2항). 누구든지 선거일 전 90일부터 선거일까지 후보자와 관련 있는 저서의 출판기념회를 개최할 수 없다(공직선거법 제103조 제5항). 국회의원 또는 지방의회의원은 선거일 전 90일부터 선거일까지 인터넷홈페이지 등에 게시하는 등의 방법을 제외하고 의정활동을 보고할 수 없다(공직선거법 제111조 제1항). 정당이 선거일 전 90일부터 당원집회를 개최하는 때에는 관할 선거관리위원회에 신고한 후 공개된 장소에서 개최하여야 한다(공직선거법 제141조 제2항).

이와 같이 선거일 전 90일을 기준으로 규제를 부과하는 것은 입법자가 위 기간이 선거에 임박하여 선거의 공정을 담보하기 위하여 일정한 규제가 필요한 기간이라고 판단하였기 때문이다.

이 사건 심의위원회도 이러한 입법자의 판단을 존중하여 이 사건 시기제한조항에도 선거일 전 90일을 기준으로 설정하여 인터넷 선거보도의 공정 여부를 판단하도록 한 것이다. 따라서 이 사건 시기제한조항이 모법의 위임범위를 벗어났다고 볼 수 없다.

(다) 그러므로 이 사건 시기제한조항은 법률유보원칙에 반하여 청구인의 표현의 자유를 침해하지 않는다.

라. 과잉금지원칙 위반 여부

(1) 입법목적의 정당성 및 수단의 적합성

앞서 본 바와 같이, 국민은 선거보도를 통해 중요한 선거쟁점이나 후보자의 정책, 정치이념 등을 파악하여 선거권을 행사하게 되므로, 언론기관은 선거보도에 있어서 공정성과 객관성을 유지하여야 하며, 공정한 선거보도를 통해 선거에 관한 공정하고 자유로운 여론이 형성될 수 있도록 규율할 필요가 있다.

인터넷언론사는 다른 언론기관에 비하여 적은 자본력과 시설만으로 설립될 수 있는데(헌재 2016. 10. 27. 2015헌마1206등 참조), 이로 인해 객관적인 보도기능을 확보하지 못한 일부 인터넷언론사를 통해 불공정한 선거보도가 양산되어 확산되거나, 선거보도를 통해 특정 정당이나 후보자에 대한 사실상의 선거운동에 나설 가능성이 있다. 특히 공직선거의 후보자나 후보자가 되려는 사람이 선거일에 임박한 기간 동안 인터넷언론사에 자신의 명의로 칼럼 등을 게재할 경우 선거의 공정성과 인터넷 선거보도의 공정성을 해칠 우려가 있다.

따라서 이 사건 시기제한조항의 입법목적은 선거일 전 90일부터 선거일까지 후보자 명의의 칼럼 등을 게재하는 인터넷 선거보도를 금지함으로써 인터넷 선거보도의 공정성과 선거의 공정성을 확보하려는 것이므로, 그 입법목적은 정당하다. 또한 이 사건 시기제한조항은 인터넷언론사에 대하여 위와 같은 선거보도를 제한함으로써 공직선거의 후보자나 후보자가 되려는 사람이 인터넷언론사에 칼럼 등을 게재하려는 것을 제한하고, 이를 위반한 경우 이 사건 심의위원회의 심의를 거쳐 필요한 조치를 취할 수 있게 되므로, 그 입법목적을 달성하기 위하여 적합한 수단이다.

(2) 침해의 최소성

(가) 이 사건 시기제한조항은 선거일 전 90일부터 선거일까지 후보자 명의의 칼럼 등을 게재하는 인터넷 선거보도를 제한하고 있다. 이는 해당 선거보도가 불공정하다고 볼 수 있는지에 대해 구체적으로 판단하지 않고 이를 불공정한 선거보도로 간주하는 것이다. 그 결과 선거의 공정성을 해치지 않는 보도까지 광범위하게 제한될 수 있다.

이 사건 시기제한조항은 후보자 명의의 칼럼 등이 선거나 정치적 의사표현과 상관없는 내용인 경우에도 그 게재를 제한한다. 설령 후보자 명의의 칼럼 등이 게재됨으로써 후보자에 대한 홍보 효과가 발생한다고 하더라도, 대중이 중요하게 관심을 기울이는 사안으로서 후보자가 직접 해명할 필요가 있거나 후보자가 해당 사안에 대해 특유한 지식 등을 갖고 있어, 이에 관한 후보자 명의의 칼럼 등을 게재하는 것이 국민의 알권리를 위해 필요하다고 볼 수 있는 경우라면, 그러한 칼럼 등을 게재하는 것이 허용될 필요가 있다.

이 사건 시기제한조항이 선거보도의 공정성 여부를 구체적으로 판단하지 않고 일률적으로 제한하는 것은, 선거보도의 자유를 폭넓게 보장하는 대신 인터넷 선거보도 심의 제도를 통해 선거보도의 공정성을 심의하여 사후적으로 교정하는 공직선거법의 규율체계에도 부합하지 않는다.

따라서 이 사건 시기제한조항으로 인해 선거의 공정성을 해치지 않는 보도까지 광범위하게 제한될 수 있으므로, 이는 표현의 자유를 지나치게 제한하는 것이다.

(나) 이 사건 심의위원회는 인터넷언론사의 선거보도를 심의대상으로 한다. 공직선거법 제8조의5 제1항은 인터넷언론사를 "「신문 등의 진흥에 관한 법률」 제2조(정의) 제4호에 따른 인터넷신문사업자 그 밖에 정치·경제·사회·문화·시사 등에 관한 보도·논평·여론 및 정보 등을 전파할 목적으로 취재·편집·집필한 기사를 인터넷을 통하여 보도·제공하거나 매개하는 인터넷홈페이지를 경영·관리하는 자와 이와 유사한 언론의 기능을 행하는 인터넷홈페이지를 경영·관리하는 자를 말한다."라고 정의하고 있다. 이에 따르면 '신문 등의 진흥에 관한 법률'상 등록된 인터넷신문 외에도 등록되지 않고 언론의 기능을 행하는 다양한 인터넷홈페이지도 인터넷언론사에 포함될 수 있다.

이 사건 심의위원회 규칙 제2조 제1항은 인터넷언론사를 다음의 인터넷홈페이지를 경영·관리하는 자라고 정의하면서, '신문 등의 진흥에 관한 법률' 제2조 제4호의 인터넷신문사업자와 '인터넷 멀티미디어 방송사업법' 제2조 제5호의 인터넷 멀티미디어 방송사업자(제1호), '신문 등의 진흥에 관한 법률' 제2조 제3호의 신문사업자(제2호 가목), 방송법 제2조 제3호의 방송사업자(제2호 나목), '잡지 등 정기간행물의 진흥에 관한 법률' 제2조 제2호의 정기간행물사업자(제2호 다목), '뉴스통신 진흥에 관한 법률' 제2조 제3호의 뉴스통신사업자(제2호 라목), '신문 등의 진흥에 관한 법률' 제2조 제6호의 인터넷뉴스서비스사업자(제3호)가 각 운영하는 인터넷홈페이지와 함께 '그 밖에 위와 유사한 언론의 기능을 행하는 인터넷홈페이지를 경영·관리하는 자가 운영하는 인터넷홈페이지로서 이 사건 심의위원회가 정하는 인터넷홈페이지'(제4호)를 여기에 포함시키고 있다. 다만 이 사건 심의위원회 규칙 제2조 제2항은 정당 또는 후보자가 설치·운영하는 인터넷홈페이지(제1호), 선거운동을 하는 기관·단체가 설치·운영하는 인터넷홈페이지(제2호), 그 밖에 이 사건 심의위원회가 인터넷홈페이지에 게재된 보도내용 및 운영양태 등을 고려하여 인터넷언론사로 인정하지 않는 인터넷홈페이지(제3호)는 인터넷언론사의 인터넷홈페이지로 보지 않는다고 정하고 있다. 이에 따라 이 사건 심의기준 규정 제10조 제1항은 전문분야에 관한 순수한 학술 및 정보의 제공 등을 목적으로 운영하는 인터넷홈페이지, 법인·단체 등의 홍보 또는 소속원에게 동정 등을 알릴 목적으로 운영하는 인터넷홈페이지, 정치에 관한 보도 등이나 여론형성의 목적 없이 운영하는 인터넷홈페이지, 6개월간 최소 1회 이상 새로운 보도를 게재하지 않은 인터넷홈페이지를 인터넷언론사의 인터넷홈페이지에서 제외하고 있다.

위와 같이 공직선거법상 인터넷 선거보도 심의의 대상이 되는 인터넷언론사의 개념은 매우 광범위하다. 선거방송 심의나 선거기사 심의는 허가·승인·등록·신고 등 공적으로 관리되는 방송 또는 신문 등의 보도만을 대상으로 한다. 반면, 인터넷 선거보도 심의는 이 사건 심의위원회가 인터넷언론사로 지정할 경우 공적으로 관리되지 않지만 언론의 기능을 행하는 다양한 인터넷홈페이지에 대해서도 이루어질 수 있다. 그 결과 여론형성이나 정보제공을 목적으로 개인이 운영하는 홈페이지나 블로그, 단순히 링크로 뉴스를 제공하는 개인홈페이지도 이 사건 심의위원회의 지정 여부에 따라 인터넷언론사에 포함될 수도 있다. 인터넷이 그 자체로 다수인 사이의 자유로운 의사소통과 정보제공을 위해 활용되고 있고, 오늘날 인터넷을 이용한 1인 미디어가 확대되는 상황에서, 관련 법제상 언론기관으로 분류되지 않은 다수의 인터넷홈페이지도 공직선거법상 규제를 받을 가능성이 있는 것이다.

따라서 이 사건 시기제한조항이 정하고 있는 일률적인 규제가 위와 같이 광범위한 인터넷언론사의 개념과 결합될 경우 이로 인해 발생할 수 있는 표현의 자유 제한이 결코 작다고 할 수 없을 것이다.

(다) 인터넷은 저렴한 비용으로 누구나 손쉽게 접근이 가능한 매체로서, 표현의 쌍방향성이 보장되고, 정보의 제공을 통한 의사표현뿐만 아니라 정보의 수령, 취득에 있어서도 좀 더 능동적이고 의도적 행동이 필요하다는 특성을 지니므로, 인터넷은 사상의 자유 시장에 가장 가깝게 접근한 매체라고 할 수 있다. 종이신문과 비교할 때 인터넷언론은 훨씬 적은 자본력과 시설만으로 발행할 수 있고, 인터넷이라는 매체 자체에서 잘못된 정보에 대한 반론과 토론·교정이 이루어지며, 정보의 다양성이 확보될 수 있다. 이 때문에 인터넷언론은 국민 개개인의 표현의 자유와 언론의 자유를 확장하는 유력한 수단으로 자리 잡고 있다(헌재 2011. 12. 29. 2007헌마1001등; 헌재 2016. 10. 27. 2015헌마1206등 참조).

이와 같은 인터넷언론의 특성으로 인해 인터넷언론이 점차 언론 소비의 중심으로 떠오르고 있고, 인터넷언론의 높은 접근성·개방성·자율성·자발성 등의 특성이 정보기술의 발달 및 인터넷 포탈(portal) 서비스, 사회관계망서비스(SNS), 인터넷 방송 플랫폼(platform) 서비스 등의 확산과 결합하여 대중이 전통적인 언론과 다른 방식으로 언론을 활용하고 인터넷언론을 보다 선호하는 현상이 나타나고 있다. 이에 따르면 인터넷언론의 영향력은 단순히 개별 언론기관의 공신력 등으로만 평가되는 것이 아니라, 위와 같은 인터넷 서비스를 통한 언론 소비 지형이나 인터넷언론을 확산하고 담론을 형성하는 개인의 대중적 영향력도 중요한 요소가 된다.

인터넷언론의 이와 같은 특성과 그에 따른 언론시장에서의 영향력 확대에 비추어 볼 때, 인터넷언론에 대하여는 자율성을 최대한 보장하고 언론의 자유에 대한 제한을 최소화하는 것이 바람직하다. 질서 위주의 사고로 인터넷언론을 지나치게 규제할 경우 언론의 자유 발전에 큰 장애를 초래할 수 있다. 언론매체에 관한 기술의 발달은 언론 자유의 장을 넓히고 질적 변화를 불러오고 있으므로, 계속 변화하는 이 분야에서 규제 수단 또한 헌법의 틀 안에서 다채롭고 새롭게 강구되어야 한다(헌재 2011. 12. 29. 2007헌마1001등; 헌재 2016. 10. 27. 2015헌마1206등 참조).

(라) 한편 구 심의기준 규정 제8조 제2항 단서는 "다만, 선거일 전 180일 전부터 계속 연재하였고 후보자의 명의가 드러나지 않는 저술의 경우에는 그러하지 아니하다."라고 규정하여 이 사건 시기제한조항에 대한 예외를 두고 있다.

그런데 위 단서에 따라 허용되는, 선거일 전 180일 전부터 계속 연재하였고 후보자의 명의가 드러나지 않는 저술은 이 사건 시기제한조항에 의해서도 금지되지 않는다. 또한 표현의 자유에 있어서 익명표현은 기명표현과 다른 의미를 갖는 것이고, 인터넷언론사에 기고하여 대중에게 공표하는 행위에 있어서는 그 차이가 더욱 크다고 할 수 있다. 2017. 12. 8. 개정된 이 사건 심의기준 규정 제8조 제2항에서도 위 단서가 실효성이 없다는 이유로 삭제되었다.

따라서 위 단서에 따라 익명표현이 허용된다고 하더라도 표현의 자유에 대한 제한이 완화된다고 할 수 없다.

(마) 물론 공직선거의 후보자 또는 후보자가 되려고 하는 사람이 선거에 임박한 기간 동안 인터넷언론사에 자신의 명의로 칼럼 등을 게재하여 선거운동에 탈법적으로 이용하려는 것을 방지함으로써 선거의 공정성을 확보할 필요성은 인정되지만, 이러한 입법목적을 달성할 수 있는 덜 제약적인 다른 방법들이 이미 충분히 존재한다.

이 사건 심의기준 규정은 이 사건 시기제한조항 외에도 인터넷 선거보도의 공정성을 보장하기 위한 다양한 규정을 마련해 놓고 있다. 예를 들어, 이 사건 심의기준 규정은 특정 정당이나 후보자의 정견·주장·공약 등을 일방적으로 지지 또는 반대하거나 계속적·반복적으로 게재하는 보도(제3조 제1호), 특정 정당이나 후보자에게 유리 또는 불리한 영향을 미칠 수 있는 길림·기고 등의 반복적 보도(제3조 제6호), 선거와 관련하여 인터뷰하거나 인용함에 있어 유권자 등의 상반된 견해나 반응을 균형 있게 다루지 않은 보도(제6조 제2호) 등을 불공정한 보도로 보고 제한하고 있다. 또한 이 사건 심의기준 규정 제8조 제1항은 "인터넷언론사는 선거기간 중에는 특정 정당이나 후보자에 유리 또는 불리한 영향을 미칠 우려가 있는 특집기획보도를 하여서는 아니 된다."라고 규정하고 있다. 따라서 이 사건 시기제한조항이 아니더라도 위 규정들에 따라 해당 인터넷 선거보도를 제한할 수 있다.

또한 앞서 본 바와 같이 공직선거법은 언론기관이 선거에 부당한 영향을 미치는 것을 방지하기 위하여 다양한 행위를 금지하고 이를 위반하는 경우 처벌하는 규정을 두고 있으며, 언론기관이 해당 매체나 그 영향력을 이용하여 선거운동에 나서거나 선거에 개입하는 행위를 할 경우 그 행위 태양에 따라 다수의 규정에 따라 처벌될 수 있다.

나아가 인터넷언론사가 불공정한 선거보도를 한다면 결국 독자로부터 외면 받아 퇴출될 수밖에 없다. 인터넷의 특성상 독자들은 수동적으로 인터넷 선거보도를 받아들이는 데 그치지 않고 적극적으로 기사를 선택하여 읽고 판단하며 반응하고, 매체 자체에서 잘못된 보도에 대한 반론과 토론·교정이 이루어질 수 있다(헌재 2016. 10. 27. 2015헌마1206등 참조).

따라서 이 사건 시기제한조항에 따라 표현의 자유를 제한하는 방법을 사용하지 않더라도 다른 법적 규제 등을 통해 입법목적을 충분히 달성할 수 있다.

(바) 그러므로 이 사건 시기제한조항은 침해의 최소성원칙에 반한다.

(3) 법익의 균형성

앞서 본 바와 같이 이 사건 시기제한조항은 선거의 공정성을 해치지 않는 보도까지 광범위하게 제한하고 있고, 광범위한 인터넷언론사의 개념과 결합하여 표현의 자유에 대한 제한이 확대될 수 있다. 특히 이 사건 시기제한조항은 이 사건 심의기준 규정의 다른 조항들과 비교하여 그 내용이 일의적이고 명백하여 그 위반 여부를 손쉽게 판단할 수 있다. 그 결과 이 사건 심의위원회가 제20대 국회의원선거에 관한 인터넷 선거보도에 대해 조치를 명한 사례 중 약 30%가 이 사건 시기제한조항 위반을 이유로 한 것으로 가장 큰 비중을 차지하고 있다. 이는 실무적으로도 이 사건 시기제한조항의 표현의 자유 제한 효과가 적지 않다는 것을 의미한다. 따라서 이 사건 시기제한조항으로 인해 발생하는 기본권 제한은 중대하다.

반면, 이 사건 시기제한조항이 달성하고자 하는 공익은 인터넷 선거보도의 공정성과 선거의 공정성을 확보하는 것이다. 그런데 이 사건 시기제한조항의 내용이 인터넷언론의 특성을 고려하지 않고 있어 그 효과가 반감되는 측면이 있다. 따라서 이 사건 시기제한조항으로 달성되는 공익의 수준은 그리 높지 않다.

그러므로 이 사건 시기제한조항으로 인해 발생하는 기본권제한이 이 사건 시기제한조항이 달성하고자 하는 공익보다 더 크다고 할 것이므로, 이 사건 시기제한조항은 법익의 균형성원칙에도 반한다.

(4) 소결

결국 이 사건 시기제한조항은 과잉금지원칙에 반하여 청구인의 표현의 자유를 침해한다.

6. 결 론

그렇다면 이 사건 시기제한조항은 청구인의 표현의 자유를 침해하므로 헌법에 위반되고, 청구인의 나머지 심판청구는 부적법하므로 이를 각하하기로 하여, 주문과 같이 결정한다. 이 결정은 아래 7.과 같은 재판관 이선애, 재판관 이종석, 재판관 이영진의 이 사건 시기제한조항에 대한 반대의견, 아래 8.과 같은 재판관 이은애의 이 사건 시기제한조항에 대한 법정의견에 대한 보충의견이 있는 외에는 관여 재판관들의 일치된 의견에 따른 것이다.

7. 재판관 이선애, 재판관 이종석, 재판관 이영진의 이 사건 시기제한조항에 대한 반대의견

우리는 이 사건 시기제한조항이 공직선거의 후보자인 청구인의 표현의 자유를 침해하지 않는다고 생각하므로, 다음과 같이 반대의견을 밝힌다.

가. 목적의 정당성 및 수단의 적합성

대의민주주의를 원칙으로 하는 오늘날의 민주정치 아래에서 선거는 주권자인 국민이 자신의 정치적 의사를 자유로이 결정하고 표명하여 국가권력을 창출하고 국가 내에서 행사되는 모든 권력에 정당성을 부여하는 절차로서 국민의 주권 행사 또는 참정권 행사를 위한 필수적인 제도이다. 따라서 민주적 의회정치의 기초인 선거에 있어서 국민의 정치적 의사가 왜곡되지 않는 선거 결과를 얻기 위해서는 선거의 자유가 보장되어야 할 뿐만 아니라 그와 동시에 실질적인 선거운동의 기회 균등이 보장되는 선거의 공정성이 확보되어야 한다(헌재 2004. 4. 29. 2002헌마467 참조).

그런데, 선거의 결과는 여론의 실체인 국민의 의사가 표명된 것이고, 정치적·사회적으로 강력한 영향력을 가지고 있는 언론기관은 그와 같은 여론의 형성에 있어 핵심적인 역할을 담당하고 있으므로(헌재 2016. 6. 30. 2013헌가1 참조), 국민의 의사가 왜곡되지 않는 공정한 선거 결과를 얻기 위해서는 선거보도에 있어 언론의 공정성이 반드시 확보되어야 한다.

2000년대 이후 인터넷 매체가 가지는 국민 여론 형성 및 선거에 대한 영향력이 증대하고 있는데, 인터넷언론사가 선거에 임박한 시기에 특정 공직선거 후보자(이하 '후보자'라고만 한다) 명의의 칼럼이나 저술 등을 게재하는 보도를 할 경우 특정 후보자는 다른 후보자에 비하여 국민에게 노출될 기회를 더 많이 가지게 되는 일종의 '광고 효과'를 누리게 되므로, 인터넷언론보도에 있어 후보자 사이에 기회 불균등의 문제가 발생하게 된다.

이 사건 시기제한조항은 선거에 임박하여 선거에 관한 국민의 여론이 구체적으로 형성되고 투표권을 행사하는 시기인 '선거일 전 90일부터 선거일까지' 다른 누구도 아닌 후보자 본인 명의의 칼럼이나 저술 등을 게재하는 인터넷언론사의 보도를 일률적으로 금지하여 여론 형성의 핵심적 역할을 하는 인터넷언론사에 대한 후보자 사이의 불균등한 접근가능성이나 노출가능성을 원천적으로 차단함으로써 인터넷 선거보도의 공정성을 확보하기 위한 것이므로, 목적의 정당성 및 수단의 적합성이 인정된다.

나. 침해의 최소성

(1) 특정한 시기에 후보자 명의의 칼럼이나 저술 등의 게재를 금지할 필요성

이 사건 시기제한조항은 '선거일 전 90일부터 선거일까지'의 기간 동안만 한정하여 인터넷언론사에 후보자 명의의 칼럼이나 저술 등을 게재하지 못하도록 금지하고 있다.

'선거일 전 90일부터 선거일까지'의 기간은 선거가 임박한 시기로서, 이 기간 안에는 대부분의 공직선거의 후보자가 되고자 하는 자가 예비후보자로 등록하여 일정한 선거운동을 할 수 있는 기간과 모든 공직선거의 후보자등록을 마친 후보자가 공식적으로 선거운동을 할 수 있는 기간 및 투표권을 행사하는 선거일 당일까지 포함되어 있다. 즉, 이 기간은 선거에 관한 국민의 여론이 구체적으로 형성되고 국민이 투표권을 행사하는 매우 민감한 시기이다.

대중매체의 발달로 인해 미디어선거 시대가 도래하고 사회의 전반적인 이슈가 연성화(軟性化) 되면서, 유권자가 정치인을 평가함에 있어서도 이념이나 정견과 같은 무거운 내용보다는 취미, 외양 등 보다 가볍고 일상생활에서 유사성 내지 동질성을 찾을 수 있는 측면을 중시하는 경향이 강해졌다. 이에 따라 정당이나 정책보다는 후보자의 이미지가 선거결과에 더 많은 영향을 미치는 요인으로 분석되고 있다. 시간과 정보의 제약이 있는 유권자가 선택을 함에 있어 후보자 이미지의 영향을 크게 받게 된다는 점을 부인할 수 없다.

언론에서 후보자를 얼마나 자주, 어떻게 보도하느냐에 따라 유권자들에게 형성되는 후보자의 이미지는 달라진다.

먼저, 내용과 무관하게 언론에 후보자의 이름이 노출되는 것만으로도 득표율이 높아진다는 일련의 연구결과들이 있다. 언론에서 다루어진 후보자는 유권자에게 각인되고, 이는 단순한 친밀감 차원을 넘어서서 정치적 지지를 강화하게 하는 효과까지 지니기 때문에, 유권자의 후보자 선택에 있어서 이미 알고 있는 후보자인지 여부는 큰 차이를 낳을 수밖에 없다는 것이다. 이와 같은 효과를 이른바 '미디어탐조 효과(search-beam effect)'라고 한다.

내용에 관하여 보면, 후보자가 작성한 칼럼이나 저술 등은 비록 선거와 관련이 없는 내용일지라도 제3자가 아닌 후보자 본인이 직접 작성하여 전달하는 것이므로, 유권자에 대한 호소력이나 후보자의 이미지 강화에 기여하는 효과가 크기 마련이다. 하나의 분야에서 전문성이 있다고 평가되면 다른 분야에서도 전문성이 있는 것으로 간주된다는 '후광효과(halo effect) 이론'이나 후보자의 예능프로그램 출연만으로도 유권자의 신뢰가 쌓인다는 연구결과에서도 볼 수 있듯이, 정치와 무관한 분야에 관한 것이거나 심지어 감성에만 호소하는 것일지라도 유권자의 후보자 지지에 영향을 줄 수밖에 없는 상황이다. 후보자가 직접 작성한 칼럼이나 저술이 인터넷언론이라는 공기(公器)에 담기는 순간, 그 내용이 어떤 것이든 제3자가 작성한 경우보다 유권자에게 미치는 호소력이나 영향력은 심화된다. 그 영향력은 후보자가 인터넷상의 개인 홈페이지나 다른 인터넷 공간에서 칼럼이나 저술을 게재한 것과는 비교할 수 없을 정도로 클 수밖에 없다. 따라서 선거보도의 공정성을 확보하기 위해서는 인터넷언론이 후보자 이미지 강화효과를 특정 후보자에게만 부여하지 않도록 조치를 취할 필요가 있다.

덧붙여 후보자가 직접 작성한 칼럼이나 저술 등은 후보자 개인의 주관적인 사상이나 감정 등을 주된 내용으로 하고 있어 자칫 후보자 개인의 광고수단으로 이용될 개연성이 매우 높으며, 이는 선거일 전 90일부터 선거일까지는 후보자 명의를 나타내는 저술 등을 광고할 수 없고, 후보자는 이 기간 동안 광고에 출연할 수 없도록 한 규정(공직선거법 제93조 제2항)을 잠탈할 가능성까지 있다.

위에서 본 사항들을 종합해 볼 때, 선거에 관한 국민의 여론이 구체적으로 형성되고 투표권행사가 이루어지는 매우 민감한 시기인 선거일 전 90일부터 선거일까지의 기간 동안에는 인터넷언론에 후보자 명의의 칼럼이나 저술 등의 게재를 일률적으로 금지하여야 할 필요성이 있다.

(2) '선거와의 관련성'을 기준으로 한 규율의 한계와 문제점

법정의견은 선거나 정치적 의사표현과 상관없는 내용을 포함하고 있는 후보자의 칼럼이나 저술 등의 게재까지 금지하는 것은 과도하다고 한다.

그러나 유권자가 후보자를 선택함에 있어서는 후보자의 이념이나 정견 등과 같은 정치적인 성향이나 능력에 관한 요소뿐만 아니라 후보자의 친근감, 도덕성, 솔직함, 너그러움, 겸손 등과 같은 인품과 관련한 요소 또한 매우 중요하게 작용하고, 위에서 본 바와 같이 선거와 관련이 없거나 심지어 정서에만 호소하는 경우에도 후보자의 지지에 영향을 미칠 수 있기 때문에, '선거와의 관련성' 유무에 따라 규제하자는 법정의견에 따른다면 언론 노출만으로도 발생할 수 있는 위와 같은 불공정한 효과를 방지할 수 없다.

이 사건 시기제한조항의 위반 건수가 17대, 18대 총선에서는 전체 심의건수 중 3.2%에 불과하였으나 19대 총선에서는 14.8%, 20대 총선에서는 31.3%로 폭증하고 있는 추세는 언론 노출에 따른 이미지 강화효과를 인터넷언론사뿐만 아니라 후보자들도 이미 인식하고 있음을 암시해 주고 있다.

'선거와의 관련성'을 기준으로 칼럼이나 저술 등의 게재 여부를 결정하자는 법정의견은 표현을 내용에 따라 규제하자는 것으로, 현재 이 사건 시기제한조항이 취하고 있는 객관적 지표(기간, 후보자 명의, 칼럼 또는 저술 등)에 의한 노출 규제 방식보다 오히려 표현의 자유에 대한 보다 심대한 제약을 초래할 수 있으며, 규제의 실효성 또한 의문이다. '선거와의 관련성'이라는 기준은 매우 추상적이고 불분명하기 때문에, 이 사건 심의위원회의 자의적인 운용가능성을 부정할 수 없다. 후보자가 선거나 정치적 의사표현과 관련이 없는 내용일지라도 유권자들이 관심이 있거나 이해관계가 있는 사안에 대하여 칼럼이나 저술 등을 게재하였을 경우 그것을 선거와의 관련성이 없다고 단언할 수 있는지 의문이다. 이러한 불명확성으로 인하여 이 사건 심의위원회가 '선거와의 관련성'을 심의기준으로 적용함에 있어서 어느 특정 정당이나 후보자에게 유리 또는 불리하게 적용하게 된다면, 그 실질에 있어서는 표현의 내용에 대한 행정기관의 자의적인 규제를 허용하는 것과 같은 결과를 초래할 위험이 있다.

또한, '선거와의 관련성'을 기준으로 후보자의 칼럼이나 저술 등의 게재 여부를 결정한다고 하면서 사후적인 규제를 할 경우, 그 심의기준 위반 여부에 대하여 이의제기를 받은 후보자 명의의 칼럼이나 저술 등에 대하여 그것이 그 심의기준을 위반한 것인지 여부를 심의하고 제재조치를 하는데 소요되는 기간 동안 그 칼럼이나 저술 등이 인터넷을 통하여 신속하고 광범위하게 확산되는 것을 막을 수 없는 문제점이 있다. 인터넷언론에 담겨 뉴스의 실시간 전달 및 검색을 통한 과거 뉴스의 반복 이용으로 유통·확산되는 후보자 명의의 칼럼이나

저술 등이 초래하는 후보자 사이의 기회 불균등 문제를 막을 수 없다. 특히 선거일에 임박할수록 이러한 불공정한 영향력은 커질 수밖에 없는데, 이를 막을 수 없다는 점에서 과연 법정의견에서 제시하는 기준으로 인터넷 선거보도의 공정성이 확보될 수 있을지 의문이다.

설령 사후에 제재조치를 내린다고 하더라도 이미 선거에 미친 불공정한 영향력을 사후에 제거 또는 교정하는 방법을 찾기 어렵다는 점에서도 실효성 있는 규제라고 보기 어렵다.

(3) 인터넷 매체의 특성과 인터넷언론의 공정보도의무

법정의견은 인터넷 매체의 특성상 인터넷언론에 대하여는 자율성을 최대한 보장하고 언론의 자유에 대한 제한을 최소화하는 것이 바람직하다고 한다.

그러나 이러한 법정의견은 인터넷 환경의 긍정적인 측면만을 고려한 것일 뿐이고, 동전의 양면처럼 긍정적 측면과 함께 존재하는 인터넷 환경의 부정적인 측면을 전혀 고려하지 않은 것이다.

개방성, 상호작용성, 탈 중앙통제성, 접근의 용이성, 다양성 등 인터넷이 보유하고 있는 특성들은 자유로운 의사표현과 다양한 정보의 유통을 보장하는 인터넷 환경의 긍정적인 측면임은 분명하다. 하지만, 낮은 진입장벽으로 인한 전문성 및 자질이 떨어지는 인터넷언론의 출현 가능성, 허위나 불법정보의 급속한 확대·재생산의 문제, 최근 발달한 디지털 여과(filtering) 기술과 맞춤형 추천 알고리즘 기술에 의해 구현되는 편향적인 정보 취득 및 편견 강화 현상 등과 같은 부정적인 측면이 함께 존재함을 부인할 수 없다.

언론의 보도는 전문성, 객관성, 중립성에 대한 사회일반의 신뢰를 전제로 하므로, 인터넷언론사라는 공기(公器)에 게재된 칼럼이나 저술 등의 영향력과 인터넷상의 후보자 개인 홈페이지에 게재된 칼럼이나 저술 등의 영향력이 같다고 볼 수 없다. 같은 내용의 칼럼이나 저술 등이라도 후보자 개인 홈페이지에 게재되는 것과 달리 인터넷언론사를 통하여 보도되는 것은 인지도나 신뢰도·영향력 측면에서 일반 유권자에게 미치는 영향이 더욱 크기 때문이다.

인터넷언론이 신문, 방송과 같은 전통적 언론과 구별되는 다른 특성을 가지고 있다는 점만으로 인터넷언론의 사회적 책임이 경감되어서는 안 될 것이다. 법정의견도 인정하고 있는 바와 같이 인터넷언론이 우리 사회에 미치는 큰 영향력에 비추어보면, 인터넷언론에게 그에 걸맞은 사회적 책임이 요구된다고 할 것이다. "언론의 책임은 특정 매체의 속성에 따라 국한될 수 없으며, 여론에 영향을 미칠 수 있는 매체라면 영향력의 크기에 따라 사회적 책임을 부과 받는다."['허친스 보고서(Hutchins Report)' 참조]

오늘날과 같이 '매체융합 현상'이 나타나 전통적인 언론도 인터넷언론을 통하여 동일한 뉴스를 유통하고 인터넷언론을 통한 여론이 전통적인 언론에도 영향을 미치는 등 매체 간 경계가 사라지고 있는 상황에서, 선거보도에 관한 규율을 언론매체마다 달리하자는 것은 현실과 괴리가 있는 주장이다. 인터넷언론도 선거에 관한 여론형성에 영향력을 행사하는 공중매체로서의 기능과 역할을 수행하는 이상 마땅히 그에 상응하는 공적 책임을 부담하여야 한다.

또한, 법정의견은 사상의 자유 시장의 원리에 따라 인터넷에서의 다양한 언론사 등을 통하여 후보자들이 자유롭게 칼럼 등을 게재함으로써 기회 불균등의 문제가 해결될 수 있다고 보고 있는 듯하다.

그러나 인터넷 공간에서의 정보취득은 유권자의 적극적인 선택에 의하여 이루어지게 되므로, 특정 선호에 따른 차별적인 정보취득이 가능하고, 자신의 신념에 부합하는 내용만을 선별하여 소비하고 그에 반하는 정보를 외면하는 현상이 나타날 수 있으며, 최근 발달한 여과 기술이나 맞춤형 알고리즘 기술로 인하여 이용자의 주체적인 선택 없이도 이미 정치 성향에 부합하는 정보만을 선별적으로 받을 수 있는 현상까지 있음을 염두에 두어야 한다. 이러한 인터넷 환경에서는 특정 성향의 인터넷언론사에서 특정 후보자의 칼럼이나 저술 등만을 게재하는 경우 그로 인하여 나타나는 후보자간의 기회 불균등의 문제를 다른 매체를 통한 게재만으로 과연 해결할 수 있는지도 의문이고, 선거를 앞둔 길지 않은 기간 내에 반론이나 토론 등과 같은 자율적인 방법에 의한 교정이 가능한지에 대해서도 의문이다.

(4) 법정의견이 제시한 대안의 한계

법정의견은 이 사건 시기제한조항 외에도 공직선거법 규정과 이 사건 심의기준 규정에서 인터넷 선거보도의 공정성을 보장하기 위한 다양한 규정이 마련되어 있다고 한다.

그러나 법정의견이 제시한 규정들만으로는 후보자 명의의 칼럼이나 저술 등의 불균등한 게재로 인한 후보자간 기회 불균등의 문제를 해결하지 못한다. 특정 정당이나 후보자의 정견·주장·공약 등을 일방적으로 지지 또는 반대하거나 계속적·반복적으로 게재하는 보도, 특정 정당이나 후보자에게 유리 또는 불리한 영향을 미칠 수 있는 칼럼·기고 등의 반복적 보도, 선거와 관련하여 인터뷰하거나 인용함에 있어서 유권자 등의 상반된 견해나 반응을 균형 있게 다루지 않은 보도 등과 같이 이 사건 심의기준 규정에서 불공정한 보도를 규제하는 조항이 과연 후보자가 직접 작성한 칼럼이나 저술 등의 게재를 규율할 수 있는지 의문이다. 더 나아가 위에서 본 바와 같이 후보자 명의의 칼럼이나 저술 등이 선거와 관련이 없는 것이라도 인터넷언론사를 통하여 게재된다면 불균등한 후보자 노출로 인하여 인터넷 선거보도의 불공정한 영향력의 문제를 발생시킬 수 있는데, 법정의견이 제시하고 있는 공직선거법 규정과 이 사건 심의기준 규정만으로 인터넷 선거보도에 있어서 공정성을 확보할 수 있는지에 대해서도 깊은 의문을 가지지 않을 수 없다.

(5) 침해의 최소화

이 사건 시기제한조항은 '인터넷언론사'에 후보자 명의의 칼럼이나 저술 등을 게재하는 것을 금지하고 있을 뿐이다. 인터넷언론사가 아닌 다른 인터넷 공간, 즉, 후보자 개인이 개설한 인터넷 홈페이지 또는 그 게시판·대화방 등에 칼럼이나 저술 등을 게시하는 것은 금지되지 않는다(공직선거법 제59조).

기간의 측면에서 보더라도 '선거일 전 90일부터 선거일까지'의 기간 동안만 금지하고 있을 뿐이다. 이 시기는 후보자가 예비후보자 내지 후보자등록을 마친 후보자로서 선거운동을 할 수 있는 시기이고, 더욱이 선거일은 유권자가 투표권을 행사하는 당일이다. 선거에 관한 국민의 여론이 구체적으로 형성되고 국민의 투표권행사가 이루어지는 매우 민감한 시기에 인터넷선거보도의 공정성을 확보하기 위해서는 인터넷언론에 후보자 명의의 칼럼과 저술 등의 게재를 일률적으로 금지하는 외에 동일한 수준으로 입법목적을 달성할 수 있는 다른 대안을 상정하기 어렵다.

한편, 법정의견은 이 사건 시기제한조항의 적용을 받는 인터넷언론사의 적용범위가 지나치게 넓어 표현의 자유에 대한 제한이 심대하다고 한다.

그런데, 인터넷언론사의 범위를 규정한 공직선거법 제8조의 5 제1항과 이 사건 심의위원회 규칙 제2조 제1항은 이 사건 심판대상이 아닐 뿐만 아니라, 법정의견과 같이 인터넷언론사의 범위가 지나치게 넓어서 문제라면, 그 범위를 적절히 조정함으로써 충분히 해결할 수 있는 문제이지, 이로 인하여 이 사건 시기제한조항의 필요성이 약화되거나 불필요하게 되는 것은 아니다.

마지막으로, 이 사건 시기제한조항으로 인한 규제는 인터넷언론사에 대한 사후적규제로서 인터넷언론사의 위반행위가 있다고 하여 당연히 제재조치가 곧바로 이루어지는 것이 아니다. 이 사건 심의위원회에서 위반행위 여부를 심의하여 '관련 법규 및 심의기준에 위반된다고 인정되는 때'에는 해당 인터넷언론사에 정정보도문 게재 등의 결정을 하고(이 사건 심의위원회 규칙 제20조 제1항), '경미하다고 판단하는 경우 등'에는 공정보도 협조요청을 할 수 있다(이 사건 심의기준 규정 제11조). 인터넷언론사의 보도의 시기, 조회수 등에 따른 언론사의 영향력, 심의기준의 반복위반 여부를 종합적으로 고려하여 위반에 상응하는 제재조치가 이루어지는 것이고(이 사건 심의기준 규정 제2조), 이에 따라 사후적으로 후보자가 자신 명의의 칼럼이나 저술 등을 인터넷언론에 게재하지 못하게 되는 것일 뿐이다.

따라서 이 사건 시기제한조항이 침해의 최소성 원칙에 위배된다고 볼 수 없다.

다. 법익의 균형성

이 사건 시기제한조항이 달성하고자 하는 공익은 불균등한 후보자 노출로 인한 인터넷 선거보도의 불공정한 영향력을 차단하여 후보자간의 기회균등과 공정한 선거운동을 보장하여 인터넷 선거보도의 공정성을 확보하는 것이다. 이에 반하여 이 사건 시기제한조항으로 인하여 후보자가 받는 제약은 선거에 민감한 영향을 줄 수 있는 일정한 기간 동안 인터넷언론사를 통하여 자신의 칼럼이나 저술 등을 게재하지 못하는 것일 뿐, 인터넷언론사가 아닌 후보자 개인의 인터넷 홈페이지 등에서는 얼마든지 시기의 제한 없이 자신의 칼럼이나 저술 등을 게재할 수 있으므로, 이 사건 시기제한조항이 달성하고자 하는 공익에 비하여 제한되는 사익이 더 크다고 보기 어렵다. 따라서 법익의 균형성 원칙에도 위배되지 않는다.

그러므로 이 사건 시기제한조항이 과잉금지원칙에 위배하여 공직선거 후보자의 표현의 자유를 침해한다고 볼 수 없다.

8. 재판관 이은애의 이 사건 시기제한조항에 대한 법정의견에 대한 보충의견

나는 이 사건 시기제한조항이 과잉금지원칙에 반하여 청구인의 표현의 자유를 침해한다는 법정의견에 찬성하면서 그 논거를 다음과 같이 보충하는 의견을 밝히고자 한다.

반대의견은 법정의견이 '선거와의 관련성'을 기준으로 칼럼이나 저술 등의 게재 여부를 결정하자는 것이어서 표현을 내용에 따라 규제하자는 것이라고 지적한다. 그러나 법정의견은 이 사건 시기제한조항이 청구인의 표현의 자유를 일률적으로 광범위하게 제한하는 점을 주목한 것이지 별도의 기준을 설정해야 한다거나 반대의견이 우려하는 내용 규제를 하자는 것이 아니다. 이 사건 심의위원회는 '선거와의 관련성' 유무를 떠나 모든 인터넷 선거보도에 대해 '선거보도의 공정성' 여부를 구체적으로 판단하여 규제 여부를 결정할 수 있어야 한다. 따라서 선거나 정치적 의사표현과 관련이 없는 인터넷언론 보도에 후보자가 노출된 경우에도 '선거보도의 공정성' 여부를 판단하여 규제하여야 하고, 단지 특정 후보자 명의의 칼럼 등에 해당하는지 여부로 규제할 것은 아니다.

또한 반대의견은 법정의견이 사상의 자유 시장의 원리에 따라 인터넷에서의 다양한 언론사 등을 통하여 후보자들이 자유롭게 칼럼 등을 게재함으로써 기회 불균등의 문제가 해결될 수 있다고 보고 있는 듯하다고 지적한다. 그러나 법정의견은 사상의 자유 시장의 원리에 맡기고 인터넷언론에 대한 모든 규제를 제거하자는 것이 아니라, 이 사건 시기제한조항이 인터넷 환경의 특성을 고려하지 않아 인터넷언론에 대한 적합한 규제가 아니라는 점을 지적한 것이다. 이 사건 시기제한조항이 택하고 있는 방식은 방송이나 신문 등과 같이 매체의 수, 방송 시간 내지 지면 등 물리적 한계가 명백히 존재하는 전통적인 언론 매체에 있어서는 유용할 수 있다. 그렇지만 인터넷언론은 폭넓은 온라인 공간을 이용하여 보도한다는 점에서 전통적인 언론 매체와 차이가 있다. 인터넷언론사는 특정 후보자 명의의 칼럼 등을 게재하는 보도를 하는 경우에도, 동일한 비중으로 다른 후보자 명의의 칼럼 등을 동시에 게재함으로써 선거보도의 공정성을 준수할 수 있다. 또한 이러한 보도는 후보자의 표현의 자유와 언론의 자유 및 유권자의 알권리를 모두 충족한다. 그럼에도 불구하고 이 사건 시기제한조항은 이러한 가능성을 차단하고 있다.

따라서 이 사건 시기제한조항은 선거보도의 공정성 여부를 구체적으로 판단하거나 인터넷언론의 특성을 고려하지 않고 청구인의 표현의 자유를 일률적으로 광범위하게 제한하기 때문에 침해의 최소성원칙에 반한다.

재판관 유남석 이선애 이석태 이은애 이종석 이영진 김기영 문형배 이미선

[별지] 관련조항

공직선거법(2017. 2. 8. 법률 제14556호로 개정된 것)

제8조(언론기관의 공정보도의무) 방송·신문·통신·잡지 기타의 간행물을 경영·관리하거나 편집·취재·집필·보도하는 자와 제8조의5(인터넷선거보도심의위원회) 제1항의 규정에 따른 인터넷언론사가 정당의 정강·정책이나 후보자(候補者가 되고자 하는 者를 포함한다. 이하 이 條에서 같다)의 정견 기타사항에 관하여 보도·논평을 하는 경우와 정당의 대표자나 후보자 또는 그의 대리인을 참여하게 하여 대담을 하거나 토론을 행하고 이를 방송·보도하는 경우에는 공정하게 하여야 한다.

제8조의5(인터넷선거보도심의위원회) ① 중앙선거관리위원회는 인터넷언론사[「신문 등의 진흥에 관한 법률」 제2조(정의) 제4호에 따른 인터넷신문사업자 그 밖에 정치·경제·사회·문화·시사 등에 관한 보도·논평·여론 및 정보 등을 전파할 목적으로 취재·편집·집필한 기사를 인터넷을 통하여 보도·제공하거나 매개하는 인터넷홈페이지를 경영·관리하는 자와 이와 유사한 언론의 기능을 행하는 인터넷홈페이지를 경영·관리하는 자를 말한다. 이하 같다]의 인터넷홈페이지에 게재된 선거보도[사설·논평·사진·방송·동영상 기타 선거에 관한 내용을 포함한다. 이하 이 조 및 제8조의6(인터넷언론사의 정정보도 등)에서 같다]의 공정성을 유지하기 위하여 인터넷선거보도심의위원회를 설치·운영하여야 한다.

② 인터넷선거보도심의위원회는 국회에 교섭단체를 구성한 정당이 추천하는 각 1인과 방송통신심의위원회, 언론중재위원회, 학계, 법조계, 인터넷 언론단체 및 시민단체 등이 추천하는 자를 포함하여 중앙선거관리위원회가 위촉하는 11인 이내의 위원으로 구성하며, 위원의 임기는 3년으로 한다. 이 경우 위원정수에 관하여는 제8조의2 제2항 후단을 준용한다.

③ 인터넷선거보도심의위원회에 위원장 1인을 두되, 위원장은 위원 중에서 호선한다.

④ 인터넷선거보도심의위원회에 상임위원 1인을 두되, 중앙선거관리위원회가 인터넷선거보도심의위원회의 위원 중에서 지명한다.

⑤ 정당의 당원은 인터넷선거보도심의위원회의 위원이 될 수 없다.

⑥ 생략

⑦ 인터넷선거보도심의위원회는 업무수행을 위하여

필요하다고 인정하는 때에는 관계 공무원 또는 전문가를 초청하여 의견을 듣거나 관련 기관·단체 등에 자료 및 의견제출 등 협조를 요청할 수 있다.

⑧ 인터넷선거보도심의위원회의 사무를 처리하기 위하여 선거관리위원회 소속 공무원으로 구성하는 사무국을 둔다.

⑨ 인터넷선거보도심의위원회의 구성·운영, 위원 및 상임위원의 대우, 사무국의 조직·직무범위 기타 필요한 사항은 중앙선거관리위원회규칙으로 정한다.

제8조의6(인터넷언론사의 정정보도 등) ① 인터넷선거보도심의위원회는 인터넷언론사의 인터넷홈페이지에 게재된 선거보도의 공정 여부를 조사하여야 하며, 조사결과 선거보도의 내용이 공정하지 아니하다고 인정되는 때에는 당해 인터넷언론사에 대하여 해당 선거보도의 내용에 관한 정정보도문의 게재 등 필요한 조치를 명하여야 한다.

② 정당 또는 후보자(후보자가 되고자 하는 자를 포함한다. 이하 이 조에서 같다)는 인터넷언론사의 선거보도가 불공정하다고 인정되는 때에는 그 보도가 있음을 안 날부터 10일 이내에 인터넷선거보도심의위원회에 서면으로 이의신청을 할 수 있다.

③ 인터넷선거보도심의위원회는 제2항의 규정에 의한 이의신청을 받은 때에는 지체 없이 이의신청 대상이 된 선거보도의 공정여부를 심의하여야 하며, 심의결과 선거보도가 공정하지 아니하다고 인정되는 때에는 당해 인터넷언론사에 대하여 해당 선거보도의 내용에 관한 정정보도문의 게재 등 필요한 조치를 명하여야 한다.

④ 인터넷언론사의 왜곡된 선거보도로 인하여 피해를 받은 정당 또는 후보자는 그 보도의 공표가 있음을 안 날부터 10일 이내에 서면으로 당해 인터넷언론사에 반론보도의 방송 또는 반론보도문의 게재(이하 이 조에서 "반론보도"라 한다)를 청구할 수 있다. 이 경우 그 보도의 공표가 있은 날부터 30일이 경과한 때에는 반론보도를 청구할 수 없다.

⑤ 인터넷언론사는 제4항의 청구를 받은 때에는 지체 없이 당해 정당이나 후보자 또는 그 대리인과 반론보도의 형식·내용·크기 및 횟수 등에 관하여 협의한 후, 이를 청구받은 때부터 12시간 이내에 당해 인터넷언론사의 부담으로 반론보도를 하여야 한다.

⑥ 제5항의 규정에 의한 반론보도 협의가 이루어지지 아니하는 경우에 당해 정당 또는 후보자는 인터넷선거보도심의위원회에 즉시 반론보도청구를 할 수 있으며, 인터넷선거보도심의위원회는 이를 심의하여 각하·기각 또는 인용결정을 한 후 당해 정당·후보자 및 인터넷언론사에 그 결정내용을 통지하여야 한다. 이 경우 반론보도의 인용결정을 하는 때에는 그 형식·내용·크기·횟수 기타 필요한 사항을 함께 결정하여 통지하여야 하며, 통지를 받은 인터넷언론사는 지체 없이 이를 이행하여야 한다.

⑦ 「언론중재 및 피해구제 등에 관한 법률」 제15조(정정보도청구권의 행사)제1항·제4항부터 제6항까지 및 제8항은 그 성질에 반하지 아니하는 한 인터넷언론사의 선거보도에 관한 반론보도청구에 이를 준용한다. 이 경우 "정정보도청구"는 "반론보도청구"로, "정정"은 "반론"으로, "정정보도청구권"은 "반론보도청구권"으로, "정정보도"는 "반론보도"로, "정정보도문"은 "반론보도문"으로 본다.

제256조(각종제한규정위반죄) ② 다음 각 호의 어느 하나에 해당하는 통보를 받고 지체 없이 이를 이행하지 아니한 자는 2년 이하의 징역 또는 1천500만원 이하의 벌금에 처한다.

4. 제8조의6 제1항 또는 제3항에 따른 조치 또는 같은 조 제6항에 따른 반론보도의 결정

인터넷선거보도심의위원회의 구성 및 운영에 관한 규칙(2016. 1. 15. 중앙선거관리위원회규칙 제444호로 개정된 것)

제1조(목적) 이 규칙은 「공직선거법」(이하 "법"이라 한다)에서 인터넷선거보도심의위원회(이하 "심의위원회"라 한다)의 구성·운영 등에 관하여 법에서 위임된 사항과 그 시행에 관하여 필요한 사항을 규정함을 목적으로 한다.

제2조의2(인터넷언론사의 공정한 선거보도) ① 인터넷언론사는 선거와 관련된 보도를 하는 때에는 그 내용이 특정 정당이나 후보자에게 유리 또는 불리하지 않도록 공정하게 하여야 한다.

② 인터넷언론사는 선거와 관련된 보도를 하는 때에는 그 구성과 비중 등에 있어 각 정당 또는 후보자간에 적절한 균형을 유지하여야 한다.

③ 인터넷언론사는 선거와 관련된 사실을 보도하는 때에는 객관적으로 하여야 하며, 사실과 의견이 구분될 수 있도록 하여야 한다.

제17조(심의기준) 선거보도의 심의는 관련 법규 및 심의위원회가 정하는 심의기준 등에 따른다.

제20조(심의의결 및 이행명령) ① 심의위원회는 선거보도의 내용이 관련 법규 및 심의기준에 위반된다고 인정되는 때에는 해당 인터넷언론사에 정정보도문 게재, 경고문 게재, 경고, 주의 등 필요한 결정을 하여야 하며, 이 경우 그 기준은 별표와 같다.

② 심의위원회는 제1항에 따른 경고문의 게재를 결정한 때에는 해당 인터넷언론사의 인터넷 홈페이지 초기화면에 게재하도록 하여야 하며, 선거보도의 내용과 관련하여 경고문의 게재 또는 경고를 결정한 때에는 필요한 경우 해당 선거보도에 그 처분이 있음을 표시하게 할 수 있다.

③ 심의위원회로부터 제2항에 따른 경고문의 게재 또는 경고 처분이 있음을 표시하도록 조치를 받은 인터넷언론사는 지체 없이 이를 표시하여 해당 선거보도를 매개한 인터넷뉴스서비스사업자에게 재전송하여야 하며, 인터넷뉴스서비스사업자는 해당 선거보도를 재전송 받은 선거보도로 지체 없이 대체하여야 한다.

④ 심의위원회는 제1항에 따른 결정사항에 대하여 지체 없이 해당 인터넷언론사에 그 이행을 명한 후, 그 처분의 이행여부를 확인하는 등 필요한 조치를 하여야 한다.

인터넷선거보도 심의기준 등에 관한 규정(2011. 12. 23. 인터넷선거보도심의위원회 훈령 제9호로 제정된 것)

제1조(목적) 이 규정은 「공직선거법」 제8조의5 제6항 및 「인터넷선거보도심의위원회 구성 및 운영에 관한 규칙」 제17조에 의하여 인터넷 선거보도의 심의 등에 필요한 사항을 정함을 목적으로 한다.

제2조(심의 고려사항) 인터넷선거보도심의위원회(이하 "심의위원회"라 한다)는 선거보도를 심의하는 때에는 다음 각 호를 고려하여야 한다.

1. 보도의 시기
2. 조회수 등에 따른 언론사의 영향력
3. 심의기준의 반복위반 여부

제8조(시기에 따른 특별제한) ① 인터넷언론사는 선거기간 중에는 특정 정당이나 후보자에 유리 또는 불리한 영향을 미칠 우려가 있는 특집기획보도를 하여서는 아니 된다.

11. 구 아동·청소년의 성보호에 관한 법률 제42조 제1항 위헌확인

[2019. 11. 28. 2017헌마399]

【판시사항】

가. 아동·청소년에 대한 강제추행죄로 유죄판결이 확정된 자를 신상정보 등록대상자로 규정하는 '성폭력범죄의 처벌 등에 관한 특례법'(2016. 12. 20. 법률 제14412호로 개정된 것, 이하 '성폭력처벌법'이라 한다) 제42조 제1항 본문 가운데 '「아동·청소년의 성보호에 관한 법률」 제2조 제2호 가목의 범죄 중 제7조 제3항의 범죄(아동청소년에 대한 강제추행죄)로 유죄판결이 확정된 자'에 관한 부분(이하 '등록대상자조항'이라 한다)이 개인정보자기결정권을 침해하는지 여부(소극)

나. 신상정보 등록대상자로 하여금 관할경찰관서의 장에게 신상정보를 제출하도록 하고 신상정보가 변경될 경우 그 사유와 변경내용을 제출하도록 하는 성폭력처벌법 제43조 제1항 본문, 제3항(이하 합하여 '제출조항'이라 한다)이 개인정보자기결정권을 침해하는지 여부(소극)

다. 신상정보 등록대상자에게 출입국 시 신고의무를 부과하는 성폭력처벌법 제43조의2 제1항, 제2항(이하 합하여 '출입국 신고조항'이라 한다)이 개인정보자기결정권을 침해하는지 여부(소극)

라. 법무부장관이 신상등록대상자의 정보를 등록하도록 규정한 성폭력처벌법 제44조 제1항(이하 '등록조항'이라 한다)이 개인정보자기결정권을 침해하는지 여부(소극)

마. 법무부장관이 성범죄로 벌금형을 선고받은 사람의 등록정보를 10년간 보존·관리하도록 규정한 성폭력처벌법 제45조 제1항 본문 제4호(이하 '관리조항'이라 한다)가 개인정보자기결정권을 침해하는지 여부(소극)

바. 관할경찰관서의 장으로 하여금 등록대상자와 연 1회 직접 대면 등의 방법으로 등록정보의 진위와 변경 여부를 확인하도록 규정한 성폭력처벌법 제45조 제7항 제3호(이하 '대면확인조항'이라 한다)가 개인정보자기결정권 및 일반적 행동자유권을 침해하는지 여부(소극)

사. 법무부장관이 신상정보 등록대상자의 정보를 검사 또는 각급 경찰관서의 장에게 배포할 수 있도록 규정한 성폭력처벌법 제46조 제1항(이하 '배포조항'이라 한다)이 개인정보자기결정권을 침해하는지 여부(소극)

【결정요지】

가. 등록대상자조항은 성폭력범죄의 재범을 억제하고 성폭력범죄자의 조속한 검거 등 효율적인 수사를 위한 것이다. 이는 전과기록 관리 및 보안처분만으로는 달성할 수 없는 정도로 성폭력범죄의 재범을 억제하고, 성폭력범죄자의 조속한 검거 등 효율적인 수사를 위하여 불가피한 것으로, 등록 자체로 인한 기본권의 제한 범위가 제한적인 반면, 이를 통하여 달성되는 공익은 매우 크다.

나. 제출조항은 등록대상자의 동일성 식별 및 동선 파악을 위하여 필요한 범위 내에서 정보 제출을 요청할 뿐이고, 성범죄 억제 및 수사효율이라는 중대한 공익을 위하여 필요하다.

다. 출입국 신고조항은 신고의무자가 6개월 이상 국외에 체류할 경우에만 신고를 요하고, 신상정보 등록제도의 효과적인 운영을 위한 정보의 정확성 제고와 행정의 효율성을 위해 불가피하다.

라. 등록조항은 성범죄자의 재범을 억제하고, 필요시 효율적인 수사를 담보하는 반면, 그

자체로 등록대상자의 생활에 장애를 주는 것은 아니다.

마. 관리조항은 그 관리기간이 형사책임의 경중에 따라 세분화되어 있고 일정한 경우 그 기간을 단축할 수 있도록 하고 있으며, 그 자체로 등록대상자의 생활에 장애를 주는 것은 아니다.

바. 대면확인조항은 정보의 최신성과 정확성을 확보를 위하여 필요하고, 등록대상자에게 책임에 상응하는 부담만을 부과하고 있으므로 등록대상자에게 과중한 부담을 주는 것이라고 보기 어렵다.

사. 배포조항은 정보의 활용 및 노출 가능성을 제한하면서 성범죄의 억제 및 효율적 수사를 제고한다.

재판관 이석태, 재판관 이영진, 재판관 김기영의 등록대상자조항에 대한 반대의견

아동·청소년에 대한 강제추행죄로 유죄판결이 확정된 자를 신상정보등록자로 규정한 조항은, 성범죄의 재범을 방지하고, 재범 발생의 경우 수사의 효율성을 위한 것이므로, 성범죄 재범의 위험성이 인정되는 자에 한하여 적용되어야 한다. 성범죄 재범의 위험성이 있는 자를 선별하는 것이 가능하고, 현재 다른 보안처분에서는 재범의 위험성을 심사하는 절차를 시행하고 있다. 그럼에도 불구하고 위 조항이 이러한 절차를 두지 않은 채 유죄판결을 받은 모든 자를 일률적으로 등록대상자로 정하고 있는 것은 그 입법목적 달성에 필요한 정도를 초과하는 제한이다. 재범의 위험성이 인정되지 않는 자를 등록대상자로 규정하는 경우, 이를 통해 달성될 수 있는 재범방지나 수사의 효율성과 같은 공익은 없는 반면, 그로 인한 사익의 침해는 심각하다. 따라서 등록대상자조항은 청구인의 개인정보자기결정권을 침해한다. 나머지 조항들의 위헌성은 등록대상자의 범위가 지나치게 포괄적이라는 데 기초하고 있는바, 나머지 심판대상조항에 관하여는 더 나아가 별도로 판단하지 아니한다.

【심판대상조문】

성폭력범죄의 처벌 등에 관한 특례법(2016. 12. 20. 법률 제14412호로 개정된 것) 제42조 제1항 본문 가운데 「아동·청소년의 성보호에 관한 법률」 제2조 제2호 가목의 범죄 중 제7조 제3항의 범죄(아동·청소년에 대한 강제추행죄)로 유죄판결이 확정된 자'에 관한 부분, 제43조 제1항 본문, 제3항, 제43조의2 제1항, 제2항, 제44조 제1항, 제45조 제1항 본문 제4호, 제45조 제7항 제3호, 제46조 제1항

【참조조문】

헌법 제17조, 제37조

【참조판례】

가. 헌재 2014. 7. 24. 2013헌마423등, 판례집 26-2상, 226, 234-236

나. 헌재 2016. 3. 31. 2014헌마457, 공보 234, 619, 624-625

마. 헌재 2018. 3. 29. 2017헌마396, 판례집 30-1상, 493, 501-502

바. 헌재 2016. 3. 31. 2014헌마457, 공보 234, 619, 626

사. 헌재 2016. 3. 31. 2014헌마457, 공보 234, 619, 627

【당 사 자】

청 구 인 김○○

국선대리인 변호사 이병주

【주 문】

이 사건 심판청구를 모두 기각한다.

【이 유】

1. 사건개요

청구인은 2016. 1. 29. '아동·청소년의 성보호에 관한 법률'(이하 '청소년성보호법'이라 한다) 제7조 제3항

의 아동·청소년에 대한 강제추행죄(이하 '이 사건 범죄'라 한다)로 벌금 500만원 및 40시간의 성폭력 치료프로그램 이수 명령을 받고(서울중앙지방법원 2015고합868), 항소(서울고등법원 2016노433) 및 상고(대법원 2016도19700)하였으나 모두 기각되어 2017. 1. 26. 그 형이 확정되었다.

청구인은 위와 같은 형의 확정으로 '성폭력범죄의 처벌 등에 관한 특례법'(2016. 12. 20. 법률 제14412호로 개정된 것, 이하 '성폭력처벌법'이라 한다)에 따른 신상정보 등록대상자가 되었는바, 성폭력처벌법 제42조 제1항 가운데 「아동·청소년의 성보호에 관한 법률」 제2조 제2호 가목의 범죄 중 제7조 제3항의 범죄(아동청소년에 대한 강제추행죄)로 유죄판결이나 약식명령이 확정된 자는 신상정보 등록자가 된다' 부분, 제43조, 제43조의2, 제44조, 제45조, 제46조가 기본권을 침해한다고 주장하며 위 조항들에 대하여 2017. 4. 13. 헌법소원심판을 청구하였다.

2. 심판대상

청구인은 '성폭력범죄의 처벌 등에 관한 특례법' 제42조 제1항 본문 가운데 '「아동·청소년의 성보호에 관한 법률」 제2조 제2호 가목의 범죄 중 제7조 제3항의 범죄(아동·청소년에 대한 강제추행죄)로 유죄판결이나 약식명령이 확정된 자는 신상정보 등록자가 된다' 부분, 제43조, 제43조의2, 제44조, 제45조, 제46조의 위헌확인을 구하고 있다.

그런데 위 조항들 중 청구인의 기본권 제한과 관련이 없거나 청구인이 그 위헌성 여부에 대해 구체적으로 언급하지 않은 부분은 심판대상에서 제외한다.

따라서 이 사건 심판대상은 '성폭력범죄의 처벌 등에 관한 특례법'(2016. 12. 20. 법률 제14412호로 개정된 것) 제42조 제1항 본문 가운데 '「아동·청소년의 성보호에 관한 법률」 제2조 제2호 가목의 범죄 중 제7조 제3항의 범죄(아동·청소년에 대한 강제추행죄)로 유죄판결이 확정된 자'에 관한 부분(이하 '등록대상자조항'이라 한다), 제43조 제1항 본문, 제3항(이하 합하여 '제출조항'이라 한다), 제43조의2 제1항, 제2항(이하 합하여 '출입국 신고조항'이라 한다), 제44조 제1항(이하 '등록조항'이라 한다), 제45조 제1항 본문 제4호(이하 '관리조항'이라 한다), 제45조 제7항 제3호(이하 '대면확인조항'이라 한다), 제46조 제1항(이하 '배포조항'이라 한다)이 청구인의 기본권을 침해하는지 여부이다.

심판대상조항은 다음과 같다.

[심판대상조항]

성폭력범죄의 처벌 등에 관한 특례법(2016. 12. 20. 법률 제14412호로 개정된 것)

제42조(신상정보 등록대상자) ① 제2조 제1항 제3호·제4호, 같은 조 제2항(제1항 제3호·제4호에 한정한다), 제3조부터 제15조까지의 범죄 및 「아동·청소년의 성보호에 관한 법률」 제2조 제2호 가목·라목의 범죄(이하 "등록대상 성범죄"라 한다)로 유죄판결이나 약식명령이 확정된 자 또는 같은 법 제49조 제1항 제4호에 따라 공개명령이 확정된 자는 신상정보 등록대상자(이하 "등록대상자"라 한다)가 된다. (단서생략)

제43조(신상정보의 제출 의무) ① 등록대상자는 제42조 제1항의 판결이 확정된 날부터 30일 이내에 다음 각 호의 신상정보(이하 "기본신상정보"라 한다)를 자신의 주소지를 관할하는 경찰관서의 장(이하 "관할경찰관서의 장"이라 한다)에게 제출하여야 한다. (단서 생략)

1. 성명
2. 주민등록번호
3. 주소 및 실제거주지
4. 직업 및 직장 등의 소재지
5. 연락처(전화번호, 전자우편주소를 말한다)
6. 신체정보(키와 몸무게)
7. 소유차량의 등록번호

③ 등록대상자는 제1항에 따라 제출한 기본신상정보가 변경된 경우에는 그 사유와 변경내용(이하 "변경정보"라 한다)을 변경사유가 발생한 날부터 20일 이내에 제1항에 따라 제출하여야 한다.

제43조의2(출입국 시 신고의무 등) ① 등록대상자가 6개월 이상 국외에 체류하기 위하여 출국하는 경우에는 미리 관할경찰관서의 장에게 체류국가 및 체류기간 등을 신고하여야 한다.

② 제1항에 따라 신고한 등록대상자가 입국하였을 때에는 특별한 사정이 없으면 14일 이내에 관할경찰관서의 장에게 입국 사실을 신고하여야 한다. 제1항에 따른 신고를 하지 아니하고 출국하여 6개월 이상 국외에 체류한 등록대상자가 입국하였을 때에도 또한 같다.

제44조(등록대상자의 신상정보 등록 등) ① 법무부장관은 제43조 제5항, 제6항 및 제43조의2 제3항에

따라 송달받은 정보와 다음 각 호의 등록대상자 정보를 등록하여야 한다.

1. 등록대상 성범죄 경력정보
2. 성범죄 전과사실(죄명, 횟수)
3. 「특정 범죄자에 대한 보호관찰 및 전자장치 부착 등에 관한 법률」에 따른 전자장치 부착 여부

제45조(등록정보의 관리) ① 법무부장관은 제44조 제1항 또는 제4항에 따라 기본신상정보를 최초로 등록한 날(이하 "최초등록일"이라 한다)부터 다음 각 호의 구분에 따른 기간(이하 "등록기간"이라 한다) 동안 등록정보를 보존·관리하여야 한다. (단서 생략)

4. 신상정보 등록의 원인이 된 성범죄로 벌금형을 선고받은 사람: 10년

⑦ 관할경찰관서의 장은 등록기간 중 다음 각 호의 구분에 따른 기간마다 등록대상자와의 직접 대면 등의 방법으로 등록정보의 진위와 변경 여부를 확인하여 그 결과를 법무부장관에게 송부하여야 한다.

3. 제1항에 따른 등록기간이 10년인 등록대상자: 1년

제46조(등록정보의 활용 등) ① 법무부장관은 등록정보를 등록대상 성범죄와 관련한 범죄 예방 및 수사에 활용하게 하기 위하여 검사 또는 각급 경찰관서의 장에게 배포할 수 있다.

3. 청구인의 주장요지

등록대상자조항, 제출조항, 등록조항, 배포조항은 개별 범죄 태양에 따른 재범의 위험성을 고려하지 않고 이 사건 범죄로 유죄가 확정된 자에게 일절 불복절차 없이 일률적으로 신상정보 등록의무를 부과하고 있어 개인정보자기결정권을 침해한다.

출입국 신고조항은 출입국사실을 특별히 관리할 필요가 없음에도 신고의무를 부담시키는 것으로 청구인의 개인정보자기결정권, 거주이전의 자유, 해외여행 및 해외이주의 자유를 침해한다.

관리조항과 대면확인조항은 재범의 위험성에 관한 고려 없이 단순히 범죄 유형별로 관리 기간을 설정하고 매년 대면 등의 방법으로 변경여부를 확인하도록 하여 개인정보자기결정권 및 일반적 행동자유권을 침해한다.

4. 판 단

가. 쟁점

등록대상자조항, 제출조항, 출입국 신고조항은 이 사건 범죄로 유죄판결이 확정된 자를 신상정보 등록대상자로 규정하고, 일정한 신상정보 및 그 변경내용을 제출할 의무를 부과하며, 등록대상자로 하여금 6개월 이상 국외에 체류하기 위하여 출국하는 경우 미리 관할 경찰관서의 장에게 체류국가 및 체류기간 등을 신고하게 하고 입국 시에도 14일 이내에 입국사실을 신고하도록 한다. 또한, 등록조항, 관리조항, 배포조항은 법무부장관으로 하여금 이 사건 범죄로 벌금형의 유죄판결을 받은 등록대상자로부터 제출받은 신상정보 등을 등록하여 10년간 보존·관리하면서 등록정보를 등록대상 성범죄와 관련한 범죄 예방 및 수사에 활용하기 위하여 검사 또는 각급 경찰관서의 장에게 배포할 수 있게 한다. 따라서 위 조항들은 일정한 성폭력범죄자의 개인정보의 수집·보관·처리·이용에 관한 근거규정으로서 개인정보자기결정권을 제한한다(헌재 2016. 3. 31. 2014헌마457; 헌재 2018. 3. 29. 2017헌마396 참조).

대면확인조항은 등록대상자에게 자신의 의사와 무관하게 1년에 한번 관할경찰관서의 장과 직접 대면할 것을 요구하므로 일반적 행동자유권을 제한하고, 이 조항 역시 등록대상자의 개인정보를 수집하는 근거가 된다는 점에서 개인정보자기결정권도 제한한다(헌재 2016. 3. 31. 2014헌마457 참조).

청구인은 나아가 출입국 신고조항이 청구인의 거주이전의 자유, 해외여행 및 해외이주의 자유를 제한한다고 주장하나, 이 조항으로 인하여 청구인의 거주이전이나 해외여행 등 그 자체가 제한되는 것은 아니고 단지 신고의무를 부담하게 될 뿐이므로, 위 조항이 거주이전의 자유나 해외여행 및 해외이주의 자유와 직접적인 관계가 있다고 보기 어렵다(헌재 2016. 3. 31. 2014헌마457 참조).

청구인은 평등권 침해도 주장하나 이에 관한 구체적인 주장이 전혀 없으므로 이 부분 주장에 대하여 별도로 판단하지 아니한다.

한편, 이와 같은 기본권 제한에는 헌법 제37조 제2항의 과잉금지원칙이 준수되어야 하므로 이하에서는 이에 대해 살펴본다.

나. 등록대상자조항의 기본권 침해 여부

(1) 목적의 정당성 및 수단의 적합성

등록대상자조항은 성폭력범죄의 재범을 억제하고 성폭력범죄자의 조속한 검거 등 효율적 수사를 위한 것이므로 입법목적의 정당성이 인정된다(헌재 2014. 7. 24. 2013헌마423등 참조).

국가기관이 일정한 성폭력범죄를 저지른 자로부터

특정 신상정보를 제출받아 보존·관리하면 등록대상자의 성폭력범죄를 억제할 수 있고, 재범이 발생하더라도 미리 파악된 신상정보를 활용하여 수사의 효율성과 신속성을 도모할 수 있으므로 등록대상자조항은 입법목적 달성에 적합한 수단이 된다(헌재 2014. 7. 24. 2013헌마423등 참조).

(2) 침해의 최소성

그동안 성폭력 범죄에 대한 법정형은 꾸준히 강화되어 왔으나 이러한 조치만으로는 한계가 있었고, 근본적인 해결을 위한 성범죄자의 재사회화나 사회안전망 확충과 같은 제도 개선에는 많은 시간과 노력이 필요한바, 현실적인 대안으로 재범 방지와 효율적 수사를 위해 성폭력범죄로 처벌받은 사람에 대한 정보를 국가가 체계적으로 관리하는 것은 불가피한 측면이 있다(헌재 2014. 7. 24. 2013헌마423등 참조).

'형의 실효 등에 관한 법률'은 전과기록(수형인명부, 수형인명표, 범죄경력자료)과 수사경력자료(수사기관이 피의자의 지문을 채취하고 피의자의 인적사항과 죄명 등을 기재한 표)를 관리하도록 하고 있으나 위와 같은 기록들은 신상등록제도에 비하여 좁은 범위의 신상정보만을 포함하고 있으므로 성폭력범죄의 재범을 억제하고, 수사의 효율성을 제고하고자 하는 등록대상자조항과 동일한 효과를 거둘 수 있다고 보기 어렵다(헌재 2014. 7. 24. 2013헌마423등 참조).

한편, 성폭력범죄의 재범을 막기 위해 보호관찰, 치료감호, 전자장치 부착, 디엔에이감식시료 채취 등의 보안처분 제도가 마련되어 있으나 이러한 제도들은 등록대상자조항에 비하여 좁은 범위의 대상자들에게 제한적으로 적용되는바, 이들 제도만으로 성폭력범죄의 재범 억제와 수사의 효율성이 담보된다고 보기는 어렵다(헌재 2014. 7. 24. 2013헌마423등 참조).

이 사건 범죄로 벌금형의 유죄판결이 확정된 경우 등록대상자에 해당하여 일정기간 특정 신상정보가 등록 관리되며, 달리 등록을 면하거나 불복할 여지가 없다. 그러나 개별 사안에서 행위태양이나 불법성의 경중이 다양하게 나타날 수 있어도, 항거하기 곤란한 폭행이나 협박으로 아동·청소년을 강제추행하는 성폭력범죄로서의 본질이 달라지는 것은 아니므로 이들의 재범 예방 및 향후 신속한 수사를 위해 예외나 불복을 허용하지 않더라도 이것이 지나치다고 보기는 어렵다(헌재 2014. 7. 24. 2013헌마423등 참조).

또한, 성폭력처벌법은 등록대상정보를 엄격히 제한하는 한편, 등록 정보의 누설을 금지하고(제48조), 등록 정보의 보존·관리기간도 선고형에 따라 차등적으로 규정(제45조 제1항)하는 등 등록대상자의 기본권 제한을 최소화하는 장치도 마련하고 있다(헌재 2014. 7. 24. 2013헌마423등 참조).

한편, 등록대상자조항이 재범방지 및 재범 발생 시 수사효율을 목적으로 하면서도 등록대상자를 선정함에 있어 재범 가능성 여부를 별도로 심사하지 않는 것이 문제될 수 있으나, 등록대상자조항은 성폭력범죄를 저지른 자들을 예외 없이 등록대상자가 되도록 함으로써 그 관리의 기초를 마련하기 위한 것이므로 반드시 재범의 위험성을 등록요건으로 하여야 하는 것은 아니다. 더욱이 현재 사용되는 재범의 위험성 평가도구로는 성범죄자의 재범 가능성 여부를 완벽하게 예측할 수 없고, 이와 같은 오류의 가능성을 배제하기 어려운 상황에서 일정한 성폭력 범죄자를 일률적으로 등록대상자가 되도록 하는 것은 불가피하다고 볼 수 있다.

따라서 등록대상자조항은 침해의 최소성이 인정된다.

(3) 법익의 균형성

등록대상자조항에 의하여 신상정보 등록대상자가 되는 자는 특정 신상정보의 제출의무를 부담하고, 그러한 신상정보는 국가기관에 의하여 일정기간 등록·보존·관리되게 된다. 그러나 신상정보 등록제도는 등록대상자에 관한 정보를 취득하는 데 그치고 유사한 입법목적을 가지고 있는 다른 제도인 신상정보 공개·고지, 전자장치 부착, 성충동 약물치료 등과 비교하였을 때 신상정보 등록으로 인한 기본권의 제한 범위가 상당히 제한적이라고 할 수 있다. 반면 등록대상자조항을 통하여 달성되는 성폭력범죄자의 재범 방지 및 수사의 효율성 담보라는 공익은 매우 크다(헌재 2014. 7. 24. 2013헌마423등 참조).

따라서 등록대상자조항은 법익균형성이 인정된다.

(4) 소결

이상에서 본 바와 같이 등록대상자조항은 과잉금지원칙을 위반하여 청구인의 개인정보자기결정권을 침해하지 아니한다.

다. 제출조항의 기본권 침해여부

(1) 목적의 정당성 및 수단의 적합성

제출조항은 등록대상자의 동일성을 식별하고 소재지 및 동선을 파악할 수 있도록 등록대상자로 하여금 판결확정 후 30일 이내에 성명, 주민등록번호, 주소 및 실거주지, 직업 및 직장 등의 소재지, 연락처(전화번호, 전자우편주소), 신체정보(키와 몸무게), 소유차량의 등록번호 등 신상정보를 제출하게 하고, 신상정보가 변경된 경우 변경사유가 발생한 날부터 20일 이내에 해당 변경정보를 제출하도록 정하고 있다. 제출조항은 등록대상자로 하여금 다시 성범죄를 범할 경우 본인이 쉽게 검거될 수 있다는 인식을 한층 강화하여 재범을 억제하고, 실제로 등록대상자가 재범한 경우에는 수사기관으로 하여금 위 정보를 활용하여 범죄자를 신속하고 효율적으로 검거할 수 있게 하므로, 목적의 정당성과 수단의 적합성이 인정된다(헌재 2017. 5. 25. 2017헌바149; 헌재 2016. 3. 31. 2014헌마457 참조).

(2) 침해의 최소성

제출조항이 등록대상자에게 자신에 관한 신상정보들을 제출하도록 하면서, 변경된 경우에도 일정기간 내에 해당 정보를 제출하도록 하는 것은 재범 방지와 수사의 효율성 담보라는 입법목적 달성에 불가피하고, 제출조항이 등록대상자의 소재지와 동선을 파악하기 위한 복수의 정보를 요구하는 것은 고정적인 거주지가 없거나 이동이 잦은 직업에 종사하는 사람들에 대한 효과적인 수사를 위한 필요성에서 비롯한 것이고 제출조항의 입법목적과 직접적인 관련성이 인정되지 않는 정보의 제출을 요청하고 있지 않으므로 이 조항에 따른 신상정보의 제출이 지나치다고 보기는 어렵다(헌재 2016. 3. 31. 2014헌마457 참조).

제출조항에 따라 등록대상자가 자발적으로 신상정보 및 변경정보를 제출하는 방법 대신 관할경찰관서의 장이 등록대상자를 대면하는 과정에서(대면확인조항 참조) 신상정보를 최초로 수집하고 변경 여부를 규칙적으로 확인하는 방법을 고려해볼 수 있다. 하지만 이것이 반드시 덜 제한적인 방법이라고 단정할 수 없고, 등록대상자에 대한 범죄 동기의 억제라는 주관적 영향력의 측면에서는 오히려 등록대상자로 하여금 관할경찰관서의 장에게 신상정보 및 변경정보를 제출하게 하는 것이 더 효과적이라 할 수 있다(헌재 2016. 3. 31. 2014헌마457 참조).

따라서 제출조항은 침해의 최소성이 인정된다.

(3) 법익의 균형성

제출조항으로 인하여 청구인은 성명, 주민등록번호, 주소 및 실제거주지, 직업 및 직장 등의 소재지, 연락처, 신체정보, 소유차량의 등록번호와 같은 정보를 제출해야 하는 불이익을 받게 되나, 이에 비하여 제출조항으로 달성하고자 하는 공익이 크므로 법익의 균형성도 인정된다(헌재 2016. 3. 31. 2014헌마457 참조).

(4) 소결

따라서 제출조항은 과잉금지원칙을 위반하여 청구인의 개인정보자기결정권을 침해하지 아니한다.

라. 출입국 신고조항의 기본권 침해 여부

(1) 목적의 정당성 및 수단의 적합성

출입국 신고조항은 등록정보의 정확성을 높이고 국외에 장기 체류하는 등록대상자의 거주 여부를 확인하는 데 불필요한 행정력이 낭비되는 것을 막기 위하여 6개월 이상 국외에 체류하는 등록대상자에 대하여 출입국 시 신고의무를 부과한 것으로, 입법목적의 정당성이 인정된다. 출입국 사실을 신고할 경우 관할경찰관서의 장은 등록대상자가 외국에 거주하고 있는 기간 동안 그 소재지 파악을 용이하게 할 수 있어 행정력을 낭비하지 않을 수 있으므로 수단의 적합성도 인정된다.

(2) 침해의 최소성

등록대상자가 장기간 해외에 체류하게 되는 경우 그 출입국 신고가 없으면 그를 관리하여야 할 관할 행정관청은 그 소재지 파악을 위해 많은 행정력을 투입하여야 한다. 그러므로 소재 파악을 위한 행정 낭비를 막기 위해 출입국 시 이를 신고하도록 하는 것은 불필요한 행정력 낭비를 막기 위해 불가피하다.

등록대상자가 관할경찰관서의 장에게 직접 출입국 신고를 하도록 규정하는 대신 관할경찰관서의 장이 필요할 때 법무부 출입국과 업무협조를 통하여 등록대상자의 출입국 사실을 조회하고 관리하는 방법을 상정할 수 있다. 그러나 이러한 대안은 등록대상자의 신상등록 사실을 직접적인 관련성이 없는 부서와 공유하는 결과를 초래하여 오히려 개인정보를 불필요하게 노출시킬 수 있다. 따라서 출입국 신고조항은 침해의 최소성이 인정된다.

(3) 법익의 균형성

출입국 신고조항이 달성하고자 하는 공익은 신상정보 등록제도의 효과적인 운영을 위한 등록정보의 정확성 제고와 행정의 효율성이다. 신상정보 등록제도의 취지를 살리기 위해서는 정보의 정확성이 담보되어야 하는 점과, 신상정보 등록건수가 날로 증가하여 행정업무의 부담이 급격히 늘어나고 있는 점을 고려할 때 이는 매우 중요한 공익이다.

반면, 출입국 신고조항으로 인하여 등록대상자는 6개월 이상 국외에 체류할 경우에만 체류 국가와 체류기간 등을 출국 전에 사전 신고하고, 입국 후에도 14일 이내에 입국신고하면 되므로 그 부담이 크다고 할 수 없다.

따라서 출입국 신고조항은 법익의 균형성도 인정된다.

(4) 소결

출입국 신고조항은 과잉금지원칙을 위반하여 청구인의 개인정보자기결정권을 침해하지 아니한다.

마. 등록조항의 기본권 침해 여부

(1) 목적의 정당성과 수단의 적합성

등록조항은 법무부장관이 등록대상자의 기본신상정보, 변경정보, 범죄경력자료, 출입국 신고자료, 등록대상 성범죄 경력정보, 성범죄 전과사실의 죄명 및 횟수, 전자장치 부착여부를 등록하도록 하고 있는바, 이는 성범죄의 재범을 억제하고 재범이 현실적으로 이루어진 경우 수사의 효율성과 신속성을 담보하기 위한 것으로 그 입법목적의 정당성과 수단의 적합성이 인정된다.

(2) 침해의 최소성

등록대상자의 기본신상정보, 변경된 정보, 출입국 신고 내용, 범죄경력자료, 등록대상 성범죄 경력정보, 성범죄 전과사실, 전자장치부착여부 등이 등록되어 있으면 등록대상자의 범죄에 대한 심리적 위축으로 재범발생을 억제할 수 있고, 그럼에도 불구하고 재범에 나아간 경우 등록정보를 활용하여 신속한 수사와 검거를 할 수 있으므로 등록대상자에 관한 위와 같은 정보의 등록은 재범방지와 수사의 효율성 담보라는 입법목적 달성을 위해 불가피하다.

등록대상정보인 등록대상 성범죄 경력정보와 성범죄 전과사실은 경찰청에서 관리하는 범죄경력자료와 일부 중복될 수 있으나 등록대상자의 전과 성향 및 성범죄 사실 등을 취합하여 일괄 등록, 관리함으로써 향후 성범죄 재범 발생 시 수사의 효율성에 기여하는 점을 고려할 때, 등록 정보 중 일부가 범죄경력자료에 보관되어 있다는 사실만으로 반드시 이를 등록대상정보에서 제외하여야 한다고 보기는 어렵다.

이상의 점을 고려하면 등록조항은 침해의 최소성이 인정된다.

(3) 법익의 균형성

등록조항에 의하여 등록대상자의 신상정보 및 전과에 관한 정보 등이 등록되나, 그 자체로 신상정보 등록대상자가 일상생활에 지장을 받는 것은 아니므로 등록조항으로 인하여 침해되는 사익은 크지 않다고 할 수 있다. 반면 등록조항을 통하여 달성하려는 성범죄자의 재범 방지 및 수사의 효율성 담보라는 공익은 크므로 등록조항은 법익의 균형성이 인정된다.

(4) 소결

따라서 등록조항은 과잉금지원칙을 위반하여 청구인의 개인정보자기결정권을 침해하지 아니한다.

바. 관리조항의 기본권 침해 여부

(1) 목적의 정당성과 수단의 적합성

관리조항이 법무부장관으로 하여금 등록대상 성범죄로 벌금형을 선고받은 사람의 등록정보를 최초등록일부터 10년 동안 보존·관리하게 하는 것은 성범죄의 재범을 억제하고 재범이 이루어진 경우 수사의 효율성과 신속성을 높이기 위한 것이므로 입법목적의 정당성과 수단의 적합성이 인정된다(헌재 2015. 7. 30. 2014헌마340등; 헌재 2018. 3. 29. 2017헌마396 참조).

(2) 침해의 최소성

헌법재판소는 신상정보 등록대상자의 등록기간을 일률적으로 20년으로 규정하고 있던 구 '성폭력범죄의 처벌 등에 관한 특례법'(2012. 12. 18. 법률 제11556호로 전부개정되고, 2016. 12. 20. 법률 제14412호로 개정되기 전의 것) 제45조 제1항에 대하여 헌법불합치결정을 선고한 바 있다(헌재 2015. 7. 30. 2014헌마340등).

이에 따라 2016. 12. 20. 법률 제14412호로 성폭력처벌법 제45조 제1항은 선고형에 따라 등록기간을 10년부터 30년까지 달리하는 내용으로 개정되었는데, 이는 형사책임의 경중 등을 고려하여 등록기간을 차등화함으로써 헌법재판소가 지적한 위헌성을 제거한 것으로 볼 수 있다(헌재 2018. 3. 29. 2017헌마396 참조).

또한 성폭력처벌법은 신상정보 등록 면제제도를 도입하여, 등록기간이 30년인 경우에는 20년, 20년인 경우에는 15년, 15년인 경우에는 10년, 10년인 경우에는 7년이 경과한 후에 신상정보 등록대상자가 법무부장관에게 신상정보 등록의 면제를 신청할 수 있도록 규정하고(제45조의2 제2항), 법무부장관은 ① 등록기간 중 등록대상 성범죄를 저질러 유죄판결이 확정된 사실이 없을 것, ② 신상정보 등록의 원인이 된 성범죄로 선고받은 징역형 또는 금고형의 집행을 종료하거나 벌금을 완납하였을 것, ③ 신상정보 등록의 원인이 된 성범죄로 부과받은 부수처분의 집행을 완료하였을 것, ④ 등록기간 중 신상정보 등록 또는 부수처분에 관련된 의무를 위반하여 유죄판결이 확정된 사실이 없을 것의 요건을 갖춘 경우에는 신상정보 등록을 면제하도록 규정하고 있는데(같은 조 제3항) 이에 따르면 등록대상 성범죄로 벌금형을 선고받았다고 하더라도 7년이 경과한 후에는 신상정보 등록의 면제를 신청할 수 있고, 신상정보 등록의 원인이 된 성범죄로 부과받은 형벌과 보안처분의 집행을 성실히 마치고 등록대상 성범죄를 다시 범하지 않은 경우에는 신상정보 등록이 면제된다.

이와 같이 성폭력처벌법은 등록기간을 형사책임의 경중에 따라 세분화하고 일정한 경우 그 기간을 단축할 수 있도록 함으로써 기본권 침해를 최소화하고 있으므로 관리조항은 침해의 최소성이 인정된다.

(3) 법익의 균형성

관리조항에 의하여 등록정보가 보존·관리된다고 하여 그 자체로 신상정보 등록대상자의 일상생활이 방해받는 것은 아니므로 관리조항으로 인하여 침해되는 사익은 크지 않다고 할 수 있다. 반면 관리조항을 통하여 달성하려는 성범죄자의 재범 방지 및 수사의 효율성이라는 공익은 크다. 따라서 관리조항은 법익의 균형성이 인정된다.

(4) 소결

관리조항은 과잉금지원칙을 위반하여 청구인의 개인정보자기결정권을 침해하지 않는다.

사. 대면확인조항의 기본권 침해여부

(1) 목적의 정당성 및 수단의 적합성

대면확인조항은 성범죄자들의 재범을 방지하고 재범 발생 시 효율적인 수사를 위해 관할경찰관서의 장이 정기적으로 등록대상자와 직접 대면 등의 방법을 통해 등록정보의 진위와 변경여부를 확인하도록 하는 것이므로 목적의 정당성과 수단의 적합성이 인정된다(헌재 2016. 3. 31. 2014헌마457 참조).

(2) 침해의 최소성

구 '성폭력범죄의 처벌 등에 관한 특례법'(2010. 4. 15. 법률 제10258호로 제정되고, 2012. 12. 18. 법률 제11556호로 전부개정되기 전의 것)에는 매년 1회 등록정보의 변경 여부를 확인하기 위하여 관할경찰관서에 등록대상자가 출석하도록 하는 외에 대면확인조항은 없었다. 그런데 이러한 연 1회 확인만으로는 등록정보의 정확성 및 최신성을 확보하기에는 한계가 있다는 판단 하에 2012. 12. 18. 법률 개정으로(법률 제11556호) 관할경찰관서의 장이 반기 1회 직접 대면 등의 방법으로 등록정보의 진위와 변경 여부를 확인하도록 하는 등(제43조 제3항, 제4항, 제45조 제4항) 등록정보의 정확성을 확보하기 위한 조항이 추가되었다. 헌법재판소는 2016. 3. 31. 2014헌마457 결정에서 관할경찰관서의 장이 6개월마다 주기적으로 직접 대면 등의 방법으로 등록정보의 진위와 변경 여부를 확인하는 것은 신상정보의 최신성을 확보하여 수사의 효율성을 높일 수 있다는 이유로 해당 조항에 대해 합헌결정을 하였다(헌재 2016. 3. 31. 2014헌마457 참조). 국회는 다시 2016. 12. 20. 성폭력처벌법 개정으로 등록기간에 차등을 두면서, 등록대상자의 등록기간에 따라 대면 주기를 조정하였는데(법률 제14412호), 현재 등록기간이 30년인 등록대상자는 3개월마다, 등록기간이 20년 또는 15년인 등록대상자는 6개월마다, 그리고 본 건과 같이 등록기간이 10년인 등록대상자는 1년마다 대면하는 것으로 규정하여 본 건의 경우 대면 주기가 완화되었다. 이와 같이 성폭력처벌법은 형사책임의 경중 등을 고려하여 대면 횟수를 달리함으로써 등록정보의 정확성과 최신성을 확보하면서도 등록대상자에게 책임에 상응하는 부담만을 부과하고 있으므로 이것이 지나치게 과중한 것이라고 보기는 어렵다.

나아가 이 사건 대면확인조항은 '직접 대면 등의 방법'이라고 규정하여 직접 대면뿐만이 아니라 이 방법이 여의치 않을 경우 관할경찰관서의 장으로 하여금 다른 확인방법을 선택할 수 있도록 하고 있는바, 상호 조정과 협조를 통해 등록대상자의 편의를 도모하는 것도 가능하므로 대면확인조항이 필요한 정도를 넘어서는 기본권 제한을 하고 있다고 보기 어렵다.

따라서 대면확인조항은 침해의 최소성이 인정된다.

(3) 법익의 균형성

대면확인조항에 의하여 이 사건 범죄로 벌금형이 선고되어 확정된 등록대상자는 연 1회 관할경찰관서의 장과 직접 대면하는 등의 불편함을 감수해야 하나, 성폭력처벌법은 등록대상자가 이를 거부한다고 하여 처벌 규정 등을 두고 있지 않다는 점에서 이로 인한 부담이 크다고 보기 어렵다.

반면 대면확인조항을 통하여 정보의 최신성과 정확성을 확보함으로써 수사와 검거의 효율성을 제고할 수 있다는 공익은 크다고 할 수 있으므로 법익의 균형성이 인정된다.

(4) 소결

따라서 대면확인조항은 과잉금지원칙을 위반하여 청구인의 개인정보자기결정권이나 일반적 행동자유권을 침해하지 않는다.

아. 배포조항의 기본권 침해 여부

(1) 목적의 정당성 및 수단의 적합성

배포조항은 등록정보를 보존·관리하는 법무부장관이 수사를 담당하는 검사 또는 각급 경찰관서의 장에게 등록정보를 배포할 수 있도록 함으로써 재범을 억제하고, 재범이 발생할 경우 수사의 효율성과 신속성을 제고하기 위한 것이므로, 목적의 정당성과 수단의 적합성이 인정된다(헌재 2016. 3. 31. 2014헌마457 참조).

(2) 침해의 최소성

배포조항은 등록정보를 활용하는 목적을 '등록대상 성범죄와 관련된 범죄의 예방 및 수사'로 한정하고 있으므로, 등록정보는 등록대상자가 향후에 등록대상 성범죄를 범할 경우에 활용될 수 있을 뿐 그가 과거에 범한 여죄를 수사한다거나 등록대상 성범죄와 관련이 없는 범죄 수사를 위하여 활용할 수 없다(헌재 2016. 3. 31. 2014헌마457 참조).

위 목적을 위하여 배포되는 등록정보 중에는 민감정보(신체정보), 고유식별정보(주민등록번호, 여권번호, 외국인등록번호)가 있으나 배포조항 및 성폭력처벌법 시행령 제9조는 일정한 목적을 위해 불가피한 경우에 한하여 법무부장관, 검사, 각급 경찰관서의 장 등 한정된 자에게만 위 정보의 처리를 허용하고 있으므로 이 배포조항으로 인해 등록대상자에 대한 개인정보가 노출될 위험은 크지 않다(성폭력처벌법 시행령 제9조 제2항 제7호).

한편 등록정보를 활용할 수 있도록 허용된 자는 수사업무를 담당하는 검사 및 각급 경찰관서의 장으로 제한되고 등록대상자의 신상정보의 등록·보존 및 관리업무에 종사하거나 종사하였던 자는 직무상 알게 된 등록정보에 관한 비밀준수의무를 지게 되며, 이를 위반하는 경우 형사처벌되므로(성폭력처벌법 제48조, 제50조 제1항 제1호) 해당 정보의 배포가 범죄 예방 및 수사목적 이외에 이용될 가능성은 낮다.

따라서 배포조항은 침해의 최소성이 인정된다(헌재 2016. 3. 31. 2014헌마457 참조).

(3) 법익의 균형성

배포조항으로 인하여 등록대상자는 자신의 등록정보가 법무부장관 외 다른 기관에 배포되는 것을 수인해야 하나, 배포조항을 통하여 달성하려는 성범죄의 효율적 수사 등 공익은 매우 중요하고 크므로, 법익의 균형성도 인정된다(헌재 2016. 3. 31. 2014헌마457 참조).

(4) 소결

따라서 배포조항은 과잉금지원칙을 위반하여 청구인의 개인정보자기결정권을 침해하지 않는다.

5. 결 론

그렇다면 이 사건 심판청구는 모두 이유 없으므로 기각하기로 하여 주문과 같이 결정한다. 이 결정은 아래 6.과 같은 재판관 이석태, 재판관 이영진, 재판관 김기영의 등록대상자조항에 관한 반대의견이 있는 외에는, 관여 재판관의 일치된 의견에 의한 것이다.

6. 재판관 이석태, 재판관 이영진, 재판관 김기영의 등록대상자조항에 관한 반대의견

우리는 법정의견과 달리 등록대상자조항이 과잉금지원칙에 위반된다고 생각하므로 다음과 같은 반대의견을 밝힌다.

가. 등록대상자조항의 과잉금지원칙 위반여부

(1) 목적의 정당성 및 수단의 적합성

법정의견에서 본 바와 같이 등록대상자조항의 입법목적의 정당성과 수단의 적합성은 인정된다.

(2) 침해의 최소성

등록대상자조항은 성범죄의 재범을 방지하고, 재범발생의 경우 수사의 효율성을 위한 것인바, 이러한 등록대상자조항의 입법 목적은 등록대상자의 성범죄 재범의 위험성을 전제로 한다. 따라서 성범죄 재범의 위험성이 인정되는 자에 한하여 등록대상자로 규정하는 것으로 족하며, 재범의 위험성이 인정되지 않는 자를 등록대상자에 포함하는 것은 입법목적 달성에 필요한 한도를 넘어 기본권을 침해하는 것이다. 결국 ① 일정한 심사절차에 의하여 재범의 위험이 없는 자를 구별하는 것이 가능하고, ② 이러한 재범의 위험성에 대한 추가적인 심사절차가 신상등록제도의 효율성을 떨어뜨리지 않는다면, 입법자는 심사절차 또는 불복절차를 통하여 재범의 위험성이 인정되지 않는 자를 등록대상자에서 제외하는 대안을 택하여야 한다. 이하에서는 재범의 위험성 식별 가능성에 대해 구체적으로 살펴본다.

(가) 성범죄 유죄 여부와 재범의 위험성 여부의 구별

같은 성범죄를 저지른 경우에도 재범의 위험성은 대상자의 직업과 환경, 당해 범행 이전의 행적, 그 범행의 동기, 수단, 범행 후의 정황, 개전의 정 등 여러 사정에 따라 달리 판단될 수 있으며, 이는 등록대상자에 따라 개별적으로 판단되어야 할 문제이다(헌재 2015. 7. 30. 2014헌마340등 참조). 또한 과거의 범죄행위에 대한 책임의 판단이 언제나 장래의 재범의 위험성에 대한 판단과 일치하는 것은 아니고, 선고형이 동일한 경우에도 가족 관계나 직업 등을 고려해 볼 때 재범을 막아줄 만한 사회적 유대가 존재하는지 여부 등에 따라 재범의 위험성은 달리 판단될 수 있다. 따라서 유죄 판결의 근거가 되는 범죄의 성립 및 책임에 대한 판단과 등록대상자조항의 근거가 되는 재범의 위험성에 대한 판단은 분리되어야 한다. 이 사건 범죄로 유죄판결이 확정된다면, 과거에 성범죄를 행한 사실이 확인되는 것은 틀림없으나, 그렇다고 하여 당연히 미래 재범의 위험성까지 있다고 단정할 수는 없다. 법관이 선고형의 형량을 정함에 있어서 일반적으로 재범 가능성의 지표가 될 수 있는 범행의 유형, 상습성, 피해자와의 관계 등도 일부 고려할 수 있겠으나, 그렇다고 유죄 판결 자체에 향후 재범의 위험성에 대한 판단이 포함되어 있다고 볼 수 없고 유죄가 인정된다고 하여 반드시 재범의 위험성도 인정된다고 볼 수 없다.

한편 우리나라에서는 성범죄자들의 재범 위험성을 예측하는 보험계리적 사정(actuarial assessment) 평가도구로서, 한국 성범죄자 재범 위험성 평가도구인 KSORAS(Korean Sex Offender Risk Assessment Scale)와 사이코패스 평가도구인 PCL-R의 한국판(Korean Psychopathy Checklist-Revised)이 개발되어 2008년부터 성폭력범죄자에 대한 위치추적 전자장치 부착 대상자를 선별하기 위한 참고 도구로 사용되고 있다. 이러한 보험계리적 위험성 평가도구는 미국, 영국, 호주 등에서도 일반적으로 사용되고 있는데, 이들 여러 국가에서 성범죄자의 재범 가능성에 대한 위험사정은 양형 결정단계에서부터 지역사회 내 처우단계에 이르기까지 다양한 분야에서 활용되고 있다.

위와 같이 현재 우리나라와 세계 각국에서 사용되고 있는 방법으로 성범죄자들의 재범 위험성을 평가하고 재범의 가능성이 없거나 현저하게 낮은 사람을 가려내는 것이 가능하다. 이와 같은 선별이 가능함에도 불구하고 등록대상자조항은 포괄적으로 이 사건 범죄를 한 번이라도 범한 모든 사람에 대하여 재범의 위험성이 있다고 간주하여 일률적으로 등록대상자로 정하고 있다.

(나) 재범의 위험성 심사 절차

현재 우리나라는 성범죄자에 대하여 부과할 수 있는 보안처분으로 수강명령, 성폭력 치료프로그램의 이수명령, 전자장치 부착명령, 아동·청소년 관련기관 등에의 취업제한 명령 등을 규정하고 있다. 이러한 보안처분의 경우, 성범죄 자체에 관한 유죄 선고 및 양형과는 별도로 대상자의 재범의 위험성을 실질적으로 조사하고, 이를 기초로 하여 보안처분의 부과 여부와 부과 기간을 정할 수 있도록 하고 있다(보호관찰법 제19조, 제30조 제2호, 제59조, '특정 범죄자에 대한 보호관찰 및 전자장치 부착 등에 관한 법률' 제6조, 제9조, 성폭력처벌법 제16조, 제17조, 청소년성보호법 제21조, 제56조, 제61조 등). 이와 같이 이미 이 사건 범죄를 저지른 자를 포함한 성범죄자에 대하여 그 재범의 위험성을 심사하는 절차가 시행되고 있다는 점을 고려하면, 신상정보 등록 대상자를 정함에 있어서도, 등록제도의 전제가 되는 재범의 위험성을 평가하여 그 위험성이 인정되는 자에 대하여만 신상정보를 등록하도록 하는 심사절차나 불복절차를 마련하는 것이 특별히 어려운 일이라고는 볼 수 없다.

(다) 소결

이상에서 본 바와 같이 재범의 위험성이 있는 자를 선별하는 것이 가능하고, 실제 다른 보안처분에서는 재범의 위험성을 심사하는 절차를 시행하고 있으므로 성범죄를 범한 자 중에서 재범의 위험성을 평가하여 등록대상자 여부를 정하는 것도 가능하다. 그럼에도 불구하고 등록대상자조항이 이러한 절차를 두지 않은 채 이 사건 범죄로 유죄판결을 받은 모든 자를 일률적으로 등록대상자로 규정하고 있는 것은 등록대상자조항의 입법목적 달성에 필요한 정도를 초과하는 제한으로서 침해의 최소성 원칙에 반한다.

(3) 법익의 균형성

이 사건 범죄를 범하여 유죄판결이 확정되었으나 재범의 위험성이 인정되지 않는 자를 등록대상자로 규정하는 경우, 이를 통해 달성될 수 있는 재범방지나 수사의 효율성과 같은 공익은 없다.

반면, 성범죄 재범의 위험성이 인정되지 않는 자를 잠재적 성범죄자로 지정하여 지속적이고 항시적인 감시가 가능하도록 신상정보 관리대상으로 규정하는 것은 전혀 재범의 억제·예방 및 수사 등 조치가 필요하지 않은 사람에 대한 통제이므로 심각한 기본권 침해가 아닐 수 없다.

따라서 재범의 위험성이 인정되지 않는 자를 등록대상자에 포함하는 등록대상자조항은 법익의 균형성을 갖추었다고 볼 수 없다.

(4) 소결

따라서 등록대상자조항은 과잉금지원칙을 위반하여 청구인의 개인정보자기결정권을 침해한다.

나. 나머지 심판대상조항에 대한 판단의 필요성

신상정보 등록대상자의 범위가 지나치게 포괄적이어서 과잉금지심사를 충족할 수 없는 이상, 이러한 등록대상자를 수범자 또는 대상으로 하는 제출조항, 출입국신고조항, 등록조항, 관리조항, 대면확인조항, 배포조항 또한 동일한 문제를 안고 있다. 이에 심판대상조항 모두 현 상황에서는 위헌적이라고 볼 수 있으나 등록대상자조항을 제외한 나머지 조항들의 위헌성은 결국 등록대상자조항의 '등록대상자'의 범위에 재범의 위험성이 없는 성폭력범죄자까지 포함될 수 있어 지나치게 포괄적이라는 데 기초하고 있으므로 등록대상자조항만 합헌성을 회복하면 해결될 문제이다. 따라서 나머지 심판대상조항에 관하여는 더 나아가 별도로 판단하지 않는다.

재판관 유남석 이선애 이석태 이은애 이종석 이영진 김기영 문형배 이미선

12. 재건축초과이익 환수에 관한 법률 제3조 등 위헌소원

[2019. 12. 27. 2014헌바381]

【판시사항】

가. 주택재건축사업에서 발생되는 재건축초과이익에 대하여 재건축부담금을 징수하도록 규정한 구 '재건축초과이익 환수에 관한 법률'(2008. 2. 29. 법률 제8852호로 개정되고, 2013. 3. 23. 법률 제11690호로 개정되기 전의 것) 제3조, 구 '재건축초과이익 환수에 관한 법률'(2006. 5. 24. 법률 제7959호로 제정되고, 2017. 2. 8. 법률 제14569호로 개정되기 전의 것) 제5조(이하 위 두 조항을 합하여 '이 사건 환수조항 등'이라 한다)가 과잉금지원칙에 반하여 청구인의 재산권을 침해하는지 여부(소극)

나. 이 사건 환수조항 등이 평등원칙에 위반되는지 여부(소극)

다. 일반분양분의 종료시점 주택가액을 분양시점 분양가격을 기준으로 산정하도록 규정한 '재건축초과이익 환수에 관한 법률'(2006. 5. 24. 법률 제7959호로 제정된 것) 제7조 중 '분양시점 분양가격' 부분(이하 '이 사건 일반분양조항'이라 한다)이 명확성원칙에 위반되는지 여부(소극)

라. 이 사건 일반분양조항이 평등원칙에 위반되는지 여부(소극)

마. 개시시점 주택가액과 종료시점 주택가액의 산정 기준과 절차를 규정한 구 '재건축초과이익 환수에 관한 법률'(2008. 2. 29. 법률 제8852호로 개정되고, 2013. 3. 23. 법률 제11690호로 개정되기 전의 것) 제9조(이하 '이 사건 가액산정조항'이라 한다)가 청구인의 재산권을 침해하는지 여부(소극)

【결정요지】

가. 이 사건 환수조항 등은 주택가격을 안정시키고 사회적 형평을 기하기 위하여 주택재건축사업을 통하여 발생한 정상주택가격상승분을 초과하는 주택가액의 증가분 중 일부를 환수하도록 규정하고 있는바, 재건축조합의 비용과 노력이 투입된 개발비용 등을 모두 공제하여 산정하도록 규정한 재건축부담금 부과기준 산정방법, 재건축초과이익 중 조합원 1인당 3천만 원을 초과하는 경우에 한하여 비례적으로 높아지도록 설계된 부과율, 부과종료시점으로부터 역산하여 최대 10년이 되는 날을 부과개시시점으로 규정한 부과산정기간, 재건축부담금과 양도소득세의 부담을 조정하기 위하여 마련된 각종 공제규정의 존재 등을 종합하여 보면, 이 사건 환수조항 등은 과잉금지원칙에 반하여 청구인의 재산권을 침해하지 아니한다.

나. 주택재건축사업과 주택재개발사업은 사업목적과 대상, 구체적인 사업의 시행방식 및 절차, 개발이익 환수의 방식과 정도가 모두 달라, 헌법적으로 의미 있는 비교집단이 될 수 없으므로, 이 사건 환수조항 등은 평등원칙에 위반되지 아니한다.

다. 재산권 보장의 일반원칙, '재건축초과이익 환수에 관한 법률'의 입법취지, 조합원분양분에 대한 부과기준과의 관계 등을 종합하여 보면, 이 사건 일반분양조항의 '분양시점의 분양가격'은 '실제의 분양가격'이라고 명확하게 해석될 수 있으므로, 명확성원칙에 위반되지 아니한다.

라. 이 사건 일반분양조항은 최종적인 재건축부담금을 산정하기 위한 중간 단계의 기술적인 조항에 불과하여, 재건축조합에 대한 어떤 차별이 존재한다고 볼 수 없으므로, 평등원칙에 위반되지 아니한다.

마. 이 사건 가액산정조항에 의하여 산정되는 '개시시점 주택가액'과 '종료시점 주택가액'은 실질적으로 동일한 기준과 절차에 따라 산정된다고 할 것이므로, 청구인의 주장과 같이 상이한 조건에서 주택가액을 산정함으로써 청구인의 재산권을 침해하여 헌법에 위반된다고 할 수 없다.

재판관 이은애, 재판관 이영진의 반대의견

심판대상조항이 제시하고 있는 '주택가격의 안정'이나 '사회적 형평' 등과 같은 입법목적이 중요한 공익에 해당함은 분명하다. 그러나 임의로 '개시시점'과 '종료시점'을 기준으로 미실현된 재건축초과이익을 포착하는 등의 불공평하고 부정확한 재건축초과이익 산정 기준, '1가구 1주택자'나 '실거주 목적으로 장기간 주택 등을 보유한 자'에 관해서 아무런 입법적 배려를 하고 있지 아니한 일률적·획일적 부과 체계, 재산세 및 양도소득세 등 각종 조세와의 누적적·중첩적 부담, 주택가치 하락에 따른 보완규정의 부재 등을 종합하여 보면, 심판대상조항은 재건축사업에 대한 규제 필요성에 치우친 나머지 주택 소유자로 하여금 과도한 재건축부담금을 부담하게 하여 쾌적한 주거생활을 할 권리를 실현할 토대인 재산권을 침해하므로 헌법에 위반된다.

【심판대상조문】

구 재건축초과이익 환수에 관한 법률(2008. 2. 29. 법률 제8852호로 개정되고, 2013. 3. 23. 법률 제11690호로 개정되기 전의 것) 제3조

구 재건축초과이익 환수에 관한 법률(2006. 5. 24. 법률 제7959호로 제정되고, 2017. 2. 8. 법률 제14569호로 개정되기 전의 것) 제5조

재건축초과이익 환수에 관한 법률(2006. 5. 24. 법률 제7959호로 제정된 것) 제7조 중 '분양시점 분양가격' 부분

구 재건축초과이익 환수에 관한 법률(2008. 2. 29. 법률 제8852호로 개정되고, 2013. 3. 23. 법률 제11690호로 개정되기 전의 것) 제9조

【참조조문】

헌법 제11조, 제23조

구 재건축초과이익 환수에 관한 법률(2012. 12. 18. 법률 제11589호로 개정되기 전의 것) 제2조, 제4조, 제6조, 제8조, 제10조, 제11조, 제12조, 제13조

구 재건축초과이익 환수에 관한 법률 시행령(2013. 3. 23. 대통령령 제24443호로 개정되기 전의 것) 제6조

구 도시 및 주거환경정비법(2012. 12. 18. 법률 제11580호로 개정되기 전의 것) 제2조, 제6조, 제19조, 제30조의3, 제38조, 제39조, 제60조, 제64조

구 도시 및 주거환경정비법 시행령(2013. 3. 23. 대통령령 제24443호로 개정되기 전의 것) 제13조의3

구 부담금관리 기본법(2012. 12. 18. 법률 제11549호로 개정되기 전의 것) 제3조, 제7조

구 부동산 가격공시 및 감정평가에 관한 법률(2013. 3. 23. 법률 제11690호로 개정되기 전의 것) 제17조

【참조판례】

가. 헌재 2004. 7. 15. 2002헌바42, 판례집 16-2상, 14, 37

헌재 2008. 11. 27. 2007헌마860, 판례집 20-2하, 447, 463

【당 사 자】

청 구 인 ○○ 주택재건축정비사업조합
대표청산인 조○○
대리인 법무법인(유한) 화우
담당변호사 이준상 외 2인

당해사건 서울행정법원 2012구합42281 재건축부담금부과처분취소

【주 문】

구 재건축초과이익 환수에 관한 법률(2008. 2. 29. 법률 제8852호로 개정되고, 2013. 3. 23. 법률 제11690호로 개정되기 전의 것) 제3조, 구 재건축초과이익 환수에 관한 법률(2006. 5. 24. 법률 제7959호로 제정되고, 2017. 2. 8. 법률 제14569호로 개정되기 전의 것) 제5조, 재건축초과이익 환수에 관한 법률(2006. 5.

24. 법률 제7959호로 제정된 것) 제7조 중 '분양시점 분양가격' 부분, 구 재건축초과이익 환수에 관한 법률(2008. 2. 29. 법률 제8852호로 개정되고, 2013. 3. 23. 법률 제11690호로 개정되기 전의 것) 제9조는 모두 헌법에 위반되지 아니한다.

【이 유】

1. 사건개요

청구인은 서울 용산구 (주소 생략) 지상 건축물을 철거하고 새로운 건축물을 신축하기 위하여 설립된 주택재건축정비사업조합인바, 2012. 9. 25. 서울특별시 용산구청장으로부터 1,718,727,300원의 재건축부담금 부과처분(이하 '이 사건 부과처분'이라 한다)을 받았다.

청구인은 이 사건 부과처분의 취소를 구하는 소송을 제기하고(서울행정법원 2012구합42281), 그 소송 계속 중 '재건축초과이익 환수에 관한 법률' 제3조, 제5조, 제7조, 제9조에 대하여 위헌법률심판제청신청을 하였으나(서울행정법원 2013아1039) 2014. 7. 25. 기각되자, 2014. 9. 3. 이 사건 헌법소원심판을 청구하였다.

2. 심판대상

청구인은 '재건축초과이익 환수에 관한 법률' 제3조, 제5조, 제7조, 제9조를 심판대상조항으로 하여 이 사건 헌법소원심판을 청구하였다. 그런데 청구인은 '재건축초과이익 환수에 관한 법률' 제7조 전부가 아니라 제7조 중 일반분양분의 종료시점 주택가액을 규정한 부분만을 다투고 있으므로, 심판대상을 해당 부분으로 한정한다.

따라서 이 사건 심판대상은 구 '재건축초과이익 환수에 관한 법률'(2008. 2. 29. 법률 제8852호로 개정되고, 2013. 3. 23. 법률 제11690호로 개정되기 전의 것) 제3조(이하 '이 사건 환수조항'이라 한다), 구 '재건축초과이익 환수에 관한 법률'(2006. 5. 24. 법률 제7959호로 제정되고, 2017. 2. 8. 법률 제14569호로 개정되기 전의 것) 제5조(이하 '이 사건 대상사업조항'이라 한다), '재건축초과이익 환수에 관한 법률'(2006. 5. 24. 법률 제7959호로 제정된 것) 제7조 중 '분양시점 분양가격' 부분(이하 '이 사건 일반분양조항'이라 한다), 구 '재건축초과이익 환수에 관한 법률'(2008. 2. 29. 법률 제8852호로 개정되고, 2013. 3. 23. 법률 제11690호로 개정되기 전의 것) 제9조(이하 '이 사건 가액산정조항'이라 하고, 위 조항들을 모두 지칭할 때는 '심판대상조항'이라 한다)가 헌법에 위반되는지 여부이다. 심판대상조항은 다음과 같고, 관련조항은 [별지]와 같다.

[심판대상조항]

구 재건축초과이익 환수에 관한 법률(2008. 2. 29. 법률 제8852호로 개정되고, 2013. 3. 23. 법률 제11690호로 개정되기 전의 것)

제3조(재건축초과이익의 환수) 국토해양부장관은 재건축사업에서 발생되는 재건축초과이익을 이 법에서 정하는 바에 의하여 재건축부담금으로 징수하여야 한다.

구 재건축초과이익 환수에 관한 법률(2006. 5. 24. 법률 제7959호로 제정되고, 2017. 2. 8. 법률 제14569호로 개정되기 전의 것)

제5조(대상사업) 재건축부담금의 부과대상인 행위는 「도시 및 주거환경정비법」 제2조 제2호 다목의 규정에 의한 주택재건축사업으로 한다.

재건축초과이익 환수에 관한 법률(2006. 5. 24. 법률 제7959호로 제정된 것)

제7조(부과기준) 재건축부담금의 부과기준은 종료시점 부과대상 주택의 가격 총액(다만, 부과대상 주택 중 일반분양분의 종료시점 주택가액은 분양시점 분양가격의 총액으로 하며, 이하 "종료시점 주택가액"이라 한다)에서 다음 각 호의 모든 금액을 공제한 금액으로 한다.

1. 개시시점 부과대상 주택의 가격 총액(이하 "개시시점 주택가액"이라 한다)
2. 부과기간 동안의 개시시점 부과대상 주택의 정상주택가격상승분 총액
3. 제11조의 규정에 의한 개발비용 등

구 재건축초과이익 환수에 관한 법률(2008. 2. 29. 법률 제8852호로 개정되고, 2013. 3. 23. 법률 제11690호로 개정되기 전의 것)

제9조(주택가액의 산정) ① 제7조의 규정에 의한 개시시점 주택가액은 「부동산 가격공시 및 감정평가에 관한 법률」에 따라 공시된 부과대상 주택가격(공시된 주택가격이 없는 경우는 제2항에서 규정한 절차에 따라 국토해양부장관이 산정한 부과개시시점 현재의 주택가격) 총액에 공시기준일부터 개시시점까지의 정상주택가격상승분을 반영한 가액으로 한다.

② 제7조의 규정에 의한 종료시점 주택가액은 대통령령이 정하는 바에 따라 국토해양부장관이 대통령령이 정하는 부동산 가격의 조사·산정에 관하여 전문성이 있는 기관(이하 "부동산가격조사 전문기관"이라 한

다)에 의뢰하여 종료시점 현재의 주택가격 총액을 조사·산정하고 이를 「부동산 가격공시 및 감정평가에 관한 법률」에 의한 부동산평가위원회(이하 "부동산평가위원회"라 한다)의 심의를 거쳐 결정한 가액으로 한다. 이 경우 본문 규정에 의하여 산정된 종료시점 현재의 주택가격은 「부동산 가격공시 및 감정평가에 관한 법률」 제16조 및 제17조의 규정에 의하여 공시된 주택가격으로 본다.

3. 청구인의 주장

가. 이 사건 환수조항 및 대상사업조항

(1) 재산권 침해

'재건축초과이익 환수에 관한 법률'(이하 연혁에 관계없이 '재건축이익환수법'이라 한다)이 제정될 당시와 비교하여 부동산 시장이 침체되어 재건축사업이 더 이상 주택 가격을 상승시키는 요인으로 작용하지 않는 등 개발이익을 사회적으로 환수하여야 한다는 공감대가 상실되었고, 재건축사업은 불량·노후 주택 소유자들이 본인의 재산 및 비용과 노력을 투입하여 소유토지 본래의 용도와 용적률의 범위 내에서 새로운 주택으로 교체하는 행위로서 이로 말미암은 주택의 가치 상승은 조합원들이 노력한 대가이므로 불로소득적인 것으로 볼 수 없다는 점 등을 고려하면, 이 사건 환수조항 및 이 사건 대상사업조항은 입법목적의 정당성이 인정되지 아니하므로 과잉금지원칙을 위반하여 재산권을 침해한다.

(2) 평등원칙 위반

노후·불량주택을 개량하는 것을 넘어 도시기능을 회복·개선한다는 공공적 관점 및 주택가격을 불안정하게 한다는 경제적 관점에서 보면, 주택재개발사업과 주택재건축사업은 개발이익 환수의 필요성 측면에서 본질적으로 동일하다. 그럼에도 불구하고 이 사건 환수조항 및 이 사건 대상사업조항은 주택재건축사업만을 재건축부담금의 부과대상으로 삼고 있는바, 이는 합리적이고 객관적인 이유 없이 주택재개발조합과 주택재건축조합을 차별 취급하는 것이므로 평등원칙에 위반된다.

나. 이 사건 일반분양조항

(1) 명확성원칙 위반

이 사건 일반분양조항이 규정하고 있는 '분양시점 분양가격'이 '분양공고 당시 분양가격'을 의미하는지 혹은 '실제 분양가격'을 의미하는지 불분명하므로 명확성원칙에 반하여 헌법에 위반된다.

(2) 평등원칙 위반

만약 이 사건 일반분양조항의 '분양시점 분양가격'을 '실제 분양가격'을 의미한다고 해석하는 경우에는 합리적인 이유 없이 조합원분양분과 일반분양분의 부담금 부과기준을 달리 산정하게 되는 것이므로, 평등원칙에 위반된다.

다. 이 사건 가액산정조항

미실현 이익에 대하여 부담금을 부과하는 것이 정당화되기 위해서는 미실현 이익에 대한 공평하고 합리적인 계측이 전제되어야 하므로, 개시시점 주택가액과 종료시점 주택가액은 동일한 조건 하에서 산정되어야 한다. 그럼에도 불구하고 이 사건 가액산정조항은 개시시점 주택가액과 종료시점 주택가액을 상이한 조건 하에서 산정되도록 규정함으로써 재건축부담금이 과도하게 부과되도록 하였으므로 재산권을 침해한다.

4. 판 단

가. 재건축이익환수법 일반론

(1) 재건축이익환수법의 입법경위 및 연혁

주택재건축사업은 공급 위주의 주택정책에 따라 건설된 상당수 공동주택들의 노후화에 따른 안전상의 문제를 해결하고 주거환경을 개선하며, 택지확보가 어려운 지역에서 보다 용이하게 택지를 확보할 수 있도록 하는 제도이다. 그러나 재건축된 주택의 가격이 급등하고 이에 따른 무분별한 주택재건축사업의 추진 및 재건축대상주택에 대한 투기적 매입현상이 초래되면서 자원의 낭비와 부동산 거래 왜곡이 심화되자, 2006. 3. 30. 정부는 재건축개발이익 등의 환수를 주요 내용으로 하는 이른바 '3. 30. 부동산 대책'을 발표하고, 그 실천을 담보하기 위하여 2006. 5. 24. 법률 제7959호로 재건축이익환수법을 제정하였다.

이후 입법자는 수도권에 비해서 열악한 주거환경에 처해있는 지방의 현실을 감안하여 수도권 이외의 지역에 대해서 재건축부담금을 감면함으로써 지역 간 형평 및 지역경제 활성화를 도모하기 위하여 2008. 6. 5. 법률 제9102호로 부칙 제3조를 개정하였는데, 그 내용은 수도권정비계획법 제2조 제1호에 따른 수도권 외의 지역에서 시행되는 주택재건축사업 중 2009. 6. 30.까지 관리처분계획의 인가를 신청한 사업에 대해서는 재건축부담금을 징수하지 아니하도록 하는 것이었다. 2012년에 이르러 재건축부담금제도의 도입 당시와 달리 주택시장이 침체되자, 2012. 12. 18. 법률 제11589호로 개정된 재건축이익환수법은 2014. 12. 31.까지 관리처분계획의 인가를 신청한 재건축사업자에 대하여는 재건축부담금을 한시적으로 면제하는 임시특례조항인 제3조의2를 신설하였다. 그 후 2017. 12. 31.까지 관리처분계획의 인가를 신청한 재건축사업에 대하여 재건축부담금을 한시적으로 다시 면제하는, 즉 면제기한을 연장하는 내용으로 재건축이익환수법 제3조의2가 개정되었고, 현재 위와 같은 한시적 면제기한은 종료된 상태이다.

(2) 재건축이익환수법의 주요내용

이 사건 부과처분 당시의 재건축이익환수법의 내용을 살펴본다. 재건축부담금의 대상이 되는 '재건축초과이익'이란 재건축사업으로 인하여 정상주택가격상승분을 초과하여 당해 재건축조합 또는 조합원에 귀속되는 주택가액의 증분을 말한다(구 재건축이익환수법 제2조 제1호). 재건축부담금 부과 대상사업은 구 '도시 및 주거환경정비법'(이하 연혁에 관계없이 '도시정비법'이라 한다) 제2조 제2호 다목에 의한 주택재건축사업으로 한다.

재건축사업을 시행하기 위하여 구 도시정비법 제16조에 따라 설립된 조합(조합이 해산된 경우 등에는 조합원)이 재건축부담금을 납부할 의무가 있다(구 재건축이익환수법 제6조). 재건축부담금 부과개시시점은 구 도시정비법에 따라 당해 주택재건축사업을 위하여 구성된 조합설립추진위원회가 승인된 날이고, 부과종료시점은 당해 주택재건축사업의 준공인가일이다(구 재건축이익환수법 제8조). 재건축부담금의 산정은 부과종료시점 주택가액 총액에서 부과개시시점 주택가액 총액과 부과개시시점 주택의 정상주택가격상승분 총액 및 개발비용 등을 공제한 후의 초과이익에 일정한 부과율을 곱해서 산정한다(재건축이익환수법 제7조). 여기서 정상주택가격상승분은 개시시점 주택가액에 국토해양부장관(현 국토교통부장관을 말한다. 이하 같다)이 대통령령이 정하는 바에 따라 고시하는 정기예금이자율과 종료시점까지의 당해 재건축 사업장이 소재하는 시·군·구의 평균주택가격상승률 중 높은 비율을 곱하여 산정한다(구 재건축이익환수법 제10조).

재건축부담금 = {종료시점 주택가액 총액 - (개시시점 주택가액 총액 + 부과기간 동안의 정상주택가격상승분 총액 + 개발비용 등)} × 부과율

징수된 재건축부담금은 국가에 50%, 당해 광역 지방자치단체에 20%, 당해 기초자치단체에 30%가 귀속된다. 이 중 국가 귀속분은 주택법에 따라 설치된 국민주택기금으로, 지방자치단체 귀속분은 도시·주거환경정비기금, 재정비촉진특별회계 또는 국민주택사업특별회계의 재원으로 귀속된다. 또한 국토해양부장관은 지방자치단체별 주거기반시설의 설치 수준 등을 고려하여 국가 귀속분을 광역 지방자치단체와 기초 지방자치단체에 각각 50%를 지원하여야 한다(구 재건축이익환수법 제4조). 결국 재건축부담금은 최종적으로 모두 지방자치단체의 기금이나 특별회계에 귀속되어 이를 활용하게 된다.

(3) 재건축부담금의 법적 성격

재건축이익환수법이 제정될 당시 시행되었던 구 '부담금관리 기본법' 제3조 및 이에 따른 별표 제114호는 재건축이익환수법 제3조에 의한 재건축부담금을 부담금의 하나로서 명시하고 있었고, 현행 '부담금관리 기본법' 제3조에 따른 별표 제68호도 재건축이익환수법 제3조에 따른 재건축부담금을 같은 법에서 말하는 부담금 중 하나로서 열거하고 있다. 다만 어떤 공과금이 조세인지 아니면 부담금인지는 단순히 법률에서 그것을 무엇으로 성격 규정하고 있느냐를 기준으로 할 것이 아니라, 그 실질적인 내용을 결정적인 기준으로 삼아야 한다(헌재 2004. 7. 15. 2002헌바42 참조).

살피건대, 이 사건 재건축부담금은 국토해양부장관이 주택재건축사업에서 발생되는 초과이익을 환수함으로써 주택가격의 안정과 사회적 형평을 제고한다는 특정한 공적 과제의 수행을 위하여, 구 도시정비법에 의하여 주택재건축사업을 하기 위하여 설립된 조합(또는 조합원)이라는 특정 부류의 법인 또는 사람들에게 특정한 반대급부 없이 일정한 금전을 강제적·일률적으로 부과하는 것이다. 또한 이렇게 마련된 부과금은 국민주택기금, 도시·주거환경정비기금 또는 국민주택사업특별회계로 귀속되어 별도로 관리·운용되고(구 재건축이익환수법 제4조), 국민주택의 건설, 임대주택의 건설·관리 등 제한된 용도로만 지출된다는 점에서, 법률상 규정된 과세요건이 충족되면 국민이면 누구나 부담하는 일반적인 재정책임, 즉 일종의 일반부담으로서 정부의 재정수요를 충당하기 위하여 보상이나 반대급부 없이 국민으로부터 강제적으로 징수하는 조세와는 그 목적과 기능이 구별되므로, 재건축부담금은 조세가 아닌 부담금에 해당한다.

한편, 부담금은 그 부과목적과 기능에 따라 ① 순수하게 재정조달의 목적만 가지는 재정조달목적 부담금과 ② 재정조달 목적뿐만 아니라 부담금의 부과 자체로써 국민의 행위를 특정한 방향으로 유도하거나 특정한 공법적 의무의 이행 또는 공공출연으로부터의 특별한 이익과 관련된 집단 간의 형평성 문제를 조정하여 특정한 사회·경제정책을 실현하기 위한 정책실현목적 부담금으로 구분될 수 있다(헌재 2004. 7. 15. 2002헌바42; 헌재 2005. 3. 31. 2003헌가20 참조). 이 사건 재건축부담금 제도는 재건축사업으로 발생하는 초과이익의 사유화로 인하여 발생하는 소득구조의 불균형과 계층 간 갈등, 주택가격의 폭등을 방지함으로써 주택가격의 안정과 사회적 형평을 기하고, 주거환경(노후·불량주택)을 개선하고자 하는 재건축사업이 본래의 목적대로 추진되도록 유도하고자 마련된 것이다. 그렇다면 이는 재정조달목적이 아예 없다고는 할 수 없지만, 대체로 부담금의 부과 자체로 특정한 사회·경제 정책의 실현을 목적으로 하는 '정책실현목적의 유도적·조정적 부담금'이라고 할 것이다.

나. 이 사건 환수조항 및 대상사업조항의 위헌 여부

(1) 과잉금지원칙 위반 여부

(가) 목적의 정당성

헌법 제23조는 제1항에서 "모든 국민의 재산권은 보장된다. 그 내용과 한계는 법률로 정한다.", 제2항에서 "재산권의 행사는 공공복리에 적합하도록 하여야 한다."라고 규정하고 있다. 또한 헌법 제119조 제2항은 "국가는 균형있는 국민경제의 성장 및 안정과 적정한 소득의 분배를 유지하고, 시장의 지배와 경제력의 남용을 방지하며, 경제주체간의 조화를 통한 경제의 민주화를 위하여 경제에 관한 규제와 조정을 할 수 있다."고 정하고 있으며, 헌법 제120조 제2항은 "국토와 자원은 국가의 보호를 받으며, 국가는 그 균형있는 개발과 이용을 위하여 필요한 계획을 수립한다."라고, 제122조는 "국가는 국민 모두의 생산 및 생활의 기반이 되는 국토의 효율적이고 균형있는 이용·개발과 보전을 위하여 법률이 정하는 바에 의하여 그에 관한 필요한 제한과 의무를 과할 수 있다."라고 각 규정하고 있다.

이 사건 환수조항 및 대상사업조항(이하 위 두 조항을 합하여 지칭할 때는 '이 사건 환수조항 등'이라 한다)의 입법목적은 주택재건축사업으로 발생하는 개발이익 중 정상주택가격상승분을 초과하여 발생하는 이익의 일부를 환수하여 재건축사업에 대한 투기적 수요를 억제하고 이를 통해 전반적인 주택가격의 안정과 주거여건이 열악한 지역의 주거복지증진을 유도하여 사회적 형평을 기하는 데 있다. 이는 위에서 언급한 재산권 행사의 공공복리 적합성 및 국토의 개발과 이용에 대한 국가의 규제와 조정이라는 헌법적 과제의 수행과 관련된 것이므로 그 입법목적의 정당성이 인정된다.

(나) 수단의 적합성

위와 같은 입법목적을 달성하기 위하여 이 사건 환수조항 등이 선택한 방법, 즉 재건축사업을 시행하기 위하여 설립된 조합(이하 '재건축조합'이라 한다)에 재건축이익환수법이 정한 초과이익 중 일부를 환수하는 방법으로 재건축부담금을 부과하는 것이 적합한 수단이 될 수 있는지에 관하여 본다.

살피건대, 주택재건축사업은 부동산 가격 상승기에 주로 이루어지는 것으로서 사업대상 부동산의 가격뿐만 아니라, 인근지역 부동산에 이르기까지 연쇄적인 가격 상승을 유발하는 특징이 있다. 특히 공동주택을 대상으로 하는 재건축사업은 상대적으로 투자대상으로서의 속성이 강해, 작은 변수에도 민감하게 반응하여 집값 불안심리를 부추기고 주변지역 집값 상승을 촉발시키는 원인 중 하나로 지목되어 왔다. 재건축사업으로 인한 용적률의 상향에 따른 고밀도 개발은 경관악화와 기반시설 부족을 야기하기도 하고, 반영구적으로 쓸 수 있는 건축자재를 철거하여 다시 시공함에 따라 다량의 건축폐기물 양산과 자원 낭비라는 부작용을 초래하기도 한다.

이와 같은 여러 부작용에도 불구하고 재건축사업으로 인하여 상당한 개발이익이 발생하게 되고, 개발이익은 재건축조합 또는 조합원에게 귀속된다. 그런데 이러한 개발이익은 상당부분 개인의 노력보다 용적률 증가 즉, 개발밀도의 상향조정을 통해 확보한 밀도차익 내지 해당 토지의 활용도 증가에 기인하는 것이다. 따라서 재건축이익환수법이 이러한 개발이익을 재건축초과이익으로 산정한 다음 일정 부분 회수하는 것은, 주택가격의 안정과 사회적 형평을 기하기 위한 공적 과제와 밀접한 관련성이 있다고 하지 않을 수 없고, 나아가 재건축사업을 시행하는 재건축조합 또한 위와 같은 공적 과제와 밀접한 관련성 및 집단적 책임성을 갖는다고 보지 않을 수 없다. 그렇다면 국가는 토지의 균형있는 이용·개발 및 보전을 유도하는 한편, 주택가격의 안정과 사회적 형평을 기하는 데 적합한 방향으로 재건축을 유도하기 위하여 재건축부담금과 같은 부담금을 부과·징수하는 방법을 선택할 수 있다.

나아가 이 사건 환수조항 등에 따라 징수한 재건축부담금은 조세와 달리 국가의 일반회계의 재원으로 귀속되지 않고 기금 내지 특별회계의 재원으로 귀속되며, 이 회계의 세입은 구 재건축이익환수법 제4조에 따라 도시·주거환경정비, 국민주택사업 등의 용도로만 사용되는 점, 재건축부담금은 구 '부담금관리 기본법' 제7조 등에 의하여 기획재정부장관으로 하여금 매년 부담금의 부과실적 및 사용명세 등이 포함된 부담금운용종합보고서를 작성하여 국회에 제출하도록 되어 있어, 재건축부담금 징수의 타당성이나 적정성은 매년 입법자의 지속적인 심사를 받게 되어 있으므로, 이 사건 재건축부담금 부과가 재정에 대한 국회의 민주적 통제체계로부터 일탈하는 수단으로 남용될 위험성은 크지 않다고 판단되는 점(헌재 2004. 7. 15. 2002헌바42; 헌재 2008. 11. 27. 2007헌마860 참조) 등을 종합적으로 고려해 보면, 결국 이 사건 환수조항 등에 의한 재건축부담금제도는 추구되는 공적과제와 부과되는 부담금 사이의 관련성, 부과 대상자의 선정, 징수된 재건축부담금의 사용 등 어느 면에서 보아도 주택가격의 안정과 사회적 형평의 제고라는 입법목적 달성을 위하여 선택된 적합한 수단이라고 볼 수 있다.

(다) 침해의 최소성

앞서 살펴본 바와 같이 재건축부담금은 종료시점 부과대상 주택가격 총액에서 개시시점 부과대상 주택가격의 총액, 부과기간 동안의 정상주택가격상승분 총액 및 개발비용 등을 공제한 금액을 재건축초과이익으로 본다(재건축이익환수법 제7조). 그런데 여기의 개발비용 등에는 공사비, 설계감리비, 부대비용 및 그 밖의 경비가 포함되고, 관계 법령의 규정 등의 조건에 의하여 납부의무자가 국가 등에 납부한 제세공과금이나 공공시설·토지 등을 국가에 제공하거나 기부한 경우 그 가액 및 재건축사업의 시행과 관련하여 지출된 기반시설부담금, 광역교통시설부담금, 그 밖의 원인자부담금 등도 모두 포함되기 때문에(구 재건축이익환수법 제11조), 결국 재건축조합의 비용과 노력을 투입한 부분은 재건축초과이익에서 공제된다. 나아가 부담금 부과개시시점 이후 해당 부과대상 주택을 양도하여 양도소득세가 부과된 경우, 당해 양도세액 중 부과개시시점부터 양도시점까지에 상당하는 세액을 개발비용에 계상하여 재건축초과이익에서 공제될 수 있도록 규정하고 있다(재건축이익환수법 제13조).

또한 위와 같이 개발비용 등을 공제하여 산출한 결과, 재건축초과이익이 발생하였다고 하여 모든 경우에 재건축부담금이 부과되는 것도 아니다. 즉, 조합원 1인당 평균 재건축초과이익이 3천만 원 이하인 경우에는 재건축부담금이 면제된다. 평균 재건축초과이익이 3천만 원을 초과하는 경우에도 그 초과이익의 다과에 따라 비례적으로 부과율이 높아지되, 재건축초과이익이 최대 1억 1천만 원을 초과하는 경우에도 부과율이 50%를 초과하지 않도록 규정함으로써 그 부과 액수가 과다하지 않도록 하고 있다(재건축이익환수법 제12조). 나아가 재건축추진위원회 승인 이후에 사업이 장기간 지연되는 경우 부담금이 과도하게 부과되는 경우를 방지하기 위하여, 부과개시시점부터 부과종료시점까지의 기간이 10년을 초과하는 경우에는 부과종료시점으로부터 역산하여 10년이 되는 날을 부과개시시점으로 규정함으로써(재건축이익환수법 제8조 제2항) 부과개시시점부터 부과종료시점까지의 기간은 최대 10년이 넘지 않도록 하고 있다. 결국 이 사건 재건축부담금 부과제도는 재산권 제한 정도가 과도하지 않도록 하기 위한 여러 장치들을 마련해 두고 있는 것이다.

한편, 재건축부담금을 납부한 이후에 주택을 양도하는 경우 동일한 재건축이익에 대하여 양도소득세가 다시 부과되므로 이중부담의 문제가 발생한다고 지적하는 견해가 있다. 그러나 앞서 살펴본 바와 같이 재건축부담금은 그 법적인 성질이 특정의 공공서비스를 창출하거나 바람직한 행위를 유도하기 위해 특별한 이해관계자에게 부과되는 '정책실현목적 부담금'으로서 단순히 자산의 양도차익을 소득으로 파악하여 담세능력에 따라 부과하는 양도소득세와는 그 법적 성격이 달라 이를 두고 동일한 재건축이익에 대한 이중부담의 문제가 발생한다고 보기는 어렵다. 가사 부동산에서 비롯된 자본이득을 환수한다는 점에 착안하여 재건축부담금과 양도소득세가 중첩되는 부분이 있다고 할지라도, 이는 재건축부담금 납부 이후 양도소득세를 부과하는 단계에서 비로소 고려되는 것이므로 재건축부담금 부과 자체를 규정한 이 사건 환수조항 등에 관한 문제라고 볼 수는 없고, 나아가 소득세법령에 의하면 납부의무자가 재건축부담금을 납부한 경우 양도소득세를 산정함에 있어 이를 자본적 지출에 해당되는 필요경비로 보아 양도가액에서 공제하도록 규정하고 있어(소득세법 제97조 제1항 제2호, 같은 법 시행령 제163조 제3항 제3의3호), 양도소득세에 있어서도 이미 양자의 부담을 조정하기 위한 법적 장치가 마련되어 있다.

결국 이 사건 환수조항 등은 주택재건축사업을 통하여 발생한 정상주택가격상승분을 초과하는 주택가액의 증가분 중 일부를 환수함으로써 재건축사업을 간접적으로 규제함에 그치고 있을 뿐, 재건축사업 자체를 원천적으로 봉쇄하는 것이 아니다. 여기에 부동산 가격이 안정된 시기에는 부담금이 면제되거나 줄어들게 되는 점까지 보태어 고려하여 보면, 개발비용 등 재건축조합의 비용과 노력을 투입한 부분을 공제한 평균 재건축초과이익이 3천만 원을 초과하는 경우에 한하여 일정 부과율을 적용하여 재건축부담금을 부과하도록 규정한 이 사건 환수조항 등이 침해의 최소성 원칙에 반한다고 할 수는 없다.

(라) 법익의 균형성

이 사건 환수조항 등을 통하여 재건축사업에 대한 투기적 수요를 막아 주택시장이 안정되며 사회적 형평이 제고되는 공익은, 이 사건 재건축부담금의 부과에 따라 제한되는 재산권에 비해 결코 작다고 할 수 없으므로, 이 사건 환수조항 등은 법익의 균형성에 반하지 아니한다.

(마) 소결

그렇다면 재건축조합에 대하여 재건축부담금을 부과하도록 하고 있는 이 사건 환수조항 등은 과잉금지원칙에 반하여 재산권을 침해한다고 볼 수 없다.

(2) 평등원칙 위반 여부

청구인은 주택재개발사업과 주택재건축사업이 개발이익 환수의 필요성 측면에서 본질적으로 동일함에도, 이 사건 환수조항 등이 주택재건축사업만을 재건축부담금의 부과대상으로 삼고 있으므로 평등원칙에 위반된다고 주장한다.

그러나 본래 주택재건축사업은 도시기능의 회복에 강조점이 있다기보다는 기본적으로 정비기반시설이 양호한 지역에서 불량·노후한 주택을 소유자 스스로 개선하여 주거생활의 질을 높이고자 하는 목적으로 추진되는 것으로서, 대규모 도시계획과는 그 성격이 달랐기 때문에 도시계획적인 개발사업으로 보지 않았다. 그래서 최초 재건축의 근거가 되는 법은 도시개발사업과 관련된 행정입법이 아니라 민법 중 집합건물에 관한 특별법인 '집합건물의 소유 및 관리에 관한 법률'이었다. 그 뒤로도 재건축사업은 '주택건설촉진법'에 근거를 둔 민간사업으로서 시행되었는데, 이는 정비기반시설이 양호한 지역에서 국지적으로 시행된다는 점에서 대규모 도시계획과는 그 성격이 달랐기 때문이다. 그런데 이후 재개발사업과 재건축사업 및 주거환경개선사업이 각 개별법으로 규정되어 이에 관한 제도적 뒷받침이 미흡하므로, 이를 보완할 일관성 있고 체계적인 단일법 제정의 필요성이 제기되었고, 이에 입법자는 2002. 12. 30. 재개발사업과 재건축사업 등을 통합적으로 규정한 도시정비법을 제정하여 시행하기에 이르렀던 것이다. 이처럼 주택재건축사업과 주택재개발사업이 같은 법에 규정되어 있기는 하지만, 위와 같은 연혁적 전개 과정이나 정비기반시설이 양호한지 여부에 비추어 보면 양자(兩者)의 성격이 동일하다고 단언하기 어렵다.

실제로 이 사건 부과처분 당시 시행되고 있던 구 도시정비법(2012. 12. 18. 법률 제11580호로 개정되기 전의 것) 등 관계 법령에 의한 구체적인 사업절차를 살펴보면, 주택재개발사업의 경우에는 사업시행자가 토지 등을 수용 및 사용할 수 있도록 규정하고 있지만(구 도시정비법 제38조), 주택재건축사업의 경우 사업시행자는 조합설립에 동의하지 아니한 자 등에 대하여 사법상 매도청구권만을 행사할 수 있을 뿐이고(구 도시정비법 제39조), 주택재개발사업의 경우 '정비구역 안에 소재한 토지 또는 건축물의 소유자 또는 그 지상권자'가 주택재개발사업에 동의하였는지 여부와 무관하게 조합원이 되지만(구 도시정비법 제2조 제9호 가목, 제19조 제1항), 주택재건축사업의 경우 '정비구역 안에 소재한 건축물 및 그 부속 토지의 소유자'는 주택재건축사업에 동의한 경우에 한하여 조합원이 될 수 있도록 하고 있다(구 도시정비법 제2조 제9호 나목, 제19조 제1항).

또한 주택재개발사업은 정비구역 안에서만 가능하고, 관리처분계획에 따라 시설을 공급하거나 환지로 공급하는 방식으로 사업을 시행하는 반면, 주택재건축사업은 정비구역 안 또는 정비구역이 아닌 곳에서도 가능하고, 관리처분계획에 따라 시설을 공급하는 방식으로 사업을 시행한다(구 도시정비법 제6조). 주택재개발 사업시행자는 정비구역 안에 도로·상하수도·공원 등의 정비기반시설을 설치하여야 하고(구 도시정비법 제64조) 그 비용은 원칙적으로 주택재개발 사업시행자가 부담하도록 하고 있는바(구 도시정비법 제60조 제1항), 정비기반시설이 양호한지 여부가 주택재건축사업과 주택재개발사업의 주된 차이라는 점에 비추어 보면, 주택재개발사업의 경우 그 사업시행자가 정비기반시설의 설치에 상대적으로 더 큰 부담을 지게 된다고 할 것이다. 따라서 주택재개발사업의 경우 정비기반시설의 설치비용을 부담하는 방식으로 개발이익환수가 일부 이루어지는 측면이 있다. 나아가 재건축사업시행자나 재개발사업시행자가 일정한 비율의 소형주택이나 임대주택을 건설하도록 하는 것도 일종의 사회적 형평을 기하는 역할을 하는 것이라 할 것인데, 의무적으로 건설해야 하는 소형주택의 구체적인 비율도 주택재건축사업과 주택재개발사업이 다를 뿐만 아니라, 주택재개발사업에는 부과되어 있는 임대주택 건설의무가 주택재건축사업에는 존재하지 아니한다(구 도시정비법 제30조의3, 구 도시정비법 시행령 제13조의3 참조).

결국 주택재개발사업과 주택재건축사업은 그 사업목적과 대상, 강제성의 정도, 구체적인 사업의 시행방식 및 절차, 개발이익 환수의 방식과 정도가 모두 다르다고 할 것이어서, 개발이익 환수의 필요성 측면에서 주택재건축사업과 주택재개발사업이 동일하다고 볼 수 없다. 그렇다면 주택재건축사업과 주택재개발사업은 이 사건 재건축부담금 부과와 관련하여 헌법적으로 의미 있는 비교집단이라고 볼 수 없으므로, 주택재개발사업이 아닌 주택재건축사업에 한하여 재건축부담금을 부과하도록 한 이 사건 환수조항 등은 헌법상 평등원칙에 위반된다고 할 수 없다.

다. 이 사건 일반분양조항의 위헌 여부

(1) 명확성원칙 위반 여부

청구인은 이 사건 일반분양조항이 규정하고 있는 '분양시점 분양가격'이 '승인된 분양공고 당시 분양가격'을 의미하는지 혹은 '실제 분양가격'을 의미하는지 불분명하므로 명확성원칙에 반한다고 주장한다.

그런데 위 '분양시점 분양가격'을 '승인된 분양공고 당시의 분양가격'이라고 해석할 경우, 공과금을 부과함에 있어 부과대상 이득의 공평하고도 정확한 계측이 담보되어야 한다는 헌법상 재산권 보장의 법리에 어긋나게 된다. 즉, 아직 분양되지도 아니한 상태에서 분양공고 당시의 분양가격을 부과기준으로 삼아 재건축부담금을 부과한다면, 재건축조합에게 현실적으로 귀속되는 이익 증가분, 다시 말하면 재건축초과이익이라고 할 수 없는 허구의 계수상 이익에 대하여 재건축부담금을 징수하는 결과가 초래될 수 있다. 나아가 이와 같이 재건축부담금이 부과된 이후에 승인된 분양가격 보다 낮은 가격으로 실제 분양이 이루어지는 경우에는, 이미 납부한 재건축부담금을 환급받을 방법이 마련되어 있지 않기 때문에, 실제로 발생한 재건축초과이익보다 많은 허구의 이익에 대하여 재건축부담금이 부과되는 결과가 초래된다. 결국 공평하고도 정확한 재건축초과이익의 환수가 이루어 질 수 없게 되는 것이다.

한편, 불로소득적인 초과이익을 환수하여 투기적인 재건축사업을 지양(止揚)하고 주택가격의 안정을 유도하고자 한 재건축이익환수법의 입법취지에 비추어 보면, 재건축초과이익을 산정함에 있어서 정상주택가격 상승분을 초과하여 '실제로 상승된' 주택가액의 증가분을 부과기준으로 삼는 것이 타당하고, 실제의 거래가액을 알 수 없는 경우에 한하여 객관성과 진실성이 담보될 수 있는 주택가액을 그 부과기준으로 삼아야 할 것이다. 그런데, 조합원분양분과 달리 일반분양분은 비조합원에게 분양될 것이 응당 예정되어 있으므로, 실제로 분양된 거래가격이 존재하고, 따라서 그 분양된 주택의 가액이 '분양시점의 분양가격'이 될 것이라고 자연스럽게 해석될 수 있다.

이와 같이 재산권 보장의 일반원칙, 재건축이익환수법의 입법취지, 조합원분양분에 대한 부과기준과의 관계 등을 종합하여 보면, 이 사건 일반분양조항의 '분양시점의 분양가격'은 '실제의 분양가격'이라고 명확하게 해석될 수 있으므로, 명확성원칙에 반한다고 볼 수 없다.

(2) 평등원칙 위반 여부

청구인은, 이 사건 일반분양조항을 '실제 분양가격'이라고 해석할 경우 이는 조합원분양분과 일반분양분의 종료시점 주택가액 산정기준을 합리적 이유 없이 달리하는 것으로서 평등원칙에 위반된다고 주장한다.

그러나 재건축이익환수법에 의하여 재건축부담금이 부과되는 납부의무자는 재건축조합 내지 그 조합원일 뿐이고(구 재건축이익환수법 제6조), 일반분양을 받은 수분양자는 그 법률상 의무자가 아니다. 따라서 일반분양분과 조합원분양분의 종료시점 주택가액 산정기준이 다르다고 하여도, 재건축부담금은 이 두 가지 산정기준에 따라 합산된 총 재건축초과이익을 산정한 다음, 그 액수의 다과에 따른 부과율이 산정되어 재건축조합에 부과될 뿐이기 때문에, 일반분양분의 종료시점 주택가액의 산정기준을 규정한 이 사건 일반분양조항이 재건축조합인 청구인에 대하여 어떤 차별취급을 하는 것이라고 볼 수 없다. 즉, 이 사건 일반분양조항은 최종적인 재건축부담금을 산정하기 위한 중간 단계의 기술적인 조항에 불과하여, 최종적 납부의무자인 재건축조합이 재산권 침해를 주장하면서 이 사건 일반분양조항을 다투는 것은 별론으로 하고, 최종 재건축부담금 산정에 이르기 전의 특정 주택가액의 산정방식과 관계에서 재건축조합에 대한 차별이 존재한다고는 볼 수 없는 것이다. 결국 이 사건 일반분양조항은 차별취급이 존재하지 아니하므로, 평등원칙에 위반될 여지가 없다.

설령 이 사건 일반분양조항으로 인하여 평등원칙 위반이 문제될 수 있다고 하더라도, 앞서 살펴본 바와 같이 조합원분양분은 그 거래가격이 존재하지 아니하여 해당 주택의 실제 가격을 산정할 수 없지만 일반분양분은 그 거래가격이 존재하여 해당 주택의 실제 가격을 산정할 수 있는 점, 해당 주택의 거래가격이 존재하는 이상 부동산가격조사 전문기관에 의한 조사와 부동산평가위원회의 심의를 거쳐 그 가액을 산정하는 것보다 해당 주택의 실제 거래가격을 기준으로 그 가액을 산정하는 것이 보다 정확한 재건축초과이익을 산정하는 것이라는 점 등을 고려하여 보면, 이 사건 일반분양조항이 조합원분양분과 달리 분양시점의 실제 분양가격을 종료시점 주택가액 산정기준으로 규정한 것은 합리적인 이유가 있으므로, 평등원칙에 위반된다고 볼 수 없다.

라. 이 사건 가액산정조항의 위헌 여부

청구인은, 이 사건 가액산정조항이 개시시점 주택가액과 종료시점 주택가액을 동일한 조건 하에 산정하지 아니하도록 규정하여 부담금이 증가되도록 함으로써 재산권을 침해한다고 주장한다.

살피건대, 개시시점 주택가액은 구 '부동산 가격공시 및 감정평가에 관한 법률'(이하 연혁에 관계없이 '부동산평가법'이라 한다)에 따라 공시된 주택가격 총액에 공시기준일부터 개시시점까지의 정상주택가격상승분을 반영한 가액으로 하도록 규정하고 있는데(구 재건축이익환수법 제9조 제1항), ① 구 부동산평가법 제17조에 의하면 국토해양부장관은 공동주택에 대하여 매년 공시기준일 현재의 적정가격을 조사·산정하여 중앙부동산평가위원회의 심의를 거쳐 공시하고, 이를 관계 행정기관 등에 제공하여야 한다고 규정하고 있고, ② 같은 조 제5항은 국토해양부장관이 제1항 본문의 규정에 따라 공동주택의 적정가격을 조사·산정하는 경우에는 인근 유사 공동주택의 거래가격·임대료 및 당해 공동주택과 유사한 이용가치를 지닌다고 인정되는 공동주택의 건설에 필요한 비용추정액 등을 종합적으로 참작하여야 한다고 규정하고 있다. ③ 또한 같은 조 제6항은 국토해양부장관은 제1항 본문의 규정에 의한 공동주택의 적정가격의 조사·산정에 관하여 대통령령이 정하는 부동산 가격의 조사·산정에 관한 전문성이 있는 기관에 이를 의뢰하여 수행하게 할 수 있다고 규정하고 있다.

한편, 종료시점 주택가액의 경우 ① 국토해양부장관이 부동산 가격의 조사·산정에 전문성이 있는 기관에 의뢰하여 종료시점 현재의 주택가격 총액을 조사·산정하고, 이를 부동산평가법에 의한 부동산평가위원회의 심의를 거쳐 그 가액을 결정하도록 규정하고 있는데(구 재건축이익환수법 제9조 제2항), ② 구 재건축이익환수법 시행령 제6조 제1항 본문은 국토해양부장관은 재건축이익환수법 제9조 제1항에 따라 공시된 부과대상 주택가격이 없는 경우에 개시시점 주택가액을 산정하는 때 또는 재건축이익환수법 제9조 제2항에 따라 종료시점 주택가액을 산정하는 때에는 인근 유사주택의 거래가격·임대료 및 건설비용 추정액 등을 종합적으로 고려하여야 한다고 규정하는 한편, ③ 같은 조 제4항 본문은 재건축이익환수법 제9조 제2항에 따른 부동산평가위원회는 부동산평가법 제19조에 따른 중앙부동산평가위원회를 말한다고 규정하고 있다. 뿐만 아니라 구 재건축이익환수법 제9조 제2항에 의하여 산정된 '종료시점 현재의 주택가격'은 부동산평가법 제16조 및 제17조의 규정에 의하여 공시된 주택가격으로 의제된다.

결국 위와 같은 규정들을 종합하여 보면, 이 사건 가액산정조항에 의하여 산정되는 '개시시점 주택가액'과 '종료시점 주택가액'은 공히 ① 국토해양부장관이 부동산 가격의 조사·산정에 전문성 있는 기관에 의뢰하여 조사·산정하고, ② 중앙부동산평가위원회의 심의를 거치며, ③ 인근 유사주택의 거래가격·임대료 및 건설비용 추정액 등을 종합적으로 고려하기 때문에 실질적으로 동일한 기준과 절차에 따라 산정된다고 할 것이다. 따라서 이 사건 가액산정조항이 청구인의 주장과 같이 상이한 조건에서 주택가액을 산정함으로써 청구인의 재산권을 침해한다고 볼 수 없다.

5. 결 론

그렇다면 심판대상조항은 헌법에 위반되지 아니하므로 주문과 같이 결정한다. 이 결정에는 아래 6.과 같은 재판관 이은애, 재판관 이영진의 반대의견이 있는 외에는 나머지 관여 재판관들의 의견이 일치되었다.

6. 재판관 이은애, 재판관 이영진의 반대의견

우리는 심판대상조항이 주택 소유자의 재산권을 침해하여 헌법에 위반된다고 생각하므로 다음과 같이 반대의견을 밝힌다.

가. 재건축부담금의 본질 및 부과의 한계

(1) 재산권 보장과 재산권의 사회적 의무성

헌법 제23조 제1항은 "모든 국민의 재산권은 보장된다. 그 내용과 한계는 법률로 정한다."고 규정하고, 같은 조 제2항은 "재산권의 행사는 공공복리에 적합하도록 하여야 한다."고 규정하여 재산권 행사의 사회적 의무성을 강조하고 있다. 이러한 재산권 행사의 사회적 의무성은 헌법 또는 법률에 의하여 일정한 행위를 제한하거나 금지하는 형태로 구체화될 것이지만, 그 정도는 재산의 종류, 성질, 형태, 조건 등에 따라 달라질 수 있다. 따라서 재산권 행사의 대상이 되는 객체가 지닌 사회적인 연관성과 사회적 기능이 크면 클수록 입법자에 의한 보다 더 광범위한 제한이 허용된다.

토지는 원칙적으로 생산이나 대체가 불가능하여 공급이 제한되어 있고, 우리나라의 가용 토지 면적은 인구에 비하여 절대적으로 부족한 반면에, 모든 국민이 생산 및 생활의 기반으로서 토지의 합리적인 이용에 의존하고 있으므로, 그 사회적 기능에 있어서나 국민경제의 측면에서 다른 재산권과 같게 다룰 수 있는 성질의 것이 아니어서 공동체의 이익이 보다 더 강하게 관철될 것이 요구된다(헌재 1989. 12. 22. 88헌가13; 1998. 12. 24. 89헌마214등 참조). 헌법 제122조는 토지가 지닌 위와 같은 특성을 감안하여 "국가는 국민 모두의 생산 및 생활의 기반이 되는 국토의 효율적이고 균형있는 이용·개발과 보전을 위하여 법률이 정하는 바에 의하여 그에 관한 필요한 제한과 의무를 과할 수 있다."고 규정함으로써, 토지재산권에 대한 광범위한 입법형성권을 부여하고 있다(헌재 1999. 4. 29. 94헌바37등 참조).

(2) 택지 및 주택 재산권의 보호와 재건축부담금 부과의 한계

그런데 헌법재판소는 소유목적이나 택지의 기능에 따른 예외를 전혀 인정하지 아니한 채 택지소유의 상한을 지나치게 낮게 정한 택지소유상한에관한법률이 재산권을 침해하여 위헌이라고 결정(헌재 1999. 4. 29. 94헌바37등) 하면서 다음과 같이 설시하였다. "입법자가 택지에 대하여 규제를 함에 있어서는, 택지가 재산증식의 수단이나 투기의 대상이 되기도 하지만, 그 보다는 그것이 일차적으로 인간의 존엄과 가치를 가진 개인의 주거로서, 그의 행복을 추구할 권리와 쾌적한 주거생활을 할 권리를 실현할 장소로 사용된다는 점을 고려하여야 한다. 재산권은 개인이 각자의 인생관과 능력에 따라 자신의 생활을 형성하도록 물질적·경제적 조건을 보장해 주는 기능을 하는 것으로서, 재산권의 보장은 자유실현의 물질적 바탕을 의미하고, 자유와 재산권은 상호보완관계이자 불가분의 관계에 있는 것이기 때문이다."

주택재건축사업은 노후·불량건축물에 해당하는 공동주택이 밀집한 지역에서 주거환경을 개선하기 위한 정비사업의 하나로서(도시정비법 제2조 제2호 다목), 보다 쾌적하고 인간의 존엄에 상응하는 주거여건을 마련하기 위하여 노후·불량 주택을 철거하고, 도시계획에서 허용된 건폐율과 용적률의 적용을 받아 새롭게 건축하는 사업이다. 또한 대체로 사업준비 단계에서 사업완료에 이르기까지 주거환경을 개선하고자 하는 주택소유자들의 자발적 합의에 따른 상당한 노력과 비용을 바탕으로 하며, 기본적으로 민간주도의 성격을 가지는 정비사업이다(헌재 2012. 11. 29. 2011헌바224; 헌재 2014. 1. 28. 2011헌바363 등 참조). 노후·불량이 심해 재건축을 할 수밖에 없는 주택을 이미 허용된 용적률에 따라 다시 건축하는 것은 어디까지나 주택 소유자의 자유로운 경제활동 범주에 속하는 것이므로, 재건축부담금의 부과는 이와 같은 개인의 적정한 자유 실현도 가능하게 하면서 동시에 주택가격의 안정 및 사회적 형평이라는 공익 목적을 달성하도록 하는 것이어야 한다(헌재 1999. 4. 29. 94헌바37등 참조).

한편 주택 소유자 가운데 투기 목적 없는 실거주자(1세대 1주택자 및 장기보유자 등)에 대한 재건축부담금의 부과는 그 입법 목적의 달성에 필요한 정책수단의 범위를 넘어 과도해서는 안 된다. 헌법재판소는 1세대 1주택자, 그 중 특히 장기보유자 등에 대해 예외조항을 두지 않고 일률적으로 중과세한 종합부동산세법 조항에 대해 헌법불합치 결정(헌재 2008. 11. 13. 2006헌바112등)을 하면서 다음과 같이 설시한 바 있다. "납세의무자 중 적어도 주거 목적으로 한 채의 주택만을 보유하고 있는 자로서, 그 중에서도 특히 일정한 기간 이상 이를 보유하거나 또는 그 보유기간이 이에 미치지 않는다 하더라도 과세 대상 주택 이외에 별다른 재산이나 수입이 없어 조세지불 능력이 낮거나 사실상 거의 없는 자 등에 대하여 주택분 종합부동산세를 부과함에 있어서는 그 보유의 동기나 기간, 조세 지불능력 등과 같이 정책적 과세의 필요성 및 주거생활에 영향을 미치는 정황 등을 고려하여 납세의무자의 예외를 두거나 과세표준 또는 세율을 조정하여 납세의무를 감면하는 등의 과세 예외조항이나 조정장치를 두어야 할 것임에도 이와

같은 주택 보유의 정황을 고려하지 아니한 채 다른 일반 주택 보유자와 동일하게 취급하여 일률적 또는 무차별적으로, 그것도 재산세에 비하여 상대적으로 고율인 누진세율을 적용하여 결과적으로 다액의 종합부동산세를 부과하는 것은, 그 입법 목적의 달성에 필요한 정책수단의 범위를 넘어 과도하게 주택 보유자의 재산권을 제한하는 것으로서 피해의 최소성 및 법익 균형성의 원칙에 어긋난다고 보지 않을 수 없다."

(3) 미실현이득에 대한 환수제도로서 재건축부담금 부과의 한계

재건축부담금은 재건축사업에서 발생되는 재건축초과이익을 징수하는 것으로서, 재건축초과이익은 아직 실현되지 않은 경제적 이익이다. 헌법재판소는 미실현이득에 대한 과세제도인 '토지초과이득세'에 관한 결정에서, "미실현이득을 과세대상으로 삼고 있는 토지초과이득세는 조세의 기본원리에 어긋나는 것은 아니나 과세대상이득 그 자체는 아직 자본과 분리된 것이 아니므로 이를 지배·관리·처분할 수 없는 상태에 대한 과세라는 데 그 특성이 있으며, 미실현이득을 수득세(收得稅)의 형태로 환수함에 있어서는 다른 수득세와 비교하여 과세대상이득에 대한 보다 공평·정확한 계측이 가장 중요한 문제"라고 하였다(헌재 1994 7. 29. 92헌바49등; 헌재 1999. 4. 29. 96헌바10 등 참조). 심판대상조항은 비록 조세가 아니라 부담금에 관한 사항을 규정하고 있지만, 실현되지 않은 이익을 그 부과대상으로 한다는 점에서는 실현되지 않은 이득을 과세대상으로 한 토지초과이득세의 경우와 다를 바가 없다. 미실현이득을 부담금 등으로써 환수하는 제도 자체가 부담금 원리에 어긋나는 것은 아니나, 이 경우 부담능력은 예컨대 양도소득세처럼 실현된 이득에 대한 환수제도와 비교할 때 현저하게 낮다는 점도 고려되어야 한다.

(4) 소결

우리는 이상의 점들을 전제로 하여 심판대상조항이 과잉금지원칙에 위배하여 주택 소유자의 재산권을 침해하는지 살펴본다.

나. 과잉금지원칙 위배 여부

(1) 목적의 정당성과 수단의 적합성

(가) 재건축이익환수법은 도시정비법에 의한 재건축사업 등에서 발생되는 초과이익을 환수함으로써 주택가격의 안정과 사회적 형평을 기하여 국민경제의 건전한 발전과 사회통합에 이바지함을 목적으로 하고 있다(제1조 참조). 이러한 입법목적은 정당하다고 할 것이나, 다음과 같은 점에서 수단의 적합성이 있는지 의심스럽다.

(나) 재건축부담금 제도는 2006년 재건축 지역을 중심으로 주택가격이 급등하자 부동산투기를 억제하고 주택가격을 안정시킬 목적으로 도입되었으나, 2008년 이후 주택시장 안정 및 재건축사업 활성화 등을 이유로 그 적용이 일부 제한되거나 사실상 중단되었다가 2018년부터 재시행된 바 있다.

재건축부담금 제도가 2018년 1월 1일부터 다시 시행되었지만, 주택매매가격은 여전히 여러 가지 요인에 따라 끊임없이 변동하고 있다. 재건축부담금 제도가 재시행된 시점 전후에 걸쳐 한국감정원이 발표한 '주택매매가격 동향' 등 여러 관련 자료에 의하더라도 재건축부담금 제도를 통해 주택가격이 안정되었다고 볼 만한 사정은 발견하기 어렵다. 오히려 최근에는 재건축부담금 등 각종 부동산 정책에도 불구하고 이른바 '강남 재건축사업 단지' 등을 중심으로 전반적인 주택가격이 계속하여 상승하는 사회적 현상이 보고되는 등 재건축부담금 제도를 통해 주택가격이 안정되었다거나 안정되어 가고 있다고 신뢰하기 어려운 상황이다.

(다) 이와 관련해서는 재건축부담금 제도가 재건축사업 추진 자체를 어렵게 하여 수급불균형을 초래함으로써 오히려 종국적으로는 주택가격을 상승시키는 등 주택시장을 교란할 위험성이 크다는 연구결과도 적지 않다. 재건축 가능성이 높은 지역, 즉 주거환경을 개선하고자 주택소유자들이 자발적으로 상당한 노력과 비용을 지불할 용의가 있는 서울과 수도권 등 일부 지역은 기본적으로 주택 공급 우위의 시장이 형성되어 있다. 공급 우위 시장에서 공급자에게 부과한 조세·부담금은 수요자에게 전가되면서 가격이 올라간다. 이러한 상황에서 재건축부담금 부과로 인해 재건축이 제한됨으로써 신규주택 공급이 감소하게 되면, 신규주택에 대한 수요가 지속적으로 증대하는 반면 그 공급은 더욱 제한됨으로 인하여 오히려 부동산 가격의 상승과 투기수요의 창출로 이어지는 악순환이 반복되는 것이다.

(라) 이와 같은 사정을 종합할 때, 재건축부담금 제도가 주택가격을 안정시키는 적합한 수단이라고 보기 어렵다. 나아가 재건축부담금의 부과·징수가 주택가격의 안정을 바탕으로 하는 '사회적 형평' 혹은 '국민경제의 건전한 발전과 사회통합'이라는 입법목적을 실현하는 데 있어 적합하다고 보기도 어렵다. 결국, 심판대상조항을 중심으로 한 재건축부담금 제도는 주택가격의 안

정 등의 사회적·정책적 목적을 실현하는 데 적합한 수단이 된다고 할 수 없다.

(2) 침해의 최소성

설령 심판대상조항이 수단의 적합성을 갖추었다 하더라도 재건축사업으로 인한 경제적 이익의 상당한 부분을 '재건축사업 등에서 발생되는 초과이익'으로 간주하여 재건축부담금을 부과·징수함에 있어 침해의 최소성 요건을 준수하였는지의 점이 문제된다. 그런데 심판대상조항은 다음과 같은 여러 가지 이유에서 침해의 최소성을 갖추지 못하였다.

(가) 환수 대상 재건축초과이익 계측의 공평성·정확성

1) 앞서 본 바와 같이 심판대상조항은 아직 실현되지 않은 경제적 이익을 '재건축초과이익'으로 포착하여 환수 대상으로 삼고 있으므로, 그 헌법적 정당성을 판단함에 있어서 재건축초과이익의 공평하고 정확한 계측이 담보되는지가 중요한 판단 요소가 된다(헌재 1994 7. 29. 92헌바49등 참조). 그런데 심판대상조항은 임의로 두 시점, 즉 '개시시점'과 '종료시점'을 끊어서 이를 바탕으로 미실현된 재건축초과이익을 포착하는 데다가 일반분양분을 제외하고는 주로 실제 거래가격이 아닌 평가금액에 따라 기준 주택가액을 정하므로, 그 과정에 집행기관의 자의가 개입할 위험이 있거나 계측의 정확성을 기하기 어려운 근본적 문제를 내포하고 있다.

2) 심판대상조항은 종료시점 부과대상 주택의 가격 총액('종료시점 주택가액')에서 개시시점 부과대상 주택의 가격 총액('개시시점 주택가액')과 부과기간 동안의 개시시점 부과대상 주택의 정상주택가격상승분 총액 및 개발비용 등을 공제한 금액을 재건축부담금의 부과기준으로 규정하고 있다. 심판대상조항이 사용하고 있는 '정상주택가격상승분'이라는 개념은 재건축부담금의 부과기준 금액뿐만 아니라 '개시시점 주택가액'을 계산하는 데에도 적용하는 재건축부담금의 주요 요소 중 하나이다(재건축이익환수법 제7조, 제9조 참조). '부과대상 주택에 대한 공시가격의 공시기준일부터 개시시점까지의 정상주택가격상승분'이 낮게 책정되면 그에 따라 '개시시점 주택가액'이 낮게 계산되고 '재건축부담금 부과기준 금액'은 높게 산출되므로 결국 재건축부담금 부과·징수 금액이 올라간다. 위 정상주택가격상승분이 높게 책정되면 그 반대의 결과가 발생한다. 이처럼 정상주택가격상승분은 재건축부담금 액수 산정과 직결되므로 최대한 정확하고 합리적인 수준의 반영이 이루어지도록 할 필요가 있다.

심판대상조항이 규정하고 있는 '부과기간 동안의 개시시점 부과대상 주택의 정상주택가격상승분 총액'은 '개시시점 주택가액'에 국토교통부장관이 대통령령이 정하는 바에 따라 고시하는 정기예금이자율과 종료시점까지의 해당 재건축 사업장이 소재하는 특별자치시·특별자치도·시·군·구의 평균주택가격상승률 중 높은 비율을 곱하여 산정한다(재건축이익환수법 제10조). 그런데 정기예금이자율은 차치하더라도 특히 '특별자치시·특별자치도·시·군·구의 평균주택가격상승률'을 반영하는 것은 주택거래 현실과 동떨어진 결과를 불러올 수 있다. 동일한 시·군·구 등 행정구역 내에 있다 하더라도 구체적인 입지, 개발 호재 등 각종 제반 상황, 시기 등에 따라 주택별 최고가격과 최하가격 및 상승률의 편차가 매우 클 수 있다. 그런데도 아무런 보완장치 없이 만연히 그 차이를 반영하지 않고 평균주택가격상승률을 곱하는 것은 재건축사업 대상 주택가격의 상승분을 왜곡할 위험성이 적지 않다. '정상주택가격상승분'을 전제로 하는 심판대상조항은 정당하고 객관적인 가치 평가가 이루어질 더 면밀하고 구체적인 방법을 마련하지 않은 채, 언제든 재건축초과이익이 현실보다 과도하게 산정될 여지를 열어두고 있다.

3) 심판대상조항에 의하면 개시시점 주택가액과 종료시점 주택가액의 실질적 산정기준이 일치하지 않아 불합리한 재건축부담금이 부과·징수될 위험도 크다. '개시시점 주택가액'은 원칙적으로 '부동산 가격공시에 관한 법률'에 따라 공시된 부과대상 주택가격 총액을 기준으로 한다(제9조 제1항). '종료시점 주택가액'은 '국토교통부장관이 부동산가격조사 전문기관에 의뢰하여 조사·산정한 종료시점 현재의 주택가격 총액'이 기준이며(제9조 제2항), 부과대상 주택 중 일반분양분의 종료시점 주택가액은 '분양시점 분양가격의 총액'이다(제7조).

심판대상조항을 비롯한 일련의 규정 내용에서 확인할 수 있듯이 우선 '종료시점 주택가액' 가운데 일반분양분에 관해서는 분양시점 분양가격의 총액, 즉 실제 거래가가 반영되므로 공시가격을 기준으로 삼는 '개시시점 주택가액'과 견주어 명백한 불균형이 발생하고 있음을 부인하기 어렵다[참고로 도시정비법에 따라 건설된 재건축소형주택에 대하여 '종료시점 주택가격'을 산정하는 경우에는 국토교통부장관, 특별시장·광역시장·도지사, 한국토지주택공사 등이 해당 재건축소형주택을 인수한 가격을 그 주택의 '종료시점 주택가액'으로 산정하므로 이 역시 정확히 일치하지 않는다(재건축이익환수법 시행령 제6조 제2항, 도시정비법 제55조 등 참조)]. 심판대상조항은 시점과 대상별로 서로 다른 기준에 의한 주택가격 산정을 허용함으로써 재건축부담금 산정의 공평성과 정확성을 충분히 확보하지 못하고 있다.

한편 심판대상조항은 '종료시점 주택가액'을 결정함에 있어 '전문기관이 조사·산정한 종료시점 현재의 주택가격 총액을 부동산가격공시위원회가 심의하고 산정된 주택가격은 '부동산 가격공시에 관한 법률'에 따라 공시된 주택가격으로 본다.'라고 규정함으로써(제9조 제2항), 일반분양분을 제외한 재건축조합원 주택의 가격은 '개시시점 주택가액'의 경우처럼 공시가격에 따르는 것으로 맞추어놓고 있다. 그러나 주지하다시피 공시제도가 시행된 후 지금까지 시기별·가격대별로 공시가격의 변동률에 작지 않은 차이가 있었고, 가장 중요하다고 할 수 있는 '실거래가 반영률' 내지 '현실화율'도 일정하지 않았다. 국토교통부에 따르면 공시가격제도 도입 이후 상당 기간 현실화율이 낮았으며 가격 상승분을 제때 반영하지 못해 유형·지역·가격대별 불균형이 심화하는 등 지속적인 제도 개선이 필요한 상황이다. 사정이 이와 같다면, 심판대상조항이 '개시시점 주택가액'과 '일반분양분을 제외한 재건축조합원 주택의 종료시점 주택가액'의 산정에 있어 형식상 공시가격의 틀을 동일하게 적용하도록 규정하였다 하더라도 단지 그것만으로는 여전히 실질적으로 공평·정확한 재건축부담금의 계측 내지 조정이 객관적·합리적으로 담보된다고 보기 어렵다.

(나) 양도소득세 등 조세와의 누적·중첩 문제

심판대상조항은 개시시점과 종료시점을 기준으로 삼아 그 기간에 상승한 주택가액을 바탕으로 재건축초과이익을 산정하여 재건축부담금을 부과·징수하도록 하고 있다. 그런데 재건축사업 대상 주택의 가액 증가분에 대한 이익의 상당 부분은 이미 재산세 등 각종 조세제도를 통해 환수되고 있다. 대표적으로 예컨대 재건축사업이 진행되는 동안에도 그 재건축사업으로 말미암은 가치상승분을 반영한 재산세·종합부동산세가 매년 부과된다(지방세법 제4조, 제110조, 종합부동산세법 제7조, 제13조 등 참조). 재건축사업이 완료되어 해당 주택을 취득한 이후에도 주택 소유자가 이를 보유하는 동안에는 계속하여 재산세·종합부동산세를 내야 한다. 재산세·종합부동산세와 재건축부담금의 상호 간에는 별다른 공제 등 조정 규정이 없으므로, 재건축사업 대상 주택의 소유자는 거듭하여 주택가액 상승분에 대한 경제적 부담을 지는 것과 다름없다고 할 수 있다.

한편 재건축사업이 완료된 주택을 소유한 자가 해당 주택을 양도하는 경우에는 양도소득세를 납부해야 한다. 양도소득세는 주택 등 자산을 양도함으로써 얻은 소득에서 해당 자산을 취득한 시점의 가액을 뺀 것을 기준으로 계산한다는 점에서 재건축부담금과 매우 유사한 모습을 띤다. 양도소득세 과세표준 산정이 바탕이 되는 양도소득의 총수입금액(양도가액)은 그 자산 양도 당시의 양도자와 양수자 간 실지거래가액에 따른다(소득세법 제92조, 제93조, 제95조, 제96조 참조). 재건축사업이 이루어진 주택의 경우에는 그 재건축사업으로 인한 경제적 이익이 시장가격에 반영되기 마련이므로, 결국 양도자는 재건축초과이익이 포함된 양도가액을 기준으로 계산한 양도소득세를 부담하게 된다. 재건축사업 대상 주택 소유자는 재건축초과이익과 관련하여 이미 재건축부담금을 냈으면서 다시 동일한 이익에 대한 양도소득세까지 고스란히 부담해야 하는 셈이다. 더군다나 양도소득세의 세율이 50% 등 고율이 적용되는 경우에는 재건축부담금 부과율(10%~50%의 누진율)과 결부되어 사실상 재건축초과이익 대부분을 몰수하는 것과 다를 바 없는 결과에 이르게 된다(소득세법 제104조, 재건축이익환수법 제12조 참조). 이와 관련하여 소득세법 시행령은 양도자가 재건축부담금을 낸 경우 그 재건축부담금 액수만큼을 양도소득의 필요경비로 인정해 주도록 규정하고 있다(제163조 제3항 제3호의3). 그러나 양도소득세액에서 재건축부담금 전액을 세액공제 하는 등의 방법을 취하는 것이 아닌 이상, 이중부담의 문제는 여전히 남을 수밖에 없으며, 양도소득 중 조합원 1인당 평균이익이 차지하는 비중이 클수록 이중부담비율은 높아진다.

이처럼 재건축사업으로 발생한 이익에 대하여는 재건축부담금과 재산세, 양도소득세 등 각종 조세 부담이 누적적·중첩적으로 이루어짐으로써 결과적으로 재건축사업 대상 주택 소유자에 대한 과도한 경제적 부담이 초래됨을 부인하기 어렵다.

(다) 일률적·획일적 부과 체계의 부당성

심판대상조항은 '종료시점 주택가액', '개시시점 주택가액', '부과기간 동안의 개시시점 부과대상 주택의 정상주택가격상승분 총액', '개발비용 등'을 재건축부담금 산정의 요소로 규정하고 있다. 재건축사업 대상 주택을 소유한 자의 그 주택 보유 시점, 보유 목적 등 구체적 사정은 재건축부담금 부과·징수 여부나 부담금 액수에 일절 고려되지 않는다.

심판대상조항에 의하면 재건축사업 진행 과정에서 이른바 조합원입주권을 양수한 경우의 재건축부담금과 재건축사업 이전부터 대상 주택을 소유해 온 경우의 재건축부담금에 아무런 차이가 없다. 오로지 '최초로 구성된 조합설립추진위원회가 승인된 날' 등 '개시시점'의 주택가액과 '당해 재건축사업의 준공인가일' 등 '종료시점'의 주택가액의 차이만을 바탕으로 일률적·획일적 부과가 이루어지므로, 재건축사업 이전에 비하여 가격이 많이 오른 조합원입주권을 양수함으로써 이미 재건축사업으로 말미암은 경제적 가치상승분에 대한 대가(취득세와 등록세 포함)를 부담한 경우에도 재건축부담금 전부를 그대로 납부해야만 하는 부당한 결과가 발생할 수 있다.

무엇보다 심판대상조항은 '1가구 1주택자'나 '실거주 목적으로 장기간 주택 등을 보유한 자'에 관해서도 아무런 입법적 배려를 하지 않고 있다. 재건축사업 대상 주택 소유자가 '1가구 1주택자'에 해당하는 경우라면, 그 소유자에게 투기 목적이 있었다고 보기 어렵고, 그가 재건축사업으로 얻는 경제적 이익을 놓고 '비정상적 이익'이라고 단정할 수 없다. 설령 '1가구 1주택자'가 아니더라도 실거주 목적으로 장기간 주택 등을 보유한 경우라면 그 역시 달리 볼 이유가 없다. 하지만 심판대상조항을 포함한 재건축이익환수법은 주택 보유의 동기나 기간, 주거생활에 미치는 정황 등을 고려한 예외조항이나 조정장치를 통하여 재건축부담금의 부담을 조정하지 않고 일률적으로 이를 부과하고 있다. 이는 단지 일회적인 경제적 부담의 문제에 그치는 것이 아니다. '1가구 1주택자' 또는 '실거주자'가 현실적으로 재건축부담금을 부담할 경제적 여력이 없는 경우에는 부득이 소유권을 유지하기 위해 거액의 대출을 받거나 대상 주택 등을 팔 수밖에 없는 상황이 초래될 수도 있다. 이는 재건축사업에 대한 규제 필요성에 치우친 나머지 입법목적의 달성에 필요한 정책수단의 범위를 넘어 과도하게 실거주자의 주거로서 그의 행복을 추구할 권리와 쾌적한 주거생활을 할 권리를 실현할 토대인 재산권을 제한하는 것으로서 침해의 최소성에 어긋난다고 보지 않을 수 없다.

(라) 주택가치 하락에 상응하는 보완규정의 부재

'종료시점 주택가액'에서 '개시시점 주택가액'과 정상주택가격상승분, 개발비용 등을 공제한 금액을 재건축부담금의 부과기준 금액, 즉 재건축초과이익으로 산정하는 체계에 따르면 해당 지가(地價) 내지 주택가액이 상승하여 '종료시점 주택가액'이 '개시시점 주택가액'보다 높을 때 비로소 재건축부담금이 부과될 수 있다. 그런데 우리나라 주택시장은 상승·하락하는 국면이 반복적으로 나타나며, 주택 수급상황, 산업구조 등 여러 상황에 따라 시기별·지역별로 주택경기 흐름이 얼마든지 달라질 수 있다. 재건축부담금 산정 당시에는 호황기여서 해당 주택가액이 종전보다 오른 것으로 파악되더라도 그 이후에는 후퇴기 등 다른 순환주기에 들어섬에 따라 일정 기간 내에 주택가액이 오히려 더 떨어질 가능성을 배제할 수 없다. 그런데도 심판대상조항을 비롯한 재건축이익환수법은 재건축부담금이 부과된 대상 주택의 가치가 하락한 경우에 관한 아무런 보완규정을 두지 않고 있다. 이로 인해 특정 '개시시점'과 '종료시점' 사이에는 주택 가액이 상승했으나 그 '종료시점' 이후에는 주택가액이 하락하여 전체적으로는 손해만 있는 경우에도, 재건축부담금에 관한 경제적 부담은 여전히 해소되지 않는 불합리한 결과가 발생하게 된다.

(3) 법익의 균형성

심판대상조항이 제시하고 있는 '주택가격의 안정'이나 '사회적 형평' 등과 같은 입법목적이 중요한 공익에 해당함은 분명하다. 하지만 앞서 본 것처럼 재건축부담금에 관한 주요 사항을 담고 있는 심판대상조항이 위와 같은 입법목적을 달성하는 데 적합한 수단으로 보기 어려울뿐더러, 불공평하고 부정확한 재건축초과이익 산정기준, 일률적·획일적 부과 체계, 재산세 및 양도소득세 등 조세 제도와의 누적·중첩, 주택가치 하락에 따른 보완규정의 부재 등으로 인해 주택 소유자로 하여금 과도한 재건축부담금을 부담하게 하고 있다. 실제로 국토교통부는 지난 2018년 5월경 서초구의 한 재건축사업과 관련하여 조합원 평균 약 1.35억 원의 재건축부담금이 예상된다고 밝혀 그 예측가능성, 적정성 등을 둘러싸고 논란을 빚기도 하였다. 심판대상조항은 재건축사업으로 발생한 이익을 국가와 사회의 입장에서 재건축부담금으로 환수하고 재분배하여 사회적 형평성과 통합을 이룬다는 목표만을 제시하였을 뿐, 정작 그 부과·징수 대상인 재건축부담금 납부의무자의 재산권에 관해서는 충실하고 세밀한 입법적 배려를 갖추지 못하였다.

오히려 심판대상조항은 재건축사업 추진 자체를 저해하는 등 각종 사회적 부작용을 낳고 있다. 예컨대 재건축부담금을 줄이거나 피하려는 목적으로 조합설립추진위원회 구성을 일부러 늦추는 등 재건축사업을 보류하는 현상이 발생하고 있다. 또 재건축부담금을 부담할 바에야 차라리 재건축사업 대상 주택 품질을 고급화하는 것이 낫다는 판단 아래 개발비용을 높이거나, 일반분양분이 많으면 재건축부담금이 늘어나는 구조라는 점에 착안하여 일반분양분이 발생하지 않는 이른바 '1대1 재건축'을 추진하는 사례도 보고되고 있다. 이와 같은 일련의 현상은 종국적으로 재건축사업을 통한 신규주택의 공급을 어렵게 만드는 결과로 이어질 위험이 있다.

나아가 심판대상조항은 재건축초과이익을 재건축조합 또는 조합원 등으로 하여금 부담하게 하는 것으로서 결국 주택 소유자의 재산권과 가장 밀접한 관련이 있음은 물론이나, 현실적으로는 단지 그것에만 그치는 것이 아니다. 주택은 인간의 존엄과 가치를 지닌 개인과 그 가족의 주거공간으로서 행복을 추구할 권리와 쾌적한 주거생활을 할 권리를 실현하는 장소이다. 재건축부담금이 과다하여 주택 소유자가 그것을 감당할 수 없는 경우에는 대상 주택을 처분해야 하는 상황에 부딪힘으로써 오랜 기간 살아온 생활 터전을 상실할 수도 있다. 심판대상조항으로 말미암아 재건축사업 자체를 포기하거나 연기할 수밖에 없는 경우에도 마찬가지다.

앞서 살펴본 여러 사정을 종합할 때 심판대상조항을 통해서는 '주택가격의 안정' 등 목적 달성을 기대하기 어렵거나 그 가능성이 매우 미미하고 오히려 새로운 주택 공급이 억제됨으로써 주거 안정을 저해할 위험성이 있는 반면, 심판대상조항으로 주택 소유자가 입게 되는 불이익은 매우 중하다. 심판대상조항은 법익의 균형성도 갖추지 못하였다.

(4) 소결

심판대상조항은 과잉금지원칙에 위배된다.

다. 결론

심판대상조항은 과잉금지원칙을 위배하여 주택 소유자의 재산권을 침해하므로 헌법에 위반된다.

재판관 유남석 이석태 이은애 이종석 이영진 김기영 문형배 이미선

[별지] 관련조항

구 재건축초과이익 환수에 관한 법률(2012. 12. 18. 법률 제11589호로 개정되기 전의 것)

제2조(정의) 이 법에서 사용하는 용어의 정의는 다음과 같다.

1. "재건축초과이익"이라 함은 재건축사업으로 인하여 정상주택가격상승분을 초과하여 당해 재건축조합 또는 조합원에 귀속되는 주택가액의 증가분으로서 제7조의 규정에 의하여 산정된 금액을 말한다.

제4조(징수금의 배분) ① 제3조의 규정에 의하여 징수된 재건축부담금은 국가에 100분의 50이, 당해 특별시·광역시·도·제주특별자치도에 100분의 20이, 당해 시·군·구(자치구를 말한다. 이하 같다)에 100분의 30이 각각 귀속된다.

② 제1항의 규정에 의한 재건축부담금의 국가 귀속분은 「주택법」 제60조의 규정에 따라 설치된 국민주택기금(이하 "국민주택기금"이라 한다)의 재원으로 귀속된다.

③ 제1항의 규정에 의한 재건축부담금의 지방자치단체 귀속분은 「도시 및 주거환경정비법」 제82조에 따라 설치되는 도시·주거환경정비기금(이하 "도시·주거환경정비기금"이라 한다) 또는 「도시재정비 촉진을 위한 특별법」 제24조에 따라 설치되는 재정비촉진특별회계(이하 "재정비촉진특별회계"라 한다) 또는 「주택법」 제73조에 따라 설치되는 국민주택사업특별회계(이하 "국민주택사업특별회계"라 한다)의 재원으로 귀속된다.

④ 국토해양부장관은 제2항의 규정에 의하여 국민주택기금에 귀속되는 재원을 다음 각호의 사항을 고려하여 지방자치단체가 운용하는 도시·주거환경정비기금 또는 재정비촉진특별회계 또는 국민주택사업특별회계의 재원으로 특별시·광역시·도·제주특별자치도와 시·군·구에 각각 100분의 50을 지원하여야 하며, 구체적인 지원기준·절차 그 밖에 필요한 사항은 대통령령으로 정한다.

1. 지방자치단체별 주거기반시설의 설치 수준
2. 지방자치단체별 주거복지실태 평가결과 및 주거복지 증진 노력 등
3. 그 밖에 대통령령이 정하는 사항

제6조(납부의무자) ① 재건축사업을 시행하기 위하여 「도시 및 주거환경정비법」 제16조의 규정에 의하여

설립된 조합은 이 법이 정하는 바에 따라 재건축부담금을 납부할 의무가 있다. 다만, 다음 각 호의 경우에는 종료시점 부과대상 주택을 분양받은 조합원(이하 "조합원"이라 하며, 조합이 해산된 경우에는 부과종료 시점 당시의 조합원을 말한다)이 제2항의 규정에 따라 재건축부담금을 납부하여야 한다.

1. 조합이 해산된 경우

제8조(기준시점 등) ① 부과개시시점은 「도시 및 주거환경정비법」에 의한 당해 주택재건축사업을 위하여 최초로 구성된 조합설립추진위원회(이하 "추진위원회"라 한다)가 승인된 날로 한다. (단서 생략)

② 제1항의 규정에도 불구하고 부과개시시점부터 부과종료시점까지의 기간이 10년을 초과하는 경우에는 부과종료시점으로부터 역산하여 10년이 되는 날을 부과개시시점으로 한다.

③ 부과종료시점은 당해 주택재건축사업의 준공인가일로 한다. (단서 생략)

제10조(정상주택가격상승분의 산정) ① 제7조 제2호의 규정에 의한 정상주택가격상승분은 제9조의 규정에 의한 개시시점 주택가액에 국토해양부장관이 대통령령이 정하는 바에 따라 고시하는 정기예금이자율과 종료시점까지의 당해 재건축 사업장이 소재하는 시·군·구의 평균주택가격상승률 중 높은 비율을 곱하여 산정한다.

제11조(개발비용 등의 산정) ① 제7조 제3호의 규정에 의한 개발비용은 당해 주택재건축사업의 시행과 관련하여 지출된 다음 각호의 금액을 합하여 산출한다.

1. 공사비, 설계감리비, 부대비용 및 그 밖의 경비
2. 관계 법령의 규정 또는 인가 등의 조건에 의하여 납부의무자가 국가 또는 지방자치단체에 납부한 제세공과금
3. 관계 법령의 규정 또는 인가 등의 조건에 의하여 납부의무자가 공공시설 또는 토지 등을 국가 또는 지방자치단체에 제공하거나 기부한 경우에는 그 가액. 다만, 그 대가로 「국토의 계획 및 이용에 관한 법률」칼 및 「도시 및 주거환경정비법」에 따라 용적률 등이 완화된 경우에는 그러하지 아니하다.

② 제1항 각 호의 산정방법 등에 관하여 필요한 사항은 대통령령으로 정한다.

제12조(부과율) 납부의무자가 납부하여야 할 재건축부담금은 제7조의 규정에 의하여 산정된 재건축초과이익을 당해 조합원 수로 나눈 금액에 다음의 부과율을 적용하여 계산한 금액을 그 부담금액으로 한다.

1. 조합원 1인당 평균이익이 3천만원 이하: 면제
2. 조합원 1인당 평균이익이 3천만원 초과 5천만원 이하: 3천만원을 초과하는 금액의 100분의 10 × 조합원수
3. 조합원 1인당 평균이익이 5천만원 초과 7천만원 이하: 200만원 × 조합원수 + 5천만원을 초과하는 금액의 100분의 20 × 조합원수
4. 조합원 1인당 평균이익이 7천만원 초과 9천만원 이하: 600만원 × 조합원수 + 7천만원을 초과하는 금액의 100분의 30 × 조합원수
5. 조합원 1인당 평균이익이 9천만원 초과 1억1천만원 이하: 1천200만원 × 조합원수 + 9천만원을 초과하는 금액의 100분의 40 × 조합원수
6. 조합원 1인당 평균이익이 1억1천만원 초과: 2천만원 × 조합원수 + 1억1천만원을 초과하는 금액의 100분의 50 × 조합원수

제13조(양도소득세액의 개발비용 인정) ① 이 법 시행일 전에 제8조 제1항의 규정에 의한 부과개시시점 이후 개시시점 부과대상 주택(대지분을 포함한다. 이하 같다)의 양도로 인하여 발생한 소득에 대하여 양도소득세가 부과된 경우에는 제11조의 규정에 불구하고 당해 양도세액 중 부과개시시점부터 양도시점까지에 상당하는 세액을 같은 조의 규정에 의한 개발비용에 계상할 수 있다. 이 경우 납부의무자는 제20조의 규정에 의하여 제출하는 부담금액공제산출내역서에 공제받고자 하는 양도소득세액 및 그 산출근거를 포함하여야 한다.

구 재건축초과이익 환수에 관한 법률 시행령(2013. 3. 23. 대통령령 제24443호로 개정되기 전의 것)

제6조(주택가액의 산정) ① 국토해양부장관은 법 제9조 제1항에 따라 공시된 부과대상 주택가격이 없는 경우에 개시시점 주택가액을 산정하는 때 또는 법 제9조 제2항에 따라 종료시점 주택가액을 산정하는 때에는 인근 유사주택의 거래가격·임대료 및 건설비용 추정액 등을 종합적으로 고려하여야 한다. 이 경우 해당주택에 전세권, 그 밖에 주택의 사용·수익을 제한하는 권리가 설정되어 있는 경우에는 그 권리가 설정되지 아니한 것으로 보고 해당주택의 가액

을 산정하여야 한다.

④ 법 제9조 제2항에 따른 부동산평가위원회는「부동산가격공시 및 감정평가에 관한 법률」제19조에 따른 중앙부동산평가위원회(이하 "중앙부동산평가위원회"라 한다)를 말한다. (단서 생략)

구 부담금관리 기본법(2012. 12. 18. 법률 제11549호로 개정되기 전의 것)

제3조(부담금 설치의 제한) 부담금은 별표에 규정된 법률에 따르지 아니하고는 설치할 수 없다.

제7조(부담금운용종합보고서의 국회제출 등) ① 부담금을 규정하고 있는 법률의 소관 중앙행정기관의 장(이하 "부담금의 소관 중앙행정기관의 장"이라 한다)은 매년 전년도 부담금의 부과실적 및 사용명세 등이 포함된 부담금운용보고서를 작성하여 기획재정부장관에게 제출하여야 한다.

② 기획재정부장관은 제1항에 따라 부담금운용보고서를 받으면 이를 기초로 부담금운용종합보고서를 작성하여 매년 5월 31일까지 국회에 제출하여야 한다.

③ 부담금운용보고서 및 부담금운용종합보고서의 작성 및 제출에 필요한 사항은 대통령령으로 정한다.

구 도시 및 주거환경정비법(2012. 12. 18. 법률 제11580호로 개정되기 전의 것)

제2조(정의) 이 법에서 사용하는 용어의 뜻은 다음과 같다.

1. "정비구역"이란 정비사업을 계획적으로 시행하기 위하여 제4조의 규정에 의하여 지정·고시된 구역을 말한다.
2. "정비사업"이라 함은 이 법에서 정한 절차에 따라 도시기능을 회복하기 위하여 정비구역 또는 가로구역(가로구역: 정비구역이 아닌 대통령령으로 정하는 구역을 말하며, 바목의 사업으로 한정한다)에서 정비기반시설을 정비하거나 주택 등 건축물을 개량하거나 건설하는 다음 각목의 사업을 말한다. 다만, 다목의 경우에는 정비구역이 아닌 구역에서 시행하는 주택재건축 사업을 포함한다.
   가. 주거환경개선사업: 도시저소득주민이 집단으로 거주하는 지역으로서 정비기반시설이 극히 열악하고 노후·불량건축물이 과도하게 밀집한 지역에서 주거환경을 개선하기 위하여 시행하는 사업
   나. 주택재개발사업: 정비기반시설이 열악하고 노후·불량건축물이 밀집한 지역에서 주거환경을 개선하기 위하여 시행하는 사업
   다. 주택재건축사업: 정비기반시설은 양호하나 노후·불량건축물이 밀집한 지역에서 주거환경을 개선하기 위하여 시행하는 사업

제6조(정비사업의 시행방법) ② 주택재개발사업은 정비구역안에서 제48조의 규정에 의하여 인가받은 관리처분계획에 따라 주택 및 부대·복리시설을 건설하여 공급하거나, 제43조 제2항의 규정에 의하여 환지로 공급하는 방법에 의한다.

③ 주택재건축사업은 정비구역안 또는 정비구역이 아닌 구역에서 제48조의 규정에 의하여 인가받은 관리처분계획에 따라 주택 및 부대·복리시설을 건설하여 공급하는 방법에 의한다. 다만, 주택단지안에 있지 아니하는 건축물의 경우에는 지형여건·주변의 환경으로 보아 사업시행상 불가피한 경우와 정비구역안에서 시행하는 사업에 한한다.

제19조(조합원의 자격 등) ① 정비사업(시장·군수 또는 주택공사등이 시행하는 정비사업을 제외한다)의 조합원은 토지등소유자(주택재건축사업과 가로주택정비사업의 경우에는 주택재건축사업과 가로주택정비사업에 각각 동의한 자만 해당한다)로 하되, 다음 각 호의 어느 하나에 해당하는 때에는 그 수인을 대표하는 1인을 조합원으로 본다.

1. 토지 또는 건축물의 소유권과 지상권이 수인의 공유에 속하는 때
2. 수인의 토지등소유자가 1세대에 속하는 때(이 경우 동일한 세대별 주민등록표 상에 등재되어 있지 아니한 배우자 및 미혼인 20세 미만의 직계비속은 1세대로 보며, 1세대로 구성된 수인의 토지등소유자가 조합설립인가 후 세대를 분리하여 동일한 세대에 속하지 아니하는 때에도 이혼 및 20세 이상 자녀의 분가를 제외하고는 1세대로 본다)
3. 조합설립인가 후 1인의 토지등소유자로부터 토지 또는 건축물의 소유권이나 지상권을 양수하여 수인이 소유하게 된 때

제30조의3(주택재건축사업 등의 용적률 완화 및 소형주택 건설 등) ② 사업시행자는 법적상한용적률에서 정비계획으로 정하여진 용적률을 뺀 용적률의 다음 각 호에 따른 비율에 해당하는 면적에 주거전용면적 60제곱미터 이하의 소형주택을 건설하여야 한다.

1. 주택재건축사업의 경우 100분의 30 이상 100분

의 50 이하로서 시·도조례로 정하는 비율

2. 과밀억제권역에서 시행하는 주택재개발사업의 경우 100분의 50 이상 100분의 75 이하로서 시·도조례로 정하는 비율

3. 과밀억제권역 외의 지역에서 시행하는 주택재개발사업의 경우 100분의 75 이하로서 시·도조례로 정하는 비율

제38조(토지 등의 수용 또는 사용) 사업시행자는 정비구역안에서 정비사업(주택재건축사업의 경우에는 제8조 제4항 제1호의 규정에 해당하는 사업으로 한정한다)을 시행하기 위하여 필요한 경우에는 공익사업을위한토지등의취득및보상에관한법률 제3조의 규정에 의한 토지·물건 또는 그 밖의 권리를 취득하거나 사용할 수 있다. 다만, 가로주택정비사업의 경우에는 그러하지 아니하다.

제39조(매도청구) 사업시행자는 주택재건축사업 또는 가로주택정비사업을 시행할 때 다음 각 호의 어느 하나에 해당하는 자의 토지 또는 건축물에 대하여는 「집합건물의 소유 및 관리에 관한 법률」 제48조의 규정을 준용하여 매도청구를 할 수 있다. 이 경우 재건축결의는 조합 설립에 대한 동의(제3호의 경우에는 사업시행자 지정에 대한 동의를 말한다)로 보며, 구분소유권 및 대지사용권은 사업시행구역의 매도청구의 대상이 되는 토지 또는 건축물의 소유권과 그 밖의 권리로 본다.

1. 제16조 제2항 및 제3항에 따른 조합 설립의 동의를 하지 아니한 자
2. 건축물 또는 토지만 소유한 자(주택재건축사업의 경우만 해당한다)
3. 제8조 제4항에 따라 시장·군수 또는 주택공사등의 사업시행자 지정에 동의를 하지 아니한 자

제60조(비용부담의 원칙) ① 정비사업비는 이 법 또는 다른 법령에 특별한 규정이 있는 경우를 제외하고는 사업시행자가 부담한다.

제64조(정비기반시설의 설치 등) ① 사업시행자는 관할지방자치단체장과의 협의를 거쳐 정비구역안에 정비기반시설(주거환경관리사업의 경우에는 공동이용시설을 포함한다. 이하 이 조에서 같다)을 설치하여야 한다.

구 도시 및 주거환경정비법 시행령(2013. 3. 23. 대통령령 제24443호로 개정되기 전의 것)

제13조의3(주택의 규모 및 건설비율) ① 법 제4조의2 제1항 제1호 및 제2호에서 "대통령령으로 정하는 범위"란 다음 각 호의 범위를 말한다.

2. 주택재개발사업의 경우 다음 각목의 범위
   가. 분양을 목적으로 건설하는 주택은 국민주택규모의 주택이 건설하는 주택 전체 세대수의 100분의 80 이하
   나. 임대주택의 경우 다음의 어느 하나에 해당하는 범위
      1) 임대주택은 건설하는 주택 전체 세대수(법 제30조의3 제1항에 따라 정비계획으로 정한 용적률을 초과하여 건축함으로써 증가된 세대수는 제외한다)의 100분의 20 이하(법 제30조의3 제3항에 따라 공급되는 임대주택은 제외한다)로 하되, 주거전용면적이 40제곱미터 이하인 임대주택이 전체 임대주택 세대수(법 제30조의3 제3항에 따라 공급되는 임대주택은 제외한다)의 100분의 40 이하
      2) 임대주택(주거전용면적 60제곱미터 이하로 한정하되, 법 제30조의3 제3항에 따라 공급되는 임대주택은 제외한다)의 주거전용면적 합계가 건설하는 주택의 연면적 합계(법 제30조의3 제1항에 따라 정비계획으로 정한 용적률을 초과하여 건축함으로써 증가된 연면적은 제외한다)의 100분의 15 이하로 하되, 주거전용면적이 40제곱미터 이하인 임대주택이 전체 임대주택 세대수(법 제30조의3 제3항에 따라 공급되는 임대주택은 제외한다)의 100분의 40 이하
3. 주택재건축사업의 경우 국민주택규모의 주택이 건설하는 주택 전체 세대수의 100분의 60 이하로 하되, 전체 연면적에서 차지하는 비율이 100분의 50 이하

구 부동산 가격공시 및 감정평가에 관한 법률(2013. 3. 23. 법률 제11690호로 개정되기 전의 것)

제17조(공동주택가격의 공시) ① 국토해양부장관은 공동주택에 대하여 매년 공시기준일 현재의 적정가격(이하 "공동주택가격"이라 한다)을 조사·산정하여 제19조의 규정에 의한 중앙부동산평가위원회의 심의를 거쳐 공시하고, 이를 관계 행정기관 등에 제공하여야 한다. 다만, 대통령령이 정하는 바에 따라 국세청장이 국토해양부장관과 협의하여 공동주택가격을 별도로 결정·고시하는 경우를 제외한다.

② 국토해양부장관은 공동주택가격을 공시하기 위하여 공동주택의 가격을 산정한 때에는 대통령령이 정하는 바에 따라 공동주택소유자 그 밖의 이해관계인의 의견을 들어야 한다.
⑤ 국토해양부장관이 제1항 본문의 규정에 따라 공동주택의 적정가격을 조사·산정하는 경우에는 인근 유사 공동주택의 거래가격·임대료 및 당해 공동주택과 유사한 이용가치를 지닌다고 인정되는 공동주택의 건설에 필요한 비용추정액 등을 종합적으로 참작하여야 한다.
⑥ 국토해양부장관은 제1항 본문의 규정에 의한 공동주택의 적정가격의 조사·산정에 관하여 대통령령이 정하는 부동산 가격의 조사·산정에 관한 전문성이 있는 기관에 이를 의뢰하여 수행하게 할 수 있다.

13. 형법 제105조 위헌소원

[2019. 12. 27. 2016헌바96]

【판시사항】

가. 대한민국을 모욕할 목적으로 국기를 손상, 제거 또는 오욕한 자를 처벌하는 형법(1995. 12. 29. 법률 제5057호로 개정된 것) 제105조 중 국기에 관한 부분(이하 '심판대상조항'이라 하며, 이에 해당하는 범죄를 '국기모독죄'라 한다)이 명확성원칙에 위배되는지 여부(소극)

나. 심판대상조항이 과잉금지원칙에 위배되어 표현의 자유를 침해하는지 여부(소극)

【결정요지】

가. 대한민국은 독자적 기능을 가지고 일정한 의사를 형성할 수 있는 하나의 국가공동체로서 국민 개인이 가지는 명예·권위와 구별되는 고유의 명예와 권위를 가진다. '대한민국을 모욕'한다는 것은 '국가공동체인 대한민국의 사회적 평가를 저해할 만한 추상적 또는 구체적 판단이나 경멸적 감정을 표현하는 것'을 의미한다. 건전한 상식과 통상적인 법감정을 가진 일반인이라면 심판대상조항이 금지·처벌하는 행위가 무엇인지 예견할 수 있고 그에 따라 자신의 행위를 결정할 수 있으며, 심판대상조항이 지닌 약간의 불명확성은 법관의 통상적·보충적 해석으로 보완될 수 있다. 따라서 심판대상조항은 명확성원칙에 위반되지 않는다.

나. 국기는 국가의 역사와 국민성, 이상 등을 응축하고 헌법이 보장하는 질서와 가치를 담아 국가의 정체성을 표현하는 국가의 대표적 상징물이다. 심판대상조항은 국기를 존중, 보호함으로써 국가의 권위와 체면을 지키고, 국민들이 국기에 대하여 가지는 존중의 감정을 보호하려는 목적에서 입법된 것이다.

심판대상조항은 국기가 가지는 고유의 상징성과 위상을 고려하여 일정한 표현방법을 규제하는 것에 불과하므로, 국기모독 행위를 처벌한다고 하여 이를 정부나 정권, 구체적 국가기관이나 제도에 대한 비판을 허용하지 않거나 이를 곤란하게 하는 것으로 볼 수 없다. 만약 표현의 자유만을 강조하여 국기모독 행위를 금지·처벌하지 않는다면, 국기가 상징하는 국가의 권위와 체면이 훼손되고 국민이 국기에 대하여 가지는 존중의 감정이 손상되며 국민을 극단적 대립과 갈등 상황으로 몰아넣을 수 있다. 국기모독 행위를 경범죄로 취급하거나 형벌 이외의 다른 수단으로 제재하여서는 입법목적을 효과적으로 달성하기 어렵다. 형법 제정 이후 국기모독죄로 기소되거나 처벌된 사례가 거의 없으며, 심판대상조항의 법정형은 법관이 구체적 사정을 고려하여 합리적으로 양형할 수 있도록 규정되어 있다.

그러므로 심판대상조항은 과잉금지원칙에 위배되어 청구인의 표현의 자유를 침해한다고 볼 수 없고, 표현의 자유의 본질적 내용을 침해한다고도 할 수 없다.

재판관 이영진, 재판관 문형배의 일부위헌 의견

국기가 상징하는 국가의 권위와 체면이 훼손되고 국민이 국기에 대하여 가지는 존중의 감정이 손상되는 것은 막아야 하겠지만, 표현의 자유가 가지는 중요성을 고려할 때 국가 상징물로서 특별히 중요한 지위에 있다고 할 수 있는 '공용에 공하는 국기'의 모독 행위만을 처벌하고, 그 밖의 국기에 대한 손상, 제거, 오욕 행위는 처벌하지 않는 것이 타당하다.

'공용에 공하는 국기'는 국가기관이나 공무

소에서 사용하는 국기를 의미하는바, 국가기관이나 공무소는 국가의 목적과 기능을 실현하는 매개가 되는 점 등을 고려하면, 이는 그 밖의 국기와 비교하여 상징성과 위상이 뚜렷하다. 형법 제109조가 외국 국기에 대한 모독행위를 처벌하면서도 그 대상을 '그 나라의 공용에 공하는 국기'로 제한한 것도 공용에 공하는 국기의 뚜렷한 상징성과 위상을 고려한 것이다.

재판관 이석태, 재판관 김기영, 재판관 이미선의 위헌의견

국기를 훼손하는 행위는 어떠한 정치적인 사상이나 의견을 표현하기 위한 수단으로 이루어지는 경우가 일반적이고, 심판대상조항이 '대한민국을 모욕할 목적'이 있는 경우를 처벌대상으로 삼고 있는 점에 비추어 볼 때, 심판대상조항은 표현의 내용을 규제하는 것으로 보아야 한다.

심판대상조항은 '대한민국을 모욕할 목적'이라는 초과주관적 요소를 범죄 성립요건으로 규정하고 있다. 그러나 '모욕' 개념이 광범위하여 다소 경멸적인 표현이 수반된 '비판'도 '모욕'으로 평가될 수 있고 국가의 정책을 주도하는 특정 집권세력에 대한 모욕을 의도한 것이 국가에 대한 모욕으로 평가될 여지도 있다. 또한 목적범에서의 목적은 미필적 인식으로도 충분하다는 것이 확립된 대법원판례인 점을 고려하면, '대한민국을 모욕할 목적'이 범죄 성립범위를 대폭 축소하는 기능을 수행하는 데는 한계가 있고, 심판대상조항에 따른 규제 범위가 확대될 위험이 있다.

국민의 국가에 대한 정치적 의사의 표현은 국가공동체의 지향점 설정 및 정부 주요 정책 결정과 같은 국가의 의사 형성 과정에서 중요한 역할을 하므로, 정치적 의사 표현에 수반되는 경멸적인 표현으로 국가의 권위와 체면이 훼손될 수 있다고 하더라도, 정치적 의사의 표현행위에 대한 규제는 가능한 한 최소화할 필요가 있다.

【심판대상조항】

형법(1995. 12. 29. 법률 제5057호로 개정된 것) 제105조 중 국기에 관한 부분

【참조조문】

헌법 제21조, 제37조 제2항

대한민국국기법(2014. 1. 28. 법률 제12342호로 개정된 것) 제4조, 제5조

형법(1995. 12. 29. 법률 제5057호로 개정된 것) 제106조, 제109조

【참조판례】

가. 헌재 2013. 6. 27. 2012헌바37, 판례집 25-1, 506, 510

헌재 2018. 6. 28. 2016헌가15, 판례집 30-1하, 350, 361

나. 헌재 2015. 10. 21. 2013헌가20, 판례집 27-2상, 700, 705-707

【당 사 자】

청 구 인 김○○

대리인 1. 법무법인 이공
담당변호사 허진민 외 1인

2. 법무법인 덕수
담당변호사 정민영

당해사건 서울중앙지방법원 2015고단6516 일반교통방해 등

【주 문】

형법(1995. 12. 29. 법률 제5057호로 개정된 것) 제105조 중 국기에 관한 부분은 헌법에 위반되지 아니한다.

【이 유】

1. 사건개요

청구인은 2015. 4. 18. 서울 종로구 광화문광장 일대에서 열린 '세월호 참사 1년 전국집중 범국민대회 및 청

와대 인간 띠 잇기' 행사에 참석하던 중 인근에 정차 중인 경찰버스의 깨진 유리창 사이에 끼워져 있던 종이 태극기(가로 약 45㎝, 세로 약 30㎝)를 빼내어 집회를 통제하고 있던 경찰을 향하여 치켜들고 평소 담배를 피우기 위하여 소지하고 있던 라이터로 불을 붙여 태웠다.

검사는 청구인이 대한민국을 모욕할 목적으로 태극기를 불태운 것이라 보고 형법 제105조를 적용하여 공소제기 하였으나, 당해사건(제1심) 법원은 검사가 제출한 증거만으로는 청구인에게 대한민국을 모욕할 목적이 있었음을 인정하기 어렵다는 이유로 그 부분 공소사실에 대해서는 형사소송법 제325조 후단의 무죄를 선고하였다(서울중앙지방법원 2016. 2. 17. 선고 2015고단6516 판결). 이에 대하여 검사가 항소하여 공판절차가 진행 중이다(서울중앙지방법원 2016노833).

청구인은 당해사건 공판절차 계속 중 형법 제105조가 명확성 원칙에 위배되고 과잉금지원칙에 위배되어 표현의 자유를 침해하여 헌법에 위반된다는 취지로 위헌법률심판제청 신청을 하였으나 당해사건 판결 선고일인 2016. 2. 17. 기각되자(서울중앙지방법원 2015초기3430), 2016. 3. 17. 헌법재판소법 제68조 제2항에 따른 이 사건 헌법소원심판을 청구하였다.

2. 심판대상

형법 제105조의 행위객체는 '국기'와 '국장'이다. 당해사건의 공소사실은 청구인이 태극기를 불태워 훼손하였다는 것이므로 심판대상을 '국기'에 관한 부분으로 한정한다. 그렇다면 이 사건 심판대상은 형법(1995. 12. 29. 법률 제5057호로 개정된 것) 제105조 중 국기에 관한 부분(이하 '심판대상조항'이라 한다)이 헌법에 위반되는지 여부이다. 심판대상조항 및 관련조항은 아래와 같다.

[심판대상조항]

형법(1995. 12. 29. 법률 제5057호로 개정된 것)

제105조(국기, 국장의 모독) 대한민국을 모욕할 목적으로 국기 또는 국장을 손상, 제거 또는 오욕한 자는 5년 이하의 징역이나 금고, 10년 이하의 자격정지 또는 700만원 이하의 벌금에 처한다.

[관련조항]

형법(1995. 12. 29. 법률 제5057호로 개정된 것)

제106조(국기, 국장의 비방) 전조의 목적으로 국기 또는 국장을 비방한 자는 1년 이하의 징역이나 금고, 5년 이하의 자격정지 또는 200만원 이하의 벌금에 처한다.

제109조(외국의 국기, 국장의 모독) 외국을 모욕할 목적으로 그 나라의 공용에 공하는 국기 또는 국장을 손상, 제거 또는 오욕한 자는 2년 이하의 징역이나 금고 또는 300만원 이하의 벌금에 처한다.

대한민국국기법(2014. 1. 28. 법률 제12342호로 개정된 것)

제4조(대한민국의 국기) 대한민국의 국기(이하 "국기"라 한다)는 태극기(太極旗)로 한다.

제5조(국기의 존엄성 등) ① 모든 국민은 국기를 존중하고 애호하여야 한다.

② 국가 및 지방자치단체는 국기의 제작·게양 및 관리 등에 있어서 국기의 존엄성이 유지될 수 있도록 필요한 조치를 강구하여야 한다.

3. 청구인의 주장

가. 심판대상조항 중 '대한민국을 모욕할 목적' 부분은 자연인이 아닌 대한민국에 인격과 감정이 있다는 것을 전제로 한 것이어서 타당하지 않고, 수범자가 대한민국을 모욕할 목적의 행위가 무엇인지 예측할 수 없다는 점에서 명확성원칙에 반한다.

나. 심판대상조항은 보호법익이 불분명하여 목적의 정당성이 없고, 설사 이를 인정할 수 있다고 하여도 국민의 정치적 의사표현의 자유를 과도하게 제한하는바, 과잉금지원칙을 위배하여 표현의 자유를 침해하며 표현의 자유의 본질적 내용을 침해하므로 헌법에 위반된다. 그리고 심판대상조항이 정하는 법정형이 지나치게 높아 법익의 균형성 원칙에 위배된다.

4. 판 단

가. 국기의 의의

국기는 '국가를 상징하기 위하여 일정한 형식에 따라 제작된 기'를 말한다. 대한민국의 국기는 태극기(太極旗) 이다(대한민국국기법 제4조).

나. 심판대상조항의 처벌 대상 및 관련 범죄

(1) 심판대상조항은 '대한민국을 모욕할 목적으로 국기를 손상, 제거 또는 오욕한 자'를 처벌한다(이하 이에 해당하는 범죄를 '국기모독죄'라 한다). 형법 제105조는 1953. 9. 18. 법률 제293호로 형법이 제정될 당시, '국기와 국장은 대한민국의 상징이며 국민의 정신적 통

일의 유형적 표적으로서 존숭되어야 하므로 이를 유형적으로 오손하는 등 행위는 국민감정 등 측면에서 과형 대상이 되어야 한다'는 고려에서 규정되었고, 1995. 12. 29. 법률 제5057호로 심판대상조항과 같이 개정되면서 벌금형의 단위와 상한만 변경되었다.

(2) 국기모독죄의 행위 객체는 대한민국의 국기, 즉 태극기이다. 행위 객체로서 국기는 대한민국국기법 등이 정하는 규격에 부합할 필요가 없고, 공용에 공하는 국기일 것을 요하지도 않으며, 소유권자가 누구인지도 불문한다. 외국을 모욕할 목적으로 그 나라의 공용에 공하는 국기를 손상·제거·오욕하는 행위는 형법 제109조에 의하여 처벌된다.

국기모독죄의 행위 태양은 국기를 손상, 제거, 오욕하는 것이다. '손상'은 국기의 전부·일부를 절단·소훼하는 것과 같은 물질적 파괴 또는 훼손을 말한다. '제거'는 국기 자체를 손상하지 않고 현재 사용되는 장소에서 현실적으로 철거하여 그 장소에서 가지는 효용을 멸각·감소시키는 등의 행위를 의미한다. '오욕'은 일반인이 혐오감을 느낄 수 있을 정도의 국기를 불결하게 하는 일체의 행위를 말한다. 한편, 대한민국을 모욕할 목적으로 국기를 '비방'한 사람은 형법 제106조에 의하여 처벌된다. 여기서 '비방'은 언어나 거동 또는 문장·회화 등에 의하여 모욕의 뜻을 표시하는 일체의 행위를 뜻한다.

(3) 국기모독죄는 국기를 손상, 제거, 오욕한다는 고의 이외에, '대한민국을 모욕할 목적'이 있어야 성립하는 목적범이다. '대한민국을 모욕할 목적'은 대한민국의 권위, 명예, 정체성, 헌법적 질서와 가치 등에 손상을 입히려는 목적적 의사를 의미한다. 이러한 목적이 없는 경우 형법상 손괴죄 등 다른 범죄가 성립하는 것은 별론으로 하고, 국기모독죄는 성립하지 않는다.

다. 명확성원칙 위반 여부

헌법 제12조 제1항 제2문과 제13조 제1항 전단에서 도출되는 죄형법정주의는 범죄와 형벌이 법률로 정해져야 함을 의미하며, 죄형법정주의에서 파생되는 명확성원칙은 누구나 법률이 처벌하고자 하는 행위가 무엇이며, 그에 대한 형벌이 어떠한 것인지를 예견할 수 있고, 그에 따라 자신의 행위를 결정할 수 있도록 구성요건이 명확해야 함을 의미한다(헌재 2018. 6. 28. 2016헌가15).

표현의 자유를 규제하는 법률조항은 규제 대상이 무엇인지 세밀하고 명확하게 규정되어야 한다. 그러나 이러한 법률규정의 경우에도 문언을 순수하게 기술적 개념만으로 구성하는 것은 입법 기술상 불가능하므로, 문언에 법관의 보충적 해석이 요구되는 다소 광범위한 개념을 사용하였다고 하더라도, 건전한 상식과 통상적인 법 감정을 가진 사람이 일반적인 해석방법에 따라 해당 법률조항의 보호법익과 금지 행위, 처벌의 종류와 정도를 알 수 있을 정도라면 명확성원칙에 반한다고 할 수는 없다(헌재 2013. 6. 27. 2012헌바37 참조).

사전적 의미를 참조하면, 모욕은 '대상의 사회적 평가를 저해할 만한 추상적 판단이나 경멸적 감정을 표현하는 것'을 의미한다고 할 수 있다. 모욕할 목적의 대상인 대한민국이 자연인은 아니지만, 대한민국도 독자적 기능을 가지고 일정한 의사를 형성할 수 있는 하나의 국가공동체로서, 국민 개인이 가지는 명예·권위와 구별되는 고유의 명예와 권위를 가진다. 따라서 '대한민국을 모욕'한다는 것은 '국가공동체인 대한민국의 사회적 평가를 저해할 만한 추상적 또는 구체적 판단이나 경멸적 감정을 표현하는 것'을 의미한다고 할 수 있고, 실제 추상적 또는 구체적 판단이나 경멸적 감정을 표현한 것에 해당하는지는 사회통념과 건전한 상식에 따라 개별적으로 판단되어야 한다. 한편, 국기를 '손상', '제거', '오욕'하는 것의 의미는 앞서 국기모독죄의 행위 태양에서 살펴본 바와 같다.

이처럼 건전한 상식과 통상적인 법감정을 가진 일반인이라면 심판대상조항이 금지·처벌하는 행위가 무엇인지 예견할 수 있고 그에 따라 자신의 행위를 결정할 수 있으며, 심판대상조항이 지닌 약간의 불명확성은 법관의 통상적·보충적 해석으로 보완될 수 있다. 따라서 심판대상조항은 명확성원칙에 위반되지 않는다.

라. 과잉금지원칙 위반 여부

심판대상조항이 과잉금지원칙에 위배되어 표현의 자유를 침해하는지 여부를 중심으로 살펴본다.

(1) 목적의 정당성 및 수단의 적합성

국기는 국가의 역사와 국민성, 이상 등을 응축하고 헌법이 보장하는 질서와 가치를 담아 국가의 정체성을 표현하는 국가의 대표적 상징물이다. 심판대상조항은 형법 제정 당시, 국기가 국가의 상징이자 국민의 정신적 통일의 유형적 표적으로서 존중될 필요가 있다고 하여 입법된 것인바, 국기가 가지는 고유의 상징성과 위상을 고려한 것이라 할 수 있다.

심판대상조항은 국가의 대표적 상징물인 국기를 존중, 보호함으로써 국가의 권위와 체면을 지키고, 국민들이 국기에 대하여 가지는 존중의 감정을 보호하려는 목적에서 입법된 것인바, 이러한 입법목적은 정당하고, 대한민국을 모욕할 목적으로 국기를 손상, 제거, 오욕한 사람을 처벌하는 것은 입법목적을 달성하기 위한 수단으로 적합하다.

(2) 침해의 최소성

(가) 표현의 자유는 민주국가의 존립과 발전을 위한 기초가 되므로 가능한 한 폭넓게 보장되어야 한다. 그러나 표현의 자유도 국가의 존립과 안전을 보장하고 헌법질서를 수호하기 위하여 일정한 제한이 가능하다. 심판대상조항은 표현내용을 규제하는 것이 아니라 일정한 표현방법을 규제하는 것으로, 국가에 대한 비판을 일체 불허하는 것이 아니라, 국기가 가지는 고유의 상징성과 위상을 고려하여 대한민국을 모욕할 목적을 가지고 국기를 손상, 제거, 오욕하는 행위를 제한하는 것에 불과하다. 따라서 국기모독 행위를 처벌한다고 하여 이를 정부나 정권, 구체적 국가기관이나 제도에 대한 비판을 허용하지 않거나 이를 곤란하게 하는 것으로 볼 수 없다.

국기는 국가의 역사, 국민성, 이상을 반영하고 헌법적 질서와 가치, 국가정체성을 표상하며, 한 국가가 다른 국가와의 관계에서 가지는 독립성과 자주성을 상징한다. 또한, 국기는 국제회의나 해외파병, 올림픽과 같은 세계적인 체육행사 등에서 참가자의 국적을 표시하고 소속감을 대변한다. 대부분 국민은 국기가 국가 상징물로서 가지는 이러한 고유의 상징성과 위상을 인정하고, 이에 대한 존중의 감정을 가지고 있다.

만약 표현의 자유만을 강조하여 전면적으로 또는 일정한 경우 국기에 대한 손상·제거·오욕을 금지·처벌하지 않는다면, 국기가 상징하는 국가의 권위와 체면이 훼손되고, 국민들이 국기에 대하여 가지는 존중의 감정이 손상될 것이다. 자극적인 국기모독 행위를 표현의 자유라는 이름으로 방치할 경우, 이러한 행위를 지지하는 국민과 반대하는 국민들을 극단적 대립과 갈등 상황으로 몰아넣을 수 있으며 이로 인한 국론 분열이 심각한 양상으로 치달을 우려도 있다.

국가의 대표적 상징물인 국기를 존중, 보호함으로써 국가의 권위와 체면을 지키고, 국민들이 국기에 대하여 가지는 존중의 감정을 보호하기 위해서는 심판대상조항과 같이 형벌로 이를 제재하는 것이 불가피하며, 단순히 경범죄로 취급하거나 형벌 이외의 다른 수단으로 제재하여서는 입법목적을 효과적으로 달성하기 어렵다.

(나) 심판대상조항은 '대한민국을 모욕할 목적'을 초과주관적 구성요건으로 요구함으로써 국기모독죄 성립범위를 대폭 축소하고, 나아가 표현의 자유에 대한 과도한 제한을 억제하고 있다. 형법 제정 이후 약 60여 년간 국기모독죄로 기소되거나 처벌된 사례가 거의 없다는 점을 보더라도 알 수 있듯이, 수사기관이나 법원은 '대한민국을 모욕할 목적' 없이 우발적으로 이루어지거나 정치적 의사표현의 한 방법으로 이루어진 국기훼손 행위는 처벌 대상에서 제외하고 있다. 이처럼 심판대상조항은 국기모독죄를 목적범으로 규정함으로써 일부위헌의견과 위헌의견이 우려하는 바와 같이 정치적 표현의 자유를 과도하게 제한하지 않도록 그 처벌범위를 최소화하고 있다.

(다) 구체적 행위를 고찰하여 행위자에게 정당성을 부여할 만한 사정이 있다면 법해석·집행기관은 형법 제20조 정당행위에 해당하여 범죄가 성립하지 않는다는 결론을 내릴 여지가 있다. 또한, 심판대상조항은 법정형을 '5년 이하의 징역이나 금고, 10년 이하의 자격정지 또는 700만 원 이하의 벌금'으로 규정하고 있는바, 법관이 구체적 사정을 고려하여 합리적으로 양형할 수 있다. 따라서 국기모독죄의 성립 및 양형과 관련하여 구체적 타당성을 고려하여 판단하는 것이 가능하다.

(라) 일부위헌의견은 '공용에 공하는 국기'에 대한 모독 행위만 처벌하는 것으로도 충분하며, 그 외의 국기에 대한 모독 행위를 처벌하는 것은 헌법에 위반된다는 취지이나, 국기의 의의, 국기모독죄의 입법목적, 구성요건 및 행위 태양 등을 고려하면 그 대상이 된 국기가 공용에 공하는 것인지 여부는 처벌 여부를 달리할 기준점으로 삼을 합리적인 근거를 찾기 어렵다. '공용에 공하는 국기'에 대한 모독행위만 처벌한다면 심판대상조항은 사문화될 우려가 있다. 공용에 공하는 국기를 대상으로 한 것이 아니라 하더라도, 구체적 행위가 대한민국을 모욕할 목적에서 이루어졌으며, 국가의 권위와 체면을 훼손하고 국기에 대한 국민의 존중의 감정을 손상하기 충분하다면 이를 처벌할 필요성이 있고, 이는 과잉금지원칙에 반하는 것이 아니다.

(마) 이상의 내용을 종합하면, 심판대상조항이 국기모독 행위를 범죄로 규정하고 처벌하는 것이 침해의 최소성 원칙에 반한다고 볼 수 없다.

(3) 법익의 균형성

심판대상조항으로 인하여 대한민국을 모욕하려는 목적으로 국기를 손상·제거·오욕하는 방법으로 의사를 표현할 자유가 제한된다. 그러나 심판대상조항을 통하여 국기모독 행위로 국가의 권위와 체면이 훼손되는 것을 방지하고 국기에 대한 국민의 존중의 감정을 보호할 수 있는바, 이러한 공익이 표현행위를 제한받는 사람의 사익보다 크다고 할 것이어서 법익의 균형성도 충족된다.

(4) 소결

그러므로 심판대상조항은 과잉금지원칙에 위배되어 청구인의 표현의 자유를 침해한다고 볼 수 없고, 표현의 자유의 본질적 내용을 침해한다고도 할 수 없다.

5. 결 론

그렇다면 심판대상조항은 헌법에 위반되지 아니하므로 주문과 같이 결정한다. 이 결정에 대해서는, 아래 6.과 같은 재판관 이영진, 재판관 문형배의 일부위헌의견, 아래 7.과 같은 재판관 이석태, 재판관 김기영, 재판관 이미선의 위헌의견이 있는 외에는 관여 재판관의 의견이 일치되었다.

6. 재판관 이영진, 재판관 문형배의 일부위헌의견

우리는 공용에 공하는 국기에 대한 손상, 제거 또는 오욕 행위를 처벌하는 것은 헌법에 위반되지 않지만, 그 밖의 국기에 대한 손상, 제거 또는 오욕 행위를 처벌하는 것은 헌법에 위반된다고 생각하므로 아래와 같이 의견을 밝힌다.

가. 처벌 제한 필요성

합헌의견이 밝히는 바와 같이, 표현의 자유만을 강조하여 국기에 대한 손상·제거·오욕을 금지·처벌하지 않음에 따라 국기가 상징하는 국가의 권위와 체면이 훼손되고 국민들이 국기에 대하여 가지는 존중의 감정이 손상되는 것은 막아야 하겠지만, 표현의 자유가 가지는 중요성을 고려할 때, 처벌의 범위를 축소할 필요가 있다. 이러한 이유에서, 국가 상징물로서 특별히 중요한 지위에 있다고 할 수 있는 '공용에 공하는 국기'의 모독 행위만을 처벌하고, 그 밖의 국기에 대한 손상, 제거, 오욕 행위는 처벌하지 않는 것이 타당하다.

나. 공용에 공하는 국기의 의미

'공용에 공하는'이란 국가기관이나 공무소에서 사용되는 것을 의미한다. 따라서 사인이 보유하거나 게양한 국기, 거리나 건물을 장식하기 위하여 걸어둔 만국기 중 하나로 사용된 국기 등은 '공용에 공하는 국기'라 할 수 없다.

국가기관이나 공무소는 국가의 목적과 기능을 실현하는 매개가 되므로 국가 그 자체로 받아들여질 여지가 있는 점, 일반적으로 대한민국국기법 등이 정하는 규격과 방법을 준수하여 국기를 사용·관리한다는 점 등을 고려할 때, 국가기관이나 공무소가 사용하는 국기는 그 밖의 국기와 비교하여 상징성과 위상이 뚜렷하다. 형법 제109조가 '그 나라의 공용에 공하는' 국기를 손상, 제거 또는 오욕한 자만을 처벌하는 것도, 국가기관이나 공무소가 사용하는 국기의 뚜렷한 상징성과 위상을 고려한 것으로, 표현의 자유의 보장과 해당 외국의 권위와 체면, 해당 국민의 국기에 대한 존중의 감정 사이에서 균형을 도모한 것이라 할 수 있다.

최근 국내 언론 보도를 통하여 확인할 수 있는 국기모독죄 성립 여부가 문제가 된 사례들을 보면, 상당수는 개인이 자신 소유의 태극기를 훼손하거나 국가를 모욕할 수 있는 형상을 자신 소유의 태극기에 덧입히거나 태극기 이미지 파일과 합성한 것 등이 논란이 된 것인데, 공용에 공하는 국기만 국기모독죄 처벌 대상으로 볼 경우 이러한 개인적 일탈과 같은 행위는 처벌 범위에서 제외된다.

법무부는 1992년, 형법 제정 이래 사회변화를 반영하여 형법을 전면적으로 개정하는 법률안을 제안한 바 있는데, 여기에는 국기모독죄를 '공용의 국기'를 손상, 제거, 오욕한 경우에만 성립되도록 하고, 만약 공용에 공하는 국기가 아니라면 공공연하게 모독한 경우에만 예외적으로 성립되도록 개정하는 내용을 담고 있었다. 위 정부 개정법률안은 국회 법제사법위원회의 대안이 제안되는 과정에서 폐기되었으나, 국기모독죄 성립 범위를 축소하여 표현의 자유의 보장을 한층 강화하려 하였던 움직임으로 이해된다.

다. 결론

심판대상조항 중 공용에 공하는 국기 외 그 밖의 국기에 대한 부분은 과잉금지원칙에 위배되어 표현의 자유를 침해하므로 헌법에 위반된다.

7. 재판관 이석태, 재판관 김기영, 재판관 이미선의 위헌의견

우리는 심판대상조항이 과잉금지원칙에 위배되어 표현의 자유를 침해한다고 생각하므로 아래와 같이 의견을 밝힌다.

가. 국민이 정치적 의사를 표현하는 수단과 방법에는 국기의 사용도 당연히 포함된다. 자신의 정치적 의사를 효과적으로 표현하기 위하여 국기를 게양하거나 몸에 감을 수도 있고 경우에 따라서는 국기를 훼손하는 방법을 선택할 수도 있는 것이다. 따라서 사상이나 의견을 표현하기 위하여 국기를 훼손하는 행위를 처벌대상으로 하는 것은 헌법상 보장된 표현의 자유를 제한하는 것이다.

합헌의견은 심판대상조항이 표현내용을 규제하는 것이 아니라 표현방법을 규제하는 것이라고 하나, 국기를 훼손하는 행위는 어떠한 정치적인 사상이나 의견을 표현하기 위한 수단으로 이루어지는 경우가 일반적이고, 심판대상조항이 '대한민국을 모욕할 목적'이 있는 경우를 처벌대상으로 삼고 있는 점에 비추어 볼 때, 심판대상조항은 단순히 국기의 손상·제거·오욕이라는 표현의 방법을 규제하는 것이 아니라 표현의 내용을 규제하는 것으로 보아야 한다.

나. 표현의 자유는 민주주의의 존립과 발전에 필수불가결한 기본권으로서, 국가가 개인의 표현의 자유, 특히 심판대상조항과 같이 표현의 내용을 규제하는 것은 원칙적으로 중대한 공익의 실현을 위하여 불가피한 경우에 한하여 엄격한 요건 하에서만 허용되어야 하는데 (헌재 2015. 10. 21. 2013헌가20), 심판대상조항은 다음과 같은 점에서 과잉금지원칙에 반하여 표현의 자유를 침해하므로 헌법에 위반된다.

(1) 심판대상조항은 국기의 훼손행위 외에 '대한민국을 모욕할 목적'이라는 초과주관적 요소를 범죄의 성립요건으로 규정하고 있다. 그러나 '모욕'의 개념이 명확성원칙에 위배되지는 않는다고 하더라도 그 범위가 광범위하여 다소 경멸적인 표현이 수반된 '비판'도 '모욕'으로 평가될 수 있을 뿐만 아니라, 국가의 정책을 주도하는 특정 집권세력에 대한 모욕을 의도한 것이 '국가'에 대한 모욕으로 평가될 여지도 다분하다.

또한 목적범에서의 목적에 대하여 적극적 의욕이나 확정적 인식을 필요로 하는 것이 아니라 미필적 인식만으로도 족하다는 것이 확립된 대법원판례인 점에 비추어 보면, '대한민국을 모욕할 목적'이 국기모독죄의 성립범위를 대폭 축소하는 기능을 수행하는 데는 법리적으로 한계가 있다고 볼 수밖에 없다.

이와 같이 심판대상조항은 규제범위가 확대될 위험이 있음을 배제할 수 없다.

(2) 보다 근본적으로, 국민의 국가에 대한 정치적 의사의 표현은 국가공동체의 지향점 설정 및 정부 주요 정책 결정과 같은 국가의 의사 형성 과정에서 중요한 역할을 하므로, 정치적 의사 표현에 수반되는 경멸적인 표현으로 국가의 권위와 체면이 훼손될 수 있다고 하더라도, 정치적 의사의 표현행위에 대한 규제는 가능한 한 최소화할 필요가 있다.

국가나 국가기관이 비판과 정치적 반대의 대상이 되는 것은 당연하므로, 국민이 국가 등을 비판하는 과정에서 경멸적인 표현방법을 사용하여 국가를 모욕하였다고 하여 이를 처벌하는 것은 국가에 대한 자유로운 비판을 보장하는 민주주의 정신에 위배되고 표현의 자유를 과도하게 제한하는 것이다.

다른 한편으로, 개인의 명예를 훼손하여 사회적 평가를 저해하는 행위의 경우 피해자인 개인이 이에 대응할 적정한 수단을 찾는 데 한계가 있으므로 그에 대한 처벌규정을 둠으로써 위와 같은 행위를 사전에 억제·예방할 필요가 있으나, 국가의 권위와 체면을 훼손하는 행위의 경우, 국가는 이에 대한 자신의 입장을 설명하고 홍보할 수단을 충분히 가지고 있어 효율적 대처가 가능하므로 처벌이라는 강력한 수단을 동원할 필요가 크지 않다.

형법 제정 이후 약 60여 년 간 심판대상조항의 국기모독죄로 처벌된 사례가 거의 없었다고 하더라도 표현행위의 일환으로 이루어지는 국기의 훼손행위를 처벌대상으로 하는 것 그 자체로 표현의 자유를 위축할 뿐만 아니라 정치적으로 악용될 수도 있음을 우려하지 않을 수 없다.

다. 한편 국기가 가지는 상징성과 위상 및 국민들이 국기에 대하여 가지는 존중의 감정을 고려하면, 국가의 상징물로서 특별히 중요한 지위에 있다고 할 수 있는 공용에 제공되는 국기에 대해서는 그 훼손행위를 처벌할 필요가 있을 수 있으나, 대부분의 경우 형법상 손괴죄 등을 통하여 처벌할 수 있으므로, 처벌의 공백을 우려할 상황은 아니다.

재판관 유남석 이선애 이석태 이은애 이종석 이영진 김기영 문형배 이미선

14. 고용노동부 고시 제2017-42호 위헌확인 등

[2019. 12. 27. 2017헌마1366, 2018헌마1072(병합)]

【판시사항】

가. ‘2018년 적용 최저임금 고시’(2017. 8. 4. 고용노동부 고시 제2017-42호)의 1. 최저임금액 부분 중 “월 환산액 1,573,770원: 주 소정근로 40시간을 근무할 경우, 월 환산 기준시간 수 209시간(주당 유급주휴 8시간 포함) 기준” 부분 및 ‘2019년 적용 최저임금 고시’(2018. 8. 3. 고용노동부 고시 제2018-63호)의 1. 최저임금액 부분 중 “월 환산액 1,745,150원: 주 소정근로 40시간을 근무할 경우, 월 환산 기준시간 수 209시간(주당 유급주휴 8시간 포함) 기준” 부분(이하 ‘각 월 환산액 부분’이라 하고, 위 두 고시를 합하여 ‘이 사건 각 고시’라 한다)이 헌법소원의 대상이 되는 공권력의 행사에 해당하는지 여부(소극)

나. 이 사건 각 고시 중 각 월 환산액을 제외한 부분(이하에서는 ‘각 최저임금 고시 부분’이라 한다)이 청구인들의 계약의 자유 및 기업의 자유를 침해하는지 여부(소극)

다. 각 최저임금 고시 부분이 청구인들의 재산권을 침해하는지 여부(소극)

라. 각 최저임금 고시 부분이 헌법상 경제질서에 위배된다는 주장에 관한 판단(소극)

【결정요지】

가. 각 월 환산액 부분은 시간을 단위로 정해진 각 해당 연도 최저임금액에 법정근로시간과 유급으로 처리되는 주휴시간을 합한 근로시간 수를 곱하여 산정한 것으로 최저임금위원회 및 피청구인의 행정해석 내지 행정지침에 불과할 뿐 국민이나 법원을 구속하는 법규적 효력을 가진 것으로 볼 수 없다. 따라서 이 사건 각 고시의 각 월 환산액 부분은 국민의 권리·의무에 직접 영향을 미치는 것이 아니므로 헌법소원의 대상이 되는 ‘공권력의 행사’에 해당하지 아니한다.

나. 각 최저임금 고시 부분은 최저임금제도의 입법목적을 달성하기 위하여 모든 산업에 적용될 최저임금의 시간당 액수를 정한 것으로 이는 임금의 최저수준 보장을 위한 유효하고도 적합한 수단이다.

최저임금위원회의 각 연도별 최저임금액 의결과정에 비추어 보면, 각 최저임금의 심의 및 의결 과정에서 근로자측과 사용자측의 의견이 반영되고 최저임금액의 결정을 위한 구체적인 논의가 있었음을 알 수 있다.

또한 최저임금위원회의 2018년 및 2019년 최저임금 심의 당시 주요 노동·경제 지표에 대하여 조사와 검토가 이루어졌다. 전체 비혼 단신 근로자의 월평균 실태생계비, 시간당 노동생산성, 경제성장률 등 주요 노동·경제 지표의 추이와 통상임금 평균값 대비 최저임금 시간급의 상대적 수준 등에 비추어보더라도 각 최저임금 고시 부분에 따른 2018년 및 2019년 최저임금액이 현저히 합리성을 결여하여 입법형성의 자유를 벗어나는 것이라고 하기 어렵다.

한편 최저임금위원회는 2018년 적용 최저임금에 관한 심의 당시 최저임금의 업종별 구분적용과 지역별 구분적용 여부에 관하여도 논의하여 그 구분적용에 반대하는 의결을 하였고, 2019년 적용 최저임금에 관하여 심의를 하면서도 최저임금의 사업별 구분적용안에 대해 논의하여 사업별 구분적용에 반대하는 의결을 하였다. 최저임금위원회의 논의 과정 및 정책결정 근거 등을 종합적으로 고려할 때 위와 같은 판단은 존중될 필요가 있으며, 각 최저임금 고시 부분이 2018년 및 2019년 최저임금을 사업의 종류별, 지역별 구분 없이 전국 전 사업장에 동일하게 적용하게 하였더라도 이 역시 명백히 불합리하다고 할 수는 없다.

각 최저임금 고시 부분으로 달성하려는 공익은 열악한 근로조건 아래 놓여 있는 저임금 근로자들의 임금에 일부나마 안정성을 부여하는 것으로서 근로자들의 인간다운 생활을 보장하고 나아가 이를 통해 노동력의 질적 향상을 꾀하기 위한 것으로서 제한되는 사익에 비하여 그 중대성이 덜하다고 볼 수는 없다.

따라서 각 최저임금 고시 부분이 과잉금지원칙을 위반하여 청구인들의 계약의 자유와 기업의 자유를 침해하였다고 할 수 없다.

다. 헌법상 보장된 재산권은 원래 사적 유용성 및 그에 대한 원칙적인 처분권을 내포하는 재산가치 있는 구체적인 권리이므로 구체적 권리가 아닌 영리획득의 단순한 기회나 기업활동의 사실적·법적 여건은 기업에게는 중요한 의미를 갖는다고 하더라도 재산권 보장의 대상이 아니다. 각 최저임금 고시 부분은 사용자가 최저임금의 적용을 받는 근로자에게 지급하여야 할 임금의 최저액을 정한 것으로 청구인들이 이로 인하여 계약의 자유와 기업의 자유를 제한 받는 결과 근로자에게 지급하여야 할 임금이 늘어나거나 생산성 저하, 이윤 감소 등 불이익을 겪을 우려가 있거나, 그 밖에 사업상 어려움이 발생할 수 있다고 하더라도 이는 기업활동의 사실적·법적 여건에 관한 것으로 재산권 침해는 문제되지 않는다.

라. 헌법 제119조 제1항은 대한민국의 경제질서에 관하여, 제123조 제3항은 국가의 중소기업 보호·육성 의무에 관하여 규정한 조항이고, 제126조는 사영기업의 국·공유화에 대한 제한을 규정한 조항으로서 경제질서에 관한 헌법상의 원리나 제도를 규정한 조항들이다. 헌법재판소법 제68조 제1항에 의한 헌법소원에 있어서 헌법상의 원리나 헌법상 보장된 제도의 내용이 침해되었다는 사정만으로 바로 청구인들의 기본권이 직접 현실적으로 침해된 것이라고 할 수 없다.

재판관 이선애, 재판관 이종석, 재판관 이영진의 법정의견에 대한 보충의견

최저임금액 결정에 있어서 주요 경제지표와 현실에 대한 객관적 분석을 한 기초 위에서 투명하고 공개적인 논의가 절차적으로 보장되어야 하고, 이를 통해 기업의 예측가능성이 담보됨과 동시에 기업과 근로자의 이해관계가 세밀하게 조정되는 과정을 거치는 것이 필요하다.

최저임금위원회의 구성에 있어서 소상공인·자영업자 등은 고용구조에서 차지하는 비중에 비추어볼 때 의미 있는 참여를 보장받지 못하고 과소대표될 가능성이 있으므로 이에 대한 배려가 필요하다. 또한 공익위원은 경제현실에 대한 분석과 장기적 전망 등에 전문성을 갖추고 최저임금제도의 목적과 취지에 부합하는 결정을 할 수 있는 중립적인 위원의 위촉이 요청된다.

최저임금의 결정과정과 최저임금 결정의 근거와 이유가 명확하게 공개되고 제시될 수 있도록 관련제도를 보완할 필요도 있다. 프랑스의 근로자 구매력 상승률을 반영하는 방식, 캐나다의 최저임금률을 소비자 물가지수로 측정되는 물가상승률과 연동되도록 하는 방식 등 일정한 객관적 경제지표를 바탕으로 최저임금을 결정하는 방안도 참조할 수 있을 것이다.

또한 최저임금액 결정을 함에 있어 각종 경제지표를 심의과정에 현출하였다는 사정만으로는 부족하고, 최저임금액 결정의 구체적인 근거와 이유로서 어떠한 경제지표를 어떻게 얼마나 반영하였는지 여부와 신뢰할 수 있는 관련 통계가 작성 및 제출되어 분석 및 활용되었는지 여부 등이 합리적으로 검증될 수 있어야 할 것이다.

업종이나 지역, 근로자의 숙련도 등을 전혀 고려하지 않고 일률적으로 최저임금액을 정한 것은 현저히 불합리한 것은 아니라고 할지라도 가장 적절한 방식을 채택하고 있다고도 보기 어렵다. 외국의 경우, 영국이 연령별로, 일본이 지역별·산업별로, 호주가 연령별·업종별·숙련도별로 최저임금의 차등적용이 가능하게 하고 있다. 우리나라도 향후 다양한 방식의 이해관계 조정을 검토할 필요가 있다.

최저임금의 급격한 인상이 고용이나 경제상황에 미칠 수 있는 긍정적·부정적 영향은 주의 깊게, 또한 균형 있게 검토되어야 한다. 최저임금제도의 목적을 어느 정도 달성할 수 있는가는 최저임금액의 결정이 얼마나 합리적으로 이루어지는가에 달려 있으며, 경제상황에 맞게 기업자의 근로자의 상반되는 이해관계를 조화롭게 조정하는 지혜로운 시행이 필요하다.

재판관 이은애, 재판관 문형배, 재판관 이미선의 각 최저임금 고시 부분에 대한 반대의견

고시의 법적 성질은 일률적으로 판단될 것이 아니라 고시에 담겨진 내용에 따라 구체적인 경우마다 달리 결정된다. 즉, 고시가 일반적·추상적 성격을 가질 때에는 법규명령 또는 행정규칙에 해당하지만, 고시가 구체적인 규율의 성격을 갖는다면 행정처분에 해당한다.

최저임금법을 비롯한 관련 규정을 살펴보아도 각 최저임금 고시 부분에 따라 근로자를 고용한 사업장의 사용자를 개별적·구체적으로 규율하기 위하여 매개가 예정된 집행행위를 찾기 어렵다. 한편 최저임금법은 제6조 제1항에서 사용자는 최저임금법의 적용을 받는 근로자에게 최저임금액 이상의 임금을 지급하여야 한다고 규정하면서, 제3항에서 최저임금의 적용을 받는 근로자와 사용자 사이의 근로계약 중 최저임금액에 미치지 못하는 금액을 임금으로 정한 부분은 무효로 하며, 이 경우 무효로 된 부분은 이 법으로 정한 최저임금액과 동일한 임금을 지급하기로 한 것으로 본다고 규정하고 있다. 제28조 제1항에서는 제6조 제1항 또는 제2항을 위반하여 최저임금액보다 적은 임금을 지급하거나 최저임금을 이유로 종전의 임금을 낮춘 자는 3년 이하의 징역 또는 2천만 원 이하의 벌금에 처한다고 규정하고 있다. 위와 같은 각 최저임금 고시 부분의 내용 및 최저임금법에 따른 효력, 그 위반 시 따르는 형사처벌 등을 고려할 때, 각 최저임금 고시 부분은 다른 집행행위의 매개 없이 그 자체로서 직접 사용자와 근로자 사이의 임금지급에 관한 구체적인 권리·의무나 법률관계를 규율한다고 봄이 상당하다.

청구인들은 이 사건 각 최저임금 고시 부분에 대하여 법원에 무효확인 등의 소송을 제기하여 구제절차를 밟을 수 있음에도 이를 거치지 않고 이 사건 심판청구를 하였으므로, 이 사건 각 최저임금 고시 부분에 대한 심판청구는 헌법소원의 보충성 요건을 충족하지 못하여 부적법하다.

【심판대상조문】

2018년 적용 최저임금 고시(2017. 8. 4. 고용노동부 고시 제2017-42호) 1. 최저임금액 부분

2019년 적용 최저임금 고시(2018. 8. 3. 고용노동부 고시 제2018-63호) 1. 최저임금액 부분

【참조조문】

헌법 제10조, 제32조 제1항, 제34조 제1항, 제119조, 제123조 제3항, 제126조

2018년 적용 최저임금 고시(2017. 8. 4. 고용노동부 고시 제2017-42호) 2., 3.

2019년 적용 최저임금 고시(2018. 8. 3. 고용노동부 고시 제2018-63호) 2., 3.

최저임금법(1986. 12. 31. 법률 제3927호로 제정된 것) 제6조 제1항

최저임금법(2005. 5. 31. 법률 제7563호로 개정된 것) 제4조 제1항, 제5조 제1항

최저임금법(2008. 3. 21. 법률 제8964호로 개정된 것) 제6조 제3항, 제14조 제1항

최저임금법(2010. 6. 4. 법률 제10339호로 개정된 것) 제4조 제2항, 제8조, 제10조, 제12조, 제13조,

최저임금법(2012. 2. 1. 법률 제11278호로 개정된 것) 제28조 제1항

【참조판례】

나. 헌재 1998. 10. 29. 97헌마345, 판례집 10-2, 621, 629

헌재 2008. 9. 25. 2005헌바81, 판례집 20-2상, 462, 475

헌재 2010. 7. 29. 2008헌마581, 판례집 22-2상, 404, 413-414

헌재 2013. 10. 24. 2010헌마219등, 판례집 25-2하, 248, 257

헌재 2018. 6. 28. 2016헌바77등, 판례집 30-1하, 496, 513

다. 헌재 2005. 11. 24. 2004헌마536, 판례집 17-2, 466, 476

라. 헌재 2008. 7. 31. 2006헌마400, 판례집 20-2상, 304, 317-318

【당 사 자】

청 구 인 1. [별지 1] 청구인 명단과 같음(2017헌마1366)

대리인 변호사 황현호 외 2인

2. [별지 2] 청구인 명단과 같음(2018헌마1072)

대리인 변호사 황현호

피청구인 고용노동부장관

대리인 법무법인 지향

담당변호사 김진 외 1인

【주 문】

1. 2018년 적용 최저임금 고시(2017. 8. 4. 고용노동부고시 제2017-42호) 중 "월 환산액 1,573,770원: 주 소정근로 40시간을 근무할 경우, 월 환산 기준시간 수 209시간(주당 유급주휴 8시간 포함) 기준" 부분 및 2019년 적용 최저임금 고시(2018. 8. 3. 고용노동부고시 제2018-63호) 중 "월 환산액 1,745,150원: 주 소정근로 40시간을 근무할 경우, 월 환산 기준시간 수 209시간(주당 유급주휴 8시간 포함) 기준" 부분에 대한 심판청구를 각 각하한다.

2. 청구인들의 나머지 심판청구를 모두 기각한다.

【이 유】

1. 사건개요

가. 청구인 사단법인 ○○협회(이하 '청구인 협회'라 한다)는 중소기업과 중소상공인들의 권익을 옹호하고 그 이익을 대변하고자 하는 단체로서 직원 김○○와 근로계약을 체결하여 사업장을 운영하고 있고, ○○ 주식회사는 기업경영지도 및 경영컨설팅업 등을 목적으로 하는 회사이며, 그 밖의 청구인들 역시 근로자를 고용하여 사업장을 운영하고 있는 개인 또는 법인사업자이다.

나. 고용노동부 산하 최저임금위원회는 2017. 7. 15. 2018년에 적용될 최저임금을 전년대비 16.4% 인상된 금액인 7,530원으로 결정하였고, 피청구인 고용노동부장관은 이를 받아들여 2017. 8. 4. 2018년 적용 최저임금액 시간급을 모든 산업 7,530원[주 소정근로 40시간을 근무할 경우, 월 환산 기준시간 수 209시간(주당 유급주휴 8시간 포함) 기준 월 환산액 1,573,770원]으로 정하여 고시하였다(2018년 적용 최저임금 고시 1. 최저임금액).

다. 최저임금위원회는 2018. 7. 14. 2019년에 적용될 최저임금을 전년대비 10.9% 인상된 금액인 8,350원으로 결정하였고, 피청구인 고용노동부장관은 이를 받아들여 2018. 8. 3. 2019년 적용 최저임금액 시간급을 모든 산업 8,350원[주 소정근로 40시간을 근무할 경우, 월 환산 기준시간 수 209시간(주당 유급주휴 8시간 포함) 기준 월 환산액 1,745,150원]으로 정하여 고시하였다(2019년 적용 최저임금 고시 1. 최저임금액).

라. 이에 청구인들은 위 각 고시가 청구인들의 재산권 등을 침해하고, 헌법 제119조 제1항(경제질서의 기본), 제123조 제3항(중소기업의 보호), 제126조(사영기업의 통제, 관리의 금지) 등에 위배되어 위헌이라고 주장하며, 2017. 12. 22. 위 2018년 적용 최저임금 고시의 위헌확인을 구하는 헌법소원심판을 청구하고(2017헌마1366), 2018. 11. 1. 위 2019년 적용 최저임금 고시의 위헌확인을 구하는 헌법소원심판을 청구하였다(2018헌마1072).

2. 심판대상

이 사건 심판대상은 ① '2018년 적용 최저임금 고시'(2017. 8. 4. 고용노동부 고시 제2017-42호) 중 1. 최저임금액 부분 및 ② '2019년 적용 최저임금 고시' (2018. 8. 3. 고용노동부 고시 제2018-63호) 중 1. 최저임금액 부분이 각 청구인들의 기본권을 침해하는지 여부이다 (이하 위 두 고시를 합하여 '이 사건 각 고시'라 한다).

심판대상조항은 다음과 같고, 관련조항은 [별지 3]과 같다.

[심판대상조항]

2018년 적용 최저임금 고시(2017. 8. 4. 고용노동부고시 제2017-42호)

1. 최저임금액

결정단위 / 업종	시간급
모 든 산 업	7,530원

◈ 월 환산액 1,573,770원: 주 소정근로 40시간을 근무할 경우, 월 환산 기준시간 수 209시간(주당 유급주휴 8시간 포함) 기준

2019년 적용 최저임금 고시(2018. 8. 3. 고용노동부고시 제2018-63호)

1. 최저임금액

결정단위 / 업종	시간급
모 든 산 업	8,350원

◈ 월 환산액 1,745,150원: 주 소정근로 40시간을 근무할 경우, 월 환산 기준시간 수 209시간(주당 유급주휴 8시간 포함) 기준

3. 청구인들의 주장

이 사건 각 고시는 최저임금을 큰 폭으로 상승시킨 것으로 기업의 경제활동의 자유를 심각하게 저해하여 자유주의적 경제질서를 규정한 헌법 제119조 제1항에 위배되고, 중소기업에 큰 경제적 타격을 입혀 국가의 중소기업 보호·육성 의무를 규정한 헌법 제123조 제3항에 위배되며, 국가의 사영기업의 통제·관리의 금지를 규정한 헌법 제126조에도 위배되고, 청구인들과 같은 중소상공인들로 하여금 임금을 대폭으로 인상토록 강제함으로써 재산권을 침해하고 기업경영의 자유를 침해한다.

4. 적법요건에 관한 판단

가. 이 사건 각 고시 중 각 월 환산액 부분

2018년 적용 최저임금 고시 중 "월 환산액 1,573,770원: 주 소정근로 40시간을 근무할 경우, 월 환산 기준시간 수 209시간(주당 유급주휴 8시간 포함) 기준" 부분 및 2019년 적용 최저임금 고시 중 "월 환산액 1,745,150원: 주 소정근로 40시간을 근무할 경우, 월 환산 기준시간 수 209시간(주당 유급주휴 8시간 포함) 기준" 부분(이하 '각 월 환산액 부분'이라 한다)은 시간을 단위로 정해진 각 해당 연도 최저임금액에 법정근로시간과 유급으로 처리되는 주휴시간을 합한 근로시간 수를 곱하여 산정한 것으로 최저임금위원회 및 피청구인의 행정해석 내지 행정지침에 불과할 뿐 국민이나 법원을 구속하는 법규적 효력을 가진 것으로 볼 수 없다.

그렇다면 이 사건 각 고시의 각 월 환산액 부분은 국민이 권리·의무에 직접 영향을 미치는 것이 아니므로 헌법소원의 대상이 되는 '공권력의 행사'에 해당하지 아니한다.

나. 이 사건 각 고시 중 각 월 환산액을 제외한 부분

한편 피청구인은 이 사건 각 고시 중 각 월 환산액을 제외한 부분(이하에서는 '각 최저임금 고시 부분'이라 한다)은 항고소송의 대상이 되는 행정처분에 해당하므로 이에 대한 헌법소원심판청구는 보충성 요건을 충족하지 못하여 부적법하다고 주장한다.

살피건대, 각 최저임금 고시 부분은 최저임금법 제8조 제1항에 따라 고용노동부장관이 2018년 및 2019년에 적용할 최저임금액을 정한 것이다. 각 최저임금 고시 부분의 처분성을 인정하여 행정소송법에 의한 행정소송 등 다른 권리구제절차를 허용할 수 있는지 여부가 객관적으로 불확실하고, 각 최저임금 고시 부분에 대하여 법원이 항고소송의 대상으로 인정한 적도 없으므로, 청구인들에게 항고소송에 의한 권리구제절차를 거치도록 요구하거나 기대할 수 없다고 할 것이다.

따라서 이 사건 헌법소원심판청구 중 각 최저임금 고시 부분이 보충성 요건을 충족하지 못한다는 피청구인의 주장은 이유 없다.

5. 본안에 관한 판단

가. 최저임금제도의 개관

(1) 헌법 제32조 제1항은 "모든 국민은 근로의 권리를 가진다. 국가는 사회적·경제적 방법으로 근로자의 고용의 증진과 적정임금의 보장에 노력하여야 하며, 법률이 정하는 바에 의하여 최저임금제를 시행하여야 한다." 고 하여 최저임금제의 시행을 규정하고 있다. 이에 근로자에 대하여 임금의 최저수준을 보장하여 근로자의 생활안정과 노동력의 질적 향상을 꾀함으로써 국민경제의 건전한 발전에 이바지하는 것을 목적으로 최저임금법이 제정되었다(최저임금법 제1조). 최저임금법에 따라 사용자는 최저임금의 적용을 받는 근로자에게 최저임금액 이상의 임금을 지급하여야 한다(최저임금법 제6조 제1항).

(2) 고용노동부장관은 매년 8월 5일까지 다음 연도의 최저임금을 결정하여야 하고, 최저임금위원회가 심의하여 의결한 최저임금안에 따라 최저임금을 결정한 후 지체 없이 그 내용을 고시하여야 한다(최저임금법 제8조 제1항, 제10조 제1항). 최저임금위원회는 근로자를 대표하는 근로자위원 9명(총연합단체 추천, 고용노동부장관 제청, 대통령 위촉), 사용자를 대표하는 사용자위원 9명(전국규모 사용자단체 추천, 고용노동부장관 제청, 대통령 위촉), 공익을 대표하는 공익위원 9명(고용노동부장관 제청, 대통령 위촉)으로 구성된다(최저임금법 제14조 제1항). 최저임금위원회는 필요하다고 인정하면 사업의 종류별 또는 특정 사항별로 전문위원회를 둘 수 있다(최저임금법 제19조).

(3) 최저임금은 근로자의 생계비, 유사 근로자의 임금, 노동생산성 및 소득분배율 등을 고려하여 정하며, 사업의 종류별로 구분하여 정할 수 있다(최저임금법 제4조 제1항). 최저임금액은 시간·일·주 또는 월을 단위로 결정하되, 일·주 또는 월을 단위로 하여 최저임금액을 정할 때에는 시간급으로도 표시하여야 한다(최저임금법 제5조 제1항).

(4) 최저임금법에 따라 2017. 8. 4. 고시된 2018년 적용 최저임금은 시급 7,530원으로 6,470원인 2017년 적용 최저임금에 비해 1,060원이 인상되었으며, 2018. 8. 3. 고시된 2019년 적용 최저임금은 시급 8,350원으로 7,530원인 2018년 적용 최저임금에 비해 820원이 인상되었다.

나. 제한되는 기본권 및 심사기준

(1) 헌법 제10조에 의하여 보장되는 행복추구권 속에는 일반적 행동자유권이 포함되고, 이 일반적 행동자유권으로부터 계약 체결의 여부, 계약의 상대방, 계약의 방식과 내용 등을 당사자의 자유로운 의사로 결정할 수 있는 계약의 자유가 파생된다. 또한 헌법은 제15조에서 직업의 자유를 보장하고 있고 여기에는 기업의 설립과 경영의 자유를 의미하는 기업의 자유가 포함된다(헌재 1998. 10. 29. 97헌마345).

각 최저임금 고시 부분에 의하여 청구인들은 근로자에게 최저임금액으로 2018년 시간급 7,530원, 2019년 시간급 8,350원 이상의 임금을 지급하여야 한다. 각 최저임금 고시 부분은 임금의 수준에 관한 청구인들의 근로자와의 계약내용을 제한한다는 측면에서는 계약의 자유를, 근로자를 고용하여 기업을 운영하는 청구인들의 경영 활동을 제한한다는 측면에서는 기업의 자유를 각 제한한다.

(2) 근로자의 고용에 관한 계약의 자유와 기업의 자유는 절대적인 것은 아니므로 사회적 약자의 보호, 독점 방지, 실질적 평등, 경제 정의 등의 관점에서 법률상 제한될 수 있고, 다만 이 경우 헌법 제37조 제2항에 규정된 기본권 제한의 한계를 준수할 것이 요구된다(헌재 2008. 9. 25. 2005헌바81 참조).

한편, 헌법 제32조 제1항은 '법률이 정하는 바에 의하여 최저임금제를 시행하여야 한다.'고 규정하고 있어 최저임금제에 대한 헌법상 근거규정이 존재할 뿐만 아니라, 각 최저임금 고시 부분이 사용자가 근로자에게 지급하여야 할 최저임금액을 정한 것은 불가분의 긴밀한 관계를 형성하고 있는 사용자와 근로자 사이의 상반되는 사적 이해를 조정하기 위한 것으로서, 개인의 본질적이고 핵심적인 자유 영역에 관한 것이라기보다 사회적 연관관계에 놓여 있는 경제 활동을 규제하는 사항에 해당한다고 볼 수 있으므로 그 위헌성 여부를 심사함에 있어서는 완화된 심사기준이 적용된다(헌재 2010. 7. 29. 2008헌마581; 헌재 2013. 10. 24. 2010헌마219등 참조).

나아가 고용에 관한 계약의 자유와 기업의 자유 등 경제적 기본권 제한에 대한 위헌심사에 있어서는 헌법 제119조에 규정된 경제질서 조항의 의미를 충분히 고려하여야 한다. 우리 헌법은 제119조 제1항에서 "대한민국의 경제질서는 개인과 기업의 경제상의 자유와 창의를 존중함을 기본으로 한다."고 규정하여 자유경쟁을 존중하는 시장경제를 기본으로 하면서도, 같은 조 제2항에서 "국가는 균형있는 국민경제의 성장 및 안정과 적정한 소득의 분배를 유지하고, 시장의 지배와 경제력의 남용을 방지하며, 경제주체간의 조화를 통한 경제의 민주화를 위하여 경제에 관한 규제와 조정을 할 수 있다."고 규정함으로써 우리 헌법의 경제질서가 사회정의, 공정한 경쟁질서, 경제민주화 등을 실현하기 위한 국가의 규제와 조정을 허용하는 사회적 시장경제임을 밝히고 있다. 따라서 입법자는 경제현실의 역사와 미래에 대한 전망, 목적달성에 소요되는 경제적·사회적 비용, 당해 경제문제에 관한 국민 내지 이해관계인의 인식 등 제반 사정을 두루 감안하여 경제영역에서의 국가목표를 이루기 위하여 가능한 여러 정책 중 필요하다고 판단되는 경제정책을 선택할 수 있고, 입법자의 그러한 정책판단과 선택은 그것이 현저히 합리성을 결여한 것이라고 볼 수 없는 한 경제에 관한 국가적 규제·조정권한의 행사로서 존중되어야 한다(헌재 2018. 6. 28. 2016헌바77등).

다. 계약의 자유 및 기업의 자유 침해 여부

(1) 헌법 제32조 제1항은 "모든 국민은 근로의 권리를 가진다. 국가는 사회적·경제적 방법으로 근로자의 고용의 증진과 적정임금의 보장에 노력하여야 하며, 법률이 정하는 바에 의하여 최저임금제를 시행하여야 한다."고 하여 최저임금제의 시행을 규정하고 있다.

위와 같은 헌법의 개별적 법률유보에 근거한 최저임금제도는 근로자에 대하여 임금의 최저수준을 보장하여 근로자의 생활안정과 노동력의 질적 향상을 꾀함으로써 국민경제의 건전한 발전에 이바지하는 것을 목적으로 한다(최저임금법 제1조). 각 최저임금 고시 부분의 목적은 최저임금제도의 입법목적과 동일하다 할 것으로 그 목적이 정당하다.

각 최저임금 고시 부분은 위와 같은 목적을 달성하기 위하여 모든 산업에 적용될 최저임금의 시간당 액수를 정하는 방법을 선택하였는데, 이러한 방법은 임금의 최저수준 보장을 위한 유효하고도 적합한 수단이라 할 것이다.

(2) 2018년 적용 최저임금은 시간급 7,530원으로 6,470원인 2017년 적용 최저임금에 비해 1,060원이 인상되었으며, 인상률은 16.4%이고, 2019년 적용 최저임금은 시간급 8,350원으로 7,530원인 2018년 적용 최저임금에 비해 820원이 인상되었으며, 인상률은 10.9%로서, 예년의 최저임금 인상률(2014년 7.2%, 2015년 7.1%, 2016년 7.1%, 2017년 7.3%)에 비교하여 그 인상폭이 큰 측면이 있다.

그러나 다음에서 살펴보는 사정들에 비추어 보면, 각 최저임금 고시 부분이 입법형성의 재량의 범위를 넘어 명백히 불합리하게 설정된 것이라고 할 수 없다.

(가) 각 다음 연도의 최저임금액은 고용노동부장관으로부터 최저임금에 관한 심의요청(최저임금법 제8조 제1항)을 받은 최저임금위원회가 전원회의에서 의결한다. 전원회의 위원은 공익을 대표하는 공익위원 9명과 근로자 총연합단체의 추천을 받은 근로자를 대표하는 근로자위원 9명, 전국규모 사용자단체가 추천한 사용자를 대표하는 사용자위원 9명으로, 근로자와 사용자를 비롯한 사회 각계각층의 의견을 수렴하여 반영할 수 있도록 구성되어 있다(최저임금법 제14조).

최저임금위원회는 근로자의 생계비, 유사 근로자의 임금, 노동생산성 및 소득분배율 등을 고려하여(최저임금법 제4조 제1항) 2018년도 최저임금액과 최저임금을 모든 업종에 대하여 동일한 금액으로 적용할 것인지, 사업의 종류별로 다른 금액으로 적용할 것인지 여부를 결정하였다. 그 과정에서 11차례의 전원회의, 6차례의 연구위원회, 현장방문, 3차례의 집담회 등을 거쳤다. 근로자위원들과 사용자위원들이 최초 제시한 2018년 최저임금 인상안(근로자위원측 시간급 1만 원, 사용자위원측 시간급 6,625원)에 대해 각 4회에 걸친 수정안이 제시되었으며, 27명의 위원 전원이 참석한 가운데 각각의 최종안에 관하여 표결을 거쳐 최저임금액 시간급을 모든 산업 7,530 원으로 의결하였다. 2019년도 최저임금액 역시 15차례에 걸친 전원회의, 2차례의 연구위원회, 현장방문, 1차례의 집담회 등의 과정을 거쳤다. 시간급 10,790원의 근로자위원측 최초안과 시간급 7,530원의 사용자위원측 최초안이 제시되었으며, 이후 근로자위원측의 수정안(시간급 8,680원)과 공익위원들이 제시한 시간급 8,350원의 안에 관하여 14명의 위원이 참석한 가운데 표결을 거쳐 최저임금액 시간급을 모든 산업 8,350원으로 의결하였다.

이와 같은 최저임금위원회의 각 연도별 최저임금액 의결과정에 비추어 보면, 각 최저임금의 심의 및 의결 과정에서 근로자측과 사용자측의 의견이 반영되고 최저임금액의 결정을 위한 구체적인 논의가 있었음을 알 수 있다.

(나) 최저임금위원회는 2018년 및 2019년 최저임금 심의 당시 근로자의 생계비, 유사근로자의 임금 수준, 노동생산성, 소득분배율뿐만 아니라 경제성장률, 전산업생산지수, 경기지수, 고용률 및 실업률, 소비자 물가, 임금동향, 각종 지표에 대한 향후 전망 등 주요 노동·

경제 지표 분석 자료를 검토하였다.

2018년 최저임금 심의 당시의 주요 노동·경제 지표 분석의 내용을 보면, 2016년 중 전체 비혼 단신근로자의 월평균 실태생계비, 2016년 연간 가구당 월평균 소득, 2016년 중 전체(1인 이상) 근로자 가구의 월평균 실태생계비, 근로자 1인 가구의 실태생계비 평균, 2016년의 임금총액 및 통상임금, 시간당 노동생산성, 2016년 경제성장률, 전산업생산지수, 경기종합지수, 소비자물가 등이 모두 증가하거나 상승한 것으로 나타났다. 또한 2016년의 소득분배율, 특히 2016. 6. 중 임금근로자의 시간당 통상임금 평균값 14,038원(5인 이상: 15,254원) 대비 최저임금 시간급(6,030원)의 상대적 수준은 43.0%(5인 이상: 39.5%)로 나타났다.

2019년 최저임금 심의 당시의 주요 노동·경제 지표 분석의 내용을 보면, 2017년 중 전체(1인 이상) 근로자 가구의 월평균 실태생계비는 전년에 비해 감소한 것으로 나타났으나, 2017년 중 전체 비혼 단신근로자의 월평균 실태생계비, 2017년의 임금총액 및 통상임금, 시간당 노동생산성, 2017년 경제성장률, 전산업생산지수, 경기종합지수, 소비자물가 등이 모두 증가하거나 상승한 것으로 나타났다. 또한 2017년의 소득분배율, 특히 2017. 6. 중 임금근로자의 시간당 통상임금 평균값 14,765원(5인 이상: 16,015원) 대비 최저임금 시간급(6,470원)의 상대적 수준은 43.8%(5인 이상: 40.4%)로 나타났다.

이와 같이 2018년 및 2019년 최저임금 심의 당시의 주요 노동·경제 지표에 대하여 조사와 검토가 이루어진 점 및 전체 비혼 단신근로자의 월평균 실태생계비, 임금총액 및 통상임금, 시간당 노동생산성, 경제성장률, 전산업생산지수, 경기종합지수, 소비자물가 등의 추이와 통상임금 평균값 대비 최저임금 시간급의 상대적 수준 등에 비추어보더라도 각 최저임금 고시 부분에 따른 2018년 및 2019년 최저임금액이 현저히 합리성을 결여하여 입법형성의 자유를 벗어나는 것이라고 하기 어렵다.

(다) 청구인들은 각 최저임금 고시 부분이 최저임금을 사업의 종류별, 지역별 구분 없이 전국 전 사업장에 동일하게 적용하게 함으로써 업종별, 지역별 특수성과 형평성을 전혀 고려하지 못하였다고 주장한다.

최저임금위원회는 2018년 적용 최저임금에 관한 심의 당시 최저임금의 업종별 구분적용과 지역별 구분적용 여부에 관하여도 논의를 하였고, 당시 업종별 구분적용에 대하여는 최저임금 취지상 업종별 구분적용의 타당성을 찾기 어려우며, 시행 첫 해 외에는 단일 최저임금을 유지해온 점, 저임금 적용 업종의 낙인효과 발생 우려, 업종별 구분을 위한 합리적인 기준이나 이를 뒷받침할 수 있는 통계인프라 부재 등의 이유로 2017. 7. 5. 제8차 전원회의에서 재직위원 27명 중 22명이 출석하여 17명이 구분적용에 반대하는 의결을 한 바 있다. 지역별 구분적용은 우리나라는 1일 생활권이고, 지역별 구분에 따라 노동력이 이동되어 지역 낙인효과가 우려되며, 지역별 노동력 수급의 왜곡과 국민통합 및 지역균형발전을 저해할 수 있음을 이유로 구분적용하지 아니하기로 하였다. 최저임금위원회는 2019년 적용 최저임금에 관하여 심의를 하면서도 최저임금의 사업별 구분적용안에 대해 논의하였으며, 2018. 7. 10. 제12차 전원회의에서 재직위원 27명 중 23명이 출석하여 14명이 사업별 구분적용에 반대하는 의결을 하였다.

최저임금위원회의 논의 과정 및 정책결정 근거 등을 종합적으로 고려할 때 위와 같은 판단은 존중될 필요가 있으며, 각 최저임금 고시 부분이 2018년 및 2019년 최저임금을 사업의 종류별, 지역별 구분 없이 전국 전 사업장에 동일하게 적용하게 하였더라도 이 역시 명백히 불합리하다고 할 수는 없다.

(라) 각 최저임금 고시 부분에 의해 청구인들은 근로자와 사이에 임금을 최저임금액 이상으로 하여 근로계약을 체결하여야 한다. 이러한 계약의 자유와 기업의 자유에 대한 제한은 현실적인 것이고 나아가 그 정도 역시 결코 적다고 할 수는 없다. 특히 중소기업이나 소상공인 중 열악한 상황에 처해있는 사업자들은 그 부담 정도가 상당히 클 것으로 보인다. 그러나 심판대상조항에 의하여 달성하려는 공익 역시 열악한 근로조건 아래 놓여 있는 저임금 근로자들의 임금에 일부나마 안정성을 부여하는 것으로서 근로자들의 인간다운 생활(헌법 제34조 제1항)을 보장하고 나아가 이를 통해 노동력의 질적 향상을 꾀하기 위한 것으로서 제한되는 사익에 비하여 그 중대성이 덜하다고 볼 수는 없다. 또한 청구인들의 기본권 제한은 정부가 2017. 7. 16., 2018. 1. 18., 2018. 8. 22. 세 차례에 걸쳐 마련하여 시행 중인 일자리 안정자금 지원, 소액결제 업종의 카드수수료 부담 완화 등 소상공인·자영업자 지원 대책을 통해 어느 정도 완화될 것으로 보인다. 한편 각 최저임금 고시 부분은 종래 최저임금이 현실적 생계유지 요구를 충족시키지 못하고 있다는 비판을 다소 불식시키고, 저임금근로자의 최저생활을 실질적으로 보장하는 효과를 거두고 있다. 또 주요 노동 경제지표의 개선 등 효과는 보다 장

기적으로 검증되어야 할 문제이나, 이러한 정책효과에 관한 입법자의 판단은 존중될 필요가 있다. 이를 종합하면 이 사건 최저임금 고시에 의하여 제한되는 사익보다 달성되는 공익이 적다고 보기 어렵다

(3) 따라서 각 최저임금 고시 부분이 과잉금지원칙을 위반하여 청구인들의 계약의 자유와 기업의 자유를 침해하였다고 할 수 없다.

라. 청구인들의 나머지 주장에 관한 판단

(1) 재산권 침해 주장에 관한 판단

청구인들은 각 최저임금 고시 부분이 청구인들과 같은 중소상공인들로 하여금 임금을 대폭 인상토록 강제함으로써 청구인들의 재산권을 침해한다고 주장한다.

헌법상 보장된 재산권은 원래 사적 유용성 및 그에 대한 원칙적인 처분권을 내포하는 재산가치 있는 구체적인 권리이므로 구체적 권리가 아닌 영리획득의 단순한 기회나 기업활동의 사실적·법적 여건은 기업에게는 중요한 의미를 갖는다고 하더라도 재산권 보장의 대상이 아니다(헌재 2005. 11. 24. 2004헌마536).

각 최저임금 고시 부분은 사용자가 최저임금의 적용을 받는 근로자에게 지급하여야 할 임금의 최저액을 정한 것으로 청구인들이 이로 인하여 계약의 자유와 기업의 자유를 제한 받는 결과 근로자에게 지급하여야 할 임금이 늘어나거나 생산성 저하, 이윤 감소 등 불이익을 겪을 우려가 있거나, 그 밖에 사업상 어려움이 발생할 수 있다고 하더라도 이는 기업활동의 사실적·법적 여건에 관한 것으로 재산권 침해는 문제되지 않는다.

따라서 청구인들의 위 주장은 이유 없다.

(2) 헌법상 경제질서 위배 주장에 관한 판단

청구인들은, 각 최저임금 고시 부분이 기업의 경제활동의 자유를 심각하게 저해하여 자유주의적 경제질서를 규정한 헌법 제119조 제1항에 위배되고, 중소기업에 큰 경제적 타격을 입혀 국가의 중소기업 보호·육성 의무를 규정한 헌법 제123조 제3항에 위배되며, 국가의 사영기업의 통제·관리의 금지를 규정한 헌법 제126조에도 위배된다고 주장한다.

헌법 제119조 제1항은 대한민국의 경제질서에 관하여, 제123조 제3항은 국가의 중소기업 보호·육성 의무에 관하여 규정한 조항이고, 제126조는 사영기업의 국·공유화에 대한 제한을 규정한 조항으로서 경제질서에 관한 헌법상의 원리나 제도를 규정한 조항들이다. 헌법재판소법 제68조 제1항에 의한 헌법소원에 있어서 헌법상의 원리나 헌법상 보장된 제도의 내용이 침해되었다는 사정만으로 바로 청구인들의 기본권이 직접 현실적으로 침해된 것이라고 할 수 없으며, 각 최저임금 고시 부분이 헌법 제119조를 비롯한 헌법상 경제질서에 관한 원리나 제도에 위반되지 않는다는 것은 위에서 본 청구인들의 계약의 자유와 기업의 자유 침해 여부에 대한 판단을 통해 이미 밝혀졌다고 할 것이다(헌재 2008. 7. 31. 2006헌마400).

따라서 청구인들의 위 주장 역시 이유 없다.

6. 결 론

그렇다면 이 사건 심판청구 중 이 사건 각 고시의 각 월 환산액 부분에 대한 청구는 부적법하여 이를 각하하고, 나머지 부분에 대한 청구는 이유 없으므로 이를 기각하기로 하여 주문과 같이 결정한다. 이 결정은 아래 7.과 같은 재판관 이선애, 재판관 이종석, 재판관 이영진의 법정의견에 대한 보충의견과 아래 8.과 같은 재판관 이은애, 재판관 문형배, 재판관 이미선의 각 최저임금 고시 부분에 대한 반대의견이 있는 외에는 관여 재판관의 일치된 의견에 따른 것이다.

7. 재판관 이선애, 재판관 이종석, 재판관 이영진의 법정의견에 대한 보충의견

우리는 이 사건 각 최저임금 고시 부분이 청구인들의 기본권을 침해하지 않는다는 법정의견에 동의한다. 다만 최저임금액의 결정이 근로의 권리 및 인간다운 생활을 할 권리와 기업의 자유를 조화롭게 보장하는 데 기여하기 위해서는 결정기준의 구체적인 계측방법 내지 통계자료 등을 제도적으로 구비하여 주요 경제지표와 현실에 대한 객관적 분석을 한 기초 위에서 투명하고 공개적인 논의가 절차적으로 보장되어야 하고, 이를 통해 기업의 예측가능성이 담보됨과 동시에 기업과 근로자의 이해관계가 세밀하게 조정되는 과정을 거치는 것이 필요하다는 점을 덧붙이고자 한다.

가. 경제주체간의 조화와 최저임금제도

(1) '우리 헌법이 규정하는 경제질서는 개인과 기업의 경제상의 자유와 창의를 존중하는 시장경제를 기본으로 하면서, 사회정의, 공정한 경쟁질서, 경제민주화 등을 실현하기 위한 국가의 규제와 조정을 허용하는 사회적 시장경제이며, 입법자는 경제영역에서의 국가목표를 이루기 위하여 가능한 여러 정책 중 필요하다고 판단되는 경제정책을 선택할 수 있고 그러한 정책판단과 선택은 존중되어야 한다'는 취지의 법정의견에 동의한다.

다만, 입법자가 경제영역에서 한 정책판단과 선택이 존중되어야 한다는 것은 입법자의 규제·조정권한의 행사가 경제현실의 역사와 미래에 대한 전망, 목적달성에 소요되는 경제적·사회적 비용, 당해 경제문제에 관한 국민 내지 이해관계인의 인식 등 제반 사정을 두루 감안하는 것을 전제로 하며, 특히 균형 있는 국민경제의 성장 및 안정이나 적정한 소득의 분배 유지를 저해하거나 경제주체 사이의 조화를 해치는 것이 아닐 것이 요구된다는 점을 덧붙이고자 한다.

(2) 최저임금제의 시행은 헌법 제32조 제1항에 따른 입법자의 의무에 속하는 사항이며, 최저임금제의 시행은 근로자의 근로의 권리와 인간다운 생활을 할 권리의 보장을 위해서 요구될 뿐 아니라 균형 있는 국민경제의 성장과 적정한 소득의 분배 등을 위해서도 필요하다고 본다.

최저임금제는 기업이 지불하는 임금의 하한을 통제하는 것을 본질로 하므로, 시장의 상황에 따라, 또 최저임금액의 수준 등 다양한 변수에 따라 그 효과는 달라질 수 있다. 현재 우리 사회에서 최저임금제가 고용의 규모나 구조, 물가인상이나 소비촉진, 소득불평등 등에 미치는 영향에 관하여 여러 상반되는 연구결과가 존재하는 것 역시 이와 같은 측면에서 이해할 수 있다.

(3) 이 사건 각 최저임금 고시 부분은 최저임금법 제8조에 의하여 최저임금위원회가 심의·의결한 최저임금안에 따라 고용노동부장관이 결정한 것으로, 최저임금법 제4조가 최저임금의 결정기준으로 예시하는 근로자의 생계비, 유사 근로자의 임금, 노동생산성 및 소득분배율 등을 고려하여 정한 것이다. 법률상 매년 반복될 것이 예정되어 있는 최저임금액 결정에 있어서 근로의 권리 및 인간다운 생활을 할 권리와 기업의 자유를 조화롭게 보장하기 위해서는 제도의 적절한 보완과 세심한 배려를 담은 제도시행이 필요하다.

나. 최저임금위원회의 구성 및 심의

(1) 최저임금위원회에는 근로자위원 9명 외에 고용노동부장관이 제청한 공익을 대표하는 공익위원 9명과 사용자위원 9명이 포함되어 있다(최저임금법 제14조). 사용자위원은 전국적 규모의 사용자 단체 중 고용노동부장관이 지정하는 단체(상공회의소법에 따른 대한상공회의소, 중소기업협동조합법에 따른 중소기업중앙회 등)에서 추천한 사람 중에서 위촉되고 있는데(최저임금법 시행령 제12조 제3항), 소상공인·자영업자 등은 고용구조에서 차지하는 비중에 비추어볼 때 의미 있는 참여를 보장받지 못하고 과소대표될 가능성이 있으므로 이에 대한 배려가 필요하다. 근로자위원의 경우에도 총연합단체인 노동조합에서 추천한 사람 중에서 위촉되고 있는데(최저임금법 시행령 제12조 제3항), 근로영역이나 근로자의 성별, 연령, 숙련도 등에 따라 상호 이해가 충돌할 수 있는 점을 고려하여 위촉하는 것이 필요하다.

(2) 1988년부터 2018년까지 기간 동안 최저임금위원회에서 한 32회의 최저임금 인상 결정 중 합의에 의한 것은 7회 뿐이었고, 표결을 실시한 25회 중 위원 전원이 참석한 것은 8회 뿐이었으며, 나머지 17회는 사용자나 근로자 위원 중 한 쪽이 전원 불참한 상태에서 표결하는 등 대부분 합의점을 찾지 못해 표결로 인상폭을 결정해 왔고, 그 과정에서 공익위원의 의중이 상당 부분 결정을 좌우해 왔다. 2019년 적용 최저임금의 의결 역시 사용자 위원 전원이 불참한 상태에서 표결로 공익위원이 제출한 안건이 결정되었다.

노사대표가 동수인 현행 제도상 최저임금의 인상은 실제 공익위원에 의해서 결정되는 경우가 많고, 위원회의 위원장과 부위원장도 공익위원 중에서 선출되므로(최저임금법 제15조 제2항), 공익위원의 중립성과 전문성은 매우 중요하다. 경제현실에 대한 분석과 장기적 전망 등에 전문성을 갖추고 최저임금제도의 목적과 취지에 부합하는 결정을 할 수 있는 중립적인 공익위원의 위촉이 요청된다.

(3) 고용노동부장관은 최저임금위원회가 심의하여 의결한 최저임금안에 따라 최저임금을 결정하여야 하므로(최저임금법 제8조 제1항), 최저임금위원회의 심의·의결이 정당한 절차를 거쳐 다양한 의견을 합리적으로 수렴하는 방식으로 이루어지도록 하는 것은 매우 중요하다. 또한 최저임금액을 결정함에 있어서 공정성·투명성·신뢰성 제고를 위하여 최저임금의 결정기준 및 결정기준의 계측방법 등이 사전에 구체적으로 공표될 수 있도록 하고, 필요한 경우 그에 관한 해석·설명이 덧붙여져 질 수 있도록 관련제도를 보완하는 것이 요청된다.

관계 근로자, 사용자 등의 의견청취(최저임금법 제18조) 및 사업의 종류별·특정사항별 전문위원회(최저임금법 제19조)를 활성화하는 한편, 근로자 대표나 사용자 대표의 최저임금안에 대한 이의제기(최저임금법 제9조 제2항)가 실질적 의미를 가질 수 있도록 최저임금의 결정과정과 최저임금 결정의 근거와 이유가 명확하게 공개되고 제시되어야 하며, 재심의(최저임금법 제9조 제3항, 제4항) 과정 역시 투명하게 공개될 수 있도록 관련제도를 보완할 필요가 있다.

다. 주요 경제지표 등에 대한 분석과 반영

최저임금은 근로자의 생계비, 유사근로자의 임금, 노동생산성 및 소득분배율 등을 고려하여 정해야 하는데(최저임금법 제4조 제1항), 법에 규정된 결정기준은 예시적인 것이다. 최저임금법의 목적은 임금의 최저수준을 보장하여 근로자의 생활안정과 노동력의 질적 향상을 꾀함으로써 국민경제의 건전한 발전에 이바지하는 것이고(최저임금법 제1조), 최저임금제도의 목적 달성을 위해서는 경제현실에 대한 합리적 분석과 장래 예측을 통해 기업과 근로자의 이해관계를 적절하게 조정하는 것이 중요하므로 최저임금법 제4조 제1항이 예시한 지표 이외의 주요 경제지표에 관한 분석과 활용이 필요하다. 이 사건 각 최저임금 고시 부분의 결정 과정에서는 법에 예시된 기준 외에 경제성장률, 전산업생산지수, 경기지수, 고용률 및 실업률, 소비자 물가, 임금동향, 각종 지표에 대한 향후 전망 등 주요 노동·경제지표가 고려되었다.

다만 현행 법령상 최저임금액 결정에 있어서 다양한 경제지표 중 어떠한 경제지표를 어떻게 얼마나 반영해야 하는지가 정해져 있지 않고, 경제지표와 관련한 통계의 작성 및 제출 절차 역시 정해져 있지 않으며, 최저임금액 결정의 구체적인 근거와 이유를 제시할 의무도 정해져 있지 않기 때문에 주요 경제지표의 정확성이나 그 객관적 분석과 활용이 언제나 담보된다고 보기는 어렵다. 신뢰할 수 있는 통계의 작성부터 분석, 활용에 이르기까지 전문성과 중립성을 갖춘 기관과 개인의 참여, 자료의 축적, 투명한 공개 등을 제도적으로 보장하는 방안을 검토할 필요가 있다. 프랑스의 근로자 구매력 상승률을 반영하는 방식, 캐나다의 최저임금률을 소비자 물가지수로 측정되는 물가상승률과 연동되도록 하는 방식 등 일정한 객관적 경제지표를 바탕으로 최저임금을 결정하는 방안도 참조할 수 있을 것이다. 절차의 투명성을 확보하고 기준의 공정성에 대한 신뢰를 형성하게 되면 최저임금 결정을 둘러싼 사회적 갈등의 비용을 줄이는 데 기여할 수 있을 것이라고 본다. 최저임금액 결정을 함에 있어 각종 경제지표를 심의과정에 현출하였다는 사정만으로는 부족하고, 최저임금액 결정의 구체적인 근거와 이유로서 어떠한 경제지표를 어떻게 얼마나 반영하였는지 여부와 신뢰할 수 있는 관련 통계가 작성 및 제출되어 분석 및 활용되었는지 여부 등이 합리적으로 검증될 수 있어야 한다.

라. 기업과 근로자의 이해관계의 조정

우리나라는 중소기업이나 소상공인이 전체 사업체 중 차지하는 비율과 이들 사업체에 고용된 종사자 수의 비중이 상당하므로 경제상황의 변화나 인건비 상승에 따라 기업의 경영여건이 영향을 받기 쉽고, 고용현황 역시 마찬가지이다. 따라서 사용자와 근로자의 이해관계의 조정에 특히 세밀한 주의를 기울일 필요가 있으며, 그와 같은 관점에서 볼 때 업종이나 지역, 근로자의 숙련도 등을 전혀 고려하지 않고 일률적으로 최저임금액을 정한 이 사건 각 최저임금 고시 부분이 현저히 불합리한 것은 아니라고 할지라도 가장 적절한 방식을 채택하고 있다고도 보기 어렵다.

외국의 경우, 영국이 연령별로, 일본이 지역별·산업별로, 호주가 연령별·업종별·숙련도별로 최저임금을 각 차등적용하고 있으며, 그 밖에도 도제식 근로의 경우나 장기실업 후 재취업의 경우, 근무시간 측정이 어려운 외근 근로자의 경우, 직업훈련생의 경우, 소규모 농장 근로나 가정 내 근로의 경우 등 근로자의 숙련도나 근무형태, 업종의 특성 등을 고려하여 최저임금의 적용을 제외하는 등 차등적용이 가능하게 하고 있음을 참조할 수 있다. 우리나라도 과거 최저임금을 처음 도입할 무렵 업종과 규모를 고려하여 단계적으로 최저임금을 적용함으로써 부작용을 최소화한 바 있다. 현행법상 사업의 종류별 구분가능성을 열어두고 있고(최저임금법 제4조 제1항), 근로계약의 형태나 임금 지급의 형태에 따라 최저임금액을 따로 정할 수 있도록 하고 있으므로(최저임금법 제5조 제2항, 제3항), 향후 다양한 방식의 이해관계 조정을 검토할 필요가 있다.

마. 소결

최저임금제는 단지 저임금 근로자의 소득보장만을 위한 것이 아니고, 고용증진 및 적정임금의 보장, 노동력의 질적 향상을 통해 국민경제의 균형 있는 발전을 도모하기 위한 것이기도 하다. 최저임금의 급격한 인상이 고용이나 경제상황에 미칠 수 있는 긍정적·부정적 영향은 주의 깊게, 또한 균형 있게 검토되어야 한다. 최저임금제도의 목적을 어느 정도 달성할 수 있는가는 최저임금액의 결정이 얼마나 합리적으로 이루어지는가에 달려 있으며, 경제상황에 맞게 기업과 근로자의 상반되는 이해관계를 조화롭게 조정하는 지혜로운 시행이 필요하다.

8. 재판관 이은애, 재판관 문형배, 재판관 이미선의 각 최저임금 고시 부분에 대한 반대의견

우리는 법정의견과 달리 이 사건 심판청구 중 각 최

저임금 고시 부분이 헌법소원의 보충성 요건을 충족하지 못하여 부적법하다고 생각하므로, 다음과 같이 반대의견을 밝힌다.

가. 공권력의 행사 또는 불행사로 인하여 헌법상 보장된 기본권을 침해받은 자는 다른 법률에 구체절차가 있는 경우에는 그 절차를 모두 거친 후가 아니면 헌법소원심판을 청구할 수 없다(헌법재판소법 제68조 제1항 단서). 한편 고시의 법적 성질은 일률적으로 판단될 것이 아니라 고시에 담겨진 내용에 따라 구체적인 경우마다 달리 결정된다. 즉, 고시가 일반적·추상적 성격을 가질 때에는 법규명령 또는 행정규칙에 해당하지만, 고시가 구체적인 규율의 성격을 갖는다면 행정처분에 해당한다(헌재 1998. 4. 30. 97헌마141).

나. 최저임금법을 비롯한 관련 규정을 살펴보아도 각 최저임금 고시 부분에 따라 근로자를 고용한 사업장의 사용자를 개별적·구체적으로 규율하기 위하여 매개가 예정된 집행행위를 찾기 어렵다. 한편 최저임금법은 제6조 제1항에서 사용자는 최저임금법의 적용을 받는 근로자에게 최저임금액 이상의 임금을 지급하여야 한다고 규정하면서, 제3항에서 최저임금의 적용을 받는 근로자와 사용자 사이의 근로계약 중 최저임금액에 미치지 못하는 금액을 임금으로 정한 부분은 무효로 하며, 이 경우 무효로 된 부분은 이 법으로 정한 최저임금액과 동일한 임금을 지급하기로 한 것으로 본다고 규정하고 있다. 제28조 제1항에서는 제6조 제1항 또는 제2항을 위반하여 최저임금액보다 적은 임금을 지급하거나 최저임금을 이유로 종전의 임금을 낮춘 자는 3년 이하의 징역 또는 2천만 원 이하의 벌금에 처한다고 규정하고 있다. 위와 같은 각 최저임금 고시 부분의 내용 및 최저임금법에 따른 효력, 그 위반 시 따르는 형사처벌 등을 고려할 때, 각 최저임금 고시 부분은 다른 집행행위의 매개 없이 그 자체로서 직접 사용자와 근로자 사이의 임금지급에 관한 구체적인 권리·의무나 법률관계를 규율한다고 봄이 상당하다.

다. 헌법재판소는 신도시 주변지역에 대하여 개발행위허가를 제한하는 건설교통부 고시가 특정 개인의 구체적인 권리·의무나 법률관계를 직접적으로 규율하는 성격을 갖는 행정처분에 해당한다고 보았고(헌재 2008. 12. 26. 2007헌마862), 노동조합 및 노동관계조정법에 따른 근로시간 면제 한도를 정한 고용노동부 고시에 관한 헌법소원심판청구에 대하여 위 고시가 별도의 집행행위를 요하지 아니하고 곧바로 근로시간 면제 한도에 관하여 근로자 등에 구체적이고 직접적으로 적용되는 것으로 그 처분성이 인정되므로 헌법소원의 보충성 요건을 충족하지 못하여 부적법하다고 결정한 바 있다(헌재 2014. 5. 29. 2010헌마606). 또한 대법원도 항정신병 치료제의 요양급여에 관한 보건복지부 고시(대법원 2003. 10. 9. 자 2003무23 결정), 보건복지부 고시인 '약제급여·비급여 목록 및 상한금액표'(대법원 2006. 9. 22. 선고 2005두2506 판결, 대법원 2006. 12. 21. 선고 2005두16161 판결), 인터넷 웹사이트인 'http://(상세 생략).com'을 청소년 유해매체물로 정한 정보통신윤리위원회 고시(대법원 2007. 6. 14. 선고 2004두619 판결)에 대하여 다른 집행행위의 매개 없이 그 자체로서 해당 법률관계를 직접 규율하는 성격을 가진다는 이유로 항고소송의 대상이 되는 행정처분에 해당한다는 취지로 판시한 바 있다.

앞서 살펴 본 바와 같은 이 사건 각 최저임금 고시 부분의 내용 및 최저임금법에 따른 효력, 그 위반 시 따르는 형사처벌 등을 고려할 때, 이 사건 각 최저임금 고시 부분은 헌법재판소와 대법원이 종전에 처분성을 인정한 고시보다 다른 집행행위의 매개 없이 그 자체로서 직접 사용자와 근로자 사이의 구체적인 권리·의무나 법률관계를 규율함이 더욱 명확하다.

라. 따라서 최저임금법 제5조 제1항, 제9조 제1항, 제10조 제1항이 규정한 대로 최저임금위원회가 심의·의결한 최저임금안에 따라 고용노동부장관이 결정·고시한 각 최저임금 고시 부분은 다른 집행행위의 매개 없이 그 자체로서 사용자가 근로자에게 지급하여야 할 최저임금액에 관하여 구체적이고 직접적으로 적용되므로 그 처분성이 인정된다. 청구인들은 이 사건 각 최저임금 고시 부분에 대하여 법원에 무효확인 등의 소송을 제기하여 구제절차를 밟을 수 있음에도 이를 거치지 않고 이 사건 심판청구를 하였으므로, 이 사건 각 최저임금 고시 부분에 대한 심판청구는 헌법소원의 보충성 요건을 충족하지 못하여 부적법하다.

재판관 유남석 이선애 이석태 이은애 이종석 이영진 김기영 문형배 이미선

[별지 1] 청구인 명단

사단법인 ○○협회 외 39인

[별지 2] 청구인 명단

사단법인 ○○협회 외 30인

[별지 3] 관련조항

2018년 적용 최저임금 고시(2017. 8. 4. 고용노동부고시 제2017-42호)

2. 최저임금의 사업의 종류별 구분 여부

ㅇ 사업의 종류별 구분 없이 전 사업장에 동일하게 적용

3. 최저임금 적용 기간: 2018. 1. 1.~2018. 12. 31.

2019년 적용 최저임금 고시(2018. 8. 3. 고용노동부고시 제2018-63호)

2. 최저임금의 사업의 종류별 구분 여부

ㅇ 사업의 종류별 구분 없이 전 사업장에 동일하게 적용

3. 최저임금 적용 기간: 2019. 1. 1.~2019. 12. 31.

최저임금법(1986. 12. 31. 법률 제3927호로 제정된 것)

제6조(최저임금의 효력) ① 사용자는 최저임금의 적용을 받는 근로자에 대하여 최저임금액이상의 임금을 지급하여야 한다.

최저임금법(2005. 5. 31. 법률 제7563호로 개정된 것)

제4조(최저임금의 결정기준과 구분) ① 최저임금은 근로자의 생계비, 유사 근로자의 임금, 노동생산성 및 소득분배율 등을 고려하여 정한다. 이 경우 사업의 종류별로 구분하여 정할 수 있다.

제5조(최저임금액) ① 최저임금액(최저임금으로 정한 금액을 말한다. 이하 같다)은 시간·일·주 또는 월을 단위로 하여 정한다. 이 경우 일·주 또는 월을 단위로 하여 최저임금액을 정할 때에는 시간급으로도 표시하여야 한다.

최저임금법(2008. 3. 21. 법률 제8964호로 개정된 것)

제6조(최저임금의 효력) ③ 최저임금의 적용을 받는 근로자와 사용자 사이의 근로계약 중 최저임금액에 미치지 못하는 금액을 임금으로 정한 부분은 무효로 하며, 이 경우 무효로 된 부분은 이 법으로 정한 최저임금액과 동일한 임금을 지급하기로 한 것으로 본다.

제14조(위원회의 구성 등) ① 위원회는 다음 각 호의 위원으로 구성한다.

1. 근로자를 대표하는 위원(이하 "근로자위원"이라 한다) 9명
2. 사용자를 대표하는 위원(이하 "사용자위원"이라 한다) 9명
3. 공익을 대표하는 위원(이하 "공익위원"이라 한다) 9명

최저임금법(2010. 6. 4. 법률 제10339호로 개정된 것)

제4조(최저임금의 결정기준과 구분) ② 제1항에 따른 사업의 종류별 구분은 제12조에 따른 최저임금위원회의 심의를 거쳐 고용노동부장관이 정한다.

제8조(최저임금의 결정) ① 고용노동부장관은 매년 8월 5일까지 최저임금을 결정하여야 한다. 이 경우 고용노동부장관은 대통령령으로 정하는 바에 따라 제12조에 따른 최저임금위원회(이하 "위원회"라 한다)에 심의를 요청하고, 위원회가 심의하여 의결한 최저임금안에 따라 최저임금을 결정하여야 한다.

② 위원회는 제1항 후단에 따라 고용노동부장관으로부터 최저임금에 관한 심의 요청을 받은 경우 이를 심의하여 최저임금안을 의결하고 심의 요청을 받은 날부터 90일 이내에 고용노동부장관에게 제출하여야 한다.

제10조(최저임금의 고시와 효력발생) ① 고용노동부장관은 최저임금을 결정한 때에는 지체 없이 그 내용을 고시하여야 한다.

② 제1항에 따라 고시된 최저임금은 다음 연도 1월 1일부터 효력이 발생한다. 다만, 고용노동부장관은 사업의 종류별로 임금교섭시기 등을 고려하여 필요하다고 인정하면 효력발생 시기를 따로 정할 수 있다.

제12조(최저임금위원회의 설치) 최저임금에 관한 심의와 그 밖에 최저임금에 관한 중요 사항을 심의하기 위하여 고용노동부에 최저임금위원회를 둔다.

제13조(위원회의 기능) 위원회는 다음 각 호의 기능을 수행한다.

1. 최저임금에 관한 심의 및 재심의
2. 최저임금 적용 사업의 종류별 구분에 관한 심의
3. 최저임금제도의 발전을 위한 연구 및 건의
4. 그 밖에 최저임금에 관한 중요 사항으로서 고용노동부장관이 회의에 부치는 사항의 심의

최저임금법(2012. 2. 1. 법률 제11278호로 개정된 것)

제28조(벌칙) ① 제6조 제1항 또는 제2항을 위반하여 최저임금액보다 적은 임금을 지급하거나 최저임금을 이유로 종전의 임금을 낮춘 자는 3년 이하의 징역 또는 2천만 원 이하의 벌금에 처한다. 이 경우 징역과 벌금은 병과할 수 있다.

15. 정치자금법 제6조 위헌확인

[2019. 12. 27. 2018헌마301·430(병합)]

【판시사항】

가. 특별시장·광역시장·특별자치시장·도지사·특별자치도지사(이하 '광역자치단체장'이라 한다) 선거의 예비후보자를 후원회지정권자에서 제외하고 있는 정치자금법 제6조 제6호 부분(이하 '광역자치단체장선거의 예비후보자에 관한 부분'이라 한다)이 청구인들의 평등권을 침해하는지 여부(적극)

나. 헌법불합치 결정을 선고한 사례

다. 자치구의 지역구의회의원(이하 '자치구의회의원'이라 한다) 선거의 예비후보자를 후원회지정권자에서 제외하고 있는 정치자금법 제6조 제6호 부분(이하 '자치구의회의원선거의 예비후보자에 관한 부분'이라 한다)이 청구인들의 평등권을 침해하는지 여부(소극)

【결정요지】

가. 선거비용제한액 및 실제 지출액, 후원회 모금한도 등을 고려해 볼 때, 광역자치단체장 선거의 경우 국회의원선거보다 지출하는 선거비용의 규모가 크고, 후원회를 통해 선거자금을 마련할 필요성 역시 매우 크다. 그럼에도 광역자치단체장선거의 경우 후보자가 후원금을 모금할 수 있는 기간이 불과 20일 미만으로 제한되고 있다. 또한 군소정당이나 신생정당, 무소속 예비후보자의 경우에는 선거비용의 보전을 받기 어려운 경우가 많은 현실을 고려할 때 후원회 제도를 활용하여 선거자금을 마련할 필요성이 더욱 절실하고, 이들이 후원회 제도를 활용하는 것을 제한하는 것은 다양한 신진 정치세력의 진입을 막고 자유로운 경쟁을 통한 정치 발전을 가로막을 우려가 있다.

후원회제도 자체가 광역자치단체장의 직무수행의 염결성을 저해하는 것으로 볼 수는 없고, 광역자치단체장의 직무수행의 염결성은 후원회제도가 정치적 영향력을 부당하게 행사하는 통로로 악용될 소지를 차단하기 위한 정치자금법의 관련규정, 즉 후원인이 후원회에 기부할 수 있는 금액의 제한 규정(제11조), 후원금의 구체적 모금방법에 대한 규정(제14조 내지 제18조), 정치자금법상 후원회에 관한 규정을 위반한 경우의 처벌규정(제45조 제1항, 제2항, 제46조, 제51조) 등을 통한 후원회 제도의 투명한 운영으로 확보될 수 있다.

그동안 정치자금법이 여러 차례 개정되어 후원회지정권자의 범위가 지속적으로 확대되어 왔음에도 불구하고, 국회의원선거의 예비후보자 및 그 예비후보자에게 후원금을 기부하고자 하는 자와 광역자치단체장선거의 예비후보자 및 이들 예비후보자에게 후원금을 기부하고자 하는 자를 계속하여 달리 취급하는 것은, 불합리한 차별에 해당하고 입법재량을 현저히 남용하거나 한계를 일탈한 것이다.

따라서 심판대상조항 중 광역자치단체장선거의 예비후보자에 관한 부분은 청구인들 중 광역자치단체장선거의 예비후보자 및 이들 예비후보자에게 후원금을 기부하고자 하는 자의 평등권을 침해한다.

나. 다만 위 조항에 대하여 단순위헌결정을 하여 당장 그 효력을 상실시킬 경우 지방자치단체의 장 선거의 후보자 역시 후원회를 지정할 수 있는 근거규정이 없어지게 되어 법적 공백상태가 발생한다. 이는 후원회제도 자체를 위헌으로 판단한 것이 아닌데도 제도 자체가 위헌으로 판단된 경우와 동일한 결과가 나타나는 것이다. 이러한 이유로 심판대상조항 중 광

역자치단체장선거의 예비후보자에 관한 부분에 대하여 단순위헌결정을 하는 대신 헌법불합치결정을 선고하되, 2021. 12. 31.을 시한으로 입법자가 위 부분의 위헌성을 제거하고 합리적인 내용으로 법률을 개정할 때까지 이를 계속 적용하도록 할 필요가 있다.

다. 자치구의회의원은 대통령, 국회의원과는 그 지위나 성격, 기능, 활동범위, 정치적 역할 등에서 본질적으로 다르다. 자치구의회의원의 활동범위는 해당 자치구의 지역 사무에 국한되고, 그에 수반하여 정치자금을 필요로 하는 정도나 소요자금의 양에서도 현격한 차이가 있을 수밖에 없다. 그리고 이러한 차이를 후원회를 둘 수 있는 자의 범위와 관련하여 입법에 어느 정도 반영할 것인가 하는 문제는 입법자가 결정할 국가의 입법정책에 관한 사항으로서 입법재량 내지 형성의 자유가 인정되는 영역이다.

자치구의회의원의 경우 선거비용 이외에 정치자금의 필요성이 크지 않으며 선거비용 측면에서도 대통령선거나 국회의원선거에 비하여 선거운동 기간이 비교적 단기여서 상대적으로 선거비용이 적게 드는 점 등에 비추어 보면, 국회의원선거의 예비후보자와 달리 자치구의회의원선거의 예비후보자에게 후원회를 통한 정치자금의 조달을 불허하는 것에는 합리적인 이유가 있다.

따라서 심판대상조항 중 자치구의회의원선거의 예비후보자에 관한 부분은 청구인들 중 자치구의회의원선거의 예비후보자 및 이들 예비후보자에게 후원금을 기부하고자 하는 자의 평등권을 침해한다고 볼 수 없다.

재판관 이석태, 재판관 이은애, 재판관 이영진, 재판관 김기영, 재판관 문형배의 자치구의 회의원선거의 예비후보자에 관한 부분에 대한 인용의견

자치구의회의원선거의 경우에도 선거를 위해 선거사무소 설치, 기탁금 납부, 향후 선거 홍보 비용 지출 등을 위한 선거자금이 필요한 것은 마찬가지이다. 그럼에도 자치구의회의원선거의 후보자에 대하여 후원금을 모금할 수 있는 기회를 원천적으로 봉쇄하고 있는 것은 지나치게 가혹하다고 할 것이다.

군소정당이나 신생정당, 무소속 예비후보자의 경우에는 후원회 제도를 활용하여 선거자금을 마련할 필요성이 더욱 절실함은 자치구의회의원선거의 경우에도 마찬가지이다.

자치구의회의원은 주민의 개별적·이질적 그리고 다양한 의사와 이해관계를 통합하고 자치구의 의사를 형성하는 역할을 하므로, 그 선거에 있어 그 후보자에게 후원회를 지정할 수 있도록 하는 것이 오히려 후원회제도의 입법목적 및 철학적 기초에 부합할 것이다. 또한 자치구의회의원의 직무 수행과 관련한 염결성의 확보는 정치자금법의 관련규정 등으로 보장될 수 있다.

이와 같은 사정을 종합해 볼 때, 국회의원선거의 예비후보자와 자치구의회의원선거의 예비후보자를 달리 취급하는 것은, 불합리한 차별에 해당하고 입법재량을 현저히 남용하거나 한계를 일탈한 것이다.

따라서 심판대상조항 중 자치구의회의원선거의 예비후보자에 관한 부분은 청구인들 중 자치구의회의원선거의 예비후보자 및 이들 예비후보자에게 후원금을 기부하고자 하는 자의 평등권을 침해한다.

재판관 이선애의 심판대상조항 중 광역자치단체장선거의 예비후보자에 관한 부분에 대한 반대의견

광역자치단체장은 주민의 복리에 관한 자치사무의 집행기관으로서 그 지위, 성격 및 기능에서 대통령, 국회의원과는 본질적으로 차이가 있고, 후원회를 통하여 정치자금을 지원해 줄 필요성 역시 각 선거별 예비후보자마다 다를 수 있다.

또한 광역자치단체장은 지역 주민들과 잦은 접촉을 하며 직무를 수행하여야 하는 지위에 비추어 보면 선거과정에서부터 미리 예비후보자에 대한 대가성 후원을 통해 당선 이후 정치적 영향력을 행사하고자 하는 사람들의 접근이 예상되므로 후원회를 통한 정치자금 모금을 어느 정도 제한할 필요가 있다.

광역자치단체장선거의 예비후보자는 광역자치단체장선거의 후보자로 등록한 이후에는 후원회 구성이 가능하므로, 후원의 시기가 달라질 뿐 후원금 모금 및 기부가 전면적으로 금지되는 것은 아니다.

따라서 국회의원선거의 예비후보자와 달리 광역자치단체장선거의 예비후보자에게 후원회를 통한 정치자금의 조달을 불허하는 것에는 합리적인 이유가 있고, 이를 두고 입법재량을 현저히 남용하거나 한계를 일탈한 것이라고 보기는 어렵다.

【심판대상조문】

정치자금법(2010. 1. 25. 법률 제9975호로 개정된 것) 제6조 제6호 중 '특별시장·광역시장·특별자치시장·도지사·특별자치도지사 선거의 예비후보자'에 관한 부분

정치자금법(2010. 1. 25. 법률 제9975호로 개정된 것) 제6조 제6호 중 '자치구의 지역구의회의원 선거의 예비후보자'에 관한 부분

【참조조문】

정치자금법(2010. 1. 25. 법률 제9975호로 개정된 것) 제6조 제1호 내지 제5호

정치자금법(2005. 8. 4. 법률 제7682호로 개정된 것) 제3조 제8호 나목, 제14조 제1항, 제16조, 제18조, 제45조 제1항, 제2항, 제46조

정치자금법(2012. 2. 29. 법률 제11376호로 개정된 것) 제17조

정치자금법(2016. 1. 15. 법률 제13758호로 개정된 것) 제15조

정치자금법(2017. 6. 30. 법률 제14838호로 개정된 것) 제11조, 제12조 제1항, 제51조

공직선거법(2005. 8. 4. 법률 제7681호로 개정된 것) 제122조의2 제2항 제1호

공직선거법(2010. 1. 25. 법률 제9974호로 개정된 것) 제60조의2 제1항

공직선거법(2011. 7. 28. 법률 제10981호로 개정된 것) 제49조 제1항

【참조판례】

가. 헌재 2000. 6. 1. 99헌마576, 판례집 12-1, 724, 730

헌재 2001. 10. 25. 2000헌바5, 판례집 13-2, 469, 476

헌재 2006. 5. 25. 2005헌마1095 판례집 18-1하, 159, 162

헌재 2016. 9. 29. 2015헌바228, 판례집 28-2상, 426, 430

다. 헌재 2000. 6. 1. 99헌마576, 판례집 12-1, 724, 730

헌재 2001. 10. 25. 2000헌바5, 판례집 13-2, 469, 478

헌재 2004. 5. 14. 2004헌나1, 판례집 16-1, 609, 646

헌재 2006. 5. 25. 2005헌마1095, 판례집 18-1하, 159, 162

헌재 2008. 1. 17. 2007헌마700 판례집 20-1상, 139, 167

헌재 2016. 9. 29. 2015헌바228 판례집 28-2상, 426, 432

【당 사 자】

청 구 인 1. 이○○(변호사)(2018헌마301)
2. 나○○(변호사)(2018헌마301)
3. 나□□(2018헌마430)
4. 최○○(2018헌마430)
5. 강○○(2018헌마430)
6. 윤○○(2018헌마430)
7. 윤□□(2018헌마430)

8. 김○○(2018헌마430)
9. 유○○(2018헌마430)
10. 김□□(2018헌마430)
11. 김△△(2018헌마430)
청구인 3 내지 11의 대리인 법무법인 지음
담당변호사 김정희 외 3인

【주 문】

1. 정치자금법(2010. 1. 25. 법률 제9975호로 개정된 것) 제6조 제6호 중 '특별시장·광역시장·특별자치시장·도지사·특별자치도지사 선거의 예비후보자'에 관한 부분은 헌법에 합치되지 아니한다. 위 법률조항은 2021. 12. 31.을 시한으로 입법자가 개정할 때까지 계속 적용된다.

2. 정치자금법(2010. 1. 25. 법률 제9975호로 개정된 것) 제6조 제6호 중 '자치구의 지역구의회의원 선거의 예비후보자'에 관한 부분에 대한 심판청구를 모두 기각한다.

【이 유】

1. 사건개요

가. 2018헌마301

청구인 이○○은 2018. 6. 13. 실시된 제7회 전국동시지방선거에서 ○○도지사 후보로 출마하기 위하여 예비후보자로 등록한 사람이고, 청구인 나○○은 청구인 이○○이 후원회를 둘 경우 이에 후원하고자 하는 사람이다.

그런데 정치자금법 제6조에서 광역자치단체의 장 선거의 예비후보자를 후원회지정권자로 하고 있지 않아 청구인 이○○을 위한 후원회를 구성할 수 없게 되자, 위 청구인들은 위 법률조항이 자신들의 기본권을 침해한다고 주장하면서, 2018. 3. 22. 헌법소원심판을 청구하였다.

나. 2018헌마430

2018. 6. 13. 실시된 제7회 전국동시지방선거에 청구인 나□□는 ○○시장 후보로, 청구인 최○○, 강○○, 윤○○, 김○○는 □□ ○○구 지방의회의원 후보로, 청구인 윤□□는 □□ □□구 지방의회의원 후보로, 청구인 유○○, 김□□는 □□ △△구 지방의회의원 후보로 각 출마하기 위하여 예비후보자로 등록한 사람들이고, 청구인 김△△는 □□ ▽▽구에 거주하는 주민으로서 위 예비후보자들이 후원회를 둘 경우 이에 후원하고자 하는 사람이다.

그런데 정치자금법 제6조는 광역자치단체의 장 선거의 예비후보자와 자치구의 지역구의회의원 선거의 예비후보자를 후원회지정권자로 하고 있지 않아 이들 예비후보자들을 위한 후원회를 구성할 수 없게 되자, 위 청구인들은 위 법률조항이 자신들의 기본권을 침해한다고 주장하면서, 2018. 4. 24. 헌법소원심판을 청구하였다.

2. 심판대상

이 사건 심판대상은 특별시장·광역시장·특별자치시장·도지사·특별자치도지사(이하 '광역자치단체장'이라 한다) 선거의 예비후보자를 후원회지정권자에서 제외하고(이하 '광역자치단체장선거의 예비후보자에 관한 부분'이라 한다), 자치구의 지역구의회의원(이하 '자치구의회의원'이라 한다) 선거의 예비후보자를 후원회지정권자에서 제외하고 있는(이하 '자치구의회의원 선거의 예비후보자에 관한 부분'이라 한다) 정치자금법(2010. 1. 25. 법률 제9975호로 개정된 것) 제6조 제6호(이하 '심판대상조항'이라 한다)가 청구인들의 기본권을 침해하는지 여부이다.

심판대상조항 및 관련조항은 다음과 같다.

[심판대상조항]

정치자금법(2010. 1. 25. 법률 제9975호로 개정된 것)

제6조(후원회지정권자) 다음 각 호에 해당하는 자(이하 "후원회지정권자"라 한다)는 각각 하나의 후원회를 지정하여 둘 수 있다.

6. 지방자치단체의 장 선거의 후보자(이하 "지방자치단체장후보자"라 한다)

[관련조항]

정치자금법(2017. 6. 30. 법률 제14838호로 개정된 것)

제6조(후원회지정권자) 다음 각 호에 해당하는 자(이하 "후원회지정권자"라 한다)는 각각 하나의 후원회를 지정하여 둘 수 있다.

1. 중앙당(중앙당창당준비위원회를 포함한다)
2. 국회의원(국회의원선거의 당선인을 포함한다)
2의2. 대통령선거의 후보자 및 예비후보자(이하 "대통령후보자등"이라 한다)

3. 정당의 대통령선거후보자 선출을 위한 당내경선후보자(이하 "대통령선거경선후보자"라 한다)
4. 지역선거구(이하 "지역구"라 한다) 국회의원선거의 후보자 및 예비후보자(이하 "국회의원후보자등"이라 한다). 다만, 후원회를 둔 국회의원의 경우에는 그러하지 아니하다.
5. 중앙당의 대표자 선출을 위한 당내경선후보자(이하 "당대표경선후보자"라 한다)

3. 청구인들의 주장요지

가. 2018헌마301

대통령선거 및 국회의원선거의 예비후보자는 후원회를 둘 수 있는 것과는 달리 심판대상조항은 광역자치단체장선거의 예비후보자에게는 후원회를 둘 수 없도록 함으로써 광역자치단체장선거의 예비후보자를 대통령선거 및 국회의원선거의 예비후보자와 불합리하게 차별하고 있다.

따라서 심판대상조항은 광역자치단체장선거의 예비후보자로 등록한 청구인 이○○의 평등권 및 공무담임권을 침해하고, 광역자치단체장선거의 예비후보자인 청구인 이○○에게 후원하고자 하는 청구인 나○○의 정치적 표현의 자유를 침해한다.

나. 2018헌마430

심판대상조항은 국회의원선거의 예비후보자와는 달리 광역자치단체장선거의 예비후보자와 자치구의회의원선거의 예비후보자에게 후원회를 둘 수 없도록 함으로써, 광역자치단체장선거의 예비후보자와 자치구의회의원선거의 예비후보자를 국회의원선거의 예비후보자와 불합리하게 차별함으로써, 광역자치단체장선거의 예비후보자와 자치구의회의원선거의 예비후보자에게 후원금을 기부하고자 하는 청구인 김△△의 정치적 표현의 자유 및 선거권을 침해하고, 위 선거에서 예비후보자로 등록한 나머지 청구인들의 평등권, 정치적 표현의 자유, 공무담임권을 침해한다.

4. 판 단

가. 후원회지정권자와 공직선거법상 예비후보자 제도 개관

(1) 후원회지정권자 범위의 변천

정치자금법상 '후원금'은 정치자금의 한 종류로서 정치자금법의 규정에 의하여 후원회에 기부하는 금전이나 유가증권 그 밖의 물건을 말하고(제3조 제1호, 제4호), '후원회'는 정치자금법의 규정에 의하여 정치자금의 기부를 목적으로 설립·운영되는 단체로서 관할 선거관리위원회에 등록된 단체를 말한다(같은 조 제7호).

후원회를 둘 수 있는 자의 범위와 관련하여 1980. 12. 31. 개정된 '정치자금에 관한 법률'(법률 제3302호)에는 중앙당(창당준비위원회 포함)만이 후원회를 둘 수 있었으나 1989. 12. 30. 개정된 '정치자금에 관한 법률'(법률 제4186호)은 정당의 시·도지부, 국회에서 교섭단체를 구성한 정당의 지구당, 국회의원(입후보등록자 포함)을 후원회지정권자로 추가하였다. 1994. 3. 16. 개정된 '정치자금에 관한 법률'(법률 제4740호)은 후원회를 둘 수 있는 지구당 중 '교섭단체'라는 요건을 삭제하였고, 2004. 3. 12. 개정된 '정치자금에 관한 법률'(법률 제7191호)은 지구당을 후원회지정권자에서 삭제하는 대신 지역구 국회의원선거의 예비후보자 뿐만 아니라 대통령선거경선예비후보자와 중앙당 대표의 당내경선후보자도 후원회를 지정할 수 있도록 하였다. 2005. 8. 4. 법명을 정치자금법(법률 제7682호)으로 개정하면서 시·도지사후보자에게도 후원회 지정권한을 부여하였으며, 소액다수의 정치자금 기부문화를 확산시키고자 부칙 제2조에 중앙당 및 시·도당의 후원회에 관한 경과조치를 두어 2006. 3. 13. 이를 폐지하고 그와 관련된 규정도 모두 폐지하였다. 2008. 2. 29. 개정된 정치자금법(법률 제8880호)은 중앙당, 시·도당을 후원회 지정권자에서 제외하였으나, 대통령선거경선후보자에게만 있던 후원회 지정권한을 대통령선거의 후보자와 예비후보자까지 확대하였으며, 2010. 1. 25. 개정된 정치자금법(법률 제9975호)은 시·군·자치구의 장(이하 '기초자치단체장'이라 한다) 선거의 후보자에게도 후원회 지정권한을 부여하였다. 헌법재판소는 2015. 12. 23. 정당을 후원회지정권자에서 제외한 구 정치자금법(2008. 2. 29. 법률 제8880호로 개정되고, 2010. 1. 25. 법률 제9975호로 개정되기 전의 것) 제6조, 정치자금법(2010. 1. 25. 법률 제9975호로 개정된 것) 제6조에 대하여 헌법불합치 결정을 하였고(헌재 2015. 12. 23. 2013헌바168), 위 헌법불합치 결정의 취지에 따라 2017. 6. 30. 법률 제14838호로 정치자금법이 개정되어 정당의 중앙당의 후원회 지정에 관한 조항이 다시 규정되었다.

이와 같이 후원회제도를 도입한 이래 후원회지정권자의 범위는 계속 확대되어 왔으나, 공직선거법의 적용을 받는 선거 가운데 지방의회의원선거의 후보자 및 예비후보자, 지방자치단체장선거의 예비후보자는 후원회 지정권자에서 제외되어 있다.

(2) 예비후보자 제도의 의의

예비후보자제도는 2004. 3. 12. 법률 제7189호로 개정된 '공직선거 및 선거부정방지법'에 처음 도입되었다. 종전에는 누구든지 선거운동기간이 아닌 때에는 선거운동을 할 수 없도록 함으로써 소위 '사전선거운동'을 금지하고 있었으나, 현역 국회의원의 경우 직무활동으로 인정되는 의정활동보고를 통하여 사실상 선거운동의 효과를 누리는 기회가 주어지고 있어서 정치 신인과의 선거운동기회가 불균등하다는 문제점이 끊임없이 제기되어 왔다. 이에 선거운동기회의 형평성 차원에서 정치 신인에게도 자신을 알릴 수 있는 기회를 어느 정도 보장하고자 예비후보자제도를 도입하게 되었는데 다만 선거운동방법을 무제한으로 허용할 경우에는 선거의 조기과열·혼탁은 물론 후보자간의 경제력 차이에 따른 기회불균등의 심화 등 그 폐해가 매우 크기 때문에 합리적인 범위 내에서 이를 허용하고 있다(헌재 2005. 9. 29. 2004헌바52 참조).

예비후보자가 되려는 사람(비례대표국회의원선거 및 비례대표지방의회의원선거 제외)은 선거유형에 따라 대통령선거는 선거일 전 240일, 지역구국회의원선거 및 시·도지사선거는 선거일 전 120일, 지역구 시·도의회 의원선거, 자치구·시의 지역구의회의원 및 장선거는 선거기간 개시일 전 90일, 군의 지역구 의회의원 및 장의 선거는 선거기간 개시일 전 60일부터 각 관할 선거구 선거관리위원회에 서면으로 예비후보자등록을 신청하여야 한다(공직선거법 제60조의2 제1항).

나. 제한되는 기본권

정치자금법 제6조 제2호의2, 제4호가 대통령선거의 예비후보자와 지역구국회의원선거의 예비후보자는 후원회지정권자로 규정하여 각각 하나의 후원회를 지정하여 둘 수 있도록 하는 것과 달리, 심판대상조항은 광역자치단체장선거의 예비후보자와 자치구의회의원선거의 예비후보자는 후원회지정권자로 규정하지 아니하여 후원회를 통한 정치자금의 모금을 할 수 없도록 함으로써 양자를 달리 취급하고 있으므로 평등권의 침해여부가 문제된다.

한편 청구인들은 심판대상조항으로 인하여 광역자치단체장선거의 예비후보자와 자치구의회의원선거의 예비후보자에게 후원회를 둘 수 없게 된 것은 합리적 이유 없는 차별에 해당하고, 이로 인해 선거에서 불리한 지위에 놓임으로써 공무담임권, 정치적 표현의 자유도 침해된다고 주장하나, 이는 심판대상조항이 대통령선거의 예비후보자 및 지역구국회의원선거의 예비후보자와 달리 광역자치단체장선거의 예비후보자와 자치구의회의원선거의 예비후보자는 후원회지정권자로 규정하지 아니함으로써 발생하는 차별을 다른 측면에서 지적한 것에 불과하여 평등권 침해 여부 심사에서 판단하면 충분하므로, 별도로 판단하지 아니한다.

다. 광역자치단체장선거의 예비후보자에 관한 부분에 대한 판단

(1) 평등권 침해 여부에 관한 판단

(가) 후원회제도는 모든 사회구성원들로 하여금 자발적인 정치참여의식을 높여 유권자 스스로 정당이나 정치인을 후원하도록 함으로써 정치에 대한 신뢰감을 높이고 나아가 비공식적인 정치자금을 양성화시키는 계기로 작동되도록 하는 데에 그 입법목적이 있다(헌재 2000. 6. 1. 99헌마576; 헌재 2016. 9. 29. 2015헌바228). 또한 후원회제도는 후원회활동을 통하여 그 후원회 또는 후원회원이 지향하는 정책적 의지가 보다 효율적으로 구현될 수 있도록 하자는 데에서 그 철학적 기초를 찾을 수 있다(헌재 2001. 10. 25. 2000헌바5).

한편 정치자금법 제6조에 의하면 선거와 무관하게 후원회를 둘 수 있는 것은 중앙당과 국회의원뿐이고, 그 외에는 모두 선거와 관련하여 후원회를 둘 수 있도록 하고 있다. 정당이나 국회의원의 경우 선거비용 외에도 상당한 정치자금의 소요가 예상되는 점을 고려하여 정치자금법에서 후원회를 둘 수 있도록 한 것이지만, 유권자의 자발적인 후원을 통하여 선거자금을 마련할 수 있도록 하는 것 역시 후원회 제도의 주된 목적 중의 하나라고 할 수 있다.

(나) 1980. 12. 31. 법률 제3302호로 '정치자금에 관한 법률'이 전부개정되어 중앙당(창당준비위원회 포함)을 위한 후원회제도가 도입된 이래 후원회지정권자의 범위는 계속 확대되어 왔다. 2005. 8. 4. 법률 제7682호로 정치자금법이 개정되어 광역자치단체장선거의 후보자가 후원회지정권자에 포함되었고, 2010. 1. 25. 법률 제9975호로 정치자금법이 개정되어 기초자치단체장선거의 후보자도 후원회를 지정할 수 있도록 되었다. 2005. 8. 4. 법률 제7682호로 전부개정된 정치자금법은 그 개정이유를 '소액의 깨끗한 정치자금 기부를 원하는 국민들이 편리하게 정치자금을 기부할 수 있도록 하여

정치참여와 기부를 활성화하고, 정치자금의 안정적 조달과 투명성 확보를 통하여 건전한 정치자금운용의 기반을 마련하려는 것'으로 하고 있고, 2010. 1. 25. 법률 제9975호로 개정된 정치자금법은 그 개정이유를 '2004년 법 개정(법률 제7191호, 2004. 3. 12. 공포·시행) 이후 후원회를 통한 정치자금 모금 및 소액다수 기부문화의 조성 노력 등을 통하여 우리 사회에서 정치자금의 투명성이 크게 향상되었다는 평가를 받고 있으나, 후원회 지정권자의 범위가 시·도지사까지로 한정되어 있어 후원회를 통한 정치자금 기부문화의 정착이 어렵다는 한계가 있고, 대표적인 사회적 약자라 할 수 있는 장애인의 정치적 진출을 지원하는 제도가 미약한 것이 현실이므로, 후원회 지정권자를 기초지방자치단체장에까지 확대하고, 장애인추천보조금제도를 신설함으로써 정치자금 조달의 투명성과 사회적 약자의 정치진출을 지원하고자 하는 것'이라고 하고 있다. 이는 대통령, 국회의원과 지방자치단체장 사이에 그 지위, 성격, 기능, 활동범위 등에서 차이가 있음에도 불구하고, 후원회제도의 입법목적 및 취지에 비추어 이를 활성화하는 것이 바람직하다는 입법자의 결단에 따른 것이라 할 수 있다.

(다) 2016. 4. 13. 치러진 제20대 국회의원선거의 전체 지역구 후보자의 평균 선거비용제한액은 1억 7천 8백만 원이고, 평균 선거비용지출액은 1억 1천 988만 원이다. 반면 2018. 6. 13. 치러진 제7회 동시지방선거의 광역자치단체장 후보자의 평균 선거비용제한액은 14억 1천 7백만 원이고, 평균 선거비용지출액은 7억 6천 4백만 원이다. 후원회 모금한도를 보더라도 국회의원, 국회의원선거 후보자 및 예비후보자는 각각 1억 5천만 원인 반면, 제7회 동시지방선거 선거비용제한액을 고려해 볼 때, 광역자치단체장 선거 후보자의 후원회가 모금하여 기부할 수 있는 금액은 평균 7억 8백 50만 원이다(정치자금법 제12조 제1항 참조). 이와 같은 선거비용제한액 및 실제 지출액, 후원회 모금한도 등을 종합적으로 고려해 볼 때, 광역자치단체장선거의 경우 국회의원선거보다 지출하는 선거비용의 규모가 매우 크고, 후원회를 통해 선거자금을 마련할 필요성 역시 매우 크다고 할 수 있다.

(라) 예비후보자로 등록할 수 있는 시기는 대통령선거의 경우 선거일 전 240일, 국회의원선거 및 광역자치단체장선거의 경우 선거일 전 120일(공직선거법 제60조의2 제1항)로서, 광역자치단체장선거의 경우 예비후보자로 등록할 수 있는 시기는 국회의원선거의 경우와 차이가 없다. 한편 공직선거의 후보자는 관할 선거구선거관리위원회에 등록하여야 하는데(정치자금법 제3조 제8호 나목 참조), 후보자의 등록은 대통령선거에서는 선거일 전 24일, 국회의원선거와 지방자치단체의 의회의원 및 장의 선거에서는 선거일 전 20일부터 2일간 관할선거구선거관리위원회에 서면으로 신청하도록 하고 있다(공직선거법 제49조 제1항). 따라서 지방자치단체장선거의 후보자가 후원회를 구성하여 후원금을 모금할 수 있는 기간은 최대한으로 잡더라도 20일을 넘지 않고, 후원회 등록 수리에 소요되는 기간(2-3일)을 고려해 볼 때 실제로는 이보다 짧을 수밖에 없다.

대통령선거의 예비후보자와 국회의원선거의 예비후보자는 후보자로 등록하기 이전이라도 위 기간 동안 후원회를 구성하여 후원금을 모금함으로써 향후 선거에 대비하는 것이 가능하다. 반면에 앞서 본 바와 같이 광역자치단체장선거의 경우 국회의원선거와 비교하더라도 후원금 모금을 통해 선거자금을 마련할 필요성이 결코 작지 않음에도 그 후보자가 후원금을 모금할 수 있는 기간이 불과 20일 미만으로 제한되고 있는 것이다.

(마) 제7회 전국동시지방선거 중 시·도지사 선거의 주요 정당별 선거비용 보전현황을 살펴보면, 더불어민주당, 자유한국당과 같은 거대정당이 선거비용 보전액의 대부분을 차지하고 있고(시·도지사 선거비용 보전 총액 41,245,373천 원 중 더불어민주당 19,763,384천 원, 자유한국당 16,326,270천 원, 바른미래당 3,408,758천 원, 민주평화당 1,401,378천 원, 무소속 345,583천 원), 군소정당이나 무소속의 경우 국가로부터 선거비용을 보전받는 규모는 크지 않음을 알 수 있다. 이와 같이 거대정당에 비하여 군소정당이나 신생정당 및 무소속 후보자가 선거비용을 보전받기 어려운 경우가 많고, 군소정당의 경우 거대정당에 비하여 열악한 재정구조를 가지고 있기 때문에 정당 차원에서 선거비용을 지원받기도 어려운 상황이며, 신생정당이나 무소속의 경우에는 이러한 지원마저도 기대할 수 없다. 따라서 군소정당이나 신생정당, 무소속 예비후보자의 경우에는 후원회 제도를 활용하여 선거자금을 마련할 필요성이 더욱 절실하고, 이들이 후원회 제도를 활용하는 것을 제한하는 것은 다양한 신진 정치세력의 진입을 막고 자유로운 경쟁을 통한 정치 발전을 가로막을 우려가 있다.

(바) 한편 광역자치단체장의 경우 지역 주민들과 잦은 접촉을 할 수 밖에 없으므로 선거과정에서부터 미리

예비후보자에 대한 대가성 후원을 통해 당선 이후 정치적 영향력을 행사하고자 하는 사람들의 접근이 예상되므로 후원회를 통한 정치자금 모금을 제한하여 그 직무수행의 염결성을 확보할 필요가 있다는 견해가 있을 수 있다.

그러나 앞서 본 바와 같이 후원회제도는 모든 사회구성원들로 하여금 자발적인 정치참여의식을 높여 유권자 스스로 정당이나 정치인을 후원하도록 함으로써 정치에 대한 신뢰감을 높이고 나아가 비공식적인 정치자금을 양성화시키는 계기로 작동되도록 하는 데에 그 입법목적이 있으므로, 후원회제도 자체가 광역자치단체장의 직무수행의 염결성을 저해하는 것으로 볼 수는 없다.

또한 정치자금법은 후원회제도가 정치적 영향력을 부당하게 행사하는 통로로 악용될 소지를 차단하기 위해 상세한 규정을 두고 있다. 즉 정치자금법은 제2조 제1항에서 "누구든지 이 법에 의하지 아니하고는 정치자금을 기부하거나 받을 수 없다."라고 규정하여 정치자금 조달에 있어서 법이 정하는 엄격한 절차와 방법에 따를 것을 요구하고 있고, 재산이 많은 국민의 의사가 그렇지 아니한 국민의 의사보다 정치에 더 많이 반영되어 정치적 불평등이 발생하는 것을 방지하기 위하여 후원인이 후원회에 기부할 수 있는 금액에 제한을 두고 있으며(제11조), 후원금의 구체적 모금방법에 대해서도 상세한 규정을 두고 있다(제14조 내지 제18조). 그리고 정치자금법상 후원회에 관한 규정을 위반한 경우 그 위반 내용에 따라 정치자금부정수수죄(제45조 제1항, 제2항), 각종 제한규정위반죄(제46조) 등으로 형사처벌되거나 과태료에 처하도록 하고 있다(제51조). 광역자치단체장의 직무수행의 염결성은 위와 같은 정치자금법의 후원회 제도의 투명한 운영으로 확보될 수 있다.

(사) 헌법재판소는 종전에 기초자치단체장선거의 예비후보자를 후원회지정권자에서 제외한 정치자금법 제6조 제6호에 대한 위헌소원 사건에서 기초자치단체장선거의 예비후보자를 대통령선거 및 지역구국회의원선거의 예비후보자와 달리 취급하는 것에는 합리적인 이유가 있으므로, 위 조항은 기초자치단체장선거 예비후보자의 평등권을 침해하지 아니한다고 판단한 바 있다(헌재 2016. 9. 29. 2015헌바228). 광역자치단체장 역시 기초자치단체장과 같이 주민의 복리에 관한 자치사무의 집행기관이라는 점에서 그 직무의 성격은 본질적으로 다르지 않으나, 그 관할구역의 범위와 권한 그리고 정치적 역할의 의미에는 현저한 차이가 있어 선거자금을 비롯한 정치자금의 수요의 측면에서 상당한 차이를 보이고(헌재 2006. 5. 25. 2005헌마1095 참조), 기초자치단체장과 달리 광역자치단체장은 국회의원선거보다 지출하는 선거비용의 규모가 매우 크고, 후원회를 통해 선거자금을 마련할 필요성 역시 매우 큼은 앞서 본 바와 같다.

(아) 물론 후원회를 통하여 정치자금을 지원해 줄 필요성은 각 선거별 예비후보자마다 다를 수 있고, 이러한 차이를 후원회를 둘 수 있는 자의 범위와 관련하여 입법에 어느 정도 반영할 것인가 하는 문제 및 그에 관한 규제의 정도와 내용은 입법자가 결정할 국가의 입법정책에 관한 사항으로서 광범위한 입법재량 내지 형성의 자유가 인정되는 영역이다(헌재 2001. 10. 25. 2000헌바5; 헌재 2016. 9. 29. 2015헌바228 등 참조). 그러나 이상의 사정을 종합해 볼 때, 그동안 정치자금법이 여러 차례 개정되어 후원회지정권자의 범위가 지속적으로 확대되어 왔음에도 불구하고, 국회의원선거의 예비후보자 및 그 예비후보자에게 후원금을 기부하고자 하는 자와 광역자치단체장선거의 예비후보자 및 이들 예비후보자에게 후원금을 기부하고자 하는 자를 계속하여 달리 취급하는 것은, 불합리한 차별에 해당하고 입법재량을 현저히 남용하거나 한계를 일탈한 것이다. 따라서 심판대상조항 중 광역자치단체장선거의 예비후보자 에 관한 부분은 청구인 이○○, 나○○, 나□□, 김△△의 평등권을 침해한다.

(2) 헌법불합치결정 및 잠정적용명령

심판대상조항 중 광역자치단체장선거의 예비후보자에 관한 부분은 청구인 이○○, 나○○, 나□□, 김△△의 평등권을 침해하여 헌법에 위반되지만, 위 조항에 대하여 단순위헌결정을 하여 당장 그 효력을 상실시킬 경우 지방자치단체의 장 선거의 후보자 역시 후원회를 지정할 수 있는 근거규정이 없어지게 되어 법적 공백상태가 발생한다. 이는 후원회제도 자체를 위헌으로 판단한 것이 아닌데도 제도 자체가 위헌으로 판단된 경우와 동일한 결과가 나타나는 것이다. 이러한 이유로 심판대상조항 중 광역자치단체장선거의 예비후보자에 관한 부분에 대하여 단순위헌결정을 하는 대신 헌법불합치결정을 선고하되, 2021. 12. 31.을 시한으로 입법자가 위 부분의 위헌성을 제거하고 합리적인 내용으로 법률을 개정할 때까지 이를 계속 적용하도록 할 필요가 있다.

라. 자치구의회의원선거의 예비후보자에 관한 부분에 대한 판단

(1) 재판관 유남석, 재판관 이선애, 재판관 이종석, 재판관 이미선의 기각의견

(가) 대통령선거, 지역구국회의원선거, 자치구의회의원선거의 각 예비후보자는 모두 해당 공직선거에 출마하고자 선거기간 전에 관할 선거구 선거관리위원회에 등록한 사람들이라는 점에서는 같다. 이는 앞서 살핀 광역자치단체장선거의 예비후보자와 동일하다. 그러나 자치구의회의원은 대통령, 국회의원과는 그 지위나 성격, 기능, 활동범위, 정치적 역할 등에서 본질적으로 다르다.

대통령은 국가의 원수이자 행정권을 총괄하는 행정부의 수반으로서 국민 전체에 대하여 봉사함으로써 공익을 실현하고 사회공동체를 통합시켜야 할 중차대한 책무를 지는 헌법기관이고(헌재 2008. 1. 17. 2007헌마700; 헌재 2004. 5. 14. 2004헌나1; 헌재 2016. 9. 29. 2015헌바228 등 참조), 국회의원은 비록 일정한 지역구를 단위로 선출되더라도 국민 전체를 대표하여 국정전반에 걸쳐 국민의 추정적 의사를 대변할 책임을 지는 대의기관으로서 본질적으로 전문정치인이며 그 직무수행에 있어서도 선거자금 외에 상당한 정치자금의 소요가 예상된다(헌재 2000. 6. 1. 99헌마576; 헌재 2001. 10. 25. 2000헌바5; 헌재 2006. 5. 25. 2005헌마1095; 헌재 2016. 9. 29. 2015헌바228 등 참조).

반면 자치구의회의원은 국가의 영토의 일부를 기초로 하는 자치구의회의 구성원으로서 그 활동범위는 해당 자치구의 지역 사무에 국한된다. 같은 정치활동이라 하더라도 그 수행하는 정치활동의 질과 양에서 국회의원과 자치구의회의원 사이에는 근본적인 차이가 있고 그에 수반하여 정치자금을 필요로 하는 정도나 소요자금의 양에서도 현격한 차이가 있을 수밖에 없다(헌재 2000. 6. 1. 99헌마576 참조).

(나) 이와 같이 자치구의회의원은 대통령, 국회의원과는 그 지위나 성격, 기능, 활동범위, 정치적 역할 등에서 본질적으로 다르므로, 이로 인하여 각 선거별로 선거비용을 비롯한 정치자금의 수요 등에서 차이가 발생하게 되고, 후원회를 통하여 정치자금을 지원해 줄 필요성은 각 선거별 예비후보자마다 다를 수 있다. 그리고 이러한 차이를 후원회를 둘 수 있는 자의 범위와 관련하여 입법에 어느 정도 반영할 것인가 하는 문제 및 그에 관한 규제의 정도와 내용은 입법자가 결정할 국가의 입법정책에 관한 사항으로서 입법재량 내지 형성의 자유가 인정되는 영역임은 앞서 밝힌 바와 같다.

자치구의회의원선거의 예비후보자는 선거비용 이외에 정치자금의 필요성이 크지 않다. 선거비용 측면을 보더라도, 자치구의회의원선거의 경우 예비후보자로서 선거운동을 할 수 있는 기간은 90일 이내로, 240일과 120일로 규정되어 있는 대통령선거나 국회의원선거에 비하여 비교적 단기여서(공직선거법 제60조의2 제1항) 상대적으로 선거비용이 적게 든다. 실제 앞서 본 바와 같이 2016. 4. 13. 치러진 제20대 국회의원선거의 전체 지역구 후보자의 평균 선거비용제한액은 1억 7천 8백만 원이고, 평균 선거비용지출액은 1억 1천 988만 원인 반면, 2018. 6. 13. 치러진 제7회 동시지방선거의 시·군·자치구의회의원 후보자의 평균 선거비용제한액은 4천 1백만 원이고, 평균 선거비용지출액은 3천 1백만 원으로 국회의원선거 지역구 후보자와 차이가 상당하다. 또한 자치구의회의원선거의 예비후보자의 경우 국회의원선거뿐만 아니라 광역자치단체장선거의 각 예비후보자와 달리 상대적으로 매우 좁은 선거구로 인하여 그 선거구 내의 주민과 훨씬 빈번히 접촉하고 긴밀한 관계를 맺고 있을 가능성이 크다. 나아가 지역 주민들과 접촉을 하며 직무를 수행하여야 하는 자치구의회의원의 지위에 비추어보면 선거과정에서부터 미리 예비후보자나 후보자에 대한 대가성 후원을 통해 당선 이후 정치적 영향력을 행사하고자 하는 사람들의 접근 내지 그 접근 등으로 인한 부작용이 예상되므로 후원회를 통한 정치자금 모금을 제한할 필요가 있다.

이와 같은 여러 가지 사정을 고려해 볼 때, 후원회를 통한 정치자금의 조달을 허용하는 대통령선거의 예비후보자나 국회의원선거의 예비후보자와 달리 자치구의회의원선거의 예비후보자에게 이를 불허하는 것에는 합리적인 이유가 있고, 이를 두고 입법재량을 현저히 남용하거나 한계를 일탈한 것이라고 보기는 어렵다(헌재 2016. 9. 29. 2015헌바228 참조).

(다) 따라서 심판대상조항이 자치구의회의원선거의 예비후보자를 대통령선거 및 지역구국회의원선거의 예비후보자와 달리 취급하는 것에는 합리적인 이유가 있으므로, 심판대상조항 중 자치구의회의원선거의 예비후보자에 관한 부분은 청구인 최○○, 강○○, 윤○○, 윤□□, 김○○, 유○○, 김□□, 김△△의 평등권을 침해하지 아니한다.

(2) 재판관 이석태, 재판관 이은애, 재판관 이영진,

재판관 김기영, 재판관 문형배의 인용의견

우리는 심판대상조항 중 자치구의회의원선거의 예비후보자에 관한 부분 역시 아래와 같은 이유로 청구인 최○○, 강○○, 윤○○, 윤□□, 김○○, 유○○, 김□□, 김△△의 평등권을 침해한다고 판단한다.

(가) 자치구의회의원선거의 경우 예비후보자로서 선거운동을 할 수 있는 기간은 90일 이내로, 240일과 120일로 규정되어 있는 대통령선거나 국회의원선거에 비하여 비교적 단기이고(공직선거법 제60조의2 제1항), 2018. 6. 13. 치러진 제7회 동시지방선거의 시·군·자치구의회의원 후보자의 평균 선거비용제한액은 4천 1백만 원이고, 평균 선거비용지출액은 3천 1백만 원으로 선거비용 지출면에서도 상대적으로 국회의원의원선거에 비하여 적다는 점은 인정된다.

그러나 자치구의회의원선거의 경우에도 선거를 위해 선거사무소 설치, 기탁금 납부, 향후 선거 홍보 비용 지출 등을 위한 선거자금이 필요한 것은 마찬가지이다. 그런데 자치구의회의원선거의 경우 선거구수, 해당 선거가 가지는 정치적 중요성 등에 비추어 중앙당으로부터 지원받는 선거지원금의 규모가 제한적일 수밖에 없고, 더욱이 예비후보자의 선거비용은 보전대상에 포함되지도 않는다(공직선거법 제122조의2 제2항 제1호).

따라서 자치구의회의원선거의 경우 후원회는 선거자금을 공개적으로 마련할 수 있는 중요한 통로라 할 수 있고, 그러한 기회를 갖지 못한다면 결국 자치구의회의원선거에 출마하려는 자는 대부분의 선거비용을 자신이 부담해야 한다는 결론에 이르게 된다. 자치구의회의원선거의 선거비용제한액 및 실제 지출액 등에 비추어 국회의원선거의 경우보다 선거자금의 수요가 크다고 볼 수는 없지만, 자치구의회의원선거의 경우에도 후원회를 통하여 선거비용을 마련할 필요성은 결코 작지 않다. 그럼에도 자치구의회의원선거의 후보자에 대하여 후원금을 모금할 수 있는 기회를 원천적으로 봉쇄하고 있는 것은 지나치게 가혹하다고 할 것이다.

(나) 거대정당에 비하여 군소정당이나 신생정당 및 무소속 후보자가 선거비용을 보전받기 어려운 경우가 많고, 군소정당의 경우 거대정당에 비하여 열악한 재정구조를 가지고 있기 때문에 정당 차원에서 선거비용을 지원받기도 어려운 상황이며, 신생정당이나 무소속의 경우에는 이러한 지원마저도 기대할 수 없음은 앞서 광역자치단체장선거의 예비후보자 부분에 관한 판단에서 본 바와 같다. 이에 군소정당이나 신생정당, 무소속 예비후보자의 경우에는 후원회 제도를 활용하여 선거자금을 마련할 필요성이 더욱 절실하고, 이들이 후원회 제도를 활용하는 것을 제한하는 것은 다양한 신진 정치세력의 진입을 막고 자유로운 경쟁을 통한 정치 발전을 가로막을 우려가 있음은 자치구의회의원선거의 경우에도 마찬가지라 할 것이다.

(다) 지역 주민들과 잦은 접촉을 하며 직무를 수행하여야 하는 자치구의회의원의 지위에 비추어 보면 선거과정에서부터 미리 예비후보자나 후보자에 대한 대가성 후원을 통해 당선 이후 정치적 영향력을 행사하고자 하는 사람들의 접근이 예상되므로 후원회를 통한 정치자금 모금에 대한 우려가 있을 수 있다. 헌법재판소도 종전에 기초자치단체장선거의 예비후보자를 후원회지정권자에서 제외한 정치자금법 제6조 제6호에 대한 위헌소원 사건에서 위 조항은 기초자치단체장선거 예비후보자의 평등권을 침해하지 아니한다고 판단하면서 지역 주민들과 잦은 접촉을 하며 각종 권한을 행사하는 기초자치단체장의 지위에 비추어 보면 선거과정에서부터 미리 예비후보자나 후보자에 대한 대가성 후원을 통해 당선 이후 정치적 영향력을 행사하고자 하는 사람들의 접근이 예상되므로 후원회를 통한 정치자금 모금을 어느 시점까지는 제한할 필요가 있는 점을 논거로 든 바가 있다(헌재 2016. 9. 29. 2015헌바228).

그러나 기초자치단체장은 한정된 일부 지역(자치구·시·군)에서 주민의 복리에 관한 자치사무를 집행하는 행정 담당기관으로서 관내 인·허가권, 용도변경권 등 각종 권한을 가짐에 반하여, 자치구의 지역구의원은 자치구 주민의 대표자이며 자치구의회의 구성원으로서 주민의 개별적·이질적 그리고 다양한 의사와 이해관계를 통합하고 자치구의 의사를 형성하는 역할을 하며, 조례의 제정 및 개폐, 예산의 심의·확정, 결산의 승인, 주민이 부담하는 조세 및 조세 외 공과금의 부과 및 징수에 관한 의결(지방자치법 제39조), 안건의 심의와 직접 관련된 서류의 제출요구(같은 법 제40조), 지방자치단체의 사무에 대하여 감사를 실시하고 지방자치단체의 사무 중 특정사안에 관하여 조사를 할 수 있는 행정사무감사 및 조사(같은 법 제41조), 행정사무처리상황을 보고받을 권한과 질문(같은 법 제42조) 등의 사무를 수행하는 점에서 기초자치단체장과 그 지위를 달리한다.

자치구의회의원은 주민의 개별적·이질적 그리고 다양한 의사와 이해관계를 통합하고 자치구의 의사를 형성하는 역할을 하는바, 그 선거에 있어 그 후보자에게 후원회를 지정할 수 있도록 하는 것이 오히려 앞서 살핀 바와 같은 후원회제도의 입법목적 및 철학적 기초에 부합할 것이다. 또한 자치구의회의원의 직무 수행과 관련한 염결성의 확보는 앞서 살핀 바와 같이, 후원회제도가 정치적 영향력을 부당하게 행사하는 통로로 악용될 소지를 차단하기 위한 정치자금법의 관련규정, 즉 후원인이 후원회에 기부할 수 있는 금액의 제한 규정(제11조), 후원금의 구체적 모금방법에 대한 규정(제14조 내지 제18조), 정치자금법상 후원회에 관한 규정을 위반한 경우의 처벌규정(제45조 제1항, 제2항, 제46조, 제51조) 등으로 보장될 수 있다.

(라) 이와 같은 사정을 종합해 볼 때, 그동안 정치자금법이 여러 차례 개정되어 후원회지정권자의 범위가 지속적으로 확대되어 왔음에도 불구하고, 국회의원선거의 예비후보자 및 그 예비후보자에게 후원금을 기부하고자 하는 자와 자치구의회의원선거의 예비후보자 및 이들 예비후보자에게 후원금을 기부하고자 하는 자를 계속하여 달리 취급하는 것은, 불합리한 차별에 해당하고 입법재량을 현저히 남용하거나 한계를 일탈한 것이다. 따라서 심판대상조항 중 자치구의회의원선거의 예비후보자에 관한 부분은 청구인 최○○, 강○○, 윤○○, 윤□□, 김○○, 유○○, 김□□, 김△△의 평등권을 침해한다.

5. 결 론

심판대상조항 중 광역자치단체장선거의 예비후보자에 관한 부분은 헌법에 합치되지 아니하나, 2021. 12. 31.을 시한으로 입법자의 개선입법이 이루어질 때까지 계속 적용하기로 하고, 심판대상조항 중 자치구의회의원선거의 예비후보자에 관한 부분에 대한 청구인 최○○, 강○○, 윤○○, 윤□□, 김○○, 유○○, 김□□, 김△△의 심판청구에 대하여 재판관 유남석, 재판관 이선애, 재판관 이종석, 재판관 이미선은 기각의견이고, 재판관 이석태, 재판관 이은애, 재판관 이영진, 재판관 김기영, 재판관 문형배는 인용의견으로, 비록 인용의견에 찬성한 재판관이 다수이지만, 헌법 제113조 제1항, 헌법재판소법 제23조 제2항 단서 제1호에서 정한 헌법소원의 인용 결정을 위한 심판정족수에는 이르지 못하여 기각하기로 하여, 주문과 같이 결정한다. 심판대상조항 중 광역자치단체장선거의 예비후보자에 관한 부분에 대하여는 아래 6.과 같은 재판관 이선애의 반대의견이 있는 외에는 나머지 관여 재판관들의 일치된 의견에 의한 것이다.

6. 재판관 이선애의 심판대상조항 중 광역자치단체장선거의 예비후보자에 관한 부분에 대한 반대의견

나는 광역자치단체장선거의 예비후보자에 관한 부분 역시 대통령선거의 예비후보자나 국회의원선거의 예비후보자와 달리 후원회지정권자에서 제외한 것에는 합리적인 이유가 있고, 이를 두고 입법재량을 현저히 남용하거나 한계를 일탈한 것이라고 보기는 어려우므로, 심판대상조항은 청구인 이○○, 나○○, 나□□, 김△△의 평등권을 침해하지 아니한다고 생각한다.

법정의견이 밝힌 바와 같이 후원회를 통하여 정치자금을 지원해 줄 필요성은 각 선거별 예비후보자마다 다를 수 있고, 이러한 차이를 후원회를 둘 수 있는 자의 범위와 관련하여 입법에 어느 정도 반영할 것인가 하는 문제 및 그에 관한 규제의 정도와 내용은 입법자가 결정할 국가의 입법정책에 관한 사항으로서 광범위한 입법재량 내지 형성의 자유가 인정되는 영역이다(헌재 2001. 10. 25. 2000헌바5; 헌재 2016. 9. 29. 2015헌바228 등 참조).

대통령은 국가의 원수이자 행정권을 총괄하는 행정부의 수반으로서 국민 전체에 대하여 봉사함으로써 공익을 실현하고 사회공동체를 통합시켜야 할 중차대한 책무를 지는 헌법기관이고, 국회의원은 국민 전체를 대표하여 국정 전반에 걸쳐 국민의 추정적 의사를 대변할 책임을 지는 대의기관으로서 본질적으로 전문정치인이다. 반면 광역자치단체장은 주민의 복리에 관한 자치사무의 집행기관으로서 그 지위, 성격 및 기능에서 대통령, 국회의원과는 본질적으로 차이가 있고, 그 직무수행상 필요한 자금도 개인의 선거비용 이외에는 모두 국가 또는 지방자치단체의 예산으로 책정되어 있으며, 지역 주민들과 가까운 위치에서 잦은 접촉을 하는 지위에 있으므로 집행기관으로서의 염결성을 확보할 필요가 있다(헌재 2006. 5. 25. 2005헌마1095; 헌재 2016. 9. 29. 2015헌바228 등 참조). 이와 같이 광역자치단체장은 대통령, 국회의원과는 그 지위나 성격, 기능, 활동범위, 정치적 역할 등에서 본질적으로 다르므로, 후원회를 통하여 정치자금을 지원해 줄 필요성 역시 각 선거별 예비후보자마다 다를 수 있다.

이처럼 광역자치단체장선거의 예비후보자는 선거비용 이외에 정치자금의 필요성이 크지 않으며, 지역 주민들과 잦은 접촉을 하며 직무를 수행하여야 하는 지위에 비추어 보면 선거과정에서부터 미리 예비후보자에 대한 대가성 후원을 통해 당선 이후 정치적 영향력을 행사하고자 하는 사람들의 접근이 예상되므로 후원회를 통한 정치자금 모금을 어느 정도 제한할 필요가 있다.

나아가 공직선거법은 사전선거운동 금지의 예외로서 예비후보자의 선거운동을 허용하면서도, 비용이 많이 들지 않는 일정한 선거운동에 한정하고 있다. 이러한 우리나라 선거제도상 광역자치단체장선거의 예비후보자는 비용이 많이 들지 않는 선거운동에 한하여 제한적으로만 허용하는 예비후보자 기간 동안의 선거운동보다, 후보자로서 집중적인 선거운동이 이루어지는 선거운동기간에 선거비용을 더 투입할 것으로 예상할 수 있다(헌재 2018. 7. 26. 2016헌마524등 참조). 광역자치단체장선거의 예비후보자는 광역자치단체장선거의 후보자로 등록한 이후에는 후원회 구성이 가능하고, 그에게 후원금을 기부하고자 하는 사람은 후원금을 기부할 수 있으므로, 후원의 시기가 달라질 뿐 후원금 모금 및 기부가 전면적으로 금지되는 것은 아니다.

이러한 사정을 고려해 볼 때, 후원회를 통한 정치자금의 조달을 허용하는 대통령선거의 예비후보자나 국회의원선거의 예비후보자와 달리 광역자치단체장선거의 예비후보자에게 이를 불허하는 것에는 합리적인 이유가 있고, 이를 두고 입법재량을 현저히 남용하거나 한계를 일탈한 것이라고 보기는 어렵다(헌재 2016. 9. 29. 2015헌바228 참조).

재판관 유남석 이선애 이석태 이은애 이종석 이영진 김기영 문형배 이미선

16. 공무원범죄에 관한 몰수 특례법 제9조의2 위헌제청

[2020. 2. 27. 2015헌가4]

【판시사항】

가. 특정공무원범죄의 범인에 대한 추징판결을 범인 외의 자가 그 정황을 알면서 취득한 불법재산 및 그로부터 유래한 재산에 대하여 그 범인 외의 자를 상대로 집행할 수 있도록 규정한 '공무원범죄에 관한 몰수 특례법'(2013. 7. 12. 법률 제11883호로 개정된 것) 제9조의2(이하 '심판대상조항'이라 한다)가 적법절차원칙에 위반되는지 여부(소극)

나. 심판대상조항이 과잉금지원칙에 반하여 재산권을 침해하는지 여부(소극)

【결정요지】

가. 심판대상조항의 입법목적은 국가형벌권의 실현을 보장하고 불법재산의 철저한 환수를 통해 공직사회의 부정부패 요인을 근원적으로 제거하는 것이다. 심판대상조항은 제3자에게 범죄가 인정됨을 전제로 제3자에 대하여 형사적 제재를 가하는 것이 아니라, 특정공무원범죄를 범한 범인에 대한 추징판결의 집행 대상을 제3자가 취득한 불법재산 등에까지 확대하여 제3자에게 물적 유한책임을 부과하는 것이다. 확정된 형사판결의 집행에 관한 절차를 어떻게 정할 것인지는 입법자의 입법형성권에 속하는 사항이므로, 심판대상조항에 따라 추징판결을 집행함에 있어서 형사소송절차와 같은 엄격한 절차가 요구된다고 보기는 어렵다.

심판대상조항에 따른 추징판결의 집행은 그 성질상 신속성과 밀행성을 요구하는데, 제3자에게 추징판결의 집행사실을 사전에 통지하거나 의견 제출의 기회를 주게 되면 제3자가 또다시 불법재산 등을 처분하는 등으로 인하여 집행의 목적을 달성할 수 없게 될 가능성이 높다. 따라서 심판대상조항이 제3자에 대하여 특정공무원범죄를 범한 범인에 대한 추징판결을 집행하기에 앞서 제3자에게 통지하거나 의견을 진술할 기회를 부여하지 않은 데에는 합리적인 이유가 있다.

나아가 제3자는 심판대상조항에 의한 집행에 관한 검사의 처분이 부당함을 이유로 재판을 선고한 법원에 재판의 집행에 관한 이의신청을 할 수 있다(형사소송법 제489조). 또한 제3자는 각 집행절차에서 소송을 통해 불복하는 등 사후적으로 심판대상조항에 의한 집행에 대하여 다툴 수 있다.

따라서 심판대상조항은 적법절차원칙에 위배된다고 볼 수 없다.

나. 특정공무원범죄의 범인에 대한 공소를 제기할 때 제3자가 그 정황을 알면서 불법재산을 취득한 사실이 밝혀진 경우에는 '공무원범죄에 관한 몰수 특례법'(이하 '공무원범죄몰수법'이라 한다)에서 정한 바에 따라 제3자에 대한 몰수판결로써 해당 불법재산을 몰수할 수 있으나, 위와 같은 사실을 알 수 없는 경우에는 제3자로부터 불법재산을 몰수하는 것이 불가능하다. 검사는 제3자를 상대로 채권자취소권에 기한 사해행위취소소송을 제기하여 불법재산을 범인의 책임재산으로 회복한 후 범인에 대한 추징판결을 집행할 수 있을 것이나, 채권자취소권을 행사하기 위한 요건을 구비하지 못하여 불법재산을 원상회복할 수 없는 경우가 존재한다. 제3자를 '범죄수익은닉의 규제 및 처벌 등에 관한 법률' 위반 공소사실로 기소하여 해당 형사소송절차에서 제3자로부터 직접 불법재산을 몰수하거나 그 가액을 추징할 수 있으나, 제3자에 대한 처분이 은밀하게 이루어지

는 경우에는 처분사실 자체가 드러나지 아니한 채 제3자에 대한 공소시효가 완성되어 제3자로부터 불법재산을 몰수하거나 추징할 수 없는 상황도 충분히 발생할 수 있다. 결국 현행법상의 다른 절차만으로는 범인이 특정공무원범죄로 취득한 불법재산을 그 정황을 아는 제3자에게 처분함으로써 사실상 불법재산을 그대로 보유하게 되는 위법상태를 시정할 수 없는 부당한 결과가 발생하게 된다.

또한 심판대상조항은 그 집행 대상을 특정공무원범죄의 범죄행위로 얻은 재산과 그로부터 비롯된 부분으로 한정함으로써 입법목적을 달성하기 위해 필요한 범위 내에서만 제3자의 재산권을 제한하고 있다.

앞서 본 바와 같이 집행의 신속성·밀행성으로 인하여 사전 통지 등의 절차를 마련하기 어려운 부득이한 사유가 존재하는 점, 제3자가 사후적으로 심판대상조항에 의한 집행을 다툴 수 있는 절차가 보장되어 있는 점 등을 종합적으로 고려하면, 법원의 사전 관여 없이 제3자 귀속재산에 대하여 범인에 대한 추징판결을 집행할 수 있도록 규정한 점만으로 심판대상조항이 침해의 최소성 원칙에 위배된다고 보기도 어렵다.

특정공무원범죄로 취득한 불법재산의 철저한 환수를 통하여 국가형벌권의 실현을 보장하고 공직사회의 부정부패 요인을 근원적으로 제거하고자 하는 심판대상조항의 입법목적은 우리 사회에서 매우 중대한 의미를 지닌다. 반면, 심판대상조항으로 인하여 제3자는 그 정황을 알고 취득한 불법재산 및 그로부터 유래한 재산에 대하여 집행을 받게 되는데, 그 범위는 범인이 특정공무원범죄의 범죄행위로 얻은 재산과 그 재산에서 비롯된 부분으로 한정되고, 제3자는 사후적으로 집행에 관한 법원의 판단을 받을 수 있다. 그렇다면 심판대상조항으로 인하여 제3자가 받는 불이익이 심판대상조항이 달성하고자 하는 공익보다 중대하다고 보기 어려우므로, 심판대상조항은 법익의 균형성 원칙에도 위배되지 않는다.

따라서 심판대상조항이 과잉금지원칙에 반하여 재산권을 침해한다고 볼 수 없다.

재판관 이선애, 재판관 이종석, 재판관 이영진의 반대의견

심판대상조항에 의하여 집행을 받는 제3자는 범인에 대한 형사 재판에 관하여 고지 받거나 그 재판절차에 참가할 기회를 가지지 못함은 물론, 제3자의 재산에 추징이 집행되는 단계에 이르러서도 사전에 이를 고지 받거나 청문절차에서 의견을 진술할 수 있는 기회조차 부여받지 못한다. 범인 외의 제3자가 범죄 후 그 정황을 알면서도 불법재산을 취득한 경우에 있어서 추징이 몰수에 비해 신속한 절차나 밀행성의 요구가 특별히 더 절실하거나, 추징집행의 대상이 된 제3자의 불법성이 몰수의 경우보다 더 크다고 볼 근거를 발견할 수 없음에도 불구하고, 공무원범죄몰수법에 따라 제3자에 대하여 몰수할 경우 제3자에게 인정되는 범인에 대한 형사 재판에 관하여 고지 받을 기회 내지 그 재판절차에 참가하여 진술할 수 있는 기회 등도 심판대상조항에 의한 추징집행에는 전혀 마련되어 있지 않다.

입법자가 제3자의 재산에 대한 추징집행에 맞는 추징보전절차를 따로 마련하면, 사전고지나 청문 등을 보장하면서도 제3자가 집행을 면탈하는 것을 사전에 방지할 수 있다. 따라서 집행의 용이함이나 밀행성의 요구가 사전고지나 청문절차의 부재를 정당화하는 방패가 될 수는 없다.

추징은 몰수에 대신하는 처분이므로 형에 준하여 평가하여야 함에도 불구하고, 제3자는 심판대상조항에 의하여 자신의 재산에 추징집행을 당하기 전에 '추징집행이 공무원범죄몰수법의 소정 요건을 충족하여 적법한지 여부'에 대하여 법관으로부터 판단 받을 기회를 전혀 가지지지 못하므로, 심판대상조항은 제3자의 재판청구권을 제한한다. 또한 심판대상조항은 제3자에게 범인의 몰수·추징 면탈이나 불법재산 은닉을 용이하게 하고자 하는 고의가 없는 경우에도 추징의 집행을 허용하고, 불법재산으로부터 유래한 재산도 그 집행 대상으로 삼음으로써 제3자의 재산권을 제한한다.

나아가 심판대상조항은 검사에게 광범위한 재량을 부여하고 있어, 검사는 범인이 아닌 제3자에게 먼저 추징을 집행할 수 있고, 복수의 제3자가 범인으로부터 불법재산을 취득한 경우에는 그 제3자들 중 누구에게 먼저 추징집행을 할 것인지도 임의로 정할 수 있다.

재판집행에 대한 이의신청(형사소송법 제489조)은 통상의 재판절차와는 달리 법원이 제3자의 출석을 요구함이 없이 서면으로만 결정할 수 있어 추징의 집행을 당한 제3자에게 의견진술의 기회를 충분하게 보장하지 못한다. 또한 추징의 집행이 종료된 후에는 이의신청이 허용되지 않는데다가, 이의신청에는 집행정지의 효력도 없어, 집행이 신속하게 종결되는 경우에는 구제에 한계가 있다.

결국 '범죄 후 그 정황을 알지 못한 채 불법재산 등을 취득한 경우에 불과하여 제3자 추징을 당할 경우가 아님에도 검사가 공무원범죄몰수법 소정의 제3자 추징 요건을 갖춘 경우라고 자의적으로 판단하여 추징집행을 한 경우'에는 불측의 피해를 입는 선의의 제3자가 발생할 수 있다.

따라서 심판대상조항은 적법절차원칙에 위배되어 헌법에 위반된다.

【심판대상조문】

공무원범죄에 관한 몰수 특례법(2013. 7. 12. 법률 제11883호로 개정된 것) 제9조의2

【참조조문】

헌법 제12조 제1항, 제23조 제1항, 제37조 제2항

공무원범죄에 관한 몰수 특례법(2013. 7. 12. 법률 제11883호로 개정된 것) 제2조, 제5조, 제6조, 제9조의4, 제13조 내지 제22조, 제42조, 제43조

범죄수익은닉의 규제 및 처벌 등에 관한 법률(2010. 3. 31. 법률 제10201호로 개정된 것) 제3조, 제4조

형법(2017. 12. 12. 법률 제15163호로 개정된 것) 제78조

형사소송법(2007. 6. 1. 법률 제8496호로 개정된 것) 제477조 제4항, 제489조

【참조판례】

가. 헌재 1992. 12. 24. 92헌가8, 판례집 4, 853, 875-878

헌재 2003. 7. 24. 2001헌가25, 판례집 15-2상, 1, 17-18

헌재 2007. 10. 4. 2006헌바91, 판례집 19-2, 396, 408

헌재 2018. 2. 22. 2017헌가29, 판례집 30-1상, 186, 203-204

【당 사 자】

제청법원	서울고등법원
제청신청인	박○○ 대리인 법무법인 제민 담당변호사 노희범
당해사건	서울고등법원 2013초기409 재판의 집행에관한이의

【주　문】

공무원범죄에 관한 몰수 특례법(2013. 7. 12. 법률 제11883호로 개정된 것) 제9조의2는 헌법에 위반되지 아니한다.

【이　유】

1. 사건개요

가. 전직 대통령 전두환은 1996. 12. 16. 서울고등법원 96노1892호 사건에서 반란수괴, 특정범죄가중처벌등에관한법률위반(뇌물) 등의 범죄사실로 무기징역형

과 2,205억 원의 추징 판결을 선고받았고(이하 위 판결 중 추징 부분을 '이 사건 추징판결'이라 한다), 위 판결은 1997. 4. 17. 대법원 96도3376호 사건에서 상고가 기각됨에 따라 그대로 확정되었다.

나. 서울 용산구 ○○동 ○○ 대 578㎡ 및 같은 동 □□ 대 155㎡에 관하여 1991. 6. 8. 이○○(전두환의 조카), 강○○(이○○의 장인), 김○○ 3인 앞으로 지분소유권이전등기가 마쳐졌고, 2002. 4. 19. 위 각 토지 중 김○○의 공유지분 전부에 관하여 이○○ 앞으로 지분소유권이전등기가 마쳐졌다. 위 각 토지는 2002. 11. 22. 서울 용산구 ○○동 ○○ 대 733㎡로 합병되었는데, 합병된 토지 중 이○○ 명의의 공유지분에 관하여는 2011. 4. 29., 강○○ 명의의 공유 지분에 관하여는 2011. 5. 27. 각 제청신청인 앞으로 지분소유권이전등기가 마쳐졌다. 위 합병된 토지는 2012. 8. 16. 다시 서울 용산구 ○○동 ○○ 대 546㎡와 같은 동 △△ 대 187㎡로 분할되었다.

다. 서울중앙지방검찰청 검사는, 위 나.항 기재의 토지가 전○○(전두환의 아들)이 전두환으로부터 관리를 위임받은 무기명채권으로 이○○, 강○○, 김○○ 명의로 매수한 것으로서 '공무원범죄에 관한 몰수 특례법'에서 정한 불법재산에 해당하고, 제청신청인이 그러한 정황을 알면서 이를 취득하였음을 이유로, 2013. 8. 19. '공무원범죄에 관한 몰수 특례법' 제9조의2, 형사소송법 제477조 제4항을 근거로 이 사건 추징판결의 미납추징금 167,226,515,560원을 체납액으로 하여 그 중 서울 용산구 ○○동 ○○ 대 546㎡를 압류하였다.

라. 제청신청인은 위 압류 처분에 불복하여 2013. 12. 11. 형사소송법 제489조에 따라 서울고등법원 2013초기409호로 재판의 집행에 관한 이의신청을 하였고, 그 재판이 계속 중이던 2014. 9. 24. '공무원범죄에 관한 몰수 특례법'(2013. 7. 12. 법률 제11883호로 개정된 것) 제9조의2 및 같은 법 부칙 제2조에 대하여 위헌법률심판제청신청을 하였다(서울고등법원 2014초기382). 이에 제청법원은 2015. 1. 20. '공무원범죄에 관한 몰수 특례법' 제9조의2에 대하여 위헌법률심판을 제청하고, 같은 법 부칙 제2조에 대한 위헌법률심판제청신청은 기각하였다.

2. 심판대상

이 사건 심판대상은 '공무원범죄에 관한 몰수 특례법'(2013. 7. 12. 법률 제11883호로 개정된 것) 제9조의2(이하 '심판대상조항'이라 한다)가 헌법에 위반되는지 여부이고, 심판대상조항 및 관련조항은 다음과 같다.

[심판대상조항]

공무원범죄에 관한 몰수 특례법(2013. 7. 12. 법률 제11883호로 개정된 것)

제9조의2(불법재산 등에 대한 추징) 제6조의 추징은 범인 외의 자가 그 정황을 알면서 취득한 불법재산 및 그로부터 유래한 재산에 대하여 그 범인 외의 자를 상대로 집행할 수 있다.

[관련조항]

공무원범죄에 관한 몰수 특례법(2009. 11. 2. 법률 제9812호로 개정된 것)

제2조(정의) 이 법에서 사용하는 용어의 뜻은 다음과 같다.

1. "특정공무원범죄"란 다음 각 목의 어느 하나에 해당하는 죄[해당 죄와 다른 죄가 「형법」 제40조에 따른 상상적 경합(想像的 競合) 관계인 경우에는 그 다른 죄를 포함한다]를 말한다.
   가. 「형법」 제129조부터 제132조까지의 죄
   나. 「회계관계직원 등의 책임에 관한 법률」 제2조 제1호·제2호 또는 제4호(같은 조 제1호 또는 제2호에 규정된 사람의 보조자로서 그 회계사무의 일부를 처리하는 사람만 해당한다)에 규정된 사람이 국고(國庫) 또는 지방자치단체에 손실을 입힐 것을 알면서도 그 직무에 관하여 범한 「형법」 제355조의 죄
   다. 「특정범죄가중처벌 등에 관한 법률」 제2조 및 제5조의 죄
2. "불법수익"이란 특정공무원범죄의 범죄행위로 얻은 재산을 말한다.
3. "불법수익에서 유래한 재산"이란 불법수익의 과실(果實)로서 얻은 재산, 불법수익의 대가로서 얻은 재산, 이들 재산의 대가로서 얻은 재산 등 불법수익이 변형되거나 증식되어 형성된 재산(불법수익이 불법수익과 관련 없는 재산과 합하여져 변형되거나 증식된 경우에는 불법수익에서 비롯된 부분으로 한정한다)을 말한다.
4. "불법재산"이란 불법수익과 불법수익에서 유래한 재산을 말한다.

제6조(추징) 불법재산을 몰수할 수 없거나 제3조 제2

항에 따라 몰수하지 아니하는 경우에는 그 가액(價額)을 범인에게서 추징(追徵)한다.

3. 제청법원의 위헌제청이유

가. 심판대상조항은 특정공무원범죄를 범한 범인 외의 자(이하 '제3자'라 한다)에게 의견 진술의 기회를 보장하지 아니한 채 곧바로 제3자에게 귀속된 불법재산 및 그로부터 유래한 재산(이하 양자를 일괄하여 지칭할 때는 '불법재산 등'이라 한다)에 대하여 특정공무원범죄의 범인에 대한 추징판결을 집행할 수 있도록 규정하여 적법절차원칙에 위배된다.

나. 제3자가 그 정황을 알면서 불법재산을 취득하는 행위는 '범죄수익은닉의 규제 및 처벌 등에 관한 법률'(이하 '범죄수익은닉규제법'이라 한다)상 범죄수익등의 은닉·가장죄(제3조) 또는 범죄수익등의 수수죄(제4조) 등에 해당하고, 제3자는 위 범죄사실로 기소된 사건에서 몰수 또는 추징의 부가형을 선고받게 된다. 그런데 심판대상조항은 제3자가 위와 같은 범죄사실로 기소되기 전에도 제3자에 대하여 추징의 집행을 할 수 있도록 규정함으로써 무죄추정원칙에 위배된다. 또한 불법재산을 몰수하는 것이 타당하지 아니하다고 인정하여 추징하는 것은 법관의 양형결정권에 관한 사항임에도, 심판대상조항은 그 권한을 검사에게 부여하여 법관의 양형결정권을 제한함으로써 형사법상 책임원칙에 위배된다.

다. 제3자가 그 정황을 알면서 취득한 불법재산은 '공무원범죄에 관한 몰수 특례법'(이하 '공무원범죄몰수법'이라 한다) 제5조에 따라 몰수되어야 할 것임에도, 심판대상조항은 이를 추징의 집행 대상으로 삼고 있으므로 체계정당성에 위반된다.

라. 특정공무원범죄의 범인에 대한 재판에서 제3자에게 귀속된 불법재산을 몰수할 수 없는 경우, 제3자를 범죄수익은닉규제법 위반 공소사실로 기소하여 제3자로부터 몰수 또는 추징을 할 수 있고 그 전에 몰수보전명령 또는 추징보전명령을 할 수 있다. 그럼에도 심판대상조항이 법관에 의한 재판 없이 제3자의 귀속재산에 대하여 범인에 대한 추징판결을 집행할 수 있도록 규정하여 제3자의 재산권을 제한한 것은 과잉금지원칙에 위배된다.

마. 심판대상조항에 의해 추징 집행을 받는 제3자는 형사소송법 제489조에 따라 이의신청을 할 수 있으나, 이의신청제도는 효과적인 권리구제수단으로 충분하다고 보기 어렵고, 그밖에 제3자의 권리보호를 위한 실효성 있는 제도가 보완되지 아니한 이상 심판대상조항은 재판청구권을 침해한다.

4. 판 단

가. 심판대상조항에 의한 제3자 귀속재산에 대한 추징 집행의 법적 성격

(1) 공무원범죄몰수법의 입법목적은 뇌물죄와 국고손실죄 등 특정공무원범죄를 범한 사람이 그 범죄행위를 통하여 취득한 불법수익 등을 철저히 추적·환수하는 제도적 장치를 마련함으로써 공직사회의 부정부패 요인을 근원적으로 제거하고 깨끗한 공직풍토를 조성하려는 데에 있다.

이에 따라 공무원범죄몰수법은 특정공무원범죄의 범인이 그 범죄행위로 얻은 재산인 불법수익뿐만 아니라 불법수익에서 유래한 재산도 몰수 대상으로 하여(불법수익과 불법수익에서 유래한 재산을 합하여 '불법재산'이라 한다) 범인으로부터 필요적으로 몰수하거나 그 정황을 알면서 불법재산을 취득한 제3자로부터 몰수할 수 있도록 하고, 불법재산을 몰수할 수 없거나 불법재산의 성질 등 여러 사정을 고려하여 몰수하지 아니하는 경우에는 범인으로부터 불법재산의 가액을 필요적으로 추징하도록 규정하고 있다.

(2) 나아가 공무원범죄몰수법은 심판대상조항을 두어 제3자가 그 정황을 알면서 취득한 불법재산 및 그로부터 유래한 재산에 대하여도 특정공무원범죄의 범인에 대한 추징판결을 집행할 수 있도록 규정하고 있다.

특정공무원범죄를 범한 범인이 그 정황을 아는 제3자에게 불법재산을 처분하여 범인에 대한 추징판결의 현실적 집행이 곤란하게 된다면, 공직사회의 부정부패 요인을 근원적으로 제거할 수 없을 뿐만 아니라 국민들에게 심각한 박탈감을 주고 형사사법에 대한 신뢰마저 훼손될 우려가 있다. 이에 제3자가 그 정황을 알면서 불법재산을 취득한 사실이 확인된 때에는 제3자에게 귀속된 불법재산 및 그로부터 유래한 재산을 대상으로 범인에 대한 추징판결을 집행할 수 있도록 함으로써 국가형벌권의 실현을 보장하여 형사사법의 정의를 구현함과 동시에 불법재산을 철저하게 추적·환수하여 공무원범죄몰수법의 입법목적을 달성하고자 하는 것이 심판대상조항을 둔 취지라고 할 것이다.

위와 같은 심판대상조항의 입법취지와 규정내용 등에 비추어 보면 심판대상조항은 특정공무원범죄의 범인에 대한 추징판결의 집행 대상을 확대하여 제3자에게 물적 유한책임을 부과하는 것이지, 제3자에게 형사책임이 인정됨을 근거로 제3자에 대하여 형사적 제재를 가하는 것이 아니다. 즉, 제3자가 그 정황을 알면서 불법재산을 취득한 경우 범죄수익은닉규제법상 범죄수익등의 은닉·가장죄 또는 범죄수익등의 수수죄가 성립할 수 있으나, 심판대상조항은 제3자에 대하여 위와 같은 범죄가 인정됨을 전제로 그 범죄로 인하여 얻은 이익을 박탈하기 위하여 제3자로부터 추징할 수 있도록 규정한 것이 아니라, 특정공무원범죄로 범인이 취득한 이익을 철저히 추적·환수하기 위하여 범인에 대한 추징판결의 집행 대상을 제3자가 취득한 불법재산 및 그로부터 유래한 재산에까지 확대함으로써 제3자에게 물적 유한책임을 부과한 것으로 보아야 한다.

나. 이 사건의 쟁점

(1) 심판대상조항은 제3자가 그 정황을 알면서 취득한 불법재산 및 그로부터 유래한 재산에 대하여 범인에 대한 추징판결을 집행할 수 있도록 규정하면서 제3자에게 사전 통지하거나 의견 진술의 기회를 부여하는 등의 규정을 두고 있지 않은바, 사전 통지 등의 절차를 두지 아니한 것이 적법절차원칙에 위배되는지 여부가 문제되고, 제3자의 재산을 범인에 대한 추징판결의 집행대상으로 한 것이 과잉금지원칙에 반하여 재산권을 침해하는지 여부가 문제된다.

(2) 제청법원은 심판대상조항의 무죄추정원칙 및 형사법상 책임원칙 위반을 주장하나, 앞서 본 바와 같이 심판대상조항은 제3자에 대하여 유죄가 인정됨을 전제로 한 형사적 제재로서의 성질을 가지지 아니하므로 무죄추정원칙 위배 여부 및 형사상 책임원칙 위배 여부는 문제되지 않는다.

(3) 제청법원은 형사소송법 제489조에 의한 이의신청이 제3자에 대한 효과적인 권리구제수단으로 충분하지 아니하므로 심판대상조항이 제3자의 재판청구권을 침해한다고 주장하나, 제3자의 불복의 기회 등을 함께 고려하여 심판대상조항의 적법절차원칙 위반 및 재산권 침해 여부를 판단하는 이상 재판청구권 침해 여부는 별도로 판단하지 않는다.

제청법원은 체계정당성 위반도 주장하나, 체계정당성에 위반한다고 해서 곧 위헌이 되는 것은 아니고 과잉금지원칙 등 일정한 헌법의 규정이나 원칙을 위반하여야 하므로(헌재 2005. 6. 30. 2004헌바40등; 헌재 2018. 1. 25. 2016헌바315 등 참조), 심판대상조항에 대하여 적법절차원칙 위반 및 재산권 침해 여부를 판단하는 이상 체계정당성 위반 여부도 별도로 판단하지 않는다.

다. 적법절차원칙 위반 여부

(1) 헌법 제12조 제1항은 법률과 적법한 절차에 의하지 아니하고는 처벌·보안처분 또는 강제노역을 받지 아니한다고 하여 적법절차원칙을 규정하고 있는바, 적법절차원칙은 형사소송절차에 국한되지 않고 모든 국가작용 전반에 대하여 적용된다(헌재 1992. 12. 24. 92헌가8; 헌재 2018. 2. 22. 2017헌가29 등 참조).

적법절차원칙에서 도출할 수 있는 중요한 절차적 요청 중의 하나로 당사자에게 적절한 고지를 행할 것, 당사자에게 의견 및 자료 제출의 기회를 부여할 것을 들 수 있다. 그러나 적법절차원칙이 구체적으로 어떠한 절차를 어느 정도로 요구하는지는 일률적으로 말하기 어렵고, 규율되는 사항의 성질, 관련 당사자의 사익, 절차의 이행으로 제고될 가치, 국가작용의 효율성, 절차에 소요되는 비용, 불복의 기회 등 다양한 요소들을 형량하여 개별적으로 판단할 수밖에 없다(헌재 2003. 7. 24. 2001헌가25; 헌재 2007. 10. 4. 2006헌바91 참조).

(2) 심판대상조항은 국가형벌권이 실현을 보장하고 불법재산의 철저한 환수를 통해 공직사회의 부정부패 요인을 근원적으로 제거하기 위하여 제3자가 그 정황을 알면서 취득한 불법재산 및 그로부터 유래한 재산에 대하여도 특정공무원범죄를 범한 범인에 대한 추징판결을 집행할 수 있도록 규정하고 있으며, 심판대상조항에 따른 추징판결의 집행은 제3자에게 범죄가 인정됨을 전제로 제3자에 대하여 형사적 제재를 가하는 것이 아니라, 범인에 대한 추징판결의 집행 대상을 제3자가 취득한 불법재산 등에까지 확대하여 제3자에게 물적 유한책임을 부과한 것임은 앞서 본 바와 같다.

확정된 형사판결의 집행에 관한 절차를 어떻게 정할 것인지는 입법자의 입법형성권에 속하는 사항으로, 입법자는 국가형벌권 실현의 중요성, 집행에 의하여 기본권이 제한되는 정도, 우리 사회의 법 현실 등 제반사정을 고려하여 국가형벌권의 적정한 실현을 담보할 수 있는 절차를 구체적으로 형성할 수 있다. 그러므로 심판대상조항에 의하여 제3자에게 귀속된 불법재산 등을 대상으로 범인에 대한 추징판결의 집행을 함에 있어 반드시 형사소송절차와 같은 엄격한 절차가 요구된다고 보기는 어렵다.

(3) 심판대상조항에 따른 추징판결의 집행은 그 성질상 신속성과 밀행성을 요구하는데, 제3자에게 추징

판결의 집행사실을 사전에 통지하거나 의견 제출의 기회를 주게 되면 제3자가 또다시 불법재산 등을 은닉하거나 처분하는 등으로 인하여 집행의 목적을 달성할 수 없게 될 가능성이 높다. 따라서 제3자가 취득한 불법재산 등에 대하여 추징판결을 집행함에 있어서 사전 통지 등의 절차를 마련하지 않는 것에는 부득이한 사유가 있다고 인정된다.

한편 공무원범죄몰수법은 특정공무원범죄의 범인에 대한 형사사건에서 범인으로부터 추징을 하여야 할 경우에 해당한다고 판단할 만한 상당한 이유가 있고 그 추징판결을 집행할 수 없거나 집행이 현저히 곤란할 염려가 있다고 인정되는 때에는 추징보전명령을 하여 피고인 또는 피의자에 대하여 재산의 처분을 금지할 수 있다고 규정하고 있다(제42조, 제43조). 추징보전명령은 추징의 실효성을 확보하기 위하여 형사재판이 확정되기 전 범인의 재산 처분을 일시적으로 금지하는 보전처분으로서, 추징보전명령을 발하여 처분을 금지할 수 있는 재산은 실질적으로 범인에게 귀속하는 재산을 의미한다. 그런데 심판대상조항은 제3자로부터 불법재산 등의 가액을 추징하는 것이 아니라 범인에 대한 추징판결이 확정된 후 그 집행 대상을 제3자에게 귀속된 불법재산 등으로 확대한 것이어서 집행에 앞서 제3자에 대하여 추징보전명령을 발할 수도 없다.

그렇다면 심판대상조항이 제3자에 대하여 범인에 대한 추징판결을 집행하기에 앞서 제3자에게 통지하거나 의견을 진술할 기회를 부여하지 않은 데에는 합리적인 이유가 있다고 할 것이다.

(4) 다른 한편으로 제3자는 심판대상조항에 의한 집행에 관한 검사의 처분이 부당함을 이유로 재판을 선고한 법원에 재판의 집행에 관한 이의신청을 할 수 있다(형사소송법 제489조). 또한 검사는 추징판결을 집행함에 있어 민사집행법의 집행에 관한 규정을 준용하거나 국세징수법에 따른 국세체납처분의 예에 따를 수 있는데(형사소송법 제477조 제3항, 제4항), 제3자는 각 집행절차에서 소송을 통해 불복하는 등 사후적으로 심판대상조항에 의한 집행에 대하여 다툴 수 있는 절차가 보장되어 있다.

(5) 공무원범죄몰수법은 특정공무원범죄의 범인에 대한 형사소송에서 제3자로부터 직접 불법재산을 몰수하는 경우, 제3자로 하여금 그 형사소송절차에 참가할 기회를 부여하여 몰수에 관하여 피고인과 동일한 소송상의 권리를 행사하고 진술할 수 있도록 규정하고 있다(제13조 내지 제22조). 이는 특정공무원범죄의 범인에 대한 형사소송에서 이루어지는 제3자에 대한 몰수판결의 효력을 직접 제3자에게 미치게 하기 위한 것으로, 해당 형사사건의 피고인이 아닌 제3자에게 판결의 효력을 미치게 하기 위해서는 제3자를 형사소송절차에 참가시키는 것이 필수적이라 할 것이다.

반면 심판대상조항은 제3자로부터 직접 불법재산 등을 몰수하는 것이 아니라 범인에 대한 추징판결의 집행재산을 제3자에게 귀속된 불법재산 등으로 확대한 것에 불과할 뿐만 아니라 제3자가 심판대상조항에 의하여 범인에 대한 추징판결의 집행을 당하는 경우에는 앞서 본 바와 같이 사후에 다툴 수 있는 절차가 보장되어 있으므로, 제3자에 대한 몰수의 경우와 달리 특정공무원범죄의 범인에 대한 형사소송절차에 참가할 수 있는 권리를 보장하고 있지 않다는 이유만으로 심판대상조항이 제3자에 대하여 적정한 절차를 보장하지 않은 것이라고 단정할 수 없다.

(6) 이상과 같이 특정공무원범죄로 얻은 불법재산의 철저한 환수를 통하여 공직사회의 부정부패 요인을 근원적으로 제거하고 형사사법의 정의를 구현한다는 공익이 우리 사회에서 가지는 가치, 제3자에게 사전에 통지하거나 의견을 진술할 기회를 부여하지 않은 데에는 합리적인 이유가 인정되는 점, 제3자는 사후적 구제수단을 통해서 집행에 관한 법원의 판단을 받을 수 있는 점 등을 종합적으로 고려할 때, 심판대상조항이 적법절차원칙에 위배된다고 볼 수 없다.

라. 재산권 침해 여부

(1) 목적의 정당성 및 수단의 적합성

심판대상조항은 공직사회의 부정부패 요인을 근원적으로 제거하고 형사사법의 정의를 구현하기 위하여 제3자가 그 정황을 알면서 취득한 불법재산 및 그로부터 유래한 재산에 대하여도 특정공무원범죄를 범한 범인에 대한 추징판결을 집행할 수 있도록 규정한 것이므로, 그 입법목적의 정당성 및 수단의 적합성이 인정된다.

(2) 침해의 최소성

(가) 공무원범죄몰수법은 공무원 등의 뇌물죄와 국고손실죄 등 전형적인 부패범죄에 해당하는 특정공무원범죄를 대상으로 하고 있다. 이와 같은 범죄는 경제적인 이익이 주된 동기가 되므로, 범죄로 취득한 재산과 그로부터 유래한 재산인 불법재산을 철저히 추적·환수하는 것이 특정공무원범죄를 예방하는 효과적인 방법이 된다.

그런데 특정공무원범죄를 범한 자는 불법재산의 추적 및 환수를 피하기 위해 불법재산을 직접 보유하기보다는 가족 등 친·인척 내지 측근 등 제3자의 명의로 위장하여 보유하거나, 그 정황을 아는 제3자에게 재산을 처분할 가능성이 높다.

특정공무원범죄의 범인에 대한 공소를 제기할 때 제3자가 그 정황을 알면서 불법재산을 취득한 사실이 밝혀진 경우에는 공무원범죄몰수법에서 정한 바에 따라 제3자에게 범인에 대한 형사소송절차에 참가하도록 하고 제3자에 대한 몰수판결로써 해당 불법재산을 몰수할 수 있으나, 위와 같은 사실을 알 수 없는 경우에는 제3자로부터 불법재산을 몰수하는 것이 불가능하다. 특히 범인이 특정공무원범죄를 범한 때로부터 오랜 기간이 경과한 경우에는 불법재산의 형성 및 처분 과정을 정확하게 밝히는 것이 매우 어려우므로, 범인에 대한 재판이 있은 후에야 제3자의 취득사실이 밝혀지는 경우도 상당할 것으로 보인다.

위와 같은 경우 검사는 제3자를 상대로 채권자취소권에 기한 사해행위취소소송을 제기하여 불법재산을 범인의 책임재산으로 회복한 후 범인에 대한 추징판결을 집행할 수도 있을 것이나, 채권자취소권에 의하여 보호되는 채권은 원칙적으로 사해행위 이전에 발생하여야 하고, 채권자가 취소원인을 안 날로부터 1년 또는 법률행위가 있은 날로부터 5년의 제척기간을 준수하여야 하는 등의 요건을 구비하지 못하여 불법재산을 원상회복할 수 없는 경우가 존재한다.

한편 그 정황을 알면서 불법재산을 취득한 제3자에 대해서는 범죄수익은닉규제법 위반 공소사실로 기소하여 해당 형사소송절차에서 제3자로부터 직접 불법재산을 몰수하거나 그 가액을 추징할 수 있으나, 제3자에 대한 처분이 은밀하게 이루어지는 경우에는 처분사실 자체가 드러나지 아니한 채 제3자에 대한 공소시효가 완성되어 제3자로부터 불법재산을 몰수하거나 추징할 수 없는 상황도 충분히 발생할 수 있다.

불법재산의 철저한 환수를 통하여 국가형벌권의 적정한 실현을 보장하고 공직사회의 부정부패 요인을 근원적으로 제거해야 하는 공익이 상당히 중대한 사안의 경우에도 위와 같이 현행법상의 다른 절차만으로는 범인이 특정공무원범죄로 취득한 불법재산을 그 정황을 아는 제3자에게 처분함으로써 사실상 불법재산을 그대로 보유하게 되는 위법상태를 시정할 수 없는 부당한 결과가 발생하게 된다. 이에 심판대상조항은 제3자가 그 정황을 알면서 취득한 불법재산 및 그로부터 유래한 재산에 대하여도 범인에 대한 추징판결을 집행할 수 있도록 규정하고 있는 것이다.

나아가 심판대상조항은 제3자를 상대로 집행할 수 있다고 규정하여 제3자에 대하여 집행할 것인지 여부 및 집행범위를 정함에 있어 검사의 재량을 인정하고 있는데, 이로써 불법재산의 철저한 환수를 통하여 국가형벌권의 실현을 보장하고 공직사회의 부정부패 요인을 근원적으로 제거하고자 하는 공익과 제3자의 불이익을 비교형량하여 집행 여부 및 그 범위를 결정할 수 있도록 하고 있다. 이와 같은 검사의 재량권 행사는 다른 재량행위와 마찬가지로 사법심사의 대상이 된다고 할 것이다.

(나) 심판대상조항은 그 집행 대상을 제3자가 그 정황을 알면서 취득한 불법재산 및 그로부터 유래한 재산으로 한정하고 있다.

먼저 '불법재산'에 관하여 보면, 불법재산이란 특정공무원범죄의 범죄행위로 얻은 재산인 '불법수익'과 불법수익의 과실(果實)로서 얻은 재산, 불법수익의 대가로서 얻은 재산, 이들 재산의 대가로서 얻은 재산 등 불법수익이 변형되거나 증식되어 형성된 재산인 '불법수익에서 유래한 재산'을 말한다(공무원범죄몰수법 제2조 제2호 내지 제4호). 다만 불법수익이 불법수익과 관련 없는 재산과 합하여져 변형되거나 증식된 경우, '불법수익에서 유래한 재산'은 불법수익에서 비롯된 부분으로 한정된다(공무원범죄몰수법 제2조 제3호).

다음으로 '그로부터 유래한 재산'에 관하여 본다. 공무원범죄몰수법은 '그로부터 유래한 재산'의 의미를 특별히 정의하고 있지 않으나, 문언상 '불법재산으로부터 유래한 재산'을 가리키는 것이 명백하다. 그리고 심판대상조항 및 관련 조문들의 내용과 체계 등에 비추어 보면, '불법재산으로부터 유래한 재산'이란 제3자가 불법재산을 취득한 후 그 과실로서 얻은 재산, 불법재산의 대가로서 얻은 재산, 이들 재산의 대가로서 얻은 재산 등 불법재산이 변형되거나 증식되어 형성된 재산을 말하고, 제3자가 취득한 불법재산이 불법재산과 관련 없는 재산과 합하여져 변형되거나 증식된 경우에는 불법재산에서 비롯된 부분으로 한정된다고 할 것이다.

이상을 종합하면 결국 심판대상조항에 의한 집행 대상은 불법수익과 불법수익에서 비롯된 부분으로 한정된다. 이와 같이 심판대상조항은 그 집행 대상을 특정공무원범죄의 범죄행위로 얻은 재산과 그로부터 비롯된 부분으로 한정함으로써 입법목적을 달성하기 위해 필요한 범위 내에서만 제3자의 재산권을 제한하고 있다.

(다) 앞서 적법절차원칙 위반 여부에서 살펴 본 바와 같이 집행의 신속성·밀행성으로 인하여 사전 통지 등의 절차를 마련하기 어려운 부득이한 사유가 존재하는 점, 제3자가 사후적으로 심판대상조항에 의한 집행을 다툴 수 있는 절차가 보장되어 있는 점, 공무원범죄몰수법 제5조 제1항 단서 및 범죄수익은닉규제법에 따라 제3자로부터 직접 불법재산을 몰수하는 것이 불가능한 상황도 발생할 수 있는 점 등을 종합적으로 고려하면, 법원의 사전 관여 없이 제3자 귀속재산에 대하여 범인에 대한 추징판결을 집행하도록 한 점을 들어 심판대상조항이 침해의 최소성 원칙에 위배된다고 보기도 어렵다.

(라) 한편 일반 형사범의 경우 추징의 시효기간이 5년인 데 비해 공무원범죄몰수법 제9조의4는 특정공무원범죄에 관한 추징의 시효기간을 10년으로 정하고 있다. 또한 형법 제80조에 의하면 추징의 시효는 강제처분을 개시함으로 인하여 중단된다. 이처럼 특정공무원범죄에 관한 추징의 시효기간이 장기인데다 시효중단제도로 말미암아 제3자는 범인에 대한 추징판결이 확정된 때로부터 장기간 심판대상조항에 의하여 집행을 당할 지위에 놓이게 된다.

그러나 이와 같은 제3자의 불이익은 특정공무원범죄의 추징 시효기간을 장기로 정한 공무원범죄몰수법 제9조의4와 시효중단제도를 정한 형법 제80조에서 비롯되는 것이지, 심판대상조항에서 비롯되는 것이 아니다. 따라서 제3자가 장기간 동안 불안정한 지위에 놓일 우려가 있다는 점은 심판대상조항이 과잉금지원칙에 위배되는지 여부를 판단함에 있어서 고려하여야 할 사항이라고 보기 어렵다.

(마) 그렇다면 심판대상조항은 그 입법목적의 달성을 위하여 필요한 범위 내에서 제3자의 재산권을 제한하고 있고, 다른 대체수단으로 심판대상조항과 동등한 정도로 입법목적을 달성할 수 있다고 보기도 어려우므로, 침해의 최소성 원칙에 위배되지 않는다.

(3) 법익의 균형성

특정공무원범죄로 얻은 불법재산의 철저한 환수를 통하여 국가형벌권의 실현을 보장하고 공직사회의 부정부패 요인을 근원적으로 제거하고자 하는 심판대상조항의 입법목적은 우리 사회에서 매우 중대한 의미를 지닌다.

반면, 심판대상조항으로 인하여 제3자는 그 정황을 알고 취득한 불법재산 및 그로부터 유래한 재산에 대하여 집행을 받게 되는데, 그 범위는 범인이 특정공무원범죄의 범죄행위로 얻은 재산과 그 재산에서 비롯된 부분으로 한정되고, 제3자는 사후적으로 집행에 관한 법원의 판단을 받을 수 있다.

그렇다면 심판대상조항으로 인하여 제3자가 받는 불이익이 심판대상조항이 달성하고자 하는 공익보다 중대하다고 보기 어려우므로, 심판대상조항은 법익의 균형성 원칙에도 위배되지 않는다.

(4) 소결

이상의 이유로 심판대상조항이 과잉금지원칙에 위배되어 재산권을 침해한다고 볼 수 없다.

5. 결 론

심판대상조항은 헌법에 위반되지 아니하므로 주문과 같이 결정한다. 이 결정은 재판관 이선애, 재판관 이종석, 재판관 이영진의 아래 6.과 같은 반대의견이 있는 외에는 나머지 관여 재판관의 일치된 의견에 의한 것이다.

6. 재판관 이선애, 재판관 이종석, 재판관 이영진의 반대의견

우리는 심판대상조항이 적법절차원칙에 위배되어 헌법에 위반된다고 생각하므로 다음과 같이 반대의견을 밝힌다.

가. 헌법상 적법절차원칙

헌법 제12조 제1항 후문은 "누구든지 …… 법률과 적법한 절차에 의하지 아니하고는 처벌·보안처분 또는 강제노역을 받지 아니한다."고 규정하고 있다. 이 헌법조항이 규정한 적법절차원칙은 합리적이고 정당한 법률에 의거하여 적정한 절차를 밟은 경우에만 공권력에 의한 국민의 생명, 자유, 재산의 침해와 같은 기본권 등의 제한이 가능할 수 있다는 넓은 범위에 걸친 일반적인 원칙을 그 내용으로 한다.

헌법상 적법절차의 보장은 광의로는 실체적 적법절차의 보장을 포함하는 것이지만 그 본래적 의미는 기본권을 제한하는 내용의 공권력 행사는 그 절차가 합리적이고 공정하여야만 한다는 절차적 적법절차의 보장에 있다. 이러한 절차적 적법절차의 원칙을 충족하기 위한 여러 절차적 요소 중에는 당사자에 대한 사전고지, 공정하고 충분하며 합리적으로 행하여지는 청문 등이 포함된다. 개인의 기본권 등을 제한하는 불이익한 조치 등이 가해지기 전에 사전고지와 청문 등을 통한 정당한 방어와 변명의 기회가 주어져야 하는 것이다. 다만 절차적 적법절차의 구체적 내용은 상황과 무관하게 고정된 것이 아니고 공권력으로 기본권을 제한하는 구체적인 경우에 나타나는 개별적인 사정들을 고려하여 이에 적합한 절차적 보장이 주어질 것을 요청한다는 의미에서 유연성을 가진다. 따라서 구체적인 경우에 적법절차의 원칙상 어떠한 절차가 제공되어야 할 것인지는 규율되는 사항의 성질, 문제된 기본권 내지 관계된 권리의 중요성, 사전고지나 청문 등의 절차가 보장되지 아니할 경우 개인의 기본권 등이 제한되는 위험의 정도, 절차 마련에 수반될 재정적·행정적 부담 내지 공익 희생의 규모, 불복의 기회 등 여러 요소들을 종합적으로 형량하여 결정하여야 하는데, 대체로 보아 기본권의 제한이 중대하면 할수록 적법절차의 요구도 비례하여 커진다고 할 것이다(헌재 2003. 7. 24. 2001헌가25; 헌재 2016. 12. 29. 2015헌바280 참조).

나. 심판대상조항에 대한 검토

심판대상조항은 공무원범죄몰수법 제6조의 추징은 범인 외의 자가 그 정황을 알면서 취득한 불법재산 등에 대하여 범인 외의 자를 상대로 집행할 수 있다고 정하고 있다. 즉, 특정공무원범죄를 범한 범인(이하 '범인'이라고 한다)에 대한 추징판결의 집행 대상을 확대하여 제3자에 대한 별도의 재판 없이 제3자의 재산에 대한 추징의 집행을 허용하고 있다. 우선 심판대상조항의 문제점을 차례로 살펴본다.

(1) 범인의 형사 재판에 대한 사전고지와 재판절차 참가절차 부존재 그리고 제3자 추징 집행 전에 사전고지와 청문절차 부존재

심판대상조항에 의하여 추징 집행의 대상이 된 재산의 소유자인 제3자는 범인에 대한 형사 재판에 관하여 고지 받거나 그 재판절차에 참가할 기회를 가지지 못함은 물론 제3자의 재산에 추징이 집행되는 단계에 이르러서도 사전에 이를 고지 받거나 청문절차에서 의견을 진술할 수 있는 기회조차 부여받지 못한다. 심판대상조항은 제3자가 그 정황을 알았어야 한다는 주관적 요건 및 집행대상 재산이 제3자가 취득한 불법재산 등이어야 한다는 물적 요건을 제3자를 상대로 한 추징 집행의 요건으로 정하고 있다. 그런데, 위와 같은 주관적·물적 요건의 충족 여부에 대한 판단은 전적으로 검사에게 맡겨져 있을 뿐 제3자에게 불이익한 추징 집행이 가해지기 전 사전고지와 청문 등을 통한 정당한 방어와 변명의 기회를 전혀 부여하지 아니하고 있다.

추징의 집행이 미리 고지될 경우 제3자가 재산을 은닉하거나 처분하는 등 집행을 곤란하게 할 가능성을 차단할 수 있는 장치의 마련은 얼마든지 가능하다. 제3자의 재산에 대한 추징 집행의 경우에도 입법자가 그에 맞는 적절한 추징보전절차를 따로 마련하여, 제3자에게 추징대상 재산 및 추징의 이유 등에 대하여 사전에 고지함과 동시에 추징보전절차를 통해 해당 재산의 처분을 금지한다면, 제3자가 재산을 은닉하거나 처분하여 집행을 면탈하는 것을 사전에 방지할 수 있다. 제3자의 재산에 대하여 추징의 집행이 가해지기 전에 사전고지나 청문 등을 보장하면서도 그와 함께 재산을 은닉하거나 처분하는 등 집행을 곤란하게 하는 것을 막는 방법이 입법자에 의해 충분히 마련될 수 있으므로 집행의 용이함이나 밀행성의 요구가 사전고지나 청문절차의 부재를 정당화하는 방패가 될 수는 없다.

특히 공무원범죄몰수법 부칙(2013. 7. 12. 법률 제11883호) 제2조는 "제9조의2부터 제9조의4까지의 개정규정은 이 법 시행 당시 몰수 또는 추징의 절차가 진행 중인 경우에도 적용된다."고 정하고 있어 이로 인해 공무원범죄몰수법 시행 전에 범인에 대한 추징판결이 확정되어 검사가 범인에 대해 추징판결 집행을 진행할 당시까지는 추징 집행의 대상이 아니었던 제3자가 심판대상조항의 시행으로 인해 추징 집행의 대상에 포함되는 경우도 발생할 수 있다.

그럼에도 불구하고 심판대상조항은 추징판결 집행의 용이함이나 신속함만을 내세워 사전고지와 청문절차 없이 범인에 대한 추징판결의 집행 대상을 확대하여 제3자에 대한 별도의 재판 없이 그 재산에 대하여 추징의 집행을 허용하고 있다.

(2) 법관에 의해 재판을 받을 권리의 제한

추징은 엄격한 의미의 형벌은 아니지만 몰수에 대신하는 처분이므로 몰수와 마찬가지로 형에 준하여 평가하여야 하고 그에 관하여도 형사소송법상 원칙들이 적용되어야 한다(대법원 2006. 11. 9. 선고 2006도4888 판결 참조).

형법상 추징이나 다른 특별법에 의한 추징의 경우 특정인에 대한 재판을 거쳐 법관이 추징판결을 선고하면 검사가 그 판결에 따라 판결의 대상이 된 특정인을 상대로 그의 재산에 대해 추징을 집행한다. 이처럼 일반적인 추징의 경우에는 추징판결을 받은 자와 추징 집행의 대상이 된 재산의 소유자가 일치한다. 그러나 심판

대상조항에 의한 제3자에 대한 추징은 일반적인 추징과는 다르다. 심판대상조항에 의한 추징은 범인에 대한 추징판결에 근거하여 제3자의 재산에 대하여 추징을 집행하는 것으로서 추징판결을 받은 자와 그 추징판결의 집행 대상인 재산의 소유자가 불일치한다.

몰수와 마찬가지로 형에 준하여 평가되는 추징인데도 심판대상조항에 의하면 제3자는 자신의 재산에 추징 집행을 당하기 전에 '추징 집행이 공무원범죄몰수법의 소정 요건을 충족하여 적법한지 여부'에 대하여 법관으로부터 판단 받을 기회를 전혀 가지지 못하므로, 이러한 측면에서 심판대상조항은 제3자에 대하여 헌법 제27조 제1항 소정의 '헌법과 법률이 정한 법관에 의하여 법률에 의한 재판을 받을 권리'를 제한한다.

(3) 제3자 추징과 제3자 몰수를 다르게 규율함

몰수는 범죄행위와 관련된 재산권을 보상 없이 박탈하여 국고에 귀속시키는 독자적인 형사제재이고, 추징은 몰수대상물의 전부나 일부가 몰수하기 불능한 때에 몰수에 갈음하여 그 가액 상당의 납부를 명하는 부수처분이지만 실질적으로 볼 때 몰수와 차이가 없고, 처분을 받는 자의 입장에서는 추징당하는 것이 몰수보다 더 큰 불이익이 되는 경우가 적지 않다.

그런데 공무원범죄몰수법은 범인 외의 제3자가 범죄 후 그 정황을 알면서도 불법재산을 취득한 경우 제3자를 상대로 몰수하기 위해서는 범인에 대한 공소제기 시 제3자에 대하여 '범인에 대한 형사사건이 계속 중인 법원, 그 형사사건명 및 범인의 성명, 몰수하여야 할 재산의 품명 · 수량 등, 몰수의 이유가 되는 사실의 요지, 범인에 대한 형사사건 절차에 참가신청을 할 수 있다는 취지 등'을 서면으로 고지해야 할 의무를 검사에게 부과하고 있고(제13조), 제3자에게는 제1심 재판이 있기까지 범인에 대한 형사사건 절차에 참가신청을 할 수 있는 권리를 보장하고 있으며(제14조), 법원은 제3자가 참가신청을 하고 공판기일에 출석한 경우 몰수의 이유가 되는 사실의 요지 등을 고지하고 몰수에 관하여 진술할 기회를 주어야 하는 것으로 정하고 있다(제16조). 그러나, 심판대상조항에 의하여 추징 집행의 대상이 된 재산의 소유자인 제3자에 대하여는 범인에 대한 형사재판에 관하여 고지 받을 기회 내지 그 재판절차에 참가하여 진술할 수 있는 기회 부여와 같은 절차를 전혀 마련하고 있지 않다.

또한 공무원범죄몰수법은 범인 외의 제3자가 범죄 후 그 정황을 알면서도 불법재산을 취득한 경우 제3자를 상대로 몰수함에 있어서 ① 법령상의 의무 이행으로서 제공된 것을 취득한 경우나 ② 채권자에게 상당한 재산상의 이익을 제공하는 계약을 할 당시에 그 계약에 관련된 채무 이행이 불법재산 또는 혼합재산에 의한다는 사실을 알지 못하고 그 계약에 관련된 채무의 이행으로 제공된 것을 취득한 경우를 제외하고 있는 반면(제5조 제1항 단서), 심판대상조항에 의한 제3자 추징 집행에 있어서는 어떠한 예외도 마련하지 않고 있다.

범인 외의 제3자가 범죄 후 그 정황을 알면서도 불법재산을 취득한 경우에 있어서 추징이 몰수에 비해 신속한 절차나 밀행성의 요구가 특별히 더 절실하거나, 추징 집행의 대상이 된 제3자의 불법성이 몰수의 경우보다 더 크다고 볼 근거를 발견할 수 없음에도 불구하고 공무원범죄몰수법은 제3자에 대한 추징과 몰수에 대한 규율을 달리 정하고 있다.

(4) 제3자의 재산권에 대한 제한

심판대상조항은 범인 외의 제3자가 범죄 후 그 정황을 알고 불법재산을 취득하기만 하면 비록 제3자에게 범인의 몰수·추징 면탈이나 불법재산 은닉을 용이하게 하고자 하는 고의가 없는 경우에도 추징의 집행을 허용함으로써 제3자의 재산권을 제한한다. 또한 심판대상조항은 불법재산으로부터 유래한 재산에 대해서도 추징판결의 집행이 가능하도록 정하였으므로, 불법재산 취득 후 불법수익이 변형되거나 증식되어 형성된 재산까지도 추징 집행 대상에 포함된다. 공무원범죄몰수법상 추징의 시효는 10년으로서(제9조의4) 형법상 추징의 시효인 5년(형법 제78조 제6호)에 비해 상당히 장기간이므로 제3자는 10년 동안이나 자신이 취득한 불법재산 뿐만 아니라 이를 증식시켜 형성한 재산 전체에 대하여 추징 집행을 당할 위험성을 안고 살아야 한다.

재산을 증식하는 과정에서 불법재산이 불법재산과 관련 없는 재산과 합쳐져 수차례 변형될 수도 있는데 추징의 대상을 불법재산에서 유래한 부분으로 한정한다고 할지라도, 10년이나 되는 장기간 동안의 재산형성 과정을 추적하여 불법재산에서 유래한 부분과 그렇지 않은 부분을 정확하게 구분하는 것이 과연 가능할 것인지도 의문이다.

(5) 제3자 추징 집행에 있어서 검사에게 광범위한 재량 부여

심판대상조항은 제3자에 대한 추징 집행의 순서나 방법 등에 대해서도 정하고 있지 않으므로, 검사가 임의로 그 순서와 방법을 정할 수 있다. 검사는 범인이 아

닌 제3자에게 먼저 추징을 집행할 수 있고, 복수의 제3자가 범인으로부터 불법재산을 취득한 경우에는 그 제3자들 중 누구에게 먼저 추징 집행을 할 것인지도 임의로 정할 수 있다. 사회 정의의 관념이나 국민의 법 감정 및 추징을 통해 달성하고자 하는 형사정책적인 목적 등에 비추어 볼 때, 제3자보다는 행위의 불법성이 더 큰 범인으로부터 먼저 추징을 하는 것이 타당할 것이나, 검사는 집행의 용이성이나 신속성 등을 고려하여 누구에게 먼저 추징 집행을 할 것인지를 결정할 수 있고 이는 전적으로 검사의 재량에 맡겨져 있다. 검사의 이러한 재량권 행사는 어떠한 사법적 절차에 의해서도 통제되고 있지 아니하며 제3자가 범인에게 먼저 추징할 것을 항변할 수 있는 명시적인 법적 절차도 마련되어 있지 아니하다.

(6) 사전고지 및 청문절차의 보장 없이 사후적 구제절차만으로는 권리구제의 실효성이 적음

심판대상조항에 의하여 추징의 집행을 받은 제3자는 추징의 집행에 관한 검사의 처분이 부당함을 이유로 재판집행에 대한 이의신청을 할 수 있기는 하다(형사소송법 제489조). 그러나 이 절차는 통상의 재판절차와는 달리 법원이 제3자의 출석을 요구함이 없이 서면으로만 결정할 수 있어 추징의 집행을 당한 제3자에게 의견진술의 기회를 충분하게 보장하지 못한다. 또한 추징의 집행이 종료된 후에는 이의신청이 허용되지 않는데다가(대법원 2001. 8. 23.자 2001모91 결정 참조), 이의신청에는 집행정지의 효력도 없어, 집행이 신속하게 종결되는 경우에는 구제에 한계가 있다.

제3자에게 범인에 대한 형사재판에 관한 고지 및 그 재판절차에 참가할 기회를 부여하지 않음은 물론이고 제3자의 재산에 추징이 집행되는 단계에 이르러서까지도 최소한의 사전고지 및 청문절차의 기회를 부여하지 않고 있는 절차의 공백을 메우기에 재판집행에 대한 이의신청절차는 그 실효성이 부족하다고 평가할 수 있다.

(7) 선의의 제3자에게 불측의 피해를 줄 수 있는 위험성이 내재함

'범죄 후 그 정황을 알면서 불법재산을 취득한 제3자'에 대한 추징 집행의 필요성과 당위성만이 강조되고 사전고지 및 청문절차 등 적법절차의 보장 없이 제도를 운영함으로 인하여 결국 '범죄 후 그 정황을 알지 못한 채 불법재산을 취득한 경우에 불과하여 제3자 추징을 당할 경우가 아님에도 검사가 공무원범죄몰수법 소정의 제3자 추징 요건을 갖춘 경우라고 자의적으로 판단하여 추징 집행을 한 경우'에는 불측의 피해를 입는 선의의 제3자가 발생할 수 있다는 점에 주목할 필요가 있다.

다. 결론

이상에서 살펴본 바와 같이 심판대상조항은 범죄수익의 철저한 환수를 위해 별도의 재판 없이 제3자 재산에 대한 추징의 집행을 허용하는 이례적인 규율을 하고 있는 점, 이 규율로 인해 '법관에 의한 재판을 받을 권리' 및 '재산권'을 제한하면서도 제3자에 대한 불이익한 추징 집행이 가해지기 전 최소한의 절차로서 사전고지와 청문절차를 전혀 보장하고 있지 않는 점, 집행의 효율성과 신속성을 위해 사전고지와 청문절차를 마련하지 않는 것은 공권력이 부담해야 할 공익목표 추구 비용을 추징 집행을 당하는 제3자에게 전가하는 것으로 부적절한 점, 입법자로서는 추징보전절차를 마련하여 제3자가 집행을 면탈하는 것을 사전에 충분히 방지할 수 있는 점, 추징은 실질적으로 볼 때 몰수와 차이가 없고, 처분을 받는 자의 입장에서는 추징이 몰수보다 더 큰 불이익이 되는 경우가 적지 않음에도 공무원범죄몰수법상 제3자 추징은 제3자 몰수에 비해 절차적 권리보장이 현저히 부족한 점, 제3자 추징의 시효가 장기간인데다가 그 집행의 방법과 순서에 있어서 검사가 광범위한 재량을 가짐으로써 제한되는 재산권의 정도가 상당한 점, 제3자 추징으로 제한되는 기본권들의 중요성과 그 제한 정도에 비추어 볼 때 사후적 구제절차만으로는 사전고지 및 청문절차의 흠결을 보충할 수 있는 적절한 절차적 보장이라고 볼 수 없는 점, 검사가 제3자 추징 요건을 갖춘 경우라고 자의적으로 판단하여 추징 집행을 한 경우에는 사전고지 및 청문절차의 흠결로 인해 불측의 피해를 입는 선의의 제3자가 발생할 수 있다는 점 등을 종합할 때, 심판대상조항은 헌법상 요구되는 적법절차원칙에 위배되어 헌법에 위반된다고 생각한다.

재판관 유남석 이선애 이석태 이은애 이종석 이영진 김기영 문형배 이미선

17. 구 법인세법 제1조 제1호 등 위헌소원

[2020. 2. 27. 2017헌바159]

【판시사항】

가. 구 법인세법(2005. 12. 31. 법률 제7838호로 개정되고, 2010. 12. 30. 법률 제10423호로 개정되기 전의 것) 제1조 제1호 중 '사업의 실질적 관리장소' 부분, 제3호 중 '사업의 실질적 관리장소' 부분(이하 위 조항들을 합하여 '심판대상조항'이라 한다)이 조세법률주의에 위배되는지 여부(소극)

나. 심판대상조항이 과잉금지원칙을 위반하여 재산권을 침해하는지 여부(소극)

다. 심판대상조항이 조세평등주의에 위배되는지 여부(소극)

【결정요지】

가. 심판대상조항에 따른 내·외국법인의 구별기준과 구별실익, 심판대상조항의 입법연혁 및 취지, 법인세법 등 관련조항 등을 종합하면, 심판대상조항은 '전반적으로 그 법인의 사업을 수행하는 데 필요한 중요한 관리 및 상업적 결정이 실질적으로 이루어지는 장소'를 뜻한다. 이는 납세자가 충분히 예견할 수 있으므로, 심판대상조항은 조세법률주의에 위배되지 아니한다.

나. 심판대상조항의 입법 목적은 우리나라의 과세기반을 확대하고 외국의 입법례 및 국제관행과 상충되는 문제점을 해결하기 위한 것인바 이는 정당하고, 사업의 실질적 관리장소를 국내에 두고 있는 법인을 내국법인으로 보아 과세하는 것은 목적 달성에 적합하다. 조세회피목적 없이 외국에 본점을 두고 그곳에서 실질적으로 중요한 관리 등이 이루어지는 법인은 일부 관리활동이 국내에서 수행된다고 하더라도 내국법인으로 간주되지 않는다는 점, 실질과세의 일반원칙을 정한 규정 등 다른 조항으로는 심판대상조항과 동일한 입법목적을 달성할 수 없다는 점 등을 고려하면, 심판대상조항은 과잉금지원칙을 위반하여 재산권을 침해하지 않는다.

다. 조세회피목적 없이 외국에 본점을 두고 그곳에서 실질적으로 중요한 관리 및 상업적 결정이 이루어지는 법인에는 심판대상조항이 적용되지 않는다. 심판대상조항은 조세회피목적으로 외국에 서류상 회사를 설립한 법인과 외국에 실체를 두고 일부 활동만을 국내에서 수행한 법인을 합리적인 이유 없이 동일하게 취급하지 않으므로, 조세평등주의에 위배되지 않는다.

재판관 이영진의 반대의견

심판대상조항은 사업의 실질적 관리장소를 직접 정의하거나 예시하는 규정을 두고 있지 아니한바, 납세자가 모델조세조약상 관련규정 및 주석서의 내용 등까지 종합하여 그 의미를 해석할 것을 기대하기 어렵고, 이를 통해 과세관청이 자의적인 과세권을 행사할 수 있다는 문제가 있으므로, 심판대상조항은 조세법률주의에 위배된다.

조세회피목적이 없는 경우에도 사업의 실질적 관리장소가 국내이기만 하면 내국법인으로 보아 법인세납세의무를 부담시키는 것은 가혹하고, 조세회피행위는 '국제조세조정에 관한 법률' 제17조 및 실질과세원칙 등으로 대처하면 충분하므로, 심판대상조항은 과잉금지원칙을 위반하여 재산권을 침해한다.

조세회피목적으로 외국에 서류상 회사를 설립한 법인과 외국에 실체를 두고 일부 활동만을 국내에서 수행한 법인은 서로 본질을 달리함에도 불구하고, 심판대상조항은 합리적인 이유 없이 양자를 동일하게 취급하므로, 조세평등주의에 위배된다.

【심판대상조문】

구 법인세법(2005. 12. 31. 법률 제7838호로 개정되고, 2010. 12. 30. 법률 제10423호로 개정되기 전의 것) 제1조 제1호 중 '사업의 실질적 관리장소' 부분, 제3호 중 '사업의 실질적 관리장소' 부분

【참조조문】

헌법 제11조 제1항, 제23조 제1항, 제37조 제2항, 제38조, 제59조

국세기본법(2010. 1. 1. 법률 제9911호로 개정된 것) 제14조

구 국제조세조정에 관한 법률(2014. 12. 23. 법률 제12849호로 개정되고, 2019. 12. 31. 법률 제16843호로 개정되기 전의 것) 제17조 제1항

민법(1958. 2. 22. 법률 제471호로 제정된 것) 제36조

구 법인세법(1998. 12. 28. 법률 제5581호로 전부개정되고, 2010. 12. 30. 법률 제10423호로 개정되기 전의 것) 제2조 제1항, 제4조

구 법인세법(2001. 12. 31. 법률 제6558호로 개정되고, 2010. 12. 30. 법률 제10423호로 개정되기 전의 것) 제94조

구 법인세법(2009. 12. 31. 법률 제9898호로 개정되고, 2010. 12. 30. 법률 제10423호로 개정되기 전의 것) 제57조

구 상법(1962. 1. 20. 법률 제1000호로 제정되고, 2011. 4. 14. 법률 제10600호로 개정되기 전의 것) 제171조

상법(2001. 7. 24. 법률 제6488호로 개정된 것) 제393조 제1항

【참조판례】

가. 헌재 2016. 2. 25. 2013헌바175등, 판례집 28-1상, 70, 79-80

【당 사 자】

청 구 인 ○○서비스(영문명 생략)
대표이사 히○○(외국인)
대리인 법무법인(유한) 태평양
담당변호사 문강배 외 6인

당해사건 서울고등법원 2014누3381 법인세등 부과처분취소

【주 문】

구 법인세법(2005. 12. 31. 법률 제7838호로 개정되고, 2010. 12. 30. 법률 제10423호로 개정되기 전의 것) 제1조 제1호 중 '사업의 실질적 관리장소' 부분, 제3호 중 '사업의 실질적 관리장소' 부분은 모두 헌법에 위반되지 아니한다.

【이 유】

1. 사건개요

가. 청구인은 '홍콩에 본점을 둔 홍콩등록법인이나 법인세법상 실질적 관리장소가 국내인 내국법인으로서 2006 내지 2009 사업연도 법인세를 신고·납부하지 아니하였고, 국내에 부가가치세법상 사업장을 등록 신청하지 아니하였으며, 영세율을 적용한 과세표준을 신고하지 아니하였다.'는 이유로 서초세무서장 및 서초구청장으로부터 2006 내지 2009 사업연도 법인세 및 그 가산세, 부가가치세 가산세, 법인세할 주민세 등의 부과처분(이하 '이 사건 처분'이라 한다)을 받았다. 청구인은 이 사건 처분의 취소소송을 제기하였으나, 제1심 법원은 2014. 2. 7. 청구인이 법인세법상 실질적 관리장소가 국내인 내국법인에 해당한다고 보아 청구인의 청구를 대부분 기각하는 판결을 선고하였다(서울행정법원 2012구합9420).

나. 이에 청구인은 항소하였고(서울고등법원 2014누3381), 제2심 계속 중 구 법인세법 제1조 제1호 중 '사업의 실질적 관리장소' 부분, 제3호 중 '사업의 실질적 관리장소' 부분에 대하여 위헌법률심판제청신청을 하였으나(서울고등법원 2016아635), 2017. 2. 7. 위 신청이 기각되자, 2017. 3. 16. 이 사건 헌법소원심판을 청구하였다.

2. 심판대상

법인세법은 시행 후 최초로 개시하는 사업연도분부

터 적용하고, 청구인은 내국법인으로서 2009 사업연도를 포함하여 그 이전의 법인세를 신고·납부하지 아니하였으므로, 심판대상을 관련부분으로 한정한다. 따라서 이 사건 심판대상은 구 법인세법(2005. 12. 31. 법률 제7838호로 개정되고, 2010. 12. 30. 법률 제10423호로 개정되기 전의 것) 제1조 제1호 중 '사업의 실질적 관리장소' 부분, 제3호 중 '사업의 실질적 관리장소' 부분(이하 위 조항들을 합하여 '심판대상조항'이라 한다)이 헌법에 위반되는지 여부이다. 심판대상조항 및 관련조항은 다음과 같다.

[심판대상조항]

구 법인세법(2005. 12. 31. 법률 제7838호로 개정되고, 2010. 12. 30. 법률 제10423호로 개정되기 전의 것)

제1조(정의) 이 법에서 사용하는 용어의 정의는 다음과 같다.

1. "내국법인"이라 함은 국내에 본점이나 주사무소 또는 사업의 실질적 관리장소를 둔 법인을 말한다.
3. "외국법인"이라 함은 외국에 본점 또는 주사무소를 둔 법인(국내에 사업의 실질적 관리장소가 소재하지 아니하는 경우에 한한다)을 말한다.

[관련조항]

구 법인세법(1998. 12. 28. 법률 제5581호로 전부개정되고, 2010. 12. 30. 법률 제10423호로 개정되기 전의 것)

제2조(납세의무) ① 다음 각 호의 법인은 이 법에 의하여 그 소득에 대한 법인세를 납부할 의무가 있다.

1. 내국법인
2. 국내원천소득이 있는 외국법인

3. 청구인의 주장

가. 심판대상조항은 과세요건을 지나치게 추상적이고 포괄적으로 규정하고 있고 이를 정의하는 다른 규정도 존재하지 않아 그 기준과 범위를 예측하기 어려우므로 과세요건명확주의를 그 내용으로 하는 조세법률주의에 위반된다.

나. 심판대상조항은 정당한 사업목적에 따라 외국에 실체를 갖추어 설립된 법인의 국외원천소득에까지 과세권을 행사하도록 하고, 조세회피목적이 인정되는 경우에 한하여 적용되도록 하는 완화규정을 두고 있지 않을 뿐만 아니라, 세법상 심판대상조항의 입법목적을 달성할 수 있으면서도 기본권 제한을 최소화할 수 있는 다른 제도가 있으므로, 과잉금지원칙에 위반되어 청구인의 재산권, 거주·이전의 자유, 영업의 자유를 침해한다.

다. 심판대상조항은 조세회피목적으로 외국에 서류상 회사를 설립한 법인과 외국에 실체를 두고 일부 활동만을 국내에서 수행한 법인을 합리적인 이유 없이 동일하게 취급하고 있으므로 조세평등주의에 위반된다.

4. 판 단

가. 법인세법상 내국법인과 외국법인의 구별기준 및 구별실익

법인세법상 내국법인·외국법인을 구별하는 기준으로는 본점소재지, 설립준거법 등과 같은 형식적 기준으로 구별하는 입법례와, 중요한 관리 및 통제 장소, 실질적 관리장소 등과 같이 법인의 업무수행에 관한 사실관계를 종합적으로 고려한 실질적 기준을 병용하는 입법례로 나뉜다.

내국법인은 소득의 원천지가 국내인가 국외인가를 묻지 않고 모든 소득(전 세계 소득)에 대해 납세의무를 지는 반면(법인세법 제2조 제1항 제1호, 이하 법명을 생략한다), 외국법인은 국내원천소득에 대해서만 납세의무를 진다는 점에서(제2조 제1항 제2호) 큰 차이가 있다. 법인세법이 내국법인과 외국법인에 대한 과세범위를 달리하는 것은 오늘날 과세관할권에 관하여 속인주의와 속지주의 두 가지 제도를 병행하는 세계적인 추세에 따른 것으로서 소득세법상 거주자와 비거주자에 대한 과세범위를 달리하고 있는 것과도 일맥상통한다.

나. 심판대상조항의 입법연혁 및 취지

심판대상조항은 2005. 12. 31. 법률 제7838호 개정에 의한 것이다. 개정 전에는 본점 및 주사무소 소재지라는 형식적 기준만 두고 있었다. 이는 원칙적으로 본점 및 주사무소 소재지를 내·외국법인의 구별기준으로 삼되, 사업의 실질적 관리장소를 부차적 기준으로 가미한 것이다.

당시 법인세법 일부개정법률안은 '내국법인의 판정기준 보완'이라는 제목 하에 '국내에서 사업의 실질적 관리가 이루어지는 경우에도 외국에 본점 또는 주사무소를 두어 외국법인으로 취급됨에 따라 조세를 회피하는 행위가 가능하므로 이를 개선할 필요가 있음'을 지적하고, '내국법인의 판정기준에 국내에 사업의 실질적 관리장소를 둔 법인을 추가'하여 '국내에 사업의 실질적 관리장소를 둔 외국법인에 대하여도 국내법에 따라 과세권을 행사할 수 있게 됨에 따라 우리나라의 과세기반이 확대될 것으로 기대'된다고 밝히고 있다.

위 개정법률안에 대한 재정경제위원회 검토보고서는, 기존 법인세법 규정 하에서 '첫째, 기업의 거주지(본점이나 주사무소)를 중심으로 내·외국법인을 구별하는 관계로 인하여 조세피난처 등에 명목회사(paper company)를 두고 실질적으로 국내에서 주된 업무를 수행하는 외국법인 등에 대하여 조세회피 우려'가 있고, '둘째, 법인의 거주지를 결정하는 기준으로 관리장소를 적용하는 외국 대부분 국가들의 입법례와 조세조약 체결 시 동 관리기준을 채택하는 국제관행과 상충되는 문제점이 제기되고 있음'을 지적하면서 '이와 같은 우려와 문제점을 감안하여 내국법인 판정기준에 사업의 실질적 관리장소를 국내에 두고 있는 경우를 포함한 개정안은 타당하다'는 의견을 밝혔다.

그렇다면 심판대상조항은 조세피난처 등에 명목회사의 본점 또는 주사무소를 두고 실질적으로 국내에서 주된 업무를 수행하는 외국법인 등에 대하여 조세회피 등을 방지함으로써 우리나라의 과세기반을 확대하고, 외국의 입법례 및 국제관행과 상충되는 문제점을 해결하기 위해 OECD 모델조세조약(OECD, MODEL TAX CONVENTION ON INCOME AND ON CAPITAL, 이하 '모델조세조약'이라 한다)에서 법인의 최종 거주지 결정기준으로 채택하고 있는 사업의 실질적 관리장소(place of effective management)를 내국법인과 외국법인을 구별하는 기준의 하나로 도입한 것이다.

다. 조세법률주의 위반 여부

(1) 조세법률주의

헌법 제38조와 제59조가 선언하고 있는 조세법률주의는 납세의무자, 과세물건, 과세표준, 과세기간, 세율 등 과세요건과 조세 부과 및 징수절차는 국민의 대표기관인 국회가 제정한 법률로 규정하여야 한다는 과세요건법정주의와 아울러 과세요건을 법률로 규정하였다고 하더라도 그 규정내용이 지나치게 추상적이고 불명확하면 과세관청의 자의적 해석과 집행을 초래할 염려가 있으므로 그 규정내용이 명확하고 일의적이어야 한다는 과세요건명확주의를 핵심 내용으로 한다. 조세법률주의는 결국, 과세요건을 법률로 명확하게 규정함으로써 국민의 재산권을 보장함과 동시에 국민의 경제생활에 법적 안정성과 예측가능성을 보장하기 위한 것이다.

한편, 법률은 본질적으로 일반성과 추상성을 가지는 것으로서 법률 규정은 항상 법관의 해석을 통하여 의미가 구체적이면서 명확해질 수 있고, 이는 조세법률주의가 적용되는 조세법 분야에 있어서도 다를 바 없다. 조세법 규정이 조세법 일반이론이나 체계 및 입법취지 등에 비추어 그 의미가 분명해질 수 있다면 그 규정이 과세요건명확주의에 위반된다고 할 수 없다. 또 과세요건 명확주의 문제는 납세자의 입장에서 어떤 행위가 과세대상이 되는 것인지 예견할 수 있을 것인가, 당해 문구의 불확정성이 행정관청 입장에서 자의적이고 차별적으로 법률을 적용할 가능성을 부여하는가 등의 기준에 따라 종합적으로 판단하여야 한다(헌재 2016. 2. 25. 2013헌바175등 참조).

(2) 판단

심판대상조항은 사업의 실질적 관리장소를 내·외국법인을 구별하는 기준의 하나로 규정하면서, 법인세법이나 같은 법 시행령 및 같은 법 시행규칙에서 이를 직접적으로 정의하거나 예시하는 규정을 두고 있지 않다.

(가) 본점 또는 주사무소 소재지와의 관계

사업의 실질적 관리장소는 본점 또는 주사무소 소재지라는 형식적 기준과 대비되는 '실질적' 기준이다. 본점 또는 주사무소는 상법 제171조 및 민법 제36조의 규정에 비추어 보아 법인의 주소를 가리킨다고 해석된다. 심판대상조항에 따르면, 외국의 법률에 준거하여 설립되고 외국에 본점 등기가 된 법인이라 할지라도 우리나라에 사업의 실질적 관리장소를 둔 경우에는 내국법인으로 보아야 한다. 이와 반대로 우리나라의 법률에 준거하여 설립되고 우리나라에 등기부상의 본점을 두고 있는 법인은 설령 외국에 사업의 실질적 관리장소를 두고 있다고 하더라도 내국법인에 해당한다.

(나) 법인세법상 외국법인의 국내사업장 규정과의 관계

법인세법은 외국법인의 국내사업장에 대한 과세규정(제94조)을 두고 있다.

국내에 외국법인의 고정사업장이 존재한다고 하기 위하여는, 외국법인이 처분권한 또는 사용권한을 가지는 국내의 건물, 시설 또는 장치 등의 사업상의 고정된 장소를 통하여 외국법인의 직원 또는 그 지시를 받는 자가 예비적이거나 보조적인 사업활동이 아닌 본질적이고 중요한 사업활동을 수행하여야 한다고 할 것이며, 여기서 본질적이고 중요한 사업활동인지 여부는 그 사업활동의 성격과 규모, 전체 사업활동에서 차지하는 비중과 역할 등을 종합적으로 고려하여 판단하여야 한다(대법원 2011. 4. 28. 선고 2009두19229,

19236 판결 참조). 이는 해당 법인이 외국법인임을 전제로 하여 외국법인의 국내원천소득을 과세하는 데에 그 사업장의 존재를 전제로 하는 것이다. 심판대상조항은 전반적으로 그 법인의 사업을 수행하는 데 필요한 '관리'가 이루어지는 곳인 반면, 국내사업장은 이와 같은 관리에 따른 사업활동이 '수행'되는 곳이라는 점에서 차이가 있다.

(다) 모델조세조약

앞서 본 바와 같이, 심판대상조항은 입법연혁 및 취지상 모델조세조약의 실질적 관리장소 개념을 수용한 것이고 동일한 용어를 사용하고 있으므로 모델조세조약상 실질적 관리장소의 의미를 살펴볼 필요가 있다. 동일 납세의무자에 귀속되는 동일 과세기간의 동일 과세물건에 대해서 2개 이상의 국가에서 유사한 종목의 조세가 부과되는 현상을 일컬어 국제적 이중과세라 한다. 이러한 국제적 이중과세를 방지하기 위하여 당사국 간에 이중과세방지조약을 체결하는데, 그 조약은 대체로 모델조세조약에 바탕을 두고 있다.

모델조세조약 제4조는 개인과 개인 아닌 인(법인이 대표적이라 할 수 있다)의 이중거주자 문제를 어떻게 해결할 것인가에 관하여 규정하고 있다. 2017. 11. 개정되기 전의 모델조세조약 제4조 제3항은 '제1항의 규정으로 인하여 개인 이외의 법인이 양 체약국의 거주자가 되는 경우, 그의 실질적 관리장소가 소재하는 국가의 거주자로 본다.'고 규정하고 있다. 위 제4조 제3항에 대하여 모델조세조약 주석서(이하 '주석서'라 한다) 24문단은 '실질적 관리장소는 전반적으로 그 법인의 사업을 수행하는 데 필요한 중요한 관리 및 상업적 결정이 실질적으로 이루어지는 장소이다. 실질적 관리장소를 결정하기 위해서는 모든 관련된 사실관계, 제반상황이 검토되어야 한다.'고 기술하고 있다. 주석서 24.1문단은 어떤 체약 당사국들이 실질적 관리장소를 결정기준으로 삼고 있는 위 제4조 제3항을 그대로 받아들이기를 원치 않는 경우, 양 체약국의 권한 있는 당국이 문제되는 법인의 제반요소를 고려하여 상호합의를 통해 거주지국을 결정하는 내용의 규정으로 대체할 수 있도록 하면서, 그러한 상호합의 시 당국이 고려할 수 있는 사항으로 이사회 또는 그에 상당하는 의사결정기구가 통상 열리는 장소, 최고경영자 및 다른 중요 임원들이 통상 업무를 수행하는 장소, 고위수준의 일상적 관리가 수행되는 장소, 본점이 있는 장소, 당해 법인의 법적 지위에 대한 준거법 국가, 회계기록이 보관되는 장소, 조세조약상 당해 법인을 일방 체약국의 거주자이고 타방 체약국의 거주자가 아닌 것으로 결정하는 것이 조세조약 규정의 부적절한 활용을 초래할 위험이 있는지 여부 등을 제시하고 있다.

위와 같이 제시되어 있는 기준들은 주석서 24.1문단상 대체규정을 조세조약으로 채택한 체약국이 그 규정에 따라 상호합의를 통해 어느 법인의 거주지국을 결정하고자 할 때 고려될 수 있는 기준들로서 직접적으로 실질적 관리장소 판단을 위하여 제시된 기준들은 아니고 내국법인의 결정기준인 심판대상조항과 그 기능 및 취지가 다르므로 그대로 원용하기에는 적절하지 않은 부분이 포함될 수 있으나, 심판대상조항 자체가 모델조세조약에서 가져온 개념이고 실질적 관리장소라는 동일한 용어를 사용하고 있는 점과 모델조세조약상 개념이나 법인세법상 개념 모두 법인의 거주자성에 관한 것이라는 점에서, 위 기준들은 심판대상조항을 해석할 때 유용한 참고자료가 될 수 있다.

(라) 소결

심판대상조항에 따른 내·외국법인의 구별기준과 구별실익, 심판대상조항의 입법연혁 및 취지, 법인세법 등 관련조항, 모델조세조약과 주석서의 관련내용 및 체계 등을 유기적·체계적으로 종합하면, 심판대상조항은 '전반적으로 그 법인의 사업을 수행하는 데 필요한 중요한 관리 및 상업적 결정이 실질적으로 이루어지는 장소'를 뜻한다. 상법상 이사회의 권한 사항(제393조 제1항 참조) 및 외국의 과세실무 등을 참조할 때 보다 구체적으로는 법인의 일반적 정책·전략 방향, 주요 계약 및 중요한 재무문제 등을 포함한 최고 수준의 의사결정 과정 또는 중요한 자산의 처분 및 양도, 대규모 재산의 차입 등을 관리하고 결정하는 것이라고 할 수 있다. 내·외국법인의 구별기준으로서 사업의 실질적 관리장소가 어디인지는 이사회 또는 그에 상당하는 의사결정기구가 통상 열리는 장소, 최고경영자 및 다른 중요 임원들이 통상 업무를 수행하는 장소, 고위수준의 일상적 관리가 수행되는 장소, 회계기록이 보관되는 장소 등 모든 관련된 사실관계 및 제반사정을 종합적으로 고려하여 구체적 사안별로 판단되어야 한다.

이와 같은 점은 납세자의 입장에서 충분히 예견할 수 있고, 법인세법이나 같은 법 시행령 및 같은 법 시행규칙에서 심판대상조항을 직접적으로 정의하거나 예시하는 규정을 두고 있지는 않아서 다소 추상적이고 광범위하게 보일 수는 있으나, 사업의 실질적 관리장소에 해당하는 구체적 내용 및 판단기준 등을 일일이 서술적으로 열거하는 것은 입법기술상 불가능하거나 현저히 곤란하고, 개별 사안에서 제반사정을 종합하여 통상적인 법해석 또는 법 보충 작용을 통해 다소간의 불명확성을 보완할 수 있다. 또한, 이에 관하여 과세관청의 자의적·차별적 적용 가능성의 여지를 두고 있다고 보기도 어렵다.

따라서 심판대상조항은 조세법률주의에 위반되지 아니한다.

라. 재산권 침해 여부

(1) 제한되는 기본권

심판대상조항에 따라 국내에 사업의 실질적 관리장소를 둔 법인으로 인정되면 내국법인으로서 모든 소득(전 세계 소득)에 대해 납세의무를 지게 되므로, 헌법 제23조에 의하여 보장되는 재산권이 제한된다.

한편, 청구인은 심판대상조항이 헌법 제14조 거주·이전의 자유, 헌법 제15조 직업의 자유에 의하여 보장되는 영업의 자유도 침해한다고 주장한다. 그러나 심판대상조항에 따라 내국법인으로 인정된다고 하더라도 법인세법상 내국법인으로 취급될 뿐 본점이나 주사무소의 국내 이전 그 자체를 강제한다거나, 법인의 사업을 수행하는 데 필요한 중요한 관리 및 상업적 결정을 국내에서 할 것을 강요받는 것은 아니므로 거주·이전의 자유 및 영업의 자유가 제한된다고 보기 어렵다.

따라서 이하에서는 심판대상조항이 과잉금지원칙에 위반되어 청구인의 재산권을 침해하는지 여부에 관하여 판단한다.

(2) 판단

(가) 목적의 정당성 및 수단의 적합성

앞서 본 바와 같이 심판대상조항은 조세피난처 등에 명목회사의 본점 또는 주사무소를 두고 실질적으로 국내에서 주된 업무를 수행하는 외국법인 등에 대하여 조세회피 등을 방지함으로써 우리나라의 과세기반을 확대하고, 외국의 입법례 및 국제관행과 상충되는 문제점을 해결하기 위해 모델조세조약에서 법인의 최종 거주지 결정기준으로 채택하고 있는 사업의 실질적 관리장소를 내국법인과 외국법인을 구별하는 기준의 하나로 수용한 것으로서, 그 목적의 정당성이 인정된다.

심판대상조항은 국내에 본점이나 주사무소를 두고 있지 않은 법인의 경우에도 사업의 실질적 관리장소를 국내에 두고 있다면 내국법인으로 보아 우리나라가 모든 소득에 대하여 과세할 수 있다는 점에서 입법목적의 실현에 기여하는 적합한 수단이다.

(나) 침해의 최소성

1) 심판대상조항의 개정 이전부터 우리나라가 외국과 체결한 다수의 조세조약에서는 법인의 최종 거주지 결정기준으로서 실질적 관리장소를 규정하고 있었다. 그런데 구 법인세법은 사업의 실질적 관리장소가 국내에 있는 경우에도 본점이나 주사무소가 외국에 있으면 내국법인으로 취급하지 못함으로써 법인의 최종 거주지 결정 이전에 우리나라의 과세권을 필요 이상으로 축소시키는 결과가 초래되었다. 따라서 심판대상조항에 대한 합당한 해석은, 국가의 적정한 과세권 행사를 통한 재정수요 충당이라는 관점에서 매우 중요하다.

2) 앞서 본 바와 같이 심판대상조항은 '전반적으로 그 법인의 사업을 수행하는 데 필요한 중요한 관리 및 상업적 결정이 실질적으로 이루어지는 장소'를 뜻하고, 구체적으로는 법인의 일반적 정책·전략 방향, 주요 계약 및 중요한 재무문제 등을 포함한 최고 수준의 의사결정 과정 또는 중요한 자산의 처분 및 양도, 대규모 재산의 차입 등을 관리하고 결정하는 것이라고 해석된다. 따라서 국내에서 전반적으로 그 법인의 사업을 수행하는 데 필요한 중요한 관리 및 상업적 결정이 실질적으로 이루어지는 것이 아닌 한, 조세회피목적 없이 외국에 본점을 두고 그곳에서 실질적으로 중요한 관리 및 상업적 결정이 이루어지는 법인의 경우 일부 관리활동이 국내에서 수행된다고 하더라도 심판대상조항이 적용되지 않는다.

한편, 심판대상조항은 조세회피목적이 인정되는 경우에 한하여 적용되도록 하는 완화규정을 두고 있지 않으므로 지나치게 가혹한 것이 아닌가 하는 의문이 제기될 수 있다. 그러나 심판대상조항의 입법취지는 단지 실질적 관리장소를 이용한 조세회피 방지에만 있는 것이 아니라, 외국 소재의 본점이 명의상의 것에 불과하고 주된 활동의 본거지가 국내에 있는 경우에도 본점소재지주의에 집착하게 되면 그 실질적 활동 장소가 내국법인의 그것과 다르지 않은데도 내국법인과 달리 취급되는 불합리한 결과가 생길 수 있으므로 이를 방지하여 우리나라의 과세기반을 확대하기 위한 것이다. 아울러 모델조세조약상 실질적 관리장소 개념을 수용함으로써 외국의 입법례 및 국제관행과 상충되는 문제점을 해결하고자 하는 입법자의 의도 역시 있다고 할 것이다. 그뿐만 아니라 앞서 본 심판대상조항의 문언적 의미와 기능에 비추어 보면, 조세회피목적이 인정되는 경우에 한하여 적용되도록 하는 완화규정을 두고 있지 않다고 하여 이를 두고 지나치게 가혹하거나 불합리하다고 볼 수는 없다.

3) 국세기본법 제14조와 법인세법 제4조는 법인세의 실질과세원칙에 관한 규정을 두고 있다. 실질과세원칙 규정들은 부당한 조세회피행위를 규제하기 위한 것이라는 점에서(대법원 2012. 1. 19. 선고 2008두8499 판결 참조) 심판대상조항과 유사한 취지가 있지만, 개별적인 과세대상의 귀속 및 거래내용에 있어 형식과 실질이 불일치하는 경우에 관한 것이고 그것이 조세회피목적에서 비롯된 경우에 한정되므로 내·외국법인의 구별기준인 심판대상조항과는 그 요건 및 효과가 서로 다르다.

법인세법은 외국법인의 국내사업장에 대한 과세규정(제94조)을 두고 있다. 앞서 본 바와 같이 사업의 실질적 관리장소 존부와 외국법인의 국내사업장 존부는 서로 그 입법취지와 판단기준을 달리하고 있으므로, 외국법인의 국내사업장으로 인정할 수 있다는 사정이 사업의 실질적 관리장소의 인정을 배척하는 것은 아니다. 더욱이 관련 규정에 의하면 해당 법인에 대한 내·외국법인의 구별에 따라 외국법인에 해당할 경우에 한하여 국내사업장의 존부를 판단하여야 하므로, 어느 법인에 대하여 사업의 실질적 관리장소가 국내에 있다고 보아 내국법인으로 인정하는 이상 외국법인의 국내사업장 규정은 적용될 여지가 없다.

'국제조세조정에 관한 법률' 제17조 제1항은 특정외국법인의 유보소득 배당간주 규정을 두고 있다. 위 규정은 조세피난처(법인의 부담세액이 실제발생소득의 100분의 15 이하인 국가 또는 지역)를 이용하여 조세를 회피하는 것을 방지하고자 하는 데에 입법취지가 있고, 그 적용대상자와 과세요건은 위 법률에 규정된 내용에 따라야 하므로 법인세법상 내국법인의 결정기준 및 과세요건과는 다르다.

따라서 실질과세의 일반원칙을 정한 규정이 국세기본법 및 법인세법에 있다거나 법인세법상 외국법인의 국내사업장에 대한 과세규정, '국제조세조정에 관한 법률'상 특정외국법인의 유보소득 배당간주 규정 등이 있다고 하더라도, 위와 같은 규정들만으로는 심판대상조항과 동일한 입법목적을 달성할 수 있다고 하기 어렵다.

4) 앞서 본 국제적 이중과세를 방지하기 위한 하나의 방법은 국내법에 의하는 것이고, 다른 하나는 당사국 간에 이중과세를 방지하는 조세조약을 체결하는 것이다.

국내법에 의한 국제적 이중과세의 방지방식은 외국에서 납부한 세액을 산출세액에서 공제하는 외국납부세액공제방식과 국외원천소득을 과세에서 제외하는 면제방식으로 나뉜다. 우리 법인세법은 세액공제방식과 손금산입방식 중 선택할 수 있도록 하고 있다(제57조 참조). 한편, 국내법상의 조치만으로는 국가 간 이중과세 조정이 불충분하기 때문에 관계국 간의 조약을 통해 과세권의 경합을 구체적이고 호혜적으로 배분하는 것이 긴요하게 된다. 국제적 이중과세 방지조약은 대체로 모델조세조약에 바탕을 두고 있다. 납세의무자가 이중거주자에 해당하는 사실이 인정된다면 그 중복되는 국가와 사이에 체결된 조세조약이 정하는 바에 따라 어느 국가의 거주자로 간주될 것인지 결정된다.

5) 심판대상조항에 의하여 외국에서 설립된 법인이 내국법인으로 인정된다고 하더라도 국내에서 전반적으로 그 법인의 사업을 수행하는 데 필요한 중요한 관리 및 상업적 결정이 실질적으로 이루어진다는 의미일 뿐(법인세법상 내국법인으로 취급한다는 것으로서 납세의무의 전제가 될 뿐), 해당 법인의 법인격을 부정하는 등 다른 법률효과를 발생시키는 것은 아니다.

6) 이상과 같은 점들을 고려해 보면, 심판대상조항이 국내에 사업의 실질적 관리장소를 둔 법인을 내국법인으로 하는 것은 침해의 최소성 원칙에 위반된다고 할 수 없다.

(다) 법익의 균형성

심판대상조항이 달성하고자 하는 공익은 우리나라의 과세기반을 확대하고, 외국의 입법례 및 국제관행과 상충되는 문제점을 해결하기 위한 것으로서, 내국법인으로 인정되어 모든 소득에 대하여 납세의무를 짐으로써 제한되는 청구인의 재산권보다 작다고 할 수 없으므로, 심판대상조항은 법익의 균형성 요건도 충족한다.

(라) 소결

따라서 심판대상조항은 재산권을 침해하지 아니한다.

마. 조세평등주의 위반 여부

청구인은 심판대상조항이 조세회피목적으로 외국에 서류상 회사를 설립한 법인과 외국에 실체를 두고 일부 활동만을 국내에서 수행한 법인을 합리적인 이유 없이 동일하게 취급하고 있으므로 조세평등주의에 위반된다고 주장한다.

앞서 본 바와 같이 국내에서 전반적으로 그 법인의

사업을 수행하는 데 필요한 중요한 관리 및 상업적 결정이 실질적으로 이루어지는 것이 아닌 한, 조세회피목적 없이 외국에 본점을 두고 그곳에서 실질적으로 중요한 관리 및 상업적 결정이 이루어지는 법인의 경우 일부 관리활동이 국내에서 수행된다고 하더라도 심판대상조항이 적용되는 것은 아니다. 따라서 위와 같은 경우와 조세회피목적으로 외국에 서류상 회사를 설립하고 중요한 관리 및 상업적 결정이 국내에서 실질적으로 이루어지는 경우를 동일하게 취급하는 것이 아니다.

이처럼 심판대상조항이 서로 달리 취급하여야 할 객관적 이유가 있는 양자를 합리적인 이유 없이 동일하게 취급하는 것이 아니므로, 조세평등주의에 위반된다고 볼 수 없다.

5. 결 론

그렇다면 심판대상조항은 헌법에 위반되지 아니하므로 주문과 같이 결정한다. 이 결정에는 아래 6.과 같은 재판관 이영진의 반대의견이 있는 외에는 나머지 관여 재판관들이 의견이 일치되었나.

6. 재판관 이영진의 반대의견

나는 심판대상조항이 조세법률주의에 위반되고 납세자의 재산권을 침해할 뿐만 아니라 조세평등주의에도 위반되어 위헌이라고 생각하므로, 다음과 같이 그 이유를 밝힌다.

가. 조세법률주의 위반

조세법률주의는 과세요건을 법률로 명확하게 규정함으로써 국민의 재산권을 보장함과 동시에 국민의 경제생활에 법적 안정성과 예측가능성을 보장하는 것을 그 이념으로 하고 있다.

심판대상조항은 사업의 실질적 관리장소를 내·외국 법인을 구별하는 기준의 하나로 규정하면서, 이를 직접적으로 정의하거나 예시하는 규정을 두고 있지 않다. 납세자의 입장에서 법인세법상 관련규정(본점이나 주사무소 소재지, 외국법인의 국내사업장 등)에서 더 나아가 모델조세조약상 관련규정 및 주석서의 내용까지 종합하여 그 의미를 해석할 것을 기대하기 어렵다.

중국 등 일부 국가의 예처럼 법령에 구체적인 정의를 하는 것이 납세자의 예측가능성을 높여주는 입법방식이라 할 수 있다. 법정의견이 정의하듯이 '실질적 관리장소라 함은 전반적으로 그 법인의 사업을 수행하는 데 필요한 중요한 관리 및 상업적 결정이 실질적으로 이루어지는 장소를 말한다.'고 법인세법이나 그 시행령 등에 보다 구체적으로 정의하거나, '이사회 또는 그에 상당하는 의사결정기구가 통상 열리는 장소, 최고경영자 및 다른 중요 임원들이 통상 업무를 수행하는 장소, 고위수준의 일상적 관리가 수행되는 장소, 회계기록이 보관되는 장소 등 모든 관련된 사실관계 및 제반사정을 종합적으로 고려하여 구체적 사안별로 판단'하는 것을 기준으로 규정할 수도 있을 것이다.

특히 장소적 고정성이 기본적 존재기반인 실질적 관리장소 기준이, 정보통신기술의 발달(임원들이 어느 한 곳에 모여 논의할 필요가 없게 된 경우 등) 및 교통의 발달(이사회가 세계 각 곳에서 개최되는 경우 등)로 인하여 그 적용상 한계를 드러내는 상황임에도 불구하고, 과세관청의 입장에서는 과세권 확대를 이유로 자의적이고 편의적인 법해석을 통하여 실질적 관리장소 기준을 적극적인 과세권 행사의 근거로 삼을 수 있어 문제의 소지가 있다. 조세법률주의는 국민의 재산권을 보장하고 국민의 경제생활에 법적 안정성과 예측가능성을 보장하기 위한 것인데, 외국에 본점이 있는 형식상 외국법인의 입장에서 과세관청의 과세처분을 받고 소송에서 사후적으로 이를 다투기 전에 미리 사업의 실질적 관리장소가 국내에 있다고 스스로 판단·예측하여 신고할 것을 기대하기는 어렵다.

따라서 심판대상조항은 조세법률주의에 위반된다.

나. 재산권 침해

심판대상조항의 주된 도입취지가 조세회피목적으로 외국법인으로 위장하는 것을 방지하기 위한 것이라면, 납세의무를 회피하기 위해 고의적으로 외국에 본점이나 주사무소를 설치하고 실제 관리나 통제를 국내에서 하며 외국법인으로 위장하는 경우에 한하여 소극적으로 적용할 필요가 있다. 즉, 사업의 실질적 관리장소를 국내에 두었다 하더라도 조세회피목적이 없다면 내국법인으로 취급되지 않도록 하는 것이 바람직하다.

그렇지 않고 심판대상조항의 내국법인 개념정의를 문언 그대로 적용할 경우 다국적 외국기업들은 사업의 실질적 관리장소가 여러 국가에 존재할 수 있음에도 단지 사업의 실질적 관리장소가 국내에 있어 보인다는 자의적인 판단만으로 내국법인으로 분류될 수 있고, 결국 조세회피목적 없이 외국에 실체를 두고 일부 활동만을 국내에서 수행한 법인의 경우에도 내국법인으로서 무제한적 법인세납세의무를 부담해야 하는 결과를 강제하게 되어 상당히 가혹하다.

심판대상조항은 본점을 해외에 두고 실제 본점과 같은 업무를 국내에서 수행하는 방법으로 우리나라의 속인주의 과세권을 회피할 가능성을 염려한 것이다. 그러나 이와 같은 조세회피행위는 '국제조세조정에 관한 법률' 제17조의 조세피난처세제(특정외국법인의 유보소득 배당간주 규정) 및 실질과세원칙 등으로 대처하면 충분하다 할 것이다.

따라서 심판대상조항은 필요한 최소한의 정도를 넘어 광범위하게 납세자의 재산권을 제한하므로 침해의 최소성 요건 등을 갖추지 못해 재산권을 침해한다.

다. 조세평등주의 위반

조세회피목적으로 외국에 서류상 회사를 설립한 법인과 외국에 실체를 두고 일부 활동만을 국내에서 수행한 법인은 서로 본질을 달리하므로 조세상 취급도 달라져야 함에도 불구하고, 심판대상조항은 사업의 실질적 관리장소가 국내에 있는지의 기준만을 적용하여 법인세법상 양자를 동일하게 취급하는 결과를 초래하고 있다.

그 결과 양자는 서로 본질을 달리하고 조세회피목적의 유무에 있어서도 다름에도 불구하고 사업의 실질적 관리장소가 국내에 있다고 판단만 되면 동일하게 취급되어야 하는 상황이다. 그리고 이렇듯 본질이 상이한 두 경우를 동일하게 취급하여야 할 합리적인 근거도 찾기 어렵다.

따라서 심판대상조항은 조세평등주의에 위반된다.

라. 소결

이상에서 본 바와 같이 국내에 사업의 실질적 관리장소를 둔 법인을 내국법인으로 취급하는 심판대상조항은 조세법률주의에 위반되고 납세자의 재산권을 침해할 뿐만 아니라 조세평등주의에도 위반되므로 위헌이다.

재판관 유남석 이선애 이석태 이은애 이종석 이영진 김기영 문형배 이미선

18. 도로교통법 제63조 위헌확인

[2020. 2. 27. 2019헌마203]

【판시사항】

도로교통법(2011. 6. 8. 법률 제10790호로 개정된 것) 제63조 중 긴급자동차가 아닌 이륜자동차의 고속도로 또는 자동차전용도로(이하 '고속도로 등'이라 한다) 통행을 금지하는 '이륜자동차는 긴급자동차만 해당한다' 부분이 통행의 자유(일반적 행동의 자유) 및 평등권을 침해하는지 여부(소극)

【결정요지】

헌법재판소는 2007. 1. 17. 2005헌마1111등 결정에서 이륜자동차의 고속도로 등 통행을 금지하는 것이 다음과 같은 이유로 통행의 자유 및 평등권을 침해하지 않는다고 판단하여 합헌결정을 하였고, 그 이후 다수 결정에서 이와 같은 판시를 유지하고 있다.

심판대상조항이 이륜자동차의 구조적 특성에서 비롯되는 사고발생 위험성 및 그 결과의 중대성에 비추어 이륜자동차 운전자의 안전과 고속도로 등에서 교통의 신속과 안전을 위하여 이륜자동차의 고속도로 등 통행을 금지한 것은 입법목적이 정당하고 이를 달성하기 위한 필요하고도 적합한 수단이다. 이륜자동차의 주행성능이 사륜자동차에 뒤지지 않는 경우에도 사고발생의 위험성 및 그 결과의 중대성이 완화되지 않고, 자동차전용도로의 경우 관련 법령에 의하여 당해 구간을 연락하는 일반 교통용의 다른 도로가 있는 경우에 지정되기 때문에 침해의 최소성과 법익의 균형성에도 반하지 않는다. 이륜자동차를 구조적 위험성 정도가 다른 일반자동차와 달리 취급한다고 하더라도 이를 불합리한 차별이라고 볼 수 없다.

최근 이륜자동차 등에 관한 교통사고 발생건수와 사망자수에 관한 추이, 이륜자동차의 운전행태에 관한 일반 국민의 인식 등을 고려해 볼 때 선례를 변경할 사정변경이 있다고 보기 어려워 종전 결정의 판단은 현재에도 유효하다.

재판관 이영진의 보충의견

심판대상조항이 통행의 자유와 평등권을 침해하는 정도에 이르지는 아니한다. 그러나 고속도로 등은 모든 사람의 통행이 허용되는 것이 원칙이고 불가피하게 그 통행을 제한하더라도 최소한의 범위에 그쳐야 한다. 이륜자동차의 안전한 교통문화가 정착되고 그에 대한 인식이 개선된다면, 주행성능과 안전성을 갖춘 일정 배기량 이상의 이륜자동차에 대해서 일정한 구간의 통행을 허용하는 등의 방법을 통하여 전면적·일률적인 통행금지가 가지고 있는 문제점을 벗어날 수 있는 입법적 개선이 필요하다.

【심판대상조문】

도로교통법(2011. 6. 8. 법률 제10790호로 개정된 것) 제63조 중 '이륜자동차는 긴급자동차만 해당한다' 부분

【참조조문】

도로교통법(2018. 12. 24. 법률 제16037호로 개정된 것) 제2조, 제57조

도로법(2014. 1. 14. 법률 제12248호로 개정된 것) 제48조 제1항, 제2항

도로교통법 시행규칙(2018. 4. 25. 행정안전부령 제54호로 개정된 것) 제53조

자동차관리법(2011. 5. 24. 법률 제10721호로 개정된 것) 제3조 제1항

【참조판례】

헌재 2007. 1. 17. 2005헌마1111등, 판례집 19-1, 110

헌재 2008. 7. 30. 2007헌바90등, 판례집 20-2상, 224

헌재 2011. 11. 24. 2011헌바51, 판례집 23-2하, 430

헌재 2013. 6. 27. 2012헌바378

헌재 2014. 3. 27. 2013헌바437

【당 사 자】

청 구 인 박○○
대리인 변호사 안성일

【주 문】

이 사건 심판청구를 기각한다.

【이 유】

1. 사건개요

청구인은 2019. 2. 18. 강원지방경찰청장으로부터 도로교통법에 따른 제2종 소형면허를 발급받아 이륜자동차를 운전할 수 있는 사람으로서, 도로교통법 제63조에서 긴급자동차 아닌 이륜자동차의 고속도로 또는 자동차전용도로의 통행을 금지하는 것이 이륜자동차 운전자인 청구인의 행복추구권, 평등권, 거주이전의 자유를 침해한다고 주장하면서, 2019. 2. 20. 이 사건 헌법소원심판을 청구하였다.

2. 심판대상

이 사건 심판대상은 도로교통법(2011. 6. 8. 법률 제10790호로 개정된 것) 제63조 중 긴급자동차가 아닌 이륜자동차의 고속도로 또는 자동차전용도로(이하 '고속도로 등'이라 한다) 통행을 금지하는 '이륜자동차는 긴급자동차만 해당한다' 부분이 청구인의 기본권을 침해하는지 여부이다.

심판대상조항 및 관련조항은 다음과 같다.

[심판대상조항]

도로교통법(2011. 6. 8. 법률 제10790호로 개정된 것)

제63조(통행 등의 금지) 자동차(이륜자동차는 긴급자동차만 해당한다) 외의 차마의 운전자 또는 보행자는 고속도로 등을 통행하거나 횡단하여서는 아니 된다.

[관련조항]

도로교통법(2018. 12. 24. 법률 제16037호로 개정된 것)

제2조(정의) 이 법에서 사용하는 용어의 뜻은 다음과 같다.

2. "자동차전용도로"란 자동차만 다닐 수 있도록 설치된 도로를 말한다.

3. "고속도로"란 자동차의 고속 운행에만 사용하기 위하여 지정된 도로를 말한다.

18. "자동차"란 철길이나 가설된 선을 이용하지 아니하고 원동기를 사용하여 운전되는 차(견인되는 자동차도 자동차의 일부로 본다)로서 다음 각 목의 차를 말한다.

가. 「자동차관리법」 제3조에 따른 다음의 자동차. 다만, 원동기장치자전거는 제외한다.

1) 승용자동차

2) 승합자동차

3) 화물자동차

4) 특수자동차

5) 이륜자동차

19. "원동기장치자전거"란 다음 각 목의 어느 하나에 해당하는 차를 말한다.

가. 「자동차관리법」 제3조에 따른 이륜자동차 가운데 배기량 125시시 이하의 이륜자동차

나. 배기량 50시시 미만(전기를 동력으로 하는 경우에는 정격출력 0.59킬로와트 미만)의 원동기를 단 차(「자전거 이용 활성화에 관한 법률」 제2조 제1호의2에 따른 전기자전거는 제외한다)

22. "긴급자동차"란 다음 각 목의 자동차로서 그 본래의 긴급한 용도로 사용되고 있는 자동차를 말한다.

가. 소방차

나. 구급차

다. 혈액 공급차량

라. 그 밖에 대통령령으로 정하는 자동차

제57조(통칙) 고속도로 또는 자동차전용도로(이하 "고속도로 등"이라 한다)에서의 자동차 또는 보행자의 통행방법 등은 이 장에서 정하는 바에 따르고, 이 장에서 규정한 것 외의 사항에 관하여는 제1장부터 제4장까지의 규정에서 정하는 바에 따른다.

도로법(2014. 1. 14. 법률 제12248호로 전부개정된 것)

제48조(자동차전용도로의 지정) ① 도로관리청은 다음 각 호의 어느 하나에 해당하는 경우에는 대통령령으로 정하는 바에 따라 자동차전용도로 또는 전용구역(이하 "자동차전용도로"라 한다)을 지정할 수 있다. 이 경우 자동차전용도로로 지정하려는 도로에 둘 이상의 도로관리청이 있으면 관계되는 도로관리청이 공동으로 자동차전용도로를 지정하여야 한다.

1. 도로의 교통량이 현저히 증가하여 차량(「자동차관리법」 제2조 제1호에 따른 자동차와「건설기계관리법」 제2조 제1항 제1호에 따른 건설기계를 말한다. 이하 같다)의 능률적인 운행에 지장이 있는 경우
2. 도로의 일정한 구간에서 원활한 교통소통을 위하여 필요한 경우

② 도로관리청이 제1항에 따라 자동차전용도로를 지정할 때에는 해당 구간을 연결하는 일반 교통용의 다른 도로가 있어야 한다.

도로교통법 시행규칙(2018. 4. 25. 행정안전부령 제54호로 개정된 것)

제53조(운전면허에 따라 운전할 수 있는 자동차 등의 종류) 법 제80조 제2항에 따라 운전면허를 받은 사람이 운전할 수 있는 자동차등의 종류는 별표 18과 같다.

[별표 18] 운전할 수 있는 차의 종류(제53조 관련)

제2종 소형면허 1. 이륜자동차(측차부를 포함한다)
2. 원동기장치자전거

자동차관리법[2011. 5. 24. 법률 제10721호로 개정된 것]

제3조(자동차의 종류) ① 자동차는 다음 각 호와 같이 구분한다.

5. 이륜자동차: 총배기량 또는 정격출력의 크기와 관계없이 1인 또는 2인의 사람을 운송하기에 적합하게 제작된 이륜의 자동차 및 그와 유사한 구조로 되어 있는 자동차

3. 청구인의 주장

심판대상조항은 이륜자동차의 고속도로 등 통행을 금지함으로써 이륜자동차 운전자가 이륜자동차를 사용하여 업무를 수행하거나 여가활동을 하는 것을 제한하고, 이륜자동차 운전자에게 시간상 손해와 경제적 부담을 유발시키므로, 이륜자동차 운전자인 청구인의 행복추구권, 거주이전의 자유를 침해한다. 또한 이륜자동차는 등록 및 과세에서 다른 일반자동차와 동일하게 취급되고 있음에도 심판대상조항은 정당한 사유 없이 이륜자동차만을 다르게 취급하고, 또한 이륜자동차 중 긴급자동차에 대하여만 고속도로 등 통행을 허용함으로써 청구인의 평등권을 침해한다.

4. 판 단

가. 헌법재판소의 선례

헌법재판소는 2007. 1. 17. 2005헌마1111등 결정에서 이륜자동차의 고속도로 등 통행을 금지하는 구 도로교통법(2005. 5. 31. 법률 제7545호로 개정되기 전의 것) 제58조가 헌법에 위반되지 않는다고 판단한 바 있고, 이후 헌재 2008. 7. 31. 2007헌바90 등 결정, 헌재 2011. 11. 24. 2011헌바51 결정, 헌재 2013. 6. 27. 2012헌바378 결정, 헌재 2014. 3. 27. 2013헌바437 결정에서도 이륜자동차 운전자의 고속도로 등의 통행을 금지하는 도로교통법 조항에 대하여 위 선례와 달리 볼 사정변경이 없다고 판단하여 합헌결정을 한 바 있다. 그 이유의 요지는 다음과 같다.

(1) 통행의 자유(일반적 행동의 자유)의 침해 여부

(가) 심판대상조항으로 인하여 이륜자동차를 운전하는 사람은 이륜자동차를 운행하여 고속도로 등을 통행할 수 없게 되므로 이는 행복추구권에서 유래하는 일반적 행동의 자유를 제한한다.

(나) 고속도로는 자동차의 고속교통에만 사용하기 위하여 지정된 도로이고, 자동차전용도로는 자동차만 다닐 수 있도록 설치된 도로이다. 고속도로 등은 자동차 교통의 원활하고 신속한 소통을 위하여 자동차만 다닐 수 있도록 지정된 도로이고 자동차의 주행속도가 일반도로보다 빠르다.

이륜자동차는 운전자가 외부에 노출되는 구조로 인하여 가벼운 충격만 받아도 운전자가 차체로부터 분리되기 쉽다. 그리고 이륜자동차는 구조의 특수성으로 인하여 일반자동차에 비하여 급격한 차로변경과 방향전환이 용이하다. 그로 인하여 이륜자동차는 사고발생의 위험성이 매우 높고 사고가 발생한 경우의 치사율도 매우 높다. 따라서 고속도로 등에서 이륜자동차의 통행을 허용할 경우 고속으로 주행하는 이륜자동차의 사고발생 위험성이 더욱 증가되고 그로 인하여 일반자동차의 고속 주행과 안전까지 저해할 우려가 있다.

이륜자동차의 구조적 특성에서 비롯되는 사고발생 위험성과 사고결과의 중대성에 비추어 이륜자동차 운전자의 안전 및 고속도로 등에서 교통의 신속과 안전을 위하여 이륜자동차의 고속도로 등 통행을 금지할 필요성이 크다. 따라서 심판대상조항의 입법목적은 정당하고, 심판대상조항이 이륜자동차의 고속도로 등 통행을 전면적으로 금지한 것도 입법목적을 달성하기 위하여 필요하고 적합한 수단이다.

(다) 이륜자동차의 주행 성능(배기량과 출력)이 사륜자동차에 뒤지지 않는 경우에도 이륜자동차의 구조적 특수성으로 인한 사고발생 위험성과 사고결과의 중대성이 완화된다고 볼 수 없으므로, 이륜자동차의 주행 성능(배기량과 출력)을 고려하지 않고 포괄적으로 금지하고 있다고 하여 부당하거나 지나치다고 보기 어렵다. 또한 도로법 제54조의3 제2항(현행 도로법 제48조 제2항)에 의하면 자동차전용도로는 당해 구간을 연락하는 일반 교통용의 다른 도로가 있는 경우에 지정된다. 따라서 이륜자동차에 대하여 고속도로 등의 통행을 금지하더라도 그로 인한 불편은 최소화되고 있다. 또한 이륜자동차에 대하여 고속도로 등의 통행을 전면적으로 금지하는 것으로 인한 기본권 제한의 정도가 심판대상조항이 도모하고자 하는 공익에 비하여 중대하다고 보기 어렵다. 따라서 침해의 최소성과 법익의 균형성에 반하지 아니한다.

(라) 그러므로 심판대상조항은 청구인의 통행의 자유(일반적 행동의 자유)를 침해하지 아니한다.

(2) 평등권 침해 여부

이륜자동차는 운전자가 외부에 노출되는 구조로 말미암은 사고발생의 위험성과 사고결과의 중대성 때문에 고속도로 등의 통행이 금지되는 것이므로, 구조적 위험성의 정도가 상이한 일반자동차와는 다르게 이륜자동차에 대하여 고속도로 등의 통행을 제한하더라도 이를 불합리한 차별이라고 볼 수 없다. 따라서 심판대상조항은 청구인의 평등권을 침해하지 아니한다.

나. 선례변경의 필요성 여부

도로교통공단이 제공하는 교통사고분석시스템에서 확인되는 교통사고 발생건수와 사망자수에 관한 통계에 비추어 보면, 헌재 2014. 3. 27. 2013헌바437 결정 이후 전체 교통사고 발생건수는 감소하는 추세를 보이고 있고 사망자수도 꾸준히 감소하고 있는 반면, 도리어 이륜자동차의 교통사고 발생건수는 2014년의 11,758건에서 2018년 15,032건으로 크게 증가하였고, 사망자수도 2014년 392명에서 2018년 410명으로 늘어나는 현상을 보이고 있다. 그뿐만 아니라 이륜자동차의 교통사고 사망률은 약 2.73%(교통사고 발생건수 15,032건, 사망자 410명)로 전체 교통사고 사망률 1.74%(교통사고 발생건수 217,148건, 사망자 3,781명) 보다 1.5배 이상 높은 것으로 나타난다(2018년 기준).

이와 같이 교통사고 발생건수와 사망자수의 추이를 고려하여 보면 선례가 제시하는 이륜자동차의 구조적 특성으로 인한 사고발생의 위험성 및 사고결과의 중대성에 변화가 있다고 볼 수 없고, 또한 이륜자동차의 운전문화가 개선되었다거나 일반 국민의 이륜자동차 운전행태에 대한 우려와 경계가 해소되었다고 볼 만한 사정도 없다. 따라서 선례를 변경할 사정변경이 있다고 보기 어려우므로, 이륜자동차의 고속도로 등 통행금지에 대한 선례의 판단은 현재에도 유효하다.

다. 그 밖의 주장에 대한 판단

(1) 청구인은, 심판대상조항이 이륜자동차 중 긴급자동차만 고속도로 등 통행을 허용하는 것이 평등권을 침해한다는 취지로도 주장한다. 그러나 긴급자동차란 본래의 긴급한 용도로 사용되고 있는 소방차, 구급차, 혈액공급차량 등으로서 이는 국민의 생명과 신체를 보호하기 위하여 급박한 상황에서의 예외를 규정한 것이다. 따라서 긴급자동차에 대하여만 고속도로 등 통행을 허용한다고 하여 이를 불합리한 차별이라고 보기 어렵다. 따라서 심판대상조항은 청구인의 평등권을 침해하지 아니한다.

(2) 또한 청구인은, 심판대상조항이 청구인의 거주이전의 자유를 제한한다고도 주장한다. 그러나 거주이전의 자유는 체류지와 거주지를 자유롭게 설정하고 변경할 수 있는 기본권을 말하는 것인데, 심판대상조항은 고속도로 등에서의 이륜자동차 통행을 금지할 뿐 체류지와 거주지를 자유롭게 설정하고 변경하는 것을 금지하는 것은 아니다. 따라서 심판대상조항은 거주이전의 자유를 제한하지 아니한다.

5. 결 론

그렇다면 이 사건 심판청구는 이유 없으므로 이를 기각하기로 하여 주문과 같이 결정한다. 이 결정에 대해서는, 아래와 같이 재판관 이영진의 보충의견이 있는 외에 관여 재판관의 의견이 일치되었다.

6. 재판관 이영진의 보충의견

나는 심판대상조항이 청구인의 통행의 자유(일반적 행동의 자유)와 평등권을 침해하는 정도에 이르지는 아니하나, 장래 일정한 여건이 갖추어지는 경우에는 단계적으로 이륜자동차의 고속도로 등 통행을 허용하는 입법적 개선이 필요하다는 헌재 2008. 7. 31. 2007헌바90; 헌재 2011. 11. 24. 2011헌바51; 헌재 2013. 6. 27. 2012헌바378 결정의 보충의견과 그 뜻을 같이하므로, 아래와 같은 견해를 밝힌다.

가. 위 결정들에서 제시된 보충의견의 요지는 다음과 같다.

『심판대상조항은 일부 이륜자동차 운전자들의 변칙적인 운전행태 등을 이유로 전체 이륜자동차 운전자들의 고속도로 통행을 전면적으로 금지하고 있으므로 제한의 범위나 정도 면에서 지나친 점이 없지 않다. 경제협력개발기구(OECD) 국가들과 비교해 보아도 일본, 프랑스, 네덜란드, 뉴질랜드 등 대부분의 나라에서 일정 배기량을 초과하는 이륜자동차에 대하여 고속도로 통행을 허용하고 있다(독일, 오스트리아, 체코 등은 배기량에 제한을 두지 않고 있으나 일정 속도 이상으로 고속도로를 통행하도록 하고 있다). 우리나라는 경제협력개발기구 국가 중 유일하게 이륜자동차의 고속도로 통행을 전면적으로 금지하고 있어 이륜자동차 운전자들의 통행의 자유에 대한 침해 논란과 국내 이륜자동차 시장 확대에 큰 걸림돌이 되고 있다는 비판이 끊이지 않고 있다. 나아가 심판대상조항은 이륜자동차 운전자들의 안전 보호에도 그 입법목적이 있고, 심판대상조항이 고속도로 등에서의 중대한 사고발생가능성으로부터 이륜자동차 운전자들의 생명·신체를 보호하는 역할을 하고 있다는 점은 명백하다. 하지만 다른 한편으로 보면, 고속도로 등에서는 앞서가는 차와 안전거리를 유지하고 제한속도를 지켜서 운행할 경우 별다른 위험요소 없이 목적지까지 갈 수 있는데 비하여, 일반도로에서는 횡단보도, 교차로, 정지신호등, 길가에 주차된 차량, 무단횡단하는 보행자, 급경사나 급회전 구간, 중앙분리대가 없는 곳에서의 유턴 차량 등 운전자가 주의해야 할 위험요소가 오히려 더 많다고도 볼 수 있다. 따라서 이륜자동차 운전자들에 대한 일반도로 이용의 강제가 반드시 그들의 생명·신체 보호에 기여한다고 단정하기 어려운 측면이 있다. 또 고속도로 등은 일반인의 교통을 위하여 제공된 도로로서 모든 사람의 통행이 허용되는 것이 원칙이고, 불가피하게 그 통행을 제한하더라도 그 제한은 최소한의 범위에 그쳐야 한다. 그런데 이륜자동차에는 기능과 성능이 서로 다른 다양한 종류가 있고, 그 중 사륜자동차에 뒤지지 않는 주행성능과 안전성을 갖춘 이륜자동차가 고속도로 등을 통행하는 경우에는 그로 말미암아 사고발생의 위험이 높아진다고 단정할 수 없다. 아울러 현재의 도로 여건상 인천과 영종도, 부산과 거제도를 잇는 도로로는 이륜자동차가 통행할 수 없어, 이륜자동차 운행자들은 이 구간을 통행할 때 불가피하게 다른 교통수단을 이용할 수밖에 없다. 이와 같은 여러 사정을 종합하여 볼 때, 심판대상조항은 위헌이라고 선언할 정도에 이르지는 않지만 적지 않은 문제점을 내포하고 있으므로, 장래 일부 이륜자동차 운전자들의 잘못된 운전습관이 개선되고, 그 결과 일반 국민의 이륜자동차의 운전행태에 대한 우려와 경계가 해소되는 시점에서는, 사륜자동차와 동등한 정도의 주행성능을 가진 일정 배기량 이상의 이륜자동차부터 단계적으로 고속도로 등에서 통행할 수 있도록 입법적 개선을 하는 것이 필요하고 바람직하다.』

나. 긴급자동차를 제외한 이륜자동차의 고속도로 등 통행을 금지하는 도로교통법조항에 대해서는 여러 차례 헌법소원심판이 제기되었고, 헌재 2008. 7. 30. 2007헌바90 결정에서 이륜자동차의 운전행태에 대한 우려가 상존하는 현재로서는 이륜자동차의 고속도로 등 진입을 제한하는 것이 과잉금지원칙에 위배된다고 볼 수는 없으나, 이륜자동차의 고속도로 등 통행을 전면적·일률적으로 금지하는 것은 제한의 범위나 정도 면에서 지나치므로 장래에 우려와 경계가 해소되는 시점에는 입법적 개선이 필요하다는 보충의견이 제시된 이래 동일한 취지의 보충의견이 반복하여 있어 왔다. 그런데 위와 같은 보충의견이 제시된 때로부터 10년 이상이 지난 지금도 여전히 일부 이륜자동차 운전자들의 낮은 질서의식과 위험한 운전습관으로 말미암은 일반 국민의 이륜자동차의 운전행태에 대한 우려와 경계는 크게 개선되지 아니한 것으로 보이고, 이는 이륜자동차가 고속도로 등에서 통행하는 것을 허용하기 어려운 주된 이유로 작용하고 있다.

그러나 한편, 이륜자동차는 배기량에 따라 50CC 미만의 경형, 50CC 이상 100CC 미만의 소형, 100CC 초과 260CC 미만의 중형, 260CC를 초과하는 대형으로 구분할 수 있는데, 그 배기량에 따라 주행성능과 안전성에 큰 차이가 있다. 그뿐만 아니라 국토교통부가 제공하는 이륜자동차신고현황통계에 의하면 2014년부터

2018년까지 5년간 경형과 소형 이륜자동차의 사용신고는 감소하여 온 반면, 중형과 대형 이륜자동차의 사용신고는 꾸준히 증가하고 있고, 특히 대형 이륜자동차의 경우에는 2014년의 57,038건에서 2018년에 98,469건으로 급증하였음을 확인할 수 있다. 또한 최근에는 사륜자동차와 비슷한 정도의 주행성능을 가진 대형 이륜자동차의 경우에는 자동차전용도로의 통행을 허용하는 입법안이 발의되기도 하였는바(의안번호 2022790, 제안일자 2019. 10. 2.) 이러한 상황에 비추어 보면 이륜자동차의 주행성능과 안전성에 따라서 단계적으로 고속도로 등에서 통행할 수 있도록 입법적 개선을 할 필요성은 지난 시기보다 커졌다고 볼 수 있다.

앞서 언급한 바와 같이 일부 이륜자동차 운전자들의 낮은 질서의식과 잘못된 운전습관으로 인한 일반 국민의 이륜자동차의 운전행태에 대한 우려와 경계는 여전히 상존한다. 특히 고속도로 통행 시 이륜자동차의 통행으로 인한 사고는 이륜자동차 운전자의 생명·신체뿐만 아니라 사륜자동차 운전자의 생명·신체의 안전과도 직결되는 중요한 문제이다. 이러한 문제를 엄중히 인식하면서도 이륜자동차 운전자의 통행의 자유를 보장함에 있어서 외국의 경우와 비견하여 소홀함이 없도록 하기 위한 조처가 필요하다. 이를 위해서는 이륜자동차 관련 운전면허제도와 교통안전교육의 강화를 통하여 운전자들의 질서의식과 운전습관의 개선을 도모하고, 도로의 정비와 안전시설의 설치를 통한 위험요소의 제거, 교통안전시스템 및 관련 법·제도의 확충, 이륜자동차 안전장비에 관한 기술의 개선, 이륜자동차의 관리·정비·검사 제도의 확대 등을 통하여 안전한 교통문화를 형성하려는 노력이 수반되어야 한다.

나아가 위와 같은 노력을 통하여 안전한 교통문화가 정착되어 이륜자동차의 운전행태에 대한 인식 또한 개선된다면, 주행성능과 안전성을 갖춘 일정 배기량(예컨대 260CC) 이상의 이륜자동차에 대해서는 고속도로 등의 통행을 허용하고, 고속도로와 자동차전용도로의 구체적인 도로환경과 상황을 고려하여 적어도 일정한 구간에서는 이륜자동차의 통행을 허용하는 방법, 또는 이륜자동차와 사륜자동차가 이용하는 차로를 분리하거나 제한속도를 달리하는 방법 등을 통하여 전면적·일률적인 통행금지가 가지고 있는 문제점에서 벗어날 수 있는 입법적 개선이 필요하다고 할 것이다.

재판관 유남석 이선애 이석태 이은애 이종석 이영진 김기영 문형배 이미선

19. 지방세법 제111조 제1항 제1호 다목 2) 등 위헌제청 등

[2020. 3. 26. 2016헌가17, 2017헌가20, 2018헌바392(병합)]

【판시사항】

가. 규범통제절차인 헌법재판소법 제41조 제1항에 의한 위헌법률심판 사건에서 민사소송법 제71조를 준용한 보조참가신청이 허용되는지 여부(소극)

나. 회원제 골프장용 부동산의 재산세에 대하여 1천분의 40의 중과세율을 규정한 구 지방세법(2010. 3. 31. 법률 제10221호로 전부개정되고, 2019. 12. 31. 법률 제16855호로 개정되기 전의 것) 제111조 제1항 제1호 다목 2) 중 골프장용 토지에 관한 부분 및 구 지방세법(2010. 12. 27. 법률 제10416호로 개정되고, 2016. 12. 27. 법률 제14475호로 개정되기 전의 것) 제111조 제1항 제2호 가목 중 골프장용 건축물에 관한 부분(이하 위 두 조항을 합하여 '심판대상조항'이라 한다)이 과잉금지원칙에 반하여 회원제 골프장 운영자 등의 재산권을 침해하는지 여부(소극)

다. 심판대상조항이 대중 골프장 등 다른 체육시설과 달리 회원제 골프장을 차별취급함으로써 평등원칙에 위반되는지 여부(소극)

【결정요지】

가. 규범통제절차인 헌법재판소법 제41조 제1항에 의한 위헌법률심판 사건에서 민사소송과 유사한 대립당사자 개념을 상정하기 어려운 점 등에 비추어보면, 보조참가를 규정하고 있는 민사소송법 제71조는 위헌법률심판의 성질상 준용하기 어렵다. 그렇다면 이 사건 보조참가신청인의 보조참가 신청은 위헌법률심판의 성질에 반하여 준용되지 아니하는 민사소송법 제71조에 근거한 것으로서 허용되지 아니한다.

나. 회원제 골프장의 회원권 가격 및 비회원의 그린피 등을 고려할 때 골프장 이용행위에 사치성이 없다고 단정할 수는 없고, 골프가 아직은 많은 국민들이 경제적으로 부담 없이 이용하기에는 버거운 고급 스포츠인 점을 부인할 수 없다. 따라서 심판대상조항에 의한 회원제 골프장에 대한 재산세 중과가 사치·낭비풍조를 억제하고 국민계층 간의 위화감을 해소하여 건전한 사회기풍을 조성하고자 하는 목적의 정당성을 상실하였다고 볼 수 없고, 심판대상조항은 위와 같은 목적을 달성하기 위한 적합한 수단이 된다.

현재 골프장용 토지와 같은 임야의 경우 공시지가의 시가반영율이 매우 낮은 편이고, 여기에 70%의 공정시장가액비율을 적용하여 과세표준액을 산출하므로 명목세율이 4%이지만 실효세율은 사실상 이보다 훨씬 낮아지게 된다. 따라서 심판대상조항으로 인하여 짧은 시간에 재산원본을 몰수하는 효과에 이르게 되어 사적 유용성과 처분권이 위협된다고 볼 수 없다. 나아가 골프장 운영주체로서는 그 경영적 판단에 따라 관련 법령에 규정된 절차를 거쳐 골프장 자본조달의 방법을 변경하여 회원제 골프장업에서 재산세가 중과되지 않는 대중 골프장업으로 전환하는 것도 얼마든지 가능하다. 회원제 골프장에 대한 재산세 부담이 높다는 것은 결국 이러한 경제적 부담을 감수하더라도 회원제 골프장을 운영할 것인가 또는 대중 골프장으로 전환할 것인가 하는 기업주체의 자율적인 경제적 선택의 문제를 초래할 뿐, 골프장업의 운영을 법률적으로나 사실상으로 금지하는 것이라고 볼 수 없다.

결국 심판대상조항은 사치·낭비 풍조를 억제함으로써 바람직한 자원배분을 달성하고자 하는 유도적·형성적 정책조세조항으로서 그 중과세율이 입법자의 재량의 범위를 벗어나 회원제 골프장의 운영을 사실상 봉쇄하는 등 소유권의 침해를 야기한다고 보기 어려울 뿐만 아니라, 회원제 골프장을 운영하는 자 또는 골프장 운영을 희망하는 자로서도 자신의 선택에 따라 중과세라는 규제로부터 벗어날 수 있는 길이 열려 있다고 할 것이므로, 과잉금지원칙에 반하여 회원제 골프장 운영자 등의 재산권을 침해한다고 볼 수 없다.

다. 입법자는 외부불경제 효과로 인한 골프장 규제의 필요성, 회원 위주로 이용 가능한 회원제 골프장의 제한적인 접근가능성, 사치·낭비 풍조 억제를 통한 한정된 자원의 바람직한 배분, 골프장 조성비용 조달방법의 차이 등 국민경제적·사회정책적 제반 요소들을 종합적으로 고려하여 회원제 골프장의 재산세율을 대중골프장 등 다른 체육시설보다 높게 규정한 것인바, 이를 두고 현저히 합리적인 재량을 벗어나 불합리한 차별을 가하는 것이라 할 수 없으므로 심판대상조항은 평등원칙에 위반되지 아니한다.

재판관 이선애, 재판관 이종석, 재판관 이영진의 반대의견

사치성 재산에 대한 중과세 제도가 처음으로 시행된 1970년대 이후 이루어 낸 엄청난 경제성장과 이를 바탕으로 한 레저문화의 발달 및 골프인구의 증가추세 등을 종합하여 보면, 골프장은 더 이상 일부 특수부유층의 전유물인 호화 사치성 위락시설로서 억제하여야 할 대상이라고 볼 수 없고, 다수의 일반인이 즐길 수 있는 건전한 체육활동의 장으로 사회적 인식이 변화하였다고 볼 수 있다. 따라서 사치·낭비 풍조의 억제라는 재산세 중과의 입법목적은 현재에 이르러 그 정당성을 상실하였다.

회원제 골프장의 이용행위의 사치성에 주목하여 이를 억제해야 한다면, 그 이용행위 자체에 대하여 응능부담(應能負擔)의 원칙에 따라 적절한 부담을 부과함이 타당한 것이지, '회원제 골프장의 보유'를 이유로 재산세를 중과하는 것은 사치스러운 이용행위의 제한과 그 연관성이 희박할 뿐만 아니라 재산소유 자체를 과세요건으로 하는 재산세의 본질에도 부합하지 아니한다.

심판대상조항은 회원권의 가격, 이용자 중 비회원의 비율, 비회원의 독자적 이용 가능성 등 골프장의 사치성 정도를 평가할 수 있는 다양한 요소들을 전혀 반영하지 아니하고, 모든 회원제 골프장을 동일하게 취급하고 있는바, 이는 회원제 골프장 운영자 등의 재산권을 침해하는 것으로서 과잉금지원칙에 반하여 헌법에 위반된다.

또한 이용행위의 사치성이나 시설의 이용접근성 측면에서 회원제 골프장은 대중 골프장 등 다른 체육시설과 본질적인 차이가 없음에도, 심판대상조항이 회원제 골프장에 대하여만 1천분의 40의 중과세율을 규정한 것은 합리적 이유 없이 같은 것을 다르게 대우한 것으로서 헌법상 평등원칙에 위반된다.

【심판대상조문】

구 지방세법(2010. 3. 31. 법률 제10221호로 전부개정되고, 2019. 12. 31. 법률 제16855호로 개정된 것) 제111조 제1항 제1호 다목 2) 중 골프장용 토지에 관한 부분

구 지방세법(2010. 12. 27. 법률 제10416호로 개정되고, 2016. 12. 27. 법률 제14475호로 개정되기 전의 것) 제111조 제1항 제2호 가목 중 골프장용 건축물에 관한 부분

【참조조문】

헌법 제11조 제1항, 제23조

구 지방세법(2010. 12. 27. 법률 제10416호로 개정되고, 2016. 12. 27. 법률 제14475호로 개정되기 전의

것) 제13조 제5항, 제106조 제1항

구 지방세법(2010. 3. 31. 법률 제10221호로 전부개정되고, 2019. 12. 31. 법률 제16855호로 개정된 것) 제111조 제1항 제1호

구 지방세법(2010. 3. 31. 법률 제10221호로 전부개정되고, 2016. 12. 27. 법률 제14475호로 개정되기 전의 것) 제111조 제1항 제2호

지방세법 시행령(2013. 7. 1. 대통령령 제24638호로 개정된 것) 제101조 제3항

체육시설의 설치·이용에 관한 법률(2007. 4. 11. 법률 제8349호로 전부개정 된 것) 제1조, 제2조

구 체육시설의 설치·이용에 관한 법률(2007. 4. 11. 법률 제8349호로 전부개정되고, 2015. 2. 3. 법률 제13128호로 개정되기 전의 것) 제4조

구 체육시설의 설치·이용에 관한 법률(2007. 4. 11. 법률 제8349호로 전부개정되고, 2018. 9. 18. 법률 제15767호로 개정되기 전의 것) 제10조

체육시설의 설치·이용에 관한 법률(2008. 2. 29. 법률 제8852호로 개정된 것) 제11조

체육시설의 설치·이용에 관한 법률 시행령(2008. 2. 29. 대통령령 제20676호로 개정된 것) 제7조

체육시설의 설치·이용에 관한 법률 시행령(2007. 11. 20. 대통령령 제20394호로 전부개정된 것) 제17조

체육시설의 설치·이용에 관한 법률 시행규칙(2007. 11. 26. 문화관광부령 제174호로 전부개정된 것) 제8조

【참조판례】

가. 헌재 1999. 2. 25. 96헌바64, 판례집 11-1, 96, 107

헌재 2003. 12. 18. 2002헌바16, 판례집 15-2하, 487, 499-500

헌재 2012. 2. 23. 2011헌가8, 판례집 24-1상, 1, 14

나. 헌재 1996. 8. 29. 95헌바41, 판례집 8-2, 107, 116-117

헌재 1999. 2. 25. 96헌바64, 판례집 11-1, 96, 108-109

【당 사 자】

제청법원 수원지방법원(2016헌가17, 2017헌가20)

제청신청인 [별지 1] 제청신청인 명단과 같음

청 구 인 ○○ 주식회사(2018헌바392)
대표이사 조○○
대리인 법무법인(유한) 에이펙스
담당변호사 김연수 외 1인

보조참가인 [별지 2] 보조참가인 명단과 같음

당해사건 1. 수원지방법원 2013구합20517 재산세부과처분취소(2016헌가17)
2. 수원지방법원 2016구합69988 재산세등부과처분취소(2017헌가20)
3. 대전고등법원(청주) 2017누3640 재산세등부과처분취소(2018헌바392)

【주 문】

1. 구 지방세법(2010. 3. 31. 법률 제10221호로 전부개정되고, 2019. 12. 31. 법률 제16855호로 개정되기 전의 것) 제111조 제1항 제1호 다목 2) 중 골프장용 토지에 관한 부분 및 구 지방세법(2010. 12. 27. 법률 제10416호로 개정되고, 2016. 12. 27. 법률 제14475호로 개정되기 전의 것) 제111조 제1항 제2호 가목 중 골프장용 건축물에 관한 부분은 모두 헌법에 위반되지 아니한다.

2. [별지 2] 기재 보조참가인의 보조참가를 모두 허가하지 아니한다.

【이 유】

1. 사건개요

가. 2016헌가17

(1) 제청신청인 주식회사 □□은 용인시 ○○구 (주소 생략) 일원에 18홀 규모의 회원제 골프장과 9홀 규모의 대중 골프장이 병설된 ○○클럽을 설치·운영하는 법인이다. 용인시 ○○구청장은, 위 골프장 부지 중 회원제 골프장용 토지는 분리과세대상으로 분류하여 지방세법 제111조 제1항 제1호 다목 2)에서 정한 1천분의 40의 세율을 적용하고, 회원제 골프장 내 원형보전임야는 종합합산과세대상으로 분류하여 지방세법 제111조 제1항 제1호 가목(1억 원 초과)에서 정한 1000분의 5의 세율을 적용하여, 2013. 9. 6. 위 제청신청인에게 위 골프장 부지 전체를 과세대상으로 한 2013년도 정기분 재산세 1,579,381,250원, 지방교육세 315,876,250원 합계 1,895,257,500원의 부과처분을 하였다. 또한 용인시 ○○구청장은 위 골프장 내 건

축물 22개동 중 일부에 관하여 지방세법 제111조 제1항 제2호 가목에서 정한 1000분의 40의 세율을 적용하여 2014. 7. 9. 위 제청신청인에게 위 건축물 전부를 과세대상으로 한 2014년도 정기분 재산세 97,326,448원, 지방교육세 19,465,289원, 지역자원시설세 3,877,833원 합계 120,669,570원의 부과처분을 하였다.

(2) 위 제청신청인은 용인시 ○○구청장을 상대로 하여 수원지방법원에 위 각 부과처분의 취소를 구하는 소를 제기하였으며(수원지방법원 2013구합20517), 그 소송 계속 중인 2014. 11. 24. 위 각 부과처분의 근거가 된 지방세법 제111조 제1항 제1호 다목 2) 중 "골프장용 토지: 과세표준의 1천분의 40" 부분, 제2호 가목 중 "골프장용 건축물: 과세표준의 1천분의 40" 부분에 대하여 위헌법률심판제청을 신청하였다(수원지방법원 2014아10414). 제청법원은 2016. 10. 19. 위 제청신청을 받아들여 이 사건 위헌법률심판제청을 하였다.

(3) 한편, 사단법인 ○○협회 및 △△(주) 외 100개의 대중 골프장 운영 법인(이하 '제1보조참가신청인'이라 한다)은 위 제청신청인과 반대 이해관계에 있는 자로서 위 지방세 조항이 헌법에 위반되지 아니한다고 주장하면서 2017. 2. 6. 보조참가신청을 하였다. 또한 회원제 골프장을 운영하는 법인 또는 회원제 골프장용 부동산을 신탁받은 수탁자 등(이하 '제2보조참가신청인'이라 한다)은 이 사건 위헌법률심판의 결과에 대하여 법률상 이해관계가 있다고 주장하면서 2017. 5. 19. 위 제청신청인을 위하여 보조참가신청을 하였다. 이후 김해시장(이하 '제3보조참가신청인'라 한다)은 관할 구역 내 회원제 골프장에 대하여 재산세 부과처분을 하는 지방자체단체장으로서 위 지방세법 조항들이 합헌이라고 주장하면서, 2018. 12. 27. 보조참가신청을 하였다.

나. 2017헌가20

(1) [별지 1] 제청신청인 명단 순번 2 내지 8 기재 제청신청인들은 회원제 골프장을 운영하는 회사 또는 회원제 골프장을 신탁받은 수탁자들이다. 광주시장 등 각 해당 지방자치단체장은 2016년분 재산세 및 지방교육세로 위 제청신청인들이 운영하거나 신탁받은 골프장 중 토지 부분에 대하여 지방세법 제111조 제1항 제1호 다목 2)에서 정한 1천분의 40의 세율을 적용하여 (ㄱ) ○○은행에 대하여 2016. 9. 5. 재산세 1,880,566,541원, 지방교육세 376,113,308원, (ㄴ) ▽▽에 대하여 2016. 9. 5. 재산세 1,782,897,470원, 지방교육세 356,579,490원, (ㄷ) ××에 대하여 2016. 9. 5. 재산세 983,703,013원, 지방교육세 196,740,602원, (ㄹ) ◇◇에 대하여 2016. 9. 5. 재산세 1,400,010,474원, 지방교육세 280,002,094원, (ㅁ) ◎◎에 대하여 2016. 9. 5. 및 2016. 9. 8. 재산세 2,266,444,068원, 지방교육세 453,288,813원, (ㅂ) □□은행에 대하여 2016. 9. 5. 및 2016. 9. 8. 재산세 2,574,657,176원, 지방교육세 514,931,425원, (ㅅ) ▷▷에 대하여 2016. 9. 5. 재산세 1,583,757,940원, 지방교육세 316,751,588원의 부과처분을 하였다.

(2) 위 제청신청인들은 위 각 부과처분에 불복하여 광주시장 등 각 해당 지방자치단체장을 상대로 하여 수원지방법원에 위 각 부과처분의 취소를 구하는 소를 제기하였으며(수원지방법원 2016구합69988), 그 소송 계속 중인 2017. 3. 14. 위 각 부과처분의 근거가 된 구 지방세법 제106조 제1항 제3호 다목 "제13조 제5항에 따른 골프장(같은 항 각 호 외의 부분 후단은 적용하지 아니한다)용 토지" 부분 및 같은 법 제111조 제1항 제1호 다목 중 "골프장용 토지: 과세표준의 1천분의 40" 부분에 대하여 위헌법률심판제청을 신청하였다(수원지방법원 2017아3236). 제청법원은 2017. 6. 5. 위 제청신청을 받아들여 이 사건 위헌법률심판제청을 하였다.

(3) 한편, 사단법인 ○○협회 및 ㈜◁◁ 외 15개의 대중 골프장 운영 법인(이하 '제4보조참가신청인'이라 한다)은 위 제청신청인들과 반대 이해관계에 있는 자로서 위 지방세 조항이 합헌이라고 주장하면서 2017. 9. 21. 보조참가신청을 하였다. 또한 관할 구역 내 회원제 골프장에 대하여 재산세 부과처분을 하는 김해시장(이하 '제5보조참가신청인'이라 한다)은 위 지방세 조항이 합헌이라고 주장하면서 2018. 12. 27. 보조참가신청을 하였다. 이후 회원제 골프장을 운영하는 법인인 ♤♤(주)(이하 '제6보조참가신청인'이라 하고, 제1보조참가신청인 내지 제6보조참가신청인을 합하여 '이 사건 보조참가신청인'이라 한다)은 위 지방세 조항이 위헌이라고 주장하면서 2019. 12. 12. 위 제청신청인들을 위하여 보조참가신청을 하였다.

다. 2018헌바392 사건

(1) 청구인은 신탁업자로 위탁자 주식회사 ♧♧으로부터 2013. 12. 30. 충주시 (주소 생략) 일원의 토지 및 건물을 수탁받아 소유하고 있는 법인이다. 충주시장은 과세기준일(2015. 6. 1. 및 2016. 6. 1.) 당시

위 부동산이 재산세 중과세 대상인 회원제 골프장(□□클럽)용 부동산에 해당하였다고 보아 청구인에게 2015년분 및 2016년분 재산세 1,960,495,710원의 부과처분을 하였다.

(2) 청구인은 2017. 1. 25. 위 처분의 취소를 구하는 소를 제기하였으나(청주지방법원 2017구합1167), 2017. 10. 19. 기각되었고, 이에 항소하여 그 항소심 계속 중[대전고등법원(청주) 2017누3640], 구 지방세법 제106조 제1항 제3호 다목 "제13조 제5항에 따른 골프장(같은 항 각 호 외의 부분 후단은 적용하지 아니한다)용 토지" 부분, 제111조 제1항 제1호 다목 중 "골프장용 토지: 과세표준의 1천분의 40" 부분, 제111조 제1항 제2호 가목 중 "제13조 제5항에 따른 골프장(같은 항 각 호 외의 부분 후단은 적용하지 아니한다): 과세표준의 1천분의 40" 부분, 제13조 제5항 제2호 "골프장: 「체육시설의 설치·이용에 관한 법률」에 따른 회원제 골프장용 부동산 중 구분등록의 대상이 되는 토지와 건축물 및 그 토지 상(上)의 입목" 부분에 대한 위헌법률심판제청신청을 하였으나[대전고등법원(청주) 2018아67], 2018. 8. 29. 위 항소 및 위헌법률심판제청신청이 모두 기각되었다.

(3) 이에 청구인은 2018. 9. 28. 구 지방세법 제106조 제1항 제3호 다목 중 골프장용 토지 부분, 제111조 제1항 제1호 다목 2) 중 골프장용 토지 부분, 제111조 제1항 제2호 가목 중 골프장용 건축물 부분, 제13조 제5항 제2호의 위헌을 구하는 이 사건 헌법소원심판을 청구하였다.

2. 심판대상

2017헌가20 사건의 제청법원은 구 지방세법 제106조 제1항 제3호 다목 중 골프장용 토지 부분에 대하여도 위헌제청을 하였고, 청구인도 위 조항을 청구취지에 기재하였다.

그런데 위 지방세법 조항은 세율을 규정한 것이 아니라 과세대상을 종합합산과세, 별도합산과세, 분리과세로 과세유형을 구분한 다음 골프장용 토지를 분리과세 대상으로 규정한 것에 불과하고, 지방세법 제111조 제1항은 동일한 분리과세대상 토지의 경우에도 농림업 등 산업 보호목적의 토지의 세율은 0.7%로 극히 낮게 규정하고 있어 위 제106조 제1항 제3호에 의하여 분리과세대상으로 분류된다는 것이 곧바로 고율의 중과세율로 이어지는 것이 아닌 점, 2017헌가20 사건의 제청법원이나 청구인이 이 사건에서 다투는 것은, 회원제 골프장 토지가 분리과세대상으로 과세구분 되었다는 점이 아니라 회원제 골프장 토지에 대한 1천분의 40의 세율이 부당하게 과다하여 위헌이라는 점 등을 종합하여 보면, 2017헌가20 사건의 제청법원 및 청구인의 위와 같은 제청신청 및 청구에 대해서는 회원제 골프장 토지의 중과세율을 규정한 지방세법 제111조 제1항 제1호 다목 2) 중 골프장용 토지에 관한 부분으로 한정하여 판단함이 상당하다.

또한 청구인은 구 지방세법 제13조 제5항에 대하여도 청구취지에 기재하였으나, 이 조항은 취득세의 중과세를 규정한 조항으로서 재산세의 부과처분을 다투는 당해사건과 아무런 관련이 없을 뿐만 아니라, 청구인은 위 조항의 위헌성에 관하여는 아무런 주장을 하지 아니하고 회원제 골프장의 중과세율을 규정한 제111조 제1항 제1호 다목 2) 중 골프장용 토지 부분, 제111조 제1항 제2호 가목 중 골프장용 건축물 부분의 위헌성만을 주장하고 있으므로, 심판대상은 청구인의 위헌주장과 관련된 부분으로 한정한다.

그렇다면 이 사건 심판대상은 구 지방세법(2010. 3. 31. 법률 제10221호로 전부개정되고, 2019. 12. 31. 법률 제16855호로 개정되기 전의 것) 제111조 제1항 제1호 다목 2) 중 골프장용 토지에 관한 부분 및 구 지방세법(2010. 12. 27. 법률 제10416호로 개정되고, 2016. 12. 27. 법률 제14475호로 개정되기 전의 것) 제111조 제1항 제2호 가목 중 골프장용 건축물에 관한 부분(이하 위 두 조항을 합하여 '심판대상조항'이라 한다)이 헌법에 위반되는지 여부이다. 심판대상조항은 다음과 같고 관련조항은 [별지 3] 기재와 같다.

[심판대상조항]

구 지방세법(2010. 3. 31. 법률 제10221호로 전부개정되고, 2019. 12. 31. 법률 제16855호로 개정되기 전의 것)

제111조(세율) ① 재산세는 제110조의 과세표준에 다음 각 호의 표준세율을 적용하여 계산한 금액을 그 세액으로 한다.

1. 토지

다. 분리과세대상

2) 골프장 및 고급오락장용 토지: 과세표준의 1천분의 40

구 지방세법(2010. 12. 27. 법률 제10416호로 개정되고, 2016. 12. 27. 법률 제14475호로 개정되기 전의 것)

제111조(세율) ① 재산세는 제110조의 과세표준에 다음 각 호의 표준세율을 적용하여 계산한 금액을 그 세액으로 한다.

2. 건축물

가. 제13조 제5항에 따른 골프장(같은 항 각 호 외의 부분 후단은 적용하지 아니한다), 고급오락장용 건축물: 과세표준의 1천분의 40

3. 제청법원의 위헌제청이유 및 청구인의 주장

가. 제청법원의 위헌제청이유(2016헌가17, 2017헌가20)

(1) 과잉금지원칙 위반

회원제 골프장용 토지에 대한 재산세 중과 제도가 최초 도입된 1973년 이래 40년이 넘는 세월이 흘렀고, 그 사이에 우리나라는 고도의 경제성장과 사회발전 및 국민생활수준의 향상 등 사회경제적 여건에 많은 변화가 있었던 점, 이에 따라 국내 전체 골프장의 수는 1973년 8개(전부 회원제)에서 2013년 461개(회원제 골프장 230개, 대중골프장 231개)로 현저히 증가하였고, 골프인구 역시 급증해서 2013년을 기준으로 약 460만 명으로 추산되는 점, 골프는 아시안게임이나 올림픽에서 정식 종목으로 채택되는 등 정식 스포츠의 하나로 자리잡은 점, '체육시설의 설치·이용에 관한 법률'(이하 '체육시설법'이라 한다)에 의해서도 골프장은 지원 및 육성되어야 할 체육시설로 규율되고 있는 점 등에 비추어 보면, 회원제 골프장이 일부 부유층의 사치성 오락임을 전제로 한 심판대상조항은 그 입법 목적의 정당성을 수긍하기 어렵다.

또한 심판대상조항에 따라 회원제 골프장에 대하여 중과되는 재산세는 매년 과세표준의 1천분의 40이라 할 것인데 이는 대중골프장에 대한 재산세율(0.2%~0.4%)의 10~20배에 이를 뿐만 아니라, 회원제 골프장용 토지의 재산세 과세표준은 시가표준액에 공정시장가액비율(현재 70%)을 곱하여 산정한 가액으로 하고(지방세법 제110조 제1항 제1호), 여기에 재산세의 20%에 상당하는 지방교육세가 부과되는 점을 고려하면, 매년 시가표준액 대비 연 3.36%[(0.7 × 0.04) + (0.7 × 0.04 × 0.2) = 0.0336] 상당의 금액이 재산세로 부과되는데, 그 결과 다른 조세부담을 고려하지 않더라도 시가표준액에 별다른 변동이 없다면 약 20년~30년이 경과하면 사실상 토지가액 전부를 재산세로 징수당하는 결과가 발생한다. 골프장은 한번 조성되면 장기간 존속되는 점을 고려하면 심판대상조항은 당해 토지의 교환가치 이상의 금액이 재산세로 징수되도록 함으로써 재산권의 본질적인 내용을 침해한다.

심판대상조항은 획일적으로 1천분의 40이라는 세율을 정함으로써 골프장의 규모, 시설의 정비 상황 등 다양한 요소를 고려하여 세율을 차등적으로 적용할 수 있는 가능성을 일체 배제한 점 등에 비추어 보면, 심판대상조항은 과잉금지원칙에 반하여 헌법에 위반된다는 합리적인 의심이 든다.

(2) 평등원칙 위반

대중 골프장과 회원제 골프장은 골프장 조성비를 조달하는 방식에 차이가 있을 뿐, 대중 골프장의 건설에도 회원제 골프장과 마찬가지로 방대한 토지와 시설이 필요하고 이에 따라 자연환경의 악화 및 생태계 파괴 등 외부불경제 효과가 수반되는 것은 동일하다. 비록 회원제 골프장의 회원권 가격이 적게는 수천만 원에서 많게는 수억 원에 달하여 소수의 재력 있는 사람들만이 회원권을 구입할 수 있기는 하나, 사실상 비회원도 회원제 골프장의 이용에 특별한 제한이 없고, 비회원이 회원제 골프장을 이용하는 경우에 지불하는 입장료가 항상 대중 골프장의 입장료보다 고액인 것은 아니다. 이처럼 회원제 골프장과 대중 골프장의 운영에 본질적인 차이가 없음에도 불구하고 심판대상조항이 회원제 골프장용 토지 및 건축물만을 재산세 중과세 대상으로 한 것은 평등원칙에 반하여 헌법에 위배된다.

나. 청구인의 주장(2018헌바392)

(1) 과잉금지원칙 위반

회원제 골프장에 있어서 실제로 담세력이 있는 자는 '회원제 골프장 운영 주체'가 아니라 '회원권을 보유하고 골프장을 이용하는 개인'이므로, 회원제 골프장의 운영 주체에게 골프장 이용객의 높은 담세력을 투영시키는 것은 골프장 이용객이 부담하여야 할 조세를 회원제 골프장의 운영 주체에게 전가하는 것으로, 담세력을 기준으로 부과하는 재산세의 성격에도 맞지 아니함은 물론 응능과세의 원칙에도 부합하지 아니한다. 또한 회원제 골프장에 대하여 대중 골프장의 10~20배에 달하는 재산세율로 재산세를 부과하는 것은, 재산세가 매년 부과된다는 점을 고려하면 사실상 단기간 내에 부동산 가액 전부를 조세 명목으로 징수하는 것으로 재산권의 본질적 내용을 침해한다. 가사 완전 회원제 골프장 등 특정 골프장에 대하여 중과세가 필요하다고 하더라도, 골프장의 사치성에 관한 다양한 요소를 고려하여 차등적인 세율을 적용하는 대안이 충분히 있음에도 불구하고, 심판대상조항은 회원제 골프장에 대하여 일률적으로 과중한 재산세를 부과하고 있으므로 과잉금지원칙에 반하여 헌법에 위반된다.

(2) 평등원칙 위반

회원제 골프장과 대중 골프장 간에는 이용요금이나 물적 설비의 차이가 없고, 오히려 최근에는 자금력을 기반으로 한 대중 골프장의 명품화·고급화 현상이 심화되고 있는 점, 운영 주체의 담세력 측면에서도 대중 골프장을 건설·보유·인수한 회사들이 회원제 골프장을 건설·보유·인수한 회사들에 비하여 영업실적 내지 재정적 기반이 훨씬 좋은 점, 최근 회원제 골프장은 고가의 회원권 이외에 가격대를 다양하게 하여 준회원·평일회원·지정회원 등 저렴한 회원권을 판매할 뿐만 아니라 회원제 골프장의 실제 이용객 중 70%~80%가 비회원인 점 등을 종합하여 보면, 회원제 골프장과 대중 골프장 간에 유의미한 차이가 없음에도 심판대상조항은 양자를 다르게 취급함으로써 평등원칙에 반하여 헌법에 위반된다.

4. 보조참가신청의 적법 여부(2016헌가17, 2017헌가20)

2016헌가17, 2017헌가20 사건에서 대중 골프장 운영 법인, 회원제 골프장 운영 법인, 회원제 골프장에 대하여 재산세를 부과하는 지방자치단체장 등이 소송결과에 이해관계가 있다고 주장하면서 보조참가를 신청하였다. 이처럼 헌법재판소법 제41조 제1항에 의한 위헌법률심판이 계속 중인 상태에서 보조참가를 신청한 경우, 헌법재판소법에는 보조참가에 관하여 특별한 규정을 두고 있지 아니하므로, 헌법재판소법 제40조 제1항에 의하여 관련 규정인 민사소송법 제71조가 헌법재판의 성질에 반하지 아니하는 것으로서 준용될 수 있는지 여부가 문제된다.

먼저, 보조참가를 규정하고 있는 민사소송법 제71조는 "소송결과에 이해관계가 있는 제3자는 한 쪽 당사자를 돕기 위하여 법원에 계속 중인 소송에 참가할 수 있다."라고 규정하여 응당 대립하는 소송당사자가 존재하는 것을 전제하고 있으므로, 규범통제를 본질로 하는 위헌법률심판절차에서 이와 같은 대립 당사자의 개념을 상정할 수 있는 것인지 살펴볼 필요가 있다. 제청법원은 제청서의 제출로 위헌법률심판을 개시하게 하지만 그 외에는 적극적으로 심판절차에 참여하는 것도 아니고, 법원은 분쟁의 주체가 아니라 독립적으로 분쟁을 심판하는 지위에 있다는 점을 고려하면 소송당사자의 권리·의무를 제청법원에 그대로 적용하기는 어렵다. 또한 당해 소송사건의 당사자는 제청신청권이 있을 뿐 직접 심판절차를 제청한 주체가 아니기 때문에 위헌법률심판절차의 당사자로 볼 수 없다. 다만 당해 소송사건의 당사자는 법률의 위헌 여부와 밀접한 이해관계가 있으므로 제청서의 등본을 송달받을 수 있고(헌법재판소법 제27조 제2항), 변론에서 진술할 수 있으며(헌법재판소법 제30조 제2항) 법률의 위헌 여부에 대한 의견서를 제출할 수 있는 등(헌법재판소법 제44조) 위헌법률심판의 이해관계인으로서 심판절차에 참여할 수 있도록 하고 있을 뿐이다. 나아가 헌법재판소법 제41조 제1항에 의한 위헌법률심판절차에서 제청의 상대방이 되는 당사자를 상정하기도 어렵다. 규범통제절차로서 위헌법률심판은 법률 자체의 위헌 여부를 객관적으로 판단할 뿐 법률제정행위의 위헌 여부를 판단하는 구조를 가지고 있지 아니하기 때문이다.

또한 헌법재판소법 제47조 제2항은 위헌으로 결정된 법률 또는 법률조항은 원칙적으로 그 결정이 있는 날로부터 효력을 상실하도록 규정하고 있는바, 법규범에 대한 헌법재판소의 위헌결정은 일반적 기속력과 대세적·법규적 효력을 가져 소송 당사자나 국가기관 이외의 일반 사인에게도 그 효력이 미친다(헌재 2012. 12. 27. 2012헌바60 참조). 따라서 민사재판에서 보조참가인에게 재판의 효력이 미치도록 한, 이른바 참가적 효력이라는 것이 위헌법률심판에서는 의미를 갖지 못한다.

한편, 보조참가신청인의 보조참가가 허용되지 아니하더라도 위헌법률심판의 변론에서 진술할 수 있고(헌법재판소법 제30조 제2항), 법률의 위헌 여부에 대한 의견서를 제출할 수 있으며(헌법재판소법 제44조) 이해관계를 소명하여 심판기록에 대한 열람·복사를 신청할 수도 있는 등(헌법재판소법 제40조, 민사소송법 제162조) 이해관계인으로서 위헌법률심판절차에 참여할 수 있는 법적인 기회가 부여되고 있다.

이와 같이 규범통제절차인 헌법재판소법 제41조 제1항에 의한 위헌법률심판절차에 있어서는 대립 당사자 개념을 상정할 수 없을 뿐만 아니라, 보조참가인에게 이른바 참가적 효력을 미치게 할 필요성이 존재한다고 볼 수도 없기 때문에, 보조참가를 규정하고 있는 민사소송법 제71조는 위헌법률심판의 성질상 준용하기 어렵다. 그렇다면 이 사건 보조참가신청인의 보조참가 신청은 위헌법률심판의 성질에 반하여 준용되지 아니하는 민사소송법 제71조에 근거한 것으로서 허용되지 아니한다.

5. 판 단

가. 회원제 골프장 일반론

(1) 골프장 중과세의 연혁

사치성 재산에 대한 중과세 제도는 1973. 3. 12. 법률 제2593호로 개정된 지방세법에서 처음 도입되었다. 도입 당시 중과세 적용대상은 별장, 골프장 등의 사치성 재산으로서, 적용세목은 취득세와 재산세였다. 특히 재산세의 경우 위 지방세법 제188조 제1항 제2호의 사치성 재산의 하위 범주로서 별장은 그 가액의 1000분의 6(0.6%) 이내에서, 골프장은 그 가액의 1000분의 4(0.4%) 이내에서 그 세율을 정하도록 규정하였다.

이후 1974. 1. 14. '국민생활의 안정을 위한 대통령 긴급조치'(대통령긴급조치 제3호) 제16조 제1항 제1호 나목 및 같은 항 제2호 나목에서 골프장은 그 가액의 1000분의 50으로 재산세 세율을 인상하여 규정하였다. 1974. 12. 27. 법률 제2743호로 개정된 구 지방세법 제188조는 위 긴급조치의 내용과 동일하게 골프장에 대하여 그 가액의 1000분의 50에 해당하는 세율로 재산세를 부과하도록 규정하였다. 이러한 1000분의 50이라는 세율은 그 뒤로 상당기간 지속되었다. 다만 1989. 6. 16. 법률 제4128호로 지방세법이 개정되어 종합토지세가 신설됨에 따라 골프장용 토지에 관하여는 구 지방세법 제234조의16 제3항 제2호에서 규율하였으며(세율은 여전히 1000분의 50), 2005. 1. 5. 법률 제7332호로 지방세법이 개정되어 종합토지세가 폐지되면서 골프장용 토지의 중과세에 관하여는 다시 구 지방세법 제188조 제1항에서 규율하게 되었는데, 이때 1000분의 50이었던 세율이 토지와 건축물 공히 1000분의 40으로 하향 조정되었다.

한편, 위와 같이 골프장에 대하여 중과세할 당시 골프장은 관광사업법(1975. 12. 31. 법률 제2878호로 제정된 것) 내지 관광진흥법(1986. 12. 31. 법률 제3910호로 전부개정된 것)상의 관광객이용시설업의 하나로서 교통부장관의 승인을 얻어 운영할 수 있도록 규율되었다가, 이후 1989. 3. 31. 법률 제4106호로 체육시설법이 제정됨에 따라 골프장은 등록체육시설업으로 규율되었고, 시·도지사의 승인을 얻어 운영할 수 있도록 변경되었다.

1990. 6. 29. 대통령령 제13033호로 개정된 지방세법 시행령 제84조의3 제1항 제1호의2는 1990. 6. 1.부터 중과세 대상 골프장의 범위를 회원제 골프장용 부동산으로 한정하도록 개정되었다. 재산세 중과세 대상이던 골프장의 범위를 종전의 "골프연습장을 제외한 모든 골프장 안의 토지와 건축물"에서 "회원제 골프장용 부동산으로서 '체육시설의 설치·이용에 관한 법률 시행령' 제4조 제2항의 규정에 의하여 등록대상이 되는 모든 토지 및 건축물"로 개정함으로써 지방세법 시행령에 의하여 대중 골프장의 부동산은 중과세 대상에서 제외되었다. 그 후 1998. 12. 31. 법률 제5615호로 지방세법을 개정하면서 중과세 대상으로 단순히 골프장이라고 규정하였던 것을 회원제 골프장에 한하여 중과세하도록 개정하여 대중 골프장은 법률 단계에서 중과세의 대상에서 제외되게 되었다.

이후 단일법으로 운영되던 종전 지방세법이 2010. 3. 31. 지방세기본법, 지방세법, 지방세특례제한법으로 나누어지면서, 지방세법도 법률 제10221호로 전부개정되었다. 이때부터 골프장에 대한 중과세 조항은 지방세법 제111조에 의하여 규율되게 되었다. 즉 골프장용 토지에 관하여는 지방세법 제111조 제1항 제1호 다목의 2)에 의하여 과세표준의 1천분의 40의 세율을 적용하도록 규정하였고, 골프장용 건축물에 관하여는 지방세법 제111조 제1항 제2호 가목에 의하여 과세표준의 1천분의 40의 세율을 적용하도록 규정하였는데, 이러한 내용은 현재까지 유지되고 있다.

(2) 회원제 골프장과 대중 골프장의 구분 관계

골프장은 체육시설법에 따른 체육시설업에 속하며, 그중에서도 등록체육시설업에 속한다(체육시설법 제10조 제1항). 체육시설업은 영리를 목적으로 체육시설을 설치·경영하는 업을 말하며(체육시설법 제2조 제2호) 편의시설, 안전시설, 운동시설, 관리시설 등을 갖추어 사업계획 승인을 얻은 사업자가 영업 개시 전에 대통령령이 정하는 바에 따라 시·도지사에게 당해 체육시설업의 등록을 마쳐야 한다. 또한 체육시설법 시행규칙 제8조에 의한 별표4 체육시설업의 시설 기준에 의하면, 골프장은 관리시설로서 골프코스 주변이나 러프지역 등에 조경을 하여야 하고, 운동시설로서는 각 골프코스에 티그라운드·페어웨이·그린·러프·장애물·홀컵 등 경기에 필요한 시설 등을 갖추어야 한다.

회원제 골프장은 체육시설법 제2조 및 같은 법 시행령 제7조 및 제17조 등에 따라 회원을 모집하여 경영하는 골프장을 의미한다. 여기서 '회원'이란 골프장업의 시설을 일반이용자보다 우선적으로 이용하거나 유리한 조건으로 이용하기로 골프장업자와 약정한 자를 말한다(체육시설법 제2조 제4호). 우리나라의 회원제 골프장은 대부분 입회금 회원제로 운영되고 있는데, 이는 회원이 경영회사에 입회금을 예탁하고, 그 시설을 이용할 권리(시설이용권) 및 일정한 거치기간이 지난 후 입회금의 반환을 청구할 권리(입회금 반환청구권)를 갖는 형태이다. 이에 비하여 대중 골프장은 회원을 모집하지 않고 도착순서나 예약에 의하여 이용하는 골프장을 말한다.

골프장업에 있어서 이러한 회원 모집 여부는 자금조달 방식과 밀접한 연관이 있다. 대체로 회원제 골프장은 회원권을 분양하여 입회금을 받아 이를 골프장 건설비용에 충당하게 되고(체육시설법 시행령 제17조에 의하면 회원제 골프장은 공정률 30%가 넘으면 회원권을 분양할 수 있어 자금 조달이 가능하다), 대중 골프장은 자체자금이나 자금을 융통하여 골프장을 건설한 다음, 이를 경영하면서 그 운영수익을 얻게 된다.

나. 심판대상조항의 위헌 여부

(1) 이 사건의 쟁점

제청법원 및 청구인은 회원제 골프장의 부동산에 대하여 4%의 중과세율을 규정하고 있는 심판대상조항이 과잉금지원칙에 반하고, 대중 골프장 등 다른 체육시설과 비교하여 합리적인 이유 없이 차별취급함으로써 평등원칙에 반한다고 주장한다. 따라서 이 사건의 쟁점은 심판대상조항이 과잉금지원칙에 반하여 회원제 골프장 운영자 등의 재산권을 침해하는지 여부 및 대중 골프장 등 다른 체육시설과 비교하여 평등원칙에 반하여 헌법에 위반되는지 여부이다.

(2) 과잉금지원칙 위반 여부

헌법 제23조 제1항은 "모든 국민의 재산권은 보장된다. 그 내용과 한계는 법률로 정한다."고 규정하고, 헌법 제38조는 "모든 국민은 법률이 정하는 바에 의하여 납세의 의무를 진다."라고 규정하고 있다. 이러한 헌법 규정에 비추어 보면, 국회는 납세의무의 내용을 형성할 권한을 가지고, 국회가 제정한 법률에 의거한 조세의 부과·징수는 국민에게 무상으로 경제적 부담을 지우는 것이라고 하더라도 헌법상 기본의무인 납세의무를 이행시키는 것으로서 원칙적으로 재산권에 대한 침해로 되지 않는다(헌재 2008. 9. 25. 2006헌바111 참조). 그러나 헌법 제59조는 "조세의 종목과 세율은 법률로 정한다."고 규정하고 있고, 이에 근거를 둔 조세법률주의는 과세요건 법정주의 및 과세요건 명확주의라는 형식적 측면뿐만 아니라 실질적 측면에서 조세법의 목적이나 내용이 기본권 보장의 헌법이념과 이를 뒷받침하는 헌법상의 제 원칙에 합치될 것을 요구한다. 그러므로 조세 관련 법률이 과잉금지의 원칙에 어긋나 국민의 재산권을 침해하는 때에는 헌법 제38조에 의한 국민의 납세의무에도 불구하고 헌법상 허용되지 아니한다(헌재 2012. 2. 23. 2011헌가8 참조).

(가) 목적의 정당성 및 수단의 적합성

심판대상조항은 회원제 골프장의 토지와 건축물의 보유에 대하여 과세표준의 1천분의 40이라는 중과세율을 규정하고 있다. 이와 같은 회원제 골프장에 대한 재산세 중과세 제도는 조세정책상 세수 확보뿐만 아니라, 이른바 사치성 재산이라 할 수 있는 과세대상에 대한 중과세를 통하여 경제생활에 있어서 사치·낭비풍조를 억제하고 국민계층 간의 위화감을 해소하여 건전한 사회기풍을 조성하는 한편, 국가 전체적으로 한정된 자원이 비생산적인 부문보다 생산적인 분야에 효율적으로 투자되도록 유도하고자 하는 데에 그 입법목적이 있다(헌재 1999. 2. 25. 선고 96헌바64 참조).

제청법원 및 청구인은, 이와 같은 중과세 제도 도입 후 40년이 넘는 세월이 흐르면서 사회·경제적으로 많은 변화가 이루어졌으므로 골프는 더 이상 사치성 스포츠라 볼 수 없어 회원제 골프장에 대하여 중과세율을 규정하고 있는 심판대상조항은 그 목적의 정당성을 상실하였다고 주장한다. 그런데 사치성이라는 개념은 사회적, 경제적 여건 및 일반국민의 의식에 따라 달리 평가될 수 있는 상대적인 개념으로서 결국 건전한 판단능력을 갖춘 일반인을 기준으로 판단할 수밖에 없고, 위와 같은 입법목적이 정당성을 상실하였는지 여부는 사치성 재산에 대한 응능부담을 통해 과세의 형평성을 도모한다는 과세목적의 취지, 사치성에 대한 대중의 인식 등 사회경제적 여건, 공익 목적을 위한 산업정책적 규제의 필요성 등을 종합적으로 고려하여 판단하여야 한다.

살피건대, 근래에도 회원제 골프장의 평균 회원권 가격은 1억 580만 원(2017. 4. 기준)에 달하여 일반인이 구입하기에는 여전히 고가인 점, 회원제 골프장의 경우 비회원의 입장료가 평균 주중 16만 원, 주말 21만 원을 상회하는 점 등을 고려할 때 골프장 이용행위에 사치성이 없다고 단정할 수는 없고, 골프가 많은 국민들이 경제적으로 부담 없이 이용하기에는 여전히 버거운 고급스포츠인 점을 부인할 수 없다. 가사 골프가 이제는 더 이상 사치성 스포츠가 아니라는 인식이 일반국민에게까지 퍼져있다 하더라도 사회적 인식의 변화를 반영하여 법률의 개정시점을 정하는 것은 입법자에게 판단의 여지가 있는 것이고, 특히 심판대상조항과 같이 유도적·형성적 기능을 위해 과세율을 규율하는 조항의 경우 직면해 있는 사회·경제적 여건 또는 산업정책적 여건에 따라 신축적으로 조정이 가능한, 광범위한 입법재량이 인정되는 영역을 규율하는 조항이라 할 것이다. 따라서 그간의 경제성장과 사회발전에 힘입어 소비문화가 고도화되고 골프인구가 늘어남에 따라 당초 입법취지의 타당성에 대해 의심이 든다고 하여 그에 대한 충분한 실증과 확신 없이 입법자의 판단이 잘못된 것이라고 섣불리 단정할 수도 없다(헌재 2012. 2. 23. 2011헌가8 참조). 그렇다면 심판대상조항으로 인한 회원제 골프장에 대한 재산세 중과세가 오늘날에 이르러 그 목적의 정당성을 상실하였다고 볼 수 없다.

한편, 회원제 골프장의 이용행위를 억제하기 위하여 회원제 골프장을 보유한 자에게 중과세하는 것은 골프장 보유자와 골프장 이용자를 명확하게 구분하지 못하는 것으로서 적합한 수단이 되지 못한다는 논의가 있으나, 이러한 골프장 이용행위를 가능하게 하는 것이 다름 아닌 회원제 골프장이므로 사치·낭비 풍조를 억제하기 위하여 회원제 골프장 보유자에 대하여 재산세 중과를 하는 것은 위와 같은 목적을 달성하기 위한 적합한 수단이 된다.

(나) 침해의 최소성 및 법익의 균형성

일반적으로 조세입법에 있어서 '세율'의 적정성에 관하여는 형벌법규에 있어서 '형량'과 유사하여 그 입법목적의 정당성과 수단의 적합성이 인정된다면 일응 입법자의 판단을 존중하여 원본잠식이라는 등의 소유권의 과도한 침해를 야기하는 특단의 사유가 없는 한 위헌이라고 볼 수 없다(헌재 2003. 12. 18. 2002헌바16 참조).

재산세에 대한 중과세 세액산출은 공시지가에 공정시장가액비율을 적용한 후 세율을 적용하게 되는바, 국토교통부 자료에 의하면 현재 골프장용 토지와 같은 임야의 경우 공시지가의 현실화율이 62% 정도로 매우 낮은 편이고, 여기에 70%의 공정시장가액비율을 적용하여 과세표준액을 산출하므로 명목세율은 4%이지만 실효세율은 사실상 이보다 훨씬 낮아지게 된다(공시지가 현실화율 × 공정시장가액비율 × 4%). 이와 같이 명목상 세율이 아닌 실질적인 세부담을 고려해 보면, 심판대상조항으로 인하여 짧은 시간에 재산원본을 몰수하는 효과에 이르게 되어 회원제 골프장의 운영이 사실상 봉쇄되거나 사적 유용성과 처분권이 위협된다고 볼 수 없다.

최근 회원제 골프장의 운영실태를 보면 경영에 어려움이 있는 것은 사실이지만, 제출된 자료(레저백서 2017)에 의하면 위와 같은 여러 가지 특수한 사정에도 불구하고 이익률이 20%를 넘는 등 흑자 경영을 하고 있는 회원제 골프장이 상당수 있다는 것을 확인할 수 있다. 따라서 최근 회원제 골프장의 경영상의 어려움이 단순히 재산세가 중과세되기 때문이라고 단정할 수 없다. 이는 지난 40여 년간 존속해오고 있는 재산세 중과세로 인한 것이라기보다는, 경기침체로 인한 이용객의 감소, 대중 골프장의 증가 및 정부의 골프 대중화 확산정책에 따른 회원제 골프장 이용객 수의 상대적 증가세 둔화 등 경영환경의 악화에서 기인하는 바가 크다. 또한 골프장 사업에 있어서는 기본적으로 골프장 자체의 시설규모가 방대하여 토지의 취득이나 골프장 조성에 막대한 자금이 투자되는 등 고정자산 취득원가가 높다는 사업적 특수성이 있고, 나아가 이러한 소요자금의 방대함으로 인하여 자기자본이 아닌 차입자금으로 건설할 경우에는 이로 인한 어려움이 수반된다는 특수한 사정이 있다. 이러한 점들을 고려하면, 재산세의 중과세만이 골프장의 손익발생 여부에 결정적인 영향을 미치고 있다고 보기는 어렵고, 자유시장경제질서 하에 있는 다른 기업과 마찬가지로 손익발생 여부는 결국 경제적 선택의 합리성 및 기업경영의 효율성의 문제로 귀착된다고 할 수 있다.

회원제 골프장에 대한 재산세 부담이 높다는 것은, 결국 이러한 경제적 부담을 감수하더라도 회원제 골프장을 운영할 것인가 또는 대중 골프장으로 전환할 것인가 하는 기업주체의 자율적인 경제적 선택의 문제를 초래할 뿐 골프장업의 운영을 법률적으로나 사실상으로 금지하는 것이라고 볼 수 없다. 실제로 이와 같은 재산세 중과세에도 불구하고 2005년 179개이던 회원제 골프장이 2014년에는 250개로 증가한 점에 비추어 보면, 심판대상조항으로 인하여 재산세를 중과세율로 부과하는 것이 목적달성의 필요한 정도를 넘어 사소유권의 침해를 야기하는 것이라고 볼 수 없다. 나아가 골프장 운영주체로서는 그 경영적 판단에 따라 관련 법령에 규정된 절차를 거쳐 골프장 자본조달의 방법을 변경하여 회원제 골프장업에서 재산세가 중과세되지 않는 대중 골프장업으로 전환하는 것도 얼마든지 가능하다.

결국 심판대상조항은 사치·낭비 풍조를 억제함으로써 바람직한 자원배분을 이루고자 하는 공익을 추구하는 것인데, 앞서 살펴 본 바와 같이 심판대상조항은 유도적·형성적 정책조세에 관한 것으로서 그 중과세율이 입법자의 재량의 범위를 벗어나 회원제 골프장의 운영을 사실상 봉쇄하는 등 소유권의 침해를 야기한다고 보기 어려울 뿐만 아니라, 회원제 골프장을 운영하는 자 또는 골프장 운영을 희망하는 자로서도 자신의 선택에 따라 중과세라는 규제로부터 벗어날 수 있는 길이 열려 있다고 할 것이므로, 보호하려는 공익과 제한되는 기본권 사이에 법익의 균형성이 유지된다 할 것이다.

(다) 소결

그렇다면 심판대상조항은 과잉금지원칙에 반하여 재산권을 침해한다고 볼 수 없다.

(3) 평등원칙 위반 여부

재산세의 입법과 관련하여 모든 과세대상을 동일하게 취급할 것인가 아니면 특정의 대상에 대하여는 이와 구별하여 중과세할 것인가, 어떠한 시설에 사치성이 있다고 판단되는 경우에도 그 중 어느 범위 내의 것을 우선적 중과세의 대상으로 할 것이며 그 세율은 어느 정도로 할 것인가 등에 관하여 입법자에게 폭넓은 정책판단의 권한이 부여되어 있다(헌재 1999. 2. 25. 96헌바64 참조). 다만 이러한 결정을 함에 있어서도 입법자는 재정정책적, 국민경제적, 사회정책적, 조세기술적 제반 요소들에 대한 교량을 통하여 그 조세관계에 맞는 합리적인 조치를 하여야만 평등의 원칙에 부합할 수 있으며, 그러한 결정이 비합리적이고 불공정한 조치라고 인정될 때에는 평등원칙에 반하여 위헌이 된다(헌재 1996. 8. 29. 95헌바41 참조).

심판대상조항은 회원제 골프장의 토지 및 건축물에 대하여 1천분의 40이라는 중과세율을 규정함으로써 회원제 골프장을 대중 골프장 등 다른 체육시설과 달리 취급하고 있으므로, 이러한 차별취급에 합리적인 이유가 있는지 살펴본다.

통상 골프장의 건설에는 방대한 토지와 시설을 필요로 하므로 골프장이 조성되는 경우 한정된 자원이 생산적인 분야에 이용되지 못하게 됨은 물론, 시설부지 조성 과정에서 넓은 면적의 녹지를 훼손하지 아니할 수 없어 자연환경의 악화 및 생태계의 파괴를 피할 수 없다. 더욱이 비좁은 국토에서 토지의 공급부족과 높은 인구밀도라는 생존조건에 시달려야 하는 우리나라의 실정에서는 무제한적으로 골프장이 증설되는 것은 바람직하지 아니할 뿐만 아니라 우리의 자연적 조건에 비추어 사실상 가능하지도 아니하다고 할 것이므로, 골프장의 무분별한 확산을 규제할 필요성이 매우 크다(헌재 1999. 2. 25. 96헌바64 참조).

특히 회원제 골프장은 높은 가격의 회원권을 구입한 소수의 사람들이 골프장의 시설을 일반이용자보다 우선적으로 이용하거나 유리한 조건으로 이용하기에 용이한 시설로서, 아직까지 일반국민들에게 사치성 시설이라는 인식을 근본적으로 불식시키지 못하고 있는 실정이다. 앞서 살펴 본 바와 같이 회원제 골프장의 평균 회원권 가격은 1억 580만 원에 달하여 일반인이 구입하기에 큰 부담이 된다고 할 것이고, 가사 회원제 골프장에서 비회원의 입장을 허용한다고 하여도 이는 수익성 제고를 위한 영업방식에 불과할 뿐 여전히 회원권을 소유한 회원들을 중심으로 운영되고 있는 실정이다.

제청법원 및 청구인은 회원제 골프장 이용객 중 약 70~80%에 달하는 인원이 회원권이 없는 일반 대중이어서 대중 골프장과 이용객에 큰 차이가 없다고 주장한다. 그러나 골프의 경우 통상적으로 3~4명이 조를 이루어 골프장을 이용하고 일반적으로 이들 중 1인만 회원권이 있으면 골프장의 이용이 가능하므로, 비회원 이용객 중 대부분은 회원과 동반하여 회원제 골프장을 이용하는 경우에 해당할 것이고, 비회원들에게 이용을 전면적으로 개방한 일부 회원제 골프장이 있다 하더라도 회원보다 불리한 각종 조건과 시책들이 실시되고 있는 것이 현실이다. 따라서 회원제 골프장은 원칙적으로 회원권이 있거나 최소한 회원권이 있는 지인과 동행하는 사람이 이용할 수 있는 것이고, 회원권과 무관한 일반인들은 이용요금, 예약일 등에 있어 회원과 동등한 조건으로 자유롭게 회원제 골프장을 이용할 수 있는 것은 아니어서, 이를 두고 대중 골프장과 같은 정도로 비회원인 일반국민들에게 그 이용이 개방되었다고 볼 수는 없다.

재산세는 재산의 현황을 기초로 부과되는 대물세이고, 재산의 현황 자체는 회원제 골프장이 대중 골프장과 다를 바 없기에 재산세를 중과세하면서 위와 같은 골프장의 이용상황을 고려하는 것은 타당하지 아니하다는 논의가 있을 수 있다. 그러나 사치성 재산으로 중과세되는 고급오락장의 경우에도, 그 자체의 재산 현황과 더불어 재물을 걸고 우연한 결과에 따라 재물의 득실을 결정하는 사행성 이용행위 등을 가능하게 한다는 점에서 재산세가 중과세되고 있는 것이므로, 어떤 재산의 사치성을 평가함에 있어서 재산 그 자체의 물리적 현황만을 가지고 판단해야 하는 것은 아니고 그 재산의 이용상황 또한 고려될 수 있는 것이다.

한편, 체육시설의 경우 통상적으로는 그 설치·운영을 장려하고 지원하는 것이 바람직하다 하겠으나, 체육시설법상 체육시설로 분류되어 있다는 이유만으로 일체의 다른 정책적 규제로부터 자유롭다고 할 수는 없다. 그런데 골프장은 위에서 본 바와 같이 다른 체육시설과는 달리 무분별한 확산을 규제하지 않으면 안 될 강한 공익적 이유가 있다. 그러므로 골프장은 비록 체육시설에 속하지만 필요한 사회적·경제적 규제의 대상이 될 수 있고, 체육시설이라는 점만으로 곧바로 골프장에 대한 중과세를 통하여 달성하려는 사치·낭비 풍조 억제 및 토지라는 한정된 자원의 효율적 사용 등 여러 가지 정책목표를 모두 포기하여야 한다는 결론에 이를 수는 없는 것이다(헌재 1999. 2. 25. 96헌바64 참조).

또한 어떠한 시설에 사치성이 있다고 판단되는 경우에도 그 중 어느 범위 내의 것을 우선적 중과세의 대상으로 할 것인지 그리고 이에 대하여 어느 정도의 부담을 과할 것인지에 관하여는 입법자에게 광범위한 정책판단의 권한이 부여되어 있다 할 것인데, 이 사건에 있어서 입법자는 회원제 골프장이 대중 골프장 내지 승마장과 같은 여타의 체육시설보다 사치성 재산이라는 성격이 더 현저하다고 보아 회원제 골프장을 정책시행의 우선적 대상으로 삼아 이에 대하여 중과세하고 있는 것으로서, 시설이용의 대중성, 녹지와 환경에 대한 훼손의 정도, 일반국민의 인식 등을 종합하여 볼 때 이를 두고 정책형성권의 한계를 일탈한 자의적인 조치라고 보기는 어렵다.

이처럼 입법자가 외부불경제 효과로 인한 골프장 규제의 필요성, 회원 위주로 이용 가능한 회원제 골프장의 제한적인 접근가능성, 사치·낭비 풍조 억제를 통한 한정된 자원의 바람직한 배분, 골프장 조성비용 조달방법의 차이 등 국민경제적·사회정책적 제반 요소들을 종합적으로 고려하여 회원제 골프장의 재산세율을 대중 골프장 등 다른 체육시설보다 높게 규정한 것인바, 이를 두고 현저히 합리적인 재량을 벗어나 불합리한 차별을 가하는 것이라 할 수 없으므로 심판대상조항은 헌법 제11조가 보장하는 평등원칙에 위반된다고 볼 수 없다.

6. 결 론

그렇다면 심판대상조항은 헌법에 위반되지 아니하므로 주문과 같이 결정한다. 이 결정에는 아래 7.과 같은 재판관 이선애, 재판관 이종석, 재판관 이영진의 반대의견이 있는 외에는 나머지 관여 재판관들의 의견이 일치되었다.

7. 재판관 이선애, 재판관 이종석, 재판관 이영진의 반대의견

우리는 법정의견과 달리 심판대상조항이 헌법에 합치되지 아니한다고 판단하므로 아래와 같이 반대의견을 밝힌다.

가. 과잉금지원칙 위반 여부

(1) 목적의 정당성

심판대상조항은 사치·낭비풍조를 억제하고 국민계층 간의 위화감을 해소하여 건전한 사회기풍을 조성하는 한편, 국가 전체적으로 한정된 자원이 비생산적인 부문보다 생산적인 분야에 효율적으로 투자되도록 유도하고자 하는 데에 그 입법목적이 있다. 그런데 사치성 재산에 대한 중과세 제도가 처음으로 시행된 이후 40여 년이 넘는 세월 동안 우리나라는 고도의 경제성장 및 그로 인한 국민의 생활수준의 향상과 레저문화의 발전 등에 있어서 질적인 대변화가 있었음은 주지의 사실이므로, 1970년대에 골프장에 대하여 중과세함으로써 달성하고자 하였던 위와 같은 입법목적이 오늘날에도 여전히 타당한지 살펴볼 필요가 있다.

우선 경제성장의 측면을 보면, 우리나라의 소득수준은 비약적으로 발전하여 1인당 명목국민총소득이 1970년 614달러에서 2017년 현재 38,841달러로 OECD 평균 대비 약 91% 수준에 이르렀고, 국내총생산(GDP)의 경우에도 2018년 기준 1조 6,194억 달러로서 세계 12위의 경제규모를 갖추게 되었다. 골프도 이와 같은 그간의 경제성장 등에 힘입어 급속히 확산되어 1973년 국내 골프장 수는 8개가 전부였던 것이, 2018년 기준 골프장 수는 526개소, 연간 이용객수는 약 3,583만 명에 이르게 되었다. 골프인구 또한 2009년 293만 명에서 2018년에는 약 366만 명으로 추산되고, 최근 스크린 골프장의 등장으로 골프의 잠재적인 수요층은 더욱 확산되는 추세라고 할 수 있다. 2018년 기준 프로야구 연간 관람객 수가 약 807만 명, 축구 연간 관람객 수가 약 157만 명인 점과 비교해 보면, 근래에 이르러 골프가 얼마나 대중적인 스포츠가 되었는지를 짐작해 볼 수 있다. 공식적인 체육행사에서도 아시안게임에서는 이미 1982년 인도 뉴델리대회에서 정식종목으로 채택되었고, 국내에서는 1986년 전국체육대회에 정식 종목으로 채택되어 국내외적으로 전형적인 스포츠로 자리 잡은 지 오래이며, 올림픽게임에서도 2016년 브라질 리우데자네이루 올림픽에서 100년 만에 다시 정식 종목으로 부활하였다. 이와 같이 그간 이루어 낸 엄청난 경제성장과 이를 바탕으로 한 레저문화의 발달 및 골프인구의 증가추세 등에 비추어 보면, 더 이상 골프행위 자체를 사치행위로서 억제되어야 하는 스포츠라고 보기 어렵다.

다만 회원제 골프장의 경우 일반 대중들에게 개방되어 있지 아니하고 고가의 회원권을 보유한 회원들이 배타적·우선적으로 이용한다는 측면에서, 소위 대중의 이용접근성이 사치성과 관련하여 문제될 수 있다. 그러나 2016헌가17 사건의 제청신청인이 제출한 회원제 골프장 비회원이용비율 등의 자료에 의하면, 2017년 기준 전국 53개 회원제 골프장의 이용자 중 회원이 약 144만 명인 반면 비회원은 약 381만 명으로 회원제 골프장 이용자 중 비회원의 이용비율이 약 73%에 이르고, 대부분의 회원제 골프장(164곳의 회원제 골프장 중 145곳)에서 비회원이 큰 제약 없이 이용이 가능한 것으로 확인된다. 따라서 오늘날 회원제 골프장이 대중 골프장의 이용접근성과 본질적인 차이가 있다거나 사치성의 정도가 대중 골프장의 그것을 반드시 상회한다고 보기는 어렵다. 결국 골프장은 더 이상 일부 특수부유층의 전유물인 호화 사치성 위락시설로서 억제하여야 할 대상이라고 볼 수 없고, 다수의 일반인이 즐길 수 있는 대중적 스포츠로서 국가가 적극 장려하고 지원해주어야 할 건전한 체육활동의 장으로 사회적 인식이 변화하였다고 볼 수 있다. 그렇다면 회원제 골프장의 보유 사실에 근거한 재산세 중과세의 입법목적 내지 추구하고자 하였던 사치·낭비 풍조의 억제라는 정책목적은 현재에 이르러 그 정당성을 상실하였다고 할 것이다.

(2) 수단의 적합성

재산세는 과세대상재산을 소유하고 있는 동안 매년 부과되는 대표적인 보유세로서, 해당 재산의 보유사실에 담세력을 인정하여 과세하는 수익세적 조세이다. 따라서 재산세의 중과세율을 정함에 있어서도 보유세라는 재산세로서의 본질을 고려하지 않을 수 없다. 1990년에 회원제 골프장에 대해서만 재산세 중과세가 이루어지도록 지방세법 시행령을 개정하였고, 1999년에는 지방세법을 개정하여 회원제 골프장에 대해서만 중과세율을 적용하도록 법률에 명시하였는바, 대규모의 토지를 필요로 하는 골프장의 시설적 특성이나 환경오염 등의 외부불경제 효과 측면은 회원제 골프장이나 대중골프장이 대동소이(大同小異)하므로, 결국 위와 같은 입법의 취지는 골프장 회원의 배타적·우선적 '이용행위'의 사치성에 주목하여 이를 억제하기 위한 것이라고 볼 수 있을 것이다.

그런데 이러한 배타적·우선적 이용행위에 대해서, 보유세인 재산세로 중과세하는 것은 '골프장을 보유하는 자'와 '골프장을 이용하는 자'를 명확하게 구분하지 못하는 것이다. 회원권(회원의 경우) 및 상대적으로 높은 이용료(비회원의 경우)를 이유로 회원제 골프장 이용행위를 억제해야 한다면 그 이용행위 자체에 대하여 응능부담(應能負擔)의 원칙에 따라 적절한 부담을 부과하여 규제함이 타당한 것이지, '회원제 골프장의 보유'를 이유로 재산세를 중과세하는 것은 사치스러운 이용행위의 제한과 그 연관성이 희박할 뿐만 아니라 재산소유 자체를 과세요건으로 하는 재산세의 본질에도 맞지 아니한다. 따라서 보유세인 재산세에 대한 과세 여부 및 정도는 원칙적으로 재산의 이용자가 누구인지 여부가 아니라, 과세대상 재산이 어떠한 재산인지 여부에 따라 결정되는 것이 재산세의 본질에 부합한다. 재산의 용도와 형상(形狀)은 대중 골프장과 동일한데, 당해 재산을 우선적으로 이용할 수 있는 고객이 있는지 여부에 따라 재산세 세율을 달리하여 무겁게 부과하는 것은 재산세의 본질에 비추어 적합한 수단이 될 수 없다.

한편, 대규모 골프장의 조성이 토지의 공급부족과 높은 인구밀도라는 우리나라의 생존조건 하에서 비생산적이고, 자연환경의 악화, 생태계 파괴라는 국가적 불이익을 초래하므로 그 무분별한 확산을 규제하여야 할 대상으로 보아야 하고, 한정된 자원의 생산적 부문에의 투자 유도라는 측면에서도 회원제 골프장의 재산세 중과세 제도는 필요하다는 논의가 있을 수 있다.

그러나 이와 같은 정책적 필요성을 달성하기 위해서는 회원제 골프장 설립 인가, 승인 및 등록 과정에서 제반 법규('국토의 계획 및 이용에 관한 법률', 산지관리법, 환경정책기본법, 환경영향평가법, 체육시설법 등)에 의하여 골프장의 총량을 규제함이 보다 직접적이고도 합당한 규제방법이고, 실제로도 이미 이러한 규제가 시행되고 있다. 그럼에도 이미 설립된 회원제 골프장에 대해서는 재산세를 중과하면서 대중 골프장에 대해서는 낮은 세율을 적용한다면, 회원제 골프장으로 활용되고 있는 토지가 다른 생산적 용도로 전환되기 보다는 단순히 다른 대중 골프장으로 전환되는 결과를 초래할 뿐이다. 관련 자료에 의하면 실제로도 2012년 7개소, 2013년 7개소, 2014년 6개소, 2015년 10개소, 2016년에는 무려 24개소의 회원제 골프장이 입회금을 반환해주면서 대중 골프장으로 전환하였고, 이후 2017년, 2018년에도 각 13개소, 10개소의 회원제 골프장이 대중 골프장으로 전환한 것이 확인된다. 결국 심판대상조항은 한정된 자원의 생산적 부문에의 투자라는 목적을 달성하기 위한 적합한 수단이라고도 볼 수 없는 것이다.

(3) 침해의 최소성

심판대상조항은 회원제 골프장용 토지 및 건축물에 대하여 개별공시지가 대비 연4%의 세율을 규정하고 있어, 토지의 경우 대중 골프장의 0.2%~0.4%보다 10~20배정도 세율이 높고 건축물의 경우 대중 골프장의 0.25%보다 16배 정도 높다. 그 결과 다른 조세부담을 고려하지 않더라도 약 25년(공정시장가액비율을 고려하더라도 약 30년)이 지나면, 사실상 토지 및 건축물의 명목상 가액 전부를 재산세로 징수하는 셈이 된다. 골프장은 한번 조성되면 통상 오랜 기간 운영된다는 특성이 있으므로, 회원제 골프장의 경우 20~30년이 경과하면 골프장 전체가 지방자치단체에 귀속되는 결과가 발생할 수 있는 것이다. 이처럼 재산세로 골프장용의 부동산 재산원본에 해당하는 금액이 징수된 이후에도 회원제 골프장은 매년 과세표준의 4%에 해당하는 재산세를 계속적으로 부담해야 한다. 이는 골프장 시설을 갖추어 체육시설업으로 등록할 때 일회성으로 납부하는 취득세와는 매우 다른 의미를 지니게 된다.

나아가 심판대상조항은 회원제 골프장용 부동산에 대한 중과세율을 탄력적으로 적용할 수 있는 여지도 전혀 두고 있지 아니하다. 회원제 골프장의 회원권 시세만 하여도 몇 백만 원부터 몇 억 원에 이르기까지 매우 다양하고, 회원제 골프장의 비회원 이용접근성도 골프장마다 각기 다르다. 그럼에도 불구하고 심판대상조항은 회원제 골프장의 규모, 시설의 정비상황, 회원권의 가격, 이용자 중 비회원의 비율, 비회원의 독자적 이용가능성, 유사한 대중 골프장과의 비교 등 골프장의 사치성 정도를 평가할 수 있는 다양한 요소들을 전혀 반영하지 아니하고, 중과세로 인한 재산권 제한을 완화할 아무런 보완책도 마련하지 아니한 채, 모든 회원제 골프장에 대하여 일률적으로 고정된 높은 세율을 규정하고 있다.

회원제 골프장의 사치성 정도를 평가할 수 있는 다양한 요소들을 고려하여 세율을 조정하여 납세의무를 감면하는 등의 과세 예외조항이나 조정 장치를 둘 수 있음에도 불구하고, 이와 같은 정황을 전혀 고려하지 아니한 채 모든 회원제 골프장을 동일하게 취급하여 일률적 또는 무차별적으로, 그것도 고율인 세율을 적용하여 다액의 재산세를 계속적으로 부과하는 것은, 그 입법목적의 달성에 필요한 정책수단의 범위를 넘어 과도하게 회원제 골프장 보유자의 재산권을 제한하는 것으로서 침해의 최소성에 어긋난다.

(4) 법익의 균형성

심판대상조항이 달성하려는 사치·낭비 풍조의 억제, 자원의 생산적 부문에의 투자 유도 등의 입법목적은 현재 1인당 국민소득 3만 달러에 이르는 경제성장 및 여가문화의 확산에 따른 골프장의 이용현황 등에 비추어 그 타당성이 의심되거나 그로 인하여 달성하고자 하는 공익은 추상적이고 불분명한 반면, 침해되는 사익은 헌법이 보호하는 재산권의 사적유용성의 침해에 이르는 정도에 해당하는 것이므로, 심판대상조항이 달성하고자 하는 공익과 침해되는 사익 사이에 적정한 비례관계를 이루고 있다고 보기 어렵다.

(5) 소결

심판대상조항은 과잉금지원칙에 반하여 회원제 골프장 운영자 등의 재산권을 침해하므로 헌법에 위반된다.

나. 평등원칙 위반 여부

심판대상조항은 회원제 골프장에 대하여만 중과세율을 규정하고 있으므로, 재산세라는 조세를 부과함에 있어서 대중 골프장 등 다른 체육시설과 달리 회원제 골프장만을 다르게 차별취급할 합리적인 이유가 있는지 여부를 살펴본다.

(1) 대중 골프장과의 비교

(가) 물적 설비 및 입장료 측면의 비교

회원제 골프장과 대중 골프장은 모두 체육시설법에 의한 체육시설업에 속하며, 그중에서도 등록체육시설업에 속한다(체육시설법 제10조 제1항). 체육시설업은, 영리를 목적으로 체육시설을 설치·경영하는 업을 말하며(체육시설법 제2조 제2호) 편의시설, 안전시설, 운동시설, 관리시설 등을 갖추어 사업계획 승인을 얻은 사업자가 영업 개시 전에 대통령령이 정하는 바에 따라 시·도지사에게 당해 체육시설업의 등록을 마쳐야 하는데, 이는 회원제 골프장과 대중 골프장 모두 동일하다. 또한 체육시설법 시행규칙 제8조에 의한 별표4 체육시설업의 시설 기준에 의하여도, 골프장은 관리시설로서 골프코스 주변이나 러프지역 등에 조경을 하여야 하고, 운동시설로서는 각 골프코스에 티그라운드·페어웨이·그린·러프·장애물·홀컵 등 경기에 필요한 시설을 갖추어야 하며, 각 골프코스 사이에 이용자가 안전사고를 당할 위험이 있는 곳은 20미터 이상의 간격을 두어야 한다고 되어 있을 뿐, 회원제 골프장과 대중 골프장의 시설적인 혹은 물적인 차이를 전혀 두고 있지 아니하다.

입장료(그린피)의 측면을 살펴보아도, 2018년 기준 회원제 골프장의 비회원 평균 입장료는 주중이 약 16만 8,200원, 주말이 약 21만 5,900원인데, 대중 골프장의 경우 주중이 약 12만 3,100원, 주말이 약 17만 2,500원이다. 즉, 회원제 골프장의 이용자에만 부과되는 개별소비세, 이에 대한 농어촌특별세, 교육세 등을 제외할 경우 회원제 골프장의 입장료와 대중 골프장의 입장료는 크게 차이난다고 보기 어렵다. 일반적으로 골프장 입장료는 골프장 조성비용, 골프장 시설 및 이용의 편리성, 접근성 등이 상호 복합적으로 작용하여 결정되는 것이지 회원제 골프장이냐 대중 골프장이냐를 기준으로 차이가 나는 것이 아니다. 이처럼 회원제 골프장과 대중 골프장은 물적 시설이나 입장료의 사치성 측면에서 본질적인 차이가 있다고 보기 어렵다.

(나) 이용행위 및 이용접근성 측면의 비교

앞서 살펴본 바와 같이, 1990년에 지방세법 시행령을 개정하여 대중 골프장에 대한 중과세 제도를 폐지하면서 회원제 골프장에 대한 중과세 제도는 그대로 유지한 점에 비추어 보면, 회원제 골프장에 대한 중과세 제도는 골프장 보유 자체 내지 골프행위 자체의 사치성이나 골프장이 환경을 오염시키고 자연경관을 훼손시킨다는 점을 근거로 한다고 보기는 어렵다. 회원제 골프장이 사치성이 있다고 인식되는 핵심적인 이유는, 회원제 골프장이 비회원인 일반 대중들에게 개방되어 있지 않고, 적게는 수천 만 원에서 많게는 수억 원에 달하는 회원권을 보유한 회원들만이 배타적·우선적으로 이용한다는 점, 즉 골프장 이용접근성이 사치성의 주된 근거인 것으로 보인다.

그러나 앞서 살펴 본 바와 같이 2017년 기준 53개 회원제 골프장 이용자 중 회원이 아닌 일반 이용자의 비율은 약 73%에 이르고 대부분의 회원제 골프장에서 비회원의 독자적인 이용이 가능하다는 점 등에 비추어 보면, 근래에 이르러 회원제 골프장은 그 명칭과는 달리 회원만이 배타적으로 이용할 수 있는 시설이라고 볼 수는 없다. 결국 회원제 골프장의 이용행위 자체는 대중 골프장과 다를 바가 없고, 골프장 이용의 접근성의 측면에서도 대부분의 회원제 골프장은 비회원의 독자적인 이용에 별다른 제약이 있다고 볼 수 없어, 양자 간에 본질적인 차이가 있다고 보기 어렵다.

(2) 승마장 등 다른 체육시설과의 비교

체육시설법의 적용을 받는 동일한 체육시설이면서 일반적으로 이용료가 높다고 할 수 있는 승마장 또는 고가의 회원권을 보유한 자가 배타적·우선적으로 시설을 이용하는 회원제 헬스클럽이나 스포츠센터 등은 일반인의 이용접근성 측면에서 회원제 골프장과 유사하다고 볼 여지가 있다.

승마의 경우 관련 통계에 따르면 2018년을 기준으로 정기승마 인구수는 약 5만 1천여 명에 불과하고, 이용료 또한 시간당 7~12만 원으로 상당히 고액이어서 고급 스포츠라는 인식이 강한 것이 사실이다. 또한 일부 호텔의 피트니스 클럽의 경우 회원권의 가격이 수 천만 원에 이르고, 회원권을 구입한 회원만이 그 시설을 배타적·우선적으로 이용할 수 있다. 그럼에도 위와 같은 체육시설의 부동산에 대해서는 재산세를 중과하지 아니한다. 그렇다면 비록 입법자가 조세법 영역에 있어 폭넓은 입법형성권을 가진다는 점을 고려하더라도, 이용접근성의 측면에서 위와 같은 체육시설과 본질적인 차이가 없는 회원제 골프장에 대하여만 고율의 재산세를 부과하는 것은 합리적인 이유가 있다고 볼 수 없고, 그 차별취급의 필요성 또한 발견할 수 없다.

(3) 소결

이른바 사치성 재산에 대하여 높은 세율로 재산세를 과세하는 목적은, 경제생활에 있어서 사치·낭비풍조를 억제하고 한정된 자원이 비생산적인 부분보다 생산적인 분야에 효율적으로 투자되도록 유도하고자 함에 있다. 그런데 이러한 정책적 목적을 긍정한다고 하더라도 물적 설비 및 입장료의 가격, 이용행위 및 이용접근성의 측면에서 대중 골프장과 본질적인 차이가 없는 회원제 골프장에 대하여 대중 골프장 세율의 10~20배에 이르는 중과세율로 재산세를 부과하는 것은 합리적인 이유가 있다고 볼 수 없다. 나아가 회원제 골프장이 높은 가격의 회원권을 구입한 소수의 사람들만이 주로 이용하는 시설이라는 점을 수긍한다고 하여도, 배타적·우선적 이용이 가능한 다른 회원제 체육시설과 비교하여 보면 이용접근성 측면에서 본질적인 차이가 있다고 볼 수 없어 차별취급의 필요성을 발견할 수 없다. 따라서 심판대상조항은 합리적 이유 없이 같은 것을 다르게 대우한 것으로서 헌법상 평등원칙에 위반된다.

다. 결론

위에서 본 바와 같이 심판대상조항은 과잉금지원칙 및 평등원칙에 반하여 헌법에 위반된다. 그러나 심판대상조항에 대하여 단순위헌으로 선언하여 즉시 효력을 상실하게 될 경우에는 회원제 골프장에 대하여 재산세를 부과하는 법적 근거가 사라져 법적인 공백 상태를 초래하게 될 뿐만 아니라, 앞서 지적한 위헌적인 요소를 구체적으로 어떠한 내용으로 합헌적으로 조정할 것인지는 원칙적으로 입법자의 형성재량에 속한다. 특히 일률적·장기적으로 다수의 국민을 대상으로 하는 세법 규정에 있어서는 입법자로 하여금 정책적 판단을 숙고할 수 있는 여유를 주어 충분한 사회적인 합의를 거쳐 위헌적인 문제점을 해결하도록 함이 상당하다. 따라서 심판대상조항에 대하여 헌법불합치 결정을 선고하되, 이를 대체하여 적용할 새로운 입법이 이루어질 때까지 심판대상조항을 잠정적으로 계속 적용하도록 함이 타당하다.

재판관 유남석 이선애 이석태 이은애 이종석 이영진 김기영 문형배 이미선

[별지 1] 제청신청인 명단

(2016헌가17)

주식회사 □□의 소송수계인 주식회사 □□

제청신청인 1의 대리인 법무법인 천지인

담당변호사 신석중, 유철균, 이상수, 박영흠, 장성욱, 김봉률, 김평진

김·장 법률사무소

담당변호사 이재홍, 백제흠, 김해마중, 유경란

(2017헌가20)

주식회사 ○○은행 외 6인

제청신청인 2 내지 8의 대리인 법무법인(유한) 광장

담당변호사 김영섭, 마옥현, 임수혁, 박주현, 안정현

[별지 2] 보조참가인 명단

(2016헌가17)

사단법인 ○○협회 외 104인

보조참가인 1 내지 105의 대리인 다솜합동법률사무소

담당변호사 윤형한, 이홍기

주식회사 ○○은행 외 10인

보조참가인 106 내지 116의 대리인 법무법인(유한) 광장

담당변호사 김명섭, 마옥현, 임수혁, 박주현, 안정현

김해시장

보조참가인 117의 대리인 변호사 최성락

법무법인 국제

담당변호사 김태우, 신동기, 신정무

(2017헌가20)

사단법인 ○○협회 외 16인

보조참가인 118내지 134의 대리인 다솜합동법률사무소

담당변호사 윤형한, 이홍기

김해시장

보조참가인 135의 대리인 변호사 최성락

법무법인 국제

담당변호사 김태우, 신동기, 신정무

♤♤(주)

보조참가인 136의 대리인 법무법인 천지인

담당변호사 신석중, 이상수, 박세윤, 한경민

[별지 3] 관련조항

구 지방세법(2010. 12. 27. 법률 제10416호로 개정되고, 2016. 12. 27. 법률 제14475호로 개정되기 전의 것)

제13조(과밀억제권역 안 취득 등 중과) ⑤ 다음 각 호의 어느 하나에 해당하는 부동산등을 취득하는 경우(별장 등을 구분하여 그 일부를 취득하는 경우를 포함한다)의 취득세는 제11조 및 제12조의 세율과 중과기준세율의 100분의 400을 합한 세율을 적용하여 계산한 금액을 그 세액으로 한다. 이 경우 골프장은 그 시설을 갖추어 「체육시설의 설치·이용에 관한 법률」에 따라 체육시설업의 등록(시설을 증설하여 변경등록하는 경우를 포함한다. 이하 이 항에서 같다)을 하는 경우뿐만 아니라 등록을 하지 아니하더라도 사실상 골프장으로 사용하는 경우에도 적용하며, 별장·고급오락장에 부속된 토지의 경계가 명확하지 아니할 때에는 그 건축물 바닥면적의 10배에 해당하는 토지를 그 부속토지로 본다.

2. 골프장: 「체육시설의 설치·이용에 관한 법률」에 따른 회원제 골프장용 부동산 중 구분등록의 대상이 되는 토지와 건축물 및 그 토지 상(上)의 입목

제106조(과세대상의 구분 등) ① 토지에 대한 재산세 과세대상은 다음 각 호에 따라 종합합산과세대상, 별도합산과세대상 및 분리과세대상으로 구분한다.

1. 종합합산과세대상: 과세기준일 현재 납세의무자가 소유하고 있는 토지 중 별도합산과세대상 또는 분리과세대상이 되는 토지를 제외한 토지. 다만, 다음 각 목의 어느 하나에 해당하는 토지는 종합합산과세대상으로 보지 아니한다.

가. 이 법 또는 관계 법령에 따라 재산세가 비과세되거나 면제되는 토지

나. 이 법 또는 다른 법령에 따라 재산세가 경감되는 토지의 경감비율에 해당하는 토지

2. 별도합산과세대상: 과세기준일 현재 납세의무자가 소유하고 있는 토지 중 다음 각 목의 어느 하나에 해당하는 토지. 다만, 제1호 가목 및 나목에 따른 토지는 별도합산과세대상으로 보지 아니한다.

나. 차고용 토지, 보세창고용 토지, 시험·연구·검사용 토지, 물류단지시설용 토지 등 공지상태(空地狀態)나 해당 토지의 이용에 필요한 시설 등을 설치하여 업무 또는 경제활동에 활용되는 토지로서 대통령령으로 정하는 토지

3. 분리과세대상: 과세기준일 현재 납세의무자가 소유하고 있는 토지 중 다음 각 목의 어느 하나에 해당하는 토지

다. 제13조 제5항에 따른 골프장(같은 항 각 호 외의 부분 후단은 적용하지 아니한다)용 토지와 같은 항에 따른 고급오락장용 토지로서 대통령령으로 정하는 토지

구 지방세법(2010. 3. 31. 법률 제10221호로 전부개정되고, 2019. 12. 31. 법률 제16855호로 개정된 것)

제111조(세율) ① 재산세는 제110조의 과세표준에 다음 각 호의 표준세율을 적용하여 계산한 금액을 그 세액으로 한다.

1. 토지

가. 종합합산과세대상

과세표준	세 율
5,000만원 이하	1,000분의 2
5,000만원 초과 1억원 이하	10만원 + 5,000만원 초과금액의 1,000분의 3
1억원 초과	25만원 + 1억원 초과금액의 1,000분의 5

나. 별도합산과세대상

과세표준	세 율
2억원 이하 2억원 초과 10억원 이하 10억원 초과	1,000분의 2 40만원 + 2억원 초과금액의 1,000분의 3 280만원 + 10억원 초과금액의 1,000분의 4

다. 분리과세대상
1) 전·답·과수원·목장용지 및 임야: 과세표준의 1천분의 0.7
2) (생략)
3) 그 밖의 토지: 과세표준의 1천분의 2

구 지방세법(2010. 3. 31. 법률 제10221호로 전부개정되고, 2016. 12. 27. 법률 제14475호로 개정되기 전의 것)

제111조(세율) ① 재산세는 제110조의 과세표준에 다음 각 호의 표준세율을 적용하여 계산한 금액을 그 세액으로 한다.

2. 건축물
나. 특별시·광역시(군 지역은 제외한다)·시(읍·면지역은 제외한다) 지역에서 「국토의 계획 및 이용에 관한 법률」과 그 밖의 관계 법령에 따라 지정된 주거지역 및 해당 지방자치단체의 조례로 정하는 지역의 대통령령으로 정하는 공장용 건축물: 과세표준의 1천분의 5
다. 그 밖의 건축물: 과세표준의 1천분의 2.5

지방세법 시행령(2013. 7. 1. 대통령령 제24638호로 개정된 것)

제101조(별도합산과세대상 토지의 범위) ③ 법 제106조 제1항 제2호 나목에서 "대통령령으로 정하는 토지"란 다음 각 호의 어느 하나에 해당하는 토지를 말한다.

9. 경기 및 스포츠업을 경영하기 위하여 「부가가치세법」 제8조에 따라 사업자등록을 한 자의 사업에 이용되고 있는 「체육시설의 설치·이용에 관한 법률 시행령」 제2조에 따른 체육시설용 토지로서 사실상 운동시설에 이용되고 있는 토지(「체육시설의 설치·이용에 관한 법률」에 따른 회원제골프장용 토지 안의 운동시설용 토지는 제외한다)

체육시설의 설치·이용에 관한 법률(2007. 4. 11. 법률 제8349호로 전부개정 된 것)

제1조 (목적) 이 법은 체육시설의 설치·이용을 장려하고, 체육시설업을 건전하게 발전시켜 국민의 건강 증진과 여가 선용(善用)에 이바지하는 것을 목적으로 한다.

제2조 (정의) 이 법에서 사용하는 용어의 뜻은 다음과 같다.

2. "체육시설업"이란 영리를 목적으로 체육시설을 설치·경영하는 업(業)을 말한다.
4. "회원"이란 체육시설업의 시설을 일반이용자보다 우선적으로 이용하거나 유리한 조건으로 이용하기로 체육시설업자(제12조에 따른 사업계획 승인을 받은 자를 포함한다)와 약정한 자를 말한다.

구 체육시설의 설치·이용에 관한 법률(2007. 4. 11. 법률 제8349호로 전부개정되고, 2015. 2. 3. 법률 제13128호로 개정되기 전의 것)

제4조(국가와 지방자치단체의 의무) 국가와 지방자치단체는 국민의 체육 활동에 필요한 체육시설의 적정한 설치·운영과 체육시설업의 건전한 육성을 위하여 필요한 시책을 강구하고 적절한 지도와 지원을 하여야 한다.

구 체육시설의 설치·이용에 관한 법률(2007. 4. 11. 법률 제8349호로 전부개정되고, 2018. 9. 18. 법률 제15767호로 개정되기 전의 것)

제10조(체육시설업의 구분·종류) ① 체육시설업은 다음과 같이 구분한다.

1. 등록 체육시설업: 골프장업, 스키장업, 자동차 경주장업
2. 신고 체육시설업: 요트장업, 조정장업, 카누장업, 빙상장업, 승마장업, 종합 체육시설업, 수영장업, 체육도장업, 골프 연습장업, 체력단련장업, 당구장업, 썰매장업, 무도학원업, 무도장업

② 제1항 각 호에 따른 체육시설업은 그 종류별 범위와 회원 모집, 시설 규모, 운영 형태 등에 따라 그 세부 종류를 대통령령으로 정할 수 있다.

체육시설의 설치·이용에 관한 법률(2008. 2. 29. 법률 제8852호로 개정된 것)

제11조(시설 기준 등) ① 체육시설업자는 체육시설업의 종류에 따라 문화체육관광부령으로 정하는 시설 기준에 맞는 시설을 설치하고 유지·관리하여야 한다.

체육시설의 설치·이용에 관한 법률 시행령(2008. 2. 29. 대통령령 제20676호로 개정된 것)

제7조(체육시설업의 세부 종류) ① 법 제10조 제2항에 따른 체육시설업의 세부 종류는 다음 각 호와 같다.

1. 회원제체육시설업: 회원을 모집하여 경영하는 체육시설업
2. 대중체육시설업: 회원을 모집하지 아니하고 경영하는 체육시설업

② 제1항 제2호에 따른 대중체육시설업 중 골프장업은 시설 규모에 따라 문화체육관광부령으로 그 종류를 세분한다.

체육시설의 설치·이용에 관한 법률 시행령(2007. 11. 20. 대통령령 제20394호로 전부개정된 것)

제17조(회원모집 시기 등) 법 제17조제1항에 따른 회원의 모집시기 및 모집방법 등은 다음 각 호와 같다.

1. 회원모집 시기
   가. 등록 체육시설업: 해당 체육시설업의 시설설치공사의 공정이 30퍼센트 이상 진행된 이후

체육시설의 설치·이용에 관한 법률 시행규칙(2007. 11. 26. 문화관광부령 제174호로 전부개정된 것)

제8조(체육시설업의 시설 기준) 법 제11조 제1항에 따른 체육시설업의 종류별 시설 기준은 별표4와 같다.

[별표 4] 체육시설업의 시설 기준(제8조 관련)

2. 체육시설업의 종류별 기준

가. 골프장업

구분	시설기준
필수시설 ① 운동 시설	○ 회원제 골프장업은 3홀 이상, 정규대중골프장업은 18홀 이상, 일반 대중골프장업은 9홀 이상 18홀 미만, 간이골프장업은 3홀 이상 9홀 미만의 골프코스를 갖추어야 한다. ○ 각 골프코스 사이에 이용자가 안전사고를 당할 위험이 있는 곳은 20미터 이상의 간격을 두어야 한다. 다만, 지형상 일부분이 20미터 이상의 간격을 두기가 극히 곤란한 경우에는 안전망을 설치할 수 있다. ○ 각 골프코스에는 티그라운드·페어웨이·그린·러프·장애물·홀컵 등 경기에 필요한 시설을 갖추어야 한다.
② 관리 시설	○ 골프코스 주변, 러프지역, 절토지(切土地) 및 성도지(盛土地)의 경사면 등에는 조경을 하여야 한다.

20. 구 특정경제범죄 가중처벌 등에 관한 법률 제5조 제4항 제1호 등 위헌소원 등

[2020. 3. 26. 2017헌바129, 2018헌바93(병합)]

【판시사항】

가. 금융회사 등의 임직원이 그 직무에 관하여 금품이나 그 밖의 이익을 수수, 요구 또는 약속한 경우 이를 형사처벌하도록 정하고 있는 '특정경제범죄 가중처벌 등에 관한 법률'(2012. 2. 10. 법률 제11304호로 개정된 것) 제5조 제1항(이하 '수재행위처벌조항'이라 한다)이 책임과 형벌 간의 비례원칙에 위배되는지 여부 및 형벌체계상의 균형을 상실하여 평등원칙에 위배되는지 여부(소극)

나. 금융회사 등의 임직원이 그 직무에 관하여 수수, 요구 또는 약속한 금품 기타 이익의 가액(이하 '수수액'이라 한다)이 1억 원 이상인 경우 가중처벌하도록 정하고 있는 구 '특정경제범죄 가중처벌 등에 관한 법률'(2007. 5. 17. 법률 제8444호로 개정되고, 2012. 2. 10. 법률 제11304호로 개정되기 전의 것) 제5조 제4항 제1호(이하 '가중처벌조항'이라 한다)가 책임과 형벌 간의 비례원칙에 위배되는지 여부 및 형벌체계상의 균형을 상실하여 평등원칙에 위배되는지 여부(소극)

다. 수수액의 2배 이상 5배 이하의 벌금을 필요적으로 병과하도록 정하고 있는 구 '특정경제범죄 가중처벌 등에 관한 법률'(2008. 12. 26. 법률 제9170호로 개정되고, 2012. 2. 10. 법률 제11304호로 개정되기 전의 것) 제5조 제5항 중 '제4항 제1호'에 관한 부분 및 '특정경제범죄 가중처벌 등에 관한 법률'(2012. 2. 10. 법률 제11304호로 개정된 것) 제5조 제5항 중 '제1항'에 관한 부분(이를 통칭하여 '벌금병과조항'이라 한다)이 책임과 형벌 간의 비례원칙에 위배되는지 여부(소극)

【결정요지】

가. 금융회사 등의 업무는 국가경제와 국민생활에 중대한 영향을 미치므로 금융회사 등 임직원의 직무 집행의 투명성과 공정성을 확보하는 것은 매우 중요하고, 이러한 필요성에 있어서는 임원과 직원 사이에 차이가 없다. 그리고 금융회사 등 임직원이 금품 등을 수수, 요구, 약속하였다는 사실만으로 직무의 불가매수성은 심각하게 손상되고, 비록 그 시점에는 부정행위가 없었다고 할지라도 장차 실제 부정행위로 이어질 가능성도 배제할 수 없다. 따라서 부정한 청탁이 있었는지 또는 실제 배임행위로 나아갔는지를 묻지 않고 금품 등을 수수·요구 또는 약속하는 행위를 처벌하고 있는 수재행위처벌조항은 책임과 형벌 간의 비례원칙에 위배되지 아니한다.

또한 파산관재인, 공인회계사 등 직무의 공공성이 인정되는 사인의 직무 관련 수재행위를 처벌하는 법률조항이 드물지 아니하고, 이 경우 입법자는 직무의 특성 등을 고려하여 부정한 청탁을 형사처벌의 요건으로 정하기도 하고, 정하지 아니하기도 한다. 이처럼 우리 법체계 전반에 비추어 볼 때, 수재행위처벌조항은 형벌체계 상의 균형을 갖춘 것으로 평등원칙에도 위배되지 아니한다.

나. 수재행위의 경우 수수액이 증가하면서 범죄에 대한 비난가능성도 높아지므로 수수액을 기준으로 단계적 가중처벌을 하는 것에는 합리적 이유가 있다. 그리고 가중처벌의 기준을 1억 원으로 정하면서 징역형의 하한을 10년으로 정한 것은 그 범정과 비난가능성을 높게

평가한 입법자의 합리적 결단에 의한 것인바, 가중처벌조항은 책임과 형벌 간의 비례원칙에 위배되지 아니한다.

나아가 금융회사 등 임직원에게는 공무원과 맞먹는 정도의 청렴성 및 업무의 불가매수성이 요구되므로, 그 수재행위를 공무원의 수뢰행위와 동일한 법정형으로 처벌한다거나 다른 사인들의 직무 관련 수재행위보다 중하게 처벌한다는 이유만으로 가중처벌조항이 형벌체계상 현저히 균형을 잃은 것으로 평등원칙에 위배된다고 볼 수도 없다.

다. 배수방식의 벌금형 부과를 정하고 있는 벌금병과조항은 범죄수익의 박탈은 물론 더 나아가 막대한 경제적 손실까지 입을 수 있다는 경고를 통해 금융회사 등 임직원의 수재행위를 근절하기 위한 것으로 여기에는 합리적 이유가 있다. 또한 법관은 구체적 사건에서 정상에 따라 작량 감경을 통해 벌금형을 감액할 수 있고, 벌금형만의 선고유예가 불가능한 것도 아니므로 벌금병과조항이 과도한 형사처벌을 정하고 있다고 볼 수도 없으며, 몰수·추징과 벌금형은 전혀 다른 제도이므로 몰수·추징 규정이 있다는 이유만으로 벌금형의 부과가 과도한 이중의 제재가 되는 것도 아니다. 따라서 벌금병과조항은 책임과 형벌 간의 비례원칙에 위배되지 아니한다.

재판관 유남석, 재판관 이선애, 재판관 이석태, 재판관 이영진, 재판관 문형배의 가중처벌조항에 대한 위헌의견

우리 법체계상 부정한 청탁이 없이 직무와 관련하여 수재행위를 한 사인을 형사처벌하는 경우는 매우 드물고, 수수액에 따라 가중처벌하는 규정은 '특정경제범죄 가중처벌 등에 관한 법률' 제5조 제4항이 유일하다. 또한 금융산업의 발전 및 확대로 인하여 금융회사 등 임직원의 업무가 다양화되어 그 업무 중에는 국가경제와 국민생활에 중대한 영향을 미친다고 보기 어려운 경우도 있다. 그럼에도 불구하고, 가중처벌조항은 수수한 금액만을 기준으로 법정형의 하한을 징역 10년 이상으로 높임으로써, 법관이 작량감경을 하더라도 집행유예를 선고할 수 없도록 양형재량의 범위를 극도로 제한하고 있으므로, 책임과 형벌 사이의 비례원칙에 위배된다.

또한 가중처벌조항의 법정형은 공공성이 강한 사인의 다른 직무 관련 수재죄의 법정형과 비교하여도 지나치게 과중하다. 즉, 파산관재인, 공인회계사, 변호사의 수재 관련 범죄의 구성요건이나 법정형 등과 비교해 볼 때, 가중처벌조항은 형벌체계 상의 균형을 상실한 것으로 평등원칙에 위배된다.

재판관 이선애, 재판관 이석태, 재판관 이영진의 벌금병과조항에 대한 반대의견

벌금병과조항에 의하면 가중처벌조항의 적용을 받는 행위자는 최소 2억 원 이상의 벌금형의 필요적 병과라는 가중처벌을 받게 되고, 배수벌금을 감당할 재력이 없어 환형처분을 받게 되는 경우에는 형법에 따라 최소한 300일 이상의 기간 동안 노역장에 유치됨으로써, 별도의 징역형을 추가로 선고받는 것이나 다름없는 결과가 초래된다. 또한 범죄수익을 박탈하는 것은 몰수제도의 고유한 기능이므로, 배수벌금을 필요적으로 병과하여 범죄수익을 박탈하는 벌금병과조항은 몰수제도의 취지를 무색하게 한다. 벌금형에 대한 선고유예가 가능하다고는 하나, 금품 등 수수액의 2배 내지 5배에 달하는 고액 벌금형을 선고하는 사안에서 실무상 선고유예를 하기 쉽지 않고, 집행유예 역시 500만 원 이하의 벌금형에 대해서만 가능하므로 기대하기 어렵다. 나아가 공범의 범행가담 정도 등을 고려하지 않은 채 일률적·획일적으로 고액의 배수벌금형을 필요적으로 병과 하는 것은 공범에게 지나치게 과도한 형벌이 될 수 있다. 따라서 벌금병과조항은 책임과 형벌 간의 비례원칙에 위반된다.

【심판대상조문】

특정경제범죄 가중처벌 등에 관한 법률(2012. 2. 10. 법률 제11304호로 개정된 것) 제5조 제1항, 제5조 제5항 중 '제1항'에 관한 부분

구 특정경제범죄 가중처벌 등에 관한 법률(2007. 5. 17. 법률 제8444호로 개정되고, 2012. 2. 10. 법률 제11304호로 개정되기 전의 것) 제5조 제4항 제1호

구 특정경제범죄 가중처벌 등에 관한 법률(2008. 12. 26. 법률 제9170호로 개정되고, 2012. 2. 10. 법률 제11304호로 개정되기 전의 것) 제5조 제5항 중 '제4항 제1호'에 관한 부분

【참조조문】

헌법 제11조, 제37조 제2항

특정범죄 가중처벌 등에 관한 법률(2010. 3. 31. 법률 제10210호로 개정된 것) 제2조 제1항, 제2항

특정경제범죄 가중처벌 등에 관한 법률(2012. 2. 10. 법률 제11304호로 개정된 것) 제5조 제4항, 제10조 제2항, 제3항

형법(1953. 9. 18. 법률 제293호로 제정된 것) 제129조 제1항

【참조판례】

가. 헌재 2012. 12. 27. 2011헌바217, 판례집 24-2하, 443, 456-457

헌재 2015. 2. 26. 2014헌바99등, 판례집 27-1상, 174, 181

나. 헌재 2015. 5. 28. 2013헌바35등, 판례집 27-1하, 203, 209-211

헌재 2017. 12. 28. 2016헌바281, 판례집 29-2하, 337, 340-341

다. 헌재 2015. 5. 28. 2013헌바35등, 판례집 27-1하, 203, 212

헌재 2017. 7. 27. 2016헌바42, 판례집 29-2상, 125, 133

헌재 2019. 11. 28. 2017헌바449, 공보 278, 1249, 1255

【당 사 자】

청 구 인 1. 윤○○(2017헌바129)
대리인 법무법인 로투스
담당변호사 김명근 외 1인
2. 양○○(2018헌바93)
대리인 법무법인 화현
담당변호사 김태용 외 1인

당해사건 1. 대법원 2016도17834 특정경제범죄가중처벌등에관한법률위반(수재등)(2017헌바129)
2. 서울고등법원 2017노2993 특정경제범죄가중처벌등에관한법률위반(수재등)(2018헌바93)

【주 문】

특정경제범죄 가중처벌 등에 관한 법률(2012. 2. 10. 법률 제11304호로 개정된 것) 제5조 제1항, 구 특정경제범죄 가중처벌 등에 관한 법률(2007. 5. 17. 법률 제8444호로 개정되고, 2012. 2. 10. 법률 제11304호로 개정되기 전의 것) 제5조 제4항 제1호, 구 특정경제범죄 가중처벌 등에 관한 법률(2008. 12. 26. 법률 제9170호로 개정되고, 2012. 2. 10. 법률 제11304호로 개정되기 전의 것) 제5조 제5항 중 '제4항 제1호'에 관한 부분 및 특정경제범죄 가중처벌 등에 관한 법률(2012. 2. 10. 법률 제11304호로 개정된 것) 제5조 제5항 중 '제1항'에 관한 부분은 모두 헌법에 위반되지 아니한다.

【이 유】

1. 사건개요

가. 2017헌바129

청구인 윤○○은 2008. 1.경부터 2012. 7.경까지 ○○은행 (소속 생략) 팀장으로 근무하면서 2011. 1.경부터 2011. 9.경까지 분양대행업체인 주식회사 ○○의 대표이사 김○○로부터 총 4회에 걸쳐 총 2억 원을 수수하고, 이후 ○○은행 ○○지점 지점장으로 근무하면서 2014. 11. 3.경 위 김○○로부터 1,500만 원을 수수하는 등, 금융회사의 임직원으로서 그 직무에 관하여 금품을 수수하였다는 범죄사실로 기소되어 징역 5년, 벌금 220,000,000원 및 추징 215,000,000원을 선고받았다[부산지방법원 2015고합617·641·683·745(병

합)]. 이에 청구인 윤○○은 항소를 거쳐(부산고등법원 2016노273) 상고하였고(대법원 2016도17834), 상고심 계속 중 구 '특정경제범죄 가중처벌 등에 관한 법률'(2012. 2. 10. 법률 제11304호로 개정되기 전의 것) 제5조 제1항, 제4항 제1호 및 제5항에 대한 위헌법률심판제청신청을 하였으나(대법원 2016초기1027) 2017. 1. 12. 위 상고 및 제청신청이 모두 기각되자, 2017. 2. 9. 이 사건 헌법소원심판을 청구하였다.

나. 2018헌바93

청구인 양○○는 2012. 2. 13.부터 주식회사 □□의 (소속 생략) 팀장으로 근무하면서 2013. 7. 4.부터 2015. 7. 10.까지 분양대행업체인 주식회사 ○○의 대표이사 김○○로부터 총 7회에 걸쳐 총 19,223,000원을 수수하여 금융회사의 임직원으로서 그 직무에 관하여 금품을 수수하였다는 범죄사실로 기소되어 징역 1년 6월에 집행유예 2년, 벌금 40,000,000원 및 추징 19,223,000원을 선고받았다(서울동부지방법원 2016고합312). 이에 청구인 양○○는 항소하였고(서울고등법원 2017노2993), 항소심 계속 중 '특정경제범죄 가중처벌 등에 관한 법률' 제5조 제1항 및 제5항에 대한 위헌법률심판제청신청을 하였으나(서울고등법원 2017초기737), 2017. 12. 19. 위 신청이 기각되고, 2017. 12. 22. 항소 역시 기각되자, 2018. 1. 25. 이 사건 헌법소원심판을 청구하였다.

2. 심판대상

청구인 윤○○은 구 '특정경제범죄 가중처벌 등에 관한 법률'(2012. 2. 10. 법률 제11304호로 개정되기 전의 것) 제5조 제1항, 제4항 제1호 및 제5항에 대해 심판청구를 하고 있다. 그러나 법원은 청구인 윤○○의 2011. 1.경부터 2011. 9.경까지의 범죄와 2014. 11. 3.경의 범죄가 별개의 범죄임을 전제로 형법 제37조 전단의 경합범으로 보아 형을 선고하였으므로, 청구인 윤○○의 2011. 1.경부터 2011. 9.경까지의 범죄에는 구법 제5조 제4항 제1호 및 제5항이, 2014. 11. 3.경의 범죄에는 개정된 법률 제5조 제1항 및 제5항이 각각 적용된다. 또한 청구인들은 '특정경제범죄 가중처벌 등에 관한 법률' 제5조 제5항 전체에 대해 심판청구를 하고 있으나, 청구인 윤○○에게 적용되는 부분은 구법 제5조 제5항 중 '제4항 제1호'에 관한 부분 및 개정된 법률 제5조 제5항 중 '제1항'에 관한 부분, 청구인 양○○에게 적용되는 부분은 개정된 법률 제5조 제5항 중 '제1항'에 관한 부분이므로 심판대상을 이 부분으로 한정하기로 한다.

따라서 이 사건 심판대상은 '특정경제범죄 가중처벌 등에 관한 법률'(2012. 2. 10. 법률 제11304호로 개정된 것) 제5조 제1항(이하 '수재행위처벌조항'이라 한다), 구 '특정경제범죄 가중처벌 등에 관한 법률'(2007. 5. 17. 법률 제8444호로 개정되고, 2012. 2. 10. 법률 제11304호로 개정되기 전의 것) 제5조 제4항 제1호(이하 '가중처벌조항'이라 한다), 구 '특정경제범죄 가중처벌 등에 관한 법률'(2008. 12. 26. 법률 제9170호로 개정되고, 2012. 2. 10. 법률 제11304호로 개정되기 전의 것) 제5조 제5항 중 '제4항 제1호'에 관한 부분 및 '특정경제범죄 가중처벌 등에 관한 법률'(2012. 2. 10. 법률 제11304호로 개정된 것, 이하 '특정경제범죄법'이라 한다) 제5조 제5항 중 '제1항'에 관한 부분(이를 통칭하여 '벌금병과조항'이라 한다)이 헌법에 위반되는지 여부이다. 심판대상조항 은 다음과 같고 관련조항은 [별지]와 같다.

[심판대상조항]

특정경제범죄 가중처벌 등에 관한 법률(2012. 2. 10. 법률 제11304호로 개정된 것)

제5조(수재 등의 죄) ① 금융회사 등의 임직원이 그 직무에 관하여 금품이나 그 밖의 이익을 수수(收受), 요구 또는 약속하였을 때에는 5년 이하의 징역 또는 10년 이하의 자격정지에 처한다.

구 특정경제범죄 가중처벌 등에 관한 법률(2007. 5. 17. 법률 제8444호로 개정되고, 2012. 2. 10. 법률 제11304호로 개정되기 전의 것)

제5조(수재 등의 죄) ④ 제1항 내지 제3항의 경우에 수수·요구 또는 약속한 금품 기타 이익의 가액(이하 "收受額"이라 한다)이 3천만 원 이상인 때에는 다음의 구분에 따라 가중처벌한다.

1. 수수액이 1억 원 이상인 때에는 무기 또는 10년 이상의 징역에 처한다.

구 특정경제범죄 가중처벌 등에 관한 법률(2008. 12. 26. 법률 제9170호로 개정되고, 2012. 2. 10. 법률 제11304호로 개정되기 전의 것)

제5조(수재 등의 죄) ⑤ 제1항부터 제4항까지의 경우에 수수액의 2배 이상 5배 이하의 벌금을 병과(倂科)한다.

특정경제범죄 가중처벌 등에 관한 법률(2012. 2. 10.

법률 제11304호로 개정된 것)

제5조(수재 등의 죄) ⑤ 제1항부터 제4항까지의 경우에 수수액의 2배 이상 5배 이하의 벌금을 병과한다.

3. 청구인들의 주장

가. 수재행위처벌조항 및 가중처벌조항은 사경제주체인 특정경제범죄법 제2조 제1호에 규정된 한국은행 등 금융기관(이하 '금융회사 등'이라 한다) 임직원이 금품이나 그 밖의 이익(이하 '금품 등'이라 한다)을 수수하기만 하면 부정한 청탁이 없는 경우에도 형사처벌 하도록 정하고 있고 법정형도 지나치게 높게 규정되어 있다. 따라서 위 조항들은 헌법 제10조의 인간으로서의 존엄과 가치를 침해하고, 형벌과 책임의 비례원칙에도 위배되며, 형벌체계상 균형을 상실한 것으로 평등원칙에도 위배된다.

나. 특정경제범죄법 제10조에 의해 수재행위로 얻은 이익이 필요적으로 몰수·추징됨에도 불구하고, 이에 더하여 수수액의 2배 이상 5배 이하에 이르는 벌금을 필요적으로 병과하도록 정하고 있는 벌금병과조항은 과잉형벌일 뿐만 아니라 법관의 양형재량을 과도하게 제한하는 것으로 형벌과 책임의 비례원칙에 위배된다.

4. 판 단

가. 쟁점의 정리

(1) 수재행위처벌조항은 금융회사 등 임직원의 직무상 수재 등의 죄에 관한 구성요건조항이면서 동시에 '수수액이 3천만 원 미만'인 경우에 대한 법정형을 정하고 있는 조항이고, 가중처벌조항은 수재행위처벌조항의 구성요건이 충족되었음을 전제로 '수수액이 1억 원 이상'인 경우에 대해 가중된 법정형을 정하고 있는 조항이다. 이와 관련하여서는 위 조항들이 책임과 형벌 간의 비례원칙에 위배되는지 여부 및 형벌체계상의 균형을 상실하여 평등원칙에 위배되는지 여부를 살펴본다.

청구인들은 위 조항들이 헌법 제10조가 정하는 인간으로서의 존엄과 가치를 침해한다고 주장하나, 헌법 제10조는 법정형의 종류와 범위를 정하는 입법자의 입법형성권의 한계를 설정하는 책임과 형벌 간의 비례원칙의 헌법상 근거가 되는 조항이므로(헌재 2003. 11. 27. 2002헌바24 참조), 책임과 형벌 간의 비례원칙 위배 여부에 대해 판단하는 이상 이에 대해 별도로 판단하지 않기로 한다.

(2) 벌금병과조항은 수재행위처벌조항 및 가중처벌조항에 해당하는 죄를 범한 경우 수수액의 2배 이상 5배 이하의 벌금을 필요적으로 병과하도록 정하고 있는 바, 이와 관련하여서는 위 조항이 책임과 형벌 간의 비례원칙에 위배되는지 여부를 살펴본다.

나. 수재행위처벌조항의 위헌 여부

(1) 책임과 형벌 간의 비례원칙 위배 여부

어떤 범죄를 어떻게 처벌할 것인가 하는 문제, 즉 법정형의 종류와 범위의 선택은 그 범죄의 죄질과 보호법익에 대한 고려뿐만 아니라 우리의 역사와 문화, 입법 당시의 시대적 상황, 국민일반의 가치관 내지 법감정, 그리고 범죄예방을 위한 형사정책적 측면 등 여러 가지 요소를 종합적으로 고려하여 입법자가 결정할 사항으로서 광범위한 입법재량 내지 형성의 자유가 인정되어야 할 분야이다. 따라서 어느 범죄에 대한 법정형이 그 범죄의 죄질 및 이에 따른 행위자의 책임에 비하여 지나치게 가혹한 것이어서 비례원칙에 명백히 위배되는 경우가 아닌 한, 쉽사리 헌법에 위반된다고 단정하여서는 아니 된다(헌재 2015. 2. 26. 2014헌바99등 참조).

금융회사 등은 비록 국가기관은 아니나 국가경제와 국민생활에 중대한 영향을 미치는 금융업무를 담당하고 있다. 금융시장질서가 교란 없이 원활하게 작동하기 위해서는 공공성을 지닌 금융회사 등이 투명하고 공정하게 그 기능을 수행하는 것이 필요하며, 이러한 업무에 종사하는 금융회사 등 임직원의 직무 집행의 투명성·공정성을 확보하는 것은 이를 위한 필수불가결한 전제이다.

특정경제범죄법은 금융회사 등 임직원의 부정부패로 대형 금융사고가 발생하여 국가경제가 어려움에 처하였던 30여 년 전 입법되었으나, 현재에도 금융계의 부조리가 완벽하게 근절되지 아니하고 있다. 오히려 과거에 비해 현재는 금융시장규모가 확대되고, 금융업무 및 금융상품이 다양화되고 있어 금융회사 등의 업무가 사회 전반에 미치는 파급효과가 점점 커지고 있다. 따라서 특정경제범죄법의 제정 당시보다 금융회사 등 임직원의 청렴성과 직무의 불가매수성 확보가 더욱 절실해졌고, 직무와 관련한 수재행위를 엄하게 처벌할 필요성 역시 커졌다. 그리고 이러한 필요성에 있어서는 임원과 직원 사이에 차이가 없다. 직원이 직접 금융상품의 판매, 대출의 실행 등과 같은 업무에 관여하는 경우도 많고, 그 직무는 일반적으로 순환하는 것이어서 만약 임원만을 처벌하는 경우에는 직원을 이용하는 탈법적 행위가 늘어나 금융회사 등 직무의 공정성과 공공성을 확보하고자 하는 목적을 달성할 수 없게 될 우려도 있기 때문이다(헌재 2012. 12. 27. 2011헌바217 참조).

수재행위처벌조항은 금융회사 등의 임직원이 그 지위에 수반하여 취급하는 모든 직무와 관련하여 금품 등을 수수·요구 또는 약속하는 일체의 행위를 모두 처벌하고, 별도로 부정한 청탁이나 금융회사 등 임직원의 배임행위와 같은 부정행위가 실제로 있을 것을 요구하지 않는다. 그런데 명시적으로 부정한 청탁이 이루어지지 아니하였거나 금융회사 등의 임직원이 실제 배임행위에 이르지 아니하였다고 할지라도 금품 등이 오고 가거나 이를 요구 또는 약속하였다는 사실만으로 이미 금융회사 등 임직원의 청렴성과 직무의 불가매수성은 심각하게 손상되고, 이들에 대한 국민의 신뢰가 떨어져 금융시장 전체에 대한 불신이 커질 우려가 있다. 또한 금융거래는 일회성이 아니라 계속적으로 이루어지는 경우가 많아, 금품 등을 수수·요구 또는 약속한 시점에는 부정행위가 없었다고 할지라도 이것이 장차 실제 부정행위로 이어질 가능성도 배제할 수 없다. 따라서 부정한 청탁이 있었는지 또는 실제 배임행위로 나아갔는지를 묻지 않고 금품 등을 수수·요구 또는 약속하는 행위를 처벌하기로 한 입법자의 입법정책적 결단이 입법재량의 범위를 벗어난 것이라고 볼 수 없다.

또한 수재행위처벌조항은 금융회사 등 임직원이 금품 등을 수수·요구 또는 약속한 경우 금품 등 수수액이 3천만 원에 이르지 아니한 경우에도 5년 이하의 징역 또는 10년 이하의 자격정지에 처하도록 하고 있다. 그런데 금융회사 등 임직원이 수재행위를 한 이상 그 자체로 임직원의 청렴성과 직무의 불가매수성이 훼손된다. 따라서 금융회사 등 임직원의 직무 집행에 있어서의 투명성과 공정성을 확보하기 위해서는 이들이 금품 등을 수수·요구 또는 약속하는 행위를 엄격하게 처벌하는 것이 반드시 필요하다. 또한 법정형이 위와 같더라도 수재행위처벌조항을 적용함에 있어 법률상 감경이나 작량감경을 통해 죄질이 경미하거나 비난가능성이 적은 경우 그 책임에 상응하는 형벌을 부과함으로써 구체적 타당성을 도모할 수 있다.

이러한 점을 고려하면, 수재행위처벌조항이 금융회사 등의 임원인지 직원인지 여부를 불문하고, 또한 금품 등을 수수·요구 또는 약속한 경우 부정한 청탁이나 실제 부정행위가 있었는지 여부를 불문하고 직무관련성만 인정되면 징역형으로 처벌할 수 있도록 정하고 있는 것에는 수긍할만한 합리적인 이유가 있다고 할 것인바, 수재행위처벌조항은 책임과 형벌 간의 비례성을 갖추었다.

(2) 형벌체계상의 균형을 상실하여 평등원칙에 위배되는지 여부

직무와 관련된 수재행위를 형사처벌 할 것인지는 그 직무의 공공적 성격을 감안하여 입법자가 결정할 수 있는 사안이다. 실제 입법자는 금품 등을 수수·요구 또는 약속하는 행위가 공공재의 분배를 왜곡시키거나 시장 질서를 교란시킬 우려가 있는 경우 공무원의 신분이 아님에도 불구하고 그 직무의 공공적 성격을 감안하여 그 직무와 관련된 수재행위를 공무원의 수뢰행위와 마찬가지로 처벌하고 있다. 예컨대 공무원연금공단 임직원이나(공무원연금법 제16조), 국민건강보험공단 임직원(국민건강보험법 제28조) 등은 뇌물죄의 적용에 있어 공무원으로 의제된다. 또한 파산관재인 등이나(채무자 회생 및 파산에 관한 법률 제645조 제1항, 제2항, 제655조 제1항), 공인회계사(공인회계사법 제53조 제1항 제1호)의 수재행위도 형사처벌의 대상이다. 앞서 살펴본 바와 같이 금융회사 등의 업무는 국가경제와 국민생활에 중대한 영향을 미치는 것으로 상당한 정도의 공공성을 인정할 수 있으므로, 공무원이 아닌 금융회사 등 임직원의 수재행위를 처벌한다는 이유만으로 수재행위처벌조항이 입법재량의 한계를 벗어난 것은 아니다.

또한 수재행위를 형사처벌 함에 있어 부정한 청탁을 구성요건으로 정할 것인지 역시 직무의 특성이나 업무가 사회 전체에 미치는 영향 등을 전체적으로 고려하여 입법자가 정할 사항이다. 예컨대 공인회계사법 제53조 제1항 제1호는 부정한 청탁을 받을 것을 형사처벌의 요건으로 정하고 있으나, 배심원 등이 직무와 관련하여 재물 등을 받거나(국민의 형사재판 참여에 관한 법률 제59조 제1항), 파산관재인 등이 그 직무에 관하여 뇌물 등을 받거나(채무자 회생 및 파산에 관한 법률 제645조 제1항, 제2항, 제655조 제1항), '선박소유자 등의 책임제한절차에 관한 법률' 상의 관리인 등이 직무에 관하여 뇌물을 받은 경우(선박소유자 등의 책임제한절차에 관한 법률 제93조 제1항)에는 모두 부정한 청탁 등을 형사처벌의 요건으로 요구하지 아니한다. 살피건대, 금융회사 등 임직원이 금품 등을 수수·요구 또는 약속하는 행위를 하는 것을 사전에 예방할 필요성이 매우 크다는 형사정책적 고려 하에 부정한 청탁 등을 요건으로 정하지 아니한 채 직무에 관한 수재행위를 모두 처벌하도록 하고 있는 것은 우리 사회의 현실 및 국민

의 법감정에 비추어 볼 때, 불합리한 것으로 보이지 아니한다.

나아가 금융회사 등 임직원의 청렴성과 직무의 불가매수성 확보는 금융회사 등 업무의 투명성과 공정성 담보 및 건전한 경제질서 확립을 위한 필수적 전제라는 점에서 결코 포기할 수 없는 중요한 공익이다. 따라서 금융회사 등 임직원에게는 공무원과 맞먹는 정도의 청렴성 및 업무의 불가매수성이 요구된다고 할 것인바, 수재행위처벌조항이 금융회사 등 임직원의 직무와 관련한 수재행위에 대하여 일반 사인과는 달리 형법 제129조 제1항이 정하고 있는 공무원 수뢰죄와 동일한 법정형으로 처벌함으로써, 금융회사 등 임직원의 직무의 불가매수성을 확보하고자 하는 것에는 합리적인 이유가 있다.

이처럼 우리 법체계의 전반에 비추어 볼 때, 수재행위처벌조항은 형벌체계상 현저히 균형을 잃은 것으로 평등원칙에 위배된다고 볼 수 없다.

(3) 소결

따라서 수재행위처벌조항은 책임과 형벌 간의 비례원칙을 준수하였을 뿐만 아니라 형벌체계상의 균형을 갖춘 것으로 평등원칙에도 위배되지 아니하는바, 헌법에 위반되지 아니한다.

다. 가중처벌조항의 위헌 여부

(1) 재판관 이은애, 재판관 이종석, 재판관 김기영, 재판관 이미선의 합헌의견

(가) 책임과 형벌 간의 비례원칙에 위배되는지 여부

금융회사 등 임직원의 직무관련 수재행위는 일반적인 형사범에 비하여 범행의 동기나 행위의 태양 등이 비교적 정형화되어 있고, 그것이 국가경제에 미치는 병폐와 피해는 수수액이 많을수록 심화되므로 일반적으로 수수액이 증가하면 범죄에 대한 비난가능성도 높아진다고 보는 것이 합리적이다. 따라서 비록 수수액의 다과만이 죄의 경중을 가늠하는 유일한 기준은 아니라 할지라도 수수액이 형벌의 범위를 정하는 데 중요한 기준이 되는 것은 틀림없다. 그러므로 가중처벌조항과 같이 수수액이 늘어날 경우 범행의 불법성과 비난가능성이 증가한다고 보아 이를 기준으로 징벌의 강도를 높이는 단계적 가중처벌이 책임을 벗어나 과잉하다고 보기는 어렵다(헌재 2015. 5. 28. 2013헌바35등; 헌재 2017. 12. 28. 2016헌바281 참조).

물론 가중처벌조항이 가중처벌의 수수액을 1억 원 이상으로 정하고 있는 것과 관련하여, 이 금액이 책임 가중의 요소로서 객관적 기준이 될 수 있는지에 대해 의문이 제기될 수 있다. 그런데 가중처벌의 금액을 얼마로 할 것인지는 입법자가 당시의 화폐가치나 금융거래 환경 및 관행, 금품 등 수수가 거래질서에 미치는 영향 등을 종합적으로 고려하여 정할 사안인바, 금융회사 등 임직원의 임금 수준, 소비자 물가 등을 감안하면 입법자가 금품 등의 수수로 인한 금융부조리가 발생할 가능성을 차단함으로써 투명하고 공정한 거래 질서를 확립하고자 가중처벌의 기준으로 1억 원을 결단한 것이 지나치다고 보기는 어렵다.

한편 입법자는 가중처벌조항에서 금융회사 등 임직원의 직무에 관하여 1억 원 이상의 금품 등을 수수한 경우에 그 범정과 비난가능성의 정도를 높게 평가하여 하한을 10년 이상의 징역형으로 정함으로써 양형의 폭을 좁혀 놓았다. 이는 특단의 사정이 없는 한, 즉 법률상의 감경사유가 없는 한 법관이 작량감경은 할 수 있으되 집행유예는 선고하지 못하도록 입법적 결단을 내린 것이고, 이러한 입법자의 결단은 특정경제범죄법의 입법취지 등에 비추어 수긍할 만하다. 따라서 작량감경을 하더라도 별도의 법률상 감경사유가 없는 한 집행유예의 선고를 할 수 없도록 그 법정형의 하한을 높여 놓았다는 이유만으로 형벌이 지나치게 과잉하다고 보기는 어렵다.

따라서 가중처벌조항은 책임과 형벌 간의 비례원칙에 위배되지 아니한다.

(나) 형벌체계상의 균형을 상실하여 평등원칙에 위배되는지 여부

금융회사 등 임직원에게는 공무원과 맞먹는 정도의 청렴성 및 업무의 불가매수성이 요구되는바, 금융회사 등 임직원의 수재행위를 공무원의 수뢰죄와 동일하게 가중처벌하는 것에는 합리적인 이유가 있다.

다만 변호사(변호사법 제109조 제2호, 제33조 및 제110조 제1호), 파산관재인(채무자 회생 및 파산에 관한 법률 제655조 제1항), 공인회계사(공인회계사법 제53조 제1항 제1호) 등도 일정 부분 공적 역할을 수행하고 있음에도 불구하고, 입법자는 그들의 직무관련 수재행위에 대한 형사처벌의 정도를 금융회사 등 임직원에 비하여 낮게 규정하였을 뿐 아니라, 특정경제범죄법 제5조 제4항과 같은 수수액에 따른 가중처벌 규정 또한 두지 않고 있다. 그런데 이들의 직무에 어느 정도 공공성이 있다고 하더라도 이러한 행위의 효과는 대부분 당사자 사이에 미치는 정도여서 금융회사 등에서의 금품 등

의 수수를 통한 부조리가 사회 전체에 미치는 효과와는 크게 다르다. 따라서 위에 열거된 직역의 종사자들과 달리 금융회사 등 임직원에 대해서만 1억 원 이상의 수재행위를 가중처벌하는 것은 금융거래 질서에 미칠 경제적 파급력과 사회 전반에 대한 영향을 고려한 것인바, 이들에게 공무원과 같은 수준의 청렴성을 요구하여 변호사 등 전문직 종사자보다 중한 형벌로 처벌한다고 할지라도 이것이 지나치게 과중하여 형벌체계상의 균형성을 상실한 것이라고 보기는 어렵다(헌재 2015. 5. 28. 2013헌바35등; 헌재 2017. 12. 28. 2016헌바281 참조).

따라서 가중처벌조항이 우리 법체계의 전반에 비추어 형벌체계상 현저히 균형을 잃은 것으로 평등원칙에 위배된다고 볼 수는 없다.

(다) 소결

이처럼 가중처벌조항은 책임과 형벌 간의 비례원칙을 준수하고 형벌체계상의 균형 역시 갖춘 것으로 평등원칙에도 위배되지 아니하는바, 헌법에 위반되지 아니한다.

(2) 재판관 유남석, 재판관 이선애, 재판관 이석태, 재판관 이영진, 재판관 문형배의 위헌의견

(가) 책임과 형벌 간의 비례원칙에 위배되는지 여부

우리 법체계상 수재행위처벌조항 외의 사인에 대하여 '부정한 청탁'을 요건으로 하지 않고 직무관련 수재 등 행위를 처벌하는 규정은 매우 드물고, 수수액에 따라 가중처벌하는 것은 특정경제범죄법 제5조 제4항이 유일하다. 그 중 가중처벌조항은 금융회사 등 임직원의 직무관련 수수액이 1억 원 이상일 때에는 범인의 성행, 전과 유무, 범행의 동기, 범행 후의 정황 등 죄질과 상관 없이 무기 또는 10년 이상의 징역에 처하도록 규정하고 있어, 법관으로 하여금 작량감경을 하더라도 별도의 법률상 감경사유가 없는 한 집행유예를 선고할 수 없도록 함으로써 법관의 양형재량의 범위를 극도로 제한하고 있다. 그러나 금융산업의 발전과 확대에 따라 금융회사 등의 임직원이 담당하는 업무가 다양화되고 있어 금융회사 등에서 이루어지는 모든 업무가 국가경제와 국민생활에 중대한 영향을 미친다고 보기 어려운바, 금융회사 등 임직원 모두에 대하여 일률적으로 공무원과 마찬가지의 청렴의무를 부과하여 금품 수수액에 따라 엄격하게 가중처벌 하는 것은 그 타당성을 인정하기 어렵다. 또한 법원의 양형기준제도를 통하여 수수액 외에도 부정한 업무처리 여부, 금융회사 등의 재정건전성에 대한 실질적 피해의 정도, 금품수수의 횟수 등 구체적 양형인자를 참작하여 개별책임에 부합하는 양형이 이루어질 수 있다는 점에 비추어 보더라도, 가중처벌조항이 수수액만을 기준으로 하여 법정형의 하한을 일률적으로 징역 10년 이상으로 높이고 있는 것은 지나치게 가혹하다. 이처럼 가중처벌조항은 책임과 형벌 사이의 비례원칙에 위배된다.

(나) 형벌체계상의 균형을 상실하여 평등원칙에 위배되는지 여부

가중처벌조항은 금융회사 등 임직원이 1억 원 이상의 금품 등을 수수·요구 또는 약속한 경우 공무원의 수뢰행위와 동일하게 가중처벌하고 있다. 그러나 공무원과 금융회사 등 임직원은 수행하는 업무와 책임, 신분보장의 정도 등에 있어 현저한 차이가 있어, 금융회사 등 임직원에게 공무원과 맞먹는 정도의 청렴성이나 직무의 불가매수성을 요구하기 어려우므로, 금융회사 등 임직원의 수재행위를 처벌하는 것을 넘어 공무원과 동일하게 가중처벌까지 하는 것은 과도하다.

또한 금융회사 등 임직원과 마찬가지로 공공성이 강한 나른 공무원 아닌 사인의 직무 관련 수재죄 등의 법정형과 비교하여 보아도 가중처벌조항의 법정형이 지나치게 과중하다. 파산관재인 등의 수재죄는 부정한 청탁을 요건으로 하지 않는 점에서 금융회사 등 임직원의 수재죄와 같지만 법정형은 5년 이하의 징역 또는 5천만 원 이하의 벌금으로 가중처벌조항에 비하여 낮고(채무자 회생 및 파산에 관한 법률 제645조 제1항 및 제2항, 제655조), 공인회계사의 수재죄는 부정한 청탁을 별도의 구성요건으로 요구하면서도 법정형 역시 5년 이하의 징역 또는 5천만 원 이하의 벌금으로 가중처벌조항에 비해 낮으며(공인회계사법 제53조 제1항 제1호), 모두 수수액에 따른 법정형 가중조항을 두고 있지 않다. 변호사가 판사·검사 그 밖에 재판·수사기관의 공무원에게 제공하거나 그 공무원과 교제한다는 명목으로 금품 등을 수수하면 5년 이하의 징역 또는 3천만 원 이하의 벌금에 처하거나 병과할 수 있도록 한 것(변호사법 제110조)과 비교하여도, 직무와 관련하여 금품 등을 1억 원 이상 수수·요구 또는 약속하기만 하면 무기 또는 10년 이상의 징역에 처하도록 한 가중처벌조항의 처벌은 과도하다. 이러한 점에 비추어 볼 때 사인인 금융회사 등 임직원의 수재행위를 공무원의 수뢰행위와 동일하게 가중처벌하는 것은 다른 사인들의 수재행위에 비해 과도하게 징벌의 강도를 높이는 것으로 합리적인 이

유를 발견하기 어려운바, 가중처벌조항은 형벌체계상 균형성을 상실하여 평등원칙에 위배된다.

(다) 소결

그렇다면 가중처벌조항은 책임과 형벌 간의 비례원칙을 준수하지 못하였을 뿐만 아니라 형벌체계상의 균형을 상실한 것으로 평등원칙에도 위배되므로, 헌법에 위반된다.

라. 벌금병과조항의 위헌 여부

벌금병과조항은 2008. 12. 26. 법률 제9170호로 특정경제범죄법이 개정되면서 신설된 조항으로, 공무원 뇌물죄에 대한 '특정범죄 가중처벌 등에 관한 법률' 제2조 제2항과 동일한 방식으로 벌금을 병과하고 있다. 이는 징역형의 법정형을 아무리 높여 중하게 처벌한다 하더라도 범죄로 인한 수익을 그대로 보유할 수 있도록 하면 금융회사 등 임직원의 금품 등 수수·요구 또는 약속 행위를 완전히 근절하기 어렵다는 입법자의 결단에 의한 것이다.

금융회사 등 임직원이 범죄행위를 통해 얻은 수익을 그대로 보유할 수 있도록 한다면 이는 일반 국민의 법감정에 반할 뿐 아니라 국민들이 국가의 형사사법기능 전체를 불신하게 만드는 요인이 된다. 벌금병과조항은 범죄결과 발생한 수익을 초월하는 재산형을 필요적으로 병과하여 범죄수익을 통한 경제적 혜택을 일절 누릴 수 없도록 함으로써 이러한 범죄를 근절하고자 한 것으로, 여기에는 충분히 합리적인 이유가 있다(헌재 2015. 5. 28. 2013헌바35등 참조).

물론 특정경제범죄법 제10조에서 위와 같은 금품 등을 필요적으로 몰수·추징하도록 정하고 있기는 하다. 그러나 몰수·추징은 정당하지 않은 방법으로 획득한 금전적 이익을 국가가 박탈하는 것이고, 벌금형은 범죄에 대한 비난가능성에 근거한 형벌이라는 점에서 이 둘은 전혀 다른 제도인바, 몰수·추징 규정이 있다고 하여 벌금형을 통한 제재로서의 경제적 이익의 박탈이 과중한 이중의 제재가 된다고 보기는 어렵다. 더욱이 범죄수익을 이미 소비하였거나 은닉한 경우에는 몰수·추징형의 집행이 사실상 불가능할 수 있고, 환수가 가능하다고 하더라도 범죄수익의 박탈만으로는 범죄 근절에 충분하지 않을 수 있다는 점에 비추어 보면, 수수액의 2배 이상 5배 이하의 벌금형을 반드시 병과하도록 한 것이 입법재량의 한계를 벗어난 것으로 보이지도 아니한다(헌재 2015. 5. 28. 2013헌바35등 참조).

벌금병과조항은 수수액을 기준으로 벌금을 정하도록 정하고 있다. 수수액은 죄의 경중을 가늠하는 유일한 기준은 아니라고 할지라도 불법성을 가늠하는 중요한 기준 가운데 하나임이 분명하고, 그 불법의 정도를 드러낼 수 있는 가장 보편적인 징표가 될 수 있다. 따라서 수수액이 증가하면 범죄에 대한 비난가능성도 일반적으로 높아진다고 할 수 있으므로 수수액을 기준으로 벌금을 산정하는 것을 책임에서 벗어난 형벌이라고 보기 어렵다.

다만 벌금병과조항은 벌금의 액수를 특정 금액으로 하여 하한이나 상한을 정하지 않고 수수액의 2배 이상 5배 이하 사이에서 정하도록 하는 배수방식을 택하고 있다. 이러한 벌금부과 방식은 탄력적으로 벌금병과를 하지 못하도록 하여 자칫 행위에 상응하는 책임을 물을 수 없다는 비판을 받을 수 있다. 그러나 벌금병과조항은 범죄수익의 박탈은 물론 더 나아가 막대한 경제적 손실까지 입을 수 있다는 경고를 통해 이러한 범죄를 근절하기 위한 것이므로 이러한 벌금병과 방식이 지나치게 과도한 것이라고 보기는 어렵다. 그리고 법관은 구체적 사건에서 정상에 따라 작량 감경을 통해 벌금형을 감액할 수 있고, 벌금형만의 선고유예가 불가능한 것도 아니다(헌재 2017. 7. 27. 2016헌바42; 헌재 2019. 11. 28. 2017헌바449 참조).

그렇다면 벌금병과조항은 형벌과 책임 간의 비례원칙에 위배된다고 볼 수 없으므로, 헌법에 위반되지 아니한다.

5. 결 론

심판대상조항들 중 수재행위처벌조항과 벌금병과조항은 헌법에 위반되지 아니한다. 다만 수재행위처벌조항에 대해서는 관여 재판관들의 의견이 일치되었고, 벌금병과조항에 대해서는 아래 6.과 같은 재판관 이선애, 재판관 이석태, 재판관 이영진의 반대의견이 있다. 심판대상조항들 중 가중처벌조항에 대해서는 재판관 이은애, 재판관 이종석, 재판관 김기영, 재판관 이미선이 합헌의견이고, 재판관 유남석, 재판관 이선애, 재판관 이석태, 재판관 이영진, 재판관 문형배가 위헌의견으로, 위헌의견에 찬성한 재판관이 다수이지만 헌법 제113조 제1항, 헌법재판소법 제23조 제2항 단서 제1호에서 정한 위헌결정을 위한 심판정족수에는 이르지 못하여 합헌으로 선고할 수밖에 없다. 따라서 심판대상조항들에 대하여 모두 주문과 같이 결정한다.

6. 벌금병과조항에 대한 재판관 이선애, 재판관 이석태, 재판관 이영진의 반대의견

우리는 배수벌금을 필요적으로 병과하는 벌금병과조항이 책임과 형벌 간의 비례원칙에 반한다고 생각하므로 다음과 같이 반대의견을 밝힌다.

가. 벌금병과조항은 수재행위처벌조항 및 가중처벌조항에 대한 가중규정으로서 금융회사 등의 임직원이 그 직무에 관하여 금품 등을 수수·요구 또는 약속한 경우 그 수수액의 2배 이상 5배 이하의 벌금형을 필요적으로 병과하도록 규정하고 있다. 특히 수수액이 1억 원 이상이어서 가중처벌조항에 의하여 처벌을 받게 되는 행위자는 법정형 기준으로 무기 또는 10년 이상의 징역형과 함께 최소한 2억 원(1억 원 × 2배) 이상의 벌금형의 필요적 병과라는 가중처벌을 받아야 한다.

그런데 2014. 5. 14. 법률 제12575호로 개정된 형법상 노역장유치조항(제70조)은 선고하는 벌금이 1억 원 이상 5억 원 미만인 경우에는 300일 이상, 5억 원 이상 50억 원 미만인 경우에는 500일 이상, 50억 원 이상인 경우에는 1,000일 이상의 유치기간을 정하도록 하고 있으므로, 가중처벌조항의 적용을 받는 행위자에 대해 최소한 2억 원 이상의 벌금형의 필수적 병과를 예정하고 있는 벌금병과조항과 위 노역장유치조항이 결합될 경우 최소한 300일 이상의 징역형을 추가로 선고하는 효과가 나타난다. 즉 벌금병과조항과 위 노역장유치조항이 결합된 결과 배수벌금을 감당할 재력이 없어 환형처분을 받게 되는 경우에는 형사처벌조항에서 정한 징역형 외에 별도의 징역형을 추가로 선고받은 것이나 다름없는 결과를 초래할 수 있다.

나. 범죄로부터 생기는 불법수익을 박탈하는 것은 원래 몰수제도의 고유한 기능인데, 배수벌금을 필요적으로 병과하여 범죄수익을 박탈하려는 입법방식으로 벌금형이 그 기능을 떠맡는 것은 몰수제도의 취지를 무색하게 한다. 벌금형의 병과는 책임원칙에 의해 정해지는 형량의 한계에 머물러야 하고, 행위에 상응하는 책임의 총량은 일정하게 정해져 있을 것이므로, 행위와 책임을 일치시키기 위해서는 징역과 병과되는 벌금 어느 한쪽의 부과량에 따라 다른 한쪽의 부과량이 조정될 수 있어야 한다. 그러나 징역형과 벌금형을 병과하도록 하는 입법형식을 취하면서 동시에 징역형과 벌금형의 하한을 각각 정하는 것은 책임에 알맞은 형벌을 이끌어 내기 어렵게 한다. 특히 총액벌금형을 택하고 있는 우리나라에서는 자유형과 벌금형을 상호 환산하는 기준이 명확하지 않기 때문에 행위자에 대하여 그의 책임 이상의 처벌을 하게 될 여지가 많다. 이러한 문제는 배수벌금형의 형태가 필요적 병과형제도와 결합하는 경우 더욱 배가된다.

다. 벌금형에 대한 선고유예가 가능하다고 하지만 자격정지 이상의 형을 받은 전과가 있는 자에게는 선고유예를 할 수 없다. 선고유예는 범행의 가담 정도가 극히 경미하거나 실질적 피해가 거의 없는 경우 등과 같이 유죄임에도 형의 선고를 유예할 만한 특별한 사정이 있는 경우 예외적으로 이루어지므로, 수수액의 2배 내지 5배에 달하는 고액 벌금형을 선고하는 사안에서 죄질이나 불법성, 피해의 정도가 경미하다고 보아 선고유예를 한다는 것은 실무상 쉽지 않다. 2018. 1. 7.부터 시행 중인 형법 제62조 제1항에 의하면 500만 원 이하의 벌금형에 대하여만 집행유예가 가능하므로, 수재행위처벌조항 및 가중처벌조항 위반죄에 병과되는 고액의 벌금형에 대한 집행유예 역시 사실상 기대하기 어렵다. 결국 배수벌금형을 필요적으로 병과함에 있어서 작량감경, 선고유예가 가능하다는 사정만으로는 개별 사건의 특수성이나 다양한 양형요소들을 모두 고려하여 적정한 양형을 하는 것에 한계가 있다.

라. 나아가 공범에 대하여 벌금병과조항이 적용되는 경우 특히 불합리한 결과가 초래될 수 있다. 즉, 공범 중에는 경제적 수익이 없거나 경미한 경우가 있을 수 있는데, 범행가담정도나 그로 인해 얻게 되는 경제적 이익을 고려하지 않은 채 일률적·획일적으로 모든 공범에 대해 고액의 배수벌금형을 필요적으로 병과하는 것은 지나치게 과도한 형벌이 될 수 있다.

마. 이러한 문제점을 고려하면, 개별 사건의 특수성이나 다양한 양형요소들에 따라 법관이 벌금형의 병과 여부 및 적정한 벌금액을 정할 수 있도록 벌금형을 임의적 병과로 변경하고, 벌금 액수의 상한만을 두는 것 내지 벌금액의 상한이 있는 벌금형의 임의적 병과를 전제로 하되 위반행위에 의한 이득액에 따라 벌금액의 상한을 단계화시키는 형식으로서 이득액이 벌금형의 상한을 초과하는 경우 벌금액을 이득액 이하로 부과할 수 있도록 입법하는 방식[예컨대 벌금 슬라이드(slide)제]을 도입하는 것 등을 대안으로 생각할 수 있을 것이다.

바. 이상의 내용을 종합하면, 배수벌금을 필요적으로 병과하는 벌금병과조항은 책임과 형벌 간의 비례원칙을 준수하였다고 볼 수 없으므로 헌법에 위반된다.

재판관 유남석 이선애 이석태 이은애 이종석 이영진 김기영 문형배 이미선

[별지] 관련조항

구 특정경제범죄 가중처벌 등에 관한 법률(2007. 5. 17. 법률 제8444호로 개정되고, 2012. 2. 10. 법률 제11304호로 개정되기 전의 것)

제5조(수재 등의 죄) ① 금융기관의 임·직원이 그 직무에 관하여 금품 기타 이익을 수수·요구 또는 약속한 때에는 5년 이하의 징역 또는 10년 이하의 자격정지에 처한다.

특정경제범죄 가중처벌 등에 관한 법률(2012. 2. 10. 법률 제11304호로 개정된 것)

제5조(수재 등의 죄) ④ 제1항부터 제3항까지의 경우에 수수, 요구 또는 약속한 금품이나 그 밖의 이익의 가액(이하 이 조에서 "수수액"이라 한다)이 3천만 원 이상일 때에는 다음 각 호의 구분에 따라 가중처벌한다.

1. 수수액이 1억 원 이상일 때: 무기 또는 10년 이상의 징역
2. 수수액이 5천만 원 이상 1억 원 미만일 때: 7년 이상의 유기징역
3. 수수액이 3천만 원 이상 5천만 원 미만일 때: 5년 이상의 유기징역

제10조(몰수·추징) ② 제5조부터 제7조까지 및 제9조 제1항·제3항의 경우 범인 또는 정황을 아는 제3자가 받은 금품이나 그 밖의 이익은 몰수한다.

③ 제1항 또는 제2항의 경우 몰수할 수 없을 때에는 그 가액을 추징한다.

형법(1953. 9. 18. 법률 제293호로 제정된 것)

제129조(수뢰, 사전수뢰) ① 공무원 또는 중재인이 그 직무에 관하여 뇌물을 수수, 요구 또는 약속한 때에는 5년 이하의 징역 또는 10년 이하의 자격정지에 처한다.

특정범죄 가중처벌 등에 관한 법률(2010. 3. 31. 법률 제10210호로 개정된 것)

제2조(뇌물죄의 가중처벌) ① 형법 제129조·제130조 또는 제132조에서 규정된 죄를 범한 사람은 그 수수(收受)·요구 또는 약속한 뇌물의 가액(價額)(이하 이 조에서 "수뢰액"이라 한다)에 따라 다음 각 호와 같이 가중처벌한다.

1. 수뢰액이 1억 원 이상인 경우에는 무기 또는 10년 이상의 징역에 처한다.
2. 수뢰액이 5천만 원 이상 1억 원 미만인 경우에는 7년 이상의 유기징역에 처한다.
3. 수뢰액이 3천만 원 이상 5천만 원 미만인 경우에는 5년 이상의 유기징역에 처한다.

② 형법 제129조·제130조 또는 제132조에 규정된 죄를 범한 사람은 그 죄에 대하여 정한 형(제1항의 경우를 포함한다)에 수뢰액의 2배 이상 5배 이하의 벌금을 병과(倂科)한다.

21. 구 공무원연금법 제64조 제1항 제1호 등 위헌소원

[2020. 4. 23. 2018헌바402]

【판시사항】

공무원이거나 공무원이었던 사람이 재직 중의 사유로 금고 이상의 형을 받거나 형이 확정된 경우 퇴직급여 및 퇴직수당(이하 '퇴직급여 등'이라 한다)의 일부를 감액하여 지급함에 있어 그 이후 형의 선고의 효력을 상실하게 하는 특별사면 및 복권을 받은 경우를 달리 취급하는 규정을 두지 아니한 구 공무원연금법(2009. 12. 31. 법률 제9905호로 개정되고, 2016. 1. 27. 법률 제13927호로 개정되기 전의 것) 제64조 제1항 제1호와 구 공무원연금법(2016. 1. 27. 법률 제13927호로 개정되고, 2018. 3. 20. 법률 제15523호로 전부개정되기 전의 것) 제64조 제1항 제1호(이하 모두를 '심판대상조항'이라 한다)가 재산권, 인간다운 생활을 할 권리를 침해하여 헌법에 위반되는지 여부(소극)

【결정요지】

심판대상조항은 공무원으로서의 신분이나 직무상 의무를 다하지 못한 공무원과 성실히 근무한 공무원을 동일하게 취급하는 것이 오히려 불합리하다는 측면과 아울러 보상액에 차이를 둠으로써 공무원 범죄를 예방하고 공무원이 재직 중 성실히 근무하도록 유도하는 효과를 고려한 것으로, 그 정당성이 인정된다.

공무원이 범죄행위로 형사처벌을 받은 경우 국민의 신뢰가 손상되고 공직 전체에 대한 신뢰를 실추시켜 공공의 이익을 해하는 결과를 초래하는 것은 그 이후 특별사면 및 복권을 받아 형의 선고의 효력이 상실된 경우에도 마찬가지이다. 또한, 형의 선고의 효력을 상실하게 하는 특별사면 및 복권을 받았다 하더라도 그 대상인 형의 선고의 효력이나 그로 인한 자격 상실 또는 정지의 효력이 장래를 향하여 소멸되는 것에 불과하고, 형사처벌에 이른 범죄사실 자체가 부인되는 것은 아니므로, 공무원 범죄에 대한 제재수단으로서의 실효성을 확보하기 위하여 특별사면 및 복권을 받았다 하더라도 퇴직급여 등을 계속 감액하는 것을 두고 현저히 불합리하다고 평가할 수 없다. 나아가 심판대상조항에 의하여 퇴직급여 등의 감액대상이 되는 경우에도 본인의 기여금 부분은 보장하고 있다.

따라서 심판대상조항은 그 합리적인 이유가 인정되는바, 재산권 및 인간다운 생활을 할 권리를 침해한다고 볼 수 없어 헌법에 위반되지 아니한다.

재판관 이석태, 재판관 이영진의 보충의견

특별사면과 복권은 형의 선고로 인한 법적 불이익을 해소하고, 형 선고의 효력으로 상실되거나 정지된 자격을 회복시키는 것이므로, 특별사면 및 복권을 받은 경우 형의 선고로 제한되었던 규정의 적용이 배제된다. 그런데도 공무원 범죄로 형사처벌을 받아 퇴직연금 등의 감액사유에 해당하게 되면, 그 후 특별사면 및 복권을 받는 경우에도 여전히 퇴직연금 등의 감액이 유지된다고 보는 것은 입법적 근거가 다소 미약하다. 특별사면 및 복권을 받으면 장래를 향하여 형 실효의 효력이 발생하여 그때부터 이행기가 도래하는 퇴직급여수급권은 다시 살아난다고 보는 것이 오히려 합리적이고, 미국의 경우도 이와 같이 규정하고 있다. 물론 심판대상조항이 합리성을 상실하여 위헌이라고 선언할 정도에 이른 것은 아니지만, 이러한 문제를 검토하여 입법적 시정조치가 있어야 할 것이다.

【심판대상조문】

구 공무원연금법(2009. 12. 31. 법률 제9905호로 개정되고, 2016. 1. 27. 법률 제13927호로 개정되기 전의 것) 제64조 제1항 제1호

구 공무원연금법(2016. 1. 27. 법률 제13927호로 개정되고, 2018. 3. 20. 법률 제15523호로 전부개정되기 전의 것) 제64조 제1항 제1호

【참조판례】

헌재 2002. 7. 18. 2000헌바57, 판례집 14-2, 1, 10, 13

헌재 1994. 6. 30. 92헌가9, 판례집 6-1, 543, 550

헌재 2003. 9. 25. 2001헌마93등, 판례집 15-2상, 319, 353

헌재 2003. 12. 18. 2003헌마409, 판례집 15-2하, 664, 667

【당 사 자】

청 구 인 변○○
대리인 법무법인(유한) 바른
담당변호사 김재호 외 2인

당해사건 서울고등법원 2018누51388 퇴직연금 지급청구

【주 문】

구 공무원연금법(2009. 12. 31. 법률 제9905호로 개정되고, 2016. 1. 27. 법률 제13927호로 개정되기 전의 것) 제64조 제1항 제1호와 구 공무원연금법(2016. 1. 27. 법률 제13927호로 개정되고, 2018. 3. 20. 법률 제15523호로 전부개정되기 전의 것) 제64조 제1항 제1호는 모두 헌법에 위반되지 아니한다.

【이 유】

1. 사건개요

가. 청구인은 2007년경 공무원으로 재직 중 직권남용 권리행사방해 등의 혐의로 수사를 받게 되자 퇴직하였고, 2008. 3. 31. 직권남용 권리행사방해죄로 징역 1년, 집행유예 2년의 유죄판결을 선고받고 이에 대한 항소 및 상고가 모두 기각되어 2009. 1. 30. 위 판결이 확정되었다.

나. 공무원연금공단은 2007. 10.부터 2009. 12.까지는 매월 청구인에게 퇴직연금을 감액 없이 지급해오다 위 확정판결 이후 2010. 1.부터 공무원 재직 중의 사유에 의하여 금고 이상의 형을 받았다는 이유로 공무원연금법 제64조 제1항 제1호에 근거하여 매월 퇴직연금의 1/2을 감액하여 지급하고 있다.

다. 한편, 법무부장관은 2010. 8. 15. 청구인에 대하여 사면법 제5조, 제7조에 의하여 형의 선고의 효력을 상실하게 하는 특별사면을 하는 동시에 복권을 명하는 대통령의 명령에 따라 사면·복권장을 발부하였다.

라. 이후 청구인은 2017. 11. 1. 공무원연금공단을 상대로 형의 선고의 효력을 상실하게 하는 특별사면 및 복권을 받아 더 이상 공무원연금법 제64조 제1항 제1호의 퇴직급여 감액사유인 '재직 중의 사유로 금고 이상의 형을 받거나 형이 확정된 경우'에 해당하지 아니하므로 특별사면 및 복권 이후 퇴직연금이 감액되어서는 아니된다고 주장하며, 미지급한 퇴직연금 중 소멸시효가 완성되지 않은 2012. 11.부터 2017. 10.까지의 미지급 퇴직연금의 지급을 구하는 소를 제기하였으나 기각되고(서울행정법원 2017구합83461), 항소하여(서울고등법원 2018누51388) 항소심 계속 중 공무원연금법 제64조 제1항 제1호에 대하여 위헌법률심판제청을 신청하였으나(서울고등법원 2018아1451) 2018. 9. 6. 항소가 기각됨과 동시에 위헌법률심판제청신청이 기각되자 2018. 10. 11. 이 사건 헌법소원심판을 청구하였다.

마. 한편, 청구인은 위 판결에 대하여 상고하였으나 2019. 1. 31. 심리불속행기각되어(대법원 2018두58165), 위 판결은 2019. 2. 8. 확정되었다.

2. 심판대상

이 사건 심판대상은 구 공무원연금법(2009. 12. 31. 법률 제9905호로 개정되고, 2016. 1. 27. 법률 제13927호로 개정되기 전의 것) 제64조 제1항 제1호와 구 공무원연금법(2016. 1. 27. 법률 제13927호로 개정되고, 2018. 3. 20. 법률 제15523호로 전부개정되기 전의 것, 이하 위 법률 모두를 '구 공무원연금법'이라 한다) 제64조 제1항 제1호(이하 위 조항 모두를 '심판대상조항'이라 한다)가 헌법에 위반되는지 여부이고, 쟁점은 심판대상조항이 공무원이거나 공무원이었던 사람이 재직 중의 사유로 금고 이상의 형을 받거나 형이 확정된 경우 퇴직급여 및 퇴직수당(이하 '퇴직급여 등'이

라 한다)의 일부를 감액하여 지급함에 있어 그 이후 형의 선고의 효력을 상실하게 하는 특별사면 및 복권을 받은 경우를 달리 취급하는 규정을 두지 아니한 부진정 입법부작위가 위헌인지 여부이다. 심판대상조항 및 관련조항은 다음과 같다.

[심판대상조항]

구 공무원연금법(2009. 12. 31. 법률 제9905호로 개정되고, 2016. 1. 27. 법률 제13927호로 개정되기 전의 것)

제64조(형벌 등에 따른 급여의 제한) ① 공무원이거나 공무원이었던 자가 다음 각 호의 어느 하나에 해당하는 경우에는 대통령령으로 정하는 바에 따라 퇴직급여 및 퇴직수당의 일부를 감액하여 지급한다. 이 경우 퇴직급여액은 이미 낸 기여금의 총액에 「민법」 제379조에 따른 이자를 가산한 금액 이하로 감액할 수 없다.

1. 재직 중의 사유로 금고 이상의 형을 받은 경우(직무와 관련이 없는 과실로 인한 경우 및 소속상관의 정당한 직무상의 명령에 따르다가 과실로 인한 경우는 제외한다)

구 공무원연금법(2016. 1. 27. 법률 제13927호로 개정되고, 2018. 3. 20. 법률 제15523호로 전부개정되기 전의 것)

제64조(형벌 등에 따른 급여의 제한) ① 공무원이거나 공무원이었던 자가 다음 각 호의 어느 하나에 해당하는 경우에는 대통령령으로 정하는 바에 따라 퇴직급여 및 퇴직수당의 일부를 감액하여 지급한다. 이 경우 퇴직급여액은 이미 낸 기여금의 총액에 「민법」 제379조에 따른 이자를 가산한 금액 이하로 감액할 수 없다.

1. 재직 중의 사유로 금고 이상의 형이 확정된 경우(직무와 관련이 없는 과실로 인한 경우 및 소속상관의 정당한 직무상의 명령에 따르다가 과실로 인한 경우는 제외한다)

[관련조항]

공무원연금법(2018. 3. 20. 법률 제15523호로 전부개정된 것)

제65조(형벌 등에 따른 급여의 제한) ① 공무원이거나 공무원이었던 사람이 다음 각 호의 어느 하나에 해당하는 경우에는 대통령령으로 정하는 바에 따라 퇴직급여 및 퇴직수당의 일부를 줄여 지급한다. 이 경우 퇴직급여액은 이미 낸 기여금의 총액에 「민법」 제379조에 따른 이자를 가산한 금액 이하로 줄일 수 없다.

1. 재직 중의 사유(직무와 관련이 없는 과실로 인한 경우 및 소속 상관의 정당한 직무상의 명령에 따르다가 과실로 인한 경우는 제외한다. 이하 제3항에서 같다)로 금고 이상의 형이 확정된 경우

② 제1항 각 호의 어느 하나의 경우에 해당되어 퇴직급여 및 퇴직수당의 일부를 줄여 지급한 후 그 급여의 감액 사유가 소급하여 소멸되었을 때에는 그 감액된 금액에 대통령령으로 정하는 이자를 가산하여 지급한다.

구 공무원연금법(2009. 12. 31. 법률 제9905호로 개정되고, 2018. 3. 20. 법률 제15523호로 전부개정되기 전의 것)

제61조의2(퇴직수당) ① 공무원이 1년 이상 재직하고 퇴직하거나 사망한 경우에는 퇴직수당을 지급한다.

② 제1항의 퇴직수당은 재직기간 매 1년에 대하여 기준소득월액에 대통령령으로 정하는 비율을 곱한 금액으로 한다.

③ 퇴직수당 지급에 관하여는 제49조 제1항 및 제5항을 준용한다.

구 공무원연금법 시행령(2012. 3. 2. 대통령령 제23651호로 개정되고, 2018. 9. 18. 대통령령 제29181호로 개정되기 전의 것)

제55조(형벌 등에 따른 퇴직급여 및 퇴직수당의 감액) ① 공무원 또는 공무원이었던 사람이 법 제64조 제1항 각 호의 어느 하나에 해당하게 되었을 때에는 다음 각 호의 구분에 따라 퇴직급여 및 퇴직수당을 감액한다. 이 경우 퇴직연금 또는 조기퇴직연금은 그 감액사유에 해당하게 된 날이 속하는 달까지는 감액하지 아니한다.

1. 법 제64조 제1항 제1호 및 제2호에 해당하는 사람
   가. 재직기간이 5년 미만인 사람의 퇴직급여: 그 금액의 4분의 1
   나. 재직기간이 5년 이상인 사람의 퇴직급여: 그 금액의 2분의 1
   다. 퇴직수당: 그 금액의 2분의 1

구 사면법(1948. 8. 30. 법률 제2호로 제정되고, 2012. 2. 10. 법률 제11301호로 개정되기 전의 것)

제2조 사면은 일반사면과 특별사면으로 한다.

제3조 사면, 감형과 복권은 좌에 열기한 자에 대하여 행한다.
1. 일반사면은 죄를 범한 자
2. 특별사면과 감형은 형의 언도를 받은 자
3. 복권은 형의 언도로 인하여 법령의 정한 바에 의한 자격이 상실 또는 정지된 자
제5조 사면, 감형과 복권의 효과는 좌와 같다.
1. 일반사면은 형의 언도의 효력이 상실되며 형의 언도를 받지 않은 자에 대하여는 공소권이 상실된다. 단, 특별한 규정이 있을 때에는 예외로 한다.
2. 특별사면은 형의 집행이 면제된다. 단 특별한 사정이 있을 때에는 이후 형의 언도의 효력을 상실케 할 수 있다.
3. 일반에 대한 감형은 특별한 규정이 없는 경우에는 형을 변경한다.
4. 특정한 자에 대한 감형은 형의 집행을 경감한다. 단, 특별한 사정이 있을 때에는 형을 변경할 수 있다.
5. 복권은 형의 언도의 효력으로 인하여 상실 또는 정지된 자격을 회복한다.
형의 언도에 의한 기성의 효과는 사면, 감형과 복권으로 인하여 변경되지 않는다.
제8조 일반사면, 죄 또는 형의 종류를 정하여 행하는 감형과 일반으로 행하는 복권은 대통령령으로 행한다. 일반사면은 죄의 종류를 정하여 행한다.
제9조 특별사면, 특정한 자에 대한 감형과 복권은 대통령이 행한다.
사면법(2007. 12. 21. 법률 제8721호로 개정된 것)
제10조(특별사면 등의 상신) ① 법무부장관은 대통령에게 특별사면, 특정한 자에 대한 감형 및 복권을 상신(上申)한다.
② 법무부장관은 제1항에 따라 특별사면, 특정한 자에 대한 감형 및 복권을 상신할 때에는 제10조의2에 따른 사면심사위원회의 심사를 거쳐야 한다.
사면법(2012. 2. 10. 법률 제11301호로 개정된 것)
제5조(사면 등의 효과) ① 사면, 감형 및 복권의 효과는 다음 각 호와 같다.
1. 일반사면: 형 선고의 효력이 상실되며, 형을 선고받지 아니한 자에 대하여는 공소권(公訴權)이 상실된다. 다만, 특별한 규정이 있을 때에는 예외로 한다.
2. 특별사면: 형의 집행이 면제된다. 다만, 특별한 사정이 있을 때에는 이후 형 선고의 효력을 상실하게 할 수 있다.
3. 일반(一般)에 대한 감형: 특별한 규정이 없는 경우에는 형을 변경한다.
4. 특정한 자에 대한 감형: 형의 집행을 경감한다. 다만, 특별한 사정이 있을 때에는 형을 변경할 수 있다.
5. 복권: 형 선고의 효력으로 인하여 상실되거나 정지된 자격을 회복한다.
② 형의 선고에 따른 기성(旣成)의 효과는 사면, 감형 및 복권으로 인하여 변경되지 아니한다.

3. 청구인의 주장 요지

심판대상조항은 금고 이상의 형을 받거나 확정된 공무원 중 '그 형의 선고의 효력을 상실하게 하는 특별사면 및 복권을 받은 사람'과 그렇지 않은 사람을 구별하지 아니하고 일률적으로 공무원의 퇴직급여청구권을 제한하고 있어 헌법상 과잉금지원칙을 위반하여 청구인의 재산권을 침해하고, 평등원칙에 위배된다.

4. 판 단

가. 쟁점

(1) 공무원연금법상의 각종 급여는 기본적으로 모두 사회보장적 급여로서의 성격을 가짐과 동시에 공로보상 내지 후불임금으로서의 성격도 함께 가진다고 할 것이고(헌재 2002. 7. 18. 2000헌바57), 특히 공무원연금법상 퇴직급여수급권은 경제적 가치 있는 권리로서 헌법 제23조에 의하여 보장되는 재산권으로서의 성격을 갖고 있으므로(헌재 1994. 6. 30. 92헌가9; 헌재 2002. 7. 18. 2000헌바57), 형의 선고의 효력을 상실하게 하는 특별사면 및 복권을 받은 경우에도 여전히 퇴직급여 등을 감액하고 있는 심판대상조항은 재산권 및 인간다운 생활을 할 권리를 제한하는바, 그 침해 여부가 문제된다.

(2) 한편, 청구인은 심판대상조항이 재직 중의 사유로 금고 이상의 형을 받거나 확정된 공무원 중 '그 형의 선고의 효력을 상실하게 하는 특별사면 및 복권을 받은 사람'과 '형의 선고의 효력을 상실하게 하는 특별사면과 복권도 받지 못한 사람'을 구별하지 아니하고 동일하게 퇴직급여 등을 감액하고 있는 것이 평등원칙에도 위배

된다고 주장하나, 이는 심판대상조항이 형의 선고의 효력을 상실하게 하는 특별사면 및 복권을 받은 사람에게도 퇴직급여 등을 감액하는 것에 대한 위헌 주장으로, 결국 재산권, 인간다운 생활을 할 권리 침해 주장과 내용상 동일하다 할 것이므로, 이 부분 주장에 대하여는 별도로 판단하지 아니한다.

나. 재산권 및 인간다운 생활을 할 권리를 침해하는지 여부

(1) 공무원연금법상 퇴직급여수급권은 앞서 살펴본 바와 같이 사회보장적 급여로서의 성격을 가짐과 동시에 공로보상 내지 후불임금으로서의 성격도 함께 가지고, 이와 동시에 헌법 제23조에 의하여 보장되는 재산권으로서의 성격도 아울러 가지는데, 그 구체적인 급여의 내용, 기여금의 액수 등을 형성하는 데에 있어서는 직업공무원제도나 사회보험원리에 입각한 사회보장적 급여로서의 성격으로 인하여 일반적인 재산권에 비하여 입법자에게 상대적으로 보다 폭넓은 재량이 헌법상 허용된다(헌재 2003. 9. 25. 2001헌마93등). 특히, 이 사건의 쟁점은 공무원의 기여금과 국가의 부담금에 의하여 형성된 퇴직연금의 급부범위에서 배제되는 것의 위헌 여부가 아니라 이미 퇴직연금을 일부 감액하는 것이 확정된 자에게 특별사면을 이유로 감액의 대상에서 구제해주는 수혜를 베풀지 않는 것의 위헌 여부로 이는 다소 입법형성권이 광범위하게 인정되는 영역이라 할 것이고, 그 내용은 원칙적으로 입법자가 퇴직연금수급권이 갖는 사회전반적 의미, 특별사면에 대한 사회정책적 고려 등 여러 가지 사정을 참작하여 폭넓은 형성재량에 의하여 결정할 수 있는 사항이라 할 것이다.

(2) 심판대상조항은 재직 중 직무와 관련 있는 범죄 혹은 직무와 관련 없는 고의범으로 금고 이상의 형을 받거나 확정된 경우라면 그 후 형의 선고의 효력을 상실하게 하는 특별사면 및 복권을 받아 형의 선고의 효력이 상실된 경우에도 마찬가지로 퇴직급여 등을 감액하고 있는바, 이는 공무원이 퇴직한 뒤 그 재직 중의 근무에 대한 보상을 함에 있어 공무원으로서의 신분이나 직무상 의무를 다하지 못한 공무원과 성실히 근무한 공무원을 동일하게 취급하는 것이 오히려 불합리하다는 측면과 아울러 보상액에 차이를 둠으로써 공무원범죄를 예방하고 공무원이 재직 중 성실히 근무하도록 유도하는 효과를 고려한 것이라 할 수 있으므로, 그 정당성이 인정된다.

(3) 공무원은 국민 전체에 대한 봉사자로서 고도의 윤리·도덕성을 갖추어야 할 뿐 아니라 그가 수행하는 직무 그 자체가 공공의 이익을 위한 것이고 원활한 직무수행을 위해서는 공무원 개개인이나 공직에 대한 국민의 신뢰가 기본바탕이 되어야 한다. 그런데 공무원이 범죄행위로 인하여 형사처벌을 받은 경우에는 당해 공무원에 대한 국민의 신뢰가 손상되어 원활한 직무수행에 어려움이 생기고, 이는 곧바로 공직 전체에 대한 신뢰를 실추시켜 공공의 이익을 해하는 결과를 초래하게 된다(헌재 2003. 12. 18. 2003헌마409 참조). 이러한 결과는 형을 받거나 형이 확정된 이후 형의 선고의 효력을 상실하게 하는 특별사면 및 복권을 받아 형의 선고의 효력이 상실된 경우에도 마찬가지라 할 것이다. 형이 실효되어 형의 선고에 의한 법적 효과가 장래에 향하여 소멸된다 하여도 형의 선고에 따른 기성(旣成)의 효과는 사면, 감형 및 복권으로 인하여 변경되지 않는 것이므로(사면법 제5조 제2항), 형의 선고의 효력을 상실하게 하는 특별사면 및 복권을 받았다 하더라도 그 대상인 형의 선고의 효력이나 그로 인한 자격상실 또는 정지의 효력이 장래를 향하여 소멸하는 것에 불과하고, 형사처벌에 이른 범죄사실 자체가 부인되는 것은 아니기 때문이다. 또한, 특별사면 및 복권으로 인하여 국민의 신뢰가 손상되고 공직에 대한 신뢰가 실추된 사실 자체가 회복되는 것도 아니다. 따라서 '형의 선고의 효력을 상실하게 하는 특별사면 및 복권을 받은 경우'에도 여전히 퇴직급여 등을 감액하도록 한 것은 위와 같은 점을 고려한 것이고, 이는 결국 공무원 범죄의 예방 및 공무원의 성실근무 유도라는 목적에 부합하는 방법이라 할 것이다.

(4) 또한, 심판대상조항에 의한 퇴직연금 등의 감액은 단순히 금고 이상의 형을 받거나 확정될 것을 요건으로 하는 불이익이 아니라 재직 중 직무 관련 범죄 혹은 직무와 무관하더라도 고의의 범죄를 저질러 금고 이상의 형사처벌에 이르게 되어 공무원으로서의 신분이나 직무상 의무를 다하지 못하여 공무원에 대한 국민의 신뢰를 손상시키고, 공직 전체에 대한 신뢰를 실추시킨 점에 대한 제재에 해당한다. 그런데 형의 선고에 따른 기성의 효과는 사면, 감형 및 복권으로 인하여 변경되지 않음은 앞서 살펴본 바와 같은바, 형의 선고의 효력을 상실하게 하는 특별사면 및 복권을 받았다는 사정이 있더라도 이미 인정된 범죄사실에 기인하여 퇴직연

금 등을 감액하도록 하는 것은 제재수단으로서의 실효성을 확보하기 위한 것으로 이를 두고 현저히 불합리한 수단이라 평가할 수 없다.

(5) 나아가 심판대상조항에 의하여 퇴직급여 등의 감액대상이 되는 경우에도 본인의 기여금과 그에 대한 이자의 합산액 부분만큼은 감액하지 못하도록 규정하고 있다(구 공무원연금법 제64조 제1항 후문). 공무원연금법상 퇴직급여의 재원은 공무원의 기여금과 국가 또는 지방자치단체의 부담금으로 형성되는데(구 공무원연금법 제65조), 심판대상조항은 퇴직급여 등 중 국가 또는 지방자치단체가 부담하는 부분만을 감액하도록 하고, 본인의 기여금 부분은 보장하고 있다.

(6) 한편, 청구인은 퇴직급여수급권은 계속적으로 이행기가 도래하므로 특별사면 및 복권을 받은 때부터 퇴직급여 등을 수급할 수 있다는 취지로도 주장하나, 앞서 살펴본 바와 같이 심판대상조항에 의한 퇴직급여 등의 감액은 재직 중 범죄사실에 대한 제재인 것이고, 형의 선고의 효력을 상실하게 하는 특별사면 및 복권을 받았다 하더라도 그것이 범죄사실에 기초한 형의 선고가 기왕에 있었다는 사실 그 자체까지 부정하는 것은 아닌 이상 제재의 근거가 소멸되는 것은 아니므로 특별사면 및 복권을 받았다 하더라도 퇴직급여 등에 대한 계속적인 감액을 함이 상당하다.

(7) 이상의 점들을 종합할 때, 심판대상조항이 형의 선고의 효력을 상실하게 하는 특별사면 및 복권을 받은 경우에도 퇴직급여 등을 여전히 감액하는 것은 그 합리적인 이유가 인정되는바, 재산권 및 인간다운 생활을 할 권리를 침해한다고 볼 수 없다.

5. 결 론

그렇다면 심판대상조항은 헌법에 위반되지 아니하므로 관여 재판관 전원의 일치된 의견으로 주문과 같이 결정한다. 이 결정에는 아래 6.과 같은 재판관 이석태, 재판관 이영진의 보충의견이 있다.

6. 재판관 이석태, 재판관 이영진의 보충의견

우리는 심판대상조항이 헌법에 위반되지 않는다는 법정의견에 동의하지만, 심판대상조항에 대해서는 다음과 같은 이유로 입법적 시정조치가 필요하다고 생각하므로 다음과 같이 의견을 밝힌다.

우선, 우리 헌법은 대통령에게 사면하는 권한을 부여함으로써(제79조 제1항), 형의 집행의 구체적 타당성을 확보하고, 범죄자의 개선과 사회복귀 및 사회질서의 유지를 도모하도록 하고 있다. 이에 따라 특별사면은 형의 집행을 면제하거나 선고의 효력을 상실시키고, 복권은 형 선고의 효력으로 인하여 상실되거나 정지된 자격을 회복시키고 있다(사면법 제5조 제1항). 여기서 '형의 선고의 효력이 상실된다'는 것은 형의 선고에 기한 법적 효과가 소멸한다는 것으로 형의 선고로 인한 법적 불이익이 해소된다는 것을 의미하는바, 특별사면 및 복권을 받게 되는 경우 형의 선고로 인하여 대통령 또는 국회의원의 피선거권을 상실한 자는 그 피선거권을 가지게 되며, 공무원 또는 변호사의 자격이 상실 또는 정지된 자는 그 자격의 결격사유에서 벗어나는 등 형의 선고로 제한되었던 규정의 적용이 배제된다. 그런데 공무원 재직 중의 직무 관련 범죄행위에 대하여 금고 이상의 형을 선고받아 심판대상조항에 의한 퇴직연금 등 감액사유에 해당하게 된 이상, 그 후 형의 선고의 효력을 상실하게 하는 특별사면 및 복권을 받았다고 하더라도 여전히 심판대상조항에 의하여 퇴직연금 등에 대한 감액이 유지된다고 보는 것은 그 입법적 근거가 다소간 미약해 보인다.

물론 형의 선고에 따른 기성(旣成)의 효과는 사면, 복권으로 인하여 변경되지 않는 다는 점(사면법 제5조 제2항)을 모르는 바 아니나, 이는 이미 상실한 어떤 권리가 소급적으로 회복되는 것을 의미하는 것이 아니라 장래를 향하여 그 효력이 발생한다는 것이므로, 공무원 재직 중의 직무 관련 범죄행위로 금고 이상의 형을 선고받아 퇴직급여수급권의 일부가 소멸하였다고 하더라도, 형의 선고의 효력을 상실하게 하는 특별사면 및 복권을 받게 되면 장래를 향하여 형 실효의 효력이 발생하여 그 때부터 이행기가 도래하는 퇴직급여수급권은 다시 살아난다고 보는 것이 오히려 합리적이다.

미국의 경우 연방공무원은 국가에 대한 간첩, 반역 또는 기타 국가 안보에 위협을 가하는 연방 범죄로 인하여 유죄 판결이 확정된 경우와 같이 아주 협소한 범위에서 연방공무원의 연금 수급권이 박탈되는데, 이 경우에도 대통령에 의한 사면이 있는 경우 장래를 향하여 연금의 회복이 가능하여 사면 이후부터 해당 범죄로 인하여 감액·박탈된 연금은 회복되도록 규정하고 있는 점에 비추어도 그러하다.

이러한 점에 비추어 보면, 재직 중의 사유로 금고 이

상의 형을 받거나 확정된 공무원이 형의 선고의 효력을 상실하게 하는 특별사면 및 복권을 받은 경우에도 심판대상조항에 의하여 여전히 퇴직급여 등을 감액한다고 하는 것은 적절하다고 보기 어렵고, 형의 선고의 효력을 상실하게 하는 특별사면 및 복권을 받은 경우에는 그 시점부터 과거 감액되었던 퇴직급여 등의 수급권이 회복된다는 법적 근거를 직접 규정하는 것이 바람직하다고 할 것이므로, 심판대상조항에 대한 입법적 타당성을 다시금 검토할 이유가 충분하다고 보인다.

비록 이와 같은 문제를 지적할 수 있다고 하더라도, 심판대상조항이 입법 재량을 현저히 일탈·남용하여 위헌이라고 선언할 정도에 이르렀다고 볼 수는 없다. 다만, 앞서 지적한 문제에 대한 면밀한 검토를 통하여 위 문제를 보완하는 입법적 시정조치가 있어야 한다는 의견을 밝히는 바이다.

재판관 유남석 이선애 이석태 이은애 이종석 이영진 김기영 문형배 이미선

22. 의료법 제8조 제4호 등 위헌소원 등

[2020. 4. 23. 2019헌바118·171·176(병합)]

【판시사항】

가. 의료법 또는 형법 제347조를 위반하여 금고 이상의 형을 선고받은 경우 의료인의 면허를 필요적으로 취소하도록 규정한 의료법(2010. 1. 18. 법률 제9932호로 개정된 것) 제65조 제1항 단서 제1호 가운데 제8조 제4호 중 '의료법 위반에 관한 부분' 및 '형법 제347조(허위로 진료비를 청구하여 환자나 진료비를 지급하는 기관이나 단체를 속인 경우만을 말한다) 위반에 관한 부분'(이하 '심판대상조항'이라 한다)이 명확성원칙에 반하는지 여부(소극)

나. 심판대상조항이 과잉금지원칙에 반하여 직업선택의 자유를 침해하는지 여부(소극)

【결정요지】

가. 집행유예 선고 시에도 당연히 형의 선고는 있는 것이므로, 심판대상조항은 실형뿐만 아니라 집행유예를 선고받은 경우에도 적용됨이 명확하다. 또한 의료관련범죄와 기타범죄가 동시적 경합범으로 처벌되는 경우에도, 각 범죄에 대한 형의 종류는 판결 이유에 각각 기재되므로, 심판대상조항은 의료관련범죄에 선택된 형의 종류에 따라 적용됨이 명확하다. 심판대상조항은 명확성원칙에 반하지 않는다.

나. 헌법재판소는 심판대상조항이 직업선택의 자유를 침해하지 않는다는 결정을 한 바 있고(헌재 2017. 6. 29. 2016헌바394; 헌재 2017. 6. 29. 2017헌바164 참조), 이를 변경해야 할 만한 특별한 사정의 변경이나 필요성이 있다고 할 수 없다. 나아가 의료관련범죄와 기타범죄가 동시적 경합범으로 처벌되는 경우에도, 의료관련범죄에 대한 형의 종류 선택 및 이에 따른 면허 취소 여부는 기타범죄에 대한 형의 종류 선택과 독립적으로 결정되므로, 형의 분리 선고 규정을 두지 않았다고 하여 침해의 최소성 원칙에 반한다고 할 수도 없다. 심판대상조항은 과잉금지원칙에 반하여 직업선택의 자유를 침해하지 않는다.

재판관 이선애, 재판관 이석태, 재판관 이종석, 재판관 이영진의 판시사항 가. 부분에 관한 보충의견

심판대상조항이 명확성원칙에 위반되는 것은 아니지만, 국민의 예측가능성 제고와 법치국가원리의 충실한 실현을 위해서는, 집행유예 선고 시에도 적용된다는 점을 보다 더 알기 쉽도록 입법을 개선할 필요가 있다. 국가공무원법이나 관세사법 등 유사한 다른 법률들 중에는, 실형 선고와 집행유예 선고에 관한 조항을 구분하여 규정하거나, 형의 선고에 집행유예의 선고도 포함된다는 내용의 조항을 둔 경우가 다수 존재한다. 심판대상조항에 관해서도 이와 같은 형태의 입법보완이 가능할 것이다.

【심판대상조문】

의료법(2010. 1. 18. 법률 제9932호로 개정된 것) 제65조 제1항 단서 제1호 가운데 제8조 제4호 중 '의료법 위반에 관한 부분' 및 '형법 제347조(허위로 진료비를 청구하여 환자나 진료비를 지급하는 기관이나 단체를 속인 경우만을 말한다) 위반에 관한 부분'

【참조조문】

헌법 제15조, 제37조 제2항

구 의료법(2016. 12. 20. 법률 제14438호로 개정되고, 2019. 8. 27. 법률 제16555호로 개정되기 전의 것) 제65조 제2항

의료법(2007. 4. 11. 법률 제8366호로 전부개정되

고, 2020. 4. 7. 법률 제17203호로 개정되기 전의 것) 제8조 제4호

【참조판례】

가. 헌재 2003. 1. 30. 2002헌바53, 판례집 15-1, 105, 110

헌재 2005. 12. 22. 2005헌바50, 판례집 17-2, 729, 734-737

대법원 1998. 2. 13. 선고 97누18042 판결

나. 헌재 2013. 6. 27. 2012헌바102

헌재 2017. 5. 25. 2015헌바373등, 판례집 29-1, 143, 151-152

헌재 2017. 6. 29. 2016헌바394

헌재 2017. 6. 29. 2017헌바164

【당 사 자】

청 구 인 1. 최○○(2019헌바118)
대리인 변호사 오채근
2. 강○○(2019헌바171)
대리인 변호사 하광호
3. 윤○○(2019헌바176)
대리인 법무법인 세영
담당변호사 최덕수 외 4인

당해사건 1. 서울행정법원 2018구합72666 의사 면허자격취소처분취소(2019헌바118)
2. 서울행정법원 2018구합80926 의사 면허 취소처분 취소청구의 소(2019헌바171)
3. 대전지방법원 2018구합103111 의사 면허자격취소처분 취소청구의 소(2019헌바176)

【주 문】

의료법(2010. 1. 18. 법률 제9932호로 개정된 것) 제65조 제1항 단서 제1호 가운데 제8조 제4호 중 '의료법 위반에 관한 부분' 및 '형법 제347조(허위로 진료비를 청구하여 환자나 진료비를 지급하는 기관이나 단체를 속인 경우만을 말한다) 위반에 관한 부분'은 헌법에 위반되지 아니한다.

【이 유】

1. 사건개요

가. 2019헌바118

(1) 청구인은 2017. 4. 27. 영리 목적으로 환자를 유인하였다는 의료법 위반 사실과 환자의 퇴실 요구에 불응하였다는 정신보건법 위반 사실로 징역 10개월에 집행유예 2년을 선고받고(서울고등법원 2016노816), 2017. 8. 18. 청구인의 상고가 기각됨에 따라(대법원 2017도7134) 위 판결이 확정되었다. 보건복지부장관은 2018. 7. 11. 청구인에 대하여 의료법 제65조 제1항 단서 제1호 등을 근거로 의사면허를 취소하였다.

(2) 청구인은 서울행정법원에 위 처분의 취소를 구하는 소를 제기하고(2018구합72666), 그 소송 계속 중 의료법 제8조 제4호의 '의료 관련 법령을 위반하여 금고 이상의 형을 선고받고 그 형의 집행이 종료되지 아니하였거나 집행을 받지 아니하기로 확정되지 아니한 자' 부분 및 의료법 제65조 제1항 제1호 중 '제8조 제4호에 해당하게 된 경우도 면허를 취소하여야 한다'는 부분에 대하여 위헌법률심판제청신청을 하였으나(2018아12884) 2019. 3. 21. 모두 기각되자, 2019. 3. 23. 위 조항들에 대하여 헌법소원심판을 청구하였다.

나. 2019헌바171

(1) 청구인은 2018. 4. 13. 허위입원으로 보험금을 수령하려는 환자들을 도와 실제 입원한 것처럼 서류를 발급해 주었으나 미수에 그쳤다는 사기미수방조 사실, 환자들을 입원시킨 사실이 없음에도 입원치료를 한 것처럼 건강보험심사평가원에 보험급여를 청구하여 지급받았다는 사기 및 국민건강보험법 위반 사실, 거짓으로 진료기록부를 작성하였다는 의료법 위반 사실로 징역 1년에 집행유예 2년을 선고받고(인천지방법원 2017노4036), 상고하지 않아 그 무렵 위 판결이 확정되었다. 보건복지부장관은 2018. 8. 27. 청구인에 대하여 의료법 제65조 제1항 단서 제1호 등을 근거로 의사면허를 취소하였다.

(2) 청구인은 서울행정법원에 위 처분의 취소를 구하는 소를 제기하고(2018구합80926), 그 소송 계속 중 의료법 제8조 제4호에 대하여 위헌법률심판제청신청을 하였으나(2018아13040) 2019. 4. 26. 기각되자, 2019. 5. 21. 위 조항에 대하여 헌법소원심판을 청구하였다.

다. 2019헌바176

(1) 청구인은 2016. 12. 14. 타인 명의로 된 처방전

을 작성하고 환자에게 교부하였다는 의료법 위반 사실과 벌금 이상의 형에 해당하는 죄를 범하여 수사기관의 추적을 받고 있는 자에게 차량 제공 등을 하였다는 범인도피 사실로 징역 6개월에 집행유예 1년을 선고받고(창원지방법원 2016고단3283), 검사의 항소가 기각됨에 따라(창원지방법원 2016노3437) 2017. 6. 8. 위 판결이 확정되었다. 보건복지부장관은 2018. 2. 19. 청구인에 대하여 의료법 제65조 제1항 단서 제1호 등을 근거로 의사면허를 취소하였다.

(2) 청구인은 대전지방법원에 위 처분의 취소를 구하는 소를 제기하고(2018구합103111), 그 소송 계속 중 의료법 제8조 제4호, 의료법 제65조 제1항 제1호에 대하여 위헌법률심판제청신청을 하였으나(2018아1522) 2019. 5. 15. 모두 기각되자, 2019. 5. 27. 의료법 제65조 제1항 단서 제1호 가운데 제8조 제4호 중 의료법 위반에 관한 부분에 대하여 헌법소원심판을 청구하였다.

2. 심판대상

가. 2019헌바118 사건의 청구인은 의료법 제8조 제4호와 의료법 제65조 제1항 제1호 중 제8조 제4호에 관한 부분에 대하여 심판을 청구하였다. 그러나 당해 사건에서 청구인에게 적용된 법률조항은 '의료법 제65조 제1항 단서 제1호 가운데 제8조 제4호 중 의료법 위반에 관한 부분'이므로, 심판대상을 이에 한정한다.

나. 2019헌바171 사건의 청구인은 의료인의 결격사유를 정하고 있는 의료법 제8조 제4호에 대하여 심판을 청구하였다. 그러나 의사면허취소처분의 취소를 구하는 당해 사건에서 청구인에게 적용되는 법률조항은 의료인의 결격사유를 정하고 있는 '의료법 제8조 제4호' 그 자체가 아니라 이를 면허의 필요적 취소사유로 정하고 있는 '의료법 제65조 제1항 단서 제1호 가운데 제8조 제4호에 관한 부분'이므로, '의료법 제65조 제1항 단서 제1호 가운데 제8조 제4호 중 의료법 위반에 관한 부분 및 형법 제347조(허위로 진료비를 청구하여 환자나 진료비를 지급하는 기관이나 단체를 속인 경우만을 말한다) 위반에 관한 부분'을 심판대상으로 삼기로 한다.

다. 따라서 이 사건 심판대상은 의료법(2010. 1. 18. 법률 제9932호로 개정된 것) 제65조 제1항 단서 제1호 가운데 제8조 제4호 중 '의료법 위반에 관한 부분' 및 '형법 제347조(허위로 진료비를 청구하여 환자나 진료비를 지급하는 기관이나 단체를 속인 경우만을 말한다) 위반에 관한 부분'(이하 '심판대상조항'이라 한다)이 헌법에 위반되는지 여부이다. 심판대상조항 및 관련조항의 내용은 다음과 같다.

[심판대상조항]

의료법(2010. 1. 18. 법률 제9932호로 개정된 것)

제65조(면허취소와 재교부) ① 보건복지부장관은 의료인이 다음 각 호의 어느 하나에 해당할 경우에는 그 면허를 취소할 수 있다. 다만, 제1호의 경우에는 면허를 취소하여야 한다.

1. 제8조 각 호의 어느 하나에 해당하게 된 경우

[관련조항]

의료법(2007. 4. 11. 법률 제8366호로 전부개정되고, 2020. 4. 7. 법률 제17203호로 개정되기 전의 것)

제8조(결격사유 등) 다음 각 호의 어느 하나에 해당하는 자는 의료인이 될 수 없다.

4. 이 법 또는 「형법」 제233조, 제234조, 제269조, 제270조, 제317조 제1항 및 제347조(허위로 진료비를 청구하여 환자나 진료비를 지급하는 기관이나 단체를 속인 경우만을 말한다), 「보건범죄단속에 관한 특별조치법」, 「지역보건법」, 「후천성면역결핍증 예방법」, 「응급의료에 관한 법률」, 「농어촌 등 보건의료를 위한 특별 조치법」, 「시체해부 및 보존에 관한 법률」, 「혈액관리법」, 「마약류관리에 관한 법률」, 「약사법」, 「모자보건법」, 그 밖에 대통령령으로 정하는 의료 관련 법령을 위반하여 금고 이상의 형을 선고받고 그 형의 집행이 종료되지 아니하였거나 집행을 받지 아니하기로 확정되지 아니한 자

구 의료법(2016. 12. 20. 법률 제14438호로 개정되고, 2019. 8. 27. 법률 제16555호로 개정되기 전의 것)

제65조(면허취소와 재교부) ② 보건복지부장관은 제1항에 따라 면허가 취소된 자라도 취소의 원인이 된 사유가 없어지거나 개전(改悛)의 정이 뚜렷하다고 인정되면 면허를 재교부할 수 있다. 다만, 제1항 제3호에 따라 면허가 취소된 경우에는 취소된 날부터 1년 이내, 제1항 제2호 또는 제4호에 따라 면허가 취소된 경우에는 취소된 날부터 2년 이내, 제1항 제6호 또는 제8조 제4호에 따른 사유로 면허가 취소된 경우에는 취소된 날부터 3년 이내에는 재교부하지 못한다.

3. 청구인들의 주장요지

가. 명확성원칙 위반

(1) 심판대상조항이 실형을 선고받은 경우 이외에 집행유예를 선고받은 경우에도 적용되는지 여부가 불분명하여 명확성원칙에 반한다.

(2) 의료법 제8조 제4호에 규정된 범죄(이하 '의료관련범죄'라 한다)와 기타범죄가 경합범으로 동시 기소되는 경우, 분리 선고 규정이 없어 기타범죄에 대해 선택된 형이 의료관련범죄에 대한 형의 선택 및 이에 따른 면허 취소 여부에 영향을 미칠 수 있다. 이러한 경우에 대해서까지 심판대상조항이 적용되는지 여부가 불분명하여 명확성원칙에 반한다.

나. 평등원칙 위반

(1) 심판대상조항은 '집행유예를 선고받은 경우'를 본질적으로 다른 사안인 '실형을 선고받은 경우'와 합리적 이유 없이 동일하게 취급하여 평등원칙에 반한다.

(2) 심판대상조항은 '의료관련범죄와 기타범죄가 경합범으로 동시 기소되는 경우'를 본질적으로 동일한 사안인 '각 범죄가 분리 기소되는 경우'와 합리적 이유 없이 다르게 취급하여 평등원칙에 반한다.

다. 직업선택의 자유 침해

(1) 심판대상조항은 실형 선고 여부, 죄질, 형기, 재범의 가능성, 결격기간 등에 대한 고려 없이 필요적으로 면허를 취소하도록 규정하고 있어, 과잉금지원칙에 반하여 직업선택의 자유를 침해한다.

(2) 심판대상조항은 의료관련범죄와 기타범죄가 경합범으로 동시 기소되는 경우 분리 선고 규정을 두지 않은 점에서, 최소침해원칙에 반하여 기본권을 침해한다.

4. 판 단

가. 쟁점의 정리

(1) 청구인들은 심판대상조항이 금고 이상의 형의 집행유예를 선고받은 경우에 대해서까지 적용되는지 여부가 불분명하거나, 의료관련범죄와 기타범죄가 경합범으로 동시 기소되어 하나의 형이 선고되는 경우에도 적용되는지 여부가 불분명하다고 주장하는바, 심판대상조항이 명확성원칙에 위반되는지 여부가 문제된다.

2019헌바171 사건의 청구인은 심판대상조항에 관하여, 다른 법률들과 달리 실형을 선고받은 경우와 집행유예를 선고받은 경우를 명확하게 구분하고 있지 않아 평등원칙에 위반된다거나, 집행유예를 선고받은 경우까지 적용하는 것은 수범자에게 불리한 유추·확장해석이라고 주장한다. 이는 결국 심판대상조항의 문언으로는 집행유예를 선고받은 경우의 포함여부가 불분명하다는 것이므로, 명확성원칙 위반 여부를 판단하며 같이 살핀다.

(2) 심판대상조항은 의료인이 의료법 및 형법 제347조(허위로 진료비를 청구하여 환자나 진료비를 지급하는 기관이나 단체를 속인 경우만을 말한다)를 위반하여 금고 이상의 형을 선고받은 경우 필요적으로 면허를 취소하도록 규정하고 있으므로, 과잉금지원칙에 위반되어 직업선택의 자유를 침해하는지 여부가 문제된다.

2019헌바118 사건의 청구인은, 집행유예를 선고받은 경우를 실형을 선고받은 경우와 동일하게 취급하는 것이 평등원칙에 위반된다고 주장한다. 이는 결국 집행유예를 선고받은 경우에도 면허를 필요적으로 취소하는 것이 지나치다는 것이므로, 과잉금지원칙 위반 여부를 판단하며 같이 살핀다(헌재 2013. 6. 27. 2012헌바102; 헌재 2017. 6. 29. 2016헌바394 참조).

(3) 2019헌바118 및 2019헌바176 사건의 청구인들은, 심판대상조항이 '의료관련범죄와 기타범죄가 경합범으로 동시 기소된 경우'와 '각 범죄가 분리 기소된 경우'를 다르게 취급하여 평등원칙에 위반된다고 주장한다. 그러나 각 범죄가 경합범으로 동시 기소되어 처벌되는 경우라도 의료관련범죄에 대하여 금고 이상의 형이 선택되는 경우에만 면허취소 요건이 구비되는 것인바, 이러한 형태의 차별은 애당초 발생하지 아니하므로(헌재 2005. 12. 22. 2005헌바50 참조; 헌재 2017. 5. 25. 2015헌바373등 참조) 위 주장에 대해서는 판단하지 아니한다.

(4) 그 밖에 2019헌바171 사건의 청구인은 심판대상조항이 재산권, 인간으로서의 존엄과 가치, 인격권, 자기결정권 등을 침해하고 있다고 주장하나, 이 사건과 가장 직접적이고 밀접한 관련이 있는 직업선택의 자유 침해 여부에 대해 판단하는 이상 이와 실질적으로 동일한 위 주장에 관해서는 별도로 판단하지 아니한다.

나. 명확성원칙 위반 여부

(1) 형의 집행유예를 선고받은 경우에 적용되는지 여부가 불분명한지 여부

(가) 집행유예란 형을 선고하면서 그 집행만을 유예하는 것이므로(형법 제62조 제1항 참조) 형의 집행유예가 선고되는 경우에도 당연히 '형의 선고'는 있는 것이

다. 우리 형법상의 형벌체계에 의할 때 집행유예의 선고와 형의 선고는 서로 배타적인 택일관계에 있는 것이 아니라, 형의 선고가 먼저 있고나서 그에 후속하여 집행유예의 선고가 있을 수도 있고 없을 수도 있는 관계이다. 따라서 '금고 이상의 형의 선고를 받고'라고 규정할 뿐 그에 이어서 아무런 제한도 부가하지 않고 있는 이상, 이는 형의 선고만 있으면 되고 그에 후속하여 집행유예의 선고가 있든 없든 가리지 않는 의미라는 것이 논리적으로 분명히 드러난다(헌재 2003. 1. 30. 2002헌바53 참조).

대법원도 범죄 종류의 제한이 없는 점을 제외하고는 현행 의료법 제8조 제4호와 내용 및 문언이 동일한, 구 의료법(1994. 1. 7. 법률 제4732호로 개정되고, 2000. 1. 12. 법률 제6157호로 개정되기 전의 것) 제8조 제1항 제5호에 관하여, '금고 이상의 형의 선고를 받고 그 집행을 받지 아니하기로 확정되지 아니한 자에는, 집행유예의 선고를 받고 그 선고의 실효 또는 취소됨이 없이 유예기간을 경과하여 형의 선고가 효력을 잃게 되기까지 사이의 자 등이 포함된다'라고 해석한 바 있다(대법원 1998. 2. 13. 선고 97누18042 판결 참조).

(나) 2019헌바118 및 2019헌바171 사건의 청구인들은, 심판대상조항과 달리 건축사법 제9조 제2호, 공직선거법 제19조 제4호 다목, 군인사법 제10조 제2항 제4호, 기술사법 제7조 제3호, 변호사법 제5조 제1호 등에서 규정한 '형을 선고받고'라는 문언은 실형의 선고만을 의미한다고 주장한다. 그러나 위 조항들에 관하여는 건축사법 제9조 제3호, 공직선거법 제19조 제4호 나목, 군인사법 제10조 제2항 제5호, 기술사법 제7조 제4호, 변호사법 제5조 제2호 등에서 별도로 '형의 집행유예를 선고받고'라고 규정한 조항을 두고 있으므로, '형을 선고받고'라는 문언에서 형의 집행유예의 선고는 제외됨이 당연하다.

심판대상조항의 경우 형의 집행유예의 선고에 관한 별도의 규정이 존재하지 않기 때문에, '금고 이상의 형을 선고받고'라는 문언이 실형의 선고만 의미하는 것으로 축소해석 될 여지가 없다.

(다) 이상과 같이, 집행유예의 개념, 유사조항에 관한 해석, 다른 법률조항들과의 규정형식 차이 등에 비추어 볼 때, 심판대상조항은 형의 집행유예를 선고받은 경우에도 적용됨이 명확하다.

(2) 기타범죄와 동시 기소된 경우에 적용되는지 여부가 불분명한지 여부

(가) 헌법재판소 선례

헌법재판소는, 심판대상조항과 실질적으로 같은 내용을 규정하고 있던 '구 의료법(2000. 1. 12. 법률 제6157호로 개정되고, 2007. 4. 11. 법률 제8366호로 전부개정되기 전의 것) 제52조 제1항 단서 제1호 중 제8조 제1항 제5호 부분'(이하 '구 의료법 조항'이라 한다)이 명확성원칙에 위배되지 않는다는 결정을 하였는데(헌재 2005. 12. 22. 2005헌바50 참조), 그 요지는 다음과 같다.

『구 의료법 조항은 면허취소의 요건으로 의료관련범죄로 인하여 금고 이상의 형의 선고를 받을 것만을 요구하고 있을 뿐 그 장단기에 관하여 별도의 기준을 정하고 있지 아니하고, 형사소송법 제323조 제1항은 형의 선고를 하는 때에는 판결 이유에 법령의 적용을 명시하여야 한다고 규정하고 있는바, 법령의 적용에는 각 범죄사실에 해당하는 법조문뿐만 아니라 법정형이 선택적으로 규정된 죄의 경우 형의 선택을 명시하는 것까지 포함된다.

따라서 의료관련범죄와 기타범죄가 형법 제37조 전단의 경합범으로 처벌되는 경우 그 중 당해 의료관련범죄에 대하여 선고된 형이 무엇인지 객관적으로 알 수 있으므로, 다른 내용의 추가 없이 현재의 규정내용만으로도 의료인의 면허취소사유에 해당하는지 여부를 합리적으로 판단할 수 있어 명확성의 문제는 발생하지 아니한다.』

(나) 선례 변경의 필요성 여부

구 의료법 조항에 대한 위 선례의 판단은, 그 연혁 및 조문의 형식적인 위치만 다를 뿐 실질적 내용이 동일한 심판대상조항에 대해서도 그대로 타당하고, 이를 변경해야 할 만한 특별한 사정의 변경이나 필요성이 있다고 할 수 없다.

(3) 소결

위에서 본 바와 같이, 형의 집행유예를 선고받은 경우에도 심판대상조항이 적용되는 것이 명확하고, 의료관련범죄와 기타범죄가 경합범으로 동시 기소되는 경우에 관한 2005헌바50 결정의 판단은 이 사건에서도 그대로 타당하므로, 심판대상조항은 명확성원칙에 위반되지 아니한다.

다. 직업선택의 자유 침해 여부

(1) 헌법재판소 선례

헌법재판소는 심판대상조항 중 의료법 위반에 관한 부분(헌재 2013. 6. 27. 2012헌바102; 헌재 2017.

6. 29. 2017헌바164 참조) 및 형법 제347조(허위로 진료비를 청구하여 환자나 진료비를 지급하는 기관이나 단체를 속인 경우만을 말한다) 위반에 관한 부분(헌재 2017. 6. 29. 2016헌바394 참조)이 직업선택의 자유를 침해하지 않는다는 결정을 하였는데, 그 요지는 다음과 같다.

『(가) 의료인이 의료관련범죄로 인하여 처벌 받는 경우에는 당해 의료인에 대한 국민의 신뢰가 손상되고, 이는 곧바로 의료인 전체에 대한 신뢰를 실추시켜 공공의 이익을 해하는 결과를 초래할 수 있다. 따라서 의료인에 대한 신뢰를 보호하고자 의료관련범죄로 인하여 처벌 받은 의료인에게 면허취소라는 불이익을 과하는 심판대상조항은, 입법목적의 정당성 및 수단의 적절성이 인정된다.

(나) 의료관련범죄 중 벌금형만 규정하고 있는 경우에는 처음부터 그 위반행위만으로는 면허취소사유가 되지 아니하고, 징역형 또는 금고형과 벌금형 중에서 선택할 수 있도록 규정하고 있는 경우에도 법원이 구체적 범죄의 정황 및 죄질을 고려하여 당해 의료인의 면허를 취소함이 상당하지 아니한 경우에는 벌금형을 선택하여 선고할 수 있다. 의료관련범죄 중 징역형 또는 금고형 이상만 가능한 경우에도 예외적 사유가 있는 경우 법원이 그 형의 선고를 유예함으로써 면허가 취소되지 않도록 할 수 있다. 따라서 심판대상조항이 규정한 면허취소제도는 법원의 재판작용을 거치면서 구체적 타당성도 확보할 수 있다.

나아가 의료법 제65조 제2항 단서는 면허취소의 경우 의료인의 자격을 영구히 상실하게 하고 있지 않고 3년이 경과하는 경우 면허를 다시 받을 수 있는 길을 열어둠으로써 의료인의 직업선택의 자유에 대한 제한을 완화하는 규정을 두고 있다. 양질의 의료서비스에 대한 국민들의 요구가 높아지고 있고, 3년의 기간은 변호사·공인회계사 등 다른 자격 제도들에서 금고 이상의 형의 선고로 인하여 자격 제한을 받는 기간들과 비교해 볼 때 크게 불합리할 정도로 길다고 보기도 어렵다. 이와 같은 점을 고려하면 심판대상조항은 최소침해성의 원칙에도 부합한다.

(다) 면허취소로 인하여 의료인이 직업선택의 자유를 제한받는다고 하더라도 그로 인한 불이익이 의료인에 대한 공공의 신뢰확보라는 공공의 이익과 비교하여 더 크다고 할 수 없다. 그리고 금고 이상의 형이 선고되었다면 의료 업무의 공공성 및 윤리성에 비추어 볼 때 형의 집행을 유예받았거나 그 형기가 단기라 하여 그에 대한 공공의 신뢰 손상 및 사회적 비난가능성의 정도에 큰 차이가 있다고 보기도 어렵다. 따라서 심판대상조항은 법익의 균형성 요건도 갖추었다.』

(2) 선례 변경의 필요성 여부

(가) 2019헌바176 사건의 청구인은, 심판대상조항이 의료관련범죄와 기타범죄가 경합범으로 동시 기소되는 경우 분리 선고 규정을 두고 있지 않아 침해의 최소성 원칙에 위반된다고 주장한다.

동시적 경합범에 대해 분리 선고 규정이 존재하지 아니하여 하나의 형을 선고하는 경우, 형의 금액이나 기간은 판결주문에서 하나로 선고될 뿐 각 범죄마다 별도로 기재되지 않지만, 위에서 본 바와 같이 형의 종류는 판결이유에서 각 범죄마다 별도로 기재된다. 따라서 의료관련범죄에 대한 금고 이상의 형의 선택 여부는 그와 동시적 경합범 관계에 있는 기타범죄에 대한 형의 선택과는 독립적으로 결정되므로, 면허 취소 여부는 분리 선고를 하는지 여부와 무관하다. 분리 선고를 한다면 의료관련범죄에 대한 형의 금액이나 기간은 명확하게 밝혀질 수 있지만, 의료관련범죄에 대한 형의 종류 및 이에 따른 면허 취소 여부가 달라지지는 않으므로, 분리 선고 규정을 두지 않았다고 하여 침해의 최소성 원칙에 위반된다고 할 수 없다(헌재 2017. 5. 25. 2015헌바373등 참조).

(나) 따라서 위 2012헌바102, 2017헌바164, 2016헌바394 선례들의 판단은 이 사건에서도 그대로 타당하고, 이를 변경해야 할 만한 특별한 사정의 변경이나 필요성이 있다고 할 수 없다.

(3) 소결

심판대상조항은 직업선택의 자유를 침해하지 아니한다.

5. 결 론

심판대상조항은 헌법에 위반되지 아니하므로 주문과 같이 결정한다. 이 결정은 재판관 이선애, 재판관 이석태, 재판관 이종석, 재판관 이영진의 아래 6.과 같은 보충의견이 있는 외에는 나머지 관여 재판관의 일치된 의견에 의한 것이다.

6. 재판관 이선애, 재판관 이석태, 재판관 이종석, 재판관 이영진의 보충의견

우리는 심판대상조항이 명확성원칙에 반하지 않는

다고 판단하나, 입법론으로는 금고 이상의 형의 '집행유예를 선고'받은 경우에도 적용된다는 점을 더 명확히 규정할 필요가 있음을 밝히고자 한다.

가. 법치국가원리의 한 표현인 명확성원칙은 기본적으로 모든 기본권제한 입법에 대하여 요구된다. 그러나 모든 법률에 있어서 동일한 정도로 요구되는 것은 아니고, 개개의 법률이나 법조항의 성격에 따라 요구되는 정도에 차이가 있을 수 있다. 특히 어떠한 규정이 부담적 성격을 가지는 경우에는 수익적 성격을 가지는 경우에 비하여 명확성원칙이 더욱 엄격하게 요구된다. 따라서 부담적 성격을 가지는 심판대상조항은 수범자가 그 의미 내용을 더 명확하게 알 수 있도록 규정될 필요가 있다고 하겠다(헌재 2016. 3. 31. 2015헌바227 참조).

나. 의료법 제8조 제4호와 유사하게 범죄 관련 결격사유를 규정한 다른 법률조항들을 살펴보면, (1) '실형을 선고받은 경우'와 '형의 집행유예를 선고받은 경우'를 구분하여 별개의 조문으로 규정하거나 (2) '형의 선고'에는 '형의 집행유예의 선고'도 포함된다는 확인적 의미의 규정을 둔 경우가 다수 존재한다.

첫 번째 유형에 해당하는 것으로는, '감정평가 및 감정평가사에 관한 법률'(제12조 제3호 및 제4호), 공인노무사법(제4조 제5호 및 제6호), 공인중개사법(제10조 제1항 제4호 및 제5호), 공인회계사법(제4조 제2호 및 제3호), 관세사법(제5조 제4호 및 제5호), 국가공무원법(제33조 제3호 및 제4호), 법무사법(제6조 제3호 및 제4호), 변리사법(제4조 제1호 및 제2호), 세무사법(제4조 제7호 및 제8호) 등이 있다. 대표적으로 관세사법 제5조는 제4호에서 "금고 이상의 실형을 선고받고 그 집행이 끝나거나 집행이 면제된 날부터 3년이 지나지 아니한 사람"이라고 규정한 뒤, 제5호에서 "금고 이상의 형의 집행유예를 선고받고 그 유예기간이 끝난 날부터 1년이 지나지 아니한 사람"이라고 규정하고 있다.

두 번째 유형에 해당하는 것으로는, 교육공무원법(제10조의4 제2호), 국가공무원법(제33조 제6호의4), 군인사법(제10조 제2항 제6호의4), 지방공무원법(제31조 제6호의4) 등이 있다. 대표적으로 국가공무원법 제33조 제6호의4는 "미성년자에 대한 다음 각 목의 어느 하나에 해당하는 죄를 저질러 파면·해임되거나 형 또는 치료감호를 선고받아 그 형 또는 치료감호가 확정된 사람(집행유예를 선고받은 후 그 집행유예기간이 경과한 사람을 포함한다)"이라고 규정하고 있다.

다. 의료법 제8조 제4호 역시 실형을 선고받은 경우에 관한 조항과 형의 집행유예를 선고받은 경우에 관한 조항을 분리하여 규정하거나, 금고 이상의 형의 집행유예를 선고받고 그 집행유예기간이 경과하지 아니한 자를 포함한다는 취지의 문구를 추가하는 등의 방법으로 입법보완이 가능하다. 더 구체적인 입법이 가능하다는 이유만으로 곧바로 명확성원칙에 위반된다고 할 수는 없지만(헌재 2013. 8. 29. 2011헌바176 참조), 입법자는 수범자인 국민의 예측가능성 제고와 법치국가원리의 충실한 실현을 위해 심판대상조항이 형의 집행유예 선고 시에도 적용된다는 점을 더 알기 쉽도록 입법을 개선하는 것이 바람직할 것이다.

재판관 유남석 이선애 이석태 이은애 이종석 이영진 김기영 문형배 이미선

23. 법관 및 법원공무원 명예퇴직수당 등 지급규칙 제3조 제5항 위헌확인

[2020. 4. 23. 2017헌마321]

【판시사항】

법관의 명예퇴직수당 정년잔여기간 산정에 있어 정년퇴직일 전에 임기만료일이 먼저 도래하는 경우 임기만료일을 정년퇴직일로 보도록 정한 구 '법관 및 법원공무원 명예퇴직수당 등 지급규칙'(2004. 7. 20. 대법원규칙 제1897호로 개정되고, 2018. 6. 28. 대법원규칙 제2795호로 개정되기 전의 것) 제3조 제5항 본문(이하 '심판대상조항'이라 한다)이 위 조항으로 인하여 명예퇴직수당 수급 여부 등에 불이익을 받게 된 퇴직법관인 청구인의 평등권을 침해하는지 여부(소극)

【결정요지】

법관의 임기제·연임제는 임기 동안 법관의 신분을 보장하여 사법권의 독립을 보장함과 동시에, 법관 직무의 중대성 등을 감안하여 직무를 제대로 수행하지 못하는 등의 경우 그러한 법관을 연임에서 제외함으로써 사법기능 및 업무의 효율성을 높이고자 함에 그 목적이 있는 점, 국가공무원 명예퇴직제도 자체가 퇴직시점에 법적으로 확보된 근속가능기간을 포기하고 자진퇴직하는 경우를 전제로 한다고 볼 수 있는 점, 법관의 연임결격사유를 엄격하게 해석할 필요가 있음은 별론으로 하더라도, 법적으로 확보된 근속가능기간 측면에서 10년마다 연임절차를 거쳐야 정년까지 근무할 수 있는 법관과 그러한 절차 없이도 정년까지 근무할 수 있는 다른 경력직공무원은 동일하다고 보기 어려운 점 등을 고려할 때, 심판대상조항이 임기만료일을 법관 명예퇴직수당 정년잔여기간 산정의 기준 중 하나로 정한 것은 그 합리성을 인정할 수 있다.

나아가 법관 이외의 경력직공무원 중에서도 정년과 함께 임기제·연임제의 적용을 받는 헌법연구관 및 계급정년이 존재하는 경찰공무원, 소방공무원 등은, 퇴직시점에 임기나 계급정년이 연령정년보다 먼저 도래하는 경우 법관과 마찬가지로 정년잔여기간이 그 범위 내로 줄어들게 되는 점, 명예퇴직수당은 자진퇴직을 요건으로 하므로 법관은 잔여임기를 고려하여 퇴직시점을 스스로 정할 수 있는 점, 평생법관제 정착을 위한 노력 등을 고려할 때 경험 많은 법관의 조기퇴직을 유도할 필요성이 상대적으로 크다고 할 수 없는 점 등을 종합하여 볼 때, 심판대상조항으로 인하여 법관이 연령정년만을 기준으로 정년잔여기간을 산정하는 다른 경력직공무원에 비하여, 명예퇴직수당 지급 여부 및 액수 등에 있어 불이익을 볼 가능성이 있다 하더라도, 이를 자의적인 차별이라 볼 수는 없다.

따라서 심판대상조항은 청구인의 평등권을 침해하지 않는다.

재판관 이은애, 재판관 이영진, 재판관 김기영, 재판관 이미선의 반대의견

국가공무원법상 명예퇴직수당은 조기퇴직을 유도하기 위한 특별장려금의 성격과 함께 퇴직 전 근로에 대한 공로보상적 성격도 지니고 있다. 그런데 심판대상조항과 같이 법관의 정년잔여기간을 임기만료일을 기준으로 정년퇴직일보다 단축시킬 경우 명예퇴직수당을 수급할 수 없거나 그 수급액이 줄어들게 되어, 공로보상적 측면은 물론 조기퇴직유도 측면에서도 그 기능을 다하지 못하게 된다.

법관에 관한 가중된 신분보장을 정하고 있는 헌법과 연임사유를 엄격하게 정하고 있는 법원조직법 규정 등을 종합하여 볼 때, 법관의 임기제·연임제는 법관을 10년마다 새롭게 임용하고 그 기간까지만 직무를 수행하게 한다는 의미라기보다, 정년까지 신분을 보장하되 다만 그 중대한 기능에 비추어 이를 수행할 수 없는 자를 엄격한 요건 하에 배제하기 위한 장치에 불과하다고 보아야 할 것이다. 그렇다면 법관의 임기는 정년퇴직일의 도래로 즉시 퇴직의 효과가 발생하는 연령정년과는 그 성격이 상이하다 할 것이므로, 심판대상조항이 정년잔여기간 산정에 있어 임기만료일을 정년퇴직일과 같이 취급하는 것은 그 합리성을 인정하기 어렵다.

이에 더하여, 예산의 측면에서 살피더라도 법관과 호봉체계가 유사한 검사나 소속이 같은 다른 법원공무원에 비하여 법관을 불리하게 취급할 이유가 없어 보이는 점, 심판대상조항으로 인하여 법관은 정년퇴직일까지 충분한 기간이 남은 경우에도 명예퇴직수당을 전혀 지급받을 수 없거나 그 액수가 삭감되는 등 검사를 비롯한 다른 경력직공무원에 비하여 중대한 불이익을 받게 되는 점 등을 종합하여 보면, 심판대상조항이 법관을 연령정년만을 기준으로 정년잔여기간을 산정하는 다른 경력직공무원에 비하여 차별취급하는 것은 그 합리성을 인정할 수 없다.

따라서 심판대상조항은 청구인의 평등권을 침해한다.

【심판대상조문】

구 법관 및 법원공무원 명예퇴직수당 등 지급규칙(2004. 7. 20. 대법원규칙 제1897호로 개정되고, 2018. 6. 28. 대법원규칙 제2795호로 개정되기 전의 것) 제3조 제5항 본문

【참조조문】

헌법 제11조 제1항, 제105조, 제106조

헌법재판소법(2011. 4. 5. 법률 제10546호로 개정된 것) 제19조 제7항

구 법관 및 법원공무원 명예퇴직수당 등 지급규칙(2014. 12. 30. 대법원규칙 제2581호로 개정되고, 2018. 6. 28. 대법원규칙 제2795호로 개정되기 전의 것) 제3조 제1항 내지 제4항, 제4조 [별표 1]

국가공무원법(2015. 5. 18. 법률 제13288호로 개정된 것) 제74조의2 제1항, 제5항

경찰공무원법(2011. 5. 30. 법률 제10743호로 개정된 것) 제24조 제1항

법원조직법(2014. 12. 30. 법률 제12886호로 개정된 것) 제45조 제1항 내지 제4항, 제45조의2

구 소방공무원법(2014. 6. 11. 법률 제12750호로 개정되고, 2019. 12. 10. 법률 제16768호로 전부개정되기 전의 것) 제20조 제1항

구 국가공무원 명예퇴직수당 등 지급 규정(2013. 12. 11. 대통령령 제24921호로 개정되고, 2018. 9. 18. 대통령령 제29181호로 개정되기 전의 것) 제3조 제1항, 제4항, 제4조 [별표 1]

헌법재판소 공무원 명예퇴직수당 등 지급 규칙(2014. 10. 2. 헌법재판소규칙 제334호로 개정된 것) 제3조 제5항

【참조판례】

헌재 2014. 9. 25. 2012헌마1029, 판례집 26-2상, 578, 589

헌재 2010. 11. 25. 2010헌바93, 판례집 22-2하, 438, 444

헌재 2016. 9. 29. 2015헌바331, 판례집 28-2상, 455, 462

【당 사 자】

청 구 인　도○○(변호사)

【주　문】

이 사건 심판청구를 기각한다.

【이 유】

1. 사건개요

가. 청구인은 1990. 9. 3.부터 1992. 2. 11.까지 군복무를 하였고, 1994년 제36회 사법시험에 합격하여 사법연수원(26기)을 수료하였다. 그 후 청구인은 1997. 2. 27. 법관으로 임용되어, 한 차례 재임용을 거쳐 법관으로 계속 근무하다가 2017. 2. 20. 퇴직하였다(지방법원 부장판사, 14호봉). 퇴직 당시 청구인의 나이는 만 49세(생년월일 생략)였고, 두 번째 임기만료일까지는 1년 미만이 남아 있었으며, 공무원연금법상 근속연수는 23년 6월이었다.

나. 청구인은 '법관 및 법원공무원 명예퇴직수당 등 지급규칙' 제3조 제5항으로 인하여, 정년까지 명예퇴직수당 수급에 필요한 충분한 기간이 남아 있음에도 불구하고 위 조항에 따라 먼저 도래하는 임기만료일을 기준으로 정년잔여기간이 산정되어 명예퇴직수당을 지급받을 수 없는 등의 불이익을 받게 되었는바, 위 조항은 자신의 평등권 등을 침해한다고 주장하며, 2017. 3. 29. 이 사건 헌법소원심판을 청구하였다.

2. 심판대상

청구인은 '법관 및 법원공무원 명예퇴직수당 등 지급규칙' 제3조 제5항 전체에 대하여 헌법소원심판을 청구하고 있다. 그러나 청구인은 법관의 명예퇴직수당 산정을 위한 정년잔여기간 계산에 있어 정년퇴직일 전에 임기만료일이 먼저 도래하는 경우 임기만료일을 정년퇴직일로 보는 규정으로 인한 기본권 침해만을 다투고 있으므로, 심판대상을 관련 부분으로 한정하기로 한다.

따라서 이 사건 심판대상은 구 '법관 및 법원공무원 명예퇴직수당 등 지급규칙'(2004. 7. 20. 대법원규칙 제1897호로 개정되고, 2018. 6. 28. 대법원규칙 제2795호로 개정되기 전의 것, 이하 '이 사건 규칙'이라 한다) 제3조 제5항 본문(이하 '심판대상조항'이라 한다)이 청구인의 기본권을 침해하는지 여부이다. 심판대상조항 및 주요 관련조항은 다음과 같고, 나머지 관련조항은 [별지]와 같다.

[심판대상조항]

구 법관 및 법원공무원 명예퇴직수당 등 지급규칙(2004. 7. 20. 대법원규칙 제1897호로 개정되고, 2018. 6. 28. 대법원규칙 제2795호로 개정되기 전의 것)

제3조(명예퇴직수당의 지급대상) ⑤ 정년잔여기간의 계산은 법관의 경우에는 정년퇴직일전에 임기만료일이 먼저 도래하는 경우에는 임기만료일을 정년퇴직일로 본다. 다만, 법관의 경우 그 기간은 7년을 초과할 수 없다.

[관련조항]

국가공무원법(2015. 5. 18. 법률 제13288호로 개정된 것)

제74조의2(명예퇴직 등) ① 공무원으로 20년 이상 근속(勤續)한 자가 정년 전에 스스로 퇴직(임기제공무원이 아닌 경력직공무원이 임기제공무원으로 임용되어 퇴직하는 경우로서 대통령령으로 정하는 경우를 포함한다)하면 예산의 범위에서 명예퇴직 수당을 지급할 수 있다.

⑤ 제1항에 따른 명예퇴직 수당과 제2항에 따른 수당의 지급대상범위·지급액·지급절차와 제3항 및 제4항에 따른 명예퇴직 수당의 환수액·환수절차 등에 필요한 사항은 대통령령등으로 정한다.

구 법관 및 법원공무원 명예퇴직수당 등 지급규칙(2014. 12. 30. 대법원규칙 제2581호로 개정되고, 2018. 6. 28. 대법원규칙 제2795호로 개정되기 전의 것)

제3조(명예퇴직수당의 지급대상) ① 명예퇴직수당을 지급받을 수 있는 자는 법관(고등법원 부장판사급 이상의 법관 및 16호봉 이상인 법관은 제외한다)·일반직공무원(법 제26조의5에 따라 근무기간을 정하여 임용하는 공무원, 이하 '임기제공무원'은 제외한다)·청원경찰로 20년이상 근속한 자로서 정년퇴직일전 1년이상의 기간중 자진퇴직하는 자로 한다. 다만, 이 규칙이나 다른 법령에 의하여 명예퇴직수당(이에 갈음하는 공로퇴직수당·명예전역수당 등을 포함하다. 이하 같다)을 이미 지급받은 사실이 있는 자는 이를 제외한다.

② 법원행정처장은 예산상 부득이한 경우에는 제1항의 지급대상범위를 제한할 수 있다.

③ 제1항의 근속연수는 퇴직 당시 해당 공무원의 「공무원연금법」 제23조 제1항부터 제3항까지의 규정에 따른 재직기간에 따라 계산한다.

④ 명예퇴직수당 지급 신청일 현재 다음 각 호의 어느 하나에 해당되는 자는 명예퇴직수당지급대상에서 이를 제외한다.

1. 징계처분 요구중인 자, 징계의결 요구중인 자 또는 징계처분으로 인하여 승진임용 제한기간중에 있는 자

2. 형사사건으로 기소중인 자
3. 감사원등 감사기관에서 비위조사 중이거나 검찰·경찰등 수사기관에서 수사중인 자
4. 법 제2조 및 「지방공무원법」 제2조의 규정에 의한 경력직공무원(임기제공무원은 제외한다) 및 특수경력직중 정무직공무원(선거에 의하여 임용되는 정무직공무원을 제외한다)이 되기 위하여 퇴직하기로 예정된 자

제4조(명예퇴직수당의 지급액) 명예퇴직수당의 지급액은 별표 1에 의하여 산정한 금액으로 한다. 다만, 법관의 경우 월봉급액은 13호봉을 초과할 수 없다.

[별표 1] 명예퇴직수당지급액 산정표

정년잔여기간별 대상자	산정기준
1. 1년 이상 5년 이내인 자	퇴직당시(「국가공무원법」 제40조의4 제1항 제4호에 따라 특별승진하는 자의 경우에는 특별승진 직전을 말한다. 이하 같다) 월봉급액의 반액 × 정년잔여월수
2. 5년 초과 10년 이내인 자	퇴직 당시 월봉급액의 반액 $\times [60 + \frac{\text{정년잔여월수} - 60}{2}]$
3. 10년 초과인 자	정년잔여기간이 10년인 자의 금액과 동일한 금액(10년을 초과하는 정년잔여기간에 대하여는 수당을 지급하지 아니한다)

※ 비고
1. 내지 3. (생략)
4. 월봉급액이 13호봉을 초과하는 법관은 13호봉인 법관과 동일하고, 정년잔여기간이 7년을 초과하는 법관은 정년잔여기간이 7년인 법관과 동일함

3. 청구인의 주장

가. 심판대상조항은 임기만료일에 법관의 정년이 도달했다고 보는 것과 다를 바 없는 규정이므로 헌법상 법관 임기제의 본질에 반하고, '정년'을 전제로 명예퇴직수당을 규정한 국가공무원법 제74조의2에서 정한 위임 범위를 벗어나 위헌·무효이다.

나. 다른 경력직공무원의 경우 정년까지의 잔여기간을 기준으로 명예퇴직수당을 산정하고 있고, 이는 법관과 동일하게 사법시험을 거쳐 임관되는 검사의 경우에도 마찬가지이다. 그럼에도 유독 법관의 경우에는 심판대상조항에서 잔여임기를 기준으로 명예퇴직수당을 산정하여 청구인과 같은 법관을 불합리하게 차별하고 있다. 또한, 심판대상조항으로 인하여, 같은 퇴직법관 사이에서도 군법무관 복무 여부 등에 따라 임기의 잔여기간이 달라져 불합리한 차별이 발생한다. 따라서 심판대상조항은 청구인의 평등권을 침해한다.

4. 판 단

가. 쟁점의 정리

(1) 청구인은, 법관의 명예퇴직수당 정년잔여기간을 계산함에 있어 정년퇴직일 전에 임기만료일이 먼저 도래하는 경우 임기만료일을 정년퇴직일로 보도록 한 심판대상조항으로 인하여, 임기만료일이 먼저 도래하는 청구인과 같은 퇴직법관의 경우 ① 연령정년만을 기준으로 명예퇴직수당 정년잔여기간을 계산하는 검사를 비롯한 다른 통상의 경력직공무원(이하 '다른 경력직공무원'이라 한다)이나 ② 연령 및 연수원 기수 등 다른 조건이 동일하나 임용시점 및 연임시점이 상이하여 잔여임기가 더 긴 다른 퇴직법관들(이하 '다른 퇴직법관들'이라 한다)에 비하여 명예퇴직수당 지급 여부 등에 있어 불합리한 차별을 받고 있다고 주장한다.

그러나 '다른 퇴직법관들'에 관한 청구인 주장의 핵심은 심판대상조항에서 정년이 아닌 잔여임기를 기준으로 정년잔여기간을 산정함으로 인하여 퇴직법관들 사이에 불합리한 결과가 초래된다는 것으로, 이는 법관 역시 ('다른 경력직공무원'의 경우처럼) 정년을 기준으로 정년잔여기간을 산정해야 함에도 불구하고 잔여임기를 기준으로 하고 있어 불합리한 차별이 발생한다는 주장에 다름 아니다. 따라서 청구인의 이 부분 주장에 관하여서는 별도로 살피지 않기로 한다.

(2) 청구인은 심판대상조항은 법관의 임기만료일에 법관의 정년이 도달했다고 보는 것과 다를 바 없는 규정이어서 헌법상 법관 임기제의 본질에 반하고, '정년'을 전제로 명예퇴직수당을 규정한 국가공무원법 제74조의2에서 정한 위임 범위를 일탈하여 위헌·무효라는 취지로도 주장한다.

그러나 청구인의 위 주장 또한 심판대상조항이 정년퇴직일보다 임기만료일이 먼저 도래하는 법관의 경우 임기만료일을 정년퇴직일로 보도록 규정함으로써 '다른 경력직공무원'에 비하여 불리한 취급을 하고 있다는 주장에 다름 아니라 할 것이므로, 이 부분 주장에 관하

여는 나아가 판단하지 않기로 한다.

그러므로 이하에서는 심판대상조항이 법관의 명예퇴직수당 정년잔여기간을 계산함에 있어 정년퇴직일 전에 임기만료일이 먼저 도래하는 경우 '다른 경력직공무원'과 달리 임기만료일을 정년퇴직일로 보도록 하여 청구인과 같은 퇴직 법관의 평등권을 침해하고 있는지 여부를 살펴 보기로 한다.

나. 차별취급의 존재 및 심사기준

(1) 심판대상조항에 따라 임기만료일이 정년퇴직일보다 먼저 도래하는 퇴직법관의 경우, 정년잔여기간이 잔여임기 범위 내로 축소된다. 그 결과 심판대상조항으로 인하여, 퇴직법관은 다른 명예퇴직수당 수급요건을 충족하는 경우에도 잔여임기에 따라 정년잔여기간이 정년퇴직일을 기준으로 산정하는 것보다 짧아져 명예퇴직수당 지급대상에서 제외되거나(잔여임기가 1년 미만인 경우) 수급액이 줄어드는(잔여임기가 정년잔여기간의 상한 미만인 경우) 불이익을 받게 되므로, 정년만을 기준으로 명예퇴직수당 정년잔여기간을 산정하는 '다른 경력직공무원'과의 사이에 차별이 발생하게 된다.

(2) 한편, 심판대상조항은 법관 명예퇴직수당에 있어 정년잔여기간의 계산에 관하여 정하고 있는 규정으로서, 헌법에서 특별히 평등을 요구하고 있다거나, 차별적 취급으로 인하여 관련 기본권에 관한 중대한 제한을 초래하는 경우에 해당한다고 보기 어려우므로, 자의금지원칙에 의하여 심사하기로 한다(헌재 2014. 9. 25. 2012헌마1029 등 참조).

다. 차별취급에 합리적인 이유가 있는지 여부

(1) 국가공무원법상 명예퇴직수당은 정년이 보장된 공무원이 정년이 되기 전에 공무원 신분을 종료하는 경우 엄격한 요건 하에, 공무원으로서의 특별한 책임과 의무를 성실히 수행한 데 대해 공로를 보상하고 자발적인 명예퇴직을 유도하여 공무원의 인사적체를 해소하며 공무원 조직의 능률을 향상시킴으로써 궁극적으로는 국민에게 보다 양질의 행정서비스를 제공하기 위한 것이다(헌재 2010. 11. 25. 2010헌바93 참조).

국가공무원법은 국가공무원에 대한 명예퇴직수당 지급요건에 관하여 ① 국가공무원으로 20년 이상 근속한 자가 ② 정년 전에 스스로 퇴직하면 ③ 예산의 범위에서 명예퇴직수당을 지급할 수 있도록 정하고 있을 뿐, 수당의 지급대상범위, 지급액, 지급절차 등에 필요한 사항에 관하여는 대통령령, 대법원규칙, 헌법재판소규칙 등에 위임하고 있다(제74조의2 제1항, 제5항). 이는 위 ①과 ② 요건을 충족하는 공무원 중에서 국회, 대법원, 헌법재판소 등 소속기관 내지 해당 공무원의 특성 및 예산 등을 고려하여 명예퇴직수당의 지급대상범위, 지급액을 포함한 그 구체적인 요건을 개별적으로 정할 수 있도록 하기 위한 것으로 이해된다. 그에 따라 법관 및 법원공무원의 경우에는 이 사건 규칙이, 헌법연구관 및 헌법재판소공무원의 경우에는 '헌법재판소 공무원 명예퇴직수당 등 지급 규칙'이, 다른 법령에 특별히 규정되지 않은 경력직공무원(일반직공무원 및 검사 등 대부분의 특정직공무원)의 경우에는 '국가공무원 명예퇴직수당 등 지급 규정'이 각 제정되었다.

(2) 이 사건 규칙 제3조에서는 법관 명예퇴직수당 지급대상자를 ① 20년 이상 근속한 자로서, ② 고등법원 부장판사급 이상의 법관 또는 16호봉 이상인 법관에 해당하지 아니하며, ③ 정년퇴직일 전 1년 이상의 기간 중에 자진퇴직하는 자로 정하고, ④ 일정한 결격사유(징계의결이 요구되어 있는 사람 등)를 추가로 정하고 있다.

그런데 심판대상조항에서는 법관의 정년퇴직일 전에 임기만료일이 먼저 도래하는 경우에는 임기만료일을 정년퇴직일로 보도록 규정하고 있는바, 정년퇴직일까지 충분한 기간이 남은 퇴직법관이라도 잔여임기에 따라 명예퇴직수당을 지급받을 수 없거나 그 액수가 정년퇴직일을 기준으로 산정하는 경우보다 줄어들 수 있게 된다. 반면, '다른 경력직공무원'에 대하여는 '국가공무원 명예퇴직수당 등 지급 규정'에서 명예퇴직수당 지급의 구체적인 요건에 관하여 정하고 있는데, 정년퇴직일 전 1년 이상의 기간 중에 자진퇴직해야 하는 요건은 법관과 동일하나, 정년잔여기간 산정에 있어서는 경찰공무원이나 소방공무원과 같이 계급정년이 존재하는 등의 특별한 경우를 제외하고는 정년퇴직일까지 남은 기간을 기준으로 하여 정년잔여기간을 산정하게 되어(제3조 제1항, 제4항), 법관의 경우와 차이가 발생한다.

(3) 헌법은 "대법원장과 대법관이 아닌 법관의 임기는 10년으로 하며, 법률이 정하는 바에 의하여 연임할 수 있다. 법관의 정년은 법률로 정한다."(제105조 제3항, 제4항), "법관은 탄핵 또는 금고 이상의 형의 선고에 의하지 아니하고는 파면되지 아니하며, 징계처분에

의하지 아니하고는 정직·감봉 기타 불리한 처분을 받지 아니한다."(제106조 제1항)고 규정하여 법관의 신분보장에 관하여 정하고 있다. 그런데 법관에 관한 임기제·연임제는 법관의 임기 동안 법관의 신분을 보장하여 사법권의 독립을 보장함과 동시에, 법관이 수행하는 직무의 중대성과 국가의 사법보장 책임을 감안하여 직무를 제대로 수행하지 못하는 등의 경우 그러한 법관을 연임에서 제외함으로써 법관의 성실성과 전문적 숙련성 확보를 통해 사법기능 및 업무의 효율성을 높이고자 함에 그 목적이 있다(헌재 2016. 9. 29. 2015헌바331 참조).

그렇다면 심판대상조항이 법관 명예퇴직수당의 요건 중 하나인 정년까지 남은 기간을 산정함에 있어 정년과 임기 중 먼저 도달하는 것을 기준으로 삼고 있다 하더라도, 이는 국가공무원 명예퇴직제도 자체가 퇴직시점에 법적으로 확보된 근속가능기간을 포기하고 자진퇴직하는 경우를 전제로 한다고 볼 수 있는 점, 법관의 신분보장 및 사법권의 독립 측면에서 연임결격사유 등을 엄격하게 해석할 필요가 있음은 별론으로 하더라도 임기만료 시 10년마다 연임절차를 거쳐야 정년까지 근무할 수 있는 법관과 그러한 절차 없이도 정년까지 근무할 수 있는 '다른 경력직공무원'은 법적으로 확보된 근속가능기간 측면에서는 동일하다고 보기 어려운 점 등을 고려한 것으로 볼 수 있는바, 그 합리성이 인정된다고 할 것이다.

(4) 법관 이외의 경력직공무원 중에서도 정년과 함께 임기제·연임제의 적용을 받는 헌법연구관 및 계급정년이 존재하는 경찰공무원, 소방공무원 등에 관하여는 정년잔여기간의 계산에 있어 특별한 규정을 두고 있다. 우선, 헌법연구관의 경우 법관과 동일하게 10년의 임기로 임용되고, 임기만료 시 연임절차를 통해 연임되어야만 정년까지 계속 근무할 수 있는데(헌법재판소법 제19조 제7항), 명예퇴직수당 정년잔여기간 계산에 있어서도 심판대상조항과 동일하게 정년퇴직일 전에 임기만료일이 먼저 도래하는 경우 임기만료일을 정년퇴직일로 보도록 규정하고 있다(헌법재판소 공무원 명예퇴직수당 등 지급 규칙 제3조 제5항). 다음으로, 경찰공무원 및 소방공무원 등 계급정년이 존재하는 경력직공무원은, 연령정년에 이르기 전에도 경정이나 소방령 등 일정한 계급에 이른 후 법에서 정한 계급정년이 경과하도록 승진하지 못할 경우 정년퇴직하게 되고(경찰공무원법 제24조, 구 소방공무원법 제20조 참조), 명예퇴직수당의 정년잔여기간 산정에 있어서도, 연령정년과 계급정년 중 먼저 도래하는 정년을 기준으로 정년잔여기간을 계산하게 된다(국가공무원 명예퇴직수당 등 지급 규정 제3조 제4항).

이처럼 임기나 계급정년을 둔 경력직공무원의 경우에는 통상적인 경력직공무원과 달리, 퇴직시점에 법적으로 확보된 근속가능기간이 연령정년보다 먼저 도래하는 경우 명예퇴직수당 정년잔여기간 역시 그 범위 내로 줄어들게 되는데, 이는 해당 직역의 업무적 특성 등을 반영한 것으로서 임기 또는 계급정년 기간 동안 근속이 보장된다는 점을 감안할 때 충분히 납득할 수 있다. 따라서 심판대상조항이 임기가 있는 퇴직법관에 대해 '다른 경력직공무원'과 달리 명예퇴직수당 정년잔여기간을 임기만료일까지로만 정하여 차별하고 있다고 하더라도 이것이 자의적인 차별이라 볼 수는 없다.

(5) 나아가 법관 명예퇴직수당은 자진퇴직을 요건으로 하므로 퇴직법관이 잔여임기를 고려하여 명예퇴직수당 수령이 가능한 때로 퇴직시점을 정할 수 있는 점, 최근의 평생법관제 정착을 위한 노력 등을 고려할 때 명예퇴직제도의 수혜 범위 등을 확대하여 경험 많은 법관의 조기퇴직을 추가로 유도할 필요성이 상대적으로 크다고 할 수 없는 점, 법관의 연임 역시 개별 법관의 연임희망원 제출을 전제로 한 것이므로(법관인사규칙 제14조), 임기만료 전에 자진퇴직하여 연임절차를 거치지 않을 뜻을 명백히 한 퇴직법관의 경우까지 반드시 연임이 되었음을 전제로 정년잔여기간을 계산하도록 규정할 이유는 없어 보이는 점, 심판대상조항으로 인하여 연령 및 연수원 기수 등 다른 조건이 동일한 '다른 퇴직법관들'과 명예퇴직수당 지급 여부 등에 차이가 발생할 수 있다 하더라도, 이러한 유불리는 개별 법관이 자신의 퇴직시점을 언제로 정하느냐에 따라 달라질 수 있는 것이라는 점 등의 사정을 종합할 때, 법관의 경우 10년의 임기에도 불구하고 명예퇴직수당 정년잔여기간 산정에 있어 연령정년만을 기준으로 정년잔여기간을 산정하여야 할 특별한 필요성이 요청되고 있다고 보기도 어렵다.

(6) 이상에서 본 바와 같이 심판대상조항으로 인해 퇴직법관의 경우 정년만을 기준으로 하는 '다른 경력직공무원'에 비하여, 명예퇴직수당 지급 여부 및 액수 등

에 있어 불이익을 볼 가능성이 있다 하더라도, 이를 자의적인 차별이라 볼 수는 없다.

따라서 심판대상조항은 청구인의 평등권을 침해하지 않는다.

5. 결 론

그렇다면 이 사건 심판청구는 이유 없으므로 기각하기로 하여 주문과 같이 결정한다. 이 결정에는 아래 6.과 같은 재판관 이은애, 재판관 이영진, 재판관 김기영, 재판관 이미선의 반대의견이 있는 외에는, 나머지 관여 재판관의 일치된 의견에 의한 것이다.

6. 재판관 이은애, 재판관 이영진, 재판관 김기영, 재판관 이미선의 반대의견

우리는 심판대상조항이 청구인의 평등권을 침해한다고 생각하므로, 다음과 같이 반대의견을 밝힌다.

가. 국가공무원법상 명예퇴직수당은 조기퇴직을 유도하기 위한 특별장려금의 성격과 함께 퇴직 전 근로에 대한 공로보상적 성격도 지니고 있는바, 입법자가 국가공무원 명예퇴직수당의 구체적인 지급요건·방법·액수 등을 형성함에 있어 상대적으로 폭넓은 재량이 허용된다 하더라도(헌재 2010. 11. 25. 2010헌바93 참조), 그 구체적인 요건 등을 형성함에 있어서는 그 내용이 위와 같은 국가공무원 명예퇴직수당의 취지 및 성격에 반하지 않도록 하여야 할 것이다. 또한, 법관 역시 국가직공무원(특정직공무원)에 속하므로, 대법원이 국가공무원법의 위임에 따라 법관 명예퇴직수당에 관한 구체적인 사항을 정함에 있어서는 다른 국가공무원과의 형평성을 고려할 필요가 있고, 특히 검사의 경우 법관과 같이 변호사 자격이 있는 특정직공무원이고, 호봉체계가 거의 동일하다는 점에서 특히 참고할만한 대상이 될 수 있다(검사의 보수에 관한 법률 시행령 제7조 [별표 2], 법관의 보수에 관한 규칙 제2조 [별표 1] 참조).

나. 심판대상조항은 법관 명예퇴직수당의 지급대상 자격 및 지급액 산정의 기준이 되는 정년잔여기간을 계산함에 있어 임기만료일이 정년퇴직일보다 먼저 도래하는 법관의 경우 임기만료일을 기준으로 정년잔여기간을 산정하도록 하여, 정년만을 고려하는 '다른 경력직공무원'에 비하여 불리하게 규정하고 있다.

그런데 법관의 경우에도 공무원으로 20년 이상 근속하였고 징계사유 등 특별한 결격사유가 존재하지 않는 경우 명예퇴직수당에 필요한 요건을 모두 갖추었다는 점에서는 '다른 경력직공무원'과 아무런 차이가 없으므로, 공로보상적 측면에서 명예퇴직수당 지급의 필요성은 동일하게 인정된다고 할 것이다. 또한, 조기퇴직 유도를 위한 특별장려금 측면에서 살피더라도, 정년잔여기간이 길어져 명예퇴직수당액이 커지면 조기퇴직을 유도할 충분한 유인이 될 수 있다는 점에서 법관 역시 '다른 경력직공무원'의 경우와 차이가 없다. 그러나 심판대상조항과 같이 정년잔여기간을 임기만료일을 기준으로 연령정년보다 단축시킬 경우 명예퇴직수당 지급대상이 되지 않거나 그 수급액이 줄어들게 되므로 20년 이상 근속하였다는 공로보상적 측면은 물론 조기퇴직을 유도하기 위한 특별장려금의 측면에서도 그 기능을 다하지 못하게 된다. 오히려 임기가 얼마 남지 않은 법관이 더 많은 명예퇴직수당 수급을 위해 연임시점 이후까지 퇴직시점을 미루게 된다면, 조기퇴직 유도 목적에 반하는 결과가 야기될 수도 있다. 따라서 명예퇴직수당 산정에 있어 법관과 '다른 경력직공무원'을 달리 취급할만한 합리적인 이유가 존재한다고 보기 어렵다.

다. 법관에게 정년과 함께 10년의 임기가 존재하고 계속 근무를 위해서는 10년마다 연임절차를 거쳐야 한다 하더라도, 법관의 임기를 '다른 경력직공무원'의 정년에 준하는 것으로 볼 수 없는 이상, '정년' 전에 자진퇴직을 요건으로 하는 국가공무원 명예퇴직수당의 지급에 있어 차이를 둘만한 사정은 될 수 없다.

헌법은 제105조에서 법관의 임기제·연임제와 정년을, 제106조에서 탄핵 또는 금고 이상의 형의 선고에 의하지 아니하고는 파면되지 아니하게 하는 등의 사항을 각 규정하여, 법관에 관한 가중된 신분보장을 정하고 있는데, 법관에 관한 임기제·연임제는 임기 동안 법관의 신분을 보장함과 동시에, 법관이 수행하는 직무의 중대성 등을 감안하여 직무를 제대로 수행하지 못하는 등의 경우 그러한 법관을 연임에서 제외함으로써 사법기능 및 업무의 효율성을 높이고자 함에 그 목적이 있음은 다수의견 부분에서 본 바와 같다(헌재 2016. 9. 29. 2015헌바331 참조).

이를 위해 법원조직법은 '임기가 끝난 판사는 인사위원회의 심의를 거치고 대법관회의의 동의를 받아 대법원장의 연임발령으로 연임'하도록 정하는 한편, ① 신체 또는 정신상의 장해로 인하여 판사로서 정상적인 직무를 수행할 수 없는 경우, ② 근무성적이 현저히 불량하여 판사로서 정상적인 직무를 수행할 수 없는 경우, ③ 판사로서의 품위를 유지하는 것이 현저히 곤란한 경우 연임발령을 하지 않도록 정하고 있다(제45조의2 제1항, 제2항). 그렇다면 법관에게 10년의 임기가 정하여져 있다고 하더라도, 이는 법관을 10년마다 새롭게 임용하고 그 기간까지만 직무를 수행하게 한다는 의미라기보다, 정년까지 신분을 보장하되 다만 그 중대한 기능에 비추어 이를 수행할 수 없는 자를 엄격한 요건 하에 배제하기 위한 장치에 불과하다고 보아야 할 것이다. 실제로도 계속 근무를 희망하는 법관의 대부분이 연임되고 있으므로, 법관의 임기는 정년퇴직일의 도래로 즉시 퇴직의 효과가 발생하는 연령정년 등과는 그 성격이 상이하다고 할 것인바, 다수의견과 같이 법관 업무의 중대성 등을 고려하더라도 법관 임기의 성격을 달리 볼 수는 없다고 할 것이다. 그렇다면 법관과 같이 10년의 임기가 존재하는 경우에도, 명예퇴직수당 정년잔여기간을 잔여임기 범위 내로 축소하지 않고 연령정년을 기준으로 산정하는 입법방안도 충분히 상정할 수 있다.

따라서 심판대상조항에서 임기만료일을 정년퇴직일과 같이 취급하여 정년잔여기간 산정의 기준으로 삼는 것은 위에서 본 법관 임기제·연임제의 취지 및 성격, 임기와 정년의 차이점 등을 고려할 때 그 합리성을 인정하기 어렵다고 할 것이다.

라. 국가공무원 명예퇴직수당은 예산상의 범위 내에서 지급할 수 있으므로, 예산의 제약을 받게 되고, 특히 법원 명예퇴직수당 지급을 위한 예산은 법관뿐만 아니라 법원공무원의 명예퇴직수당 지급을 위해서도 사용되어야 하므로, 그 지급대상자의 범위 내지 지급액을 정함에 있어 예산상의 제약을 고려해야 함은 물론이다. 그러나 법원의 예산 역시 국가 전체 예산의 범위 내에서 마련되는 것이므로, 입법부나 행정부 공무원에 비하여 유독 법원에 속한 공무원의 명예퇴직수당에 관하여서만 더 적은 예산을 배정해야 할 특별한 이유를 찾아보기 어렵고, 법원 내에서도 연령정년을 기준으로 하는 법원 일반직공무원 등과 달리 법관에게만 예산 절감을 위한 불이익을 감수하게 할 다른 사정이 존재한다고 볼 수도 없다. 법관의 월봉급액이 통상의 경력직공무원보다 높은 수준이라 명예퇴직수당 지급총액도 인원 대비 많은 예산이 필요할 수는 있으나, 검사 역시 법관과 월봉급액 등이 동일한 수준임에도 명예퇴직수당에 있어 법관과 같은 제한을 받고 있지는 않다는 점도 함께 고려할 필요가 있을 것이다. 더욱이 기록에 의하면 2017년부터 2019년까지 법원에서 예산 부족 등의 이유로 법관 및 법원공무원에게 명예퇴직수당을 지급하지 못한 사례도 없었던 것으로 나타나는바, 법관 명예퇴직수당에 소요되는 예산을 줄여야 하는 상황이라 보기도 어렵다.

위와 같은 사정을 종합하여 볼 때, '다른 경력직공무원'과 달리 법관의 경우에만 예산상의 사유를 들어 청구인과 같이 잔여 정년이 충분한 경우에도 잔여임기에 따라 명예퇴직수당을 지급받을 수 없게 하거나 정년잔여기간의 산정에 있어 불이익을 주는 것은 정당화될 수 없다고 할 것이다.

마. 심판대상조항으로 인하여 퇴직법관은 명예퇴직수당에 있어 큰 불이익을 받을 수 있다. 가령, 청구인과 같이 만 49세에 퇴직하여 정년까지 15년 이상이 남았음에도 잔여임기가 1년 미만만이 남은 퇴직법관의 경우 정년잔여기간이 1년 미만으로 산정되어 명예퇴직수당을 전혀 지급받을 수 없게 된다. 그에 비하여 법관과 호봉체계가 거의 동일한 검사의 경우 청구인과 명예퇴직수당에 관한 다른 조건(연령, 연수원 기수, 임용 및 퇴직시기 등)이 동일하다면, 청구인과 동일한 월봉급액을 기준으로 정년잔여기간의 상한에 해당하는 명예퇴직수당을 지급받게 되는바, 양자 간에 현격한 차이가 발생한다. 검사 외에 연령정년을 기준으로 명예퇴직수당을 산정하는 '다른 경력직공무원'의 경우에도 만 49세에 퇴직할 경우 정년잔여기간의 상한에 해당하는 명예퇴직수당을 지급받을 수 있다는 점에서 동일한 정년이 남아 있음에도 명예퇴직수당을 전혀 지급받을 수 없는 청구인의 경우와는 큰 차이가 발생하게 된다.

나아가 개별 법관의 퇴직 결정은 다양한 요인이 작용하는 것이므로, 현실적으로 퇴직법관이 명예퇴직수당을 더 받기 위해서 퇴직시기를 정하는 경우는 거의 없을 것으로 보이는바, 법관이 퇴직시기를 스스로 정할 수 있기 때문에 심판대상조항으로 인한 불이익을 피할 수 있다는 것은 형식논리에 불과할 수 있다.

바. 위에서 본 국가공무원 명예퇴직수당 및 법관 임기제·연임제의 취지 및 성격, 예산 등 제반사정, 퇴직

법관이 받게 되는 불이익의 정도 등을 종합하여 볼 때, 심판대상조항이 임기만료일이 정년퇴직일보다 먼저 도래하는 법관의 경우 임기만료일을 기준으로 정년잔여기간을 산정하여, 정년만을 기준으로 정년잔여기간을 산정하는 '다른 경력직공무원'에 비하여 명예퇴직수당의 지급여부 내지 지급액에 있어 차별취급하는 것은 그 합리성을 인정하기 어렵다.

따라서 심판대상조항은 청구인의 평등권을 침해한다.

재판관 유남석 이선애 이석태 이은애 이종석 이영진 김기영 문형배 이미선

[별지] 관련조항

대한민국 헌법(1987. 10. 29. 헌법 제10호로 전부개정된 것)

제105조 ① 대법원장의 임기는 6년으로 하며, 중임할 수 없다.

② 대법관의 임기는 6년으로 하며, 법률이 정하는 바에 의하여 연임할 수 있다.

③ 대법원장과 대법관이 아닌 법관의 임기는 10년으로 하며, 법률이 정하는 바에 의하여 연임할 수 있다.

④ 법관의 정년은 법률로 정한다.

제106조 ① 법관은 탄핵 또는 금고 이상의 형의 선고에 의하지 아니하고는 파면되지 아니하며, 징계처분에 의하지 아니하고는 정직·감봉 기타 불리한 처분을 받지 아니한다.

② 법관이 중대한 심신상의 장해로 직무를 수행할 수 없을 때에는 법률이 정하는 바에 의하여 퇴직하게 할 수 있다.

경찰공무원법(2011. 5. 30. 법률 제10743호로 개정된 것)

제24조(정년) ① 경찰공무원의 정년은 다음과 같다.

1. 연령정년: 60세
2. 계급정년
   치안감: 4년
   경무관: 6년
   총경: 11년
   경정: 14년

법원조직법(2014. 12. 30. 법률 제12886호로 개정된 것)

제45조(임기·연임·정년) ① 대법원장의 임기는 6년으로 하며, 중임(重任)할 수 없다.

② 대법관의 임기는 6년으로 하며, 연임할 수 있다.

③ 판사의 임기는 10년으로 하며, 연임할 수 있다.

④ 대법원장과 대법관의 정년은 각각 70세, 판사의 정년은 65세로 한다.

제45조의2(판사의 연임) ① 임기가 끝난 판사는 인사위원회의 심의를 거치고 대법관회의의 동의를 받아 대법원장의 연임발령으로 연임한다.

② 대법원장은 다음 각 호의 어느 하나에 해당한다고 인정되는 판사에 대해서는 연임발령을 하지 아니한다.

1. 신체상 또는 정신상의 장해로 판사로서 정상적인 직무를 수행할 수 없는 경우
2. 근무성적이 현저히 불량하여 판사로서 정상적인 직무를 수행할 수 없는 경우
3. 판사로서의 품위를 유지하는 것이 현저히 곤란한 경우

③ 판사의 연임절차에 관하여 필요한 사항은 대법원규칙으로 정한다.

구 소방공무원법(2014. 6. 11. 법률 제12750호로 개정되고, 2019. 12. 10. 법률 제16768호로 전부개정되기 전의 것)

제20조(정년) ① 소방공무원의 정년은 다음과 같다.

1. 연령정년: 60세
2. 계급정년
   소방감·지방소방감: 4년
   소방준감·지방소방준감: 6년
   소방정·지방소방정: 11년
   소방령·지방소방령: 14년

헌법재판소법(2011. 4. 5. 법률 제10546호로 개정된 것)

제19조(헌법연구관) ⑦ 헌법연구관의 임기는 10년으로 하되, 연임할 수 있고, 정년은 60세로 한다.

구 국가공무원 명예퇴직수당 등 지급 규정(2013. 12. 11. 대통령령 제24921호로 개정되고, 2018. 9. 18. 대통령령 제29181호로 개정되기 전의 것)

제3조(명예퇴직수당의 지급대상) ① 명예퇴직수당을 지급받을 수 있는 사람은 다음 각 호의 어느 하나

에 해당하는 공무원(법 제26조의5에 따른 임기제공무원은 제외한다)으로서 「공무원연금법」 제23조 제1항부터 제3항까지의 규정에 따른 재직기간이 20년 이상이고, 정년퇴직일부터 최소한 1년 전에 스스로 퇴직하는 사람으로 한다. 다만, 이 영이나 다른 법령에 따라 명예퇴직수당(이를 갈음하는 공로퇴직수당·명예전역수당 등을 포함한다. 이하 같다)을 이미 지급받은 사실이 있는 사람은 제외한다.

1. 일반직공무원

2. 검사(「검찰청법」 제28조에 따른 대검찰청 검사급 이상 검사는 제외한다)

④ 정년잔여기간의 계산은 연령정년과 계급정년이 동시에 적용되는 공무원의 경우에는 연령정년과 계급정년 중 먼저 도래하는 정년을 기준으로 하고, 정년이 연장된 공무원의 경우에는 연장 전의 정년을 기준으로 한다.

제4조(명예퇴직수당의 지급액) 명예퇴직수당의 지급액은 별표 1에 의하여 산정한 금액으로 한다. (단서 생략)

[별표 1] 명예퇴직수당 지급액 산정표(제4조 관련)

정년잔여기간별 대상자	산정기준
1. 1년 이상 5년 이내인 자	퇴직 당시(법 제40조의4 제1항 제4호에 따라 특별승진하는 사람의 경우에는 특별승진 직전을 말한다. 이하 같다) 월봉급액의 반액 × 정년잔여월수
2. 5년 초과 10년 이내인 자	퇴직 당시 월봉급액의 반액 × (60 + $\frac{\text{정년잔여월수} - 60}{2}$)
3. 10년 초과인 자	정년잔여기간이 10년인 사람의 금액과 동일한 금액(10년을 초과하는 정년잔여기간에 대해서는 수당을 지급하지 아니한다)

비고 (생략)

헌법재판소 공무원 명예퇴직수당 등 지급 규칙(2014. 10. 2. 헌법재판소규칙 제334호로 개정된 것)

제3조(명예퇴직수당의 지급대상) ⑤ 헌법연구관의 정년잔여기간 계산은 정년퇴직일 전에 임기만료일이 먼저 도래하는 경우에는 임기만료일을 정년퇴직일로 본다.

24. 정당법 제22조 제1항 단서 제1호 등 위헌확인

[2020. 4. 23. 2018헌마551]

【판시사항】

가. 일부 청구인들의 심판청구는 청구기간을 도과하였다고 본 사례

나. 초·중등학교의 교육공무원이 정당의 발기인 및 당원이 될 수 없도록 규정한 정당법(2013. 12. 30. 법률 제12150호로 개정된 것) 제22조 제1항 단서 제1호 본문 중 국가공무원법 제2조 제2항 제2호의 교육공무원 가운데 초·중등교육법 제19조 제1항의 교원에 관한 부분(이하 '정당법조항'이라 한다) 및 초·중등학교의 교육공무원이 정당의 결성에 관여하거나 이에 가입하는 행위를 금지한 국가공무원법(2008. 3. 28. 법률 제8996호로 개정된 것) 제65조 제1항 중 '국가공무원법 제2조 제2항 제2호의 교육공무원 가운데 초·중등교육법 제19조 제1항의 교원은 정당의 결성에 관여하거나 이에 가입할 수 없다.' 부분(이하 "국가공무원법조항 중 '정당'에 관한 부분"이라 한다)이 나머지 청구인들의 정당가입의 자유 등을 침해하는지 여부(소극)

다. 초·중등학교의 교육공무원이 정치단체의 결성에 관여하거나 이에 가입하는 행위를 금지한 국가공무원법(2008. 3. 28. 법률 제8996호로 개정된 것) 제65조 제1항 중 '국가공무원법 제2조 제2항 제2호의 교육공무원 가운데 초·중등교육법 제19조 제1항의 교원은 그 밖의 정치단체의 결성에 관여하거나 이에 가입할 수 없다.' 부분(이하 "국가공무원법조항 중 '그 밖의 정치단체'에 관한 부분"이라 한다)이 나머지 청구인들의 정치적 표현의 자유 및 결사의 자유를 침해하는지 여부(적극)

【결정요지】

가. 청구인들 중 일부는 각 교사 임용일에 비추어 볼 때 심판대상조항의 적용을 받게 된 날로부터 1년이 경과한 후 이 사건 헌법소원심판을 청구하였으므로, 이들의 심판청구는 청구기간을 준수하지 못하여 부적법하다.

나. 헌법재판소는 2004. 3. 25. 2001헌마710 결정 및 2014. 3. 27. 2011헌바42 결정에서, 국가공무원이 정당의 발기인 및 당원이 될 수 없도록 규정한 구 정당법 및 구 국가공무원법 조항들이 헌법에 위반되지 않는다고 판단하였다. 그 요지는 '이 사건 정당가입 금지조항은 국가공무원이 정당에 가입하는 것을 금지함으로써 공무원이 국민 전체에 대한 봉사자로서 그 임무를 충실히 수행할 수 있도록 정치적 중립성을 보장하고, 초·중등학교 교원이 당파적 이해관계의 영향을 받지 않도록 교육의 중립성을 확보하기 위한 것이므로, 목적의 정당성 및 수단의 적합성이 인정된다. 공무원의 정치적 행위가 직무 내의 것인지 직무 외의 것인지 구분하기 어려운 경우가 많고, 공무원의 행위는 근무시간 내외를 불문하고 국민에게 중대한 영향을 미치므로, 직무 내의 정당 활동에 대한 규제만으로는 입법목적을 달성하기 어렵다. 또한 정당에 대한 지지를 선거와 무관하게 개인적인 자리에서 밝히거나 선거에서 투표를 하는 등 일정한 범위 내의 정당 관련 활동은 공무원에게도 허용되므로 이 사건 정당가입 금지조항은 침해의 최소성 원칙에 반하지 않는다. 정치적 중립성, 초·중등학교 학생들에 대한 교육기본권 보장이라는 공익은 공무원들이 제한받는 사익에 비해 중대하므로 법익의 균형성 또한 인정된다. 따라서 이 사건 정당가입 금지조항은 과잉금지원칙에 위배되지 않는다. 이 사건 정당가입 금지조항이 초·중등학교 교원에 대해서는 정당가입의 자유를 금지하

면서 대학의 교원에게 이를 허용한다 하더라도, 이는 기초적인 지식전달, 연구기능 등 양자 간 직무의 본질과 내용, 근무 태양이 다른 점을 고려한 합리적인 차별이므로 평등원칙에 위배되지 않는다.'는 것이다. 위 선례의 판단을 변경할 만한 사정 변경이나 필요성이 인정되지 않고 위 선례의 취지는 이 사건에서도 그대로 타당하므로, 위 선례의 견해를 그대로 유지하기로 한다.

다. 재판관 유남석, 재판관 이영진, 재판관 문형배의 위헌의견

국가공무원법조항 중 '그 밖의 정치단체'에 관한 부분은, '그 밖의 정치단체'라는 불명확한 개념을 사용하고 있어, 표현의 자유를 규제하는 법률조항, 형벌의 구성요건을 규정하는 법률조항에 대하여 헌법이 요구하는 명확성원칙의 엄격한 기준을 충족하지 못하였다. 이에 대하여는, 아래 재판관 3인의 위헌의견 중 '명확성원칙 위배 여부' 부분과 의견을 모두 같이 한다. 덧붙여, 국가공무원법조항 중 '그 밖의 정치단체'에 관한 부분은 어떤 단체에 가입하는가에 관한 집단적 형태의 '표현의 내용'에 근거한 규제이므로, 더욱 규제되는 표현의 개념을 명확하게 규정할 것이 요구된다. 그럼에도 위 조항은 '그 밖의 정치단체'라는 불명확한 개념을 사용하여, 수범자에 대한 위축효과와 법 집행 공무원의 자의적 판단 위험을 야기하고 있다. 위 조항이 명확성원칙에 위배되어 나머지 청구인들의 정치적 표현의 자유, 결사의 자유를 침해하여 헌법에 위반되는 점이 분명한 이상, 과잉금지원칙에 위배되는지 여부에 대하여는 더 나아가 판단하지 않는다.

재판관 이석태, 재판관 김기영, 재판관 이미선의 위헌의견

국가공무원법조항 중 '그 밖의 정치단체'에 관한 부분은 형벌의 구성요건을 규정하는 법률조항이고, 나머지 청구인들의 정치적 표현의 자유 및 결사의 자유를 제한하므로, 엄격한 기준의 명확성원칙에 부합하여야 한다. 민주주의 국가에서 국가 구성원의 모든 사회적 활동은 '정치'와 관련된다. 특히 단체는 국가 정책에 찬성·반대하거나, 특정 정당이나 후보자의 주장과 우연히 일치하기만 하여도 정치적인 성격을 가진다고 볼 여지가 있다. 국가공무원법조항은 가입 등이 금지되는 대상을 '정당이나 그 밖의 정치단체'로 규정하고 있으므로, 문언상 '정당'에 준하는 정치단체만을 의미하는 것이라고 해석하기도 어렵다. 단체의 목적이나 활동에 관한 어떠한 제한도 없는 상태에서는 '정치단체'와 '비정치단체'를 구별할 수 있는 기준을 도출할 수 없다. 공무원의 정치적 중립성 및 교육의 정치적 중립성의 보장이라는 위 조항의 입법목적을 고려하더라도, '정치적 중립성' 자체가 다원적인 해석이 가능한 추상적인 개념이기 때문에, 이에 대하여 우리 사회의 구성원들이 일치된 이해를 가지고 있다고 보기 어렵다. 이는 판단주체가 법전문가라 하여도 마찬가지이다. 그렇다면 위 조항은 명확성원칙에 위배되어 나머지 청구인들의 정치적 표현의 자유 및 결사의 자유를 침해한다.

국가공무원법조항 중 '그 밖의 정치단체'에 관한 부분은 공무원의 정치적 중립성 및 교육의 정치적 중립성을 보장하기 위한 것이므로, 그 입법목적의 정당성이 인정된다. 그러나 위 조항은 위와 같은 입법목적과 아무런 관련이 없는 단체의 결성에 관여하거나 이에 가입하는 행위까지 금지한다는 점에서 수단의 적합성 및 침해의 최소성이 인정되지 않는다. 또한 위 조항은 국가공무원법 제2조 제2항 제2호의 교육공무원 가운데 초·중등교육법 제19조 제1항의 교원(이하 '교원'이라 한다)의 직무와 관련이 없거나 그 지위를 이용한 것으로 볼 수 없는 결성 관여행위 및 가입행위까지 전면적으로 금지한다는 점에서도 수단의 적합성 및 침해의 최소성을 인정할 수 없다. 공무원의 정치적 중립성

은 국민 전체에 대한 봉사자의 지위에서 공직을 수행하는 영역에 한하여 요구되는 것이고, 교원으로부터 정치적으로 중립적인 교육을 받을 기회가 보장되는 이상, 교원이 기본권 주체로서 정치적 자유권을 행사한다고 하여 교육을 받을 권리가 침해된다거나 교육의 정치적 중립성이 훼손된다고 볼 수 없다. 교원이 사인의 지위에서 정치적 자유권을 행사하게 되면 직무수행에 있어서도 정치적 중립성을 훼손하게 된다는 논리적 혹은 경험적 근거는 존재하지 않는다. 공무원의 정치적 중립성 및 교육의 정치적 중립성에 대한 국민의 신뢰는 직무와 관련하여 또는 그 지위를 이용하여 정치적 중립성을 훼손하는 행위를 방지하기 위한 감시와 통제 장치를 마련함으로써 충분히 담보될 수 있다. 위 조항이 교원에 대하여 정치단체의 결성에 관여하거나 이에 가입하는 행위를 전면적으로 금지함으로써 달성할 수 있는 공무원의 정치적 중립성 및 교육의 정치적 중립성은 명백하거나 구체적이지 못한 반면, 그로 인하여 교원이 받게 되는 정치적 표현의 자유 및 결사의 자유에 대한 제약과 민주적 의사형성과정의 개방성과 이를 통한 민주주의의 발전이라는 공익에 발생하는 피해는 매우 크므로, 위 조항은 법익의 균형성도 갖추지 못하였다. 위 조항은 과잉금지원칙에 위배되어 나머지 청구인들의 정치적 표현의 자유 및 결사의 자유를 침해한다.

재판관 이석태, 재판관 김기영, 재판관 이미선의 정당법조항 및 국가공무원법조항 중 '정당'에 관한 부분에 대한 반대의견

국가공무원법조항 중 '그 밖의 정치단체'에 관한 부분에서 살펴본 것과 같은 이유에서, 교원의 직무와 관련이 없거나 그 지위를 이용한 것으로 볼 수 없는 결성 관여행위 및 가입행위를 금지하는 것은 과잉금지원칙에 위배되어 나머지 청구인들의 정당설립의 자유 및 정당가입의 자유를 침해한다.

정당법 제22조 제1항 단서 제1호 단서는 고등교육법 제14조 제1항·제2항에 따른 교원(이하 '대학 교원'이라 한다)의 경우 정당의 발기인 및 당원이 될 수 있도록 규정하고 있다. 교원이 사인으로서 정치적 자유권을 행사하게 되면 직무수행에 있어서도 정치적 중립성을 훼손하게 된다고 볼 수 없는 점은 대학 교원과 동일하다. 학생들을 민주시민으로 양성하기 위한 교육과 훈련은 초·중등학교에서부터 이루어지는 것이므로, 직무의 본질이나 내용을 고려하더라도 정당의 설립·가입과 관련하여 대학 교원과 교원을 달리 취급할 합리적인 이유가 있다고 보기 어렵다. 따라서 정당법조항 및 국가공무원법조항 중 '정당'에 관한 부분은 나머지 청구인들의 평등권을 침해한다.

재판관 이선애, 재판관 이은애, 재판관 이종석의 국가공무원법조항 중 '그 밖의 정치단체'에 관한 부분에 대한 반대의견

입법자가 국가공무원법조항 중 '그 밖의 정치단체'에 관한 부분에 의하여 규율하려는 대상은 '정치단체'이고, 그 전형적·구체적인 사례가 바로 앞서 열거된 '정당'이다. 부단히 변화하는 정치환경에서 자율적인 형성과 운영을 본질로 하는 정치조직의 유동성을 고려할 때, 입법자가 규율이 필요한 '정치단체'를 구체적으로 미리 열거하는 것은 입법기술상 불가능하거나 현저히 곤란하다. 오늘날 정치활동은 정당 또는 당파적 기반 아래 활동하는 사람을 중심으로 이루어지므로, 특정 사회 문제에 대한 의견을 공표하는 것을 넘어, 특정 정당이나 특정 정치인을 지지·반대하는 단체는 정치성을 뚜렷하게 지닌 것으로 볼 수 있다. 교원이 이와 같은 단체의 결성에 관여하거나 가입하는 경우, 교육현장에 혼란을 초래할 수 있고, 공무원의 정치적 중립성 및 교육의 정치적 중립성에 대한 국민의 신뢰가 흔들릴 수 있으므로, 이는 제한되어야 한다. 공무원의 정치적 중립성 및 교육의 정치적 중립성을 선언한 헌법의 취지, 국가공무원법조항의 입법목적 그리고 관련 규범들과의 관계 등을 종합적으로 고려하면, 국가공무원법조항에서 가입 등을 금지하는 '정치단체'는 '특정 정당이나 특정 정치인을 지지·반대하는 단체로서 그 결성에 관여하거나 가입하는 경우 공무원의 정치적 중립성 및 교육의 정치적 중립성을 훼손할 가능성이 높은 단체'로 한정할 수 있다. 따라서 '정치단체'의 범위가 지나치게 광범위하다거나 법관의 해석에 의하여 무한히 확대될 위험이 있다고 보기 어렵다. 더욱이 국가공무원법조항의 수범자는 일반 국민이 아니라 교원이므로, 건전한 상식과 통상적인 법 감정을 가진 교원이라면 국가공무원법조항 중 '정치단체'의 의미내용을 충분히 이해할 수 있다. 그러므로 위 조항은 명확성원칙에 위배되어 나머지 청구인들의 정치적 표현의 자유 및 결사의 자유를 침해한다고 볼 수 없다.

정당은 정치적 결사의 한 종류이므로, 정당법조항 및 국가공무원법조항 중 '정당'에 관한 부분에서 살펴본 논거는 국가공무원법조항 중 '그 밖의 정치단체'에 관한 부분에도 그대로 적용될 수 있다. '정치단체'를 '특정 정당이나 특정 정치인을 지지·반대하는 단체로서 그 결성에 관여하거나 가입하는 경우 공무원 및 교육의 정치적 중립성을 훼손할 가능성이 높은 단체'라고 해석하는 이상, 위 조항의 규율 범위가 지나치게 광범위하여 과잉금지원칙에 위배된다고 보기도 어렵다. 그러므로 위 조항은 과잉금지원칙에 위배되어 나머지 청구인들의 정치적 표현의 자유 및 결사의 자유를 침해한다고 볼 수 없다.

【심판대상조문】

정당법(2013. 12. 30. 법률 제12150호로 개정된 것) 제22조 제1항 단서 제1호 본문 중 국가공무원법 제2조 제2항 제2호의 교육공무원 가운데 초·중등교육법 제19조 제1항의 교원에 관한 부분, 같은 항 단서 제2호 중 사립학교의 교원에 관한 부분

국가공무원법(2008. 3. 28. 법률 제8996호로 개정된 것) 제65조 제1항 중 국가공무원법 제2조 제2항 제2호의 교육공무원 가운데 초·중등교육법 제19조 제1항의 교원에 관한 부분

【참조조문】

헌법 제8조 제1항, 제11조 제1항, 제21조 제1항, 제37조 제2항

정당법(2005. 8. 4. 법률 제7683호로 전부개정된 것) 제53조

국가공무원법(2015. 5. 18. 법률 제13288호로 개정된 것) 제2조 제2항 제2호, 제65조 제2항 내지 제4항, 제84조 제1항

초·중등교육법(2019. 12. 3. 법률 제16672호로 개정된 것) 제19조 제1항

【참조판례】

가. 헌재 2004. 4. 29. 2003헌마484, 판례집 16-1, 574, 583

나. 헌재 1992. 11. 12. 89헌마88, 판례집 4, 739, 761-763

헌재 1993. 7. 29. 91헌마69, 판례집 5-2, 145, 154-155

헌재 1998. 7. 16. 96헌바33등, 판례집 10-2, 116, 149-150

헌재 2001. 6. 28. 99헌마516, 판례집 13-1, 1393, 1406

헌재 2004. 3. 25. 2001헌마710, 판례집 16-1, 422, 436-439

헌재 2014. 3. 27. 2011헌바42, 판례집 26-1상, 375, 386-390

다. 헌재 1990. 4. 2. 89헌가113, 판례집 2, 49, 60

헌재 1992. 2. 25. 89헌가104, 판례집 4, 64, 78, 95

헌재 1992. 6. 26. 90헌가23, 판례집 4, 300, 306

헌재 1992. 11. 12. 89헌마88, 판례집 4, 739, 752

헌재 1998. 4. 30. 95헌가16, 판례집 10-1, 327, 342

헌재 1999. 6. 24. 97헌마265, 판례집 11-1, 768,

775-776

헌재 2002. 6. 27. 99헌마480, 판례집 14-1, 616, 628, 630

헌재 2004. 3. 25. 2001헌마710, 판례집 16-1, 422, 434, 436

헌재 2004. 5. 14. 2004헌나1, 판례집 16-1, 609, 633, 637-639

헌재 2007. 12. 27. 2005헌가11, 판례집 19-2, 691, 701

헌재 2008. 1. 17. 2007헌마700, 판례집 20-1상, 139, 169

헌재 2008. 7. 31. 2007헌가4, 판례집 20-2상, 20, 35-36

헌재 2012. 3. 29. 2010헌마97, 판례집 24-1상, 578, 590

헌재 2012. 8. 23. 2010헌바220, 판례집 24-2상, 455, 463

헌재 2013. 6. 27. 2012헌바37, 판례집 25-1, 506, 510-511

헌재 2014. 3. 27. 2011헌바42, 판례집 26-1상, 375, 386 387

헌재 2014. 12. 19. 2013헌다1, 판례집 26-2하, 1, 17-18

헌재 2016. 9. 29. 2014헌가3등, 판례집 28-2상, 258, 267

【당 사 자】

청 구 인 1. 신○○
2. 박○○
3. 허○○
4. 이○○
5. 홍○○
6. 김○○
7. 이□□
8. 강○○
9. 권○○
청구인들 대리인 법무법인(유한) 지평
담당변호사 조용환 외 4인

【주 문】

1. 국가공무원법(2008. 3. 28. 법률 제8996호로 개정된 것) 제65조 제1항 중 '국가공무원법 제2조 제2항 제2호의 교육공무원 가운데 초·중등교육법 제19조 제1항의 교원은 그 밖의 정치단체의 결성에 관여하거나 이에 가입할 수 없다.' 부분은 헌법에 위반된다.

2. 청구인 이□□, 강○○, 권○○의 심판청구를 각하한다.

3. 청구인 이□□, 강○○, 권○○을 제외한 나머지 청구인들의 나머지 심판청구를 모두 기각한다.

【이 유】

1. 사건개요

가. 청구인 신○○, 박○○, 허○○, 이○○, 홍○○, 김○○은 2018. 3. 1. 중고등학교 교사로 임용되어 공립학교에서 근무하고 있고, 청구인 이□□은 1990. 3. 1. 초등학교 교사로 임용되어 공립학교에서 근무하고 있으며, 청구인 강○○은 1990. 3. 1. 중고등학교 교사로 임용되어 공립학교에서 근무하고 있고, 청구인 권○○은 1996. 3. 1. 중고등학교 교사로 임용되어 사립학교에서 근무하고 있다.

나. 청구인들은 정당법 제22조 제1항 단서 제1호 본문 중 '국가공무원법 제2조 제2항 제2호에 규정된 교육공무원'에 관한 부분 및 제22조 제1항 단서 제2호 중 '사립학교의 교원'에 관한 부분, 국가공무원법 제65조 제1항 중 '국가공무원법 제2조 제2항 제2호에 규정된 교육공무원'에 관한 부분이 청구인들의 정당설립 및 가입의 자유 등을 침해한다고 주장하면서 2018. 5. 29. 이 사건 헌법소원심판을 청구하였다.

2. 심판대상

교육공무원에는 교원, 조교, 장학관, 장학사, 교육연구관, 교육연구사가 포함되는데(교육공무원법 제2조 제1항 참조), 청구인 신○○, 박○○, 허○○, 이○○, 홍○○, 김○○, 이□□, 강○○은 그 중 초·중등교육법 제19조 제1항의 교원이다. 청구인 권○○은 교육공무원이 아니라 사립학교의 교원이다. 따라서 청구인들과 관련된 부분으로 심판대상을 한정한다.

그렇다면 이 사건 심판대상은 정당법(2013. 12. 30. 법률 제12150호로 개정된 것) 제22조 제1항 단서 제1호 본문 중 국가공무원법 제2조 제2항 제2호의 교육공무원 가운데 초·중등교육법 제19조 제1항의 교원에 관한 부분(이하 '정당법조항'이라 한다) 및 국가공무원법(2008.

3. 28. 법률 제8996호로 개정된 것) 제65조 제1항 중 국가공무원법 제2조 제2항 제2호의 교육공무원 가운데 초·중등교육법 제19조 제1항의 교원에 관한 부분(이하 '국가공무원법조항'이라 하고, 위 두 조항을 합하여 '교육공무원조항'이라 한다)이 청구인 권○○을 제외한 나머지 청구인들의, 정당법(2013. 12. 30. 법률 제12150호로 개정된 것) 제22조 제1항 단서 제2호 중 '사립학교의 교원'에 관한 부분(이하 '사립학교교원조항'이라 하고, 교육공무원조항과 합하여 '심판대상조항'이라 한다)이 청구인 권○○의 기본권을 침해하는지 여부이다. 심판대상조항은 다음과 같고, 관련조항은 [별지]와 같다.

[심판대상조항]

정당법(2013. 12. 30. 법률 제12150호로 개정된 것)

제22조(발기인 및 당원의 자격) ① 국회의원 선거권이 있는 자는 공무원 그 밖에 그 신분을 이유로 정당가입이나 정치활동을 금지하는 다른 법령의 규정에 불구하고 누구든지 정당의 발기인 및 당원이 될 수 있다. 다만, 다음 각 호의 어느 하나에 해당하는 자는 그러하지 아니하다.

1. 「국가공무원법」 제2조(공무원의 구분) 또는 「지방공무원법」 제2조(공무원의 구분)에 규정된 공무원. 다만, 대통령, 국무총리, 국무위원, 국회의원, 지방의회의원, 선거에 의하여 취임하는 지방자치단체의 장, 국회 부의장의 수석비서관·비서관·비서·행정보조요원, 국회 상임위원회·예산결산특별위원회·윤리특별위원회 위원장의 행정보조요원, 국회의원의 보좌관·비서관·비서, 국회 교섭단체대표의원의 행정비서관, 국회 교섭단체의 정책연구위원·행정보조요원과 「고등교육법」 제14조(교직원의 구분) 제1항·제2항에 따른 교원은 제외한다.
2. 「고등교육법」 제14조 제1항·제2항에 따른 교원을 제외한 사립학교의 교원

국가공무원법(2008. 3. 28. 법률 제8996호로 개정된 것)

제65조(정치 운동의 금지) ① 공무원은 정당이나 그 밖의 정치단체의 결성에 관여하거나 이에 가입할 수 없다.

3. 청구인들의 주장

가. 심판대상조항은 교원의 정당가입 등을 전면적으로 금지하고 있으므로 과잉금지원칙에 반하여 청구인들의 정당가입의 자유 등 정치적 기본권을 침해한다.

나. 심판대상조항은 대학 교원과 달리 초·중등학교 교원인 청구인들의 정당가입 등을 금지하고 있으므로, 청구인들의 평등권을 침해한다.

4. 적법요건에 관한 판단

법령에 대한 헌법소원은 그 법령의 시행과 동시에 기본권의 침해를 받게 되는 경우에는 그 법령이 시행된 사실을 안 날부터 90일 이내에, 법령이 시행된 날부터 1년 이내에 헌법소원을 청구하여야 하고, 법령이 시행된 뒤에 비로소 그 법령에 해당하는 사유가 발생하여 기본권의 침해를 받게 된 경우에는 그 사유가 발생하였음을 안 날부터 90일 이내에, 그 사유가 발생한 날부터 1년 이내에 헌법소원을 제기하여야 한다(헌재 2004. 4. 29. 2003헌마484 참조).

정당법조항 및 사립학교교원조항은 2014. 1. 1, 국가공무원법조항은 2008. 3. 28. 시행되었다. 교육공무원인 청구인 이□□, 강○○은 1990. 3. 1. 임용되었으므로, 교육공무원조항의 각 시행일에 교육공무원조항의 적용을 받게 되었다. 사립학교의 교원인 청구인 권○○은 1996. 3. 1. 임용되었으므로, 사립학교교원조항의 시행일에 사립학교교원조항의 적용을 받게 되었다. 그럼에도 청구인 이□□, 강○○, 권○○은 그로부터 1년이 경과한 이후인 2018. 5. 29.에서야 이 사건 헌법소원 심판을 청구하였다.

그렇다면 청구인 이□□, 강○○, 권○○의 심판청구는 청구기간을 준수하지 못하여 부적법하다. 그러므로 이하에서는 교육공무원조항이 청구인 이□□, 강○○, 권○○을 제외한 나머지 청구인들(이하 '나머지 청구인들'이라 한다)의 기본권을 침해하는지 여부만을 살펴본다.

5. 본안에 관한 판단

가. 정당법조항 및 국가공무원법조항 중 '정당'에 관한 부분

(1) 헌법재판소 선례

헌법재판소는 2004. 3. 25. 2001헌마710 결정에서 구 정당법(2000. 2. 16. 법률 제6269호로 개정되고, 2005. 8. 4. 법률 제7683호로 개정되기 전의 것) 제6조 단서 제1호에 대하여 합헌결정을 하였고, 2014. 3. 27. 2011헌바42 결정에서 구 정당법(2005. 8. 4. 법률 제

7683호로 개정되고, 2011. 7. 21. 법률 제10866호로 개정되기 전의 것) 제53조 중 '제22조 제1항 단서 제1호 본문의 규정을 위반하여 당원이 된「국가공무원법」 제2조(공무원의 구분)에 규정된 공무원' 부분 및 구 국가공무원법(2008. 3. 28. 법률 제8996호로 개정되고, 2010. 3. 22. 법률 제10148호로 개정되기 전의 것) 제84조 중 '제65조 제1항의 정당가입에 관한 부분을 위반한 자' 부분에 대하여 합헌결정을 하였다. 2011헌바42 결정의 요지는 다음과 같다.

『(가) 과잉금지원칙 위배 여부

1) 입법목적의 정당성

이 사건 정당가입 금지조항은 국가공무원이 정당에 가입하는 것을 금지함으로써, 공무원의 정치적 중립성을 확보하여 공무원의 국민 전체에 대한 봉사자로서의 근무기강을 확립하고, 나아가 정치와 행정의 분리를 통하여 공무집행에서의 혼란의 초래를 예방하고 국민의 신뢰를 확보하여 헌법상 직업공무원제도를 수호하려는 목적을 가진다.

공무원은 공직자인 동시에 국민의 한 사람이기도 하므로, 공무원은 공인의 지위와 사인의 지위, 국민 전체에 대한 봉사자의 지위와 기본권을 누리는 기본권주체의 지위라는 이중적 지위를 가진다. 따라서 공무원이라고 하여 기본권이 무시되거나 경시되어서도 아니 되지만, 공무원의 신분과 지위의 특수성에 비추어 공무원에 대해서는 일반 국민보다 더욱 넓고 강한 기본권제한이 가능하게 된다. 그런 측면에서 우리 헌법은 공무원이 국민 전체의 봉사자라는 지위에 있음을 확인하면서 공무원에 대하여 정치적 중립성을 지킬 것을 요구하고 있다.

이와 같은 공무원에 대한 정치적 중립성의 요청은 교육 분야에서 종사하는 교육공무원에게까지 제도적으로 보장되고 있다. 즉 헌법 제31조 제4항은 "교육의 … 정치적 중립성 … 은 법률이 정하는 바에 의하여 보장된다."고 선언함으로써 헌법적 차원에서 이를 강력히 보장하고 있다. 이는 교육이 국가권력이나 정치적 세력으로부터 부당한 간섭을 받지 아니할 뿐만 아니라 그 본연의 기능을 벗어나 정치영역에 개입하지 않아야 한다는 것을 뜻한다. 교육은 그 본질상 이상적이고 비권력적임에 반하여 정치는 현실적이고 권력적이기 때문에 서로 일정한 거리를 유지하는 것이 바람직한 까닭이다(헌재 2004. 3. 25. 2001헌마710 참조). 즉, 교육은 국가 백년대계의 기초인 만큼 국가의 안정적인 성장·발전을 도모하기 위해서 교육방법이나 교육내용이 당파적 편향성에 의하여 부당하게 침해 또는 간섭당하지 않고 가치 중립적인 진리교육이 보장되어야 하고, 인간의 내면적 가치증진에 관련되는 교육 분야에 있어서는 당파적인 정치적 관념이나 이해관계가 그대로 적용되는 것은 바람직하지 않다(헌재 1992. 11. 12. 89헌마88 참조). 초·중등학교 교원이 정당의 당원이 되는 것을 이 사건 정당가입 금지조항으로 허용하지 않는 것은 특히 교원의 활동이 미성숙한 학생들의 가치판단에 중대한 영향을 주고 있으므로 교육자로서의 특별한 처신이 요구되고, 피교육자인 학생들의 기본권 또는 학부모들의 자녀에 대한 교육권과의 갈등을 예방하기 위한 것이다(헌재 2004. 3. 25. 2001헌마710 참조).

따라서 이 사건 정당가입 금지조항의 입법목적은 정당하다.

2) 수단의 적합성

개인적 정치활동과 달리 단체를 통한 정치활동은 국민의 정치적 의사형성에 미치는 영향력이 크게 차이 나고, 특히 헌법상 특별한 보호를 받고 있는 정당의 경우 국가작용에 영향을 미치는 각종 헌법적 권한을 보유·행사하고 있는 점에 비추어, 이에 대한 공무원의 가입을 금지하는 것은 공무원의 정치적 중립성을 확보하기 위해서도 반드시 필요하고 유효적절한 것이라 할 수 있다. 따라서 이 사건 정당가입 금지조항은 앞서 본 입법목적을 달성하기 위한 효과적이고 적합한 수단이다.

3) 침해의 최소성

이 사건 정당가입 금지조항은 공무원의 정당가입의 자유를 원천적으로 금지하고 있다. 그러나 공무원의 정당가입이 허용된다면, 공무원의 정치적 행위가 직무 내의 것인지 직무 외의 것인지 구분하기 어려운 경우가 많고, 설사 공무원이 근무시간 외에 혹은 직무와 관련 없이 정당과 관련한 정치적 표현행위를 한다 하더라도 공무원의 정치적 중립성에 대한 국민의 기대와 신뢰는 유지되기 어렵다. 나아가 공무원의 행위는 근무시간 내외를 불문하고 국민에게 중대한 영향을 미친다고 할 것이므로, 직무 내의 정당 활동에 대한 규제만으로 공무원의 근무기강을 확립하고 정치적 중립성을 확보하는데 충분하다고 할 수 없다.

한편, 이 사건 정당가입 금지조항은 공무원이 '정당의 당원이 된다'는 정치적 행위를 금지하고 있을 뿐이므로, 정당에 대한 지지의사를 선거와 무관하게 개인적인 자리에서 밝히거나 선거에서 지지 정당에 대해 투표를 하는 등 일정한 범위 내의 정당 관련 활동은 공무원에게도 허용되고 있다. 이러한 점에서 볼 때 이 사건 정당가입 금지조항은 침해의 최소성 원칙에 반하지 아니한다.

4) 법익의 균형성

만약 공무원의 정당가입 행위가 일반적으로 허용된다면, 국가 정책의 수립과 집행에 대한 국민적 신뢰 확보가 어렵고, 공무원이 그 소속 당파적 이익을 대변하여 이를 관철할 수도 있으며, 편향적 공무 집행을 통해 간접적으로 특정 정당이나 후보자에 대한 지지·반대를 표현하게 됨으로써 정치적 중립성을 훼손할 수도 있다. 나아가 국가 정책의 집행을 위해 화합하고 협력하여야 할 공무원 사이에 정치적 이념에 따른 상호 대립과 분열을 조장할 수도 있다.

한편, 이 사건 정당가입 금지조항이 청구인들과 같은 초·중등학교 교원의 정당가입 자유를 금지함으로써 정치적 기본권을 제한하는 측면이 있는 것은 사실이나, 감수성과 모방성, 그리고 수용성이 왕성한 초·중등학교 학생들에게 교원이 미치는 영향은 매우 크고, 교원의 활동은 근무시간 내외를 불문하고 학생들의 인격 및 기본생활습관 형성 등에 큰 영향을 끼치는 잠재적 교육과정의 일부분인 점을 고려하고, 교원의 정치활동은 교육수혜자인 학생으로서는 수업권의 침해로 받아들여질 수 있다는 점에서 현시점에서는 국민의 교육기본권을 더욱 보장함으로써 얻을 수 있는 공익을 우선시해야 할 것이다(헌재 2004. 3. 25. 2001헌마710 참조).

이러한 점을 두루 고려할 때, 이 사건 정당가입 금지조항이 달성하려는 공익은 그로 말미암아 제한받는 사익에 비해 결코 작다고 할 수 없으므로 법익의 균형성 또한 인정된다.

5) 소결

따라서 이 사건 정당가입 금지조항은 과잉금지원칙에 위배된다고 볼 수 없다.

(나) 평등원칙 위배 여부

이 사건 정당가입 금지조항이 대학의 교원인 공무원에 대하여는 정당가입의 자유를 허용하면서도 청구인들과 같은 초·중등학교의 교원에 대하여는 이를 금지하여 양자를 차별 취급하고 있음은 문언상 명백하다.

헌법상 평등원칙은 본질적으로 같은 것은 같게, 다른 것은 다르게 취급할 것을 요구하나, 이는 일체의 차별적 대우를 부정하는 절대적 평등을 의미하는 것이 아니라, 입법과 법의 적용에 있어서 합리적인 근거가 없는 차별을 배제하는 상대적 평등을 뜻하므로, 합리적 근거가 있는 차별은 평등원칙에 반하는 것이 아니다(헌재 2001. 6. 28. 99헌마516 참조). 초·중등학교의 교원, 즉 교사는 법령이 정하는 바에 따라 학생을 교육하는 자이고(교육기본법 제14조 제3항, 초·중등교육법 제20조 제4항), 반면에 대학의 교원, 즉 교수·부교수·조교수와 전임강사는 학생을 교육·지도하고 학문을 연구하되, 학문연구만을 전담할 수 있는 자이다(고등교육법 제15조 제2항). 이처럼 현행 교육법령은 양자의 직무를 달리 규정하고 있다. 물론 대학교수도 학생을 교육하기는 하나 그 주된 직무는 연구기능이므로, 이 점에서 매일매일을 학생과 함께 호흡하며 수업을 하고 학생을 지도해야 하는 초·중등학교 교원보다 상대적으로 많은 학문연구와 사회활동의 자유가 인정된다(헌재 1993. 7. 29. 91헌마69 참조). 그뿐만 아니라 초·중등학교의 교육은 일반적으로 승인된 기초적인 지식의 전달에 중점이 있는 데 비하여, 대학의 교육은 학문의 연구·활동과 교수기능을 유기적으로 결합하여 학문의 발전과 피교육자인 대학생들에 대한 교육의 질을 높일 필요성이 있기 때문에 대학교원의 자격기준도 이와 같은 기능을 수행할 수 있는 능력을 갖출 것이 요구된다(헌재 1998. 7. 16. 96헌바33등 참조).

그렇다면 이 사건 정당가입 금지조항이 초·중등학교 교원에 대해서는 정당가입의 자유를 금지하면서 대학의 교원에게 이를 허용한다 하더라도, 이는 양자 간 직무의 본질이나 내용 그리고 근무 태양이 다른 점을 고려한 합리적인 차별이라고 할 것이므로 평등원칙에 위배된다고 할 수 없다(헌재 2004. 3. 25. 2001헌마710 참조).』

(2) 선례 변경의 필요 여부

(가) 2011헌바42 결정은 정당가입 행위에 대하여만 판단하고 있으므로, 위 결정의 논거가 정당의 발기인이 되거나 정당의 결성에 관여하는 행위에도 그대로 적용될 수 있는지 살펴본다.

정당의 발기인이 되거나 정당의 결성에 관여하는 행위는 정당에 가입하는 행위보다 적극적인 정치활동에 속한다. 발기인은 발기인대회를 개최하여 발기의 취지, 정당의 명칭 등을 정하고 대표자를 선임한 후 창당준비위원회를 결성하고, 창당준비위원회의 구성원으로서 창당집회 개최, 강령과 당헌 제정, 대표자·간부 선임, 당원모집 등 정당등록을 위한 창당활동을 하게 된다(정당법 제5조 내지 제13조, 제28조, 정당사무관리규칙 제2조 내지 제5조 참조).

따라서 2011헌바42 결정의 정당가입 행위에 관한

판단은 그보다 적극적인 정치활동에 속하는 정당의 발기인이 되거나 정당의 결성에 관여하는 행위에도그대로 적용될 수 있다. 정당의 발기인이 되는 행위가 심판대상에 포함된 헌재 2004. 3. 25. 2001헌마710 결정도 2011헌바42 결정과 같은 논거로 심판청구를 기각하였다.

(나) 그 밖에 위 선례의 판단을 변경할 만한 사정 변경이나 필요성이 인정되지 않고 위 선례의 취지는 이 사건에서도 그대로 타당하므로, 위 선례의 견해를 그대로 유지하기로 한다.

나. 국가공무원법조항 중 '그 밖의 정치단체'에 관한 부분

(1) 재판관 유남석, 재판관 이영진, 재판관 문형배의 위헌의견

(가) 국가공무원법조항 중 '그 밖의 정치단체'에 관한 부분은, '그 밖의 정치단체'가 무엇인가에 대하여 규범내용을 확정할 수 없는 불명확한 개념을 사용하고 있어, 표현의 자유를 규제하는 법률조항, 형벌의 구성요건을 규정하는 법률에 대하여 헌법이 요구하는 명확성원칙의 엄격한 기준을 충족하지 못하였다. 이에 대하여는, (2) 재판관 이석태, 재판관 김기영, 재판관 이미선의 위헌의견 중 '(가) 명확성원칙 위배 여부' 부분과 의견을 모두 같이 한다.

(나) 이에 덧붙여 살피면, 정치단체의 가입 등은 헌법이 보장하는 표현의 자유를 집단적 형태로 구현하는 것이다. 헌법 제21조 제1항은 "모든 국민은 언론·출판의 자유와 집회·결사의 자유를 가진다."라고 규정하여, 타인과의 의견교환을 위한 기본권인 표현의 자유, 집회의 자유, 결사의 자유를 함께 국민의 기본권으로 보장하고 있다(헌재 2016. 9. 29. 2014헌가3등). 국가공무원법조항 중 '그 밖의 정치단체'에 관한 부분은 이러한 정치적 표현의 자유, 결사의 자유를 제한한다.

또한 국가공무원법조항 중 '그 밖의 정치단체'에 관한 부분은 형벌의 구성요건 조항이기도 하다. 형벌의 구성요건을 정한 법률의 내용이 불명확하거나 그 적용범위가 지나치게 광범위하면, 어떠한 경우에 법을 적용하여야 합헌적인 것이 될 수 있는지 법 집행자에게도 불확실하고 모호하게 되어, 어떠한 것이 범죄인가를 법제정기관인 입법자가 법률로 확정하는 것이 아니라 사실상 법운영 당국이 재량으로 정하는 결과가 되어, 법치주의에 위배되고 죄형법정주의에 위반된다(헌재 1990. 4. 2. 89헌가113; 헌재 1992. 2. 25. 89헌가104 참조).

(다) 표현의 자유는 헌법에서 기본권으로 보장하는 것 이상으로, 민주적이고 열린 정치체제의 보존에 필수불가결하게 기여한다. 특히 정치적 표현의 자유의 행사의 보장은 매우 중요하다. 표현의 자유는 현대 자유민주주의의 존립과 발전에 필수불가결한 기본권이며 이를 최대한도로 보장하는 것은 자유민주주의 헌법의 기본원리의 하나이다(헌재 1992. 6. 26. 90헌가23; 헌재 1999. 6. 24. 97헌마265). 표현의 자유가 다른 기본권에 우선하는 헌법상의 지위를 갖는다고 일컬어지는 것도 그것이 단순히 개인의 자유에 그치는 것이 아니고 통치권자를 비판함으로써 피치자가 스스로 지배기구에 참가한다고 하는 자치정체(自治政體)의 이념을 그 근간으로 하고 있기 때문이다(헌재 1992. 2. 25. 89헌가104).

이처럼 표현의 자유의 우선적 가치와 자유민주주의 정치체제에서 가지는 위치를 고려할 때, 표현의 자유를 제한하는 법률은 그 수범자가 무엇이 허용되고 무엇이 허용되지 않는지 명확하게 알 수 있어야만 한다. 표현이 규제의 대상이 아니라는 확신이 없는 기본권 주체는 대체로 규제를 받을 것을 우려해서 표현행위를 스스로 억제하게 될 가능성이 높아지기 때문에, 표현의 자유를 규제하는 법률은 그 규제로 인해 보호되는 다른 표현에 대해 위축효과가 미치지 않도록, 규제되는 표현의 개념을 세밀하고 명확하게 규정할 것이 헌법적으로 요구된다(헌재 1998. 4. 30. 95헌가16; 헌재 2002. 6. 27. 99헌마480; 헌재 2008. 7. 31. 2007헌가4 참조).

또한 표현의 자유를 제한하는 불명확한 법률은, 표현을 허가하거나 불허하는 결정을 하는 법 집행 공무원에게 지나치게 넓은 재량을 부여하여, 공무원이 표현의 내용에 따라 선호하거나 비선호하는 결정을 내릴 위험이 있다. 따라서 표현을 제한하는 불명확한 법률은 특정한 견해와 사상을 억압하는 수단이 될 위험도 있다.

(라) 따라서 표현의 자유를 규제하는 경우에 헌법이 요청하는 명확성의 기준이 일반적으로 강화된다고 할 것이고, 특히 국가공무원법조항 중 '그 밖의 정치단체'에 관한 부분과 같이, 어떤 단체에 가입하는가에 관한 집단적 형태의 '표현의 내용'에 근거한 규제인 경우에는, 더욱 더 규제되는 표현의 개념을 세밀하고 명확하게 규정할 것이 요구된다(헌재 2002. 6. 27. 99헌마480 참조).

표현의 자유를 제한하는 규제 대상이 다양·다기하다 하더라도, 개별화·유형화를 통한 명확성의 추구를

포기하여서는 아니 되고, 부득이한 경우 국가는 표현에 대한 규제의 과잉보다는 오히려 규제의 부족을 선택하여야 할 것이다. 해악이 명백히 검증된 것이 아닌 표현을 규제하는 것은 득보다 실이 크다고 보는 것이 표현의 자유의 본질이기 때문이다(헌재 2002. 6. 27. 99헌마480).

(마) (2) 재판관 이석태, 재판관 김기영, 재판관 이미선의 위헌의견 중 '(가) 명확성원칙 위배 여부' 부분에서 판단하는 바와 같이, 나머지 청구인들이 그 결성에 관여하거나 가입하는 것을 금지하고 있는 '정치단체'가 무엇인지, 결성에 관여하거나 가입을 해도 되는 '비정치단체'와 어떻게 구별할 것인지에 대한, 구체적이고 유용한 기준을 국가공무원법조항 중 '그 밖의 정치단체'에 관한 부분으로부터 도출해낼 수 없다.

'정치단체'를 '특정 정당이나 특정 정치인을 지지·반대하는 단체로서 그 결성에 관여하거나 가입하는 경우 공무원 및 교육의 정치적 중립성을 훼손할 가능성이 높은 단체' 등으로 한정하여 해석할 근거도 없다.

어떠한 행위자가 가입 등을 할 수 있는 단체와 가입 등을 할 수 없는 단체를 법률조항으로부터 명확하게 구별할 수 없다면, 이 법률조항의 불명확한 적용대상의 경계 부근에 있는 단체에 가입 등을 하려는 위험을 감수할 사람은 매우 적다. 이러한 불명확한 규정은 그 자체로 매우 효과적인 위협 기제가 되어 정치적 표현의 자유, 결사의 자유에 심대한 위축효과를 초래한다.

(바) 국가공무원법조항 중 '그 밖의 정치단체'에 관한 부분은 가입 등이 금지되는 '정치단체'가 무엇인지 그 규범 내용이 확정될 수 없을 정도로 불분명하여, 헌법상 그 가입 등이 마땅히 보호받아야 할 단체까지도 수범자인 나머지 청구인들이 가입 등의 행위를 하지 못하게 위축시키고 있고, 법 집행 공무원이 지나치게 넓은 재량을 행사하여 금지되는 '정치단체'와 금지되지 않는 단체를 자의적으로 판단할 위험이 있다.

따라서 국가공무원법조항 중 '그 밖의 정치단체'에 관한 부분은 명확성원칙에 위배되어 나머지 청구인들의 정치적 표현의 자유, 결사의 자유를 침해한다.

(사) 이처럼 국가공무원법조항 중 '그 밖의 정치단체'에 관한 부분이 명확성원칙에 위배되어 나머지 청구인들의 정치적 표현의 자유, 결사의 자유를 침해하여 헌법에 위반되는 점이 분명한 이상, 국가공무원법조항 중 '그 밖의 정치단체'에 관한 부분이 과잉금지원칙에 위배되어 나머지 청구인들의 정치적 표현의 자유, 결사의 자유를 침해하는지 여부에 대하여는 더 나아가 판단하지 않는다.

(2) 재판관 이석태, 재판관 김기영, 재판관 이미선의 위헌의견

(가) 명확성원칙 위배 여부

1) 쟁점 및 심사기준

가) 헌법 제12조 및 제13조를 통하여 보장되고 있는 죄형법정주의원칙은 범죄와 형벌이 법률로 정하여져야 함을 의미한다. 이러한 죄형법정주의에서 파생되는 명확성원칙은 법률이 처벌하고자 하는 행위가 무엇이며 그에 대한 형벌이 어떠한 것인지를 누구나 예견할 수 있고, 그에 따라 자신의 행위를 결정할 수 있도록 구성요건을 명확하게 규정할 것을 요구한다.

한편, 현대 민주사회에서 표현의 자유는 국민주권주의 이념의 실현에 불가결한 것인바, 표현의 자유를 규제하는 입법에 있어서 명확성원칙은 특별히 중요한 의미를 지닌다. 불명확한 규범에 의한 규제는 헌법상 보호받는 표현에 대한 위축적 효과를 야기하고, 그로 인하여 다양한 의견, 견해, 사상의 표출을 통한 상호 검증이라는 표현의 자유의 본래의 기능을 상실하게 한다. 따라서 표현의 자유를 규제하는 법률은 규제되는 표현의 개념을 세밀하고 명확하게 규정할 것이 헌법적으로 요구된다(헌재 2013. 6. 27. 2012헌바37 참조).

나) 국가공무원법조항 중 '그 밖의 정치단체'에 관한 부분은 '국가공무원법 제2조 제2항 제2호의 교육공무원 가운데 초·중등교육법 제19조 제1항의 교원(이하 '교원'이라 한다)은 그 밖의 정치단체의 결성에 관여하거나 이에 가입할 수 없다.'라고 규정하고 있다. 이를 위반한 자는 국가공무원법 제84조 제1항에 의하여 처벌되므로, 위 조항은 형벌의 구성요건을 규정하는 법률조항에 해당한다. 또한 위 조항은 교원이 정치단체의 결성에 관여하거나 이에 가입하는 행위를 금지함으로써 나머지 청구인들의 정치적 표현의 자유 및 결사의 자유를 제한하고 있다(헌재 2012. 3. 29. 2010헌마97 참조).

그렇다면 국가공무원법조항 중 '그 밖의 정치단체'에 관한 부분은 죄형법정주의원칙에서 파생되는 명확성원칙뿐만 아니라 표현의 자유를 규제하는 입법에 있어서의 명확성원칙에 부합하여야 하며, 그 정도는 엄격한 의미에서의 명확성이라 할 것이다.

2) 판단

가) 민주주의 국가에 있어 국가 구성원의 모든 행위

는 직접적이든 간접적이든, 공식적이든 비공식적이든 정치에 연결되기 마련이므로, 그 정도와 강약의 차이는 있을지언정 모든 사회적 활동은 '정치'와 관련된다(헌재 2012. 3. 29. 2010헌마97 참조).

특히 단체는 국가 정책에 찬성하거나 반대하기만 하여도 정치적인 성격을 가진다고 볼 경우도 상정할 수 있다. 어떠한 단체의 주장이 특정 정당이나 후보자의 주장과 우연히 일치할 수도 있는데, 이 경우 특정 정당이나 후보자의 정책을 지지하는 정치단체로 해석될 수 있다. 당초 국가 정책이나 사회적 문제에 대하여 지지·반대하기 위한 목적으로 결성된 단체가 아니라고 하더라도, 단체의 활동을 제한하거나 구성원의 이익을 저해하는 정책이 시행될 경우 그 에 대하여 반대할 수 있고, 이와 같은 경우에도 해당 단체는 '정치적' 성격을 갖게 된다.

나아가 국가공무원법조항이 규정한 '단체'라는 개념은 '다수인의 지속적 모임'이라는 통상의 이해를 조금도 구체화시키지 못한다. 국가공무원법조항은 가입 등이 금지되는 대상을 '정당이나 그 밖의 정치단체'로 규정하고 있으므로, 그 문언상 '정당'에 준하는 정치단체만을 의미하는 것이라 해석하기도 어렵다. 단체의 목적이나 활동에 관한 어떠한 제한도 없는 상태에서는 '정치단체'와 '비정치단체'를 어떻게 구별할 것인지에 관한 구체적이고 유용한 기준을 도출해낼 수 없다.

나) 공무원의 정치적 중립성 및 교육의 정치적 중립성의 보장이라는 국가공무원법조항의 입법목적을 고려하더라도, '정치적 중립성' 자체가 다원적인 해석이 가능한 매우 추상적인 개념이기 때문에, 어떠한 단체가 정치적 중립성에 반하는지에 관하여 우리 사회의 구성원들이 일치된 이해를 가지고 있다고 보기도 어렵다.

이는 판단주체가 법전문가라 하여도 마찬가지이며, 법관의 보충적 해석에 의하여 그 의미가 밝혀질 수 있는 성질의 것이 아니다. 이와 같이 불명확한 형벌조항은 그 집행의 자의성을 초래하기 마련이고, 수사기관이나 재판기관은 객관적이고 구속적인 해석 및 집행의 기준을 제공받지 못하므로 자의적·선별적인 법집행에로 이끌리기 쉽다.

다) 그렇다면 국가공무원법조항 중 '그 밖의 정치단체'에 관한 부분은 법적용기관인 법관의 보충적 법해석을 통하여도 그 규범내용이 확정될 수 없는 모호하고 막연한 개념을 사용하고 있으므로 명확성원칙에 위배되어 나머지 청구인들의 정치적 표현의 자유 및 결사의 자유를 침해한다.

(나) 과잉금지원칙 위배 여부

1) 입법목적의 정당성

국가공무원법조항 중 '그 밖의 정치단체'에 관한 부분은 교원이 정치단체의 결성에 관여하거나 이에 가입하는 것을 금지함으로써 국민 전체에 대한 봉사자(헌법 제7조 제1항)로서 그 임무를 충실히 수행할 수 있도록 정치적 중립성을 보장하고(헌법 제7조 제2항), 교육의 정치적 중립성(헌법 제31조 제4항)을 확보하기 위한 것이므로, 그 입법목적의 정당성이 인정된다.

2) 수단의 적합성

가) 앞서 본 바와 같이 '정치단체'의 의미가 불명확하므로, 국가공무원법조항 중 '그 밖의 정치단체'에 관한 부분은 공무원의 정치적 중립성 및 교육의 정치적 중립성 보장과 아무런 관련이 없는 단체의 결성에 관여하거나 이에 가입하는 행위까지 금지하게 된다. 예를 들어, 교원이 결성에 관여하거나 가입한 단체가 당초 국가 정책이나 사회적 문제에 대하여 지지·반대하기 위한 목적으로 결성된 것이 아니라고 하더라도, 단체의 활동을 제한하거나 구성원의 이익을 저해하는 정책에 대하여 반대하게 될 수 있는데, 이와 같은 경우에도 '정치단체'에 해당한다는 이유로 국가공무원법조항 중 '그 밖의 정치단체'에 관한 부분에 의하여 규제될 수 있다.

이처럼 공무원의 정치적 중립성 및 교육의 정치적 중립성 보장과 관련이 없는 단체의 결성에 관여하거나 이에 가입하는 행위를 금지하는 것은 국가공무원법조항의 입법목적 달성에 기여한다고 볼 수 없으므로, 국가공무원법조항 중 '그 밖의 정치단체'에 관한 부분은 수단의 적합성이 인정되지 않는다.

나) 공무원은 공직자인 동시에 국민의 한 사람이기도 하므로, 국민 전체에 대한 봉사자의 지위와 기본권을 누리는 기본권 주체의 지위라는 이중적 지위를 가진다(헌재 2014. 3. 27. 2011헌바42 참조). 공무원의 정치적 중립성은 공무원의 직무집행의 중립성을 유지하기 위하여 필요한 것이므로(헌재 2004. 3. 25. 2001헌마710; 헌재 2014. 3. 27. 2011헌바42 참조), 국민 전체에 대한 봉사자의 지위에서 공직을 수행하는 영역에 한하여 요구되는 것이다. 기본권 주체인 국민으로서 정치적 자유권을 행사함에 있어서 정치적 중립성을 지키라는 것은 정치적 자유권을 부정하는 것이나 다름이 없다.

또한 헌법 제31조 제4항이 규정하고 있는 교육의 정

치적 중립성은 교육을 받을 권리를 실효적으로 보장하기 위한 규정이다(헌재 1992. 11. 12. 89헌마88; 헌재 2007. 12. 27. 2005헌가11; 헌재 2012. 8. 23. 2010헌바220 참조). 교원으로부터 정치적으로 중립적인 교육을 받을 기회가 보장되는 이상, 교원이 기본권 주체로서 정치적 자유권을 행사한다고 하여 교육을 받을 권리가 침해된다거나 교육의 정치적 중립성이 훼손된다고 볼 수 없다.

나아가 교원이 사인의 지위에서 정치적 자유권을 행사하게 되면 직무수행에 있어서도 정치적 중립성을 훼손하게 된다는 논리적 혹은 경험적 근거는 존재하지 않는다. 교원에게 사인으로서의 종교의 자유가 보장된다고 하여 학생들에게 종교적으로 편향된 교육을 실시하는 것은 아니듯이, 교원이 사인으로서 정치적 자유를 보장받는다고 하여 학생들에게 당파적 편향성을 가지고 교육에 임할 것이라고 추정하는 것은 적절하지 않다.

그렇다면 교원의 직무와 관련이 없거나 그 지위를 이용한 것으로 볼 수 없는 결성 관여행위 및 가입행위를 금지하는 것은 국가공무원법조항의 입법목적 달성에 기여한다고 볼 수 없다. 따라서 국가공무원법조항 중 '그 밖의 정치단체'에 관한 부분은 '결성에 관여하거나 이에 가입하는 행위'를 전면적으로 금지한다는 점에서도 수단의 적합성을 인정할 수 없다.

3) 침해의 최소성

가) '정치단체'의 광범성으로 인한 침해의 최소성 원칙 위배

'2) 수단의 적합성 가)' 부분에서 살펴본 것처럼, 국가공무원법조항 중 '그 밖의 정치단체'에 관한 부분은 '정치단체'라는 불명확한 개념을 사용함으로써 공무원의 정치적 중립성 및 교육의 정치적 중립성 보장과 관련이 없는 단체의 결성에 관여하거나 이에 가입하는 행위까지 금지하고 있다. 이는 입법목적 달성에 필요한 범위를 벗어나 교원의 정치적 표현의 자유 및 결사의 자유를 과도하게 제한하는 것이므로 침해의 최소성 원칙에 위배된다.

나) '결성에 관여하는 행위'의 전면적 금지로 인한 침해의 최소성 원칙 위배

교원이 직무와 관련하여 또는 그 지위를 이용하여 정치단체의 결성에 관여하는 행위만을 금지하더라도 공무원의 정치적 중립성 및 교육의 정치적 중립성을 보장할 수 있으므로, 이를 넘어서 교원이 정치단체의 결성에 관여하는 행위를 전면적으로 금지하는 것은 침해의 최소성 원칙에 위배된다.

먼저, 교원이 직무와 관련하여 또는 그 지위를 이용하여 결성에 관여하는 행위와 그 외의 행위를 구분하기 어려워 위와 같은 대체수단만으로는 국가공무원법조항의 입법목적을 달성할 수 없는 것인지 살펴본다.

직무와 관련되거나 지위를 이용한 정치적 행위만을 금지하는 조항은 이미 다른 법령에 도입되어 있다. 예를 들어 공직선거법 제85조 제1항은 "공무원 등 법령에 따라 정치적 중립을 지켜야 하는 자는 직무와 관련하여 또는 지위를 이용하여 선거에 부당한 영향력을 행사하는 등 선거에 영향을 미치는 행위를 할 수 없다."라고 규정하고 있다.

또한 헌법재판소는 '공무원 기타 정치적 중립을 지켜야 하는 자(기관·단체를 포함한다)는 선거에 대한 부당한 영향력의 행사 기타 선거결과에 영향을 미치는 행위를 하여서는 아니된다.'라고 규정한 공직선거법 제9조 제1항에 대하여, 공무원의 직무집행과 관련된 공적인 행위만을 규제하는 것이고 공무원의 순수한 개인적인 영역까지 규제하는 것은 아닌 점을 근거로 하여 정치적 표현의 자유를 침해하지 않는다고 판단하였다(헌재 2008. 1. 17. 2007헌마700 참조).

그리고 대통령이 위 조항을 위반하였는지 여부를 판단하면서, 대통령의 절대적인 지명도 및 그 지위와 업무의 성질로 말미암아 그의 '사인으로서의 기본권행사'와 '직무범위 내에서의 활동'의 구분이 불명확하다고 하면서도, 지위가 부여하는 정치적 비중과 영향력을 이용하였다면 공직자의 신분으로서 직무수행의 범위 내에서 또는 직무수행과 관련하여 이루어진 것이므로 '그 직무집행에 있어서' 한 행위에 해당한다고 판단하였다(헌재 2004. 5. 14. 2004헌나1 참조).

대통령은 통상 선출된 후에도 정당의 당원으로 남아 정당활동을 하고(헌재 2004. 5. 14. 2004헌나1 참조), 그 업무의 성격상 정치활동이 국정수행과 연결되는 경우가 많음에도 불구하고, 그 직무집행에 있어서 한 행위와 사인으로서의 기본권 행사를 구분할 수 있다면, 교원의 정치적 행위도 직무집행과 관련된 행위와 사인으로서 한 행위를 구분할 수 있다고 보아야 한다.

다음으로, 교원이 직무와 관련 없이 그리고 그 지위를 이용하지 아니하고 정치단체의 결성에 관여하더라도, 공무원의 정치적 중립성 및 교육의 정치적 중립성에 대한 국민의 기대와 신뢰를 유지할 수 없게 되므로 불가피하게 이를 금지하여야 하는 것인지 살펴본다.

공무원의 정치적 중립성 및 교육의 정치적 중립성에 대한 국민의 신뢰는 직무와 관련하여 또는 그 지위를 이용하여 정치적 중립성을 훼손하는 행위를 방지하기 위한 감시와 통제 장치를 마련함으로써 충분히 담보될 수 있다. 직무수행에 있어서의 정치적 중립성을 보장하기 위한 제도적 장치가 마련되어 있는 이상, 사인으로서의 정치적 자유에 대한 제한은 불필요한 것이다.

이미 국가공무원법에는 공무원의 정치적 중립성을 확보하고 근무기강을 확립하기 위한 방안이 충분히 마련되어 있다. 국가공무원법은 공무원에 대하여 법령 준수와 성실한 직무수행의 의무(제56조), 직무 내외를 불문하고 품위를 유지할 의무(제63조) 등을 부과하고 있고, 이를 위반할 경우 징계사유가 된다(제78조). 위 국가공무원법 조항들은 교육공무원에게도 그대로 적용된다(교육공무원법 제53조).

그 외에도 특히 교원과 관련하여, 교육기본법 제6조 제1항은 '교육은 교육 본래의 목적에 따라 그 기능을 다하도록 운영되어야 하며, 정치적·파당적 또는 개인적 편견을 전파하기 위한 방편으로 이용되어서는 아니 된다.'라고 규정하고 있고, 제14조 제4항은 '교원은 특정한 정당이나 정파를 지지하거나 반대하기 위하여 학생을 지도하거나 선동하여서는 아니 된다.'라고 규정하고 있으며, 이를 위반할 경우 징계사유가 된다(교육공무원법 제51조 제1항, 국가공무원법 제78조).

나아가 교육을 받을 권리를 보장하기 위해서 확보되어야 하는 교원 및 교육에 대한 국민의 신뢰에 교원이 개별 국민 또는 정부와 정치적 견해를 같이 하거나 혹은 아무런 정치적 견해를 가지지 않거나, 사인으로서도 정치적 견해를 표현하지 않을 것이라는 신뢰까지 포함되는 것은 아니다. 위와 같은 신뢰를 이유로 교원의 사인으로서의 정치적 자유권 행사를 제한하는 것은 교원에 대해서는 나와 다르다는 이유로 정치적 자유권의 행사를 금지하는 것을 허용할 수 있다는 것과 다름이 없다.

민주주의원리는 사회가 본질적으로 복수의 개인들로 구성되고 각 개인들의 생각은 서로 상이할 수밖에 없음을 인정하는 다원주의적 가치관을 전제로 한다. 이 체제는 누구나 다양한 정치적 견해를 가질 수 있고 자유로이 표현할 수 있으며, 이를 기초로 한 공적 의사결정이 궁극적으로 올바른 방향으로 전개될 것이라는 신뢰를 바탕으로 하고 있다.

교원이 사인으로서 표명한 정치적 입장이 국가가 현재 추구하고 있는 정책의 방향 혹은 어떤 국민의 정치적 견해와 일치하지 않는 경우가 발생할 수 있지만, 이는 민주주의 사회에서 본질적으로 자연스러운 현상이다. 모든 국민들은 주권자로서의 충분한 능력과 자격을 동등하게 가지므로, 국민 각자는 서로를 공동체의 대등한 동료로 존중해야 하고, 자신의 의견이 옳다고 믿는 만큼 타인의 의견에도 동등한 가치가 부여될 수 있음을 인정해야 한다(헌재 2014. 12. 19. 2013헌다1 참조).

마지막으로, 교원이 직무와 관련 없이 그리고 그 지위를 이용하지 아니하고 정치단체의 결성에 관여하더라도, 학생들에게 미치는 영향이 중대하므로, 이러한 행위까지 불가피하게 금지하여야 하는 것인지 살펴본다.

교원이 사인인 기본권주체로서 하는 정치적 행위들은 직접 학생들을 대상으로 하거나 학생들이 일방적으로 수용해야 하는 상황에서 이루어지는 것이 아니다. 학생들이 미성숙하고, 감수성·모방성·수용성이 큰 특성을 갖는 것이 사실이라고 하더라도, 가족, 이웃, 또래집단, 대중매체 등 다양한 주체들이 학생들에게 정치적 영향력을 미칠 수 있다. 교원이 사인인 기본권주체로서 정치적 행위를 할 경우에는 위와 같은 다양한 주체들 중에 하나에 불과할 뿐이므로, 교원이 학생들에 대하여 갖는 영향력이 크다고 단정할 수 없다.

이상의 내용을 종합하여 보면, 국가공무원법조항 중 '그 밖의 정치단체'에 관한 부분이 직무와 관련되거나 그 지위를 이용하는 것을 넘어서 교원이 정치단체의 결성에 관여하는 행위를 전면적으로 금지하는 것은 침해의 최소성 원칙에 위배된다.

다) '가입 행위'의 금지로 인한 침해의 최소성 원칙 위배

'3) 침해의 최소성 나) '결성에 관여하는 행위'의 전면적 금지로 인한 침해의 최소성 원칙 위배' 부분에서 살펴본 것처럼, 공무원의 정치적 중립성 및 교육의 정치적 중립성을 보장하기 위해서 제한할 필요가 있는 교원의 행위는 '직무와 관련된 행위' 또는 '그 지위를 이용한 행위'에 한정된다.

그런데 '가입 행위'는 단순히 구성원이 되는 것을 의미하므로, 교원이 직무와 관련하여 또는 그 지위를 이용하여 정치단체에 가입하는 경우를 상정하기는 어렵다. 또한 정치단체에 가입하는 행위와 정치활동에 참여하는 행위는 별개의 행위이고, 정치단체에 가입한 모든 사람이 곧바로 정치활동에 참여하게 되는 것도 아니다.

그렇다면 교원이 정치단체에 '가입'하는 행위를 금지하는 것은 공무원의 정치적 중립성 및 교육의 정치적

중립성을 보장하기 위해서 필요하다고 볼 수 없으므로, 국가공무원법조항 중 '그 밖의 정치단체'에 관한 부분은 이러한 점에서도 침해의 최소성 원칙에 위배된다.

4) 법익의 균형성

정치적 기본권은 기본권의 주체인 개별 국민의 입장에서 보면 주관적 공권으로서의 성질을 가지지만, 민주정치를 표방한 민주국가에 있어서는 국민의 정치적 의사를 국정에 반영하기 위한 객관적 질서로서의 의미를 아울러 가진다(헌재 2004. 3. 25. 2001헌마710 참조).

대의민주주의 하에서 정당과 정치단체는 국민이 선거를 통하여 대표를 선출하는 방법 외에도 정치에 참여하는 것을 가능하게 해주는 역할을 담당하고 있다. 정당과 정치단체가 국가와 국민을 매개하는 기능을 충실하게 수행할 수 있도록 하려면, 사회 여러 분야에서 활동하고 있는 국민들이 정당·정치단체를 통한 정치에 폭넓게 참여함으로써 정치적 의사를 형성해 나가는 것을 가능하게 하는 제도를 마련하는 것이 중요하다.

따라서 국가공무원법조항에 대한 법익의 균형성 판단에는 이로써 달성하고자하는 공무원의 정치적 중립성 및 교육의 정치적 중립성이라는 공익과 그로 인한 기본권 제한 간의 법익균형성뿐만 아니라, 민주적 의사형성과정의 개방성과 이를 통한 민주주의의 발전이라는 공익 또한 감안하여야 할 것이다.

앞서 본 바와 같이 국가공무원법조항이 교원에 대하여 정치단체의 결성에 관여하거나 이에 가입하는 것을 전면적으로 금지함으로써 달성할 수 있는 공무원의 정치적 중립성 또는 교육의 정치적 중립성은 명백하거나 구체적이지 못하다. 반면, 그로 인하여 교원이 받게 되는 정치적 표현의 자유 및 결사의 자유에 대한 제약과 민주적 의사형성과정의 개방성과 이를 통한 민주주의의 발전이라는 공익에 발생하는 피해는 매우 크다.

따라서 국가공무원법조항 중 '그 밖의 정치단체'에 관한 부분은 법익의 균형성도 갖추지 못하였다.

5) 소결

국가공무원법조항 중 '그 밖의 정치단체'에 관한 부분은 과잉금지원칙에 위배되어 나머지 청구인들의 정치적 표현의 자유 및 결사의 자유를 침해한다.

6. 결 론

그렇다면 국가공무원법조항 중 '그 밖의 정치단체'에 관한 부분은 나머지 청구인들의 표현의 자유 및 결사의 자유를 침해하므로 헌법에 위반되고, 청구인 이□□, 강○○, 권○○의 심판청구는 부적법하므로 이를 각하하고, 나머지 청구인들의 나머지 심판청구는 모두 이유 없으므로 이를 기각하기로 하여, 주문과 같이 결정한다. 이 결정은 아래 7.과 같은 재판관 이석태, 재판관 김기영, 재판관 이미선의 정당법조항 및 국가공무원법조항 중 '정당'에 관한 부분에 대한 반대의견, 아래 8.과 같은 재판관 이선애, 재판관 이은애, 재판관 이종석의 국가공무원법조항 중 '그 밖의 정치단체'에 관한 부분에 대한 반대의견이 있는 외에는 관여 재판관들의 일치된 의견에 따른 것이다.

7. 재판관 이석태, 재판관 김기영, 재판관 이미선의 정당법조항 및 국가공무원법조항 중 '정당'에 관한 부분에 대한 반대의견

우리는 정당법조항 및 국가공무원법조항 중 '정당'에 관한 부분이 과잉금지원칙에 위배되어 나머지 청구인들의 정당설립의 자유 및 정당가입의 자유를 침해하고, 합리적인 이유 없이 대학 교원과 차별하여 나머지 청구인들의 평등권을 침해한다고 생각하므로 아래와 같이 반대의견을 밝힌다.

가. 과잉금지원칙 위배 여부

'5. 본안에 관한 판단, 나. 국가공무원법조항 중 '그 밖의 정치단체'에 관한 부분, (2) 재판관 이석태, 재판관 김기영, 재판관 이미선의 위헌의견, (나) 과잉금지원칙 위배 여부'에서 살펴본 내용 중 '정치단체'의 광범성으로 인한 수단의 적합성 및 침해의 최소성 위배 부분을 제외한 나머지 부분은 정당법조항 및 국가공무원법조항 중 '정당'에 관한 부분에도 그대로 적용될 수 있다.

즉, 교원의 직무와 관련이 없거나 그 지위를 이용한 것으로 볼 수 없는 결성 관여행위 및 가입행위를 금지하는 것은 입법목적의 달성에 기여한다고 볼 수 없으므로, 수단의 적합성을 인정할 수 없다.

또한 교원이 직무와 관련하여 또는 그 지위를 이용하여 정당의 결성에 관여하는 행위만을 금지하더라도 공무원의 정치적 중립성 및 교육의 정치적 중립성을 보장할 수 있으므로, 이를 넘어서 교원이 정당의 결성에 관여하는 행위를 전면적으로 금지하는 것은 침해의 최소성 원칙에 위배된다. 교원이 직무와 관련하여 또는 그 지위를 이용하여 정당에 가입하는 경우는 상정하기 어려우므로, 이를 금지하는 것 역시 침해의 최소성 원칙에 위배된다.

나아가 교원에 대하여 정당의 결성에 관여하거나 이에 가입하는 것을 전면적으로 금지함으로써 얻어지는 공무원의 정치적 중립성 또는 교육의 정치적 중립성은 명백하거나 구체적이지 못한 반면, 그로 인하여 교원이 받게 되는 정당설립의 자유, 정당가입의 자유에 대한 제약과 민주적 의사형성과정의 개방성과 이를 통한 민주주의의 발전이라는 공익에 발생하는 피해는 매우 크므로, 법익의 균형성도 인정할 수 없다.

그러므로 정당법조항 및 국가공무원법조항 중 '정당'에 관한 부분은 과잉금지원칙에 위배되어 나머지 청구인들의 정당설립의 자유 및 정당가입의 자유를 침해한다.

나. 평등원칙 위배 여부

정당법 제22조 제1항 단서 제1호 단서는 고등교육법 제14조 제1항·제2항에 따른 교원(이하 '대학 교원'이라 한다)의 경우 정당의 발기인 및 당원이 될 수 있도록 규정하고 있다.

교원이 사인으로서 정치적 자유권을 행사하게 되면 직무수행에 있어서도 정치적 중립성을 훼손하게 된다고 볼 수 없는 점은 대학 교원과 동일하다. 나아가 교원이 사인으로서 정치적 자유권을 행사한다고 하여 공무원의 정치적 중립성 및 교육의 정치적 중립성에 대한 국민의 기대와 신뢰를 유지할 수 없는 것도 아니며, 학생들에게 중대한 영향을 미치는 것도 아님은 앞서 본 바와 같다.

우리 헌법의 인간상은 사회와 고립된 주관적 개인이나 공동체의 단순한 구성분자가 아니라, 스스로 선택한 인생관·사회관을 바탕으로 사회공동체 안에서 각자의 생활을 자신의 책임 아래 형성하는 민주시민이고(헌재 2000. 4. 27. 98헌가16등; 헌재 2003. 10. 30. 2002헌마518 참조), 교육은 국민으로 하여금 민주시민으로서 필요한 자질을 갖추게 함으로써 민주주의가 원활히 기능하기 위한 정치문화의 기반을 조성하기 위한 기본적 수단이다(교육기본법 제2조, 헌재 2003. 2. 27. 2000헌바26 참조).

따라서 교육에는 사회공동체 구성원들이 추구하는 다양한 가치들과 이들 사이의 갈등을 인식할 수 있는 능력의 함양, 갈등과 분쟁을 해결하는 절차, 다원주의 사회에서 관용의 필요성 및 민주시민으로서 가지는 정치적 기본권의 중요성에 대한 이해와 이를 기초로 한 실천 등이 포함되어야 한다. 교육의 정치적 중립성은 교육을 정치로부터 분리시킴으로써 달성할 수 있는 것이 아니라, 교원이 교육과정에서 자신의 정치적 입장을 자제하면서 대립하는 견해를 공정하게 제시하고, 학생들에게 반대되는 견해를 말할 수 있는 기회를 충분히 보장하며, 다원주의의 가치를 이해시킴으로써 형성해야 하는 것이다.

이와 같은 학생들을 민주시민으로 양성하기 위한 교육과 훈련은 초·중등학교에서부터 이루어지는 것이므로, 직무의 본질이나 내용을 고려하더라도 정당의 설립·가입과 관련하여 대학 교원과 교원을 달리 취급할 합리적인 이유가 있다고 보기 어렵다.

따라서 정당법조항 및 국가공무원법조항 중 '정당'에 관한 부분은 나머지 청구인들의 평등권을 침해한다.

8. 재판관 이선애, 재판관 이은애, 재판관 이종석의 국가공무원법조항 중 '그 밖의 정치단체'에 관한 부분에 대한 반대의견

우리는 국가공무원법조항 중 '그 밖의 정치단체'에 관한 부분이 명확성원칙 및 과잉금지원칙에 위배되지 않아 나머지 청구인들의 정치적 표현의 자유 및 결사의 자유를 침해하지 않는다고 생각하므로 아래와 같이 반대의견을 밝힌다.

가. 명확성원칙 위배 여부

(1) 특정 법률이 해당 규정을 통해 규율하려는 내용이 어느 범위까지인지를 파악함에 있어서는 해당 법령의 문언 내용뿐만 아니라 해당 규정의 입법목적, 다른 유사 법규범의 체계적 구조 등을 종합적으로 고려하여 판단하여야 한다.

특히 오늘날에는 국가와 사회의 상호작용이 활발하여 기존에 정치 영역으로 취급되던 것뿐만이 아니라 사회·경제·문화와 같은 사회 전반의 모든 문제들이 언제든지 정치 문제로 전환될 가능성이 있다. 현대국가에 있어 표현되는 모든 의견은 그 정치성의 강약에 차이가 있을 뿐 일정 부분 정치적 주장이 될 수밖에 없다. 따라서 국가공무원법조항이 규정하는 '정치단체'를 해석할 때 단순히 문언 자체에만 얽매일 경우 그 의미 내용을 제대로 파악할 수 없게 된다.

그러므로 공무원의 정치적 중립성 및 교육의 정치적 중립성을 선언한 헌법의 취지, 국가공무원법조항의 입법목적 그리고 관련 규범들과의 관계 등을 종합적으로 고려하여 체계적이고 모순 없는 해석을 통해 그 규범 내용을 한정적으로 파악하는 것이 가능하다면, 해당 규정의 문언이 다소 폭넓게 규율 영역을 정하고 있다는 사정만으로 이를 지나치게 포괄적인 입법이라고 단언할 수는 없다(헌재 2012. 5. 31. 2009헌마705등; 헌재 2018. 7. 26. 2016헌바139 참조).

(2) 국가공무원법조항은 가입 등이 금지되는 대상을 '정당이나 그 밖의 정치단체'로 규정하고 있다. 즉, 입법자가 국가공무원법조항에 의하여 규율하려는 대상은 '정치단체'이고, 그 전형적·구체적인 사례가 바로 앞서 열거된 '정당'이다.

여기에 '단체' 개념의 관용적인 용례를 보태어 살펴보면, 국가공무원법조항이 지칭하는 '단체'란 '공동의 목적 내지 이해관계를 가지고 조직적인 의사형성 및 결정이 가능한 다수인의 지속성 있는(1회적이지 않은) 모임'을 의미하는 것임을 추론할 수 있다(헌재 2010. 12. 28. 2008헌바89 참조).

나아가 복잡·다기하게 변화하는 사회에서, 특히 부단히 변화하는 정치환경에서 자율적인 형성과 운영을 본질로 하는 정치조직의 유동성을 고려할 때, 입법자가 위와 같은 입법목적을 달성하기 위해서 규율이 필요한 '정치단체'를 일일이 구체적이고 확정적으로 미리 열거한다는 것은 입법기술상 불가능하거나 현저히 곤란하다. 입법자는 법규범의 흠결을 보완하고 부단히 변화하는 정치환경에 대한 법규범의 적응력을 확보하기 위하여 '정치단체'라는 보편적이고 일반적인 개념을 사용함으로써 규율대상을 모두 일일이 열거하지 않고 법관의 보충적 해석에 맡긴 것이다(헌재 2014. 7. 24. 2013헌바169 참조).

(3) 현대 민주주의는 종래의 순수한 대의제 민주주의에서 정당국가적 민주주의로 변화하였는바, 정당은 국민과 국가의 중개자로서 정치적 도관(導管)의 기능을 수행하여 주체적·능동적으로 국민의 다원적 정치의사를 유도·통합함으로써, 국가정책의 결정에 직접 영향을 미칠 수 있는 규모의 정치적 의사를 형성하고 있다. 보다 구체적으로는 정당은 각종 선거에서의 입후보자 추천과 선거활동, 의회에서의 입법활동, 정부의 정치적 중요결정에의 영향력 행사, 대중운동의 지도 등의 과정에 실질적으로 주도권을 행사함으로써, 정치과정은 물론 선거과정에서도 실질적인 주체로서의 역할을 담당하고 있다.

이처럼 오늘날 정치활동은 정당 또는 당파적 기반 아래 활동하는 사람을 중심으로 이루어지므로, 특정 사회문제에 대한 의견을 공표하는 것을 넘어, 특정 정당이나 특정 정치인을 지지·반대하는 단체는 정치성을 뚜렷하게 지닌 것으로 볼 수 있다. 교원이 특정 정당이나 특정 정치인을 지지·반대하는 단체의 결성에 관여하거나 이에 가입하는 경우, 교육현장에 혼란을 초래할 수 있고, 공무원의 정치적 중립성 및 교육의 정치적 중립성에 대한 국민의 신뢰가 흔들릴 수 있으므로, 이는 제한되어야 한다.

이에 국가공무원법 제65조 제2항도 공무원은 선거에서 특정 정당 또는 특정인을 지지 또는 반대하기 위한 일정한 행위를 하여서는 아니 된다고 규정하고 있다(헌재 2018. 7. 26. 2016헌바139 참조).

(4) 헌법 제7조는 공무원이 국민 전체의 봉사자라는 지위에 있음을 확인하면서 공무원에 대하여 정치적 중립성을 지킬 것을 요구하고 있다. 이와 같은 공무원에 대한 정치적 중립성의 요청은 헌법 제31조 제4항에 의하여 교육 분야에서 종사하는 교육공무원에게까지 제도적으로 보장되고 있다. 공무원의 신분과 지위의 특수성을 고려할 때, 공무원에 대해서는 일반 국민보다 더욱 넓고 강한 기본권제한이 가능하다.

또한 국가공무원법조항의 입법목적은 공무원의 정치적 중립성을 확보하여 국민 전체에 대한 봉사자로서의 근무기강을 확립하고, 정치와 교육의 분리를 통하여 교육현장에서의 혼란의 초래를 예방하고 국민의 신뢰를 확보하여 헌법상 직업공무원제도 및 교육제도를 수호하려는 것이다.

공무원의 정치적 중립성 및 교육의 정치적 중립성을 선언한 헌법의 취지, 국가공무원법조항의 입법목적 그리고 관련 규범들과의 관계 등을 종합적으로 고려하면, 국가공무원법조항에서 가입 등을 금지하는 '정치단체'는 '특정 정당이나 특정 정치인을 지지·반대하는 단체로서 그 결성에 관여하거나 가입하는 경우 공무원의 정치적 중립성 및 교육의 정치적 중립성을 훼손할 가능성이 높은 단체'로 한정할 수 있다. 따라서 '정치단체'의 의미 내지 범위가 지나치게 광범위하다거나 법관의 해석에 의하여 무한히 확대될 위험이 있다고 보기 어렵다.

(5) 더욱이 국가공무원법조항의 수범자는 일반 국민이 아니라 교원이므로, 건전한 상식과 통상적인 법 감정을 가진 교원이라면 국가공무원법조항 중 '정치단체'의 의미내용을 충분히 이해할 수 있고, 그 문언에 다소 불명확한 측면이 있다고 하더라도 위와 같이 법관의 통상적인 해석작용에 의하여 충분히 보완될 수 있다. 그렇다면 국가공무원법조항 중 '그 밖의 정치단체'에 관한

부분은 명확성원칙에 위배되어 나머지 청구인들의 정치적 표현의 자유 및 결사의 자유를 침해한다고 볼 수 없다.

나. 과잉금지원칙 위배 여부

정당은 정치적 결사의 한 종류이므로(헌재 2014. 3. 27. 2011헌바42 참조), 5. 본안에 관한 판단, 가. 정당법조항 및 국가공무원법조항 중 '정당'에 관한 부분에서 살펴본 헌재 2014. 3. 27. 2011헌바42 결정 중 과잉금지원칙 위배 여부 부분의 논거는 국가공무원법조항 중 '그 밖의 정치단체'에 관한 부분에도 그대로 적용될 수 있다. 2011헌바42 결정의 가입 행위에 관한 판단은 그보다 적극적인 정치활동에 속하는 결성에 관여하는 행위에도 그대로 적용될 수 있음은 앞서 본 바와 같다.

또한 앞서 본 바와 같이 '정치단체'를 '특정 정당이나 특정 정치인을 지지·반대하는 단체로서 그 결성에 관여하거나 가입하는 경우 공무원 및 교육의 정치적 중립성을 훼손할 가능성이 높은 단체'라고 해석하는 이상, 국가공무원법조항 중 '그 밖의 정치단체'에 관한 부분의 규율 범위가 지나치게 광범위하여 과잉금지원칙에 위배된다고 보기도 어렵다.

그렇다면 국가공무원법조항 중 '그 밖의 정치단체'에 관한 부분은 과잉금지원칙에 위배되어 나머지 청구인들의 정치적 표현의 자유 및 결사의 자유를 침해한다고 볼 수 없다.

재판관 유남석 이선애 이석태 이은애 이종석 이영진 김기영 문형배 이미선

[별지] 관련조항

정당법(2005. 8. 4. 법률 제7683호로 전부개정된 것)

제22조(발기인 및 당원의 자격) ① (본문 생략)

3. 법령의 규정에 의하여 공무원의 신분을 가진 자

② 대한민국 국민이 아닌 자는 당원이 될 수 없다.

제53조(위법으로 발기인이나 당원이 된 죄) 제22조(발기인 및 당원의 자격) 제1항 단서의 규정을 위반하여 정당의 발기인이나 당원이 된 자는 1년 이하의 징역이나 100만 원 이하의 벌금에 처한다.

국가공무원법(2015. 5. 18. 법률 제13288호로 개정된 것)

제2조(공무원의 구분) ② "경력직공무원"이란 실적과 자격에 따라 임용되고 그 신분이 보장되며 평생 동안(근무기간을 정하여 임용하는 공무원의 경우에는 그 기간 동안을 말한다) 공무원으로 근무할 것이 예정되는 공무원을 말하며, 그 종류는 다음 각 호와 같다.

2. 특정직공무원: 법관, 검사, 외무공무원, 경찰공무원, 소방공무원, 교육공무원, 군인, 군무원, 헌법재판소 헌법연구관, 국가정보원의 직원과 특수 분야의 업무를 담당하는 공무원으로서 다른 법률에서 특정직공무원으로 지정하는 공무원

제65조(정치 운동의 금지) ② 공무원은 선거에서 특정 정당 또는 특정인을 지지 또는 반대하기 위한 다음의 행위를 하여서는 아니 된다.

1. 투표를 하거나 하지 아니하도록 권유 운동을 하는 것
2. 서명 운동을 기도(企圖)·주재(主宰)하거나 권유하는 것
3. 문서나 도서를 공공시설 등에 게시하거나 게시하게 하는 것
4. 기부금을 모집 또는 모집하게 하거나, 공공자금을 이용 또는 이용하게 하는 것
5. 타인에게 정당이나 그 밖의 정치단체에 가입하게 하거나 가입하지 아니하도록 권유 운동을 하는 것

③ 공무원은 다른 공무원에게 제1항과 제2항에 위배되는 행위를 하도록 요구하거나, 정치적 행위에 대한 보상 또는 보복으로서 이익 또는 불이익을 약속하여서는 아니 된다.

④ 제3항 외에 정치적 행위의 금지에 관한 한계는 대통령령등으로 정한다.

제84조(정치 운동죄) ① 제65조를 위반한 자는 3년 이하의 징역과 3년 이하의 자격정지에 처한다.

초·중등교육법(2019. 12. 3. 법률 제16672호로 개정된 것)

제19조(교직원의 구분) ① 학교에는 다음 각 호의 교원을 둔다.

1. 초등학교·중학교·고등학교·고등공민학교·고등기술학교 및 특수학교에는 교장·교감·수석교사 및 교사를 둔다. 다만, 학생 수가 100명 이하인 학교나 학급 수가 5학급 이하인 학교 중 대통령령으로 정하는 규모 이하의 학교에는 교감을 두지 아니할 수 있다.
2. 각종학교에는 제1호에 준하여 필요한 교원을 둔다.

25. 국회의원과 국회의장 간의 권한쟁의

[2020. 5. 27. 2019헌라1]

【판시사항】

피청구인 국회의장이 2019. 4. 25. 사법개혁특별위원회(이하 '사개특위'라 한다)의 바른미래당 소속 위원을 청구인 국회의원 오신환에서 국회의원 채이배로 개선한 행위(이하 '이 사건 개선행위'라 한다)가 청구인의 법률안 심의·표결권을 침해하는지 여부 및 이 사건 개선행위가 무효인지 여부(소극)

【결정요지】

국회의장이 위원회의 위원을 선임·개선하는 행위는 국회의 자율권에 근거하여 내부적으로 회의체 기관을 구성·조직하는 것으로서 다른 국가기관의 간섭을 받지 아니하고 광범위한 재량에 의하여 자율적으로 정할 수 있는 고유한 영역에 속한다. 따라서 이 사건 개선행위의 권한 침해 여부를 판단할 때 헌법이나 법률을 명백히 위반한 흠이 있는지를 심사하는 것으로 충분하다.

헌법은 국회가 다수결원리에 따라 헌법상 권한을 행사하도록 규정하고 있다. 국회의 의사절차와 내부조직을 정할 때, 국회 내 다수형성의 가능성을 높이고 의사결정의 능률성을 보장하는 것은 국회에 관한 헌법 규정들에서 도출되는 중대한 헌법적 이익이다. 자유위임원칙은 헌법이 추구하는 가치를 보장하고 실현하기 위한 통치구조의 구성원리 중 하나이므로, 다른 헌법적 이익에 언제나 우선하는 것은 아니고, 국회의 기능 수행을 위해서 필요한 범위 내에서 제한될 수 있다. 이 사건 개선행위의 자유위임원칙 위배 여부는 국회의 기능 수행을 위하여 필요한 정도와 자유위임원칙을 제한하는 정도를 비교형량하여 판단하여야 한다.

위원회 위원의 선임 또는 개선은 위원회가 그 기능을 수행하기 위한 전제로서 신속성과 효율성을 고려할 필요성이 큰 국회의 운영에 관한 사항이다. 특히 특별위원회는 정해진 활동기한 내에 안건을 효율적으로 심사하기 위해서 다른 상임위원을 겸임하는 위원들로 구성되므로, 위원, 교섭단체, 특별위원회의 여러 가지 사정을 탄력적으로 반영하여 효율적으로 운영될 필요가 있다. 국회법은 효율적인 국회 운영을 위해서, 교섭단체로 하여금 개별 국회의원의 의사를 수렴·조정하도록 하고, 그 과정에서 자율적으로 형성된 교섭단체의 의사를 그 대표의원이나 간사를 통하여 국회 운영에 반영하도록 의사절차를 정하고 있다. 교섭단체는 소속 국회의원의 전문성, 소속 국회의원 사이의 형평성, 의원총회의 결정 등 소속 국회의원이나 교섭단체의 사정을 가장 잘 파악할 수 있고, 내부적으로 위원 선임·개선의 요건과 절차를 자유롭게 정할 수 있으므로, 위원회 위원의 선임·개선에서도 국회의원의 의사를 수렴·조정하기에 가장 적합한 조직이다. 반면 국회의장이 구체적인 사안마다 국회의원의 의사와 개선의 필요성 등 개별적인 사정을 고려하여 특별위원회 위원을 선임·개선하게 되면, 특별위원회 구성이 지연되고, 개별 국회의원의 의사를 조정하기 위한 기준을 국회의장이 단독으로 정하게 되어 국회의원이나 교섭단체의 권한을 제약하고 국회가 비민주적으로 운영되는 결과를 초래할 우려도 있다.

사법개혁에 관한 국가정책결정의 가능성을 높이기 위한 측면에서도 사개특위 위원의 선임·개선에서 교섭단체의 의사를 반영할 필요성이 인정된다. 사개특위는 사법개혁과 관련된 안건을 집중적으로 심사하여 본회의에서 의결할 법률안을 도출하기 위하여 구성되었는데, 사개특위에서 각 정당의 의사가 균형있게 반영되지 못하면 사개특위의 심사 내용이 본회의에서 통과되기 어렵다.

결국 이 사건 개선행위는 사개특위의 의사를 원활하게 운영하고, 각 정당의 의사를 반영한 사법개혁안을 도출함으로써 궁극적으로는 사법개혁에 관한 국가정책결정의 가능성을 높이기 위한 것으로서 그 정당성을 인정할 수 있다.

위원의 의사에 반하는 개선을 허용하더라도, 직접 국회의원이 자유위임원칙에 따라 정당이나 교섭단체의 의사와 달리 표결하거나 독자적으로 의안을 발의하거나 발언하는 것까지 금지하게 되는 것은 아니다. 다만 정당 또는 교섭단체가 정당의 정책을 의안심의에서 최대한으로 반영하기 위하여 차기선거의 공천, 당직의 배분 등의 수단을 사용하는 것과 마찬가지로, 국회의원의 권한 행사에 간접적인 영향력을 행사하는 것에 불과하다.

이 사건 개선행위 전 바른미래당 의원총회의 의결이 있었던 점, 이 사건 개선행위 후 바른미래당의 교섭단체 대표의원이 그 직을 사퇴하고 후임으로 선출된 청구인의 개선 요청에 따라 사개특위 위원의 개선이 이루어진 점 등을 고려할 때, 교섭단체의 의사에 따라 위원을 개선하더라도, 곧바로 국회의원이 일방적으로 정당의 결정에 기속되는 결과를 초래하게 된다고 단정하기 어렵다.

청구인은 2018. 10. 18. 바른미래당의 교섭단체 대표의원의 요청으로 사개특위 위원으로 선임된 후 처음 정해진 사개특위의 활동기한인 2018. 12. 31.을 넘어서 이 사건 개선행위가 이루어지기 전까지 위원으로서 활동하였고, 이 사건 개선행위 후에도 의원으로서 사개특위 심사절차에 참여할 수 있었다.

그렇다면 이 사건 개선행위로 인하여 청구인의 자유위임에 기한 권한이 제한되는 정도가 크다고 볼 수 없다.

이 사건 개선행위는 사개특위의 의사를 원활하게 운영하고, 사법개혁에 관한 국가정책결정의 가능성을 높이기 위하여 국회가 자율권을 행사한 것으로서, 이 사건 개선행위로 인하여 자유위임원칙이 제한되는 정도가 위와 같은 헌법적 이익을 명백히 넘어선다고 단정하기 어렵다. 따라서 이 사건 개선행위는 자유위임원칙에 위배되지 않는다.

국회법 제48조 제6항의 입법목적은 '위원이 일정 기간 재임하도록 함으로써 위원회의 전문성을 강화'하는 것이므로, 국회법 제48조 제6항은 '위원이 된(선임 또는 보임된) 때'로부터 일정 기간 동안 '위원이 아니게 되는(사임되는) 것'을 금지하는 형태로 규정되어야 한다. 따라서 국회법 제48조 제6항 본문 중 "위원을 개선할 때 임시회의 경우에는 회기 중에 개선될 수 없고" 부분은 개선의 대상이 되는 해당 위원이 '위원이 된(선임 또는 보임된) 임시회의 회기 중'에 개선되는 것을 금지하는 것이다. 이는 국회법 제48조 제6항 본문 중 "정기회의 경우에는 선임 또는 개선 후 30일 이내에는 개선될 수 없다." 부분이 '선임 또는 개선된 때로부터' '30일' 동안 개선을 금지하는 것과 마찬가지이다.

국회법 제48조 제6항의 입법 당시 김택기 의원이 대표발의한 국회법중개정법률안 및 정치개혁특별위원회 국회관계법심사소위원회에서의 심사 내용은 '개선된 동일' 회기 내에는 '다시' 개선할 수 없도록 하는 것이었다. 이후 정치개혁특별위원장이 제안한 국회법중개정법률안, 법제사법위원회의 체계·자구 심사 결과 및 본회의 상정·가결 법률안 모두 '회기' 앞에 '동일'이라는 문구를 두고 있었으므로, 위와 같은 입법취지를 그대로 유지한 것으로 볼 수 있다. 국회의장의 법률안 정리 과정에서 '동일' 부분이 삭제되었으나, '동일' 부분이 삭제된 문언을 기준으로 삼아 본회의에서 의결된 "임시회의 경우에는 '동일' 회기중 개선될 수 없고"라는 문언과 달리 해석한다면, 국회의장의 법률안 정리가 본회의에서 의결된 법률안의 실질적 내용에 변경을 초래한 것이 되므로, 헌법 및 국회법상 입법절차 위배 문제가 발생한다.

이와 같은 해석에 따르면, '선임 또는 개선된 임시회의 회기 중'에는 개선이 금지되었다가, 해당 회기가 종료되면 그 이후에는 폐회 중에는 물론 다시 임시회가 개시되더라도 개선이 가능해진다. 반면, '모든 임시회의 회기 중에 개선하는 것'을 금지한다고 해석하는 견해에 따르면, '선임 또는 개선된 임시회의 회기 중'에는 개선이 금지되었다가, 폐회 중에는 개선이 가능해지고, '후속 임시회'의 회기가 개시되면 다시 개선이 금지된다. 본회의의 개회·폐회 여부와 관계없이 위원회는 상시적으로 활동하고 있는 점을 고려할 때, 본회의의 폐회 중에는 개선이 될 수 있었던 위원에 대하여 다시 임시회가 개회되면 개선을 금지해야 할 이유를 발견하기는 어렵다.

국회사무처의 사실조회 회신에 의하면, 국회 역시 같은 취지에서 임시회 회기 중이라는 이유만으로 위원의 개선을 제한하지 않았던 것으로 보인다. 특히 국회법 제48조 제6항의 입법취지가 가장 잘 인식되었을 것으로 보이는 제16대 국회에서, 선임 또는 개선된 동일 임시회 회기 중에 개선된 사례는 2건에 불과하였던 반면, 선임 또는 개선된 회기 이후의 임시회 회기 중에 개선된 사례는 108건에 이르렀다.

청구인은 제364회 국회(정기회) 회기 중이었던 2018. 10. 18. 사개특위 위원으로 선임되었으므로, 그로부터 30일이 지난 2018. 11. 17. 이후에는 국회법 제48조 제6항 본문 중 '정기회의 경우에는 선임 또는 개선 후 30일 이내에는 개선될 수 없다.' 부분이 적용되지 않아 개선될 수 있었다. 제368회 국회(임시회) 회기 중인 2019. 4. 25. 이 사건 개선행위가 이루어졌으나, 그 이전의 정기회에서 선임된 청구인에 대하여는 국회법 제48조 제6항 본문 중 임시회 부분이 적용되지 않는다.

그렇다면 국회법 제48조 제6항 단서에 해당하는지 여부를 살펴볼 필요 없이, 이 사건 개선행위는 국회법 제48조 제6항에 위배되지 않는다.

이 사건 개선행위는 자유위임원칙에 위배된다고 보기 어렵고, 국회법 규정에도 위배되지 않으므로, 청구인의 법률안 심의·표결권을 침해하였다고 볼 수 없다. 이 사건 개선행위는 청구인의 법률안 심의·표결권을 침해하지 않으므로, 더 나아가 살펴볼 필요 없이 이 사건 개선행위는 무효로 볼 수 없다.

재판관 이선애, 재판관 이은애, 재판관 이종석, 재판관 이영진의 이 사건 개선행위의 권한침해확인청구에 대한 반대의견

국민주권주의에서 '국민'은 구체적인 개개인의 총체가 아니라 정치적·이념적 통일체로서 추상적 존재이므로 현실에서 전체 국민을 대표하면서 국가권력을 담당할 대의기관이 필요하고, 대의기관이 국민 전체를 대표하여 국가이익을 추구할 수 있으려면 특정 이익을 대변하는 특정 단체나 특정 지역의 명령으로부터 법적으로 자유로운 지위를 가져야 한다. 이런 이유로 국민과 국민의 대표자인 국회의원 사이에 일체의 법적 기속력을 부인하는 자유위임의 원칙은 국민국가의 정당성을 부여하는 원리가 되었다. 대의제 민주주의 하에서 주권자인 국민은 선거를 통해 대표자인 대의기관을 선출하고, 대의기관은 국민을 대표하여 국가정책을 결정하며 국민에 대하여 자신의 결정에 대한 정치적 책임을 진다. 대의기관은 임기 중 국민의 의사에 구속을 받지 않고 독자적인 판단에 따라 책임정치를 할 수 있으며, 이러한 의미에서 대표자의 '자유위임'은 대의제 민주주의의 본질적 개념요소 중 하나이다. 민주정치의 전제인 자유롭고 공개적인 정치적 의사형성은 의회 내에서도 보장되어야 하며, 이를 위해서도 선거구민이나 정당 등의 명령에 기속되지 않는 국민의 대표로서의 국회의원의 자유로운 지위는 필수적이다. 헌법 제46조 제2항은 "국회의원은 국가이익을 우선하여 양심에 따라 직무를 행한다."고 규정하여, 대의제 원리에 따라 선출된 국회의원이 선거구민, 정당 및 이익단체 등의 특수이익이 아니라 전체 국민을 위한 국가이익을 추구할 수 있도록 자유위임관계를 보장한다. 이에 국회의원은 자신을 선출한 국민의 현실적 의사에 기속되지 않고 독자적인 양심과 판단에 따라 국가이익을 위한 국가정책 결정에 임한다.

20세기에 접어들어 보통선거제도가 확립되고 이에 따라 대중민주주의가 실현되면서 정당은 대중의 다양한 정치적 이해관계를 반영하여 정책을 형성하고 이를 국정에 전달하는 매개체로 기능하게 되었다. 이러한 정당국가현상이 대의제 민주주의의 실현과정에 현실적 변화를 가져왔지만 대의제 민주주의의 본질이 변화한 것은 아니다. 대의제 민주주의의 정치적 의사 형성의 과정과 방식이 변화된 것에 불과하다. 정당국가현상은 차별화된 정강 정책을 지닌 복수의 정당이 정기적 선거를 통해 서로 경쟁하면서 국민의 심판과 선택을 받은 대의기관을 탄생시켜 대의제 민주주의를 실현함에 따라 발생한 정치현실이다.

정당기속성은 정치현실에 불과할 뿐이고, 개별 국회의원에게 자유위임된 국가의사 결정권한을 의회 의사 진행과정의 효율성을 위해 정당 내지 교섭단체에게 귀속·독점시키는 것을 의미하는 것이 아니다. 헌법상의 통치기관 구성원리인 대의제 민주주의는 정당기속성이라는 정치 현실에도 불구하고 변화하는 사회·경제 환경 속에서 자유로운 정치적 의사형성과 국가이익을 위한 정책결정을 보장하기 위해 국회의원의 자유위임적 지위를 필수적으로 요구하고 있다. 정당 내지 교섭단체의 내부에서 민주적 절차에 따라 형성된 당론이라고 해도 정당은 국가기관이 아닌 사적 결사에 불과하므로, 사적 결사의 당론에 복종해야 한다는 정당기속성이 사실적 수준에 머무르지 않고 국회의원의 자유위임적 지위를 압도하여 형해화할 정도에 이르는 것은 헌법상 용인될 수 없다.

비록 국회 의사 진행의 효율성에 기여하는 측면이 있다고 해도 정당기속성이 대의제 민주주의를 보충하는 현실의 한 모습에 그치는 정도를 넘어서서 국회의원의 자유위임적 지위를 압도한다면, 대의제 민주주의의 원리를 부정하고 대의제 민주주의의 틀을 뛰어넘는 원칙의 변화를 의미하여 이것은 받아들일 수 없다. 이 사건 개선행위의 전후 경위를 살펴보면, ① 사개특위에서 자유한국당 소속 위원을 제외한 나머지 위원 11명 전원이 모두 찬성해야만 고위공직자비리수사처 설치법안의 신속처리대상안건 지정이 가능한 상황이었던 사정, ② 바른미래당의 교섭단체의 의원총회에서는 위 법안을 국회법 제85조의2에 따라 신속처리대상안건으로 지정하여 처리하기로 하는 내용의 합의안에 대하여 12명이 찬성하고 11명이 반대하여 추인하였는데, 이것은 바른미래당의 당헌에서 정한 당론 요건을 충족하지 못하여 '당론'이 될 수 없었고, 바른미래당의 당헌은 가중된 정족수로 정해진 당론이 있는 경우에도 의원 개인의 양심을 존중하는 방식으로 규정되어 있었던 사정, ③ 청구인은 이 사건 개선행위 하루 전날 신속처리대상안건 지정안에 반대하는 자신의 소신을 발표했고, 국회사무처에도 '본 의원의 의사에 반하여 사·보임을 강제적으로 진행하는 것은 명백한 국회법 위반이고, 국회의원의 독립성과 자율성을 침해하는 것이다'라는 내용의 공문을 발송했던 사정, ④ 그런데 바른미래당의 교섭단체 대표의원은 신속처리대상안건 지정을 관철하기 위한 목적으로 이에 반대하는 청구인을 사개특위에서 배제하기 위해 피청구인에게 이 사건 개선행위를 요청하였고, 피청구인은 그 요청에 응하여 위원 개선을 하였으며, 그 결과 청구인은 사개특위 위원에서 강제로 사임되었던 사정, ⑤ 이후 개최된 사개특위 전체회의에서 고위공직자비리수사처 설치 법안에 대한 신속처리대상안건 지정 동의안이 나머지 위원 11명 전원 찬성으로 가결됨으로써 결국 이 사건 개선행위를 요청한 교섭단체 대표의원의 목적은 관철되었던 사정 등이 모두 인정된다. 이러한 사정들을 종합해볼 때, 이 사건 개선행위는 사개특위에서 특정 법률안에 대한 신속처리대상안건지정동의안을 가결시키기 위한 목적으로 이에 반대하는 청구인을 사개특위의 해당 법률안 관련 심의·표결 절차에서 배제시키기 위해 요청됨으로써 청구인의 의사에 반하여 강제로 이루어진 것으로서 청구인의 사개특위에서의 법률안 심의·표결권을 침해한 것이고, 이는 자의적인 강제사임에 해당하여 자유위임에 기초한 국회의원의 자율성과 독립성을 침해한 것이다. 이 사건 개선행위는 교섭단체의 추인의결에 반하는 소속 국회의원의 사개특위 위원 지위를 강제로 박탈함으로써 사개특위에서의 특정 법률안에 대한 심의·표결권의 행사를 사전에 전면적으로 금지하는 결과를 초래하였는데, 이는 정당의 기속성이 자유위임의 원칙을 압도하는 것이다. 정당기속성이라는 정치현실의 이름으로 이것을 허용하는 것은 자유위임에 따른 국가대표성의 구현이라는 대의제 민주주의의 원리를 부정하고 대의제 민주주의의 틀을 뛰어넘는 원칙의 변화를 의미하는 것으로 받아들일 수 없다.

따라서 피청구인의 청구인에 대한 이 사건 개선행위는 헌법상 보장되는 자유위임의 원칙을 명백하게 위반하여 국회의원인 청구인이 헌법과 국회법으로 보장받는 법률안에 대한 심의·표결권을 침해하였다고 할 것이다.

헌법상 자유위임원칙의 의의와 내용을 고려하면, 국회의원 본인이 계속 해당 위원회에서 위원으로 활동하기를 원하고 있다면 국회법 제48조 제7항과 같은 정당한 사유, 예를 들어 '의원이 기업체 또는 단체의 임·직원 등 다른 직을 겸하게 되어 그 소속된 위원회의 활동이 그 직과 직접적인 이해관계를 가지게 된 경우'나 '위원회와 관련하여 위법하거나 부당한 행위를 한 사실이 인정되는 경우' 등과 같이 위원회 위원으로서 계속 활동하는 것이 공정을 기할 수 없는 뚜렷한 사유가 인정되는 경우가 아닌 한, 본인의 의사에 반하여 자의적으로 위원회 위원에서 강제로 사임시킬 수 없는 '내재적 개선 제한 사유'가 있는 것으로 국회법 제48조 제1항, 제4항, 제6항(이하 '국회법 제48조 조항들'이라 한다)을 해석하는 것이 헌법 제46조 제2항의 자유위임원칙에 합치되는 해석이라고 할 것이다. 국회법 제48조 조항들 어디에도 국회의원 본인의 의사에 반하여 위원회 위원을 강제로 개선하는 것이 허용된다는 명시적 언급이 없으므로 이러한 합헌해석은 위와 같은 문리적 한계에 부합한다. 또한, 이러한 합헌해석은 입법권자가 국회법의 제정을 통해 추구하고자 하는 입법목적인 '국회의 조직·의사(議事), 그밖에 필요한 사항을 규정함으로써 국민의 대의기관인 국회의 민주적이고 효율적인 운영에 기여'하는 것으로서 법 목적에 따른 한계 역시 준수하였다. 이 사건 개선행위는 헌법 제46조 제2항에서 규정한 '자유위임원칙'에 위반되는 것이므로, 국회법 제48조 조항들에 대한 합헌적 법률해석에 따르면 이 사건 개선행위는 위 조항들의 내재적 개선 제한 사유인 헌법상 자유위임원칙을 침해하거나 훼손할 수 없다는 한계를 넘은 것으로서 위 조항들을 위반했다는 평가를 면할 수 없다.

국회법 제48조 제6항 본문 중 "…위원을 개선할 때 임시회의 경우에는 회기 중에 개선될 수 없고…" 부분은 법률의 문언 자체가 명확한 개념으로 구성되어 있어 더 이상 다른 해석방법을 활용할 필요가 없다. 위 법률규정에 사용된 문언의 그 통상적인 의미에 충실하게 해석하면, 국회 내 상임위원회 위원 또는 특별위원회 위원을 개선할 때 임시회의 경우에는 그 회기 중에 개선될 수 없다고 규정하고 있음이 명백하다. 설령 본회의에서 의결될 당시 국회법 제48조 제6항 본문의 문언이었던 "…임시회의 경우에는 동일 회기 중에 개선될 수 없고…"를 전제로 해석한다고 하더라도, '위원은 임시회의 회기 중에 개선될 수 없다'고 보는 것이 합리적이고 타당한 법률해석이다.

국회의장이 국회에서 의결된 법률안의 실질적 내용에 변경을 초래하는 경우에는 헌법 및 국회법상의 입법절차에 위반된다. 그런데 법정의견처럼 해석하면 국회의장이 본회의에서 의결된 국회법 제48조 제6항 본문의 자구 및 체계 등을 정리하면서 "동일"이라는 문구를 삭제함으로써 그 실질적 내용에 변경을 초래하여 헌법 및 국회법상의 입법절차를 위반하였다고 볼 수밖에 없게 된다. '공포된 법률조항'인 국회법 제48조 제6항 중 '…임시회의 경우에는 회기 중에 개선될 수 없고…'라는 문언은 '임시회의 회기 중에 개선될 수 없다.'라는 의미로 명확히 이해되는데, 그 내용이 '본회의에서 의결된 법률안'의 실질적 내용을 법정의견과 같이 해석한 결과인 '선임 또는 개선된 임시회의 회기 중에 개선될 수 없다.'는 것과 같다고 볼 수는 없기 때문이다. 법정의견과 달리 "동일"의 사전적 의미 중 '바로 그'라는 의미를 사용하여 국회법 제48조 제6항 본문의 "동일 회기"를 "바로 그 임시회 회기"로 해석하면 "동일" 문구의 존재 여부와는 상관없이 국회법 제48조 제6항 본문을 일관되게 해석할 수 있게 되므로, 당시 국회의장이 본회의 의결 후 국회법 제48조 제6항 본문의 자구 등을 정리하면서 "동일" 문구를 삭제한 이유를 합리적·합법적으로 설명할 수 있다.

국회법 제48조 제6항의 입법과정을 자세히 들여다보면, 당시 국회 본회의에서 의결된 법률안은 국회의장의 개정의견이나 김택기 의원이 대표발의한 법률안이 아니고 정치개혁 특별위원회가 제안한 법률안으로서, 정기회와 임시회를 구분하여 30일 또는 이에 준하는 임시회의 기간 동안 위원의 개선을 제한하는 방식으로 제도가 설계된 것도 정치개혁 특별위원회가 제안한 법률안부터 확인된다. 그리고 그 제안 당시의 규정 내용은 "…임시회의 경우는 동일 회기 중 개선될 수 없고, 정기회의 경우는 매 30일 이내에는 개선될 수 없다…"라고 되어 있었으나, 이후 법제사법위원회의 체계 및 자구 심사과정에서 "…임시회의 경우에는 동일 회기 중 개선될 수 없고, 정기회의 경우에는 선임 또는 개선 후 30일 이내에는 개선될 수 없다…"라고 규정됨으로써 임시회에 관한 문언은 거의 그대로 둔 상태에서 정기회의 경우에만 '매'라는 문구가 '선임 또는 개선 후'라는 문구로 바뀌었다. 만약, 입법자의 의사가 정기회의 경우뿐만 아니라 임시회의 경우에도 '선임 또는 개선된' 임시회 회기와 동일한 회기 중에만 개선될 수 없도록 하고자 하는 것이었다면, 법제사법위원회 체계·자구 심사 시 이에 관한 문구를 법문의 앞부분에 있는 '임시회의 경우'에 대해서는 넣지 않고 뒷부분에 있는 '정기회의 경우'에 대해서만 넣는 방식이 아니라, 양자 모두에 공통되도록 법문의 앞부분에 개선 대상이 되는 위원이 '선임 또는 개선된 때'에 관련된 문구를 넣는 방식으로 명확하게 규정하였을 것이다. 이와 같은 입법과정을 고려하면, '개선 대상 위원이 선임 또는 개선된 때'는 '임시회의 경우'가 아닌 '정기회의 경우'에만 고려하였다는 해석이 입법자의 의사에 더 부합한다. '동일 회기'라는 문구는 교섭단체 간 정치적인 이유로 인한 위원의 잦은 사·보임을 제한하고 위원회의 전문성을 강화하고자 했던 '입법목적'을 달성하기 위한 '입법수단'으로서의 문구를 성안해 간 과정 중에 나타난 안의 하나라고 보는 것이 자연스럽다. 여러 단계를 거치는 입법과정의 어느 단계까지 나타난 안은 공포된 법률의 해석에 참고할 수 있을 뿐, 절대적인 기준이라고 볼 수는 없다.

'임시회의 경우 선임 또는 개선된 회기 중에만 개선이 금지되는 것'으로 해석하면, 임시회의 회기 중 개선된 위원은 언제나 해당 회기의 잔여기간만 재임이 보장되므로, '임시회의 회기'를 '정기회의 회기 중 30일'에 준하는 기간으로 규정한 취지를 거의 살리지 못하는 결과가 된다. 또한, 국회법 제48조 제6항 본문의 입법목적을 단지 '개별 위원으로 하여금 일정 기간 위원회에 재임하도록 하는 취지'로만 파악하면서 그 해석에서 위원을 '개선할 때'가 '회기 중'인지 여부를 고려하지 않는다면, 이 조항에서 '임시회'의 경우와 '정기회'의 경우를 구분하고, 임시회가 30일 이내인 점을 고려하여 정기회의 경우 30일의 재임기간을 설정하며, '폐회 중'의 개선에 대해서는 제한하지 않는 방식으로 조문의 체계를 구성한 데에 대하여 아무런 의미를 두지 않는 것이 된다.

국회법 제48조 제6항 단서에 따른 국회의장의 개선허가를 교섭단체 대표의원이 요청할 수 있다고 하여도, 이는 어디까지나 그러한 허가 신청에 대한 해당 위원의 명시적 또는 묵시적 동의가 있는 경우 등 예외적인 사안에 한정된다고 할 것이다. 아울러 '질병 등 부득이한 사유'는 적어도 위원의 질병과 유사한 사유이어야 할 것인데, 위원회의 전문성을 강화하고 정치적 사유에 따라 잦은 사·보임이 이루어지는 것을 방지하고자 한 국회법 제48조 제6항의 입법목적을 고려할 때, 그러한 '부득이한 사유'에 피청구인이 주장하는 '교섭단체의 원활한 운영을 위하여 필요한 사유'가 포함된다고 볼 수는 없다.

법정의견은 제16대 국회(임기 2000. 5. 30.~2004. 5. 29., 국회법 제48조 제6항은 2003. 2. 4. 시행)에 관한 자료를 그 해석의 근거로 들고 있으나, 통계 자료상 선임 또는 개선된 동일 임시회 회기 중 개선된 사례의 수에는 30일 이내의 해당 임시회의 회기 내에 이루어진 사례만 포함되는 반면, 선임 또는 개선된 회기 이후의 임시회 회기 중 개선된 사례의 수에는 위원이 선임 또는 개선된 임시회의 바로 다음 임시회 회기뿐만 아니라, 그 이후에 개회된 여러 차례의 모든 임시회 회기 중에 개선된 사례의 수가 포함될 수 있는 것이므로, 양자가 동등하게 비교될 영역이 아니라는 점에서 그러한 통계 자료가 국회법 제48조 제6항 본문의 임시회의 경우에 관한 어떤 해석론을 뒷받침한다고 단정하기는 어렵다. 국회사무처의 사실조회 회신에 의하면, 선임 또는 개선된 임시회와 동일한 회기 중 개선된 사례의 횟수마저도 제16대 국회에서는 2회였던 것이 제17대 국회 25회, 제18대 국회 41회, 제19대 국회 91회로 증가하다가 제20대 국회에서는 2019. 4.까지의 숫자만 126회에 이르고, 선임 또는 개선된 임시회 이후의 임시회 회기 중 개선된 사례는 제16대 국회 108회, 제17대 국회 304회, 제18대 국회 359회, 제19대 국회 402회, 그리고 제20대 국회에서는 2019. 4.까지 361회에 이른다. 이러한 통계 자료와 함께 임시회의 회기가 30일 이내로 짧다는 점을 고려하면, 특히 제20대 국회의 경우는 임시회 회기 중 개선된 사례 중 선임 또는 개선된 회기와 동일한 회기 중이었는지, 아니면 그 이후의 회기 중이었는지의 구분에 어떤 유의미한 차이가 있는지도 의문이 들 뿐만 아니라, 이러한 개선 현황은 국회법 제48조 제6항이 제대로 지켜지지 못하고 점점 그 의미가 퇴색하여 왔을 수 있다는 경향을 보여줄 뿐이다.

그렇다면, 국회법 제48조 제6항 본문 중 "…임시회의 경우에는 (동일) 회기 중에 개선될 수 없고…"의 의미는 법정의견의 해석과는 달리 '국회의장이 위원을 개선할 때 단서에 해당하지 않는 한 임시회의 회기 중에는 개선될 수 없다'는 것으로 해석하여야 하며, 국회법 제48조 제6항 단서에 의하여 예외적으로 개선될 수 있는 것은 해당 위원이 질병 등 부득이한 사유가 있어 국회의장의 허가를 받은 경우에 한한다. 이 사건에서 피청구인의 이 사건 개선행위는 자의적인 강제 개선으로서 헌법규범인 자유위임원칙에 위반되고, 합헌적 법률해석에 따라서 인정되는 국회법 제48조 조항들의 내재적 개선 제한 사유인 헌법상 자유위임원칙을 침해하거나 훼손할 수 없다는 한계를 넘은 것으로서 국회법 제48조 조항들을 위반한 것이다. 아울러 청구인의 의사에 반하여 강제로 이루어진 이 사건 개선행위는 국회법 제48조 제6항 본문에서 금지하는 임시회 회기 중의 개선으로서 같은 항 단서의 사유에도 해당하지 않으므로 어느 모로 보나 국회법 제48조 제6항에 명백히 위반된다.

그렇다면, 피청구인의 이 사건 개선행위는 헌법 제46조 제2항에 따른 자유위임원칙 및 위원회 위원의 개선을 제한하는 국회법 제48조 제1항, 제4항, 제6항을 명백히 위반하여 헌법이 보장하는 청구인의 법률안 심의·표결 권한을 침해하였다고 할 것이다.

재판관 이은애, 재판관 이영진의 이 사건 개선행위의 무효확인청구에 대한 별개의견

권한쟁의심판에서 청구인의 권한이 침해되었다고 확인될 경우, 헌법재판소법 제66조 제2항에서 그 원인이 되는 피청구인의 처분을 취소하거나 그 무효를 확인할 것인지 여부에 대하여 헌법재판소에 재량을 부여한 취지는, 권한쟁의심판이 헌법적 권한질서의 객관적 확인이라는 객관적 쟁송의 성격과 침해된 청구인의 권한을 구제하는 주관적 쟁송의 성격을 동시에 지니고 있음을 반영하여, 헌법재판소로 하여금 권한쟁의심판제도의 기초가 되는 권력분립원리의 실질적 실현에 가장 적합한 결정을 하도록 하기 위함이라고 할 것이다. 따라서 권한쟁의심판에서 피청구인의 처분으로 인하여 청구인의 권한이 침해된 것으로 확인하는 경우 그러한 처분의 무효를 확인할 것인지 여부는, 권한 침해 사유의 헌법적 중대성, 침해된 청구인의 권한과 그 원인이 된 피청구인의 처분이 헌법적 권한질서 내에서 가지는 의미, 권한쟁의 심판의 결정을 통하여 달성될 수 있는 헌법적 권한질서 회복의 이익 등을 종합적으로 고려하여 판단하여야 할 것이다.

이 사건 개선행위는 헌법상 자유위임원칙 및 위원회의 전문성을 강화하고자 한 국회법 제48조 제6항을 위반한 것으로서 이러한 권한 침해 사유는 헌법적으로 중대하다고 하지 않을 수 없다. 그런데 이 사건 개선행위로 인하여 침해된 청구인의 권한은 국회의원으로서의 법률안 심의·표결권 중 국회의 특별위원회 위원으로서 안건을 심의하고 그에 따라 표결할 권한이다. 이는 국회법 제85조의2의 안건신속처리제도에 의하여 안건 소관 위원회 위원에게 부여된 국회 내부 의사절차의 결정에 관여하는 권한으로서, 법률안의 내용을 직접 심의하고 표결하는 권한은 아니다. 위원회 소관 안건에 대한 위원의 심의·표결권의 침해로 그에 대한 개선행위를 무효라고 보면, 개선행위로 인하여 청구인 대신 위원회 위원의 지위를 갖게 된 국회의원이 그 위원회 내에서 한 발언 등 심의의 내용 또는 그가 위원회 위원의 지위에서 한 다양한 행위들의 효력에도 모두 영향을 미칠 수 있는데, 이것은 개선행위의 위헌·위법사유를 교정하는 것을 넘어서 여러 가지 다른 정치적 또는 법적 문제를 초래할 수도 있다. 또한 위원회 위원의 개선의 효력은 기본적으로 국회 내부의 조직에 관한 것이므로 국회의 정치적인 자율에 따름이 바람직하다. 이 사건 개선행위로 침해되는 청구인의 권한과 그 원인이 된 개선행위는 모두 국회 내부의 의사절차와 조직에 관련된 것으로서, 권력분립원리상 국회의 정치적 자율을 존중하여 이 사건 개선행위의 효력을 직접 판단하는 사법적 개입을 자제하여야 할 영역에 속한다고 할 것이다. 이 사건 권한쟁의심판청구가 인용되더라도 청구인의 침해된 권한이 실질적으로 회복될 가능성은 없게 되었다. 이러한 사정 하에서 이 사건 권한쟁의심판의 결정을 통하여 달성될 수 있는 헌법적 권한질서 회복의 이익은 장래에 같은 유형의 행위가 반복되지 않도록 하는 것이고, 이 사건의 심판의 이익이 인정되는 것도 이러한 점을 고려한 헌법적 해명의 필요성 때문이다. 그런데 이 사건 개선행위가 헌법상 자유위임원칙 등을 위반한 하자가 있다는 점은 청구인의 권한 침해를 확인하는 것으로 충분히 해명되고, 권한침해확인 결정만으로도 국가기관으로 하여금 장래에 동일한 사정 하에서 동일한 내용의 행위를 하여서는 아니 된다는 의무가 부과되는 기속력이 인정되므로(헌재 2010. 11. 25. 2009헌라12 참조), 청구인의 권한 침해를 확인하는 결정만으로 이 사건 권한쟁의심판을 통한 헌법적 권한질서 회복의 이익은 달성된다고 할 것이다. 이 사건 개선행위로 인하여 청구인의 권한이 침해된 사유는 헌법적으로 중대하지만, 침해된 권한과 그 원인이 된 피청구인의 처분은 그 내용적 성격상 권력분립원리에 따라 국회의 정치적 자율을 존중하여 사법적 개입을 자제하여야 할 영역에 있고, 이 사건의 경우 권한쟁의심판을 통하여 청구인의 침해된 권한이 회복될 가능성이 없는 사정 하에 있으며, 권한침해를 확인하는 결정만으로도 피청구인의 행위의 위헌성을 해명하고 향후 유사한 행위의 반복을 억제하는 데에는 충분하다고 할 것이므로, 이 사건 개선행위에 대해서는 그 무효를 확인하지 않는 것이 타당하다.

재판관 이선애의 이 사건 개선행위의 무효확인청구에 대한 별개의견

헌법재판소법 제66조 제2항이 권한침해의 원인이 된 처분을 취소하거나 그 무효를 확인하는 것을 헌법재판소의 재량으로 하도록 정한 것은 '국가기관 상호간', '국가기관과 지방자치단체 간', '지방자치단체 상호간'의 3가지 서로 다른 성격의 권한쟁의심판의 본질과 기능에 상응하여 결정주문이 달라져야 함을 고려할 것을 요청하고 있는 것으로 해석된다. 이러한 취지를 고려할 때 헌법재판소는 국가기관 상호간의 권한쟁의에서 정치적 헌법기관의 형성권을 침해할 우려가 있는 경우에는 취소결정이나 무효확인 결정을 자제해야 한다고 생각한다. 국회의 입법관련 행위를 대상으로 한 국가기관 상호간의 권한쟁의심판에 있어서, 헌법재판소는 심판대상 행위의 위헌·위법 여부 및 권한의 침해여부를 확인하는 것에 그쳐야 하고 이를 넘어 입법관련 행위에 대한 취소 내지 그 무효 확인과 같은 형성적 결정을 내리는 것은 자제해야 한다. 국회는 스스로 다양한 절차와 방법을 통하여 합헌적 상태를 회복할 수 있는 광범위한 정치적 형성권을 가지고 있고, 국회의 정치적 형성권의 행사로서 회복된 합헌적 상태는 다양한 모습일 수 있기 때문에 국가기관 스스로 권한침해확인 결정에 따라 합헌적인 상태를 구현하도록 함으로써 손상된 헌법상의 권한질서는 회복될 수 있다고 보기 때문이다.

이 사건 개선행위는 법률안을 신속처리대상안건으로 지정하여 처리하기 위한 것으로서 청구인의 법률안 심의·표결권 행사에 영향을 주는 '입법관련 행위'에 해당하므로 헌법재판소는 이에 대한 위헌·위법 여부 및 권한의 침해여부를 확인하는 것을 넘어서 그 무효 확인과 같은 형성적 결정을 내리는 것은 자제해야 한다. 따라서 이 사건 개선행위에 대한 무효확인청구는 이유 없어 기각하여야 한다.

재판관 이종석의 이 사건 개선행위의 무효확인청구에 대한 반대의견

헌법상 자유위임원칙은 우리 헌법의 기본원리인 대의제 민주주의의 본질적 개념 요소 중 하나에 해당하는 것인데, 이 사건 개선행위가 자유위임원칙을 위반한 사정은 단순히 정당 내부의 사실적 강제가 강화된 정도가 아니라, 정당 소속 국회의원으로 하여금 그 고유한 법적 권한인 개별 안건에 대한 표결권마저도 어떠한 경우에도 정당의 의사에 반하는 방향으로는 행사하지 못하도록 하는 결과를 초래하였다는 점에서 그 위반의 정도가 중대하다. 이 사건 개선행위는 바른미래당 의원총회에서 당론으로 확정되지도 않은 안건에 대하여 의원 개인의 양심에 따른 표결권 행사를 금지하고, 오로지 국회 내 정당을 대표하는 의원들 사이의 합의를 관철하기 위한 목적으로 이루어진 것이므로, 이는 정당의 목적·조직과 활동이 민주적이어야 한다는 헌법 제8조 제2항의 취지에도 어긋나는 행위라고 하지 않을 수 없다. 이 사건 개선행위는 위 조항의 문언에 명백히 반하고 그 입법목적에도 정면으로 반하는 행위로서 우리 헌법의 또 다른 기본원리인 법치주의의 관점에서도 법률을 위반한 정도가 크다고 하지 않을 수 없다. 이 사건에서 청구인이 행사할 표결권은 단순한 1표가 아니라 사개특위에서 신속처리안건 지정동의안이 의결될 것인지 여부를 결정할 수 있는 이른바 '캐스팅보트'에 해당하였으므로, 이 사건 개선행위로 침해된 청구인의 심의·표결권의 가치는 가볍다고 볼 수 없다. 또한, 이 사건 개선행위로 인하여 사개특위 위원의 지위를 잃은 청구인은 단지 신속처리안건 지정동의안에 대한 심의·표결권만 박탈당한 것이 아니라, 그 이후 국회법 제48조 제6항 본문이 보장하는 임시회 회기 중의 해당 법률안들에 대한 심의·표결권까지 모두 잃은 것으로 그 침해정도가 결코 가볍다고 보기 어렵다. 한편, 권한 침해의 원인이 된 피청구인의 처분인 이 사건 개선행위는 의사절차가 진행되는 중에 다수 의원들의 의사가 모여서 이루어지는 의결행위가 아니라 교섭단체 대표의원의 요청으로 국회의장이 단독으로 행하는 행위이고, 개별 국회의원의 입장에서 개선행위의 효력을 다투는 것은 권한쟁의심판이 가지는 주관적 쟁송의 성격에 더 부합한다. 이 사건에서 심판의 이익을 인정하여 본안 판단에 나아가는 것은 이 사건 개선행위의 위헌 또는 위법 여부를 해명하고 장래에 같은 유형의 행위가 반복되지 않도록 하기 위한 것이다. 그런데 이 사건에서는 피청구인의 행위로 인한 청구인의 권한 침해만을 확인하는 것보다 그 행위의 위헌성이 무효에 이를 정도로 중대함을 확인하는 것이 보다 충실한 헌법적 해명이라고 할 것이다. 이 사건 개선행위로 인한 청구인의 권한 침해를 확인하는 것만으로는 향후 동일한 유형의 행위의 반복을 억제하는 데에 한계가 있으며, 그 위헌성이 중대한 것이라면 무효임을 밝히는 것이 필요하다.

【참조조문】

헌법 제7조 제1항, 제8조, 제40조, 제41조, 제45조, 제46조 제2항, 제47조 제2항, 제49조, 제51조, 제52조, 제62조, 제64조

국회법(2018. 4. 17. 법률 제15620호로 개정된 것) 제7조, 제10조, 제33조 제1항, 제35조, 제39조 제1항, 제40조, 제44조, 제48조, 제85조의2

【참조판례】

헌재 1991. 3. 11. 91헌마21, 판례집 3, 91, 113

헌재 1994. 4. 28. 92헌마153, 판례집 6-1, 415, 425-426

헌재 1997. 7. 16. 96헌라2, 판례집 9-2, 154, 165

헌재 1998. 7. 14. 98헌라3, 판례집 10-2, 74, 83

헌재 1998. 10. 29. 96헌마186, 판례집 10-2, 600, 606

헌재 2003. 8. 21. 2001헌마687등, 판례집 15-2상, 214, 224

헌재 2003. 10. 30. 2002헌라1, 판례집 15-2하, 17, 28-34

헌재 2004. 3. 25. 2001헌마710, 판례집 16-1, 422, 434
헌재 2005. 4. 28. 2004헌마219, 판례집 17-1, 547, 554
헌재 2006. 2. 23. 2005헌라6, 공보 113, 287, 290
헌재 2006. 7. 27. 2004헌마655, 판례집 18-2, 242, 251
헌재 2008. 1. 17. 2007헌마700, 판례집 20-1상, 139, 166
헌재 2008. 3. 27. 2004헌마654, 판례집 20-1상, 375, 381-382, 384-385
헌재 2008. 4. 24. 2006헌라2, 판례집 20-1상, 438, 445
헌재 2009. 3. 26. 2007헌마843, 판례집 21-1상, 651, 666
헌재 2009. 6. 25. 2007헌마451, 판례집 21-1하, 872, 885-886
헌재 2009. 10. 29. 2008헌바146등, 판례집 21-2하, 248, 261-262
헌재 2010. 12. 28. 2008헌라7, 판례집 22-2하, 567, 586-588
헌재 2011. 8. 30. 2009헌라7, 판례집 23-2상, 220, 230-231
헌재 2011. 8. 30. 2010헌라4, 판례집 23-2상, 240, 245-246
헌재 2012. 2. 23. 2010헌라6등, 판례집 24-1상, 48, 59
헌재 2014. 12. 19. 2013헌다1, 판례집 26-2하, 1, 18-19, 112-113
헌재 2015. 12. 23. 2013헌바168, 판례집 27-2하, 511, 527-528
헌재 2016. 5. 26. 2015헌라1, 판례집 28-1하, 170, 190-194

【당 사 자】

청 구 인 국회의원 오신환
대리인 [별지 1] 대리인 명단과 같음
피청구인 국회의장
대리인 법무법인(유한) 바른
담당변호사 최주영 외 5인

【주 문】

이 사건 심판청구를 모두 기각한다.

【이 유】

1. 사건개요

가. 2018. 7. 26. 제362회 국회(임시회)에서 법원·법조 개혁, 검찰·경찰 인사 독립성 및 수사 중립성 강화 등 사법 전반에 걸친 개혁방안의 마련 및 검찰청법, 경찰법, 형사소송법 등 관련 법안의 심사·처리를 위하여 위원장 포함 18인의 위원으로 구성되고, 2018. 12. 31.을 활동기한으로 하는 사법개혁 특별위원회(이하 '사개특위'라 한다)가 구성되었다. 청구인은 바른미래당 소속 국회의원으로서 2018. 10. 18. 제364회 국회(정기회)에서 사개특위 위원으로 선임되었다. 2018. 12. 27. 제365회 국회(임시회)에서 사개특위의 활동기한은 2019. 6. 30.로 연장되었고, 2019. 6. 28. 제369회 국회(임시회)에서 다시 그 활동기한이 2019. 8. 31.로 연장되었다.

나. 더불어민주당의 교섭단체 대표의원인 홍영표 의원, 바른미래당의 교섭단체 대표의원인 김관영 의원, 민주평화당의 원내대표인 장병완 의원, 정의당의 원내대표인 윤소하 의원은 2019. 4. 22. '고위공직자범죄수사처 설치 및 운영에 관한 법률안' 및 '검경수사권 조정에 관한 형사소송법·검찰청법 개정안'(이하 '이 사건 법안'이라 한다)을 국회법 제85조의2에 따라 신속처리대상안건으로 지정하여 처리하기로 하는 내용의 합의안(이하 '이 사건 합의안'이라 한다)을 발표하였다.

신속처리대상안건으로 지정되기 위해서는 안건의 소관 위원회 재적위원 과반수가 서명한 신속처리대상안건 지정요구 동의를 소관 위원회 위원장에게 제출하고, 소관 위원회 재적위원 5분의 3 이상의 찬성으로 이를 의결하여야 한다(국회법 제85조의2 제1항 참조).

이 사건 법안의 소관 위원회인 사개특위는 2019. 4. 22. 현재 더불어민주당 소속 위원 8명, 자유한국당 소속 위원 7명, 바른미래당 소속 위원 2명, 어느 교섭단체에도 속하지 아니하는 위원 1명, 총 18명으로 구성되어 있었다.

다. 바른미래당은 2019. 4. 23. 의원총회를 개최하고 찬성 12명, 반대 11명으로 이 사건 합의안을 추인하였다. 사개특위의 바른미래당 소속 위원인 청구인은 2019. 4. 24. 이 사건 법안의 신속처리대상안건 지정에 반대하겠다는 의사를 표명하였다.

라. 바른미래당의 교섭단체 대표의원인 김관영 의원은 제368회 국회(임시회) 회기 중이었던 2019. 4. 25. 피청구인에게 사개특위의 바른미래당 소속 위원을 청구인에서 국회의원 채이배로 개선할 것을 요청하였고, 피청구인은 같은 날 사개특위의 바른미래당 소속 위원을 청구인에서 국회의원 채이배로 개선하였다.

마. 이에 청구인은 2019. 4. 25. 위 피청구인의 개선행위로 인하여 법률안 심의·표결권 등을 침해받았다고 주장하면서 그 권한의 침해확인과 위 개선행위의 무효확인을 구하는 이 사건 권한쟁의심판을 청구하였다.

2. 심판대상

이 사건 심판대상은 피청구인이 2019. 4. 25. 사개특위의 바른미래당 소속 위원을 청구인에서 국회의원 채이배로 개선한 행위(이하 '이 사건 개선행위'라 한다)가 청구인의 권한을 침해하는지 여부 및 이 사건 개선행위가 무효인지 여부이다. 관련조항은 [별지 2]와 같다.

3. 청구인의 주장 및 피청구인의 답변

가. 청구인의 주장

(1) 이 사건 개선행위는 국회의원이 국민의 대표자로서 갖는 지위보다 특정 정당의 당원으로서 갖는 지위를 우선순위에 둠으로써 의회주의와 대의제라는 헌법원리를 위반하였다.

(2) 이 사건 개선행위는 임시회의 회기 중에 청구인에 대하여 질병 등 부득이한 사유가 인정되지 않음에도 불구하고 청구인의 의사에 반하여 이루어졌으므로 국회법 제48조 제6항에 위배된다.

(3) 이 사건 개선행위는 위와 같이 헌법 및 국회법을 위배하여 청구인의 사개특위 위원 권한 및 법률안 심의·표결권을 침해하였으므로 무효이다.

나. 피청구인의 답변

(1) 사개특위 위원 유지권은 헌법 또는 법률이 국회의원에게 부여한 권한이라고 볼 수 없다.

(2) 헌재 2003. 10. 30. 2002헌라1 결정 중 위원의 의사에 반하는 개선이 헌법에 위배되지 않는다고 판단한 부분은 이 사건에도 그대로 적용되어야 한다.

(3) 국회법 제48조 제6항 본문 중 임시회 부분은 임시회 회기 중 선임된 위원을 동일 회기 중 개선하는 것만을 금지하므로 이 사건 개선행위에 적용되지 않고, 같은 항 단서가 규정한 '질병 등 부득이한 사유'도 인정되므로, 이 사건 개선행위는 국회법 제48조 제6항에 위배되지 않는다.

4. 심판의 이익 인정 여부

가. 권한쟁의심판은 비록 객관소송이라 하더라도 권한쟁의로써 해결해야 할 구체적인 보호이익이 있어야 한다(헌재 2011. 8. 30. 2010헌라4 참조).

사개특위는 2019. 8. 31. 그 활동기한이 종료되었다. 따라서 이 사건 권한쟁의심판청구가 인용되더라도 청구인이 사개특위 위원 신분을 회복할 수는 없게 되었으므로, 권한쟁의로써 해결해야 할 구체적인 보호이익은 소멸하였다.

나. 그러나 구체적인 보호이익이 소멸한 경우에도 같은 유형의 침해행위가 앞으로도 반복될 위험이 있고, 헌법질서의 수호·유지를 위하여 그에 대한 헌법적 해명이 긴요한 사항에 대하여는 예외적으로 심판청구의 이익을 인정할 수 있다(헌재 2003. 10. 30. 2002헌라1; 헌재 2011. 8. 30. 2010헌라4 참조).

위원회 위원이 개선은 국회법 제48조에 따라 빈번하게 행해지고 있고 앞으로도 당해 위원의 의사에 반하는 개선이 이루어질 가능성이 있다(헌재 2003. 10. 30. 2002헌라1 참조). 헌재 2003. 10. 30. 2002헌라1 결정은 국회의장인 피청구인이 국회의원인 청구인을 그 의사에 반하여 국회 보건복지위원회에서 사임시키고 환경노동위원회로 보임한 행위가 헌법이나 법률의 규정을 위배하여 청구인의 법률안 심의·표결권을 침해한 것으로 볼 수 없다고 판단하였으나, 위원 개선행위가 2003. 2. 4. 법률 제6855호로 신설된 국회법 제48조 제6항에 위배되는지 여부에 관하여는 아직 그 해명이 이루어진 바가 없다. 따라서 이 사건 심판청구는 예외적으로 심판청구의 이익을 인정할 수 있다.

5. 이 사건 개선행위로 인한 법률안 심의·표결권 침해 여부에 관한 판단

가. 이 사건의 쟁점

(1) 국회의원의 법률안 심의·표결권은 의회민주주의의 원리, 입법권을 국회에 귀속시키고 있는 헌법 제40조, 국민에 의하여 선출되는 국회의원으로 국회를 구성한다고 규정한 헌법 제41조 제1항 및 국회의결에 관하여 규정한 헌법 제49조로부터 당연히 도출되는 헌법상의 권한이다(헌재 2012. 2. 23. 2010헌라6등 참조).

이 사건 개선행위로 인하여 청구인은 사개특위 위원으로서 사개특위에 상정된 법률안들에 대하여 심의·표결할 수 없게 되었으므로(헌재 2003. 10. 30. 2002헌라1 참조), 이 사건 개선행위가 청구인의 법률안 심의·표결권을 침해하였는지 여부를 살펴본다.

(2) 자유위임원칙은 대의민주주의의 기본적 요소이다(헌재 2003. 8. 21. 2001헌마687등; 헌재 2005. 4. 28. 2004헌마219; 헌재 2009. 3. 26. 2007헌마843 참조). "공무원은 국민전체에 대한 봉사자이며, 국민에 대하여 책임을 진다."라고 규정한 헌법 제7조 제1항, "국회의원은 국회에서 직무상 행한 발언과 표결에 관하여 국회 외에서 책임을 지지 아니한다."라고 규정한 제45조 및 "국회의원은 국가이익을 우선하여 양심에 따라 직무를 행한다."라고 규정한 제46조 제2항을 종합하여 볼 때, 헌법은 국회의원을 자유위임원칙 하에 두었다고 할 것이다(헌재 1994. 4. 28. 92헌마153 참조).

자유위임원칙 하에서 국회의원은 일단 국민에 의하여 선출된 후에는 개별 유권자 혹은 집단으로서의 국민의 의사를 그대로 대리하는 것이 아니라, 독자적인 양심에 기초한 스스로의 판단에 따라 국가 전체이익을 추구하여야 한다(헌재 1998. 10. 29. 96헌마186; 헌재 2005. 4. 28. 2004헌마219; 헌재 2009. 3. 26. 2007헌마843 참조).

청구인은 이 사건 법안에 대한 신속처리대상안건 지정에 반대하겠다는 의사를 표명하였다는 이유로 이루어진 이 사건 개선행위가 국회의원이 국민의 대표자로서 갖는 지위보다 특정 정당의 당원으로서 갖는 지위를 우선순위에 둠으로써 의회주의와 대의제라는 헌법원리를 위반하였다고 주장하므로, 이 사건 개선행위가 자유위임원칙에 위배되어 청구인의 법률안 심의·표결권을 침해하였는지 여부를 살펴본다.

(3) 국회법 제48조 제1항, 제4항은 국회의장이 각 교섭단체 대표의원의 요청으로 특별위원회 위원을 개선하도록 규정하고 있다. 이 사건 개선행위는 바른미래당의 교섭단체 대표의원의 요청에 따라 이루어졌으므로, 국회법 제48조 제1항, 제4항이 규정한 절차를 준수하였다.

다만 국회법 제48조 제6항은 "제1항부터 제4항까지에 따라 위원을 개선할 때 임시회의 경우에는 회기 중에 개선될 수 없고, 정기회의 경우에는 선임 또는 개선 후 30일 이내에는 개선될 수 없다. 다만, 위원이 질병 등 부득이한 사유로 의장의 허가를 받은 경우에는 그러하지 아니하다."라고 규정하고 있다. 이 사건 개선행위 당시 제368회 국회(임시회)의 회기 중이었으므로, 이 사건 개선행위가 국회법 제48조 제6항에 위배되어 청구인의 법률안 심의·표결권을 침해하였는지 여부를 살펴본다.

(4) 청구인은 이 사건 개선행위로 인하여 국민대표권을 침해받았다고도 주장하나, 이 부분 청구인 주장에 대한 판단은 이 사건 개선행위가 자유위임원칙에 위배되어 청구인의 법률안 심의·표결권을 침해하였는지 여부에 대한 판단과 중복되므로, 별도로 판단하지 않는다.

(5) 청구인은 이 사건 개선행위로 인하여 사개특위 위원 유지권도 침해받았다고 주장한다.

그러나 헌법은 위원회에 관하여 제62조에서 국무총리·국무위원 또는 정부위원의 위원회 출석·보고·답변 등만을 규정하고 있을 뿐, 국회의원의 '특정한 위원회 위원으로서 활동할 권한'은 명시적으로 인정하고 있지 않다. 또한 국회는 국회의 내부조직인 특정한 위원회를 구성하는 것에 관하여 광범위한 재량을 가지므로(헌재 2003. 10. 30. 2002헌라1 참조), 헌법이 직접 국회의원에 대하여 '특정한 위원회 위원으로서 활동할 권한'을 부여하고 있다고 해석하기도 어렵다. 국회의 자율권을 보장하는 취지에 비추어 볼 때, 국회의원이 특정한 위원회의 위원으로서 활동할 권한은 헌법에서 곧바로 도출되는 것이 아니라, 국회의 자율권 행사 결과 구체화되는 것으로 보는 것이 타당하다.

한편 국회법 제48조 제4항, 제1항은 국회의장이 각 교섭단체 대표의원의 요청으로 상임위원 중에서 특별위원회 위원을 선임·개선하도록 규정하고 있다.

위 규정에 의하면, 국회의원이 특별위원회 위원이 될 권한을 갖는 것이 아니라, 국회의장 및 교섭단체 대표의원에게 특별위원회 위원 선임 및 개선에 관한 권한이 있다고 해석된다. 또한 특별위원회 위원의 경우 상임위원과 달리 국회법상 임기가 규정되어 있지 않다. 이와 같은 국회법 규정을 종합하여 보면, '임시회의 경우에는 회기 중에 개선될 수 없고, 정기회의 경우에는 선임 또는 개선 후 30일 이내에는 개선될 수 없다.'라고 규정한 국회법 제48조 제6항 역시 국회의장 및 교섭단체 대표의원의 특별위원회 위원 개선에 관한 권한을 제한하는 것이지, 특별위원회 위원에게 임시회 회기 또는 선임·개선 후 30일 동안 그 지위를 유지할 권한을 보장하는 취지라고 보기 어렵다.

그렇다면 헌법 및 국회법상 청구인의 사개특위 위원 유지권을 인정할 수 없으므로, 청구인의 이 부분 주장은 더 나아가 판단하지 않는다.

나. 이 사건 개선행위로 인한 청구인 권한 침해 여부

(1) 국회의 자율권의 의의 및 이 사건 개선행위의 법적 성격

(가) 헌법 제64조는 국회가 법률에 저촉되지 아니하는 범위 안에서 의사와 내부규율에 관한 규칙을 제정할 수 있고, 국회의원의 자격심사·징계·제명에 관하여 자율적 결정을 할 수 있음을 규정하여 국회의 자율권을 보장하고 있다. 이에 따라 국회는 국민의 대표기관이자 입법기관으로서 의사와 내부규율 등 국회운영에 관하여 다른 국가기관의 간섭을 받지 아니하고 스스로의 문제를 자주적으로 처리할 수 있는 폭넓은 자율권을 가진다. 국회의 자율권은 의회주의사상에 그 뿌리를 두고 권력분립의 원칙에 입각한 것으로, 현대국가의 의회에서는 국회가 갖는 입법·재정·견제·인사기능의 실효성을 높이기 위해서 필요불가결한 국회기능의 하나로 간주되고 있다(헌재 1997. 7. 16. 96헌라2; 헌재 1998. 7. 14. 98헌라3; 헌재 2003. 10. 30. 2002헌라1; 헌재 2006. 2. 23. 2005헌라6; 헌재 2010. 12. 28. 2008헌라7 참조).

국회의 자율권에는 집회 등에 관한 자율권, 내부조직에 관한 자율권, 국회규칙의 자율적 제정권(헌법 제64조 제1항), 의사에 관한 자율권, 국회의원신분에 관한 자율권(헌법 제64조 제2항), 질서유지권 등이 포함된다(헌재 2010. 12. 28. 2008헌라7 참조). 국회는 어떠한 사항에 대하여 언제, 어떻게 입법할지 여부를 스스로 판단하여 결정할 입법형성의 자유를 가지므로, 국회가 법률에 의하여 그 자율권에 속하는 사항을 스스로 정하는 것 역시 국회의 자율권의 내용에 속한다(헌재 2016. 5. 26. 2015헌라1 참조).

(나) 헌법은 국회 내에 위원회가 존재함을 전제로 하여 제62조에서 국무총리·국무위원 또는 정부위원의 위원회 출석·보고·답변 등에 관하여 규정하고 있으나, 그 외에는 국회의 내부조직에 관하여 아무런 규정도 두고 있지 않다. '국회의 내부조직에 관한 자율권'이란 국회가 외부의 간섭 없이 스스로 내부조직을 구성할 수 있는 자율권을 의미하고, 교섭단체와 위원회를 구성하는 것도 이에 포함된다(헌재 2003. 10. 30. 2002헌라1 참조).

피청구인은 국회의장으로서 국회를 대표하고 의사를 정리하며, 질서를 유지하고 사무를 감독할 지위에 있고(국회법 제10조), 위원회 위원의 선임 및 개선은 이와 같은 국회의장의 직무 중 의사정리권한(議事整理權限)에 속하는 것이다(헌재 2003. 10. 30. 2002헌라1 참조).

그렇다면 국회의장이 위원회의 위원을 선임·개선하는 행위는 국회가 그 자율권에 근거하여 내부적으로 회의체 기관을 구성·조직하는 행위로서, 국회가 그 기능을 민주적이고 효율적으로 수행하기 위해서 다른 국가기관의 간섭을 받지 아니하고 광범위한 재량에 의하여 자율적으로 정할 수 있는 고유한 영역에 속한다. 그러므로 이 사건 개선행위가 청구인의 권한을 침해하는지 여부를 판단할 때 헌법이나 법률을 명백히 위반한 흠이 있는지를 심사하는 것으로 충분하다(헌재 1997. 7. 16. 96헌라2; 헌재 2003. 10. 30. 2002헌라1; 헌재 2006. 2. 23. 2005헌라6; 헌재 2008. 4. 24. 2006헌라2; 헌재 2011. 8. 30. 2009헌라7 참조).

(2) 자유위임원칙 위배 여부

(가) 자유위임원칙의 구체적 실현과 제한

1) 헌법은 입법권(제40조), 예산안 심의·확정권(제54조), 조약의 체결·비준 등 국가의 중요정책에 대한 동의권(제58조, 제60조, 제79조 제2항), 국정 감사·조사권(제61조), 탄핵소추권(제65조), 헌법기관의 고위공직자 선출권·임명동의권(제86조 제1항, 제98조 제2항, 제104조 제1항, 제2항, 제111조 제3항, 제4항, 제114조 제2항) 등은 '국회'에 속한다고 규정하고 있다.

또한 헌법은 국회는 200인 이상의 국회의원으로 구성하고(제41조), '헌법 또는 법률에 특별한 규정이 없는 한 재적의원 과반수의 출석과 출석의원 과반수의 찬성으로 의결한다.'라고 규정하여(제49조), 의회민주주의의 기본원리인 다수결의 원리를 선언하고 있다(헌재 2010. 12. 28. 2008헌라6등; 헌재 2016. 5. 26. 2015헌라1 참조).

이와 같은 규정을 종합하여 보면, 헌법은 국회가 200인 이상의 국회의원 중 다수의 의사에 따라 헌법상 권한을 행사하는 것을 예정하고 있다. 따라서 의결을 할 수 있는 다수를 형성하는 것은 국회가 그 기능을 수행하기 위해서 반드시 필요한 전제조건이다.

국회 내에서 의결을 할 수 있는 다수를 형성하기 위해서는 다양한 국회의원들의 의사를 몇 가지의 교집합으로 묶어내고, 이에 대해 다시 토의를 거치면서 점차 하나의 공적 견해로 수렴해 가는 과정이 필요하다. 그러므로 다수형성의 가능성을 높이고 국회 의사결정의 능률성을 확보하기 위해서 필요한 의사절차와 내부조직을 정하는 것은 앞서 살펴본 국회에 관한 헌법 규정들에서 도출되는 중대한 헌법적 이익이다.

2) 헌법 제46조 제2항은 "국회의원은 국가이익을 우선하여 양심에 따라 직무를 행한다."라고 규정하고 있다.

국회의원은 단독으로 국회의 의사를 결정하여 국회의 권한을 행사하는 것이 아니라 국회의 구성원으로서 국회의 의사절차에 참여하는 것이므로, 국회의원의 직무는 국회의 기능 수행을 위해서 정해진 의사절차와 그에 필요한 내부조직의 구성방법에 의하여 구체화될 수밖에 없다.

이와 같은 의사절차와 내부조직을 정할 때에도 국회의원의 자유위임에 기한 권한을 충분히 보장하여야 하는 것이나, 국회 내 다수형성의 가능성을 높이고 의사결정의 능률성을 확보하는 것 역시 중대한 헌법적 요청이므로 자유위임원칙이 언제나 최우선적으로 고려되어야 하는 것은 아니다. 나아가 자유위임원칙이 개별 국회의원이 국회 내부에서 구체적으로 어떠한 직무를 담당하는 것까지 보장하는 원리는 아니다.

통치구조의 구성원리는 자기목적적인 것이 아니라 국민의 기본권과 헌법이 추구하는 가치를 보장하고 실현하기 위한 수단의 성격을 가지는 것이다. 따라서 자유위임원칙 역시 무제한적으로 보장되는 것은 아니며, 국회의 기능을 수행하기 위해서 필요한 범위 내에서 불가피하게 제한될 수밖에 없는 것이다.

3) 따라서 자유위임원칙 위배 여부는 국회의 자율권 행사 결과 정해진 의사절차 및 내부조직의 구성이 국회의 기능 수행을 위하여 필요한 정도와 자유위임원칙을 제한하는 정도를 비교형량하여 구체적인 사안에 따라 개별적으로 판단하여야 한다.

또한 권력분립의 원칙 및 국회의 위상과 기능에 비추어 볼 때, 자유위임원칙을 제한하는 정도가 명백히 국회의 기능 수행을 위하여 필요한 정도를 넘어서는 경우가 아닌 한, 국회의 의사절차 및 내부조직의 구성은 국회가 다른 국가기관의 간섭을 받지 아니하고 광범위한 재량에 의하여 자율적으로 정할 수 있는 영역으로 보는 것이 타당하다.

(나) 교섭단체 의사에 따른 위원 개선의 필요성

1) 정당민주주의와 국회의원의 지위

가) 현대 대중민주주의에서 정당은 국민과 국가의 중개자로서 정치적 도관(導管)의 기능을 수행하여 주체적·능동적으로 국민의 다원적 정치의사를 유도·통합함으로써 국가정책의 결정에 직접 영향을 미칠 수 있는 규모의 정치적 의사를 형성하고 있다. 구체적으로 정당은 정치권력에 영향을 행사하려는 사람들의 다양한 주장과 견해들을 취합·선별하여 내부적으로 조정을 한 다음, 국민이 선택할 수 있는 정책으로 형성한다. 또한 각종 선거에서의 입후보자 추천과 선거활동, 주요 핵심공직의 임명 절차에의 관여, 의회에서의 입법활동, 정부의 정치적 중요결정에의 영향력 행사, 대중운동의 지도 등의 과정에 실질적으로 주도권을 행사함으로써 국가의사형성에 결정적 영향을 미친다(헌재 2003. 10. 30. 2002헌라1; 헌재 2004. 3. 25. 2001헌마710; 헌재 2006. 7. 27. 2004헌마655; 헌재 2008. 1. 17. 2007헌마700; 헌재 2014. 12. 19. 2013헌다1; 헌재 2015. 12. 23. 2013헌바168 참조).

이에 헌법은 정당설립의 자유와 복수정당제를 보장하고(제8조 제1항), 법률이 정하는 바에 의하여 국가가 이를 보호하며, 정당운영에 필요한 자금을 보조할 수 있도록 하는 등(제8조 제2항 내지 제4항), 정당을 일반결사에 비하여 특별히 두텁게 보호하고 있다. 이는 앞서 본 바와 같은 정당의 기능에 상응하는 지위와 권한을 보장하고자 하는 헌법정신의 표현이라 할 수 있다(헌재 1991. 3. 11. 91헌마21; 헌재 2009. 10. 29. 2008헌바146등 참조).

나) 정당 소속 국회의원의 국회 활동은 앞서 본 정당의 공적 기능에서 핵심적인 부분을 차지한다. 정당이 장기적인 정책구상을 바탕으로 정책의 기본방향 및 전반적인 계획을 수립하여 국민에게 제시하면, 정당의 당원으로서 정당의 공천을 받아 선출된 국회의원들은 그 정당의 정책을 법안으로 형성한 후 국회의 입법절차를 통하여 그 정책을 구체적으로 실현시키게 된다. 현대 정당민주주의 하에서는 국회의원 개인이 정당과 다른 독자적인 노선을 선택하여 입법활동을 하는 것을 기대하기 어려울 정도로 정당이 입법활동의 실질적 주체로서 역할을 하고 있다(헌재 2006. 7. 27. 2004헌마655; 헌재 2008. 3. 27. 2004헌마654 참조).

이에 따라 국회의원은 어느 누구의 지시나 간섭을 받지 않고 국가이익을 우선하여 자신의 양심에 따라 직무를 행하는 국민 전체의 대표자로서 활동을 하는 한편, 현대 정당민주주의의 발전과 더불어 현실적으로 소속 정당의 공천을 받아 소속 정당의 지원이나 배경 아래 당선되고 당원의 한 사람으로서 사실상 정치의사 형성에 대한 정당의 규율이나 당론 등에 영향을 받아 정당의 이념을 대변하는 지위도 함께 가지게 되었다(헌재 2014. 12. 19. 2013헌다1 참조).

2) 교섭단체의 의의 및 기능

가) 의회정치의 발달과정에서 의회 내의 교섭단위별 활동은 자연스럽고 바람직한 현상으로 받아들여져 왔

다. 세계관 및 가치관 그리고 정치적 성향이 유사한 의원들을 하나의 교섭단위로 인정하여 자체적으로 하나의 공통의견을 내도록 하면, 의원들 사이의 의사의 통합·조정 작업이 한결 수월해지고, 신속하고 능률적인 의사 진행도 기대할 수 있기 때문이다.

의회민주주의와 정당정치의 전통이 확립되는 과정을 거치면서 정당과 교섭단체는 서로 불가분의 일체를 이루게 되었고, 정당의 국회 내 활동은 교섭단체를 중심으로 이루어지고 있다. 국회법도 정당과 교섭단체 간의 이러한 일체성을 인정하여, 국회에 20명 이상의 소속의원을 가진 정당은 하나의 교섭단체가 되도록 규정하면서(제33조 제1항 본문), 국회의원은 둘 이상의 교섭단체에 소속될 수 없고(같은 항 단서 참조), 국회의원이 소속 정당을 변경한 때에는 지체 없이 의장에게 보고하도록 규정하고 있다(같은 조 제2항, 제3항).

의사절차상으로도 의안을 발의하는 데에는 국회의원 10명 이상의 찬성이 있어야 하는 점(국회법 제79조 제1항), 본회의 전에 의안을 심의하는 상임위원회의 수가 17개에 달하는 점(국회법 제37조 제1항), 의안이 의결되기 위해서는 재적의원 과반수의 출석과 출석의원 과반수의 찬성을 필요로 하는 점(국회법 제109조) 등을 고려하여 볼 때, 일정 수 이상의 소속의원을 가진 교섭단체가 의정활동을 주도할 가능성이 높다(헌재 2006. 7. 27. 2004헌마655; 헌재 2008. 3. 27. 2004헌마654 참조).

나) 국회법은 이와 같은 교섭단체의 기능과 역할을 고려하여, 각 교섭단체의 의사를 그 대표의원이나 간사를 통하여 국회운영에 반영하도록 국회의 의사절차를 정하고 있다(헌재 2016. 5. 26. 2015헌라1 참조).

구체적으로 살펴보면, 교섭단체 대표의원이 국회운영위원회의 위원이 되도록 하고(제39조 제2항 참조), 위원회에 각 교섭단체별로 간사 1명을 두며(제50조 제1항 참조), 국회의장 및 위원장이 의사에 관한 여러 가지 사항을 각 교섭단체 대표의원이나 간사와 협의 또는 합의를 하거나 그 동의를 얻어 정하도록 규정하고 있다(제49조 제2항, 제58조 제4항, 제59조의2, 제60조 제1항, 제74조 제2항, 제85조 제1항 제3호, 제85조의2 제8항, 제85조의3 제2항, 제86조 제2항, 제4항, 제95조 제5항, 제104조 제2항, 제112조 제9항 등 참조).

이는 교섭단체로 하여금 개별 국회의원의 의사를 수렴·조정하도록 하고, 그 과정에서 자율적으로 형성된 교섭단체의 의사를 국회운영에 반영함으로써 국회의 효율적 운영을 담보하려는 것이다.

3) 위원회의 의의 및 기능

국회가 본연의 기능을 수행할 때 국민대표로 구성된 국회의원 전원에 의하여 운영되는 것이 이상적일 것이나, 국회의원 전원이 장기간의 회기 동안 고도로 기술적이고 복잡·다양한 내용의 방대한 안건을 모두 다루기에는 능력과 시간의 제약이 따른다. 이러한 한계를 극복하기 위한 방안으로 위원회제도가 창설되었다.

위원회는 국회의원 가운데서 소수의 위원을 선임하여 구성되는 국회의 내부기관인 동시에 본회의의 심의 전에 회부된 안건을 심사하거나 그 소관에 속하는 의안을 입안하는 국회의 합의제기관이다. 위원회의 역할은 국회의 예비적 심사기관으로서 회부된 안건을 심사하여 본회의에 회부할 것인지 여부를 결정하고, 심사결과 안건이 본회의에 부의될 경우 그 심사결과를 본회의에 보고하여 본회의의 판단자료를 제공하는 데에 있다.

국회는 그 의사자율권에 기초하여 의안 심의에 관한 국회운영의 원리로 '위원회 중심주의'를 채택하고 있다. 그 결과 위원회가 회부된 안건을 심사하고 그 결과를 본회의에 보고하면, 본회의에서는 소관 위원회에서 심사·의결된 내용을 거의 그대로 통과시키는 형태로 국회의 최종적인 의사를 결정하는 입법절차를 국회법에 두게 되었다(헌재 2003. 10. 30. 2002헌라1; 헌재 2016. 5. 26. 2015헌라1 참조).

4) 교섭단체의 의사에 따른 위원회 구성의 필요성

가) 위원회 위원의 선임 또는 개선은 위원회가 그 기능을 수행하기 위한 전제로서 신속성과 효율성을 고려할 필요성이 큰 국회의 운영에 관한 사항에 해당한다.

특히 특별위원회는 둘 이상의 상임위원회와 관련된 안건이거나 특히 필요하다고 인정한 안건을 '효율적으로' 심사하기 위하여 본회의의 의결로 구성되는 것으로(국회법 제44조 제1항 참조), 활동기한이 정해져 있고(같은 조 제2항 참조), 특별위원회 위원이 다른 상임위원을 겸임하는 특성이 있다(국회법 제48조 제4항 참조). 따라서 특별위원회는 가급적 위원 개인, 교섭단체 또는 특별위원회의 여러 가지 사정을 탄력적으로 반영하여 효율적으로 운영될 필요가 있다.

나) 교섭단체는 위원회 위원의 선임·개선에서도 소속 국회의원의 의사를 수렴하여 하나의 의사로 조정하기에 가장 적합한 조직이다. 교섭단체는 소속 국회의원의 전문성, 소속 국회의원 사이의 형평성, 의원총회의 결정 등 소속 국회의원이나 교섭단체의 사정을 가장 잘 파악할 수 있고, 내부적으로 위원 선임·개선의 요건과

절차를 자유롭게 정할 수 있기 때문이다.

반면 국회의장이 구체적인 사안마다 국회의원의 의사와 개선의 필요성 등 개별적인 사정을 고려하여 특별위원회 위원을 선임·개선하게 되면, 특별위원회 구성이 지연되고, 개별 국회의원의 의사를 조정하기 위한 기준을 국회의장이 단독으로 정하게 되어 국회의원이나 교섭단체의 권한을 제약하고 국회가 비민주적으로 운영되는 결과를 초래할 우려도 있다.

5) 정당의 의사를 반영한 법률안 도출의 필요성

가) 국회는 사개특위를 구성하면서 18명의 위원을 여·야 동수로 구성하기로 의결하였다. 이는 법원·법조개혁, 검찰·경찰 인사 독립성 및 수사 중립성 강화 등 사법 전반에 걸친 개혁방안을 마련하고, 검찰청법, 경찰법, 형사소송법 등 관련 법안을 심사·처리할 때 여당과 야당의 의사를 균형있게 반영하기 위한 취지로 보인다.

사개특위는 사법개혁과 관련된 안건을 집중적으로 심사하여 최종적인 법률안을 도출함으로써 본회의에 판단자료를 제공하는 것에 그 의의가 있다. 그런데 사개특위에서 각 정당의 의사가 균형있게 반영되지 못할 경우 사개특위의 심사 내용이 본회의에서 통과되기 어려워져 궁극적으로 사개특위의 구성 목적을 달성할 수 없게 된다.

따라서 사개특위의 구성 취지를 실질적으로 구현하기 위해서는 각 정당의 의사를 대변할 수 있는 국회의원이 사개특위 위원으로 선임되어야 하므로, 국회의사결정의 가능성을 높이기 위한 측면에서도 사개특위 위원의 선임·개선에서 교섭단체의 의사를 반영할 필요성이 인정된다.

나) 청구인은 이 사건 합의안의 추인 여부에 대하여 바른미래당의 당헌 제54조 제1항에 따라 재적의원 3분의 2 이상의 찬성으로 당론으로 정하여야 함에도 불구하고, 2019. 4. 23. 바른미래당의 의원총회에서 재적의원 과반수의 출석과 출석의원 과반수의 찬성으로 의결하였으므로, 이 사건 합의안을 추인하기로 한 바른미래당 의원총회의 결정이 바른미래당의 의사를 대변한 것이라고 보기 어렵다는 취지로 주장한다.

그러나 교섭단체의 의사는 다양한 방식과 절차에 의하여 결정될 수 있고, 사개특위 위원의 선임·개선에서 특정한 방식과 절차에 따라 결정된 교섭단체의 의사만이 고려되어야 하는 것은 아니다. 또한 '각 정당의 당헌이 규정한 당론'에 해당하는 경우에만 자유위임원칙에 위배되지 않는다고 볼 경우, 각 정당의 당헌 내용에 따라 헌법상 자유위임원칙의 위배 여부가 달라지게 되어 부당하다.

헌재 2003. 10. 30. 2002헌라1 선례 역시 "국회의원이 정당기속 내지는 교섭단체의 결정(소위 '당론')에 위반하는 정치활동을 한 이유로 제재를 받는 경우, 국회의원의 신분을 상실하게 할 수는 없으나 '정당내부의 사실상의 강제' 또는 소속 '정당으로부터의 제명'은 가능하다고 보고 있다. 그렇다면 당론과 다른 견해를 가진 소속 국회의원을 당해 교섭단체의 필요에 따라 다른 상임위원회로의 전임(사·보임)하는 조치는 특별한 사정이 없는 한 헌법상 용인될 수 있는 '정당내부의 사실상의 강제'의 범위 내에 해당한다고 할 것이다."라고 판단하여, 당론이 정당기속의 한 예시에 불과함을 명시하고 있다.

6) 소결

가) 국회의 의사는 타협과 조정을 통한 원만한 운영이 요체이므로, 국회의장이 그 권한에 속하는 사항에 관하여 교섭단체 대표의원과 협의하고 교섭단체의 의사를 존중하는 것은 국회운영에서 본질적인 요소이다(헌재 2003. 10. 30. 2002헌라1 참조).

이 사건 개선행위는 사개특위의 의사를 원활하게 운영하고, 각 정당의 의사를 반영한 사법개혁안을 도출함으로써 궁극적으로는 사법개혁에 관한 국가정책결정의 가능성을 높이기 위한 것으로서 그 정당성을 인정할 수 있다.

나) 권한침해확인청구에 대한 반대의견은 바른미래당의 교섭단체 대표의원이 사개특위에서 특정 법률안에 대한 신속처리대상안건지정동의안을 가결시키기 위한 목적으로 이에 반대하는 청구인을 사개특위의 해당 법률안 관련 심의·표결 절차에서 배제시키기 위해서 청구인의 개선을 요청하였고, 피청구인은 이 사건 개선행위를 통하여 교섭단체의 추인의결에 반대하는 청구인의 사개특위 위원 지위를 강제로 박탈하였으므로, 이 사건 개선행위가 자유위임원칙에 위배된다고 한다.

그러나 이 사건 개선행위의 본질은 국회의장인 피청구인이 바른미래당에 할당된 위원을 개선해 달라는 바른미래당의 교섭단체 대표의원의 요청에 따른 것에 있다. 국회는 사개특위를 구성하면서 18명의 위원을 여·야 동수로 구성하기로 의결하였고, 이에 따라 각 교섭단체 별로 사개특위 위원이 할당되어 있었다. 바른미래당의 교섭단체 대표의원은 사개특위의 바른미래당 소속 위원에 대한 개선을 요청하고, 바른미래당 소속 사개특위 위원인 청구인은 개선에 반대하는 상황에서, 피청구인은 사개특위의 의사를 원활하게 운영하고, 사법 전반에 걸친 개혁방안을 도출할 수 있는 가능성을 높이기 위하여 바른미래당의 교섭단체 대표의원의 요청에 따른 것에 불과하다. 국회의장인 피청구인이 사개특위에서 특정 법률안에 대한 신속처리대상안건지정동의안을 가결시키기 위한 목적으로 이에 반대하는 청구인을 사개특위의 해당 법률안 관련 심의·표결 절차에서 배제시키기 위해 이 사건 개선행위를 한 것은 아니다.

다) 또한 권한침해확인청구에 대한 반대의견은 이 사건과 같이 자유위임원칙과 정당기속성이 상충하는 사안에서는 헌법규범인 자유위임원칙이 정치현실에 불과한 정당기속성에 우선한다고 한다.

그러나 이 사건 개선행위는 바른미래당의 정당기속을 강화하기 위해서 이루어진 것이 아니다. 이 사건 개선행위의 궁극적인 목적은 국회가 헌법이 예정한 의사결정 방식, 즉 다수결의 원리에 따라 헌법상 권한을 행사하는 것을 가능하게 하는 것이고, 앞서 본 바와 같이 국회 내 다수형성의 가능성을 높이고 의사결정의 능률성을 확보하는 것은 헌법의 요청이다. 그러므로 이 사건을 단순히 자유위임원칙과 정당기속성이 상충하는 사안으로만 보는 것은 국회 전체의 운영 원리라는 다른 헌법적 가치를 간과한 것이다.

특히 권한침해확인청구에 대한 반대의견은 국회법 제48조 제6항에 따라 폐회 중이거나 정기회의 경우 선임 또는 개선 후 30일이 지나면 위원 개선이 가능하다고 보고 있다. 권한침해확인청구에 대한 반대의견과 같이 이 사건을 자유위임원칙과 정당기속성이 상충하는 문제로 본다면, 국회법 제48조 제6항에 의하여 허용되는 위원 개선이 개선되는 위원의 의사에 반할 경우 이를 어떻게 정당화할 수 있을지 의문이다.

(다) 자유위임에 기한 권한의 제한 정도

1) 위원의 의사에 반하는 개선을 허용하게 되면, 위원은 소속 교섭단체의 의사에 반하는 위원회 활동을 할 수 없게 되어 위원이 정당에 기속되는 결과를 초래하게 된다는 우려도 존재한다.

그러나 위원의 의사에 반하는 개선을 허용하더라도, 직접 국회의원이 자유위임원칙에 따라 정당이나 교섭단체의 의사와 달리 표결하거나 독자적으로 의안을 발의하거나 발언하는 것까지 금지하게 되는 것은 아니다. 청구인이나 이 사건 개선행위에 의하여 사개특위 위원으로 선임된 채이배 위원은 모두 사개특위 심사절차에서 독자적인 양심에 기초한 스스로의 판단에 따라 국가전체이익을 추구할 수 있었고, 교섭단체의 의사에 반하여 직무를 수행할 수도 있었다. 따라서 이 사건 개선행위가 바른미래당 소속 사개특위 위원으로 하여금 교섭단체의 의사에 따르도록 강제한 것이라고 볼 수 없다. 다만 정당 또는 교섭단체가 원내 행동통일을 기하여 정당의 정책을 의안심의에서 최대한으로 반영하기 위하여 차기선거의 공천, 당직의 배분 등의 수단을 사용하는 것과 마찬가지로, 위원의 개선을 통해 국회의원의 권한 행사에 간접적인 영향력을 행사한 것에 불과하다.

또한 교섭단체는 내부적으로 위원 선임·개선의 요건과 절차를 자유롭게 정하고 정치적 상황을 반영하여 이를 변경할 수 있는 조직이다. 2019. 4. 23. 바른미래당의 의원총회에서는 먼저 이 사건 합의안의 추인을 바른미래당의 당헌 제54조 제1항에 따라 재적의원 3분의 2 이상의 찬성으로 당론으로 정하여야 하는지, 아니면 같은 당헌 제53조에 따라 재적의원 과반수의 출석과 출석의원 과반수의 찬성으로 의결하여야 하는지에 관하여 토론이 이루어졌고, 투표를 통하여 이 사건 합의안의 추인 방식을 결정하기로 하였다. 투표 결과, 재적의원 과반수의 출석과 출석의원 과반수의 찬성으로 이 사건 합의안을 추인하기로 결정되었고, 이에 따라 이 사건 합의안의 추인 여부에 대하여 재차 투표하여 이 사건 합의안을 추인하기로 의결하였다.

나아가 이 사건 개선행위 당시 바른미래당의 교섭단체 대표의원이었던 김관영 의원은 이 사건 개선행위와 관련된 당내 갈등과 비판에 책임을 지고 2019. 5. 8. 교섭단체 대표의원직을 사퇴하였고, 후임으로 청구인이 바른미래당의 교섭단체 대표의원으로 선출되었다. 그 후 청구인은 교섭단체 대표의원으로서 바른미래당 소속 사개특위 위원에 대한 개선 요청 권한을 행사하였고, 그에 따라 위원의 개선이 이루어졌다.

이와 같은 교섭단체 내부에서 이루어진 일련의 정치적 의사의 형성 과정을 고려할 때, 교섭단체 내부적으로 소속 국회의원들의 의사를 수렴하고 의견이 대립되는 경우 이를 민주적으로 해결하기 위한 절차가 마련되어 있고, 교섭단체 내부의 민주성이 실질적으로 구현되고 있는 것으로 평가할 수 있다.

앞서 살펴본 사정을 종합적으로 고려하면, 교섭단체의 의사에 따라 위원을 개선하더라도, 곧바로 국회의원이 일방적으로 정당의 결정에 기속되는 결과를 초래하게 된다고 단정하기 어렵다.

2) 이 사건 개선행위로 인하여 청구인은 위원으로서

는 사개특위의 심사 절차에 참여하지 못하게 되었으나, 사개특위 심사 절차에 전혀 참여할 수 없게 된 것은 아니다. 위원이 아닌 경우에도 그 위원회 소관 법률안을 제출하여 발의자로서 해당 위원회에서 그 취지를 설명할 수 있고(헌법 제52조, 국회법 제58조, 제79조 내지 제79조의3 참조), 위원이나 발의자가 아니더라도 위원회 소관 법률안을 배부받아(국회법 제81조, 제82조 참조), 위원회에서 발언할 수 있다(국회법 제61조 참조).

더욱이 청구인은 2018. 10. 18. 바른미래당의 교섭단체 대표의원의 요청으로 사개특위 위원으로 선임된 후 처음 정해진 사개특위의 활동기한인 2018. 12. 31.을 넘어서 이 사건 개선행위가 이루어지기 전까지 사개특위 위원으로서 활동하였으므로, 다른 국회의원에 비하여 사개특위 심사 절차에 적게 참여한 것으로 보기도 어렵다.

3) 그렇다면 이 사건 개선행위로 인하여 청구인의 자유위임에 기한 권한이 제한되는 정도가 크다고 볼 수 없다.

(라) 소결

이 사건 개선행위는 사개특위의 의사를 원활하게 운영하고, 사법개혁에 관한 국가정책결정의 가능성을 높이기 위하여 국회가 자율권을 행사한 것으로서, 앞서 살펴본 제반 사정을 종합적으로 고려하면, 이 사건 개선행위로 인하여 자유위임원칙이 제한되는 정도가 위와 같은 헌법적 이익을 명백히 넘어선다고 단정하기 어렵다. 따라서 이 사건 개선행위는 자유위임원칙에 위배되지 않는다.

(3) 국회법 제48조 제6항 위배 여부

(가) 국회법 제48조 제6항의 입법경과 및 입법취지

1) 국회법 제48조 제6항은 2003. 2. 4. 법률 제6855호로 신설된 것으로, 2018. 4. 17. 법률 제15620호로 개정되면서 일부 자구가 수정된 것 외에는 동일한 내용으로 유지되고 있다.

2) 입법 당시 논의를 살펴보면, 2002. 11. 11. 김택기 의원이 대표발의한 국회법중개정법률안(의안번호 162004)은 '위원의 사·보임을 동일 회기중에는 다시 할 수 없도록 하여 위원회의 전문성을 강화하고 교섭단체간의 정치적 사유에 따라 잦은 사·보임이 이루어지는 것을 방지'하기 위하여 "제5항의 규정에 의하여 개선된 위원은 개선된 다음날부터 보임된 위원회의 위원이 되며, 동일 회기내에는 다시 개선할 수 없다."라는 국회법 제48조 제6항을 신설하는 내용을 포함하고 있었다. 위 법안에는 '개선된 동일' 회기 내에는 '다시' 개선할 수 없다는 취지가 분명히 나타나 있다.

이 사건 기록에 의하면 2002. 11. 11., 2002. 11. 12. 정치개혁특별위원회 국회관계법심사소위원회에서도 '동일 회기내에는 다시 개선하지 못함'이라는 취지로 국회법 제48조 제6항을 도입하기로 합의한 것으로 보인다.

2003. 1. 20. 제235회 국회(임시회) 제2차 정치개혁특별위원회를 거쳐 정치개혁특별위원장이 2003. 1. 제안한 국회법중개정법률안(의안번호 162056) 제48조 제6항은 "제1항 내지 제4항의 규정에 의하여 위원을 개선할 때 임시회의 경우는 동일 회기중 개선될 수 없고, 정기회의 경우는 매 30일 이내에는 개선될 수 없다. 다만, 위원이 질병 등 부득이한 사유로 의장의 허가를 얻은 경우에는 그러하지 아니하다."라고 규정하고 있었다. 위 법률안은 그 입법취지에 관하여 "위원회의 전문성 강화를 위하여 위원회 위원은 임시회의 경우 동일회기중에, 정기회의 경우 매 30일 이내에는 개선될 수 없도록 함."이라고 기재하고 있었다.

김택기 의원 대표발의안부터 위 정치개혁특별위원회까지의 입법 경과를 종합하여 보면, 당초 김택기 의원 대표발의안은 개선된 회기가 임시회인지 아니면 정기회인지에 관계없이 개선된 동일 회기 중에는 다시 개선할 수 없도록 하였다가, 이후 정기회의 회기는 100일을, 임시회의 회기는 30일을 초과할 수 없는 점을 고려하여(헌법 제47조 제2항), 개선된 회기가 정기회인 경우에는 30일이 지나면 다시 개선할 수 있도록 규정함으로써 임시회의 경우와 균형을 맞춘 것이라고 해석된다. 즉, 임시회에서 선임 또는 개선된 위원은 최장 30일(회기가 30일인 임시회에서 개회일에 위원으로 선임된 경우)까지 재임할 수 있으므로, 정기회의 경우에도 선임 또는 개선 후 30일이 경과하면 개선될 수 있도록 규정함으로써, 위원 개선의 제한 기간을 임시회의 경우에는 선임 또는 개선된 동일 회기 내로, 정기회의 경우에는 선임 또는 개선 후 30일 이내로 정한 것이다.

이후 위 조항은 법제사법위원회의 체계·자구 심사 과정에서 "제1항 내지 제4항의 규정에 의하여 위원을 개선할 때 임시회의 경우에는 동일 회기중 개선될 수 없고, 정기회의 경우에는 선임 또는 개선후 30일 이내에는 개선될 수 없다. 다만, 위원이 질병 등 부득이한 사유로 의장의 허가를 받은 경우에는 그러하지 아니하다."라고 수정되었다.

위 조항은 법제사법위원회에서 수정된 내용으로

2003. 1. 22. 본회의에 부의되었고, 본회의에서 허태열 의원은 정치개혁특별위원장을 대리하여 "위원회의 전문성 강화를 위하여 위원의 사·보임은 임시회의 경우는 동일 회기 중에 개선될 수 없도록 하고 정기회의 경우는 선임 또는 개선 후 30일 이내에는 개선될 수 없도록 하되 다만 질병 등 부득이한 사유로 의장의 허가를 얻은 경우에는 개선될 수 있도록 하였습니다."라고 그 취지를 설명하였다.

위 조항은 본회의에서 원안대로 가결되었고, 국회의장의 법률안 정리 과정에서 "제1항 내지 제4항의 규정에 의하여 위원을 개선할 때 임시회의 경우에는 회기중 개선될 수 없고, 정기회의 경우에는 선임 또는 개선후 30일 이내에는 개선될 수 없다. 다만, 위원이 질병 등 부득이한 사유로 의장의 허가를 받은 경우에는 그러하지 아니하다."라고 수정되었다.

3) 국회법 제48조 제6항 본문은 정치개혁특별위원회의 심사부터 본회의의 의결에 이르기까지, 임시회의 경우 '동일 회기'에 개선될 수 없도록 개선을 제한하는 내용으로 입법되었고, 본회의에서 의결된 국회법 제48조 제6항 본문도 "제1항 내지 제4항의 규정에 의하여 위원을 개선할 때 임시회의 경우에는 동일 회기중 개선될 수 없고"이므로, 그 입법경과·취지와 함께 관련 헌법 및 국회법 규정 등을 종합적으로 고려하여 국회법 제48조 제6항 본문의 의미를 해석하는 것이 헌법 및 국회법에 합치하는 해석이다.

국회의장의 법률안 정리 과정에서 '동일' 부분이 삭제되었으나, 국회의장은 본회의에서 의결된 내용이나 취지를 변경하지 않는 범위 안에서만 법률안을 정리할 수 있는 것이므로(헌재 2009. 6. 25. 2007헌마451 참조), 국회의장의 법률안 정리로 인하여 임시회의 경우 '동일 회기'에 개선하는 것을 제한하기로 한 본회의의 의결 내용이 변경되었다고 볼 수 없다. 만일 '동일' 부분이 삭제된 문언을 기준으로 삼아 본회의에서 의결된 "임시회의 경우에는 '동일' 회기중 개선될 수 없고"라는 문언과 달리 해석한다면, 국회의장의 법률안 정리가 본회의에서 의결된 법률안의 실질적 내용에 변경을 초래한 것이므로, 헌법 및 국회법상 입법절차 위배 문제가 발생한다.

(나) 국회법 제48조 제6항 본문 중 임시회 부분의 내용

1) '임시회의 경우에는 회기 중에 개선될 수 없고'의 의미

가) 국회법 제48조 제6항의 입법목적은 '위원이 일정 기간 재임하도록 함으로써 위원회의 전문성을 강화'하는 것이므로, 국회법 제48조 제6항은 '위원이 된(선임 또는 보임된) 때'로부터 일정 기간 동안 '위원이 아니게 되는(사임되는) 것'을 금지하는 형태로 규정되어야 한다. 따라서 국회법 제48조 제6항 본문 중 "위원을 개선할 때 임시회의 경우에는 회기 중에 개선될 수 없고" 부분은 개선의 대상이 되는 해당 위원이 '위원이 된(선임 또는 보임된) 임시회의 회기 중'에 개선을 금지하는 것이다. 이는 국회법 제48조 제6항 본문 중 "정기회의 경우에는 선임 또는 개선 후 30일 이내에는 개선될 수 없다." 부분이 '선임 또는 개선된 때로부터' '30일' 동안 개선을 금지하는 것과 마찬가지이다.

그러므로 국회법 제48조 제6항 본문 중 "임시회의 경우에는 회기 중에 개선될 수 없고"라는 문언에서 개선될 수 없는 '회기'는 '개선의 대상이 되는 해당 위원이 선임 또는 개선된 임시회의 회기'를 의미하는 것으로 해석된다.

나) 본회의에서 의결된 "위원을 개선할 때 임시회의 경우에는 '동일' 회기중 개선될 수 없고"라는 문언을 기준으로 해석하면 그 의미가 더욱 명백해진다. 여기에서 '동일'은 어떠한 회기와 같다는 것을 의미하고, 위원은 선임 또는 개선됨으로써 위원이 되는 것이므로, '동일 회기'는 '해당 위원이 선임 또는 개선된 임시회와 같은 임시회'를 의미하는 것으로 해석된다. 국회법 제92조는 "부결된 안건은 같은 회기 중에 다시 발의하거나 제출할 수 없다."라고 규정하고 있는데, 문언상 어떤 회기와 같은 회기를 의미하는 것인지 명시되어 있지 않지만 '같은 회기'는 '안건이 부결된 회기'를 의미하는 것임이 명백한 것과 마찬가지이다.

다) 국회법 제48조 제6항의 입법경과 및 입법취지를 고려할 때에도 위와 같이 해석하는 것이 타당하다.

앞서 본 바와 같이 2002. 11. 11. 김택기 의원이 대표발의한 국회법중개정법률안(의안번호 162004) 및 2002. 11. 11., 2002. 11. 12. 정치개혁특별위원회 국회관계법심사소위원회에서의 심사 내용은 '개선된 동일' 회기 내에는 '다시' 개선할 수 없도록 하는 것이었다.

이후 정치개혁특별위원장이 2003. 1. 제안한 국회법중개정법률안(의안번호 162056), 법제사법위원회의 체계·자구 심사 결과 및 본회의 상정·가결 법률안 모두 '회기' 앞에 '동일'이라는 문구를 두고 있었으므로, 위와 같은 입법취지를 그대로 유지한 것으로 볼 수 있다.

나아가 국회의장은 법률안 정리 과정에서 '동일' 부분이 없더라도 위원이 개선될 수 없는 '회기'를 '개선의 대상이 되는 해당 위원이 선임 또는 개선된 임시회의 회기'로 해석할 수 있기 때문에 '동일' 부분을 삭제한 것으로 볼 수 있다.

권한침해확인청구에 대한 반대의견은 '회기'를 '개선의 대상이 되는 해당 위원이 선임 또는 개선된 임시회의 회기'로 해석하는 경우, 국회의장이 법률안 정리 과정에서 '동일' 부분을 삭제함으로써 그 실질적 내용에 변경을 초래한 것이 되어 헌법 및 국회법상의 입법절차를 위반하였다고 볼 수밖에 없다고 하나, 이는 권한침해확인청구에 대한 반대의견과 같이 '동일' 부분이 없는 경우 위 조항의 '회기'를 '모든 임시회의 회기'로만 해석할 수 있다고 전제하는 경우에만 성립할 수 있는 논리이다. 앞서 본 바와 같이 '동일'이라는 문구 없이도 위원이 개선될 수 없는 '회기'는 '개선의 대상이 되는 해당 위원이 선임 또는 개선된 임시회의 회기'를 의미하는 것으로 해석되므로, 국회의장은 본회의에서 의결된 내용 및 취지를 변경하지 않는 범위 안에서 법률안을 정리한 것으로 볼 수 있다.

2) 위원의 재임기간에 관한 구체적인 검토

가) 국회법 제48조 제6항 본문은 "위원을 개선할 때 임시회의 경우에는 회기 중에 개선될 수 없고, 정기회의 경우에는 선임 또는 개선 후 30일 이내에는 개선될 수 없다."라고 규정하여 '회기 중의 개선'을 금지하고 있으므로, '폐회 중'에는 개선이 가능하다.

2019년 국회 일정을 살펴보면, 폐회 없이 임시회 또는 정기회가 이어진 경우는 없었다. 회기 사이에 폐회일이 존재한다는 전제 하에 선임 또는 개선된 위원이 최초로 개선될 수 있는 날까지의 기간을 구체적으로 살펴보면, 국회법 제48조 제6항 본문 중 "위원을 개선할 때 임시회의 경우에는 회기 중에 개선될 수 없고" 부분이 '개선의 대상이 되는 해당 위원이 선임 또는 개선된 임시회의 회기 중에 개선하는 것'을 금지한다고 해석하는지 아니면 '모든 임시회의 회기 중에 개선하는 것'을 금지한다고 해석하는지에 관계없이, 위 기간이 동일함을 알 수 있다.

먼저, 회기 중 위원으로 선임 또는 개선되었다가 폐회된 경우를 살펴본다. 이 경우 어느 해석에 의하더라도, 선임 또는 개선된 위원이 최초로 개선될 수 있는 날까지의 기간은 1일(임시회·정기회 말일에 선임 또는 개선된 경우)부터 30일(회기가 30일인 임시회에서 임시회 초일에 선임 또는 개선된 경우, 정기회가 30일 이상 남은 때에 선임 또는 개선된 경우)까지로 동일하다.

다음으로, 위원이 폐회 중 선임 또는 개선된 경우를 살펴본다. 이 경우 어느 해석에 의하더라도, 위원은 다음 회기가 개시되기 전까지 언제든지 개선될 수 있으므로, 선임 또는 개선된 바로 그 날에도 개선될 수 있다.

나) 두 가지 해석의 차이는 폐회 기간이 끝나고 다시 후속 임시회의 회기가 개시되었을 때 개선이 가능한지 여부에 있다. 국회법 제48조 제6항 본문 중 임시회 부분이 '모든 임시회의 회기 중에 개선하는 것'을 금지한다고 해석하는 견해에 따르면, '선임 또는 개선된 임시회의 회기 중'에는 개선이 금지되었다가, 폐회 중에는 개선이 가능해지고, '후속 임시회'의 회기가 개시되면 다시 개선이 금지된다. 반면, '개선의 대상이 되는 해당 위원이 선임 또는 개선된 임시회의 회기 중에 개선하는 것'만을 금지한다고 해석하는 견해에 따르면, '선임 또는 개선된 임시회의 회기 중'에는 개선이 금지되었다가, 해당 회기가 종료되면 그 이후에는 폐회 중에는 물론 다시 임시회가 개시되더라도 개선이 가능해진다.

국회 운영의 실제를 고려할 때, 본회의의 폐회 중에는 개선이 될 수 있었던 위원에 대하여 다시 임시회가 개회되면 개선을 금지해야 할 이유를 발견하기는 어렵다. 회기 계속의 원칙에 따라(헌법 제51조), 모든 의안은 의원의 임기 중 폐기되지 아니하므로 폐회 중에도 위원회의 심사가 가능하고, 국회가 상시화되는 경향에 따라 본회의의 개회·폐회 여부와 관계없이 위원회는 상시적으로 활동하고 있다. 국회법은 본회의의 개회 여부에 관계없이 위원회를 개회할 수 있도록 규정하고 있고(제52조), 상임위원회(소위원회를 포함한다)는 폐회 중인 3월·5월의 세 번째 월요일부터 한 주간 정례적으로 개회하도록 규정하고 있다(제53조).

3) 국회 선례

국회사무처의 사실조회 회신에 의하면, 국회 역시 같은 취지에서 임시회 회기 중이라는 이유만으로 위원의 개선을 제한하지 않았던 것으로 보이며, 선임·개선된 회기 만료 후 다음 임시회 회기 중 개선된 사례는 제19대 국회에서 402회, 제20대 국회에서 2019. 4.까지 361회에 이른다.

특히 국회법 제48조 제6항의 입법취지가 가장 잘 인식되었을 것으로 보이는 제16대 국회에서, 선임 또는 개선된 동일 임시회 회기 중에 개선된 사례는 2건에 불과하였던 반면, 선임 또는 개선된 회기 이후의 임시회 회기 중에 개선된 사례는 108건에 이르렀다. 이는 선임 또는 개선된 동일 임시회 회기 중 다시 개선되는 것은 국회법 제48조 제6항 본문에 의하여 원칙적으로 금지되어 같은 항 단서의 요건을 충족하는 경우에만 가능하였던 반면, 동일 회기가 만료된 이후에는 국회법 제48조 제6항 본문에 의하여 개선이 금지되지 않았음을 뚜렷하게 보여준다.

(다) 이 사건 개선행위의 국회법 제48조 제6항 위배 여부

청구인은 제364회 국회(정기회) 회기 중이었던 2018. 10. 18. 사개특위 위원으로 선임되었으므로, 그로부터 30일이 지난 2018. 11. 17. 이후에는 국회법 제48조 제6항 본문 중 '정기회의 경우에는 선임 또는 개선 후 30일 이내에는 개선될 수 없다.' 부분이 적용되지 않아 개선될 수 있었다.

2019. 4. 8.을 집회일로 하는 제368회 국회(임시회) 소집요구가 있은 후 본회의에서 회기가 결정되지 않은 상태에서 2019. 4. 25. 이 사건 개선행위가 이루어졌다. 앞서 본 바와 같이 국회법 제48조 제6항 본문 중 '위원을 개선할 때 임시회의 경우에는 회기 중에 개선될 수 없고' 부분은 '개선의 대상이 되는 해당 위원이 선임 또는 개선된 임시회의 회기 중에 개선하는 것'만을 금지하므로, 위 조항이 제368회 국회(임시회)의 회기 중에 개선될 수 없도록 제한하는 위원은 제368회 국회(임시회)에서 선임 또는 개선된 위원에 한정된다. 따라서 그 이전의 정기회에서 선임된 청구인에 대하여는 제368회 국회(임시회)의 회기 중이더라도 위 조항이 적용되지 않는다.

그렇다면 국회법 제48조 제6항 단서가 규정한 예외사유에 해당하는지 여부를 살펴볼 필요 없이, 이 사건 개선행위는 국회법 제48조 제6항에 위배되지 않는다.

(4) 소결

국회법 제48조는 국회가 그 기능을 민주적이고 효율적으로 수행하기 위하여 위원회의 목적, 전문성, 효율성, 국회의원의 위원회에서 활동할 권한, 위원회 배정의 형평성, 교섭단체의 기능과 역할 등을 종합적으로 고려하여 스스로 내부조직의 구성방법을 정한 것이다. 당해 위원의 의사에 반하는 개선을 제한하는 취지의 국회법 개정안이 발의된 적이 있으나[2001. 12. 27. 김홍신의원 대표발의 국회법중개정법률안(의안번호 161381), 2017. 7. 10. 주호영의원 대표발의 국회법 일부개정법률안(의안번호 2007881)], 모두 국회법에 반영되지 못하였다.

현행 국회법의 규정이 개별 국회의원의 권한을 충분히 보장하고 있지 못한 측면이 존재한다고 하더라도, 권력분립의 원칙 및 국회의 위상과 기능에 비추어 원칙적으로 국회에서 대화와 토론, 설득과 합의를 통하여 국회법의 규정을 개정함으로써 자율적으로 개선하는 것이 타당하다(헌재 2016. 5. 26. 2015헌라1 참조).

앞서 본 바와 같이 이 사건 개선행위는 명백히 자유위임원칙에 위배된다고 보기 어렵고, 국회법 규정에도 위배되지 않으므로, 청구인의 법률안 심의·표결권을 침해하였다고 볼 수 없다.

6. 이 사건 개선행위에 대한 무효확인청구에 관한 판단

이 사건 개선행위는 청구인의 법률안 심의·표결권을 침해하지 않으므로, 더 나아가 살펴볼 필요 없이 이 사건 개선행위는 무효로 볼 수 없다.

7. 결 론

그렇다면 청구인의 이 사건 심판청구는 이유 없으므로 이를 모두 기각하기로 하여 주문과 같이 결정한다. 이 결정에는 이 사건 개선행위의 권한침해확인청구에 대한 아래 8.과 같은 재판관 이선애, 재판관 이은애, 재판관 이종석, 재판관 이영진의 반대의견, 이 사건 개선행위의 무효확인청구에 대한 아래 9.와 같은 재판관 이은애, 재판관 이영진의 별개의견, 아래 10.과 같은 재판관 이선애의 별개의견, 아래 11.과 같은 재판관 이종석의 반대의견이 있는 외에는 나머지 관여 재판관들의 의견이 일치되었다.

8. 재판관 이선애, 재판관 이은애, 재판관 이종석, 재판관 이영진의 이 사건 개선행위의 권한침해확인청구에 대한 반대의견

우리는 피청구인이 2019. 4. 25. 11:00경 바른미래당의 교섭단체 소속 사개특위 위원인 청구인을 그 의사에 반하여 강제로 사개특위에서 사임시키고 그 자리에 채이배 의원을 보임한 행위(이하 '이 사건 개선행위'라 한다)가 헌법과 국회법이 국회의원인 청구인에게 보장한 법률안에 대한 심의·표결권을 침해한 것이라고 생각한다. 그 이유는 다음과 같다.

가. 국회의원의 법률안에 대한 심의·표결권

국민을 대표하는 합의체 결정기관인 국회의 구성원

으로서 국회의원이 가지는 심의·표결권은, 비단 법률안에 대하여 의결을 하는 경우뿐만 아니라, 예산안을 심의·확정하거나(헌법 제54조), 조약의 체결·비준 등 국가의 중요정책에 관하여 동의권을 행사하거나(헌법 제58조, 제60조, 제79조 제2항 등), 헌법기관의 고위공직자를 선출하거나(헌법 제111조 제3항, 제114조 제2항), 그 임명에 관하여 동의권을 행사하는 등(헌법 제86조 제1항, 제98조 제2항, 제104조 제1항, 제2항, 제111조 제4항) 국회가 의결의 형태로 권한을 행사하는 모든 경우에 존재한다(헌재 2010. 2. 23. 2010헌라5 등 참조). '국회가 의결의 형태로 권한을 행사하는 모든 경우'에는 국회의원이 각자가 소속된 위원회 위원의 지위에서 해당 위원회에 제출된 관련 안건에 대하여 자유로운 대화와 토론을 거쳐 심의하고 표결하는 경우도 포함된다고 할 것이다(헌재 2010. 12. 28. 2008헌라7 참조).

국회의 본회의에서 행해지는 결정이나 의결에 대한 사전준비 작업을 하여 다수가 동의할 수 있는 결정의 기초를 마련하는 위원회는 각 교섭단체의 소속 의원 수에 비례하여 구성된 '축소화된 국회'로서 이러한 위원회의 활동은 당연히 '국회에 의한 국민의 대의과정'의 한 부분에 해당된다. 특히 우리 국회는 의안 심의에 관한 국회운영의 원리로 '위원회중심주의'를 채택하고 있어 위원회의 심사는 법률 제정 등 국회의 의사결정에 있어 무엇보다 중요한 과정이므로(헌재 2016. 5. 26. 2015헌라1 참조), 개별 국회의원에게 있어서 위원회의 참여는 본회의 참여와 비견될 수 있는 중요한 의미를 가지며, 위원회 활동은 국회의원이 자신의 정치적 견해를 국회의 의사형성과정에 반영할 수 있는 중요한 기회이다. 그렇기 때문에 위원회에 참여하는 국회의원의 권리는 '의원의 헌법적 지위의 본질적 부분'에 해당한다.

국회는 둘 이상의 상임위원회와 관련된 안건이거나 특히 필요하다고 인정한 안건을 효율적으로 심사하기 위하여 본회의의 의결로 특별위원회를 둘 수 있는데(국회법 제44조 제1항), 특별위원회 구성 시에는 그 활동기간을 정해야 한다(국회법 제44조 제2항). 사개특위는 위와 같은 국회법에 근거하여 설치된 특별위원회로서 그 활동기한이 본회의 의결로 2019. 8. 31.까지로 정해져 있었으므로, 사개특위 위원으로 선임된 국회의원은 헌법상 자유위임의 원칙에 합치되게 해석된 국회법에 따라 적법하게 개선되는 등 특별한 사정이 없는 한 사개특위 활동기한 동안 사개특위에 참여하여 안건을 심사하고 표결할 권한을 가진다. 한편, 국회법 제48조 제6항은 특별위원회 위원의 개선이 이루어질 수 있음을 전제로 하면서도 '임시회의 경우에는 회기 중에 개선될 수 없고, 정기회의 경우에는 선임 또는 개선 후 30일 이내에는 개선될 수 없다.'고 하여 개선에 제한을 두고 있는데, 이는 '위원회의 전문성을 강화하고, 정치적 사유에 따라 위원의 잦은 사·보임이 이루어지는 것을 방지'하기 위한 것이며, 이 조항에 따라 원칙적으로 회기 중 위원회 위원의 개선이 일정기간 동안 제한되므로 적어도 그 기간 동안 위원의 지위 및 업무의 연속성이 보장된다.

이러한 사정들을 종합할 때, 청구인이 사개특위 위원으로서 일정한 법률안에 대하여 이것을 신속처리대상안건으로 지정할지 여부에 관하여 자유로운 토론을 통해 심의하고 표결하는 권한은 헌법과 국회법이 국회의원인 청구인에게 보장한 법률안에 대한 심의·표결권에 포함된다.

법정의견은 국회법 제48조 제6항의 입법목적을 '위원이 일정 기간 재임하도록 함으로써 위원회의 전문성을 강화'하는 것이라고 보며, 이 사건 개선행위로 인하여 청구인이 사개특위 위원으로서 사개특위에 상정된 법률안들에 대하여 심의·표결할 수 없게 되어 그 권한이 침해되었는지 여부를 살펴본다고 하면서도, 국회법 제48조 제6항이 특별위원회 위원에게 임시회 회기 또는 선임·개선 후 30일 동안 그 지위를 유지할 권한을 보장하는 취지가 아니라고 한다. 그러나 위에서 살펴본 바와 같은 이유로 이러한 해석에는 동의할 수 없다.

나. 국회 자율권의 한계

국회는 국민의 대표기관, 입법기관으로서 폭넓은 자율권을 가지고 있고, 그 자율권은 권력분립의 원칙이나 국회의 지위, 기능에 비추어 존중되어야 하는 것이지만, 한편 법치주의의 원리상 모든 국가기관은 헌법과 법률에 의하여 기속을 받는 것이므로 국회의 자율권도 헌법이나 법률을 위반하지 않는 범위 내에서 허용되어야 하고, 따라서 국회의 의사절차나 입법절차에 헌법이나 법률의 규정을 명백히 위반한 흠이 있는 경우에도 국회가 자율권을 가진다고는 할 수 없다(헌재 1997. 7. 16. 96헌라2 등 참조). 이 사건은 국회의장인 피청구인이 국회의원인 청구인에게 헌법 및 법률상 보장된 법률안에 대한 심의·표결권을 침해하였다는 이유로 권한쟁의심판이 청구된 것이므로, 피청구인의 이 사건 개선행위는 헌법재판소가 심사할 수 없는 국회 내부의 자율에 관한 문제라고 할 수 없고(헌재 2003. 10. 30. 2002헌라1 참조), 헌법상 자유위임의 원칙, 국회법 제48조 제

1항, 제4항, 제6항을 명백하게 위반하였는지 여부가 쟁점이 되고 있으므로, 이에 대하여 차례로 살펴본다.

다. 헌법규범인 자유위임의 원칙 위반 여부

(1) 국민주권주의와 자유위임의 원칙

헌법 제1조 제1항은 "대한민국은 민주공화국"이라고 규정하여 민주주의를 통치형태로 채택하고 있고, 헌법 제1조 제2항은 "대한민국의 주권은 국민에게 있고, 모든 권력은 국민으로부터 나온다."고 규정하여 국가권력의 근원과 주체가 국민이며, 국민만이 국가의 정치적 지배에 정당성을 부여할 수 있다는 국민주권주의를 선언하여 국가권력의 형성과 행사가 국가의 특정 계급이나 특정 집단에 의해 독점적으로 지배되지 않는다는 점을 분명히 하고 있다.

국민주권주의에서 '국민'은 구체적인 개개인의 총체가 아니라 정치적·이념적 통일체로서 추상적 존재이므로 현실에서 전체 국민을 대표하면서 국가권력을 담당할 대의기관이 필요하고, 대의기관이 국민 전체를 대표하여 국가이익을 추구할 수 있으려면 특정 이익을 대변하는 특정 계급이나 특정 집단의 명령으로부터 법적으로 자유로운 지위를 가져야 한다. 이런 이유로 국민과 국민의 대표자인 국회의원 사이에 일체의 법적 기속력을 부인하는 자유위임의 원칙은 국민국가의 정당성을 부여하는 원리가 되었다.

1791년 프랑스헌법에서 "의원은 전 국민의 대표자이고, 특정 지역의 대표자가 아니며, 의원에 대하여 위임을 부여할 수 없다."고 자유위임을 처음으로 명시한 이래 오늘날 독일·영국·프랑스·일본 등 자유민주주의국가에서는 거의가 헌법에 국회의원을 전 국민의 대표자라고 규정하여 자유위임 하에 두는 제도를 채택하고 있다(헌재 1994. 4. 28. 92헌마153 참조).

(2) 대의제 민주주의와 자유위임의 원칙

헌법 제40조, 제41조 제1항, 제66조 제4항, 제67조 제1항은 민주주의를 구체화함에 있어 국가의 기관구성권과 정책결정권을 분리하고 정책결정권을 대의기관에 자유위임 하는 대의제 민주주의를 원칙적으로 채택하고 있다. 대의제 민주주의 하에서 주권자인 국민은 선거를 통해 대표자인 대의기관을 선출하고, 대의기관은 국민을 대표하여 국가정책을 결정하며 국민에 대하여 자신의 결정에 대한 정치적 책임을 진다. 대의기관은 임기 중 국민의 의사에 구속을 받지 않고 독자적인 판단에 따라 책임정치를 할 수 있으며, 이러한 의미에서 대표자의 '자유위임'은 대의제 민주주의의 본질적 개념요소 중 하나이다. 민주정치의 전제인 자유롭고 공개적인 정치적 의사형성은 의회 내에서도 보장되어야 하며, 이를 위해서도 선거구민이나 정당 등의 명령에 기속되지 않는 국민의 대표로서의 국회의원의 자유로운 지위(이하에서 이와 같은 자유위임관계에 기초한 국민의 대표로서의 국회의원의 지위는 '국회의원의 자유위임적 지위'라고 칭한다)는 필수적이다.

헌법 제46조 제2항은 "국회의원은 국가이익을 우선하여 양심에 따라 직무를 행한다."고 규정하여, 대의제 원리에 따라 선출된 국회의원이 선거구민, 정당 및 이익단체 등의 특수이익이 아니라 전체 국민을 위한 국가이익을 추구할 수 있도록 자유위임관계를 보장하는 자유위임의 원칙을 천명하고 있다. 이에 국회의원은 자신을 선출한 국민의 현실적 의사에 기속되지 않고 독자적인 양심과 판단에 따라 국가이익을 위한 국가정책 결정에 임한다.

(3) 정당국가현상의 본질

20세기에 접어들어 보통선거제도가 확립되고 이에 따라 대중민주주의가 실현되면서 정당은 대중의 다양한 정치적 이해관계를 반영하여 정책을 형성하고 이를 국정에 전달하는 매개체로 기능하게 되었다.

학계의 문헌들에 의하면, 세계 각국의 정당국가현상에 정도의 차이는 있지만 이 현상은 대의제 민주주의의 핵심 요소인 국회의원의 자유위임적 지위와 관련하여 현실적 변화를 일으켰고 그 특징은 대략 다음과 같이 요약될 수 있다. 첫째, 국회의원은 정당의 한 구성원으로서 정당 속에서 통일적이고 일치된 행동을 통해 자기의 의견을 실현하는 정당인의 면모를 가지게 되었다. 둘째, 국회의원의 선거는 특정인을 대표자로 선출하는 것에 더하여 정당에 의해 개발된 주요 정치적 쟁점에 대한 투표를 하는 모습을 띠고 있다. 셋째, 의회는 정당이나 교섭단체가 결정한 바를 전달하고 국회의원이 그 결정에 사실적으로 기속되어 표결하는 장소가 되면서, 의회의 의사결정이 의회 내에 교섭단체의 형태로 진출한 정당에 의하여 실질적으로 형성되는 현상이 나타났다. 넷째, 정당은 이미 선거 이전에 후보자 공천과정에서 개입하여 정당에 대한 충성도가 높은 사람을 후보자로 선출하고 선거전에서 조직적으로 도우며 당선된 국회의원에게 각종 위원회의 배정과 질문 및 질의 시간의 배분 등 실질적인 권력을 행사하게 되었다. 정당의 공천과 도움으로 당선된 국회의원은 자신의 영향력과 재선을 고려하게 되면서 직무수행에서도 정당의 지시나 결정에 사실상 예속되는 측면이 생겨났다.

이러한 정당국가현상이 대의제 민주주의의 실현과정에 현실적 변화를 가져왔지만 대의제 민주주의의 본질이 변화한 것은 아니다. 대의제 민주주의의 정치적 의사 형성의 과정과 방식이 변화된 것에 불과하다. 정당국가현상은 차별화된 정강 정책을 지닌 복수의 정당이 정기적 선거를 통해 서로 경쟁하면서 국민의 심판과 선택을 받은 대의기관을 탄생시켜 대의제 민주주의를 실현함에 따라 발생한 정치현실이다.

(4) 국회의원의 자유위임적 지위와 정당기속성

국회의원이 정당에 사실상 기속되는 경향이 있고, 의회가 정당에서 결정된 사항을 중심으로 의견을 모으는 장소로 변했다 해도 국가의사를 결정하는 주체는 여전히 국회의원으로 구성되는 의회이다. 정당은 국가기관이 아니고 사적 결사에 불과하므로 그 의사가 곧바로 국가의사가 되는 것이 아니다. 의회가 국민 전체를 대표하여 국가이익을 위해 국가의사를 결정할 수 있으려면 그 구성원인 국회의원이 자유로운 토론과 비판을 통해 국가이익에 부합하는 정책을 도출하고 양심과 소신에 따라 투표할 수 있는 자유위임적 지위를 가져야 하며, 이는 앞서 살핀 것과 같이 대의제 민주주의의 본질적 개념요소로서 포기될 수 없는 가치이다.

헌법에는 국회의원이 소속 정당의 명령을 따라야 한다는 규정이 어디에도 존재하지 않는다. 헌법 제8조 제1항이 "정당의 설립은 자유이며, 복수정당제는 보장된다."고 규정하여 정당설립·활동의 자유를 보장하고 있지만, 이 조항은 정당에 소속된 국회의원이 정당의 명령에 복종해야 한다는 명령적 위임을 인정하는 근거가 아니다.

국회의원이 정당의 공천을 받아 선거에 입후보하고, 유권자는 후보자의 소속 정당을 고려하여 투표하며, 국회의원이 되면 정당의 지시나 명령에 따라 활동하는 것은 부정할 수 없는 정치현실이다. 현실적으로 정당 소속의 국회의원은 어떤 제약도 받지 않는 의미에서 '자유로운' 직무활동을 하는 것이 아니라, 소속 정당의 대표적 인물로서 정당 내지 교섭단체와의 유기적 관계가 존재하는 현실 속에서 전체 국민을 대표한다. 국회의원이 정당의 명령에 불복하면 정당 차원의 징계 등을 받을 수도 있고, 차기 선거에서 공천에 탈락할 수도 있으며 그로 인해 재선에 실패할 수도 있기 때문에 자신의 영향력과 재선을 위해 정당의 지시나 명령에 스스로 복종할 수 있는데, 이런 정당기속성은 헌법규범에 의한 기속이 아니라 현실적 기속에 불과하다. 정당기속성은 정치현실에 불과할 뿐이고, 개별 국회의원에게 자유위임된 국가의사 결정권한을 의회 의사 진행과정의 효율성을 위해 정당 내지 교섭단체에게 귀속·독점시키는 것을 의미하는 것이 아니다. 헌법상의 통치기관 구성원리인 대의제 민주주의는 정당기속성이라는 정치 현실에도 불구하고 변화하는 사회·경제 환경 속에서 자유로운 정치적 의사형성과 국가이익을 위한 정책결정을 보장하기 위해 국회의원의 자유위임적 지위를 필수적으로 요구하고 있다.

국회법이 국회에 20인 이상의 소속 국회의원을 가진 정당, 그리고 다른 교섭단체에 속하지 않는 20인 이상의 국회의원이 따로 교섭단체를 각각 구성할 수 있도록 하여(제33조), 교섭단체로 하여금 위원회 구성(제48조), 본회의 법률안 심사에서 협의 등을 하도록 한 것(제95조)은 국회 의사결정의 효율성을 제고하기 위하여 교섭단체에 일정한 역할을 맡긴 것에 불과하여 이를 근거로 헌법이 보장하는 국회의원의 자유위임적 지위를 부인할 수 없다. 국민의 다원적 정치의사를 유도·통합하여 국가의사로 매개하는 정치적 도관으로서 정당이 기능하고, 교섭단체가 정당의 한 기관으로서 작동한다고 하더라도, 이러한 정당과 교섭단체의 기능의 전제는 그 구성원인 국회의원이 양심에 따라 국가이익을 위하여 직무수행을 한다는 것이다. 교섭단체는 국회의원이 자유위임적 지위에 있음을 토대로 성립하는 것이므로, 교섭단체가 국회 의사 진행 과정의 효율성을 제고하기 위해 국회의원의 자유위임적 지위를 압도하여 형해화하는 것은 자기의 토대를 스스로 무너뜨리는 것이 되어 허용될 수 없다.

(5) 정당 내지 교섭단체의 내부 민주주의와 정당기속성

정당 내지 교섭단체의 내부에서 민주적 절차에 따라 형성된 당론이라고 해도 정당은 국가기관이 아닌 사적 결사에 불과하므로, 사적 결사의 당론에 복종해야 한다는 정당기속성이 사실적 수준에 머무르지 않고 국회의원의 자유위임적 지위를 압도하여 형해화할 정도에 이르는 것은 헌법상 용인될 수 없다.

정당이 민주적으로 운영되고 있는 민주주의 국가들에서도 국회의원이 당론에 따르지 않고 양심에 따른 교차투표(cross-voting)를 하는 것이 인정되어 온 것은 개방적인 의견 교환과 자유로운 토론을 통해 국가이익을 위한 결정을 하기 위해서 국회의원의 자유위임적 지위가 보장되고 있기 때문이다.

(6) 기초사실

(가) 제362회 국회(임시회)에서는 2018. 7. 26. 법원, 검찰 등 사법제도 전반에 대한 종합적이고 체계적인 개선방안을 마련하고 관련 법안의 심사 및 처리 등을 위한 '사법개혁 특별위원회 구성결의안' 및 선거제도 개편을 위한 '정치개혁 특별위원회 구성결의안'이 통과되었고, 제364회 국회(정기회)에서는 2018. 10. 18. 사법개혁 특별위원회 위원 18명 및 정치개혁 특별위원회(이하 '정개특위'라고 한다)의 위원 18명이 각 선임되어 관련 논의가 시작되었다. 당시 청구인은 바른미래당의 교섭단체 소속 국회의원으로서 사개특위 위원으로 선임되었고, 이어서 2018. 11. 23. 국회 사개특위 산하 검찰·경찰개혁소위원회 위원장으로 선임되었으며, 그 이후 '고위공직자비리수사처(이하 '공수처'라 한다) 설치', '검·경 수사권 조정'에 관한 법률안 심사 및 처리 등과 관련한 위원회 직무를 수행하였다.

두 개의 특별위원회가 가동하여 활동을 시작한 이래 '공수처 설치', '검·경 수사권 조정' 및 '선거제도 개편'이 논의되는 과정에서 교섭단체들 중에 관련 법률안들을 모두 동시에 신속처리대상안건으로 지정하여 처리하여야 한다는 입장이 있음이 알려지면서 국회 내에서는 이에 대한 찬·반 논의들이 쌓여가고 있었다.

(나) 청구인은 2019. 1.경 언론을 통해 공개적으로 '검찰개혁의 일환인 검·경 수사권 조정 및 공수처 신설에 찬성한다. 다만, 공수처는 독립된 수사권만을 가지고, 기소권은 가지지 않아야 한다. 기소권은 소추기능을 담당하는 검찰이 가져야 한다. 공수처가 수사권과 기소권을 동시에 가지게 되면 현행 검찰의 권한과 같아져서 검찰을 개혁하기 위해 검·경 수사권 조정을 하는 취지와 상충한다'는 취지의 소신을 표명하였다. 또한, 청구인은 사개특위 구성 이전인 2017. 10. 31. '고위공직자부패방지처법안(의안번호 제209961호)'을 발의하기도 했는데, 그 내용은 고위공직자 범죄를 수사하는 부패방지처는 독립적인 수사권만을 가지고, 기소권은 검찰이 갖는 것이었다.

(다) 한편, 정개특위의 위원장인 정의당 소속 심상정 의원, 정개특위의 간사들인 더불어민주당의 교섭단체 소속 김종민 의원, 바른미래당의 교섭단체 소속 김성식 의원, 민주평화당 소속 천정배 의원은 2019. 3. 17. 선거제 개혁의 일환으로 '지역구 225석, 권역별 비례 75석, 연동률 50% 적용의 연동형 비례대표제'를 담은 공직선거법 개정안을 '4당 정개특위 간사 합의사항'으로 공표하였다.

(라) 청구인은 2019. 3. 18. 언론을 통해 공개적으로 '2019. 3. 17.자 의원총회에서 드러난 바른미래당의 교섭단체 소속 국회의원들의 다양한 의견 중에서 신속처리대상안건 지정과 관련한 반대의견 두 가지를 전하겠다. 그 중 하나는 선거의 룰을 바꾸는 선거제도 개편에 관한 공직선거법개정안을 신속처리대상안건으로 지정하는 것 자체에 대하여 반대하는 의견이고, 다른 하나는 현재까지 검·경 수사권 조정과 공수처 신설에 관하여 나와 있는 법률안의 내용들이 불충분하므로 신속처리대상안건으로 지정하려면 내용의 보완이 필요하다는 의견이다'라는 취지의 발언을 하였다.

(마) 바른미래당의 교섭단체는 2019. 3. 20. 의원총회를 열어 선거제 개편, 검·경 수사권 조정, 공수처 신설과 관련된 법률안에 대한 신속처리대상안건 지정에 대하여 논의를 하였는데, 바른미래당의 교섭단체 대표의원인 원내대표 김관영 의원(이하 '교섭단체 대표의원인 김관영 의원'이라고 한다)은 의원총회를 종료한 당일 오후 및 다음날인 2019. 3. 21. 언론을 통해 공개적으로 '공수처의 수사권과 기소권을 분리하는 문제, 공수처장추천위원회 위원 5분의 3 이상 동의를 통한 공수처장의 추천, 국회 추천 몫 공수처장추천위원회 위원 4명 중 3명을 여당 외 교섭단체가 임명하는 방안이 바른미래당의 당론이고, 그 입장이 관철되지 않으면 패스트트랙을 진행하지 않겠다'는 취지로 발언하였다.

한편, 바른미래당의 교섭단체 소속의 또 한 명의 사개특위 위원인 권은희 의원은 2019. 3. 21. 언론을 통해 공개적으로 '공수처 신설과 관련된 바른미래당의 안은 공수처는 수사권만을 가지고, 기소권은 검찰이 갖는 방식으로 견제와 균형의 원리를 구현하고, 공수처장 추천에 있어서 야당이 실질적인 비토권을 가져야 한다는 것이다.'라는 취지의 발언을 하였다.

2019. 3. 21.자 언론보도에는 '바른미래당의 교섭단체 소속의 사개특위 위원들인 청구인과 권은희 의원은 개혁법안에 바른미래당 요구가 관철되지 않으면 선거법 패스트트랙을 하면 안 된다는 입장'이라는 기사가 실리기도 하였다.

(바) 더불어민주당의 교섭단체 대표의원인 원내대표 홍영표 의원, 교섭단체 대표의원인 김관영 의원, 민주평화당의 원내대표 장병완 의원, 정의당의 원내대표 윤소하 의원은 2019. 4. 22. 아래 [합의문]과 같은 이 사건 합의안을 발표하였다.

[합의문]

1. 선거제도 개편, 공수처 설치, 검·경 수사권 조정 등에 대해 다음과 같이 합의한다.
   ① 선거제도 개편 내용은 2019. 3. 17. 4당 정개특위 간사들 간의 합의사항을 바탕으로 미세조정한 관련법 개정안을 마련해, 신속처리안건으로 지정한다.
   ② 공수처 설치 관련법은 아래 내용을 담아 신속처리안건으로 지정한다.
   - 신설되는 공수처에는 기소권을 제외한 수사권과 영장청구권, 검찰의 불기소처분에 대해 법원에 재정신청 할 권한을 부여한다. 다만, 공수처가 수사한 사건 중 판사, 검 사, 경찰의 경무관급 이상이 기소 대상에 포함되어 있는 경우에는 공수처에 기소권 을 부여하는 등 실질적 견제를 위한 제도적 장치를 마련한다.
   - 공수처장추천위원회에 여야 각각 2명씩의 위원을 배정하고, 공수처장은 위원 4/5 이 상의 동의를 얻어 추천된 2인 중 대통령이 지명한 1인에 대해 국회 인사청문회를 실 시하고 대통령이 임명한다.
   - 공수처의 수사·조사관은 5년 이상 조사·수사·재판의 실무경력이 있는 자로 제한한다.
   ③ 검·경 수사권의 조정은 그간 사개특위 4당 위원들 간 합의사항을 기초로 법안(대안) 을 마련해, 신속처리안건으로 지정한다. 단, 검사작성 피신조서의 증거능력에 대해 선 제한하는 것으로 변경하되 법원 등의 의견을 수렴하는 과정을 거쳐 보완책을 마련한다.
2. 선거제도 개편, 공수처 설치, 검·경 수사권 조정 등에 대해 다음과 같이 합의한다.
   ① 이번 합의에 대한 각 당의 추인을 거쳐, 4당 원내대표들이 책임지고 2019. 4. 25.(목)까지 정개특위와 사개특위에서의 신속처리안건 지정을 완료한다.

(사) 이 사건 합의안 중 '공수처에 일정한 경우 제한적 기소권을 부여하고, 공수처장을 추천하는 위원회의 결의요건이 위원 5분의 4 이상이며, 국회 추천 몫 공수처장추천위원회 위원 4명 중 여야 각각 2명씩 배정하는 것' 부분은 교섭단체 대표의원인 김관영 의원이 언론에 '공수처 설치에 관한 바른미래당의 당론'이라고 공표했던 안과는 그 내용 및 취지가 다른 것이었다.

2019. 4. 23. 오후 바른미래당의 교섭단체의 의원총회 당시 소속 국회의원들 사이에 이 사건 합의안 추인에 당론 변경 절차에 준하여 의원 3분의 2 이상의 찬성이 필요한지 아니면 일반 의원총회 의결과 같이 과반수 찬성이 필요한지 토론이 이루어졌고 투표를 통해 어떤 방식을 택할 것인지 결정하기로 하였다.

당시 의원총회에서 교섭단체 소속 국회의원 23명이 이 사건 합의안 추인을 어떤 방식으로 할 것인지 투표한 결과 12대 11의 단 1표 차이로 과반수 찬성 방식으로 합의안 추인 여부를 결정하기로 하였고, 이어서 이 사건 합의안 추인 여부에 대하여 재차 투표한 결과 12대 11의 단 1표 차이로 이 사건 합의안을 추인하였는데, 그 과정에서 첨예한 의견 대립이 있었다.

당시 의원총회에서 교섭단체 대표의원인 김관영 의원은 유승민 의원이 "오신환 의원과 권은희 의원 사보임 어떻게 하실 겁니까"라고 한 질문에 "저는 않는다고 말씀을 드렸구요."라고 대답하였고, 재차 유승민 의원이 "사보임 절대 안 하실 거예요?"라고 묻자 "예. 충분히 협의해서 지금까지 이 두 분이 여기까지 협상안이 그래도 진척될 수 있도록 노력을 해 오셨고, 충분히 협의를 해 왔다고 생각합니다. 그리고 두 분과 상의해서 잘 해결해 나가도록 하겠습니다."라고 대답하는 등 청구인과 권은희 의원을 사개특위 위원에서 사임시키지 않을 것이라는 취지의 발언을 하였다.

(아) 청구인은 의원총회 다음날인 2019. 4. 24. 05:57 페이스북에 다음과 같은 글을 게재하였다.

> "…저는 당의 분열을 막고 저의 소신을 지키기 위해 사개특위 위원으로서 여야4당이 합의한 공수처 설치안의 신속처리안건 지정안에 반대표를 던지겠습니다. 저는 누구보다도 연동형비례대표제 도입을 바래왔지만, 선거법만큼은 여야합의로 처리해왔던 국회관행까지 무시하고 밀어붙여야 할 만큼 현재의 반쪽 연동형비례대표제가 가치 있다고 생각하지는 않습니다. 저는 검찰개혁안의 성안을 위해 거대양당의 틈바구니에서 사개특위 간사로서 최선을 다해 왔지만, 누더기 공수처법안을 위해 당의 분열에 눈감으며 저의 소신을 저버리고 싶지는 않습니다. 아무쪼록 저의 결단이 바른미래당의 통합과 여야 합의 정치로 나아가는 계기가 되기를 바랍니다. 저는 이후로도 제대로 된 공수처 설치안과 검경수사권 조정

안, 선거제 개편안의 도출과 국회통과를 위해 최선을 다하겠습니다. 바른미래당의 사무총장으로서 당의 통합과 화합에 앞장서겠습니다."

당시 사개특위는 더불어민주당의 교섭단체 소속 위원 8명, 자유한국당의 교섭단체 소속 위원 7명, 청구인을 포함하여 바른미래당의 교섭단체 소속 위원 2명, 민주평화당 소속 위원 1명 등 총 18명으로 구성되어 있었는데, 공수처 설치법안 및 검·경 수사권 조정 등을 담은 형사소송법 개정안, 검찰청법 개정안을 모두 신속처리대상안건으로 지정하기 위해서는 사개특위 재적위원의 5분의 3 이상인 11명 이상의 찬성 의결이 필요하였다. 당시 자유한국당의 교섭단체 소속 사개특위 위원들 7명은 이 사건 합의안 자체에 반대하고 있어서 나머지 사개특위 위원들 11명 전원이 한 명도 빠짐없이 찬성해야만 신속처리대상안건 지정이 가능한 상황이었으므로, 청구인이 반대할 경우 공수처 설치법안의 신속처리대상안건 지정은 부결될 것이 확실히 예상되었다.

(자) 교섭단체 대표의원인 김관영 의원은 2019. 4. 24. 오전 바른미래당 최고위원회의 등에서 청구인을 사개특위 위원에서 개선(일명 '사·보임')하겠다는 의사를 표명하였고, 같은 날 14:00경 ○○병원에 입원 중이던 피청구인을 방문하여 '사·보임 신청서가 접수되면 잘 검토해 달라'는 취지로 말하였다.

청구인은 2019. 4. 24. 16:24 국회사무처 의사국장을 수신자로 하여 "사법개혁특별위원회 사·보임 반대의 건" 및 "사개특위 사·보임 해석에 대한 공무원 직권남용죄 등 안내의 건"이라는 제목의 공문들을 발송하였다. 당시 공문에는 "사개특위 위원직을 내려놓지 않겠다는 본 의원의 의사에 반하여 사·보임을 강제적으로 진행하는 것은 명백한 국회법 위반이고, 국회의원의 독립성과 자율성을 침해하므로 바른미래당 원내 대표의 사보임 요청안을 수령 결재토록 하는 것은 직권남용에 따른 국회의원의 권리행사를 방해할 수 있다는 점을 상기시켜드립니다."라는 취지가 기재되어 있었다.

교섭단체 대표의원인 김관영 의원은 2019. 4. 25. 09:20 팩스로 피청구인에게 '교섭단체의 원활한 상임위 운영을 고려하여' 바른미래당의 교섭단체 소속 사개특위 위원 중 청구인을 채이배 의원으로 개선할 것을 요청하는 공문을 제출하였고, 피청구인은 같은 날 11:00경 위 요청에 따라 사개특위 위원을 개선하였다. 이로써 청구인은 사개특위 위원에서 강제로 사임되었다.

한편, 교섭단체 대표의원인 김관영 의원은 2019. 4. 25. 13:00경 바른미래당의 교섭단체 소속 사개특위 위원인 권은희 의원, 더불어민주당의 교섭단체 대표의원인 원내대표 홍영표 의원, 더불어민주당의 교섭단체 소속의 사개특위 위원장 이상민 의원 및 사개특위 간사 백혜련 의원과 국회에서 만나 사개특위에서 신속처리대상안건으로 지정할 공수처 설치법안 등의 내용에 대한 협상을 진행하였는데, 교섭단체 대표의원인 김관영 의원이 같은 날 17:40경 당시까지 합의된 내용으로 협상을 마무리하려 하자 권은희 의원은 추가 협상을 요청하며 협상장에서 이석하였다.

교섭단체 대표의원인 김관영 의원은 2019. 4. 25. 17:54 팩스로 피청구인에게 '교섭단체의 원활한 상임위 운영을 고려하여' 바른미래당의 교섭단체 소속 사개특위 위원 중 권은희 의원을 임재훈 의원으로 개선할 것을 요청하는 공문을 제출하였고, 피청구인은 같은 날 17:55 위 요청에 따른 사개특위 위원 개선을 하였다. 이로써 권은희 의원 역시 사개특위 위원에서 강제로 사임되었다.

(차) 사개특위 전체회의가 2019. 4. 29. 22:52경 국회 507호 문화체육관광위원회 회의실에서 개최되었는데, 피청구인의 이 사건 개선행위 및 권은희 의원에 대한 개선행위로 각 개선된 채이배 의원, 임재훈 의원이 바른미래당의 교섭단체 소속 사개특위 위원으로서 참석하여 표결권을 행사하였다. 당시 사개특위 전체회의에서 자유한국당의 교섭단체 소속 위원 7명은 투표에 참여하지 않았고, 나머지 사개특위 위원들인 더불어민주당의 교섭단체 소속 위원 8명, 바른미래당의 교섭단체 소속 위원 2명, 민주평화당 소속 위원 1명 등 총 11명 전원의 찬성으로 이 사건 합의안과 같은 공수처 설치법안 및 검·경 수사권 조정 등을 담은 형사소송법 개정안, 검찰청법 개정안에 대한 신속처리대상안건 지정 동의안이 가결되었다.

(7) 이 사건에 관한 판단

(가) 헌법상 자유위임의 원칙은 국회의원이 정당이나 교섭단체로부터 받는 현실적인 기속력을 부인하지 않지만 국회의원이 그 현실적인 기속력에 저항하여 직무수행을 해도 그로 인한 어떤 법적 제재 내지 불이익을 받는 것을 용납하지 않을 것을 요청한다. 국회의원이 자신의 영향력 및 재선을 위하여 그 현실적인 기속력을 감수할지 여부와 그 범위를 스스로 결정할 여지를 헌법상 자유위임의 원칙이 부여한 것이다.

자유위임의 원칙과 정당기속성의 관계는 '헌법규범 상호간의 문제'가 아니라 '헌법규범과 정치현실 간의 문제'이므로 적정한 조화를 통해 해결될 수 있는 긴장관계에 있을 수 있지만, 조화로운 긴장관계를 넘어서서 자유위임의 원칙과 정당기속성이 상충하는 예외적인 사안에서는 헌법규범인 자유위임의 원칙이 정치현실에 불과한 정당기속성보다 우선함이 마땅하다.

비록 국회 의사 진행의 효율성에 기여하는 측면이 있다고 해도 정당기속성이 대의제 민주주의를 보충하는 현실의 한 모습에 그치는 정도를 넘어서서 국회의원의 자유위임적 지위를 압도한다면, 대의제 민주주의의 원리를 부정하고 대의제 민주주의의 틀을 뛰어넘는 원칙의 변화를 의미하여 이것은 받아들일 수 없다. 근대 민주주의의 역사를 살펴보더라도 민주주의는 국회의원을 "국민의 대표"로 간주하는 대의제 민주주의를 그 핵심적 기본원리로 삼아 출발한 것이었고, 다만 투표권의 확대로 민주주의가 대중적 민주주의로 변모하면서 민주주의의 효율성을 높이는 하나의 유용한 장치로서의 정당의 역할이 긍정된 것일 뿐, 민주주의의 핵심적 기본원리로서의 대의제 민주주의 자체가 폐기된 것은 아니기 때문이다(헌재 2003. 10. 30. 2002헌라1 반대의견 참조).

법정의견은 이 사건에서 문제되는 자유위임원칙 위반 여부를 국회 내의 교섭단체의 기능과 정당의 의사를 반영한 법률안 도출의 필요성을 고려한 국가의사 결정 과정의 기능적 효율성의 측면에서만 판단하고 있는 것으로 보이는데, 이러한 입장에는 동의할 수 없다.

(나) 이 사건 개선행위의 전후 경위를 살펴보면 다음과 같은 사정이 인정된다.

① 피청구인의 이 사건 개선행위 당시 사개특위는 자유한국당의 교섭단체 소속 사개특위 위원 7명이 이 사건 합의안에 담겼던 공수처 설치법안에 대한 신속처리대상안건 지정에 반대하고 있어서 나머지 사개특위 위원 11명 전원이 단 한 명도 빠짐없이 찬성해야만 위와 같은 신속처리대상안건 지정이 가능한 상황이었다.

② 바른미래당의 교섭단체의 의원총회에서는 공수처 설치법안을 비롯한 사법개혁에 관한 법률안과 선거제도개편에 관한 공직선거법 개정안을 신속처리대상안건으로 지정한다는 이 사건 합의안에 대하여 12명이 찬성하고 11명이 반대하여 단 1표 차이로 추인하였는데, 이것은 바른미래당의 당헌 제48조 제3호, 제54조 제1항에서 정한 당론 요건인 '의원총회에서 재적의원 3분의 2 이상의 찬성'을 충족하지 못하여 '당론'이 될 수 없었다. 비록 1표 차이로 소수파가 되기는 하였지만 바른미래당의 교섭단체에는 청구인을 비롯한 소속 국회의원들 상당수가 이 사건 합의안의 추인에 반대하였던 것이다. 또한, 바른미래당의 당헌 제54조 제2항은 "당 소속 의원은 국회 표결 시 당론을 존중하여야 한다. 다만, 당론이 개인의 양심에 반하는 경우에는 이에 구속되지 아니한다."라고 정함으로써 가중된 정족수로 정해진 당론이 있는 경우에도 의원 개인의 양심을 존중하는 방식으로 규정되어 있었다.

③ 청구인은 이 사건 개선행위 하루 전날 "당의 분열을 막고 소신을 지키기 위해 사개특위 위원으로서 여야 4당이 합의한 공수처 설치안의 신속처리대상안건 지정안에 반대표를 던지겠다."고 자신의 소신을 발표했고, 국회사무처에 "사개특위 위원직을 내려놓지 않겠다는 본 의원의 의사에 반하여 사·보임을 강제적으로 진행하는 것은 명백한 국회법 위반이고, 국회의원의 독립성과 자율성을 침해하는 것이다."라는 내용의 공문을 발송했다.

④ 그런데 교섭단체 대표의원인 김관영 의원은 이 사건 합의안에 담겼던 공수처 설치법안의 신속처리대상안건 지정을 관철하기 위한 목적으로 이에 반대하는 청구인을 사개특위에서 배제하기 위해 피청구인에게 이 사건 개선행위를 요청하였다. 이에 피청구인은 그 요청에 응하여 위원 개선을 하였으며, 그 결과 청구인은 사개특위 위원에서 강제로 사임되었고 그 자리에 채이배 의원이 보임되었다.

⑤ 이 사건 개선행위와 피청구인의 권은희 의원에 대한 개선행위 이후 개최된 사개특위 전체회의에서는 이 사건 합의안에 담겼던 공수처 설치법안에 대한 신속처리대상안건 지정동의안이 자유한국당의 교섭단체 소속 위원 7명을 제외한 나머지 위원 11명 전원 찬성으로 가결됨으로써 결국 이 사건 개선행위를 요청한 교섭단체 대표의원인 김관영 의원의 목적은 관철되었다.

(다) 이러한 사정들을 종합해 볼 때, 이 사건 개선행위는 사개특위에서 특정 법률안에 대한 신속처리대상안건 지정동의안을 가결시키기 위한 목적으로 이에 반대하는 청구인을 사개특위의 해당 법률안 관련 심의·표결 절차에서 배제시키기 위해 요청되어 청구인의 의사에 반하여 강제로 이루어진 것으로서 청구인의 사개특위에서의 법률안 심의·표결권을 침해한 것이고, 이는 자의적인 강제사임에 해당하여 자유위임적 지위에 기초한 국회의원의 자율성과 독립성을 침해한 것이다.

헌법상 자유위임의 원칙은 청구인이 국회 산하 위원

회 활동을 함에 있어서 특정 정당을 대표하는 지위에서 교섭단체의 위와 같은 추인의결에 스스로 복종할 수 있는 정당기속성을 부인하지 않지만, 여기에서 더 나아가 청구인이 국민의 대표자인 국회의원으로서 자신의 양심과 독자적인 판단에 근거하여 그 추인의결 중 일부인 특정 법률안에 대한 신속처리대상안건 지정에 반대했다는 이유로 사개특위에서의 법률안 심의·표결권을 침해받는 법적 불이익을 받는 것을 용납하지 않을 것을 요청한다.

이 사건 개선행위는 교섭단체의 추인의결에 반하는 소속 국회의원의 사개특위 위원 지위를 강제로 박탈함으로써 사개특위에서의 특정 법률안에 대한 심의·표결권의 행사를 사전에 전면적으로 금지하는 결과를 초래하였는데, 이는 정당의 기속성이 자유위임의 원칙을 압도하는 것이다. 정당기속성이라는 정치현실의 이름으로 이것을 허용하는 것은 자유위임에 따른 국가대표성의 구현이라는 대의제 민주주의의 원리를 부정하고 대의제 민주주의의 틀을 뛰어넘는 원칙의 변화를 의미하는 것으로 받아들일 수 없다.

법정의견은 국회의원의 의사에 반하는 개선을 허용하더라도 직접 국회의원이 정당이나 교섭단체의 의사와 달리 표결하는 것을 금지하게 되는 것은 아니며, 아울러 위원회 위원이 아니더라도 그 소관 법안을 제출할 수 있고 위원회에서 발언할 수 있으므로 위원회 심사 절차에 전혀 참여할 수 없는 것은 아니므로 청구인의 자유위임에 기한 권한이 제한되는 정도가 크다고 볼 수 없다고 한다. 하지만, 위원회의 참여는 본회의 참여와 비견될 수 있는 중요한 의미를 가지며, 국회의원이 자신의 정치적 견해를 국회의 의사형성과정에 반영할 수 있는 '국회의원의 헌법적 지위의 본질적 부분'이라는 점, 국회 본래의 사명인 입법을 위한 심의·표결에 관한 한 본회의에 있어서든 위원회에 있어서든 국회의원이 양심에 따라 독립하여 심사하고 표결하는 권한은 불가침, 불가양의 권한이라는 점(헌재 2003. 10. 30. 2002헌라1 반대의견 참조), 이 사건 개선행위는 교섭단체의 추인의결에 반대하는 소속 국회의원의 사개특위 위원 지위를 강제로 박탈함으로써 사개특위에서의 심의·표결권의 행사를 사전에 전면적으로 금지하는 결과를 초래한 점을 고려할 때, 국회의원이 자유위임적 지위에서 갖는 위원회에서의 법률안 심의·표결권이 침해된 상황을 법정의견의 입장과 같이 가볍게 보는 것은 동의할 수 없다.

(8) 소결

따라서 피청구인의 청구인에 대한 이 사건 개선행위는 헌법상 보장되는 자유위임의 원칙을 명백하게 위반하여 국회의원인 청구인이 헌법과 국회법으로 보장받는 법률안에 대한 심의·표결권을 침해하였다고 할 것이다.

라. 이 사건 개선행위의 국회법 위반 여부

(1) 위원회 위원 개선에 관한 국회법 조항들의 내재적 개선 제한 사유

(가) 합헌적 법률해석

일반적으로 어떤 법률에 대한 여러 갈래의 해석이 가능할 때에는 원칙적으로 헌법에 합치되는 해석, 즉 합헌해석(合憲解釋)을 하여야 한다. 왜냐하면 국가의 법질서는 헌법을 최고법규로 하여 그 가치질서에 의하여 지배되는 통일체를 형성하는 것이며 그러한 통일체내에서 상위규범은 하위규범의 효력근거가 되는 동시에 해석근거가 되는 것이므로, 헌법은 법률에 대하여 형식적인 효력의 근거가 될 뿐만 아니라 내용적인 합치를 요구하고 있기 때문이다. 다만, 합헌적 법률해석을 하더라도 법률의 조항의 문구가 간직하고 있는 말의 뜻을 넘어서 말의 뜻이 완전히 다른 의미로 변질되지 아니하는 범위 내이어야 한다는 문리적 한계와 입법권자가 그 법률의 제정으로써 추구하고자 하는 입법자의 명백한 의지와 입법의 목적을 헛되게 하는 내용으로 해석할 수 없다는 법 목적에 따른 한계를 준수하여야 한다(헌재 2002. 11. 28. 98헌바101등; 헌재 2015. 5. 28. 2012헌마653 참조).

(나) 위원회 위원 개선에 관한 국회법 제48조 조항들의 내재적 개선 제한 사유

국회의 위원회 위원 개선과 관련하여, 국회법 제48조 제1항은 '상임위원은 교섭단체 소속 의원 수의 비율에 따라 각 교섭단체 대표의원의 요청으로 의장이 개선'하도록 하고, 같은 조 제4항은 '특별위원회 위원은 제1항에 따라 의장이 상임위원 중에서 선임'하도록 하며, 같은 조 제6항은 '제1항부터 제4항까지에 따라 위원을 개선할 때 임시회의 경우에는 회기 중에 개선될 수 없고, 정기회의 경우에는 선임 또는 개선 후 30일 이내에는 개선될 수 없으나, 다만 위원이 질병 등 부득이한 사유로 의장의 허가를 받은 경우에는 예외적으로 개선이 가능'하도록 각 규정하고 있다(이하 각 조항을 통틀어 '국회법 제48조 조항들'이라 한다).

그런데 헌법 제46조 제2항은 "국회의원은 국가이익을 우선하여 양심에 따라 직무를 행한다."고 규정하여, 대의제 원리에 따라 선출된 국회의원이 선거구민, 정당 및 이익단체 등의 특수이익이 아니라 전체 국민을 위한 국가이익을 추구할 수 있도록 자유위임적 지위를 명시적

으로 보장하고 있다. 그러므로 국회법 제48조 조항들을 해석함에 있어서는 헌법에서 정한 자유위임의 원칙에 합치되도록 해석하여야 하고, 이에 따라 이 조항들 속에는 위원회 위원을 개선함에 있어서 헌법상 자유위임의 원칙을 침해하거나 훼손할 수 없다는 내재적인 한계가 법률해석상 당연히 존재한다고 보아야 한다(헌재 2003. 10. 30. 2002헌라1 반대의견 참조).

앞서 살펴 본 바와 같이, '자유위임의 원칙'은 대의제 민주주의의 본질적인 개념요소 중 하나로서, 국민의 대표자인 국회의원이 특정 이익을 대변하는 특정 계급이나 특정 집단의 명령으로부터 법적으로 자유로운 지위에서 국민 전체를 대표하여 국가이익을 추구하는 원칙을 말한다. 오늘날 정당국가현상에 따른 정당의 기속성이라는 정치현실이 인정되고 있고 존중되어야 하지만, 정당기속성이 대의제 민주주의를 보충하는 정도를 넘어서 국회의원의 자유위임적 지위를 압도하는 것은 대의제 민주주의와 헌법상의 자유위임의 원칙을 침해하는 것이다. 따라서 교섭단체 대표의원이 특정 위원회의 위원으로 배정되어 활동하고 있는 국회의원을 그 의사에 반하여 자의적으로 그가 속한 위원회의 위원에서 강제로 사임시키는 개선행위는 자유위임의 원칙에 기초한 국회의원의 자율성과 독립성을 침해하는 것으로 허용될 수 없다.

이와 같은 헌법상 자유위임의 원칙의 의의와 내용을 고려하면, 국회의원 본인이 계속 해당 위원회에서 위원으로 활동하기를 원하고 있다면 국회법 제48조 제7항과 같은 정당한 사유가 있는 경우, 예를 들어 '의원이 기업체 또는 단체의 임·직원 등 다른 직을 겸하게 되어 그 소속된 위원회의 활동이 그 직과 직접적인 이해관계를 가지게 된 경우'나 '위원회와 관련하여 위법하거나 부당한 행위를 한 사실이 인정되는 경우' 등과 같이 위원회 위원으로서 계속 활동하는 것이 공정을 기할 수 없는 뚜렷한 사유가 인정되는 경우가 아닌 한, 본인의 의사에 반하여 자의적으로 위원회 위원에서 강제로 사임시킬 수 없는 '내재적 개선 제한 사유'가 있는 것으로 국회법 제48조 조항들을 해석하는 것이 헌법 제46조 제2항의 자유위임의 원칙에 합치되는 해석이라고 할 것이다(헌재 2003. 10. 30. 2002헌라1 반대의견 및 국회법 제48조 제7항 참조). 국회법 제48조 조항들 어디에도 국회의원 본인의 의사에 반하여 위원회 위원을 강제로 개선하는 것이 허용된다는 명시적 언급이 없으므로 이러한 합헌해석은 위와 같은 문리적 한계를 준수한 것이다. 또한, 이러한 합헌해석은 입법권자가 국회법의 제정을 통해 추구하고자 하는 입법목적인 '국회의 조직·의사(議事), 그밖에 필요한 사항을 규정함으로써 국민의 대의기관인 국회의 민주적이고 효율적인 운영에 기여'하는 것으로서 법 목적에 따른 한계 역시 준수한 것이다.

국회실무를 살펴보면, 2017. 5. 19. 자유한국당의 교섭단체 대표의원으로부터 국토교통위원회의 김현아 위원을 보건복지위원회 위원으로, 보건복지위원회의 송석준 위원을 국토교통위원회 위원으로 개선하여 달라는 요청이 김현아 의원 본인의 의사에 반하여 국회의장에게 제출되었으나, 당시 국회의장은 개선을 보류한 채 교섭단체의 내부적인 해결을 권고하였으며, 이후 자유한국당의 별도의 공식적인 추가 요청 없이 2018. 5. 29. 제20대 국회 전반기의 상임위원 임기가 만료된 사례가 있다. 당시는 국회법 제48조 제6항 소정의 위원의 개선이 제한되는 시기가 아닌 폐회 중이었는데, 국회의장은 개선이 요청된 김현아 의원 본인의 의사에 반하는 개선행위를 하지 않은 것이다.

(다) 앞서 살펴본 바와 같이 이 사건 개선행위는 헌법 제46조 제2항에서 규정한 '자유위임의 원칙'에 위반되는 것이므로, 국회법 제48조 조항들에 대한 합헌적 법률해석에 따르면 이 사건 개선행위는 위 조항들의 내재적 개선 제한 사유인 헌법상 자유위임의 원칙을 침해하거나 훼손할 수 없다는 한계를 넘은 것에 해당하여 국회법 제48조 조항들을 위반했다는 평가를 면할 수 없다.

한편, 국회법 제48조 제6항은 '위원회의 전문성을 강화하고 정치적 사유에 따라 위원의 잦은 사·보임이 이루어지는 것을 방지'하려는 입법목적 하에 '임시회 회기 중의 개선'을 명시적 개선 제한 사유로 규정하고 있는데, 이 사건 개선행위에 대한 국회법 제48조 제6항 소정의 명시적 개선 제한 사유 위반 여부가 중요한 쟁점 중 하나로 부각되어 있고, 국회법 제48조 제6항 소정의 명시적 개선 제한 사유는 앞으로도 국회의 위원회 위원 개선과 관련하여 계속 적용되어야 할 조항이므로, 그 해석에 대한 해명이 필요하다. 따라서 아래에서 국회법 제48조 제6항 소정의 명시적 개선 제한 사유의 해석 및 이 사건 개선행위가 이 조항을 위반하였는지 여부에 대한 우리의 견해를 밝힌다.

(2) 국회법 제48조 제6항 본문의 해석

(가) 법해석의 목표는 어디까지나 법적 안정성을 저해하지 않는 범위 내에서 구체적 타당성을 찾는 데 두어야 한다. 그리고 그 과정에서 가능한 한 법률에 사용된 문언의 통상적인 의미에 충실하게 해석하는 것을 원

칙으로 하고, 나아가 법률의 입법 취지와 목적, 그 제·개정 연혁, 법질서 전체와의 조화, 다른 법령과의 관계 등을 고려하는 체계적·논리적 해석방법을 추가적으로 동원함으로써, 앞서 본 법해석의 요청에 부응하는 타당한 해석이 되도록 하여야 한다. 한편, 법률의 문언 자체가 비교적 명확한 개념으로 구성되어 있다면 원칙적으로 더 이상 다른 해석방법은 활용할 필요가 없거나 제한될 수밖에 없고, 어떠한 법률의 규정에서 사용된 용어에 관하여 그 법률 및 규정의 입법 취지와 목적을 중시하여 문언의 통상적 의미와 다르게 해석하려 하더라도 당해 법률 내의 다른 규정들 및 다른 법률과의 체계적 관련성 내지 전체 법체계와의 조화를 무시할 수 없으므로, 거기에는 일정한 한계가 있을 수밖에 없다(대법원 2009. 4. 23. 선고 2006다81035 판결).

(나) 국회 내 상임위원회 위원 또는 특별위원회 위원의 개선에 관한 국회법 제48조 제6항은 "제1항부터 제4항까지에 따라 위원을 개선할 때 임시회의 경우에는 회기 중에 개선될 수 없고, 정기회의 경우에는 선임 또는 개선 후 30일 이내에는 개선될 수 없다. 다만, 위원이 질병 등 부득이한 사유로 의장의 허가를 받은 경우에는 그러하지 아니하다."라고 규정하고 있다. 국회법 제48조 제6항 본문 중 "…위원을 개선할 때 임시회의 경우에는 회기 중에 개선될 수 없고…" 부분은 법률의 문언 자체가 명확한 개념으로 구성되어 있어 더 이상 다른 해석방법을 활용할 필요가 없다. 위 법률규정에 사용된 문언의 통상적인 의미에 충실하게 해석하면, 국회 내 상임위원회 위원 또는 특별위원회 위원을 개선할 때 임시회의 경우에는 그 회기 중에 개선될 수 없다고 규정하고 있음이 명백하다.

따라서 국회 내 상임위원회 위원 또는 특별위원회 위원의 개선과 관련하여 국회법 제48조 제6항 본문에 의하면 '위원은 임시회의 회기 중에 개선될 수 없다'고 할 것이다.

(다) 법정의견은 국회법 제48조 제6항 본문의 해석과 관련하여, 본회의에서 의결이 될 당시에는 국회법 제48조 제6항 본문이 "…임시회의 경우에는 동일 회기 중 개선될 수 없고…"라고 규정되어 있었는데, 당시 국회의장이 본회의 의결 후 법률안을 정리하는 과정에서 "동일"이 삭제되어 현행 조문과 같이 "…임시회의 경우에는 회기 중에 개선될 수 없고…"로 바뀌었으므로, 국회법 제48조 제6항 본문을 해석함에 있어 본회의 의결 당시 문구인 "동일 회기"를 전제로 하여 해석하여야 한다고 한다. 그리고 국회법 제48조 제6항의 입법연혁 및 체계적 의미 등을 고려하여 해석하면, "…임시회의 경우에는 동일 회기 중에 개선될 수 없고…"의 실질적 의미는 '임시회의 경우에는 선임 또는 개선된 임시회 회기와 동일한 회기 중(위원으로 선임 또는 개선된 임시회 회기 중)에 개선될 수 없다.'고 해석하는 것이 타당하다고 한다.

살피건대, 설령 법정의견처럼 본회의에서 의결될 당시 국회법 제48조 제6항 본문의 문언이었던 "…임시회의 경우에는 동일 회기 중에 개선될 수 없고…"를 전제로 해석한다고 하더라도, 그 해석은 문리적·체계적·목적론적으로 타당한 해석이 되어야 함은 물론이다. 그런데 다음과 같은 이유들에 비추어 보면, 법정의견의 해석보다는 앞서 살펴본 '위원은 임시회의 회기 중에 개선될 수 없다'고 보는 것이 더 합리적이고 타당한 법률해석이라고 할 것이다.

1) 첫째, 법정의견의 해석에 따르면 당시 국회의장이 본회의 의결 후 국회법 제48조 제6항 본문을 정리하면서 "동일" 문구를 삭제한 이유를 합리적·합법적으로 설명할 수 없다.

국회의 위임 의결이 없더라도 국회의장은 국회에서 의결된 법률안의 조문이나 자구·숫자, 법률안의 체계나 형식 등의 정비가 필요한 경우 의결된 내용이나 취지를 변경하지 않는 범위 안에서 이를 정리할 수 있다고 봄이 상당하고(국회법 제97조 참조), 다만 국회의장이 국회에서 의결된 법률안의 실질적 내용에 변경을 초래하는 경우에는 헌법 및 국회법상의 입법절차에 위반된다(헌재 2009. 6. 25. 2007헌마451). 특히, 법정의견이 그 해석의 근거로 드는 헌재 2009. 6. 25. 2007헌마451 결정의 사안은, 법률해석에 관한 문리적·체계적·목적론적인 해석 기준을 모두 고려하여 '공포된 법률조항'인 심판대상조항을 해석한 결과, 그 문구가 본회의에서 의결된 것과 다소 다르더라도 그 내용은 본회의에서 의결된 것과 다르지 않으므로 국회의장의 자구 정리가 본회의에서 의결된 법률안의 실질적 내용을 변경한 것은 아니라고 판단한 경우였다.

그런데 법정의견처럼 본회의 의결 당시 국회법 제48조 제6항 본문 중에 있었던 "동일 회기"를 '위원이 선임 또는 개선된 임시회 회기와 동일한 회기'라고 해석하여 위원이 선임 또는 개선된 임시회 회기에만 개선될 수 없다고 보게 되면, 국회의장이 본회의에서 의결된 국회법 제48조 제6항 본문의 자구 및 체계 등을 정리하면서 "동일"이라는 문구를 삭제함으로써 그 실질적 내용에 변경을 초래하여 헌법 및 국회법상의 입법절차를 위반하였다고 볼 수밖에 없게 된다. '공포된 법률조항'인 국회법 제48조 제6항 중 '…임시회의 경우에는 회기 중에 개선될 수 없고…'라는 문언은 '임시회의 회기 중에 개선될 수 없다.'라는 의미로 명확히 이해되는데, 그 내용이 '본회의에서 의결된 법률안'의 실질적 내용을 법정의견과 같이 해석한 결과인 '선임 또는 개선된 임시회의 회기 중에 개선될 수 없다.'는 것과 같다고 볼 수는 없기 때문이다.

국회법 제48조 제6항 본문에 대한 국회의장의 자구정리로 "동일"이라는 문구를 삭제한 것이 본회의에서 의결된 법률안의 실질적 내용에 변경을 초래한 것이 아니라고 볼 경우에는, 본회의에서 의결된 법률안에 있는 "동일"의 의미를 법정의견과 같이 해석하여서는 아니 된다. "동일"의 사전적 의미 중에는 '어떤 것과 똑같다'는 의미 외에도, '바로 그'라는 의미도 있고, 이러한 의미로 "…임시회의 경우에는 동일 회기 중에 개선될 수 없고…"를 "…임시회의 경우에는 바로 그 임시회 회기 중에 개선될 수 없고…"라는 뜻으로 새길 수 있다. 이처럼 본회의에서 의결된 국회법 제48조 제6항 본문의 "동일 회기"를 "바로 그 임시회 회기"로 해석하면 "동일" 문구의 존재 여부와는 상관없이 국회법 제48조 제6항 본문을 일관되게 해석할 수 있게 되므로, 당시 국회의장이 본회의 의결 후 국회법 제48조 제6항 본문의 자구 등을 정리하면서 "동일" 문구를 삭제한 이유를 합리적·합법적으로 설명할 수 있게 된다.

따라서 본회의에서 의결된 당시 국회법 제48조 제6항 본문의 문언이었던 "…임시회의 경우에는 동일 회기 중에 개선될 수 없고…"까지 감안하더라도 "동일"의 사전적 의미를 '바로 그'를 뜻하는 것으로 보아서 결론적으로 '임시회의 회기 중에 개선될 수 없다.'고 해석하는 것이 타당하다.

법정의견은 국회 본회의에서 의결된 국회법 제48조 제6항의 본문에서 "동일 회기"가 '해당 위원이 선임 또는 개선된 임시회와 같은 임시회'를 의미하는 것으로 해석되는 것은, "부결된 안건은 같은 회기 중에 다시 발의하거나 제출할 수 없다."라고 규정된 국회법 제92조에서 '같은 회기'가 '안건이 부결된 회기'를 의미하는 것과 마찬가지라고 한다. 그러나 국회법 제92조에는 '부결된 안건'이라는 문구가 명시되어 있는 반면, 국회법 제48조 제6항 본문에는 '임시회의 경우' '위원이 선임 또는 개선된' 회기를 일컫는 문구가 없으며, 이는 '정기회의 경우' '선임 또는 개선 후'라는 문구가 있다는 점과 대비되므로, 두 법률 조항은 문언의 구조상 차이가 있다. 오히려 국회법 제48조 제6항 본문에는 '위원을 개선할 때'라는 문구가 명시되어 있으므로, '위원을 개선할 때 임시회의 경우에는 동일 회기 중 개선될 수 없고'를 '위원을 개선할 때 임시회의 경우에는 바로 그 개선하고자 하는 회기 중 개선될 수 없고'로 해석할 수 있는 근거를 추가로 찾을 수 있을 뿐이다.

2) 둘째, 법정의견은 국회법 제48조 제6항의 신설 논의 당시 최초 국회의장의 국회법 등 개정의견 및 당시 김택기 의원이 대표발의한 법률안, 그리고 정개특위가 제안한 법률안과 법제사법위원회의 체계·자구 심사 법률안 및 본회의에서 의결된 법률안 모두 임시회의 경우 '동일' 회기 중 개선될 수 없다는 내용이었음을 확인하고, 이를 토대로 임시회의 경우 개선될 수 없는 '회기'는 '개선의 대상이 되는 해당 위원이 선임 또는 개선된 임시회의 회기'를 의미한다고 해석한다. 그러나 국회법 제48조 제6항 본문의 입법과정을 고려하더라도 이러한 입장에는 동의하기 어렵다.

[국회법 제48조 제6항 본문의 입법과정]

입법안	국회법 제48조 제6항의 문안
국회의장의 국회법 개정의견 (2002. 11. 8.)	위원을 개선하는 경우 그 위원은 개선된 다음날부터 보임된 위원회의 위원이 되며, 동일 회기내에는 다시 개선할 수 없다.
김택기 의원 대표발의안(의안번호 제162004호, 2002. 11. 11. 발의, 임기만료 폐기)	⑥ 제5항의 규정에 의하여 개선된 위원은 개선된 다음날부터 보임된 위원회의 위원이 되며, 동일 회기내에는 다시 개선할 수 없다.
정개특위 제안 법률안(의안번호 제162056호, 2003. 1. 20. 정개특위의결, 원안가결)	⑥ 제1항 내지 제4항의 규정에 의하여 위원을 개선할 때 임시회의 경우는 동일 회기중 개선될 수 없고, 정기회의 경우는 매 30일 이내에는 개선될 수 없다. 다만, 위원이 질병 등 부득이한 사유로 의장의 허가를 얻은 경우에는 그러하지 아니하다.

법사위 체계·자구 심사안(2003. 1. 22.) 및 본회의 의결안(2003. 1. 22. 본회의 의결)	⑥ 제1항 내지 제4항의 규정에 의하여 위원을 개선할 때 임시회의 경우에는 동일 회기 중 개선될 수 없고, 정기회의 경우에는 선임 또는 개선후 30일 이내에는 개선될 수 없다. 다만, 위원이 질병 등 부득이한 사유로 의장의 허가를 받은 경우에는 그러하지 아니하다.
국회의장 자구 수정안(2003. 1. 24. 정부 이송) 및 대통령 공포 법률(2003. 2. 4. 법률 제6855호)	⑥ 제1항 내지 제4항의 규정에 의하여 위원을 개선할 때 임시회의 경우에는 회기중 개선될 수 없고, 정기회의 경우에는 선임 또는 개선후 30일 이내에는 개선될 수 없다. 다만, 위원이 질병 등 부득이한 사유로 의장의 허가를 받은 경우에는 그러하지 아니하다.

위의 표에서 보는 바와 같이 국회법 제48조 제6항의 입법과정을 자세히 들여다보면, 당시 국회 본회의에서 의결된 법률안은 국회의장의 개정의견이나 김택기 의원이 대표발의한 법률안이 아니고 정개특위가 제안한 법률안으로서, 정기회와 임시회를 구분하여 30일 또는 이에 준하는 임시회의 기간 동안 위원의 개선을 제한하는 방식으로 제도가 설계된 것도 정개특위가 제안한 법률안부터 확인된다. 그리고 그 제안 당시의 규정 내용은 "…임시회의 경우는 동일 회기 중 개선될 수 없고, 정기회의 경우는 매 30일 이내에는 개선될 수 없다…"라고 되어 있었으나, 이후 법제사법위원회의 체계 및 자구 심사과정에서 "…임시회의 경우에는 동일 회기 중 개선될 수 없고, 정기회의 경우에는 선임 또는 개선 후 30일 이내에는 개선될 수 없다…"라고 규정됨으로써 임시회에 관한 문언은 거의 그대로 둔 상태에서 정기회의 경우에만 '매'라는 문구가 '선임 또는 개선 후'라는 문구로 바뀌었다는 사실을 확인할 수 있다. 만약, 입법자의 의사가 정기회의 경우뿐만 아니라 임시회의 경우에도 '선임 또는 개선된' 임시회 회기와 동일한 회기 중에만 개선될 수 없도록 하고자 하는 것이었다면, 법제사법위원회 체계·자구 심사 시 이에 관한 문구를 법문의 앞부분에 있는 '임시회의 경우'에 대해서는 넣지 않고 뒷부분에 있는 '정기회의 경우'에 대해서만 넣는 방식이 아니라, 양자 모두에 공통되도록 법문의 앞부분에 개선 대상이 되는 위원이 '선임 또는 개선된 때'에 관련된 문구를 넣는 방식으로 명확하게 규정하였을 것이다. 이와 같은 입법과정, 특히 법제사법위원회의 체계·자구 심사 시에는 법률안의 체계·형식과 자구를 심사할 뿐 그 실질적인 내용을 심사하는 것이 아니라는 점을 고려하면, '개선 대상 위원이 선임 또는 개선된 때'는 '임시회의 경우'가 아닌 '정기회의 경우'에만 고려하였다는 해석이 입법자의 의사에 더 부합한다.

한편, '동일 회기'라는 문구는 법정의견이 상세히 밝히고 있는 바와 같이 국회법 제48조 제6항의 신설 논의 초기에 국회의장의 국회법 등 개정의견 및 김택기 의원이 대표발의한 법률안에서 제안되었던 것이고, 이에 관해 당시 정개특위에서 논의하여 정기회와 임시회의 구분, 30일의 위원회 활동 보장 등의 제도 설계가 있었던 것이며, 본회의에서 의결된 법률안은 김택기 의원 대표발의안이 아니라 정개특위의 대안인 점을 고려할 때, 법률안 신설 논의 초기의 문구가 남아 있었던 것이라고 볼 것이다. 따라서 '동일 회기'라는 문구는 교섭단체 간 정치적인 이유로 인한 위원의 잦은 사·보임을 제한하고 위원회의 전문성을 강화하고자 했던 '입법목적'을 달성하기 위한 '입법수단'으로서의 문구를 성안해 간 과정 중에 나타난 안의 하나라고 보는 것이 자연스럽다. 국회에서 법률안이 여러 단계의 입법과정을 거쳐 법률로 공포될 때까지 최초 발의 단계부터 위원회 심사, 본회의 의결, 의장의 자구 정리 및 대통령의 법률 공포에 이르는 일련의 절차를 통관하여 볼 때, 입법목적을 달성하기 위한 '수단'으로서의 구체적인 법률안의 문구 및 그 의미가 초기에는 불분명하거나 다의적이었다가 절차가 진행되고 여러 의원들의 논의를 거치면서 점점 명확해져 가는 것은 수많은 입법절차의 통상적인 모습이라고 할 것이다. 이러한 입법과정의 어느 단계까지 나타난 안은 공포된 법률의 해석에 참고할 수 있을 뿐, 절대적인 기준이라고 볼 수는 없다.

3) 셋째, 법정의견은 국회법 제48조 제6항의 입법목적을 '위원이 일정 기간 재임하도록 함으로써 위원회의 전문성을 강화'하는 것이라고 보고, 그 본문에서 정기회의 경우 위원이 '선임 또는 개선된 후' '30일' 동안 개선이 금지되는 것과 마찬가지로, 임시회의 경우에도 '개선의 대상이 되는 위원이 선임 또는 개선된' '임시회의 회기 중' 개선이 금지되는 것으로 해석한다. 그리고 이 사

건에서 '청구인이 선임된 때'는 '정기회 회기 중'이었으므로 그로부터 30일이 지난 후에는 국회법 제48조 제6항 본문이 적용되지 않으며, 이 사건 개선행위가 있었던 때는 '청구인이 선임된 임시회의 회기 중'이 아니므로 역시 국회법 제48조 제6항 본문이 적용되지 않는다고 한다. 이것은 결과적으로 국회법 제48조 제6항 본문을 적용함에 있어 '개선의 대상이 되는 위원이 선임 또는 개선된 때'가 '임시회의 경우'인지, '정기회의 경우'인지에 따라서 개선이 원칙적으로 금지되는 기간 내인지 여부를 판단하는 것이 된다. 또한, 법정의견은 폐회 중에도 위원회가 활동함을 강조하면서 위원의 개선이 제한되는 기간이 '회기 중'인지 여부에 대해서는 별다른 의미를 두지 않는 것으로 보인다. 그러나 헌법상 임시회의 회기는 30일을 초과할 수 없다는 점(헌법 제47조 제2항)을 전제로 국회법 제48조 제6항 본문의 구조를 체계적·목적론적으로 일관성 있게 해석한다는 관점에서 살펴보면, 법정의견의 해석론에는 다음과 같은 문제가 있다.

만약, '개선의 대상이 되는 위원이 선임 또는 개선된 때'가 '임시회의 경우'인지, '정기회의 경우'인지에 따라 개선이 원칙적으로 금지되는 기간 내인지 여부를 판단하면서 '임시회의 경우 선임 또는 개선된 회기 중에만 개선이 금지되는 것'으로 본다면, 임시회 회기 중 위원이 선임되거나 개선된 경우에는 그 '임시회 회기의 잔여기간' 동안만 개선할 수 없게 되어, 대부분의 경우 정기회 회기 중 선임되거나 개선된 경우의 '30일'보다 짧은 기간 동안만 위원의 재임이 보장되므로, 위원의 재임이 원칙적으로 보장되는 기간에 관하여 불균형을 초래하게 된다. 심지어 폐회 중에 위원이 선임 또는 개선된 경우 해당 위원은 '아무런 기간 제한 없이' 개선될 수 있게 되어 이러한 불균형은 더욱 심각해진다. 이것이 국회법 제48조 제6항 본문의 입법목적을 '회기 중'인지 여부와 상관없이 '위원이 일정 기간 재임하도록 하는 취지'로 파악한 데에 따른 것이라면, 그와 같이 파악한 입법의 목적과 취지에도 반한다고 할 것이다.

반면, 국회법 제48조 제6항 본문의 문언대로 위원을 '개선할 때'가 '임시회의 경우'인지, '정기회의 경우'인지에 따라 개선이 원칙적으로 금지되는 기간 내인지 여부를 판단하면서 '임시회의 경우에는 개선이 금지되는 것'으로 보면, 위원의 재임이 원칙적으로 보장되는 기간은 '회기 중'에 '30일(정기회의 경우)' 또는 이에 준하는 '임시회의 회기(헌법상 30일 이내)'가 되어 대부분의 경우 그 보장의 취지에 부합하면서 균형도 이루게 된다.

다만, 국회법 제48조 제6항 본문의 문언에 따라 위원을 '개선할 때'가 '폐회 중'이면 개선이 금지되지 않게 되므로, 정기회의 회기 종료일까지 30일이 남지 않았을 때 개선된 위원은 그 회기 종료 후 폐회 중에는 개선될 수 있을 것이나, 이는 예외적인 경우에 해당한다. 그런데 여기서 더 나아가 '임시회의 경우 선임 또는 개선된 회기 중에만 개선이 금지되는 것'으로 해석하면, 임시회의 회기 중 개선된 위원은 언제나 해당 회기의 잔여기간만 재임이 보장되므로, '임시회의 회기'를 '정기회의 회기 중 30일'에 준하는 기간으로 규정한 취지를 거의 살리지 못하는 결과가 된다.

국회법 제48조 제6항 본문에 '폐회 중'인 경우에 개선을 제한하는 문구가 없는 것은 그 입법목적과 연관하여 이해할 수 있다. 국회법 제48조 제6항의 입법목적은 '위원회'의 전문성을 강화하고 정치적 사유에 따라 잦은 사·보임이 이루어지는 것을 방지하고자 한 것이다. 그렇다면, 단지 개별 위원이 일정 기간 위원회에 재임하도록 보장하는 데에 그치는 것이 아니라 업무의 연속성을 보장하여 가급적 위원회에서 안건을 내실 있게 심의해 온 위원이 표결까지 할 수 있도록 함으로써 그 전문적인 심의의 내용이 위원회의 의결에 반영될 가능성을 높이고, 다른 한편 위원회의 전문성과 무관한 정치적 사유에 따른 개선으로 그 의결에 영향을 미칠 가능성은 낮추는 것이 입법목적에 부합한다고 할 것이다. '폐회 중'에도 활동할 수 있는 위원회의 위원을 '개선하고자 할 때'가 '회기 중'인지 여부가 의미를 갖는 것은, 대부분의 안건이 위원회의 의결로써 본회의 심의 단계로 이행되는데 본회의는 회기 중에만 열리므로, 정치적으로는 위원회에서 소관 안건이 의결되도록 하여 본회의에 부의 및 상정되도록 할 유인이 상대적으로 폐회 중인 경우보다는 회기 중인 경우에 더 크다는 점과 관련이 있다. 따라서 국회법 제48조 제6항 본문을 적용함에 있어 법문에 규정된 대로 위원을 '개선할 때', 즉 국회의장이 교섭단체 대표의원의 요청을 받아 위원을 개선하고자 할 때가 '임시회의 경우'인지, '정기회의 경우'인지, 즉 각각의 '회기 중'인지에 따라 위원의 개선이 금지되는 기간 내인지 여부를 판단함으로써, 위원의 위원회에서의 표결권 행사의 내용을 제약할 가능성이 상대적으로 높은 개선행위를 되도록 억제하는 것이 위와 같은 입법목적에 어울리는 해석이다.

이와 달리 국회법 제48조 제6항 본문의 입법목적을 단지 '개별 위원으로 하여금 일정 기간 위원회에 재임하도록 하는 취지'로만 파악하면서 그 해석에서 위원을 '개선할 때'가 '회기 중'인지 여부를 고려하지 않는다면, 이 조항에서 '임시회'의 경우와 '정기회'의 경우를 구분하고, 임시회가 30일 이내인 점을 고려하여 정기회의 경우 30일의 재임기간을 설정하며, '폐회 중'의 개선에 대해서는 제한하지 않는 방식으로 조문의 체계를 구성한 데에 대하여 아무런 의미를 두지 않는 것이 된다. 국회법 제48조 제6항의 신설 당시에도 위원회는 폐회 중에도 활동할 수 있었다. 그래서 입법자가 '회기'와 상관없이 위원이 위원회에 재임할 수 있는 기간을 보장하고자 하였다면, 단지 '위원이 선임 또는 개선된 때로부터 30일'과 같이 일정한 날짜 수만 규정하면 간명하였을 뿐만 아니라, 여러 가지 상황에 따른 불균형이 발생할 여지도 없었을 것이다. 그럼에도 불구하고 입법자는 굳이 '회기'에 의미를 두는 수단을 택하면서 이와 함께 위원의 재임이 보장되는 기간에 관한 임시회와 정기회 사이의 균형을 고려하고, 헌법상 임시회의 회기가 30일을 초과할 수 없다는 점을 참작하여 국회법 제48조 제6항 본문과 같은 문언의 규정을 두었다. 이러한 문언에 충실하게 해석할 때, 앞서 본 바대로 체계적 균형에 맞고 입법목적에 부합하는 결과가 도출되는 것이다.

(라) 위와 같은 이유들을 종합하면, 국회법 제48조 제6항 본문 중 "…임시회의 경우에는 회기 중에 개선될 수 없고…"의 의미를 '선임 또는 개선된 임시회 회기 중에는 개선될 수 없다'고 보는 법정의견에는 동의하기 어렵고, '위원을 개선(하고자) 할 때 임시회 회기 중에는 개선될 수 없다'고 보는 것이 문리적으로나, 체계적·목적론적으로나 자연스럽고 타당한 해석이라고 할 것이다.

따라서 이 사건에서 '청구인을 개선할 때'는 '임시회 회기 중'이었고 이 기간에는 위원이 개선될 수 없으므로, 이 사건 개선행위는 국회법 제48조 제6항 본문을 위반하였다고 보는 것이 타당하다.

(3) 국회법 제48조 제6항 단서의 해석

(가) 법정의견은 이 사건 개선행위가 국회법 제48조 제6항 본문에 반하지 않는다고 판단하여, 같은 항 단서에 해당하는지 여부를 별도로 판단하지 않았으나, 위원을 개선하고자 할 때가 임시회의 회기 중이면 개선될 수 없다는 해석에 따르면 이 사건 개선행위는 국회법 제48조 제6항 본문에 반하는 것이므로, 같은 항 단서의 '위원이 질병 등 부득이한 사유로 의장의 허가를 받은 경우'에 해당하는지 여부도 살펴볼 필요가 있다.

피청구인은 국회법 제48조 제6항 단서의 해석과 관련하여, ① 국회의장에게 개선허가를 요청하는 주체는 교섭단체 대표의원으로 보아야 하고, ② '질병 등 부득이한 사유'에는 '교섭단체의 원활한 운영을 위하여 필요한 사유'도 포함된다고 할 것이므로 국회법 제48조 제6항 단서에 따라서 교섭단체 대표의원은 위원 본인의 동의 없이도 국회의장에게 개선허가를 신청하여 적법하게 위원이 개선되도록 할 수 있다고 주장하면서, 이 사건 개선행위가 만약 국회법 제48조 제6항 본문에 반한다고 하더라도 같은 항 단서에 의하여 국회의장의 개선허가를 받은 것으로 볼 수 있다고 한다.

(나) 살피건대, 국회법 제48조 제1항, 제4항 및 제6항의 각 내용을 종합하면, 교섭단체 대표의원은 국회의장에게 요청하여 위원을 선임하거나 개선할 수 있으나, 국회법 제48조 제6항 본문의 개선제한 요건에 해당하는 경우에는 원칙적으로 개선될 수 없고, 다만 같은 항 단서에서 정한 '위원이 질병 등 부득이한 사유'가 있는 경우에는 교섭단체 대표의원이 요청하고 해당 위원이 국회의장의 허가를 받으면 예외적으로 개선될 수 있다고 해석된다. 국회법 제48조 제6항 단서에 따른 국회의장의 개선허가를 교섭단체 대표의원이 신청할 수 있다고 하여도, 이는 어디까지나 그러한 허가 신청에 대한 해당 위원의 명시적 또는 묵시적 동의가 있는 경우 등 예외적인 사안에 한정된다고 할 것이다. 아울러 '질병 등 부득이한 사유'에서의 '등'은 사전적 의미로 '그 밖에 같은 종류의 것이 더 있음'을 의미하므로, '부득이한 사유'는 적어도 위원의 질병과 유사한 사유이어야 할 것인데, 위원회의 전문성을 강화하고 정치적 사유에 따라 잦은 사·보임이 이루어지는 것을 방지하고자 한 국회법 제48조 제6항의 입법목적을 고려할 때, 그러한 '부득이한 사유'에 피청구인이 주장하는 '교섭단체의 원활한 운영을 위하여 필요한 사유'가 포함된다고 볼 수는 없다.

따라서 이 사건 개선행위는 국회법 제48조 제6항 단서에 의하여 '의원이 질병 등 부득이한 사유로 의장의 허가를 받은 경우'로 볼 수 없다.

(4) 국회의 위원 개선의 현황 자료에 대한 평가

국회사무처의 사실조회 회신에 의하면, 법정의견의 해석에 의하더라도 국회법 제48조 제6항 본문에 반하는 경우가 많이 존재한다. 이 중 임시회 회기 중 선임·개선된 위원이 동일 회기 중 개선된 경우만 보더라도 2003. 2. 4 이후 2019. 4.까지 총 285건에 이르고, 그 중 제19대 국회에서는 91회, 제20대 국회에서 2019.

4.까지는 126회에 이른다. 이에 대해 피청구인은 위와 같은 사례들을 국회법 제48조 제6항 단서가 적용된 경우로 추정한다. 하지만, 위원회 위원이 개선된 현황에 관한 자료를 이렇게 본다면, 국회법 제48조 제6항 본문의 '임시회의 경우에는 회기 중에 개선될 수 없고' 부분을 어떻게 해석하는지의 문제와는 무관한 것이 되므로, 이에 관한 국회의 관행을 보여주는 유의미한 자료라고 보기 어려울 것이다.

한편, 법정의견은 제16대 국회(임기 2000. 5. 30.~2004. 5. 29.)에 관한 자료를 들어 선임 또는 개선된 '동일 임시회 회기 중' 개선된 사례에 비하여 선임 또는 개선된 회기 '이후의 임시회 회기 중' 개선된 사례가 훨씬 많다고 하면서, 국회법 제48조 제6항 본문을 개선대상 위원이 임시회의 회기 중 선임 또는 개선되었으면 그와 동일한 회기 중에만 개선이 제한되는 것으로 해석하는 근거로 든다. 하지만, 통계 자료상 선임 또는 개선된 동일 임시회 회기 중 개선된 사례의 수에는 30일 이내의 해당 임시회의 회기 내에 이루어진 사례만 포함되는 반면, 선임 또는 개선된 회기 이후의 임시회 회기 중 개선된 사례의 수에는 위원이 선임 또는 개선된 임시회의 바로 다음 임시회 회기뿐만 아니라, 그 이후에 개회된 여러 차례의 모든 임시회 회기 중에 개선된 사례의 수가 포함될 수 있는 것이므로, 양자가 동등하게 비교될 영역이 아니라는 점에서 위와 같은 통계 자료가 국회법 제48조 제6항 본문의 임시회의 경우에 관한 어떤 해석론을 뒷받침한다고 단정하기는 어렵다.

국회사무처의 사실조회 회신에 의하면, 선임 또는 개선된 임시회와 동일한 회기 중 개선된 사례의 횟수마저도 제16대 국회에서는 2회였던 것이 제17대 국회 25회, 제18대 국회 41회, 제19대 국회 91회로 증가하다가 제20대 국회에서는 2019. 4.까지의 숫자만 126회에 이르고, 선임 또는 개선된 임시회 이후의 임시회 회기 중 개선된 사례는 제16대 국회 108회, 제17대 국회 304회, 제18대 국회 359회, 제19대 국회 402회, 그리고 제20대 국회에서는 2019. 4.까지 361회에 이른다. 이러한 통계 자료와 함께 임시회의 회기가 30일 이내로 짧다는 점을 고려하면, 특히 제20대 국회의 경우는 임시회 회기 중 개선된 사례 중 선임 또는 개선된 회기와 동일한 회기 중이었는지, 아니면 그 이후의 회기 중이었는지의 구분에 어떤 유의미한 차이가 있는지도 의문이 들 뿐만 아니라, 이러한 개선 현황은 국회법 제48조 제6항이 제대로 지켜지지 못하고 점점 그 의미가 퇴색하여 왔을 수 있다는 경향을 보여줄 뿐이다.

국회법 제48조 제6항 단서의 해석과 관련하여 위원의 개선을 비교적 폭넓게 허용하는 해석에 대해서는 위원회 위원 개선의 예외적 허용사유를 규정한 단서 조항의 목적과 의미도 무력화시킴으로써 '위원 개선의 원칙적 금지, 예외적 허용'이라는 조항 전체의 체계에도 맞지 않게 될 수 있다는 점이 우려되는데, 위와 같은 개선 현황은 이러한 우려가 기우가 아닐 수 있음을 보여준다고 할 것이다.

나아가 피청구인이 국회법 제48조 제6항 단서와 관련하여 주장하는 국회의 운용에 관한 사례들은 위원이 개선되는 사유들을 교섭단체의 원활한 운영 등을 포함하여 폭 넓게 인정하는 것으로, 이것은 실제 국회의 운용 현실상 국회법 제48조 제6항을 적용할 때, '개선의 대상이 되는 위원이 선임 또는 개선된 때'가 아니라, 그 위원을 '개선할 때'가 임시회의 경우인지, 정기회의 경우인지에 따라 위원의 개선이 원칙적으로 금지되는 기간 내인지를 판단하는 것이 타당함을 방증한다고 볼 수 있다. 즉, 국회법 제48조 제6항의 규정이 2003. 2. 4. 신설된 이후에도 국회 상임위원회 내지 특별위원회의 활동 중 위원의 개선이 수시로 많이 행하여졌는데, 이 때 개선되는 위원이 과거 임시회 또는 정기회의 회기 중 언제 선임되었는지 여부를 따져 개선하기보다는 그 위원의 그간의 활동 실적을 파악하여 소속 교섭단체의 입장에 일치되는 주장 내지 활동, 나아가 그러한 방향으로 표결권을 행사할 것인지 여부를 살펴 소속 교섭단체의 입장에 배치되는 표결을 할 개연성이 있는 위원을 필요에 따라 수시로 개선해왔다고 보는 것이 자연스럽고, 특히, 이 사건 개선행위와 권은희 의원에 대한 개선행위의 경과를 보면 더욱 그러하다. 국회법 제48조 제6항이 신설된 이유도 이러한 개선이 지나치게 많이 이루어졌다는 반성적 고려에서 비롯되었다는 점은 그 입법과정에 나타난 입법목적 등을 보더라도 자명하다고 할 것이다.

(5) 소결

그렇다면, 국회법 제48조 제6항 본문 중 "…임시회의 경우에는 회기 중에 개선될 수 없고…"의 의미는 법정의견의 해석과는 달리 '국회의장이 위원을 개선할 때 단서에 해당하지 않는 한 임시회의 회기 중에는 개선될 수 없다'는 것으로 해석하여야 하며, 국회법 제48조 제6항 단서에 의하여 예외적으로 개선될 수 있는 것은 해당 위원이 질병 등 부득이한 사유가 있어 국회의장의 허가를 받은 경우에 한한다.

이 사건에서 피청구인이 사개특위의 바른미래당 소속 의원을 청구인에서 채이배 의원으로 개선한 것은 자의적인 강제 개선으로서 헌법상 자유위임의 원칙에 위반되고, 합헌적 법률해석에 따라서 인정되는 국회법 제48조 조항들의 내재적 개선 제한 사유인 헌법상 자유위임의 원칙을 침해하거나 훼손할 수 없다는 한계를 넘은 것에 해당하여 국회법 제48조 조항들을 위반한 것이다. 아울러 자의적인 강제 개선에 해당하는 이 사건 개선행위는 국회법 제48조 제6항 본문에서 금지하는 임시회 회기 중의 개선으로서 같은 항 단서의 사유에도 해당하지 않으므로 어느 모로 보나 국회법 제48조 제6항에 명백히 위반된다.

마. 결론

그렇다면, 피청구인의 이 사건 개선행위는 헌법 제46조 제2항에 따른 자유위임원칙 및 위원회 위원의 개선을 제한하는 국회법 제48조 제1항, 제4항, 제6항을 명백히 위반하여 헌법이 보장하는 청구인의 법률안 심의·표결 권한을 침해하였다고 할 것이다.

9. 재판관 이은애, 재판관 이영진의 이 사건 개선행위의 무효확인청구에 대한 별개의견

우리는 피청구인의 이 사건 개선행위가 헌법상 자유위임원칙 및 국회법 제48조 제6항을 위반하여 청구인의 법률안 심의·표결권을 침해하였지만, 그에 대한 무효확인청구는 다음과 같은 이유로 기각하여야 한다고 생각한다.

가. 헌법재판소법 제66조 제2항의 의미

권한쟁의심판에 관하여 헌법재판소법 제61조 제2항은 "피청구인의 처분 또는 부작위(不作爲)가 헌법 또는 법률에 의하여 부여받은 청구인의 권한을 침해하였거나 침해할 현저한 위험이 있는 경우에만 할 수 있다."고 규정하고, 같은 법 제66조 제1항은 "심판의 대상이 된 국가기관 또는 지방자치단체의 권한의 유무 또는 범위에 관하여 판단한다."고 규정한다. 그리고 헌법재판소법 제66조 제2항은 "헌법재판소는 권한침해의 원인이 된 피청구인의 처분을 취소하거나 그 무효를 확인할 수 있고, 헌법재판소가 부작위에 대한 심판청구를 인용하는 결정을 한 때에는 피청구인은 결정 취지에 따른 처분을 하여야 한다."라고 규정한다.

이러한 헌법재판소법의 규정상 헌법재판소는 권한쟁의심판에서, 첫째, 청구인의 권한의 유무 또는 범위를 판단하고, 둘째, 이와 같이 확인된 청구인의 권한이 피청구인의 처분 등에 의하여 침해되었는지를 판단하며, 셋째, 권한침해가 확인될 경우 그 원인이 된 피청구인의 처분을 취소 또는 그 무효를 확인하거나, 피청구인의 부작위가 위법함을 확인할 수 있다. 이 중 세 번째 판단에서 피청구인이 한 처분을 취소하거나 그 무효를 확인할지 여부에 관해 헌법재판소법 제66조 제2항에서는 헌법재판소에 재량을 부여하고 있다(헌재 2010. 12. 28. 2008헌라7 등 참조).

권한쟁의심판에서 청구인의 권한이 침해되었다고 확인될 경우, 헌법재판소법 제66조 제2항에서 그 원인이 되는 피청구인의 처분을 취소하거나 그 무효를 확인할 것인지 여부에 대하여 헌법재판소에 재량을 부여한 취지는, 권한쟁의심판이 헌법적 권한질서의 객관적 확인이라는 객관적 쟁송의 성격과 침해된 청구인의 권한을 구제하는 주관적 쟁송의 성격을 동시에 지니고 있음을 반영하여, 헌법재판소로 하여금 권한쟁의심판제도의 기초가 되는 권력분립원리의 실질적 실현에 가장 적합한 결정을 하도록 하기 위함이라고 할 것이다. 따라서 권한쟁의심판에서 피청구인의 처분으로 인하여 청구인의 권한이 침해된 것으로 확인하는 경우 그러한 처분의 무효를 확인할 것인지 여부는, 권한 침해 사유의 헌법적 중대성, 침해된 청구인의 권한과 그 원인이 된 피청구인의 처분이 헌법적 권한질서 내에서 가지는 의미, 권한쟁의심판의 결정을 통하여 달성될 수 있는 헌법적 권한질서 회복의 이익 등을 종합적으로 고려하여 판단하여야 할 것이다.

나. 이 사건 개선행위의 무효 확인 여부

(1) 이 사건 개선행위는 헌법상 자유위임원칙 및 위원회의 전문성을 강화하고자 한 국회법 제48조 제6항을 위반한 것으로서 이러한 권한 침해 사유는 헌법적으로 중대하다고 하지 않을 수 없다.

(2) 그런데 이 사건 개선행위로 인하여 침해된 청구인의 권한은 국회의원으로서의 법률안 심의·표결권 중 국회의 특별위원회 위원으로서 안건을 심의하고 그에 따라 표결할 권한이다. 구체적으로는 사개특위의 사법개혁 관련 법률안들에 대한 신속처리안건 지정동의안의 심의와 표결에 관한 권한이 침해되었는데, 이는 국회법 제85조의2의 안건신속처리제도에 의하여 안건 소관 위원회 위원에게 부여된 국회 내부 의사절차의 결정에 관여하는 권한으로서, 법률안의 내용을 직접 심의하고 표결하는 권한은 아니다.

한편, 이 사건 개선행위의 성격은 국회의장이 특별위원회의 위원을 개선하는 국회 내부의 조직행위로서, 청구인이 사개특위 위원의 지위를 잃음과 동시에 개선된 의원이 사개특위 위원의 지위를 갖게 되는 효력을 가진다. 위원회 소관 안건에 대한 위원의 심의·표결권의 침해로 그에 대한 개선행위를 무효라고 보면, 개선행위로 인하여 청구인 대신 위원회 위원의 지위를 갖게 된 국회의원이 그 위원회 내에서 한 발언 등 심의의 내용 또는 그가 위원회 위원의 지위에서 한 다양한 행위들의 효력에도 모두 영향을 미칠 수 있는데, 이것은 개선행위의 위헌·위법사유를 교정하는 것을 넘어서 여러 가지 다른 정치적 또는 법적 문제를 초래할 수도 있다. 또한 위원회 위원의 개선의 효력은 기본적으로 국회 내부의 조직에 관한 것이므로 국회의 정치적인 자율에 따름이 바람직하다. 이 사건의 경우 청구인은 2019. 5. 15. 국회 내 바른미래당의 교섭단체 대표의원으로 선출되었으므로, 바른미래당 소속 사개특위 위원에 대한 개선 요청 권한을 행사함으로써 다시 사개특위 위원이 될 수 있었음에도 이러한 권한을 행사하지 않았는데, 이러한 정황에 비추어보면, 이 사건 개선행위의 위헌·위법성을 주장하는 청구인 스스로도 국회 내부의 조직과 관련된 여러 가지 정치적 또는 법적인 정황을 고려하여 그 결과를 원상회복할지 여부에 대해서 신중하게 판단하였다는 것을 알 수 있다.

그러므로 이 사건 개선행위로 침해되는 청구인의 권한과 그 원인이 된 개선행위는 모두 국회 내부의 의사절차와 조직에 관련된 것으로서, 권력분립원리상 국회의 정치적 자율을 존중하여 이 사건 개선행위의 효력을 직접 판단하는 사법적 개입을 자제하여야 할 영역에 속한다고 할 것이다.

(3) 이 사건 이후의 사정을 살펴보면, 사개특위는 2019. 8. 31. 활동기간이 종료되었고, 청구인이 심의·표결권을 행사하지 못함으로써 가결된 신속처리안건 지정동의안의 의결에 따라 2019. 4. 30. 국회의장이 사개특위 소관 법률안들에 대한 신속처리안건 지정행위를 하였으며, 그 효력에 따라 2019. 12. 3. 본회의 부의가 간주된 신속처리대상 법률안들 중 '고위공직자범죄수사처 설치 및 운영에 관한 법률안'(의안번호 제2020029호)은 2019. 12. 30. 수정안이 가결되어 2020. 1. 14. 법률로 공포되었고, '검찰청법 일부개정법률안'(의안번호 제2016500호) 및 '형사소송법 일부개정법률안'(의안번호 제2020030호)은 2020. 1. 13. 각각 수정안이 가결되어 2020. 2. 4. 법률로 공포되었다. 사개특위의 신속처리대상안건으로 지정된 법률안들 중 '고위공직자부패수사처 설치 및 운영에 관한 법안'(의안번호 2020037호)은 본회의에 상정되지 않았으나, 이 법안의 대표발의자인 권은희 의원을 비롯한 국회의원 31인은 2019. 12. 28. 백혜련 의원이 대표발의한 '고위공직자범죄수사처 설치 및 운영에 관한 법률안'(의안번호 제2020029호)에 대한 수정안을 발의하였고, 이 수정안은 같은 달 30. 본회의에서 부결되었다. 그리고 2020. 5. 29. 제20대 국회의원의 임기가 종료된다.

따라서 이 사건 권한쟁의심판청구가 인용되더라도 청구인이 사개특위 위원의 지위를 회복하거나, 신속처리안건 지정동의안에 대한 표결권을 다시 행사하거나, 또는 그 대상 법률안들의 입법절차상 어떤 심의 및 표결 권한을 행사할 수 있게 됨으로써 청구인의 침해된 권한이 실질적으로 회복될 가능성은 없게 되었다. 이러한 사정 하에서 이 사건 권한쟁의심판의 결정을 통하여 달성될 수 있는 헌법적 권한질서 회복의 이익은 장래에 같은 유형의 행위가 반복되지 않도록 하는 것이고, 이 사건의 심판의 이익이 인정되는 것도 이러한 점을 고려한 헌법적 해명의 필요성 때문이다.

그런데 이 사건 개선행위가 헌법상 자유위임원칙 등을 위반한 하자가 있다는 점은 청구인의 권한 침해를 확인하는 것으로 충분히 해명되고, 권한침해확인 결정만으로도 국가기관으로 하여금 장래에 동일한 사정 하에서 동일한 내용의 행위를 하여서는 아니 된다는 의무가 부과되는 기속력이 인정되므로(헌재 2010. 11. 25. 2009헌라12 참조), 청구인의 권한 침해를 확인하는 결정만으로 이 사건 권한쟁의심판을 통한 헌법적 권한질서 회복의 이익은 달성된다고 할 것이다.

(4) 이와 같이 이 사건 개선행위로 인하여 청구인의 권한이 침해된 사유는 헌법적으로 중대하지만, 침해된 권한과 그 원인이 된 피청구인의 처분은 그 내용적 성격상 권력분립원리에 따라 국회의 정치적 자율을 존중하여 사법적 개입을 자제하여야 할 영역에 있고, 이 사건의 경우 권한쟁의심판을 통하여 청구인의 침해된 권한이 회복될 가능성이 없는 사정 하에 있으며, 권한침해를 확인하는 결정만으로도 피청구인의 행위의 위헌성을 해명하고 향후 유사한 행위의 반복을 억제하는 데에는 충분하다고 할 것이므로, 이 사건 개선행위에 대해서는 그 무효를 확인하지 않는 것이 타당하다.

다. 결론

그렇다면, 이 사건 개선행위는 청구인의 법률안 심

의·표결권을 침해하였지만, 그 침해된 권한과 피청구인의 행위가 헌법적 권한질서 내에서 갖는 의미 및 이 사건 권한쟁의심판의 이익을 고려하여 그에 대한 무효확인청구는 기각하여야 할 것이다.

10. 재판관 이선애의 이 사건 개선행위의 무효확인 청구에 대한 별개의견

나는 이 사건 개선행위의 무효확인청구는 기각하여야 한다고 생각하므로 그 이유를 다음과 같이 남긴다.

헌법재판소법 제66조 제2항이 권한침해의 원인이 된 처분을 취소하거나 그 무효를 확인하는 것을 헌법재판소의 재량으로 하도록 정한 것은 '국가기관 상호간', '국가기관과 지방자치단체 간', '지방자치단체 상호간'의 3가지 서로 다른 성격의 권한쟁의심판의 본질과 기능에 상응하여 결정주문이 달라져야 함을 고려할 것을 요청하고 있는 것으로 해석된다. 이러한 취지를 고려할 때 헌법재판소는 국가기관 상호간의 권한쟁의에서 정치적 헌법기관의 형성권을 침해할 우려가 있는 경우에는 취소결정이나 무효확인 결정을 자제해야 한다고 생각한다.

국회의 입법관련 행위를 대상으로 한 국가기관 상호간의 권한쟁의심판에 있어서, 헌법재판소는 심판대상 행위의 위헌·위법 여부 및 권한의 침해여부를 확인하는 것에 그쳐야 하고 이를 넘어 입법관련 행위에 대한 취소 내지 그 무효 확인과 같은 형성적 결정을 내리는 것은 자제해야 한다. 국회는 스스로 다양한 절차와 방법을 통하여 합헌적 상태를 회복할 수 있는 광범위한 정치적 형성권을 가지고 있고, 국회의 정치적 형성권의 행사로서 회복된 합헌적 상태는 다양한 모습일 수 있기 때문에 국가기관 스스로 권한침해확인 결정에 따라 합헌적인 상태를 구현하도록 함으로써 손상된 헌법상의 권한질서는 회복될 수 있다고 보기 때문이다(헌재 2011. 8. 30. 2009헌라7 중 재판관 이강국, 김종대의 각 별개의견 참조).

이것이 각 기관에게 주어진 권한을 보호함과 동시에 객관적 권한질서의 유지를 통하여 국가기능의 수행을 원활히 하고, 아울러 수평적 및 수직적 권력 상호간의 견제와 균형을 유지시켜 헌법적 가치질서 및 헌법의 규범적 효력을 보호하고자 하는 권한쟁의심판제도의 본래 목적과 의의에도 부합한다고 생각한다(헌재 2001. 5. 8. 2000헌라1 참조).

이 사건 개선행위가 헌법과 법률을 위반하여 청구인의 심의·표결권을 침해하였음은 앞서 본 바와 같다. 이 사건 개선행위는 법률안을 신속처리대상안건으로 지정하여 처리하기 위한 것으로서 청구인의 법률안 심의·표결권 행사에 영향을 주는 '입법관련 행위'에 해당하므로 헌법재판소는 이에 대한 위헌·위법 여부 및 권한의 침해여부를 확인하는 것을 넘어서 그 무효 확인과 같은 형성적 결정을 내리는 것은 자제해야 한다. 따라서 이 사건 개선행위에 대한 무효확인청구는 이유 없어 기각하여야 한다.

11. 재판관 이종석의 이 사건 개선행위의 무효확인 청구에 대한 반대의견

나는 이 사건 권한쟁의심판에서 피청구인의 이 사건 개선행위가 국회법 제48조 제6항 및 헌법상 자유위임원칙을 위반하여 청구인의 법률안 심의·표결권을 침해하였음을 확인함과 함께 그 무효를 확인해야 한다고 생각한다.

가. 헌법재판소법 제66조 제2항의 의미

권한쟁의심판에서 청구인의 권한이 침해되었다고 확인될 경우, 헌법재판소법 제66조 제2항에서 그 원인이 되는 피청구인의 처분을 취소하거나 그 무효를 확인할 것인지 여부에 대하여 헌법재판소에 재량을 부여한 취지를 고려하여, 권한 침해 사유의 내용 및 헌법적 중대성, 침해된 청구인의 권한과 그 원인이 된 피청구인의 처분이 헌법적 권한질서 내에서 가지는 의미, 권한쟁의심판의 결정을 통하여 달성될 수 있는 헌법적 권한질서 회복의 이익 등을 종합적으로 고려하여 무효 확인 여부를 판단하는 것이 타당하다는 점에 대해서는 위 10.항의 재판관 이은애, 재판관 이영진의 의견과 뜻을 같이 한다. 그리고 국회와 관련된 권한쟁의심판에 있어서 권력분립원칙상 국회의 정치적 자율을 존중하고 사법적 개입을 자제하여야 한다는 의견에도 기본적으로 뜻을 같이 한다.

그러나 다음과 같은 여러 요소들을 종합적으로 고려하면, 이 사건 개선행위에 대해서는 그 무효를 확인하여야 한다고 생각하는바, 그 이유는 다음과 같다.

나. 이 사건 권한 침해 사유의 내용 및 헌법적 중대성

이 사건 개선행위는 헌법상 자유위임원칙을 위반한 것으로 그 위헌성이 중대하다. 헌법상 자유위임원칙은 우리 헌법의 기본원리인 대의제 민주주의의 본질적 개념 요소 중 하나에 해당하는 것인데, 이 사건 개선행위가 자유위임원칙을 위반한 사정은 단순히 정당 내부의 사실적 강제가 강화된 정도가 아니라, 정당 소속 국회의원으로 하여금 그 고유한 법적 권한인 개별 안건에 대한 표결권마저도 어떠한 경우에도 정당의 의사에 반하는 방향으로는 행사하지 못하도록 하는 결과를 초래하였다는 점에서 그 위반의 정도가 중대하다. 특히, 이 사건의 경우 바른미래당의 당헌 제54조 제1항은 "주요 정책, 법안 등에 대하여는 재적의원 3분의2 이상의 찬성으로 당의 입장을 정할 수 있다.", 제2항은 "당 소속 의원은 국회 표결 시 당론을 존중하여야 한다. 다만, 당론이 개인의 양심에 반하는 경우 이에 구속되지 아니한다."라고 정하여, 가중된 정족수로 정해진 당론이 있는 경우에도 의원 개인의 양심을 존중하고 있었다. 그럼에도 불구하고, 이 사건 개선행위는 바른미래당 의원총회에서 당론으로 확정되지도 않은 안건에 대하여 의원 개인의 양심에 따른 표결권 행사를 금지하고, 오로지 국회 내 정당을 대표하는 의원들 사이의 합의를 관철하기 위한 목적으로 이루어진 것이므로, 이는 정당의 목적·조직과 활동이 민주적이어야 한다는 헌법 제8조 제2항의 취지에도 어긋나는 행위라고 하지 않을 수 없다.

이 사건 개선행위가 국회법 제48조 제6항을 위반한 사정 또한 국회의 자율권의 법치주의적 한계를 벗어난 정도가 크다. 이 사건 개선행위가 국회법 제48조 제6항을 위반한 사정은 국회법에서 정한 의사절차의 세부적인 부분에 하자가 있는 정도의 상황과는 성격이 다르다. 이 사건 개선행위는 위 조항의 문언에 명백히 반하고 그 입법목적에도 정면으로 반하는 행위로서 우리 헌법의 또 다른 기본원리인 법치주의의 관점에서도 법률을 위반한 정도가 크다고 하지 않을 수 없다.

따라서 이 사건 개선행위로 인한 권한 침해 사유는 헌법적으로 매우 중대하므로, 그 무효를 확인하여야 할 필요성이 크다.

다. 이 사건에서 침해된 청구인의 권한과 그 원인이 된 피청구인의 처분의 의미

이 사건 개선행위로 침해된 청구인의 권한은 구체적으로는 신속처리안건 지정동의안에 대한 심의·표결권이므로, 이 점에서는 법률안의 내용과 무관한 의사절차 형성에 참여하는 권한의 성격을 가질 뿐이다. 하지만, 앞서 본 바와 같이 이 사건 당시 사개특위에서 공수처 설치 법안 등이 신속처리대상안건으로 지정되기 위해서는 사개특위 재적위원 총 18명의 5분의3 이상인 11명 이상의 찬성 의결이 필요하였는데, 자유한국당의 교섭단체 소속 사개특위 위원들 7명은 신속처리대상안건 지정에 반대하고 있어서 청구인이 반대할 경우 신속처리안건 지정동의안이 부결될 것이 확실히 예상되는 상황이었다. 따라서 이 사건에서 청구인이 행사할 표결권은 단순한 1표가 아니라 사개특위에서 신속처리안건 지정동의안이 의결될 것인지 여부를 결정할 수 있는 이른바 '캐스팅보트(casting vote)'에 해당하였으므로, 이 사건 개선행위로 침해된 청구인의 심의·표결권의 가치는 가볍다고 볼 수 없다. 또한, 이 사건 개선행위로 인하여 사개특위 위원의 지위를 잃은 청구인은 단지 신속처리안건 지정동의안에 대한 심의·표결권만 박탈당한 것이 아니라, 그 이후 국회법 제48조 제6항 본문이 보장하는 임시회 회기 중의 해당 법률안들에 대한 심의·표결권까지 모두 잃은 것이다. 국회의원이 위원회의 위원으로서 그 고유의 권한인 소관 안건에 대한 심의 및 표결의 권한을 박탈당한 것은 그 권한 침해의 정도가 결코 가볍다고 할 수 없다.

한편, 권한 침해의 원인이 된 피청구인의 처분인 이 사건 개선행위는 의사절차가 진행되는 중에 다수 의원들의 의사가 모여서 이루어지는 의결행위가 아니라 교섭단체 대표의원의 요청으로 국회의장이 단독으로 행하는 행위이다. 이러한 개선행위가 국회 내부의 조직행위로서의 성격을 가진다고 하더라도, 국회의원과 국회의장은 각각 독립한 국가기관으로서 대등한 권한쟁의심판의 당사자가 되는 것이며, 위원회 위원의 개선행위는 앞서 본 바와 같이 그 대상이 되는 개별 국회의원의 위원회에서의 의안에 대한 심의·표결권에 근본적인 영향을 미치는 것이므로, 개별 국회의원의 입장에서 개선행위의 효력을 다투는 것은 권한쟁의심판이 가지는 주관적 쟁송의 성격에 더 부합한다는 점 등을 고려하면, 이 사건 개선행위가 헌법을 중대하게 위반한 것이라면, 다른 특별한 사정이 없는 한 그 무효를 확인하는 것이 타당하다.

라. 이 사건 권한쟁의심판의 이익

이 사건 심판청구 이후의 사정을 살펴보면, 2019. 8. 31. 사개특위의 활동기간이 종료되는 등 이 사건 권한쟁의심판청구가 인용되더라도 청구인이 사개특위 위원의 지위를 회복하는 등으로 그 침해된 권한이 실질적으로 회복될 가능성은 없게 되었다. 그럼에도 불구하고 이 사건에서 심판의 이익을 인정하여 본안 판단에 나아가는 것은 이 사건 개선행위의 위헌 또는 위법 여부를 해명하고 장래에 같은 유형의 행위가 반복되지 않도록 하기 위한 것이다.

그런데 이 사건에서는 피청구인의 행위로 인한 청구인의 권한 침해만을 확인하는 것보다 그 행위의 위헌성이 무효에 이를 정도로 중대함을 확인하는 것이 보다 충실한 헌법적 해명이라고 할 것이다. 권한침해확인 결정만으로도 국가기관으로 하여금 장래에 동일한 사정하에서 동일한 내용의 행위를 하여서는 아니 된다는 의무가 부과된다고 하더라도, 이 사건과 같이 침해된 권한이 실질적으로 회복될 가능성이 없는 상태에 이른 후에 청구인의 권한이 침해되었다는 것만 확인하고 그 원인이 된 피청구인의 처분의 효력에 대하여 해명하지 않을 경우, 실질적으로 동일한 유형의 행위가 반복되는 것을 억제하는 데에는 한계가 있기 때문이다.

헌법재판소는 국회의장을 상대로 권한쟁의심판을 청구한 국회의원이 달성하고자 하는 목적이 이미 이루어진 이후에도, 같은 유형의 침해행위가 반복될 위험이 있고 헌법질서의 수호 유지를 위하여 그에 대한 헌법적 해명이 긴요한 사항에 대해서는 권한침해확인뿐만 아니라 행위의 무효 확인을 구하는 청구도 심판의 이익이 있다고 판시한 바 있다(헌재 2003. 10. 30. 2002헌라1 참조).

따라서 이 사건 개선행위로 인한 청구인의 권한 침해를 확인하는 것만으로는 향후 동일한 유형의 행위의 반복을 억제하는 데에 한계가 있으며, 그 위헌성이 중대한 것이라면 무효임을 밝히는 것이 필요하다.

마. 결론

그렇다면, 이 사건 개선행위는 헌법을 중대하게 위반하여 청구인의 법률안 심의·표결권을 침해하였고, 그 침해된 권한과 피청구인의 행위가 헌법적 권한질서 내에서 갖는 의미 및 이 사건 권한쟁의심판의 이익을 고려하면, 그 무효를 확인하여야 할 것이다.

재판관 유남석 이선애 이석태 이은애 이종석 이영진 김기영 문형배 이미선

[별지 1] 청구인 대리인 명단

1. 법무법인 경원
   담당변호사 임호영
2. 법무법인 현대
   담당변호사 김태훈
3. 변호사 박주현
4. 변호사 배보윤

[별지 2] 관련조항

국회법(2018. 4. 17. 법률 제15620호로 개정된 것)

제7조(회기) ① 국회의 회기는 의결로 정하되, 의결로 연장할 수 있다.

② 국회의 회기는 집회 후 즉시 정하여야 한다.

제10조(의장의 직무) 의장은 국회를 대표하고 의사를 정리하며, 질서를 유지하고 사무를 감독한다.

제33조(교섭단체) ① 국회에 20명 이상의 소속 의원을 가진 정당은 하나의 교섭단체가 된다. 다만, 다른 교섭단체에 속하지 아니하는 20명 이상의 의원으로 따로 교섭단체를 구성할 수 있다.

제35조(위원회의 종류) 국회의 위원회는 상임위원회와 특별위원회 두 종류로 한다.

제39조(상임위원회의 위원) ① 의원은 둘 이상의 상임위원회의 위원(이하 "상임위원"이라 한다)이 될 수 있다.

제40조(상임위원의 임기) ① 상임위원의 임기는 2년으로 한다. 다만, 국회의원 총선거 후 처음 선임된 위원의 임기는 선임된 날부터 개시하여 의원의 임기 개시 후 2년이 되는 날까지로 한다.

② 보임(補任)되거나 개선(改選)된 상임위원의 임기는 전임자 임기의 남은 기간으로 한다.

제44조(특별위원회) ① 국회는 둘 이상의 상임위원회와 관련된 안건이거나 특히 필요하다고 인정한 안건을 효율적으로 심사하기 위하여 본회의의 의결로 특별위원회를 둘 수 있다.

② 제1항에 따른 특별위원회를 구성할 때에는 그 활동기간을 정하여야 한다. 다만, 본회의 의결로 그 기간을 연장할 수 있다.

제48조(위원의 선임 및 개선) ① 상임위원은 교섭단체 소속 의원 수의 비율에 따라 각 교섭단체 대표의원의 요청으로 의장이 선임하거나 개선한다. 이 경우 각 교섭단체 대표의원은 국회의원 총선거 후 첫 임시회의 집회일부터 2일 이내에 의장에게 상임위원 선임을 요청하여야 하고, 처음 선임된 상임위원의 임기가 만료되는 경우에는 그 임기만료일 3일 전까지 의장에게 상임위원 선임을 요청하여야 하며, 이 기한까지 요청이 없을 때에는 의장이 상임위원을 선임할 수 있다.

② 어느 교섭단체에도 속하지 아니하는 의원의 상임위원 선임은 의장이 한다.

③ 정보위원회의 위원은 의장이 각 교섭단체 대표의

원으로부터 해당 교섭단체 소속 의원 중에서 후보를 추천받아 부의장 및 각 교섭단체 대표의원과 협의하여 선임하거나 개선한다. 다만, 각 교섭단체 대표의원은 정보위원회의 위원이 된다.

④ 특별위원회 위원은 제1항과 제2항에 따라 의장이 상임위원 중에서 선임한다. 이 경우 그 선임은 특별위원회 구성결의안이 본회의에서 의결된 날부터 5일 이내에 하여야 한다.

⑤ 위원을 선임한 후 교섭단체 소속 의원 수가 변동되었을 때에는 의장은 위원회의 교섭단체별 할당 수를 변경하여 위원을 개선할 수 있다.

⑥ 제1항부터 제4항까지에 따라 위원을 개선할 때 임시회의 경우에는 회기 중에 개선될 수 없고, 정기회의 경우에는 선임 또는 개선 후 30일 이내에는 개선될 수 없다. 다만, 위원이 질병 등 부득이한 사유로 의장의 허가를 받은 경우에는 그러하지 아니하다.

⑦ 의장과 교섭단체 대표의원은 의원을 상임위원회의 위원으로 선임하는 것이 공정을 기할 수 없는 뚜렷한 사유가 있다고 인정할 때에는 해당 상임위원회의 위원으로 선임하거나 선임을 요청해서는 아니 된다.

제85조의2(안건의 신속 처리) ① 위원회에 회부된 안건(체계·자구 심사를 위하여 법제사법위원회에 회부된 안건을 포함한다)을 제2항에 따른 신속처리대상안건으로 지정하려는 경우 의원은 재적의원 과반수가 서명한 신속처리대상안건 지정요구 동의(動議)(이하 이 조에서 "신속처리안건 지정동의"라 한다)를 의장에게 제출하고, 안건의 소관 위원회 소속 위원은 소관 위원회 재적위원 과반수가 서명한 신속처리안건 지정동의를 소관 위원회 위원장에게 제출하여야 한다. 이 경우 의장 또는 안건의 소관 위원회 위원장은 지체 없이 신속처리안건 지정동의를 무기명투표로 표결하되, 재적의원 5분의 3 이상 또는 안건의 소관 위원회 재적위원 5분의 3 이상의 찬성으로 의결한다.

② 의장은 제1항 후단에 따라 신속처리안건 지정동의가 가결되었을 때에는 그 안건을 제3항의 기간 내에 심사를 마쳐야 하는 안건으로 지정하여야 한다. 이 경우 위원회가 전단에 따라 지정된 안건(이하 "신속처리대상안건"이라 한다)에 대한 대안을 입안한 경우 그 대안을 신속처리대상안건으로 본다.

③ 위원회는 신속처리대상안건에 대한 심사를 그 지정일부터 180일 이내에 마쳐야 한다. 다만, 법제사법위원회는 신속처리대상안건에 대한 체계·자구 심사를 그 지정일, 제4항에 따라 회부된 것으로 보는 날 또는 제86조 제1항에 따라 회부된 날부터 90일 이내에 마쳐야 한다.

④ 위원회(법제사법위원회는 제외한다)가 신속처리대상안건에 대하여 제3항 본문에 따른 기간 내에 심사를 마치지 아니하였을 때에는 그 기간이 끝난 다음 날에 소관 위원회에서 심사를 마치고 체계·자구 심사를 위하여 법제사법위원회로 회부된 것으로 본다. 다만, 법률안 및 국회규칙안이 아닌 안건은 바로 본회의에 부의된 것으로 본다.

⑤ 법제사법위원회가 신속처리대상안건(체계·자구 심사를 위하여 법제사법위원회에 회부되었거나 제4항 본문에 따라 회부된 것으로 보는 신속처리대상안건을 포함한다)에 대하여 제3항 단서에 따른 기간 내에 심사를 마치지 아니하였을 때에는 그 기간이 끝난 다음 날에 법제사법위원회에서 심사를 마치고 바로 본회의에 부의된 것으로 본다.

⑥ 제4항 단서 또는 제5항에 따른 신속처리대상안건은 본회의에 부의된 것으로 보는 날부터 60일 이내에 본회의에 상정되어야 한다.

⑦ 제6항에 따라 신속처리대상안건이 60일 이내에 본회의에 상정되지 아니하였을 때에는 그 기간이 지난 후 처음으로 개의되는 본회의에 상정된다.

⑧ 의장이 각 교섭단체 대표의원과 합의한 경우에는 신속처리대상안건에 대하여 제2항부터 제7항까지의 규정을 적용하지 아니한다.

26. 국회의원과 국회의장 등 간의 권한쟁의 등

[2020. 5. 27. 2019헌라3, 2019헌라2(병합)]

【판시사항】

가. 피청구인 국회의장이 2019. 4. 25. 바른미래당 소속 국회 사법개혁특별위원회(이하 '사개특위'라 한다) 위원인 오신환, 권은희 의원을 각 개선한 행위(이하 '이 사건 각 개선행위'라 한다)에 대한 자유한국당 소속 국회의원인 청구인들의 권한쟁의심판청구의 적법 여부(소극)

나. 피청구인 국회의장이 2019. 4. 26. 국회 입안지원시스템을 통해 발의된 '고위공직자범죄수사처 설치 및 운영에 관한 법률안(의안번호 제2020029호)', '형사소송법 일부개정법률안(의안번호 제2020030호)'을 수리한 행위(이하 '이 사건 법률안 수리행위'라 한다)에 대한 권한쟁의심판청구의 적법 여부(소극)

다. 피청구인 사개특위 위원장이 2019. 4. 29. 사개특위 회의에서 사개특위 소관 법률안들에 대한 신속처리안건 지정동의안의 가결을 선포한 행위가 사개특위 위원인 청구인들의 법률안 심의·표결권을 침해하였는지 여부(소극)

(1) 개회 전 위원장과 간사 간 협의에 관한 국회법 제49조 제2항 위반 여부(소극)

(2) 국회 입안지원시스템을 통해 발의된 법률안에 대하여 신속처리안건 지정동의안을 상정한 것이 국회법 제79조 제2항 및 제90조 위반하여 절차상 위법한지 여부(소극)

(3) 신속처리안건 지정동의안 표결 전 별도의 질의·토론 절차를 거치지 않아 표결이 절차상 위법한지 여부(소극)

(4) 사개특위 위원이 오신환, 권은희 의원에서 채이배, 임재훈 의원으로 개선되어 참여한 표결로 의결정족수가 충족됨에 위헌·위법 사유가 있어 사개특위 위원인 청구인들의 법률안 심의·표결권이 침해되었는지 여부(소극)

라. 피청구인 국회의장의 2019. 4. 30. 사개특위 소관 법률안들에 대한 신속처리대상안건 지정행위가 사개특위 위원인 청구인들의 법률안 심의·표결권을 침해하였는지 여부(소극)

마. 피청구인 국회 정치개혁특별위원회(이하 '정개특위'라 한다) 위원장이 2019. 4. 29. 및 30.의 정개특위 회의에서 정개특위 소관 법률안에 대한 신속처리안건 지정동의안의 가결을 선포한 행위가 정개특위 위원인 청구인들의 법률안 심의·표결권을 침해하였는지 여부(소극)

(1) 개회 전 위원장과 간사 간 협의에 관한 국회법 제49조 제2항을 위반하였는지 여부(소극)

(2) 신속처리안건 지정동의안 표결 전 별도의 질의·토론 절차를 거치지 않아 표결이 절차상 위법한지 여부(소극)

바. 피청구인 국회의장의 2019. 4. 30. 정개특위 소관 법률안에 대한 신속처리대상안건 지정행위가 정개특위 위원인 청구인들의 법률안 심의·표결권을 침해하였는지 여부(소극)

【결정요지】

가. 사개특위 위원이 아닌 청구인들은 사개특위에서 이루어진 이 사건 각 개선행위에 의하여 그 권한을 침해받았거나 침해받을 현저한 위험성이 있다고 보기 어렵다. 사개특위 위원인 청구인들의 경우에도 이 사건 각 개선행위만으로는 권한의 침해나 침해의 위험성이 발생한다고 보기 어렵고, 사개특위가 개회되어 신속처리안건 지정동의안에 관한 심의·표결 절차에 들어갔을 때 비로소 그 권한의 침해 또는 침해의 위험성이 존재한다. 이 부분 심판청구는 모두 부적법하다.

나. 이 사건 법률안 수리행위에 대한 권한쟁

의심판청구가 법률안에 대한 위원회 회부나 안건 상정, 본회의 부의 등과는 별도로 오로지 전자정보시스템으로 제출된 법률안을 접수하는 수리행위만을 대상으로 하는 한, 그러한 법률안 수리행위만으로는 사개특위 및 정개특위 위원인 청구인들의 법률안 심의·표결권이 침해될 가능성이나 위험성이 없다. 이 부분 심판청구는 모두 부적법하다.

다. (1) 국회법 제49조 제2항이 정하는 위원장과 간사 간 '협의의 대상'은 위원회의 '의사일정'과 '개회일시'이고 이에 관하여 '의견을 교환하고 수렴하는 절차'라는 협의의 의미에 비추어 볼 때, 위원장과 간사 간 협의 절차가 준수되었는지 여부는, 위원장이 의사일정으로 상정될 안건 및 개회일시에 대하여 어느 시점에 어떤 방법으로 연락을 하였는지, 그로 인해 소속 위원들이 회의에 참석하지 못하는 등 심의·표결권 행사에 제한이 발생하였는지 등을 고려하여 판단하여야 할 것이다.

이 사건 사개특위의 개회 전 협의는 성질상 다양한 방식으로 할 수 있고 그 종국적 판단과 결정은 사개특위 위원장에게 맡겨져 있으므로, 전화 통화나 문자메시지, 이메일 통보에 의한 이 사건 사개특위의 개회 전 협의의 방식에 위법한 점은 없다. 더불어민주당과 자유한국당의 사개특위 간사 사이에 개회일시에 관하여 문자메시지와 전화 통화가 있은 후, 피청구인 사개특위 위원장은 개회 예정 시각부터 약 2시간 10분 전에 간사들을 포함한 소속 위원들에게 개회일시와 장소를 문자메시지로 알리고, 의사일정으로서 신속처리안건 지정동의안이 상정될 것임을 그 대상 법률안의 대표발의자와 의안번호를 특정하여 이메일로 안내함으로써, 의사일정과 개회일시를 협의의 대상으로 삼았으므로 이에 관해서도 위법한 점이 없다. 이후에도 개회 시각 및 장소가 매우 긴급하게 변경되어 통보되었으나, 이는 사실상 사전 협의를 통해 의사일정으로서 상정될 안건과 개회일시를 알고 있던 자유한국당 소속 관계자들과 다른 정당 관계자들의 대립에 기인한 것이고, 실제로 개회 시각에 임박한 변경 통보에도 사개특위 위원인 청구인들 전원이 회의에 참석하여 안건에 대한 심의권 행사가 불가능하지 않았다는 점에서, 피청구인 사개특위 위원장은 국회법 제49조 제2항의 협의 절차를 위반하지 않았다.

(2) 국회의원의 법률안 등 의안의 발의는 국회 내부의 의사절차이므로, 그 방식을 어떻게 정하는지는 헌법 제64조 제1항에 따라 법률에 저촉되지 않는 범위 안에서 국회의 규칙으로 정하여 할 수 있는 '의사와 내부 규율', 즉 국회의 의사자율권의 영역에 있다. 국회사무관리규정 제8조의2에서는 문서의 전자적 처리에 관하여, 제21조 제6항에서는 정보통신망을 이용한 문서의 접수·처리에 관하여 일반적으로 정하고 있고, 국회사무처 정보화업무 내규 제3조 제2호에서는 국회사무총장이 원활한 의정활동을 지원하기 위하여 구축하고 운영할 수 있는 정보시스템의 하나로 '입안지원시스템'을 규정하고 있으며, 이러한 국회사무처 정보화업무 내규는 그 부칙에 의하여 이 사건 당시로부터 약 3년 전인 2016. 1. 15. 이후 제정되어 시행되었다. 전자문서에 의한 개별 국회의원의 법률안 제출 방식은 국회의 자율권의 범위 내에서 허용되고 국회규칙 및 내규에 근거를 둔 제출 방식으로 국회법 제79조 제2항에 반하지 않는다. 피청구인 사개특위 위원장이 국회 입안지원시스템을 통하여 발의된 법률안들에 대한 신속처리안건 지정동의안을 상정한 것은, 국회법 제79조 제2항을 위반한 것이라고 볼 수 없다.

의안의 발의와 접수의 세부적인 절차는 국회의 의사자율권의 영역에 있으므로, 발의된 법률안이 철회의 대상이 될 수 있는 시점에 대해서도 국회가 의사자율의 영역에서 규칙 또는 자율적인 법해석으로 정할 수 있다. 따라서 팩스로 제출이 시도되었던 법률안의 접수가 완료되지 않아 동일한 법률안을 제출하기 전에 철회 절차가 필요 없다고 보는 것은 국회법 제90조에 반하지 않는다. 또한, 국회법 제90조는 발의된 법률안을 철회하는 요건을 정한 것일 뿐, 동일한 내용의 법률안을 중복하여 발의하는 것 자체를 금지하는 조항은 아니며, 국회법에 이에 대한 별도의 금지조항은 없다. 이 사건에서 팩스로 먼저 제출이 시도된 법률안을 철회하지 않고 동일한 내용으로 제출된 법률안을 접수한 것은 국회법 제90조를 위반한 것으로 볼 수 없고, 이와 같이 발의된 '고위공직자범죄수사처 설치 및 운영에 관한 법률안(의안번호 제2020029호)'에 대한 신속처리안건 지정동의안을 상정한 피청구인 사개특위 위원장의 행위도 절차상 위법하다고 할 수 없다.

(3) 신속처리안건 지정동의안의 심의는 그 대상이 된 위원회 회부 안건 자체의 심의가 아니라, 이를 신속처리대상안건으로 지정하여 의사절차의 단계별 심사기간을 설정할 것인지 여부를 심의하는 것이다. 국회법 제85조의2 제1항에서 요건을 갖춘 지정동의가 제출된 경우 의장 또는 위원장은 '지체 없이' 무기명투표로 표결하도록 규정하고 있고, 이 밖에 신속처리안건 지정동의안의 표결 전에 국회법상 질의나 토론이 필요하다는 규정은 없다. 이 사건 사개특위의 신속처리안건 지정동의안에 대한 표결 전에 그 대상이 되는 법안의 배포나 별도의 질의·토론 절차를 거치지 않았다는 이유로 그 표결이 절차상 위법하다고 볼 수 없다.

(4) 피청구인 국회의장의 오신환, 권은희 의원에 대한 각 개선행위는 명백히 자유위임원칙에 위배된다고 보기 어렵고, 국회법 규정에도 위배되지 않는다(2019헌라1 결정의 법정의견 참조).

피청구인 국회의장의 이 사건 각 개선행위는 헌법 또는 법률에 반하지 않으므로, 이에 따라 개선된 국회의원 채이배, 임재훈은 사개특위의 신속처리안건 지정동의안 표결 절차에 적법하게 참여하였다. 이러한 표결의 결과에 따라 피청구인 사개특위 위원장이 안건에 대한 의결정족수 충족을 인정하여 신속처리안건 지정동의안에 대하여 가결을 선포한 행위에는 절차적 위법 사유가 인정되지 않으므로, 사개특위 위원인 청구인들의 법률안 심의·표결권도 침해되지 않았다.

라. 피청구인 국회의장의 사개특위 소관 법률안 신속처리대상안건 지정행위는 국회법 제85조의2 제2항에 의하여 사개특위에서 신속처리안건 지정동의가 가결된 데에 따라 적법하게 행해진 것으로, 사개특위 위원인 청구인들의 법률안 심의·표결권을 침해하지 않았다.

마. (1) 이 사건 정개특위의 개회 전 협의는 성질상 다양한 방식으로 할 수 있고 그 종국적 판단과 결정은 위원장에게 맡겨져 있으므로, 전화통화, 문자메시지에 의한 이 사건 정개특위의 개회 전 협의의 방식에 위법한 점은 없다. 피청구인 정개특위 위원장과 자유한국당 소속 간사 사이에 신속처리안건 지정동의안을 상정한다는 의사일정과 정개특위 회의의 개회일시를 협의의 대상으로 삼았다는 점에서도 위법한 점이 없다. 피청구인 정개특위 위원장이 예정된 정개특위의 개회 시각에 이르러 다시 개회를 20분 연기하면서 그 장소도 변경하여 문자메시지로 통보한 점에 대해서도, 그로 인하여 정개특위 위원인 청구인들이 회의에 참석하지 못하여 심의권을 행사하지 못한 사정은 없다는 점 등에 비추어 보면, 피청구인 정개특위 위원장은 국회법 제49조 제2항의 협의 절차를 위반하지 않았다.

(2) 신속처리안건 지정동의안의 심의는 그 대상이 된 위원회 회부 안건 자체의 심의가 아니라, 이를 신속처리대상안건으로 지정하여 의사절차의 단계별 심사기간을 설정할 것인지 여부를 심의하는 것이다. 국회법 제85조의2 제1항에서 요건을 갖춘 지정동의가 제출된 경우 의장 또는 위원장은 '지체 없이' 무기명투표로 표

결하도록 규정하고 있고, 이 밖에 신속처리안건 지정동의안의 표결 전에 국회법상 질의나 토론이 필요하다는 규정은 없다. 이 사건 정개특위의 신속처리안건 지정동의안에 대한 표결 전에 그 대상이 되는 법안의 배포나 별도의 질의·토론 절차를 거치지 않았다는 이유로 그 표결이 절차상 위법하다고 볼 수 없다.

바. 피청구인 국회의장의 정개특위 소관 법률안 신속처리대상안건 지정행위는 국회법 제85조의2 제2항에 의하여 정개특위에서 신속처리안건 지정동의가 가결된 데에 따라 적법하게 행해진 것으로, 정개특위 위원인 청구인들의 법률안 심의·표결권을 침해하지 않았다.

재판관 이선애, 재판관 이은애, 재판관 이종석, 재판관 이영진의 이 사건 사개특위 소관 법률안의 신속처리대상안건 지정 관련 행위들에 대한 권한침해확인청구(판시사항 다. (3), (4) 및 라. 부분)에 대한 반대의견 및 피청구인 정개특위 위원장의 신속처리안건 지정동의안 가결선포행위에 대한 권한침해확인청구(판시사항 마. (2) 부분)에 관한 별개의견

가. 헌법상 다수결의 원칙과 국회의원의 법률안 심의·표결권의 보장

의회민주주의의 본질적 요소 중 하나인 다수결의 원칙은 의사형성과정에서 소수파에게 토론에 참가하여 다수파의 견해를 비판하고 반대의견을 밝힐 수 있는 기회를 보장하여 다수파와 소수파가 공개적이고 합리적인 토론을 거쳐 다수의 의사로 결정한다는 데 그 정당성의 근거가 있다.

헌법상 다수결의 원칙을 실질적으로 이해하여 다수의 뜻에 따른 의사결정의 전제로서의 토론을 포함하는 것으로 본다면, 안건 소관 위원회에서 신속처리안건 지정동의안에 대하여 표결하는 경우에도, 그러한 지정동의안에 대한 실질적인 토론은 당연히 전제되어야 한다.

신속처리안건 지정동의안에 대한 심의·표결은 비록 그 대상이 되는 안건 자체에 대한 것은 아니지만, 결국 일정한 기간이 지나면 단계별로 진행되는 심사가 종료된 것으로 간주될 수 있는 '안건의 심사기간'을 정할지 여부를 심의하여 표결하는 것이므로, 의사절차상 중요한 의미를 가진다. 이러한 '의사절차상 의미'에 관해서만은 표결권을 가지는 의원들 사이에 실질적인 토론의 기회가 필요하다.

국회법 제85조의2 제1항에서 신속처리안건 지정동의안의 표결을 무기명투표로 하고 재적위원 5분의 3 이상의 찬성으로 의결하도록 한 취지는, 안건의 신속처리 여부를 의결할 때 의원 개개인이 정당기율의 영향에서 벗어나 자유투표를 할 수 있는 분위기를 마련하고, 국회 내 다수세력의 일방적인 의사결정이 아니라 다수와 소수의 공동의 의사를 형성하기 위하여 상대방을 설득하고 합의할 수 있는 의사를 형성하라는 것이다. 신속처리안건 지정동의안의 의결정족수 충족은 단순히 그 숫자가 충족되는 것만으로 정당화되는 것이 아니라, 표결에 참여하는 의원들 사이의 자유로운 토론의 결과라는 점이 전제되어야 할 것이다.

사개특위 및 정개특위 위원으로서 소관 법률안에 대하여 신속처리대상안건으로 지정할지 여부에 관하여 자유로운 토론을 통해 심의하고 표결하는 권한은 헌법과 국회법이 국회의원에게 보장한 법률안에 대한 심의·표결권에 포함된다.

나. 피청구인 사개특위 위원장의 신속처리안건 지정동의안 가결선포행위에 대한 권한침해확인청구에 관한 판단

(1) 국회법 제85조의2 제1항에 따라 안건 소관 위원회에서 신속처리안건 지정동의안을 표결하기 전에는 국회법 제58조 제1항의 위원회 심사에서 요구되는 절차와 형식을 갖춘 질의 또는 토론이 필요한 것은 아니지만, 헌법상 다수결의 원칙과 신속처리대상안건 지정의 의사

절차상 의미를 고려할 때, 위원들이 그 대상이 된 안건의 내용을 알 수 있는 상태에서 의사진행발언 등으로 신속처리안건 지정 여부에 대한 의견을 표명할 수 있는 실질적인 토론의 기회는 부여되어야 한다.

이 사건 사개특위의 신속처리안건 지정동의안 표결의 경우 비록 그 대상 안건 중에 회의 당일 입안지원시스템으로 발의된 법률안이 있었다고 하더라도, 이후 위원회에 회부된 법률안으로서 개회 예정 시각 약 2시간 전에 그에 대한 신속처리안건 지정동의안을 심의 안건으로 한다는 내용의 의사일정과 그 법률안의 의안번호가 안내되었으므로, 일응 사개특위 위원들은 전산망을 통하여 그 내용을 열람할 수 있는 상태에 있었다고 볼 수 있다. 이후 국회 내 물리적인 대립과 혼란으로 회의 장소와 시각이 급하게 변경된 사정이 있었다고 하더라도, 그러한 혼란의 이유가 신속처리안건 지정 여부에 대한 첨예한 의견 대립 때문이었다면, 이 사건 사개특위 위원들은 법안의 세부적인 내용까지는 아니더라도 그 전반적인 취지는 어느 정도 알 수 있었다고 보는 것이 타당하다. 그리고 이 사건 사개특위의 회의에서는 신속처리안건 지정동의안에 대한 제안자의 취지 설명과 그 지정 여부 및 절차에 관한 위원들의 의사진행발언이 있었다. 그러므로 이 사건 사개특위의 신속처리안건 지정동의안 표결 전에 사개특위 위원들이 법안 내용을 알 수 있는 상태에서 그 신속처리안건 지정 여부에 대하여 의견을 표명하는 실질적인 토론의 기회는 부여되었다고 할 것이다.

(2) 피청구인 국회의장의 오신환, 권은희 의원에 대한 각 개선행위는 헌법상 자유위임원칙 및 국회법 제48조 제1항, 제4항, 제6항을 명백히 위반하였다(2019헌라1 결정의 권한침해확인청구에 대한 재판관 이선애, 재판관 이은애, 재판관 이종석, 재판관 이영진의 반대의견 참조).

헌법상 다수결의 원칙은 다수에 의한 의사결정 이전에 합리적인 토론과 상호 설득의 과정에서 의사의 내용이 변동되거나 조정될 수 있음을 전제로 하며, 이를 위해 의원들에게 실질적이고 자유로운 토론의 기회가 부여되어 있을 것을 요구한다. 특히, 국회법 제85조의2 제1항에서 신속처리안건 지정동의안의 표결을 무기명투표로 하도록 하고, 재적위원 5분의 3 이상의 가중된 정족수로 의결하도록 한 취지에 비추어 보면, 신속처리안건 지정동의안의 의결정족수 충족은 단순히 그 숫자가 충족되는 것만으로 정당화되는 것이 아니라, 표결에 참여하는 의원들 사이의 자유로운 토론의 결과라는 점이 전제되어야 한다. 그런데 이 사건 사개특위의 신속처리안건 지정동의안 의결과 같이 위원회 내에서의 설득과 토론의 과정이 아니라, 자유위임원칙에 반하는 자의적인 강제사임으로써 가결의 조건을 만들어 내는 것은, 실질적이고 자유로운 토론을 전제로 하는 헌법상 다수결의 원칙과 신속처리안건 지정동의안의 의결 방식 및 정족수에 관한 국회법 제85조의2 제1항을 위반한 것이다.

이 사건 사개특위에서의 신속처리대상안건 지정에 반대하여 온 자유한국당 소속 사개특위 위원인 청구인들의 표결권은, 그 표결권을 행사하기 이전 표결 절차가 시작될 때부터 이미 표결 결과에 영향을 미치지 못함이 명백하게 되었다. 이 사건에서 사개특위 위원인 청구인들의 그 소관 법률안들에 대한 신속처리안건 지정동의안에 대한 표결권은 이들이 실제로 투표를 하였는지 여부와 무관하게 형해화되었으며, 표결 전에 부여되는 실질적 토론의 기회도 그 의미가 없게 되었다.

피청구인 사개특위 위원장의 신속처리안건 지정동의안 가결선포행위는 헌법 제49조가 정하는 다수결의 원칙 및 국회법 제85조의2 제1항을 위반하여 사개특위 위원인 청구인들의 법률안 심의·표결권을 침해하였다.

다. 피청구인 국회의장의 사개특위 소관 법

률안 신속처리안건 지정행위에 대한 권한침해 확인청구에 관한 판단

국회법 제85조의2 제2항에 근거하여 국회의장이 신속처리대상안건을 지정하는 것은 그 지정동의안의 가결선포행위의 결과를 그대로 따르는 국회의장 단독의 행위이므로, 안건 소관 위원회 위원장의 신속처리안건 지정동의안 가결선포행위에 존재하는 절차상 위헌·위법 사유는 국회의장의 신속처리대상안건 지정행위에도 그대로 존재한다.

피청구인 국회의장의 사개특위 소관 법률안 신속처리대상안건 지정행위는 피청구인 사개특위 위원장의 신속처리안건 지정동의안 가결선포행위의 결과를 그대로 따른 것이므로, 헌법 제49조의 다수결의 원칙 및 국회법 제85조의2 제1항을 위반하여 신속처리대상안건 지정의 법적 효력을 발생하도록 함으로써 사개특위 위원인 청구인들의 신속처리안건 지정동의안 심의·표결권을 침해하였다.

피청구인 국회의장의 사개특위 소관 법률안 신속처리대상안건 지정행위는, 그 지정일부터 180일 이내에 안건 심사를 마치지 못하면 그 기간이 끝난 다음 날에 체계·자구 심사를 위하여 법제사법위원회로 회부된 것으로 보게 되는 등(국회법 제85조의2 제3항 등 참조) 위원회에서 해당 법률안들을 심사할 수 있는 기간을 구체적으로 제한하는 효력이 있으므로, 이 점에서도 사개특위 위원인 청구인들의 법률안 심의·표결권이 침해되었다.

라. 피청구인 정개특위 위원장의 신속처리안건 지정동의안 가결선포행위에 대한 권한침해 확인청구에 관한 판단

이 사건 정개특위의 회의의 경우 비록 제안 취지의 설명이 명시적으로 있지는 않았지만, 법안의 위원회 회부 후 약 5일이 지난 뒤에 그 법안을 대상으로 하는 신속처리안건 지정동의안에 대한 심의·표결이 있었던 점과 회의록상 위원들의 발언 취지를 볼 때, 위원들이 법안 내용을 알기 어려운 상태였던 것으로 보이지는 않는다. 또 회의록을 통하여 표결 전 위원들의 의사진행발언 기회가 비교적 충분히 부여된 사실도 확인할 수 있다. 그러므로 이 사건 정개특위의 신속처리안건 지정동의안 표결 전에는 정개특위 위원들이 법안 내용을 알 수 있는 상태에서 그 신속처리대상안건 지정 여부에 대하여 의견을 표명하는 실질적인 토론의 기회가 부여되었다고 할 것이다.

이 사건 정개특위의 신속처리안건 지정동의안 의결을 위한 회의에서 개회 절차 및 표결 전 질의·토론 절차에 관한 위헌·위법 사유가 인정되기 어렵다. 다만, 표결 실시 전의 질의·토론 절차와 관련하여 헌법상 다수결의 원칙과 신속처리대상안건 지정의 의사절차상 의미를 고려할 때, 신속처리안건 지정동의안의 표결 전에 실질적인 토론의 기회가 부여되어야 한다고 봄이 타당하므로, 법정의견과 이유를 달리한다.

재판관 이은애, 재판관 이영진의 이 사건 사개특위 소관 법률안의 신속처리대상안건 지정 관련 행위들에 대한 무효확인청구(판시사항 다. 및 라. 부분)에 관한 별개의견

권한쟁의심판에서 청구인의 권한이 침해되었다고 확인될 경우, 헌법재판소법 제66조 제2항에서 그 원인이 되는 피청구인의 처분을 취소하거나 그 무효를 확인할 것인지 여부에 대하여 헌법재판소에 재량을 부여한 취지는, 권한쟁의심판이 헌법적 권한질서의 객관적 확인이라는 객관적 쟁송의 성격과 침해된 청구인의 권한을 구제하는 주관적 쟁송의 성격을 동시에 지니고 있음을 반영하여, 헌법재판소로 하여금 권한쟁의심판제도의 기초가 되는 권력분립원리의 실질적 실현에 가장 적합한 결정을 하도록 하기 위함이라고 할 것이다. 따라서 권한쟁의심판에서 피청구인의 처분으로 인하여 청구

인의 권한이 침해된 것으로 확인하는 경우 그러한 처분의 무효를 확인할 것인지 여부는, 권한 침해 사유의 헌법적 중대성, 침해된 청구인의 권한과 그 원인이 된 피청구인의 처분이 헌법적 권한질서 내에서 가지는 의미, 권한쟁의 심판의 결정을 통하여 달성될 수 있는 헌법적 권한질서 회복의 이익 등을 종합적으로 고려하여 판단하여야 할 것이다.

이 사건 사개특위 소관 법률안의 신속처리대상안건 지정 관련 행위들은 헌법 제49조의 다수결의 원칙 및 국회법 제85조의2 제1항을 위반한 것으로서 이러한 권한 침해 사유는 헌법적으로 중대하다.

이 사건에서 침해된 사개특위 위원인 청구인들의 신속처리안건 지정동의안 표결권은 법률안을 위원회에서 심사하는 기간을 정하는지 여부에 관한 것일 뿐, 법률안의 내용을 직접 심의하고 표결하는 권한은 아니다. 또한, 사개특위 위원인 청구인들은 그 소관 법률안들에 대한 피청구인 국회의장의 신속처리대상안건 지정행위로 인하여 그 법률안들을 심사할 수 있는 기간의 제한을 받게 되지만(국회법 제85조의2 제3항 등 참조), 이외에 법률안의 내용을 심의하고 그에 대해 표결할 수 있는 권한에 다른 영향을 받는 것은 아니다. 이 사건 사개특위 소관 법률안의 신속처리대상안건 지정 관련 행위들은 성격상 국회 내에서의 자율적인 정치적 형성 여하에 따라 그 궁극적 효력이 정해지는 의사절차상 행위로서, 국회의장과 각 교섭단체 대표의원의 합의(국회법 제85조의2 제8항에 근거한 지정 효력 배제) 또는 본회의의 의결(국회법 제94조의 근거한 위원회 재회부) 등으로 국회 스스로 그 효력을 정하는 방법이 존재하므로, 국회가 갖는 이러한 정치적인 형성의 권한은 존중할 필요가 있다. 이 사건 사개특위 소관 법률안의 신속처리대상안건 지정 관련 행위들과 이로 인해 침해되는 사개특위 위원인 청구인들의 권한은 모두 법률안의 내용이 아니라 그 심사절차를 어떻게 형성해 나아갈 것인지와 관련되는 국회 내부의 의사절차에 관한 것이라는 성격이 있으므로, 권력분립원리상 국회의 정치적 자율을 존중하여 피청구인들의 행위의 효력을 직접 판단하는 사법적 개입을 자제하여야 할 영역에 속한다.

이 사건 권한쟁의심판청구가 인용되더라도 사개특위 위원인 청구인들이 신속처리안건 지정동의안에 대한 표결권을 다시 행사할 수 있게 되거나, 그 대상 법률안들에 대하여 사개특위에서 심의하는 등 입법절차상 어떤 심의 및 표결 권한을 행사할 수 있게 됨으로써 그 침해된 권한이 실질적으로 회복될 가능성은 없게 되었다. 그런데 이 사건 사개특위 소관 법률안의 신속처리대상안건 지정 관련 행위들이 헌법상 다수결의 원칙 등을 위반한 하자가 있다는 점은 사개특위 위원인 청구인들의 권한 침해를 확인하는 것으로 충분히 해명되고, 권한침해확인 결정만으로도 국가기관으로 하여금 장래에 동일한 사정 하에서 동일한 내용의 행위를 하여서는 아니 된다는 의무가 부과되는 기속력이 인정되므로, 사개특위 위원인 청구인들의 권한 침해를 확인하는 결정만으로 이 사건 권한쟁의심판을 통한 헌법적 권한질서 회복의 이익은 달성된다.

피청구인 사개특위 위원장의 신속처리안건 지정동의안 가결선포행위 및 피청구인 국회의장의 사개특위 소관 법률안 신속처리대상안건 지정행위는 사개특위 위원인 청구인들의 법률안 심의·표결권을 침해하였지만, 그 침해된 권한과 피청구인들의 행위가 헌법적 권한질서 내에서 갖는 의미 및 이 사건 권한쟁의심판의 이익을 고려하여 그에 대한 무효확인청구는 기각하여야 할 것이다.

재판관 이선애의 이 사건 사개특위 소관 법률안의 신속처리대상안건 지정 관련 행위들에 대한 무효확인청구(판시사항 다. 및 라. 부분)에 관한 별개의견

헌법재판소법 제66조 제2항이 권한침해의 원인이 된 처분을 취소하거나 그 무효를 확인하는 것을 헌법재판소의 재량으로 하도록 정한 것은 '국가기관 상호간', '국가기관과 지방자치단체 간', '지방자치단체 상호간'의 3가지 서로 다른 성격의 권한쟁의심판의 본질과 기능에 상응하여 결정주문이 달라져야 함을 고려할 것을 요청하고 있는 것으로 해석된다. 이러한 취지를 고려할 때 헌법재판소는 국가기관 상호간의 권한쟁의에서 정치적 헌법기관의 형성권을 침해할 우려가 있는 경우에는 취소결정이나 무효확인 결정을 자제해야 한다고 생각한다.

국회의 입법관련 행위를 대상으로 한 국가기관 상호간의 권한쟁의심판에 있어서, 헌법재판소는 심판대상 행위의 위헌·위법 여부 및 권한의 침해여부를 확인하는 것에 그쳐야 하고 이를 넘어 입법관련 행위에 대한 취소 내지 그 무효 확인과 같은 형성적 결정을 내리는 것은 자제해야 한다. 국회는 스스로 다양한 절차와 방법을 통하여 합헌적 상태를 회복할 수 있는 광범위한 정치적 형성권을 가지고 있고, 국회의 정치적 형성권의 행사로서 회복된 합헌적 상태는 다양한 모습일 수 있기 때문에 국가기관 스스로 권한침해확인 결정에 따라 합헌적인 상태를 구현하도록 함으로써 손상된 헌법상의 권한질서는 회복될 수 있다고 보기 때문이다.

이 사건 사개특위 소관 법률안의 신속처리대상안건 지정 관련 행위들은 사개특위 위원인 청구인들의 법률안 심의·표결권 행사에 영향을 주는 '입법관련 행위'에 해당하므로 헌법재판소는 이에 대한 위헌·위법 여부 및 권한의 침해여부를 확인하는 것을 넘어서 그 무효 확인과 같은 형성적 결정을 내리는 것은 자제해야 한다. 따라서 이 사건 사개특위 소관 법률안의 신속처리대상안건 지정 관련 행위들로서, 피청구인 사개특위 위원장의 신속처리안건 지정동의안 가결선포행위 및 피청구인 국회의장의 사개특위 소관 법률안 신속처리대상안건 지정행위에 대한 무효확인청구는 이유 없어 기각하여야 한다.

재판관 이종석의 이 사건 사개특위 소관 법률안의 신속처리대상안건 지정 관련 행위들에 대한 무효확인청구(판시사항 다. 및 라. 부분)에 관한 반대의견

이 사건 사개특위의 신속처리안건 지정 관련 행위들이 다수결원칙을 위반한 사정은, 다수결원칙의 전제가 되는 토론과 상호 설득의 과정을 무의미한 것으로 만들고 정족수 충족의 과정을 왜곡한 결과에 따른 것이므로, 그 위반의 정도가 중대하고, 이에 앞선 피청구인 국회의장의 오신환, 권은희 의원에 대한 각 개선행위가 헌법상 자유위임원칙을 위반하였다는 점을 전제로 한 것이라는 점에서도 그 위헌성이 가중된다.

이 사건에서 사개특위 위원인 청구인들의 권한이 침해된 정도는 신속처리안건 지정동의안 표결권의 경우 그 권한이 형해화되는 수준으로 중대하며, 그 침해의 원인이 된 이 사건 사개특위 소관 법률안의 신속처리대상안건 지정 관련 행위들은, 일정한 기간이 지나면 신속처리대상안건으로 지정된 법률안에 대한 위원회 심사를 마치지 못하더라도 그 본회의 부의가 간주되는 효력이 있는 등 그 제도적 속성상 사후적인 정치적 형성의 수단으로 하자가 치유될 가능성이 높지 않으므로, 절차적 합법성과 정당성을 확보해야 할 필요가 크다는 점을 고려할 때, 무효로 확인하여야 할 필요성이 크다.

이 사건 사개특위 소관 법률안의 신속처리대상안건 지정 관련 행위들이 헌법상 다수결의 원칙을 위반한 사정은 그 내용상 무효에 이를 정도로 중대하며, 안건신속처리제도의 속성상 신속처리대상안건이 지정된 이후에는 합의에 따른 정치적 형성을 통하여 그 지정 절차상의 하자가 치유될 가능성이 희박하다는 점을 고려하면, 이 사건 사개특위 소관 법률안의 신속처리대상안건 지정 관련 행위들로 인하여 사개특위 위원인 청구인들의 권한이 침해되었음을 확인하는 것만으로는 향후 동일한 유형의 행위의 반복을 억제하는 데에 한계가 있고, 그 절차적 하자가 헌법을 중대하게 위반한 것이라면 무효임을 밝히는 것이 필요하다.

【참조조문】

헌법 제46조, 제49조

헌법재판소법(2011. 4. 5. 법률 제10546호로 개정된 것) 제66조 제1항, 제2항

국회법(2018. 4. 17. 법률 제15620호로 개정된 것) 제48조 제1항, 제4항, 제6항, 제49조 제2항, 제79조 제1항, 제2항, 제85조의2, 제90조

【참조판례】

가. 헌재 2006. 5. 25. 2005헌라4, 판례집 18-1하, 28, 35

다. (1) 헌재 2008. 4. 24. 2006헌라2, 판례집 20-1상, 438, 446

헌재 2012. 2. 23. 2010헌라6등, 판례집 24-1상, 48, 63

(3) 헌재 1997. 7. 16. 96헌라2, 판례집 9-2, 154, 165, 174-175

헌재 2009. 10. 29. 2009헌라8등, 판례집 21-2하, 14, 57-58

헌재 2010. 12. 28. 2008헌라7, 판례집 22-2하, 567, 587-588

헌재 2012. 2. 23. 2010헌라6등, 판례집 24-1상, 48, 60, 69

헌재 2016. 5. 26. 2015헌라1, 판례집 28-1하, 170, 194

(4) 헌재 1991. 3. 11. 91헌마21, 판례집 3, 91, 113

헌재 1994. 4. 28. 92헌마153, 판례집 6-1, 415, 425-426

헌재 1997. 7. 16. 96헌라2, 판례집 9-2, 154, 165, 174-175

헌재 1998. 7. 14. 98헌라3, 판례집 10-2, 74, 83

헌재 1998. 10. 29. 96헌마186, 판례집 10-2, 600, 606

헌재 2001. 5. 8. 2000헌라1, 판례집 13-1, 1218, 1227

헌재 2002. 11. 28. 98헌바101등, 판례집 14-2, 609, 613-614

헌재 2003. 8. 21. 2001헌마687등, 판례집 15-2상, 214, 224

헌재 2003. 10. 30. 2002헌라1, 판례집 15-2하, 17, 27-34, 35-40

헌재 2004. 3. 25. 2001헌마710, 판례집 16-1, 422, 434

헌재 2005. 4. 28. 2004헌마219, 판례집 17-1, 547, 554

헌재 2006. 2. 23. 2005헌라6, 공보 113, 287, 290

헌재 2006. 7. 27. 2004헌마655, 판례집 18-2, 242, 251

헌재 2008. 1. 17. 2007헌마700, 판례집 20-1상, 139, 166

헌재 2008. 3. 27. 2004헌마654, 판례집 20-1상, 375, 381-382, 384-385

헌재 2008. 4. 24. 2006헌라2, 판례집 20-1상, 438, 445

헌재 2009. 3. 26. 2007헌마843, 판례집 21-1상, 651, 666

헌재 2009. 6. 25. 2007헌마451, 판례집 21-1하, 872, 885-888

헌재 2009. 10. 29. 2009헌라8등, 판례집 21-2하, 14, 54-64

헌재 2009. 10. 29. 2008헌바146등, 판례집 21-2하, 248, 261-262

헌재 2010. 11. 25. 2009헌라12, 판례집 22-2하, 320, 331

헌재 2010. 12. 28. 2008헌라7, 판례집 22-2하, 567, 585-588, 592-596

헌재 2011. 8. 30. 2009헌라7, 판례집 23-2상, 220, 230-231, 236-239

헌재 2011. 8. 30. 2010헌라4, 판례집 23-2상, 240, 245-246

헌재 2012. 2. 23. 2010헌라6등, 판례집 24-1상, 48, 59-60, 69

헌재 2014. 12. 19. 2013헌다1, 판례집 26-2하, 1, 18-19, 112-113

헌재 2015. 5. 28. 2012헌마653, 판례집 27-1하,

301, 308-309

헌재 2015. 12. 23. 2013헌바168, 판례집 27-2하, 511, 527-528

헌재 2016. 5. 26. 2015헌라1, 판례집 28-1하, 170, 190-194

대법원 2009. 4. 23. 선고 2006다81035 판결

【당 사 자】

청 구 인 [별지 1] 청구인 명단과 같음

피청구인 1. 국회의장

2. 국회 사법개혁특별위원회 위원장

3. 국회 정치개혁특별위원회 위원장

피청구인들의 대리인 법무법인(유한) 바른

담당변호사 최주영 외 5인

【주 문】

1. 피청구인 국회의장이 2019. 4. 25. 국회 사법개혁특별위원회 위원인 국회의원 오신환을 국회의원 채이배로 개선한 행위에 관한 청구인들의 심판청구를 모두 각하한다.

2. 피청구인 국회의장이 2019. 4. 25. 국회 사법개혁특별위원회 위원인 국회의원 권은희를 국회의원 임재훈으로 개선한 행위 및 2019. 4. 26. '고위공직자범죄수사처 설치 및 운영에 관한 법률안(의안번호 제2020029호)', '형사소송법 일부개정법률안(의안번호 제2020030호)'을 수리한 행위에 관한 청구인 국회의원 장제원, 정유섭, 김재원, 이종구, 최교일, 임이자, 윤한홍, 곽상도, 윤상직, 이장우, 이철규, 정종섭, 정태옥의 심판청구를 모두 각하한다.

3. 청구인 국회의원 윤한홍, 곽상도, 윤상직, 이장우, 이철규, 정종섭, 정태옥의 피청구인 국회 사법개혁특별위원회 위원장에 대한 심판청구 및 피청구인 국회의장에 대한 2019. 4. 30. '검찰청법 일부개정법률안(의안번호 제2016500호)', '고위공직자범죄수사처 설치 및 운영에 관한 법률안(의안번호 제2020029호)', '형사소송법 일부개정법률안(의안번호 제2020030호)', '고위공직자부패수사처 설치 및 운영에 관한 법안(의안번호 제2020037호)'을 신속처리대상안건으로 지정한 행위에 관한 심판청구를 모두 기각한다.

4. 청구인 국회의원 장제원, 정유섭, 김재원, 이종구, 최교일, 임이자의 피청구인 국회 정치개혁특별위원회 위원장에 대한 심판청구 및 피청구인 국회의장에 대한 2019. 4. 30. '공직선거법 일부개정법률안(의안번호 제2019985호)'을 신속처리대상안건으로 지정한 행위에 관한 심판청구를 모두 기각한다.

【이 유】

1. 사건개요

가. 공통 사실

(1) 청구인들은 제20대 국회의원으로서 2019. 4. 22.부터 30.까지 자유한국당 소속 의원들이며, 같은 기간 청구인 국회의원 장제원, 정유섭, 김재원, 이종구, 최교일, 임이자는 국회 정치개혁특별위원회(이하 '정개특위'라 한다) 소속 위원이고(이하 '정개특위 위원인 청구인들'이라 한다), 청구인 국회의원 윤한홍, 곽상도, 윤상직, 이장우, 이철규, 정종섭, 정태옥은 국회 사법개혁특별위원회(이하 '사개특위'라 한다) 소속 위원이다(이하 '사개특위 위원인 청구인들'이라 한다).

(2) 청구 외 국회의원 오신환, 권은희는 제20대 국회의원으로서 제364회 국회 정기회(2018. 9. 1.~12. 9.) 회기 중인 2018. 10. 18. 사개특위의 바른미래당 소속 위원으로 선임되었다.

(3) 더불어민주당의 교섭단체 대표의원인 원내대표 홍영표 의원, 바른미래당의 교섭단체 대표의원인 원내대표 김관영 의원, 민주평화당의 원내대표 장병완 의원과 정의당의 원내대표 윤소하 의원은 2019. 4. 22. 선거제도 개편, 고위공직자범죄수사처 설치, 검찰·경찰 수사권 조정에 대한 법률안들을 정개특위와 사개특위에서 신속처리대상안건으로 지정하기로 하고, 각 당의 추인을 거쳐 위 4당의 원내대표가 책임을 지고 2019. 4. 25.까지 그 지정을 완료하기로 합의하였다(이하 '이 사건 합의안'이라 한다). 이 당시 사개특위 위원 18명의 교섭단체별 구성은 더불어민주당 8명, 자유한국당 7명, 바른미래당 2명, 어느 교섭단체에도 속하지 아니하는 의원 1명이었으며, 이 구성은 2019. 4. 29.까지 유지되었다.

(4) 위 (3)항의 4개 정당 의원총회에서는 2019. 4. 23. 이 사건 합의안을 추인하였는데, 그 중 바른미래당은 무기명 비밀투표를 통해 참석의원 23명 중 12명의 찬성, 11명의 반대로 이 사건 합의안을 추인하였고, 이 과정에서 첨예한 의견 대립이 있었다.

나. 2019헌라2 사건

(1) 바른미래당 의원총회의 이 사건 합의안 추인 후

국회의원 오신환은 2019. 4. 24. 사개특위 소관 법안의 신속처리안건 지정동의안 의결에 반대하겠다는 의사를 표시하였다.

(2) 바른미래당의 교섭단체 대표의원인 김관영 의원은 제368회 국회 임시회(2019. 4. 8.~5. 7.) 회기 중인 2019. 4. 25. 09:20경 피청구인 국회의장에게 교섭단체의 원활한 상임위 운영을 고려하여 사개특위의 바른미래당 소속 위원 중 국회의원 오신환을 국회의원 채이배로 개선할 것을 요청하였으며, 피청구인 국회의장은 2019. 4. 25. 11:00경 이러한 요청대로 사개특위 위원을 개선하였다.

(3) 자유한국당 소속 국회의원인 청구인들은 피청구인 국회의장에 대하여 2019. 4. 25. 위와 같은 국회의원 오신환에 대한 개선행위로 인한 자신들의 법률안 심의·표결권 침해의 확인 및 그 무효 확인을 구하는 권한쟁의심판을 청구하였다.

다. 2019헌라3 사건

(1) 사개특위 위원장인 이상민 의원, 더불어민주당의 교섭단체 대표의원인 원내대표 홍영표 의원과 같은 당 소속 사개특위 간사인 백혜련 의원, 그리고 바른미래당의 교섭단체 대표의원인 원내대표 김관영 의원과 같은 당 소속 사개특위 위원인 권은희 의원은 2019. 4. 25. 13:00경 사개특위에서 신속처리대상안건으로 지정할 법안의 내용에 대하여 협상하였다. 그 중 고위공직자범죄수사처에 기소권을 부여하는 법안의 내용에 반대하여 왔던 권은희 의원은 같은 날 17:40경 바른미래당의 교섭단체 대표의원인 김관영 의원이 당시까지 합의된 내용으로 협상을 마무리하려 하자, 추가 협상을 요청하면서 협상 장소에서 이석하는 등 그 날까지 신속처리대상안건 지정을 완료하기로 한 이 사건 합의안에 반하는 의사를 표시하였다.

(2) 바른미래당의 교섭단체 대표의원인 원내대표 김관영 의원은 제368회 국회 임시회(2019. 4. 8.~5. 7.) 회기 중인 2019. 4. 25. 17:54경 피청구인 국회의장에게 교섭단체의 원활한 상임위 운영을 고려하여 사개특위의 바른미래당 소속 위원 중 국회의원 권은희를 국회의원 임재훈으로 개선할 것을 요청하였고, 피청구인 국회의장은 2019. 4. 25. 17:55경 이러한 요청대로 사개특위 위원을 개선하였다.

(3) 더불어민주당 국회의원 백혜련은 2019. 4. 25. 18:10경 국회사무처 의사국 의안과에 사개특위의 신속처리대상안건이 될 '고위공직자범죄수사처 설치 및 운영에 관한 법률안'을 제출하고자 그 법안을 팩스로 송부하였으나, 의안과에서의 물리적 대립 등으로 국회 의안정보시스템상 의안번호만 부여되고, 대표발의자가 잘못 표시되었으며, 의안 원문 파일도 첨부되지 않았다.

(4) 국회의원 백혜련 등 12인은 별도의 철회 절차 없이 2019. 4. 26. 15:30경 전산정보시스템인 국회 입안지원시스템을 통하여 '고위공직자범죄수사처 설치 및 운영에 관한 법률안(의안번호 제2020029호)'을 제출하였고, 그 무렵 국회의원 채이배 등 11인도 같은 시스템을 통하여 '형사소송법 일부개정법률안(의안번호 제2020030호)'을 제출하였으며, 의안과에서 그 접수를 완료함으로써 피청구인 국회의장이 위 법률안들을 수리하였다.

(5) 사개특위 위원에서 개선된 국회의원 권은희는 2019. 4. 29. 다른 국회의원 9인과 함께 수사 대상과 기소권 부여에 관하여 국회의원 백혜련 등이 제출한 법안과는 다른 내용의 '고위공직자부패수사처 설치 및 운영에 관한 법안(의안번호 제2020037호)'을 제출하여 그 접수가 완료되었다.

(6) 2019. 4. 29. 사개특위와 정개특위에서의 신속처리안건 지정동의안 처리 여부에 관한 첨예한 대립 속에서 각 신속처리안건 지정동의안을 의사일정으로 하는 사개특위 및 정개특위 회의의 개회 시각 및 장소가 여러 차례 변경 통지되었다.

(7) 피청구인 국회 사법개혁특별위원회 위원장(이하 '피청구인 사개특위 위원장'이라 한다)은 2019. 4. 29. 22:52경 국회 문화체육관광위원회 회의실에서 제368회 국회(임시회) 사개특위 제11차 회의를 개회하고, 22:54경 국회법 제85조의2 제1항에 따라 '검찰청법 일부개정법률안(의안번호 제2016500호)', '고위공직자범죄수사처 설치 및 운영에 관한 법률안(의안번호 제2020029호)', '형사소송법 일부개정법률안(의안번호 제2020030호)', '고위공직자부패수사처 설치 및 운영에 관한 법안(의안번호 제2020037호)'의 신속처리안건 지정동의안을 상정하였으며, 23:46부터 23:51까지 무기명투표로 표결을 실시하여 재적위원 18인, 총 투표수 11표 중 가 11표로 가결을 선포하였다. 이 때 사개특위의 자유한국당 소속 위원인 청구인들은 투표하지 않았다.

(8) 피청구인 국회 정치개혁특별위원회 위원장(이하 '피청구인 정개특위 위원장'이라 한다)은 2019. 4. 29. 22:50경 국회 정무위원회 회의실에서 제368회 국회(임시회) 정개특위 제9차 회의를 개회하고, 22:53경 국회

법 제85조의2 제1항에 따라 '공직선거법 일부개정법률안(의안번호 제2019985호)'의 신속처리안건 지정동의안을 상정하였으며, 2019. 4. 30. 00:00경 제10차 회의로 차수를 변경하여 개회한 후 00:19부터 00:30까지 무기명투표로 표결을 실시하여 재적위원 18인, 총 투표수 12표 중 가 12표로 가결을 선포하였다.

(9) 피청구인 국회의장은 2019. 4. 30. 국회법 제85조의2 제2항에 따라 위 (7)항의 사개특위의 의결 및 위 (8)항의 정개특위의 의결대로 각 대상 법률안들을 신속처리대상안건으로 지정하였다. 정개특위에서 신속처리대상안건으로 지정된 법률안은 2019. 11. 27., 사개특위에서 신속처리대상안건으로 지정된 법률안은 2019. 12. 3. 국회법 제85조의2 제4항 및 제5항에 따라 각 본회의에 부의되었다.

(10) 자유한국당 소속으로서 사개특위 및 정개특위 위원인 청구인들은 2019. 5. 9. 피청구인 국회의장의 국회의원 권은희에 대한 개선행위 및 국회 입안지원시스템을 통하여 제출된 '고위공직자범죄수사처 설치 및 운영에 관한 법률안(의안번호 제2020029호)', '형사소송법 일부개정법률안(의안번호 제2020030호)'을 수리한 행위에 관하여, 사개특위 위원인 청구인들은 사개특위 소관 법률안들에 대한 피청구인 사개특위 위원장의 신속처리안건 지정동의안 가결선포행위 및 이에 따른 피청구인 국회의장의 각 신속처리대상안건 지정행위에 관하여, 그리고 정개특위 위원인 청구인들은 정개특위 소관 법률안에 대한 피청구인 정개특위 위원장의 신속처리안건 지정동의안 가결선포행위 및 이에 따른 피청구인 국회의장의 신속처리대상안건 지정행위에 관하여, 이로 인해 자신들의 법률안 심의·표결권이 침해되었다고 주장하며, 그 침해 및 무효의 확인을 구하는 권한쟁의심판을 청구하였다.

2. 심판대상

가. 이 사건 심판대상은 다음과 같다.

(1) 2019헌라2 사건

피청구인 국회의장이 2019. 4. 25. 국회 사법개혁특별위원회 위원인 국회의원 오신환을 국회의원 채이배로 개선한 행위(이하 '피청구인 국회의장의 국회의원 오신환에 대한 개선행위'라 한다)가 청구인들의 법률안 심의·표결권을 침해하였는지 여부 및 그 무효 여부

(2) 2019헌라3 사건

(가) 피청구인 국회의장이 2019. 4. 25. 국회 사법개혁특별위원회 위원인 국회의원 권은희를 국회의원 임재훈으로 개선한 행위(이하 '피청구인 국회의장의 국회의원 권은희에 대한 개선행위'라 한다)가 청구인 국회의원 장제원, 정유섭, 김재원, 이종구, 최교일, 임이자, 윤한홍, 곽상도, 윤상직, 이장우, 이철규, 정종섭, 정태옥(이상 정개특위 및 사개특위 위원인 청구인들)의 법률안 심의·표결권을 침해하였는지 여부 및 그 무효 여부

(나) 피청구인 국회의장이 2019. 4. 26. '고위공직자범죄수사처 설치 및 운영에 관한 법률안(의안번호 제2020029호)', '형사소송법 일부개정법률안(의안번호 제2020030호)'을 수리한 행위(이하 '피청구인 국회의장의 이 사건 법률안 수리행위'라 한다)가 청구인 국회의원 장제원, 정유섭, 김재원, 이종구, 최교일, 임이자, 윤한홍, 곽상도, 윤상직, 이장우, 이철규, 정종섭, 정태옥(이상 정개특위 및 사개특위 위원인 청구인들)의 법률안 심의·표결권을 침해하였는지 여부 및 그 무효 여부

(다) 피청구인 국회 사법개혁특별위원회 위원장이 2019. 4. 29. 제368회 국회(임시회) 사법개혁특별위원회 제11차 회의에서 '검찰청법 일부개정법률안(의안번호 제2016500호)', '고위공직자범죄수사처 설치 및 운영에 관한 법률안(의안번호 제2020029호)', '형사소송법 일부개정법률안(의안번호 제2020030호)', '고위공직자부패수사처 설치 및 운영에 관한 법안(의안번호 제2020037호)'에 대한 신속처리안건 지정동의안의 가결을 선포한 행위(이하 '피청구인 사개특위 위원장의 신속처리안건 지정동의안 가결선포행위'라 한다)가 청구인 국회의원 윤한홍, 곽상도, 윤상직, 이장우, 이철규, 정종섭, 정태옥(이상 사개특위 위원인 청구인들)의 법률안 심의·표결권을 침해하였는지 여부 및 그 무효 여부

(라) 피청구인 국회의장이 2019. 4. 30. '검찰청법 일부개정법률안(의안번호 제2016500호)', '고위공직자범죄수사처 설치 및 운영에 관한 법률안(의안번호 제2020029호)', '형사소송법 일부개정법률안(의안번호 제2020030호)', '고위공직자부패수사처 설치 및 운영에 관한 법안(의안번호 제2020037호)'을 신속처리대상안건으로 지정한 행위(이하 '피청구인 국회의장의 사개특위 소관 법률안 신속처리대상안건 지정행위'라 한다)가 청구인 국회의원 윤한홍, 곽상도, 윤상직, 이장우, 이철규, 정종섭, 정태옥(이상 사개특위 위원인 청구인들)의 법률안 심의·표결권을 침해하였는지 여부 및 그 무효 여부

(마) 피청구인 국회 정치개혁특별위원회 위원장이 제368회 국회(임시회) 정치개혁 특별위원회의 2019. 4.

29. 제9차 회의 및 2019. 4. 30. 제10차 회의에서 '공직선거법 일부개정법률안(의안번호 제2019985호)'에 대한 신속처리안건 지정동의안의 가결을 선포한 행위(이하 '피청구인 정개특위 위원장의 신속처리안건 지정동의안 가결선포행위'라 한다)가 청구인 국회의원 장제원, 정유섭, 김재원, 이종구, 최교일, 임이자(이상 정개특위 위원인 청구인들)의 법률안 심의·표결권을 침해하였는지 여부 및 그 무효 여부

(바) 피청구인 국회의장이 2019. 4. 30. '공직선거법 일부개정법률안(의안번호 제2019985호)'을 신속처리대상안건으로 지정한 행위(이하 '피청구인 국회의장의 정개특위 소관 법률안 신속처리대상안건 지정행위'라 한다)가 청구인 국회의원 장제원, 정유섭, 김재원, 이종구, 최교일, 임이자(이상 정개특위 위원인 청구인들)의 법률안 심의·표결권을 침해하였는지 여부 및 그 무효 여부

나. 이 사건 심판청구서상 피청구인들의 각 행위에 대한 청구 중 청구인들 자신의 권한침해 확인을 구하는 부분이 아닌, 청구 외 국회의원 오신환 및 국회의원 권은희의 권한침해 확인을 구하는 부분은 청구인들이 별도로 주장하는 바가 없으므로, 심판대상에서 제외한다.

다. 사개특위 및 정개특위 위원인 청구인들은 각 소속된 사개특위 또는 정개특위의 개회, 신속처리안건 지정동의안 상정, 표결 실시 및 가결 선포에 이르기까지의 일련의 절차에 대한 위법 사유를 주장한다. 그런데 이러한 절차에 대한 위법 사유는 각 특별위원회 의결절차의 종결행위인, 피청구인 사개특위 및 정개특위 위원장에 대한 각 신속처리안건 지정동의안 가결선포행위에 관한 권한쟁의심판에 포함하여 다툴 수 있으므로, 이에 이르기까지의 일련의 절차에 해당하는 행위들은 별도의 심판대상으로 삼지 않는다(헌재 2009. 10. 29. 2009헌라8등; 헌재 2011. 8. 30. 2009헌라7; 헌재 2012. 2. 23. 2010헌라5등 참조).

라. 사개특위 및 정개특위 위원인 청구인들은 이 사건에서 신속처리대상안건으로 지정된 각 법률안에 대한 본회의 부의의 무효 확인도 구한다. 그러나 신속처리대상안건의 위원회 심사기간이 지난 후의 본회의 부의는 국회의장의 신속처리대상안건 지정행위의 효력으로서 법률상 부의가 간주되는 것이고, 이를 별도의 처분으로 볼 수 없으므로(국회법 제85조의2 제4항, 제5항 참조), 이 부분도 별도의 심판대상으로 삼지 않는다.

마. 이 사건 심판대상에 관련된 규정의 내용은 [별지 2] 관련 규정과 같다.

3. 청구인들의 주장과 피청구인들의 답변

[별지 3] 청구인들의 주장과 피청구인들의 답변과 같다.

4. 피청구인 국회의장의 국회의원 오신환, 권은희에 대한 각 개선행위 부분에 관한 판단

권한쟁의심판은 피청구인의 처분 또는 부작위가 청구인의 권한을 침해하였거나 침해할 현저한 위험이 있는 경우에만 청구할 수 있다(헌법재판소법 제61조 제2항 참조). 권한쟁의심판청구의 적법요건으로서 피청구인의 처분 또는 부작위로 인한 '권한의 침해'란 피청구인의 처분 또는 부작위로 인한 청구인의 권한침해가 과거에 발생하였거나 현재까지 지속되는 경우를 의미하며, '현저한 침해의 위험성'이란 아직 침해라고는 할 수 없으나 침해될 개연성이 상당히 높은 상황을 의미한다(헌재 2006. 5. 25. 2005헌라4 참조).

자유한국당 소속 국회의원인 청구인들 중 사개특위 위원이 아닌 청구인들은 사개특위에서 이루어진 피청구인 국회의장이 국회의원 오신환, 권은희에 대한 각 개선행위(이하 '이 사건 각 개선행위'라 한다)에 의하여 그 권한을 침해받았거나 침해받을 현저한 위험성이 있다고 보기 어렵다. 아울러 자유한국당 소속으로서 사개특위 위원인 청구인들의 경우에도 이 사건 각 개선행위만으로는 권한의 침해나 침해의 위험성이 발생한다고 보기 어렵고, 사개특위가 개회되어 신속처리안건 지정동의안에 관한 심의·표결 절차에 들어갔을 때 비로소 그 권한의 침해 또는 침해의 위험성이 존재한다고 할 것이다.

따라서 이 부분 심판청구는 모두 부적법하다.

5. 피청구인 국회의장의 이 사건 법률안 수리행위 부분에 관한 판단

사개특위 및 정개특위 위원인 청구인들은 피청구인 국회의장의 이 사건 법률안 수리행위는 국회법 제79조 제2항을 위반하였고, 그 중 2019. 4. 26. '고위공직자범죄수사처 설치 및 운영에 관한 법률안(의안번호 제2020029호)'을 수리한 행위는 국회법 제90조도 위반하였으므로, 자신들의 법률안 심의·표결권을 침해하여 무효라고 주장한다.

법률안에 대한 국회의원의 심의·표결권이 침해될 가능성 또는 위험은 각 국회의원이 해당 법률안을 심의할 수 있는 상태가 되었을 때 비로소 현실화될 수 있다.

따라서 국회의장의 이 사건 법률안 수리행위에 대한 권한쟁의심판청구가 법률안에 대한 위원회 회부나 안건 상정, 본회의 부의 등과는 별도로 오로지 전자정보시스템으로 제출된 법률안을 접수하는 수리행위만을 대상으로 하는 한, 그러한 법률안 수리행위만으로는 사개특위 및 정개특위 위원인 청구인들의 법률안 심의·표결권이 침해될 가능성이나 위험성이 없다.

따라서 이 부분 심판청구도 모두 부적법하다.

6. 피청구인 사개특위 위원장의 신속처리안건 지정동의안 가결선포행위 부분에 관한 판단

가. 개회 절차상 위법 여부

(1) 사개특위 위원인 청구인들은 피청구인 사개특위 위원장이 미리 간사와 협의 없이 회의 시간 및 장소를 개회 시각에 임박하게 통보하고 개회하였으므로, 이는 "위원장은 위원회의 의사일정과 개회일시를 간사와 협의하여 정한다."라고 규정한 국회법 제49조 제2항을 위반한 것이라고 주장한다.

(2) 이 사건 기록과 변론의 결과에 의하면 이 사건 사개특위의 개회 전 위원장과 간사간 협의에 관하여 다음과 같은 사실이 인정된다.

(가) 2019. 4. 29. 19:38경부터 19:52경까지 더불어민주당과 자유한국당의 사개특위 간사 사이의 문자메시지 및 통화가 있은 이후, 피청구인 사개특위 위원장은 개회 예정 시각을 22시로 하여 개회일시 및 장소를 안내하는 메시지를 발송하고, 의사일정으로서 신속처리안건 지정동의안이 상정될 것임을 그 대상 법률안의 대표발의자와 의안번호를 특정하여 이메일로 발송하였다.

(나) 그런데 회의장 앞 물리적 대립으로 사전 협의에서 예정되어 있던 2019. 4. 29. 22시로부터 약 40분이 지난 후인 22:39경 피청구인 사개특위 위원장은 위원들에 대한 문자메시지 발송을 통해 회의 장소 변경을 통보하고, 그로부터 약 13분 후인 22:52경 이 사건 사개특위를 변경된 장소에서 개회하였다.

(다) 이 사건 사개특위의 회의에는 자유한국당 소속의 사개특위 위원인 청구인들 7명을 포함하여 18명의 사개특위 위원들이 모두 출석하였고, 그 중에는 피청구인 국회의장의 이 사건 각 개선행위에 의하여 사개특위 위원이 된 바른미래당 소속 채이배, 임재훈 의원이 포함되어 있었으며, 개선의 대상이 된 오신환 의원도 출석하였다.

(라) 이 사건 사개특위의 회의 중 청구인들 가운데 한 명인 윤한홍 의원은 변경 전 회의 장소가 봉쇄되었으며 그 곳에서 40분을 기다리게 하다가 갑자기 장소를 변경하였다는 취지로 항의 발언을 하였고, 이에 피청구인 사개특위 위원장 및 송기헌 의원은 변경 전의 회의 장소에 진입할 수 없어 부득이 회의 장소를 옮겼다는 취지로 발언하였다.

(3) 국회법상 '협의'는 의견을 교환하고 수렴하는 절차로서 그 성질상 다양한 방식으로 이루어질 수 있고, 그에 대한 판단과 결정은 국회의장과 각 교섭단체 대표의원의 협의에서는 종국적으로 국회의장에게 맡겨져 있으며, '협의의 방식'으로 전화통화 및 팩스를 통한 의사일정안 전달도 허용된다(헌재 2008. 4. 24. 2006헌라2; 헌재 2012. 2. 23. 2010헌라6등 참조). 마찬가지로 위원장과 간사의 협의도 전화통화나 문자메시지, 이메일 통보 등 다양한 방식으로 할 수 있고, 이를 판단하고 결정하는 것도 종국적으로 위원장에게 맡겨져 있다고 볼 수 있다.

국회법 제49조 제2항이 정하는 위원장과 간사 간 '협의의 대상'은 위원회의 '의사일정'과 '개회일시'이고 이에 관하여 '의견을 교환하고 수렴하는 절차'라는 협의의 의미에 비추어 볼 때, 위원장과 간사 간 협의 절차가 준수되었는지 여부는, 위원장이 의사일정으로 상정될 안건 및 개회일시에 대하여 어느 시점에 어떤 방법으로 연락을 하였는지, 그로 인해 소속 위원들이 회의에 참석하지 못하는 등 심의·표결권 행사에 제한이 발생하였는지 등을 고려하여 판단하여야 할 것이다.

이 사건 사개특위의 개회 전 협의도 성질상 다양한 방식으로 할 수 있고 그 종국적 판단과 결정은 사개특위 위원장에게 맡겨져 있으므로, 전화 통화나 문자메시지, 이메일 통보에 의한 이 사건 사개특위의 개회 전 협의의 방식에 위법한 점은 없다.

또한, 더불어민주당과 자유한국당의 사개특위 간사 사이에 개회일시에 관하여 문자메시지와 전화 통화가 있은 후, 피청구인 사개특위 위원장은 개회 예정 시각부터 약 2시간 10분 전에 간사들을 포함한 소속 위원들에게 개회일시와 장소를 문자메시지로 알리고, 의사일정으로서 신속처리안건 지정동의안이 상정될 것임을 그 대상 법률안의 대표발의자와 의안번호를 특정하여 이메일로 안내함으로써, 의사일정과 개회일시를 협의의 대상으로 삼았으므로 이에 관해서도 위법한 점이 없다.

물론 이후에도 개회 시각 및 장소가 매우 긴급하게 변경되어 통보되었으나, 이는 사실상 사전 협의를 통해

의사일정으로서 상정될 안건과 개회일시를 알고 있던 자유한국당 소속 관계자들과 다른 정당 관계자들의 대립에 기인한 것이고, 실제로 개회 시각에 임박한 변경 통보에도 사개특위 위원인 청구인들 전원이 회의에 참석하여 안건에 대한 심의권 행사가 불가능하지 않았다는 점에서, 국회법상 협의 절차를 위반한 데에 이르렀다고 보기는 어렵다.

(4) 한편, 사개특위의 바른미래당 소속 위원들의 경우 개회일부터 4일 전인 2019. 4. 25. 모두 개선되었는데, 이에 관하여 사개특위 위원인 청구인들은 바른미래당의 사개특위 간사였던 오신환 의원은 위법하게 개선되어 사개특위 위원의 지위를 잃었고, 이후 새로운 간사가 선임되지 않았으므로, 피청구인 사개특위 위원장과 바른미래당 간사와의 협의 절차가 누락되었다고 주장한다.

그러나 이 사건 사개특위 회의에는 오신환 의원과 채이배, 임재훈 의원이 모두 출석하였고, 국회법 제50조 제2항에서는 간사를 선임하는 방식을 위원회를 열어 호선하도록 규정하고 있으므로, 특정 교섭단체 소속 위원이 모두 개선된 경우 간사의 선임도 우선 위원회를 열어야 가능하다는 점을 고려하면, 이 사건에서 피청구인 사개특위 위원장과 바른미래당 간사 사이의 협의 절차가 누락되었다는 이유로 국회법상 협의 절차의 위반에 이르렀다고 보기는 어렵다.

(5) 따라서 이 사건 사개특위의 개회 절차상 국회법 제49조 제2항 위반의 위법 사유는 인정되지 않는다.

나. 안건 상정의 위법 여부

(1) 국회법 제79조 제2항의 위반 여부

(가) 국회법 제79조 제2항은 "의안을 발의하는 의원은 그 안을 갖추고 이유를 붙여 찬성자와 연서하여 이를 의장에게 제출하여야 한다."라고 규정하고 있다. 사개특위 위원인 청구인들은, 이 조항은 종이문서를 전제로 한 것으로, 피청구인 국회의장이 전자정보시스템인 국회 입안지원시스템을 통하여 제출된 '고위공직자범죄수사처 설치 및 운영에 관한 법률안(의안번호 제2020029호)', '형사소송법 일부개정법률안(의안번호 제2020030호)'을 수리한 것은 국회법 제79조 제2항을 위반한 것이고, 이처럼 국회법을 위반하여 수리된 법률안을 대상으로 신속처리안건 지정동의안을 상정한 피청구인 사개특위 위원장의 행위는 위법하다고 주장한다.

(나) 국회의원의 법률안 발의를 반드시 종이문서로써 해야 하는지, 아니면 전자적인 방식으로도 할 수 있는지 여부에 대한 명문의 법률조항은 없다.

'민사소송 등에서의 전자문서 이용 등에 관한 법률' 제5조 제1항, 헌법재판소법 제76조 제1항은 전자적인 방식의 서면 제출에 관해 별도로 규정하고 있는데, 이는 종래 소송행위의 방식이 서면과 구술로 구분되어 왔으므로, 전자적인 방식에 관하여 특별히 규정할 필요가 있기 때문이다. 또 국회법 제123조의2는 전자적 방식의 청원 제출에 관해 별도로 규정하고 있는데, 이는 헌법 제26조에 따라 청원은 '문서'로 하도록 되어 있어 그 '문서'의 범위에 전자문서가 포함되는지를 명확히 할 필요가 있기 때문이다. 이에 반해 국회의원의 법률안 등 의안의 발의를 전자적 방식으로 할 수 있도록 하기 위해 반드시 법률상 명문의 근거를 두어야 하는지에 대해서는 의문이다.

소의 제기나 헌법재판의 심판청구, 청원의 제출은 모두 국가기관에 대하여 국민 또는 다른 기관이 하는 행위이지만, 국회의원의 법률안 등 의안의 발의는 국회 내부의 의사절차이므로, 그 방식을 어떻게 정하는지는 헌법 제64조 제1항에 따라 법률에 저촉되지 않는 범위 안에서 국회의 규칙으로 정하여 할 수 있는 '의사와 내부 규율', 즉 국회의 의사자율권의 영역이기 때문이다.

이 사건 기록과 변론의 결과에 의하면, 국회의원이 전자적인 방식으로 의안을 발의할 수 있는 국회 내부 근거 규정으로, 국회사무관리규정 제8조의2에서는 문서의 전자적 처리에 관하여, 제21조 제6항에서는 정보통신망을 이용한 문서의 접수·처리에 관하여 일반적으로 정하고 있고, 국회사무처 정보화업무 내규 제3조 제2호에서는 국회사무총장이 원활한 의정활동을 지원하기 위하여 구축하고 운영할 수 있는 정보시스템의 하나로 '입안지원시스템'을 규정하고 있으며, 이러한 국회사무처 정보화업무 내규는 그 부칙에 의하여 이 사건 당시로부터 약 3년 전인 2016. 1. 15. 이후 제정되어 시행되었음을 확인할 수 있다. 또 국회 입안지원시스템은 2005년 구축 당시부터 전자정보시스템을 통하여 의안의 공동발의 및 찬성 서명을 하는 기능과 전자결재 연동으로 의안을 제출하는 기능이 있어, 국회법 제79조 제2항의 의안 발의의 요건을 갖출 수 있도록 구축되어 있고, 이 사건에서 문제되는 법률안들의 발의도 이러한 입안지원시스템을 통한 정보 입력의 단계를 거쳐 제출하는 방식으로 이루어졌다는 사실도 인정할 수 있다.

다만, 국회 입안지원시스템을 통하여 법률안을 발의한 최초의 사례가 이 사건에서 2019. 4. 26. 백혜련 의원 등이 발의한 '고위공직자범죄수사처 설치 및 운영에 관한 법률안(의안번호 제2020029호)'이고, 이에 비추어 볼 때 국회 입안지원시스템에 의한 '의원 입법'의 발의가 적어도 이 사건 이전까지 국회의 관행으로 확립된 것은 아니었다고 판단된다.

그러나 전자문서에 의한 개별 국회의원의 법률안 제출 방식이 국회법에 어긋난 것으로 판단되지 않는 이상, 그러한 관행이 확립되지 않았다는 이유만으로, 이를 금지된 방식이라고 볼 수는 없다. 이것은 국회의 자율권의 범위 내에서 허용되고 국회규칙 및 내규에 근거를 둔 제출 방식으로 국회법 제79조 제2항에 반하지 않는다.

(다) 따라서 피청구인 사개특위 위원장이 국회 입안지원시스템을 통하여 발의된 법률안들에 대한 신속처리안건 지정동의안을 상정한 것이, 국회법 제79조 제2항을 위반한 것이라고 볼 수는 없다.

(2) 국회법 제90조의 위반 여부

(가) 사개특위 위원인 청구인들은 2019. 4. 26. 백혜련 의원 등이 국회 입안지원시스템을 통하여 발의한 '고위공직자범죄수사처 설치 및 운영에 관한 법률안(의안번호 제2020029호)'의 경우 2019. 4. 25. 국회사무처 의사국 의안과에 팩스로 송부한 법률안을 철회하지 않고 동일한 법률안을 제출한 것이므로, 피청구인 국회의장이 이를 수리한 것은 국회의원이 발의한 의안의 철회에 관한 국회법 제90조를 위반한 것이고, 이처럼 국회법을 위반하여 수리된 법률안을 대상으로 신속처리안건 지정동의안을 상정한 피청구인 사개특위 위원장의 행위는 위법하다고 주장한다.

이에 대하여 피청구인 측은 2019. 4. 25. 팩스로 제출이 시도된 법률안은 국회사무처 의안과의 접수절차가 완료되지 않아 제대로 발의되지 않은 것이므로 철회의 대상이 될 수 없고, 2016. 4. 25. 접수절차가 완료되지 않은 법률안과 완전히 동일한 법률안에 대한 접수절차가 2016. 4. 26. 완료된 것은, 이미 제출된 법률안이 다시 제출된 것이 아니라 법률안의 발의 절차가 보완된 것이라고 주장한다.

(나) 피청구인 측의 입장은 국회사무처에서 일정한 방법으로 전산망에 법안의 대표발의자, 원문 파일 등의 정보가 등록되고 의안번호가 부여되는 등의 '접수 절차'가 정상적으로 종료되어야 비로소 법률안의 '발의'도 완료된다고 보는 것이다. 이 사건 기록 및 변론의 결과에 의하면, 2019. 4. 25. 팩스로 제출된 '고위공직자범죄수사처 설치 및 운영에 관한 법률안'은 국회 의안정보시스템상 의안번호만 부여되고, 대표발의자가 잘못 표시되었으며, 의안 원문 파일이 첨부되지 않은 상태였던 사실이 인정되므로, 피청구인들의 입장에 따르면 이는 아직 법률안을 '접수하는 절차'가 종료되지 않아 그 '발의'도 완료되지 않은 것이라고 판단할 수 있다.

의안의 발의와 접수의 세부적인 절차는 국회의 의사자율권의 영역에 있으므로, 발의된 법률안이 철회의 대상이 될 수 있는 시점에 대해서도 국회가 의사자율의 영역에서 규칙 또는 자율적인 법해석으로 정할 수 있다. 따라서 팩스로 제출이 시도되었던 법률안의 접수가 완료되지 않아 동일한 법률안을 제출하기 전에 철회 절차가 필요 없다고 보는 것은 국회법 제90조에 반하지 않는다.

또한, 국회법 제90조는 발의된 법률안을 철회하는 요건을 정한 것일 뿐, 동일한 내용의 법률안을 중복하여 발의하는 것 자체를 금지하는 조항은 아니며, 국회법에 이에 대한 별도의 금지조항은 없다. 다만, 국회사무처의 접수 실무상 의사진행의 효율성을 위하여 법률안을 발의한 의원이 철회 절차 없이 동일한 법률안을 중복하여 발의하려는 경우 그 법률안을 접수하지 않는 방식으로 처리하는 경우가 있을 것인데, 이에 관하여 법률안의 접수 단계에서 발의한 의원과 원만한 협의 하에 처리되지 못하였다면, 이에 관한 문제를 위원회 심사 단계에서 정리할 수 있으므로, 먼저 제출된 법률안을 철회하지 않았다고 하여 나중에 요건을 갖추어 제출한 동일한 내용의 법률안의 발의 자체가 위법하게 된다고 보기는 어렵다.

(다) 그렇다면, 이 사건에서 팩스로 먼저 제출이 시도된 법률안을 철회하지 않고 동일한 내용으로 제출된 법률안을 접수한 것은 국회법 제90조를 위반한 것으로 볼 수 없고, 이와 같이 발의된 '고위공직자범죄수사처 설치 및 운영에 관한 법률안(의안번호 제2020029호)'에 대한 신속처리안건 지정동의안을 상정한 피청구인 사개특위 위원장의 행위도 절차상 위법하다고 할 수 없다.

다. 표결 실시 전 질의·토론 절차상 위법 여부

사개특위 위원인 청구인들은 이 사건 사개특위의 표결이 법안 배포 및 질의·토론 없이 실시됨으로써 자신들의 심의·표결권이 침해되었다고 주장한다.

신속처리안건 지정동의안의 심의는 그 대상이 된 위원회 회부 안건 자체의 심의가 아니라, 이를 신속처리 대상안건으로 지정하여 의사절차의 단계별 심사기간을 설정할 것인지 여부를 심의하는 것이다. 그리고 국회법 제85조의2 제1항에서 요건을 갖춘 지정동의가 제출된 경우 의장 또는 위원장은 '지체 없이' 무기명투표로 표결하도록 규정하고 있고, 이 밖에 신속처리안건 지정동의안의 표결 전에 국회법상 질의나 토론이 필요하다는 규정은 없다.

따라서 이 사건 사개특위의 신속처리안건 지정동의안에 대한 표결 전에 그 대상이 되는 법안의 배포나 별도의 질의·토론 절차를 거치지 않았으므로 그 표결이 절차상 위법하다는 주장은 더 나아가 살펴볼 필요 없이 이유가 없다.

라. 안건에 대한 의결정족수 충족의 위헌·위법 여부

(1) 쟁점

사개특위 위원인 청구인들은 피청구인 국회의장의 국회의원 오신환, 권은희에 대한 이 사건 각 개선행위는 헌법 및 국회법을 위반하였으므로, 피청구인 사개특위 위원장이 새로 개선된 채이배, 임재훈 의원이 참여하여 투표한 결과에 따라 신속처리안건 지정동의안의 가결을 선포한 행위는 헌법 및 국회법을 위반하여 자신들의 법률안 심의·표결권을 침해하였다고 주장한다. 이것은 이 사건 사개특위의 신속처리안건 지정동의안 의결이 국회법 제85조의2 제1항이 정하는 재적위원 5분의 3 이상의 의결정족수를 충족한 것인지의 문제이기도 하다. 그러므로 위 쟁점들에 대하여 본다.

(2) 피청구인 국회의장의 이 사건 각 개선행위의 위헌·위법 여부

(가) 쟁점

1) 자유위임원칙은 대의민주주의의 기본적 요소이다(헌재 2003. 8. 21. 2001헌마687등; 헌재 2005. 4. 28. 2004헌마219; 헌재 2009. 3. 26. 2007헌마843 참조). "공무원은 국민전체에 대한 봉사자이며, 국민에 대하여 책임을 진다."라고 규정한 헌법 제7조 제1항, "국회의원은 국회에서 직무상 행한 발언과 표결에 관하여 국회 외에서 책임을 지지 아니한다."라고 규정한 제45조 및 "국회의원은 국가이익을 우선하여 양심에 따라 직무를 행한다."라고 규정한 제46조 제2항을 종합하여 볼 때, 헌법은 국회의원을 자유위임원칙 하에 두었다고 할 것이다(헌재 1994. 4. 28. 92헌마153 참조).

자유위임원칙 하에서 국회의원은 일단 국민에 의하여 선출된 후에는 개별 유권자 혹은 집단으로서의 국민의 의사를 그대로 대리하는 것이 아니라, 독자적인 양심에 기초한 스스로의 판단에 따라 국가 전체이익을 추구하여야 한다(헌재 1998. 10. 29. 96헌마186; 헌재 2005. 4. 28. 2004헌마219; 헌재 2009. 3. 26. 2007헌마843 참조).

이 사건의 경우 사개특위 위원인 청구인들은 청구 외 국회의원 오신환, 권은희가 이 사건 합의안에 반하는 의사를 표시하였다는 이유로 이루어진 이 사건 각 개선행위가 국회의원이 국민의 대표자로서 갖는 지위보다 특정 정당의 당원으로서 갖는 지위를 우선순위에 둠으로써 의회주의와 대의제라는 헌법원리를 위반하였다고 주장하므로, 이 사건 각 개선행위가 자유위임원칙에 위배되었는지 여부를 살펴본다.

2) 국회법 제48조 제1항, 제4항은 국회의장이 각 교섭단체 대표의원의 요청으로 특별위원회 위원을 개선하도록 규정하고 있다. 이 사건 각 개선행위는 바른미래당의 교섭단체 대표의원의 요청에 따라 이루어졌으므로, 국회법 제48조 제1항, 제4항이 규정한 절차를 준수하였다.

다만 국회법 제48조 제6항은 "제1항부터 제4항까지에 따라 위원을 개선할 때 임시회의 경우에는 회기 중에 개선될 수 없고, 정기회의 경우에는 선임 또는 개선 후 30일 이내에는 개선될 수 없다. 다만, 위원이 질병 등 부득이한 사유로 의장의 허가를 받은 경우에는 그러하지 아니하다."라고 규정하고 있다. 이 사건 각 개선행위 당시 제368회 국회(임시회)의 회기 중이었으므로, 이 사건 각 개선행위가 국회법 제48조 제6항에 위배되었는지 여부를 살펴본다.

(나) 국회의 자율권의 의의 및 이 사건 각 개선행위의 법적 성격

1) 헌법 제64조는 국회가 법률에 저촉되지 아니하는 범위 안에서 의사와 내부규율에 관한 규칙을 제정할 수 있고, 국회의원의 자격심사·징계·제명에 관하여 자율적 결정을 할 수 있음을 규정하여 국회의 자율권을 보장하고 있다. 이에 따라 국회는 국민의 대표기관이자 입법기관으로서 의사와 내부규율 등 국회운영에 관하여 다른 국가기관의 간섭을 받지 아니하고 스스로의 문제를 자주적으로 처리할 수 있는 폭넓은 자율권을 가진다. 국회의 자율권은 의회주의사상에 그 뿌리를 두고 권력분립의 원칙에 입각한 것으로, 현대국가의 의회에서는 국회가 갖는 입법·재정·견제·인사기능의 실효성을 높이기 위해서 필요불가결한 국회기능의 하나로 간주되고 있다(헌재 1997. 7. 16. 96헌라2; 헌재 1998. 7. 14. 98헌라3; 헌재 2003. 10. 30. 2002헌라1; 헌재 2006. 2. 23. 2005헌라6; 헌재 2010. 12. 28. 2008헌라7 참조).

국회의 자율권에는 집회 등에 관한 자율권, 내부조직에 관한 자율권, 국회규칙의 자율적 제정권(헌법 제64조 제1항), 의사에 관한 자율권, 국회의원 신분에 관한 자율권(헌법 제64조 제2항), 질서유지권 등이 포함된다(헌재 2010. 12. 28. 2008헌라7 참조). 국회는 어떠한 사항에 대하여 언제, 어떻게 입법할지 여부를 스스로 판단하여 결정할 입법형성의 자유를 가지므로, 국회가 법률에 의하여 그 자율권에 속하는 사항을 스스로 정하는 것 역시 국회의 자율권의 내용에 속한다(헌재 2016. 5. 26. 2015헌라1 참조).

2) 헌법은 국회 내에 위원회가 존재함을 전제로 하여 제62조에서 국무총리·국무위원 또는 정부위원의 위원회 출석·보고·답변 등에 관하여 규정하고 있으나, 그 외에는 국회의 내부조직에 관하여 아무런 규정도 두고 있지 않다. '국회의 내부조직에 관한 자율권'이란 국회가 외부의 간섭 없이 스스로 내부조직을 구성할 수 있는 자율권을 의미하고, 교섭단체와 위원회를 구성하는 것도 이에 포함된다(헌재 2003. 10. 30. 2002헌라1 참조).

피청구인 국회의장은 국회를 대표하고 의사를 정리하며, 질서를 유지하고 사무를 감독할 지위에 있고(국회법 제10조), 위원회 위원의 선임 및 개선은 이와 같은 국회의장의 직무 중 의사정리권한(議事整理權限)에 속하는 것이다(헌재 2003. 10. 30. 2002헌라1 참조).

그렇다면 국회의장이 위원회의 위원을 선임·개선하는 행위는 국회가 그 자율권에 근거하여 내부적으로 회의체 기관을 구성·조직하는 행위로서, 국회가 그 기능을 민주적이고 효율적으로 수행하기 위해서 다른 국가기관의 간섭을 받지 아니하고 광범위한 재량에 의하여 자율적으로 정할 수 있는 고유한 영역에 속한다. 그러므로 이 사건 각 개선행위의 위헌 또는 위법 여부를 판단할 때 헌법이나 법률을 명백히 위반한 흠이 있는지를 심사하는 것으로 충분하다(헌재 1997. 7. 16. 96헌라2; 헌재 2003. 10. 30. 2002헌라1; 헌재 2006. 2. 23. 2005헌라6; 헌재 2008. 4. 24. 2006헌라2; 헌재 2011. 8. 30. 2009헌라7 참조).

(다) 자유위임원칙 위배 여부

1) 자유위임원칙의 구체적 실현과 제한

가) 헌법은 입법권(제40조), 예산안 심의·확정권(제54조), 조약의 체결·비준 등 국가의 중요정책에 대한 동의권(제58조, 제60조, 제79조 제2항), 국정 감사·조사권(제61조), 탄핵소추권(제65조), 헌법기관의 고위공직자 선출권·임명동의권(제86조 제1항, 제98조 제2항, 제104조 제1항, 제2항, 제111조 제3항, 제4항, 제114조 제2항) 등은 '국회'에 속한다고 규정하고 있다.

또한 헌법은 국회는 200인 이상의 국회의원으로 구성하고(제41조), '헌법 또는 법률에 특별한 규정이 없는 한 재적의원 과반수의 출석과 출석의원 과반수의 찬성으로 의결한다.'라고 규정하여(제49조), 의회민주주의의 기본원리인 다수결의 원리를 선언하고 있다(헌재 2010. 12. 28. 2008헌라6등; 헌재 2016. 5. 26. 2015헌라1 참조).

이와 같은 규정을 종합하여 보면, 헌법은 국회가 200인 이상의 국회의원 중 다수의 의사에 따라 헌법상 권한을 행사하는 것을 예정하고 있다. 따라서 의결을 할 수 있는 다수를 형성하는 것은 국회가 그 기능을 수행하기 위해서 반드시 필요한 전제조건이다.

국회 내에서 의결을 할 수 있는 다수를 형성하기 위해서는 다양한 국회의원들의 의사를 몇 가지의 교집합으로 묶어내고, 이에 대해 다시 토의를 거치면서 점차 하나의 공적 견해로 수렴해 가는 과정이 필요하다. 그러므로 다수형성의 가능성을 높이고 국회 의사결정의 능률성을 확보하기 위해서 필요한 의사절차와 내부조직을 정하는 것은 앞서 살펴본 국회에 관한 헌법 규정들에서 도출되는 중대한 헌법적 이익이다.

나) 헌법 제46조 제2항은 "국회의원은 국가이익을 우선하여 양심에 따라 직무를 행한다."라고 규정하고 있다.

국회의원은 단독으로 국회의 의사를 결정하여 국회의 권한을 행사하는 것이 아니라 국회의 구성원으로서 국회의 의사절차에 참여하는 것이므로, 국회의원의 직무는 국회의 기능 수행을 위해서 정해진 의사절차와 그에 필요한 내부조직의 구성방법에 의하여 구체화될 수밖에 없다.

이와 같은 의사절차와 내부조직을 정할 때에도 국회의원의 자유위임에 기한 권한을 충분히 보장하여야 하는 것이나, 국회 내 다수형성의 가능성을 높이고 의사결정의 능률성을 확보하는 것 역시 중대한 헌법적 요청이므로 자유위임원칙이 언제나 최우선적으로 고려되어야 하는 것은 아니다. 나아가 자유위임원칙이 개별 국회의원이 국회 내부에서 구체적으로 어떠한 직무를 담당하는 것까지 보장하는 원리는 아니다.

통치구조의 구성원리는 자기목적적인 것이 아니라 국민의 기본권과 헌법이 추구하는 가치를 보장하고 실현하기 위한 수단의 성격을 가지는 것이다. 따라서 자유위임원칙 역시 무제한적으로 보장되는 것은 아니며, 국회의 기능을 수행하기 위해서 필요한 범위 내에서 불가피하게 제한될 수밖에 없는 것이다.

다) 따라서 자유위임원칙 위배 여부는 국회의 자율권 행사 결과 정해진 의사절차 및 내부조직의 구성이 국회의 기능 수행을 위하여 필요한 정도와 자유위임원칙을 제한하는 정도를 비교형량하여 구체적인 사안에 따라 개별적으로 판단하여야 한다.

또한 권력분립의 원칙 및 국회의 위상과 기능에 비추어 볼 때, 자유위임원칙을 제한하는 정도가 명백히 국회의 기능 수행을 위하여 필요한 정도를 넘어서는 경우가 아닌 한, 국회의 의사절차 및 내부조직의 구성은 국회가 다른 국가기관의 간섭을 받지 아니하고 광범위한 재량에 의하여 자율적으로 정할 수 있는 영역으로 보는 것이 타당하다.

2) 교섭단체 의사에 따른 위원 개선의 필요성

가) 정당민주주의와 국회의원의 지위

① 현대 대중민주주의에서 정당은 국민과 국가의 중개자로서 정치적 도관(導管)의 기능을 수행하여 주체적·능동적으로 국민의 다원적 정치의사를 유도·통합함으로써 국가정책의 결정에 직접 영향을 미칠 수 있는 규모의 정치적 의사를 형성하고 있다. 구체적으로 정당은 정치권력에 영향을 행사하려는 사람들의 다양한 주장과 견해들을 취합·선별하여 내부적으로 조정을 한 다음, 국민이 선택할 수 있는 정책으로 형성한다. 또한 각종 선거에서의 입후보자 추천과 선거활동, 주요 핵심공직의 임명 절차에의 관여, 의회에서의 입법활동, 정부의 정치적 중요결정에의 영향력 행사, 대중운동의 지도 등의 과정에 실질적으로 주도권을 행사함으로써 국가의사형성에 결정적 영향을 미친다(헌재 2003. 10. 30. 2002헌라1; 헌재 2004. 3. 25. 2001헌마710; 헌재 2006. 7. 27. 2004헌마655; 헌재 2008. 1. 17. 2007헌마700; 헌재 2014. 12. 19. 2013헌다1; 헌재 2015. 12. 23. 2013헌바168 참조).

이에 헌법은 정당설립의 자유와 복수정당제를 보장하고(제8조 제1항), 법률이 정하는 바에 의하여 국가가 이를 보호하며, 정당운영에 필요한 자금을 보조할 수 있도록 하는 등(제8조 제2항 내지 제4항), 정당을 일반 결사에 비하여 특별히 두텁게 보호하고 있다. 이는 앞서 본 바와 같은 정당의 기능에 상응하는 지위와 권한을 보장하고자 하는 헌법정신의 표현이라 할 수 있다(헌재 1991. 3. 11. 91헌마21; 헌재 2009. 10. 29. 2008헌바146등 참조).

② 정당 소속 국회의원의 국회 활동은 앞서 본 정당의 공적 기능에서 핵심적인 부분을 차지한다. 정당이 장기적인 정책구상을 바탕으로 정책의 기본방향 및 전반적인 계획을 수립하여 국민에게 제시하면, 정당의 당원으로서 정당의 공천을 받아 선출된 국회의원들은 그 정당의 정책을 법안으로 형성한 후 국회의 입법절차를 통하여 그 정책을 구체적으로 실현시키게 된다. 현대 정당민주주의 하에서는 국회의원 개인이 정당과 다른 독자적인 노선을 선택하여 입법활동을 하는 것을 기대하기 어려울 정도로 정당이 입법활동의 실질적 주체로서 역할을 하고 있다(헌재 2006. 7. 27. 2004헌마655; 헌재 2008. 3. 27. 2004헌마654 참조).

이에 따라 국회의원은 어느 누구의 지시나 간섭을 받지 않고 국가이익을 우선하여 자신의 양심에 따라 직무를 행하는 국민 전체의 대표자로서 활동을 하는 한편, 현대 정당민주주의의 발전과 더불어 현실적으로 소속 정당의 공천을 받아 소속 정당의 지원이나 배경 아래 당선되고 당원의 한 사람으로서 사실상 정치의사 형성에 대한 정당의 규율이나 당론 등에 영향을 받아 정당의 이념을 대변하는 지위도 함께 가지게 되었다(헌재 2014. 12. 19. 2013헌다1 참조).

나) 교섭단체의 의의 및 기능

① 의회정치의 발달과정에서 의회 내의 교섭단위별 활동은 자연스럽고 바람직한 현상으로 받아들여져 왔다. 세계관 및 가치관 그리고 정치적 성향이 유사한 의원들을 하나의 교섭단위로 인정하여 자체적으로 하나의 공통의견을 내도록 하면, 의원들 사이의 의사의 통합·조정 작업이 한결 수월해지고, 신속하고 능률적인 의사 진행도 기대할 수 있기 때문이다.

의회민주주의와 정당정치의 전통이 확립되는 과정을 거치면서 정당과 교섭단체는 서로 불가분의 일체를 이루게 되었고, 정당의 국회 내 활동은 교섭단체를 중심으로 이루어지고 있다. 국회법도 정당과 교섭단체 간의 이러한 일체성을 인정하여, 국회에 20명 이상의 소속의원을 가진 정당은 하나의 교섭단체가 되도록 규정하면서(제33조 제1항 본문), 국회의원은 둘 이상의 교섭단체에 소속될 수 없고(같은 항 단서 참조), 국회의원이 소속 정당을 변경한 때에는 지체 없이 의장에게 보고하도록 규정하고 있다(같은 조 제2항, 제3항).

의사절차상으로도 의안을 발의하는 데에는 국회의원

10명 이상의 찬성이 있어야 하는 점(국회법 제79조 제1항), 본회의 전에 의안을 심의하는 상임위원회의 수가 17개에 달하는 점(국회법 제37조 제1항), 의안이 의결되기 위해서는 재적의원 과반수의 출석과 출석의원 과반수의 찬성을 필요로 하는 점(국회법 제109조) 등을 고려하여 볼 때, 일정 수 이상의 소속의원을 가진 교섭단체가 의정활동을 주도할 가능성이 높다(헌재 2006. 7. 27. 2004헌마655; 헌재 2008. 3. 27. 2004헌마654 참조).

② 국회법은 이와 같은 교섭단체의 기능과 역할을 고려하여, 각 교섭단체의 의사를 그 대표의원이나 간사를 통하여 국회운영에 반영하도록 국회의 의사절차를 정하고 있다(헌재 2016. 5. 26. 2015헌라1 참조).

구체적으로 살펴보면, 교섭단체 대표의원이 국회운영위원회의 위원이 되도록 하고(제39조 제2항 참조), 위원회에 각 교섭단체별로 간사 1명을 두며(제50조 제1항 참조), 국회의장 및 위원장이 의사에 관한 여러 가지 사항을 각 교섭단체 대표의원이나 간사와 협의 또는 합의를 하거나 그 동의를 얻어 정하도록 규정하고 있다(제49조 제2항, 제58조 제4항, 제59조의2, 제60조 제1항, 제74조 제2항, 제85조 제1항 제3호, 제85조의2 제8항, 제85조의3 제2항, 제86조 제2항, 제4항, 제95조 제5항, 제104조 제2항, 제112조 제9항 등 참조).

이는 교섭단체로 하여금 개별 국회의원의 의사를 수렴·조정하도록 하고, 그 과정에서 자율적으로 형성된 교섭단체의 의사를 국회운영에 반영함으로써 국회의 효율적 운영을 담보하려는 것이다.

다) 위원회의 의의 및 기능

국회가 본연의 기능을 수행할 때 국민대표로 구성된 국회의원 전원에 의하여 운영되는 것이 이상적일 것이나, 국회의원 전원이 장기간의 회기 동안 고도로 기술적이고 복잡·다양한 내용의 방대한 안건을 모두 다루기에는 능력과 시간의 제약이 따른다. 이러한 한계를 극복하기 위한 방안으로 위원회제도가 창설되었다.

위원회는 국회의원 가운데서 소수의 위원을 선임하여 구성되는 국회의 내부기관인 동시에 본회의의 심의 전에 회부된 안건을 심사하거나 그 소관에 속하는 의안을 입안하는 국회의 합의제기관이다. 위원회의 역할은 국회의 예비적 심사기관으로서 회부된 안건을 심사하여 본회의에 회부할 것인지 여부를 결정하고, 심사결과 안건이 본회의에 부의될 경우 그 심사결과를 본회의에 보고하여 본회의의 판단자료를 제공하는 데에 있다.

국회는 그 의사자율권에 기초하여 의안 심의에 관한 국회운영의 원리로 '위원회 중심주의'를 채택하고 있다. 그 결과 위원회가 회부된 안건을 심사하고 그 결과를 본회의에 보고하면, 본회의에서는 소관 위원회에서 심사·의결된 내용을 거의 그대로 통과시키는 형태로 국회의 최종적인 의사를 결정하는 입법절차를 국회법에 두게 되었다(헌재 2003. 10. 30. 2002헌라1; 헌재 2016. 5. 26. 2015헌라1 참조).

라) 교섭단체의 의사에 따른 위원회 구성의 필요성

① 위원회 위원의 선임 또는 개선은 위원회가 그 기능을 수행하기 위한 전제로서 신속성과 효율성을 고려할 필요성이 큰 국회의 운영에 관한 사항에 해당한다.

특히 특별위원회는 둘 이상의 상임위원회와 관련된 안건이거나 특히 필요하다고 인정한 안건을 '효율적으로' 심사하기 위하여 본회의의 의결로 구성되는 것으로(국회법 제44조 제1항 참조), 활동기한이 정해져 있고(같은 조 제2항 참조), 특별위원회 위원이 다른 상임위원을 겸임하는 특성이 있다(국회법 제48조 제4항 참조). 따라서 특별위원회는 가급적 위원 개인, 교섭단체 또는 특별위원회의 여러 가지 사정을 탄력적으로 반영하여 효율적으로 운영될 필요가 있다.

② 교섭단체는 위원회 위원의 선임·개선에서도 소속 국회의원의 의사를 수렴하여 하나의 의사로 조정하기에 가장 적합한 조직이다. 교섭단체는 소속 국회의원의 전문성, 소속 국회의원 사이의 형평성, 의원총회의 결정 등 소속 국회의원이나 교섭단체의 사정을 가장 잘 파악할 수 있고, 내부적으로 위원 선임·개선의 요건과 절차를 자유롭게 정할 수 있기 때문이다.

반면 국회의장이 구체적인 사안마다 국회의원의 의사와 개선의 필요성 등 개별적인 사정을 고려하여 특별위원회 위원을 선임·개선하게 되면, 특별위원회 구성이 지연되고, 개별 국회의원의 의사를 조정하기 위한 기준을 국회의장이 단독으로 정하게 되어 국회의원이나 교섭단체의 권한을 제약하고 국회가 비민주적으로 운영되는 결과를 초래할 우려도 있다.

마) 정당의 의사를 반영한 법률안 도출의 필요성

① 국회는 사개특위를 구성하면서 18명의 위원을 여·야 동수로 구성하기로 의결하였다. 이는 법원·법조개혁, 검찰·경찰 인사 독립성 및 수사 중립성 강화 등 사법 전반에 걸친 개혁방안을 마련하고, 검찰청법, 경찰법, 형사소송법 등 관련 법안을 심사·처리할 때 여당과 야당의 의사를 균형있게 반영하기 위한 취지로 보인다.

사개특위는 사법개혁과 관련된 안건을 집중적으로

심사하여 최종적인 법률안을 도출함으로써 본회의에 판단자료를 제공하는 것에 그 의의가 있다. 그런데 사개특위에서 각 정당의 의사가 균형있게 반영되지 못할 경우 사개특위의 심사 내용이 본회의에서 통과되기 어려워져 궁극적으로 사개특위의 구성 목적을 달성할 수 없게 된다.

따라서 사개특위의 구성 취지를 실질적으로 구현하기 위해서는 각 정당의 의사를 대변할 수 있는 국회의원이 사개특위 위원으로 선임되어야 하므로, 국회의사결정의 가능성을 높이기 위한 측면에서도 사개특위 위원의 선임·개선에서 교섭단체의 의사를 반영할 필요성이 인정된다.

② 이 사건에서 사개특위 위원인 청구인들은 이 사건 합의안의 추인 여부에 대하여 바른미래당의 당헌 제54조 제1항에 따라 재적의원 3분의 2 이상의 찬성으로 당론으로 정하여야 함에도 불구하고, 2019. 4. 23. 바른미래당의 의원총회에서 재적의원 과반수의 출석과 출석의원 과반수의 찬성으로 의결하였으므로, 이 사건 합의안을 추인하기로 한 바른미래당 의원총회의 결정이 바른미래당의 의사를 대변한 것이라고 보기 어렵다는 취지로 주장한다.

그러나 교섭단체의 의사는 다양한 방식과 절차에 의하여 결정될 수 있고, 사개특위 위원의 선임·개선에서 특정한 방식과 절차에 따라 결정된 교섭단체의 의사만이 고려되어야 하는 것은 아니다. 또한 '각 정당의 당헌이 규정한 당론'에 해당하는 경우에만 자유위임원칙에 위배되지 않는다고 볼 경우, 각 정당의 당헌 내용에 따라 헌법상 자유위임원칙의 위배 여부가 달라지게 되어 부당하다.

헌재 2003. 10. 30. 2002헌라1 선례 역시 "국회의원이 정당기속 내지는 교섭단체의 결정(소위 '당론')에 위반하는 정치활동을 한 이유로 제재를 받는 경우, 국회의원의 신분을 상실하게 할 수는 없으나 '정당내부의 사실상의 강제' 또는 소속 '정당으로부터의 제명'은 가능하다고 보고 있다. 그렇다면 당론과 다른 견해를 가진 소속 국회의원을 당해 교섭단체의 필요에 따라 다른 상임위원회로의 전임(사·보임)하는 조치는 특별한 사정이 없는 한 헌법상 용인될 수 있는 '정당내부의 사실상의 강제'의 범위 내에 해당한다고 할 것이다."라고 판단하여, 당론이 정당기속의 한 예시에 불과함을 명시하고 있다.

바) 소결

① 국회의 의사는 타협과 조정을 통한 원만한 운영이 요체이므로, 국회의장이 그 권한에 속하는 사항에 관하여 교섭단체 대표의원과 협의하고 교섭단체의 의사를 존중하는 것은 국회운영에서 본질적인 요소이다(헌재 2003. 10. 30. 2002헌라1 참조).

이 사건 각 개선행위는 사개특위의 의사를 원활하게 운영하고, 각 정당의 의사를 반영한 사법개혁안을 도출함으로써 궁극적으로는 사법개혁에 관한 국가정책결정의 가능성을 높이기 위한 것으로서 그 정당성을 인정할 수 있다.

② 피청구인 사개특위 위원장의 신속처리안건 지정동의안 가결선포행위 부분에 대한 권한침해확인청구에 관하여, 반대의견(이하 6.항에서 '반대의견'이라 한다)은 바른미래당의 교섭단체 대표의원이 사개특위에서 특정 법률안에 대한 신속처리대상안건 지정동의안을 가결시키기 위한 목적으로 이에 반대하는 오신환 의원과 권은희 의원을 사개특위의 해당 법률안 관련 심의·표결 절차에서 배제시키기 위해서 이 들의 개선을 요청하였고, 피청구인 국회의장은 이 사건 각 개선행위를 통하여 교섭단체의 추인의결에 반대하는 오신환 의원과 권은희 의원의 사개특위 위원 지위를 강제로 박탈하였으므로, 이 사건 각 개선행위가 자유위임원칙에 위배된다고 한다.

그러나 이 사건 각 개선행위의 본질은 피청구인 국회의장이 바른미래당에 할당된 위원을 개선해 달라는 바른미래당의 교섭단체 대표의원의 요청에 따른 것에 있다. 국회는 사개특위를 구성하면서 18명의 위원을 여·야 동수로 구성하기로 의결하였고, 이에 따라 각 교섭단체 별로 사개특위 위원이 할당되어 있었다. 바른미래당의 교섭단체 대표의원은 사개특위의 바른미래당 소속 위원에 대한 개선을 요청하고, 바른미래당 소속 사개특위 위원은 개선에 반대하는 상황에서, 피청구인 국회의장은 사개특위의 의사를 원활하게 운영하고, 사법전반에 걸친 개혁방안을 도출할 수 있는 가능성을 높이기 위하여 바른미래당의 교섭단체 대표의원의 요청에 따른 것에 불과하다. 피청구인 국회의장이 사개특위에서 특정 법률안에 대한 신속처리대상안건 지정동의안을 가결시키기 위한 목적으로 이에 반대하는 위원을 사개특위의 해당 법률안 관련 심의·표결 절차에서 배제시키기 위해 이 사건 각 개선행위를 한 것은 아니다.

③ 또한 반대의견은 이 사건과 같이 자유위임원칙과 정당기속성이 상충하는 사안에서는 헌법규범인 자유위임원칙이 정치현실에 불과한 정당기속성에 우선한다고 한다.

그러나 이 사건 각 개선행위는 바른미래당의 정당기속을 강화하기 위해서 이루어진 것이 아니다. 이 사건 각 개선행위의 궁극적인 목적은 국회가 헌법이 예정한 의사결정 방식, 즉 다수결의 원리에 따라 헌법상 권한을 행사하는 것을 가능하게 하는 것이고, 앞서 본 바와 같이 국회 내 다수형성의 가능성을 높이고 의사결정의 능률성을 확보하는 것은 헌법의 요청이다. 그러므로 이 사건을 단순히 자유위임원칙과 정당기속성이 상충하는 사안으로만 보는 것은 국회 전체의 운영 원리라는 다른 헌법적 가치를 간과한 것이다.

특히 반대의견은 국회법 제48조 제6항에 따라 폐회 중이거나 정기회의 경우 선임 또는 개선 후 30일이 지나면 위원 개선이 가능하다고 보고 있다. 반대의견과 같이 이 사건을 자유위임원칙과 정당기속성이 상충하는 문제로 본다면, 국회법 제48조 제6항에 의하여 허용되는 위원 개선이 개선되는 위원의 의사에 반할 경우 이를 어떻게 정당화할 수 있을지 의문이다.

3) 자유위임에 기한 권한의 제한 정도

가) 위원의 의사에 반하는 개선을 허용하게 되면, 위원은 소속 교섭단체의 의사에 반하는 위원회 활동을 할 수 없게 되어 위원이 정당에 기속되는 결과를 초래하게 된다는 우려도 존재한다.

그러나 위원의 의사에 반하는 개선을 허용하더라도, 직접 국회의원이 자유위임원칙에 따라 정당이나 교섭단체의 의사와 달리 표결하거나 독자적으로 의안을 발의하거나 발언하는 것까지 금지하게 되는 것은 아니다. 오신환, 권은희 위원이나 이 사건 각 개선행위에 의하여 사개특위 위원으로 선임된 채이배, 임재훈 위원은 모두 사개특위 심사절차에서 독자적인 양심에 기초한 스스로의 판단에 따라 국가 전체이익을 추구할 수 있었고, 교섭단체의 의사에 반하여 직무를 수행할 수도 있었다. 따라서 이 사건 각 개선행위가 바른미래당 소속 사개특위 위원으로 하여금 교섭단체의 의사에 따르도록 강제한 것이라고 볼 수 없다. 다만 정당 또는 교섭단체가 원내 행동통일을 기하여 정당의 정책을 의안심의에서 최대한으로 반영하기 위하여 차기선거의 공천, 당직의 배분 등의 수단을 사용하는 것과 마찬가지로, 위원의 개선을 통해 국회의원의 권한 행사에 간접적인 영향력을 행사한 것에 불과하다.

또한 교섭단체는 내부적으로 위원 선임·개선의 요건과 절차를 자유롭게 정하고 정치적 상황을 반영하여 이를 변경할 수 있는 조직이다. 2019. 4. 23. 바른미래당의 의원총회에서는 먼저 이 사건 합의안의 추인을 바른미래당의 당헌 제54조 제1항에 따라 재적의원 3분의 2 이상의 찬성으로 당론으로 정하여야 하는지, 아니면 같은 당헌 제53조에 따라 재적의원 과반수의 출석과 출석의원 과반수의 찬성으로 의결하여야 하는지에 관하여 토론이 이루어졌고, 투표를 통하여 이 사건 합의안의 추인 방식을 결정하기로 하였다. 투표 결과, 재적의원 과반수의 출석과 출석의원 과반수의 찬성으로 이 사건 합의안을 추인하기로 결정되었고, 이에 따라 이 사건 합의안의 추인 여부에 대하여 재차 투표하여 이 사건 합의안을 추인하기로 의결하였다.

나아가 이 사건 각 개선행위 당시 바른미래당의 교섭단체 대표의원이었던 김관영 의원은 이 사건 각 개선행위와 관련된 당내 갈등과 비판에 책임을 지고 2019. 5. 8. 교섭단체 대표의원직을 사퇴하였고, 후임으로 개선의 대상이 되었던 오신환 의원이 바른미래당의 교섭단체 대표의원으로 선출되었다. 그 후 오신환 의원은 교섭단체 대표의원으로서 바른미래당 소속 사개특위 위원에 대한 개선 요청 권한을 행사하였고, 그에 따라 위원의 개선이 이루어졌다. 이를 통하여 이 사건에서 개선의 대상이 되었던 권은희 의원은 2019. 5. 20. 다시 사개특위 위원이 되었다.

이와 같은 교섭단체 내부에서 이루어진 일련의 정치적 의사의 형성 과정을 고려할 때, 교섭단체 내부적으로 소속 국회의원들의 의사를 수렴하고 의견이 대립되는 경우 이를 민주적으로 해결하기 위한 절차가 마련되어 있고, 교섭단체 내부의 민주성이 실질적으로 구현되고 있는 것으로 평가할 수 있다.

앞서 살펴본 사정을 종합적으로 고려하면, 교섭단체의 의사에 따라 위원을 개선하더라도, 곧바로 국회의원이 일방적으로 정당의 결정에 기속되는 결과를 초래하게 된다고 단정하기 어렵다.

나) 이 사건 각 개선행위로 인하여 오신환, 권은희 의원은 위원으로서는 사개특위의 심사 절차에 참여하지 못하게 되었으나, 사개특위 심사 절차에 전혀 참여할 수 없게 된 것은 아니다. 위원이 아닌 경우에도 그 위원회 소관 법률안을 제출하여 발의자로서 해당 위원회에서 그 취지를 설명할 수 있고(헌법 제52조, 국회법 제58조, 제79조 내지 제79조의3 참조), 위원이나 발의자가 아니더라도 위원회 소관 법률안을 배부받아(국회법 제81조, 제82조 참조), 위원회에서 발언할 수 있다(국회법 제61조 참조).

더욱이 오신환, 권은희 의원은 2018. 10. 18. 바른미래당의 교섭단체 대표의원의 요청으로 사개특위 위원으로 선임된 후 처음 정해진 사개특위의 활동기한인 2018. 12. 31.을 넘어서 이 사건 각 개선행위가 이루어지기 전까지 사개특위 위원으로서 활동하였으므로, 다른 국회의원에 비하여 사개특위 심사 절차에 적게 참여한 것으로 보기도 어렵다.

다) 그렇다면 이 사건 각 개선행위로 인하여 자유위임원칙이 제한되는 정도가 크다고 볼 수 없다.

4) 소결

이 사건 각 개선행위는 사개특위의 의사를 원활하게 운영하고, 사법개혁에 관한 국가정책결정의 가능성을 높이기 위하여 국회가 자율권을 행사한 것으로서, 앞서 살펴본 제반 사정을 종합적으로 고려하면, 이 사건 각 개선행위로 인하여 자유위임원칙이 제한되는 정도가 위와 같은 헌법적 이익을 명백히 넘어선다고 단정하기 어렵다. 따라서 이 사건 각 개선행위는 자유위임원칙에 위배되지 않는다.

(라) 국회법 제48조 제6항 위배 여부

1) 국회법 제48조 제6항의 입법경과 및 입법취지

가) 국회법 제48조 제6항은 2003. 2. 4. 법률 제6855호로 신설된 것으로, 2018. 4. 17. 법률 제15620호로 개정되면서 일부 자구가 수정된 것 외에는 동일한 내용으로 유지되고 있다.

나) 입법 당시 논의를 살펴보면, 2002. 11. 11. 김택기 의원이 대표발의한 국회법중개정법률안(의안번호 162004)은 '위원의 사·보임을 동일 회기중에는 다시 할 수 없도록 하여 위원회의 전문성을 강화하고 교섭단체간의 정치적 사유에 따라 잦은 사·보임이 이루어지는 것을 방지'하기 위하여 "제5항의 규정에 의하여 개선된 위원은 개선된 다음날부터 보임된 위원회의 위원이 되며, 동일 회기내에는 다시 개선할 수 없다."라는 국회법 제48조 제6항을 신설하는 내용을 포함하고 있었다. 위 법안에는 '개선된 동일' 회기 내에는 '다시' 개선할 수 없다는 취지가 분명히 나타나 있다.

이 사건 기록에 의하면 2002. 11. 11., 2002. 11. 12. 정개특위 국회관계법심사소위원회에서도 '동일 회기내에는 다시 개선하지 못함'이라는 취지로 국회법 제48조 제6항을 도입하기로 합의한 것으로 보인다.

2003. 1. 20. 제235회 국회(임시회) 제2차 정개특위를 거쳐 정치개혁특별위원장이 2003. 1. 제안한 국회법중개정법률안(의안번호 162056) 제48조 제6항은 "제1항 내지 제4항의 규정에 의하여 위원을 개선할 때 임시회의 경우는 동일 회기중 개선될 수 없고, 정기회의 경우는 매 30일 이내에는 개선될 수 없다. 다만, 위원이 질병 등 부득이한 사유로 의장의 허가를 얻은 경우에는 그러하지 아니하다."라고 규정하고 있었다. 위 법률안은 그 입법취지에 관하여 "위원회의 전문성 강화를 위하여 위원회 위원은 임시회의 경우 동일회기중에, 정기회의 경우 매 30일 이내에는 개선될 수 없도록 함."이라고 기재하고 있었다.

김택기 의원 대표발의안부터 위 정개특위까지의 입법 경과를 종합하여 보면, 당초 김택기 의원 대표발의안은 개선된 회기가 임시회인지 아니면 정기회인지에 관계없이 개선된 동일 회기 중에는 다시 개선할 수 없도록 하였다가, 이후 정기회의 회기는 100일을, 임시회의 회기는 30일을 초과할 수 없는 점을 고려하여(헌법 제47조 제2항), 개선된 회기가 정기회인 경우에는 30일이 지나면 다시 개선할 수 있도록 규정함으로써 임시회의 경우와 균형을 맞춘 것이라고 해석된다. 즉, 임시회에서 선임 또는 개선된 위원은 최장 30일(회기가 30일인 임시회에서 개회일에 위원으로 선임된 경우)까지 재임할 수 있으므로, 정기회의 경우에도 선임 또는 개선 후 30일이 경과하면 개선될 수 있도록 규정함으로써, 위원 개선의 제한 기간을 임시회의 경우에는 선임 또는 개선된 동일 회기 내로, 정기회의 경우에는 선임 또는 개선 후 30일 이내로 정한 것이다.

이후 위 조항은 법제사법위원회의 체계·자구 심사 과정에서 "제1항 내지 제4항의 규정에 의하여 위원을 개선할 때 임시회의 경우에는 동일 회기중 개선될 수 없고, 정기회의 경우에는 선임 또는 개선후 30일 이내에는 개선될 수 없다. 다만, 위원이 질병 등 부득이한 사유로 의장의 허가를 받은 경우에는 그러하지 아니하다."라고 수정되었다.

위 조항은 법제사법위원회에서 수정된 내용으로 2003. 1. 22. 본회의에 부의되었고, 본회의에서 허태열 의원은 정치개혁특별위원장을 대리하여 "위원회의 전문성 강화를 위하여 위원의 사·보임은 임시회의 경우는 동일 회기 중에 개선될 수 없도록 하고 정기회의 경우는 선임 또는 개선 후 30일 이내에는 개선될 수 없도록 하되 다만 질병 등 부득이한 사유로 의장의 허가를 얻은 경우에는 개선될 수 있도록 하였습니다."라고 그 취지를 설명하였다.

위 조항은 본회의에서 원안대로 가결되었고, 국회의

장의 법률안 정리 과정에서 "제1항 내지 제4항의 규정에 의하여 위원을 개선할 때 임시회의 경우에는 회기중 개선될 수 없고, 정기회의 경우에는 선임 또는 개선후 30일 이내에는 개선될 수 없다. 다만, 위원이 질병 등 부득이한 사유로 의장의 허가를 받은 경우에는 그러하지 아니하다."라고 수정되었다.

다) 국회법 제48조 제6항 본문은 정개특위의 심사부터 본회의의 의결에 이르기까지, 임시회의 경우 '동일 회기'에 개선될 수 없도록 개선을 제한하는 내용으로 입법되었고, 본회의에서 의결된 국회법 제48조 제6항 본문도 "제1항 내지 제4항의 규정에 의하여 위원을 개선할 때 임시회의 경우에는 동일 회기중 개선될 수 없고"이므로, 그 입법경과·취지와 함께 관련 헌법 및 국회법 규정 등을 종합적으로 고려하여 국회법 제48조 제6항 본문의 의미를 해석하는 것이 헌법 및 국회법에 합치하는 해석이다.

국회의장의 법률안 정리 과정에서 '동일' 부분이 삭제되었으나, 국회의장은 본회의에서 의결된 내용이나 취지를 변경하지 않는 범위 안에서만 법률안을 정리할 수 있는 것이므로(헌재 2009. 6. 25. 2007헌마451 참조), 국회의장의 법률안 정리로 인하여 임시회의 경우 '동일 회기'에 개선하는 것을 제한하기로 한 본회의의 의결 내용이 변경되었다고 볼 수 없다. 만일 '동일' 부분이 삭제된 문언을 기준으로 삼아 본회의에서 의결된 "임시회의 경우에는 '동일' 회기중 개선될 수 없고"라는 문언과 달리 해석한다면, 국회의장의 법률안 정리가 본회의에서 의결된 법률안의 실질적 내용에 변경을 초래한 것이므로, 헌법 및 국회법상 입법절차 위배 문제가 발생한다.

2) 국회법 제48조 제6항 본문 중 임시회 부분의 내용

가) '임시회의 경우에는 회기 중에 개선될 수 없고'의 의미

① 국회법 제48조 제6항의 입법목적은 '위원이 일정 기간 재임하도록 함으로써 위원회의 전문성을 강화'하는 것이므로, 국회법 제48조 제6항은 '위원이 된(선임 또는 보임된) 때'로부터 일정 기간 동안 '위원이 아니게 되는(사임되는) 것'을 금지하는 형태로 규정되어야 한다. 따라서 국회법 제48조 제6항 본문 중 "위원을 개선할 때 임시회의 경우에는 회기 중에 개선될 수 없고" 부분은 개선의 대상이 되는 해당 위원이 '위원이 된(선임 또는 보임된) 임시회의 회기 중'에 개선을 금지하는 것이다. 이는 국회법 제48조 제6항 본문 중 "정기회의 경우에는 선임 또는 개선 후 30일 이내에는 개선될 수 없다." 부분이 '선임 또는 개선된 때로부터' '30일' 동안 개선을 금지하는 것과 마찬가지이다.

그러므로 국회법 제48조 제6항 본문 중 "임시회의 경우에는 회기 중에 개선될 수 없고"라는 문언에서 개선될 수 없는 '회기'는 '개선의 대상이 되는 해당 위원이 선임 또는 개선된 임시회의 회기'를 의미하는 것으로 해석된다.

② 본회의에서 의결된 "위원을 개선할 때 임시회의 경우에는 '동일' 회기중 개선될 수 없고"라는 문언을 기준으로 해석하면 그 의미가 더욱 명백해진다. 여기에서 '동일'은 어떠한 회기와 같다는 것을 의미하고, 위원은 선임 또는 개선됨으로써 위원이 되는 것이므로, '동일 회기'는 '해당 위원이 선임 또는 개선된 임시회와 같은 임시회'를 의미하는 것으로 해석된다. 국회법 제92조는 "부결된 안건은 같은 회기 중에 다시 발의하거나 제출할 수 없다."라고 규정하고 있는데, 문언상 어떤 회기와 같은 회기를 의미하는 것인지 명시되어 있지 않지만 '같은 회기'는 '안건이 부결된 회기'를 의미하는 것임이 명백한 것과 마찬가지이다.

③ 국회법 제48조 제6항의 입법경과 및 입법취지를 고려할 때에도 위와 같이 해석하는 것이 타당하다.

앞서 본 바와 같이 2002. 11. 11. 김택기 의원이 대표발의한 국회법중개정법률안(의안번호 162004) 및 2002. 11. 11., 2002. 11. 12. 정개특위 국회관계법심사소위원회에서의 심사 내용은 '개선된 동일' 회기 내에는 '다시' 개선할 수 없도록 하는 것이었다.

이후 정치개혁특별위원장이 2003. 1. 제안한 국회법중개정법률안(의안번호 162056), 법제사법위원회의 체계·자구 심사 결과 및 본회의 상정·가결 법률안 모두 '회기' 앞에 '동일'이라는 문구를 두고 있었으므로, 위와 같은 입법취지를 그대로 유지한 것으로 볼 수 있다.

나아가 국회의장은 법률안 정리 과정에서 '동일' 부분이 없더라도 위원이 개선될 수 없는 '회기'를 '개선의 대상이 되는 해당 위원이 선임 또는 개선된 임시회의 회기'로 해석할 수 있기 때문에 '동일' 부분을 삭제한 것으로 볼 수 있다.

반대의견은 '회기'를 '개선의 대상이 되는 해당 위원이 선임 또는 개선된 임시회의 회기'로 해석하는 경우, 국회의장이 법률안 정리 과정에서 '동일' 부분을 삭제함으로써 그 실질적 내용에 변경을 초래한 것이 되어 헌법 및 국회법상의 입법절차를 위반하였다고 볼 수밖에 없다고 하나, 이는 반대의견과 같이 '동일' 부분이 없는

경우 위 조항의 '회기'를 '모든 임시회의 회기'로만 해석할 수 있다고 전제하는 경우에만 성립할 수 있는 논리이다. 앞서 본 바와 같이 '동일'이라는 문구 없이도 위원이 개선될 수 없는 '회기'는 '개선의 대상이 되는 해당 위원이 선임 또는 개선된 임시회의 회기'를 의미하는 것으로 해석되므로, 국회의장은 본회의에서 의결된 내용 및 취지를 변경하지 않는 범위 안에서 법률안을 정리한 것으로 볼 수 있다.

나) 위원의 재임기간에 관한 구체적인 검토

① 국회법 제48조 제6항 본문은 "위원을 개선할 때 임시회의 경우에는 회기 중에 개선될 수 없고, 정기회의 경우에는 선임 또는 개선 후 30일 이내에는 개선될 수 없다."라고 규정하여 '회기 중의 개선'을 금지하고 있으므로, '폐회 중'에는 개선이 가능하다.

2019년 국회 일정을 살펴보면, 폐회 없이 임시회 또는 정기회가 이어진 경우는 없었다. 회기 사이에 폐회일이 존재한다는 전제 하에 선임 또는 개선된 위원이 최초로 개선될 수 있는 날까지의 기간을 구체적으로 살펴보면, 국회법 제48조 제6항 본문 중 "위원을 개선할 때 임시회의 경우에는 회기 중에 개선될 수 없고" 부분이 '개선의 대상이 되는 해당 위원이 선임 또는 개선된 임시회의 회기 중에 개선하는 것'을 금지한다고 해석하는지 아니면 '모든 임시회의 회기 중에 개선하는 것'을 금지한다고 해석하는지에 관계없이, 위 기간이 동일함을 알 수 있다.

먼저, 회기 중 위원으로 선임 또는 개선되었다가 폐회된 경우를 살펴본다. 이 경우 어느 해석에 의하더라도, 선임 또는 개선된 위원이 최초로 개선될 수 있는 날까지의 기간은 1일(임시회·정기회 말일에 선임 또는 개선된 경우)부터 30일(회기가 30일인 임시회에서 임시회 초일에 선임 또는 개선된 경우, 정기회가 30일 이상 남은 때에 선임 또는 개선된 경우)까지로 동일하다.

다음으로, 위원이 폐회 중 선임 또는 개선된 경우를 살펴본다. 이 경우 어느 해석에 의하더라도, 위원은 다음 회기가 개시되기 전까지 언제든지 개선될 수 있으므로, 선임 또는 개선된 바로 그 날에도 개선될 수 있다.

② 두 가지 해석의 차이는 폐회 기간이 끝나고 다시 후속 임시회의 회기가 개시되었을 때 개선이 가능한지 여부에 있다. 국회법 제48조 제6항 본문 중 임시회 부분이 '모든 임시회의 회기 중에 개선하는 것'을 금지한다고 해석하는 견해에 따르면, '선임 또는 개선된 임시회의 회기 중'에는 개선이 금지되었다가, 폐회 중에는 개선이 가능해지고, '후속 임시회'의 회기가 개시되면 다시 개선이 금지된다. 반면, '개선의 대상이 되는 해당 위원이 선임 또는 개선된 임시회의 회기 중에 개선하는 것'만을 금지한다고 해석하는 견해에 따르면, '선임 또는 개선된 임시회의 회기 중'에는 개선이 금지되었다가, 해당 회기가 종료되면 그 이후에는 폐회 중에는 물론 다시 임시회가 개시되더라도 개선이 가능해진다.

국회 운영의 실제를 고려할 때, 본회의의 폐회 중에는 개선이 될 수 있었던 위원에 대하여 다시 임시회가 개회되면 개선을 금지해야 할 이유를 발견하기는 어렵다. 회기 계속의 원칙에 따라(헌법 제51조), 모든 의안은 의원의 임기 중 폐기되지 아니하므로 폐회 중에도 위원회의 심사가 가능하고, 국회가 상시화되는 경향에 따라 본회의의 개회·폐회 여부와 관계없이 위원회는 상시적으로 활동하고 있다. 국회법은 본회의의 개회 여부에 관계없이 위원회를 개회할 수 있도록 규정하고 있고(제52조), 상임위원회(소위원회를 포함한다)는 폐회 중인 3월·5월의 세 번째 월요일부터 한 주간 정례적으로 개회하도록 규정하고 있다(제53조).

다) 국회 선례

이 사건 기록에 의하면, 국회 역시 같은 취지에서 임시회 회기 중이라는 이유만으로 위원의 개선을 제한하지 않았던 것으로 보이며, 선임·개선된 회기 만료 후 다음 임시회 회기 중 개선된 사례는 제19대 국회에서 402회, 제20대 국회에서 2019. 4.까지 361회에 이른다.

특히 국회법 제48조 제6항의 입법취지가 가장 잘 인식되었을 것으로 보이는 제16대 국회에서, 선임 또는 개선된 동일 임시회 회기 중에 개선된 사례는 2건에 불과하였던 반면, 선임 또는 개선된 회기 이후의 임시회 회기 중에 개선된 사례는 108건에 이르렀다. 이는 선임 또는 개선된 동일 임시회 회기 중 다시 개선되는 것은 국회법 제48조 제6항 본문에 의하여 원칙적으로 금지되어 같은 항 단서의 요건을 충족하는 경우에만 가능하였던 반면, 동일 회기가 만료된 이후에는 국회법 제48조 제6항 본문에 의하여 개선이 금지되지 않았음을 뚜렷하게 보여준다.

3) 이 사건 각 개선행위의 국회법 제48조 제6항 위배 여부

국회의원 오신환, 권은희는 모두 제364회 국회(정기회) 회기 중이었던 2018. 10. 18. 사개특위 위원으로 선임되었으므로, 그로부터 30일이 지난 2018. 11. 17. 이후에는 국회법 제48조 제6항 본문 중 '정기회의 경우에

는 선임 또는 개선 후 30일 이내에는 개선될 수 없다.' 부분이 적용되지 않아 개선될 수 있었다.

2019. 4. 8.을 집회일로 하는 제368회 국회(임시회) 소집요구가 있은 후 본회의에서 회기가 결정되지 않은 상태에서 2019. 4. 25. 이 사건 각 개선행위가 이루어졌다. 앞서 본 바와 같이 국회법 제48조 제6항 본문 중 '위원을 개선할 때 임시회의 경우에는 회기 중에 개선될 수 없고' 부분은 '개선의 대상이 되는 해당 위원이 선임 또는 개선된 임시회의 회기 중에 개선하는 것'만을 금지하므로, 위 조항이 제368회 국회(임시회)의 회기 중에 개선될 수 없도록 제한하는 위원은 제368회 국회(임시회)에서 선임 또는 개선된 위원에 한정된다. 따라서 그 이전의 정기회에서 선임된 국회의원 오신환, 권은희에 대하여는 제368회 국회(임시회)의 회기 중이더라도 위 조항이 적용되지 않는다.

그렇다면 국회법 제48조 제6항 단서가 규정한 예외 사유에 해당하는지 여부를 살펴볼 필요 없이, 이 사건 각 개선행위는 국회법 제48조 제6항에 위배되지 않는다.

(마) 소결

국회법 제48조는 국회가 그 기능을 민주적이고 효율적으로 수행하기 위하여 위원회의 목적, 전문성, 효율성, 국회의원의 위원회에서 활동할 권한, 위원회 배정의 형평성, 교섭단체의 기능과 역할 등을 종합적으로 고려하여 스스로 내부조직의 구성방법을 정한 것이다. 당해 위원의 의사에 반하는 개선을 제한하는 취지의 국회법 개정안이 발의된 적이 있으나[2001. 12. 27. 김홍신의원 대표발의 국회법중개정법률안(의안번호 161381), 2017. 7. 10. 주호영의원 대표발의 국회법 일부개정법률안(의안번호 2007881)], 모두 국회법에 반영되지 못하였다.

현행 국회법의 규정이 개별 국회의원의 권한을 충분히 보장하고 있지 못한 측면이 존재한다고 하더라도, 권력분립의 원칙 및 국회의 위상과 기능에 비추어 원칙적으로 국회에서 대화와 토론, 설득과 합의를 통하여 국회법의 규정을 개정함으로써 자율적으로 개선하는 것이 타당하다(헌재 2016. 5. 26. 2015헌라1 참조).

앞서 본 바와 같이 이 사건 각 개선행위는 명백히 자유위임원칙에 위배된다고 보기 어렵고, 국회법 규정에도 위배되지 않는다.

(3) 사개특위 위원인 청구인들의 법률안 심의·표결권 침해 여부

피청구인 국회의장의 이 사건 각 개선행위는 헌법 또는 법률에 반하지 않으므로, 이에 따라 개선된 국회의원 채이배, 임재훈은 사개특위의 신속처리안건 지정동의안 표결 절차에 적법하게 참여하였다. 이러한 표결의 결과에 따라 피청구인 사개특위 위원장이 안건에 대한 의결정족수 충족을 인정하여 신속처리안건 지정동의안에 대하여 가결을 선포한 행위에는 절차적 위법 사유가 인정되지 않으므로, 사개특위 위원인 청구인들의 법률안 심의·표결권도 침해되지 않았다.

마. 소결론

피청구인 사개특위 위원장의 신속처리안건 지정동의안 가결선포행위는 사개특위 위원인 청구인들이 주장하는 절차상 위법 사유가 모두 인정되지 않으므로, 이들의 법률안 심의·표결권을 침해하지 않으며, 따라서 더 나아가 살펴볼 필요 없이 무효로 볼 수 없다.

7. 피청구인 국회의장의 사개특위 소관 법률안 신속처리대상안건 지정행위 부분에 관한 판단

위 6.항에서 살펴본 바대로 피청구인 사개특위 위원장의 신속처리안건 지정동의안 가결선포행위는 사개특위 위원인 청구인들의 권한을 침해하였다고 볼 수 없어 유효하고, 피청구인 국회의장의 사개특위 소관 법률안 신속처리대상안건 지정행위는 국회법 제85조의2 제2항에 의하여 위와 같이 사개특위에서 신속처리안건 지정동의가 가결된 데에 따라 적법하게 행해진 것으로, 사개특위 위원인 청구인들의 법률안 심의·표결권을 침해하지 않으며, 따라서 더 나아가 살펴볼 필요 없이 무효로 볼 수 없다.

8. 피청구인 정개특위 위원장의 신속처리안건 지정동의안 가결선포행위 부분에 관한 판단

가. 개회 절차상 위법 여부

(1) 정개특위 위원인 청구인들은 피청구인 정개특위 위원장이 미리 간사와 협의 없이 회의 시간 및 장소를 개회 시각에 임박하게 통보하고 개회하였으므로, 이는 "위원장은 위원회의 의사일정과 개회일시를 간사와 협의하여 정한다."라고 규정한 국회법 제49조 제2항을 위반한 것이라고 주장한다.

(2) 이 사건 기록과 변론의 결과에 의하면 이 사건 정개특위의 개회 전 위원장과 간사간 협의에 관하여 다음과 같은 사실이 인정된다.

(가) 피청구인 정개특위 위원장은 2019. 4. 29.

20:38경 자유한국당 소속 간사인 청구인 장제원 의원과 통화한 이후 22:30경까지 개인적인 문자메시지 및 정개특위 행정실을 통한 안내 문자메시지를 통하여 신속처리안건 지정동의안을 상정한다는 의사일정과 개회일시 및 장소에 대하여 안내하였다.

(나) 피청구인 정개특위 위원장은 특히, 2019. 4. 29. 개회가 예정된 시각인 22시로부터 약 10분 전을 전후한 21:47경 및 21:51경 개회 시각을 30분 연기한다고 안내하였고, 연기된 예정 시각인 22:30경에는 다시 개회 시각을 20분 더 연기함과 동시에 개회 장소의 변경을 안내하였다.

(다) 이 사건 정개특위 회의에는 자유한국당 소속의 정개특위 위원인 청구인들 6명을 포함하여 18명의 정개특위 위원들이 모두 출석하였다.

(3) 이 사건 정개특위의 개회 전 협의는 성질상 다양한 방식으로 할 수 있고 그 종국적 판단과 결정은 위원장에게 맡겨져 있으므로, 전화 통화, 문자메시지에 의한 이 사건 정개특위의 개회 전 협의의 방식에 위법한 점은 없다.

또한, 피청구인 정개특위 위원장과 자유한국당 소속 간사 사이에 신속처리안건 지정동의안을 상정한다는 의사일정과 정개특위 회의의 개회일시를 협의의 대상으로 삼았다는 점에서도 위법한 점이 없다.

피청구인 정개특위 위원장이 예정된 정개특위의 개회 시각에 이르러 다시 개회를 20분 연기하면서 그 장소도 변경하여 문자메시지로 통보한 점에 대해서도, 그로 인하여 정개특위 위원인 청구인들이 회의에 참석하지 못하여 심의권을 행사하지 못한 사정은 없다는 점 등에 비추어보면, 국회법상 협의 절차를 위반한 데에 이르렀다고 보기는 어렵다.

(4) 따라서 이 사건 정개특위의 개회 절차상 국회법 제49조 제2항 위반의 위법 사유는 인정되지 않는다.

나. 표결 실시 전 질의·토론 절차상 위법 여부

정개특위 위원인 청구인들은 이 사건 정개특위의 표결이 법안 배포 및 질의·토론 없이 실시됨으로써 자신들의 심의·표결권이 침해되었다고 주장한다.

신속처리안건 지정동의안의 심의는 그 대상이 된 위원회 회부 안건 자체의 심의가 아니라, 이를 신속처리대상안건으로 지정하여 의사절차의 단계별 심사기간을 설정할 것인지 여부를 심의하는 것이다. 그리고 국회법 제85조의2 제1항에서 요건을 갖춘 지정동의가 제출된 경우 의장 또는 위원장은 '지체 없이' 무기명투표로 표결하도록 규정하고 있고, 이 밖에 신속처리안건 지정동의안의 표결 전에 국회법상 질의나 토론이 필요하다는 규정은 없다.

따라서 이 사건 정개특위의 신속처리안건 지정동의안에 대한 표결 전에 그 대상이 되는 법안의 배포나 별도의 질의·토론 절차를 거치지 않았으므로 그 표결이 절차상 위법하다는 주장은 더 나아가 살펴볼 필요 없이 이유가 없다.

다. 소결론

피청구인 정개특위 위원장의 신속처리안건 지정동의안 가결선포행위는 정개특위 위원인 청구인들이 주장하는 절차상 위법 사유가 모두 인정되지 않으므로, 이들의 법률안 심의·표결권을 침해하지 않으며, 따라서 더 나아가 살펴볼 필요 없이 무효로 볼 수 없다.

9. 피청구인 국회의장의 정개특위 소관 법률안 신속처리대상안건 지정행위 부분에 관한 판단

위 8.항에서 살펴본 바대로 피청구인 정개특위 위원장의 신속처리안건 지정동의안 가결선포행위는 정개특위 위원인 청구인들의 권한을 침해하였다고 볼 수 없어 유효하고, 피청구인 국회의장의 정개특위 소관 법률안 신속처리대상안건 지정행위는 국회법 제85조의2 제2항에 의하여 위와 같이 정개특위에서 신속처리안건 지정동의가 가결된 데에 따라 적법하게 행해진 것이므로, 정개특위 위원인 청구인들의 법률안 심의·표결권을 침해하지 않으며, 따라서 더 나아가 살펴볼 필요 없이 무효로 볼 수 없다.

10. 결 론

그렇다면, 피청구인 국회의장의 국회의원 오신환에 대한 개선행위에 관한 청구인들의 심판청구, 피청구인 국회의장의 국회의원 권은희에 대한 개선행위 및 이 사건 법률안 수리행위에 관한 정개특위 및 사개특위 위원인 청구인들의 심판청구는 모두 부적법하므로 각하하고, 사개특위 위원인 청구인들의 피청구인 사개특위 위원장에 대한 신속처리안건 지정동의안 가결선포행위에 관한 심판청구 및 피청구인 국회의장에 대한 사개특위 소관 법률안 신속처리대상안건 지정행위에 관한 심판청구, 정개특위 위원인 청구인들의 피청구인 정개특위 위원장에 대한 신속처리안건 지정동의안 가결선포행위에 관한 심판청구 및 피청구인 국회의장에 대한 정개특위 소관 법률안 신속처리대상안건 지정행위에 관한 심판청구는 모두 이유 없으므로 기각하기로 하여 주문과 같이 결정한다.

이 결정에는 아래 11.항과 같은 재판관 이선애, 재판관 이은애, 재판관 이종석, 재판관 이영진의, 피청구인 사개특위 위원장의 신속처리안건 지정동의안 가결선포행위와 피청구인 국회의장의 사개특위 소관 법률안 신속처리대상안건 지정행위(이하 '이 사건 사개특위 소관 법률안의 신속처리대상안건 지정 관련 행위들'이라 한다)에 대한 권한침해확인청구에 관한 반대의견 및 피청구인 정개특위 위원장의 신속처리안건 지정동의안 가결선포행위에 대한 권한침해확인청구에 관한 별개의견이 있고, 이 사건 사개특위 소관 법률안의 신속처리대상안건 지정 관련 행위들에 대한 무효확인청구에 관하여 아래 12.항과 같은 재판관 이은애, 재판관 이영진의 별개의견, 아래 13.항과 같은 재판관 이선애의 별개의견, 아래 14.항과 같은 재판관 이종석의 반대의견이 있는 외에는 나머지 관여 재판관들의 견해가 일치되었다.

11. 재판관 이선애, 재판관 이은애, 재판관 이종석, 재판관 이영진의 이 사건 사개특위 소관 법률안의 신속처리대상안건 지정 관련 행위들에 대한 권한침해확인청구에 관한 반대의견 및 피청구인 정개특위 위원장의 신속처리안건 지정동의안 가결선포행위에 대한 권한침해확인청구에 관한 별개의견

우리는 피청구인 사개특위 위원장의 신속처리안건 지정동의안 가결선포행위 및 피청구인 국회의장의 사개특위 소관 법률안 신속처리대상안건 지정행위는 헌법 제49조의 다수결의 원칙과 국회법 제85조의2 제1항에 위배되어 사개특위 위원인 청구인들의 법률안 심의·표결권을 침해하였다고 생각한다. 또한, 피청구인 정개특위 위원장의 신속처리안건 지정동의안 가결선포행위가 정개특위 위원인 청구인들의 법률안 심의·표결권을 침해하지 않았다는 결론에 대해서는 법정의견에 동의하지만, 헌법상 다수결의 원칙에 근거하여 그 이유를 달리 판단한다.

가. 헌법상 다수결의 원칙과 국회의원의 법률안 심의·표결권의 보장

(1) 헌법상 다수결의 원칙과 국회법 제85조의2 제1항의 해석

(가) 헌법상 다수결의 원칙의 의의

의회민주주의원리는 국가의 정책결정에 참여할 권한을 국민의 대표기관인 의회에 유보하는 것에 그치지 않고 나아가 의사결정과정의 민주적 정당성까지 요구한다. 절차의 민주성과 공개성이 보장되어야만 민주적 정당성도 획득될 수 있다. 의회민주주의국가에서 의사절차는 공개와 이성적 토론의 원리, 합리적 결정, 다원적 개방성, 즉 토론과 다양한 고려를 통하여 의안의 내용이 변경될 가능성, 잠재적인 통제를 가능케 하는 절차의 개방성, 다수결의 원칙에 따른 의결 등 여러 가지 요소에 의하여 이루어져야 하지만, 무엇보다도 중요한 요소는 헌법 제49조의 다수결의 원칙과 제50조의 의사공개의 원칙이라 할 것이다.

이처럼 의회민주주의의 본질적 요소 중 하나인 다수결의 원칙은 의사형성과정에서 소수파에게 토론에 참가하여 다수파의 견해를 비판하고 반대의견을 밝힐 수 있는 기회를 보장하여 다수파와 소수파가 공개적이고 합리적인 토론을 거쳐 다수의 의사로 결정한다는 데 그 정당성의 근거가 있는 것이다(헌재 1997. 7. 16. 96헌라2; 헌재 2010. 12. 28. 2008헌라7등 참조).

국회가 회의체에서 심의와 표결을 거쳐 다수결로 국회의 입법권을 행사하면 그 법률은 모든 국가작용의 근거와 기준이 되고, 국민의 법적 지위를 직접 규율하게 되는 점에서, 국회의 입법과정에는 구성원인 국회의원의 자유로운 참여, 토론, 숙의 등이 활발하게 이루어질 수 있도록 합리적인 심의 과정이 보장되어야 한다.

또한, 입법과정 중 심의절차로서 상이한 의견의 교환과 토론 절차의 헌법적 의미가 중요하게 강조되어야 하는 이유가 국가 전체 이익에 부합하는 최선의 국회의사를 형성하는 것 자체 못지않게 그러한 국회 의사결정 절차의 합리성에 대한 국민의 신뢰를 얻기 위한 것이라면, 국회의 법률안 표결 절차는 국회의원의 자유로운 개별적 의사가 객관적으로 적법하게 표시되어 결집되고 확인됨으로써 그것이 국회의 의사로 정당하게 추인될 수 있도록 합리적 공정성을 스스로 갖추지 않으면 아니 된다.

이러한 사정 및 적법절차의 원칙을 강조한 헌법 제12조의 규정 취지를 아울러 고려하면, 헌법 제49조가 천명한 다수결의 원칙은 바로 위와 같은 국회의 의사결정 과정의 합리성 내지 정당성이 확보될 것을 전제로 한 것이고, 이와 무관하게 동일한 정치적 의사를 가진 국회의원의 숫자만으로 국회의 의사 형성이 정당화될 수 있다고는 볼 수 없다(헌재 2009. 10. 29. 2009헌라8 등 참조).

헌법상 다수결의 원칙은 다수에 의한 의사결정 이전

에 합리적인 토론과 상호 설득의 과정에서 의사의 내용이 변동되거나 조정될 수 있음을 전제로 하며, 이를 위해 의원들에게 실질적이고 자유로운 토론의 기회가 부여되어 있을 것을 요구한다.

(나) 위원회 의사결정과정에서의 실질적 토론의 요청

국민의 대의기관인 국회 내에서 모든 의사결정이 충분한 심의와 토론을 거쳐 진행될 것을 요구하는 헌법적 요청은 비단 국회의원 전원이 참가하게 되는 국회 본회의에서뿐만 아니라, 안건을 일차적으로 심의하게 되는 위원회에서도 역시 적용된다. 게다가 국회 기능의 중점이 본회의에서 위원회로 옮겨져 위원회중심주의로 운영되고 있고, 법안 등의 의안에 대한 실질적인 심의가 위원회에서 이루어지고 있는 현실에 비추어 볼 때, 위원회 내에서의 의사결정과정에서 질의와 토론과정이 실질적으로 구현되도록 할 것이 더욱 요구된다(헌재 2012. 2. 23. 2010헌라6등 중 재판관 이강국, 김종대, 송두환의 반대의견 참조).

헌법상 다수결의 원칙을 실질적으로 이해하여 다수결의 전제로서의 토론을 포함하는 것으로 볼 경우, 국회법상 위원회에서의 안건에 대한 의결과 그 정족수를 정한 규정도 단순히 형식적으로 국회의 의사에 있어 의사정족수, 의결에 있어 의결정족수를 충족할 것만을 요구하는 것이 아니라, 실질적으로 모든 위원회의 구성원에게 출석의 기회가 보장된 상태에서 자유로운 토론의 기회가 부여되는 것을 전제조건으로 하는 의사정족수 또는 의결정족수의 충족을 요하는 것으로 해석되어야 할 것이다(헌재 2010. 12. 28. 2008헌라7등 참조).

(다) 신속처리안건 지정동의안에 대한 표결 전 토론의 의미

국회법 제85조의2 제1항은 안건 소관 위원회 재적위원 과반수가 서명한 신속처리안건 지정동의를 소관 위원회 위원장에게 제출한 경우, "위원장은 지체 없이 신속처리안건 지정동의를 무기명투표로 표결하되," "재적위원 5분의 3 이상의 찬성으로 의결한다."라고 정하고 있다.

국회법 제85조의2 제1항에서는 안건 소관 위원회의 위원장으로 하여금 요건을 갖춘 신속처리안건 지정동의가 제출된 경우 '지체 없이' 표결하도록 하고 있고, 그 표결은 위원회에 회부되어 신속처리의 대상이 될 것인지 여부가 문제되는 법률안 등 안건 자체에 대한 것이 아니라, 해당 안건을 신속처리대상으로 지정하여 의사절차의 단계별 심사기간을 설정할 것인지 여부에 대한 것이다. 따라서 위원회에서 신속처리안건 지정동의안을 표결하기 전에 국회법 제58조 제1항에 규정된 바와 같이 위원회의 안건 심사에서 실시되는 대체토론과 축조심사, 찬반토론 등의 절차와 형식에 따른 질의와 토론이 있어야 하는 것은 아니다.

하지만, 국회법에서 신속처리안건 지정동의안을 '지체 없이' 표결하도록 규정한 것은 그 지정동의안이 제출되었을 때로부터 처리될 때까지의 기간을 최소화하라는 의미일 뿐이고, 국회법에는 신속처리안건 지정동의안에 대한 토론을 생략할 수 있다는 명문의 규정이 없다. 이러한 경우 헌법상 다수결의 원칙을 실질적으로 이해하여 다수의 뜻에 따른 의사결정의 전제로서의 토론을 포함하는 것으로 본다면, 안건 소관 위원회에서 신속처리안건 지정동의안에 대하여 표결하는 경우에도, 그러한 지정동의안에 대한 실질적인 토론은 당연히 전제되어야 할 것이다.

국회법 제85조의2 제1항은 신속처리안건 지정동의안에 대하여 '지체 없이' 표결하도록 규정하였을 뿐만 아니라, 그 표결을 '무기명투표'로 하고, '재적위원 5분의 3 이상의 찬성으로 의결'하도록 하여 그 의결정족수를 가중하여 규정하였다. 그런데 안건이 소관 위원회에 회부된 직후에 신속처리안건 지정동의안이 제출되는 경우 이에 대한 지체 없는 표결만을 강조하여 어떠한 질의나 토론도 필요 없다고 본다면, 자칫 표결에 참여하는 의원들이 그 표결 대상에 대하여 최소한의 정보 획득이나 의견 제시의 기회도 없이 단지 지정동의안을 제출한 의원들의 의사에 대한 찬반만을 결정해야 할 수도 있다. 이것은 국회가 의사자율권에 기초하여 개별 안건을 신속하게 처리할지 여부를 결정함에 있어서, 의사진행자 단독의 판단에 의존하지 않고, 의원들의 무기명투표를 통한 가중정족수의 다수결 원칙에 의하고자 한 국회법 제85조의2 제1항의 취지를 실현하지 못하는 것이다.

신속처리안건 지정동의안에 대한 심의·표결은 비록 그 대상이 되는 안건 자체에 대한 것은 아니지만, 결국 일정한 기간이 지나면 단계별로 진행되는 심사가 종료된 것으로 간주될 수 있는 '안건의 심사기간'을 정할지 여부를 심의하여 표결하는 것이므로, 의사절차상 중요한 의미를 가진다. 따라서 이러한 '의사절차상 의미'에 관해서만은 표결권을 가지는 의원들 사이에 실질적인 토론의 기회가 필요하다고 할 수 있다. 그러므로 신속처리안건 지정동의안의 표결 전에는 최소한 의원들이 대상이 된 안건의 내용을 알 수 있는 상태에서 해당 안건을 신속처리대상으로 지정할 것인지 여부에 대하여

의사진행발언 등으로 의견을 표명할 수 있는 실질적인 토론의 기회가 부여되어야 한다고 보는 것이 타당하다.

한편, 국회법 제85조의2 제1항에서 신속처리안건 지정동의안의 표결을 무기명투표로 하고 재적위원 5분의 3 이상의 찬성으로 의결하도록 한 취지는, 안건의 신속처리 여부를 의결할 때 의원 개개인이 정당기율의 영향에서 벗어나 자유투표를 할 수 있는 분위기를 마련하고, 국회 내 다수세력의 일방적인 의사결정이 아니라 다수와 소수의 공동의 의사를 형성하기 위하여 상대방을 설득하고 합의할 수 있는 의사를 형성하라는 것이다. 그러므로 신속처리안건 지정동의안의 의결정족수 충족은 단순히 그 숫자가 충족되는 것만으로 정당화되는 것이 아니라, 표결에 참여하는 의원들 사이의 자유로운 토론의 결과라는 점이 전제되어야 할 것이다.

(2) 국회의원의 법률안 심의·표결권에 포함되는 신속처리안건 지정동의안 심의·표결권

국민을 대표하는 합의체 결정기관인 국회의 구성원으로서 국회의원이 가지는 심의·표결권은, 비단 법률안에 대하여 의결을 하는 경우뿐만 아니라, 예산안을 심의·확정하거나(헌법 제54조), 조약의 체결·비준 등 국가의 중요정책에 관하여 동의권을 행사하거나(헌법 제58조, 제60조, 제79조 제2항 등), 헌법기관의 고위공직자를 선출하거나(헌법 제111조 제3항, 제114조 제2항), 그 임명에 관하여 동의권을 행사하는 등(헌법 제86조 제1항, 제98조 제2항, 제104조 제1항, 제2항, 제111조 제4항) 국회가 의결의 형태로 권한을 행사하는 모든 경우에 존재한다(헌재 2010. 2. 23. 2010헌라5 등 참조). '국회가 의결의 형태로 권한을 행사하는 모든 경우'에는 국회의원이 각자가 소속된 위원회 위원의 지위에서 해당 위원회에 제출된 관련 안건에 대하여 자유로운 대화와 토론을 거쳐 심의하고 표결하는 경우도 포함된다고 할 것이다(헌재 2010. 12. 28. 2008헌라7 참조).

국회의 본회의에서 행해지는 결정이나 의결에 대한 사전준비 작업을 하여 다수가 동의할 수 있는 결정의 기초를 마련하는 위원회는 각 교섭단체의 소속 의원 수에 비례하여 구성된 '축소화된 국회'로서 이러한 위원회의 활동은 당연히 '국회에 의한 국민의 대의과정'의 한 부분에 해당된다. 특히 우리 국회는 의안 심의에 관한 국회운영의 원리로 '위원회중심주의'를 채택하고 있어 위원회의 심사는 법률 제정 등 국회의 의사결정에 있어 무엇보다 중요한 과정이므로(헌재 2016. 5. 26. 2015헌라1 참조), 개별 국회의원에게 있어서 위원회의 참여는 본회의 참여와 비견될 수 있는 중요한 의미를 가지며, 위원회 활동은 국회의원이 자신의 정치적 견해를 국회의 의사형성과정에 반영할 수 있는 중요한 기회이다. 그렇기 때문에 위원회에 참여하는 국회의원의 권리는 '의원의 헌법적 지위의 본질적 부분'에 해당한다.

국회는 둘 이상의 상임위원회와 관련된 안건이거나 특히 필요하다고 인정한 안건을 효율적으로 심사하기 위하여 본회의의 의결로 특별위원회를 둘 수 있는데(국회법 제44조 제1항), 특별위원회 구성 시에는 그 활동기간을 정해야 한다(국회법 제44조 제2항). 이 사건에서 사개특위와 정개특위는 위와 같은 국회법에 근거하여 설치된 특별위원회로서 그 활동기한이 본회의 의결로 2019. 8. 31.까지로 정해져 있었으므로, 사개특위 및 정개특위 위원으로 선임된 국회의원은 헌법상 자유위임의 원칙에 합치되게 해석된 국회법에 따라 적법하게 개선되는 등 특별한 사정이 없는 한 각 특위의 활동기한 동안 소속된 특위에 참여하여 안건을 심사하고 표결할 권한을 가진다. 한편, 국회법 제48조 제6항은 특별위원회 위원의 개선이 이루어질 수 있음을 전제로 하면서도 '임시회의 경우에는 회기 중에 개선될 수 없고, 정기회의 경우에는 선임 또는 개선 후 30일 이내에는 개선될 수 없다.'고 하여 개선에 제한을 두고 있는데, 이는 '위원회의 전문성을 강화하고, 정치적 사유에 따라 위원의 잦은 사·보임이 이루어지는 것을 방지'하기 위한 것이며, 이 조항에 따라 원칙적으로 회기 중 위원회 위원의 개선이 일정기간 동안 제한되므로 적어도 그 기간 동안 위원의 지위 및 업무의 연속성이 보장된다.

이러한 사정들을 종합할 때, 사개특위 및 정개특위 위원으로서 소관 법률안에 대하여 이것을 신속처리대상안건으로 지정할지 여부에 관하여 자유로운 토론을 통해 심의하고 표결하는 권한은 헌법과 국회법이 국회의원에게 보장한 법률안에 대한 심의·표결권에 포함된다. 그리고 이러한 심의·표결권이 보장되기 위해서는, 헌법상 다수결의 원칙에 따라 신속처리안건 지정동의안의 표결 전 그 대상이 되는 안건의 내용을 알 수 있는 상태에서 해당 안건을 신속처리대상으로 지정할 것인지 여부에 대한 의견을 표명할 수 있는 최소한의 실질적 토론 기회가 부여되어야 하고, 그 표결이 특위 내에서의 위원들의 자유로운 토론의 결과라는 점이 전제되어야 할 것이다.

(3) 국회 자율권의 한계

국회는 국민의 대표기관, 입법기관으로서 폭넓은 자

율권을 가지고 있고, 그 자율권은 권력분립의 원칙이나 국회의 지위, 기능에 비추어 존중되어야 하는 것이지만, 한편 법치주의의 원리상 모든 국가기관은 헌법과 법률에 의하여 기속을 받는 것이므로 국회의 자율권도 헌법이나 법률을 위반하지 않는 범위 내에서 허용되어야 하고, 따라서 국회의 의사절차나 입법절차에 헌법이나 법률의 규정을 명백히 위반한 흠이 있는 경우에도 국회가 자율권을 가진다고는 할 수 없다(헌재 1997. 7. 16. 96헌라2 등 참조). 이 사건은 피청구인 사개특위 및 정개특위 위원장의 신속처리안건 지정동의안 가결선포행위 및 피청구인 국회의장의 각 신속처리대상안건 지정행위 등이 헌법 및 국회법을 위반하여 국회의원으로서 사개특위 및 정개특위 위원인 청구인들의 법률안 심의·표결권을 침해하였는지 여부에 관하여 권한쟁의심판이 청구된 것이므로, 이는 모두 헌법재판소가 심사할 수 없는 국회 내부의 자율에 관한 문제라고 할 수 없다. 또한, 이 사건 사개특위의 신속처리안건 지정동의안 의결정족수 충족의 전제로서 문제되는, 피청구인 국회의장의 국회의원 오신환, 권은희에 대한 이 사건 각 개선행위가 헌법과 국회법을 위반하였는지 여부도 헌법재판소가 심사할 수 없는 국회 내부의 자율에 관한 문제라고 할 수 없다(헌재 2003. 10. 30. 2002헌라1 참조). 이 사건에서는 사개특위 및 정개특위 소관 법률안들에 대한 신속처리대상안건 지정과 관련된 피청구인들의 각 행위가 헌법상 다수결의 원칙 및 국회법 제85조의2 제1항을 명백하게 위반하였는지 여부가 쟁점이 되고 있고, 특히 이 사건 사개특위의 신속처리안건 지정동의안 의결정족수 충족의 전제로서 문제되는 피청구인 국회의장의 이 사건 각 개선행위가 헌법상 자유위임의 원칙, 국회법 제48조 제1항, 제4항, 제6항을 명백하게 위반하였는지 여부도 쟁점이 되고 있으므로, 이에 대하여 살펴본다.

나. 피청구인 사개특위 위원장의 신속처리안건 지정동의안 가결선포행위에 대한 권한침해확인청구에 관한 판단

(1) 표결 실시 전 질의·토론 절차상 위헌·위법 여부

(가) 신속처리안건 지정동의안 표결 전 실질적 토론 기회 부여의 필요성

국회법 제85조의2 제1항에 따라 안건 소관 위원회에서 신속처리안건 지정동의안을 표결하기 전에는 국회법 제58조 제1항의 위원회 심사에서 요구되는 절차와 형식을 갖춘 질의 또는 토론이 필요한 것은 아니지만, 헌법상 다수결의 원칙과 신속처리대상안건 지정의 의사절차상 의미를 고려할 때, 위원들이 그 대상이 된 안건의 내용을 알 수 있는 상태에서 의사진행발언 등으로 신속처리안건 지정 여부에 대한 의견을 표명할 수 있는 실질적인 토론의 기회는 부여되어야 한다. 이 사건에서 사개특위 위원들에게 신속처리안건 지정동의안에 대한 실질적인 토론의 기회가 부여되었는지 여부를 살펴본다.

(나) 인정되는 사실

이 사건 기록과 변론의 결과에 의하면 이 사건 사개특위의 표결 전 질의·토론과 관련하여 다음과 같은 사실이 인정된다.

1) 이 사건 사개특위의 신속처리대상이 된 법률안들 중 '검찰청법 일부개정법률안(의안번호 제2016500호)'은 2018. 11. 12., '고위공직자범죄수사처 설치 및 운영에 관한 법률안(의안번호 제2020029호)'과 '형사소송법 일부개정법률안(의안번호 제2020030호)'은 각 2019. 4. 26., 그리고 '고위공직자부패수사처 설치 및 운영에 관한 법안(의안번호 제2020037호)'은 이 사건 사개특위 개회일과 같은 날인 2019. 4. 29. 각각 발의되고 사개특위에 회부되었다.

2) 피청구인 사개특위 위원장은 2019. 4. 29. 19:51경 사개특위 행정실을 통하여 사개특위 소속 위원들에게 22시에 신속처리안건 지정동의의 건으로 사개특위를 개회하는 사실과 그 장소를 문자메시지로 알리고, 19:52경 소속 위원들에게 법률안 4건에 대한 신속처리안건 지정동의안건을 각 대표발의 의원 및 의안번호와 함께 안내하는 일정표를 이메일로 송부하였으며, 이후 22:39경 사개특위 회의 장소에 대한 변경 안내 문자를 발송하고 22:52경 사개특위를 개회하였다.

3) 이 사건 사개특위의 회의에서는 백혜련 의원이 3건의 법률안에 대하여, 채이배 의원이 1건의 법률안에 대하여 신속처리안건 지정동의안의 취지를 설명하였는데, 후자는 회의 당일인 2019. 4. 29. 입안지원시스템으로 발의되고 접수되어 사개특위에 회부된 법률안이며, 위원장은 "자세한 사항은 배부해 드린 유인물을 참고하여 주시기 바랍니다."라고 발언하였다. 그리고 이 사건 청구인들 중 한 명인 이철규 의원은 법안 열람도 허용되지 않았다고 항의하였으며, 이에 더불어민주당 소속 박범계 위원은 법안 심사하는 날이 아니어서 법안을 배포하는 날은 아니라고 발언하였다.

4) 피청구인 사개특위 위원장은 이 사건 사개특위의 회의에서 위원들의 요구에 따라 의사진행발언을 허가

하였고, 의사진행발언을 한 사개특위 위원들은 각각 신속처리안건 지정동의안 처리절차에 관하여 자신의 의견을 표명하는 발언을 하였다.

(다) 이 사건에 관한 판단

이 사건 사개특위에서는 회의록에 기재된 의원들의 발언에 비추어 볼 때 법안의 원문이 문서로 배포되지는 않았던 것으로 보인다. 그런데 국회법 제81조 제1항에서 의장은 의안이 발의되면 이를 인쇄하거나 전산망에 입력하는 방법으로 의원에게 배부하고 본회의에 보고하며, 소관 위원회에 회부하도록 규정하고, 제4항에서는 의안을 의원에게 배부할 때에는 이를 전산망에 입력하여 의원이 이용할 수 있도록 해야 한다고 규정하고 있다. 이에 비추어 보면, 이 사건 사개특위의 신속처리안건 지정동의안 표결의 경우 비록 그 대상 안건 중에 회의 당일 입안지원시스템으로 발의된 법률안이 있었다고 하더라도, 이후 위원회에 회부된 법률안으로서 개회 예정 시각 약 2시간 전에 그에 대한 신속처리안건 지정동의안을 심의 안건으로 한다는 내용의 의사일정과 그 법률안의 의안번호가 안내되었으므로, 일응 사개특위 위원들은 전산망을 통하여 그 내용을 열람할 수 있는 상태에 있었다고 볼 수 있다. 이후 국회 내 물리적인 대립과 혼란으로 회의 장소와 시각이 급하게 변경된 사정이 있었다고 하더라도, 그러한 혼란의 이유가 신속처리안건 지정 여부에 대한 첨예한 의견 대립 때문이었다면, 이 사건 사개특위 위원들은 법안의 세부적인 내용까지는 아니더라도 그 전반적인 취지는 어느 정도 알 수 있었다고 보는 것이 타당하다. 그리고 이 사건 사개특위의 회의에서는 신속처리안건 지정동의안에 대한 제안자의 취지 설명과 그 지정 여부 및 절차에 관한 위원들의 의사진행발언이 있었다.

그러므로 이 사건 사개특위의 신속처리안건 지정동의안 표결 전에 사개특위 위원들이 법안 내용을 알 수 있는 상태에서 그 신속처리안건 지정 여부에 대하여 의견을 표명하는 실질적인 토론의 기회는 부여되었다고 할 것이다.

(라) 소결

따라서 이 사건 사개특위의 신속처리안건 지정동의안 표결 실시 전의 질의·토론과 관련된 절차적 위헌·위법 사유는 인정되지 않는다.

다만, 법정의견은 국회법 제85조의2 제1항에서 신속처리안건 지정동의안이 제출된 경우 '지체 없이' 표결하도록 하였다는 등의 이유로 별도의 질의·토론 절차가 필요 없다는 취지로 같은 결론에 이르고 있다. 이 부분 결론은 법정의견과 같지만, 헌법상 다수결의 원칙과 신속처리대상안건 지정의 의사절차상 의미를 고려할 때, 신속처리안건 지정동의안의 표결 전에 실질적인 토론의 기회가 부여되어야 한다고 봄이 타당하므로, 법정의견과 이유를 달리함을 밝힌다.

(2) 안건에 대한 의결정족수 충족 과정의 위헌·위법 여부

(가) 쟁점

이 사건에서 피청구인 국회의장의 국회의원 오신환, 권은희에 대한 이 사건 각 개선행위가 헌법상 자유위임의 원칙과 국회법 제48조 제1항, 제4항, 제6항을 위반하였는지 여부는, 피청구인 사개특위 위원장이 그와 같이 개선된 채이배, 임재훈 의원이 참여한 표결의 결과에 따라 국회법 제85조의2 제1항의 의결정족수 충족을 인정하여 신속처리안건 지정동의안의 가결을 선포한 행위가 헌법과 국회법을 위반하였는지 여부의 전제가 된다.

이에 따라 이 사건 각 개선행위가 헌법규범인 자유위임의 원칙 및 국회법 제48조 제1항, 제4항, 제6항을 위반하였는지 여부를 먼저 살펴보고, 이러한 위헌·위법 사유가 인정될 경우 신속처리안건 지정동의안의 의결정족수 충족을 인정하여 그 가결을 선포한 피청구인 사개특위 위원장의 행위가 헌법상 다수결의 원칙 및 국회법 제85조의2 제1항을 위반하여 사개특위 위원인 청구인들의 법률안 심의·표결권을 침해하였는지 여부를 판단한다.

(나) 이 사건 각 개선행위가 헌법규범인 자유위임의 원칙을 위반하였는지 여부

1) 국민주권주의와 자유위임의 원칙

헌법 제1조 제1항은 "대한민국은 민주공화국"이라고 규정하여 민주주의를 통치형태로 채택하고 있고, 헌법 제1조 제2항은 "대한민국의 주권은 국민에게 있고, 모든 권력은 국민으로부터 나온다."고 규정하여 국가권력의 근원과 주체가 국민이며, 국민만이 국가의 정치적 지배에 정당성을 부여할 수 있다는 국민주권주의를 선언하여 국가권력의 형성과 행사가 국가의 특정 계급이나 특정 집단에 의해 독점적으로 지배되지 않는다는 점을 분명히 하고 있다.

국민주권주의에서 '국민'은 구체적인 개개인의 총체가 아니라 정치적·이념적 통일체로서 추상적 존재이므로 현실에서 전체 국민을 대표하면서 국가권력을 담당

할 대의기관이 필요하고, 대의기관이 국민 전체를 대표하여 국가이익을 추구할 수 있으려면 특정 이익을 대변하는 특정 계급이나 특정 집단의 명령으로부터 법적으로 자유로운 지위를 가져야 한다. 이런 이유로 국민과 국민의 대표자인 국회의원 사이에 일체의 법적 기속력을 부인하는 자유위임의 원칙은 국민국가의 정당성을 부여하는 원리가 되었다.

1791년 프랑스헌법에서 "의원은 전 국민의 대표자이고, 특정 지역의 대표자가 아니며, 의원에 대하여 위임을 부여할 수 없다."고 자유위임을 처음으로 명시한 이래 오늘날 독일·영국·프랑스·일본 등 자유민주주의국가에서는 거의가 헌법에 국회의원을 전 국민의 대표자라고 규정하여 자유위임 하에 두는 제도를 채택하고 있다(헌재 1994. 4. 28. 92헌마153 참조).

2) 대의제 민주주의와 자유위임의 원칙

헌법 제40조, 제41조 제1항, 제66조 제4항, 제67조 제1항은 민주주의를 구체화함에 있어 국가의 기관구성권과 정책결정권을 분리하고 정책결정권을 대의기관에 자유위임 하는 대의제 민주주의를 원칙적으로 채택하고 있다. 대의제 민주주의 하에서 주권자인 국민은 선거를 통해 대표자인 대의기관을 선출하고, 대의기관은 국민을 대표하여 국가정책을 결정하며 국민에 대하여 자신의 결정에 대한 정치적 책임을 진다. 대의기관은 임기 중 국민의 의사에 구속을 받지 않고 독자적인 판단에 따라 책임정치를 할 수 있으며, 이러한 의미에서 대표자의 '자유위임'은 대의제 민주주의의 본질적 개념요소 중 하나이다. 민주정치의 전제인 자유롭고 공개적인 정치적 의사형성은 의회 내에서도 보장되어야 하며, 이를 위해서도 선거구민이나 정당 등의 명령에 기속되지 않는 국민의 대표로서의 국회의원의 자유로운 지위(이하에서 이와 같은 자유위임관계에 기초한 국민의 대표로서의 국회의원의 지위는 '국회의원의 자유위임적 지위'라고 칭한다)는 필수적이다.

헌법 제46조 제2항은 "국회의원은 국가이익을 우선하여 양심에 따라 직무를 행한다."고 규정하여, 대의제 원리에 따라 선출된 국회의원이 선거구민, 정당 및 이익단체 등의 특수이익이 아니라 전체 국민을 위한 국가이익을 추구할 수 있도록 자유위임관계를 보장하는 자유위임의 원칙을 천명하고 있다. 이에 국회의원은 자신을 선출한 국민의 현실적 의사에 기속되지 않고 독자적인 양심과 판단에 따라 국가이익을 위한 국가정책 결정에 임한다.

3) 정당국가현상의 본질

20세기에 접어들어 보통선거제도가 확립되고 이에 따라 대중민주주의가 실현되면서 정당은 대중의 다양한 정치적 이해관계를 반영하여 정책을 형성하고 이를 국정에 전달하는 매개체로 기능하게 되었다.

학계의 문헌들에 의하면, 세계 각국의 정당국가현상에 정도의 차이는 있지만 이 현상은 대의제 민주주의의 핵심 요소인 국회의원의 자유위임적 지위와 관련하여 현실적 변화를 일으켰고 그 특징은 대략 다음과 같이 요약될 수 있다. 첫째, 국회의원은 정당의 한 구성원으로서 정당 속에서 통일적이고 일치된 행동을 통해 자기의 의견을 실현하는 정당인의 면모를 가지게 되었다. 둘째, 국회의원의 선거는 특정인을 대표자로 선출하는 것에 더하여 정당에 의해 개발된 주요 정치적 쟁점에 대한 투표를 하는 모습을 띠고 있다. 셋째, 의회는 정당이나 교섭단체가 결정한 바를 전달하고 국회의원이 그 결정에 사실적으로 기속되어 표결하는 장소가 되면서, 의회의 의사결정이 의회 내에 교섭단체의 형태로 진출한 정당에 의하여 실질적으로 형성되는 현상이 나타났다. 넷째, 정당은 이미 선거 이전에 후보자 공천과정에서 개입하여 정당에 대한 충성도가 높은 사람을 후보자로 선출하고 선거전에서 조직적으로 도우며 당선된 국회의원에게 각종 위원회의 배정과 질문 및 질의 시간의 배분 등 실질적인 권력을 행사하게 되었다. 정당의 공천과 도움으로 당선된 국회의원은 자신의 영향력과 재선을 고려하게 되면서 직무수행에서도 정당의 지시나 결정에 사실상 예속되는 측면이 생겨났다.

이러한 정당국가현상이 대의제 민주주의의 실현과정에 현실적 변화를 가져왔지만 대의제 민주주의의 본질이 변화한 것은 아니다. 대의제 민주주의의 정치적 의사 형성의 과정과 방식이 변화된 것에 불과하다. 정당국가현상은 차별화된 정강 정책을 지닌 복수의 정당이 정기적 선거를 통해 서로 경쟁하면서 국민의 심판과 선택을 받은 대의기관을 탄생시켜 대의제 민주주의를 실현함에 따라 발생한 정치현실이다.

4) 국회의원의 자유위임적 지위와 정당기속성

국회의원이 정당에 사실상 기속되는 경향이 있고, 의회가 정당에서 결정된 사항을 중심으로 의견을 모으는 장소로 변했다 해도 국가의사를 결정하는 주체는 여전히 국회의원으로 구성되는 의회이다. 정당은 국가기관이 아니고 사적 결사에 불과하므로 그 의사가 곧바로 국가의사가 되는 것이 아니다. 의회가 국민 전체를 대표하여 국가이익을 위해 국가의사를 결정할 수 있으려면 그 구성원인 국회의원이 자유로운 토론과 비판을 통해 국가이익에 부합하는 정책을 도출하고 양심과 소신에 따라 투표할 수 있는 자유위임적 지위를 가져야 하며, 이는 앞서 살핀 것과 같이 대의제 민주주의의 본질적 개념요소로서 포기될 수 없는 가치이다.

헌법에는 국회의원이 소속 정당의 명령을 따라야 한다는 규정이 어디에도 존재하지 않는다. 헌법 제8조 제1항이 "정당의 설립은 자유이며, 복수정당제는 보장된다."고 규정하여 정당설립·활동의 자유를 보장하고 있지만, 이 조항은 정당에 소속된 국회의원이 정당의 명령에 복종해야 한다는 명령적 위임을 인정하는 근거가 아니다.

국회의원이 정당의 공천을 받아 선거에 입후보하고, 유권자는 후보자의 소속 정당을 고려하여 투표하며, 국회의원이 되면 정당의 지시나 명령에 따라 활동하는 것은 부정할 수 없는 정치현실이다. 현실적으로 정당 소속의 국회의원은 어떤 제약도 받지 않는 의미에서 '자유로운' 직무활동을 하는 것이 아니라, 소속 정당의 대표적 인물로서 정당 내지 교섭단체와의 유기적 관계가 존재하는 현실 속에서 전체 국민을 대표한다. 국회의원이 정당의 명령에 불복하면 정당 차원의 징계 등을 받을 수도 있고, 차기 선거에서 공천에 탈락할 수도 있으며 그로 인해 재선에 실패할 수도 있기 때문에 자신의 영향력과 재선을 위해 정당의 지시나 명령에 스스로 복종할 수 있는데, 이런 정당기속성은 헌법규범에 의한 기속이 아니라 현실적 기속에 불과하다. 정당기속성은 정치현실에 불과할 뿐이고, 개별 국회의원에게 자유위임된 국가의사 결정권한을 의회 의사 진행과정의 효율성을 위해 정당 내지 교섭단체에게 귀속·독점시키는 것을 의미하는 것이 아니다. 헌법상의 통치기관 구성원리인 대의제 민주주의는 정당기속성이라는 정치 현실에도 불구하고 변화하는 사회·경제 환경 속에서 자유로운 정치적 의사형성과 국가이익을 위한 정책결정을 보장하기 위해 국회의원의 자유위임적 지위를 필수적으로 요구하고 있다.

국회법이 국회에 20인 이상의 소속 국회의원을 가진 정당, 그리고 다른 교섭단체에 속하지 않는 20인 이상의 국회의원이 따로 교섭단체를 각각 구성할 수 있도록 하여(제33조), 교섭단체로 하여금 위원회 구성(제48조), 본회의 법률안 심사에서 협의 등을 하도록 한 것(제95조)은 국회 의사결정의 효율성을 제고하기 위하여 교섭단체에 일정한 역할을 맡긴 것에 불과하여 이를 근거로 헌법이 보장하는 국회의원의 자유위임적 지위를 부인할 수 없다. 국민의 다원적 정치의사를 유도·통합하여 국가의사로 매개하는 정치적 도관으로서 정당이 기능하고, 교섭단체가 정당의 한 기관으로서 작동한다고 하더라도, 이러한 정당과 교섭단체의 기능의 전제는 그 구성원인 국회의원이 양심에 따라 국가이익을 위하여 직무수행을 한다는 것이다. 교섭단체는 국회의원이 자유위임적 지위에 있음을 토대로 성립하는 것이므로, 교섭단체가 국회 의사 진행 과정의 효율성을 제고하기 위해 국회의원의 자유위임적 지위를 압도하여 형해화하는 것은 자기의 토대를 스스로 무너뜨리는 것이 되어 허용될 수 없다.

5) 정당 내지 교섭단체의 내부 민주주의와 정당기속성

정당 내지 교섭단체의 내부에서 민주적 절차에 따라 형성된 당론이라고 해도 정당은 국가기관이 아닌 사적 결사에 불과하므로, 사적 결사의 당론에 복종해야 한다는 정당기속성이 사실적 수준에 머무르지 않고 국회의원의 자유위임적 지위를 압도하여 형해화할 정도에 이르는 것은 헌법상 용인될 수 없다.

정당이 민주적으로 운영되고 있는 민주주의 국가들에서도 국회의원이 당론에 따르지 않고 양심에 따른 교차투표(cross-voting)를 하는 것이 인정되어 온 것은 개방적인 의견 교환과 자유로운 토론을 통해 국가이익을 위한 결정을 하기 위해서 국회의원의 자유위임적 지위가 보장되고 있기 때문이다.

6) 기초사실

가) 제362회 국회(임시회)에서는 2018. 7. 26. 법원, 검찰 등 사법제도 전반에 대한 종합적이고 체계적인 개선방안을 마련하고 관련 법안의 심사 및 처리 등을 위한 '사법개혁 특별위원회 구성결의안' 및 선거제도 개편을 위한 '정치개혁 특별위원회 구성결의안'이 통과되었고, 제364회 국회(정기회)에서는 2018. 10. 18. 사법개혁 특별위원회 위원 18명 및 정치개혁 특별위원회(이하 '정개특위'라고 한다)의 위원 18명이 각 선임되어 관련 논의가 시작되었다. 이 사건에서 개선의 대상이 된 국회의원 오신환과 국회의원 권은희는 당시 바른미래당의 교섭단체 소속 국회의원으로서 사개특위 위원으로 선임되었고, 오신환 의원은 2018. 11. 23. 국회 사개특위 산하 검찰·경찰개혁소위원회 위원장으로 선임되었으며, 그 이후 '고위공직자비리수사처(이하 '공수처'라 한다) 설치', '검·경 수사권 조정'에 관한 법률안 심사

및 처리 등과 관련한 위원회 직무를 수행하였다.

두 개의 특별위원회가 가동하여 활동을 시작한 이래 '공수처 설치', '검·경 수사권 조정' 및 '선거제도 개편'이 논의되는 과정에서 교섭단체들 중에 관련 법률안들을 모두 동시에 신속처리대상안건으로 지정하여 처리하여야 한다는 입장이 있음이 알려지면서 국회 내에서는 이에 대한 찬·반 논의들이 쌓여가고 있었다.

나) 오신환 의원은 2019. 1.경 언론을 통해 공개적으로 '검찰개혁의 일환인 검·경 수사권 조정 및 공수처 신설에 찬성한다. 다만, 공수처는 독립된 수사권만을 가지고, 기소권은 가지지 않아야 한다. 기소권은 소추기능을 담당하는 검찰이 가져야 한다. 공수처가 수사권과 기소권을 동시에 가지게 되면 현행 검찰의 권한과 같아져서 검찰을 개혁하기 위해 검·경 수사권 조정을 하는 취지와 상충한다'는 취지의 소신을 표명하였다. 또한, 오신환 의원은 사개특위 구성 이전인 2017. 10. 31. '고위공직자부패방지처법안(의안번호 제209961호)'을 발의하기도 했는데, 그 내용은 고위공직자 범죄를 수사하는 부패방지처는 독립적인 수사권만을 가지고, 기소권은 검찰이 갖는 것이었다.

다) 한편, 정개특위의 위원장인 정의당 소속 심상정 의원, 정개특위의 간사들인 더불어민주당의 교섭단체 소속 김종민 의원, 바른미래당의 교섭단체 소속 김성식 의원, 민주평화당 소속 천정배 의원은 2019. 3. 17. 선거제 개혁의 일환으로 '지역구 225석, 권역별 비례 75석, 연동률 50% 적용의 연동형 비례대표제'를 담은 공직선거법 개정안을 '4당 정개특위 간사 합의사항'으로 공표하였다.

라) 오신환 의원은 2019. 3. 18. 언론을 통해 공개적으로 '2019. 3. 17.자 의원총회에서 드러난 바른미래당의 교섭단체 소속 국회의원들의 다양한 의견 중에서 신속처리대상안건 지정과 관련한 반대의견 두 가지를 전하겠다. 그 중 하나는 선거의 룰을 바꾸는 선거제도 개편에 관한 공직선거법개정안을 신속처리대상안건으로 지정하는 것 자체에 대하여 반대하는 의견이고, 다른 하나는 현재까지 검·경 수사권 조정과 공수처 신설에 관하여 나와 있는 법률안의 내용들이 불충분하므로 신속처리대상안건으로 지정하려면 내용의 보완이 필요하다는 의견이다'라는 취지의 발언을 하였다.

마) 바른미래당의 교섭단체는 2019. 3. 20. 의원총회를 열어 선거제 개편, 검·경 수사권 조정, 공수처 신설과 관련된 법률안에 대한 신속처리대상안건 지정에 대하여 논의를 하였는데, 바른미래당의 교섭단체 대표의원인 원내대표 김관영 의원(이하 '교섭단체 대표의원인 김관영 의원'이라고 한다)은 의원총회를 종료한 당일 오후 및 다음날인 2019. 3. 21. 언론을 통해 공개적으로 '공수처의 수사권과 기소권을 분리하는 문제, 공수처장 추천위원회 위원 5분의 3 이상 동의를 통한 공수처장의 추천, 국회 추천 몫 공수처장추천위원회 위원 4명 중 3명을 여당 외 교섭단체가 임명하는 방안이 바른미래당의 당론이고, 그 입장이 관철되지 않으면 패스트트랙을 진행하지 않겠다'는 취지로 발언하였다.

한편, 바른미래당의 교섭단체 소속의 또 한 명의 사개특위 위원으로서 역시 이 사건에서 개선의 대상이 된 국회의원 권은희는 2019. 3. 21. 언론을 통해 공개적으로 '공수처 신설과 관련된 바른미래당의 안은 공수처는 수사권만을 가지고, 기소권은 검찰이 갖는 방식으로 견제와 균형의 원리를 구현하고, 공수처장 추천에 있어서 야당이 실질적인 비토권을 가져야 한다는 것이다.'라는 취지의 발언을 하였다.

2019. 3. 21.자 언론보도에는 '바른미래당의 교섭단체 소속의 사개특위 위원들인 오신환 의원과 권은희 의원은 개혁법안에 바른미래당 요구가 관철되지 않으면 선거법 패스트트랙을 하면 안 된다는 입장'이라는 기사가 실리기도 하였다.

바) 더불어민주당의 교섭단체 대표의원인 원내대표 홍영표 의원, 교섭단체 대표의원인 김관영 의원, 민주평화당의 원내대표 장병완 의원, 정의당의 원내대표 윤소하 의원은 2019. 4. 22. 아래 [합의문]과 같은 이 사건 합의안을 발표하였다.

[합의문]

1. 선거제도 개편, 공수처 설치, 검·경 수사권 조정 등에 대해 다음과 같이 합의한다.
   ① 선거제도 개편 내용은 2019. 3. 17. 4당 정개특위 간사들 간의 합의사항을 바탕으로 미세조정한 관련법 개정안을 마련해, 신속처리안건으로 지정한다.
   ② 공수처 설치 관련법은 아래 내용을 담아 신속처리안건으로 지정한다.
      – 신설되는 공수처에는 기소권을 제외한 수사권과 영장청구권, 검찰의 불기소처분에 대해 법원에 재정신청 할 권한을 부여한다. 다만, 공수처가 수사한 사건 중 판사, 검사, 경찰의

경무관급 이상이 기소 대상에 포함되어 있는 경우에는 공수처에 기소권을 부여하는 등 실질적 견제를 위한 제도적 장치를 마련한다.
- 공수처장추천위원회에 여야 각각 2명씩의 위원을 배정하고, 공수처장은 위원 4/5 이 상의 동의를 얻어 추천된 2인 중 대통령이 지명한 1인에 대해 국회 인사청문회를 실시하고 대통령이 임명한다.
- 공수처의 수사·조사관은 5년 이상 조사·수사·재판의 실무경력이 있는 자로 제한한다.

③ 검·경 수사권의 조정은 그간 사개특위 4당 위원들 간 합의사항을 기초로 법안(대안)을 마련해, 신속처리안건으로 지정한다. 단, 검사작성 피신조서의 증거능력에 대해 선 제한하는 것으로 변경하되 법원 등의 의견을 수렴하는 과정을 거쳐 보완책을 마련한다.

2. 선거제도 개편, 공수처 설치, 검·경 수사권 조정 등에 대해 다음과 같이 합의한다.

① 이번 합의에 대한 각 당의 추인을 거쳐, 4당 원내대표들이 책임지고 2019. 4. 25.(목)까지 정개특위와 사개특위에서의 신속처리안건 지정을 완료한다.

사) 이 사건 합의안 중 '공수처에 일정한 경우 제한적 기소권을 부여하고, 공수처장을 추천하는 위원회의 결의요건이 위원 5분의 4 이상이며, 국회 추천 몫 공수처장추천위원회 위원 4명 중 여야 각각 2명씩 배정하는 것' 부분은 교섭단체 대표의원인 김관영 의원이 언론에 '공수처 설치에 관한 바른미래당의 당론'이라고 공표했던 안과는 그 내용 및 취지가 다른 것이었다.

2019. 4. 23. 오후 바른미래당의 교섭단체의 의원총회 당시 소속 국회의원들 사이에 이 사건 합의안 추인에 당론 변경 절차에 준하여 의원 3분의 2 이상의 찬성이 필요한지 아니면 일반 의원총회 의결과 같이 과반수 찬성이 필요한지 토론이 이루어졌고 투표를 통해 어떤 방식을 택할 것인지 결정하기로 하였다.

당시 의원총회에서 교섭단체 소속 국회의원 23명이 이 사건 합의안 추인을 어떤 방식으로 할 것인지 투표한 결과 12대 11의 단 1표 차이로 과반수 찬성 방식으로 합의안 추인 여부를 결정하기로 하였고, 이어서 이 사건 합의안 추인 여부에 대하여 재차 투표한 결과 12대 11의 단 1표 차이로 이 사건 합의안을 추인하였는데, 그 과정에서 첨예한 의견 대립이 있었다.

당시 의원총회에서 교섭단체 대표의원인 김관영 의원은 유승민 의원이 "오신환 의원과 권은희 의원 사보임 어떻게 하실 겁니까"라고 한 질문에 "저는 않는다고 말씀을 드렸구요."라고 대답하였고, 재차 유승민 의원이 "사보임 절대 안 하실 거예요?"라고 묻자 "예. 충분히 협의해서 지금까지 이 두 분이 여기까지 협상안이 그래도 진척될 수 있도록 노력을 해 오셨고, 충분히 협의를 해 왔다고 생각합니다. 그리고 두 분과 상의해서 잘 해결해 나가도록 하겠습니다."라고 대답하는 등 청구인과 권은희 의원을 사개특위 위원에서 사임시키지 않을 것이라는 취지의 발언을 하였다.

아) 오신환 의원은 의원총회 다음날인 2019. 4. 24. 05:57 페이스북에 다음과 같은 글을 게재하였다.

"…저는 당의 분열을 막고 저의 소신을 지키기 위해 사개특위 위원으로서 여야4당이 합의한 공수처 설치안의 신속처리안건 지정안에 반대표를 던지겠습니다. 저는 누구보다도 연동형비례대표제 도입을 바래왔지만, 선거법만큼은 여야합의로 처리해왔던 국회관행까지 무시하고 밀어붙여야 할 만큼 현재의 반쪽 연동형비례대표제가 가치 있다고 생각하지는 않습니다. 저는 검찰개혁안의 성안을 위해 거대양당의 틈바구니에서 사개특위 간사로서 최선을 다해 왔지만, 누더기 공수처법안을 위해 당의 분열에 눈 감으며 저의 소신을 저버리고 싶지는 않습니다. 아무쪼록 저의 결단이 바른미래당의 통합과 여야 합의 정치로 나아가는 계기가 되기를 바랍니다. 저는 이후로도 제대로 된 공수처 설치안과 검경수사권 조정안, 선거제 개편안의 도출과 국회통과를 위해 최선을 다하겠습니다. 바른미래당의 사무총장으로서 당의 통합과 화합에 앞장서겠습니다."

당시 사개특위는 더불어민주당의 교섭단체 소속 위원 8명, 자유한국당의 교섭단체 소속 위원 7명, 바른미래당의 교섭단체 소속 위원 2명, 민주평화당 소속 위원 1명 등 총 18명으로 구성되어 있었는데, 공수처 설치법안 및 검·경 수사권 조정 등을 담은 형사소송법 개정안, 검찰청법 개정안을 모두 신속처리대상안건으로 지정하기 위해서는 사개특위 재적위원의 5분의 3 이상인 11명 이상의 찬성 의결이 필요하였다. 당시 자유한국당의 교섭단체 소속 사개특위 위원들 7명은 이 사건 합의안 자체에 반대하고 있어서 나머지 사개특위 위원들 11

명 전원이 한 명도 빠짐없이 찬성해야만 신속처리대상안건 지정이 가능한 상황이었으므로, 오신환 의원과 권은희 의원 중 한 명이라도 반대할 경우 공수처 설치법안의 신속처리대상안건 지정은 부결될 것이 확실히 예상되었다.

자) 교섭단체 대표의원인 김관영 의원은 2019. 4. 24. 오전 바른미래당 최고위원회의 등에서 청구인을 사개특위 위원에서 개선(일명 '사·보임')하겠다는 의사를 표명하였고, 같은 날 14:00경 ○○병원에 입원 중이던 피청구인 국회의장을 방문하여 '사·보임 신청서가 접수되면 잘 검토해 달라'는 취지로 말하였다.

오신환 의원은 2019. 4. 24. 16:24 국회사무처 의사국장을 수신자로 하여 "사법개혁특별위원회 사·보임 반대의 건" 및 "사개특위 사·보임 해석에 대한 공무원 직권남용죄 등 안내의 건"이라는 제목의 공문들을 발송하였다. 당시 공문에는 "사개특위 위원직을 내려놓지 않겠다는 본 의원의 의사에 반하여 사·보임을 강제적으로 진행하는 것은 명백한 국회법 위반이고, 국회의원의 독립성과 자율성을 침해하므로 바른미래당 원내 대표의 사보임 요청안을 수령 결재토록 하는 것은 직권남용에 따른 국회의원의 권리행사를 방해할 수 있다는 점을 상기시켜드립니다."라는 취지가 기재되어 있었다.

교섭단체 대표의원인 김관영 의원은 2019. 4. 25. 09:20 팩스로 피청구인 국회의장에게 '교섭단체의 원활한 상임위 운영을 고려하여' 바른미래당의 교섭단체 소속 사개특위 위원 중 오신환 의원을 채이배 의원으로 개선할 것을 요청하는 공문을 제출하였고, 피청구인 국회의장은 같은 날 11:00경 위 요청에 따라 사개특위 위원을 개선하였다. 이로써 오신환 의원은 사개특위 위원에서 강제로 사임되었다.

차) 한편, 교섭단체 대표의원인 김관영 의원은 2019. 4. 25. 13:00경 바른미래당의 교섭단체 소속 사개특위 위원인 권은희 의원, 더불어민주당의 교섭단체 대표의원인 원내대표 홍영표 의원, 더불어민주당의 교섭단체 소속의 사개특위 위원장 이상민 의원 및 사개특위 간사 백혜련 의원과 국회에서 만나 사개특위에서 신속처리대상안건으로 지정할 공수처 설치법안 등의 내용에 대한 협상을 진행하였는데, 교섭단체 대표의원인 김관영 의원이 같은 날 17:40경 당시까지 합의된 내용으로 협상을 마무리하려 하자 권은희 의원은 추가 협상을 요청하며 협상장에서 이석하였다.

교섭단체 대표의원인 김관영 의원은 2019. 4. 25. 17:54 팩스로 피청구인 국회의장에게 '교섭단체의 원활한 상임위 운영을 고려하여' 바른미래당의 교섭단체 소속 사개특위 위원 중 권은희 의원을 임재훈 의원으로 개선할 것을 요청하는 공문을 제출하였고, 피청구인은 같은 날 17:55 위 요청에 따른 사개특위 위원 개선을 하였다. 이로써 권은희 의원 역시 사개특위 위원에서 강제로 사임되었다.

권은희 의원이 개선된 직후인 2019. 4. 25. 18:10경 더불어민주당의 사개특위 간사로서 위 협상에 참여한 백혜련 의원은, '고위공직자범죄수사처 설치 및 운영에 관한 법률안(의안번호 제2020029호)'을 제출하고자 그 법안을 국회사무처 의사국 의안과에 팩스로 송부하였다. 이 법안의 내용은 2019. 4. 22.자 이 사건 합의안의 내용을 거의 그대로 담은 것이었고, 특히 '공수처에 일정한 경우 제한적 기소권을 부여하고, 공수처장을 추천하는 위원회의 결의요건이 위원 5분의 4 이상이며, 국회 추천 몫 공수처장추천위원회 위원 4명 중 여야 각각 2명씩 배정하는 것'으로 되어 있는 내용도 그대로 반영된 것이었다. 이 법률안은 그 접수 절차에 있어 국회 의안정보시스템상 의안번호만 부여되고, 대표발의자가 잘못 표시되었으며, 의안 원문 파일이 첨부되지 않는 등의 문제가 발생하였고, 이에 백혜련 의원은 2019. 4. 26. 국회 입안지원시스템을 통하여 같은 법안을 다시 제출하였으며, 이 법률안에 대한 의안과의 접수 절차는 완료되었다(이하 '공수처 설치에 관한 백혜련 의원안'이라 한다).

권은희 의원은 2019. 4. 29. 공수처에 제한적 기소권을 부여하는 등에 있어 공수처 설치에 관한 백혜련 의원안과는 다른 내용을 담은 '고위공직자부패수사처 설치 및 운영에 관한 법안(의안번호 제2020037호)'을 제출하였고, 두 법안이 본회의에 부의되어 상정되고 위 백혜련 의원안의 수정동의안이 제출된 이후인 2019. 12. 28. 다시 위 백혜련 의원안에 대한 독자적인 수정동의안을 제출하였다.

카) 사개특위 전체회의가 2019. 4. 29. 22:52경 국회 507호 문화체육관광위원회 회의실에서 개최되었는데, 이 사건 각 개선행위로 개선된 채이배 의원, 임재훈 의원이 바른미래당의 교섭단체 소속 사개특위 위원으로서 참석하여 표결권을 행사하였다. 당시 사개특위 전체회의에서 자유한국당의 교섭단체 소속 위원 7명은 투표에 참여하지 않았고, 나머지 사개특위 위원들인 더불어민주당의 교섭단체 소속 위원 8명, 바른미래당의 교

섭단체 소속 위원 2명, 민주평화당 소속 위원 1명 등 총 11명 전원의 찬성으로 이 사건 합의안과 같은 공수처 설치법안 및 검·경 수사권 조정 등을 담은 형사소송법 개정안, 검찰청법 개정안에 대한 신속처리대상안건 지정동의안이 가결되었다.

7) 이 사건에 관한 판단

가) 헌법상 자유위임의 원칙은 국회의원이 정당이나 교섭단체로부터 받는 현실적인 기속력을 부인하지 않지만 국회의원이 그 현실적인 기속력에 저항하여 직무수행을 해도 그로 인한 어떤 법적 제재 내지 불이익을 받는 것을 용납하지 않을 것을 요청한다. 국회의원이 자신의 영향력 및 재선을 위하여 그 현실적인 기속력을 감수할지 여부와 그 범위를 스스로 결정할 여지를 헌법상 자유위임의 원칙이 부여한 것이다.

자유위임의 원칙과 정당기속성의 관계는 '헌법규범 상호간의 문제'가 아니라 '헌법규범과 정치현실 간의 문제'이므로 적정한 조화를 통해 해결될 수 있는 긴장관계에 있을 수 있지만, 조화로운 긴장관계를 넘어서서 자유위임의 원칙과 정당기속성이 상충하는 예외적인 사안에서는 헌법규범인 자유위임의 원칙이 정치현실에 불과한 정당기속성보다 우선함이 마땅하다.

비록 국회 의사 진행의 효율성에 기여하는 측면이 있다고 해도 정당기속성이 대의제 민주주의를 보충하는 현실의 한 모습에 그치는 정도를 넘어서서 국회의원의 자유위임적 지위를 압도한다면, 대의제 민주주의의 원리를 부정하고 대의제 민주주의의 틀을 뛰어넘는 원칙의 변화를 의미하여 이것은 받아들일 수 없다. 근대 민주주의의 역사를 살펴보더라도 민주주의는 국회의원을 "국민의 대표"로 간주하는 대의제 민주주의를 그 핵심적 기본원리로 삼아 출발한 것이었고, 다만 투표권의 확대로 민주주의가 대중적 민주주의로 변모하면서 민주주의의 효율성을 높이는 하나의 유용한 장치로서의 정당의 역할이 긍정된 것일 뿐, 민주주의의 핵심적 기본원리로서의 대의제 민주주의 자체가 폐기된 것은 아니기 때문이다(헌재 2003. 10. 30. 2002헌라1 반대의견 참조).

법정의견은 이 사건에서 문제되는 자유위임원칙 위반 여부를 국회 내의 교섭단체의 기능과 정당의 의사를 반영한 법률안 도출의 필요성을 고려한 국가의사 결정과정의 기능적 효율성의 측면에서만 판단하고 있는 것으로 보이는데, 이러한 입장에는 동의할 수 없다.

나) 이 사건 각 개선행위의 전후 경위를 살펴보면 다음과 같은 사정이 인정된다.

① 피청구인 국회의장의 이 사건 각 개선행위 당시 사개특위는 자유한국당의 교섭단체 소속 사개특위 위원 7명이 이 사건 합의안에 담겼던 공수처 설치법안에 대한 신속처리대상안건 지정에 반대하고 있어서 나머지 사개특위 위원 11명 전원이 단 한 명도 빠짐없이 찬성해야만 위와 같은 신속처리대상안건 지정이 가능한 상황이었다.

② 바른미래당의 교섭단체의 의원총회에서는 공수처 설치법안을 비롯한 사법개혁에 관한 법률안과 선거제도개편에 관한 공직선거법 개정안을 신속처리대상안건으로 지정한다는 이 사건 합의안에 대하여 12명이 찬성하고 11명이 반대하여 단 1표 차이로 추인하였는데, 이것은 바른미래당의 당헌 제48조 제3호, 제54조 제1항에서 정한 당론 요건인 '의원총회에서 재적의원 3분의 2 이상의 찬성'을 충족하지 못하여 '당론'이 될 수 없었다. 비록 1표 차이로 소수파가 되기는 하였지만 바른미래당의 교섭단체에는 청구인을 비롯한 소속 국회의원들 상당수가 이 사건 합의안의 추인에 반대하였던 것이다. 또한, 바른미래당의 당헌 제54조 제2항은 "당 소속 의원은 국회 표결 시 당론을 존중하여야 한다. 다만, 당론이 개인의 양심에 반하는 경우에는 이에 구속되지 아니한다."라고 정함으로써 가중된 정족수로 정해진 당론이 있는 경우에도 의원 개인의 양심을 존중하는 방식으로 규정되어 있었다.

③ 오신환 의원은 이 사건 개선행위 하루 전날 "당의 분열을 막고 소신을 지키기 위해 사개특위 위원으로서 여야 4당이 합의한 공수처 설치안의 신속처리대상안건 지정안에 반대표를 던지겠다."고 자신의 소신을 발표했고, 국회사무처에 "사개특위 위원직을 내려놓지 않겠다는 본 의원의 의사에 반하여 사·보임을 강제적으로 진행하는 것은 명백한 국회법 위반이고, 국회의원의 독립성과 자율성을 침해하는 것이다."라는 내용의 공문을 발송했다.

그런데 교섭단체 대표의원인 김관영 의원은 이 사건 합의안에 담겼던 공수처 설치법안의 신속처리대상안건 지정을 관철하기 위한 목적으로 이에 반대하는 오신환 의원을 사개특위에서 배제하기 위해 피청구인 국회의장에게 그에 대한 개선을 요청하였다. 이에 피청구인 국회의장은 그 요청에 응하여 위원 개선을 하였으며, 그 결과 오신환 의원은 사개특위 위원에서 강제로 사임되었고 그 자리에 채이배 의원이 보임되었다.

④ 오신환 의원이 개선된 직후인 2019. 4. 25. 13:00 경부터 17:40경까지 진행된 공수처 설치법안 등의 내용에 관하여 진행된 협상에서, 권은희 의원이 추가 협상을 요청하면서 협상장에서 이석한 직후인 2019. 4. 25. 17:54 교섭단체 대표의원인 김관영 의원은 피청구인 국회의장에게 권은희 의원을 개선할 것을 요청하였고, 같은 날 17:55 피청구인 국회의장은 그 요청에 응하여 위원을 개선함으로써 그 자리에 임재훈 의원이 보임되었다.

권은희 의원이 개선된 날인 2019. 4. 25.은 이 사건 합의안에서 '4당 원내대표들이 책임지고 신속처리안건 지정을 완료하기로 합의한 시한'이 종료되는 날이었고, 권은희 의원이 개선된 직후인 2019. 4. 25. 18:10경 백혜련 의원은, 이 사건 합의문상 권은희 의원이 지속적으로 이견을 보여 왔던 공수처에 대한 제한적 기소권 부여 등의 내용을 담은 공수처 설치 법안을 제출하고자 이를 의안과에 팩스로 송부하였다. 이후 권은희 의원은 이와 관련하여 자신의 소신을 담은 법안을 2019. 4. 29. 별도로 발의하였으며, 공수처 설치에 관한 백혜련 의원안이 본회의에 부의 및 상정된 이후인 2019. 12. 28.에는 그에 대한 수정동의안을 제출하였다.

이러한 사정을 종합하면, 교섭단체 대표의원인 김관영 의원이 2019. 4. 25. 권은희 의원에 대한 개선을 피청구인 국회의장에게 요청한 것은, 이 사건 합의안에 담겼던 공수처 설치법안의 신속처리대상안건 지정을 그 합의된 내용과 시한 내에 관철하기 위한 목적에서, 이러한 합의안의 내용에 이견을 표시하면서 추가 협상을 요구함으로써 이에 반하는 의사를 표시하는 권은희 의원이 사개특위 위원으로서 표결하는 것을 막기 위했던 것으로 볼 수 있고, 이에 응하여 피청구인 국회의장이 개선행위를 한 결과 권은희 의원은 강제로 사개특위 위원에서 사임된 것이라고 할 수 있다.

⑤ 이 사건 각 개선행위 이후 개최된 사개특위 전체회의에서는 이 사건 합의안에 담겼던 공수처 설치법안에 대한 신속처리대상안건 지정동의안이 자유한국당의 교섭단체 소속 위원 7명을 제외한 나머지 위원 11명 전원 찬성으로 가결됨으로써 결국 이 사건 각 개선행위를 요청한 교섭단체 대표의원인 김관영 의원의 목적은 관철되었다.

다) 이러한 사정들을 종합해 볼 때, 이 사건 각 개선행위는 사개특위에서 특정 법률안에 대한 신속처리대상안건 지정동의안을 가결시키기 위한 목적으로, 이에 반하는 의사를 표시한 오신환 의원과 권은희 의원을 사개특위의 해당 법률안 관련 심의·표결 절차에서 배제시키기 위해 요청되어 그들의 의사에 반하여 강제로 이루어진 것으로서 오신환 의원과 권은희 의원의 사개특위에서의 법률안 심의·표결권을 침해한 것이고, 이는 자의적인 강제사임에 해당하여 자유위임적 지위에 기초한 국회의원의 자율성과 독립성을 침해한 것이다.

헌법상 자유위임의 원칙은 오신환 의원과 권은희 의원이 국회 산하 위원회 활동을 함에 있어서 특정 정당을 대표하는 지위에서 교섭단체의 위와 같은 추인의결에 스스로 복종할 수 있는 정당기속성을 부인하지 않지만, 여기에서 더 나아가 국민의 대표자인 국회의원으로서 자신의 양심과 독자적인 판단에 근거하여 그 추인의결 중 일부인 특정 법률안에 대한 신속처리대상안건 지정에 반대했다는 이유로 사개특위에서의 법률안 심의·표결권을 침해받는 법적 불이익을 받는 것을 용납하지 않을 것을 요청한다.

이 사건 각 개선행위는 교섭단체의 추인의결에 반하는 소속 국회의원의 사개특위 위원 지위를 강제로 박탈함으로써 사개특위에서의 특정 법률안에 대한 심의·표결권의 행사를 사전에 전면적으로 금지하는 결과를 초래하였는데, 이는 정당의 기속성이 자유위임의 원칙을 압도하는 것이다. 정당기속성이라는 정치현실의 이름으로 이것을 허용하는 것은 자유위임에 따른 국가대표성의 구현이라는 대의제 민주주의의 원리를 부정하고 대의제 민주주의의 틀을 뛰어넘는 원칙의 변화를 의미하는 것으로 받아들일 수 없다.

법정의견은 국회의원의 의사에 반하는 개선을 허용하더라도 직접 국회의원이 정당이나 교섭단체의 의사와 달리 표결하는 것을 금지하게 되는 것은 아니며, 아울러 위원회 위원이 아니더라도 그 소관 법안을 제출할 수 있고 위원회에서 발언할 수 있어 위원회 심사 절차에 전혀 참여할 수 없는 것은 아니므로 자유위임에 기한 권한이 제한되는 정도가 크다고 볼 수 없다고 한다. 하지만, 위원회의 참여는 본회의 참여와 비견될 수 있는 중요한 의미를 가지며, 국회의원이 자신의 정치적 견해를 국회의 의사형성과정에 반영할 수 있는 '국회의원의 헌법적 지위의 본질적 부분'이라는 점, 국회 본래의 사명인 입법을 위한 심의·표결에 관한 한 본회의에 있어서든 위원회에 있어서든 국회의원이 양심에 따라 독립하여 심사하고 표결하는 권한은 불가침, 불가양의 권한이라는 점(헌재 2003. 10. 30. 2002헌라1 반대의견 참조), 이 사건 개선행위는 교섭단체의 추인의결에 반대하는 소속 국회의원의 사개특위 위원 지위를 강제로 박탈함으로써 사개특위에서의 심의·표결권의 행사를 사전에 전면적으로 금지하는 결과를 초래한 점을 고려할 때, 국회의원이 자유위임적 지위에서 갖는 위원회에서의 법률안 심의·표결권이 침해된 상황을 법정의견의 입장과 같이 가볍게 보는 것은 동의할 수 없다.

8) 소결

따라서 피청구인 국회의장의 국회의원 오신환, 권은희에 대한 이 사건 각 개선행위는 헌법상 보장되는 자유위임의 원칙을 명백하게 위반하였다고 할 것이다.

(다) 이 사건 각 개선행위의 국회법 위반 여부

1) 위원회 위원 개선에 관한 국회법 조항들의 내재적 개선 제한 사유

가) 합헌적 법률해석

일반적으로 어떤 법률에 대한 여러 갈래의 해석이 가능할 때에는 원칙적으로 헌법에 합치되는 해석, 즉 합헌해석(合憲解釋)을 하여야 한다. 왜냐하면 국가의 법질서는 헌법을 최고법규로 하여 그 가치질서에 의하여 지배되는 통일체를 형성하는 것이며 그러한 통일체내에서 상위규범은 하위규범의 효력근거가 되는 동시에 해석근거가 되는 것이므로, 헌법은 법률에 대하여 형식적인 효력의 근거가 될 뿐만 아니라 내용적인 합치를 요구하고 있기 때문이다. 다만, 합헌적 법률해석을 하더라도 법률의 조항의 문구가 간직하고 있는 말의 뜻을 넘어서 말의 뜻이 완전히 다른 의미로 변질되지 아니하는 범위 내이어야 한다는 문리적 한계와 입법권자가 그 법률의 제정으로써 추구하고자 하는 입법자의 명백한 의지와 입법의 목적을 헛되게 하는 내용으로 해석할 수 없다는 법 목적에 따른 한계를 준수하여야 한다(헌재 2002. 11. 28. 98헌바101등; 헌재 2015. 5. 28. 2012헌마653 참조).

나) 위원회 위원 개선에 관한 국회법 제48조 조항들의 내재적 개선 제한 사유

국회의 위원회 위원 개선과 관련하여, 국회법 제48조 제1항은 '상임위원은 교섭단체 소속 의원 수의 비율에 따라 각 교섭단체 대표의원의 요청으로 의장이 개선'하도록 하고, 같은 조 제4항은 '특별위원회 위원은 제1항에 따라 의장이 상임위원 중에서 선임'하도록 하며, 같은 조 제6항은 '제1항부터 제4항까지에 따라 위원을 개선할 때 임시회의 경우에는 회기 중에 개선될 수 없고, 정기회의 경우에는 선임 또는 개선 후 30일 이내에는 개선될 수 없으나, 다만 위원이 질병 등 부득이한 사유로 의장의 허가를 받은 경우에는 예외적으로 개선이 가능'하도록 각 규정하고 있다(이하 각 조항을 통틀어 '국회법 제48조 조항들'이라 한다).

그런데 헌법 제46조 제2항은 "국회의원은 국가이익을 우선하여 양심에 따라 직무를 행한다."고 규정하여, 대의제 원리에 따라 선출된 국회의원이 선거구민, 정당 및 이익단체 등의 특수이익이 아니라 전체 국민을 위한 국가이익을 추구할 수 있도록 자유위임적 지위를 명시적으로 보장하고 있다. 그러므로 국회법 제48조 조항들을 해석함에 있어서는 헌법에서 정한 자유위임의 원칙에 합치되도록 해석하여야 하고, 이에 따라 이 조항들 속에는 위원회 위원을 개선함에 있어서 헌법상 자유위임의 원칙을 침해하거나 훼손할 수 없다는 내재적인 한계가 법률해석상 당연히 존재한다고 보아야 한다(헌재 2003. 10. 30. 2002헌라1 반대의견 참조).

앞서 살펴 본 바와 같이, '자유위임의 원칙'은 대의제 민주주의의 본질적인 개념요소 중 하나로서, 국민의 대표자인 국회의원이 특정 이익을 대변하는 특정 계급이나 특정 집단의 명령으로부터 법적으로 자유로운 지위에서 국민 전체를 대표하여 국가이익을 추구하는 원칙을 말한다. 오늘날 정당국가현상에 따른 정당의 기속성이라는 정치현실이 인정되고 있고 존중되어야 하지만, 정당기속성이 대의제 민주주의를 보충하는 정도를 넘어서 국회의원의 자유위임적 지위를 압도하는 것은 대의제 민주주의와 헌법상의 자유위임의 원칙을 침해하는 것이다. 따라서 교섭단체 대표의원이 특정 위원회의 위원으로 배정되어 활동하고 있는 국회의원을 그 의사에 반하여 자의적으로 그가 속한 위원회의 위원에서 강제로 사임시키는 개선행위는 자유위임의 원칙에 기초한 국회의원의 자율성과 독립성을 침해하는 것으로 허용될 수 없다.

이와 같은 헌법상 자유위임의 원칙의 의의와 내용을 고려하면, 국회의원 본인이 계속 해당 위원회에서 위원으로 활동하기를 원하고 있다면 국회법 제48조 제7항과 같은 정당한 사유가 있는 경우, 예를 들어 '의원이 기업체 또는 단체의 임·직원 등 다른 직을 겸하게 되어 그 소속된 위원회의 활동이 그 직과 직접적인 이해관계를 가지게 된 경우'나 '위원회와 관련하여 위법하거나 부당한 행위를 한 사실이 인정되는 경우' 등과 같이 위원회 위원으로서 계속 활동하는 것이 공정을 기할 수 없는 뚜렷한 사유가 인정되는 경우가 아닌 한, 본인의 의사에 반하여 자의적으로 위원회 위원에서 강제로 사임시킬

수 없는 '내재적 개선 제한 사유'가 있는 것으로 국회법 제48조 조항들을 해석하는 것이 헌법 제46조 제2항의 자유위임의 원칙에 합치되는 해석이라고 할 것이다(헌재 2003. 10. 30. 2002헌라1 반대의견 및 국회법 제48조 제7항 참조). 국회법 제48조 조항들 어디에도 국회의원 본인의 의사에 반하여 위원회 위원을 강제로 개선하는 것이 허용된다는 명시적 언급이 없으므로 이러한 합헌해석은 위와 같은 문리적 한계를 준수한 것이다. 또한, 이러한 합헌해석은 입법권자가 국회법의 제정을 통해 추구하고자 하는 입법목적인 '국회의 조직·의사(議事), 그밖에 필요한 사항을 규정함으로써 국민의 대의기관인 국회의 민주적이고 효율적인 운영에 기여'하는 것으로서 법 목적에 따른 한계 역시 준수한 것이다.

국회실무를 살펴보면, 2017. 5. 19. 자유한국당의 교섭단체 대표의원으로부터 국토교통위원회의 김현아 위원을 보건복지위원회 위원으로, 보건복지위원회의 송석준 위원을 국토교통위원회 위원으로 개선하여 달라는 요청이 김현아 의원 본인의 의사에 반하여 국회의장에게 제출되었으나, 당시 국회의장은 개선을 보류한 채 교섭단체의 내부적인 해결을 권고하였으며, 이후 자유한국당의 별도의 공식적인 추가 요청 없이 2018. 5. 29. 제20대 국회 전반기의 상임위원 임기가 만료된 사례가 있다. 당시는 국회법 제48조 제6항 소정의 위원의 개선이 제한되는 시기가 아닌 폐회 중이었는데, 국회의장은 개선이 요청된 김현아 의원 본인의 의사에 반하는 개선행위를 하지 않은 것이다.

다) 앞서 살펴본 바와 같이 이 사건 각 개선행위는 헌법 제46조 제2항에서 규정한 '자유위임의 원칙'에 위반되는 것이므로, 국회법 제48조 조항들에 대한 합헌적 법률해석에 따르면 이 사건 각 개선행위는 위 조항들의 내재적 개선 제한 사유인 헌법상 자유위임의 원칙을 침해하거나 훼손할 수 없다는 한계를 넘은 것에 해당하여 국회법 제48조 조항들을 위반했다는 평가를 면할 수 없다.

한편, 국회법 제48조 제6항은 '위원회의 전문성을 강화하고 정치적 사유에 따라 위원의 잦은 사·보임이 이루어지는 것을 방지'하려는 입법목적 하에 '임시회 회기 중의 개선'을 명시적 개선 제한 사유로 규정하고 있는데, 이 사건 각 개선행위에 대한 국회법 제48조 제6항 소정의 명시적 개선 제한 사유 위반 여부가 중요한 쟁점 중 하나로 부각되어 있고, 국회법 제48조 제6항 소정의 명시적 개선 제한 사유는 앞으로도 국회의 위원회 위원 개선과 관련하여 계속 적용되어야 할 조항이므로, 그 해석에 대한 해명이 필요하다. 따라서 아래에서 국회법 제48조 제6항 소정의 명시적 개선 제한 사유의 해석 및 이 사건 각 개선행위가 이 조항을 위반하였는지 여부에 대한 우리의 견해를 밝힌다.

2) 국회법 제48조 제6항 본문의 해석

가) 법해석의 목표는 어디까지나 법적 안정성을 저해하지 않는 범위 내에서 구체적 타당성을 찾는 데 두어야 한다. 그리고 그 과정에서 가능한 한 법률에 사용된 문언의 통상적인 의미에 충실하게 해석하는 것을 원칙으로 하고, 나아가 법률의 입법 취지와 목적, 그 제·개정 연혁, 법질서 전체와의 조화, 다른 법령과의 관계 등을 고려하는 체계적·논리적 해석방법을 추가적으로 동원함으로써, 앞서 본 법해석의 요청에 부응하는 타당한 해석이 되도록 하여야 한다. 한편, 법률의 문언 자체가 비교적 명확한 개념으로 구성되어 있다면 원칙적으로 더 이상 다른 해석방법은 활용할 필요가 없거나 제한될 수밖에 없고, 어떠한 법률의 규정에서 사용된 용어에 관하여 그 법률 및 규정의 입법 취지와 목적을 중시하여 문언의 통상적 의미와 다르게 해석하려 하더라도 당해 법률 내의 다른 규정들 및 다른 법률과의 체계적 관련성 내지 전체 법체계와의 조화를 무시할 수 없으므로, 거기에는 일정한 한계가 있을 수밖에 없다(대법원 2009. 4. 23. 선고 2006다81035 판결).

나) 국회 내 상임위원회 위원 또는 특별위원회 위원의 개선에 관한 국회법 제48조 제6항은 "제1항부터 제4항까지에 따라 위원을 개선할 때 임시회의 경우에는 회기 중에 개선될 수 없고, 정기회의 경우에는 선임 또는 개선 후 30일 이내에는 개선될 수 없다. 다만, 위원이 질병 등 부득이한 사유로 의장의 허가를 받은 경우에는 그러하지 아니하다."라고 규정하고 있다. 국회법 제48조 제6항 본문 중 "…위원을 개선할 때 임시회의 경우에는 회기 중에 개선될 수 없고…" 부분은 법률의 문언 자체가 명확한 개념으로 구성되어 있어 더 이상 다른 해석방법을 활용할 필요가 없다. 위 법률규정에 사용된 문언의 통상적인 의미에 충실하게 해석하면, 국회 내 상임위원회 위원 또는 특별위원회 위원을 개선할 때 임시회의 경우에는 그 회기 중에 개선될 수 없다고 규정하고 있음이 명백하다.

따라서 국회 내 상임위원회 위원 또는 특별위원회 위원의 개선과 관련하여 국회법 제48조 제6항 본문에 의하면 '위원은 임시회의 회기 중에 개선될 수 없다'고 할 것이다.

다) 법정의견은 국회법 제48조 제6항 본문의 해석과 관련하여, 본회의에서 의결이 될 당시에는 국회법 제48조 제6항 본문이 "…임시회의 경우에는 동일 회기 중 개선될 수 없고…"라고 규정되어 있었는데, 당시 국회의장이 본회의 의결 후 법률안을 정리하는 과정에서 "동일"이 삭제되어 현행 조문과 같이 "…임시회의 경우에는 회기 중에 개선될 수 없고…"로 바뀌었으므로, 국회법 제48조 제6항 본문을 해석함에 있어 본회의 의결 당시 문구인 "동일 회기"를 전제로 하여 해석하여야 한다고 한다. 그리고 국회법 제48조 제6항의 입법연혁 및 체계적 의미 등을 고려하여 해석하면, "…임시회의 경우에는 동일 회기 중에 개선될 수 없고…"의 실질적 의미는 '임시회의 경우에는 선임 또는 개선된 임시회 회기와 동일한 회기 중(위원으로 선임 또는 개선된 임시회 회기 중)에 개선될 수 없다.'고 해석하는 것이 타당하다고 한다.

살피건대, 설령 법정의견처럼 본회의에서 의결될 당시 국회법 제48조 제6항 본문의 문언이었던 "…임시회의 경우에는 동일 회기 중에 개선될 수 없고…"를 전제로 해석한다고 하더라도, 그 해석은 문리적·체계적·목적론적으로 타당한 해석이 되어야 함은 물론이다. 그런데 다음과 같은 이유들에 비추어 보면, 법정의견의 해석보다는 앞서 살펴본 '위원은 임시회의 회기 중에 개선될 수 없다'고 보는 것이 더 합리적이고 타당한 법률해석이라고 할 것이다.

① 첫째, 법정의견의 해석에 따르면 당시 국회의장이 본회의 의결 후 국회법 제48조 제6항 본문을 정리하면서 "동일" 문구를 삭제한 이유를 합리적·합법적으로 설명할 수 없다.

국회의 위임 의결이 없더라도 국회의장은 국회에서 의결된 법률안의 조문이나 자구·숫자, 법률안의 체계나 형식 등의 정비가 필요한 경우 의결된 내용이나 취지를 변경하지 않는 범위 안에서 이를 정리할 수 있다고 봄이 상당하고(국회법 제97조 참조), 다만 국회의장이 국회에서 의결된 법률안의 실질적 내용에 변경을 초래하는 경우에는 헌법 및 국회법상의 입법절차에 위반된다(헌재 2009. 6. 25. 2007헌마451). 특히, 법정의견이 그 해석의 근거로 드는 헌재 2009. 6. 25. 2007헌마451 결정의 사안은, 법률해석에 관한 문리적·체계적·목적론적인 해석 기준을 모두 고려하여 '공포된 법률조항'인 심판대상조항을 해석한 결과, 그 문구가 본회의에서 의결된 것과 다소 다르더라도 그 내용은 본회의에서 의결된 것과 다르지 않으므로 국회의장의 자구 정리가 본회의에서 의결된 법률안의 실질적 내용을 변경한 것은 아니라고 판단한 경우였다.

그런데 법정의견처럼 본회의 의결 당시 국회법 제48조 제6항 본문 중에 있었던 "동일 회기"를 '위원이 선임 또는 개선된 임시회 회기와 동일한 회기'라고 해석하여 위원이 선임 또는 개선된 임시회 회기에만 개선될 수 없다고 보게 되면, 국회의장이 본회의에서 의결된 국회법 제48조 제6항 본문의 자구 및 체계 등을 정리하면서 "동일"이라는 문구를 삭제함으로써 그 실질적 내용에 변경을 초래하여 헌법 및 국회법상의 입법절차를 위반하였다고 볼 수밖에 없게 된다. '공포된 법률조항'인 국회법 제48조 제6항 중 '…임시회의 경우에는 회기 중에 개선될 수 없고…'라는 문언은 '임시회의 회기 중에 개선될 수 없다.'라는 의미로 명확히 이해되는데, 그 내용이 '본회의에서 의결된 법률안'의 실질적 내용을 법정의견과 같이 해석한 결과인 '선임 또는 개선된 임시회의 회기 중에 개선될 수 없다.'는 것과 같다고 볼 수는 없기 때문이다.

국회법 제48조 제6항 본문에 대한 국회의장의 자구 정리로 "동일"이라는 문구를 삭제한 것이 본회의에서 의결된 법률안의 실질적 내용에 변경을 초래한 것이 아니라고 볼 경우에는, 본회의에서 의결된 법률안에 있는 "동일"의 의미를 법정의견과 같이 해석하여서는 아니 된다. "동일"의 사전적 의미 중에는 '어떤 것과 똑같다'는 의미 외에도, '바로 그'라는 의미도 있고, 이러한 의미로 "…임시회의 경우에는 동일 회기 중에 개선될 수 없고…"를 "…임시회의 경우에는 바로 그 임시회 회기 중에 개선될 수 없고…"라는 뜻으로 새길 수 있다. 이처럼 본회의에서 의결된 국회법 제48조 제6항 본문의 "동일 회기"를 "바로 그 임시회 회기"로 해석하면 "동일" 문구의 존재 여부와는 상관없이 국회법 제48조 제6항 본문을 일관되게 해석할 수 있게 되므로, 당시 국회의장이 본회의 의결 후 국회법 제48조 제6항 본문의 자구 등을 정리하면서 "동일" 문구를 삭제한 이유를 합리적·합법적으로 설명할 수 있게 된다.

따라서 본회의에서 의결된 당시 국회법 제48조 제6항 본문의 문언이었던 "…임시회의 경우에는 동일 회기 중에 개선될 수 없고…"까지 감안하더라도 "동일"의 사전적 의미를 '바로 그'를 뜻하는 것으로 보아서 결론적으로 '임시회의 회기 중에 개선될 수 없다.'고 해석하는 것이 타당하다.

법정의견은 국회 본회의에서 의결된 국회법 제48조

제6항의 본문에서 "동일 회기"가 '해당 위원이 선임 또는 개선된 임시회와 같은 임시회'를 의미하는 것으로 해석되는 것은, "부결된 안건은 같은 회기 중에 다시 발의하거나 제출할 수 없다."라고 규정된 국회법 제92조에서 '같은 회기'가 '안건이 부결된 회기'를 의미하는 것과 마찬가지라고 한다. 그러나 국회법 제92조에는 '부결된 안건'이라는 문구가 명시되어 있는 반면, 국회법 제48조 제6항 본문에는 '임시회의 경우' '위원이 선임 또는 개선된' 회기를 일컫는 문구가 없으며, 이는 '정기회의 경우' '선임 또는 개선 후'라는 문구가 있다는 점과 대비되므로, 두 법률 조항은 문언의 구조상 차이가 있다. 오히려 국회법 제48조 제6항 본문에는 '위원을 개선할 때'라는 문구가 명시되어 있으므로, '위원을 개선할 때 임시회의 경우에는 동일 회기 중 개선될 수 없고'를 '위원을 개선할 때 임시회의 경우에는 바로 그 개선하고자 하는 회기 중 개선될 수 없고'로 해석할 수 있는 근거를 추가로 찾을 수 있을 뿐이다.

② 둘째, 법정의견은 국회법 제48조 제6항의 신설 논의 당시 최초 국회의장의 국회법 등 개정의견 및 당시 김택기 의원이 대표발의한 법률안, 그리고 정개특위가 제안한 법률안과 법제사법위원회의 체계·자구 심사 법률안 및 본회의에서 의결된 법률안 모두 임시회의 경우 '동일' 회기 중 개선될 수 없다는 내용이었음을 확인하고, 이를 토대로 임시회의 경우 개선될 수 없는 '회기'는 '개선의 대상이 되는 해당 위원이 선임 또는 개선된 임시회의 회기'를 의미한다고 해석한다. 그러나 국회법 제48조 제6항 본문의 입법과정을 고려하더라도 이러한 입장에는 동의하기 어렵다.

[국회법 제48조 제6항 본문의 입법과정]

입법안	국회법 제48조 제6항의 문안
국회의장의 국회법 개정의견(2002. 11. 8.)	위원을 개선하는 경우 그 위원은 개선된 다음날부터 보임된 위원회의 위원이 되며, 동일 회기내에는 다시 개선할 수 없다.
김택기 의원 대표발의안(의안번호 제162004호, 2002. 11. 11. 발의, 임기만료폐기)	⑥ 제5항의 규정에 의하여 개선된 위원은 개선된 다음날부터 보임된 위원회의 위원이 되며, 동일 회기내에는 다시 개선할 수 없다.
정개특위 제안 법률안(의안번호 제162056호, 2003. 1. 20. 정개특위의결, 원안가결)	⑥ 제1항 내지 제4항의 규정에 의하여 위원을 개선할 때 임시회의 경우는 동일 회기중 개선될 수 없고, 정기회의 경우는 매 30일 이내에는 개선될 수 없다. 다만, 위원이 질병 등 부득이한 사유로 의장의 허가를 얻은 경우에는 그러하지 아니하다.
법사위 체계·자구 심사안(2003. 1. 22.) 및 본회의 의결안(2003. 1. 22. 본회의 의결)	⑥ 제1항 내지 제4항의 규정에 의하여 위원을 개선할 때 임시회의 경우에는 동일 회기 중 개선될 수 없고, 정기회의 경우에는 선임 또는 개선후 30일 이내에는 개선될 수 없다. 다만, 위원이 질병 등 부득이한 사유로 의장의 허가를 받은 경우에는 그러하지 아니하다.
국회의장 자구수정안(2003. 1. 24. 정부 이송) 및 대통령 공포 법률(2003. 2. 4. 법률 제6855호)	⑥ 제1항 내지 제4항의 규정에 의하여 위원을 개선할 때 임시회의 경우에는 회기중 개선될 수 없고, 정기회의 경우에는 선임 또는 개선후 30일 이내에는 개선될 수 없다. 다만, 위원이 질병 등 부득이한 사유로 의장의 허가를 받은 경우에는 그러하지 아니하다.

위의 표에서 보는 바와 같이 국회법 제48조 제6항의 입법과정을 자세히 들여다보면, 당시 국회 본회의에서 의결된 법률안은 국회의장의 개정의견이나 김택기 의원이 대표발의한 법률안이 아니고 정개특위가 제안한 법률안으로서, 정기회와 임시회를 구분하여 30일 또는 이에 준하는 임시회의 기간 동안 위원의 개선을 제한하는 방식으로 제도가 설계된 것도 정개특위가 제안한 법률안부터 확인된다. 그리고 그 제안 당시의 규정 내용은 "…임시회의 경우는 동일 회기 중 개선될 수 없고, 정기회의 경우는 매 30일 이내에는 개선될 수 없다…"라고 되어 있었으나, 이후 법제사법위원회의 체계 및 자구 심사과정에서 "…임시회의 경우에는 동일 회기 중 개선될 수 없고, 정기회의 경우에는 선임 또는 개선 후 30일 이내에는 개선될 수 없다…"라고 규정됨으로

써 임시회에 관한 문언은 거의 그대로 둔 상태에서 정기회의 경우에만 '때'라는 문구가 '선임 또는 개선 후'라는 문구로 바뀌었다는 사실을 확인할 수 있다. 만약, 입법자의 의사가 정기회의 경우뿐만 아니라 임시회의 경우에도 '선임 또는 개선된' 임시회 회기와 동일한 회기 중에만 개선될 수 없도록 하고자 하는 것이었다면, 법제사법위원회 체계·자구 심사 시 이에 관한 문구를 법문의 앞부분에 있는 '임시회의 경우'에 대해서는 넣지 않고 뒷부분에 있는 '정기회의 경우'에 대해서만 넣는 방식이 아니라, 양자 모두에 공통되도록 법문의 앞부분에 개선 대상이 되는 위원이 '선임 또는 개선된 때'에 관련된 문구를 넣는 방식으로 명확하게 규정하였을 것이다. 이와 같은 입법과정, 특히 법제사법위원회의 체계·자구 심사 시에는 법률안의 체계·형식과 자구를 심사할 뿐 그 실질적인 내용을 심사하는 것이 아니라는 점을 고려하면, '개선 대상 위원이 선임 또는 개선된 때'는 '임시회의 경우'가 아닌 '정기회의 경우'에만 고려하였다는 해석이 입법자의 의사에 더 부합한다.

한편, '동일 회기'라는 문구는 법정의견이 상세히 밝히고 있는 바와 같이 국회법 제48조 제6항의 신설 논의 초기에 국회의장의 국회법 등 개정의견 및 김택기 의원이 대표발의한 법률안에서 제안되었던 것이고, 이에 관해 당시 정개특위에서 논의하여 정기회와 임시회의 구분, 30일의 위원회 활동 보장 등의 제도 설계가 있었던 것이며, 본회의에서 의결된 법률안은 김택기 의원 대표발의안이 아니라 정개특위의 대안인 점을 고려할 때, 법률안 신설 논의 초기의 문구가 남아 있었던 것이라고 볼 것이다. 따라서 '동일 회기'라는 문구는 교섭단체 간 정치적인 이유로 인한 위원의 잦은 사·보임을 제한하고 위원회의 전문성을 강화하고자 했던 '입법목적'을 달성하기 위한 '입법수단'으로서의 문구를 성안해 간 과정 중에 나타난 안의 하나라고 보는 것이 자연스럽다. 국회에서 법률안이 여러 단계의 입법과정을 거쳐 법률로 공포될 때까지 최초 발의 단계부터 위원회 심사, 본회의 의결, 의장의 자구 정리 및 대통령의 법률 공포에 이르는 일련의 절차를 통관하여 볼 때, 입법목적을 달성하기 위한 '수단'으로서의 구체적인 법률안의 문구 및 그 의미가 초기에는 불분명하거나 다의적이었다가 절차가 진행되고 여러 의원들의 논의를 거치면서 점점 명확해져 가는 것은 수많은 입법절차의 통상적인 모습이라고 할 것이다. 이러한 입법과정의 어느 단계까지 나타난 안은 공포된 법률의 해석에 참고할 수 있을 뿐, 절대적인 기준이라고 볼 수는 없다.

③ 셋째, 법정의견은 국회법 제48조 제6항의 입법목적을 '위원이 일정 기간 재임하도록 함으로써 위원회의 전문성을 강화'하는 것이라고 보고, 그 본문에서 정기회의 경우 위원이 '선임 또는 개선된 후' '30일' 동안 개선이 금지되는 것과 마찬가지로, 임시회의 경우에도 '개선의 대상이 되는 위원이 선임 또는 개선된' '임시회의 회기 중' 개선이 금지되는 것으로 해석한다. 그리고 이 사건에서 '국회의원 오신환, 권은희가 사개특위 위원으로 선임된 때'는 '정기회 회기 중'이었으므로 그로부터 30일이 지난 후에는 국회법 제48조 제6항 본문이 적용되지 않으며, 이 사건 각 개선행위가 있었던 때는 '개선의 대상이 된 위원이 선임된 임시회의 회기 중'이 아니므로 역시 국회법 제48조 제6항 본문이 적용되지 않는다고 한다. 이것은 결과적으로 국회법 제48조 제6항 본문을 적용함에 있어 '개선의 대상이 되는 위원이 선임 또는 개선된 때'가 '임시회의 경우'인지, '정기회의 경우'인지에 따라서 개선이 원칙적으로 금지되는 기간 내인지 여부를 판단하는 것이 된다. 또한, 법정의견은 폐회 중에도 위원회가 활동함을 강조하면서 위원의 개선이 제한되는 기간이 '회기 중'인지 여부에 대해서는 별다른 의미를 두지 않는 것으로 보인다. 그러나 헌법상 임시회의 회기는 30일을 초과할 수 없다는 점(헌법 제47조 제2항)을 전제로 국회법 제48조 제6항 본문의 구조를 체계적·목적론적으로 일관성 있게 해석한다는 관점에서 살펴보면, 법정의견의 해석론에는 다음과 같은 문제가 있다.

만약, '개선의 대상이 되는 위원이 선임 또는 개선된 때'가 '임시회의 경우'인지, '정기회의 경우'인지에 따라 개선이 원칙적으로 금지되는 기간 내인지 여부를 판단하면서 '임시회의 경우 선임 또는 개선된 회기 중에만 개선이 금지되는 것'으로 본다면, 임시회 회기 중 위원이 선임되거나 개선된 경우에는 그 '임시회 회기의 잔여기간' 동안만 개선할 수 없게 되어, 대부분의 경우 정기회 회기 중 선임되거나 개선된 경우의 '30일'보다 짧은 기간 동안만 위원의 재임이 보장되므로, 위원의 재임이 원칙적으로 보장되는 기간에 관하여 불균형을 초래하게 된다. 심지어 폐회 중에 위원이 선임 또는 개선된 경우 해당 위원은 '아무런 기간 제한 없이' 개선될 수 있게 되어 이러한 불균형은 더욱 심각해진다. 이것이 국회법 제48조 제6항 본문의 입법목적을 '회기 중'인지 여부와 상관없이 '위원이 일정 기간 재임하도록 하는 취지'로 파악한 데에 따른 것이라면, 그와 같이 파악한 입법의 목적과 취지에도 반한다고 할 것이다.

반면, 국회법 제48조 제6항 본문의 문언대로 위원을 '개선할 때'가 '임시회의 경우'인지, '정기회의 경우'인지에 따라 개선이 원칙적으로 금지되는 기간 내인지 여부를 판단하면서 '임시회의 경우에는 개선이 금지되는 것'으로 보면, 위원의 재임이 원칙적으로 보장되는 기간은 '회기 중'에 '30일(정기회의 경우)' 또는 이에 준하는 '임시회의 회기(헌법상 30일 이내)'가 되어 대부분의 경우 그 보장의 취지에 부합하면서 균형도 이루게 된다.

다만, 국회법 제48조 제6항 본문의 문언에 따라 위원을 '개선할 때'가 '폐회 중'이면 개선이 금지되지 않게 되므로, 정기회의 회기 종료일까지 30일이 남지 않았을 때 개선된 위원은 그 회기 종료 후 폐회 중에는 개선될 수 있을 것이나, 이는 예외적인 경우에 해당한다. 그런데 여기서 더 나아가 '임시회의 경우 선임 또는 개선된 회기 중에만 개선이 금지되는 것'으로 해석하면, 임시회의 회기 중 개선된 위원은 언제나 해당 회기의 잔여기간만 재임이 보장되므로, '임시회의 회기'를 '정기회의 회기 중 30일'에 준하는 기간으로 규정한 취지를 거의 살리지 못하는 결과가 된다.

국회법 제48조 제6항 본문에 '폐회 중'인 경우에 개선을 제한하는 문구가 없는 것은 그 입법목적과 연관하여 이해할 수 있다. 국회법 제48조 제6항의 입법목적은 '위원회'의 전문성을 강화하고 정치적 사유에 따라 잦은 사·보임이 이루어지는 것을 방지하고자 한 것이다. 그렇다면, 단지 개별 위원이 일정 기간 위원회에 재임하도록 보장하는 데에 그치는 것이 아니라 업무의 연속성을 보장하여 가급적 위원회에서 안건을 내실 있게 심의해 온 위원이 표결까지 할 수 있도록 함으로써 그 전문적인 심의의 내용이 위원회의 의결에 반영될 가능성을 높이고, 다른 한편 위원회의 전문성과 무관한 정치적 사유에 따른 개선으로 그 의결에 영향을 미칠 가능성은 낮추는 것이 입법목적에 부합한다고 할 것이다. '폐회 중'에도 활동할 수 있는 위원회의 위원을 '개선하고자 할 때'가 '회기 중'인지 여부가 의미를 갖는 것은, 대부분의 안건이 위원회의 의결로써 본회의 심의 단계로 이행되는데 본회의는 회기 중에만 열리므로, 정치적으로는 위원회에서 소관 안건이 의결되도록 하여 본회의에 부의 및 상정되도록 할 유인이 상대적으로 폐회 중인 경우보다는 회기 중인 경우에 더 크다는 점과 관련이 있다. 따라서 국회법 제48조 제6항 본문을 적용함에 있어 법문에 규정된 대로 위원을 '개선할 때', 즉 국회의장이 교섭단체 대표의원의 요청을 받아 위원을 개선하고자 할 때가 '임시회의 경우'인지, '정기회의 경우'인지, 즉 각각의 '회기 중'인지에 따라 위원의 개선이 금지되는 기간 내인지 여부를 판단함으로써, 위원의 위원회에서의 표결권 행사의 내용을 제약할 가능성이 상대적으로 높은 개선행위를 되도록 억제하는 것이 위와 같은 입법목적에 어울리는 해석이다.

이와 달리 국회법 제48조 제6항 본문의 입법목적을 단지 '개별 위원으로 하여금 일정 기간 위원회에 재임하도록 하는 취지'로만 파악하면서 그 해석에서 위원을 '개선할 때'가 '회기 중'인지 여부를 고려하지 않는다면, 이 조항에서 '임시회'의 경우와 '정기회'의 경우를 구분하고, 임시회가 30일 이내인 점을 고려하여 정기회의 경우 30일의 재임기간을 설정하며, '폐회 중'의 개선에 대해서는 제한하지 않는 방식으로 조문의 체계를 구성한 데에 대하여 아무런 의미를 두지 않는 것이 된다. 국회법 제48조 제6항의 신설 당시에도 위원회는 폐회 중에도 활동할 수 있었다. 그래서 입법자가 '회기'와 상관없이 위원이 위원회에 재임할 수 있는 기간을 보장하고자 하였다면, 단지 '위원이 선임 또는 개선된 때로부터 30일'과 같이 일정한 날짜 수만 규정하면 간명하였을 뿐만 아니라, 여러 가지 상황에 따른 불균형이 발생할 여지도 없었을 것이다. 그럼에도 불구하고 입법자는 굳이 '회기'에 의미를 두는 수단을 택하면서 이와 함께 위원의 재임이 보장되는 기간에 관한 임시회와 정기회 사이의 균형을 고려하고, 헌법상 임시회의 회기가 30일을 초과할 수 없다는 점을 참작하여 국회법 제48조 제6항 본문과 같은 문언의 규정을 두었다. 이러한 문언에 충실하게 해석할 때, 앞서 본 바대로 체계적 균형에 맞고 입법목적에 부합하는 결과가 도출되는 것이다.

라) 위와 같은 이유들을 종합하면, 국회법 제48조 제6항 본문 중 "…임시회의 경우에는 회기 중에 개선될 수 없고…"의 의미를 '선임 또는 개선된 임시회 회기 중에는 개선될 수 없다'고 보는 법정의견에는 동의하기 어렵고, '위원을 개선(하고자) 할 때 임시회 회기 중에는 개선될 수 없다'고 보는 것이 문리적으로나, 체계적·목적론적으로나 자연스럽고 타당한 해석이라고 할

것이다.

따라서 이 사건에서 피청구인 국회의장이 '국회의원 오신환, 권은희를 개선할 때'는 '임시회 회기 중'이었고 이 기간에는 위원이 개선될 수 없으므로, 이 사건 각 개선행위는 국회법 제48조 제6항 본문을 위반하였다고 보는 것이 타당하다.

3) 국회법 제48조 제6항 단서의 해석

가) 법정의견은 이 사건 각 개선행위가 국회법 제48조 제6항 본문에 반하지 않는다고 판단하여, 같은 항 단서에 해당하는지 여부를 별도로 판단하지 않았으나, 위원을 개선하고자 할 때가 임시회의 회기 중이면 개선될 수 없다는 해석에 따르면 이 사건 각 개선행위는 국회법 제48조 제6항 본문에 반하는 것이므로, 같은 항 단서의 '위원이 질병 등 부득이한 사유로 의장의 허가를 받은 경우'에 해당하는지 여부도 살펴볼 필요가 있다.

피청구인들은 국회법 제48조 제6항 단서의 해석과 관련하여, ① 국회의장에게 개선허가를 요청하는 주체는 교섭단체 대표의원으로 보아야 하고, ② '질병 등 부득이한 사유'에는 '교섭단체의 원활한 운영을 위하여 필요한 사유'도 포함된다고 할 것이므로 국회법 제48조 제6항 단서에 따라서 교섭단체 대표의원은 위원 본인의 동의 없이도 국회의장에게 개선허가를 신청하여 적법하게 위원이 개선되도록 할 수 있다고 주장하면서, 이 사건 각 개선행위가 만약 국회법 제48조 제6항 본문에 반한다고 하더라도 같은 항 단서에 의하여 국회의장의 개선허가를 받은 것으로 볼 수 있다고 한다.

나) 살피건대, 국회법 제48조 제1항, 제4항 및 제6항의 각 내용을 종합하면, 교섭단체 대표의원은 국회의장에게 요청하여 위원을 선임하거나 개선할 수 있으나, 국회법 제48조 제6항 본문의 개선제한 요건에 해당하는 경우에는 원칙적으로 개선될 수 없고, 다만 같은 항 단서에서 정한 '위원이 질병 등 부득이한 사유'가 있는 경우에는 교섭단체 대표의원이 요청하고 해당 위원이 국회의장의 허가를 받으면 예외적으로 개선될 수 있다고 해석된다. 국회법 제48조 제6항 단서에 따른 국회의장의 개선허가를 교섭단체 대표의원이 신청할 수 있다고 하여도, 이는 어디까지나 그러한 허가 신청에 대한 해당 위원의 명시적 또는 묵시적 동의가 있는 경우 등 예외적인 사안에 한정된다고 할 것이다. 아울러 '질병 등 부득이한 사유'에서의 '등'은 사전적 의미로 '그 밖에 같은 종류의 것이 더 있음'을 의미하므로, '부득이한 사유'는 적어도 위원의 질병과 유사한 사유이어야 할 것인데, 위원회의 전문성을 강화하고 정치적 사유에 따라 잦은 사·보임이 이루어지는 것을 방지하고자 한 국회법 제48조 제6항의 입법목적을 고려할 때, 그러한 '부득이한 사유'에 피청구인들이 주장하는 '교섭단체의 원활한 운영을 위하여 필요한 사유'도 포함된다고 볼 수는 없다.

따라서 이 사건 각 개선행위는 국회법 제48조 제6항 단서에 의하여 '의원이 질병 등 부득이한 사유로 의장의 허가를 받은 경우'로 볼 수 없다.

4) 국회의 위원 개선의 현황 자료에 대한 평가

이 사건 기록과 변론에서 확인되는 국회사무처의 통계에 의하면, 법정의견의 해석에 의하더라도 국회법 제48조 제6항 본문에 반하는 경우가 많이 존재한다. 이 중 임시회 회기 중 선임·개선된 위원이 동일 회기 중 개선된 경우만 보더라도 2003. 2. 4. 이후 2019. 4.까지 총 285건에 이르고, 그 중 제19대 국회에서는 91회, 제20대 국회에서 2019. 4.까지는 126회에 이른다. 이에 대해 피청구인들은 위와 같은 사례들을 국회법 제48조 제6항 단서가 적용된 경우로 추정한다. 하지만, 위원회 위원이 개선된 현황에 관한 자료를 이렇게 본다면, 국회법 제48조 제6항 본문의 '임시회의 경우에는 회기 중에 개선될 수 없고' 부분을 어떻게 해석하는지의 문제와는 무관한 것이 되므로, 이에 관한 국회의 관행을 보여주는 유의미한 자료라고 보기 어려울 것이다.

한편, 법정의견은 제16대 국회(임기 2000. 5. 30.~2004. 5. 29.)에 관한 자료를 들어 선임 또는 개선된 '동일 임시회 회기 중' 개선된 사례에 비하여 선임 또는 개선된 회기 '이후의 임시회 회기 중' 개선된 사례가 훨씬 많다고 하면서, 국회법 제48조 제6항 본문을 개선 대상 위원이 임시회의 회기 중 선임 또는 개선되었으면 그와 동일한 회기 중에만 개선이 제한되는 것으로 해석하는 근거로 든다. 하지만, 통계 자료상 선임 또는 개선된 동일 임시회 회기 중 개선된 사례의 수에는 30일 이내의 해당 임시회의 회기 내에 이루어진 사례만 포함되는 반면, 선임 또는 개선된 회기 이후의 임시회 회기 중 개선된 사례의 수에는 위원이 선임 또는 개선된 임시회의 바로 다음 임시회 회기뿐만 아니라, 그 이후에 개회된 여러 차례의 모든 임시회 회기 중에 개선된 사례의 수가 포함될 수 있는 것이므로,

양자가 동등하게 비교될 영역이 아니라는 점에서 위와 같은 통계 자료가 국회법 제48조 제6항 본문의 임시회의 경우에 관한 어떤 해석론을 뒷받침한다고 단정하기는 어렵다.

국회사무처의 통계에 의하면, 선임 또는 개선된 임시회와 동일한 회기 중 개선된 사례의 횟수마저도 제16대 국회에서는 2회였던 것이 제17대 국회 25회, 제18대 국회 41회, 제19대 국회 91회로 증가하다가 제20대 국회에서는 2019. 4.까지의 숫자만 126회에 이르고, 선임 또는 개선된 임시회 이후의 임시회 회기 중 개선된 사례는 제16대 국회 108회, 제17대 국회 304회, 제18대 국회 359회, 제19대 국회 402회, 그리고 제20대 국회에서는 2019. 4.까지 361회에 이른다. 이러한 통계자료와 함께 임시회의 회기가 30일 이내로 짧다는 점을 고려하면, 특히 제20대 국회의 경우는 임시회 회기 중 개선된 사례 중 선임 또는 개선된 회기와 동일한 회기 중이었는지, 아니면 그 이후의 회기 중이었는지의 구분에 어떤 유의미한 차이가 있는지도 의문이 들 뿐만 아니라, 이러한 개선 현황은 국회법 제48조 제6항이 제대로 지켜지지 못하고 점점 그 의미가 퇴색하여 왔을 수 있다는 경향을 보여줄 뿐이다.

국회법 제48조 제6항 단서의 해석과 관련하여 위원의 개선을 비교적 폭넓게 허용하는 해석에 대해서는 위원회 위원 개선의 예외적 허용사유를 규정한 단서 조항의 목적과 의미도 무력화시킴으로써 '위원 개선의 원칙적 금지, 예외적 허용'이라는 조항 전체의 체계에도 맞지 않게 될 수 있다는 점이 우려되는데, 위와 같은 개선 현황은 이러한 우려가 기우가 아닐 수 있음을 보여준다고 할 것이다.

나아가 피청구인들이 국회법 제48조 제6항 단서와 관련하여 주장하는 국회의 운용에 관한 사례들은 위원이 개선되는 사유들을 교섭단체의 원활한 운영 등을 포함하여 폭 넓게 인정하는 것으로, 이것은 실제 국회의 운용 현실상 국회법 제48조 제6항을 적용할 때, '개선의 대상이 되는 위원이 선임 또는 개선된 때'가 아니라, 그 위원을 '개선할 때'가 임시회의 경우인지, 정기회의 경우인지에 따라 위원의 개선이 원칙적으로 금지되는 기간 내인지를 판단하는 것이 타당함을 방증한다고 볼 수 있다. 즉, 국회법 제48조 제6항의 규정이 2003. 2. 4. 신설된 이후에도 국회 상임위원회 내지 특별위원회의 활동 중 위원의 개선이 수시로 많이 행하여졌는데, 이 때 개선되는 위원이 과거 임시회 또는 정기회의 회기 중 언제 선임되었는지 여부를 따져 개선하기보다는 그 위원의 그간의 활동 실적을 파악하여 소속 교섭단체의 입장에 일치되는 주장 내지 활동, 나아가 그러한 방향으로 표결권을 행사할 것인지 여부를 살펴 소속 교섭단체의 입장에 배치되는 표결을 할 개연성이 있는 위원을 필요에 따라 수시로 개선해왔다고 보는 것이 자연스럽고, 특히, 이 사건 각 개선행위의 경과를 보면 더욱 그러하다. 국회법 제48조 제6항이 신설된 이유도 이러한 개선이 지나치게 많이 이루어졌다는 반성적 고려에서 비롯되었다는 점은 그 입법과정에 나타난 입법목적 등을 보더라도 자명하다고 할 것이다.

5) 소결

그렇다면, 국회법 제48조 제6항 본문 중 "…임시회의 경우에는 회기 중에 개선될 수 없고…"의 의미는 법정의견의 해석과는 달리 '국회의장이 위원을 개선할 때 단서에 해당하지 않는 한 임시회의 회기 중에는 개선될 수 없다'는 것으로 해석하여야 하며, 국회법 제48조 제6항 단서에 의하여 예외적으로 개선될 수 있는 것은 해당 위원이 질병 등 부득이한 사유가 있어 국회의장의 허가를 받은 경우에 한한다.

이 사건에서 피청구인 국회의장이 사개특위의 바른미래당 소속 위원을 오신환 의원에서 채이배 의원으로, 그리고 권은희 의원에서 임재훈 의원으로 각각 개선한 것은 자의적인 강제 개선으로서 헌법상 자유위임의 원칙에 위반되고, 합헌적 법률해석에 따라서 인정되는 국회법 제48조 조항들의 내재적 개선 제한 사유인 헌법상 자유위임의 원칙을 침해하거나 훼손할 수 없다는 한계를 넘은 것에 해당하여 국회법 제48조 조항들을 위반한 것이다. 아울러 자의적인 강제 개선에 해당하는 이 사건 각 개선행위는 국회법 제48조 제6항 본문에서 금지하는 임시회 회기 중의 개선으로서 같은 항 단서의 사유에도 해당하지 않으므로 어느 모로 보나 국회법 제48조 제6항에 명백히 위반된다.

(라) 신속처리안건 지정동의안 의결정족수 충족 과정에서 헌법상 다수결의 원칙 및 국회법 제85조의2 제1항에 위배되었는지 여부

1) 이 사건 각 개선행위가 신속처리안건 지정동의안 의결에 미친 영향

피청구인 국회의장의 이 사건 각 개선행위는 헌법 제46조 제2항에 따른 자유위임원칙 및 위원회 위원의 개

선을 제한하는 국회법 제48조 제1항, 제4항, 제6항을 명백히 위반하였다.

이 사건 사개특위의 회의에는 이와 같이 헌법과 국회법을 위반하여 개선된 국회의원 채이배, 임재훈이 바른미래당 소속 사개특위 위원으로 참석하여 표결에 참여하였고, 신속처리안건 지정동의안에 대하여 무기명투표로 표결을 실시한 결과 사개특위 재적위원 18명 중 총 투표수 11표 모두 찬성으로 확인되어 피청구인 사개특위 위원장은 국회법 제85조의2 제1항의 의결정족수가 충족되었다는 이유로 가결을 선포한 사실이 인정된다.

이 회의에서 자유한국당 소속 사개특위 위원인 청구인들 7명은 전원 투표하지 않았다는 사실이 인정되므로, 비록 이 사건 사개특위의 신속처리안건 지정동의안 의결이 무기명투표로 표결되었다고 하더라도, 재적위원 18명 중 11명의 찬성표는 나머지 사개특위 위원 11명 전원에 의한 것임을 인정할 수 있다. 여기에는 피청구인 국회의장의 이 사건 각 개선행위의 결과 사개특위 위원으로서 표결에 참여한 채이배, 임재훈 의원이 행사한 표들도 포함된다.

피청구인 국회의장의 오신환, 권은희 의원에 대한 이 사건 각 개선행위가 헌법상 자유위임의 원칙을 위반하였다는 중요한 이유는, 이 사건 각 개선행위는 바른미래당의 교섭단체의 추인의결대로 이 사건 사개특위의 신속처리안건 지정동의안이 가결되도록 하기 위한 목적으로 요청되었고, 이에 응한 피청구인 국회의장의 이 사건 각 개선행위의 결과 바른미래당의 교섭단체의 추인의결에 반하는 의사를 명시하거나 조금이라도 이견을 표시하는 위원에 대해서는 그 표결권 행사가 사전에 차단됨으로써 그러한 목적이 달성되는 결과가 나타났다는 데에 있다. 이것은 바른미래당의 교섭단체의 추인의결에 반하는 소속 국회의원의 사개특위 위원 지위를 강제로 박탈함으로써 사개특위에서의 특정 법률안에 대한 심의·표결권의 행사를 사전에 전면적으로 금지하는 결과를 초래하여 정당의 기속성이 자유위임의 원칙을 압도한 것이고, 이와 같은 자의적 강제사임으로써 의결정족수를 충족시킨 이 사건 사개특위의 신속처리안건 지정동의안 의결은 헌법상 다수결의 원칙의 전제가 되는 실질적 토론의 과정을 형해화하여 표결 시 가결의 결과가 발생하도록 강제한 것이 된다.

2) 사개특위 위원인 청구인들의 권한 침해 여부

헌법상 다수결의 원칙은 다수에 의한 의사결정 이전에 합리적인 토론과 상호 설득의 과정에서 의사의 내용이 변동되거나 조정될 수 있음을 전제로 하며, 이를 위해 의원들에게 실질적이고 자유로운 토론의 기회가 부여되어 있을 것을 요구한다. 특히, 국회법 제85조의2 제1항에서 신속처리안건 지정동의안의 표결을 무기명투표로 하도록 하고, 재적위원 5분의 3 이상의 가중된 정족수로 의결하도록 한 취지에 비추어보면, 신속처리안건 지정동의안의 의결정족수 충족은 단순히 그 숫자가 충족되는 것만으로 정당화되는 것이 아니라, 표결에 참여하는 의원들 사이의 자유로운 토론의 결과라는 점이 전제되어야 한다. 그런데 이 사건 사개특위의 신속처리안건 지정동의안 의결과 같이 위원회 내에서의 설득과 토론의 과정이 아니라, 자유위임원칙에 반하는 자의적인 강제사임으로써 가결의 조건을 만들어 내는 것은, 실질적이고 자유로운 토론을 전제로 하는 헌법상 다수결의 원칙과 신속처리안건 지정동의안의 의결 방식 및 정족수에 관한 국회법 제85조의2 제1항을 위반한 것이다.

이로써 이 사건 사개특위에서의 신속처리대상안건 지정에 반대하여 온 자유한국당 소속 사개특위 위원인 청구인들의 표결권은, 그 표결권을 행사하기 이전 표결 절차가 시작될 때부터 이미 표결 결과에 영향을 미치지 못함이 명백하게 되었다. 따라서 이 사건에서 사개특위 위원인 청구인들의 그 소관 법률안들에 대한 신속처리안건 지정동의안에 대한 표결권은 이들이 실제로 투표를 하였는지 여부와 무관하게 형해화되었으며, 표결 전에 부여되는 실질적 토론의 기회도 그 의미가 없게 되었다. 이것은 헌법과 국회법이 사개특위 위원인 청구인들에게 보장한 법률안 심의·표결권의 침해라고 할 것이다.

3) 소결

따라서 피청구인 사개특위 위원장이 이 사건 사개특위에서의 신속처리안건 지정동의안 의결정족수가 충족되었다는 이유로 그 가결을 선포한 행위는, 실질적이고 자유로운 토론을 전제로 하는 헌법상 다수결의 원칙 및 신속처리안건 지정동의안의 의결 방식과 그 정족수를 규정한 국회법 제85조의2 제1항을 위반하여 사개특위 위원인 청구인들의 법률안 심의·표결권을 침해하였다.

(3) 소결론

이 사건 사개특위에서의 신속처리안건 지정동의안

표결 전 질의·토론 절차에 관해서는 사실관계상 실질적인 토론의 기회가 부여된 것으로 볼 수 있으므로, 절차적 위법 사유가 인정되기 어렵다. 이 부분의 결론은 법정의견과 같이 하나, 별도의 질의나 토론이 필요 없다는 취지의 법정의견과 그 이유를 달리한다.

이 사건 사개특위에서의 신속처리안건 지정동의안 의결정족수가 충족되는 과정은, 헌법상 자유위임의 원칙과 국회법 제48조 제1항, 제4항, 제6항을 위반한 피청구인 국회의장의 이 사건 각 개선행위에 의하여 사개특위 위원이 된 채이배, 임재훈 의원이 표결에 참여한 결과에 따른 것으로, 위원회 내에서의 토론이 아니라 자유위임원칙에 반하는 자의적인 강제사임으로써 가결의 조건이 만들어진 것이다. 이에 따라 피청구인 사개특위 위원장이 신속처리안건 지정동의안의 가결을 선포한 행위는, 실질적이고 자유로운 토론을 전제로 하는 헌법상 다수결의 원칙 및 신속처리안건 지정동의안의 의결 방식과 그 정족수를 규정한 국회법 제85조의2 제1항을 명백하게 위반하여 사개특위 위원인 청구인들의 신속처리안건 지정동의안에 대한 표결권의 가치를 그 행사 이전에 형해화하고, 그 표결 전에 부여되는 실질적 토론의 기회도 무의미하게 함으로써 이들의 법률안 심의·표결권을 침해하였다. 이에 관해서는 법정의견과 결론을 달리한다.

따라서 피청구인 사개특위 위원장의 신속처리안건 지정동의안 가결선포행위는 헌법 제49조가 정하는 다수결의 원칙 및 국회법 제85조의2 제1항을 위반하여 사개특위 위원인 청구인들의 법률안 심의·표결권을 침해하였다고 할 것이다.

다. 피청구인 국회의장의 사개특위 소관 법률안 신속처리대상안건 지정행위에 대한 권한침해확인청구에 관한 판단

(1) 신속처리안건 지정동의안 심의·표결권의 침해 여부

국회법 제85조의2 제2항에 의하면, 의장은 본회의 또는 안건 소관 위원회에서 신속처리안건 지정동의가 가결되었을 때에는 그 안건을 같은 조 제3항의 기간 내에 심사를 마쳐야 하는 신속처리대상안건으로 지정하여야 한다. 국회의장이 신속처리대상안건을 지정하는 것은 그 지정동의안의 가결선포행위의 결과를 그대로 따르는 국회의장 단독의 행위이므로, 안건 소관 위원회 위원장의 신속처리안건 지정동의안 가결선포행위에 존재하는 절차상 위헌·위법 사유는 국회의장의 신속처리대상안건 지정행위에도 그대로 존재한다고 할 것이다.

이 사건에서도 피청구인 국회의장의 사개특위 소관 법률안 신속처리대상안건 지정행위는 피청구인 사개특위 위원장의 신속처리안건 지정동의안 가결선포행위의 결과를 그대로 따른 것이므로, 헌법 제49조의 다수결의 원칙 및 국회법 제85조의2 제1항을 위반하여 신속처리대상안건 지정의 법적 효력을 발생하도록 함으로써 사개특위 위원인 청구인들의 신속처리안건 지정동의안 심의·표결권을 침해하였다고 할 것이다.

(2) 법률안의 심사기간 제한에 따른 심의·표결권 침해 여부

나아가 피청구인 국회의장의 사개특위 소관 법률안 신속처리대상안건 지정행위는, 그 지정일부터 180일 이내에 안건 심사를 마치지 못하면 그 기간이 끝난 다음 날에 체계·자구 심사를 위하여 법제사법위원회로 회부된 것으로 보게 되는 등(국회법 제85조의2 제3항 등 참조) 위원회에서 해당 법률안들을 심사할 수 있는 기간을 구체적으로 제한하는 효력이 있으므로, 이 점에서도 사개특위 위원인 청구인들의 법률안 심의·표결권이 침해되었다.

(3) 소결론

따라서 피청구인 국회의장의 사개특위 소관 법률안 신속처리대상안건 지정행위는 헌법 제49조의 다수결의 원칙 및 국회법 제85조의2 제1항을 위반하여 청구인들 중 사개특위 위원들의 법률안 심의·표결권을 침해하였다.

라. 피청구인 정개특위 위원장의 신속처리안건 지정동의안 가결선포행위에 대한 권한침해확인청구에 관한 판단

(1) 표결 실시 전 질의·토론 절차상 위헌·위법 여부

(가) 신속처리안건 지정동의안 표결 전 실질적 토론 기회 부여의 필요성

국회법 제85조의2 제1항에 따라 안건 소관 위원회에서 신속처리안건 지정동의안을 표결하기 전에는 국회법 제58조 제1항의 위원회 심사에서 요구되는 절차와 형식을 갖춘 질의 또는 토론이 필요한 것은 아니지만, 헌법상 다수결의 원칙과 신속처리대상안건 지정의 의사절차상 의미를 고려할 때, 위원들이 그 대상이 된 안건의 내용을 알 수 있는 상태에서 의사진행발언 등으로

신속처리안건 지정 여부에 대한 의견을 표명할 수 있는 실질적인 토론의 기회는 부여되어야 한다. 이 사건에서 정개특위 위원들에게 신속처리안건 지정동의안에 대한 실질적인 토론의 기회가 부여되었는지 여부를 살펴본다.

(나) 인정되는 사실

이 사건 기록과 변론의 결과에 의하면 이 사건 정개특위의 표결 전 질의·토론과 관련하여 다음과 같은 사실이 인정된다.

이 사건 정개특위의 신속처리대상안건이 된 '공직선거법 일부개정법률안(의안번호 제2019985호)'이 위원회에 회부된 날짜는 2019. 4. 24.로 개회일로부터 약 5일 전이며, 피청구인 정개특위 위원장이 신속처리안건 지정동의안을 의사일정으로 상정하면서 "자세한 사항은 배부해드린 유인물을 참고하여 주시기 바랍니다."라고 하였는데, 회의에서 법안의 내용을 알 수 없다는 취지의 문제 제기는 없었다.

이 사건 정개특위 회의에서는 별도의 취지 설명 없이 의사진행발언의 형식으로 다수의 의원들이 의견을 표명한 후 표결을 실시하였다.

(다) 이 사건에 관한 판단

이 사건 정개특위의 회의의 경우 비록 제안 취지의 설명이 명시적으로 있지는 않았지만, 법안의 위원회 회부 후 약 5일이 지난 뒤에 그 법안을 대상으로 하는 신속처리안건 지정동의안에 대한 심의·표결이 있었던 점과 회의록상 위원들의 발언 취지를 볼 때, 위원들이 법안 내용을 알기 어려운 상태였던 것으로 보이지는 않는다. 또 회의록을 통하여 표결 전 위원들의 의사진행발언 기회가 비교적 충분히 부여된 사실도 확인할 수 있다.

그러므로 이 사건 정개특위의 신속처리안건 지정동의안 표결 전에는 정개특위 위원들이 법안 내용을 알 수 있는 상태에서 그 신속처리대상안건 지정 여부에 대하여 의견을 표명하는 실질적인 토론의 기회가 부여되었다고 할 것이다.

(2) 소결론

이 사건 정개특위의 신속처리안건 지정동의안 의결을 위한 회의에서 개회 절차에 관하여 정개특위 위원인 청구인들이 주장하는 위법 사유를 인정할 수 없다는 점에 대해서는 법정의견과 의견을 같이 한다. 신속처리안건 지정동의안 표결 전 질의·토론 절차에 관해서도 사실관계상 실질적인 토론의 기회가 부여된 것으로 볼 수 있으므로, 절차적 위헌·위법 사유가 인정되기 어렵다. 따라서 정개특위 위원인 청구인들이 한 피청구인 정개특위 위원장의 신속처리안건 지정동의안 가결선포행위에 대한 권한침해확인청구는 이유가 없다.

다만, 표결 실시 전의 질의·토론 절차와 관련하여 법정의견은 국회법 제85조의2 제1항에서 신속처리안건 지정동의안이 제출된 경우 '지체 없이' 표결하도록 하였다는 등의 이유로 별도의 질의·토론 절차가 필요 없다는 취지로 같은 결론에 이르고 있다. 이 부분 결론은 법정의견과 같이 하지만, 헌법상 다수결의 원칙과 신속처리대상안건 지정의 의사절차상 의미를 고려할 때, 신속처리안건 지정동의안의 표결 전에 실질적인 토론의 기회가 부여되어야 한다고 봄이 타당하므로, 법정의견과 이유를 달리함을 밝힌다.

마. 결론

그렇다면, 피청구인 사개특위 위원장의 신속처리안건 지정동의안 가결선포행위 및 피청구인 국회의장의 사개특위 소관 법률안 신속처리대상안건 지정행위는 모두 헌법 제49조의 다수결의 원칙과 국회법 제85조의2 제1항에 위배되어 사개특위 위원인 청구인들의 법률안 심의·표결권을 침해하였다고 할 것이다.

피청구인 정개특위 위원장의 신속처리안건 지정동의안 가결선포행위는 정개특위 위원인 청구인들의 법률안 심의·표결권을 침해하지 않았다고 할 것이지만, 그 이유는 헌법상 다수결의 원칙에 근거하여 신속처리안건 지정동의안의 표결 전에 실질적인 토론의 기회가 부여되어야 한다는 점에서 법정의견과 달리 판단되어야 한다.

12. 재판관 이은애, 재판관 이영진의 이 사건 사개특위 소관 법률안의 신속처리대상안건 지정 관련 행위들에 대한 무효확인청구에 관한 별개의견

우리는 피청구인 사개특위 위원장의 신속처리안건 지정동의안 가결선포행위 및 피청구인 국회의장의 사개특위 소관 법률안 신속처리대상안건 지정행위가 헌법 제49조의 다수결의 원칙 및 국회법 제85조의2 제1항을 위반하여 사개특위 위원인 청구인들의 법률안 심의·표결권을 침해하였지만, 그에 대한 무효확인청구는 다음과 같은 이유로 기각되어야 한다고 생각한다.

가. 헌법재판소법 제66조 제2항의 의미

권한쟁의심판에 관하여 헌법재판소법 제61조 제2항은 "피청구인의 처분 또는 부작위(不作爲)가 헌법 또는 법률에 의하여 부여받은 청구인의 권한을 침해하였거나 침해할 현저한 위험이 있는 경우에만 할 수 있다."고 규정하고 있고, 같은 법 제66조 제1항은 "심판의 대상이 된 국가기관 또는 지방자치단체의 권한의 유무 또는 범위에 관하여 판단한다."고 규정하고 있다. 그리고 헌법재판소법 제66조 제2항은 "헌법재판소는 권한침해의 원인이 된 피청구인의 처분을 취소하거나 그 무효를 확인할 수 있고, 헌법재판소가 부작위에 대한 심판청구를 인용하는 결정을 한 때에는 피청구인은 결정 취지에 따른 처분을 하여야 한다."라고 규정하고 있다.

이러한 헌법재판소법의 규정상 헌법재판소는 권한쟁의심판에서, 첫째, 청구인의 권한의 유무 또는 범위를 판단하고, 둘째, 이와 같이 확인된 청구인의 권한이 피청구인의 처분 등에 의하여 침해되었는지를 판단하며, 셋째, 권한침해가 확인될 경우 그 원인이 된 피청구인의 처분을 취소 또는 그 무효를 확인하거나, 피청구인의 부작위가 위법함을 확인할 수 있다. 이 중 세 번째 판단에서 피청구인이 한 처분을 취소하거나 그 무효를 확인할지 여부에 관해 헌법재판소법 제66조 제2항에서는 헌법재판소에 재량을 부여하고 있다(헌재 2010. 12. 28. 2008헌라7 등 참조).

권한쟁의심판에서 청구인의 권한이 침해되었다고 확인될 경우, 헌법재판소법 제66조 제2항에서 그 원인이 되는 피청구인의 처분을 취소하거나 그 무효를 확인할 것인지 여부에 대하여 헌법재판소에 재량을 부여한 취지는, 권한쟁의심판이 헌법적 권한질서의 객관적 확인이라는 객관적 쟁송의 성격과 침해된 청구인의 권한을 구제하는 주관적 쟁송의 성격을 동시에 지니고 있음을 반영하여, 헌법재판소로 하여금 권한쟁의심판제도의 기초가 되는 권력분립원리의 실질적 실현에 가장 적합한 결정을 하도록 하기 위함이라고 할 것이다. 따라서 권한쟁의심판에서 피청구인의 처분으로 인하여 청구인의 권한이 침해된 것으로 확인하는 경우 그러한 처분의 무효를 확인할 것인지 여부는, 권한 침해 사유의 헌법적 중대성, 침해된 청구인의 권한과 그 원인이 된 피청구인의 처분이 헌법적 권한질서 내에서 가지는 의미, 권한쟁의심판의 결정을 통하여 달성될 수 있는 헌법적 권한질서 회복의 이익 등을 종합적으로 고려하여 판단하여야 할 것이다.

나. 이 사건 사개특위 소관 법률안의 신속처리대상안건 지정 관련 행위들의 무효 확인 여부

(1) 이 사건 사개특위 소관 법률안의 신속처리대상안건 지정 관련 행위들은 헌법 제49조의 다수결의 원칙 및 국회법 제85조의2 제1항을 위반한 것으로서 이러한 권한 침해 사유는 헌법적으로 중대하다고 하지 않을 수 없다.

(2) 그런데 이 사건에서 침해된 사개특위 위원인 청구인들의 신속처리안건 지정동의안 표결권은 국회법 제85조의2의 안건신속처리제도에 의하여 안건 소관 위원회 위원에게 부여된 국회 내부 의사절차의 결정에 관여하는 권한으로서, 법률안을 위원회에서 심사하는 기간을 정하는지 여부에 관한 것일 뿐, 법률안의 내용을 직접 심의하고 표결하는 권한은 아니다. 또한, 사개특위 위원인 청구인들은 그 소관 법률안들에 대한 피청구인 국회의장의 신속처리대상안건 지정행위로 인하여 그 법률안들을 심사할 수 있는 기간의 제한을 받게 되지만(국회법 제85조의2 제3항 등 참조), 이러한 심사기간 제한 이외에 법률안의 내용을 심의하고 그에 대해 표결할 수 있는 권한에 다른 영향을 받는 것은 아니다.

한편, 국회법 제85조의2 제2항에 의하면, 국회의장은 안건 소관 위원회의 신속처리안건 지정동의안 가결선포행위가 있으면 국회의장이 독자적 판단을 하는 것이 아니라 그 의결대로 신속처리대상안건을 지정하여야 하고, 다만 같은 조 제8항에 따라 국회의장이 각 교섭단체 대표의원과 합의하는 경우에는 안건 소관 위원회의 의결이 있더라도 이러한 신속처리대상안건 지정에 관한 규정을 적용하지 아니할 수 있다. 또 국회법 제94조에 의하면 국회 본회의에서는 안건에 대한 위원장의 심사보고를 받은 후 필요하다고 인정할 때에는 의결로 다시 안건을 같은 위원회 또는 다른 위원회에 회부할 수도 있다. 즉, 이 사건 사개특위 소관 법률안의 신속처리대상안건 지정 관련 행위들은 성격상 국회 내에서의 자율적인 정치적 형성 여하에 따라 그 궁극적 효력이 정해지는 의사절차상 행위로서, 국회의장과 각 교섭단체 대표의원의 합의 또는 본회의의 의결 등으로 국회 스스로 그 효력을 정하는 방법이 존재하므로, 국회가 갖는 이러한 정치적인 형성의 권한은 존중할 필요가 있다. 또 만약, 이미 본회의에서 신속처리대상안건인 법률안의 심의 및 의결이 이루어진 이후에 그 지정행위가 무효로 판단됨으로써 본회의 부의 간주의 효력도 없는 것이 된다고 하더라도, 이 경우 본회의에서 의결된 법률안에 존재하는 하자는 위원회 심사를 적법하게 마치지 않은 상태에서 본회의 심의가 있었다는 것을 내용으로 하는 절차적인 하자에 그치고, 본회의에서의 법률안의 심의와 표결 그 자체에 어떤 하자가 있게 되는 것은 아니라고 할 것이다.

그러므로 이 사건 사개특위 소관 법률안의 신속처리대상안건 지정 관련 행위들과 이로 인해 침해되는 사개특위 위원인 청구인들의 권한은 모두 법률안의 내용이 아니라 그 심사절차를 어떻게 형성해 나아갈 것인지와 관련되는 국회 내부의 의사절차에 관한 것이라는 성격이 있으므로, 권력분립원리상 국회의 정치적 자율을 존중하여 피청구인들의 행위의 효력에 대하여 직접 판단하는 사법적 개입을 자제하여야 할 영역에 속한다.

(3) 이 사건 당시 및 이후의 사정을 살펴보면, 피청구인 사개특위 위원장이 2019. 4. 29. 신속처리안건 지정동의안의 가결을 선포한 바로 다음 날인 2019. 4. 30. 피청구인 국회의장이 해당 법률안들을 신속처리대상안건으로 지정하였고, 사개특위는 이후 2019. 8. 31. 그 활동기간이 종료되었다. 신속처리대상안건으로 지정된 사개특위 소관 법률안들은 그 지정의 효력에 따라 2019. 12. 3. 본회의 부의가 간주되었으며, 이 중 '고위공직자범죄수사처 설치 및 운영에 관한 법률안'(의안번호 제2020029호)은 2019. 12. 30. 수정안이 가결되어 2020. 1. 14. 법률로 공포되었고, '검찰청법 일부개정법률안'(의안번호 제2016500호) 및 '형사소송법 일부개정법률안'(의안번호 제2020030호)은 2020. 1. 13. 각각 수정안이 가결되어 2020. 2. 4. 법률로 공포되었다. 한편, '고위공직자부패수사처 설치 및 운영에 관한 법안'(의안번호 제2020037호)은 본회의에 상정되지 않았으나, 이 법안의 대표발의자인 권은희 의원을 비롯한 국회의원 31인은 2019. 12. 28. 백혜련 의원이 대표발의한 '고위공직자범죄수사처 설치 및 운영에 관한 법률안'(의안번호 제2020029호)에 대한 수정안을 발의하였고, 이 수정안은 같은 달 30. 본회의에서 부결되었다. 그리고 2020. 5. 29. 제20대 국회의원의 임기가 종료된다.

따라서 이 사건 권한쟁의심판청구가 인용되더라도 사개특위 위원인 청구인들이 신속처리안건 지정동의안에 대한 표결권을 다시 행사할 수 있게 되거나, 그 대상 법률안들에 대하여 사개특위에서 심의하는 등 입법절차상 어떤 심의 및 표결 권한을 행사할 수 있게 됨으로써 그 침해된 권한이 실질적으로 회복될 가능성은 없게 되었다. 이러한 사정 하에서 이 사건 권한쟁의심판의 결정을 통하여 달성될 수 있는 헌법적 권한질서 회복의 이익은 이 사건 사개특위 소관 법률안의 신속처리대상안건 지정 관련 행위들의 위헌·위법성을 해명하고, 장래에 같은 유형의 행위가 반복되지 않도록 하는 것이라고 할 것이다.

그런데 이 사건 사개특위 소관 법률안의 신속처리대상안건 지정 관련 행위들이 헌법상 다수결의 원칙 등을 위반한 하자가 있다는 점은 사개특위 위원인 청구인들의 권한 침해를 확인하는 것으로 충분히 해명되고, 권한침해확인 결정만으로도 국가기관으로 하여금 장래에 동일한 사정 하에서 동일한 내용의 행위를 하여서는 아니 된다는 의무가 부과되는 기속력이 인정되므로(헌재 2010. 11. 25. 2009헌라12 참조), 사개특위 위원인 청구인들의 권한 침해를 확인하는 결정만으로 이 사건 권한쟁의심판을 통한 헌법적 권한질서 회복의 이익은 달성된다고 할 것이다.

(4) 이와 같이 이 사건 사개특위 소관 법률안의 신속처리대상안건 지정 관련 행위들로 인하여 사개특위 위원인 청구인들의 권한이 침해된 사유는 헌법적으로 중대하지만, 침해된 권한과 그 원인이 된 피청구인들의 처분은 그 내용적 성격상 권력분립원리에 따라 국회의 정치적 자율을 존중하여 사법적 개입을 자제하여야 할 영역에 있고, 이 사건의 경우 권한쟁의심판을 통하여 사개특위 위원인 청구인들의 침해된 권한이 회복될 가능성이 없는 사정 하에 있으며, 권한침해를 확인하는 결정만으로도 피청구인들의 행위의 위헌성을 해명하고 향후 유사한 행위의 반복을 억제하는 데에는 충분하다고 할 것이므로, 이 사건 사개특위 소관 법률안의 신속처리대상안건 지정 관련 행위들에 대해서는 그 무효를 확인하지 않는 것이 타당하다.

다. 결론

그렇다면, 이 사건 사개특위 소관 법률안의 신속처리대상안건 지정 관련 행위들로서, 피청구인 사개특위 위원장의 신속처리안건 지정동의안 가결선포행위 및 피청구인 국회의장의 사개특위 소관 법률안 신속처리대상안건 지정행위는 사개특위 위원인 청구인들의 법률안 심의·표결권을 침해하였지만, 그 침해된 권한과 피청구인들의 행위가 헌법적 권한질서 내에서 갖는 의미 및 이 사건 권한쟁의심판의 이익을 고려하여 그에 대한 무효확인청구는 기각하여야 할 것이다.

13. 재판관 이선애의 이 사건 사개특위 소관 법률안의 신속처리대상안건 지정 관련 행위들에 대한 무효확인청구에 관한 별개의견

나는 피청구인 사개특위 위원장의 신속처리안건 지정동의안 가결선포행위 및 피청구인 국회의장의 사개특위 소관 법률안 신속처리대상안건 지정행위에 대한 무효확인청구는 기각하여야 한다고 생각하므로, 그 이유를 다음과 같이 남긴다.

헌법재판소법 제66조 제2항이 권한침해의 원인이 된 처분을 취소하거나 그 무효를 확인하는 것을 헌법재판소의 재량으로 하도록 정한 것은 '국가기관 상호간', '국가기관과 지방자치단체 간', '지방자치단체 상호간'의 3가지 서로 다른 성격의 권한쟁의심판의 본질과 기능에 상응하여 결정주문이 달라져야 함을 고려할 것을 요청하고 있는 것으로 해석된다. 이러한 취지를 고려할 때 헌법재판소는 국가기관 상호간의 권한쟁의에서 정치적 헌법기관의 형성권을 침해할 우려가 있는 경우에는 취소결정이나 무효확인 결정을 자제해야 한다고 생각한다.

국회의 입법관련 행위를 대상으로 한 국가기관 상호간의 권한쟁의심판에 있어서, 헌법재판소는 심판대상 행위의 위헌·위법 여부 및 권한의 침해여부를 확인하는 것에 그쳐야 하고 이를 넘어 입법관련 행위에 대한 취소 내지 그 무효 확인과 같은 형성적 결정을 내리는 것은 자제해야 한다. 국회는 스스로 다양한 절차와 방법을 통하여 합헌적 상태를 회복할 수 있는 광범위한 정치적 형성권을 가지고 있고, 국회의 정치적 형성권의 행사로서 회복된 합헌적 상태는 다양한 모습일 수 있기 때문에 국가기관 스스로 권한침해확인 결정에 따라 합헌적인 상태를 구현하도록 함으로써 손상된 헌법상의 권한질서는 회복될 수 있다고 보기 때문이다(헌재 2011. 8. 30. 2009헌라7 중 재판관 이강국, 김종대의 각 별개의견 참조).

이것이 각 기관에게 주어진 권한을 보호함과 동시에 객관적 권한질서의 유지를 통하여 국가기능의 수행을 원활히 하고, 아울러 수평적 및 수직적 권력 상호간의 견제와 균형을 유지시켜 헌법적 가치질서 및 헌법의 규범적 효력을 보호하고자 하는 권한쟁의심판제도의 본래 목적과 의의에도 부합한다고 생각한다(헌재 2001. 5. 8. 2000헌라1 참조).

이 사건 사개특위 소관 법률안의 신속처리대상안건 지정 관련 행위들이 헌법과 법률을 위반하여 사개특위 위원인 청구인들의 법률안 심의·표결권을 침해하였음은 앞서 본 바와 같다. 이 행위들은 사개특위 위원인 청구인들의 법률안 심의·표결권 행사에 영향을 주는 '입법관련 행위'에 해당하므로 헌법재판소는 이에 대한 위헌·위법 여부 및 권한의 침해여부를 확인하는 것을 넘어서 그 무효 확인과 같은 형성적 결정을 내리는 것은 자제해야 한다. 따라서 이 사건 사개특위 소관 법률안의 신속처리대상안건 지정 관련 행위들로서, 피청구인 사개특위 위원장의 신속처리안건 지정동의안 가결선포행위 및 피청구인 국회의장의 사개특위 소관 법률안 신속처리대상안건 지정행위에 대한 무효확인청구는 이유 없어 기각하여야 한다.

14. 재판관 이종석의 이 사건 사개특위 소관 법률안의 신속처리대상안건 지정 관련 행위들에 대한 무효확인청구에 관한 반대의견

나는 피청구인 사개특위 위원장의 신속처리안건 지정동의안 가결선포행위 및 피청구인 국회의장의 사개특위 소관 법률안 신속처리대상안건 지정행위가 헌법 제49조의 다수결의 원칙 및 국회법 제85조의2 제1항을 위반하여 사개특위 위원인 청구인들의 법률안 심의·표결권을 침해하였음을 확인함과 함께 그 무효를 확인해야 한다고 생각한다.

가. 헌법재판소법 제66조 제2항의 의미

권한쟁의심판에서 청구인의 권한이 침해되었다고 확인될 경우, 헌법재판소법 제66조 제2항에서 그 원인이 되는 피청구인의 처분을 취소하거나 그 무효를 확인할 것인지 여부에 대하여 헌법재판소에 재량을 부여한 취지를 고려하여, 권한 침해 사유의 내용 및 헌법적 중대성, 침해된 청구인의 권한과 그 원인이 된 피청구인의 처분이 헌법적 권한질서 내에서 가지는 의미, 권한쟁의 심판의 결정을 통하여 달성될 수 있는 헌법적 권한질서 회복의 이익 등을 종합적으로 고려하여 무효 확인 여부를 판단하는 것이 타당하다는 점에 대해서는 위 12.항의 재판관 이은애, 재판관 이영진의 의견과 뜻을 같이 한다. 그리고 국회와 관련된 권한쟁의심판에 있어서 권력분립원칙상 국회의 정치적 자율을 존중하고 사법적 개입을 자제하여야 한다는 의견에도 기본적으로 뜻을 같이 한다.

그러나 다음과 같은 여러 요소들을 종합적으로 고려하면, 이 사건 사개특위 소관 법률안의 신속처리대상안건 지정 관련 행위들에 대해서는 그 무효를 확인하여야 한다고 생각하는바, 그 이유는 다음과 같다.

나. 이 사건 권한 침해 사유의 내용 및 헌법적 중대성

이 사건 사개특위 소관 법률안의 신속처리대상안건 지정 관련 행위들은 헌법상 다수결의 원칙을 위반한 것으로 그 위헌성이 중대하다.

헌법 제49조의 다수결의 원칙은 우리 헌법의 기본원리인 민주주의의 실현을 위한 국회의 의사결정 방식인데, 이 사건 사개특위의 신속처리안건 지정 관련 행위들이 다수결원칙을 위반한 사정은, 무기명투표와 재적위원 5분의 3 이상의 가중정족수를 규정함으로서 위원회에서의 토론과 상호 설득을 통한 가중 다수의 형성을 강조한 신속처리안건 지정동의안의 의결 절차에서, 다수결원칙의 전제가 되는 토론과 상호 설득의 과정을 무의미한 것으로 만들고 정족수 충족의 과정을 왜곡한 결과에 따른 것이므로, 그 위반의 정도가 중대하다.

또한, 이 사건 사개특위 소관 법률안의 신속처리대상안건 지정 관련 행위들의 경우, 이에 앞선 피청구인 국회의장의 오신환, 권은희 의원에 대한 각 개선행위가 헌법상 자유위임원칙을 위반하였다는 점을 전제로 한 것이라는 점에서도 그 위헌성이 가중된다고 할 것이다.

헌법재판소의 선례에 의하면 국회에서 이루어지는 표결에서 '권한 없는 투표행위'가 있으면 '다른 의원'들의 투표가치가 왜곡되어 그 표결권이 침해될 수 있다고 할 것인바(헌재 2009. 10. 29. 2009헌라8등 참조), 이 사건의 경우 헌법과 국회법을 위반하여 개선됨으로써 사개특위 위원으로서의 표결 권한이 없다고 볼 수 있는 채이배, 임재훈 의원이 표결에 참여함으로써 실제 표결 결과에 직접적으로 영향을 미쳤고, 이것은 사개특위 위원인 청구인들의 표결권을 사실상 형해화한 것으로 이들이 실제로 투표하였는지 여부와 무관하다는 점을 이 사건 기록과 변론의 결과 사실로 인정할 수 있다. 이처럼 표결권 없는 의원이 참여한 결과 표결의 결과가 왜곡되었다면, 그 가결을 선포한 행위는 헌법 제49조의 다수결의 원칙을 위반한 것이고, 이로써 사개특위 위원인 청구인들의 신속처리안건 지정동의안에 대한 표결권을 침해하였다고 할 것이다.

따라서 이 사건 사개특위 소관 법률안의 신속처리대상안건 지정 관련 행위들로 인한 권한 침해 사유는 헌법적으로 매우 중대하므로, 그 무효를 확인하여야 할 필요성이 크다.

다. 이 사건에서 침해된 사개특위 위원인 청구인들의 권한과 그 원인이 된 피청구인들의 처분의 의미

이 사건에서 침해된 사개특위 위원인 청구인들의 신속처리안건 지정동의안에 대한 심의·표결권은 국회 내부의 의사절차의 결정에 관여하는 권한의 성격이 있지만, 그 침해의 정도는 실제로 표결권을 행사하기 이전, 표결 절차가 시작될 때부터 이미 표결권의 가치가 형해화되었고, 표결 전에 부여되는 실질적 토론의 기회도 무의미하게 만들었다고 평가할 수 있을 정도로 중대하다.

한편, 이 사건 사개특위 소관 법률안의 신속처리대상안건 지정 관련 행위들이 절차상 하자로 무효가 될 경우에도, 단지 안건의 처리 시기가 다소 늦어지는 효과만 있을 뿐, 위원회와 본회의에서 그 법률안의 내용을 심의하고 의결하는 데에는 아무런 제약이 없다. 그런데 신속처리대상안건으로 지정되는 법률안은 일정한 기간이 지나면 위원회 심사를 마치지 못하더라도 본회의 부의가 간주되므로, 안건의 처리를 원하는 국회 내 다수 세력의 입장에서는 그 안건이 일단 신속처리대상안건으로 지정되기만 하면 굳이 소수 세력과 합의를 할 절실한 이유나 필요가 없게 되어, 이후 원만한 합의에 따른 정치적 형성으로 신속처리대상안건 지정 절차상의 하자가 치유될 가능성이 희박해지는 속성이 있다. 사후적인 정치적 형성의 수단으로 국회법 제85조의2 제8항에 규정된 신속처리대상안건 지정 효력의 배제는 국회의장과 각 교섭단체 대표의원의 합의를 요건으로 하고, 국회법 제94조에 따라 본회의에서 다시 위원회로 재회부하는 수단도 본회의의 의결을 요건으로 하여, 모두 다수 세력의 의사에 의존할 수밖에 없는 구조이므로, 이러한 제도를 활용한 하자의 치유 가능성은 높지 않다. 그러므로 사개특위 위원인 청구인들이 신속처리대상안건 지정으로 인하여 받는 해당 법률안에 대한 심사기간의 제한은, 그 심의·표결권의 침해 정도가 실질적으로는 단지 시간적 제약 이상으로 큰 것이라고 하지 않을 수 없다. 반면, 이러한 안건신속처리제도의 속성으로 인하여 신속처리대상안건 지정 과정상의 절차적 합법성과 정당성을 확보하는 것은 더욱 중요한 의미를 가진다.

따라서 이 사건에서 사개특위 위원인 청구인들의 권한이 침해된 정도는 신속처리안건 지정동의안 표결권의 경우 그 권한이 형해화되는 수준으로 중대하며, 그 침해의 원인이 된 이 사건 사개특위 소관 법률안의 신속처리대상안건 지정 관련 행위들은 그 제도적 속성상 절차적 합법성과 정당성을 확보해야 할 필요가 크다는 점을 고려할 때, 무효로 확인하여야 할 필요성이 크다.

라. 이 사건 권한쟁의심판의 이익

이 사건 심판청구 이후의 사정상 사개특위는 2019. 8. 31. 활동기간이 종료되었고, 신속처리대상안건으로 지정된 사개특위 소관 법률안들은 대부분 그 수정안이 본회의에서 의결되어 법률로 공포되는 등 더 이상 국회의 심의 대상이 될 가능성이 없게 되었으므로, 이 사건 권한쟁의심판청구가 인용되더라도 사개특위 위원인 청구인들의 침해된 권한이 실질적으로 회복될 가능성은 없게 되었다.

그런데 앞서 본 바와 같이 이 사건 사개특위 소관 법률안의 신속처리대상안건 지정 관련 행위들이 헌법상 다수결의 원칙을 위반한 사정은 그 내용상 무효에 이를 정도로 중대하며, 안건신속처리제도의 속성상 신속처리대상안건이 지정된 이후에는 합의에 따른 정치적 형성을 통하여 그 지정 절차상의 하자가 치유될 가능성이 희박하다는 점을 고려하면, 이 사건 사개특위 소관 법률안의 신속처리대상안건 지정 관련 행위들로 인하여 사개특위 위원인 청구인들의 권한이 침해되었음을 확인하는 것만으로는 향후 동일한 유형의 행위의 반복을 억제하는 데에 한계가 있고, 그 절차적 하자가 헌법을 중대하게 위반한 것이라면 무효임을 밝히는 것이 필요하다.

따라서 이 사건 사개특위 소관 법률안의 신속처리안건 지정 관련 행위들에 대해서는 그로 인한 청구인들 중 사개특위 위원들의 권한 침해를 확인하는 것뿐만 아니라, 무효임을 확인하는 것이 헌법적 해명과 향후 동일한 유형의 행위의 반복을 억제하는 측면에서도 필요하다고 할 것이다.

마. 결론

그렇다면, 이 사건 사개특위 소관 법률안의 신속처리대상안건 지정 관련 행위들로서, 피청구인 사개특위 위원장의 신속처리안건 지정동의안 가결선포행위 및 피청구인 국회의장의 사개특위 소관 법률안 신속처리대상안건 지정행위는 헌법을 중대하게 위반하여 사개특위 위원인 청구인들의 법률안 심의·표결권을 침해하였고, 그 침해된 권한과 피청구인들의 행위가 헌법적 권한질서 내에서 갖는 의미 및 이 사건 권한쟁의심판의 이익을 고려하면, 그 무효를 확인하여야 할 것이다.

재판관 유남석 이선애 이석태 이은애 이종석 이영진 김기영 문형배 이미선

[별지 1] 청구인 명단

2019헌라2, 2019헌라3

1. 국회의원 장제원
2. 국회의원 정유섭
3. 국회의원 김재원
4. 국회의원 이종구
5. 국회의원 최교일
6. 국회의원 임이자
7. 국회의원 윤한홍
8. 국회의원 곽상도
9. 국회의원 윤상직
10. 국회의원 이장우
11. 국회의원 이철규
12. 국회의원 정종섭
13. 국회의원 정태옥

청구인 1.부터 13.까지의 대리인 1. 변호사 박주현
2. 변호사 김태훈
3. 변호사 김연호
4. 변호사 황성현
5. 변호사 배보윤
6. 법무법인 대호
담당변호사 석동현
7. 법무법인 제이앤씨
담당변호사 구충서
8. 법무법인(유한) 해송
담당변호사 권오현

2019헌라2

14. 국회의원 나경원
15. 국회의원 강석진

16. 국회의원 강석호
17. 국회의원 강효상
18. 국회의원 경대수
19. 국회의원 곽대훈
20. 국회의원 권성동
21. 국회의원 김광림
22. 국회의원 김규환
23. 국회의원 김기선
24. 국회의원 김도읍
25. 국회의원 김명연
26. 국회의원 김무성
27. 국회의원 김상훈
28. 국회의원 김석기
29. 국회의원 김선동
30. 국회의원 김성원
31. 국회의원 김성찬
32. 국회의원 김성태(金聖泰)
33. 국회의원 김성태(金成泰)
34. 국회의원 김세연
35. 국회의원 김순례
36. 국회의원 김승희
37. 국회의원 김영우
38. 국회의원 김용태
39. 국회의원 김재경
40. 국회의원 김정재
41. 국회의원 김정훈
42. 국회의원 김종석
43. 국회의원 김진태
44. 국회의원 김태흠
45. 국회의원 김학용
46. 국회의원 김한표
47. 국회의원 김현아
48. 국회의원 문진국
49. 국회의원 민경욱
50. 국회의원 박대출
51. 국회의원 박덕흠
52. 국회의원 박맹우
53. 국회의원 박명재
54. 국회의원 박성중
55. 국회의원 박순자
56. 국회의원 박완수
57. 국회의원 박인숙
58. 국회의원 백승주
59. 국회의원 성일종
60. 국회의원 송석준
61. 국회의원 송언석
62. 국회의원 송희경
63. 국회의원 신보라
64. 국회의원 신상진
65. 국회의원 심재철
66. 국회의원 안상수
67. 국회의원 여상규
68. 국회의원 염동열
69. 국회의원 원유철
70. 국회의원 유기준
71. 국회의원 유민봉
72. 국회의원 유재중
73. 국회의원 윤상현
74. 국회의원 윤영석
75. 국회의원 윤재옥
76. 국회의원 윤종필
77. 국회의원 이만희
78. 국회의원 이명수
79. 국회의원 이양수
80. 국회의원 이은권
81. 국회의원 이은재
82. 국회의원 이종명
83. 국회의원 이종배
84. 국회의원 이주영
85. 국회의원 이진복
86. 국회의원 이채익
87. 국회의원 이학재
88. 국회의원 이헌승
89. 국회의원 이현재
90. 국회의원 장석춘
91. 국회의원 전희경
92. 국회의원 정갑윤
93. 국회의원 정양석
94. 국회의원 정용기
95. 국회의원 정우택
96. 국회의원 정점식
97. 국회의원 정진석
98. 국회의원 조경태
99. 국회의원 조훈현

100. 국회의원 주광덕
101. 국회의원 주호영
102. 국회의원 최연혜
103. 국회의원 추경호
104. 국회의원 한선교
105. 국회의원 함진규
106. 국회의원 홍문표
107. 국회의원 홍일표
108. 국회의원 홍철호
청구인 14.부터 108.까지의 대리인 1. 변호사 박주현
2. 변호사 황성현
3. 변호사 배보윤
4. 법무법인(유한) 해송
담당변호사 권오현

[별지 2] 관련 규정

국회법(2018. 4. 17. 법률 제15620호로 개정된 것)

제48조(위원의 선임 및 개선) ⑥ 제1항부터 제4항까지에 따라 위원을 개선할 때 임시회의 경우에는 회기 중에 개선될 수 없고, 정기회의 경우에는 선임 또는 개선 후 30일 이내에는 개선될 수 없다. 다만, 위원이 질병 등 부득이한 사유로 의장의 허가를 받은 경우에는 그러하지 아니하다.

제49조(위원장의 직무) ② 위원장은 위원회의 의사일정과 개회일시를 간사와 협의하여 정한다.

제79조(의안의 발의 또는 제출) ① 의원은 10명 이상의 찬성으로 의안을 발의할 수 있다.

② 의안을 발의하는 의원은 그 안을 갖추고 이유를 붙여 찬성자와 연서하여 이를 의장에게 제출하여야 한다.

제85조의2(안건의 신속 처리) ① 위원회에 회부된 안건(체계·자구 심사를 위하여 법제사법위원회에 회부된 안건을 포함한다)을 제2항에 따른 신속처리대상안건으로 지정하려는 경우 의원은 재적의원 과반수가 서명한 신속처리대상안건 지정요구 동의(動議)(이하 이 조에서 "신속처리안건 지정동의"라 한다)를 의장에게 제출하고, 안건의 소관 위원회 소속 위원은 소관 위원회 재적위원 과반수가 서명한 신속처리안건 지정동의를 소관 위원회 위원장에게 제출하여야 한다. 이 경우 의장 또는 안건의 소관 위원회 위원장은 지체 없이 신속처리안건 지정동의를 무기명투표로 표결하되, 재적의원 5분의 3 이상 또는 안건의 소관 위원회 재적위원 5분의 3 이상의 찬성으로 의결한다.

② 의장은 제1항 후단에 따라 신속처리안건 지정동의가 가결되었을 때에는 그 안건을 제3항의 기간 내에 심사를 마쳐야 하는 안건으로 지정하여야 한다. 이 경우 위원회가 전단에 따라 지정된 안건(이하 "신속처리대상안건"이라 한다)에 대한 대안을 입안한 경우 그 대안을 신속처리대상안건으로 본다.

③ 위원회는 신속처리대상안건에 대한 심사를 그 지정일부터 180일 이내에 마쳐야 한다. 다만, 법제사법위원회는 신속처리대상안건에 대한 체계·자구 심사를 그 지정일, 제4항에 따라 회부된 것으로 보는 날 또는 제86조제1항에 따라 회부된 날부터 90일 이내에 마쳐야 한다.

④ 위원회(법제사법위원회는 제외한다)가 신속처리대상안건에 대하여 제3항 본문에 따른 기간 내에 심사를 마치지 아니하였을 때에는 그 기간이 끝난 다음 날에 소관 위원회에서 심사를 마치고 체계·자구 심사를 위하여 법제사법위원회로 회부된 것으로 본다. 다만, 법률안 및 국회규칙안이 아닌 안건은 바로 본회의에 부의된 것으로 본다.

⑤ 법제사법위원회가 신속처리대상안건(체계·자구 심사를 위하여 법제사법위원회에 회부되었거나 제4항 본문에 따라 회부된 것으로 보는 신속처리대상안건을 포함한다)에 대하여 제3항 단서에 따른 기간 내에 심사를 마치지 아니하였을 때에는 그 기간이 끝난 다음 날에 법제사법위원회에서 심사를 마치고 바로 본회의에 부의된 것으로 본다.

⑥ 제4항 단서 또는 제5항에 따른 신속처리대상안건은 본회의에 부의된 것으로 보는 날부터 60일 이내에 본회의에 상정되어야 한다.

⑦ 제6항에 따라 신속처리대상안건이 60일 이내에 본회의에 상정되지 아니하였을 때에는 그 기간이 지난 후 처음으로 개의되는 본회의에 상정된다.

⑧ 의장이 각 교섭단체 대표의원과 합의한 경우에는 신속처리대상안건에 대하여 제2항부터 제7항까지의 규정을 적용하지 아니한다.

제90조(의안·동의의 철회) ① 의원은 그가 발의한 의안 또는 동의(動議)를 철회할 수 있다. 다만, 2명 이상의 의원이 공동으로 발의한 의안 또는 동의에 대해서는 발의의원 2분의 1 이상이 철회의사를 표시하는 경우에 철회할 수 있다.

② 제1항에도 불구하고 의원이 본회의 또는 위원회에서 의제가 된 의안 또는 동의를 철회할 때에는 본회의 또는 위원회의 동의(同意)를 받아야 한다.

헌법재판소법(2011. 4. 5. 법률 제10546호로 개정된 것)

제66조(결정의 내용) ① 헌법재판소는 심판의 대상이 된 국가기관 또는 지방자치단체의 권한의 유무 또는 범위에 관하여 판단한다.

② 제1항의 경우에 헌법재판소는 권한침해의 원인이 된 피청구인의 처분을 취소하거나 그 무효를 확인할 수 있고, 헌법재판소가 부작위에 대한 심판청구를 인용하는 결정을 한 때에는 피청구인은 결정 취지에 따른 처분을 하여야 한다.

[별지 3] 청구인들의 주장과 피청구인들의 답변

가. 청구인들의 주장 요지

(1) 피청구인 국회의장의 이 사건 각 개선행위는 위원회 위원을 임시회 회기 중 개선한 것으로 국회법 제48조 제6항 본문에 위배되고, 해당 위원이 질병 등 부득이한 사유로 의장의 허가를 받은 경우로 볼 수 없어 같은 항 단서에도 위배되며, 의회주의 및 위원회제도에 내재된 국회의원의 국민대표성, 국회의장의 정치적 중립의무에 반하는 것으로, 오신환, 권은희 의원뿐만 아니라 청구인들의 심의·표결권도 침해하여 무효이다.

(2) 전자입법발의시스템에 의하여 제출된 법률안에 대한 피청구인 국회의장의 이 사건 법률안 수리행위는 법률상 근거가 없고, 일반적 법률행위가 아닌 법률안 제출행위는 국회법 제79조에 따라 서면으로 하여야 하는데 이를 위반하였으며, 먼저 팩스로 제출된 법률안을 철회하지 않고 제출되어 국회법 제90조를 위반하였으므로, 사개특위 및 정개특위 위원인 청구인들의 법률안 심의·표결권을 침해하여 무효이다.

(3) 피청구인 사개특위 및 정개특위 위원장의 각 특위의 개회행위는 간사 간 협의도 없이 회의시간 및 장소 통보도 개회 시간에 임박하게 이루어져 의회주의 및 국회법 제49조 제2항을 위반하였으며, 이로써 사개특위 및 정개특위 위원인 청구인들의 심의·표결권을 침해하였으므로 무효이다.

(4) 피청구인 사개특위 위원장의 신속처리안건 지정동의안 상정 및 가결선포행위는 위와 같이 위법하게 구성된 위원회를 간사 간 협의 없이 개회하고, 전자입법발의시스템으로 제출되어 위법하게 수리된 법률안에 관한 안건을 상정하였으며, 법안 배포 및 질의·토론도 없이 표결이 실시된 것이므로, 사개특위 위원인 청구인들의 심의·표결권을 침해하여 무효이다.

(5) 피청구인 정개특위 위원장의 신속처리안건 지정동의안 상정 및 가결선포행위는 위와 같이 간사 간 협의 없이 개회하고, 법안 배포 및 질의·토론도 없이 표결이 실시된 것이므로, 정개특위 위원인 청구인들의 심의·표결권을 침해하여 무효이다.

(6) 피청구인 국회의장의 사개특위 및 정개특위 소관 법률안에 대한 각 신속처리대상안건 지정행위는 사개특위 및 정개특위에서 위헌·위법인 절차로 의결된 바에 따른 것이므로, 사개특위 및 정개특위 위원인 청구인들의 각 소관 법률안에 대한 심의·표결권을 침해하여 무효이다.

나. 피청구인들의 답변 요지

(1) 피청구인 국회의장의 이 사건 각 개선행위의 경우, 이로 인하여 청구인들의 지위가 변동되지 않고, 청구인들의 법률안 심의·표결권을 침해할 가능성도 없으므로, 이에 대한 청구는 부적법하다.

나아가 이 사건 각 개선행위는 국회법 제48조 제6항 본문에서 위원회 위원의 개선을 제한하는 '임시회 회기 중 선임된 위원을 동일 회기 중 개선하는 경우'에 해당하지 않으며, 해당한다고 하더라도 그 단서의 '질병 등 부득이한 사유' 등의 요건을 충족하여 적법하므로, 청구인들의 법률안 심의·표결권을 침해하지 않는다.

(2) 국회 입안지원시스템에 의하여 제출된 법률안들에 대한 피청구인 국회의장의 이 사건 법률안 수리행위는 입법을 위한 준비행위에 불과하고 정개특위 및 사개특위 위원인 청구인들의 법적 지위에 변화를 가져오지 않으므로, 이에 대한 청구는 부적법하다. 나아가 헌법 및 국회법은 법률안 제출 방식에 관하여 별도로 정하고 있지 않고, 전자문서를 이용한 법률안 제출은 전자정부법에 근거한 것으로 볼 수 있으며, 먼저 팩스로 제출된 법률안은 접수 미완료로 발의되지 않았으므로, 피청구인 국회의장의 이 사건 법률안 수리행위는 위법하지 않다.

(3) 피청구인 사개특위 위원장은 이 사건 사개특위 개회일시를 정하기 전 간사에게 문자메시지 및 전화통화의 방법으로 협의하였고, 개회일시가 정해진 뒤에도 문자메시지 및 이메일 발송의 방법으로 일시·장소·안

건 등에 대하여 구체적으로 안내하였으므로, 이 사건 사개특위 개회과정에서 국회법 제49조 제2항을 위반하여 간사와 협의절차를 거치지 않았다고 볼 수 없다.

(4) 신속처리안건 지정동의에 대한 표결은 국회법 제85조의2 제1항에 따라 '지체 없이' 이루어져야 하므로, 그 과정에서 질의·토론 절차가 요구되지 않는다. 또 이 사건 사개특위의 표결절차 전에는 안건 내용이 충분히 안내되었고 토론을 요구하는 의원들의 의사진행발언을 통해 질의·토론이 이루어졌으므로, 이러한 절차를 거친 이 사건 사개특위의 신속처리대상안건 지정은 헌법이나 법률에 위배되지 않고, 사개특위 위원인 청구인들의 법률안 심의·표결권을 침해하지 않는다.

(5) 피청구인 정개특위 위원장은 이 사건 정개특위 개회일시를 정하기 전 간사에게 문자메시지 및 전화통화의 방법으로 협의하였고, 개회일시가 정해진 뒤에도 문자메시지 및 팩스 발송의 방법으로 일시·장소·안건 등에 대하여 구체적으로 안내하였으므로, 이 사건 정개특위 개회과정에서 국회법 제49조 제2항을 위반하여 간사와 협의절차를 거치지 않았다고 볼 수 없다. 따라서 이러한 절차를 거친 이 사건 정개특위의 신속처리대상안건 지정은 헌법이나 법률에 위배되지 않고, 정개특위 위원인 청구인들의 법률안 심의·표결권을 침해하지 않는다.

(6) 피청구인들의 행위가 청구인들의 법률안 심의·표결권을 침해하는 것으로 보더라도, 헌법재판소가 이를 취소·무효로 할 정도로 위법하다고 볼 수는 없다.

27. 구 국세기본법 제39조 제2호 위헌소원

[2020. 5. 27. 2018헌바465]

【판시사항】

가. 비상장법인의 과점주주에게 개발부담금에 대한 제2차 납부의무를 부과하는 구 '개발이익환수에 관한 법률'(2008. 3. 28. 법률 제9045호로 전부개정되고, 2014. 1. 14. 법률 제12245호로 개정되기 전의 것) 제6조 제3항 중 제2차 납부의무 가운데 구 국세기본법(2013. 5. 28. 법률 제11845호로 개정되고, 2014. 12. 23. 법률 제12848호로 개정되기 전의 것) 제39조 제2호를 준용하는 부분(이하 '심판대상조항'이라 한다)이 과잉금지원칙에 반하여 재산권을 침해하는지 여부(소극)

나. 심판대상조항이 평등원칙에 위배되는지 여부(소극)

【결정요지】

가. 개발부담금은 '국가 또는 지방자치단체가 재정수요를 충족시키기 위하여 반대급부 없이 법률에 규정된 요건에 해당하는 모든 자에 대하여 일반적 기준에 의하여 부과하는 금전급부'라는 조세의 특징을 지니고 있으므로 '실질적인 조세'라고 할 것이다. 심판대상조항은 개발부담금의 징수를 확보하면서, 나아가 비상장법인의 경영을 사실상 지배하는 과점주주가 회사의 법인격을 악용하는 것을 방지하여 실질적인 조세평등을 이루려는 것으로 목적의 정당성 및 수단의 적합성이 인정된다. 심판대상조항은 과점주주의 범위를 한정하고 있고, 그 책임 범위도 한정함으로써, 개발부담금의 징수를 확보하는 한편 과점주주의 재산권에 대한 제한을 최소화하고 있으므로 침해의 최소성이 인정된다. 아울러 경제정의를 실현하고, 토지에 대한 투기를 방지하며, 토지의 효율적인 이용의 촉진을 도모함과 동시에 실질적 조세평등을 이루기 위한 이 조항의 공익은 매우 중요한 반면, 이로 인한 과점주주의 불이익은 회사가 납부하지 않은 개발부담금을 보충적·추가적으로 부담하는 것에 불과하므로 법익의 균형성도 충족하였다. 따라서 심판대상조항은 과잉금지원칙을 위반하여 비상장법인의 과점주주의 재산권을 침해하지 않는다.

나. 심판대상조항이 비상장법인의 과점주주에게만 개발부담금에 대한 제2차 납부의무를 부과하는 것은, 개발부담금의 징수를 확보하면서도 상장법인과는 다르게 주로 친족, 친지 등으로 구성된 폐쇄적인 회사인 비상장법인만의 특성을 고려한 합리적인 차별이므로, 평등원칙에 위배되지 않는다.

재판관 유남석, 재판관 이석태, 재판관 이은애, 재판관 이영진, 재판관 이미선의 별개의견

개발사업으로 발생한 불로소득적인 개발이익을 환수하여 경제정의를 실현하고, 투기를 방지하며, 토지의 효율적 이용의 촉진을 도모하기 위한 개발부담금 제도의 목적을 고려하면, 징수된 개발부담금이 국가 및 지방자치단체의 재정수입에 충당되는 효과가 있다고 하더라도, 재정확충이 개발부담금의 본래 목적이라고 할 수 없다. 그리고 '부담금관리 기본법'에서도 개발부담금을 부담금의 하나로 규정하고 있다. 따라서 개발부담금은 유도적·조정적 성격을 가지는 '부담금'으로 보아야 한다.

심판대상조항은 재산권 행사의 공공복리 적합성 및 국토의 개발과 이용에 대한 국가의 규제와 조정이라는 헌법적 과제의 수행과 관련하여, 개발부담금제도의 정책목적의 실질적·효과적인 실현을 담보하기 위하여 회사의 법인격을 악용할 가능성이 높은 비상장법인의 과점주주에게 보충적으로 개발부담금 납부의무를 지게하고 있어 그 목적이 정당하고, 일정한 과점주주에게 일정한 범위에서 개발부담금에 대한 제2차 납부의무를 부과하고 있어 그 수단도 적합하다. 심판대상조항은 과점주주의 범위를 한정하여 실질적 형평에 부합하고, 그 책임 범위도 과점주주의 책임 있는 부분으로 최소화하여 그 정당성이 인정된다. 개발부담금 제도의 목적을 실질적·효과적으로 달성하기 위하여 주식회사를 실질적으로 지배하는 과점주주에게 개발부담금에 대한 제2차 납부의무를 부과하는 심판대상조항의 공익은, 해당 과점주주가 입게 되는 재산상의 불이익에 비해 결코 작다고 할 수 없다. 따라서 심판대상조항은 과잉금지원칙을 위반하여 비상장법인의 과점주주의 재산권을 침해하지 않는다.

【심판대상조문】

구 개발이익환수에 관한 법률(2008. 3. 28. 법률 제9045호로 전부개정되고, 2014. 1. 14. 법률 제12245호로 개정되기 전의 것) 제6조 제3항 중 제2차 납부의무 가운데 구 국세기본법(2013. 5. 28. 법률 제11845호로 개정되고, 2014. 12. 23. 법률 제12848호로 개정되기 전의 것) 제39조 제2호를 준용하는 부분

【참조조문】

구 국세기본법(2013. 5. 28. 법률 제11845호로 개정되고, 2014. 12. 23. 법률 제12848호로 개정되기 전의 것) 제39조

구 국세기본법 시행령(2013. 8. 27. 대통령령 제24697호로 개정되고, 2015. 2. 3. 대통령령 제26066호로 개정되기 전의 것) 제20조

개발이익환수에 관한 법률(2014. 1. 7. 법률 제12215호로 개정되고, 2020. 2. 18. 법률 제17007호로 개정되기 전의 것) 제1조, 제3조, 제4조, 제6조

【참조판례】

가. 헌재 1998. 6. 25. 95헌바35등 판례집 10-1, 771, 788

헌재 2009. 12. 29. 2008헌바171, 판례집 21-2하, 817, 828

헌재 2010. 10. 28. 2008헌바49, 판례집 22-2하, 30, 38

헌재 2014. 4. 24. 2011헌바179, 판례집 26-1하, 1, 12

헌재 2016. 6. 30. 2013헌바191등, 판례집 28-1하, 453, 461

대법원 2004. 7. 9. 선고 2003두1615 판결

나. 헌재 1997. 6. 26. 93헌바49등, 판례집 9-1, 611, 626-627

헌재 2008. 4. 24. 2006헌바107, 공보 139, 581, 586

헌재 2015. 4. 30. 2013헌바137등, 판례집 27-1상, 545, 553

【당 사 자】

청 구 인　　백○○
대리인 변호사 조원철
법무법인(유한) 지평
담당변호사 이공현 외 3인

당해사건　　수원지방법원 2018구합61742 개발부담금 부과처분취소

【주　문】

구 개발이익환수에 관한 법률(2008. 3. 28. 법률 제9045호로 전부개정되고, 2014. 1. 14. 법률 제12245호로 개정되기 전의 것) 제6조 제3항 중 제2차 납부의무 가운데 구 국세기본법(2013. 5. 28. 법률 제11845호로 개정되고, 2014. 12. 23. 법률 제12848호로 개정되기 전의 것) 제39조 제2호를 준용하는 부분은 헌법에 위반되지 아니한다.

【이　유】

1. 사건개요

가. 주식회사 ○○건설(이하 '○○건설'이라 한다)은 자신을 포함한 임○○ 등 23인 명의로 용인시 (주소 생략) 일대의 33필지 토지 84,181㎡(이하 '이 사건 사업지'라 한다)를 매입한 후 이 사건 사업지에 42개동의 아

파트를 건축하는 개발사업(이하 '이 사건 사업'이라 한다)을 시행하기로 하였다. 다만, 하나의 단지가 아니라 각 동별로 사업을 시행하기 위하여 2000. 2.경 이 사건 사업지에 대하여 임○○ 등 23인의 명의로 농지전용허가 또는 산림형질변경허가를 받았고, 2000. 8.경 위 아파트에 대한 건축허가를 받았다. 그런데 ○○건설은 2002. 3. 11. □□건설 주식회사(변경 전 상호: △△건설 주식회사, 이하 '□□건설'이라고 한다)와의 사이에 공사도급 및 사업시행에 관한 사업권양도 약정을 체결하였고, □□건설은 2002. 4. 23. 임○○ 등 건축허가 명의인들과 위 아파트에 관한 공사도급계약을 체결하였다. □□건설은 2004. 6.경 공사를 완료하고 2004. 6. 15. 용인시장으로부터 임시사용승인을 받았다.

나. 용인시장은 2004. 9. 21.과 2004. 11. 25. ○○건설과 임○○ 등 23인에게 '개발이익환수에 관한 법률'에 따라 이 사건 사업에 대한 개발부담금 합계 11,422,279,990원을 부과하였으나, ○○건설과 임○○ 등 23인이 제기한 위 부과처분 취소소송에서 항소심 법원이 '이 사건 사업을 추진하고 그 개발이익을 누리게 될 주체는 ○○건설이고, ○○건설이 이 사건 사업을 완료하기 전에 사업시행자의 지위를 □□건설에 양도함으로써 사업주체가 □□건설로 변경되었으므로, 개발부담금 납부의무자는 □□건설이 되어야 한다.'는 이유로 위 부과처분을 취소하는 판결을 선고하고 확정되자(서울고등법원 2005누21646), 용인시장은 이 사건 사업에 대한 개발부담금 납부의무자를 □□건설로 변경하고 2009. 1. 12. □□건설에 납부기한을 2009. 7. 13.로 하여 개발부담금 합계 11,422,279,990원을 부과하였다.

다. □□건설은 2009. 11. 27. 용인시장을 상대로 위 부과처분의 취소를 구하는 소를 제기하였는데, 1심 법원은 2012. 2. 22. 위 부과처분 중 10,845,480,209원을 초과하는 부분을 취소하고 나머지 청구를 기각하는 판결을 선고하였고(수원지방법원 2009구합12178), 항소심 법원은 2014. 8. 22. 위 부과처분 중 9,664,819,422원을 초과하는 부분을 취소하고 나머지 청구를 기각하는 판결을 선고하였으며(서울고등법원 2012누9958), □□건설이 상고하였으나 2017. 1. 12. 상고기각판결이 선고되어(대법원 2014두13478) 위 항소심 판결이 확정되었다(이하 위와 같이 확정된 판결을 '이 사건 관련 판결'이라 한다). 용인시장은 이 사건 관련 판결에 따라 2017. 1. 26. □□건설에 개발부담금을 16,913,433,800원(개발부담금 원금 9,664,819,420원 + 가산금 7,248,614,380원)으로 감액·고지하였다.

라. 한편, □□건설이 2009. 1. 12.자로 부과된 개발부담금을 납부하지 아니하자, 용인시장은 □□건설의 과점주주인 청구인을 제2차 납부의무자로 지정하여 2013. 7. 15. 청구인에게 개발부담금 14,638,656,940원[(개발부담금 원금 11,422,279,990원 + 가산금 6,921,901,660원) × 청구인 출자비율 79.8%]을 부과·고지하였고, 이 사건 관련 판결에 따라 2017. 2. 6. 다시 청구인에게 개발부담금 13,496,920,260원[(개발부담금 원금 9,664,819,420원 + 가산금 7,248,614,380원) × 청구인 출자비율 79.8%]을 감액·고지하였다(이하 위와 같이 감액된 2013. 7. 15.자 개발부담금 부과처분을 '이 사건 처분'이라 한다).

마. 청구인은 2018. 3. 2. 이 사건 처분의 취소를 구하는 소를 제기하였으나(수원지방법원 2018구합61742), 위 법원은 2018. 10. 11. 청구기각판결을 선고하였고, 위 1심 계속 중에 청구인이 이 사건 처분의 근거법률인 구 '개발이익환수에 관한 법률'(2003. 5. 29. 법률 제6916호로 개정되고, 2008. 3. 28. 법률 제9045호로 전부개정되기 전의 것, 이하 같다) 제6조 제1항 제3호와, 구 '개발이익환수에 관한 법률' 제6조 제3항에 의하여 준용되는 구 국세기본법(2013. 5. 28. 법률 제11845호로 개정되고, 2014. 12. 23. 법률 제12848호로 개정되기 전의 것, 이하 '구 국세기본법'이라 한다) 제39조 제2호에 대하여 위헌법률심판제청신청을 하였으나(수원지방법원 2018아3533), 2018. 10. 11. 모두 기각되었다.

이에 청구인은 2018. 11. 21. 구 국세기본법 제39조 제2호에 대하여 이 사건 헌법소원심판을 청구하였다.

2. 심판대상

청구인은 구 국세기본법 제39조 제2호에 대하여 이 사건 헌법소원심판을 청구하였다. 그런데 당해사건에서는 국세가 아니라 개발부담금의 제2차 납부의무가 문제 되고, 여기에는 구 국세기본법 제39조 제2호가 직접 적용되는 것이 아니라 구 '개발이익환수에 관한 법률' 제6조 제3항에 의하여 준용되는 구 국세기본법 제39조 제2호가 적용되므로 심판대상 역시 이를 반영하여야 할 것이다.

한편, 제2차 납부의무가 성립하기 위하여는 주된 납부의무자의 체납 등 그 요건에 해당하는 사실이 발생하여야 하는 것이므로, 그 성립 시기는 적어도 '주된 납부의무의 납부기한'이 경과한 이후라고 할 것인데(대법원 2006. 12. 22. 선고 2005두8498 판결 참조), 이 사건에서 용인시장은 2009. 1. 12. 주된 납부의무자인 ㅁㅁ건설에 개발부담금을 부과하면서 그 납부시한을 2009. 7. 13.로 정하였고, 그 후 ㅁㅁ건설이 개발부담금을 납부하지 아니하자 2013. 7. 15. 청구인에게 개발부담금 부과처분을 하였으므로, 청구인의 제2차 납부의무는 주된 납부의무의 납부기한인 2009. 7. 13.이 경과한 이후 성립한다 할 것이다. 그렇다면 이 사건에서 개발부담금에 대하여 구 국세기본법 제39조 제2호를 준용하도록 한 '개발이익환수에 관한 법률' 제6조 제3항 역시 제2차 납부의무가 성립하였을 당시의 것으로 함이 타당하다.

따라서 이 사건 심판대상은 구 '개발이익환수에 관한 법률'(2008. 3. 28. 법률 제9045호로 전부개정되고, 2014. 1. 14. 법률 제12245호로 개정되기 전의 것, 이하 '구 개발이익환수법'이라 한다) 제6조 제3항 중 제2차 납부의무 가운데 구 국세기본법(2013. 5. 28. 법률 제11845호로 개정되고, 2014. 12. 23. 법률 제12848호로 개정되기 전의 것) 제39조 제2호를 준용하는 부분(이하 '심판대상조항'이라 한다)이 헌법에 위반되는지 여부이다(이하 연혁에 관계없이 법 자체를 가리킬 때에는 '개발이익환수법' 또는 '국세기본법'이라고 한다). 심판대상조항 및 관련 조항은 다음과 같다.

[심판대상조항]

구 개발이익환수에 관한 법률(2008. 3. 28. 법률 제9045호로 전부개정되고, 2014. 1. 14. 법률 제12245호로 개정되기 전의 것)

제6조(납부 의무자) ③ 개발부담금 납부 의무의 승계, 연대 납부 의무 및 제2차 납부 의무에 관하여는 「국세기본법」 제23조부터 제25조까지 및 제38조부터 제41조까지의 규정을 준용한다.

[관련조항]

개발이익 환수에 관한 법률(2014. 1. 7. 법률 제12215호로 개정되고, 2020. 2. 18. 법률 제17007호로 개정되기 전의 것)

제1조(목적) 이 법은 토지에서 발생하는 개발이익을 환수하여 이를 적정하게 배분하여서 토지에 대한 투기를 방지하고 토지의 효율적인 이용을 촉진하여 국민경제의 건전한 발전에 이바지하는 것을 목적으로 한다.

제3조(개발이익의 환수) 국가는 제5조에 따른 개발부담금 부과 대상 사업이 시행되는 지역에서 발생하는 개발이익을 이 법으로 정하는 바에 따라 개발부담금으로 징수하여야 한다.

제4조(징수금의 배분) ① 제3조에 따라 징수된 개발부담금의 100분의 50에 해당하는 금액은 개발이익이 발생한 토지가 속하는 지방자치단체에 귀속되고, 이를 제외한 나머지 개발부담금은 따로 법률로 정하는 지역발전특별회계(이하 "특별회계"라 한다)에 귀속된다.

제6조(납부 의무자) ① 제5조 제1항 각 호의 사업시행자는 이 법으로 정하는 바에 따라 개발부담금을 납부할 의무가 있다. 다만, 다음 각 호의 어느 하나에 해당하면 그에 해당하는 자가 개발부담금을 납부하여야 한다.

1. 개발사업을 위탁하거나 도급한 경우에는 그 위탁이나 도급을 한 자
2. 타인이 소유하는 토지를 임차하여 개발사업을 시행한 경우에는 그 토지의 소유자
3. 개발사업을 완료하기 전에 사업시행자의 지위나 제1호 또는 제2호에 해당하는 자의 지위를 승계하는 경우에는 그 지위를 승계한 자

구 국세기본법(2013. 5. 28. 법률 제11845호로 개정되고, 2014. 12. 23. 법률 제12848호로 개정되기 전의 것)

제39조(출자자의 제2차 납세의무) 법인(주식을 대통령령으로 정하는 증권시장에 상장한 법인은 제외한다. 이하 이 조에서 같다)의 재산으로 그 법인에 부과되거나 그 법인이 납부할 국세·가산금과 체납처분비에 충당하여도 부족한 경우에는 그 국세의 납세의무 성립일 현재 다음 각 호의 어느 하나에 해당하는 자는 그 부족한 금액에 대하여 제2차 납세의무를 진다. 다만, 제2호에 따른 과점주주의 경우에는 그 부족한 금액을 그 법인의 발행주식 총수(의결권이 없는 주식은 제외한다. 이하 이 조에서 같다) 또는 출자총액으로 나눈 금액에 해당 과점주주가 실질적으로 권리를 행사하는 주식 수(의결권이 없는 주식은 제외한다) 또는 출자액을 곱하여 산출한 금액을 한도로 한다.

1. 무한책임사원
2. 주주 또는 유한책임사원 1명과 그의 특수관계인 중 대통령령으로 정하는 자로서 그들의 소유주식 합계 또는 출자액 합계가 해당 법인의 발행주식 총수 또는 출자총액의 100분의 50을 초과하면서 그에 관한 권리를 실질적으로 행사하는 자들(이하 "과점주주"라 한다)

구 국세기본법 시행령(2013. 8. 27. 대통령령 제24697호로 개정되고, 2015. 2. 3. 대통령령 제26066호로 개정되기 전의 것)

제20조(출자자의 제2차 납세의무의 특수관계인의 범위) ① 법 제39조 각 호 외의 부분 본문에서 "대통령령으로 정하는 증권시장"이란 「자본시장과 금융투자업에 관한 법률 시행령」 제176조의9 제1항에 따른 유가증권시장을 말한다.

② 법 제39조 제2호에서 "특수관계인 중 대통령령으로 정하는 자"란 해당 주주 또는 유한책임사원과 제18조의2 각 호의 어느 하나에 해당하는 관계에 있는 자를 말한다.

제18조의2(짜고 한 거짓 계약으로 추정되는 계약의 특수관계인의 범위) 법 제35조 제4항 후단에서 "특수관계인 중 대통령령으로 정하는 자"란 해당 납세자와 다음 각 호의 어느 하나에 해당하는 관계에 있는 자를 말한다.

1. 친족관계
2. 경제적 연관관계
3. 경영지배관계 중 제1조의2 제3항 제1호 가목 및 같은 항 제2호 가목 및 나목의 관계. 이 경우 같은 조 제4항을 적용할 때 같은 항 제1호 가목 및 제2호 나목 중 "100분의 30"은 "100분의 50"으로 본다.

3. 청구인의 주장

심판대상조항은 과점주주에 해당하기만 하면 실제로 회사로부터 배당 등을 받아 이익을 얻었는지 여부나 보유주식의 실제가치 등에 관계없이 무조건 개발부담금에 대한 제2차 납부의무를 부담하도록 하고 있다. 따라서 심판대상조항은 청구인의 재산권을 침해하고, 조세법률주의 내지 실질과세원칙에 반하고, 비상장법인의 과점주주에 대하여만 제2차 납부의무를 부담하게 함으로써 평등원칙에 반한다.

4. 판 단

가. 개발부담금 제도의 개관

(1) 연혁 및 입법취지

(가) 국가는 국토의 효율적이고 균형 있는 이용·개발과 보전을 위하여 법률이 정하는 바에 의하여 그에 관한 필요한 제한과 의무를 과할 수 있는바(헌법 제122조), 우리나라는 1960년대 이후 도시화·산업화가 급격히 진전되면서 각종 도시개발 및 주택개발 사업이 추진되었고, 그 과정에서 지가 상승과 토지 투기, 개발이익의 사유화 및 토지 소유의 편중 등이 커다란 사회문제로 부각되었다. 이에 정부 주도 하에 토지공개념 제도의 일환으로 개발이익의 환수를 위하여 1989. 12. 30. 법률 제4175호로 개발이익환수법이 제정되었다.

(나) 개발이익환수법을 통해 도입된 '개발부담금'은, 사업시행자가 국가 또는 지방자치단체로부터 인가 등을 받아 개발사업을 시행한 결과 개발사업 대상토지의 지가가 상승하여 정상지가 상승분을 초과하는 불로소득적인 개발이익이 생긴 경우 이를 사업시행자에게 독점시키지 아니하고 국가가 이를 환수하여 그 토지가 속하는 지방자치단체 등에 배분함으로써 경제정의를 실현하고 토지에 대한 투기를 방지하며 토지의 효율적인 이용의 촉진을 도모하기 위한 제도이다(헌재 1998. 6. 25. 95헌바35등 참조).

(2) 개발부담금 제도의 내용

(가) 부과대상

국가는 국가 또는 지방자치단체로부터 인가·허가·면허 등(신고를 포함)을 받아 시행하는 택지개발사업이나 산업단지개발사업 등의 개발사업이 시행되는 지역에서 발생하는 개발이익을 개발부담금으로 징수하여야 한다(개발이익환수법 제2조 제2호, 제3조). 개발부담금이 부과되는 사업은 법령(개발이익환수법 제5조 및 같은 법 시행령 제4조 제1항 별표1)에서 열거하고 있으므로(열거주의) 법령에 열거되지 않은 사업은 설령 개발이익이 발생하더라도 부과대상이 되지 않는다.

(나) 부과대상 사업

개발부담금의 부과 대상인 개발사업은, 택지개발사업, 산업단지개발사업, 관광단지조성사업(온천 개발사업 포함), 도시개발사업, 지역개발사업 및 도시환경정비사업, 교통시설 및 물류시설용지조성사업, 체육시설부지조성사업(골프장 건설사업 및 경륜, 경정장 설치사업 포함), 지목변경이 수반되는 사업 및 그 밖에 이와 유사한 사업으로 대통령령으로 정하는 사업이다(개발이익환수법 제5조 제1항).

개발부담금 부과 대상이 되는 개발사업의 규모는, ① 특별시, 광역시 또는 특별자치시의 지역 중 도시지역인 지역에서 시행하는 사업은 660㎡ 이상, ② 특별시, 광역시 또는 특별자치시 외의 도시지역인 지역에서 시행하는 사업은 990㎡ 이상, ③ 도시지역 중 개발제한구역에서 그 구역의 지정 당시부터 토지를 소유한 자가 그 토지에 시행하는 사업과 도시지역 외의 지역에서 시행하는 사업은 1,650㎡ 이상인 경우로 한다(개발이익환수법 시행령 제4조 제1항).

(다) 납부의무자

원칙적으로 사업시행자는 법이 정하는 바에 따라 개발부담금을 납부할 의무가 있다(개발이익환수법 제6조 제1항 본문). 다만, ① 개발사업을 위탁 또는 도급한 경우에는 그 위탁이나 도급을 한 자 ② 타인소유의 토지를 임차하여 개발사업을 시행한 경우에는 토지소유자 또는 ③ 개발사업을 완료하기 전에 사업시행자의 지위나 위 ① 또는 ②에 해당하는 자의 지위를 승계하는 경우에는 그 지위를 승계한 자가 개발부담금을 납부할 의무를 진다(개발이익환수법 제6조 제1항 단서).

(라) 부담금의 배분

징수된 개발부담금의 50%는 개발이익이 발생한 토지가 속하는 지방자치단체에 귀속되고, 나머지 50%는 '국가균형발전 특별법'으로 정하는 지역발전특별회계(국가균형발전특별회계)로서 국가에 귀속된다(개발이익환수법 제4조 제1항, 국가균형발전 특별법 제30조, 제34조 제1항 제3호).

나. 제2차 납부의무제도의 의의

개발이익환수법이 1993. 6. 11. 법률 제4563호로 개정되면서 개발부담금에 대하여 국세기본법상의 제2차 납세의무제도를 준용하고 있다. 제2차 납세의무는 형식적으로는 제3자에게 재산이 귀속되어 있으나 실질적으로는 주된 납세의무자와 동일한 책임을 인정하더라도 공평을 잃지 않을 특별한 관계에 있는 제3자를 제2차로 보충적인 납세의무를 지게 하여 그 재산의 형식적인 권리 귀속을 부인함으로써 그 내용상의 합리성과 타당성 내지 조세형평을 기하는 한편 조세징수의 확보라는 공익을 달성하기 위한 제도이다.

이와 유사한 취지에서 개발이익환수법은 국세기본법을 준용하여 이 사건에서 문제된 제39조 제2호 소정의 과점주주 외에 제38조에서는 청산인 등의, 제39조 제1호에서는 무한책임사원의, 제40조에서는 법인의, 그리고 제41조에서는 사업양수인의 각 개발부담금에 대한 제2차 납부의무를 규정하고 있다.

다. 쟁점 정리

(1) 이 사건에서는 비상장법인의 과점주주에게 개발부담금에 대한 제2차 납부의무를 부과하는 심판대상조항이 과잉금지원칙에 반하여 청구인의 재산권을 침해하는지 여부가 문제 된다.

그리고 심판대상조항에서는 상장법인을 제외하고 비상장법인의 경우에만 과점주주의 제2차 납부의무를 인정하고 있는데, 이것이 상장법인과 비상장법인 과점주주간의 평등원칙에 반하는지 여부도 문제된다.

(2) 청구인은 심판대상조항이 실질적 조세법률주의에 반한다고도 주장한다. 그런데 청구인의 주장 취지는 과점주주에 해당하기만 하면 회사로부터 배당 등으로 실제 이익을 얻었는지 여부나 보유주식의 실제 가치가 어떠한지를 불문하고 무조건 제2차 납부의무를 부담하게 하는 것이 지나치다는 것으로서, 이는 심판대상조항이 헌법 제37조 제2항에 규정된 기본권제한의 입법한계를 벗어나 청구인의 재산권을 침해한다는 주장과 다르지 않다. 따라서 과잉금지원칙 위반 여부에 대하여 판단하는 이상 실질적 조세법률주의 위반 여부에 대하여는 별도로 판단하지 않기로 한다.

(3) 청구인은 심판대상조항이 주식회사법의 대원칙인 주주유한책임의 원칙에 반한다는 취지의 주장도 한다. 이 주장 역시 과점주주에 대해 제2차 납부의무를 부과하는 것이 재산권 침해라는 주장에 지나지 않으므로 과잉금지원칙 위반 여부에 대한 판단 부분에서 함께 판단하기로 한다.

라. 재산권 침해 여부

(1) 개발부담금의 법적 성격 및 심사기준

개발부담금은 비록 그 명칭이 '부담금'이고 국세기본법이나 지방세기본법에서 나열하고 있는 국세나 지방세의 목록에 빠져 있다고 하더라도, '국가 또는 지방자치단체가 재정수요를 충족시키기 위하여 반대급부 없이 법률에 규정된 요건에 해당하는 모든 자에 대하여 일반적 기준에 의하여 부과하는 금전급부'라는 조세로서의 특징을 지니고 있다는 점에서 실질적인 조세라 할 것이다(헌재 2016. 6. 30. 2013헌바191등).

원칙적으로 조세의 부과·징수는 국민의 납세의무에 기초하는 것으로서 재산권의 침해가 되지 않으나, 납세의무자의 사유재산에 관한 중대한 제한을 초래하는 경우에는 예외적으로 재산권의 침해가 될 수 있다고 할 것이므로, 조세법도 국민의 납세의무에도 불구하고 과잉금지원칙을 준수하여야 할 것이다. 따라서 실질적인 조세의 성격을 가진 개발부담금도 조세에 준하여 위와 같은 법리에 구속되어야 할 것이므로, 결국 이 부분 쟁점은 심판대상조항이 과잉금지원칙에 반하여 재산권을 침해하였는지 여부가 될 것이다(헌재 2009. 12. 29. 2008헌바171 참조).

(2) 과잉금지원칙 위반 여부

(가) 목적의 정당성 및 수단의 적합성

개발부담금 제도는 사업시행자가 개발사업을 시행한 결과 개발사업 대상토지의 지가가 상승하여 정상지가 상승분을 초과하는 불로소득적인 개발이익이 생긴 경우, 국가가 그 일부를 환수하여 그 토지가 속하는 지방자치단체 등에게 배분함으로써 경제정의를 실현하고, 토지에 대한 투기를 방지하며, 토지의 효율적인 이용의 촉진을 도모하기 위한 제도라고 할 것이다(헌재 1998. 6. 25. 95헌바35등; 헌재 2009. 12. 29. 2008헌바171; 헌재 2014. 4. 24. 2011헌바179).

심판대상조항은, 비상장법인의 과점주주에게 위와 같은 개발부담금에 대한 제2차 납부의무를 부과함으로써 개발부담금 징수를 확보하고, 나아가 친족이나 친지 등을 주주로 하여 구성된 비상장법인의 경영을 사실상 지배하는 과점주주가 회사의 수익은 자신에게 귀속시키고 손실은 회사에 떠넘김으로써 회사의 법인격을 악용하는 것을 방지하여 실질적인 조세평등을 이루려는 것으로서, 목적의 정당성 및 수단의 적합성이 인정된다 할 것이다(헌재 2010. 10. 28. 2008헌바49).

(나) 침해의 최소성

1) 심판대상조항은 개발부담금에 대한 제2차 납부의무를 부과함이 상당하다고 인정되는 과점주주의 범위를 소유주식 합계 또는 출자액의 합계가 해당 법인의 발행주식 총수 또는 출자총액의 100분의 50을 초과하면서 그에 관한 권리를 실질적으로 행사하는 과점주주로 한정하고 있어 주식회사를 실질적으로 운영하면서 이를 조세 등 회피의 수단으로 이용할 수 있는 지위에 있는 과점주주들에게만 제2차 납세의무를 부과하고 있다. 그리고 이러한 과점주주들은 주된 납부의무자인 법인과 동일한 책임을 인정하더라도 실질적으로 공평을 잃지 않는 특별한 관계에 있고, 그러한 자들에 대한 제2차 납세의무의 부과는 경제정의 및 세금징수의 확보를 도모하려는 제도의 취지와 부합한다.

그리고 국세기본법 제39조 단서에서는 과점주주의 책임범위 한도를 '그 법인의 발행주식 총수 또는 출자총액으로 나눈 금액에 해당 과점주주가 실질적으로 권리를 행사하는 주식 수 또는 출자액을 곱하여 산출한 금액'으로 한정함으로써, 개발부담금의 징수를 확보하는 한편 과점주주의 재산권에 대한 제한을 최소화하고 있다(헌재 2010. 10. 28. 2008헌바49).

2) 심판대상조항에도 불구하고 과점주주는 자신이 명의상 주주일 뿐 실제로 주식에 대한 권리를 가진 자가 아니라거나, 주식을 소유하기는 하였지만 과점주주 사이의 관계나 취득·보유경위 등에 비추어 볼 때 '해당 법인의 발행주식 총수 또는 출자총액의 100분의 50을 초과하는 주식에 관한 권리를 실질적으로 행사하는' 과점주주들과 공동으로 주식에 관한 권리를 행사하지 않았다는 점을 들어 제2차 납세의무를 부담하지 않을 수 있다. 즉, 국세기본법 제39조 제2호 소정의 과점주주에 해당하는지 여부는 과반수 주식의 소유 집단의 일원인지 여부에 의하여 판단하여야 하고, 주식의 소유사실은 과세관청이 주주명부나 주식이동상황명세서 또는 법인등기부등본 등 자료에 의하여 이를 입증하여야 하지만, 위 자료에 비추어 일견 주주로 보이는 경우에도 실은 주주명의를 도용당하였거나 실질소유주의 명의가 아닌 차명으로 등재되었다는 등의 사정이 있는 경우에는 단지 그 명의만으로 주주에 해당한다고 볼 수는 없다(대법원 2004. 7. 9. 선고 2003두1615 판결).

3) 청구인은, 과점주주가 실제로 회사로부터 이익을 얻었는지 여부나 보유주식의 실제 가치 등을 고려하지 않고 무조건 과점주주에게 제2차 납세의무를 부담하게 한 것이 지나치다는 취지로 주장한다. 개발부담금은 개발사업을 시행한 결과 개발사업 대상토지의 지가가 상승하여 불로소득적인 개발이익이 생긴 경우 이를 환수하는 것으로써, 회사가 개발이익을 그대로 보유할 수도 있고, 주주에게 배당할 수도 있으며, 다른 사업에 재투자할 수도 있고, 회사의 채무를 변제하는 데에 사용할 수도 있다. 주식의 실제 가치도 개발사업의 성공으로 인하여 주식의 가치가 상승할 수도 있으나, 다른 이유로 하락할 수도 있다. 특히 비상장주식의 경우 시장

에서 거래가격이 형성되지 않아 가치평가가 어려운 경우가 대부분이다. 그런데 과점주주의 제2차 납세의무는 특정한 개발사업으로 인하여 과점주주가 어떠한 이익을 얻었기 때문이 아니라, 회사가 어떠한 이익을 얻어 개발부담금을 부담해야 하는 상황에서 이를 납부하지 않은 경우 '해당 법인의 발행주식 총수 또는 출자총액의 100분의 50을 초과하면서 그에 관한 권리를 실질적으로 행사하는 과점주주'를 주된 납부의무자인 법인과 동일하게 취급하여 이들에게 납세의무를 부과함으로써 실질적인 조세평등을 실현하려는 것이다. 이러한 과점주주에게 청구인이 주장하는 바와 같이 회사로부터 이익을 얻었는지 여부나 보유주식의 가치가 어떻게 되는지 여부 등을 고려하여 제2차 개발부담금 납부의무를 부과하게 한다면 이는 제2차 납세의무제도의 취지에 맞지 않다.

따라서 심판대상조항은 침해의 최소성 원칙에 반하지 않는다.

(다) 법익의 균형성

과점주주에게 개발부담금에 대한 제2차 납부의무를 부과함으로써 경제정의를 실현하고, 토지에 대한 투기를 방지하며, 토지의 효율적인 이용의 촉진을 도모함과 동시에 과점주주가 회사의 수익은 자신에게 귀속시키고 그 손실은 회사에 떠넘기는 것을 방지하여 실질적 조세평등을 이루기 위한 심판대상조항의 공익은 매우 중요한 반면, 이로 인한 불이익은 해당 법인을 실질적으로 운영하는 일정한 범위의 과점주주가 출자 범위 내에서 회사가 납부하지 않은 개발부담금을 보충적·추가적으로 부담하는 것에 불과하다. 이처럼 심판대상조항이 추구하는 공익이 그로 인해 침해되는 사익보다 크므로 법익의 균형성 요건도 충족한다.

(3) 소결

따라서 심판대상조항이 과잉금지원칙에 반하여 재산권을 침해한다고 볼 수 없다.

마. 평등원칙 위반 여부

청구인은, 심판대상조항이 비상장법인의 과점주주에 대하여만 제2차 납부의무를 지게 하는 것이 비상장법인의 과점주주를 상장법인의 과점주주에 비하여 불합리하게 차별하는 것이라고 주장한다.

비상장법인은 주로 친족, 친지 등으로 구성된 폐쇄적인 회사들로서, 법인을 자기의 의사대로 지배·운영하며 회사의 수익은 주주에게 귀속시키고 손실은 회사에 떠넘기는 방법으로 법인제도를 남용하여 이를 형해화시킬 우려가 크다. 즉, 비상장주식은 시장에서 거래가격이 형성되지 않아 가치평가가 어려운 경우가 대부분이고, 해당 기업의 재무상태나 수익성, 영업실적 등 핵심적인 정보가 일반인에게 공개되지 않을 뿐 아니라, 대부분 소수주식의 매수만으로는 경영권 확보가 어려운 중·소규모 기업의 주식이어서 매수희망자가 거의 없기 때문에(헌재 2015. 4. 30. 2013헌바137등 참조), 비상장법인은 주식회사라는 법적 형태에도 불구하고 가족이나 고용관계 등의 특수관계에 있는 자를 주주로 하여 구성되는 소규모이고 폐쇄적인 회사로서의 성격을 띠고 있다.

반면에 상장법인은 비상장법인에 비해 엄격한 주식분산요건을 규정하여 특정인에 의한 주식 독과점을 제도적으로 제한하므로 과점주주가 법인 경영이나 자산을 지배하기 어렵다는 점에서 비상장법인과 차이가 있다. 또한, 관련 법령에서 상장법인에 대하여는 기업경영이나 재무상태에 영향을 미치는 주요경영사항이나 최대주주 등과의 거래관계 등을 공시토록 하여 기업 경영의 투명성을 유지하게 하고 있고(유가증권시장 공시규정 제7조), 일정 수 이상의 사외이사를 선임하거나(이사 총수의 4분의 1 이상, 유가증권시장 상장규정 제77조), 자산총액이 2조원 이상인 주권상장법인은 총 위원의 3분의 2 이상을 사외이사로 구성한 감사위원회를 설치하게 하는 등(유가증권시장 상장규정 제78조) 특정 과점주주에 의한 기업 경영의 부실화를 막는 제도적 장치를 두고 있어, 상장법인은 과점주주에 의한 기업재산의 자유처분이 비상장법인에 비해 엄격히 제한된다(헌재 2008. 4. 24. 2006헌바107 참조). 따라서 비상장법인에 비하여 상장법인의 경우에는 과점주주를 회사와 동일시하기 어렵다.

그렇다면 심판대상조항이 비상장법인의 과점주주에게만 개발부담금에 대한 제2차 납부의무를 부과하는 것은, 개발부담금의 징수를 확보하면서도 비상장법인의 특성을 고려한 합리적인 차별이므로, 심판대상조항은 평등의 원칙에 위배되지 않는다고 할 것이다(헌재 1997. 6. 26. 93헌바49등 참조).

5. 결 론

그렇다면 심판대상조항은 헌법에 위반되지 아니하므로 주문과 같이 결정한다. 다만, 이 결정에 대하여는 재판관 유남석, 재판관 이석태, 재판관 이은애, 재판관 이영진, 재판관 이미선의 아래 6.과 같은 의견이 있으나, 우리 재판소가 2016. 6. 30. 선고한 2013헌바191등 결정에서 판시한 헌법 또는 법률의 해석적용에 관한 의견을 변경하는데 필요한 심판정족수에는 미치지 못하였으므로 이를 별개의견으로 적시한다.

6. 재판관 유남석, 재판관 이석태, 재판관 이은애, 재판관 이영진, 재판관 이미선의 별개의견

우리는 심판대상조항이 헌법에 위반되지 않는다는 이 사건 결정의 결론에는 찬성하나, 개발부담금의 법적 성격을 부담금으로 보는 전제에서 재산권 침해 여부를 판단하여야 한다고 생각하므로 아래와 같이 별개의견을 밝힌다.

가. 개발부담금의 법적 성격과 심사기준

(1) 개발부담금은 사업시행자가 국가 또는 지방자치단체로부터 인가 등을 받아 개발사업을 시행한 결과 개발사업 대상토지의 지가가 상승하여 정상지가 상승분을 초과하는 불로소득적인 개발이익이 생긴 경우 이를 사업시행자에게 독점시키지 아니하고 국가가 이를 환수하여 그 토지가 속하는 지방자치단체 등에 배분함으로써 경제정의를 실현하고 토지에 대한 투기를 방지하며 토지의 효율적인 이용의 촉진을 도모하기 위한 제도이다. 따라서 징수된 개발부담금이 세금과 같이 국가 및 지방자치단체의 재정수입에 충당되는 효과가 있다고 하더라도, 재정확충이 개발부담금의 본래 목적이라고 할 수 없다. 그리고 '부담금관리 기본법'에서도 개발부담금을 부담금의 하나로 규정하고 있다. 이와 같은 사정을 종합해 볼 때, 비록 심판대상조항이 개발부담금의 제2차 납부의무에 관하여 국세기본법상 국세납부의무에 관한 조항을 준용하는 형태로 규정되어 있다고 하더라도, 토지에 대한 투기 방지와 토지의 효율적 이용 촉진 및 개발이익에 관한 사회적 갈등 조정과 경제정의의 실현을 위해 정책적 측면에서 이러한 과제와 관련성을 가진 특정 부류의 사람들에게만 부과되는 개발이익환수법상 개발부담금은 그 이념과 기능이 조세의 그것과 실질적으로 구별된다는 점에서, 유도적·조정적 성격을 갖는 부담금으로 봄이 타당하며, 이러한 부담금을 부과함으로써 국민의 재산권을 제한하는 법률규정이 헌법에 위배되지 않기 위하여는 헌법 제37조 제2항에서 정하고 있는 과잉금지원칙이 지켜져야 한다(헌재 2019. 12. 27. 2014헌바381 참조).

(2) 다만, 개발부담금과 같은 정책실현목적 부담금은 개별행위에 대한 명령·금지와 같은 직접적인 규제수단을 사용하는 대신 부담금이라는 금전적 부담의 부과를 통하여 간접적으로 국민의 행위를 유도하고 조정함으로써 사회적·경제적 정책목적을 달성하고자 하는 것이므로, 정책실현목적 부담금의 경우에는 부담금의 정당화 요건 중 '재정조달 대상인 공적 과제와 납부의무자 집단 사이에 존재하는 관련성' 자체보다 '재정조달 이전 단계에서 추구되는 특정 사회적·경제적 정책목적과 부담금의 부과 사이에 존재하는 상관관계'가 더 중요한 의미를 지닌다. 즉, 경제정의 실현 및 토지에 대한 투기 방지, 토지의 효율적인 이용 촉진 도모라고 하는 공적 과제를 위하여 청구인과 같은 과점주주에게 개발부담금에 대한 제2차 납부의무를 부과하는 것이 형평에 어긋나지 않고 그 정당성이 충분히 인정되는지 여부가 문제된다고 할 것이다(헌재 2004. 7. 15. 2002헌바42; 헌재 2007. 5. 31. 2005헌바47 참조).

나. 과잉금지원칙 위반 여부

(1) 목적의 정당성

헌법 제23조는 제1항에서 "모든 국민의 재산권은 보장된다. 그 내용과 한계는 법률로 정한다.", 제2항에서 "재산권의 행사는 공공복리에 적합하도록 하여야 한다."라고 규정하고 있다. 또한 헌법 제119조 제2항은 "국가는 균형있는 국민경제의 성장 및 안정과 적정한 소득의 분배를 유지하고, 시장의 지배와 경제력의 남용을 방지하며, 경제주체간의 조화를 통한 경제의 민주화를 위하여 경제에 관한 규제와 조정을 할 수 있다."고 정하고 있으며, 헌법 제120조 제2항은 "국토와 자원은 국가의 보호를 받으며, 국가는 그 균형있는 개발과 이용을 위하여 필요한 계획을 수립한다."라고, 제122조는 "국가는 국민 모두의 생산 및 생활의 기반이 되는 국토의 효율적이고 균형있는 이용·개발과 보전을 위하여 법률이 정하는 바에 의하여 그에 관한 필요한 제한과 의무를 과할 수 있다."라고 각 규정하고 있다.

한편 개발이익환수법에 따른 개발부담금은 사업시행자가 국가 또는 지방자치단체로부터 인가 등을 받아 개발사업을 시행한 결과 개발사업 대상토지의 지가가 상승하여 정상지가 상승분을 초과하는 불로소득적인 개발이익이 생긴 경우 이를 사업시행자에게 독점시키지 아니하고 국가가 이를 환수하여 그 토지가 속하는 지방자치단체 등에 배분함으로써 경제정의를 실현하고 토지에 대한 투기를 방지하며 토지의 효율적인 이용의 촉진을 도모하기 위한 제도이다.

심판대상조항은 위에서 언급한 재산권 행사의 공공복리 적합성 및 국토의 개발과 이용에 대한 국가의 규제와 조정이라는 헌법적 과제의 수행과 관련하여, 개발부담금제도의 정책목적의 실질적·효과적인 실현을 담보하기 위하여 사실상 비상장법인의 경영을 지배하면서 그 수익을 자신에게 귀속시키고 손실을 회사에 떠넘기는 등 회사의 법인격을 악용할 가능성이 높은 비상장법인의 과점주주에게 사업시행자가 개발부담금을 납부하지 못하는 경우에 보충적으로 개발부담금 납부의무를 지게 하는 것이므로 그 목적이 정당하다(헌재 2019. 12. 27. 2014헌바381 결정 참조).

(2) 수단의 적합성

개발부담금은 부과대상토지의 처분과 관련된 이익을 환수하는 것이 아니라, 개발이익을 환수하려는 제도이므로, 이러한 정책목적과 상관관계에 있는 '개발이익이 실질적으로 귀속되는 자'에게 부과되어야 할 것이다. 이에 개발이익환수법 제6조 제1항 본문에서는 원칙적으로 개발부담금 부과대상인 개발사업의 사업시행자는 개발부담금 납부의무가 있다고 규정하고 있고, 같은 항 단서 제1호와 제2호에서는 개발사업을 위탁하거나 도급한 경우에는 그 위탁이나 도급을 한 자, 타인 소유의 토지를 임차하여 개발사업을 시행한 경우에는 토지소유자가 개발부담금을 납부하도록 하여 개발이익이 실질적으로 귀속되는 자에게 개발부담금을 부과하고 있으며, 같은 항 단서 제3호에서는 개발사업이 승계된 경우 승계당사자들 사이에 개발이익 및 개발부담금의 승계에 관한 약정이 가능함을 전제로, 승계인이 개발부담금을 납부하도록 하고 있다(헌재 2009. 12. 29. 2008헌바171 참조).

그런데 우리나라의 비상장법인은 대부분 가까운 친족, 친지 등을 주주로 하여 구성된 소규모의 폐쇄회사들로서, 회사의 경영을 사실상 지배하는 실질적인 운영자인 과점주주는 회사의 수익은 자신에게 귀속시키고 그 손실은 회사에 떠넘기는 수법으로 개발사업 시행 시 불로소득적인 개발이익이 발생하더라도 개발부담금 납부를 회피할 우려가 크다. 또한, 이러한 소규모의 폐쇄회사인 비상장법인의 경우 회사 명의로 되어 있는 재산이 많지 않고 급기야 개발부담금을 납부하지 아니한 채 폐업을 해버리는 경우도 있으므로, 회사에 대한 부담금 부과나 회사의 재산에 대한 체납처분만으로는 개발부담금제도의 정책목적을 달성하는 데 많은 어려움이 있게 된다. 이에 심판대상조항은 비상장법인의 재산으로 그 법인에 부과되거나 그 법인이 납부할 개발부담금에 충당하여도 부족한 경우 일정한 과점주주에게 일정한 범위에서 개발부담금에 대한 제2차 납부의무를 부과함으로써 개발이익 환수를 통한 경제정의 실현 및 토지에 대한 투기 방지, 토지의 효율적인 이용 촉진 도모라는 공적 과제의 달성에 기여하도록 하고 있다. 따라서 심판대상조항은 수단의 적합성이 인정된다.

(3) 침해의 최소성

(가) 심판대상조항은 개발부담금에 대한 제2차 납부의무를 부과함이 상당하다고 인정되는 비상장법인의 과점주주의 범위를 '그들의 소유주식 합계 또는 출자액 합계가 해당 법인의 발행주식 총수의 100분의 50을 초과하면서 그에 관한 권리를 실질적으로 행사하는 자'로 제한하고 있어, 주식회사를 실질적으로 지배하면서 이를 개발부담금 등 회피의 수단으로 이용할 수 있는 지위에 있는 사들에게만 제2차 납부의무를 부과하고 있으므로 그 실질상 형평에 어긋난다고 보기 어렵다(헌재 2010. 10. 28. 2008헌바49 참조).

또한 국세기본법 제39조 단서에서는 책임범위의 한도를 '그 법인의 발행주식 총수 또는 출자총액으로 나눈 금액에 해당 과점주주가 실질적으로 권리를 행사하는 주식 수 또는 출자액을 곱하여 산출한 금액'으로 한정함으로써, 개발부담금의 징수를 확보하는 한편 과점주주의 재산권에 대한 제한을 책임있는 부분으로 최소화하여 그 정당성이 충분히 인정된다.

(나) 청구인은, 과점주주가 실제로 회사로부터 이익을 얻었는지 여부나 보유주식의 실제 가치 등을 고려하지 않고 무조건 과점주주에게 제2차 납부의무를 부담하게 한 것이 지나치다는 취지로 주장한다.

그러나 과점주주의 제2차 납부의무는 특정한 개발사업으로 인하여 과점주주가 어떠한 이익을 얻었기 때문이 아니라, 회사가 어떠한 이익을 얻어 개발부담금을 부담해야 하는 상황에서 이를 납부하지 않은 경우 '해당 법인의 발행주식 총수 또는 출자총액의 100분의 50을 초과하고 그에 관한 권리를 실질적으로 행사하는 과점주주'에게 주된 납부의무자인 법인의 책임에 대하여 실질적으로 주주권 행사를 통해 법인 운영에 관여하는 범위에서 보충적인 개발부담금 납부의무를 부과함으로써 개발부담금제도의 정책목적을 실질적·효과적으로 달성하려는 데 그 의의가 있다. 청구인이 주장하는 바와 같이 회사로부터 이익을 얻었는지 여부나 보유주식의 가치가 어떻게 되었는지 여부 등을 고려하여 제2차 개발부담금 납부의무를 부과하게 한다면, 개발부담금제도의 정책목적을 효과적으로 달성하기 위하여 과점주주에게도 제2차 납부의무를 부과한 입법취지를 충분히 만족시킬 수 없게 된다.

따라서 심판대상조항은 침해의 최소성 원칙에 반하지 않는다.

(4) 법익의 균형성

경제정의를 실현하고, 토지에 대한 투기를 방지하며, 토지의 효율적인 이용을 촉진하기 위한 개발부담금제도의 목적을 실질적·효과적으로 달성하기 위하여 주식회사를 실질적으로 지배하는 과점주주에게 개발부담금에 대한 제2차 납부의무를 부과하는 심판대상조항의 공익은, 해당 과점주주가 입게 되는 재산상의 불이익에 비해 결코 작다고 할 수 없으므로, 심판대상조항은 법익의 균형성 요건도 충족한다.

다. 결론

따라서 심판대상조항이 과잉금지원칙에 반하여 재산권을 침해한다고 볼 수 없다.

재판관 유남석 이선애 이석태 이은애 이종석 이영진 김기영 문형배 이미선

28. 디엔에이신원확인정보의 이용 및 보호에 관한 법률 제5조 제1항 등 위헌확인

[2020. 5. 27. 2017헌마1326]

【판시사항】

가. 디엔에이감식시료 채취의 근거조항인 '디엔에이신원확인정보의 이용 및 보호에 관한 법률'(2016. 1. 6. 법률 제13722호로 개정된 것) 제5조 제1항 제2호의4 중 '형법 제284조의 죄에 대하여 형의 선고를 받아 확정된 사람'에 관한 부분(이하 '이 사건 채취조항'이라 한다)이 청구인의 신체의 자유를 침해하는지 여부(소극)

나. 채취대상자가 사망할 때까지 디엔에이신원확인정보를 데이터베이스에 수록, 관리할 수 있도록 규정한 구 '디엔에이신원확인정보의 이용 및 보호에 관한 법률'(2010. 1. 25. 법률 제9944호로 제정되고, 2020. 1. 21. 법률 제16866호로 개정되기 전의 것) 제13조 제3항 중 '수형인등'에 관한 부분(이하 '이 사건 삭제조항'이라 한다)이 청구인의 개인정보자기결정권을 침해하는지 여부(소극)

【결정요지】

가. 이 사건 채취조항은 특정 범죄를 저지른 사람의 디엔에이신원확인정보를 확보하여 데이터베이스로 관리함으로써, 범죄 수사 및 예방의 효과를 높이기 위한 것으로 입법목적의 정당성 및 수단의 적합성은 인정된다. 이 사건 채취조항의 대상범죄인 형법 제284조의 특수협박죄는 그 행위 태양, 수법 등에서 다른 범죄에 비하여 위험성이 높을 뿐만 아니라 다른 강력범죄로 이어질 가능성이 상당한 점, 판사가 채취영장을 발부하는 단계에서 채취의 필요성과 상당성을 판단하면서 재범의 위험성도 충분히 고려할 수 있고 채취대상자의 의견진술기회도 보장되는 점, 디엔에이감식시료 채취 과정에서 채취대상자의 신체나 명예에 대한 침해를 최소화하는 방법이나 절차가 마련되어 있는 점 등을 고려해 볼 때, 이 사건 채취조항은 침해의 최소성 요건을 충족한다. 이 사건 채취조항에 의하여 제한되는 신체의 자유의 정도가 범죄수사 및 범죄예방 등에 기여하고자 하는 공익에 비하여 크다고 할 수 없으므로, 법익의 균형성도 인정된다.

이 사건 채취조항은 과잉금지원칙을 위반하여 청구인의 신체의 자유를 침해한다고 볼 수 없다.

나. 헌법재판소는 2014. 8. 28. 2011헌마28등 결정에서 이 사건 삭제조항이 개인정보자기결정권을 침해하지 아니한다고 판단하였는바, 이 사건에서 이와 달리 판단해야 할 아무런 사정변경이 없으므로, 이를 그대로 유지하기로 한다.

재판관 이석태, 재판관 이영진, 재판관 김기영의 반대의견

가. 이 사건 채취조항은 채취의 요건으로 재범의 위험성에 대하여 전혀 규정하지 않고 특정 범죄를 범하여 벌금형을 선고받은 자에 대하여도 획일적으로 디엔에이감식시료를 채취할 수 있게 한다는 점에서 침해최소성 원칙에 어긋난다. 비교적 죄질이 경미한 특수협박죄를 대상으로 하면서도 재범의 위험성을 요건으로 하지 않아 채취대상자가 입게 되는 불이익이 이 사건 채취조항을 통해 달성하고자 하는 공익에 비해 결코 작지 아니하므로 법익균형성 원칙에도 어긋난다. 따라서 이 사건 채취조항

은 과잉금지원칙을 위반하여 청구인의 신체의 자유를 침해한다.

나. 이 사건 삭제조항은 일단 데이터베이스에 수록된 디엔에이신원확인정보에 대하여는 법원의 무죄판결 등의 특별한 사유가 없는 한 수형인등이 사망한 경우에야 이를 삭제하도록 규정하고 있다. 대상자가 재범하지 않고 상당기간을 경과하는 경우에는 재범의 위험성이 그만큼 줄어든다고 할 것임에도 일률적으로 대상자가 사망할 때까지 디엔에이신원확인정보를 보관하는 것은 지나치게 과도한 제한이며, 특히 소년범의 경우 가혹하다. 대상범죄 중에는 상대적으로 죄질이 경미하고 재범의 위험성이 높다고 보기 어려운 범죄도 포함되어 있고, 성폭력범죄자의 신상정보 등록의 경우 선고형에 따라 등록기간을 차등 적용하고, 최초등록일로부터 일정 기간이 경과한 때에는 신상정보 등록을 면제할 수 있도록 하고 있는 점과 비교해 볼 때도 현저히 균형을 상실한 것이다. 장기간 보관과정에서 정보의 유출, 오용 등의 위험이 현실화되는 경우 대상자가 실제 입는 불이익도 작지 않다. 따라서 이 사건 삭제조항은 과잉금지원칙을 위반하여 청구인의 개인정보자기결정권을 침해한다.

【심판대상조문】

디엔에이신원확인정보의 이용 및 보호에 관한 법률(2016. 1. 6. 법률 제13722호로 개정된 것) 제5조 제1항 제2호의4 중 '형법 제284조의 죄에 대하여 형의 선고를 받아 확정된 사람'에 관한 부분

구 디엔에이신원확인정보의 이용 및 보호에 관한 법률(2010. 1. 25. 법률 제9944호로 제정되고, 2020. 1. 21. 법률 제16866호로 개정되기 전의 것) 제13조 제3항 중 '수형인등'에 관한 부분

【참조조문】

형법(1995. 12. 29. 법률 제5057호로 개정된 것) 제284조

【참조판례】

가. 나. 헌재 2018. 8. 30. 2016헌마344등, 판례집 30-2, 516, 531-532, 540-541, 548-549

나. 헌재 2014. 8. 28. 2011헌마28등, 판례집 26-2상, 337, 363-366

【당 사 자】

청 구 인 양○○

대리인 변호사 정재욱

【주 문】

이 사건 심판청구를 모두 기각한다.

【이 유】

1. 사건개요

청구인은 2017. 8. 4. 특수협박죄로 벌금 70만 원의 약식명령을 발령받았고(서울동부지방법원 2017고약5761) 위 약식명령은 그대로 확정되었다. 청구인은 2017. 12. 4. 서울동부지방검찰청으로부터 디엔에이감식시료 채취를 위해 출석해 달라는 통지를 받고, '디엔에이신원확인정보의 이용 및 보호에 관한 법률'(이하 '디엔에이법'이라 한다) 제5조 제1항 제2호의4, 제8조 제1항, 제10조 제1항 제1호가 청구인의 신체의 자유, 개인정보자기결정권, 평등권 등을 침해한다고 주장하며, 2017. 12. 8. 이 사건 헌법소원심판을 청구하였다.

2. 심판대상

청구인은 디엔에이법(2016. 1. 6. 법률 제13722호로 개정된 것) 제5조 제1항 제2호의4 전부를 심판대상으로 삼고 있으나, 청구인에게 직접 적용되는 부분은 디엔에이법 제5조 제1항 제2호의4 중 '형법 제284조의 죄에 대하여 형의 선고를 받아 확정된 사람'에 관한 부분이므로 심판대상을 이 부분으로 한정한다.

청구인은 디엔에이법(2010. 1. 25. 법률 제9944호로 제정된 것) 제8조 제1항이 사안의 경중, 재범의 위험성에 대한 고려 없이 영장을 발부하도록 규정하고 있으므로 청구인의 신체의 자유를 침해한다는 취지로 주장하나, 위 조항은 디엔에이감식시료 채취대상자가 시료채취에 동의하지 않은 경우에 관할 지방법원 판사의 영장을 발부받아 시료를 채취하도록 하는 조항으로 헌법상 영장주의를 구체화한 조항에 불과하다. 청구인이 주장

하는 사정은 위 디엔에이법 제5조 제1항 제2호의4 부분과 보다 직접적으로 관련되므로 그에 의한 기본권 침해 여부를 판단하면서 함께 살피는 것이 타당하다. 따라서 위 조항은 별도로 심판대상으로 삼을 필요나 실익이 없어 심판대상에서 제외한다.

청구인은 또한 구 디엔에이법(2010. 1. 25. 법률 제9944호로 제정되고, 2020. 1. 21. 법률 제16866호로 개정되기 전의 것) 제10조 제1항 제1호가 채취대상자의 생체정보를 대상자 사망 시까지 관리할 수 있도록 규정하여 개인정보자기결정권 등을 침해한다는 취지로 주장한다. 그러나 위 조항은 채취된 디엔에이감시시료의 감식 및 디엔에이신원확인정보의 데이터베이스 수록에 관한 업무처리 방식을 규정한 것에 불과하여 위 조항으로 인하여 청구인의 기본권이 직접 침해되었다거나 청구인의 법적 지위에 어떠한 영향이 발생한다고 볼 수 없다(헌재 2014. 8. 28. 2011헌마28등 참조). 청구인이 다투고자 하는 조항은 채취대상자가 사망할 때까지 디엔에이신원확인정보를 데이터베이스에 수록, 관리할 수 있도록 정한 구 디엔에이법(2010. 1. 25. 법률 제9944호로 제정되고, 2020. 1. 21. 법률 제16866호로 개정되기 전의 것) 제13조이고, 그 중 청구인의 주장과 직접 관련되는 부분은 제3항 중 '수형인등'에 관한 부분이라 할 것이므로 직권으로 심판대상을 변경하기로 한다.

그러므로 이 사건 심판대상은 디엔에이법(2016. 1. 6. 법률 제13722호로 개정된 것) 제5조 제1항 제2호의4 중 '형법 제284조의 죄에 대하여 형의 선고를 받아 확정된 사람'에 관한 부분(이하 '이 사건 채취조항'이라 한다)과 구 디엔에이법(2010. 1. 25. 법률 제9944호로 제정되고, 2020. 1. 21. 법률 제16866호로 개정되기 전의 것) 제13조 제3항 중 '수형인등'에 관한 부분(이하 '이 사건 삭제조항'이라 한다)이 청구인의 기본권을 침해하는지 여부이다. 심판대상조항과 관련조항은 다음과 같다.

[심판대상조항]

디엔에이신원확인정보의 이용 및 보호에 관한 법률(2016. 1. 6. 법률 제13722호로 개정된 것)

제5조(수형인등으로부터의 디엔에이감식시료 채취) ① 검사(군검사를 포함한다. 이하 같다)는 다음 각 호의 어느 하나에 해당하는 죄 또는 이와 경합된 죄에 대하여 형의 선고, 「형법」 제59조의2에 따른 보호관찰명령, 「치료감호법」에 따른 치료감호선고, 「소년법」 제32조 제1항 제9호 또는 제10호에 해당하는 보호처분결정을 받아 확정된 사람(이하 "수형인등"이라 한다)으로부터 디엔에이감식시료를 채취할 수 있다. 다만, 제6조에 따라 디엔에이감식시료를 채취하여 디엔에이신원확인정보가 이미 수록되어 있는 경우는 제외한다.

2의4. 「형법」 제2편 제30장 협박의 죄 중 제284조, 제285조, 제286조(제284조, 제285조의 미수범에 한정한다)의 죄

구 디엔에이신원확인정보의 이용 및 보호에 관한 법률(2010. 1. 25. 법률 제9944호로 제정되고, 2020. 1. 21. 법률 제16866호로 개정되기 전의 것)

제13조(디엔에이신원확인정보의 삭제) ③ 디엔에이신원확인정보담당자는 수형인등 또는 구속피의자등이 사망한 경우에는 제5조 또는 제6조에 따라 채취되어 데이터베이스에 수록된 디엔에이신원확인정보를 직권 또는 친족의 신청에 의하여 삭제하여야 한다.

[관련조항]

형법(1995. 12. 29. 법률 제5057호로 개정된 것)

제284조(특수협박) 단체 또는 다중의 위력을 보이거나 위험한 물건을 휴대하여 전조 제1항, 제2항의 죄를 범한 때에는 7년 이하의 징역 또는 1천만 원 이하의 벌금에 처한다.

3. 청구인의 주장 요지

가. 이 사건 채취조항은 대상범죄만 특정하고 있을 뿐 사안의 경중, 재범의 위험성 등 구체적인 기준을 정하고 있지 않으며, 채취대상자가 벌금형을 선고받기만 해도 디엔에이감식시료를 채취할 수 있도록 규정하고 있으므로, 과잉금지원칙에 반하여 신체의 자유를 침해한다. 또한 이 사건 채취조항은 청구인을 합리적 이유 없이 디엔에이감식시료 채취대상이 아닌 범죄를 저지른 사람들과 차별하므로 평등권도 침해한다.

나. 이 사건 삭제조항은 수형인등이 사망해야 디엔에이신원확인정보가 삭제되는 것으로 규정하여 원칙적으로 디엔에이신원확인정보가 무기한 데이터베이스에 수록되므로 과잉금지원칙을 위반하여 인간의 존엄과 가치, 행복추구권, 인격권, 사생활의 비밀과 자유, 개인정보자기결정권을 침해한다.

4. 이 사건 채취조항에 대한 판단

가. 신체의 자유 침해 여부

(1) 헌법 제12조 제1항의 신체의 자유는, 신체의 안정성이 외부로부터의 물리적인 힘이나 정신적인 위험으로부터 침해당하지 아니할 자유와 신체활동을 임의적이고 자율적으로 할 수 있는 자유를 말한다(헌재 1992. 12. 24. 92헌가8; 헌재 2005. 5. 26. 99헌마513 등). 디엔에이감식시료 채취의 구체적인 방법은 구강점막 또는 모근을 포함한 모발을 채취하는 방법으로 하고, 위 방법들에 의한 채취가 불가능하거나 현저히 곤란한 경우에는 분비물, 체액을 채취하는 방법으로 한다(디엔에이법 시행령 제8조 제1항). 그러므로 디엔에이감식시료의 채취행위는 신체의 안정성을 해한다고 볼 수 있으므로 이 사건 채취조항은 신체의 자유를 제한한다(헌재 2018. 8. 30. 2016헌마344등).

(2) 이 사건 채취조항은 특정 범죄에 대하여 형의 선고를 받아 확정된 사람으로부터 디엔에이감식시료를 채취할 수 있도록 한 것으로서, 특정 범죄를 저지른 사람의 디엔에이신원확인정보를 확보하여 데이터베이스로 관리함으로써, 기존 수사방식에 따른 범인 검거 및 사후관리의 어려움을 해소하여 조속히 범인을 검거하고, 무고한 용의자를 수사선상에서 조기에 배제하며, 아울러 범죄예방의 효과를 높이기 위한 것이다. 따라서 그 입법목적이 정당하다. 또한 특정 범죄에 대하여 형의 선고를 받아 확정된 사람들의 디엔에이신원확인정보를 데이터베이스에 수록하고 관리하기 위하여 이들로부터 디엔에이감식시료를 채취하는 것은 그 목적을 달성하기 위한 적합한 수단이 된다.

(3) 이 사건 채취조항의 대상범죄는 형법 제284조의 특수협박죄로서, 단체 또는 다중의 위력을 보이거나 위험한 물건을 휴대하여 형법 제283조의 협박죄, 존속협박죄를 범한 경우에 성립한다. 특수협박죄는 그 행위태양, 수법 등에서 다른 범죄에 비하여 위험성이 높을 뿐만 아니라 다른 강력범죄로 이어질 가능성이 상당하므로, 특수협박죄를 저지른 자의 디엔에이신원확인정보를 데이터베이스에 수록하고 관리할 필요가 있다.

디엔에이법 제8조 제1항은 디엔에이감식시료를 채취할 때 대상자가 동의하지 않는 경우에는 판사가 발부한 영장에 의하도록 하고 있는데, 영장 발부 요건으로서 재범의 위험성을 별도로 규정하고 있지는 않지만, 이는 판사가 채취영장을 발부하는 단계에서 채취의 필요성과 상당성을 판단하면서 실무상 충분히 고려할 수 있으며, 디엔에이법 제8조 제4항 및 제5항은 그에 관한 채취대상자의 의견진술기회를 절차적으로 보장하고 있다. 나아가 디엔에이법은 디엔에이감식시료를 채취하는 경우 채취를 거부할 수 있음을 사전에 고지하고 서면으로 동의를 받도록 하고 있고(제8조 제3항), 디엔에이감식시료를 채취할 때에는 대상자에게 채취 이유, 채취할 시료의 종류 및 방법을 고지하도록 하고 있으며(제8조 제9항), 디엔에이감식시료는 우선적으로 구강점막 또는 모근을 포함한 모발에서 채취하고 위의 방법이 불가능하거나 현저히 곤란한 경우에 한하여 그 밖에 디엔에이감식시료를 채취할 수 있는 신체부분, 분비물, 체액의 채취를 하게 하는 등 채취대상자의 신체나 명예에 대한 침해를 최소화하는 방법을 사용하도록 하고 있다(제9조, 시행령 제8조).

이상을 종합하면, 이 사건 채취조항은 침해의 최소성도 인정된다.

(4) 이 사건 채취조항에 의하여 제한되는 신체의 자유의 정도는 일상생활 중에서도 경험할 수 있는 정도의 미약한 것으로서 외상이나 생리적 기능의 저하를 수반하지 아니한다는 점에서, 범죄수사 및 범죄예방 등에 기여하고자 하는 공익에 비하여 크다고 할 수 없다.

따라서 이 사건 채취조항은 법익의 균형성도 인정된다.

(5) 결국 이 사건 채취조항이 과잉금지원칙을 위반하여 청구인의 신체의 자유를 침해한다고 볼 수 없다.

나. 평등권 침해 여부

이 사건 채취조항의 대상범죄인 특수협박죄는 디엔에이감식시료 채취의 대상이 아닌 범죄에 비하여 범행의 방법 및 수단의 위험성으로 인하여 가중처벌되는 범죄이고, 상해, 살인 등 강력범죄로 이어질 가능성이 높으므로, 이러한 범죄를 저지른 자에 대해서 장래 범죄수사 및 범죄예방 등을 위하여 디엔에이감식시료의 채취대상자군으로 삼은 것에는 합리적인 이유가 있다.

따라서 이 사건 채취조항이 청구인의 평등권을 침해한다고 볼 수도 없다.

5. 이 사건 삭제조항에 대한 판단

가. 제한되는 기본권

인간의 존엄과 가치, 행복추구권을 규정한 헌법 제10조 제1문에서 도출되는 일반적 인격권 및 헌법 제

17조의 사생활의 비밀과 자유에 의하여 보장되는 개인정보자기결정권은 자신에 관한 정보가 언제 누구에게 어느 범위까지 알려지고 또 이용되도록 할 것인지를 그 정보주체가 스스로 결정할 수 있는 권리이다. 즉 정보주체가 개인정보의 공개와 이용에 관하여 스스로 결정할 권리를 말한다. 개인정보자기결정권의 보호대상이 되는 개인정보는 개인의 신체, 신념, 사회적 지위, 신분 등과 같이 개인의 인격주체성을 특징짓는 사항으로서, 그 개인의 동일성을 식별할 수 있게 하는 일체의 정보라고 할 수 있다. 또한, 그러한 개인정보를 대상으로 한 조사·수집·보관·처리·이용 등의 행위는 모두 원칙적으로 개인정보자기결정권에 대한 제한에 해당한다.

디엔에이신원확인정보는 개인 식별을 목적으로 디엔에이감식을 통하여 취득한 정보로서 일련의 숫자 또는 부호의 조합으로 표기된 것인데, 이는 '개인정보 보호법' 제2조 제1호에서 말하는 생존하는 개인에 관한 정보로서 당해 정보만으로는 특정개인을 식별할 수 없더라도 다른 정보와 쉽게 결합하여 당해 개인을 식별할 수 있는 정보에 해당하는 개인정보이다. 이 사건 삭제조항은 특별한 사유가 없는 한 사망할 때까지 개인정보인 디엔에이신원확인정보를 데이터베이스에 수록, 관리할 수 있도록 규정하여 개인정보자기결정권을 제한한다.

그 외 청구인이 이 사건 삭제조항에 의해 침해된다고 주장하는 인간의 존엄권, 행복추구권, 인격권 및 사생활의 비밀과 자유는 개인정보자기결정권의 헌법적 근거로 거론되는 것들로서, 특별한 사정이 없는 이상 개인정보자기결정권에 대한 침해 여부를 판단함으로써 위 기본권들의 침해 여부에 대한 판단이 함께 이루어지므로 그 침해 여부를 별도로 다루지 않는다(헌재 2014. 8. 28. 2011헌마28등 참조).

나. 개인정보자기결정권 침해 여부

(1) 헌법재판소는 2014. 8. 28. 2011헌마28등 결정에서 이 사건 삭제조항이 개인정보자기결정권을 침해하지 아니한다고 판단하였고, 2018. 8. 30. 2016헌마344등 결정에서도 위 견해를 그대로 유지하였는바, 그 이유의 요지는 다음과 같다.

『데이터베이스에 수록된 디엔에이신원확인정보를 수형인등이 사망할 때까지 관리하여 범죄수사 및 범죄예방에 이바지하고자 하는 이 사건 삭제조항은 입법 목적의 정당성과 수단의 적합성이 인정된다.

디엔에이법 제3조 제2항은 데이터베이스에 수록되는 디엔에이신원확인정보에 개인식별을 위하여 필요한 사항 외의 정보 또는 인적 사항이 포함되어서는 아니된다고 규정하여, 개인식별을 위한 최소한의 필요정보만을 수록하도록 하고 있고, 그 외에도 디엔에이법 및 그 시행령에 디엔에이 관련 자료 및 정보의 삭제에 관한 규정과 데이터베이스의 운영에 있어서 개인정보보호에 관한 규정을 두고 있으므로, 이 사건 삭제조항이 디엔에이신원확인정보를 수형인등이 사망할 때까지 데이터베이스에 수록하도록 규정하더라도, 침해의 최소성 원칙에 반한다고 보기 어렵다.

이 사건 삭제조항에 의하여 청구인의 디엔에이신원확인정보를 평생토록 데이터베이스에 수록하더라도, 그로 인하여 청구인이 현실적으로 입게 되는 불이익은 크다고 보기 어려운 반면에, 디엔에이신원확인정보를 장래의 범죄수사 등에 신원확인을 위하여 이용함으로써 달성할 수 있게 되는 공익은 중요하고, 그로 인한 청구인이 불이익에 비하여 더 크다고 보아야 할 것이므로, 법익균형성 원칙에도 위반되지 않는다.

그러므로 이 사건 삭제조항은 과잉금지원칙을 위반하여 디엔에이신원확인정보 수록 대상자의 개인정보자기결정권을 침해한다고 볼 수 없다.』

(2) 헌법재판소의 위와 같은 견해는 여전히 타당하고 이 사건에서 이와 달리 판단해야 할 아무런 사정변경이 없으므로, 이를 그대로 유지하기로 한다.

따라서 이 사건 삭제조항이 과잉금지원칙을 위반하여 청구인의 개인정보자기결정권을 침해한다고 볼 수는 없다.

6. 결 론

이 사건 심판청구는 이유 없으므로 이를 모두 기각하기로 하여 주문과 같이 결정한다. 이 결정에는 아래 7.과 같은 재판관 이석태, 재판관 이영진, 재판관 김기영의 반대의견이 있는 외에는 관여 재판관들의 의견이 일치되었다.

7. 재판관 이석태, 재판관 이영진, 재판관 김기영의 반대의견

우리는 이 사건 채취조항과 삭제조항이 과잉금지원칙을 위반하여 청구인의 신체의 자유와 개인정보자기결정권을 각 침해한다고 생각하므로, 다음과 같이 그 견해를 밝힌다.

가. 이 사건 채취조항

(1) 이 사건 채취조항은 형의 선고를 받아 확정된 수형인등과 관련된 부분이므로, 이 사건 채취조항과 관련된 디엔에이법의 주된 목적은 장래의 범죄수사에 활용하기 위한 것이고, 채취대상자가 차후에 다시 범죄를 저지를 가능성이 높다는 점에 대한 개별적인 근거가 존재해야 한다. 재범의 위험성이 없는 대상자에 대하여 디엔에이감식시료를 채취한다는 것은 이러한 입법목적에 부합하지 않기 때문이다.

그런데 이 사건 채취조항은 디엔에이감식시료 채취의 요건으로서 재범의 위험성에 대하여 전혀 규정하지 않고 있으며, 오직 특정 범죄를 저질렀다는 이유만으로 디엔에이감식시료의 채취가 가능하도록 하고 있다. 이 사건 채취조항의 대상범죄인 특수협박죄는 재범률이 일반 범죄의 그것에 비하여 그 차이가 크다고 보기 어렵고, 그 죄질이 다른 채취 대상범죄(흉기휴대 상해범, 강간등 상해범 등)에 비하여 상대적으로 경미하여 약식명령에 의한 벌금형의 부과도 가능할 뿐만 아니라 재범의 위험성도 높다고 보기 어렵다. 재범의 위험성은 대상자의 직업과 환경, 당해 범행 이전의 행적, 그 범행의 동기, 수단, 범행 후의 정황, 개전의 정 등 여러 사정을 종합적으로 평가하여 행위자별로 판단해야 할 문제이지, 특정 범죄전력만 가지고 도식적으로 일반화할 수 있는 문제가 아니다.

결국 이 사건 채취조항은 행위자의 재범의 위험성 요건에 대하여 전혀 규정하지 않고 특정 범죄를 범하여 벌금형을 선고받은 자에 대하여도 획일적으로 디엔에이감식시료를 채취할 수 있게 한다는 점에서 침해최소성 원칙에 어긋난다(헌재 2018. 8. 30. 2016헌마344등의 반대의견 참조).

(2) 이 사건 채취조항에 의한 디엔에이감식시료 채취과정에서 일상생활 중 경험할 수 있는 미약한 정도의 신체 제한만 가해진다고 하더라도, 그 결과 채취되는 시료는 인간의 특성을 결정하는 모든 유전정보를 포함하는 신체구성 물질이다. 디엔에이법에서 유전정보가 포함되어 있지 않은 특정 염기서열 부분만을 검사·분석하여 디엔에이신원확인정보를 취득하도록 하고 있기는 하지만(제2조 제3호), 그 정보는 애초에 유전정보를 모두 포함하는 위 채취시료를 가공, 추출, 감식함에 따라 얻어지는 것이기 때문에 그 과정에서 민감한 유전정보의 오남용 가능성을 완전히 배제할 수는 없다.

이 사건 채취조항은 비교적 죄질이 경미한 특수협박죄를 대상으로 하면서도 재범의 위험성을 요건으로 하지 않아 채취대상자가 입게 되는 위와 같은 불이익이 이 사건 채취조항을 통해 달성하고자 하는 공익에 비해 결코 작지 아니하므로 법익균형성 원칙에도 어긋난다.

(3) 따라서 이 사건 채취조항은 과잉금지원칙을 위반하여 청구인의 신체의 자유를 침해한다.

나. 이 사건 삭제조항

(1) 이 사건 삭제조항에 의하면 일단 데이터베이스에 수록된 디엔에이신원확인정보에 대하여는 법원의 무죄판결 등의 특별한 사유가 없는 한 수형인등이 사망한 경우에야 이를 삭제하는 것이 가능하다. 이는 대상범죄를 범한 수형인등에게는 생존하는 동안 재범의 위험성이 상존한다는 것을 전제로 한다. 그러나 대상자가 재범하지 않고 상당 기간을 경과하는 경우도 얼마든지 있을 수 있고, 그러한 경우에는 재범의 위험성이 그만큼 줄어들게 된다. 따라서 일정한 기한을 정하여 보관된 디엔에이신원확인정보의 삭제 여부를 심사하거나, 일정한 기간이 경과하면 이를 일괄적으로 삭제하도록 하는 등의 적정한 방안을 강구할 필요가 있다. 그러한 방안을 강구하지 아니한 채 일률적으로 대상자가 사망할 때까지 디엔에이신원확인정보를 수록, 관리하는 것은 장래의 범죄수사 및 범죄예방이라는 입법목적을 고려한다고 하더라도 지나치게 과도한 제한을 가하는 것이 된다(헌재 2018. 8. 30. 2016헌마344등의 반대의견 참조). 특히 소년범의 경우, 아직 사리분별이 미숙한 상태에서 범한 죄로 인하여 평생 디엔에이신원확인정보가 데이터베이스에 저장·검색·조회되도록 하여 전과자라는 사회적 낙인을 찍음으로써 그의 건전한 사회복귀 및 교화를 방해할 수 있으므로 지나치게 가혹하다.

(2) 이 사건 삭제조항은 대상범죄들로 인한 유죄판결이 확정되기만 하면 그 범죄의 경중과 재범의 위험성 등에 관한 아무런 고려 없이 획일적으로 적용된다. 그에 따라 협박, 주거침입, 재물손괴 등 죄질이 상대적으로 경미하고 재범 위험성이 크지 않은 범죄로 벌금형이나 집행유예판결을 선고받아 확정된 자의 경우에도 대상범죄를 범하였다는 이유만으로 그의 사망 시까지 디엔에이신원확인정보를 보관하는 것이 가능하게 되어 그 대상자에게 가혹한 결과가 발생한다. 이는 위에서 든 위

일부 범죄들 보다 더 죄질이 중하고 재범의 위험성 또한 별다른 차이가 없는 강간죄 등 성폭력범죄를 대상으로 재범 억제와 신속한 수사라는 동일한 목적 달성을 위해 성폭력범죄자의 신상정보를 등록하도록 하면서도 등록 기간을 선고된 형량에 따라 최고 30년부터 최저 10년까지로 차등 적용하고, 최초등록일로부터 일정 기간이 경과한 때에는 등록대상자의 신청에 의해 신상정보 등록을 면제할 수 있도록 하고 있는 '성폭력범죄의 처벌 등에 관한 특례법'의 규정 내용과 비교해 볼 때도 현저히 균형을 상실한 것이다.

(3) 디엔에이신원확인정보는 그 정보내용이 왜곡될 가능성이 있고, 유전정보가 포함되지 않은 디엔에이의 특정 염기서열 부분만을 디엔에이감식 대상으로 한다고 하더라도 인종이나 성별, 가족관계 등을 판별하는데 이용될 수 있으며, 향후 과학기술의 발달에 따라서는 위 특정 염기서열 부분 또는 디엔에이신원확인정보만으로도 현재의 과학기술 수준으로 예상하지 못한 새로운 정보를 얻어낼 가능성도 완전히 배제할 수 없다. 이와 같은 상황에서 대상자의 사망 시까지라는 불확정의 장기간 디엔에이신원확인정보를 컴퓨터파일의 형태로 보관할 경우 그만큼 정보의 유출, 오용 및 오염 등의 문제가 발생하기 쉽다. 그리고 그러한 위험이 현실화될 경우 대상범죄의 전과자라는 낙인이 찍히게 되는 등 대상자가 실제적으로 입는 불이익은 결코 작지 아니하다(헌재 2018. 8. 30. 2016헌마344등의 반대의견 참조).

(4) 위와 같은 사정을 종합해 볼 때 이 사건 삭제조항은 과잉금지원칙을 위반하여 청구인의 개인정보자기결정권을 침해한다.

재판관 유남석 이선애 이석태 이은애 이종석 이영진 김기영 문형배 이미선

29. 구 도로교통법 제93조 제1항 제8호 위헌제청

[2020. 6. 25. 2019헌가9·10(병합)]

【판시사항】

거짓이나 그 밖의 부정한 수단으로 운전면허를 받은 경우 모든 범위의 운전면허를 필요적으로 취소하도록 한 구 도로교통법(2016. 1. 27. 법률 제13829호로 개정되고, 2017. 7. 26. 법률 제14839호로 개정되기 전의 것) 제93조 제1항 단서, 구 도로교통법(2017. 7. 26. 법률 제14839호로 개정되고, 2018. 3. 27. 법률 제15530호로 개정되기 전의 것) 제93조 제1항 단서, 도로교통법(2018. 3. 27. 법률 제15530호로 개정된 것) 제93조 제1항 단서 중 각 제8호의 '거짓이나 그 밖의 부정한 수단으로 운전면허를 받은 경우'에 관한 부분(이하 위 세 조항을 합하여 '심판대상조항'이라 한다)이 일반적 행동의 자유 또는 직업의 자유를 침해하는지 여부(일부 적극)

【결정요지】

심판대상조항은 운전면허제도의 근간을 유지하는 한편, 교통상의 위험과 장해를 방지하고자 하는 것이므로 그 입법목적이 정당하고, 이를 위해 모든 범위의 운전면허를 필요적으로 취소하도록 하는 것은, 수단의 적합성도 인정된다.

심판대상조항이 '부정 취득한 운전면허'를 필요적으로 취소하도록 한 것은, 임의적 취소·정지의 대상으로 전환할 경우 면허제도의 근간이 흔들리게 되고 형사처벌 등 다른 제재수단만으로는 여전히 부정 취득한 운전면허로 자동차 운행이 가능하다는 점에서, 피해의 최소성 원칙에 위배되지 않는다. 또한 부정 취득한 운전면허는 그 요건이 처음부터 갖추어지지 못한 것으로서 해당 면허를 박탈하더라도 기본권이 추가적으로 제한된다고 보기 어려워, 법익의 균형성 원칙에도 위배되지 않는다.

반면, 심판대상조항이 '부정 취득하지 않은 운전면허'까지 필요적으로 취소하도록 한 것은, 임의적 취소·정지 사유로 함으로써 구체적 사안의 개별성과 특수성을 고려하여 불법의 정도에 상응하는 제재수단을 선택하도록 하는 등 완화된 수단에 의해서도 입법목적을 같은 정도로 달성하기에 충분하므로, 피해의 최소성 원칙에 위배된다. 나아가, 위법이나 비난의 정도가 미약한 사안을 포함한 모든 경우에 부정 취득하지 않은 운전면허까지 필요적으로 취소하고 이로 인해 2년 동안 해당 운전면허 역시 받을 수 없게 하는 것은, 공익의 중대성을 감안하더라도 지나치게 기본권을 제한하는 것이므로, 법익의 균형성 원칙에도 위배된다.

따라서 심판대상조항 중 각 '거짓이나 그 밖의 부정한 수단으로 받은 운전면허를 제외한 운전면허'를 필요적으로 취소하도록 한 부분은, 과잉금지원칙에 반하여 일반적 행동의 자유 또는 직업의 자유를 침해한다.

재판관 이선애, 재판관 이종석, 재판관 이영진의 반대의견

심판대상조항은 운전면허를 부정 취득한 자가 교통에 관여하는 것을 금지함과 동시에 운전면허 부정 취득 행위를 예방하고자 하는 것이므로 목적이 정당하고, 수단의 적합성도 인정된다.

입법자에게는 행정법규 위반을 방지하는 실질적 위하력이 있도록 불이익 처분의 방법과 정도를 형성할 재량이 있고, 그러한 입법자의 재량은 존중될 필요가 있다. 부정 취득한 당해 운전면허만을 취소한다면, 결격 기간이 존재한다고 해도 이는 당연히 효력이 부정되어야 할 '부정 취득한 운전면허 부분'이 취소되어 행정법규 위반 행위가 없었던 상황으로 되돌려진 상태가 일정기간 계속되는 제재에 불과하다. 나아가, 운전면허 부정 취득은 행위자가 주관적으로 허위 또는 부정한 수단임을 인식하면서 행한다는 점에서, 적성 흠결이 나타난 경우라고 볼 수 있다. 심판대상조항은 금지행위에 대한 실질적 위하력이 있도록 불이익 처분의 방법을 형성한 것이고, 이보다 완화된 수단으로는 같은 정도로 입법목적을 달성할 수 없으므로, 피해의 최소성 원칙에 위배되지 않는다.

상시 자동차의 운전을 담당하는 직업은 도로교통과 관련한 공공의 안전에 미치는 효과가 다른 직업보다 더 크므로, 운전면허 부정 취득 행위를 한 경우 교통 관여에서 배제하여 국민의 생명·신체를 보호할 필요성은 더욱 크다. 그렇다면 제한되는 사익에 상응하는 정도 이상의 중대한 공익이 존재한다고 할 것이므로, 법익의 균형성 원칙에도 위배되지 않는다.

심판대상조항은 과잉금지원칙에 반하여 일반적 행동의 자유 또는 직업의 자유를 침해하지 않는다.

【심판대상조문】

구 도로교통법(2016. 1. 27. 법률 제13829호로 개정되고, 2017. 7. 26. 법률 제14839호로 개정되기 전의 것) 제93조 제1항 단서 중 제8호의 '거짓이나 그 밖의 부정한 수단으로 운전면허를 받은 경우'에 관한 부분

구 도로교통법(2017. 7. 26. 법률 제14839호로 개정되고, 2018. 3. 27. 법률 제15530호로 개정되기 전의 것) 제93조 제1항 단서 중 제8호의 '거짓이나 그 밖의 부정한 수단으로 운전면허를 받은 경우'에 관한 부분

도로교통법(2018. 3. 27. 법률 제15530호로 개정된 것) 제93조 제1항 단서 중 제8호의 '거짓이나 그 밖의 부정한 수단으로 운전면허를 받은 경우'에 관한 부분

【참조조문】

헌법 제10조, 제15조, 제37조 제2항

구 도로교통법(2016. 1. 27. 법률 제13829호로 개정되고, 2017. 7. 26. 법률 제14839호로 개정되기 전의 것) 제1조, 제80조 제1항, 제2항, 제82조 제2항 제6호, 제83조 제1항, 제2항, 제84조 제1항 제6호, 제84조의2, 제85조 제1항, 제4항, 제108조 제1항, 제152조 제3호

【참조판례】

헌재 2004. 7. 15. 2003헌바35등, 판례집 16-2상, 77, 91

헌재 2005. 11. 24. 2004헌가28, 판례집 17-2, 378, 388

헌재 2006. 5. 25. 2005헌바91, 판례집 18-1하, 98, 105-108

헌재 2006. 12. 28. 2005헌바87, 판례집 18-2, 635, 641

헌재 2015. 5. 28. 2013헌가6, 판례집 27-1하, 176, 188-189

헌재 2016. 12. 29. 2015헌바429, 판례집 28-2하, 560, 568-569

헌재 2017. 5. 25. 2016헌가6, 판례집 29-1, 104, 110

헌재 2019. 8. 29. 2018헌바4, 공보 275, 966, 970-972

대법원 1995. 11. 16. 선고 95누8850 전원합의체 판결

대법원 2012. 5. 24. 선고 2012두1891 판결

【당 사 자】

제청법원 광주지방법원

제청신청인 1. 남○○(2019헌가9)
2. 조○○(2019헌가10)
제청신청인들의 대리인 변호사 임일도

당해사건 1. 광주지방법원 2018구단10791 자동차운전면허취소처분취소 (2019헌가9)
2. 광주지방법원 2018구단10784 자동차운전면허취소처분취소 (2019헌가10)

【주　문】

구 도로교통법(2016. 1. 27. 법률 제13829호로 개정되고, 2017. 7. 26. 법률 제14839호로 개정되기 전의 것) 제93조 제1항 단서, 구 도로교통법(2017. 7. 26. 법률 제14839호로 개정되고, 2018. 3. 27. 법률 제15530호로 개정되기 전의 것) 제93조 제1항 단서, 도로교통법(2018. 3. 27. 법률 제15530호로 개정된 것) 제93조 제1항 단서 중 각 제8호의 '거짓이나 그 밖의 부정한 수단으로 운전면허를 받은 경우'에 관한 부분 가운데 각 '거짓이나 그 밖의 부정한 수단으로 받은 운전면허를 제외한 운전면허'를 필요적으로 취소하도록 한 부분은 모두 헌법에 위반된다.

【이　유】

1. 사건개요

가. 2019헌가9

제청신청인 남○○는 운전면허 중 제1종 보통면허 및 제1종 대형면허를 보유한 상태에서, 자동차운전 전문학원에 학원생으로 등록만 하고 교육 및 기능검정을 받지 않았음에도 학원 학감을 통하여 학사관리프로그램에 허위 정보를 입력함으로써 2016. 8. 9. 전라남도지방경찰청장으로부터 제1종 특수면허(대형견인차)를 취득하였다.

전라남도지방경찰청장이 2017. 12. 5. 위 사실을 이유로 제1종 특수면허(대형견인차)뿐만 아니라 제1종 보통면허, 제1종 대형면허까지 취소하는 처분을 하자, 위 제청신청인은 위 처분의 취소를 구하는 소를 제기하고(광주지방법원 2018구단10791) 당해 사건 계속 중 구 도로교통법 제93조 제1항 제8호 가운데 '거짓이나 그 밖의 부정한 수단으로 운전면허를 받은 경우' 부분에 대하여 위헌법률심판제청신청(광주지방법원 2019아5047)을 하였다. 제청법원은 2019. 3. 14. 이를 받아들여 위헌법률심판제청을 하였다.

나. 2019헌가10

제청신청인 조○○은 운전면허 중 제1종 보통면허, 제1종 대형면허, 제1종 특수면허(구난차)를 보유한 상태에서, 자동차운전 전문학원에 학원생으로 등록만 하고 교육 및 기능검정을 받지 않았음에도 학원 학감을 통하여 학사관리프로그램에 허위 정보를 입력함으로써 2016. 8. 30. 전라남도지방경찰청장으로부터 제1종 특수면허(대형견인차)를 취득하였다.

전라남도지방경찰청장이 2017. 12. 5. 위 사실을 이유로 제1종 특수면허(대형견인차)뿐만 아니라 제1종 보통면허, 제1종 대형면허, 제1종 특수면허(구난차)까지 취소하는 처분을 하자, 위 제청신청인은 위 처분의 취소를 구하는 소를 제기하고(광주지방법원 2018구단10784) 당해 사건 계속 중 구 도로교통법 제93조 제1항 제8호 가운데 '거짓이나 그 밖의 부정한 수단으로 운전면허를 받은 경우' 부분에 대하여 위헌법률심판제청신청(광주지방법원 2019아5046)을 하였다. 제청법원은 2019. 3. 14. 이를 받아들여 위헌법률심판제청을 하였다.

2. 심판대상

당해 사건들에 적용되는 법률조항은 구 도로교통법(2016. 1. 27. 법률 제13829호로 개정되고, 2017. 7. 26. 법률 제14839호로 개정되기 전의 것) 제93조 제1항 단서 중 제8호의 '거짓이나 그 밖의 부정한 수단으로 운전면허를 받은 경우'에 관한 부분(이하 '이 사건 구법조항'이라 한다)이다.

한편 도로교통법 제93조 제1항 본문 및 단서는 2017. 7. 26. 법률 제14839호로, 다시 2018. 3. 27. 법률 제15530호로 개정되었으나, 이 사건에서 문제되는 같은 항 단서 중 각 제8호의 '거짓이나 그 밖의 부정한 수단으로 운전면허를 받은 경우'에 관한 부분은 이 사건 구법조항의 내용과 실질적 차이가 없다. 그렇다면 구 도로교통법(2017. 7. 26. 법률 제14839호로 개정되고, 2018. 3. 27. 법률 제15530호로 개정되기 전의 것) 제93조 제1항 단서 및 도로교통법(2018. 3. 27. 법률 제15530호로 개정된 것) 제93조 제1항 단서 중 각 제8호의 '거짓이나 그 밖의 부정한 수단으로 운전면허를 받은 경우'에 관한 부분(이하 위 두 조항을 합하여 '이 사건 신법조항'이라 한다) 역시 그 위헌여부에 관해서 이 사건 구법조항과 결론을 같이 할 것이 명백하므로, 이 사건 신법조항도 이 사건 심판대상에 포함시키기로 한다.

그렇다면 이 사건 심판대상은 구 도로교통법(2016. 1. 27. 법률 제13829호로 개정되고, 2017. 7. 26. 법률 제14839호로 개정되기 전의 것) 제93조 제1항 단서, 구 도로교통법(2017. 7. 26. 법률 제14839호로 개정되고, 2018. 3. 27. 법률 제15530호로 개정되기 전의 것)

제93조 제1항 단서, 도로교통법(2018. 3. 27. 법률 제15530호로 개정된 것) 제93조 제1항 단서 중 각 제8호의 '거짓이나 그 밖의 부정한 수단으로 운전면허를 받은 경우'에 관한 부분(이하 위 세 조항을 합하여 '심판대상조항'이라 한다)이 헌법에 위반되는지 여부이다. 심판대상조항은 다음과 같고, 관련조항은 별지와 같다.

[심판대상조항]

구 도로교통법(2016. 1. 27. 법률 제13829호로 개정되고, 2017. 7. 26. 법률 제14839호로 개정되기 전의 것)

제93조(운전면허의 취소·정지) ① 지방경찰청장은 운전면허(연습운전면허는 제외한다. 이하 이 조에서 같다)를 받은 사람이 다음 각 호의 어느 하나에 해당하면 행정자치부령으로 정하는 기준에 따라 운전면허(운전자가 받은 모든 범위의 운전면허를 포함한다. 이하 이 조에서 같다)를 취소하거나 1년 이내의 범위에서 운전면허의 효력을 정지시킬 수 있다. 다만, 제2호, 제3호, 제7호부터 제9호까지(정기 적성검사 기간이 지난 경우는 제외한다), 제12호, 제14호, 제16호부터 제18호까지, 제20호의 규정에 해당하는 경우에는 운전면허를 취소하여야 한다.

8. 제82조에 따라 운전면허를 받을 수 없는 사람이 운전면허를 받거나 거짓이나 그 밖의 부정한 수단으로 운전면허를 받은 경우 또는 운전면허효력의 정지기간 중 운전면허증 또는 운전면허증을 갈음하는 증명서를 발급받은 사실이 드러난 경우

구 도로교통법(2017. 7. 26. 법률 제14839호로 개정되고, 2018. 3. 27. 법률 제15530호로 개정되기 전의 것)

제93조(운전면허의 취소·정지) ① 지방경찰청장은 운전면허(연습운전면허는 제외한다. 이하 이 조에서 같다)를 받은 사람이 다음 각 호의 어느 하나에 해당하면 행정안전부령으로 정하는 기준에 따라 운전면허(운전자가 받은 모든 범위의 운전면허를 포함한다. 이하 이 조에서 같다)를 취소하거나 1년 이내의 범위에서 운전면허의 효력을 정지시킬 수 있다. 다만, 제2호, 제3호, 제7호부터 제9호까지(정기 적성검사 기간이 지난 경우는 제외한다), 제12호, 제14호, 제16호부터 제18호까지, 제20호의 규정에 해당하는 경우에는 운전면허를 취소하여야 한다.

8. 제82조에 따라 운전면허를 받을 수 없는 사람이 운전면허를 받거나 거짓이나 그 밖의 부정한 수단으로 운전면허를 받은 경우 또는 운전면허효력의 정지기간 중 운전면허증 또는 운전면허증을 갈음하는 증명서를 발급받은 사실이 드러난 경우

도로교통법(2018. 3. 27. 법률 제15530호로 개정된 것)

제93조(운전면허의 취소·정지) ① 지방경찰청장은 운전면허(연습운전면허는 제외한다. 이하 이 조에서 같다)를 받은 사람이 다음 각 호의 어느 하나에 해당하면 행정안전부령으로 정하는 기준에 따라 운전면허(운전자가 받은 모든 범위의 운전면허를 포함한다. 이하 이 조에서 같다)를 취소하거나 1년 이내의 범위에서 운전면허의 효력을 정지시킬 수 있다. 다만, 제2호, 제3호, 제7호부터 제9호까지(정기 적성검사 기간이 지난 경우는 제외한다), 제14호, 제16호부터 제18호까지, 제20호의 규정에 해당하는 경우에는 운전면허를 취소하여야 한다.

8. 제82조에 따라 운전면허를 받을 수 없는 사람이 운전면허를 받거나 거짓이나 그 밖의 부정한 수단으로 운전면허를 받은 경우 또는 운전면허효력의 정지기간 중 운전면허증 또는 운전면허증을 갈음하는 증명서를 발급받은 사실이 드러난 경우

3. 제청법원의 위헌제청 이유

이 사건 구법조항은 거짓이나 그 밖의 부정한 수단으로 운전면허를 받으면(이하 '운전면허 부정 취득'이라 한다) 구체적 사안의 개별성과 특수성 등을 고려할 여지없이 보유하고 있는 모든 운전면허를 필요적으로 취소하도록 하고 있다. 이는 임의적 또는 부분적 취소·정지만으로도 입법목적을 효과적으로 달성할 수 있다는 점에서, 피해의 최소성 및 법익의 균형성 원칙에 반하여 직업의 자유 또는 일반적 행동의 자유를 침해한다.

4. 판 단

가. 운전면허 관련 제도 개관

(1) 운전면허 제도

(가) 도로교통법(이하 '법'이라 한다)에 의하면, 자동차(이하 원동기장치자전거를 포함한다)를 운전하려는 사람은 지방경찰청장으로부터 운전면허를 받아야 한다(법 제80조 제1항). 운전면허를 받으려는 사람은 운전

면허시험에 합격하여야 하고(법 제85조 제1항), 운전면허시험에서는 자동차의 운전에 필요한 적성, 자동차 및 도로교통에 관한 법령에 대한 지식, 자동차의 운전에 필요한 기능, 도로에서 자동차를 운전할 능력 등을 검증한다(법 제83조 제1항 및 제2항). 지방경찰청장은 자동차운전 전문학원의 학감으로 하여금 위 사항 중 자동차의 운전에 필요한 기능 또는 도로에서 자동차를 운전할 능력이 있는지에 관한 검정(기능검정)을 하게 할 수 있다(법 제108조 제1항).

(나) 운전면허는 운전을 할 수 있는 차의 종류를 기준으로 제1종 운전면허, 제2종 운전면허, 연습운전면허로 구분되어 있고, 그 중 제1종 운전면허는 대형면허·보통면허·소형면허·특수면허(대형견인차면허, 소형견인차면허, 구난차면허)로, 제2종 운전면허는 보통면허·소형면허·원동기장치자전거면허로, 연습운전면허는 제1종 보통연습면허·제2종 보통연습면허로 다시 나뉘어 있다(법 제80조 제2항). 이 운전면허의 구분에 따라 운전면허시험이 실시되며(법 제83조 제1항), 이미 일정한 운전면허를 받은 사람에 대해서는 다른 운전면허시험의 일부가 면제된다(법 제84조 제1항 제6호).

(2) 운전면허 취소·정지 제도

지방경찰청장은 운전면허를 받은 사람이 법 제93조 제1항 제1호부터 제20호까지의 어느 하나에 해당하게 되면, 운전면허를 취소하거나 1년 이내의 범위에서 운전면허의 효력을 정지시킬 수 있다(법 제93조 제1항 본문). 다만 예외적으로 몇 가지 사유에 대해서는 필요적으로 운전면허를 취소하여야 한다(법 제93조 제1항 단서). 도로교통법이 1961. 12. 31. 법률 제941호로 제정될 당시에는 임의적 취소·정지 규정만 존재하였는데, 산업사회로 발전하면서 자동차 수가 늘어나고 교통사고의 증가로 교통질서의 확립이 사회질서의 기본문제로 부각됨에 따라, 필요적 취소 규정이 도입됨과 아울러 그 사유 역시 확대되어 왔다.

(3) 심판대상조항의 입법연혁

(가) 운전면허 부정 취득은 도로교통법이 1972. 12. 26. 법률 제2382호로 개정되면서 임의적 취소·정지 사유 중 하나로 신설되었고, 1984. 8. 4. 법률 제3744호로 전부개정되면서 필요적 취소 사유로 규정된 이래 조문 위치와 일부 표현만 바뀌어 심판대상조항까지 이르고 있다.

(나) 도로교통법이 2016. 1. 27. 법률 제13829호로 개정되면서 법 제93조 제1항 본문에서 취소·정지의 대상이 되는 "운전면허"가 "운전면허(운전자가 받은 모든 범위의 운전면허를 포함한다. 이하 이 조에서 같다)"로 변경되었다. 그 개정이유는 '일부 운전면허만을 취소·정지할 경우 복수 운전면허 소지자는 취소·정지되지 않은 다른 운전면허로 계속 운전할 수 있게 되어 행정처분의 실효성 확보가 곤란하며, 음주운전이나 상습 법규위반 등과 같이 운전자의 운전 부적합으로 운전면허가 취소·정지되는 경우에는 그가 가진 모든 범위의 운전면허를 취소·정지하는 것이 교통안전 차원에서 타당한 측면이 있다'라는 것이었다.

(다) 위 개정 이전에 법원은 "한 사람이 여러 종류의 운전면허를 취득하는 경우뿐 아니라 이를 취소하는 경우에도 서로 별개의 것으로 취급하는 것이 원칙이고, 다만 취소 사유가 특정 면허에 관한 것이 아니고 다른 면허와 공통된 것이거나 운전면허를 받은 사람에 관한 것일 경우에는 여러 면허를 전부 취소할 수도 있다"라고 해석하여 왔다(대법원 1995. 11. 16. 선고 95누8850 전원합의체 판결, 대법원 2012. 5. 24. 선고 2012두1891 판결 등 참조). 그러나 위 개정에 따라 심판대상조항 역시 특정한 운전면허만을 부정 취득 하더라도 보유하고 있는 모든 운전면허를 필요적으로 취소하도록 그 규정내용이 변화되었다.

(4) 운전면허 부정 취득 관련 현황

(가) 운전면허 부정 취득 시에는, 심판대상조항에 의해 보유하고 있는 모든 운전면허가 필요적으로 취소되고, 취소된 날부터 2년 간 운전면허를 취득할 수 없으며(법 제82조 제2항 제6호), 1년 이하의 징역형이나 300만 원 이하의 벌금형에 처해진다(법 제152조 제3호).

(나) 경찰청 통계에 따르면, 2010년 이후 운전면허 부정 취득 사유로 운전면허가 취소된 자의 수는 연간 30~60명 정도로, 전체 운전면허 취소자 수 대비 0.05% 정도를 차지하고 있다.

나. 판단

(1) 제한되는 기본권과 판단의 구조

(가) 심판대상조항은 운전면허를 취소함으로써 자유롭게 자동차를 운전할 수 없게 하므로, 일반적 행동의 자유를 제한한다. 또한 심판대상조항의 수범자 가운데 자동차의 운전을 필수불가결한 요소로 하는 일정한 직업군의 사람들에 대하여는 종래의 직업을 계속 유지하는 것을 불가능하게 하고, 자동차 운행으로도

수행 가능한 직업을 가진 사람들에 대하여는 직업을 수행하는 방법에 제한을 가하게 되므로, 좁은 의미의 직업선택의 자유와 직업수행의 자유를 포함하는 직업의 자유 역시 제한한다. 직업의 자유 또는 일반적 행동의 자유 침해 여부를 판단함에 있어서는 헌법 제37조 제2항의 과잉금지원칙 준수 여부가 그 기준이 된다(헌재 2006. 5. 25. 2005헌바91; 헌재 2019. 8. 29. 2018헌바4 등 참조).

(나) 한편 심판대상조항은 특정한 운전면허를 거짓이나 그 밖의 부정한 수단으로 받으면, '거짓이나 그 밖의 부정한 수단으로 받은 운전면허'(이하 '부정 취득한 운전면허'라 한다)뿐만 아니라, 적법하게 취득하여 보유하고 있는 다른 운전면허, 즉 '거짓이나 그 밖의 부정한 수단으로 받은 운전면허를 제외한 운전면허'(이하 '부정 취득하지 않은 운전면허'라 한다)까지 필요적으로 취소하도록 하고 있다. 이와 같이, 심판대상조항은 '부정 취득한 운전면허를 필요적으로 취소하도록 한 부분'(이하 '부정 취득한 운전면허 부분'이라 한다)과 '부정 취득하지 않은 운전면허를 필요적으로 취소하도록 한 부분'(이하 '부정 취득하지 않은 운전면허 부분'이라 한다)을 모두 포함하고 있다. 따라서 이하에서는 필요한 경우(특히 피해의 최소성과 법익의 균형성) 두 부분을 나누어 판단하기로 한다.

(2) 과잉금지원칙 위반 여부

(가) 목적의 정당성 및 수단의 적합성

1) 운전면허는 신체적 조건이나 도로교통과 관련된 법령 등에 대한 지식 및 자동차의 운전 능력 등을 종합적으로 평가하여 도로에서의 자동차 운전행위를 허가해 주는 제도이다. 심판대상조항은 위와 같은 운전면허 제도의 근간을 유지하고 국민의 생명과 재산을 보호하는 한편, 운전면허를 부정 취득한 자가 자동차를 운행하는 과정에서 야기할 수 있는 교통상의 위험과 장해를 방지하여 안전하고 원활한 교통을 확보하고자 하는 것이므로(법 제1조 참조), 그 입법목적이 정당하다.

2) 운전면허 부정 취득 시 보유하고 있는 모든 운전면허를 필요적으로 취소하도록 하는 것은, 운전면허의 요건 충족 여부를 검증받지 않은 자가 자동차를 운행하는 것을 방지함과 동시에, 일반 국민에게 운전면허 부정 취득에 따른 불이익을 사전에 경고함으로써 상당한 억지효과를 발생시킬 수 있으므로(헌재 2005. 11. 24. 2004헌가28; 헌재 2016. 12. 29. 2015헌바429 등 참조), 수단의 적합성도 인정된다.

(나) 피해의 최소성

1) 부정 취득한 운전면허 부분

가) 운전면허를 부정 취득한 자는 부정 취득한 운전면허의 요건을 갖추었는지 검증된 바 없으므로, 그 자체로 해당 운전면허가 있어야만 운행할 수 있는 자동차의 운전에 부적합하다고 평가된다. 그만큼 자동차를 운행하여 사고가 발생할 경우 일반 국민의 안전에 커다란 불이익을 끼칠 우려가 있다. 결국 국민의 생명과 재산에 미치는 위험의 정도와 위험방지의 중요성·긴급성 등을 고려할 때 부정 취득한 운전면허를 필요적으로 취소하도록 하는 것은 불가피하다(헌재 2004. 7. 15. 2003헌바35등; 헌재 2016. 12. 29. 2015헌바429 등 참조).

나) 부정 취득한 운전면허를 임의적 취소·정지의 대상으로 전환할 경우, 면허요건이 개별 사정에 따라 달리 적용됨으로써 유명무실해지는 결과를 초래하므로 면허제도의 근간이 흔들리게 된다(헌재 2006. 12. 28. 2005헌바87 참조). 또한 형사처벌 등 다른 형태의 제재수단이 가해지더라도 부정 취득한 운전면허를 필요적으로 취소하지 않는다면 여전히 해당 운전면허로 자동차 운행이 가능하므로, 다수가 참여하는 교통의 안전과 원활이라는 목적을 달성할 수 없고 운전면허 부정 취득의 유인 역시 감소시킬 수 없다.

다) 따라서 기본권을 덜 제한하는 완화된 수단에 의해서는 입법목적을 같은 정도로 달성할 수 없으므로, 심판대상조항이 부정 취득한 운전면허를 필요적으로 취소하도록 한 것은, 피해의 최소성 원칙에 위배되지 않는다.

2) 부정 취득하지 않은 운전면허 부분

가) 어떤 법률의 입법목적이 정당하고 그 목적을 달성하기 위하여 선택한 수단이 적합하다고 하더라도, 입법자가 임의적 규정이나 기본권 제한이 덜한 다른 수단으로 법의 목적을 실현할 수 있음에도 불구하고 구체적 사안의 개별성과 특수성을 고려할 수 있는 가능성을 일절 배제하는 필요적 규정으로 법의 목적을 실현하려 한다면, 이는 피해의 최소성 원칙에 위배된다(헌재 2017. 5. 25. 2016헌가6 등 참조).

나) 심판대상조항은 운전면허 부정 취득 시 부정 취득한 운전면허뿐만 아니라 보유하고 있는 다른 운전면허까지 모두 취소하도록 하고 있다. 그런데 특정한 운

전면허를 부정 취득하였다고 하여 이미 그 요건을 갖추어 적법하게 취득한 운전면허에 대해서까지 취소 사유가 항상 존재한다고 볼 수는 없다.

부정 취득하지 않은 운전면허에 대해서는 운전면허를 부정 취득하게 된 경위, 행위의 태양, 그 위법성의 정도, 운전자의 형사처벌 여부 등 구체적 사안의 개별성과 특수성을 고려하여 불법의 정도에 상응하는 제재수단을 선택하도록 하는 것으로도 충분히 입법목적을 달성할 수 있다. 운전면허 부정 취득으로 인한 운전면허 취소는 전체 운전면허 취소 중 극히 낮은 비율을 차지하여 왔으므로, 처분권자로 하여금 이처럼 개별 사안을 면밀히 검토하도록 하는 것이 엄격한 법집행에 현저한 곤란을 초래한다고 볼 수도 없다. 따라서 이를 임의적 취소·정지 사유로 하여도 입법목적 달성에 문제가 없다.

법 제93조 제1항 단서에 해당하지 않는 사유들은 같은 항 본문에 따라 임의적 취소·정지 사유가 되므로, 지방경찰청장은 법 제93조 제1항 단서에 근거하여 부정 취득하지 않은 운전면허를 필요적으로 취소하지 못한다고 하더라도, 이미 입법되어 있는 법 제93조 제1항 본문에 따라 개별 사안에서 문제되는 구체적이고 특수한 취소 사유와 불법의 정도를 고려하여 그에 상응한다고 판단하는 경우에는 부정 취득하지 않은 운전면허까지 임의적으로 취소·정지하는 것이 여전히 가능하다.

다) 이에 대해서는 운전면허 부정 취득에 대한 제재가 단지 부정 취득한 운전면허만을 취소하는 것에 그친다면, 교통법규 위반 행위를 방지할 위하 효과가 충분하지 않다는 견해도 있을 수 있다. 그러나 이미 부정 취득한 운전면허에 대한 결격기간 조항(법 제82조 제2항 제6호)과 형사처벌 조항(법 제152조 제3호)에 의해서 일정한 위하 효과는 있으므로, 구체적 사정에 대한 고려 없이 부정 취득하지 않은 운전면허까지 필요적으로 취소하여야 한다고 보기는 어렵다. 운전면허 부정 취득의 대표적인 사유 중 하나인 '운전면허시험 부정행위'가 시험 도중 발각된 경우에도, 해당 시험만 무효로 처리되고 2년 간 해당 시험에 응시하지 못할 뿐(법 제84조의2) 다른 운전면허의 필요적 취소 사유가 되지는 않는다.

한편 운전면허는 대인적 허가로서 그 효력이 일신전속적이고 발급과 관리도 '1인 1면허'로 행해지고 있으므로, 운전자가 받은 모든 범위의 운전면허 중 일부에 대해서만 취소하는 것이 실무적으로 불가능하다는 견해도 존재한다. 그러나 현재 운전면허 제도의 운영에서도 운전면허 소지자의 의사에 의하여 일부 운전면허의 범위를 삭제하는 것이 가능하므로(법 제85조 제4항), 지방경찰청장이 운전면허를 취소함에 있어서도 이러한 방식은 얼마든지 실현 가능하다고 할 것이다.

라) 결국 임의적 취소·정지 사유로 하는 등 기본권을 덜 제한하는 완화된 수단에 의해서도 입법목적을 같은 정도로 달성하기에 충분하므로, 심판대상조항이 부정 취득하지 않은 운전면허까지 필요적으로 취소하도록 한 것은, 피해의 최소성 원칙에 위배된다.

(다) 법익의 균형성

1) 부정 취득한 운전면허 부분

가) 자동차의 운전은 언제나 국민의 생명·신체·재산에 중대한 침해를 가할 수 있는 위험성을 지니고 있으므로, 그와 같은 위험의 현실화를 방지하기 위하여 사전·사후의 여러 가지 다양한 예방조치를 강구하는 것은 국가가 추구하여야 할 중대한 공익이다(헌재 2006. 5. 25. 2005헌바91; 헌재 2019. 8. 29. 2018헌바4 등 참조). 운전면허 제도는 사전적 예방조치 중 가장 본질적인 부분에 해당하는바, 법이 정하고 있는 요건과 절차를 회피하여 운전면허를 취득한 경우 운전면허를 필요적으로 취소함으로써 달성될 수 있는 공익은 중대하다.

나) 반면, 운전면허를 부정 취득한 자는 부정 취득한 운전면허의 요건을 처음부터 갖추지 못한 것이므로, 무자격자의 면허를 사후적으로 박탈하더라도 이는 사실상 원래의 법적 지위를 확인하는 조치에 지나지 않는다. 결국 면허제도 자체에 의한 것을 제외하고 기본권이 추가적으로 제한된다고 보기 어렵다(헌재 2004. 7. 15. 2003헌바35등; 헌재 2006. 12. 28. 2005헌바87 등 참조).

다) 따라서 심판대상조항이 부정 취득한 운전면허를 필요적으로 취소하도록 한 것은, 법익의 균형성 원칙에 위배되지 않는다.

2) 부정 취득하지 않은 운전면허 부분

가) 심판대상조항은 위에서 본 바와 같이, 부정 취득하지 않은 운전면허까지 제반사정을 고려할 여지를 전혀 두지 아니한 채 위법의 정도나 비난의 정도가 미약한 사안 등을 포함한 모든 경우에 필요적으로 취소하도록 하고 있다.

나) 게다가 취소된 날부터 2년 동안은 부정 취득하지 않은 운전면허도 다시 받을 수 없게 되는바(법 제82조 제2항 제6호), 운전을 생업으로 하는 자에 대하여는 생계에 지장을 초래할 만큼 직업의 자유를 제약하고, 운전을 생업으로 하지 않는 자에 대하여도 일상생활에 심대한 불편을 야기할 정도로 일반적 행동의 자유를 제약한다. 이는 달성하려는 공익의 중대성을 감안하더라도 지나치게 운전면허 소지자의 기본권을 제한하는 것이다(헌재 2015. 5. 28. 2013헌가6 참조).

다) 이처럼 심판대상조항이 부정 취득하지 않은 운전면허까지 필요적으로 취소하도록 한 것은, 법익의 균형성 원칙에 위배된다.

(라) 소결

위에서 본 바와 같이, 심판대상조항이 부정 취득한 운전면허를 필요적으로 취소하도록 한 것은 과잉금지원칙에 위반되지 아니하나, 부정 취득하지 않은 운전면허까지 필요적으로 취소하도록 한 것은 과잉금지원칙에 위반된다.

5. 결 론

심판대상조항 중 각 '거짓이나 그 밖의 부정한 수단으로 받은 운전면허를 제외한 운전면허'를 필요적으로 취소하도록 한 부분은 헌법에 위반되므로 주문과 같이 결정한다. 이 결정은 아래 6.과 같은 재판관 이선애, 재판관 이종석, 재판관 이영진의 반대의견이 있는 외에는 나머지 관여 재판관들의 일치된 의견에 의한 것이다.

6. 재판관 이선애, 재판관 이종석, 재판관 이영진의 반대의견

우리는 법정의견과 달리 '거짓이나 그 밖의 부정한 수단으로 운전면허를 받은 행위'에 대한 불이익 처분으로 '부정 취득한 해당 운전면허와 함께 해당 운전자가 보유하고 있는 나머지 운전면허도 필요적으로 취소하도록' 규정한 심판대상조항이 일반적 행동의 자유 또는 직업의 자유를 침해하지 않는다고 생각하므로, 다음과 같이 그 이유를 남긴다.

가. 도로교통법상 운전면허 및 운전면허 취소

현대사회에서 자동차는 생활수단으로서의 편의도구라는 데에 그 의의가 있다고 할 수 있으나, 자동차의 운전과 관련하여 누구에게나 이를 자유롭게 할 수 있도록 한다면 도로교통의 안전과 원활한 교통은 위협받게 될 것이다. 도로교통법은 일반적으로는 도로에서의 자동차의 운전은 금지하되, 일정한 자격의 취득으로 도로교통에 위험과 장해를 줄 염려가 없다고 인정되면 이 금지를 해제하여 자동차를 운전할 수 있도록 허가하는 운전면허제도를 설정하는 한편, 도로에서 일어나는 교통상의 모든 위험과 장해를 방지하고 제거하여 안전하고 원활한 교통을 확보하기 위하여 운전면허를 취득한 운전자에게도 지켜야 할 의무행위와 금지행위를 부과하고, 만일 운전자가 이들 제반 의무를 위반하거나 금지행위를 함으로써 도로의 안전한 운행을 방해할 가능성이 객관적으로 드러날 경우에는 운전면허를 박탈하는 운전면허 취소 제도를 두고 있다. 자동차 운전면허 취소는 운전자가 장차 자동차 운전으로 인하여 인적, 물적 침해를 가할 위험성이 있다고 여겨질 정도로 행위자에게 적성 흠결이 나타날 것을 전제조건으로 하여 운전부적합자에게 행해진다(헌재 2005. 11. 24. 2004헌가28 참조).

나. 행정법규 위반행위에 대한 제재에 대한 입법재량

(1) 어떤 행정법규 위반행위에 대하여, 이를 단지 간접적으로 행정상의 질서에 장해를 줄 위험성이 있음에 불과한 경우(단순한 의무태만 내지 의무위반)로 보아 행정질서벌인 과태료를 과할 것인가, 아니면 직접적으로 행정목적과 공익을 침해한 행위로 보아 행정형벌을 과할 것인가, 그리고 행정형벌을 과할 경우 그 법정형의 종류와 형량을 어떻게 정할 것인가는, 당해 위반행위가 위의 어느 경우에 해당하는가에 대한 법적 판단을 그르친 것이 아닌 한 그 처벌내용은 기본적으로 입법자가 제반 사정을 고려하여 결정할 입법재량에 속하는 문제이다(헌재 2014. 1. 28. 2011헌바174등; 헌재 2015. 12. 23. 2014헌바294 등 참조).

또한, 특정한 인간행위에 대하여 그것이 불법이며 범죄라 하여 국가가 형벌권을 행사하여 이를 규제할 것인지, 아니면 단순히 도덕률에 맡길 것인지의 문제는 인간과 인간, 인간과 사회와의 상호관계를 함수로 하여 시간과 공간에 따라 그 결과를 달리할 수밖에 없는 것이고, 결국은 그 사회의 시대적인 상황·사회구성원들의 의식 등에 의하여 결정될 수밖에 없다(헌재 1997. 7. 16. 95헌가6등; 헌재 2001. 10. 25. 2000헌바60; 헌재 2015. 12. 23. 2014헌바294 참조).

(2) 기본권 침해의 정도가 큰 행정형벌, 행정질서벌에 관하여 이러한 입법재량이 인정된다면, 행정법규 위

반행위에 대하여 도덕률, 행정질서벌, 행정형벌이 아닌 불이익 처분을 하는 경우에도 불이익 처분 부과 여부와 그 기준 설정에 입법재량을 인정할 수 있다. 입법자는 행정법규 위반을 방지하는 실질적 위하력이 있도록 불이익 처분의 방법으로 정지·취소와 같은 행정처분, 과태료와 같은 행정질서벌, 행정형벌 등의 수단 사이의 선택과 그 정도를 형성할 입법재량이 기본적으로 있다.

운전자 입장에서는 오히려 운전면허에 대한 행정처분보다 벌금 등 형사적 제재를 원하고 있는 실정이라는 지적이 있음을 고려해 볼 때 '거짓이나 그 밖의 부정한 수단으로 운전면허를 받는 행위'를 방지함에 있어서 운전면허의 취소가 실질적 위하력이 있다고 할 것이므로, 입법자에게 행정법규 위반을 방지하는 실질적 위하력이 있도록 불이익 처분의 방법과 정도를 형성할 재량을 인정할 수 있다.

다. 목적의 정당성 및 수단의 적합성

심판대상조항은 거짓이나 그 밖의 부정한 수단으로 운전면허를 받은 사람이 계속하여 교통에 관여하는 것을 금지함으로써 국민의 생명·신체를 보호하고 도로교통에 관련된 공공의 안전을 확보함과 동시에, 거짓이나 그 밖의 부정한 수단으로 운전면허를 받는 것을 예방하기 위해 운전면허를 필요적으로 취소하도록 한 것인데, 그 목적이 정당하다.

'거짓이나 그 밖의 부정한 수단으로 운전면허를 받은 행위'를 하였다는 이유로 운전면허를 취소당하게 되면 일정 기간 동안 운전면허의 취득이 금지되기 때문에 그 재발을 방지하는 데에 효과가 있을 것으로 예상되고, 이러한 면허의 취소는 자동차를 운전하는 일반 국민에게도 그 불이익을 사전에 경고하는 효과가 있을 것이므로 운전면허의 부정 취득을 억제할 수 있을 것이어서 입법목적을 달성하기 위한 수단으로서도 적합하다.

라. 피해의 최소성

(1) 입법자에게는 행정법규 위반을 방지하는 실질적 위하력이 있도록 불이익 처분의 방법과 정도를 형성할 재량이 있고 그러한 입법자의 재량은 존중될 필요가 있다. 만일 법령 위반이 적발되었을 때 받는 불이익이 법령 위반을 통하여 얻는 이익보다 작거나 같은 정도에 그친다면, 일부 행위자로서는 법령을 위반하더라도 크게 불이익한 것이 없다고 잘못 판단한 나머지 위반행위로 나아갈 여지도 있음을 직시할 필요가 있다. 따라서 행정법규 위반을 방지하기 위한 위하력을 가지려면 그 위반이 적발되었을 때 행위자가 받는 불이익이 그 위반을 통하여 얻은 이익보다는 상당한 정도로 무거워야 한다. 제재 수준이 단지 행정법규 위반 행위가 없었던 상황으로 되돌리는 것에 불과하다면 행정법규 위반을 방지할 위하 효과가 충분하지 않다.

(2) 부정 취득한 당해 운전면허만을 취소한다면, 거짓이나 그 밖의 부정한 수단으로 운전면허를 받은 운전자가 2년 간 부정 취득한 운전면허를 취득할 수 없는 결격 기간이 존재한다고 해도, 이것은 당연히 효력이 부정되어야 할 '부정 취득한 운전면허 부분'이 취소되어 행정법규 위반 행위가 없었던 상황으로 되돌려진 상태가 일정기간 계속되는 제재에 불과하다. 앞에서 본 것처럼 거짓이나 그 밖의 부정한 수단으로 운전면허를 받은 운전자는 형사처벌인 벌금형보다 운전면허에 대한 행정처분으로 인한 불이익을 더 불편해 한다. 거짓이나 그 밖의 부정한 수단으로 운전면허를 받는 것을 방지하는 데 있어서 면허의 취소가 실질적 위하력이 있다면, 입법자는 행정법규 위반을 방지하는 실질적 위하력이 있도록 불이익 처분의 정도를 형성할 수 있고, 이러한 입법재량은 존중될 필요가 있다.

심판대상조항이 '부정 취득한 해당 운전면허와 함께 해당 운전자가 보유하고 있는 나머지 운전면허도 필요적으로 취소' 해야 할 금지행위로 규정하고 있는 '거짓이나 그 밖의 부정한 수단으로 운전면허를 받은 경우'는 운전면허를 취득한 사람이 주관적으로 허위 또는 부정한 수단임을 인식하면서 그 방법으로 운전면허를 받은 행위를 한 경우이다(대법원 1991. 11. 8. 선고 91누4584 판결 참조). 부정 취득한 해당 운전면허에 주목하면 '특정한 운전면허에 관한 것'임과 동시에, 운전면허를 부정 취득한 사람이 주관적으로 허위 또는 부정한 수단임을 인식하면서 그 방법으로 운전면허를 부정 취득한 것에 주목하면 '운전면허를 받은 사람에 관한 것'으로서 일정 수준 이상의 교통관련법규에 대한 준법의식을 갖추지 못하여 장차 자동차 운전으로 인하여 인적, 물적 침해를 가할 위험성이 있다고 여겨질 정도로 행위자에게 적성 흠결이 나타난 경우라고 볼 수 있다. 심판대상조항은 이러한 양면을 모두 고려하여 금지행위에 대한 실질적 위하력이 있도록 '부정 취득한 해당 운전면허와 함께 해당 운전자가 보유하고 있는 나머지 운전면허도 필요적으로 취소함으로써 금지행위자를 교통 관여에서 배제하는 방법'을 형성한 것이다.

(3) 앞서 본 사정들에 의하면, 심판대상조항보다 완화된 수단으로는 심판대상조항과 같은 정도로 입법목적을 달성할 수 없으므로, 심판대상조항은 피해의 최소성 원칙에 위배되지 않는다.

마. 법익의 균형성

(1) 2016. 1. 27. 법률 제13829호로 도로교통법이 개정된 이유인 "일부 운전면허만을 취소할 경우 복수면허 운전자는 취소 또는 정지되지 않은 다른 운전면허로 계속 운전할 수 있게 되어 행정처분의 실효성 확보가 곤란"하며 "운전면허는 도로에서의 운전을 허용하는 대인적 허가의 성격이 있고 음주운전이나 상습 법규위반 등과 같이 운전자의 운전 부적합으로 운전면허가 취소 또는 정지되는 경우에는 그가 가진 모든 범위의 운전면허를 취소하는 것이 교통안전차원에서 타당한 측면이 있다."라는 입법자의 판단은 부정 취득한 해당 운전면허와 함께 해당 운전자가 보유하고 있는 나머지 운전면허도 필요적으로 취소함으로써 달성하려는 공익에 대한 언급으로서 존중될 필요가 있다.

(2) 자동차가 대중적인 교통수단이고 그에 따라 자동차운전면허가 대량으로 발급되어 교통상황이 날로 혼잡해짐에 따라 교통법규를 엄격히 지켜야 할 필요성은 더욱 커지고 있다(대법원 2019. 1. 17. 선고 2017두59949 판결). 자동차의 운전은 항상 국민의 생명·신체에 중대한 침해를 가할 수 있는 위험성을 내재하고 있고, 그와 같은 위험이 현실화하는 것을 방지하기 위하여 국가는 여러 가지 예방조치를 강구할 수 있다(헌재 2019. 8. 29. 2018헌바4 참조).

(3) 자동차의 운전을 불가결의 요건으로 하는 직업을 수행하는 사람들에게는 운전면허의 취소가 직업을 박탈하는 것과 다름없는 효과를 발생시킨다. 이는 해당 개인의 생계 수단을 제한하는 의미가 있으므로, 제한되는 사익의 정도가 크다고 할 수 있다.

그렇지만 운전면허를 불가결의 요소로 하는 직업은 상시 자동차의 운전을 담당하는 직업이므로, 도로교통과 관련한 공공의 안전에 미치는 효과가 다른 직업의 경우에 비하여 더 크다. 따라서 자동차 운전을 불가결의 요건으로 하는 직업을 수행하는 자들이 운전면허 부정 취득 행위를 통해 일정 수준 이상의 교통관련법규에 대한 준법의식을 갖추지 못하고 있어 장차 자동차 운전으로 인하여 인적, 물적 침해를 가할 위험성이 있다고 여겨질 정도의 적성 흠결을 나타낸 경우 심판대상조항이 달성하고자 하는 목적을 위해 이들을 교통 관여에서 배제할 필요성은 다른 운전자의 경우에 비하여 더욱 크다. 그렇다면 직업 활동 등에서 제한되는 사익에 상응하는 정도 이상의 중대한 공익이 존재한다고 인정된다(헌재 2005. 4. 28. 2004헌바65; 헌재 2017. 12. 28. 2016헌바254; 헌재 2019. 8. 29. 2018헌바4 참조).

(4) 이처럼 운전면허 소지자의 생계 유지 등의 기본권 제한 정도와 견주어 보더라도 국민의 생명·신체에 중대한 침해를 가할 수 있는 위험성을 예방하고자 하는 공익이 더 중대하다 할 것이다. 결국 심판대상조항이 거짓이나 그 밖의 부정한 수단으로 운전면허를 받은 운전자가 계속하여 교통에 관여하는 것을 금지함으로써 국민의 생명·신체를 보호하고 도로교통에 관련된 공공의 안전을 확보함과 동시에, 거짓이나 그 밖의 부정한 수단으로 운전면허를 받는 경우를 예방하고자 부정 취득한 해당 운전면허와 함께 해당 운전자가 보유하고 있는 나머지 운전면허도 필요적으로 취소하도록 한 것은 도로를 사용하여 운행하는 혜택을 누리고 그것을 영업의 수단으로 하는 개인의 이익을 제한함에 있어서 법익 균형성을 위배하였다고 보기 어렵다.

바. 결론

따라서, 심판대상조항은 과잉금지원칙에 반하여 일반적 행동의 자유 또는 직업의 자유를 침해하지 아니한다.

재판관 유남석 이선애 이석태 이은애 이종석 이영진 김기영 문형배 이미선

[별지] 관련조항

구 도로교통법(2016. 1. 27. 법률 제13829호로 개정되고, 2017. 7. 26. 법률 제14839호로 개정되기 전의 것)

제1조(목적) 이 법은 도로에서 일어나는 교통상의 모든 위험과 장해를 방지하고 제거하여 안전하고 원활한 교통을 확보함을 목적으로 한다.

제80조(운전면허) ① 자동차등을 운전하려는 사람은 지방경찰청장으로부터 운전면허를 받아야 한다. (단서 생략)

② 지방경찰청장은 운전을 할 수 있는 차의 종류를

기준으로 다음 각 호와 같이 운전면허의 범위를 구분하고 관리하여야 한다. 이 경우 운전면허의 범위에 따라 운전할 수 있는 차의 종류는 행정자치부령으로 정한다.

1. 제1종 운전면허
   가. 대형면허
   나. 보통면허
   다. 소형면허
   라. 특수면허
      1) 대형견인차면허
      2) 소형견인차면허
      3) 구난차면허
2. 제2종 운전면허
   가. 보통면허
   나. 소형면허
   다. 원동기장치자전거면허
3. 연습운전면허
   가. 제1종 보통연습면허
   나. 제2종 보통연습면허

제82조(운전면허의 결격사유) ② 다음 각 호의 어느 하나의 경우에 해당하는 사람은 해당 각 호에 규정된 기간이 지나지 아니하면 운전면허를 받을 수 없다. (단서 생략)

6. 제44조 제1항 또는 제2항을 3회 이상 위반(제43조 또는 제96조 제3항을 함께 위반한 경우도 포함한다) 또는 제46조를 2회 이상 위반(제43조 또는 제96조 제3항을 함께 위반한 경우도 포함한다)한 경우나 제93조 제1항 제8호·제12호 또는 제13호의 사유로 운전면허가 취소된 경우에는 운전면허가 취소된 날(제43조 또는 제96조 제3항을 함께 위반한 경우에는 그 위반한 날을 말한다)부터 2년

제83조(운전면허시험 등) ① 운전면허시험(제1종 보통면허시험 및 제2종 보통면허시험은 제외한다)은 제120조에 따른 도로교통공단이 다음 각 호의 사항에 대하여 제80조 제2항에 따른 운전면허의 구분에 따라 실시한다. (단서 생략)

1. 자동차등의 운전에 필요한 적성
2. 자동차등 및 도로교통에 관한 법령에 대한 지식
3. 자동차등의 관리방법과 안전운전에 필요한 점검의 요령
4. 자동차등의 운전에 필요한 기능
5. 친환경 경제운전에 필요한 지식과 기능

② 제1종 보통면허시험과 제2종 보통면허시험은 도로교통공단이 응시자가 도로에서 자동차를 운전할 능력이 있는지에 대하여 실시한다. 이 경우 제1종 보통면허시험은 제1종 보통연습면허를 받은 사람을 대상으로 하고, 제2종 보통면허시험은 제2종 보통연습면허를 받은 사람을 대상으로 한다.

제84조(운전면허시험의 면제) ① 다음 각 호의 어느 하나에 해당하는 사람에 대하여는 대통령령으로 정하는 바에 따라 운전면허시험의 일부를 면제한다.

6. 운전면허를 받은 후 제80조 제2항의 구분에 따라 운전할 수 있는 자동차의 종류를 추가하려는 사람

제84조의2(부정행위자에 대한 조치) ① 경찰청장은 제106조에 따른 전문학원의 강사자격시험 및 제107조에 따른 기능검정원 자격시험에서, 지방경찰청장 또는 도로교통공단은 제83조에 따른 운전면허시험에서 부정행위를 한 사람에 대하여는 해당 시험을 각각 무효로 처리한다.

② 제1항에 따라 시험이 무효로 처리된 사람은 그 처분이 있은 날부터 2년간 해당 시험에 응시하지 못한다.

제85조(운전면허증의 발급 등) ① 운전면허를 받으려는 사람은 운전면허시험에 합격하여야 한다.

② 지방경찰청장은 운전면허시험에 합격한 사람에 대하여 행정자치부령으로 정하는 운전면허증을 발급하여야 한다.

③ 지방경찰청장은 운전면허를 받은 사람이 다른 범위의 운전면허를 추가로 취득하는 경우에는 운전면허의 범위를 확대(기존에 받은 운전면허의 범위를 추가하는 것을 말한다)하여 운전면허증을 발급하여야 한다.

④ 지방경찰청장은 운전면허를 받은 사람이 운전면허의 범위를 축소(기존에 받은 운전면허의 범위에서 일부 범위를 삭제하는 것을 말한다)하기를 원하는 경우에는 운전면허의 범위를 축소하여 운전면허증을 발급할 수 있다.

⑤ 운전면허의 효력은 본인 또는 대리인이 제2항부터 제4항까지에 따른 운전면허증을 발급받은 때부터 발생한다. 이 경우 제3항 또는 제4항에 따라 운전면허의 범위를 확대하거나 축소하는 경우에도 제93조에 따라 받게 되거나 받은 운전면허 취소·정지처

분의 효력과 벌점은 그대로 승계된다.

제108조(기능검정) ① 지방경찰청장은 전문학원의 학감으로 하여금 대통령령으로 정하는 바에 따라 해당 전문학원의 교육생을 대상으로 제83조 제1항 제4호 및 같은 조 제2항에 따른 운전기능 또는 도로에서 운전하는 능력이 있는지에 관한 검정(이하 "기능검정"이라 한다)을 하게 할 수 있다.

② 전문학원의 학감은 기능검정원으로 하여금 다음 각 호의 어느 하나에 해당하는 사람을 대상으로 행정자치부령으로 정하는 바에 따라 기능검정을 하게 하여야 한다.

1. 학과교육과 제83조 제1항 제4호에 따른 자동차 등의 운전에 관하여 필요한 기능을 익히기 위한 기능교육(이하 "장내기능교육"이라 한다)을 수료한 사람
2. 제83조 제2항에 따른 도로에서 운전하는 능력을 익히기 위한 기능교육(이하 "도로주행교육"이라 한다)을 수료한 사람

제152조(벌칙) 다음 각 호의 어느 하나에 해당하는 사람은 1년 이하의 징역이나 300만원 이하의 벌금에 처한다.

3. 거짓이나 그 밖의 부정한 수단으로 운전면허를 받거나 운전면허증 또는 운전면허증을 갈음하는 증명서를 발급받은 사람

30. 충청남도 등과 행정자치부장관 등 간의 권한쟁의

[2020. 7. 16. 2015헌라3]

【판시사항】

매립 전 공유수면에 대한 관할권을 가졌던 청구인들이 새로이 형성된 공유수면 매립지와 관련하여 청구한 권한쟁의심판에서 청구인들의 자치권한이 침해되거나 침해될 현저한 위험이 인정되는지 여부(소극)

【결정요지】

2009년 개정 지방자치법에서는 제4조 제3항을 신설하여 공유수면 매립지가 속할 지방자치단체를 행정안전부장관이 결정하도록 하고, 이러한 결정을 위한 신청을 의무로 규정하며, 개정 지방자치법 시행 전에 이미 준공검사를 받은 매립지라 하더라도 법 시행 후에 지적공부에 등록하려면 그 전에 행정안전부장관에의 신청 및 결정 절차를 반드시 거치도록 하였다.

한편, 공유수면의 매립은 막대한 사업비와 장기간의 시간 등이 투입될 뿐 아니라 해당 해안지역의 갯벌 등 가치 있는 자연자원의 상실 내지 환경의 파괴를 동반하는 등 국가 전체적으로 중대한 영향을 미치는 사업이고, 일반적으로 공유수면은 인근 어민의 어업활동에 이용되는 반면, 매립지는 주체와 목적이 명확하게 정해져 있어 매립지의 이용은 그 구체적인 내용에 있어서도 상당히 다르다. 따라서 공유수면의 경계를 그대로 매립지의 '종전' 경계로 인정하기는 어렵다.

이와 같이 개정 지방자치법의 취지와 공유수면과 매립지의 성질상 차이 등을 종합하여 볼 때, 신생 매립지는 개정 지방자치법 제4조 제3항에 따라 같은 조 제1항이 처음부터 배제되어 종전의 관할구역과의 연관성이 단절되고, 행정안전부장관의 결정이 확정됨으로써 비로소 관할 지방자치단체가 정해지며, 그 전까지 해당 매립지는 어느 지방자치단체에도 속하지 않는다 할 것이다. 그렇다면 이 사건 매립지의 매립 전 공유수면에 대한 관할권을 가졌을 뿐인 청구인들이, 그 후 새로이 형성된 이 사건 매립지에 대해서까지 어떠한 권한을 보유하고 있다고 볼 수 없으므로, 이 사건에서 청구인들의 자치권한이 침해되거나 침해될 현저한 위험이 있다고 보기는 어렵다.

재판관 이종석의 별개의견

공유수면 매립지의 관할과 관련하여 권한쟁의심판이 청구된 경우, 매립지가 어느 편의 관할구역에 속하는지 여부는 본안판단에서 확정될 문제이므로, 적법요건 단계에서는 그 매립지에 대한 자치권한이 어느 일방에 부여될 가능성이 존재하기만 하면 자치권한이 침해되거나 침해될 현저한 위험이 있다고 볼 수 있다. 이 사건 청구인들은 매립 이전 공유수면을 관할하던 지방자치단체로서, 새로운 관할 획정으로 인하여 기존의 공유수면에 대한 자치권한을 상실하면서도 새 매립지에 대한 자치권한을 얻지 못하게 될 가능성이 있으므로, 행정안전부장관의 결정 등으로 청구인들의 자치권한이 침해되거나 침해될 현저한 위험이 있다.

한편, 지방자치법 제4조 제8항이 행정안전부장관의 결정에 대하여 대법원에 소송을 제기할 수 있도록 규정하여 매립지 경계 획정에 관한 헌법재판소의 권한쟁의심판 관할권을 배제한다 하더라도, 이는 권한쟁의심판에 대한 헌법재판소의 원칙적 관할권을 부정하는 것이 아니어서 헌법에 위반된다고 볼 수 없다.

그렇다면 이 사건 매립지가 청구인들에게 속

하는지 여부, 피청구인 행정안전부장관의 결정, 피청구인 평택시의 장래처분에 대한 심판청구는, 헌법재판소가 관장하는 권한쟁의심판에 속하지 않으므로 부적법하다.

재판관 이선애, 재판관 이영진의 반대의견

공유수면이나 공유수면 매립지에는 지방자치단체의 관할구역 경계가 존재하며, 그 경계가 불분명하여 분쟁이 발생한 때에는 지방자치법 제4조 제1항의 실체법적 기준에 의한 확인이 요청된다. 지방자치법 제4조 제3항은 관할권 확인처분의 형식을 정한 것일 뿐, 지방자치법 제4조 제1항이 규정하는 '종전'에 따른 경계가 존재하는 공유수면과 바로 그 매립지를 완전히 단절시켜 관할권 진공상태에서 행정안전부장관이 관할권을 창설하도록 한 것이 아니다. 지방자치법 제4조 제3항 소정의 행정안전부장관의 결정은 공유수면 관할 경계상 매립지에 대하여 관할구역 경계의 존재 및 그 구체적인 형태에 대한 확인을 통해 매립지의 전부 또는 일부가 연접하여 위치한 지방자치단체들 중 어느 지방자치단체에는 속하고, 어느 지방자치단체에는 속하지 않는지를 확인하는 처분에 불과하다. 공유수면에 대하여 자치권을 행사해 온 지방자치단체는 행정안전부장관의 결정과 관련하여 공유수면 매립지의 전부 또는 일부에 대하여 자치권을 보유한 지방자치단체로 확인받기를 기대하는 중대한 이해를 가진 당사자에 해당한다.

이 사건에서 공유수면 매립지의 전부 또는 일부가 청구인들 또는 피청구인 평택시 중 어느 편의 관할구역에 속하는지는 본안판단 단계에서 확정되어야 할 것이고, 이 사건 심판청구의 적법요건 충족 여부를 판단하는 단계에서는 이 사건 매립지에 대한 자치권한이 어느 일방에 부여될 수 있는 가능성이 존재하면 족하다. 청구인들이 기존의 공유수면에 연접한 지방자치단체들로서 매립 전 공유수면에 관하여 자치권한을 가지고 있었던 이상 청구인들이 이 사건 매립지의 전부 또는 일부에 대한 헌법상 및 법률상 자치권한을 가질 수 있는 가능성은 충분히 인정된다고 할 것이므로 매립 전 공유수면에 관하여 관할권을 가진 청구인들의 이 사건 매립지에 대한 관할권한 확인 청구, 이 사건 미등록 매립지에 대한 관할권한 확인 청구 및 피청구인 행정안전부장관의 이 사건 결정을 다투는 심판청구는 모두 권한침해의 가능성이 인정되는 경우로서 적법하다.

피청구인 평택시의 장래처분에 관한 청구는 장래처분이 확실하게 예정된 경우로서 적법하고, 피청구인 국토교통부장관에 대한 청구는 등록권한이 국가의 권한인 것에 대하여 다투는 것이 아니라, 이 사건 매립지에 대한 등록권한 행사의 선결문제로서 청구인들에게 자치권한이 있음을 주장하면서, 토지대장 변경등록이 자치권한을 침해한다고 주장하는 것이어서 적법하다.

나아가 지방자치법 제4조 제8항의 소송과 이 사건 권한쟁의심판은 소송물이 다를 뿐 아니라 결정의 기속력에 있어서도 차이가 있으므로 지방자치법 제4조 제8항에 의하여 헌법재판소의 권한쟁의심판 관할권이 배제된다고 볼 수 없다. 따라서 헌법재판소는 본안판단으로 나아가 이 사건 매립지에 대한 청구인들의 자치권한의 유무 및 범위에 관하여 판단하여야 한다.

재판관 이은애, 재판관 김기영의 법정의견에 대한 보충의견

2009. 4. 1. 개정된 지방자치법은 구 지방자치법 제4조 제1항과 같은 취지의 조항을 그대로 둔 채, 제4조 제3항을 개정하여 공유수면 매립지가 속할 지방자치단체를 위 '제1항에도 불구하고' 행정안전부장관이 결정하도록 하였다. 관련규정을 종합하여 보면, 제4조 제3항은 제

1항 전부를 배제하고 향후 공유수면 매립지가 속할 지방자치단체는 행정안전부장관의 결정에 의해서만 비로소 정해진다는 의미로 해석된다. 따라서 행정안전부장관의 결정이 확정되기 전까지 공유수면의 신생 매립지는 어느 지방자치단체에도 속하지 않게 된다.

한편, 법정의견에서 설시한 것처럼, 공유수면과 공유수면 매립지는 성질상 차이가 있어서 공유수면의 해상경계선을 그대로 신생 매립지의 관할경계선으로 삼아 그 매립지가 속할 지방자치단체를 결정하기는 어렵다. 헌법재판소가 2019. 4. 11. 2015헌라2 결정에서 구 지방자치법 제4조 제1항에 따라 공유수면 관할경계선을 매립지의 관할경계선으로 인정하던 기존법리를 변경한 것도 양자 사이의 성질상 차이 등을 고려한 것이다.

헌법재판소가 종래 공유수면 매립지를 둘러싼 권한쟁의사건에서 '지방자치단체의 관할구역에 경계가 없는 부분이 있다는 것을 상정할 수 없다', '매립지에 대한 자치권한이 어느 일방에 부여될 수 있는 가능성이 존재하기만 하면 적법요건은 충족된다'고 한 법리는 행정안전부장관의 결정이 효력을 갖기 전에는 어느 지방자치단체도 신생 매립지의 관할권을 가질 수 없도록 지방자치법이 개정됨으로써 더 이상 적용될 수 없게 되었다.

결국 이 사건의 경우, 매립 전 공유수면에 대한 관할권을 가졌던 청구인들이 새로 형성된 매립지에 대해서까지 어떠한 권한을 보유하고 있다고 볼 수 없으므로, 청구인들의 자치권한이 침해되거나 침해될 현저한 위험이 있다고 보기는 어렵다.

【참조조문】

헌법 제117조 제1항, 제118조 제2항

헌법재판소법(2011. 4. 5. 법률 제10546호로 개정된 것) 제61조

지방자치법(2009. 4. 1. 법률 제9577호로 개정된 것) 제4조 제1항

구 지방자치법(2009. 4. 1. 법률 제9577호로 개정되고, 2010. 4. 15. 법률 제10272호로 개정되기 전의 것) 제4조 제3항 제1호, 제4항

구 지방자치법(2009. 4. 1. 법률 제9577호로 개정되고, 2013. 3. 23. 법률 제11690호로 개정되기 전의 것) 제4조 제6항, 제8항, 제9항

지방자치법(2017. 7. 26. 법률 제14839호로 개정된 것) 제4조 제3항 제1호, 제4항, 제6항, 제8항, 제9항

【참조판례】

헌재 2019. 4. 11. 2016헌라3, 판례집 31-1, 306, 310-311

헌재 2006. 8. 31. 2004헌라2, 판례집 18-2, 356, 366

헌재 2015. 7. 30. 2010헌라2, 판례집 27-2상, 54, 66-70

헌재 2019. 4. 11. 2015헌라2, 판례집 31-1, 277, 285-287

【당 사 자】

청 구 인 1. 충청남도
대표자 도지사 양승조
대리인 법무법인(유한) 원
담당변호사 강금실 외 2인
2. 당진시
대표자 시장 김홍장
대리인 법무법인(유한) 주원
담당변호사 유철환 외 3인
3. 아산시
대표자 시장 오세현
대리인 법무법인(유한) 원
담당변호사 강금실 외 2인
청구인들의 대리인 법무법인(유한) 태평양
담당변호사 한위수 외 5인
피청구인 1. 행정안전부장관
대리인 정부법무공단
담당변호사 조민현 외 5인
2. 평택시
대표자 시장 정장선

대리인 법무법인(유한) 광장
담당변호사 유원규 외 9인
법무법인 케이씨엘
담당변호사 유지담 외 3인
3. 국토교통부장관

【주 문】

이 사건 심판청구를 모두 각하한다.

【이 유】

1. 사건개요

가. 평택지방해양항만청은 2003. 12. 12.부터 2009. 10. 1.까지 평택시 포승읍 신영리 일원 앞 공유수면에 평택·당진항 외항 및 내항 매립지 축조사업을 시행하여, 총면적 902,350.5㎡의 매립지가 조성되었다. 위 매립 준공 후 청구인 당진시는 신규 매립지 일부를 자신의 관할 구역으로 지적등록하였다.

나. 2009. 4. 1. 법률 제9577호로 개정된 지방자치법(이하 '개정 지방자치법'이라 한다)에서는, 공유수면매립법(2010. 4. 15. 법률 제10272호로 '공유수면 관리 및 매립에 관한 법률'로 명칭이 변경되었다)에 따른 매립지나 지적법(2011. 7. 14. 법률 제10827호로 '측량·수로조사 및 지적에 관한 법률'로, 2014. 6. 3. 법률 제12738호로 '공간정보의 구축 및 관리 등에 관한 법률'로 명칭이 변경되었다) 제2조 제1호의 지적공부에 등록이 누락되어 있는 토지의 관할이 문제된 경우, 행정안전부장관('행정안전부장관'에서 '안전행정부장관', 이어 '행정자치부장관', 다시 '행정안전부장관'으로 명칭이 바뀌었다. 이하, '행정안전부장관'으로 통일하여 사용한다)이 면허관청이나 관련 지방자치단체의 장 등의 신청에 의하여 지방자치단체중앙분쟁조정위원회의 심의·의결에 따라 관할 지방자치단체를 결정하도록 하였다(제4조 제3항, 제4항, 제6항). 이에 평택시장은 2010. 8. 24. 행정안전부장관에게 '청구인 당진시가 등록한 평택·당진항 매립지의 일부와 미등록 매립지가 속할 지방자치단체를 평택시로 결정해 달라'는 취지의 신청을 하였다.

다. 지방자치단체중앙분쟁조정위원회는 2015. 4. 13. 지리적 연접관계, 주민 편의성, 국토의 효율적 이용, 행정 효율성 및 경계구분의 명확성과 용이성 등을 종합적으로 고려할 때 평택·당진항 매립지의 서부두의 제방선 위쪽은 당진시로, 아래쪽은 평택시로 나누어 귀속시키는 것이 타당하다면서, (1) 2009. 4. 1. 지방자치법 개정 이후에 청구인 당진시가 자신의 관할로 등록한 별지 도면 표시 ⑤, ⑥, ⑦, ⑧ 중 각 일부분, 즉 당진시 신평면 매산리 976-11 잡종지 52,140㎡와 976-12 제방 2,289.2㎡, 976-13 도로 68,454.4㎡, 976-14 제방 31,949.7㎡, 976-16 잡종지 161,459㎡, 976-18 잡종지 316,711㎡(이하 '이 사건 등록 매립지'라 한다) 및 (2) 미등록토지로서 해상경계선에 따를 경우 관할 지방자치단체가 청구인 아산시인 별지 도면 표시 ⑨ 부분의 도로 및 제방 14,783.9㎡(이하 '이 사건 미등록 매립지'라 하고, 이 사건 등록 매립지와 합하여 '이 사건 매립지'라 한다)에 대하여 피청구인 평택시의 관할 구역으로 의결하였고, 피청구인 행정안전부장관은 2015. 5. 4. 위 의결과 같은 내용의 '매립지 등이 속할 지방자치단체 결정'을 경기도지사와 충청남도지사, 당진시장, 평택시장, 아산시장, 평택지방해양수산청장에게 통보하였다.

라. 피청구인 국토교통부장관은 위 결정에 따라 2015. 5. 8. 이 사건 매립지에 대하여 '평택시 포승읍 신영리'의 지번을 부여하여 토지대장 변경등록을 하였다.

마. 이에 청구인들은 2015. 6. 30. 이 사건 등록 매립지에 대한 관할권한이 청구인 충청남도 및 청구인 당진시에, 이 사건 미등록 매립지에 대한 관할권한이 청구인 충청남도 및 청구인 아산시에 있다는 확인을 구하고, 피청구인 행정안전부장관의 2015. 5. 4.자 '매립지 등이 속할 지방자치단체 결정'의 취소와, 피청구인 국토교통부장관의 2015. 5. 8.자 토지대장 변경등록의 취소를 구하는 이 사건 권한쟁의심판을 청구하였다.

바. 한편, 청구인들의 단체장인 충청남도지사, 당진시장, 아산시장은 이 사건 심판청구와는 별개로 2015. 5. 18. 피청구인 행정안전부장관의 2015. 5. 4.자 결정의 취소를 구하는 소송을 제기하여(대법원 2015추528), 현재 계속 중이다.

2. 심판대상

이 사건의 심판대상은, ① 이 사건 등록 매립지에 관한 자치권한이 청구인 충청남도와 청구인 당진시에 속하고, 이 사건 미등록 매립지에 관한 자치권한이 청구인 충청남도와 청구인 아산시에 속하는지 여부, ② 피청구인 행정안전부장관의 2015. 5. 4.자 '매립지 등이 속할 지방자치단체 결정(이하 '이 사건 결정'이라 한다)' 이 청구인들의 자치권한을 침해한 것으로서 무효인지 여부, ③ 피청구인 평택시가 이 사건 매립지에서 행사할 장래처분(이하 '이 사건 장래처분'이라 한다)이 청구인들의 자치권한을 침해하거나 침해할 위험성이 있는지 여부, ④ 피청구인 국토교통부장관의 이 사건 매립지에 대한 2015. 5. 8.자 토지대장 변경등록(이하 '이 사건 변경등록'이라 한다)이 청구인들의 자치권한을 침해한 것으로서 무효인지 여부이다. 관련조항의 내용은 다음과 같다.

[관련조항]

지방자치법(2009. 4. 1. 법률 제9577호로 개정된 것)

제4조(지방자치단체의 명칭과 구역) ① 지방자치단체의 명칭과 구역은 종전과 같이 하고, 명칭과 구역을 바꾸거나 지방자치단체를 폐지하거나 설치하거나 나누거나 합칠 때에는 법률로 정한다. 다만, 지방자치단체의 관할 구역 경계변경과 한자 명칭의 변경은 대통령령으로 정한다.

구 지방자치법(2009. 4. 1. 법률 제9577호로 개정되고, 2010. 4. 15. 법률 제10272호로 개정되기 전의 것)

제4조(지방자치단체의 명칭과 구역) ③ 제1항에도 불구하고 다음 각 호의 지역이 속할 지방자치단체는 제4항부터 제7항까지의 규정에 따라 행정안전부장관이 결정한다.

1. 「공유수면매립법」에 따른 매립지

④ 제3항 제1호의 경우에는 「공유수면매립법」 제9조에 따른 면허관청 또는 관련 지방자치단체의 장이 같은 법 제25조에 따른 준공검사 전에, 제3항 제2호의 경우에는 「지적법」 제2조 제2호에 따른 소관청(이하 "지적소관청"이라 한다)이 지적공부에 등록하기 전에 각각 행정안전부장관에게 해당 지역이 속할 지방자치단체의 결정을 신청하여야 한다. 이 경우 제3항 제1호에 따른 매립지의 매립면허를 받은 자는 면허관청에 해당 매립지가 속할 지방자치단체의 결정 신청을 요구할 수 있다.

구 지방자치법(2009. 4. 1. 법률 제9577호로 개정되고, 2013. 3. 23. 법률 제11690호로 개정되기 전의 것)

제4조(지방자치단체의 명칭과 구역) ⑥ 행정안전부장관은 제5항에 따른 기간이 끝난 후 제149조에 따른 지방자치단체중앙분쟁조정위원회(이하 이 조에서 "위원회"라 한다)의 심의·의결에 따라 제3항 각 호의 지역이 속할 지방자치단체를 결정하고, 그 결과를 면허관청이나 지적소관청, 관계 지방자치단체의 장 등에게 통보하고 공고하여야 한다.

⑧ 관계 지방자치단체의 장은 제3항부터 제7항까지의 규정에 따른 행정안전부장관의 결정에 이의가 있으면 그 결과를 통보받은 날부터 15일 이내에 대법원에 소송을 제기할 수 있다.

⑨ 행정안전부장관은 제8항에 따라 대법원의 인용결정이 있으면 그 취지에 따라 다시 결정하여야 한다.

지방자치법(2017. 7. 26. 법률 제14839호로 개정된 것)

제4조(지방자치단체의 명칭과 구역) ③ 제1항에도 불구하고 다음 각 호의 지역이 속할 지방자치단체는 제4항부터 제7항까지의 규정에 따라 행정안전부장관이 결정한다.

1. 「공유수면 관리 및 매립에 관한 법률」에 따른 매립지

④ 제3항 제1호의 경우에는 「공유수면 관리 및 매립에 관한 법률」 제28조에 따른 면허관청 또는 관련 지방자치단체의 장이 같은 법 제45조에 따른 준공검사 전에, 제3항 제2호의 경우에는 「공간정보의 구축 및 관리 등에 관한 법률」 제2조 제18호에 따른 소관청(이하 "지적소관청"이라 한다)이 지적공부에 등록하기 전에 각각 행정안전부장관에게 해당 지역이 속할 지방자치단체의 결정을 신청하여야 한다. 이 경우 제3항 제1호에 따른 매립지의 매립면허를 받은 자는 면허관청에 해당 매립지가 속할 지방자치단체의 결정 신청을 요구할 수 있다.

⑥ 행정안전부장관은 제5항에 따른 기간이 끝난 후 제149조에 따른 지방자치단체중앙분쟁조정위원회(이하 이 조에서 "위원회"라 한다)의 심의·의결에 따라 제3항 각 호의 지역이 속할 지방자치단체를 결정하고, 그 결과를 면허관청이나 지적소관청, 관계 지방자치단체의 장 등에게 통보하고 공고하여야 한다.

⑧ 관계 지방자치단체의 장은 제3항부터 제7항까지의 규정에 따른 행정안전부장관의 결정에 이의가 있으면 그 결과를 통보받은 날부터 15일 이내에 대법원에 소송을 제기할 수 있다.

⑨ 행정안전부장관은 제8항에 따라 대법원의 인용결정이 있으면 그 취지에 따라 다시 결정하여야 한다.

3. 청구인들의 주장 및 피청구인들의 답변

가. 청구인들의 주장

(1) 지방자치법 제4조 제8항에서는 행정안전부장관의 공유수면 매립지가 속할 지방자치단체의 결정에 이의가 있으면 대법원에 소송을 제기할 수 있다고 규정하고 있으나, 이 사건 결정이 청구인들의 자치권한이라는 헌법상 및 법률상의 권한을 침해하는 이상 대법원에 제기하는 소송과는 별도로 헌법재판소에 권한쟁의심판도 청구할 수 있다.

(2) 이 사건 매립지는 기존의 해상경계선이라는 불문법상의 경계에 따를 경우 청구인들의 관할이다. 설령 형평의 원칙에 따르더라도 효율적인 신규토지의 이용, 행정의 효율성, 거주 주민의 주거생활 및 생업의 편리성 등을 고려할 때 이 사건 매립지는 청구인들의 관할로 봄이 상당하다. 따라서 이 사건 결정 및 이에 터잡은 이 사건 변경등록은 모두 청구인들의 자치권한을 침해한다. 또한, 피청구인 평택시도 앞으로 이 사건 매립지에 대한 자치권한을 언제든지 행시할 수 있으므로 피청구인 평택시의 이 사건 장래처분도 청구인들의 자치권한을 침해할 것이 확실하다.

나. 피청구인 행정안전부장관, 피청구인 평택시의 답변

(1) 2009. 4. 1. 법률 제9577호로 개정된 지방자치법은 지방자치단체중앙분쟁조정위원회의 의결을 거쳐 행정안전부장관이 공유수면 매립지 등의 관할구역 귀속을 결정하는 절차를 마련한 이상, 새로운 경계를 창설·확정하거나 기존의 경계를 변경하는 내용의 권한쟁의 심판청구는 허용될 수 없다. 또한 청구인들은 신생토지인 이 사건 매립지에 대한 자치권한을 갖고 있지 아니하고, 이 사건 결정으로 정당한 자치권한을 갖는 피청구인 평택시가 장래 자치권을 행사하더라도 그로 인하여 청구인들의 권한이 침해되거나 현저한 침해위험의 가능성이 없다. 따라서 이 사건 심판청구는 모두 부적법하다.

(2) 이 사건 매립지는 항만의 조성을 위한 것으로 항만이 평택시와 인접한 반면, 바다 건너편에 당진시와 아산시가 있다. 비록 매립된 공유수면 중 일부가 당진시와 아산시에 속한다고 하더라도, 매립지의 효율적인 이용, 행정의 효율성 및 주민의 편의성 등을 고려할 때, 피청구인 평택시에 이 사건 매립지를 귀속시킨 이 사건 결정은 타당하고, 재량의 일탈남용이나 절차적인 하자도 존재하지 않는다. 따라서 이 사건 결정이 청구인들의 자치권한을 침해하지 아니한 이상, 이 사건 결정에 터잡은 이 사건 변경등록이나 피청구인 평택시의 이 사건 장래처분 등도 모두 청구인들의 자치권한을 침해한다고 볼 수 없다.

4. 판 단

가. 권한쟁의심판청구의 적법요건

헌법재판소법 제61조 제1항은 "국가기관 상호간, 국가기관과 지방자치단체 간 및 지방자치단체 상호간에 권한의 유무 또는 범위에 관하여 다툼이 있을 때에는 해당 국가기관 또는 지방자치단체는 헌법재판소에 권한쟁의심판을 청구할 수 있다."고 규정하고 있고, 제2항은 "제1항의 심판청구는 피청구인의 처분 또는 부작위(不作爲)가 헌법 또는 법률에 의하여 부여받은 청구인의 권한을 침해하였거나 침해할 현저한 위험이 있는 경우에만 할 수 있다."고 규정하고 있다. 따라서 이 사건 심판청구가 적법하려면 실제로 청구인들에게 권한침해가 발생하였거나 적어도 권한 침해의 현저한 위험이 인정되어야 한다(헌재 2019. 4. 11. 2016헌라3 참조).

나. 청구인들의 자치권한을 침해하거나 침해할 현저한 위험의 인정 여부

(1) 헌법 제117조 제1항은 "지방자치단체는 주민의 복리에 관한 사무를 처리하고 재산을 관리하며, 법령의 범위 안에서 자치에 관한 규정을 제정할 수 있다"고 규정하여 지방자치제도의 보장과 지방자치단체의 자치권을 규정하고 있다. 지방자치단체의 관할구역은 인적 요건으로서의 주민 및 자치를 위한 권능으로서 자치권한과 더불어 지방자치의 3요소를 이루는 것으로, '지방자치단체가 자치권한을 행사할 수 있는 장소적 범위'를 뜻한다(헌재 2006. 8. 31. 2004헌라2). 헌법 제118조 제2항은 '지방자치단체의 조직과 운영에 관한 사항'을 법률로 정하도록 하고 있는바, 이에는 지방자치단체의 관할구역이 포함된다.

(2) 구 지방자치법(2009. 4. 1. 법률 제9577호로 개정되기 전의 것) 제4조 제1항에서는 "지방자치단체의 명칭과 구역은 종전과 같이 하고, 명칭과 구역을 바꾸거나 지방자치단체를 폐지하거나 설치하거나 나누거나 합칠 때에는 법률로 정하되, 시·군 및 자치구의 관할 구역 경계변경은 대통령령으로 정한다."고 규정하였고, 이에 공유수면 매립지의 경계 확정이 문제된 경우 종래

에는 헌법재판소가 위 '종전'이 무엇인지 살펴본 후 공유수면 해상경계선을 기준으로 매립지가 속할 지방자치단체를 결정하여 왔다.

그런데 개정 지방자치법에서는 제4조 제1항을 "지방자치단체의 명칭과 구역은 종전과 같이 하고, 명칭과 구역을 바꾸거나 지방자치단체를 폐지하거나 설치하거나 나누거나 합칠 때에는 법률로 정한다. 다만, 지방자치단체의 관할 구역 경계변경과 한자 명칭의 변경은 대통령령으로 정한다."고 개정하고, 같은 조 제3항도 개정하여 공유수면 매립지가 속할 지방자치단체는 위 제1항에도 불구하고 행정안전부장관이 결정하는 것으로 정하였다(제1호).

나아가 개정 지방자치법 제4조 제4항에서는 '같은 조 제3항 제1호의 경우 매립면허관청 또는 관련 지방자치단체의 장이 매립공사의 준공검사 전에 행정안전부장관에게 해당 지역이 속할 지방자치단체의 결정을 신청하여야 한다.'고 규정하여 신청 자체를 의무로 규정하였고, 부칙 제2조 제1항에서는 "제4조 제4항의 개정규정은 이 법 시행 전에 「공유수면매립법」 제25조에 따른 준공검사를 받은 매립지에 대하여 시장·군수·구청장이 이 법 시행 후에 지적공부에 등록하는 경우에도 적용한다."고 규정함으로써, 개정 지방자치법 시행 전에 이미 준공검사를 받은 매립지라 하더라도 법 시행 후에 지적공부에 등록하려면 그 전에 행정안전부장관에의 신청 및 결정 절차를 반드시 거치도록 하였다.

그렇다면 개정 지방자치법 제4조 제3항은, 매립지의 관할에 대하여는 앞으로 같은 조 제1항이 처음부터 배제되고, 행정안전부장관의 결정에 의하여 비로소 관할 지방자치단체가 정해지며, 그 전까지 해당 매립지는 어느 지방자치단체에도 속하지 않는다는 의미로 해석함이 타당하다.

(3) 한편, 공유수면의 관할 귀속과 매립지의 관할 귀속은 그 성질상 달리 보아야 한다. 매립공사를 거쳐 종전에 존재하지 않았던 토지가 새로이 생겨난 경우 동일성을 유지하면서 단순히 바다에서 토지로 그 형상이 변경된 것에 불과하다고 보기는 어렵다. 일반적으로 공유수면 상의 해상경계선은, 연안 해역을 중심으로 오랜 기간에 걸쳐 형성되고 인근 어민들의 생활터전이 되어 온 연안 어장 등을 중심으로 바다에 인접한 지방자치단체 간의 공평하고 합리적인 어업활동을 규율하기 위한 목적으로 이용되었던 것인데, 공유수면 상의 어장 부분뿐 아니라 그에 접한 다른 공유수면까지 함께 매립된 경우 위 해상경계선은 목적상 및 기능상의 한계로 인하여 매립지에 대한 행정관할구역을 획정하는 기준으로는 적합하지 않게 된다. 바다를 매립하여 육지를 조성하는 경우 매립의 주체와 목적이 명확하게 정해져 있고 매립을 위하여 막대한 비용과 노력이 투입되는 것이 불가피한데, 종전 공유수면에 대한 해상경계선만을 기준으로 매립지에 대한 관할 지방자치단체를 정하여 매립지를 조성한 주체와 목적, 비용부담관계, 매립지의 이용 상황, 인접지와의 연결관계, 행정관할의 효율성 등의 사정이 고려될 여지를 막아버리는 것은, 매립 목적을 달성하기 어렵게 하거나 동일한 토지이용계획 구역을 2개 이상의 지방자치단체 관할구역으로 분리하여 토지이용의 비효율을 초래할 수 있다(헌재 2019. 4. 11. 2015헌라2 참조).

또한, 공유수면이 매립됨으로써 상실되는 어업권 등은 보상 등을 통해 보전되었으므로, 공유수면의 관할권을 가지고 있던 지방자치단체이든 그 외의 경쟁 지방자치단체이든 새로 생긴 매립지에 대하여는 중립적이고 동등한 지위에 있다 할 것이다.

공유수면의 매립은 막대한 사업비와 장기간의 시간 등이 투입될 뿐 아니라 해당 해안지역의 갯벌 등 가치 있는 자연자원의 상실 내지 환경의 파괴를 동반하는 등 국가 전체적으로 중대한 영향을 미치는 사업이고(헌재 2019. 4. 11. 2015헌라2), 공유수면의 이용과 매립지의 이용은 그 구체적인 내용에 있어서도 상당히 다르므로, 공유수면의 경계를 그대로 매립지의 '종전' 경계로 인정하기는 어렵다.

헌법재판소 역시 2015. 7. 30. 2010헌라2 결정을 통하여 국가기본도상의 해상경계선을 공유수면의 불문법상 해상경계선으로 인정해 온 헌법재판소의 기존법리(헌재 2004. 9. 23. 2000헌라2 결정 등)를 변경하고, 2019. 4. 11. 2015헌라2 결정을 통하여는 공유수면의 해상경계선을 매립지의 관할경계선으로 인정해 온 헌법재판소의 기존법리(헌재 2011. 9. 29. 2009헌라3 결정 등)를 변경하여, 기존의 해상경계선에 따른 공유수면의 경계기준을 매립지에까지 그대로 적용할 수는 없고, 여러 가지 요소를 종합하여 형평의 원칙에 따라 합리적이고 공평하게 매립지의 경계를 획정하여야 한다고 보았다.

(4) 이와 같이 개정 지방자치법의 취지와 공유수면과

매립지의 성질상 차이 등을 종합하여 볼 때, 신생 매립지는 개정 지방자치법 제4조 제3항에 따라 같은 조 제1항이 처음부터 배제되어 종전의 관할구역과의 연관성이 단절되고, 행정안전부장관의 결정이 확정됨으로써 비로소 관할 지방자치단체가 정해지며, 그 전까지 해당 매립지는 어느 지방자치단체에도 속하지 않는다 할 것이다.

그렇다면 이 사건 매립지의 매립 전 공유수면에 대한 관할권을 가졌을 뿐인 청구인들이, 그 후 새로이 형성된 이 사건 매립지에 대해서까지 어떠한 권한을 보유하고 있다고 볼 수 없으므로, 이 사건에서 청구인들의 자치권한이 침해되거나 침해될 현저한 위험이 있다고 보기는 어렵다.

5. 결 론

그렇다면 이 사건 심판청구는 모두 부적법하므로 이를 각하하기로 하여 주문과 같이 결정한다. 이 결정은 아래 6.과 같은 재판관 이종석의 별개의견, 아래 7.과 같은 재판관 이선애, 재판관 이영진의 반대의견 및 아래 8.과 같은 재판관 이은애, 재판관 김기영의 법정의견에 대한 보충의견이 있는 외에는 나머지 재판관들의 의견일치에 따른 것이다.

6. 재판관 이종석의 별개의견

나는 이 사건 심판청구가 부적법한 이유를 법정의견과 달리 보므로, 다음과 같이 별개의견을 밝힌다.

가. 심판대상 ①, ②, ③에 관한 심판청구의 적법 여부

(1) 심판대상 ①, ②, ③이 청구인들의 자치권한을 침해하거나 침해할 현저한 위험이 인정되는지 여부

(가) 권한쟁의심판청구에서 '권한 침해'의 요건

헌법재판소법 제61조 제2항에 따라 권한쟁의심판을 청구하려면, 피청구인의 처분 또는 부작위로 인해 청구인의 권한이 침해되었거나 현저한 침해의 위험이 존재하여야 한다. 여기서 '권한의 침해'란 피청구인의 처분 또는 부작위로 인한 청구인의 권한침해가 과거에 발생하였거나 현재까지 지속되는 경우를 의미하며, '현저한 침해의 위험'이란 아직 침해라고는 할 수 없으나 침해될 개연성이 상당히 높은 상황을 의미한다. 권한쟁의심판청구의 적법요건 단계에서 요구되는 권한침해의 요건은, 청구인의 권한이 구체적으로 관련되어 이에 대한 침해가능성이 존재할 경우 충족된다(헌재 2006. 5. 25. 2005헌라4 참조). 따라서 공유수면 매립지의 관할과 관련하여 권한쟁의심판이 청구된 경우, 그 공유수면 매립지가 어느 편의 관할구역에 속하는지 여부는 본안판단 단계에서 확정될 것이므로 적법요건 단계에서는 그 공유수면 매립지에 대한 자치권한이 어느 일방에 부여될 수 있는 가능성이 존재하기만 하면 자치권한이 침해되거나 침해될 현저한 위험을 인정할 수 있다(헌재 2010. 6. 24. 2005헌라9등 참조).

(나) 검토

헌법 제117조 제1항에서 보장하고 있는 지방자치단체의 지방자치권에는 자신의 구역 내에서 자치권을 행사할 수 있는 권한이 포함된다. 지방자치단체의 구역은 주민·자치권과 함께 지방자치단체의 구성요소이며, 자치권을 행사할 수 있는 장소적 범위를 말한다. 지방자치단체의 자치권한이 미치는 관할구역에는 공유수면, 공유수면 매립지 등 바다, 육지가 모두 포함된다(헌재 2015. 7. 30. 2010헌라2; 헌재 2019. 4. 11. 2015헌라2 참조). 지방자치단체의 자치권한이 공유수면에도 미치지만, 공유수면에 매립지가 형성되면 기존 공유수면의 관할경계가 그대로 공유수면 매립지의 관할경계가 되는 것은 아니다. 공유수면 매립지의 관할 경계는 공유수면의 매립 목적, 그 사업목적의 효과적 달성, 매립지와 인근 지방자치단체의 교통관계나 외부로부터의 접근성 등 지리상의 조건, 행정권한의 행사 내용, 사무 처리의 실상, 매립 전 공유수면에 대한 행정권한의 행사 연혁이나, 주민들의 사회적·경제적 편익 등을 모두 종합하여 정한다(헌재 2019. 4. 11. 2015헌라2 참조). 따라서 매립 이전에 공유수면을 관할하던 지방자치단체, 매립공사를 시행한 지방자치단체 등 매립지에 인접한 일정 범위 내의 지방자치단체로서는, 새로운 관할 획정으로 인하여 기존의 공유수면에 대한 자치권한을 상실하면서도 공유수면에 형성된 매립지에 대한 자치권한은 얻지 못하게 되거나, 기존의 공유수면에 자치권한을 갖지 못하였더라도 그 매립지에 대해서는 자치권한을 얻게 될 가능성이 있다.

이 사건에서 청구인들의 자치권한이 침해되었거나 침해될 현저한 위험이 있는지 여부에 관하여 살펴보면, 청구인들은 매립 이전에 공유수면의 일정 부분에 대하여 자치권한을 가지고 있었다는 점에서 매립 후 관할 획정에 의하여 이 사건 매립지에 대한 자치권한을 얻지 못할 경우 매립 이전과 비교하여 그 자치권한이 미치는

공간적 범위가 축소될 가능성이 있으므로 청구인들의 자치권한이 침해되거나 침해될 현저한 위험이 발생하였다고 평가할 수 있다.

그렇다면 심판대상 ①, ②, ③으로 인해 이 사건 매립지에 대한 청구인들의 자치권한이 침해되었거나 침해될 현저한 위험이 존재한다.

(2) 헌법재판소가 심판대상 ①, ②, ③에 관하여 관할권을 가지는지 여부

(가) 헌법 제111조 제1항 제4호의 의미

헌법은 제101조 제1항에서 "사법권은 법관으로 구성된 법원에 속한다."라고 하여 법원에 포괄적으로 사법권을 부여하고, 제111조 제1항에서 "헌법재판소는 다음 사항을 관장한다."라고 하여 그 조항에 명시적으로 열거된 다섯 가지 심판유형만을 헌법재판소의 관장사항으로 하고 있다. 헌법은 제111조 제1항 제4호에서 "국가기관 상호간, 국가기관과 지방자치단체간 및 지방자치단체 상호간의 권한쟁의에 관한 심판"을 헌법재판소의 관장사항으로 규정하면서도, 그 외에 권한쟁의 심판절차를 구체화하는 어떠한 조항도 두고 있지 않다. 헌법은 단지 권한쟁의의 당사자만을 규정할 뿐, 그 심판대상을 개방적인 상태로 남겨두고 있다. 이처럼 권한쟁의심판의 내용이 확정되지 않고 개방적인 형태로 규정되어 있다는 점을 고려하면, 헌법 제111조 제1항 제4호가 헌법재판소에 권한쟁의심판사건에 대해 배타적으로 관할권을 부여하였다고 보기보다는, 권한쟁의심판의 원칙적인 관할권을 부여하였다고 해석하는 것이 타당하다. 따라서 권한쟁의심판권은 원칙적으로 헌법재판소에 속하나, 입법자는 예외적으로 권한쟁의심판제도의 본질과 목적 등을 고려하여 권한쟁의심판의 일부를 다른 기관의 관할에 속하도록 규정할 수 있다. 다만, 권한쟁의심판제도를 형해화시킬 우려가 있는 부분까지 다른 기관이 관장하도록 한다면 권한쟁의심판권을 원칙적으로 헌법재판소에 부여한 헌법 제111조 제1항 제4호의 취지에 반하여 헌법이 정한 권한쟁의심판제도 자체를 무력화시킬 수 있으므로, 입법자는 권한쟁의심판의 본질과 목적, 문제되는 권한분쟁의 특성 등을 종합적으로 고려하여 헌법재판소에 원칙적인 권한쟁의심판권을 부여한 헌법의 취지를 몰각시키지 않는 범위 내에서 권한쟁의심판의 일부를 법원 등 다른 기관의 관할로 정할 수 있다.

(나) 지방자치법 제4조 제8항의 의미

지방자치법 제4조 제3항에 의하여 행정안전부장관은 공유수면 매립지가 속할 지방자치단체를 결정하는데, 지방자치법 제4조 제8항은 관계 지방자치단체의 장이 위와 같은 행정안전부장관의 결정에 이의가 있으면 그 결과를 통보받은 날부터 15일 이내에 대법원에 소송을 제기할 수 있도록 규정하고 있다.

종래 공유수면 매립지의 경계는 헌법재판소가 권한쟁의심판을 통해 획정하였으나(헌재 2011. 9. 29. 2009헌라3; 헌재 2019. 4. 11. 2015헌라2 등), 지방자치법이 2009. 4. 1. 개정되면서 공유수면 매립지의 경계는 행정안전부장관이 우선 정하고 그 불복에 대해서는 최종적으로 대법원이 판단하게 되었다.

지방자치법 제4조 제8항에 따르면 대법원의 판단 범위는 행정안전부장관의 결정이 위법한지 여부로 한정되는 데 반하여, 헌법재판소의 권한쟁의심판에서는 공유수면 매립지의 자치권한이 어떤 지방자치단체에 속하는지 또는 피청구인 지방자치단체의 매립지에 관련된 구체적인 처분이 청구인 지방자치단체의 자치권한을 침해하는지 여부를 판단하므로, 지방자치법 제4조 제8항의 소송과 헌법재판소의 권한쟁의심판은 그 소송물을 달리 한다. 그러나 두 소송 모두 공유수면 매립지의 경계를 획정하는 것을 목적으로 하고, 공유수면의 매립 목적, 사업목적의 효과적 달성, 매립지와 인근 지방자치단체의 교통관계나 외부로부터의 접근성 등 지리상의 조건, 행정권한의 행사 내용, 사무 처리의 실상, 매립 전 공유수면에 대한 행정권한의 행사 연혁이나 주민들의 사회적·경제적 편익 등을 고려하여 판단하므로(헌재 2019. 4. 11. 2015헌라2; 대법원 2013. 11. 14. 선고 2010추73 판결 참조), 실질적인 판단 내용은 동일하다고 할 수 있다. 그럼에도 불구하고 두 소송이 병존한다고 해석하면 하나의 분쟁에 대하여 양 기관이 서로 다른 판단을 함으로써 분쟁을 종식시키는 것이 아니라 혼란을 야기할 우려가 있고, 최고 헌법기관들이 동일한 사건에 관여하게 됨으로써 발생되는 사법자원의 손실도 상당히 커지게 된다.

이상에서 살핀 바와 같이 지방자치법의 개정 취지, 관할권 중첩에 따라 발생할 우려가 있는 문제점 등을 고려하면, 지방자치법 제4조 제8항은 공유수면 매립지 경계획정에 관한 종래 헌법재판소의 권한쟁의심판 관할권을 배제하고 대법원에 그 판단권한을 부여한 것이라고 해석하는 것이 타당하다.

(다) 지방자치법 제4조 제8항의 위헌 여부

지방자치법 제4조 제8항이 헌법 제111조 제1항 제4호에 의해 헌법재판소에 부여된 권한쟁의심판에 관한 원칙적 관할권을 침해하여 위헌인지 여부에 대하여 살핀다.

권한쟁의심판은 국가기관이나 지방자치단체에게 주어진 권한을 보호함과 동시에 객관적 권한질서의 유지를 통해서 국가기능의 수행을 원활히 하고, 국가기관 및 지방자치단체라는 수평적 및 수직적 권력 상호간의 견제와 균형을 유지시켜 헌법이 정한 권능질서의 규범적 효력을 보호하기 위한 제도이므로(헌재 2013. 12. 26. 2012헌라3등), 국가기관과 지방자치단체 또는 지방자치단체 간에 헌법상 지방자치권한의 범위를 확정하는 문제에 대하여는 헌법재판소의 원칙적 관할권을 부정할 수 없다. 그러나 실질적으로 권한의 유무 또는 범위를 확정해야 하는 문제가 아니라, 사실관계에 대한 다툼이나 권한쟁의심판사건 당사자들 사이에 특정 권한 행사와 관련하여 구체적인 행위가 있었는지에 관한 분쟁은 위와 같은 권한쟁의에 관한 헌법적 쟁점이 문제되는 사안이라고 보기 어려워 반드시 헌법재판소가 관장하는 권한쟁의심판에 포섭되어야 하는 것은 아니다.

공유수면 매립지에 지방자치권한이 미치는지 여부에 관한 분쟁은 자치권한의 범위를 확정하는 문제로서 헌법재판소가 관할해야 할 문제이지만, 특정 공유수면 매립지를 어느 지방자치단체에 속하게 할 것인가의 문제는 해상경계나 육상경계, 지리상의 자연적 조건, 연혁적인 상황, 쟁송 지역의 사무처리 실상, 주민의 편익 등 다양한 사실에 관한 평가와 판단이 주된 쟁점이 되므로 반드시 헌법재판소가 관여해야 할 권한쟁의 분쟁이라고 보기 어렵다. 공유수면 매립지 관할을 결정하는 데 있어 위에서 언급한 다양한 사실관계 이외에 어떤 중요한 헌법적 쟁점이 개입된다고 볼 수 없고, 헌법상 지방자치제도의 보장은 특정 지방자치단체를 보존하도록 보장하는 것이 아니라 자치행정을 일반적으로 보장한다는 것이므로(헌재 2006. 4. 27. 2005헌마1190 참조) 이로부터 어느 지방자치단체가 특정 공유수면 매립지의 관할을 가져야 하는지와 관련한 헌법적 당위성이 도출된다고 보기도 어렵다. 따라서 이러한 분쟁의 특성을 고려하여 입법자가 대법원에 공유수면 매립지 경계확정에 관한 관할권을 부여하였다 하더라도, 이로써 헌법 제111조 제1항 제4호에 반하여 헌법재판소의 권한쟁의심판에 대한 원칙적 관할권을 침해하는 것이라고 볼 수는 없다. 결국 지방자치법 제4조 제8항은 헌법에 위반되지 않는다.

(라) 소결

지방자치법 제4조 제8항의 소송은 공유수면 매립지 경계확정에 관한 헌법재판소의 권한쟁의심판 관할권을 배제하는 것이나, 이는 헌법재판소의 권한쟁의심판에 대한 원칙적 관할권을 부정하는 것이 아니어서 헌법에 위반되지 않는다. 따라서 심판대상 ①, ②, ③에 대한 심판청구는 헌법재판소가 관장하는 권한쟁의심판에 속하지 않는 심판청구로서 부적법하다.

나. 심판대상 ④에 관한 심판청구의 적법 여부

국가사무는 지방자치단체의 권한에 속하지 아니하므로 국가사무의 집행으로 인하여 지방자치단체의 권한이 침해되거나 침해될 현저한 위험이 있다고 볼 수 없다(헌재 2008. 3. 27. 2006헌라1; 2011. 9. 29. 2009헌라5 참조). 토지대장 등 지적공부에의 등록은 국토교통부장관이 해야 하는 국가사무이므로(공간정보의 구축 및 관리 등에 관한 법률 제64조 제1항) 이 사건 변경등록으로 인하여 지방자치단체인 청구인들의 자치권한이 침해되거나 침해될 현저한 위험이 있다고 보기 어렵다. 따라서 이 부분 심판청구 또한 부적법하다.

7. 재판관 이선애, 재판관 이영진의 반대의견

우리는 '이 사건에서 청구인들의 권한이 침해되거나 침해될 위험이 있다고 볼 수 없어 이 사건 심판청구 모두가 부적법하다'는 법정의견에 반대하고, 개정 지방자치법 제4조 제8항은 이 사건에 관한 헌법재판소의 권한쟁의심판권을 배제하지 않는다고 생각하므로, 이 사건 심판청구 모두가 적법하여 본안판단에 나아가야 한다는 반대의견을 남긴다.

가. 헌법상 지방자치의 제도적 보장

지방자치제도는 지방시정에 직접적인 관심과 이해관계가 있는 지방주민으로 하여금 스스로 다스리게 한다면 자연히 민주주의가 육성·발전될 수 있다는 '풀뿌리 민주주의'를 그 이념적 배경으로 한다. 이는 일정한 지역을 단위로 일정한 지역의 주민이 주민의 복리에 관한 사무·재산관리에 관한 사무·기타 법령이 정하는 사무(헌법 제117조 제1항)를 자신의 책임 하에서 자신들이 선출한 기관을 통하여 직접 처리하게 함으로써 지방자치행정의 민주성과 능률성을 제고하고 지방의 균형 있는 발전과 국가의 민주적 발전을 도모하는 제도이다(헌재 1991. 3. 11. 91헌마21 참조).

헌법 제117조는 "① 지방자치단체는 주민의 복리에 관한 사무를 처리하고 재산을 관리하며 법령의 범위 안에서 자치에 관한 규정을 제정할 수 있다. ② 지방자치단체의 종류는 법률로 정한다."고 규정하고 있고, 헌법 제118조는 "① 지방자치단체에 의회를 둔다. ② 지방의회의 조직·권한·의원선거와 지방자치단체의 장의 선임방법 기타 지방자치단체의 조직과 운영에 관한 사항은 법률로 정한다."고 규정하여 지방자치단체의 자치를 제도적으로 보장하고 있으므로, 그 핵심영역 내지 본질적 부분은 입법이나 중앙정부의 침해로부터 보호되어야 하고, 여기에는 자치단체의 보장, 자치기능의 보장, 자치사무의 보장이 포함된다(헌재 1994. 12. 29. 94헌마201; 헌재 2008. 5. 29. 2005헌라3 참조).

나. 지방자치단체의 관할구역과 그 경계확정의 실체법적 결정기준 내지 원칙

(1) 지방자치단체의 자치권 행사의 장소적 범위

헌법 제117조 제1항에서 보장하고 있는 지방자치단체의 지방자치권에는 자신의 구역 내에서 자신의 자치권을 행사할 수 있는 권한이 포함된다. 지방자치단체의 구역은 주민·자치권과 함께 지방자치단체의 구성요소로서 자치권을 행사할 수 있는 장소적 범위를 말하므로, 관할범위의 면에서 다른 지방자치단체와의 구별을 명확하게 해 준다. 지방자치단체는 자신의 관할구역 내에서 헌법 제117조 제1항과 지방자치법 제9조 및 기타 개별 법령에서 부여한 자치권한 내지 관할권한을 가진다.

(2) 개정 지방자치법 제4조의 내용

지방자치단체의 관할구역에 대해서는 개정 지방자치법(2009. 4. 1. 법률 제9577호로 개정된 것) 제4조 제1항이 "지방자치단체의 명칭과 구역은 종전과 같이 하고, 명칭과 구역을 바꾸거나 지방자치단체를 폐지하거나 설치하거나 나누거나 합칠 때에는 법률로 정한다. 다만, 지방자치단체의 관할 구역 경계변경과 한자 명칭의 변경은 대통령령으로 정한다."고 규정하고 있다. 개정 지방자치법 제4조 제3항 제1호(2009. 4. 1. 법률 제9577호로 개정된 이후 법명 변경이나 정부조직 변경으로 인한 변경을 제외하고 실질적 내용은 동일하다)는 제1항에도 불구하고 공유수면매립법에 따른 매립지가 속할 지방자치단체는 면허관청 또는 관련 지방자치단체의 장이 준공검사 전에 행정안전부장관에게 결정을 신청하면, 지방자치단체중앙분쟁조정위원회(이하 '중분위'라고 한다)의 심의·의결에 따라 행정안전부장관이 결정하도록 하고 있다.

(3) 지방자치단체의 관할구역 경계확정의 실체법적 결정기준 내지 원칙

지방자치법 제4조 제1항의 규정에서 '종전'이라 함은 지방자치단체의 관할구역 경계확정의 실체법적 기준 내지 원칙을 의미하는데, 종전의 법령 내용만을 의미하는 것이 아니고, 지적공부상의 기재 등까지를 포괄하는 의미로 해석되어야 하며, '지방자치단체의 관할구역은 종전과 같이 한다'는 것은 동법 시행 시 존재한 구역을 그대로 답습한다는 것을 의미한다(헌재 2004. 9. 23. 2000헌라2; 헌재 2006. 8. 31. 2003헌라1 참조). 지방자치법 제4조 제1항을 비롯한 관할구역에 관한 규정들은 대한민국 법률이 제정되기 이전부터 지방자치단체의 관할구역 경계에 대하여 법적 효력을 부여하고 있는 것이고, 이러한 지방자치단체의 관할구역 경계는 각 법령이 관할구역을 정하는 기준으로 삼고 있는 법률 또는 대통령령에 의하여 달리 정하여지지 않은 이상 현재까지 유지되고 있음이 원칙이다(헌재 2015. 7. 30. 2010헌라2 참조). 공유수면 매립지에 대한 지방자치단체의 관할구역 경계 역시 위와 같은 기준에 따르며, 명시적인 법령상의 규정이나 불문법마저 존재하지 않는 경우에는, 형평의 원칙에 따라 합리적이고 공평하게 그 경계를 확정할 수밖에 없다(헌재 2015. 7. 30. 2010헌라2; 헌재 2019. 4. 11. 2015헌라2 참조).

헌법재판소는 공유수면인 바다가 지방자치단체의 자치권한이 미치는 관할구역에 포함되는지 여부에 대하여, 지방자치법 제4조 제1항에 규정된 지방자치단체의 구역은 주민·자치권과 함께 자치단체의 구성요소이고, 자치권이 미치는 관할구역의 범위에는 육지는 물론 바다도 포함되므로, 공유수면에 대하여도 지방자치단체의 자치권한이 존재한다고 보고 있고(헌재 2004. 9. 23. 2000헌라2; 헌재 2006. 8. 31. 2003헌라1; 헌재 2015. 7. 30. 2010헌라2; 헌재 2019. 4. 11. 2016헌라8 등 참조), 공유수면에 조성된 매립지 역시 지방자치법 제4조 제1항에 규정된 지방자치단체의 구역으로서 지방자치단체의 자치권한이 미치는 관할구역이라는 점을 인정하고 있다(헌재 2004. 9. 23. 2000헌라2; 헌재

2019. 4. 11. 2015헌라2 참조).

주민, 구역과 자치권을 구성요소로 하는 지방자치단체의 본질에 비추어 지방자치단체의 관할구역에 경계가 없는 부분이 있다는 것은 상정할 수 없으므로(헌재 2015. 7. 30. 2010헌라2; 헌재 2019. 4. 11. 2015헌라2 참조), 공유수면이나 공유수면 매립지에는 지방자치단체의 관할구역 경계가 존재하며, 그 경계가 불분명하여 분쟁이 발생한 때에는 지방자치법 제4조 제1항의 실체법적 기준에 의한 확인이 요청된다.

다. 법정의견의 요지

법정의견은 '개정 지방자치법의 취지와 공유수면과 매립지의 성질상 차이 등을 종합하여 볼 때, 신생 매립지는 개정 지방자치법 제4조 제3항에 따라 동조 제1항이 처음부터 배제되어 종전의 관할구역과의 연관성이 단절되고, 행정안전부장관의 결정이 확정됨으로써 비로소 관할 지방자치단체가 정해지며, 그 전까지 해당 매립지는 어느 지방자치단체에도 속하지 않는다. 그 결과 이 사건 매립지의 매립 전 공유수면에 대한 관할권을 가졌을 뿐인 청구인들이 그 후 새로이 형성된 이 사건 매립지에 대해서까지 어떠한 권한을 보유하고 있다고 볼 수 없으므로 이 사건에서 청구인들의 자치권한이 침해되거나 침해될 현저한 위험이 있다고 보기는 어렵다'고 한다.

라. 개정 지방자치법 제4조의 취지에 대한 반론

(1) 법정의견은 개정 지방자치법 제4조의 취지를 법정의견의 논거로 삼고 있다.

(2) 그런데, 지방자치법일부개정법률안(의안번호 1804014호)에서 확인할 수 있는 개정 지방자치법 제4조의 최종적 개정취지에는 '매립지나 지적공부 미등록지의 지적 등록과정에서 자치단체 간 분쟁이 자주 발생함에 따라 이를 예방할 수 있는 제도적 장치가 필요하여 이를 마련한 것'이라는 점만 나타나 있을 뿐이다. 개정 지방자치법 제4조를 보더라도 공유수면 매립지 등의 소속 지방자치단체를 결정하는 절차만을 규정하고 있을 따름이고, 그 결정의 실체법적 결정기준 내지 원칙은 따로 마련하지 않았다. 2009. 3.경 국회 행정안전위원회에 제출된 지방자치법일부개정법률안 심사보고서를 살펴보면, '다만, 신규토지에 대한 관할구역에 관한 문제는 해당 지방자치단체 간 첨예한 이해관계가 존재하고 있는 사안인바, 개정안에서는 동 사안을 중분위를 통해 결정하도록 하고 있으나, 그 심의 시 구체적인 고려사항, 객관적인 판단기준 등을 제시할 필요가 있는 것으로 보임'이라는 의견이 있었으나, 이것은 최종입법에 반영되지 않아 결국 중분위, 행정안전부장관에게 공유수면 매립지의 소속 지방자치단체를 심의·의결, 결정하도록 함에 있어서 그 실체법적 기준이나 원칙이 새로 마련되지 않은 상태로 법 개정이 이루어졌다.

따라서, 위에서 본 최종적 개정취지에 개정 지방자치법 제4조 제3항이 관할구역 경계확정의 실체법적 기준인 같은 법 제4조 제1항 소정의 '지방자치단체의 구역은 종전과 같이 한다' 부분을 처음부터 배제하고 행정안전부장관의 결정에 의한 관할권 창설을 규정하는 취지가 포함되었다고 볼 수 없다. 말하자면, 입법자가 지방자치법 제4조 제1항이 규정하는 '종전'에 따른 경계가 존재하는 공유수면과 그 매립지가 완전히 단절된 것이라고 보는 전제에서, 공유수면 매립지는 지방자치법 시행 당시 존재하지 아니하여 '종전'도 존재하지 않는 완전히 새로운 영토이므로, 공유수면 매립지는 지방자치단체의 자치권이 없는 진공상태에 있다고 보아 행정안전부장관의 결정으로 관할권을 창설하게 한 것이라고는 볼 수 없으므로, 지방자치법 제4조의 개정취지는 법정의견의 논거가 될 수 없다.

마. 개정 지방자치법 제4조 제3항의 해석론에 대한 반론

(1) 법정의견은 법문에 표현된 '제1항에도 불구하고'에 주목하여 '신생 매립지는 개정 지방자치법 제4조 제3항에 따라 동조 제1항의 적용이 처음부터 배제되고 종전의 관할구역과의 연관성이 단절된다'고 해석하고 있는 것으로 보이나, 이에 동의할 수 없다.

(2) 개정 지방자치법 제4조 제3항은 공유수면 매립지의 경우 중분위의 의결에 따라 행정안전부장관이 결정으로 그 소속 지방자치단체를 정하도록 하고 있다. 이는 같은 조 제1항에서 지방자치단체의 경계변경은 대통령령으로 정하도록 한 원칙에 대하여, '기존의 공유수면에 연접하여 위치한 여러 지방자치단체들의 관할구역으로서 경계가 존재하는 공유수면을 가로질러 걸쳐서 조성된 매립지'(이하 '공유수면 관할 경계상 매립지'라 한다)의 전부 또는 일부에 대하여 소속 지방자치단체를 결정하는 것은 지방자치단체 관할구역의 경계변경에 해당하지만, 그 형식을 대통령령이 아닌 행정안전부장관의 결정으로 해야 한다는 예외를 정한 것에 불과하다. 개정 지방자치법 제4조 제3항이 지방자치법 제

4조 제1항에 의한 경계가 존재하는 공유수면과 바로 그 공유수면의 매립지를 전혀 별개의 것으로 단절시키기 위한 전제로 관할구역 경계확정의 실체법적 기준인 지방자치법 제4조 제1항 소정의 '지방자치단체의 구역은 종전과 같이 한다' 부분을 처음부터 배제한 것으로까지 볼 수는 없다.

오히려 입법자는 개정 지방자치법 제4조 제3항 내지 제7항에서 공유수면 관할 경계상 매립지에 대해 중분위의 의결과 행정안전부장관의 결정으로 소속 지방자치단체를 기존의 공유수면을 관할하던 지방자치단체와 다르게 정할 수 있도록 하면서 어떤 실체법적 근거나 원칙을 제시하고 있지 않으므로, 이것은 기존부터 존재했던 지방자치단체의 관할구역 경계확정의 실체법적 기준 내지 원칙인 지방자치법 제4조 제1항 소정의 '지방자치단체의 구역은 종전과 같이 한다'를 공유수면 매립지의 경우에도 적용한다는 것을 전제하고 있다고 해석해야 한다.

만일 이렇게 해석하지 않고, 법정의견과 같이 개정 지방자치법 제4조 제3항을 본다면, 중분위의 의결 내지 행정안전부장관의 결정만으로 법령에서 미리 정한 실체법적 기준이나 원칙에 의하지 아니하고 자의적으로 지방자치단체의 관할권을 창설하는 것을 용인하는 것에 다름 아니다. 이는 지방자치제도의 본질적 부분인 자치단체의 보장, 자치기능의 보장, 자치사무의 보장의 장소적 범위를 한정짓는 관할구역을 법령에 미리 정한 실체법적 기준이나 원칙 없이 행정청이 자의적으로 결정할 수 있도록 하는 것이어서 헌법 제117조 제1항에서 보장하고 있는 지방자치단체의 지방자치권의 본질적인 내용을 침해하는 결과에 이르게 될 것이다.

바. 헌법재판소 2010헌라2결정 및 2015헌라2결정을 보는 입장에 대한 반론

(1) 법정의견은 헌법재판소 2010헌라2결정 및 2015헌라2결정 역시 신생 매립지는 개정 지방자치법 제4조 제3항에 따라 동조 제1항이 처음부터 배제되어 종전의 관할구역과의 연관성이 단절된다는 점을 뒷받침하고 있다고 하나, 이에 동의할 수 없다.

(2) 헌법재판소의 2015. 7. 30. 2010헌라2결정은 공유수면이 지방자치단체의 관할구역에 해당하여 이에 대한 지방자치단체의 자치권한이 이미 존재한다는 점을 인정하는 전제하에서, 단지 공유수면 관할구역 경계의 존재와 형태를 구체적으로 어떻게 확인할 것인가에 대해 지방자치법 제4조 제1항의 해석과 적용에 관한 법적 견해를 변경한 것일 뿐이므로 지방자치법 제4조 제3항의 해석과는 무관하다.

헌법재판소의 2015헌라2결정 역시 공유수면 매립지가 지방자치단체의 관할구역에 해당하여 이에 대한 지방자치단체의 자치권한이 이미 존재한다는 점을 인정하는 전제하에, 단지 공유수면 관할 경계상 매립지의 관할구역 경계의 존재와 형태를 구체적으로 어떻게 확인할 것인가에 대한 입장을 변경한 것이다. 이 결정에서 헌법재판소는 '이미 소멸되어 사라진 종전 공유수면의 해상경계선을 그대로 매립지의 관할경계선으로 확인해 온 기존법리(헌재 2011. 9. 29. 2009헌라3 등)'를 변경하였는데, 이는 공유수면 매립으로 종전의 관할권이 소멸하였다거나 공유수면과 그 공유수면 매립지의 연속성을 인정하지 않는다는 의미가 아니다. 공유수면 매립과정의 어느 시점에서는 더 이상 해상경계선이 존재하지 않는다는 점, 헌법재판소가 2010헌라2결정에서 법적 견해를 변경하여 해상경계선은 이미 공유수면 관할 경계의 의미를 갖지 않는다는 점, 나아가 공유수면 매립사업의 목적과 현상변경 등을 고려할 때 공유수면 관할 경계상 매립지의 경우 새로이 경계확인이 필요한 경우에 해당한다는 인식 하에 '매립 전 공유수면의 관할권이 인정된다고 하여 매립지에 대한 관할권한을 인정하여야 한다고 볼 수는 없다'(헌재 2019. 4. 11. 2015헌라2 참조)고 법적 견해를 변경한 것일 뿐이다. 이때 공유수면 매립지에 대한 지방자치단체의 관할구역의 경계획정원리로서, 여전히 지방자치법 제4조 제1항의 '종전'이라는 기준이 원천적 기준이 됨을 전제로, 법령상의 규정이나 불문법이 존재하지 않는 때에는 공유수면의 매립 목적, 그 사업목적의 효과적 달성, 매립지와 인근 지방자치단체의 교통관계나 외부로부터의 접근성 등 지리상의 조건, 행정권한의 행사 내용, 사무처리의 실상, 매립 전 공유수면에 대한 행정권한의 행사 연혁이나, 주민들의 사회적·경제적 편익 등 여러 사정을 종합하여 형평의 원칙에 따라 구체적으로 획정하여 확인해 내는 것이라고 하였다. 만약 위 결정에 공유수면과 바로 그 공유수면의 매립지를 단절시키려는 의도가 있었다면, 매립지 관할 경계 확인에 매립 전 공유수면에 대한 행정권한의 행사 연혁을 고려하도록 할 이유가 없었다고 본다.

따라서, 위 결정들이 신생 매립지의 경우 개정 지방

자치법 제4조 제3항에 따라 동조 제1항이 처음부터 배제되어 종전의 관할구역과의 연관성이 단절된다는 점을 뒷받침한다고 볼 수 없다.

사. 공유수면 매립지에 대한 지방자치단체의 자치권이 행정안전부장관의 결정에 의하여 비로소 창설된다고 보는 입장에 대한 반론

(1) 법정의견은 개정 지방자치법 제4조 제3항 소정의 행정안전부장관의 결정이 확정됨으로써 비로소 관할 지방자치단체가 정해지고, 그 전까지 해당 매립지는 어느 지방자치단체에도 속하지 않으며, 그 결과 이 사건 매립지의 매립 전 공유수면에 대한 관할권을 가졌을 뿐인 청구인들이 그 후 새로이 형성된 이 사건 매립지에 대해서까지 어떠한 권한을 보유하고 있다고 볼 수 없다고 하나, 이에 동의할 수 없다.

(2) 공유수면 관할 경계상 매립지의 경우에 그 매립지의 전부 또는 일부에 대하여 소속 지방자치단체를 결정하는 것은 지방자치단체 관할구역의 경계변경에 해당하는데, 개정 지방자치법 제4조 제3항은 그 형식을 대통령령이 아닌 행정안전부장관의 결정으로 하도록 규정하고 있다.

지방자치단체 관할구역의 경계변경은 지방자치단체의 존폐와 관계없이 단순히 경계만 달라지는 구역변경으로서 지방자치단체의 자치권이 미치는 지리적 범위를 변경하는 것이다. 개정 지방자치법 제4조 제3항 소정의 행정안전부장관의 결정은 공유수면 관할 경계상 매립지에 대하여 관할구역 경계의 존재 및 그 구체적인 형태에 대한 확인을 통해 매립지의 전부 또는 일부가 연접하여 위치한 지방자치단체들 중 어느 지방자치단체에는 속하고, 어느 지방자치단체에는 속하지 않는지를 확인하는 처분이다.

앞서 본 헌법재판소의 확립된 선례들처럼 공유수면 및 그 매립지에 대한 지방자치단체의 자치권한이 존재한다고 볼 때, 바다에서 육지로 그 물리적인 상태가 변한다고 하여 같은 공간에 존재했던 지방자치단체의 관할구역의 경계가 당연히 소멸한다고 볼 수는 없고, 단지 공유수면 상태에서의 관할구역 경계선의 목적·기능과 공유수면 매립지 상태에서의 그것이 상이하여 서로 부합하지 않을 수 있으므로, 새로 조성된 공유수면 매립지의 목적·기능까지 고려한 경계선으로 구체화되어 확인되기를 기다리는 상태로 해당 관할구역의 경계선이 존재하고 있는 것으로 보아야 한다.

(3) 그런데, 법정의견은 공유수면에 매립지가 조성되면 기존의 공유수면에 대한 지방자치단체의 자치권은 소멸되고, 개정 지방자치법 제4조 제3항 소정의 행정안전부장관의 결정 전까지는 공유수면 매립지가 어떤 지방자치단체의 관할구역에도 속하지 않은 채 자치권이 없는 진공상태에 있다가 행정안전부장관의 결정을 통해서 비로소 지방자치단체의 관할구역이 정해지는 것으로 파악한다. 즉, 공유수면 매립지의 경우는 이에 대한 지방자치단체의 자치권이 행정안전부장관의 결정에 의하여 비로소 창설된다고 보는 것이다.

법정의견처럼 행정안전부장관의 결정 전까지는 공유수면 매립지를 어떤 지방자치단체의 관할구역에도 속하지 않는 자치권의 진공상태에 있다고 보는 것은 공유수면 매립지가 지방자치단체의 관할권이 인정되는 기존의 공유수면이 존재하던 바로 그 공간에 조성된 것이라는 점을 도외시한 것이다. 공유수면 매립이라는 사실적 행위로 인해 특정한 공간에 이미 존재했던 지방자치단체의 자치권이 당연히 소멸한다고 볼 어떠한 근거도 찾을 수 없다. 공유수면 매립사업은 매립부터 준공까지 장기간에 걸쳐 일련의 과정이 연속되는데 지방자치단체의 자치권이 소멸한다고 하면 어느 시점, 어느 단계에 소멸하는 것인지도 알 수 없고, 행정안전부장관이 매립지에 대한 자치권을 창설한다고 하는데 그 실체법적 기준이나 원칙에 대한 법적 근거를 찾을 수 없다. 공유수면 매립 시작부터 행정안전부장관의 결정 전까지 장기간에 걸쳐서 지방자치단체의 자치권이 소멸한 진공상태에 놓인 공간을 인정하는 것은 그 기간 동안 그 공간에 연접한 지방자치단체들의 관할구역에 경계가 없는 부분이 존재한다고 보는 것인데, 이러한 입장이 헌법 제117조 제1항이 보장하는 지방자치제도의 본질에 부합하는지 의문이다. 헌법재판소는 주민, 구역과 자치권을 구성요소로 하는 지방자치단체의 본질에 비추어 지방자치단체의 관할구역에 경계가 없는 부분이 있다는 것은 상정할 수 없다는 점을 분명히 하고 있는데(헌재 2015. 7. 30. 2010헌라2; 헌재 2019. 4. 11. 2015헌라2 참조), 법정의견은 이에 상충한다.

아. 공유수면 매립의 실제와 개정 지방자치법 제4조 제4항, 제7항, 제8항에 근거한 반론

(1) 이 사건에서 문제된 매립지의 조성은 2003. 12. 12.부터 2009. 10. 1.까지 약 5년 9개월이라는 장기간에 걸쳐 이루어졌다. 당시 시행되었던 구 공유수면매립

법(2010. 4. 15. 법률 제10272호로 폐지되기 전의 것)에 따르면, 공유수면 매립이란 공유수면에 토사, 토석 기타의 물건을 인위적으로 투입하여 토지를 조성하는 것(간척을 포함)을 말한다(구 공유수면매립법 제2조 제3호). 구 공유수면매립법에 따르면, 해양수산부장관은 국토의 전체적인 기능 및 용도에 맞고 환경과 조화되도록 공유수면을 이용·관리하기 위하여 10년마다 공유수면매립 기본계획을 수립하는데, 이때 미리 관계 중앙행정기관의 장은 물론 관계 특별시장·광역시장·도지사(이하 '시·도지사'라 한다) 및 특별자치시장의 의견을 들어야 하며, 시·도지사는 관련 시장·군수 또는 구청장 및 당해 시·군 또는 구에 설치된 지방의회 의견을 첨부한 의견을 제출하여야 한다(같은 법 제4조). 공유수면을 매립하고자 하는 자는 해양수산부장관의 면허를 받아야 하고, 해양수산부장관은 이때 관계 중앙행정기관의 장과 협의하고 관계 시·도지사의 의견을 들어야 하며, 공유수면매립 기본계획에 적합한 범위 안에서 면허를 하여야 한다(같은 법 제9조). 국가·지방자치단체 또는 정부투자기관이 매립을 하고자 하는 경우에는 미리 해양수산부장관과 협의하거나 승인을 얻어야 하며, 준공인가를 받은 날에 그 매립지의 소유권을 취득한다(같은 법 제38조). 한편 매립된 바닷가에 상당하는 면적을 집합구획한 매립지는 원칙적으로 국가가 소유권을 취득한다(같은 법 제26조). 이러한 절차 등은 현행 '공유수면 관리 및 매립에 관한 법률'의 규정과 크게 다르지 않은데, 중앙 정부의 계획에 의하도록 하면서도 관계 지방자치단체와의 긴밀한 협의와 의견 수렴을 요구하고 있다.

인구에 비하여 상대적으로 국토면적이 협소하고 산지와 같은 경사가 급한 토지가 많은 우리나라는 인구증가와 토지자원에 대한 수요 증가에 따라 공유수면 매립을 지속적으로 추진하여 왔다. 공유수면 매립은 국토의 효율적 이용을 통하여 공공의 이익을 증진하고 국민생활을 향상시키기 위한 것이지만, 동시에 인구 유입, 연안접근권의 변화, 수산자원·관광자원의 변화, 환경훼손을 포함하는 농·어촌 생활환경의 질적 변화를 발생시켜 지역 주민의 삶에 지대한 영향을 미치는 것이므로 그 과정에서 중앙 정부와 지방자치단체의 상호작용이 매우 중요하다.

한편 공유수면 매립이 완료되면, 매립의 목적, 매립으로 발생하는 지형의 변화 및 그로 인하여 발생하는 인근 주민의 삶과 해당 지역의 연계성의 변화를 고려하여 기존의 관할구역의 경계선이 새로 조성된 공유수면 매립지의 목적·기능을 고려한 경계선으로 구체화되어 확인되어야 한다. 다만, 공유수면 매립이 곧 역사적·경제적·사회적 단절을 의미하는 것은 아니므로, 공유수면 매립 이전부터 해당 지역에서 오랜 기간 일상생활을 영위해 온 지역 주민의 이해관계에 기초하여 주민의 복리에 관한 사무를 처리하고 지역 균형발전을 도모하는 등 자치권을 행사해 온 지방자치단체는 개정 지방자치법 제4조 제3항 소정의 행정안전부장관의 결정과 관련하여 공유수면 매립지의 전부 또는 일부에 대하여 자치권을 보유한 지방자치단체로 확인받기를 기대하는 중대한 이해를 가진 당사자에 해당한다.

(2) 개정 지방자치법 제4조에서 관계 지방자치단체의 장에게 해당 지역이 속할 지방자치단체에 관한 행정안전부장관의 결정을 신청할 권한을 부여하고(같은 조 제4항), 중분위의 위원장이 관계 지방자치단체의 장에게 의견을 진술할 기회를 주도록 하며(같은 조 제7항), 관계 지방자치단체의 장은 행정안전부장관의 결정에 이의가 있으면 대법원에 소를 제기할 수 있도록 한 것(같은 조 제8항) 역시 같은 맥락으로 이해된다.

만약 개정 지방자치법 제4조 제3항 소정의 행정안전부장관의 결정에 의하여 관할 지방자치단체가 정해지기 전까지 해당 매립지는 어느 지방자치단체에도 속하지 않는다고 본다면, 개정 지방자치법에 위와 같은 절차적 규정, 특히 행정안전부장관의 결정에 대한 불복절차를 둘 이유가 없다. 법정의견과 같이 본다면, 관계 지방자치단체는 행정안전부장관의 매립지 귀속 결정으로 인하여 법적 지위에 전혀 영향을 받지 않는 제3자에 불과하게 된다. 이렇게 된다면, 관계 지방자치단체는 관할구역이 공유수면의 매립과 관련하여 국가나 다른 지방자치단체의 지방자치권 침해에 대해 효과적으로 방어할 수 있는 수단을 갖지 못하게 됨으로써 헌법이 보장하고 입법자가 의도하는 지방자치의 가치를 현실적으로 구현할 수 없게 된다.

자. 이 사건 권한쟁의심판의 적법요건 판단에 대한 반론

(1) 법정의견은 이 사건 매립지의 매립 전 공유수면에 대한 관할권을 가졌을 뿐인 청구인들이 그 후 새로이 형성된 이 사건 매립지에 대해서까지 어떠한 권한을 보유하고 있다고 볼 수 없으므로, 이 사건에서 청구인

들의 권한이 침해되거나 침해될 현저한 위험이 있다고 보기 어려워 이 사건 권한쟁의심판청구 모두가 부적법하다고 하나, 이에 동의할 수 없다.

권한쟁의심판은 권한의 유무 또는 범위에 관한 다툼이 있을 때 청구할 수 있고(헌법재판소법 제61조 제1항), 그러한 권한을 헌법 또는 법률에 의하여 부여받은 기관이 적법한 청구권자가 된다(헌법재판소법 제61조 제2항). 헌법재판소는 공유수면 매립지의 관할에 관한 권한쟁의의 적법요건에 관하여 '만약 이 사건 계쟁지역이 청구인들의 관할구역에 속한다면, 청구인들은 헌법 제117조 제1항 및 지방자치법 제9조에 의거하여 이 사건 계쟁지역에 대한 자치권한을 부여받는다고 볼 수 있으므로, 침해된 청구인들의 권한이 존재하느냐 여부는 이 사건 계쟁지역이 청구인들의 관할구역에 속하는지 여부와 관련되어 있다고 할 것이고, 이는 거꾸로 이 사건 계쟁지역이 피청구인의 관할구역에 속하는 경우에도 마찬가지이다. 이 사건 계쟁지역이 청구인들 또는 피청구인들 중 어느 편의 관할구역에 속하는지 여부는 본안판단 단계에서 확정될 것이므로 적법요건 단계에서는 이 사건 계쟁지역에 대한 자치권한이 어느 일방에 부여될 수 있는 가능성이 존재하기만 하면 충분하다.'고 하였다(헌재 2010. 6. 24. 2005헌라9 참조).

행정안전부장관의 공유수면 매립지 귀속결정은 지방자치단체의 관할구역, 즉 자치권의 공간적 범위에 관한 것이므로, 헌법과 법률이 정한 권한의 유무와 범위의 문제에 해당하고, 그 결정으로 인하여 지방자치단체의 자치권을 침해할 수 있으므로, 이로 인하여 발생하는 분쟁은 전형적인 국가기관과 지방자치단체간의 권한쟁의에 해당한다.

개정 지방자치법 제4조 제3항에 따른 행정안전부장관의 결정은 법률이 정한 권한범위 내의 권한 행사이고, 그러한 권한 행사의 요건·절차·방법을 어겨 위법한 것인지 여부만이 문제된다고 보는 입장에서 볼 때, 이 사건의 경우 권한의 유무·범위에 관한 다툼이 존재하는가에 관한 의문이 제기될 수도 있다. 그러나 법률이 정한 행정안전부장관의 권한 행사가 그 요건·절차·방법을 지키지 않은 경우 이는 규범적으로 권한의 범위를 벗어난 월권행위, 즉 권한 없는 행위가 되므로, 결국 권한의 유무 또는 범위에 관한 다툼이 존재하는 것으로 된다.

이 사건에 관하여 살펴보면, 피청구인 행정안전부장관은 공유수면 관할 경계상 매립지인 이 사건 매립지에 대하여 그 전부가 피청구인 평택시에게 속하고, 청구인들에게는 속하지 않음을 확인함으로써 청구인들과 피청구인 평택시의 해당 구역에 관한 자치권의 범위를 변경하는 결정을 하였다.

헌법상 지방자치단체의 자치권의 범위 내지 내용은 법령에 의하여 형성되고 제한될 수 있으며, 지방자치법에 따라 지방자치단체의 경계변경은 당연히 가능하다 할 것이지만, 만약 피청구인 행정안전부장관의 결정이 위법한 것이라면, 이는 권한 없이 청구인들의 자치권을 침해하는 결과가 되므로, 행정안전부장관의 결정에 관한 다툼은 결국 지방자치단체의 권한의 유무 또는 범위에 관한 다툼에 해당하게 된다. 만일, 피청구인 행정안전부장관의 결정이 취소된다면, 이 사건 매립지는 관할구역 경계의 존재 및 그 구체적인 형태에 대한 확인을 통해 공유수면 매립지 전부 또는 일부가 어느 지방자치단체에는 속하고, 어느 지방자치단체에는 속하지 않는지를 확인받아야 하는 상태에 머무르게 된다.

이 사건 매립지의 전부 또는 일부가 청구인들 또는 피청구인 평택시 중 어느 편의 관할구역에 속하는지는 본안판단 단계에서 확정되어야 할 것이고, 이 사건 심판청구의 적법요건 충족 여부를 판단하는 단계에서는 이 사건 매립지에 대한 자치권한이 어느 일방에 부여될 수 있는 가능성이 존재하는지 여부를 심사하면 족하다. 청구인들은 기존의 공유수면에 연접한 지방자치단체들로서 매립 전 공유수면에 관하여 자치권한을 가지고 있었으므로, 이 사건 매립지의 전부 또는 일부에 대하여 자치권을 보유한 지방자치단체로 확인받기를 기대하는 중대한 이해를 가진 당사자로서 이 사건에서 청구인들이 이 사건 매립지에 대한 헌법상 및 법률상 자치권한을 가질 수 있는 가능성은 충분히 인정된다고 할 것이다.

따라서, 청구인 충청남도 및 청구인 당진시의 이 사건 등록 매립지에 대한 관할권한 확인 청구, 청구인 충청남도 및 청구인 아산시의 이 사건 미등록 매립지에 대한 관할권한 확인 청구 및 청구인들의 행정안전부장관의 이 사건 결정을 다투는 심판청구는 모두 적법하다.

법정의견은 이 사건 심판청구의 적법요건 충족 여부를 판단하는 단계에서 '이 사건 매립지의 매립 전 공유수면에 대한 관할권을 가졌을 뿐인 청구인들이 그 후 새로이 형성된 이 사건 매립지에 대해서까지 어떠한 권한을 보유하고 있다고 볼 수 없다.'고 하며 본안에서 할 판단을 선취하고 있는데, 이러한 입장은 '계쟁지역이 청구인 또는 피청구인 중 어느 편의 관할구역에 속하는지 여부는 본안판단 단계에서 확정될 것이므로 적법요건 단계에서는 이 사건 계쟁지역에 대한 자치권한이 어느 일방에 부여될 수 있는 가능성이 존재하기만 하면 충분하다'고 본 헌법재판소의 선례와 상충되므로 동의할 수 없다.

(2) 피청구인의 장래처분이 확실하게 예정되어 있고 피청구인의 장래처분에 의해서 청구인의 권한이 침해될 위험성이 있어서 청구인의 권한을 사전에 보호해 주어야 할 필요성이 매우 큰 예외적인 경우에는 피청구인의 장래처분에 대해서도 권한쟁의심판을 청구할 수 있다(헌재 2019. 4. 11. 2015헌라2 참조).

이 사건의 경우 피청구인 행정안전부장관의 결정에 따라 피청구인 평택시는 이 사건 매립지에 대한 자치권한을 행사할 가능성이 높은데, 앞서 본 바와 같이 청구인들은 이 사건 매립지에 대한 헌법상 및 법률상 자치권한을 부여받을 수 있는 가능성이 인정되므로, 앞으로 피청구인 평택시가 행사할 장래처분으로 인해 이 사건 매립지에 대한 청구인들의 자치권한이 침해될 현저한 위험성이 존재한다고 할 수 있으므로, 피청구인 평택시의 이 사건 장래처분에 대한 심판청구는 적법하다.

(3) 피청구인 국토교통부장관의 토지대장 변경등록과 관련하여 다툼이 있는 권한은 청구인들의 자치권이다. 청구인들은 이 사건 매립지에 대한 피청구인 국토교통부장관의 공간정보 구축 및 관리 등에 관한 법률 제64조 제1항 따른 등록권한이 기본적으로 국가의 권한인 것에 대하여 다투는 것이 아니다. 청구인들은 다만 이 사건 매립지에 대한 등록권한 행사의 선결적 문제로서 이 사건 매립지가 청구인들의 관할권한 하에 있다고 주장하면서 이를 다투고 있는 것이다.

토지대장상의 행정구역기재는 비록 관할권한을 창설하는 효력은 없지만 관할권한을 대외적으로 공시하고 관할권한을 사실상 추정케 하는 중요한 기능을 수행하므로, 잘못된 외관이 형성된다면 청구인들의 관할권한 행사에 중대한 장애가 되고, 이러한 침해는 그것이 제거되기까지는 계속 존재하므로, 그 자체로 청구인들의 관할권한에 대한 현재의 침해를 구성한다. 따라서 피청구인 국토교통부장관의 이 사건 변경등록에 대한 심판청구 역시 적법하다.

차. 헌법재판소의 권한쟁의심판 관할권과 지방자치법 제4조 제8항의 소송의 관계

(1) 헌법재판소의 권한쟁의심판 관할권

(가) 헌법 제111조 제1항은 국가기관 상호간, 국가기관과 지방자치단체간 및 지방자치단체 상호간의 권한쟁의에 관한 심판을 헌법재판소의 관장사항으로 규정하고 있다. 헌법재판소의 관장사항에 속하는 위헌법률심판이나 탄핵심판, 정당해산심판의 경우 그 범위가 명확하고, 헌법소원심판의 경우 그 범위에 관하여 법률로 정하도록 헌법이 명시하고 있으나, 권한쟁의심판의 경우 헌법상 당사자의 대강만이 정해져 있을 뿐 아니라 그 기능과 목적, 성격을 어떻게 보는가에 따라 다양한 유형의 소송을 포괄할 수 있음에도 유보조항이 없어 관할권의 범위를 둘러싼 논쟁이 있어 왔다.

이에 관하여 헌법재판소는, '입법자인 국회는 권한쟁의심판의 종류나 당사자를 제한할 입법형성의 자유가 있다고 할 수 없고, 헌법 제111조 제1항 제4호에서 말하는 국가기관의 의미와 권한쟁의심판의 당사자가 될 수 있는 국가기관의 범위는 결국 헌법해석을 통하여 확정하여야 할 문제'(헌재 1997. 7. 16. 96헌라2 참조)라고 보았다.

우리는, 헌법 규정만으로 권한쟁의심판의 내용과 범위가 명확히 파악될 수 없음에도 이에 관하여 헌법재판소의 배타적·전속적 관할권이 인정된다고 보기는 어렵다고 생각하며, 개방적 헌법규정을 구체화하여 권한쟁의심판절차를 형성할 입법자의 권한과 책임이 인정될 수 있다고 본다. 다만 헌법의 포괄적 규정형식, 1987년 헌법 개정시 헌법재판소를 만들고 헌법재판소에 권한쟁의심판권을 부여한 주권자의 의지를 고려할 때, 법률을 통한 권한쟁의심판 관할권의 구체화에는 헌법재판소의 원칙적 관할을 존중하여야 하는 한계가 있다.

공권력을 행사하는 헌법기관 사이의 권한 배분질서를 유지하는 것은 국가기능의 수행을 원활히 하고 국가권력 상호간의 견제와 균형을 유지하여 헌법질서를 수호·유지하는 것을 의미하며, 이는 국민의 기본권 보장과 함께 우리 헌법의 주요한 내용을 형성하고 있다. 지방자치단체의 독립성과 권한을 보장하고 지방자치단체 상호간 법적 평화를 유지하는 것을 국가공동체 전체에 대하여 헌법적 중요성을 가지는 것으로 보아, 우리 헌법이 지방자치제도를 헌법적으로 보장하는 한편 국가기관과 지방자치단체간 및 지방자치단체 상호간 권한

분쟁을 헌법재판소의 관장사항으로 삼았으므로, 입법자는 위와 같은 권한분쟁에 관한 헌법재판소의 원칙적 관할을 부정할 수 없다.

헌법재판소법은 헌법상 권한 침해뿐 아니라 법률상 권한 침해에 대해서도 권한쟁의심판을 청구할 수 있도록 하고 있고(헌법재판소법 제61조 제2항), 행정소송법은 헌법재판소의 관장사항으로 되는 사항을 기관소송의 대상에서 제외하고 있는데(행정소송법 제3조 제4호), 이러한 현행 법률 체계 역시 권한쟁의심판에 관한 헌법재판소의 원칙적 관할권에 기초한 것이다.

(나) 헌법 제111조 제1항 제5호는 헌법소원심판을 헌법재판소의 관장사항으로 정하면서 법률로 제도를 구체화하여 형성할 것을 규정하고 있고, 헌법재판소법은 권리구제를 위한 헌법소원에 대해서 보충성을 요구하고 있다(헌법재판소법 제68조 제1항). 그러나 권한쟁의심판의 경우 헌법재판소법 등 실정법상 보충성을 요하는 규정이 존재하지 아니하며, 앞서 살핀 헌법재판소의 원칙적 관할권을 고려하면 항고소송 등 법원의 재판과 관련하여 권한쟁의심판에 불문의 보충성원칙을 적용해 관할권 행사를 제약해야 할 필요성도 인정되지 않는다. 법률로 형성된 권한쟁의심판의 청구의 요건을 갖추었음에도 내용적으로 유사하거나 중복되는 사법절차가 존재한다는 이유만으로 헌법재판소의 관할권을 부정할 수는 없다. 이는 사법권(헌법 제101조 제1항)과 헌법재판권(헌법 제111조 제1항)의 수평적 규정이나, 항고소송과는 구분되는 권한쟁의심판의 고유한 소송물과 효력에 비추어 보더라도 그러하다.

(2) 지방자치법 제4조 제8항의 소송

개정 지방자치법 제4조 제8항에 따라, 관계 지방자치단체의 장은 공유수면 매립지가 속할 지방자치단체를 정하는 행정안전부장관의 결정에 이의가 있으면 그 결과를 통보받은 날부터 15일 이내에 대법원에 소송을 제기할 수 있다.

위 조항은 지방자치단체의 기관인 지방자치단체의 장이 국가기관인 행정안전부장관의 처분에 대해 제소하도록 하는 형식을 취하고 있으나, 지방자치단체의 장은 지방자치단체의 대표로서 지방자치단체의 이익을 위하여 다투는 것이므로, 위 소송이 지방자치단체와 국가기관 사이의 권한분쟁의 성격을 가지고 있음은 분명하고, 이로부터 지방자치법 제4조 제8항의 소송과 공유수면 매립지 상의 경계확정을 위한 권한쟁의심판의 관할권에 관한 논쟁이 비롯된다.

그러나 위 소송은 지방자치법상 공유수면 매립지가 속할 지방자치단체를 결정할 수 있는 행정안전부장관의 우월적 지위의 존재를 전제로, 행정청의 공권력 행사에 의하여 생긴 행정법상의 위법한 상태를 제거하여 지방자치단체의 권한을 보호하는 것을 목적으로 하며, 종국적으로는 행정안전부장관의 결정의 취소 여부를 판단하는 것이라는 점에서 특수한 유형의 항고소송에 해당한다고 본다. 개정 지방자치법 제4조 제9항은 대법원의 인용결정이 있으면 행정안전부장관이 그 취지에 따라 다시 결정하도록 규정하고 있는데, 이 점 역시 항고소송의 취소판결의 기속력의 특성에 의한 것이다.

공유수면 매립지 상의 경계 확정에 관한 권한쟁의심판과 지방자치법 제4조 제8항의 소송은 권한분쟁으로서의 유사성이 있고, 행정안전부장관의 결정의 위법 여부를 판단할 수 있다는 공통점이 있으나, 개정 지방자치법 제4조 제8항의 소송이 행정안전부장관의 결정의 위법 여부에 따라 결정을 취소할 수 있을 뿐임에 비하여, 권한쟁의심판은 결정의 취소 외에 매립지에 대한 지방자치단체의 관할권의 존부 및 범위에 관하여 포괄적으로 판단할 수 있다는 점에서 소송물이 다르다. 이는 단지 형식적 차이에 머무르지 않는다. 헌법재판소의 결정은 처분의 위법성 판단 및 구체적 조치의 시정보다 '권한 배분', 즉 헌법상 지방자치단체의 권한의 지역적 한계를 확정하는 데 중점이 있기 때문이다.

기속력에 있어서도 대법원의 판결은, 개정 지방자치법 제4조 제8항에 의한 행정안전부 장관의 재결정 의무가 인정되는 외에 취소판결의 일반적 기속력으로서 당사자인 행정청과 그 밖의 관계 행정청에 대한 기속력이 인정되는 반면(행정소송법 제30조 제1항), 헌법재판소의 권한쟁의심판의 결정은 결정의 주문에 관계없이 모든 국가기관과 지방자치단체를 기속한다(헌법재판소법 제67조 제1항)는 점에서 큰 차이가 있다.

공유수면 매립으로 조성된 토지 등의 관할에 관한 분쟁을 해소하기 위한 개정 지방자치법 제4조 제3항 내지 제9항의 입법과정에서 위와 같은 소송제도를 마련한 것은 상대적으로 짧은 제소기간을 두고 행정안전부장관의 결정의 위법 여부를 판단함으로써 분쟁의 신속한 종결을 도모하려 하였던 것으로 보이나, 위와 같이 권한쟁의심판과의 소송물 및 기속력의 차이가 존재하고, 개정 지방자치법 제4조 제8항의 소송만으로는 지방자치단체의 권한의 유무와 범위가 종국적으로 확정되지 않는 점을 고려할 때, 명문의 규정 없이 위 조항에 의하여 헌법재판소의 권한쟁의심판 관할권이 배제된다고 볼 수 없다.

(3) 권한쟁의심판과 지방자치법 제4조 제8항의 소송의 관계

개정 지방자치법 제4조 제8항이 공유수면 매립지 상의 경계 확정에 관한 헌법재판소의 권한쟁의심판 관할권을 배제하는 취지로 볼 수 없으므로, 국가기관과 지방자치단체간 권한쟁의심판의 특수한 유형에 대하여 한정된 범위에서 관할의 중첩 여지가 존재한다는 이유로 지방자치법 제4조 제8항이 헌법에 위반된다고 볼 것은 아니다.

다만, 관할권 병존으로 인하여 동일한 분쟁 관계에서 상이한 결론이 내려질 가능성을 배제할 수 없고, 한정된 사법자원의 합리적이고 효율적인 분배 및 분쟁의 신속한 해결이라는 이상에 부합하지 않는 문제가 생길 수 있다는 점에 충분히 공감한다. 그러나 이러한 문제는 헌법이나 관련 법률의 개정을 통해 입법적으로 해결되어야 하는 성질의 것이다. 현재와 같은 규범체계 하에서는 유사한 쟁송에 관하여 헌법재판소와 법원의 판단이 모두 가능함에 따라 발생할 수 있는 문제는 헌법재판소의 결정과 법원의 판결의 기속력에 의하여 해결하여야 한다. 예컨대, 법원의 취소판결이 확정되면 취소된 행정안전부장관의 결정을 이유로 하는 권한쟁의 심판에 있어 심판의 이익이 없다고 볼 수 있다. 헌법재판소가 먼저 권한쟁의심판의 결정을 하는 경우, 인용결정은 물론 기각결정, 권한의 침해가능성이 없음을 이유로 하는 각하결정에도 기속력이 있으므로 법원은 이를 존중하여야 한다. 한편 법원이 먼저 청구를 기각하는 경우 또는 법원의 취소판결에 따른 행정안전부장관의 재결정에 관한 권한쟁의심판 청구가 있는 경우, 개정 지방자치법 제4조 제8항의 소송과 헌법재판소의 권한쟁의심판은 소송물이 다를 뿐 아니라 법원과 헌법재판소의 관계상 헌법재판소가 법원 판결의 기판력의 구속을 받는 것은 아니다. 그러나 양 기관이 상호신뢰에 바탕하여 헌법상 권한배분질서가 유지될 수 있도록 운용의 묘를 발휘하여야 할 것이다.

카. 소결

그렇다면, 이 사건 심판청구는 모두 적법하다고 할 것이고, 개정 지방자치법 제4조 제8항에 의하여 이 사건에 관한 헌법재판소의 권한쟁의심판권이 배제된다고 볼 수 없으므로, 본안판단으로 나아가 이 사건 매립지에 대한 청구인들의 자치권한의 유무 및 그 범위에 관하여 판단하여야 한다.

8. 재판관 이은애, 재판관 김기영의 법정의견에 대한 보충의견

우리는 청구인들의 자치권한이 침해되거나 침해될 현저한 위험이 있다고 보기 어렵다는 점에 관한 법정의견의 이유를 보충하고자 한다.

가. 2009. 4. 1. 개정된 지방자치법은 개정 전의 구 지방자치법 제4조 제1항과 같은 취지의 조항을 그대로 둔 채, 제4조 제3항을 개정하여 공유수면 매립지가 속할 지방자치단체를 위 '제1항에도 불구하고' 행정안전부장관이 결정하도록 하고, 행정안전부장관의 결정과 관련된 절차를 제4항 이하에서 규정하고 있다. 관련규정을 종합하여 보면, 제4조 제3항은 제1항 전부를 배제하고 향후 공유수면 매립지가 속할 지방자치단체는 행정안전부장관의 결정에 의해서만 비로소 정해진다는 의미로 해석된다. 따라서 행정안전부장관의 결정이 확정되기 전까지 공유수면의 신생 매립지는 어느 지방자치단체에도 속하지 않게 된다.

나. 헌법 제118조 제2항은 '지방자치단체의 조직과 운영에 관한 사항'을 법률로 정하도록 하고 있는데, 이에는 지방자치단체의 관할구역이 포함되고, 이러한 사항에는 구역의 확정, 구역과 관련된 분쟁의 해결 기준 및 절차 등도 포함된다고 할 것이다. 개정 지방자치법은 이러한 헌법의 취지에 따라 공유수면 매립지가 속할 지방자치단체의 결정 주체, 절차 및 그로 인한 분쟁의 해결방법 등을 규정하고 있다.

다. 한편, 법정의견이 설시한 바와 같은 공유수면과 공유수면 매립지 사이의 성질상 차이 등으로 인하여 매립 전 공유수면의 해상경계선을 그대로 신생 매립지의 관할경계선으로 삼아 그 매립지가 속할 지방자치단체를 결정하기는 어렵다. 헌법재판소가 2019. 4. 11. 2015헌라2 결정에서 이미 소멸되어 사라진 종전 공유수면의 해상경계선을 매립지의 관할경계선으로 인정하던 기존법리(헌재 2011. 9. 29. 2009헌라3 결정 등)를 변경한 것도 양자 사이의 성질상 차이 등을 고려한 것이다.

라. 헌법재판소는 종래 공유수면 매립지를 둘러싼 권한쟁의사건에서 '지방자치단체의 관할구역에 경계가

없는 부분이 있다는 것을 상정할 수 없다'(헌재 2019. 4. 11. 2015헌라2), '매립지에 대한 자치권한이 어느 일방에 부여될 수 있는 가능성이 존재하기만 하면 적법요건은 충족된다'(헌재 2010. 6. 24. 2005헌라9등)고 하였다. 이는 권한쟁의사건에 대한 심판권을 가진 헌법재판소가, 지방자치법 제4조 제3항이 개정되기 전 구 지방자치법 제4조 제1항에서 정한 기준에 따라 공유수면 매립지에 대한 지방자치단체의 관할구역 경계를 획정할 수밖에 없었던 상황에서, 분쟁의 대상이 된 공유수면 매립지에 대한 청구인 또는 피청구인의 자치권한은 존재하는 것을 전제로 그 매립지가 어느 지방자치단체에 속하느냐를 결정한 것이었다. 그러나 2009. 4. 1. 지방자치법의 개정으로 같은 법 제4조 제3항이 적용되는 공유수면 매립지에 대해서 행정안전부장관의 결정이 확정되기 전에는 어느 지방자치단체도 관할권을 가질 수 없고, 헌법재판소의 위와 같은 법리 또한 개정 지방자치법이 적용되는 공유수면 매립지에는 더 이상 적용될 수 없게 되었다.

마. 결국 개정 지방자치법 제4조 제3항이 적용되는 이 사건 매립지의 경우, 이미 소멸되어 사라진 매립 전 공유수면에 대한 관할권을 가졌던 청구인들이, 그 후 새로이 형성된 이 사건 매립지에 대해서까지 어떠한 권한을 보유하고 있다고 볼 수 없으므로, 이 사건에서 청구인들의 자치권한이 침해되거나 침해될 현저한 위험이 있다고 보기는 어렵다.

재판관 유남석 이선애 이석태 이은애 이종석 이영진 김기영 문형배 이미선

[별지]

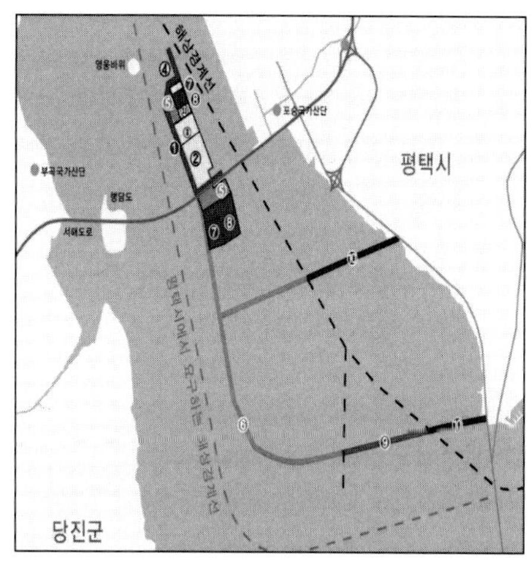

31. 의료기기법 제24조 제2항 제6호 등 위헌제청

[2020. 8. 28. 2017헌가35, 2019헌가23(병합)]

【판시사항】

의료기기와 관련하여 심의를 받지 아니하거나 심의받은 내용과 다른 내용의 광고를 하는 것을 금지하고 이를 위반한 경우 행정제재와 형벌을 부과하도록 한 의료기기법 제24조 제2항 제6호 및 구 의료기기법 제36조 제1항 제14호 중 '제24조 제2항 제6호를 위반하여 의료기기를 광고한 경우' 부분, 구 의료기기법 제52조 제1항 제1호 중 '제24조 제2항 제6호를 위반한 자' 부분(이하 위 조항들을 합하여 '심판대상조항'이라 한다)이 사전검열금지원칙에 위반되는지 여부(적극)

【결정요지】

현행 헌법상 사전검열은 표현의 자유 보호대상이면 예외 없이 금지된다. 의료기기에 대한 광고는 의료기기의 성능이나 효능 및 효과 또는 그 원리 등에 관한 정보를 널리 알려 해당 의료기기의 소비를 촉진시키기 위한 상업광고로서 헌법 제21조 제1항의 표현의 자유의 보호대상이 됨과 동시에 같은 조 제2항의 사전검열금지원칙의 적용대상이 된다.

광고의 심의기관이 행정기관인지 여부는 기관의 형식에 의하기보다는 그 실질에 따라 판단되어야 하고, 행정기관의 자의로 민간심의기구의 심의업무에 개입할 가능성이 열려 있다면 개입 가능성의 존재 자체로 헌법이 금지하는 사전검열이라고 보아야 한다.

의료기기법상 의료기기 광고의 심의는 식약처장으로부터 위탁받은 한국의료기기산업협회가 수행하고 있지만, 법상 심의주체는 행정기관인 식약처장이고, 식약처장이 언제든지 그 위탁을 철회할 수 있으며, 심의위원회의 구성에 관하여도 식약처고시를 통해 행정권이 개입하고 지속적으로 영향을 미칠 가능성이 존재하는 이상 그 구성에 자율성이 보장되어 있다고 보기 어렵다. 식약처장이 심의기준 등의 개정을 통해 심의 내용 및 절차에 영향을 줄 수 있고, 심의기관의 장이 매 심의결과를 식약처장에게 보고하여야 하며, 식약처장이 재심의를 요청하면 심의기관은 특별한 사정이 없는 한 이에 따라야 한다는 점에서도 그 심의업무 처리에 있어 독립성 및 자율성이 보장되어 있다고 보기 어렵다.

따라서 이 사건 의료기기 광고 사전심의는 행정권이 주체가 된 사전심사로서 헌법이 금지하는 사전검열에 해당하고, 이러한 사전심의제도를 구성하는 심판대상조항은 헌법 제21조 제2항의 사전검열금지원칙에 위반된다.

재판관 이영진의 반대의견

의료기기 광고와 같은 상업적 광고도 표현의 자유의 보호대상이 되고, 사전검열금지원칙의 적용대상이 된다.

그러나 한국의료기기산업협회는 의료기기 광고 사전심의업무와 관련하여 식약처장으로부터 구체적 업무지시를 받지 않고 있고, 심의위원회 구성에 있어 식약처장의 관여가 최소화되어 있을 뿐만 아니라, 재정적으로 독립하여 운영되는 등 행정청으로부터 독립된 민간자율기구로서 그 행정주체성이 인정되지 아니하므로, 이 사건 의료기기 광고 사전심의는 헌법이 금지하는 사전검열에 해당한다고 할 수 없다.

잘못된 의료기기 광고로 인해 국민들이 입을 수 있는 피해가 크고, 사후적 제재만으로는 국민의 생명과 건강을 담보할 수 없으므로, 심판대상조항이 의료기기 광고에 대해 사전심의를 거치도록 규정한 것은 국민의 생명과 건강을 보호하기 위한 불가피한 규제로서 입법목적 달성을 위해 필요한 범위 내라 할 것이어서, 과잉금지원칙에 위반되지 않는다.

【심판대상조문】

의료기기법(2011. 4. 7. 법률 제10564호로 전부개정된 것) 제24조 제2항 제6호

구 의료기기법(2015. 1. 28. 법률 제13116호로 개정되고, 2017. 12. 19. 법률 제15279호로 개정되기 전의 것) 제36조 제1항 제14호 중 '제24조 제2항 제6호를 위반하여 의료기기를 광고한 경우' 부분

구 의료기기법(2016. 12. 2. 법률 제14330호로 개정되고, 2018. 3. 13. 법률 제15486호로 개정되어 2018. 9. 14. 시행되기 전의 것) 제52조 제1항 제1호 중 '제24조 제2항 제6호를 위반한 자' 부분

【참조조문】

헌법 제21조 제1항, 제2항, 제37조 제2항

의료기기법(2013. 3. 23. 법률 제11690호로 개정된 것) 제25조 제1항

【참조판례】

헌재 1998. 2. 27. 96헌바2, 판례집 10-1, 118, 124

헌재 2000. 3. 30. 99헌마143, 판례집 12-1, 404, 410

헌재 2001. 8. 30. 2000헌가9, 판례집 13-2, 134, 148

헌재 2005. 10. 27. 2003헌가3, 판례집 17-2, 189, 198

헌재 2008. 6. 26. 2005헌마506, 판례집 20-1하, 397, 413-414

헌재 2008. 10. 30. 2004헌가18, 판례집 20-2상, 664, 679

헌재 2015. 12. 23. 2015헌바75, 판례집 27-2하, 627, 638-640

헌재 2016. 9. 29. 2015헌바325, 판례집 28-2상, 446, 451

헌재 2018. 6. 28. 2016헌가8등, 판례집 30-1하, 313, 326-328

【당 사 자】

제청법원 1. 전주지방법원(2017헌가35)
2. 서울남부지방법원(2019헌가23)

제청신청인 1. 주식회사 ○○(2017헌가35)
대표이사 황○○
2.한○○(2019헌가23)
3. 주식회사 □□(2019헌가23)
대표이사 한○○

당해사건 1. 전주지방법원 2017구합425 영업정지처분취소(2017헌가35)
2. 서울남부지방법원 2019고정894 의료기기법위반(2019헌가23)

【주 문】

의료기기법(2011. 4. 7. 법률 제10564호로 전부개정된 것) 제24조 제2항 제6호, 구 의료기기법(2015. 1. 28. 법률 제13116호로 개정되고, 2017. 12. 19. 법률 제15279호로 개정되기 전의 것) 제36조 제1항 제14호 중 '제24조 제2항 제6호를 위반하여 의료기기를 광고한 경우' 부분, 구 의료기기법(2016. 12. 2. 법률 제14330호로 개정되고, 2018. 3. 13. 법률 제15486호로 개정되어 2018. 9. 14. 시행되기 전의 것) 제52조 제1항 제1호 중 '제24조 제2항 제6호를 위반한 자' 부분은 모두 헌법에 위반된다.

【이 유】

1. 사건개요

가. 2017헌가35

제청신청인 주식회사 ○○(이하 '제청신청인 ○○'이라 한다)은 의료기기판매업을 하는 회사로서 위 제청신청인이 판매하는 의료기기인 '△△'에 관하여 블로그에 광고를 하였는데, 전주시장으로부터 위 제청신청인이 '의료기기 광고 심의를 받지 않거나 심의받은 내용과 다른 내용의 광고'를 함으로써 의료기기법 제24조 제2항 제6호를 위반하였다는 이유로 2017. 1. 16. 의료기기판매업무정지 3일의 처분(이하 '이 사건 업무정지처분'이라 한다)을 받았다.

이에 제청신청인 ○○은 2017. 2. 1. 이 사건 업무정

지처분의 취소를 구하는 행정소송을 제기하고(전주지방법원 2017구합425), 당해사건 계속 중 의료기기법 제24조 제2항 제6호 및 같은 법 제36조 제1항 제14호 중 '제24조 제2항 제6호를 위반하여 의료기기를 광고한 경우' 부분에 대하여 위헌법률심판제청신청을 하였다(전주지방법원 2017아152). 제청법원 전주지방법원은 2017. 12. 12. 이를 받아들여 위헌법률심판제청을 하였다.

나. 2019헌가23

제청신청인 한○○는 '2017. 5.부터 2018. 8. 10.까지 자신이 운영하는 주식회사 □□ 홈페이지에 의료기기인 의료용 고주파 온열기(▽▽)에 대하여 관할관청의 심의를 받지 아니한 내용의 광고물을 게시하는 방법으로 의료기기를 광고하였다.'는 공소사실로, 제청신청인 주식회사 □□(이하 '제청신청인 □□'라 한다)는 '그 대표자인 한○○가 주식회사 □□의 업무에 관하여 위와 같은 위반행위를 하였다.'는 공소사실로 각 약식기소되어 서울남부지방법원으로부터 각 벌금 100만 원의 약식명령을 받았다(서울남부지방법원 2019고약1901).

제청신청인 한○○와 □□는 위 약식명령에 불복하여 정식재판을 청구하였고(서울남부지방법원 2019고정894), 당해사건 계속 중 의료기기법 제24조 제2항 제6호 및 같은 법 제52조 제1항 제1호 중 '제24조 제2항을 위반한 자' 부분에 대하여 위헌법률심판제청신청을 하였다(서울남부지방법원 2019초기1044). 제청법원 서울남부지방법원은 2019. 9. 10. 이를 받아들여 위헌법률심판제청을 하였다.

2. 심판대상

2019헌가23 사건의 제청법원 서울남부지방법원은 의료기기법 제52조 제1항 제1호 중 '제24조 제2항을 위반한 자' 부분에 대하여 위헌법률심판제청을 하였으나, 당해사건(서울남부지방법원 2019고정894)에서 제청신청인 한○○, □□에게 적용되는 부분은 의료기기법 제52조 제1항 제1호 중 '제24조 제2항 제6호를 위반한 자' 부분이므로, 이 부분 심판대상은 이에 한정함이 상당하다.

따라서 이 사건 심판대상은 의료기기법(2011. 4. 7. 법률 제10564호로 전부개정된 것) 제24조 제2항 제6호(이하 '이 사건 금지조항'이라 한다) 및 구 의료기기법(2015. 1. 28. 법률 제13116호로 개정되고, 2017. 12. 19. 법률 제15279호로 개정되기 전의 것) 제36조 제1항 제14호 중 '제24조 제2항 제6호를 위반하여 의료기기를 광고한 경우' 부분(이하 '이 사건 제재조항'이라 한다), 구 의료기기법(2016. 12. 2. 법률 제14330호로 개정되고, 2018. 3. 13. 법률 제15486호로 개정되어 2018. 9. 14. 시행되기 전의 것, 이하 연혁에 관계없이 '의료기기법'이라 한다) 제52조 제1항 제1호 중 '제24조 제2항 제6호를 위반한 자' 부분(이하 '이 사건 처벌조항'이라 하고, 이 사건 금지조항, 이 사건 제재조항, 이 사건 처벌조항을 합하여 '심판대상조항'이라 한다)이 헌법에 위반되는지 여부이고, 심판대상조항 및 관련조항은 다음과 같다.

[심판대상조항]

의료기기법(2011. 4. 7. 법률 제10564호로 전부개정된 것)

제24조(기재 및 광고의 금지 등) ② 누구든지 의료기기의 광고와 관련하여 다음 각 호의 어느 하나에 해당하는 광고를 하여서는 아니 된다.

6. 제25조 제1항에 따른 심의를 받지 아니하거나 심의받은 내용과 다른 내용의 광고

구 의료기기법(2015. 1. 28. 법률 제13116호로 개정되고, 2017. 12. 19. 법률 제15279호로 개정되기 전의 것)

제36조(허가 등의 취소와 업무의 정지 등) ① 제조업자 등이 다음 각 호의 어느 하나에 해당하면 의료기기의 제조업자·수입업자 및 수리업자에 대하여는 식품의약품안전처장이, 판매업자 및 임대업자에 대하여는 특별자치도지사, 시장·군수 또는 구청장이 허가 또는 인증의 취소, 영업소의 폐쇄, 품목류 또는 품목의 제조·수입·판매의 금지 또는 1년의 범위에서 그 업무의 전부 또는 일부의 정지를 명할 수 있다. 다만, 제1호·제22호 및 제23호의 경우에는 허가 또는 인증을 취소하거나 영업소를 폐쇄하여야 한다.

14. 제24조 제2항 및 제3항을 위반하여 의료기기를 광고한 경우

구 의료기기법(2016. 12. 2. 법률 제14330호로 개정되고, 2018. 3. 13. 법률 제15486호로 개정되어 2018. 9. 14. 시행되기 전의 것)

제52조(벌칙) ① 다음 각 호의 어느 하나에 해당하는 자는 3년 이하의 징역 또는 3천만 원 이하의 벌금에 처한다.

1. 제10조 제1항·제2항 전단·제4항, 제12조 제1항(제15조 제6항 및 제16조 제4항에서 준용하는 경우를 포함한다), 제13조 제1항, 제16조 제1항 본문, 제17조 제1항, 제24조 제1항·제2항, 제26조 제2항부터 제7항까지 또는 제45조 제2항을 위반한 자

[관련조항]

의료기기법(2013. 3. 23. 법률 제11690호로 개정된 것)

제25조(광고의 심의) ① 의료기기를 광고하려는 자는 식품의약품안전처장이 정한 심의기준·방법 및 절차에 따라 미리 식품의약품안전처장의 심의를 받아야 한다.

3. 제청법원의 위헌제청 이유

의료기기 광고는 상업광고의 성격을 가지고 있지만, 헌법 제21조 제1항의 표현의 자유의 보호대상이 됨은 물론, 헌법 제21조 제2항이 적용되어 사전검열도 금지된다. 의료기기법 제25조 제1항은 의료기기를 광고하려는 자는 미리 식품의약품안전처장(이하 '식약처장'이라 한다)의 심의를 받도록 하고 있고, 이 사건 금지조항은 심의를 받지 아니하거나 심의받은 내용과 다른 내용의 광고를 금지하고 있으며, 이 사건 금지조항을 위반하는 경우 이 사건 제재조항은 제재적 행정처분을, 이 사건 처벌조항은 형벌을 부과할 수 있도록 규정하고 있다. 또한 식약처장은 사단법인 한국의료기기산업협회에 의료기기 광고 심의업무를 위탁하고 있으나, 제도적으로 심의업무에 대한 식약처장의 개입 가능성을 배제할 수 없다.

그렇다면 심판대상조항에서 규정하고 있는 의료기기 광고에 대한 사전심의는 헌법이 금지하고 있는 사전검열에 해당하므로, 심판대상조항은 헌법에 위반된다.

4. 의료기기 광고에 대한 사전심의제도

가. 의료기기 광고에 대한 사전심의제도 도입

의료기기법상 '의료기기'란 사람이나 동물에게 단독 또는 조합하여 사용되는 기구·기계·장치·재료·소프트웨어 또는 이와 유사한 제품으로서 '질병을 진단·치료·경감·처치 또는 예방할 목적으로 사용되는 제품', '상해 또는 장애를 진단·치료·경감 또는 보정할 목적으로 사용되는 제품', '구조 또는 기능을 검사·대체 또는 변형할 목적으로 사용되는 제품', '임신을 조절할 목적으로 사용되는 제품' 중 어느 하나에 해당하는 제품을 말한다(제2조 제1항 본문). 다만, 약사법에 따른 의약품과 의약외품 및 장애인복지법 제65조에 따른 장애인보조기구 중 의지(義肢)·보조기는 의료기기법상 의료기기에서 제외된다(같은 항 단서).

의료기기법이 2003. 5. 29. 법률 제6909호로 제정될 당시 의료기기의 광고와 관련하여 의료기기의 명칭·제조방법·성능이나 효능 및 효과 또는 그 원리에 관한 거짓 또는 과대광고, 의료기기의 성능이나 효능 및 효과에 관하여 의사 등이 이를 보증한 것으로 오해할 염려가 있는 기사를 사용한 광고 등을 금지하는 규정을 두었고, 의료기기법이 2006. 10. 4. 법률 제8037호로 개정될 때 의료기기 과대광고 등에 대한 사전적인 예방조치로서 의료기기 광고에 대한 식품의약품안전청장의 사전심의제도가 도입되었으며, 그 내용은 심판대상조항과 유사하다.

나. 의료기기 광고에 대한 사전심의 및 제재

의료기기를 광고하려는 자는 식약처장이 정한 심의기준·방법 및 절차에 따라 미리 식약처장의 심의를 받아야 한다(의료기기법 제25조 제1항).

식약처장은 의료기기 광고에 대한 심의에 관한 업무를 총리령으로 정하는 단체에 위탁할 수 있는데(같은 법 제25조 제2항), 위 '총리령으로 정하는 단체'는 민법 제32조에 따라 식약처장으로부터 설립허가를 받은 의료기기 관련 법인 중 식약처장이 지정하여 고시한 법인을 말한다(의료기기법 시행규칙 제45조 제2항). 민법에 의해 설립된 사단법인 한국의료기기산업협회(이하 '한국의료기기산업협회'라 한다)가 식약처장으로부터 의료기기 광고 심의업무를 위탁받아 현재 이를 수행하고 있다.

의료기기 광고 심의업무를 위탁받은 심의기관은 의료기기 광고를 심의하기 위하여 심의위원회를 설치·운영하여야 하는바[의료기기 광고사전심의 규정(식품의약품안전처고시 제2016-151호, 2016. 12. 28. 일부개정, 이하 '심의 규정'이라 한다) 제10조 제1항], 이에 따라 한국의료기기산업협회는 의료기기 광고사전심의위원회(이하 '심의위원회'라 한다)를 설치하여 운영하고 있다.

심의위원회는 위원장과 부위원장을 포함하여 10인 이상 20인 이내로 구성하며, 위원은 언론, 법률, 의료,

의료기기 및 광고와 관련한 학식과 경험이 풍부한 자, 시민단체나 의료기기 관련 학회 또는 단체의 장이 추천한 자, 의료기기 관련업무 담당 공무원 중에서 심의기관의 장이 식약처장과 협의하여 위촉한다(심의 규정 제10조 제2항). 심의위원회 위원의 임기는 1년으로 하되, 2회까지 연임할 수 있다(심의 규정 제10조 제5항).

의료기기 광고의 심의를 받으려는 자(이하 '신청인'이라 한다)는 의료기기 광고심의신청서에 의료기기 광고내용과 제품설명서(필요한 경우에 한함)를 첨부하여 심의기관에 이를 제출하여야 한다(심의 규정 제5조 제1항). 위와 같은 심의 신청을 받은 심의기관은 심의위원회의 심의를 거쳐 해당 의료기기에 대한 광고심의 결과를 확정한 후 신청일부터 10일 이내에 신청인에게 문서로 통지하여야 하고, 부득이한 사유로 그 기간 내에 심의 결과를 통지할 수 없는 때에는 신청인에게 지연 사유와 처리예정기간을 알려야 한다(심의 규정 제6조 제1항).

신청인은 통지받은 심의 결과에 이의가 있는 경우 심의 결과를 통지받은 날부터 1월 이내에 심의기관에 재심의 신청을 할 수 있고(심의 규정 제7조 제1항), 이에 따라 재심의 신청을 받은 심의기관은 심의위원회의 심의를 거쳐 광고심의 결과를 확정한 후 그 결과를 신청일부터 10일 이내에 신청인에게 통지하여야 한다(심의 규정 제7조 제2항).

심의기관의 장은 매 심의결과를 식약처장과 관할 영업허가 또는 신고기관에 문서(전자문서 포함)로 보고하여야 하는데(심의 규정 제12조 제2항), 식약처장은 심의기관의 심의결과가 심의 규정 제4조에서 정한 심의기준에 맞지 아니하다고 판단되는 때에는 심의기관에 재심의를 요청할 수 있고, 이 경우 심의기관은 특별한 사정이 없는 한 재심의를 하여야 한다(심의 규정 제7조 제3항).

누구든지 의료기기와 관련하여 심의를 받지 아니하거나 심의받은 내용과 다른 내용의 광고를 하여서는 아니 된다(의료기기법 제24조 제2항 제6호). 의료기기에 대해 심의를 받지 아니하거나 심의받은 내용과 다른 내용의 광고를 한 경우, 행정적 제재로 의료기기의 제조업자·수입업자 및 수리업자에 대하여는 식약처장이, 판매업자 및 임대업자에 대하여는 특별자치시장·특별자치도지사·시장·군수·구청장이 허가 또는 인증의 취소, 영업소의 폐쇄, 품목류 또는 품목의 제조·수입·판매의 금지 또는 1년의 범위에서 그 업무의 전부 또는 일부의 정지를 명할 수 있다(같은 법 제36조 제1항 제14호). 또한 형벌로 위반행위자는 3년 이하의 징역 또는 3천만 원 이하의 벌금에 처해지게 되는데, 이 경우 징역과 벌금은 병과될 수 있다(같은 법 제52조 제1항 제1호, 제2항).

5. 판 단

가. 이 사건의 쟁점

심판대상조항은 의료기기와 관련하여 사전심의를 받지 아니하거나 사전심의받은 내용과 다른 내용의 광고를 하는 것을 금지하고 그 위반에 대해 허가 또는 인증의 취소, 업무정지 등의 행정제재와 형벌을 부과하는 것을 내용으로 하고 있다.

그러므로 의료기기 광고가 헌법 제21조 제1항의 표현의 자유의 보호범위에 포함되는지, 같은 조 제2항의 사전검열금지원칙의 적용대상이 되는지, 나아가 그 대상이 된다고 할 경우 의료기기법상 의료기기 광고에 대한 사전심의제도가 헌법이 금지하는 사전검열에 해당하는지 여부가 문제된다.

나. 의료기기 광고와 표현의 자유 및 사전검열금지원칙의 적용

헌법 제21조 제1항은 모든 국민은 언론·출판의 자유를 가진다고 규정하여 표현의 자유를 보장하고 있는바, 의사표현·전파의 자유에 있어서 의사표현 또는 전파의 매개체는 어떠한 형태이건 가능하며, 그 제한이 없다(헌재 2001. 8. 30. 2000헌가9 참조). 광고도 사상·지식·정보 등을 불특정다수인에게 전파하는 것으로서 언론·출판의 자유에 의한 보호를 받는 대상이 됨은 물론이고(헌재 1998. 2. 27. 96헌바2 참조), 상업적 광고표현 또한 보호의 대상이 된다(헌재 2000. 3. 30. 99헌마143; 헌재 2018. 6. 28. 2016헌가8등 참조).

그리고 헌법재판소는 헌재 2015. 12. 23. 2015헌바75 결정에서, 현행 헌법이 사전검열을 금지하는 규정을 두면서 1962년 헌법과 같이 특정한 표현에 대해 예외적으로 검열을 허용하는 규정을 두고 있지 아니한 점, 표현의 특성이나 이에 대한 규제의 필요성에 따라 언론·출판의 자유의 보호를 받는 표현 중에서 사전검열금지원칙의 적용이 배제되는 영역을 따로 설정할 경우 그 기준에 대한 객관성을 담보할 수 없어 종국적으로는 집권자에게 불리한 내용의 표현을 사전에 억제할 가능성을 배제할 수 없게 된다는 점 등을 들어, 현행 헌법상 사전검열은 표현의 자유 보호대상이면 예외 없이 금지된다는 입장을 명시적으로 밝힌 바 있다.

따라서 의료기기에 대한 광고는 의료기기의 성능이나 효능 및 효과 또는 그 원리 등에 관한 정보를 널리 알려 해당 의료기기의 소비를 촉진시키기 위한 상업광고로서 헌법 제21조 제1항의 표현의 자유의 보호대상이 됨과 동시에 같은 조 제2항의 사전검열금지원칙의 적용대상이 된다.

다. 사전검열금지원칙 위반 여부

(1) 헌법상 사전검열금지원칙의 의미 및 요건

헌법 제21조 제2항은 언론·출판에 대한 허가나 검열은 인정되지 아니한다고 규정하고 있다. 여기서 말하는 검열은 그 명칭이나 형식과 관계없이 실질적으로 행정권이 주체가 되어 사상이나 의견 등이 발표되기 이전에 예방적 조치로서 그 내용을 심사, 선별하여 발표를 사전에 억제하는, 즉 허가받지 아니한 것의 발표를 금지하는 제도를 뜻하고, 이러한 사전검열은 법률에 의하더라도 불가능하다.

사전검열금지원칙이 모든 형태의 사전적인 규제를 금지하는 것은 아니고, 의사표현의 발표 여부가 오로지 행정권의 허가에 달려있는 사전심사만을 금지한다. 헌법재판소는 헌법이 금지하는 사전검열의 요건으로 첫째, 일반적으로 허가를 받기 위한 표현물의 제출의무가 존재할 것, 둘째, 행정권이 주체가 된 사전심사절차가 존재할 것, 셋째, 허가를 받지 아니한 의사표현을 금지할 것, 넷째, 심사절차를 관철할 수 있는 강제수단이 존재할 것을 들고 있다(헌재 2015. 12. 23. 2015헌바75; 헌재 2018. 6. 28. 2016헌가8등 참조).

(2) 의료기기 광고 사전심의가 헌법이 금지하는 사전검열에 해당하는지 여부

의료기기 광고 사전심의가 헌법이 금지하는 사전검열의 4가지 요건을 충족하는지 여부에 관하여 본다.

(가) 허가를 받기 위한 표현물의 제출의무가 있는지 여부

의료기기법 제25조 제1항은, 의료기기를 광고하려는 자는 식약처장이 정한 심의기준·방법 및 절차에 따라 미리 식약처장의 심의를 받도록 하고 있고, 이에 따라 식약처장이 정한 심의 규정 제5조 제1항은 의료기기 광고의 심의를 받으려는 자는 의료기기 광고내용을 첨부한 의료기기 광고 심의신청서를 심의기관에 제출하도록 하고 있다. 이는 일반적으로 허가를 받기 위한 표현물의 제출의무를 부과한 것에 해당한다.

(나) 허가를 받지 아니한 의사표현을 금지하는지 여부

이 사건 금지조항은 누구든지 의료기기와 관련하여 심의를 받지 아니하거나 심의받은 내용과 다른 내용의 광고를 하여서는 아니 된다고 규정하고 있다. 이는 허가를 받지 아니한 의사표현을 금지하는 것에 해당한다.

(다) 심사절차를 관철할 수 있는 강제수단이 존재하는지 여부

이 사건 금지조항을 위반하여 심의를 받지 아니하거나 심의받은 내용과 다른 내용의 의료기기 광고를 한 경우 이 사건 제재조항은 허가 또는 인증의 취소, 영업소의 폐쇄, 품목류 또는 품목의 제조·수입·판매의 금지 또는 1년의 범위에서 그 업무의 정지를 명할 수 있도록 하고 있고, 이 사건 처벌조항은 3년 이하의 징역 또는 3천만 원 이하의 벌금에 처하도록 하고 있다. 이와 같은 행정제재나 형벌의 부과는 사전심의절차를 관철하기 위한 강제수단에 해당한다.

(라) 행정권이 주체가 된 사전심사절차가 존재하는지 여부

1) 헌법상 사전검열금지원칙은 검열이 행정권에 의하여 행하여지는 경우에 한하여 적용되므로, 의료기기 광고의 심의기관인 한국의료기기산업협회의 사전심의가 행정권이 주체가 된 사전심사에 해당되는지 여부에 대하여 살펴본다.

광고의 심의기관이 행정기관인지 여부는 기관의 형식에 의하기보다는 그 실질에 따라 판단되어야 한다. 따라서 검열을 행정기관이 아닌 독립적인 위원회에서 행한다고 하더라도, 행정권이 주체가 되어 검열절차를 형성하고 검열기관의 구성에 지속적인 영향을 미칠 수 있는 경우라면 실질적으로 그 검열기관은 행정기관이라고 보아야 한다. 그렇게 해석하지 아니한다면 검열기관의 구성은 입법기술상의 문제에 지나지 않음에도 불구하고 정부가 행정관청이 아닌 독립된 위원회의 구성을 통하여 사실상 사전검열을 하면서도 헌법상 사전검열금지원칙을 위반하였다는 비난을 면할 수 있는 길을 열어주기 때문이다(헌재 2008. 10. 30. 2004헌가18; 헌재 2018. 6. 28. 2016헌가8등 참조). 민간심의기구가 심의를 담당하는 경우에도 행정권이 개입하여 그 사전심의에 자율성이 보장되지 않는다면 이 역시 행정기관

의 사전검열에 해당하게 된다(헌재 2008. 6. 26. 2005헌마506; 헌재 2015. 12. 23. 2015헌바75 참조). 또한 민간심의기구가 사전심의를 담당하고 있고, 현재에는 행정기관이 그 업무에 실질적인 개입을 하고 있지 않더라도 행정기관의 자의에 의해 언제든지 개입할 가능성이 열려 있다면, 개입 가능성의 존재 자체로 민간심의기구는 심의업무에 영향을 받을 수밖에 없을 것이기 때문에, 이 경우 역시 헌법이 금지하는 사전검열이라는 의심을 면하기 어렵다(헌재 2015. 12. 23. 2015헌바75; 헌재 2018. 6. 28. 2016헌가8등 참조).

2) 의료기기법은 의료기기를 광고하려는 자가 받아야 하는 심의의 기준·방법 및 절차를 형성할 권한을 식약처장에게 부여하고(의료기기법 제25조 제1항), 식약처장은 의료기기 광고에 대한 심의업무를 총리령으로 정하는 단체에 위탁할 수 있도록 규정하고 있다(같은 조 제2항).

위 법률 규정에 따라 현재 민간단체인 한국의료기기산업협회가 식약처장으로부터 의료기기 광고 심의업무를 위탁받아 수행하고 있다. 그런데 위와 같이 업무위탁을 통하여 민간단체가 의료기기 광고 심의업무를 담당하고 있지만 의료기기법상으로는 여전히 행정기관인 식약처장이 심의업무의 주체이므로, 식약처장은 언제든지 심의업무의 위탁을 철회하고, 의료기기 광고 사전심의에 전면적으로 개입할 가능성이 열려 있다.

3) 식약처장이 정한 심의 규정에서는 의료기기 광고 심의업무를 위탁받은 심의기관이 의료기기 광고를 심의하기 위하여 심의위원회를 설치·운영하도록 하면서(심의 규정 제10조 제1항), 심의기관의 장이 위원을 위촉함에 있어 식약처장과 협의하여 위촉하도록 하고(같은 조 제2항), 위원의 수와 자격, 임기 등 심의위원회의 구성에 관해서도 위 심의 규정으로 규율하고 있어(같은 조 제2항, 제5항), 심의위원회 구성에 행정권이 개입할 뿐만 아니라 지속적으로 영향을 미칠 가능성이 존재한다. 따라서 심의위원회 구성에 자율성이 보장되어 있다고 보기 어렵다.

4) 그리고 의료기기법은 의료기기 광고의 심의기준·방법 및 절차를 식약처장이 정하도록 하고 있으므로(제25조 제1항), 식약처장은 심의기준 등의 개정을 통해 언제든지 심의기준 등을 변경함으로써 심의기관인 한국의료기기산업협회의 심의 내용 및 절차에 영향을 줄 수 있다.

5) 실제로 식약처장은 의료기기 광고의 심의기준을 정하면서 심의의 기준이 되는 사항들을 구체적으로 열거하고 있는 점(심의 규정 제4조), 심의기관의 장은 매 심의결과를 식약처장에게 문서로 보고하여야 하는 점(심의 규정 제12조 제2항), 식약처장은 심의결과가 심의 규정 제4조에서 정한 심의기준에 맞지 아니하다고 판단하는 때에는 심의기관에 재심의를 요청할 수 있고, 이 경우 심의기관은 특별한 사정이 없는 한 재심의를 하여야 하는 점(심의 규정 제7조 제3항) 등에 비추어 볼 때, 심의기관인 한국의료기기산업협회의 의료기기 광고 사전심의업무 처리에 있어 행정기관으로부터의 독립성 및 자율성이 보장되어 있다고 보기 어렵다.

6) 이상과 같은 사정들을 종합하여 보면, 한국의료기기산업협회나 위 협회에 설치된 심의위원회가 의료기기 광고 사전심의업무를 수행함에 있어서 식약처장 등 행정권의 영향력에서 벗어나 독립적이고 자율적으로 심의를 하고 있다고 보기 어렵고, 결국 의료기기 광고에 대한 심의는 행정권이 주체가 된 사전심사라고 할 것이다.

(3) 소결

따라서 한국의료기기산업협회가 행하는 이 사건 의료기기 광고 사전심의는 헌법이 금지하는 사전검열에 해당하고, 이러한 사전심의제도를 구성하는 심판대상조항은 헌법 제21조 제2항의 사전검열금지원칙에 위반된다.

6. 결 론

그렇다면 심판대상조항은 모두 헌법에 위반되므로 주문과 같이 결정한다. 이 결정은 아래 7.과 같은 재판관 이영진의 반대의견이 있는 외에는 나머지 관여 재판관들의 일치된 의견에 의한 것이다.

7. 재판관 이영진의 반대의견

나는 의료기기 광고와 같은 상업적 광고도 표현의 자유의 보호대상이 되고, 사전검열금지원칙의 적용대상이 된다고 생각한다. 그러나 이 사건 의료기기 광고 심의업무를 담당하는 한국의료기기산업협회는 민간기구로서 여기에서의 사전심의는 사전검열에 해당하지 않는다고 생각하므로, 아래와 같이 반대의견을 밝힌다.

가. 이 사건 의료기기 광고 사전심의가 헌법상 사전검열금지원칙에 위반되는지 여부

(1) 헌법재판소는 사전검열금지원칙의 적용에 있어서, 일반적으로 허가를 받기 위한 표현물 제출의무의 존재, 행정권이 주체가 된 사전심사절차의 존재, 허가받지 아니한 의사표현의 금지 및 심사절차를 관철할 수 있는 강제수단의 존재 등의 4가지 요건을 모두 갖춘 사전심사절차의 경우에만 헌법 제21조 제2항에 의해 금지되는 것이라고 판시하여 왔다.

(2)그런데 의료기기 광고에 대한 한국의료기기산업협회나 위 협회에 설치된 심의위원회는 아래와 같은 이유로 의료기기 광고의 사전심의업무와 관련하여 식약처장 등 행정권으로부터 독립된 민간 자율기구로서 행정주체성이 인정되지 아니하므로, 이 사건 의료기기 광고 사전심의는 헌법 제21조 제2항에 의하여 금지되는 사전검열에 해당하지 않는다.

첫째, 의료기기법 제25조 제1항이 의료기기를 광고하려는 자는 식약처장이 정한 심의기준·방법 및 절차에 따라 미리 식약처장의 심의를 받아야 한다고 규정하고 있지만, 이는 의료기기 광고 심의제도를 주무관청인 식약처장이 형성하라는 취지일 뿐이고, 그 심의의 주체가 반드시 식약처장이 되어야 한다는 뜻은 아니다. 의료기기법 제25조 제2항은 의료기기 광고 심의에 관한 업무를 총리령으로 정하는 단체에 위탁할 수 있다고 규정함으로써 의료기기 광고 심의업무를 민간단체에 위탁할 근거를 마련하여 이를 명확히 하고 있다. 실제로 식약처장의 위탁에 따라 의료기기 영업자들로 구성된 순수한 민간단체인 한국의료기기산업협회가 심의업무를 수행하고 있으며, 의료기기 광고에 대한 심의에 관하여 식약처장의 구체적 업무지시를 받지 않는다.

둘째, 의료기기 광고의 사전심의업무를 실제 수행하는 심의위원회의 구성에 있어서도 언론, 법률, 의료, 의료기기 및 광고와 관련한 학식과 경험이 풍부한 자, 시민단체나 의료기기 관련 학회 또는 단체의 장이 추천한 자, 의료기기 관련업무 담당 공무원 중에서 심의기관의 장이 심의위원을 위촉하도록 되어 있는바, 2018. 6. 12.부터는 의료기기 관련업무 담당 공무원이 심의위원으로 위촉되지 않고 있고, 심의기관의 장이 심의위원을 위촉함에 있어서도 식약처장으로부터의 '승인'을 받지 않고 식약처장과 '협의'하여 위촉하도록 되어 있는데(심의 규정 제10조 제2항), 그 협의 내용은 추천된 위원에 대한 단순한 검토의견일 뿐 실질적인 위원의 자질 및 적정성 등에 대해서는 심의기관의 장이 판단하는 등 심의위원회 구성에 있어 식약처장의 관여는 최소화되어 있다. 나아가 식약처장이 심의위원을 해촉하는 규정을 두고 있지도 아니하다.

셋째, 의료기기 광고의 심의기준, 방법 및 절차를 식약처장이 정한다고 하더라도 이는 법률의 위임에 따라 제정되고 심의 이전에 이미 공표되어 심의의 객관적인 기준이 될 뿐이므로 이로써 심의 자체의 독립성이나 자율성이 훼손된다고 볼 수 없다.

넷째, 심의기관의 장이 심의결과를 분기별로 식약처장에게 보고하도록 되어 있기는 하지만, 이는 의료기기 광고사전심의 관련 매체별, 제품별 심의결과표(승인, 조건부승인, 미승인, 재심의 건수 등)일 뿐, 심의내용에 관한 구체적인 사항을 포함하고 있지 않으며(의료기기 광고사전심의위원회 운영규정 별지 제15호 서식 참조), 식약처장은 보고받은 심의내용과 결과에 대해 구체적인 업무지시를 하고 있지 아니하다. 또한 심의 규정 제7조 제3항에 의하면 식약처장은 심의기관의 심의결과가 심의기준에 맞지 아니하다고 판단되는 때에 심의기관에 재심의를 요청할 수 있고, 이 경우 특별한 사정이 없는 한 심의기관은 재심의를 하여야 하나, 위 규정은 식약처장이 재심의 요청에 따라 재심의 절차를 진행할 것을 규정하는 것에 불과할 뿐 식약처장이 재심의 내용에 대해 의견을 제시하는 등 재심의 내용에 대해 간섭할 수 있는 규정이라고 볼 수 없다.

한편 심의위원회 심의과정에 절차적 하자가 있거나, 심의받은 광고임에도 여전히 허위·과대광고의 소지가 남아 있어 다수의 민원이 제기되는 등 소비자에게 부당한 피해를 줄 우려가 있는 특별한 경우에는 식약처장이 재심의 요청을 할 현실적 필요성도 있으며, 이는 국민의 생명과 신체를 보호하기 위한 최소한의 안전장치라고 할 것이다.

다섯째, 의료기기 광고의 심의와 관련된 비용은 총리령에서 정하는 수수료로 충당되고 있고, 한국의료기기산업협회는 행정청의 예산지원을 받고 있지 않는 등 재정적으로 독립하여 운영되고 있다.

(3) 따라서 의료기기 광고 사전심의에 관한 심판대상조항은 헌법상 사전검열금지원칙에 위반되지 않는다.

나. 과잉금지원칙 위반 여부

의료기기 광고도 헌법 제21조의 표현의 자유의 보호영역에 포함되므로 이에 대하여 사전심의제도를 두는 것과 같은 제한은 헌법 제37조 제2항에 따라 국가안전보장·질서유지 또는 공공복리를 위하여 필요한 경우에 한하여 법률로써만 할 수 있고, 따라서 과잉금지원칙이 적용된다. 그런데 이와 같은 상업적 광고는 표현의 자유의 보호영역에 속하지만 사상이나 지식에 관한 정치적, 시민적 표현 행위와는 차이가 있으므로, 그 광고의 규제에 대한 과잉금지원칙 위반 여부를 심사함에 있어서는, 그 기준을 완화하는 것이 상당하다(헌재 2005. 10. 27. 2003헌가3; 헌재 2016. 9. 29. 2015헌바325 참조).

헌법 제36조 제3항은 "모든 국민은 보건에 관하여 국가의 보호를 받는다."라고 규정하고 있고, 의료기기법 제1조는 "이 법은 의료기기의 제조·수입 및 판매 등에 관한 사항을 규정함으로써 의료기기의 효율적인 관리를 도모하고 국민보건 향상에 이바지함을 목적으로 한다."라고 규정하고 있다. 심판대상조항은 사전심의를 통해 의료기기의 허위·과대광고 등 유해한 광고를 방지하고 의료기기에 대한 정확한 정보를 제공하여 올바른 사용을 유도함으로써, 국민의 생명권과 건강권을 보호하기 위한 것으로 그 입법목적의 정당성이 인정된다.

이와 같은 입법목적을 달성하기 위해 민간단체인 한국의료기기산업협회가 구체적인 심의기준에 따라 의료기기 광고에 대하여 사전에 심사하고, 심의결과에 이의가 있는 경우 불복절차를 두는 한편, 사전심의를 받지 아니하거나 심의 받은 내용과 다른 내용의 광고를 하는 것을 금지하고, 이를 위반하는 경우 제재적 행정처분을 부과하거나 형벌을 부과하는 것은 입법목적 달성을 위한 적합한 수단이다.

의료기기는 질병, 상해 또는 장애를 진단·치료·경감할 목적 등에 사용되는 제품으로, 의료기기 광고는 일반적인 상품이나 용역 광고와 달리 국민의 생명·건강에 직접적으로 영향을 미칠 수 있는 의료기기의 효능·효과를 그 내용으로 한다. 전문영역에 속하는 의료 및 의료기기의 특성상 소비자는 의료기기의 광고에 포함된 의료기기의 성능이나 효능 및 효과 또는 그 원리에 관한 정보를 대체로 신뢰하게 되는 경우가 많다. 그러므로 소비자를 기만하거나 의료기기의 성능이나 효능 및 효과에 대해 지나치게 과장하거나, 또는 오인하게 할 우려가 있는 의료기기의 광고에 대해서는 더욱 강력한 규제가 필요하다. 심판대상조항이 규정하고 있는 의료기기 광고에 대한 사전심의는 국민의 생명과 건강을 지키기 위한 것으로 불가피한 규제이다.

의료기기의 성능이나 효능 및 효과에 대한 잘못된 광고로 인해 소비자가 입을 수 있는 신체·건강상의 피해가 클 수 있고, 위와 같은 잘못된 광고를 신뢰하여 국민의 신체·건강상에 위해가 초래된 경우 그 회복이 불가능하거나 회복에 막대한 비용을 지불하여야 한다는 점을 고려하면 사후적인 제재는 실효성 있는 대안으로 보기 어렵다.

또한 모든 의료기기의 광고에 대하여 사전심의를 받도록 하는 것은 아니고, 심의 결과에 이의가 있는 경우 재심의를 통해 구제받을 기회를 부여함으로써 사전심의로 인한 피해를 최소화하기 위한 장치를 두고 있다.

따라서 심판대상조항은 입법목적 달성을 위해 필요한 범위 내의 것이라고 할 것이므로, 침해의 최소성이 인정된다.

아울러 의료기기 광고에 대한 사전심의를 통하여 달성하려는 공익은 유해한 의료기기 광고를 사전에 차단하여 국민의 생명과 건강을 지키기 위한 것으로 그 중요성이 큰 반면, 심의 신청이 비교적 간단하고 수수료가 과다하지 않은 점, 사전심의 결과에 이의가 있는 경우 재심의를 신청하여 다툴 수 있는 제도가 마련되어 있는 점 등을 고려하면 심판대상조항이 추구하는 공익이 제한되는 사익에 비해 작다고 할 수 없으므로 법익의 균형성이 인정된다.

따라서 심판대상조항은 과잉금지원칙에 반하여 표현의 자유를 침해하지 아니한다.

다. 결론

그렇다면 심판대상조항은 헌법상 사전검열금지원칙에 위반되지 않고, 과잉금지원칙에 반하여 표현의 자유를 침해하지 아니하므로 헌법에 위반되지 아니한다.

재판관 유남석 이선애 이석태 이은애 이종석 이영진 김기영 문형배 이미선

32. 지방세법 제10조 제2항 단서 등 위헌소원

[2020. 8. 28. 2017헌바474]

【판시사항】

가. 취득자가 신고한 취득 가액이 시가표준액보다 적은 때에는 그 시가표준액을 취득세 과세표준으로 하는 지방세법 제10조 제2항 단서 중 '그 신고가액이 제4조에서 정하는 시가표준액보다 적을 때' 부분(이하 '이 사건 시가표준액조항'이라 한다)이 과잉금지원칙에 위반되어 청구인의 재산권을 침해하는지 여부(소극)

나. 일정한 경우에 한하여 사실상의 취득가격을 취득세 과세표준으로 하는 구 지방세법 제10조 제5항(이하 '이 사건 사실상 취득가격조항'이라 한다)이 조세평등주의 내지 평등원칙에 위반되는지 여부(소극)

【결정요지】

가. 헌법재판소는 99헌가2 사건에서 이 사건 시가표준액조항과 같은 내용을 규정하고 있던 구 지방세법 조항이 조세평등주의나 실질적 조세법률주의에 위반되지 아니한다고 판단하였는바, 실질적 조세법률주의 위반 여부에 관한 판단은 재산권 침해 여부에 대한 과잉금지원칙 위반 여부에 관한 판단과 사실상 다르지 아니하다. 이 사건 시가표준액조항은 취득자가 취득가액을 허위로 낮게 신고하여 조세를 포탈하는 것을 방지함으로써 실질적인 조세부담의 공평과 조세정의를 도모하고 지방재정에 필요한 세수를 확보하기 위한 것이다. 시가표준액이 시가를 적절히 반영하지 못하여 현저히 불합리한 경우에는 이를 기초로 한 당해 과세처분의 취소를 구하는 행정소송에서 시가표준액 산정의 위법을 독립된 위법사유로 주장하여 구제받을 수 있고, 이 사건 사실상 취득가격조항에 해당하는 경우에는 그 사실상의 취득가격을 과세표준으로 인정받을 수도 있으므로, 실제거래가격이 시가표준액보다 낮다고 하여 구제의 길이 완전히 봉쇄되어 있는 것도 아니다. 따라서 선례의 판단은 현재에도 타당하고, 이 사건에서 이와 달리 판단하여야 할 사정변경이나 필요성이 인정되지 아니한다.

나. 헌법재판소는 2009헌바288 등 다수의 사건에서 이 사건 사실상 취득가격조항과 유사한 내용의 구 지방세법 조항이 조세평등의 원칙이나 실질과세의 원칙에 위반되지 않는다고 판단한 바 있다. 지방자치단체는 인력 부족으로 인하여 전체 부동산 거래신고 중 허위 신고가 의심되어 조사가 이루어지는 사례가 극히 드문 실정이므로, 만약 취득자가 제출하는 금융회사의 금융거래내역 등의 자료를 근거로 해당 가격을 취득가격으로 인정해주게 되면, 취득자가 취득세 과세표준을 낮추기 위하여 낮은 취득가격의 거래 외관을 만들고 그에 부합하는 금융거래내역 등을 만들어 제출하더라도 취득자의 조세포탈을 방지하기 어려울 것이다. 따라서 금융회사의 금융거래내역 등 객관적인 자료에 나타난 가격을 취득세 과세표준으로 보는 것은 지방자치단체의 현실적인 여건에 비추어 시기상조이다. 그렇다면 선례의 판단은 현재에도 타당하고, 이 사건에서 이와 달리 판단하여야 할 사정변경이나 필요성이 인정되지 아니한다.

재판관 이선애, 재판관 이영진의 반대의견

가. 신고된 취득가액이 시가표준액보다 적다고 해도 그것이 취득에 소요된 사실상의 취득가격인 경우에는 취득가액 허위 신고로 조세포탈을 하려는 것이 아니므로, 실질과세의 원칙상 사실상의 취득가격을 과세표준으로 삼아야

하고 시가표준액을 과세표준으로 삼아서는 아니 된다.

시가표준액은 특정 시점을 기준으로 한 것이어서 과세대상 취득시점의 경제상황을 완전하게 반영하지 못하는 한계가 있는 점, 시가표준액은 시가를 적절히 반영하지 못하여 현저히 불합리한 경우에 이른 때에만 비로소 위법이 되는 점, 이 사건 사실상 취득가격조항은 각 호에 열거된 경우를 제외하고는 사실상의 취득가격을 증명하는 것을 불허하고 있는 점, 제도가 정비되어 허위 신고에 따른 조세탈루의 가능성이 낮은 점을 고려하면, 신고된 취득가액이 시가표준액보다 적은데 그것이 사실상의 취득가격인 경우까지 사실상의 취득가격 보다 많은 시가표준액에 따른 취득세를 납부하도록 하는 이 사건 시가표준액조항은 편리한 세금징수의 방법만을 강구한 나머지 행정편의주의 및 획일주의의 정도가 지나치게 되는 것으로, 침해의 최소성 원칙에 위배된다.

신고된 취득가액이 시가표준액보다 적지만 그것이 사실상의 취득가격인 경우, 이 사건 시가표준액조항으로 인해 취득세 납부의무자가 입는 불이익은 현저한 반면, 이 사건 시가표준액조항을 적용함으로써 도모될 수 있는 공익은 그다지 크지 않다. 따라서 이 사건 시가표준액조항은 법익균형성에 반한다.

나. 이 사건 사실상 취득가격조항은 신빙성 있는 객관적 자료에 의한 사실상의 취득가격 인정을 열거된 5가지 사유에 한정하고, 그 외의 신빙성이 상당히 보장된 객관적 자료에 의한 사실상의 취득가격 증명을 허용하지 않고 있다. 이에 따라 개인의 경우 신빙성과 객관성을 갖춘 금융회사의 금융거래내역 등을 통하여 사실상의 취득가격을 증명해도 이를 취득세의 과세표준으로 인정받을 수 없게 되어 '신고된 취득가액이 시가표준액보다 적지만 그것이 사실상의 취득가격인 경우'에도 사실상의 취득가액보다 많은 시가표준액에 따라 취득세를 납부하게 된다.

취득세 과세표준으로서 사실상의 취득가격을 증명하려 할 때 금융회사의 금융거래내역을 활용할 수 있는지 여부에 있어서 법인과 개인을 달리 취급할 합리적인 이유는 없다. 법인장부에 기재된 사실상의 취득가격이라 해도 금융회사의 금융거래내역 등과 같이 신빙성이 상당 정도로 보장된 객관적 자료에 의하여 뒷받침될 때 취득세의 과세표준으로 인정될 수 있고, 장부가액이 사실상의 취득가격에 부합하지 않는다고 볼만한 특별한 사정이 있는 경우에는 그 장부가액을 취득세 과세표준으로 보지 않으므로, 부동산 취득에 소요된 사실상의 취득가격을 증명하는 영역에 있어서는 법인의 경우라 하여 법인장부의 신빙성과 객관성이 훨씬 더 보장되어 있다고 보기도 어렵기 때문이다. 그럼에도 불구하고 법인의 경우에만 금융회사의 금융거래내역 등으로 사실상의 취득가격을 증명할 수 있는 기회를 주고, 개인의 경우는 그러한 증명의 기회 자체를 박탈하는 차별취급에 대하여 어떠한 합리적 이유도 찾을 수 없으므로, 이 사건 사실상 취득가격조항은 평등원칙에 위반된다.

【심판대상조문】

지방세법(2010. 12. 27. 법률 제10416호로 개정된 것) 제10조 제2항 단서 중 '그 신고가액이 제4조에서 정하는 시가표준액보다 적을 때' 부분

구 지방세법(2015. 7. 24. 법률 제13427호로 개정되고, 2016. 1. 19. 법률 제13797호로 개정되기 전의 것) 제10조 제5항

【참조조문】

헌법 제11조 제1항, 제23조 제1항, 제37조 제2항

구 부동산 거래신고에 관한 법률(2014. 1. 28. 법률 제12376호로 제정되고, 2016. 1. 19. 법률 제13797호로 폐지된 것) 제3조 제1항, 제2항, 제3항, 제4항, 제5

조, 제8조 제1항, 제2항, 제3항

구 부동산 거래신고에 관한 법률(2016. 1. 19. 법률 제13796호로 개정되고, 2016. 1. 19. 법률 제13797호로 폐지된 것) 제6조

지방세법(2016. 12. 27. 법률 제14475호로 개정된 것) 제4조 제1항

지방세법(2010. 12. 27. 법률 제10416호로 개정된 것) 제10조 제1항

지방세법(2016. 12. 27. 법률 제14475호로 개정된 것) 제11조 제1항 제7호

지방세법 시행령(2016. 12. 30. 대통령령 제27710호로 개정된 것) 제18조 제3항 제2호

【참조판례】

가.헌재 1999. 12. 23. 99헌가2, 판례집 11-2, 686, 695-697

나.헌재 1995. 7. 21. 92헌바40, 판례집 7-2, 34, 45-46

헌재 2003. 4. 24. 2002헌바71등, 판례집 15-1, 430, 439-442

헌재 2011. 8. 30. 2009헌바288, 판례집 23-2상, 338, 347-352

헌재 2012. 7. 26. 2011헌바230, 공보 190, 1352, 1355

【당 사 자】

청 구 인 1. 박○○
2. 임○○
3. 이○○

청구인들 대리인 변호사 이경중

당해사건 수원지방법원 2017구합65068 경정청구 거부처분 취소

【주 문】

지방세법(2010. 12. 27. 법률 제10416호로 개정된 것) 제10조 제2항 단서 중 '그 신고가액이 제4조에서 정하는 시가표준액보다 적을 때' 부분, 구 지방세법(2015. 7. 24. 법률 제13427호로 개정되고, 2016. 1. 19. 법률 제13797호로 개정되기 전의 것) 제10조 제5항은 모두 헌법에 위반되지 아니한다.

【이 유】

1. 사건개요

가. 청구인들은 2016. 12. 16. 이□□으로부터 평택시 (주소 생략) 임야 39,257㎡의 지분 26/28을 매수하고(이하 '이 사건 매매'라 한다), 2017. 1. 25. 이 사건 매매를 원인으로 한 소유권이전등기를 마쳤다.

나. 청구인들은 2017. 1. 13. 당해사건 피고(평택시 송탄출장소장)에게 이 사건 매매에 대하여 실거래가격인 6억 6,000만 원(이하 '이 사건 거래가액'이라 한다)을 과세표준으로 한 취득세, 농어촌특별세, 지방교육세를 납부하려 하였으나, 당해사건 피고는 '부동산 거래신고 등에 관한 법률' 제5조에서 정한 부동산거래가격 검증체계인 '부동산거래관리 시스템'에 의하여 이 사건 거래가액의 적정성을 진단한 결과 위 거래가액은 하한미달로 부적정 판정이 내려졌으므로 다른 과세표준이 적용되어야 한다는 사유로 위 세액의 영수를 거부하였다.

다. 당해사건 피고는 2017. 1. 13. 위 나.항 기재 취득세 등에 대한 과세표준을 지방세법 제10조 제2항 단서, 제4조에 의하여 이 사건 거래 목적물의 개별공시지가인 1,837,227,601원으로 정한 후 청구인들에게 취득세 73,489,100원, 농어촌특별세 3,674,450원, 지방교육세 7,348,910원 합계 84,512,460원을 부과·고지하였다.

라. 청구인들은 2017. 1. 25. 당해사건 피고에게 위 다.항 기재 취득세, 농어촌특별세, 지방교육세를 모두 납부한 후 2017. 4. 11. 위 부과처분의 과세표준 및 세액을 위 나.항 기재와 같이 경정하여 달라는 경정신청을 하였으나, 당해사건 피고는 2017. 4. 14. 위 경정신청을 거부하였다(이하 '이 사건 거부처분'이라고 한다).

마. 청구인들은 2017. 5. 29. 이 사건 거부처분의 취소를 구하는 소송을 제기하였으나(수원지방법원 2017구합65068) 1심 법원은 2017. 10. 24. 기각판결을 선고하였다. 청구인들은 위 기각판결에 대하여 2017. 11. 6. 항소하였으나(서울고등법원 2017누80983), 2018. 2. 27. 항소 기각되어 2018. 3. 14. 위 판결이 확정되었다.

바. 청구인들은 1심 소송 계속 중 지방세법 제10조 제2항 단서 중 '그 신고가액이 제4조에서 정하는 시가표준액보다 적을 때' 부분, 제10조 제5항, '부동산 거래신고 등에 관한 법률' 제5조에 대하여 위헌법률심판 제청신청을 하였으나, 2017. 10. 24. 판결 선고와 함께 제청신청이 기각되자(수원지방법원 2017아3458), 2017. 11. 23. 헌법소원심판을 청구하였다.

2. 심판대상

청구인들은 '부동산 거래신고 등에 관한 법률' 제5조도 심판대상으로 삼고 있다. 그러나 이와 관련한 청구인들의 주장은 결국 청구인들의 부동산 거래가격을 사실상 취득가격으로 인정받지 못하는 것이 위헌이라는 취지로서 취득세 과세표준에 대한 구 지방세법 제10조 제5항에 관한 것이므로, 부동산 거래신고 검증에 대하여 규정하는 '부동산 거래신고 등에 관한 법률' 제5조는 심판대상에서 제외한다.

그렇다면 이 사건 심판대상은 지방세법(2010. 12. 27. 법률 제10416호로 개정된 것) 제10조 제2항 단서 중 '그 신고가액이 제4조에서 정하는 시가표준액보다 적을 때' 부분(이하 '이 사건 시가표준액조항'이라 한다), 구 지방세법(2015. 7. 24. 법률 제13427호로 개정되고, 2016. 1. 19. 법률 제13797호로 개정되기 전의 것) 제10조 제5항(이하 '이 사건 사실상 취득가격조항'이라 한다. 그리고 이 사건 시가표준액조항과 이 사건 사실상 취득가격조항을 합쳐 '심판대상조항'이라 한다)이 헌법에 위반되는지 여부이다. 심판대상조항은 다음과 같고 관련조항은 [별지]와 같다.

[심판대상조항]

지방세법(2010. 12. 27. 법률 제10416호로 개정된 것)

제10조(과세표준) ② 제1항에 따른 취득 당시의 가액은 취득자가 신고한 가액으로 한다. 다만, 신고 또는 신고가액의 표시가 없거나 그 신고가액이 제4조에서 정하는 시가표준액보다 적을 때에는 그 시가표준액으로 한다.

구 지방세법(2015. 7. 24. 법률 제13427호로 개정되고, 2016. 1. 19. 법률 제13797호로 개정되기 전의 것)

제10조(과세표준) ⑤ 다음 각 호의 취득(증여·기부, 그 밖의 무상취득 및 「소득세법」 제101조 제1항 또는 「법인세법」 제52조 제1항에 따른 거래로 인한 취득은 제외한다)에 대하여는 제2항 단서 및 제3항 후단에도 불구하고 사실상의 취득가격 또는 연부금액을 과세표준으로 한다.

1. 국가, 지방자치단체 또는 지방자치단체조합으로부터의 취득
2. 외국으로부터의 수입에 의한 취득
3. 판결문·법인장부 중 대통령령으로 정하는 것에 따라 취득가격이 증명되는 취득
4. 공매방법에 의한 취득
5. 「부동산 거래신고에 관한 법률」 제3조에 따른 신고서를 제출하여 같은 법 제6조에 따라 검증이 이루어진 취득

3. 청구인들의 주장

가. 이 사건 시가표준액조항에 관한 주장

당사자가 신고한 거래가액이 진실한 거래에 따른 실제거래가격임에도 불구하고 그 가액이 개별공시지가보다 낮은 경우 예외 없이 개별공시지가에 따라 취득세를 과세하므로 헌법 제119조 제1항과 재산권을 침해한다. 또한 조세행정의 어려움을 이유로 실제거래가격보다 높은 시가표준액에 따라 취득세를 과세하므로, 헌법 제7조 제1항 및 제10조 후문 위반에 해당한다.

나. 이 사건 사실상 취득가격조항에 관한 주장

사인 간의 거래의 진실성을 부정하는 전제에서 개인과 법인을 차별하여 사실상의 취득가격을 과세표준으로 하여 취득세를 신고·납부할 수 있는 요건을 달리 규정하고 있고, 사인의 경우에는 개별공시지가에 미달하는 거래가격이 사실상 취득가격으로 인정받는 길이 봉쇄되어 있으므로 평등원칙에 위반된다.

4. 판 단

가. 취득세의 과세표준 체계

지방세법은 취득세의 과세표준과 관련하여 '취득세의 과세표준은 취득 당시의 가액으로 한다.'고 규정하면서(제10조 제1항 본문) 여기서 '취득 당시의 가액은 취득자가 신고한 가액'으로 하되(같은 조 제2항 본문), '다만 신고 또는 신고가액의 표시가 없거나 그 신고가액이 지방세법 소정의 시가표준액보다 적을 때에는 그 시가표준액으로 한다.'(같은 조 제2항 단서)고 규정하고 있다.

이 사건 사실상 취득가격조항은 지방세법 제10조 제2항 단서의 특칙으로 ① 국가·지방자치단체 및 지방자치단체조합으로부터의 취득, ② 외국으로부터의 수입에 의한 취득, ③ 판결문·법인장부 중 대통령령이 정하는 것에 따라 취득가격이 증명되는 취득, ④ 공매방법에 의한 취득 및 ⑤ 구 '부동산 거래신고에 관한 법률' 제6조의 규정에 따라 검증이 이루어진 취득에 대하여는 위 신고 유무 및 신고가액에 관계없이 그 입증된 사실상의 취득가격에 따라 취득세를 부과하도록 규정하고 있다. 이 사건 사실상 취득가격조항은 그 요건이 충

족된 경우에만 납세의무자의 신고 유무 및 신고가액에 관계없이 입증된 사실상의 취득가격으로 과세표준을 정한다는 것이므로 이 사건 사실상 취득가격조항에 열거된 사유는 사실상의 취득가격에 의할 수 있는 제한적, 한정적 요건에 해당하며, 그에 열거된 요건을 갖추지 못한 경우에는 사실상의 취득가격을 과세표준으로 삼을 수 없다(대법원 2006. 7. 6. 선고 2005두11128 판결 참조).

나. 쟁점의 정리

(1)이 사건 시가표준액조항은 신고된 거래가격이 시가표준액보다 낮은 경우 시가표준액을 과세표준으로 하므로 취득세 납부의무자는 자신이 신고한 금액보다 높은 과세표준에 따라 취득세를 납부하게 된다. 따라서 이 사건 시가표준액조항이 재산권을 침해하는지 문제된다.

헌법 제119조 제1항은 헌법상 경제질서에 관한 일반조항으로서 국가의 경제정책에 대한 하나의 헌법적 지침이고, 동 조항이 언급하는 '경제적 자유와 창의'는 직업의 자유, 재산권의 보장, 근로3권과 같은 경제에 관한 기본권 및 비례의 원칙과 같은 법치국가원리에 의하여 비로소 헌법적으로 구체화된다(헌재 2002. 10. 31. 99헌바76등 참조). 따라서 이 사건에서 청구인들이 헌법 제119조 제1항과 관련하여 주장하는 내용은 구체화된 헌법적 표현인 재산권을 기준으로 심사하도록 한다. 그 밖에 이 사건 시가표준액조항이 헌법 제7조 제1항, 제10조 후문을 위반한 것이라는 주장은, 결국 이 사건 시가표준액조항이 재산권을 침해한다는 주장에 포함되는 내용이므로 별도로 판단하지 않는다. 아래에서는 이 사건 시가표준액조항이 과잉금지원칙에 위반되어 재산권을 침해하는지 여부를 살펴본다.

(2) 한편 이 사건 사실상 취득가격조항은 각 호에 열거된 경우를 제외하고는 신빙성이 상당 정도로 보장된 객관적 자료에 의하여 취득가격을 증명하고 취득세 과세표준으로 인정받는 것을 허용하지 않고 있다. 따라서 이 사건 사실상 취득가격조항이 조세평등주의 내지 평등원칙에 위반되는지 여부를 살펴본다.

다. 이 사건 시가표준액조항에 관한 판단

(1) 헌법재판소는 지방세법 제10조 제2항 단서와 같은 내용을 규정하고 있던 구 지방세법(1995. 12. 6. 법률 제4995호로 개정되고, 2000. 2. 3. 법률 제6260호로 개정되기 전의 것) 제111조 제2항 단서 중 '그 신고가액이 다음 각 호에 정하는 시가표준액에 미달하는 때에는' 부분에 대하여 관여 재판관 전원의 일치된 의견으로 합헌 결정을 한 바 있다(헌재 1999. 12. 23. 99헌가2). 그 요지는 다음과 같다.

『취득세는 재산의 이전이라는 사실 자체를 포착하여 거기에 담세력을 인정하고 세금을 부과하는 유통세이자 취득행위를 과세객체로 하여 세금을 부과하는 행위세이다. 즉, 취득세는 취득자가 물건을 사용하거나 수익, 처분함으로써 얻을 수 있는 이익을 포착하여 부과하는 조세가 아니라 취득행위가 이루어진 경우 취득당시의 과세물건의 가치를 과세표준으로 하여 세금을 부과하는 조세이다. 따라서 그 과세표준은 취득을 위하여 실제로 지출한 금액이 아니라 취득재산의 객관적인 가치를 기준으로 설정되어야 한다.

취득자가 취득재산의 가치를 반영하는 실제취득가액을 그대로 신고하는 때에는 그 신고가액을 객관적인 재산의 가치로 삼을 수 있으나, 만일 취득자가 허위로 낮은 가액을 신고하거나 객관적인 가치에 비하여 현저히 낮은 가액으로 재산을 취득하여 그대로 신고한 경우, 또는 교환, 상속, 증여 등과 같이 실제취득가액이 나타나지 않는 취득의 경우에는 과세물건의 객관적인 재산가치를 파악하여야 한다. 그러나 그때그때마다 객관적인 재산의 가치나 실제거래가격을 조사한다는 것은 조세행정상 심히 곤란할 뿐만 아니라 담당공무원의 능력이나 자세에 따라 납세의무자의 세부담이 달라지게 되며, 실제거래가격을 조작한 자들만 이득을 보게 될 여지도 있어 오히려 실질적으로는 조세부담의 공평을 해칠 수도 있다. 이에 따라 지방세법은 시가표준액제를 도입하여 일정한 요건 하에서 시가표준액을 과세표준으로 보고 있다.

따라서 시가표준액이 재산의 객관적 가치, 즉 시가를 적절히 반영하는 한, 신고가액이 시가표준액에 미달하는 때에는 시가표준액을 과세표준으로 보도록 하는 것은 세법의 집행과정에 개재될 수 있는 부정을 배제하고 실질적인 조세부담의 공평과 조세정의를 실현하는 규정으로서, 조세평등주의나 실질적 조세법률주의에 위반되지 아니한다고 볼 것이다.』

위 선례에서 헌법재판소는 이 사건 시가표준액조항의 위헌성을 조세평등주의나 실질적 조세법률주의의 관점에서 판단하였다. 그런데 실질적 조세법률주의는 과세요건이 법률로 명확히 정해진 것일지라도 그것만으로는 불충분하고, 조세법의 목적이나 내용이 기본권 보장의 헌법이념과 이를 뒷받침하는 헌법상 요구되는 제 원칙에 부합하여야 한다는 것을 의미한다(헌재 1994. 6. 30. 93헌바9; 헌재 2017. 8. 31. 2015헌바339 참조). 결국 위와 같은 내용의 실질적 조세법률주의는 재산권 침해 여부에 대한 과잉금지원칙 위배 여부에 관한 판단과 사실상 다르지 않으므로 과잉금지원칙위반 여부에 관한 판단에서도 위 선례의 판단내용을 그대로 원용할 수 있다.

(2) 한편, 이 사건 시가표준액조항은 취득세 납부의무자가 취득가액을 허위로 낮게 신고하여 조세를 포탈하는 것을 막고 실질적인 조세부담의 공평과 조세정의를 도모하기 위한 것인바, 실제거래가격보다 낮은 허위의 신고가액이 시가표준액보다 낮은 경우에도 그 신고가액에 따라 취득세를 납부하게 할 경우 재정자립도가 낮은 지방자치단체의 재정에 악영향을 미칠 수밖에 없다. 따라서 공평과세와 지방재정에 필요한 세수 확보를 위하여 신고가액이 시가표준액보다 낮은 경우 과세표준을 시가표준액으로 삼는 것은 지나치다고 보기 어렵다.

나아가 시가표준액이 시가를 적절히 반영하지 못하여 현저히 불합리한 것으로 인정되는 경우에는 이를 기초로 한 당해 과세처분의 취소를 구하는 행정소송에서 시가표준액 산정의 위법을 독립된 위법사유로 주장하여 구제받을 수 있고(대법원 2008. 6. 12.자 2008아17 결정, 대법원 2014. 11. 13. 선고 2014두9578 판결 참조), 지방세법 제10조 제5항에 해당하는 경우 그 사실상 취득가격을 과세표준으로 인정받을 수도 있으므로 실제거래가격이 시가표준액보다 낮다고 하여 구제의 길이 완전히 봉쇄되어 있는 것도 아니다.

따라서 선례의 판단은 현재에도 유효하며 이를 변경할 만한 사정변경이나 필요성이 인정되지 않는다. 이 사건 시가표준액조항은 과잉금지원칙에 위배되어 재산권을 침해하지 않는다.

라. 이 사건 사실상 취득가격조항에 관한 판단

(1) 헌법재판소는 이 사건 사실상 취득가격조항과 유사한 내용을 가지고 있던 구 지방세법(1994. 12. 22. 법률 제4794호로 개정되고, 2005. 12. 31. 법률 제7843호로 개정되기 전의 것) 제111조 제5항이 사실상의 취득가격을 취득세의 과세표준으로 하는 사유 중에 재판상 화해를 규정하지 않은 것은 헌법상 조세평등주의에 반하지 아니한다고 판시한 바 있고(헌재 2003. 4. 24. 2002헌바71등), 개정 연혁은 다르지만 동일한 내용의 구 지방세법 제111조 제5항 제3호 '법인장부' 부분에 대해서도 두 번에 걸쳐 조세평등의 원칙이나 실질과세의 원칙에 위반되지 않는다고 판시한 바 있다(헌재 1995. 7. 21. 92헌바40; 헌재 2012. 7. 26. 2011헌바230). 위 지방세법 조항은 2005년 12월 개정으로 제5호가 추가되어 구 '공인중개사의 업무 및 부동산 거래 신고에 관한 법률'에 따라 검증이 이루어진 경우에는 사실상 취득가격을 과세표준으로 할 수 있게 되었는데, 헌법재판소는 2011. 8. 30. 2009헌바288 결정에서 이 구 지방세법(2005. 12. 31. 법률 제7843호로 개정되고, 2008. 12. 31. 법률 제9302호로 개정되기 전의 것) 제111조 제5항 제1호 내지 제4호에 대하여는 위 92헌바40, 2002헌바71등 결정을 원용하고, 제5호에 대하여는 새롭게 판단을 추가하여 이것이 조세평등주의 내지 평등원칙을 침해하지 않는다고 결정하였다(헌재 2011. 8. 30. 2009헌바288). 위 선례들의 요지는 다음과 같다.

『이 사건 사실상 취득가격조항 각 호의 내용과 그 취지를 살펴보면 이 사건 사실상 취득가격조항이 정하고 있는 사유는 모두 특별한 사정이 없는 한 제도적으로 그 신빙성이 상당 정도 보장되어 있는 객관적 자료에 의하여 사실상의 취득가액이 추정될 수 있고 그 확인이 용이한 경우임을 알 수 있다.

즉, 국가 또는 지방자치단체가 국공유재산을 매각할 때에는 국유재산법 또는 지방재정법 등의 관계규정에 의한 일정한 절차에 따라 매각이 이루어지기 때문에 매각관계서류가 정확하게 기록·보존되고 따라서 사실상의 취득가격을 용이하게 확인할 수 있으며(제1호), 외국으로부터 수입하는 물건 역시 관세의 부과와 관련하여 관계자료가 기록·보존되기 때문에 그 사실상 취득가격의 확인이 용이하다(제2호). 또한 판결문은 국가기관인 법원이 공정한 제3자적 입장에서 권리관계에 관한 쟁송에 대하여 판단한 문서라는 점에서, 그리고 법인장부는 상법 등 관련 규정에 의하여 장부에 기재된 재산의 취득가격이 그 취득원인을 불문하고 사실상의 취득가격과 일치하도록 제도적으로 규율되어 있다는 점에서, 특별한 사정이 없는 한 그 신빙성에 대한 보장이 상당 정도 확보되어 있다(제3호). 나아가 국가 또는 공공단체가 금전채권의 강제집행에 의하여 목적물을 환가처분하는 공매(민사집행법에 의한 경매, 국세징수법 및 지방세법상의 공매처분 등) 역시 사실상의 취득가격은 경매가액 또는 낙찰가액이 된다는 점에서 앞의 경우들과 다르지 아니하다(제4호). 한편, 이 사건 제5호조항 역시 구 '공인중개사의 업무 및 부동산 거래신고에 관한 법률' 제28조에 따른 검증 결과 그 신고가격이 적정하다고 판정받은 경우에는 그 신고된 거래가격이 사실상의 취득가격이라는 점에 대한 신빙성이 상당 정도 보장되어 있다는 점에서 이 사건 제1호 내지 제4호 조항과 마찬가지라고 할 것이고, 이러한 경우 사실상의 취득가격을 과세표준으로 인정하여도 세법의 집행과정에서 부정이 생긴다거나 조세부담의 불공평을 초래한다고 보기 어렵고 오히려 수급사정에 따라 변동하는 시가를 적절히 반영할 수 있어 조세정의실현을 위한 실질과세의 원칙에도 부합한다.』

(2) 지방자치단체는 세무조사를 담당할 인력이 부족하고, 그리하여 전체 부동산 거래신고 중 허위 신고가 의심되어 조사가 이루어지는 사례도 극히 드문 실정이다. 그런데 만약 취득세 납세의무자가 금융회사의 금융거래내역 등의 자료를 제출하는 경우 이를 근거로 해당 가격을 취득가격으로 인정해주게 되면, 부동산 취득자는 과세표준을 낮추기 위하여 낮은 취득가격의 거래 외관을 만들고 그에 부합하는 금융거래내역 등을 만들어 제출할 가능성을 배제할 수 없어 부동산 취득자의 조세포탈을 방지하기 어려울 것이다. 따라서 금융회사의 금융거래내역 등 객관적인 자료에 나타난 가격을 취득세 과세표준으로 보는 것은 지방자치단체의 현실적인 여건에 비추어 시기상조라고 할 것이다.

그렇다면 이 사건 사실상 취득가격조항과 실질적으로 동일한 조항에 관한 위 선례들의 판단은 현재에도 유효하며 이를 변경할 만한 사정변경이 있다고 보기 어려우므로, 이 사건에서도 이를 그대로 원용할 수 있다. 이 사건 사실상 취득가격조항은 조세평등주의 내지 평등원칙에 위반되지 않는다.

5. 결 론

그렇다면 심판대상조항은 헌법에 위반되지 아니하므로 주문과 같이 결정한다. 이 결정에는 아래 6.과 같은 재판관 이선애, 재판관 이영진의 반대의견이 있는 외에는 나머지 관여 재판관들의 의견이 일치되었다.

6. 재판관 이선애, 재판관 이영진의 반대의견

우리는 법정의견과 달리 심판대상조항이 헌법에 위반된다고 판단하므로 아래와 같이 반대의견을 밝힌다.

가. 이 사건 시가표준액조항에 관한 판단

(1) 취득세 과세표준 관련 조항

조세정의의 실현을 위한 실질과세의 원칙에서 사실상의 취득가격을 과세표준으로 하여 취득세를 부과함이 원칙이다. 그러므로 지방세법 제10조 제1항에서는 취득세의 과세표준은 취득 당시의 가액으로 한다고 규정하면서도 과세관청으로서는 모든 거래에 관하여 사실상의 취득가격을 파악하는 것이 현실적으로 용이하지 않고, 납세의무자가 사실상의 취득가격을 신고하여야 비로소 그 취득가액을 알 수 있으므로, 같은 조 제2항에서 신고한 취득가액을 과세표준으로 하여 취득세를 과세하는 것으로 하고, 다만 객관적 자료에 의하여 사실상의 취득가격이 인정될 수 있는 경우를 같은 조 제5항에 특정하여 이러한 경우에는 당사자의 신고 여하에 불구하고 사실상의 취득가격을 과세표준으로 하여 취득세를 과세하는 것으로 법정한 것이다(헌재 1995. 7. 21. 92헌바40; 헌재 2003. 4. 24. 2002헌바71 등 참조).

지방세법 제10조 제2항 본문에 의하면, 청구인들은 사실상의 취득가격으로 신고한 가액에 따라 취득세를 납부하여야 할 것인데, 신고가액이 시가표준액보다 적을 때에는 시가표준액을 취득세 과세표준으로 하도록 한 이 사건 시가표준액조항으로 인하여 신고한 금액보다 많은 시가표준액을 취득세 과세표준으로 한 취득세액을 납부하게 된다. 따라서 이 사건 시가표준액조항이 과잉금지원칙을 위반하여 재산권을 침해하는지 여부를 살펴본다.

(2) 과잉금지원칙 위반 여부

(가) 입법목적의 정당성, 수단의 적합성

이 사건 시가표준액조항은 취득세 납부의무자가 취득가액을 허위로 적게 신고하여 조세를 포탈하는 것을 막고 실질적인 조세부담의 공평과 조세정의를 도모하기 위한 것으로서, 입법목적의 정당성이 인정된다. 또한 이 사건 시가표준액조항에 따르면 지방세법 제4조에서 정하는 시가표준액(이하 '시가표준액'이라고 한다)보다 취득가액을 낮게 신고하더라도 시가표준액에 따라 취득세를 납부하게 되므로 어느 정도 조세부담의 공평과 정의를 실현할 수 있다는 점에서 수단의 적합성도 인정된다.

(나) 침해의 최소성

앞서 본 바와 같이 이 사건 시가표준액조항은 취득세 납부의무자가 취득가액을 허위로 적게 신고하여 조세를 포탈하는 것을 막고 조세부담의 공평과 조세정의를 피하기 위한 것이므로, 비록 신고된 취득가액이 시가표준액보다 적다고 해도 그것이 과세대상인 당해 부동산을 취득함에 소요된 사실상의 취득가격인 경우에는 이것을 과세표준으로 삼아야 하고 시가표준액을 과세표준으로 삼아서는 안 된다. 왜냐하면, 이 경우 취득세 납부의무자는 취득가액을 허위로 적게 신고하여 조세포탈을 하려는 것이 아니므로 이 사건 시가표준액조항이 달성하려는 조세공평이나 조세정의라는 공익에 전혀 해악을 미치지 않기 때문이다.

시가표준액은 특정 시점을 기준으로 한 가액을 평가하는 것이므로, 취득세 납부의무자가 과세대상을 취득하는 시점의 경제적인 상황을 완전하게 반영하지 못하는 한계가 있다. 시가표준액 결정의 적법 여부는 관련 법령이 정하는 절차와 방법에 따라 이루어진 것인지 여부에 의하여 결정될 뿐 그 대상의 시가나 실제 거래가격과 직접적인 관련이 없다(대법원 2005. 7. 15. 선고 2003두12080 판결 참조). 취득세 납부의무자로서는 시가표준액 산정의 기준 시점 이후에 사실상의 취득가격이 시가표준액보다 하락하는 역전현상이 발생한 경우 사실상의 취득가격보다 높고 취득 당시 경제상황에도 부합하지 않는 시가표준액을 과세표준으로 하여 취득세를 납부해야 한다. 위와 같은 사정들을 고려할 때, 신고된 취득가액이 시가표준액보다 적은데 그것이 사실상의 취득가격인 경우까지도 이 사건 시가표준액조항으로 인하여 사실상의 취득가격보다 많은 시가표준액에 따른 취득세를 납부하도록 하는 것은 재산권을 과도하게 제한하는 것이다.

법정의견은 시가표준액이 시가를 적절히 반영하지 못하여 불합리한 것으로 인정되는 경우 이를 기초로 한 당해 과세처분의 취소를 구하는 행정소송에서 시가표준액 산정의 위법을 독립된 위법사유로 주장하여 구제받을 수 있고, 지방세법 제10조 제5항에 해당하는 경우 그 사실상 취득가격을 과세표준으로 인정받을 수도 있으므로 실제거래가격이 시가표준액보다 낮다고 하여 구제의 길이 완전히 봉쇄되어 있는 것은 아니라고 지적한다.

그러나 대법원은 시가표준액이 감정가액이나 실제거래가격을 초과하더라도 곧바로 시가표준액결정이 위법해지는 것은 아니라고 보면서 시가표준액이 시가나 기타 사정에 비추어 현저하게 불합리한 경우에만 위법한 것으로 보고 있고(대법원 1997. 7. 8. 선고 95누17953 판결), 지방세법 제10조 제5항 역시 후술하는 바와 같이 각 호에 열거된 경우를 제외하고는 사실상의 취득가격을 증명하는 것을 허용하고 있지 않다. 위와 같은 점들을 고려하면, 법정의견이 언급한 구제수단이 사실상의 취득가격이 시가표준액보다 적은 경우에 해당하는 취득세 납부의무자를 위한 실효적 구제수단이라고 볼 수 있는지 의문이다.

한편, 부동산등기법상 취득세를 납부하지 아니하면 사실상 부동산소유권이전등기를 경료할 수 없고[부동산등기법(2011. 4. 12. 법률 제10580호로 전부 개정된 것) 제29조 제10호 참조], 부동산 실거래가 신고제도가 정착되어 부동산 거래신고 시 실거래가에 의한 신고를 하도록 의무지우고 있으며, 지방자치단체는 그 신고의 진실 여부를 조사할 수 있고, 허위 신고 시 과태료의 제재도 마련되었으므로[구 '부동산 거래신고에 관한 법률'(2016. 1. 19. 법률 제13797호로 폐지되기 전의 것) 제3조, 제5조, 제8조 등 참조], 취득가액 허위신고에 따른 조세탈루의 가능성은 상당히 낮아졌다.

따라서 취득세 납부의무자가 취득가액을 허위로 적게 신고하여 조세를 포탈하는 것을 막기 위해, '신고된 취득가액이 시가표준액보다 적은데 그것이 사실상의 취득가격인 경우'까지도 예외 없이 일률적으로 이 사건 시가표준액조항에 의하여, 사실상의 취득가격보다 많은 시가표준액을 과세표준으로 삼아 취득세를 납부하도록 하는 것은 재산권을 과도하게 제한하는 것이다.

따라서, 이 사건 시가표준액조항은 편리한 세금징수의 방법만을 강구한 나머지 행정편의주의 및 획일주의의 정도가 지나치게 되는 것으로, 침해의 최소성 원칙에 위배된다.

(다) 법익균형성

조세정의의 실현을 위한 실질과세의 원칙에서 볼 때, 신고된 취득가액이 시가표준액보다 적지만 그것이 사실상의 취득가격인 경우에 있어서 이 사건 시가표준액조항으로 말미암아 사실상의 취득가격보다 많은 시가표준액을 과세표준으로 한 취득세를 납부하게 됨으로써 취득세 납부의무자가 입는 불이익은 현저하게 큰 반면, 이러한 경우에까지 이 사건 시가표준액조항을 적용함으로써 도모될 수 있는 공익은 그다지 크지 않다. 왜냐하면, 이러한 경우에는 취득세 납부의무자가 취득가액을 허위로 적게 신고하여 조세를 포탈하는 것을 막고 실질적인 조세부담의 공평과 조세정의를 도모할 필요성이 없기 때문이다. 따라서 이 사건 시가표준액조항은 법익균형성에 반한다.

(3) 소결

이 사건 시가표준액조항은 과잉금지원칙에 위반되어 재산권을 침해한다.

나. 이 사건 사실상 취득가격조항에 관한 판단

(1) 이 사건 사실상 취득가격조항은 제1호에서 제5호에 규정된 사유가 존재하는 경우에 한정하여 사실상 취득가격을 취득세의 과세표준으로 삼고 있다(대법원 2006. 7. 6. 선고 2005두11128 판결 참조). 제도적으로 신빙성에 대한 보장이 상당 정도 되어 있는 객관적 자료에 의하여 사실상의 취득가격이 인정될 수 있는 경우에 사실상의 취득가격을 과세표준으로 하는 것이 실질과세원칙에 부합하고 조세부담의 공평 및 조세정의 실현에 기여하기 때문이다.

이 사건 사실상 취득가격조항은 객관적 자료에 의한 사실상 취득가격 인정을 열거된 5가지 사유에 한정하고, 그 외의 신빙성이 상당히 보장된 객관적 자료에 의한 사실상 취득가격 증명을 허용하지 않는다. 그 결과, 개인의 경우 신빙성이 상당 정도로 보장된 객관적 자료인 금융회사의 금융거래내역 등을 통하여 사실상의 취득가격을 증명해도 이를 취득세의 과세표준으로 인정받을 수 없다.

한편, 부동산 실거래가 신고제도가 시행된 이후 시장·군수·구청장은 신고된 부동산 거래가격의 사실 여부를 조사할 수 있고, 부동산 거래가격을 허위로 신고한 경우에는 과태료를 부과하는 등 구 '부동산 거래신고에 관한 법률'(2016. 1. 19. 법률 제13797호로 폐지되기 전의 것)은 부동산 거래신고 시 실제거래가격에 의하도록 엄격히 규율하면서, 그 신고가격이 실제거래가격인지 여부는 입금표, 통장 사본, 그 밖에 거래당사자 간에 거래대금을 주고받은 것을 증명할 수 있는 자료 등을 통하여 확인하도록 하였다[구 '부동산 거래신고에 관한 법률 시행령'(2017. 1. 17. 대통령령 제27793호로 폐지되기 전의 것) 제3조]. 이렇듯 입금표, 통장 사본 등의 은행 거래내역 등을 활용하는 것이 실거래가격을 확인하는 데에 상당한 방법이라고 인정되고 있는데, 개인의 경우 취득세 과세표준으로서 사실상 취득가격을 증명하려 할 때에는 금융회사의 금융거래내역 등을 활용할 수 없도록 하고 있는 것이다.

(2) 이 사건 청구인들과 같이 취득세 납부의무자가 개인인 경우는 이 사건 사실상 취득가격조항에 한정적으로 규정된 사유가 아니면 사실상 취득가격의 증명이 거부되어, 신고된 취득가액이 시가표준액보다 적지만 그것이 사실상의 취득가격인 경우에 해당하더라도 사실상의 취득가격보다 많은 시가표준액에 따라 취득세를 납부하게 된다. 금융회사의 금융거래내역 등을 통하여 사실상의 취득가격을 증명해도 이를 취득세의 과세표준으로 인정받을 수 없는 것이다.

이 사건 사실상 취득가격조항 중 제3호에서 규정하고 있는 법인장부의 경우에도 모든 경우에 사실상의 취득가격을 취득세 과세표준으로 하는 것이 아니라 대통령령으로 정하는 것에 의하여 취득가격이 입증되는 경우에 한하여 과세표준으로 할 수 있도록 하고 있다. 즉, 법인장부에 기재된 금액이라 하더라도 이를 그대로 사실상의 취득가격으로 인정하는 것이 아니라 금융회사의 금융거래 내역 또는 감정평가 및 감정평가사에 관한 법률 제6조에 따른 감정평가서 등 객관적 증거서류에 의하여 증명된 경우에 한하여 취득세 과세표준으로 인정하고 있다(지방세법 시행령 제18조 제3항 제2호 참조). 또한, 법인의 장부가액이 사실상의 취득가격에 부합하지 않는다고 볼만한 특별한 사정이 있는 경우에는 그 장부가액을 취득세 과세표준으로 보지 아니한다(대법원 1993. 4. 27. 선고 92누15895 판결 참조).

그렇다면 취득세 과세표준으로서 사실상의 취득가격을 증명하려 할 때 금융회사의 금융거래내역을 활용할 수 있는지 여부에 있어서 법인과 개인을 달리 취급할 합리적인 이유는 없다. 왜냐하면, 법인장부에 기재된 사실상의 취득가격이라 해도 금융회사의 금융거래내역 등과 같이 신빙성이 상당 정도로 보장된 객관적 자료에 의하여 뒷받침될 때 취득세의 과세표준으로 인정될 수 있는 것이고, 장부가액이 사실상의 취득가격에 부합하지 않는다고 볼만한 특별한 사정이 있는 경우에는 그 장부가액을 취득세 과세표준으로 보지 않는다는 것이므로, 과세대상인 당해 부동산을 취득함에 소요된 사실상의 취득가격을 증명하는 영역에 있어서는 법인의 경우라 하여 법인장부의 신빙성과 객관성이 훨씬 더 보장되어 있다고 보기도 어렵기 때문이다. 그럼에도 불구하고 법인의 경우에만 금융회사의 금융거래내역 등으로 사실상 취득가격을 증명할 수 있는 기회를 주고, 개인의 경우는 그러한 증명의 기회 자체를 박탈하는 차별취급에 대하여 어떠한 합리적 이유도 찾을 수 없다.

(3) 따라서, 이 사건 사실상 취득가격조항은 평등원칙에 위반되어 위헌이라 할 것인데, 위헌인 이유는 각 호에 나열한 경우에 사실상의 취득가격을 취득세 과세표준으로 인정한 것 자체에 있는 것이 아니라, 각 호

에 나열한 경우만을 한정하고 그 외에는 신빙성에 대한 보장이 상당 정도 되어 있는 객관적 자료에 의하여 증명되는 사실상의 취득가액을 취득세 과세표준으로 전혀 인정하고 있지 않은 데 있는 것이므로, 이 사건 사실상 취득가격조항을 단순위헌으로 선언하여 즉시 효력을 상실하게 할 경우에는 일정한 경우 사실상의 취득가격을 증명하여 취득세의 과세표준으로 하는 법적 근거가 사라져 법적인 공백 상태를 초래하게 된다. 따라서, 이 사건 사실상 취득가격조항에 대하여는 헌법불합치 결정을 선고하되, 이를 대체하여 적용할 새로운 입법이 이루어질 때까지 이 사건 사실상 취득가격조항을 잠정적으로 계속 적용하도록 함이 타당하다.

재판관 유남석 이선애 이석태 이은애 이종석 이영진 김기영 문형배 이미선

[별지] 관련조항

지방세법(2016. 12. 27. 법률 제14475호로 개정된 것)

제4조(부동산 등의 시가표준액) ① 이 법에서 적용하는 토지 및 주택에 대한 시가표준액은 「부동산 가격공시에 관한 법률」에 따라 공시된 가액(價額)으로 한다. 다만, 개별공시지가 또는 개별주택가격이 공시되지 아니한 경우에는 특별자치시장·특별자치도지사·시장·군수 또는 구청장(자치구의 구청장을 말한다. 이하 같다)이 같은 법에 따라 국토교통부장관이 제공한 토지가격비준표 또는 주택가격비준표를 사용하여 산정한 가액으로 하고, 공동주택가격이 공시되지 아니한 경우에는 대통령령으로 정하는 기준에 따라 특별자치시장·특별자치도지사·시장·군수 또는 구청장이 산정한 가액으로 한다.

지방세법(2010. 12. 27. 법률 제10416호로 개정된 것)

제10조(과세표준) ① 취득세의 과세표준은 취득 당시의 가액으로 한다. 다만, 연부(年賦)로 취득하는 경우에는 연부금액(매회 사실상 지급되는 금액을 말하며, 취득금액에 포함되는 계약보증금을 포함한다. 이하 이 절에서 같다)으로 한다.

지방세법(2016. 12. 27. 법률 제14475호로 개정된 것)

제11조(부동산 취득의 세율) ① 부동산에 대한 취득세는 제10조의 과세표준에 다음 각 호에 해당하는 표준세율을 적용하여 계산한 금액을 그 세액으로 한다.

7. 그 밖의 원인으로 인한 취득
   가. 농지: 1천분의 30
   나. 농지 외의 것: 1천분의 40

지방세법 시행령(2016. 12. 30. 대통령령 제27710호로 개정된 것)

제18조(취득가격의 범위 등) ③ 법 제10조제5항제3호에서 "대통령령으로 정하는 것"이란 다음 각 호에서 정하는 것을 말한다.

2. 법인장부: 금융회사의 금융거래 내역 또는 「감정평가 및 감정평가사에 관한 법률」 제6조에 따른 감정평가서 등 객관적 증거서류에 의하여 법인이 작성한 원장·보조장·출납전표·결산서. 다만, 법인장부의 기재사항 중 중고자동차 또는 중고기계장비의 취득가액이 법 제4조제2항에서 정하는 시가표준액보다 낮은 경우에는 그 취득 가액 부분(중고자동차 또는 중고기계장비가 천재지변, 화재, 교통사고 등으로 그 가액이 시가표준액보다 하락한 것으로 시장·군수·구청장이 인정한 경우는 제외한다)은 객관적 증거서류에 의하여 취득가액이 증명되는 법인장부에서 제외한다.

구 부동산 거래신고에 관한 법률(2014. 1. 28. 법률 제12376호로 제정되고, 2016. 1. 19. 법률 제13797호로 폐지된 것)

제3조(부동산 거래의 신고) ① 거래당사자는 부동산등에 관한 매매계약을 체결한 경우 그 실제 매매가격 등 대통령령으로 정하는 사항을 거래계약의 체결일부터 60일 이내에 그 부동산등(권리에 관한 매매계약의 경우에는 그 권리의 대상인 부동산을 말한다)의 소재지를 관할하는 시장(구가 설치되지 아니한 시의 시장 및 특별자치시장과 특별자치도 행정시의 시장을 말한다. 이하 같다)·군수 또는 구청장(이하 "등록관청"이라 한다)에게 공동으로 신고하여야 한다. 다만, 거래당사자 중 일방이 신고를 거부하는 경우에는 국토교통부령으로 정하는 바에 따라 단독으로 신고할 수 있다.

② 개업공인중개사가 「공인중개사법」 제26조제1항에 따라 거래계약서를 작성·교부한 경우에는 제1항에도 불구하고 해당 개업공인중개사가 같은 항에 따른 신고를 하여야 한다. 이 경우 공동으로 중개를 한 경우에는 해당 개업공인중개사가 공동으로 신고하여야 한다.

③ 제1항 또는 제2항에 따라 신고를 받은 등록관청

은 그 신고내용을 확인한 후 신고인에게 신고필증을 즉시 발급하여야 한다.

④ 부동산등의 매수인은 신고인이 제3항에 따른 신고필증을 발급받은 때에 「부동산등기 특별조치법」 제3조제1항에 따른 검인을 받은 것으로 본다.

제5조(신고 내용의 조사 등) 등록관청은 제3조에 따라 신고받은 내용이 누락되어 있거나 정확하지 아니하다고 판단하는 경우 신고인에게 신고 내용을 보완하게 하거나 신고한 내용의 사실여부를 확인하기 위하여 소속 공무원으로 하여금 거래당사자 또는 개업공인중개사에게 거래계약서, 거래대금 지급을 증명할 수 있는 자료 등 관련 자료의 제출을 요구하는 등 필요한 조치를 취할 수 있다.

제8조(과태료) ① 제5조를 위반하여 거래대금 지급을 증명할 수 있는 자료를 제출하지 아니하거나 거짓으로 제출한 자 또는 그 밖의 필요한 조치를 이행하지 아니한 자에게는 3천만원 이하의 과태료를 부과한다.

② 다음 각 호의 어느 하나에 해당하는 자에게는 500만원 이하의 과태료를 부과한다.

1. 제3조제1항, 제2항 또는 제5항을 위반하여 같은 항에 따른 신고를 하지 아니한 자(공동신고를 거부한 자를 포함한다)
2. 제4조제1호를 위반하여 개업공인중개사에게 제3조에 따른 신고를 하지 아니하게 하거나 거짓으로 신고하도록 요구한 자
3. 제4조제3호를 위반하여 거짓으로 제3조에 따른 신고를 하는 행위를 조장하거나 방조한 자
4. 제5조를 위반하여 거래대금 지급을 증명할 수 있는 자료 외의 자료를 제출하지 아니하거나 거짓으로 제출한 자

③ 제3조제1항·제2항·제5항 또는 제4조제2호를 위반하여 그 신고를 거짓으로 한 자에게는 다음 각 호의 구분에 따른 금액의 과태료를 부과한다.

1. 부동산을 매매한 경우: 해당 부동산에 대한 취득세(취득세가 비과세·면제·감경되는 경우에는 비과세·면제·감경되지 아니하는 경우에 납부하여야 할 취득세의 상당액을 말한다)의 3배 이하에 상당하는 금액
2. 부동산을 취득할 수 있는 권리를 매매한 경우: 해당 권리 취득가액의 100분의 5 이하에 상당하는 금액

구 부동산 거래신고에 관한 법률(2016. 1. 19. 법률 제13796호로 개정되고, 2016. 1. 19. 법률 제13797호로 폐지된 것)

제6조(신고 가격의 검증 등) ① 국토교통부장관은 공정하고 투명한 부동산 거래질서를 확립하기 위하여 제3조에 따라 신고받은 내용, 「부동산 가격공시에 관한 법률」에 따라 공시된 토지 및 주택의 가액 및 그 밖의 부동산 가격정보를 활용하여 부동산거래가격 검증체계를 구축·운영하여야 한다.

② 등록관청은 제3조에 따른 신고를 받은 경우 제1항에 따른 부동산거래가격 검증체계를 활용하여 그 적정성을 검증하여야 한다.

③ 등록관청은 제2항에 따른 검증 결과를 해당 부동산의 소재지를 관할하는 세무관서의 장에게 통보하여야 하며, 통보받은 세무관서의 장은 해당 신고 내용을 국세 또는 지방세 부과를 위한 과세자료로 활용할 수 있다.

33. 군인보수법 제2조 제1항 위헌확인

[2020. 9. 24. 2017헌마643]

【판시사항】

공중보건의사에 편입되어 군사교육에 소집된 사람을 군인보수법의 적용대상에서 제외하여 군사교육 소집기간 동안의 보수를 지급하지 않도록 한 군인보수법 제2조 제1항 중 '군사교육소집된 자' 가운데 '병역법 제5조 제1항 제3호 나목 4) 공중보건의사'에 관한 부분(이하 '심판대상조항'이라 한다)이 평등권을 침해하는지 여부(소극)

【결정요지】

공중보건의사는 의사 등 전문자격 보유자를 대상으로 하고, 현역병보다 자유로운 환경에서 복무하며, 임기제 공무원으로 신분이 보장되고, 자신의 전문지식과 능력을 그대로 활용할 수 있으며, 장교에 해당하는 보수를 지급받고 있어 그 복무의 내용이나 성격이 현역병이나 사회복무요원과 같다고 보기 어렵고, 공중보건의사에 대한 군사교육은 복무기간 내내 비군사적인 복무에 종사하게 될 공중보건의사에게 단 1회 30일 이내의 기간에 한하여 이루어지고, 그 기간 동안 의식주에 필요한 기본물품이 제공된다는 점 등을 고려하면 공중보건의사가 받는 불이익이 심대하다고 보기도 어렵다. 따라서 심판대상조항이 공중보건의사로 편입되어 군사교육 소집된 자에게 군사교육 소집기간 동안의 보수를 지급하지 않도록 규정하였다고 하더라도 이는 한정된 국방예산의 범위 내에서 효율적인 병역 제도의 형성을 위하여 공중보건의사의 신분, 복무 내용, 복무 환경, 전체 복무기간 동안의 보수 수준 및 처우, 군사교육의 내용 및 기간 등을 종합적으로 고려하여 결정한 것이므로, 평등권을 침해한다고 보기 어렵다.

재판관 유남석, 재판관 이석태, 재판관 이은애, 재판관 이영진, 재판관 문형배의 위헌의견

현역병이 받는 기초군사훈련이나 공중보건의사가 받는 군사교육은 교육기간의 장단만 차이가 있을 뿐 교육과정에 차이가 없으며, 공중보건의사로 복무할 것인지 여부도 온전히 자율적인 의사에 따라 결정된다고 볼 수 없고, 군사교육 소집기간이 아닌 복무기간 중의 처우 차이가 군사교육 소집훈련 기간 동안의 보수지급을 달리 결정할 합리적인 이유가 된다고 보기도 어렵다. 사회복무요원은 공중보건의사와 같은 보충역으로서 대체복무를 한다는 점에서 더욱 달리 취급할 합리적인 이유를 발견하기 어렵다. 국가는 재정부담 능력 등을 고려하여 병역의무 이행자들의 군사교육에 대한 보수의 지급 여부나 수준을 정할 수 있으나, 병역의무 이행자들에 대한 차별적인 보수 지급이 오로지 재정 절감의 필요성만을 이유로 허용될 수는 없다. 병역의무 이행자들 사이에서 발생하는 보수의 불합리한 차별은 병역의무 이행자들의 사기를 저하시키고 병역의무 이행에 전념하지 못하게 하므로, 보수 지급을 통하여 달성하고자 하는 정책적 목적에도 부합하지 않는다. 따라서 심판대상조항이 공중보건의사에 편입되어 군사교육에 소집된 사람을 현역병이나 사회복무요원과 달리 군사교육 소집기간 동안의 보수를 지급하지 않도록 한 것은 평등권을 침해한다.

【심판대상조문】

군인보수법(2016. 5. 29. 법률 제14183호로 개정된 것) 제2조 제1항 중 '군사교육소집된 자' 가운데 '병역법 제5조 제1항 제3호 나목 4) 공중보건의사'에 관한 부분

【참조조문】

군인보수법(2016. 5. 29. 법률 제14183호로 개정된 것) 제1조, 제5조 제1항 제1호, 제3호, 제55조

구 병역법 시행령(2013. 12. 4. 대통령령 제24890호로 개정되고, 2020. 1. 7. 대통령령 제30323호로 개정되기 전의 것) 제62조 제1항

병역법 시행령(2020. 1. 7. 대통령령 제30323호로 개정된 것) 제62조 제1항

농어촌 등 보건의료를 위한 특별조치법(2016. 5. 29. 법률 제14183호로 개정된 것) 제2조 제1호, 제2호, 제3조, 제11조

농어촌 등 보건의료를 위한 특별조치법 시행령(2013. 1. 22. 대통령령 제24327호로 개정된 것) 제8조

【참조판례】

헌재 2019. 2. 28. 2017헌마374등, 판례집 31-1, 175, 180 참조

【당 사 자】

청 구 인　박○○
국선대리인　변호사 이아린

【주　문】

이 사건 심판청구를 기각한다.

【이　유】

1. 사건개요

청구인은 2017. 3. 9.부터 2017. 4. 6.까지 군사교육에 소집되어 교육훈련을 마치고 2017. 4. 10.부터 공중보건의사로 근무한 사람이다. 청구인은 현역병 및 사회복무요원과 동일하게 군사교육 훈련을 받았음에도 군인보수법 제2조 제1항 등에 따라 군사교육 소집기간 동안의 보수를 지급받지 못하여 평등권 등을 침해받았다고 주장하면서, 2017. 6. 9. 이 사건 헌법소원심판을 청구하였다.

2. 심판대상

청구인은 군인보수법 제2조 제1항 전부 및 '농어촌 등 보건의료를 위한 특별조치법 시행령' 제8조 [별표]에 대하여 헌법소원심판을 청구하고 있다.

그런데 청구인은 군사교육 소집기간 동안의 보수를 지급받지 못한 부분만을 다투고 있는바, 군사교육 소집은 공중보건의사의 병적에 편입된 이후 복무기관에 배치되기 전에 실시되는 것이므로, 청구인이 군사교육 소집훈련을 마치고 복무기관에 배치된 이후에 적용을 받게 되는 '농어촌 등 보건의료를 위한 특별조치법 시행령' 제8조 [별표]는 군사교육 소집기간 동안 청구인에게 적용되는 조항이 아니다. 따라서 이를 심판대상에서 제외한다.

또한, 군인보수법 제2조 제1항도 공중보건의사에 편입되어 군사교육에 소집된 청구인에게 적용되는 부분으로 한정한다.

그러므로 이 사건 심판대상은 군인보수법(2016. 5. 29. 법률 제14183호로 개정된 것) 제2조 제1항 중 '군사교육소집된 자' 가운데 '병역법 제5조 제1항 제3호 나목 4) 공중보건의사'에 관한 부분(이하 '심판대상조항'이라 한다)이 청구인의 기본권을 침해하는지 여부이다.

심판대상조항은 다음과 같고, 관련조항은 [별지]와 같다.

[심판대상조항]

군인보수법(2016. 5. 29. 법률 제14183호로 개정된 것)

제2조(적용 범위) ① 이 법은 현역이나 소집되어 복무하는 군인(병력동원훈련소집 및 군사교육소집된 자는 제외한다) 및 입영훈련 중인 학군사관후보생(병역법 제57조 제2항에 따른 학생군사교육단 사관후보생을 말한다. 이하 같다)에게 적용한다.

3. 청구인의 주장

가. 심판대상조항은 군사교육에 소집된 자를 군인보수법의 적용대상에서 제외하여 군사교육 소집기간 동안의 보수를 지급하지 않도록 규정하고 있는바, 공중보건의사에 편입된 자들이 현역병과 동일한 내용의 군사교육을 받는데도 군사교육 소집기간 동안의 보수를 지급받지 못하는 것은 합리적인 이유 없이 공중보건의사를 차별하는 것이므로 평등권을 침해한다.

나. 사회복무요원이나 공중보건의사 모두 보충역으로서 동일한 내용의 군사교육을 받았음에도, 사회복무요원은 소집일부터 보수를 지급받고 있는 반면, 공중보건의사는 군사교육 소집기간 동안의 보수를 지급받지 못하고 있는바, 이는 합리적인 이유 없이 공중보건의사를 차별하는 것이므로 평등권을 침해한다.

다. 심판대상조항은 군사교육 소집기간 동안의 보수를 지급하지 않도록 하여 공중보건의사라는 직업을 선택할 수 없게 하거나 그 선택에 중대한 제약을 가하므로, 직업선택의 자유를 침해한다.

4. 판 단

가. 공중보건의사에 편입된 자에 대한 군사교육과 보수지급

공중보건의사는 군의관의 수요에 충당하고 남은 의사를 실역복무에 대신하여 일정 기간 도서·벽지 등에서 의무적으로 보건의료업무에 종사하도록 함으로써 국민들의 균등한 의료혜택과 보건·의료 향상에 기여할 목적으로 도입된 보충역 제도이다(헌재 2014. 5. 29. 2012헌가4 참조).

공중보건의사의 병적에 편입된 사람은 보건복지부장관으로부터 종사명령을 받아 복무기관에 배치되기 전에 군사교육을 받아야 한다(병역법 제34조 제1항, 제55조, 병역법 시행령 제107조). 군사교육은 60일 이내의 범위에서 실시될 수 있는데(병역법 제55조 제1항), 현재 군사교육 소집기간은 30일 이내이고(병역법 시행령 제108조), 군사교육 소집기간은 공중보건의사의 복무기간에 산입되지 아니한다[병역법 제34조 제3항, 농어촌 등 보건의료를 위한 특별조치법(이하 '농어촌의료법'이라 한다) 제7조 제1항]. 공중보건의사에 편입된 사람은 보건복지부장관의 종사명령을 받은 때 국가공무원법 제26조의5에 따른 임기제공무원으로 임용되므로(농어촌의료법 제3조 제2항), 아직 보건복지부장관의 종사명령을 받기 전인 군사교육 소집기간 동안에는 '소집되어 군에 복무하는 보충역'으로서 군인의 신분을 가지고 있다(군인사법 제2조 제3호). 이에 따라 공중보건의사에 편입된 사람이 군사교육 소집기간 동안 받아야 할 보수에 관하여는 군인보수법의 적용을 받게 된다(군인보수법 제2조).

그런데 군인보수법 제2조는 '군사교육소집된 자'를 군인보수법의 적용대상에서 제외하여 군사교육 소집기간 동안의 보수를 지급하지 않도록 규정하고 있다. 보충역 및 승선근무예비역이 군사교육 소집대상이므로(병역법 제55조 제1항), 이들 모두 군사교육 소집기간 동안 보수를 지급받지 못한다.

다만, 사회복무요원은 병역법 제31조 제5항, 병역법 시행령 제62조 제1항에서 복무기관의 장이 '소집일부터' 현역병의 봉급에 해당하는 보수를 지급하도록 규정하여 군인보수법에 따른 보수 지급은 아니지만 결과적으로 보충역 중 유일하게 군사교육 소집기간 동안의 보수를 지급받고 있다.

군인보수법이 1963. 5. 1. 법률 제1338호로 제정될 당시에는 이처럼 교육소집된 자를 군인보수법의 적용대상에서 제외하는 조항을 두지 않았다. 그러나 군인보수법이 1973. 10. 10. 법률 제2628호로 개정되면서 교육소집된 자가 군인보수법의 적용대상에서 제외되었고, 이후 자구 수정 등 경미한 내용의 개정만 있었을 뿐, 실질적인 내용의 변화 없이 현재까지 그대로 유지되고 있다.

나. 쟁점

청구인은 공중보건의사에 편입되어 군사교육에 소집된 사람을 군인보수법의 적용대상에서 제외하고 있는 심판대상조항이 공중보건의사의 평등권과 직업선택의 자유를 침해한다고 주장한다.

현역병과 사회복무요원 및 공중보건의사는 현역과 보충역으로 병역의 종류는 다르지만, 모두 국가안보를 위한 병력 자원으로서 병역의무를 이행하는 사람들이고(헌재 2016. 10. 27. 2016헌마252 참조), 현역병은 기초군사훈련 기간 동안 '현역에 복무하는 병'으로서, 사회복무요원 및 공중보건의사는 군사교육 소집기간 동안 '소집되어 군에 복무하는 보충역'으로서 모두 군인의 신분을 가지고 있다(군인사법 제2조). 또한, 공중보건의사는 공중보건의사의 병적에 편입되어 복무기관에 배치되기 전에 군사교육 소집훈련을 받고, 사회복무요원은 소집과 동시에 군사교육 소집훈련을 받으며(병역법 제55조, 병역법 시행령 제107조), 현역병은 병역법 제55조의 군사교육 소집대상은 아니나 입영과 동시에 신병교육의 일환으로 기초군사훈련을 받고 있다. 따라서 현역병과 사회복무요원 및 공중보건의사는 모두 군인의 신분으로 일정한 군사교육 훈련을 받는다는 점에서 본질적으로 동일한 집단이라고 평가할 수 있다.

그런데 현역은 입영일부터(병역법 제18조 제1항, 병역법 시행령 제27조 제1항, 군인보수법 제2조 제1항), 사회복무요원은 소집일부터 보수를 지급받고 있는 데 반해(병역법 제31조 제5항, 병역법 시행령 제62조 제1항), 심판대상조항은 공중보건의사에 편입되어 군사교육에 소집된 자를 군인보수법의 적용 대상에서 제외하여 군사교육 소집기간 동안의 보수를 지급하지 않고 있으므로, 차별취급이 존재한다. 따라서 평등권 침해 여부가 문제된다.

한편, 헌법 제15조가 규정하는 직업선택의 자유에 있어서 '직업'이란 생활의 기본적 수요를 충족시키기 위해서 행하는 계속적인 소득활동을 의미하는바(헌재 2014. 5. 29. 2011헌마363 참조), 청구인이 공중보건의사에 편입되어 공중보건의사로 복무하는 것은 병역의 종류의 하나인 보충역으로서 병역의무를 이행하기 위한 것이므로, 직업선택의 자유의 보호대상이 되는 '직업' 개념에 포함된다고 보기 어렵다. 따라서 직업선택의 자유 침해 여부는 문제되지 않는다.

다. 평등권 침해 여부

(1) 재판관 이선애, 재판관 이종석, 재판관 김기영, 재판관 이미선의 기각의견

(가) 심사기준

헌법 제11조 제1항의 평등원칙은 일체의 차별적 대우를 부정하는 절대적 평등을 의미하는 것이 아니라, 입법과 법의 적용에 있어서 합리적 이유 없는 차별을 하여서는 아니 된다는 상대적 평등을 뜻하므로, 합리적 이유 있는 차별 내지 불평등은 평등원칙에 반한다고 볼 수 없다(헌재 1994. 2. 24. 92헌바43 참조).

또한, 병역의무 이행자들에 대한 보수는 병역의무 이행과 교환적 대가관계에 있는 것이 아니라 병역의무 이행의 원활한 수행을 장려하고 병역의무 이행자들의 처우를 개선하여 병역의무 이행에 전념하게 하려는 정책적 목적으로 지급되는 수혜적인 성격의 보상이므로, 병역의무 이행자들에게 어느 정도의 보상을 지급할 것인지는 전체 병력규모와 보충역 복무인원, 복무환경과 처우, 국가의 재정부담 능력, 물가수준의 변화 등을 고려할 수밖에 없어 이를 정할 때에는 상당한 재량이 인정된다. 따라서 그 내용이 현저히 불합리하지 않은 한 헌법에 위반된다고 할 수 없다(헌재 2019. 2. 28. 2017헌마374등 참조).

(나) 판단

1) 공중보건의사와 현역병 사이의 차별의 합리성

현역병과 공중보건의사는 모두 군인의 신분으로 일정한 군사훈련을 받고 있음에도 보수지급에 있어 서로 달리 취급되는 것은 현역병과 공중보건의사의 의무복무의 내용과 처우 등이 서로 상이하기 때문이다.

현역병은 징집이나 지원에 의하여 입영한 날부터 군부대에 복무하고, 복무기간 내내 영내에 거주하며 내무생활을 기본으로 한다(병역법 제5조 제1항 제1호, 제18조 제1항, 군인의 지위 및 복무에 관한 기본법 시행령 제23조). 또한, 현역병은 병역판정검사 결과 현역병입영 대상자로 처분된 사람에 대하여 지방병무청장이 징집순서를 결정하고(병역법 제15조 제1항), 징집순서의 결정 기준 또한 신체등급·학력·연령 등 자질을 고려하여 병무청장이 일방적으로 결정한다(병역법 제15조 제2항).

이에 반해, 공중보건의사는 의사 등의 자격이 있는 사람 중 군의관의 현역 소요에 충원하고 남은 자원을 보건의료 취약지역 등에 보내 공중보건업무에 종사하도록 하는 보충역 제도로서(농어촌의료법 제1조 참조), 의사 등의 전문자격 보유자를 대상으로 하고, 자율적인 의사에 기한 지원 절차를 거쳐 편입 여부가 결정되며(병역법 제34조 제1항), 임기제공무원 공무원으로 신분이 보장되고(농어촌의료법 제3조), 출퇴근 근무, 주 40시간 근무, 토요 휴무 등 현역병보다 자유로운 복무환경에서 근무하며(국가공무원복무규정 제9조), 복무기간 중에도 자신의 전공과 전문능력을 활용할 수 있고, 임기제공무원 임용 이후 장교에 준하는 보수를 지급받는다(농어촌의료법 제11조 제1항, 농어촌의료법 시행령 제8조). 보수 수준을 비교해보면, 공중보건의사는 복무초기를 기준으로 보더라도 현역병에 비하여 최소 4배 이상의 보수를 지급받고, 복무기간 전체로 보면 그 차이는 더욱 현저해진다(농어촌의료법 시행령 제8조, 공무원보수규정 제5조 [별표 13] 참조).

더불어 현역병이 신병교육의 일환으로 받는 기초군사훈련과 공중보건의사가 받는 군사교육의 내용을 살펴보면, 현역병에 대한 기초군사훈련은 전투력 향상을 목적으로 향후 현역병이 복무할 군과 병과의 특성에 따라 복무 기간 내내 이루어지는 훈련과정의 일부로서 행하여지는 것인 데 반해, 공중보건의사에 대한 군사교육은 복무기간 내내 비군사적인 복무에 종사하게 될 공중보건의사에게 군인으로서의 최소한의 자질과 소양을 함양시킬 목적으로 행하는 교육으로서 복무가 개시되기 전 단 1회 30일 이내 기간에 한하여 이루어지는 단기 교육이다. 따라서 그 목적과 내용이 동일하다고 보기 어렵다.

한편, 공중보건의사에 편입된 사람은 군사교육 소집기간 동안의 보수는 지급받지 못하지만, 군사교육은 단 1회에 한하여 비교적 단기인 30일 이내의 범위에서 이루어지고 있다는 점, 군사교육 소집기간 동안 기본적으로 의·식·주에 필요한 기본 물품이 제공되고, 군사교육 소집으로 소요되는 여비 등도 지급되고 있다는 점 등을 고려하면(병역법 제56조 제3항, 제79조), 공중보

건의사에 편입된 사람이 군사교육 소집기간 동안의 보수를 지급받지 못한다고 하여 수인할 수 없는 심대한 불이익을 받고 있다고 보기는 어렵다.

따라서 심판대상조항이 공중보건의사에 편입되어 군사교육소집된 자를 현역병과 달리 군인보수법의 적용대상에서 제외하여 군사교육 소집기간 동안의 보수를 지급하지 않도록 규정하였다고 하더라도, 이는 현역병과 공중보건의사의 신분, 복무 내용 및 복무 환경, 복무 선택 가능성, 전공 및 전문능력 활용 가능성, 전체 복무기간 동안의 보수의 수준 및 처우, 군사교육의 내용과 기간 등을 종합적으로 고려하여 병역의 종류에 따라 군사교육 소집기간 동안의 보수지급 여부를 달리 결정한 것이므로, 불합리한 차별이라고 보기 어렵다.

2) 공중보건의사와 사회복무요원 사이의 차별의 합리성

사회복무요원과 공중보건의사는 같은 보충역으로서 병역법 제55조의 군사교육 소집대상자이고 군인보수법 제2조 제1항의 적용을 받아 군인보수법의 적용대상에서 제외된다는 점에서는 서로 동일하다.

그러나 사회복무요원은 병역법 제31조 제5항 및 병역법 시행령 제62조 제1항에서 복무기관의 장이 소집일부터 현역병의 봉급에 해당하는 보수를 지급하도록 규정하여 소집일부터 보수를 지급받고 있는 데 반해, 공중보건의사는 심판대상조항의 적용을 받아 군사교육 소집기간 동안의 보수를 지급받지 못하고 있다.

이에 대하여 청구인은 공중보건의사를 사회복무요원과 달리 취급하여 평등권을 침해한다고 주장하나, 사회복무요원과 공중보건의사는 제도의 취지나 병역의무의 이행 방법에 있어 서로 동일하다고 보기 어렵다.

사회복무요원은 사회활동이 가능한 사람이 병역면제를 받는 것에 대한 논란을 해소하고 예외 없는 병역의무부과 체계를 정립하여 병역의무 이행의 형평성을 확보하고자 현역병 복무가 곤란한 보충역 자원을 국가기관, 지방자치단체, 공공단체 등의 공익 목적 수행에 필요한 분야에 복무하도록 하는 제도이다. 따라서 사회복무요원은 공중보건의사나 산업기능요원 등 타 보충역과 달리 현역 복무를 하지 않은 보충역에 대하여 국가가 현역과 동일하게 강제하는 병역의무의 형태로서, 징집순서와 소집순서는 지방병무청장에 의하여 일방적으로 결정되고, 소집 시 이미 복무기관이 정해진 상태로 소집이 이루어지며(병역법 제28조, 제29조), 복무분야 또한 사회복무요원을 배정받은 기관의 장이 일방적으로 지정하며(병역법 제31조 제1항), 민간인 신분으로 현역병에 해당하는 보수를 지급받는다(병역법 제31조 제5항, 병역법 시행령 제62조 제1항). 또한, 사회복무요원의 복무기간은 소집된 날부터 기산되어 군사교육 소집기간도 복무기간에 산입된다(병역법 제29조, 병역법 시행령 제56조 제1항).

그에 반해, 공중보건의사는 의사 등 전문자격 보유자를 그 대상으로 하고, 징집이나 소집이 국가에 의하여 일방적으로 결정되는 것이 아니라 자율적인 의사에 기한 편입 지원 절차에 따라 결정되며(병역법 제34조 제1항), 임기제공무원으로 신분이 보장되고(농어촌의료법 제3조), 3년간 공중보건업무에 종사하면서 자신의 전문지식과 능력을 그대로 활용할 수 있으며, 장교에 준하는 보수를 지급받는다(농어촌의료법 시행령 제8조 참조). 또한, 공중보건의사는 보건복지부장관의 종사명령을 받은 때 임기제공무원으로 임용된 것으로 보기 때문에(농어촌의료법 제3조 제2항), 이때부터 복무기간이 기산되며(병역법 시행령 제70조 제1항), 군사교육 소집기간은 복무기간에 산입되지 아니한다(병역법 제34조 제3항, 농어촌의료법 제7조 제1항).

이처럼 사회복무요원과 공중보건의사는 같은 보충역이나 그 제도의 취지나 목적이 다르고, 그에 따라 전체적인 복무의 내용이나 성격, 복무선택 및 전문능력의 활용 가능성, 복무환경 등에 있어 차이를 보이고 있으며, 보수나 처우에 있어서도 사회복무요원은 현역병에 준하여, 공중보건의사는 장교에 준하여 취급되는 등 서로 상이한 병역의무 이행의 모습을 보여주고 있다.

따라서 공중보건의사에 편입되어 군사교육에 소집된 사람을 군인보수법의 적용대상에서 제외하여 결과적으로 군사교육 소집기간 동안의 보수 지급 여부에 관하여 사회복무요원과 달리 취급하였다고 하더라도, 이는 사회복무요원과 공중보건의사의 전체적인 복무의 내용과 성격, 복무 선택 및 전문능력의 활용 가능성, 근무환경 및 처우 등을 종합적으로 고려하여 결정한 것이므로 현저하게 불합리하다고 볼 수 없다.

(다) 소결

그러므로 심판대상조항이 공중보건의사에 편입된 사람을 군인보수법의 적용대상에서 제외하여 군사교육 소집기간 동안의 보수를 지급하지 않도록 규정하였다고 하더라도, 이는 한정된 국방예산의 범위 내에서 효율적인 병역 제도의 형성을 위하여 공중보건의사의 신분, 복무 내용, 복무 환경, 복무 선택 및 전문능력 활용

가능성, 전체 복무기간 동안의 보수 수준 및 처우, 군사교육의 내용 및 기간 등을 종합적으로 고려하여 결정한 것이므로, 이를 현저하게 불합리한 차별로서 청구인의 평등권을 침해한다고 보기 어렵다.

(2) 재판관 유남석, 재판관 이석태, 재판관 이은애, 재판관 이영진, 재판관 문형배의 위헌의견

(가) 심사기준

병역의무 이행자들에게 지급되는 보수는 복무에 대한 대가로 지급되는 것이 아니라, 병역의무의 이행의 원활한 수행을 장려하고 병역의무자들의 처우를 개선하여 병역의무의 이행에 전념케 하려는 정책적 목적으로 지급되는 보상의 성격을 가진다. 따라서 반드시 모든 병역의무 이행자들에게 충분한 수준의 보수가 지급되어야 하는 것은 아니지만, 보수를 평등하게 지급하도록 하는 것은 위와 같은 정책적 목적을 달성하기 위하여 그 자체로 중요한 요소가 된다. 병역의무 이행자들에게 어느 정도의 보상을 지급할 것인지에 관하여 상당한 재량이 인정됨은 앞서 기각의견이 말한 바와 같으나, 이에 덧붙여 병역의무의 평등하고 원활한 이행을 실현하기 위해서는 병역의무 이행에 대한 평등한 보상도 중요한 고려요소가 되어야 함을 강조하지 않을 수 없다.

(나) 판단

1) 공중보건의사와 현역병 사이의 차별

가) 교육 내용

현역병이 신병교육의 일환으로 받는 기초군사훈련이나 공중보건의사가 받는 병역법 제55조의 군사교육은 기간의 장단만 차이가 있을 뿐 교육과정은 거의 차이가 없다. 현역병의 경우 복무할 군과 병과에 따라 특성화 교육이 이루어질 수 있지만, 군인으로서 갖추어야 할 기본적인 자질과 능력은 현역병이나 보충역 모두 기초군사훈련이나 군사교육 소집기간 동안 이루어지는 것이므로 훈련의 내용이 기본적으로 다르다고 보기 어렵다. 따라서 현역병의 기초군사훈련과 공중보건의사로 편입된 사람의 군사교육 소집훈련의 내용의 차이를 이유로 보수 지급 여부를 달리할 수는 없으며, 오히려 병역의무 이행에 대한 평등한 보상이라는 측면에서 접근할 때 현역병과 유사한 훈련을 받는 공중보건의사 집단도 상대적 박탈감을 느끼지 않도록 일정한 보수를 지급할 필요성이 있을 수 있다.

나) 지원 절차의 자율성

병무청장은 의사 등의 자격이 있는 사람 중 현역입영 대상자로서 군의관의 병적에 편입을 지원하였으나 편입되지 아니한 사람, 의무사관후보생의 병적에 편입된 사람으로서 군의관 병적에 편입되지 아니한 사람, 사회복무요원 소집 대상인 보충역에 해당하는 사람이 지원을 한 경우 공중보건의사로 편입시킬 수 있고(병역법 제34조 제1항), 이들 가운데 '의무사관후보생의 병적에 편입된 사람으로서 군의관 병적에 편입되지 아니한 사람'을 우선적으로 공중보건의사에 편입시킨다(병역법 시행령 제69조 제3항).

이처럼 의무사관후보생 중에서 먼저 군의관 병적으로 편입되고 남은 인원이 공중보건의사 병적에 편입되기 때문에, 군의관으로 복무할 것인지 공중보건의사로 복무할 것인지 여부가 온전히 자율적인 의사에 따라 결정된다고 볼 수는 없다. 따라서 비록 공중보건의사 편입지원서를 제출하는 절차를 두고 있지만(병역법 시행령 제69조 제2항 제1호), 징집과 병역처분의 대상이 되는 현역병과 비교하더라도 지원 절차의 자율성에 큰 차이가 있다고 볼 수 없고, 이러한 차이가 보수 지급 여부를 달리할 합리적 이유가 된다고 할 수도 없다.

다) 복무기간 산입 여부

현역병은 기초군사훈련 기간이 복무기간에 포함되는 데 반해 공중보건의사는 군사교육 소집기간이 복무기간에 포함되지 않는다는 점에서 차이가 있으나, 이것 역시 군사교육 소집기간 보수를 지급하지 않는 합리적 이유가 되기는 어렵다. 오히려 현역병과 비교하였을 때 공중보건의사는 복무기간에 포함되지 않는 기간 동안 소집되어 훈련을 받으면서 보수마저 지급받지 못하는 것이 되어 이중의 불이익을 부담하는 것이 되기 때문이다.

라) 복무기간 중의 처우

심판대상조항은 공중보건의사에 편입된 사람에 대하여 군사교육 소집기간 동안의 보수 지급을 배제하는 규정이다. 따라서 군사교육 소집기간이 아닌 복무기간 중의 처우, 예컨대 복무환경의 자율성이나 상대적으로 높은 보수 등은 군사교육 소집훈련 기간에 보수를 지급하지 않아도 되는 합리적 이유가 된다고 보기 어렵다. 공중보건의사의 복무환경이 상대적으로 자유로운 것은 복무형태에 따른 결과일 뿐 특별히 혜택을 부여하고자 한 것이 아니고, 복무기간 중 높은 보수를 지급받는 것은 그들이 전문적인 능력으로 국민들에게 균등한 의료혜택을 제공함으로써 공중보건에 기여하는 점을 높이 평가하였기 때문이다. 이처럼 자율적인 복무환경과 높

은 보수는, 군사교육 소집기간에 무보수로 교육을 받은 것에 대한 보상적 차원에서 보장되는 것이 아니다. 군사교육 소집기간 동안의 보수 지급이 복무기간 중의 처우와 무관하다는 것은, 군의관이 복무기간 중 상대적으로 높은 보수를 지급받으면서도 기초군사훈련 기간에 사관후보생 보수를 지급받고 있는 것에서 뚜렷이 드러난다.

마) 불이익의 정도

공중보건의사에 편입된 사람이 겪는 불이익의 정도가 크지 않다는 것 역시 현역병과 다르게 대우할 합리적인 이유가 될 수 없다. 이는 오히려 비교적 적은 비용으로도 공중보건의사에 편입된 사람의 처우를 개선할 수 있다는 의미가 될 수 있는바, 매년 군사교육 소집훈련을 받는 공중보건의사는 천 명을 약간 상회하는 수준이고, 이들에게 약 4주간의 훈련기간에 대한 보수를 지급하더라도 절대적으로 큰 비용이 소요되지는 않을 것으로 보인다. 나아가 공중보건의사에 편입된 사람들에게 보수를 지급함으로써 불평등한 처우에 따른 박탈감이 개선되고 사기가 진작되는 무형의 효과가 결코 적다고 보기도 어렵다.

2) 공중보건의사와 사회복무요원 사이의 차별

사회복무요원은 군사교육 소집기간에 보수가 지급된다는 점에서 기초군사훈련 기간에 보수를 지급받는 현역병과 차이가 없으므로, 공중보건의사와 현역병 사이의 차별에 합리적인 이유가 없다는 위 내용은 공중보건의사와 사회복무요원 사이의 차별에도 대부분 적용할 수 있다. 오히려 공중보건의사와 사회복무요원은 보충역으로서 대체복무를 한다는 공통점이 있으므로, 군사교육 소집기간 보수 지급 여부에 관하여 양자를 달리 취급할 합리적 이유를 발견하기는 더욱 어렵다. 구체적으로 살펴보면 다음과 같다.

가) 교육 내용

공중보건의사로 편입된 사람과 사회복무요원은 동일한 내용의 군사교육 소집훈련을 동일한 기간 동안 받으며, 단지 공중보건의사의 경우 복무기관에 배치되기 전에 훈련이 실시되나 사회복무요원의 경우 복무기관이 정해진 상태로 소집이 이루어진다는 차이점밖에 없다. 따라서 병역의무 이행에 대한 평등한 보상이라는 측면에서 접근할 때 사회복무요원과 동일한 훈련을 받는 공중보건의사 집단도 상대적 박탈감을 느끼지 않도록 일정한 보수를 지급할 필요성이 있을 수 있다.

나) 지원 절차의 자율성

앞서 살펴본 바와 같이 군의관으로 복무할 것인지 공중보건의사로 복무할 것인지 여부가 온전히 자율적인 의사에 따라 결정된다고 볼 수 없으므로, 징집과 병역처분의 대상이 되는 사회복무요원과 비교하더라도 지원 절차에 큰 차이가 있다고 볼 수 없고, 이러한 지원 절차의 자율성의 차이가 보수 지급 여부를 달리할 합리적 이유가 된다고 할 수도 없다.

다) 복무기간 산입 여부

사회복무요원과 달리 공중보건의사는 군사교육 소집기간이 복무기간에 포함되지 않는다는 점에서 차이가 있으나, 미산입되는 기간에 소집하여 훈련을 실시하면서 보수마저 지급하지 않는 것은 오히려 공중보건의사에게 이중의 불이익을 부담시키는 것이 되므로, 복무기간 산입 여부의 차이가 훈련 기간 보수를 지급하지 않는 합리적 이유가 되기 어렵다.

라) 복무기간 중의 처우

공중보건의사와 사회복무요원은 복무 형태가 출퇴근이라는 점에서 큰 차이가 없으나, 다만 공중보건의사가 복무기간 중 상대적으로 높은 보수를 지급받는다는 점 등에서 차이가 있다. 군사교육 소집기간이 아닌 복무기간 중의 처우의 차이가 군사교육 소집훈련 기간에 보수를 지급하지 않아도 되는 합리적 이유가 된다고 보기 어렵다는 점은 앞서 살펴본 바와 같다.

마) 불이익의 정도

군사교육 소집훈련을 받는 공중보건의사에게 약 4주간의 훈련기간에 대한 보수를 지급하더라도 절대적으로 큰 비용이 소요되지는 않을 것으로 보이고, 오히려 보수를 지급함으로써 불평등한 처우에 따른 박탈감이 개선되고 사기가 진작되는 무형의 효과가 기대된다. 따라서 심판대상조항에 따라 공중보건의사에 편입된 사람이 지급받지 못하는 보수가 크지 않다고 하더라도, 사회복무요원과 달리 취급할 합리적 이유가 있다고 할 수는 없다.

(다) 소결

국가는 재정부담 능력 등을 고려하여 병역의무 이행자들의 군사교육에 대한 보수의 지급 여부나 수준을 정할 수 있으나, 어떤 병역의무 이행자들에게는 보수를 지급하면서 비슷한 군사교육을 받는 다른 병역의무 이행자들에 대해서는 보수를 전혀 지급하지 않는 것이 오로지 재정 절감의 필요성만을 이유로 허용될 수는 없다. 나아가 병역의무 이행자들 사이에서 발생하는 보수의 불합리한 차별은 병역의무 이행자들의 사기를 저하시키고 병역의무 이행에 전념하지 못하게 하므로, 보수 지급을 통하여 달성하고자 하는 정책적 목적에도 부합하지 않는다.

심판대상조항이 공중보건의사에 편입된 사람을 군인보수법의 적용대상에서 제외하여 군사교육 소집기간 동안의 보수를 지급하지 않도록 한 것은 합리적 이유 없이 현역병이나 사회복무요원과 달리 취급한 것으로서 청구인의 평등권을 침해한다.

5. 결 론

이 사건 심판대상조항에 대하여 재판관 이선애, 재판관 이종석, 재판관 김기영, 재판관 이미선은 기각의견이고, 재판관 유남석, 재판관 이석태, 재판관 이은애, 재판관 이영진, 재판관 문형배는 위헌의견으로, 비록 위헌의견이 다수이지만 헌법 제113조 제1항, 헌법재판소법 제23조 제2항 단서 제1호에서 정한 헌법소원심판 인용 결정을 위한 심판정족수에는 이르지 못하므로, 이 사건 심판청구를 기각하기로 하여 주문과 같이 결정한다.

재판관 유남석 이선애 이석태 이은애 이종석 이영진 김기영 문형배 이미선

[별지] 관련조항

군인보수법(2016. 5. 29. 법률 제14183호로 개정된 것)

제1조(목적) 이 법은 군인의 보수에 관한 사항을 규정함을 목적으로 한다.

병역법(2016. 5. 29. 법률 제14183호로 개정된 것)

제5조(병역의 종류) ① 병역은 다음 각 호와 같이 구분한다.

1. 현역: 다음 각 목의 어느 하나에 해당하는 사람
   가. 징집이나 지원에 의하여 입영한 병(兵)
   나. 이 법 또는 군인사법에 따라 현역으로 임용 또는 선발된 장교(將校)·준사관(準士官)·부사관(副士官) 및 군간부후보생
3. 보충역: 다음 각 목의 어느 하나에 해당하는 사람
   가. 병역판정검사 결과 현역 복무를 할 수 있다고 판정된 사람 중에서 병력수급(兵力需給) 사정에 의하여 현역병입영 대상자로 결정되지 아니한 사람
   나. 다음의 어느 하나에 해당하는 사람으로 복무하고 있거나 그 복무를 마친 사람
      1) 사회복무요원
      2) 삭제
      3) 예술·체육요원
      4) 공중보건의사
      5) 병역판정검사전담의사
      6) 삭제
      7) 공익법무관
      8) 공중방역수의사
      9) 전문연구요원
      10) 산업기능요원

제55조(군사교육소집 대상 등) ① 군사교육소집은 군사교육을 위하여 보충역과 승선근무예비역에 대하여 60일 이내로 실시할 수 있으며, 그 시기·소집기간·소집해제 등에 필요한 사항은 대통령령으로 정한다. 다만, 전시근로역에 대하여는 군사교육이 필요한 경우 소집할 수 있다.

② 국방상 필요한 경우에는 대통령령으로 정하는 바에 따라 예비역·보충역 또는 전시근로역에 대하여 진급시키거나 장교임용에 필요한 자격을 부여하기 위하여 제1항의 소집을 할 수 있다. 이 경우 소집기간은 120일 이내로 한다.

③ 제1항에도 불구하고 보충역에 대하여는 신체등급·학력·연령 등 자질을 고려하여 군사교육소집을 실시하지 아니할 수 있으며, 그 기준은 병무청장이 정한다.

구 병역법 시행령(2013. 12. 4. 대통령령 제24890호로 개정되고, 2020. 1. 7. 대통령령 제30323호로 개정되기 전의 것)

제62조(사회복무요원의 보수 등) ① 사회복무요원에게는 복무기관의 장이 소집일부터 현역병의 봉급에 해당하는 보수를 지급하되, 다음 각 호의 기준에 따라 지급한다. 다만, 제137조 제1항 제3호에 따라 보충역으로 편입된 사람은 보충역 의무복무기간에서 제92조의2에 따라 산출된 보충역 복무기간을 뺀 기간을 다음 각 호의 계급별 보수 산정의 기준 기간에 합산한다.

1. 소집월부터 3개월까지: 이등병의 보수
2. 소집월부터 4개월에서 10개월까지: 일등병의 보수

3. 소집월부터 11개월에서 17개월까지: 상등병의 보수

4. 소집월부터 18개월 이상: 병장의 보수

병역법 시행령(2020. 1. 7. 대통령령 제30323호로 개정된 것)

제62조(사회복무요원의 보수 등) ① 사회복무요원에게는 복무기관의 장이 소집일부터 현역병의 봉급에 해당하는 보수를 지급하되, 다음 각 호의 기준에 따라 지급한다. 다만, 제137조 제7항에 따라 보충역으로 편입된 사람은 보충역 의무복무기간에서 제92조의2에 따라 산출된 보충역 복무기간을 뺀 기간을 다음 각 호의 계급별 보수 산정의 기준 기간에 합산한다.

1. 소집월부터 2개월까지: 이등병의 보수
2. 소집월부터 3개월에서 8개월까지: 일등병의 보수
3. 소집월부터 9개월에서 14개월까지: 상등병의 보수
4. 소집월부터 15개월 이상: 병장의 보수

농어촌 등 보건의료를 위한 특별조치법(2016. 5. 29. 법률 제14183호로 개정된 것)

제2조(정의) 이 법에서 사용하는 용어의 뜻은 다음과 같다.

1. "공중보건의사"란 공중보건업무에 종사하게 하기 위하여 「병역법」 제34조 제1항에 따라 공중보건의사에 편입된 의사·치과의사 또는 한의사로서 보건복지부장관으로부터 공중보건업무에 종사할 것을 명령받은 사람을 말한다.

2 "공중보건업무"란 제5조의2 제1항 각 호에 따른 기관 또는 시설에서 수행하는 보건의료업무를 말한다.

제3조(공중보건의사의 신분) ① 공중보건의사는 「국가공무원법」 제26조의5에 따른 임기제공무원으로 한다.

② 공중보건의사가 제5조 제1항에 따라 보건복지부장관의 종사명령을 받은 경우에는 「국가공무원법」 제26조의5에 따른 임기제공무원으로 임용된 것으로 본다.

제11조(보수 등) ① 보건복지부장관은 공중보건의사에게 군인보수의 한도에서 보수를 지급한다. 다만, 제5조의2 제1항 제5호의 기관 또는 시설 중 「의료법」 제3조에 따라 개설된 민간 의료기관에 배치된 공중보건의사의 보수는 해당 민간 의료기관의 장이 지급한다.

② 공중보건의사의 수당 및 직무 수행에 필요한 여비 등은 보건복지부장관이 정하는 바에 따라 공중보건의사를 배치받은 기관 또는 시설의 장이 지급한다. 다만, 불성실 근무자에 대하여는 보건복지부장관이 정하는 바에 따라 수당을 제한할 수 있다.

③ 제1항에 따른 보수의 기준은 대통령령으로 정한다.

농어촌 등 보건의료를 위한 특별조치법 시행령(2013. 1. 22. 대통령령 제24327호로 개정된 것)

제8조(공중보건의사의 보수) 법 제11조에 따라 공중보건의사에게 지급하는 보수의 기준은 별표와 같다.

[별표] 공중보건의사의 보수기준(제8조 관련)

보수	근무기간 / 공중보건의사의 구분	1년 미만	1년 이상 2년 미만	2년 이상
봉급	전문의 수련경력이 없는 사람	중위1호봉	중위2호봉	중위3호봉
	인턴 수련 1년 이수자	중위1호봉	중위2호봉	대위1호봉
	레지던트 수련 1년 이수자	중위2호봉	대위1호봉	대위2호봉
	레지던트 수련 2년 이수자	대위1호봉	대위2호봉	대위3호봉
	레지던트 수련 3년 이수자	대위2호봉	대위3호봉	대위4호봉
	레지던트 수련 4년 이수자	대위3호봉	대위4호봉	대위5호봉
가족수당	「공무원 수당 등에 관한 규정」에 따라 예산의 범위에서 지급			
진료수당	예산의 범위에서 월 2만원 이하 지급			

34. 병역법 제34조 제3항 단서 위헌확인 등

[2020. 9. 24. 2019헌마472·473·474·511·696·697·698·950(병합)]

【판시사항】

공중보건의사가 군사교육에 소집된 기간을 복무기간에 산입하지 않도록 규정한 병역법 제34조 제3항 중 '군사교육소집기간은 복무기간에 산입하지 아니한다' 부분 가운데 공중보건의사에 관한 부분 및 '농어촌 등 보건의료를 위한 특별조치법' 제7조 제1항 중 '「병역법」 제55조에 따라 받는 군사교육소집기간 외에' 부분(이하 위 두 조항을 합하여 '심판대상조항'이라 한다)이 청구인들의 평등권을 침해하는지 여부(소극)

【결정요지】

공중보건의사는 임기제공무원의 신분을 가지고 농어촌 등 보건의료 취약지역의 보건의료 업무에 종사하는 사람으로, 전문연구요원에 비하여 수행업무의 공익적 기여도가 매우 크고 직접적이다.

공중보건의사의 군사교육소집기간을 의무복무기간에 산입한다면, 해당 지역별로 공중보건의사의 소집해제일인 3월경부터 다른 공중보건의사가 통상 배치되는 4월경까지 약 1개월간 필연적으로 의료공백이 발생하게 된다. 공중보건의사는 진료업무 뿐 아니라 지역 보건 사업 등 다방면의 업무를 수행하여야 하고, 일반적으로 한 지역에 배치되는 공중보건의사의 인원이 매우 소수이므로, 공중보건의사의 부재가 매년 1개월씩 일부 지역에서 반복된다면, 보건의료 취약지역의 의료상황이 더욱 악화될 우려가 있다. 반면에 전문연구요원은 복무지와 연구업무의 특성상 일정기간 자리를 비우더라도 심각한 업무공백 문제는 발생하지 않는다.

같은 병역 유형인 보충역에 속한다고 하더라도 개별 보충역마다 제도 도입취지, 복무형태, 복무내용, 신분 등이 상이하므로 군사교육소집기간 산입 여부와 같은 병역의무이행의 세부적인 내용이 모두 동일하게 적용되어야 한다고 볼 수는 없다. 공중보건의사는 장교의 지위에 있는 군의관과 입법 연혁, 선발과정, 보수, 수행업무의 내용 등 여러 가지 면에서 동일하거나 유사한 측면이 있다는 점을 고려하면, 군사교육소집기간의 복무기간 산입 여부와 같은 정책적인 사항에 대하여 전문연구요원과 달리 규정한다고 해서 이를 부당한 차별취급이라고 단정하기는 어렵다.

따라서 심판대상조항이 전문연구요원과 달리 공중보건의사의 군사교육소집기간을 복무기간에 산입하지 않은 데에는 합리적 이유가 있으므로, 청구인들의 평등권을 침해하지 않는다.

재판관 이은애, 재판관 이영진의 반대의견

공중보건의사나 전문연구요원은 병역의무자의 업무전문성을 바탕으로 비군사적 복무에 종사한다는 점에서 전체 병역의무체계 내에서 차지하는 역할과 지위가 같아 군사교육소집기간의 복무기간 산입 여부를 달리 취급할 이유가 없다.

보충역인 공중보건의사와 현역 장교인 군의관은 전체 병역체계 내에서 차지하는 역할이나 위상이 달라 공중보건의사의 군사교육소집기간이 복무기간에 산입되지 않는 것이 군의관과의 형평이라는 이유만으로 정당화된다고 보기 어렵고, 최근 현역병, 사회복무요원 등의 복무기간이 단축되고 있는 상황을 고려한다면, 다소 긴 3년의 복무기간 외에도 군사교육소집기간까지 추가로 복무하도록 요구하는 심판대상조항은 병역의무이행의 형평성 관점에서 바람직한 것인지 의문이다.

군사교육소집기간을 복무기간에 산입함으로써 초래될 수 있는 공중보건의사의 임무교체기의 업무공백 문제는 공중보건의사를 재배치 또는 재조정하거나 순회진료하는 등의 방법으로 해소할 여지가 있다.

따라서 전문연구요원과 달리 공중보건의사의 군사교육소집기간을 복무기간에 산입하지 않는 심판대상조항은 청구인들의 평등권을 침해한다.

【심판대상조문】

병역법(2016. 5. 29. 법률 제14183호로 개정된 것) 제34조 제3항 중 '군사교육소집기간은 복무기간에 산입하지 아니한다' 부분 가운데 공중보건의사에 관한 부분

농어촌 등 보건의료를 위한 특별조치법(2016. 5. 29. 법률 제14183호로 개정된 것) 제7조 제1항 중 「병역법」 제55조에 따라 받는 군사교육소집기간 외에' 부분

【참조조문】

헌법 제11조 제1항

병역법(2016. 5. 29. 법률 제14183호로 개정된 것) 제2조 제1항 제11호, 제16호, 제5조 제1항 제3호, 제34조 제1항, 제2항, 제39조 제1항, 제2항, 제55조 제1항

농어촌 등 보건의료를 위한 특별조치법(2016. 5. 29. 법률 제14183호로 개정된 것) 제8조 제1항

【참조판례】

헌재 1992. 11. 12. 89헌마88, 판례집 4, 739, 756

헌재 2002. 11. 28. 2001헌바50, 판례집 14-2, 668, 677-678

헌재 2003. 12. 18. 2002헌마593, 판례집 15-2하, 637, 652

헌재 2010. 11. 25. 2006헌마328, 판례집 22-2하, 446, 454-455

헌재 2011. 2. 24. 2009헌마94, 판례집 23-1상, 143, 150

헌재 2014. 5. 29. 2012헌가4, 판례집 26-1하, 288, 291

【당 사 자】

청 구 인 조○○ 외 20인

【주 문】

이 사건 심판청구를 기각한다.

【이 유】

1. 사건개요

가. 청구인들은 2017년부터 2019년까지의 기간 중에 4주간 군사교육에 소집되어 교육훈련을 마치고 공중보건의사로 근무하였거나 공중보건의사로 근무하고 있다.

나. 2019헌마472, 473, 474 사건의 청구인들은 공중보건의사의 군사교육소

집기간을 의무복무기간에 산입하지 않도록 규정한 병역법 제34조 제3항으로 인해 훈련소 입소일로부터 의무복무기간인 3년이 경과한 날에서 4주가 지난 후에야 실질적으로 복무기간이 만료하게 되므로, 위 조항이 위 청구인들의 평등권, 직업의 자유, 거주·이전의 자유 등을 침해한다고 주장하면서 2019. 5. 8. 헌법소원심판을 청구하였다.

다. 위 나.항의 청구인들 외의 청구인들은 공중보건의사의 군사교육소집기간을 의무복무기간에 산입하지 않도록 규정한 병역법 제34조 제3항 및 '농어촌 등 보건의료를 위한 특별조치법' 제7조 제1항 중 '군사교육소집기간 외에 3년으로 한다' 부분으로 인해 훈련소 입소일로부터 의무복무기간인 3년이 경과한 날에서 4주가 지난 후에야 실질적으로 복무기간이 만료하게 되므로, 위 조항들이 위 청구인들의 평등권, 직업의 자유, 거주·이전의 자유, 학문의 자유, 일반적 행동의 자유 등을 침해한다고 주장하면서, 2019. 5. 17.(2019헌마511), 2019. 7. 3.(2019헌마696, 697, 698), 2019. 8. 26.(2019헌마950) 각각 헌법소원심판을 청구하였다.

2. 심판대상

2019헌마472, 473, 474 사건의 청구인들은 병역법 제34조 제3항에 대하여만 헌법소원심판을 청구하였다. 하지만 위 병역법 조항과 아울러 '농어촌 등 보건의료

를 위한 특별조치법' 제7조 제1항도 공중보건의사의 군사교육소집기간이 의무복무기간에 산입되지 않도록 한 직접적인 근거조항이므로, 법의 통일성과 소송경제의 관점에서 '농어촌 등 보건의료를 위한 특별조치법' 제7조 제1항 중 「병역법」 제55조에 따라 받는 군사교육소집기간 외에' 부분이 위 청구인들의 기본권을 침해하는지 여부도 심판대상에 포함시키기로 한다.

그렇다면 이 사건 심판대상은 병역법(2016. 5. 29. 법률 제14183호로 개정된 것) 제34조 제3항 중 '군사교육소집기간은 복무기간에 산입하지 아니한다' 부분 가운데 공중보건의사에 관한 부분, '농어촌 등 보건의료를 위한 특별조치법'(2016. 5. 29. 법률 제14183호로 개정된 것) 제7조 제1항 중 「병역법」 제55조에 따라 받는 군사교육소집기간 외에' 부분(이하 위 두 조항을 합하여 '심판대상조항'이라 한다)이 청구인들의 기본권을 침해하는지 여부이다. 심판대상조항 및 관련조항의 내용은 다음과 같다.

[심판대상조항]

병역법(2016. 5. 29. 법률 제14183호로 개정된 것)

제34조(공중보건의사 등의 편입) ③ 제1항에 따라 공중보건의사 또는 병역판정검사전담의사에 편입된 사람에 대하여는 제55조에 따른 군사교육소집을 하되, 군사교육소집 기간은 복무기간에 산입하지 아니한다.

농어촌 등 보건의료를 위한 특별조치법(2016. 5. 29. 법률 제14183호로 개정된 것)

제7조(의무복무기간) ① 공중보건의사의 의무복무기간은 「병역법」 제55조에 따라 받는 군사교육소집기간 외에 3년으로 한다.

[관련조항]

병역법(2016. 5. 29. 법률 제14183호로 개정된 것)

제2조(정의 등) ① 이 법에서 사용되는 용어의 뜻은 다음과 같다.

11. "공중보건의사"란 의사·치과의사 또는 한의사 자격을 가진 사람으로서 「농어촌 등 보건의료를 위한 특별조치법」에서 정하는 바에 따라 공중보건업무에 복무하는 사람을 말한다.

16. "전문연구요원"이란 학문과 기술의 연구를 위하여 제36조에 따라 전문연구요원(專門硏究要員)으로 편입되어 해당 전문 분야의 연구업무에 복무하는 사람을 말한다.

제5조(병역의 종류) ① 병역은 다음 각 호와 같이 구분한다.

3. 보충역: 다음 각 목의 어느 하나에 해당하는 사람

가. 병역판정검사 결과 현역 복무를 할 수 있다고 판정된 사람 중에서 병력수급(兵力需給) 사정에 의하여 현역병입영 대상자로 결정되지 아니한 사람

나. 다음의 어느 하나에 해당하는 사람으로 복무하고 있거나 그 복무를 마친 사람

3) 예술·체육요원

4) 공중보건의사

5) 병역판정검사전담의사

6) 삭제

7) 공익법무관

8) 공중방역수의사

9) 전문연구요원

10) 산업기능요원

다. 그 밖에 이 법에 따라 보충역에 편입된 사람

제34조(공중보건의사 등의 편입) ① 병무청장은 의사·치과의사 또는 한의사 자격이 있는 사람으로서 다음 각 호의 어느 하나에 해당하는 사람이 원할 경우 공중보건의사 또는 병역판정검사전담의사(한의사 자격이 있는 사람은 제외한다. 이하 같다)로 편입할 수 있다. 이 경우 현역병입영 대상자는 보충역에 편입한다.

1. 현역병입영 대상자로서 제58조 제1항 제1호에 따른 의무 분야 현역장교의 병적 편입을 지원한 사람 중 편입이 되지 아니한 사람
2. 제58조 제2항 제1호에 따른 의무사관후보생의 병적에 편입된 사람으로서 의무 분야 현역장교 병적에 편입되지 아니한 사람
3. 의사·치과의사 또는 한의사 자격이 있는 사람으로서 사회복무요원 소집 대상인 보충역에 해당하는 사람

② 제1항에 따라 공중보건의사 또는 병역판정검사전담의사로 편입된 사람은 해당 분야에 3년간 복무하여야 하며, 그 기간을 마치면 사회복무요원의 복무를 마친 것으로 본다.

제39조(전문연구요원 및 산업기능요원의 복무) ① 전문연구요원과 산업기능요원은 해당 분야에서 다음 각 호의 구분에 따른 기간 동안 의무복무를 하여야 하며, 그 기간을 마치면 사회복무요원의 복무를 마

친 것으로 본다.

1. 전문연구요원: 3년

② 전문연구요원 및 산업기능요원에 대하여는 제55조에 따른 군사교육소집을 하며, 그 군사교육소집 기간은 의무복무기간에 산입한다.

제55조(군사교육소집 대상 등) ① 군사교육소집은 군사교육을 위하여 보충역과 승선근무예비역에 대하여 60일 이내로 실시할 수 있으며, 그 시기·소집기간·소집해제 등에 필요한 사항은 대통령령으로 정한다. 다만, 전시근로역에 대하여는 군사교육이 필요한 경우 소집할 수 있다.

농어촌 등 보건의료를 위한 특별조치법(2016. 5. 29. 법률 제14183호로 개정된 것)

제8조(직장 이탈 금지) ① 공중보건의사는 해당 특별자치시장·특별자치도지사·시장·군수·구청장 또는 배치기관의 장의 허가 없이 근무시간에 직장을 이탈하여서는 아니 된다.

3. 청구인들의 주장

가. 심판대상조항은 전문연구요원 등 다른 보충역과는 달리 합리적 이유 없이 공중보건의사의 군사교육소집기간을 복무기간에 산입하지 않으므로 청구인들의 평등권을 침해한다.

나. 심판대상조항은 군사교육소집기간을 복무기간에 산입하지 않아 복무기간이 군사교육소집기간만큼 연장되어 직업선택과 직업수행의 시점을 늦추고, 병역을 필하였거나 면제받아 3월에 수련을 시작하는 다른 의사에 비하여, 청구인들은 전공의 또는 전임의 수련을 5월에 시작할 수밖에 없어 채용경쟁에서 불리하므로, 청구인들의 직업선택의 자유, 직업수행의 자유를 침해한다.

다. 심판대상조항은 군사교육소집기간만큼 연장된 기간 동안 근무지에서 이탈할 수 없어 자유로운 이주를 제한하고, 대학에서 수업을 들을 수 없으므로, 청구인들의 거주·이전의 자유, 학문의 자유, 일반적 행동의 자유를 침해한다.

4. 판 단

가. 공중보건의사 제도 개관

(1) 공중보건의사 제도의 주요내용

공중보건의사 제도는 농어촌 등 보건의료 취약지역의 주민 등에게 보건의료를 효율적으로 제공함으로써 국민이 고르게 의료혜택을 받게 하고 국민의 보건을 향상시키려는 목적으로, 의무분야 현역장교(군의관) 수요에 충당하고 남은 의료인을 병역의무에 갈음하여 의료취약지역의 보건의료업무에 종사하게 하는 제도이다(헌재 2014. 5. 29. 2012헌가4 참조).

병역법에서는 병무청장이 의사·치과의사 또는 한의사 자격이 있는 사람 중 ① 현역병입영 대상자로서 의무분야 현역장교 병적에 편입을 지원하였으나 편입되지 아니한 사람, ② 의무사관후보생의 병적에 편입된 사람으로서 의무분야 현역장교 병적에 편입되지 아니한 사람, ③ 사회복무요원 소집 대상인 보충역에 해당하는 사람을 공중보건의사로 편입할 수 있도록 규정하고 있다(병역법 제34조 제1항). 병무청장은 공중보건의사의 편입에 있어서 의무사관후보생의 병적에 편입된 사람으로서 의무분야 현역장교(이하 '군의관'이라 한다) 병적에 편입되지 아니한 사람을 우선적으로 편입한다(병역법 시행령 제69조 제3항). 다만, 병력수급사정 등으로 군의관 수급이 충분하여 의무사관후보생을 지원하지 못한 자도 병무청훈령에 따라 공중보건의사를 지원할 수 있는 길이 열려있다(공중보건의사 등의 관리규정 제3조).

공중보건의사에 편입된 사람은 보충역으로 병역의무를 이행하게 되며[병역법 제5조 제1항 제3호 나목 4)], 군사교육소집기간 동안에는 '소집되어 군에 복무하는 보충역'으로서 군인의 신분을 가지게 된다(군인사법 제2조 제3호).

보충역의 군사교육소집기간은 30일 이내로 하도록 규정되어 있는데(병역법 제55조 제1항, 병역법 시행령 제108조), 현재 4주로 운영되고 있으며, 공중보건의사를 비롯한 보충역은 이 기간 동안 경례요령, 군대예절 등 제식훈련과 함께 소총 조작 및 관리, 사격술, 화생방, 각개전투, 완전군장행군 등 기본전투기술을 구비할 수 있도록 훈련을 받는다.

보충역 중 사회복무요원, 예술·체육요원, 전문연구요원, 산업기능요원은 군사교육소집기간이 의무복무기간에 산입되는 반면(병역법 제29조 제3항, 제33조의8 제2항, 제39조 제2항), 공중보건의사, 병역판정검사전담의사, 공익법무관, 공중방역수의사의 군사교육소집기간은 의무복무기간에 산입되지 않는다(병역법 제34조 제3항, 제34조의6 제3항, 제34조의7 제3항).

공중보건의사는 4주간의 군사교육을 마친 후에 보건복지부장관의 명령을 받아 보건소, 병원선, 국공립병원, 교정시설 등에서 3년간 공중보건업무에 복무하게 된다. '농어촌 등 보건의료를 위한 특별조치법'(이하 '농어촌의료법'이라 한다)은 공중보건의사가 위와 같은 종사명령을 받은 때에 국가공무원법 제26조의5에 따른 임기제공무원으로 임용된 것으로 본다(제3조 제2항).

(2) 소집해제 후 진로

통상 공중보건의사는 소집해제가 된 후에 수련병원에서 전공의(인턴, 레지던트) 또는 전임의로 채용되어 근무한다. 전공의 및 전임의에 대한 채용절차는 각 수련병원마다 별도로 진행되며, 수련 시작 연도에 소집해제가 예정된 공중보건의사도 병역의무 이행 중이 아닌 다른 의사 등과 마찬가지로 채용절차에 지원할 수 있고, 각 수련병원의 채용절차는 병역의무 이행 중인지 여부와 관계없이 모든 지원자들에 대하여 동일하게 진행된다.

전공의 또는 전임의로 합격한 사람은 해당 병원에서 3월 1일부터 수련을 시작하나, 공중보건의사는 4월 중에 소집해제되므로 5월 1일부터 수련을 시작하며, 수련 종료 시점은 수련 시작 시점과 상관없이 동일하다(전문의의 수련 및 자격 인정 등에 관한 규정 제5조 제1항 및 제5항, 치과의사전문의의 수련 및 자격 인정 등에 관한 규정 제5조 제1항 및 제5항, 한의사전문의의 수련 및 자격 인정 등에 관한 규정 제5조 제1항 및 제3항).

(3) 공중보건의사의 군사교육소집기간 산입 관련조항의 연혁

1970. 12. 31. 법률 제2259호로 전부개정된 구 병역법에서는 현역병 징집대상자 중 의사 또는 치과의사의 자격이 있는 자는 의무분야 현역장교(군의관)에만 편입될 수 있었으며, 공중보건의사에 해당하는 보충역 제도는 존재하지 않았다. 당시 의무분야 현역장교에 편입될 자격을 취득할 수 있는 사람은 다른 사람과 병적을 구분하여 '의무 예비역무관후보생'으로 관리되었고, 현재의 군의관과 마찬가지로 장교로 임관하기 전 소정의 교육을 받았다. 이후 의과대학 졸업생 수가 군의관 수요를 초과하게 됨에 따라 병역의무의 형평을 도모하고 군의관 수요를 충원하고 남은 여유 인력을 합리적으로 운영하기 위하여 구 병역법(1978. 12. 5. 법률 제3111호로 개정되고, 1981. 12. 31. 법률 제3498호로 개정되기 전의 것)은 의사 또는 치과의사의 자격을 가진 사람을 의무분야 현역장교(군의관)뿐만 아니라 예비역 의무장교(공중보건의사)로도 편입할 수 있도록 공중보건의사 제도를 신설하였으며, 제도 도입 당시부터 공중보건의사는 군의관과 동일하게 군사교육을 마친 후 공중보건의사로서 3년 동안 복무하였다.

이후 구 '병역의무의 특례규제에 관한 법률'(1989. 12. 30. 법률 제4157호로 제정되고, 1992. 12. 2. 법률 제4510호로 개정되기 전의 것)은 공중보건의사를 특례보충역 중 하나로 규정하였고(제2조 제3호), 특례보충역의 군사교육기간을 의무종사기간에 포함하면서도(제16조 제3항) 공중보건의사의 경우에는 군사교육기간을 의무종사기간에 산입하지 않았다(제13조 제1항).

구 병역법(1993. 12. 31. 법률 제4685호로 전부 개정된 것)은 위 구 '병역의무의 특례규제에 관한 법률'을 폐지하면서(부칙 제2조), 공중보건의사에 대하여 법 제55조의 규정에 의한 교육소집을 실시하되, 그 교육소집기간은 복무기간에 산입하지 않도록 명시하였으며(제34조 제3항), 이후 병역법이 수차례 개정되면서도 일부 문구만 바뀌었을 뿐 군사교육소집기간이 복무기간에 산입되지 않는 규율 내용은 동일하다.

나. 제한되는 기본권

(1) 청구인들은 전문연구요원, 병역을 필하였거나 면제받은 의사들, 공중보건의사 외의 군복무를 마치고 학사 편입하는 학생들 등과 달리 심판대상조항으로 인해 군사교육소집기간이 복무기간에 산입되지 않으므로 평등권 침해 여부가 문제된다.

(2) 청구인들은 복무기간에 산입되지 않은 군사교육소집기간 동안 거주·이전의 자유를 침해받았다는 취지로도 주장하나, 이는 심판대상조항이 아니라 공중보건의사의 직장 이탈 금지의무를 규정한 농어촌의료법 제8조 제1항에 따른 제한이므로, 더 나아가 판단하지 않는다.

(3) 청구인 오○○를 제외한 청구인들은 군사교육소집기간만큼 연장된 복무기간 동안 전공의 또는 전임의 수련을 하지 못하는 직업의 자유 침해도 주장한다. 그런데 헌법 제15조가 보장하는 직장선택의 자유는 개인이 선택한 직업분야에서 구체적인 취업기회를 가질 수 있도록 하는 것이지 원하는 직장을 제공하여 줄 것을 청구할 권리를 보장하는 것은 아니다(헌재 2002. 11. 28. 2001헌바50 참조). 청구인들은 복무 중에 있다 하더라도 공중보건의사 및 군의관 출신이 아닌 지원자들과 동일하게 수련병원의 채용절차에 지원하는 취업기회를 가진다. 또한, 청구인들이 채용절차에 합격하더라도 3월부터 수련을 받을 수 없는 것은 사실이나, 채용시험에서 자신의 능력에 따라 자유로이 경쟁할 구체적인 취업의 기회를 보호받고, 병역의무를 이

행한 5월에는 해당 직업에 종사할 수 있으며, 병역의무 이행을 이유로 수련기간에서 2개월이 제외되었다고 하여 어떠한 불이익한 처우를 받는 것도 아니므로, 이 사건에서 청구인들이 주장하는 취지의 '특정 시점부터 해당 직업을 선택하고 직업수행을 개시할 자유'가 직업선택의 자유, 직업수행의 자유의 내용으로 보호된다고 보기는 어렵다.

설령 심판대상조항으로 인해 청구인들의 수련 시작이 늦어져 이 점이 개별 수련병원 별로 진행되는 채용경쟁상 불리한 요소로 작용할 수 있다고 하더라도, 이는 개별 수련병원의 구체적 사정에 따른 사실상의 불이익에 불과할 뿐이다.

그렇다면 심판대상조항으로 인해 청구인들의 직업의 자유가 침해될 여지는 없으므로, 위 주장은 더 나아가 판단하지 않는다.

(4) 청구인 오○○는 복무기간 중에 ○○대학교 ○○부에 학사편입하였는데, 심판대상조항으로 인해 소집해제 후 곧바로 1학기 수업을 수강할 수 없어 학문의 자유가 침해되었다고 주장한다.

학문의 자유에서 말하는 '학문'이란 일정한 지식수준을 기반으로 방법론적으로 정돈된 비판적인 성찰을 함으로써 진리를 탐구하는 활동을 말한다. 학문의 자유는 곧 진리탐구의 자유라 할 수 있고, 나아가 그렇게 탐구한 결과를 발표하거나 강의할 자유 등도 학문의 자유의 내용으로서 보장된다(헌재 1992. 11. 12. 89헌마88 참조). 대학생도 연구에 참여하는 가능성을 배제할 수 없으므로, 이러한 점에서는 학문의 자유의 주체가 될 수 있지만, 단순히 대학생으로서 수학(受學)하는 것은 학문의 개념을 충족시키지 못하므로 학문의 자유에 의하여 보호되지 않는다. 이 사건에서 위 청구인은 1학기 수업을 수강하는 데에서 더 나아가 해당 과목을 연구하거나 그 연구에 따른 결과를 발표 또는 강의할 자유가 침해되었다고 주장하는 것으로 보이지는 않으므로, 위 청구인의 학문의 자유 침해 주장은 더 나아가 판단하지 않는다.

(5) 청구인들은 심판대상조항이 같은 보충역인 사회복무요원 등과 달리 군사교육소집기간을 의무복무기간에 산입하지 않음으로써 일반적 행동의 자유를 침해한다고 주장하나, 이는 평등권 침해 주장과 동일한 내용이므로 별도로 판단하지 않는다.

다. 평등권 침해 여부

(1) 비교집단의 설정

평등권 침해의 특수성은 심판대상 법률조항이 정하는 '법률효과' 자체가 위헌이 아니라, 그 법률효과가 수범자의 한 집단에만 귀속되어 '다른 집단과 사이에 차별'이 발생한다는 점에 있기 때문에, 평등권 침해를 인정하기 위해서는 우선 법적용과 관련하여 상호 배타적인 '두 개의 비교집단'을 일정한 기준에 따라서 구분할 수 있어야 한다(헌재 2003. 12. 18. 2002헌마593 참조).

전문연구요원은 공중보건의사와 동일한 병역 유형인 보충역에 속하고, 동일한 기간과 내용으로 군사교육을 받으며, 병역의무자의 전문분야와 관련된 내용으로 병역의무를 수행한다는 점에서, 공중보건의사와 본질적으로 유사한 집단으로서 비교집단이 된다. 그런데 전문연구요원은 군사교육소집기간을 의무복무기간에 산입하고 있는 반면(병역법 제39조 제2항), 공중보건의사는 심판대상조항에 따라 군사교육소집기간을 의무복무기간에 산입하지 않고 있으므로, 양 집단 사이에 차별취급이 존재한다.

청구인들은 병역을 필하였거나 면제받은 의사들, 그리고 앞서 비교집단으로 삼기로 한 전문연구요원 외의 다른 보충역들도 비교집단으로 주장하고 있으나, '병역을 필하였거나 면제받은 의사들'은 청구인들과 같이 병역의무를 이행하고 있는 공중보건의사와는 그 전제가 되는 기본적 사실관계가 서로 달라 '본질적으로 동일한 비교집단'이라고 할 수 없으므로 차별취급 여부를 논할 수 없다. 전문연구요원 외의 다른 보충역들과 관련해서도, 보충역에는 병역판정검사전담의사, 공익법무관, 공중방역수의사 등 공중보건의사 외에도 군사교육소집기간이 복무기간에 산입되지 않는 보충역이 존재하므로, 공중보건의사와 비교할 때 법률효과 측면에서 일률적으로 차별이 발생한 비교집단으로 보기 어렵다.

(2) 심사기준

헌법재판소는 평등권의 침해 여부를 심사함에 있어, 헌법에서 특별히 평등을 요구하고 있는 경우와 차별적 취급으로 인하여 관련 기본권에 중대한 제한을 초래하게 되는 경우에는 차별취급의 목적과 수단 간에 비례관계가 성립하는지를 검토하는 엄격한 심사척도를 적용하고, 그렇지 않은 경우에는 차별을 정당화하는 합리적인 이유가 있는지, 즉 자의적인 차별이 존재하는지를 검토하는 완화된 심사척도를 적용한다(헌재 2011. 2. 24. 2009헌마94 참조).

'국가의 안전보장'은 국가의 존립과 영토의 보존, 국

민의 생명·안전의 수호를 위한 불가결한 전제조건이자 모든 국민이 자유를 행사하기 위한 기본적 전제조건으로서 헌법상 인정되는 중대한 법익이고, 국방의 의무는 국가의 안전보장을 실현하기 위하여 헌법이 채택한 하나의 중요한 수단이다. 병역법 등 여러 법률에서 구체화된 국방의 의무를 이행함에 있어서 그 의무자의 기본권이 여러 가지 면에서 제약을 받게 되는 점은 인정되나, 이는 헌법상의 국방의 의무의 규정에 의하여 이미 예정되어 있는 것으로서, 국가나 공익목적을 위하여 개인이 특별한 희생을 하는 것이라고 할 수 없으므로 관련 기본권에 대한 중대한 제한이 인정된다고 보기는 어려우며(헌재 2010. 11. 25. 2006헌마328 참조), 병역복무자의 군사교육이나 의무복무의 기간에 관하여는 입법자의 광범위한 입법형성권이 인정된다. 따라서 심판대상조항으로 인한 차별취급에 합리적 이유가 있는지 여부를 본다.

(3) 판단

(가) 전문연구요원과 공중보건의사는 같은 보충역으로서 병역법 제55조의 군사교육소집대상자이며, 군사교육소집기간 및 의무복무기간 또한 동일하다. 그러나 공중보건의사와 전문연구요원은 제도의 취지, 신분, 군사교육소집시기, 병역의무 이행방식 등 여러 가지 측면에서 차이가 있다.

(나) 공중보건의사와 전문연구요원은 병역법상 병역유형이 보충역이라는 점에서는 동일하나, 공중보건의사는 병역의무자를 공익적으로 활용하기 위한 공공분야 대체복무 중 하나이고, 전문연구요원은 국가산업발전에 기여하기 위한 산업지원분야 대체복무의 하나라는 점에서 차이가 있다. 즉, 공중보건의사는 임기제공무원의 신분을 가지고 농어촌 등 보건의료 취약지역의 보건의료업무에 종사하는 자로, 국가산업의 육성과 발전을 위해 기업부설 연구기관, 자연계대학원, 국·공립연구기관 등과 개별적으로 채용계약을 체결하여 연구업무에 종사하는 전문연구요원에 비하여 수행 업무의 공익적 기여도가 매우 크고 직접적이다.

(다) 공중보건의사는 4주간 군사교육을 받은 후 보건복지부장관의 종사명령에 따라 보건소 및 보건지소 등에 배치되어 3년간의 의무복무를 시작한다(농어촌의료법 제5조). 이 때, 공중보건의사는 군 보건소, 읍·면 보건지소와 같이 의사의 확보가 어려운 보건의료 취약지에 우선적으로 배치되고, 결핵병원 등 국립특수병원, 한국한센복지협회 등 공중보건사업의 위탁사업을 수행하는 기관, 병원선 및 이동진료반 등에도 배치된다.

공중보건의사의 군사교육소집기간을 의무복무기간에 산입한다면 3년차 공중보건의사의 소집해제일은 통상 3월경이 될 것이므로, 해당 지역별로 공중보건의사의 소집해제일로부터 다른 공중보건의사가 군사교육소집을 마치고 통상 배치되는 4월경까지 약 1개월간 필연적으로 의료공백이 발생하게 된다. 그런데 공중보건의사는 일반 병원의 의사들과는 달리 환자 진료 뿐 아니라 지역 보건사업 등 다방면의 업무를 수행하여야 하며, 규모가 있는 보건의료소가 아닌 보건소나 보건지소, 병원선의 경우 일반적으로 공중보건의사의 배치인원은 매우 소수이고 연도(連島)된 보건지소의 경우 2개소를 순회 진료하여야 하므로, 공중보건의사의 부재가 매년 1개월씩 일부 지역에서 반복된다면 심각한 의료공백을 초래할 수 있다.

전문연구요원의 경우 공중보건의사와는 달리 의무복무기간 중에 군사교육에 소집되어 4주간 군사교육을 받는데, 전문연구요원이 근무하는 연구기관의 경우 전문연구요원 외에도 상시 연구인력들이 존재하며, 이들이 수행하는 연구업무의 특성상 일정기간 자리를 비우더라도 심각한 업무공백 문제는 발생하지 않는다.

따라서 입법자가 의료공백의 측면을 고려하여 전문연구요원과는 달리 공중보건의사의 군사교육소집기간을 복무기간에 산입하지 않도록 한 데에는 합리적인 이유가 있다.

(라) 같은 병역 유형인 보충역에 속한다고 하더라도 개별 보충역마다 제도 도입 취지, 복무형태, 복무내용, 신분 등이 상이하므로 군사교육소집기간 산입 여부와 같은 병역의무이행의 세부적인 내용이 모두 동일하게 적용되어야 한다고 볼 수는 없다.

1979년 공중보건의사 제도를 도입할 당시에는 병무청장이 의사 또는 치과의사의 자격이 있는 사람을 의무분야 현역장교 또는 예비역장교의 병적에 편입시키면, 그 중 예비역장교에 편입된 사람에 대하여 보건복지부장관이 공중보건의사로서 복무하도록 하였으므로 공중보건의사는 의무분야 현역장교와 그 근간을 같이 하였던 것으로 보인다. 현행법에 따르더라도 공중보건의사는, 군의관과 동일하게 의사 자격을 가진 사람들이 의무사관후보생 병적에 편입되어 관리되다가 국방부의 의무분야 현역장교 인력수급계획에 따라 당해 연도에 군의관으로 우선 선발되지 않은 사람이 먼저 편입되고, 연간 필요한 인원 내에서 우선 선발된 인원수를 제외한 나머지 인원에 대해 병무청장의 모집공고를 통해 선발된다. 그리고 공중보건의사로 편입되면 임기제공무원의 신분으로 장교에 준하는 보수를 받으며 군의관과 유사한 보건의료업무를 수행한다.

반면에 전문연구요원은 1973년 구 '병역의무의 특례규제에 관한 법률'이 제정되어 제도가 도입될 당시부터 보충역(특례보충역)으로 분류되어 왔으며, 현행법상으로도 사회복무요원, 산업기능요원, 예술·체육요원과 마찬가지로 병(兵)으로서 병역의무이행이 예정되어 있는 일반적인 병역의무자 중에서 분류 및 선발하고 있다. 뿐만 아니라 전문연구요원은 복무기간에 있어서도 현역병 복무기간 단축 또는 연장과 연계하여 조정이 가능하도록 되어 있다(병역법 제42조 제1항 제1호).

이렇듯 동일한 보충역에 속하기는 하지만, 공중보건의사는 장교의 지위에 있는 군의관과 입법 연혁, 선발과정, 보수, 수행 업무 내용 등에서 동일하거나 유사한 측면이 여럿 있다는 점을 고려하면, 군사교육소집기간의 복무기간 산입 여부와 같은 정책적인 사항에 대하여 공중보건의사를 전문연구요원과 달리 규정한 것이 합리적 이유 없는 차별취급이라고 단정하기는 어렵다.

(마) 결국 심판대상조항이 전문연구요원과 달리 공중보건의사의 군사교육소집기간을 복무기간에 산입하지 않은 것에는 합리적 이유가 있으므로, 심판대상조항은 청구인들의 평등권을 침해하지 아니한다.

5. 결 론

그렇다면 청구인들의 심판청구는 이유 없으므로 기각하기로 하여 주문과 같이 결정한다. 이 결정은 아래 6.과 같은 재판관 이은애, 재판관 이영진의 반대의견을 제외한 나머지 관여 재판관 전원의 일치된 의견에 따른 것이다.

6. 재판관 이은애, 재판관 이영진의 반대의견

우리는 법정의견과 달리 심판대상조항이 평등권을 침해한다고 판단하므로, 아래와 같이 반대의견을 밝힌다.

공중보건의사나 전문연구요원은 병력수급사정 및 병역의무의 형평 등으로 인하여 보충역에 편입된 사람들로서 그 구체적인 복무의 전문성에 있어서는 차이가 있다 하더라도 군사교육 소집기간에는 '소집되어 군에 복무하는 보충역'으로서 군인의 신분을 가지고 동일한 내용과 목적을 가진 군사교육을 받는다는 점에서 서로 다르다고 보기 어렵다. 그럼에도 심판대상조항은 공중보건의사의 군사교육 소집기간을 복무기간에 산입하지 않도록 규정하여 군사교육 소집기간이 복무기간에 산입되는 전문연구요원과 달리 취급하고 있다. 공중보건의사나 전문연구요원 모두 병역법에서는 복무기간을 3년으로 규정하고 있는데(병역법 제34조 제2항, 제39조 제1항), 공중보건의사는 군사교육 소집기간이 복무기간에 산입되지 않아 실질적으로 전문연구요원보다 더 오래 병역의무를 이행하게 되는 것이다.

전문연구요원은 과학기술 전문인력의 활용도를 높이고 우수한 인적 자원의 이공계열 진학을 유도하여 산업발전 및 국가경쟁력 제고에 기여하기 위하여 병무청장이 선정한 연구기관에서 일정 기간 복무하도록 하는 보충역 제도이고, 공중보건의사는 국민들의 균등한 의료혜택을 위하여 군의관의 수요에 충당하고 남은 의료인을 농어촌 등 보건의료 취약지역에서 보건의료업무에 종사하도록 하는 보충역 제도이다. 따라서 전문연구요원이나 공중보건의사는 병역의무자의 업무전문성을 바탕으로 비군사적 복무에 종사하도록 함으로써 공익적 가치를 실현한다는 점에서 전체 병역의무체계에서 차지하는 역할이나 지위가 같다고 볼 수 있다.

그런데 공중보건의사는 전문연구요원과 달리 군사교육 소집기간을 복무기간에 포함시키지 않고 있다.

이에 대하여 전문연구요원은 그에 대응하는 현역 장교가 없어 병역의무 이행의 형평성 관점에서 문제가 발생하지 않으나, 공중보건의사는 그에 대응하는 현역장교인 군의관이 있어 병역의무 이행의 형평성 관점에서 전문연구요원과 같이 취급할 수 없고 군의관과의 형평을 고려해야 한다는 주장이 있을 수 있다.

군의관과 공중보건의사는 선발대상이 동일하고, 무작위 추첨 등 우연한 사정에 의하여 분류되며, 보수의 수준 등이 거의 유사하므로, 양자가 본질적으로 동일하다고 볼 여지가 있다. 그러나 군사교육 소집기간을 복무기간에 산입할 수 있는지 여부의 관점에서 보면, 보충역인 공중보건의사와 현역 장교인 군의관은 전체 병역체계 내에서 차지하는 위상이나 역할이 달라 반드시 동일하게 취급하여야 한다는 결론이 도출되는 것은 아니다. 공중보건의사는 보충역으로서 임기제공무원의 신분을 가지고 보건복지부장관이 지정하는 해당 기관에서 3년간 복무를 하고, 복무를 마친 이후에는 사회복무요원의 복무를 마친 것과 같게 된다. 전체적으로 복무의 내용이 비군사적 영역에서 공익에 기여하는 역할을 담당하고 있는 것이다. 그러나 군의관은 현역 장교로서 군인의 신분을 가지고 전체 군 병력 체계 내에서 직접적인 병력 형성에 기여하는 역할을 담당하고 있다. 선발대상이나 처우 등에 있어서는 동질성을 인정할 수 있는 부분이 있지만, 전체 군 병력 체계 내에서 담당하는 역할과 기능은 결코 같다고 보기 어렵다. 따라서 군의관과의 형평이라는 이유만으로 공중보건의사의 복무기간에 군사교육 소집기간을 산입하지 않는 것이 정당화된다고 보기 어렵다.

더 나아가 현재의 규율 체계는 병역의무자들의 복무기간에 대한 예측가능성을 저해한다. 병역법은 전문연구요원이나 공중보건의사 모두 복무기간을 3년으로 규정하고 있다(병역법 제34조 제2항, 제39조 제1항). 그런데 공중보건의사는 군사교육 소집기간이 복무기간에 산입되지 않기 때문에 현재 실질적인 병역의무 이행기간은 30일의 군사교육 소집기간과 3년의 복무기간을 합한 기간이 된다. 사실상 공중보건의사는 3년의 복무 외에도 군사교육 소집기간만큼 더 복무를 해야 하는 것이다. 복무기간이 3년이라고 규정되어 있을 때 병역의무 대상자들은 일반적으로 전체 복무기간을 3년으로 인식하게 되고, 이에 따라 자신의 학업이나 진로 등에 대한 계획을 세우게 된다. 그런데 심판대상조항은 군사교육 소집기간을 복무기간에서 제외하는 방법으로 사실상 병역의무의 이행 기간을 연장시키고 있는 것이다. 현재 보충역에 대한 군사교육은 30일 이내의 범위에서 실시되고 있지만(병역법 시행령 제108조), 병역법 제55조 제1항에 따르면 60일 이내의 범위 내에서 군사교육을 소집할 수 있도록 규정하고 있어, 공중보건의사는 군사교육 소집기간이 복무기간에 산입되는 보충역에 비하여 최대 60일까지 더 복무하게 될 가능성이 있는 것이다. 이는 군사교육 소집기간을 복무기간에 산입하는지 여부에 따라 실질적인 병역의무 이행기간이 자의적으로 결정될 위험이 있을 뿐만 아니라 병역의무자들의 복무기간에 대한 예측가능성도 저해한다.

최근 군이 병력 중심의 군에서 과학기술 중심의 군으로 변화하면서 국가 인적자원의 효율적인 관리를 위하여 현역병, 사회복무요원 및 산업기능요원의 복무기간을 단축하고 있다. 예를 들면, 현역병의 경우 육군은 2020. 6. 16. 입대자부터 18개월로, 사회복무요원은 2020. 3. 16. 입대자부터 21개월로 복무기간을 단축하고 있다(사회복무요원 소집업무 규정 제47조 제1항). 이러한 상황 속에서 공중보건의사는 3년이라는 복무기간 외에도 군사교육 소집기간까지 추가로 복무해야 하는 것이다. 즉, 공중보건의사는 상대적으로 더 긴 기간 동안 병역의무를 이행해야 하는 것인데, 병역의무의 형평이라는 관점에서 바람직한 것인지 의문이다.

이에 대하여 현재 공중보건의사는 3년 주기로 임무교체가 이루어지고 있어 임무교체기에 발생할 수 있는 업무공백을 방지하기 위하여는 불가피하게 군사교육 소집기간을 복무기간에서 제외하여 3년의 공중보건의사로서의 복무기간을 확보할 필요가 있다는 주장이 있을 수 있다.

그러나 이는 의료혜택이 취약한 지역과 그렇지 않은 지역에 배치되는 공중보건의사의 수를 재조정하여 의료혜택이 취약한 지역에 있는 공중보건의사의 수를 확대하거나 인근지역 공중보건의사들로 하여금 순회 진료를 하도록 하는 등의 방법으로 공중보건의사의 복무기간을 연장하지 않으면서도 합리적으로 의료공백을 해소할 여지가 있다. 그럼에도 심판대상조항은 아무런 합리적인 해결방법을 모색하지도 않은 채 공중보건의사들의 복무기간을 사실상 연장하는 행정편의적인 방법으로 문제를 해결하고 있는 것이다.

따라서 심판대상조항이 공중보건의사의 군사교육 소집기간을 복무기간에 산입하지 않는 것은 합리적인 이유가 있다고 보기 어려우므로, 청구인들의 평등권을 침해한다.

재판관 유남석 이선애 이석태 이은애 이종석 이영진 김기영 문형배 이미선

35. 특정경제범죄 가중처벌 등에 관한 법률 제5조 제4항 제2호 위헌제청

[2020. 10. 29. 2019헌가15]

【판시사항】

금융회사 임직원이 그 직무에 관하여 약속한 금품 기타 이익의 가액이 5천만 원 이상 1억 원 미만인 경우 가중처벌하도록 정하고 있는 '특정경제범죄 가중처벌 등에 관한 법률'(이하 '특정경제범죄법'이라 한다) 제5조 제4항 제2호 중 제1항 약속에 관한 부분(이하 '이 사건 법률조항'이라 한다)이 책임과 형벌 간의 비례원칙에 위배되는지 여부 및 형벌체계상의 균형을 상실하여 평등원칙에 위배되는지 여부(소극)

【결정요지】

헌법재판소는 2017. 12. 28. 2017헌바193결정에서, 국민경제와 국민생활에 중대한 영향을 미치는 금융업무의 투명성과 공정성을 확보하기 위하여 금융기관 임직원의 수재죄를 공무원의 수뢰죄와 같은 수준으로 가중처벌하는 것은 합리적 이유가 있고, 수재액이 많을수록 국가경제에 미치는 병폐와 피해가 심화되고 범죄에 대한 비난가능성도 일반적으로 높아진다고 보는 것이 합리적이어서 구 특정경제범죄법 제5조 제4항 제2호는 책임과 형벌 간의 비례원칙에 위반되지 아니하며, 변호사나 공인회계사 등이 자신이 담당하고 있는 전문영역에서 공정성을 해하는 행위를 하더라도 주로 직접적인 이해당사자에게 영향을 미치는 것과 달리, 금융기관 임직원이 불공정하게 직무를 수행하여 금융기관의 공공성이 무너지게 되면 경제적 파급력과 사회전반에 미치는 영향이 매우 크다는 점에서 변호사 등 다른 직역에 종사하는 사람보다 중하게 금융기관 임직원의 수재행위 등을 처벌하더라도 형벌체계상의 균형성을 상실하여 평등원칙에 위배되지 아니한다고 판단하였다.

위 선례는 제5조 제4항 제2호 전체에 관한 판단이었고 이 사건은 위 조항 중 '약속' 부분만 심판대상인데, 이 사건 법률조항의 보호법익은 금융회사 임직원의 청렴성과 그 직무의 불가매수성이므로 금융회사 임직원이 금품 등을 약속한 경우가 현실적으로 금품 등을 수수한 경우에 비해 언제나 불법의 크기가 작다고 볼 수 없고, 5천만 원 이상의 상당한 금품 등을 약속한 이상 금융회사 임직원의 청렴성과 그 직무수행의 불가매수성에 대한 침해가 현저히 이루어졌다는 판단에 근거한 것으로 이러한 판단이 부당하다고 볼 수 없다. 따라서 선례의 판시이유는 여전히 타당하고 이 사건에서 선례를 변경할 만한 사정변경이 없다.

재판관 유남석, 재판관 이선애, 재판관 이석태, 재판관 이영진, 재판관 문형배의 위헌의견

우리 법체계상 '부정한 청탁'을 요건으로 하지 않고 직무관련 수재 등 행위를 처벌하는 규정은 매우 드물고, 약속액에 따라 가중처벌하는 것은 특정경제범죄법 제5조 제4항이 유일하다. 금융산업의 발전 및 확대로 인하여 금융회사 임직원의 업무도 다양화되었으므로 국가경제와 국민생활에 중대한 영향을 미친다고 보기 어려운 경우도 있다. 그럼에도 이 사건 법률조항은 약속한 금액만을 기준으로 법정형의 하한을 징역 7년 이상으로 높이고 있어, 법관이 작량감경을 하더라도 집행유예를 선고할 수 없도록 양형재량의 범위를 극도로 제한하고 있으므로, 책임과 형벌 사이의 비례원칙에 위배된다.

이 사건 법률조항은 금융기관 임직원과 마찬가지로 공공성이 강한 다른 직무 관련 수재죄 등의 법정형과 비교하여 지나치게 과중하다. 즉 파산관재인, 공인회계사, 변호사의 수재행위와 관련한 범죄의 구성요건과 법정형에 비추어 보아도 이 사건 법률조항은 형벌체계의 균형성을 상실하여 평등원칙에 위배된다.

【심판대상조문】

특정경제범죄 가중처벌 등에 관한 법률(2012. 2. 10. 법률 제11304호로 개정된 것) 제5조 제4항 제2호 중 제1항의 '약속'에 관한 부분

【참조조문】

특정경제범죄 가중처벌 등에 관한 법률(2012. 2. 10. 법률 제11304호로 개정된 것) 제5조 제1항, 제4항 제1호, 제3호

특정범죄 가중처벌 등에 관한 법률(2010. 3. 31. 법률 제10210호로 개정된 것) 제2조 제1항 제1호, 제2호, 제3호

【참조판례】

헌재 2011. 6. 30. 2009헌바354등, 판례집 23-1하, 353

헌재 2012. 12. 27. 2011헌바217, 판례집 24-2, 443

헌재 2017. 12. 28. 2017헌바193, 판례집 29-2, 404

【당 사 자】

제청법원창원지방법원

당해사건창원지방법원 2019고합38 특정경제범죄 가중처벌 등에 관한 법률 위반(수재등)

【주 문】

특정경제범죄 가중처벌 등에 관한 법률(2012. 2. 10. 법률 제11304호로 개정된 것) 제5조 제4항 제2호 중 제1항의 '약속'에 관한 부분은 헌법에 위반되지 아니한다.

【이 유】

1. 사건개요

당해 사건의 피고인 김○○은 ○○(금융사명 생략) ○○지점장으로서 대출업무를 담당하면서, 2017. 3. 31. 안○○ 등에게 18억 원을 대출해 주는 조건으로 피고인 소유의 시가 5,840만 원인 토지를 1억 3,800만 원에 매도하기로 하는 매매계약을 체결하여, 금융회사 임직원 직무에 관하여 그 차액 7,960만 원 상당의 이익을 수수하기로 약속하였다는 공소사실로 창원지방법원에 기소되었다.

위 법원은 소송계속 중 2019. 4. 12. '특정경제범죄 가중처벌 등에 관한 법률' 제5조 제4항 제2호 중 제1항의 '약속'에 관한 부분이 헌법에 위반된다는 이유로 직권으로 위헌법률심판제청을 하였다.

2. 심판대상

이 사건 심판대상은 '특정경제범죄 가중처벌 등에 관한 법률'(2012. 2. 10. 법률 제11304호로 개정된 것, 이하 '특정경제범죄법'이라 한다) 제5조 제4항 제2호 중 제1항의 '약속'에 관한 부분(이하 '이 사건 법률조항'이라 한다)이 헌법에 위반되는지 여부이다. 심판대상조항과 관련조항은 다음과 같다.

[심판대상조항]

특정경제범죄 가중처벌 등에 관한 법률(2012. 2. 10. 법률 제11304호로 개정된 것)

제5조(수재 등의 죄) ④ 제1항부터 제3항까지의 경우에 수수, 요구 또는 약속한 금품이나 그 밖의 이익의 가액(이하 이 조에서 "수수액"이라 한다)이 3천만원 이상일 때에는 다음 각 호의 구분에 따라 가중처벌한다.

2. 수수액이 5천만원 이상 1억원 미만일 때: 7년 이상의 유기징역

[관련조항]

특정경제범죄 가중처벌 등에 관한 법률(2012. 2. 10. 법률 제11304호로 개정된 것)

제5조(수재 등의 죄) ① 금융회사등의 임직원이 그 직무에 관하여 금품이나 그 밖의 이익을 수수(收受), 요구 또는 약속하였을 때에는 5년 이하의 징역 또는 10년 이하의 자격정지에 처한다.

④ 제1항부터 제3항까지의 경우에 수수, 요구 또는 약속한 금품이나 그 밖의 이익의 가액(이하 이 조에

서 "수수액"이라 한다)이 3천만원 이상일 때에는 다음 각 호의 구분에 따라 가중처벌한다.

1. 수수액이 1억원 이상일 때: 무기 또는 10년 이상의 징역

3. 수수액이 3천만원 이상 5천만원 미만일 때: 5년 이상의 유기징역

특정범죄 가중처벌 등에 관한 법률(2010. 3. 31. 법률 제10210호로 개정된 것)

제2조(뇌물죄의 가중처벌) ① 형법 제129조·제130조 또는 제132조에 규정된 죄를 범한 사람은 그 수수(收受)·요구 또는 약속한 뇌물의 가액(價額)(이하 이 조에서 "수뢰액"이라 한다)에 따라 다음 각 호와 같이 가중처벌한다.

1. 수뢰액이 1억원 이상인 경우에는 무기 또는 10년 이상의 징역에 처한다.
2. 수뢰액이 5천만원 이상 1억원 미만인 경우에는 7년 이상의 유기징역에 처한다.
3. 수뢰액이 3천만원 이상 5천만원 미만인 경우에는 5년 이상의 유기징역에 처한다.

3. 제청법원의 위헌법률심판제청 이유

이 사건 법률조항은 약속한 금액만을 기준으로 하여 법정형 하한을 일률적으로 징역 7년 이상으로 정하고 있어 작량감경 외에 별도의 법률상 감경사유가 없는 한 집행유예를 선고할 수 없도록 하여 법관의 양형재량을 극도로 제한한다. 특히 '약속'은 수수에 이르는 과정에 있는 일종의 미수행위이고 실제로 금품을 수수하지는 않은 경우이기 때문에 불법과 책임에서 수수와 상당한 차이가 있음에도 이 사건 법률조항은 약속과 수수에 관하여 동일한 형을 정하고 있다. 이 사건 법률조항은 책임과 형벌 사이의 비례원칙에 위배된다.

이 사건 법률조항에서 정한 형은 금융회사 등 임직원과 마찬가지로 공공성이 강한 변호사, 파산관재인, 공인회계사 등 다른 직무 관련 수재죄의 법정형과 비교해 볼 때 지나치게 과중하고 이와 같은 현저한 차이를 정당화할 합리적 근거가 없다. 이 사건 법률조항은 형벌체계상 균형을 상실하여 평등원칙에 위배된다.

4. 판 단

가. 재판관 이은애, 재판관 이종석, 재판관 김기영, 재판관 이미선의 합헌의견

(1) 헌법재판소의 선례

헌법재판소는 2017. 12. 28. 2017헌바193 결정에서, 특정경제범죄법 제5조 제4항 제2호와 같은 내용을 규정하고 있었던 구 특정경제범죄법(2008. 12. 26. 법률 제9170호로 개정되고, 2012. 2. 10. 법률 제11304호로 개정되기 전의 것) 제5조 제4항 제2호에 대한 합헌결정(헌재 2012. 12. 27. 2011헌바217 결정)을 원용하여 위 조항에 대해 합헌결정을 선고하였는바, 그 결정 이유의 요지는 다음과 같다.

『금융기관은 사기업이지만, 국가경제와 국민생활에 중대한 영향을 미치는 업무를 담당하고 있고, 시장경제질서의 원활한 운용을 위해서는 투명하고 공정하게 그 기능을 수행하여야 한다. 이처럼 금융기관 임직원의 직무에 대하여 그 집행의 투명성·공정성을 확보하는 것은 매우 중요한 공익이라 할 수 있어 직무관련 수재 등 행위를 공무원의 수뢰죄와 같은 수준으로 가중처벌하도록 한 것은 합리적 이유가 있다. 청구인은 금융기관 임직원의 직무관련 수재 등 행위를 공무원에 준하여 가중처벌하는 입법례가 드물다고 주장하나, 구 특정경제범죄법 제5조 제4항 제2호는 금융기관의 공공성 확보가 매우 중요한 우리의 현실에 근거한 것이므로 위와 같은 입법례를 들어 과잉형벌의 근거로 삼기는 어렵다. 또한 구 특정경제범죄법 제5조 제4항 제2호는 입법자가 금융기관 임직원이 직무에 관하여 5천만 원 이상의 금품을 수수한 경우에 그 범정과 비난가능성의 정도를 높게 평가하여 법률상의 감경사유가 없는 한 집행유예를 선고하지 못하도록 입법적 결단을 내린 것으로서, 법관의 양형결정의 범위를 지나치게 제한한 것이라 할 수는 없다. 직무관련 수재 등 행위는 일반적인 형사범에 비하여 범행의 동기나 행위의 태양 등이 비교적 정형화되어 있고, 그것이 국가경제에 미치는 병폐와 피해는 수수액이 많을수록 심화될 뿐 아니라 일반적으로 수수액이 증가하면 범죄에 대한 비난가능성도 높아진다고 보는 것이 합리적인 점에 비추어 수수액을 기준으로 한 단계적 가중처벌에는 합리적인 이유가 있다. 이러한 사정들을 종합하여 볼 때, 구 특정경제범죄법 제5조 제4항 제2호는 책임과 형벌 간의 비례원칙에 위배되지 않는다.

그리고 금융기관 임직원에게는 공무원이나 공무원으로 의제되는 공적 업무를 담당하는 사람들에 버금가는 정도의 청렴성과 직무의 불가매수성이 요구되고, 이들이 직무와 관련하여 수재 등 행위를 하였을 경우에는 별도의 배임행위가 있는지를 불문하고 형사제재를 가

함으로써 금융기관의 업무와 관련된 각종 비리와 부정의 소지를 없애고, 그 기능의 투명성·공정성을 확보할 필요가 있으므로, 금융기관 임직원의 직무와 관련한 수재 등 행위에 대하여 공무원의 수뢰죄와 동일하게 처벌한다 하더라도 거기에는 합리적인 근거가 있다. 변호사 등은 전문직 종사자로서 자신이 담당하고 있는 전문영역에서의 공정성을 해하는 행위를 함으로써 직접적인 이해관계 당사자에게 영향을 미치는 반면, 금융기관 임직원의 경우에는 금융기관의 공공성이 무너지는 경우 그 경제적 파급력 및 사회전반에 미치는 영향이 매우 커 입법자가 특별히 공무원과 같은 수준의 청렴성을 요구하는 것이므로, 변호사 등의 전문직 종사자보다 중한 형벌로 처벌한다 하더라도 지나치게 과중하여 형벌체계의 균형성에 반한다고 보기는 어렵다.』

(2) 이 사건의 경우

위 선례는 특정경제범죄법 제5조 제4항 제2호 전체에 관한 판단이었으나, 이 사건 제청법원은 위 조항 중 '약속'부분의 위헌성을 주장하였고, 심판대상도 이에 한정되었다.

그런데 금품 약속의 경우는 수수와 달리 아직 현실적인 이득이 없다는 점에서 이 경우에도 금액을 기준으로 가중처벌하는 것에 대해 의문을 제기할 수 있으나, 이 사건 법률조항의 보호법익은 금융회사 등 임직원의 청렴성과 그 직무의 불가매수성이므로 금융회사 등 임직원이 금품 등을 '약속'한 경우가 현실적으로 금품 등을 '수수'한 경우에 비해 언제나 불법의 크기나 책임이 작다고 볼 수도 없고, 구체적인 사정에 따라서는 금품 등을 요구하거나 약속에 그쳤더라도 현실적으로 금품 등을 수수한 경우보다 그 불법과 책임이 더 큰 경우도 얼마든지 있는 것이다. 이 사건 법률조항이 요구, 약속, 수수를 동일한 기준에 따라 처벌하는 것은 금융회사 등 임직원이 5천만 원 이상의 상당한 금품 등을 요구, 약속, 수수하였다면 금융회사 등 임직원의 청렴성과 그 직무수행의 불가매수성에 대한 침해가 이미 현저히 이루어졌다는 판단에 근거한 것으로 이러한 판단이 부당하다고 볼 수는 없다(헌재 2011. 6. 30. 2009헌바354등 참조).

이 사건의 경우 위 헌법재판소의 선례를 변경할 만한 특별한 사정이나 필요성이 있다고 할 수 없으므로, 선례의 취지는 이 사건에서도 그대로 타당하다.

(3) 소결

이 사건 법률조항은 책임과 형벌 간의 비례원칙을 준수하고, 형벌체계상 균형을 갖춘 것으로 평등원칙에도 위배되지 아니하므로, 헌법에 위반되지 아니한다.

나. 재판관 유남석, 재판관 이선애, 재판관 이석태, 재판관 이영진, 재판관 문형배의 위헌의견

(1) 책임과 형벌 간의 비례원칙에 위배되는지 여부

우리 법체계상 사인에 대하여 '부정한 청탁'을 요건으로 하지 않고 직무관련 수재 등 행위를 처벌하는 규정은 매우 드물고, 수재 금액에 따라 가중처벌하는 것은 특정경제범죄법 제5조 제4항이 유일하다. 그 중 이 사건 법률조항은 금융회사 등 임직원의 직무관련 약속액이 5천만 원 이상 1억 원 미만일 때에는 범인의 성행, 전과 유무, 범행의 동기, 범행 후의 정황 등 죄질과 상관없이 7년 이상의 징역에 처하도록 규정하고 있어, 법관으로 하여금 작량감경을 하더라도 별도의 법률상 감경사유가 없는 한 집행유예를 선고할 수 없도록 함으로써 법관의 양형재량의 범위를 극도로 제한하고 있다. 그러나 금융산업의 발전과 확대에 따라 금융회사 등의 임직원이 담당하는 업무가 다양화되고 있어 금융회사 등에서 이루어지는 모든 업무가 국가경제와 국민생활에 중대한 영향을 미친다고 보기 어려운바, 금융회사 등 임직원 모두에 대하여 일률적으로 공무원과 마찬가지의 청렴의무를 부과하여 금품 약속액에 따라 엄격하게 가중처벌 하는 것은 그 타당성을 인정하기 어렵다. 또한 법원의 양형기준제도를 통하여 약속액 외에도 부정한 업무처리 여부, 금융회사 등의 재정건전성에 대한 실질적 피해의 정도, 금품약속의 횟수 등 구체적 양형인자를 참작하여 개별책임에 부합하는 양형이 이루어질 수 있다는 점에 비추어 보더라도, 이 사건 법률조항이 약속액만을 기준으로 하여 법정형의 하한을 일률적으로 징역 7년 이상으로 높이고 있는 것은 지나치게 가혹하다(헌재 2020. 3. 26. 2017헌바129등 결정의 위헌의견 참조).

따라서 이 사건 법률조항은 책임과 형벌 사이의 비례원칙에 위배된다.

(2) 형벌체계상의 균형을 상실하여 평등원칙에 위배되는지 여부

이 사건 법률조항은 금융회사 등 임직원이 5천만 원 이상 1억 원 미만의 금품 등을 약속한 경우 공무원의 수뢰행위와 동일하게 가중처벌하고 있다. 그러나 공무원과 금융회사 등 임직원은 수행하는 업무와 책임, 신분보장의 정도 등에 현저한 차이가 있어, 금융회사 등 임직원에게 공무원에 버금가는 정도의 청렴성이나 직무

의 불가매수성을 요구하기 어려우므로, 금융회사 등 임직원의 금품 약속행위를 처벌하는 것을 넘어 공무원과 동일하게 가중처벌까지 하는 것은 과도하다.

또한 금융회사 등 임직원과 마찬가지로 공공성이 강한, 공무원 아닌 사인의 직무 관련 수재죄 등의 법정형과 비교하여 보아도 이 사건 법률조항의 법정형이 지나치게 과중하다. 파산관재인 등의 수재죄는 부정한 청탁을 요건으로 하지 않는 점에서 금융회사 등 임직원의 수재죄와 같지만 법정형은 5년 이하의 징역 또는 5천만 원 이하의 벌금으로 이 사건 법률조항에 비하여 낮고(채무자 회생 및 파산에 관한 법률 제645조 제1항 및 제2항, 제655조), 공인회계사의 수재죄는 부정한 청탁을 별도의 구성요건으로 요구하면서도 법정형 역시 5년 이하의 징역 또는 5천만 원 이하의 벌금으로 이 사건 법률조항에 비해 낮으며(공인회계사법 제53조 제1항 제1호), 모두 수수액에 따른 법정형 가중조항을 두고 있지 않다. 변호사가 판사·검사 그 밖에 재판·수사기관의 공무원에게 제공하거나 그 공무원과 교제한다는 명목으로 금품 등을 수수하면 5년 이하의 징역 또는 3천만 원 이하의 벌금에 처하거나 병과할 수 있도록 한 것(변호사법 제110조)과 비교하여도, 직무와 관련하여 5천만 원 이상 1억 원 미만의 금품 등을 약속하기만 하면 7년 이상의 징역에 처하도록 한 이 사건 법률조항의 처벌은 과도하다. 이러한 점에 비추어 볼 때 사인인 금융회사 등 임직원의 금품 약속행위를 공무원의 수뢰행위와 동일하게 가중처벌하는 것은 다른 사인들의 수재행위에 비해 과도하게 징벌의 강도를 높이는 것으로 합리적인 이유를 발견하기 어렵다(헌재 2020. 3. 26. 2017헌바129등 결정의 위헌의견 참조).

이 사건 법률조항은 형벌체계상 균형성을 상실하여 평등원칙에 위배된다.

(3) 소결

이 사건 법률조항은 책임과 형벌 간의 비례원칙을 준수하지 못하였을 뿐만 아니라 형벌체계상의 균형을 상실한 것으로 평등원칙에도 위배되므로, 헌법에 위반된다.

5. 결 론

그렇다면 이 사건 법률조항에 대하여 재판관 이은애, 재판관 이종석, 재판관 김기영, 재판관 이미선이 합헌의견이고, 재판관 유남석, 재판관 이선애, 재판관 이석태, 재판관 이영진, 재판관 문형배가 위헌의견으로, 위헌의견에 찬성한 재판관이 다수이지만 헌법 제113조 제1항, 헌법재판소법 제23조 제2항 단서 제1호에서 정한 위헌결정을 위한 심판정족수에는 이르지 못하여 합헌을 선고할 수밖에 없다. 따라서 이 사건 법률조항에 대하여 주문과 같이 결정한다.

재판관 유남석 이선애 이석태 이은애 이종석 이영진(공가로 행정전자서명 불능) 김기영 문형배 이미선

36. 장애인시험용 이륜자동차 미비치 위헌확인

[2020. 10. 29. 2016헌마86]

【판시사항】

피청구인이 2015. 7.경 서울 서부운전면허시험장에서 관련법령에서 운전면허 취득이 허용된 신체장애를 가진 청구인이 제2종 소형 운전면허를 취득하고자 기능시험에 응시함에 있어서 청구인에게 관련법령에서 운전면허 취득이 허용된 신체장애 정도에 적합하게 제작·승인된 기능시험용 이륜자동차를 제공하지 않은 부작위(이하 '이 사건 부작위'라 한다)가 청구인의 기본권을 침해하는지 여부(소극)

【결정요지】

재판관 이선애, 재판관 이석태, 재판관 김기영, 재판관 문형배, 재판관 이미선의 위헌의견

헌법 제10조, 제11조, 제34조의 규율 내용과 취지, '장애인차별금지 및 권리구제 등에 관한 법률'(이하 '장애인차별금지법'이라 한다) 제1조, 제4조, 제6조, 제8조와 제19조 제6항, 제7항, 도로교통법 제80조, 제83조를 종합하여 보았을 때, 운전면허시험의 관리업무를 수행하는 도로교통공단에게는 관련 법령에서 운전면허취득이 허용된 신체장애인이 그러한 장애가 없는 사람과 동등하게 운전면허시험을 신청·응시·합격할 수 있도록 인적·물적 제반 수단을 제공할 의무가 있고, 이와 관련하여 도로교통공단이 운전면허 기능시험 응시자에게 차량제공 급부작용을 함에 있어서는 장애가 없는 사람을 위해 기능시험용 차량이 제공되는 것과 동등하게 관련법령상 운전면허 취득이 허용된 신체장애인에게도 그들이 취득할 수 있는 운전면허와 관련한 신체장애 정도에 적합하게 제작·승인된 기능시험용 차량을 제공할 구체적 작위의무가 인정된다.

피청구인이 주장하는 한정된 예산이나 신체장애인이 제2종 소형 운전면허를 취득하려는 수요가 적다는 등의 사정은 이 사건 작위의무 불이행을 헌법상 정당화해주는 사유라고 보기 어렵고, 관련 도로교통법 시행규칙 조항이 신체장애인의 경우 그가 소유하거나 또는 타고 온 차를 이용하여 기능시험에 응시할 수 있도록 하고 있더라도, 위와 같은 혜택만으로 신체장애인에게 기능시험 응시의 기회가 실질적으로 보장되어 있다고 볼 수 없으며, 달리 이 사건 작위의무 불이행을 헌법상 정당화할 다른 사정을 발견할 수 없다. 따라서, 이 사건 부작위는 청구인의 평등권을 침해하는 공권력의 불행사에 해당한다.

재판관 유남석, 재판관 이은애, 재판관 이종석, 재판관 이영진의 각하의견

국가에게 신체장애인이 인간다운 생활을 누릴 수 있는 정의로운 사회질서를 형성해야 할 의무가 인정된다고 하더라도, 인간의 존엄에 상응하는 최소한의 물질적인 생활에 필요한 정도를 넘어서는 권리에 관하여서는 국가의 재정, 다른 국가과제와의 조화, 우선순위결정을 통하여 그에 관한 의무의 존재와 범위를 구체화하여야 한다.

장애인차별금지법 제19조 제8항은 제19조 제6항, 제7항 적용대상의 단계적 범위 및 정당한 편의의 내용 등 필요한 사항은 대통령령으로 정한다고 규정하므로, 장애인차별금지법 시행령 제13조 제3항에 규정된 의무를 넘어서는 구체적 작위의무를 법률 차원에서 직접 도출할 수는 없고, 도로교통법령에서도 청구인이 주장하는 것과 같은 구체적이고 개별적인 작위의무를 부과하고 있지는 않으며, 도로교통법령이 장애 정도에 적합하게 제작·승인된 자동차 등으로서 응시자의 소유이거나 그가 타고 온 자동차를 이용하여 기능시험을 치를 수 있도록 한 것이 현저히 자의적이라고 보기 어렵다. 그러므로, 이 사건 부작위에 대한 청구인의 심판청구는 구체적 작위의무가 인정되지 않는 공권력의 불행사를 대상으로 한 것이어서 부적법하다.

【참조조문】

도로교통법(2011. 6. 8. 법률 제10790호로 개정된 것) 제80조, 제83조

도로교통법 시행령(2013. 6. 28. 대통령령 제24644호로 개정된 것) 제45조 제1항

구 도로교통법 시행령(2013. 6. 28. 대통령령 제24644호로 개정되고, 2014. 11. 19. 대통령령 제25751호로 개정되기 전의 것) 제48조 제1항, 제2항

구 도로교통법 시행규칙(2013. 12. 30. 안전행정부령 제43호로 개정되고, 2016. 7. 28. 행정자치부령 제78호로 개정되기 전의 것) 제70조 제1항 제8호

장애인차별금지 및 권리구제 등에 관한 법률(2017. 12. 19. 법률 제15272호로 개정된 것) 제1조, 제4조, 제6조, 제8조, 제19조 제6항, 제7항

【참조판례】

헌재 2004. 10. 28. 2003헌마898, 판례집 16-2하, 212, 219

헌재 2011. 8. 30. 2006헌마788, 판례집 23-2상, 366, 382

헌재 2002. 12. 18. 2002헌마52, 판례집 14-2, 904, 909-910

헌재 2009. 3. 26. 2007헌마1327등, 판례집 21-1상, 708, 717

【당 사 자】

청 구 인 최○○

국선대리인 변호사 나윤주

피청구인 도로교통공단 이사장

【주 문】

이 사건 심판청구를 기각한다.

【이 유】

1. 사건개요

청구인은 교통사고로 오른쪽 다리를 무릎관절 이상 부위에서 잃어 지체장애 3급 판정을 받았는데 관련법령상 운전면허 취득이 허용되는 신체장애에 해당되어 제2종 소형 운전면허를 취득하고자 한다.

피청구인은 도로에서의 교통안전에 관한 교육·홍보·연구·기술개발과 운전면허시험의 관리 등을 통하여 교통질서를 확립하고 교통의 안전성을 높임으로써 도로에서 일어나는 교통상의 위험과 장해를 예방하는 데 이바지하기 위하여 도로교통법 제120조에 따라 설립된 도로교통공단의 이사장이다.

청구인은 2015. 7.경 제2종 소형 운전면허 취득을 위해 서울 서부운전면허시험장에 갔는데, 그 운전면허시험장에서 청구인과 같은 신체장애인이 도로교통법 제83조 제1항 제4호에 따른 '자동차등의 운전에 필요한 기능에 관한 시험'(이하 '기능시험'이라 한다)을 응시하는 데 사용할 수 있는 특수제작된 이륜자동차가 제공되지 않아 기능시험에 응시할 수 없었다.

이에 청구인은 2016. 2. 1. 피청구인이 위와 같이 청구인이 기능시험을 응시하는 데 사용할 수 있는 특수제작된 이륜자동차를 제공하지 않은 부작위가 청구인의 평등권을 침해한다고 주장하며 이 사건 헌법소원심판을 청구하였다.

2. 심판대상

이 사건 심판대상은 피청구인이 2015. 7.경 서울 서부운전면허시험장에서 관련법령에서 운전면허 취득이 허용된 신체장애를 가진 청구인이 제2종 소형 운전면허를 취득하고자 기능시험에 응시함에 있어서 청구인에게 관련법령에서 운전면허 취득이 허용된 신체장애 정도에 적합하게 제작·승인된 기능시험용 이륜자동차를 제공하지 않은 부작위(이하 '이 사건 부작위'라 한다)가 청구인의 기본권을 침해하는지 여부이다. 관련조항은 다음과 같다.

[관련조항]

도로교통법(2011. 6. 8. 법률 제10790호로 개정된 것)

제83조(운전면허시험 등) ① 운전면허시험(제1종 보

통면허시험 및 제2종 보통면허시험은 제외한다)은 제120조에 따른 도로교통공단이 다음 각 호의 사항에 대하여 제80조 제2항에 따른 운전면허의 구분에 따라 실시한다. (단서 생략)

4. 자동차등의 운전에 필요한 기능

도로교통법 시행령(2013. 6. 28. 대통령령 제24644호로 개정된 것)

제45조(자동차등의 운전에 필요한 적성의 기준) ① 법 제83조 제1항 제1호, 제87조 제2항 및 제88조 제1항에 따른 자동차등의 운전에 필요한 적성의 검사(이하 "적성검사"라 한다)는 다음 각 호의 기준을 갖추었는지에 대하여 실시한다. 다만, 제2호의 기준은 법 제87조 제2항 및 제88조 제1항에 따른 적성검사의 경우에는 적용하지 아니하고, 제3호의 기준은 제1종 운전면허 중 대형면허 또는 특수면허를 취득하려는 경우에만 적용한다.

4. 조향장치나 그 밖의 장치를 뜻대로 조작할 수 없는 등 정상적인 운전을 할 수 없다고 인정되는 신체상 또는 정신상의 장애가 없을 것. 다만, 보조수단이나 신체장애 정도에 적합하게 제작·승인된 자동차를 사용하여 정상적인 운전을 할 수 있다고 인정되는 경우에는 그러하지 아니하다.

구 도로교통법 시행령(2013. 6. 28. 대통령령 제24644호로 개정되고, 2014. 11. 19. 대통령령 제25751호로 개정되기 전의 것)

제48조(자동차등의 운전에 필요한 기능에 관한 시험) ① 법 제83조 제1항 제4호에 따른 자동차등의 운전에 필요한 기능에 관한 시험(이하 "장내기능시험"이라 한다)은 다음 각 호의 사항에 대하여 실시한다.

1. 운전장치를 조작하는 능력
2. 교통법규에 따라 운전하는 능력
3. 운전 중의 지각 및 판단 능력

② 장내기능시험에 사용되는 자동차등의 종류는 안전행정부령으로 정한다.

구 도로교통법 시행규칙(2013. 12. 30. 안전행정부령 제43호로 개정되고, 2016. 7. 28. 행정자치부령 제78호로 개정되기 전의 것)

제70조(기능시험 또는 도로주행시험에 사용되는 자동차등의 종별) ① 영 제48조 제2항 또는 영 제49조 제3항에 따라 기능시험 또는 도로주행시험에 사용되는 자동차등의 종별은 다음 각 호의 구분과 같다.

8. 제2종 소형면허의 경우에는 이륜자동차(200시시 이상에 한한다)

도로교통법 시행규칙(2013. 12. 30. 안전행정부령 제43호로 개정된 것)

제70조(기능시험 또는 도로주행시험에 사용되는 자동차등의 종별) ③ 경찰서장 또는 도로교통공단은 조향장치나 그 밖의 장치를 뜻대로 조작할 수 없는 등 정상적인 운전을 할 수 없다고 인정되는 신체장애인에 대하여는 차의 구조 및 성능이 제1항에 따른 기준에 적합하고, 자동변속기, 수동가속페달, 수동브레이크, 좌측보조엑셀러레이터, 우측방향지시기 또는 핸들선회장치 등이 장착된 자동차등이나 응시자의 신체장애 정도에 적합하게 제작·승인된 자동차등으로 기능시험 또는 도로주행시험에 응시하게 할 수 있다.

도로교통법 시행규칙(2011. 12. 9. 행정안전부령 제261호로 개정된 것)

제73조(신체장애인에 대한 기능시험 및 도로주행시험) ① 법 제82조 제1항 제4호 단서에 따라 양팔을 쓸 수 없는 사람 및 영 제45조 제1항 제4호 단서에 따른 경우에 해당하는 사람에 대한 기능시험 및 도로주행시험에 관하여는 제66조 제2항·제70조 제3항 및 제71조의 규정에 불구하고 다음 각 호에서 정하는 바에 따라 할 수 있다.

2. 영 제48조 제2항 또는 영 제49조 제3항에 따라 기능시험 및 도로주행시험에 사용하는 자동차는 「자동차관리법」 제30조 및 제34조에 따라 관계행정기관으로부터 형식·구조 또는 장치의 변경승인을 받은 차로서 반드시 내부에 핸드브레이크가 장착되어 있는 응시자의 소유하거나 타고 온 차일 것

3. 청구인의 주장

도로교통법령은 헌법 제34조 제5항 등과 함께 피청구인에게 청구인과 같은 신체장애인이 제2종 소형 운전면허를 취득하는 데 사용할 수 있는 이륜자동차를 제공하도록 작위의무를 부과하고 있다. 그럼에도 피청구인은 2015. 7.경 서울 서부운전면허시험장에서 청구인의 기능시험 응시에 사용할 수 있는 특수제작된 이륜자동차를 제공하지 않았으므로 이 사건 부작위는 청구인의 평등권을 침해하였다.

4. 신체장애인의 운전면허 취득에 관한 도로교통법령의 규율

가. 운전면허와 운전면허시험

도로교통법상 자동차등을 운전하려는 사람은 지방경찰청장으로부터 운전면허를 받아야 한다(도로교통법 제80조 제1항 본문). 운전면허시험(제1종 보통면허시험 및 제2종 보통면허시험은 제외한다)은 도로교통법 제120조에 따른 도로교통공단이 자동차등의 운전에 필요한 기능 등의 사항에 대하여 같은 법 제80조 제2항에 따른 운전면허의 구분에 따라 실시한다(도로교통법 제83조 제1항 본문).

나. 신체장애인의 운전면허

지방경찰청장은 운전면허를 받을 사람의 신체 상태 또는 운전 능력에 따라 행정안전부령으로 정하는 바에 따라 운전할 수 있는 자동차등의 구조를 한정하는 등 운전면허에 필요한 조건을 붙일 수 있다(도로교통법 제80조 제3항).

구 도로교통법 시행규칙(2013. 12. 30. 안전행정부령 제43호로 개정되고, 2018. 4. 25. 행정안전부령 제54호로 개정되기 전의 것) [별표 20]에는 도로교통법 제80조 제3항과 관련하여 '신체상태와 운전능력별로 받을 수 있는 운전면허 및 조건 부과의 기준'에 관하여 정하고 있다(이하 '이 사건 [별표 20]'이라 한다). 이 사건 [별표 20] 전체의 내용은 결정문 별지에 첨부하였고, 그중 청구인과 같은 신체장애를 가진 응시자가 취득할 수 있는 운전면허 등과 관련된 부분은 아래와 같다.

〈신체상태에 따라 받을 수 있는 운전면허 및 조건부과기준〉

가. 신체상태별

신체상태		신체상태에 따라 받을 수 있는 운전면허	조건부과기준	
부위	정도		자동차 등의 구조	보조 수단 기타
한쪽 다리	11. 고관절부터 아랫부분이 없거나 이와 동등한 기능장애	• 모든 운전면허	• 특수제작·승인차	
		• 제2종소형면허를 제외한 운전면허	• 자동변속기 • 기능장애가 있는 다리가 오른쪽 다리인경우 왼쪽엑셀러레이터	• 의족

주)
2. 위 표에서 "특수제작·승인차"란 조향장치나 그 밖의 장치를 뜻대로 조작할 수 없는 등 정상적인 운전을 할 수 없다고 인정되는 신체장애인의 신체장애 정도에 적합하게 제작·승인된 자동차등을 말하며, 제70조제3항에 따라 운전하려는 특수제작·승인차로 기능시험 또는 도로주행시험에 응시하여 운전면허를 취득한 경우 특수제작·승인차만을 운전하도록 하는 조건을 부과한다.

다. 신체장애인의 기능시험 응시

기능시험에 사용되는 자동차등의 종별은 행정안전부령으로 정하고(도로교통법 시행령 제48조 제2항), 도로교통법 시행규칙 제70조 제1항에 따르면 제2종 소형면허의 경우 기능시험에는 이륜자동차(200시시 이상으로 한정한다)가 사용된다. 다만 경찰서장 또는 도로교통공단은 조향장치나 그 밖의 장치를 뜻대로 조작할 수 없는 등 정상적인 운전을 할 수 없다고 인정되는 신체장애인에 대하여는 차의 구조 및 성능이 위 제70조 제1항에 따른 기준에 적합하고, 자동변속기, 수동가속페달, 수동브레이크, 좌측보조엑셀러레이터, 우측방향지시기 또는 핸들선회장치 등이 장착된 자동차등이나 응시자의 신체장애 정도에 적합하게 제작·승인된 자동차등으로 기능시험에 응시하게 할 수 있다(도로교통법 시행규칙 제70조 제3항 참조).

조향장치나 그 밖의 장치를 뜻대로 조작할 수 없는 등 정상적인 운전을 할 수 없다고 인정되는 신체상 장애가 있고 보조수단이나 신체장애 정도에 적합하게 제작·승인된 자동차를 사용하여 정상적인 운전을 할 수 있다고 인정되는 경우에 해당하는 사람에 대한 기능시험에 있어서는, 위 도로교통법 시행규칙 제70조 제3항의 규정에 불구하고, 자동차관리법 제30조 및 제34조에 따라 관계행정기관으로부터 형식·구조 또는 장치의 변경승인을 받고 반드시 내부에 핸드브레이크가 장착되어 있는 차로서 응시자의 소유이거나 그가 타고 온 차로 기능시험에 응시하게 할 수 있다(도로교통법 시행규칙 제73조 제1항 제2호 참조).

5. 재판관 이선애, 재판관 이석태, 재판관 김기영, 재판관 문형배, 재판관 이미선의 위헌의견

가. 적법요건에 관한 판단

(1) 행정부작위에 대한 헌법소원

행정권력의 부작위에 대한 헌법소원은 공권력의 주

체에게 헌법에서 유래하는 작위의무가 특별히 구체적으로 규정되어 있음에도 공권력의 주체가 그 의무를 해태하는 경우에만 허용된다(헌재 1991. 9. 16. 89헌마163; 헌재 2000. 3. 30. 98헌마206 참조). 여기에서 "공권력의 주체에게 헌법에서 유래하는 작위의무가 특별히 구체적으로 규정되어"란, 첫째, 헌법상 명문으로 공권력 주체의 작위의무가 규정되어 있는 경우, 둘째, 헌법의 해석상 공권력 주체의 작위의무가 도출되는 경우, 셋째, 공권력 주체의 작위의무가 법령에 구체적으로 규정되어 있는 경우 등을 포괄하고 있는 것으로 볼 수 있다(헌재 2004. 10. 28. 2003헌마898; 헌재 2011. 8. 30. 2006헌마788 참조).

(2) 판단

(가) 헌법은 제10조에서 "모든 국민은 인간으로서의 존엄과 가치를 가지며, 행복을 추구할 권리를 가진다. 국가는 개인이 가지는 불가침의 기본적 인권을 확인하고 이를 보장할 의무를 진다."라고 규정하고 있다. 이때 인간의 존엄성은 최고의 헌법적 가치이자 국가목표규범으로서 모든 국가기관을 구속한다. 국가는 헌법 제10조에 따라 모든 국민의 인간존엄성을 보장해야 할 의무를 부담하게 된다(헌재 2011. 8. 30. 2006헌마788 참조).

헌법은 제34조에서 "모든 국민은 인간다운 생활을 할 권리를 가진다."라고 규정하고(제1항), 또한 "국가는 여자의 복지와 권익의 향상을 위하여 노력하여야 한다."(제3항), "국가는 노인과 청소년의 복지향상을 위한 정책을 실시할 의무를 진다."(제4항), "신체장애자 및 질병·노령 기타의 사유로 생활능력이 없는 국민은 법률이 정하는 바에 의하여 국가의 보호를 받는다."(제5항)라고 규정한다. 헌법이 제34조에서 신체장애자 등 특정 사회적 약자의 보호를 명시적으로 규정한 것은 신체장애인과 같은 사회적 약자의 경우에는 개인 스스로가 자유를 실질적으로 행사할 수 있는 조건을 갖추는 데 어려움이 있으므로, 국가가 특히 이들의 자유를 실질적으로 행사할 수 있는 조건을 형성하고 유지해야 한다는 점을 확인한 것이다.

헌법 제10조와 제34조의 규율 내용과 그 취지에 비추어 보면, 국가에게는 신체장애인이 인간다운 생활을 누릴 수 있는 정의로운 사회질서를 형성해야 할 일반적인 의무가 인정된다고 볼 수 있다(헌재 2002. 12. 18. 2002헌마52 참조).

(나) 헌법 제11조는 "모든 국민은 법 앞에 평등하다. 누구든지 성별·종교 또는 사회적 신분에 의하여 정치적·경제적·사회적·문화적 생활의 모든 영역에 있어서 차별을 받지 아니한다."라고 규정하고 있다. 일반적으로 평등원칙은 본질적으로 같은 것을 자의적으로 다르게, 본질적으로 다른 것을 자의적으로 같게 취급하는 것을 금하는 것으로 해석된다(헌재 1996. 12. 26. 96헌가18; 헌재 2015. 5. 28. 2013헌바82등 참조).

신체장애인을 그러한 장애가 없는 사람과 합리적 이유 없이 자의적으로 다르게 취급하는 때에는 신체장애인의 평등권 침해가 문제 될 수 있다.

(다) '장애인차별금지 및 권리구제 등에 관한 법률'(이하 '장애인차별금지법'이라 한다)은 모든 생활영역에서 장애를 이유로 한 차별을 금지하고 장애를 이유로 차별받은 사람의 권익을 효과적으로 구제함으로써 궁극적으로 장애인의 인간으로서의 존엄과 가치를 구현하기 위한 법률로서(제1조 참조), 헌법 제10조 인간으로서의 존엄과 가치, 제11조 평등권, 제34조 인간다운 생활을 할 권리에 기초한 법률이다.

장애인차별금지법은 위와 같은 목적을 달성하기 위하여 제1장 '총칙'편에서 '장애인을 장애를 사유로 정당한 사유 없이 제한·배제·분리·거부 등에 의하여 불리하게 대하는 경우'와 '정당한 사유 없이 장애인에 대하여 정당한 편의 제공을 거부하는 경우'를 금지하는 차별의 하나로 규정하고(같은 법 제4조 제1항 제1호, 제3호), 누구든지 장애 또는 과거의 장애경력 또는 장애가 있다고 추측됨을 이유로 차별을 하여서는 안 된다는 일반적 차별금지 규정을 두고 있다(같은 법 제6조). 이러한 규정에 따라 국가 및 지방자치단체는 장애인 및 장애인 관련자에 대한 모든 차별을 방지하고 차별받은 장애인 등의 권리를 구제할 책임이 있으며, 장애인 차별을 실질적으로 해소하기 위하여 이 법에서 규정한 차별 시정에 대하여 적극적인 조치를 하여야 하고(같은 법 제8조 제1항), 또한 장애인 등에게 정당한 편의가 제공될 수 있도록 필요한 기술적·행정적·재정적 지원을 하여야 한다(같은 법 제8조 제2항).

이러한 일반적 규율에 기초하여 장애인차별금지법은 제2장 '차별금지'편에서 적극적 조치의무 및 정당한 편의제공의무의 구체화로서 고용, 교육 등과 같은 개별적인 생활영역에서 국가와 지방자치단체가 부담하는 의무들에 관하여 규율하고 있다. 특히 이 사건에서 문제가 되는 운전면허시험과 관련하여 같은 법은 제2장 제3절 '재화와 용역의 제공 및 이용'에서 "국가 및 지방자치단체는 운전면허시험의 신청, 응시, 합격의 모든 과정에서 정당한 사유 없이 장애인을 제한·배제·분리·거부하여서는 안 된다."(같은 법 제19조 제6항), "국가 및 지방자치단체는 장애인이 운전면허시험의 모든 과정을 장애인 아닌 사람과 동등하게 거칠 수 있도록 정당한 편의를 제공하여야 한다."(같은 법 제19조 제7항)라고 규정하고 있다.

앞서 본 헌법 제10조, 제11조, 제34조의 규율 내용과 취지, 이를 이어받은 장애인차별금지법 제1조, 제4조, 제6조, 제8조와 제19조 제6항, 제7항을 종합하여 보았을 때, 국가로서는 신체장애인이 인간다운 생활을 누릴 수 있도록 하기 위하여 신체장애인이 운전면허시험의 신청, 응시, 합격의 모든 과정에서 그런 장애가 없는 사람과 동등하게 취급받을 수 있도록 하여야 할 의무를 부담하고, 동시에 신체장애인이 운전면허시험의 모든 과정을 장애가 없는 사람과 동등하게 거칠 수 있도록 정당한 편의를 제공할 의무를 부담한다.

나아가 특히 장애인차별금지법이 '정당한 편의'를 장애인이 장애가 없는 사람과 동등하게 같은 활동에 참여할 수 있도록 장애인의 성별, 장애의 유형 및 정도, 특성 등을 고려한 편의시설·설비·도구·서비스 등 인적·물적 제반 수단과 조치를 말한다고 규정하고 있고(같은 법 제4조 제2항 참조), 정당한 편의를 제공하는 것은 신체장애로 인하여 충분히 보장받을 수 없었던 기회의 평등을 부여하기 위한 것이라는 점까지 종합하여 보면, 국가와 지방자치단체에게는 신체장애인이 그러한 장애가 없는 사람과 동등하게 운전면허시험을 신청·응시·합격할 수 있도록 인적·물적 제반 수단을 제공하고 이와 관련된 조치를 취할 의무가 인정된다고 할 것이고, 이러한 의무는 도로교통법에 의하여 설립된 공법인으로서 운전면허시험을 실시하고 운전면허시험의 관리를 비롯하여 그에 부대되는 사업을 영위하는 도로교통공단도 이를 마찬가지로 부담한다고 할 것이다(도로교통법 제83조 제1항, 제120조, 제121조, 제123조 참조).

(라) 한편, 앞서 본 것처럼 도로교통법상 자동차등을 운전하려는 사람은 지방경찰청장으로부터 운전면허를 받아야 한다(도로교통법 제80조 제1항 본문). 다만 지방경찰청장은 운전면허를 받을 사람의 신체 상태 또는 운전 능력에 따라 행정안전부령으로 정하는 바에 따라 운전할 수 있는 자동차등의 구조를 한정하는 등 운전면허에 필요한 조건을 붙일 수 있고(도로교통법 제80조 제3항), 행정안전부령인 이 사건 [별표 20]은 양쪽 손, 양쪽 팔, 한쪽 팔, 양쪽 다리, 한쪽 다리, 머리 등, 청각장애 등의 신체 상태별로 1.목에서 14.목의 14가지 분류에 따라 취득할 수 있는 운전면허의 종류를 규정하고 있으며, 그중 청구인은 이 사건 [별표 20] 가.의 11.목, 즉 한쪽 다리가 고관절부터 아랫부분이 없거나 이와 동등한 기능장애가 있는 경우에 해당한다.

운전면허를 받기 위해서는 도로교통법에 따라 운전면허시험을 치러야 하고, 이러한 운전면허시험은 도로교통법 제120조에 따른 도로교통공단이 실시한다(도로교통법 제83조 제1항 본문). 도로교통공단은 교통안전에 관한 교육·홍보·연구·기술개발과 운전면허시험의 관리 등을 통하여 교통질서를 확립하고 교통의 안전성을 높임으로써 도로에서 일어나는 교통상의 위험과 장해를 예방하는 데에 이바지하기 위한 공법인으로(같은 법 제120조 제1항, 제2항), 정관으로 정하는 바에 따라 운전면허시험장을 둘 수 있고(같은 법 제121조), 운전면허시험의 관리와 그의 부대사업을 비롯하여 그 밖에 공단의 목적을 달성하기 위하여 필요한 사업을 한다(같은 법 제123조 제11호, 제14호, 제15호). 2020년을 기준으로 도로교통공단의 지출예산은 합계 3,063억 4,664만 1,000원(2015년 결산기준으로는 합계 2,537억 8,294만 4,459원)이고, 여기에는 운전면허시험의 관리에 관한 지출예산 합계 284억 4,018만 4,000원이 포함되어 있다. 도로교통공단은 위와 같은 예산의 범위 내에서 전국 각지 운전면허시험장에 시험용 차량을 비치·관리하므로 위 284억 4,018만 4,000원의 예산에는 신체장애가 없는 사람이 제2종 소형 운전면허 취득을 위한 기능시험을 실시하는 데 사용하는 이륜자동차의 제공 비용도 포함되어 있다. 도로교통공단은 운전면허시험관리 업무를 수행함에 있어 별다른 법률의 근거 없이 예산에 의하여 장애가 없는 사람에 대해서만 제2종 소형 운전면허를 취득하기 위한 기능시험을 치르는 데 필요한 시험용 이륜자동차를 제공하여 왔고, 관련법령상 운전면허 취득이 허용된 신체장애를 가진 자에게는 이를 제공하지 않고 있다. 도로교통공단이 운전면허시험의 관리를 위하여 기능시험용 이륜자동차를 제공하는 것은 도로교통공단의 예산에 근거하여 이루어지는 일종의 급부작용에 해당하는 것으로 볼 수 있고, 앞서 본 바와 같이 이와 같은 급부작용의 상대방을 장애가 없는 사람으로만 한정하도록 하는 법률의 근거는 찾을 수 없다. 헌법 제11조에 따른 평등원칙은 행정부나 사법부에 의한 법적용의 평등만을 의미하는 것이 아니고, 입법권자에게 정의와 형평의 원칙에 합당하게 합헌적으로 법률을 제정하도록 하는 것을 명하는 법 내용상의 평등도 의미하고 있는바(헌재 1992. 4. 28. 90헌바24; 헌재 1995. 10. 26. 92헌바45; 헌재 2009. 3. 26. 2007헌마1327등 참조), 이는 입법작용과 사법작용만이 아니라 행정작용까지 구속하는 원칙이라 할 것이다. 앞서 본 바와 같이 행정작용의 주체인 도로교통공단이 운전면허시험 관리작용으로서 예산을 투입하여 응시자들에게 기능시험용 자동차를 제공하는 급부작용을 독자적으로 결정하는 영역에서는 헌법 제11조에 따른 평등원칙에 구속되므로 합리적 이유 없이 신체장애인을 장애가 없는 사람과 차별해서는 안 된다. 도로교통법 관련법령은 앞서 본 바와 같이 장애가 없는 사람뿐만 아니라 이 사건 [별표 20] 소정의 특정 유형의 신체장애를 가진 사람들도 운전면허를 취득할 수 있도록 운전면허제도와 그 면허 취득을 위한 시험제도를 형성하고 있다.

그렇다면, 헌법 제10조, 제11조, 제34조의 규율 내용과 취지, 이를 이어받은 장애인차별금지법 제1조, 제4조, 제6조, 제8조와 제19조 제6항, 제7항과 운전면허제도를 형성하고 있는 도로교통법 제80조, 제83조를 종합하여 보았을 때, 운전면허시험의 관리업무를 수행하는 도로교통공단에게는 관련 법령에서 운전면허취득이 허용된 신체장애인이 그러한 장애가 없는 사람과 동등하게 운전면허시험을 신청·응시·합격할 수 있도록 인적·물적 제반 수단을 제공하고 이와 관련된 조치를 취할 의무가 있고, 이와 관련하여 특히 도로교통공단이 운전면허시험관리를 위하여 예산을 투입하여 운전면허 기능시험 응시자에게 차량제공 급부작용을 함에 있어서는 장애가 없는 사람을 위해 기능시험용 차량이 제공되는 것과 동등하게 관련법령상 운전면허 취득이 허용된 신체장애인에게도 그들이 취득할 수 있는 운전면허와 관련한 신체장애 정도에 적합하게 제작·승인된 기능시험용 차량을 제공할 구체적 작위의무가 인정된다고 볼 것이다.

따라서, 피청구인은 관련법령에서 운전면허 취득이 허용된 신체장애를 가진 청구인이 제2종 소형 운전면허를 취득하고자 기능시험에 응시함에 있어서 청구인에게 관련법령에서 운전면허 취득이 허용된 신체장애 정도에 적합하게 제작·승인된 기능시험용 이륜자동차를 제공할 구체적 작위의무를 부담한다고 보아야 한다(이하 '이 사건 작위의무'라고 한다).

(마) 장애인차별금지법은 같은 법 제19조 제7항을 적용함에 있어 "그 적용대상의 단계적 범위 및 정당한 편의의 내용 등 필요한 사항은 대통령령으로 정한다."라고 규정하고(같은 법 제19조 제8항 참조), 같은 법 시행령은 위 규정에 근거하여 "「도로교통법」 제83조 제1항 및 제2항에 따른 운전면허시험기관의 장은 장애인이 운전면허 기능시험이나 도로주행시험에 출장시험을 요청할 경우 이를 지원할 수 있다."라고 규정하고 있을 뿐이다(같은 법 시행령 제13조 제3항). 이를 근거로 위 장애인차별금지법 시행령에 명문의 규정이 없는 피청구인에게 이 사건 작위의무가 인정될 수 없다고 해석하는 입장이 있을 수 있다.

그러나 신체장애인의 자립과 기본적 자유의 보장을 위해서는 단지 버스·철도·선박·비행기와 같은 교통수단에 접근하고 이를 이용하는 데 어려움이 없어야 할 뿐만 아니라 운전면허취득의 기회 역시 실질적으로 주어져야 한다. 신체장애인의 장애 유형과 정도, 자동차의 기능 등을 종합하여 도로교통상의 위험과 장해를 발생시키지 않는 범위에서 신체장애인이 자동차를 스스로 운전할 수 있도록 운전면허제도와 그 면허 취득을 위한 시험과정을 형성하는 것은 신체장애인이 그러한 장애가 없는 사람과 동등하게 차량을 운전하고 사회에 참여할 수 있도록 하는 실질적 기초가 된다. 따라서, 장애인차별금지법 제19조 제8항이 같은 조 제7항의 적용에 있어 필요한 사항을 대통령령에 정하도록 위임한 것을 같은 조 제7항에서 정하는 정당한 편의가 제공될 수 있는 영역이나 정당한 편의를 제공하는 방법을 한정한 것이라고 단정할 수 없다. 오히려, 정당한 편의제공의 경우 국가 및 지방자치단체의 적극적인 행위나 급부를 필요로 한다는 점에서 그와 같은 정당한 편의 제공을 위해 필요한 사항을 정할 수 있도록 한 것으로 해석하는 것이 타당하다. 뿐만 아니라 장애인차별금지법 시행령 제13조에 명문의 규정이 없다는 이유로 이 사건 작위의무를 부인하는 것은 하위법인 시행령을 최대한 헌법과 모법인 법률에 합치되도록 해석할 것이 요청되는 것에도 부합하지 않는다.

나. 본안판단

(1) 헌법 제11조는 "모든 국민은 법 앞에 평등하다. 누구든지 성별·종교 또는 사회적 신분에 의하여 정치적·경제적·사회적·문화적 생활의 모든 영역에 있어서 차별을 받지 아니한다."라고 규정하여 모든 국민에게 평등권을 보장하고 있다. 일반적으로 평등원칙은 본질적으로 같은 것을 자의적으로 다르게, 본질적으로 다른 것을 자의적으로 같게 취급하는 것을 금지하는 것을 뜻

한다(헌재 1996. 12. 26. 96헌가18; 헌재 2015. 5. 28. 2013헌바82등 등 참조).

(2) 피청구인은 도로교통법 제120조에 따라 설립된 도로교통공단의 이사장으로, 도로교통공단은 도로교통법에 따라 운전면허시험장을 둘 수 있고, 운전면허시험을 관리하며, 그 밖에 공단의 목적인 도로에서의 교통안전에 관한 교육·홍보·연구·기술개발과 운전면허시험의 관리 등을 통하여 교통질서를 확립하고 교통의 안전성을 높임으로써 도로에서 일어나는 교통상의 위험과 장해의 예방을 위하여 필요한 사업을 할 수 있다(도로교통법 제120조 제1항, 제121조, 제124조 제11호, 제14호, 제15호 참조). 행정권력 역시 기본권 보호의무에 따라 기본권이 실효적으로 보장될 수 있도록 행사되어야 하고, 이는 간접적인 국가행정을 담당하는 기관인 피청구인의 경우에도 마찬가지이다(헌재 1998. 8. 27. 97헌마372등; 헌재 2013. 5. 30. 2009헌마514 참조).

운전면허시험의 관리업무를 수행하는 도로교통공단은 제2종 소형 운전면허의 기능시험을 실시함에 있어서 장애가 없는 사람에 대해서는 예산을 투입하여 당연히 기능시험용 이륜자동차를 제공하고 있다. 그런데, 도로교통공단은 2015. 7.경 서울 서부운전면허시험장에서 실시된 제2종 소형 운전면허의 기능시험에서 관련법령상 운전면허 취득이 허용된 신체장애를 가진 청구인에게 관련법령에서 운전면허 취득이 허용된 신체장애 정도에 적합하게 제작·승인된 기능시험용 이륜자동차를 제공하지 않았고, 이로 인해 청구인은 기능시험에 응시하지 못하였다.

신체장애인의 장애 유형과 정도, 자동차의 기능 등을 종합하여 도로교통상의 위험과 장해를 발생시키지 않는 범위에서 신체장애인이 자동차를 스스로 운전할 수 있도록 운전면허제도와 그 면허 취득을 위한 시험과정을 형성하는 것은 신체장애인이 그러한 장애가 없는 사람과 동등하게 차량을 운전하고 사회에 참여할 수 있도록 하는 실질적 기초가 된다는 의미를 감안할 때 청구인이 기능시험에 응시하지 못한 것은 위와 같은 실질적 기초에 접근하는 것이 제한당한 것을 뜻한다.

도로교통공단에서 장애가 없는 사람에게 당연히 기능시험용 이륜자동차가 제공되고 있는 것과 달리 신체장애를 가진 운전면허 응시자인 청구인에게는 위와 같은 기능시험용 이륜자동차가 제공되지 아니한 것은 운전면허의 취득을 위한 기능시험의 응시자라는 점에서 본질적으로 동일한 대상에 대하여 도로교통공단이 예산을 투입한 기능시험용 이륜자동차의 제공이라는 급부작용을 행함에 있어서 이들을 다르게 취급한 것으로 평가된다.

이 사건에서 살피건대, 피청구인이 이 사건 작위의무를 부담하고 있음에도 불구하고 피청구인은 관련법령에서 운전면허 취득이 허용된 신체장애를 가진 청구인이 2015. 7.경 서울 서부운전면허시험장에서 제2종 소형 운전면허를 취득하고자 기능시험에 응시함에 있어서 관련법령에서 운전면허 취득이 허용된 신체장애 정도에 적합하게 제작·승인된 기능시험용 이륜자동차를 제공하지 않았다(이하, '이 사건 작위의무 불이행'이라고 한다). 덧붙여 살펴보면, 현재까지도 서울 서부운전면허시험장에는 청구인과 같은 신체장애인이 제2종 소형 운전면허에 관한 기능시험 응시에 사용할 수 있는 이륜자동차가 제공되고 있지 않는 것으로 파악된다.

그렇다면 이 사건의 쟁점은 이 사건 작위의무 불이행에 대하여 이를 헌법상 정당화 할 수 있는 사유가 있는지 여부라 할 것이고, 헌법상 정당화 할 수 있는 사유가 없는 경우 이 사건 부작위는 헌법에 위반된다고 할 것이다.

(3) (가) 피청구인은 이 사건 작위의무를 이행하는 것은 한정된 재원에 비추어 사실상 불가능하다는 이유로 이 사건 작위의무 불이행에 헌법상 정당한 사유가 있다고 하므로 살펴본다.

이 사건 청구인이 제2종 소형 운전면허를 취득함에 있어 사용할 수 있는 이륜자동차는 예컨대 뒷바퀴가 2개인 형태의 이륜자동차 또는 통상적인 이륜자동차에 보조 바퀴를 부착한 형태의 이륜자동차와 같이 이 사건 [별표 20] 가.의 11.목의 신체장애 정도에 적합하게 제작·승인된 것으로 파악된다. 도로교통공단이 이러한 이륜자동차를 제공하기 위해 어느 정도의 재정적 부담이 있을 것은 예상할 수 있다. 그런데, 도로교통공단이 운전면허시험 관리를 위해 집행할 수 있는 예산이 사실상 한정되어 있다고 해서 그 예산으로 장애가 없는 사람에게는 기능시험용 이륜자동차를 당연히 제공하면서 신체장애인에게는 이를 전혀 제공하지 않는 것을 정당화하기는 어렵다. 사실상 예산이 한정되어 있다고 해도 그 한정된 범위 내에서 장애가 없는 사람과 신체장애인 사이에 자의적인 차별이 발생하지 않도록 적절하게 예산을 분배하여 집행하면 되는 것이다. 뿐만 아니라 운전면허시험의 관리업무를 수행하는 도로교통공단의 2020년도 총 지출예산 합계 3,063억 4,664만 1,000원(2015년 결산기준으로는 합계 2,537억 8,294만 4,459원)과 운전면허시험의 관리에 관한 지출예산 합계 284억 4,018만 4,000원의 규모에 비추어 볼 때, 청구인과 같은 신체장애인에게 기능시험 응시에 사용할 수 있는 이륜자동차를 제공하는 것이 도로교통공단에게 과도한 부담을 지우는 것이라고 보기 어렵다. 즉, 도로교통공단으로서는 위와 같은 이륜자동차를 전국 모든 운전면허시험장에 비치할 필요까지는 없고, 시험장 중 몇 곳에만 위 차량을 구비하고 있다가 기능시험에 응시하는 신체장애인이 있는 경우 시험 일시나 장소를 조정하거나 해당 차량을 응시자의 시험장으로 이동시키는 방법을 통하여 제공함으로써 신체장애인의 기능시험 응시를 가능하게 하면 족한 것이다. 따라서, 도로교통공단의 예산이 사실상 한정되어 있다는 이유로 이 사건 작위의무 불이행에 헌법상 정당한 사유가 있다고 볼 수는 없다.

(나) 피청구인은 신체장애인이 제2종 소형 운전면허를 취득하려는 수요가 적고, 제2종 소형 운전면허의 경우 장애인의 이동권 확대나 장애인의 취업 지원과의 관련성이 적으며, 이륜자동차의 경우 사고 발생의 가능성이 크기 때문에 신체장애인의 안전을 담보할 수 없다는 이유로 이 사건 작위의무 불이행에 헌법상 정당한 사유가 있다고 하므로 살펴본다.

앞서 본 바와 같이 신체장애인의 장애 유형과 정도, 자동차의 기능 등을 종합하여 도로교통상의 위험과 장해를 발생시키지 않는 범위에서 신체장애인이 자동차를 스스로 운전할 수 있도록 운전면허제도와 그 면허 취득을 위한 시험과정을 형성하는 것은 신체장애인이 그러한 장애가 없는 사람과 동등하게 차량을 운전하고 사회에 참여할 수 있도록 하는 실질적 기초가 되는 것인데, 이 사건 작위의무 불이행으로 인해 청구인은 사실상 기능시험에 응시하지 못함으로써 장애가 없는 사람과 동등하게 차량을 운전하고 사회에 참여할 수 있는 실질적인 기초를 갖추지 못하는 결과가 초래되었다.

따라서, 신체장애인이 제2종 소형 운전면허를 취득하려는 수요가 적다거나, 신체장애인의 이동권이나 취업 지원과의 관련성이 적다는 사정이 이 사건 작위의무 불이행을 헌법상 정당화하는 사유가 될 수 없다. 뿐만 아니라 신체장애인의 안전을 담보하기 위하여 기능시험용 이륜자동차를 제공하지 않아도 된다는 것은 과도한 후견주의에 의한 개입·간섭에 해당하여 오히려 신체장애인의 자율적인 삶의 형성을 저해하는 결과를 초래하므로 이 또한 이 사건 작위의무 불이행을 헌법상 정당화하는 사유가 될 수 없다.

(다) 피청구인은 청구인과 같은 신체장애인이 기능시험을 응시함에 있어 청구인이 소유하거나 그가 타고 온 차를 이용하여 기능시험을 응시할 수 있으므로 이 사건 작위의무 불이행을 헌법상 정당화하는 사유가 있다고 하므로 살펴본다.

기능시험에 사용되는 자동차등의 종별은 행정안전부령으로 정하고(도로교통법 시행령 제48조 제2항), 도로교통법 시행규칙 제70조 제1항에 따르면 제2종 소형면허의 경우 기능시험에는 이륜자동차(200시시 이상으로 한정한다)가 사용된다. 다만, 경찰서장 또는 도로교통공단은 조향장치나 그 밖의 장치를 뜻대로 조작할 수 없는 등 정상적인 운전을 할 수 없다고 인정되는 신체장애인에 대하여는 차의 구조 및 성능이 위 제70조 제1항에 따른 기준에 적합하고, 자동변속기, 수동가속페달, 수동브레이크, 좌측보조엑셀러레이터, 우측방향지시기 또는 핸들선회장치 등이 장착된 자동차등이나 응시자의 신체장애 정도에 적합하게 제작·승인된 자동차등으로 기능시험에 응시하게 할 수 있고(도로교통법 시행규칙 제70조 제3항 참조), 조향장치나 그 밖의 장치를 뜻대로 조작할 수 없는 등 정상적인 운전을 할 수 없다고 인정되는 신체상 장애가 있고 보조수단이나 신체장애 정도에 적합하게 제작·승인된 자동차를 사용하여 정상적인 운전을 할 수 있다고 인정되는 경우에 해당하는 사람에 대한 기능시험에 있어서는, 도로교통법 시행규칙 제70조 제3항의 규정에 불구하고, 자동차관리법 제30조 및 제34조에 따라 관계행정기관으로부터 형식·구조 또는 장치의 변경승인을 받고 반드시 내부에 핸드브레이크가 장착되어 있는 차로서 응시자의 소유이거나 그가 타고 온 차로 기능시험에 응시하게 할 수 있다(도로교통법 시행규칙 제73조 제1항 제2호 참조).

즉, 제2종 소형 운전면허 취득을 위한 기능시험용 이륜자동차 제공을 비롯한 운전면허시험의 관리가 원칙적으로 도로교통공단의 책임 하에 있음을 전제로 일정한 경우 신체장애인은 그가 소유하거나 또는 타고 온 차를 이용하여 기능시험에 응시할 수 있도록 혜택을 부여하고 있다.

그러나, 자신의 차량이 없는 경우이거나 자신의 차

량이 있더라도 임시운전면허증을 받지 않는 한 무면허 상태에서 자신의 차량을 자신이 직접 가지고 오는 것이 현실적으로 불가능하여 제3자의 도움을 받아야만 이를 시험장에 가지고 올 수 있는 점을 감안한다면 위와 같은 혜택만으로 신체장애인에게 기능시험 응시의 기회가 실질적으로 보장되어 있다고 볼 수 없다. 따라서, 위 사유를 이 사건 작위의무 불이행을 헌법상 정당화하는 사유로 볼 수 없다.

(라) 앞서 살펴본 바와 같이 피청구인이 주장하는 사유들은 이 사건 작위의무 불이행을 헌법상 정당화해주는 사유라고 볼 수 없고, 달리 이 사건 작위의무 불이행을 헌법상 정당화할 다른 사정을 발견할 수 없다. 따라서, 이 사건 부작위는 청구인의 평등권을 침해하는 공권력의 불행사에 해당한다.

6. 결 론

이상과 같이 이 사건 심판청구는 적법하고 이 사건 부작위는 청구인의 평등권을 침해한다는 것이 재판관 5인의 의견이나, 이는 헌법 제113조 제1항, 헌법재판소법 제23조 제2항 단서 제1호에 규정된 헌법소원에 관한 인용결정의 정족수에 미달하므로 이 사건 심판청구를 기각하기로 하여 주문과 같이 결정한다. 이 결정에는 아래 7.과 같은 재판관 유남석, 재판관 이은애, 재판관 이종석, 재판관 이영진의 각하의견이 있는 외에는 관여 재판관들의 의견이 일치되었다.

7. 재판관 유남석, 재판관 이은애, 재판관 이종석, 재판관 이영진의 각하의견

우리는 재판관 5인의 위헌의견과 달리 이 사건 심판청구가 헌법 및 법률 해석상 도출되는 구체적인 작위의무가 인정되지 않아 부적법하여 각하되어야 한다고 생각하므로 아래와 같이 그 의견을 밝힌다.

가. 앞서 재판관 5인의 위헌의견에서 언급한 것처럼, 국가에게는 신체장애인이 인간다운 생활을 누릴 수 있는 정의로운 사회질서를 형성해야 할 일반적인 의무가 인정된다(헌재 2002. 12. 18. 2002헌마52 참조).

다만 헌법 제34조 제1항이 보장하는 인간다운 생활을 할 권리는 인간의 존엄에 상응하는 최소한의 물질적인 생활의 유지에 필요한 급부를 요구할 수 있는 권리를 의미한다(헌재 1995. 7. 21. 93헌가14; 헌재 2004. 10. 28. 2002헌마328 등 참조). 그러므로 이와 같은 범위에서는 국가의 신체장애인에 대한 구체적인 의무가 도출된다고 할 것이나, 이를 넘어서는 부분에 관하여서는 국가의 현실적인 재정·경제능력과 다른 국가과제와의 조화, 우선순위결정을 통하여 그 의무의 존재와 범위를 구체화할 수밖에 없다(헌재 2002. 12. 18. 2002헌마52 참조).

나. 장애인차별금지법 역시 그와 같은 정책적 결정의 소산이며, 장애인차별금지법상 정당한 편의제공의무가 헌법에서 유래한 것이라고 하더라도 그와 같은 편의제공의무는 결국은 법률에 의하여 구체화 된 것이므로, 그 의무의 존재와 범위를 결정함에 있어서는 법률에 관한 일반적인 해석론에 따라서 이를 판단하여야 할 것이다.

그러므로 살피건대, 장애인차별금지법은 제1장 '총칙'에서 "누구든지 장애 또는 과거의 장애경력 또는 장애가 있다고 추측됨을 이유로 차별을 하여서는 아니 된다."라고 규정하고(같은 법 제6조), 그와 같은 차별의 한 예로 "정당한 사유 없이 장애인에 대하여 정당한 편의제공을 거부하는 경우"를 들고 있다(같은 법 제4조 제1항 제3호 참조). 나아가 장애인차별금지법은 제2장 '차별금지' 부분에서 고용, 교육, 재화와 용역의 제공 이용 등과 같은 구체적 생활영역에서 정당한 편의제공의무를 규정하고 있다. 이 사건과 관련하여서는 "국가 및 지방자치단체는 운전면허시험의 신청, 응시, 합격의 모든 과정에서 정당한 사유 없이 장애인을 제한·배제·분리·거부하여서는 아니 된다."라는 규정을 두고(같은 법 제19조 제6항), 또한 "국가 및 지방자치단체는 장애인이 운전면허시험의 모든 과정을 장애인 아닌 사람과 동등하게 거칠 수 있도록 정당한 편의를 제공하여야 한다."라고 규정하고 있다(같은 법 제19조 제7항). 그런데 장애인차별금지법은 위 제19조 제6항, 제7항을 적용함에 있어서는 "그 적용대상의 단계적 범위 및 정당한 편의의 내용 등 필요한 사항은 대통령령으로 정한다."라고 규정하고 있고(같은 법 제19조 제8항), 장애인차별금지법 시행령은 제13조 제3항에서 "「도로교통법」 제83조 제1항 및 제2항에 따른 운전면허시험기관의 장은 장애인이 운전면허 기능시험이나 도로주행시험에 출장시험을 요청할 경우 이를 지원할 수 있다."라고 규정하고 있다.

이와 같은 장애인차별금지법령의 규율 내용과 체계 등에 비추어 보면, 장애인차별금지법 제19조 제6항, 제7항에서 정한 '운전면허시험의 모든 과정'에서의 정당한 편의제공의무와 관련하여서는 같은 법 제19조 제8

항 및 같은 법 시행령 제13조 제3항에 규정된 의무를 넘어서는 구체적인 의무를 법률 차원에서 직접 도출할 수는 없다고 보는 것이 상당하고, 따라서 이 사건 부작위와 관련하여 헌법과 장애인차별금지법령에서 구체적 작위의무가 도출된다고 볼 수는 없다고 할 것이다.

다. 또한, 운전면허시험에 관하여 규율하는 도로교통법 및 같은 시행령, 시행규칙을 종합하여 보더라도 장애인에 대한 정당한 편의제공의무의 내용으로 운전면허시험용 차량 제공의무가 인정된다고 보기 어렵다.

즉, 도로교통법 제83조 제1항 제4호에 따르면 제2종 소형 운전면허를 취득하기 위하여서는 기능시험을 치러야 하는데, 도로교통법 시행령 제48조 제2항 및 도로교통법 시행규칙 제70조 제1항에 의하면 제2종 소형면허의 기능시험에 사용되는 자동차가 이륜자동차(200시시 이상의 것)로 규정되어 있다. 도로교통법 시행규칙 제70조 제3항은 경찰서장 또는 도로교통공단으로 하여금 일정한 신체장애인에 대하여는 그 신체장애 정도에 적합하게 제작·승인된 자동차등으로 기능시험에 응시하게 할 수 있도록 규정하고, 도로교통법 시행규칙 제73조 제1항 제2호 또한 일정한 신체장애인에 대하여 그 신체장애 정도에 적합하게 제작·승인된 자동차를 사용하여 정상적인 운전을 할 수 있다고 인정되는 경우에는 위 도로교통법 시행규칙 제70조 제3항에 불구하고, 자동차관리법 제30조 및 제34조에 따라 관계행정기관으로부터 형식·구조 또는 장치의 변경승인을 받은 차로서 반드시 내부에 핸드브레이크가 장착되어 있는 응시자의 소유하거나 타고 온 자동차를 이용하여 기능시험을 할 수 있다고 규정한다.

이처럼 도로교통법령은 피청구인으로 하여금 청구인과 같은 신체장애인에 대하여 그 장애의 정도에 적합하게 제작·승인된 이륜자동차로 기능시험에 응시하게 할 수 있도록 하면서, 일정한 신체장애인에 대하여 해당 신체장애인이 소유하거나 타고 온 이륜자동차 등을 이용하여 기능시험을 응시할 수 있도록 규정하고 있을 뿐이지 여기서 더 나아가 피청구인에게 청구인이 주장하는 것과 같은 구체적이고 개별적인 작위의무를 부과하고 있지는 않다.

더욱이 도로교통법 시행규칙 [별표 20] '신체상태에 따라 받을 수 있는 운전면허 및 조건부과기준'의 주 1에서 '특수제작·승인차'란 신체장애인의 신체장애 정도에 적합하게 제작·승인된 자동차등을 말하며, 도로교통법 시행규칙 제70조 제3항에 따라 운전하려는 특수제작·승인차로 기능시험 또는 도로주행시험에 응시하여 운전면허를 취득한 경우 특수제작·승인차만을 운전하도록 하는 조건을 부과한다고 규정하고 있는바, 신체장애의 정도가 심하여 특수제작·승인차로 기능시험 또는 도로주행시험을 응시할 수밖에 없는 경우 개별 응시생의 장애 정도에 맞춘 특수제작·승인차를 운전면허시험장에 비치할 작위의무를 인정하기는 어렵다고 할 것이다.

라. 한편, 장애인차별금지법 제19조 제6항에 위반하여 국가 및 지방자치단체가 운전면허시험의 신청, 응시, 합격의 과정에서 장애인을 제한·배제·분리·거부하였다고 하더라도 거기에 "정당한 사유"가 인정되는 경우에는 장애인차별금지법상 금지되는 차별에 해당하지 않고, 이는 같은 법 제19조 제7항의 경우에도 마찬가지이다(같은 법 제4조 제1항 제3호, 제3항 제1호, 제2호 참조).

국가는 서로 경쟁하고 충돌하는 여러 국가목표를 균형 있게 고려하여 서루 조화시키려고 시도하고, 사안마다 그에 적합한 실현의 우선순위를 부여할 수밖에 없는데, 이러한 국가의 정책결정은 국가의 현실적인 재정·경제능력의 범위 내에서 이루어져야 한다. 장애인차별금지법의 위와 같은 규정은 이러한 국가의사결정과정의 특성을 반영한 것이다. '장애인의 복지를 위하여 노력해야 할 국가의 과제를 언제 어떠한 방법으로 이행할 것인가' 하는 이행의 구체적 방법에 관한 국가의 광범위한 재량권(헌재 2002. 12. 18. 2002헌마52 참조)에 비추어 위와 같은 장애인차별금지법 규정의 해석·적용에 있어서도 입법자와 행정청의 재량이 존중될 필요가 크다.

도로교통법 시행규칙 [별표 20]은 14가지 신체장애의 상태와 정도별로 받을 수 있는 운전면허와 조건 부과의 기준을 정하고 있는데, 여기서 규정하는 조건 부과의 기준은 '자동변속기'와 같이 그 규정이 명확한 경우도 있지만, '특수제작·승인차'와 같이 신체장애의 상태와 정도에 적합하게 제작되어야 하는 경우도 다수이다. 또 위 [별표 20]에서 하나의 유형으로 분류된 신체장애의 경우라고 하더라도 특수제작될 수 있는 차량의 형태는 하나가 아닐 수 있다. 또한 신체장애인의 장애 상태와 정도에 맞는 시험용 차량을 제작하고 운전면허시험장에 이를 비치하는 비용이 어느 정도의 재정부담을 수반할 것인지 쉽사리 예측하기 곤란하다. 따라서 청구인과 같은 신체장애인의 개별 장애 정도에 부합하는 특수제작·승인차를 시험용으로 제공하도록 일률적 의무를 부여하지 않고, 다만 그 신체장애 정도에 적합하게 제작·승인된 자동차 또는 관계행정기관으로부터 형식·구조 또는 장치의 변경승인을 받은 차로서 내부에 핸드브레이크가 장착되어 있는 응시자의 소유이거나 그가 타고 온 자동차를 이용하여 기능시험을 치를 수 있도록 허용한 것이 현저히 자의적이라고 보기 어렵다.

나아가 운전면허시험장에서 발생할 수 있는 사고의 위험을 억제하고 응시자의 안전을 확보하기 위해서는 응시자 스스로 자신의 신체장애의 정도에 적합한 시험용 차량을 가지고 시험을 치르는 것이 바람직할 수 있으므로 위와 같은 방식으로 장애인의 운전면허취득에 관한 편의제공을 하는 것이 입법자에게 주어진 예측과 판단의 재량을 일탈한 것이라 볼 수 없다.

이러한 사정들을 종합하여 보면, 청구인이 주장하는 피청구인의 작위의무가 법령상 구체화되어 있다고 보기 곤란할 뿐만 아니라, 장애인차별금지법에 의하여 금지되는 차별취급이 존재한다고 보기도 어렵다.

마. 지금까지 본 것과 같이 헌법과 법령의 해석상 피청구인에게 청구인이 주장하는 작위의무가 인정된다고 볼 수 없고, 달리 청구인이 주장하는 피청구인의 작위의무가 구체적으로 규정되어 있다고 볼 만한 헌법과 법령규정을 찾아볼 수 없는 이상 이 사건 부작위에 대한 청구인의 심판청구는 구체적 작위의무가 인정되지 않는 공권력의 불행사를 대상으로 한 것이어서 부적법하다고 할 것이다. 따라서 이 사건 심판청구는 각하되어야 한다.

재판관 유남석 이선애 이석태 이은애 이종석 이영진(공가로 행정전자서명 불능) 김기영 문형배 이미선

[별지] 신체상태에 따라 받을 수 있는 운전면허 및 조건부과기준

(제54조 제3항 및 제61조 관련)

가. 신체상태별

신체상태		신체상태에 따라 받을 수 있는 운전면허	조건부과기준	
부위	정도		자동차 등의 구조	보조 수단 기타
양쪽손	1. 엄지손가락을 제외한 모든 손가락이 없거나 이와 동등한 기능장애	• 모든 운전면허	• 자동변속기	
	2. 한손은 엄지손가락을 제외한 모든 손가락이 없고, 한손은 엄지손가락을 포함하여 두 손가락이 없거나 이와 동등한 기능장애	• 모든 운전면허	• 자동변속기	

양쪽손	3. 손가락이 모두 없거나 이와 동등한 기능장애	• 모든 운전면허	• 특수제작·승인차	
		• 제1종 대형 • 특수, 제2종 소형 면허를 제외한 운전면허	• 자동변속기	
양쪽팔	4. 팔꿈치 관절부터 아랫부분이 없거나 이와 동등한 기능장애	• 모든 운전면허	• 특수제작·승인차	
		• 제1종 대형 • 특수, 제2종 소형 면허를 제외한 운전면허	• 다리로 운전할 수 있는 자동변속기	• 의수(운전조작이 가능한 작업용 의수를 말한다. 이하 같다)
양쪽팔	5. 양 팔의 팔꿈치 관절 이상을 잃은 사람 또는 양 팔을 전혀 쓸 수 없는 사람	• 모든 운전면허	• 특수제작·승인차	
한쪽팔	6. 견관절부터 아랫부분이 없거나 이와 동등한 기능장애	• 모든 운전면허	• 특수제작·승인차	
		• 제2종 소형면허를 제외한 운전면허	• 자동변속기 • 기능장애가 있는 팔이 왼쪽 팔인 경우 우측 방향 지시기	• 의수
한쪽팔	7. 팔꿈치 관절부터 아랫부분이 없거나 이와 동등한 기능장애	• 모든 운전면허	• 자동변속기 • 기능장애가 있는 팔이 왼쪽 팔인 경우 우측 방향 지시기	• 의수
양쪽 다리	8. 무릎관절부터 아랫부분이 없거나 이와 동등한 기능장애	• 모든 운전면허	• 특수제작·승인차	
		• 제1종 대형 • 특수, 제2종 소형면허를 제외한 운전면허	• 수동 가속 페달 및 수동 브레이크 • 자동변속기	• 의족(운전조작이 가능한 작업용 의족을 말한다. 이하 같다)

양쪽 다리	9. 고관절부터 아랫부분이 없거나 이와 동등한 기능장애 	• 모든 운전면허	• 특수제작·승인차	
		• 제1종 대형 • 특수, 제2종 소형면허를 제외한 운전면허	• 수동 가속 페달 및 수동 브레이크 • 자동변속기	• 의족
한쪽 다리	10. 무릎관절부터 아랫부분이 없거나 이와 동등한 기능장애 	• 모든 운전면허	• 자동변속기 • 기능장애가 있는 다리가 오른쪽 다리인 경우 왼쪽 엑셀러레이터	• 의족
	11. 고관절부터 아랫부분이 없거나 이와 동등한 기능장애 	• 모든 운전면허	• 특수제작·승인차	
		• 제2종 소형면허를 제외한 운전면허	• 자동변속기 • 기능장애가 있는 다리가 오른쪽 다리인 경우 왼쪽 엑셀러레이터	• 의족
머리 등	12. 다리, 머리, 척추, 그 밖의 신체의 장애로 인하여 앉아 있을 수 없는 사람	• 모든 운전면허	• 특수제작·승인차	
청각 장애	13. 보청기를 사용하여 40데시벨의 소리를 들을 수 있는 경우	• 모든 운전면허		• 보청기
	14. 전혀 듣지 못하거나 보청기를 사용하고도 40데시벨의 소리를 듣지 못하는 경우	• 제1종 대형 및 특수면허를 제외한 운전면허		• 청각장애인 표지 부착 • 사각지대를 볼 수 있는 볼록거울 부착

주)

1. 신체장애인으로서 수동변속기를 장치한 자동차로 운전면허 시험에 합격한 사람의 경우에는 자동변속기 조건을 부과하지 아니할 수 있다.
2. 위 표에서 "특수제작·승인차"란 조향장치나 그 밖의 장치를 뜻대로 조작할 수 없는 등 정상적인 운전을 할 수 없다고 인정되는 신체장애인의 신체장애 정도에 적합하게 제작·승인된 자동차등을 말하며, 제70조제3항에 따라 운전하려는 특수제작·승인차로 기능시험 또는 도로주행시험에 응시하여 운전면허를 취득한 경우 특수제작·승인차만을 운전하도록 하는 조건을 부과한다.
3. 위 표에 따른 의족 또는 의수 조건은 외견상 조건을 부과하는 것이 현저하게 불합리하거나 조건을 부과할 수 없는 경우에는 이를 부과하지 아니할 수 있다.

4. 운전면허증의 기재방법은 자동변속기는 A로, 의수는 B로, 의족은 C로, 보청기는 D로, 청각장애인 표지 및 볼록거울은 E로, 수동제동기·가속기는 F로, 특수제작·승인차는 G로, 우측 방향지시기는 H로, 왼쪽 엑셀러레이터는 I로 한다.

나. 운전능력별

운전능력	운전면허	조건 부과기준	운전면허증 기재방법
1. 자동변속기를 장치한 자동차로 운전면허시험에 합격한 사람	제2종 보통면허	자동변속기	A
2. 다륜형 원동기장치자전거로 운전면허시험에 합격한 사람	원동기장치 자전거면허	다륜형 원동기장치 자전거	J

37. 구 지적법 제34조 제1항 등 위헌소원

[2020. 12. 23. 2019헌바484]

【판시사항】

당해 사건이 고의 또는 과실에 의한 위법행위를 이유로 손해배상을 구하는 민사소송인 경우, 행위의 근거가 된 구 지적법 제34조(이하 '심판대상조항'이라 한다)가 재판의 전제성이 있는지 여부(소극)

【결정요지】

일반적으로 법률이 헌법에 위반된다는 사정은 헌법재판소의 위헌결정이 있기 전에는 객관적으로 명백한 것이라고 할 수 없어 당사자로서는 행위 당시의 법률에 따를 수밖에 없는바, 심판대상조항에 대하여 나중에 헌법재판소가 위헌결정을 하더라도 그에 따라 행위한 당사자에게 고의 또는 과실이 있다고 할 수 없어 손해배상책임은 성립하지 않는다. 따라서 이 사건 심판청구는 재판의 전제성을 갖추지 못하였다.

재판관 이영진, 재판관 이미선의 반대의견

고의 내지 과실의 존부는 구체적인 사건에서 법관이 모든 사실관계와 관련 정황을 종합적으로 고려하여 개별적으로 판단하여야 하는 것으로서, 사건에 따라서는 그 내용과 특수성에 비추어 행위자의 고의 내지 과실이 인정될 수 있다. 당해 사건에서 위법성의 존부는 심판대상조항의 위헌 여부에 영향을 받게 되므로, 그에 따라 재판의 내용에 관한 법률적 의미가 달라진다. 따라서 헌법재판소는 이 사건 심판청구가 재판의 전제성을 갖춘 것으로 보고 본안 판단을 하여야 한다.

【심판대상조문】

구 지적법(2001. 1. 26. 법률 제6389호로 전부개정되고, 2009. 6. 9. 법률 제9774호로 폐지되기 전의 것) 제34조

【참조조문】

헌법재판소법 제68조 제2항

【참조판례】

헌재 1995. 7. 21. 93헌바46, 판례집 7-2, 48, 58
헌재 2008. 4. 24. 2006헌바72, 판례집 20-1상, 585, 590
헌재 2009. 9. 24. 2008헌바23, 판례집 21-2상, 599, 604
헌재 2011. 3. 31. 2009헌바286, 공보 174, 572, 574
헌재 2011. 9. 29. 2010헌바65등, 판례집 23-2상, 575, 579-580
헌재 2011. 11. 24. 2010헌바353, 판례집 23-2하, 376, 380-382
헌재 2014. 4. 24. 2011헌바56, 판례집 26-1상, 672, 678-679
헌재 2015. 2. 26. 2012헌바466

【당 사 자】

청 구 인 이○○
대리인 변호사 김화섭 외 1인
당해사건 서울고등법원 2018나2059558 손해배상

【주 문】

이 사건 심판청구를 각하한다.

【이 유】

1. 사건개요

가. 청구외 조○○는 청구인 등을 상대로 토지의 인도 등을 구하는 소를 제기하였는데[인천지방법원 2007가단66520, 2008가단72089(병합)], 인천지방법원은 2008. 11. 21. 조○○의 청구를 모두 기각하였고, 이에 조○○가 항소하였으나[인천지방법원 2008나20904,

2008나20911(병합)] 항소심 법원은 2009. 12. 24. 항소를 기각하였다. 소송 과정에서 한국국토정보공사(2015. 6. 4. 변경 전 명칭은 대한지적공사였다. 이하 변경 전후를 통틀어 '한국국토정보공사'라고 한다) 직원인 조□□은 2008. 1. 14. 감정측량을 실시하였는바(이하 '이 사건 측량'이라고 한다), 제1심 및 제2심은 이 사건 측량 결과를 믿을 수 없다고 배척하였다.

이에 조○○가 상고하였는데[대법원 2010다11606, 2010다11613(병합)], 대법원은 2012. 7. 12. 이 사건 측량 결과가 유력한 증거가 된다는 등의 이유로 원심판결을 파기하고 인천지방법원 합의부에 환송하였다. 환송심[인천지방법원 2012나16568, 2012나16575(병합), 2012나22419(반소)]은 2013. 6. 19. 이 사건 측량 결과에 근거하여 조○○의 청구를 일부 인용하였다. 이에 청구인 등이 상고하였으나, 대법원[2013다56686, 2013다56693(병합), 2013다56709(반소)]은 2013. 10. 11. 상고를 기각(심리불속행)하였다.

나. 청구인은 위법한 이 사건 측량으로 인하여 조○○와의 민사소송에서 패소함으로써 손해가 발생하였다는 등의 주장을 하며 한국국토정보공사와 조□□을 상대로 손해배상을 구하는 소를 제기하였으나(인천지방법원 2016가합3078), 인천지방법원은 2018. 10. 2. 청구인의 청구를 기각하였다. 이에 청구인이 항소하였으나(서울고등법원 2018나2059558), 항소심 법원은 2019. 10. 30. 항소를 기각하였다. 청구인은 위 항소심 계속 중 구 지적법 제34조에 대하여 위헌법률심판제청신청을 하였으나(서울고등법원 2019카기20069), 2019. 10. 30. 기각되자, 2019. 12. 6. 이 사건 헌법소원심판을 청구하였다.

2. 심판대상

이 사건 심판대상은 구 지적법(2001. 1. 26. 법률 제6389호로 전부개정되고, 2009. 6. 9. 법률 제9774호로 폐지되기 전의 것) 제34조(이하 '심판대상조항'이라 한다)가 헌법에 위반되는지 여부이다. 심판대상조항은 다음과 같다.

[심판대상조항]

구 지적법(2001. 1. 26. 법률 제6389호로 전부개정되고, 2009. 6. 9. 법률 제9774호로 폐지되기 전의 것)

제34조(지적측량의 구분 등) ① 지적측량은 기초측량 및 세부측량으로 구분한다.

② 지적측량은 측판측량, 경위의측량, 전파기 또는 광파기측량, 사진측량 및 위성측량 등의 방법에 의한다.

③ 지적측량의 세부방법 및 절차 등에 관하여 필요한 사항은 대통령령으로 정한다.

3. 청구인의 주장

심판대상조항은 측량의 방법이나 절차 등의 구체적인 기준을 정하지 아니한 채 하위법령에 위임하고 있으므로 포괄위임금지원칙에 위배되고, 심판대상조항의 위임을 받은 구 지적법 시행령 제37조 내지 제40조는 경계기준에 관하여 어느 것을 우선적인 측량방법으로 정하여야 하는지 구체적으로 특정하고 있지 않으므로 명확성원칙에 위배된다. 구 지적법은 지적측량이 제34조 등에 위반된 경우 그 측량을 무효로 한다는 내용의 조항을 두지 않았으므로 헌법에 위배된다.

4. 판 단

가. 헌법재판소법 제68조 제2항의 헌법소원의 경우 법원에 계속된 구체적 사건에 적용할 법률의 위헌 여부가 재판의 전제가 되어야 하고, 이 경우 재판의 전제라 함은 문제된 법률 또는 법률조항이 당해 소송사건의 재판에 적용되는 것이어야 하며, 그 위헌 여부에 따라 재판의 주문이 달라지거나 재판의 내용과 효력에 관한 법률적 의미가 달라지는 경우를 말한다(헌재 1995. 7. 21. 93헌바46; 헌재 2011. 11. 24. 2010헌바353 등).

나. 당해 사건에서 청구인은 이 사건 측량이 위법한 행위라고 주장하면서 불법행위를 청구원인으로 한 손해배상을 구하고 있는데, 이 경우 심판대상조항에 대해서 재판의 전제성이 인정되는지를 살펴본다.

헌법재판소는 고의 또는 과실에 의한 위법행위를 이유로 손해배상을 구하는 당해 사건과 관련하여, 일반적으로 법률이 헌법에 위반된다는 사정은 헌법재판소의 위헌결정이 있기 전에는 객관적으로 명백한 것이라고 할 수 없어 법률이 헌법에 위반되는지 여부를 심사할 권한이 없는 당사자로서는 행위 당시의 법률에 따를 수밖에 없는바, 위 법률에 대하여 나중에 헌법재판소가 위헌결정을 하였다고 하더라도 그에 따라 행위한 당사자에게 고의 또는 과실이 있다고 할 수 없어 손해배상책임은 성립하지 아니하므로, 이러한 경우 위 법률이 헌법에 위반되는지 여부에 따라 당해 사건 재판의 주문이 달라지거나 재판의 내용과 효력에 관한 법률적

의미가 달라진다고 볼 수 없어 재판의 전제성을 인정할 수 없다고 판단하여 왔다(헌재 2008. 4. 24. 2006헌바72; 헌재 2009. 9. 24. 2008헌바23; 헌재 2011. 3. 31. 2009헌바286; 헌재 2011. 9. 29. 2010헌바65등; 헌재 2011. 11. 24. 2010헌바353; 헌재 2014. 4. 24. 2011헌바56; 헌재 2015. 2. 26. 2012헌바466).

이 사건 측량은 당시 시행 중이었던 심판대상조항에 따른 것이므로, 헌법재판소가 나중에 심판대상조항에 대해 위헌결정을 선고하더라도, 이 사건 측량이 고의 또는 과실에 기한 것이라고 인정될 수는 없을 것이다. 따라서 심판대상조항의 위헌 여부에 따라 당해 사건 재판의 주문이 달라지거나 재판의 내용과 효력에 관한 법률적 의미가 달라진다고 할 수 없다.

설령 심판대상조항의 위헌 여부에 따라 불법행위책임의 요건사실 중 하나인 위법성 판단에 관한 이유가 달라진다고 하더라도, 앞서 본 바와 같이 심판대상조항의 위헌 여부에 관계없이 고의 또는 과실이 인정되지 아니한다는 이유로 손해배상청구가 받아들여지지 않는다는 동일한 결론에 이를 것인 이상, 심판대상조항의 위헌 여부에 따라 재판의 내용과 효력에 관한 법률적 의미가 달라진다고 볼 수도 없다(헌재 2011. 11. 24. 2010헌바353 참조).

따라서 이 사건 심판청구는 재판의 전제성을 갖추지 못하였다.

5. 결 론

그렇다면 이 사건 심판청구는 부적법하므로, 아래 6.과 같은 재판관 이영진, 재판관 이미선의 반대의견을 제외한 나머지 관여 재판관 전원의 일치된 의견으로 주문과 같이 결정한다.

6. 재판관 이영진, 재판관 이미선의 반대의견

우리는 심판대상조항의 위헌 여부는 당해 사건 재판의 전제가 되고 이에 따라 본안 판단을 하여야 한다고 생각하므로, 다음과 같이 그 의견을 밝힌다.

가. 위헌법률심판이나 헌법재판소법 제68조 제2항의 규정에 의한 헌법소원심판에 있어서 위헌 여부가 문제되는 법률이 재판의 전제성 요건을 갖추고 있는지 여부는 헌법재판소가 별도로 독자적인 심사를 하기 보다는 되도록 법원의 이에 관한 법률적 견해를 존중하여야 하며, 법원의 견해를 유지할 수 없음이 명백한 때에만 이를 부정하고 헌법재판소가 직권으로 조사하여 판단할 수 있다. 문제되는 법률의 위헌 여부가 구체적인 사건을 다루는 재판의 전제가 되는지 여부는 위헌 여부만 판단하는 헌법재판소보다는 사건기록을 갖고 당해 사건을 종국적으로 해결하는 법원이 더 잘 알 것이고, 헌법재판소가 위헌 여부의 실체 판단보다는 형식적 요건인 재판의 전제성에 관하여 치중하여 철저히 규명하려고 든다면 결과적으로 본안사건의 종국적 해결에 지연요인이 될 것이기 때문이다(헌재 1993. 5. 13. 92헌가10등; 헌재 1996. 10. 4. 96헌가6 등 참조).

따라서 헌법재판소는 당해 사건 법원이 종국적으로 판단하는 사실관계와 상관없이 심판대상인 법률조항이 당해 사건 재판에 적용되지 않음이 법리상 명백할 때, 또는 당해 사건 재판에 적용되는 법률조항이 헌법에 위반된다고 가정하더라도 논리적으로 그 재판의 주문이 달라지거나 재판의 내용과 효력에 관한 법률적 의미가 달라질 여지가 없음이 명백하다는 결론에 이르는 때에 비로소 재판의 전제성을 부정할 수 있다고 보아야 한다(헌재 2014. 1. 28. 2010헌바251 반대의견 참조).

나. 불법행위의 주관적 성립요건인 고의 내지 과실의 존부는 개별적·구체적 사실관계와 유리된 채 일의적으로 정해지는 것이 아니라, 구체적인 사건에서 법관이 모든 사실관계와 관련 정황을 종합적으로 고려하여 개별적으로 판단하여야 하는 것이다.

일반적으로 법률이 헌법재판소의 위헌결정으로 효력을 상실한 경우 위헌결정 이전에 그 법률에 기초하여 행위를 한 사정만으로는 그 행위를 한 자에게 고의 또는 과실에 의한 손해배상책임을 물을 수는 없다고 볼 것이다(대법원 2010. 7. 29. 선고 2007다42433 판결, 대법원 2014. 10. 27. 선고 2013다217962 판결 등 참조).

그러나 고의 내지 과실의 존부가 일의적으로 정해지는 것이 아니라는 점을 고려하면, 이러한 법리가 모든 사안에서 예외 없이 적용된다고 단정할 수는 없다. 개별적인 사건에 따라서는 불법행위라고 주장되는 행위의 내용 및 문제가 된 법률의 내용, 행위자가 그 법률에 기초하여 행위를 하게 된 경위 등 해당 사안의 내용과 특수성에 비추어 행위자의 고의 내지 과실이 인정될 수 있음을 배제할 수 없다.

결국 어떠한 행위의 근거가 되는 법률에 대한 위헌결정이 불법행위의 성립요건인 고의 내지 과실의 존부에 어떠한 영향을 줄 것인지 여부는 특별한 사정이 없는 한 당해 사건을 재판하는 법원의 판단에 맡기는 것이 적절하다(헌재 2012. 12. 27. 2011헌가5; 헌재 2014. 4. 24. 2011헌바56 반대의견 참조).

이 사건의 경우 당해 사건 법원은 심판대상조항에 대하여 재판의 전제성이 충족된다고 판단한 다음 그 위헌성 여부를 판단하였는데, 이러한 법원의 판단이 명백히 잘못되었다고 단정할 수 없다.

다. 또한 불법행위책임이 성립하기 위해서는 위법성이 인정되어야 하는데, 당해 사건에서 위법성의 존부는 이 사건 측량의 근거가 되는 심판대상조항의 위헌 여부에 영향을 받게 되고, 그에 따라 재판의 내용에 관한 법률적 의미가 달라진다고 보아야 한다(헌재 2008. 4. 24. 2006헌바72 반대의견 참조).

라. 결론적으로 심판대상조항에 근거한 이 사건 측량이 불법행위에 해당하는지 여부는 당해 사건 재판을 담당하는 법원이 판단할 사항으로서, 헌법재판소에서 당해 사건에서 청구가 인용될 수 없음이 명백한지 여부를 미리 판단함은 적절하지 아니하다.

따라서 이 사건 심판청구에 대하여 재판의 전제성을 인정하고 본안 판단을 하여야 한다.

재판관 유남석 이선애 이석태 이은애 이종석 이영진 김기영 문형배 이미선

38. 교육공무원법 제10조의4 제3호 위헌확인

[2020. 12. 23. 2019헌마502]

【판시사항】

교육공무원법 제10조의4 제3호 중 벌금 100만 원 이상의 형을 선고받아 그 형이 확정된 사람은 고등교육법 제2조가 규정하는 학교의 교원에 임용될 수 없도록 한 부분(이하 '심판대상조항'이라 한다)이 청구인의 공무담임권을 침해하는지 여부(소극)

【결정요지】

고등교육법상의 교원은 학생의 입학, 수업, 시험출제, 성적평가에서 졸업 후 사회진출에 이르기까지 학생에 대하여 폭넓게 영향력을 행사할 수 있는 지위에 있는 점, 대학생활 전반에 관하여 지도와 상담을 하는 고등교육법상 교원이 학생을 상대로 성폭력범죄를 저지르는 경우 학생으로서는 이러한 교원의 부당한 행위에 저항하기 힘든 취약한 지위에 있게 되고, 따라서 일단 고등교육법상의 교원으로 임용되고 나면 성폭력범죄의 의도를 가진 행위를 차단하기가 극히 어려워지는 점 등에 비추어 보면, 심판대상조항이 성인에 대한 성폭력범죄 행위로 벌금 100만 원 이상의 형을 선고받고 확정된 자에 한하여 고등교육법상의 교원으로 임용할 수 없도록 한 것은, 성폭력범죄를 범하는 대상과 형의 종류에 따라 성폭력범죄에 관한 교원으로서의 최소한의 자격기준을 설정하였다고 할 것이므로, 과잉금지원칙에 반하여 청구인의 공무담임권을 침해한다고 할 수 없다.

재판관 유남석, 재판관 이석태, 재판관 이영진, 재판관 김기영, 재판관 문형배의 헌법불합치의견

심판대상조항은 벌금 100만 원 이상의 성폭력범죄 전과가 있기만 하면 고등교육법상 교원이 학생에게 미치는 영향력의 정도, 최초 임용연령의 차이 및 이에 따른 재범의 위험성, 각 대학의 임용절차 등을 전혀 고려하지 아니하고 일률적으로 영구히 고등교육법상의 교원임용대상에서 제외하고 있는바, 이는 고등교육법상 교원에 지원하고자 하는 자의 공무담임권을 과도하게 제한하는 것이다. 다만 이와 같은 위헌적인 조항을 구체적으로 어떻게 합헌적으로 조정할 것인지는 원칙적으로 입법자의 형성재량에 속한다고 할 것이므로, 심판대상조항에 대하여 헌법불합치결정을 선고하되, 입법자의 개선입법이 있을 때까지 계속 적용을 명하는 것이 타당하다.

【심판대상조문】

교육공무원법(2016. 1. 27. 법률 제13819호로 개정된 것) 제10조의4 제3호 중 벌금 100만 원 이상의 형을 선고받아 그 형이 확정된 사람은 고등교육법 제2조가 규정하는 학교의 교원에 임용될 수 없도록 한 부분

【참조조문】

헌법 제25조

교육공무원법(2016. 1. 27. 법률 제13819호로 개정된 것) 제2조 제1항, 제3항, 제8조, 제10조의4

국가공무원법(2018. 10. 16. 법률 제15857호로 개정된 것) 제33조

고등교육법(2011. 7. 21. 법률 제10866호로 개정된 것) 제2조

고등교육법(2012. 1. 26. 법률 제11212호로 개정된 것) 제14조 제2항

고등교육법(2016. 3. 2. 법률 제14054호로 개정된 것) 제14조의2 제2항

성폭력범죄의 처벌 등에 관한 특례법(2012. 12. 18. 법률 제11556호로 전부개정된 것) 제2조 제1항 제1호

형법(1995. 12. 29. 법률 제5057호로 개정된 것) 제245조

【참조판례】

헌재 2006. 3. 30. 2005헌마598, 판례집 18-1상, 439, 446

【당 사 자】

청 구 인이 ○○
국선대리인 변호사 정해영

【주 문】

청구인의 심판청구를 기각한다.

【이 유】

1. 사건개요

청구인은 ○○대학교 대학원에서 고고학 박사학위를 취득한 자로서 대학교수 임용절차에 지원하고자 준비 중이다. 청구인은 공연음란의 행위를 하였다는 범죄사실로 기소되어 부산지방법원에서 2017. 6. 22. 벌금 300만 원 및 24시간의 성폭력치료프로그램의 이수명령을 선고받고(부산지방법원 2017고단1043) 위 판결은 2017. 6. 30. 그대로 확정되었다.

청구인은, 성인에 대한 '성폭력범죄의 처벌 등에 관한 특례법' 제2조에 따른 성폭력범죄 행위로 벌금 100만 원 이상의 형을 선고받아 그 형이 확정된 사람은 교육공무원이 될 수 없도록 규정한 교육공무원법(2016. 1. 27. 법률 제13819호로 개정된 것) 제10조의4 제3호로 인하여 청구인의 직업선택의 자유 등이 침해된다고 주장하며, 2019. 5. 15. 이 사건 헌법소원심판을 청구하였다.

2. 심판대상

청구인은 교육공무원법 제10조의4 제3호 전체를 다툰다. 그러나 청구인은 성인에 대한 '성폭력범죄의 처벌 등에 관한 특례법' 제2조에 따른 성폭력범죄 행위로 벌금 300만 원을 선고 받고 그 형이 확정되어 대학교 교원의 임용결격 사유에 해당하게 되었다는 것을 다투는 것이므로, 심판대상조항은 교육공무원법 제10조의4 제3호 중 청구인과 관련된 부분으로 한정한다.

그렇다면 이 사건 심판대상은 교육공무원법(2016. 1. 27. 법률 제13819호로 개정된 것) 제10조의4 제3호 중 벌금 100만 원 이상의 형을 선고받아 그 형이 확정된 사람은 고등교육법 제2조가 규정하는 학교의 교원에 임용될 수 없도록 한 부분(이하 '심판대상조항'이라 한다)이 청구인의 기본권을 침해하는지 여부이다. 심판대상조항은 다음과 같고, 관련조항은 [별지]와 같다.

[심판대상조항]

교육공무원법(2016. 1. 27. 법률 제13819호로 개정된 것)

제10조의4(결격사유) 다음 각 호의 어느 하나에 해당하는 사람은 교육공무원으로 임용될 수 없다.

3. 성인에 대한 「성폭력범죄의 처벌 등에 관한 특례법」 제2조에 따른 성폭력범죄 행위로 파면·해임되거나 100만 원 이상의 벌금형이나 그 이상의 형 또는 치료감호를 선고받아 그 형 또는 치료감호가 확정된 사람(집행유예를 선고받은 후 그 집행유예기간이 경과한 사람을 포함한다)

3. 청구인의 주장

심판대상조항은 성범죄전력만으로 장래에 동일한 유형의 범죄를 다시 저지를 것이라는 단정 하에 재범의 가능성을 당연시하는 것으로서 성범죄전력자 중 재범의 위험성이 없는 자의 기본권에 과도한 제한을 초래한다.

심판대상조항은 범죄행위의 유형이나 구체적 태양 등을 구체적으로 고려하지 않고 성범죄를 저지른 사람 전부에 대하여 동일한 임용결격 사유를 규정한 것으로 과잉금지원칙에 위배하여 청구인의 직업선택의 자유를 침해한다.

4. 판 단

가. 쟁점

청구인은 심판대상조항으로 인하여 직업선택의 자유가 침해된다고 주장한다. 그러나 심판대상조항은 '교육공무원인 교원'의 임용결격사유에 관련된 규정이고, 청구인도 심판대상조항으로 인하여 교육공무원인 교원으로 임용되지 못하는 것을 다투고 있으므로, 심판대상조항으로 인하여 보다 직접적으로 제한되는 기본권은 공무담임권이다. 그런데 공직을 직업으로 선택하는 경우에 있어서 직업선택의 자유는 공무담임권을 통해서 그 기본권보호를 받게 된다고 할 수 있으므로, 이하에서

공무담임권 침해 여부를 심사하는 이상 이와 별도로 직업선택의 자유 침해 여부는 심사하지 아니하기로 한다(헌재 2006. 3. 30. 2005헌마598 참조). 따라서 이 사건의 쟁점은 심판대상조항이 청구인의 공무담임권을 침해하는지 여부이다.

나. 공무담임권 침해 여부

(1) 재판관 이선애, 재판관 이은애, 재판관 이종석, 재판관 이미선의 기각의견

(가) 목적의 정당성 및 수단의 적합성

심판대상조항은 성폭력범죄자가 공교육기관인 고등교육법 제2조가 규정하는 학교에서 학생에 접근할 수 있는 가능성을 사전에 차단함으로써 교원의 성도덕을 제고하고 학생의 정신적·육체적 건강과 안전, 그리고 자유로운 인격발현을 보호하기 위한 것으로서 그 입법목적의 정당성이 인정되고, 일정한 성폭력범죄 행위를 저지른 자에 대하여 교원 임용을 제한하는 것은 위와 같은 목적달성을 위한 적합한 수단이다.

(나) 침해의 최소성

1) 교원 및 대학교육의 특수성

교육공무원이란 국립 또는 공립의 교육기관에 근무하는 교원 및 조교, 교육행정기관에 근무하는 장학관 및 장학사, 교육기관, 교육행정기관 또는 교육연구기관에 근무하는 교육연구관 및 교육연구사에 해당하는 사람을 말한다(교육공무원법 제2조 제1항). 이와 같은 교육공무원 중에서도 교원은 학교에서 이루어지는 교육의 중추적인 수행자로서 그 업무의 특성상 학생과 상시적으로 접촉하면서 학생의 개성적인 성장과 발달을 촉진시키는 역할을 하는 것이므로, 교원이 학생의 인성발달과 정서 함양에 지대한 영향을 미칠 수 있는 지위에 있다는 것은 다언을 요하지 아니한다.

특히 대학생 시기는 초기 성년기로서 자신의 정체감 및 가치관을 정립하여 졸업 후 사회인으로서 책임감과 전문성을 발휘하도록 준비하는 시기이고, 대학교육 과정 중 제대로 인성과 정체성을 확보하지 못하면 정상적인 사회인으로 발전할 수 없는 것은 물론, 자신과 타인에 대한 책임감 있는 태도와 정서를 갖기 어렵다. 또한 국·공립대학의 교원은 학문을 연구하여 지식을 함양함과 더불어 교육을 통하여 후학을 양성하는 전문직으로서, 국·공립대학의 교원이 어떠한 자격기준 아래에서 선발·임용되는가 하는 문제는 학교와 교원이 되고자 하는 사람들만의 문제가 아니라 한 나라의 장래와도 관련된 중요한 과제이다. 따라서 국·공립대학의 교육에 종사하는 자의 자질을 일정 수준으로 담보하고 그 자격을 제한하는 법적인 장치를 둘 필요성이 매우 높다. 국·공립대학교육의 질적 수준 보장과 학생들의 신체적·정신적 건강을 보호하기 위하여 국·공립대학교의 교원이 되고자 하는 자에게는 일반인보다 높은 윤리의식과 도덕성, 사회적인 책임과 준법의식 등이 요구된다고 할 것이고, 이러한 요건을 갖추지 못한 자는 교육현장에서 배제시킬 필요가 있다.

2) 고등교육법상 교원에 의한 성폭력범죄의 특징 및 예방의 필요성

고등교육법상의 교원(이하 '대학교원'이라 한다)은 대학의 핵심 기능인 고등교육과 학술연구 및 인재양성을 직접 담당하는, 대학에서 가장 핵심적인 인력이라 할 수 있다. 즉 대학교원은 대학의 운영에 관한 의사결정에 주도적으로 참여할 뿐만 아니라, 학생의 입학, 수업, 시험출제, 성적평가, 장학생 선발이나 진학·취업의 추천, 논문심사, 졸업과 그 이후의 사회진출에 이르기까지 학생에 대하여 폭넓게 영향력을 행사할 수 있는 지위에 있다. 학생의 대학생활 전반에 관하여 지도와 상담을 하는 대학교원이 학생을 상대로 성폭력범죄를 저지르는 경우, 아직 초기 성년기로서 자기방어능력이 완전히 확립되지 못한 학생은 이와 같은 범죄행위로부터 자신을 제대로 보호하지 못하고, 그 범죄의 은폐 우려 또한 높다.

더욱이 성폭력범죄는 많은 경우 인적 신뢰관계를 이용하여 은밀한 방식으로 행하여지는 특성이 있다. 실제 교육현장에서 대학교원과 학생 사이의 일대일 논문지도나 레슨 등을 일률적으로 금지하기는 어렵고 오히려 적절한 지도·교육을 위해서는 그러한 지도 등이 바람직한 측면마저 있는 점, 대학교원으로부터 지도·교육을 받는 학생으로서는 대학교원의 부당한 행위에 저항하기 힘든 취약한 지위에 있게 되는 점, 따라서 일단 대학교원으로 임용되고 나면 성폭력범죄의 의도를 가진 행위를 차단하기가 극히 어려워지는 점 등에 비추어 보면, 학생에 대한 성폭력범죄 피해를 사전에 예방하기 위해서 성폭력범죄자의 대학교원임용을 원천적으로 차단하는 이외의 방법으로는 동일한 예방효과를 달성하기 어렵다.

3) 심판대상조항에 의한 성폭력범죄 행위자의 임용제한

교육공무원법 제10조의4는 미성년자에 대하여 성범죄를 범한 자와 성인에 대하여 성폭력범죄를 범한 자를

분별하여, 미성년자에 대하여 성범죄를 범한 자는 이로 인하여 파면·해임되거나 형의 종류를 불문하고 형을 선고받아 확정된 경우, 성인에 대하여 성폭력범죄를 범한 자는 이로 인하여 파면·해임되거나 벌금 100만 원 이상의 형이 확정된 경우 등에 한하여 교육공무원에 임용되지 못하도록 하는 조항이다.

위 제10조의4 중 심판대상조항은 성인에 대한 성폭력범죄 행위로 인하여 형을 선고받기만 하면 곧바로 대학교원임용이 제한되는 것이 아니고, 100만 원 이상의 벌금형이나 그 이상의 형을 선고받고 그 형이 확정된 사람에 한하여 임용을 제한하고 있다. 그런데 성인에 대한 성폭력범죄 행위로 기소되어 형사법원이 범죄의 모든 정황을 고려한 다음 벌금 100만 원 이상의 형을 선고하여 확정되었다면, 이는 결코 가벼운 성폭력범죄 행위라고는 볼 수 없다.

오늘날 대학교원은 학생들에게 단순히 지식을 전달하는 것에 그치는 것이 아니라 학생들의 정서적 발달, 사회성 발달 등을 촉진하여 인격적으로 완성된 사회인으로서 역할을 할 수 있는 성인을 길러내는 중추적인 역할을 하고 있고, 대학교원 그 자체가 학생들이 본받을 수 있는 모범 내지 사표(師表)가 되기도 하는 점, 심판대상조항이 규정한 성폭력범죄를 범하였다고 하여도 이는 고등교육법상 대학교원으로의 취임이 제한될 뿐, 기타 국가공무원이나 지방공무원 등 다른 공직 취임에의 기회가 영구히 봉쇄되는 것이 아니라는 점까지 덧붙여 고려해 보면, 심판대상조항이 성인에 대한 성폭력범죄 행위로 벌금 100만 원 이상의 형을 선고받고 확정된 자에 한하여 대학교원으로 임용할 수 없도록 한 것은, 성폭력범죄를 범하는 대상과 형의 정도에 따라 성폭력범죄에 관한 교원으로서의 최소한의 자격기준을 설정하였다고 할 것이고, 같은 정도의 입법목적을 달성하면서도 기본권을 덜 제한하는 수단이 명백히 존재한다고 보기도 어렵다. 그렇다면 심판대상조항은 기본권 제한의 침해최소성 원칙에 반하지 아니한다.

(다) 법익의 균형성

심판대상조항은 성인에 대한 성폭력범죄를 범하여 벌금 100만 원 이상의 형을 선고받아 확정된 자는 대학교원에 임용될 수 없도록 하는 것이므로, 교원에 임용되고자 하는 자가 받는 불이익이 작다고 볼 수는 없다. 그러나 심판대상조항을 통하여 성폭력범죄로 형이 확정된 자를 교육공무원의 직무로부터 배제함으로써 교육공무원의 염결성을 유지하고, 벌금 100만 원 이상의 형이 확정된 성폭력범죄자가 초기 성년기로서 자기방어능력이 취약한 학생에게 접근할 수 있는 가능성을 사전에 차단함으로써, 학생의 정신적·육체적 건강과 안전을 보호하여 궁극적으로 고등교육 현장에서 학생들의 자유로운 인격이 발현되도록 하는 공익은 위와 같은 불이익보다 훨씬 더 중요하다고 할 것이므로, 심판대상조항은 법익의 균형성원칙에 반한다고 볼 수 없다.

(라) 소결

심판대상조항은 과잉금지원칙에 위배되지 아니하므로 청구인의 공무담임권을 침해하지 아니한다.

(2) 재판관 유남석, 재판관 이석태, 재판관 이영진, 재판관 김기영, 재판관 문형배의 헌법불합치의견

(가) 심판대상조항은 성폭력범죄자가 국·공립대학교 학생에게 접근할 수 있는 가능성을 사전에 차단함으로써 대학교원의 자질을 일정 수준 담보하여 학생의 정신적·육체적 건강과 안전을 보호하고 궁극적으로 고등교육 현장에서 학생들의 자유로운 인격이 발현되도록 하기 위한 것으로서 그 입법목적은 정당하고 그와 같은 입법목적을 달성하기 위하여 성폭력범죄자의 대학교원임용을 제한하는 것이 적합한 수단이다. 다만 아래와 같이 벌금 100만 원 이상의 형이 확정된 성폭력범죄자의 대학교원임용을 일률적으로 영구히 제한하는 심판대상조항은 침해의 최소성 원칙에 위반되고 법익의 균형성도 갖추지 못하였다.

(나) 교육공무원의 경우 학생들과 상시적으로 접촉하면서 학생들의 개성적인 성장과 발달을 촉진시키는 역할을 하는 것이므로, 이러한 업무의 특성상 일정한 범죄전력자, 그중에서도 성폭력범죄 전과자를 교육현장에서 배제시킬 필요가 있음을 부정할 수 없다. 그러나 성폭력범죄 전과자라는 이유만으로 범죄의 경중과 그와 연관된 재범의 위험성을 가늠하지 아니하고 다시 성폭력범죄를 저지를 것이라는 전제 하에 임용결격의 제재를 예외 없이 관철하여, 일률적으로 대학교원의 임용을 영구히 제한하는 것은 공무담임권에 대한 지나친 제한이다.

(다) 헌법재판소는 2019. 7. 25. 2016헌마754 결정에서 미성년자에 대한 성범죄 행위로 형을 선고받아 확정되거나 성인에 대한 성폭력범죄 행위로 벌금 100만 원 이상의 형을 선고받아 그 형이 확정된 사람은 초·중등교육법상 교원에 임용될 수 없도록 규정한 교육공무원법 조항에 대하여 청구인의 공무담임권을 침해하지 아니한다고 결정한 바 있다. 그러나 이는 초·중등교육

법상의 교원에 대한 것으로 이 사건에서 문제되는 대학교원에 대한 기본권 침해 상황과 동일하게 볼 것은 아니다.

(라) 초·중등학교의 교원은 법령이 정하는 바에 따라 학생을 교육하는 자인 반면(초·중등교육법 제20조 제4항), 대학교원은 학생을 교육·지도하고 학문을 연구하되, 학문 연구만을 전담할 수도 있는 자로서(고등교육법 제15조 제2항) 교육의 대상이 되는 학생의 연령 및 교육 정도 등을 고려했을 때 교원이 학생에게 미치는 영향력에 있어서 초·중등학교의 교원과는 차이가 있다(헌재 2019. 11. 28. 2018헌마222 참조).

또한 국·공립초·중등학교 교원의 경우 최초 임용되는 시기가 통상 20대 중후반, 늦어도 30대 초반인 반면, 고등교육법에 따른 대학교원의 최초 임용시기는 통상 40대 초중반 정도라고 할 수 있다. 가령 10대 후반 내지 20대 초반에 성인에 대한 성폭력범죄 행위를 범하여 벌금 100만 원 이상의 형이 확정된 사람의 경우 대학교원 임용절차에 지원할 때는 이미 20년 정도가 경과한 시점이라고 할 수 있는데, 이러한 경우에도 범죄의 경중, 재범의 위험성 등 구체적인 상황을 고려하지 아니하고 심판대상조항에 따라 일률적으로 그 임용을 제한하는 것은 그 제한의 정도가 지나치다.

(마) 한편, 초·중등교육법에 따른 교원 신규채용의 경우 임용후보자 선정 경쟁시험에 합격하고 소정의 결격사유가 없으면 임용되는 반면, 대학교원은 각 대학이나 학과에 의해 정해진 학칙에 따라 요구되는 임용기준, 즉 박사학위 취득 여부, 소정의 연구업적, 교육경력 등을 모두 갖추고, 소정의 결격사유가 없다고 해서 곧바로 임용되는 것이 아니다. 대학교원 지원자는 해당 대학이나 학과에 정해진 학칙에 따라 경력 및 연구업적 등에 대한 서류평가, 강의평가, 면접 등의 다단계 평가절차를 거치며, 이 과정에서 학자로서의 소양뿐만 아니라 교육자로서의 도덕성, 교육능력 등에 대해 다각도에서 평가가 이루어지게 된다. 따라서 대학교원임용의 경우 지원자가 소정의 지원자격을 갖추고 결격사유가 없다 하더라도, 교육자로서 도덕성을 갖추고 있는지에 대해서도 실질적인 심사를 거쳐 경쟁 지원자와의 비교를 통해 우위에 있는 사람이 임용되게 된다.

결국 심판대상조항과 같이 고등교육법상의 대학교원 지원자에 대하여 구체적 성폭력범죄행위의 유형이나 경중, 재범의 가능성 등을 고려하지 않고 일률적으로 영구히 그 임용을 배제하지 아니하여도, 도덕성 및 교육능력 나아가 교육대상자에 대하여 미칠 수 있는 나쁜 영향, 대학의 기능과 신뢰를 훼손시키는 문제 등에 대한 각 대학의 실질적인 심사를 통하여 대학교원으로서 자질이 미달된 자의 임용이 배제될 수 있는 방안이 이미 마련되어 있는 것이다.

(바) 입법자는 공익실현을 위하여 기본권을 제한하는 경우에도 입법목적을 실현하기에 적합한 여러 수단 중에서 되도록 국민의 기본권을 가장 존중하고 기본권을 최소로 제한하는 수단을 선택해야 한다(헌재 2003. 10. 30. 2002헌마684등 참조). 그런데 심판대상조항은 범죄의 경중이나 교원이 학생에게 미치는 영향력의 정도, 최초임용 연령의 차이 및 이에 따른 재범의 위험성, 각 대학의 임용절차 등을 전혀 고려하지 아니하고 일률적으로 영구히 대학교원임용 대상에서 제외하는 한편 임용결격 대상자에게 그러한 제재로부터 벗어날 수 있는 어떠한 기회도 주지 않고 있는바, 일반적으로 교육을 담당하는 위치에서 성폭력범죄 전과자가 자칫 교육대상자에게 나쁜 영향을 미칠 수 있다는 우려가 크다고 볼 수 있지만, 범행의 정도가 경미하거나 재범의 위험성이 없는 경우에도 교육능력이나 도덕성 등에 대한 임용심사를 받을 기회조차 당연히 박탈되어야 한다고 보는 것은 지나치게 공익만을 강조한 입법이라고 아니할 수 없다.

(사) 고등교육 현장에서 학생에 대한 성범죄 위험을 사전적으로 차단함으로써 학생들의 정신적·육체적 건강을 보호하고 자유로운 인격이 발현될 수 있도록 하는 것이 우리 사회의 중요한 공익에 해당한다고 할지라도, 대학교원의 특수성에 대한 고려 없이 일률적으로 임용결격이라는 제재를 영구히 부과하는 심판대상조항은, 그것이 달성하려는 공익의 무게에도 불구하고, 대학교원에 지원하고자 하는 자의 공무담임권을 과도하게 제한하고 있다. 다만 이와 같은 위헌적인 조항을 구체적으로 어떻게 합헌적으로 조정할 것인지는 원칙적으로 입법자의 형성재량에 속한다고 할 것이므로, 입법자로 하여금 여러 정책적 대안을 숙고할 수 있는 여유를 주어 충분한 사회적인 합의를 거쳐 위헌적인 문제점을 해결하도록 함이 상당하다. 따라서 심판대상조항에 대하여 헌법불합치 결정을 선고하되, 입법자의 개선입법이 있을 때까지 계속 적용을 명하는 것이 타당하다.

5. 결 론

심판대상조항에 대하여 재판관 이선애, 재판관 이은

애, 재판관 이종석, 재판관 이미선은 기각의견이고, 재판관 유남석, 재판관 이석태, 재판관 이영진, 재판관 김기영, 재판관 문형배는 헌법불합치의견으로, 비록 헌법불합치의견이 다수이지만 헌법 제113조 제1항, 헌법재판소법 제23조 제2항 단서 제1호에서 정한 헌법소원심판 인용 결정을 위한 심판정족수에는 이르지 못하므로, 이 사건 심판청구를 기각하기로 하여 주문과 같이 결정한다.

재판관 유남석 이선애 이석태 이은애 이종석 이영진 김기영 문형배 이미선

[별지] 관련조항

교육공무원법(2016. 1. 27. 법률 제13819호로 개정된 것)

제2조(정의) ① 이 법에서 "교육공무원"이란 다음 각 호의 어느 하나에 해당하는 사람을 말한다.

1. 교육기관에 근무하는 교원 및 조교

③ 이 법에서 "교육기관"이란 다음 각 호의 어느 하나에 해당하는 국립 또는 공립의 학교 또는 기관을 말한다.

1. 「유아교육법」 제2조 제2호의 유치원, 「초·중등교육법」 제2조 및 「고등교육법」 제2조의 학교

제8조(교수 등의 자격) 교수, 부교수, 조교수 및 조교는 「고등교육법」 제16조에 따른 자격이 있는 사람이어야 한다.

제10조의4(결격사유) 다음 각 호의 어느 하나에 해당하는 사람은 교육공무원으로 임용될 수 없다.

1. 「국가공무원법」 제33조 각 호의 어느 하나에 해당하는 사람
2. 미성년자에 대한 다음 각 목의 어느 하나에 해당하는 행위로 파면·해임되거나 형 또는 치료감호를 선고받아 그 형 또는 치료감호가 확정된 사람(집행유예를 선고받은 후 그 집행유예기간이 경과한 사람을 포함한다)
   가. 「성폭력범죄의 처벌 등에 관한 특례법」 제2조에 따른 성폭력범죄 행위
   나. 「아동·청소년의 성보호에 관한 법률」 제2조 제2호에 따른 아동·청소년대상 성범죄 행위
3. (생략)

고등교육법(2011. 7. 21. 법률 제10866호로 개정된 것)

제2조(학교의 종류) 고등교육을 실시하기 위하여 다음 각 호의 학교를 둔다.

1. 대학
2. 산업대학
3. 교육대학
4. 전문대학
5. 방송대학·통신대학·방송통신대학 및 사이버대학(이하 "원격대학"이라 한다)
6. 기술대학
7. 각종학교

고등교육법(2012. 1. 26. 법률 제11212호로 개정된 것)

제14조(교직원의 구분) ② 학교에 두는 교원은 제1항에 따른 총장이나 학장 외에 교수·부교수·조교수 및 강사로 구분한다.

고등교육법(2016. 3. 2. 법률 제14054호로 개정된 것)

제14조의2(강사) ② 강사는 「교육공무원법」, 「사립학교법」 및 「사립학교교직원 연금법」을 적용할 때에는 교원으로 보지 아니한다. (단서생략)

국가공무원법(2018. 10. 16. 법률 제15857호로 개정된 것)

제33조(결격사유) 다음 각 호의 어느 하나에 해당하는 자는 공무원으로 임용될 수 없다.

1. 피성년후견인 또는 피한정후견인
2. 파산선고를 받고 복권되지 아니한 자
3. 금고 이상의 실형을 선고받고 그 집행이 종료되거나 집행을 받지 아니하기로 확정된 후 5년이 지나지 아니한 자
4. 금고 이상의 형을 선고받고 그 집행유예 기간이 끝난 날부터 2년이 지나지 아니한 자
5. 금고 이상의 형의 선고유예를 받은 경우에 그 선고유예 기간 중에 있는 자
6. 법원의 판결 또는 다른 법률에 따라 자격이 상실되거나 정지된 자

6의2. 공무원으로 재직기간 중 직무와 관련하여 「형법」 제355조 및 제356조에 규정된 죄를 범한 자로서 300만원 이상의 벌금형을 선고받고 그 형이 확정된 후 2년이 지나지 아니한 자

6의3. 「성폭력범죄의 처벌 등에 관한 특례법」 제2조에 규정된 죄를 범한 사람으로서 100만원 이상의

벌금형을 선고받고 그 형이 확정된 후 3년이 지나지 아니한 사람

6의4. 미성년자에 대한 다음 각 목의 어느 하나에 해당하는 죄를 저질러 파면·해임되거나 형 또는 치료감호를 선고받아 그 형 또는 치료감호가 확정된 사람(집행유예를 선고받은 후 그 집행유예기간이 경과한 사람을 포함한다)

가.「성폭력범죄의 처벌 등에 관한 특례법」 제2조에 따른 성폭력범죄

나.「아동·청소년의 성보호에 관한 법률」 제2조 제2호에 따른 아동·청소년대상 성범죄

7. 징계로 파면처분을 받은 때부터 5년이 지나지 아니한 자

8. 징계로 해임처분을 받은 때부터 3년이 지나지 아니한 자

성폭력범죄의 처벌 등에 관한 특례법(2012. 12. 18. 법률 제11556호로 전부개정된 것)

제2조(정의) ① 이 법에서 "성폭력범죄"란 다음 각 호의 어느 하나에 해당하는 죄를 말한다.

1.「형법」 제2편 제22장 성풍속에 관한 죄 중 제242조(음행매개), 제243조(음화반포등), 제244조(음화제조등) 및 제245조(공연음란)의 죄

형법(1995. 12. 29. 법률 제5057호로 개정된 것)

제245조(공연음란) 공연히 음란한 행위를 한 자는 1년 이하의 징역, 500만원 이하의 벌금, 구류 또는 과료에 처한다.

39. 공직선거법 제82조의6 제1항 등 위헌확인 등

[2021. 1. 28. 2018헌마456, 2020헌마406, 2018헌가16(병합)]

【판시사항】

1. 인터넷언론사는 선거운동기간 중 당해 홈페이지 게시판 등에 정당·후보자에 대한 지지·반대 등의 정보를 게시하는 경우 실명을 확인받는 기술적 조치를 하도록 정한 공직선거법 조항(이하 '실명확인 조항'이라 한다) 중 "인터넷언론사" 및 "지지·반대" 부분이 명확성원칙에 위배되는지 여부(소극)

2. 위 실명확인 조항을 비롯하여, 행정안전부장관 및 신용정보업자는 실명인증자료를 관리하고 중앙선거관리위원회가 요구하는 경우 지체 없이 그 자료를 제출해야 하며, 실명확인을 위한 기술적 조치를 하지 아니하거나 실명인증의 표시가 없는 정보를 삭제하지 않는 경우 과태료를 부과하도록 정한 공직선거법 조항(이하 '심판대상조항'이라 한다)이 게시판 등 이용자의 익명표현의 자유 및 개인정보자기결정권과 인터넷언론사의 언론의 자유를 침해하는지 여부(적극)

【결정 요지】

1. 공직선거법 및 관련 법령이 구체적으로 '인터넷언론사'의 범위를 정하고 있고, 중앙선거관리위원회가 설치·운영하는 인터넷선거보도심의위원회가 심의대상인 인터넷언론사를 결정하여 공개하는 점 등을 종합하면 '인터넷언론사'는 불명확하다고 볼 수 없으며, '지지·반대'의 사전적 의미와 심판대상조항의 입법목적, 공직선거법 관련 조항의 규율내용을 종합하면, 건전한 상식과 통상적인 법 감정을 가진 사람이면 자신의 글이 정당·후보자에 대한 '지지·반대'의 정보를 게시하는 행위인지 충분히 알 수 있으므로, 실명확인 조항 중 "인터넷언론사" 및 "지지·반대" 부분은 명확성 원칙에 반하지 않는다.

2. 심판대상조항의 입법목적은 정당이나 후보자에 대한 인신공격과 흑색선전으로 인한 사회경제적 손실과 부작용을 방지하고 선거의 공정성을 확보하기 위한 것이고, 익명표현이 허용될 경우 발생할 수 있는 부정적 효과를 막기 위하여 그 규제의 필요성을 인정할 수는 있다.

그러나 심판대상조항과 같이 인터넷홈페이지의 게시판 등에서 이루어지는 정치적 익명표현을 규제하는 것은 인터넷이 형성한 '사상의 자유시장'에서의 다양한 의견 교환을 억제하고, 이로써 국민의 의사표현 자체가 위축될 수 있으며, 민주주의의 근간을 이루는 자유로운 여론 형성이 방해될 수 있다. 선거운동기간 중 정치적 익명표현의 부정적 효과는 익명성 외에도 해당 익명표현의 내용과 함께 정치적 표현행위를 규제하는 관련 제도, 정치적·사회적 상황의 여러 조건들이 아울러 작용하여 발생하므로, 모든 익명표현을 사전적·포괄적으로 규율하는 것은 표현의 자유보다 행정편의와 단속편의를 우선함으로써 익명표현의 자유와 개인정보자기결정권 등을 지나치게 제한한다.

정치적 의사표현을 자유롭게 할 수 있는 핵심적 기간이라 볼 수 있는 선거운동기간 중 익명표현의 제한이 구체적 위험에 기초한 것이 아니라 심판대상조항으로 인하여 위법한 표현행위가 감소할 것이라는 추상적 가능성에 의존하고 있는 점, 심판대상조항의 적용대상인 "인터넷언론사"의 범위가 광범위하다는 점까지 고려하면 심판대상조항으로 인한 기본권 제한의 정도는 결코 작다고 볼 수 없다.

실명확인제가 표방하고 있는 선거의 공정성이라는 목적은 인터넷 이용자의 표현의 자유나 개인정보자기결정권을 제약하지 않는 다른 수단에 의해서도 충분히 달성할 수 있다. 공직선거법은 정보통신망을 이용한 선거운동 규제를 통하여 공직선거법에 위반되는 정보의 유통을 제한하고 있고, '정보통신망 이용촉진 및 정보보호 등에 관한 법률'상 사생활 침해나 명예훼손 등의 침해를 받은 사람에게 인정되는 삭제요청 등의 수단이나 임시조치 등이 활용될 수도 있으며, 인터넷 이용자의 표현의 자유나 개인정보자기결정권을 제약하지 않고도 허위 정보로 인한 여론 왜곡을 방지하여 선거의 공정성을 확보하는 새로운 수단을 도입할 수도 있다.

인터넷을 이용한 선거범죄에 대하여는 명예훼손죄나 후보자비방죄 등 여러 사후적 제재수단이 이미 마련되어 있다. 현재 기술 수준에서 공직선거법에 규정된 수단을 통하여서도 정보통신망을 이용한 행위로서 공직선거법에 위반되는 행위를 한 사람의 인적사항을 특정하고, 궁극적으로 선거의 공정성을 확보할 수 있다.

심판대상조항은 정치적 의사표현이 가장 긴요한 선거운동기간 중에 인터넷언론사 홈페이지 게시판 등 이용자로 하여금 실명확인을 하도록 강제함으로써 익명표현의 자유와 언론의 자유를 제한하고, 모든 익명표현을 규제함으로써 대다수 국민의 개인정보자기결정권도 광범위하게 제한하고 있다는 점에서 이와 같은 불이익은 선거의 공정성 유지라는 공익보다 결코 과소평가될 수 없다.

그러므로 심판대상조항은 과잉금지원칙에 반하여 인터넷언론사 홈페이지 게시판 등 이용자의 익명표현의 자유와 개인정보자기결정권, 인터넷언론사의 언론의 자유를 침해한다.

재판관 이선애, 재판관 이종석, 재판관 이영진의 반대의견

심판대상조항은 '선거운동기간 중', '인터넷언론사 홈페이지의 게시판·대화방 등'에 '정당·후보자에 대한 지지·반대'의 정보 등을 게시하는 경우에 한정해서만 실명확인 조치 등을 통해 익명표현을 제한한다. '선거운동기간 중'에는 정당이나 후보자들이 당선이라는 구체적 목표를 가지고 본격적으로 상호 경쟁하고, 이에 관한 유권자들의 정치적 의사표현도 경쟁적으로 이루어지므로, 자칫 경쟁의 과열로 흑색선전이나 여론 왜곡 시도 등이 나타날 수 있다. '인터넷언론사'는 여론 형성에 영향력을 미치는 공중 매체로서 선거운동기간에는 선거의 공정성에 관한 공적 책임도 그만큼 커진다. 인터넷언론사의 범위가 넓은 것은 그 설립과 운영의 진입장벽이 낮다는 점과 연관된 것이고, 인터넷매체가 언론의 기능을 하고 있다면 그에 걸맞은 객관성과 중립성을 유지할 책임이 있다. '정당·후보자에 대한 지지·반대'는 선거의 결과에 직접적으로 연관되고 선거운동기간에 본격적으로 상호 경쟁하는 정치적 의사표현이다. 이러한 상황적 특성과 환경에 따라, 선거운동기간 중 지명도 있는 인터넷언론사 홈페이지 게시판 등에 정당·후보자에 대한 지지·반대에 관련된 허위 또는 왜곡된 정보가 무책임하게 게시되는 경우, 해당 게시물이 인터넷 공간에서 광범위하고 급속하게 확대·재생산되고, 여기에 편향적인 정보 취득과 편견 강화 등 인터넷환경에서 나타날 수 있는 부정적 현상이 결합하면, 토론 등을 통한 자율적 교정이 어려워져 선거의 공정성을 훼손할 위험이 있다.

인터넷언론사 홈페이지의 게시판·대화방 등에 실명확인을 거쳐 정보 등이 게시되는 경우에도 게시자의 개인정보가 노출되는 것이 아니라 '실명인증'이라는 표시만 나타나므로, 이에 관한 '익명성'은 보장된다. 게시자의 실명인증 자료는 선거과정을 공정하게 관리할 책임이 있는 중앙선거관리위원회가 요구하는 경우에 제출될 수 있을 정도로 별도로 관리되는 것으로, 위축효과는 이를 전제로 하는 정도로만 나타난다. 이것은 익명표현을 게시하려는 사람으로 하여금 자칫 위법행위를 할 수 있다는 위험을 인지하도록 하는 예방적 조치라고 할 수 있다.

따라서 심판대상조항으로 인한 익명표현의 자유, 개인정보자기결정권에 대한 제한은 그 범위와 정도에 있어서 필요최소한의 것이라고 할 수 있으며, 제한을 완화하면서 동일한 정도로 입법목적을 달성하는 다른 대안을 상정하기도 어렵다.

개방성과 상호작용성이 있는 인터넷언론사의 경우 게시판 등 이용자들이 제공하는 정보 및 이들의 의사표현을 기반으로 하는 여론의 형성과 전파는 언론 활동의 중요한 부분을 차지하므로, 선거의 공정성과 관련된 인터넷언론의 공적 책임은 홈페이지의 게시판 등에 이용자가 자유롭게 게시하는 정보 등의 관리에 관해서도 존재한다. 실명확인 조치 및 실명인증 표시 없는 게시물의 삭제를 강제하는 과태료 조항의 내용도 과도하지 않다. 따라서 게시판 등 이용자의 익명표현의 자유에 대한 제한에 수반되는 인터넷언론사의 언론의 자유에 대한 제한도 필요최소한의 정도를 넘었다고 보기 어렵다.

인터넷언론의 영향력과 책임에 상응하여 선거의 공정성 훼손의 위험을 방지하려는 공익에 비하여 제한되는 사익이 크다고 보기도 어렵다.

심판대상조항은 과잉금지원칙에 반하지 않으므로, 인터넷언론사 홈페이지 게시판 등 이용자의 익명표현의 자유와 개인정보자기결정권, 인터넷언론사의 언론의 자유를 침해한다고 볼 수 없다.

【심판대상조문】

구 공직선거법(2014. 11. 19. 법률 제12844호로 개정되고, 2017. 7. 26. 법률 제14839호로 개정되기 전의 것) 제82조의6 제1항

구 공직선거법(2017. 7. 26. 법률 제14839호로 개정되고, 2020. 2. 4. 법률 제16957호로 개정되기 전의 것) 제82조의6 제1항, 제3항

공직선거법(2020. 2. 4. 법률 제16957호로 개정된 것) 제82조의6 제1항, 제3항

공직선거법(2010. 1. 25. 법률 제9974호로 개정된 것) 제82조의6 제4항, 제6항, 제7항

구 공직선거법(2015. 8. 13. 법률 제13497호로 개정되고, 2017. 2. 8. 법률 제14556호로 개정되기 전의 것) 제261조 제3항 제3호

공직선거법(2017. 2. 8. 법률 제14556호로 개정된 것) 제261조 제3항 제4호

공직선거법(2014. 2. 13. 법률 제12393호로 개정된 것) 제261조 제6항 제3호

【참조조문】

헌법 제21조, 제114조 제1항

공직선거법(1994. 3. 16. 법률 제4739호로 제정된 것) 제58조 제1항 본문

공직선거법(2005. 8. 4. 법률 제7681호로 개정된 것) 제272조의2 제1항, 제5항, 제272조의3 제1항

공직선거법(2010. 1. 25. 법률 제9974호로 개정된 것) 제8조의5 제1항, 제6항, 제9항

공직선거법(2012. 2. 29. 법률 제11374호로 개정된 것) 제59조, 제82조의4 제3항, 제4항, 제256조 제3항 제1호 마목, 제272조의3 제3항

정보통신망 이용촉진 및 정보보호 등에 관한 법률(2008. 6. 13. 법률 제9119호로 개정된 것) 제44조의2, 제44조의3

【참조판례】

1. 헌재 2010. 2. 25. 2008헌마324등, 판례집 22-1상, 347, 360-361

헌재 2015. 7. 30. 2012헌마734등, 판례집 27-2상, 308, 318-320

2. 헌재 2012. 8. 23. 2010헌마47등, 판례집 24-2상, 590, 599-608

헌재 2015. 7. 30. 2012헌마734등, 판례집 27-2상, 308, 327-329

【당 사 자】

제청법원　서울서부지방법원
제청신청인　주식회사 ○○
대표자 사내이사 김○○
청 구 인　1. 황○○(2018헌마456)
대리인 변호사 김광재
2. 주식회사 □□(2020헌마406)
대표이사 이○○
3. 추○○(2020헌마406)
청구인 2, 3의 대리인 변호사 손지원
당해사건　서울서부지방법원 2016과44 공직선거법 위반(과태료 이의)
서울서부지방법원 2017과59 공직선거법 위반(과태료 이의)

【주 문】

1. 구 공직선거법(2014. 11. 19. 법률 제12844호로 개정되고, 2017. 7. 26. 법률 제14839호로 개정되기 전의 것) 제82조의6 제1항, 구 공직선거법(2017. 7. 26. 법률 제14839호로 개정되고, 2020. 2. 4. 법률 제16957호로 개정되기 전의 것) 제82조의6 제1항, 공직선거법(2020. 2. 4. 법률 제16957호로 개정된 것) 제82조의6 제1항, 구 공직선거법(2017. 7. 26. 법률 제14839호로 개정되고, 2020. 2. 4. 법률 제16957호로 개정되기 전의 것) 제82조의6 제3항, 공직선거법(2020. 2. 4. 법률 제16957호로 개정된 것) 제82조의6 제3항, 공직선거법(2010. 1. 25. 법률 제9974호로 개정된 것) 제82조의6 제4항, 제6항, 제7항, 구 공직선거법(2015. 8. 13. 법률 제13497호로 개정되고, 2017. 2. 8. 법률 제14556호로 개정되기 전의 것) 제261조 제3항 제3호, 공직선거법(2017. 2. 8. 법률 제14556호로 개정된 것) 제261조 제3항 제4호, 공직선거법(2014. 2. 13. 법률 제12393호로 개정된 것) 제261조 제6항 제3호는 모두 헌법에 위반된다.

2. 청구인 주식회사 □□, 청구인 추○○의 나머지 심판청구를 각 각하한다.

【이 유】

1. 사건개요

가. 2018헌가16

제청신청인 주식회사 ○○은 인터넷신문 '△△'를 운영하며 인터넷 콘텐츠 제공 및 제작업을 하는 법인이다.

제청신청인은 제20대 국회의원선거 선거운동기간인 2016. 3. 31.부터 2016. 4. 12.까지 당해 인터넷홈페이지의 게시판 등에 정당·후보자에 대한 지지·반대의 정보를 게시할 수 있도록 하면서도 행정자치부장관 또는 신용정보업자가 제공하는 실명인증방법으로 실명을 확인받도록 하는 기술적 조치를 하지 않았다. 서대문구 선거관리위원회 위원장은 2016. 4. 22. 제청신청인에게 과태료 9,500,000원을 부과하였고, 이에 대하여 제청신청인은 2016. 4. 29. 이의제기를 하였다. 서울서부지방법원은 2017. 7. 31. 약식결정으로 제청신청인에게 과태료 9,500,000원을 부과하였고, 이에 대하여 제청신청인은 2017. 10. 25. 이의신청을 하였다(서울서부지방법원 2016과44).

제청신청인은 제19대 대통령선거 선거운동기간인 2017. 4. 17.부터 2017. 5. 8.까지 당해 인터넷홈페이지의 게시판 등에 정당·후보자에 대한 지지·반대의 정보를 게시할 수 있도록 하면서도 행정자치부장관 또는 신용정보업자가 제공하는 실명인증방법으로 실명을 확인받도록 하는 기술적 조치를 하지 않았다. 서대문구 선거관리위원회 위원장은 2017. 5. 17. 제청신청인에게 과태료 10,000,000원을 부과하였고, 이에 대하여 제청신청인은 2017. 6. 5. 이의제기를 하였다. 서울서부지방법원은 2017. 9. 6. 약식결정으로 제청신청인에게 과태료 10,000,000원을 부과하였고, 이에 대하여 제청신청인은 2017. 10. 25. 이의신청을 하였다(서울서부지방법원 2017과59).

제청신청인은 당해 사건 재판 계속 중인 2017. 12. 1. 제청법원에 구 공직선거법 제82조의6 제1항, 구 공직선거법 제261조 제3항 제3호, 공직선거법 제261조 제3항 제4호에 대하여 위헌법률심판제청신청을 하였고, 제청법원은 2018. 8. 8. 위 제청신청을 받아들여 위헌법률심판제청을 하였다(서울서부지방법원 2017카기1968).

나. 2018헌마456

청구인 황○○는 2018. 6. 13. 실시된 제7회 전국동시지방선거의 유권자이다.

구 공직선거법 제82조의6 제1항, 공직선거법 제82조의6 제6항, 제7항에 따르면 인터넷언론사는 선거운동기간 중인 2018. 5. 31.부터 2018. 6. 12.까지 당해 인터넷홈페이지의 게시판·대화방 등에 정당·후보자에 대한 지지·반대의 정보를 게시할 수 있도록 하는 경우에는 행정안전부장관 또는 신용정보업자가 제공하는 실명인증방법으로 실명을 확인받도록 하는 기술적 조치를 하여야 하고, 인터넷언론사는 당해 인터넷홈페이지의 게시판·대화방 등에 "실명인증"의 표시가 없는 정당이나 후보자에 대한 지지·반대의 정보가 게시된 경우에는 지체 없이 이를 삭제하여야 하며, 인터넷언론사는 정당·후보자 및 각급선거관리위원회가 위 정보를 삭제하도록 요구한 경우에는 지체 없이 이에 따라야 한다.

위 청구인은 2018. 5. 3. 위 조항들이 청구인의 기본권을 침해한다고 주장하며 헌법소원심판을 청구하였다.

다. 2020헌마406

청구인 주식회사 □□은 인터넷신문 '□□'을 운영하는 법인이고, 청구인 추○○은 2020. 4. 15. 실시된 제21대 국회의원선거의 유권자이다.

공직선거법은 제82조의6 제1항에 이어 같은 조 제3항에서 행정안전부장관 및 개인신용정보업자로 하여금 실명인증자료를 실명인증을 받은 자 및 인터넷홈페이지별로 관리하고 중앙선거관리위원회가 그 자료의 제출을 요구하는 경우에는 이에 따르도록 규정하고, 같은 조 제4항에서는 인터넷언론사로 하여금 같은 조 제1항에 따른 정보등이 게시된 경우 홈페이지 게시판 등에 "실명인증" 표시가 나타나도록 하는 기술적 조치를 취하도록 규정하고 있다.

위 청구인들은 구 공직선거법 제82조의6 제1항, 공직선거법 제82조의6 제6항, 제7항과 아울러 구 공직선거법 제82조의6 제3항, 공직선거법 제82조의6 제4항, 그리고 인터넷언론사에 대한 과태료 부과의 근거조항인 공직선거법 제261조 제3항 제4호, 공직선거법 제261조 제6항 제3호가 청구인들의 기본권을 침해한다고 주장하며 헌법소원심판을 청구하였다.

2. 심판대상

가. 2018헌가16 사건의 심판대상은 구 공직선거법(2014. 11. 19. 법률 제12844호로 개정되고, 2017. 7. 26. 법률 제14839호로 개정되기 전의 것) 제82조의6 제1항, 구 공직선거법(2015. 8. 13. 법률 제13497호로 개정되고, 2017. 2. 8. 법률 제14556호로 개정되기 전의 것) 제261조 제3항 제3호, 공직선거법(2017. 2. 8. 법률 제14556호로 개정된 것) 제261조 제3항 제4호가 헌법에 위반되는지 여부이다.

나. 2018헌마456 사건의 심판대상은 구 공직선거법(2017. 7. 26. 법률 제14839호로 개정되고, 2020. 2. 4. 법률 제16957호로 개정되기 전의 것) 제82조의6 제1항, 공직선거법(2010. 1. 25. 법률 제9974호로 개정된 것) 제82조의6 제6항, 제7항이 청구인의 기본권을 침해하는지 여부이다. 2020헌마406 사건의 심판대상은 구 공직선거법(2017. 7. 26. 법률 제14839호로 개정되고, 2020. 2. 4. 법률 제16957호로 개정되기 전의 것) 제82조의6 제1항, 제3항, 공직선거법(2010. 1. 25. 법률 제9974호로 개정된 것) 제82조의6 제4항, 제6항, 제7항, 공직선거법(2017. 2. 8. 법률 제14556호로 개정된 것) 제261조 제3항 제4호, 공직선거법(2014. 2. 13. 법률 제12393호로 개정된 것) 제261조 제6항 제3호가 청구인들의 기본권을 침해하는지 여부이다.

다. 한편 이 사건 심판청구 이후 개정되어 현재 시행중인 공직선거법(2020. 2. 4. 법률 제16957호로 개정된 것) 제82조의6 제1항, 제3항은 일부 자구상의 표현만 다를 뿐 그 내용은 위 각 구 공직선거법 제82조의6 제1항, 제3항과 같다. 따라서 개정 공직선거법(2020. 2. 4. 법률 제16957호로 개정된 것) 제82조의6 제1항, 제3항 또한 그 위헌 여부에 관하여 위 각 구법 조항들과 결론을 같이할 것이 명백하다고 할 것이므로 법질서의 정합성과 심판경제를 위하여 이 사건의 심판대상에 포함한다(이하 각 구 공직선거법 제82조의6 제1항, 공직선거법 제82조의6 제1항, 제4항, 제6항, 제7항을 합하여 '실명확인 조항'이라 하고, 구 공직선거법 제82조의6 제3항, 공직선거법 제82조의6 제3항을 합하여 '실명인증자료 관리조항'이라고 하며, 구 공직선거법 제261조 제3항 제3호, 공직선거법 제261조 제3항 제4호, 공직선거법 제261조 제6항 제3호를 합하여 '과태료 조항'이라 하고, 위 조항들을 모두 합하여 '심판대상조항'이라 한다). 심판대상조항과 관련조항은 다음과 같다.

[심판대상조항]

구 공직선거법(2014. 11. 19. 법률 제12844호로 개정되고, 2017. 7. 26. 법률 제14839호로 개정되기 전의 것)

제82조의6(인터넷언론사 게시판·대화방 등의 실명확인) ① 인터넷언론사는 선거운동기간 중 당해 인터넷홈페이지의 게시판·대화방 등에 정당·후보자에 대한 지지·반대의 문자·음성·화상 또는 동영상 등의 정보(이하 이 조에서 "정보등"이라 한다)를 게시할 수 있도록 하는 경우에는 행정자치부장관 또는 「신용정보의 이용 및 보호에 관한 법률」 제2조 제4호에 따른 신용정보업자(이하 이 조에서 "신용정보업자"라 한다)가 제공하는 실명인증방법으로 실명을 확인받도록 하는 기술적 조치를 하여야 한다. 다만, 인터넷언론사가 「정보통신망 이용촉진 및 정보보호 등에 관한 법률」 제44조의5에 따른 본인확인조치를 한 경우에는 그 실명을 확인받도록 하는 기술적 조치를 한 것으로 본다.

구 공직선거법(2017. 7. 26. 법률 제14839호로 개정되고, 2020. 2. 4. 법률 제16957호로 개정되기 전의 것)

제82조의6(인터넷언론사 게시판·대화방 등의 실명확인) ① 인터넷언론사는 선거운동기간 중 당해 인터넷홈페이지의 게시판·대화방 등에 정당·후보자에 대한 지지·반대의 문자·음성·화상 또는 동영상 등의 정보(이하 이 조에서 "정보등"이라 한다)를 게시할 수 있도록 하는 경우에는 행정안전부장관 또는 「신용정보의 이용 및 보호에 관한 법률」 제2조 제4호에 따른 신용정보업자(이하 이 조에서 "신용정보업자"라 한다)가 제공하는 실명인증방법으로 실명을 확인받도록 하는 기술적 조치를 하여야 한다. 다만, 인터넷언론사가 「정보통신망 이용촉진 및 정보보호 등에 관한 법률」 제44조의5에 따른 본인확인조치를 한 경우에는 그 실명을 확인받도록 하는 기술적 조치를 한 것으로 본다.

③ 행정안전부장관 및 개인신용정보업자는 제1항 및 제2항의 규정에 따라 제공한 실명인증자료를 실명인증을 받은 자 및 인터넷홈페이지별로 관리하여야 하며, 중앙선거관리위원회가 그 실명인증자료의 제출을 요구하는 경우에는 지체 없이 이에 따라야 한다.

공직선거법(2020. 2. 4. 법률 제16957호로 개정된 것)

제82조의6(인터넷언론사 게시판·대화방 등의 실명확인) ① 인터넷언론사는 선거운동기간 중 당해 인터넷홈페이지의 게시판·대화방 등에 정당·후보자에 대한 지지·반대의 문자·음성·화상 또는 동영상 등의 정보(이하 이 조에서 "정보등"이라 한다)를 게시할 수 있도록 하는 경우에는 행정안전부장관 또는 「신용정보의 이용 및 보호에 관한 법률」 제2조 제5호 가목에 따른 개인신용평가회사(이하 이 조에서 "개인신용평가회사"라 한다)가 제공하는 실명인증방법으로 실명을 확인받도록 하는 기술적 조치를 하여야 한다. 다만, 인터넷언론사가 「정보통신망 이용촉진 및 정보보호 등에 관한 법률」 제44조의5에 따른 본인확인조치를 한 경우에는 그 실명을 확인받도록 하는 기술적 조치를 한 것으로 본다.

③ 행정안전부장관 및 개인신용평가회사는 제1항 및 제2항의 규정에 따라 제공한 실명인증자료를 실명인증을 받은 자 및 인터넷홈페이지별로 관리하여야 하며, 중앙선거관리위원회가 그 실명인증자료의 제출을 요구하는 경우에는 지체 없이 이에 따라야 한다.

공직선거법(2010. 1. 25. 법률 제9974호로 개정된 것)

제82조의6(인터넷언론사 게시판·대화방 등의 실명확인) ④ 인터넷언론사는 제1항의 규정에 따라 실명인증을 받은 자가 정보등을 게시한 경우 당해 인터넷홈페이지의 게시판·대화방 등에 "실명인증" 표시가 나타나도록 하는 기술적 조치를 하여야 한다.

⑥ 인터넷언론사는 당해 인터넷홈페이지의 게시판·대화방 등에 "실명인증"의 표시가 없는 정당이나 후보자에 대한 지지·반대의 정보등이 게시된 경우에는 지체 없이 이를 삭제하여야 한다.

⑦ 인터넷언론사는 정당·후보자 및 각급선거관리위원회가 제6항의 규정에 따른 정보등을 삭제하도록 요구한 경우에는 지체 없이 이에 따라야 한다.

구 공직선거법(2015. 8. 13. 법률 제13497호로 개정되고, 2017. 2. 8. 법률 제14556호로 개정되기 전의 것)

제261조(과태료의 부과·징수 등) ③ 다음 각 호의 어느 하나에 해당하는 행위를 한 자에게는 1천만 원 이하의 과태료를 부과한다.

3. 제82조의6 제1항을 위반하여 기술적 조치를 하지 아니한 자

공직선거법(2017. 2. 8. 법률 제14556호로 개정된 것)

제261조(과태료의 부과·징수 등) ③ 다음 각 호의 어느 하나에 해당하는 행위를 한 자에게는 1천만 원 이하의 과태료를 부과한다.

4. 제82조의6 제1항을 위반하여 기술적 조치를 하지

아니한 자

공직선거법(2014. 2. 13. 법률 제12393호로 개정된 것)

제261조(과태료의 부과·징수 등) ⑥ 다음 각 호의 어느 하나에 해당하는 행위를 한 자는 300만 원 이하의 과태료를 부과한다.

3. 제82조의6 제6항을 위반하여 실명인증의 표시가 없는 문자·음성·화상 또는 동영상 등의 정보를 삭제하지 아니한 자

[관련조항]

공직선거법(2010. 1. 25. 법률 제9974호로 개정된 것)

제8조의5(인터넷선거보도심의위원회) ① 중앙선거관리위원회는 인터넷언론사 [「신문 등의 진흥에 관한 법률」 제2조(정의) 제4호에 따른 인터넷신문사업자 그 밖에 정치·경제·사회·문화·시사 등에 관한 보도·논평·여론 및 정보등을 전파할 목적으로 취재·편집·집필한 기사를 인터넷을 통하여 보도·제공하거나 매개하는 인터넷홈페이지를 경영·관리하는 자와 이와 유사한 언론의 기능을 행하는 인터넷홈페이지를 경영·관리하는 자를 말한다. 이하 같다]의 인터넷홈페이지에 게재된 선거보도[사설·논평·사진·방송·동영상 기타 선거에 관한 내용을 포함한다. 이하 이 조 및 제8조의6(인터넷언론사의 정정보도 등)에서 같다]의 공정성을 유지하기 위하여 인터넷선거보도심의위원회를 설치·운영하여야 한다.

제82조의6(인터넷언론사 게시판·대화방 등의 실명확인) ② 정당이나 후보자는 자신의 명의로 개설·운영하는 인터넷홈페이지의 게시판·대화방 등에 정당·후보자에 대한 지지·반대의 정보등을 게시할 수 있도록 하는 경우에는 제1항의 규정에 따른 기술적 조치를 할 수 있다.

⑤ 인터넷언론사는 당해 인터넷홈페이지의 게시판·대화방 등에서 정보등을 게시하고자 하는 자에게 주민등록번호를 기재할 것을 요구하여서는 아니된다.

3. 제청법원의 위헌제청이유 및 청구인들의 주장

가. 제청법원의 위헌제청이유

심판대상조항이 실명인증을 요구하는 선거운동기간이 정치적 표현의 자유를 행사하는 데 가장 긴요한 기간인 점, 표현의 자유 보장이 민주주의의 근간이 되는 헌법적 가치라는 점을 고려하면, 익명표현의 자유를 제한하는 데 따르는 불이익이 선거의 공정성 유지라는 공익보다 결코 더 작다고 할 수는 없다. 따라서 심판대상조항은 인터넷언론사 게시판 이용자의 표현의 자유를 침해하고, 그로 말미암아 인터넷언론사의 언론의 자유 역시 침해한다는 합리적인 의심이 든다.

나. 청구인들의 주장

실명확인 조항은 "인터넷언론사"의 범위가 모호하고, 정당·후보자에 대한 "지지·반대"의 의미를 판단할 명확한 기준이 없으므로 명확성원칙에 위배된다.

심판대상조항은 과잉금지원칙에 위반하여 인터넷언론사 게시판 등 이용자가 선거운동기간 중 익명으로 정치적 표현을 할 자유를 침해하고, 또한 행정안전부장관 및 신용정보업자로 하여금 실명인증자료를 관리하도록 하고 중앙선거관리위원회가 요청하는 경우 지체 없이 그 자료를 제공하도록 하고 있어 인터넷언론사 게시판 등 이용자의 개인정보자기결정권도 침해한다.

4. 적법요건에 관한 판단(2020헌마406)

헌법소원심판이 적법하려면 청구인 자신이 공권력 작용에 대하여 스스로 법적으로 관련되어야 하므로, 청구인이 공권력 작용에 대하여 단지 간접적, 사실적 또는 경제적인 이해관계로만 관련될 뿐인 경우에는 그 헌법소원심판 청구는 부적법하게 된다(헌재 1997. 9. 25. 96헌마133; 헌재 1997. 3. 27. 94헌마277 등 참조). 법률에 의한 기본권 침해의 경우에는 그 법률의 직접적인 수규자가 아닌 제3자는 특별한 사정이 없는 한 기본권 침해에 직접 관련되었다고 볼 수 없다(헌재 2000. 6. 29. 99헌마289; 헌재 2007. 5. 31. 2005헌마1132 참조).

가. 청구인 주식회사 ㅁㅁ의 심판청구 중 구 공직선거법 제82조의6 제3항에 대한 부분

위 조항은 행정안전부장관 및 신용정보업자로 하여금 공직선거법 제82조의6 제1항, 제2항에 따라 제공한 실명인증자료를 실명인증을 받은 자 및 인터넷홈페이지별로 관리하여야 하며, 중앙선거관리위원회가 그 실명인증자료의 제출을 요구하는 경우에는 지체 없이 이에 따라야 한다고 규정하고 있다. 위 조항은 인터넷언론사를 수범자로서 규율하려고 의도한 것이 아닐 뿐만 아니라, 실명인증자료의 수집·보관과 관련된 기본권인 개인정보자기결정권의 측면에서도 청구인 주식회사 ㅁㅁ에게 미치는 영향이 없다. 따라서 청구인 주식회사

□□과 같은 인터넷언론사를 위 조항과 법적으로 관련시킬 수 없으므로, 청구인 주식회사 □□의 이 부분 심판청구는 기본권 침해의 자기관련성을 인정할 수 없다.

나. 청구인 추○○의 심판청구 중 공직선거법 제261조 제3항 제4호 및 공직선거법 제261조 제6항 제3호에 대한 부분

위 조항들은 인터넷언론사가 공직선거법 제82조의6 제1항에 따른 실명확인 조치 및 실명인증 받은 정보 등에 대한 실명인증표시 조치를 하지 않은 경우 그에 대한 과태료 부과의 근거가 되는 조항으로 인터넷언론사 게시판 등 이용자인 청구인 추○○에게 직접 적용되지 않는다. 설령 인터넷언론사에 대한 과태료 부과로 인하여 청구인 추○○과 같은 게시판 등 이용자가 불편을 겪는다고 하더라도 이는 간접적이고 사실적인 불이익에 불과하므로, 청구인 추○○의 이 부분 심판청구는 기본권 침해의 자기관련성을 인정할 수 없다.

다. 소결론

청구인 주식회사 □□의 심판청구 중 구 공직선거법 제82조의6 제3항에 대한 부분, 청구인 추○○의 심판청구 중 공직선거법 제261조 제3항 제4호 및 공직선거법 제261조 제6항 제3호에 대한 부분은 모두 부적법하다.

5. 본안 판단

가. 입법연혁

(1) 구 '공직선거 및 선거부정방지법'(2004. 3. 12. 법률 제7189호로 개정되고, 2005. 8. 4. 법률 제7681호로 개정되기 전의 것) 제82조의6 제1항은 "인터넷언론사는 당해 인터넷사이트의 게시판·대화방 등에 선거에 관한 의견을 게시할 수 있도록 하는 경우에는 의견게시를 하고자 하는 자가 기입하는 성명과 주민등록번호의 일치 여부를 확인한 후 일치하는 경우에 한하여 의견게시를 할 수 있도록 하는 기술적 조치를 하여야 한다."라고 규정하고, 제2항은 "정당·후보자 및 예비후보자는 자신의 명의로 개설·운영하는 인터넷홈페이지의 게시판·대화방 등에 선거에 관한 의견을 게시할 수 있도록 하는 경우에는 제1항의 규정에 의한 기술적 조치를 할 수 있다."라고 규정하여 공직선거법상 실명확인제를 도입하였다. 이는 같은 법 제82조의4 제1항에서 선거운동을 할 수 있는 자에 대하여 선거운동기간 중에 정보통신망을 이용하여 인터넷홈페이지 또는 그 게시판·대화방 등에 선거운동을 위한 내용의 정보를 게시하거나 전자우편을 전송하는 방법으로 선거운동을 할 수 있게 하고, 제59조 단서 제3호에서 후보자, 후보자가 되고자 하는 자가 자신이 개설한 인터넷홈페이지를 이용하여 선거운동을 하는 경우 선거운동기간의 제한을 받지 않게 함에 따른 조치였다.

이후 위 구 '공직선거 및 선거부정방지법' 제82조의6 제1항은 공직선거법이 2005. 8. 4. 법률 제7681호로 개정될 때 "인터넷언론사는 선거운동기간 중 당해 인터넷홈페이지의 게시판·대화방 등에 정당·후보자에 대한 지지·반대의 글을 게시할 수 있도록 하는 경우에는 행정자치부장관이 제공하는 실명인증방법으로 실명을 확인받도록 하는 기술적 조치를 하여야 한다."라고 개정되었다.

그 후 공직선거법이 2008. 2. 29. 법률 제8879호로 개정 시에는 위 제82조의6 제1항에 실명확인의 방법으로 "「신용정보의 이용 및 보호에 관한 법률」 제2조 제4호에 따른 신용정보업자(이하 이 조에서 "신용정보업자"라 한다)가 제공하는 실명인증방법"이 추가되었고, 같은 항 단서에 "인터넷언론사가 「정보통신망 이용촉진 및 정보보호 등에 관한 법률」 제44조의5에 따른 본인확인조치를 한 경우에는 그 실명을 확인받도록 하는 기술적 조치를 한 것으로 본다."라는 내용이 추가되었다.

위 공직선거법 제82조의6 제1항은 공직선거법이 2010. 1. 25. 법률 제9974호로 개정될 당시 "지지·반대의 글"이 "지지·반대의 문자·음성·화상 또는 동영상 등의 정보"로 그 표현이 바뀌었고, 공직선거법이 2013. 3. 23. 법률 제11690호로 개정될 때 "행정안전부장관"이 "안전행정부장관"으로 바뀌는 등 일부 자구수정을 제외하고는 현행 공직선거법 제82조의6 제1항과 같이 유지되어 오고 있다(현행법은 다시 "행정안전부장관"이라고 표현하고 있다).

(2) 구 공직선거법(2005. 8. 4. 법률 제7681호로 개정되고, 2008. 2. 29. 법률 제8852호로 개정되기 전의 것) 제82조의6 제3항은 행정자치부장관으로 하여금 위 제82조의6 제1항, 제2항의 규정에 따라 제공한 실명인증자료를 실명인증을 받은 자 및 인터넷홈페이지별로 관리하여야 하며, 중앙선거관리위원회가 그 실명인증자료의 제출을 요구하는 경우에는 지체 없이 이에 따라야 한다는 규정을 신설하였다. 이 규정은 그 후 공직선거법이 2008. 2. 29. 법률 제8852호로 개정될 때 "행정

자치부장관"이 "행정안전부장관"으로 그 표현이 바뀌었고, 같은 법이 2008. 2. 29. 법률 제8879호로 개정되면서 수범자로서 행정안전부장관 외에 "신용정보업자"가 추가되었다. 이 조항은 이후에도 일부 자구수정이 있었고 현행법은 "행정안전부장관 및 개인신용평가회사"로 하여금 위와 같은 실명인증자료의 관리 및 중앙선거관리위원회에 대한 자료 제출의무를 규정한다.

(3) 그리고 구 공직선거법(2005. 8. 4. 법률 제7681호로 개정되고, 2010. 1. 25. 법률 제9974호로 개정되기 전의 것) 제82조의6 제4항은 인터넷언론사로 하여금 위 제82조의6 제1항의 규정에 따라 실명인증을 받은 자가 글을 게시한 경우 당해 인터넷홈페이지의 게시판·대화방 등에 "실명인증"의 표시가 나타나도록 하는 기술적 조치를 하여야 한다고 규정하였고, 이는 위 "글"이 "정보등"으로 바뀐 자구수정을 제외하고는 현행법에까지 그대로 그 규율내용이 유지되고 있다.

(4) 구 '공직선거 및 선거부정방지법'(2004. 3. 12. 법률 제7189호로 개정되고, 2005. 8. 4. 법률 제7681호로 개정되기 전의 것) 제82조의6 제5항은 "인터넷언론사는 당해 인터넷사이트의 게시판·대화방 등에 의견게시자가 허무인 또는 타인의 명의를 이용한 것이 확인된 때에는 즉시 그 허무인 또는 타인 명의의 아이디(이용자식별부호를 말한다. 이하 이 항에서 같다)로는 의견게시를 할 수 없도록 하여야 하며, 그 아이디로 게시된 의견을 삭제하여야 한다."라는 규정을 신설하였다.

이 규정은 이후 구 공직선거법 2005. 8. 4. 법률 제7681호로 개정될 때 "인터넷언론사는 당해 인터넷홈페이지의 게시판·대화방 등에 "실명인증"의 표시가 없는 정당이나 후보자에 대한 지지·반대의 글이 게시된 경우에는 지체 없이 이를 삭제하여야 한다."(제82조의6 제6항), "인터넷언론사는 정당·후보자 및 각급선거관리위원회가 제6항의 규정에 따른 글을 삭제하도록 요구한 경우에는 지체 없이 이에 따라야 한다."(제82조의6 제7항)라고 개정되었다.

그 후 위 공직선거법 제82조의6 제6항, 제7항은 공직선거법이 2010. 1. 25. 법률 제9974호로 개정될 당시 "지지·반대의 글"이 "지지·반대의 정보등"으로 그 표현이 바뀌었고, 이후에는 현행법까지 그대로 유지되고 있다.

(5) 한편 과태료 조항은 2004. 3. 12. 법률 제7189호로 개정된 구 '공직선거 및 선거부정방지법' 제261조 제1항에서 실명확인을 위한 기술적 조치를 하지 아니한 자에게 1천만 원 이하의 과태료에 처하도록 하는 규정이 신설되었고, 2005. 8. 4. 법률 제7681호로 개정된 구 공직선거법 제261조 제2항 제3호에서 실명인증의 표시가 없는 글을 삭제하지 아니한 자에게 300만 원 이하의 과태료를 부과하도록 하는 규정이 신설되어 2010. 1. 25. 법률 제9974호로 개정된 구 공직선거법 제261조 제3항 제3호에서 실명인증의 표시가 없는 문자·음성·화상 또는 동영상 등의 정보를 삭제하지 아니한 자에게 300만 원 이하의 과태료를 부과하도록 하는 규정으로 개정되었으며, 이후 위 두 조문의 위치와 표현이 일부 변경되었을 뿐 현재까지 규율 내용에는 변경이 없다(현행 공직선거법 제261조 제3항 제4호, 제261조 제6항 제3호).

나. 관련 선례

헌법재판소는 2010. 2. 25. 2008헌마324등 결정에서 구 공직선거법(2008. 2. 29. 법률 제8879호로 개정되고, 2010. 1. 25. 법률 제9974호로 개정되기 전의 것) 제82조의6 제1항, 제6항, 제7항, 구 공직선거법(2005. 8. 4. 법률 제7681호로 개정되고, 2008. 2. 29. 법률 제8879호로 개정되기 전의 것) 제261조 제1항 등이 명확성원칙, 사전검열금지원칙에 위배되지 않고, 과잉금지원칙을 위반하여 익명표현의 자유, 언론의 자유 등을 침해하지 않는다고 판단하였다.

또한 헌법재판소는 2012. 8. 23. 2010헌마47등 결정에서 인터넷게시판을 설치·운영하는 정보통신서비스 제공자에게 본인확인조치의무를 부과하여 게시판 이용자로 하여금 본인확인절차를 거쳐야만 게시판을 이용할 수 있도록 한 인터넷 본인확인제에 관한 '정보통신망 이용촉진 및 정보보호 등에 관한 법률'(2008. 6. 13. 법률 제9119호로 개정된 것) 제44조의5 제1항 제2호, 같은 법 시행령(2009. 1. 28. 대통령령 제21278호로 개정된 것) 제29조, 제30조 제1항이 과잉금지원칙에 위배되어 인터넷게시판 이용자의 표현의 자유, 개인정보자기결정권 및 인터넷게시판을 운영하는 정보통신서비스 제공자의 언론의 자유를 침해한다고 판단하였다.

그 후 헌법재판소는 2015. 7. 30. 2012헌마734등 결정에서 구 공직선거법(2010. 1. 25. 법률 제9974호로 개정되고, 2013. 3. 23. 법률 제11690호로 개정되기 전의 것) 제82조의6 제1항, 공직선거법(2010. 1. 25. 법률 제9974호로 개정된 것) 제82조의6 제6항, 제7항, 구 공직선거법(2010. 1. 25. 법률 제9974호로 개정되고, 2013. 3. 23. 법률 제11690호로 개정되기 전의 것)

제261조 제1항 제1호가 명확성원칙에 반하지 않고 익명표현의 자유 등 기본권을 침해하지 않는다고 판단하였다.

다. 쟁점

(1) 청구인들은 실명확인 조항의 "인터넷언론사" 부분 및 정당·후보자에 대한 "지지·반대" 부분의 의미·내용이 불명확하여 명확성원칙에 위배된다고 주장하므로 이에 관하여 판단한다.

(2) 청구인들과 제청법원은 모두 심판대상조항이 인터넷홈페이지의 게시판 등 이용자의 익명표현의 자유, 인터넷언론사의 언론의 자유를 침해한다고 주장하고, 청구인들은 이에 더하여 심판대상조항이 인터넷언론사 게시판 등 이용자의 개인정보자기결정권도 침해한다고 주장하므로 이에 관하여 판단한다.

라. 명확성원칙 위반 여부

(1) 표현의 자유에서 명확성원칙

법치국가원리의 한 표현인 명확성의 원칙은 기본적으로 모든 기본권 제한 입법에 대하여 요구된다. 규범의 의미내용으로부터 무엇이 금지되는 행위이고 무엇이 허용되는 행위인지를 수범자가 알 수 없다면 법적 안정성과 예측 가능성은 확보될 수 없게 될 것이고, 또한 법 집행 당국에 의한 자의적 집행을 가능하게 할 것이기 때문이다(헌재 1998. 4. 30. 95헌가16; 헌재 2002. 1. 31. 2000헌가8; 헌재 2002. 6. 27. 99헌마480 참조).

표현의 자유를 규제하는 입법에 있어서 명확성의 원칙은 특별히 중요한 의미를 지닌다. 현대 민주사회에서 표현의 자유가 국민주권주의 이념의 실현에 불가결한 것인 점에 비추어 볼 때, 불명확한 규범에 의한 표현의 자유의 규제는 헌법상 보호받는 표현에 대한 위축 효과를 일으키고, 그로 인하여 다양한 의견이나 견해 등의 표출을 통해 상호 검증을 거치도록 한다는 표현의 자유의 본래 기능을 상실케 한다. 따라서 표현의 자유를 규제하는 법률은 규제되는 표현의 개념을 세밀하고 명확하게 규정할 것이 헌법적으로 요구된다(헌재 1998. 4. 30. 95헌가16; 헌재 2016. 2. 25. 2013헌바111 등 참조).

법규범이 명확한지 여부는 그 법규범이 수범자에게 법규의 의미내용을 알 수 있도록 공정한 고지를 하여 예측가능성을 주고 있는지 여부 및 그 법규범이 법을 해석·집행하는 기관에게 충분한 의미내용을 규율하여 자의적인 법해석이나 법집행이 배제되는지 여부에 따라 이를 판단할 수 있는데, 법규범의 의미내용은 그 문언뿐만 아니라 입법목적이나 입법취지, 입법연혁, 그리고 법규범의 체계적 구조 등을 종합적으로 고려하는 해석방법에 의하여 구체화하게 되므로, 결국 법규범이 명확성원칙에 위반되는지 여부는 위와 같은 해석방법에 의하여 그 의미내용을 합리적으로 파악할 수 있는 해석기준을 얻을 수 있는지 여부에 달려 있다(헌재 2005. 6. 30. 2002헌바83; 헌재 2010. 11. 25. 2009헌바27 등 참조).

(2) 판단

(가) 인터넷언론사

실명확인 조항은 "인터넷언론사"에 대하여 실명확인 조치의무를 부과한다. 공직선거법은 "인터넷언론사"를 '신문 등의 진흥에 관한 법률' 제2조 제4호에 따른 인터넷신문사업자 그 밖에 정치·경제·사회·문화·시사 등에 관한 보도·논평·여론 및 정보 등을 전파할 목적으로 취재·편집·집필한 기사를 인터넷을 통하여 보도·제공하거나 매개하는 인터넷홈페이지를 경영·관리하는 자와 이와 유사한 언론의 기능을 행하는 인터넷홈페이지를 경영·관리하는 자로 정의한다(제8조의5 제1항).

한편 공직선거법은 중앙선거관리위원회로 하여금 인터넷언론사의 인터넷홈페이지에 게재된 선거보도의 공정성을 유지하기 위하여 인터넷선거보도심의위원회를 설치·운영하도록 하고(제8조의5 제1항), 인터넷선거보도심의위원회로 하여금 인터넷 선거보도의 정치적 중립성·형평성·객관성 및 권리구제 기타 선거보도의 공정을 보장하기 위하여 필요한 사항을 정하여 이를 공표하도록 하며(제8조의5 제6항), 또한 인터넷선거보도심의위원회의 구성·운영, 위원 및 상임위원의 대우, 사무국의 조직·직무범위 기타 필요한 사항은 중앙선거관리위원회규칙으로 정하도록 규정한다(제8조의5 제9항).

위 공직선거법 조항에 따른 '인터넷선거보도심의위원회의 구성 및 운영에 관한 규칙'(2016. 1. 15. 중앙선거관리위원회규칙 제444호로 개정된 것) 제2조 제1항은, 공직선거법 제8조의5 제1항에 따른 "인터넷언론사"에 관하여, 제1호에서 독자적인 기사 생산과 지속적인 발행을 하는 '신문 등의 진흥에 관한 법률' 제2조 제4호의 인터넷신문사업자와 '인터넷 멀티미디어 방송사업법' 제2조 제5호의 인터넷 멀티미디어 방송사업자가 운영하는 인터넷홈페이지를, 제2호에서 신문 및 방송사업자 등이 직접 운영하거나 별도 법인으로 운영하는 인터넷홈페이지로서 '신문 등의 진흥에 관한 법률' 제2조 제3호의 신문사업자가 운영하는 인터넷홈페이지(가목), 방송법 제2조 제3호의 방송사업자가 운영하는 인터넷홈페이지(나목), '잡지 등 정기간행물의 진흥에 관한 법률' 제2조 제2호의 정기간행물사업자가 운영하는 인터넷홈페이지(다목), '뉴스통신 진흥에 관한 법률' 제2조 제3호의 뉴스통신사업자가 운영하는 인터넷홈페이지(라목)를, 제3호에서 제1호 및 제2호의 인터넷언론사로부터 제공받은 기사를 인터넷을 통하여 계속적으로 제공하거나 매개하는 '신문 등의 진흥에 관한 법률' 제2조 제6호의 인터넷뉴스서비스사업자가 운영하는 인터넷홈페이지를, 제4호에서 그 밖에 위 각호와 유사한 언론의 기능을 행하는 인터넷홈페이지를 경영·관리하는 자가 운영하는 인터넷홈페이지로서 인터넷선거보도심의위원회가 정하는 인터넷홈페이지를 말한다고 규정하고 있다. 동시에 '인터넷선거보도심의위원회의 구성 및 운영에 관한 규칙' 제2조 제2항은 위 제1항에도 불구하고 정당 또는 후보자(후보자가 되고자 하는 자를 포함한다)가 설치·운영하는 인터넷홈페이지(제1호), 선거운동을 하는 기관·단체가 설치·운영하는 인터넷홈페이지(제2호), 그 밖에 인터넷선거보도심의위원회가 인터넷홈페이지에 게재된 보도내용 및 운영양태 등을 고려하여 인터넷언론사로 인정하지 아니하는 인터넷홈페이지(제3호)에 해당하는 때에는 이를 인터넷언론사의 인터넷홈페이지로 보지 않는다고 규정하고 있다.

또한 '인터넷선거보도심의위원회의 구성 및 운영에 관한 규칙' 제17조에 따른 '인터넷선거보도 심의기준 등에 관한 규정'(2019. 12. 30. 인터넷선거보도심의위원회 훈령 제12호로 개정된 것) 제10조는 제1항에서 인터넷선거보도심의위원회로 하여금 산업·경제·사회·과학·종교·교육·문화·체육 등 전문분야에 관한 순수한 학술 및 정보의 제공·교환을 목적으로 운영하는 인터넷홈페이지 등에 해당하는 인터넷홈페이지는 심의대상으로 결정하지 않을 수 있도록 규정하면서, 같은 조 제2항에서 인터넷선거보도심의위원회는 매 반기 말일 기준으로 그 다음 반기 첫 달의 10일까지(제1호), 임기만료에 따른 선거(대통령의 궐위로 인한 선거 및 재선거를 포함한다)를 실시하는 때마다 후보자등록기간개시일이 속하는 달의 전달 말일을 기준으로 후보자등록기간개시일 전 10일까지(후보자등록기간개시일이 해당 달의 10일 이내에 해당하는 경우에는 후보자등록기간개시일 전일까지)(제2호) 각 심의대상 인터넷언론사를 결정하도록 하고, 같은 조 제6항에서 심의대상 인터넷언론사로 결정된 경우 이를 인터넷선거보도심의위원회의 홈페이지에 공개하도록 하고 있다.

이처럼 공직선거법 및 관련 법령이 구체적으로 "인터넷언론사"의 범위에 관하여 규정하고 있고, 독립된 헌법기관인 중앙선거관리위원회가 설치·운영하는 인터넷선거보도심의위원회가 심의대상인 인터넷언론사를 결정하여 실명확인 조항의 적용을 받게 되는 선거운동기간 전에 이를 인터넷선거보도심의위원회 홈페이지에 공개하는 점, 후술하는 과잉금지원칙 위반 여부 판단 항목에서 보는 바와 같이 심판대상조항의 입법목적이 정당·후보자에 대한 인신공격과 흑색선전 등으로 인한 사회경제적 손실과 부작용을 방지하고 선거의 공정성을 확보하기 위한 것이라는 점 등을 종합하여 보면, 특정 인터넷언론사가 자신이 실명확인 조항에 따른 실명확인 조치의무를 지는지 여부에 관하여 확신이 없는 상태에 빠지는 경우는 없다고 할 것이다. 나아가 실명확인 조항은 인터넷언론사의 "당해 인터넷홈페이지"의 게시판·대화방 등으로 적용범위를 한정하고 있으므로 "당해 인터넷홈페이지"에 해당하지 않는 공간, 예컨대 개인의 카페, 블로그 등은 실명확인 조항에 따른 실명확인 조치의 범위에 포함되지 않음이 명백하다(헌재 2010. 2. 25. 2008헌마324등; 헌재 2015. 7. 30. 2012헌마734등 참조).

(나) 지지·반대

실명확인 조항은 인터넷언론사가 선거운동기간 중 당해 인터넷홈페이지의 게시판·대화방 등에서 정당·후보자에 대한 "지지·반대"의 정보등을 게시할 수 있도록 하는 경우에 적용된다. 여기서 사전적으로 "지지"는 '어떤 사람이나 단체 따위의 주의·정책·의견 따위에 찬동하여 이를 위하여 힘을 쓰거나 이를 원조하는 것'을 뜻하고, "반대"는 '어떤 행동이나 견해, 제안 따위에 따르지 아니하고 맞서 거스름'을 뜻한다. 그런데 공직선거법은 "선거운동"을 당선되거나 되게 하거나 되지 못하게 하기 위한 행위로 정의하고(제58조 제1항 본문), 헌법재판소는 '선거운동'을 후보자의 당선 내지 이를 위한 득표에 필요한 모든 행위 또는 특정 후보자의 낙선에 필요한 모든 행위 중 당선 또는 낙선을 위한 것이라는 목적의사가 객관적으로 인정될 수 있는 능동적, 계획적 행위라고 판시하여 왔다(헌재 1994. 7. 29. 93

헌가4등; 헌재 2001. 8. 30. 2000헌마121등 참조).

한편, 공직선거법 제59조는 그 본문에서 선거운동은 선거기간개시일부터 선거일 전일까지에 한하여 할 수 있다고 규정하면서도, 같은 조 단서 제3호에서 인터넷 홈페이지 또는 그 게시판·대화방 등에 글이나 동영상 등을 게시하는 방법으로 하는 경우에는 위와 같은 선거운동기간이 아니라 하더라도 선거운동을 할 수 있다고 규정하고 있다. 그런데 실명확인 조항은 위 공직선거법 제59조 단서 제3호와 달리 인터넷언론사가 선거운동기간 중에 당해 인터넷홈페이지의 게시판·대화방 등에서 후보자뿐만 아니라 정당에 대한 "지지·반대"의 정보등을 게시할 수 있도록 하는 경우에도 실명확인 조치를 취하도록 규정하고 있다.

이처럼 공직선거법은 실명확인 조항의 정당·후보자에 대한 "지지·반대"의 정보등 게시행위와 "선거운동"을 구별하여 규율하고 있다고 할 것인바, 이와 같은 사정에 앞서 본 "지지·반대"의 사전적 의미, "선거운동"의 정의규정과 그에 대한 헌법재판소의 해석, 아래 과잉금지원칙 위반 여부 판단 항목에서 보는 심판대상조항의 입법목적 또는 입법취지, 공직선거법상 관련 조항의 규율 내용까지 모두 종합하여 보면, 실명확인 조항의 규율대상인 정당·후보자에 대한 "지지·반대"의 정보등을 게시하는 행위는 공직선거법상 선거운동에 해당하는 행위를 포함하면서, 설령 그 행위가 선거운동과 같이 당선 또는 낙선을 도모하는 목적의사나 능동적, 계획적 행위에 이르지 않더라도 정당·후보자의 정책이나 의견 따위에 찬동하여 이를 원조하거나 이에 맞서서 거스르는 행위까지도 포함되는 것으로 충분히 해석할 수 있다고 할 것이고, 건전한 상식과 통상적인 법 감정을 가진 사람이면 자신의 글이 실명확인 조항의 규율대상인 정당·후보자에 대한 "지지·반대"의 정보등을 게시하는 행위인지를 충분히 알 수 있다고 할 것이다(헌재 2010. 2. 25. 2008헌마324등; 헌재 2015. 7. 30. 2012헌마734등 참조).

(다) 소결론

그러므로 실명확인 조항 중 "인터넷언론사" 및 "지지·반대" 부분은 명확성원칙에 반하지 않는다고 할 것이다.

마. 과잉금지원칙 위반 여부

(1) 제한되는 기본권

(가) 헌법 제21조 제1항에서 보장하고 있는 표현의 자유는 사상 또는 의견을 자유롭게 표명할 자유(발표의 자유)와 그것을 전파할 자유(전달의 자유)를 의미하는 것으로서, 그러한 의사의 자유로운 표명과 전파의 자유에는 자신의 신원을 누구에게도 밝히지 아니한 채 익명 또는 가명으로 자신의 사상이나 견해를 표명하고 전파할 익명표현의 자유도 포함된다. 표현의 자유에 있어 의사표현 또는 전파의 매개체는 어떠한 형태이건 가능하며 그 제한이 없는바, 인터넷게시판은 인터넷에서 의사를 형성·전파하는 매체로서의 역할을 담당하고 있으므로 의사의 표현·전파 형식의 하나로서 인정된다(헌재 2010. 2. 25. 2008헌마324등; 헌재 2012. 8. 23. 2010헌마47등 참조).

(나) 실명확인 조항은 선거운동기간 중 인터넷언론사 인터넷홈페이지의 게시판 등에 정당·후보자에 대한 지지·반대의 정보등을 게시하려는 경우 실명확인을 위하여 자신의 실명확인정보를 행정안전부장관이나 구 '신용정보의 이용 및 보호에 관한 법률' 에 따른 신용정보업자 또는 현행 '신용정보의 이용 및 보호에 관한 법률' 에 따른 '개인신용평가회사'(이하 통칭하여 '신용정보업자'라 한다)에게 밝히지 않을 수 없도록 하고, 이와 같은 실명인증을 받지 않은 채 정당이나 후보자에 대한 지지·반대의 정보등을 게시한 경우 인터넷언론사에 의하여 그 정보등이 삭제되도록 함으로써 표현의 자유 중 게시판 등의 이용자가 자신의 신원을 누구에게도 밝히지 않은 채 익명으로 자신의 사상이나 견해를 표명하고 전파할 익명표현의 자유를 제한한다. 동시에 게시판 등 이용자의 표현의 자유에 대한 제한으로 말미암아 게시판 등 이용자의 자유로운 의사표현을 바탕으로 여론을 형성·전파하려는 인터넷언론사의 언론의 자유 역시 제한되는 결과가 발생한다.

실명확인 조항은 인터넷언론사에게 인터넷홈페이지 게시판 등을 운영함에 있어서 선거운동기간 중 이용자의 실명확인 조치의무, 실명인증표시 조치의무 및 실명인증표시가 없는 게시물에 대한 삭제의무를 부과하여 인터넷언론사의 직업의 자유도 제한하고, 과태료 조항은 인터넷언론사가 실명확인 조치의무나 실명인증표시가 없는 게시물에 대한 삭제의무를 이행하지 않는 경우 그에 대하여 과태료를 부과하는 것을 그 내용으로 하므로 인터넷언론사의 직업의 자유를 제한한다. 그러나 인터넷언론사의 기본권 가운데 이 사건과 가장 밀접한 관계에 있으며 또 침해의 정도가 큰 주된 기본권은 실명확인 조항에 의하여 제한되는 언론의 자유라고 할 것이므로 직업의 자유 제한의 정당성 여부에 관하여는 따로 판단하지 않는다. 또한 인터넷언론사의 언론의 자유 제한은 게시판 등 이용자의 정치적 익명표현의 자유의 제한에 수반되는 결과라고 할 수 있으므로 이하에서는 게시판 등 이용자의 정치적 익명표현의 자유 침해 여부를 중심으로 하여 인터넷언론사의 언론의 자유 등 침해 여부를 함께 판단하기로 한다(헌재 2012. 8. 23. 2010헌마47등; 헌재 2015. 7. 30. 2012헌마734등 참조).

(다) 한편 인터넷언론사 인터넷홈페이지의 게시판 등 이용자가 심판대상조항에 따른 실명인증을 받은 경우, 실명인증자료 관리조항에 의하여 행정안전부장관 및 신용정보업자로서는 그 실명인증자료를 실명인증을 받은 자 및 인터넷홈페이지별로 관리하여야 하고, 중앙선거관리위원회가 그 실명인증자료의 제출을 요구하는 경우 지체 없이 이에 따라야 한다. 실명인증자료에 속하는 정보는 게시판 등 이용자의 성명과 주민등록번호를 포함하는 것으로서 개인의 동일성을 식별할 수 있는 정보에 해당하므로 개인정보자기결정권의 보호대상이 되는 개인정보에 해당한다. 이러한 실명인증자료가 실명인증자료 관리조항에 따라 수집·관리된다는 점에서 실명인증자료 관리조항은 게시판 등 이용자의 개인정보자기결정권도 아울러 제한한다(헌재 2012. 8. 23. 2010헌마47등; 헌재 2015. 7. 30. 2012헌마734등 참조).

(라) 그러므로 이하에서는 심판대상조항이 과잉금지원칙에 반하여 게시판 등 이용자의 익명표현의 자유와 인터넷언론사의 언론의 자유, 그리고 게시판 등 이용자의 개인정보자기결정권을 침해하는지 여부에 관하여 판단한다.

(2) 판단

(가) 목적의 정당성 및 수단의 적합성

심판대상조항은 선거운동기간 중 인터넷언론사 홈페이지의 게시판 등에서 후보자에 대한 인신공격과 흑색선전이 난무하는 경우가 많고, 부당한 선거운동이나 소수에 의한 여론 왜곡으로 선거의 평온과 공정이 위협받을 가능성이 있기 때문에 그로 인한 사회경제적 손실과 부작용을 방지하고 선거의 공정성을 확보하기 위한 것이다. 특히 선거범죄의 혐의가 인정되거나 정보통신망을 이용한 행위로서 공직선거법에 위반되는 행위를 한 혐의가 인정되는 등의 경우에는 실명인증자료를 통하여 그와 같은 행위를 한 사람을 특정할 수 있게 된다. 이처럼 심판대상조항은 궁극적으로 선거의 공정성을 확보하기 위한 것이므로 목적의 정당성을 인정할 수 있다.

심판대상조항이 인터넷언론사 홈페이지의 게시판 등 이용자에게 실명확인을 거치도록 하고, 행정안전부장관 및 신용정보업자로 하여금 그 실명인증자료를 보관·관리하도록 함으로써 후보자에 대한 인신공격이나 각종 흑색선전이 줄어들 수 있다. 한편 실명확인 조치를 하지 않거나 실명인증 표시가 없는 정보등을 삭제하지 않은 인터넷언론사로 하여금 과태료를 부과받을 수 있도록 함으로써 실명확인 조치를 어느 정도 강제할 수도 있다. 이러한 수단을 통하여 앞서 본 선거의 공정성을 확보하는 데 기여할 수 있으므로 심판대상조항은 수단의 적합성도 인정된다(헌재 2010. 2. 25. 2008헌마324등; 헌재 2015. 7. 30. 2012헌마734등 참조).

(나) 침해의 최소성

1) 심판대상조항은 인터넷언론사로 하여금 선거운동기간 중 당해 인터넷홈페이지의 게시판·대화방 등에 정당·후보자에 대한 지지·반대의 정보등을 게시할 수 있도록 하는 경우 실명확인 조치의무 등을 부담하도록 한다. 심판대상조항의 입법목적은 앞서 본 바와 같이 정당이나 후보자에 대한 인신공격과 흑색선전으로 인한 사회경제적 손실과 부작용을 방지하고 선거의 공정성을 확보하기 위한 것이므로, 익명표현이 허용될 경우 발생할 수 있는 부정적 효과를 막기 위하여 그 필요성을 인정할 수는 있다.

그러나 심판대상조항의 문제는 익명표현으로 인한 부정적 효과뿐만 아니라 긍정적 효과까지도 사전적·포괄적으로 차단하게 된다는 데에 있다. 심판대상조항과 같이 인터넷홈페이지의 게시판 등에서 이루어지는 정치적 익명표현을 규제할 경우 정치적 보복의 우려 때문에 일반 국민은 자기 검열 아래 비판적 표현을 자제하게 되고, 설령 그러한 우려를 극복하고 익명으로 비판적 표현을 한 경우에도 심판대상조항에 따른 실명확인을 거치지 않았다는 이유만으로 그 표현이 삭제될 수 있기 때문이다. 이는 인터넷이 형성한 '사상의 자유시장'에서의 다양한 의견 교환을 억제하는 것이고, 이로써 국민의 의사표현 자체가 위축될 수 있으며, 민주주의의 근간을 이루는 자유로운 여론 형성이 방해될 수 있다.

익명표현은 표현의 자유를 행사하는 하나의 방법으로서 그 자체로 규제되어야 하는 것은 아니고, 부정적 효과가 발생하는 것이 예상되는 경우에 한하여 규제될 필요가 있다. 그런데 선거운동기간 중 정치적 익명표현의 부정적 효과는 익명성 외에도 해당 익명표현의 내용과 함께 정치적 표현행위를 규제하는 관련 제도, 정치적·사회적 상황의 여러 조건들이 아울러 작용하여 발생한다. 이에 따라 사전에 특정 익명표현으로 인해 부정적 효과가 발생할 것인지를 구분할 수 있는 명확한 기준을 세우는 것은 거의 불가능하고, 사회적 합의를 통해 그 기준을 도출해내는 것도 쉽지 않다.

반면 실명인증자료 관리조항은 모든 익명표현에 대해 행정안전부장관 및 신용정보업자로 하여금 실명인증자료를 수집·관리하고, 중앙선거관리위원회의 요구에 따라 지체 없이 이를 제출하도록 정하고 있다. 이는 익명표현의 부정적 효과가 익명성 때문에 발생하는 것만은 아니라는 점을 간과하고, 모든 익명표현을 규제할 경우 책임 있는 의견이 개진되거나 위법한 표현행위가 감소할 것이라는 추상적 가능성에 의존하여 모든 익명표현을 사전적·포괄적으로 규율하려는 것이다. 선거관리위원회가 애초 선거의 공정한 관리를 위하여 설치되는 기관이라는 점(헌법 제114조 제1항, 선거관리위원회법 제1조 참조)을 고려하면, 심판대상조항은 표현의 자유보다 행정편의와 단속편의를 우선하고 있다.

따라서 심판대상조항은 익명표현의 자유와 개인정보자기결정권 등을 지나치게 제한한다.

2) 심판대상조항에 의한 기본권 제한의 심각성은 특히 심판대상조항이 적용되는 시기가 "선거운동기간 중"이라는 데 있다. 공직선거법은 선거의 공정을 위하여 선거운동기간을 정하고 그 기간 외에는 선거운동을 원칙적으로 금지함으로써 일반 국민의 선거운동의 자유를 폭넓게 제한하고 있다. 그렇다면 적어도 선거운동기간 중에는 국민의 정치적 의사표현의 자유를 최대한 보장할 필요가 있는데도 심판대상조항은 정치적 의사표현을 자유롭게 할 수 있는 핵심적 기간이라 볼 수 있는 선거운동기간 중에 익명표현의 자유를 제한하고 있어 사실상 선거와 관련한 익명의 의사표현을 불가능하게 하고 있다. 이와 관련하여 짧은 선거운동기간 중 허위사실이나 흑색선전이 유포될 경우 이를 치유하기가 사실상 불가능하여 선거결과를 왜곡할 우려가 있으므로 선거운동기간 중에는 익명표현의 자유를 제한할 수 있다는 지적이 있으나, 이러한 선거범죄로 인하여 선거결과를 그르칠 위험성은 현행 선거법이 선거운동기간을 지나치게 짧게 규정함에 따른 문제이지, 익명표현의 자유를 허용함에 따라 발생하는 구체적 위험으로 볼 수는 없다.

3) 심판대상조항의 적용대상인 "인터넷언론사"는 앞서 명확성원칙 위반 여부 판단 항목에서 본 것처럼 명확성원칙에 반하지는 않는다고 하더라도 그 의미가 광범위하다. 심판대상조항에 의한 익명표현의 자유와 개인정보자기결정권 등 제한이 위와 같이 광범위한 인터넷언론사의 개념과 결합할 경우 이로 인해 발생할 수 있는 기본권 제한의 정도는 결코 작다고 볼 수는 없을 것이다(헌재 2019. 11. 28. 2016헌마90 참조).

4) 실명확인제가 표방하고 있는 선거의 공정성이라는 목적은 인터넷 이용자의 표현의 자유나 개인정보자기결정권을 제약하지 않는 다른 수단에 의해서도 충분히 달성할 수 있다.

각급선거관리위원회 또는 후보자는 공직선거법에 위반되는 정보가 인터넷 홈페이지 또는 그 게시판·대화방 등에 게시되거나, 정보통신망을 통하여 전송되는 사실을 발견한 때에는 당해 정보가 게시된 인터넷 홈페이지를 관리·운영하는 자에게 해당 정보의 삭제를 요청하거나, 전송되는 정보를 취급하는 인터넷 홈페이지의 관리·운영자 또는 정보통신서비스제공자에게 그 취급의 거부·정지·제한을 요청할 수 있고, 인터넷 홈페이지를 관리·운영하는 자 등이 후보자의 요청에 따르지 아니하는 때에는 해당 후보자는 관할 선거구선거관리위원회에 서면으로 그 사실을 통보할 수 있으며, 관할 선거구선거관리위원회는 후보자가 삭제요청 또는 취급의 거부·정지·제한을 요청한 정보가 이 법의 규정에 위반된다고 인정되는 때에는 해당 인터넷 홈페이지 관리·운영자 또는 정보통신서비스 제공자에게 삭제요청 또는 취급의 거부·정지·제한을 요청할 수 있다(공직선거법 제82조의4 제3항). 이에 따라 선거관리위원회로부터 요청을 받은 인터넷 홈페이지 관리·운영자 등은 지체 없이 이에 따라야 하고, 선거관리위원회로부터 2회 이상 요청을 받고 이행하지 않은 경우에는 형사처벌될 수 있다(공직선거법 제82조의4 제4항, 제256조 제3항 제1호 마목). 또한 '정보통신망 이용촉진 및 정보보호 등에 관한 법률'상 정보통신망을 통하여 일반에 공개된 정보로 인해 사생활 침해나 명예훼손 등의 침해를 받은 사람에게 인정되는 삭제요청 등의 수단이나 임시조치 등이 활용될 수도 있다(정보통신망 이용촉진 및 정보보호 등에 관한 법률 제44조의2, 제44조의3).

또한 인터넷 이용자의 표현의 자유나 개인정보자기결정권을 제약하지 않고도 허위정보로 인한 여론 왜곡을 방지하여 선거의 공정성을 확보하는 새로운 수단을 도입할 수 있다. 예를 들어, 첫째, 게시판 등 이용자가 자발적으로 허위사실이나 흑색선전을 중앙선거관리위원회 등에 신고하는 방식을 고려할 수 있다. 실제로 행정안전부와 중앙선거관리위원회는 제7회 전국동시지방선거 실시 전에 후보자 등에 대한 비방 또는 흑색선전을 신고할 수 있도록 하는 신고 전용 인터넷홈페이지를 개설하고 이를 홍보함으로써 이러한 자발적인 신고를 독려하였다. 둘째, 영화의 등급분류 심사처럼 표현의 자유는 보장하되 이용자로 하여금 실명확인이 된 글과 익명의 글에 대해 구분하여 접근할 수 있게 하는 방안을 생각할 수 있다. 가령 인터넷 게시판을 실명방과 비실명방으로 구분하는 방법은 수신자가 게시글을 읽기 전에 그 게시물이 실명글인지 익명글인지 미리 알 수 있도록 함으로써 글에 대한 신뢰감을 스스로 판단할 수 있도록 하고, 만약 자신의 게시물의 영향력을 높이고자 하는 사람이 있다면 실명확인을 거쳐 실명 게시판에 게시물을 게재할 수 있을 것이다. 셋째, 영국의 사례에서 볼 수 있듯이 비실명 게시판에는 진지성과 신빙성이 부족하여 유권자에게 거짓 정보를 제공할 가능성이 있다는 취지의 경고문을 게시하는 방법을 고려하여 볼 수도 있다.

5) 무엇보다도 인터넷을 이용한 선거범죄에 대하여는 명예훼손죄나 후보자비방죄 등 여러 사후적 제재수단이 이미 마련되어 있다. 현재 기술 수준에서도 인터넷 프로토콜(IP) 통신에 필요한 고유한 주소를 추적하는 등의 방법으로 사후적으로 게시물 표현자의 신원을 확인하는 방법이 불가능한 것도 아니다. 중앙선거관리위원회도 선거게시판 감시활동을 통하여 불법게시물에 대한 검색과 그에 대한 대응활동을 하고 있고, 각급선거관리위원회에서도 선거범죄의 혐의가 있다고 인정되는 등의 경우에 해당 선거범죄가 저질러진 장소에 출입하여 관계인에 대한 질문·조사 및 관련서류 기타 조사에 필요한 자료의 제출을 요구할 수 있으며(공직선거법 제272조의2 제1항 참조), 선거의 자유와 공정을 현저히 해할 우려가 있는 행위가 행하여지고 있거나 행하여질 것이 명백한 경우에는 현장에서 그 행위의 중단 또는 예방에 필요한 조치를 할 수도 있다(같은 조 제5항 참조). 특히 각급선거관리위원회는 정보통신망을 이용한 공직선거법 위반행위의 혐의가 있다고 인정되는 상당한 이유가 있는 때에는 법원의 승인을 얻어 정보통신서비스제공자에게 정보통신서비스 이용자의 성명(이용자를 식별하기 위한 부호 포함)·주민등록번호·주소(전자우편주소·인터넷 로그기록자료 및 정보통신망에 접속한 정보통신기기의 위치를 확인할 수 있는 자료 포함)·이용기간·이용요금에 대한 자료의 열람이나 제출을 요청할 수 있고, 인터넷 홈페이지 게시판·대화방 등에 글이나 동영상 등을 게시하거나 전자우편을 전송한 사람의 성명·주민등록번호·주소 등 인적사항 및 문자메시지를 전송한 사람의 성명·주민등록번호·주소 등 인적사항 및 전송통수는 법원의 승인 없이 그 열람이나 제출을 요청할 수 있으므로(공직선거법 제272조의3 제1항, 제3항 참조), 이러한 수단을 통하여서도 선거범죄를 저지른 자 또는 정보통신망을 이용한 행위로서 공직선거법에 위반되는 행위를 한 사람의 인적사항을 특정하고, 궁극적으로 선거의 공정성을 충분히 확보할 수 있다. 이와 같은 사후적인 규제수단이 마련되어 있음에도 불구하고 수사편의 및 선거관리의 효율성이라는 기술적 편리성에만 치우쳐 사전적·예방적 규제를 통하여 모든 익명표현을 사전적·포괄적으로 제한하는 것은 익명표현을 하려는 대다수의 국민을 잠재적 범죄자로 취급하는 것이다.

6) 지금까지 본 바와 같이 심판대상조항이 특히 선거운동기간 중에 익명표현의 긍정적 효과까지도 사전적·포괄적으로 차단한다는 점, 이러한 규율이 익명표현의 자유를 허용함에 따라 발생하는 구체적 위험에 기초한 것이 아니라 심판대상조항으로 인하여 위법한 표현행위가 감소할 것이라는 추상적 가능성에 의존하고 있는 점, 심판대상조항의 수범자인 "인터넷언론사"의 범위가 광범위하다는 점, 심판대상조항보다 익명표현의 자유와 개인정보자기결정권을 덜 제약하는 여러 사전적·사후적 수단들이 마련되어 있거나 쉽게 마련될 수 있다는 점 등을 종합하여 보았을 때, 심판대상조항은 침해의 최소성을 갖추지 못하였다.

(다) 법익의 균형성

선거운동기간 중 인터넷언론사 홈페이지의 게시판 등에서 발생 가능한 후보자 등에 대한 인신공격과 흑색선전을 막아 선거의 공정성을 확보하려는 공익이 대의민주제를 채택한 민주국가에서 중요하다는 점을 부인할 수는 없다.

그러나 인터넷이 제공한 '사상의 자유시장'에서 익명표현의 자유는 민주주의의 근간을 이루는 자유로운 여론 형성을 원활하게 한다는 점에서 최대한 보장되어야 하고, 따라서 익명적 의사표현을 통한 여론 형성 과정을 규제하는 입법의 경우에는 그 입법이 채택한 수단이 민주사회에서 여론 형성을 위한 다양한 의견과 정보의 자유로운 교환을 지나치게 억제하는 것은 아닌지 주의 깊게 살필 필요가 있다. 이 점에서 심판대상조항은 정치적 의사표현이 가장 긴요한 선거운동기간 중에 인터넷언론사 홈페이지 게시판 등 이용자로 하여금 실명확인을 하도록 강제함으로써 익명표현의 긍정적 효과까지도 사전적·포괄적으로 차단하므로 익명표현의 자유와 언론의 자유에 대한 지나친 제약에 해당한다. 더군다나 심판대상조항이 익명표현의 부정적 효과를 방지하기 위하여 모든 익명표현을 규제함으로써 대다수 국민의 개인정보자기결정권도 광범위하게 제한하고 있다는 점에서 이와 같은 불이익은 선거의 공정성 유지라는 공익보다 결코 과소평가될 수는 없다.

이처럼 심판대상조항을 통하여 달성하려는 선거의 공정성이라는 공익이 익명표현의 자유와 개인정보자기결정권 등의 제약 정도보다 크다고 단정할 수 없는 이상 심판대상조항은 법익의 균형성 또한 갖추지 못하였다.

(라) 소결론

심판대상조항은 과잉금지원칙에 반하여 익명표현의 자유와 언론의 자유, 그리고 개인정보자기결정권 등을 침해한다.

6. 결 론

그렇다면 심판대상조항은 모두 헌법에 위반되고, 청구인 주식회사 □□, 청구인 추○○의 나머지 심판청구는 부적법하므로 이를 각 각하하기로 하여, 주문과 같이 결정한다. 이 결정에는 아래 7.과 같은 재판관 이선애, 재판관 이종석, 재판관 이영진의 심판대상조항에 대한 반대의견이 있는 외에는 관여 재판관의 의견이 일치되었다.

7. 재판관 이선애, 재판관 이종석, 재판관 이영진의 심판대상조항에 대한 반대의견

우리는 심판대상조항이 과잉금지원칙에 반하지 않아 인터넷언론사 홈페이지의 게시판 등 이용자의 익명표현의 자유와 개인정보자기결정권, 인터넷언론사의 언론의 자유를 침해하지 않는다고 생각하므로, 다음과 같이 반대의견을 밝힌다.

가. 선거의 공정성과 인터넷언론의 공적 책임

(1) 대의민주주의를 원칙으로 하는 오늘날의 민주정치 아래에서 선거는 주권자인 국민이 자신의 정치적 의사를 자유로이 결정하고 표명하여 국가권력을 창출하고 국가 내에서 행사되는 모든 권력에 정당성을 부여하는 절차로서 국민의 주권 행사 또는 참정권 행사를 위한 필수적인 제도이다. 따라서 민주적 의회정치의 기초인 선거에 있어서 국민의 정치적 의사가 왜곡되지 않는 선거 결과를 얻기 위해서는 선거의 자유가 보장되어야 할 뿐만 아니라 그와 동시에 실질적인 선거운동의 기회균등이 보장되는 선거의 공정성이 확보되어야 한다(헌재 2004. 4. 29. 2002헌마467 참조).

선거에 있어서 유권자에게 전달되는 정치적 정보나 의견이 허위 또는 왜곡되거나 균형을 잃은 경우에는, 유권자가 올바른 선택을 할 수 없게 되어 민의를 왜곡하는 결과를 초래하게 되므로 선거제도의 본래적 기능과 대의민주주의의 본질이 훼손될 수 있다. 헌법 제116조 제1항은 “선거운동은 각급 선거관리위원회의 관리하에 법률이 정하는 범위 안에서 하되, 균등한 기회가 보장되어야 한다.”고 하여 선거의 공정성을 보장하면서 선거운동의 한계에 관하여 법률로 정할 수 있다고 규정하고 있다. 그러므로 선거운동 등 정치적 표현의 자유는 그 제한이 과도하여 선거권 및 피선거권의 행사나 선거의 기능을 지나치게 제약하거나 왜곡하여서는 안되고 기본권보장의 헌법이념과 헌법상의 제반 원칙에 합치되도록 최대한 보장되어야 하나, 선거운동 등 정치적 표현의 자유가 선거의 공정성을 훼손할 경우에는 이를 제한하는 것이 헌법적으로 정당화될 수 있다 할 것이다(헌재 2014. 4. 24. 2011헌바17등 참조).

(2) 선거의 결과는 여론의 실체인 국민의 의사가 표명된 것이고, 정치적·사회적으로 강력한 영향력을 가지고 있는 언론기관은 그와 같은 여론의 형성에 있어 핵심적인 역할을 담당하고 있는바(헌재 2016. 6. 30. 2013헌가1 참조), 오늘날과 같이 ‘매체융합 현상’이 나타나 전통적인 언론도 인터넷언론을 통하여 동일한 뉴스를 유통하고 인터넷언론을 통한 여론이 전통적인 언론에도 영향을 미치는 등 매체 간 경계가 사라지고 있는 상황에서, 인터넷언론도 선거에 관한 여론 형성에 영향력을 행사하는 공중매체로서의 기능과 역할을 수행하는 이상 마땅히 그에 상응하여 선거의 공정성과 관련한 공적 책임을 부담하여야 한다.

개방성, 상호작용성, 탈 중앙통제성, 접근의 용이성, 다양성 등 인터넷이 보유하고 있는 특성들은 자유로운 의사표현과 다양한 정보의 유통을 보장하는 인터넷 환경의 긍정적인 측면임은 분명하다. 하지만, 낮은 진입장벽으로 인한 전문성 및 자질이 떨어지는 인터넷언론의 출현 가능성, 허위나 불법정보의 급속한 확대·재생산의 문제, 최근 발달한 디지털 여과(filtering) 기술과 맞춤형 추천 알고리즘 기술에 의해 구현되는 편향적인 정보 취득 및 편견 강화 현상 등과 같은 부정적인 측면이 함께 존재함을 부인할 수 없다(헌재 2019. 11. 28. 2016헌마90 중 반대의견 참조).

한편, 인터넷 공간에서의 정보 취득은 이용자의 적극적인 선택에 의하여 이루어지게 되므로, 이용자의 선호에 따른 차별적인 정보 취득이 가능하고, 자신의 신념에 부합하는 내용만을 선별하여 소비하고 그에 반하는 정보를 외면하는 현상이 나타날 수 있으며, 최근 발달한 여과 기술이나 맞춤형 알고리즘 기술로 인하여 이용자의 주체적인 선택 없이도 이미 이용자의 성향에 부합하는 정보만을 선별적으로 받게 되는 현상도 있다(헌재 2019. 11. 28. 2016헌마90 중 반대의견 참조).

인터넷환경의 위와 같은 현상들은 선거에 있어 허위 또는 왜곡된 정보가 광범위하고 급속하게 전파될 위험을 초래할 수 있고, 정치적 입장이 대립하는 유권자들의 집단의사가 양극화되어 허위 또는 왜곡된 정보가 토론 등의 자율적 방법으로 교정되기 어렵게 하는 원인이 될 수 있다.

나. 심판대상조항의 과잉금지원칙 위반 여부

(1) 목적의 정당성

심판대상조항은 선거에 관한 여론 형성에 미치는 영향력에 상응하여 선거의 공정성과 관련한 공적 책임을 부담하는 인터넷언론사가 홈페이지의 게시판 등을 운영함에 있어서, 선거운동기간 중 그 홈페이지의 게시판·대화방 등에 게시되는 정보 등을 통해 인신공격이나 흑색선전, 부당한 선거운동이나 소수에 의한 여론 왜곡 등이 나타남으로써 선거의 평온과 공정성이 훼손되는 것을 방지하려는 것으로, 그 목적의 정당성이 인정된다.

(2) 수단의 적합성

심판대상조항의 실명확인 조치 등으로 인하여 선거운동기간 중 상대적으로 지명도가 높은 인터넷언론사 홈페이지의 게시판 등에 정당·후보자에 대한 지지·반대의 문자·음성·화상 또는 동영상 등의 정보를 게시하고자 하는 이용자는, 신빙성이 낮거나 명예훼손죄, 후보자비방죄 등 사후적 제재의 대상이 될 수 있다고 생각되는 정보 등을 게시하는 것을 자제하게 되고, 특정 정당 또는 후보자를 지지 또는 반대하는 정보 등을 다양한 방법으로 대량 유포함으로써 여론을 유리하게 형성하려는 행동도 자제하게 될 수 있다. 이것은 무책임한 익명표현이 인터넷환경의 부정적인 측면 내지 현상과 결합하여 인신공격이나 흑색선전, 부당한 선거운동이나 소수에 의한 여론 왜곡 등이 나타나는 것을 억제함으로써 선거의 공정성을 확보하고자 하는 목적의 달성에 기여한다. 따라서 심판대상조항은 수단의 적합성이 인정된다.

(3) 침해의 최소성

(가) 제한되는 익명표현의 범위

심판대상조항은 '선거운동기간 중' '인터넷언론사 홈페이지의 게시판·대화방 등'에 '정당·후보자에 대한 지지·반대'의 정보 등을 익명으로 게시하는 표현만을 제한하는데, 그 제한 대상이 필요최소한의 범위 내에 있는 것인지 여부를 살펴본다.

1) 첫째, 심판대상조항은 '선거운동기간 중'의 익명표현만을 대상으로 한다.

헌법재판소는 2011. 12. 29. 2007헌마1001등 사건에서 "구 공직선거법 제93조 제1항의 '그 밖에 이와 유사한 것'에 정보통신망을 이용하여 인터넷홈페이지 또는 그 게시판·대화방 등에 글이나 동영상 등의 정보를 게시하거나 전자우편을 전송하는 방법이 포함된다고 해석하는 한 헌법에 위반된다."는 한정위헌결정을 선고하였다. 이후 이와 같은 인터넷 공간의 선거운동은 다른 매체를 이용하는 선거운동과 달리 선거일을 제외하고는 선거운동기간과 상관없이 상시적으로 허용되고 있다(공직선거법 제59조 단서 제3호 참조). 이것은 개방성, 상호작용성, 탈 중앙통제성, 접근의 용이성, 다양성 등 자유로운 의사표현과 다양한 정보의 유통을 보장하는 인터넷 매체의 긍정적인 특성을 고려한 것이다(헌재 2011. 12. 29. 2007헌마1001등 참조).

그런데 선거운동기간에는 정치적 입장이 서로 다른 정당·후보자들이 당선이라는 구체적인 목표를 가지고 본격적으로 상호 경쟁하고, 각각의 정당·후보자를 지지·반대하는 유권자들 사이에 정치적 의사표현 또한 경쟁적으로 이루어지므로, 선거가 임박한 시점에는 자칫 경쟁의 과열로 흑색선전이나 여론 왜곡 시도 등이 나타날 수 있다. 이러한 상황적 특성이 허위 또는 왜곡된 정보의 광범위하고 급속한 확대·재생산 및 편향적인 정보 취득과 편견 강화 현상 등과 같은 인터넷환경의 부정적인 측면 내지 현상과 결합하면 선거의 공정성이 훼손될 위험이 크다.

한편, 공직선거법은 대통령선거의 경우 22일, 국회의원과 지방자치단체의 의회의원 및 장의 선거의 경우 13일(공직선거법 제33조 제1항, 제59조 참조)로 비교적 단기의 선거운동기간을 정하고 있으므로, 인터넷언론사의 홈페이지 게시판 등을 통한 익명의 정치적 의사표현이 제한되는 기간은 단기에 그친다.

따라서 인터넷을 이용한 선거운동이 선거일을 제외하고 상시적으로 허용되는 가운데 '선거운동기간 중'에 한하여 인터넷언론사의 홈페이지 게시판 등을 통한 정치적 익명표현에 일정한 제약을 가하는 것은 필요최소한의 범위를 넘어섰다고 보기 어렵다.

법정의견은 공직선거법은 선거의 공정을 위하여 선거운동기간 외에는 원칙적으로 선거운동을 금지함으로써 일반 국민의 선거운동의 자유를 폭넓게 제한하고 있으므로, 적어도 선거운동기간 동안만은 국민의 정치적 의사표현의 자유를 최대한 보장할 필요가 있다고 한다.

그런데 선거운동기간은 국민의 정치적 의사표현이 최대한 보장되어야 할 기간임과 동시에 서로 다른 정치적 의견들 사이의 경쟁이 본격적으로 이루어지는 기간이므로, 선거의 공정성 확보가 더욱 절실한 기간이기도 하다. 이에 공직선거법은 인터넷을 이용하지 않는 선거운동 방식의 경우 선거운동기간 중에도 표현 매체의 종류에 따라 선거운동의 방법에 대하여 상세하게 규율하고 있다. 인터넷을 이용한 선거운동은 다른 방식의 선거운동과 달리 인터넷환경의 긍정적 측면에 따라 선거운동기간과 상관없이 허용되고 있지만, 인터넷환경의 부정적인 측면 내지 현상이 선거운동기간의 상황적 특성과 결합할 경우 선거의 평온과 공정성을 훼손할 위험이 높아지는 것을 부인할 수 없고, 이러한 위험을 추상적이라고 단정하기도 어렵다고 할 것이다.

2) 둘째, 심판대상조항은 '인터넷언론사'의 홈페이지 게시판 등에서의 익명표현만을 제한한다.

헌법재판소는 2012. 8. 23. 2010헌마47등 사건에서 인터넷게시판을 설치·운영하는 정보통신서비스 제공자에게 본인확인조치의무를 부과하여 게시판 이용자로 하여금 본인확인절차를 거쳐야만 게시판을 이용할 수 있도록 하는 '본인확인제'를 규정한 '정보통신망 이용촉진 및 정보보호 등에 관한 법률' 조항들이 과잉금지원칙을 위반하여 인터넷게시판 이용자의 표현의 자유, 개인정보자기결정권 및 인터넷게시판을 운영하는 정보통신서비스 제공자의 언론의 자유를 침해한다고 결정하였다.

선거운동기간 중 정당·후보자에 대한 지지·반대의 문자·음성·화상 또는 동영상 등의 정보라고 하더라도, '인터넷언론사'가 아닌 개인 홈페이지나 블로그 등에는 실명확인 조치 등의 제약 없이 얼마든지 익명으로 게시될 수 있다. 특히, '정당이나 후보자'가 자신의 명의로 개설·운영하는 인터넷홈페이지의 게시판 등에 위와 같은 정보 등을 게시할 수 있도록 하는 경우에는 실명확인 조치의 의무가 없고, 임의로 이러한 조치를 할 수 있을 뿐이다(공직선거법 제82조의6 제2항).

'인터넷언론사'의 홈페이지 게시판 등에서의 익명표현만을 제한하는 것은 정당이나 후보자 사이의 경쟁이 본격화되는 선거운동기간에는 선거에 관한 여론 형성에 영향력을 미치는 공중매체로서 인터넷언론사가 부담하는 선거의 공정성과 관련한 공적 책임도 그만큼 커진다는 점을 고려한 것이다.

법정의견은 심판대상조항의 적용 대상인 '인터넷언론사'는 비록 명확성원칙에 반하지 않는다고 하더라도 그 의미가 지나치게 광범위하다고 지적한다.

'인터넷언론사'의 범위가 넓은 것은 그 설립과 운영의 진입장벽이 낮다는 점과 연관된 것으로 언론의 기능을 하고 있는 인터넷언론사가 많이 나타날 수 있다는 점은 부인할 수 없다. 또한 개방성과 상호작용성을 가지는 인터넷 매체는 단지 정보의 유통을 매개하기만 하더라도 특정한 정치적 의사표현을 신속하고 광범위하게 전파할 수 있으므로, 어떤 인터넷 매체가 언론의 기능을 하고 있다면 그에 걸맞은 객관성과 중립성에 대한 신뢰를 유지할 책임이 있다고 할 것이다. 이와 같은 환경에서 선거에서의 여론 형성에 영향을 미치는 만큼 선거의 공정성과 관련한 공적 책임도 부담하는 '인터넷언론사'의 홈페이지 게시판 등에서의 익명표현을 제한하는 것이 그 대상을 지나치게 확장하였다고 보기는 어렵다.

3) 셋째, 심판대상조항은 '정당·후보자에 대한 지지·반대'를 내용으로 하는 익명표현만을 제한한다.

선거운동기간 중 인터넷언론사의 홈페이지 게시판 등에 게시되는 정보라고 하더라도, 정당이나 후보자에 대한 지지 또는 반대의 의사가 포함되지 않은 것이라면, 게시판 등의 이용자가 해당 정보 등을 실명인증을 받지 않고 게시하였더라도 인터넷언론사에 의하여 삭제되지 않는다.

'정당·후보자에 대한 지지·반대'의 정보 등을 게시하는 것은 선거의 결과에 직접적으로 연관되는 표현으로, 선거운동기간 중 본격적으로 상호 경쟁하는 정치적 의사표현에 해당한다. 이에 관하여 허위 또는 왜곡된 정보가 지명도 있는 인터넷언론사 홈페이지의 게시판 등에 무책임하게 게시되는 경우, 해당 게시물이 인터넷 공간에서 광범위하고 급속하게 확대·재생산되고 여기에 편향적인 정보 취득과 편견 강화 현상 까지 결합되면, 토론 등을 통한 자율적 교정이 어려워져 선거의 공정성을 훼손할 위험이 있음을 부인할 수는 없으므로, 이러한 위험이 있는 범주의 표현에 한하여 익명표현을 제한하는 것은 필요최소한도의 범위를 벗어났다고 볼 수 없다.

법정의견은 익명표현의 부정적 효과를 막을 필요성은 인정할 수 있지만, 심판대상조항은 익명표현의 긍정적 효과까지도 사전적·포괄적으로 차단하는 문제가 있다고 한다.

그러나 선거에 임박한 시기에 정당·후보자 및 이를 지지하는 유권자들이 후보자의 당선이라는 구체적 목표를 가지고 경쟁적으로 정치적 의사를 표현하는 상황에서는, 이러한 표현들이 광범위하고 급속하게 확산될 수 있고 편향적 정보 취득 및 편견 강화 현상과 결합될 수도 있는 인터넷 공간에서, 허위 정보 등으로 여론을 왜곡하여 선거의 결과에 영향을 미치는 부정적 효과가 있는 표현들이 반론과 토론 등 자율적인 방법만으로 교정될 수 있다고 보기는 어렵다. 한편, 선거운동이 활발하게 이루어지고 있는 중 어떤 표현을 선별하여 규제하는 것은 선거운동의 기회 균등을 보장하여야 한다는 측면에서 한계가 있고, 선거의 결과가 나오고 나서 사후적인 제재 수단으로 그 폐해를 시정하는 것도 뒤에서 보는 바와 같이 한계가 있다. 따라서 선거운동기간 중 개인의 홈페이지나 블로그 등 다른 인터넷 사이트와 비교하여 상대적으로 지명도가 있는 인터넷언론사 홈페이지의 게시판 등에 '정당·후보자에 대한 지지·반대'의 정보 등을 게시하고자 하는 자가 스스로 무책임한 표현을 자제하도록 유도하는 수단이 그 정도를 불문하고 허용되지 않는다고 할 수는 없다.

심판대상조항이 제한되는 익명표현의 범위를 '선거운동기간 중', '인터넷언론사 홈페이지의 게시판·대화방 등'에 '정당·후보자에 대한 지지·반대'의 정보 등을 게시하는 것으로 한정하여 규정한 것은, 바로 법정의견이 지적하는 바와 같이 사전에 익명표현의 부정적 효과가 발생할 것인지를 구분할 수 있는 명확한 기준을 세우기 어려운 상황에서 익명표현의 부정적 효과를 야기할 수 있는 '익명성 이외의' 제도적·정치적·사회적 상황의 조건들을 최대한 고려하여 규율하고자 한 것인바, 이러한 입법자의 판단이 위헌에 이를 정도라고 단정하기는 어렵다.

(나) 게시판 등 이용자의 익명표현의 자유에 대한 제한 정도

1) 선거운동기간 중 인터넷언론사 홈페이지의 게시판·대화방 등에 정당·후보자에 대한 지지·반대의 정보 등을 게시하고자 하는 이용자는, 심판대상조항으로 인하여 실명확인을 받아야 하고 실명인증 표시가 없는 정보는 인터넷언론사에 의하여 삭제됨으로써 익명표현의 자유에 제한을 받는다.

그런데 실명확인을 거쳐 정보 등이 게시되는 경우에도 게시판·대화방 등에는 게시자의 실명이나 성별, 나이 등과 같은 개인정보가 노출되는 것이 아니라 '실명인증'이라는 표시만 나타나므로, 인터넷 공간에서 즉각적인 비난과 인신공격 등이 유발될 수 있는 실명표현을 하게 하는 것은 아니라는 점에서는 정보 등을 게시한 자의 익명성이 보장된다. 또 정보 등 게시자의 실명인증자료는 선거과정을 객관적·중립적 입장에서 공정하게 관리할 책임이 있는 중앙선거관리위원회가 요구하는 경우에 제출될 수 있도록 별도로 관리되는 것이므로, 이를 전제로 하는 위축효과만 나타난다고 할 것이다. 익명표현의 자유에 대한 이러한 정도의 제한은 무책임한 익명표현이 인터넷환경의 부정적인 측면 내지 현상과 결합하여 선거의 공정을 훼손할 위험을 방지하고자 하는 입법목적의 달성에 필요한 최소한의 범위를 넘어섰다고 보기 어렵다.

2) 법정의견은 게시판 등 이용자의 익명표현의 자유를 덜 제한할 수 있는 여러 대안들을 제시하고 있는데, 이러한 대안들이 심판대상조항의 입법목적 달성에 동일한 정도로 기여하는 수단이라고 할 수 있는지 살펴본다.

가) 첫째, 게시판 등 이용자가 자발적으로 허위사실이나 흑색선전을 신고하는 것은 사실상 사후적 제재 수단으로 연결되는데, 이처럼 사후적 제재를 목적으로 하는 신고는 그 자체로 정치적 입장이 반대되는 의견에 대한 공격의 수단이 될 수 있다. 따라서 선거운동기간 중 정당·후보자 및 지지 세력이 상호 경쟁하는 상황에서는 이들 상호 간의 신고 자체가 과열 경쟁의 한 측면이 될 수도 있다.

나) 둘째, 실명인증 게시판과 익명 게시판을 구분하

거나, 익명의 게시판에 경고문구를 게시하도록 하더라도, 짧은 선거운동기간 중 진위가 검증되지 않은 흑색선전 등이 인터넷언론사 홈페이지의 게시판 등에 익명으로 게시되어 있는 경우, 인터넷 공간에서 신속하고 광범위하게 유포될 가능성은 여전히 존재한다. 인터넷언론사는 개인의 홈페이지나 블로그 등 다른 인터넷 사이트와 비교하여 상대적으로 지명도가 있어 이용자 수도 많으므로, 그 홈페이지 등에 게시된 정보 등이 다른 인터넷 공간으로 빠르게 전파되어 확대·재생산될 가능성도 그만큼 크다. 따라서 흑색선전 또는 소수에 의한 여론 왜곡 등을 방지하여 선거의 공정성을 확보하려는 목적을 달성하는 데에 있어서 게시판의 구분 또는 익명게시물에 대한 경고문구 게시라는 대안이 심판대상조항과 동일한 정도로 기여한다고 보기는 어렵다.

다) 셋째, 공직선거법의 다른 규정 및 '정보통신망 이용촉진 및 정보보호 등에 관한 법률'에 의한, 이미 게시된 정보에 대한 삭제요청이나 임시조치 등과 같은 수단의 경우, 선거에 임박한 시기에 정당·후보자 및 이를 지지하는 유권자들이 후보자의 당선이라는 구체적 목표를 가지고 경쟁적으로 정치적 의사를 표현하며, 이러한 표현들이 광범위하고 급속하게 확산될 수 있고 편향적 정보 취득 및 편견 강화 현상과 결합될 수도 있는 인터넷 공간이라는 상황적 조건을 고려하면, 위와 같은 제도들이 정보를 게시하고자 할 때 실명확인을 받도록 하는 심판대상조항과 동일한 정도로 입법목적에 기여한다고 볼 수는 없을 것이다. 그러므로 선거운동기간의 정치적 표현에 관하여 규율하면서 위와 같은 제도들만으로는 선거의 공정성을 확보하기 어렵다고 본 입법자의 판단이 그 헌법적 한계를 넘어섰다고 보기는 어렵다.

라) 넷째, 인터넷을 통한 선거범죄에 대하여 이미 마련되어 있는 사후적 제재 수단으로서, 명예훼손에 관한 법리나 후보자비방죄 등의 수단만으로는 선거에서 당선을 목적으로 하는 정당·후보자에 대한 실질적인 권리구제가 이루어지기 어렵고, 특히 흑색선전 등을 한 장본인이 당선자가 아닌 제3자일 경우에는 당선무효 등을 통해 선거의 결과를 되돌릴 수도 없다(헌재 2015. 7. 30. 2012헌마734등 참조). 공직선거법상 선거범죄의 공소시효는 원칙적으로 당해 선거일 후 6개월로서 그 기간이 짧으며(공직선거법 제268조 제1항), 현실적으로 선거운동기간 중 나타나는 흑색선전과 왜곡된 정보를 전파하는 행위들 모두를 선거범죄로 규율할 수 있는 것도 아니다.

마) 따라서 인터넷언론사 홈페이지의 게시판 등 이용자의 익명표현의 자유를 덜 제한하는 것으로 법정의견이 제시하는 대안들은 모두 심판대상조항의 입법목적 달성에 동일한 정도로 기여하는 수단이라고 볼 수 없고, 다른 대안이 어렵지 않게 상정되지도 않는다.

(다) 게시판 등 이용자의 개인정보자기결정권에 대한 제한 정도

1) 선거운동기간 중 인터넷언론사 홈페이지의 게시판·대화방 등에 정당·후보자에 대한 지지·반대의 정보 등을 게시하고자 하는 이용자는, 심판대상조항에 의하여 실명확인 조치에 필요한 자신의 개인정보를 제공하여야 한다. 이로 인해 개인정보자기결정권이 제한되는 내용은 행정안전부장관 및 개인신용평가회사가 실명인증자료를 관리하고 중앙선거관리위원회에서 요구하는 경우 그 자료를 제출함으로써 공직선거법 위반행위의 혐의가 있는 경우의 신원 확인 등에 이용될 수 있다는 것이다. 인터넷언론사는 개인정보를 보유하거나 이용하지 않으며, 공직선거법 제82조의6 제5항은 인터넷언론사는 그 홈페이지의 게시판·대화방 등에서 정보 등을 게시하고자 하는 자에게 주민등록번호를 기재할 것을 요구하여서는 아니 된다고 규정하고 있다.

행정안전부장관 및 개인신용평가회사가 수집·관리하는 실명인증자료에는 게시판 등 이용자의 성명과 주민등록번호가 포함되는데, 그 보관과 이용 등에는 개인정보 보호법이 적용된다. 행정안전부장관 및 개인신용평가회사는 선거의 공정성 유지라는 목적에 필요한 최소한의 개인정보를 수집하여야 하고(개인정보 보호법 제16조 제1항 제1문 참조), 원칙적으로 개인정보를 제공받은 목적 외의 용도로 이용하거나 이를 제3자에게 제공하여서는 아니 된다(개인정보 보호법 제19조 참조). 또한, 그 정보의 처리 과정에서 실명확인정보가 분실·도난·유출·위조·변조 또는 훼손되지 않도록 암호화 등 안전성 확보에 필요한 조치를 취하여야 하며(개인정보 보호법 제24조 제3항), 보유기간의 경과 또는 개인정보 처리 목적 달성 등 그 개인정보가 불필요하게 되었을 때에는 지체없이 그 개인정보를 파기하여야 한다(개인정보 보호법 제21조 제1항 본문 참조).

결국 심판대상조항에 의해서는 선거과정을 객관적·중립적으로 공정하게 관리할 책임이 있는 중앙선거관리위원회가 선거범죄의 조사 등을 위하여 용이하게 확보할 수 있도록 하는 한도에서만 실명인증자료가 관리

되는 것이므로, 게시판 등 이용자의 개인정보자기결정권에 대한 제한은 선거의 공정성 확보라는 입법목적 달성에 필요한 최소한의 정도를 넘어섰다고 보기 어렵다.

2) 법정의견은 현재의 기술 수준과 법제상 심판대상조항이 아니더라도 공직선거법 위반행위의 혐의가 있는 경우 그 행위자의 신원을 확인할 수 있다는 점을 지적하고, 심판대상조항이 행정편의와 단속편의를 우선하고 있다고 한다.

그러나 공직선거법 위반 혐의가 있는 행위자의 신원을 확인할 수 있는 제도적 장치들은, 법정의견이 지적하는 바와 같이 '사후적 제재'를 전제로 하는 것으로 행위자에 대하여 어떤 사전적 안내를 전제로 하고 있지 않다. 심판대상조항은 인터넷언론사의 게시판 등에 자신의 개인정보를 밝히지 않고 표현할 수 있다는 의미의 '익명성'은 보장하고 있고, 다만 그러한 익명표현을 하고자 하는 사람으로 하여금 실명확인 과정을 통하여 상호 대립하는 정치적 의사표현이 치열하게 경쟁하고 있는 선거운동기간에 자칫 공직선거법 위반 행위를 할 위험이 있다는 점을 인지할 수 있도록 하는 기능을 하고 있는바, 이러한 정도의 예방적 조치를 행정편의에만 치우쳐 있다거나 국민을 잠재적 범죄자로 취급하는 것으로 평가하는 것은 무리가 있다.

심판대상조항으로 게시판 등 이용자의 개인정보자기결정권이 추가로 제한되는 것은, 정보 등의 게시행위에 공직선거법 위반의 혐의가 있는 경우 공정한 선거관리의 책임이 있는 중앙선거관리위원회가 게시자의 신원을 좀 더 용이하게 확인할 수 있도록 하는 정도이다. 심판대상조항은 게시자로 하여금 이를 인식하도록 함으로써 스스로 무책임한 표현을 자제할 수 있도록 한 것이므로, 이에 따른 익명표현의 자유에 대한 제한이 선거의 공정성 확보를 위한 필요최소한의 것이라면, 그 수단으로서 불가분의 관계에 있는 개인정보자기결정권에 대한 제한을 완화할 수 있는 대안을 상정하기는 어렵다.

(라) 인터넷언론사의 언론의 자유에 대한 제한 정도

1) 심판대상조항으로 인하여 인터넷언론사의 언론의 자유가 제한되는 것은 그 홈페이지의 게시판 등 이용자의 익명표현의 자유에 대한 제한에 수반되는 것이며, 인터넷언론사가 실명확인 조치를 할 의무 및 실명인증의 표시가 없는 게시물을 삭제할 의무는 과태료 조항으로 강제된다.

2) 개방성과 상호작용성을 특징으로 하는 인터넷언론은 뉴스의 생산자와 소비자의 구분이 불분명하므로, 홈페이지 게시판 등의 이용자들이 제공하는 정보 및 이들의 자유로운 의사표현을 기반으로 하는 여론의 형성과 전파는 인터넷언론사의 언론 활동의 중요한 부분을 차지한다. 따라서 선거의 공정성과 관련한 인터넷언론의 공적 책임은 인터넷언론사 홈페이지의 게시판 등에 이용자가 자유롭게 게시하는 정보 등의 관리에 관해서도 존재한다고 하지 않을 수 없다. 그러므로 게시판 등 이용자의 익명표현의 자유에 대한 제한이 필요최소한도에 그치는 것이라면, 그에 수반되는 인터넷언론사의 언론의 자유에 대한 제한도 필요최소한의 정도를 넘어섰다고 보기 어렵다.

3) 공직선거법은 과태료의 부과·징수 등의 절차와 관련하여 질서위반행위규제법에 대한 특례로서 과태료의 부과권자, 과태료 처분을 받은 당사자의 의견제출 기간, 과태료 처분에 대한 이의제기 절차와 이의제기에 따른 부과권자의 법원에 대한 통보의무 등을 상세하게 규정하고 있다(공직선거법 제261조 제10항부터 제12항까지 참조). 이러한 특례규정을 제외하고는 질서위반행위규제법이 적용되므로, 고의 또는 과실이 없는 경우 또는 자신의 행위가 위법하지 아니한 것으로 오인하였고 그 오인에 정당한 이유가 있는 경우에는 과태료를 부과하지 않게 되는 등 과태료 조항에 해당하는 범칙행위의 위법성 또는 책임의 정도를 구체적으로 고려할 수 있는 수단도 마련되어 있다(질서위반행위규제법 제7조, 제8조 참조). 또한, 실명확인 조치를 취하지 않은 경우 1천만 원 이하, 실명인증의 표시가 없는 게시물을 삭제하지 않은 경우 300만 원 이하의 과태료를 부과하도록 한 입법자의 판단이 현저히 불합리하거나 자의적이라고 볼 만한 사정도 없다. 따라서 특히 과태료 조항이 인터넷언론사의 언론의 자유를 과도하게 제한한다고 단정하기도 어렵다.

(마) 소결론

요컨대 심판대상조항은 인터넷언론의 영향력과 책임에 상응하여 선거의 공정성 훼손의 위험을 방지하는 수단으로서 그 적용 대상을 필요최소한도의 범위에서 정하고 있고, 동일한 정도로 입법목적을 달성하는 다른 수단을 상정하는 것도 어려우며, 특히 과태료 조항이 인터넷언론사의 언론의 자유를 과도하게 제한하는 것으로 볼 수도 없으므로, 침해의 최소성 원칙에 반하지 않는다.

(4) 법익의 균형성

심판대상조항을 통하여 달성하려는 공익은, 선거에 있어 영향력이 큰 만큼 선거의 공정성과 관련한 공적 책임도 크다고 볼 수 있는 인터넷언론사 홈페이지 게시판 등과 관련하여 일정한 조치를 취하게 함으로써 선거운동기간 중 정당·후보자를 지지·반대하는 정치적 의사표현이 경쟁하는 가운데 나타날 수 있는 무책임한 익명표현이 인터넷 공간에서 광범위하고 급속하게 전파되고 편견 강화 현상 등과 결합하여 흑색선전이나 소수에 의한 여론 왜곡 등으로 선거의 공정성이 훼손될 위험을 방지하려는 것이다.

이에 반하여 심판대상조항으로 인하여 제한되는 주된 사익은, 선거운동기간 중 인터넷언론사 홈페이지의 게시판·대화방 등에 정당·후보자에 대한 지지·반대의 정보 등을 게시하고자 하는 사람은 실명확인을 받아야 하므로, 이러한 정보 등에 관한 익명표현의 자유가 제한되고 그만큼 정치적 의사표현에 위축효과가 발생한다는 것이다. 그러나, 게시판 등의 이용자가 실명인증을 받아 정보 등을 게시하는 경우 게시판 등에는 '실명인증'의 표시만 나타나므로 이 범위에서의 익명성은 보장되고, 위축효과는 정보 등 게시자의 실명인증자료가 중앙선거관리위원회가 요구하는 경우에 제출될 수 있도록 별도로 관리되는 것을 전제로 하여서만 나타난다. 위와 같은 정보 등을 실명인증 과정 없이 게시하고자 하는 인터넷 이용자는 개인 홈페이지나 후보자 또는 정당이 운영하는 홈페이지 등 인터넷언론사 이외의 다른 인터넷 공간에 익명으로 게시할 수 있으며, 선거운동기간 중이 아니거나, 정당·후보자에 대한 지지·반대의 내용이 아닌 정보 등의 경우에는 인터넷언론사 홈페이지의 게시판 등에도 제약 없이 익명으로 정보 등을 게시할 수 있다.

심판대상조항으로 인터넷언론사 홈페이지의 게시판 등 이용자의 개인정보자기결정권이 제한되는 것은 선거과정을 객관적·중립적 입장에서 공정하게 관리할 책임이 있는 중앙선거관리위원회가 공직선거법 위반의 혐의가 있는 행위자의 신원을 용이하게 확인할 수 있도록 하는 정도이며, 인터넷언론사의 언론의 자유에 대한 제한은 그 홈페이지 게시판 등 이용자의 익명표현의 자유에 대한 제한에 수반되는 것이다.

이상을 종합하여 볼 때, 심판대상조항으로 달성하고자 하는 공익에 비하여 위와 같은 정도로 제한되는 사익이 크다고 보기는 어려우므로, 심판대상조항은 법익의 균형성 원칙에도 반하지 않는다.

다. 결론

그렇다면, 심판대상조항은 과잉금지원칙에 반하지 않으므로, 인터넷언론사 홈페이지의 게시판 등 이용자의 익명표현의 자유와 개인정보자기결정권, 인터넷언론사의 언론의 자유를 침해한다고 볼 수 없다.

재판관 유남석 이선애 이석태 이은애 이종석 이영진 김기영 문형배 이미선

40. 고위공직자범죄수사처 설치 및 운영에 관한 법률 위헌확인

[2021. 1. 28. 2020헌마264·681(병합)]

【판시사항】

1. '고위공직자범죄수사처 설치 및 운영에 관한 법률'(이하 '공수처법'이라 한다) 제24조 제1항에 대한 심판청구의 적법 여부(소극)

2. 구 공수처법 제2조 및 공수처법 제3조 제1항이 권력분립원칙을 위반하여 청구인들의 평등권, 신체의 자유 등을 침해하는지 여부(소극)

3. 구 공수처법 제2조 및 공수처법 제3조 제1항이 청구인들을 합리적 이유 없이 차별하여 평등권을 침해하는지 여부(소극)

4. 공수처법 제8조 제4항이 영장주의원칙을 위반하여 청구인들의 신체의 자유 등을 침해하는지 여부(소극)

【결정요지】

1. 공수처법 제24조 제1항은 고위공직자범죄수사처(이하 '수사처'라 한다)와 다른 수사기관 사이의 권한 배분에 관한 사항을 규정한 것으로 청구인들의 법적 지위에 영향을 미친다고 볼 수 없어 기본권침해가능성이 인정되지 않으므로, 위 조항에 대한 심판청구는 부적법하다.

2. 가. 헌법 제66조 제4항은 "행정권은 대통령을 수반으로 하는 정부에 속한다."고 규정하고 있는데, 여기서의 '정부'란 입법부와 사법부에 대응하는 넓은 개념으로서의 집행부를 일컫는다 할 것이다. 그리고 헌법 제86조 제2항은 대통령의 명을 받은 국무총리가 행정각부를 통할하도록 규정하고 있는데, 대통령과 행정부, 국무총리에 관한 헌법 규정의 해석상 국무총리의 통할을 받는 '행정각부'에 모든 행정기관이 포함된다고 볼 수 없다. 즉 정부의 구성단위로서 그 권한에 속하는 사항을 집행하는 중앙행정기관을 반드시 국무총리의 통할을 받는 '행정각부'의 형태로 설치하거나 '행정각부'에 속하는 기관으로 두어야 하는 것이 헌법상 강제되는 것은 아니므로, 법률로써 '행정각부'에 속하지 않는 독립된 형태의 행정기관을 설치하는 것이 헌법상 금지된다고 할 수 없다.

수사처가 수행하는 수사와 공소제기 및 유지는 우리 헌법상 본질적으로 행정에 속하는 사무에 해당하는 점, 수사처의 구성에 대통령의 실질적인 인사권이 인정되고, 수사처장은 소관 사무와 관련된 안건이 상정될 경우 국무회의에 출석하여 발언할 수 있으며 그 소관 사무에 관하여 독자적으로 의안을 제출할 권한이 있는 것이 아니라 법무부장관에게 의안의 제출을 건의할 수 있는 점 등을 종합하면, 수사처는 직제상 대통령 또는 국무총리 직속기관 내지 국무총리의 통할을 받는 행정각부에 속하지 않는다고 하더라도 대통령을 수반으로 하는 행정부에 소속되고 그 관할권의 범위가 전국에 미치는 중앙행정기관으로 보는 것이 타당하다.

나. 수사처가 중앙행정기관임에도 불구하고 기존의 행정조직에 소속되지 않고 대통령과 기존행정조직으로부터 구체적인 지휘·감독을 받지 않는 형태로 설치된 것은 수사처 업무의 특수성에서 기인한 것인바, 수사처의 설치 취지가 고위공직자 등의 범죄를 척결하여 국가의 투명성과 공직사회의 신뢰성을 높이는 한편 검찰의 기소독점주의 및 기소편의주의에 대한 제도적 견제장치를 마련하려는 데에 있는 점, 수사처가 행정부 소속 공무원도 그 수사대상으로 하여 기존의 행정조직의 위계질서에 포함시켜서는 객관성이나 신뢰성을 담보하기 쉽지 않은 점, 수사처가 대부분의 고위공직자들을 대상으로 수사 등을 담당하므로 정치적 중립성과 직

무의 독립성이 매우 중요한 점 등을 고려한 것이다.

다. 수사처의 권한 행사에 대해서는 여러 기관으로부터의 통제가 이루어질 수 있으므로, 단순히 수사처가 독립된 형태로 설치되었다는 이유만으로 권력분립원칙에 위반된다고 볼 수 없다. 수사처는 '고위공직자범죄수사처 설치 및 운영에 관한 법률'이라는 입법을 통해 도입되었으므로 의회는 법률의 개폐를 통하여 수사처에 대한 시원적인 통제권을 가지고, 수사처 구성에 있어 입법부, 행정부, 사법부를 비롯한 다양한 기관이 그 권한을 나누어 가지므로 기관 간 견제와 균형이 이루어질 수 있으며, 국회, 법원, 헌법재판소에 의한 통제가 가능할 뿐 아니라 행정부 내부적 통제를 위한 여러 장치도 마련되어 있다.

라. 법률에 근거하여 수사처라는 행정기관을 설치하는 것이 헌법상 금지되지 않는바, 검찰의 기소독점주의 및 기소편의주의를 견제할 별도의 수사기관을 설치할지 여부는 국민을 대표하는 국회가 검찰 기소독점주의의 적절성, 검찰권 행사의 통제 필요성, 별도의 수사기관 설치의 장단점, 고위공직자범죄 수사 등에 대한 국민적 관심과 요구 등 제반 사정을 고려하여 결정할 문제로서, 그 판단에는 본질적으로 국회의 폭넓은 재량이 인정된다. 또한 수사처의 설치로 말미암아 수사처와 기존의 다른 수사기관과의 관계가 문제된다 하더라도 동일하게 행정부 소속인 수사처와 다른 수사기관 사이의 권한 배분의 문제는 헌법상 권력분립원칙의 문제라고 볼 수 없다.

마. 이상과 같이 공수처법이 수사처의 소속을 명시적으로 규정하지 않은 것은 수사처의 업무의 특성을 고려하여 정치적 중립성과 직무상 독립성을 보장하기 위한 것이고, 수사처에 대하여는 행정부 내부에서뿐만 아니라 외부에서도 다양한 방법으로 통제를 하고 있으며, 수사처가 다른 국가기관에 대하여 일방적 우위를 점하고 있다고 보기도 어려우므로, 구 공수처법 제2조 및 공수처법 제3조 제1항은 권력분립원칙에 반하여 청구인들의 평등권, 신체의 자유 등을 침해하지 않는다.

3. 가. 헌법은 수사나 공소제기의 주체, 방법, 절차 등에 관하여 직접적인 규정을 두고 있지 않다. 기존의 행정조직에 소속되지 않은 독립된 위치에서 수사 등에 관한 사무를 수행할 기관을 설치·운영할 것인지 여부, 해당 기관에 의한 수사나 기소의 대상을 어느 범위로 정할 것인지는 독립된 기관의 설치 필요성, 공직사회의 신뢰성 제고에 대한 국민적 관심과 요구 등 모든 사정을 고려하여 결정할 문제이므로, 이에 대한 입법자의 결정은 명백히 자의적이거나 현저히 부당하다고 볼 수 없는 한 존중되어야 한다.

나. 고위공직자는 권력형 부정 사건을 범할 가능성이 비고위공직자에 비하여 높고 그 범죄로 인한 부정적인 파급효과가 크며 높은 수준의 청렴성이 요구되고, 그 가족의 경우 고위공직자와 생활공동체를 형성하는 밀접·긴밀한 관계에 있으므로, 고위공직자나 그 가족 등에 한하여 수사처의 수사나 기소의 대상으로 하고 그 대상이 되는 범죄를 한정하여 규정한 것에는 합리적인 이유가 있다. 수사처에 의한 수사 등의 대상에는 퇴직한 사람도 포함되나, 이는 범죄에 연루된 현직 고위공직자가 사직을 통해 수사처의 수사 등을 회피하는 행태를 방지하고 국가의 투명성과 공직사회의 신뢰성 제고라는 수사처의 설치 목적에 기여하기 위한 것이므로, 불합리하다고 할 수 없다.

다. 수사처에 의한 수사 등에 적용되는 절차나 내용, 방법 등은 일반 형사소송절차와 같으므로, 수사처의 수사 등의 대상이 된다고 하여 대상자에게 실질적인 불이익이 발생한다거나 대상자의 법적 지위가 불안정해진다고 볼 수 없다. 수사처가 고위공직자에 대한 수사 등의 주체가 됨으로써 부실·축소 수사 또는 표적수사가 이루어지거나 무리한 기소가 있을 수 있다는 우려를 뒷받침할 객관적·실증적인 근거가 없다. 따라서 구 공수처법 제2조 및 공수처법 제3조 제1항이 청구인들을 합리적 이유 없이 차별하여 청구인들의 평등권을 침해한다고 할 수 없다.

4. 가. 헌법에서 수사단계에서의 영장신청권자를 검사로 한정한 것은 다른 수사기관에 대한 수사지휘권을 확립시켜 인권유린의 폐해를 방지하고, 법률전문가인 검사를 거치도록 함으로써 기본권침해가능성을 줄이고자 한 것이다. 헌법에 규정된 영장신청권자로서의 검사는 검찰권을 행사하는 국가기관인 검사로서 공익의 대표자이자 수사단계에서의 인권옹호기관으로서의 지위에서 그에 부합하는 직무를 수행하는 자를 의미하는 것이지, 검찰청법상 검사만을 지칭하는 것으로 보기 어렵다.

나. 검찰청법 제4조에 따른 검사의 직무 및 군사법원법 제37조에 따른 군검사의 직무를 수행하는 수사처검사는 공익의 대표자로서 다른 수사기관인 수사처수사관을 지휘·감독하고, 단지 소추권자로서 처벌을 구하는 데에 그치는 것이 아니라 피고인의 이익도 함께 고려하는 인권옹호기관으로서의 역할을 한다. 또한 수사처검사는 변호사 자격을 일정 기간 보유한 사람 중에서 임명하도록 되어 있으므로, 법률전문가로서의 자격도 충분히 갖추었다. 따라서 공수처법 제8조 제4항은 영장주의원칙을 위반하여 청구인들의 신체의 자유 등을 침해하지 않는다.

재판관 이선애의 구 공수처법 제2조, 공수처법 제3조 제1항, 제8조 제4항에 대한 심판청구의 적법요건에 관한 반대의견

헌법소원심판의 청구인은 공권력 작용과 현재 관련이 있어야 하며, 장래 어느 때인가 관련될 수 있다는 것만으로 헌법소원을 제기할 수는 없다. 다만, 기본권침해가 장래에 발생하더라도 예외적으로 침해의 현재성이 인정될 수 있는데, 이를 위해서는 기본권침해사유의 발생이 틀림없을 것으로 현재 확실히 예측될 수 있어야 하며, 기본권침해가 구체화·현실화된 이후에는 실효적인 권리구제가 매우 어려워지는 사정이 있어 그 전에 기본권침해 여부를 판단할 필요성이 인정되어야 한다.

권력분립원칙, 영장주의원칙 및 검사의 영장신청권에 관한 헌법규정 위반 여부에 대해서는 청구인들이 수사처의 수사 또는 기소 대상이 되어 구체적인 기본권이 침해되는 상황과 관련될 경우에만 본안 판단을 할 수 있다. 청구인들과 수사처의 수사 등의 대상이 아닌 '비고위공직자'의 차별은 단순한 구분의 단계에 머물러 있어 법적 차별의 발생이 현재 확실히 예측된다고 보기 어렵고, 수사처의 출범 후 기존 형사소송절차와 어떠한 운용상 차이가 발생할 것인지도 명확하게 예상할 수 없다. 강제수사에 따른 신체의 자유 등의 제한은 개별적인 수사 절차상 여러 유형의 처분에 따른 것으로, 수사가 개시되지 않은 시점에서는 수사절차상 강제처분을 받게 될 것인지, 그로 인해 구체적으로 어떤 기본권이 어떤 방식으로 어느 정도 침해될 것인지 예측할 수 없다. 따라서 청구인들에 대한 평등권 또는 신체의 자유 등의 침해 사유는 단순히 장래에 잠재적으로 나타날 수 있는 것에 불과하고 현재 그 사유의 발생을 확실하게 예측할 수 없다.

수사처는 청구인들이 마땅히 저지르지 않아야 할 '고위공직자범죄등'을 범하였다는 혐의가 있을 경우에만 수사 또는 기소를 할 수 있다. 이것은 일반적인 상황 전개가 아닌 예외적인 상황으로서, 그러한 법적 효과가 발생할 수밖에 없다고 확실하게 예측할 수 없다. 설령 청구인들이 '고위공직자범죄등'을 저지르지 않았음에도 정치적 중립성을 잃은 표적수사 등의 대상이 될 우려가 있다고 하더라도, 청구인들 각자가 구체적인 범죄 혐의로 고소, 고발되거나 인지됨으로써 수사가 개시될 것인지 여부를 알 수 없는 현재 시점에서 그러한 사유가 발생할 것이 틀림없다고 예측할 수는 없다.

청구인들에 대한 기본권침해가 수사처의 수사로 구체화·현실화되는 시점에서 해당 기본권 영역에서 돌이킬 수 없는 손해가 발생하지 않도록 적시에 권리구제를 기대할 수 있는지는, 구체적인 사안에서 수사 절차와 방법, 법적으로 예정된 불복수단 등을 살펴서 판단해야 한다. 막연하게 '언제나 적시의 권리구제를 기대할 수 있다고 단언하기는 어렵다'는 이유로 본안 판단에 나아간다면, 수사처의 업무수행상 나타날 수 있는 구체적인 기본권침해의 내용과 유형을 명확히 하지 않고 그 정당화 여부를 심사하게 되고, 청구인들의 구체적인 기본권침해와 관련되는 바 없이 단지 헌법원칙 또는 이에 관련된 헌법규정에 위반되는지 여부만을 판단하는 것이 된다. 이것은 기본권침해의 현재성을 예외적으로 인정하는 범위를 넘는 것이며, 기본권침해의 구제를 위한 헌법소원심판제도를 마치 헌법과 헌법재판소법상 인정되지 않는 민중소송과 같이 운영하는 결과를 초래할 위험이 있다. 따라서 청구인들 각자에 대한 수사가 개시되지도 않았고, 구체적으로 어떤 내용과 절차의 수사가 이루어질 것인지도 명확하지 않은 현재 시점에서는, 실효적인 권리구제를 위하여 기본권침해 여부를 판단할 필요성이 인정되지 않는다.

구 공수처법 제2조, 공수처법 제3조 제1항, 제8조 제4항에 대한 심판청구는, 기본권침해의 현재성을 충족하지 못하여 부적법하다.

재판관 이은애, 재판관 이종석, 재판관 이영진의 구 공수처법 제2조, 공수처법 제3조 제1항, 제24조 제1항의 권력분립원칙 위반 및 공수처법 제24조 제1항의 적법절차원칙 위반에 관한 반대의견

가. 공수처법 제24조 제1항은 수사처장이 이첩 요청을 하면 다른 수사기관이 수사를 하고 있는 경우라도 해당 수사기관은 그에 응하여야 할 의무를 부과하여, 수사권 및 공소권의 주체가 달라지므로, 평등권, 신체의 자유 등 기본권이 침해될 가능성이 있고, 고위공직자범죄등을 범할 경우 수사처의 수사 또는 공소권 행사의 대상이 될 수 있다는 점은 현재 확실히 예측되므로, 위 조항에 대한 심판청구는 적법하다.

나. 우리 헌법은 권력분립원칙의 내용으로 권력의 형식적 분할뿐 아니라 국가기관 사이의 '상호 협력적 견제관계'를 예정하고 있다. 특정 권력의 일방적인 우위를 배제하고 각 권력기관의 본질적인 기능을 조화롭게 유지하면서 국민의 기본권을 보장하는 것이 권력분립원칙이 추구하는 이상인 점을 고려하면, 국가기관 사이에 권한과 기능의 분할뿐 아니라 그 비중에 있어서도 상호 균형이 유지되어야 하고, 어떠한 국가기관도 헌법에 근거하지 않고 다른 국가기관에 대하여 일방적 우위를 가지거나, 헌법과 법률에 근거하여 다른 국가기관에 귀속된 기능의 핵심적 영역을 침해해서는 안 된다는 권력분립원칙에 따른 헌법적 기준과 한계가 도출된다.

현대 민주국가에서 행정의 역할과 기능이 점차로 증대됨에 따라 전통적인 행정체계에서는 포섭될 수 없는 영역을 규율하기 위하여 행정각부에 소속되지 않고 별도의 독립적인 임무와 자율권을 부여받은 독립행정기관이 등장하고 있다. 행정의 비대화를 방지하고 국가작용의 전문성과 효율성을 달성하기 위하여 법률로써 독립행정기관을 설치하는 것 자체가 곧바로 권력분립원칙에 위반된다고 보기는 어려우나, 독립행정기관을 창설하는 입법도 권력분립원칙에 따른 헌법적 기준과 한계를 준수하여야 한다.

검사가 가지는 수사권과 공소권은 국가의 행정 목적 달성을 위하여 일원적인 권력행사가 이루어져야 하는 시원적(始原的) 행정행위로서 전통적이고 기본적인 행정영역이다. 그럼에도 구 공수처법 제2조 및 공수처법 제3조 제1항은 법무부 소속의 검사에게 귀속되어 있던 권한과 기능 중 가장 중요한 수사권과 공소권의 일부를 분리하여 행정각부에 소속되지 않은 수사처에 부여하고 있는데, 이는 "행정권은 대통령을 수반으로 하는 정부에 속한다"라고 규정하여 행정권의 핵심영역이나 전통적으로 행정부의 영역에 해당하는 전형적인 행정업무는 헌법에서 따로 규정하고 있지 않는 한 행정각부에 속하도록 하는 헌법 제66조 제4항에 위반된다. 공수처법 제24조 제1항은 고위공직자범죄등의 수사와 관련하여 수사처장에게 일방적으로 이첩을 요청할 권한을 부여하고, 상대 수사기관은 여기에 예외 없이 따르도록 의무를 부과하고 있다. 이로써 수사처는 고위공직자범죄등에 관한 수사권 행사에서 행정부 내의 다른 수사기관보다 일방적 우위를 차지하게 되고, 검사가 수사 중인 고위공직자범죄등 사건도 수사처에 이첩하여야 하는데, 이는 수사처가 헌법과 법률에 의한 검사보다 우위의 입장에서 검사의 수사권 및 공소권 행사에 관한 권한과 기능을 침해하는 것이다. 공수처법은 공수처법 제24조 제1항에 의하여 사건이 수사처로 이첩되는 경우 이첩되는 피의자 등의 편의나 방어권 행사 등을 고려한 규정을 전혀 두고 있지 않아 경우에 따라서는 피의자의 신체의 자유 등을 침해할 우려가 있다.

수사처장의 임명절차에 관련된 추천위원회의 구성, 수사처검사의 임용, 연임 등의 절차에 관련된 수사처 인사위원회의 구성에 각 국회 교섭단체가 추천한 4명의 위원이 포함되도록 규정되어 있어 수사처장 및 수사처검사의 임명 등에서 정치적 영향을 받을 수밖에 없고, 수사처검사의 임기를 검사나 판사와는 달리 3년으로 규정하여 신분보장이 매우 취약하다. 따라서 수사처가 정치적 중립성 및 직무상 독립성을 충분히 보장받고 있다고 볼 수 없다. 또한 수사처는 행정부 소속임에도 대통령, 법무부장관 등의 통제에서 벗어나 있고, 국회는 수사처장에 대한 해임건의를 할 수 없으며, 고소·고발 사건에 대한 재정신청 외에는 수사처의 수사 등을 통제할 방안이 없는 등 권한에 상응하는 책임도 부담하지 않는다.

따라서 구 공수처법 제2조 및 공수처법 제3조 제1항, 제24조 제1항은 독립행정기관을 설치하는 법률이 준수해야 할 권력분립원칙에 따른 헌법적 기준과 한계에 위반되어 청구인들의 신체의 자유 등을 침해한다.

다. 공수처법 제24조 제1항은 '수사의 진행 정도 및 공정성 논란'을 이첩 요청 사유로 규정하고 있으나, 그 문언이 추상적이고 명확하지 않으며, 향후 제정될 수사처규칙으로 일응의 기준을 정한다고 하더라도 결국 수사처장의 자의적 판단에 따라 사건의 이첩 여부가 결정될 가능성이 있다.

수사처로 사건이 이첩될 때 피의자 등은 별도의 통지를 받지 못하므로 그에 대하여 의견을 진술할 기회를 부여받지 못하고, 피의자를 구속한 상태에서 사건을 이첩할 경우 이첩에 따른 구속기간 산정에 관하여 아무런 규정을 두고 있지 않는 등 피의자의 신체의 자유 등에 대한 제한을 최소화하기 위한 인신구속에 관한 사항조차 명시적으로 규정되어 있지 않다. 따라서 공수처법 제24조 제1항은 그 실체적 내용이 합리성과 정당성을 갖추지 못한 것이므로 적법절차원칙에 위반되어 청구인들의 신체의 자유 등을 침해한다.

재판관 이종석, 재판관 이영진의 구 공수처법 제2조, 공수처법 제3조 제1항의 사법권 독립 침해 및 평등권 침해에 관한 반대의견

가. 수사처의 수사에는 내사가 포함되고, 공수처법상 내사의 시기·요건·방법 및 통제 등에 대하여 구체적인 법적 규정이 없어 내사는 전적으로 수사처의 재량에 달려 있다고 할 것인데, 수사처가 수사권과 공소권을 행사하는 고위공직자범죄 중에는 형법상 직권남용, 직무유기와 같은 법관의 재판 업무 자체에 직접 적용될 수 있는 범죄도 포함되어 있어, 자칫 수사처검사의 자의적 판단에 따라 법관의 재판 자체에 대하여 내사를 포함한 수사 등이 이루어질 가능성이 없다고 할 수 없다. 그러한 내사가 이루어지는 것만으로 사법권 및 법관의 독립 등은 심각하게 훼손되는 것이고, 나아가 재판 당사자가 가지는 헌법 제27조가 보장한 재판청구권을 침해하는 결과를 초래할 수 있다.

수사처는 고위공직자범죄등에 대한 수사권을 가지고, 법관 등 매우 한정된 고위공직자와 그 가족에 대하여만 공소권을 행사하며, 공수처법에는 수사의 단서에 대한 특별한 규정이 없는 점 및 판사 등에 대한 고소·고발이 많은 우리나라의 현실 등을 모두 고려하면, 법관이 부당한 내사의 대상이 될 우려는 상당한 근거가 있는 것이고, 수사처가 직접 공소제기 및 유지까지 하는 사건을 담당하는 법관은 일반 사건과 달리 재판이 진행되는 동안 자신과 가족이 내사의 대상이 될 수 있다는 심리적 압박을 받게 된다. 법관이 심리적 위축으로 인하여 당해 재판을 독립적이고 공정하게 수행하지 못할 수 있다는 외관이 형성될 수 있고, 수사처가 직접 공소제기 및 유지하는 사건이라는 사실 자체가 담당 법관의 판단에 영향을 미칠 수도 있다는 피고인의 의심은 합리적인 것으로서 법관의 독립에 대하여 피고인이 갖는 신뢰를 떨어뜨리는 것이며, 이로써 해당 재판의 독립 및 공정성은 훼손된다.

그렇다면 구 공수처법 제2조 및 공수처법 제3조 제1항은 사법권의 독립을 침해하여 권력분립원칙에 위반되고, 수사처의 수사대상인 청구인들의 재판청구권을 침해한다.

나. 공수처법이 고위공직자와 그 가족을 수사대상으로 하고, 판사 및 검사 등에 대한 공소권을 행사하여 비고위공직자와 차별취급하는 것은 사회적으로 장기간 점하는 지위로서 일정한 사회적 평가를 수반하는 사회적 신분에 의한 차별에 해당한다.

고위공직자 등 부패범죄의 비율이 비고위공직자의 범죄에 비하여, 그리고 판사 및 검사 등의 부패범죄의 비율이 그 밖의 고위공직자범죄에 비하여 현저히 높다거나, 고위공직자범죄에 대한 검찰과 경찰의 권한행사가 공정하지 못하였다는 실증적인 자료는 확인되지 않는다.

수사처검사가 검사에 비해 정치적 중립성 및 직무상 독립성이 우월하다고 할 수 없고, 수사처 수사에 대한 통제를 위한 별도의 규정을 두고 있지 아니한 점 등을 종합하면, 공수처법이 수사처로 하여금 판사 및 검사 등에 대하여만 공소권을 행사하도록 규정함에 따른 차별취급은, 통일적으로 공소권을 행사함으로써 공평한 소추를 담보하도록 하는데 중대한 지장을 초래할 수 있다.

대통령, 국무총리, 그 밖의 정무직 공무원 등이나 검사나 경무관 이상의 경찰공무원 등은 인적·재정적·정치적 관계로 말미암아 경찰이나 검찰 등과 이해충돌 상황에 있다고 할 것이나, 판사 등은 그러한 이해충돌 상황에 있다고 할 수 없음에도 판사 등을 검사 또는 경무관 이상의 경찰공무원과 전적으로 동일하게 취급하는 것은 합리적이라 할 수 없다.

공수처법이 퇴직고위공직자에 대한 경과규정을 두지 않아, 공수처법이 시행되기 전에 퇴직한 고위공직자와 같이 '현직 고위공직자가 사직을 통하여 수사처의 수사를 회피하는 행태를 방지하기 위한 것'이라는 공수처법의 입법취지와는 직접적인 관계가 없는 경우까지 모두 수사처의 수사대상 등에 포함되도록 하는 것 역시 합리적 이유에 근거한 것이라고 할 수 없다.

수사처가 공소를 제기할 경우에는 형사소송법이 정한 토지관할인 피고인의 주소 등이 아니라 원칙적으로 서울중앙지방법원에서 재판을 받도록 하는 것 역시 피고인의 방어권 행사에 관한 이익 등을 전혀 고려하지 않고 수사처의 편익만 고려한 것이므로 합리적이라고 할 수 없다.

이상과 같은 차별취급의 심화 및 범위 확대는 고위공직자 및 이미 퇴직한 고위공직자와 그 가족에게 실질적인 불이익을 가할 정도의 것이다.

따라서 구 공수처법 제2조 및 공수처법 제3조 제1항에 의한 차별취급은 입법목적을 달성하기 위하여 필요하고도 적정하다고 보기 어려워 합리적 이유에 의한 것이라고 할 수 없고, 결국 청구인들의 평등권을 침해한다.

재판관 이석태, 재판관 문형배, 재판관 이미선의 법정의견에 대한 보충의견

가. 법률에 설치근거를 둔 행정기관들 사이에 직무범위를 어떻게 나누고 권한을 어떻게 배분할 것인지를 헌법상 권력분립원칙의 문제로 보기 어려우므로, 수사처장의 이첩요청권한으로 말미암아 수사처와 기존의 다른 수사기관과의 관계가 문제된다 하더라도 이는 입법정책의 문제에 불과하다.

범죄 일반에 대한 수사를 담당하는 수사기관과 별도로 고위공직자등의 일정 범위의 범죄에 대한 수사를 담당하는 수사처가 병렬적으로 설치된 이상, 통일된 기준에 따라 형사사법권을 행사하고 중복수사를 방지하기 위해서 수사처와 다른 수사기관 사이에 수사 사무의 조정·배분이 요구된다. 독립된 위치에서 고위공직자등의 범죄를 수사할 수 있도록 수사처를 설치한 취지를 고려하여 수사처의 범죄수사와 중복되는 다른 수사기관의 범죄수사에 대하여 수사처장의 이첩요청권한을 인정한 공수처법 제24조 제1항은 수사 사무의 배분에 관한 입법형성의 재량을 일탈하거나 권력분립원칙에 반한다고 보기 어렵다.

나. 수사처와 다른 수사기관과의 관계에서 수사처장이 다른 수사기관에 대하여 사건의 이첩을 요청할 수 있는 사유와 그 요청에 따른 효과에 관한 사항은 입법자가 재량으로 결정할 사항으로, 이에 관한 입법자의 판단은 명백히 자의적이거나 현저히 불합리하지 않는 한 존중되어야 할 것이다. 공수처법 제24조 제1항은 다른 수사기관의 범죄수사가 수사처의 범죄수사와 중복되고 수사의 진행 정도 및 공정성 논란 등에 비추어 수사처에서 수사하는 것이 적절하다고 판단하는 경우로 이첩요청 사유를 한정하고 있다. 이와 같은 이첩요청 사유가 명백히 자의적이거나 현저히 불합리하다고 보기 어려우므로 공수처법 제24조 제1항이 입법재량을 현저히 일탈하여 합리성과 정당성을 갖추지 못하여 적법절차원칙에 위반된다고 볼 수 없다.

또한 수사처검사와 수사처수사관은 그 직무를 수행함에 있어 검사 및 사법경찰관과 동일한 직무권한을 행사하므로, 수사처의 이첩요청에 따라 피의자 등이 검사·사법경찰관이 아닌 수사처검사·수사처수사관에 의해 수사를 받는다고 하여 실질적인 불이익이 있다고 볼 수 없고, 수사의 밀행성과 신속성을 고려할 때 수사처의 구체적인 수사대상이 되었다는 사실만으로 피의자 등에게 의견진술의 기회가 반드시 부여되어야 하는 것으로 보기 어렵다. 따라서 공수처법 제24조 제1항이 사건을 수사처로 이첩할 때 수사대상자에게 통지를 하고 그 의견을 진술할 기회를 부여하는 규정을 두고 있지 않은 점을 들어 적법절차원칙에 반한다고 보기 어렵다.

다. 구 공수처법 제2조 및 공수처법 제3조 제1항에 따라 수사처의 수사권과 공소권 대상에 판사가 포함된다는 것이 수사처가 판사의 재판에 관한 직무수행에 관여할 수 있음을 의미하는 것이 아니므로, 이로써 헌법 제103조의 '재판상 독립'이 침해된다고 볼 수 없다. 면책특권 또는 불소추특권이 부여되어 있지 않는 이상 판사도 범죄를 저지르면 형사처벌을 받을 수 있고 범죄 혐의가 인정되면 수사기관의 수사 및 공소제기의 대상이 되는 것은 당연하므로, 이를 두고 헌법 제106조의 '신분상 독립'이 침해된다고 볼 수도 없다. 고위공직자범죄등을 범한 판사에 대한 수사권 및 공소권이 수사처에 부여되더라도, 이는 판사에 대한 수사 및 공소제기의 주체가 수사처로 변경된 것일 뿐 피의자로서 판사가 받게 될 실질적인 불이익의 차이는 존재하지 아니하므로, 그로 인해 사법권의 독립이 침해되었다고 할 수 없다.

【심판대상조문】

구 고위공직자범죄수사처 설치 및 운영에 관한 법률(2020. 1. 14. 법률 제16863호로 제정되고, 2020. 12. 15. 법률 제17646호로 개정되기 전의 것) 제2조, 제8조 제1항

고위공직자범죄수사처 설치 및 운영에 관한 법률(2020. 1. 14. 법률 제16863호로 제정된 것) 제3조 제1항, 제5조 제1항, 제6조 제4항, 제7조 제1항, 제8조 제4항, 제9조 제6항, 제10조 제1항 제3호, 제10조 제2항 단서, 제13조 제2항, 제16조 제2항, 제24조 제1항, 제2항, 제45조

【참조판례】

2. 헌재 1994. 4. 28. 89헌마86, 판례집 6-1, 371
헌재 1994. 4. 28. 89헌마221, 판례집 6-1, 239
헌재 2008. 1. 10. 2007헌마1468, 판례집 20-1상, 1
헌재 2019. 2. 28. 2017헌바196, 판례집 31-1, 52

3. 헌재 2016. 7. 28. 2015헌마236등, 판례집 28-2상, 128

4. 헌재 1997. 3. 27. 96헌바28등, 판례집 9-1, 313

【당 사 자】

청 구 인 [별지] 청구인 명단과 같음

【주 문】

1. 구 고위공직자범죄수사처 설치 및 운영에 관한 법률(2020. 1. 14. 법률 제16863호로 제정되고, 2020. 12. 15. 법률 제17646호로 개정되기 전의 것) 제2조, 고위공직자범죄수사처 설치 및 운영에 관한 법률(2020. 1. 14. 법률 제16863호로 제정된 것) 제3조 제1항, 제8조 제4항에 대한 심판청구를 모두 기각한다.
2. 청구인들의 나머지 심판청구를 모두 각하한다.

【이 유】

1. 사건개요

가. 2020헌마264

청구인들은 청구 당시 제20대 국회의원들로, 2020. 7. 15.부터 시행된 '고위공직자범죄수사처 설치 및 운영에 관한 법률'이 권력분립원칙에 위반되고 국민의 생명권, 신체의 자유 및 검사의 영장신청권 등을 침해한다고 주장하며 2020. 2. 19. 위 법 전체의 위헌확인을 구하는 헌법소원심판을 청구하였다.

나. 2020헌마681

청구인은 제21대 국회의원으로, '고위공직자범죄수사처 설치 및 운영에 관한 법률'이 권력분립원칙에 위반되고 인간으로서의 존엄과 가치, 행복추구권 및 평등권 등을 침해한다고 주장하며 2020. 5. 11. 위 법 전체의 위헌확인을 구하는 헌법소원심판을 청구하였다.

2. 심판대상

청구인들은 '고위공직자범죄수사처 설치 및 운영에 관한 법률' 전체에 대한 심판을 구하고 있으나, 고위공직자범죄수사처를 설치하고 운영하는 것 자체가 위헌이라고 주장할 뿐 개별 조항으로 인하여 기본권을 침해받았는지 여부를 구체적으로 다투지 않고 있다. 다만 심판청구서의 취지에 따라 청구인들의 주장에 대응하는 내용을 규정한 것으로서 청구인들이 기본권을 침해

받았다고 다투는 것으로 볼 수 있는 조항으로 심판대상을 한정한다.

따라서 이 사건 심판대상은 고위공직자범죄수사처(이하 '수사처'라 한다)의 설치와 직무범위 및 수사처의 수사 또는 기소의 대상 등을 정한 구 '고위공직자범죄수사처 설치 및 운영에 관한 법률'(2020. 1. 14. 법률 제16863호로 제정되고, 2020. 12. 15. 법률 제17646호로 개정되기 전의 것) 제2조 및 '고위공직자범죄수사처 설치 및 운영에 관한 법률'(2020. 1. 14. 법률 제16863호로 제정된 것, 이하 '공수처법'이라 한다) 제3조 제1항, '고위공직자범죄수사처 설치 및 운영에 관한 법률'(2020. 1. 14. 법률 제16863호로 제정된 것) 중 수사처장의 자격과 임명절차를 정한 제5조 제1항, 고위공직자범죄수사처장후보추천위원회(이하 '추천위원회'라 한다)의 위원 구성방법을 정한 제6조 제4항, 차장의 자격과 임명절차를 정한 제7조 제1항과 수사처규칙으로 정하는 조사업무의 실무를 5년 이상 수행한 경력을 수사처검사의 자격 요건으로 규정하고 수사처 구성에 있어 검사의 직에 있었던 사람의 정원을 제한한 구 '고위공직자범죄수사처 설치 및 운영에 관한 법률'(2020. 1. 14. 법률 제16863호로 제정되고, 2020. 12. 15. 법률 제17645호로 개정되기 전의 것, 이하 현행법이 아닌 경우 연혁과 상관없이 '구 공수처법'이라 한다) 제8조 제1항, '고위공직자범죄수사처 설치 및 운영에 관한 법률'(2020. 1. 14. 법률 제16863호로 제정된 것) 중 수사처검사의 영장청구와 관련하여 검찰청법 제4조에 따른 검사의 직무를 수행할 수 있도록 정한 제8조 제4항, 인사위원회의 구성과 운영에 필요한 사항을 수사처규칙으로 정할 수 있도록 한 제9조 제6항, 수사처규칙으로 정하는 조사업무의 실무를 5년 이상 수행한 경력을 수사처수사관의 자격 요건으로 규정한 제10조 제1항 제3호, 검찰수사관을 파견받은 경우 수사처수사관의 정원에 포함하도록 한 제10조 제2항 단서, 검사가 수사처장과 차장이 되고자 하는 경우 퇴직 후 일정 기간이 경과하여야 한다고 정한 제13조 제2항, 수사처장과 차장, 수사처검사는 퇴직 후 일정 기간이 경과하여야 검사로 임용될 수 있다고 정한 제16조 제2항, 수사처와 다른 수사기관의 관계에 있어 수사처장이 다른 수사기관에 이첩을 요청할 수 있도록 하고, 다른 수사기관이 고위공직자범죄등을 인지한 경우 수사처에 통보하여야 한다고 정한 제24조 제1항 및 제2항, 수사처의 조직 및 운영에 필요한 사항을 수사처규칙으로 정하도록 한 제45조가 청구인들의 기본권을 침해하는지 여부이고, 심판대상조항은 다음과 같다.

[심판대상조항]

구 고위공직자범죄수사처 설치 및 운영에 관한 법률(2020. 1. 14. 법률 제16863호로 제정되고, 2020. 12. 15. 법률 제17646호로 개정되기 전의 것)

제2조(정의) 이 법에서 사용하는 용어의 정의는 다음과 같다.

1. "고위공직자"란 다음 각 목의 어느 하나의 직(職)에 재직 중인 사람 또는 그 직에서 퇴직한 사람을 말한다. 다만, 장성급 장교는 현역을 면한 이후도 포함된다.
   가. 대통령
   나. 국회의장 및 국회의원
   다. 대법원장 및 대법관
   라. 헌법재판소장 및 헌법재판관
   마. 국무총리와 국무총리비서실 소속의 정무직공무원
   바. 중앙선거관리위원회의 정무직공무원
   사. 「공공감사에 관한 법률」 제2조 제2호에 따른 중앙행정기관의 정무직공무원
   아. 대통령비서실·국가안보실·대통령경호처·국가정보원 소속의 3급 이상 공무원
   자. 국회사무처, 국회도서관, 국회예산정책처, 국회입법조사처의 정무직공무원
   차. 대법원장비서실, 사법정책연구원, 법원공무원교육원, 헌법재판소사무처의 정무직공무원
   카. 검찰총장
   타. 특별시장·광역시장·특별자치시장·도지사·특별자치도지사 및 교육감
   파. 판사 및 검사
   하. 경무관 이상 경찰공무원
   거. 장성급 장교
   너. 금융감독원 원장·부원장·감사
   더. 감사원·국세청·공정거래위원회·금융위원회 소속의 3급 이상 공무원
2. "가족"이란 배우자, 직계존비속을 말한다. 다만, 대통령의 경우에는 배우자와 4촌 이내의 친족을 말한다.
3. "고위공직자범죄"란 고위공직자로 재직 중에 본인 또는 본인의 가족이 범한 다음 각 목의 어느 하나에 해당하는 죄를 말한다. 다만, 가족의 경우에

는 고위공직자의 직무와 관련하여 범한 죄에 한정한다.

가.「형법」 제122조부터 제133조까지의 죄(다른 법률에 따라 가중처벌되는 경우를 포함한다)

나. 직무와 관련되는「형법」제141조, 제225조, 제227조, 제227조의2, 제229조(제225조, 제227조 및 제227조의2의 행사죄에 한정한다), 제355조부터 제357조까지 및 제359조의 죄(다른 법률에 따라 가중처벌되는 경우를 포함한다)

다.「특정범죄 가중처벌 등에 관한 법률」 제3조의 죄

라.「변호사법」제111조의 죄

마.「정치자금법」제45조의 죄

바.「국가정보원법」제18조, 제19조의 죄

사.「국회에서의 증언·감정 등에 관한 법률」 제14조 제1항의 죄

아. 가목부터 마목까지의 죄에 해당하는 범죄행위로 인한「범죄수익은닉의 규제 및 처벌 등에 관한 법률」 제2조 제4호의 범죄수익등과 관련된 같은 법 제3조 및 제4조의 죄

4. "관련범죄"란 다음 각 목의 어느 하나에 해당하는 죄를 말한다.

가. 고위공직자와「형법」 제30조부터 제32조까지의 관계에 있는 자가 범한 제3호 각 목의 어느 하나에 해당하는 죄

나. 고위공직자를 상대로 한 자의「형법」 제133조, 제357조 제2항의 죄

다. 고위공직자범죄와 관련된「형법」제151조 제1항, 제152조, 제154조부터 제156조까지의 죄 및「국회에서의 증언·감정 등에 관한 법률」제14조 제1항의 죄

라. 고위공직자범죄 수사 과정에서 인지한 그 고위공직자범죄와 직접 관련성이 있는 죄로서 해당 고위공직자가 범한 죄

5. "고위공직자범죄등"이란 제3호와 제4호의 죄를 말한다.

고위공직자범죄수사처 설치 및 운영에 관한 법률(2020. 1. 14. 법률 제16863호로 제정된 것)

제3조(고위공직자범죄수사처의 설치와 독립성) ① 고위공직자범죄등에 관하여 다음 각 호에 필요한 직무를 수행하기 위하여 고위공직자범죄수사처(이하 "수사처"라 한다)를 둔다.

1. 고위공직자범죄등에 관한 수사

2. 제2조 제1호 다목, 카목, 파목, 하목에 해당하는 고위공직자로 재직 중에 본인 또는 본인의 가족이 범한 고위공직자범죄 및 관련범죄의 공소제기와 그 유지

제5조(처장의 자격과 임명) ① 처장은 다음 각 호의 직에 15년 이상 있던 사람 중에서 제6조에 따른 고위공직자범죄수사처장후보추천위원회가 2명을 추천하고, 대통령이 그 중 1명을 지명한 후 인사청문회를 거쳐 임명한다.

1. 판사, 검사 또는 변호사

2. 변호사 자격이 있는 사람으로서 국가기관, 지방자치단체,「공공기관의 운영에 관한 법률」 제4조에 따른 공공기관 또는 그 밖의 법인에서 법률에 관한 사무에 종사한 사람

3. 변호사 자격이 있는 사람으로서 대학의 법률학 조교수 이상으로 재직하였던 사람

제6조(고위공직자범죄수사처장후보추천위원회) ④ 국회의장은 다음 각 호의 사람을 위원으로 임명하거나 위촉한다.

1. 법무부장관

2. 법원행정처장

3. 대한변호사협회장

4. 대통령이 소속되거나 소속되었던 정당의 교섭단체가 추천한 2명

5. 제4호의 교섭단체 외의 교섭단체가 추천한 2명

제7조(차장) ① 차장은 10년 이상 제5조 제1항 각 호의 직에 재직하였던 사람 중에서 처장의 제청으로 대통령이 임명한다.

구 고위공직자범죄수사처 설치 및 운영에 관한 법률(2020. 1. 14. 법률 제16863호로 제정되고, 2020. 12. 15. 법률 제17645호로 개정되기 전의 것)

제8조(수사처검사) ① 수사처검사는 변호사 자격을 10년 이상 보유한 자로서 재판, 수사 또는 수사처규칙으로 정하는 조사업무의 실무를 5년 이상 수행한 경력이 있는 사람 중에서 제9조에 따른 인사위원회의 추천을 거쳐 대통령이 임명한다. 이 경우 검사의 직에 있었던 사람은 제2항에 따른 수사처검사 정원의 2분의 1을 넘을 수 없다.

고위공직자범죄수사처 설치 및 운영에 관한 법률(2020. 1. 14. 법률 제16863호로 제정된 것)

제8조(수사처검사) ④ 수사처검사는 직무를 수행함

에 있어서 「검찰청법」 제4조에 따른 검사의 직무 및 「군사법원법」 제37조에 따른 군검사의 직무를 수행할 수 있다.

제9조(인사위원회) ⑥ 그 밖에 인사위원회의 구성과 운영 등에 필요한 사항은 수사처규칙으로 정한다.

제10조(수사처수사관) ① 수사처수사관은 다음 각 호의 어느 하나에 해당하는 사람 중에서 처장이 임명한다.

3. 수사처규칙으로 정하는 조사업무의 실무를 5년 이상 수행한 경력이 있는 사람

② 수사처수사관은 일반직공무원으로 보하고, 40명 이내로 한다. 다만, 검찰청으로부터 검찰수사관을 파견받은 경우에는 이를 수사처수사관의 정원에 포함한다.

제13조(결격사유 등) ② 검사의 경우 퇴직 후 3년이 지나지 아니하면 처장이 될 수 없고, 퇴직 후 1년이 지나지 아니하면 차장이 될 수 없다.

제16조(공직임용 제한 등) ② 처장, 차장, 수사처검사는 퇴직 후 2년이 지나지 아니하면 검사로 임용될 수 없다.

제24조(다른 수사기관과의 관계) ① 수사처의 범죄수사와 중복되는 다른 수사기관의 범죄수사에 대하여 처장이 수사의 진행 정도 및 공정성 논란 등에 비추어 수사처에서 수사하는 것이 적절하다고 판단하여 이첩을 요청하는 경우 해당 수사기관은 이에 응하여야 한다.

② 다른 수사기관이 범죄를 수사하는 과정에서 고위공직자범죄등을 인지한 경우 그 사실을 즉시 수사처에 통보하여야 한다.

제45조(조직 및 운영) 이 법에 규정된 사항 외에 수사처의 조직 및 운영에 필요한 사항은 수사처규칙으로 정한다.

3. 청구인들의 주장

가. 2020헌마264

(1) 공수처법에 의하면 수사처는 수사 및 공소권을 행사할 수 있는 권력기관임에도 입법·행정·사법 중 어디에도 속하지 않는 독립기관으로 설치되어 권력분립원칙에 위반된다. 수사처를 독립기관으로 설치하게 되면 행정권이 약화되고, 수사처의 구성과 운영에 국회가 상당 부분 관여하여 입법권이 과도하게 개입하는 결과가 된다. 다른 한편 공수처법 규정상 수사처의 업무에 대하여 대통령, 국무총리, 법무부장관 등의 지휘·감독 등 권한의 남용을 견제할 수 있는 장치도 마련되어 있지 아니하여 수사처의 권한이 남용될 가능성이 높다.

(2) 공수처법이 대통령, 국회의장, 국회교섭단체가 추천한 사람이 수사처장의 임명에 관여하도록 하는 것은 수사처의 정치적 중립성을 침해한다.

(3) 헌법 제12조 제3항이 영장주의 원칙에 관하여 규정하면서 검사의 신청 요건을 포함한 취지는 다른 수사기관에게 영장신청을 허용할 경우 발생할 수 있는 인권유린의 폐해를 방지하기 위해 법률전문가인 검사를 신청권자로 한 것인데, 이때 검사는 정치적 영향을 받지 않는 준사법기관인 검찰청법상 검사로 한정된다. 따라서 공수처법이 수사처검사로 하여금 영장을 청구할 수 있도록 한 것은 그 자체로 위헌으로 국민의 신체의 자유 등 기본권과 검사의 영장신청권을 침해한다.

(4) 정치적 중립성이 확보되지 않은 수사처에 의한 수사는 수사대상자인 고위공직자에게 유리하게 작용할 것이므로 수사처의 수사대상이 아닌 사람들의 평등권을 침해한다. 또한 수사처에 의해 형벌이 부과될 경우 청구인들의 생명권, 재산권 등이 침해된다.

(5) 수사처에 수사권과 공소권을 모두 부여하는 것은 검·경 수사권 조정 방향과 모순되고, 수사처의 설치로 수사권이 이원화되어 고위공직자에 대한 수사가 제대로 이루어지지 못할 우려가 있으며, 검찰과 수사권을 두고 분쟁이 발생할 경우 규정상 이를 해결하기 어렵다.

나. 2020헌마681

(1) 수사처는 입법·행정·사법 중 어디에도 속하지 아니한 독립기관으로 대통령이나 국회로부터 어떠한 통제나 감독도 받지 아니하는바, 이는 헌법상 국가기관 구성의 기본원리인 권력분립원칙에 위반된다. 또한 수사처는 헌법과 정부조직법에 설치 근거가 없으며, 수사처의 설치는 자유민주적 통치구조의 기본이념과 원리에 부합하지 아니하고 헌법상 체계정당성의 원리에도 반한다. 공수처법상 수사처를 검찰보다 상위의 기관으로 예정하고 있음에도 수사처에 대한 국회의 견제가 사실상 불가능하고, 헌법에 명문으로 규정되어 있지 않은 규칙 제정권을 수사처에 부여하여 법체계에 부합하지 않으며, 판사를 수사처의 수사 또는 기소의 대상으로 하여 사법권의 독립을 침해한다. 이와 같이 공수처법은 권력분립원칙 등을 위반하여 청구인의 인간으로서의 존엄과 가치 및 행복추구권을 침해한다.

(2) 공수처법은 수사처의 수사대상이 되는 사람과 수

사대상이 되지 않는 사람을 합리적 이유 없이 차별하여 평등권을 침해한다. 또한 공수처법은 법 시행 전에 퇴직한 고위공직자도 수사처의 수사대상으로 하여 신뢰보호원칙에 반한다.

(3) 공수처법에 의하면 고위공직자의 가족이 고위공직자의 직무와 관련하여 죄를 범한 경우 수사처의 수사대상이 되는데, 이는 자기책임의 원리에 위반되고 평등권을 침해하며, 헌법 제36조 제1항 등에 근거한 혼인과 가족생활에 관한 기본권 등을 침해하고, 나아가 헌법상 연좌제금지에 반하는 것이다.

(4) 공수처법은 수사처검사와 수사처수사관의 임명, 정원 제한 등에서 검사의 직에 있던 사람과 검찰수사관을 합리적 이유 없이 차별하여 평등권, 직업의 자유 및 공무담임권을 침해한다. 또한 공수처법은 헌법상 규칙제정권을 부여받지 못한 수사처에 포괄적인 규칙제정권을 백지위임하면서 수사처검사와 수사처수사관의 자격 요건 등을 수사처규칙으로 정하도록 하고 있다.

(5) 공수처법은 수사처장으로 하여금 다른 수사기관에 대하여 사건의 이첩을 요청할 수 있도록 하고 다른 수사기관은 수사처에 대해 통보의 의무가 있다고 규정하여, 검찰총장보다 상위기관이라고 볼 수 없는 수사처장이 검찰총장을 지휘하는 법체계의 모순이 발생한다.

(6) 수사처검사는 일부 고위공직자를 제외하고는 수사권만 보유하고 있어 사법경찰관 등과 동일한 지위에 있다 할 것이므로 영장을 청구할 수 없고, 일부 고위공직자에 대해서는 공소권이 있으나 수사처검사를 검사와 동일한 인권옹호기관으로 보기 어려우므로 수사처검사에게 영장신청권을 부여할 경우 청구인의 신체의 자유 등을 침해한다.

4. 적법요건에 대한 판단

가. 구 공수처법 제2조, 공수처법 제3조 제1항, 제8조 제4항에 대한 심판청구

구 공수처법 및 공수처법은 고위공직자에 해당하는 자가 고위공직자범죄등을 범한 경우 수사처에 의한 수사 또는 기소의 대상으로 하고(제2조, 제3조 제1항), 수사처검사로 하여금 직무를 수행함에 있어 검사의 직무 및 군검사의 직무를 수행할 수 있도록 하여 수사처검사의 영장 청구를 인정하고 있다(제8조 제4항).

청구인들은 위 각 조항과 관련하여 권력분립원칙 및 영장주의원칙 등에 위반되는 수사처에 의한 수사 또는 기소의 대상이 되는 것 자체로 청구인들의 기본권이 침해된다고 주장하는데, 청구인들은 국회의원 등 고위공직자로 재직 중이거나 재직하였던 사람들로서 고위공직자범죄등을 범한 경우 수사처의 수사대상이 되고, 경우에 따라 수사처에 의한 기소대상도 되므로, 이로 인하여 뒤의 본안판단에서 보는 바와 같이 평등권과 신체의 자유, 주거의 자유, 재산권, 사생활의 비밀과 자유 등 기본권이 침해될 가능성이 있고, 기본권침해의 자기관련성도 인정된다.

또한 다양하고 비정형적인 방법으로 비밀리에 이루어질 수 있는 수사의 성격상 청구인들에 대한 기본권침해가 수사처에 의한 수사로 구체화·현실화되는 시점에서는 적시에 권리구제를 기대하는 것이 언제나 가능하다고 단언하기 어려우므로 유효적절한 권리구제를 위하여 그 전에 기본권침해 여부를 판단할 필요가 있고, 청구인들이 고위공직자범죄등을 범한 경우 수사처의 수사 또는 기소의 대상이 될 수 있다는 점은 현재 확실히 예측되어 청구인들에 대한 기본권침해의 우려를 단순히 장래 잠재적으로 나타날 수 있는 것에 불과하다고 볼 수 없으므로, 위 조항들로 인한 기본권침해의 현재성도 인정된다.

나. 공수처법 제5조 제1항, 제6조 제4항, 제7조 제1항에 대한 심판청구

공수처법 제5조 제1항, 제6조 제4항, 제7조 제1항은 수사처장과 차장의 자격 및 추천위원회의 구성 등 수사처장과 차장의 임명 절차 등에 관한 규정으로, 이와 같은 수사처의 구성에 관한 사항이 청구인들의 법적 지위에 어떠한 영향을 미친다고 볼 수 없으므로, 기본권침해가능성이 인정되지 않는다.

다. 구 공수처법 제8조 제1항, 공수처법 제10조 제1항 제3호, 제13조 제2항에 대한 심판청구

구 공수처법 제8조 제1항은 수사처검사는 변호사 자격을 10년 이상 보유한 자로서 재판, 수사 또는 수사처규칙으로 정하는 조사업무의 실무를 5년 이상 수행한 경력이 있는 사람 중에서 대통령이 임명하고, 이 경우 검사의 직에 있었던 사람은 수사처검사 정원의 2분의 1을 넘을 수 없다고 규정하였다. 공수처법 제10조 제1항 제3호는 수사처수사관은 수사처규칙으로 정하는 조사업무의 실무를 5년 이상 수행한 경력이 있는 사람 중에서 수사처장이 임명한다고 규정하고, 공수처법 제13조 제2항은 검사의 경우 수사처장이나 차장이 되기 위해서는 퇴직 후 일정 기간이 지나야 한다고 규정하고 있다.

그런데 2020헌마264 사건의 청구인들은 위 조항들로 인해 기본권을 침해받았다는 점에 관하여 구체적으로 다투지 않고 있고, 2020헌마681 사건 청구인의 경우 검사의 직에 있었던 사실은 인정되나 위 청구인이 수사처장이나 차장, 수사처검사 또는 수사처수사관이 되고자 하는 사정이 확인되지 않는 한 기본권침해의 자기관련성을 인정할 수 없다.

라. 공수처법 제9조 제6항, 제45조에 대한 심판청구

공수처법 제9조 제6항과 제45조는 수사처 인사위원회의 구성과 운영, 수사처의 조직 및 운영에 필요한 사항을 수사처규칙으로 정한다고 규정하고 있는데, 이러한 사항들에 대하여 수사처에 독자적인 규칙제정권을 부여하는 것이 헌법 체계에 부합하는지 여부가 곧바로 청구인들의 법적 지위에 어떠한 영향을 미친다고 볼 수 없으므로, 기본권침해가능성이 인정되지 않는다.

마. 공수처법 제10조 제2항 단서, 제16조 제2항에 대한 심판청구

공수처법 제10조 제2항 단서 및 제16조 제2항은 검찰청으로부터 파견받은 검찰수사관은 수사처수사관의 정원에 포함되고, 수사처장과 차장, 수사처검사는 퇴직 후 일정 기간이 지나지 않으면 검사로 임용될 수 없다고 규정하고 있는데, 청구인들이 검찰수사관의 직에 있었다는 사실을 주장하거나 소명하지 않고 있고, 수사처장 내지 차장, 수사처검사가 되고자 하는 사정도 확인되지 않으므로, 청구인들은 위 조항들에 대하여 기본권침해의 자기관련성이 인정되지 않는다.

바. 공수처법 제24조 제1항, 제2항에 대한 심판청구

공수처법 제24조 제1항, 제2항은 수사처의 범죄수사와 중복되는 다른 수사기관의 범죄수사에 대하여 수사처장이 이첩을 요청하는 경우 해당 수사기관은 이에 응하여야 하고, 다른 수사기관이 범죄를 수사하는 과정에서 고위공직자범죄등을 인지한 경우 그 사실을 즉시 수사처에 통보하여야 한다고 규정하고 있는데, 위 조항들은 수사처와 검찰 등 다른 수사기관 사이의 권한 배분에 관한 사항을 규정한 것으로서 청구인들의 법적 지위에 어떠한 영향을 미친다고 볼 수 없으므로, 기본권침해가능성이 인정되지 않는다.

사. 소결

공수처법 제5조 제1항, 제6조 제4항, 제7조 제1항, 제9조 제6항, 제10조 제1항 제3호, 제2항 단서, 제13조 제2항, 제16조 제2항, 제24조 제1항, 제2항, 제45조 및 구 공수처법 제8조 제1항에 대한 심판청구는 부적법하므로 각하하고, 구 공수처법 제2조, 공수처법 제3조 제1항, 제8조 제4항에 대한 심판청구는 적법하므로 본안에 나아가 판단한다.

5. 본안에 대한 판단

가. 제한되는 기본권

수사처가 설치됨으로써 고위공직자가 고위공직자범죄등을 범한 경우 수사와 공소제기 및 그 유지(이하 '수사 등'이라 한다)에 필요한 직무를 검찰·경찰 등이 아닌 수사처에서 수행할 수 있으므로, 청구인들처럼 수사처의 수사 등의 대상이 되는 고위공직자와 수사 등의 대상이 되지 않는 그 외의 사람(이하 '비고위공직자'라 한다) 사이에 차별이 발생하여 청구인들의 평등권 침해 여부가 문제된다. 또한 청구인들은 수사처로부터 체포, 구속, 압수, 수색 등 여러 강제수사를 받게 되므로, 신체의 자유, 주거의 자유, 재산권, 사생활의 비밀과 자유 등(이하 '신체의 자유 등'이라 한다)의 침해 여부도 문제된다.

청구인들은 공수처법이 권력분립원칙, 영장주의 등 헌법원칙에 위배된다고 주장하는바, 단순히 일반 헌법규정이나 헌법원칙에 위반된다는 주장만으로는 기본권침해에 대한 구제라는 헌법소원의 적법요건을 충족시키지 못하므로, 헌법원칙의 위반 여부는 기본권침해와 관련된 범위에서 판단한다(헌재 2008. 1. 10. 2007헌마1468 참조).

나. 구 공수처법 제2조 및 공수처법 제3조 제1항에 대한 판단

(1) 구 공수처법 제2조 및 공수처법 제3조 제1항이 권력분립원칙을 위반하여 청구인들의 평등권, 신체의 자유 등을 침해하는지 여부

(가) 공수처법 제3조 제2항은 명문으로 수사처의 직무수행상의 독립성을 규정하고 있고, 수사처의 소속에 대하여는 헌법이나 정부조직법, 공수처법 어디에도 아무런 규정이 없다. 이에 청구인들은 수사처를 헌법상 입법부·행정부·사법부 어디에도 속하지 않는 기관으로 설치하여 대통령이나 국회로부터 어떠한 통제나 감독도 받지 않도록 하는 것은 헌법상의 권력분립원칙에 반한다고 주장한다.

청구인들은 수사처의 설치가 자유민주적 통치구조의 기본이념과 원리에 부합하지 아니하여 체계정당성의 원리에 위반된다는 주장도 하고 있으나, 이는 수사처가

헌법상 정부조직 원리에 부합하는지 여부에 관한 것이므로, 수사처가 권력분립원칙에 위반되는지에 대한 판단을 하면서 함께 살펴본다.

(나) 권력분립원칙의 의의

1) 권력분립원칙은 국가기능을 입법·행정·사법으로 분할하여 이를 각각 독립된 국가기관에 귀속시키고, 국가기관 상호간의 견제와 균형을 통하여 국가권력을 통제함으로써 국민의 자유와 권리를 보호하고자 하는 원리이다. 권력분립원칙은 국가권력의 집중과 남용의 위험을 방지하여 국민의 자유와 권리를 보호하고자 하는 데에 근본적인 목적이 있는바, 이를 위해서는 단순히 국가권력을 분할하는 것만으로는 충분하지 않고 분할된 권력 상호간의 견제와 균형을 통한 권력간 통제가 이루어져야 한다.

한편 헌법원칙으로서의 권력분립원칙은 구체적인 헌법질서와 분리하여 파악될 수 없는 것으로 권력분립원칙의 구체적 내용은 헌법으로부터 나오므로, 어떠한 국가행위가 권력분립원칙에 위배되는지 여부는 구체적인 헌법규범을 토대로 판단되어야 한다.

우리 헌법은 근대자유민주주의헌법의 원리에 따라 권력분립원칙을 채택하여 국가의 기능을 입법권(제40조), 행정권(제66조 제4항), 사법권(제101조 제1항)으로 분할하고 이를 조직상으로 분리·독립된 국가기관인 국회(제3장), 정부(제4장), 법원(제5장)에 각각 나누어 맡기고 있다. 또한 우리 헌법은 다른 국가기관과의 협력 하에서만 헌법적 과제를 이행할 수 있도록 규정함으로써 기관간의 관계를 '협력적 통제관계'로 형성하고 있다. 우리 헌법에서 권력분립원칙은 권력의 분할뿐만 아니라 권력간의 상호작용과 통제의 원리로 형성되어 국가기관 상호간의 통제 및 협력과 공조는 권력분립원칙에 대한 예외가 아니라 헌법상 권력분립원칙을 구성하는 하나의 요소가 된 것이다. 예를 들어 정부의 법률안 제출권과 대통령의 법률안 공포권 및 거부권(제52조, 제53조), 예산안에 대한 국회의 심의·확정권(제54조), 국무총리와 감사원장 임명에 대한 국회의 동의권(제86조, 제98조), 헌법재판소와 중앙선거관리위원회의 구성에 있어서 대통령과 국회, 대법원장의 공동 관여(제111조, 제114조) 등이 이에 해당한다. 즉, 헌법상 권력분립원칙이란 국가권력의 기계적 분립과 엄격한 절연을 의미하는 것이 아니라 권력 상호간의 견제와 균형을 통한 국가권력의 통제를 의미한다(헌재 2008. 1. 10. 2007헌마1468 참조).

2) 헌법 제66조 제4항은 "행정권은 대통령을 수반으로 하는 정부에 속한다."고 규정하고 있다. 여기에서의 '정부'의 의의에 대하여 헌법이 명시적으로 밝히고 있지는 않으나, 헌법은 제4장에서 '정부'라는 표제 하에 대통령(제1절)과 행정부(제2절)를 통합하여 규정하고 있고, 헌법 제66조 제4항이 헌법 제40조(입법권) 및 제101조 제1항(사법권)과 함께 헌법상의 권력분립원칙의 직접적인 표현인 점을 고려할 때, 헌법 제66조 제4항에서의 '정부'란 입법부와 사법부에 대응하는, 넓은 개념으로서의 집행부를 일컫는다 할 것이다. 나아가 헌법은 대통령의 명을 받은 국무총리가 행정각부를 통할하도록 규정하고 있으나(제86조 제2항), 대통령과 행정부, 국무총리에 관한 헌법 규정의 해석상 국무총리는 행정에 관하여 독자적인 권한을 가지지 못하고 대통령의 명을 받아 행정각부를 통할하는 기관으로서의 지위만을 가지며 행정권 행사에 대한 최후의 결정권자는 대통령으로 보아야 할 것이므로, 국무총리의 통할을 받는 '행정각부'에 모든 행정기관이 포함된다고 볼 수 없다(헌재 1994. 4. 28. 89헌마221 참조). 다시 말해 정부의 구성단위로서 그 권한에 속하는 사항을 집행하는 중앙행정기관을 반드시 국무총리의 통할을 받는 '행정각부'의 형태로 설치하거나 '행정각부'에 속하는 기관으로 두어야 하는 것이 헌법상 강제되는 것은 아니라 할 것이므로, 법률로써 '행정각부'에 속하지 않는 독립된 형태의 행정기관을 설치하는 것이 헌법상 금지된다고 할 수 없다.

3) 이하에서는 수사처의 소속에 대하여 아무런 언급을 하지 않는 구 공수처법 제2조 및 공수처법 제3조 제1항과 관련하여 수사처가 입법부·행정부·사법부 어디에도 속하지 않는 기관인지, 아니면 행정부 소속의 기관인지에 대하여 살펴본 다음, 위 조항들이 국가권력 사이의 견제와 균형의 원리인 권력분립원칙에 반하는지 여부를 살펴본다.

(다) 수사처의 법적 지위

1) 수사처는 공수처법에 따라 고위공직자범죄등에 대한 수사와 특정 고위공직자의 고위공직자범죄등에 대한 공소제기 및 그 유지에 필요한 직무를 수행한다. 수사와 공소제기 및 그 유지는 형사절차의 핵심으로 많은 국가에서 행정부가 수사와 공소제기 및 그 유지에 관한 사무를 수행하고, 우리나라 역시 중앙행정기관의 하나인 법무부의 장관이 수사와 공소제기 및 그 유지에 관한 검찰 사무를 관장하며, 이를 위해 그 소속으로 검찰청을 두고 있다(정부조직법 제32조 제1항, 제2항).

공수처법은 이러한 검찰권 중 일부를 수사처에 분산한 것으로, 수사처는 우리 헌법상 본질적으로 행정에 속하는 사무를 수행한다고 할 것이다.

2) 한편 공수처법은 수사처의 직무수행상의 독립을 명시하면서(제3조 제2항), 대통령 및 대통령비서실의 공무원은 수사처의 사무에 관하여 업무보고나 자료제출 요구, 지시, 의견제시, 협의, 그 밖에 직무수행에 관여하는 일체의 행위를 하여서는 아니 된다고 규정하고 있다(제3조 제3항). 그러나 공수처법에 의하면, 수사처장은 추천위원회에서 추천한 2명 중 1명을 대통령이 지명한 후 인사청문회를 거쳐 임명하고, 차장은 수사처장의 제청으로 대통령이 임명하며, 수사처검사는 인사위원회의 추천을 거쳐 대통령이 임명한다(제5조 제1항, 제7조 제1항, 제8조 제1항). 또한 수사처검사 뿐만 아니라 수사처장과 차장도 징계처분의 대상이 되고(제14조), 징계처분 중 견책은 수사처장이 하지만 해임·면직·정직·감봉은 수사처장의 제청으로 대통령이 한다(제42조 제1항). 이처럼 대통령은 수사처장과 차장, 수사처검사의 임명권과 해임권 모두를 보유하고 있는데, 이들을 임명할 때 추천위원회나 인사위원회의 추천, 수사처장의 제청 등을 거쳐야 한다는 이유만으로 대통령이 형식적인 범위에서의 인사권만 가지고 있다고 볼 수는 없고(헌재 2019. 2. 28. 2017헌바196 참조), 수사처 구성에 있어 대통령의 실질적인 인사권이 인정된다고 할 것이다. 또한 공수처법 제17조 제3항에 의하면 수사처장은 소관 사무와 관련된 안건이 상정될 경우 국무회의에 출석하여 발언할 수 있는 한편, 그 소관 사무에 관하여 독자적으로 의안을 제출할 권한이 있는 것이 아니라 법무부장관에게 의안의 제출을 건의할 수 있다.

이상의 점들에 비추어 보면, 수사처가 직제상 대통령 또는 국무총리 직속기관 내지 국무총리의 통할을 받는 행정각부에 속하지 않는다고 하더라도 대통령을 수반으로 하는 행정부에 소속된 행정기관으로 보는 것이 타당하다. 공수처법이 대통령과 대통령비서실의 공무원에 대하여 수사처의 직무수행에 관여하는 일체의 행위를 금지하는 취지는 대통령을 비롯하여 행정부의 고위공직자를 수사 등의 대상으로 하는 수사처 직무의 독립성과 정치적 중립성을 보장하기 위한 것으로, 위 규정을 들어 수사처가 행정부 소속이 아니라고 볼 수 없다.

3) 헌법은 행정부에 관한 장에서 행정각부와 감사원, 국가안전보장회의 등을 규정하고 있으나, 그것이 행정부의 조직은 감사원, 국가안전보장회의 등과 같이 헌법상 예외적으로 열거되어 있는 경우를 제외하고는 반드시 국무총리의 통할을 받는 '행정각부'의 형태로 설치되거나 '행정각부'에 속하여야 함을 헌법상 강제하는 것이 아님은 앞서 본 바와 같다. 또한 헌법이 감사원이나 국가안전보장회의 등의 설치근거 규정을 두고 있는 것은 헌법적 시각에서 본 그 기관의 성격, 업무의 중요성 등을 감안하여 특별히 헌법에 그 설치근거를 명시한 것에 불과할 뿐 그 설치근거를 법률에 두는 법률기관의 설치를 금지하는 취지는 아니다(헌재 1994. 4. 28. 89헌마86 참조). 따라서 공수처법이라는 법률에 근거하여 수사처라는 행정기관을 설치하는 것이 헌법상 금지되는 것은 아니다.

4) 공수처법이 제정될 당시의 구 정부조직법(2020. 6. 9. 법률 제17384호로 개정되기 전의 것)은 제2조 제2항에서 "중앙행정기관은 이 법과 다른 법률에 특별한 규정이 있는 경우를 제외하고는 부·처 및 청으로 한다."라고 규정하여 정부조직법 외의 다른 법률로 중앙행정기관을 설치하는 것을 금지하고 있지 않았다. 그러나 이후 2020. 6. 9. 법률 제17384호로 개정된 정부조직법 제2조 제2항은 "중앙행정기관은 이 법에 따라 설치된 부·처·청과 다음 각 호의 행정기관으로 하되, 중앙행정기관은 이 법 및 다음 각 호의 법률에 따르지 아니하고는 설치할 수 없다."라고 규정하였고, 여기에 공수처법과 수사처는 열거되어 있지 않다.

그런데 중앙행정기관이란 '국가의 행정사무를 담당하기 위하여 설치된 행정기관으로서 그 관할권의 범위가 전국에 미치는 행정기관'을 말하는데(행정기관의 조직과 정원에 관한 통칙 제2조 제1호), 어떤 행정기관이 중앙행정기관에 해당하는지 여부는 기관 설치의 형식이 아니라 해당 기관이 실질적으로 수행하는 기능에 따라 결정되어야 한다. 또한 정부조직법은 국가행정기관의 설치와 조직에 관한 일반법으로서 공수처법보다 상위의 법이라 할 수 없고, 정부조직법의 2020. 6. 9.자 개정도 정부조직 관리의 통일성을 확보하고 정부 구성에 대한 국민의 알 권리를 보장하기 위하여 중앙행정기관을 명시하는 일반원칙을 규정하기 위한 것으로 볼 수 있다. 따라서 개정된 정부조직법 제2조 제2항을 들어 정부조직법에서 정하지 않은 중앙행정기관을 다른 법률로 설치하는 것이 헌법상 금지된다고 보기는 어렵다.

그렇다면 비록 정부조직법에 수사처의 설치에 관한 규정이 없더라도 수사처는 국가의 행정사무 중 고위공직자범죄등에 대한 수사와 공소제기 및 그 유지에 관한 사무를 담당하고 그 관할권의 범위가 전국에 미치는 중앙행정기관으로 보아야 한다.

5) 공수처법의 입법 과정의 논의를 살펴보면 수사처를 행정부 소속으로 두는 것이 입법자의 의도였음을 알 수 있다. 당초 법무부 산하의 법무·검찰개혁위원회의 권고안에서는 '수사처의 예산회계 처리에 대하여 국회나 헌법재판소와 같은 독립기구로 규정함으로써 수사처를 직무상 독립뿐만 아니라 어디에도 소속되지 않는 독립된 기구로 설치할 것'을 권고하였다. 그러나 공수처법 제17조 제6항은 위 권고안과 달리 수사처를 국가재정법 제6조 제1항의 독립기관으로 규정하지 않고, 수사처장이 수사처의 예산 관련 업무를 수행하는 경우 국가재정법 제6조 제2항에 따른 중앙관서의 장으로 본다고 규정하여 수사처의 예산상 독립성을 부정하였다.

6) 수사처의 설치와 독립성을 규정한 공수처법 제3조 제1항, 제2항은 국가인권위원회법 제3조 제1항, 제2항과 유사하고, 예산 관련 업무를 수행하는 경우 수사처장을 중앙관서의 장으로 본다고 규정한 공수처법 제17조 제6항은 국가인권위원회법 제6조 제5항과 유사하다. 그런데 헌법재판소는 국가인권위원회의 성격과 관련하여, '국가인권위원회는 중앙행정기관에 해당하고, 국가인권위원회와 타 부처와의 갈등이 생길 우려가 있는 경우 대통령의 명을 받아 행정각부를 통할하는 국무총리나 대통령에 의해 분쟁이 해결될 수 있다.'라고 판시하여(헌재 2010. 10. 28. 2009헌라6 참조), 국가인권위원회가 대통령을 수반으로 하는 행정부에 속한다고 보았다.

7) 수사처의 소속에 대하여 정부조직법에는 아무런 규정을 두고 있지 않지만, 다른 법령에서 수사처를 '행정기관'으로 규정하고 있다. 예를 들어 '공공감사에 관한 법률' 제2조 제2호에서는 중앙행정기관을 '정부조직법 제2조에 따른 부·처·청과 감사원, 국가인권위원회, 국민권익위원회, 공정거래위원회, 금융위원회, 방송통신위원회 및 그 밖에 대통령령으로 정하는 기관'으로 정의하면서, 동법 시행령 제2조에서 수사처를 그 중 하나로 규정하고 있다. 공직자윤리법 제5조 제1항에서는 공직자가 재산을 등록하여야 하는 등록기관을 구분하면서 제5호에서 '정부의 부·처·청(대통령령으로 정하는 위원회 등의 행정기관을 포함한다) 소속 공무원은 그 부·처·청'에 등록하는 것으로 규정하였는데, 동법 시행령 제4조의3 제1항 제6호의2에서는 수사처가 위에서 말하는 '대통령령으로 정하는 위원회 등의 행정기관'에 포함되는 것으로 규정하고 있다.

8) 이상의 사정들을 종합하면, 수사처는 행정업무를 수행하면서도 입법부·행정부·사법부 어디에도 속하지 않는 기관이 아니라 그 관할권의 범위가 전국에 미치는 행정부 소속의 중앙행정기관으로 보는 것이 타당하다.

(라) 권력분립원칙 위반 여부

1) 청구인들은 수사권 및 공소권을 가진 수사처가 어느 행정부서에도 소속되지 않고 어느 곳에서도 통제받지 않는 형태로 설치되는 것은 권력분립원칙에 반한다고 주장한다.

그러나 수사처가 중앙행정기관임에도 불구하고 대통령을 비롯하여 기존의 행정조직에 소속되지 않고 이들로부터 구체적인 지휘·감독을 받지 않는 형태로 설치된 것은 수사처 업무의 특수성에서 기인한 것이다.

가) 공수처법이 고위공직자범죄등을 독립된 위치에서 수사하고 기소할 수 있는 수사처를 설치한 취지는 고위공직자 등의 범죄를 척결하고 국가의 투명성과 공직사회의 신뢰성을 높이는 한편 검찰의 기소독점주의 및 기소편의주의에 대한 제도적 견제장치를 마련하려는 데에 있다.

수사처는 입법부와 사법부뿐만 아니라 행정부 소속 공무원도 그 수사대상으로 한다는 점에서 기존의 행정조직의 위계질서에 포함시켜서는 객관성이나 신뢰성을 담보하기가 쉽지 않고 행정부 내부에서 이해관계의 충돌이 발생할 수도 있음을 고려하여 기존의 행정조직 이외의 별도조직을 활용하고자 도입되었다.

또한 수사처는 선출직 공무원을 포함하여 대부분의 고위공직자들을 대상으로 수사 등을 담당하므로 정치적 중립성과 직무의 독립성이 매우 중요하다. 물론 검찰청법상의 검사 역시 직무를 수행할 때 국민 전체에 대한 봉사자로서 정치적 중립을 지켜야 한다(검찰청법 제4조 제2항). 그러나 검사는 검찰사무에 관하여 소속 상급자의 지휘·감독에 따르고(검찰청법 제7조), 법무부장관은 검찰사무의 최고 감독자로서 일반적으로 검사를 지휘·감독할 권한이 있을 뿐만 아니라 구체적 사건에 대하여도 검찰총장을 상대로 지휘·감독할 수 있다(검찰청법 제8조). 이처럼 검찰이 법무부 소속 하에 있고 대통령이 임명하는 법무부장관이 개별사건과 관련하여 검찰총장에 대한 지휘감독권을 가지며 기소편의주의를 채택하고 있는 구조상, 고위공직자에 대한 수사와 공소제기 및 그 유지에 관한 업무를 수행함에 있어 검찰이 온전하게 중립성을 유지하기 어려울 수 있다는 문제의식에 따라 기관의 중립성을 보장하기 위한 최선의 방법은 독립성에 있다는 인식에서 수사처가 새로 도입된 것이다.

특히 수사처의 수사대상에는 입법부(국회의장 및 국회의원)와 행정부(대통령, 국무총리, 검찰총장, 경무관 이상 경찰공무원, 장성급 장교 등), 사법부(대법원장 및 대법관, 판사), 헌법재판소(헌법재판소장 및 헌법재판관) 등 소속의 공무원이 망라되어 있다. 그런데 만약 수사처가 행정권을 행사한다는 이유로 수사처를 대통령이나 기존 행정조직의 위계질서 하에 편입시킨다면, 수사처의 활동과 운영 등에 대통령 등이 관여할 위험이 높아지고 결국 정치적 중립성 내지 직무의 독립성이 훼손될 우려가 없지 않다. 이에 공수처법은 제3조에서 수사처의 소속에 대하여 아무런 규정을 하지 않은 것이고, 나아가 제22조에서 수사처 소속 공무원의 정치적 중립 및 직무상 독립을 천명한 것이다.

이러한 독립성 보장의 일환으로 공수처법은 대통령비서실 소속의 공무원으로서 퇴직 후 2년이 지나지 아니한 경우를 수사처장이나 차장, 수사처검사, 수사처수사관 임명 시의 결격사유 중 하나로 규정하고 있고(제13조 제1항 제5호), 수사처장과 차장, 수사처검사의 임기와 정년도 보장하고 있으며(제5조 제3항, 제7조 제3항, 제8조 제3항), 수사처장과 차장, 수사처검사는 탄핵이나 금고 이상의 형을 선고받은 경우를 제외하고는 파면되지 아니하며, 징계처분에 의하지 아니하고는 해임·면직·정직·감봉·견책 또는 퇴직의 처분을 받지 아니한다고 규정함으로써 수사처 구성원의 신분을 보장하고 있다(제14조).

나) 이처럼 수사처를 대통령 등 기존의 행정조직에서 독립된 형태로 설치한 것은 수사처로 하여금 행정부의 통제로부터 가능한 벗어나 독립적이고 중립적으로 그 과제를 완수하도록 하고, 정치적 환경의 변화에도 불구하고 조직적 지속성을 보장받도록 하기 위한 것이므로, 수사처가 기존의 행정조직에 소속되어 있지 않다는 사정만으로 공수처법상 수사처의 설치가 권력분립원칙에 반한다고 보기 어렵다.

2) 수사처의 독립성이 중요한 만큼 수사처는 독립성에 따른 책임 역시 부담하여야 한다. 권력분립의 진정한 의미는 국가기능의 엄격한 분리에 있는 것이 아니라 국가권력이 제한되고 국민의 자유가 보호될 수 있도록 국가기관 상호간의 견제와 균형을 통한 권력 통제에 있다. 그런데 독립성만을 강조하여 명색은 행정부 소속이지만 실질적으로 대통령이나 행정조직으로부터 아무런 통제도 받지 않는다면 이는 곧 우리 헌법이 예정하지 않은, 입법부·행정부·사법부 어디에도 속하지 않은 기관의 창설과 다르지 않게 되고 우리 헌법이 통치구조로 채택한 대통령제의 틀 자체를 흔드는 것이다.

또한 강력한 독립성만을 부여받고 입법부나 사법부에 의한 통제도 받지 않는다면 이 역시 국민의 기본권 보장에 위협이 되고 결과적으로 권력 상호간의 견제와 균형을 요체로 하는 권력분립원칙에 반한다. 따라서 수사처에 대하여 그 책임성을 확보하기 위한 각종 장치가 마련되어 독립성과 조화를 이루어야 한다.

그런데 다음과 같은 사정을 종합하여 볼 때 수사처의 권한 행사에 대하여는 여러 기관으로부터의 통제가 충실히 이루어질 수 있으므로, 단순히 수사처가 독립된 형태로 설치되었다는 이유만으로 권력분립원칙에 반한다고 볼 수 없다.

가) 우선 수사처는 공수처법이라는 입법을 통해 도입되었다. 수사처의 설치 및 존속 여부와 그 권한 범위, 구성 방식 등에 관한 사항은 법률에 규정되어 있는바, 국회는 이러한 법률의 개폐를 통하여 시원적인 통제권을 갖는다.

또한 공수처법은 수사처를 구성함에 있어서 입법부와 행정부, 사법부를 비롯하여 다양한 기관들이 그 권한을 나누어 가져 기관 간에 견제와 균형이 이루어지도록 하였다. 수사처장은 추천위원회가 2명을 추천하고, 대통령이 그 중 1명을 지명한 후 인사청문회를 거쳐 임명하는데(제5조 제1항), 위 추천위원회는 법무부장관, 법원행정처장, 대한변호사협회장, 대통령이 소속되거나 소속되었던 정당의 교섭단체가 추천한 2명, 그 외의 교섭단체가 추천한 2명 등 총 7명의 위원으로 구성된다(제6조). 수사처검사도 변호사 자격을 일정 기간 보유한 사람 중에서 인사위원회의 추천을 거쳐 대통령이 임명하는데, 위 인사위원회는 수사처장, 차장, 학식과 덕망이 있고 각계 전문 분야에서 경험이 풍부한 사람으로서 수사처장이 위촉한 사람 1명, 대통령이 소속되거나 소속되었던 정당의 교섭단체가 추천한 2명, 그 외의 교섭단체가 추천한 2명 등 총 7명의 위원으로 구성되어 재적위원 과반수의 찬성으로 의결한다(제9조).

특히 추천위원회의 구성과 관련하여 공수처법 제6조 제4항은 비정치적·중립적이라고 평가될 수 있는 법원행정처장과 대한변호사협회장을 당연직 위원으로 정하고 있고, 정부·여당과 다른 의견을 가질 수 있는 대통령이 소속되거나 소속되었던 교섭단체 외의 교섭단체가 추천한 2인을 추천직 위원으로 정하고 있는데, 이러한 구성방식은 수사처장후보자의 추천 과정에서 정치권의 이해관계가 강조되거나 대통령의 영향력이 강하게 작용할 경우 이를 적절히 견제할 수 있는 권한을 비정치인인 당연직 위원(2인)과 야당이 추천한 추천직 위원(2인)에게 부여한 것으로 볼 수 있다. 인사위원회에 야당이 추천한 추천직 위원(2인)이 포함되는 것도 위와 같은 의미가 있다고 할 것이다. 이러한 점을 종합하여 보면, 공수처법은 수사처가 대통령을 비롯하여 이른바 집권세력에 의해 일방적으로 구성되지 못하도록 이들의 정치적 영향력을 적절히 차단하고 있다 할 것이다.

이처럼 수사처 설치 여부를 입법부가 결정하고, 수사처장이나 수사처검사 임명에 관한 권한을 여러 기관 간에 분산시키는 것은 수사처의 설치단계에서부터 국가권력 상호간의 견제와 균형을 도모한 것이라 볼 수 있다.

나) 입법부와의 관계에서 볼 때, 국회는 수사처에 대하여 다음과 같은 통제수단을 행사할 수 있다.

수사처장은 검찰총장과 마찬가지로 그 임명에 국회의 동의를 얻어야 하는 것은 아니지만 국회의 인사청문회를 거쳐 임명된다(공수처법 제5조 제1항). 또한 국회는 수사처장에 대하여 탄핵소추를 의결할 수 있다(헌법 제65조 제1항, 공수처법 제14조). 수사처장은 국회의 해임건의 대상이 아니나, 국회의 해임건의권은 국무총리와 국무위원에 대하여 정치적 책임을 묻기 위한 것으로서, 해임건의의 사유에는 법규범에 대한 위반뿐만 아니라 정치적 무능, 정책결정상의 과오, 부하직원의 과오 등 정치적 책임을 추궁할 수 있는 모든 경우가 포함된다. 따라서 수사처의 정치적 중립성 내지 직무의 독립성을 보장하는 차원에서 볼 때 검찰총장과 마찬가지로 수사처장을 해임건의 대상에서 제외하는 것이 더 바람직하다고 할 것이다.

나아가 국회는 수사처장에 대하여 국회 출석 및 답변을 요구할 수 있고, 수사처장은 수사나 재판에 영향을 미치지 않는 한 국회에 출석하여 보고하거나 답변하여야 한다(공수처법 제17조 제2항). 여기서 '수사나 재판에 영향을 미치지 않는 한'이라는 조건이 붙는 것은 국정감사나 조사가 계속 중인 재판 또는 수사 중인 사건의 소추에 관여할 목적으로 행사되어서는 아니 되는 것과 같은 이유로(국정감사 및 조사에 관한 법률 제8조) 수사처의 정치적 중립성 내지 직무의 독립성을 보장하기 위한 당연한 제한이라 할 것이다.

또한 국회는 다른 중앙행정기관과 마찬가지로 수사처의 예산안에 대한 심의·확정권을 갖는다.

다) 수사처에 대한 사법적 통제수단으로서, 법원은 수사처의 명령·규칙·처분에 대한 위헌·위법심사권(헌법 제107조 제2항)의 행사를 통하여, 헌법재판소는 수사처의 공권력의 행사 등으로 인한 기본권의 침해가 발생하였을 때 헌법소원심판권의 행사를 통하여 각각 수사처를 통제할 수 있다(헌재 1994. 4. 28. 89헌마221 참조). 수사처검사가 불기소처분을 한 경우 고소·고발인은 서울고등법원에 재정신청을 하여(공수처법 제29조 제1항), 수사결과에 대하여 다시 판단을 받을 수 있다.

라) 행정부의 내부적 통제의 측면에서 볼 때에도, 공수처법은 수사처장으로 하여금 소관 사무와 관련된 안건이 상정될 경우 국무회의에 출석하여 발언할 수 있도록 규정하여(제17조 제3항) 수사처 사무가 국무회의의 토론 과정을 통해 조정될 수 있는 장치를 마련해두었다. 또한 수사처는 감사원의 감찰 대상도 된다(감사원법 제24조 제1항 제1호). 수사처검사와 수사처수사관이 공수처법에 따른 직무와 권한 등을 행사할 때에도 임의로 이를 행사할 수 없고 검찰청법과 형사소송법에 따라야 한다(공수처법 제47조 참조). 수사처장이 수사처검사의 범죄 혐의를 발견한 경우에는 관련 자료와 함께 이를 대검찰청에 통보하도록 하여(공수처법 제25조 제1항) 수사처검사의 범죄에 대한 통제절차도 마련되어 있다.

마) 앞서 수사처의 법적 지위를 살필 때 본 바와 같이 수사처장은 대통령이 임명하고(공수처법 제5조), 차장은 수사처장의 제청으로 대통령이 임명하며(공수처법 제7조), 수사처검사는 인사위원회의 추천을 거쳐 대통령이 임명한다(공수처법 제8조). 수사처검사뿐만 아니라 수사처장과 차장도 징계처분의 대상이 될 수 있고(공수처법 제14조), 징계처분 중 견책은 수사처장이 하지만, 해임·면직·정직·감봉은 수사처장의 제청으로 대통령이 한다(공수처법 제42조 제1항). 이처럼 대통령은 수사처장과 차장, 수사처검사의 임명권과 해임권 모두를 보유하고 있으므로, 대통령의 수사처 구성원에 대한 임명이 형식적 절차에 그친다고 볼 수 없고, 대외적으로는 수사처의 구성원을 임명한 대통령이 정치적 책임을 부담할 수밖에 없다(헌재 1994. 4. 28. 89헌마221 참조).

3) 한편 청구인들은, 수사와 기소로 이루어지는 형사제재 영역은 국민의 기본권에 대한 침해 정도가 중하므

로 기존의 행정조직에서 단일하게 권한을 행사하여야 하고, 새로이 독립된 형태로 설치된 기관에서 그 일부를 담당하게 하는 것은 권력분립원칙에 반한다는 취지로 주장한다.

가) 그러나 앞서 본 바와 같이 헌법은 설치근거를 법률에 두는 법률기관의 설치를 금지하고 있지 않으므로, 공수처법이라는 법률에 근거하여 수사처라는 행정기관을 설치하는 것이 헌법상 금지되지 않는다. 그리고 검찰의 기소독점주의 및 기소편의주의를 견제할 별도의 수사기관을 설치할지 여부는 국민을 대표하는 국회가 검찰 기소독점주의의 적절성, 검찰권 행사의 통제 필요성, 별도의 수사기관 설치의 장단점, 고위공직자범죄 수사 등에 대한 국민적 관심과 요구 등 제반 사정을 고려하여 결정할 문제로서, 그 판단에는 본질적으로 국회의 폭넓은 재량이 인정된다(헌재 2008. 1. 10. 2007헌마1468 참조).

나) 나아가 전통적으로 권력분립원칙은 입법권, 행정권, 사법권의 분할과 이들 간의 견제와 균형의 원리이므로, 설령 수사처의 설치로 말미암아 수사처와 기존의 다른 수사기관과의 관계가 문제된다 하더라도 동일하게 행정부 소속인 수사처와 다른 수사기관 사이의 권한 배분의 문제는 헌법상 권력분립원칙의 문제라고 볼 수 없다.

물론 오늘날 고전적 의미의 3권 분립은 그 의미가 약화되고 통치권을 행사하는 여러 권한과 기능들의 실질적인 분산과 상호간의 조화를 도모하는 이른바 기능적 권력분립이 중요한 의미를 갖게 되었다(헌재 2014. 1. 28. 2012헌바216 참조). 기능적 권력분립론은 몽테스키외적인 고전적 권력분립 이념을 존중하면서 국가권력 또는 국가기능의 단순한 기계적·획일적 분리보다는 실질적인 기능적 권력통제에 중점을 둔 이론이라 할 수 있다. 기능적 권력분립의 구체적인 내용은 주장하는 학자마다 다르고, 구체적인 입법형태 역시 다양하다. 위헌법률심판, 헌법소원심판, 탄핵심판 등과 같은 헌법재판제도와 지방자치제도, 직업공무원제도, 다원적 민주주의에서의 사회단체를 통한 권력분립 등도 현대 자유민주국가에서 권력분립에 기여하는 제도들로 주창되고 있다.

그러나 앞서 본 바와 같이 권력분립원칙은 구체적인 헌법질서와 분리하여 파악될 수 없는 것이고, 권력분립원칙의 구체적 내용은 헌법으로부터 나온다. 권력분립원칙이 헌법규범으로 정립되고 헌법현실에 적용되는 모습은 나라마다 다르다. 기능적 권력분립론에서 주장하는 제도들도 헌법에 규정됨으로써 비로소 헌법규범적 의미가 있는 것이다. 그런데 우리 헌법은 정부조직과 관련하여 대통령이 행정부의 수반이고(제66조 제4항), 국무총리가 대통령의 명을 받아 행정각부를 통할하며(제86조 제2항), 행정각부의 설치·조직과 직무범위는 법률로 정한다(제96조)라고만 규정하고 있을 뿐 행정부 내부 조직 간의 권한 배분에 대하여는 아무런 언급이 없다. 그렇다면 행정부 내의 법률상 기관에 불과한 수사처와 다른 수사기관 사이에 권한 배분의 문제가 발생한다 하더라도 이를 헌법상의 권력분립원칙의 문제로 볼 수는 없고, 입법정책의 문제일 뿐이다.

4) 청구인들은, 수사처가 판사에 대하여 수사권 및 공소권을 행사하는 것이 사법권의 독립을 침해하여 권력분립원칙에 반한다는 취지로도 주장한다. 그러나 판사에 대하여 수사를 하고 공소제기 및 유지를 하는 것은 판사의 직무 수행에 어떠한 관여를 하기 위한 것이 아니라 형사법적 절차에 따라 판사가 범한 고위공직자범죄등을 처리하는 것에 불과하므로, 이를 두고 헌법에서 정하고 있는 법관의 독립이나 법관의 신분보장에 대한 침해라고 볼 수는 없다. 그리고 앞서 본 바와 같이 수사처의 권한 행사에 대해서는 여러 국가기관에 의하여 충실한 통제가 이루어지고 있으므로, 수사처가 법원이나 다른 국가기관에 대하여 일방적으로 우위를 차지하고 있다고 보기도 어렵다. 따라서 구 공수처법 제2조 및 공수처법 제3조 제1항이 사법권의 독립을 침해한다고 볼 수 없다.

5) 이상에서 살펴본 바와 같이 공수처법이 수사처의 소속을 명시적으로 규정하고 있지 않으나 이는 수사처의 업무의 특성을 고려하여 정치적 중립성과 직무상 독립성을 보장하기 위한 것이고, 수사처에 대하여는 행정부 내부에서뿐만 아니라 외부에서도 다양한 방법으로 통제를 하고 있으며, 수사처가 다른 국가기관에 대하여 일방적 우위를 점하고 있다고 보기도 어렵다. 따라서 고위공직자범죄등의 수사와 공소제기 및 그 유지에 관한 업무를 수행하는 수사처의 설치를 규정한 구 공수처법 제2조 및 공수처법 제3조 제1항이 권력분립원칙에 반한다고 볼 수 없다.

(마) 소결

그렇다면 구 공수처법 제2조 및 공수처법 제3조 제1항은 권력분립원칙에 반하여 청구인들의 평등권, 신체의 자유 등을 침해하지 않는다.

(2) 구 공수처법 제2조 및 공수처법 제3조 제1항이 청구인들을 비고위공직자와 합리적 이유 없이 차별하여 평등권을 침해하는지 여부

(가) 청구인들은 구 공수처법 제2조 및 공수처법 제3조 제1항이 수사처의 수사 등의 대상이 되는 고위공직자와 비고위공직자를 달리 취급하여 청구인들의 평등권을 침해한다고 주장한다.

1) 헌법 제11조 제1항은 "모든 국민은 법 앞에 평등하다. 누구든지 성별·종교 또는 사회적 신분에 의하여 정치적·경제적·사회적·문화적 생활의 모든 영역에 있어서 차별을 받지 아니한다."고 규정한다. 여기서 사회적 신분이란 사회에서 장기간 점하는 지위로서 일정한 사회적 평가를 수반하는 것을 의미한다 할 것인데(헌재 1995. 2. 23. 93헌바43 참조), 청구인들이 고위공직자라는 이유로 수사처의 수사 등을 받게 되는 것은 고위공직자라는 사회적 신분에 따른 차별이라 할 수 있다. 그러나 헌법 제11조 제1항 후문의 위와 같은 규정은 불합리한 차별의 금지에 초점이 있는 것이고, 예시한 사유가 있는 경우에 절대적으로 차별을 금지할 것을 요구함으로써 입법자에게 인정되는 입법형성권을 제한하는 것은 아니다(헌재 2011. 3. 31. 2008헌바141등; 헌재 2014. 2. 27. 2011헌마825 참조).

구 공수처법 제2조 및 공수처법 제3조 제1항에 따라 고위공직자범죄등에 대한 수사 등은 경찰이나 검찰이 아닌 수사처에서 수행할 수 있게 된다. 이는 수사 등의 주체만을 달리하는 것으로서, 수사처의 수사 등에 적용되는 절차나 내용, 방법 등이 일반 형사소송절차와 다르지 않는 이상 헌법에서 특별히 평등을 요구하는 영역에 관한 것이거나 관련 기본권에 중대한 제한을 초래하게 되는 경우에 해당하지 않는다. 따라서 고위공직자라는 점이 헌법 제11조 제1항 후문의 사회적 신분이라고 하더라도, 고위공직자범죄등에 대한 수사 등의 주체를 수사처로 정한 구 공수처법 제2조 및 공수처법 제3조 제1항이 청구인들의 평등권을 침해하는지 여부는 차별에 합리적인 이유가 있는지 여부를 심사하여 판단하기로 한다(헌재 2011. 3. 31. 2008헌바141등 참조).

2) 한편 청구인들은 공수처법 시행 전 고위공직자의 직에서 퇴직한 사람도 수사처에 의한 수사 등을 받게 되어 신뢰보호원칙에 위반된다고 주장하나, 퇴직한 고위공직자가 검찰·경찰 등 기존의 법질서에 따른 기관이 수사 등을 수행할 것이라는 신뢰 하에 고위공직자범죄등을 범하였다 할 수 없고, 설령 그렇다고 하더라도 이러한 신뢰는 보호가치가 인정되지 않으므로, 신뢰보호원칙 위반 여부에 대해서는 별도로 판단하지 않는다. 대신 퇴직한 고위공직자를 수사처에 의한 수사 등의 대상에 포함시키는 것이 합리적인 이유가 있는 차별에 해당하는지에 대한 판단을 하면서 위 주장도 함께 살핀다.

3) 또한 고위공직자의 가족이 고위공직자의 직무와 관련하여 죄를 범한 경우 수사처의 수사대상이 되는데, 이에 대하여 청구인들은 자기책임의 원리 등에 위반되고 헌법 제36조 제1항 등에 근거한 혼인과 가족생활에 관한 기본권 등을 침해하며 헌법상 연좌제금지에 반한다고 주장한다. 그러나 고위공직자의 가족은 고위공직자의 직무와 관련하여 스스로 범한 죄에 대해서만 수사처의 수사를 받거나 기소되므로, 친족의 행위와 본인 간에 실질적으로 의미 있는 아무런 관련성을 인정할 수 없음에도 불구하고 오로지 친족이라는 사유 그 자체만으로 불이익한 처우를 가하는 경우에만 적용되는 연좌제금지 원칙이나(헌재 2016. 7. 28. 2015헌마236등 참조) 자기책임의 원리 위반 여부는 문제되지 않는다. 또한 혼인과 가족생활에 관한 기본권 등이 침해된다는 청구인들의 주장은 고위공직자를 비고위공직자와 달리 취급하여 가족까지 수사처의 수사대상으로 규정한 것의 위헌성을 다투는 취지라 할 것이므로, 구 공수처법 제2조 및 공수처법 제3조 제1항이 고위공직자에 대한 합리적 이유 있는 차별에 해당하는지 여부를 판단하면서 함께 살펴본다.

(나) 공수처법의 적용 대상이 되는 고위공직자는 공수처법에서 정한 고위공직자범죄 및 관련범죄를 범한 경우 수사처에 의한 수사 등의 대상이 될 수 있으므로, 범죄를 범하였다는 사실관계가 동일함에도 고위공직자는 검찰 등의 수사나 기소의 대상이 되는 비고위공직자와 달리 취급되고 있다.

우리 헌법은 수사나 공소제기의 주체, 방법, 절차 등에 관하여 직접적인 규정을 두고 있지 않으므로, 입법자는 입법 당시의 시대적 상황과 국민 일반의 가치관 내지 법 감정 등을 고려하여 수사 및 공소제기의 주체를 누구로 할 것인지, 어떠한 절차나 형식에 따라 수사를 진행하고 공소를 제기할 것인지를 결정할 수 있다(헌재 1997. 8. 21. 94헌바2 참조). 따라서 기존의 행정조직에 소속되지 않은 독립된 위치에서 고위공직자 등의 범죄에 대한 수사와 공소제기 및 그 유지에 관한 사무를 수행할 기관을 설치·운영할 것인지 여부를 포함하여 해당 기관에 의한 수사나 기소의 대상을 어느

범위로 정할 것인지는 독립된 기관의 설치 필요성, 고위공직자범죄의 척결 및 공직사회의 신뢰성 제고에 대한 국민적 관심과 요구 등 모든 사정을 고려하여 결정할 문제라 할 것이므로, 이에 대한 입법자의 결정은 명백히 자의적이거나 현저히 부당하다고 볼 수 없는 한 존중되어야 한다(헌재 2008. 1. 10. 2007헌마1468; 헌재 2019. 2. 28. 2017헌바196 참조).

2008년 국회의 비준 동의를 얻어 발효된 국제연합 부패방지협약(United Nations Convention against Corruption)은 부패가 민주주의 제도와 가치를 훼손하고 지속 가능한 발전과 법의 지배를 위태롭게 하며, 시장을 왜곡하고 삶의 질을 낮추며 조직범죄와 경제범죄에도 연관된다고 밝히고, 부패 방지와 근절이 모든 국가의 책임이라고 선언하고 있다. 공직사회의 부패는 법의 지배와 경제 질서를 왜곡하여 민주주의를 훼손하고, 경제발전을 늦추는 등 사회 전체에 부정적 영향을 미친다(헌재 2016. 7. 28. 2015헌마236등 참조).

공수처법은 고위공직자의 범죄를 척결하고 국가의 투명성과 공직사회의 신뢰성을 높이는 것에 그 목적이 있는바, 부패 방지와 근절이라는 국가의 책임을 이행하기 위해 수사처라는 독립적인 기관에서 고위공직자에 대한 수사를 엄정히 하도록 함으로써 권력형 부정 사건이나 정치적 성격이 강한 사건에서 법의 공정성과 법적 정의를 확보하고자 제정되었다. 고위공직자는 권력형 부정 사건을 범할 가능성이 비고위공직자에 비하여 높고 그 범죄로 인한 부정적인 파급효과가 크므로, 고위공직자를 수사처의 수사나 기소의 대상으로 하고 수사나 기소의 대상이 되는 범죄를 한정하여 규정한 것에는 충분히 합리적인 이유가 있다. 수사처에 의한 수사 등의 대상에는 고위공직자의 배우자, 직계존비속 등 가족도 포함되나(공수처법 제2조 제2호), 가족의 경우 고위공직자와 생활공동체를 형성하는 밀접·긴밀한 관계에 있으므로, 공수처법의 입법목적을 달성하기 위해 고위공직자의 직무와 관련하여 가족이 고위공직자범죄를 범한 경우에 한하여 수사처의 수사 등을 받도록 한 것이 고위공직자나 그 가족에 대한 불합리한 차별에 해당한다고 볼 수 없다.

수사처의 수사대상 중 상당 부분은 정무직 공무원으로, 정무직 공무원은 선거로 취임하거나 임명할 때 국회의 동의가 필요한 공무원과 고도의 정책결정 업무를 담당하거나 이러한 업무를 보조하는 공무원으로서 법률이나 대통령령(대통령비서실 및 국가안보실의 조직에 관한 대통령령만 해당한다)에서 정무직으로 지정하는 공무원을 말하는데(국가공무원법 제2조 제3항 제1호), 높은 수준의 청렴성을 필요로 한다. 검찰총장, 판사 및 검사, 경무관 이상의 경찰공무원, 대통령비서실·국가안보실·대통령경호처·국가정보원·감사원·국세청·공정거래위원회·금융위원회 소속의 3급 이상 공무원 등은 정무직 공무원은 아니지만, 해당 기관 업무의 특수성을 고려할 때 마찬가지로 높은 수준의 청렴성이 요구되고 독립적인 기관에서 수사 등을 수행해야 할 필요성이 크다. 뿐만 아니라 수사처에 의한 수사나 기소의 대상이 되는 범죄는 공무원의 직무와 관련되는 범죄로 한정되므로, 고위공직자와 그 가족 등을 수사처에 의한 수사 등의 대상으로 한정하였다 하더라도 이를 불합리한 차별이라고 보기 어렵다.

(다) 공수처법에 의하면 수사처검사의 경우 검사의 직무 및 군검사의 직무를 수행할 수 있고(제8조 제4항), 수사처수사관도 형사소송법에 따른 사법경찰관의 직무를 수행할 수 있으며(제21조 제2항), 그 밖에 수사처검사 및 수사처수사관의 직무와 권한 등에 관해서는 공수처법에 반하지 않는 한 검찰청법과 형사소송법을 준용하도록 되어 있다(제47조). 따라서 수사처에 의한 수사 등의 대상이 된다 하더라도 적용되는 절차나 내용, 방법 등은 일반 형사소송절차와 같고, 수사 등의 주체만을 수사처로 달리할 뿐이다.

그런데 수사 등의 주체가 달라진다 하여 그 대상자에게 실질적인 불이익이 발생한다거나 대상자의 법적 지위가 불안정해질 것이라고 볼 수는 없다. 수사처가 고위공직자에 대한 수사 등의 주체가 됨으로써 이른바 부실·축소 수사 또는 표적수사가 이루어지거나 무리한 기소가 있을 수 있다는 우려는 이를 뒷받침할 객관적·실증적인 근거가 없을 뿐 아니라, 설령 수사처가 출범한 후 실제로 기존 형사소송절차와 어떠한 운영상의 차이가 발생한다 하더라도 이는 수사처의 운용상의 문제일 뿐 수사처 제도 자체의 문제라고 할 수는 없다.

(라) 한편 수사처의 수사 등의 대상이 되는 고위공직자는 직에 재직 중인 사람 뿐 아니라 직에서 퇴직한 사람도 포함된다. 퇴직한 고위공직자를 수사처 수사 등의 대상에 포함시킨 것은 범죄에 연루된 현직 고위공직자가 사직을 통해 수사처의 수사 등을 회피하는 행태를 방지하고, 퇴직 후에도 재직 당시의 범죄행위에 대한 책임을 물을 수 있게 함으로써 국가의 투명성과 공직사회의 신뢰성 제고라는 수사처의 설치 목적 실현에 기여

하기 위한 것이다.

공수처법상 별도의 경과규정이 없으므로 공수처법이 시행되기 전에 고위공직자의 직에서 퇴직한 사람이라 하더라도 재직 당시 고위공직자범죄등을 범한 사실이 확인되는 경우 공소시효가 완성되지 않는 한 수사처 수사 등의 대상이 될 수 있다. 그런데 비고위공직자가 퇴직한 후 재직 당시 범죄를 범한 사실이 발견된 경우에도 공소시효가 완성되지 않는 한 검찰이나 경찰의 수사 또는 기소의 대상이 되는 것은 마찬가지이므로, 퇴직한 고위공직자가 수사처에 의한 수사 등의 대상이 될 경우에도 그 주체를 수사처로 달리할 뿐이다.

(마) 따라서 구 공수처법 제2조 및 공수처법 제3조 제1항이 합리적 재량범위를 벗어나 고위공직자를 비고위공직자에 비하여 차별취급하고 있다고 볼 수 없으므로, 위 조항들은 청구인들의 평등권을 침해하지 아니한다.

다. 공수처법 제8조 제4항에 대한 판단

(1) 헌법 제12조 제3항은 '체포·구속·압수 또는 수색을 할 때에는 적법한 절차에 따라 검사의 신청에 의하여 법관이 발부한 영장을 제시하여야 한다.'라고 규정하고, 헌법 제16조는 '주거에 대한 압수나 수색을 할 때에는 검사의 신청에 의하여 법관이 발부한 영장을 제시하여야 한다.'라고 규정하고 있다.

청구인들은 헌법에 규정된 영장신청권자로서의 '검사'는 검찰청법상 검사에 한정됨을 전제로 수사처검사에게 영장신청권을 부여하면 영장주의원칙에 위반된다고 주장한다. 공수처법 제8조 제4항에 따르면 수사처검사도 체포·구속·압수·수색 영장 등을 청구할 수 있다고 해석할 수 있는바, 공수처법 제8조 제4항이 영장주의원칙을 위반하여 청구인들의 신체의 자유 등을 침해하는지 여부에 관하여 본다.

(2) 영장주의는 적법절차원칙에서 도출되는 원리로서 형사절차와 관련하여 체포·구속·압수·수색의 강제처분을 할 때에는 사법권 독립에 의하여 신분이 보장되는 법관이 발부한 영장에 의하지 않으면 안 된다는 것이다(헌재 2012. 5. 31. 2010헌마672 참조).

우리 헌법이 영장주의를 실현하는 과정에서 수사단계에서의 영장신청권자를 검사로 한정한 것은 검찰의 다른 수사기관에 대한 수사지휘권을 확립시켜 종래 빈번히 야기되었던 검사 아닌 다른 수사기관의 영장신청에서 오는 인권유린의 폐해를 방지하고, 반드시 법률전문가인 검사를 거치도록 함으로써 다른 수사기관의 무분별한 영장신청을 막아 기본권침해가능성을 줄이는 데에 그 목적이 있다(헌재 1997. 3. 27. 96헌바28등 참조). 이처럼 영장신청권자를 검사로 한정한 취지를 고려할 때, 영장신청권자로서의 '검사'는 '검찰권을 행사하는 국가기관'인 검사로서 공익의 대표자이자 인권옹호기관으로서의 지위에서 그에 부합하는 직무를 수행하는 자를 의미하는 것이지, 검찰청법상 검사만을 지칭하는 것으로 보기 어렵다.

실제로 군사법원법 및 '특별검사의 임명 등에 관한 법률' 등에 의하여 검찰청법상 검사 외에 군검사와 특별검사도 영장신청권을 행사한다. 군검사와 특별검사는 검찰청법상 검사에 해당하지는 않으나 검찰권을 행사하는 국가기관으로서 수사단계에서 다른 수사기관을 지휘·감독하여 수사대상자의 인권을 보호하는 역할을 하고 법률전문가로서의 자격 또한 갖추고 있으므로, 검찰청법상 검사와 마찬가지로 수사단계에서 영장을 신청할 수 있도록 규정되어 있다 할 것이다. 따라서 헌법에 규정된 영장신청권자로서의 '검사'가 '검찰청법상 검사'에 한정된다고 할 수 없다.

(3) 헌법상 영장신청권자로서의 검사가 검찰청법상 검사로 한정되는 것은 아니라 하더라도 영장신청권자는 공익의 대표자이자 인권옹호기관으로서 법률전문가의 자격을 갖추어야 하므로, 수사처검사가 위와 같은 법적 지위와 권한에 따라 직무를 수행한다고 볼 수 있는지 여부에 관하여 본다.

수사처검사는 직무를 수행함에 있어 검찰청법 제4조에 따른 검사의 직무 및 군사법원법 제37조에 따른 군검사의 직무를 수행할 수 있는데(공수처법 제8조 제4항), 검찰청법 제4조 제1항은 검사가 '공익의 대표자'로서 직무를 수행한다는 점을 명시하고 있다. 검찰청법 제4조 제1항에 규정된 직무를 수행하는 수사처검사 또한 공익의 대표자로서, 다른 수사기관인 수사처수사관을 지휘·감독하고, 단지 소추권자로서 처벌을 구하는 데에 그치는 것이 아니라 피고인의 이익도 함께 고려하여 공정한 재판을 구하는 등 수사대상자의 기본권을 보호하는 인권옹호기관으로서의 역할을 한다고 할 것이다.

또한 수사처검사는 변호사 자격을 일정 기간 보유한 사람 중에서 임명하도록 되어 있으므로(공수처법 제8조 제1항), 법률전문가로서의 자격도 충분히 갖추었다. 이처럼 수사처검사의 지위와 직무 및 자격의 측면에서 볼 때, 수사처검사는 고위공직자범죄등 수사를 위하여 영장신청권자로서의 검사의 지위와 권한에 따라 직무를 수행한다고 볼 수 있으므로, 수사처검사의 영장신청권 행사가 영장주의원칙에 위반된다고 할 수 없다.

(4) 검찰청법 제4조 제1항에 따르면 검사는 범죄수사와 공소제기 및 그 유지에 필요한 사항 등과 관련된 직무 외에 재판집행을 지휘·감독하고, 국가를 당사자 또는 참가인으로 하는 소송과 행정소송을 수행하거나 그 수행에 관하여 지휘·감독하는 직무도 수행하도록 되어 있다. 그런데 수사처검사의 직무는 검찰청법상 검사와 달리 범죄수사와 공소제기 및 유지행위와 관련된 부분으로 한정되어 있고(공수처법 제20조, 제47조), 수사대상이 되는 고위공직자 중 대법원장 및 대법관, 검찰총장, 판사 및 검사, 경무관 이상 경찰공무원의 고위공직자범죄 및 관련범죄에 대해서만 공소권이 있으므로(공수처법 제3조 제1항 제2호), 수사처검사를 검찰청법상 검사와 동일하다고 볼 수 없는 측면은 있다.

검찰청법 제4조 제1항이 검사로 하여금 재판집행을 지휘·감독하고 국가를 당사자 또는 참가인으로 하는 소송과 행정소송을 수행하거나 그 수행에 관하여 지휘·감독하는 직무를 수행하도록 한 것은, 검사가 공익의 대표자의 지위에 있음을 전제로 위와 같은 직무를 검사가 수행하는 것이 적절하다는 입법자의 판단이 반영된 것으로 볼 수 있다. 이에 비해 수사처의 경우, 그 설치 목적이나 조직 규모 등을 고려하여 수사처가 고위공직자범죄에 대한 수사 등을 담당하는 기관으로서 실질적으로 기능할 수 있도록 수사처검사의 직무에서 위 내용을 제외한 것으로 볼 수 있고, 단지 직무에서 일부가 제외되었다는 이유로 수사처검사가 공익의 대표자로서 인권을 보호하는 직무를 수행하지 않는다고 할 수는 없다.

또한 공소제기 및 유지행위가 검찰청법상 검사의 주된 직무에 해당한다고 할 것이나, 앞서 살펴본 바와 같이 헌법에서 검사를 영장신청권자로 한정한 취지는 검사가 공익의 대표자로서 인권을 옹호하는 역할을 하도록 하는 데에 있고, 검사가 공소제기 및 유지행위를 수행하기 때문에 검사를 영장신청권자로 한정한 것으로 볼 수는 없다. 즉 헌법상 공소권이 있는 검사에게만 반드시 영장신청권이 인정되어야 하는 것은 아니다. 수사처검사가 공익의 대표자로서 수사대상자의 기본권을 보호하는 역할을 하는 한 수사처검사가 영장신청권을 행사한다고 하여 이를 영장주의원칙에 위반된다고 할 수 없고, 공소권의 존부와 영장신청권의 행사 가부를 결부시켜야 한다는 주장은 직무와 지위의 문제를 동일하게 본 것으로 받아들이기 어렵다.

(5) 공수처법 제8조 제4항은 영장주의원칙에 위반되지 않으므로, 신체의 자유 등 청구인들의 기본권을 침해하지 아니한다.

6. 결 론

그렇다면 이 사건 심판청구 중 구 공수처법 제2조, 공수처법 제3조 제1항, 제8조 제4항에 대한 심판청구는 이유 없으므로 모두 기각하고, 나머지 부분에 대한 심판청구는 부적법하므로 모두 각하하기로 하여 주문과 같이 결정한다. 이 결정은 아래 7.과 같은 재판관 이선애의 구 공수처법 제2조, 공수처법 제3조 제1항, 제8조 제4항에 대한 심판청구의 적법요건에 관한 반대의견, 아래 8.과 같은 재판관 이은애, 재판관 이종석, 재판관 이영진의 구 공수처법 제2조, 공수처법 제3조 제1항 및 제24조 제1항의 권력분립원칙 위반, 공수처법 제24조 제1항의 적법절차원칙 위반에 관한 반대의견, 아래 9.와 같은 재판관 이종석, 재판관 이영진의 구 공수처법 제2조, 공수처법 제3조 제1항의 사법권 독립 침해 및 평등권 침해에 관한 반대의견, 아래 10.과 같은 재판관 이석태, 재판관 문형배, 재판관 이미선의 법정의견에 대한 보충의견이 있는 외에는 관여 재판관의 일치된 의견에 따른 것이다.

7. 재판관 이선애의 구 공수처법 제2조, 공수처법 제3조 제1항, 제8조 제4항에 대한 심판청구의 적법요건에 관한 반대의견

나는 구 공수처법 제2조, 공수처법 제3조 제1항, 제8조 제4항에 대한 심판청구에 대하여 법정의견과 달리 기본권침해의 현재성을 충족하지 못하여 부적법하다고 보므로, 다음과 같은 반대의견을 남긴다.

가. 헌법재판소의 권한 범위와 한계

국가기관은 구성, 지위, 권한 및 그 행사, 그리고 권한행사에 대한 감독과 통제 등 모든 영역에서 법적 구속으로부터 자유로울 수 없다. 헌법재판소도 헌법과 기타 법령에서 정한 범위에서만 권한을 행사할 수 있다. 헌법재판소는 헌법뿐만 아니라 헌법의 위임을 받아 입법자가 제정한 헌법재판소법에도 기속된다.

따라서 헌법재판소는 헌법 제111조 제1항에 규정된 사항을 제외한 새로운 형태의 심판을 창설할 수 없다. 또한, 헌법 제111조 제1항에서 규정하고 있는 관장사항에 관하여 입법자가 헌법재판소의 권한을 본질적으로 침해하지 않았다면, 헌법재판소는 입법으로 구체화된 요건을 충족하는 한도에서만 그 심판권을 행사할 수 있다.

나. 현재성 요건의 법적 근거와 인정 범위

(1) 기본권침해의 현재성 요건

헌법 제111조 제1항 제5호는 '법률이 정하는 헌법소원에 관한 심판'을 헌법재판소의 관장사항으로 규정하고 있고, 이는 헌법재판소법 제68조 제1항 등으로 구체화되어 있다. 헌법재판소법 제68조 제1항 본문은 "공권력의 행사 또는 불행사(不行使)로 인하여 헌법상 보장된 기본권을 침해받은 자는 법원의 재판을 제외하고는 헌법재판소에 헌법소원심판을 청구할 수 있다."라고 함으로써 헌법소원심판의 청구권자를 '기본권을 침해받은 자'로 규정하고 있다. 이것은 심판대상이 되는 공권력의 행사 또는 불행사로 인하여 청구인이 '기본권을 침해받을 위험성'이 있는 상태를 넘어 '구체적으로 기본권을 침해받은' 상태에 있어야 함을 의미한다.

헌법소원심판에서 위와 같은 의미의 '기본권침해의 현재성'이 인정되는 경우에만 본안 판단을 하는 것은 '공권력의 행사 또는 불행사로 인하여 헌법상 보장된 기본권을 침해받은 자'를 구제하기 위한 최후의 권리구제수단으로서 헌법소원심판의 성질에 따른 것이라고 할 수 있다. 또한 공권력의 행사 또는 불행사로 인하여 청구인이 기본권을 침해받은 사유가 발생하였다는 것이 명백히 드러나야만 비로소 어떠한 기본권이 문제되고, 그러한 기본권이 어떠한 방식으로 어느 정도 제한되고 있으며, 그 제한이 헌법적으로 정당화될 수 있는지를 헌법재판소가 심리하여 판단할 수 있기 때문이다.

일반국민을 수범자로 하는, 추상적이고 일반적인 성격을 지닌 법률에 대하여 모든 국민 개개인에게 어느 시점에서나 헌법소원심판을 청구할 수 있게 하는 것은 민중소송을 인정하는 것에 다름 아니어서 우리의 헌법재판제도상 허용될 수 없다. 법률에 대한 헌법소원심판청구가 적법하게 인정되는 것은 청구인에게 당해 법률에 해당하는 사유가 발생함으로써 그 법률이 청구인의 기본권을 명백히 구체적으로 현실 침해하였거나 침해가 확실히 예상되는 경우에 한정된다(헌재 1994. 6. 30. 91헌마162 참조).

(2) 기본권침해의 현재성 요건의 예외와 그 범위

헌법소원심판의 청구인은 공권력 작용과 현재 관련이 있어야 하며, 장래 어느 때인가 관련될 수 있을 것이라는 것만으로는 헌법소원을 제기하기에 족하지 않다. 다만, 기본권침해가 장래에 발생하더라도 그 침해가 틀림없을 것으로 현재 확실히 예측된다면 기본권구제의 실효성을 위하여 침해의 현재성이 인정될 수 있다(헌재 1992. 10. 1. 92헌마68등; 헌재 2002. 7. 18. 2001헌마605 등 참조).

예를 들어 채용시험이나 자격시험에 적용되는 기준의 차별을 규정한 법률조항에 대한 헌법소원심판의 경우, 시험에 응시하고자 함이 소명된 청구인은 아직 시험에 응시하기 전이라고 하더라도 시험에 응시할 경우 불리한 지위를 가지게 될 것임이 심판청구 당시에 이미 확실히 예측되므로 기본권침해의 현재성을 인정할 수 있다(헌재 1999. 12. 23. 98헌마363; 헌재 2007. 5. 31. 2006헌마646 등 참조). 법률에 의한 피선거권 제한의 경우에도, 입후보하고자 함이 소명된 청구인의 기본권침해가 구체화·현실화되는 후보자등록 개시일 시점에서는 적시에 권리구제를 기대하는 것이 거의 불가능하므로 효율적인 권리구제를 위하여 그 전에 위헌 여부의 판단을 할 필요가 있어 기본권침해의 현재성을 충족시킨 것으로 볼 수 있다(헌재 1999. 5. 27. 98헌마214 등 참조).

그렇지만 헌법재판소가 예외적으로 현재성을 인정하는 것도 헌법과 헌법재판소법에 의하여 구체화된 헌법소원심판이 '공권력의 행사 또는 불행사로 인하여 기본권을 침해받은 자'를 구제하기 위한 제도라는 점에 부합해야 한다. 그 범위를 지나치게 확장하여 헌법소원심판을 마치 법적 관련성이 인정되지 아니하는 경우에도 제기할 수 있는 민중소송과 같이 운영함으로써 헌법과 헌법재판소법에서 헌법재판소의 관장사항으로 인정하지 않는 새로운 형태의 심판을 하는 것처럼 되어서는 안 된다.

따라서 기본권침해가 장래에 발생하더라도 예외적으로 그 침해의 현재성이 인정되기 위해서는 그러한 침해사유의 발생이 틀림없을 것으로 현재 확실히 예측될 수 있어야 하며, 기본권침해가 구체화·현실화된 이후에는 실효적인 권리구제가 매우 어려워지는 사정이 있어 그 전에 기본권침해 여부를 판단할 필요성이 인정되어야 한다.

기본권침해사유의 발생이 현재 확실히 예측된다는 것이 인정되려면, 장래에 발생할 기본권침해의 내용과 유형을 심판청구 당시에 이미 명확하게 예측할 수 있고, 예외적인 상황이 아니라 일반적인 상황의 전개라면 청구인이 심판대상이 되는 공권력의 행사 또는 불행사로 인한 법적 효과를 받을 수밖에 없음이 인정되어야 할 것이다. 또 실효적인 권리구제를 위하여 기본권침해가 구체화·현실화되기 전에 그 침해 여부를 판단할 필요성이 인정되려면, 청구인의 기본권에 대한 침해가 구체화·현실화된 이후에는 그에 관하여 법적으로 예정된 구제수단을 거치더라도 해당 기본권 영역에서 돌이키거나 교정하기 어려운 손해가 발생한다는 점이 인정되어야 할 것이다.

다. 구 공수처법 제2조, 공수처법 제3조 제1항, 제8조 제4항에 대한 심판청구가 기본권침해의 현재성을 충족하는지 여부

(1) 기본권침해사유의 발생이 현재 확실히 예측되는지 여부

이 사건 심판청구 중 법정의견이 적법하다고 보는 부분에서 청구인들이 위헌 사유로 들고 있는 바는, 구 공수처법 제2조, 공수처법 제3조 제1항의 경우 권력분립원칙 위반, 공수처법 제8조 제4항의 경우 영장주의원칙 및 검사의 영장신청권에 관한 헌법규정 위반이다. 그런데 법정의견이 지적하는 바와 같이 단순히 일반 헌법규정이나 헌법원칙에 위반된다는 주장만으로는 기본권침해를 구제하기 위한 헌법소원심판의 적법요건을 충족시키지 못하는바, 위와 같은 청구인들의 주장에 대해서는 청구인들이 수사처의 수사 또는 기소의 대상이 되어 구체적인 기본권이 침해되는 상황과 관련될 경우에만 본안 판단을 할 수 있다.

이에 법정의견은 구 공수처법 제2조, 공수처법 제3조 제1항, 제8조 제4항으로 인하여 제한되는 청구인들의 기본권에 관하여, 수사처의 수사 등의 대상이 되지 않는 '비고위공직자'와의 차별이 발생하여 청구인들의 평등권이 제한되고, 청구인들은 수사처로부터 여러 강제수사를 받게 되므로 신체의 자유, 주거의 자유, 재산권, 사생활의 비밀과 자유 등의 침해 여부도 문제된다고 설명한다.

그러나 법정의견이 지적하는 '비고위공직자'와의 차별은 단순한 구분의 단계에 머물러 있다. 지금으로서는 구분된 집단에 대하여 어떤 기본권 제한 또는 법적 불이익이 발생하는지 구체화되어 있지 않으므로 법적 차별의 발생이 현재 확실히 예측된다고 보기 어렵다. 즉, 법정의견이 지적하는 바와 같이 수사처가 출범한 후 기존 형사소송절차와 어떠한 운용상의 차이가 발생할 것인지는 명확하게 예상할 수 없을 뿐만 아니라, 청구인들 각자에 대하여 아직 수사가 개시되어 진행되지 않은 시점에서는 수사의 주체가 달라짐에 따른 차별취급이 실제로 발생할 것인지 여부조차 확실하지 않다. 따라서 청구인들이 수사처의 수사 또는 기소의 대상이 됨으로써 발생할 수 있는 평등권의 침해 사유는 단순히 장래에 잠재적으로 나타날 수 있는 것에 불과하고 현재 그 사유의 발생을 확실하게 예측할 수 없다.

또한, 강제수사에 따른 신체의 자유 등의 제한은 개별적인 수사의 절차상 행하여질 수 있는 체포, 구속, 압수, 수색 등 여러 유형의 처분에 따른 것으로, 실제로 청구인들 각자에 대한 수사가 개시되지도 않은 시점에서는, 청구인들 각자가 이러한 수사절차상 강제처분을 받게 될 것인지 여부를 알 수 없고, 그로 인해 신체의 자유, 주거의 자유, 재산권, 사생활의 비밀과 자유 등 다양한 기본권 중에서 구체적으로 어떠한 기본권이 어떤 방식으로 어느 정도 침해될 것인지도 명확하게 예측할 수 없다. 따라서 청구인들이 장래에 수사처로부터 강제수사를 받을 수 있게 됨에 따라 발생할 수 있는 신체의 자유 등의 침해 사유도, 단순히 장래에 잠재적으로 나타날 수 있는 것에 불과하고 현재 그 사유의 발생을 확실하게 예측할 수 있는 것이 아니다.

법정의견은 이 부분 심판청구와 관련하여 '청구인들이 고위공직자범죄등을 범한 경우 수사처의 수사 또는 기소의 대상이 될 수 있다는 점은 현재 확실히 예측되어 청구인들에 대한 기본권침해의 우려를 단순히 장래 잠재적으로 나타날 수 있는 것에 불과하다고 볼 수 없다'고 한다.

그러나 수사처는 청구인들이 구 공수처법 제2조에서 정한 '고위공직자범죄등'을 범하였다는 혐의가 있을 경우에만 수사 또는 기소를 할 수 있다. 이러한 '고위공직자범죄등'은 공수처법에서 새롭게 규정된 것들이 아니고, 청구인들이 마땅히 저지르지 않아야 하는 범죄들이며, 청구인들이 이러한 범죄조항 자체의 위헌성을 다투고 있는 것도 아니다. 따라서 청구인들이 공수처법에 따른 수사 또는 기소의 대상이 되는 법적 효과를 받는 것은, 일반적인 상황 전개에 따른 것이 아니라 예외적인 상황으로서 그러한 법적 효과가 발생할 수밖에 없다고 확실하게 예측할 수 없다.

설령 청구인들이 실제로 '고위공직자범죄등'을 저지르지 않았음에도 정치적 중립성을 잃은 표적수사 등의 대상이 될 우려가 있다고 하더라도, 청구인들 각자가 어떤 구체적인 범죄의 혐의로 고소 또는 고발되거나 그 혐의가 인지됨으로써 수사가 개시된 것도 아니고, 수사

가 개시될지 여부도 알 수 없는 현재 시점에서 그러한 사유가 발생할 것이 틀림없다고 예측할 수 있는 것은 아니다.

헌법재판소는 일반 국민이 '경찰법'을 대상으로 하여 그에 의하여 설치된 경찰기관의 경찰권 행사로 인하여 언제든지 기본권을 침해받을 가능성이 있다고 주장하면서 헌법소원심판을 청구한 사건에서, 경찰법은 '경찰의 기본조직 및 직무범위 등을 규정한 전형적인 조직법'으로서 일반 국민의 기본권침해는 '경찰관직무집행법이나 형사소송법에 따라 행해지는 경찰권 행사라는 별도의 공권력의 행사에 의한 것이지 조직법인 위 법률에 의하여 직접 이루어지는 것이라고 할 수 없고, 또 청구인들이 주장하는 기본권침해의 가능성은 잠재적인 우려에 불과한 것'이라고 판단한 바 있다(헌재 1994. 6. 30. 91헌마162 참조). 다른 한편, 특별검사에 의한 수사대상을 특정인에 대한 특정 사건으로 한정한 법률에 대하여 그 수사대상 사건의 참고인 또는 피고발인들이 청구한 헌법소원심판 사건에서는 본안 판단에 나아가기도 하였다(헌재 2008. 1. 10. 2007헌마1468 참조).

수사처의 기본조직과 직무범위에 관한 규정인 구 공수처법 제2조 등에 대한 이 사건 심판청구 부분의 경우, 특정인에 관하여 구체적으로 특정되는 사건을 대상으로 하여 수사가 개시될 것을 예정한 법률이 아니고, 청구인들이 고소 또는 고발되는 등의 과정을 거쳐 수사처의 수사대상이 될 것인지 여부도 확실하게 예측되지 않는 이상, 위와 같이 일반 국민이 경찰법을 대상으로 헌법소원심판을 청구한 사건에서 판단한 바와 다르게 볼 특별한 사정을 발견하기 어렵다.

(2) 실효적 권리구제를 위하여 기본권침해가 구체화·현실화되기 전에 그 침해 여부를 판단할 필요가 있는지 여부

법정의견은 '다양하고 비정형적인 방법으로 비밀리에 이루어질 수 있는 수사의 성격상 청구인들에 대한 기본권침해가 수사처에 의한 수사로 구체화·현실화되는 시점에서는 적시에 권리구제를 기대하는 것이 언제나 가능하다고 단언하기 어려우므로 유효적절한 권리구제를 위하여 그 전에 기본권침해 여부를 판단할 필요가 있다'고 한다.

그러나 청구인들에 대한 기본권침해가 수사처에 의한 수사로 구체화·현실화되는 시점에서 해당 기본권 영역에서 돌이키거나 교정하기 어려운 손해가 발생하지 않도록 적시에 권리구제를 기대할 수 있는지는, 구체적인 사안에서 어떤 방법과 절차에 따라 수사가 이루어지는지, 그에 대하여 법적으로 예정된 불복수단은 어떠한지 등을 살펴서 판단하여야 할 문제이다. 사실조회와 같은 임의수사의 경우에는 기본권침해의 가능성이 없다고 볼 수 있고(헌재 2018. 8. 30. 2016헌마483 참조), 법원의 영장을 필요로 하는 강제수사의 경우에는 그 영장을 발부하는 법원의 재판으로 강제수사의 적법 여부가 판단되며, 체포 또는 구속을 당한 사람은 법원에 그 적부의 심사를 청구할 수 있다. 수사절차상 강제처분이 이루어지는 과정에서 영장 발부와 같은 법원의 재판이 예정된 경우, 그 절차에 적용되는 법률조항의 위헌 여부에 대해서는 위헌법률심판 또는 위헌소원을 통하여 헌법재판소의 판단을 받을 수도 있다. 이처럼 수사의 방법이 다양할 뿐만 아니라, 수사상 강제처분과 관련된 여러 구제수단이 존재하는 상황에서, 구체적으로 어떠한 수사 방법의 경우에 절차가 실제로 진행된 시점에서는 적시의 권리구제를 기대하기 어렵다고 볼 수 있는지는, 청구인들 각자에 대하여 수사처에 의한 수사가 개시될 것인지 여부조차 확실히 예측할 수 없는 시점에서 판단할 수 있는 것이 아니다.

막연하게 '언제나 이러한 적시의 권리구제를 기대할 수 있다고 단언하기는 어렵다'는 이유로 본안 판단에 나아간다면, 실제로 수사처의 업무수행 상 나타날 수 있는 구체적인 기본권침해의 내용과 유형을 명확히 하지 않고 그 정당화 여부를 심사하게 되고, 이는 청구인들의 구체적인 기본권이 침해되는 상황과 관련되는 바 없이 단지 권력분립원칙이나 영장주의원칙과 같은 헌법원칙 또는 이에 관련된 헌법규정에 위반되는지 여부만을 판단하는 것이 된다. 이것은 헌법소원심판에서 기본권침해사유가 장래에 발생하더라도 예외적으로 현재성을 인정할 수 있는 범위를 넘는다고 할 수밖에 없고, 기본권침해의 구제를 위한 헌법소원심판제도를 마치 헌법과 헌법재판소법상 인정되지 않는 민중소송과 같이 운영하는 결과를 초래하게 될 위험성이 있다.

따라서 청구인들 각자에 대한 수사가 개시되지도 않았고, 구체적으로 어떤 내용과 절차의 수사가 이루어질 것인지도 명확하지 않은 현재의 시점에서는, 실효적인 권리구제를 위하여 기본권침해 여부를 판단할 필요성이 인정되지 않는다.

라. 결 론

그렇다면, 구 공수처법 제2조, 공수처법 제3조 제1항, 제8조 제4항에 대한 심판청구는, 그로 인하여 청구

인들에게 발생할 수도 있는 기본권침해의 사유가 현재 확실히 예측되지 않을 뿐만 아니라, 실효적인 권리구제를 위하여 청구인들의 기본권침해가 구체화·현실화되기 전에 그 침해 여부를 판단할 필요성도 인정되지 않으므로, 헌법소원심판의 적법요건인 기본권침해의 현재성을 충족하지 못하여 부적법하다.

8. 재판관 이은애, 재판관 이종석, 재판관 이영진의 구 공수처법 제2조, 공수처법 제3조 제1항 및 제24조 제1항의 권력분립원칙 위반, 공수처법 제24조 제1항의 적법절차원칙 위반에 관한 반대의견

우리는, 고위공직자의 직무관련 범죄를 척결하고 국가의 투명성과 공직사회의 신뢰성을 높이기 위해 고위공직자의 직무상 비리 또는 부패범죄에 대하여 공정한 수사권 및 공소권 행사가 필요하다는 점에 대하여는 이의가 없다.

그러나 우리는 위와 같은 입법목적을 위한 것임을 감안하더라도 공수처법 제24조 제1항에 대한 심판청구가 적법요건을 충족하므로 이에 대하여 본안 판단을 해야 하며, 구 공수처법 제2조, 공수처법 제3조 제1항 및 제24조 제1항이 권력분립원칙에 위반하여 청구인들의 신체의 자유 등을 침해할 뿐만 아니라 공수처법 제24조 제1항은 적법절차원칙에도 위반되어 역시 청구인들의 신체의 자유 등을 침해한다고 생각하므로 아래와 같이 그 의견을 밝힌다.

가. 공수처법 제24조 제1항에 대한 심판청구의 적법요건에 관한 판단

공수처법 제24조 제1항은 "수사처의 범죄수사와 중복되는 다른 수사기관의 범죄수사에 대하여 처장이 수사의 진행 정도 및 공정성 논란 등에 비추어 수사처에서 수사하는 것이 적절하다고 판단하여 이첩을 요청하는 경우 해당 수사기관은 이에 응하여야 한다."고 규정하여 고위공직자범죄등에 대하여 다른 수사기관이 수사를 하고 있는 경우라도 수사처장이 이첩을 요청하면 해당 수사기관은 그에 응하여야 할 의무를 부과하는 조항이다. 위 조항에 따라 수사처장의 이첩 요청이 있는 경우 다른 수사기관은 이에 응하여야 하므로 수사처장의 요청에 의하여 수사권 및 공소권의 주체가 달라지게 되는데, 이로써 수사처의 수사 및 공소의 대상이 되는 청구인들의 신체의 자유 등 기본권이 침해될 가능성이 있다. 따라서 공수처법 제24조 제1항에 대하여 기본권 침해의 자기관련성이 인정된다.

한편 다양하고 비정형적인 방법으로 비밀리에 이루어질 수 있는 수사의 성격상 청구인들에 대한 기본권침해가 수사처에 의한 수사 개시로 구체화·현실화되는 시점에서 적시에 권리구제를 기대하는 것이 가능하다고 보기 어려우므로 유효적절한 권리구제를 위하여 그 전에 기본권침해 여부를 판단할 필요가 있고, 청구인들이 고위공직자범죄등을 범한 경우 수사처의 수사 및 공소의 대상이 될 수 있다는 점은 공수처법이 시행되고 있는 현재 확실히 예측되므로 청구인들에 대한 기본권 침해의 우려를 단순히 장래 잠재적으로 나타날 수 있는 것에 불과하다고 볼 수 없다. 따라서 공수처법 제24조 제1항으로 인한 기본권침해의 현재성 역시 인정된다.

나. 구 공수처법 제2조, 공수처법 제3조 제1항 및 제24조 제1항의 권력분립원칙 위반 여부

(1) 권력분립원칙의 의의

(가) 권력분립의 원칙은 국가권력의 분리와 합리적 제약을 통하여 권력의 남용을 방지하고, 이로써 국민의 자유와 권리를 보장하려는 것으로(헌재 1994. 4. 28. 89헌마221 참조), 국가권력의 기계적 분립과 엄격한 절연을 의미하는 것이 아니라, 권력 상호 간의 견제와 균형을 통한 국가권력의 통제를 의미하는 것이다.

(나) 오늘날 현대 민주국가에서의 정치적 상황은 ① 정당국가의 발달에 따른 집권 정당에 의한 입법권과 행정권의 통합 현상, ② 국가의 국민에 대한 적극적 생존배려 및 급부 기능이 확대됨에 따른 행정국가 현상, ③ 다원적 민주주의 발전에 따른 각종 시민·사회단체의 출현과 정치적 영향력의 확대 현상 등과 같이 근본적으로 변화하고 있다. 이에 따라 국가권력을 입법, 행정, 사법으로 나누어 상호 견제와 균형을 이루게 함으로써 국민의 기본권을 보장하려는 고전적 권력분립의 원칙 못지않게, 권력을 행사하는 국가기관 사이에 권한과 기능의 실질적인 분산과 상호 간의 조화를 도모하는 기능적 권력분립의 원칙이 중요한 헌법상 원리로 자리 잡게 되었다. 오늘날 이러한 기능적 권력분립원칙은 '행정과 의회를 장악한 집권당인 여당과 반대당인 야당 사이의 견제와 균형', '국가기관 내부 조직 사이의 협력과 통제', '중앙정부와 지방자치단체 간의 수직적 권력분할', '헌법재판제도에 의한 권력통제' 등의 형태로 구현되고 있다. 헌법재판소도 "현대사회에서 고전적 의미의 3권분립은 그 의미가 약화되고 통치권을 행사하는 여러 권한과 기능들의 실질적인 분산과 상호 간의 조화를 도모

하는 이른바 기능적 권력분립이 중요한 의미를 갖게 되었는데, 지방자치제도는 중앙정부와 지방자치단체 간에 권력을 기능적으로 나누어 가짐으로써 오늘날 민주주의 헌법이 통치기구의 구성원리로 보편적으로 받아들이고 있는 권력분립의 실현에도 기여한다."고 판시하여 기능적 권력분립원칙의 헌법적 중요성을 인정하고 있다(헌재 2014. 1. 28. 2012헌바216 참조).

(2) 권력분립원칙에 따른 헌법적 기준과 한계

(가) 우리 헌법은 권력분립원칙의 내용으로서 권력의 형식적 분할뿐 아니라 다른 국가기관과의 협력에 의해 헌법적 과제를 이행할 수 있도록 하는 국가기관 사이의 '상호 협력적 견제관계'를 예정하고 있다. 예컨대 국무총리, 대법원장, 대법관, 헌법재판소장 임명에 국회의 동의를 받도록 하거나(제86조 제1항, 제104조 제1항, 제2항, 제111조 제4항), 국회의원과 정부가 법률안을 제출하여 국회가 의결을 하고 대통령이 공포하도록 규정하여(제52조, 제53조 제1항) 법률의 제정과정에서 의회와 정부가 공동으로 참여하도록 하는 것 등이 그것이다.

(나) 이처럼 특정 권력의 일방적인 우위를 배제하고 각 권력기관의 본질적 기능을 조화롭게 유지하면서 궁극적으로 국민의 기본권을 보장하고자 하는 것이 권력분립원칙이 추구하는 이상(理想)이라는 점을 고려하면, 이로부터 헌법과 법률에 따라서 설치된 국가기관 사이에 권한과 기능의 분할뿐 아니라 그 비중에 있어서도 상호 균형이 유지되어야 하고, 어떠한 국가기관도 헌법에 근거하지 않고는 다른 국가기관에 대하여 일방적 우위를 가지거나, 헌법 및 법률에 근거하여 다른 국가기관에 귀속된 기능의 핵심적 영역을 침해하여서는 안 된다는 권력분립원칙에 따른 헌법적 기준과 한계가 도출된다.

(3) 권력분립원칙과 독립행정기관의 설치

(가) 독립행정기관의 등장

현대 민주국가에서는 정치·사회·경제 발전에 따른 행정의 역할과 기능이 점차로 증대되어 감에 따라, 종래 전통적인 행정체계에서는 포섭될 수 없는 영역을 규율하기 위하여 행정각부에는 소속되지 않고 별도의 독립적인 임무와 자율권을 부여받은 독립행정기관들이 등장하고 있다. 우리나라의 경우 헌법적 차원에서는 선거관리위원회(제114조 제1항)와 감사원(제97조)이 있고, 법률적 차원에서는 입법·행정·사법 어느 영역에도 속하지 아니하는 국가인권위원회법 제3조에 따른 국가인권위원회, 정부조직법 제2조 제2항에서 중앙행정기관으로 열거한 독립적 위원회(방송통신위원회·공정거래위원회·국민권익위원회·금융위원회·개인정보보호위원회·원자력안전위원회 등), 그리고 정부조직법 제5조 및 '행정기관 소속 위원회의 설치·운영에 관한 법률'(이하 '행정기관위원회법'이라 한다) 제5조 제1항에 따른 합의제행정기관으로서 행정위원회(규제개혁위원회·소청심사위원회 등)가 있다.

독립행정기관은 행정의 비대화 방지 및 효율성 제고를 위해 설치되는데, 새로운 기술적·전문적 영역 또는 행정부 내부의 이해관계 충돌이 있는 영역에서 전통적인 행정업무의 영역과는 다른 비전형적 특성을 가지고 정치적 중립성이 특별히 요구되는 업무를 독립적으로 담당한다. 참고로 행정기관위원회법 제5조 제1항은 행정위원회 설치 요건으로 ① 업무의 내용이 전문적인 지식이나 경험이 있는 사람의 의견을 들어 결정할 필요가 있을 것, ② 업무의 성질상 특히 신중한 절차를 거쳐 처리할 필요가 있을 것, ③ 기존 행정기관의 업무와 중복되지 아니하고 독자성(獨自性)이 있을 것, ④ 업무가 계속성·상시성(常時性)이 있을 것 등을 요구하고 있다.

(나) 독립행정기관 설치 법률의 권력분립원칙에 따른 헌법적 기준과 한계

독립행정기관은 행정부에 해당하지만, 헌법 제66조 제4항에 따른 정부에 속하지 않은 독립기관이라는 점에서 헌법상 권력분립원칙과의 관계가 문제된다. 오늘날 권력분립의 원칙이 국민의 기본권 보장과 함께 효율적인 국가작용의 원리로도 기능한다는 점을 고려하면, 행정의 비대화를 방지하고 국가작용의 전문성과 효율성을 달성하기 위하여 법률로써 설치된 독립행정기관은 그 자체가 곧바로 권력분립원칙에 위반된다고 보기 어렵다.

그러나 독립행정기관을 창설하는 입법도 헌법이 규율하는 국가형태 및 기능에 관한 기본적 원칙과 체계를 준수하여야 하므로, 다음과 같은 권력분립원칙에 따른 헌법적 기준과 한계를 가진다고 할 것이다.

첫째, 헌법 제66조 제4항은 "행정권은 대통령을 수반으로 하는 정부에 속한다."고 규정하고 있다. 여기서 '대통령을 수반으로 하는 정부'란 좁게는 국무총리, 국무위원, 국무위원이 장으로 있는 행정각부를 말하고, 넓게는 감사원 및 각종 자문기관을 포함하는 개념이다(헌법 제86조부터 제100조 참조). 헌법 제66조 제4항의 의미와 관련하여, 적어도 행정권의 핵심영역이나 전

통적으로 행정부의 영역에 해당하는 전형적 행정업무는 헌법에서 따로 규정하고 있지 않는 한 '대통령을 수반으로 하는 정부인 행정각부'에 속하여야 한다고 보는 것이 타당하다. 따라서 국회가 법률을 제정하여 독립행정기관을 설치하더라도 해당 독립행정기관에게 행정권의 핵심영역 또는 전통적인 행정부의 영역으로 인정되는 행정업무의 전부 또는 일부를 취급하도록 허용하는 것은 헌법 제66조 제4항에 위반된다.

둘째, 국회가 행정의 비대화를 방지하고 행정의 효율성을 증대하기 위하여 법률로써 독립행정기관을 설치하고 새로운 기술적·전문적 영역이나 행정부 내부의 이해관계 충돌이 있는 영역에서 비전형적 업무에 관한 권한을 부여한다고 하여도, 그 권한행사는 행정부 내부의 다른 조직 및 다른 국가기관과 상호 협력적 견제를 유지하도록 하여야 한다. 만약 독립행정기관 설치 법률이 해당 독립행정기관에게 일방적 우위의 지위를 부여하고 다른 국가기관의 핵심적 기능을 침해하는 권한을 행사하도록 하고 있다면 이는 권력분립원칙에 위반된다.

셋째, 독립행정기관이 헌법적으로 정당화되기 위해서는 독립행정기관의 조직, 운영 및 권한 등에 있어서 독립성이 충분히 보장되어야 한다. 만약 국회가 '행정권의 비대화 방지'라는 독립행정기관의 설치 목적을 도외시한 채 특정 분야와 관련된 업무를 외견상 독립행정기관으로 이전시키면서도 해당 업무와 관련된 실질적 권한을 부여하지 않거나 독립성을 확보하는 입법을 제대로 하지 않는다면, 대통령 및 기존 행정관청은 이러한 독립행정기관을 이용하여 손쉽게 업무 영역을 확장하면서 자의적 결정을 내릴 수가 있어 오히려 행정권의 비대화를 심화시키고 권력분립원칙에 역행하는 부작용을 초래하게 된다.

넷째, 독립행정기관은 법률에 의해 독립적 권한을 보장받아야 하지만, 다른 한편으로는 이에 상응하는 책임도 함께 부담하여야 헌법에 부합한다고 할 것이다. 만약 독립행정기관이 독립성만을 부여받고 국민에 대하여 아무런 책임을 지지 않는다면, 이는 국민의 기본권 보장에 위협이 될 뿐만 아니라 국가기능의 효율성을 저해할 위험성도 크게 된다. 따라서 국회가 법률로써 독립행정기관을 구체적으로 형성할 때는 그 권한행사 과정에서 절차적인 공정성을 확보하도록 하여야 하고, 행정부 내부의 협력과 통제는 물론 입법부와 사법부에 의한 적절한 견제가 함께 이루어지도록 하여야 한다. 특히 독립행정기관에 대한 민주적 정당성 및 책임성을 구현하기 위해서는 입법자인 국회에 의한 견제와 감독은 매우 중요하다고 할 것이다.

(4) 구 공수처법 제2조, 공수처법 제3조 제1항 및 제24조 제1항의 권력분립원칙 위반 여부

우리는 공수처법에 의해 설치된 수사처의 법적 지위를 입법, 사법, 행정 중 행정에 속하는 독립행정기관으로 보는 법정의견에 동의한다. 그러나 비록 수사처를 독립행정기관으로 보더라도 우리는 앞서 본 권력분립원칙에 따른 헌법적 기준과 한계에 비추어 보면, 구 공수처법 제2조 및 공수처법 제3조 제1항에 따라서 설치된 수사처는 헌법상 권력분립원칙에 위반된다고 아니할 수 없고, 수사처와 다른 수사기관 사이의 수사 관할 배분을 수사처장의 일방적 결정에 일임하는 결과를 초래하는 공수처법 제24조 제1항 또한 권력분립원칙에 위반된다고 생각한다.

그 이유는 다음과 같다.

(가) 헌법 제66조 제4항 위반

수사처는 행정각부에 속하지 아니한 채 전통적이고 핵심적인 행정업무에 해당하는 검사의 수사권과 공소권 중 일부를 부여받고 있는데, 이는 헌법 제66조 제4항에 위반된다.

우리나라의 형사사법체계는 기본적으로 유럽 대륙법 국가의 체계를 계수하였고, 우리나라 검사제도 역시 1789년 프랑스 대혁명 이후 국가소추주의를 확립한 근대 프랑스 검사제도의 영향을 받아서 탄생하였다. 이에 따라 우리나라 검사제도는 그 도입 당시부터 헌법상 대통령을 수반으로 하는 행정각부 중 법무부 소속의 국가기관이자 단독관청으로서 범죄에 대한 수사권과 공소권으로 대표되는 권한과 기능을 담당하여 왔다(헌법 제94조 및 제96조, 정부조직법 제32조, 검찰청법 제4조, 형사소송법 제246조 등 참조). 일반적으로 행정부는 입법부에서 제정한 법률을 집행하고 그 위반 시에는 행정제재와 형사제재를 통하여 행정 목적을 달성하는 것을 그 핵심적 기능으로 한다. 그 중에서도 형사제재의 영역은 국민의 자유권을 침해하는 형벌권을 행사하므로 기본권의 침해 정도가 매우 커서 그 권한 행사가 통일적인 기준에 의하여 행사될 필요가 있다.

입법자는 형사사법체계의 기본적인 내용을 형성하면서, 형사소송법 제246조에서 "공소는 검사가 제기하여 수행한다"고 규정하고 검찰청법 제4조 제1항에서 검사의 직무와 권한 중 하나로 공소제기와 그 유지를 규정하여 국가소추주의와 함께 검사에 의한 기소독점주의를

채택하고 있다. 이와 같이 검사로 하여금 공소의 제기 및 유지활동을 하게 하는 것이 피해자의 개인적 감정이나 집단적 이해관계 또는 여론에 좌우되지 아니하고 국가형벌권 내지 형사소추권을 객관적으로 행사할 수 있어 형사소추의 적정성 및 합리성을 기할 수 있다고 보았기 때문이다(헌재 1998. 10. 29. 97헌마17; 헌재 2007. 7. 26. 2005헌마167 참조). 그에 더하여 검찰청법 제8조에서 검사로 하여금 행정각부 중 하나인 법무부장관의 지휘·감독을 받도록 하는 것도 검사의 수사권 및 공소권 행사가 법무부장관의 통제 아래 통일적인 기준에 따라서 국민의 기본권을 침해하지 않는 방향으로 이루어져야 하는 전형적인 행정업무이기 때문이다.

이처럼 검사가 가지는 범죄에 대한 수사권과 공소권은 형사사법절차의 핵심영역이고, 국가의 행정 목적 달성을 위하여 일원적인 권력행사가 이루어져야 하는 시원적(始原的) 행정행위로서 전통적이고 기본적인 행정영역이다. 그럼에도 구 공수처법 제2조 및 공수처법 제3조 제1항은 법무부 소속의 검사에게 귀속되어 있던 권한과 기능 중 가장 중요한 수사권과 공소권의 일부를 분리하여 행정각부에 소속되지 않은 수사처에 부여하고 있는데, 이는 독립행정기관으로서의 성격상 매우 부적절할 뿐 아니라, 헌법 제66조 제4항에 위반되는 것이다. 아무리 수사처의 독립성이 중요하다고 하여도, 그것이 헌법을 위반하면서까지 수사처에 대한 행정각부의 지휘·감독을 배제하여야 할 불가피한 이유가 된다고 보기는 어렵다.

(나) 다른 행정기관과의 상호 협력적 견제관계 훼손

1) 법률에 따라 설치된 수사처라도 고위공직자범죄등에 대한 수사권과 공소권의 행사를 담당하는 권력기관인 이상 입법부 및 사법부는 물론 행정부 내부 조직과도 상호 협력적 견제관계를 유지하여야 한다. 그런데 수사처는 공수처법 제24조 제1항 등에 따른 수사처장의 일방적인 이첩 요청 권한을 통하여 실질적으로 행정부 내 수사기관 사이에서 우위를 차지함으로써 상호 협력적 견제관계를 훼손하고 있다.

공수처법 제24조 제1항이 규정한 이첩 요청 사유인 '수사의 진행 정도'와 '공정성논란'은 추상적이어서 명확하다고 할 수 없고, 위 사유에 해당하는지를 판단할 객관적 기준이 마련되어 있지 않아서 수사처장의 주관적 판단에 의하여 이첩 요청이 이루어질 수 있다. 더욱이 수사처장의 이첩 요청에 대하여 요청받은 수사기관은 반드시 응하여야 하며, 다른 수사기관이 '수사의 진행 정도 및 공정성 논란' 등을 고려할 때 이첩이 부적절하다고 판단하는 경우 수사처장의 이첩 요청을 거부할 수 있는지, 수사 관할에 대하여 수사처장과 협의하거나 조정할 수 있는지 등에 관하여 전혀 규정하고 있지 않다. 결국 공수처법 제24조 제1항에 의하면, 수사처장이 이첩을 요청할 경우 다른 수사기관은 이미 공정하게 상당한 정도로 수사한 경우에도 예외 없이 그 요청에 응하여야 하므로, 이첩 여부가 수사처장에 의하여 일방적이고 자의적으로 결정될 여지가 있다.

이와 같이 공수처법은 실질적으로 고위공직자범죄등의 수사와 관련하여 수사처장에게 일방적으로 이첩을 요청할 권한을 부여하고, 상대 수사기관은 여기에 예외 없이 따르도록 의무를 부과하고 있으며, 이러한 수사처장의 자의적인 이첩 요청 권한 행사를 통제할 수 있는 아무런 규정이 존재하지 않는다.

이로써 수사처는 사실상 고위공직자범죄등에 관한 수사권 행사에서 행정부 내의 다른 수사기관보다 일방적 우위를 차지하게 되고, 수사기관 사이의 수사 관할 배분에 있어 수사처장의 판단에 다른 수사기관이 따르도록 함으로써 그 권한의 행사 과정에서 다른 수사기관과의 상호 협력적 견제관계를 중대하게 훼손하게 된다.

이러한 문제점은 수사 이첩과 관련하여 관련 수사기관 사이의 협력을 강조하는 외국의 입법례에 비추어 보아도 쉽게 확인이 된다. 예컨대 미국의 경우 연방범죄를 수사하는 대표적 기관인 연방수사국(FBI)을 비롯하여 마약단속국(DEA), 국세청(IRS) 등의 여러 연방 수사기관이 존재하지만, 연방 수사기관들 사이에 사건이 중첩되는 경우 각 사건별로 기관 간 협의를 통하거나, 서로 양해각서(MOU)를 체결하여 구체적 기준을 정하는 등 자율적으로 해결하고 있다. 또한 영국의 경우에도 중대부정수사처장(Director of the Serious Fraud Office, SFO)은 중대한 부패범죄와 관련하여 스스로 수사를 개시할 수 있고, 다른 수사기관이 수행 중인 형사사건을 이첩받을 수도 있으나, 수사기관 사이의 사건 이첩 문제는 사법담당자(Law Officers)와 중대부정수사처장 사이의 기본협약(Framework Agreement between the Law Officers and the Director of the Serious Fraud Office)에 따라서 상호 협의로 처리되고 있다.

2) 수사처는 위와 같은 수사처장의 일방적인 이첩 요청 권한을 통하여 검사의 핵심 업무 영역인 수사권과 공소권을 침해하고 있다.

검사는 공익의 대표자로서 범죄수사 및 공소 제기와

그 유지에 필요한 사항 등을 그 직무로 하고, 아울러 이를 수행함에 있어 국민 전체에 대한 봉사자로서 정치적 중립을 지켜야 하며 부여된 권한을 남용하여서는 아니되도록 그 공익적 지위와 객관적 의무를 부여받고 있다. 또한 검사는 정당한 법령 적용의 청구 및 피고인의 이익을 위하여도 상소할 수 있는 준사법기관적 성격을 가지고 있다(헌재 2007. 7. 26. 2005헌마167: 헌재 2010. 4. 29. 2008헌마622 참조). 비록 헌법이 명시하고 있지 않지만, 검찰청법 제4조 제2항은 '검사의 정치적 중립' 준수를 요구하고 있고, 제8조에서 법무부장관은 구체적 사건에 대하여 검찰총장만을 지휘하도록 규정하고 있으며, 제12조 제3항에서 검찰총장의 임기를, 제37조에서 검사의 신분보장을, 제41조에서 검사의 정년을 각 규정하고 있고, 제43조에서 검사의 정치운동 등의 금지의무를 부과하여 검사의 정치적 중립성과 그 직무상 독립성을 보장하고 있다.

2020. 2. 4. 법률 제16908호로 개정된 검찰청법 제4조 제1항은 검사가 부패범죄, 경제범죄, 공직자범죄, 선거범죄, 방위사업범죄, 대형참사 등 대통령령으로 정하는 중요 범죄, 경찰공무원이 범한 범죄 등에 대한 수사 개시 및 공소 제기를 할 수 있도록 규정하여 검사도 고위공직자범죄등을 정치적 영향으로부터 독립하여 수사하고 공소를 제기할 수 있는 폭넓은 가능성을 열어놓고 있다. 그런데 앞서 본 바와 같이 공수처법에서는 검사가 위와 같은 범죄를 수사하는 과정에서 고위공직자범죄등을 인지한 경우 즉시 수사처에 통보하도록 하고(제24조 제2항), 수사처장의 결정에 따라 검사가 수사 중인 고위공직자범죄등 사건을 일방적으로 수사처에 이첩하도록 하고 있는데(제24조 제1항), 이는 수사처가 헌법과 법률에 의한 검사보다 우위의 입장에서 검사의 수사권 및 공소권 행사 업무에 관한 권한과 기능을 침해하는 것이라고 볼 수 있다. 아울러 공수처법은 수사처와 검사 사이의 수사권 및 공소권에 관한 관할의 중첩으로 인하여 예상되는 충돌과 혼란을 해결할 수 있는 구체적 방안도 마련해 놓고 있지 않아서 수사권 및 공소권 행사의 효율성과 통일성을 저해할 우려도 크다.

(다) 권력남용 방지를 위한 견제와 균형의 원칙 위반 및 기본권 침해 우려

권력분립원칙은 국가권력의 분리와 합리적 제약을 통하여 권력의 남용을 방지하고, 이로써 국민의 자유와 권리를 보장하려는 것임은 앞서 본 바와 같다. 그런데 공수처법 제24조 제1항에 따라 수사처장이 이첩 요청권한을 행사하는 경우 다른 수사기관이 피의자에 대하여 한 수사의 진행 정도나 피의자에 대한 인신구속 등 강제수사의 실시 여부 등에 관계없이 다른 수사기관은 그에 따라야 할 의무를 부담한다. 이와 같은 경우에는 수사처로 사건이 이첩되는 피의자 및 고소·고발인 등 관계인의 출석 편의나 피의자의 방어권 행사에 영향을 미칠 수 있음에도 공수처법은 피의자 등의 이익을 고려하는 규정을 전혀 두고 있지 않다. 물론 공수처법 제24조 제1항에서 수사처장은 수사의 진행 정도 등을 감안하여 이첩을 요청해야 한다고 규정하고 있으나, 수사처장이 이첩을 요청한 이상 다른 수사기관은 이를 거부할 수 없고, 수사처장의 이첩 요청에 대한 재량권을 사전 또는 사후에 통제할 수 있는 장치가 전혀 마련되어 있지 않다. 따라서 공수처법 제24조 제1항은 권력의 남용을 방지하기 위한 수사기관 사이의 견제와 균형의 원칙에 위반된다고 할 것이고, 경우에 따라서는 피의자의 신체의 자유 등을 침해할 우려가 있다.

(라) 정치적 중립성 및 직무상 독립성 취약

수사처는 수사 및 공소제기 등의 업무를 담당하는 준사법기관이면서도 필수적으로 요구되는 정치적 중립성과 직무상 독립성을 충분히 보장받지 못하고 있다.

수사처는 고위공직자범죄등을 수사하고 공소를 제기하는 준사법적인 권한을 행사하므로, 수사처도 검사와 같이 정치적 영향으로부터 독립하여 직무를 공정하게 수행하여야 한다. 특히 수사처는 입법, 행정, 사법을 망라한 고위공직자 및 그 가족이 저지른 고위공직자범죄등을 대상으로 하고 있고, 그와 같은 고위공직자범죄등은 본질적으로 권력적 속성과 정치적 성격을 띠고 있으며, 공수처법은 그동안 검찰이 고위공직자의 직무상 비리 또는 부패범죄를 공정하게 수사·공소 제기하지 아니하였다는 비판적 인식하에 수사처를 설치하여 검찰을 견제할 목적도 있다고 할 것인데, 이러한 수사처의 인적·범죄유형별 수사대상의 범위, 고위공직자범죄등의 성격, 수사처의 설치 취지 등을 고려하면, 보다 더 엄격한 정치적 중립성을 보장받아야 한다. 따라서 수사처의 정치적 중립성과 직무상 독립성의 보장 여부는 수사처의 헌법적 정당성을 판단하는 데에 매우 중요한 기준이 된다.

공수처법이 수사처의 직무상 독립 내지 수사처 소속 공무원의 정치적 중립성과 직무상 독립에 관한 규정을 두고 있기는 하나(제3조 제2항, 제22조 참조), 다음과 같은 사정들을 종합적으로 고려하면 수사처가 그 권한

을 공정하게 행사하기 위한 정치적 중립성과 직무상 독립을 충분히 보장받고 있다고 보기 어렵다.

① 공수처법은 가장 중요한 수사처장의 임명과 관련하여, 법무부장관, 법원행정처장, 대한변호사협회장 3인과 여당 및 야당 소속 각 교섭단체가 2명씩 추천한 4인 등 총 7명으로 구성된 추천위원회에서 2명을 추천하여 그 중 1명을 대통령이 지명한 후 인사청문회를 거쳐 임명하도록 규정하고 있다(제5조 제1항, 제6조). 그런데 수사처장후보추천 단계부터 국회 교섭단체가 추천한 위원이 4명이나 포함됨으로써 필연적으로 수사처장 선출이 정치적 영향을 받을 수밖에 없다.

② 공수처법은 고위공직자범죄등을 수사하고 공소를 제기하는 업무를 수행하는 수사처검사의 임용과 관련하여 수사처 내의 인사위원회의 추천을 거쳐 대통령이 임명하도록 규정하고 있고(제8조 제1항), 처장과 차장을 제외한 수사처검사의 전보, 그 밖에 인사에 관한 중요사항에 대한 심의·의결도 인사위원회가 담당하도록 규정하고 있다(제9조 제1항). 그런데 인사위원회의 구성을 보면 처장, 차장, 처장이 위촉한 1명 등 3인, 여당 및 야당 소속 각 교섭단체가 2명씩 추천한 4명 등 총 7명으로 되어 있고, 재적위원 과반수의 찬성으로 의결하도록 하여(제9조), 결국 수사처검사의 임용 등 인사 역시 정치적 영향을 받을 수 있는 가능성을 남겨두고 있다.

③ 헌법 제7조 제1항은 공무원을 '국민 전체의 봉사자'라고 규정하여 공무원의 전체 국민에 대한 공익실현의무를 선언하고 있고, 제2항은 공무원의 공익실현의무로부터 불가결하게 요청되는 '공무원의 정치적 중립성 보장'과 함께, 이러한 정치적 중립성 보장의 필수적 전제로서 '공무원의 신분 보장'을 규정하고 있다.

공수처법 제8조 제2항에 따르면, 수사처검사는 특정직 공무원이므로 헌법 제7조 제1항에 따른 '전체 국민에 대한 공익'을 실현할 의무를 진다. 그럼에도 공수처법 제8조 제3항은 수사처검사의 임기를 3년으로 정하고 3회에 한정하여 연임이 가능하도록 하고 있다. 이처럼 공수처법이 수사처검사로 하여금 검찰청법 제4조에 따른 검사의 직무를 수행할 수 있도록 하면서도(제8조 제4항), 다른 특정직 공무원인 판사나 검사와는 달리 임용기간을 지나치게 단기로 규정한 것은 그 자체로 수사처검사의 신분보장을 매우 취약하게 만들어서 정치적 중립성에도 부정적 영향을 미친다. 수사처검사는 연임을 위해서 자신이 행한 수사 및 공소제기 등의 업무실적에 대하여 매 3년마다 인사위원회로부터 심사를 받아야 하는데, 앞서 살펴본 인사위원회의 구성 및 의결정족수 등의 문제점을 고려하면 수사처검사의 정치적 중립성 및 직무상 독립성을 침해할 가능성이 매우 높다. 따라서 공수처법이 특정직 공무원인 수사처검사의 임기를 단기로 정하고 연임도 최대 3회로 제한한 것은 수사처검사의 정치적 중립성 및 직무상 독립성을 침해하고 입법형성의 한계를 일탈하여 헌법 제7조에서 정한 공무원제도를 사실상 형해화하고 있다고 볼 것이다.

(마) 권한에 상응하는 책임성 부족

수사처는 고위공직자범죄등에 대한 수사권과 공소권이라는 막강한 권한을 부여받고 있지만 그 권한에 상응하는 책임을 부담하지는 않는다.

우선 수사처는 행정부 소속이지만 대통령으로부터 아무런 사전·사후 통제를 받지 않는다(제3조 제3항). 수사처장의 국무회의 발언권이 인정될 뿐 수사처장이 대통령에게 정기적으로 보고하거나 대통령의 감독을 받는 것도 아니다(제17조 제3항). 수사처는 차관급인 수사처장의 지휘·감독을 받을 뿐(제12조 제1항, 제17조 제1항), 검사와 달리 법무부장관의 통제에서도 벗어나 있다.

우리 헌법에서는 단순히 권력을 분립시키는 데에 그치지 않고 이를 국회에 의한 민주적 통제 시스템에 연계시키고 있다. 그런데 공수처법에 따르면, 수사처장은 국회의 청문회를 거치기는 하지만 국회의 동의가 없어도 대통령이 일방적으로 임명할 수 있다(제5조 제1항). 수사처장은 국회의 요구가 있을 때에만 국회에 출석하여 보고나 답변할 의무가 있고, 이마저도 수사나 재판에 영향을 미치지 않는 범위 내에서라는 조건이 달려있다(제17조 제2항 후단). 또한, 수사처장은 탄핵소추의 대상이 될 수는 있어도(제14조), 국무위원이 아닌 수사처장에 대하여 국회가 대통령에게 그 해임을 건의할 수는 없다(헌법 제63조 제1항).

아울러 공수처법상 수사처가 수사를 축소하거나 은폐를 할 위험성에 대한 통제방안이 재정신청(제29조) 외에는 없다. 공수처법은 수사처가 수사권만 가지는 고위공직자범죄등에 대하여 수사처검사가 수사를 한 때에는 관계 서류와 증거물을 지체 없이 서울중앙지방검찰청 소속 검사에게 송부하도록 규정하고 있을 뿐(제26조 제1항), 그에 대하여 공소권을 가지는 서울중앙지방검찰청 소속 검사에게 수사처검사에 대한 보완수사요구권이나 재수사요청권 등과 같은 통제권한을 별도로 부여하고 있지 않다.

수사처장이 다른 수사기관에 대하여 이첩 요청을 하면, 다른 수사기관이 그 요청에 응하여야 한다고 규정한 공수처법 제24조 제1항에 의하여 수사처가 이첩받은 사건은 수사처가 전속적으로 수사에 대한 관할을 가지고 있고, 다른 한편으로 공수처법은 고소·고발 사건에 대하여만 재정신청을 인정하고 있으므로(제29조 제1항), 만일 수사처가 이첩받은 사건이 고소·고발 사건이 아닌 경우에는 재정신청의 대상이 되지 않는다. 이와 같이 수사처가 고소·고발 사건이 아닌 사건을 이첩받아 수사한 경우 및 수사처가 직권 등에 의하여 고위공직자범죄등을 수사한 경우에 대하여는 수사처에 의한 사건 은폐·축소 수사 등 수사권 및 공소권 남용을 방지할 사후적 통제수단이 전혀 마련되어 있지 않다.

이상에서 살펴 본 바와 같이, 구 공수처법 제2조, 공수처법 제3조 제1항에 따라서 설치된 독립행정기관인 수사처는, ① 행정각부에 소속되지 않은 채 수사권과 공소권이라는 전통적이고 핵심적인 행정 권한과 기능을 행사함으로써 헌법 제66조 제4항에 위반되고, ② 공수처법 제24조 제1항에 의하여 수사처장이 가지는 일방적인 이첩 요청 권한을 통하여 행정부 내 다른 수사기관보다 우위의 입장에서 상호 협력적 견제관계를 훼손하고, 특히 검사의 핵심 업무 영역인 공소권까지도 침해하고 있으며, 수사기관 사이의 견제와 균형의 원칙에 위반될 뿐만 아니라 피의자의 기본권을 침해할 우려가 있고, ③ 고위공직자범죄등을 수사하고 공소권을 행사하는 막강한 권한을 가졌음에도 여러 가지 면에서 정치적 중립성과 직무상 독립성에 취약하고, ④ 권한에 상응하는 책임성도 확보하지 못하고 있다.

(5) 소결

그렇다면 수사처의 설치를 규정한 구 공수처법 제2조 및 공수처법 제3조 제1항, 수사처장의 이첩요청에 따라 다른 수사기관의 이첩의무를 규정한 공수처법 제24조 제1항은 모두 헌법상 권력분립의 원칙에 위반되어 청구인들의 신체의 자유 등을 침해한다.

다. 공수처법 제24조 제1항의 적법절차원칙 위반 여부

(1) 쟁점

헌법 제12조 제1항 후문은 "누구든지 법률에 의하지 아니하고는 체포·구속·압수·수색 또는 심문을 받지 아니하며, 법률과 적법한 절차에 의하지 아니하고는 처벌·보안처분 또는 강제노역을 받지 아니한다."고 규정하여 적법절차원칙을 헌법원리로 수용하고 있다. 이러한 적법절차원칙은 법률이 정한 형식적 절차와 실체적 내용이 모두 합리성과 정당성을 갖춘 적정한 것이어야 한다는 실질적 의미를 지니고 있는 것으로서 특히 형사절차와 관련시켜 적용함에 있어서는 형사절차의 전반을 기본권 보장의 측면에서 규율하여야 한다는 기본원리를 천명하고 있는 것으로 이해된다(헌재 1992. 12. 24. 92헌가8; 헌재 2014. 1. 28. 2012헌바298 참조).

공수처법 제24조 제1항은 수사처장이 다른 수사기관에 대하여 이첩을 요청할 수 있는 사유와 이첩 요청에 따른 효과 등에 관하여 정하고 있는데, 사건이 수사처로 이첩되면 수사의 주체를 달리하게 되고, 경우에 따라서는 공소권 행사의 주체까지 달라지게 되는 등 수사와 재판의 내용과 절차에 관련되는 측면이 있으므로, 위 조항이 합리성과 정당성을 갖춘 적정한 입법에 해당하여 적법절차원칙에 위반되지 않는지 살펴볼 필요가 있다.

(2) 공수처법 제24조 제1항의 적법절차원칙 위반 여부

(가) 앞서 본 바와 같이 공수처법 제24조 제1항에서 규정하고 있는 수사처장의 이첩 요청 사유인 '수사의 진행 정도 및 공정성 논란' 은 추상적이어서 명확하지 아니하며, 위 사유에 해당하는지 여부를 객관적으로 판단할 수 있는 명확한 기준이 전혀 마련되어 있지 않아 수사처장의 일방적이고 자의적인 판단에 맡겨져 있다고 볼 수밖에 없다.

'공정성 논란'이 일어날 수 있는 대표적 사례로서 검사에 대한 수사와 관련하여 공수처법 제25조 제2항은 다른 수사기관이 검사의 고위공직자범죄 혐의를 발견한 경우에는 사건을 수사처에 이첩하도록 별도로 규정하고 있다. 그러나 그 밖의 경우 다른 수사기관의 고위공직자범죄등에 대한 수사가 공정성 논란을 일으킬 정도의 부실·축소 수사 또는 표적 수사에 해당하는지 여부 및 수사가 어느 정도로 진행된 단계에서 수사처로 이첩할 수 있는지 등에 관한 구체적·객관적인 기준을 명확하게 규정하는 것은 결코 간단하지 않아 설령 향후 제정될 수사처규칙으로 일응의 기준을 정한다 하더라도 결국 수사처장의 자의적 판단에 따라 사건의 이첩 여부가 결정될 가능성이 있다.

(나) 공수처법 제24조 제1항은 다른 수사기관으로 하여금 수사처장의 이첩 요청에 응하여야 할 의무를 부과하고 있다. 기존 수사기관과 다른 별도의 독립적인 수사기관인 수사처를 설치하여 고위공직자범죄를 척결하고자 한 입법목적을 실현하고 새로운 수사기관이 설치됨에 따라 발생할 수 있는 혼란이나 공백을 방지하기 위하여 고위공직자범죄의 경우 수사처가 다른 수사기

관에 대해 이첩을 요청할 수 있는 근거를 마련할 필요성이 있다 하더라도, 수사처장의 요청에 '정당한 사유'가 있는지 또는 다른 수사기관이 수사처장의 이첩요청을 거부하거나, 이첩하지 아니하여야 할 '특별한 사정'이 있는지를 불문하고 다른 수사기관으로 하여금 수사처장의 이첩 요청에 응하여야 한다고 규정하는 것은 적정하다고 할 수 없다. 또한 이첩 여부를 결정하기 전에 수사처장과 다른 수사기관이 수사 관할을 협의·조정할 수 있는 절차도 마련되어 있지 않아 다른 수사기관으로서는 스스로 해당 사건을 수사하는 것이 적절하다고 판단하더라도 수사처에 사건을 이첩할 수밖에 없는데, 수사처와 다른 수사기관이 법률상 서로 대등한 지위에 있음에도 공수처법 제24조 제1항은 이처럼 다른 수사기관에 대해서만 편면적인 의무를 부과하고 있다. 그런데 다른 한편으로는 수사처장이 다른 수사기관에서 고위공직자범죄등을 수사하는 것이 적절하다고 판단할 때에는 해당 수사기관에 사건을 이첩할 수 있다고 규정하여(공수처법 제24조 제3항), 수사처장이 다른 수사기관으로 이첩할 수 있는 권한을 인정하면서 그에 관한 재량까지 부여하고 있다.

이와 같이 공수처법 제24조 제1항은 고위공직자범죄등의 사건의 이첩에 관하여 수사처가 다른 수사기관보다 일방적으로 우위에 있는 것으로 규정하고 있으므로, 그 실체적 내용이 합리성과 정당성을 갖춘 적정한 것이라고 보기 어렵다.

(다) 한편, 수사처의 수사대상이 되는 피의자와 고소·고발인 등 사건 관계인은 수사처장의 이첩 요청에 의하여 사건이 수사처로 이첩될 때 별도의 통지를 받지 못하고, 따라서 이에 대하여 자신의 의견을 진술할 기회를 부여받지 못하게 된다.

적법절차원칙에서 도출할 수 있는 가장 중요한 절차적 요청 중의 하나로 당사자에게 적절한 고지를 행할 것, 당사자에게 의견 및 자료 제출의 기회를 부여할 것을 들 수 있는데(헌재 2015. 9. 24. 2012헌바302;헌재 2018. 6. 28. 2012헌마191 참조), 이 원칙이 구체적으로 어떠한 절차를 어느 정도로 요구하는지는 규율되는 사항의 성질, 관련 당사자의 사익, 절차의 이행으로 제고될 가치, 국가작용의 효율성, 절차에 소요되는 비용, 불복의 기회 등 다양한 요소들을 형량하여 개별적으로 판단할 수밖에 없을 것이나(헌재 2003. 7. 24. 2001헌가25;헌재 2018. 6. 28. 2012헌마191 참조), 수사처로 사건이 이첩될 때에는 이에 대하여 피의자 등에게 통지할 수 있는 어떠한 절차도 마련되어 있지 않아 피의자 등은 이첩 자체에 대한 의견을 진술할 기회를 부여받지 못할 뿐 아니라, 나아가 피의자 등의 주소, 거소 또는 현재지가 수사처 소재지가 아닌 경우에는 적절한 방어권의 행사나 입증자료의 제출 또는 주장의 기회를 상실할 수도 있다.

(라) 공수처법 제24조 제1항에 따라 수사처장이 다른 수사기관에 이첩을 요청한 경우 청구인들과 같은 수사처의 수사대상자는 수사처의 수사 등을 받게 되고, 따라서 수사권의 주체가 달라지게 된다. 그 결과 이첩 이후 진행될 형사절차 전반과 관련하여 수사대상자의 기본권이 적절하게 보장되지 못하는 결과가 발생하는 경우도 있을 수 있으므로, 수사처와 다른 수사기관 사이의 이첩 등 사건처리에 관한 절차는 합리적이고 정당하게 이루어져야 할 것이다.

수사가 개시되어 피의자가 되는 경우 수사 관할은 원칙적으로 범죄지, 피의자의 주소, 거소 또는 현재지 소재 수사기관이라 할 것이고(형사소송법 제4조 제1항, 제256조 참조), 그러한 관할은 사건의 능률적 처리 및 피의자의 출석 편의 및 방어권 보장에 적지 아니한 영향을 미치게 된다. 그런데 위 조항에 의하여 수사처로 사건이 이첩되는 고위공직자로서는 범죄지, 주소 등이 수사처 소재지가 아닌 경우에도 수사처에서 수사를 받아야 하는데, 그와 같은 불이익은 단지 수사주체만 달리하는 정도 이상의 실질적인 것이라는 점을 고려하면 더욱 그러하다.

그러나 앞서 본 바와 같이 공수처법 제24조 제1항은 수사처장의 이첩 요청이 있으면 그 요청에 정당한 사유가 있는지 여부를 불문하고 별도의 협의나 조정 절차도 거치지 않은 채 다른 수사기관으로 하여금 이첩 요청에 응하도록 의무를 부과하고 있을 뿐, 피의자 등의 출석 편의 및 방어권 행사를 보장하기 위한 어떠한 규정을 두고 있지 않다.

(마) 또한 공수처법 제24조 제1항은 수사처장의 이첩 요청에 따른 다른 수사기관의 이첩의무에 관한 예외에 관하여 전혀 규정하고 있지 않으므로 해당 수사기관이 수사를 종결할 단계에 이르렀거나, 이미 피의자를 구속하고 있던 경우라도 이첩 요청에 응하여야 한다.

그런데 수사처장의 이첩 요청에 따라 수사처로 사건을 이첩할 경우, 특히 검사가 피의자를 구속한 상태에서 수사처로 사건을 이첩하는 경우 구속기간을 수사처로의 이첩에도 불구하고 구속한 때로부터 형사소송법

제203조 및 제205조에 따라 계산할 것인지, 아니면 수사처로 이첩된 때로부터 계산할 것인지, 만일 이첩받은 사건이 수사처에 공소권이 없는 사건인 경우 수사처가 구속할 수 있는 기간이 10일에 불과한 것인지, 아니면 1회 연장하여 최대 20일까지 가능한 것인지 등에 관하여 공수처법은 아무런 규정을 두고 있지 않다.

이와 같이 피의자의 신체의 자유 등에 대한 제한을 최소화하기 위한 인신구속에 관한 사항조차 명시적으로 규정하고 있지 아니한 점에 비추어 보더라도 공수처법 제24조 제1항의 실체적인 내용은 합리성과 정당성을 갖추지 못하여 적정하다고 할 수 없으므로 적법절차원칙에 위반되어 청구인들의 신체의 자유 등을 침해한다.

9. 재판관 이종석, 재판관 이영진의 구 공수처법 제2조, 공수처법 제3조 제1항의 사법권 독립 침해 및 평등권 침해에 관한 반대의견

우리는 구 공수처법 제2조, 공수처법 제3조 제1항 및 제24조 제1항이 권력분립원칙에 위반되어 청구인들의 신체의 자유 등을 침해하고, 공수처법 제24조 제1항이 적법절차원칙에 위반되어 역시 신체의 자유 등을 침해한다는 점에서 더 나아가 구 공수처법 제2조 및 공수처법 제3조 제1항이 사법권의 독립을 침해함으로써 권력분립원칙에 위반되어 청구인들의 재판청구권을 침해할 뿐만 아니라 합리적 이유 없이 고위공직자 등을 차별취급함으로써 평등권도 침해하여 위헌이라고 생각하므로 아래와 같이 의견을 밝힌다.

가. 권력분립원칙과 사법권 독립의 침해

(1) 사법권 독립의 의의

(가) 헌법 제101조 제1항은 "사법권은 법관으로 구성된 법원에 속한다"고 규정하고 있다. 법적 분쟁에 관하여 구속력 있는 결정을 내리는 국가기능인 사법은 법관의 독립과 재판의 공정성이 확보될 때에만 제대로 유지될 수 있다. 법관의 독립이 공정한 재판을 보장하고, 공정한 재판만이 법적 분쟁을 종식시켜 법의 지배를 실현할 수 있기 때문이다. 법치주의의 원리와 법관의 직무상 독립을 보장하는 헌법 제103조 및 재판청구권을 보장하는 헌법 제27조 제1항은 법관의 독립과 재판의 공정성을 요구하고 있다. 법관의 독립은 공정한 재판을 위한 필수요소로서 다른 국가기관이나 사법부 내부의 간섭으로부터의 독립뿐만 아니라 사회적 세력으로부터의 독립도 포함한다(헌재 2018. 7. 26. 2018헌바137 참조).

사법권 독립의 위와 같은 헌법적 의미에 비추어 사법권의 독립을 지키고 존중하는 것은 모든 국가기관의 의무이고, 나아가 재판의 독립을 위해서는 어떠한 경우에도 재판절차에 대한 부적절하거나 부당한 간섭이 있어서는 아니된다. 이는 재판의 독립을 위해서는 법관이 재판절차의 개시부터 판결선고에 이르기까지 모든 재판과정에서 어디로부터 오는 것이든, 어떠한 이유에서든, 직접적이든 간접적이든, 부당한 간섭이나 제한, 유인·압력·협박 등으로부터 영향을 받지 않는 자유로운 상태에서 재판을 할 수 있어야 함을 의미한다.

(나) 법관의 직무상·신분상 독립을 내용으로 하는 사법권의 독립은 헌법에 따른 사법권 행사에서의 본질적·핵심적 요소이다. 따라서 사법권의 독립이 입법부나 행정부를 비롯한 다른 국가기관의 과도한 간섭과 통제 등에 의하여 침해될 소지가 있거나 침해된다면, 곧바로 헌법상 권력분립원칙에 대한 중대한 위협이나 침해가 될 수 있다.

한편 사법권 독립이 보장되는 자유민주주의 국가에서 법관은 국민으로부터, 무엇보다 형사재판절차에 관하여는 피의자와 피고인(이하, '피고인등'이라 한다)으로부터 독립성과 공정성에 대한 신뢰를 얻어야 할 것인데, 법관의 독립성 또는 공정성에 대한 피고인등의 신뢰를 떨어뜨릴만한 사유, 즉 재판의 독립과 공정성을 보장받지 못할 수도 있다는 점에 대한 우려가 상당한 근거가 있는 경우라면, 그 법관은 독립성과 공정성을 갖고 있다고 보기 어렵다. 이와 같은 법관의 독립성과 공정성은 실질적으로 보장되어야 할 뿐만 아니라 그러한 외관도 갖추어야 한다.

그런데 수사처가 수사하고 공소를 제기한 사건에서, 피고인등이 자신의 재판을 담당하는 법관도 수사처의 수사권 및 공소권 행사의 대상이 되고, 그 해당 법관이 수사처의 수사권 및 공소권을 의식하여 심리적으로 위축된 나머지 독립되고 공정하지 못한 재판을 할 수도 있다고 의심하게 되고, 그러한 의심이 합리적인 것으로 인정되는 경우라면, 사법권의 독립은 훼손된 것이고, 이로써 피고인이 가지는 헌법상의 기본권인 재판청구권이 침해된 것이라 할 것이다.

(2) 법관의 독립 침해 여부

(가) 수사처의 수사 및 공소제기의 대상으로서 법관과 그 가족

구 공수처법 제2조 제1호 다목, 파목 및 제2호부터

제4호, 그리고 공수처법 제3조 제1항은 대법원장·대법관 및 판사(본 항에서는 '법관'이라 한다)로 재직 중인 사람 또는 그 직에서 퇴직한 사람과 그 가족이 재직 중 저지른 고위공직자범죄등을 수사처의 수사 및 공소권 행사의 대상으로 규정하여 사법권을 행사하는 법관 및 그 가족에 대하여는 수사처의 수사대상일 뿐만 아니라 직접 공소권도 행사하도록 명시하고 있다. 법치주의 국가에서 법관과 그 가족도 죄를 범하면 적법한 절차에 따라서 처벌을 받는 것은 지극히 당연하다. 그러나 공수처법처럼 수사권 및 공소권 행사의 대상을 법관 및 그 가족을 포함한 인적 기준으로 특정한 입법은 외국의 입법례에서도 찾아보기 어렵다.

(나) 수사처의 광범위하고 자의적 수사로 인한 법관의 독립 침해

1) '수사'는 '범죄혐의의 유무를 명백히 하여 공소를 제기·유지할 것인가 여부를 결정하기 위하여 범인을 발견·확보하고 증거를 수집·보전하는 수사기관의 활동'을 말한다(대법원 1999. 12. 7. 선고 98도3329 판결 참조). 그런데 수사권은 내재적으로 스스로 확장하는 적극적 성격을 가지고 있고, 일단 수사를 개시한 이상 반드시 성과를 내야 하는 업무적 속성도 가지고 있으며, 남용의 위험이 매우 큰 공권력이다. 특히 공수처법상 수사처의 수사 범위에는 아무런 제한이 없기 때문에 수사처의 수사에는 내사(內査)와 같은 수사개시를 위한 수사전 조사활동도 당연히 포함된다. 실무상 수사기관의 내사활동에는 첩보수집·보도·풍설·탄원·투서·익명의 신고 등에 의한 조사뿐 아니라, 감시·미행·불심검문 등과 같은 조사행위도 모두 포함된다. 형사소송법은 수사절차만을 규율하고 있을 뿐 별도의 내사 관련 규정을 두고 있지 않고, 단지 검찰사무규칙 등과 같은 수사기관 내 준칙에서만 내사에 관하여 간단히 규율하고 있을 뿐이다. 이처럼 내사의 시기·요건·방법 및 통제 등에 대하여 구체적으로 정한 법적 규정이 없어 사실상 내사는 수사기관의 재량에 전적으로 달려 있다고 보아도 과언이 아니다. 특히 수사기관 자체 첩보에 근거한 내사의 경우에는 담당 수사관만이 은밀히 알고 있는 경우가 많고 기록에도 남기지 않아서 내사의 진행이나 종결 등에 관한 통제가 사실상 불가능한 상태에 놓여 있는 경우가 적지 않다.

이와 같이 내사는 해당 수사기관의 자의적 판단에 따라서 은밀하고 광범위하게 이루어지기 때문에 내사의 대상으로 지목된 사람에게 미치는 부정적 영향은 매우 중대하다.

2) 수사처는 일반적인 범죄를 대상으로 하는 수사기관이 아니라 그 본연의 업무가 고위공직자의 직무상 비리 또는 부패범죄를 대상으로 하는 특별수사기관이므로, 수사권을 가지는 고위공직자범죄등을 인지하거나 수사의 단서를 다른 수사기관으로부터 이첩받아 수사를 개시한 이상, 직접 수사를 한 사건에 대하여 실적을 남겨야 한다는 강박감을 가지게 되고, 만일 직접 수사를 하였음에도 범죄혐의가 인정되는 실적을 남기지 못한다면 수사처가 직접 개시한 수사의 정당성은 의심받게 되고 무리한 수사라는 비판을 면하기 어렵게 될 것이다. 더욱이 수사처가 수사를 한 후 공소를 제기한 고위공직자범죄등 사건에 대하여 법원으로부터 무죄판결이 선고된다면 더욱 강한 비판에 직면하게 될 것이며, 수사 또는 공소제기 및 유지를 담당한 수사처검사 등은 대내외적으로 여러 가지 측면에서 부정적인 평가를 받게 될 것이다.

3) 법관이 진행하는 재판의 특성상 패소한 상당수의 당사자들이 해당 법관에 대하여 불만을 가지고 수사처에 각종 투서나 진정 등을 제기하는 경우도 적지 않을 것으로 예상된다. 최근 우리 사회는 인터넷이나 SNS 등과 같은 소셜미디어 등에서 법관의 판결에 대하여 제기하는 비난과 법관 및 그 가족에 대한 신상털기나 협박 등의 문제가 매우 심각한 수준이다. 자료에 의하면 수사처의 수사 및 공소제기 등의 대상이 되는 고위공직자는 약 7,000여 명인데, 그 중 판사 및 검사의 수는 대략 5,000여 명에 이르고, 판사와 검사에 관련된 고소·고발 사건은 매년 3,000여 건에 이른다고 한다.

아울러 수사처가 수사권 및 공소권을 가지는 고위공직자범죄 중에는 형법상 직권남용(제123조), 직무유기(제122조)와 같은 법관의 재판 업무 자체에 관하여 직접 적용될 수 있는 범죄도 포함되어 있어, 자칫 수사처검사의 자의적 판단에 따라서 법관의 재판 자체에 대하여 내사를 포함한 수사 등이 이루어질 가능성이 항상 존재한다. 고위공직자범죄등에 대한 수사와 법관 등에 대한 공소권을 행사하는 수사처검사가 고위공직자범죄등 사건의 재판과 관련하여 무죄판결을 피하고자 무리하게 권한을 남용하려는 시도가 전혀 없을 것이라고 단정하기도 어렵다.

위와 같은 경우를 내사 등 수사의 대상이 되는 법관의 입장에서 보면, 자신에 대하여 수사처의 내사가 이루어지고 있다는 사실이 외부에 공표되는 것만으로 사법권 및 법관의 독립에 대한 헌법상 보장, 공정성, 그

리고 형사재판절차에 관련된 피고인등의 법관의 독립에 대한 신뢰 등은 치명적으로 훼손될 것이고, 추후에 내사된 혐의가 사실이 아님이 밝혀진다고 하더라도 일단 훼손된 사법권 및 법관의 독립에 대한 헌법상 보장 및 그에 대한 피고인등의 신뢰는 회복할 수 없게 될 것이다. 이는 결국 헌법 제103조가 보장한 법관의 독립을 심각하게 훼손하는 것일 뿐만 아니라 재판의 당사자가 가지는 헌법 제27조가 보장한 재판청구권을 침해하는 결과를 초래할 수 있다.

4) 위와 같은 내사를 포함한 수사권은 언제든 남용될 가능성이 있다고 할 것인데, 그러한 점에 아래의 사정을 더하여 보면, 구 공수처법 제2조 및 공수처법 제3조 제1항에 의한 사법권 및 법관의 독립에 대한 침해가능성은 위 조항과 공수처법의 일부 조항, 나아가 공수처법의 전체적인 규정 내용에서 비롯된 공수처법의 규범적인 측면에 의한 것이라 할 것이고, 단지 사실상의 우려에 불과하다고 볼 수 없다.

가) 수사처는 경찰과 검찰이 그동안 고위공직자범죄등에 대하여 공정하게 수사하고 공소를 제기하지 못하였다는 점을 전제로 공수처법이라는 개별법률에 근거하여 설치·운영되는 특정된 범위의 수사권과 공소권을 가진 특별수사기관이다.

경찰이나 검찰은 모든 국민 및 모든 범죄에 대하여 일반적인 수사권 또는 공소권을 가지는 데에 비하여, 수사처는 약 7,000여 명의 고위공직자와 그 가족의 고위공직자범죄등에 대하여만 수사권을 가지고, 법관 등 매우 한정된 고위공직자와 그 가족에 대하여만 공소권을 행사한다. 그 결과 수사처가 수사한 사건을 담당한 법관, 특히 수사처검사가 수사하고 직접 공소제기 및 유지까지 하는 사건을 담당하는 법관은 그 자체만으로 경찰 또는 검찰이 수사하고 검사가 공소제기한 일반사건과는 구별되는 사건이라는 인식을 갖지 않을 수 없다.

나) 공수처법에 의하면 수사처검사와 수사처수사관, 즉 수사 인력은 최대 65명으로 한정되어 있다(제8조, 제10조 참조). 한편, 공수처법은 앞서 본 바와 같이 수사권 및 공소권 행사의 대상, 수사처장의 임명을 비롯한 수사처의 구성, 조직법적 성격 등에 있어 특별한 지위를 가진 수사처에 관하여 규율하면서도 '누구든지 수사처에 고위공직자범죄등에 대하여 정보를 제공할 수 있다'는 규정(제46조) 외에는 수사의 단서에 대해 특별한 규정을 두고 있지 않아 수사처는 형사소송법 등에 의하여 인정되는 수사의 단서에 의하여 수사를 개시할 수밖에 없다. 그런데 수사처는 고위공직자범죄등에 대한 수사와 무관하게 독자적으로 일반범죄를 수사할 수 없으므로 주로 일반범죄를 통해 얻게 되는 수뢰죄 등 고위공직자범죄등에 대한 단서를 오히려 확보하기 어려우며, 경찰과 검찰에 비하여 수사역량이나 정보력 등에서 우월하다고 할 수도 없다.

다) 판사 및 검사에 관련된 고소·고발 사건은 매년 3,000여 건에 이르는 점을 고려하면, 수사처로서는 법관 등에 대하여는 고소·고발에 의하여 수사의 단서를 확보하는 경우가 상당한 수에 이를 것으로 예상된다.

라) 이와 같은 수사처의 한정된 수사 인력, 판사와 검사에 대한 고소·고발이 많은 우리나라의 현실, 공수처법 제24조 제1항에 따라 수사처장의 이첩요청이 있으면 다른 수사기관으로서는 이에 응할 수밖에 없는 등 수사처가 다른 수사기관과의 관계에서 고위공직자범죄등에 대하여 우선적으로 수사권과 공소권을 가지는 점, 현행 공수처법의 규정만으로는 수사처의 정치적 중립성과 직무상 독립성 보장이 취약한 점, 고위공직자범죄의 정치적·권력적 성격, 수사처의 지위 및 업무 성격에 내재하는 실적주의 등을 종합하여 보면, 경우에 따라서는 수사처에 의해 선별 수사나 표적 수사가 현실화할 우려가 있음을 부정할 수는 없다.

또한 재판에서 패소한 상당수의 당사자들이 해당 법관에 대하여 수사처에 투서·진정, 고소·고발 등을 제기할 가능성이 있고, 재판절차의 진행 등 재판 업무에 관하여 적용될 수 있는 직권남용(형법 제123조) 등도 수사처의 수사대상범죄인 점까지 고려하면, 특히 수사처가 수사하고 직접 공소제기 및 유지까지 하고 있는 고위공직자범죄등 사건의 재판을 담당하는 법관이 위와 같은 부당한 내사 또는 수사의 대상이 될 우려는 상당한 근거가 있다.

따라서 수사처가 수사하고 직접 공소제기 및 유지까지 하는 사건의 재판을 담당하는 법관이 일반사건과 달리 재판이 진행되는 동안 또는 재판 이후 자신과 가족이 수사처의 내사 또는 수사의 대상이 될 수 있다는 심리적인 압박을 받게 되고, 그로 인하여 독립하여 공정한 재판을 진행하는 것이 어렵게 될 수 있다는 피고인등의 의심은 합리적인 것으로 인정된다.

마) 구 공수처법 제2조 및 공수처법 제3조 제1항 등에 의하여 '사법권의 독립'이 중대하게 침해될 수 있는 상황이 예상됨에도, 공수처법은 법관 등에 대한 수사권 및 공소권의 자의적인 행사 또는 남용을 방지하기 위한

실효성 있는 제도적 장치를 규정하고 있지 않다.

5) 이상과 같은 점을 종합하면, 구 공수처법 제2조 및 공수처법 제3조 제1항이 수사처로 하여금 법관 및 그 가족의 고위공직자범죄등을 수사하고 공소를 제기할 수 있도록 명시함으로써, 수사처가 수사하거나 공소를 제기한 고위공직자범죄등 사건에 관한 재판을 담당하는 법관에게 언제든지 자신과 가족이 수사처의 수사와 공소제기의 대상이 될 수도 있다는 심리적 위축효과를 초래하고, 그 결과 해당 법관이 독립하여 공정한 재판을 하는 것을 중대하게 저해할 수 있다.

(다) 법관의 독립에 대한 피고인의 신뢰 상실로 인한 재판의 독립 및 공정성 훼손

위에서 본 바와 같이 수사처가 수사를 하거나 공소를 제기한 사건을 담당하는 법관, 특히 수사처가 수사하여 직접 공소를 제기하고, 수사처검사가 공소유지를 하는 고위공직자범죄등 사건을 담당하는 법관이 자신도 수사처의 수사 및 공소권 행사의 대상이라는 이유로 일반범죄에 대한 재판에서와 다른 심리적 압박 또는 압력을 받을 우려는 상당한 근거가 있다.

따라서 법관이 심리적 위축으로 인하여 당해 재판을 독립적이고 공정하게 수행하지 못할 수도 있다는 외관이 형성될 수 있고, 수사처가 수사하고 직접 공소제기 및 유지하는 사건이라는 사실 자체가 담당 법관의 판단에 영향을 미칠 수 있다는 피고인등의 의심은 합리적인 것으로서 법관의 독립에 대하여 피고인등이 갖는 신뢰를 떨어뜨리는 것이며, 이로써 해당 재판의 독립 및 공정성은 훼손된다.

(3) 소결

그렇다면 구 공수처법 제2조 및 공수처법 제3조 제1항은 사법권의 독립을 침해하여 헌법상 권력분립원칙에 위반되고, 수사처의 수사대상인 청구인들의 헌법상 재판청구권을 침해한다.

나. 평등권 침해 여부

(1) 구 공수처법 제2조 및 공수처법 제3조 제1항의 내용

수사처는 구 공수처법 제2조 제1호 및 제2호에 열거된 고위공직자와 그 가족이라는 인적 기준과, 구 공수처법 제2조 제3호 및 제4호에 열거된 고위공직자범죄등이라는 범죄 유형에 따른 기준의 이중 기준에 의하여 특정된 범위 내에서 수사권을 가지고, 더 나아가 수사, 공소의 제기 및 유지, 재판에 관련된 직무를 수행하는 고위공직자인 대법원장 및 대법관, 검찰총장, 판사 및 검사, 경무관 이상의 경찰공무원 및 그 가족(이하, '판사 및 검사 등'이라 한다)이 해당 고위공직자의 재직 중에 범한 고위공직자범죄등에 대하여는 공소제기 및 그 유지에 관한 권한까지 행사한다.

더욱이 수사처는 고위공직자범죄등이 재직 중에 저질러진 경우에는 해당 고위공직자가 이미 공수처법 시행 전에 퇴직하였더라도 수사권과 일부 공소권을 행사하고, 그와 같이 퇴직한 고위공직자의 가족에 대해서도 동일하게 수사권과 공소권을 행사한다.

(2) 차별취급의 존재

(가) 수사권과 공소권 행사에서의 차별취급

1) '특별검사의 임명 등에 관한 법률'(이하 '특별검사법'이라 한다)에 따른 특별검사가 수사하고 공소제기하기로 결정된 특정사건(특별검사법 제1조, 제2조, 제7조 제1항 제1호 등 참조)을 제외하고는, 우리 형사사법체계에서는 범죄의 혐의가 있다고 사료되는 경우 검사가 직접 수사하거나(형사소송법 제196조) 또는 사법경찰관이 수사를 하며(형사소송법 제197조), 수사한 결과 범죄혐의가 인정되면 검사가 공소제기 여부를 결정하고(기소독점주의 및 기소편의주의, 형사소송법 제246조, 제247조), 공소제기 후 공소유지 업무를 담당한다. 즉 대한민국의 사법권이 미치는 범위 내에 있는 모든 사람은 동일하게 검사 또는 사법경찰관의 수사대상이 되고, 검사의 공소권 행사의 대상이 된다.

그런데 구 공수처법 제2조 및 공수처법 제3조 제1항은, 범죄의 혐의가 있다고 사료되는 사실관계가 같음에도, 구 공수처법 제2조에 열거된 고위공직자와 그 가족에 해당하지 않는 비고위공직자와 달리, 특정한 범위의 고위공직자와 그 가족의 고위공직자범죄등에 대하여는 형사소송법과 검찰청법 등이 아닌 공수처법에 의하여 설치되는 수사처의 수사대상이 되고, 판사 및 검사 등에 대하여는 수사처의 수사대상이 되는 것에서 더 나아가 수사처가 직접 공소권을 행사할 수 있도록 규정하고 있다.

위와 같이 공수처법이 고위공직자와 그 가족의 고위공직자범죄등에 대한 수사권과 판사 및 검사 등에 대한 공소권의 주체를 수사처로 규정하여, 비고위공직자와 차별취급하는 것은 사회적으로 장기간 점하는 지위로서 일정한 사회적 평가를 수반하는 고위공직자 및 고위공직자의 가족이라는 지위, 즉 사회적 신분에 따른 차별에 해당한다(헌재 1995. 2. 23. 93헌바43 참조). 나아가 그러한 차별취급은 고위공직자범죄등을 척결하고,

국가의 투명성과 공직사회의 신뢰성을 높이기 위하여 제정된 공수처법의 입법목적에 의한 것임은 물론 그 입법목적을 구체화한 구 공수처법 제2조 및 공수처법 제3조 제1항에 의한 것이다.

2) 앞서 본 바와 같이 공수처법은 수사처장의 일방적인 이첩 요청이 있으면 다른 수사기관은 그에 응할 의무를 부담하고(제24조 제1항), 다른 수사기관이 고위공직자범죄등을 인지한 경우 그 사실을 즉시 수사처에 통보하여야 하며(제24조 제2항), 다른 수사기관이 검사의 고위공직자범죄 혐의를 발견한 경우 그 수사기관의 장은 사건을 수사처에 이첩하도록 규정하고 있다(제25조 제2항).

비록 공수처법 제24조 제3항이 '수사처가 수사를 개시한 사건에 대하여도 수사처장의 재량에 따라 피의자, 피해자, 사건의 내용과 규모 등을 고려하여 다른 수사기관에 사건을 이첩할 수 있다'고 규정하고 있기는 하나, 고위공직자범죄등 직무상 비리 또는 부패범죄를 척결하는 것을 직접 입법목적으로 하는 공수처법의 취지, 경찰 및 검찰과는 별도로 설치된 특별수사기관으로 대통령, 국무총리, 법무부장관 등으로부터 조직법적으로 독립된 수사처의 지위, 위 각 규정의 문언 및 취지 등을 종합하면, 수사처는 위 각 규정들로 인하여 고위공직자범죄등에 대하여는 다른 수사기관과의 관계에서 우선적인 수사권을 가진다고 할 것이다. 특히 검사의 '고위공직자범죄 혐의'를 발견한 다른 수사기관은 의무적으로 수사처에 이첩하여야 한다고 규정할 뿐, 그에 관한 다른 수사절차를 규정하거나 수사처가 이첩받은 검사의 고위공직자범죄 혐의를 다른 수사기관에 다시 이첩할 수 있다는 규정이 존재하지 않는 점, 수사처장은 '고위공직자범죄에 대하여 불기소결정을 하는 때에는 해당 범죄의 수사과정에서 알게 된 관련범죄 사건을 대검찰청에 이첩하여야 한다'고 규정한 공수처법 제27조에 대한 해석상 수사처가 검사의 고위공직자범죄 혐의에 대하여는 수사종결권을 가진다고 할 것인 점 등을 종합하면, 검사의 고위공직자범죄 혐의에 대하여는 수사처가 전속적인 수사권을 가진다고 할 것이다.

(나) 판사 및 검사 등에 대한 공소권 행사로 인한 추가적인 차별취급

1) 판사 및 검사 등의 고위공직자범죄등에 대하여 수사처가 가지는 공소권은 특정사건에 대하여 일회적으로 인정되고 있는 특별검사제도 외에는 우리 형사사법체계에서는 한 번도 인정되지 않았던 검찰의 기소독점주의의 중대한 예외에 해당한다.

2) 형사소송법 제246조는 '공소는 검사가 제기하여 수행한다'고 규정하여 국가소추주의와 함께 기소독점주의를 채택하고, 한편 같은 법 제 247조 제1항은 '검사는 형법 제51조의 사항을 참작하여 공소를 제기하지 아니할 수 있다'고 규정하여 기소편의주의를 아울러 채택하고 있다. 우리 형사소송법이 이와 같이 국가기관으로서 공익의 대표자인 검사에 의한 기소독점주의를 채택한 것은 공소제기를 개인적 감정이나 집단적 이해관계 또는 여론에 좌우되지 아니하고 전국적으로 통일되게 행사함으로써 획일적이며 공평한 소추를 담보하도록 하기 위한 것이다(헌재 1997. 8. 21. 94헌바2; 헌재 2007. 7. 26. 2005헌마167 등 참조).

3) 공수처법의 입법목적은 앞서 본 바와 같이 고위공직자 등의 범죄를 척결하고, 국가의 투명성과 공직사회의 신뢰성을 높이는 것이나, 다른 한편 공수처법이 제정된 배경에는 그동안 권력형 부정사건이나 정치적 성격이 강한 부패사건에 대하여 검찰이 공정하게 수사권과 공소권을 행사하지 못했다는 반성적 고려를 전제로 현행 형사소송법상 기소편의주의와 기소독점주의 제도 하에서의 검찰 권력을 견제하고자 하는 목적도 포함되어 있음을 부인할 수 없다. 이러한 점을 고려하여 공수처법이 우리 형사사법체계에서 수십 년간 유지되어 오던 검찰의 기소독점주의의 중대한 예외를 인정한 것에 대하여 살펴보면, 공수처법이 판사 및 검사 등을 제외한 고위공직자의 고위공직자범죄등에 대하여는 수사처가 수사만 하고, 그 수사결과를 서울중앙지방검찰청 소속 검사에게 송부하도록 규정하면서(제26조 제1항), 판사 및 검사 등에 대하여만 수사처가 직접 공소권까지 행사하도록 규정한 이유는, 검사가 판사 및 검사 등의 직무상 비리 또는 부패범죄에 대하여는 수사에서 뿐만 아니라 공소권도 공정하게 행사하지 못했기 때문에 검사에게는 판사 및 검사 등의 고위공직자범죄등에 대하여 공정하게 공소권을 행사하는 것을 기대할 수 없다는 인식 때문일 것이다.

4) 이와 같은 공수처법의 입법목적과 입법배경 등에 비추어 보면, 수사처가 출범한 초기에는 수사처에 고위공직자와 그 가족에 대한 수사권을 부여하고, 판사 및 검사 등의 고위공직자범죄등에 대하여 공소권을 부여한 취지를 뚜렷하게 부각시키고, 특별수사기관으로서의 수사처의 존재 의의 등을 나타내기 위해서 공수처법 제24조에 따라 수사처장은 다른 수사기관이 수사 중인

고위공직자범죄등에 대하여 적극적으로 이첩을 요청할 가능성이 있고, 수사대상이 된 고위공직자가 판사 및 검사 등인 경우에는 사실상 우선적·전속적으로 공소를 제기할 것으로 보인다.

5) 이상과 같은 이유로 고위공직자와 그 가족이 고위공직자로 재직 중에 동일한 유형의 고위공직자범죄등을 저질렀음에도 대상 고위공직자가 누구인지에 따라 소추기관이 달라지게 되어 차별취급이 존재하게 되었고, 이로써 기소독점주의를 통해 담보되도록 한 통일적이고 획일적이며 공평한 소추가 이루어지지 않을 가능성을 야기하게 되었다.

(다) 재판관할에 관한 특례규정(공수처법 제31조)으로 인한 차별취급의 심화

1) 공수처법 제31조는 '재판관할'이라는 제목 하에 "수사처검사가 공소를 제기하는 고위공직자범죄등 사건의 제1심 재판은 서울중앙지방법원의 관할로 한다. 다만, 범죄지, 증거의 소재지, 피고인의 특별한 사정 등을 고려하여 수사처검사는 형사소송법에 따른 관할 법원에 공소를 제기할 수 있다."고 규정하고 있다. 위 조항 본문에 의하여 수사처검사가 공소를 제기하면 판사 및 검사 등의 고위공직자범죄등에 대하여는 범죄지 또는 피고인이 된 고위공직자의 주소, 거소 또는 현재지(형사소송법 제4조에 의한 토지관할)가 아닌 경우에도 서울중앙지방법원에서 재판을 받아야 한다.

공수처법 제31조 단서에 의하여 형사소송법이 정한 토지관할이 있는 법원에서 재판을 받을 가능성이 있을 수도 있으나, 위 단서의 문언상 수사처검사에게 재량을 인정하는 것으로 볼 수밖에 없고, 피고인이 된 고위공직자가 공수처법 제31조가 규정한 토지관할에 관하여 이의신청권을 가진다고 볼 수도 없으며, 수사처검사가 위 단서 조항에 따라 범죄지, 증거소재지, 피고인의 특별한 사정 등을 고려하지 않고, 위 조항 본문에 따라 서울중앙지방법원에 공소를 제기하더라도 그 효력에 흠결이 있다고 할 수는 없다. 한편 형사소송법 제8조는 '법원은 피고인이 관할구역 내에 현재하지 아니하는 경우에 특별한 사정이 있으면, 결정으로 피고인의 현재지 관할법원으로 이송할 수 있다'고 규정하고 있으나, 위 조항은 법원이 직권 결정으로 이송할 수 있음을 규정한 것으로 피고인이나 검사에게는 이송신청권이 없고, 이송신청이 있더라도 직권발동을 촉구하는 의미에 불과하다고 해석되므로, 수사처검사가 서울중앙지방법원에 일단 공소를 제기한 이상, 특단의 사정이 없는 한 피고인은 서울중앙지방법원에서 재판을 받을 수밖에 없다.

2) 위와 같은 수사처가 공소를 제기하는 경우 형사사법절차에 관한 일반법인 형사소송법이 규정한 토지관할 규정을 배제하고 원칙적으로 서울중앙지방법원을 재판관할로 정한 것은, 공수처법 제3조 제1항 제2호 등이 수사처에 판사 및 검사 등의 고위공직자범죄등에 대한 공소권을 부여한 효과에 따른 것이라 할 것이고, 그와 같은 특별한 토지관할 규정으로 인하여 공수처법에 의한 판사 및 검사 등에 대한 차별취급은 토지관할에 관하여 형사소송법이 적용되는 경우보다 한층 심화된다(다만, 위와 같이 공수처법 제31조의 효과로 나타나는 차별취급은 공수처법 제3조 제1항이 합리적 재량의 범위 내의 차별취급인지 여부에 관한 판단에서 함께 살펴보는 것으로 충분하다고 할 것이고, 이에 대하여는 뒤에서 다시 살펴본다).

(라) 퇴직한 고위공직자에 대한 경과규정의 불비로 인한 차별취급 범위의 확대

구 공수처법 제2조 및 공수처법 제3조 제1항에 의하면, 수사처의 수사권 및 공소권 행사의 대상인 고위공직자에는 퇴직한 사람도 포함되는데, 공수처법은 부칙에서 퇴직한 고위공직자에 대한 별도의 경과규정을 두고 있지 않다. 그에 따라 고위공직자로 재직 중에 고위공직자와 그 가족이 범한 고위공직자범죄등에 대하여는 해당 고위공직자가 퇴직하였다고 하더라도, 언제 퇴직하였는지 또는 퇴직시로부터 얼마나 경과하였는지에 관계없이, 그리고 그 퇴직시점이 공수처법이 제정 또는 시행되기 전인지 시행 이후인지에도 관계없이 수사처의 수사대상이 될 수 있고, 나아가 그 고위공직자가 판사 및 검사 등이었다면 공소권 행사의 대상이 될 수 있다.

이처럼 공수처법이 시행되기도 전에 퇴직한 고위공직자도 퇴직 이후 설치된 수사처의 수사권 및 공소권의 대상이 되는 결과, 경우에 따라서는 공소시효기간 15년(형사소송법 제249조 제1항 제2호)이 도과되기 전에 범한 고위공직자범죄등이라면, 예컨대 범행시로부터 약 13~14년이 경과하였음에도 수사처의 수사권 등의 대상이 될 수 있다(형법 제129조의 수뢰죄에 대한 가중처벌을 규정한 '특정범죄가중 처벌 등에 관한 법률' 제2조가 적용되는 경우가 그러하다. 구 공수처법 제2조 제3호 가목 참조).

(마) 소결

이상과 같은 점을 종합하면, 공수처법의 입법목적, 수사처의 수사권과 공소권 행사의 각 범위에 관하여 규

정한 구 공수처법 제2조 및 공수처법 제3조 제1항으로 인하여 고위공직자와 비고위공직자 사이에 차별취급이 발생하고, 판사 및 검사 등과 그 밖의 고위공직자 사이에서도 추가적인 차별취급이 발생하며, 재판관할에 관한 특례규정, 퇴직한 고위공직자에 대한 경과규정의 불비 등으로 인하여 수사처의 판사 및 검사 등에 대한 공소권 행사 등에서의 차별취급은 더욱 심화된다.

(3) 합리적 재량범위에 있는 차별인지 여부

(가) 헌법 제11조 제1항은 "모든 국민은 법 앞에 평등하다. 누구든지 성별·종교 또는 사회적 신분에 의하여 정치적·경제적·사회적·문화적 생활의 모든 영역에 있어서 차별을 받지 아니한다."고 규정하고 있다. 위 조항의 평등은 입법과 법의 적용에 있어서 합리적 근거 없는 차별을 하여서는 아니 된다는 상대적 평등을 뜻한다(헌재 2018. 1. 25. 2015헌마1047;헌재 2019. 12. 27. 2017헌가21 등 참조).

구 공수처법 제2조 및 공수처법 제3조 제1항에 의한 차별취급은 고위공직자와 그 가족에 대한 수사와 공소권 행사가 형사소송법 등에 따른 검사 또는 사법경찰관이 아니라 수사처에 의하여 이루어지게 된 것으로, 헌법이 특별히 평등을 요구하는 영역에 관한 것이거나 관련 기본권에 중대한 제한을 초래하게 되는 경우라고 보기는 어렵다. 그런데 공수처법은 구 공수처법 제2조 제1호 및 제2호가 규정한 고위공직자와 그 가족이 해당 고위공직자의 재직 중에 범한 고위공직자범죄등을 수사처의 수사대상으로 하고, 특히 그 중 판사 및 검사 등의 고위공직자범죄등에 대하여는 공소권까지 수사처에 부여하고 있으므로, 특정범위의 국민에게만 적용되는 처분적 법률이라고 할 수 있다. 우리 헌법은 처분적 법률로서 개인대상법률 또는 개별사건법률의 정의를 하고 있지 않음은 물론 처분적 법률의 입법을 금하는 명문의 규정을 두고 있지 않으나, 처분적 법률 금지의 원칙은 '법률은 일반적으로 적용되어야지 어떤 개별사건 내지 개별인에게만 적용되어서는 아니 된다는 법원칙'으로서 헌법상의 평등원칙에 근거하고 있는 것으로 풀이되고, 그 기본정신은 입법자에 대하여 기본권을 침해하는 법률은 일반적 성격을 가져야 한다는 형식을 요구함으로써 평등원칙 위반의 위험성을 입법과정에서 미리 제거하려는 데 있다. 특히 국민의 자유와 권리를 제약하는 내용의 처분적 법률은 평등원칙에 위반되므로 원칙적으로 허용될 수 없다. 그러한 처분적 법률이 예외적 필요성에 따라 허용되는 경우에도 차별적 규율이 합리적 이유로 정당화될 수 있는 범위 내로 한정되어야 한다. 그리고 처분적 법률 중 개별인에 대한 법률은 개별사건에 대한 법률의 경우보다 더욱 엄격한 심사척도에 의하여 차별적 규율의 합리적 정당성 여부를 판단하여야 할 것이다(헌재 2008. 1. 10. 2007헌마1468 중 재판관 김희옥, 재판관 이동흡의 반대의견 참조).

여기서 차별적 규율이 합리적인지 여부는 그 차별이 인간의 존엄성 존중이라는 헌법원리에 반하지 아니하면서 정당한 입법목적을 달성하기 위하여 필요하고도 적정한 것인가를 기준으로 판단하여야 할 것이다(헌재 1997. 8. 21. 94헌바2;헌재 2005. 3. 31. 2003헌마87;헌재 2008. 6. 26. 2007헌마917).

(나) 구 공수처법 제2조 및 공수처법 제3조 제1항에 의한 고위공직자와 그 가족에 대한 차별취급이 합리적 이유에 근거한 것인지에 관하여 판단하기에 앞서, 우리 형사사법체계에서 수사권과 공소권이 어떻게 규율되고 있었는지를 살펴볼 필요가 있다.

2020. 2. 4. 법률 제16924호로 개정되기 전 형사소송법에 의하면 검사 및 검사의 지휘 아래 사법경찰관이 모든 범죄에 대한 일반적 수사권을 가지며, 검사는 모든 범죄에 대하여 사법경찰관의 수사에 대한 지휘권을 가지고 있었다(구 형사소송법 제195조, 제196조 참조). 위 법률 제16924호로 개정된 형사소송법에 의하더라도 검사와 사법경찰관은 각각 수사권을 가지되(형사소송법 제196조, 제197조), 검사는 일정한 경우 사법경찰관에게 보완수사를 요구할 수 있고, 사법경찰관리의 수사과정에서 법령위반, 인권침해 또는 수사권 남용이 의심되는 사실을 인지하게 된 경우 등에는 시정조치요구를 통하여 사법경찰관의 수사를 통제할 수 있다(형사소송법 제197조의2, 제197조의3 참조. 이 조항들을 비롯하여 위 개정 제196조, 제197조 등은 2021. 1. 1.부터 시행되었다).

이와 같이 우리 형사사법체계에서 수사권과 공소권은 형사절차에 관한 일반법인 형사소송법에 의하여 통일적이고 엄격하게 규율되어 왔다. 그런데 구 공수처법 제2조 및 공수처법 제3조 제1항에 의하여 수사처에 인정되는, 고위공직자와 그 가족의 고위공직자범죄등에 대한 수사권과 판사 및 검사 등에 대한 공소권은 형사소송법이 제정된 이래 수십 년간 검사와 사법경찰관에게만 부여되어 있던 수사권을 별도의 기관인 수사처 소속의 수사처검사, 수사처수사관에게 확대하는 것이고, 더욱이 검찰의 기소독점주의에 대한 중대한 예외를 인정하는 것이다. 나아가 그러한 수사권자의 확대와 기소독점주의에 대한 예외는 특별검사제도처럼 특정사건에 대한 일시적인 것이 아니라 고위공직자범죄등이라는 상당히 넓은 범위에까지 상시적으로 인정되는 것이다.

(다) 다음으로, 수사권과 공소권 행사에 있어 차별취급을 정당화할만한 객관적이고 실증적인 자료가 있는지에 관하여 살펴본다.

구 공수처법 제2조 및 공수처법 제3조 제1항은 형사사법체계에서 핵심적인 수사권과 공소권에 대하여 매우 중대한 변화를 가져오는데, 그러면서까지 구 공수처법 제2조 및 공수처법 제3조 제1항과 같은 특정된 범위의 수사권과 공소권 행사가 정당하려면, 고위공직자 등의 부패범죄가 비고위공직자의 범죄율에 비하여, 그리고 판사 및 검사 등의 부패범죄가 그 밖의 고위공직자의 범죄율에 비하여 현저히 높다거나, 형사소송법 등에 의하여 일반적인 수사권과 공소권을 가진 검사 또는 사법경찰관의 권한 행사에 의해서는 그러한 범죄를 공정하게 수사하지 못하였고, 또 공소를 제기하지도 못하였다는 점에 관한 실증적인 자료가 있어야 할 것이다. 그러나 공수처법의 입법과정에서의 자료들을 살펴보더라도 그에 관한 객관적·실증적 자료는 분명하게 확인되지 아니한다. 오히려 범죄통계자료에 의하여 인정되는 2019년 공무원범죄를 저지른 공무원의 소속기관을 보면, 검찰과 법원 소속의 3급 이상 공무원이 범죄를 범한 횟수가 다른 국가기관 소속의 3급 이상 공무원이 범한 경우보다 더 적었던 것으로 확인된다.

입법정책적으로 고위공직자 등의 직무상 비리 또는 부패범죄를 엄정히 수사하고 소추하여 고위공직자 등의 부패를 척결하고, 추가적인 부패범죄를 효율적으로 예방하기 위하여 경찰 또는 검찰과는 다른 별도의 특별수사기관이 정치적 중립성을 가지면서 조직법적으로도 독립되어 수사하고, 공소권을 행사하는 것이 필요하다는 주장이 있을 수는 있다. 그러나 객관적·실증적 자료 없이, 그리고 한편으로 대통령의 친인척 등과 대통령과 특수한 관계에 있는 사람의 비위행위를 감찰하기 위하여 신분이 보장되고, 정치적 중립 의무를 부담하는 특별감찰관을 통한 감찰제도가 마련되어 있고(특별감찰관법 참조), 또한 국회의 의결이나 법무부장관의 판단으로 정치적 중립성과 공정성, 이해충돌 방지 등을 위하여 필요하다고 인정된 특정사건에 대한 수사와 공소제기 등을 위한 특별검사제도(특별검사법 제1조, 제2조, 제3조, 제5조, 제6조 등 참조)가 마련되어 있음에도, 수사처라는 새로운 특별수사기관을 설치·운영하여 상시적으로 특정한 고위공직자 등을 비고위공직자와 달리 취급하는 것이 합리적 재량의 범위 내라고 하려면, 막연히 고위공직자 등의 비리 또는 부패가 만연되어 있다거나 또는 그동안 검사 및 사법경찰관이 고위공직자 등의 부패범죄에 대하여 공정하게 수사권 및 공소권을 행사하지 못하였기 때문에 고위공직자 등의 비리 또는 부패범죄가 근절되지 않고 있다는 추상적이고 객관적이지 못한 우려만으로는 부족하다고 할 것이다.

(라) 외국의 입법례와 비교하여 본다.

공수처법과 같이 특정한 비리 또는 부패범죄로 수사대상 등을 제한하는 데에서 그치지 않고, 일정한 범위의 고위공직자라는 인적 기준으로 수사대상을 한정하거나, 고위공직자 중에서도 판사 및 검사 등에 대하여만 공소권을 행사할 수 있는 제도는 입법례에 비추어 보더라도 매우 이례적인 것이다. 외국의 입법례를 보면, 부패범죄 또는 그와 유사한 성격의 범죄를 기준으로 대상을 한정한 경우가 아니라, 일정한 범위의 특정된 고위공직자라는 인적 기준을 대상으로 하는 특별수사기관 또는 특별사정기관을 설치한 사례는 찾아보기 어렵다.

부패범죄에 대한 특별사정기관으로서 비교적 성공하였다고 평가받은 싱가포르의 부패행위조사국(Corrupt Practices Investigation Bureau, CPIB), 홍콩의 염정공서(廉政公署, Independent Commission Against Corruption) 등도 그 수사대상을 인적 기준이 아니라 공무원의 수뢰 등 부패범죄로 한정하고 있을 뿐이다. 또한 위 기관들은 공소권을 가지고 있지 않다. 이는 특정된 고위공직자만을 대상으로 수사권과 공소권을 행사하는 특별기관이 평등권의 관점 및 형사소추의 공평성에서 문제가 있을 수 있다는 인식을 전제하고 있기 때문이다.

(마) 다음으로 공수처법이 고위공직자 중에서도 판사 및 검사 등에 대하여 수사권뿐만 아니라 공소권까지 행사할 수 있도록 규정하고 있는 점에 관하여 살펴본다.

1) 공수처법에 의하면, 수사처는 공수처법의 적용대상이 되는 고위공직자범죄등에 대하여 수사권을 행사하되 수사가 마무리되면 원칙적으로 관계서류와 증거물을 검사에게 송부하여야 하나(제26조 제1항), 다만 고위공직자범죄를 범한 자가 판사 및 검사 등인 경우에는 수사처가 직접 수사할 뿐만 아니라 공소제기와 그 유지도 담당하게 된다(제3조 제1항 제2호, 제20조 제1항). 이에 비하여 판사 및 검사 등을 제외한 그 밖의 고

위공직자 등에 대하여는 검사에 의해 공소가 제기되고 유지된다.

그러나 이러한 차별취급은 앞서 본 바와 같이 개인적 감정이나 집단적 이해관계 또는 여론에 좌우되지 않고 통일적으로 공소권을 행사함으로써 공평한 소추를 담보하도록 하는데 중대한 지장을 초래할 수 있고, 그로 인하여 합리적 이유 없이 판사 및 검사 등과 다른 고위공직자가 차별적으로 취급되거나, 차별취급이 심화될 수 있다.

2) 위와 같은 점은 공수처법 자체에 의하여 야기되는 헌법적 문제이다.

기소편의주의와 기소독점주의를 채택하고 있는 우리나라에서 검찰이 정치적 중립성을 유지하기 어려울 수 있다는 문제의식에 따라 정치적 중립성과 직무상 독립성이 보장된 수사처가 새로 도입되었으나, 수사처검사도 대통령이 임명하는 수사처장의 지휘·감독하에 있고(공수처법 제17조 제1항), 수사처검사의 공소권 행사에 관하여도 여전히 기소편의주의가 적용되며, 공수처법에 특별히 기소편의주의에 의한 소추재량의 남용을 실효적으로 통제할 제도적 장치가 마련되어 있다고 보기 어려운 점 등을 고려하면 수사처에 대하여 공소권을 부여하여 형사소송법이 규정한 기소독점주의의 중대한 예외를 인정할만한 합리적인 이유가 있다고 할 수 없다. 그 이유는 다음과 같다.

가) 검사는 법무부 장관 소속인 검찰청 소속 공무원으로(정부조직법 제32조 제2항, 검찰청법 제1조, 제5조 참조), 대통령이 임명하는 법무부장관이 일반적으로 검사를 지휘·감독하고, 구체적 사건에 대하여는 검찰총장만을 지휘·감독하며(검찰청법 제8조), 검찰총장은 검찰청 공무원을 지휘·감독하고(검찰청법 제12조 제2항), 검사의 임기는 법률에 특별히 정하여져 있지 아니한데 비하여, 수사처검사는 공수처법에 의하여 규율되는 특별수사기관인 수사처 소속으로 임기가 원칙적으로 3년인 점(공수처법 제8조 제3항) 등에서 일부 차이가 있다. 그러나 수사처검사의 자격과 임명절차(7년 이상 변호사의 자격이 있는 사람 중에서 수사처 인사위원회의 추천을 거쳐 대통령이 임명한다. 공수처법 제8조 제1항)와 검사의 자격과 임명절차(사법시험 합격 또는 변호사자격이 있는 사람 중 검찰인사위원회의 심의를 거쳐 법무부장관의 제청으로 대통령이 임명한다. 검찰청법 제29조, 제34조, 제35조) 등은 임용요건인 경력에서 일부 차이가 있을 뿐 사실상 동일하며, 수사처검사가 검사에 비해 정치적 중립성, 직무상 독립성과 공정성 등에서 우월하다고 볼 근거는 없다. 비록 공수처법이 수사처의 직무에 관한 독립성(제3조 제2항), 추천위원회 위원의 정치적 중립성과 독립성(제6조 제6항), 수사처 소속 공무원의 정치적 중립성과 직무상 독립성(제22조)을 명시한 조항을 두고 있으나, 수사처검사의 직무상 독립성·공정성 등을 높이기 위한 별도의 제도적 장치가 마련되어 있다고 볼 수는 없다.

나) 공수처법은 수사처검사의 공소권 행사에 관하여 특별히 기소법정주의를 채택한 것도 아니고, 무리한 수사나 자의적인 공소권 행사 등을 통제하기 위한 별도의 규정을 두고 있지 않으며, 일반적으로 '수사처검사의 직무와 권한에 관하여 공수처법 규정에 반하지 않는 한 검찰청법과 형사소송법을 준용'하도록 규정하고 있을 뿐(제47조)인바, 이와 같은 점들을 종합하면, 수사처검사의 공소권 행사에도 형사소송법상 기소편의주의가 적용된다. 다만 공수처법은 '고소·고발인은 수사처검사의 불기소결정에 대하여 재정을 신청할 수 있다'고 규정하여(제29조), 고소인의 경우는 형사소송법에서 규정한 바와 같으나, 고발인의 경우에는 형사소송법 제260조에 의하여 인정되는 재정신청(형법 제123조부터 제126조까지의 죄에 대하여만 인정된다)에 비하여 재정신청 범위를 더 넓게 인정하고 있다.

다) 공수처법은 수사처가 행정부의 어느 곳에 속한다고 규정하고 있지 않고, 대통령·대통령비서실의 업무보고나 자료제출 요구 등 금지(제3조 제3항), 수사처장 등에 대한 결격사유(제13조) 및 신분보장(제14조), 그 밖에 수사처의 직무상 독립성을 명시한 규정(제3조 제2항)을 두고 있으나, 수사처의 수사권 및 공소권 행사를 적법절차원칙에서 벗어나지 않도록 사전에 제한하거나 민주적 정당성을 바탕으로 하여 수사처의 업무를 감시·통제할 수 있는 제도를 특별히 두고 있지 않으며, 수사처장 등에 대한 탄핵(제14조), 수사처장의 국회출석·보고의무(제17조 제2항) 등 사후적인 통제수단만 두고 있어서, 직무에 대한 사전적·사후적 통제가 가능한 검찰보다 통제 정도가 오히려 약화되어 있다고 볼 여지가 있다.

(바) 수사처검사에게 공소권까지 행사할 수 있도록 한 부분 중 대법원장 및 대법관, 판사(이하, '판사 등'이라 한다)를 검사와 경무관 이상의 경찰공무원과 전적으로 동일하게 취급한 것도 합리적이라고 보기 어렵다.

우리 사회에서 문제된 고위공직자의 비리 및 부패범

죄, 특히 검사의 직무상 비위행위가 문제된 사건에서 검찰이 공정하게 수사하고 공소제기 및 유지를 하지 못하였다고 비판이 제기된 경우가 있었다. 특히 고위공직자 중 검사나 경무관 이상의 경찰관은 수사권자이고, 검사는 독점적인 공소권자라는 규범적 측면 및 우리 사회에서 그동안 지적되어 온 검찰의 권력에 대한 눈치보기, 정치적 편향성과 자의적인 권한 행사, 폐쇄적인 특권의식, 제 식구 감싸기 등에 의한 공정하지 못했던 수사권과 공소권 행사에 대한 반성적인 고려, 그리고 외견상으로도 공소권 행사는 공정하게 이루어져야 한다는 당위성 등으로 검찰의 기소독점주의에 대한 통제가 필요하다는 지적이 있어 왔다.

그러나 판사 등은 헌법이 보장하는 독립된 지위에서 대립하는 양 당사자 사이의 분쟁 등을 재판을 통하여 해결하는 직무를 수행하므로 그 직무의 성격 자체가 중립적이고, 법관의 독립성과 공정성은 헌법이 보장하는 것이며 법관들의 책무인 점, 대통령, 국무총리, 국회의원, 행정각부의 각 장관, 검찰총장, 경무관 이상의 경찰공무원 등은 인적·재정적·정치적 관계로 말미암아 수사권을 가진 경찰 또는 수사권과 공소권을 가진 검찰 등과 이해충돌이 발생하거나 그러한 우려가 상시적으로 잠재되어 있으나, 판사 등은 그러한 이해충돌 상황에 있다고 할 수 없는 점, 판사 등이 고위공직자범죄등에 해당하는 직무상 부패범죄를 저지른 경우가 드물었던 점, 판사 등의 부패범죄가 발생하였다고 하더라도 그것을 인지한 수사권이라는 공권력의 성격상 적극적으로 행사될 수밖에 없고, 수사권과 공소권을 가진 검찰 또는 경찰과 법원은 상호 견제관계에 있어 그 이해관계가 대부분은 대립적이라고 할 수 있는 점 등 여러 요인에 의하여 그동안 판사 등에 대하여 수사권과 공소권이 공정하게 행사되지 못하였다고 보기는 어렵다.

그렇다면 판사 등이 고위공직자범죄를 저지른 경우에 수사권과 공소권 행사에 있어서의 공정성에 대한 우려가 검사 또는 경무관 이상의 경찰공무원의 직무상 비리 또는 부패범죄에 대한 경우와 같다고 볼 수는 없다.

(사) 다음으로 퇴직한 고위공직자에 대하여 공수처법이 퇴직시점 등에 대한 경과규정을 두지 않아 현재 재직 중인 고위공직자와 전적으로 동일하게 취급하고 있는 점에 관하여 살펴본다.

1) 퇴직한 고위공직자의 경우, 특히 공수처법이 제정 또는 시행되기 전에 이미 퇴직한 고위공직자는 공수처법이 어떤 내용으로 규정될지를 알 수 없었고, 자신이 고위공직자범죄등으로 수사를 받게 되더라도 형사소송법 등에 의하여 검사 또는 사법경찰관에 의한 수사권 및 공소권 행사의 대상이 될 것으로 여겼을 것이다.

비록 퇴직한 고위공직자의 그와 같은 신뢰가 법적으로 보호가치가 없는 것이라고 하더라도, 통상 새로 제정되는 법률은 장래를 향하여 효력을 가지는 것이 원칙이고, 공수처법에 의한 수사권 및 공소권 행사의 대상이 되는 것이 단지 권한 행사의 주체만 다른 정도가 아니라 공소권자가 달라짐으로 인하여 통일적이고 공평한 소추권 행사가 담보되지 못하거나, 형사소송법에 정해진 것과 다른 재판관할에서 재판을 받게 되는 등의 실질적인 불이익을 가져올 수 있는 점 등을 고려하면, 공수처법 시행 전에 퇴직한 경우에도 공수처법이 적용되도록 한 공수처법의 규범적 효력에 대하여는 평등권 침해 여부를 심사할 수 있다고 할 것이다.

2) 공수처법은 퇴직한 고위공직자를 모두 수사대상 등으로 삼고 있어 고위공직자에 대한 차별취급의 범위를 지나치게 넓게 확대하고 있을 뿐만 아니라 퇴직시점 등에 따른 차등취급의 필요성 등을 전혀 고려하지 않고 있다.

3) 공수처법이 퇴직한 고위공직자를 적용대상에 포함하면서 공수처법 시행 전에 퇴직한 고위공직자에 대하여 경과규정을 두지 않는 것은 고위공직자범죄등을 척결하겠다는 등의 입법목적을 퇴직한 고위공직자에게도 동일하게 관철시키기 위한 입법자의 의사가 반영된 것이라고 할 수 있다. 따라서 공수처법이 퇴직시기에 관한 경과규정을 두지 않음으로써 공수처법 시행 전에 퇴직한 고위공직자가 공수처법에 의한 수사권 및 공소권 행사의 대상이 되는 것도 공수처법의 입법목적에 의한 차별취급이라 할 것이다.

실제 입법과정에서는 '범죄에 연루된 현직 고위공직자가 사직을 통하여 수사처의 수사를 회피하는 행태를 방지할 수 있고, 퇴직 후에도 재직 당시의 범죄행위에 대한 책임을 물을 수 있게 하여 고위공직자의 비리행위를 엄단한다는 입법목적 실현에 기여할 수 있다'는 논의가 있었다. 그러나 위와 같이 입법과정에서 논의된 바와 같은 '현직 고위공직자가 사직을 통하여 수사처의 수사를 회피하는 행태를 방지한다'는 취지는 공수처법이 시행된 후 수사처에 의하여 수사를 받게 된 고위공직자가 그 수사를 회피하기 위하여 사직하는 경우를 상정하였다고 봄이 자연스럽다. 또한, 위와 같은 입법취지는, 공수처법이 시행되고, 수사처가 업무를 시작한 후 고위공직자범죄등 혐의가 수사처에 의해 인지되어 수사의 대상이 될 가능성이 있거나, 실제로 수사대상이 된 고위공직자가 검사나 사법경찰관에 의한 경우보다 더 엄정하고 독립적으로 수사가 진행될 것으로 예상되는 수사처에 의한 수사를 회피하는 것을 방지할 필요성이 있는 경우, 예컨대 공수처법이 시행된 후 실제로 수사처의 수사대상이 된 경우 또는 공수처법의 시행 전 또는 시행될 무렵에 퇴직하였으나 여전히 공직사회와 밀접한 관계를 맺고 있는 등 권력에 의한 영향력이 수사와 공소권 행사에 장애요소로 작용하는 경우 등으로 제한하는 것만으로도 충분히 달성할 수 있다. 그런데 공수처법이 퇴직 고위공직자에 대하여 아무런 경과규정을 두고 있지 아니한 결과, 퇴직시점이 언제인지, 퇴직한 때로부터 얼마의 기간이 경과되었는지, 퇴직시점이 공수처법 제정 또는 시행 전인지에 관계없이, 또한 오래 전에 퇴직하여 사직을 통하여 수사처의 수사를 회피하고자 하는 행태가 있을 수도 없고, 그러한 행태와도 전혀 관계가 없음에도 모든 경우에 수사처의 수사 등을 받게 될 수 있다.

공수처법에 의한 고위공직자범죄등에 대한 척결의 필요성이 중요하다는 점을 감안하더라도 위와 같은 경우까지 합리적인 재량의 범위 내라고 보기는 어렵다.

4) 퇴직한 고위공무원은 현재 재직 중인 고위공무원과 같다고 보기도 어렵다.

가) 검사 또는 사법경찰관이 아니라 수사처라는 특별수사기관을 독립된 조직으로 설치하고 운영하는 것은, 고위공직자가 권력을 직접 행사하는 지위에 있거나, 권력과 밀접한 관계를 맺고 있어 권력의 영향력이 수사 및 공소제기의 장애요소로 작용하여 제대로 수사권과 공소권을 행사할 수 없었다는 점을 전제로 하고 있다. 그러나 퇴직한 고위공직자는 권력을 직접 행사하고 있다거나 권력과 밀접한 관련을 맺고 있다고 보기 어렵고, 그가 재직 중 범한 고위공직자범죄등도 퇴직 후 시간이 경과함에 따라 권력적 또는 정치적 성격도 약해진다고 봄이 상당하므로, 현재 재직 중인 고위공직자와 동일하다고 할 수는 없다.

나) 설령 일부 고위공직자 중에는 퇴직 후 여전히 공직사회에 영향력을 가지는 경우가 있을 수 있으나, 고위공직자로 재직하던 사람이라고 하더라도 퇴직시점이 오래되었을수록 권력과 멀어지게 됨에 따라 검사 또는 사법경찰관의 수사권 행사 및 검사의 공소권 행사에 있어 권력적 영향력이 장애요소로 작용하는 정도는 약해질 것이고, 수사 등의 공정성에 대한 우려도 약해진다고 할 것이다.

다) 따라서 공수처법이 모든 퇴직한 고위공직자를 현재 재직 중인 자와 동일하게 취급하여 일률적으로 수사권과 공소권의 대상으로 규정한 것은, 퇴직시기, 퇴직 후 경과한 기간, 퇴직한 고위공직자와 공직사회의 관계 등 구체적인 사정을 전혀 고려하지 않고 고위공직자로 재직하였다는 과거의 사실에만 근거하여 퇴직 후에도 상당한 기간 동안 재직 중인 고위공직자와 동일하게 취급하는 것으로, 차별취급의 기간이 지나치게 길고, 형식적인 논리로 차별취급을 확대하는 것이므로 합리적인 이유가 있다고 할 수 없다.

(아) 공수처법 제3조 제1항 제2호가 규정한 공소권을 전제로 재판관할에 관하여 특별히 규정한 공수처법 제31조에 의한 차별취급도 합리적인 이유에 근거한 것이라고 볼 수 없다.

1) 공수처법 제31조 본문에 의하여 수사처검사가 서울중앙지방법원에 공소를 제기하면, 특단의 사정이 없는 한 피고인이 된 고위공직자는 재직 중이든 퇴직한 고위공직자이든 위 법원에서 재판을 받아야 함은 앞서 본 바와 같다.

2) 토지관할은 사건의 능률적인 처리라는 측면에서 신속한 재판을 받을 권리, 피고인의 출석·방어활동의 공간적 편의라는 측면에서 공정한 재판을 받을 권리에 각 관련된 피고인의 이익을 고려하여 결정되어야 한다. 관할은 구체적인 사건에 대한 특정법원의 업무분담을 결정하는 기준이지만, 동시에 피고인의 입장에서 보면 법원이 선고할 수 있는 형량의 경중을 예견할 수 있는 기준(사물관할의 경우)임과 동시에, 관할에 따른 법원에의 접근가능성 등의 사유로 피고인의 현실적인 방어권에도 중요한 의미를 갖는 것(토지관할의 경우)이기 때문이다. 따라서 관할은 헌법상 보장된 헌법과 법률이 정한 법관에 의하여 재판을 받을 권리를 구체화하는 의미를 가지고 있고, 형사소송법이 피고인의 신청이 없으면 토지관할에 관한 관할위반의 판결선고를 하지 못하도록 규정하고 있는 점(형사소송법 제320조 제1항 참조)까지 고려하여 보면, 형사소송법 제4조 등이 규정한 토지관할에는 피고인의 이익보호를 위한 취지가 상당한 정도로 반영되어 있다.

토지관할에 관한 형사소송법 규정이 갖는 위와 같은 성격에도 불구하고 공수처법은 피고인의 출석·방어활동에 중대한 영향을 미치는 토지관할에 관한 이익을 고려하지 않고, 수사처 또는 수사처검사의 편의만 고려하여 원칙적으로 서울중앙지방법원을 재판관할로 규정하고 있고, 나아가 수사처검사의 재량에 따라 토지관할을 선택하여 공소를 제기할 수 있도록 규정하고 있는 것이다.

이와 같이 공수처법 제31조가 피고인의 토지관할에 관한 이익을 실질적으로 반영하지 않고 있는 점, 공소제기로 형사재판이 개시되면, 수사처검사와 피고인인 고위공직자는 대등한 위치의 당사자일 뿐이라는 점 등의 사정을 종합하여 보면, 형사재판절차의 개시라는 효력을 가져오는 공소제기에 관하여 수사처 또는 수사처검사의 편익만 고려한 위 조항 역시 합리적인 이유에 근거한 것이라고 할 수 없다.

3) 나아가 위와 같은 재판관할규정은 퇴직한 고위공직자에 대하여는 더욱 불리하게 작용할 수 있다. 퇴직한 고위공직자는 퇴직시기가 오래되었을수록 재직 중 범한 고위공직자범죄라도 권력적 속성 내지 정치적 성격이 희석된다고 할 것임에도 범죄지, 퇴직한 고위공직자가 현재 거주 중인 주소, 거소, 현재지 등을 고려하지 않고 서울중앙지방법원에서 재판을 받아야 하는 것은 퇴직한 고위공직자의 연령 및 현재 주소 등 구체적 사정에 따라서는 퇴직한 고위공직자의 재판에 대한 출석과 방어권 보장에 미치는 불이익이 더욱 커질 수 있다.

4) 한편 특별검사법 제18조도 특별검사의 담당사건에 관한 제1심 재판의 관할을 서울중앙지방법원 합의부 전속관할로 규정하고 있다. 특별검사제도는 특정된 수사대상을 제한된 시간 내에 수사하고 공소제기하기 위하여 통상의 검찰기능을 그대로 두되 예외적이고 한정된 사안에 대하여만 수사권과 공소권을 행사하는 예외적·보충적 제도이고, 특별검사법이 직접 담당사건을 특정의 단일사건으로 분명하게 확정하고 있으며(제2조 제1항), 재판도 다른 재판에 우선하여 신속하게 진행하도록 규정하고 있는 것(제11조 제1항)과 아울러 예외적으로 위와 같은 재판관할에 관한 특별규정을 두고 있는 것이다.

그러나 수사처는 상시적으로 설치·운영되며 상당한 범위의 고위공직자와 그 가족의 고위공직자범죄등에 대한 수사권과 판사 및 검사 등에 대한 공소권을 가지는 등 일정한 범위의 수사권과 공소권을 검찰로부터 사실상 분리·이관시키는 제도이므로 특별검사의 공소제기에 관한 토지관할과 수사처검사의 공소제기에 관한 토지관할을 동일하게 볼 수는 없다.

(4) 소결

(가) 검찰이나 경찰 또는 수사처 중 어느 기관에서 수사를 받고, 어느 기관이 공소를 제기하고 유지하는지에 따라 동일한 범죄를 저질렀음에도 다르게 처우되는 고위공직자와 그 가족에 대한 차별취급이 단지 수사의 주체 또는 공소제기의 주체만 달리하는 정도라거나 수사처의 운영과정에 따른 사실상의 문제라고 단정할 수 없다.

(나) 오히려 구 공수처법 제2조 및 공수처법 제3조 제1항을 전제로 한 수사처의 우선적 수사권과 판사 및 검사 등에 대한 공소권 행사로 인한 차별취급이 존재하게 되고, 수사처가 공소제기하는 경우에 고위공직자인 피고인의 방어권 등을 고려하지 않은 재판관할에 관한 규정과 퇴직한 고위공직자에 대하여 퇴직시기 등을 제한하지 않고 공소시효기간이 도과되는 경우 외에는 일률적으로 동일하게 취급하고 있는 부분 등의 규범적인 측면에 의하여 합리적 이유 없이 그러한 차별취급이 심화될 뿐만 아니라 차별취급의 범위가 지나치게 확대된다.

여기에 수사처의 특별한 지위, 수사의 대상이 되면서 겪게 되는 심대한 기본권 제한의 정도, 수사권이라는 공권력의 적극적 성격, 수사처 구성에 대한 정치적 영향력 차단을 위한 제도적 보완장치의 미비 등의 사정까지 종합하여 보면, 위와 같은 차별취급의 존재와 확대된 차별취급의 범위 등은 수사처의 운영에 의한 사실상의 문제에 그치지 않고, 차별취급을 받는 재직 중의 고위공직자 및 이미 퇴직한 고위공직자와 그 가족에게 실제적인 불이익을 가할 정도의 것이라고 아니할 수 없다.

그렇다면 구 공수처법 제2조 및 공수처법 제3조 제1항에 의한 차별취급은 고위공직자의 부패범죄 척결 등의 입법목적을 달성하기 위하여 필요하고도 적정하다고 보기 어려워 합리적 이유에 근거한 것이라고 할 수 없다. 결국 위 각 조항은 청구인들의 평등권을 침해한다.

10. 재판관 이석태, 재판관 문형배, 재판관 이미선의 법정의견에 대한 보충의견

우리는 법정의견과 견해를 같이 하면서, 설령 공수처법 제24조 제1항에 대한 심판청구가 적법하더라도 위 조항은 권력분립원칙과 적법절차원칙에 위반되지 아니한다는 점과 구 공수처법 제2조 및 공수처법 제3조 제1항이 사법권의 독립을 침해하지 아니한다는 점에 대하여 아래와 같은 보충의견을 밝힌다.

가. 공수처법 제24조 제1항과 권력분립원칙, 적법절차원칙

(1) 공수처법 제24조 제1항은 "수사처의 범죄수사와 중복되는 다른 수사기관의 범죄수사에 대하여 처장이 수사의 진행 정도 및 공정성 논란 등에 비추어 수사처에서 수사하는 것이 적절하다고 판단하여 이첩을 요청하는 경우 해당 수사기관은 이에 응하여야 한다."라고 규정함으로써 수사처장의 이첩요청권한을 정하고 있다.

법정의견에서 이미 살핀 바와 같이 법률에 설치근거를 둔 행정기관들 사이에 직무범위를 어떻게 나누고 권한을 어떻게 배분할 것인지를 헌법상 권력분립원칙의 문제로 보기 어렵다. 따라서 수사처장의 이첩요청권한으로 말미암아 수사처와 기존의 다른 수사기관과의 관계가 문제된다 하더라도 이는 입법정책의 문제에 불과하다.

구체적으로 살펴보더라도, 범죄 일반에 대한 수사를 담당하는 경찰청·검찰청과는 별도로 고위공직자등의 일정 범위의 범죄에 대한 수사를 담당하는 수사처가 병렬적으로 설치된 이상, 통일된 기준에 따라 형사사법권을 행사하고 중복수사를 방지하기 위해서는 이들 수사기관 사이에 수사 사무의 조정·배분이 요구된다. 만약 이들 수사기관 사이에 수사 사무의 조정·배분이 이루어지지 않는다면, 동일인의 동일 범죄에 대해 중복 수사가 진행될 경우 피의자로서는 이중의 수사절차로 인해 불필요한 고통을 받게 될 것이며, 중복된 수사의 결과가 서로 배치될 경우에는 피의자의 법적 지위가 불안정해지고 수사기준도 충돌하게 되어 불필요한 혼란이 발생할 수 있기 때문이다. 이에 입법자는 독립된 위치에서 고위공직자등의 범죄를 수사할 수 있도록 수사처를 설치한 취지를 고려하여 수사처의 범죄수사와 중복되는 다른 수사기관의 범죄수사에 대하여 수사처장의 이첩요청권한을 인정함으로써 수사처의 수사대상에 해당하는 범죄에 대해서는 수사처가 우선적인 수사 관할권을 가지도록 규정한 것으로 이해된다.

따라서 공수처법 제24조 제1항은 수사 사무의 배분에 관한 입법형성의 재량을 일탈하거나 권력분립원칙에 반한다고 보기 어렵다.

(2) 공수처법 제24조 제1항이 적법절차원칙에 위배되는지에 관하여 본다.

(가) 수사처와 다른 수사기관과의 관계에서 수사처장이 다른 수사기관에 대하여 사건의 이첩을 요청할 수 있는 사유와 그 요청에 따른 효과에 관한 사항은 입법자가 재량으로 결정할 사항으로, 이에 관한 입법자의 판단은 명백히 자의적이거나 현저히 불합리하지 않는 한 존중되어야 할 것이다.

공수처법 제24조 제1항은 수사처장이 사건의 이첩을 요청하는 경우 다른 수사기관은 이에 응하여야 한다고 규정하면서, 다른 수사기관의 범죄수사가 수사처의 범죄수사와 중복되고 수사의 진행 정도 및 공정성 논란 등에 비추어 수사처에서 수사하는 것이 적절하다고 판단하는 경우로 그 사유를 한정하고 있다. 수사처와 다른 수사기관이 동일한 사건을 중복으로 수사할 경우 행정력이 불필요하게 사용되는 것을 피할 수 없고 수사대상자에 대한 기본권 침해도 우려되므로 중복수사가 이루어지지 않도록 절차를 명확히 하여야 하고, 이른바 부실·축소 수사 또는 표적수사와 같이 다른 수사기관의 사건처리에 공정성이 의심되는 경우에는 제도적 견제장치의 하나로서 수사처가 수사할 수 있도록 근거를 마련할 필요가 있기 때문이다. 다만 다른 수사기관의 수사가 상당 부분 이루어져 수사처로 사건을 이첩할 경우 오히려 사건의 처리가 지연되거나 수사대상자의 기본권이 침해될 가능성이 있는 경우에는 사건의 이첩을 제한할 필요가 있으므로, 수사의 진행 정도 또한 이첩요청 사유 중 하나로 규정하여 다른 수사기관에서 수사를 종결할 수 있도록 하고 있다.

이와 같은 이첩요청 사유가 명백히 자의적이거나 현저히 불합리하다고 보기 어렵고 구체적인 사건에서 이첩요청 사유에 해당하는지 여부는 법률해석을 통해 해결할 수 있으므로, 공수처법 제24조 제1항이 입법재량을 현저히 일탈하여 합리성과 정당성을 갖추지 못하여 적법절차원칙에 위반된다고 볼 수 없다.

(나) 수사처의 이첩요청에 따라 수사처의 수사대상이 된 사람을 기준으로 적법절차원칙 위반 여부를 보면, 이첩으로 인해 수사처의 수사대상이 됨으로써 발생할 수 있는 시간과 비용상의 불이익은 법률상 불이익이 아닌 사실상의 불이익에 불과하다. 공수처법 제8조 제4항 및 제21조 제2항에 의하면 수사처검사와 수사처수사관은 그 직무를 수행함에 있어 검사 및 사법경찰관과 동일한 직무권한을 행사하므로, 피의자 등이 검사·사법경찰관이 아닌 수사처검사·수사처수사관에 의해 수사를 받는다고 하여 실질적인 불이익이 있다고 볼 수도 없다.

또한 수사의 밀행성과 신속성을 고려할 때, 수사처의 구체적인 수사대상이 되었다는 사실만으로 피의자 등에게 의견진술의 기회가 반드시 부여되어야 하는 것으로 보기도 어렵다. 공수처법 제24조 제1항에서 피의자 등에 대한 통지를 명시적으로 금지하고 있지 않는 이상, 공수처법 제45조에 따라 공수처법에 규정된 사항 외에 수사처의 조직 및 운영에 필요한 사항은 수사처규칙으로 정할 수 있으므로, 필요한 경우 수사처규칙으로 이첩에 관한 구체적인 절차를 규정할 수도 있다.

이상의 사정을 종합하면, 공수처법 제24조 제1항이 사건을 수사처로 이첩할 때 수사대상자에게 통지를 하고 그 의견을 진술할 기회를 부여하는 규정을 두고 있지 않은 점을 들어 적법절차원칙에 반한다고 보기 어렵다.

나. 구 공수처법 제2조 및 공수처법 제3조 제1항과 사법권의 독립

(1) 권력분립과 법치주의의 요소를 이루는 사법권의 독립은, 법관은 오직 헌법과 법률에 의하여 그 양심에 따라 독립하여 심판할 뿐 어떠한 외부적인 압력이나 간섭도 받지 않아야 한다는 '재판상 독립'(헌법 제103조)과 이를 실현하기 위해서는 자의적인 파면이나 불이익한 처분으로부터 법관의 신분이 보장되어야 한다는 '신분상 독립'(헌법 제106조)을 의미한다. 이러한 사법권의 독립은 국민의 재판청구권의 실현을 위한 전제조건이 된다는 점에 그 의미가 있으므로, 법관이 재판에 관한 직무를 수행함에 있어 다른 국가기관이나 여러 사회세력으로부터 부당한 영향을 받지 않도록 법관의 재판상 독립과 신분상 독립은 보장되어야 한다.

(2) 구 공수처법 제2조 제1호 파목은 판사를 고위공직자에 포함시키고 있고 공수처법 제3조 제1항 제1호 및 제2호는 판사에 대한 수사와 공소제기 및 그 유지를 수사처의 직무에 포함시키고 있으므로, 이에 따라 구 공수처법 제2조 제5호의 고위공직자범죄등을 범한 판사에 대한 수사처의 수사와 공소제기가 가능하게 되었다.

그러나 법정의견에서 지적한 바와 같이, 수사처의 수사권 및 공소권 대상에 판사가 포함된다는 것이 수사처가 판사의 재판에 관한 직무수행에 관여할 수 있음을 의미하는 것이 아니므로, 이를 두고 헌법 제103조의 '재판상 독립'이 침해된다고 볼 수 없다. 또한 판사에게 면책특권 또는 불소추특권이 부여되어 있지 않는 이상 판사도 범죄를 저지르면 일반 국민과 마찬가지로 형사처벌을 받을 수 있고 범죄 혐의가 인정되면 수사기관의 수사 및 공소제기의 대상이 되는 것은 법 앞의 평등과 법치주의를 채택하고 있는 우리 헌법에서 당연한 결론이므로, 이를 두고 헌법 제106조의 '신분상 독립'이 침해된다고 볼 수도 없다.

판사가 구 공수처법 제2조 제5호의 고위공직자범죄등에 해당하지 않는 범죄를 저지를 경우에는 일반 수사기관인 경찰·검찰의 수사 및 기소의 대상이 되는데 이를 두고 사법권 독립이 침해된다고 말할 수는 없고, 앞서 본 것과 같이 수사처검사와 수사처수사관은 검사 및 사법경찰관과 동일한 직무권한을 행사할 뿐이다.

결국 구 공수처법 제2조와 공수처법 제3조 제1항에 따라 고위공직자범죄등을 범한 판사에 대한 수사권 및 공소권이 수사처에 부여되더라도, 이는 판사에 대한 수사 및 공소제기의 주체가 수사처로 변경된 것일 뿐 피의자로서 판사가 받게 될 실질적인 불이익의 차이는 존재하지 아니하므로, 그로 인해 사법권의 독립이 침해되었다고 할 수 없다.

(3) 사법권 독립 침해에 관한 반대의견은 향후 수사처의 수사실무에서 발생할 수 있는 수사권 및 공소권 남용의 문제들로 인하여 사법권의 독립이 침해될 수 있다는 우려로 이해된다.

그러나 그러한 우려는 기존 수사기관의 수사실무에서도 발생할 수 있고 수사의 주체가 수사처로 바뀌었다고 하여 새로 발생하는 것이 아니다. 그리고 법정의견에서 상세히 본 바와 같이 수사처의 권한 행사에 대한 내부적·외부적 통제장치가 제도적으로 보장되어 있으므로, 그러한 우려는 공수처법의 규정에서 비롯된 규범적인 것이 아닌 사실상의 우려에 불과한 것으로 볼 것이다.

(4) 이상의 이유로 구 공수처법 제2조와 공수처법 제3조 제1항은 사법권의 독립을 침해하지 아니한다.

재판관 유남석 이선애 이석태 이은애 이종석 이영진 김기영 문형배 이미선

[별지] 청구인 명단

(2020헌마264)
강○○ 외 107인
청구인들의 대리인 법무법인 대한중앙
담당변호사 조기현, 신예원

(2020헌마681)
유○○
대리인 법무법인 현대
담당변호사 김태훈
법무법인 대호
담당변호사 석동현, 김모둠

41. 공직선거법 제57조의6 제1항 등 위헌제청

[2021. 4. 29. 2019헌가11]

【판시사항】

광주광역시 광산구 시설관리공단(이하 '이 사건 공단'이라 한다)의 상근직원이 당원이 아닌 자에게도 투표권을 부여하는 당내경선에서 경선운동을 할 수 없도록 금지·처벌하는 공직선거법 제57조의6 제1항 본문의 '제60조 제1항 제5호 중 제53조 제1항 제6호 가운데 지방공기업법 제2조에 규정된 지방공단인 광주광역시광산구시설관리공단의 상근직원'에 관한 부분 및 같은 법 제255조 제1항 제1호 중 위 해당부분(이하 '심판대상조항'이라 한다)이 정치적 표현의 자유를 침해하는지 여부(적극)

【결정요지】

당내경선의 형평성과 공정성을 확보하기 위한 심판대상조항의 목적의 정당성 및 수단의 적합성이 인정된다.

그러나 이 사건 공단의 상근직원은 이 사건 공단의 경영에 관여하거나 실질적인 영향력을 미칠 수 있는 권한을 가지고 있지 아니하므로, 경선운동을 한다고 하여 그로 인한 부작용과 폐해가 크다고 보기 어렵다. 또한 공직선거법은 이미 이 사건 공단의 상근직원이 당내경선에 직·간접적으로 영향력을 행사하는 행위들을 금지·처벌하는 규정들을 마련하고 있다. 이 사건 공단의 상근직원이 그 지위를 이용하여 경선운동을 하는 행위를 금지·처벌하는 규정을 두는 것은 별론으로 하고, 이 사건 공단의 상근직원의 경선운동을 일률적으로 금지·처벌하는 것은 정치적 표현의 자유를 과도하게 제한하는 것이다. 정치적 표현의 자유의 중대한 제한에 비하여, 이 사건 공단의 상근직원이 당내경선에서 공무원에 준하는 영향력이 있다고 볼 수 없는 점 등을 고려하면 심판대상조항이 당내경선의 형평성과 공정성의 확보라는 공익에 기여하는 바가 크다고 보기 어렵다.

따라서 심판대상조항은 과잉금지원칙에 반하여 정치적 표현의 자유를 침해한다.

재판관 이종석, 재판관 이영진의 반대의견

이 사건 공단은 지방공기업법에 따라 설립된 지방공단으로서, 그 사업의 공공적 성격이 강하고, 조직·운영 등에도 공법적 특수성이 인정된다. 이 사건 공단의 상근직원은 형법상 뇌물죄와 관련하여 공무원으로 간주되는 등 그 직무의 공공성이 인정되고, 당내경선에서 경선운동을 할 경우 관련 업무의 집행에 부당한 영향력을 행사할 가능성이 있다. 따라서 심판대상조항이 상근직원 모두에 대하여 경선운동을 금지하는 것이 과도하다고 보기 어렵다.

현행 공직선거법 규정들만으로는 당내경선의 형평성과 공정성을 충분히 확보할 수 있는지 불분명하고, 이 사건 공단의 상근직원은 소속 당원만을 대상으로 하는 당내경선에서는 경선운동을 할 수 있는 점, 경선운동에 이르지 아니하는 통상적인 정당활동 등을 할 수 있는 점 등을 고려하면, 심판대상조항은 과잉금지원칙에 반하여 정치적 표현의 자유를 침해하지 않는다.

【심판대상조문】

공직선거법(2010. 1. 25. 법률 제9974호로 개정된 것) 제57조의6 제1항 본문의 '제60조 제1항 제5호 중 제53조 제1항 제6호 가운데 지방공기업법 제2조에 규정된 지방공단인 광주광역시광산구시설관리공단의 상근직원'에 관한 부분

공직선거법(2010. 1. 25. 법률 제9974호로 개정된

것) 제255조 제1항 제1호 중 위 해당부분

【참조조문】

헌법 제21조 제1항, 제37조 제2항

구 공직선거법(2010. 1. 25. 법률 제9974호로 개정되고, 2020. 3. 25. 법률 제17127호로 개정되기 전의 것) 제60조 제1항 제5호

공직선거법(2015. 12. 24. 법률 제13617호로 개정된 것) 제53조 제1항 제6호

지방공기업법(2019. 12. 3. 법률 제16664호로 개정된 것) 제2조 제1항

지방공기업법(2011. 8. 4. 법률 제10990호로 개정된 것) 제76조 제1항

광주광역시 광산구 시설관리공단 설립 및 운영 조례(2019. 12. 26. 광주광역시광산구조례 제1488호로 개정된 것) 제1조

【참조판례】

헌재 2007. 10. 30. 2007헌마1128, 공보 133, 1134, 1135

헌재 2018. 2. 22. 2015헌바124, 판례집 30-1상, 216, 228-229, 231-234

헌재 2019. 4. 11. 2016헌바458등, 판례집 31-1, 391, 400

【당 사 자】

제청법원광주고등법원

제청신청인 1. 김○○

2. 김□□

3. 유○○

4. 최○○

제청신청인들의 대리인 법무법인 정행

담당변호사 김정만 외 2인

변호사 박강회

법무법인 엘케이비앤파트너스

담당변호사 김종복

당해사건 광주고등법원 2018노428 공직선거법 위반

【주 문】

공직선거법(2010. 1. 25. 법률 제9974호로 개정된 것) 제57조의6 제1항 본문의 '제60조 제1항 제5호 중 제53조 제1항 제6호 가운데 지방공기업법 제2조에 규정된 지방공단인 광주광역시 광산구 시설관리공단의 상근직원'에 관한 부분 및 같은 법 제255조 제1항 제1호 중 위 해당부분은 헌법에 위반된다.

【이 유】

1. 사건개요

가. 제청신청인 김○○는 2014. 8.부터 2017. 7. 28.까지 지방공단인 광주광역시 광산구 시설관리공단(이하 '이 사건 공단'이라 한다)의 임원인 ▽▽이었고, 2018. 6. 13. 실시된 제7회 전국동시지방선거(이하 '이 사건 지방선거'라 한다)에서 ○○당의 당내경선 과정을 통해 광주광역시 광산구청장 후보로 출마하여 당선된 사람이다. 제청신청인 김□□는 2014. 10. 13.부터 이 사건 공단의 직원인 ○○팀장으로, 제청신청인 유○○은 2014. 10. 1.부터 이 사건 공단의 직원인 △△팀장으로, 제청신청인 최○○은 2014. 7. 1.부터 이 사건 공단의 ○○팀 직원으로 근무했던 사람이다.

나. 제청신청인 김□□, 유○○, 최○○은 이 사건 공단의 상근직원으로서 당내경선운동을 할 수 없음에도, 제청신청인 김○○, 이 사건 공단 직원들 등과 공모하여, 2017. 7.경부터 2017. 10.경까지 ○○당 광주광역시 광산구청장 당내경선에 출마하려는 제청신청인 김○○를 위하여 권리당원 4,116명을 모집하면서 사회관계망서비스(SNS) 전파용 홍보물을 배포하는 등의 방법으로 공직선거법상 금지된 당내경선운동을 하였다는 공소사실 등으로 기소되어 유죄판결을 선고받았다(광주지방법원 2018고합135).

다. 제청신청인들은 항소하여 그 항소심(광주고등법원 2018노428) 계속 중 공직선거법 제57조의6 제1항, 제60조 제1항 제5호 중 제53조 제1항 제6호 상근직원 부분 및 같은 법 제255조 제1항 제1호 중 위 해당부분에 대하여 위헌법률심판제청신청을 하였고, 제청법원은 2019. 3. 26. 공직선거법 제57조의6 제1항, 제60조 제1항 제5호 중 제53조 제1항 제6호 가운데 광주광역시 광산구 시설관리공단의 상근직원 부분 및 같은 법 제255조 제1항 제1호 중 위 해당부분에 대하여 위헌법률심판제청을 하였다.

2. 심판대상

제청법원은 공직선거법 제57조의6 제1항, 제60조 제1항 제5호 중 제53조 제1항 제6호 가운데 광주광역시 광산구 시설관리공단의 상근직원 부분에 대하여 위헌법률심판제청을 하였으나, 당해 사건의 범죄사실은 선거운동이 아니라 경선운동에 관한 것이므로, 심판대상을 이에 관한 부분으로 한정한다.

그렇다면 이 사건 심판대상은 공직선거법(2010. 1. 25. 법률 제9974호로 개정된 것) 제57조의6 제1항 본문의 '제60조 제1항 제5호 중 제53조 제1항 제6호 가운데 지방공기업법 제2조에 규정된 지방공단인 광주광역시 광산구 시설관리공단의 상근직원'에 관한 부분(이하 '이 사건 금지조항'이라 한다) 및 같은 법 제255조 제1항 제1호 중 위 해당부분(이하 '이 사건 처벌조항'이라 하고, 위 두 조항을 합하여 '심판대상조항'이라 한다)이 헌법에 위반되는지 여부이다. 심판대상조항 및 관련조항은 다음과 같다.

[심판대상조항]

공직선거법(2010. 1. 25. 법률 제9974호로 개정된 것)

제57조의6(공무원 등의 당내경선운동 금지) ① 제60조 제1항에 따라 선거운동을 할 수 없는 사람은 당내경선에서 경선운동을 할 수 없다. 다만, 소속 당원만을 대상으로 하는 당내경선에서 당원이 될 수 있는 사람이 경선운동을 하는 경우에는 그러하지 아니하다.

제255조(부정선거운동죄) ① 다음 각 호의 어느 하나에 해당하는 자는 3년 이하의 징역 또는 600만원 이하의 벌금에 처한다.

1. 제57조의6 제1항을 위반하여 당내경선에서 경선운동을 한 사람

[관련조항]

구 공직선거법(2010. 1. 25. 법률 제9974호로 개정되고, 2020. 3. 25. 법률 제17127호로 개정되기 전의 것)

제60조(선거운동을 할 수 없는 자) ① 다음 각 호의 어느 하나에 해당하는 사람은 선거운동을 할 수 없다. 다만, 제1호에 해당하는 사람이 예비후보자·후보자의 배우자인 경우와 제4호부터 제8호까지의 규정에 해당하는 사람이 예비후보자·후보자의 배우자이거나 후보자의 직계존비속인 경우에는 그러하지 아니하다.

5. 제53조(공무원 등의 입후보) 제1항 제2호 내지 제8호에 해당하는 자(제4호 내지 제6호의 경우에는 그 상근직원을 포함한다)

공직선거법(2015. 12. 24. 법률 제13617호로 개정된 것)

제53조(공무원 등의 입후보) ① 다음 각 호의 어느 하나에 해당하는 사람으로서 후보자가 되려는 사람은 선거일 전 90일까지 그 직을 그만두어야 한다. (단서 생략)

6. 「지방공기업법」 제2조(적용범위)에 규정된 지방공사와 지방공단의 상근 임원

지방공기업법(2019. 12. 3. 법률 제16664호로 개정된 것)

제2조(적용 범위) ① 이 법은 다음 각 호의 어느 하나에 해당하는 사업(그에 부대되는 사업을 포함한다. 이하 같다) 중 제5조에 따라 지방자치단체가 직접 설치·경영하는 사업으로서 대통령령으로 정하는 기준 이상의 사업(이하 "지방직영기업"이라 한다)과 제3장 및 제4장에 따라 설립된 지방공사와 지방공단이 경영하는 사업에 대하여 각각 적용한다. (각호 생략)

지방공기업법(2011. 8. 4. 법률 제10990호로 개정된 것)

제76조(설립·운영) ① 지방자치단체는 제2조의 사업을 효율적으로 수행하기 위하여 필요한 경우에는 지방공단(이하 "공단"이라 한다)을 설립할 수 있다.

광주광역시 광산구 시설관리공단 설립 및 운영 조례(2019. 12. 26. 광주광역시광산구조례 제1488호로 개정된 것)

제1조(목적) 이 조례는 「지방공기업법」 제76조에 따라 공공시설의 관리와 운영을 효율적으로 수행함으로써 주민복리증진에 기여하기 위하여 광주광역시 광산구 시설관리공단 설치 및 운영에 필요한 사항을 정함을 목적으로 한다.

3. 제청법원의 위헌제청이유

이 사건 공단의 상근직원의 지위와 권한에 비추어 볼 때 경선운동을 하더라도 부작용이나 폐해가 크다고 보기 어렵다. 공직선거법은 이 사건 공단의 상근직원이 당내경선의 형평성과 공정성을 해할 수 있는 행위를 금지하고 있다. 그 직을 유지한 채 공직선거에 입후보할 수 있고, 정당의 당원이 될 수 있는 이 사건 공단의 상

근직원에 대하여 경선운동을 금지하는 것은 과도한 제한이다. 따라서 심판대상조항은 과잉금지원칙에 반하여 선거운동 등의 자유를 침해하므로 헌법에 위반된다.

4. 판 단

가. 제한되는 기본권

심판대상조항은 당원이 아닌 자에게도 투표권을 부여하여 실시하는 당내경선에서 이 사건 공단의 상근직원이 경선운동을 할 수 없도록 금지하고, 이를 위반한 자를 처벌함으로써 이 사건 공단의 상근직원의 정치적 표현의 자유를 제한하고 있다. 따라서 심판대상조항이 정치적 표현의 자유를 침해하는지 여부를 살펴본다.

나. 심사기준

당내경선은 정당이 추천하는 공직선거후보자를 선출하는 절차로서(공직선거법 제57조의2 제1항 및 제2항), 국민의 정치적 의사 형성에 참여하는 정당의 중요한 활동 중 하나이고, 정당의 규모와 역할이 증대됨에 따라, 당내경선이 공직선거에 있어 중요한 부분을 차지하게 된 점은 부인하기 어렵다(헌재 2019. 4. 11. 2016헌바458등 참조).

그러나 당내경선은 공직선거 자체와는 구별되는 정당 내부의 자발적인 의사결정에 해당하고(헌재 2007. 10. 30. 2007헌마1128 참조), 경선운동은 원칙적으로 공직선거에서의 당선 또는 낙선을 위한 행위인 선거운동에 해당하지 않는다(대법원 2003. 7. 8. 선고 2003도305 판결; 대법원 2012. 4. 13. 선고 2011도17437 판결 등 참조). 따라서 당내경선의 형평성과 공정성을 담보하기 위해서 국가가 개입하여야 하는 정도가 공직선거와 동등하다고 보기 어려우므로, 심판대상조항이 과잉금지원칙에 반하는지 여부를 판단할 때에는 엄격한 심사기준이 적용되어야 한다.

다. 과잉금지원칙 위배 여부

(1) 목적의 정당성 및 수단의 적합성

당원뿐만 아니라 '당원이 아닌 자'에게도 투표권을 부여하여 실시하는 당내경선에서는 사실상 선거운동기간 이전에도 선거구민을 상대로 특정 정당 소속 경선후보자를 홍보할 기회가 주어지므로, 사전선거운동금지 규정 등을 회피하는 탈법적 수단으로 악용될 우려가 있다. 따라서 경선운동을 제한된 범위 내에서만 허용함으로써 위와 같은 문제점을 최소화할 필요가 있다(헌재 2019. 4. 11. 2016헌바458등 참조).

심판대상조항이 당원이 아닌 자에게도 투표권을 부여하여 실시하는 당내경선에서 이 사건 공단의 상근직원에 대하여 경선운동을 금지하는 것은 당내경선의 형평성과 공정성을 확보하기 위한 것으로서 그 목적이 정당하고 이를 위반하는 경우 처벌하는 것은 위와 같은 목적 달성을 위한 적합한 수단이다.

(2) 침해의 최소성

(가) 구청장이 임면하는 이 사건 공단의 상근임원인 이사장은 이 사건 공단의 대표자로서 그 업무를 총괄하며 경영성과에 대하여 책임을 지고, 이 사건 공단의 업무에 관한 중요 사항을 심의·의결하는 이사회의 구성원이 된다(지방공기업법 제76조 제2항, 제58조 제2항, 제58조의2, 제62조 제1항, 제2항, 광주광역시 광산구 시설관리공단 설립 및 운영 조례 제9조 제1항, 제2항, 제10조 제1항, 제15조 제1항, 제2항 등 참조).

반면, 이 사건 공단의 상근직원은 시험성적, 근무성적, 그 밖의 능력의 실증에 따라 이사장이 임면하고(지방공기업법 제76조 제2항, 제63조 참조), 이 사건 공단의 경영에 관여하거나 실질적인 영향력을 미칠 수 있는 권한을 가지고 있지 아니하다.

위와 같은 이 사건 공단의 상근직원의 지위와 권한에 비추어 볼 때, 이 사건 공단의 상근직원이 특정 경선후보자의 당선 또는 낙선을 위한 경선운동을 한다고 하여 그로 인한 부작용과 폐해가 일반 사기업 직원의 경우보다 크다고 보기 어렵다. 공직선거법 제53조 제1항 제6호가 지방공단의 상근임원과 달리 상근직원은 그 직을 유지한 채 공직선거에 입후보할 수 있도록 규정한 것도 상근직원의 영향력이 상근임원보다 적다는 점을 고려한 것이다. 그럼에도 불구하고 이 사건 공단의 상근임원의 경선운동을 금지하는 데 더하여 상근직원에게까지 경선운동을 금지하는 것은 당내경선의 형평성과 공정성을 확보한다는 입법목적에 비추어 보았을 때 과도한 제한이다.

물론 당원만이 아니라 당원이 아닌 자를 상대로도 경선운동을 하게 된다는 점에서 그 지위를 이용하는 경우 경선의 당락에 영향을 미칠 수 있다는 의심이 있을 수 있으므로 일정 범위 내에서 이 사건 공단의 상근직원의 경선운동을 제한할 필요성이 있을 수 있으나, 직급에 따른 업무의 내용과 수행하는 개별 구체적인 직무의 성격에 대한 검토 없이 모든 상근직원에게 경선운동을 금지하고 이에 위반한 경우 처벌하는 것은 정치적 표현의 자유를 지나치게 제한하는 것이다(헌재 2018. 2. 22.

2015헌바124 참조).

(나) 공직선거법은 이미 이 사건 공단의 상근직원이 당내경선에 직·간접적으로 영향력을 행사하는 행위들을 금지·처벌하는 규정들을 아래와 같이 마련하고 있고, 이와 같은 규정들만으로도 당내경선의 형평성과 공정성을 확보할 수 있다.

당원이 아닌 자에게도 투표권을 부여하여 실시하는 당내경선에서는 ① 선거사무소를 설치하거나 그 선거사무소에 간판·현판 또는 현수막을 설치·게시하는 방법, ② 명함을 직접 주거나 지지를 호소하는 방법, ③ 정당이 경선후보자가 작성한 1종의 홍보물을 1회에 한하여 발송하는 방법, ④ 정당이 합동연설회 또는 합동토론회를 옥내에서 개최하는 방법으로만 경선운동을 할 수 있고, 이를 위반한 자는 형사처벌된다(공직선거법 제57조의3, 제255조 제2항 제3호 참조).

누구든지 당내경선에 있어 후보자로 선출되거나 되게 하거나 되지 못하게 할 목적 또는 후보자가 되지 아니하게 하거나 후보자가 된 것을 사퇴하게 할 목적으로 경선선거인 또는 그의 배우자나 직계존·비속에게 명목여하를 불문하고 금품 그 밖의 재산상의 이익 또는 공사의 직을 제공하는 등의 행위를 할 수 없고, 이를 위반한 자는 형사처벌된다. 또한 후보자로 선출되거나 되게 하거나 되지 못하게 하거나, 경선선거인으로 하여금 투표를 하게 하거나 하지 아니하게 할 목적으로 경선후보자·경선운동관계자·경선선거인 또는 참관인에게 금품·향응 그 밖의 재산상의 이익이나 공사의 직을 제공하는 등의 행위를 한 자 역시 형사처벌된다(공직선거법 제57조의5, 제230조 제7항, 제8항 참조).

당내경선과 관련하여 경선운동 또는 교통을 방해하거나 위계·사술 그 밖의 부정한 방법으로 당내경선의 자유를 방해한 자, 업무·고용 그 밖의 관계로 인하여 자기의 보호·지휘·감독을 받는 자에게 특정 경선후보자를 지지·추천하거나 반대하도록 강요한 자는 형사처벌된다(공직선거법 제237조 제5항 제2호, 제3호 참조).

그 밖에 이 사건 공단의 상근직원의 경선운동이 선거운동에 이르거나 선거에 영향을 미치는 행위에 해당하는 경우 공직선거법상 관련 규정이 적용된다.

설령 위와 같은 공직선거법 규정들만으로 당내경선의 형평성과 공정성을 확보하기 부족하더라도, 이 사건 공단의 상근직원이 그 지위를 이용하여 경선운동을 하는 행위를 금지·처벌하는 규정을 두는 것은 별론으로 하고, 당내경선에서 이 사건 공단의 상근직원의 경선운동을 일률적으로 금지·처벌하는 것은 정치적 표현의 자유를 과도하게 제한하는 것이다.

(다) 그러므로 심판대상조항은 침해의 최소성 원칙에 위배된다.

(3) 법익의 균형성

심판대상조항이 당원이 아닌 자에게도 투표권을 부여하여 실시하는 당내경선에서 이 사건 공단의 상근직원 모두에 대하여 일률적으로 경선운동을 금지하는 것은 정치적 표현의 자유를 중대하게 제한하는 것이다. 반면, 이 사건 공단의 상근직원이 수행하는 직무는 공단에 부여된 업무에 국한된다는 점에 비추어 볼 때 당내경선에서 공무원에 준하는 영향력이 있다고 볼 수 없을 뿐만 아니라, 영향력이 있다고 하더라도 그 지위를 이용한 경선운동을 금지하는 것만으로 당내경선의 형평성과 공정성을 확보할 수 있다는 점을 고려하면, 심판대상조항이 당내경선의 형평성과 공정성의 확보라는 공익에 기여하는 바가 크다고 보기 어렵다.

따라서 심판대상조항은 법익의 균형성을 충족하지 못하였다.

(4) 소결

심판대상조항은 과잉금지원칙에 반하여 정치적 표현의 자유를 침해하므로 헌법에 위반된다.

5. 결 론

그렇다면 심판대상조항은 헌법에 위반되므로 주문과 같이 결정한다. 이 결정은 아래 6.과 같은 재판관 이종석, 재판관 이영진의 반대의견이 있는 외에는 관여 재판관들의 의견이 일치되었다.

6. 재판관 이종석, 재판관 이영진의 반대의견

우리는 법정의견과 달리 심판대상조항이 과잉금지원칙에 반하여 정치적 표현의 자유를 침해하지 않는다고 생각하므로, 다음과 같이 그 이유를 밝힌다.

가. 목적의 정당성 및 수단의 적합성

이 사건 공단은 구청장이 지정하는 시설을 효율적으로 관리·운영함으로써 구민의 편익도모와 복리증진에 이바지하기 위하여 지방공기업법 제76조 및 광주광역시 광산구 시설관리공단 설립 및 운영 조례(이하 '이 사건 조례'라 한다)에 따라 설립된 지방공단이다. 이 사건 공단의 자본금 2억 원은 광주광역시 광산구가 전액 출자하였고(지방공기업법 제76조 제2항, 제53조 제1항,

이 사건 조례 제4조 제1항), 이 사건 공단의 정관(이하 '이 사건 정관'이라 한다)을 변경하려는 경우에는 구청장의 인가를 받아야 한다(지방공기업법 제76조 제2항, 제56조 제3항). 구청장은 이 사건 공단의 이사장, 비상임이사와 감사를 임면하고, 이 사건 공단의 설립·운영 등 지방공단의 업무를 관리·감독한다(지방공기업법 제76조 제2항, 제58조 제2항, 제73조, 이 사건 조례 제9조 제1항, 제10조 제2항, 제11조 제1항, 이 사건 정관 제10조 제4항). 이와 같은 관련 규정들에 비추어 볼 때, 이 사건 공단은 사기업에 비하여 그 사업 내용이나 목적의 공공적 성격이 강하고, 그 조직·운영 등에도 공법적 특수성이 인정된다.

한편, 정당의 규모와 역할이 증대됨에 따라 당내경선이 활발해지고 그 결과가 본선거의 결과로 그대로 이어지는 경우가 많은 점 등을 고려하면, 당내경선 과정에서의 공정성은 반드시 관철되어야 하고, 혼탁한 당내경선이나 과열된 경선운동으로 인한 부작용을 최소화할 필요가 있다(헌재 2019. 4. 11. 2016헌바458등 참조). 특히 '당원이 아닌 자'에게도 투표권을 부여하여 실시하는 당내경선에서는 사실상 선거운동기간 이전에 선거구민을 상대로 특정 정당 소속 경선후보자를 홍보할 기회가 주어지므로, 과열된 경선운동은 정당 소속 후보자와 무소속 후보자 간의 불평등의 문제를 야기할 수 있고, 경선운동이 사전선거운동금지 등 각종 선거운동 관련 규제를 회피하기 위한 탈법적인 수단으로 변질될 우려도 있다(헌재 2019. 4. 11. 2016헌바458등 참조).

심판대상조항이 이 사건 공단의 상근직원에 대하여 당원이 아닌 자에게도 투표권을 부여하여 실시하는 당내경선에서 경선운동을 금지하고 이를 위반한 경우 처벌하는 것은 이 사건 공단의 공법적 특수성을 고려하여 당내경선의 형평성과 공정성을 확보하기 위한 것으로 목적의 정당성 및 수단의 적합성이 인정된다.

나. 침해의 최소성

(1) 이 사건 공단의 상근직원은 그 직무 외에 영리를 목적으로 하는 업무에 종사하지 못하며, 이사장의 허가 없이 다른 직무를 겸할 수 없고(지방공기업법 제76조 제2항, 제61조), 형법 제129조부터 제132조까지의 뇌물 관련 규정을 적용할 때에는 공무원으로 본다(지방공기업법 제83조). 구청장은 이 사건 공단이 수행하는 사업을 지원하기 위하여 필요한 경우에는 그 소속 공무원을 지방공단에 파견하거나 겸임하게 할 수 있고(지방공기업법 제76조 제2항, 제75조의3), 이 사건 공단의 당연직 이사는 구의 청소행정 소관 국장, 생활체육 소관 국장으로 하며, 당연직 감사는 기획관리실장이다(이 사건 정관 제10조 제3항).

또한 이 사건 공단은 종목별 동네 체육시설 관리, 생활폐기물 수집·운반, 공영주차장 관리 등 광산구민의 복리증진을 위한 사업을 수행한다(이 사건 조례 제19조, 이 사건 정관 제7조). 또한 이 사건 공단의 직원은 일반직 24명, 환경직 171명, 공무직 22명으로 총 217명인데(이 사건 정관 제14조 [별표 2]), 광주광역시 광산구의 인구는 약 40만 명에 불과하다. 따라서 이 사건 공단의 상근직원이 당내경선에서 행사할 수 있는 영향력은 매우 크다고 볼 수 있다.

이와 같은 점을 고려할 때, 사업 내용이나 목적의 공공적 성격이 강하고, 그 조직·운영 등에도 공법적 특수성이 인정되는 기관의 구성원으로서 이 사건 공단의 상근직원이 그 직을 그대로 유지한 채 당원이 아닌 자에게도 투표권을 부여하여 실시하는 당내경선에서 경선운동을 할 경우, 특정 집단의 이익만을 도모하는 방향으로 업무를 수행하거나 관련 업무의 집행에 부당한 영향력을 행사할 가능성이 있는 등 당내경선의 형평성과 공정성에 미칠 수 있는 영향력이 일반 사기업 직원보다 크지 않다고 단정하기 어렵다. 공익목적성이 강한 이 사건 공단의 상근직원이 당원이 아닌 자에게도 투표권을 부여하여 실시하는 당내경선에서 특정 경선후보자를 위한 당선 내지 낙선 운동을 하게 되면 그 지위의 특수성으로 인하여 당내경선의 형평성과 공정성을 해치게 될 것이다.

또한 이 사건 공단의 상근직원이 수행하는 직무는 다양하고, 집행간부가 부하직원을 동원하는 등의 부정선거 형태가 통상의 모습이었던 과거와 달리, 오늘날에는 당해 사건의 범죄사실에서 보듯이 오히려 문자메시지 등을 통한 선거 개입이 일반화되고 있으므로, 직급이 높고 집행간부의 지위에 있다고 하여 당내경선에 미치는 영향력이 크고 반대로 직급이 낮다고 하여 당내경선에 미치는 영향력이 낮다고 단정할 수 없다.

결국 이 사건 공단의 임원은 물론 상근직원 모두에 대하여 당원이 아닌 자에게도 투표권을 부여하여 실시하는 당내경선에서 경선운동을 금지하는 것은 앞서 본 입법목적과 현실을 종합적으로 고려한 것이므로 과도하다고 보기 어렵다. 앞으로 선거문화가 향상되고 당내경선의 공정성에 대한 보편적 가치기준이 확립되는 등 상황이 변화되면 이와 같은 금지 또는 금지범위에 관한 규율내용 역시 상황변화에 맞게 개선될 수 있을 것이나, 현재의 상황에서 이 사건 공단의 상근직원 경선운동 금지가 과도한 제한이라고 볼 수는 없다(헌재 2018. 2. 22. 2015헌바124 재판관 김창종, 재판관 조용호의 반대의견 참조).

(2) 물론 당원이 아닌 자에게도 투표권을 부여하여 실시하는 당내경선에서 이 사건 공단의 상근직원에 대하여 그 지위를 이용한 경선운동만을 금지하는 방법처럼 기본권을 보다 덜 제한하는 방법을 상정할 수 있다. 그러나 그와 같은 제한요건을 부가할 경우 어느 것이 '지위를 이용한' 경선운동이고 어느 것이 그렇지 않은 경선운동인지의 경계 획정이 매우 곤란하여, 금지되는 경선운동의 범위가 일의적으로 특정되기 어려울 것이기 때문에 실제 법적용에 있어 선거관련기관의 유권해석이나 법원의 판단을 구해야 되는 등으로 인하여, 금지조항으로서의 실효성 또는 규범력이 약화될 우려가 있다.

공직선거법이 과거 우리나라 선거 역사를 얼룩지게 한 관권, 금권, 폭력 등에 의한 불법·타락선거로부터 선거의 공정성을 지키기 위하여 제정된 경위에 비추어 볼 때 경선운동의 주체·방법 등을 어떻게 규율할 것인지는 선거전문가들의 집단이라고 볼 수 있는 입법부의 판단을 존중하여야 한다(헌재 2018. 2. 22. 2015헌바124 재판관 김창종, 재판관 조용호의 반대의견 참조).

(3) 공직선거법은 이 사건 공단의 상근직원이 선거에 영향을 미칠 수 있는 전형적인 유형의 행위들을 특정하여 금지·처벌하고 있고(제86조 제1항, 제255조 제1항 제10호), 경선운동의 방법을 제한하고 이를 위반한 자를 처벌하고 있으며(제57조의3, 제255조 제2항 제3호), 당원의 매수 등을 금지·처벌하고(제57조의5, 제230조 제7항, 제8항), 당내경선의 자유를 방해하는 행위 등을 처벌하고 있으나(제237조 제5항 제2호, 제3호), 그러한 규정들만으로 심판대상조항이 추구하는 당내경선의 형평성과 공정성을 충분히 확보할 수 있는지는 불분명하다.

나아가 이 사건 공단의 상근직원은 소속 당원만을 대상으로 하는 당내경선에서는 경선운동을 할 수 있다(공직선거법 제57조의6 제1항 단서). 또한 '경선운동'이란 특정 경선후보자의 당선 내지 득표나 낙선을 위하여 필요하고도 유리한 모든 행위로서 당선 또는 낙선을 도모한다는 목적이 객관적으로 인정될 수 있는 능동적·계획적인 행동을 의미하므로(대법원 2008. 9. 25. 선고 2008도6232 판결 참조), 이에 이르지 아니하는 통상적인 정당활동 등은 이 사건 공단의 상근직원도 할 수 있다. 따라서 심판대상조항으로 인하여 이 사건 공단의 상근직원의 정치적 표현의 자유가 전혀 무의미해지거나 그 실질적 의미가 상실된다고 보기 어렵다(헌재 2018. 2. 22. 2015헌바124 재판관 김창종, 재판관 조용호의 반대의견 참조).

(4) 따라서 심판대상조항은 침해의 최소성 원칙에 위배된다고 볼 수 없다.

다. 법익의 균형성

심판대상조항에 의하여 보호되는 당내경선의 형평성과 공정성의 확보라는 공공의 이익은 본 선거의 형평성 및 공정성과도 밀접 불가분의 관계에 있으므로 본 선거의 준비 단계라고 할 수 있는 당내경선에서부터 확보되어야 할 필요성이 큰 만큼 높은 가치를 지니는 것인 반면, 심판대상조항이 이 사건 공단의 상근직원의 정치적 표현의 자유를 제한하는 정도는 크다고 보기 어려우므로, 법익의 균형성 원칙에 위배되지 않는다.

라. 소결

심판대상조항은 과잉금지원칙에 반하여 정치적 표현의 자유를 침해하지 않으므로 헌법에 위반되지 않는다.

재판관 유남석 이선애 이석태 이은애 이종석 이영진 김기영 문형배 이미선

42. 정치자금법 제27조 제1항 등 위헌확인

[2021. 5. 27. 2018헌마1168]

【판시사항】

1. 정치자금법 제42조 제3항 중 '(제2호 및 제3호의 서류를 제외한다)' 부분(이하 '이 사건 사본교부제한 조항'이라 한다)에 관한 심판청구가 기본권침해의 직접성 요건을 충족하는지 여부(소극)

2. 정치자금법에 따라 회계보고된 자료의 열람기간을 3월간으로 제한한 정치자금법 제42조 제2항 본문 중 '3월간' 부분(이하 '이 사건 열람기간제한 조항'이라 한다)이 과잉금지원칙에 위배되어 청구인 신○○의 알권리를 침해하는지 여부(적극)

【결정요지】

1. 기본권 제한의 효과는 관할 선거관리위원회가 사본교부를 거부하는 집행행위를 하는 때에 비로소 발생하므로, 이 사건 사본교부제한 조항을 대상으로 한 심판청구는 기본권침해의 직접성 요건을 갖추지 못하였다.

2. 이 사건 열람기간제한 조항이 회계보고된 자료의 열람기간을 3월간으로 제한한 것은, 정치자금을 둘러싼 법률관계 또는 분쟁을 조기에 안정시키고, 선거관리위원회가 방대한 양의 자료를 보관하면서 열람을 허용하는 데 따르는 업무부담을 줄이기 위한 것으로 입법목적이 정당하며, 위 입법목적을 달성하는 데 기여하는 적합한 수단이다.

국민의 정치자금 자료에 대한 자유로운 접근을 허용하고 국민 스스로 정치자금의 투명성을 살필 수 있도록 하는 것은 정치자금법의 입법목적 및 기본원칙에 부합하고, 이는 정치자금의 투명성 강화 및 부정부패 근절이 시대정신이 된 지금에 와서는 더욱 그러하다. 또한 정치자금의 지출 내역 등은 정치인이 어떻게 활동하는지 보여주는 핵심적 지표로서 유력한 평가자료가 되므로 국민들이 필요로 하는 만큼의 자료를 제공할 필요가 있다. 따라서 국민의 정치자금 자료에 대한 접근 제한은 필요 최소한으로 이루어져야 한다.

정치자금의 수입과 지출명세서 등에 대한 사본교부 신청이 허용된다고 하더라도, 검증자료에 해당하는 영수증, 예금통장을 직접 열람함으로써 정치자금 수입·지출의 문제점을 발견할 수 있다는 점에서 이에 대한 접근이 보장되어야 한다. 영수증, 예금통장은 현행법령 하에서 사본교부가 되지 않아 열람을 통해 확인할 수밖에 없음에도 열람 중 필사가 허용되지 않고 열람기간마저 3월간으로 짧아 그 내용을 파악하고 분석하기 쉽지 않다. 또한 열람기간이 공직선거법상의 단기 공소시효조차 완성되지 아니한, 공고일부터 3개월 후에 만료된다는 점에서도 지나치게 짧게 설정되어 있다. 한편 선거관리위원회는 데이터 생성·저장 기술의 발전을 이용해 자료 보관, 열람 등의 업무부담을 상당 부분 줄여왔고, 앞으로도 그 부담이 과도해지지 않도록 할 수 있을 것으로 보인다. 이를 종합하면 정치자금을 둘러싼 분쟁 등의 장기화 방지 및 행정부담의 경감을 위해 열람기간의 제한 자체는 둘 수 있다고 하더라도, 현행 기간이 지나치게 짧다는 점은 명확하다.

짧은 열람기간으로 인해 청구인 신○○는 회계보고된 자료를 충분히 살펴 분석하거나, 문제를 발견할 실질적 기회를 갖지 못하게 되는 바, 달성되는 공익과 비교할 때 이러한 사익의 제한은 정치자금의 투명한 공개가 민주주의 발전에 가지는 의미에 비추어 중대하다.

그렇다면 이 사건 열람기간제한 조항은 과잉금지원칙에 위배되어 청구인 신○○의 알권리를 침해한다.

재판관 이은애, 재판관 이종석, 재판관 이영진의 반대의견

회계보고된 자료의 열람기간을 어느 정도로 설정할 것인지는 기본적으로 입법자의 입법형성 영역에 속하는 것이다.

국민들은 영수증, 예금통장에 대해서는 사본교부를 신청할 수 없어 열람을 통해서만 확인이 가능하지만, 수입·지출의 일자·금액과 수입을 제공한 자·지출을 받은 자 등이 기재된 정치자금의 수입과 지출명세서 등은 사본교부를 받을 수 있거나 일정기간 선거관리위원회 인터넷 홈페이지에 공개되므로, 이를 통해 정치자금의 수입과 지출이 어떻게 이루어졌는지 상세히 파악할 수 있다. 또한 정치자금법은 헌법상 독립기관인 선거관리위원회에 정치자금에 대한 회계보고를 받고 이에 대하여 조사·확인할 수 있는 권한을 부여하고 있으며, 영수증, 예금통장 등을 제출하지 아니하거나 이를 허위로 제출한 자, 영수증을 허위기재·위조 또는 변조한 자 등을 형사처벌 하도록 하는 등 정치자금의 수입과 지출 내역이 사실대로 정확하게 보고되도록 하고 있다. 이처럼 정치자금의 수입과 지출명세서 등의 사본교부 또는 인터넷 열람을 통해 정치자금의 지출 내역을 상세히 파악할 수 있고, 허위의 영수증, 예금통장이 제출되지 않도록 하는 제도적 장치가 마련되어 있다는 점을 고려하면, 열람기간을 3월간으로 제한한 것이 국민들의 회계자료에 대한 접근권을 본질적으로 침해한다고 보기 어렵다.

따라서 이 사건 열람기간제한 조항은 과잉금지원칙에 위배되지 않으므로 청구인 신○○의 알권리를 침해하지 않는다.

【심판대상조문】

정치자금법(2005. 8. 4. 법률 제7682호로 전부개정된 것) 제27조 제1항 내지 제3항

정치자금법(2010. 1. 25. 법률 제9975호로 개정된 것) 제42조 제2항 본문 중 '3월간' 부분

정치자금법(2005. 8. 4. 법률 제7682호로 전부개정된 것) 제42조 제3항 중 '(제2호 및 제3호의 서류를 제외한다)' 부분

【참조조문】

정치자금법(2017. 6. 30. 법률 제14848호로 개정된 것) 제40조 제1항

정치자금법(2005. 8. 4. 법률 제7682호로 전부개정된 것) 제40조 제4항 제2호 및 제3호, 제42조 제1항

【참조판례】

1. 헌재 1992. 11. 12. 91헌마192, 판례집 4, 813, 823

헌재 2010. 12. 28. 2009헌마466, 판례집 22-2하, 806, 815-816

2. 헌재 2005. 12. 22. 2004헌바25, 판례집 17-2, 695, 702

헌재 2010. 12. 28. 2009헌마466, 판례집 22-2하, 806, 818

헌재 2015. 2. 26. 2013헌바176, 판례집 27-1상, 132, 138-142

헌재 2019. 7. 25. 2017헌마1329, 판례집 31-2상, 79, 85-86

【당 사 자】

청구인 1. ○○당
2. 신○○
3. 하○○
청구인들의 대리인 법무법인 울림
담당변호사 서국화 외 1인

【주 문】

1. 정치자금법(2010. 1. 25. 법률 제9975호로 개정된 것) 제42조 제2항 본문 중 '3월간' 부분은 헌법에 위반된다.

2. 청구인 ○○당, 청구인 하○○의 각 심판청구, 청구인 신○○의 나머지 심판청구를 모두 각하한다.

【이 유】

1. 사건개요

가. 청구인 ○○당은 2012. 10. 22. 중앙선거관리위원회에 등록한 정당으로, 정치자금법 제27조에서 정한 보조금 배분기준을 충족하지 못하여 창당 이래 위 조항에 따라 정당에게 지급되는 보조금을 지급받은 적이 없다.

나. 청구인 하○○는 2018. 11. 28. 세종특별시 선거관리위원회에 이○○ 의원의 후원회 회계보고서, 국회의원 회계보고서, 첨부서류의 정보공개를 청구하였으나, 위 선거관리위원회는 2018. 12. 11. 정치자금법 제42조 제3항에 따라 첨부서류 중 통장사본 및 영수증에 대해 비공개결정을 하고 나머지 자료는 공개하였다.

청구인 신○○는 앞으로 정치자금법 제42조 제2항 및 제3항에 따라 관할 선거관리위원회에 보고된 정치자금의 수입·지출 상세내역, 첨부서류 등을 열람하고, 이에 대한 사본교부를 신청하려고 하는 자이다.

다. 청구인 ○○당은 정당에 대한 보조금의 배분기준을 정한 정치자금법 제27조 제1항 내지 제3항이 기본권을 침해한다고 주장하면서, 청구인 신○○, 청구인 하○○는 회계보고된 자료의 열람기간을 3월간으로 제한한 정치자금법 제42조 제2항, 정치자금을 수입·지출한 영수증 그 밖의 증빙서류 사본(이하 '영수증'이라 한다), 정치자금을 수입·지출한 예금통장 사본(이하 '예금통장'이라 한다)을 사본교부 대상에서 제외한 정치자금법 제42조 제3항 괄호 부분이 기본권을 침해한다고 주장하면서 2018. 12. 5. 이 사건 헌법소원심판을 청구하였다.

2. 심판대상

청구인 신○○, 청구인 하○○는 정치자금법 제42조 제2항과 관련하여 열람기간을 회계보고 사실 등의 공고일로부터 '3월간'으로 제한한 것의 위헌 여부를 다투고 있으므로, 심판대상을 그 부분으로 한정한다.

그렇다면 이 사건 심판대상은 정치자금법(2005. 8. 4. 법률 제7682호로 전부개정된 것) 제27조 제1항 내지 제3항(이하 '이 사건 보조금배분 조항'이라 한다)이 청구인 ○○당의 기본권을 침해하는지, 그리고 정치자금법(2010. 1. 25. 법률 제9975호로 개정된 것) 제42조 제2항 본문 중 '3월간' 부분(이하 '이 사건 열람기간 제한 조항'이라 한다), 정치자금법(2005. 8. 4. 법률 제7682호로 전부개정된 것) 제42조 제3항 중 '(제2호 및 제3호의 서류를 제외한다)' 부분(이하 '이 사건 사본교부제한 조항'이라 한다)이 청구인 신○○, 청구인 하○○의 기본권을 침해하는지 여부이다.

[심판대상조항]

정치자금법(2005. 8. 4. 법률 제7682호로 전부개정된 것)

제27조(보조금의 배분) ① 경상보조금과 선거보조금은 지급 당시 「국회법」 제33조(교섭단체) 제1항 본문의 규정에 의하여 동일 정당의 소속의원으로 교섭단체를 구성한 정당에 대하여 그 100분의 50을 정당별로 균등하게 분할하여 배분·지급한다.

② 보조금 지급 당시 제1항의 규정에 의한 배분·지급대상이 아닌 정당으로서 5석 이상의 의석을 가진 정당에 대하여는 100분의 5씩을, 의석이 없거나 5석 미만의 의석을 가진 정당 중 다음 각 호의 어느 하나에 해당하는 정당에 대하여는 보조금의 100분의 2씩을 배분·지급한다.

1. 최근에 실시된 임기만료에 의한 국회의원선거에 참여한 정당의 경우에는 국회의원선거의 득표수 비율이 100분의 2 이상인 정당
2. 최근에 실시된 임기만료에 의한 국회의원선거에 참여한 정당 중 제1호에 해당하지 아니하는 정당으로서 의석을 가진 정당의 경우에는 최근에 전국적으로 실시된 후보추천이 허용되는 비례대표시·도의회의원선거, 지역구시·도의회의원선거, 시·도지사선거 또는 자치구·시·군의 장선거에서 당해 정당이 득표한 득표수 비율이 100분의 0.5 이상인 정당
3. 최근에 실시된 임기만료에 의한 국회의원선거에 참여하지 아니한 정당의 경우에는 최근에 전국적으로 실시된 후보추천이 허용되는 비례대표시·도의회의원선거, 지역구시·도의회의원선거, 시·도지사선거 또는 자치구·시·군의 장선거에서 당해 정당이 득표한 득표수 비율이 100분의 2 이상인 정당

③ 제1항 및 제2항의 규정에 의한 배분·지급액을 제외한 잔여분 중 100분의 50은 지급 당시 국회의석을

가진 정당에 그 의석수의 비율에 따라 배분·지급하고, 그 잔여분은 국회의원선거의 득표수 비율에 따라 배분·지급한다.

정치자금법(2010. 1. 25. 법률 제9975호로 개정된 것)

제42조(회계보고서 등의 열람 및 사본교부) ② 관할 선거관리위원회는 제40조 제3항 및 제4항의 규정에 의하여 보고된 재산상황, 정치자금의 수입·지출내역 및 첨부서류를 그 사무소에 비치하고 제1항의 규정에 의한 공고일부터 3월간(이하 "열람기간"이라 한다) 누구든지 볼 수 있게 하여야 한다. 다만, 선거비용에 한하여 열람대상 서류 중 제40조(회계보고) 제4항 제1호의 수입과 지출명세서를 선거관리위원회의 인터넷 홈페이지를 통하여 공개할 수 있되, 열람기간이 아닌 때에는 이를 공개하여서는 아니된다.

정치자금법(2005. 8. 4. 법률 제7682호로 전부개정된 것)

제42조(회계보고서 등의 열람 및 사본교부) ③ 누구든지 회계보고서, 정치자금의 수입·지출내역과 제40조 제4항의 규정에 의한 첨부서류(제2호 및 제3호의 서류를 제외한다)에 대한 사본교부를 관할 선거관리위원회에 서면으로 신청할 수 있다. 이 경우 사본교부에 필요한 비용은 그 사본교부를 신청한 자가 부담한다.

[관련조항]

정치자금법(2005. 8. 4. 법률 제7682호로 전부개정된 것)

제40조(회계보고) ④ 제1항 내지 제3항의 규정에 의하여 회계보고를 하는 때에는 다음 각 호의 서류를 첨부하여야 한다.

2. 제39조(영수증 그 밖의 증빙서류) 본문의 규정에 의한 영수증 그 밖의 증빙서류 사본
3. 정치자금을 수입·지출한 예금통장 사본

그 밖의 관련조항은 [별지]와 같다.

3. 청구인들의 주장요지

가. 이 사건 보조금배분 조항은 득표수가 아니라 교섭단체 구성 여부 및 의석수를 중점적인 기준으로 하여 정당에게 보조금을 배분하도록 정하고 있어 그 배분기준이 자의적이므로 청구인 ○○당의 평등권, 정당활동의 자유를 침해한다.

나. 이 사건 열람기간제한 조항 및 이 사건 사본교부제한 조항으로 인해 회계보고된 자료의 열람기간이 3월간으로 제한되고 영수증, 예금통장에 대해서는 사본교부가 금지된다. 국가로부터 보조금을 받고 있는 정당의 정치자금 관련 서류는 다른 정보보다 더 투명하게 공개되어야 하므로 위 조항들의 목적의 정당성을 인정하기 어렵다. 또한 영수증, 예금통장은 그 자료의 양이 많고 충분한 시간을 갖고 분석할 필요가 있음에도, 사본교부가 되지 않아 열람을 통해서만 확인할 수 있고 그 기간도 3월간으로 매우 짧다. 이로 인해 정치자금의 투명성·책임성 확보라는 공익이 현저히 저해되고 청구인 신○○, 하○○의 알 권리 또한 침해된다.

4. 적법요건에 관한 판단

가. 청구인 ○○당의 심판청구

법령에 대한 헌법소원은 법령의 시행과 동시에 기본권의 침해를 받게 되는 경우에는 그 법령이 시행된 사실을 안 날로부터 90일 이내에, 법령이 시행된 날로부터 1년 이내에 청구하여야 하고, 법령이 시행된 뒤에 비로소 그 법령에 해당되는 사유가 발생하여 기본권의 침해를 받게 되는 경우에는 그 사유가 발생하였음을 안 날로부터 90일 이내에, 그 사유가 발생한 날로부터 1년 이내에 청구하여야 한다.

여기서 청구기간의 기산점이 되는 '법령에 해당하는 사유가 발생한 날'이란 법령의 규율을 구체적이고 현실적으로 적용받게 된 최초의 날을 의미하는 것으로 보는 것이 상당하다. 즉, 일단 '법령에 해당하는 사유가 발생'하면 그 때로부터 당해 법령에 대한 헌법소원의 청구기간의 진행이 개시되며, 그 이후에 새로이 '법령에 해당하는 사유가 발생'한다고 하여서 일단 개시된 청구기간의 진행이 정지되고 새로운 청구기간의 진행이 개시된다고 볼 수는 없다(헌재 2006. 7. 27. 2004헌마655 참조).

이 사건 보조금배분 조항은 2005. 8. 4. 시행되었고, 청구인 ○○당은 2012. 10. 22. 정당 등록을 한 후 2014. 6. 4. 실시된 제6회 지방선거, 2016. 4. 13. 실시된 제20대 국회의원선거 등에 참여하였으나, 이 사건 보조금배분 조항이 정한 요건을 충족하지 못하여 보조금을 지급받지 못하였다. 따라서 청구인 ○○당은 늦어도 제20대 국회의원선거가 실시된 후 처음으로 경상보조금이 지급된 2016. 5.경에는 이 사건 보조금배분 조항에 해당하는 사유가 발생하여 기본권침해를 받게 되었다고 봄이 상당하므로, 그로부터 1년이 경과한 2018.

12. 5. 제기된 이 부분 심판청구는 청구기간을 도과하였다.

나. 청구인 하○○의 이 사건 열람기간제한 조항에 관한 심판청구

법령조항이 그 자구만 수정되었을 뿐 이전 조항과 비교하여 실질적인 내용에 변화가 없어 청구인이 기본권을 침해당하고 있다고 주장하는 내용에 전혀 영향을 주지 않는다면, 법령조항이 일부 개정되었다고 하더라도 청구기간의 기산은 이전의 법령을 기준으로 한다(헌재 2019. 8. 29. 2018헌마608 참조).

정치자금법 제42조 제2항은 2010. 1. 25. 개정되면서 단서의 내용만 바뀌었을 뿐 본문의 내용, 즉 청구인 하○○가 기본권을 침해당하고 있다고 주장하는 심판대상 부분에는 전혀 변화가 없다. 따라서 청구기간의 기산은 개정 전 구 정치자금법(2005. 8. 4. 법률 제7682호로 전부개정되고 2010. 1. 25. 법률 제9975호로 개정되기 전의 것) 제42조 제2항을 기준으로 하여야 한다. 위 구 정치자금법 조항은 2005. 8. 4. 시행되었고, 청구인은 2009. 5. 18. 중앙선거관리위원회에 한나라당의 2007년도 및 2008년도 정치자금의 수입·지출내역 및 첨부서류의 열람을 신청하였으나 열람기간이 경과되었다는 이유로 거부당한 바 있다. 청구인은 위 열람을 신청한 2009. 5. 18.경에는 그 법령에 해당하는 사유가 발생하여 기본권을 침해받게 된 경우에 해당하므로, 그로부터 1년이 훨씬 지나 2018. 12. 5. 제기된 이 부분 심판청구는 청구기간을 도과하였다.

다. 청구인 신○○, 하○○의 이 사건 사본교부제한 조항에 관한 심판청구

법률 또는 법률조항 자체가 헌법소원의 대상이 되기 위해서는 그 법률 또는 법률조항에 의하여 구체적인 집행행위를 기다리지 아니하고 직접, 현재, 자기의 기본권을 침해당하여야 한다. 여기서 말하는 기본권 침해의 직접성이란 집행행위에 의하지 아니하고 법률 그 자체에 의하여 자유의 제한, 의무의 부과, 권리 또는 법적 지위의 박탈이 생기는 경우를 말한다. 구체적인 집행행위를 통하여 비로소 당해 법률 또는 법률조항에 의한 기본권 침해의 효과가 발생하는 경우에는 직접성의 요건이 결여된다(헌재 1992. 11. 12. 91헌마192 참조).

이 사건 사본교부제한 조항은 영수증 및 예금통장을 사본교부 대상에서 제외하고 있으나, 구체적으로 어떠한 서류에 대하여 사본교부를 청구할 수 있는지 여부는 이 사건 사본교부제한 조항에 의하여 미리 결정되는 것이 아니다. 위 청구인들을 비롯한 일반 국민이 관할 선거관리위원회에 회계보고 첨부서류 등의 사본교부를 신청하면, 관할 선거관리위원회가 사실확인의 과정을 거쳐 신청한 서류들이 교부대상에서 제외되는지 여부를 검토한 후 사본을 교부할지 여부를 결정한다. 위 청구인들에 대한 기본권 제한의 효과는 관할 선거관리위원회가 사본교부를 거부하는 집행행위를 하는 때에 비로소 발생하는 것이고, 이 사건 사본교부제한 조항으로 인하여 직접 발생하는 것이 아니다. 따라서 이 사건 사본교부제한 조항에 대한 심판청구는 기본권 침해의 직접성이 인정되지 않는다(헌재 2010. 12. 28. 2009헌마466 참조).

라. 소결

그렇다면 청구인 ○○당, 청구인 하○○의 각 심판청구, 청구인 신○○의 이 사건 사본교부제한 조항에 관한 심판청구는 모두 부적법하다. 따라서 이하에서는 이 사건 열람기간제한 조항이 청구인 신○○의 기본권을 침해하는지 여부에 대하여 판단한다.

5. 본안에 관한 판단

가. 정치자금의 회계 및 보고·공개 제도

정당의 대표자, 후원회의 대표자, 후원회를 둔 국회의원, 공직선거의 후보자 등은 정치자금의 수입과 지출을 담당하는 회계책임자 1인을 선임한 후 관할 선거관리위원회에 신고하여야 한다(정치자금법 제34조 제1항). 회계책임자를 신고하는 때에 정치자금의 수입 및 지출을 위한 예금계좌 또한 신고하여야 하며, 정치자금의 수입·지출은 회계책임자가 신고된 예금계좌를 통해서만 하여야 한다(정치자금법 제34조 제4항, 제36조 제1항 및 제2항).

회계책임자는 회계장부를 비치하고 모든 정치자금의 수입·지출의 상세내역을 기재한다(정치자금법 제37조 제1항). 회계책임자는 1년에 1회 내지 2회 관할 선거관리위원회에 재산상황, 회계장부에 기재하는 수입과 지출의 상세내역 등을 회계보고 하여야 하며, 위와 같이 회계보고를 할 때에는 정치자금의 수입과 지출명세서, 영수증, 예금통장 등을 첨부하여야 한다(정치자금법 제40조 제1항, 제3항, 제4항).

회계보고를 받은 관할 선거관리위원회는 회계보고 마감일로부터 7일 이내에 회계보고 사실과 열람·사본교부기간 및 사본교부에 필요한 비용 등을 공고하여야 한다. 관할 선거관리위원회는 보고된 재산상황, 정치자금의 수입·지출 내역 및 첨부서류(이하 '회계보고된 자료'라 한다)를 그 사무소에 비치하고, 공고일로부터 3월간 누구든지 볼 수 있게 하여야 한다. 나아가, 관할 선거관리위원회는 정치자금법 제42조 제2항 단서에 따라 선거비용에 한하여 열람대상 서류 중 정치자금의 수입·지출명세서를 인터넷 홈페이지에 공개하고 있다. 회계보고된 자료에 관하여 이의가 있는 자는 관련된 증빙서류를 첨부하여 열람기간 중에 관할 선거관리위원회에 이의신청을 할 수 있다(정치자금법 제42조 제1항, 제2항, 제6항).

누구든지 열람기간 중 또는 열람기간 후에도 관할 선거관리위원회에 회계보고된 자료의 사본교부를 서면으로 신청할 수 있으나, 영수증, 예금통장에 대한 사본교부 신청은 허용되지 않는다(정치자금법 제42조 제3항). 또한 회계보고된 자료 중 선거비용에 관한 것은 열람기간에만 사본교부 신청이 허용되고 열람기간이 아닌 때에는 사본교부 신청이 허용되지 않는다(정치자금법 제42조 제2항 단서).

관할 선거관리위원회는 공개될 경우 사생활의 비밀 또는 자유를 침해할 우려가 있다는 이유로 '공공기관의 정보공개에 관한 법률' 제9조 제1항 제6호에 의하여 개인의 성명(姓名) 중 명 부분, 생년월일, 주소, 전화번호에 대해 비공개처리를 하고 있다.

나. 제한되는 기본권

알 권리는 일반적으로 접근할 수 있는 정보원으로부터 자유롭게 정보를 수령·수집하거나, 국가기관 등에 대하여 정보의 공개를 청구할 수 있는 권리를 말한다. 알 권리는 표현의 자유와 표리일체의 관계에 있으며, 자유권적 성질과 청구권적 성질을 공유한다. 자유권적 성질은 일반적으로 정보에 접근하고 수집·처리함에 있어서 국가권력의 방해를 받지 아니한다는 것을 말하며, 청구권적 성질은 의사형성이나 여론형성에 필요한 정보를 적극적으로 수집할 권리 등을 의미한다. 정보공개청구권은 정부나 공공기관이 보유하고 있는 정보에 대하여 정당한 이해관계가 있는 자가 그 공개를 요구할 수 있는 권리이며, 알 권리의 당연한 내용으로서 알권리의 청구권적 성질과 밀접하게 관련되어 있고 헌법 제21조에 의하여 직접 보장된다(헌재 2019. 7. 25. 2017헌마1329 참조).

이 사건 열람기간제한 조항은 회계보고된 자료의 열람기간을 3월간으로 제한함으로써 청구인 신○○의 알 권리를 제한한다. 이하에서는 이 사건 열람기간제한 조항이 과잉금지원칙에 위배되어 청구인 신○○의 알권리를 침해하는지 검토한다.

다. 과잉금지원칙 위배 여부

(1) 목적의 정당성 및 수단의 적합성

이 사건 열람기간제한 조항이 회계보고된 자료의 열람기간을 3월간으로 제한한 것은, 정치자금을 둘러싼 법률관계 또는 분쟁을 조기에 안정시키고, 선거관리위원회가 방대한 양의 자료를 보관하면서 열람을 허용하는 데 따르는 업무부담을 줄이기 위한 것으로 입법목적이 정당하다. 또한 위와 같이 열람기간을 제한한 것은 위 입법목적을 달성하는 데 기여하는 적합한 수단이다.

(2) 침해의 최소성

(가) 정치자금법은 제1조에서 "정치자금의 적정한 제공을 보장하고 그 수입과 지출내역을 공개하여 투명성을 확보하며 정치자금과 관련한 부정을 방지함으로써 민주정치의 건전한 발전에 기여함"을 입법목적으로 천명하고, 제2조 제2항에서 "정치자금은 국민의 의혹을 사는 일이 없도록 공명정대하게 운용되어야 하고, 그 회계는 공개되어야 한다."고 규정함으로써 '정치자금의 공개'를 기본원칙으로 하고 있다. 이는 종래 정치자금의 수수가 부정과 부패에 연결되고 경제인에 대한 정치인의 보복사례가 있었다는 반성에서 정치자금의 수수를 양성화하고 그 금액과 사용용도를 투명하게 하기 위한 것이다(헌재 2005. 12. 22. 2004헌바25 참조). 따라서 국민의 정치자금 자료에 대한 자유로운 접근을 가능하게 하고 국민 스스로 정치자금의 투명성을 살필 수 있도록 하는 것은 정치자금법의 입법목적 및 기본원칙에 부합하며, 이는 정치자금의 투명성을 강화하고 부정부패를 근절하는 것이 시대정신이 된 지금에 와서는 더욱 그러하다.

한편, 일반 국민은 정치자금의 투명성 확보 외에도 다른 각도에서 정치자금의 지출 내역 등을 살필 필요가 있다. 국민들은 정치자금 자료의 열람 등을 통해 자신의 대표 내지 공직선거의 후보자가 어떠한 문제에 관심을 갖고 어떠한 활동을 하고 있는지 등을 파악할 수 있고 이를 바탕으로 누구를 지지하여야 할지 결정할 수 있다. 민주주의가 상시적으로 작동하고 국민들이 선거에서 자신의 입장을 대변할 수 있는 대표를 선출할 수 있도록 하기 위해서는 활동 내역에 대한 정보가 필요하며, 정치자금의 지출 내역 등은 이들이 어떻게 활동하는지를 보여주는 핵심적 지표로서 유력한 평가 자료가 되므로 국민들이 필요로 하는 만큼의 충분한 자료를 제공할 필요가 있다. 나아가 정치자금 자료에 대한 자유로운 접근을 보장하는 것은, 국민의 정치에 대한 신뢰를 높임으로써 정치자금의 기부, 투표 등에 보다 적극적으로 참여하도록 유도하여 궁극적으로는 국민의 정치참여를 높일 수 있다.

따라서 국민의 정치자금 자료에 대한 접근 제한은 필요 최소한으로 이루어져야 한다.

(나) 다만 정치자금을 둘러싼 법률관계 또는 분쟁을 조기에 안정시키고 선거관리위원회의 업무부담을 줄이기 위해 열람기간의 제한을 둘 필요성 자체는 인정될 수 있다. 그러나 정치자금법의 목적달성을 위한 핵심장치로서 열람제도의 의의를 고려한다면, '예외'로서 인정되는 열람기간의 제한이 열람제도의 목적 달성을 저해할 정도가 되어서는 안 된다는 제도적 한계가 있다. 비록 정치자금의 수입과 지출명세서 등에 대한 사본교부 신청이 허용된다고 하더라도, 검증자료에 해당하는 영수증, 예금통장을 직접 열람함으로써 정치자금 수입·지출의 문제점을 발견할 수 있다는 점에서 이에 대한 접근이 보장되어야 정치자금의 수입·지출 내역에 대한 관찰이 원활할 것이다.

정치자금법상의 회계보고는 공직선거에 참여하였는지 여부에 따라 1년에 한 번 내지 두 번 이루어지므로, 한 번에 보고되는 자료의 양이 적지 않다. 특히 영수증, 예금통장은 그 자료의 양이 많음에도 사본교부가 되지 않는 현행법령 하에서는 열람을 통해 확인할 수밖에 없는데, 열람 중 원칙적으로 필사가 허용되지 않고 열람기간마저 3월간으로 짧아 그 내용을 정확히 파악하고 분석하기 쉽지 않다. 회계보고된 자료에 관하여 이의가 있는 자는 열람기간 중에 증빙자료를 첨부하여 이의신청을 하여야 하는데 3개월 안에 영수증, 예금통장에 대한 열람을 통해 증빙자료를 확보한다는 것은 매우 어려운 일이다. 이에 비추어 보면, 이 사건 열람기간제한 조항이 규정하는 3월간의 기간은 열람제도의 목적 달성을 현저히 어렵게 하고 있다는 점에서 지나치게 짧다. 선거관리위원회에 정치자금에 대한 회계보고를 받고 이에 대하여 조사·확인할 수 있는 권한을 부여하고 있다 하더라도 그 권한 행사에 현실적 제약이 있다는 점에서 열람기간의 지나친 제한을 정당화하기에는 부족하다.

(다) 한편 공직선거법은 선거로 인한 법적 불안정 상태를 신속히 해소하기 위해 공직선거법상 선거범죄에 대해서 '당해 선거일 후 6개월'의 단기 공소시효의 특칙을 규정하고 있는 반면(공직선거법 제268조 제1항), 정치자금법 등에서는 정치자금법 위반행위에 대해 공직선거법과 같은 단기 공소시효의 특칙을 두고 있지 않다(헌재 2015. 2. 26. 2013헌바176 참조). 정치자금을 둘러싼 분쟁 등을 조기에 안정시킬 필요성을 인정하더라도 열람기간이 공직선거법상의 단기 공소시효조차 완성되지 아니한, 공고일부터 3개월 후에 만료된다는 점에서 국민들의 정보에 대한 접근을 본질적으로 침해할 정도로 지나치게 짧게 설정되어 있고, 나아가 정치자금법 위반행위에 대해 단기 공소시효의 특칙이 없다는 점을 고려하면 회계보고된 자료에 대한 열람기간을 늘릴 필요가 있다.

(라) 또한 열람기간을 연장한다고 하여 입법목적 달성이 어렵다고 단정할 수 없다. 1994년 열람제도 도입 당시 열람기간을 3년으로 하는 법률안이 제출되어 있었음에도, 열람기간에 관한 구체적 논의 없이 '3월간'의 열람기간이 채택되었으며, 선거관리위원회의 업무부담의 정도에 관하여 실질적 검토가 이루어졌다고 보기 어렵다. 열람기간을 늘리는 경우 선거관리위원회의 업무부담이 현재보다 늘어날 수 있으나, 이를 인원 충원이나 기술적 조치를 통해 해소할 수 있는지 여부에 대한 검토가 필요하다. 선거관리위원회는 데이터 생성·저장·유통 기술의 괄목할 만한 성취에 기반하여 이미 회계보고된 자료의 상당 부분을 전자파일로 변환하여 보관하는 등 전산기술을 통하여 자료 보관, 열람 및 사본교부 등의 업무부담을 상당 부분 줄여 왔으므로, 열람기간을 늘린다 하더라도 전자파일로 변환하는 자료의 범위를 보다 넓히는 등의 조치를 취함으로써 업무부담이 과도해지지 않도록 할 수 있을 것으로 보인다. 그럼에도 막연한 업무부담 증가를 이유로 열람기간을 지나치게 제한한다면, 이는 국민의 기본권보다는 행정편의를 우선하는 셈이 된다.

(마) 이를 종합하면, 정치자금을 둘러싼 분쟁 등의 장기화 방지 및 행정부담의 경감을 위해 기간의 제한 자체는 둘 수 있다고 하더라도, 현행 열람기간이 지나치게 짧다는 점은 명확하다. 입법자로서는 선거관리위원

회의 실질적 업무부담의 정도, 정치자금을 둘러싼 분쟁의 현황, 선거의 주기 등을 참조하여 입법목적을 달성할 수 있는 범위에서 보다 장기간 열람이 허용될 수 있도록 제도를 형성할 필요가 있다.

(3) 법익의 균형성

이 사건 열람기간제한 조항으로 인하여 정치자금을 둘러싼 법률관계 또는 분쟁을 조기에 안정시키고 선거관리위원회의 업무부담을 경감시킬 수 있다는 점은 인정된다. 그러나 이 사건 열람기간제한 조항이 '3월간'의 지나치게 짧은 열람기간을 둠에 따라 청구인 신○○는 열람을 원하는 회계보고된 자료를 충분히 살펴 분석하거나, 문제를 발견할 실질적 기회를 갖지 못하게 되었다. 정치자금의 수입과 지출명세서 등에 대한 사본교부 신청이 가능하다고 하더라도 영수증, 예금통장의 열람과정에서 문제 발견의 기회를 가질 필요가 소멸된다고 볼 수 없다. 이러한 사익의 제한은 정치자금의 투명한 공개가 민주주의 발전에 가지는 의미에 비추어 중대하다고 볼 수 있다. 결국 이 사건 열람기간제한 조항은 이로 인하여 달성되는 공익에 비해 침해되는 사익이 중대하여 법익의 균형성 원칙에 위반된다.

(4) 소결

이 사건 열람기간제한 조항은 과잉금지원칙에 위배되어 청구인 신○○의 알권리를 침해한다.

6. 결 론

그렇다면 청구인 ○○당, 청구인 하○○의 각 심판청구, 청구인 신○○의 이 사건 사본교부제한 조항에 관한 심판청구는 모두 부적법하므로 이를 각하하고, 이 사건 열람기간제한 조항은 헌법에 위반되므로 주문과 같이 결정한다. 종래 이 사건 열람기간제한 조항과 동일한 내용의 구 정치자금법(2005. 8. 4. 법률 제7682호로 전부개정되고 2010. 1. 25. 법률 제9975호로 개정되기 전의 것) 제42조 제2항 본문 중 '제1항의 규정에 의한 공고일부터 3월간' 부분이 헌법에 위반되지 아니한다고 판시하였던 헌재 2010. 12. 28. 2009헌마466 결정은 이 결정 취지와 저촉되는 범위 안에서 이를 변경하기로 한다. 이 결정은 아래 7.과 같은 재판관 이은애, 재판관 이종석, 재판관 이영진의 이 사건 열람기간제한 조항에 관한 반대의견이 있는 외에는 나머지 관여 재판관들의 일치된 의견에 의한 것이다.

7. 재판관 이은애, 재판관 이종석, 재판관 이영진의 이 사건 열람기간제한 조항에 관한 반대의견

헌법재판소는 2010. 12. 28. 2009헌마466 결정에서 이 사건 열람기간제한 조항과 동일한 내용의 구 정치자금법(2005. 8. 4. 법률 제7682호로 전부개정되고 2010. 1. 25. 법률 제9975호로 개정되기 전의 것) 제42조 제2항 본문 중 '제1항의 규정에 의한 공고일부터 3월간' 부분이 헌법에 위반되지 않는다고 결정한 바 있다. 우리는 법정의견과 달리 위 선례와 다르게 판단해야 할 사정의 변경이나 필요성이 인정된다고 볼 수 없다고 생각하므로 다음과 같이 그 이유를 밝힌다.

가. 목적의 정당성 및 수단의 적합성

이 사건 열람기간제한 조항의 입법목적의 정당성 및 수단의 적합성이 인정된다는 점은 법정의견과 같다.

나. 침해의 최소성

(1) 앞서 설명한 바와 같이, 정치자금법은 정치자금의 수입과 지출에 있어 투명성을 확보하고 정치자금과 관련한 부정을 방지하기 위하여, 정당, 후원회를 둔 국회의원 등으로 하여금 회계책임자를 두고, 회계책임자는 회계장부에 정치자금의 수입·지출의 상세내역을 기재하며 이러한 상세내역을 영수증, 예금통장 등과 함께 관할 선거관리위원회에 보고하도록 하고 있다. 누구든지 관할 선거관리위원회에 회계보고된 자료를 3월간 열람할 수 있으며, 영수증, 예금통장을 제외하고는 선거비용에 관한 것은 3월간의 열람기간 중에, 선거비용 외 정치자금에 관한 것은 기간의 제한 없이 사본교부를 신청할 수 있다.

나아가 관할 선거관리위원회는 열람기간 중 이의신청이 있으면 이에 대하여 조사·확인한 후 조사결과 회계장부, 회계보고서에 허위사실의 기재·불법지출 그 밖에 법 위반 사실이 있다는 인정되는 때에는 관할 수사기관에 고발 또는 수사의뢰 등의 조치를 취한다(정치자금법 제42조 제6항 내지 8항, 제43조). 회계책임자가 회계장부를 비치하지 아니하거나 허위로 기재한 경우, 회계책임자가 회계보고를 하지 아니하거나 정치자금 수입·지출의 상세내역, 영수증, 예금통장 등을 제출하지 아니하거나 이를 허위로 제출한 경우, 누구든지 영수증을 허위기재·위조 또는 변조한 경우 등에는 징역형 또는 벌금형에 처한다(정치자금법 제46조 제5호, 제49조 제1항 및 제2항 제5호 내지 제7호).

선거관리위원회는 정치자금에 대한 회계보고를 받

고 이를 확인·조사하는 기관으로서, 회계보고를 할 의무가 있는 자가 이를 이행하지 않는 경우 법률에 규정된 자료를 제출할 것을 요구할 수 있고, 보고된 수입·지출의 상세내역과 영수증, 예금통장 등에 불일치가 있는 경우 자료의 보완을 요구하거나 이에 대하여 조사·확인할 수 있으며, 영수증, 예금통장 등을 제출하지 아니하거나 이를 허위로 제출한 자, 영수증을 허위기재·위조 또는 변조한 자 등을 수사기관에 고발할 수 있다.

(2) 회계보고된 자료의 열람기간을 어느 정도로 설정할 것인지는 기본적으로 입법자의 입법형성 영역에 속하는 것으로서, 열람기간이 지나치게 짧게 설정되어 국민들의 정보에 대한 접근을 본질적으로 침해하는 정도에 이른 경우가 아니라면 필요 이상으로 알권리를 제한한 것이라고 단정하기 어렵다(헌재 2010. 12. 28. 2009헌마466 참조).

앞서 살핀 바와 같이 일반 국민은 영수증, 예금통장에 대해서는 사본교부를 신청할 수 없어 열람을 통해서만 확인이 가능하지만, 그 밖의 회계보고된 자료, 즉 수입·지출의 일자·금액과 수입을 제공한 자·지출을 받은 자 등이 기재된 정치자금의 수입과 지출명세서 등에 대해, 선거비용 외 정치자금의 경우에는 언제든지 사본교부를 신청할 수 있고, 선거비용의 경우에는 열람기간 동안 사본교부 신청이 가능하며 수입과 지출명세서는 그 기간 동안 선거관리위원회 인터넷 홈페이지를 통해 일반에 공개되므로, 이를 통해 정치자금의 수입과 지출이 어떻게 이루어졌는지 상세히 파악할 수 있다. 또한 정치자금법은 헌법상 독립기관인 선거관리위원회에 정치자금에 대한 회계보고를 받고 이에 대하여 조사·확인할 수 있는 권한을 부여하고 있으며, 영수증, 예금통장 등을 제출하지 아니하거나 이를 허위로 제출한 자, 영수증을 허위기재·위조 또는 변조한 자 등을 형사처벌 하도록 하는 등 허위의 영수증, 예금통장이 제출되지 않도록 함으로써 정치자금의 수입과 지출 내역이 사실대로 정확하게 보고되도록 하고 있다. 이처럼 정치자금의 수입과 지출명세서 등에 대한 사본교부 신청 또는 인터넷 열람을 통해 정치자금의 지출 내역을 상세히 파악할 수 있고, 허위의 영수증, 예금통장이 제출되지 않도록 하는 제도적 장치가 마련되어 있다는 점을 고려하면, 회계보고된 자료에 대한 열람기간을 3월간으로 제한하더라도 국민들의 정보에 대한 접근권을 본질적으로 침해한다고 보기 어렵다.

(3) 결국 이 사건 열람기간제한 조항은 침해의 최소성 원칙에 위반되지 않는다.

다. 법익의 균형성

열람기간을 3월간으로 제한함으로써 정치자금을 둘러싼 법률관계 또는 분쟁을 조기에 안정시키고 선거관리위원회의 업무부담을 경감시킬 수 있으므로 이로 인해 달성되는 공익이 크다. 반면 일반 국민은 수입·지출의 상세내역이 기재된 정치자금의 수입과 지출명세서 등에 대한 사본교부 신청을 할 수 있고 열람기간 동안은 영수증, 예금통장 등 회계보고된 자료 모두를 자유롭게 열람할 수 있는데다, 허위의 영수증, 예금통장이 제출되지 않도록 하는 제도들이 마련되어 있다는 점을 고려하면 열람기간의 제한으로 인한 기본권 제한이 감수할 수 없을 정도로 크다고 보기 어렵다. 따라서 이 사건 열람기간제한 조항으로 인하여 제한되는 사익이 달성되는 공익보다 크다고 할 수 없으므로, 법익의 균형성 원칙도 충족한다.

라. 소결

그렇다면 이 사건 열람기간제한 조항은 과잉금지원칙에 위배되어 청구인 신○○의 알권리를 침해하지 않는다.

재판관 유남석 이선애 이석태 이은애 이종석 이영진 김기영 문형배 이미선

[별지] 관련조항

정치자금법(2017. 6. 30. 법률 제14848호로 개정된 것)

제40조(회계보고) ① 회계책임자는 다음 각 호에서 정하는 기한까지 관할 선거관리위원회에 정치자금의 수입과 지출에 관한 회계보고(이하 "회계보고"라 한다)를 하여야 한다.

1. 정당의 회계책임자

가. 공직선거에 참여하지 아니한 연도

매년 1월 1일부터 12월 31일 현재로 다음 연도 2월 15일(시·도당의 경우에는 1월 31일)까지

나. 전국을 단위로 실시하는 공직선거에 참여한 연도

매년 1월 1일(정당선거사무소의 경우에는 그 설치일)부터 선거일 후 20일(20일 후에 정당선

거사무소를 폐쇄하는 경우에는 그 폐쇄일을 말한다) 현재로 당해 선거일 후 30일(대통령선거 및 비례대표국회의원선거에 있어서는 40일)까지, 선거일 후 21일부터 12월 31일 현재로 다음 연도 2월 15일(시·도당은 1월 31일)까지
다. 전국의 일부지역에서 실시하는 공직선거의 보궐선거 등에 참여한 연도
중앙당과 정책연구소는 가목에 의하고, 당해 시·도당과 정당선거사무소는 나목에 의한다.
2. 후원회를 둔 국회의원의 회계책임자
가. 공직선거에 참여하지 아니한 연도
매년 1월 1일부터 12월 31일 현재로 다음 연도 1월 31일까지
나. 공직선거에 참여한 연도
매년 1월 1일부터 선거일 후 20일 현재로 선거일 후 30일까지, 선거일 후 21일부터 12월 31일 현재로 다음 연도 1월 31일까지
3. 중앙당후원회(중앙당창당준비위원회후원회를 포함한다) 및 국회의원후원회의 회계책임자
가. 연간 모금한도액을 모금할 수 있는 연도
매년 1월 1일부터 6월 30일 현재로 7월 31일까지, 7월 1일부터 12월 31일 현재로 다음 연도 1월 31일까지
나. 연간 모금한도액의 2배를 모금할 수 있는 연도
매년 1월 1일부터 선거일 후 20일 현재로 선거일 후 30일까지, 선거일 후 21일부터 12월 31일 현재로 다음 연도 1월 31일까지. 다만, 선거일이 12월 중에 있는 경우에는 가목에 의한다.
4. 대통령선거경선후보자·당대표경선후보자등 및 그 후원회의 회계책임자
정당의 경선일 후 20일 현재로 경선일 후 30일까지. 이 경우 후원회를 둔 국회의원의 회계책임자는 제2호의 규정에 불구하고 매년 1월 1일부터 경선일 후 20일 현재로 경선일 후 30일까지, 경선일 후 21일부터 12월 31일 현재로 다음 연도 1월 31일까지
5. 공직선거의 후보자·예비후보자 및 그 후원회의 회계책임자
선거일 후 20일(대통령선거의 정당추천후보자의 경우 그 예비후보자의 회계책임자는 후보자등록일 전일) 현재로 선거일 후 30일(대통령선거의 무소속후보자는 40일)까지. 이 경우 대통령선거의 정당추천 후보자와 비례대표국회의원선거 및 비례대표지방의회의원선거의 선거사무소·선거연락소의 회계책임자는 제1호 나목 또는 다목에 의한다.

정치자금법(2005. 8. 4. 법률 제7682호로 전부개정된 것)

제42조(회계보고서 등의 열람 및 사본교부) ① 제40조(회계보고)의 규정에 의하여 회계보고를 받은 관할 선거관리위원회는 회계보고 마감일부터 7일 이내에 그 사실과 열람·사본교부기간 및 사본교부에 필요한 비용 등을 공고하여야 한다.

43. 구 의료기사 등에 관한 법률 제12조 제1항 등 위헌제청

[2021. 6. 24. 2017헌가31]

【판시사항】

안경사 면허를 가진 자연인에게만 안경업소의 개설 등을 할 수 있도록 한 구 의료기사 등에 관한 법률 제12조 제1항 및 의료기사 등에 관한 법률 제12조 제1항과, 그 위반 시 처벌하도록 정한 구 의료기사 등에 관한 법률 제30조 제1항 제6호 등(이하 위 조항들을 모두 합하여 '심판대상조항'이라 한다)이 과잉금지원칙에 반하여 자연인 안경사와 법인의 직업의 자유를 침해하는지 여부(소극)

【결정요지】

재판관 이선애, 재판관 이은애, 재판관 이종석, 재판관 이미선의 합헌의견

국민의 눈 건강과 관련된 국민보건의 중요성, 안경사 업무의 전문성, 안경사로 하여금 자신의 책임하에 고객과의 신뢰를 쌓으면서 안경사 업무를 수행하게 할 필요성 등을 고려할 때, 안경업소 개설은 그 업무를 담당할 자연인 안경사로 한정할 것이 요청된다.

법인 안경업소가 허용되면 영리추구 극대화를 위해 무면허자로 하여금 안경 조제·판매를 하게 하는 등의 문제가 발생할 가능성이 높아지고, 안경 조제·판매 서비스의 질이 하락할 우려가 있다. 또한 대규모 자본을 가진 비안경사들이 법인의 형태로 안경시장을 장악하여 개인 안경업소들이 폐업하면 안경사와 소비자 간 신뢰관계 형성이 어려워지고, 독과점으로 인해 안경 구매비용이 상승할 수 있다. 반면 현행법에 의하더라도 안경사들은 협동조합, 가맹점 가입, 동업 등의 방법으로 법인의 안경업소 개설과 같은 조직화, 대형화 효과를 어느 정도 누릴 수 있다.

따라서 심판대상조항은 과잉금지원칙에 반하지 아니하여 자연인 안경사와 법인의 직업의 자유를 침해하지 아니한다.

재판관 유남석, 재판관 이석태, 재판관 이영진, 재판관 김기영, 재판관 문형배의 헌법불합치의견

심판대상조항은 안경사 자격을 가진 자연인에게만 안경업소 개설을 허용하고 법인 형태의 안경업소 개설을 일체 허용하고 있지 않은데, 이를 허용할 경우 우려되는 지나친 영리추구로 인한 폐해나 무면허자에 의한 안경 조제·판매와 같은 부정적 효과들은 안경업소의 개설 주체가 법인인지 자연인인지에 따라 달라지는 문제라기보다는 안경의 조제·판매에 있어 전문성과 책임성을 갖춘 안경사의 의사결정권한이 유지되고 있는지 아닌지에 달려 있는 문제로 봄이 합리적이다. 심판대상조항이 안경사들로만 구성된 법인 형태의 안경업소 개설까지 허용하지 않는 것은 직업의 자유에 대한 필요 이상의 제한으로 그 침해의 정도도 상당하므로, 심판대상조항은 과잉금지원칙에 반한다.

심판대상조항 중 안경사가 아닌 자연인의 안경업소 개설에 관한 부분은 헌법에 위반되지 않으나, 심판대상조항 중 법인의 안경업소 개설에 관한 부분은 안경사들로 구성된 법인의 안경업소 개설까지 포함하여 전면적이고 일률적으로 법인의 안경업소 개설을 금지하는 데에 그 위헌성이 있다. 따라서 심판대상조항 중 '법인에 관한 부분'에 한하여 그 효력을 즉시 상실시키는 단순위헌결정을 하는 대신 헌법불합치결정을 선고함이 타당하다.

【심판대상조문】

구 의료기사 등에 관한 법률(1995. 1. 5. 법률 제4912호로 전부개정되고, 2011. 11. 22. 법률 제11102호로 개정되기 전의 것) 제12조 제1항

의료기사 등에 관한 법률(2011. 11. 22. 법률 제11102호로 개정된 것) 제12조 제1항

구 의료기사 등에 관한 법률(2011. 4. 28. 법률 제10608호로 개정되고, 2011. 11. 22. 법률 제11102호로 개정되기 전의 것) 제30조 제1항 제6호

구 의료기사 등에 관한 법률(2011. 11. 22. 법률 제11102호로 개정되고, 2016. 12. 2. 법률 제14331호로 개정되기 전의 것) 제30조 제1항 제6호

【참조조문】

헌법 제15조, 제37조 제2항, 제113조 제1항

헌법재판소법 제23조 제2항 제1호

구 의료기사 등에 관한 법률(1995. 1. 5. 법률 제4912호로 전부개정되고, 2011. 11. 22. 법률 제11102호로 개정되기 전의 것) 제12조 제2항

구 의료기사 등에 관한 법률(2011. 11. 22. 법률 제11102호로 개정되고, 2016. 5. 29. 법률 제14219호로 개정되기 전의 것) 제14조 제1항, 제2항

구 의료기사 등에 관한 법률(2013. 6. 4. 법률 제11860호로 개정되고, 2016. 5. 29. 법률 제14219호로 개정되기 전의 것) 제24조 제1항 제2호, 제3호

구 의료기사 등에 관한 법률(2011. 11. 22. 법률 제11102호로 개정되고, 2016. 12. 2. 법률 제14331호로 개정되기 전의 것) 제30조 제1항 제1호, 제2호

구 의료기사 등에 관한 법률(2011. 11. 22. 법률 제11102호로 개정되고, 2017. 12. 19. 법률 제15268호로 개정되기 전의 것) 제9조

의료기사 등에 관한 법률(2011. 11. 22. 법률 제11102호로 개정된 것) 제12조 제2항, 제22조 제1항 제2호

의료기사 등에 관한 법률 시행령(2018. 12. 18. 대통령령 제29383호로 개정된 것)

제2조 제1항 [별표 1] 8.

【참조판례】

헌재 2002. 9. 19. 2000헌바84, 판례집 14-2, 268, 279-280

헌재 2005. 3. 31. 2001헌바87, 판례집 17-1, 321, 332

헌재 2019. 8. 29. 2014헌바212등, 판례집 31-2상, 109, 132, 134

헌재 2020. 10. 29. 2019헌바249, 판례집 32-2, 389

【당 사 자】

제청법원 서울중앙지방법원

제청신청인 1. 허○○

2. 주식회사 □□

제청신청인들 대리인 변호사 곽병훈 외 2인

당해사건 서울중앙지방법원 2017노231 의료기사등에관한법률위반

【주 문】

의료기사 등에 관한 법률(1995. 1. 5. 법률 제4912호로 전부개정되고, 2011. 11. 22. 법률 제11102호로 개정되기 전의 것) 제12조 제1항, 의료기사 등에 관한 법률(2011. 11. 22. 법률 제11102호로 개정된 것) 제12조 제1항, 구 의료기사 등에 관한 법률(2011. 4. 28. 법률 제10608호로 개정되고, 2011. 11. 22. 법률 제11102호로 개정되기 전의 것) 제30조 제1항 제6호, 구 의료기사 등에 관한 법률(2011. 11. 22. 법률 제11102호로 개정되고, 2016. 12. 2. 법률 제14331호로 개정되기 전의 것) 제30조 제1항 제6호는 모두 헌법에 위반되지 아니한다.

【이 유】

1. 사건개요

가. 안경테 도·소매업, 프랜차이즈 사업 등을 목적으로 설립된 법인인 주식회사 □□(이하 '□□'라 한다)와 □□의 대표이사 허○○는 당해사건의 피고인이자 위 헌법률심판 제청신청인들(이하 '제청신청인들'이라 한다)이다. □□의 주주는 2009. 10. 28. □□ 설립 시에 안경사인 제청신청인 허○○와 안경사 이○○이었다가, 2010. 7. 31. 유상증자로 위 안경사 2인과 △△ 제1호 사모투자 전문회사로 변경되었다. 그 후 2019. 6. 20. 주식회사 ▽▽가 위 △△의 주식을 양수하여 현재 위 안경사 2인과 주식회사 ▽▽가 □□의 주주로 있다.

나. 제청신청인들은 2011. 8. 27. □□에 고용된 안

경사인 청구 외 이◎◎과 그의 명의로 안경업소를 개설하되 □□가 실제 영업을 책임지고, 안경점으로부터 발생하는 수익과 비용은 □□와 점포 명의자가 절반씩 분배한다는 약정을 맺고 □□ 명동2호점을 개점한 이래, 같은 방법으로 2015. 3. 5.까지 안경업소 총 9개를 개설하였다. 제청신청인들은 안경사가 아닌 자의 안경업소 개설을 금지하는 '의료기사 등에 관한 법률'을 위반하였다는 사실로 기소되어, 제청신청인 허○○는 징역 6월에 집행유예 2년 및 사회봉사명령 160시간을, 제청신청인 □□는 벌금 2,000만 원을 선고받았다(서울중앙지방법원 2016. 12. 27. 선고 2016고단5236 판결).

다. 제청신청인들은 항소하였고, 항소심(서울중앙지방법원 2017노231) 계속 중 '의료기사 등에 관한 법률' 제12조 제1항에 대한 위헌법률심판제청 신청을 하였다. 법원이 이를 받아들여 2017. 10. 31. 위 조항에 대하여 위헌법률심판을 제청하였다(서울중앙지방법원 2017초기2732).

2. 심판대상

당해사건은 형사재판이므로 안경사 면허 없는 자의 안경업소 개설을 금지하는 '의료기사 등에 관한 법률' 제12조 제1항뿐 아니라 이를 위반한 자를 형사처벌하는 같은 법 제30조 제1항 제6호도 함께 심판대상으로 삼는다.

따라서 이 사건 심판대상은 구 '의료기사 등에 관한 법률'(1995. 1. 5. 법률 제4912호로 전부개정되고, 2011. 11. 22. 법률 제11102호로 개정되기 전의 것) 제12조 제1항, '의료기사 등에 관한 법률'(2011. 11. 22. 법률 제11102호로 개정된 것) 제12조 제1항(이하 이들 조항을 '이 사건 금지조항'이라 한다), 구 '의료기사 등에 관한 법률'(2011. 4. 28. 법률 제10608호로 개정되고, 2011. 11. 22. 법률 제11102호로 개정되기 전의 것) 제30조 제1항 제6호, 구 '의료기사 등에 관한 법률'(2011. 11. 22. 법률 제11102호로 개정되고, 2016. 12. 2. 법률 제14331호로 개정되기 전의 것, 이하 법명을 약칭하여 '의료기사법'이라 한다) 제30조 제1항 제6호(이하 이들 조항을 '이 사건 처벌조항'이라 하고, 이 사건 금지조항과 이 사건 처벌조항을 합하여 '심판대상조항'이라 한다)가 헌법에 위반되는지 여부이다. 심판대상조항 및 주요 관련조항의 내용은 다음과 같고, 기타 관련조항의 내용은 별지와 같다.

[심판대상조항]

구 의료기사 등에 관한 법률(1995. 1. 5. 법률 제4912호로 전부개정되고, 2011. 11. 22. 법률 제11102호로 개정되기 전의 것)

제12조(안경업소의 개설등록 등) ① 안경사가 아니면 안경의 조제 및 판매업소(이하 "안경업소"라 한다)를 개설할 수 없다.

의료기사 등에 관한 법률(2011. 11. 22. 법률 제11102호로 개정된 것)

제12조(안경업소의 개설등록 등) ① 안경사가 아니면 안경을 조제하거나 안경 및 콘택트렌즈의 판매업소(이하 "안경업소"라 한다)를 개설할 수 없다.

구 의료기사 등에 관한 법률(2011. 4. 28. 법률 제10608호로 개정되고, 2011. 11. 22. 법률 제11102호로 개정되기 전의 것)

제30조(벌칙) ① 다음 각 호의 1에 해당하는 자는 3년 이하의 징역 또는 1천만원 이하의 벌금에 처한다.

6. 제12조 제1항의 규정에 위반하여 안경사의 면허 없이 안경업소를 개설한 자

구 의료기사 등에 관한 법률(2011. 11. 22. 법률 제11102호로 개정되고, 2016. 12. 2. 법률 제14331호로 개정되기 전의 것)

제30조(벌칙) ① 다음 각 호의 어느 하나에 해당하는 사람은 3년 이하의 징역 또는 1천만원 이하의 벌금에 처한다.

6. 제12조 제1항을 위반하여 안경사의 면허 없이 안경업소를 개설한 사람

[주요 관련조항]

구 의료기사 등에 관한 법률(1995. 1. 5. 법률 제4912호로 전부개정되고, 2011. 11. 22. 법률 제11102호로 개정되기 전의 것)

제12조(안경업소의 개설등록등) ② 안경사는 1개소의 안경업소만을 개설할 수 있다.

의료기사 등에 관한 법률(2011. 11. 22. 법률 제11102호로 개정된 것)

제12조(안경업소의 개설등록 등) ② 안경사는 1개의 안경업소만을 개설할 수 있다.

3. 제청법원의 위헌법률심판 제청이유

가. 국민의 시력보호를 위해 안경사만 안경의 조제, 판매를 담당하도록 한 것이라면 실제 안경업소를 관리

하며 안경을 취급하는 사람이 안경사이면 되는 것이지 안경업소의 개설과 경영 자체를 반드시 자연인 안경사에게만 허용하여야 할 합리적 이유가 도출되지 않는다. 심판대상조항은 안경사들로만 구성된 법인과 안경사 개인의 안경업소 개설 및 경영이라는 직업수행의 자유를 침해하고, 이들의 단체 결성 및 단체 활동의 자유를 제한한다는 점에서 결사의 자유도 침해한다.

나. 국민건강과 관련된 공익성이 더 큰 병원 역시 의료법이 의료법인에 의한 의료기관 개설을 허용하고 있고, 변호사, 변리사, 공인회계사, 세무사, 건축사, 법무사, 공인노무사와 같은 다른 직종 역시 법인을 설립하여 업무를 수행할 수 있다. 이와 비교할 때, 심판대상조항은 안경사들로만 구성된 법인 및 안경사 개인의 평등권을 침해한다.

4. 판 단

가. 안경사제도 및 안경업소 개설 자격

안경사는 고등교육법 제2조에 따른 대하 등에서 안경광학을 전공하고 졸업하였거나 졸업예정자로서, 또는 이와 같은 수준 이상의 외국 교육과정을 이수하고 외국의 안경사에 해당하는 면허를 받은 사람으로서 안경사 국가고시에 합격하여 보건복지부 장관의 면허를 받은 자인바(의료기사법 제4조), 안경(시력보정용으로 한정한다)의 조제 및 판매와 콘택트렌즈(시력보정용이 아닌 것을 포함한다)의 판매 업무를 할 수 있으며, 6세 이하의 아동에 대한 안경의 조제·판매와 콘택트렌즈의 판매를 제외하고는 안경 및 콘택트렌즈의 도수를 조정하기 위한 시력검사(약제를 사용하는 시력검사 및 자동굴절검사기기를 사용하지 아니하는 타각적 굴절검사는 제외한다)를 할 수 있다(의료기사법 시행령 제2조 제1항 [별표 1] 8. 참조).

과거 안경이나 콘택트렌즈는 약사법상 의료용구(의료기기)의 일종으로 취급되었으므로[구 약사법(법률 제1491호) 제2조 제9항] 일정한 시설을 갖추는 경우 누구든지 등록하기만 하면 안경업소를 개설할 수 있었다. 그 후 1987. 11. 28. 법률 제3949호로 개정된 의료기사법은 안경사제도를 새로이 도입하여 그 자격, 면허, 업무범위를 규정하였는데(제11조 제1항, 제13조의3 제1항, 제2항), 이는 면허 없는 자가 함부로 안경이나 콘택트렌즈를 조제·판매한다면 국민의 눈 건강에 해를 끼칠 수 있다는 반성적 고려에서 국민보건 향상을 위하여 신설된 것으로, 안경이나 콘택트렌즈의 판매업은 다른 의료용구 등 판매업과는 달리 법에서 정한 자격을 갖추어 면허를 받은 안경사만이 행할 수 있게 한 것이다.

안경사제도가 신설된 후 1989. 12. 30. 법률 제4180호로 개정된 의료기사법에서는 안경사 외의 자가 안경업소를 개설하는 것을 금지하였고(제13조의4 제1항), 해당 규정은 현행 이 사건 금지조항에까지 내용의 실질적 변동 없이 유지되어 왔다. 법인은 안경사에 해당하지 않으므로 위 조항에 따르면 안경업소를 개설할 수 없으며, 안경사들로만 구성된 법인이라 하더라도 안경업소를 개설할 수 없다(헌재 2002. 9. 19. 2000헌바84 참조).

한편, 1995. 1. 5. 법률 제4912호로 전부개정된 의료기사법부터는 안경사라 하더라도 1개의 안경업소만 개설할 수 있도록 하여(제12조 제2항) 안경사가 자신의 명의로 개설한 안경업소를 운영함에 있어 안경사 본연의 업무에 충실을 기하도록 하였다.

나. 쟁점

이 사건 금지조항으로 인하여 자연인 안경사는 법인을 설립하여 안경업소를 개설할 수 없고, 법인은 안경업소를 개설할 수 없으며, 이를 위반한 경우 이 사건 처벌조항에 의하여 형사처벌되므로, 심판대상조항은 자연인 안경사와 법인의 직업의 자유를 제한한다. 그러므로 심판대상조항이 헌법 제37조 제2항의 과잉금지원칙에 반하여 직업의 자유를 침해하는지 여부가 문제된다. 한편, 사안과 가장 밀접한 관계에 있고 또 침해의 정도가 큰 주된 기본권인 직업의 자유 침해 여부를 심사하는 이상 결사의 자유 침해 여부는 별도로 판단하지 않는다.

제청법원은 심판대상조항에 대한 위헌법률심판 제청 이유로 평등권도 침해된다고 주장하나, 안경사와 다른 직종, 예컨대 의사와 변호사, 법무사, 변리사, 공인회계사, 세무사, 건축사, 공인노무사, 관세사, 약사, 의약품 제조업자·수입자·도매상은 각각의 법률에 의하여 부여된 고유한 업무가 다르고 직종의 특성에 따라 분업·협업의 필요성에서도 차이가 있다. 안경사와 이들 직종을 법인에 의한 영업소 개설에 관한 차별취급이 문제되는 평등 심사에서 서로 비교대상이 되는 집단이라고 보기 어렵다. 따라서 평등권 침해 여부에 대하여는 판단하지 않는다.

따라서 이 사건의 쟁점은 심판대상조항이 과잉금지원칙에 위반하여 자연인 안경사와 법인의 직업의 자유를 침해하는지 여부이다.

다. 직업의 자유 침해 여부

(1) 재판관 이선애, 재판관 이은애, 재판관 이종석, 재판관 이미선의 합헌의견

(가) 입법목적의 정당성

안경업소의 개설권한을 법에서 정한 자격을 갖추어 면허를 받은 안경사에게만 인정하여 무면허자에 의한 안경 조제와 판매행위를 방지하고, 안경사로 하여금 자신의 명의로 개설한 안경업소에서 자신의 책임하에 안경의 조제 및 판매 업무에 충실을 기하게 함으로써 눈과 관련된 국민보건 향상을 도모한다는 심판대상조항의 입법목적은 정당하다.

(나) 수단의 적합성

심판대상조항은 안경업소의 개설주체를 자연인 안경사로만 제한하여 안경사로 하여금 자신이 개설한 업소에서 자신의 책임하에 안경 조제와 판매 업무를 수행하게 한다. 이는 안경업소에서의 부정확한 안경 조제나 소비자에게 불리한 형태의 안경 판매를 방지하고, 피해 발생 시 책임 소재를 명확히 할 수 있는 측면 외에도, 사람의 눈 건강과 관련된 업무인 시력검사 및 안경 조제·판매라는 특수한 업무를 수행하는 안경사로 하여금 자신의 책임하에 해당 업무에 만전을 기하게 함으로써 안경사의 자율성·책임성 및 윤리성을 보장하는 효과가 있다. 심판대상조항이 안경업소 개설을 해당 안경업소에서 안경사 업무를 담당할 안경사로 제한하고 이를 위반하는 경우 형사처벌하는 것은, 위와 같은 입법목적을 달성하는 데 적합한 수단이다.

(다) 침해의 최소성

1) 심판대상조항은 안경사 면허를 가진 자연인에게만 안경업소를 개설하여 안경 조제와 판매행위를 허용함으로써 법인 형태로는 안경업소를 개설하여 이와 같은 행위를 할 수 없도록 하고 있다. 이러한 안경업소 개설 형태는 안경사가 수행 가능한 업무범위, 안경 조제·판매 서비스의 수요와 공급 상황, 국민들의 서비스 이용 특성 등 나라마다 경제·사회·문화적인 배경과 구체적·개별적 상황을 감안하여 결정할 문제이다. 입법자는 안경업소의 개설주체를 제한할지 여부에 있어서 그 사회의 실정에 가장 부합하는 형태를 선택할 입법재량을 가진다(헌재 2005. 3. 31. 2001헌바87; 헌재 2019. 8. 29. 2014헌바212등 참조).

안경사가 행하는 시력검사 및 안경 조제·판매 업무는 해당 분야에 대한 전문적 지식 및 기술을 배우고 연마한 사람이 아니면 행할 수 없는 업무이다. 이에 의료기사법은 고등교육법 제2조에 따른 대학 등에서 안경광학을 전공하고 졸업하였거나 졸업예정자로서, 또는 이와 같은 수준 이상의 외국 교육과정을 이수하고 외국의 안경사에 해당하는 면허를 받은 사람으로서 안경사 국가고시에 합격하여 보건복지부 장관의 면허를 받은 사람만 안경사가 될 수 있도록 그 요건을 엄격히 정하고 있다(제4조 제1항 제1호, 제4호, 제2항 제1호 참조). 대구보건대학교가 1984년에 안경광학과를 개설한 이래, 여러 학교에서 안경광학과를 운영하여 현재 서울과학기술대학교, 대구과학대학교, 광주보건대학교 등 전국 각지에 소재한 약 40여 개의 2~4년제 대학 등에서 안경사를 양성·배출하고 있다.

우리나라에서는 다른 나라와 달리 안과병원을 방문하지 않고 안경업소에서 시력검사를 한 후 안경 조제를 의뢰하고 구매를 하는 소비행태가 일반적으로 행해지고 있다. 종류별·기능별로 다양한 렌즈 중 적합한 안경렌즈의 선택, 시력교정효과를 포함한 눈 건강과 눈의 크기나 코의 높이, 광대뼈의 굴절 등 개별 안면 외모에 적합한 안경테의 선택 과정을 거쳐 안경 렌즈를 절삭·가공한 다음, 소비자의 눈과 귀 사이의 거리 및 얼굴 각도에 맞게 안경테를 조정(fitting)하여 소비자에게 제공하는 것이 모두 안경 조제·판매 업무의 내용이다. 소비자들은 안경제품에 대한 전문적 지식을 가지고 있지 않으므로 안경사의 조언에 기대어 안경을 구입하는 것이 일반적이다. 따라서 관련 법령상 약제를 사용하는 시력검사나 자동굴절검사기기를 사용하지 아니하는 타각적 굴절검사는 안경사가 수행 가능한 업무 범위에서 제외되어 있고, 제조업체에서 만든 안경 렌즈를 옥습기라는 기기를 사용하여 자동으로 절삭·가공하는 방식으로 안경을 조제하더라도, 안경사의 업무가 전문성이 없는 업무라고 보기는 어렵다.

이러한 안경사가 담당하고 있는 국민의 눈 건강과 관련된 국민보건의 중요성, 안경사 업무의 전문성, 안경사로 하여금 자신의 책임하에 고객과의 신뢰를 쌓으면서 안경사 업무를 수행하게 할 경우의 장점 내지 필요성 등을 고려할 때, 안경업소 개설 자체를 그 업무를 담당할 자연인 안경사로 한정하여 전문가로서 자신의 책임하에 안경사 업무를 수행하도록 하는 것은 국민의 눈 건강과 관련된 국민보건 향상을 위해 요청된다. 그보다 완화된 규제형태인, 법인 안경업소를 허용하면서 안경 조제와 판매 업무를 안경사에게 전담시킨다 하여 입법목적이 동일하게 달성된다고 할 수 없다.

또한 소비자는 불편을 느낄 경우 수시로 눈 상태를 확인하고 시력 이상 여부에 대한 기초적인 상담을 받음으로써 안경사로부터 눈 건강에 관한 1차적 조력을 받고 있으므로, 안경사에게는 소비자의 눈 상태를 확인하고 시력검사 결과 시력 저하가 아닌 안과 질환의 문제라고 판단될 경우 안과병원을 방문할 것을 조언할 역할을 수행할 것이 요구되는바, 이에 상응하는 책임감과 자율성 및 윤리성이 담보될 수 있어야 한다. 그런데 법인 안경업소가 허용되면 영리추구를 극대화하기 위해 안경사 면허를 대여받아 안경업소를 개설하고 무면허자로 하여금 안경 조제·판매를 하게 하거나 고객유인행위 또는 과잉비용 청구 등의 일탈행위가 발생하게 될 가능성이 높아지고, 고용된 안경사 자신의 개별적·자율적 판단보다는 경영주체인 법인의 지침에 기계적으로 따르게 되어, 고용된 안경사의 책임감이나 자율성 및 윤리성이 감소하며, 역량개발 의욕 감소로 국민의 눈 건강이 1차적 조력자인 안경사가 제공하는 안경 조제·판매 서비스의 질이 하락하는 결과가 발생하게 될 우려가 있다.

게다가 안경의 잘못된 조제로 인하여 발생하는 부작용 등으로 인한 분쟁이 발생하였을 때, 안경업소의 경영주체인 법인과 안경 조제·판매를 직접 행한 고용된 안경사 간의 책임 소재가 불분명해지는 문제 역시 발생할 수 있다. 의료기사법에서 이러한 문제를 방지하기 위해 이미 무면허자의 안경 조제나 판매행위를 금지하고 안경사에게 허용된 업무영역 외의 업무 수행을 금지하는 조항 등(제9조, 제22조, 제24조)을 두고 있다 하여도, 이로써 법인 안경업소가 무면허자를 고용하는 등의 행위를 사전에 차단하기는 어렵다. 물론 사후적인 단속이나 구제로 문제를 해결하면 된다는 의견이 있을 수 있으나 무면허자에 의한 안경 조제나 소비자들에 대한 피해 발생을 사후적으로 단속하거나 구제하는 방식은, 사전적으로 안경업소 개설 주체를 자연인 안경사로 한정하여 그에게 권한과 책임을 명확히 귀속시키는 방식에 비하여 국민보건상 부작용을 미연에 방지할 수 없다는 한계가 있다.

2) 뿐만 아니라 대규모 자본을 가진 비안경사들이 법인의 형태로 안경 조제·판매 사업에 진출함으로써 안경시장을 장악하면 상대적으로 자본력이 약한 개인 안경업소들은 폐업의 위기에 처할 가능성이 높은데, 이는 단순히 안경업소 수의 감소로 소비자가 안경업소에 접근하기 불편해질 수 있다는 데에 그치는 것이 아니라, 자신의 눈 건강을 믿고 맡기는 대상으로서 특정한 안경업소 및 특정한 안경사와 소비자 간 지속적 신뢰를 쌓기가 어려워져, 개인의 전문성과 신뢰를 바탕으로 이루어지는 안경 조제 및 구매 환경의 선택 면에서 소비자에게 불리해지는 측면도 있다.

나아가, 이러한 상황은 안경 유통 및 판매의 독과점화를 낳게 되는데, 그 경우 국민들의 안경 구매비용 상승으로까지 이어질 수 있다. 예컨대 대형 유통업체가 안경업소를 운영하는 등 영세 안경업소들이 충분한 경쟁력을 갖기 어려운 안경시장 구조를 가진 미국의 경우 안경 구매비용이 상당히 비싼 편이다. 미국의 한 건강보험회사에서 산출한 최근 자료에 따르면, 미국 평균 안경 구매비용은 시력검사 등 부수비용을 포함하여 약 576달러(2021. 6. 23.자 환율을 기준으로 약 65만 원 상당)에 달한다. 반면, 소규모 안경업소를 중심으로 안경시장이 형성된 우리나라의 경우, 안경테는 약 1만 원~5만 원, 안경렌즈는 3만 원~8만 원 수준에서 통상적인 가격이 형성되어 있고, 시력검사비용이나 안경테 조정(fitting) 비용은 대부분 안경 구매비용에 포함되어 있어, 미국에 비해 상당히 저렴하다.

비단 미국뿐만 아니라, 영국, 독일, 프랑스, 캐나다, 일본 등 소위 '선진국'의 평균 안경 구매비용과 비교해 보더라도 우리나라의 안경 구매비용은 낮게 형성되어 있고, 나아가 우리나라의 인구 만 명당 안경업소 수 및 안경사 수, 국가 면적당(1,000㎢) 안경업소 수 모두 높은 수준이다. 그렇다면 적어도 안경사 및 안경업소에의 접근성과 안경 구매비용 측면에서 보았을 때, 우리나라의 안경 산업은 국민의 눈 건강을 두텁게 보호하기에 상당히 유리한 형태로 정착하였다고 평가할 수 있다. 물론 법인의 안경업소 개설을 허용하면, 규모의 경제 실현 등이 가능해짐에 따라 안경 산업의 경제적 효율성은 증대될 수 있겠으나, 그 효율성의 증대가 곧 안경을 구매하는 국민의 건강 증진으로 이어지는 것은 아닐뿐더러, 이는 안경시장의 변화를 야기하게 될 것인데, 그러한 변화 후에도 현재와 같은 수준의 안경사·안경업소 수 및 안경 구매비용이 유지될 것이라는 보장은 없다. 게다가 법인에 의해 안경업소가 운영되는 것이 안경사와 안경소비자 간 인적·지속적 신뢰관계 형성에 더 유리할 것으로 보이지도 않는다.

3) 결국, 영리 위주의 안경 판매로 인한 국민보건상의 부작용 및 소비자 후생 감소 등을 방지하기 위해서 자연인 안경사만이 안경업소를 개설할 수 있도록 하고,

이를 위반한 경우를 형사처벌하는 것이 달성하려는 입법목적에 비하여 과도한 조치라고 할 수 없다.

(라) 법익의 균형성

법인 안경업소 개설을 허용하면, 법인과 구성원 사이의 법적 분리에 따른 법률관계의 명확화, 기업형 경영으로의 전환, 법인 고유의 자산축적이 가능해짐에 따른 설비 투자, 조직화·대형화·전문화의 달성, 소득세에서 법인세로의 전환 등 세무상 이익이라는 장점을 누릴 수는 있다. 그런데 현행 의료기사법에 따르더라도 안경사들은 협동조합 또는 가맹점에 가입하여 각 가맹점주의 권한과 책임하에 안경업소를 개설하고 운영하면서 이들로부터 영업전략을 전수받고 물류비용 등을 절감하는 한편, 브랜드의 인지도 효과를 이용하여 광고비를 절약할 수 있다. 또한 자연인 안경사들이 동업하여 공동의 명의로 안경업소를 개설함으로써 필요한 자본을 조달하는 방법이 있으므로, 이 사건 금지조항에 의하더라도 어느 정도는 법인의 안경업소 개설과 같은 조직화, 대형화 효과를 누릴 수 있다. 따라서 심판대상조항으로 인하여 사익이 제한되는 정도는 한정되어 있다.

이에 반해 심판대상조항이 달성하고자 하는 공익인 사람의 눈과 관련된 국민건강보건 및 소비자 후생은 매우 중대하며, 부작용이 일단 발생하면 그 피해는 회복하기 어렵다. 법인 안경업소의 개설을 허용함으로써 영리 추구 극대화로 인한 각종 탈법행위의 증가, 고용된 안경사의 책임 감소와 그에 따른 안경 조제 서비스의 질 저하, 영세한 개인 안경업소의 도산으로 인한 소비자들의 안경업소 접근성 약화와 안경 구매비용 상승 등 국민보건에 미칠 직·간접적인 부작용의 심각성을 고려하면, 제한되는 사익에 비하여 달성되는 공익이 더 크다. 따라서 심판대상조항은 법익의 균형성도 갖추었다.

(마) 소결

그렇다면, 심판대상조항은 과잉금지원칙에 반하지 아니하여 자연인 안경사와 법인의 직업의 자유를 침해하지 아니한다.

(2) 재판관 유남석, 재판관 이석태, 재판관 이영진, 재판관 김기영, 재판관 문형배의 헌법불합치의견

(가) 입법목적의 정당성 및 수단의 적합성

의료기사법에 의하면 안경사가 아니면 안경의 조제·판매 업무를 행하지 못하는바(의료기사법 제3조, 제9조 제1항, 같은 법 시행령 제2조 제1항 참조), 심판대상조항은 나아가 안경사가 아니면 안경업소를 개설하지 못하도록 규정하고 있다. 이는 안경업소의 개설 권한을 법에서 정한 자격을 갖추어 면허를 받은 안경사에게만 인정하여 무면허자에 의한 안경의 조제·판매를 방지하고, 안경사로 하여금 안경사가 개설한 안경업소에서 자신의 책임하에 안경의 조제·판매 업무에 충실을 기하게 함으로써 눈과 관련된 국민보건 향상을 도모하기 위한 것이다. 심판대상조항에 의하면 안경업소에서 안경의 조제·판매를 담당하는 사람뿐만 아니라 안경업소를 개설하여 이를 운영·관리하는 사람도 안경사로 제한되므로 국민의 눈 건강과 관련된 안경사 업무의 책임성, 윤리성을 확보할 수 있고 안경사가 아닌 사람이 안경업소를 운영·관리하거나 법인 형태로 안경업소를 개설하여 운영할 경우 나타날 수 있는 영리추구 확대로 인한 폐해도 방지될 수 있으므로 심판대상조항은 위와 같은 입법목적을 달성하는 데 적합한 수단이라 할 수 있다. 다만 심판대상조항이 아래와 같이 안경사들로만 구성된 법인 형태의 안경업소 개설까지 허용하지 않는 것은 침해의 최소성에 위반되고 법익의 균형성도 갖추지 못하였다.

(나) 침해의 최소성

1) 심판대상조항은 안경사 면허를 가진 자연인에게만 안경업소 개설을 허용하고 있어, 누구든 법인 형태로 안경업소를 개설하는 것은 허용되지 않고 본래 안경업소 개설권한을 가지고 있는 안경사들이 법인을 구성하는 방법으로 안경업소를 개설하는 것도 허용되지 않는다. 자연인 중 안경사가 아닌 사람이 안경업소를 개설하는 것을 금지하는 것은 국민의 눈 건강과 관련된 국민보건을 위하여 무면허자에 의한 안경 조제·판매행위를 차단하고 안경 조제·판매를 담당하는 안경사가 무면허자인 안경업소 개설인에게 종속되어 그 자율성과 책임성을 상실하는 것을 방지하기 위한 것이므로 문제가 없다. 그런데 심판대상조항이 법인 형태의 안경업소 개설을 금지하는 이유는 다음과 같은 사정을 고려한 것으로 보인다.

먼저, 법인 형태의 안경업소 개설을 허용할 경우 안경사가 법인에 종속되어 자율적 판단을 하기 어려워지고 영리추구가 주안점이 됨에 따라 과잉검사 유발, 비용의 허위·과다청구 문제 등이 발생할 가능성이 높아져 눈 건강과 관련된 국민보건에 부정적으로 작용할 것이라는 우려가 있다. 그러나 이러한 우려는 안경업소의 개설 주체가 법인인지 자연인인지에 따라 달라지는 문제라기보다는 안경의 조제·판매에 있어 전문성과 책임성을 갖춘 안경사의 의사결정권한이 유지되고

있는지 아닌지에 달려 있는 문제라고 보는 것이 합리적이다. 다시 말해 안경업소를 운영·관리하는 사람과 안경업소에서 안경의 조제·판매를 담당하는 사람을 모두 안경사로 한정하면 안경업소의 개설 형태가 법인이라 하더라도 안경사들이 무면허자의 간섭을 받지 않고 자율성과 책임감을 유지하며 안경의 조제·판매 업무에 임할 수 있다. 법인 형태의 안경업소 중 구성원 전원이 안경사인 합명회사나 합자회사의 경우에는 그 구성원의 전부 또는 일부가 업무집행권과 대표권을 가지고 직접 연대·무한책임을 지는 형태이므로, 실제로 안경업소를 운영·관리하는 사람과 안경의 조제·판매를 담당하는 사람이 모두 안경사이다. 이러한 법인에 대해서까지 안경업소의 개설을 금지하는 것은 이러한 법인 및 법인을 설립하는 방법으로 안경업소를 개설하려는 안경사들의 직업의 자유를 필요 이상으로 과도하게 제한하는 것이다.

법인 형태 안경업소 개설 허용 시 불법 면허대여, 무면허자에 의한 안경 조제·판매가 횡행할 것이라는 우려 또한 안경사들로만 구성되어 운영되는 법인의 경우에는 무면허자의 개입가능성이 없으므로 이러한 경우까지 규제할 근거로는 부족하다. 안경업소가 법인 형태로 운영되면 전반적으로 안경 조제·판매 서비스 질이 저하될 것이라거나 피해 및 분쟁 발생 시 책임 소재가 불분명해질 것이라는 우려 또한 안경업소의 운영·관리 주체와 안경의 조제·판매 업무 담당자가 모두 안경사인 경우에는 안경사가 자신의 책임과 관리 하에 소비자를 상대로 업무에 임할 수 있으므로 안경사로만 구성된 법인 형태의 안경업소까지 전면 금지하는 이유로는 부족하다.

부수적이기는 하지만 법인 형태의 안경업소 개설을 허용하는 경우 안경 조제 및 구매 환경의 선택 면에서 소비자에게 불리해질 것이라는 우려가 있다. 안경은 시력을 보정하는 의료기구 내지 공산품으로서 안경사가 이를 조제·판매하는 것은 보건의료서비스의 일종이라 할 수 있으므로, 입법자로서는 안경 가격의 지나친 상승, 지리적 접근성 약화 등 수급의 불균형을 방지하여 소비자들에게 서비스의 보편적 접근을 보장하는 입법정책을 추구할 수도 있다. 그런데 안경 및 콘텍트렌즈는 대체로 공산품이므로, 법인 안경업소가 안경시장을 독과점하여 가격을 주도할 우려는 현실화되기 어렵고, 오히려 안경사들이 모여 법인 형태로 안경업소를 개설·운영하는 경우 충분한 자본을 바탕으로 보다 개선된 시설과 다양한 서비스를 제공함으로써 국민의 눈 건강과 관련된 국민보건 향상이라는 목적이 잘 보장될 수도 있다. 따라서 소비자 후생 측면에서도 안경업소 개설권한을 가지고 있는 안경사들이 모여 법인 형태로 안경업소를 개설하는 것까지 금지할 이유는 충분치 않다.

2) 이러한 사정을 종합할 때, 안경사들로만 구성된 법인 형태의 안경업소 개설을 허용하는 것과 같이 자연인인 안경사와 법인의 직업의 자유를 덜 제한하면서도 입법목적을 동일한 정도를 달성할 수 있는 방법이 있음에도 심판대상조항이 일률적으로 법인 형태의 안경업소 개설을 전부 금지하며 이를 위반한 경우를 형사처벌하는 것은 안경사들의 직업의 자유를 필요한 범위 이상으로 제한하는 것으로서 침해의 최소성에 위반된다.

(다) 법익의 균형성

심판대상조항에 의하면 안경업소를 개설할 자력이나 여건이 되지 않는 안경사들 입장에서는 안경사에 고용되거나 설립비용을 개인이 전적으로 부담하면서 안경업소를 개설해야 하는 위험부담을 감수하여야 한다. 또한 안경사들이 동업을 하는 것은 허용된다 하더라도, 조합 형태의 동업이 파기되거나 이탈자가 생기는 경우 투자금액의 환수가 어렵고 세무상으로도 법인에 비하여 불리하여 직업의 자유에 가해지는 제약 효과가 적지 않다. 이에 반해 안경사들로만 구성되는 법인 형태의 안경업소 개설을 허용하는 경우에는 안경사들이 무면허자에 종속되지 않고 책임성, 자율성 등을 유지하며 업무를 수행할 수 있어, 법인 형태의 안경업소를 무제한적으로 허용하는 경우 우려되는 지나친 영리추구 확대로 인한 국민보건상 부작용이나 불법 면허대여 횡행, 시장 독과점으로 인한 소비자 후생 면에서의 불리한 부수적 효과 등은 현실화되기 어렵다.

그렇다면 안경사들로 구성되는 법인 형태의 안경업소 개설까지 금지하여 달성할 수 있는 공익은 미미한 반면, 안경사들이 법인을 구성하는 방법으로 안경업소를 개설하여 직업을 수행하려는 자유 및 그러한 법인의 직업의 자유를 제한함으로써 오는 사익의 침해는 상당하므로, 심판대상조항이 안경사들로만 구성된 법인 형태의 안경업소 개설까지 금지하는 것은 법익의 균형성도 충족하지 못한다.

(라) 이와 같이 심판대상조항은 자연인인 안경사에게만 안경업소의 개설을 허용함으로써, 안경사들로만 구성된 법인 형태의 안경업소 개설까지 허용하지 않고 있는바, 이는 눈 건강과 관련된 국민보건향상이라는 입법

목적을 고려하더라도 직업의 자유에 대한 필요 이상의 과도한 제한으로서 헌법 제37조 제2항의 과잉금지원칙에 위반된다.

(마) 헌법불합치 결정의 필요성 및 그 범위

심판대상조항이 법인을 구성하여 안경업소를 개설·운영하려고 하는 안경사들 및 그들만으로 구성된 법인의 직업의 자유를 침해한다는 점에서는 헌법에 위반되지만, 심판대상조항 중 안경사가 아닌 자연인의 안경업소 개설에 관한 부분은 헌법에 위반되지 않는다.

한편, 심판대상조항 중 법인의 안경업소 개설에 관한 부분의 위헌성은 안경사들로 구성된 법인의 안경업소 개설까지 포함하여 전면적이고 일률적으로 법인의 안경업소 개설을 금지하는 데에 있지, 안경사들로 구성된 모든 종류의 법인에게 안경업소 개설을 반드시 허용하여야 한다는 등 어떠한 방식의 제한도 하여서는 아니된다는 것이 아니다. 심판대상조항에 있는 위헌적 요소들을 제거하고 합헌적으로 조정하는 데에는 여러 가지 선택가능성이 있다. 안경사들로만 구성되는 법인의 형태로 합명회사나 합자회사와 같은 인적회사(사원에게만 업무집행권과 대표권이 있고, 사원의 전부 또는 일부가 직접 연대·무한책임을 지는 회사) 형태를 취할 수 있고, 주주의 자격을 안경사로 제한하는 주식회사의 형태로 하는 것도 가능할 것이다. 다만 주식회사의 경우에는 그 구성원인 안경사들이 안경업소의 운영·관리에 있어서 의사결정권한을 확보할 수 있도록 하기 위해 업무집행에 관한 의사결정기관인 이사회의 과반수를 안경사로 하는 등의 보완책이 필요할 것이다. 이러한 선택의 문제는 입법형성권을 가지고 있는 입법자가 제반사항을 고려하여 결정하여야 할 문제이고, 실제 그 구체적 실현은 법인의 법적 형식이나 요건, 개설 절차 등에 대해서 입법자에 의한 구체적인 입법조치가 있어야 가능하다. 따라서 심판대상조항 중 '법인에 관한 부분'에 한하여 그 효력을 즉시 상실시키는 단순위헌결정을 하는 대신 헌법불합치결정을 선고하는 것이 타당하다.

5. 결 론

그렇다면 심판대상조항에 대하여는 재판관 4인이 합헌의견, 재판관 5인이 헌법불합치의견을 표시하여 비록 헌법불합치의견이 다수이긴 하나 헌법 제113조 제1항, 헌법재판소법 제23조 제2항 단서 제1호에서 정한 위헌결정의 정족수에는 이르지 못하였으므로, 주문과 같이 결정한다.

재판관 유남석 이선애 이석태 이은애 이종석 이영진 김기영 문형배 이미선

[별지] 기타 관련조항

구 의료기사 등에 관한 법률(2011. 11. 22. 법률 제11102호로 개정되고, 2017. 12. 19. 법률 제15268호로 개정되기 전의 것)

제9조(무면허자의 업무금지 등) ① 의료기사등이 아니면 의료기사등의 업무를 하지 못한다. 다만, 대학·산업대학 또는 전문대학에서 취득하려는 면허에 상응하는 교육과정을 이수하기 위하여 실습 중에 있는 사람의 실습에 필요한 경우에는 그러하지 아니하다.

② 의료기사등이 아니면 의료기사등의 명칭 또는 이와 유사한 명칭을 사용하지 못한다.

③ 의료기사등의 면허증은 타인에게 빌려 주지 못한다.

구 의료기사 등에 관한 법률(2011. 11. 22. 법률 제11102호로 개정되고, 2016. 5. 29. 법률 제14219호로 개정되기 전의 것)

제14조(과대광고 등의 금지) ① 치과기공소 또는 안경업소는 해당 업무에 관하여 거짓광고 또는 과대광고를 하지 못한다.

② 누구든지 영리를 목적으로 특정 치과기공소·안경업소 또는 치과기공사·안경사에게 고객을 알선·소개 또는 유인하여서는 아니 된다.

의료기사 등에 관한 법률(2011. 11. 22. 법률 제11102호로 개정된 것)

제22조(자격의 정지) ① 보건복지부장관은 의료기사등이 다음 각 호의 어느 하나에 해당하는 경우에는 6개월 이내의 기간을 정하여 그 면허자격을 정지시킬 수 있다.

2. 치과기공소 또는 안경업소의 개설자가 될 수 없는 사람에게 고용되어 치과기공사 또는 안경사의 업무를 한 경우

구 의료기사 등에 관한 법률(2013. 6. 4. 법률 제11860호로 개정되고, 2016. 5. 29. 법률 제14219호로 개정되기 전의 것)

제24조(개설등록의 취소 등) ① 특별자치시장·특별자치도지사·시장·군수·구청장은 치과기공소 또는 안경업소의 개설자가 다음 각 호의 어느 하나에 해

당할 때에는 6개월 이내의 기간을 정하여 영업을 정지시키거나 등록을 취소할 수 있다.

2. 제14조 제1항을 위반하여 거짓광고 또는 과대광고를 한 경우

3. 안경사의 면허가 없는 사람으로 하여금 안경의 조제 및 판매와 콘택트렌즈의 판매를 하게 한 경우

구 의료기사 등에 관한 법률(2011. 11. 22. 법률 제11102호로 개정되고, 2016. 12. 2. 법률 제14331호로 개정되기 전의 것)

제30조(벌칙) ① 다음 각 호의 어느 하나에 해당하는 사람은 3년 이하의 징역 또는 1천만원 이하의 벌금에 처한다.

1. 제9조 제1항 본문을 위반하여 의료기사등의 면허 없이 의료기사등의 업무를 한 사람

2. 제9조 제3항을 위반하여 타인에게 의료기사등의 면허증을 빌려 준 사람

의료기사 등에 관한 법률 시행령(2018. 12. 18. 대통령령 제29383호로 개정된 것)

제2조(의료기사, 보건의료정보관리사 및 안경사의 업무 범위 등) ①「의료기사 등에 관한 법률」(이하 "법"이라 한다) 제2조 제2항에 따른 의료기사의 종류에 따른 업무 및 법 제3조에 따른 의료기사, 보건의료정보관리사 및 안경사(이하 "의료기사등"이라 한다)의 구체적인 업무범위는 별표 1에 따른다.

[별표 1] 의료기사, 보건의료정보관리사 및 안경사의 업무 범위(제2조 제1항 관련)

8. 안경사

가. 안경(시력보정용에 한정한다. 이하 같다)의 조제(調製) 및 판매와 콘택트렌즈(시력보정용이 아닌 경우를 포함한다. 이하 같다)의 판매에 관한 다음의 구분에 따른 업무

1) 안경의 조제 및 판매. 다만, 6세 이하의 아동을 위한 안경은 의사의 처방에 따라 조제·판매해야 한다.

2) 콘택트렌즈의 판매. 다만, 6세 이하의 아동을 위한 콘택트렌즈는 의사의 처방에 따라 판매해야 한다.

3) 안경·콘택트렌즈의 도수를 조정하기 위한 목적으로 수행하는 자각적(주관적) 굴절검사로서 약제를 사용하지 않는 검사

4) 안경·콘택트렌즈의 도수를 조정하기 위한 목적으로 수행하는 타각적(객관적) 굴절검사로서 약제를 사용하지 않는 검사 중 자동굴절검사기기를 이용한 검사

나. 그 밖에 안경의 조제 및 판매와 콘택트렌즈의 판매에 관한 업무

44. 보안관찰법 제2조 등 위헌소원

[2021. 6. 24. 2017헌바479]

【판시사항】

1. 보안관찰처분대상자가 교도소 등에서 출소한 후 7일 이내에 출소사실을 신고하도록 정한 구 보안관찰법 제6조 제1항 전문 중 출소 후 신고의무에 관한 부분 및 이를 위반할 경우 처벌하도록 정한 보안관찰법 제27조 제2항 중 구 보안관찰법 제6조 제1항 전문 가운데 출소 후 신고의무에 관한 부분(이하 위 두 조항을 합하여 '출소후신고조항 및 위반 시 처벌조항'이라 한다)이 과잉금지원칙을 위반하여 청구인의 사생활의 비밀과 자유 및 개인정보자기결정권을 침해하는지 여부(소극)

2. 출소후신고조항 및 위반 시 처벌조항이 평등원칙에 위반되는지 여부(소극)

3. 보안관찰처분대상자가 교도소 등에서 출소한 후 기존에 보안관찰법 제6조 제1항에 따라 신고한 거주예정지 등 정보에 변동이 생길 때마다 7일 이내에 이를 신고하도록 정한 보안관찰법 제6조 제2항 전문(이하 '변동신고조항'이라 한다)이 포괄위임금지원칙에 위배되는지 여부(소극)

4. 변동신고조항 및 이를 위반할 경우 처벌하도록 정한 보안관찰법 제27조 제2항 중 제6조 제2항 전문에 관한 부분(이하 변동신고조항과 합하여 '변동신고조항 및 위반 시 처벌조항'이라 한다)이 과잉금지원칙을 위반하여 청구인의 사생활의 비밀과 자유 및 개인정보자기결정권을 침해하는지 여부(적극)

5. 변동신고조항 및 위반 시 처벌조항에 대하여 위헌의견이 4인, 헌법불합치의견이 2인인 경우 주문의 표시 및 헌법불합치결정을 선고하면서 계속 적용을 명한 사례

【결정요지】

1. 출소 후 출소사실을 신고하여야 하는 신고의무 내용에 비추어 보안관찰처분대상자(이하 '대상자'라 한다)의 불편이 크다거나 7일의 신고기간이 지나치게 짧다고 할 수 없다. 보안관찰해당범죄는 민주주의체제의 수호와 사회질서의 유지, 국민의 생존 및 자유에 중대한 영향을 미치는 범죄인 점, 보안관찰법은 대상자를 파악하고 재범의 위험성 등 보안관찰처분의 필요성 유무의 판단 자료를 확보하기 위하여 위와 같은 신고의무를 규정하고 있다는 점 등에 비추어 출소 후 신고의무 위반에 대한 제재수단으로 형벌을 택한 것이 과도하다거나 법정형이 다른 법률들에 비하여 각별히 과중하다고 볼 수도 없다.

따라서 출소후신고조항 및 위반 시 처벌조항은 과잉금지원칙을 위반하여 청구인의 사생활의 비밀과 자유 및 개인정보자기결정권을 침해하지 아니한다.

2. 대상자와 피보안관찰자에 맞게 각각에 대하여 신고의무를 부과하는 것 자체가 불합리하다고 볼 수 없고, 각 신고의무 모두 그 이행을 통한 관련 자료 확보의 필요성이 있다는 점 등에 비추어, 각자에게 '신고의무'를 부과하고 그 위반에 대해 동일한 법정형을 정한 것이 곧바로 평등원칙에 위반된다고 보기 어렵다. 또한 보안관찰과 치료감호·보호관찰이 신고의무 부과 및 제재에 있어 다른 이유는 각 제도의 목적과 취지, 법적 성질, 대상자의 지위와 처분의 내용에 차이가 있기 때문이다.

따라서 출소후신고조항 및 위반 시 처벌조항은 평등원칙에 위반되지 않는다.

3. 사회적 변화에 대응하기 위해 대상자가 신

고해야 할 구체적 사항을 하위법령에 위임할 필요성이 인정된다. 보안관찰법 제6조 제1항에서 위임한 신고사항에는 대상자의 생활환경, 성행 등을 파악하는 데 필요한 직업, 재산, 가족 및 교우관계 등 재범의 위험성을 판단하기 위한 정보가 포함될 것임을 충분히 예측할 수 있다. 따라서 위 제6조 제1항에 의한 신고사항에 변동이 있을 경우 신고하도록 정한 변동신고조항은 포괄위임금지원칙에 위배되지 아니한다.

4. 가. 재판관 이석태, 재판관 김기영, 재판관 문형배, 재판관 이미선의 위헌의견

변동신고조항 및 위반 시 처벌조항은 아직 재범의 위험성 판단이 이루어지지 아니한 대상자에게, 재범의 위험성이 인정되어 보안관찰처분을 받은 사람과 유사한 신고의무 및 그 위반 시 동일한 형사처벌을 규정하고 있다. 이는 재범의 위험성이 없으면 보안처분을 부과할 수 없다는 보안처분에 대한 죄형법정주의적 요청에 위배되고, 입법목적 달성에 필요하지 않은 제한까지 부과하는 것이다.

피보안관찰자의 경우 2년마다 그 시점을 기준으로 재범의 위험성을 심사하여 갱신 여부를 결정하도록 하고 있는데, 대상자의 경우에는 정기적 심사도 없이 무기한의 신고의무를 부담하게 된다. 이 때문에 종국결정이라 할 수 있는 보안관찰처분이 없음에도 보안관찰처분이 있는 것과 유사한 효과를 선취하는 불합리한 결과를 초래하고 있다.

따라서 변동신고조항 및 위반 시 처벌조항은 과잉금지원칙을 위반하여 청구인의 사생활의 비밀과 자유 및 개인정보자기결정권을 침해한다.

나. 재판관 유남석, 재판관 이은애의 헌법불합치의견

변동신고조항은 출소 후 기존에 신고한 거주예정지 등 정보에 변동이 생기기만 하면 신고의무를 부과하는바, 의무기간의 상한이 정해져 있지 아니하여, 대상자로서는 보안관찰처분을 받은 자가 아님에도 무기한의 신고의무를 부담한다. 대상자는 보안관찰처분을 할 권한이 있는 행정청이 어느 시점에 처분을 할지 모르는 불안정한 상태에 항상 놓여 있게 되는바, 이는 행정청이 대상자의 재범 위험성에 대하여 판단을 하지 아니함에 따른 부담을 오히려 대상자에게 전가한다는 문제도 있다.

대상자가 면제결정을 받으면 신고의무에서 벗어날 수 있으나, 이러한 예외적인 구제절차가 존재한다는 사정만으로는 기간의 상한 없는 변동신고의무의 위헌성을 근본적으로 치유하기에는 부족하다.

그렇다면 변동신고조항 및 위반 시 처벌조항은 대상자에게 보안관찰처분의 개시 여부를 결정하기 위함이라는 공익을 위하여 지나치게 장기간 형사처벌의 부담이 있는 신고의무를 지도록 하므로, 이는 과잉금지원칙을 위반하여 청구인의 사생활의 비밀과 자유 및 개인정보자기결정권을 침해한다.

변동신고조항 및 위반 시 처벌조항의 위헌성은 대상자가 무기한의 변동신고의무를 부담하게 된다는 데에 있다. 이에 대해 단순위헌결정을 할 경우 대상자에 대하여 변동사항 신고의무를 부과함이 정당한 경우에도 그러한 의무가 즉시 사라지게 되어 법적 공백이 발생한다. 따라서 위 조항들에 대하여 헌법불합치결정을 선고하고, 입법자의 개선입법이 있을 때까지 잠정적용을 명하는 것이 타당하다.

5. 변동신고조항 및 위반 시 처벌조항에 대하여는 4인의 위헌의견에 2인의 헌법불합치의견을 가산하면 위헌 정족수를 충족하게 된다. 따라서 위 조항들은 헌법에 합치되지 아니한다고 선언하고, 입법자가 2023. 6. 30. 이전에 개선입법을 할 때까지 계속 적용한다.

출소후신고조항 및 위반 시 처벌조항에 대한 재판관 이석태, 재판관 김기영, 재판관 문형배, 재판관 이미선의 반대의견

1. 출소후신고조항 및 위반 시 처벌조항은 대상자라는 이유만으로 재범의 위험성이 인정되지 않은 사람들에게 신고의무를 부과하고 그 위반 시 형사처벌하도록 정하여, 보안처분에 대한 죄형법정주의적 요청에 위배된다.

발생통고, 출소 전 신고의무 및 통보, 출소 시 통보 등을 통해 대상자의 거주예정지 및 도착예정일시 등을 포함한 충분한 정보가 관할경찰서장에게 여러 차례 송부된다. 일선 경찰서에 대상자 신규발생이 그리 많지 않고 시행령에 동태보고도 규정되어 있어 이미 확보한 자료를 토대로 대상자의 실거주 여부 확인이 어렵지 않다. 또한 보다 완화된 방법으로도 입법목적을 충분히 달성할 수 있다.

따라서 출소후신고조항 및 위반 시 처벌조항은 과잉금지원칙을 위반하여 청구인의 사생활의 비밀과 자유 및 개인정보자기결정권을 침해한다.

변동신고조항 및 위반 시 처벌조항에 대한 재판관 이선애, 재판관 이종석, 재판관 이영진의 반대의견

4. 보안관찰해당범죄는 민주주의체제의 수호와 사회질서의 유지, 국민의 생존 및 자유에 중대한 영향을 미치므로 재범 억제가 특별히 중요하다. 대상자가 변동신고조항 및 위반 시 처벌조항에 따라 부담하는 신고의무는 기존에 신고한 적이 있는 내용에 대한 변동사항에 국한되므로, 이는 과도한 부담이 아니다.

대상자의 재범 가능성을 효과적으로 관리·억제하기 위해서는 대상자로부터 변동신고조항에 따른 변동사항 신고의무의 이행을 확보해야 한다. 보안관찰해당범죄는 장기간의 계획수립 하에 이루어질 수 있는바, 신고의무기간에 일률적인 상한을 두어서는 입법목적 달성이 어렵다. 한편, 대상자로서는 준법정신이 확립되어 있고, 기타 일정한 요건을 충족할 경우 면제결정을 받을 수 있다.

따라서 변동신고조항 및 위반 시 처벌조항은 과잉금지원칙을 위반하여 청구인의 사생활의 비밀과 자유 및 개인정보자기결정권을 침해하지 아니한다.

【심판대상조문】

구 보안관찰법(1989. 6. 16. 법률 제4132호로 전부개정되고, 2020. 2. 4. 법률 제16928호로 개정되기 전의 것) 제6조 제1항 전문 중 출소 후 신고의무에 관한 부분

보안관찰법(1989. 6. 16. 법률 제4132호로 전부개정된 것) 제27조 제2항 중 구 보안관찰법(1989. 6. 16. 법률 제4132호로 전부개정되고, 2020. 2. 4. 법률 제16928호로 개정되기 전의 것) 제6조 제1항 전문 가운데 출소 후 신고의무에 관한 부분

보안관찰법(1989. 6. 16. 법률 제4132호로 전부개정된 것) 제6조 제2항 전문, 제27조 제2항 중 제6조 제2항 전문에 관한 부분

【참조조문】

헌법 제10조, 제11조 제1항, 제17조, 제37조 제2항, 제75조, 제113조 제1항

헌법재판소법 제23조 제2항 제1호

보안관찰법(1989. 6. 16. 법률 제4132호로 전부개정된 것) 제2조, 제3조, 제4조

구 보안관찰법 시행령(1989. 9. 11. 대통령령 제12807호로 전부개정되고, 2020. 7. 28. 대통령령 제30880호로 개정되기 전의 것) 제6조 제1항

구 보안관찰법 시행령(1989. 9. 11. 대통령령 제12807호로 전부개정되고, 2021. 1. 5. 대통령령 제31380호로 개정되기 전의 것) 제9조 제1항

보안관찰법 시행령(1989. 9. 11. 대통령령 제12807호로 전부개정된 것) 제9조 제2항

【참조판례】

1. 헌재 2001. 7. 19. 2000헌바22, 판례집 13-2, 18, 22-27

헌재 2008. 4. 24. 2005헌마373, 판례집 20-1상, 626, 650

헌재 2011. 3. 31. 2010헌바86, 판례집 23-1상, 369, 381

3. 헌재 2011. 12. 29. 2010헌바385등, 판례집 23-2하, 673, 688-689

헌재 2015. 1. 29. 2013헌바173, 판례집 27-1상, 1, 9-10

4. 헌재 1989. 7. 14. 88헌가5등, 판례집 1, 69, 84

헌재 2015. 7. 30. 2014헌마340등, 판례집 27-2상, 370, 390

헌재 2015. 11. 26. 2014헌바475, 판례집 27-2하, 284, 294

대법원 2016. 8. 24. 선고 2016두34929 판결

【당 사 자】

청 구 인 임○○

대리인 1. 법무법인 상록

담당변호사 장경욱

2. 변호사 신윤경

당해사건 서울서부지방법원 2017고단1171

보안관찰법위반

【주 문】

1. 보안관찰법(1989. 6. 16. 법률 제4132호로 전부개정된 것) 제6조 제2항 전문 및 제27조 제2항 중 제6조 제2항 전문에 관한 부분은 각 헌법에 합치되지 아니한다.

2. 위 법률조항들은 2023. 6. 30.을 시한으로 개정될 때까지 계속 적용한다.

3. 구 보안관찰법(1989. 6. 16. 법률 제4132호로 전부개정되고, 2020. 2. 4. 법률 제16928호로 개정되기 전의 것) 제6조 제1항 전문 중 출소 후 신고의무에 관한 부분 및 보안관찰법(1989. 6. 16. 법률 제4132호로 전부개정된 것) 제27조 제2항 중 구 보안관찰법(1989. 6. 16. 법률 제4132호로 전부개정되고, 2020. 2. 4. 법률 제16928호로 개정되기 전의 것) 제6조 제1항 전문 가운데 출소 후 신고의무에 관한 부분은 각 헌법에 위반되지 아니한다.

【이 유】

1. 사건개요

가. 청구인은 국가보안법위반(국가기밀 탐지·수집)죄 등으로 2013. 7. 26. 징역 5년 및 자격정지 5년 형을 선고받고(대법원 2013도2511), 2016. 7. 17. ○○교도소에서 형 집행을 종료한 자이다.

나. 청구인은 보안관찰법상 보안관찰처분대상자에 해당하여 보안관찰법 제6조에 따라 출소 후 출소사실 및 과거 신고한 사항에 변동이 발생한 주거지 변동사실에 관하여 신고의무가 있음에도, 정당한 이유 없이 이를 신고하지 아니하여 보안관찰법위반죄로 기소되었다.

다. 청구인은 제1심 계속 중 보안관찰법 제2조, 제3조, 제6조 제1항, 제2항, 제27조 제2항에 대하여 위헌법률심판제청신청을 하였으나, 2017. 11. 1. 그 신청이 기각되고(서울서부지방법원 2017초기606) 같은 날 벌금 100만 원을 선고받자(서울서부지방법원 2017고단1171), 2017. 11. 30. 이 사건 헌법소원심판을 청구하였다.

2. 심판대상

당해 사건은 청구인의 구 보안관찰법 제6조 제1항 중 출소 후 신고의무 및 제2항의 변동사항 신고의무 위반에 따른 것이므로, 심판대상을 이에 관련된 부분으로 한정한다. 보안관찰법 제2조 및 제3조는 보안관찰처분대상자의 정의 및 그 대상범죄를 정한 조항인바, 청구인이 이에 대한 위헌 주장을 별도로 하지 아니하므로 이를 심판대상에서 제외한다.

따라서 이 사건 심판대상은 구 보안관찰법(1989. 6. 16. 법률 제4132호로 전부개정되고, 2020. 2. 4. 법률 제16928호로 개정되기 전의 것) 제6조 제1항 전문 중 출소 후 신고의무에 관한 부분(이하 '출소후신고조항'이라 한다), 보안관찰법(1989. 6. 16. 법률 제4132호로 전부개정된 것) 제27조 제2항 중 구 보안관찰법(1989. 6. 16. 법률 제4132호로 전부개정되고, 2020. 2. 4. 법률 제16928호로 개정되기 전의 것) 제6조 제1항 전문 가운데 출소 후 신고의무에 관한 부분(이하 '출소후신고의무위반에 대한 처벌조항'이라 하고, 출소후신고조항과 합하여 '출소후신고조항 및 위반 시 처벌조항'이라 한다), 보안관찰법(1989. 6. 16. 법률 제4132호로 전부개정된 것) 제6조 제2항 전문(이하 '변동신고조항'이라 한다), 제27조 제2항 중 제6조 제2항 전문에 관한 부분

(이하 '변동신고의무위반에 대한 처벌조항'이라 하고, 변동신고조항과 합하여 '변동신고조항 및 위반 시 처벌조항'이라 하며, 위 조항들을 모두 합하여 '심판대상조항'이라 한다)이 헌법에 위반되는지 여부이고, 심판대상조항 및 관련조항은 다음과 같다.

[심판대상조항]

구 보안관찰법(1989. 6. 16. 법률 제4132호로 전부개정되고, 2020. 2. 4. 법률 제16928호로 개정되기 전의 것)

제6조(보안관찰처분대상자의 신고) ① 보안관찰처분대상자는 대통령령이 정하는 바에 따라 그 형의 집행을 받고 있는 교도소, 소년교도소, 구치소, 유치장, 군교도소 또는 영창(이하 "교도소등"이라 한다)에서 출소 전에 거주예정지 기타 대통령령으로 정하는 사항을 교도소등의 장을 경유하여 거주예정지 관할경찰서장에게 신고하고, 출소 후 7일 이내에 그 거주예정지 관할경찰서장에게 출소사실을 신고하여야 한다. (후문 생략)

보안관찰법(1989. 6. 16. 법률 제4132호로 전부개정된 것)

제6조(보안관찰처분대상자의 신고) ② 보안관찰처분대상자는 교도소등에서 출소한 후 제1항의 신고사항에 변동이 있을 때에는 변동이 있는 날부터 7일 이내에 그 변동된 사항을 관할경찰서장에게 신고하여야 한다. (후문 생략)

제27조(벌칙) ② 정당한 이유 없이 제6조 제1항·제2항 및 제18조 제1항 내지 제4항의 규정에 의한 신고를 하지 아니하거나 허위의 신고를 한 자 또는 그 신고를 함에 있어서 거주예정지나 주거지를 명시하지 아니한 자는 2년 이하의 징역 또는 100만 원 이하의 벌금에 처한다.

[관련조항]

보안관찰법(1989. 6. 16. 법률 제4132호로 전부개정된 것)

제2조(보안관찰해당범죄) 이 법에서 "보안관찰해당범죄"라 함은 다음 각호의 1에 해당하는 죄를 말한다.

1. 형법 제88조·제89조(제87조의 미수범을 제외한다)·제90조(제87조에 해당하는 죄를 제외한다)·제92조 내지 제98조·제100조(제99조의 미수범을 제외한다) 및 제101조(제99조에 해당하는 죄를 제외한다)
2. 군형법 제5조 내지 제8조·제9조 제2항 및 제11조 내지 제16조
3. 국가보안법 제4조, 제5조(제1항 중 제4조 제1항 제6호에 해당하는 행위를 제외한다), 제6조, 제9조 제1항·제3항(제2항의 미수범을 제외한다)·제4항

제3조(보안관찰처분대상자) 이 법에서 "보안관찰처분대상자"라 함은 보안관찰해당범죄 또는 이와 경합된 범죄로 금고 이상의 형의 선고를 받고 그 형기 합계가 3년 이상인 자로서 형의 전부 또는 일부의 집행을 받은 사실이 있는 자를 말한다.

제4조(보안관찰처분) ① 제3조에 해당하는 자 중 보안관찰해당범죄를 다시 범할 위험성이 있다고 인정할 충분한 이유가 있어 재범의 방지를 위한 관찰이 필요한 자에 대하여는 보안관찰처분을 한다.

② 보안관찰처분을 받은 자는 이 법이 정하는 바에 따라 소정의 사항을 주거지 관할경찰서장(이하 "관할경찰서장"이라 한다)에게 신고하고, 재범방지에 필요한 범위 안에서 그 지시에 따라 보안관찰을 받아야 한다.

구 보안관찰법 시행령(1989. 9. 11. 대통령령 제12807호로 전부개정되고, 2020. 7. 28. 대통령령 제30880호로 개정되기 전의 것)

제6조(보안관찰처분대상자의 신고) ① 보안관찰처분대상자가 법 제6조 제1항의 규정에 의하여 출소 전에 신고할 때에는 다음 각호의 사항을 기재한 신고서 5부를 작성하여 교도소, 소년교도소, 구치소, 유치장, 군교도소 또는 영창(이하 "교도소등"이라 한다)의 장에게 제출하여야 한다.

1. 원적·본적·주거(실제로 생활하는 거처. 이하 같다)·성명·생년월일·성별·주민등록번호
2. 가족 및 교우관계
3. 입소전의 직업·본인 및 가족의 재산상황
4. 학력·경력
5. 종교 및 가입한 단체
6. 병역관계
7. 출소예정일
8. 출소 후의 거주예정지 및 그 도착예정일
9. 보안관찰해당범죄사실의 요지·판결법원·판결연월일·죄명·적용법조·형명·형기
10. 보안관찰해당범죄외의 전과관계
11. 법 제20조 제3항에 해당하는 경우에는 거소제공결정일자와 제공된 사회복지시설 등의 명칭 및

그 소재지

구 보안관찰법 시행령(1989. 9. 11. 대통령령 제12807호로 전부개정되고, 2021. 1. 5. 대통령령 제31380호로 개정되기 전의 것)

제9조(출소사실 신고 등) ① 출소한 보안관찰처분대상자는 법 제6조 제1항의 규정에 의한 출소사실 신고를 하는 때에는 출소일·출소교도소·출소사유 기타 필요한 사항을 기재한 신고서를 작성·제출하여야 하며, 신고서에는 2인 이상의 신원보증인이 서명·날인하여야 한다. 신원보증인이 없는 때에는 그 사유를 명기하여야 한다.

보안관찰법 시행령(1989. 9. 11. 대통령령 제12807호로 전부개정된 것)

제9조(출소사실 신고 등) ② 보안관찰처분대상자는 교도소등에서 출소한 후 제6조 제1항의 신고사항중에 변동이 있는 때에는 그 변동사항을 기재한 신고서를 작성하여 관할경찰서장에게 제출하여야 한다.

3. 청구인의 주장

가. 변동신고조항은 출소한 보안관찰처분대상자(이하 '대상자'라 한다)에게 보안관찰법 제6조 제1항에 따라 신고한 사항에 변동이 있을 때에는 그 변동사항을 신고할 의무를 부과하고 있는바, 제6조 제1항의 여러 신고사항 중 어떤 사항에 변동이 발생한 때에 변동신고의무를 부과하는지 불명확하므로 명확성원칙에 위배된다. 게다가 위 제6조 제1항의 신고사항 중 '거주예정지 기타 대통령령으로 정하는 사항'에 해당하는 것이 무엇인지는 법률 문언만으로 예측할 수 없어 이는 포괄위임금지원칙에 위배된다.

나. 출소후신고조항에 따른 출소사실 신고를 하면서 신원보증인 2인을 세우도록 하는 동법 시행령 제9조는 법률의 위임 없이 또는 법률에서 위임한 범위를 벗어나 의무를 부과하는 것으로 헌법에 위반된다.

다. 보안관찰법은 일제강점기 당시 사상범에 대한 보호관찰법이 구 사회안전법, 현재의 보안관찰법으로 이어진 것으로 개인의 사상의 자유를 억압하고 통제하려는 데에 그 목적이 있다. 대상자를 상대로 어느 정도 자료수집의 필요성을 인정한다 하더라도, 재범의 위험성을 판단하기 위한 사항과 무관한 가족 및 교우관계, 입소 전 직업, 본인 및 가족의 재산상황, 종교, 병역관계 등 개인의 사생활 및 개인정보에 해당하는 사항까지 신고를 요구하고, 행정상 협조의무에 불과한 신고의무 불이행에 대해 제재수단으로 과태료 등 행정제재가 아니라 형벌을 택한 것은 헌법 제37조 제2항에 반하는 과잉규제이므로, 심판대상조항은 청구인의 사생활의 비밀과 자유 및 개인정보자기결정권을 침해한다.

라. 대상자와 실제 보안관찰처분을 받은 자는 재범의 위험성을 평가받았는지 여부에 있어 본질적으로 다름에도, 심판대상조항은 대상자에게 보안관찰처분을 받은 자와 마찬가지로 신고의무를 부과하고 형벌로 제재한다. 또한 치료감호·보호관찰과 보안관찰은 모두 재범 방지를 목적으로 하는 보안처분인데, 아직 재범의 위험성을 평가받지 아니한 대상자에 대하여 각종 신고의무를 부과하고 형벌로 제재하는 것은 보안관찰이 유일하다. 그렇다면 이는 본질적으로 같은 집단을 달리 취급하는 것이므로, 심판대상조항은 평등원칙에도 위배된다.

마. 이러한 점에서 심판대상조항은 사상의 자유도 침해하고, 적법절차원칙, 책임과 형벌 간의 비례원칙, 실질적 죄형법정주의에도 위배된다.

4. 판 단

가. 대상자 등의 신고제도

대상자는 형법·군형법·국가보안법상 간첩, 내란·이적죄 등 보안관찰해당범죄 또는 이와 경합된 범죄로 금고 이상의 형의 선고를 받고 그 형기 합계가 3년 이상인 자로서 형의 전부 또는 일부의 집행을 받은 사실이 있는 자를 말한다(보안관찰법 제2조, 제3조, 이하 보안관찰법 및 그 시행령을 연혁에 상관없이 각 '법', '시행령'이라 한다).

대상자는 출소 전·후 및 출소 후 변동사항이 있을 경우 이를 신고하여야 한다. ① 먼저, 대상자는 그 형의 집행을 받고 있는 교도소 등에서 출소 전에 거주예정지 기타 대통령령으로 정하는 사항을 교도소등의 장을 경유하여 거주예정지 관할경찰서장에 신고하여야 하며(법 제6조 제1항), ② 출소 후에는 7일 이내에 그 거주예정지 관할경찰서장에게 출소사실을 신고하여야 한다(법 제6조 제1항). ③ 또한 대상자는 출소 후 위 제1항의 신고사항에 변동이 있을 때에는 변동일로부터 7일 이내에 변동된 사항을 관할경찰서장에게 신고하여야 한다(법 제6조 제2항).

대상자 중 보안관찰해당범죄를 다시 범할 위험성이 있다고 인정할 충분한 이유가 있어 재범의 방지를 위한 관찰이 필요한 사람에 대하여는 보안관찰처분을 한다

(법 제4조 제1항). 보안관찰처분의 청구는 검사가 법무부장관에게 그 처분청구서를 제출함으로써 행하며, 보안관찰처분에 관한 결정은 보안관찰처분에 관한 사안을 심의·의결하기 위한 보안관찰처분심의위원회의 의결을 거쳐 법무부장관이 행한다(법 제7조, 제8조, 제12조 제1항, 제14조 제1항 참조). 보안관찰처분의 기간은 2년이고, 법무부장관은 검사의 청구가 있는 때에는 보안관찰처분심의위원회의 의결을 거쳐 그 기간을 갱신할 수 있다(법 제5조). 한편, 보안관찰처분의 기간이 갱신되지 않더라도, 위 처분을 받은 자는 기간 종료 후 다시 대상자로서 관리된다(법 제11조 제6항 참조).

보안관찰처분을 받은 자(이하 '피보안관찰자'라 한다)는 보안관찰처분결정고지를 받은 날부터 7일 이내에 등록기준지, 주거, 성명, 생년월일, 성별, 주민등록번호, 가족 및 동거인 상황과 교우관계, 직업, 월수, 본인 및 가족의 재산상황, 종교 및 가입한 단체, 대상자 신고를 행한 관할경찰서 및 신고일자 등을 주거지를 관할하는 지구대 또는 파출소의 장을 거쳐 관할경찰서장에게 신고하여야 하며(법 제18조 제1항), 이와 같은 신고사항에 변동이 있을 때에는 7일 이내에 마찬가지의 방법으로 변동사항을 신고하여야 한다(같은 조 제3항). 그 외에도 피보안관찰자는 보안관찰처분결정고지를 받은 날이 속한 달부터 매3월이 되는 달의 말일까지 3월간의 주요활동사항, 통신·회합한 다른 대상자의 인적사항과 그 일시, 장소 및 내용 등 사항을 마찬가지로 지구대 또는 파출소의 장을 거쳐 관할경찰서장에게 신고하여야 하는 등(같은 조 제2항) 각종 신고의무를 부과받으며, 그 위반 시 형사처벌을 받게 된다(법 제27조 제2항).

한편 법무부장관은 대상자가 준법정신이 확립되어 있고, 일정한 주거와 생업이 있을 것 등 일정한 요건을 충족할 경우 보안관찰처분을 하지 아니하는 결정(이하 '면제결정'이라 한다)을 할 수 있으며(법 제11조 제1항), 이와 같은 면제결정을 받은 자는 그때부터 법에 의한 대상자 또는 피보안관찰자로서의 의무를 면하게 된다(같은 조 제6항).

나. 쟁점의 정리

(1) 심판대상조항은 대상자의 출소사실, 거주예정지 변동 등 개인의 사적 영역에 관한 정보에 대하여 신고의무를 부과하고 이를 이행하지 않는 경우 형사처벌하도록 정하고 있어 대상자의 사생활의 비밀과 자유를 제한하며, 이와 같이 수집된 개인정보는 교도소의 장 등에 의해 관할경찰서장에게 통보되거나 향후 보안관찰처분의 청구 및 결정 시에 이용되므로 대상자의 개인정보자기결정권도 제한한다. 출소후신고조항 및 위반 시 처벌조항, 변동신고조항 및 위반 시 처벌조항의 내용에 차이가 있으므로 위 조항들이 과잉금지원칙에 위배되는지 순서대로 살펴본다.

(2) 심판대상조항은 치료감호, 보호관찰의 경우와 달리 아직 보안관찰처분을 받지 아니한 단계에 있는 대상자에 대하여도 신고의무를 부여하고, 그 위반 시 피보안관찰자의 경우와 마찬가지의 형사제재를 받도록 규정하고 있다. 따라서 대상자에 대하여 신고의무를 부과하고 위반 시 형사처벌하는 심판대상조항이, 보안관찰법상 피보안관찰자 및 치료감호·보호관찰과 비교하여 같은 것을 다르게, 또는 다른 것을 같게 취급하여 평등원칙에 위배되는지 여부도 살펴본다.

(3) 한편 변동신고조항과 관련하여서는, 법 제6조 제1항에서 대상자의 신고사항을 "거주예정지 기타 대통령령으로 정하는 사항"으로만 규정한 것이 구체적 기준을 법률에서 정하지 아니한 채 대통령령에 위임한 것으로 포괄위임금지원칙에 위배되는지 여부를 변동신고조항에 관한 부분에서 먼저 살펴본다. 청구인은 변동신고조항이 대상자에게, 교도소등에서 출소한 후 '제1항의 신고사항에 변동이 있을 때' 변동된 사항을 신고하도록 규정하고 있는데, 제6조 제1항은 대상자에게 출소 전에는 거주예정지 등 사항을, 출소 후에는 출소사실을, 법무부장관이 거소를 제공한 경우에는 그 거소를 거주예정지로 신고할 의무를 부과하고 있어 변동신고대상이 불분명하여 명확성원칙에 반한다는 주장도 하나, 법 제6조 제1항에서 정한 신고사항에 변동이 있으면 변동신고대상이 됨이 법문상 명확하므로, 명확성원칙 위반 여부는 별도로 판단하지 아니한다.

(4) 청구인은 시행령 제9조 중 출소 후 신고 시 신원보증인 2명의 서명날인을 요하는 부분은 법률의 위임 없이 또는 그 위임의 범위를 벗어난 것으로 헌법에 위반된다고 주장하나, 청구인의 이러한 주장은 시행령 조항에 대한 위헌 주장이므로 이에 대해서는 판단하지 아니한다.

(5) 청구인은 심판대상조항이 적법절차 원칙, 책임과 형벌 간의 비례원칙, 실질적 죄형법정주의에도 위배된다고 주장하나, 이는 심판대상조항이 헌법 제37조 제2항의 과잉금지원칙에 위반된다는 주장과 다름없으므로, 별도로 판단하지 아니한다.

다. 출소후신고조항 및 위반 시 처벌조항에 대한 판단

(1) 과잉금지원칙 위반 여부

(가) 헌법재판소의 선례

헌법재판소는 2001. 7. 19. 2000헌바22 결정에서 출소후신고조항 및 위반 시 처벌조항과 동일한 취지의 법 제6조 제1항 전문 중 해당 부분 및 제27조 제2항 중 해당 부분에 대하여 과잉금지원칙 등에 위배되지 아니한다는 이유로 합헌 결정하였다. 선례의 요지는 다음과 같다.

『대상자에게 출소 후 7일 이내에 거주예정지 관할경찰서장에 대하여 출소사실을 신고하여야 한다는 의무를 부과하고 위반 시 이를 처벌하도록 규정한 법 제6조 제1항 전문 중 후단 부분 및 제27조 제2항 부분은, 우리 헌법이 보안처분을 수용하여 이에 관한 규정을 두고 있고, 법이 대상자의 재범의 위험성을 예방하고 건전한 사회복귀를 촉진하기 위해 보안관찰처분에 대해 규정하고 있는 점 등에 비추어 그 입법목적의 정당성이 인정된다.

위 조항들에 따른 신고는 교도소 등의 장에 의한 법 제6조 제3항의 내상사 발생통고 및 같은 법 시행령 제8조에 의한 출소통보와 대상자에 의한 법 제6조 제1항 전문 전단의 출소 전 신고와는 형식적인 측면에서 주체와 시기, 방법, 목적이 서로 다르고 실질적인 측면에서도 위 '출소 후 신고'는 보안관찰처분 여부의 시발점이 된다고 할 수 있을 만큼 중요한 절차이며 이를 인정하지 않을 경우 법의 입법목적을 수행하기 위하여 대상자 또는 그 가족에 대한 관계에서 사생활의 비밀과 자유를 침해할 수 있는 소지가 있다는 점 등에서 법의 입법목적 달성을 위하여 적합한 수단이다.

또한 출소 후 신고의무의 내용에 비추어 대상자의 불편이 결코 크다고 볼 수 없을 뿐만 아니라 이를 가리켜 관할경찰서장의 직무상 편의 또는 행정 편의를 위하여 국민에게 불필요하고 과중한 신고의무를 다시 부과한 것이라고는 할 수 없고, 나아가 위 신고의무의 배경이 되는 공익적 측면에 비추어 볼 때 이로 인한 대상자의 불이익 내지 기본권 침해가 크다고 볼 수 없다. 그리고 7일의 신고기간에 관하여도, 신고의무의 내용에 비추어 그 기간은 대상자가 출소 후 거주예정지로 돌아와 신고함에 부족함이 없는 점, 법 제18조가 보안관찰처분을 받은 자에게 보안관찰처분결정고지를 받은 날로부터 마찬가지로 7일 이내에 관할경찰서장에게 신고할 것을 규정하고 있는 점 등을 참작하면, 이를 지나치게 단기간으로 정한 것이라고는 할 수 없다. 마지막으로, 출소 후 신고의무 불이행 시의 처벌 내용의 경우, 보안관찰해당범죄는 민주주의체제의 수호와 사회질서의 유지, 그리고 국민의 생존 및 자유에 직접적이고 중대한 영향을 미치는 범죄인 점, 법은 바로 이러한 범죄로 인하여 금고 이상의 형기 합계 3년 이상의 형의 전부 또는 일부의 집행을 받은 대상자를 파악하고 재범의 위험성 등 보안관찰처분의 필요성 유무의 판단 자료를 확보하기 위하여 위와 같은 신고의무를 규정하고 있다는 점, 법의 궁극적 입법목적은 국가의 안전과 사회의 안녕에 있다는 점 등에 비추어, 이 사건 법상의 처벌 내용과 다른 법률에서의 처벌 내용을 그대로 비교할 수 없고, 위 제27조 제2항 부분은 징역형과 벌금형을 선택적으로 규정하고 있으며, 형의 내용 역시 '2년 이하'로 규정되어 있어 단기형의 선고가 가능하다는 점에서, 위 법정형이 다른 법률들에 비하여 각별히 과중하다고 볼 수도 없어 침해의 최소성 및 법익균형의 원칙에도 위배된다고 할 수 없다. 따라서 위 각 법률조항은 과잉금지의 원칙 등에 위반되지 아니한다.』

(나) 선례 변경의 필요성 여부

위와 같은 선례의 판시이유는 여전히 타당하고, 이 사건에서 선례와 달리 판단할 특별한 사정변경이나 필요성이 인정된다고 보기 어려우므로 이 사건에서도 위 선례를 그대로 유지하기로 한다.

이에 더하여, 대상자 제도는 국가적 법익을 침해하는 죄를 저지른 자들을 대상으로 하여 이들 중 재범의 위험성이 있다고 판단되는 자에 대하여 보안관찰처분을 하기 위한 관리의 기초를 마련하는 데에 그 취지가 있으며, 대상자에 해당하기 위해서는 보안관찰처분해당범죄 또는 이와 경합된 범죄로 금고 이상의 형기 합계 3년 이상의 형을 선고받고 형의 집행을 종료한 자여야 하므로 그 범죄의 종류와 죄질의 무거운 정도가 제한적인 반면 출소후신고조항은 대상자에 대한 정보의 정확성을 담보하는 차원에서 출소사실을 신고하도록 하는 것일 뿐이어서 그로 인한 기본권의 제한 효과가 중대하지도 아니하므로, 위 의무를 부과함에 있어 재범의 위험성을 요건으로 하지 않았다는 이유만으로 침해의 최소성에 위배되는 것은 아니다.

또한 어떤 행정법규 위반행위에 대하여 이를 단지 간접적으로 행정상의 질서에 장애를 줄 위험성이 있음에 불과한 경우로 보아 행정질서벌인 과태료를 과할 것인지, 아니면 직접적으로 행정목적과 공익을 침해한 행위로 보아 행정형벌을 과할 것인지는 기본적으로 입법권자가 제반사정을 고려하여 결정할 입법재량에 속하는 문제이다(헌재 2008. 4. 24. 2005헌마373; 헌재 2011. 3. 31. 2010헌바86 참조). 그런데 보안관찰처분해당범죄는 대부분 중범죄로 이루어져 있는 점, 국가의 안전보장 및 질서유지를 해하는 죄는 그 특성상 은밀히 이루어지므로 재범 발생 방지를 위해서는 출소 후에도 해당 범죄자에 대한 관리가 필요하며, 그 기초자료를 획득하기 위한 조치로서 대상자의 신고의무 이행을 확보하는 것이 중요한 점 등에 비추어 신고의무 위반을 행정질서벌로 제재하는 방안은 충분치 않고, 신고의무의 미이행을 적발하기 위해 강제수사조치를 동원할 수 없다는 점에서도 그 실효성을 기대하기 어렵다 할 것이므로 출소후신고의무위반에 대한 처벌조항이 제재의 수단으로 형벌을 택한 것이 과도하다고도 할 수 없다.

(다) 소결

따라서 출소후신고조항 및 위반 시 처벌조항은 과잉금지원칙을 위반하여 청구인의 사생활의 비밀과 자유 및 개인정보자기결정권을 침해하지 아니한다.

(2) 평등원칙 위반 여부

(가) 피보안관찰자와의 차별

어떤 사람이 대상자에 해당하는지 여부는 재범의 위험성 여부와 무관하게 일정범죄 또는 이와 경합된 범죄로 합산 형기가 일정기간 이상인지 여부에 따라 일률적으로 정해지는 반면, 보안관찰처분은 보안관찰해당범죄를 다시 범할 위험성이 있다고 인정할 충분한 이유가 있어 재범의 방지를 위한 관찰이 필요한 자에 대하여 이루어진다(법 제4조). 이에 법은, 대상자에 대하여는 재범 방지를 위한 보안관찰처분의 기초자료를 확보할 목적으로 대상자 개인의 인적 사항 및 재범의 위험성을 판단하는 데에 필요한 사항을 신고할 것을 요구하는 반면, 이미 재범의 위험성이 있다고 판단되어 보안관찰처분을 받은 피보안관찰자에 대하여는 재범에 이르지 않도록 지도·감독하는 데에 필요한 사항을 신고할 의무를 부과하고 있다. 이와 같은 점에서 대상자와 피보안관찰자 간에는 성질상 차이가 있고, 법은 이와 같은 점을 고려하여 신고의무의 내용에도 다소 차이를 두고 있다.

법은 대상자와 피보안관찰자에 맞게 각각에 대하여 신고의무를 부과하고 있다는 점에서 이러한 신고의무 부과 자체가 불합리하다고 볼 수는 없는 점, 대상자와 피보안관찰자의 지위가 다르다고 하여 대상자에 대하여는 전혀 다른 내용의 신고의무를 규정해야 한다는 점이 필연적으로 도출되는 것도 아닌 점, 대상자의 신고의무와 피보안관찰자의 신고의무 모두 행정청이 신고를 통해 관련 자료를 확보할 필요성이 있다는 측면에 있어서는 다르다고 보기 어려운 점 등을 고려해 보았을 때, 대상자와 피보안관찰자 모두에게 '신고의무'를 부과하고 그 위반 시 동일한 법정형에 처하도록 한 것 자체가 평등원칙에 위배된다고 보기는 어렵다.

(나) 치료감호, 보호관찰과의 차별

'치료감호 등에 관한 법률'(이하 '치료감호법'이라 한다)은 치료감호대상자(제2조)와 치료감호대상자 중 법원의 치료감호 판결을 받은 피치료감호자(제16조 제1항)를 구별하여 규정하면서, 치료감호 판결을 선고받기 전의 치료감호대상자에게는 아무런 의무를 부과하고 있지 않으며, '보호관찰 등에 관한 법률'(이하 '보호관찰법'이라 한다)은 애당초 보호관찰을 받기로 결정되기 이전의 대상자라는 개념 자체를 상정하고 있지 아니하다. 반면 법은 법원이 별도로 판단하는 절차 없이 법 제2조 및 제3조상의 법률상 요건이 충족된 자를 당연 대상자로 보고 신고의무를 부과하는바, 이와 같은 점에서 법상 대상자에 대한 차별 취급이 존재한다.

그러나 치료감호는 심신장애 상태, 마약류·알코올이나 그 밖의 약물중독 상태, 정신성적 장애가 있는 상태 등에서 범죄행위를 한 자로서 치료감호시설에서 치료를 받을 필요가 있고 재범의 위험성이 있는 자에 대하여 적절한 보호와 치료를 함으로써 재범을 방지하고 사회복귀를 촉진하는 것을 목적으로 하고(치료감호법 제1조, 제2조, 제16조 등 참조), 보호관찰법상 보호관찰은 형벌, 특히 자유형에 대한 대체집행 수단인 보호관찰을 실시하는 것으로 유죄가 인정된 범죄인이나 비행소년에 대하여 교도소·소년원 등 교정시설에 구금하는 대신 일정한 기간 동안 사회 내에서 정상적이고 자유로운 생활을 하게 하면서도 보호관찰관의 지도·감독을 받게 하는 제도(보호관찰법 제1조, 제3조, 제33조 등 참조)인 반면, 보안관찰 및 대상자 제도는 국가적 법익을 침해하는 죄인 간첩, 내란·이적죄 등으로 민주주의 체제의 수호와 사회질서의 유지를 범한 자의 재범을 예방하고, 건전한 사회복귀를 촉진하는 데에 목적을 두고 있어, 그 목적과 취지를 서로 달리한다.

이와 같이 보안관찰과 치료감호·보호관찰 사이의 신고의무 부과 대상자의 범위와 요건, 위반 시 제재가 각기 다른 이유는, 각 제도의 목적과 취지, 법적 성질, 대상자의 지위와 처분의 내용이 다르기 때문이므로, 그 차별 취급에는 합리적 이유가 있다.

(다) 소결

따라서 출소후신고조항 및 위반 시 처벌조항은 평등원칙에 위반되지 않는다.

라. 변동신고조항 및 위반 시 처벌조항에 대한 판단

(1) 변동신고조항의 포괄위임금지원칙 위배 여부

(가) 심사기준

헌법 제75조는 '대통령은 법률에서 구체적으로 범위를 정하여 위임받은 사항에 관하여 대통령령을 발할 수 있다'고 규정하여 위임입법의 근거 및 그 범위와 한계를 제시하고 있다. 여기에서 '법률에서 구체적으로 범위를 정하여'라 함은 법률에 이미 대통령령 등 하위법규에 규정될 내용 및 범위의 기본사항이 구체적이고 명확하게 규정되어 있어 누구라도 그 자체로부터 대통령령 등에 규정될 내용의 대강을 예측할 수 있어야 함을 의미한다(헌재 2011. 12. 29. 2010헌바385등 참조).

(나) 판단

1) 법이 대상자에게 신고의무를 부과하는 이유는 보안사범인 대상자의 출소 후 생활에 있어 재범의 위험성을 판단하기 위한 자료를 확보함으로써 대상자의 재범을 예방하고 건전한 사회복귀를 촉진하며 국가의 안전과 사회의 안녕을 유지하려는 데에 있다. 이러한 예방조치로서의 특성을 감안하면, 사회적 변화에 대응하여 유연하게 대처할 수 있도록 하기 위해 대상자가 신고해야 할 구체적 사항을 하위법령에 위임할 필요성이 인정된다.

2) 예측가능성의 유무를 판단함에 있어서는 당해 특정조항 하나만 가지고 판단할 것이 아니고 관련 법조항 전체를 유기적·체계적으로 종합·판단하여야 하며, 대상법률의 성질에 따라 구체적이고 개별적으로 검토하여야 한다(헌재 2015. 1. 29. 2013헌바173 참조). 변동신고조항 및 법 제6조 제1항에서 정한 신고의무사항은 대상자에게 재범의 위험성이 있는지 판단하기 위한 정보일 것이므로, 법 제6조 제1항에서 대통령령으로 정하도록 위임한 신고사항에는 대상자의 생활환경, 성행 등을 파악하는 데 필요한 직업, 재산, 가족 및 교우관계 등에 관한 정보도 포함될 것임을 충분히 예측할 수 있다. 한편 법 제18조 제1항은 피보안관찰자가 신고해야 할 사항으로 '대상자의 가족과 교우관계, 직업, 본인 및 가족의 재산상황, 종교 및 가입한 단체 등'을 정하고 있는데 보안관찰처분이 대상자 중에서 재범의 위험성이 인정되는 자를 대상으로 정해진다는 점을 고려할 때, 이 조항을 통해서도 대상자가 이행해야 할 신고사항의 내용을 예상할 수 있다.

3) 이러한 점을 종합하면, 법 제6조 제1항에서 거주예정지 외에 나머지 사항에 대해 대통령령으로 정하도록 위임하고 있다 하더라도, 변동신고조항이 포괄위임금지원칙에 위배된다고 할 수 없다.

(다) 소결

그렇다면 변동신고조항은 포괄위임금지원칙에 위배되지 아니한다.

(2) 과잉금지원칙 위반 여부

(가) 재판관 이석태, 재판관 김기영, 재판관 문형배, 재판관 이미선의 위헌의견

1) 보안관찰처분과 보안관찰처분대상자

재범의 위험성이 인정되어 보안관찰처분을 받은 '피보안관찰자'는 법 제18조 제1항에서 정한 사항을 관할경찰서장에게 신고하여야 하고 위 사항에 변경이 있을 때에는 변경신고를 하여야 한다(제3항). 법 제3조는 보안관찰처분 전 단계인 '보안관찰처분대상자'를 정하고 법 제6조 제1항 및 시행령 제6조 제1항에서 피보안관찰자의 신고사항과 거의 동일한 내용을 신고하여야 하는 것으로 정하고 있다. 법 제6조 제2항은 위 신고사항에 변동이 있을 때에는 변동신고를 의무로 정하고 있고, 법 제27조 제2항은 피보안관찰자의 신고의무위반과 대상자의 위 각 신고의무위반에 대하여 동일한 법정형을 정하고 있다.

보안관찰처분청구는 검사가 보안관찰처분청구서를 법무부장관에게 제출하는 방법으로 하고(법 제7조, 제8조 제1항), 보안관찰처분심의위원회의 의결을 거쳐 법무부장관이 보안관찰처분을 한다(법 제12조 제9항, 제14조). 보안관찰처분의 기간은 2년이고 법무부장관은 검사의 청구가 있는 때에 보안관찰처분심의위원회 의결을 거쳐 그 기간을 갱신할 수 있다(법 제5조). 반면 대상자 지위는 준법정신 확립 등의 요건을 충족하여 보안관찰처분 면제결정(법 제11조 제1항)을 받지 아니하는 이상 기간의 제한 없이 유지된다. 보안관찰처분을 받아 피보안관찰자가 되었다가 보안관찰처분이 갱신되지 않거나 갱신처분이 법원에 의하여 취소된 경우에도 별도로 위 면제결정을 받지 아니하는 이상 다시 대상자가 되어 여전히 법 제6조 제2항에서 정한 신고의무를 부담하게 된다. 실무상 위 면제결정이 원활하게 활용되지는 못하고 있고 면제결정이 있었다고 하더라도 법무부장관은 검사의 청구에 의하여 면제결정을 취소할 수

있다(법 제11조 제3항, 제4항). 그리고 실제 검사의 청구에 의하여 보안관찰처분에 이르는 경우보다 재범의 위험성 판단이 유보된 채 대상자의 지위가 기간의 제한 없이 유지되는 경우가 훨씬 많다.

2) 입법목적의 정당성 및 수단의 적합성

보안관찰처분해당범죄 등으로 형기 합계 3년 이상의 형을 선고받은 자에 대하여 보안관찰처분 개시 여부를 결정하기에 앞서, 대상자의 주거지 등을 확인하고 보안관찰처분 청구 여부를 결정하기 위한 자료를 확보할 필요가 있으므로, 대상자에게 법 제6조 제1항의 신고사항에 변동이 있을 때 그 변동된 사항을 신고하도록 의무를 부과하고 이를 위반한 경우 형사처벌하는 것은 입법목적의 정당성과 수단의 적합성이 인정된다.

3) 침해의 최소성

가) 보안관찰처분의 본질은 보안처분이고, 보안처분은 형벌만으로 행위자의 장래 재범에 대한 위험성을 제거하기에 충분하지 못한 경우에 사회방위와 행위자의 건전한 사회복귀의 목적을 달성하기 위하여 고안된 특별예방적 처분이다(헌재 2015. 11. 26. 2014헌바475 참조). 재범의 위험성은 보안처분의 핵심이며, 헌법 제12조 제1항이 규정한 '누구든지……법률과 적법한 절차에 의하지 아니하고는 처벌·보안처분 또는 강제노역을 받지 아니한다'라는 조항에서 구현된 죄형법정주의의 보안처분적 요청은 '재범의 위험성이 없으면 보안처분은 없다'는 뜻을 내포한다(헌재 1989. 7. 14. 88헌가5 등 참조).

그런데 변동신고조항은 대상자라는 이유만으로 재범의 위험성이 없거나 낮아 보안관찰처분이 부과될 수 없는 자에게도 변동사항 신고의무를 부과하고 이를 위반한 경우 형사처벌하도록 정함으로써 피보안관찰자와 비슷한 정도의 의무를 부과하고 위반 시 제재를 받도록 정하고 있다. 대상자의 범주설정의 목적 자체가 '재범의 위험성이 인정되는 자들에 대한 보안관찰처분을 통하여 피보안관찰자의 재범방지 및 건전한 사회복귀 촉진'에 있는 것인 점에 비추어 보면, 재범의 위험성이 없거나 낮은 대상자들에게까지 이와 같은 의무와 제재를 부과하는 것은 재범의 위험성이 없으면 보안처분을 부과할 수 없다는 보안처분에 대한 죄형법정주의적 요청에 위배되고, 입법목적 달성에 필요하지 않은 제한까지 부과하는 결과가 되어 침해의 최소성에 반한다(헌재 2015. 7. 30. 2014헌마340등 참조).

대상자는 재범의 위험성이 인정된 상태가 아니므로 대상자에게 부과하는 신고의무는 일종의 행정상 협력의무에 불과하다. 설령 이러한 의무 불이행으로 재범의 위험성 판단에서 필요한 정보가 원활하게 제공되지 않더라도 관할경찰서장은 스스로 정보를 수집하는 부담을 질 뿐 그로 인하여 재범의 위험성 판단이 불가능해지는 것은 아니다. 그럼에도 대상자가 변동사항 신고를 하지 아니한 경우 피보안관찰자의 신고의무 위반과 같이 2년 이하의 징역 또는 100만 원 이하의 벌금으로 처벌하는 것은 책임에 비하여 지나치게 과한 형벌을 정한 것이다.

나) 대상자는 출소한 후 법 제6조 제1항의 신고사항 정보에 변동이 생기면 그로부터 7일 이내에 신고하여야 하는데, 법 제6조 제2항에서 정한 이러한 변동사항 신고의무는 종료시점이 규정되어 있지 아니하다. 그 결과 대상자는 보안관찰처분을 받은 자가 아님에도 불구하고 재범을 저지르지 않고 일정 기간을 경과하게 되면 재범의 위험성이 감소한다는 점조차 반영되지 않은 채 무기한 신고의무를 부담하게 된다. 보안관찰처분대상범죄가 장기간의 계획 수립 하에 이루어질 수 있는 특성이 있다고 하더라도, 재범의 위험성 판단을 위한 자료요구가 무기한 이루어지는 것이 정당화될 수는 없다. 이를 위해서는 구체적인 범죄실태를 살펴 넉넉하게 기간을 규정함으로써 대비하여야 할 것이지, 아예 기간 상한이 없는 절대적 부정기의 조치까지 정당화되거나 허용될 수는 없다.

재범의 위험성이 인정되어 보안관찰처분이 부과된 피보안관찰자의 경우에도 보안관찰처분의 기간이 2년으로 법정되어 있고 그 기간을 갱신하기 위해서는 보안관찰처분심의위원회 의결을 거쳐 법무부장관이 그 기간을 갱신하는 결정을 하여야 한다. 대법원은 보안관찰처분의 요건으로서 재범의 위험성이란 장래 다시 보안관찰해당범죄를 범할 개연성을 의미하고, 이는 종전에 범한 보안관찰해당범죄의 종류와 성격, 처분대상자의 범정, 형 집행 기간 중에 처분대상자가 보인 행태, 형 집행 이후의 사회적 활동 및 태도, 생활환경, 성행 등 여러 사정을 종합적으로 고려하여 판단하여야 하며, 보안관찰처분의 기간갱신결정을 할 때에는 '갱신 시점을 기준'으로 '기존의 보안관찰에도 불구하고 여전히 보안관찰해당범죄의 재범을 방지하기 위하여 보안관찰을 계속할 필요성'이 있다고 인정되어야 한다고 판시하고 있다(대법원 2016. 8. 24. 선고 2016두34929 판결).

그런데 대상자의 경우에는 재범의 위험성 판단이 이

루어지지 아니하였음에도 앞서 본 바와 같이 피보안관찰자와 거의 동일한 내용의 신고의무가 부과되고 이를 위반한 경우 피보안관찰자와 동일한 법정형으로 형사처벌을 하도록 규정하고 있을 뿐만 아니라, 피보안관찰자의 경우처럼 처분기간 및 갱신결정을 위한 정기적인 재범위험성 심사도 없이 무기한 신고의무를 부담하게 되어, 재범의 위험성이 인정된 피보안관찰자보다 오히려 가혹한 면이 있다.

대상자 및 피보안관찰자에 대한 제도적 설계가 이와 같이 되어 있기 때문에 보안관찰처분대상범죄 등으로 3년 이상의 형을 선고받고 이를 집행받은 자 중 대상자로서 신고의무 등을 부담하는 자가 검사의 청구에 의하여 보안관찰처분을 받은 피보안관찰자보다 훨씬 많은 것으로 파악되고 있다. 결국 아직 재범의 위험성이 인정된 바가 없고 보안관찰처분에서의 적절한 판단을 위해 임시적이고 잠정적인 상태에 머물러야 할 대상자에 대한 규제가 보안관찰처분이 발령된 경우와 유사한 정도로 실징됨으로써 실제로 종국적인 결정이라 할 수 있는 보안관찰처분이 없었음에도 보안관찰처분이 있는 것과 유사한 효과를 선취하는 불합리한 결과를 초래하고 있다.

4) 법익의 균형성

보안관찰해당범죄로 인한 형의 집행을 마치고 출소하여 이미 과거 범죄에 대한 대가를 치른 대상자에게 보안관찰처분의 개시 여부를 결정하기 위함이라는 공익을 위하여 재범의 위험성과 무관하게 무기한으로 과도한 범위의 신고의무를 부과하고 위반 시 피보안관찰자와 동일한 형으로 형사처벌하는 것은, 달성하고자 하는 공익에 비하여 그들의 기본권을 과도하게 제한하여 법익의 균형성에도 위반된다.

5) 소결

따라서 변동신고조항 및 위반 시 처벌조항은 과잉금지원칙을 위반하여 청구인의 사생활의 비밀과 자유 및 개인정보자기결정권을 침해한다.

(나) 재판관 유남석, 재판관 이은애의 헌법불합치의견

1) 입법목적의 정당성 및 수단의 적합성에 대한 판단은 변동신고조항 및 위반 시 처벌조항에 대한 위헌 의견과 같다.

2) 침해의 최소성

대상자가 출소한 후 관할 경찰서장이 대상자의 실제 주거지 등 대상자에 대한 정확한 정보를 알 수 있기 위해서는 대상자로 하여금 출소 후 변동사항이 있을 때마다 이를 신고하도록 할 필요가 있으므로 변동신고의무를 부과함에 있어 재범의 위험성을 요건으로 하지 않았다는 이유만으로 침해의 최소성에 위배되는 것은 아니다.

그러나 출소후신고조항은 출소사실만을 신고하도록 하므로 그 의무가 1회 발생할 뿐인 반면, 변동신고조항은 출소 후 기존에 신고한 거주예정지 등 정보에 변동이 생기기만 하면 그로부터 7일 이내에 이를 신고할 의무를 부과하는데, 그 의무기간의 상한이 정해져 있지 아니하여, 대상자로서는 보안관찰처분을 받은 자가 아님에도 불구하고 무기한의 신고의무를 부담하게 된다. 형법·군형법·국가보안법상 간첩, 내란·이적, 기밀수집·탐지 등 국가적 법익을 침해하는 죄는 장기간의 계획 수립 하에 이루어질 수 있는 범죄라는 특성을 고려한다 하더라도, 재범의 위험성 판단을 위한 자료요구가 무기한 이루어지는 것이 정당화될 수는 없다. 따라서 구체적인 범죄 실태를 살펴 적정한 기간을 규정함으로써 이에 대비하거나, 또는 행정청이 필요하다고 판단할 경우 대상자에 대한 신고의무 부담기간을 갱신하는 절차를 마련하는 것은 별론으로 하더라도, 기간의 상한이 없는 절대적 부정기의 조치는 정당화되거나 허용될 수 없다.

한편, 보안관찰처분은 대상자 중 재범의 위험성이 있는 자에 대하여 하게 되므로, '대상자'란 재범의 위험성 유무에 따라 피보안관찰자가 될 가능성이 있는 '임시적' 지위에 있는 자라고 할 수 있다. 그렇다면 대상자 중 재범의 위험성이 인정된 경우에 한하여 보안관찰처분의 대상이 되고, 그렇지 않을 경우에는 '대상자'로서의 임시적 지위에서 벗어날 수 있도록 하는 것이 원칙이 되어야 할 것이다. 그러나 변동신고조항은 대상자에게 무기한의 변동신고의무를 부과하는 것을 원칙으로 하고 있다.

또한, 대상자로서는 보안관찰처분을 할 권한이 있는 행정청이 어느 시점에 그와 같은 처분을 할지 모르는 불안정한 상태에 항상 놓여 있게 되는바, 이는 행정청이 대상자의 재범 위험성에 대하여 판단을 하지 아니함에 따른 부담을 오히려 대상자에게 전가한다는 문제도 있다.

비록 대상자가 면제결정을 받으면 신고의무에서 벗어날 수 있기는 하나, 그 면제 역시 보안관찰처분 개시 절차와 동일하게 법무부 산하 보안관찰처분심의위원회의 심의·의결을 거쳐 법무부장관이 결정하므로 그 절차가 까다롭고, 이미 이루어진 면제결정 역시 '면제결정요건에 해당하지 아니하게 된 때'로 판단되면 검사의 청구에 의하여 법무부장관이 언제든지 이를 취소할 수도 있으므로(법 제11조 제4항), 기간의 상한 없이 부과되는 변동신고의무의 위헌성을 치유하기에는 부족하다. 나아가 이와 같은 구제수단은 어디까지나 신고의무의 계속적 부담을 원칙으로 하는 현행 신고제도하에서는 '예외'에 해당할 뿐이므로, 애당초 이는 변동신고의무가 지속되는 것을 원칙으로 하는 현행 제도의 근본적 문제점을 해결할 수 있는 것이 아니다.

그렇다면, 비록 변동신고의무를 부과할 필요성이 인정된다 하더라도, 대상자에게 변동사항의 신고의무를 아무런 기간의 상한 없이 부과한 변동신고조항 및 위반 시 처벌조항은 지나치게 장기간 대상자를 불안정한 지위에 놓이게 한다는 점에서 침해의 최소성에 위배된다.

3) 법익의 균형성

변동신고조항 및 위반 시 처벌조항은, 보안관찰해당범죄로 인한 형의 집행을 마치고 출소한 대상자에게 보안관찰처분의 개시 여부를 결정하기 위함이라는 공익을 위하여 과도한 기간 동안 형사처벌의 부담이 있는 신고의무를 지도록 하고 있는바, 이는 달성하고자 하는 공익에 비하여 대상자의 기본권을 과도하게 제한하므로, 법익의 균형성에도 위배된다.

4) 소결

따라서 변동신고조항 및 위반 시 처벌조항은 과잉금지원칙을 위반하여 청구인의 사생활의 비밀과 자유 및 개인정보자기결정권을 침해한다.

5) 변동신고조항 및 위반 시 처벌조항에 대한 헌법불합치결정과 잠정적용 명령

변동신고조항 및 위반 시 처벌조항의 위헌성은 거주예정지 등 법 제6조 제1항의 신고사항에 변동이 생기기만 하면 대상자에게 그로부터 7일 이내에 신고할 의무를 부과하면서도 신고의무기간의 상한을 규정하고 있지 아니함에 따라 대상자가 무기한 신고의무를 부담하게 된다는 데에 있다. 입법자는 기간 경과에 따라 재범의 위험성이 줄어든다는 점 등을 고려해 대상자에 대한 재범의 위험성을 판단하기에 적정한 상당한 기간 내로 신고의무기간의 상한을 규정함으로써 변동신고조항 및 위반 시 처벌조항의 위헌성을 제거할 수 있다.

그런데 헌법재판소가 변동신고조항 및 위반 시 처벌조항에 대한 단순위헌결정을 하여 그 효력이 즉시 상실되면 대상자에 대하여 변동사항 신고의무를 부과함이 정당한 경우에도 그러한 의무가 즉시 사라지게 되는바, 이와 같은 법적 공백에 따른 입법목적 달성의 어려움이 발생할 수 있다.

그러므로 변동신고조항 및 위반 시 처벌조항에 대하여 헌법불합치결정을 선고하고, 입법자의 개선입법이 있을 때까지 잠정적용을 명하는 것이 타당하다. 입법자는 늦어도 2023. 6. 30.까지 개선입법을 하여야 하며, 그 때까지 개선입법이 이루어지지 않으면 변동신고조항 및 위반 시 처벌조항은 2023. 7. 1부터 그 효력을 잃는다.

5. 결 론

그렇다면 변동신고조항 및 위반 시 처벌조항에 대하여는 재판관 이석태, 재판관 김기영, 재판관 문형배, 재판관 이미선의 위헌의견에 재판관 유남석, 재판관 이은애의 헌법불합치 의견을 가산하면 위헌 정족수를 충족하게 된다. 따라서 출소후신고조항 및 위반 시 처벌조항은 헌법에 위반되지 아니하며, 변동신고조항 및 위반 시 처벌조항은 헌법에 합치되지 아니한다고 선언하고, 입법자가 2023. 6. 30. 이전에 개선입법을 할 때까지 변동신고조항 및 위반 시 처벌조항을 계속 적용하되, 만일 위 일자까지 개선입법이 이루어지지 않는 경우 변동신고조항 및 위반 시 처벌조항은 2023. 7. 1.부터 그 효력을 상실한다. 다만, 출소후신고조항 및 위반 시 처벌조항에 대하여는 재판관 이석태, 재판관 김기영, 재판관 문형배, 재판관 이미선의 아래 6.과 같은 반대의견이, 변동신고조항 및 위반 시 처벌조항에 대하여는 재판관 이선애, 재판관 이종석, 재판관 이영진의 아래 7.과 같은 반대의견이 있다.

6. 출소후신고조항 및 위반 시 처벌조항에 대한 재판관 이석태, 재판관 김기영, 재판관 문형배, 재판관 이미선의 반대의견

우리는 법정의견과 달리 출소후신고조항 및 위반 시 처벌조항이 과잉금지원칙에 반하여 청구인의 사생활의 비밀과 자유 및 개인정보자기결정권을 침해한다고 생각하므로, 다음과 같이 반대의견을 밝힌다.

가. 입법목적의 정당성, 수단의 적합성

출소후신고조항 및 위반 시 처벌조항에 대한 법정의견과 같다.

나. 침해의 최소성

(1) 보안관찰처분의 본질은 보안처분이고 재범의 위

험성은 보안처분의 핵심임에도 출소후신고조항 및 위반 시 처벌조항은 대상자라는 이유만으로 재범의 위험성이 없거나 낮아 보안관찰처분이 부과될 수 없는 자에게도 출소후신고의무를 일률적으로 부과하고 이를 위반한 경우 형사처벌하도록 정하고 있다. 이는 재범의 위험성이 없으면 보안처분을 부과할 수 없다는 보안처분에 대한 죄형법정주의적 요청에 위배되고, 입법목적 달성에 필요하지 않은 제한까지 부과하는 결과가 되어 침해의 최소성에 반한다(헌재 2015. 7. 30. 2014헌마340등 참조). 이와 같이 대상자는 재범의 위험성이 인정된 상태가 아니므로 대상자에게 부과하는 신고의무는 일종의 행정상 협력의무에 불과함에도 2년 이하의 징역 또는 100만 원 이하의 벌금으로 처벌하는 것은 책임에 비하여 지나치게 과한 형벌을 정한 것이다.

(2) 나아가 대상자에 대한 재범의 위험성 여부를 판단하기 위한 정보 확보의 필요성 면에서 보더라도 이들 조항은 침해의 최소성에 반한다. 대상자가 발생하면 교도소등의 장은 거주예정지를 관할하는 경찰서장에게 출소 후 거주예정지가 포함된 통고서를 작성하여 송부한다(발생통고, 법 제6조 제3항, 시행령 제10조 제1항). 대상자는 출소 전에 원적·본적·주거·주민등록번호 등, 가족 및 교우관계, 입소전의 직업·본인 및 가족의 재산상황, 학력·경력, 종교 및 가입한 단체, 병역관계, 출소예정일, 출소 후의 거주예정지 및 그 도착예정일, 보안관찰해당범죄의 요지 등, 그 외의 전과관계가 기재된 신고서 5부를 작성하여 교도소등의 장에게 제출하여야 하고(출소 전 신고의무, 법 제6조 제1항, 시행령 제6조 제1항), 출소예정일 2개월 전에 교도소등의 장은 보안관찰처분대상자로부터 제출받은 위 출소 전 신고서를 거주예정지 관할경찰서장에게 송부한다(출소 전 통보, 시행령 제6조 제2항, 시행규칙 제5조 제3항). 그리고 대상자 출소 직후 교도소등의 장은 거주예정지 관할경찰서장에게 출소예정일 및 출소 후 거주예정지 및 도착예정일시와 행장의 양부, 건강상태, 사상전향 여부 등을 통보한다(출소 시 통보, 시행령 제8조 제1항). 따라서 관할경찰서장은 대상자가 출소한 후에는 그 무렵까지 확보할 수 있는 보안관찰처분 청구에 관한 자료는 물론 대상자의 거주예정지 및 도착예정일시에 관한 정보를 충분히 알고 있다고 볼 수 있다. 일선 관할경찰서에 대상자의 신규 발생이 그리 많지 않고 시행령 제11조는 대상자에 대한 동태보고를 규정하면서 소재가 불명하거나 도주한 때를 관할경찰서장의 보고사항으로 정하고 있기 때문에 이미 확보한 자료를 토대로 보호관찰처분대상자의 실제 거주 여부를 확인하는 것이 어렵지 않으므로, 신고의무 및 형사처벌 부과방식보다 완화된 방법으로 입법목적을 충분히 달성할 수 있다.

다. 법익의 균형성

이상의 점을 종합하면, 이들 조항이 대상자에게 보안관찰처분의 개시 여부를 결정하기 위함이라는 공익을 위하여 필요 이상으로 과도한 범위의 신고의무를 부과하고 일종의 행정상 협력의무에 불과한 사항에 대하여 형사처벌하는 것은, 달성하고자 하는 공익에 비하여 그들의 기본권을 과도하게 제한하여 법익의 균형성에도 위반된다.

라. 소결

따라서 출소후신고조항 및 위반 시 처벌조항은 과잉금지원칙을 위반하여 청구인의 사생활의 비밀과 자유 및 개인정보자기결정권을 침해한다.

7. 변동신고조항 및 위반 시 처벌조항에 대한 재판관 이선애, 재판관 이종석, 재판관 이영진의 반대의견

우리는 변동신고조항 및 위반 시 처벌조항이 앞서 출소후신고조항 및 위반 시 처벌조항에 대한 법정의견과 마찬가지의 이유로 평등원칙에 위배되지 아니한다고 보고, 이에 더하여 다음과 같은 이유에서 과잉금지원칙에도 반하지 아니하여 청구인의 사생활의 비밀과 자유 및 개인정보자기결정권을 침해하지 않는다고 생각하므로, 그 의견을 밝힌다.

가. 입법목적의 정당성 및 수단의 적합성

변동신고조항 및 위반 시 처벌조항은 대상자가 보안관찰해당범죄를 다시 범할 위험성을 예방하고 대상자의 건전한 사회복귀를 촉진하기 위해, 이들을 지속적·체계적으로 관리하고 그 중 재범의 위험성이 있어 그 방지를 위한 관찰이 필요한 자에 대하여는 보안관찰처분을 하기 위한 것으로, 앞서 출소후신고조항 및 위반 시 처벌조항과 마찬가지로 목적의 정당성이 인정된다. 한편, 대상자가 보안관찰해당범죄를 다시 범할 위험성이 있다고 인정할 충분한 이유가 있어 그 재범을 방지하기 위한 관찰이 필요할 경우 보안관찰처분을 해야 하는데, 이를 위해서는 대상자가 출소한 후에도 관할 경찰서장이 대상자의 실제 주거지 등에 관한 사항을 정확하게 파악할 수 있어야 하는바, 변동신고조항 및 위반 시 처벌조항이 대상자로 하여금 법 제6조 제1항에 따른 신고 이후에도 대상자의 인적사항 및 출소 후 상황에 관한 정보 등에 변동이 있을 때마다 관할 경찰서장에게 이를 신고하도록 하고, 신고의무를 위반한 경우 형사처벌 하는 것은 입법목적 달성에 기여하므로 수단의 적합성도 인정된다.

나. 침해의 최소성

(1) 출소후신고조항이 출소사실만을 신고하도록 하고 있어 그 의무이행이 1회에 그치는 것과 달리, 변동신고조항은 출소 후 기존에 신고한 거주예정지 등 정보에 변동이 생길 때마다 이를 신고할 의무를 부과하면서도 그 의무기간의 상한을 정하고 있지 아니하므로, 기본권제한의 정도가 상대적으로 더 큰 것은 사실이다. 그러나 보안관찰해당범죄는 민주주의체제의 수호와 사회질서의 유지, 국민의 생존 및 자유에 직접적이고 중대한 영향을 미치는 범죄인바, 변동신고조항 및 위반 시 처벌조항이 침해의 최소성 원칙에 위배되는지 여부를 판단함에 있어서는 보안관찰해당범죄의 재범 억제가 특별히 중요하다는 점이 고려되어야 한다.

비록 대상자에게는 법 제6조 제1항에 따라 기존에 신고하였던 원적·본적·주거, 가족 및 교우관계, 재산상황, 학력·경력, 종교 및 가입한 단체, 보안관찰해당범죄사실의 요지, 전과관계 등에 변동이 생길 때마다 변동사항을 신고해야 하는 번거로움이 있겠으나, 이러한 의무는 기존에 신고한 적이 있는 내용에 대한 변동사항에 국한되는 것이며, 이에 더해 앞서 살펴본 변동신고의무의 배경이 되는 공익적 측면을 함께 고려해 본다면, 변동신고조항 및 위반 시 처벌조항이 대상자에 대하여 요구하는 신고내용은 입법목적을 달성하기 위해 반드시 필요한 것으로서, 그 의무이행에 따른 대상자의 기본권 제한의 정도가 과도하다고 할 수 없다.

또한 재범의 우려가 있는 대상자를 찾아 보안관찰처분을 함으로써 대상자의 재범 가능성을 효과적으로 관리·억제하기 위해서는 대상자로부터 변동신고조항에 따른 변동사항 신고의무의 이행을 확보하여 대상자의 실제 주거지 등에 관한 정보를 갱신하는 등, 대상자에 대한 지속적인 관리를 하는 것이 필수적이다. 게다가 형법·군형법·국가보안법상 간첩, 내란·이적, 기밀수집·탐지 등 국가적 법익을 침해하는 보안관찰해당범죄는 장기간의 계획 수립 하에 이루어질 수 있는 범죄라는 특성을 갖고 있는바, 변동신고조항에 따른 신고의무의 부과기간은 일반적으로 장기간일 필요가 있고, 그 의무기간에 일률적인 상한을 두어서는 입법목적을 달성하기 어려울 우려가 있다.

한편, 대상자로서는 준법정신이 확립되어 있고, 일정한 주거와 생업이 있을 것 등 일정한 요건을 충족할 경우 법무부장관으로부터 보안관찰처분을 하지 아니하는 결정을 받을 수 있고, 이와 같은 면제결정을 받은 자는 그 때부터 대상자로서의 의무를 면할 수 있게 된다(법 제11조 제1항, 제6항). 따라서 대상자가 변동신고조항에 의해 부담하는 신고의무가 영구적인 것도 아니며, 이처럼 준법정신을 갖춘 대상자가 면제결정을 받는 시점을 상한으로 하여 변동신고의무를 부과하는 것은 대상자의 재범을 효과적으로 억제하기 위한 것으로서, 충분히 수긍할 수 있는 합리적인 제한이라 할 것이다.

(2) 나아가 앞서 출소후신고조항 및 위반 시 처벌조항에 대한 법정의견에서 살펴본 바와 마찬가지의 이유로, 변동신고조항 및 위반 시 처벌조항이 대상자에게 변동신고의무를 부과함에 있어 재범의 위험성을 요건으로 하지 아니하였다거나 변동신고의무 위반에 대한 제재방법으로 형벌을 선택한 것이 곧바로 침해의 최소성의 위배로 귀결된다고 할 수 없고, 변동신고의무위반에 대한 처벌조항의 법정형이 과중하다고 할 수도 없다.

(3) 따라서 변동신고조항 및 위반 시 처벌조항은 침해의 최소성에 위배되지 아니한다.

다. 법익의 균형성

대상자가 변동신고조항 및 위반 시 처벌조항으로 인해 변동사항이 발생할 때마다 이를 신고하는 것은 물론 번거로울 수 있다. 그러나 신고의무 이행의 강제로 인하여 달성되는 공익은 국가의 안전과 사회의 안녕 및 사회방위로, 이는 매우 중대한바, 대상자의 위와 같은 불이익이 이에 비하여 더 크다고 볼 수 없으므로 위 조항들은 법익의 균형성에 위배되지 아니한다.

라. 소결

따라서 변동신고조항 및 위반 시 처벌조항은 과잉금지원칙을 위반하여 청구인의 사생활의 비밀과 자유 및 개인정보자기결정권을 침해하지 아니한다.

재판관 유남석 이선애 이석태 이은애 이종석 이영진 김기영 문형배 이미선

45. 공직선거법 제56조 제1항 제2호 등 위헌확인

[2021. 6. 24. 2018헌마1103]

【판시사항】

헌법재판소법 제68조 제1항에 의한 헌법소원 심판청구가, 이미 헌법재판소의 심판을 거친 종전 사건과 당사자, 심판대상인 법령 조항(지역구국회의원선거에 후보자등록을 신청하는 자에 대하여 1천 500만 원의 기탁금을 납부하도록 한 구 공직선거법 제56조 제1항 제2호 중 '지역구국회의원선거'에 관한 부분과 비례대표국회의원선거 후보자에 대하여 선거운동기간 중에 공개장소에서의 연설·대담을 할 수 없도록 한 공직선거법 제79조 제1항 중 '비례대표국회의원후보자는 제외한다' 부분), 헌법적 쟁점이 동일한 경우 일사부재리의 원칙에 위반되는지 여부(적극)

【결정요지】

헌법재판소는 이미 심판을 거친 동일한 사건에 대하여는 다시 심판할 수 없다(헌법재판소법 제39조). 이 사건 심판청구는 이미 심판을 거친 헌재 2016. 12. 29. 2015헌마509등 사건과 당사자, 심판대상인 법령 조항, 헌법적 쟁점이 동일하다. 공직선거법상 국회의원선거는 반복적으로 실시될 것임이 예정되어 있는 것이고, 이 사건에서는 종전 결정에서 고려하지 않은 새로운 헌법적 쟁점의 제기나 법령 내지 사회 환경의 변화 등 달리 고려할 사정을 찾을 수 없다. 청구인들은 단지 새로 실시될 예정인 국회의원선거에 다시 후보자를 추천하거나 입후보할 예정이라는 이유를 들어 종전 사건과 동일한 법령 조항에 대하여 동일한 헌법적 쟁점으로 이 사건 헌법소원심판을 청구하였으므로, 이미 심판을 거친 동일한 사건에 대하여 다시 심판을 구한 경우에 해당한다. 따라서 이 사건 심판청구는 헌법재판소법 제39조의 일사부재리원칙에 위배되어 부적법하다.

재판관 이은애, 재판관 이종석, 재판관 이영진의 별개의견

우리는 이 사건 심판청구가 부적법하다는 법정의견의 결론에는 동의하지만 그 이유에 대해서는 이와 견해를 달리한다. 청구인들은 2020. 4. 15. 실시예정인 제21대 국회의원선거를 앞두고 이 사건 심판청구를 하였으나, 이미 위 선거가 종료되었으므로 심판대상조항에 의한 주관적인 기본권의 침해상태는 종료되었다고 볼 수 있다. 제21대 국회의원선거가 종료되었더라도 제22대 국회의원선거가 필연적으로 도래할 것이므로 여전히 심판의 이익이 존재한다는 견해가 있을 수 있으나, 국회의원선거가 4년마다 주기적으로 반복된다는 사정만으로 기본권 침해의 반복가능성을 인정할 경우 예외적 심판의 이익의 인정범위가 지나치게 확대되어 구체적 권리구제수단으로서의 헌법소원심판의 성격을 변질시킬 수 있으며, 헌법소원심판 청구를 위한 적법요건을 무의미하게 할 수 있다. 따라서 이 사건 심판청구는 주관적 권리보호이익이 인정되지 않을 뿐만 아니라 예외적 심판의 이익도 인정되지 아니하여 부적법하므로, 이를 이유로 각하하여야 한다.

【심판대상조문】

구 공직선거법(2010. 1. 25. 법률 제9974호로 개정되고, 2020. 3. 25. 법률 제17127호로 개정되기 전의 것) 제56조 제1항 제2호 중 '지역구국회의원선거'에 관한 부분

공직선거법(2010. 1. 25. 법률 제9974호로 개정된 것) 제79조 제1항 중 '비례대표국회의원후보자는 제외한다' 부분

【참조조문】

헌법재판소법(2011. 4. 5. 법률 제10546호로 개정된 것) 제39조

공직선거법(2020. 3. 25. 법률 제17127호로 개정된 것) 제56조 제1항 제2호, 제2의2호

【참조판례】

헌재 1997. 8. 21. 96헌마48, 판례집 9-2, 295, 303

헌재 2006. 5. 25. 2003헌바115등, 판례집 18-1하, 39

헌재 2016. 12. 29. 2015헌마509등, 판례집 28-2하, 684, 693-697

【당 사 자】

청 구 인 1. ○○당

2. 신○○

3. 하○○

청구인들 대리인 변호사 손준호

【주 문】

청구인들의 심판청구를 모두 각하한다.

【이 유】

1. 사건개요

가. 청구인 ○○당은 정당법 제4조 제1항에 따라 중앙선거관리위원회에 등록된 정당이고, 청구인 신○○, 하○○는 이 사건 심판청구 당시 ○○당의 공동대표자였다.

나. 청구인들은 제21대 국회의원선거를 앞두고, 국회의원선거 후보자등록을 신청하는 자는 기탁금 1천500만 원을 납부하도록 규정한 공직선거법 제56조 제1항 제2호와 선거운동기간 중 지역구국회의원후보자에게 공개장소에서 연설 등을 허용하면서 비례대표국회의원후보자에게는 금지하고 있는 같은 법 제79조 제1항 중 '비례대표국회의원후보자는 제외한다' 부분이 청구인들의 공무담임권, 선거운동의 자유, 정당활동의 자유 등을 침해한다고 주장하면서 2018. 11. 14. 이 사건 헌법소원심판을 청구하였다.

2. 심판대상

청구인들이 기본권 침해를 주장하고 있는 구 공직선거법(2010. 1. 25. 법률 제9974호로 개정되고, 2020. 3. 25. 법률 제17127호로 개정되기 전의 것) 제56조 제1항 제2호 중 '비례대표국회의원선거'에 관한 부분은 헌법재판소가 2016. 12. 29. 2015헌마509등 사건에서 헌법불합치 결정을 하였고 그 취지에 따라 2020. 3. 25. 법률 제17127호로 개정되었으므로, 위 조항 중 나머지 부분, 즉 '지역구국회의원선거'에 관한 부분으로 심판대상을 한정한다.

따라서 이 사건 심판대상은 구 공직선거법(2010. 1. 25. 법률 제9974호로 개정되고, 2020. 3. 25. 법률 제17127호로 개정되기 전의 것) 제56조 제1항 제2호 중 '지역구국회의원선거'에 관한 부분(이하 '이 사건 기탁금조항'이라 한다) 및 공직선거법(2010. 1. 25. 법률 제9974호로 개정된 것) 제79조 제1항 중 '비례대표국회의원후보자는 제외한다' 부분(이하 '이 사건 연설 등 금지조항'이라 하고, 위 두 조항을 합하여 '심판대상조항'이라 한다)이 청구인들의 기본권을 침해하는지 여부이다.

심판대상조항과 관련조항은 다음과 같다.

[심판대상조항]

구 공직선거법(2010. 1. 25. 법률 제9974호로 개정되고, 2020. 3. 25. 법률 제17127호로 개정되기 전의 것)

제56조(기탁금) ① 후보자등록을 신청하는 자는 등록신청 시에 후보자 1명마다 다음 각 호의 기탁금을 중앙선거관리위원회규칙으로 정하는 바에 따라 관할선거구선거관리위원회에 납부하여야 한다. 이 경우 예비후보자가 해당 선거의 같은 선거구에 후보자등록을 신청하는 때에는 제60조의2 제2항에 따라 납부한 기탁금을 제외한 나머지 금액을 납부하여야 한다.

2. 국회의원선거는 1천 500만원

공직선거법(2010. 1. 25. 법률 제9974호로 개정된 것)

제79조(공개장소에서의 연설·대담) ① 후보자(비례대표국회의원후보자 및 비례대표지방의회의원후보자는 제외한다. 이하 이 조에서 같다)는 선거운동기간 중에 소속 정당의 정강·정책이나 후보자의 정견, 그

밖에 필요한 사항을 홍보하기 위하여 공개장소에서 의 연설·대담을 할 수 있다.

[관련조항]

공직선거법(2020. 3. 25. 법률 제17127호로 개정된 것)

제56조(기탁금) ① 후보자등록을 신청하는 자는 등록 신청 시에 후보자 1명마다 다음 각 호의 기탁금을 중앙선거관리위원회규칙으로 정하는 바에 따라 관할선거구선거관리위원회에 납부하여야 한다. 이 경우 예비후보자가 해당 선거의 같은 선거구에 후보자등록을 신청하는 때에는 제60조의2 제2항에 따라 납부한 기탁금을 제외한 나머지 금액을 납부하여야 한다.

2. 지역구국회의원선거는 1천 500만원

2의2. 비례대표국회의원선거는 500만원

3. 청구인들의 주장요지

가. 이 사건 기탁금조항은 기탁금 액수를 과다하게 규정하여 기탁금을 납부할 재력이 부족한 사람들은 국회의원선거에 출마하기 어렵게 하고, 신생정당은 그 소속당원을 국회의원선거 후보자로 배출하기 어렵게 한다. 따라서 이 사건 기탁금조항은 청구인들의 공무담임권 및 평등권을 침해한다.

나. 이 사건 연설 등 금지조항은 지역구국회의원후보자에게는 선거운동기간 중 공개장소에서 연설 등을 허용하면서도, 비례대표국회의원후보자에게는 소속정당의 정강, 정책 등을 알리는 연설이나 대담을 아예 할 수 없도록 금지하고 있어서 비례대표국회의원후보자의 선거운동의 자유 및 정당활동의 자유를 침해한다.

4. 적법요건에 대한 판단

가. 청구인 ○○당과 하○○는 2015. 5. 15., 청구인 신○○는 2015. 12. 14. 각각 이 사건 심판대상조항과 동일한 조항 등에 관하여 헌법소원심판을 청구한 바 있다(2015헌마509 및 2015헌마1160). 헌법재판소는 위 2015헌마509 사건과 2015헌마1160 사건을 병합하여, 2016. 12. 29. 공직선거법 제56조 제1항 제2호 중 '비례대표국회의원선거'에 관한 부분은 헌법에 합치되지 아니함을 확인하고, 이 사건 기탁금조항, 이 사건 연설 등 금지조항 등에 대한 나머지 심판청구는 모두 기각하는 결정을 하였다(헌재 2016. 12. 29. 2015헌마509등).

이 사건 심판청구는 이미 심판을 거친 2015헌마509 등 사건과 당사자, 심판대상인 법령 조항, 헌법적 쟁점이 동일하다. 다만 종전 사건에서 청구인들은 2016. 4. 13. 실시될 제20대 국회의원선거에 후보자를 추천하거나 직접 입후보할 예정임을 이유로 심판청구를 하였고, 이 사건에서는 2020. 4. 15. 실시될 제21대 국회의원선거에 후보자를 추천하거나 직접 입후보할 예정임을 이유로 심판청구를 하였다는 차이가 있을 뿐이다.

나. 헌법재판소는 이미 심판을 거친 동일한 사건에 대하여는 다시 심판할 수 없다(헌법재판소법 제39조). 이는 법적 분쟁을 조기에 종결시켜 법적 안정 상태를 조속히 회복하고, 동일 분쟁에 대해 반복적으로 소송이 제기되는 것을 미연에 방지하여 소송경제를 이루기 위함이다.

앞서 살펴 본 바와 같이 청구인들은 제20대 국회의원선거를 앞두고 심판대상조항에 대하여 헌법소원심판을 청구하여 기각 결정을 받은 바 있음에도, 새로 실시될 예정인 국회의원선거에 다시 후보자를 추천하거나 입후보할 예정이라는 이유로, 종전 결정 이후 불과 2년 만에 또다시 종전 사건과 당사자, 심판대상인 법령 조항, 헌법적 쟁점이 동일한 이 사건 심판청구를 하였다.

공직선거법상 국회의원선거는 반복적으로 실시될 것임이 예정되어 있는 것이고, 이 사건에서는 종전 결정에서 고려하지 않은 새로운 헌법적 쟁점의 제기나 법령 내지 사회 환경의 변화 등 달리 고려할 사정을 찾을 수 없다. 청구인들은 단지 새로 실시될 예정인 국회의원선거에 다시 후보자를 추천하거나 입후보할 예정이라는 이유를 들어 종전 사건과 동일한 법령 조항에 대하여 동일한 헌법적 쟁점으로 이 사건 헌법소원심판을 청구하였으므로, 이미 심판을 거친 동일한 사건에 대하여 다시 심판을 구한 경우에 해당한다. 따라서, 이 사건 심판청구는 헌법재판소법 제39조의 일사부재리원칙에 위배되어 부적법하다.

5. 결 론

그렇다면 이 사건 심판청구는 모두 부적법하므로 주문과 같이 결정한다. 이 결정은 아래 6.과 같은 재판관 이은애, 재판관 이종석, 재판관 이영진의 별개의견이 있는 외에는 관여 재판관들의 일치된 의견에 의한 것이다.

6. 재판관 이은애, 재판관 이종석, 재판관 이영진의 별개의견

우리는 이 사건 심판청구가 부적법하다는 법정의견의 결론에는 동의하지만, 그 이유에 대해서는 이와 견해를 달리하므로 아래와 같이 별개의견을 밝힌다.

가. 법정의견은 이 사건 심판청구가 2015헌마509등 사건과 동일한 사건에 대한 심판청구여서 부적법하다고 판단하였다. 그러나 청구인들이 제20대 국회의원선거를 계기로 심판대상조항과 동일한 조항들에 대하여 헌법소원심판을 청구한 바 있다 하더라도, 이 사건 심판청구는 제21대 국회의원선거를 계기로 이루어진 것이어서 종전 사건과 기초적 사실관계를 달리하므로 일사부재리원칙에 위반되지 아니한다.

나. 헌법소원은 심판청구 당시에 기본권의 침해가 있었다 할지라도 결정 당시 이미 그 침해상태가 종료되었다면 권리보호의 이익이 없음이 원칙이다(헌재 1997. 3. 27. 93헌마251 참조). 청구인들은 2020. 4. 15. 실시 예정인 제21대 국회의원선거를 앞두고 이 사건 심판청구를 하였으나, 이미 위 선거가 종료되었으므로 심판대상조항에 의한 주관적인 기본권의 침해상태는 종료되었다고 볼 수 있다.

한편 헌법소원제도는 개인의 주관적 권리구제뿐 아니라 객관적인 헌법질서의 수호·유지의 기능도 아울러 가지고 있으므로 주관적인 권리보호이익이 소멸된 경우라도 그러한 기본권 침해행위가 반복될 위험이 있거나 그에 관한 헌법적 해명이 긴요한 경우에는 예외적으로 심판의 이익을 인정하는 것이 헌법재판소의 확립된 판례이다(헌재 1997. 3. 27. 92헌마273; 헌재 2009. 7. 30. 2007헌마732 참조). 이와 관련하여 제21대 국회의원선거가 종료되었더라도 제22대 국회의원선거가 필연적으로 도래할 것이므로 여전히 심판의 이익이 존재한다는 견해가 있을 수 있으나, 국회의원선거가 4년마다 주기적으로 반복된다는 사정만으로 기본권 침해의 반복가능성이 곧바로 인정된다고 보기는 어렵다. 법령에 의한 기본권 침해가능성은 해당 조항에 대하여 법적 관련성을 가지는 사람이 있는 경우 그의 주장에 의하여 비로소 구체화되며, 청구인들이 제22대 국회의원 선거에서 다시 심판대상조항의 적용을 받게 될지 여부도 불확실하다. 추상적이며 계속적 규범력을 가지는 법령의 적용을 받는 일정한 사건, 또는 수범자가 존재할 수 있다는 이유만으로 기본권 침해가능성 및 그 반복가능성을 인정할 경우 예외적 심판의 이익의 인정범위가 지나치게 확대되어 구체적 권리구제수단으로서의 헌법소원심판의 성격을 변질시킬 수 있으며, 헌법소원심판 청구를 위한 적법요건을 무의미하게 할 수 있다.

다. 따라서 이 사건 심판청구는 주관적 권리보호이익이 인정되지 않을 뿐만 아니라 예외적 심판의 이익도 인정되지 아니하여 부적법하므로, 이를 이유로 각하하여야 한다.

재판관 유남석 이선애 이석태 이은애 이종석 이영진 김기영 문형배 이미선

46. 세무사법 제3조 등 위헌확인 등

[2021. 7. 15. 2018헌마279·344, 2020헌마961(병합)]

【판시사항】

1. 변호사의 자격이 있는 자에게 더 이상 세무사 자격을 부여하지 않는 구 세무사법 제3조(이하 '이 사건 법률조항'이라 한다)가 시행일 이후 변호사 자격을 취득한 청구인들의 직업선택의 자유를 침해하는지 여부(소극)

2. 이 사건 법률조항의 시행일과 시행일 당시 종전 규정에 따라 세무사의 자격이 있던 변호사는 개정 규정에도 불구하고 세무사 자격이 있는 것으로 변호사의 세무사 자격에 관한 경과조치를 정하고 있는 세무사법 부칙(2017. 12. 26. 법률 제15288호) 제1조 중 세무사법 제3조에 관한 부분 및 제2조(이하 '이 사건 부칙조항'이라 한다)가 신뢰보호원칙에 반하여 청구인들의 직업선택의 자유를 침해하는지 여부(소극)

3. 이 사건 부칙조항이 청구인들의 평등권을 침해하는지 여부(소극)

【결정요지】

1. 이 사건 법률조항은 세무사 자격시험에 합격한 사람 이외에 변호사 자격 소지자에 대하여 세무사 자격을 인정(이하 '세무사 자격 자동부여'라 한다)하는 것과 관련된 특혜시비를 없애고 세무사시험에 응시하는 일반 국민과의 형평을 도모함과 동시에 세무분야의 전문성을 제고하여 소비자에게 고품질의 세무서비스를 제공하고자 마련된 조항이다. 이와 같은 입법목적은 정당하고, 변호사에 대한 세무사 자격 자동부여 제도의 폐지는 입법목적을 달성하기 위한 적합한 수단이다.

변호사가 세무나 회계 등과 관련한 법률사무를 처리할 수 있다고 하여 변호사에게 반드시 세무사의 자격이 부여되어야 하는 것은 아니고 변호사에 대하여 세무사 자격을 부여할 것인지 여부는 국가가 입법 정책적으로 결정할 사안이라는 점, 세무사법은 세무사 제도가 정착되고 세무대리시장의 수급이 안정됨에 따라 세무사 자격 자동부여 대상을 점차 축소하는 방향으로 개정되어 왔다는 점, 변호사에게 세무사의 자격을 부여하면서도 현행법상 실무교육에 더하여 세무대리업무에 특화된 추가교육을 이수하도록 하는 등의 대안을 통해서는 세무사 자격 자동부여와 관련된 특혜시비를 없애고 일반 국민과의 형평을 도모한다는 입법목적을 달성할 수 없는 점, 변호사의 자격을 가진 사람은 세무사 자격이 없더라도 세무사법 제2조 각호에 열거되어 있는 세무사의 직무 중 변호사의 직무로서 할 수 있는 세무대리를 수행할 수 있고 현행법상 조세소송대리는 변호사만이 독점적으로 수행할 수 있는 점 등을 고려하면, 이 사건 법률조항이 피해의 최소성 원칙에 반한다고 보기 어렵다.

나아가, 청구인들은 이 사건 법률조항으로 인하여 변호사의 직무로서 세무대리를 하는 것 외에는 세무대리를 할 수 없게 되어 업무의 범위가 축소되는 불이익을 입었으나, 이러한 불이익이 위 조항으로 달성하고자 하는 공익보다 크다고 볼 수 없다.

따라서 이 사건 법률조항은 과잉금지원칙에 반하여 청구인들의 직업선택의 자유를 침해한다고 볼 수 없다.

2. 이 사건 부칙조항은 이 사건 법률조항의 공익적 목적을 달성하기 위하여 그 시행일을 2018. 1. 1.로 정하고 변호사의 세무사 자격에 관한 경과조치를 규정한 것이다. 청구인들의 신뢰는 입법자에 의하여 꾸준히 축소되어 온 세무사 자격 자동부여 제도에 관한 것으로서

그 보호의 필요성이 크다고 보기 어렵다. 나아가 설령 그것이 보호가치가 있는 신뢰라고 하더라도 변호사인 청구인들은 변호사법 제3조에 따라 변호사의 직무로서 세무대리를 할 수 있으므로 신뢰이익을 침해 받는 정도가 이 사건 부칙조항이 달성하고자 하는 공익에 비하여 크다고 보기 어렵다. 따라서 이 사건 부칙조항은 신뢰보호원칙을 위배하여 청구인들의 직업선택의 자유를 침해하지 않는다.

3. 이 사건 부칙조항이 2017. 12. 26. 개정된 이 사건 법률조항의 시행일을 2018. 1. 1.로 정한 것은 이 사건 법률조항의 입법목적을 가급적 빨리 달성하기 위한 고려에서 내려진 입법적 결단으로 인정할 수 있다. 또한, 이 사건 부칙조항은 이 사건 법률조항의 시행일인 2018. 1. 1.을 기준으로 이미 변호사 자격을 취득한 사람과 그렇지 않은 사람을 달리 취급하고 있다. 위 두 집단은 사법연수원 입소 당시 또는 법학전문대학원 입학 당시 장차 변호사 자격을 취득하면 세무사 자격도 자동으로 부여받을 수 있으리라는 기대를 갖고 있었다는 점에 있어서는 동일하다고 할 수 있다. 그러나 전자는 2018. 1. 1. 당시 이미 변호사 자격을 취득함으로써 개정 전 세무사법에 따를 경우 세무사 자격을 자동으로 부여받을 수 있는 요건을 현실적으로 구비하고 있었던 반면, 후자는 2018. 1. 1. 당시 그와 같은 요건을 현실적으로 구비하고 있지 않은 채 장차 변호사 자격을 취득하면 세무사 자격까지 자동으로 부여받을 수 있으리라는 기대만을 갖고 있었던 것에 그친다. 후자의 경우 본인 및 주위 여건에 따라 사법연수원 과정이나 법학전문대학원 과정을 마치지 못할 가능성 내지 법학전문대학원 졸업 후 변호사시험에 합격하지 못할 가능성 역시 배제할 수는 없다는 점에서도 전자와는 분명한 차이가 있다.

이러한 점을 고려하면, 이 사건 부칙조항이 2018. 1. 1.을 기준으로 이미 변호사 자격을 취득한 사람과 그렇지 않은 사람을 달리 취급하는 것에는 합리적인 이유가 있으므로, 위 조항은 청구인들의 평등권을 침해하지 않는다.

재판관 이선애, 재판관 이은애, 재판관 이종석, 재판관 이영진의 이 사건 법률조항에 대한 반대의견

이 사건 법률조항은 표면적으로 제시된 입법목적과 달리, 세무사 자격시험 합격자가 세무서비스 시장에서 가지는 지배력을 강화하고 나아가 법학전문대학원 교육이념의 취지에 부합하는 법조인을 양성하기 위한 국가의 협력의무 이행을 저해하는 것으로서, 정당한 입법목적을 추구하는 것이라고 보기 힘들다. 설령 입법목적을 '세무분야의 전문성 제고'라고 파악하여 그 정당성을 인정하더라도, 변호사에게는 세무사로서 수행할 수 있는 세무대리업무 전반에 관해 전문성이 인정되므로 수단의 적합성을 인정할 수 없다.

자격제도의 속성상 이미 전문성을 갖추고 있는 사람뿐만 아니라 어느 정도의 교육만 받으면 실제 업무수행이 가능하다고 판단되는 사람을 포함하여, 실질적으로 당해 직업의 업무를 원활히 수행하는 데 필요한 능력과 지식 등을 갖춘 것으로 인정되는 사람이라면 모두에게 자격을 부여하여야 함이 원칙이다. 이러한 점에서 변호사에게 세무사 자격은 부여하되 추가 교육 이수 등의 대안을 마련함으로써도, 입법목적을 동일한 정도로 달성할 수 있다. 그럼에도 변호사에게 세무사 자격 자체를 부여하지 않는 이 사건 법률조항은, 피해의 최소성 원칙을 충족하지 못한다.

이 사건 법률조항으로 인해 청구인들은 세무대리업무에 관한 능력이나 전문성을 갖춘 경우라고 하더라도 세무사로서 세무대리업무를 일체 할 수 없게 되므로, 제한받는 사익은 중대하다. 반면, 소비자의 세무서비스 선택 폭이 좁아지고 특히 기장업무부터 행정소송까지 일관된 서비스를 원스톱으로 제공받을 가능성이 봉쇄되는바, 이 사건 법률조항으로 세무분야의 전문성 제고라는 공익이 얼마나 달성될 수 있을지는 의문이다. 따라서 이 사건 법률조항은 법익의 균형성 원칙도 충족하지 못한다.

이 사건 법률조항은 과잉금지원칙에 반하여 직업선택의 자유를 침해한다.

재판관 이선애, 재판관 이은애, 재판관 이종석, 재판관 이영진, 재판관 김기영의 이 사건 부칙조항에 대한 헌법불합치 의견

변호사에 대한 세무사 자격 부여제도는 1961년 세무사법 제정 이래 50년 이상 줄곧 시행되어 왔으며, 단시일 내에 폐지 또는 변경되리라고 예상될 만한 사정은 없었다. 이 사건 법률조항으로 개정되면서, 세무사 자격시험의 일부 면제나 유예기간 조항 등도 마련되지 않았다. 따라서 이 사건 부칙조항으로 인한 신뢰이익의 침해정도는 중대하다. 반면, 세무분야의 전문성 제고라는 공익의 실현이 장기적 관점에서 필요한 것이라고 하더라도, 이미 변호사 자격 취득을 위한 단계에 진입한 사람에게까지 시급히 적용해야 할 정도로 긴요하다고 보기는 어렵다. 이 사건 부칙조항은 신뢰보호원칙에 반하여 직업선택의 자유를 침해한다.

다만, 단순위헌을 선고할 경우 이 사건 부칙조항에 의하여 세무사 자격을 취득할 수 있는 사람들마저 그 근거규정이 사라져버리게 되므로, 헌법불합치를 선고할 필요가 있다. 아울러 이 사건 부칙조항을 개정함에 있어서는, '2018. 1. 1. 이전에 사법시험에 합격한 사람 또는 2018. 1. 1. 이전에 공고된 법학전문대학원 입학전형에 지원하여 입학자로 선발된 사람으로서, 각 2018. 1. 1. 후에 변호사 자격을 취득하는 사람'에게 세무사 자격이 부여될 수 있도록 입법적 배려를 해야 함을 밝힌다.

【심판대상조문】

구 세무사법(2017. 12. 26. 법률 제15288호로 개정되고, 2020. 6. 9. 법률 제17339호로 개정되기 전의 것) 제3조

세무사법 부칙(2017. 12. 26. 법률 제15288호) 제1조 중 세무사법 제3조에 관한 부분, 제2조

【참조조문】

헌법 제11조 제1항, 제15조

구 세무사법(2013. 1. 1. 법률 제11610호로 개정되고, 2018. 12. 31. 법률 제16103호로 개정되기 전의 것) 제6조 제1항

세무사법(2009. 1. 30. 법률 제9348호로 개정된 것) 제20조 제1항, 제20조의2 제1항

법인세법(2015. 12. 15. 법률 제13555호로 개정된 것) 제60조 제9항

소득세법(2015. 12. 15. 법률 제13558호로 개정된 것) 제70조 제6항

변호사법(2011. 5. 17. 법률 제10627호로 개정된 것) 제4조

【참조판례】

1. 헌재 2001. 9. 27. 2000헌마152, 판례집 13-2, 338, 345

헌재 2016. 3. 31. 2013헌마585등, 판례집 28-1상, 453, 464

헌재 2018. 4. 26. 2015헌가19, 판례집 30-1상, 530, 540

헌재 2019. 8. 29. 2016헌가16, 판례집 31-2상, 94, 104

2. 헌재 2002. 11. 28. 2002헌바45, 판례집 14-2, 704, 713

헌재 2007. 2. 22. 2003헌마428등, 판례집 19-1, 118, 145-146

헌재 2012. 11. 29. 2011헌마786등, 판례집 24-2하, 214, 221

【당 사 자】

청 구 인 [별지 1] 명단과 같음

【주 문】

이 사건 심판청구를 모두 기각한다.

【이 유】

1. 사건개요

가. 청구인들의 지위

2018헌마279 사건의 청구인들은 2018. 1. 31. 사법연수원을 47기로 수료하여 변호사 자격을 취득하였고, 2018헌마344 사건의 청구인은 이 사건 심판청구 직후인 2018. 4. 20. 제7회 변호사시험에 합격하여 변호사 자격을 취득하였으며, 2020헌마961 사건의 청구인들은 2020. 4. 24. 제9회 변호사시험에 합격하여 변호사 자격을 취득하였다.

나. 헌법소원 심판청구

1961. 9. 9. 세무사법 제정 이후 50년 이상 변호사는 세무사법 제3조에 의하여 세무사 자격을 부여받아 왔다. 그러나 2017. 12. 26. 법률 제15288호로 개정된 세무사법은 세무사 자격시험에 합격한 사람 이외에 세무사의 자격을 인정(이하 '세무사 자격 자동부여'라 한다)하는 대상 중 변호사를 열거하고 있던 제3조 제3호를 삭제하면서, 세무사법 부칙(2017. 12. 26. 법률 제15288호) 제1조를 통해 위 법의 시행일을 2018. 1. 1.로 정하고, 위 부칙 제2조를 통해 위 법 시행 당시 종전의 제3조 제3호의 규정에 따라 세무사의 자격이 있던 사람은 개정규정에도 불구하고 세무사 자격이 있는 것으로 본다는 경과조치를 마련하였다. 그 결과 개정 세무사법의 시행일인 2018. 1. 1. 후에 비로소 변호사 자격을 취득한 사람은 더 이상 세무사 자격을 자동으로 부여받지는 못하게 되었다.

이에 2018. 1. 1. 후에 변호사 자격을 취득한 청구인들은 위와 같은 개정 세무사법 제3조, 부칙 제1조, 제2조가 청구인들의 평등권, 직업선택의 자유, 행복추구권 등 기본권을 침해한다고 주장하면서 이 사건 헌법소원 심판을 청구하였다.

2. 심판대상

청구인들은 세무사법 제3조, 세무사법 부칙(2017. 12. 26. 법률 제15288호) 제1조, 제2조가 2018. 1. 1. 후에 변호사 자격을 취득한 사람에게는 더 이상 세무사 자격을 자동으로 부여하지 않아 청구인들의 기본권을 침해한다며 위 조항들을 심판대상조항으로 삼았다. 그런데 이 중 위 세무사법 부칙 제1조는 개정된 세무사법의 시행일을 2018. 1. 1.로 정하는 일반적인 규정으로서, 청구인들은 그 중에서도 개정 세무사법 제3조의 시행일이 2018. 1. 1.로 정해진 것의 위헌성만을 다투고 있으므로, 심판대상조항을 위 부칙 제1조 중 세무사법 제3조에 관한 부분으로 한정한다.

따라서 이 사건의 심판대상은 구 세무사법(2017. 12. 26. 법률 제15288호로 개정되고, 2020. 6. 9. 법률 제17339호로 개정되기 전의 것) 제3조(이하 '이 사건 법률조항'이라 한다), 세무사법 부칙(2017. 12. 26. 법률 제15288호) 제1조 중 세무사법 제3조에 관한 부분 및 제2조(이하 '이 사건 부칙조항'이라 하고, 이 사건 법률조항과 이 사건 부칙조항을 통칭하여 '심판대상조항'이라 한다)가 청구인들의 기본권을 침해하는지 여부이다. 심판대상조항은 아래와 같고, 관련조항은 [별지 2]와 같다.

[심판대상조항]

구 세무사법(2017. 12. 26. 법률 제15288호로 개정되고, 2020. 6. 9. 법률 제17339호로 개정되기 전의 것)

제3조(세무사의 자격) 다음 각 호의 어느 하나에 해당하는 자는 세무사의 자격이 있다.

1. 제5조의 세무사 자격시험에 합격한 자
2. 삭제 〈2012.1.26〉
3. 변호사의 자격이 있는 자 〈삭제, 2017. 12. 26.〉

세무사법 부칙(2017. 12. 26. 법률 제15288호)

제1조(시행일) 이 법은 2018년 1월 1일부터 시행한다.

제2조(변호사의 세무사 자격에 관한 경과조치) 이 법 시행 당시 종전의 제3조 제3호에 따라 세무사의 자격이 있던 사람은 제3조 제3호의 개정규정에도 불구하고 세무사 자격이 있는 것으로 본다.

3. 청구인들의 주장

가. 이 사건 법률조항

변호사는 1961. 9. 9. 세무사법 제정 이후 약 50년 이상 세무사법 제3조에 의해 세무사의 자격을 부여받아왔다. 그런데 이 사건 법률조항은 변호사의 세무사 자격 취득 규정을 삭제하여 개정법의 시행일인 2018. 1. 1. 후에 변호사 자격을 취득한 청구인들은 더 이상 세무사 자격을 자동으로 취득하지 못하게 되었는데, 이는 청구인들의 직업선택의 자유, 행복추구권 등을 침해한다.

나. 이 사건 부칙조항

(1) 신뢰보호원칙 위반

이 사건 부칙조항은 이 사건 법률조항의 시행일인 2018. 1. 1. 당시 법학전문대학원 과정을 마치고 제7회 변호사시험 응시(2018. 1. 9.부터 2018. 1. 13.까지 시험응시)와 학위수여(2018. 2.경 학위수여)를 앞두고 있던 사람이 세무사 자격 자동부여에 대하여 갖고 있던 신뢰이익을 과도하게 침해한다.

(2) 평등권 침해

이 사건 부칙조항은 합리적 이유 없이 2018. 1. 1. 이전에 변호사 자격을 취득한 사람과 2018. 1. 1. 후에 변호사 자격을 취득한 사람을 달리 취급하고, 변호사의 업무범위를 법무사 등 다른 전문직종의 업무범위와 달리 차별적으로 설정하여, 청구인들의 평등권을 침해한다.

4. 판 단

가. 세무사 자격 조항의 개정 경과 등

(1) 1961. 9. 9. 법률 제712호로 제정된 세무사법은 ① 변호사, ② 계리사, ③ 세무사고시에 합격한 사람, ④ 상법·재정학·회계학 또는 경영경제학에 의하여 박사 또는 석사학위를 받은 사람, ⑤ 교수자격인정령에 의한 자격을 가진 전임강사 이상의 교원으로서 상법·회계학·재정학·조세론 또는 경영경제학을 1년 이상 교수한 사람, ⑥ 상법·회계학·재정학 중 1과목 이상을 선택하여 고등고시에 합격한 사람, ⑦ 고등학교 이상의 졸업자로서 국세 또는 지방세에 관한 행정사무에 통산 10년 이상 근무한 사람에게 세무사의 자격을 부여하였다.

그 뒤 경제 발전에 따라 조세 관련 법령이 복잡해지고 세무사 자격 소지자가 늘어나자 1972. 12. 8. 법률 제2358호로 개정된 세무사법은 세무사 자격 인정 범위를 줄여 ① 세무사시험에 합격한 사람, ② 국세에 관한 행정사무에 종사한 경력이 10년 이상인 사람으로서 그 중 일반직 3급 이상 공무원으로 5년 이상 재직한 사람, ③ 공인회계사, ④ 변호사에게만 세무사의 자격을 부여하였다.

이후 1999. 12. 31. 법률 제6080호로 개정된 세무사법은 국세 관련 경력공무원에게 세무사 자격을 부여하던 규정을, 2012. 1. 26. 법률 제11209호로 개정된 세무사법은 공인회계사에게 세무사 자격을 부여하던 규정을 각각 삭제하였다. 그 결과 이 사건에서 문제되는 세무사법 개정 전까지 세무사 자격 자동부여 대상으로 변호사만이 마지막으로 남게 되었다.

그런데 앞서 살펴본 것처럼 세무사법이 2017. 12. 26. 법률 제15288호로 개정되면서 변호사에게 세무사의 자격을 자동으로 부여하도록 규정하고 있었던 제3조 제3호가 삭제되었다(이 사건 법률조항). 이 사건 부칙조항은 위와 같은 개정규정의 시행일을 2018. 1. 1.로 정하면서(제1조), 위 개정법 시행 당시 종전 제3조 제3호에 의하여 세무사의 자격이 있던 사람은 이 사건 법률조항에도 불구하고 세무사 자격을 유지하는 경과조치를 마련하였다(제2조). 이에 따라 위 개정법 시행일인 2018. 1. 1. 후에 변호사의 자격을 취득하는 사람은 세무사의 자격을 자동으로 부여받지 못하게 되었다.

(2) 위와 같이 세무사법은 2017. 12. 26. 법률 제15288호로 개정되기 전까지 변호사에게 세무사 자격을 부여하고 있었다. 그런데 세무사법이 2003. 12. 31. 법률 제7032호로 개정되면서 세무사 자격을 가진 사람 중 세무사 자격시험에 합격한 사람만이 세무사등록부에 등록하여 세무대리를 할 수 있게 되었다(제6조 제1항, 제20조 제1항 본문). 그 결과 위 개정법의 시행일인 2003. 12. 31.부터 변호사에 대한 세무사 자격 자동부여제도를 폐지한 이 사건 법률조항의 시행일 전인 2017. 12. 31.까지 사이에 변호사의 자격을 취득한 사람 중 2003. 12. 31. 당시 사법시험에 합격하였거나 사법연수생이었던 사람을 제외한 사람은 세무사의 자격이 인정됨에도 불구하고 세무사등록부에 등록을 할 수 없어 '세무사로서' 세무대리를 할 수 없게 되었다.

이에 대하여 헌법재판소는 2018. 4. 26. 선고한 2015헌가19 결정에서, 위 2003. 12. 31.자로 개정된 세무사법 제6조 제1항과 제20조 제1항 본문 중 변호사에 관한 부분이 세무사의 자격을 보유한 변호사에 대하여 세무사로서의 세무대리를 일체 할 수 없도록 전면 금지하는 것은 세무사 자격 부여의 의미를 상실시키는 것일 뿐만 아니라 자격제도를 규율하고 있는 법 전체의 체계상으로도 모순되고, 세무사 자격을 보유한 변호사의 세무사 자격에 기한 직업선택의 자유를 지나치게 제한한다는 이유로 헌법불합치결정을 하였다.

나. 쟁점

(1) 이 사건 법률조항

(가) 이 사건 법률조항은 구 세무사법 제3조 제3호를 삭제함으로써 종전과 달리 청구인들과 같은 변호사에게 세무사 자격을 당연히 부여하지는 않고 있다. 이에 청구인들은 이 사건 법률조항이 청구인들의 직업선택의 자유뿐만 아니라 행복추구권을 침해한다고 주장

한다. 그러나 행복추구권은 다른 기본권에 대한 보충적 기본권으로서의 성격을 지니므로(헌재 2000. 12. 14. 99헌마112등; 헌재 2002. 8. 29. 2000헌가5등 참조), 이 사건 법률조항이 청구인들의 직업선택의 자유를 침해하는지 여부를 살펴보는 이상 행복추구권 침해 여부는 별도로 판단하지 않는다.

(나) 청구인들은, 법무사법이 법무사에게 각종 신청대리 권한을 부여하는 것과 비교할 때 위 조항이 변호사와 법무사 등 다른 전문직종의 업무범위를 합리적 이유 없이 차별적으로 취급하여 청구인들의 평등권을 침해한다고 주장한다. 그러나 이 사건 법률조항은 2018. 1. 1. 후에 변호사 자격을 취득한 사람에게 일률적으로 적용되는 것으로서 법무사와 변호사를 차별하는 내용이 아니다. 뿐만 아니라 변호사 자격제도와 법무사를 포함한 그 밖에 다른 전문직종 자격제도는 서로 그 도입배경과 목적, 각 전문분야가 갖는 특성과 그 업무의 성격, 각 전문분야의 자격요건 및 직무수행에 있어서의 통제 내용 등이 서로 달라 본질적으로 동일한 것이라고 볼 수 없으므로 평등권 침해를 논할 비교집단이라고 보기 어렵다. 따라서 단순히 법무사법이 법무사로 하여금 각종 신청대리 권한을 부여하고 있다는 이유로, 이 사건 법률조항이 변호사 자격 소지자를 법무사 자격 소지자에 비해 차별취급하고 있다고 볼 수 없으므로, 이 부분 청구인들의 주장에 관하여는 더 나아가 판단하지 않는다.

(2) 이 사건 부칙조항

(가) 이 사건 부칙조항은 이 사건 법률조항의 시행일인 2018. 1. 1. 당시 종전 규정의 자격부여요건(변호사 자격 소지)을 충족하여 세무사의 자격이 있던 변호사는 이 사건 법률조항에도 불구하고 세무사 자격이 있는 것으로 규정하고 있다. 따라서 위 위 기준일 현재 자격부여요건을 충족하지 못한 청구인들에게는 세무사 자격이 부여될 여지가 없게 되었는데, 청구인들에 대하여 세무사 자격 자동부여를 배제하는 이 사건 부칙조항이 신뢰보호원칙에 반하여 청구인들의 직업선택의 자유를 침해하는지 여부가 문제된다.

(나) 이 사건 부칙조항은 2018. 1. 1. 이전에 변호사 자격을 취득한 사람과 2018. 1. 1. 후에 변호사 자격을 취득한 사람을 달리 취급하고 있는바, 이와 같은 취급이 청구인들의 평등권을 침해하는지 여부가 문제된다.

다. 이 사건 법률조항에 대한 판단

(1) 제한되는 기본권

헌법 제15조는 "모든 국민은 직업선택의 자유를 가진다."라고 규정하여 개인이 원하는 직업을 자유롭게 선택하는 '좁은 의미의 직업선택의 자유'와 그가 선택한 직업을 자기가 원하는 방식으로 자유롭게 수행할 수 있는 '직업수행의 자유'를 보장하고 있다(헌재 2016. 3. 31. 2013헌마585등 참조).

이 사건 법률조항은 종전과 달리 변호사의 자격이 있는 사람으로 하여금 '세무사로서' 세무대리업무를 수행하기 위해서는 별도로 세무사 자격시험에 합격할 것을 요구하여 세무사라는 직업을 선택할 수 있는 자유를 제한한다.

(2) 과잉금지원칙 위반 여부

(가) 목적의 정당성 및 수단의 적합성

변호사 자격 소지자에 대한 세무사 자격 자동부여와 관련된 특혜시비를 없애고 세무사시험에 응시하는 일반 국민과의 형평을 도모함과 동시에 세무분야의 전문성을 제고함으로써 소비자에게 고품질의 세무서비스를 제공하고자 마련된 이 사건 법률조항의 입법목적은 정당하다. 또한 이 사건 법률조항이 변호사에 대한 세무사 자격 자동부여제도를 폐지한 것은 이러한 입법목적을 달성하기 위한 적합한 수단이다.

(나) 피해의 최소성

1) 직업선택의 자유는 자신이 원하는 직업 내지 직종을 자유롭게 선택하고, 선택한 직업을 자유롭게 수행할 수 있음을 그 내용으로 하는 것이지, 특정인에게 배타적·우월적인 직업선택권이나 독점적인 직업활동의 자유까지 보장하는 것은 아니다(헌재 2001. 9. 27. 2000헌마152 참조). 또한 입법자는 일정한 전문분야에 관한 자격제도를 마련함에 있어서 그 제도를 마련한 목적을 고려하여 정책적인 판단에 따라 그 내용을 구성할 수 있고, 입법자가 마련한 자격제도의 내용이 명백히 불합리하고 불공정하지 않는 한 원칙적으로 입법자의 정책판단은 존중되어야 한다(헌재 2019. 8. 29. 2016헌가16 참조). 따라서 변호사에 대하여 세무사 자격을 부여할 것인지 여부는 국가가 입법정책적으로 결정할 사안이다.

2) 적정한 세무제도의 운영은 근대적 경제성장을 이룩하기 위한 제도적 토대로서 법과 규정을 완비하는 것뿐만 아니라 세무에 관한 전문지식을 이해하고 적용할 수 있는 전문 인력이 확보됨으로써 실현 가능해진다. 이에 국가는 세무사라는 자격제도를 창설하여 이들 전문 인력을 질적·양적 측면에서 관리해 왔다. 앞서 살펴

본 것처럼 세무사법은 세무사제도의 신설 당시에는 전문 인력의 수급문제를 해결하기 위해 변호사, 계리사 외에도 관련 분야의 석·박사, 교수 등에게 세무사 자격을 자동으로 부여하였지만, 세무사 자격시험 합격자가 매해 꾸준히 배출되어 다른 자격사에 대한 세무사 자격 자동부여 없이도 원활한 세무서비스의 공급이 가능해지는 등 세무사제도가 정착되고 세무대리시장의 수급이 안정됨에 따라 세무사 자격 자동부여제도는 그 범위를 점차 축소하는 방향으로 개정되어 왔다.

3) 우리나라는 변호사 이외에도 법률문제를 다루는 법무사, 노무사, 관세사, 감정평가사, 공인중개사 등 전문자격제도를 오랜 기간 시행하여 옴으로써 각 고유의 업무영역을 확보하여 왔다. 이와 같은 법률 관련 전문자격사의 업무는 변호사의 직무와 중첩되는 경우가 많지만, 위 전문자격제도에 관한 개별 법률에서 변호사에게 해당 자격을 자동으로 부여하고 있지는 않다. 세무사로서 세무대리업무를 적정하게 수행하기 위해서는 세법 및 이를 해석·적용하는 과정에 수반되는 관련 법령에 대한 전문적인 지식이 요구되므로 법률전문가인 변호사에게 세무사로서 세무대리업무를 수행할 전문성이 인정된다는 주장이 있을 수 있으나, 변호사가 세무나 회계 등과 관련한 법률사무를 처리할 수 있다고 하여 변호사에게 반드시 세무사의 자격이 부여되어야 하는 것은 아니다. 전문자격제도를 창설하면서 변호사에게 그 전문자격을 부여할지 여부는 그 분야의 전문가에 대한 수요와 해당 전문자격사의 공급 사이의 균형 등 제반 사정을 고려하여 입법자가 정책적으로 판단하여 정할 수 있는 문제인 것이다.

또한 세무분야의 전문성을 제고함으로써 소비자에게 고품질의 세무서비스를 제공한다는 입법목적은 변호사에게 세무사의 자격을 부여하면서도 현행법상의 실무교육에 더하여 세무대리업무에 특화된 추가교육을 이수하도록 하거나 수행가능한 세무대리업무의 범위를 차등화하는 등의 대안을 통해서도 달성할 수 있다는 주장이 있을 수 있으나, 위와 같은 방법은 세무사 자격 자동부여와 관련된 특혜시비를 없애고 세무사시험에 응시하는 일반 국민과의 형평을 도모한다는 입법목적을 달성하는 방법이 될 수는 없다.

4) 한편 세무사법 제20조 제1항은 세무사등록부에 등록을 하지 않은 사람의 세무대리를 금지하면서도 변호사법 제3조에 따라 변호사의 직무로서 행하는 경우에는 세무대리를 할 수 있는 것으로 규정하고 있다. 이에 따라 변호사의 자격을 가진 사람은 세무사 자격이 없더라도 세무사법 제2조 각호에 열거되어 있는 세무사의 직무 중 조세에 관한 신고·신청·청구 등의 대리, 조세에 관한 상담 또는 자문, 세무관서의 조사 또는 처분 등과 관련된 납세자 의견진술의 대리, '부동산 가격공시에 관한 법률'에 따른 개별공시지가 및 단독주택가격·공동주택가격의 공시에 관한 이의신청의 대리 등 변호사의 직무로서 할 수 있는 세무대리를 수행할 수 있다. 또한 현행법상 조세소송대리는 변호사만이 독점적으로 수행할 수 있다.

5) 이상의 사정을 종합하여 보면, 세무사 자격시험에 합격한 사람에 대하여만 세무사 자격을 부여하는 이 사건 법률조항이 피해의 최소성 원칙에 반한다고 보기 어렵다.

(다) 법익의 균형성

이 사건 법률조항으로 달성하려는 공익은 변호사 자격 소지자와 세무사시험에 응시하는 일반 국민 사이의 형평을 도모함과 동시에 세무분야의 전문성을 제고하여 소비자에게 고품질의 세무서비스를 제공하고자 하는 것이다. 반면 청구인들은 변호사 자격을 취득함으로써 세무사 자격도 자동으로 취득하여 업무의 범위를 '세무사로서' 할 수 있는 세무대리업무까지 넓히고자 하였으나, 이 사건 법률조항으로 인하여 변호사의 직무로서 세무대리를 하는 외에는 세무대리를 할 수 없게 되어 업무의 범위가 축소되는 불이익을 입었는바, 이러한 불이익이 이 사건 법률조항으로 달성하고자 하는 공익보다 크다고 볼 수 없으므로, 이 사건 법률조항은 법익의 균형성도 충족한다.

(라) 소결론

따라서 이 사건 법률조항이 과잉금지원칙에 반하여 청구인들의 직업선택의 자유를 침해한다고 볼 수 없다.

한편, 앞서 살펴본 바와 같이 헌법재판소는 세무사 자격시험에 합격하여 세무사의 자격이 있는 사람만 세무사등록부에 등록할 수 있도록 한 세무사법 제6조 제1항 및 위 조항에 따라 등록을 한 사람이 아니면 세무대리를 할 수 없도록 한 세무사법 제20조 제1항 본문 중 변호사에 관한 부분에 관하여 헌법불합치 결정을 내렸다(헌재 2018. 4. 26. 2015헌가19). 그런데 위 2015헌가19 사건에서는 세무사의 자격을 이미 보유한 변호사로 하여금 세무사등록부에 등록을 하지 못하도록 하여 '세무사로서' 그 직무에 해당하는 세무대리를 일체 할 수 없게 하였던 세무사법 조항의 위헌 여부가 쟁점이었던 데 반해, 이 사건의 경우에는 변호사에게 세무사 자격을 더 이상 자동으로 부여하지 않고 있는 이 사건 법률조항의 위헌 여부가 문제된다는 점에서 위 선례와는 쟁점이 다르다.

라. 이 사건 부칙조항에 대한 판단

(1) 재판관 유남석, 재판관 이석태, 재판관 문형배, 재판관 이미선의 기각의견

(가) 신뢰보호원칙에 반하여 직업선택의 자유를 침해하는지 여부

1) 보호가치 있는 신뢰이익의 존재 여부

가) 일반적으로 국민이 어떤 법률이나 제도가 장래에도 그대로 존속될 것이라는 합리적인 신뢰를 바탕으로 하여 일정한 법적 지위를 형성한 경우, 국가는 그와 같은 법적 지위와 관련된 법규나 제도의 개폐에 있어서 법치국가의 원칙에 따라 국민의 신뢰를 최대한 보호하여 법적 안정성을 도모하여야 한다. 따라서 법률의 제정이나 개정시 구법질서에 대한 당사자의 신뢰가 합리적이고도 정당하며 법률의 제정이나 개정으로 야기되는 당사자의 손해가 극심하여 새로운 입법으로 달성하고자 하는 공익적 목적이 그러한 당사자의 신뢰의 파괴를 정당화할 수 없다면, 그러한 새로운 입법은 허용될 수 없다. 그런데 사회환경이나 경제여건의 변화에 따른 필요성에 의하여 법률은 신축적으로 변할 수밖에 없고, 변경된 새로운 법질서와 기존의 법질서 사이에는 이해관계의 상충이 불가피하다. 따라서 국민이 가지는 모든 기대 내지 신뢰가 헌법상 권리로서 보호될 것은 아니고, 신뢰의 근거 및 종류, 상실된 이익의 중요성, 침해의 방법 등에 비추어 종전 법규·제도의 존속에 대한 개인의 신뢰가 합리적이어서 권리로서 보호될 필요성이 인정되어야 한다. 그러므로 신뢰보호원칙의 위반 여부는 한편으로는 침해받은 신뢰이익의 보호가치, 침해의 중한 정도, 신뢰침해의 방법 등과 다른 한편으로는 새 입법을 통해 실현하고자 하는 공익목적을 종합적으로 비교형량하여 판단하여야 한다(헌재 2007. 2. 22. 2003헌마428등; 헌재 2012. 11. 29. 2011헌마786등 참조).

나) 법적 상태의 존속에 대한 개인의 신뢰는 그가 어느 정도로 법적 상태의 변화를 예측할 수 있었는지, 또는 예측하였어야 하는지 여부에 따라 상이한 강도를 가진다(헌재 2002. 11. 28. 2002헌바45 참조). 이 사건의 경우 청구인들이 세무사법이 2017. 12. 26. 법률 제15288호로 개정되기 전까지는 변호사 자격을 취득함으로써 자동으로 세무사 자격까지 부여받을 수 있다는 신뢰를 가지고 있었다는 점은 일응 인정할 수 있다. 그러나 세무사제도가 정착되고 세무대리시장의 수급이 안정됨에 따라 세무사 자격 자동부여제도는 그 범위를 점차 축소하는 방향으로 꾸준히 개정되어 왔고, 그 결과 세무사법이 2017. 12. 26. 법률 제15288호로 개정되기 전에는 세무사 자격 자동부여 대상으로 변호사만이 마지막으로 남아있었을 뿐인데, 이와 같은 시대적 추세에 비추어 볼 때 법조인이 되고자 하는 청구인들이 가지고 있던 신뢰, 즉 변호사 자격을 취득하기만 하면 세무사 자격 역시 자동으로 취득할 수 있다는 신뢰가 강도 높게 보호할 필요가 있는 신뢰라고 보기는 어렵다.

2) 공익의 중대성

이 사건 부칙조항은 전문자격이 세분화되는 시대상황에 발맞추어 변호사 자격 소지자에 대한 특혜시비를 없애고 세무사 자격시험에 응시하는 일반 국민과의 형평을 도모함과 동시에 세무분야의 전문성을 제고함으로써 소비자에게 고품질의 세무서비스를 제공한다는 이 사건 법률조항의 공익적 목적에 맞추어 경과조치를 규정한 것이다.

앞서 본 바와 같이 청구인들의 신뢰는 입법자에 의하여 꾸준히 축소되어 온 세무사 자격 자동부여제도에 관한 것으로서 그 보호의 필요성이 크다고 보기 어렵고, 설령 그것이 보호가치가 있는 신뢰라고 하더라도 변호사의 자격을 가진 청구인들은 변호사법 제3조에 따라 변호사의 직무로서 세무대리를 할 수 있는 점을 고려하면 신뢰이익을 침해받는 정도가 이 사건 부칙조항이 달성하고자 하는 세무분야의 전문성 제고 및 소비자에 대한 고품질의 세무서비스 제공이라는 공익에 비하여 크다고 보기도 어렵다.

3) 소결론

따라서 이 사건 부칙조항은 신뢰보호원칙을 위배하여 청구인들의 직업선택의 자유를 침해하지 않는다.

(나) 평등권을 침해하는지 여부

이 사건 부칙조항은 이 사건 법률조항의 시행일인 2018. 1. 1.을 기준으로 이미 변호사 자격을 취득한 사람과 그렇지 않은 사람을 달리 취급하고 있다.

그런데 개정법률의 시행일을 정하는 것은 원칙적으로 입법자의 재량에 맡겨진 사항으로서 그에 대하여는 입법형성권이 인정된다. 앞서 본 것과 같이 이 사건 법률조항의 입법목적은 변호사 자격 소지자에 대한 특혜

시비를 없애고 세무사 자격시험에 응시하는 일반 국민과의 형평을 도모함과 동시에 세무분야의 전문성을 제고함으로써 소비자에게 고품질의 세무서비스를 제공하려는 데에 있으므로, 개정일이 2017. 12. 26.인 이 사건 법률조항의 시행일을 2018. 1. 1.로 정한 것은 이와 같은 입법목적을 가급적 빨리 달성하기 위한 고려에서 내려진 입법적 결단으로 인정할 수 있다.

한편, 이 사건 법률조항의 시행일인 2018. 1. 1. 당시 변호사 자격을 취득한 사람과 2018. 1. 1. 당시에는 사법연수원 과정 중에 있거나 법학전문대학원에 재학 중 또는 법학전문대학원을 졸업하였다가 그 후에 비로소 변호사 자격을 취득한 사람은, 사법연수원 입소 당시 또는 법학전문대학원 입학 당시 장차 변호사 자격을 취득하면 세무사 자격도 자동으로 부여받을 수 있으리라는 기대를 갖고 있었다는 점에 있어서는 동일하다고 할 수 있다. 그러나 전자는 2018. 1. 1. 당시 이미 변호사 자격을 취득함으로써 개정 전 세무사법에 따를 경우 세무사 자격을 자동으로 부여받을 수 있는 요건을 현실적으로 구비하고 있었던 상태에서 이 사건 법률조항이 예외 없이 적용되면 그와 같은 세무사 자격 자동부여에 관한 권리를 박탈당하는 반면, 후자는 당시 사법연수원 과정 중에 있거나 법학전문대학원에 재학 중 또는 법학전문대학원을 졸업한 후 변호사시험 응시를 앞두고 있는 상태에서 장차 변호사 자격을 취득하면 세무사 자격까지 자동으로 부여받을 수 있으리라는 기대만을 갖고 있었던 것에 그친다. 후자의 경우 본인 및 주위 여건에 따라 사법연수원 과정이나 법학전문대학원 과정을 마치지 못할 가능성 내지 법학전문대학원 졸업 후 변호사시험에 합격하지 못할 가능성 역시 배제할 수는 없다는 점에서도 전자와는 분명한 차이가 있다.

이러한 점을 고려하면, 이 사건 부칙조항이 2018. 1. 1.을 기준으로 이미 변호사 자격을 취득한 사람과 그렇지 않은 사람을 달리 취급하는 것에는 합리적인 이유가 있는 것이므로, 청구인들의 평등권을 침해하지 않는다.

(2) 재판관 이선애, 재판관 이은애, 재판관 이종석, 재판관 이영진, 재판관 김기영의 헌법불합치의견

(가) 문제되는 신뢰이익의 범위

1) 이 사건 부칙조항은, 이 사건 법률조항으로의 개정에 관한 경과조치로 2018. 1. 1. 이전에 변호사 자격을 취득한 사람에 대해서만 세무사 자격을 인정하고 있다.

2) '사법시험에 합격하여 사법연수원 과정을 마친 자' 또는 '변호사시험에 합격한 자'에게는 변호사 자격이 부여되며(변호사법 제4조 참조), 변호사시험에 응시하기 위해서는 법학전문대학원의 석사학위를 취득하거나 3개월 이내에 취득할 예정이어야 한다(변호사시험법 제5조 제1항 및 제2항 참조). 따라서 이 사건 부칙조항과 관련하여서는 우선, 세무사 자격 부여제도를 신뢰한 채 상당한 시간과 노력을 들임으로써 '2018. 1. 1. 이전에 사법연수원에 입소한 사람 또는 2018. 1. 1. 이전에 법학전문대학원에 입학한 사람으로서, 각 2018. 1. 1. 후에 변호사 자격을 취득하는 사람'의 신뢰이익이 문제된다.

3) 그런데 사법연수원에 입소하기 위해서는 사법시험에 합격할 것이, 법학전문대학원에 입학하기 위해서는 법학전문대학원 입학전형에 지원하여 입학자로 선발될 것이 각각 요구되며, 변호사 자격 취득의 관점에서 보면 사법연수원 과정이나 법학전문대학원 과정 못지않게 사법시험 합격 과정과 법학전문대학원 입학자 선발 과정에도 상당한 시간과 노력이 들어가게 된다. 또한 사법시험에 합격하거나 법학전문대학원 입학자로 선발되면 특별한 사정이 없는 한 사법연수원에 입소하거나 법학전문대학원에 입학하게 되므로, '사법시험 합격'과 '사법연수원 입소', '법학전문대학원 입학자 선발'과 '법학전문대학원 입학'은 각각 불가분적인 일련의 절차를 이룬다고 봄이 타당하다.

특히 이 사건 부칙조항에서 문제되는 2018. 1. 1.이라는 시점은, 2017년 시행된 제59회 사법시험 및 2018학년도 법학전문대학원 입학전형에 따라 각각 최종합격자 발표가 있은 직후의 시점이자, 위와 같이 합격한 사람들이 사법연수원에 입소하거나 법학전문대학원에 입학하기 직전의 시점이다. 2018. 1. 1. 이전에 세무사 자격 부여제도를 신뢰한 채 상당한 시간과 노력을 들여 사법시험에 합격하거나 법학전문대학원 입학자로 선발됨으로써 이제 추가적인 시간이나 노력 투입 없이 사법연수원 입소 및 법학전문대학원 입학을 할 수 있게 된 상황에서 갑작스레 이 사건 법률조항을 적용받게 된 사람의 신뢰이익은, 2018. 1. 1. 이전에 이미 사법연수원에 입소하였거나 법학전문대학원에 입학한 사람의 신뢰이익에 못지않다고 하겠다.

4) 따라서 이하에서는, 이 사건 부칙조항이 청구인들을 포함하여 '2018. 1. 1. 이전에 사법시험에 합격한 사람 또는 2018. 1. 1. 이전에 공고된 법학전문대학원 입학전형에 지원하여 입학자로 선발된 사람으로서, 각

2018. 1. 1. 후에 변호사 자격을 취득하는 사람'의 신뢰이익을 침해하는 것인지 여부를 살핀다.

(나) 신뢰이익의 보호가치 및 침해정도

1) 구 세무사법(2009. 1. 30. 법률 제9348호로 개정되고, 2017. 12. 26. 법률 제15288호로 개정되기 전의 것) 제3조 제3호는, 변호사에게 당연히, 즉 별도의 인·허가나 세무사 자격시험을 거치지 않고도 곧바로 세무사 자격이 부여되는 것으로 규정하고 있었다. 이처럼 세무사 자격 부여에 대한 기대는 국가가 제정한 법률의 규정에 의해 형성된 것으로서, 단순한 가능성이 아닌 확정적인 법률효과에 바탕을 둔 것이다(헌재 2001. 9. 27. 2000헌마152 참조).

변호사에 대한 세무사 자격 부여제도는 1961년 세무사법 제정으로 세무사제도가 도입된 이래 50년 이상 동안 줄곧 시행되어 오면서 제도 자체의 합리성과 합목적성이 폭넓게 인정되어 왔다. 또한 이러한 제도가 단시일 내에 폐지 또는 변경되리라고 예상될 만한 별다른 사정도 없었다. 가령, 위 제도를 폐지하려는 세무사법 개정안은 2003년부터 발의되어 왔으나 번번이 실제 개정으로 이어지지 못하고 있었다. 이에 더하여, 2015년에는 변호사로 하여금 세무사등록부에 등록을 할 수 없게 하여 세무사로서 세무대리업무를 수행할 수 없도록 한 조항에 대해 법원의 위헌법률심판제청이 있었고(서울행정법원 2015. 5. 18.자 2015아1080 결정), 이후 헌법불합치결정이 선고되었다(헌재 2018. 4. 26. 2015헌가19).

따라서 위와 같은 세무사 자격 부여에 대한 신뢰는, 단순한 기대의 수준을 넘어서 강도 높게 보호할 필요성이 있는 합리적이고도 정당한 신뢰에 해당한다.

2) 그런데 이 사건 법률조항 및 이 사건 부칙조항으로 말미암아, 2018. 1. 1. 후에 변호사 자격을 취득하게 되는 사람은 세무사 자격시험을 거치지 않는 한 세무사 자격을 부여받지 못하게 되었다. 이미 세무사 자격 취득에 대한 기대를 가진 채 상당한 노력과 시간을 들여 변호사 자격 취득을 위한 단계에 진입하였음에도, 이제 세무사 자격을 취득하기 위해서는 종전과 달리 변호사 자격 취득만으로는 부족하고 반드시 세무사 자격시험에 합격하여야만 하게 된 것이다.

국세경력공무원에 대한 세무사 자격 부여제도가 폐지될 때에는 이들에 대해 세무사 자격시험의 상당부분을 면제하는 조치가 있었으나(세무사법 제5조의2 제1항 및 제2항 참조), 이 사건 법률조항으로의 개정에 있어서는 변호사에게 세무사 자격시험의 일부를 면제한다든지, 유예기간을 둠으로써 더 이상 세무사 자격이 부여되지 않는다는 사실을 충분히 인지하고서 변호사 자격 취득을 준비하기 시작한 사람부터 이 사건 법률조항을 적용한다든지 하는 등의 일체의 조치가 행해진 바도 없다.

위와 같은 점들을 고려하면, 이 사건 부칙조항으로 인한 신뢰이익의 침해정도는 중대하다.

(다) 공익과의 비교형량

세무사 자격시험 합격자들에게만 세무사 자격을 부여함으로써 세무분야의 전문성을 제고하려는 공익이 중대한 것이고 이러한 공익의 실현이 장기적 관점에서 필요하고 타당한 것이라고 하더라도, 이 사건 법률조항의 개정 당시 이미 변호사 자격 취득을 위한 단계에 진입한 사람에게까지 반드시 시급히 적용해야 할 정도로 긴요하다고 보기는 어렵다.

나아가 2018. 1. 1.을 기준으로 변호사 자격 요건과 관련하여 특별히 변화된 사정은 존재하지 않으므로, 위와 같은 공익 실현의 관점에서 보더라도 2018. 1. 1. 이전에 변호사 자격을 취득한 사람과 그 후에 변호사 자격을 취득하게 되는 사람을 달리 취급할 만한 합리적인 이유를 찾기도 어렵다.

따라서 이 사건 부칙조항이 이 사건 법률조항으로의 개정에 관한 경과조치로 2018. 1. 1. 이전에 변호사 자격을 취득한 사람에 대해서만 세무사 자격을 인정한 것은, 신뢰보호원칙에 반한다.

(라) 소결론

이상과 같이, 이 사건 부칙조항은 신뢰보호원칙에 반하여 청구인들의 직업선택의 자유를 침해한다.

다만, 이 사건 부칙조항에 대하여 단순위헌을 선고하게 되면 그나마 이 사건 부칙조항에 의하여 세무사 자격을 취득할 수 있는 사람들마저 그 근거규정이 사라져버리는 법적 공백이 초래된다. 따라서 이 사건 부칙조항에 대하여는 헌법불합치를 선고하되, 입법자에게 조속한 시일 내에 헌법에 합치하는 내용으로 개정하도록 명하고, 그 개정 시까지 이 사건 부칙조항을 계속 적용하도록 함이 상당하다. 아울러 입법자가 이 사건 부칙조항을 개정하는 경우에는, 앞서 살펴본 것처럼 '2018. 1. 1. 이전에 사법시험에 합격한 사람 또는 2018. 1. 1. 이전에 공고된 법학전문대학원 입학전형에 지원하여 입학자로 선발된 사람으로서, 각 2018. 1. 1. 후에 변호사 자격을 취득하는 사람'에 대하여 세무사 자격이 부여될 수 있도록 규정함으로써 그들의 신뢰이익을 보호하는 입법적 배려를 해야 함을 밝힌다.

5. 결 론

심판대상조항 중 이 사건 법률조항에 대한 심판청구는 이유 없으므로 이를 기각한다. 이에 대해서는 아래 6.과 같은 재판관 이선애, 재판관 이은애, 재판관 이종석, 재판관 이영진의 반대의견이 있다. 심판대상조항 중 이 사건 부칙조항에 대하여 재판관 유남석, 재판관 이석태, 재판관 문형배, 재판관 이미선은 기각의견이고, 재판관 이선애, 재판관 이은애, 재판관 이종석, 재판관 이영진, 재판관 김기영은 헌법불합치의견으로, 헌법불합치의견에 찬성한 재판관이 다수이지만 헌법 제113조 제1항, 헌법재판소법 제23조 제2항 단서 제1호에서 정한 위헌결정의 정족수에는 이르지 못하여 이 사건 부칙조항에 대한 심판청구를 기각한다. 따라서 심판대상조항에 대하여 주문과 같이 결정한다.

6. 재판관 이선애, 재판관 이은애, 재판관 이종석, 재판관 이영진의 이 사건 법률조항에 대한 반대의견

우리는 이 사건 법률조항이 과잉금지원칙에 반하여 청구인들의 직업선택의 자유를 침해한다고 판단하므로, 다음과 같이 반대의견을 밝힌다.

가. 목적의 정당성

(1) 기본권을 제한하는 법률조항이 정당한 목적을 추구하는 것인지 여부는, 해당 법률조항의 제·개정에 관한 국회회의록 등 입법자료, 입법동기 및 사회적 배경 등 입법경위, 연관된 법률조항이나 다른 법률과의 체계적 관계 등을 종합적으로 고려하여 실질적으로 판단하여야 하며, 반드시 입법자가 제시한 표면적인 입법목적에 구속되어 판단할 것은 아니다.

(2) 이 사건 법률조항의 표면적인 입법목적은 '변호사에 대한 세무사 자격 부여와 관련된 특혜 시비를 없앰과 동시에, 세무분야의 전문성을 제고함으로써 소비자들에게 고품질의 세무서비스를 제공'한다는 것이다. 그러나 이 사건 법률조항에 관한 입법자료 및 입법경위 등을 살펴보면, 실질적으로는 세무사 자격시험 합격자가 세무서비스 시장에서 가지는 지배력을 강화하려는 목적이 있었던 것은 아닌지 의심하지 않을 수 없다.

1961년 세무사법이 제정될 당시만 하더라도 세무사 자격시험 합격자 이외에 변호사를 비롯하여 총 6개 군의 세무사 자격 부여대상자가 존재하였으나, 수차례의 법률개정을 통해 그 대상자의 범위는 점차 축소되어 왔다. 변호사의 경우에도 2003년 세무사 자격은 부여하되 세무사등록부에 등록을 할 수 없게 하여 세무사로서 세무대리업무를 할 수 없도록 하는 법률개정(세무사법 제6조 제1항, 제20조 제1항 본문 및 제2항 참조)이 있었다. 이 사건 법률조항은 위와 같은 법률개정의 연장선상에서 변호사에 대해서조차 세무사 자격을 부여하지 않음으로써, 이제 오로지 세무사 자격시험 합격자만이 세무사 자격을 보유하도록 만든 것이다.

이 사건 법률조항으로 개정될 당시 국회회의록을 살펴보면, '변호사가 세무사등록을 할 수 없는 현 상황을 단지 유지하는 것'으로서 '조문을 정리하는 수준'이라거나 '단순한 규정 정비'에 불과하다는 발언이 중요하게 작용하였음을 알 수 있다. 그런데 이 사건 법률조항으로 개정된 이후, 헌법재판소는 변호사로 하여금 세무사등록부에 등록을 할 수 없게 하여 세무사로서 세무대리업무를 할 수 없도록 한 것은 직업선택의 자유를 침해한다는 결정을 선고한 바 있다(헌재 2018. 4. 26. 2015헌가19 참조). 이 사건 법률조항이 위와 같이 개정 전 상황을 확인하는 의미를 가지는 것이라면, 이는 오히려 위헌이라고 판단된 법률조항의 내용을 유지시키는 것이라 할 수 있다.

(3) 한편, 2009년 도입된 법학전문대학원 제도는 학부에서의 전공분야와 법학을 접목시킴으로써 복잡다기한 법적 분쟁을 전문적·효율적으로 해결할 수 있는 능력을 지닌 법조인을 양성하여 적재적소에 배치하고자 함에 그 목적이 있다(헌재 2009. 2. 26. 2008헌마370 등; 헌재 2016. 3. 31. 2014헌마1046 참조). 이에 따라 전국의 25개 대학에 특성화 분야를 갖춘 법학전문대학원이 설립되어 매년 약 2천 여 명이 입학하고 있으며, 그 중 '조세관련'을 특성화 분야로 하고 있는 경우도 존재한다.

'법학전문대학원 설치·운영에 관한 법률'에서도 법학전문대학원의 교육이념은 '국민의 다양한 기대와 요청에 부응하는 양질의 법률서비스를 제공하기 위하여, 복잡다기한 법적 분쟁을 전문적·효율적으로 해결할 수 있는 지식 및 능력을 갖춘 법조인의 양성'에 있다고 규정하면서(제2조 참조), 국가, 대학, 그 밖에 법조인의 양성과 관련된 기관 또는 단체에게 '위 교육이념의 취지에 부합하는 법조인을 양성하기 위하여 상호 협력'할 의무를 지우고 있다(제3조 제1항 참조).

국가가 위와 같은 협력의무를 이행하기 위해서는, 법학전문대학원 제도 도입의 취지에 걸맞은 활동공간을 변호사에게 제공해 주어야 할 것이다. 법학 이외의 다양한 전공을 가지고 있는 변호사가 대량으로 배출되는 상황에서 변호사가 진출할 수 있는 시장이 일정 규모 이상으로 확보되지 않는다면, 법학전문대학원의 도입 목적 및 교육이념은 달성되기 어렵기 때문이다. 그런데 이 사건 법률조항은 세무서비스 시장에 변호사가 진출할 수 없게 만듦으로써, 위와 같은 국가의 협력의무를 저버리고 있다.

(4) 이상과 같이, 이 사건 법률조항은 표면적으로 제시된 입법목적과 달리, 세무사 자격시험 합격자가 세무서비스 시장에서 가지는 지배력을 강화하고 나아가 법학전문대학원 교육이념의 취지에 부합하는 법조인을 양성하기 위한 국가의 협력의무 이행을 저해하는 것으로서, 정당한 입법목적을 추구하는 것이라고 보기 힘들다.

설령 이 사건 법률조항의 표면적 입법목적에 따르더라도 '세무분야의 전문성을 제고한다'는 목적만 그 정당성을 인정할 수 있을 뿐, 지금까지 살펴본 바에 비추어 볼 때 변호사에 대한 세무사 자격 부여가 특혜라고 할 수는 없으므로 '변호사와 관련된 특혜 시비를 없앤다'는 목적은 그 정당성을 인정하기 어렵다.

나. 수단의 적합성

(1) 이 사건 법률조항의 입법목적을 세무분야의 전문성 제고라고 파악하여 그 정당성을 인정하더라도, 변호사는 다음과 같이 세무사로서 수행할 수 있는 세무대리업무에 전문성이 떨어진다고 볼 수 없으므로, 수단의 적합성을 인정하기 어렵다.

(2) 세무사로서 수행할 수 있는 세무대리업무는 세무사법 제2조 각호에 열거되어 있다. 그 중 조세에 관한 신고·신청·청구 등의 대리(제1호), 세무조정계산서와 그 밖의 세무 관련 서류의 작성(제2호, 이하 '세무조정업무'라 한다), 조세에 관한 상담 또는 자문(제4호, 이하 '자문업무'라 한다), 세무관서의 조사 또는 처분 등과 관련된 납세자 의견진술의 대리(제5호, 이하 '의견진술업무'라 한다), '부동산 가격공시에 관한 법률'에 따른 개별공시지가 및 단독주택가격·공동주택가격의 공시에 관한 이의신청의 대리(제6호), 해당 세무사가 작성한 조세에 관한 신고서류의 확인(제7호) 등의 업무를 적정하게 수행하기 위해서는, 세법 및 이를 해석·적용하는 과정에 수반되는 헌법과 민법, 상법 등 관련 법령에 대한 전문적인 지식과 법률에 대한 체계적인 해석·적용 능력이 필수적으로 요구되므로, 변호사에게 전문성이 인정된다(헌재 2018. 4. 26. 2015헌가19; 헌재 2018. 4. 26. 2016헌마116 참조).

(3) 그 밖에, 조세에 관한 신고를 위한 장부 작성의 대행(세무사법 제2조 제3호, 이하 '장부작성업무'라 한다) 및 소득세법 또는 법인세법에 따른 성실신고에 관한 확인(같은 조 제8호, 이하 '성실신고확인업무'라 한다) 업무는, 세무조정계산서의 기초가 되는 장부를 작성하거나 검수하는 것과 관계된 업무라는 점에서 세무조정업무와 분리할 수 없는 업무이자, 결국 세법의 해석·적용을 통해 과세표준 및 세액을 계산하기 위한 과정의 일환이라는 점에서 자문업무, 의견진술업무 등 다른 세무대리업무에 부수한 업무이다. 또한 향후 전개될 수 있는 행정심판, 행정소송 등의 기초가 되는 업무라고도 할 수 있다. 그렇다면 위와 같은 다른 업무들을 수행하는 데 전문성이 인정되는 변호사가, 위 두 업무에 관해서만 전문성이 결여되어 있다고 보기는 힘들다.

이에 더하여, 세무대리를 시작하려면 6개월 이상의 실무교육을 받아야 하고(세무사법 제12조의6 제1항 참조) 그 이후에도 전문성을 높이기 위하여 매년 8시간 이상의 보수교육을 받아야 하는바(같은 조 제2항 참조), 여기서 회계장부작성 대행, 성실신고확인 등의 구체적인 실무교육이 이루어지게 되므로, 위 교육과정을 거쳐 실제로 위 두 업무를 수행하게 되는 시점에는 변호사가 세무사 자격시험 합격자에 비하여 이에 관한 전문성이 떨어진다고 볼 수는 없다.

(4) 이상과 같이, 세무사로서 수행할 수 있는 세무대리업무 전반에 관해 전문성이 인정되는 변호사에게 세무사 자격을 부여하지 않는 이 사건 법률조항은, 세무분야의 전문성 제고라는 입법목적 달성을 위한 적합한 수단이라고 할 수 없다.

다. 피해의 최소성

(1) 설령 변호사가 세무사 자격시험 합격자에 비하여 장부작성업무 및 성실신고확인업무 등 일부 세무대리업무에 관한 전문성이 부족할 수 있다고 가정하더라도, 변호사에게 세무사 자격은 부여하되 일부 세무대리업무의 전문성을 제고하는 다양한 대안을 마련함으로써 입법목적을 동일한 정도로 달성할 수 있다고 하겠다.

(2) 자격이란 직무수행에 필요한 지식·기술·소양 등의 습득정도가 일정한 기준과 절차에 따라 평가 또는 인정된 것으로서(자격기본법 제2조 제1호 참조), 어떤

직무를 수행할 수 있다고 인정된 '능력'을 의미한다. 하나의 자격제도에 하나의 직업만이 대응되는 것은 아니며, 시험 또는 검정만이 이러한 능력의 구비를 평가·인정할 수 있는 유일한 방법이 되는 것도 아니다(헌재 2001. 1. 18. 2000헌마364 참조). 자격제도의 속성상, 입법자로서는 이미 해당 업무에 관한 전문성을 갖추고 있는 사람뿐만 아니라 어느 정도의 교육만 받으면 실제 업무수행이 가능하다고 판단되는 사람을 포함하여, 실질적으로 당해 직업의 업무를 원활히 수행하는 데 충분한 능력과 지식 등을 갖춘 것으로 인정되는 사람이면 모두에게 자격을 부여하여야 하는 것이 원칙이라 하겠다(헌재 2000. 4. 27. 97헌바88; 헌재 2012. 4. 24. 2010헌마649 참조).

(3) 세무사법은 세무사제도의 목적을 '세무행정의 원활한 수행과 납세의무의 적정한 이행을 도모'하는 것으로(제1조 참조), 세무사의 사명을 '납세자의 권익을 보호하고 납세의무의 성실한 이행에 이바지'하는 것으로 규정하고 있다(제1조의2 참조). 이에 비추어 볼 때, 조세법률관계에서 과세관청에 비하여 전문지식이 부족한 납세자의 위임을 받아 납세자의 권리를 충분히 보호하고 의무를 적정히 이행해 줄 수 있는 자라면, 세무사로서 기본적인 능력을 갖추었다고 인정할 수 있을 것이다. 이는 결국 세법 영역에 있어서 구체화된 법률사무와 이에 부수한 업무를 다룰 능력이 있다면 세무사 자격을 부여함이 타당하다는 것을 의미하며, 법률사무 전반을 다루는 대표적인 직역인 변호사는 당연하게도 바로 이러한 능력을 가지고 있다. 세무대리업무의 대부분이 변호사법상 변호사가 수행가능한 법률사무와 중복되는 점, 1961년 세무사법 제정 당시부터 이 사건 법률조항으로 개정되기 전까지 변호사에게 세무사 자격을 지속적으로 부여해 온 점, 이 사건 부칙조항에 따라 2018. 1. 1. 이전에 변호사 자격을 취득한 사람에게는 여전히 세무사 자격이 유지되는 점 등으로부터도, 변호사에게는 세무사로서의 기본적인 능력이 있음을 인정할 수 있다.

(4) 따라서 위와 같이 세무사로서 직무수행능력이 인정되는 변호사에게 세무사 자격 자체를 부여하지 않는 방법은, 입법목적을 달성할 수 있는 다른 대안이 전혀 존재하지 않을 때에만 택해질 수 있는 것이라 하겠다. 그러나 변호사에게 세무사 자격을 부여하더라도 입법목적을 달성할 수 있는 대안은 얼마든지 다양하게 존재한다.

예컨대, 변호사로 하여금 일부 세무대리업무, 특히 장부작성업무 및 성실신고확인업무를 개시하기에 앞서서 현행법상의 실무교육에 더하여 위 업무들에 특화된 추가교육을 이수하도록 하는 방안이 있을 수 있다. 또는 세무사별로 수행할 수 있는 세무대리업무의 범위를 차등화하는 방안도 있을 것이다. 가령, 변호사로서 세무사 자격을 가지는 자는 기본적으로 장부작성업무 및 성실신고확인업무를 제외한 나머지 세무대리업무만 가능하되, 대학이나 법학전문대학원에서 회계학이나 세법학 관련 과목을 수강하여 일정한 학점을 취득한 자, 사법시험 또는 변호사시험에서 조세법을 선택과목으로 선택한 자, 대한변호사협회에 조세법, 국제조세 등 세무와 관련된 전문분야등록을 한 자 등의 경우에는 모든 세무대리업무를 할 수 있도록 하는 방안을 생각해 볼 수 있다.

(5) 이상과 같이, 세무대리업무와 관련하여 변호사의 전문성을 높일 수 있도록 하는 등의 대안이 있음에도 이러한 방법을 취하지 않고 변호사에게 세무사 자격 자체를 부여하지 않는 이 사건 법률조항은 피해의 최소성 원칙을 충족하지 못한다.

라. 법익의 균형성

(1) 이 사건 법률조항으로 인해 청구인들은 세무대리업무에 관한 능력이나 전문성을 갖춘 경우라고 하더라도 세무사로서 세무대리업무를 일체 할 수 없게 된다. 법률사무에 해당하는 세무대리업무는 변호사로서 여전히 수행할 수 있다고 하나(세무사법 제20조 제1항 단서, 변호사법 제3조 참조), 세무사법 제2조 각호에 규정된 세무대리업무 중 어느 것까지 이에 포함되는지 해석이 혼란스러울 뿐만 아니라 세무사 자격이 없는 자가 세무대리업무를 수행하면 3년 이하의 징역 또는 3천만원 이하의 벌금에 처하는 형사처벌 조항까지 존재하는 상황에서(세무사법 제22조 제1항 제1호), 청구인들은 변호사로서 할 수 있는 세무대리업무조차 단념하게 될 가능성이 크다.

이상과 같이, 이 사건 법률조항으로 인해 청구인들이 제한받는 사익은 중대하다.

(2) 반면, 이 사건 법률조항으로 달성되는 공익의 정도는 크다고 보기 어렵다.

소비자주권의 사고가 바탕을 이루는 자유시장경제에서는 경쟁이 강화되면 될수록 소비자는 그의 욕구를 보다 유리하게 시장에서 충족시킬 수 있고 자신의 구매결정을 통하여 경쟁과정에 영향을 미칠 수 있기 때문에,

경쟁은 소비자보호의 포기할 수 없는 중요 구성부분이다(헌재 1996. 12. 26. 96헌가18 참조). 그런데 이 사건 법률조항으로 인해 세무대리업무를 수행할 수 있는 자의 범위가 한정되면 세무서비스 공급자간 경쟁을 약화시키고, 그 결과 소비자는 원하는 품질의 세무서비스 선택에 있어서 자기결정권을 현저히 제한받는 불이익을 입을 수 있다.

특히 오늘날 세무분야에서 발생하는 문제들은 복잡다양하고 향후 소송으로까지 진행될 여지가 상존하고 있다는 점에서, 소비자로 하여금 소송대리까지 가능한 변호사를 세무대리인으로 선택함으로써 장부작성업무나 세무조정업무와 같은 세무관청을 상대로 한 실무업무에서부터 행정심판이나 행정소송에 이르기까지 일관된 서비스를 원스톱(one-stop)으로 제공받을 수 있게 할 필요성도 있다. 이러한 가능성을 봉쇄하고 있는 이 사건 법률조항을 통해, 소비자들에게 고품질의 세무서비스를 제공한다는 공익이 얼마나 달성될 수 있을지는 의문이다.

(3) 이상과 같이, 이 사건 법률조항으로 달성되는 공익의 정도는 불분명한 반면 제한되는 사익의 정도는 매우 중대하므로, 법익의 균형성 원칙도 충족하지 못한다.

마. 소결론

이 사건 법률조항은 과잉금지원칙에 반하여 청구인들의 직업선택의 자유를 침해한다.

재판관 유남석 이선애 이석태 이은애 이종석 이영진 김기영 문형배 이미선

[별지 1] 청구인 명단

(2018헌마279)

1.~4. 라○○ 외

청구인 1 내지 4의 대리인 법무법인 신우
담당변호사 김성기, 박종흔,
조준완, 박문길, 곽훈, 문찬두
변호사 김지아

(2018헌마344)

5. 장○○(변호사)

(2020헌마961)

6.~9. 김○○ 외

청구인 6 내지 9의 대리인 법무법인 서우
담당변호사 김영훈
법무법인 케이앤피
담당변호사 이종엽
법무법인 폴라리스
담당변호사 김정욱

[별지 2] 관련조항

구 세무사법(2013. 1. 1. 법률 제11610호로 개정되고, 2018. 12. 31. 법률 제16103호로 개정되기 전의 것)

제6조(등록) ① 제5조의 세무사 자격시험에 합격하여 세무사 자격이 있는 자가 세무대리를 시작하려면 기획재정부에 비치하는 세무사등록부에 대통령령으로 정하는 사항을 등록하여야 한다.

[헌법불합치, 2015헌가19 , 2018. 4. 26., 세무사법(2013. 1. 1. 법률 제11610호로 개정된 것) 제6조 제1항은 헌법에 합치되지 아니한다. 위 법률조항은 2019. 12. 31.을 시한으로 개정될 때까지 계속 적용된다.]

세무사법(2009. 1. 30. 법률 제9348호로 개정된 것)

제20조(업무의 제한 등) ① 제6조에 따른 등록을 한 자가 아니면 세무대리를 할 수 없다. 다만, 「변호사법」 제3조에 따라 변호사의 직무로서 행하는 경우와 제20조의2 제1항에 따라 등록한 경우에는 그러하지 아니하다.

[헌법불합치, 2015헌가19 , 2018. 4. 26., 세무사법(2009. 1. 30. 법률 제9348호로 개정된 것) 제20조 제1항 본문 중 변호사에 관한 부분은 헌법에 합치되지 아니한다. 위 법률조항은 2019. 12. 31.을 시한으로 개정될 때까지 계속 적용된다.]

제20조의2(다른 법률에 따른 세무대리) ① 「공인회계사법」에 따라 등록한 공인회계사가 세무대리를 시작하려면 기획재정부에 비치하는 세무대리업무등록부에 등록하여야 한다.

법인세법(2015. 12. 15. 법률 제13555호로 개정된 것)

제60조(과세표준 등의 신고) ⑨ 기업회계와 세무회계의 정확한 조정 또는 성실한 납세를 위하여 필요하다고 인정하여 대통령령으로 정하는 내국법인의 경우 세무조정계산서는 다음 각 호의 어느 하나에 해당하는 자로서 대통령령으로 정하는 조정반에 소속된 자가 작성하여야 한다.

1. 「세무사법」에 따른 세무사등록부에 등록한 세무사

2. 「세무사법」에 따른 세무사등록부 또는 세무대리업무등록부에 등록한 공인회계사

3. 「세무사법」에 따른 세무사등록부에 등록한 변호사

[헌법불합치, 2016헌마116 , 2018. 4. 26., 법인세법(2015. 12. 15. 법률 제13555호로 개정된 것) 제60조 제9항 제3호는 헌법에 합치되지 아니한다. 위 각 법률조항은 2019. 12. 31.을 시한으로 개정될 때까지 계속 적용된다.]

소득세법 (2015. 12. 15. 법률 제13558호로 개정된 것)

제70조(종합소득과세표준 확정신고) ⑥ 소득금액의 계산을 위한 세무조정을 정확히 하기 위하여 필요하다고 인정하여 제160조 제3항에 따른 복식부기의무자로서 대통령령으로 정하는 사업자의 경우 제4항 제3호에 따른 조정계산서는 다음 각 호의 어느 하나에 해당하는 자로서 대통령령으로 정하는 조정반에 소속된 자가 작성하여야 한다.

1. 「세무사법」에 따른 세무사등록부에 등록한 세무사

2. 「세무사법」에 따른 세무사등록부 또는 세무대리업무등록부에 등록한 공인회계사

3. 「세무사법」에 따른 세무사등록부에 등록한 변호사

[헌법불합치, 2016헌마116 , 2018. 4. 26., 소득세법(2015. 12. 15. 법률 제13558호로 개정된 것) 제70조 제6항 제3호는 헌법에 합치되지 아니한다. 위 각 법률조항은 2019. 12. 31.을 시한으로 개정될 때까지 계속 적용된다.]

변호사법 (2011. 5. 17. 법률 제10627호로 개정된 것)

제4조(변호사의 자격) 다음 각 호의 어느 하나에 해당하는 자는 변호사의 자격이 있다.

1. 사법시험에 합격하여 사법연수원의 과정을 마친 자

2. 판사나 검사의 자격이 있는 자

3. 변호사시험에 합격한 자

47. 공탁규칙 제20조 제2항 제5호 위헌확인

[2021. 8. 31. 2019헌마516·586·768, 2020헌마411(병합)]

【판시사항】

가. 형사재판에서 사실·법리·양형과 관련하여 피고인이 자신에게 유리한 주장과 자료를 제출할 기회를 보장하는 것이 헌법이 보장한 '공정한 재판을 받을 권리'의 보호영역에 포함되는지 여부(적극)

나. '피고인인 공탁자'가 형사공탁을 할 때 '피해자인 피공탁자'의 성명·주소·주민등록번호를 기재하도록 한 공탁규칙 제20조 제2항 제5호 중 '피고인인 공탁자'에 관한 부분(이하 '심판대상조항'이라 한다)이 피고인의 공정한 재판을 받을 권리를 침해하는지 여부(소극)

【결정요지】

가. 형사소송에서 피고인이 자신을 방어하기 위하여 형사절차의 진행과정과 결과에 적극적으로 영향을 미칠 수 있도록 그에 필요한 절차적 권리를 보장하는 것은 공정한 재판을 받을 권리의 내용이 된다. 형사재판에서 일반적으로 피고인이 자신을 방어하기 위하여 유리한 주장과 자료를 제출하는 영역은 대부분 '사실오인, 법리오해, 양형부당' 중 하나에 해당하기 마련이고, 이러한 사유들은 모두 대표적인 항소이유에 해당된다. 그러므로 형사재판에 있어 '사실, 법리, 양형'과 관련하여 피고인이 자신에게 유리한 주장 및 자료를 제출할 수 있는 기회를 보장하는 것은, 헌법이 보장한 '공정한 재판을 받을 권리'의 보호영역에 포함된다.

나. 변제공탁을 함에 있어 피공탁자를 지정할 의무는 공탁자에게 있다. 공탁관은 공탁서에 기재된 사항에 대해 형식적 심사권만을 가질 뿐이므로, 입법자가 공탁자로 하여금 피공탁자를 특정하기 위한 인적사항을 기재하도록 한 것은 공탁절차의 효율적 운용을 위한 필요하고 효과적인 방법이다. 특히 형사공탁은 피해자가 합의를 원하지 않을 때 이루어지는 피고인의 일방적 행위인바, 양형감경을 원하는 피고인의 의사를 존중하여 피공탁자의 인적사항 기재에 관한 특례를 형사공탁에 인정할 것인지, 또는 양형감경을 원하지 않는 피해자의 의사를 존중하여 형사공탁에서도 일반 공탁과 동일한 인적사항 기재를 요구할 것인지는, 범죄예방 및 피해회복을 위한 형사정책적 측면 등을 고려하여 입법형성재량에 맡겨져 있는 사항이다. 이러한 점을 고려하면 형사공탁에서도 피공탁자의 특정을 일반 공탁제도와 동일하게 정하고 있는 심판대상조항은, 입법형성권의 한계를 일탈하여 피고인의 공정한 재판을 받을 권리를 침해하지 아니한다.

재판관 유남석, 재판관 이영진, 재판관 김기영, 재판관 이미선의 반대의견

가. 변제공탁이 형사사건에서는 합의를 대체하는 중요한 양형자료로 기능하기는 하나 이는 부차적인 것일 뿐, 변제공탁제도가 본래 의도한 것은 아니다. 피고인이 피해자의 인적사항을 알지 못하여 유리한 양형자료로서 변제공탁을 활용하지 못하더라도 이는 사실상 간접적 불이익에 불과한 것이며, 공정한 재판을 받을 권리와 관련이 있다고 보기 어렵다. 형사재판에서 양형에 관한 판단은 법관의 전속적 권한이므로 피고인이 상당한 금액을 공탁한 경우 이를 양형에 참고할지 여부는 법관의 재량에 달려있으며, 양형위원회의 양형기준이 법적구속력을 갖는 것도 아니다. 따라서 공탁규칙 조항은 형사재판에서의 양형과 관련하여 피고인

의 법적지위에 영향을 미친다고 볼 수 없으므로, 해당 피고인들의 심판청구는 기본권 침해 가능성이 인정되지 아니한다.

【심판대상조문】

공탁규칙(2007. 12. 31. 대법원규칙 제2147호로 전부개정된 것) 제20조 제2항 제5호 중 '피고인인 공탁자'에 관한 부분

【참조조문】

헌법 제27조 제1항

공탁규칙(2007. 12. 31. 대법원규칙 제2147호로 전부개정된 것) 제20조 제1항

형법(1953. 9. 18. 법률 제293호로 제정된 것) 제51조 제4호

형법(1953. 9. 18. 법률 제293호로 제정되고, 2020. 12. 8. 법률 제17571호로 개정되기 전의 것) 제59조 제1항

형법(2016. 1. 6. 법률 제13719호로 개정된 것) 제62조 제1항

법원조직법(2014. 12. 30. 법률 제12886호로 개정된 것) 제81조의6 제1항, 제81조의7

【참조판례】

가. 헌재 1992. 1. 28. 91헌마111, 판례집 4, 51, 59

헌재 1993. 11. 25. 92헌마169, 판례집 5-2, 489, 492

헌재 1997. 4. 24. 92헌마47, 판례집 9-1, 449, 453-458

헌재 2003. 3. 27. 2000헌마474, 판례집 15-1, 282, 288

헌재 2004. 9. 23. 2000헌마138, 판례집 16-2상, 543, 555-557

헌재 2009. 10. 29. 2007헌마992, 판례집 21-2하, 288, 295

헌재 2010. 6. 24. 2009헌마257, 판례집 22-1하, 621, 636

헌재 2013. 9. 26. 2012헌바23, 판례집 25-2상, 708, 712

헌재 2017. 11. 30. 2016헌마503, 판례집 29-2하, 224, 235, 236

헌재 2019. 2. 28. 2015헌마1204, 판례집 31-1, 141, 153-154

【당 사 자】

청 구 인 1. 정○○(2019헌마516)
　대리인 변호사 나○○
2. 나○○(2019헌마516, 변호사)
3. 김○○(2019헌마586)
　대리인 변호사 김경호
4. 음○○(2019헌마768)
　대리인 변호사 김경호
5. 김□□(2020헌마411)
　대리인 변호사 김경호 외 1인

【주 문】

1. 청구인 정○○, 나○○의 심판청구를 각 각하한다.
2. 청구인 김○○, 음○○, 김□□의 심판청구를 각 기각한다.

【이 유】

1. 사건개요

가. 2019헌마516

청구인 정○○은 2018. 12. 20. 유사강간, 상해, 특수협박의 공소사실로 기소된 자이고, 청구인 나○○은 청구인 정○○의 변호인이다. 청구인 정○○은 2019. 6. 28. 제1심 법원에서 상해죄, 특수협박죄로 징역 1년 6월에 집행유예 3년을 선고받았으나, 유사강간의 점에 대하여는 무죄를 선고받았다(수원지방법원 안양지원 2018고합203). 청구인 정○○은 양형부당을 이유로, 검사는 유사강간 무죄 부분에 대한 사실오인 및 양형부당을 이유로 각각 항소하였으나, 2019. 12. 19. 모두 항소기각 판결을 받았고(수원고등법원 2019노246), 이후 청구인 정○○은 상고하였으나, 2020. 2. 14. 상고기각 판결을 받았다(대법원 2020도239).

청구인 정○○, 나○○은 제1심 계속 중에 유사강간의 공소사실 가운데 폭행 사실만 인정하며 피해자와 합의하려 하였으나, 피해자가 이를 거절하자 형사재판에 양형감경요소로 작용할 수 있는 상당한 금액을 공탁하고자 하였다. 그러나 청구인 정○○, 나○○은 공탁규칙 제20조 제2항 제5호에 따라 공탁을 할 때에 요청되는 피해자의 성명, 주소, 주민등록번호를 알지 못하

여 공탁을 하지 못하였다. 이에 청구인 정○○, 나○○은 공탁을 할 때에 피공탁자의 성명, 주소, 주민등록번호를 기재하도록 규정한 공탁규칙 제20조 제2항 제5호로 인해 청구인 정○○의 형사재판에 양형감경요소로 작용할 수 있는 상당한 금액의 공탁이 불가능하게 되므로, 위 조항이 청구인 정○○의 공정한 재판을 받을 권리, 변호인의 조력을 받을 권리, 행복추구권 등을, 청구인 나○○의 변호인의 피구속자를 조력할 권리 등을 침해한다고 주장하면서 2019. 5. 20. 이 사건 헌법소원심판을 청구하였다.

나. 2019헌마586

청구인 김○○는 육군 군수사령부 소속 군인으로서 2018. 7. 12. 상관모욕의 공소사실로 기소되어, 2018. 12. 20. 제1심 법원에서 상관모욕죄로 징역 6월, 집행유예 1년을 선고받았다(육군 군수사령부 보통군사법원 2018고8). 이후 청구인 김○○는 항소하였으나 2019. 8. 30. 항소기각 판결을 받았으며(고등군사법원 2019노1), 양형부당을 이유로 상고하였으나 2019. 11. 26. 상고기각 판결을 받았다(대법원 2019도12896).

청구인 김○○는 피해자의 피해 회복을 위하여 상당한 금액을 공탁하고자 하였으나, 공탁규칙 제20조 제2항 제5호에 따라 공탁을 할 때에 요청되는 피해자의 주소, 주민등록번호를 알지 못하여 공탁을 하지 못하였다. 이에 청구인 김○○는 공탁규칙 제20조 제2항 제5호로 인해 형사재판에 양형감경요소로 작용할 수 있는 상당한 금액의 공탁이 불가능하게 되므로, 위 조항이 청구인 김○○의 공정한 재판을 받을 권리, 행복추구권 등을 침해한다고 주장하면서 항소심 계속 중이던 2019. 6. 7. 이 사건 헌법소원심판을 청구하였다.

다. 2019헌마768

청구인 음○○은 2018. 12. 26. 강제추행의 공소사실로 기소되어, 2020. 11. 5. 제1심 법원에서 징역 1년에 집행유예 2년을 선고받았고(대전지방법원 2018고단4562), 2020. 11. 10. 항소하여 항소심 계속 중이다(대전지방법원 2020노3816).

청구인 음○○은 제1심 계속 중에 피해자와 합의하려 하였으나, 피해자가 이를 거절하자 형사재판에 양형감경요소로 작용할 수 있는 상당한 금액을 공탁하고자 하였다. 그러나 청구인 음○○은 공탁규칙 제20조 제2항 제5호에 따라 공탁을 할 때에 요청되는 피해자의 주소, 주민등록번호를 알지 못하여 공탁을 하지 못하였다.

청구인 음○○은 공탁규칙 제20조 제2항 제5호로 인해 형사재판에 양형감경요소로 작용할 수 있는 상당한 금액의 공탁이 불가능하게 되므로, 위 조항이 청구인 음○○의 공정한 재판을 받을 권리, 행복추구권 등을 침해한다고 주장하면서 2019. 7. 16. 이 사건 헌법소원심판을 청구하였다.

라. 2020헌마411

청구인 김□□는 2019. 5. 13. 성폭력범죄의 처벌 등에 관한 특례법 위반(강간등치상) 등의 공소사실로 기소되어 2019. 11. 8. 제1심 법원에서 징역 2년 6월을 선고받았다(해병대사령부 보통군사법원 2019고11). 청구인 김□□ 및 군검사 모두 항소하였고, 2020. 6. 11. 항소심 법원에서 군검사의 사실오인 내지 법리오해 주장이 받아들여져 원심판결 파기 및 징역 5년을 선고받았다(고등군사법원 2019노368). 청구인 김□□는 상고하였으나 2020. 9. 3. 상고기각 판결을 받았다(대법원 2020도7872).

청구인 김□□는 형사재판에 양형감경요소로 작용할 수 있는 피해자의 피해회복을 위한 공탁을 하려 하였으나, 피해자의 주소, 주민등록번호를 알지 못하여 공탁을 할 수 없었다. 이에 청구인 김□□는 공탁규칙 제20조 제2항 제5호로 인해 형사재판에 양형감경요소로 작용할 수 있는 상당한 금액의 공탁이 불가능하게 되므로, 위 조항이 청구인 김□□의 공정한 재판을 받을 권리, 행복추구권 등을 침해한다고 주장하면서 항소심 계속 중이던 2020. 3. 17. 이 사건 헌법소원심판을 청구하였다.

2. 심판대상

청구인들은 공탁규칙 제20조 제2항 제5호 전부에 대하여 헌법소원심판을 청구하였으나, 청구인 정○○, 김○○, 음○○, 김□□는 피고인에 해당되고, 청구인 나○○은 피고인의 변호인에 해당되므로, 심판대상을 이와 관련된 부분으로 한정하기로 한다.

따라서 이 사건 심판대상은 공탁규칙(2007. 12. 31. 대법원규칙 제2147호로 전부개정된 것) 제20조 제2항 제5호 중 '피고인인 공탁자'에 관한 부분(이하 '심판대상조항'이라 한다)이 청구인들의 기본권을 침해하는지 여부이다. 심판대상조항 및 관련조항은 다음과 같다.

[심판대상조항]

공탁규칙(2007. 12. 31. 대법원규칙 제2147호로 전부

개정된 것)

제20조(공탁서) ② 제1항의 공탁서에는 다음 각 호의 사항을 적고 공탁자가 기명날인(記名捺印)하여야 한다. 그러나 대표자나 관리인 또는 대리인이 공탁하는 때에는 그 사람의 주소를 적고 기명날인하여야 하며, 공무원이 그 직무상 공탁하는 경우에는 소속 관서명과 그 직을 적고 기명날인하여야 한다.

5. 공탁물의 수령인(이하 "피공탁자"라 한다)을 지정해야 할 때에는 피공탁자의 성명(상호, 명칭)·주소(본점, 주사무소)·주민등록번호(법인등록번호)

[관련조항]

공탁규칙(2007. 12. 31. 대법원규칙 제2147호로 전부개정된 것)

제20조(공탁서) ① 공탁을 하려는 사람은 공탁관에게 공탁서 2통을 제출하여야 한다.

형법(1953. 9. 18. 법률 제293호로 제정된 것)

제51조(양형의 조건) 형을 정함에 있어서는 다음 사항을 참작하여야 한다.

4. 범행 후의 정황

형법(1953. 9. 18. 법률 제293호로 제정되고, 2020. 12. 8. 법률 제17571호로 개정되기 전의 것)

제59조(선고유예의 요건) ① 1년 이하의 징역이나 금고, 자격정지 또는 벌금의 형을 선고할 경우에 제51조의 사항을 참작하여 개전의 정상이 현저한 때에는 그 선고를 유예할 수 있다. 단, 자격정지 이상의 형을 받은 전과가 있는 자에 대하여는 예외로 한다.

형법(2016. 1. 6. 법률 제13719호로 개정된 것)

제62조(집행유예의 요건) ① 3년 이하의 징역이나 금고 또는 500만원 이하의 벌금의 형을 선고할 경우에 제51조의 사항을 참작하여 그 정상에 참작할 만한 사유가 있는 때에는 1년 이상 5년 이하의 기간 형의 집행을 유예할 수 있다. 다만, 금고 이상의 형을 선고한 판결이 확정된 때부터 그 집행을 종료하거나 면제된 후 3년까지의 기간에 범한 죄에 대하여 형을 선고하는 경우에는 그러하지 아니하다.

법원조직법(2014. 12. 30. 법률 제12886호로 개정된 것)

제81조의6(양형기준의 설정 등) ① 위원회는 법관이 합리적인 양형을 도출하는 데 참고할 수 있는 구체적이고 객관적인 양형기준을 설정하거나 변경한다.

제81조의7(양형기준의 효력 등) ① 법관은 형의 종류를 선택하고 형량을 정할 때 양형기준을 존중하여야 한다. 다만, 양형기준은 법적 구속력을 갖지 아니한다.

② 법원이 양형기준을 벗어난 판결을 하는 경우에는 판결서에 양형의 이유를 적어야 한다. 다만, 약식절차 또는 즉결심판절차에 따라 심판하는 경우에는 그러하지 아니하다.

3. 청구인들의 주장

가. 청구인 정○○, 김○○, 음○○, 김□□의 주장

심판대상조항은 공탁을 할 때에 공탁서에 피공탁자의 성명, 주소, 주민등록번호를 기재하도록 규정하고 있어 청구인들과 같이 공탁을 하려는 자가 피공탁자의 인적사항을 알지 못하는 경우 형사재판에서 유리한 양형요소로 작용할 수 있는 '상당한 금액의 공탁'을 할 수 없게 되므로 청구인들의 공정한 재판을 받을 권리, 변호인의 조력을 받을 권리, 행복추구권 등을 침해한다.

나. 청구인 나○○의 주장

심판대상조항은 공탁을 할 때에 공탁서에 피공탁자의 성명, 주소, 주민등록번호를 기재하도록 규정하고 있어 피공탁자의 위와 같은 인적사항을 알지 못하는 피고인의 공탁을 불가능하게 함으로써 피고인과 변호인의 방어권을 심각하게 제약하므로 청구인 정○○의 변호인인 청구인 나○○의 '변호인으로서 피구속자를 조력할 권리'를 침해한다.

4. 적법요건에 대한 판단

가. 청구인 정○○의 심판청구

헌법소원심판은 공권력의 행사 또는 불행사로 말미암아 헌법상 보장된 기본권을 침해받은 경우, 그 기본권 침해의 원인이 된 공권력의 행사를 취소하거나 그 불행사가 위헌임을 확인함으로써 기본권을 침해받은 자를 구제하는 것을 그 목적으로 하는 제도이다. 따라서 기본권의 침해를 받은 자가 그 구제를 받기 위한 헌법소원심판을 청구한 뒤에 기본권 침해의 원인이 된 공권력의 행사를 취소하거나 새로운 공권력의 행사 등 사정변경으로 말미암아 기본권 침해행위가 이미 배제되어 청구인이 더 이상 기본권을 침해받고 있지 아니하게 된 때에는, 헌법재판소는 원칙적으로 청구인의 기본권 침해를 구제하기 위한 헌법소원심판을 할 필요가 없게 된다(헌재 1993. 11. 25. 92헌마169 참조).

청구인 정○○은 상당한 금액을 공탁하고자 하였던

피해자에 대한 유사강간의 점이 무죄로 확정되면서 더 이상 형사공탁의 필요성이 없게 되었다. 즉, 심판대상조항으로 인하여 유사강간의 점에 대하여 양형감경요소로 작용할 수 있는 상당한 금액을 피해자에 대하여 공탁하지 못하여 기본권이 침해되었다고 주장하는 이 사건 심판청구에서, 청구인 정○○에 대해서는 심판대상조항으로 인한 기본권 제한의 상황이 소멸 또는 종료하였으므로, 더 이상 기본권 침해 여부를 가릴 실익이 없어졌다(헌재 1997. 4. 24. 92헌마47 참조). 따라서 청구인 정○○의 심판청구는 권리보호이익이 인정되지 아니한다.

나. 청구인 나○○의 심판청구

피의자 및 피고인에 대한 변호인의 조력할 권리 중 핵심적인 부분만이 법률상 권리를 넘어 헌법상 기본권으로 보호된다. '피의자 등과의 접견교통 내지 면접교섭(변호인 선임을 위한 경우 포함), 변호인으로서의 법적 조언 및 상담, 피의자신문 참여, 수사기록 열람·등사 등'과 같은 것이 그 예이다(헌재 1992. 1. 28. 91헌마111; 헌재 2003. 3. 27. 2000헌마474; 헌재 2004. 9. 23. 2000헌마138; 헌재 2009. 10. 29. 2007헌마992; 헌재 2010. 6. 24. 2009헌마257; 헌재 2017. 11. 30. 2016헌마503; 헌재 2019. 2. 28. 2015헌마1204 등 참조).

그런데 피고인의 피해자에 대한 공탁은 형사재판에서 피고인에게 유리한 양형사유로 기능할 수는 있으나, 소송절차 밖에서 이루어지는 공탁 과정에서 변호인의 역할이 필수적으로 요구되는 것은 아니다. 그러므로 피고인의 형사공탁에 관한 변호인의 조력이, 앞서 본 피의자 등과의 접견교통 내지 면접교섭, 변호인으로서의 법적 조언 및 상담, 피의자신문 참여, 수사기록 열람·등사 등과 같은 정도의 핵심적인 부분, 즉 피고인을 조력할 변호인의 권리 중 그것이 보장되지 않으면 피고인이 변호인의 조력을 받는다는 것이 유명무실하게 되는 핵심적인 부분이라고 보기는 어렵다. 따라서 청구인 나○○의 심판청구는 기본권 침해가능성이 인정되지 아니한다.

다. 청구인 김○○, 음○○, 김□□의 심판청구

(1) 헌법은 제27조 제1항에서 "모든 국민은 헌법과 법률이 정한 법관에 의하여 법률에 의한 재판을 받을 권리를 가진다."라고 규정하여 재판청구권을 보장하고 있다. 이러한 재판청구권에는 피고인의 '공정한 재판을 받을 권리'가 포함된다. '공정한 재판을 받을 권리'는 원칙적으로 당사자주의와 구두변론주의가 보장되어 소송의 당사자에게 공격·방어권을 충분히 행사할 기회를 부여하는 것을 주된 내용으로 한다. 공정한 재판을 받을 권리는 변론 과정에서뿐만 아니라, 증거의 판단, 법률의 적용 등 소송 전 과정에서 적용된다(헌재 2013. 9. 26. 2012헌바23 참조).

(2) 위와 같은 재판소 선례에 의하면, 형사소송에서 피고인이 자신을 방어하기 위하여 형사절차의 진행과정과 결과에 적극적으로 영향을 미칠 수 있도록 그에 필요한 절차적 권리를 보장하는 것은 공정한 재판을 받을 권리의 내용이 된다. 형사재판에서 일반적으로 피고인이 자신을 방어하기 위하여 유리한 주장과 자료를 제출하는 영역은 대부분 '사실오인, 법리오해, 양형부당' 중 하나에 해당하기 마련이고, 이러한 사유들은 모두 대표적인 항소이유에 해당된다. 그러므로 형사재판에 있어 '사실, 법리, 양형'과 관련하여 피고인이 자신에게 유리한 주장 및 자료를 제출할 수 있는 기회를 보장하는 것은, 헌법이 보장한 '공정한 재판을 받을 권리'의 보호영역에 포함된다.

이러한 보호영역 중 '양형'과 관련하여 피고인의 '공정한 재판을 받을 권리'를 보장하기 위해서는, 법이 정하는 '양형의 조건'에 대해 자신에게 유리한 주장 및 자료를 제출할 수 있는 기회를 어떻게 보장할 것인지가 문제된다. 형법 제51조는 '범인의 연령·성행·지능과 환경, 피해자에 대한 관계, 범행의 동기·수단과 결과, 범행 후의 정황'을 법원이 형을 정함에 있어 참작하여야 할 '양형의 조건'으로 명시하고 있다. 이 중 '범행 후의 정황'은 범행의 결과를 제외한 범행 후의 행위자요소를 의미하는데, 일반적으로 피해회복이나 피해감소를 위한 노력, 재판과정에서 나타난 피고인의 태도, 범행에 대한 반성 여부 등이 이에 해당된다. 양형의 조건은 선고유예와 집행유예의 요건에서도 참작된다(형법 제59조 제1항, 제62조 제1항). 법원조직법 제81조의6에 근거하여 설정된 양형위원회의 양형기준에 따르면, 성범죄의 경우 '상당 금액 공탁'은 결정된 권고 형량범위 내에서 선고형을 정하는 데 고려되는 일반양형인자로서 감경요소에 해당하고, 모욕죄의 경우 피해 회복을 위한 진지한 노력 끝에 피해자 또는 유족과의 합의에 준할 정도의 상당한 금액을 공탁한 경우를 포함하는 '피해회복을 위한 진지한 노력'은 양형기준상 권고영역을 정하는 데 사용되는 특별양형인자로서 감경요소에 해당하며, 성범죄 및 모욕죄에서 '상당 금액 공탁'

은 집행유예 여부를 결정하는 데 있어 긍정적 일반참작 사유로도 기능한다. 법원조직법 제81조의7에 따라 법원은 이러한 양형기준을 존중할 의무를 부담하고, 만약 법원이 그 기준을 벗어난 판결을 하는 경우에는 판결서에 양형의 이유를 적어야 한다는 점에서 실질적 의미가 있다.

그런데 심판대상조항은 공탁자가 공탁서에 공탁물의 수령인을 지정할 때 피공탁자의 성명·주소·주민등록번호를 적어야 한다고 규정함으로써, 이를 기재하지 못할 경우 공탁이 불가능하도록 정하고 있다. 이에 따라 형사재판의 피고인이 피해자의 성명·주소·주민등록번호를 모두 알지 못하는 경우에는 '피해회복을 위한 진지한 노력'의 일환으로 '상당한 금액의 공탁'을 할 수 없게 되었고, 그 결과 형법 제51조가 정하는 양형의 조건인 '범행 후의 정황'과 관련하여 자신을 방어하기 위하여 유리한 주장 및 자료를 제출할 기회를 보장받지 못하게 된 것이다.

(3) 사정이 이러하다면, 헌법이 보장하는 '공정한 재판을 받을 권리'의 보호영역에는 피고인이 형사재판에서 양형에 관해 자신을 방어하기 위하여 유리한 주장 및 자료를 제출할 수 있는 기회를 보장하는 것이 포함되어 있고, 심판대상조항은 피해자의 성명·주소·주민등록번호를 모두 기재하지 못하는 경우 공탁할 수 없도록 함으로써 피고인이 형법이 정한 '양형의 조건'인 '범행 후의 정황'과 관련하여 자신에게 유리한 주장 및 자료를 제출할 기회를 행사할 수 없도록 하고 있으므로, 결국 청구인 김○○, 음○○, 김□□의 공정한 재판을 받을 권리에 대한 기본권 침해가능성은 인정된다.

라. 소결

따라서 청구인 정○○, 나○○의 심판청구는 부적법하고, 청구인 김○○, 음○○, 김□□의 심판청구는 적법하다.

5. 본안에 대한 판단

가. 쟁점

심판대상조항은 피해자의 성명·주소·주민등록번호를 모두 기재하지 못하는 경우 공탁할 수 없도록 함으로써 피고인이 '양형의 조건'인 '범행 후의 정황'과 관련하여 자신을 방어하기 위하여 유리한 주장 및 자료를 제출할 기회를 행사할 수 없도록 하고 있으므로, 결국 청구인 김○○, 음○○, 김□□의 '공정한 재판을 받을 권리'를 침해하는지 여부가 문제된다.

한편 청구인 김○○, 음○○, 김□□는 심판대상조항으로 인하여 변호인의 조력을 받을 권리, 행복추구권 등도 침해된다고 주장하나, 심판대상조항과 가장 밀접하고 침해의 정도가 큰 주된 기본권인 공정한 재판을 받을 권리의 침해 여부를 판단하는 이상, 나머지 기본권에 대해서는 별도로 판단하지 아니한다.

나. 공정한 재판을 받을 권리 침해 여부

(1) 헌법 제27조 제1항은 재판청구권의 내용을 법률에 의해 구체화하도록 정하고 있으므로, 재판청구권에 포함되는 피고인의 '공정한 재판을 받을 권리'의 구체적인 내용 형성은 입법자에게 맡겨져 있다. 그러므로 공정한 재판을 받을 권리를 어떻게 구체화할 것인가의 문제는 원칙적으로 입법자의 형성재량에 맡겨져 있지만, 그것이 지나치게 불합리하거나 국민의 공정한 재판을 받을 권리를 사실상 불가능하게 만들어서는 아니된다는 입법형성권의 한계가 존재한다. 이하에서는 심판대상조항이 입법형성권의 한계를 일탈하여 청구인 김○○, 음○○, 김□□의 '공정한 재판을 받을 권리'를 침해하는지 여부에 관하여 살펴본다.

(2) 변제공탁제도는 본질적으로는 사인 간의 법률관계를 조정하기 위한 것이므로, 공탁을 함에 있어 채권자인 피공탁자를 지정할 의무는 채무자인 공탁자에게 있다(대법원 1997. 10. 16. 선고 96다11747 전원합의체 판결 참조). 공탁법은 법령에 따라 행하는 공탁의 절차와 공탁물을 효율적으로 관리하고 운용하기 위한 사항을 정함을 목적으로 한다(제1조). 공탁규칙은 공탁법에서 위임한 사항과 그 밖에 공탁사무에 필요한 사항을 정함을 목적으로 하며(제1조), 공탁절차의 효율적 운용의 일환으로 피공탁자가 공탁물 출급청구권을 행사할 수 있도록 공탁관으로 하여금 피공탁자에게 공탁통지서를 발송하도록 정하고 있다(제29조). 이에 심판대상조항은 공탁자로 하여금 공탁서에 피공탁자를 특정하여 기재하게 함으로써 공탁절차를 효율적으로 운용하기 위한 것이므로, 그 입법목적이 정당하다.

공탁절차상 공탁이 된 사실을 피공탁자에게 통지하고(공탁규칙 제29조) 공탁금을 출급하는 등의 업무는 공탁관이 수행하는데(공탁규칙 제32조, 제33조), 공탁관은 공탁서에 기재된 사항에 대하여 형식적 심사권만을 가질 뿐이므로(대법원 1997. 10. 16. 선고 96다11747 전원합의체 판결 참조) 공탁서에 기재된 사항만으로 피공탁자가 명확히 특정될 수 있어야 한다. 따라서 입법자가 공탁자로 하여금 피공탁자의 성명과 주민등록번호를 공탁서에 기재하게 한 것은 피공탁자를 특정하기 위한 유효적절한 조치에 해당된다. 또한 공탁관이 피공탁자에게 공탁통지를 하기 위하여는 공탁자가 제출하는 공탁서에서 피공탁자의 주소가 확인될 수 있어야 하므로, 공탁자로 하여금 피공탁자의 주소를 공탁서에 기재하게 한 것 또한 공탁절차의 효율적 운용을 위하여 필요하고도 효과적인 방법이라고 볼 수 있다.

(3) 청구인 김○○, 음○○, 김□□는 피해자의 인적사항을 확인하기 어려운 형사재판의 경우에는 피해자의 인적사항이 아닌 해당 형사재판의 사건번호 등으로 피공탁자를 특정하는 것이 가능하므로, 심판대상조항이 확인이 어려운 피해자의 인적사항을 공탁서에 기재하도록 강제하는 것은 입법재량을 일탈하여 피고인의 공정한 재판을 받을 권리를 침해한다고 주장하고, 실제로 2022. 12. 9. 시행 예정인 개정 공탁법 제5조의2는 형사공탁의 특례를 인정하여, 공탁서에 피공탁자의 인적사항 대신 해당 형사사건의 재판이 계속 중인 법원과 사건번호, 사건명, 조서, 진술서, 공소장 등에 기재된 피해자를 특정할 수 있는 명칭을 기재할 수 있도록 정하고 있다.

그러나 ① 공탁제도의 구체적인 내용 형성은 입법자에게 광범위한 재량이 부여되어 있는 점, ② 공탁물 출급청구권자는 공탁서의 기재에 의하여 형식적으로 결정되고, 형식적 심사권만을 가진 공탁관은 피공탁자로 지정된 자에게만 공탁금을 출급할 수 있는 변제공탁제도의 구조상 공탁자가 피공탁자의 인적사항을 특정할 수 없으면 공탁이 이루어질 수 없는 것이 원칙인 점, ③ 형사공탁은 피해자가 피고인과 합의하지 않을 때 이루어지는 피고인의 일방적 행위인 점, ④ 양형감경요소의 실현을 원하는 피고인의 의사를 존중하여 형사재판의 사건번호 등으로 피공탁자를 기재할 수 있는 특례를 형사공탁에 인정할 것인지, 또는 피고인에 대하여 합의 내지 처벌불원은 물론 양형감경조차 원하지 않는 피해자의 의사를 존중하여 형사공탁에서도 일반 공탁제도와 마찬가지로 피공탁자의 인적사항 기재를 요구할 것인지는, 입법 당시의 시대적 상황, 국민일반의 가치관 내지 법감정, 범죄예방 및 피해회복을 위한 형사정책적 측면 등을 고려하여 입법형성재량에 맡겨져 있는 사항인 점을 고려하면, 형사공탁에서의 피공탁자 특정을 일반 공탁제도와 동일하게 정하고 있는 심판대상조항이 지나치게 불합리하다고 보기 어렵다.

(4) 물론, 피해자의 성명, 주소, 주민등록번호를 알지 못하는 피고인으로서는, 심판대상조항으로 인해 형사공탁을 하지 못한다면 이를 양형상 유리한 사유로 주장할 수 없게 된다는 불이익이 있다. 그런데 성범죄에 있어서 양형인자에 해당하는 '상당 금액 공탁'이란 '피해회복을 위한 진지한 노력을 하였으나 합의에 이르지 못하여 상당한 금액을 공탁한 경우'를 의미하며, 모욕죄에서의 양형인자에 해당하는 공탁이란 '피해회복을 위한 진지한 노력 끝에 피해자 또는 유족과의 합의에 준할 정도의 상당한 금액을 공탁한 경우'를 의미하므로, 공탁 외에도 피고인이 피해자의 피해회복을 위한 진지한 노력이 있었는지 여부가 주된 고려사항이 될 수 있다. 법관은 형의 종류를 선택하고 형량을 정할 때 형법 제51조에서 정한 양형의 조건과 법원조직법 제81조의6에 근거하여 설정된 양형위원회의 양형기준상 다양한 양형인자들을 종합적으로 고려하므로, 심판대상조항과 그에 따른 공탁 여부만으로 피고인에 대한 양형상의 불이익 초래 여부가 결정되는 것은 아니다. 청구인 김○○, 음○○, 김□□로서는 공탁을 하지 못하더라도, 피해회복을 위하여 진지한 노력을 다하였고, 이를 위해 공탁을 하고자 하였으나 피해자의 인적사항을 알지 못하여 어쩔 수 없이 공탁을 하지 못하였다는 취지의 주장과 자료를 제출함으로써 양형에 관하여 자신을 방어할 수 있다.

(5) 위와 같은 사정을 종합적으로 고려하면, 심판대상조항으로 인하여 형사공탁에 일정한 제한을 받게 되더라도, 이러한 제한이 지나치게 불합리하거나 공정한 재판을 받을 권리를 사실상 불가능하게 만드는 정도에 이르렀다고 보기 어렵다. 따라서 심판대상조항이 입법형성권의 한계를 일탈하여 청구인 김○○, 음○○, 김□□의 공정한 재판을 받을 권리를 침해하지 아니한다.

6. 결 론

그렇다면 청구인 정○○, 나○○의 심판청구는 부적법하므로 이를 각 각하하고, 청구인 김○○, 음○○, 김□□의 심판청구는 이유 없으므로 이를 각 기각하기로 하여 주문과 같이 결정한다. 이 결정은 아래 7.과 같은 재판관 유남석, 재판관 이영진, 재판관 김기영, 재판관 이미선의 청구인 김○○, 음○○, 김□□의 심판청구에 대한 반대의견이 있는 외에는 관여 재판관들의 일치된 의견에 의한 것이다.

7. 재판관 유남석, 재판관 이영진, 재판관 김기영, 재판관 이미선의 청구인 김○○, 음○○, 김□□의 심판청구에 대한 반대의견

우리는 법정의견과 달리 청구인 김○○, 음○○, 김□□의 심판청구는 기본권침해가능성이 없어 부적법하다고 생각하므로, 다음과 같이 견해를 밝힌다.

변제공탁제도는 채권자가 변제수령을 거부하거나 변제를 받을 수 없는 상황에서 채무자로 하여금 채무에서 벗어나게 하기 위하여 고안된 제도이다. 이러한 변제공탁이 형사사건에서는 합의를 대체하는 중요한 양형자료로 기능하기도 하나, 이는 어디까지나 부차적인 것일 뿐, 변제공탁제도가 본래 의도한 것은 아니다. 따라서 피고인이 피해자의 인적사항을 알지 못하여 공탁을 할 수 없고 유리한 양형자료로서 변제공탁을 활용하지 못하더라도 이는 사실상 간접적 불이익에 불과할 뿐 공정한 재판을 받을 권리와 관련이 있다고 보기 어렵다.

양형위원회의 양형기준에 의하면, 공탁 외에도 피고인이 피해자의 피해회복을 위한 진지한 노력을 하였는지 여부가 양형에 주된 고려사항이 되는 것이고, 단순히 일정한 금액을 공탁하였다고 하여 반드시 양형에 유리하게 작용한다거나, 일정한 금액의 공탁을 하지 않았다고 하여 반드시 양형에 불리하게 작용한다고 단정할 수 없다. 형사재판에서 양형에 관한 판단은 법관의 전속적 권한이므로 피고인이 상당한 금액을 공탁한 경우 이를 양형에 참고할지 여부는 법관의 재량에 달려있으며, 양형위원회의 양형기준이 법적구속력을 갖는 것도 아니다(법원조직법 제81조의7 제1항).

그렇다면 심판대상조항과 그에 따른 공탁 여부 자체만으로 청구인 김○○, 음○○, 김□□에게 직접 양형상의 불이익을 초래하는 법률효과가 발생하는 것은 아니므로, 심판대상조항이 형사재판에서의 양형과 관련하여 위 청구인들의 법적지위에 영향을 미친다고 볼 수 없어 심판대상조항으로 인한 청구인 김○○, 음○○, 김□□의 기본권침해가능성이 인정되지 않는다.

재판관 유남석 이선애 이석태 이은애 이종석 이영진 김기영 문형배 이미선

48. 행정부작위 위헌확인

[2021. 9. 30. 2016헌마1034]

【판시사항】

1. '진실·화해를 위한 과거사정리 기본법'(이하 '과거사정리법'이라 한다)에 따른 진실규명사건의 피해자인 청구인이 심판절차 계속 중 사망하여, 청구인의 심판청구 중 관련 기본권의 성질상 승계되거나 상속될 수 없는 부분에 대하여 심판절차종료선언을 한 사례

2. 행정안전부장관, 법무부장관(이하 '피청구인들'이라 한다)이 진실규명사건의 피해자 및 그 가족인 청구인들의 피해를 회복하기 위해 국가배상법에 의한 배상이나 형사보상법에 의한 보상과는 별개로 금전적 배상·보상이나 위로금을 지급하지 아니한 부작위(이하 '배상조치 부작위'라 한다)가 헌법소원의 대상이 되는 공권력의 불행사인지 여부(소극)

3. 피청구인들이 진실규명사건 피해자의 명예를 회복하고 피해자와 가해자 간의 화해를 적극 권유하여야 할 작위의무를 부담하는지 여부(적극) 및 이러한 작위의무의 인적 범위

4. 피청구인들이 진실규명사건 피해자의 유가족인 청구인들의 명예를 회복하기 위한 조치를 취하지 아니한 부작위(이하 '명예회복 부작위'라 한다)가 헌법소원의 대상이 되는 공권력의 불행사인지 여부(소극)

5. 피청구인들이 진실규명사건 피해자의 유족인 청구인들과 가해자 간의 화해를 적극 권유하지 아니한 부작위(이하 '화해권유 부작위'라 한다)가 헌법소원의 대상이 되는 공권력의 불행사인지 여부 및 화해권유 부작위가 피해자의 유족인 청구인들의 기본권을 침해하는지 여부

6. 재판관 4인이 각하의견, 재판관 4인이 위헌의견인 경우, 심판청구를 각하한 사례

【결정요지】

1. 청구인 정○○은 이 사건 헌법소원심판절차가 계속 중이던 2021. 3. 29. 사망하였으므로, 청구인 정○○의 심판청구 중 관련 기본권의 성질상 승계가 허용되는 배상조치 부작위 부분의 심판절차는 그 배우자 및 자녀로서 수계를 신청한 상속인이자 공동청구인인 청구인들이 수계하고, 관련 기본권이 그 성질상 일신전속적인 것이어서 승계가 허용되지 아니하는 명예회복 부작위 및 화해권유 부작위 부분의 심판절차는 종료되었다.

2. 헌법이나 헌법해석상으로 피청구인들이 진실규명사건의 피해자인 청구인 정○○ 및 피해자의 배우자, 자녀, 형제인 청구인들(이하 '청구인 이○○ 등'이라 한다)에게 국가배상법에 의한 배상이나 형사보상법에 의한 보상과는 별개로 배상·보상을 하거나 위로금을 지급하여야 할 작위의무가 도출되지 아니한다. 또한 과거사정리법 제34조, 제36조 제1항이나 '고문 및 그 밖의 잔혹한·비인도적인 또는 굴욕적인 대우나 처벌의 방지에 관한 협약' 제14조로부터도 피청구인들이 청구인들에게 직접 금전적인 피해의 배상이나 보상, 위로금을 지급하여야 할 헌법에서 유래하는 작위의무가 도출된다고 볼 수 없다.

따라서 배상조치 부작위는 헌법소원의 대상이 되는 공권력의 불행사에 해당하지 아니한다.

3. (1) 국가의 조직적이고 적극적인 불법행위로 인해 기본권을 유린당하고 인간의 존엄과 가치를 훼손당한 피해자의 인간의 존엄과 가치를 회복시켜야 할 의무는 국가가 국민에 대하여 부담하는 가장 근본적인 보호의무에 속하며, 과거사정리법은 국가에 대하여 진실규명사

건 피해자의 훼손되었던 인간의 존엄과 가치를 회복시켜야 할 의무를 부과한 것이다.

과거사정리법 제36조 제1항 및 제39조가 정부와 국가의 의무 내용을 다소 포괄적으로 규정하고 있다고 할지라도 이는 과거사 전반에 관한 광범위한 사안에서 명예회복이나 화해권유 등의 조치를 취하기 위해서는 정부의 각 기관이 서로 협조하여 일련의 조치들을 취하여야 한다는 점에 기인한 것일 뿐, 이를 이유로 과거사정리법이 정하고 있는 의무가 추상적인 것에 불과하다고 볼 수는 없다.

과거사정리법의 제정 경위 및 입법 목적, 과거사정리법의 제규정 등을 종합적으로 살펴볼 때, 과거사정리법 제36조 제1항과 제39조는 '진실규명결정에 따라 규명된 진실에 따라 국가와 피청구인들을 포함한 정부의 각 기관은 피해자의 명예회복을 위해 적절한 조치를 취하고, 가해자와 피해자 사이의 화해를 적극 권유하기 위하여 필요한 조치를 취하여야 할 구체적 작위의무'를 규정하고 있는 조항으로 볼 것이고, 이러한 피해자에 대한 작위의무는 헌법에서 유래하는 작위의무로서 그것이 법령에 구체적으로 규정되어 있는 경우라고 할 것이다.

(2) 과거사정리법 제36조 제1항의 '유가족'과 제39조의 '유족'이라는 문언상의 차이를 고려할 때, 명예회복과 관련하여 피청구인들은 피해자의 사망 여부와 무관하게 피해자뿐만 아니라 피해자의 가족 및 유족 모두의 명예회복을 위해 적절한 조치를 취하여야 할 의무를 부담한다고 할 것이나, 화해권유와 관련하여서는 피해자의 생존 당시에는 피해자와 가해자 사이의 화해를 적극 권유하여야 할 의무만을 부담하고, 이러한 의무가 이행되지 아니한 채로 피해자가 사망한 이후에야 비로소 그 유족들에게 이러한 의무를 부담한다고 해석된다.

4. 오랜 기간 동안 범죄자의 가족이라는 부정적인 사회적 평가와 명예의 훼손을 감당하여 온 청구인 이○○ 등의 명예를 회복하기 위한 가장 적절한 조치는 다름 아닌 피해자 청구인 정○○의 명예를 회복하는 것이다. 그런데 피해자인 청구인 정○○이 재심을 청구하여 무죄판결이 선고되었고, 법원의 형사보상결정에 따라 청구인 정○○에게 형사보상금이 지급되었으며, 형사보상결정이 관보에 게재되어 청구인 정○○의 명예를 회복시키기 위한 조치가 이행된 이상, 피청구인들이 청구인 정○○의 유가족인 청구인 이○○ 등의 명예를 회복시키기 위한 적절한 조치를 이행하였음이 인정된다.

따라서 헌법소원의 대상이 되는 공권력의 불행사가 존재한다고 볼 수 없다.

5. 재판관 이선애, 재판관 이은애, 재판관 이종석, 재판관 이영진의 각하의견

피청구인들이 청구인 정○○에게 직접 사과하거나, 무고하게 청구인 정○○이 무기징역을 선고받고 복역한 사건에 대해 명시적으로 대국민사과를 하지 아니한 것은 사실이다. 그러나 피청구인들은 진실규명결정이 이루어진 사건의 일괄 처리를 위한 이행계획을 수립하거나, 포괄적인 국가사과 등을 계획한 후 이를 추진하고 있으며, 가해자들에게도 진실규명결정통지서를 송달하였다. 물론 이러한 조치가 청구인 정○○의 기대에 미치지 못할 수는 있으나, 외부에서 강제할 수 없는 화해의 성격을 고려할 때, 피청구인들이 자신들이 독자적으로 이행할 수 있는 한도 내에서 가해자가 스스로 반성하고 피해자가 용서의 마음을 가질 수 있도록 하기 위해 필요한 조치를 이행하였다면, 가해자와 피해자인 청구인 정○○ 사이의 화해를 적극 권유하여야 할 헌법에서 유래하는 작위의무를 이행한 것으로 보아야 한다.

그리고 피해자인 청구인 정○○에게 이러한 의무를 이행한 이후 청구인 정○○이 사망한 이상, 피청구인들이 그 유족인 청구인 이○○

등에 대해서 재차 이러한 작위의무를 부담하는 것은 아니므로 헌법소원의 대상이 되는 공권력의 불행사가 있었다고 할 수 없다.

재판관 유남석, 재판관 김기영, 재판관 문형배, 재판관 이미선의 위헌의견

피청구인들이 청구인 정○○이 진실규명결정에 명시된 가해자들과 화해할 수 있는 최소한의 기회를 제공하였다고 보기 어렵고, 경찰조직을 대표하는 경찰청장, 경찰청이 속해 있는 행정안전부장관, 검찰사무의 최고 감독자인 법무부장관 모두 청구인 정○○에게 직접 사과하거나 이에 관해 명시적인 대국민 사과를 한 사실이 없다. 이처럼 피청구인들이 청구인 정○○과 가해자 사이의 화해를 적극 권유하여야 할 작위의무를 이행하지 아니한 상태에서 청구인 정○○이 사망하였다면, 피청구인들로서는 그 유족인 청구인 이○○ 등에게 사과하거나 청구인 이○○ 등과 가해자 사이의 화해를 적극 권유하기 위한 적절한 조치를 취하여야 할 것임에도 불구하고, 피청구인들은 이러한 의무를 여전히 이행하지 아니하고 있으며, 이러한 의무이행의 해태에는 정당한 이유도 인정되지 아니한다.

따라서 피청구인들의 화해권유 부작위는 청구인 이○○ 등의 인간으로서의 존엄성을 침해한다.

6. 소송요건의 선순위성은 소송법의 확고한 원칙으로 헌법소원심판에서 본안판단으로 나아가기 위해서는 적법요건이 충족되었다는 점에 대한 재판관 과반수의 찬성이 있어야 한다. 따라서 청구인 이○○ 등의 화해권유 부작위의 위헌확인을 구하는 심판청구가 적법성을 충족한 것인지에 대해 어떠한 견해도 과반수에 이르지 아니한 이상, 헌법재판소는 심판청구를 각하하여야 한다.

청구인 이○○ 등의 심판청구 중 명예회복 부작위 부분에 관한 재판관 김기영, 재판관 이미선의 반대의견

과거사정리법 제36조 제1항에 따라 피청구인들이 부담하는 명예회복을 위해 적절한 조치를 취하여야 할 의무는 통상적인 형사소송절차를 통한 구제가 아니라 별도의 적극적인 조치를 취하여야 할 의무를 의미한다. 그러므로 재심절차나 형사보상절차가 이루어졌다는 이유만으로 명예를 회복하여야 할 헌법에서 유래하는 작위의무를 이행하였다고 볼 수는 없으며, 이러한 의무이행의 해태에 정당한 이유가 있다고 볼 수도 없다. 따라서 피청구인들의 명예회복 부작위는 청구인 이○○ 등의 인격권을 침해한다.

청구인 이○○ 등의 심판청구 중 화해권유 부작위 부분에 관한 위헌의견에 대한 재판관 유남석, 재판관 문형배의 보충의견

'진실·화해를 위한 과거사정리위원회'(이하 '과거사위원회'라 한다)의 구체적인 권고사항이 피청구인들이 헌법에서 유래하는 작위의무를 이행하였는지 여부를 판단하는 일차적인 기준이 되어야 하며, 이러한 기준에 의할 경우 명예회복 부작위와 화해권유 부작위에 있어 작위의무 이행여부에 대한 판단이 달라지게 된다. 즉, 명예회복과 관련하여서는 과거사위원회의 권고사항인 재심조치가 이행되었으므로 피청구인들이 작위의무를 이행하였다고 볼 수 있으나, 화해권유와 관련하여서는 과거사위원회가 "가혹행위 등 인권침해에 대해 피해자와 가족에게 사과"할 것을 명시적으로 권고하고 있음에도 불구하고, 청구인 정○○과 그 유족인 청구인 이○○ 등에게 직접 사과하지 아니하고 있으므로 피청구인들이 작위의무를 이행하였다고 볼 수 없다.

청구인 이○○ 등의 심판청구 중 화해권유 부작위 부분에 관한 재판관 유남석, 재판관 김기영, 재판관 문형배의 주문표시에 대한 반대의견

헌법 제113조 제1항 및 헌법재판소법 제23조 제2항 본문에 비추어 볼 때, 적법요건 충족 여부에 대한 종국적인 판단인 각하결정을 하기 위해서는 종국심리에 관여한 재판관 과반수의 찬성이 필요하다. 그런데 청구인 이○○ 등의 심판청구 중 화해권유 부작위 부분에 관한 각하의견이 재판관 4인으로 종국심리에 관여한 재판관의 과반수에 이르지 아니하였으므로, 헌법재판소는 이 부분 심판청구를 각하할 수 없다.

또한 화해권유 부작위가 청구인 이○○ 등의 인간으로서의 존엄성을 침해한다는 의견이 재판관 4인으로 헌법 제113조 제1항, 헌법재판소법 제23조 제2항 단서 제1호에 규정된 헌법소원에 관한 인용결정의 정족수에 미달하였으므로, 헌법재판소는 인용결정도 할 수 없다.

따라서 헌법재판소로서는 이 부분 심판청구를 기각할 수밖에 없다.

【참조조문】

헌법 제10조

진실·화해를 위한 과거사정리 기본법(2005. 5. 31. 법률 제7542호로 제정된 것) 제34조, 제36조 제1항, 제39조

고문 및 그 밖의 잔혹한·비인도적인 또는 굴욕적인 대우나 처벌의 방지에 관한 협약(조약 제1272호, 1995. 2. 8. 발효) 제14조

【참조판례】

1. 헌재 1995. 11. 30. 91헌바1등, 판례집 7-2, 562, 569

헌재 2015. 4. 30. 2012헌마38, 판례집 27-1하, 12, 25

2. 헌재 2011. 8. 30. 2006헌마788, 판례집 23-2상, 366, 382

헌재 2011. 12. 29. 2009헌마621, 판례집 23-2하, 853, 858

헌재 2016. 5. 26. 2014헌마1002, 공보 236, 957, 958-959

대법원 2013. 5. 16. 선고 2012다202819 판결

3. 헌재 1991. 4. 1. 89헌마160, 판례집 3, 149, 154

헌재 2003. 5. 15. 2000헌마192등, 판례집 15-1, 551, 559

헌재 2011. 8. 30. 2008헌마648, 판례집 23-2상, 417, 434

대법원 2013. 1. 16. 선고 2010두22856 판결

4. 헌재 2013. 8. 29. 2012헌마886, 판례집 25-2상, 571, 579

5. 헌재 1991. 4. 1. 89헌마160, 판례집 3, 149, 154

【당 사 자】

청 구 인	1. 정○○
	2. 정□□
청구인겸	3. 이○○
망 정○○의	4. 정△△
소송수계인	5. 정▽▽
	6. 정××
	7. 정◎◎
	청구인들의 대리인 법무법인 저스티스
	담당변호사 지영준
피청구인	1. 행정안전부장관
	2. 법무부장관

【주　문】

1. 청구인 정○○의 심판청구 중 피청구인들이 청구인 정○○의 명예를 회복하기 위한 조치를 취하지 아니한 부작위 및 가해자와 청구인 정○○ 사이의 화해를 적극 권유하지 아니한 부작위의 위헌확인을 구하는 부분의 심판절차는 2021. 3. 29. 청구인 정○○의 사망으로 종료되었다.

2. 청구인 정□□, 청구인 겸 망 정○○의 소송수계인 이○○, 정△△, 정▽▽, 정××, 정◎◎의 심판청구를 모두 각하한다.

【이　유】

1. 사건개요

가. 청구인 정○○은 1973. 3. 30. 강간치사죄로 무

기징역을 선고받고(춘천지방법원 72고합131, 이하 '춘천강간살인 사건'이라 한다) 그 판결이 확정된 사람이며, 청구인 겸 망 정○○의 소송수계인 이○○은 그의 배우자, 청구인 겸 망 정○○의 소송수계인 정△△, 정▽▽, 정××, 정◎◎은 그의 자녀, 청구인 정□□은 그의 형제이다(이하 '청구인 겸 망 정○○의 소송수계인'을 '청구인'으로 표시하고, 청구인 정○○을 제외한 나머지 청구인들을 '청구인 이○○ 등'이라 한다).

나. 청구인 정○○은 2005. 12. 9. '진실·화해를 위한 과거사정리 기본법'(이하 '과거사정리법'이라 한다) 제19조에 따라 춘천강간살인 사건에 관하여 '진실·화해를 위한 과거사정리위원회'(이하 '과거사위원회'라 한다)에 진실규명신청을 하였고, 과거사위원회는 2007. 11. 20. 청구인 정○○에게 가혹행위를 가하여 자백을 받고 증거를 조작한 경찰과 수사상의 위법을 제대로 살피지 못하여 청구인 정○○으로 하여금 무고하게 무기징역을 선고받고 15년 동안 복역하도록 한 검찰과 법원은 청구인 정○○의 피해 및 명예를 회복할 수 있도록 노력해야 할 책임이 있다는 취지로 결정한 후, "국가는 가혹행위 등 인권침해에 대해 피해자와 가족에게 사과하고 화해를 이루는 등 적절한 조치를 취하는 것이 필요하다. 국가는 위법한 확정판결에 대하여 피해자와 가족의 피해를 구제하고 명예를 회복시키기 위해 형사소송법에서 정한 바에 따라 재심조치를 하는 것이 필요하다"라고 권고하였다.

다. 위 진실규명결정 이후 청구인 정○○은 2008. 2. 12. 법원에 재심을 청구하여 2008. 11. 28. 무죄판결을 선고받았고(춘천지방법원 2008재고합1), 위 판결은 항소(서울고등법원 2008노3293) 및 상고(대법원 2009도1603)를 거쳐 2011. 10. 27. 확정되었다. 이후 법원의 2012. 5. 8.자 형사보상결정에 따라(춘천지방법원 2011코169) 청구인 정○○은 2012. 10. 19.까지 총 960,249,600원의 형사보상금을 지급받았고, '형사보상 및 명예회복에 관한 법률'(이하 '형사보상법'이라 한다) 제25조 제1항 전문에 따라 위 형사보상결정이 2012. 5. 23.자 관보 제17768호에 게재되어 청구인 정○○에 대해 무죄판결이 확정되어 형사보상청구권이 발생한 사실이 공시되었다.

라. 청구인들은 위 형사보상결정의 확정일로부터 6개월이 지난 2012. 11. 28. 서울중앙지방법원에 수사기관 등의 불법행위를 이유로 한 국가배상청구소송을 제기하여 2013. 7. 15. 일부 승소판결을 받았으나(서울중앙지방법원 2012가합540547), 항소심 법원은 2014. 1. 23. 소멸시효 완성을 이유로 제1심 판결 중 대한민국 패소부분을 취소하고 그에 해당하는 청구인들의 청구를 기각하는 취지의 판결을 선고하였고(서울고등법원 2013나2015072), 위 판결은 상고기각(대법원 2014다205539)으로 2014. 6. 2. 확정되었다.

마. 이후 청구인들은 과거사위원회의 진실규명결정 및 권고에도 불구하고 국가가 청구인들의 피해 및 명예를 회복시키기 위한 적절한 조치를 취하지 아니하고 있다며, 2016. 12. 2. 피청구인들이 과거사정리법 제36조 제1항 및 제39조 등에 따라 진실규명사건의 피해자와 그 가족인 청구인들의 피해 및 명예를 회복시키기 위한 적절한 조치를 취하지 아니하고, 가해자와 청구인들 간의 화해를 적극 권유하지 아니한 부작위 및 피청구인들이 '고문 및 그 밖의 잔혹한·비인도적인 또는 굴욕적인 대우나 처벌의 방지에 관한 협약'(이하 '고문방지협약'이라 한다) 제14조에 따라 고문행위의 피해자와 그 가족인 청구인들이 구제를 받고 적절한 배상을 받을 수 있는 실효적인 권리를 보장하지 아니한 부작위의 위헌확인을 구하는 취지의 이 사건 헌법소원심판을 청구하였다.

바. 한편, 청구인 정○○은 2021. 3. 29. 사망하였고, 그 상속인이자 공동 청구인인 청구인 이○○, 정△△, 정▽▽, 정××, 정◎◎은 2021. 5. 18. 소송절차 수계신청서를 제출하였다.

2. 심판대상

청구인들은, 피청구인들이 과거사정리법 제34조, 제36조 제1항 및 제39조에 따라 진실규명사건의 피해자 및 가족인 청구인들의 피해 및 명예를 회복시키기 위한 적절한 조치를 취하고 피해자와 가해자 간의 화해를 적극 권유하지 아니한 부작위와 고문방지협약 제14조에 따라 고문행위의 피해자 및 가족인 청구인들이 구제를 받고 적절한 배상을 받을 수 있는 실효적인 권리를 보장하지 아니한 부작위가 자신들의 기본권을 침해한다고 주장한다. 그런데 심판청구서의 전체적인 취지를 살펴보면, 청구인들의 주장은 결국 피청구인들이 피해자 및 그 가족인 청구인들의 피해회복 또는 구제를 위하여 청구인들에게 금전적인 배상 내지 보상을 하거나 위로금을 지급하지 아니한 것과 청구인들의 명예를 회복하고 가해자와 청구인들 사이에 화해를 적극 권유하는 등 명예회복 및 화해를 위한 조치를 취하지 아니한 것의 위헌확인을 구하는 것으로 보인다. 다만 청구인들은 앞서 본 것과 같이 이미 형사보상결정에 따라 형사보상금 960,249,600원을 지급받았고, 국가배상청구소송을 제기하여 패소확정판결을 선고받았다. 따라서 청구인들이 금전지급을 통한 피해 회복과 관련하여 위헌확인을 구하고 있는 부작위는 국가배상법에 의한 배상이나 형사보상법에 의한 보상과는 별개로 피청구인들이 청구인들의 피해 회복을 위해 배상·보상이나 위로금으로 금전을 지급할 의무를 이행하지 아니한 부작위로 특정함이 타당하다.

따라서 이 사건 심판의 대상은 피청구인들이 진실규명사건의 피해자 및 그 가족인 청구인들의 피해를 회복하기 위해 국가배상법에 의한 배상이나 형사보상법에 의한 보상과는 별개로 금전적 배상·보상이나 위로금을 지급하지 아니한 부작위 (이하 '배상조치 부작위'라 한다), 청구인들의 명예를 회복하기 위한 조치를 취하지 아니한 부작위(이하 '명예회복 부작위'라 한다) 및 청구인들과 가해자 간의 화해를 적극 권유하지 아니한 부작위(이하 '화해권유 부작위'라 한다)가 청구인들의 기본권을 침해하는지 여부이다. 관련조항의 내용은 다음과 같다.

[관련조항]

진실·화해를 위한 과거사정리 기본법(2005. 5. 31. 법률 제7542호로 제정된 것)

제34조(국가의 의무) 국가는 진실규명사건 피해자의 피해 및 명예의 회복을 위하여 노력하여야 하고, 가해자에 대하여 적절한 법적·정치적 화해조치를 취하여야 하며, 국민 화해와 통합을 위하여 필요한 조치를 하여야 한다.

제36조(피해 및 명예회복) ① 정부는 규명된 진실에 따라 희생자, 피해자 및 유가족의 피해 및 명예를 회복시키기 위한 적절한 조치를 취하여야 한다.

제39조(가해자와 피해자·유족과의 화해) 위원회와 정부는 가해자의 참회와 피해자·유족의 용서가 이루어질 수 있도록 가해자와 피해자·유족간의 화해를 적극 권유하여야 한다.

고문 및 그 밖의 잔혹한·비인도적인 또는 굴욕적인 대우나 처벌의 방지에 관한 협약(조약 제1272호, 1995. 2. 8. 발효)

제14조 1. 당사국은 자기나라의 법체계 안에서 고문행위의 피해자가 구제를 받고, 또한 가능한 한 완전한 재활수단을 포함하여 공정하고 적절한 배상을 받을 수 있는 실효적인 권리를 보장한다. 고문행위의 결과로 피해자가 사망한 경우, 피해자의 부양가족이 배상받을 권리를 가진다.

2. 이 조의 어떠한 규정도 피해자나 그 밖의 개인들이 국내법에 따라 배상을 받을 수 있는 권리에 영향을 미치지 아니한다.

3. 청구인들의 주장

과거사정리법의 목적, 과거사정리법 제34조, 제36조 제1항 및 고문방지협약 제14조에 비추어 볼 때, 피청구인들은 적절한 금전적 배상이나 보상을 통해 청구인들의 피해를 회복 또는 구제하여야 할 작위의무를 부담한다. 또한 과거사정리법 제34조, 제36조 제1항 및 제39조로부터 피청구인들이 청구인들의 명예를 회복시키기 위한 조치를 취하고, 가해자와 청구인들 간의 화해를 적극 권유하여야 할 구체적인 작위의무가 도출된다.

그럼에도 불구하고 피청구인들은 청구인들에게 금전적인 배상·보상을 행하거나 위로금을 지급하지 아니하고 청구인들의 명예를 회복시키기 위한 조치를 취하거나 가해자와 청구인들 사이에 화해를 적극 권유하지 아니하고 있는바, 청구인들은 피청구인들의 이와 같은 부작위로 인해 인간으로서의 존엄과 가치, 재산권 및 국가배상청구권을 침해받고 있다.

4. 청구인 정○○의 심판청구에 관한 판단

앞서 살펴본 바와 같이 청구인 정○○이 2021. 3. 29. 사망하여 그 상속인이자 공동 청구인인 청구인 이○○, 정△△, 정▽▽, 정××, 정◎◎은 2021. 5. 18. 청구인 정○○의 심판청구에 대한 소송절차 수계신청서를 제출하였다.

청구인 정○○이 배상조치 부작위로 인해 침해받았다고 주장하는 재산권 및 국가배상청구권은 그 성질상 승계가 허용된다고 할 것이므로, 소송수계 의사를 밝힌 청구인 이○○, 정△△, 정▽▽, 정××, 정◎◎은 배상조치 부작위의 위헌확인을 구하는 부분의 심판청구를 수계한다.

그러나 명예회복 부작위 및 화해권유 부작위와 관련하여 청구인 정○○이 침해받았다고 주장하는 기본권인 인격권이나 인간으로서의 존엄성은 그 성질상 일신전속적인 것으로서 당사자가 사망한 경우 승계되거나 상속될 수 있는 것이 아니므로, 이 부분 심판청구는 상속인들의 수계의사에도 불구하고 청구인 정○○의 사망으로 그 심판절차가 종료되었다.

5. 배상조치 부작위에 관한 심판청구

가. 헌법재판소법 제68조 제1항의 규정에 의하면 공권력의 행사 또는 불행사로 인하여 헌법상 보장된 기본권을 침해받은 자는 헌법소원심판을 청구할 수 있다. 다만 행정권력의 부작위에 대한 헌법소원의 경우에는 공권력의 주체에게 헌법에서 유래하는 작위의무가 특별히 구체적으로 규정되어 이에 의거하여 기본권의 주체가 행정행위를 청구할 수 있음에도 공권력의 주체가 그 의무를 해태하는 경우에 한하여 허용된다. 여기서 헌법에서 유래하는 작위의무가 특별히 구체적으로 규정되어 있다 함은 첫째, 헌법상 명문으로 공권력 주체의 작위의무가 규정되어 있는 경우, 둘째, 헌법의 해석상 공권력 주체의 작위의무가 도출되는 경우, 셋째, 공권력 주체의 작위의무가 법령에 구체적으로 규정되어 있는 경우 등을 포괄한다(헌재 2011. 8. 30. 2006헌마788; 헌재 2011. 12. 29. 2009헌마621 참조).

나. 헌법이 명문으로 피청구인들이 과거사정리법에 따른 진실규명사건의 피해자 및 그의 가족인 청구인들에게 배상·보상을 하거나 위로금을 지급하여야 할 작위의무를 규정하고 있거나, 헌법 해석상 이러한 작위의무가 도출되는지 여부를 살펴본다.

우선 헌법은 명문으로 '피청구인들이 과거사정리법에 따른 진실규명사건의 피해자 및 그 가족에게 배상·보상을 하거나 위로금을 지급하여야 할 작위의무'를 규정하고 있지 아니하다.

또한 헌법 제10조가 "모든 국민은 인간으로서의 존엄과 가치를 가지며, 행복을 추구할 권리를 가진다. 국가는 개인이 가지는 불가침의 기본적 인권을 확인하고 이를 보장할 의무를 진다."라고 규정하고 있기는 하나, 이는 '국가권력의 한계'로서 국가에 의한 침해로부터의 보호 및 '국가권력의 과제'로서 제3자에 의하여 인간의 존엄성을 위협받을 때 국가의 보호라는 국가의 일반적·추상적 의무가 있음을 의미하는 것이지(헌재 2016. 5. 26. 2014헌마1002 참조), 위 헌법조항으로부터 피청구인들이 진실규명사건의 피해자 및 가족인 청구인들의 피해회복을 위하여 배상·보상이나 위로금의 지급이라는 구체적인 행위를 해야 할 작위의무가 직접 도출되는 것은 아니다. 나아가 국민의 재산권을 보장하고 있는 헌법 제23조 제1항이나 국가배상청구권을 보장하고 있는 헌법 제29조 제1항으로부터 행정청인 피청구인들이 별도 법령의 매개 없이 청구인들의 피해를 보상하거나 손해를 배상하여야 할 의무가 직접 도출되는 것도 아니다.

따라서 헌법이나 헌법 해석상으로 피청구인들이 진실규명사건의 피해자 및 가족인 청구인들에게 배상·보상을 하거나 위로금을 지급하여야 할 작위의무가 직접 도출되는 것은 아니다.

다. 다음으로 위와 같은 작위의무가 법령에 구체적으로 규정되어 있는지를 살펴본다.

(1) 과거사정리법은 항일독립운동, 반민주적 또는 반인권적 행위에 의한 인권유린과 폭력·학살·의문사 사건 등을 조사하여 왜곡되거나 은폐된 진실을 밝혀냄으로써 민족의 정통성을 확립하고 과거와의 화해를 통해 미래로 나아가기 위한 국민통합에 기여하고자 하는 목적으로 제정된 것으로(과거사정리법 제1조), 단순히 역사적 사실의 진상을 규명하는 것에서 더 나아가 개별 피해자를 특정하여 피해 경위 등을 밝히고 그에 대한 피해회복까지를 목적으로 하고 있는 법률이다. 따라서 국가는 과거사정리법 제34조와 제36조 제1항에 의해 피해자들이 입은 피해를 회복하기 위한 조치를 취하여야 할 의무를 부담하는바, 정부나 국회는 금전지급 방법에 의한 피해회복을 위하여 후속 입법 등을 통해 그 지급대상이나 기준을 정하는 등 구체적 방안을 마련하는 것이 바람직하다고 할 것이다(대법원 2013. 5. 16. 선고 2012다202819 판결 참조).

그러나 금전지급을 통한 피해회복을 위한 별도의 입법조치가 이루어지지 아니하고, 과거사정리법 자체에서도 금전적 보상 또는 배상의 대상이나 기준, 절차, 지급액 산정 방식 등에 관한 구체적 규정을 전혀 마련하고 있지도 아니한 이상, 피해자 및 그 가족의 피해에 대한 보상이나 배상은 국가배상청구나 민법상 불법행위에 기한 손해배상청구와 같이 사법적인 구제방법이나 형사보상법 제2조에 의한 형사보상청구를 통할 수밖에 없다. 따라서 과거사정리법이 피해의 금전적 배상이나 보상 방법을 위한 구체적인 근거 규정을 두고 있지 아니한 이상, 청구인들 주장과 같이 별도의 입법 없이도 과거사정리법 제34조나 제36조 제1항의 규정만으로 행정청인 피청구인들이 국가배상법이나 형사보상법 등이 정하고 있는 절차와 별개로 청구인들에게 직접 그 피해를 금전으로 배상 또는 보상하여야 하는 구체적인 작위의무를 부담한다고 보기는 어렵다.

(2) 고문방지협약은 국회의 비준동의를 거친 가입을 통해 1995. 2. 8.부터 대한민국에서 발효된 다자간 조약으로 헌법 제6조 제1항에 따라 국내법과 같은 효력을 가진다. 그러나 고문방지협약이 체결 당사국 사이에 권리의무를 쌍무적으로 부담하기로 하는 양자간 조약이 아니라 다자간 조약이라는 점, 고문방지협약 제14조 제1항이 당사국은 자기나라의 법체계 안에서 고문행위의 피해자가 구제를 받고, 또한 가능한 한 완전한 재활수단을 포함하여 공정하고 적절한 배상을 받을 수 있는 실효적인 권리를 보장한다고 규정하고 있기는 하나 그 내용이 국내에서의 별도의 입법절차를 요하지 아니할 정도로 명확하게 규정되어 있다고 보기 어려운 점, 고문방지협약 제1조 제2항은 이 조항은 적용범위가 더 광범위하거나 광범위할 수 있는 여하한 국제법규 또는 국내입법을 침해하지 않는다고 규정하고 있고, 제14조 제2항 역시 이 조의 어떠한 규정도 피해자나 그 밖의 개인들이 국내법에 따라 배상을 받을 수 있는 권리에 영향을 미치지 아니한다고 규정함으로써 당사국의 법체계에 부합하는 법률을 통해 피해 구제가 이루어져야 함을 전제하고 있는 점 등에 비추어 볼 때, 고문방지협약은 각 당사국이 고문 및 그 밖의 잔혹한·비인도적인 또는 굴욕적인 대우나 처벌로부터 개인을 보호하고 개인이 효과적인 구제조치를 받을 수 있는 법적 제도를 확보할 것을 당사국 상호 간의 국제법상 의무로 규정하고 있는 것으로 해석되고, 고문방지협약 제14조만으로 개인이 협약의 당사국에 대하여 별도의 입법절차 없이 손해배상을 구할 수 있는 구체적인 권리가 인정된다고 보기는 어렵다.

따라서 고문방지협약만으로 개인이 국가에게 손해배상 등 구제조치를 청구할 수 있는 별도의 권리가 곧바로 도출된다고 볼 수는 없으며, 고문방지협약 제14조로부터 별도의 입법 없이도 피청구인들이 청구인들에게 적절한 배상이나 보상을 행하여야 할 구체적인 의무가 발생하는 것도 아니다.

(3) 그렇다면 헌법, 과거사정리법 제34조, 제36조 제1항이나 고문방지협약 제14조로부터도 피청구인들이 청구인들에게 직접 금전적인 피해의 배상이나 보상, 위로금을 지급하여야 할 헌법에서 유래하는 작위의무가 도출된다고 보기 어렵다.

라. 소결

이처럼 행정청인 피청구인들이 국가배상법이나 형사보상법 등이 정하고 있는 절차와 별개로 청구인들에게 직접 금전적 배상이나 보상을 하거나, 위로금을 지급하여야 할 헌법에서 유래하는 작위의무가 존재하지 아니한 이상, 이러한 작위의무가 있음을 전제로 하는 배상조치 부작위의 위헌확인을 구하는 심판청구는 부적법하다.

6. 청구인 이○○ 등의 명예회복 부작위 및 화해권유 부작위에 관한 심판청구

가. 작위의무 인정 여부

(1) 피해자인 청구인 정○○에 대한 작위의무

(가) 헌법 제10조는 "모든 국민은 인간으로서의 존엄과 가치를 가지며, 행복을 추구할 권리를 가진다. 국가는 개인이 가지는 불가침의 기본적 인권을 확인하고 이를 보장할 의무를 진다."라고 규정하고 있다. 이는 인간의 존엄성이 최고의 헌법적 가치이자 국가목표규범으로서 모든 국가기관을 구속하여 국가는 인간존엄성을 실현해야 할 의무와 과제를 부담하고, 나아가 국가는 국민의 기본권을 침해하지 않고 이를 최대한 보호해야 할 의무가 있고, 만약 국가가 불법적으로 국민의 기본권을 침해하는 경우 그러한 기본권을 보호해 주어야 할 행위의무가 있음을 의미한다(헌재 2003. 5. 15. 2000헌마192등; 헌재 2011. 8. 30. 2008헌마648 참조).

한편 과거사정리법은 항일독립운동, 반민주적 또는 반인권적 행위에 의한 인권유린과 폭력·학살·의문사 사건 등을 조사하여 왜곡되거나 은폐된 진실을 밝혀냄으로써 민족의 정통성을 확립하고 과거와의 화해를 통해 미래로 나아가기 위한 국민통합에 기여함을 목적으로 제정되었다. 과거사정리법은 과거사위원회를 설치하여 진실규명 업무를 수행하도록 하고 있으며, 제34조에서 "국가는 진실규명사건 피해자의 피해 및 명예의 회복을 위하여 노력하여야 하고, 가해자에 대하여 적절한 법적·정치적 화해조치를 취하여야 하며, 국민화해와 통합을 위하여 필요한 조치를 하여야 한다."라고 규정하여 왜곡되고 은폐된 진실의 규명이 피해자에 대한 실효적인 구제 및 국민화해와 통합으로 이어져야 함을 선언한 후, 제34조의 내용을 보다 구체화하여 제36조 제1항에서 "정부는 규명된 진실에 따라 희생자, 피해자 및 유가족의 피해 및 명예를 회복시키기 위한 적절한 조치를 취하여야 한다."라고 규정하고, 제39조에서 "위원회와 정부는 가해자의 참회와 피해자·유족의 용서가 이루어질 수 있도록 가해자와 피해자·유족 간의 화해를 적극 권유하여야 한다."라고 규정하고 있다. 또한 과거사정리법 제32조는 제2항에서 위원회는 활동이 최종 종료될 경우 6월 이내에 활동 전체를 내용으로 하는 종합보고서를 작성하여 대통령과 국회에 보고하여야 한다고 정하면서, 제4항에서 종합보고서에는 '진실규명사건 피해자, 희생자의 피해와 명예를 회복하기 위하여 국가가 하여야 할 조치(제1호)', '진실규명사건의 가해자에 대한 법적·정치적 화해조치에 관한 사항(제5호)'에 대한 권고를 포함하여야 한다고 규정함으로써, 이러한 조치들을 이행할 수 있는 방안도 일부 마련하고 있다.

앞서 본 헌법 제10조의 의의와 내용에 비추어 볼 때, 국가의 조직적이고 적극적인 불법행위로 인해 기본권을 유린당하고 인간의 존엄과 가치를 훼손당한 피해자의 인간의 존엄과 가치를 회복시켜야 할 의무는 국가가 국민에 대하여 부담하는 가장 근본적인 보호의무에 속한다고 할 것이다. 과거사정리법은 특히 국가의 반민주적 또는 반인권적 공권력 행사가 국민의 인권을 유린하고 인간의 존엄과 가치를 훼손한 진실을 규명하며 국가로 하여금 진실규명사건 피해자의 명예회복을 위한 조치를 취하고 가해자와 피해자 간의 화해를 적극 권유할 의무를 부과하고 있는바, 이는 국가에 대하여 이러한 진실규명사건 피해자의 훼손되었던 인간의 존엄과 가치를 회복시켜야 할 의무의 일환으로서 위와 같은 명예회복 조치 등의 법률상 의무를 부과한 것으로 보아야 한다(대법원 2013. 1. 16. 선고 2010두22856 판결 참조).

(나) 과거사정리법 제36조 제1항과 제39조가 정부의 의무를 다소 포괄적으로 규정한 것과 관련하여 본다.

앞서 본 것과 같이 행정권력의 부작위에 대한 헌법소원은 공권력의 주체에게 헌법에서 유래하는 작위의무가 특별히 구체적으로 규정되어 이에 의거하여 기본권의 주체가 행정행위를 청구할 수 있음에도 공권력의 주체가 그 의무를 게을리하는 경우에 허용된다. 여기서 작위의무가 구체적으로 규정되어 있다는 의미는 관련 헌법 규정이나 법령의 규정이 국가의 정치적 책임 내지 정책방향을 선언하는 것에 그치는 것이 아니라 공권력 주체로 하여금 일정한 행위를 하여야 할 의무를 부과함을 말하는 것으로, 공권력 주체에게 작위의무를 부과하는 법령 등의 내용이 반드시 특정되어 있어야 할 것까지 요구하는 것은 아니라고 볼 것이다. 즉 공권력 주체의 작위의무를 인정하기 위해 요구되는 규정의 구체성의 정도는 모든 사안에서 동일할 수는 없으며, 개별 사안의 특성상 작위의무를 구체적으로 특정하기 어려운 경우에는 구체성의 요구가 완화될 수밖에 없으므로, 법령의 내용이 다소 포괄적으로 되어 있어 공권력 주체가 그 작위의무를 이행하기 위한 구체적인 방법을 선택할 재량을 갖고 있다고 하여 작위의무가 부정되는 것은 아니라고 할 것이다. 이와 같이 작위의무를 부과하는 법령 등의 내용이 포괄적이어서 공권력 주체가 그 이행방법에 관한 재량을 갖는 경우에 공권력 주체가 전혀 아무런 조치도 취하지 않거나 취한 조치가 작위의무를 부과한 취지에 명백하게 부합하지 아니하는 경우 그 부작위는 헌법소원의 대상이 되는 것으로 봄이 타당하다. 문제되는 법령 등이 단순히 국가의 정치적 책임 내지 정책의 방향을 선언한 것인지, 아니면 공권력 주체에 대하여 작위의무를 부과한 것인지는 해당 법령 등의 입법 배경과 입법 취지, 규정 내용, 규율 대상인 사실관계 등을 종합적으로 고려하여 판단하여야 할 것이다.

과거사정리법은 제2조 제1항 제1호 내지 제6호에서 진실규명의 대상을 매우 광범위하게 규정하고 있다. 따라서 각 사건별로 가해자와 피해의 내용이 모두 달라 이를 모두 포괄할 수 있는 구체적인 명예회복이나 화해권유의 방법을 일일이 법문에서 특정하는 것이 사실상 불가능하다. 위 조항들이 정부와 국가의 의무 내용을 다소 포괄적으로 규정하고 있거나, 과거사정리법 제36조 제1항 및 제39조가 의무를 부담하는 공권력의 주체를 구체적으로 특정하지 아니한 채 '정부'로 규정한 것은 이와 같이 광범위한 사안에서 명예회복이나 화해권유 등의 조치를 취하기 위해서는 정부의 각 기관이 서로 협조하여 일련의 조치들을 취해야 한다는 점을 고려한 것일 뿐인바, 이러한 사정과 함께 과거사정리법의 입법 취지와 과거사정리법 제36조 제1항 및 제39조가 국가의 반민주적·반인권적 불법행위로 인권유린 등의 피해를 입은 국민을 대상으로 하는 점 등을 종합하여 보면, 과거사정리법 제36조 제1항 및 제39조는 단순히 정책방향 내지 추상적인 의무를 선언한 규정이 아니라 정부에 대하여 일정한 행위를 할 것을 명하는 작위의무를 부과한 것으로 보아야 한다.

과거사정리법이나 2008. 1. 8. 대통령령 제20532호로 제정된 '과거사 관련 권고사항 처리 등에 관한 규정'(이하 '권고규정'이라 한다) 등에서 가해자와 피해자가 자발적으로 화해하지 아니하였을 때 화해를 강제할 수 있는 수단을 전혀 규정하지 아니한 것은 외부로부터 강제하기에 적합하지 아니한 화해의 성질에 기인한 것이므로(헌재 1991. 4. 1. 89헌마160 참조), 법령에서 화해를 적극 권유하여야 한다고 정하고 있다는 이유만으로 과거사정리법 제39조를 구체적인 작위의무의 근거조항으로 볼 수 없는 것은 아니다.

(다) 이와 같이 과거사정리법의 제정 경위 및 입법 목적, 과거사정리법의 제규정과 권고규정의 내용 등을 종합적으로 살펴볼 때, 과거사정리법 제36조 제1항과 제39조는 '진실규명결정에 따라 규명된 진실에 따라 국가와 피청구인들을 포함한 정부의 각 기관은 피해자의 명예회복을 위해 적절한 조치를 취하고, 가해자와 피해자 사이의 화해를 적극 권유하기 위하여 필요한 조치를 취하여야 할 구체적 작위의무'를 규정하고 있는 조항으로 볼 것이고, 이러한 작위의무는 헌법에서 유래하는 작위의무로서 그것이 법령에 구체적으로 규정되어 있는 경우라고 할 것이다.

(2) 청구인 이○○ 등에 대한 작위의무

과거사정리법 제36조 제1항은 "정부는 규명된 진실에 따라 희생자, 피해자 및 유가족의 피해 및 명예를 회복시키기 위한 적절한 조치를 취하여야 한다."라고 정하고 있고, 제39조는 "위원회와 정부는 가해자의 참회와 피해자·유족의 용서가 이루어질 수 있도록 가해자와 피해자·유족간의 화해를 적극 권유하여야 한다."라고 규정함으로써, 유가족과 유족을 구별하여 사용하고 있다. 유가족과 유족은 모두 사전적으로 '죽은 사람의 남은 가족'을 의미하기는 하나, 법문을 해석함에 있어 사전적인 의미에 전적으로 구속되는 것은 아니고 법률의 입법 목적, 법률 조항 사이의 유기적 관련성, 입법자의 의도 등을 고려하여 이를 합리적으로 해석할 수 있다.

살피건대 입법자가 과거사정리법 제36조 제1항과 제39조에서 유가족과 유족을 구별하여 사용하고 있는 것은 유가족과 유족의 범위를 다르게 정하고자 하는 입법자의 의도가 담긴 것이다. 따라서 과거사정리법 제36조 제1항의 유가족은 유족과 가족을 포함하는 것, 즉 '희생자, 사망한 피해자의 남겨진 가족과 생존한 피해자의 가족'을 의미하는 것으로, 제39조의 유족은 '희생자, 사망한 피해자의 남겨진 가족'만을 의미하는 것으로 봄이 상당하다. 진실규명사건으로 인해 피해자뿐만 아니라 피해자의 가족 역시 부정적인 사회적 평가와 명예의 훼손을 감당하여 왔다는 점에서 피해자의 사망 여부를 불문하고 그 가족의 명예를 회복하기 위해 적절한 조치를 취하여야 할 필요성이 인정되는 반면, 화해는 기본적으로 당사자 사이에 이루어지는 것이어서 피해자가 생존한 경우에는 우선적으로 가해자와 피해자 사이에 화해를 이루도록 하되 피해자가 가해자와 화해하지 못하고 사망한 경우에 보충적으로 가해자와 사망한 피해자의 유족 사이의 화해를 도모하는 것이 바람직하다는 점에서도 과거사정리법 제36조 제1항과 제39조의 유가족과 유족의 의미를 위와 같이 해석하는 것이 타당하다.

따라서 피청구인들은 청구인 정○○의 사망 여부와 무관하게 청구인 이○○ 등의 명예를 회복하기 위해 적절한 조치를 취하여야 할 작위의무를 부담하는바, 청구인 이○○ 등의 심판청구 중 명예회복 부작위의 위헌확인을 구하는 부분과 관련하여서는 피청구인들이 이러한 작위의무를 해태하였는지 여부를 바로 살펴본다. 반면, 피청구인들은 피해자인 청구인 정○○의 생존 당시에는 가해자와 청구인 정○○ 사이의 화해를 권유하기 위해 필요한 조치를 취하여야 할 의무만을 부담할 뿐 청구인 이○○ 등에 대해서는 이러한 작위의무를 부담하지 아니하다가, 가해자와 청구인 정○○ 간의 화해를 적극 권유하여야 할 작위의무가 이행되지 아니한 상태에서 청구인 정○○이 사망한 이후에야 비로소 가해자와 피해자의 유족인 청구인 이○○ 등 사이의 화해를 적극 권유하여야 할 작위의무를 부담하게 된다. 그러므로 청구인 이○○ 등의 심판청구 중 화해권유 부작위의 위헌확인을 구하는 부분과 관련하여서는 우선 피청구인들이 가해자와 청구인 이○○ 등 사이의 화해를 적극 권유하여야 할 작위의무를 부담하는지 여부에 대한 판단이 선행되어야 할 것인바, 그 전제로서 피청구인들이 청구인 정○○의 생존 당시 가해자와 청구인 정○○의 화해를 적극 권유하여야 할 작위의무를 이행하였는지 여부를 먼저 살펴보기로 한다.

나. 청구인 이○○ 등의 명예회복 부작위에 관한 심판청구

(1) 헌법상 작위의무가 인정된다고 할지라도 피청구인들은 다양한 방법의 장·단점 등 제반 여건을 종합적으로 고려하여 그 구체적 방법을 선택할 수 있다. 어떠한 방법이든 전체적인 관점에서 피해자의 유가족인 청구인 이○○ 등의 명예를 회복하는 데 실질적으로 기여하였다면 설령 이행의 결과가 청구인 이○○ 등이 기대한 바에 미치지 못하였다고 할지라도 작위의무의 해태가 인정되지 아니하여(헌재 2013. 8. 29. 2012헌마886 참조) 헌법소원심판의 대상이 되는 공권력의 불행사가 있었다고 볼 수 없다.

(2) 춘천강간살인 사건은 가혹행위를 통한 자백과 증거조작 등으로 청구인 정○○이 무고하게 강간치사죄로 유죄판결을 선고받아 장기간 복역하게 된 사건이다. 이로 인해 청구인 정○○의 배우자, 자녀, 형제인 청구인 이○○ 등은 가족 구성원인 청구인 정○○과의 관계를 통해 긍정적인 인격상을 형성해 나갈 기회를 상실하였을 뿐만 아니라 오랜 기간 동안 범죄자의 가족이라는 부정적인 사회적 평가와 명예의 훼손을 감당하여 왔다. 따라서 청구인 이○○ 등의 명예를 회복할 수 있는 가장 적절하고 직접적인 방법은 바로 청구인 정○○에 대한 재심을 통해 무죄판결을 선고하여 청구인 정○○의 무고함을 밝히고, 형사보상을 통해 그릇된 형의 집행에 대해 보상하고 그 취지를 공시하는 것이다. 이를 통해 청구인 이○○ 등은 비로소 범죄자의 가족이라는 사회의 부정적 평가에서 벗어나고 명예를 회복할 수 있기 때문이다. 과거사위원회 역시 과거사정리법 제32조 제1항에 따라 작성한 2007년 하반기 조사보고서에서 "국가는 위법한 확정판결에 대하여 피해자와 가족의 피해를 구제하고 명예를 회복시키기 위해 형사소송법이 정한 바에 따라 재심조치를 취하는 것이 필요하다."라고 기재함으로써, 명예회복을 위한 적절한 조치로서 재심절차를 이행할 것을 권고하고 있다.

살피건대 청구인 정○○이 2008. 2. 12. 법원에 재심을 청구하여 2008. 11. 28. 무죄판결이 선고되었고(춘천지방법원 2008재고합1), 위 판결이 확정된 이후 법원의 형사보상결정(춘천지방법원 2011코169)에 따라 청구인 정○○이 2012. 10. 19.까지 총 960,249,600원의 형사보상금을 지급받았으며, 위 형사보상결정이 2012. 5. 23.자 관보 제17768호에 게재되어 청구인 정○○에 대해 무죄판결이 확정되어 형사보상청구권이 발생한 사실이 공시되었음은 앞서 본 바와 같고, 이처럼 청구인 정○○의 명예를 회복하기 위한 조치가 이루어져 청구인 이○○ 등이 범죄자의 가족이라는 불명예에서 벗어나고 오히려 국가의 조직적 불법행위로 인한 피해자의 가족이라는 점이 밝혀진 이상, 피청구인 법무부장관은 청구인 정○○의 유가족인 청구인 이○○ 등의 명예회복을 위한 적절한 조치를 이행하였다고 볼 수 있다.

이외에도 과거사위원회는 2007. 12. 4. 춘천강간살인 사건에 관한 진실규명결정 요지가 첨부된 보도자료 배포를 통해 춘천강간살인 사건이 '강간치사 사건의 범인을 검거하지 못할 경우 관계기관을 문책하겠다는 시한부검거령이 떨어지자, 청구인 정○○을 범인으로 검거해 고문에 의한 허위 자백 및 증거조작으로 피해자의 인권을 침해한 사건'임을 공식적으로 알렸으며, 피청구인 행정안전부장관은 과거사관련업무지원단 홈페이지를 통하여 춘천강간살인 사건을 포함하여 2006년부터 2010년까지 과거사위원회가 발간한 조사보고서를 빠짐없이 공개하고 있는 등, 피청구인들을 포함한 정부와 과거사위원회가 청구인 정○○의 명예를 회복시키고 아울러 이를 통해 청구인 정○○의 유가족인 청구인 이○○ 등의 명예를 회복시키기 위한 적절한 조치를 취하였음이 인정된다.

이러한 점들을 고려하면 피청구인들이 청구인 이○○ 등의 명예를 회복하기 위해 적절한 조치를 취하여야 할 헌법에서 유래하는 작위의무를 해태하였다고 볼 수 없다. 이처럼 헌법소원의 대상이 되는 공권력의 불행사가 있었다고 볼 수 없는 이상, 청구인 이○○ 등의 심판청구 중 명예회복 부작위의 위헌확인을 구하는 부분은 부적법하다.

다. 청구인 이○○ 등의 화해권유 부작위에 관한 심판청구

(1) 재판관 이선애, 재판관 이은애, 재판관 이종석, 재판관 이영진의 각하의견

피청구인들이 가해자와 피해자의 유족인 청구인 이○○ 등 사이의 화해를 적극 권유하여야 할 작위의무는 보충적인 것으로 가해자와 피해자인 청구인 정○○ 사이의 화해를 적극 권유하여야 할 작위의무가 이행되지 아니한 상태에서 청구인 정○○이 사망한 경우에야 비로소 인정된다고 할 것인바, 이에 관해 살펴본다.

피청구인 행정안전부장관은 2010. 12. 31. 제1기 과거사위원회의 활동이 종료되었음에도 불구하고, 그 후속 업무를 원활하게 처리하기 위하여 피청구인 행정안전부장관 소속으로 '과거사 관련 권고사항 등 처리심의위원회'(이하 '심의위원회'라 한다)를 마련하고, 직접 심의위원회의 위원장이 되어 위원회로 하여금 과거사정리법 제32조 제4항에 따른 권고의 이행계획, 이행상황의 점검·관리와 그 밖에 권고의 이행을 위하여 필요한 사항을 심의·의결하도록 하는 등(권고규정 제3조 제1항 제1호, 제2항), 국가기관의 사과나 화해권유를 위한 각종 조치가 적절하게 이행되고 있는지를 지속적으로 살펴보고 있다. 또한 이 사건에 국한된 것은 아니나 역사기록을 정정하거나 평화인권교육을 실시하는 등의 방법으로 과거사정리법에 의해 진실규명된 사건의 가해자가 전반적으로 자신들의 과오를 스스로 뉘우칠 수

있는 사회적 공감대를 형성해 나가기 위한 조치들을 취함으로써 간접적으로나마 국민 화해와 통합을 위해 필요한 조치들을 수행해 왔으며, 이는 피해자인 청구인 정○○이 사망한 2021. 3. 29.까지 계속되었다.

다만 구성원들의 불법행위가 드러났음에도 불구하고 경찰청장이 이 사건과 관련하여 청구인 정○○에게 직접 사과한 사실이 없고(2020. 5. 1.자 경찰청장의 사실조회 회신 참조), 검찰총장 역시 2019. 6. 25. 과거사 관련 대국민사과를 하면서 춘천강간살인 사건을 포함시키지 아니하는 등 청구인 정○○에 대한 직접적인 사과가 이루어지지 아니한 것은 사실이다. 그러나 피청구인 법무부장관은 과거사위원회가 진실규명결정을 한 모든 인권침해사건 등에 대하여 법정부차원에서 일괄 처리하기로 하는 이행계획을 수립하여 제출한 바 있고, 피청구인 행정안전부장관은 국민적 화해와 통합을 위한 사과 메시지를 극대화하기 위해 전국 단위 화해·위령시설 조성사업과 연계한 포괄적인 국가사과 처리를 계획한 후 추진 중이다. 또한 과거사위원회는 사건의 경위, 피해 내용 등이 구체적으로 적시된 진실규명결정통지서를 청구인 정○○ 뿐만 아니라 청구인 정○○에게 직접 가혹행위를 하고 증거를 조작한 경찰, 수사과정에서의 위법을 발견하지 못한 채 청구인 정○○을 기소한 검사 등을 포함한 참고인 16명에게 모두 등기우편으로 송달함으로써(2020. 4. 14.자 국가기록원장의 사실조회 회신 참조) 가해자가 규명된 진실의 내용을 인식하고 이를 바탕으로 자발적으로 참회의 마음을 가지고 피해자인 청구인 정○○에게 용서를 구하기 위해 필요한 조치를 이행하였다.

물론 이러한 조치들이 청구인 정○○의 기대에 다소 미흡할 수는 있다. 그러나 화해에 이르기 위해서는 가해자의 내심의 영역에서 이루어지는 자발적인 반성적 성찰이 전제되어야 하는데 이는 본질적으로 마음으로부터 우러나오는 자발적인 것이어서 외부에서 강제할 수 없고(헌재 1991. 4. 1. 89헌마160 참조), 피청구인들이 독자적인 의사와 판단만으로는 이를 실행하는 것이 불가능하다. 따라서 피청구인들을 포함한 정부의 각 기관과 과거사위원회가 포괄적인 국가사과를 계획하고, 진실규명결정통지서를 가해자들에게 송달하는 등 자신들이 독자적으로 이행할 수 있는 한도 내에서 가해자가 스스로 반성하고 피해자가 용서의 마음을 가질 수 있도록 하기 위해 필요한 조치를 이행하였다면, 이러한 조치가 청구인 정○○의 기대에 미치지 못한다는 이유만으로 헌법에서 유래하는 작위의무를 불이행한 것이라고 볼 수는 없다.

이러한 점들을 고려하면, 피청구인들은 가해자와 피해자인 청구인 정○○ 사이의 화해를 적극 권유하여야 할 헌법에서 유래하는 작위의무를 해태하였다고 볼 수 없다. 나아가 피청구인들이 가해자와 청구인 정○○ 사이의 화해를 적극 권유하여야 할 작위의무를 이행한 이후 청구인 정○○이 사망한 이상, 피청구인들이 청구인 정○○의 유족인 청구인 이○○ 등에 대하여 가해자와의 화해를 적극 권유하여야 할 헌법에서 유래하는 작위의무를 재차 부담하는 것은 아니므로, 이러한 작위의무가 인정됨을 전제로 한 청구인 이○○ 등의 심판청구 중 화해권유 부작위의 위헌확인을 구하는 부분은 부적법하다.

(2) 재판관 유남석, 재판관 김기영, 재판관 문형배, 재판관 이미선의 위헌의견

(가) 작위의무 해태 여부

1) 먼저 피청구인들이 가해자와 청구인 정○○ 간의 화해를 적극 권유하기 위하여 필요한 조치를 이행하였는지를 살펴본다.

과거사정리법 제39조는 위원회와 정부가 가해자와 피해자·유족간의 화해를 적극 권유하여야 한다고 규정하고 있다. 피청구인들로서는 가해자에게 참회의 마음을 겉으로 표시하거나 피해자에게 사과할 것을 강요하거나, 가해자와 피해자가 내심의 의사에 반하여 화해할 것을 강요할 수는 없을 것이나, 최소한 교육이나 정보 제공 등을 통해 가해자와 피해자가 자발적으로 화해에 이를 수 있도록 기회를 제공하는 등의 적절한 조치는 취해야 한다. 그런데 2020. 4. 14.자 국가기록원장의 사실조회 회신, 2020. 4. 17.자 법무부장관의 사실조회 회신, 2020. 5. 1.자 경찰청장의 사실조회 회신 등을 포함하여 이 사건 기록을 모두 살펴보아도, 피청구인들이 청구인 정○○이 과거사위원회의 진실규명결정에 명시된 가해자와 화해할 수 있는 최소한의 기회를 제공하였다는 점을 확인할 수 없다.

또한 과거사위원회는 진실규명결정에서 '이 사건에서 피해자에게 가혹행위를 가하고 자백을 받고 증거를 조작한 경찰에게 책임이 있고'라고 명시하고 있으므로, 춘천강간살인 사건에서는 청구인 정○○에게 직접 가혹행위를 하고 증거를 조작한 개인 뿐 아니라 국가경찰 조직 전체가 가해자이기도 하다. 그럼에도 불구하고 2020. 5. 1.자 경찰청장의 사실조회 회신에 의하면 경

찰청장이 국가경찰 조직 전체를 대표하여 춘천강간살인 사건과 관련하여 청구인 정○○에게 과거 자행된 불법행위를 반성하거나 공식적으로 이에 대해 사과한 사실이 없음이 확인된다. 나아가 '국가경찰과 자치경찰의 조직 및 운영에 관한 법률' 제12조는 "치안에 관한 사무를 관장하게 하기 위하여 행정안전부장관 소속으로 경찰청을 둔다."고 정하고 있고, 검사는 공익의 대표자로서 범죄수사에 관해서 사법경찰관리를 지휘·감독하며(검찰청법 제4조 제1항 제2호), 법무부장관은 다시 검찰사무의 최고 감독자로서 일반적으로 검사를 지휘·감독하므로(검찰청법 제8조), 피청구인 행정안전부장관과 피청구인 법무부장관은 모두 범죄수사 과정에서 이루어진 국가경찰 조직의 가혹행위 및 증거조작 등에 대해 일정 부분 책임이 있다. 그럼에도 불구하고 피청구인들은 춘천강간살인 사건과 관련하여 청구인 정○○에게 직접 사과한 사실이 없고, 검찰청법 제12조 제2항에 따라 검찰사무를 총괄하는 검찰총장이 2019. 6. 25. 법무부에 설치된 검찰과거사위원회의 조사결과에 따라 과거사와 관련 대국민사과를 하기는 하였으나, 춘천강간살인 사건은 검찰과거사위원회의 본 조사 권고대상에 포함되지 아니하였으므로 청구인 정○○에 대한 사과는 이루어지지 않은 것으로 보아야 한다. 비록 피청구인 행정안전부장관이 위령시설 준공 시점 등에 과거사와 관련하여 일괄 사과를 계획하고 있다고는 하나 이는 아직 내부적인 것에 불과할 뿐이어서 이것만으로 청구인 정○○에 대한 사과가 이루어졌다고 볼 수 없다.

이러한 점들을 고려하면, 피청구인들이 가해자와 청구인 정○○ 사이의 화해를 적극 권유하여야 할 헌법에서 유래하는 작위의무를 이행하였다고 볼 수 없다.

2) 피청구인들이 가해자와 청구인 정○○ 사이의 화해를 적극 권유하여야 할 작위의무를 이행하지 아니하여 청구인 정○○이 가해자와 화해할 기회를 가지지 못한 채 사망에 이르게 된 이상, 피청구인들은 가해자와 청구인 정○○의 유족인 청구인 이○○ 등과의 화해를 적극 권유하여야 할 의무를 부담한다고 할 것이다. 그러나 기록상 청구인 정○○이 사망한 2021. 3. 29. 이후에 피청구인들을 포함한 정부의 각 기관이 청구인 정○○의 유족인 청구인 이○○ 등에게 사과하였다는 사정이 발견되지 아니하고, 달리 청구인 이○○ 등이 가해자 개개인은 물론 소속 공무원들의 조직적 불법행위를 묵인한 국가를 용서할 수 있도록 적절한 조치를 취한 사실도 인정되지 아니한다.

따라서 피청구인들이 가해자와 청구인 이○○ 등 사이의 화해를 적극 권유하여야 할 헌법에서 유래하는 작위의무를 이행하였다고 볼 수 없다.

(나) 의무해태에 정당한 이유가 인정되는지 여부

1) 과거사위원회의 진실규명결정과 이를 근거로 가해자와 피해자 또는 피해자의 유족 사이의 화해를 도모하는 것은 우리 사회가 더 이상 과거에 머무르지 아니하고 미래로 나아가기 위한 초석이 된다. 따라서 피청구인들을 포함한 정부의 각 기관은 우선적으로는 진실규명결정 사건의 피해자 본인이 가해자와 진심으로 화해할 수 있도록 적절한 조치를 취하여야 하고, 피해자가 가해자와 화해하지 못한 채 사망한 경우에는 그 유족이 가해자와 화해할 수 있는 기회를 제공함으로써 사회 통합을 위한 초석을 다져야 할 의무를 부담한다. 만일 피청구인들이 정당한 이유 없이 청구인 정○○이 사망에 이르기까지 청구인 정○○과 가해자 사이의 화해를 적극 권유하기 위한 조치를 취하지 아니하고, 청구인 정○○이 사망한 이후에도 유족인 청구인 이○○ 등과 가해자가 화해할 수 있는 기회를 제공하지 아니하는 등 적절한 화해조치를 취하지 아니하고 있다면, 이와 같은 작위의무의 불이행은 위헌임을 면할 수 없다.

2) 피청구인들은 춘천강간살인 사건에 대한 진실규명이 이루어진 2007. 11. 20.부터 피해자인 청구인 정○○이 2021. 3. 29. 사망할 때까지 십 수 년이 경과하는 동안 청구인 정○○과 가해자 사이의 화해를 도모하기 위한 적절한 조치를 취하지 아니하였다. 피청구인들은 춘천강간살인 사건을 포함한 과거사위원회의 진실규명사건을 전체적으로 살펴보고 포괄적으로 균형 있게 처리하고자 노력하고 있다는 취지로 주장하나, 제1기 과거사위원회는 이미 2010. 12. 31. 그 활동을 모두 종료하여 포괄적인 처리를 위한 충분한 시간 역시 이미 도과한 것으로 보인다. 특히 과거사정리법에 제2조 제1항 제4호에 따른 진실규명사건의 발생시기는 '1945년 8월 15일부터 권위주의 통치시까지'로 청구인 정○○을 포함한 대부분의 피해자들이 진실규명결정이 이루어질 당시에 이미 고령이었으므로, 피청구인들로서는 이들이 가해자와 화해하고 가해자를 용서할 수 있는 기회를 가질 수 있도록 필요한 조치를 더욱 신속하게 취하였어야 할 필요가 있다.

또한 과거사위원회가 2006년부터 2010년까지 진실규명결정을 한 사건은 총 8,450건으로, 피청구인들이 진실규명사건에서 위와 같은 작위의무를 이행하기 위해 소요되는 예산이나 노력이 정부의 예산 규모나 가용 인력의 규모에 비해 클 것으로 보이지도 아니한다.

나아가 청구인 정○○의 사망사실은 여러 언론기관을 통해 보도된 바 있고, 청구인 이○○ 등은 청구인 정○○이 생존해 있던 당시부터 지속적으로 국가의 불법행위로 인해 청구인 정○○과 청구인 이○○ 등이 입게 된 피해의 회복이나 명예회복 및 가해자와의 화해를 위한 적절한 조치의 이행을 요청해 왔으므로, 피청구인들은 피해자인 청구인 정○○의 사망 사실과 유족들의 존재를 쉽게 파악할 수 있었을 것이다. 그럼에도 불구하고 피청구인들은 가해자를 용서할 기회를 가지지 못한 채 사망한 청구인 정○○의 유족들에게도 여전히 가해자와의 화해를 적극 권유하여야 할 작위의무를 이행하지 아니하고 있는데, 이러한 의무의 해태를 정당화할 수 있는 이유를 찾기 어렵다.

이처럼 이미 피청구인들이 가해자와 피해자인 청구인 정○○, 유족인 청구인 이○○ 등 사이의 화해를 적극 권유하기 위해 필요한 조치를 시행하기에 충분한 시간이 경과하였고, 예산이나 인력 부족 역시 피청구인들이 이러한 작위의무를 이행하는 데 객관적인 장애사유가 된다고 볼 수도 없는 이상, 피청구인들이 가해자와 피해자의 유족인 청구인 이○○ 등 사이의 화해를 적극 권유하기 위해 적절한 조치를 취하지 아니한 데에는 정당한 이유가 없다.

(다) 소결

가해자와 유족이 화해를 이루는 것은 피해자의 유족이 과거의 고통으로부터 벗어나 헌법 제10조에서 도출되는 인간으로서의 존엄과 가치를 회복하기 위한 전제가 되는데, 피청구인들의 화해권유 부작위는 정당한 이유가 없는 것으로 피해자의 유족인 청구인 이○○ 등의 인간으로서의 존엄성을 침해한다.

(3) 주문의 표시

청구인 이○○ 등의 심판청구 중 화해권유 부작위의 위헌확인을 구하는 부분에 대한 결론이 재판관 4인의 각하의견과 재판관 4인의 위헌의견으로 나뉘었다.

헌법재판소법 제23조 제2항은 "재판부는 종국심리에 관여한 재판관 과반수의 찬성으로 사건에 관한 결정을 한다."고 정하면서, 단서에서 법률의 위헌결정, 탄핵의 결정, 정당해산의 결정 또는 헌법소원의 인용결정을 하는 경우 등에 한하여 재판관 6명 이상의 찬성이라는 가중정족수를 규정하고 있다. 따라서 헌법재판소법 제23조 제2항 단서의 규정상 6인 이상의 찬성을 필요로 하는 경우 이외의 사항, 즉 헌법소원의 적법성 충족 여부에 관한 사항 등은 재판관 과반수의 찬성으로 결정되어야 한다는 것이 규정상 분명하다(헌재 1994. 6. 30. 92헌바23 참조). 특히 소송요건은 본안심리 및 본안판결의 요건이다. 본안에 관해 심리하기 위해서는 소송요건이 충족되어야 한다는 이른바 '소송요건의 선순위성'은 소송법의 확고한 원칙으로, 이는 헌법재판에 있어서도 동일하게 적용된다. 그러므로 헌법소원심판에서 본안판단으로 나아가기 위해서는 적법요건이 충족되었다는 점에 대한 재판관 과반수의 찬성이 있어야 하며, 이에 이르지 못한 경우 헌법재판소로서는 본안판단에 나아갈 수 없으므로 심판청구를 각하하여야 한다.

나아가 심판청구가 각하된 경우에는 적법요건의 흠결이 보정할 수 있는 것이라면 이를 보정하여 다시 헌법소원심판을 청구할 수 있으나(헌재 2001. 12. 20. 2001헌마484 참조), 심판청구가 기각된 경우에는 특별한 사정 변경이 없는 한 헌법재판소법 제39조에 의해 동일한 심판청구를 할 수 없다는 점에서, 심판청구를 각하하는 것이 청구인에게 더 유리하기도 하다.

따라서 화해권유 부작위의 위헌확인을 구하는 심판청구가 적법성을 충족한 것인지에 대해 어떠한 견해도 과반수에 이르지 아니한 이상, 헌법재판소는 심판청구를 각하함이 마땅하다.

청구인 이○○ 등의 심판청구 중 화해권유 부작위 부분에 대한 각하의견인 재판관 이선애, 재판관 이은애, 재판관 이종석, 재판관 이영진뿐만 아니라 위헌의견인 재판관 이미선 역시 4인의 재판관이 각하의견, 4인의 재판관이 위헌의견인 경우 주문은 각하로 표시되어야 한다는 데에는 의견을 함께 하였다.

7. 결 론

그렇다면 청구인 정○○의 심판청구 중 명예회복 부작위 및 화해권유 부작위의 위헌확인을 구하는 부분은 청구인 정○○의 사망으로 심판절차가 종료되었음을 선언하고, 이 사건 심판청구 중 배상조치 부작위의 위헌확인을 구하는 부분은 부적법하므로 이를 모두 각하하기로 하여, 관여 재판관 전원의 일치된 의견으로 주문과 같이 결정한다. 청구인 이○○ 등의 심판청구 중 명예회복 부작위의 위헌확인을 구하는 부분은 부적법하므로 이를 모두 각하하기로 하여 주문과 같이 결정한다. 이 부분 결정에 대해서는 아래 8.과 같은 재판관 김기영, 재판관 이미선의 반대의견이 있는 외에는 관여

재판관들의 의견이 일치되었다. 청구인 이○○ 등의 심판청구 중 화해권유 부작위의 위헌확인을 구하는 부분은 부적법하므로 이를 모두 각하하기로 하여 주문과 같이 결정한다. 이 부분 결정에 대해서는 아래 9.와 같은 재판관 유남석, 재판관 문형배의 위헌의견에 대한 보충의견이 있으며, 아래 10.과 같은 재판관 유남석, 재판관 김기영, 재판관 문형배의 주문표시에 대한 반대의견이 있다.

8. 재판관 김기영, 재판관 이미선의 청구인 이○○ 등의 심판청구 중 명예회복 부작위 부분에 관한 반대의견

우리는 법정의견과 달리 청구인 이○○ 등의 명예회복 부작위의 위헌확인을 구하는 심판청구는 적법하며 이로 인해 피해자의 유가족인 청구인 이○○ 등의 기본권이 침해되었다고 생각하므로 다음과 같은 위헌의견을 밝힌다.

가. 먼저 피청구인들이 청구인 이○○ 등의 명예를 회복하기 위한 적절한 조치를 이행하였는지를 살펴본다.

과거사정리법 제36조 제1항에 따라 피청구인들이 부담하는 작위의무는 통상적인 형사소송절차를 통한 구제가 아니라 별도의 적극적인 조치를 취하여야 할 의무를 말한다. 과거사정리법 제36조 제1항이 '명예를 회복시키기 위한 적절한 조치를 취하여야 한다.'고 하여 명예회복을 정부의 의무로 명시하고 있는 것은 과거사 사건의 경우 피해자와 유가족이 오랜 기간 사회적 비난과 고립 속에서 정신적 고통을 겪으며 살아온 경우가 대부분이어서 명예회복을 통해 정신적 고통을 덜어주는 것이 매우 절실하고 긴요함을 고려한 것인데, 이러한 고통은 일반적인 형사소송절차나 형사보상절차로는 충분히 회복될 수 없기 때문이다.

특히 춘천강간살인 사건은 국가 소속 공무원들의 조직적인 불법행위로 말미암아 청구인 정○○과 유가족인 청구인 이○○ 등이 회복하기 어려운 피해를 입고 오랜 기간 고통을 겪게 된 사건이다. 따라서 형사소송법 및 형사보상법에 의한 절차인 재심청구와 무죄판결의 선고, 형사보상결정 및 보상결정의 관보 공시 등은 공무원들이 불법적으로 야기한 부당한 상태를 바로잡은 것에 불과한 것이어서, 이것만으로 피해자의 유가족인 청구인 이○○ 등의 명예회복을 위한 능동적이고 적극적인 조치가 이루어진 것으로 보기 어렵다. 더욱이 이 사건에서 검사는 청구인 정○○에 대한 재심무죄판결에 대해 불복하여 항소 및 상고를 하였다가 모두 기각되었는데, 이처럼 국가가 피해자의 자발적 명예회복 노력에 협조하지 아니하고 오히려 항소 및 상고를 하였음이 명백한 이상 재심의 무죄판결이 확정되었다는 이유만으로 작위의무를 이행한 것으로 볼 수 없다.

이외에 피청구인 행정안전부장관이 과거사관련업무지원단 홈페이지에 과거사위원회가 발간한 조사보고서를 게시하고 있기는 하나, 그 양이 방대하고 일반인들이 이를 검색하여 찾아보기 어려워 이를 피해자나 그 유가족인 청구인 이○○ 등의 명예를 회복할 수 있는 실효적인 조치라고 보기 어렵고, 이 사건 기록을 모두 살펴보아도 달리 피청구인들이 청구인 이○○ 등의 명예를 회복하기 위해 특별한 조치를 취하였음이 인정되지 아니한다.

따라서 피청구인들이 청구인 이○○ 등의 명예를 회복하여야 할 헌법에서 유래하는 작위의무를 이행하였다고 보기 어렵다.

나. 이러한 작위의무의 해태에 정당한 이유가 있는지를 본다.

앞서 살펴본 바와 같이 진실규명결정이 이루어진 사건의 피해자 및 유가족의 명예를 회복하는 것은 우리 사회가 더 이상 과거에 머무르지 아니하고 미래로 나아가기 위한 초석이 되는 것으로, 피청구인들을 포함한 정부 각 기관들이 이행하여야 할 매우 중대하고도 긴요한 책무이다. 그럼에도 불구하고 피청구인들은 이미 진실규명결정이 이루어진 날부터 충분한 시간이 도과하였고, 명예회복을 위한 적절한 조치를 취하여야 할 의무를 이행함에 있어 객관적 장애사유 역시 인정되지 아니함에도 상당한 기간이 도과한 현시점까지 피해자의 유가족인 청구인 이○○ 등의 명예를 회복하기 위한 적절한 조치를 취하지 아니하고 있는바, 여기에 정당한 이유가 있다고 볼 수 없다.

다. 헌법 제10조로부터 도출되는 일반적인 인격권에는 사람이나 그 인격에 대한 '사회적 평가', 즉 객관적·외부적 가치평가를 의미하는 개인의 '명예'에 관한 권리가 포함된다고 할 것이므로(헌재 2014. 6. 26. 2012헌마757 참조), 피청구인들의 명예회복 부작위는 피해자의 유가족인 청구인 이○○ 등의 인격권을 침해한다.

9. 재판관 유남석, 재판관 문형배의 청구인 이○○ 등의 심판청구 중 화해권유 부작위 부분에 관한 위헌의견에 대한 보충의견

우리는 화해권유 부작위가 청구인 이○○ 등의 인간으로서의 존엄성을 침해하는 위헌적인 공권력의 불행사에 해당한다는 점에 대해서는 위헌의견과 견해를 같이 하나, 명예회복 부작위와 화해권유 부작위에 대한 심판청구에서 작위의무 이행 여부를 각기 달리 판단하게 된 이유를 명확하게 하기 위해 다음과 같은 보충의견을 밝힌다.

가. 과거사정리법은 제32조 제4항에서 과거사위원회가 종합보고서를 작성함에 있어 진실규명사건 피해자, 희생자의 피해와 명예를 회복하기 위하여 국가가 하여야 할 조치(제1호), 진실규명사건의 가해자에 대한 법적·정치적 화해조치에 관한 사항(제5호)에 관한 권고를 포함시키도록 규정하고 있다. 이는 객관적인 입장에서 진실규명사건에 대한 조사를 통해 진실규명결정을 한 과거사위원회가 각 사건의 경위와 특성, 피해자가 입은 피해의 범위를 가장 잘 파악하고 있고, 구체적인 사건에서 적절한 구제수단을 특정하여 권고할 수 있을 것임을 전제한 것이다. 따라서 우리는 과거사위원회의 구체적인 권고사항이 피청구인들이 청구인 이○○ 등의 명예를 회복시키고 화해를 권유하기 위하여 적절한 조치를 취하였는지를 판단함에 있어 일차적인 기준이 되어야 한다고 생각한다.

과거사위원회는 과거사정리법 제32조 제1항에 따라 작성한 '2007년 하반기 조사보고서' 제1350면에서 춘천강간살인 사건 진실규명결정에 따른 권고사항으로 "국가는 가혹행위 등 인권침해에 대해 피해자와 가족에게 사과하고 화해를 이루는 등 적절한 조치를 취하는 것이 필요하다. 국가는 위법한 확정판결에 대하여 피해자와 가족의 피해를 구제하고 명예를 회복시키기 위해 형사소송법이 정한 바에 따라 재심조치를 취하는 것이 필요하다."는 점을 적시하고 있는바, 이를 기준으로 피청구인들이 작위의무를 이행하였는지를 살펴본다.

나. 명예회복과 관련하여, 청구인 정○○은 재심절차에서 무죄판결이 선고되어 확정되었고, 2012. 10. 19.까지 총 960,249,600원의 형사보상금을 지급받았으며, 위 형사보상결정은 2012. 5. 23.자 관보 제17768호에 게재되었다. 피청구인들이 청구인 정○○의 명예를 회복하기 위한 조치를 한 것은 결국 장기간 동안 범죄자의 배우자, 자녀, 형제라는 부정적인 사회적 평가로 인해 고통받았던 청구인 이○○ 등의 명예를 회복하기 위한 조치의 이행으로 볼 수 있으므로, 피청구인들이 피해자의 유가족인 청구인 이○○ 등의 명예회복을 위해 적절한 조치를 취하여야 할 작위의무는 이행한 것으로 판단된다.

다. 화해권유와 관련하여, 과거사위원회가 국가에게 춘천강간살인 사건의 피해자인 청구인 정○○과 그 가족인 청구인 이○○ 등에게 사과할 것을 권고하고 있음에도 불구하고 피청구인 법무부장관은 물론 경찰청장도 청구인 정○○이나 청구인 이○○ 등에게 직접 사과한 사실이 없고, 검찰총장 역시 2019. 6. 25. 과거사 관련 대국민사과를 하면서 춘천강간살인 사건을 포함시키지 아니하였다. 피청구인 행정안전부장관이 전국 단위 화해·위령시설 조성사업과 연계하여 포괄적인 국가사과를 처리할 계획이라고는 하나, 이미 완공된 추모시설은 노근리평화공원, 거창사건추모공원, 산청·함양사건추모공원, 민주화운동기념공원, 제주 4·3평화공원, 국립일제강제동원역사관 등이며 현재 조성 예정 중인 위령시설은 한국전쟁 전후 민간인 희생자를 위한 위령시설로 모두 불법행위로 인한 집단학살 또는 전쟁으로 인한 다수의 희생과 관련된 것이다. 반면 춘천강간살인 사건은 가혹행위, 증거조작, 수사상의 위법을 간과한 공소제기 및 판결 선고라는 청구인 정○○ 개인에 대한 국가적 조작사건으로 청구인 정○○이나 유족인 청구인 이○○ 등에게 직접 개별적으로 사과하여야 할 사안이지, 여타의 집단학살 사건 등과 함께 포괄적으로 사과할 필요성이 인정되는 사건도 아니며 이러한 형식의 사과가 적절하지도 아니하다.

따라서 피청구인들이 청구인 정○○에게 사과하지 아니한 채로 청구인 정○○이 사망하였음에도 불구하고, 여전히 그 유족인 청구인 이○○ 등에게 사과하지 아니하고 있는 것은 청구인 이○○ 등의 인간으로서의 존엄과 가치를 침해하는 공권력의 불행사에 해당한다.

10. 재판관 유남석, 재판관 김기영, 재판관 문형배의 청구인 이○○ 등의 심판청구 중 화해권유 부작위 부분에 관한 주문표시에 대한 반대의견

우리는 청구인 이○○ 등의 심판청구 중 화해권유 부작위 부분에 대해서는 이를 기각하는 결정을 선고하여야 한다고 생각하므로 아래와 같이 그 의견을 밝힌다.

가. 헌법 제113조 제1항은 법률의 위헌결정, 탄핵의 결정, 정당해산의 결정 또는 헌법소원에 관한 인용결정을 할 때에는 재판관 6인 이상의 찬성이 있어야 한다고 정하고 있고, 헌법재판소법 제23조 제2항 본문은 이에 열거되지 아니한 결정의 경우에는 종국심리에 관여한

재판관 과반수의 찬성으로 결정하도록 정하고 있다. 따라서 적법요건 충족 여부에 대한 종국적인 판단인 각하결정을 하기 위해서는 종국심리에 관여한 재판관 과반수의 찬성이 필요하다.

청구인 이○○ 등의 심판청구 중 화해권유 부작위 부분 대한 각하의견은 "재판부는 종국심리에 관여한 재판관 과반수의 찬성으로 사건에 관한 결정을 하여야 한다."고 정하고 있는 헌법재판소법 제23조 제2항 본문의 해석상 이 사건에서 기각결정을 선고하기 위해서는 과반수의 찬성이 필요하다고 한다. 그러나 헌법재판소법 제23조 제2항 본문의 '사건에 관한 결정'은 종국결정을 의미하는 것으로 본안판단에 나아가기 위한 전제로서 적법요건이 충족되었다는 결정은 헌법재판소법 제23조 제2항 본문의 '사건에 관한 결정'에 포함되지 아니한다.

나. 일반적으로 본안판단조차 받지 못한 것보다는 본안판단의 기회는 가졌다는 점에서 기각결정이 각하결정에 비해 청구인에게 유리하다. 이론상 적법요건의 흠결이 보정가능한 것일 경우에는 이를 보정한 후 심판청구를 다시 할 수 있다고는 하나 실무상 이러한 예를 발견하기 어렵기 때문에 이를 근거로 각하결정이 기각결정에 비해 당사자에게 유리하다고 볼 수는 없다. 특히 청구인 이○○ 등의 심판청구 중 화해권유 부작위 부분에 대한 각하의견은 헌법소원의 대상이 되는 공권력의 불행사가 존재하지 아니함을 각하의 이유로 들고 있는바, 이러한 적법요건의 흠결은 보정할 수 있는 성격의 것도 아니다.

또한 심판청구가 적법요건을 갖추지 못한 것이라는 의견과 적법요건을 갖춘 것이라는 의견이 동수로 어느 것도 과반수에 이르지 못한 경우에 헌법재판소가 각하결정을 선고하게 되면, 헌법소원심판을 통해 공권력의 행사 또는 불행사가 기본권을 침해하는지 여부나 법률의 위헌 여부에 대해 판단을 받아보고자 하는 당사자의 헌법소원심판 청구를 제약하는 결과를 야기하는바, 이는 당사자의 권리구제의 측면에서도 타당하지 아니하다.

다. 결국 청구인 이○○ 등의 심판청구 중 화해권유 부작위 부분에 대해서는, 각하의견이 재판관 4인으로 헌법재판소법 제23조 제2항 본문에 규정된 종국심리에 관여한 재판관의 과반수에 이르지 아니하였으므로 각하결정을 할 수 없고, 화해권유 부작위가 청구인 이○○ 등의 인간으로서의 존엄성을 침해한다는 의견이 재판관 4인으로 헌법 제113조 제1항, 헌법재판소법 제23조 제2항 단서 제1호에 규정된 헌법소원에 관한 인용결정의 정족수에 미달하여 인용결정도 할 수 없으므로, 헌법재판소로서는 각하의견 4인, 위헌의견 5인으로 위헌의견이 다수이나 인용결정의 정족수에 미달한 경우와 동일하게(헌재 2000. 2. 24. 97헌마13등; 헌재 2020. 10. 29. 2016헌마86 참조), 이 부분 심판청구를 기각할 수밖에 없다.

재판관 유남석 이선애 이은애 이종석 이영진 김기영 문형배 이미선

49. 구 약사법 제47조 등 위헌소원

[2021. 10. 28. 2019헌바50]

【판시사항】

약사법에 따라 의약품을 판매할 수 있는 자는 보건복지(가족)부령으로 정하는 바에 따라 의약품 등의 유통 체계 확립과 판매 질서 유지에 필요한 사항을 지키야 하도록 규정하고 있는 구 약사법 제47조 및 이를 위반할 경우 형사처벌하는 제95조 제1항 제8호(이하 위 조항들을 합하여 '심판대상조항'이라 한다)가 포괄위임금지원칙에 위배되는지 여부(소극)

【결정요지】

의약품의 유통 및 판매에 있어서 약국개설자 등이 준수해야 할 사항은 의약제도의 변화, 거래현실 등 여러 사정을 고려하여 정할 전문적인 사항이므로 그 구체적인 내용을 하위법령에 위임할 필요성이 인정된다.

또한 심판대상조항에서 정하고 있는 위임기준, 국민보건 향상에 기여하고자 하는 약사법의 입법목적, 의약품의 유통에 투명화를 기하여 품질이 우수한 의약품 공급을 촉진하고 건전한 판매질서를 확립함으로써 소비자에게 양질의 의약서비스가 제공되도록 한다는 심판대상조항의 입법목적, 의약분야의 전반에 걸친 약국개설자 등의 주의의무 및 준수사항을 규정한 구 약사법 관련조항들의 내용, 심판대상조항의 수범자는 의약품의 관리 및 취급에 관한 전문가라는 점 등을 종합하면, 하위법령에 규정될 '유통 체계 확립과 판매 질서 유지에 필요한 사항'이란 '의약품을 적정하게 공급·판매하여 국민보건에 위해를 끼치지 않고, 의약시장에서의 공정한 경쟁질서나 의약제도의 취지에 어긋나는 행위를 하지 아니할 것'에 관한 사항이라는 점을 예측할 수 있으므로 심판대상조항은 포괄위임금지원칙에 위배되지 아니한다.

재판관 이선애, 재판관 이영진의 반대의견

행정법규 위반에 대하여 형사처벌을 규정할 때에는 범죄구성요건의 기능을 하므로 구성요건이 되는 범위 안에서는 법률로써 처벌 여부와 형벌에 대하여 예견할 수 있도록 명확하고 구체적으로 규정되어야 한다.

심판대상조항에 따라 보건복지(가족)부령에 규정된 준수사항의 내용을 보면 법률로 정하기 어려운 전문적인 사항이라고 볼 수 없으므로 형벌의 구성요건에 해당하는 사항을 법률에서 규정하지 아니하고 하위법령에 위임할 필요가 있다고 볼 수 없다.

또한 심판대상조항의 규정이나 목적, 관련 법조항을 살펴보아도 하위법령에 규정될 준수사항을 예측할 수 없다. 그럼에도 심판대상조항은 유통 체계 확립 및 판매 질서 유지상 준수하여야 할 내용을 구체적으로 규정하지 아니하고 하위법령에 위임하여 행정권에 의한 자의적인 법률의 해석과 집행을 쉽게 용인하고 있으므로 죄형법정주의와 포괄위임금지원칙에 위배된다.

【심판대상조문】

구 약사법(2008. 2. 29. 법률 제8852호로 개정되고, 2010. 1. 18. 법률 제9932호로 개정되기 전의 것) 제47조

구 약사법(2010. 1. 18. 법률 제9932호로 개정되고, 2010. 5. 27. 법률 제10324호로 개정되기 전의 것) 제47조

구 약사법(2007. 4. 11. 법률 제8365호로 전부개정되고, 2010. 5. 27. 법률 제10324호로 개정되기 전의 것) 제95조 제1항 제8호

【참조조문】

헌법 12조 제1항, 제13조 제1항, 제75조, 제95조

약사법(2007. 4. 11. 법률 제8365호로 전부개정된 것) 제1조, 제2조 제1호, 제21조 제2항, 제3항, 제24조 제2항, 제50조 제1항, 제60조, 제61조 제1항, 제2항, 제62조 제8호, 제68조 제1항

구 약사법(2007. 4. 11. 법률 제8365호로 전부개정되고, 2011. 6. 7. 법률 제10788호로 개정되기 전의 것) 제21조 제3항

구 약사법(2010. 1. 18. 법률 제9932호로 개정되고, 2011. 6. 7. 법률 제10788호로 개정되기 전의 것) 제53조 제1항, 제2항

약사법(2010. 1. 18. 법률 제9932호로 개정된 것) 제23조 제1항, 제50조 제2항

구 약사법(2007. 4. 11. 법률 제8365호로 전부개정되고, 2018. 12. 11. 법률 제15891호로 개정되기 전의 것) 제24조 제2항

구 약사법 (2010. 5. 27. 법률 제10324호로 개정되고, 2015. 12. 22. 법률 제13598호로 개정되기 전의 것) 제47조 제1항, 제2항

구 약사법(2007. 10. 17. 법률 제8643호로 개정되고, 2018. 12. 11. 법률 제15891호로 개정되기 전의 것) 제60조 제2호

구 약사법(2007. 10. 17. 법률 제8643호로 개정되고, 2011. 6. 7. 법률 제10788호로 개정되기 전의 것) 제61조 제1항

약사법(2016. 12. 2. 법률 제14328호로 개정된 것) 제94조 제1항

약사법 부칙(2010. 1. 18. 법률 제9932호) 제1조

약사법 부칙(2010. 5. 27. 법률 제10324호)

구 약사법 시행규칙(2008. 12. 1. 보건복지가족부령 제77호로 개정되고, 2010. 12. 13. 보건복지부령 제27호로 개정되기 전의 것) 제62조 제1항

독점규제 및 공정거래에 관한 법률(2007. 4. 13. 법률 제8382호로 개정된 것) 제23조 제1항

【참조판례】

헌재 2000. 7. 20. 99헌가15, 판례집 12-2, 37, 48-49

헌재 2007. 4. 26. 2004헌가29등, 판례집 19-1, 349, 365-366

헌재 2008. 4. 24. 2005헌마373, 판례집 20-1상, 626, 646

헌재 2010. 2. 25. 2008헌가6, 판례집 22-1상, 1, 9

헌재 2013. 8. 29. 2011헌가19등, 판례집 25-2상, 345, 359

헌재 2014. 3. 27. 2011헌바42, 판례집 26-1상, 375, 391

헌재 2020. 12. 23. 2017헌바463등, 판례집 32-2, 600, 613-614

【당 사 자】

청 구 인　강○○

대리인　법무법인(유한) 율촌
담당변호사 김능환 외 10인

당해사건　부산고등법원 2018노423 특정경제범죄가중처벌등에관한법률위반(횡령)등

【주　문】

구 약사법(2008. 2. 29. 법률 제8852호로 개정되고, 2010. 1. 18. 법률 제9932호로 개정되기 전의 것) 제47조, 구 약사법(2010. 1. 18. 법률 제9932호로 개정되고, 2010. 5. 27. 법률 제10324호로 개정되기 전의 것) 제47조 및 구 약사법(2007. 4. 11. 법률 제8365호로 전부개정되고, 2010. 5. 27. 법률 제10324호로 개정되기 전의 것) 제95조 제1항 제8호는 모두 헌법에 위반되지 아니한다.

【이　유】

1. 사건개요

가. 청구인은 2007. 3.경부터 2013. 2.경까지 지주회사로 전환 및 상호 변경되기 전의 ○○제약 주식회사(이하 '구 ○○제약'이라 한다) 대표이사 부사장, 2013. 3.경부터 이 사건 심판청구 당시까지 지주회사인 ○○홀딩스 주식회사 대표이사 사장, 부회장, 회장을 순차 역임한 사람으로서 2009. 1.경부터 2017. 3.경까지 구 ○○제약 등의 자금을 횡령하고, 횡령한 자금을 의료인들에게 리베이트로 제공하여 약사법을 위반하였다는 등의 공소사실로 기소되었다[부산지방법원 동부지원 2017고합167, 178, 183(병합) 판결].

나. 청구인은 항소심 계속 중(부산고등법원 2018노423) '의약품을 판매할 수 있는 자는 약사법 시행규칙

으로 정하는 바에 따라 의약품 등의 유통 체계 확립과 판매 질서 유지에 필요한 사항을 지켜야 한다'고 규정한 구 약사법 제47조에 대하여 위헌법률심판제청신청을 하였으나(부산고등법원 2018초기50) 2018. 12. 27. 기각되자, 위 구 약사법 제47조 및 그 위반행위에 대한 처벌규정인 구 약사법 제95조 제1항 제8호가 헌법에 위배된다고 주장하며 2019. 1. 25. 이 사건 헌법소원심판을 청구하였다.

2. 심판대상

청구인은 구 약사법 제47조 및 이를 위반한 자에 대한 처벌규정인 구 약사법 제95조 제1항 제8호가 범죄구성요건을 법률로 직접 규정하지 않고 하위법령에 포괄적으로 위임하여 죄형법정주의의 명확성원칙 및 포괄위임금지원칙에 위배된다고 주장한다.

2010. 5. 27. 법률 제10324호로 개정되고 같은 해 11. 28. 시행된 약사법은 법률에서 직접 리베이트 제공행위 금지를 규정하고 있는바(제47조 제2항), 청구인이 주장하는 위헌 사유는 구 약사법(2008. 2. 29. 법률 제8852호로 개정되고, 2010. 1. 18. 법률 제9932호로 개정되기 전의 것) 제47조, 구 약사법(2010. 1. 18. 법률 제9932호로 개정되고, 2010. 5. 27. 법률 제10324호로 개정되기 전의 것) 제47조 및 그 위반에 대한 처벌규정인 구 약사법(2007. 4. 11. 법률 제8365호로 전부개정되고, 2010. 5. 27. 법률 제10324호로 개정되기 전의 것) 제95조 제1항 제8호로부터 비롯된다 할 것이다.

그렇다면 이 사건에 있어서 심판대상은 구 약사법(2008. 2. 29. 법률 제8852호로 개정되고, 2010. 1. 18. 법률 제9932호로 개정되기 전의 것) 제47조, 구 약사법(2010. 1. 18. 법률 제9932호로 개정되고, 2010. 5. 27. 법률 제10324호로 개정되기 전의 것) 제47조(이하 위 두 조항을 합하여 '의무조항'이라 한다) 및 구 약사법(2007. 4. 11. 법률 제8365호로 전부개정되고, 2010. 5. 27. 법률 제10324호로 개정되기 전의 것) 제95조 제1항 제8호(이하 '처벌조항'이라 하고, 의무조항과 합하여 '심판대상조항'이라 한다)가 헌법에 위반되는지 여부이다. 심판대상조항은 다음과 같고, 관련조항은 [별지]와 같다.

[심판대상조항]

구 약사법(2008. 2. 29. 법률 제8852호로 개정되고, 2010. 1. 18. 법률 제9932호로 개정되기 전의 것)

제47조(의약품 등의 판매 질서) 약국개설자·의약품의 품목허가를 받은 자·수입자 및 의약품 판매업자, 그 밖에 이 법에 따라 의약품을 판매할 수 있는 자는 보건복지가족부령으로 정하는 바에 따라 의약품 등의 유통 체계 확립과 판매 질서 유지에 필요한 사항을 지켜야 한다.

구 약사법(2010. 1. 18. 법률 제9932호로 개정되고, 2010. 5. 27. 법률 제10324호로 개정되기 전의 것)

제47조(의약품 등의 판매 질서) 약국개설자·의약품의 품목허가를 받은 자·수입자 및 의약품 판매업자, 그 밖에 이 법에 따라 의약품을 판매할 수 있는 자는 보건복지부령으로 정하는 바에 따라 의약품 등의 유통 체계 확립과 판매 질서 유지에 필요한 사항을 지켜야 한다.

구 약사법(2007. 4. 11. 법률 제8365호로 전부개정되고, 2010. 5. 27. 법률 제10324호로 개정되기 전의 것)

제95조(벌칙) ① 다음 각 호의 어느 하나에 해당하는 자는 1년 이하의 징역 또는 300만 원 이하의 벌금에 처한다.

8. 제47조를 위반한 자

3. 청구인의 주장

심판대상조항은 하위법령으로 정해진 의약품 등의 유통 체계 확립과 판매 질서 유지에 필요한 사항을 위반한 의약품 판매업자 등을 처벌하고 있는바, 수범자로서는 심판대상조항만으로는 의약품 등의 유통 체계 확립과 판매 질서 유지에 필요한 사항이 구체적으로 무엇인지, 하위법령에 어떠한 내용이 규율될 것인지 전혀 예측할 수 없다.

따라서 심판대상조항은 형사처벌의 구성요건을 하위법령에 포괄적으로 위임하여 죄형법정주의의 명확성원칙 및 포괄위임금지원칙 등에 위배된다.

4. 약사법상 유통 체계 및 판매 질서

가. 심판대상조항의 내용 및 입법목적

의무조항은 약국개설자, 의약품의 품목허가를 받은 자, 수입자, 의약품의 판매업자, 그 밖에 이 법에 따라 의약품을 판매할 수 있는 자(이하 '약국개설자 등'이라 한다)는 보건복지(가족)부령으로 정하는 바에 따라 의약품 등의 유통 체계 확립 및 판매 질서 유지에 필요한 사항을 지켜야 한다고 규정하고 있고, 처벌조항은 이를 위반한 자를 1년 이하의 징역 또는 300만 원 이하의 벌금에 처하도록 규정하고 있다.

의약품은 국민보건에 미치는 영향이 크기 때문에 다른 일반 공산품보다 공공성이 매우 중요시되며, 이에 따라 그 유통 체계 및 판매 질서에 있어 여러 가지 제한적인 요소들이 적용된다.

따라서 약사법에 의하여 의약품을 취급할 수 있는 자들로 하여금 의약품의 제조단계에서뿐만 아니라 유통·판매단계에 있어서도 일정한 준수사항을 지키도록 함으로써, 의약품의 유통에 투명화를 기하고 건전한 판매질서를 확립하여 품질이 우수한 의약품의 공급을 촉진하고 소비자에게 양질의 의약서비스가 제공되도록 하는 데에 심판대상조항의 입법목적이 있다(헌재 2008. 4. 24. 2005헌마373; 헌재 2013. 8. 29. 2011헌가19등 참조).

나. 약사법 등 관련 규정의 내용

(1) 약사법은 약사(藥事), 즉 의약품·의약외품의 제조·조제·감정(鑑定)·보관·수입·판매[수여(授與)를 포함한다. 이하 같다]와 그 밖의 약학 기술에 관련된 사항에 관한 일들이 원활하게 이루어질 수 있도록 필요한 사항을 규정하여 국민보건 향상에 기여하는 것을 목적으로 하고 있다(제1조, 제2조 제1호).

약사법은 약사에 관한 업무를 담당하는 약사 및 한약사의 자격과 면허(제2장), 약국과 조제(제4장), 의약품 등의 제조, 수입 및 판매(제5장), 의약품 등의 기준, 검정, 취급 및 광고 등(제6장)에 관한 규정들로 구성되어 있는데, 의약품 등의 유통 및 판매에 관하여는 의약품 등의 판매에 관한 약사법 제5장 외에도 의약품의 제조, 조제, 취급 등 약사법 전반에 걸쳐 관련 사항을 규정하고 있다.

그 주요 조항의 내용을 살펴보면 다음과 같다.

약사와 한약사는 약국의 시설과 의약품을 보건상 위해가 없도록 관리하기 위한 의무를 지고(약사법 제21조 제2항, 제3항 제1호 내지 제3호, 구 약사법 제21조 제3항 제4호, 제5호), 약사 및 한약사가 아니면 의약품을 조제할 수 없다(약사법 제23조 제1항).

또한 약국개설자 등은 다음과 같은 담합행위를 해서는 안 된다.

① 약국개설자가 특정 의료기관의 처방전을 가진 자에게 약제비의 전부 또는 일부를 면제하여 주는 행위, ② 약국개설자가 의료기관 개설자에게 처방전 알선의 대가로 금전, 물품, 편익, 노무, 향응, 그 밖의 경제적 이익을 제공하는 행위, ③ 의료기관 개설자가 처방전을 가진 자에게 특정 약국에서 조제 받도록 지시하거나 유도하는 행위(환자의 요구에 따라 지역 내 약국들의 명칭·소재지 등을 종합하여 안내하는 행위는 제외한다), ④ 의사 또는 치과의사가 의사회 분회 또는 치과의사회 분회가 약사회 분회에 제공한 처방의약품 목록에 포함되어 있는 의약품과 같은 성분의 다른 품목을 반복하여 처방하는 행위(그 처방전에 따라 의약품을 조제한 약사의 행위도 또한 같다) (약사법 제24조 제2항 제1호, 제3호 내지 제5호, 구 약사법 제24조 제2항 제2호).

약국개설자 및 의약품판매업자는 그 약국 또는 점포 이외의 장소에서 의약품을 판매하여서는 안 되고, 약국개설자는 의사 또는 치과의사의 처방전에 따라 조제하는 경우 외에는 전문의약품을 판매하여서는 안 된다(약사법 제50조 제1항, 제2항).

생물학적 제제, 변질하거나 변질하여 썩기 쉬운 의약품, 그 밖에 식품의약품안전청장이 필요하다고 인정하는 제제 중 보건복지부령으로 정하는 의약품(국가검정의약품)은 식품의약품안전청장의 검정을 받아 합격한 것이 아니면 판매하거나 판매할 목적으로 진열·보관·저장할 수 없는데, 국가검정의약품에 대한 검정과 그 밖에 필요한 사항은 보건복지부령으로 정한다(구 약사법 제53조).

의약품에 첨부하는 문서 또는 의약품의 용기나 포장에 해당 의약품에 관하여 거짓이나 오해할 우려가 있는 사항, 허가를 받지 아니하였거나 신고하지 아니한 효능·효과, 보건위생에 위험한 용법·용량이나 사용 기간을 적어서는 안 된다(약사법 제60조 제1호, 제3호, 구 약사법 제60조 제2호).

또한 의약품 용기, 외부 포장, 첨부 문서 등의 기재사항에 위반되는 의약품이나 위조 의약품, 제조 등과 관련된 허가 내지 신고사항을 위반하여 제조 또는 수입된 의약품을 판매하거나 판매할 목적으로 저장 또는 진열하여서는 안 되고, 의약품이 아닌 것을 용기·포장 또는 첨부 문서에 의학적 효능·효과 등이 있는 것으로 오인될 우려가 있는 표시를 하거나 이와 같은 내용의 광고를 하여서는 안 되며, 이와 같은 의약품과 유사하게 표시되거나 광고된 것을 판매하거나 판매할 목적으로 저장 또는 진열하여서는 안 된다(약사법 제61조 제1항 제1호, 제2항, 구 약사법 제61조 제1항 제2호).

또한 보건위생에 위해가 있을 수 있는 비위생적 조건에서 제조되었거나 그 시설이 대통령령으로 정하는 기준에 맞지 아니한 곳에서 제조된 의약품 등을 판매하거나 판매할 목적으로 제조·수입·저장 또는 진열하여서는 안 된다(약사법 제62조 제8호). 의약품 등의 명칭·제조방법·효능이나 성능에 관하여 거짓광고 또는 과장광고를 하지 못한다(약사법 제68조 제1항).

(2) 의약품의 유통 및 판매와 관련하여 약사법 외에도 일반적인 상품이나 용역의 유통·판매에 있어서 사업자의 시장지배적 지위의 남용과 불공정거래행위를 규제하고자 하는 '독점규제 및 공정거래에 관한 법률'이 적용될 수 있는데, 위 법률 제23조 제1항에서는 ① 부당하게 거래를 거절하거나 거래의 상대방을 차별하여 취급하는 행위, ② 부당하게 경쟁자를 배제하는 행위, ③ 부당하게 경쟁자의 고객을 자기와 거래하도록 유인하거나 강제하는 행위, ④ 자기의 거래상의 지위를 부당하게 이용하여 상대방과 거래하는 행위, ⑤ 거래의 상대방의 사업활동을 부당하게 구속하는 조건으로 거래하거나 다른 사업자의 사업활동을 방해하는 행위, ⑥ 부당하게 특수관계인 또는 다른 회사에 대하여 가지급금·내어금·인력·부동산·유가증권·상품·용역·무체재산권 등을 제공하거나 상당히 유리한 조건으로 거래하는 등의 행위를 통하여 특수관계인 또는 다른 회사를 지원하는 행위를 금지하고 있다.

5. 심판대상조항의 위헌 여부

가. 쟁점

청구인은 심판대상조항이 약국개설자 등이 준수하여야 할 구체적인 내용을 하위법령에 포괄적으로 위임하고 있어 죄형법정주의의 명확성원칙 및 포괄위임금지원칙 등에 위배된다고 주장한다.

그런데 청구인이 주장하는 심판대상조항의 불명확성은 처벌법규의 구성요건을 하위법령에 위임하고 있기 때문에 발생하는 것이고, 포괄위임금지원칙은 행정부에 입법을 위임하는 수권법률의 명확성원칙에 관한 것으로서 법률의 명확성원칙이 위임입법에 관하여 구체화된 특별규정이라고 할 수 있으므로 심판대상조항의 명확성원칙 위배 여부는 포괄위임금지원칙의 위배 여부에 대한 심사로써 충족된다 할 것이다(헌재 2007. 4. 26. 2004헌가29등; 헌재 2013. 8. 29. 2011헌가19등 참조).

한편, 청구인은 심판대상조항이 법률유보원칙에도 위배된다고 주장하나, 그 취지는 심판대상조항이 처벌조항의 구성요건을 하위법령에 포괄적으로 위임한 것은 위헌이라는 것이므로 포괄위임금지원칙 위배 여부를 판단하는 이상 법률유보원칙 위배 여부에 대하여는 별도로 판단하지 않는다.

그렇다면 이 사건의 쟁점은 심판대상조항의 포괄위임금지원칙 위배 여부이다.

나. 포괄위임금지원칙 위배 여부

(1) 처벌법규의 위임 시 죄형법정주의와 포괄위임금지원칙의 관계

우리 헌법은 제12조 제1항 후문과 제13조 제1항 전단에서 죄형법정주의를 천명하고 있는데, 죄형법정주의는 자유주의, 권력분립, 법치주의 및 국민주권의 원리에 입각한 것으로서 무엇이 범죄이며 그에 대한 형벌이 어떠한 것인가는 반드시 국민의 대표로 구성된 입법부가 제정한 법률로써 정하여야 한다는 원칙을 의미한다. 그런데 현대국가의 사회적 기능증대와 사회현상의 복잡화에 따라 처벌법규를 모두 입법부에서 제정한 법률만으로 정할 수는 없기 때문에 합리적인 이유가 있으면 예외적으로 이를 위임하는 것이 허용된다.

범죄와 형벌에 관한 사항에 있어서도 위임입법의 근거와 한계에 관하여 정하고 있는 헌법 제75조 및 제95조가 적용되는데, 이러한 위임의 한계로서 헌법상 제시되고 있는 '구체적으로 범위를 정하여'라 함은 법률에 이미 대통령령 등 하위법령에 규정될 내용 및 범위의 기본사항이 가능한 한 구체적이고도 명확하게 규정되어 있어서 누구라도 당해 법률 그 자체로부터 대통령령 등에 규정될 내용의 대강을 예측할 수 있어야 함을 의미한다. 그 예측가능성의 유무는 당해 특정 법조항 하나만을 가지고 판단할 것이 아니라 관련 법조항 전체를 유기적·체계적으로 종합 판단하여야 하며, 각 대상법률의 성질에 따라 구체적·개별적으로 검토하여야 한다. 이와 같은 위임의 구체성·명확성의 요구정도는 그 규율대상의 종류와 성격에 따라 달라지고, 특히 형사처벌을 동반하는 처벌법규의 위임은 중대한 기본권의 침해를 가져오므로 긴급한 필요가 있거나 미리 법률로써 자세히 정할 수 없는 부득이한 사정이 있는 경우에 한정되어야 하며, 이러한 경우일지라도 법률에서 범죄의 구성요건은 처벌대상행위가 어떠한 것일 것이라고 예측할 수 있을 정도로 구체적으로 정하고, 형벌의 종류 및 그 상한과 폭을 명백히 규정하여야 한다(헌재 2014. 3. 27. 2011헌바42; 헌재 2020. 12. 23. 2017헌바463 등 참조).

(2) 위임의 필요성

의약품 등의 유통 및 판매에는 그 판매자 내지 구매자가 누구인지 여부에 따라 다양한 행위형태가 포함되고 그 준수사항의 내용 역시 달라질 수 있다. 약국개설자가 의약품의 제조업자나 수입자, 도매상으로부터 의약품을 구매하는 경우 및 일반소비자에 대하여 의약품을 조제하여 판매하는 경우, 의약품의 품목허가를 받은 자 및 수입자, 의약품판매업자 등이 도매상이나 병·의원, 약국 등에 의약품을 판매하는 경우, 도매상이 약국개설자, 의료인, 의료기관 개설자 등에게 의약품을 판매하는 경우 등에 있어 동일하게 준수해야 할 사항이 있는 한편, 거래 당사자별로 다르게 적용되어야 할 준수사항이 있을 수 있고, 거래 상대방이 누구인지 여부에 따라서도 판매자가 준수해야 할 내용이 달라질 수 있는 것이다.

또한 의약품의 유통 및 판매에 있어서 약국개설자 등의 준수사항이란 의약제도의 변화와 거래현실 등 여러 사정을 고려하여 정하여질 전문적인 사항이므로 미리 법률로써 자세히 정하기란 쉽지 않다.

그러므로 제도와 기술상황의 변화에 근접해 있는 행정부가 의약기술의 발전과 새로운 의약제도의 도입에 따라 각 유통 및 판매단계별로 약국개설자 등이 준수하여야 할 세부적이고 구체적인 의무를 정함으로써 변화에 신속히 대응하고, 수시로 변동하는 의약품의 거래현실을 그때그때의 상황에 맞게 반영하여야 할 필요성이 인정된다.

오히려 유통관리기준과 같이 지극히 세부적, 기술적, 가변적 사항을 법률로 규정할 경우 우수한 의약품 공급을 촉진하고 건전한 판매질서를 확립한다는 입법목적을 효율적으로 달성하기 어렵게 된다.

설령 의무조항의 위임에 따라 보건복지(가족)부령에 규정된 구체적 내용들이 법률로 규정됨에 있어 무리가 없거나 어렵지 않은 사항들이라고 하더라도 위임의 필요성 여부는 하위법령에 규정된 개개의 구체적인 내용들에 비추어 판단하는 것이 아니라 위임대상, 즉 이 사건에서는 '유통 체계 확립과 판매 질서 유지에 필요한 사항'을 하위법령에 위임할 필요성이 있는지에 따라 판단하여야 하는 것이고, 앞서 본 바와 같이 위와 같은 사항은 의약기술의 발전, 의약제도의 변화 및 의약품의 거래현실을 반영하여 결정되어야 하므로 그 구체적 내용을 하위법령에 위임할 필요성이 부정된다고 보기 어렵다.

한편, 약사법이 2010. 5. 27. 법률 제10324호로 개정되면서 종전 구 약사법 시행규칙 제62조 제1항 제5호에 규정되었던 "의약품의 품목허가를 받은 자·수입자 및 도매상은 의료인, 의료기관 개설자 또는 약국 등의 개설자에게 의약품 판매촉진의 목적으로 금전, 물품, 편익, 노무, 향응, 그 밖의 경제적 이익을 제공하지 아니할 것"이라는 준수사항의 내용이 약사법 제47조 제2항으로 신설되었다.

그런데 위 개정 시 의무조항은 그 자구에 변함이 없이 약사법 제47조 제1항으로 규정되었으므로, 이러한 개정을 두고 입법자가 약국개설자 등의 준수사항을 하위법령에 위임할 필요성이 없다고 판단한 것이라고는 보기 어렵다.

(3) 예측가능성

(가) 위임 기준의 제시

의무조항은 약국개설자 등이 준수하여야 할 사항의 범위를 정함에 있어 그 위임대상을 '유통 체계 확립과 판매 질서 유지에 필요한 사항'으로 규정하여 하위법령에 규정될 내용에 대한 대강의 기준을 정하고 있다.

(나) 심판대상조항의 취지 및 관련 규정

예측가능성의 유무는 당해 특정 조항 하나만을 가지고 판단할 것이 아니라 관련 법조항 전체를 유기적·체계적으로 종합 판단하여야 한다(헌재 2013. 8. 29. 2011헌가19등 참조).

'유통 체계 확립과 판매 질서 유지에 필요한 사항'이 다소 광범위한 개념이기는 하다. 그러나 "이 법은 약사(藥事)에 관한 일들이 원활하게 이루어질 수 있도록 필요한 사항을 규정하여 국민보건 향상에 기여하는 것을 목적으로 한다."라는 약사법의 입법목적(제1조), 의약품의 유통에 투명화를 기하여 품질이 우수한 의약품 공급을 촉진하고 건전한 판매질서를 확립함으로써 소비자에게 양질의 의약서비스가 제공되도록 한다는 심판대상조항의 입법목적, 의약품의 조제·판매·취급 등 의약분야의 전반에 걸친 관련자의 주의의무 및 준수사항을 규정한 약사법상 관련조항의 내용, 일반적인 상품이나 용역의 유통·판매에 있어서 사업자의 시장지배적 지위의 남용과 불공정거래행위를 규제하고자 하는 '독점규제 및 공정거래에 관한 법률' 제23조 제1항의 내용, 나아가 심판대상조항의 수범자는 의약품의 관리 및 취급에 관하여 전문자격을 갖춘 약국개설자 등이라는 점 등에 비추어 보면, 결국 하위법령에 규정될 약국개설자 등의 준수사항이란 '의약품을 적정하게 공급·판매하여 국민보건에 위해를 끼치지 않고, 의약시장에서의 공정한 경쟁질서나 의약제도의 취지에 어긋나는 행위를 하지 아니할 것'에 관한 내용으로서 하위법령에서는 그에 관한 내용이 구체화될 것임을 예측할 수 있다(헌재 2013. 8. 29. 2011헌가19등 참조).

구체적으로 살펴보면, 약사법은 약사 등으로 하여금 약국의 시설과 의약품을 보건위생상 위해가 없도록 일정한 관리의무를 부과하고(약사법 제21조 제2항, 제3항 제1호 내지 제3호, 구 약사법 제21조 제3항 제4호, 제5호), 약사 등만이 의약품을 조제할 수 있도록 하며(약사법 제23조 제1항), 특정 의료기관의 처방전을 가진 자에게 약제비를 면제하여 주는 행위나 약국개설자가 의료기관 개설자에게 처방전 알선의 대가로 금전 등 경제적 이익을 제공하는 행위 등과 같은 담합행위를 금지하고 있다(약사법 제24조 제2항 제1호, 구 약사법 제24조 제2항 제2호). 또한 약국개설자 및 의약품판매업자로 하여금 약국 또는 점포 이외의 장소에서 의약품을 판매하지 못하도록 하고 처방전에 따라 조제하는 경우 외에는 전문의약품을 판매하지 못하도록 하며(약사법 제50조 제1항, 제2항), 의약품에 첨부하는 문서 또는 의약품의 용기나 포장에 의약품에 관한 거짓이나 오해할 우려가 있는 사항 등을 기재하는 것을 금지하고 있고(약사법 제60조 제1호, 제3호, 구 약사법 제60조 제2호), 위조 의약품이나 일정한 기준에 맞지 아니한 의약품 등 일정한 의약품의 판매 등을 금지하고 있으며(약사법 제61조 제1항 제1호, 제2항, 구 약사법 제61조 제1항 제2호, 약사법 제62조 제8호), 의약품 등의 명칭·제조방법·효능이나 성능에 관하여 거짓광고 또는 과장광고를 금지하고 있다(약사법 제68조 제1항).

의약분야의 전반에 걸쳐 규정된 위와 같은 관련자의 주의의무 및 준수사항에 관한 내용 및 '독점규제 및 공정거래에 관한 법률'에서 사업자의 시장지배적 지위의 남용과 불공정거래행위를 규제하고 있는 점을 종합하여 볼 때, 심판대상조항의 수범자로서는 하위법령에 규정될 '유통 체계 확립과 판매 질서 유지에 필요한 사항'이란 '의약품을 적정하게 공급·판매하여 국민보건에 위해를 끼치지 않고, 의약시장에서의 공정한 경쟁질서나 의약제도의 취지에 어긋나는 행위를 하지 아니할 것에 관한 사항'이라는 점은 충분히 예측할 수 있는 것이다.

또한 원칙적으로 법률이 하위법령에 위임한 내용이 어떠한 것이 될 것인가를 예측할 수 있다는 것은 하위법령에 규정된 세세한 내용까지 법률에서 예측할 수 있어야만 한다는 것이 아니라 구체적으로 어떠한 사항이 형사처벌을 받게 되는 준수사항으로 정하여질 것인지에 대한 대강을 법률로부터 예측하는 것으로 족하다 할 것이므로, 하위법령에 규정된 구체적 내용이 법률 그 자체로부터 직접적으로 예측될 수 없다는 이유로 위임범위의 예측가능성을 부정할 수는 없다.

한편, 약사법이 2010. 5. 27. 법률 제10324호로 개정되면서 구 약사법 시행규칙 제62조 제1항 제5호에 있던 '경제적 이익 등 제공 금지'에 관한 내용이 법률에 규정되었다.

그런데 의무조항은 '경제적 이익 등 제공 금지'만이 아닌, '의약품 등의 유통 체계 확립과 판매 질서 유지에 필요한 사항'을 보건복지(가족)부령에 위임한 것으로, 실제로 구 약사법 시행규칙 제62조 제1항은 변질 또는 사용기한이 경과한 의약품의 저장·진열 금지, 경품류 등 제공·호객행위 금지, 허가받은 범위 외의 소매 또는 도매 금지, 허가받지 않은 자로부터의 의약품 구매 금지, 한약재 원산지 표시, 기록 작성 및 보존 등 의약품의 유통 및 판매 질서에 관한 준수사항을 전반적으로 규율하고 있으므로, 의무조항의 위임을 받아 규정되었던 약사법 시행규칙 내용의 일부가 후에 법률로 규정되었다는 이유만으로 심판대상조항이 포괄위임금지원칙을 위배하였다고 볼 수는 없다.

(4) 소결

따라서 심판대상조항이 의약품 등의 유통 체계 확립과 판매 질서 유지를 위하여 약국개설자 등이 지켜야 할 사항의 구체적 내용을 하위법령에 위임하고 이를 위반한 자를 처벌한다고 하여 포괄위임금지원칙에 위배된다고 할 수 없다.

6. 결 론

그렇다면 심판대상조항은 모두 헌법에 위반되지 아니하므로 주문과 같이 결정한다. 이 결정은 아래 7.과 같은 재판관 이선애, 재판관 이영진의 반대의견이 있는 외에는 관여 재판관들의 일치된 의견에 의한 것이다.

7. 재판관 이선애, 재판관 이영진의 반대의견

우리는 심판대상조항이 죄형법정주의와 포괄위임금지원칙에 위배된다고 생각하므로, 아래와 같이 반대의견을 남긴다.

가. 행정법규 위반과 형사처벌

행정법규 위반에 대해 형사처벌을 규정하는 때에는 그 규정이 단순히 '행정법규의 기능'을 떠나 '범죄구성요건의 기능'을 하는 것이므로, 그 행정법규도 일반 형사법규의 위반에서와 같이 죄형법정주의와 포괄위임금지원칙에 따라 엄격한 제한을 받아야 한다. 즉 행정법규라고 하더라도 그것이 범죄구성요건이 되는 범위 안에서는 법률로써 규정되어야 하고, 또 그 규정된 법률의 내용만으로도 처벌하고자 하는 행위가 무엇이며 그에 대한 형벌이 어떠한 것인지 예견할 수 있고, 그에 따라 수범자가 자신의 행위를 결정할 수 있을 정도로 명확하고 구체적으로 규정되어야 한다. 왜냐하면 규율대상이 다양하거나 수시로 변하는 성질을 가져 하위법령에 위임할 필요성이 클수록 수범자로서는 어떠한 경우에 어떠한 의무를 부담하는지를 판단하기가 어려워져서 행위기준을 설정할 수 없기 때문이다(헌재 2013. 8. 29. 2011헌가19등 결정의 위헌의견 참조).

나. 위임입법의 필요성

의무조항의 위임에 따라 구 약사법 시행규칙 제62조가 정하고 있는 준수사항의 내용을 살펴보면, 의무조항에서 규정한 '의약품 등의 유통 체계 확립과 판매 질서 유지에 필요한 사항'은 의약품 등의 조제나 성분 규제 등과는 달리 오늘날 의료영역 가운데 상당히 보편화된 영역으로 볼 수 있어 이를 미리 법률로 자세히 정하기 어려울 정도로 전문적이고 기술적인 사항이라고 볼 수 없다.

또한 입법자는 구 약사법 시행규칙 제62조 제1항 제5호에서 규정하던 "의약품의 품목허가를 받은 자·수입자 및 도매상은 의료인, 의료기관 개설자 또는 약국 등의 개설자에게 의약품 판매촉진의 목적으로 금전, 물품, 편익, 노무, 향응, 그 밖의 경제적 이익을 제공하지 아니할 것"이라는 준수사항의 내용을 2010. 5. 27. 법률 제10324호로 개정된 약사법 제47조 제2항에 신설하였는데(그에 따라 위 시행규칙 조항은 2010. 12. 13. 삭제되었다), 이는 심판대상조항의 위헌성에 대한 반성적 고려에서 이루어진 것으로 볼 수 있다.

최초 입법 당시의 입법기술 수준에 따라 '판매 질서 유지'에 필요한 사항을 포괄적으로 하위법령에 위임할 필요가 있었다고 하더라도, 그 이후 수범자의 의무사항으로서 행위를 규제하고 위반 시 처벌의 대상이 되는 입법사항을 하위법령에 포괄적으로 위임하는 형식을 그대로 유지하여 온 것은, 입법자가 포괄위임금지원칙 준수에 충분한 주의를 기울이지 아니하였음에 기인한 것으로 볼 수밖에 없다.

결국 심판대상조항이 형벌의 구성요건에 해당하는 구체적 사항을 하위법령에 위임할 필요가 있거나 미리 법률로써 자세히 정할 수 없는 부득이한 사정이 있는 경우에 해당한다고는 볼 수 없다.

다. 위임범위의 예측가능성

(1) 처벌대상 행위에 관한 예측가능성의 유무를 판단함에 있어서 관련 법조항 전체를 유기적·체계적으로, 대상 법률의 성질에 따라 구체적·개별적으로 검토하여야 한다. 그러나 원칙적으로 법률의 수권에 의거한 명령의 내용이 어떠한 것이 될 것인가를 예측할 수 있다는 것은 하위법령에 의해서가 아니라 그보다 먼저 그 수권법률의 내용으로부터 예견가능하여야 한다. 따라서 그러한 위임입법은 법률 자체로부터 장래 정립될 하위법령의 기본적 윤곽에 대한 예견가능성이 보장되어야 한다(헌재 2010. 2. 25. 2008헌가6 참조).

(2) 의무조항이 규정하는 '의약품 등의 유통 체계 확립 및 판매 질서 유지에 필요한 사항'은 처벌법규의 구성요건 부분에 해당한다. 그러나 의무조항은 그 자체에서 '의약품 등의 유통 체계 확립 및 판매 질서 유지에 필요한 사항'이 어떠한 것이라고 예측할 수 있을 정도로 구체적으로 정하고 있다고 보기 어렵다. 의무조항에서 '약국개설자 등 의약품을 판매할 수 있는 자가 의약품 등의 유통 체계 확립 및 판매 질서 유지에 필요한 사항을 준수하지 아니하는 것'이 처벌규정의 구성요건이 되는데, 여기서 의약품 등의 유통 체계 확립 및 판매 질서 유지에 필요한 사항은 행위주체인 '의약품을 판매할 수 있는 자'의 관계에 있어 사실상 동어반복에 불과하고, 그 개념 또한 매우 추상적이고 포괄적이다.

'유통'과 '판매' 개념의 범위가 넓고, '유통 체계 확립 및 판매 질서 유지에 필요한 사항'이란 일반적으로 유통과 판매의 모든 과정을 망라하는 사항이 포함될 것인데, 이 중에서도 구체적으로 어떠한 사항이 위반 시 형사처벌을 받게 되는 '준수'사항으로 정하여질 것인지는 의무조항의 규정만으로는 그 대강을 예측하기 어렵다.

(3) 관련 법조항 전체를 유기적·체계적으로 판단하여도 의무조항의 처벌대상행위의 내용을 예측하기는 어렵다. 약사법은 의약품 등의 판매업에 대하여 별도의 장을 두고 있으나 의약품 판매규정(제44조, 제50조), 의약품 판매업의 허가(제45조), 한약업사 등의 허가의

결격사유(제46조), 개봉판매금지(제48조) 외에 유통 체계 확립과 판매 질서 유지에 관한 특별한 관련규정을 두고 있지 않고, 위 개별 조항들에 대한 처벌규정도 별도로 규정하고 있다. 또 약사법의 일반적인 목적(제1조)을 볼 때, "이 법은 약사(藥事)에 관한 일들이 원활하게 이루어질 수 있도록 필요한 사항을 규정하여 국민보건 향상에 기여하는 것을 목적으로 한다."라고 되어 있을 뿐이고, 의약품의 유통에 투명화를 기하고 건전한 판매질서를 확립하여 품질이 우수한 의약품의 공급을 촉진하고 소비자에게 양질의 의약서비스가 제공되도록 하는 것이 심판대상조항의 입법목적이라고 하더라도 이러한 입법목적만으로는 '유통 체계 확립 및 판매 질서 유지에 필요한 사항'이 어떠한 것인지에 관하여 그 대강의 내용을 예측할 수는 없다.

(4) 비록 심판대상조항의 수범자는 일반인들보다는 위임입법으로 규정될 준수사항을 더 잘 알 수 있는 지위에 있는 것은 사실이나, 많은 유형의 '유통 체계 확립 및 판매 질서 유지에 필요한 사항' 중 구체적으로 어떠한 것이 하위법령에서 규정될 것인지를 예측하기 어려운 점은 수범자에게도 동일하다. '유통 체계 확립 및 판매 질서 유지'상 준수하여야 할 내용은 광범위하므로 당국이 특정 시기에 어떤 준수사항을 마련할지 구체적으로 그 대강을 예측하기는 어렵다. 비록 협회 등을 통하여 그 구체적 내용을 숙지할 수 있다고 하더라도, 위임범위의 예측가능성은 하위법령에 의한 것이 아니라 그보다 먼저 그 수권법률의 내용으로부터 예견가능하여야 하는 것을 의미하는 것이므로, 그러한 법률 자체로부터 장래 규정될 하위법령의 기본적 윤곽에 대한 예견가능성이 보장되어야 한다(헌재 2000. 7. 20. 99헌가15 참조).

실제로 구 약사법 시행규칙 제62조의 사용기한 경과 의약품의 저장·진열 금지, 사실과 다른 과장광고 금지라는 구성요건의 경우, 이 사건 심판대상조항의 수범자가 전문자격을 가진 사람이라고 하여도 단순히 '의약품 등의 유통 체계 확립 및 판매 질서 유지에 필요한 사항'으로부터 이러한 시행규칙 규정의 내용을 예측하기는 쉽지 않다.

경제적 이익 등 제공 금지에 관하여 보자면, 1992. 6. 30. 보건사회부령 제891호로 개정된 구 약사법 시행규칙 제48조 제9항에서 처음으로 "의약품의 제조업자·수입자 및 도매상은 의료기관·약국 등의 개설자에게 의약품판매촉진의 목적으로 현상품·사은품 등 경품류를 제공하여서는 아니 된다."라고 규정된 이래 그 내용이 유지되어 오다가, 2008. 12. 1. 보건복지가족부령 제77호로 개정된 구 약사법 시행규칙 제62조 제1항 제5호는 "의약품의 품목허가를 받은 자·수입자 및 도매상은 의료인, 의료기관 개설자 또는 약국 등의 개설자에게 의약품 판매촉진의 목적으로 금전, 물품, 편익, 노무, 향응, 그 밖의 경제적 이익을 제공하지 아니할 것"으로 개정되었다. 결국 의무조항의 위임에 따른 구 약사법 시행규칙이 개정됨으로써 처벌되는 금지행위의 범위가 '경품류 제공 금지'에서 '경제적 이익 제공 금지'로 확대되었는데, 약국개설자 등이 이러한 금지행위의 변화를 예측하는 것은 불가능하다고 할 것이다.

심판대상조항의 수범자가 약국개설자 등이라 하더라도, 심판대상조항만으로는 어떠한 사항을 준수하여야 하는지, 어떠한 사항을 준수하지 않으면 처벌되는지 알 수가 없고, 하위법령인 구 약사법 시행규칙의 규정내용을 보아야 비로소 준수하여야 할 사항과 범죄구성요건의 내용을 알 수 있게 된다.

이처럼 심판대상조항과 같이 행정부에게 지나치게 광범위한 입법재량권을 주게 되면, 법률로 규정하여야 하는 형사처벌요건을 행정부가 마음대로 규정할 수 있게 되어 그로 인하여 수범자인 약국개설자 등은 자신들의 행위기준을 보건복지(가족)부령의 규정 내용에 맞추지 않을 수 없게 되고, 이는 결국 헌법상의 죄형법정주의와 포괄위임금지원칙이 예방하고자 하는 "행정권에 의한 자의적인 법률의 해석과 집행"을 쉽게 용인하는 셈이 될 것이다(헌재 2013. 8. 29. 2011헌가19등 결정의 위헌의견 참조).

라. 소결

결국 심판대상조항은 형사처벌의 범죄구성요건에 해당하는 내용을 하위법령에서 구체적으로 규정하도록 포괄적으로 위임함으로써, 죄형법정주의와 포괄위임금지원칙에 위배된다.

재판관 유남석 이선애 이석태 이은애 이종석 이영진 김기영 문형배 이미선

[별지] 관련조항

약사법(2007. 4. 11. 법률 제8365호로 전부개정된 것)

제1조(목적) 이 법은 약사(藥事)에 관한 일들이 원활하게 이루어질 수 있도록 필요한 사항을 규정하여 국민보건 향상에 기여하는 것을 목적으로 한다.

제2조(정의) 이 법에서 사용하는 용어의 뜻은 다음과 같다.

1. "약사(藥事)"란 의약품·의약외품의 제조·조제·감정(鑑定)·보관·수입·판매[수여(授與)를 포함한다. 이하 같다]와 그 밖의 약학 기술에 관련된 사항을 말한다.

제21조(약국의 관리의무) ② 약국개설자는 자신이 그 약국을 관리하여야 한다. 다만, 약국개설자 자신이 그 약국을 관리할 수 없는 경우에는 대신할 약사 또는 한약사를 지정하여 약국을 관리하게 하여야 한다.

③ 약국을 관리하는 약사 또는 한약사는 약국 관리에 필요한 다음 각 호의 사항을 지켜야 한다.

1. 약국의 시설과 의약품을 보건위생상 위해(危害)가 없고 의약품의 효능이 떨어지지 아니하도록 관리할 것
2. 보건위생과 관련된 사고가 없도록 종업원을 철저히 감독할 것
3. 보건위생에 위해를 끼칠 염려가 있는 물건을 약국에 두지 아니할 것

제24조(의무 및 준수 사항) ② 약국개설자(해당 약국 종사자를 포함한다. 이하 이 조에서 같다)와 의료기관 개설자(해당 의료기관의 종사자를 포함한다. 이하 이 조에서 같다)는 다음 각 호의 어느 하나에 해당하는 담합 행위를 하여서는 아니 된다.

1. 약국개설자가 특정 의료기관의 처방전을 가진 자에게 약제비의 전부 또는 일부를 면제하여 주는 행위
3. 의료기관 개설자가 처방전을 가진 자에게 특정 약국에서 조제 받도록 지시하거나 유도하는 행위(환자의 요구에 따라 지역 내 약국들의 명칭·소재지 등을 종합하여 안내하는 행위는 제외한다)
4. 의사 또는 치과의사가 제25조 제2항에 따라 의사회 분회 또는 치과의사회 분회가 약사회 분회에 제공한 처방의약품 목록에 포함되어 있는 의약품과 같은 성분의 다른 품목을 반복하여 처방하는 행위(그 처방전에 따라 의약품을 조제한 약사의 행위도 또한 같다)
5. 제1호부터 제4호까지의 규정에 해당하는 행위와 유사하여 담합의 소지가 있는 행위로서 대통령령으로 정하는 행위

제50조(의약품 판매) ① 약국개설자 및 의약품판매업자는 그 약국 또는 점포 이외의 장소에서 의약품을 판매하여서는 아니 된다. 다만, 시장·군수·구청장의 승인을 받은 경우에는 예외로 한다.

제60조(기재 금지 사항) 의약품에 첨부하는 문서 또는 의약품의 용기나 포장에 다음 각 호에 해당하는 내용을 적어서는 아니 된다.

1. 해당 의약품에 관하여 거짓이나 오해할 우려가 있는 사항
3. 보건위생에 위험한 용법·용량이나 사용 기간

제61조(판매 등의 금지) ① 누구든지 다음 각 호의 의약품을 판매하거나 판매할 목적으로 저장 또는 진열하여서는 아니 된다.

1. 제56조부터 제60조까지의 규정에 위반되는 의약품이나 위조(僞造) 의약품

② 누구든지 의약품이 아닌 것을 용기·포장 또는 첨부 문서에 의학적 효능·효과 등이 있는 것으로 오인될 우려가 있는 표시를 하거나 이와 같은 내용의 광고를 하여서는 아니 되며, 이와 같은 의약품과 유사하게 표시되거나 광고된 것을 판매하거나 판매할 목적으로 저장 또는 진열하여서는 아니 된다.

제62조(제조 등의 금지) 누구든지 다음 각 호의 어느 하나에 해당하는 의약품을 판매하거나 판매할 목적으로 제조·수입·저장 또는 진열하여서는 아니 된다.

8. 보건위생에 위해가 있을 수 있는 비위생적 조건에서 제조되었거나 그 시설이 대통령령으로 정하는 기준에 맞지 아니한 곳에서 제조된 의약품

제68조(과장광고 등의 금지) ① 의약품 등의 명칭·제조방법·효능이나 성능에 관하여 거짓광고 또는 과장광고를 하지 못한다.

구 약사법(2007. 4. 11. 법률 제8365호로 전부개정되고, 2011. 6. 7. 법률 제10788호로 개정되기 전의 것)

제21조(약국의 관리의무) ③ 약국을 관리하는 약사 또는 한약사는 약국 관리에 필요한 다음 각 호의 사항을 지켜야 한다.

4. 의약품 등의 사용과 관련하여 부작용 등이 발생한 경우에는 식품의약품안전청장이 정하는 바에 따

라 보고하고 필요한 안전대책을 강구할 것

구 약사법(2010. 1. 18. 법률 제9932호로 개정되고, 2011. 6. 7. 법률 제10788호로 개정되기 전의 것)

제21조(약국의 관리의무) ③ 약국을 관리하는 약사 또는 한약사는 약국 관리에 필요한 다음 각 호의 사항을 지켜야 한다.

5. 그 밖에 제1호부터 제4호까지의 규정에 준하는 사항으로서 약국의 시설과 의약품을 보건상 위해가 없도록 관리하기 위하여 필요하다고 인정하여 보건복지부령으로 정하는 사항

제53조(국가검정의약품) ① 다음 각 호의 어느 하나에 해당하는 의약품 중에서 보건복지부령으로 정하는 의약품(이하 "국가검정의약품"이라 한다)은 식품의약품안전청장의 검정을 받아 합격한 것이 아니면 판매하거나 판매할 목적으로 진열·보관·저장할 수 없다.

1. 생물학적 제제
2. 변질하거나 변질하여 썩기 쉬운 의약품
3. 그 밖에 식품의약품안전청장이 필요하다고 인정하는 제제

② 제1항에 따른 국가검정의약품에 대한 검정과 그 밖에 필요한 사항은 보건복지부령으로 정한다.

약사법(2010. 1. 18. 법률 제9932호로 개정된 것)

제23조(의약품 조제) ① 약사 및 한약사가 아니면 의약품을 조제할 수 없으며, 약사 및 한약사는 각각 면허 범위에서 의약품을 조제하여야 한다. 다만, 약학을 전공하는 대학의 학생은 보건복지부령으로 정하는 범위에서 의약품을 조제할 수 있다.

제50조(의약품 판매) ② 약국개설자는 의사 또는 치과의사의 처방전에 따라 조제하는 경우 외에는 전문의약품을 판매하여서는 아니 된다. 다만, 「수의사법」에 따른 동물병원 개설자에게 보건복지부령으로 정하는 바에 따라 판매하는 경우에는 그러하지 아니하다.

구 약사법(2007. 4. 11. 법률 제8365호로 전부개정되고, 2018. 12. 11. 법률 제15891호로 개정되기 전의 것)

제24조(의무 및 준수 사항) ② 약국개설자(해당 약국 종사자를 포함한다. 이하 이 조에서 같다)와 의료기관 개설자(해당 의료기관의 종사자를 포함한다. 이하 이 조에서 같다)는 다음 각 호의 어느 하나에 해당하는 담합 행위를 하여서는 아니 된다.

2. 약국개설자가 의료기관 개설자에게 처방전 알선의 대가로 금전, 물품, 편익, 노무, 향응, 그 밖의 경제적 이익을 제공하는 행위

구 약사법(2010. 5. 27. 법률 제10324호로 개정되고, 2015. 12. 22. 법률 제13598호로 개정되기 전의 것)

제47조(의약품 등의 판매 질서) ① 약국개설자·의약품의 품목허가를 받은 자·수입자 및 의약품 판매업자, 그 밖에 이 법에 따라 의약품을 판매할 수 있는 자는 보건복지부령으로 정하는 바에 따라 의약품 등의 유통 체계 확립과 판매 질서 유지에 필요한 사항을 지켜야 한다.

② 의약품의 품목허가를 받은 자, 수입자 및 의약품 도매상은 의약품 채택·처방유도 등 판매촉진을 목적으로 약사·한약사(해당 약국 종사자를 포함한다. 이하 이 조에서 같다)·의료인·의료기관 개설자(법인의 대표자나 이사, 그 밖에 이에 종사하는 자를 포함한다) 또는 의료기관 종사자에게 금전, 물품, 편익, 노무, 향응, 그 밖의 경제적 이익(이하 "경제적 이익 등"이라 한다)을 제공하여서는 아니 된다. 다만, 견본품 제공, 학술대회 지원, 임상시험 지원, 제품설명회, 대금결제조건에 따른 비용할인, 시판 후 조사 등의 행위(이하 "견본품 제공 등의 행위"라 한다)로서 보건복지부령으로 정하는 범위 안의 경제적 이익등인 경우에는 그러하지 아니하다.

약사법(2015. 12. 29. 법률 제13655호로 개정된 것)

제47조(의약품등의 판매 질서) ② 의약품공급자(법인의 대표자나 이사, 그 밖에 이에 종사하는 자를 포함하고, 법인이 아닌 경우 그 종사자를 포함한다. 이하 이 조에서 같다)는 의약품 채택·처방유도·거래유지 등 판매촉진을 목적으로 약사·한약사(해당 약국 종사자를 포함한다. 이하 이 조에서 같다)·의료인·의료기관 개설자(법인의 대표자나 이사, 그 밖에 이에 종사하는 자를 포함한다. 이하 이 조에서 같다) 또는 의료기관 종사자에게 금전, 물품, 편익, 노무, 향응, 그 밖의 경제적 이익(이하 "경제적 이익 등"이라 한다)을 제공하거나 약사·한약사·의료인·의료기관 개설자 또는 의료기관 종사자로 하여금 약국 또는 의료기관이 경제적 이익 등을 취득하게 하여서는 아니 된다. 다만, 견본품 제공, 학술대회 지원, 임상시험 지원, 제품설명회, 대금결제조건에 따른 비용할인, 시판 후 조사 등의 행위(이하 "견본품 제공 등의 행위"라 한다)로서 식품의약품안전처장과 협

의하여 보건복지부령으로 정하는 범위 안의 경제적 이익 등인 경우에는 그러하지 아니하다.

구 약사법(2007. 10. 17. 법률 제8643호로 개정되고, 2018. 12. 11. 법률 제15891호로 개정되기 전의 것)

제60조(기재 금지 사항) 의약품에 첨부하는 문서 또는 의약품의 용기나 포장에 다음 각 호에 해당하는 내용을 적어서는 아니 된다.

2. 제31조 제2항 및 제3항 또는 제41조 제1항에 따른 허가를 받지 아니하였거나 신고하지 아니한 효능·효과

구 약사법(2007. 10. 17. 법률 제8643호로 개정되고, 2011. 6. 7. 법률 제10788호로 개정되기 전의 것)

제61조(판매 등의 금지) ① 누구든지 다음 각 호의 의약품을 판매하거나 판매할 목적으로 저장 또는 진열하여서는 아니 된다.

2. 제31조 제2항·제3항, 제41조 제1항, 제42조 제1항·제3항 및 제43조 제1항을 위반하여 제조·제제 또는 수입된 의약품

약사법(2016. 12. 2. 법률 제14328호로 개정된 것)

제94조(벌칙) ① 다음 각 호의 어느 하나에 해당하는 자는 3년 이하의 징역 또는 3천만 원 이하의 벌금에 처한다. 다만, 제87조 제1항을 위반한 자에 대하여는 고소가 있어야 공소를 제기할 수 있다.

5의2. 제47조 제2항을 위반하여 경제적 이익 등을 제공하거나 같은 조 제3항을 위반하여 경제적 이익 등을 제공받은 자. 이 경우 취득한 경제적 이익 등은 몰수하고, 몰수할 수 없을 때에는 그 가액을 추징한다.

약사법 부칙(2010. 1. 18. 법률 제9932호)

제1조(시행일) 이 법은 공포 후 2개월이 경과한 날부터 시행한다.

약사법 부칙(2010. 5. 27. 법률 제10324호)

이 법은 공포 후 6개월이 경과한 날부터 시행한다.

구 약사법 시행규칙(2008. 12. 1. 보건복지가족부령 제77호로 개정되고, 2010. 12. 13. 보건복지부령 제27호로 개정되기 전의 것, 당해사건에서 청구인에게 적용되었던 제62조 제1항 제5호의 개정연혁에 따라 표기함)

제62조(의약품등의 유통체계 확립 및 판매질서 유지 등을 위한 준수사항) ① 법 제47조에 따라 약국개설자, 의약품의 품목허가를 받은 자, 수입자 및 의약품판매업자, 그 밖에 법의 규정에 따라 의약품을 판매 할 수 있는 자는 의약품의 유통체계를 확립하기 위하여 다음 각 호의 사항을 준수하여야 한다.

1. 의약품의 품목허가를 받은 자·수입자 또는 도매상은 다음 각 목의 어느 하나에 해당하는 경우를 제외하고는 의약품을 소매하거나 약국개설자·한약업사·약업사 또는 매약상(이하 “약국 등의 개설자”라 한다), 다른 의약품 도매상, 그 밖에 법의 규정에 따라 의약품을 판매할 수 있는 자 외의 자에게 의약품을 판매하지 아니할 것
(이하 생략)
2. 약국 등의 개설자는 의약품을 도매하지 아니할 것
4. 의약품 도매상 또는 약국 등의 개설자는 의약품의 품목허가를 받은 자·수입자 또는 도매상이 아닌 자로부터 의약품을 구입하지 아니할 것. 다만, 폐업하는 약국 등의 개설자로부터 의약품을 구입하거나 의사 또는 치과의사가 처방한 의약품이 없어 약국개설자가 다른 약국개설자로부터 해당 의약품을 긴급하게 구입하는 경우는 제외한다.
5. 의약품의 품목허가를 받은 자·수입자 및 도매상은 의료인, 의료기관 개설자 또는 약국 등의 개설자에게 의약품 판매촉진의 목적으로 금전, 물품, 편익, 노무, 향응, 그 밖의 경제적 이익을 제공하지 아니할 것
6. 의약품 도매상 또는 약국 등의 개설자는 현상품·사은품 등 경품류를 제공하거나 소비자·환자 등을 유치하기 위하여 호객행위를 하는 등의 부당한 방법이나 실제로 구입한 가격(사후 할인이나 의약품의 일부를 무상으로 제공받는 등의 방법을 통하여 구입한 경우에는 이를 반영하여 환산한 가격을 말한다) 미만으로 의약품을 판매하여 의약품 시장질서를 어지럽히거나 소비자를 유인하지 아니할 것
8. 변질·변패(變敗)·오염·손상되었거나 식품의약품안전청장 또는 지방청장이 수거하거나 폐기 할 것을 명한 의약품 및 유효기한 또는 사용기한이 지난 의약품을 판매하거나 판매의 목적으로 저장·진열하지 아니하여야 하며, 의약품의 용기나 포장을 훼손하거나 변조하지 아니할 것
9. 의약품 도매상, 약국 등의 개설자 또는 약국관리자는 불량의약품의 처리에 관한 기록을 작성하여 갖추어 두고 이를 1년간 보존할 것
11. 의약품 도매상, 약국개설자 또는 한약업사는 한

약재를 판매하는 경우 원산지를 표시할 것

12. 우수의약품의 유통을 위하여 별표 5의 의약품유통관리기준에서 정하는 사항을 지킬 것

(별표 5 생략)

독점규제 및 공정거래에 관한 법률(2007. 4. 13. 법률 제8382호로 개정된 것)

제23조(불공정거래행위의 금지) ① 사업자는 다음 각 호의 어느 하나에 해당하는 행위로서 공정한 거래를 저해할 우려가 있는 행위(이하 "불공정거래행위"라 한다)를 하거나, 계열회사 또는 다른 사업자로 하여금 이를 행하도록 하여서는 아니된다.

1. 부당하게 거래를 거절하거나 거래의 상대방을 차별하여 취급하는 행위
2. 부당하게 경쟁자를 배제하는 행위
3. 부당하게 경쟁자의 고객을 자기와 거래하도록 유인하거나 강제하는 행위
4. 자기의 거래상의 지위를 부당하게 이용하여 상대방과 거래하는 행위
5. 거래의 상대방의 사업활동을 부당하게 구속하는 조건으로 거래하거나 다른 사업자의 사업활동을 방해하는 행위
8. 제1호 내지 제7호 이외의 행위로서 공정한 거래를 저해할 우려가 있는 행위

구 독점규제 및 공정거래에 관한 법률(2007. 4. 13. 법률 제8382호로 개정되고, 2013. 8. 13. 법률 제12095호로 개정되기 전의 것)

제23조(불공정거래행위의 금지) ① 사업자는 다음 각 호의 어느 하나에 해당하는 행위로서 공정한 거래를 저해할 우려가 있는 행위(이하 "불공정거래행위"라 한다)를 하거나, 계열회사 또는 다른 사업자로 하여금 이를 행하도록 하여서는 아니된다.

7. 부당하게 특수관계인 또는 다른 회사에 대하여 가지급금·대여금·인력·부동산·유가증권·상품·용역·무체재산권 등을 제공하거나 현저히 유리한 조건으로 거래하여 특수관계인 또는 다른 회사를 지원하는 행위

50. 상가건물 임대차보호법 부칙 제2조 위헌확인

[2021. 10. 28. 2019헌마106, 1049]

【판시사항】

가. 임차인의 계약갱신요구권 행사 기간을 10년으로 규정한 '상가건물 임대차보호법'(2018. 10. 16. 법률 제15791호로 개정된 것) 제10조 제2항(이하 '개정법조항'이라 한다)을 개정법 시행 후 갱신되는 임대차에 대하여도 적용하도록 규정한 '상가건물 임대차보호법' 부칙(2018. 10. 16. 법률 제15791호) 제2조 중 '갱신되는 임대차'에 관한 부분(이하 '이 사건 부칙조항'이라 한다)이 소급입법금지원칙에 위배되어 임대인의 재산권을 침해하는지 여부(소극)

나. 이 사건 부칙조항이 신뢰보호원칙에 위배되어 임대인의 재산권을 침해하는지 여부(소극)

【결정요지】

가. 개정법조항은 구 '상가건물 임대차보호법' 제10조 제2항(이하 '구법조항'이라 한다)에서 5년으로 정하고 있던 임차인의 계약갱신요구권 행사 기간을 10년으로 연장하였고, 이 사건 부칙조항은 개정법조항을 개정법 시행 후 갱신되는 임대차에도 적용한다. '개정법 시행 후 갱신되는 임대차'에는 구법조항에 따른 의무임대차기간이 경과하여 임대차가 갱신되지 않고 기간만료 등으로 종료되는 경우는 제외되고 구법조항에 따르더라도 여전히 갱신될 수 있는 경우만 포함되므로, 이 사건 부칙조항은 아직 진행과정에 있는 사안을 규율대상으로 한다. 따라서 헌법 제13조 제2항이 말하는 소급입법에 의한 재산권침해는 문제되지 않는다.

나. 이 사건 부칙조항은 개정법조항을 개정법 시행 당시 존속 중인 임대차 전반이 아니라, 개정법 시행 후 갱신되는 임대차에 한하여 적용하도록 한정되어 있고, 임차인이 계약갱신요구권을 행사하더라도 임대인은 '상가건물 임대차보호법'에 따라 정당한 사유가 있거나 임차인에게 귀책사유가 있는 경우 갱신거절이 가능하며, 합의하여 임대인이 임차인에게 상당한 보상을 제공한 경우 등에도 마찬가지로 임대인이 임대차계약의 구속에서 벗어날 수 있는 길을 열어두고 있다. 따라서 이 사건 부칙조항이 임차인의 안정적인 영업을 지나치게 보호한 나머지 임대인에게만 일방적으로 가혹한 부담을 준다고 보기는 어렵다.

개정법조항은 상가건물 임차인의 계약갱신요구권 행사 기간을 연장함으로써 상가건물에 대한 임차인의 시설투자비, 권리금 등 비용을 회수할 수 있는 기간을 충실히 보장하기 위한 것인데, 개정법조항을 개정법 시행 후 새로이 체결되는 임대차에만 적용할 경우 임대인들이 새로운 임대차계약에 이를 미리 반영하여 임대료가 한꺼번에 급등할 수 있고 이는 결과적으로 개정법조항의 입법취지에도 반하는 것이다. 이에 이 사건 부칙조항은 이러한 부작용을 막고 개정법조항의 실효성을 확보하기 위해서 개정법조항 시행 이전에 체결되었더라도 개정법 시행 이후 갱신되는 임대차인 경우 개정법조항의 연장된 기간을 적용하도록 정한 것이므로, 이와 같은 공익은 긴급하고도 중대하다.

따라서 이 사건 부칙조항은 신뢰보호원칙에 위배되어 임대인의 재산권을 침해한다고 볼 수 없다.

재판관 이영진의 반대의견

이 사건 부칙조항은 개정법조항을 개정법 시행 전에 이미 5년의 기간을 적용받고 있었던 임대차에 대하여는 적용하지 아니하거나 적용하더라도 일정한 유예기간을 두고 갱신되는 임대차의 범위를 한정하는 등 임대인의 신뢰이익이 침해되는 정도를 완화할 수 있었음에도 그러한 경과조치 없이 개정법 시행 후 최초로 체결되는 임대차뿐만 아니라 그 후 갱신되는 임대차에 대하여도 개정법조항을 적용하도록 규정하였다.

같은 상가임대차라 하더라도 임대차 보증금이나 상가의 규모, 임차 시설의 입지, 사무실의 현황, 권리금의 형성 여부 등 다양한 제반 사정에 따라 임차인과 임대인의 지위가 달라질 수 있는데, 이 사건 부칙조항은 임대인의 일방적 희생 위에 임차인의 이익만을 우선시키고 있어 그로 인한 부담은 결국 상가건물을 이용하지 못하게 된 임대인이 떠안을 수밖에 없다. 임대인은 어떻게든 그로 인한 비용과 손실을 다시 새로운 임대차계약에서 보전 받으려 할 것이므로 결국에는 임대료가 인상되어 임차인 역시 피해를 볼 수밖에 없으므로, 이 사건 부칙조항이 임차인의 안정적인 영업을 보장한다는 공익의 달성에 얼마나 기여하게 될지 의문스럽다.

따라서 이 사건 부칙조항은 신뢰보호원칙에 위배되어 임대인의 재산권을 침해한다.

【심판대상조문】

상가건물 임대차보호법 부칙(2018. 10. 16. 법률 제15791호) 제2조 중 '갱신되는 임대차'에 관한 부분

【참조조문】

구 상가건물 임대차보호법(2009. 1. 30. 법률 제9361호로 개정되고, 2018. 10. 16. 법률 제15791호로 개정되기 전의 것) 제10조 제2항

상가건물 임대차보호법(2018. 10. 16. 법률 제15791호로 개정된 것) 제10조 제2항

【참조판례】

가. 헌재 2010. 7. 29. 2008헌마581등, 판례집 22-2상, 404, 417

대법원 2020. 11. 5 선고 2020다241017 판결

나. 헌재 1998. 11. 26. 97헌바58, 판례집 10-2, 673, 681

헌재 2010. 7. 29. 2008헌마581등, 판례집 22-2상, 404, 418

헌재 2020. 3. 26. 2018헌바205등, 판례집 32-1상, 241, 258

대법원 2020. 11. 5 선고 2020다241017 판결

【당 사 자】

청 구 인 1. 정○○(변호사, 2019헌마106)
2. 김○○(2019헌마1049)
대리인 법무법인 이현
담당변호사 이환권

【주 문】

이 사건 심판청구를 모두 기각한다.

【이 유】

1. 사건개요

가. 2019헌마106

청구인 정○○은 서울 ○○구 ○○로 (지번생략) 소재 집합건물의 제○층 제○호 세대 소유자로서 2017. 4. 1. ○○ 주식회사에게 위 건물의 전유부분 일부를 보증금 1,500만 원, 임대차기간 2017. 4. 1.부터 2018. 11. 30.까지로 정하여 임대하였다.

청구인 정○○이 위와 같이 임대차계약을 체결했을 당시에는 구 '상가건물 임대차보호법'(2009. 1. 30. 법률 제9361호로 개정되고, 2018. 10. 16. 법률 제15791호로 개정되기 전의 것) 제10조 제2항(이하 '구법조항'이라 한다)에 따라 임차인의 계약갱신요구권은 전체 임대차기간이 5년을 초과하지 아니하는 범위에서만 행사할 수 있었으나, 2018. 10. 16. 법률 제15791호로 개정된 '상가건물 임대차보호법' 제10조 제2항(이하 '개정법조항'이라 한다)은 임차인의 계약갱신요구권에 대하여 10년을 초과하지 아니하는 범위 내에서 행사할 수 있도록 그 기간을 연장하였고, '상가건물 임대차보호법' 부칙(2018. 10. 16. 법률 제15791호) 제2조는 개정법조

항을 개정법 시행 후 갱신되는 임대차에도 적용하도록 규정하였다.

청구인 정○○은 자신의 위 임대차계약이 2018. 12. 1. 갱신되어 위 부칙조항에 따라 개정법조항이 정한 10년의 기간을 적용받게 되자, 2019. 1. 25. 위 부칙조항의 위헌확인을 구하는 이 사건 헌법소원심판을 청구하였다.

나. 2019헌마1049

청구인 김○○은 2016. 4. 10. 차○○로부터 서울 ○○구 ○○로 (지번생략) 소재 상가 제○동 제○호를 매수하여 2016. 4. 29. 소유권이전등기를 마쳤는데, 차○○는 그 이전인 2016. 3. 18. 위 아파트 상가에 관하여 정○○과 사이에 보증금 1,000만 원, 월차임 65만 원, 임대차기간 2016. 3. 21.부터 2017. 3. 20.까지로 정하여 임대차계약을 체결하였고, 청구인 김○○은 위와 같이 상가를 매수함으로써 차○○의 임대인 지위를 승계하였다.

청구인 김○○이 위와 같이 임대인 지위를 승계하였을 당시에는 구법조항에 따라 임차인의 갱신요구권은 전체 임대차기간이 5년을 초과하지 아니하는 범위에서만 행사할 수 있었으나, 개정법조항은 임차인의 계약갱신요구권에 대하여 10년을 초과하지 아니하는 범위 내에서 행사할 수 있도록 그 기간을 연장하였고, 위 '상가건물 임대차보호법' 부칙 제2조는 위 개정법조항을 개정법 시행 후 갱신되는 임대차에도 적용하도록 규정하였다.

청구인 김○○은 자신의 위 임대차계약이 2019. 3. 21. 갱신되어 위 부칙조항에 따라 개정법조항이 정한 10년의 기간을 적용받게 되자, 2019. 9. 18. 위 부칙조항의 위헌확인을 구하는 이 사건 헌법소원심판을 청구하였다.

2. 심판대상

청구인 정○○은 '상가건물 임대차보호법' 부칙 제2조 중 '되거나 갱신' 부분, 청구인 김○○은 같은 부칙 제2조 중 '갱신되는' 부분을 심판대상으로 청구하였는데, 청구인들의 주장은 결국 개정법조항을 개정법 시행 후 갱신되는 임대차에 대하여도 적용하는 것이 자신들의 기본권을 침해한다는 취지이므로, 이 사건 심판대상은 '상가건물 임대차보호법' 부칙(2018. 10. 16. 법률 제15791호) 제2조 중 '갱신되는 임대차'에 관한 부분(이하 '이 사건 부칙조항'이라 한다)이 청구인들의 기본권을 침해하는지 여부이다. 심판대상조항 및 관련조항은 다음과 같다.

[심판대상조항]

상가건물 임대차보호법 부칙(2018. 10. 16. 법률 제15791호)

제2조(계약갱신요구 기간의 적용례) 제10조 제2항의 개정규정은 이 법 시행 후 최초로 체결되거나 갱신되는 임대차부터 적용한다.

[관련조항]

구 상가건물 임대차보호법(2009. 1. 30. 법률 제9361호로 개정되고, 2018. 10. 16. 법률 제15791호로 개정되기 전의 것)

제10조(계약갱신 요구 등) ② 임차인의 계약갱신요구권은 최초의 임대차기간을 포함한 전체 임대차기간이 5년을 초과하지 아니하는 범위에서만 행사할 수 있다.

상가건물 임대차보호법(2018. 10. 16. 법률 제15791호로 개정된 것)

제10조(계약갱신 요구 등) ② 임차인의 계약갱신요구권은 최초의 임대차기간을 포함한 전체 임대차기간이 10년을 초과하지 아니하는 범위에서만 행사할 수 있다.

3. 청구인들의 주장

가. 2019헌마106

이 사건 부칙조항은 임차인의 계약갱신요구권 행사기간을 5년에서 10년으로 연장한 개정법조항을 그 시행 전에 이미 체결된 임대차계약에 대하여도 적용되도록 규정함으로써 임대차계약 체결 후 5년의 범위 내에서 계약이 갱신되고 나면 임대차계약이 종료할 것이라는 임대인의 신뢰를 침해하고, 이는 공공필요에 의한 재산권 제한에 해당함에도 정당한 보상을 제공하지 않고 있으므로 헌법 제23조 제3항에 위배되며, 소급입법금지원칙 및 과잉금지원칙에 위배되어 임대인의 인간의 존엄과 가치, 평등권, 재산권을 침해한다.

나. 2019헌마1049

이 사건 부칙조항은 임차인의 계약갱신요구권 행사기간을 5년에서 10년으로 연장한 개정법조항을 개정법 시행 전에 이미 5년의 기간을 적용받고 있었던 임대차에 대하여는 적용하지 않도록 제외함으로써 임대인의 기본권제한을 최소화할 수 있음에도 그러한 임대차계약이 갱신되는 경우까지 개정법조항이 적용되도록 규정함으로써 임대인에게 일방적인 희생을 강요하고 있으므로, 이 사건 부칙조항은 과잉금지원칙에 위배되어 임대인의 재산권을 침해한다.

개정법조항 시행 후 최초로 체결되는 임대차계약과 그 전에 이미 체결되어 갱신되는 임대차계약은 본질적으로 다른 것임에도 이 사건 부칙조항은 합리적 이유 없이 양자를 같이 취급하고 있으므로, 이 사건 부칙조항은 평등권을 침해한다.

임대인은 구법조항에 따라 임차인이 임대차계약 체결 후 5년의 범위에서만 계약갱신요구권을 행사할 수 있을 것이라고 신뢰하였는데, 이 사건 부칙조항은 아무런 긴급한 사정도 없이 상가임대차 법률관계의 안정이라는 불투명한 공익 달성을 위해 개정법조항을 개정법 시행 후 갱신되는 임대차의 경우에도 적용하도록 규정하였으므로, 신뢰보호원칙에 위배된다.

4. 판 단

가. 이 사건 부칙조항의 의의 및 입법취지

(1) '상가건물 임대차보호법'은 2001. 12. 29. 제정 당시부터 상가임차인에게 전체 임대차기간이 5년을 초과하지 아니하는 범위에서 임대차계약을 갱신할 수 있도록 하는 내용의 '계약갱신요구권'(제10조 제1항 내지 제3항)을 부여하고 있었다. 이는 임차인에게 일정기간 계약기간을 보장함으로써 간접적으로 권리금이나 시설투자비 등을 회수할 수 있도록 하기 위한 것이었다(헌재 2014. 8. 28. 2013헌바76 참조).

그리고 '상가건물 임대차보호법'이 2018. 10. 16. 법률 제15791호로 개정되면서 5년의 계약갱신요구권 행사 기간이 10년으로 연장되었다. 구법조항에 의하면 임차인의 계약갱신요구권은 최초 임대차기간을 포함하여 전체 임대차기간이 5년을 초과하지 않는 범위에서만 행사할 수 있었는데, 개정법조항은 이에 대해 10년을 초과하지 않는 범위에서만 행사할 수 있다고 하여 그 기간을 연장한 것이다.

그 이유는 처음 계약갱신요구권을 도입한 배경과 크게 다르지 않다. 즉 보증금과 월차임이 지속적으로 상승하는 상황에서 5년 동안의 계약갱신만으로는 임차인이 안정적인 영업을 하기가 어렵고 인테리어와 권리금 등 상가건물 임차인이 투입한 금액을 회수하기에도 5년이라는 기간은 부족하다는 점이 고려되었다. 특히 임차인들의 영업으로 해당 지역이 특색 있는 동네로 각광받으면 임대료가 치솟아 정작 상권 개발에 기여한 임차인들은 그 지역을 떠나야 하는 젠트리피케이션(gentrification) 현상으로 인하여 상권 형성에 공헌한 임차인인 기존 상인, 수공업자, 예술인들이 삶의 터전을 잃게 되고, 그 자리에 획일화된 대기업 매장과 대규모 프랜차이즈 업체가 입점함으로써 기존 상권 고유의 특색이 사라지면서 오히려 상권이 축소되어 임대인, 임차인, 사업자 모두에게 좋지 않은 결과를 초래한다는 현실적인 측면도 고려되었다.

(2) '상가건물 임대차보호법' 부칙(2018. 10. 16. 법률 제15791호) 제1조는 개정법 시행일을 공포일인 2018. 10. 16.로 정하고 있고 같은 법 부칙 제2조는 "제10조 제2항의 개정규정은 이 법 시행 후 최초로 체결되거나 갱신되는 임대차부터 적용한다."라고 정하고 있다. 앞서 살펴본 바와 같이 개정법조항은 상가건물 임차인의 계약갱신요구권 행사 기간을 연장함으로써 상가건물에 대한 임차인의 시설투자비, 권리금 등 비용을 회수할 수 있는 기간을 충실히 보장하기 위한 것인데, 개정법조항을 개정법 시행 후 새로이 체결되는 임대차에만 적용할 경우 임대인들이 그로 인한 손실 내지 불이익을 회피하기 위하여 새로운 임대차계약에 이를 미리 반영하여 임대료가 한꺼번에 급등할 수 있고 이는 결과적으로 개정법조항의 입법취지에도 반하는 것이므로, 이 사건 부칙조항은 이러한 부작용을 막고 개정법조항의 실효성을 확보하기 위해서 개정법조항 시행 이후 체결된 임대차뿐 아니라 그 이전에 체결되었더라도 개정법 시행 이후 갱신되는 임대차인 경우 개정법조항의 연장된 기간을 적용하도록 정한 것이다.

나. 이 사건의 쟁점

이 사건의 쟁점은 이 사건 부칙조항이 헌법 제13조 제2항에서 금지하는 소급입법에 의한 재산권 박탈에 해당하는지 여부 및 신뢰보호원칙에 위배되는지 여부이다.

청구인들은 과잉금지원칙 위배도 주장하나, 청구인들은 부칙의 경과규정만을 심판대상으로 삼고 있음이 분명하고, 그 주장 취지는 이 사건 부칙조항이 임차인의 계약갱신요구권 행사 기간을 5년에서 10년으로 연장한 개정법조항을 그 시행 전에 이미 체결된 임대차계약에 대하여도 적용되도록 규정함으로써 그 연장된 기간만큼 임대인은 상가건물을 자신이 원하는 방식으로 사용·수익할 수 없게 되었다는 것으로서, 결국 신뢰보호원칙 위배 주장과 다름 아니므로 이를 별도로 판단하지 아니한다.

아울러 청구인 정○○은 이 사건 부칙조항은 공공필요에 의한 재산권 제한에 해당함에도 정당한 보상을 제공하지 않고 있으므로, 헌법 제23조 제3항에 위배되어 임대인의 재산권을 침해한다는 주장도 하고 있다. 그러나 이 사건 부칙조항은 상가건물 임대차에서 임차인의 계약갱신요구권 행사 기간을 정한 개정법조항의 적용범위를 정하는 경과규정으로서 입법자가 상가건물 임대차에 관한 재산권의 내용과 한계를 일반·추상적으로 확정하는 규정이자 재산권의 사회적 제약을 구체화하는 규정이므로(헌법 제23조 제1항 및 제2항), 헌법 제23조 제3항의 정당한 보상은 문제되지 않는다.

또한 청구인 정○○은 이 사건 부칙조항으로 인하여 임대인의 인간으로서의 존엄과 가치도 침해되었다고 주장하나, 인간으로서의 존엄과 가치는 다른 기본권에 대한 보충적 기본권으로서의 성격을 지니고 있으므로(헌재 2011. 3. 31. 2009헌마286 참조), 이 사건 부칙조항에 대하여 주된 기본권인 재산권 침해 여부를 판단하는 이상 인간으로서의 존엄과 가치 침해 여부는 별도로 판단하지 아니한다.

청구인들은 개정법조항 시행 후 최초로 체결되는 임대차와 그 전에 이미 계약이 체결되어 개정법조항 시행 후 갱신되는 임대차는 본질적으로 다른 것임에도 이 사건 부칙조항이 양자를 같이 취급하여 본질적으로 다른 것을 같게 취급함으로써 평등권이 침해되었다는 주장도 하고 있다. 개정법조항 시행 후 갱신되는 임대차에 개정법조항을 적용하게 되면 개정법조항 시행 후 최초로 체결되는 임대차에 적용하는 경우와는 달리 그 임대차기간 진행 중에 임차인의 계약갱신요구권 행사 기간이 연장된다는 차이가 발생하는 것은 사실이다. 그러나 그것이 헌법적으로 정당화되는지 여부는 결국 이 사건 부칙조항이 소급입법금지원칙 및 신뢰보호원칙에 위배되는지 여부를 판단하면서 함께 검토할 수 있으므로, 평등권 침해 여부 역시 별도로 판단하지 아니한다.

따라서 아래에서는 이 사건 부칙조항이 소급입법금지원칙 및 신뢰보호원칙에 위배되어 상가건물 임대인의 재산권을 침해하는지 여부를 살펴본다.

다. 소급입법에 의한 재산권침해에 해당하는지 여부

헌법 제13조 제2항은, "모든 국민은 소급입법에 의하여 참정권의 제한을 받거나 재산권을 박탈당하지 아니한다."라고 규정하고 있다. '소급입법'은 신법이 이미 종료된 사실관계나 법률관계에 적용되는지, 아니면 현재 진행 중인 사실관계나 법률관계에 적용되는지에 따라 '진정소급입법'과 '부진정소급입법'으로 구분되는데, 전자는 헌법상 원칙적으로 허용되지 않고 특단의 사정이 있는 경우에만 예외적으로 허용되는 반면, 후자는 원칙적으로 허용되지만 소급효를 요구하는 공익상의 사유와 신뢰보호 요청 사이의 비교형량 과정에서 신뢰보호의 관점이 입법자의 입법형성권에 일정한 제한을 가하게 된다(헌재 2010. 7. 29. 2008헌마581등 참조).

그런데 개정법조항은 구법조항에서 5년으로 정하고 있던 임차인의 계약갱신요구권 행사 기간을 10년으로 연장하였고, 이 사건 부칙조항은 개정법조항을 개정법 시행 후 갱신되는 임대차에도 적용한다고 규정하고 있으며, '개정법 시행 후 갱신되는 임대차'에는 구법조항에 따른 의무임대차기간이 경과하여 임대차가 갱신되지 않고 기간만료 등으로 종료되는 경우는 제외되고 구법조항에 따르더라도 여전히 갱신될 수 있는 경우만 포함되므로(대법원 2020. 11. 5 선고 2020다241017 판결 참조), 이 사건 부칙조항은 아직 진행과정에 있는 사안을 규율대상으로 하는 부진정소급입법에 해당한다.

따라서 이 사건에서 헌법 제13조 제2항이 말하는 소급입법에 의한 재산권침해가 문제될 여지는 없고, 다만 청구인들이 지니고 있는 기존의 법적인 상태에 대한 신뢰를 법치국가적인 관점에서 헌법적으로 보호해 주어야 할 것인지 여부가 문제될 뿐이다.

라. 신뢰보호원칙에 위배되어 재산권을 침해하는지 여부

(1) 신뢰보호원칙의 의의

법률의 개정시 구법 질서에 대한 당사자의 신뢰가 합리적이고도 정당하며, 법률의 개정으로 야기되는 당사자의 손해가 극심하여 새로운 입법으로 달성하고자 하는 공익적 목적이 그러한 당사자의 신뢰의 파괴를 정당화할 수 없다면 새로운 입법은 신뢰보호원칙상 허용될 수 없다. 다만 사회환경이나 경제여건의 변화에 따른 필요성에 의하여 법률은 신축적으로 변할 수밖에 없고, 변경된 새로운 법질서와 기존의 법질서 사이에는 이해관계의 상충이 불가피하므로 국민이 가지는 모든 기대 내지 신뢰가 헌법상 권리로서 보호될 것은 아니고, 그 보호 여부는 기존의 제도를 신뢰한 자의 신뢰를 보호할 필요성과 새로운 제도를 통해 달성하려고 하는 공익을 비교형량하여 판단하여야 할 것이다(헌재 2010. 7. 29. 2008헌마581등 참조).

그러므로 신뢰보호원칙의 위반 여부는 한편으로는 침해받은 신뢰이익의 보호가치, 침해의 중한 정도, 신뢰침해의 방법 등과 다른 한편으로는 새 입법을 통하여 실현하고자 하는 공익목적을 종합적으로 비교형량하여 판단하여야 한다(헌재 1998. 11. 26. 97헌바58 참조).

(2) 판단

(가) 신뢰이익의 보호가치

상가건물 임대차와 같은 경제활동을 규율하는 법률의 경우 사회적·경제적 상황에 따라 새로운 법적 규율을 가하는 것이 일반적이며, 상가건물 임대차에서 임차인의 계약갱신요구권 행사 기간 역시 불변적인 것이 아니라 사회·경제 정책 등에 따라 변경될 수 있는 것이다(헌재 2020. 3. 26. 2018헌바205등 참조).

'상가건물 임대차보호법'은 2001. 12. 29. 제정 당시부터 2018. 10. 16. 법률 제15791호로 개정되기 전까지 약 17년 동안 임차인의 계약갱신요구권 행사 기간을 5년으로 유지하여 왔으므로 임차인의 계약갱신요구권 행사 기간이 5년이라는 점에 대해 청구인들의 기대 내지 신뢰가 있었다고 할 수 있으나, '상가건물 임대차보호법'은 제정 이후 줄곧 임차인의 보호를 강화하는 방향으로 개정되어 왔고, 특히 상가건물의 보증금과 월차임이 지속적으로 상승함에 따라 어려움을 겪고 있는 임차인을 보호하기에는 구법조항에서 정한 계약갱신요구권 행사 기간이 너무 짧다는 사회적 비판이 이어지면서 그 기간을 연장하고자 하는 내용의 법안이 오랜 기간 다수 제출되고 논의되어 온 것 또한 사실이다. 그러한 사회적·경제적 논의가 입법으로 반영된 결과가 개정법조항 및 이 사건 부칙조항이다.

아울러 그동안 '상가건물 임대차보호법' 개정 시 개정법의 입법목적 달성을 위한 현실적 필요에 따라 이 사건 부칙조항과 같이 "이 법 시행 후 최초로 체결되거나 갱신되는 임대차부터 적용한다."라는 형식의 부칙조항을 둔 적이 여러 차례 있었기 때문에 이 사건 부칙조항에서도 그러한 형식의 경과규정을 둔 것이 이례적이라거나 전혀 예측가능성이 없었다고 보기 어렵다.

이러한 점들에 비추어 보면, 임차인의 계약갱신요구권 행사 기간이 앞으로도 계속하여 5년으로 유지될 것이라고 기대했던 임대인의 기대 내지 신뢰가 존재했다 하더라도 이를 확정적이거나 절대적인 기대 내지 신뢰라고 보기는 어려우므로, 그것이 어느 정도 보호될 수 있는지는 신뢰의 침해 정도 및 계약갱신요구권 행사 기간의 변경을 통해 달성하고자 하는 공익의 중대성에 따라 달라질 수 있다.

(나) 침해의 정도

이 사건 부칙조항이 개정법조항을 개정법 시행 당시 존속 중인 임대차 전반에 대하여 적용하도록 규정하지 않고, 개정법 시행 후 갱신되는 임대차에 한하여 적용하도록 규정함에 따라 개정법조항 시행 후에 구법조항에 따른 계약갱신요구권 행사 기간이 경과하여 임대차계약이 갱신되지 않고 기간만료 등으로 종료되는 경우에는 개정법조항이 적용되지 않는다 할 것이므로(대법원 2020. 11. 5 선고 2020다241017 판결 참조), 이 사건 부칙조항은 그 적용범위가 적절히 한정되어 있다.

이 사건 부칙조항에 따라 개정법조항이 적용되는 경우에도 임차인은 제한 없이 계약갱신요구권을 행사할 수 있는 것이 아니라 10년을 초과하지 아니하는 범위에서만 행사할 수 있고, 임차인이 계약갱신요구권을 행사하더라도 임대인은 '상가건물 임대차보호법' 제10조 제1항 본문에 따라 정당한 사유가 있으면 계약갱신을 거절할 수 있으며, 같은 항 단서 각호에서 규정한 다음 어느 하나의 사유에 해당하는 경우에도 계약갱신을 거절할 수 있다. 즉, 임차인이 3기의 차임액에 해당하는 금액에 이르도록 차임을 연체한 사실이 있는 경우(제1호), 임차인이 거짓이나 그 밖의 부정한 방법으로 임차한 경우(제2호), 임차인이 임대인의 동의 없이 목적 건물의 전부 또는 일부를 전대한 경우(제4호), 임차인이 임차한 건물의 전부 또는 일부를 고의나 중대한 과실로 파손한 경우(제5호), 임차인이 임차인으로서의 의무를 현저히 위반하거나 임대차를 계속하기 어려운 중대한 사유가 있는 경우(제8호)와 같이 임차인에게 귀책사유가 있는 경우 임대인의 갱신거절이 가능하고, 그렇지 않더라도 서로 합의하여 임대인이 임차인에게 상당한 보상을 제공한 경우(제3호), 임차한 건물의 전부 또는 일부가 멸실되어 임대차의 목적을 달성하지 못할 경우(제6호), 임대인이 일정한 사유로 목적 건물의 전부 또는 대부분을 철거하거나 재건축하기 위하여 목적 건물의 점유를 회복할 필요가 있는 경우(제7호)에도 마찬가지로 임대인이 임대차계약의 구속에서 벗어날 수 있는 길을 열어두고 있다. 따라서 이 사건 부칙조항이 임차인의 안정적인 영업을 지나치게 보호한 나머지 임대인에게만 일방적으로 가혹한 부담을 준다고 보기도 어렵다.

이러한 점들에 비추어 보면, 임대인의 신뢰가 침해되는 정도가 중대하다고 보기는 어렵다.

(다) 공익의 중대성

앞서 살펴본 바와 같이, 개정법조항은 상가건물 임차인의 계약갱신요구권 행사 기간을 연장함으로써 상가건물에 대한 임차인의 시설투자비, 권리금 등 비용을 회수할 수 있는 기간을 충실히 보장하기 위한 것인데, 개정법조항을 개정법 시행 후 새로이 체결되는 임대차에만 적용할 경우 임대인들이 그로 인한 손실 내지 불이익을 회피하기 위하여 새로운 임대차계약에 이를 미리 반영하여 임대료가 한꺼번에 급등할 수 있고 이는 결과적으로 개정법조항의 입법취지에도 반하는 것이다. 이에 이 사건 부칙조항은 이러한 부작용을 막고 개정법조항의 실효성을 확보하기 위해서 개정법조항 시행 이후 체결된 임대차뿐 아니라 그 이전에 체결되었더라도 개정법 시행 이후 갱신되는 임대차인 경우 개정법조항의 연장된 기간을 적용하도록 정한 것이다. 즉, 이 사건 부칙조항은 개정법조항의 시행 후 최초로 체결되는 임대차뿐 아니라 갱신되는 임대차의 경우에도 개정법조항을 적용하여 상가건물의 임대차에서 상대적으로 불리한 지위에 놓인 임차인의 안정적인 영업을 보호하고 시설투자비와 권리금 등 임차인이 투입한 금액에 대한 회수 기회를 보장함으로써 임차인들의 경제생활의 안정을 도모하고 공정한 경제질서를 달성하고자 하는 것이다.

우리 헌법은 시장의 지배와 경제력 남용의 방지 및 경제주체간의 조화를 위해 국가가 경제에 관한 규제와 조정을 할 수 있도록 규정하고 있는바(제119조 제2항) 이 사건 부칙조항의 도입을 전후하여 부동산 가격이 전반적으로 또 지속적으로 상승하면서 상가건물 임대차의 보증금과 월차임 역시 급속히 상승하였고, 그로 인해 해당 상권을 개발하는 데 크게 기여한 임차인들은 정작 차임 등의 부담을 견디지 못하고 그 지역을 떠나야 하는 현상이 심화되었다. 이러한 상황에서, 위와 같이 임차인의 안정적인 영업을 보호하고 임차인이 투입한 비용을 회수할 수 있는 기회를 부여한다는 공익은 앞서 살펴본 임대인들의 기대 내지 신뢰에 비하여 더 긴급하고도 중대한 공익에 해당한다.

(라) 소결

따라서 이 사건 부칙조항은 신뢰보호원칙에 위배되어 임대인인 청구인들의 재산권을 침해한다고 볼 수 없다.

5. 결 론

이 사건 심판청구는 모두 이유 없으므로 주문과 같이 결정한다. 이 결정에는 아래 6.과 같은 재판관 이영진의 반대의견이 있는 외에는 관여 재판관의 의견이 일치되었다.

6. 재판관 이영진의 반대의견

나는 법정의견과는 달리 이 사건 부칙조항이 신뢰보호원칙에 위배되어 임대인의 재산권을 침해한다고 생각하므로 아래와 같이 견해를 밝히는 바이다.

가. 신뢰이익의 보호가치

'상가건물 임대차보호법'은 2001. 12. 29. 제정 당시부터 상가임차인에게 전체 임대차기간이 5년을 초과하지 아니하는 범위에서 임대차계약을 갱신할 수 있도록 하는 내용의 '계약갱신요구권'(제10조 제1항 내지 제3항)을 부여하고 있었고 5년이라는 계약갱신요구권 행사 기간은 이후로 약 17년간 유지되어 왔으므로, 그 기간을 연장해야 한다는 사회적 논의가 있었다거나 그러한 내용의 법안이 다수 제출되었다는 사실만으로 그 기간이 10년으로 연장될 것이라고 예상할 만한 사정이 있었다고 보기는 어렵다. 그리고 구법조항이 정한 5년이라는 기간에 대한 신뢰는 법률이 부여한 것으로서 그 보호가치가 결코 작다고 볼 수 없다.

나. 침해의 정도

임차인의 계약갱신요구권 행사 기간을 연장할 필요성이 있다고 하더라도 이를 5년에서 7-8년으로, 그 이후 10년으로 점진적으로 연장할 수 있음에도 개정법조항은 이를 한꺼번에 두 배로 연장하였다. 이 사건부칙조항은 그러한 개정법조항을 개정법 시행 전에 이미 5년의 기간을 적용받고 있었던 임대차에 대하여는 적용하지 아니하거나 적용하더라도 일정한 유예기간을 두고 갱신되는 임대차의 범위를 한정하는 등 임대인의 신뢰이익이 침해되는 정도를 완화할 수 있었음에도 그러한 경과조치 없이 개정법 시행 후 최초로 체결되는 임대차뿐만 아니라 그 후 갱신되는 임대차에 대하여도 개정법조항을 적용하도록 규정하였다.

특히 '상가건물 임대차보호법'은 주택임대차보호법 제6조의3 제1항 제8호와 달리 임대인이 상가건물을 직접 이용하려는 경우를 갱신거절사유에 포함시키지 않고 있어, 구법조항에 따라 5년의 계약갱신요구권 행사 기간이 종료하면 상가건물을 직접 사용할 예정이었던 임대인의 경우 다시 5년 동안 자기 소유의 건물을 사용하지 못하게 된다. 만약 이러한 법 개정이 반복적으로 허용된다면 10년으로 늘어난 계약갱신요구권 행사 기간이 만료되기 전에 그 기간이 다시 15년으로 연장될 수도 있어서 임대인은 언제 자신의 건물을 이용할 수 있게 될지 전혀 예상할 수 없는 불안정한 지위에 놓이게 된다.

따라서 이 사건 부칙조항에 따라 임대인의 신뢰가 침해되는 정도는 중대하다.

다. 공익과 신뢰이익의 비교형량

법정의견에서 밝힌 바와 같이, 개정법조항은 상가건물의 임대차에서 상대적으로 불리한 지위에 놓인 임차인의 영업을 보호하고 임차인이 투입한 금액에 대한 회수 기회를 보장하기 위한 것이며, 이 사건 부칙조항은 임대료가 급등하는 등 개정법조항의 시행으로 인해 발생할 수 있는 부작용을 방지하고 개정법조항의 실효성을 확보하기 위한 것이다.

그러나 위와 같은 공익은 앞서 살펴본 바와 같이 임대인의 신뢰이익과 충돌하므로, 이 사건 부칙조항이 신뢰보호원칙에 위배되는지 여부를 판단하기 위해서는 양자를 비교형량해야 하고, 나아가 만약 임차인의 이익과 임대인의 이익 중 어느 하나를 희생시키지 않고 이를 조화시킬 수 있는 가능성이 있다면 그러한 방법을 모색해야 한다(헌재 2009. 5. 28. 2005헌바20등 참조).

그런데 같은 상가임대차라 하더라도 임대차 보증금이나 상가의 규모, 임차 시설의 입지, 사무실의 현황, 권리금의 형성 여부 등 다양한 제반 사정에 따라 임차인과 임대인의 지위가 달라질 수 있음에도, 이를 따져보지 아니한 채 어느 한쪽만을 사회적으로 열악한 지위에 있다고 단정하여 그 일방만을 우선적으로 보호하는 것은 구체적 타당성이 결여되기 십상이다. 예컨대, 상권이 발달하지 아니한 지역이나 소규모 상가, 그리고 차임이 비싸지 않은 상가의 경우, 법정의견에서 말하는 바와 같이 상가건물에 대한 임차인의 시설투자비나 권리금이 과대하게 투입되지 않은 경우도 있고, 임대료가 한꺼번에 급등하지 아니한 경우도 있을 수 있다. 특히 각종 유망한 프랜차이즈산업의 발달로 임차인이라고 하여 언제나 임대인보다 불리한 지위에 있는 것도 아니고 처음에는 사회·경제적으로 취약한 임차인이었다 하더라도 5년 동안 안정적으로 영업을 해왔다면 일률적으로 임대인에 비해 불리한 지위에 있다고 단정하기도 어렵다. 이러한 경우에까지 임차인 보호가 언제나 옳고 중대한 공익이라고 보기는 어렵다.

한편 임차인이 상가건물 임대차의 보증금과 월차임의 부담을 견디지 못하고 떠나는 것을 막기 위해 임차인의 계약갱신요구권 행사 기간을 연장한다면, 그와 같은 부담은 결국 상가건물을 이용하지 못하게 된 임대인이 떠안을 수밖에 없고, 임대인은 어떻게든 그로 인한 비용과 손실을 다시 새로운 임대차계약에서 보전 받으려 할 것이므로 결국에는 임대료가 인상되어 임차인 역시 피해를 볼 수밖에 없다. 이 사건 부칙조항은 이러한 경제 원리 및 시장의 반응을 면밀히 검토하지 아니한 채 임차인을 보호한다는 명분만을 앞세운 것으로서 이를 통해 달성하고자 하는 공익은 불확실할 뿐 아니라, 현실적으로 이 사건 부칙조항이 그러한 공익의 달성에 얼마나 기여하게 될지도 매우 의문스럽다.

따라서 이 사건 부칙조항은 임대인의 일방적 희생 위에 임차인의 이익만을 우선시킨 것이고 이를 통해 달성하고자 하는 공익이 항상 중대하거나 시급하다고 보기도 어려우므로, 위와 같은 공익만으로 임대인의 신뢰이익에 대한 침해를 정당화하기는 어렵다.

재판관 유남석 이선애 이석태 이은애 이종석 이영진 김기영 문형배 이미선

51. 삼보일배 행진 제지행위 등 위헌확인

[2021. 10. 28. 2019헌마1091]

【판시사항】

1. 기본권 침해상황은 종료되었으나, 심판의 이익을 인정한 사례

2. 대한민국을 방문하는 외국의 국가 원수를 경호하기 위하여 지정된 경호구역 안에서 서울종로경찰서장이 안전 활동의 일환으로 청구인들의 삼보일배행진을 제지한 행위 등(이하 '이 사건 공권력 행사'라 한다)이 청구인들의 집회 또는 시위의 자유를 침해하는지 여부(소극)

【결정요지】

1. 이 사건 공권력 행사로 인한 기본권 침해상황은 이미 종료되었으나, 앞으로도 대한민국을 방문하는 외국의 국가 원수에 대한 집회 또는 시위가 경호구역 안에서 행해질 경우 안전활동을 위하여 집회나 시위를 제한하는 방식의 공권력 행사가 반복될 수 있고, 아직 그 헌법적 한계에 대하여 헌법적 해명이 이루어진 바 없으므로 심판의 이익이 인정된다.

2. 이 사건 공권력 행사는 경호대상자의 안전 보호 및 국가 간 친선관계의 고양, 질서유지 등을 위한 것이다. 돌발적이고 경미한 변수의 발생도 대비하여야 하는 경호의 특수성을 고려할 때, 경호활동에는 다양한 취약 요소들에 사전적·예방적으로 대비할 수 있는 안전조치가 충분히 이루어질 필요가 있고, 이 사건 공권력 행사는 집회장소의 장소적 특성과 미합중국 대통령의 이동경로, 집회 참가자와의 거리, 질서유지에 필요한 시간 등을 고려하여 경호 목적 달성을 위한 최소한의 범위에서 행해진 것으로 침해의 최소성을 갖추었다. 또한, 이 사건 공권력행사로 인해 제한된 사익은 집회 또는 시위의 자유 일부에 대한 제한으로서 국가 간 신뢰를 공고히 하고 발전적인 외교관계를 맺으려는 공익이 위 제한되는 사익보다 덜 중요하다고 할 수 없다. 따라서 이 사건 공권력 행사는 과잉금지원칙을 위반하여 청구인들의 집회의 자유 등을 침해하였다고 할 수 없다.

재판관 이은애, 재판관 이영진의 반대의견

이 사건 공권력행사에 대한 규범적 평가는 안전 활동의 목적, 행위태양 및 절차, 방식, 시간적 범위, 집회 참가자의 수 등 구체적 사정들을 종합적으로 고려하여야 하고, 향후 이 사건 공권력행사와 같은 침해행위가 반복될 위험을 충분히 인정하기 어렵다. 반복가능성을 인정한다 하더라도 경호구역의 지정이 경호 목적 달성을 위한 최소한의 범위로 한정되어야 하고, 경호구역에서의 안전 활동이 경호 목적상 불가피하다고 인정되는 상당한 이유가 있는 경우에 한하여 허용된다는 점은 이미 '대통령 등의 경호에 관한 법률'에 명시되어 있으므로, 이 사안이 경찰권 행사의 한계에 대하여 일반적인 헌법적 의미를 부여하여 새롭게 헌법적 해명을 할 수 있는 사안이라고 보기 어렵다. 따라서 이 사건 심판청구는 심판의 이익이 없어 부적법하다.

【참조조문】

헌법 제21조, 제37조 제2항

대통령 등의 경호에 관한 법률(2017. 7. 26. 법률 제14839호로 개정된 것) 제2조 제1호·제2호·제4호, 제4조 제1항 제5호, 제5조

【참조판례】

1. 헌재 2018. 8. 30. 2014헌마843, 판례집 30-2, 404, 410

2. 헌재 2005. 11. 24. 2004헌가17, 판례집 17-2, 360, 366

【당 사 자】

청 구 인 [별지] 청구인 명단과 같음
피청구인 서울종로경찰서장

【주 문】

이 사건 심판청구를 모두 기각한다.

【이 유】

1. 사건개요

가. 청구인 '○○사람들'(이하 '□□'라 한다)은 한반도 비핵화와 평화협정 실현 등을 목적으로 하여 활동하는 단체이고, 청구인 문○○, 청구인 이○○, 청구인 김○○, 청구인 오○○(이하 '청구인 문○○ 등'이라 한다)은 청구인 □□의 회원 또는 그 부설기관인 ○○연구소의 소속 연구원이다.

나. 청구인 □□는 미합중국 대통령이 한미정상회담을 위하여 방한한 2019. 6. 30. 서울 종로구 세종대로 세종문화회관 앞 인도 및 그 주변에서 삼보일배 행진을 하기 위한 집회 및 시위를 주최하였으며, 청구인 문○○ 등은 위 집회 및 시위에 참가하였다.

다. 서울종로경찰서장은 '대통령 등의 경호에 관한 법률'에 따라 대통령경호처장이 경호구역으로 지정한 세종문화회관 앞 차로나 인도로부터 50미터 이내의 장소에서 경호를 목적으로 2019. 6. 30. 10:48경부터 12:35경까지 청구인 문○○ 등의 삼보일배 행진을 제지하고, 같은 날 12:35경부터 12:49경 사이에 위 청구인들을 세종문화회관 계단 위쪽으로 이동시켰으며, 같은 날 12:49경부터 13:50경까지 세종문화회관 계단 위쪽에서 다시 계단 아래로 이동하지 못하게 하였다.

라. 이에 청구인들은 집회의 자유 등을 침해받았다고 주장하면서 2019. 9. 26. 이 사건 헌법소원심판을 청구하였다.

2. 심판대상

청구인들은 헌법소원심판청구서에 피청구인을 서울종로경찰서장과 대통령경호처장으로 기재하였으나 청구인 문○○ 등에 대해 삼보일배 행진 제지 등을 행한 주체는 서울종로경찰서장이므로 피청구인을 서울종로경찰서장으로 확정하기로 한다.

따라서 이 사건 심판대상은 ① 피청구인이 2019. 6. 30. 10:48경부터 12:35경까지 서울 종로구 세종대로 세종문화회관 앞 인도에서 청구인 문○○ 등의 삼보일배 행진을 제지한 행위(이하 '이 사건 행진제지'라 한다), ② 같은 날 12:35경부터 12:49경 사이에 위 청구인들을 세종문화회관 계단 위쪽으로 이동시킨 행위(이하 ' 이 사건 이동조치'라 한다), ③ 같은 날 12:49경부터 13:50경까지 위 청구인들을 세종문화회관 계단 위쪽에서 세종문화회관 앞 인도로 진입을 제지한 행위(이하 '이 사건 진입제지'라 하고, 이들을 통틀어 '이 사건 공권력 행사'라 한다)가 청구인들의 기본권을 침해하는지 여부이고, 관련조항은 아래와 같다.

[관련조항]

대통령 등의 경호에 관한 법률(2017. 7. 26. 법률 제14839호로 개정된 것)

제2조(정의) 이 법에서 사용하는 용어의 뜻은 다음과 같다.

1. "경호"란 경호 대상자의 생명과 재산을 보호하기 위하여 신체에 가하여지는 위해를 방지하거나 제거하고, 특정 지역을 경계·순찰 및 방비하는 등의 모든 안전 활동을 말한다.
2. "경호구역"이란 소속공무원과 관계기관의 공무원으로서 경호업무를 지원하는 사람이 경호활동을 할 수 있는 구역을 말한다.
4. "관계기관"이란 경호처가 경호업무를 수행함에 있어 필요한 지원과 협조를 요청하는 국가기관, 지방자치단체 등을 말한다.

제4조(경호대상) ① 경호처의 경호대상은 다음과 같다.

5. 대한민국을 방문하는 외국의 국가 원수 또는 행정수반과 그 배우자

제5조(경호구역의 지정 등) ① 처장은 경호업무의 수행에 필요하다고 판단되는 경우 경호구역을 지정할 수 있다.

② 제1항에 따른 경호구역의 지정은 경호 목적 달성을 위한 최소한의 범위로 한정되어야 한다.

③ 소속공무원과 관계기관의 공무원으로서 경호업무를 지원하는 사람은 경호 목적상 불가피하다고 인정되는 상당한 이유가 있는 경우에만 경호구역에서 질서유지, 교통관리, 검문·검색, 출입통제, 위험물 탐지 및 안전조치 등 위해 방지에 필요한 안전 활동을 할 수 있다.

3. 청구인들의 주장

가. 이 사건 공권력 행사는 청구인들이 미합중국 대통령에 대해 비판적인 의견을 가졌다는 이유로 경호상 위해요소로 본 것인데, 이는 다양성을 존중하는 민주주의에 역행하는 발상이므로 목적의 정당성이 인정되지 않는다. 당시 동원된 경력의 규모나 미합중국 대통령 경호 차량의 안전성과 내구성, 청구인들의 집회가 소규모로 위험 식별이 용이한 낮 시간대에 평화적으로 이루어졌던 점 등을 고려하면, 청구인 문○○ 등의 행위가 미합중국 대통령의 신변에 위해를 가할 우려가 있다고 보기 어려웠고, 그물망 사용이나 개인물품 소지의 최소화 등 덜 침해적인 방법도 가능하였다. 그럼에도 피청구인은 과도하게 공권력을 행사하여 청구인들의 집회의 자유와 신체의 자유를 침해하였다.

나. 피청구인은 당시 같은 장소에 있던 일반 시민이나, 다른 장소 또는 다른 성향의 집회참가자들에 대해서는 제지를 하지 않으면서 합리적인 이유 없이 청구인들의 집회만 제지한 것이므로, 이 사건 공권력 행사는 청구인들의 평등권을 침해한다.

4. 적법요건에 대한 판단

이 사건 공권력 행사로 인한 청구인들의 기본권 침해상황은 이미 종료되었으므로 이에 대한 심판청구가 인용된다고 하더라도 청구인들의 권리구제에는 도움이 되지 않는다. 그러나 기본권 침해행위가 장차 반복될 위험이 있거나 당해 분쟁의 해결이 헌법질서의 유지·수호를 위하여 긴요한 사항이어서 헌법적으로 그 해명이 중대한 의미를 지니고 있는 때에는 예외적으로 심판의 이익을 인정할 수 있다(헌재 2018. 8. 30. 2014헌마843 참조).

'대통령 등의 경호에 관한 법률'(이하 '대통령경호법'이라 한다)에 따르면, 경호처가 경호업무를 수행함에 있어 필요한 지원과 협조를 하게 되는 관계기관의 공무원은 대한민국을 방문하는 외국의 국가 원수를 경호하기 위해 지정된 경호구역 안에서 경호 목적상 불가피하다고 인정되는 상당한 이유가 있는 경우 질서유지, 교통관리, 검문·검색, 출입통제, 위험물 탐지 및 안전조치 등 위해 방지에 필요한 안전 활동을 할 수 있으므로(제5조 제3항), 앞으로도 대한민국을 방문하는 외국의 국가 원수에 대한 집회 또는 시위가 경호구역 안에서 행해질 경우 관계기관이 안전 활동을 위하여 집회나 시위를 제한하는 방식의 공권력 행사가 반복될 수 있다. 따라서 이 사건 공권력 행사와 같은 기본권침해의 반복가능성이 인정된다.

물론 집회 또는 시위의 주체, 시간, 장소 등 구체적인 사정에 따라 특정한 권력적 사실행위에 대한 위헌 판단이 달라질 여지도 있을 것이나, 이 사건에서 문제되는 것은 피청구인이 경호구역 안에서 집회 또는 시위를 제지하는 행위와 관련하여 그 헌법적 한계를 획정하는 것으로 그 기준에 대하여 아직 헌법적 해명이 이루어진 바 없고 단순히 개별행위에 대한 위법 여부의 문제를 넘어 집회 등 참가자에 대한 기본권 침해 여부를 확인하는 것이므로, 그 해명의 필요성이 인정된다.

그렇다면 이 사건 공권력 행사에 대한 심판청구는 주관적 권리보호이익은 소멸하였으나 기본권 침해행위의 반복가능성과 헌법적 해명의 필요성이 있으므로 심판의 이익을 인정할 수 있다.

5. 본안에 대한 판단

가. 외국의 국가 원수를 위한 경호구역 지정과 안전활동

경호란 경호대상자의 생명과 재산을 보호하기 위하여 신체에 가하여지는 위해를 방지하거나 제거하고, 특정지역을 경계·순찰 및 방비하는 등의 모든 안전 활동을 말한다(대통령경호법 제2조 제1호). 대통령경호처의 경호대상에는 대통령과 그 가족, 대통령 당선인과 그 가족뿐만 아니라 대한민국을 방문하는 외국의 국가원수 또는 행정수반과 그 배우자 등이 포함된다(제4조 제1항). 대통령경호처장은 경호업무의 수행에 필요하다고 판단되는 경우, 소속공무원과 관계기관의 공무원으로서 경호업무를 지원하는 사람이 경호활동을 할 수 있는 경호구역을 지정할 수 있다(제2조 제2호, 제5조 제1항). 여기서 관계기관이란 경호처가 경호업무를 수행함에 있어 필요한 지원과 협조를 요청하는 국가기관, 지방자치단체 등을 말하며(제2조 제4호), 경찰은 '관계기관'으로서 경호업무의 수행에 필요한 지원과 협조를 할 수 있다. 그리고 소속공무원과 관계기관의 공무원으로서 경호업무를 지원하는 사람은 경호 목적상 불가피하다고 인정되는 상당한 이유가 있는 경우에 한하여 경호구역에서 질서유지, 교통관리, 검문·검색, 출입통제, 위험물 탐지 및 안전조치 등 위해 방지에 필요한 안전활동을 할 수 있다(제5조 제3항).

나. 쟁점의 정리

(1) 헌법 제21조 제1항은 "모든 국민은 …집회·결사의 자유를 가진다."고 규정하여 집회의 자유를 기본권으로 규정하고 있다. 집회의 자유는 집회를 통하여 형성된 의사를 집단적으로 표현하고 이를 통하여 불특정 다수인의 의사에 영향을 줄 자유를 포함하므로, 이를 내용으로 하는 시위의 자유 또한 집회의 자유를 규정한 헌법 제21조 제1항에 의하여 보호된다. 또한, 집회 또는 시위의 자유에는 집회 또는 시위의 장소를 스스로 결정할 장소선택의 자유가 포함된다. 집회 또는 시위의 장소는 집회 또는 시위의 목적을 달성하는 데 있어 중요한 의미를 지니는 경우가 많기 때문에 장소를 자유롭게 선택할 수 있어야만 집회 또는 시위의 자유가 비로소 효과적으로 보장될 수 있기 때문이다(헌재 2005. 11. 24. 2004헌가17 참조).

이 사건 공권력 행사는 대통령경호법상 관계기관인 피청구인이 외국의 국가 원수인 미합중국 대통령을 경호하기 위하여 시성된 경호구역 안에서 청구인 문○○ 등의 삼보일배 행진 등을 제한한 것으로, 청구인들의 집회 또는 시위의 자유(이하 '집회의 자유'라 한다)를 제한한다. 따라서 이 사건 공권력 행사가 과잉금지원칙에 위반되어 청구인들의 집회의 자유를 침해하는지 살펴본다.

(2) 이 사건 이동조치는 청구인 문○○ 등의 신체를 물리적으로 이동시키는 과정을 수반하므로 신체의 자유를 제한하나, 이는 위 집회의 자유를 제한하는 수단으로 이루어졌고 그로 인하여 심각한 신체상 위해가 발생하였다고 볼 만한 사정이 보이지 아니하므로 보다 직접적으로 관련된 집회의 자유에 대한 침해 여부를 살펴보는 이상, 별도로 신체의 자유 침해 여부에 대하여는 판단하지 않기로 한다.

(3) 한편, 청구인들은 피청구인이 이 사건 집회 장소를 통행한 일반 시민이나 다른 장소에 있었던 환영인파 또는 다른 성향의 단체가 행한 집회는 제지하지 않으면서 청구인들의 집회만 제지하여 평등권을 침해하였다고 주장한다.

그러나 일반 시민은 집회의 참가자가 아니고 경호구역을 단순히 통행하는 사람들이었기에 청구인들과 동일한 비교집단으로 보기 어려울 뿐 아니라 일반 시민의 이 사건 집회 장소에서의 통행 역시 2019. 6. 30. 10:45 경부터 원칙적으로 제한되었고, 다만 이미 경호구역 안에 있던 일부 시민이 경호구역 밖으로 나오는 등의 과정에서 통행이 있었던 것으로 보이므로 일반 시민이라 하여 자유로운 통행이 허용되었다고 보기도 어렵다. 또한, 이 사건 공권력 행사와 동일한 일시, 장소에서 청구인들 이외에 다른 집회 또는 시위의 개최가 허용된 사실이 없었으며, 장소적·상황적 특성을 고려해야 하는 안전 활동의 특성상 청구인들과 다른 장소에서의 환영인파 또는 다른 성향의 단체를 동일한 비교집단으로 설정하기 어렵다. 따라서 청구인들이 주장하는 차별취급이 존재한다고 보기 어려우므로, 이 사건에서 평등권 침해 여부는 문제되지 아니한다.

다. 집회의 자유의 침해 여부에 대한 판단

(1) 목적의 정당성 및 수단의 적합성

경호는 경호대상자의 생명과 신체의 안전을 보호하는 한편, 경호대상자의 정치·경제·사회적 지위나 국제적 위상이나 국가 간 상호주의 측면 등을 고려하여 국가 간 친선관계를 고양하고, 많은 인파가 모일 수 있는 상황에서 질서유지를 도모하며, 빈틈없는 경호 및 의전을 통하여 국위를 선양하는 효과가 있다. 이 사건 공권력 행사는 위와 같은 경호의 목적을 달성하기 위하여 대통령경호법에 따라 경호대상인 외국의 국가 원수를 경호하기 위한 것이므로, 그 목적의 정당성이 인정된다.

또한 이 사건 공권력 행사는 경호구역 안에서 질서를 유지하고 위해를 방지하여 위와 같은 경호의 목적을 달성하기 위한 것이므로, 수단의 적합성이 인정된다.

(2) 침해의 최소성

(가) 경호구역은 경호대상자의 신체에 가하여지는 위해를 방지하거나 제거하고, 특정 지역을 경계하며 방비하는 등의 안전 활동을 하기 위한 공간이다(대통령경호법 제2조 제1호, 제2호). 경호과정에서 돌발적으로 발생할 수 있는 어떠한 경미한 변수도 경호대상자에게 직·간접적인 위해로 작용할 가능성이 있다는 점에서 경호구역 안에서는 구체적인 위험이 발생한 경우뿐 아니라 위험의 발생 가능성이 있는 행위에 대해서도 미리 적절한 조치를 취할 필요가 있다. 또한, 한순간의 경호의 실패가 경호대상자에게 돌이킬 수 없는 위해를 초래할 수 있으므로 결과적으로 돌발상황이 발생하지 않았다거나 혹은 법익 침해가 미미하거나 없었다는 등의 사후적 판단만으로 경호조치의 과잉 여부를 평가하기는 어렵다.

그런데 경호대상자가 차량에 탑승하여 이동하는 경

우, 신속한 이동의 장점도 있지만, 차량의 고장이나 교통사고가 발생할 가능성을 배제할 수 없고, 차종이나 차량의 특성, 이동경로가 이미 노출되어 있을 수 있으며, 교차로나 모퉁이 등에서는 장소적 특성에 따라 서행하여야 하는 등 경호환경이 시시각각 변하고 그에 따른 상황적 취약성이나 위협이 될 만한 요소 또한 다양하다는 특성이 있다. 이러한 상황에서 경호대상자의 이동을 방해할 수 있는 돌출행위는 경호대상자에게 신체적 위험을 초래할 수 있으며, 그만큼에 이르지는 않더라도 그러한 사건 발생 자체만으로 외교관계나 국가의 위신 등에 부정적 영향을 미칠 수 있다. 따라서 경호에는 다양한 취약 요소들에 대하여 사전적·예방적으로 대비할 수 있는 안전조치가 충분히 이루어질 필요가 있다.

다만, 인간으로서의 존엄과 가치를 보장하기 위하여 자유로운 인격발현을 최고 가치 중의 하나로 삼는 우리 헌법질서 내에서 집회의 시간, 장소, 방법과 목적을 결정할 권리를 포함하는 집회나 시위의 자유는 최대한 보장되어야 한다. 경호구역의 지정이 경호 목적 달성을 위한 최소한의 범위로 한정되도록 하고, 경호 목적상 불가피하다고 인정되는 상당한 경우에만 경호구역에서 질서유지 등 위해 방지에 필요한 안전 활동을 할 수 있도록 한 것(대통령경호법 제5조 제2항, 제3항) 역시 이러한 다른 법익에 대한 침해를 최소화하기 위한 것이나, 경호활동의 과잉 여부를 판단함에 있어서는 위와 같은 경호의 특수성이 고려될 수밖에 없다.

(나) 구체적으로 이 사건 행진제지에 관하여 보건대, 당시 예정되었던 삼보일배 행진의 경로는 미합중국 대통령의 이동경로와 중복되었으므로 미합중국 대통령의 이동경로를 안전하게 확보하기 위하여 이를 제지할 필요가 있었다.

이러한 상황에서도 피청구인은 미합중국 대통령이 세종대로에서 청와대 방면으로 통과한 후 환차에 대비하는 12:25경까지는 세종문화회관 앞 인도에서 청구인들의 집회를 허용하였고, 다만 도로로 진입하여 행진하는 것만을 제지하였다는 점에서 이 사건 행진제지는 청구인들의 집회의 자유에 대한 최소한의 제한이었다고 볼 수 있다.

(다) 다음으로 이 사건 이동조치와 이 사건 진입제지에 관하여 보건대, 세종문화회관 앞 세종대로는 도로 중앙에 너비 약 34미터에 이르는 광화문광장이 위치한 왕복 10차선의 넓은 대로로, 경호차량이 어느 방향으로 이동하는지에 따라 경호대상자와 집회장소 사이에 거리 차이가 나게 된다. 이에 피청구인은 미합중국 대통령이 11:00경 청와대 방면으로 세종대로를 통과하는 구간은 경호대상자와 집회참가자들이 광화문광장과 도로를 사이에 두게 되어 거리가 상당하였던 점을 고려하여 앞서 본 바와 같이 세종문화회관 앞 계단과 인도에서 집회를 할 수 있도록 허용한 것과 달리, 미합중국 대통령이 13:40경 청와대에서 환차하는 구간은 세종문화회관 앞 인도와 인접한 도로를 통과하게 되는 특성상 거리 확보를 위하여 청구인 문○○ 등을 세종문화회관 계단 위쪽으로 이동시킨 것이다. 또한, 이 사건 이동조치 전 피청구인은 경찰의 경호구역 지정에 대하여 설명과 고지를 하며 경호구역 밖으로 나가달라는 안내방송을 하였고, 그럼에도 불구하고 위 청구인들이 이에 불응하자 12:35경부터 12:49경까지 신체를 들어 올리는 방법을 사용하였던 것으로 보인다. 이 사건 진입제지행위 역시 미합중국 대통령이 세종문화회관 앞길로 환차하여 통과할 때까지 위 청구인들이 다시금 세종문화회관 앞 계단 내지 인도로 재진입하는 행위를 저지하였던 것으로, 당시 경호구역에는 세종문화회관 위쪽 공간도 포함되어 있었지만 피청구인은 위와 같이 이동행위를 제지한 것 외에 피켓을 들거나 구호를 외치는 등의 표현행위를 제지하지는 않았다.

이와 같은 일련의 안전 활동 상황과 내용에 비추어 볼 때, 이 사건 이동조치 및 이 사건 진입제지는 경호 목적 달성을 위해 필요한 최소한의 범위 내에서 이루어졌다고 볼 수 있다.

(라) 이 사건 공권력 행사가 지속된 시간적 측면에서도, 불특정 다수가 참여하는 집회의 특성상 참가자들의 이동 조치를 짧은 시간 안에 완료하거나 경호대상자의 이동시간에 정확히 맞추어 조치하는 것이 어려운 점, 집회참가자 한 명을 이동시키기 위하여 여러 명의 경찰인력이 필요하고 다수가 모인 장소에서 한 번 질서가 무너지면 단시간 내에 다시 이를 확보하기 어려운 점 등을 고려할 때, 미합중국 대통령이 이동하는 시간을 전후하여 한 시간 정도 안전 활동이 이루어진 것이 지나치게 장시간 집회의 자유를 제한한 것이라 단정하기 어렵다.

한편, 청구인들은 이 사건 공권력 행사 대신 그물 설치, 소지품 검사, 순찰활동 등만으로도 충분히 미합중국 대통령의 신변을 보호할 수 있었다고 주장하나, 과거 미합중국 대통령의 방한 시 집회 도중 돌발적으로 물병과 야광봉을 던지는 사례가 있었고, 앞서 살펴본 바와 같이 경호대상자와의 장소적 근접성을 고려할 때, 투척방지그물의 설치나 순찰활동만으로 안전한 대처가 될 수 있을지 의문이며, 소지품 검사를 통한 통제방식이 반드시 이 사건 공권력 행사보다 기본권 제한이 덜하다고 단정할 수도 없다.

(마) 소결

이상의 점을 종합적으로 고려하면, 이 사건 공권력 행사가 침해의 최소성을 갖추지 못하였다고 보기 어렵다.

(3) 법익의 균형성

이 사건 공권력 행사는 대한민국을 방문한 외국의 국가원수의 경호를 통하여 외국 국가 원수의 생명과 신체의 안전을 확보하고 상호주의의 토대 아래 국가 간 신뢰를 공고히 하며 발전적인 외교관계를 맺는다는 공익을 위하여 필요한 범위 내에서 청구인들의 집회의 자유를 부분적으로 제한한 것으로, 이러한 공익에 비하여 제한되는 사익이 크다고 보기 어렵다.

(4) 소결

이 사건 공권력 행사는 과잉금지원칙을 위반하여 청구인들의 집회의 자유를 침해하였다고 볼 수 없다.

6. 결 론

이 사건 심판청구는 이유 없으므로 이를 모두 기각하기로 하여 주문과 같이 결정한다. 이 결정은 아래 7.과 같은 재판관 이은애, 재판관 이영진의 반대의견이 있는 외에는 관여 재판관들의 일치된 의견에 의한 것이다.

7. 재판관 이은애, 재판관 이영진의 반대의견

우리는 법정의견과 달리 이 사건 심판청구는 심판의 이익이 없어 부적법하다고 생각하므로 다음과 같이 견해를 밝힌다.

가. 반복가능성의 인정 여부

먼저 침해행위의 반복가능성에 대하여 살펴본다. '침해행위가 반복될 위험성'이란 단순히 추상적이거나 이론적인 가능성이 아니라 같은 유형의 침해행위가 앞으로도 구체적으로 반복될 위험성이 있는 것을 의미한다(헌재 1997. 6. 26. 97헌바4; 헌재 2018. 8. 30. 2014헌마681 참조).

이 사건은 대한민국을 방문한 외국의 국가 원수의 경호를 위하여 대통령경호법에 따라 지정된 경호구역에서 집회 및 시위와 관련하여 관계기관인 피청구인이 안전 활동을 한 것이 헌법적으로 정당한지 여부가 문제되고 있다. 그런데 이 사건 공권력 행사에 대한 규범적 평가는 안전 활동의 목적뿐 아니라 집회를 위해 모인 참가자의 수, 안전 활동의 행위태양 및 절차, 방식, 이동제지의 시간적 범위나 정도 등 구체적인 사정들을 종합적으로 고려하여야 한다. 또한, 향후 이 사건과 같이 대통령경호법상 경호구역 지정에 따른 공간상 제약을 받으면서 집회나 시위가 행해질 것이라고 인정할 만한 자료가 없다. 특히 이 사건 집회는 경호대상이 탑승한 차량이 모퉁이를 회전하면서 이동속도가 느려지는, 경호의 긴장도가 높은 장소에서 행해졌다는 특수한 사정이 있다. 일반적으로 경호활동의 내용이나 정도는 경호대상자의 지위나 성별, 연령, 국적 등 경호대상자의 특성과 국제정세 등 경호대상자와의 관계, 경호대상자 참여 행사의 성격이나 지리적 환경 등 경호환경과 여건에 따라 구체적·개별적으로 정해지는 것이므로, 단체의 성격이나 활동 이력상 향후 이 사건 집회와 동일한 목적으로 집회를 개최할 수 있다는 추상적인 가능성만으로 향후 유사한 침해행위가 반복될 구체적 위험성이 있다고 쉽게 단정하기는 어렵다.

따라서 이 사건 공권력 행사와 같은 침해행위가 앞으로도 반복될 위험이 있다고 보기 어렵다.

나. 헌법적 해명의 필요성의 인정 여부

가사 외국의 국가 원수가 방한할 경우 경호구역 안에서의 집회 또는 시위가 반복될 가능성을 인정한다 하더라도, 이 사건 심판청구는 헌법적 해명이 필요한 사안이라 보기 어렵다.

권력적 사실행위에 대한 헌법적 해명은 그 사건으로부터 일반적인 헌법적 의미를 추출할 수 있는 경우에 한하여 인정하여야 하는바, 비록 일회적이고 특정한 상황에서 벌어진 권력적 사실행위에 대한 평가일지라도 그에 대하여 일반적인 헌법적 의미를 부여할 수 있는 경우라면 헌법적 해명의 필요성을 인정할 수 있을 것이다(헌재 2006. 6. 29. 2005헌마703; 헌재 2016. 5. 26. 2013헌마879 참조). 그런데 이 사건 공권력 행사의 위헌 여부를 판단함에 있어서는 대통령경호법에 따라 지정된 경호구역 안에서 피청구인이 행한 행위가 경호 목적상 불가피하다고 인정되는 상당한 이유가 있었는지 여부가 주된 쟁점이 된다. 이와 같이 개별적이고 구체적인 상황하에서 이루어진 공권력 행사의 위헌 여부에 관한 판단은 공권력 행사의 목적과 공권력 행사가 이루어진 시간 및 장소를 비롯한 당시의 상황, 청구인들의 기본권 제한 정도, 그 이후의 공권력 행사가 종료된 상황 등과 같은 구체적 사정을 모두 고려해야 하므로, 원칙적으로 당해사건에 국한하여서만 그 의미를 가질 수밖에 없다. 그리고 경호구역의 지정은 경호 목적 달성을 위한 최소한의 범위로 한정되어야 하고, 경호구역에서의 안전 활동 또한 경호 목적상 불가피하다고 인정되는 상당한 이유가 있는 경우에 한하여 허용된다는 점은 이미 대통령경호법 제5조에서 명시적으로 밝히고 있다. 따라서 헌법재판소가 본안 판단에 나아간다 하더라도 위 대통령경호법 제5조에서 밝힌 원칙 외에 더 의미 있는 헌법적 한계를 제시할 수 있는지 의문스럽고, 자칫 대통령경호법에서 이미 규정한 '경호구역에서의 안전 활동이 불가피하다고 인정되는 상당한 이유가 있는 경우에 한하여 허용된다.'는 원칙을 구체적이고 개별적인 사실관계에 적용하여 그 위법 여부를 확인하는 것에 불과할 수 있다. 그러한 점에서 이 사안은 경찰권 행사의 한계에 대하여 일반적인 헌법적 의미를 부여하여 새롭게 헌법적 해명을 할 수 있는 사안이라고 보기 어렵다.

다. 소결

그러므로 이 사건 심판청구는 심판의 이익을 흠결하여 부적법하다.

재판관 유남석 이선애 이석태 이은애 이종석 이영진 김기영 문형배 이미선

[별지] 청구인 명단

1. 문○○
2. 이○○
3. 김○○
4. 오○○
5. ○○사람들

대표자 문○○

청구인들의 대리인 법무법인 이공
담당변호사 김선휴 외 1인

52. 상표권압류기입등록거부처분취소

[2021. 10. 28. 2020헌마229]

【판시사항】

특허청장이 서울서부지방법원의 상표등록번호 제0820076호의 상표권(이하 '이 사건 상표권'이라 한다)에 대한 압류기입등록 촉탁을 반려한 처분(이하 '이 사건 처분'이라 한다)에 대한 헌법소원심판청구가 보충성을 갖추었는지 여부(소극)

【결정요지】

상표권의 상표원부 등록 사무를 관장하는 국가기관인 특허청장은 법령이 정하는 등록 요건을 검토하여 그 요건의 흠결이 있는 때에 등록 신청이나 촉탁을 반려하게 되고, 상표권의 압류 등과 같은 처분의 제한은 등록하지 아니하면 그 효력이 발생하지 않으므로 이 사건 상표권에 대한 압류기입등록 촉탁을 반려한 이 사건 처분은 압류채권자의 지위를 얻고자 하는 청구인의 법적지위에 직접적인 영향을 미치는 행위이어서 항고소송의 대상이 되는 행정처분에 해당된다. 나아가 이 사건 처분이 법원의 촉탁에 따라 이루어진다고 하더라도 행정처분에 대한 취소소송에서 원고적격이 있는지 여부는 당해 처분의 상대방인지 여부에 따라 결정되는 것이 아니라 그 취소를 구할 법률상의 이익이 있는지 여부에 따라 결정되는데, 이 사건 상표권에 관한 압류채권자의 지위를 얻고자 하는 이익은 상표법 관계 법령에 의하여 보호되는 직접적이고 구체적인 이익에 해당되므로 청구인은 이 사건 처분의 취소를 구할 원고적격이 인정된다. 따라서 청구인으로서는 법률에 정한 구제절차를 모두 거친 후에야 헌법소원심판을 청구할 수 있음에도 이를 거치지 아니한 채 곧바로 헌법소원심판을 청구하였으므로, 이 사건 심판청구는 보충성 요건을 갖추지 못하여 부적법하다.

재판관 이선애, 재판관 이은애, 재판관 이영진의 별개의견

상표권의 공유는 일정한 범위에서 합유와 유사한 성질을 가지므로, 이 사건 상표권의 공유지분은 다른 공유자의 동의를 얻지 않는 한 압류의 대상이 될 수 없다. 압류될 적격이 없는 재산권에 대한 압류명령은 실체법상 효력이 발생하지 않으며, 이 사건 처분은 특허권 등의 등록령에 따른 것이므로, 이 사건 처분이 법원의 결정의 효력이나 법령에 위반한 것이라고 볼 수 없다. 청구인이 주장하는 불이익은 이 사건 상표권의 공유관계의 특성에 기인하는 것으로, 이 사건 처분은 청구인의 법적 지위에 아무런 영향을 미치지 아니하여 기본권침해의 가능성이나 위험성이 없다고 할 것이므로 이를 대상으로 한 이 사건 심판청구는 부적법하다.

【참조조문】

상표법(2016. 2. 29. 법률 제14033호로 전부개정된 것) 제80조 제1항·제3항, 제93조 제2항, 제96조 제1항

특허권 등의 등록령(2011. 12. 2. 대통령령 제23344호로 제정된 것) 제13조 제1항·제2항, 제17조 제1항, 제22조 제1항

특허권 등의 등록령(2018. 12. 31. 대통령령 제29449호로 개정된 것) 제29조 제1항

【참조판례】

헌재 2018. 4. 26. 2016헌마54, 판례집 30-1상, 701, 707

대법원 2001. 9. 28. 선고 99두8565 판결

대법원 2004. 12. 9. 선고 2002후567 판결

대법원 2010. 11. 18. 선고 2008두167 전원합의체 판결

대법원 2012. 4. 16.자 2011마2412 결정

【당 사 자】

청 구 인 김○○(변호사)

피청구인 특허청장

대리인 법무법인(유한) 다래
담당변호사 박지환 외 1인

【주 문】

이 사건 심판청구를 각하한다.

【이 유】

1. 사건개요

가. 청구인은 2018. 6. 11. 주식회사 ○○리펀드(이하 '○○리펀드'라 한다)를 상대로 성공보수금 청구의 소를 제기하여 2019. 10. 10. 가집행선고부 원고일부승소판결을 선고받았다(서울서부지방법원 2019가합32132). 위 판결은 2020. 6. 4. 항소기각판결(서울고등법원 2019나2049961), 2020. 10. 15. 상고기각판결(대법원 2020다239397)이 각 선고됨에 따라 확정되었다.

나. 청구인은 2019. 11. 7. 위 1심판결을 집행권원으로 서울서부지방법원에 ○○리펀드의 상표권(상표등록번호: 제○○호, 지정상품: 제03류 화장품, 등록일: '생략', 순위번호: ○○번, 등록의무자: 왕○○, 등록권리자: ○○리펀드, 등록원인: 일부양도, 등록의 목적: 권리의 일부이전등록, 이하 '이 사건 상표권'이라 한다)에 관하여 압류신청을 하였다. 서울서부지방법원은 2019. 11. 12. 이 사건 상표권을 압류한다는 결정(2019타채61056)을 하고, 같은 날 특허청장에게 등록촉탁서를 송달하였다.

다. 특허청장은 2019. 11. 21. 서울서부지방법원에 특허권이 공유인 경우에는 다른 공유자 모두의 동의를 받아야 그 지분을 양도할 수 있는데, 이 사건 상표권에 공유자가 존재하므로 공유자의 동의서 등을 첨부해 달라는 취지의 보정요구서를 송달하였다. 서울서부지방법원을 통해 보정요구서를 받은 청구인은 2019. 11. 22. 특허청장에게 상표권의 공유관계란 실질적 의미의 공유관계를 의미하는데, 왕○○와 ○○리펀드 사이에 국내 상표권에 대하여는 ○○리펀드가 가지기로 약정하였으므로 이 사건 상표권은 실질적으로 공유관계에 있다고 볼 수 없다는 취지의 의견서를 제출하였다.

라. 특허청장은 2019. 12. 13. 서울서부지방법원에 청구인의 보정서는 흠결사항을 치유할 수 없다고 보아 '특허권 등의 등록령' 제29조에 따라 상표권압류기입등록 촉탁을 반려(이하 '이 사건 처분'이라 한다)하였고, 서울서부지방법원은 2019. 12. 27. 청구인에게 위 반려통지서를 송달하여 그 통지서가 2019. 12. 30. 청구인에게 도달하였다.

마. 청구인은 이 사건 처분이 청구인의 재산권 등을 침해한다고 주장하며, 2020. 2. 13. 이 사건 헌법소원심판을 청구하였다.

2. 심판대상

이 사건 심판대상은 피청구인 특허청장이 2019. 12. 13. 서울서부지방법원의 상표등록번호 제○○호의 상표권에 대한 2019. 11. 12.자 압류기입등록 촉탁을 반려한 처분이 청구인의 기본권을 침해하는지 여부이고, 관련조항은 다음과 같다.

상표법(2016. 2. 29. 법률 제14033호로 전부개정된 것)

제80조(상표원부) ① 특허청장은 특허청에 상표원부를 갖추어 두고 다음 각 호의 사항을 등록한다.

1. 상표권의 설정·이전·변경·소멸·회복, 존속기간의 갱신, 제209조에 따른 상품분류전환(이하 "상품분류전환"이라 한다), 지정상품의 추가 또는 처분의 제한

③ 제1항 및 제2항에서 규정한 사항 외에 등록사항 및 등록절차 등에 관하여 필요한 사항은 대통령령으로 정한다.

제93조(상표권 등의 이전 및 공유) ② 상표권이 공유인 경우에는 각 공유자는 다른 공유자 모두의 동의를 받지 아니하면 그 지분을 양도하거나 그 지분을 목적으로 하는 질권을 설정할 수 없다.

제96조(상표권 등의 등록의 효력) ① 다음 각 호에해당하는 사항은 등록하지 아니하면 그 효력이 발생하지 아니한다.

1. 상표권의 이전(상속이나 그 밖의 일반승계에 의한 경우는 제외한다)·변경·포기에 의한 소멸, 존속기간의 갱신, 상품분류전환, 지정상품의 추가 또는 처분의 제한

특허권 등의 등록령(2011. 12. 2. 대통령령 제23344호로 제정된 것)

제13조(등록의 방법) ① 등록은 법령에 따라 특허청장이 직권으로 하는 경우를 제외하고는 신청 또는 촉탁에 의해서만 한다.

② 촉탁에 의한 등록의 절차에 관하여는 법령에 특별한 규정이 있는 경우를 제외하고는 이 영 중 신청에 의한 등록에 관한 규정을 준용한다.

제17조(처분의 제한 등에 대한 등록의 촉탁) ① 법원은 특허권등이나 특허권등에 관한 권리에 관하여 처분을 제한하거나 그 제한을 해제한 경우에는 촉탁서에 재판의 등본을 첨부하여 처분의 제한에 관한 등록 또는 그 등록의 말소를 특허청장에게 촉탁하여야 한다.

제22조(신청에 필요한 첨부서류) ① 제20조 제1항에 따른 신청서에는 다음 각 호의 서류를 첨부하여야 한다.

2. 등록의 원인에 대하여 제3자의 허가·인가·동의 또는 승낙이 필요한 경우에는 그 허가·인가·동의 또는 승낙을 받았음을 증명하는 서류

특허권 등의 등록령(2018. 12. 31. 대통령령 제29449호로 개정된 것)

제29조(신청 등의 반려 및 보정) ① 특허청장은 다음 각 호의 어느 하나에 해당하는 경우에는 등록 신청이나 촉탁을 반려하여야 한다. 다만, 그 신청의 흠이 보정(補正)될 수 있는 것으로서 보정요구서를 발송한 날부터 1개월 이내(신청인이 외국인인 경우에는 2개월 이내)에 그 흠결의 전부를 보정하였을 때에는 그러하지 아니하다.

1. 등록을 신청한 사항이 등록할 수 있는 것이 아닌 경우

7. 신청서에 필요한 서류를 첨부하지 아니한 경우

3. 청구인의 주장

가. 이 사건 처분은 법원의 압류 결정에 따라 강제집행 절차를 통하여 채권의 만족을 얻으려는 청구인의 권리를 침해한 것으로 공권력의 행사에 해당되나 청구인이 행정소송을 통해 이 사건 처분을 다툴 수 없으므로 보충성 원칙의 예외에 해당된다.

나. 상표권의 공유관계란 실질적 의미의 공유관계를 의미하는 것으로 보아야 하는데, 이 사건 상표권은 공유자간의 내부 약정에 따라 ○○리펀드가 단독으로 소유한 것으로 볼 수 있음에도 이와 달리 판단한 이 사건 처분은 청구인의 재산권, 재판청구권 등을 침해하였다.

4. 판단

가. 쟁점의 정리

헌법소원은 그 본질상 헌법상 보장된 기본권 침해에 대한 예비적이고 보충적인 최후의 수단이므로, 공권력의 작용으로 말미암아 기본권 침해가 있는 경우에는 먼저 다른 법률이 정한 절차에 따라 그 절차를 모두 거친 후에야 비로소 청구할 수 있다(헌법재판소법 제68조 제1항 단서). 이 사건 심판청구는 행정소송 등의 사전 구제절차를 거치지 않고 제기되었는데, 서울서부지방법원의 이 사건 상표권에 대한 압류기입등록 촉탁을 반려한 이 사건 처분이 항고소송의 대상이 되는 행정처분에 해당하여 행정소송 등으로 다툴 수 있다면, 이 사건 심판청구는 보충성 요건을 충족하지 못하였다고 볼 수 있으므로 이에 대하여 살펴보기로 한다.

나. 항고소송의 대상 및 원고적격

행정청의 어떤 행위가 항고소송의 대상이 될 수 있는지는 추상적·일반적으로 결정할 수 없고, 행정처분은 행정청이 공권력의 주체로서 행하는 구체적 사실에 관한 법집행으로서 국민의 권리의무에 직접적으로 영향을 미치는 행위라는 점을 염두에 두고, 구체적 사안에 따라 관련 법령의 내용과 취지, 그 행위의 주체·내용·형식·절차, 그 행위와 상대방 등 이해관계인이 입는 불이익과의 실질적 견련성, 그리고 행정소송 제도의 목적이나 사법권에 의한 국민의 권익보호의 기능과 당해 행위에 관련한 행정청 및 이해관계인의 태도 등을 참작하여 결정하여야 한다(대법원 2010. 11. 18. 선고 2008두167 전원합의체 판결). 또한 행정처분에 대한 취소소송에서 원고적격이 있는지 여부는 당해 처분의 상대방인지 여부에 따라 결정되는 것이 아니라 그 취소를 구할 법률상의 이익이 있는지 여부에 따라 결정된다(대법원 2001. 9. 28. 선고 99두8565 판결).

다. 상표권의 처분의 제한 및 등록 절차

(1) 상표법에 의하면, 특허청장은 특허청에 상표원부를 갖추어 상표권의 처분의 제한 등의 사항을 등록하는데(제80조 제1항 제1호), 구체적인 등록사항 및 등록절차 등에 관하여 필요한 사항은 대통령령으로 정하며(제80조 제3항), 상표권의 처분의 제한은 등록하지 아니하면 그 효력이 발생하지 아니한다(제96조 제1항 제1호).

(2) 상표법의 위임에 따라 제정된 '특허권 등의 등록령'에 의하면, 등록은 법령에 따라 특허청장이 직권으로 하는 경우를 제외하고는 신청 또는 촉탁에 의해서

하고(제13조 제1항), 촉탁에 의한 등록의 절차에 관하여는 법령에 특별한 규정이 있는 경우를 제외하고는 신청에 의한 등록에 관한 규정을 따르도록 하며(제13조 제2항), 법원이 특허권 등에 관하여 처분을 제한한 경우에는 촉탁서에 재판의 등본을 첨부하여 처분의 제한에 관한 등록을 특허청장에게 촉탁하는데(제17조 제1항), 특허청장은 등록을 신청한 사항이 등록할 수 있는 것이 아닌 경우, 신청서에 필요한 서류를 첨부하지 아니한 경우 등에는 등록 신청이나 촉탁을 반려하여야 한다(제29조 제1항 본문 제1호, 제7호).

라. 이 사건 처분이 항고소송의 대상이 되는지 여부

(1) 피청구인은 상표권의 상표원부 등록 사무를 관장하는 국가기관으로 위에서 본 바와 같이 상표권의 등록 신청이나 촉탁이 있는 때에 법령이 정하는 등록 요건을 검토하여 그 요건의 흠결이 있는 경우 등록 신청이나 촉탁을 반려하게 되는바, 이는 법률에 근거한 고권적 작용에 해당한다. 또한 상표권의 압류 등과 같은 처분의 제한 등록은 채권자의 신청이 아니라 법원의 등록 촉탁에 따라 이루어지는데, 상표권의 처분의 제한은 등록하지 아니하면 그 효력이 발생하지 아니하므로 이 사건 상표권에 대한 압류기입등록 촉탁을 반려한 이 사건 처분은 압류채권자의 지위를 얻고자 하는 청구인의 법적지위에 직접적으로 영향을 미치는 행위에 해당한다.

(2) 비록 청구인이 이 사건 처분의 직접 상대방은 아니고 이 사건 처분은 청구인의 신청이 아니라 법원의 촉탁에 따라 이루어졌지만, 앞서 본 바와 같이 '특허권 등의 등록령'이 신청이나 촉탁에 의한 등록 절차를 특별히 달리 취급하지 않고 있고, 행정처분에 대한 취소소송에서 원고적격이 있는지 여부는 당해 처분의 상대방인지 여부에 따라 결정되는 것이 아니라 그 취소를 구할 법률상의 이익이 있는지 여부에 따라 결정되는데, 이 사건 처분의 취소 여부에 따라 청구인이 이 사건 상표권에 관한 압류채권자의 지위를 획득하는지 여부가 결정되고 이러한 이익은 단순한 간접적인 이익이 아니라 상표법 관계 법령에 의하여 보호되는 직접적이고 구체적인 이익에 해당되므로 청구인은 이 사건 처분의 취소를 구할 원고적격 또한 인정된다.

(3) 따라서 이 사건 처분은 항고소송의 대상이 되는 행정처분에 해당되고, 청구인이 이를 다툴 법률상 이익이 인정되므로 그에 대한 다툼은 우선 행정심판이나 행정소송을 제기하는 방법에 따라야 한다.

마. 소결론

결국 이 사건 심판청구는 행정심판이나 행정소송 등의 사전 구제절차를 모두 거친 후 제기된 것이 아니므로 보충성 요건을 충족하지 못하였다.

5. 결 론

그렇다면 이 사건 심판 청구는 부적법하므로 이를 각하하기로 하여 주문과 같이 결정한다. 이 결정은 아래 6.과 같은 재판관 이선애, 재판관 이은애, 재판관 이영진의 별개의견이 있는 외에는 관여 재판관들의 일치된 의견에 의한 것이다.

6. 재판관 이선애, 재판관 이은애, 재판관 이영진의 별개의견

우리는 이 사건 심판청구가 부적법하여 각하되어야 한다는 결론에는 찬성하나, 이 사건 심판청구가 부적법하다고 판단하는 이유에 관하여는 법정의견과 견해를 달리하므로 다음과 같이 의견을 남긴다.

가. 헌법재판소법 제68조 제1항 본문은 공권력의 행사 또는 불행사로 인하여 헌법상 보장된 기본권을 침해받은 자는 헌법재판소에 헌법소원심판을 청구할 수 있다고 규정하고 있다. 공권력의 행사 또는 불행사가 헌법소원을 청구하고자 하는 자의 법적 지위에 아무런 영향을 미치지 않는 경우라면 애당초 기본권침해의 가능성이나 위험성이 없으므로 그 공권력의 행사를 대상으로 헌법소원을 청구하는 것은 허용되지 않는다(헌재 2018. 4. 26. 2016헌마54 참조).

나. 강제집행은 확정된 종국판결이나 가집행의 선고가 있는 종국판결에 기초하여 한다(민사집행법 제24조). 청구인은 ○○리펀드에 대하여 일정한 성공보수금 채권 및 지연손해금 채권을 가지고, 이에 관한 가집행의 선고가 있는 종국판결을 받았으며(서울서부지방법원 2019가합32132) 이후 종국판결이 확정되었으므로(대법원 2020다239397) 민사집행법에 따라 금전채권에 기초한 강제집행에 관한 권리가 인정된다.

청구인은 이 사건 상표권이 왕○○와 ○○리펀드 사이에 체결된 공동상표권 사용계약에 의하여 ○○리펀드의 단독소유에 속함을 전제로, 이 사건 처분이 위와 같은 청구인의 금전채권에 기한 강제집행을 가로막는 것으로서 청구인의 재산권, 재판청구권 등 기본권을 침해한다고 주장한다.

그러나 상표등록원부상 기재에 의하면, "□□" 상표(상표등록번호 제○○호)의 상표권자란에 2018. 5. 10. 등록의무자를 왕○○로, 등록권리자를 ○○리펀드로, 등록원인을 일부양도로, 등록의 목적을 권리의 일부이전등록으로 하는 "권리의 일부이전등록"이 이루어진 사실이 인정되고, 상표법 제96조 제1항 제1호에 따르면, 상표권의 이전·변경·포기에 의한 소멸·처분의 제한 등의 사항은 등록하지 아니하면 그 효력이 발생하지 아니한다. 왕○○와 ○○리펀드 사이에 체결된 공동상표권 사용계약의 내용과 관계없이 상표등록원부상 "권리의 일부이전등록"이 이루어진 이상 이 사건 상표권이 대외적으로 ○○리펀드의 단독소유에 속한다고 볼 수 없다.

한편 상표권이 공유인 경우에 각 공유자는 다른 공유자의 동의를 얻지 아니하면 그 지분을 양도하거나 그 지분을 목적으로 하는 질권을 설정할 수 없고 그 상표권에 대하여 전용사용권 또는 통상사용권을 설정할 수도 없는(상표법 제93조 제2항, 제3항) 등 일정한 제약을 받아 그 범위에서 합유와 유사한 성질을 가진다(대법원 2004. 12. 9. 선고 2002후567 판결 참조). 상표법이 위와 같이 공유지분의 자유로운 양도 등을 금지하는 것은 다른 공유자의 이익을 보호하려는 데 그 목적이 있으므로, 각 공유자의 공유지분은 다른 공유자의 동의를 얻지 않는 한 압류의 대상이 될 수 없다(대법원 2012. 4. 16.자 2011마2412 결정 참조).

이에 따라 이 사건 상표권에 대한 ○○리펀드의 공유지분은 다른 공유자인 왕○○의 동의를 얻지 않는 한 압류의 대상이 될 수 없고, 이는 상표권의 공유관계의 특성에 기초한 것일 뿐 이 사건 처분으로 인한 것이 아니다.

그 밖에, 법원은 이 사건 상표권에 대하여 압류명령을 하고(서울서부지방법원 2019타채61056) 피청구인에게 압류기입등록 촉탁을 하였으나, 압류될 적격이 없는 재산권에 대한 압류명령은 실체법상 효력이 발생하지 않으며, 특허권 등의 등록령 제29조 제1항 제1호에 의하면 특허청장은 등록을 신청한 사항이 등록할 수 있는 것이 아닌 경우 등록 신청이나 촉탁을 반려하여야 하므로, 피청구인이 압류될 적격이 없는 상표권 공유지분에 대한 압류기입등록 촉탁을 반려하였다고 하여 이를 법원의 결정의 효력이나 법령에 위반한 것이라고 볼 수도 없다.

결국, 이 사건 처분이 청구인이 ○○리펀드에 대해 가지는 금전채권의 내용이나 범위 등에 관하여 직접적 제한을 가하는 것이 아님은 명백하고, 청구인이 주장하는 금전채권에 기초한 강제집행에 관한 권리의 행사 제한은 이 사건 상표권이 ○○리펀드의 단독소유에 속하는 것임을 전제로 하는 것이나 그와 같은 전제사실이 인정되지 않으며, 청구인이 주장하는 불이익은 이 사건 처분이 아니라 이 사건 상표권의 공유관계의 특성에 기인하는 것일 뿐이다. 그렇다면 이 사건 처분은 청구인의 법적 지위에 아무런 영향을 미치지 아니하여 기본권 침해의 가능성이나 위험성이 없다고 할 것이므로 이를 대상으로 한 이 사건 심판청구는 부적법하다.

다. 이 사건 처분은 청구인의 신청이 아니라 법원의 압류기입등록 촉탁에 대한 것으로서 청구인이 처분의 직접상대방이 아니고, 이 사건 처분과 같은 촉탁 반려 처분에 대하여 법원이 항고소송의 대상으로 인정했다는 자료를 찾을 수 없으므로, 행정소송법에 의한 행정소송 등 다른 권리구제절차를 허용할 수 있는지 여부가 객관적으로 불확실한 경우로서 청구인에게 항고소송에 의한 권리구제절차를 거치도록 요구하거나 기대할 수 없다고 본다. 이러한 점에서 우리는 법정의견과 견해를 달리하는 것이다.

재판관 유남석 이선애 이석태 이은애 이종석 이영진 김기영 문형배 이미선

53. 정부의 가상통화 관련 긴급대책 등 위헌확인

[2021. 11. 25. 2017헌마1384, 2018헌마90, 145, 391(병합)]

【판시사항】

'금융위원회가 2017. 12. 28. 시중 은행들을 상대로 가상통화 거래를 위한 가상계좌의 신규 제공을 중단하도록 한 조치'(이하 '이 사건 중단 조치'라 한다) 및 '금융위원회가 2018. 1. 23. 가상통화 거래 실명제를 2018. 1. 30.부터 시행하도록 한 조치'(이하 '이 사건 실명제 조치'라 하고, '이 사건 중단 조치'와 합하여 이를 '이 사건 조치'라 한다)가 헌법소원의 대상인 공권력의 행사에 해당하는지 여부(소극)

【결정요지】

이 사건 조치는, '특정 금융거래정보의 보고 및 이용 등에 관한 법률' 등에 따라 자금세탁 방지의무 등을 부담하고 있는 금융기관에 대하여, 종전 가상계좌가 목적 외 용도로 남용되는 과정에서 자금세탁 우려가 상당하다는 점을 주지시키면서 그 우려를 불식시킬 수 있는 감시·감독체계와 새로운 거래체계, 소위 '실명확인 가상계좌 시스템'이 정착되도록, 금융기관에 방향을 제시하고 자발적 호응을 유도하려는 일종의 '단계적 가이드라인'에 불과하다. 은행들이 이에 응하지 아니하더라도 행정상, 재정상 불이익이 따를 것이라는 내용은 확인할 수 없는 점, 이 사건 조치 이전부터 금융기관들이 상당수 거래소에는 자발적으로 비실명가상계좌를 제공하지 아니하여 왔고 이를 제공해오던 거래소라 하더라도 위험성이 노정되면 자발적으로 제공을 중단해 왔던 점, 이 사건 조치 이전부터 '국제자금세탁방지기구'를 중심으로 가상통화 거래에 관한 자금세탁 방지규제가 계속 강화되어 왔는데 금융기관들이 이를 고려하지 않을 수 없었던 점, 다른 나라에 비견하여 특히 가상통화의 거래가액이 이례적으로 높고 급등과 급락을 거듭해 왔던 대한민국의 현실까지 살핀다면, 가상통화 거래의 위험성을 줄여 제도화하기 위한 전제로 이루어지는 단계적 가이드라인의 일환인 이 사건 조치를 금융기관들이 존중하지 아니할 이유를 달리 확인하기 어렵다. 이 사건 조치는 당국의 우월적인 지위에 따라 일방적으로 강제된 것으로 볼 수 없으므로 헌법소원의 대상이 되는 공권력의 행사에 해당된다고 볼 수 없다.

재판관 이선애, 재판관 이은애, 재판관 이종석, 재판관 이영진의 반대의견

가. 이 사건 조치의 내용을 살피면 정부당국이 '가상통화 거래 실명제 실시'를 염두에 두고 '신규 비실명가상계좌 발급을 통한 가상통화 거래 제한'이라는 특정 법적 효과 발생을 실질적인 목적으로 삼았고, 금융회사등이 이에 불응하면 '자금세탁행위나 공중협박자금조달행위 등을 효율적으로 방지하기 위한 금융회사등의 조치의무' 위반과 같은 추상적 의무위반사항을 상정하고 시정명령, 영업 정지 요구, 과태료 등의 제재조치를 가할 가능성을 배제할 수 없다. 일부 은행들은 일부 가상통화 거래소에 비실명가상계좌를 제공해 오면서 수수료 등 상당 수익을 얻던 중에 이 사건 중단 조치로 비로소 그 제공을 중단했고, 은행들은 가상통화 취급업소와 실명확인 입출금계정 서비스 관련 계약체결 대상을 선정함에 관한 자율성이 있을 뿐 가상통화 거래 실명제 시행 그 자체는 다른 예외나 선택의 여지없이 이 사건 실명제 조치로 강제되었다. 이를 종합하면, 이 사건 조치는 비권력적·유도적 권고·조언·가이드라인 등 단

순한 행정지도로서의 한계를 넘어 규제적·구속적 성격을 상당히 강하게 갖는 것으로서, 헌법소원의 대상이 되는 공권력의 행사라고 봄이 상당하다.

나. 이 사건 조치는 가상통화의 위험성을 지나치게 우려한 나머지 가상통화 거래에 대한 일반국민의 수요를 단기적으로 억제하는 것을 목적으로 포함하고 있음을 부인할 수 없다. 불확실성과 가능성을 동시에 배태한 새로운 기술이나 재화에 대한 규제를 입안하려는 경우, 특히 이 사건 조치와 같이 개개인의 기본권에 다층적인 제한을 가하게 될 것이 충분히 예견되었고, 거래에 참여하는 국민들의 개인정보를 금융당국이 손쉽게 확인할 수 있도록 하면서, 통상적인 금융실명거래의 범주를 넘어 '가상통화 거래'라는 특정 거래내역만을 금융당국이 전방위적으로 살필 수 있도록 하는 규제는 공론장인 국회를 통하여 해당 내용을 구체적으로 규율하는, 규율밀도가 증대된 법률조항의 형태로 규율되었어야 한다. 구 '특정 금융거래정보의 보고 및 이용 등에 관한 법률' 등 관계법령들은 추상적으로 금융당국의 금융회사 등에 대한 일반적 감독권한을 규정한 것이거나 자금세탁방지 등과 관련된 금융회사등의 일반적 의무 및 그에 관련된 금융당국의 조치 등을 규정한 것에 불과하고, 가상통화 거래에 대하여 실명확인 가상계좌 사용이라는 특정방식을 강제하도록 규정한 것이라거나 '가상통화의 거래에 관한 것으로 특정된' 사인의 개인정보 등의 제공을 규정한 것도 아니어서 이 사건 조치로 야기되는 기본권 제한과 관련된 본질적 내용에 관하여 규정한 것으로 볼 수 없다. 규율대상과 내용의 기본권적 중요성에 상응하는 규율밀도를 갖춘 법률조항들로 구성된 구체적인 법적 근거 없이 이루어진 이 사건 조치는 법률유보원칙에 위반하여 청구인들의 기본권을 침해한다.

【참조조문】

헌법 제10조, 제17조, 제37조 제2항

헌법재판소법 제68조 제1항

금융위원회의 설치 등에 관한 법률(2014. 5. 28. 법률 제12712호로 일부개정된 것) 제17조 제2호

은행법(2010. 5. 17. 법률 제10303호로 일부개정된 것) 제52조 제4항

구 특정 금융거래정보의 보고 및 이용 등에 관한 법률(2012. 3. 21. 법률 제11411호로 일부개정되고, 2020. 3. 24. 법률 제17113호로 일부개정되기 전의 것) 제11조 제2항, 제4항

구 특정 금융거래정보의 보고 및 이용 등에 관한 법률(2013. 8. 13. 법률 제12103호로 개정되고, 2019. 1. 15. 법률 제16293호로 개정되기 전의 것) 제11조 제1항, 제17조 제1항 제3호

【참조판례】

헌재 2001. 3. 21. 99헌마139등, 판례집 13-1, 676, 692

헌재 2003. 12. 18. 2001헌마754, 판례집 15-2하, 609, 624-625

헌재 2005. 3. 31. 2003헌마87, 판례집 17-1, 437, 446-447

헌재 2008. 1. 17. 2007헌마700등, 판례집 20-1상, 139, 154-155

【당 사 자】

청 구 인 [별지 1] 명단과 같음
청구인들 대리인 변호사 정○○

【주 문】

이 사건 심판청구를 모두 각하한다.

【이 유】

1. 사건개요

가. 2017헌마1384

(1) 청구인 정○○은 □□(외국어표기 생략)이라는 가상통화 거래소에 회원가입을 하여 일회용 가상계좌를 발급받아 ○○코인(외국어표기 생략) 가상통화를 구매한 사람이다.

(2) 가상통화 투자 과열 및 가상통화를 이용한 범죄행위 등으로 사회적 불안감이 높아지자, 대한민국 정부는 2017. 12. 13. 국무조정실장 주재로 관계부처 차관회의를 개최하여 가상통화 관련 긴급 대책 수립에 관하여 논의하였다. 그 이후에도 가상통화의 국내 시세가 해외에 비해 지나치게 높게 형성되고, 시세조작과 불법자금 유입 등에 대한 의혹이 제기되자, 대한민국 정부는 2017. 12. 28. 10:00 재차 국무조정실장 주재 관계부처 차관회의를 개최하여 가상통화 거래 실명제 실시, 시세조종 등 불법행위에 대한 구속수사, 법무부가 제안한 가상통화 거래소 폐쇄 등을 비롯한 각 대책들에 관하여 논의하였다. 이에 따라 금융위원회는 같은 날 14:00 금융위원회 부위원장 주재 '가상통화 관련 금융권 점검회의'를 개최하여, 은행권과 가상통화 거래소에 가상계좌 서비스를 제공 중인 은행들의 부행장 등에게 가상통화 거래소에 대한 현행 가상계좌 서비스의 신규 제공을 중단해 줄 것 등을 요청하였다. 이에 ㅁㅁ은 2017. 12. 29.과 2017. 12. 30. 가상계좌의 신규 발급을 통한 입금거래가 당분간 중단됨을 홈페이지 등을 통하여 공지하였다.

(3) 금융위원회는 2018. 1. 23. '가상통화 투기근절을 위한 특별대책('17. 12. 28.) 중 금융부문 대책 시행'을 발표하면서, ① 가상통화 거래와 관련한 금융거래에 본인확인이 가능한 실명거래를 정착시키기 위한 '실명확인 입출금계정 서비스' 시스템(이하 '실명확인 가상계좌'라 한다)이 2018. 1. 30.부터 시행될 예정이고, ② 금융위원회 소속 금융정보분석원에서 금융회사가 가상통화 관련 업무 수행 시 자금세탁을 효과적으로 방지하기 위한 사항들을 규정한 '가상통화 관련 자금세탁방지 가이드라인'(이하 '이 사건 가이드라인'이라 한다)을 마련하였으며, ③ 2018. 1. 23. 금융위원회 의결을 거친 뒤 2018. 1. 23.부터 2018. 1. 29.까지 의견 청취 기간을 거쳐 2018. 1. 30.부터 이를 시행한다고 밝혔다.

(4) 청구인 정○○은 금융위원회가 시중 은행들을 상대로 ㅁㅁ과 같은 가상통화 거래소에 대한 가상계좌 신규 제공을 중단하도록 함에 따라 가상통화 거래를 하지 못하게 되었고, 이로 인하여 가상통화의 교환가치가 떨어져 재산권, 행복추구권, 평등권 등이 침해되었다고 주장하면서 2017. 12. 30. 이 사건 헌법소원심판을 청구하였고, 2018. 1. 25. 청구이유보충서를 제출하여, 금융위원회가 2018. 1. 23. '가상통화 거래 실명제 실시'를 발표한 것은 대한민국 정부의 2017. 12. 13. 가상통화 관련 긴급대책 및 2017. 12. 28. 가상통화 관련 특별대책의 구체적인 집행 및 실현 과정에 해당하고, 다양한 측면에서 기본권을 제한하는 '가상통화 거래 실명제 실시'는 국회 입법과정을 통해서만 도입되어야 함에도 그러한 과정 없이 도입되어 법률유보원칙 등에 위반된다는 취지의 주장을 추가하였다.

나. 2018헌마90, 145, 391

청구인들은 ㅁㅁ이라는 가상통화 거래소에 회원으로 가입한 뒤 가상통화 거래를 하려는 국민들로, 금융위원회가 시중 은행들을 상대로 ㅁㅁ과 같은 가상통화 거래소에 대한 가상계좌 신규 제공을 중단하도록 함에 따라 가상통화 거래를 할 수 없게 됨으로써 기본권이 침해되었다고 주장하면서, 2018. 1. 28.(2018헌마90), 2018. 2. 8.(2018헌마145) 및 2018. 4. 13.(2018헌마391) 각 이 사건 헌법소원심판을 청구하였다.

2. 심판대상

이 사건 심판대상은 '금융위원회가 2017. 12. 28. 시중 은행들을 상대로 가상통화 거래를 위한 가상계좌의 신규 제공을 중단하도록 한 조치'(이하 '이 사건 중단조치'라 한다) 및 '금융위원회가 2018. 1. 23. 가상통화 거래 실명제를 2018. 1. 30.부터 시행하도록 한 조치'(이하 '이 사건 실명제 조치'라 하고, '이 사건 중단 조치'와 합하여 이를 '이 사건 조치'라 한다)가 청구인들의 기본권을 침해하는지 여부이다. 관련조항은 [별지 2]와 같다.

3. 청구인들의 주장

가. 적법요건에 관하여

이 사건 조치는 권력적 사실행위에 해당하여 공권력 행사성이 인정되고, 이 사건 조치의 직접적인 상대방은 시중 은행들이지만 이로 인해 청구인들이 가상계좌 서비스를 이용할 수 없게 되었으므로 자기관련성이 긍정된다.

나. 본안에 관하여

이 사건 조치로 인하여 청구인들과 같은 가상통화 거래소 이용자들은 그 거래자금 입금에 있어 실명확인과 연계되지 않은 가상계좌 서비스를 이용할 수 없게 되었다.

이 사건 조치는 가상통화의 교환가치를 떨어뜨리고 재산적 권리관계를 자유롭고 창의적으로 형성할 수 없도록 하여 재산권 및 경제상 자유와 창의권, 직업의 자유를 침해하고, 자유롭게 원하는 방식에 따라 거래할 수 있는 일반적인 상품들과는 달리 거래방식을 규제하여 평등권 및 행복추구권을 침해하며, '금융실명거래 및 비밀보장에 관한 법률'(이하 '금융실명법'이라 한다) 등과 같은 법률에 의하지 아니하여 법률유보원칙에 위반된다.

4. 판 단

가. 헌법소원의 대상이 되는 공권력의 행사

헌법재판소법 제68조 제1항은 '공권력의 행사 또는 불행사로 인하여 기본권을 침해받은 자'가 헌법소원을 제기할 수 있다고 규정하고 있고, 여기에서 '공권력'이란 입법권·행정권·사법권을 행사하는 모든 국가기관·공공단체 등의 고권적 작용을 말하며(헌재 2001. 3. 21. 99헌마139등 참조), 그 행사 또는 불행사로 국민의 권리와 의무에 대하여 직접적인 법률효과를 발생시켜 청구인의 법률관계 내지 법적 지위를 불리하게 변화시키는 것이어야 한다(헌재 2008. 1. 17. 2007헌마700 등 참조).

한편 행정상의 사실행위는 경고(警告), 권고(勸告), 시사(示唆)와 같은 정보제공행위나 단순한 지식표시행위인 행정지도(行政指導)와 같이 대외적 구속력이 없는 '비권력적 사실행위'와 행정청이 우월적 지위에서 일방적으로 강제하는 '권력적 사실행위'로 나눌 수 있고, 그 중 권력적 사실행위는 헌법소원의 대상이 되는 공권력의 행사에 해당하는데(헌재 2003. 12. 18. 2001헌마754 참조), 일반적으로 어떤 행위가 헌법소원의 대상이 되는 권력적 사실행위에 해당하는지 여부는 당해 행정주체와 상대방의 관계, 그 사실행위에 대한 상대방의 의사·관여정도 및 태도, 사실행위의 목적·경위, 법령에 의한 명령·강제수단 발동 가부 등 그 행위가 행하여질 당시의 구체적 사정을 종합적으로 고려하여 개별적으로 판단한다(헌재 2005. 3. 31. 2003헌마87; 헌재 2018. 4. 26. 2016헌마46 참조).

나. 이 사건 조치와 공권력 행사성

이 사건 조치가 이루어진 경위 및 주요 경과에 비추어, 이 사건 조치의 내용과 성격을 먼저 살펴본다.

금융위원회 부위원장의 주재로 2017. 9. 1. 및 9. 29.에 이루어졌던 '가상통화 관계기관 합동 TF'와 국무조정실·국무총리비서실 주관으로 2017. 12. 13. 이루어졌던 관계부처 합동회의, 그리고 2017. 12. 28. 발표된 이 사건 중단 조치와 2018. 1. 23. 발표된 이 사건 실명제 조치(이 사건 가이드라인 포함), 나아가 2018. 6. 27. 위 가이드라인의 개정에 이르기까지 이루어졌던 일련의 논의들을 통하여 이 사건 중단 조치와 실명제 조치의 성격을 살펴보면, 이는 ① 그 수범자를 '금융회사 등'으로 상정한 '특정 금융거래정보의 보고 및 이용 등에 관한 법률' 등에 따라 자금세탁 방지의무 등을 부담하고 있는 금융기관에 대하여 ② 가상계좌가 그 본연의 목적(예컨대, 아파트 관리비, 학교 등록금, 범칙금 등의 효율적인 납부 등) 외 용도로 남용되는 과정에서 자금세탁 등의 우려가 상당하다는 점을 주지시키면서, ③ 그러한 우려를 불식시킬 수 있도록 하는 감시·감독체계와 이를 가능케 하는 새로운 거래체계(실명확인 가상계좌)가 정착되도록, 금융기관에 방향을 제시하고 자발적인 순응을 유도하려는 일종의 '단계적 가이드라인'일 따름이다. 실제로 이 사건 조치의 구체적 내용을 살피면, 이 사건 조치를 따르지 않는 불건전 가상통화 거래소에 대하여는 '은행권'이 어떠한 형태의 지급결제서비스도 제공하지 않을 것임을 표명하는 등 '금융기관'이 주체가 된 조치가 이루어질 것임을 예정하고 있으며, '실명확인 가상계좌 제공계약' 또한 '각 은행'이 자율적으로 거래소와 체결할 것임을 분명히 적시하였다. 반면, 가상통화 거래소에 대한 신규 가상계좌 제공 중단을 요청 받은 은행들이 당국의 요청에 따르지 아니할 경우 은행들에 행정상·재정상 불이익이 따를 것이라는 내용은 달리 확인할 수 없다.

이 사건 조치가 금융기관들의 자발적 순응을 상정한 가이드라인의 성격을 갖는다는 점을 이 사건 조치 전·후 금융기관들과 가상통화 거래소 간 관계에 비추어 보다 면밀히 살펴본다.

이 사건 조치에 관한 논의가 있기 이전부터 금융기관들은 '특정 금융거래정보의 보고 및 이용 등에 관한 법률'을 위시한 금융규제 관련법령을 가상통화 거래소가 적용받지 아니하였었던 데 따른 가상통화 거래소의 태생적 위험성과, 고객계정의 해킹가능성 등 기술적 위험성 등을 자체적으로 인지하고, 소수 대형 거래소를 제외한 상당수의 거래소에는 자발적으로 비실명가상계좌를 제공하지 아니하여 왔으며, 가사 이를 제공하던 대형 거래소라 하더라도 그 운영과정에서 위와 같은 위험성이 노정되면 그 제공을 중단하였다. 2017. 6. 전·후로 가상통화 거래소 '□□'에서 상당수 이용자들의 개인정보가 해킹으로 유출되자, '□□'에 비실명가상계좌를 제공하던 특정은행이 그 수익에도 불구하고 자발적으로 제공을 중단했던 사례 등을 보더라도 그러하다.

이러한 양상은 이 사건 조치 이후 금융기관들의 '실명확인 가상계좌' 제공 양태를 살피더라도 동일하다. 일부 금융기관은 이 사건 조치로 가상통화 거래소에 실명확인 가상계좌를 제공할 수 있게 되었고 그로 인한 수익을 도모할 수 있게 되었음에도, 잔존하는 가상통화 거래소의 위험성 등을 고려하여 이를 제공하지 아니하고 있다.

이와 같이 금융기관에 근본적으로 부여된 자금세탁방지의무와, 영리추구기관으로 이윤을 극대화하는 과정에서 금융기관에 내재된 자발적 위험회피 유인들, 그리고 이 사건 조치와는 별개로 금융기관들이 가상통화 거래소에 가상계좌를 제한적으로만 제공하고 나아가 그 제공을 중단해 왔던 양상들까지 살피면, 이 사건 조치가 금융기관들의 자발적 호응을 상정한 가이드라인의 성격을 갖는다는 점을 충분히 확인할 수 있다.

이에 더하여, 이 사건 조치 이전부터 '국제자금세탁방지기구'(FATF)를 중심으로 이루어져왔던 '가상통화 거래 관련 자금세탁 방지 규제'의 세계적 경향이 금융기관들에 미치는 영향까지 살펴본다.

가상통화나 그 거래중개기관의 위험요소를 인지하고 특정 금융서비스의 제공을 제한하거나 관련 규제를 입안하려는 움직임은 개별 금융기관이나 개별 국가 수준에서뿐만 아니라 국제적으로도 활발하게 이루어져 왔는데, 특히 가상통화나 그 취급업자를 통로로 삼아 자금을 세탁하거나 테러자금을 조달하려는 시도가 상당할 것으로 예견됨에 따라 이를 봉쇄하기 위한 국제공조의 필요성이 '국제자금세탁방지기구' (FATF)를 중심으로 일찍부터 논의되어 왔고, 2015. 6. 지침(Guidance)이 공표된 이래 시간이 경과되며 보다 강화된 규제방안이나 기준들이 연달아 발표되어 왔으며, 이를 반영하여 세계 각 국별 자체규제도 강화되어 왔는데, 해외 금융망의 접근 등에 관한 분명한 이해관계를 갖는 금융기관의 입장에서는 그와 같은 규제경향을 엄중하게 고려하지 아니할 수 없다.

결국 이 사건 조치 전·후로 정부당국과 금융기관들간 논의가 이루어졌던 배경과 '금융기관이 주체가 되어' 거래소를 대상으로 실사를 진행하게 되었던 제반 사정들, 가상통화 거래소에 대한 금융기관들의 부정적 시각과 그에 따른 가상계좌의 제공 및 중단 양상들, 그에 더하여 이 사건 조치 전·후로 계속 이루어져 왔던 FATF 기준의 개정 추이와 자금세탁방지에 관한 강화된 가이드라인을 지지한 2019. 6. 29. G20 오사카 공동선언문(제17조) 등의 취지까지 종합하면, 이윤 추구 기관으로서 당해 기관에 대한 국내·외의 신인도 등을 고려하지 않을 수 없고 그에 관한 평가나 국제기준의 준수 여부 등에 민감할 수밖에 없는 금융기관의 입장에서는, 관리비, 등록금 및 범칙금 납부 등에 쓰여 왔던 가상계좌가 남용됨에 따른 위험요인, 특히 자금세탁 등에 악용될 가능성을 심각하게 고려하지 아니할 수 없고 그에 따른 손실발생가능성을 검토하지 않을 수 없는데, 주 계좌의 개설자가 미성년자나 외국인인 경우를 중심으로 비실명가상계좌를 통한 자금세탁위험이 가중될 가능성까지 이 사건 조치가 제시한 이상 그 위험성에 주목하지 아니할 수 없고 그에 따른 고객확인의무 강화방안을 상정하지 아니할 수 없으므로, 이를 주지시키면서 보완적 방법으로 실명확인 가상계좌 시스템을 제시한 정부당국의 이 사건 조치와 일련의 가이드라인에 자발적으로 호응할 유인이 충분하다.

특히 세계 각 국보다 가상통화의 거래가액이 이례적으로 높거나 빈번하게 급등과 급락을 거듭하는 등 비정상적 거래 양태가 빈번하게 노정되어 왔던 대한민국의 현실과 전 세계적 자금세탁방지 관련 공조 요청을 이 사건 조치가 더불어 제시하고 있다는 점까지 살핀다면, 가상통화 거래의 위험성을 줄여 관리 가능한 선에서 제도화하기 위한 전제로 이루어지는 단계적 가이드라인의 일환인 이 사건 조치를 금융기관들이 존중하지 아니할 이유를 달리 확인하기 어렵다.

이를 종합하면, 이 사건 조치가 당국의 우월적인 지위에 따라 일방적으로 강제된 것으로 볼 수는 없으므로, 이 사건 조치는 헌법소원의 대상이 되는 공권력의 행사에 해당된다고 볼 수 없다.

5. 결 론

그렇다면 이 사건 심판청구는 모두 부적법하므로 주문과 같이 결정한다. 이 결정은 아래 6.과 같은 재판관 이선애, 재판관 이은애, 재판관 이종석, 재판관 이영진의 반대의견이 있는 외에는 관여 재판관들의 일치된 의견에 의한 것이다.

6. 재판관 이선애, 재판관 이은애, 재판관 이종석, 재판관 이영진의 반대의견

우리는 법정의견과 달리, 이 사건 조치는 헌법소원의 대상이 되는 공권력의 행사에 해당하고, 그 밖에 이 사건 심판청구가 부적법하다고 볼 사정이 없으며, 이 사건 조치는 법률유보원칙에 위반하여 청구인들의 기본권을 침해한다고 보므로, 다음과 같은 반대의견을 남긴다.

가. 이 사건 조치의 공권력 행사성

(1) 행정상 사실행위의 공권력 행사성

헌법재판소법 제68조 제1항의 헌법소원심판은 '공권력의 행사 또는 불행사(不行使)로 인하여 헌법상 보장된 기본권을 침해받은 자'를 구제하기 위한 절차이다.

행정상의 사실행위는 대외적 구속력이 없는 '비권력적 사실행위'와 행정청이 우월적 지위에서 일방적으로 강제하는 '권력적 사실행위'로 나눌 수 있고, 이 중에서 권력적 사실행위는 헌법소원의 대상이 되는 공권력의 행사에 해당한다. 일반적으로 어떤 행정행위가 헌법소원의 대상이 되는 권력적 사실행위에 해당하는지의 여부는 당해 행정주체와 상대방과의 관계, 그 사실행위에 대한 상대방의 의사·관여정도·태도, 그 사실행위의 목적·경위, 법령에 의한 명령·강제수단의 발동 가부 등 그 행위가 행하여질 당시의 구체적 사정을 종합적으로 고려하여 개별적으로 판단하여야 한다는 것이 헌법재판소의 확립된 선례이다(헌재 1994. 5. 6. 89헌마35; 헌재 2020. 12. 23. 2017헌마416 참조).

따라서 이 사건 조치가 권력적 사실행위에 해당하는지 판단하기 위해서는 이 사건 조치가 발표될 당시 확인된 문언적·표면적인 내용을 넘어, 이 사건 조치가 행하여질 당시의 구체적 사정을 종합적으로 고려하여 판단하여야 하며, 특히 관계법령상 금융회사등이 그에 불응하였을 경우 명령·강제수단 등이 실질적으로 발동될 가능성이 정부당국과 금융회사등 사이의 실제적인 관계에 비추어 문제된다.

(2) 이 사건 조치가 공권력 행사에 해당하는지 여부

(가) 관계법령

이 사건 기록 중 금융위원회가 2018. 1. 15. 보내온 사실조회 회보 및 금융위원회의 의견서에 따르면, 금융위원회는 은행법 제52조 제4항, 구 '특정 금융거래정보의 보고 및 이용 등에 관한 법률'(2013. 8. 13. 법률 제12103호로 개정되고, 2019. 1. 15. 법률 제16293호로 개정되기 전의 것, 이하 '구 특정금융정보법'이라 한다) 제11조 제1항, '금융위원회의 설치 등에 관한 법률'(이하 '금융위원회법'이라 한다) 제17조 제2호에 근거하여 시중 은행들에 대해 신규 가상계좌 제공 중단을 요청한 것으로 보인다.

금융위원회는 금융회사등 감독 및 검사·제재(制裁)에 관한 사항을 그 소관사항 중 하나로 하고(금융위원회법 제17조 제2호), 금융위원회는 건전한 금융거래질서를 유지하기 위하여 필요한 경우에는 은행에 대하여 약관의 변경을 권고할 수 있다(은행법 제52조 제4항). 나아가 이 사건 조치가 발표될 당시 시행되던 구 특정금융정보법 제11조 제1항에 따르면, 금융위원회 소속 금융정보분석원의 장(이하 '금융정보분석원장'이라 한다)은 금융회사등이 수행하는 업무, 즉, 불법재산 등으로 의심되는 거래 등을 금융정보분석원장에게 보고할 의무(구 특정금융정보법 제4조), 자금세탁행위와 공중협박자금조달행위의 방지를 위한 업무지침의 작성·운용 등 조치의무(구 특정금융정보법 제5조)와 고객확인의무(구 특정금융정보법 제5조의2) 등을 감독하고, 감독에 필요한 명령 또는 지시를 할 수 있으며, 그 소속 공무원으로 하여금 금융회사등의 업무를 검사하게 할 수 있다.

한편, 금융정보분석원장은 구 특정금융정보법 제11조 제1항에 따른 검사 결과 이 법 또는 이 법에 따른 명령 또는 지시를 위반한 사실을 발견하였을 때에는 해당 금융회사등에 대하여 시정명령 등의 조치를 할 수 있고(구 특정금융정보법 제11조 제2항), 그 시정명령을 이행하지 아니한 경우는 해당 금융회사등의 영업에 관한 행정제재처분의 권한을 가진 관계 행정기관의 장에게 6개월의 범위에서 그 영업의 전부 또는 일부의 정지를 요구할 수 있다(구 특정금융정보법 제11조 제4항). 또한, 위와 같은 명령·지시·검사에 따르지 아니하거나 이를 거부·방해 또는 기피한 자에게는 1천만 원 이하의 과태료가 부과된다(구 특정금융정보법 제17조 제1항 제3호, 제2항).

(나) 판단

이 사건 중단 조치 발표 당시 보도자료 등에 따르면, 가상통화 거래소에 대한 신규 가상계좌(비실명) 제공 중단을 요청받은 은행들이 요청에 따르지 아니할 경우 시중 은행들에 대한 행정상·재정상의 불이익이 따를 것이라거나 상응한 제재조치가 있을 것이라는 점이 명문으로 공표되지는 않았던 것으로 보인다.

그러나 정부당국이 '가상통화 거래 실명제 실시'를 염두에 두고, 청구인들과 같은 사인들의 '신규 가상계좌(비실명) 발급을 통한 가상통화 거래의 제한'이라는 특정한 법적 효과의 발생을 이 사건 조치의 실질적인 목적으로 삼았던 점은 부인할 수 없는 것으로 보인다. 앞서 살핀 것과 같이 금융위원회는 금융기관 감독 및 검사·제재에 관한 사항 등을 소관 사무로 두었고, 앞서 본 구 특정금융정보법 조항들에 따라 금융정보분석원장은 금융회사등의 업무를 감독하고 감독에 필요한 명령·지시 등을 할 수 있으며, 이 사건 조치의 실질적 목적을 구현하려는 과정에서 금융회사등이 이에 대하여 직·간접적으로 불응할 경우 '자금세탁행위나 공중협박자금조달행위 등을 효율적으로 방지하기 위한 금융회사등의 조치의무' 위반 등과 같은 추상적 의무위반사항을 상정하고, 시정명령, 영업 정지 요구, 과태료의 제재조치를 할 가능성을 배제할 수 없다. 그러한 제재조치가 발령된다면 해당 금융회사등이 금융정보분석원장을 상대로 해당 제재조치의 위법성 또는 위 법률조항들이 해당 제재조치의 직접적 근거가 되는지 여부 등을 적극적으로 다툴 것을 쉽사리 상정하기는 어렵다.

이 사건 조치가 있기 직전까지 일부 은행들은 일부 가상통화 거래소에 비실명가상계좌를 제공해 왔고, 수수료 등 상당 수익을 얻던 중에 이 사건 중단 조치로 비로소 그 제공을 중단했다. 그렇다면, 위 법률조항들이 과연 이 사건 중단 조치의 실제적이고도 적확한 근거가 되겠는지 혹은 이 사건 중단 조치에 필요한 충분한 규율밀도를 지니고 있는지 여부는 별론으로 하더라도, 이 사건 중단 조치를 단지 시중 은행들의 임의적인 협력을 구하면서 자발적 순응에 기대어 사실상의 효과를 발생시키기 위한 것, 즉 일종의 '가이드라인'에 불과한 것으로 보기는 어렵다.

이는 이 사건 실명제 조치의 경우에도 마찬가지이다. 구 특정금융정보법 조항들이 예정한 불이익한 조치는 이 경우에도 그대로 적용될 수 있고, 가상통화 거래 실명제 실시는 결국 이 사건 중단 조치가 애초부터 염두에 두었던 구체적 결과물에 해당한다. 금융정보분석원·금융감독원은 이 사건 실명제 조치 이전에 은행권 현장점검을 실시하였고, 이 사건 실명제 조치는 그와 같은 현장점검 결과를 토대로 하였다. 금융위원회는 은행들이 '자율적으로' 가상통화 취급업소와 실명확인 입출금계정 서비스 관련 계약을 체결하고 제공할 예정이라고 밝혔으나 그 자율성은 계약체결 대상을 선정함에 있어서의 자율성일 뿐이다. 기존 가상계좌 서비스 신규 제공이 중단된 상태에서 이를 대체하는 가상통화 거래 실명제 시행 그 자체는 다른 예외나 선택의 여지없이 이 사건 실명제 조치로 강제되었다.

이를 종합하면, 이 사건 조치는 비권력적·유도적인 권고·조언·가이드라인 등 단순한 행정지도로서의 한계를 넘어 규제적·구속적 성격을 상당히 강하게 갖는 것으로서, 헌법소원의 대상이 되는 공권력의 행사라고 봄이 상당하다.

나. 이 사건 조치가 법률유보원칙에 반하여 청구인들의 기본권을 침해하는지 여부

(1) 법률유보원칙

법치주의의 핵심적 내용으로서 법률유보원칙은 의회유보원칙을 내포한다(헌재 2015. 5. 28. 2013헌가6 참조). 말하자면, 적어도 국민의 헌법상 기본권 및 기본의무와 관련된 중요한 사항 내지 본질적인 내용에 대한 정책 형성 기능만큼은 주권자인 국민에 의하여 선출된 대표자들로 구성되는 입법부가 담당하여 법률의 형식으로써 수행해야 하지, 행정부나 사법부에 그 기능을 넘겨서는 안 된다(헌재 1996. 10. 31. 93헌바14 참조). 국회의 입법절차는 국민의 대표로 구성된 다원적 인적 구성의 합의체에서 공개적 토론을 통하여 국민의 다양한 견해와 이익을 인식하고 교량하여 공동체의 중요한 의사결정을 하는 과정으로서 일반국민 등의 비판을 허용하고 그들의 참여가능성을 개방하고 있다는 점에서 전문관료들에 의하여 이루어지는 행정입법절차나 행정작용절차와 달리 공익의 발견과 상충하는 이익 간의 정당한 조정에 보다 적합한 민주적 과정이기 때문이다. 이러한 관점에서, 규율대상이 기본권적 중요성을 가질수록 그리고 그에 관한 공개적 토론의 필요성 내지 상충하는 이익 사이의 조정 필요성이 클수록, 그것이 국회가 제정하는 법률에 의해 직접 규율될 필요성 및 그 규율밀도의 요구정도는 그만큼 더 증대되는 것으로 보아야 한다(헌재 2004. 3. 25. 2001헌마882 참조).

(2) 새로운 기술 또는 재화와 관련된 금융규제에 요구되는 규율밀도

(가) 현대 사회에서 금융시스템의 성격

현대 사회에서 금융시스템은 '금전의 융통'이라는 고전적인 목적을 넘어 다양한 목적에서 금융서비스 제공자들과 그 이용자들 간 상호작용을 매개해 왔는데, 광범위하게 제공되는 금융서비스 목록들에 이용자들의 주체적인 판단에 따른 사용내역과 개인정보들이 더해지고 이를 토대로 이용자들이 다양한 생활기반을 형성해 나가면서 국민들의 접근과 사용이 반드시 필요한 일종의 공공재로 자리매김하게 되었으며, 국민 개개인이 기본적인 생활을 영위하는 데 필요불가결한 터전이 되어 왔다.

이를 통해 제공되는 금융서비스의 내용과 그 변동이 야기하는 사회적인 파급력에 관하여는 달리 상론을 요하지 아니한데, 금융서비스의 변동은 경우에 따라서는 금융시스템을 활용하며 업(業)을 영위해 오던 특정기업 혹은 특정 산업군의 부침(浮沈)에 심대한 영향을 미칠 수도 있다.

우리나라에서 금융시스템은 특히 주요 개인정보들의 보고(寶庫)라는 측면에서도 중요하다. 금융실명제가 실시된 이래로 우리나라에서 금융서비스를 받기 위해서 기본적으로 제공해야 하는 개인정보의 내용이나 금융시스템을 이용하는 과정에서 기록되는 각 개인의 이용내역은 상당한 정도에 이르고 있다. 여기에 주민등록번호 등 개인별로 부여된 개인식별정보에 각 개인의 금융시스템 이용내역 등을 묶어 특정하기 용이한 사정까지 고려하면, 금융시스템을 통하여 수집되고 축적되는 정보들이 제대로 관리되지 못할 경우에는 피해를 끼칠 수 있는 위험성이 적지 아니하다.

이와 같이 다양한 측면에서 금융시스템이 갖는 중요성과 영향력 및 위험성을 고려하여, 금융업에 관하여는 인적·물적 측면에서 국가가 제시한 엄격한 규제요건들을 충족한 소수의 사업자들에 의하여 금융시스템이 유지되어 왔고 그러한 기반 하에 국민들을 대상으로 금융서비스가 제공되어 왔다.

(나) 우리 헌법과 규제의 정당화 요건

우리 헌법 제119조 제2항은 균형 있는 국민경제의 성장 및 안정과 적정한 소득의 분배를 유지하고, 시장의 지배와 경제력의 남용을 방지하며, 경제주체 간의 조화를 통한 경제민주화를 위하여 경제에 관한 규제와 조정을 할 수 있도록 정하고 있다.

따라서 국가는 사인인 서비스 제공자의 직업의 자유 등을 보장하면서 서비스 이용자인 국민의 기본권이 침해되는 결과가 발생하지 않도록 지향점을 제시하고 조정할 수 있으나, 그와 같은 규제가 헌법상 정당화 될 수 있으려면 헌법 제37조 제2항의 한계를 준수하여야 한다. 과잉금지원칙에 반하여 서비스 제공자 또는 이용자인 국민의 기본권이 침해되는 결과가 발생하지 않아야 하며, 앞서 살핀 것과 같이 법률유보원칙에 따라 공익의 발견과 상충하는 이익 간에 정당한 조정이 매개될 수 있도록 하여야 한다.

이는 금융업에 관하여도 예외가 아니다. 특히 금융규제 중에서도 그 궁극적인 규제목적이나 대상, 내용이 기술발전에 따른 가능성과 불확실성을 동시에 배태하고 있는 새로운 기술 또는 재화에 관한 규제의 경우, 일단(一端)의 규제로도 그 경로의존성에 따라 규제를 받는 자들의 기본권에 다층적이고도 심대한 제한을 가할 수 있다는 점에서 법률에 의한 규율 필요성이 증대된다. 또한 해당 금융규제가 금융시스템에 연결되어 있는 국민들의 개인정보의 제공 및 그 정보의 취급에 관한 것으로서 이전보다 두텁게 기본권을 제한하는 것이라거나, 규제대상영역에 관하여 이미 상당수 국민이 이해당사자가 되어 이해관계를 형성한 상황에서 규제가 입안되는 경우라면, 그에 관하여는 새로운 분야에 관한 국민의 다양한 견해와 이익을 인식하고 교량해야 할 필요성이나 수집된 개인정보들을 매개로 한 국가의 과도한 통제를 견제해야 할 필요성이 크다. 따라서 국민의 대표 및 민간전문가의 참여 가능성을 개방함으로써 오판(誤判)이나 정책불응의 가능성을 낮출 필요성이 더욱 증대되므로, 국회에서 제·개정하는 법률로 그러한 금융규제의 주요 내용을 직접 규율할 필요성이 더 크다. 이 경우 해당 규제의 기본권적 중요성을 고려하여, 전문 관료들을 통해 이루어지는 행정입법이나 행정작용에 과다한 형성여지를 부여하는 고도로 추상화된 법률조항이 아닌, 그 본질적 내용들을 세련되고 세밀하게 규율하는, 말하자면 규율밀도가 증대된 법률조항의 형태로 입법이 이루어져야 함은 물론이다.

(3) 이 사건 조치에 관한 법률에 의한 규율 필요성

이 사건 조치의 각 세부내용들이 담긴 정부당국의 공식 자료들을 면밀히 살펴보면, 그 규제목적으로 순수한 자금세탁방지를 도모하기 위한 것 외에 가상통화와 그 거래에 대한 일반국민의 수요를 단기적으로 억제하는 것 또한 포함하고 있음을 부인할 수 없다. 이는 이 사건 조치가 이루어질 당시 그 궁극적 규제대상인 가상통화의 거래가액이 가상통화의 실제 가치와는 현저하게 괴리된 것이라는 인식 또는 가상통화의 본질적인 성격이 투기적인 것이라는 정부당국의 선제적인 판단이 내재되어 있었던 것으로 보인다. 이 사건 조치가 이루어졌던 당시 가상통화 거래가액의 급등 현상 등을 고려하면, 정부당국의 우려를 근거 없는 것으로 볼 수는 없다.

그러나 이 사건 조치가 이루어졌을 당시, 가상통화가 갖는 기술적 특성(예컨대, 소위 '분산원장' 기술 등)과 가상통화에 배태된 여러 가능성, 특히 다른 재화들을 거래하는 과정에서 수단으로 활용될 가능성 등에 힘입어 이를 선제적으로 제도화하자는 논의도 우리 사회에 상당했던 것으로 보인다. 그 가능성에 주목한 상당수 일반 국민들은 금융시스템을 통하여 가상통화 거래소 등을 매개로 가상통화 거래에 참여하면서 직·간접적으로 이해관계를 형성해 왔는데, 이 사건 조치 이후 4년 가까이 경과된 현 시점에서 주요 가상통화들의 세계적인 거래가액 추이를 살펴보면, 앞서 주목받았던 가상통화의 가능성들이 전혀 터무니없다거나 그 당시 가상통화의 거래가액들이 전적으로 투기적인 수요에 따라 형성된 것으로 단정할 수만은 없다.

그렇다면, 그와 같이 불확실성과 가능성을 동시에 배태하고 있는 새로운 기술이나 그에 관한 새로운 재화의 성격을 갖는 영역에 관하여는, 설령 그 제도화 과정에서 그 거래 등에 관한 규제가 요구될 수 있다 하더라도 그러한 규제가 입안되는 과정에서 국민들의 다양한 견해와 이익이 인식되고 충분히 교량되어야 한다. 특히, 국민의 대표인 국회의원과 민간전문가가 참여하여 그 가능성과 위험성 등에 관하여 공개적인 토론을 거치며 결과적으로 기본권 제한을 최소화할 수 있는 적확한 규제의 양태가 도출되도록 국회에서 법률로 직접 규율되어야 할 필요성이 상당하다.

가상통화의 위험성을 지나치게 우려한 나머지 그 수요를 단기적으로 억제하려는 목적이 포함된 이 사건 조치가 그로 인하여 직·간접으로 규제를 받는 자들에게 상당한 충격을 주면서 개개인의 기본권에 다층적 제한을 가하게 될 것이 충분히 예견되었고, 나아가 그 규제수단으로 거래에 참여하는 국민들의 개인정보를 금융당국이 손쉽게 확인할 수 있도록 하는 방안을 이 사건 조치가 포함하고 있었다는 점을 고려한다면, 이 사건 조치와 같은 내용의 규제는 공론장인 국회를 통하여 응당 법률로 규율되었어야 할 당위성과 필요성이 더욱 분명하다.

(4) 이 사건 조치의 기본권적 중요성

이 사건 조치로 인하여 은행과 주요 가상통화 거래소들 사이에, 그리고 거래소와 사인 간에 이루어져왔던 가상통화 거래 관련 이용계약의 내용들이 반드시 '실명확인이 강제된' 방식으로 국한되게 되었다. 그로 인해 실명확인 가상계좌를 사용하게 되면서 '전적으로 가상통화 거래에 관한 것으로 특정된' 개인정보의 내역들을 사인이 제공하고 금융당국이 손쉽게 확인할 수 있게 되었다. 즉, 주요 거래소들을 통해 가상통화를 거래하려는 사인의 신원, 나아가 거래 일시와 내역, 금액 등을 금융당국이 손쉽게 확인할 수 있는 교두보가 마련된 것이다. 이는 통상적인 금융실명거래의 범주를 넘어 '가상통화의 거래'라는 특정거래내역만을 금융당국이 전방위적으로 살필 수 있는 길을 확보하여 특정한 성격과 내용의 개인정보에 대한 국가의 통제를 강화한 것으로 볼 수 있다(가상통화 거래 과세 등을 위한 선제조치가 될 수도 있다). 이와 같은 제한은 계약의 자유, 개인정보의 자기결정권 등 주요한 기본권에 대해 그 범위와 깊이에 있어 중대한 제한을 수반하므로 이 사건 조치와 같은 사항들은 법률로 규율되어야 함은 물론이거니와 해당 내용을 구체적으로 규율하는, 즉 규율밀도가 증대된 법률조항의 형태로 규율되어야 할 것이다.

(5) 판단

앞서 살핀 것과 같이, 금융위원회는 은행법 제52조 제4항, 구 특정금융정보법 제11조 제1항, 금융위원회법 제17조 제2호에 근거하여 시중 은행들에 대해 신규 가상계좌 제공 중단을 요청한 것으로 보인다.

그런데, 금융위원회가 이 사건 조치의 근거로 제시했던 위 법률조항들의 문언, 입법취지 및 개정내역 등을 면밀히 살펴보더라도, 이는 추상적으로 금융당국의 금융회사등에 대한 일반적 감독권한을 규정한 것이거나 자금세탁방지 등과 관련된 금융회사등의 일반적 의무 및 그에 관련된 금융당국의 조치 등을 규정한 것에 불과하고, 이 사건 조치로 야기되는 기본권 제한과 관련된 본질적 내용에 관하여 규정한 것으로 볼 수는 없다. 즉, 위 법률조항들은 가상통화 거래를 위한 전제가 되는 개별 계약에 대하여 실명확인 가상계좌 사용이라는 특정방식을 강제하도록 규정한 것이 아니고, '가상통화의 거래에 관한 것으로 특정된' 사인의 개인정보 등의 제공에 관하여 규정한 것도 아니다. 앞서 언급한 바와 같이 이 사건 조치가 규율하려는 대상과 내용의 기본권적 중요성에 비추어 볼 때 증대된 규율밀도를 가진 법률조항 형태를 갖춘 입법이 요구된다는 점까지 고려하여 위 법률조항들을 살펴본다면, 위와 같은 판단은 더욱 타당하다.

한편, 이 사건 조치가 있은 뒤로 2년여의 시간이 경과된 2020. 3. 24. 법률 제17113호로 개정된 특정금융정보법은, 가상통화거래소 등을 '가상자산사업자'로 정의한 뒤 '금융회사등'의 범주에 포함시키고(법 제2조 제1호 하목), 종전의 '금융거래'에 가상자산거래를 포함하여 새로이 '금융거래등'으로 정의하였으며(법 제2조 제2호 라목), 경제적 가치를 지닌 것으로서 전자적으로 거래 또는 이전될 수 있는 전자증표를 가상자산으로 정의하였다(법 제2조 제3호).

나아가 제3장에서는 가상자산사업자에 대한 특례규정을 두었는데, 가상자산사업자에 대하여는 전신송금 시 정보제공에 관하여 그 정보제공의 대상, 기준, 절차, 방법과 그 밖에 필요한 사항을 대통령령으로 정하도록 하였고(법 제6조 제3항), 법 제7조에서는 가상자산사업자의 신고의무를 정하였는데, 특히 실명확인 가능 입출금 계정의 개념을 구체적으로 설시하되 이를 통하여 금융거래등을 하지 아니하는 가상자산사업자에 관하여는 금융정보분석원장이 그 신고를 수리하지 아니할 수 있도록 하였으며(법 제7조 제3항 제2호), 실명확인이 가능한 입출금 계정을 개시하는 기준, 조건 및 절차에 관한 법적 근거를 두되 그에 관하여 필요한 사항은 대통령령으로 정하도록 하였다(법 제7조 제9항). 이 외에도 금융회사등의 고객 확인의무에 해당 고객이 가상자산사업자인 경우를 추가로 규율하였고(법 제5조의2 제1항 제3호, 제4항 제2호), 기타 벌칙조항에 관하여도 가상자산사업자에 대한 부분을 각 추가함으로써, 이 사건 조치를 포함한 일련의 조치들에 관한 구체적 내용들을 입법하며 법적 근거를 비로소 마련하였다.

그 법적 근거가 마련되게 된 경위, 새로 입법된 주요 법률조항들의 규율내용과 그 규율밀도를 살펴보면, 결국 거래 및 계약내용 형성, 개인정보 제공 등 기본권적 측면에서 중요성을 갖는 내용들을 규제하려 할 경우 이를 구체적으로 규율하는 법률조항들을 두는 것이 불가피하고, 그 기본권적 중요성에 상응하는 규율밀도를 갖춘 법률조항으로 규율되는 한에서만 해당 규제가 우리 헌법질서 하에서 정당화될 수 있다는 점에 관한 고려가 있었던 것으로 보인다.

그렇다면, 앞서 살펴본 바와 같이 규율대상과 내용의 기본권적 중요성에 상응하는 규율밀도를 갖춘 법률조항들로 구성된 구체적 법적 근거가 요구됨에도 불구하고, 그러한 법적 근거 없이 이루어진 이 사건 조치는 법률유보원칙에 위반된다 할 것이다. 이 사건 조치로 인하여 제한되는 기본권의 중요성에 더하여, 금융회사등을 매개로 하는 이러한 조치들의 남용위험성과 금융시스템 및 금융서비스의 공공재적 성격까지 고려한다면, 이 사건 조치가 이루어졌을 당시의 정부당국의 판단대로 긴급한 필요가 있었다거나 사후적인 후속입법이 이루어졌다 하더라도 이러한 사정만으로는 위 판단이 달라질 수 없다.

(6) 결론

이 사건 조치는 법률유보원칙에 위반하여 청구인들의 기본권을 침해한다.

재판관 유남석 이선애 이석태 이은애 이종석 이영진 김기영 문형배 이미선

[별지 1] 청구인들 명단

(2017헌마1384)
정○○(변호사)
(2018헌마90)
1. ~ 18. 최○○ 외
(2018헌마145)
1. ~ 181. 이○○ 외
(2018헌마391)
1. ~ 148. 송○○ 외

[별지 2] 관련조항

은행법(2010. 5. 17. 법률 제10303호로 일부개정된 것)

제52조(약관의 변경 등) ④ 금융위원회는 건전한 금융거래질서를 유지하기 위하여 필요한 경우에는 은행에 대하여 제1항에 따른 약관의 변경을 권고할 수 있다.

구 특정 금융거래정보의 보고 및 이용 등에 관한 법률(2013. 8. 13. 법률 제12103호로 일부개정되고,

2019. 1. 15. 법률 제16293호로 일부개정되기 전의 것)

제11조(금융회사등의 감독·검사 등) ① 금융정보분석원장은 제4조, 제4조의2, 제5조, 제5조의2 및 제5조의3에 따라 금융회사등이 수행하는 업무를 감독하고, 감독에 필요한 명령 또는 지시를 할 수 있으며, 그 소속 공무원으로 하여금 금융회사등의 업무를 검사하게 할 수 있다.

제17조(과태료) ① 다음 각 호의 어느 하나에 해당하는 자에게는 1천만원 이하의 과태료를 부과한다.

3. 제11조 제1항부터 제3항까지 또는 제6항에 따른 명령·지시·검사에 따르지 아니하거나 이를 거부·방해 또는 기피한 자

구 특정 금융거래정보의 보고 및 이용 등에 관한 법률(2012. 3. 21. 법률 제11411호로 일부개정되고, 2020. 3. 24. 법률 제17113호로 일부개정되기 전의 것)

제11조(금융회사등의 감독·검사 등) ② 금융정보분석원장은 제1항에 따른 검사 결과 이 법 또는 이 법에 따른 명령 또는 지시를 위반한 사실을 발견하였을 때에는 해당 금융회사등에 대하여 다음 각 호의 어느 하나에 해당하는 조치를 할 수 있다.

1. 위반 행위의 시정명령
2. 기관경고
3. 기관주의

④ 금융정보분석원장은 다음 각 호의 어느 하나에 해당하는 경우에는 해당 금융회사등의 영업에 관한 행정제재처분의 권한을 가진 관계 행정기관의 장에게 6개월의 범위에서 그 영업의 전부 또는 일부의 정지를 요구할 수 있다.

1. 제2항 제1호에 따른 시정명령을 이행하지 아니한 경우
2. 제2항 제2호에 따른 기관경고를 3회 이상 받은 경우
3. 그 밖에 고의 또는 중대한 과실로 자금세탁행위와 공중협박자금조달행위를 방지하기 위하여 필요한 조치를 하지 아니한 경우로서 대통령령으로 정하는 경우

금융위원회의 설치 등에 관한 법률(2014. 5. 28. 법률 제12712호로 일부개정된 것)

제17조(금융위원회의 소관 사무) 금융위원회의 소관 사무는 다음 각 호와 같다.

2. 금융기관 감독 및 검사·제재(制裁)에 관한 사항

54. 사회복무요원 복무관리 규정 제27조 등 위헌확인

[2021. 11. 25. 2019헌마534]

【판시사항】

1. 사회복무요원이 정당 가입을 할 수 없도록 규정한 병역법 제33조 제2항 본문 제2호(이하 '이 사건 법률조항'이라 한다) 중 '정당'에 관한 부분이 사회복무요원인 청구인의 정치적 표현의 자유 및 결사의 자유를 침해하는지 여부(소극)

2. 사회복무요원의 정치적 행위를 금지하는 이 사건 법률조항 중 '그 밖의 정치단체에 가입하는 등 정치적 목적을 지닌 행위'에 관한 부분이 청구인의 정치적 표현의 자유 및 결사의 자유를 침해하는지 여부(적극)

3. 사회복무요원 복무관리 규정 제27조 제1호(이하 '이 사건 관리규정'이라 한다)이 헌법소원의 대상이 되는 공권력 행사에 해당하는지 여부(소극)

【결정요지】

1. 이 사건 법률조항 중 '정당'에 관한 부분은 사회복무요원의 정치적 중립성을 유지하고 업무전념성을 보장하기 위한 것으로, 정당은 개인적 정치활동과 달리 국민의 정치적 의사형성에 미치는 영향력이 크므로 사회복무요원의 정당 가입을 금지하는 것은 입법목적을 달성하기 위한 적합한 수단이다. 정당에 관련된 표현행위는 직무 내외를 구분하기 어려우므로 '직무와 관련된 표현행위만을 규제'하는 등 기본권을 최소한도로 제한하는 대안을 상정하기 어려우며, 위 입법목적이 사회복무요원이 제한받는 사익에 비해 중대하므로 이 사건 법률조항 중 '정당'에 관한 부분은 청구인의 정치적 표현의 자유 및 결사의 자유를 침해하지 않는다.

2. 재판관 이석태, 재판관 김기영, 재판관 이미선의 위헌의견

이 사건 법률조항은 형벌의 구성요건을 규정한 것이고 청구인의 정치적 표현의 자유 및 결사의 자유를 제한하므로, 엄격한 기준의 명확성원칙에 부합하여야 한다. 민주주의 국가에서 국가 구성원의 모든 사회적 활동은 '정치'와 관련되고, 단체는 국가 정책에 찬성·반대하거나, 특정 정당이나 후보자의 주장과 우연히 일치하기만 하여도 정치적인 성격을 가진다고 볼 여지가 있다. '그 밖의 정치단체'는 문언상 '정당'에 준하는 정치단체만을 의미하는 것이 아니고, 단체의 목적이나 활동에 관한 어떠한 제한도 규정하고 있지 않으며, '정치적 중립성'이라는 입법목적 자체가 매우 추상적인 개념이어서, 이로부터 '정치단체'와 '비정치단체'를 구별할 수 있는 기준을 도출할 수 없다. 이 사건 법률조항은 '정치적 목적을 지닌 행위'의 의미를 개별화·유형화 하지 않으며, '그 밖의 정치단체'의 의미가 불명확하므로 이를 예시로 규정하여도 '정치적 목적을 지닌 행위'의 불명확성은 해소되지 않는다. 따라서 위 부분은 명확성원칙에 위배된다.

위 부분은 사회복무요원의 정치적 중립성 보장과 아무런 관련이 없는 사회적 활동까지 금지한다는 점에서 수단의 적합성이 인정되지 않는다. 나아가 사회복무요원의 업무는 소속기관의 행정업무지원 등 단순한 경우가 많고, 사회복지시설과 같은 민간영역에 소속되어 일하기도 한다. 그렇다면 사회복무요원의 '정치적 목적을 지닌 행위'를 전면적으로 금지하는 것은 침해의 최소성 및 법익의 균형성도 갖추지 못하였다. 따라서 위 부분은 청구인의 정치적 표현의 자유 및 결사의 자유를 침해한다.

재판관 유남석, 재판관 이영진, 재판관 문형배의 위헌의견

이 사건 법률조항 중 '그 밖의 정치단체에 가입하는 등 정치적 목적을 지닌 행위' 부분은, '그 밖의 정치단체' 및 '정치적 목적을 지닌 행위'라는 불명확한 개념을 사용하고 있어 명확성원칙에 위배된다. 이에 대하여는, 위 부분에 대한 재판관 이석태, 재판관 김기영, 재판관 이미선의 위헌의견 중 '명확성원칙 위배 여부' 부분과 의견을 같이 한다. 덧붙여, 위 부분은 집단적 형태의 '표현의 내용'에 근거한 규제이므로, 규제되는 표현의 개념을 더욱 명확하게 규정할 것이 요구된다. 그럼에도 위 부분은 '그 밖의 정치단체' 및 '정치적 목적을 지닌 행위'라는 불명확한 개념을 사용하여, 수범자에 대한 위축효과와 법 집행 공무원의 자의적인 판단의 위험을 야기한다. 위 부분이 명확성원칙에 반하여 청구인의 정치적 표현의 자유 및 결사의 자유를 침해하여 헌법에 위반되는 점이 분명한 이상, 과잉금지원칙 위배 여부에 대하여 더 나아가 판단하지 않는다.

3. 행정규칙은 원칙적으로 헌법소원의 대상이 아니나, 되풀이 시행되어 행정기관이 그 규칙에 따라야 할 자기구속을 당하게 되는 경우 예외적으로 헌법소원의 대상이 될 수 있다. 그런데 행정규칙에 해당하는 이 사건 관리규정이 되풀이 시행되었다고 인정할 자료가 없으므로, 이 사건 관리규정은 헌법소원의 대상이 되는 '공권력의 행사'에 해당한다고 볼 수 없다.

재판관 이석태, 재판관 김기영, 재판관 이미선의 이 사건 법률조항 중 '정당'에 관한 부분에 대한 반대의견

이 사건 법률조항 중 '그 밖의 정치단체에 가입하는 등 정치적 목적을 지닌 행위'에 관한 부분의 과잉금지원칙 위배 여부에서 살펴본 것과 같은 이유에서, 사회복무요원의 정치적 중립성 보장과 무관한 정당 가입 행위까지 금지하는 것은 청구인의 정당가입의 자유를 침해한다.

재판관 이선애, 재판관 이은애, 재판관 이종석의 '그 밖의 정치단체에 가입하는 등 정치적 목적을 지닌 행위'에 관한 부분에 대한 반대의견

정치는, 사전적으로 '나라를 다스리는 일, 국가의 권력을 획득하고 유지하며 행사하는 활동'이라고 정의되고, 일상적으로 정당이나 정파와 관련하여 국가의 권력을 차지하고 유지하기 위한 활동을 가리키는 단어로 통용된다. 입법자가 위 부분에 의하여 규율하려는 대상은 정파성·당파성을 지닌 행위이고, 그 전형적·구체적인 사례가 바로 앞서 열거된 '정당이나 그 밖의 정치단체에 가입'하는 것이다. 공무원의 정치적 중립성을 선언한 헌법의 취지, 사회복무요원의 공무원에 준하는 공적 지위, 이 사건 법률조항의 입법목적 등을 종합적으로 고려하면, '정치단체'는 '특정 정당이나 특정 정치인을 지지·반대하는 단체로서 이에 가입하는 경우 사회복무요원의 정치적 중립성을 훼손할 가능성이 높은 단체'로, '정치적 목적을 지닌 행위'는 '특정 정당, 정치인을 지지·반대하거나 공직선거에 있어서 특정 후보자를 당선·낙선하게 하는 등 그 정파성·당파성에 비추어 정치적 중립성을 훼손할 가능성이 높은 행위'로 한정하여 해석된다. 따라서 이 사건 법률조항 중 위 부분은 명확성원칙에 위배되지 않는다.

정당은 정치적 결사의 한 종류이므로, 이 사건 법률조항 중 '정당'에 관한 부분의 과잉금지원칙 위배 여부에서 살펴본 논거는 이 사건 법률조항 중 '그 밖의 정치단체에 가입하는 등 정치적 목적을 지닌 행위'에 관한 부분에도 그대로 적용될 수 있다.

'정치단체' 및 '정치적 목적을 지닌 행위'의 의미는 한정하여 해석되므로 그 규율 범위가 지나치게 광범위하다고 보기 어려우며, 근무 중이 아닌 시간에도 사회복무요원의 정치적 중립성에 대한 국민의 신뢰를 유지할 필요성이 있는 점, 일정한 기간 의무복무를 하는 사회복무요원의 지위를 감안할 때 기본권을 덜 침해하는 다른 수단을 상정하기 어려운 점, 다른 법령에 의해 정치적 표현행위의 제한을 받는 현역병이나 다른 보충역과의 형평성 등을 고려하면 이 사건 법률조항 중 위 부분은 청구인의 정치적 표현의 자유 및 결사의 자유를 침해한다고 볼 수 없다.

이 사건 관리규정에 대한 재판관 이선애의 별개의견

이 사건 관리규정은 이 사건 법률조항이 완결적으로 규정한 요건개념을 법령의 위임 없이 행정기관이 내부적으로 정한 법규범의 해석과 적용에 관한 규범해석적 행정규칙에 해당한다. 행정기관에게는 고유한 법해석 판단권한이 인정될 수 없으므로, 규범해석적 행정규칙에는 대외적 구속력 등 법적 효력이 없다. 이 사건 관리규정은 '되풀이 시행되었는지 여부'를 불문하고, 법적 효력이 없어 기본권을 침해할 가능성이 없으므로 헌법소원의 대상이 될 수 없다.

【심판대상조문】

병역법(2013. 6. 4. 법률 제11849호로 개정된 것) 제33조 제2항 본문 제2호

사회복무요원 복무관리 규정(2013. 12. 19. 병무청훈령 제1158호로 개정된 것) 제27조 제1호

【참조조문】

헌법 제7조 제1항, 제21조 제1항, 제37조 제2항

구 병역법(2016. 1. 19. 법률 제13778호로 개정되고 2019. 4. 23. 법률 제16356호로 개정되기 전의 것) 제89조의3 제1호

구 병역법(2019. 4. 23. 법률 제16356호로 개정되고, 2019. 12. 31. 법률 제16852호로 개정되기 전의 것) 제89조의3 제1호

구 병역법(2019. 12. 31. 법률 제16852호로 개정되고, 2020. 12. 22. 법률 제17684호로 개정되기 전의 것) 제89조의3 제1호

구 병역법(2020. 12. 22. 법률 제17684호로 개정되고, 2021. 4. 13. 법률 제18003호로 개정되기 전의 것) 제89조의3 제2호

사회복무요원 복무관리 규정(2019. 12. 18. 병무청훈령 제1601호로 개정된 것) 제27조(정치행위 금지 등) 제2호 내지 제5호

【참조판례】

1. 헌재 2014. 3. 27. 2011헌바42, 판례집 26-1상, 375, 386-390

헌재 2016. 10. 27. 2016헌마252, 판례집 28-2하, 33, 43

헌재 2020. 4. 23. 2018헌마551, 판례집 32-1상, 489, 499-501

2. 헌재 2020. 4. 23. 2018헌마551, 판례집 32-1상, 489, 503-513

【당 사 자】

청 구 인 김○○

국선대리인 변호사 박홍우

【주 문】

1. 병역법(2013. 6. 4. 법률 제11849호로 개정된 것) 제33조 제2항 본문 제2호 중 '그 밖의 정치단체에 가입하는 등 정치적 목적을 지닌 행위'에 관한 부분은 헌법에 위반된다.

2. 사회복무요원 복무관리 규정(2013. 12. 19. 병무청훈령 제1158호로 개정된 것) 제27조 제1호에 대한 심판청구를 각하한다.

3. 청구인의 나머지 심판청구를 기각한다.

【이 유】

1. 사건개요

청구인은 2019. 3. 11. 사회복무요원으로 소집되어 ○○시 노인복지관 등에서 근무하다가 심판 청구 당시에는 ○○시립도서관에서 근무하며 근무시간 외에 병역환경 개선을 위한 1인 시위 등을 하거나 그러한 시위에 참여하고자 하는 사람이다. 청구인은 사회복무요원의 정

치적 목적을 지닌 행위를 금지하는 병역법 제33조 제2항 본문 제2호 등이 청구인의 기본권을 침해한다고 주장하며, 2019. 5. 22. 이 사건 헌법소원심판을 청구하였다.

2. 심판대상

청구인은 병역법 제33조 제2항 제2호, 사회복무요원 복무관리 규정 제27조, 병역법 제89조의3 제1호 중 제33조 제2항 제2호 부분이 자신의 기본권을 침해한다고 주장한다. 그 중 병역법 제89조의3 제1호 중 제33조 제2항 제2호 부분에 대해서는 법정형의 과다 등 그 자체의 고유한 위헌성에 대해서는 주장하고 있지 않으므로, 위 조항은 심판대상에서 제외한다.

이 사건의 심판대상은 병역법(2013. 6. 4. 법률 제11849호로 개정된 것) 제33조 제2항 본문 제2호(이하 '이 사건 법률조항'이라 한다), 사회복무요원 복무관리 규정(2013. 12. 19. 병무청훈령 제1158호로 개정된 것) 제27조 제1호(이하 '이 사건 관리규정'이라 하고, 이 사건 법률조항과 합하여 '이 사건 심판대상조항들'이라 한다)가 청구인의 기본권을 침해하는지 여부이다. 심판대상조항은 다음과 같고, 관련조항은 [별지]와 같다.

[심판대상조항]

병역법(2013. 6. 4. 법률 제11849호로 개정된 것)

제33조(사회복무요원의 연장복무 등) ② 사회복무요원이 다음 각 호의 어느 하나에 해당하는 경우에는 경고처분하되, 경고처분 횟수가 더하여질 때마다 5일을 연장하여 복무하게 한다. 다만, 제89조의3 각 호의 어느 하나에 해당하는 사람의 경우에는 복무기간을 연장하지 아니한다.

2. 정당이나 그 밖의 정치단체에 가입하는 등 정치적 목적을 지닌 행위를 한 경우

사회복무요원 복무관리 규정(2013. 12. 19. 병무청훈령 제1158호로 개정된 것)

제27조(정치행위 금지 등) 법 제33조 제2항 제2호에 따른 "정당이나 그 밖의 정치단체에 가입하는 등 정치적 목적을 지닌 행위"란 다음 각 호의 어느 하나에 해당하는 경우를 말한다.

1. 시위(1인 시위를 포함한다)운동을 기획·조직·지휘하거나 이에 참가 또는 원조하는 행위

3. 청구인의 주장

사회복무요원에게는 그 지위 및 직무의 성질상 엄격한 정치적 중립성이 요구되지 않으므로, 사회복무요원의 정치적 중립성 및 직무전념성 보장을 목적으로 하는 이 사건 심판대상조항들은 목적의 정당성 및 수단의 적합성이 없고, 사회복무요원의 업무내용, 근무시간 내외를 불문하고 정치적 목적을 지닌 행위를 일체 금지하고 일정한 경우 형사처벌까지 하는 것은 과도한 제한으로 침해의 최소성에 반하며, 이로 인해 침해되는 사익이 달성하는 공익보다 크므로 법익의 균형성에도 반한다.

사회복무요원, 전문연구요원, 산업기능요원은 모두 보충역의 일종이다. 이 사건 심판대상조항들은 합리적 이유 없이 사회복무요원에 대해서만 정치적 목적을 지닌 행위를 제한하므로 평등권을 침해한다.

4. 이 사건 관리규정에 대한 판단

행정규칙은 원칙적으로 헌법소원의 대상이 될 수 없으나, 예외적으로 법령의 규정에 의하여 행정관청에 법령의 구체적 내용을 보충할 권한을 부여한 경우나, 재량권행사의 준칙으로서 그 정한 바에 따라 되풀이 시행되어 행정관행이 형성됨으로써 평등의 원칙이나 신뢰보호의 원칙에 따라 행정기관이 그 상대방에 대한 관계에서 그 규칙에 따라야 할 자기구속을 당하게 되는 경우에는 헌법소원의 대상이 될 수 있다(헌재 1990. 9. 3. 90헌마13; 헌재 2013. 8. 29. 2012헌마767 등 참조).

이 사건 관리규정은 병무청훈령으로서 행정규칙에 해당한다. 그런데 이 사건 관리규정은 이 사건 법률조항 등 상위법령의 직접적인 위임 없이 제정되었으므로, 법령의 규정에 의하여 행정관청에 법령의 구체적 내용을 보충할 권한을 부여한 경우에 해당하지 않는다.

또한, 이 사건 관리규정이 현행과 같이 개정된 2013년 이후 이 사건 관리규정을 근거로 하여 '정치적 목적을 지닌 행위'를 하였다는 이유로 경고처분 등이 행해진 경우가 발견되지 않으며, 병무청장은 '정치적 목적을 지닌 행위'에 해당하는지 여부를 판단함에 있어서 이 사건 관리규정만이 아니라 행위자가 행위의 명목으로 내세우는 사유, 행위가 행하여진 시기·장소·동기·방법, 행위의 구체적인 내용 등을 종합적으로 검토하고 있다는 의견을 제출한바, 이 사건 관리규정이 그 정한 바에 따라 되풀이 시행되어 행정관행이 형성되었다고 인정할 만한 자료가 없으므로 행정기관이 그 규칙에 따라야 할 자기구속을 당하게 되는 경우에도 해당한다고 보기 어렵다.

따라서 이 사건 관리규정은 헌법소원의 대상이 되는 '공권력의 행사'에 해당한다고 볼 수 없으므로, 이 부분 심판청구는 부적법하다.

5. 이 사건 법률조항에 대한 판단

가. 쟁점

이 사건의 쟁점은 사회복무요원이 정당이나 그 밖의 정치단체에 가입하는 등 정치적 목적을 지닌 행위를 금지하는 이 사건 법률조항이 과잉금지원칙을 위반하여 청구인의 정치적 표현의 자유 및 결사의 자유를 침해하는지 여부, '그 밖의 정치단체에 가입하는 등 정치적 목적을 지닌 행위'에 관한 부분이 명확성원칙에 위반되는지 여부이다.

청구인은 동일한 보충역의 일종인 전문연구요원, 산업기능요원은 정치적 목적을 지닌 행위가 제한되지 않으므로 평등권을 침해한다는 주장도 하고 있으나, 이는 이 사건 법률조항이 과잉금지원칙을 위반하는지 여부를 판단하며 충분히 고려될 수 있으므로 평등권 침해 여부는 더 나아가 살펴보지 아니한다.

나. 이 사건 법률조항 중 '정당'에 관한 부분

(1) 목적의 정당성

사회복무요원은 국가기관, 지방자치단체, 공공단체, 사회복지시설 등의 공익목적 수행에 필요한 사회복지, 보건·의료, 교육·문화, 환경·안전 등의 사회서비스업무 및 행정업무 등의 지원을 위하여 소집되어 공익 분야에 복무하는 사람이다(병역법 제2조 제1항 제10호). 사회복무요원은 병역의무의 이행자인 동시에 공무원에 준하는 공적 지위를 갖는 사람으로서, 그 지위 및 직무의 성질상 정치적 중립성이 보장되어야 한다. 이러한 사회복무요원이 정당에 가입할 경우, 국민 전체가 아닌 특정 집단의 이익을 대변하게 되어 그 정치적 중립성이 훼손되고 나아가 정당활동으로 인하여 사회복무요원이 자신의 직무를 소홀히 할 가능성도 있다. 따라서 이 사건 법률조항 중 '정당'에 관한 부분은 사회복무요원의 정당가입을 금지함으로써 사회복무요원의 정치적 중립성을 유지하며 업무전념성을 보장하고자 하는 것으로 이러한 입법목적은 정당하다(헌재 2016. 10. 27. 2016헌마252 참조).

(2) 수단의 적합성

개인적 정치활동과 달리 단체를 통한 정치활동은 국민의 정치적 의사형성에 미치는 영향력이 크게 차이 나고, 특히 헌법상 특별한 보호를 받고 있는 정당의 경우 국가작용에 영향을 미치는 각종 헌법적 권한을 보유·행사하고 있는 점에 비추어, 이에 대한 사회복무요원의 가입을 금지하는 것은 사회복무요원의 정치적 중립성을 확보하고 업무전념성을 보장하기 위해서 유효적절한 것이라 할 수 있다. 따라서 이 사건 법률조항 중 '정당'에 관한 부분은 앞서 본 입법목적을 달성하기 위한 효과적이고 적합한 수단이다(헌재 2014. 3. 27. 2011헌바42 참조).

(3) 침해의 최소성

(가) 국가기관, 지방자치단체, 공공단체 등에 근무하는 사회복무요원의 경우, 비록 그 업무가 사회서비스업무 및 행정업무 등의 지원업무에 그친다 하더라도 업무처리 과정에서 국가기관 등이 보유한 각종 행정정보와 개인정보 등에 접근할 가능성이 있다. 따라서 사회복무요원은 정당 활동을 위해 직무를 통하여 얻은 여러 가지 정보를 활용할 수 있으며, 자신에게 유리한 방향으로 편파적으로 직무를 집행할 가능성도 있다. 또한, 소속기관장 및 복무관리 담당직원의 영향력 아래 있는 사회복무요원에 대하여 정당가입을 허용할 경우, 소속기관장 등의 지시에 따라 사회복무요원이 소속기관장 등의 정치활동에 동원되는 등의 폐해가 나타날 수 있으므로 사회복무요원의 정당가입을 금지할 필요성이 인정된다(헌재 2016. 10. 27. 2016헌마252 참조).

(나) 사회복무요원의 정당가입을 허용하되 직무시간 내의 직무와 관련된 정치적 표현행위만을 금지하는 등 기본권을 최소한도로 제한하는 것처럼 보이는 대안을 상정해 볼 수는 있다. 그러나 사회복무요원의 정당 관련 정치적 표현행위가 직무 내의 것인지 직무 외의 것인지 구분하기 어려운 경우가 많고, 설사 사회복무요원이 근무시간 외에 직무와 관련 없는 정당과 관련한 정치적 표현행위를 한다 하더라도, 이를 통해 국민들은 사회복무요원의 정치적 입장을 알 수 있게 된다. 그 결과 사회복무요원의 정치적 중립성에 대한 국민의 신뢰는 유지되기 어렵게 된다. 결국 위와 같은 방법으로는 사회복무요원의 정치적 중립성을 유지하며 업무전념성을 보장하는 입법목적을 동등하게 달성할 수 없다.

한편, 이 사건 법률조항 중 '정당'에 관한 부분은 사회복무요원이 '정당의 당원이 된다'는 정치적 행위를 금지하고 있을 뿐이므로, 정당에 대한 지지의사를 선거와 무관하게 개인적인 자리에서 밝히거나 선거에서 지지 정당에 대해 투표를 하는 등 일정한 범위 내의 정당 관련 활동은 사회복무요원에게도 허용된다(헌재 2014. 3. 27. 2011헌바42 참조). 또한 사회복무요원은 그 복무기간에 한하여 정당가입이 금지될 뿐 복무를 완료하면 다시 정당가입이 허용되므로, 이 사건 법률조항 중 '정당'에 관한 부분으로 인하여 청구인의 기본권이 과도하게 침해된다고 볼 수 없다.

(다) 사회복무요원은 보충역의 일종으로서 현역과 달리 군이 아닌 민간에서 근무하지만, 보충역 역시 국가안보를 위한 병력자원으로서 역할을 하는 것이다(헌재 2010. 11. 25. 2006헌마328 참조). 따라서 사회복무요원의 정당가입을 허용할지 여부는 현역 등 다른 방식의 군 복무를 하고 있는 사람들과의 형평성을 고려하지 않을 수 없다.

현역 군인은 정당가입이 금지되고(군형법 제94조 제1항), 다른 보충역인 공중보건의사, 공익법무관 및 공중방역수의사 역시 임기제공무원으로서 정당가입이 금지되므로('농어촌 등 보건의료를 위한 특별조치법' 제3조 제1항, '공익법무관에 관한 법률' 제3조, '공중방역수의사에 관한 법률' 제3조 제1항), 사회복무요원에 대해서만 정당가입을 허용할 경우 현역 등 다른 방식의 군 복무를 하고 있는 사람들과의 형평성 논란이 발생할 수 있다.

(라) 따라서 이 사건 법률조항 중 '정당'에 관한 부분은 침해의 최소성에 위반되지 아니한다.

(4) 법익의 균형성

이 사건 법률조항 중 '정당'에 관한 부분이 보호하고자 하는 사회복무요원의 정치적 중립성 유지 및 업무전념성 보장이라는 공익은, 그 지위 및 직무의 성질상 정치적 중립성의 준수가 요청되는 사회복무요원이 정당가입을 금지당함에 따라 제한받는 사익보다 훨씬 중요하기 때문에, 법익의 균형성에 위배되지 않는다(헌재 2016. 10. 27. 2016헌마252 참조).

(5) 소결

이 사건 법률조항 중 '정당'에 관한 부분은 과잉금지원칙에 위배되어 청구인의 정치적 표현의 자유 및 결사의 자유를 침해하지 아니한다.

다. 이 사건 법률조항 중 '그 밖의 정치단체에 가입하는 등 정치적 목적을 지닌 행위'에 관한 부분

(1) 재판관 이석태, 재판관 김기영, 재판관 이미선의 위헌의견

(가) 명확성원칙 위배 여부

1) 이 사건 법률조항 중 '그 밖의 정치단체'에 관한 부분

이 사건 법률조항 중 '그 밖의 정치단체'에 관한 부분은 사회복무요원이 '그 밖의 정치단체'에 가입하는 행위를 금지하고 있다. 이를 위반하여 4회 이상 경고처분을 받은 사람은 처벌조항에 의하여 처벌되므로, 위 조항은 형벌의 구성요건을 규정하는 법률조항에 해당한다. 이 사건 법률조항은 사회복무요원이 정치단체에 가입하는 행위를 금지함으로써 청구인의 정치적 결사의 자유나 이를 통한 정치적 표현의 자유를 제한하고 있다. 그렇다면 이 사건 법률조항 중 '그 밖의 정치단체'에 관한 부분은 죄형법정주의원칙에서 파생되는 명확성원칙뿐만 아니라 표현의 자유를 규제하는 입법에 있어서의 명확성원칙에 부합하여야 하며, 그 정도는 엄격한 의미에서의 명확성이라 할 것이다(헌재 2020. 4. 23. 2018헌마551 참조).

민주주의 국가에 있어 국가 구성원의 모든 행위는 직접적이든 간접적이든, 공식적이든 비공식적이든 정치에 연결되기 마련이므로, 그 정도와 강약의 차이는 있을지언정 모든 사회적 활동은 '정치'와 관련된다. 특히 단체는 국가 정책에 찬성하거나 반대하기만 하여도 정치적인 성격을 가진다고 볼 경우도 상정할 수 있다. 어떠한 단체의 주장이 특정 정당이나 후보자의 주장과 우연히 일치할 수도 있는데, 이 경우 특정 정당이나 후보자의 정책을 지지하는 정치단체로 해석될 수 있다. 당초 국가 정책이나 사회적 문제에 대하여 지지·반대하기 위한 목적으로 결성된 단체가 아니라고 하더라도, 단체의 활동을 제한하거나 구성원의 이익을 저해하는 정책이 시행될 경우 그에 대하여 반대할 수 있고, 이와 같은 경우에도 해당 단체는 '정치적' 성격을 갖게 된다(헌재 2020. 4. 23. 2018헌마551 참조).

나아가 이 사건 법률조항이 규정한 '단체'라는 개념은 '다수인의 지속적 모임'이라는 통상의 이해를 조금도 구체화시키지 못한다. 이 사건 법률조항은 가입 등이 금지되는 대상을 '정당이나 그 밖의 정치단체'로 규정하고 있으므로, 그 문언상 '정당'에 준하는 정치단체만을 의미하는 것이라 해석하기도 어렵다. 단체의 목적이나 활동에 관한 어떠한 제한도 없는 상태에서는 '정치단체'와 '비정치단체'를 어떻게 구별할 것인지에 관한 구체적이고 유용한 기준을 도출해낼 수 없다(헌재 2020. 4. 23. 2018헌마551 참조).

사회복무요원의 정치적 중립성 보장이라는 이 사건 법률조항의 입법목적을 고려하더라도, '정치적 중립성' 자체가 다원적인 해석이 가능한 매우 추상적인 개념이기 때문에, 어떠한 단체가 정치적 중립성에 반하는지에 관하여 우리 사회의 구성원들이 일치된 이해를 가지고 있다고 보기도 어렵다. 이는 판단주체가 법전문가라 하여도 마찬가지이며, 법관의 보충적 해석에 의하여 그 의미가 밝혀질 수 있는 성질의 것이 아니다. 이와 같이 불명확한 구성요건조항은 그 집행의 자의성을 초래하기 마련이고, 수사기관이나 재판기관은 객관적이고 구속적인 해석 및 집행의 기준을 제공받지 못하므로 자의

적·선별적인 법집행에로 이끌리기 쉽다(헌재 2020. 4. 23. 2018헌마551 참조).

그렇다면 이 사건 법률조항 중 '그 밖의 정치단체'에 관한 부분은 법적용기관인 법관의 보충적 법해석을 통하여도 그 규범내용이 확정될 수 없는 모호하고 막연한 개념을 사용하고 있으므로 명확성원칙에 위배되어 청구인의 정치적 결사의 자유와 이를 통한 정치적 표현의 자유를 침해한다.

2) 이 사건 법률조항 중 '정치적 목적을 지닌 행위'에 관한 부분

사회복무요원의 업무는 대부분 관리·감독자의 직접적 지시를 받는 행정지원·보조 및 단순·반복·기능 업무로서 관리·감독자와 근접한 장소에서 수행되는 경우가 많기 때문에, 사회복무요원은 '감시에 노출되어 있다'는 인식을 더 강하게 받을 수 있다. 특히 사회복무요원의 현재 복무기간은 법률이 원래 규정한 기간보다 단축된 21개월이다. 사회복무요원이 정치적 목적을 지닌 행위를 하였다는 이유로 경고, 복무연장 등의 처분을 받는 경우 설령 재판을 통해 이를 다툰다고 하더라도 재판이 최종 확정되기 이전에 복무기간이 도과하여 이를 다툴 실익이 없게 될 가능성이 크므로, 사회복무요원은 정치적 목적을 지녔다고 오인받을 일말의 여지라도 있으면 그 행위를 회피하는 경향을 가질 가능성이 높다. 이처럼 사회복무요원은 직무의 특성상 정치적 표현의 자유를 제한받을 경우 이로 인해 보호되는 다른 표현에 대해 위축효과가 더 강하게 발생하므로, 명확성원칙을 엄격하게 적용할 필요가 더욱 크다.

국가공무원법과 군형법은 '정치 운동'과 '정치 관여'를 금지하면서 각 '특정 정당 또는 특정인을 지지 또는 반대하기 위한 다음의 행위'(국가공무원법 제65조 제2항), '정당이나 정치단체에 가입하거나 다음 각 호의 어느 하나에 해당하는 행위'(군형법 제94조 제1항)와 같이 금지되는 행위를 법률에서 개별화·유형화하고 있다. 그러나 이 사건 법률조항은 금지사유로 "정당이나 그 밖의 정치단체에 가입하는 등 정치적 목적을 지닌 행위를 한 경우"라고 규정할 뿐 법률에서 개별화·유형화를 하지 않는다.

또한 앞서 살펴본 것과 같이 이 사건 법률조항 중 '그 밖의 정치단체'에 관한 부분이 불명확하므로, 그 밖의 정치단체에 가입하는 행위를 '정치적 목적을 지닌 행위'의 예시로 규정하였다 하더라도 이 사건 법률조항 중 '정치적 목적을 지닌 행위'에 관한 부분 자체의 불명확성은 충분히 해소되기 어렵다. 그 결과 특정 정당에 대한 지지나 반대, 공직선거에 있어 특정 후보자의 당선이나 낙선에 대한 관여와 같이 정치적 중립성을 훼손할 가능성이 높은 행위는 물론이고 그와 크게 관련이 없는 행위까지도 이 사건 법률조항 중 '정치적 목적을 지닌 행위'에 해당된다고 해석될 가능성이 있다.

그렇다면 이 사건 법률조항 중 '정치적 목적을 지닌 행위'에 관한 부분은 법적용기관인 법관의 보충적 법해석을 통하여도 그 규범내용이 확정될 수 없는 모호하고 막연한 개념을 사용하고 있으므로 명확성원칙에 위반되어 청구인의 결사의 자유와 정치적 표현의 자유를 침해한다.

(나) 과잉금지원칙 위배 여부

1) 목적의 정당성

이 사건 법률조항 중 '그 밖의 정치단체에 가입하는 등 정치적 목적을 지닌 행위'부분은 정치적 목적을 지닌 행위를 금지함으로써 사회복무요원의 정치적 중립성을 유지하며 업무전념성을 보장하고자 하는 것으로 이러한 입법목적은 정당하다(헌재 2016. 10. 27. 2016헌마252 참조).

2) 수단의 적합성

앞서 본 바와 같이 '정치단체' 및 '정치적 목적을 지닌 행위'의 의미가 불명확하므로, 이 사건 법률조항 중 '그 밖의 정치단체에 가입하는 등 정치적 목적을 지닌 행위'에 관한 부분은 사회복무요원의 정치적 중립성 보장과 아무런 관련이 없는 단체에 가입하는 등의 사회적 활동까지 금지하게 된다. 이는 사회복무요원의 정치적 중립성을 유지하며 업무전념성을 보장하고자 하는 입법목적 달성에 기여한다고 볼 수 없으므로, 수단의 적합성이 인정되지 않는다.

3) 침해의 최소성

가) 국가공무원법이 공무원 또는 그에 준하는 지위에 있는 사람들의 정치적 행위를 금지하고 있는 이유는, 그들이 그 직을 그대로 유지한 채 정치적 행위를 할 수 있는 경우 자신들의 지위와 권한을 특정 정당, 정치단체 등을 위해 남용할 소지가 많고, 직무를 통하여 얻은 여러 가지 정보를 정치에 활용할 수 있을 뿐 아니라 자신의 부하직원을 동원할 염려도 있으며, 자신의 정치성향에 유리한 방향으로 편파적으로 직무를 집행하거나 관련 법규를 적용할 가능성도 있는 등 그로 인한 부작용과 폐해가 정치에 영향을 미치게 될 것이기 때문이다.

따라서 사회복무요원의 정치적 목적을 지닌 행위를 금지하는 것이 정당한지를 판단하기 위해서는, 이들의

복무형태와 수행하는 업무의 특성, 소속 기관에서 갖는 지위와 권한 등을 종합적으로 고려하여, 실제로 이들이 자신들의 지위와 권한을 남용함으로써 정치적 중립성을 훼손할 가능성이 있는지를 면밀히 따져보아야 한다.

사회복무요원은 국가기관, 지방자치단체, 공공단체뿐만 아니라 사회복지사업법 제2조에 따라 설치된 사회복지시설에도 근무한다. 위 조항에 따르면 사회복지시설이란 사회복지사업을 할 목적으로 설치된 시설을 말하고, 사회복지사업이란 국민기초생활 보장법, 아동복지법, 노인복지법, 장애인복지법 등 관련 법률에 따른 보호·선도 또는 복지에 관한 사업과 사회복지상담, 직업지원, 지역사회복지, 의료복지, 사회복지관 운영 등 각종 복지사업과 이와 관련된 자원봉사활동 및 복지시설의 운영 또는 지원을 목적으로 하는 사업을 말한다. '사회복무요원 복무관리 규정' [별표 1]에 의하면, 사회복지시설에 근무하는 사회복무요원의 주된 임무는 사회복지시설 입소 노인 및 장애인 등에 대한 활동·목욕·취식 등 수발업무 지원, 복지시설 프로그램 운영, 시설 및 물품관리, 복지사무 등 지원이다. 위와 같은 업무의 성격을 고려할 때 사회복지시설에 근무하는 사회복무요원이 자신의 지위와 권한을 남용하여 정치의 중립성을 훼손할 염려가 있다고 보기 어렵다.

국가기관, 지방자치단체, 공공단체에 근무하는 사회복무요원의 경우에도, 이들이 담당하는 업무는 소속 기관의 행정업무 및 사회서비스업무 등을 지원하는 업무로서, 단순하고 기능적이며 반복적인 업무가 대부분이다. 사회복무요원에게 주어진 권한은 거의 없어서 직무집행에 있어 재량을 갖는 경우가 극히 드물고, 직무와 관련되는 중요한 정보에 접근할 기회도 매우 적으며, 사회복무요원이 관리·감독하는 부하직원도 없다. 그렇다면 사회복무요원이 자신들의 지위와 권한을 남용할 우려가 있다고 보기 어렵고, 직무를 통하여 얻은 정보를 정치에 활용하거나 부하직원을 동원하거나 자신의 정치성향에 유리한 방향으로 직무를 집행할 가능성이 있다고 보기도 어렵다.

따라서 사회복무요원에 대하여 정치적 목적을 지닌 행위를 허용하더라도 정치적 중립성을 훼손할 위험이 있다고 보기 어려우므로, 이를 전면적으로 금지하는 것은 그 정당성이 인정될 수 없다(헌재 2016. 10. 27. 2016헌마252 재판관 김이수, 재판관 안창호, 재판관 강일원의 반대의견 참조)

나) 사회복무요원의 정치적 목적을 지닌 행위를 금지할 필요성이 인정되더라도, 그들이 근무시간 중에 하는 정치적 목적을 지닌 행위만 금지하면 사회복무요원의 정치적 중립성 및 업무전념성을 보장하고자 하는 입법목적을 달성하는 데 아무런 문제가 없다. 사회복무요원은 정해진 근무시간 이외에는 집에서 거주하며 자유롭게 활동한다. 이들은 그 직무를 수행하는 경우에만 공무원에 준하는 신분을 가질 뿐이고, 근무시간 이외이거나 직무수행 중이 아닌 경우에는 일반 사인과 다를 바가 없으므로 사인으로서의 기본권을 최대한 향유할 수 있어야 한다(헌재 2012. 5. 31. 2009헌마705등 재판관 목영준, 재판관 이정미 일부반대의견; 헌재 2014. 8. 28. 2011헌바32등 재판관 이정미, 재판관 김이수의 반대의견 참조).

사회복무요원에 대하여는 그 복무기간에 따라 복무 첫해를 기준으로 최소 4일에서 최대 16일까지의 연가가 보장되고 있으므로(병역법 시행규칙 제39조의2 제1항 [별표 1의2]), 사회복무요원이 휴가를 이용하거나 퇴근 이후의 시간을 이용하여 정치적 목적을 지닌 행위를 한다면 이로 인하여 그 직무의 성실한 수행이 위협받는다고 보기 어렵다. 그럼에도 불구하고 이 사건 법률조항은 근무시간 내외를 구분하지 아니하고 사회복무요원의 정치적 목적을 지닌 행위를 일체 금지하고 있으므로, 이는 필요한 정도를 넘는 과도한 규제이다.

정치적 목적을 지닌 행위의 내용이나 방법에 따라 금지 여부를 달리하거나, 구체적 사정을 고려하여 경고처분, 복무기간 연장처분 및 형사처벌 외에 다른 완화된 제재수단을 사용하는 방안을 고려할 수 있음에도, 이 사건 법률조항은 일체의 정치적 목적을 지닌 행위를 금지하면서 그 위반 시 일률적으로 경고처분 및 복무기간 연장처분 및 형사처벌을 하고 있다. 복무기간 연장은 실질적으로 사회복무요원에 대하여 가할 수 있는 가장 강력한 제재 중 하나라는 점을 고려하면, 위와 같은 일률적 제재는 경우에 따라 지나치게 가혹할 수 있다.

나아가 보충역의 경우에도, 모든 보충역에 대하여 정치적 목적을 지닌 행위가 금지되는 것이 아니라 복무형태 및 직무의 성격에 따라 금지 여부에 차이가 있다. 가령 보충역의 일종인 전문연구요원과 산업기능요원의 경우에는 사회복무요원과 달리 정치적 목적을 지닌 행위를 금지하는 규정이 없다. 이는 이들이 사기업에서 근무하고 그 직무의 성질상 정치적 중립성을 훼손할 가능성이 거의 없다고 판단하였기 때문인 것으로 보인다. 물론 이들과 사회복무요원 사이에는 자율적인 복무 선택의 가능성, 전공·기술 활용 가능성 여부, 근무

환경 및 보수 등에서 상당한 차이가 있기는 하지만, 사회복지시설에 근무하는 사회복무요원의 경우에는 민간 영역에서 근무하고 그 직무의 성질상 정치적 중립성을 훼손할 가능성이 거의 없다는 점을 고려하면, 전문연구요원 등과 달리 사회복무요원에 대하여 일괄적으로 정치적 목적을 지닌 행위를 금지하는 것은 형평에 반한다(헌재 2016. 10. 27. 2016헌마252 재판관 김이수, 재판관 안창호, 재판관 강일원의 반대의견 참조).

4) 법익의 균형성

앞서 보았듯이 사회복무요원 특히 사회복지시설에 근무하는 사회복무요원이 자신의 지위와 권한을 남용하여 정치적 중립성을 훼손한다고 보기 어렵고 사회복무요원이 근무시간 중에 하는 정치적 목적을 지닌 행위만을 금지하더라도 위 공익을 달성하는 데 아무런 문제가 없다. 그렇다면 사회복무요원의 정치적 목적을 지닌 행위를 전면적으로 금지하는 이 사건 법률조항으로 인하여 침해되는 사익이 위 공익에 비하여 결코 가볍다고 볼 수 없으므로, 법익의 균형성에도 위반된다(헌재 2016. 10. 27. 2016헌마252 재판관 김이수, 재판관 안창호, 재판관 강일원의 반대의견 참조).

5) 소결

이 사건 법률조항 중 '그 밖의 정치단체에 가입하는 등 정치적 목적을 지닌 행위'에 관한 부분은 과잉금지원칙에 위배되어 청구인의 정치적 표현의 자유 및 결사의 자유를 침해한다.

(2) 재판관 유남석, 재판관 이영진, 재판관 문형배의 위헌의견

(가) 이 사건 법률조항 중 '그 밖의 정치단체에 가입하는 등 정치적 목적을 지닌 행위'에 관한 부분은, '그 밖의 정치단체' 및 '정치적 목적을 지닌 행위'가 무엇인가에 대하여 규범 내용을 확정할 수 없는 불명확한 개념을 사용하고 있어, 표현의 자유를 규제하거나 형벌의 구성요건을 규정하는 법률에 대하여 헌법이 요구하는 명확성원칙의 엄격한 기준을 충족하지 못하였다. 이에 대하여는, 위 (1) 재판관 이석태, 재판관 김기영, 재판관 이미선의 위헌의견 중 '(가) 명확성원칙 위배 여부' 부분과 의견을 모두 같이 한다.

(나) 이에 덧붙여 살피면, 표현의 자유는 헌법에서 기본권으로 보장하는 것 이상으로, 민주적이고 열린 정치체제의 보존에 필수불가결하게 기여한다. 특히 정치적 표현의 자유의 행사의 보장은 매우 중요하다. 표현의 자유는 현대 자유민주주의의 존립과 발전에 필수불가결한 기본권이며 이를 최대한도로 보장하는 것은 자유민주주의 헌법의 기본원리의 하나이다(헌재 1992. 6. 26. 90헌가23; 헌재 1999. 6. 24. 97헌마265 참조). 표현의 자유가 다른 기본권에 우선하는 헌법상의 지위를 갖는다고 일컬어지는 것도 그것이 단순히 개인의 자유에 그치는 것이 아니고 통치권자를 비판함으로써 피치자가 스스로 지배기구에 참가한다고 하는 자치정체(自治政體)의 이념을 그 근간으로 하고 있기 때문이다(헌재 1992. 2. 25. 89헌가104 참조).

이처럼 표현의 자유의 우선적 가치와 자유민주주의 정치체제에서 가지는 위치를 고려할 때, 표현의 자유를 제한하는 법률은 그 수범자가 무엇이 허용되고 무엇이 허용되지 않는지 명확하게 알 수 있어야만 한다. 표현이 규제의 대상이 아니라는 확신이 없는 기본권 주체는 대체로 규제를 받을 것을 우려해서 표현행위를 스스로 억제하게 될 가능성이 높아지기 때문에, 표현의 자유를 규제하는 법률은 그 규제로 인해 보호되는 다른 표현에 대해 위축효과가 미치지 않도록, 규제되는 표현의 개념을 세밀하고 명확하게 규정할 것이 헌법적으로 요구된다(헌재 1998. 4. 30. 95헌가16; 헌재 2002. 6. 27. 99헌마480; 헌재 2008. 7. 31. 2007헌가4 참조).

또한 표현의 자유를 제한하는 불명확한 법률은, 표현을 허가하거나 불허하는 결정을 하는 법 집행 공무원에게 지나치게 넓은 재량을 부여하여, 공무원이 표현의 내용에 따라 선호하거나 비선호하는 결정을 내릴 위험이 있다. 따라서 표현을 제한하는 불명확한 법률은 특정한 견해와 사상을 억압하는 수단이 될 위험도 있다(헌재 2020. 4. 23. 2018헌마551 재판관 유남석, 재판관 이영진, 재판관 문형배의 위헌의견 참조).

(다) 따라서 표현의 자유를 규제하는 경우에 헌법이 요청하는 명확성의 기준이 일반적으로 강화된다고 할 것이고, 특히 '표현의 내용'에 근거한 규제인 경우에는, 더욱 더 규제되는 표현의 개념을 세밀하고 명확하게 규정할 것이 요구된다(헌재 2002. 6. 27. 99헌마480 참조).

표현의 자유를 제한하는 규제 대상이 다양·다기하다 하더라도, 개별화·유형화를 통한 명확성의 추구를 포기하여서는 아니 되고, 부득이한 경우 국가는 표현에 대한 규제의 과잉보다는 오히려 규제의 부족을 선택하여야 할 것이다. 해악이 명백히 검증된 것이 아닌 표현을 규제하는 것은 득보다 실이 크다고 보는 것이 표현의 자유의 본질이기 때문이다(헌재 2002. 6. 27. 99헌

마480 참조).

(라) 위 (1)의 위헌의견 중 '(가) 명확성원칙 위배 여부' 부분에서 판단하는 바와 같이, 사회복무요원에 대해 가입하는 것을 금지하고 있는 '정치단체'가 무엇인지, 가입을 해도 되는 '비정치단체'와 어떻게 구별할 것인지에 대한, 구체적이고 유용한 기준을 이 사건 법률조항 중 '그 밖의 정치단체에 가입하는 등 정치적 목적을 지닌 행위'에 관한 부분으로부터 도출해낼 수 없다. '정치단체'를 '특정 정당이나 특정 정치인을 지지·반대하는 단체로서 이에 가입하는 경우 사회복무요원의 정치적 중립성을 훼손할 가능성이 높은 단체'로, '정치적 목적을 지닌 행위'를 '특정 정당, 정치인을 지지·반대하거나 공직선거에 있어서 특정 후보자를 당선·낙선하게 하는 등 그 정파성·당파성에 비추어 정치적 중립성을 훼손할 가능성이 높은 행위'로 한정하여 해석할 근거도 없다.

(마) 헌법재판소는 2020. 4. 23. 2018헌마551 결정에서 국가공무원법(2008. 3. 28. 법률 제8996호로 개정된 것) 제65조 제1항 중 '국가공무원법 제2조 제2항 제2호의 교육공무원 가운데 초·중등교육법 제19조 제1항의 교원은 그 밖의 정치단체의 결성에 관여하거나 이에 가입할 수 없다.' 부분이 명확성원칙에 위반된다고 판단하였다(헌재 2020. 4. 23. 2018헌마551 참조). 위 위헌 결정에서 명확성원칙에 위반된다고 판단된 부분과 이 사건 법률조항 중 '그 밖의 정치단체에 가입하는 등 정치적 목적을 지닌 행위'에 관한 부분은 법률체계, 적용대상, 일부 문구 등에 있어 차이가 있다. 그러나 양자는 교육공무원 또는 공무원에 준하는 공적 지위를 갖는 사회복무요원의 정치적 중립성을 보장하는 목적을 갖는다는 점에서 공통되며, 법률체계 및 일부 문구의 차이로 인해 전자보다 후자의 의미가 더 명확해진다고 볼 이유가 없다.

(바) 이처럼 이 사건 법률조항 중 '그 밖의 정치단체에 가입하는 등 정치적 목적을 지닌 행위'에 관한 부분이 명확성원칙에 위배되어 청구인의 정치적 표현의 자유, 결사의 자유를 침해하여 헌법에 위반되는 점이 분명한 이상, 이 사건 법률조항 중 '그 밖의 정치단체에 가입하는 등 정치적 목적을 지닌 행위'에 관한 부분이 과잉금지원칙에 위배되어 청구인의 정치적 표현의 자유, 결사의 자유를 침해하는지 여부에 대하여는 더 나아가 판단하지 않는다.

6. 결 론

그렇다면 이 사건 법률조항 중 '그 밖의 정치단체에 가입하는 등 정치적 목적을 지닌 행위'에 관한 부분은 청구인의 표현의 자유 및 결사의 자유를 침해하므로 헌법에 위반되고, 청구인의 이 사건 관리규정에 대한 심판청구는 부적법하므로 이를 각하하며, 청구인의 나머지 심판청구는 이유 없으므로 이를 기각하기로 하여, 주문과 같이 결정한다. 이 결정은 아래 7.과 같은 재판관 이선애의 이 사건 관리규정에 대한 별개의견, 아래 8.과 같은 재판관 이선애, 재판관 이은애, 재판관 이종석의 이 사건 법률조항 중 '그 밖의 정치단체에 가입하는 등 정치적 목적을 지닌 행위'에 관한 부분에 대한 반대의견, 아래 9.와 같은 재판관 이석태, 재판관 김기영, 재판관 이미선의 이 사건 법률조항 중 '정당'에 관한 부분에 대한 반대의견이 있는 외에는 관여 재판관들의 일치된 의견에 따른 것이다.

7. 재판관 이선애의 이 사건 관리규정에 대한 별개의견

나는 이 사건 관리규정에 대한 심판청구가 부적법하다는 점에서 법정의견과 결론을 같이 하지만 그 이유를 달리 하므로, 다음과 같이 별개의견을 남긴다.

이 사건 관리규정은 이 사건 법률조항이 완결적으로 규정한 '정당이나 그 밖의 정치단체에 가입하는 등 정치적 목적을 지닌 행위를 한 경우'라는 요건 개념을 상위 법령의 위임 없이 행정기관 스스로 법률의 통일적 적용을 위하여 내부적으로 정해 둔 법규범의 해석과 적용에 관한 규범해석적 행정규칙에 해당한다.

본래 행정기관에게는 법해석에 있어 고유한 판단권한이 인정될 수 없는 것이므로 법규의 해석이나 적용방향을 확정하기 위하여 발하는 이른바 규범해석적 행정규칙의 경우에는 재량권행사의 준칙인 행정규칙의 경우와는 달리 자기구속의 법리가 적용될 여지가 없다(헌재 2007. 8. 30. 2004헌마670 재판관 이강국, 재판관 이동흡의 반대의견 참조).

이 사건 관리규정이 임의로 이 사건 법률조항의 적용대상을 구체화하여도 법령의 근거가 없기 때문에, 이는 행정기관이 대외적 구속력 등 법적 효력이 없이 단지 예시적으로 이 사건 법률조항의 적용대상을 제시하는 것에 불과하다. 이 사건 관리규정만이 아니라 행위자가 행위의 명목으로 내세우는 사유 등을 종합적으로 검토하여 이 사건 법률조항 중 '정치적 목적을 지닌 행위'에 해당하는지 여부를 판단하고 있다는 취지의 병무청장의 의견 또한 이 사건 관리규정의 예시적 및 제시적 성격을 방증한다.

결국 이 사건 관리규정은 규범해석적 행정규칙으로서 법적 효력이 없어 기본권을 침해할 가능성이 없으므로 헌법소원의 대상이 되는 공권력의 행사에 해당하지 않는다 할 것이므로, 이에 대한 심판청구는 부적법하다.

8. 재판관 이선애, 재판관 이은애, 재판관 이종석의 이 사건 법률조항 중 '그 밖의 정치단체에 가입하는 등 정치적 목적을 지닌 행위'에 관한 부분에 대한 반대의견

우리는 이 사건 법률조항 중 '그 밖의 정치단체에 가입하는 등 정치적 목적을 지닌 행위'에 관한 부분이 명확성원칙 및 과잉금지원칙에 위배되지 않아, 청구인의 정치적 표현의 자유 및 결사의 자유를 침해하지 않는다고 생각하므로 아래와 같이 반대의견을 밝힌다.

가. 명확성원칙 위배 여부

(1) 이 사건 법률조항 중 '그 밖의 정치단체'에 관한 부분

(가) 특정 법률이 해당 규정을 통해 규율하려는 내용이 어느 범위까지인지를 파악함에 있어서는 해당 규정의 문언 내용뿐만 아니라 해당 규정의 입법목적, 다른 유사 법규범의 체계적 구조 등을 종합적으로 고려하여 판단하여야 한다.

특히 오늘날에는 국가와 사회의 상호작용이 활발하여 기존에 정치 영역으로 취급되던 것뿐만이 아니라 사회·경제·문화와 같은 사회 전반의 모든 문제들이 언제든지 정치 문제로 전환될 가능성이 있다. 현대국가에 있어 표현되는 모든 의견은 그 정치성의 강약에 차이가 있을 뿐 일정 부분 정치적 주장이 될 수밖에 없다. 따라서 이 사건 법률조항이 규정하는 '정치단체'를 해석할 때 단순히 문언 자체에만 얽매일 경우 그 의미 내용을 제대로 파악할 수 없게 된다.

그러므로 공무원의 정치적 중립성을 선언한 헌법의 취지, 이 사건 법률조항의 입법목적 그리고 관련 규범들과의 관계 등을 종합적으로 고려하여 체계적이고 모순 없는 해석을 통해 그 규정 내용을 한정적으로 파악하는 것이 가능하다면, 해당 규정의 문언이 다소 폭넓게 규율 영역을 정하고 있다는 사정만으로 이를 지나치게 포괄적인 입법이라고 단언할 수는 없다(헌재 2012. 5. 31. 2009헌마705등; 헌재 2018. 7. 26. 2016헌바139 참조).

나아가 복잡·다기하게 변화하는 사회에서, 특히 부단히 변화하는 정치환경에서 자율적인 형성과 운영을 본질로 하는 정치조직의 유동성을 고려할 때, 입법자가 위와 같은 입법목적을 달성하기 위해서 규율이 필요한 '정치단체'를 일일이 구체적이고 확정적으로 미리 열거한다는 것은 입법기술상 불가능하거나 현저히 곤란하다. 입법자는 법규범의 흠결을 보완하고 부단히 변화하는 정치환경에 대한 법규범의 적응력을 확보하기 위하여 '정치단체'라는 보편적이고 일반적인 개념을 사용함으로써 규율대상을 모두 일일이 열거하지 않고 법관의 보충적 해석에 맡긴 것이다(헌재 2020. 4. 23. 2018헌마551 재판관 이선애, 재판관 이은애, 재판관 이종석의 반대의견 참조).

(나) 헌법 제7조 제1항은 공무원은 국민전체에 대한 봉사자이며, 국민에 대하여 책임을 진다고 규정하고, 같은 조 제2항은 공무원의 신분과 정치적 중립성은 법률이 정하는 바에 의하여 보장된다고 명시하고 있다. 사회복무요원은 공무원은 아니지만, 국가 안보를 위한 병력 자원으로서 병역의무를 이행하고 있고, 공무를 수행하는 자로서 공무원에 준하는 공적 지위를 가지므로, 그 지위 및 직무의 성질상 정치적 중립성이 보장되어야 한다(헌재 2016. 10. 27. 2016헌마252 참조).

오늘날 정치활동은 정당 또는 당파적 기반 아래 활동하는 사람을 중심으로 이루어지므로, 특정 사회 문제에 대한 의견을 공표하는 것을 넘어, 특정 정당이나 특정 정치인을 지지·반대하는 단체는 정치성을 뚜렷하게 지닌 것으로 볼 수 있다. 사회복무요원이 특정 정당이나 특정 정치인을 지지·반대하는 단체에 가입하는 경우 사회복무요원은 물론 이들과 같이 근무하는 공무원의 정치적 중립성에 대한 국민의 신뢰가 흔들릴 수 있으므로, 이는 제한되어야 한다.

이 사건 법률조항은 금지되는 정치적 목적을 지닌 행위의 예시로 정당이나 그 밖의 정치단체 가입을 들고 있다. 즉, 입법자가 이 사건 법률조항에 의하여 규율하려는 것은 '정치단체'의 가입이고, 그 전형적·구체적인 사례가 바로 앞서 열거된 '정당'이다. 여기에 '단체' 개념의 관용적인 용례를 보태어 살펴보면, 이 사건 법률조항이 지칭하는 '단체'란 '공동의 목적 내지 이해관계를 가지고 조직적인 의사형성 및 결정이 가능한 다수인의 지속성 있는 모임'을 의미하는 것임을 추론할 수 있다.

공무원의 정치적 중립성을 선언한 헌법의 취지, 사회

복무요원의 공무원에 준하는 공적 지위, 이 사건 법률조항의 입법목적 그리고 관련 규범들과의 관계 등을 종합적으로 고려하면, 이 사건 법률조항에서 가입 등을 금지하는 '정치단체'는 '특정 정당이나 특정 정치인을 지지·반대하는 단체로서 이에 가입하는 경우 사회복무요원의 정치적 중립성을 훼손할 가능성이 높은 단체'로 한정하여 해석된다. 따라서 '정치단체'의 의미 내지 범위가 지나치게 광범위하다거나 법관의 해석에 의하여 무한히 확대될 위험이 있다고 보기 어렵다.

그렇다면 이 사건 법률조항 중 '그 밖의 정치단체'에 관한 부분은 명확성원칙에 위배되어 청구인의 정치적 표현의 자유 및 결사의 자유를 침해한다고 볼 수 없다.

(2) '정치적 목적을 지닌 행위'부분

위에서 본 바와 같이 이 사건 법률조항은 금지되는 정치적 목적을 지닌 행위의 예시로 '정당이나 그 밖의 정치단체에 가입'하는 행위를 규정하고 있다. 즉 입법자가 이를 통해 규율하려고 하는 대상은 정파성·당파성을 지닌 행위이고, 그 전형적·구체적 사례가 바로 앞서 예시된 '정당이나 그 밖의 정치단체에 가입'하는 행위이다.

정치는, 사전적으로 '나라를 다스리는 일, 국가의 권력을 획득하고 유지하며 행사하는 활동'이라고 정의되고, 일상적으로 정당이나 정파와 관련하여 국가의 권력을 차지하고 유지하기 위한 활동을 가리키는 단어로 통용된다.

공무원의 정치 운동을 금지하는 국가공무원법 조항은 선거(제65조 제2항), 정당, 정치단체, 선거와 관련된 정치적 행위(제65조 제4항, 국가공무원 복무규정 제27조 제1항)를 금지한다. 군인의 정치 관여를 제한하는 군형법 제94조 제1항에서 열거된 금지행위도 특정 정당, 정치단체, 정치인 및 선거운동과 관련된 행위들이다. 이러한 관련 규정들의 내용에 더하여, 이 사건 법률조항 중 '정치적 목적을 지닌 행위'에 관한 부분의 입법목적 역시 위 국가공무원법 조항이나 군형법 조항과 같이 정치적 중립성을 보장하고 업무전념성을 확보하기 위한 것이라는 점을 고려하면, 정치적 목적을 지닌 행위란 '특정 정당, 정치인을 지지·반대하거나 공직선거에 있어서 특정 후보자를 당선·낙선하게 하는 등 그 정파성·당파성에 비추어 정치적 중립성을 훼손할 가능성이 높은 행위'로 한정하여 해석된다.

이처럼 문언에 다소 불명확한 측면이 있다고 하더라도 법관의 통상적인 보충적 법해석에 의하여 충분히 보완될 수 있으므로, 이 사건 법률조항 중 '정치적 목적을 지닌 행위' 부분은 명확성원칙에 위배되지 않는다.

나. 과잉금지원칙 위배 여부

(1) 정당은 정치적 결사의 한 종류이므로(헌재 2014. 3. 27. 2011헌바42 참조), 5. 이 사건 법률조항에 대한 판단, 나. 이 사건 법률조항 중 '정당'에 관한 부분의 논거는 이 사건 법률조항 중 '그 밖의 정치단체에 가입하는 등 정치적 목적을 지닌 행위'에 관한 부분에도 그대로 적용될 수 있다.

즉, 사회복무요원의 정치적 목적을 지닌 행위를 금지함으로써 사회복무요원의 정치적 중립성을 유지하며 업무전념성을 보장하기 위하여, 사회복무요원이 정치적 목적을 지닌 행위를 할 경우 경고처분 및 연장복무를 하게 하는 이 사건 법률조항 중 '그 밖의 정치단체에 가입하는 등 정치적 목적을 지닌 행위'에 관한 부분은 목적의 정당성 및 수단의 적합성이 인정된다(헌재 2016. 10. 27. 2016헌마252 참조).

(2) 헌법상 사회복무요원은 국민의 구성원으로서 정치적 표현의 자유 및 결사의 자유를 보장받지만, 병역의무의 이행자인 동시에 공무원에 준하는 공적 지위를 갖는 사람으로서 그 정치적 중립성을 준수하여야 하므로, 그 정치적 표현의 자유 및 결사의 자유에 대해 일반 국민보다 엄격한 제한을 받을 수밖에 없다. 한편 앞서 본 바와 같이 이 사건 법률조항 중 '그 밖의 정치단체에 가입하는 등 정치적 목적을 지닌 행위'에 관한 부분은 '특정 정당, 정치인을 지지·반대하거나 공직선거에 있어서 특정 후보자를 당선·낙선하게 하는 등 그 정파성·당파성에 비추어 정치적 중립성을 훼손할 가능성이 높은 행위'만을 금지하는 것으로 해석되므로, 그 정파성·당파성에 비추어 정치적 중립성을 훼손할 가능성이 높지 않은 정치적 행위는 다른 법률에 따라 제한되지 않는 한 허용된다. 따라서 이 사건 법률조항 중 '그 밖의 정치단체에 가입하는 등 정치적 목적을 지닌 행위'에 관한 부분에 의한 사회복무요원의 정치적 표현의 자유 및 결사의 자유에 대한 제한이 침해의 최소성을 위반한다고 보기 어렵다(헌재 2018. 7. 26. 2016헌바139 참조).

국가기관, 지방자치단체, 공공단체 등에 근무하는 사회복무요원의 경우, 비록 그 업무가 사회서비스업무 및 행정업무 등의 지원업무에 그친다 하더라도 업무처리 과정에서 국가기관 등이 보유한 각종 행정정보와 개인정보 등에 접근할 수 있으므로 사회복무요원이 업무를 통하여 얻은 여러 가지 정보를 활용하여 편파적으로 정치적 목적을 지닌 행위를 하는 폐해가 발생할 수 있다.

또한, 소속기관장 및 복무관리 담당직원의 영향력 아래에 있는 사회복무요원의 경우, 사회복무요원이 소속기관장 등의 정치활동에 동원되는 등의 폐해도 발생할 수 있다. 그러므로 사회복무요원의 정치적 목적을 지닌 행위를 금지할 필요성이 인정된다.

사회복무요원은 보충역의 일종으로서 현역과 달리 군이 아닌 민간에서 근무하지만, 보충역 역시 국가 안보를 위한 병력자원으로서 역할을 하는 것이므로(헌재 2010. 11. 25. 2006헌마328 참조), 사회복무요원의 정치적 목적을 지닌 행위를 허용할지 여부는 현역 등 다른 방식의 병역의무를 이행하고 있는 사람들과의 형평성을 고려하지 않을 수 없다. 비록 '정치적 목적을 지닌 행위'라는 표현은 사용하고 있지 아니하나 군인은 정당이나 정치단체의 결성 또는 가입을 지원하는 등의 '정치 관여'가 금지되고(군형법 제94조 제1항), 다른 보충역인 예술·체육요원(병역법 제33조의10 제2항 제2호), 공중보건의사, 공익법무관 및 공중방역수의사 역시 임기제공무원으로서 정치운동이 금지된다('농어촌 등 보건의료를 위한 특별조치법' 제3조 제1항, '공익법무관에 관한 법률' 제3조, '공중방역수의사에 관한 법률' 제3조 제1항). 따라서 사회복무요원에 대해서만 정치적 목적을 지닌 행위를 허용할 경우 현역 등 다른 방식의 병역의무를 이행하고 있는 사람들과의 형평성 논란이 발생할 수 있다.

이 사건 법률조항은 사회복무요원의 정치적 목적을 지닌 행위가 근무시간 중에 이루어지는지 여부를 불문하고 이를 금지하고 있다. 사회복무요원은 공무원에 준하는 공적 지위를 갖는 사람인 동시에 병역의무를 이행하고 있는 사람이므로, 근무시간 이외의 시간이나 직무수행 중이 아닌 경우에도 정치적 중립성을 준수하여 사회복무요원의 정치적 중립성에 대한 국민의 신뢰를 유지할 필요가 있다. 따라서 이 사건 법률조항이 근무시간 중에 이루어지는지 여부 등을 불문하고 일체의 정치적 목적을 지닌 행위를 금지하는 것이 과도하다고 볼 수 없다.

사회복무요원이 정치적 목적을 지닌 행위를 할 경우 이 사건 법률조항에 따라 경고처분을 받게 되고, 경고처분 횟수가 더하여질 때마다 5일을 연장하여 복무하여야 한다. 일정한 기간 동안 의무복무를 하는 사회복무요원의 특수한 지위를 감안할 때, 경고처분 및 복무기간 연장보다 이들의 기본권을 덜 침해하면서 입법목적의 달성을 위하여 동등하게 실효적인 다른 수단을 상정하기 어렵다. 경고처분을 받았음에도 이를 무시하고 또다시 선거운동을 하는 경우 비난가능성이 높아져 보다 가중된 제재가 필요하므로, 경고처분 횟수가 더하여질 때마다 복무기간을 5일씩 거듭 연장하는 것 역시 불합리하다고 볼 수 없다. 위와 같은 사유로 통틀어 4회 이상 경고처분을 받은 경우에만 형사처벌(1년 이하의 징역)이 가능하므로(병역법 제89조의3 제1호), 경미한 사유로 사회복무요원이 형사처벌을 받을 가능성도 희박하다. 따라서 이 사건 법률조항이 규정하고 있는 경고처분 및 복무기간 연장의 제재 역시 과도하다고 볼 수 없다(헌재 2016. 10. 27. 2016헌마252 참조).

다. 소결

그렇다면 이 사건 법률조항 중 '그 밖의 정치단체에 가입하는 등 정치적 목적을 지닌 행위'에 관한 부분은 명확성원칙 및 과잉금지원칙에 위배되지 아니하므로, 청구인의 정치적 표현의 자유 및 결사의 자유를 침해한다고 볼 수 없다.

9. 재판관 이석태, 재판관 김기영, 재판관 이미선의 이 사건 법률조항 중 '정당'에 관한 부분에 대한 반대의견

우리는 이 사건 법률조항 중 '정당'에 관한 부분이 과잉금지원칙에 위배되어 청구인의 정당가입의 자유를 침해한다고 생각하므로 아래와 같이 반대의견을 밝힌다.

'5. 이 사건 법률조항에 대한 판단, 나. 이 사건 법률조항 중 '그 밖의 정치단체에 가입하는 등 정치적 목적을 지닌 행위'에 관한 부분, (1) 재판관 이석태, 재판관 김기영, 재판관 이미선의 위헌의견, (나) 과잉금지원칙 위배 여부'에서 살펴본 내용은 이 사건 법률조항 중 '정당'에 관한 부분에도 그대로 적용될 수 있다.

즉, 사회복무요원의 정치적 중립성 보장과 아무런 관련이 없는 정당에 가입하는 등의 사회적 활동까지 금지하는 것은 입법목적의 달성에 기여한다고 볼 수 없으므로, 수단의 적합성을 인정할 수 없다.

사회복무요원의 지위나 그 직무 내용을 볼 때 정당에 가입한다고 하더라도 정치적 중립성의 유지나 업무전념성을 해할 우려는 전혀 없다. 또한 보충역의 일종인 전문연구요원과 산업기능요원의 경우 사회복무요원과 달리 정당가입을 금지하고 있지 않는데, 사회복지시설에 근무하는 사회복무요원의 경우에는 민간 영역에서 근무하고 그 직무의 성질상 정치적 중립성을 훼손할 가능성이 거의 없다는 점에서 전문연구요원 등과 유사함에도, 이와 달리 사회복무요원에 대해서만 일괄적으로 정당에 가입하는 행위를 금지하는 것은 침해의 최소성에 위배된다.

나아가 사회복무요원에 대하여 정당에 가입하는 것을 전면적으로 금지함으로써 얻어지는 정치적 중립성은 명백하거나 구체적이지 못한 반면, 그로 인하여 사회복무요원이 받게 되는 정당가입의 자유에 대한 제약과 정당가입을 통한 민주적 의사형성과정에 참여하지 못함으로써 받은 정치적 표현의 자유에 대한 제약은 매우 크므로, 법익의 균형성도 인정할 수 없다.

그러므로 이 사건 법률조항 중 '정당'에 관한 부분은 과잉금지원칙에 위배되어 청구인의 정당가입의 자유를 침해한다.

재판관 유남석 이선애 이석태 이은애 이종석 이영진 김기영 문형배 이미선

[별지] 관련조항

구 병역법(2016. 1. 19. 법률 제13778호로 개정되고 2019. 4. 23. 법률 제16356호로 개정되기 전의 것)

제89조의3(사회복무요원 등의 복무의무 위반) 사회복무요원 또는 예술·체육요원이 다음 각 호의 어느 하나에 해당하는 경우에는 1년 이하의 징역에 처한다.

1. 제33조 제2항 제1호부터 제4호까지 및 제33조의10 제2항 제1호부터 제4호까지의 어느 하나에 해당하는 사유로 통틀어 4회 이상 경고처분을 받은 경우

구 병역법(2019. 4. 23. 법률 제16356호로 개정되고, 2019. 12. 31. 법률 제16852호로 개정되기 전의 것)

제89조의3(사회복무요원 등의 복무의무 위반) 사회복무요원 또는 예술·체육요원이 다음 각 호의 어느 하나에 해당하는 경우에는 1년 이하의 징역에 처한다.

1. 제33조 제2항 제1호부터 제3호까지, 제3호의2, 제4호 및 제33조의10 제2항 제1호부터 제4호까지의 어느 하나에 해당하는 사유로 통틀어 4회 이상 경고처분을 받은 경우

구 병역법(2019. 12. 31. 법률 제16852호로 개정되고, 2020. 12. 22. 법률 제17684호로 개정되기 전의 것)

제89조의3(사회복무요원 등의 복무의무 위반) 사회복무요원, 예술·체육요원 또는 대체복무요원이 다음 각 호의 어느 하나에 해당하는 경우에는 1년 이하의 징역에 처한다.

1. 제33조 제2항 제1호부터 제3호까지, 제3호의2, 제4호, 제33조의10 제2항 제1호부터 제4호까지 및 「대체역의 편입 및 복무 등에 관한 법률」 제24조 제2항 제1호부터 제4호까지의 어느 하나에 해당하는 사유로 통틀어 4회 이상 경고처분을 받은 경우

구 병역법(2020. 12. 22. 법률 제17684호로 개정되고, 2021. 4. 13. 법률 제18003호로 개정되기 전의 것)

제89조의3(사회복무요원 등의 복무의무 위반) 사회복무요원, 예술·체육요원 또는 대체복무요원이 다음 각 호의 어느 하나에 해당하는 경우에는 1년 이하의 징역에 처한다.

2. 제33조 제2항 제1호부터 제3호까지, 제3호의2, 제4호, 제33조의10 제2항 제1호부터 제4호까지 및 「대체역의 편입 및 복무 등에 관한 법률」 제24조 제2항 제1호부터 제4호까지의 어느 하나에 해당하는 사유로 통틀어 4회 이상 경고처분을 받은 경우

사회복무요원 복무관리 규정(2019. 12. 18. 병무청훈령 제1601호로 개정된 것)

제27조(정치행위 금지 등) 법 제33조 제2항 제2호에 따른 "정당이나 그 밖의 정치단체에 가입하는 등 정치적 목적을 지닌 행위"란 다음 각 호의 어느 하나에 해당하는 경우를 말한다.

2. 정당 등 정치단체의 기관지인 신문 및 간행물을 발행·편집·배부하거나 이와 같은 행위를 원조하는 행위 또는 방해하는 행위
3. 특정정당이나 정치단체를 지지 또는 반대하거나 공직선거에 있어서 특정 후보자를 지지 또는 반대하는 의견을 집회 등 여러 사람이 모인 장소에서 발표하거나 문서·도서·신문 등의 간행물이나 인터넷 등 통신망에 게재하는 행위
4. 정당 등 정치단체의 표지로 사용되는 기·완장·복식 등을 제작 또는 배부하거나 착용·착용권유 또는 착용을 방해하는 행위와 그 밖의 명목여하를 불문하고 금전 또는 물질로 특정정당 또는 정치단체를 지지하거나 반대하는 행위
5. 법률에 따른 공직선거에 있어서 특정의 후보자를 당선하게 하거나 낙선하게 하는 행위

55. 의료법 제87조 제1항 제2호 등 위헌소원

[2021. 12. 23. 2018헌바198]

【판시사항】

가. 안마사가 아니면 안마시술소 또는 안마원을 개설할 수 없다고 규정한 의료법 제82조 제3항 중 제33조 제2항 제1호를 준용하는 부분(이하 '이 사건 개설조항'이라 한다)이 직업선택의 자유 및 평등권을 침해하는지 여부(소극)

나. 이 사건 개설조항을 위반한 자를 5년 이하의 징역이나 5천만 원 이하의 벌금에 처하도록 규정하고 있는 구 의료법 제87조 제1항 제2호 중 제82조 제3항에서 준용하는 제33조 제2항 제1호에 관한 부분(이하 '이 사건 처벌조항'이라 한다)이 책임과 형벌 사이의 비례원칙에 위배되는지 여부(소극)

【결정요지】

가. 이 사건 개설조항은 무자격자가 안마시술소 등을 개설할 경우 발생할지도 모르는 국민의 건강상 위험을 미리 방지하며, 시각장애인의 생계보호 및 자아실현의 기회부여라는 시각장애인 안마사 제도의 목적을 효과적으로 실현하기 위한 것이다. 시·도지사로부터 자격인정을 받은 시각장애인 안마사에게만 안마시술소 등을 개설할 수 있도록 함으로써, 시각장애인들이 직업 활동을 영위해 나갈 수 있는 기회를 최대한 보장해 주는 것이 필요하다. 비시각장애인들이 안마시술소 등을 개설할 수 없게 된다고 할지라도, 이들에게는 다양한 다른 직업을 선택할 수 있는 가능성이 존재하므로, 제한되는 비시각장애인의 사익이 공익에 비하여 크다고 볼 수도 없다. 따라서 이 사건 개설조항은 직업선택의 자유를 침해하지 아니한다.

또한 이 사건 개설조항은 시각장애인에게 가해진 유·무형의 사회적 차별을 보상해주고 실질적인 평등을 이룰 수 있는 수단으로서 비시각장애인을 부당하게 차별하지 아니하고, 시각장애는 앞을 볼 수 없다는 점에서 여타 장애와 구별되는 본질적인 차이가 있다는 점을 고려할 때 다른 장애인을 부당하게 차별한다고도 볼 수 없다.

따라서 이 사건 개설조항은 평등권을 침해하지 아니한다.

나. 이 사건 처벌조항은 벌금형과 징역형의 하한에는 제한을 두지 않고 그 상한만 5년 이하의 징역형 또는 2천만 원 이하의 벌금형으로 제한하고 있으며 죄질에 따라 벌금형이나 선고유예까지 선고할 수 있으므로, 이 사건 처벌조항은 책임과 형벌 사이의 비례원칙에 위배되지 않는다.

재판관 이영진의 이 사건 개설조항에 대한 보충의견

이 사건 개설조항은 시각장애인의 생존과 인간다운 생활을 보장하기 위하여 입법자가 선택한 수단으로서 비록 위헌이라고 선언할 정도에 이르지는 않았으나, 이 사건 개설조항으로 인하여 당사자의 능력이나 자격과 상관없는 객관적 요건에 의한 비시각장애인의 직업선택의 자유가 원천적으로 차단되는 측면을 엄중히 보아야 하는 점, 비시각장애인에게 안마시술소 등의 개설을 허용하면서도 일정한 규모 이상의 안마시술소나 안마원 또는 스포츠마사지 업소의 경우 시각장애인 안마사를 일정비율 이상 의무적으로 고용하는 방법 등 비시각장애인의 기본권을 덜 침해할 수 있는 시각장애인 지원방법이 매우 다양한 형태로 존재할 수 있다. 시각장애인과 비시각장애인 양자 모두의 기본권 보호를 위해서는, 시각장애인의 생존권을 보장하면서도 비시각장애인의 직업선택의 자유를 덜 제한할 수 있도록 입법적 개선을 하는 것이 필요하다.

【심판대상조문】

의료법(2009. 1. 30. 법률 제9386호로 개정된 것) 제82조 제3항 중 제33조 제2항 제1호를 준용하는 부분

구 의료법(2016. 12. 20. 법률 제14438호로 개정되고, 2019. 4. 23. 법률 제16375호로 개정되기 전의 것) 제87조 제1항 제2호 중 제82조 제3항에서 준용하는 제33조 제2항 제1호에 관한 부분

【참조조문】

구 의료법(2009. 1. 30. 법률 제9386호로 개정되고, 2020. 3. 4. 법률 제17069호로 개정되기 전의 것) 제33조 제2항 제1호

의료법(2010. 1. 18. 법률 제9932호로 개정된 것) 제82조 제1항, 제4항

【참조판례】

가. 헌재 2013. 6. 27. 2011헌가39등, 판례집 25-1, 409, 410

헌재 2017. 12. 28. 2017헌가15, 판례집 29-2하, 264, 265

나. 헌재 2017. 12. 28. 2017헌가15, 판례집 29-2하, 264, 265

【당 사 자】

청 구 인 1. 추○○
2. 박○○

청구인들의 대리인 변호사 김영대

당해사건 서울중앙지방법원 2017노3874 의료법 위반 등

【주 문】

의료법(2009. 1. 30. 법률 제9386호로 개정된 것) 제82조 제3항 중 제33조 제2항 제1호를 준용하는 부분 및 구 의료법(2016. 12. 20. 법률 제14438호로 개정되고, 2019. 4. 23. 법률 제16375호로 개정되기 전의 것) 제87조 제1항 제2호 중 제82조 제3항에서 준용하는 제33조 제2항 제1호에 관한 부분은 모두 헌법에 위반되지 아니한다.

【이 유】

1. 사건개요

청구인 추○○은 '누구든지 안마사가 아니면 안마시술소를 개설할 수 없음에도 불구하고 안마사 자격 없이 2016. 6. 13.경부터 2017. 3. 13.경까지 서울 ○○구에 사무실을 차리고 안마사 자격이 없는 7명의 태국여성을 고용하여 출장마사지를 하도록 함으로써 안마사가 아니면서 안마시술소를 개설하였다.'라는 의료법위반의 범죄사실 등으로 2017. 10. 12. 징역 8월에 집행유예 2년을, 청구인 박○○은 '2017. 3. 10.경부터 2017. 3. 13.경까지 청구인 추○○이 차린 사무실에서 종업원을 고객들에게 데려다 주고 태워오는 등의 방법으로 청구인 추○○의 범행을 용이하게 하여 위 의료법위반행위를 방조하였다.'라는 의료법위반방조의 범죄사실로 2017. 10. 12. 벌금 500만 원을 각 선고받았다(서울중앙지방법원 2017고단5369). 청구인들은 각 항소하여 그 항소심(서울중앙지방법원 2017노3874) 계속 중 의료법 제82조 제3항, 제33조 제2항, 제87조 제1항 제2호에 대하여 위헌법률심판제청신청을 하였으나 2018. 4. 19. 기각되자(서울중앙지방법원 2017초기3136), 2018. 5. 1. 이 사건 헌법소원심판을 청구하였다.

2. 심판대상

청구인들은 의료법 제82조 제3항, 제33조 제2항, 제87조 제1항 제2호에 대하여 이 사건 헌법소원심판을 청구하였으나, 당해사건과 관련된 부분으로 심판대상을 한정한다.

그렇다면 이 사건 심판대상은 의료법(2009. 1. 30. 법률 제9386호로 개정된 것) 제82조 제3항 중 제33조 제2항 제1호를 준용하는 부분(이하 '이 사건 개설조항'이라 한다), 구 의료법(2016. 12. 20. 법률 제14438호로 개정되고, 2019. 4. 23. 법률 제16375호로 개정되기 전의 것) 제87조 제1항 제2호 중 제82조 제3항에서 준용하는 제33조 제2항 제1호에 관한 부분(이하 '이 사건 처벌조항'이라 하고, '이 사건 개설조항'과 합하여 '심판대상조항'이라 한다)이 헌법에 위반되는지 여부이고, 심판대상조항 및 관련조항은 다음과 같다.

[심판대상조항]

의료법(2009. 1. 30. 법률 제9386호로 개정된 것)

제82조(안마사) ③ 안마사에 대하여는 이 법 중 제8조, 제25조, 제28조부터 제32조까지, 제33조 제2항 제1호·제3항·제5항·제8항 본문, 제36조, 제40조, 제59조 제1항, 제61조, 제63조(제36조를 위반한 경우만을 말한다), 제64조부터 제66조까지, 제68조, 제83조, 제84조를 준용한다. 이 경우 "의료인"은 "안마사"로, "면허"는 "자격"으로, "면허증"은 "자격증"으로, "의료기관"은 "안마시술소 또는 안마원"으로, "해당 의료관계단체의 장"은 "안마사회장"으로 한다.

구 의료법(2016. 12. 20. 법률 제14438호로 개정되고, 2019. 4. 23. 법률 제16375호로 개정되기 전의 것)

제87조(벌칙) ① 다음 각 호의 어느 하나에 해당하는 자는 5년 이하의 징역이나 5천만 원 이하의 벌금에 처한다.

2. 제12조 제2항 및 제3항, 제18조 제3항, 제21조의2 제5항·제8항, 제23조 제3항, 제27조 제1항, 제33조 제2항·제8항(제82조 제3항에서 준용하는 경우를 포함한다)·제10항을 위반한 자. 다만, 제12조 제3항의 죄는 피해자의 명시한 의사에 반하여 공소를 제기할 수 없다.

[관련조항]

구 의료법(2009. 1. 30. 법률 제9386호로 개정되고, 2020. 3. 4. 법률 제17069호로 개정되기 전의 것)

제33조(개설 등) ② 다음 각 호의 어느 하나에 해당하는 자가 아니면 의료기관을 개설할 수 없다. 이 경우 의사는 종합병원·병원·요양병원 또는 의원을, 치과의사는 치과병원 또는 치과의원을, 한의사는 한방병원·요양병원 또는 한의원을, 조산사는 조산원만을 개설할 수 있다.

1. 의사, 치과의사, 한의사 또는 조산사

의료법(2010. 1. 18. 법률 제9932호로 개정된 것)

제82조(안마사) ① 안마사는 「장애인복지법」에 따른 시각장애인 중 다음 각 호의 어느 하나에 해당하는 자로서 시·도지사에게 자격인정을 받아야 한다.

1. 「초·중등교육법」 제2조 제5호에 따른 특수학교 중 고등학교에 준한 교육을 하는 학교에서 제4항에 따른 안마사의 업무한계에 따라 물리적 시술에 관한 교육과정을 마친 자
2. 중학교 과정 이상의 교육을 받고 보건복지부장관이 지정하는 안마수련기관에서 2년 이상의 안마수련과정을 마친 자

④ 안마사의 업무한계, 안마시술소나 안마원의 시설 기준 등에 관한 사항은 보건복지부령으로 정한다.

3. 청구인들의 주장

가. 이 사건 개설조항은 과잉금지원칙 및 죄형법정주의에 위반되어 청구인들의 직업선택의 자유, 평등권 등을 침해한다.

나. 이 사건 처벌조항은 책임과 형벌 사이의 비례원칙에 위반된다.

4. 판 단

가. 쟁점의 정리

(1) 이 사건 개설조항은 안마사가 아니면 안마시술소 또는 안마원을 개설할 수 없도록 규정하고 있으므로, 청구인들의 직업선택의 자유 및 평등권을 침해하는지 여부를 살펴본다.

(2) 이 사건 처벌조항은 이 사건 개설조항을 위반한 자를 5년 이하의 징역이나 5천만 원 이하의 벌금에 처하도록 규정하고 있으므로, 책임과 형벌 사이의 비례원칙에 위반되는지 여부를 살펴본다.

(3) 청구인들은 심판대상조항으로 인하여 근로의 권리를 침해받았다고 주장하나, 근로의 권리는 직업선택의 자유와 불가분적 관계에 있으므로, 직업선택의 자유의 침해 여부를 판단하는 이상 근로의 권리 침해 여부는 별도로 판단하지 않는다(헌재 2010. 7. 29. 2008헌마664등; 헌재 2013. 6. 27. 2011헌가39등 참조).

(4) 청구인들은 심판대상조항이 일반 소비자의 선택권, 자기결정권, 행복추구권을 침해한다고 주장하나, 일반 소비자가 비시각장애인이 개설한 안마시술소 또는 안마원에서 안마를 받을 수 없는 것은 사실적이고 간접적인 불이익에 불과하므로, 심판대상조항이 일반 소비자의 선택권, 자기결정권, 행복추구권을 제한한다고 볼 수 없다(헌재 2013. 6. 27. 2011헌가39등 참조).

(5) 청구인들은 전문 안마행위와 피로회복 정도의 단순 안마 또는 일반 피부마사지를 구별하지 아니하고, 단순 안마 또는 일반 피부마사지를 안마행위로 보아 처벌하는 것은 죄형법정주의에 위반된다고 주장하나, 이는 심판대상조항이 안마시술소 또는 안마원을 개설하는 행위를 과도하게 제한하고 있다는 주장과 다르지 않으므로, 이에 대하여 별도로 판단하지 않는다.

나. 판단

(1) 이 사건 개설조항의 위헌 여부

(가) 헌법재판소는 2013. 6. 27. 2011헌가39등 결정과 2017. 12. 28. 2017헌가15 결정에서 이 사건 개설조항은 비시각장애인의 직업선택의 자유 및 평등권을 침해하지 아니한다고 판단한 바 있다. 그 이유의 요지는 다음과 같다.

『1) 이 사건 개설조항은 무자격자가 안마시술소 등을 개설할 경우 발생할지도 모르는 국민의 건강상 위험을 미리 방지하며, 시각장애인의 생계보호 및 자아실현의 기회부여라는 시각장애인 안마사 제도의 목적을 보다 효과적으로 실현하고자 하는 것으로서 그 입법목적이 정당하고, 시·도지사로부터 자격인정을 받은 시각장애인 안마사에게만 안마시술소 등을 개설할 수 있도록 하는 것은 이 사건 개설조항의 입법목적을 달성하기 위한 적합한 수단이다.

비시각장애인에게 안마시술소 등을 개설하여 운영하는 것을 허용할 경우 안마시술소 등에서 비시각장애인 고용주와 시각장애인 종업원의 구조가 고착화되어, 상대적으로 약자의 입장에 있는 시각장애인 안마사들이 열악한 환경에서 노동 제공을 강요당하거나 저임금에 시달리게 되는 등, 복지의 사각지대에 놓이게 될 가능성을 배제할 수 없다.

나아가 시각장애인 안마사제도를 통하여 시각장애인의 생계보호 및 이를 넘어선 자아실현의 기회 제공이라는 입법목적을 더 잘 실현하기 위해서는 안마시술소 등의 개설 및 운영에 있어서도 독점적 지위를 보장함으로써, 보다 많은 시각장애인들이 안마사 자격인정 단계에서부터 더 큰 목표를 가지고 직업활동을 영위해 나갈 수 있는 기회를 최대한 보장해 주는 것이 필요하며, 안마시술소 등의 개설에 관한 독점권을 시각장애인에게 인정하는 것 이외에 이를 위한 덜 침익적인 수단을 발견하기 어려우므로, 이 사건 개설조항은 침해의 최소성 요건을 충족한다.

이와 같이 이 사건 개설조항은 일반 국민에게 제공되는 안마의 질을 담보하고, 시각장애인들이 목표를 가지고 자아를 실현할 수 있도록 보다 적극적인 기회를 제공하며, 시각장애인 안마사들이 열악한 환경에서 노동력을 착취당하는 것을 방지한다는 공익 달성에 기여한다. 반면, 이 사건 개설조항으로 인하여 비시각장애인들이 안마시술소 등을 개설할 수 없게 된다고 할지라도, 이들에게는 다양한 다른 직업을 선택할 수 있는 가능성이 존재하므로, 이로 인해 제한되는 비시각장애인의 사익이 공익에 비하여 크다고 볼 수도 없으므로, 이 사건 개설조항은 법익의 균형성도 갖추고 있다.

따라서 이 사건 개설조항은 과잉금지원칙에 위배되어 안마시술소 등을 개설하여 운영하고자 하는 비시각장애인의 직업선택의 자유를 침해하지 않는다.

2) 시각장애인에 대한 복지정책이 미흡한 현실에서 시각장애인 안마사제도가 헌법 제10조 및 제34조 제5항에 의한 요청에 따라 시각장애인에게 가해진 유·무형의 사회적 차별을 보상해주고 실질적인 평등을 이룰 수 있는 수단으로서 채택된 것인 점, 만약 비시각장애인에게도 안마시술소 등을 개설하는 것이 허용될 경우 앞서 살핀 바와 같이 시각장애인에게만 안마사자격을 독점적으로 부여하는 취지가 몰각될 수 있는 점 등을 고려하면, 이 사건 개설조항은 비시각장애인을 부당하게 차별하여 평등권을 침해하지 않는다. 또한 다른 직종에 비해 공간이동과 기동성을 거의 요구하지 않고 촉각이 발달한 시각장애인이 영위하기에 용이한 안마업의 특성을 감안하여 시각장애인에게 안마업을 독점시킨 것인 점, 시각장애는 앞을 볼 수 없다는 점에서 여타 장애와 구별되는 본질적인 차이가 있는 점 등을 고려하면, 이 사건 개설조항이 시각장애인과 다른 장애인을 부당하게 차별하는 것이라고 볼 수도 없다.』

(나) 위 선례와 같은 결정 이후 그 판단을 변경할만한 사정 변경이 있었는지에 대해 살펴본다. 그런데 아래에서 보는 바와 같이 2013년 이 사건 개설조항에 대한 최초 합헌결정 이후 안마사자격을 시각장애인들로만 한정한 것에 대해 그 제한을 완화해야 할만한 사정변경이 있었다고 보기 어렵다.

보건복지부에서 발표한 장애인현황 통계에 따르면, 2013년 시각장애인의 수는 253,095명(전체 등록 장애인 2,501,112명 중 약 10.1%)에서 2020년 252,324명(전체 등록 장애인 2,633,023명 중 9.6%)으로 큰 변화가 없으나, 2020년 장애인실태조사에 따라 파악한 안마원 및 안마시술소의 수는 2012년 1,102개소에서 2020년 1,296개소로, 안마사의 수는 2013년 8,719명에서 2020년 10,725명으로 계속하여 증가 추세에 있다. 이러한 점을 고려할 때 시각장애인들에게 안마업의 영위는 여전히 중요한 생계유지수단으로서 이들의 생존과 직결되고 있음을 부인하기 어렵다. 또한 안마사 제도의 오랜 시행과 시각장애인 생존 보장에 관한 여러 제도적 개선 요구에도 불구하고, 안마사로 활동하는 시각장애인의 상당수는 여전히 안마원이나 안마시술소에서 근무하고 있으며, 일반기업이나 기관에서 근무하거나(헬스키퍼), 출장안마로 일하는 경우는 적다는 조사결과도 나타나고 있어, 그 직업적 활동 범위가 이전과 크게 달라진바 없다는 점에서 안마원 및 안마시술소의 독점 개설이 시각장애인 안마사에 미치는 영향이 과거보다 축소되었다고 보기 어렵다. 이와 같이 우리 사회에서 시각장애인이 처한 현실과 이들을 보호해야 할 필요성이 이 사건 개설조항에 대한 합헌 판단 이후 달라졌다고 보기 어렵고, 이 사건에서 선례와 달리 판단하여야 할 사정변경이 있다고 볼 수 없다.

따라서 이 사건 개설조항이 청구인들의 직업선택의 자유 및 평등권을 침해하여 헌법에 위반된다고 볼 수 없다.

(2) 이 사건 처벌조항의 위헌 여부

헌법재판소는 2017. 12. 28. 2017헌가15 결정에서 이 사건 처벌조항이 책임과 형벌 사이의 비례원칙에 위반되지 않는다고 판단하였고, 그 이유의 요지는 다음과 같다.

『안마사의 자격 없이 안마시술소 등을 개설하는 자에 대한 형사처벌이 1994. 1. 7. 개정된 의료법(법률 제4732호)에 명시적으로 규정된 이래, 조문의 형태 등에 일부 변동이 있기는 하였지만 처벌조항 자체는 현재까지 계속 존재하여 오고 있는데도, 비안마사들의 안마시술소 등 개설행위가 근절되지 않음으로써 국민에게 제공되는 안마서비스의 적정성 및 안전을 기하고 시각장애인의 생계보호 등을 위한 이 사건 개설조항의 목적이 충분히 달성되지 않고 있는 사정 등을 감안하면, 시각장애인들에 대한 실질적인 보호를 위하여 비안마사들의 안마시술소 개설행위를 실효적으로 규제하는 것이 필요하다. 이 사건 처벌조항은 벌금형과 징역형을 모두 규정하고 있으나, 그 하한에는 제한을 두지 않고 그 상한만 5년 이하의 징역형 또는 2천만 원 이하의 벌금형으로 제한하고 있으며 죄질에 따라 벌금형이나 선고유예까지 선고할 수 있으므로, 이러한 법정형이 위와 같은 입법목적에 비추어 지나치게 가혹한 형벌이라고 보기 어렵다. 따라서 이 사건 처벌조항이 책임과 형벌 사이의 비례원칙에 위반되어 헌법에 위반된다고 볼 수 없다.』

이 사건에서 헌법재판소의 종전 결정과 달리 판단하여야 할 아무런 사정변경이 없으므로 이 사건 처벌조항은 책임과 형벌 간 비례원칙에 위반되어 헌법에 위반된다고 볼 수 없다.

5. 결 론

그렇다면 심판대상조항은 헌법에 위반되지 아니하므로, 주문과 같이 결정한다. 이 결정은 아래 6.과 같은 재판관 이영진의 보충의견이 있는 외에는 관여 재판관들의 일치된 의견에 의한 것이다.

6. 재판관 이영진의 보충의견

나는 시각장애인으로서 안마사 자격인증을 받지 아니한 자는 안마시술소나 안마원을 개설할 수 없도록 한 이 사건 개설조항이 청구인들의 직업선택의 자유와 평등권을 침해하는 정도에 이르지는 아니하나, 시각장애인과 비시각장애인 양자 모두의 기본권 보호를 위해서는 규범조화적인 입법적 개선이 필요하다는 의견이므로 아래와 같은 견해를 밝힌다.

장애인에 대한 복지정책은 제1차적으로는 장애인의 생존권을 보장하는 데 있지만 거기에 그쳐서는 안 되고, 소수자인 장애인이 진정한 사회공동체의 일원으로 대우받을 수 있도록 제반 여건을 형성하는 데에도 초점을 맞추어 인간의 존엄과 가치를 지키며 인간다운 삶을 영위할 수 있도록 하여야 한다. 그러나 장애인에 대한 적극적인 복지정책은 때로 일반국민에 비하여 장애인을 우대하는 형태로 나타나게 되는데, 그로 말미암아 일반국민의 기본권 행사가 제한받게 될 경우 입법자로서는 장애인의 보호와 일반국민의 기본권 보장이라는 양 법익 사이에 조화와 균형을 이룰 수 있도록 하여야 한다(헌재 2008. 10. 30. 2006헌마1098등 참조).

예컨대, 비시각장애인에게 안마업을 허용하면서도 시각장애인 안마사가 취업할 수 있는 보건복지 관련 시설을 안마시술소나 안마원 외에 보건소, 노인복지시설, 장애인복지시설 등으로 확대하여 시행하는 방법이나 일정한 규모의 사업장에 산업안마사(헬스키퍼: Health Keeper)를 의무적으로 고용하도록 강제하는 방법, 일정한 규모 이상의 안마시술소나 안마원 또는 스포츠마사지 업소의 경우 시각장애인 안마사를 일정 비율 이상 의무적으로 고용하도록 쿼터를 두는 방법, 시각장애인의 안마시술소나 안마원 사업 개시에 필요한 자금을 재정적 지원하고 세제혜택을 주는 방법, 영업장을 두지 아니하는 출장안마나 일정규모 이상 또는 이하의 안마업에 한하여 시각장애인에게 독점권을 주는 방법, 안마를 필요로 하는 일반인이 안마바우처를 구입하여 자택에서 시각장애인 안마사로부터 손쉽게 안마서비스를 받을 수 있게 하는 방법 등 시각장애인의 생계보장 및 직업활동 참여기회 제공을 폭넓게 달성하면서도 비시각장애인의 기본권을 덜 침해할 수 있는 시각장애인 지원방법이 매우 다양한 형태로 존재할 수 있다(헌재 2008. 10. 30. 2006헌마1098등 결정의 위헌의견 참조).

우리나라와 같이 안마사라는 특정 직업을 시각장애인에게만 독점적으로 부여하는 입법례는 매우 드물 뿐만 아니라 일부 국가에서는 그러한 입법에 대하여 위헌결정을 한 예도 있다. 외국의 입법례를 살펴보면, 미국의 경우 연방정부가 소유, 사용, 점유하는 부동산에서 자동판매기나 카페테리아 등 판매시설의 운영을 허가함에 있어서 시각장애인에게 우선권을 부여하는 법률(Randolph-Sheppard Act)을 시행하여 위 판매시설에서 얻은 이익을 그 시설을 운영한 시각장애인에게 귀속되도록 하고 있고, 독일의 경우 일반 노동시장에서 고용기회를 가질 수 없는 시각장애인들에게 별도의 시각장애인용 작업장(Blindenwerkstätte)을 설치하여 일정한 생업활동을 할 수 있도록 하는 등 외국의 경우 특정 직업을 안마사에 독점시키지 않으면서도 시각장애인의 생계보장 및 직업활동 참여기회를 제공하는 방안들을 마련하고 있다.

위와 같은 다양한 대안들이 제시될 수 있음에도 그에 관한 검토나 또 다른 대안의 개발을 하지 아니한 채 시각장애인에게 안마업을 독점시키도록 한 이 사건 개설조항에 안주하려는 입법자의 태도는 신체장애자 등 생활능력이 없는 국민은 법률이 정하는 바에 의하여 국가의 보호를 받도록 한 헌법규정(헌법 제34조 제5항)에 기대어 사회보장·사회복지 증진에 노력할 국가의 의무(헌법 제34조 제2항)를 게을리 한 것이라고 볼 수도 있을 것이다.

안마시술소 등의 개설을 포함하여 안마업 자체를 비시각장애인에게도 허용할 경우, 비시각장애인들의 탈법적인 안마사 영업을 양성화하여 안마의 수요가 확대될 수 있고 안마사업을 하나의 산업으로 발달시켜 국가 전체의 이익을 증진시킬 수 있으며, 그에 따라 오히려 시각장애인 안마사의 활동영역도 넓어질 수 있다. 나아가 안마사업계 수익의 일부를 시각장애인의 복지를 위하여 사용할 수 있는 방안도 강구해 볼 수 있다(헌재 2010. 7. 29. 2008헌마664등 결정의 위헌의견 참조).

2020년 5월 현재 15세 이상의 시각장애인 251,565명 중에서 안마업에 종사하는 사람은 약 1만 1천여 명에 불과하다. 이와 같은 안마사 수는 안마나 마사지를 통하여 육체적 피로와 정신적 스트레스를 해소하고자 하는 현대인들의 수요를 충족시켜 주기에는 턱없이 부족한 규모이다.

이에 따라 마사지 관련업계에서는 마사지 행위가 이루어지는 업소 수가 약 8만여 개, 관련 종사자 수가 약 30만 명에 달하는 것으로 추산하는 등 비시각장애인들이 발 마사지 등 스포츠마사지나 피부미용마사지의 명목으로 안마업에 종사하는 경우가 허다하다. 특히 의료법에서 '안마'의 구체적인 의미에 대하여 규정하고 있지 아니하면서, 하위법령인 '안마사에 관한 규칙'에서 안마사의 업무를 '안마·마사지·지압 등 각종 수기요법(手技療法)이나 전기기구의 사용, 그 밖의 자극요법으로 인체에 물리적 시술행위를 하는 것'(안마사에 관한 규칙 제2조)이라고 너무나 포괄적으로 규정하고 있다. 이로 인하여 시각장애인에게 허용되는 안마와, 스포츠마사지나 피부미용마사지 등 비시각장애인에게 허용되지 않는 안마의 경계가 모호하여 많은 비시각장애인들이 형사처벌을 받을 위기에 내몰리는 한편, 법의 문외한인 일반인들은 업무나 운동 등으로 인한 육체적 피로와 정신적 스트레스 해소를 위하여 안마사의 자격이 없는 비시각장애인들로부터 마사지 등을 받음으로써 그 진정한 의사와 관계없이 불법행위에 동참하는 결과를 초래하고 있다. 이는 안마 내지 스포츠마사지 업계의 현실과 시각장애인에게만 안마업을 독점시키는 규범의 괴리가 얼마나 심각한지를 잘 보여준다.

시각장애인에 한하여 안마사 자격을 인정하는 구 '안마사에 관한 규칙' 조항에 대하여 2006년 헌법재판소가 법률유보원칙에 반하여 헌법에 위반된다고 선언(헌재 2006. 5. 25. 2003헌마715등 결정 참조)한 이래, 입법자는 안마사 자격을 시각장애인에게 독점시키는 내용을 의료법에 직접 규정하기에 이르렀다. 이후 헌법재판소는 이러한 내용의 의료법 조항에 대하여 4차례 합헌 결정을 한 바 있으나, 이 결정 중에는 비시각장애인에게 안마사업이 허용되더라도 시각장애인 안마사의 영업활동이 전혀 불가능하게 되는 것이 아니고 단지 시각장애인이 아닌 일반 안마사들과 경쟁하는 입장에 처하게 될 뿐이며, 전체 시각장애인 인구 중에서 안마업에 종사하는 사람은 소수에 불과하므로, 이로써 시각장애인 전체의 복지에 명백하고 확실한 위험이 발생하게 된다고 보기 어려워 안마사 자격을 시각장애인에게 독점시키는 내용의 의료법 조항이 헌법에 위반된다는 반대의견이 개진되기도 하였다. 또한 시각장애인의 안마사 독점은 오로지 시각장애인의 생계를 보장하기 위한 것이지만 사회공동체의 다른 구성원들에게도 동등하게 보장되어야 할 직업선택의 기회 자체를 원천적으로 배제시킬 뿐만 아니라, 국민이 안마를 통해 건강을 증진시키고 또 안마사 간의 경쟁을 통해 질적으로 향상된 서비스를 공급받을 기회마저도 상실시키고 있다는 의견 등도 꾸준히 제기되어 오면서, 안마업과 관련하여 시각장애인과 비시각장애인의 소모적인 갈등상황이 반복되어 왔음은 주지의 사실이다. 이러한 끊임없는 갈등상황은 일반국민이 안마를 직업으로 선택할 수 없는 문제 역시 사회경제적 약자를 보호하는 것 못지않게 중요한 헌법적 문제라는 점을 시사한다.

법정의견이 밝힌 바와 같이 현재 시각장애인이 처한 현실과 이들의 보호할 필요성을 인정할 수 있으나, 다른 한편으로는 당사자의 능력이나 자격과 상관없는 객관적 요건에 의한 비시각장애인의 직업선택의 자유가 원천적으로 차단되는 측면 또한 엄중히 인식해야 한다.

이 사건 개설조항은 시각장애인의 생존과 인간다운 생활을 보장하기 위하여 입법자가 선택한 수단으로서, 비록 위헌이라고 선언할 정도에 이르지는 않았지만, 이 사건 개설조항으로 인하여 비시각장애인이 입게 되는 불이익에 대하여 보다 진지한 고려가 필요하다. 입법자를 비롯한 정부 당국에서는 시각장애인에 대한 복지정책을 실시하는 과정에서 이러한 문제를 해소하는 데 주의를 게을리 해서는 안 될 것이다. 차제에 시각장애인의 생존권을 보장하면서도 비시각장애인의 직업선택의 자유를 덜 제한할 수 있도록 입법적 개선을 하는 것이 필요하다.

재판관 유남석 이석태 이은애 이종석 이영진 김기영 문형배 이미선

56. 구 성폭력범죄의 처벌 및 피해자보호 등에 관한 법률 제21조의3 제4항 등 위헌소원

[2021. 12. 23. 2018헌바524]

【판시사항】

영상물에 수록된 '19세 미만 성폭력범죄 피해자'(이하 '미성년 피해자'라 한다)의 진술에 관하여 조사 과정에 동석하였던 신뢰관계인 내지 진술조력인의 법정진술에 의하여 그 성립의 진정함이 인정된 경우에도 증거능력을 인정할 수 있도록 정한 '성폭력범죄의 처벌 등에 관한 특례법' 제30조 제6항 중 '제1항에 따라 촬영한 영상물에 수록된 피해자의 진술은 공판준비기일 또는 공판기일에 조사 과정에 동석하였던 신뢰관계에 있는 사람 또는 진술조력인의 진술에 의하여 그 성립의 진정함이 인정된 경우에 증거로 할 수 있다' 부분 가운데 19세 미만 성폭력범죄 피해자에 관한 부분(이하 '심판대상조항'이라 한다)이 과잉금지원칙을 위반하여 공정한 재판을 받을 권리를 침해하는지 여부(적극)

【결정요지】

심판대상조항은 미성년 피해자가 증언과정 등에서 받을 수 있는 2차 피해를 막기 위한 것이다. 미성년 피해자의 2차 피해를 방지하는 것은, 성폭력범죄에 관한 형사절차를 형성함에 있어 포기할 수 없는 중요한 가치이나 그 과정에서 피고인의 공정한 재판을 받을 권리도 보장되어야 한다. 성폭력범죄의 특성상 영상물에 수록된 미성년 피해자 진술이 사건의 핵심 증거인 경우가 적지 않음에도 심판대상조항은 진술증거의 오류를 탄핵할 수 있는 효과적인 방법인 피고인의 반대신문권을 보장하지 않고 있다. 심판대상조항은 영상물로 그 증거방법을 한정하고 신뢰관계인 등에 대한 신문 기회를 보장하고 있기는 하나 위 증거의 특성 및 형성과정을 고려할 때 이로써 원진술자에 대한 반대신문의 기능을 대체하기는 어렵다. 그 결과 피고인은 사건의 핵심 진술증거에 관하여 충분히 탄핵할 기회를 갖지 못한 채 유죄 판결을 받을 수 있는바, 그로 인한 방어권 제한의 정도는 매우 중대하다. 반면 피고인의 반대신문권을 일률적으로 제한하지 않더라도, 성폭력범죄 사건 수사의 초기단계에서부터 증거보전절차를 적극적으로 실시하거나, 비디오 등 중계장치에 의한 증인신문 등 미성년 피해자가 증언과정에서 받을 수 있는 2차 피해를 방지할 수 있는 여러 조화적인 제도를 적극 활용함으로써 위 조항의 목적을 달성할 수 있다. 피고인 측이 정당한 방어권의 범위를 넘어 피해자를 위협하고 괴롭히는 등의 반대신문은 금지되며, 재판장은 구체적 신문 과정에서 증인을 보호하기 위해 소송지휘권을 행사할 수 있다.

우리 사회에서 미성년 피해자의 2차 피해를 방지하는 것이 중요한 공익에 해당함에는 의문의 여지가 없다. 그러나 심판대상조항으로 인한 피고인의 방어권 제한의 중대성과 미성년 피해자의 2차 피해를 방지할 수 있는 여러 조화적인 대안들이 존재함을 고려할 때, 심판대상조항이 달성하려는 공익이 제한되는 피고인의 사익보다 우월하다고 쉽게 단정하기는 어렵다.

따라서 심판대상조항은 과잉금지원칙을 위반하여 공정한 재판을 받을 권리를 침해한다.

재판관 이선애, 재판관 이영진, 재판관 이미선의 반대의견

헌법상 재판절차진술권의 주체인 형사피해자가 그의 기본권 보장을 위한 형사소송절차 진행 도중 오히려 2차 피해를 입는 현상에 대한 대응은 최근에서야 비로소 주목받고 있다. 심판대상조항은 성폭력범죄의 미성년 피해자가 법정 진술과정에서 받을 수 있는 심리적·정서적 충격 등 새로운 추가피해를 방지하기 위해 미성년 피해자의 법정에서의 조사와 신문을 최소화할 수 있도록 한다. 피고인이 반대신문을 하는 경우, 법정에서 성폭력 피해를 복기하고 격렬한 탄핵의 과정을 거치게 되는데, 미성년 피해자는 증언 시 스스로 감당할 수 없는 심각한 심리적·정서적 충격이나 그로 인한 후유 장애를 입을 개연성이 있으므로, 미성년 피해자를 특별히 보호해야 할 필요성이 인정된다. 심판대상조항은 피고인의 형사절차상 권리의 보장과 미성년 피해자의 보호 사이의 조화를 도모하고 있을 뿐, 미성년 피해자에 대한 반대신문을 전적으로 금지하거나 피고인을 단순한 처벌의 대상으로 만들지 않는다. 피고인은 영상물의 적법성 및 영상물에 담긴 미성년 피해자 진술의 신빙성을 탄핵하거나 조사 과정에 동석했던 신뢰관계인에 대한 신문을 통해 자신을 방어할 수 있다. 영상물에 담긴 진술의 증명력이 부인될 수 있고, 법원의 판단에 따라 반대신문권을 행사할 수 있는 기회도 부여받고 있다. 증거보전절차는 반복진술로 인한 2차 피해를 줄이는 효과가 없고, 교호신문제도에 의한 증인신문 방식이 그대로 적용되어 진술 탄핵을 본질로 하고 유도신문이 허용되는 반대신문의 속성에서 비롯되는 2차 피해를 방지하지 못하여 심판대상조항과 동일한 정도로 입법목적에 기여할 수 없다. 심판대상조항이 보호하려는 공익의 중대성을 고려할 때, 심판대상조항이 전문법칙의 예외를 정하고 있다는 사정만으로 미성년 피해자의 보호만을 앞세워 피고인의 방어권을 무력화하고 있다고 볼 수 없다. 따라서 심판대상조항은 공정한 재판을 받을 권리를 침해하지 않는다.

【심판대상조문】

성폭력범죄의 처벌 등에 관한 특례법(2012. 12. 18. 법률 제11556호로 전부개정된 것) 제30조 제6항 중 '제1항에 따라 촬영한 영상물에 수록된 피해자의 진술은 공판준비기일 또는 공판기일에 조사 과정에 동석하였던 신뢰관계에 있는 사람 또는 진술조력인의 진술에 의하여 그 성립의 진정함이 인정된 경우에 증거로 할 수 있다' 부분 가운데 19세 미만 성폭력범죄 피해자에 관한 부분

【참조조문】

헌법 제27조 제1항, 제37조 제2항

성폭력범죄의 처벌 등에 관한 특례법(2012. 12. 18. 법률 제11556호로 전부개정된 것) 제24조, 제27조, 제30조 제1항 내지 제5항, 제7항, 제31조 제1항 내지 제3항, 제32조, 제34조, 제37조, 제38조, 제40조

구 성폭력범죄의 처벌 등에 관한 특례법(2012. 12. 18. 법률 제11556호로 전부개정되고, 2020. 10. 20. 법률 제17507호로 개정되기 전의 것) 제41조 제1항

성폭력범죄의 처벌 등에 관한 특례법(2020. 10. 20. 법률 제17507호로 개정된 것) 제41조

형사소송법(1954. 9. 23. 법률 제341호로 제정된 것) 제184조 제1항, 제2항

구 형사소송법(2012. 12. 18. 법률 제11572호로 개정되고, 2020. 12. 8. 법률 제17572호로 개정되기 전의 것) 제165조의2

형사소송법(2021. 8. 17. 법률 제18398호로 개정된 것) 제165조의2

구 형사소송규칙(2007. 10. 29. 대법원규칙 제2106호로 개정되고, 2021. 10. 29. 대법원규칙 제3004호로 개정되기 전의 것) 제84조의5 제1항

형사소송규칙(2021. 10. 29. 대법원규칙 제3004호로 개정된 것) 제84조의9 제2항

【참조판례】

헌재 1998. 9. 30. 97헌바51, 판례집 10-2, 541, 549-550

헌재 2012. 5. 31. 2010헌바403, 판례집 24-1하,

419, 424-425

헌재 2013. 12. 26. 2011헌바108, 판례집 25-2하, 621, 628-630, 634-638

【당 사 자】

청 구 인 이○○

대리인 변호사 장윤기

당해사건 대법원 2018도15169 성폭력범죄의처벌및피해자보호등에관한법률위반(13세미만미성년자강간등), 성폭력범죄의처벌등에관한특례법위반(13세미만미성년자위계등추행)

【주 문】

성폭력범죄의 처벌 등에 관한 특례법(2012. 12. 18. 법률 제11556호로 전부개정된 것) 제30조 제6항 중 '제1항에 따라 촬영한 영상물에 수록된 피해자의 진술은 공판준비기일 또는 공판기일에 조사 과정에 동석하였던 신뢰관계에 있는 사람 또는 진술조력인의 진술에 의하여 그 성립의 진정함이 인정된 경우에 증거로 할 수 있다' 부분 가운데 19세 미만 성폭력범죄 피해자에 관한 부분은 헌법에 위반된다.

【이 유】

1. 사건개요

가. 청구인은 2010년부터 2011년 사이에 위력으로 13세 미만 미성년자인 피해자를 수차례 추행하였다는 등의 범죄사실로 대구지방법원에서 2018. 2. 2. 징역 6년 및 성폭력 치료프로그램 이수명령 40시간을 선고받았다(2016고합520). 한편, 청구인은 위 1심 공판에서 각 영상녹화CD에 수록된 19세 미만인 위 성폭력범죄 피해자의 진술에 관하여 증거부동의 하였다. 그러나 1심 법원은 조사 과정에 동석하였던 신뢰관계에 있는 사람들의 법정진술에 의하여 성립의 진정함이 인정된 각 영상녹화CD에 수록된 위 피해자의 진술을 공소사실에 관한 증거로 채택·조사한 후, 이를 청구인에 대한 유죄판결의 증거로 사용하였다. 다만, 그 과정에서 위 증거의 원진술자인 피해자에 대한 증인신문은 이루어지지 않았다.

나. 청구인은 위 1심 판결에 불복하여 항소하였으나, 대구고등법원은 2018. 9. 5. 위 1심 판결과 동일한 범죄사실에 관하여 재차 유죄판결을 선고하되, 관련 법령 개정에 따라 아동·청소년 관련기관 등에 관한 취업제한 기간을 정하기 위하여 1심 유죄 부분을 파기하고 징역 6년, 성폭력 치료프로그램 이수명령 40시간 및 위 관련기관 등 취업제한 5년을 선고하였다(2018노59). 항소심 법원 역시 1심 법원과 마찬가지로 위 각 영상녹화CD에 수록된 위 피해자의 진술을 유죄 판결의 증거로 하였는데, 그 과정에서 피해자를 증인으로 소환하여 신문하지는 않았다.

다. 청구인은 위 항소심 판결에 불복하여 상고를 제기하였고, 위 상고심 계속 중 구 '성폭력범죄의 처벌 및 피해자보호 등에 관한 법률' 제21조의3 제4항, '성폭력범죄의 처벌 등에 관한 특례법' 제30조 제6항에 대하여 위헌법률심판제청신청을 하였다. 대법원은 2018. 11. 29. 위 상고 및 신청을 모두 기각하였고(2018도15169, 2018초기1107), 이에 청구인은 2018. 12. 27. 이 사건 헌법소원심판을 청구하였다.

2. 심판대상

가. 이 사건에서 청구인이 다투는 것은, 청구인에 대한 형사재판에서 유죄판결의 증거로 사용된 각 영상녹화CD에 수록된 '19세 미만 성폭력범죄 피해자'(이하 '미성년 피해자'라 한다)의 진술에 관하여 그 성립의 진정함이 조사 과정에 동석하였던 '신뢰관계에 있는 사람 내지 진술조력인'(이하 '신뢰관계인 등'이라 한다)의 진술에 의하여 인정된 경우에도 증거로 할 수 있도록 한 규정의 위헌 여부라 할 것이다. 그러므로 당해 사건에 적용된 '성폭력범죄의 처벌 등에 관한 특례법'(이하 '성폭력처벌법'이라 한다) 제30조 제6항 중 관련 부분으로 심판대상을 한정하기로 한다.

나. 청구인은 구 '성폭력범죄의 처벌 및 피해자보호 등에 관한 법률' 제21조의3 제4항에 관하여서도 다투고 있으나, 위 조항은 2010. 4. 15. 법률 제10258호 개정으로 삭제되어 당해 사건 재판에 적용되지 않으므로 심판대상에서 제외하기로 한다.

다. 따라서 이 사건 심판대상은 '성폭력범죄의 처벌 등에 관한 특례법'(2012. 12. 18. 법률 제11556호로 전부개정된 것) 제30조 제6항 중 '제1항에 따라 촬영한 영상물에 수록된 피해자의 진술은 공판준비기일 또는 공판기일에 조사 과정에 동석하였던 신뢰관계에 있는 사람 또는 진술조력인의 진술에 의하여 그 성립의 진정함이 인정된 경우에 증거로 할 수 있다' 부분 가운데 19세 미만 성폭력범죄 피해자에 관한 부분(이하 '심판대상조항'이라 한다)이 헌법에 위반되는지 여부이다. 심판대상조항 및 주요 관련조항은 다음과 같고, 나머지 관련조항은 [별지]와 같다.

[심판대상조항]

성폭력범죄의 처벌 등에 관한 특례법(2012. 12. 18. 법률 제11556호로 전부개정된 것)

제30조(영상물의 촬영·보존 등) ⑥ 제1항에 따라 촬영한 영상물에 수록된 피해자의 진술은 공판준비기일 또는 공판기일에 피해자나 조사 과정에 동석하였던 신뢰관계에 있는 사람 또는 진술조력인의 진술에 의하여 그 성립의 진정함이 인정된 경우에 증거로 할 수 있다.

[관련조항]

성폭력범죄의 처벌 등에 관한 특례법(2012. 12. 18. 법률 제11556호로 전부개정된 것)

제30조(영상물의 촬영·보존 등) ① 성폭력범죄의 피해자가 19세 미만이거나 신체적인 또는 정신적인 장애로 사물을 변별하거나 의사를 결정할 능력이 미약한 경우에는 피해자의 진술 내용과 조사 과정을 비디오녹화기 등 영상물 녹화장치로 촬영·보존하여야 한다.

② 제1항에 따른 영상물 녹화는 피해자 또는 법정대리인이 이를 원하지 아니하는 의사를 표시한 경우에는 촬영을 하여서는 아니 된다. 다만, 가해자가 친권자 중 일방인 경우는 그러하지 아니하다.

③ 제1항에 따른 영상물 녹화는 조사의 개시부터 종료까지의 전 과정 및 객관적 정황을 녹화하여야 하고, 녹화가 완료된 때에는 지체 없이 그 원본을 피해자 또는 변호사 앞에서 봉인하고 피해자로 하여금 기명날인 또는 서명하게 하여야 한다.

④ 검사 또는 사법경찰관은 피해자가 제1항의 녹화장소에 도착한 시각, 녹화를 시작하고 마친 시각, 그 밖에 녹화과정의 진행경과를 확인하기 위하여 필요한 사항을 조서 또는 별도의 서면에 기록한 후 수사기록에 편철하여야 한다.

⑤ 검사 또는 사법경찰관은 피해자 또는 법정대리인이 신청하는 경우에는 영상물 촬영과정에서 작성한 조서의 사본을 신청인에게 발급하거나 영상물을 재생하여 시청하게 하여야 한다.

⑦ 누구든지 제1항에 따라 촬영한 영상물을 수사 및 재판의 용도 외에 다른 목적으로 사용하여서는 아니 된다.

3. 청구인 주장

심판대상조항은, 조사 과정에 동석하였던 신뢰관계인 등의 법정진술에 의하여 그 성립의 진정함이 인정된 경우 영상물에 수록된 미성년 피해자 진술의 증거능력을 인정할 수 있도록 정하고 있다. 그로 인하여 청구인은 미성년 피해자에 대한 반대신문권을 전혀 행사하지 못하였음에도, 법원은 신뢰관계인 등 다른 사람의 진술에 따라 영상물에 수록된 미성년 피해자 진술의 증거능력을 인정하여 유죄판결의 결정적인 증거로 사용하였다.

이처럼 심판대상조항은 헌법 제12조 제1항, 제37조 제1항에서 도출되는 피고인이 자신에게 불리한 증인을 신문할 권리, 즉 피고인의 반대신문권을 박탈하는 것이므로 헌법에 위반된다.

4. 판 단

가. 심판대상조항의 의의

형사소송법 제310조의2는 "제311조 내지 제316조에 규정한 것 이외에는 공판준비 또는 공판기일에서의 진술에 대신하여 진술을 기재한 서류나 공판준비 또는 공판기일 외에서의 타인의 진술을 내용으로 하는 진술은 이를 증거로 할 수 없다."라고 규정하여 전문증거의 증거능력을 원칙적으로 부인하고 있다. 이는 공개된 법정에서 법관의 면전에서 진술되지 아니하고 피고인에게 반대신문의 기회를 부여하지 않은 전문증거의 증거능력을 배척함으로써 피고인의 반대신문권을 보장하고, 직접심리주의와 공판중심주의를 철저히 하여 피고인의 공정한 재판을 받을 권리를 보장하기 위한 것이다.

그런데 성폭력처벌법 제30조 제1항은 미성년 피해자의 진술내용과 조사 과정을 비디오녹화기 등 영상물 녹화장치로 촬영·보존하도록 정하고 있다. 그리고 심판대상조항은 위 조항에 따라 촬영한 영상물에 수록된 미성년 피해자의 진술은 조사 과정에 동석하였던 신뢰관계인 등의 진술에 의하여 그 성립의 진정함이 인정된 경우에도 증거능력이 부여되도록 하여, 원진술자인 미성년 피해자의 법정진술 없이도 전문증거인 영상물에 수록된 미성년 피해자 진술을 성폭력범죄의 '본증'으로 사용될 수 있도록 정하고 있다. 이는 미성년인 성폭력범죄 피해자가 법정에 출석하여 증언함으로써 입을 수 있는 2차 피해를 방지하기 위해 전문법칙의 예외를 규정한 것으로, 원진술자의 법정출석을 전제로 하여서만 보장될 수 있는 피고인의 반대신문권 행사를 실질적으로 제한하는 의미를 갖는다.

한편, 형사소송법은 '당연히 증거능력이 있는 서류'를 규정한 제315조와 원진술자의 사망, 질병, 외국거주 등으로 인한 '증거능력에 대한 예외'를 규정한 제314조에서도 원진술자에 대한 반대신문의 기회 부여 없이 전문증거의 증거능력을 인정하고 있다. 전자는 공무상 또는 업무상 기계적·반복적으로 작성되거나 고도의 신용성의 정황적 보장이 있어 굳이 반대신문을 거칠 필요가 없다는 점에서, 후자는 반대신문을 위한 증인 소환이 현실적으로 불가능하거나 현저히 곤란하여 반대신문을 할 수 없는 경우라는 점에서 전문법칙의 예외를 인정하는 것이다. 그러나 심판대상조항은 문제되는 전문증거인 영상물에 수록된 미성년 피해자의 진술이 위와 같은 요건에 해당하지 않는 경우에도, 미성년 피해자의 2차 피해 방지라는 적극적인 목적을 위하여 피고인의 반대신문권을 제한하고 있다는 점에서 위 조항들과 구별되는 고유한 헌법적 문제를 야기한다(헌재 2013. 12. 26. 2011헌바108 참조).

나. 제한되는 기본권

(1) 헌법 제27조 제1항은 "모든 국민은 헌법과 법률이 정한 법관에 의하여 법률에 의한 재판을 받을 권리를 가진다.", 같은 조 제3항은 "모든 국민은 신속한 재판을 받을 권리를 가진다. 형사피고인은 상당한 이유가 없는 한 지체없이 공개재판을 받을 권리를 가진다."라고 규정하여, 형사피고인에게 공정하고 신속한 공개재판을 받을 권리를 보장하고 있다. 공정한 재판을 받을 권리 속에는 신속하고 공개된 법정의 법관 면전에서 모든 증거자료가 조사·진술되고 이에 대하여 피고인이 공격·방어할 수 있는 기회가 보장되는 재판, 즉 원칙적으로 당사자주의와 구두변론주의가 보장되어 당사자에게 공소사실에 대한 답변과 입증 및 반증의 기회가 부여되는 등 공격·방어권이 충분히 보장되는 재판을 받을 권리가 포함되어 있다. 이에 더하여 무죄추정의 원칙을 규정하고 있는 헌법 제27조 제4항을 종합하면, 형사피고인은 형사소송절차에서 단순한 처벌대상이 아니라 절차를 형성·유지하는 절차의 당사자로서, 검사에 대하여 '무기대등의 원칙'이 보장되는 절차를 향유할 헌법적 권리를 가진다(헌재 2012. 5. 31. 2010헌바403 참조).

(2) 헌법은 피고인의 반대신문권을 미국이나 일본과 같이 헌법상의 기본권으로까지 규정하고 있지는 않다. 그러나 형사소송법은 제161조의2에서 상대 당사자의 반대신문을 전제로 한 교호신문제도를 규정하고 있고, 제310조의2에서 법관의 면전에서 진술되지 아니하고 피고인에 대한 반대신문의 기회가 부여되지 아니한 진술에 대하여는 원칙적으로 증거능력을 부여하지 아니하는 내용을 규정하고 있으며, 제312조 제4항, 제5항에서 피고인 또는 변호인이 공판준비 내지 공판기일에서 원진술자를 신문할 수 있는 때에 한하여 피고인 아닌 자의 진술을 기재한 조서나 진술서의 증거능력을 인정하도록 규정함으로써 피고인에게 불리한 증거에 대하여 반대신문할 수 있는 권리를 인정하고 있는바, 이는 공정한 재판을 받을 권리를 형사소송절차에서 구현하고자 한 것이다(헌재 1998. 9. 30. 97헌바51; 헌재 2013. 12. 26. 2011헌바108 참조).

(3) 위에서 본 바와 같이 심판대상조항은 영상물에 수록된 미성년 피해자의 진술에 대하여 원진술자의 법정진술 없이도 증거능력이 부여될 수 있도록 정함으로써 피고인의 반대신문권 행사를 제한하고 있다. 이는 헌법 제27조에서 보장하는 공정한 재판을 받을 권리를 제한하는 것이므로, 이러한 제한이 헌법적 한계를 벗어난 것인지 여부가 문제된다.

다. 과잉금지원칙 위배 여부

(1) 목적의 정당성 및 수단의 적합성

심판대상조항의 입법목적은, 신체적·정신적으로 미성숙하여 형사절차 등에서의 보호 필요성이 큰 미성년 피해자가 법정에서 반복하여 피해경험을 진술하거나 반대신문을 받는 과정에서 입을 수 있는 심리적·정서적 고통 등과 같은 2차 피해를 방지하기 위한 것으로서, 그 정당성이 인정된다. 그리고 심판대상조항이 조사 과정에 동석하였던 신뢰관계인 등의 진술에 의하여 그 성립의 진정함이 인정된 경우에도 영상물에 수록된 미성년 피해자 진술의 증거능력이 인정될 수 있도록 하여, 미성년 피해자에 대한 법정에서의 조사와 신문을 최소화할 수 있도록 한 것은, 미성년 피해자의 2차 피해를 막는 데 일응 기여할 수 있다 할 것이므로, 그 수단의 적합성도 인정된다(헌재 2013. 12. 26. 2011헌바108 참조).

(2) 피해의 최소성

(가) 미성년 피해자 보호와 피고인의 공정한 재판을 받을 권리의 조화 필요성

심판대상조항은 성폭력범죄의 미성년 피해자 보호라는 적극적인 목적을 위하여 구체적 사건에서 미성년 피해자에 대한 반대신문의 필요성이나 가능성을 묻지 않고 이에 관하여 일률적으로 전문법칙의 예외를 규정하고 있다. 그로 인하여 피고인은 반대신문의 기회를 전혀 부여받지 못한 미성년 피해자 진술을 근거로 유죄판결을 받을 수 있는 위험에 놓이게 된다.

물론, 미성년 피해자가 받을 수 있는 2차 피해를 방지하는 것은 성폭력범죄에 관한 형사절차를 형성함에 있어 결코 포기할 수 없는 중요한 가치라 할 것이다. 그러나 그 과정에서 피고인의 공정한 재판을 받을 권리 역시 헌법상 보장되어야 하며, 미성년 피해자를 보호하는 것과 피고인에게 적정한 방어권을 보장하는 것이 상호 모순적이거나 양립불가능한 관계에 있다고 볼 수도 없다. 결국, 형사절차에서 미성년 피해자 보호를 위한 규정을 마련함에 있어서는, 피고인에게 공격·방어 방법을 적절히 보장하면서도 미성년 피해자의 2차 피해를 방지할 수 있는 조화적인 방법을 강구할 때에만 비로소 기본권 제한입법에 요구되는 피해의 최소성 요건에 부합할 수 있을 것이다(헌재 2013. 12. 26. 2011헌바108 중 반대의견 참조).

(나) 공정한 재판을 받을 권리와 반대신문권 보장의 의의

자기에게 불리하게 진술한 증인에 대하여 반대신문의 기회를 부여하여야 한다는 절차적 권리의 보장은 '공정한 재판을 받을 권리'의 핵심적인 내용을 이루는 것이다. 이처럼 반대신문권의 보장이 강조되는 것은, 전문증거의 내용이 되는 '진술증거'는 불완전한 인간의 지각과 기억에 기초한 것일 뿐 아니라 그 표현과 전달에 잘못이 있을 수 있고 신문자의 신문방식에 의해서도 진술자의 원래 의사나 기억과 다른 내용이 전달될 가능성이 커서 본질적으로 오류가 개입할 가능성이 큰 증거방법이기 때문이다. 그러므로 반대신문에 의한 검증의 기회가 배제된 전문증거는 실체적 진실발견에 중대한 지장을 초래할 우려가 있고, 같은 이유에서 사건의 실체적 진실은 증거를 배제할 때보다 질문을 배제하는 경우에 더욱 손상되기 쉬워지는 것이다.

나아가, 절차적 정의의 측면에서도, 피고인이 자신에게 불리한 진술을 한 원진술자를 반대신문할 기회를 가질 경우, 이는 피고인이 단순한 형사절차의 객체로 취급되지 아니하고 재판에 대한 형성과 참여를 보장받게 된다는 점에서, 그 불리한 진술을 기초로 한 형사처벌을 수용할 수 있는 절차적 정당성이 확보될 수 있다(헌재 2013. 12. 26. 2011헌바108 중 반대의견 참조).

(다) 심판대상조항으로 인한 피고인의 방어권 제한의 중대성

1) 성폭력범죄는 은밀하게 이루어지는 범죄의 특성상 범죄를 경험하였다는 피해자의 진술이 사실상 유일하거나 가장 유력한 증거인 경우가 적지 않고, 이를 탄핵할 수 있는 별개의 독립적 증거가 존재하지 않는 경우가 많다. 따라서 영상물에 수록된 미성년 피해자 진술에 대한 피고인의 반대신문권 행사를 대체하거나 이를 보완할 수 있는 방안이 충분히 보장되지 않을 경우, 피고인은 핵심적인 진술증거에 대하여 제대로 탄핵할 기회를 부여받지 못할 위험에 놓이게 된다.

2) 심판대상조항은 전문법칙의 예외를 규정하며, 그 대상이 되는 증거방법을 촬영 당시의 상황을 재현할 수 있는 '영상물'로 한정하고, 조사 과정에 동석하였던 신뢰관계인 등에 대한 반대신문권을 보장하는 등 위 예외가 적용되는 경우를 일정하게 한정하고 있기는 하다. 그러나 앞서 본 진술증거에 대한 반대신문의 필요성 등을 고려할 때, 다음에서 살피는 바와 같이 심판대상조항에서 예정한 방법들은 반대신문권을 대신하여 피고인의 방어권을 적정히 보장하기 위한 수단으로는 뚜렷한 한계를 가진다.

가) 예외가 인정되는 증거방법을 영상물로 한정하는 것

영상물에 수록된 미성년 피해자 진술은, 범죄 현장, 범행 과정이 그대로 촬영된 영상증거가 아니라, 사후적인 '조사 과정'에서 '피의자, 피고인 또는 그 변호인의 참여 없이', 수사기관 등의 질문에 대하여 미성년 피해자가 자신의 기억에 따라 답변하는 내용을 녹화한 '진술증거'이다. 위와 같은 형성과정상의 한계와 '진술증거'가 내포하는 오류 가능성, 영상물이 가지는 기계적·시각적 재현이라는 특성이 왜곡 가능성을 은폐할 수 있다는 점 등을 고려할 때, 영상물이 반대신문에 의한 검증과 탄핵의 필요성이 상대적으로 적은 증거방법이라고 볼 수 있는지는 의문이다. 그리고 바로 이러한 위험성 때문에 형사소송법은 원칙적으로 영상물의 용도를 참고인에 대한 진술조서의 실질적 진정성립을 증명하거나 참고인 등의 기억을 환기시키기 위한 것으로 한정하고 있을 뿐, 이를 공소사실의 입증을 위한 본증으로 사용할 수 있도록 규정하고 있지는 아니한 것이다(제312조 제4항, 제318조의2 제2항 참조).

물론, 영상물이 '조사 과정'에서 나타나는 피해자의

진술 내용과 진술 태도 자체를 보존하고 재생하여 보여줄 수 있는 효율적인 수단으로 기능할 여지는 있다. 그러나 그 조사 과정은 수사기관이 원하는 질문을 하면서 피해자의 진술을 이끌어내는 경우가 많은바, 이를 다투는 피고인의 관점에서 사건을 구성할 수 있는 질문이나 답변이 녹화되어 있는 것이 아니다. 또한, 진술의 신빙성 판단을 위해서는 피해자 인식의 불명확성, 기억의 오류나 왜곡을 지적하는 탄핵적 질문에 대한 답변과정에서 나타나는 태도증거가 유의미할 수 있는데, 심판대상조항에 의한 영상물증거는 그 형성과정을 고려할 때 위와 같은 내용을 충분히 담기 어렵다. 따라서 이러한 영상물 증거의 내용을 아동진술전문가나 심리학자 등으로 하여금 과학적 기법에 의하여 분석하게 한다고 하더라도 이는 원증거가 제공하는 제한적인 정보로 인하여 반대신문을 대체할 수 있는 방법으로는 일정한 한계를 가질 수밖에 없다.

나) 신뢰관계인 등에 대한 반대신문권 보장의 한계

심판대상조항에 의하여 영상물에 수록된 미성년 피해자 진술의 증거능력이 인정되기 위해서는 조사과정에 동석하였던 신뢰관계인 등의 진술에 의하여 그 성립의 진정함이 인정되어야 하므로, 피고인은 위 진술을 위해 법정에 출석한 신뢰관계인 등에 대한 반대신문의 기회를 보장받을 수 있기는 하다. 그러나 미성년 피해자와 동석한 신뢰관계인 등은 탄핵 또는 검증의 대상이 되는 진술의 원진술자가 아닐 뿐 아니라 그 신뢰관계인 등이 사건을 직접 경험하거나 목격한 사람도 아니므로, 신뢰관계인 등에 대한 증인신문은 영상물의 원진술자인 미성년 피해자에 대한 반대신문을 대체하는 수단으로서 제대로 기능할 수 없다.

3) 한편, 심판대상조항에도 불구하고 피고인은 여전히 미성년 피해자를 증인으로 신청할 수 있고, 법원이 피고인의 방어권과 미성년 피해자 보호의 이익을 형량하고 제반 사정을 고려하여 위 신청에 따라 또는 직권으로 미성년 피해자를 증인으로 채택할 수 있으므로, 심판대상조항으로 인하여 언제나 피고인이 미성년 피해자를 반대신문하지 못하는 결과에 이르는 것은 아니다. 그러나 미성년 피해자에 대한 피고인의 증인신청이 반드시 받아들여진다거나 이미 자신의 진술에 증거능력을 부여받은 미성년 피해자가 법정에 반드시 출석하리라는 보장이 없으므로, 피고인은 여전히 자신이 탄핵할 기회를 갖지 못한 채 영상물에 수록된 미성년 피해자의 진술에 의하여 유죄를 선고받을 수 있는 위험에 놓이게 된다. 공정한 재판을 받을 권리의 핵심적인 내용으로서 반대신문권의 보장은, 반대신문을 기대할 수 있는 단순한 가능성의 부여가 아니라 반대신문을 위한 충분하고도 적절한 기회의 부여를 의미하는 것이며, 여기에는 그 행사의 전제가 되는 원진술자의 법정 출석이 제도적으로 보장될 것이 전제되는 것이다. 즉, 법원의 재량에 의하여 비로소 부여되는 권리는 '보장'되고 있는 것이 아니다(헌재 2013. 12. 26. 2011헌바108 중 반대의견 참조).

나아가, 심판대상조항에 의하여 증거능력이 인정되더라도, 법관은 논리와 경험칙에 따라 영상물에 수록된 미성년 피해자 진술의 증명력을 판단하여야 하며, 범죄사실을 합리적인 의심이 없는 정도로 증명해야 할 책임은 여전히 검사에게 있으므로, 위 진술의 증거능력이 인정된다고 해서 곧바로 유죄의 증거로 사용되는 것이 아님은 물론이다. 그러나 형사재판에서 증거로서의 자격을 갖추었는지 여부와 피고인에게 그 증거의 신빙성을 탄핵할 기회가 있는지 또는 그 증거의 증명력이 인정되어 유죄의 근거로 사용되는 결과에 이르렀는지 여부는 전혀 별개의 문제라 할 것이다. 따라서 후자의 기회가 남아 있다는 것이 전자에서 보장되어야 할 방어권인 피고인의 반대신문권을 일률적으로 제한하는 것을 정당화할 수는 없다.

4) 미성년인 성폭력범죄 피해자의 보호가 어느 나라에서나 예외 없는 중대한 관심사이고 이들을 보호하기 위한 여러 제도를 마련하고 있음에도 불구하고, 미국, 캐나다, 영국, 독일과 같은 여러 주요 국가 가운데 심판대상조항과 같이 수사 및 공판단계를 통틀어 원진술자에 대한 반대신문 기회의 보장 없이 신뢰관계인 등에 대한 반대신문 기회만으로 영상물에 수록된 미성년 피해자 진술의 증거능력을 일률적으로 인정하는 입법례는 찾아보기 어려운바, 이 역시 피고인의 여러 방어권 중 반대신문권의 보장이 갖는 중요성에서 기인하는 것으로 이해된다.

5) 위에서 본 사정을 종합할 때, 성폭력범죄의 특성상 영상물에 수록된 미성년 피해자 진술이 사건의 핵심증거일 경우가 적지 않고, 이러한 진술증거에 대한 탄핵의 필요성이 여전히 인정됨에도 심판대상조항은 그러한 주요 증거의 왜곡이나 오류를 탄핵할 수 있는 효과적인 방법인 피고인의 반대신문권을 보장하지 않고 있으며, 이를 대체할 만한 수단도 마련하고 있지 못하다. 그 결과 피고인은 사건의 핵심적인 진술증거에 관

하여 충분히 탄핵할 기회를 갖지 못한 채 유죄 판결을 받을 수 있게 되므로, 심판대상조항으로 인한 피고인의 방어권 제한의 정도는 매우 중대하다고 할 것이다.

(라) 미성년 피해자 보호를 위한 조화적인 대안의 존재

1) 앞서 살핀 바와 같이 심판대상조항은 미성년 피해자 보호를 위해 피고인의 반대신문권 행사 자체를 배제하는 방법을 규정하고 있다. 그러나 다음에서 보는 것처럼 미성년 피해자에 대한 피고인의 반대신문권을 보장하면서도 미성년 피해자의 반복진술과 반대신문을 포함한 증언 과정에서 발생할 수 있는 2차 피해를 방지할 수 있는 조화적인 방법을 상정할 수 있고, 이를 적극적으로 활용함으로써 심판대상조항의 목적을 충분히 달성할 수 있다.

2) 우선, 미성년 피해자는 증언과정에서 고통스러운 범죄 경험에 대한 반복적 회상과 진술로 인하여 2차 피해를 받을 수 있는데, 성폭력범죄 사건 수사의 초기단계에서부터 증거보전절차를 적극적으로 실시함으로써 피고인에게 반대신문 기회를 부여하면서도 미성년 피해자의 반복진술로 인한 2차 피해를 적절히 방지할 수 있다.

가) 형사소송법은, 검사, 피고인, 피의자 또는 변호인은 미리 증거를 보전하지 아니하면 그 증거를 사용하기 곤란한 사정이 있는 때에는 제1회 공판기일 전이라도 판사에게 증인신문 등을 청구할 수 있다고 정하고 있다(제184조 제1항). 그리고 성폭력범죄 피해자의 경우 공판절차에서 뒤늦게 이루어지는 증인신문과정에서 2차 피해가 발생할 수 있음을 고려하여, 성폭력처벌법 등은 추후 공판기일에서의 증언이 현저히 곤란한 사정이 있는 미성년 피해자 등이 사건 초기 1회 또는 최소한의 진술만으로 범죄규명에 필요한 진술을 적법하게 제공할 수 있도록 증거보전의 특례를 두고 있다. 즉, 성폭력처벌법은, 피해자나 그 법정대리인 또는 경찰은 피해자가 공판기일에 출석하여 증언하는 것에 현저히 곤란한 사정이 있을 때에는 그 사유를 소명하여 성폭력처벌법 제30조에 따라 촬영된 영상물 또는 그 밖의 다른 증거에 대하여 해당 성폭력범죄를 수사하는 검사에게 형사소송법 제184조 제1항에 따른 증거보전의 청구를 할 것을 요청할 수 있고, 이 경우 피해자가 16세 미만인 경우 등에는 공판기일에 출석하여 증언하는 것에 현저히 곤란한 사정이 있는 것으로 본다고 규정하여(제41조 제1항), 성폭력범죄 사건에 있어 형사소송법상 증거보전의 요건을 완화하고 있다. 또한, 대법원은 재판예규로 '성폭력범죄 등 사건의 심리·재판 및 피해자 보호에 관한 예규(재형 2013-2)'를 마련하여, 검사로부터 19세 미만의 성폭력범죄 피해자 등을 증인으로 하는 증거보전의 청구가 있을 경우 원칙적으로 그 증인을 신문하도록 정하고 있다(제3조 제1항).

나) 미성년 피해자에 대하여 증거보전절차를 적극적으로 청구·실시할 경우, 미성년 피해자는 자신의 피해사실과 피의자(피고인) 측의 반대신문 등에 관하여 사건 초기에 '증언'함으로써 법원의 판단에 필요한 증거를 충분히 제공할 수 있고, 그 과정에서 피의자 내지 피고인 역시 자신의 반대신문 기회를 부여받을 수 있다. 이를 통해, 미성년 피해자는 공판단계에서 증거능력이나 피고인의 탄핵에 대한 답변 등을 위해 갑작스레 증인으로 소환되어 반복진술해야 하는 불필요한 위험을 피할 수 있고, 수사단계에서도 피의자(피고인)의 주장을 확인하기 위하여 자칫 반복적인 조사를 받게 되는 어려움을 최소화할 수 있다.

다) 한편, 증거보전사건을 담당하는 판사는 법원 또는 재판장과 동일한 권한이 있으므로(형사소송법 제184조 제2항), 공소 제기 후 수소법원이 행하는 증인신문에 관한 규정이 증거보전절차에도 준용되고, 아래 3)항에서 살피는 성폭력범죄 사건에서 증인 보호를 위하여 마련한 조치 역시 동일하게 지켜져야 할 것이다. 또한, 증거보전 담당 판사는 검사 또는 피고인, 피의자, 변호인의 신청에 따라 또는 직권으로 증인신문과정을 영상녹화장치를 사용하여 녹화하도록 명할 수 있고(형사소송법 제56조의2 제1항), 그 결과인 영상녹화물은 소송기록에 첨부하거나 전자적 형태로 보관하여 조서의 일부로 할 수 있는바(형사소송규칙 제29조 제1항), 본안 재판부는 이 영상을 통해 피해자 증언 과정, 개별 답변의 뉘앙스, 태도 등을 확인할 수 있다.

3) 앞서 살핀 반복진술로 인한 고통 외에, 미성년 피해자가 증언 과정에서 받을 수 있는 2차 피해로는, ① 공개된 법정에서 증언하게 됨으로써 피해자의 신상정보나 사생활에 관한 사항이 노출될 위험, ② 공식적이고 권위적으로 설계된 법정 환경이 주는 스트레스와 법정에서 피고인을 대면하게 됨으로 인한 충격, ③ 방어력이 취약한 미성년 피해자가 재판과정의 날선 공방에 노출되고 반대신문 등에서 진술의 신빙성을 공격받게 됨으로써 입을 수 있는 심리적, 정서적 고통 등을 들 수 있다. 그런데 입법자는 다음에서 살피는 바와 같이 미

성년 피해자가 증언과정에서 받을 수 있는 2차 피해를 고려하여, 피고인의 반대신문 기회를 보장하면서도 이러한 2차 피해를 방지할 수 있는 여러 조화적인 제도들을 마련하고 있다.

가) 신상정보나 사생활 노출 위험 방지 수단

성폭력처벌법은 공개 법정에서의 증언으로 인한 피해자의 신상정보 노출 위험을 방지하고 피해자의 사생활을 보호하기 위해 성폭력범죄에 대한 심리를 결정으로써 공개하지 아니할 수 있도록 하고, 증인으로 소환받은 성폭력범죄의 피해자와 그 가족은 증인신문의 비공개를 신청할 수 있도록 하고 있다(제31조 제1항, 제2항). 또한, 재판에 관여하는 공무원이나 진술조력인 등은 피해자의 인적사항과 사진, 사생활에 관한 비밀 등을 공개하거나 다른 사람에게 누설하여서는 아니되고, 그 외 누구든지 피해자의 인적사항, 사진 등을 피해자의 동의를 받지 아니하고 신문 등 인쇄물에 싣거나 방송법 제2조 제1호에 따른 방송 또는 정보통신망을 통하여 공개하지 못하도록 하고 있다(성폭력처벌법 제24조, 제38조 제2항). 그리고 이 같은 의무를 위반한 경우 형사처벌을 하도록 하여 피해자의 신상정보 공개나 사생활 비밀 누설로 인한 피해를 차단하기 위한 엄격한 규정을 마련하고 있다(성폭력처벌법 제50조 제2항).

나) 법정 환경 및 피고인 대면 등으로 인한 충격을 방지하기 위한 수단

성폭력범죄의 피해자를 증인으로 신문하는 경우 법원은 직권으로 또는 피해자 등의 신청에 따라 피고인을 퇴정시키고 증언하도록 할 수 있다(성폭력처벌법 제23조, 특정범죄신고자 등 보호법 제11조 제5항, 제6항). 아울러, 증인으로 법원에 출석하는 피해자가 재판 전후에 피고인이나 그 가족과 마주치지 아니하도록 하고, 보호와 지원을 받을 수 있는 증인지원시설을 법원 내에 설치하여야 하며, 증인지원관을 두어 재판의 진행절차 등을 안내하고, 증인신문 전후 증인의 심리적 안정을 위한 상담을 하도록 하고 있다(성폭력처벌법 제32조, 성폭력범죄 등 사건의 심리·재판 및 피해자 보호에 관한 규칙 제15조 제1항).

나아가, 법원은 성폭력처벌법 제3조 내지 제15조에서 정한 범죄의 피해자 등 일정한 경우 검사와 피고인 또는 변호인의 의견을 들어 비디오 등 중계장치에 의한 중계시설 등을 통하여 신문하도록 할 수 있다(성폭력처벌법 제40조, 형사소송법 제165조의2). 비디오 등 중계장치를 이용한 증인신문의 경우, 피해자가 법정 외에 마련된 증언실에 출석하여 증언하게 되므로 나이 어린 피해자가 법정에 출석함에 따른 스트레스를 경험하지 않게 되고, 피해자가 피고인과 직접 대면할 필요도 없게 된다. 중계장치를 통하여 증인이 피고인을 대면하거나 피고인이 증인을 대면하는 것이 증인의 보호를 위하여 상당하지 않다고 인정되는 경우 재판장은 검사, 변호인의 의견을 들어 증인 또는 피고인이 상대방을 영상으로 인식할 수 있는 장치의 작동을 중지시킬 수 있다(형사소송규칙 제84조의9 제2항 등 참조). 그리고 증인은 비디오 등 중계장치 등에 의한 증언을 하는 동안 담요, 장난감, 인형 등 자신이 선택하는 물품을 소지할 수도 있다(형사소송규칙 제84조의8 제2항).

다) 피해자가 반대신문 과정 등에서 받을 수 있는 고통을 줄이기 위한 수단

성폭력처벌법 등은 피해자가 증언과정에서 심리적 안정을 얻을 수 있도록 일정한 요건 하에 피해자와 부모, 가족 등 신뢰관계 있는 사람을 동석하게 할 수 있는 규정을 마련하고 있으며(성폭력처벌법 제34조 제1항, 아동·청소년의 성보호에 관한 법률 제28조 제1항, 형사소송법 제163조의2), 성폭력범죄의 피해자가 13세 미만의 아동인 경우 진술조력인에 의해 의사소통 등에 관한 조력을 받을 수 있도록 하고 있다(성폭력처벌법 제37조). 진술조력인은 정신건강의학, 심리학, 사회복지학, 교육학 등 아동·장애인의 심리나 의사소통 관련 전문지식이 있거나 관련 분야에서 상당 기간 종사한 사람으로 법무부장관이 정하는 교육을 이수한 사람 중에서 선정되며, 중립적인 지위에서 아동 피해자에 대한 증인신문에 참여하여 그 의사소통이나 의사표현을 중개 또는 보조하게 된다(성폭력처벌법 제35조 제1항, 제2항, 제38조 제1항).

또한, 성폭력범죄 피해자는 형사절차상 입을 수 있는 피해를 방어하고 법률적 조력을 보장받기 위해 변호사를 선임할 수 있고, 피해자에게 변호사가 없는 경우 검사는 국선변호사를 선정하여 형사절차에서 피해자의 권익을 보호할 수 있도록 하고 있다(성폭력처벌법 제27조 제1항, 제6항).

나아가, 반대신문 과정에서 정당한 방어권 행사의 범위를 넘어서 증인인 미성년 피해자를 위협하고 괴롭히거나 인격적으로 모욕하고 명예를 해하는 신문은 허용되지 않는다(형사소송규칙 제74조 제2항 제1호, 제77조 제2항 단서). 이와 같은 법적 제한에도 불구하고 사실상 재판과정에서 위와 같은 무분별한 질문을 내용

으로 하는 반대신문이 진행될 가능성이 있다면 주신문 후 반대신문 진행에 앞서 신문사항을 제출하도록 하고 소송참여자인 검사, 변호인, 진술조력인 등의 의견을 들어 미성년 피해자에게 2차 피해를 야기할 수 있는 질문에 대해서는 이를 제한하거나 수정하여 질문하게 하는 등으로 재판장의 소송지휘권 행사를 통해 증인을 보호할 수 있다. 이를 강제하거나 일률적으로 시행하기 위한 근거가 필요하다면 피고인의 정당한 방어권 행사를 보장하면서 증인인 미성년 피해자가 불필요하게 경험할 수 있는 심리적, 정신적 고통을 차단할 수 있는 법적, 제도적 수단을 보완할 수도 있다.

4) 끝으로, 반대신문권의 보장은 실체적 진실의 발견을 위하여 '가치 있는 증거'를 얻고 재판결과에 대한 승복의 기초가 되는 절차적 정당성을 확보하고자 하는 데 그 의의가 있는 것임은 앞서 본 바와 같다. 따라서 심판대상조항처럼 피고인의 원진술자에 대한 반대신문권 행사 자체를 배제하는 방식으로 미성년 피해자를 보호하는 것은 그 재판결과를 피고인에게 설득할 수 없을 뿐만 아니라, 실체적 진실의 발견을 위협할 수 있다는 점에서 궁극적으로 피해자 본인을 위한 것일 수도 없다. 이러한 점을 고려할 때, 피고인의 반대신문권 배제로 인한 문제에서 자유로울 수 없는 심판대상조항에 안주하기보다는, 가급적 수사 초기에 피고인 측의 참여가 보장된 증거보전절차에서 진술증거를 확보함으로써 반복진술의 위험을 최소화하고, 증인신문과정에서 비디오 등 중계장치에 의한 증인신문제도 등 미성년 피해자가 받을 수 있는 2차 피해를 방지할 수 있는 각종 증인보호제도를 적극 활용하며, 나아가 그 과정에서 법원·수사기관 등 담당기관의 역량을 강화해 나가는 것이 피고인은 물론 미성년 피해자에 대한 공백 없는 보호를 위해서도 더 나은 대안이 될 수 있다.

(마) 소결

위와 같은 사정들을 종합할 때, 피고인의 반대신문권을 보장하면서도 미성년 피해자를 보호할 수 있는 조화적인 방법을 상정할 수 있음에도, 영상물의 원진술자인 미성년 피해자에 대한 피고인의 반대신문권을 실질적으로 배제하여 피고인의 방어권을 과도하게 제한하는 심판대상조항은 피해의 최소성 요건을 갖추지 못하였다.

(3) 법익의 균형성

우리 사회에서 성폭력범죄의 피해자가 겪게 되는 심각한 피해를 고려할 때 신체적·정신적으로 성인에 비하여 취약할 수 있는 미성년 피해자가 법정에서 반복진술하는 것을 최소화함으로써 2차 피해를 방지하는 것이 중요한 공익에 해당함에는 의문의 여지가 없다. 그러나 형사재판의 공정성을 담보하기 위한 피고인의 방어권 보장 역시 헌법적으로 포기할 수 없는 중대한 가치라 할 것이므로, 피해자의 보호와 피고인의 방어권 보장은 최대한 조화적으로 도모될 필요가 있다. 그런데 형사절차에서 피고인의 반대신문권 행사는 피해자의 진술을 효율적으로 탄핵할 수 있는 핵심적인 방어수단이고, 성폭력범죄 사건의 특성상 피해자의 진술이 가장 결정적인 증거인 경우가 적지 않기 때문에, 이에 대하여 반대신문할 기회를 갖지 못한다면 피고인의 방어권이 사실상 무력화될 수 있다. 그에 비하여 피고인의 반대신문권을 보장하면서도 미성년 피해자의 2차 피해를 방지할 수 있는 대안과 제도들이 다수 존재함은 앞서 본 바와 같다. 이와 같은 사정을 고려할 때, 심판대상조항으로 달성하고자 하는 공익이 그로 인하여 제한되는 피고인의 사익보다 우월하다거나 중요하다고 쉽게 단정할 수 없으므로, 심판대상조항은 법익의 균형성 요건을 충족하지 못하였다.

(4) 소결론

심판대상조항은 과잉금지원칙을 위반하여 청구인의 공정한 재판을 받을 권리를 침해한다.

5. 결 론

그렇다면 심판대상조항은 헌법에 위반되므로 주문과 같이 결정한다. 이 결정은 아래 6.과 같은 재판관 이선애, 재판관 이영진, 재판관 이미선의 반대의견이 있는 외에는 관여 재판관들의 일치된 의견에 의한 것이다.

6. 재판관 이선애, 재판관 이영진, 재판관 이미선의 반대의견

우리는 심판대상조항이 공정한 재판을 받을 권리를 침해하지 아니하여 헌법에 위반되지 않는다고 보므로, 다음과 같이 의견을 남긴다.

가. 제한되는 기본권

(1) 헌법 제27조 제1항은 "모든 국민은 헌법과 법률이 정한 법관에 의하여 법률에 의한 재판을 받을 권리를 가진다.", 같은 조 제3항은 "모든 국민은 신속한 재판을 받을 권리를 가진다. 형사피고인은 상당한 이유가 없는 한 지체없이 공개재판을 받을 권리를 가진다."라

고 규정함으로써 공정하고 신속한 공개재판을 받을 권리를 보장하고 있다(헌재 2012. 7. 26. 2010헌바62 참조). 다만 재판청구권의 실현은 법원의 조직과 절차에 관한 입법에 의존하고 있기 때문에 입법자에 의한 재판청구권의 구체적 형성은 불가피하다(헌재 2002. 10. 31. 2001헌바40 참조).

(2) 형사소송법 제310조의2는 "제311조 내지 제316조에 규정한 것 이외에는 공판준비 또는 공판기일에서의 진술에 대신하여 진술을 기재한 서류나 공판준비 또는 공판기일 외에서의 타인의 진술을 내용으로 하는 진술은 이를 증거로 할 수 없다."고 규정하고 있다. 이는, 사실인정의 기초가 되는 사실을 경험자 자신이 직접 법원에 진술하지 않고 타인의 진술이나 서류 등의 형태에 의하여 간접적으로 보고하는 '전문증거'(傳聞證據, hearsay evidence)는 원칙적으로 증거능력이 인정되지 않는다는 전문법칙(傳聞法則)을 규정한 것으로, 피고인의 반대신문기회를 보장하고, 직접심리주의에서 공판중심주의를 철저히 함으로써, 피고인의 공정한 재판을 받을 권리를 보장하기 위한 것이다(헌재 1994. 4. 28. 93헌바26; 헌재 2005. 12. 22. 2004헌바45 참조).

그러나 예외없이 전문법칙을 관철하려는 경우, 법관의 면전에서 진술할 수 없는 자의 진술을 기다리다가 재판의 지연을 초래하여 신속한 재판이 저해될 수 있다. 또한 증명력 있는 증거들을 이용하지 못하여 실체적 진실발견이 저해됨에 따라 재판의 최대과제인 공정한 재판과 사법정의실현에 지장을 초래할 수 있다. 즉 헌법상 요구되는 신속한 재판의 내실화 및 실체적 진실을 통한 공정한 재판의 실현과 긴장 내지 괴리를 발생시킬 수 있다. 이런 점에서 소송경제와 실체적 진실발견을 위하여, 전문증거도 일정한 제한 하에 증거능력을 예외적으로 부여할 필요가 있다(헌재 1994. 4. 28. 93헌바26 참조). 형사소송법은 전문증거라고 하더라도 신용성이 보장되어 있거나 특별히 필요하다고 평가되는 경우 등에는 소송경제와 실체적 진실발견 등의 관점에서 전문법칙의 예외를 인정하고 있다(형사소송법 제311조 내지 제316조).

이 사건 심판대상조항 역시 전문법칙의 예외를 규정한 것으로서, 성폭력처벌법 제30조 제1항에 따라 촬영한 영상물에 수록된 미성년 피해자의 진술은 미성년 피해자뿐 아니라 조사 과정에 동석하였던 신뢰관계인 등에 의한 성립인정의 진술만으로도 증거능력이 부여되도록 하고 있다.

심판대상조항은, 원진술자의 사망, 질병, 외국거주 등으로 인한 '증거능력에 대한 예외'를 규정한 형사소송법 제314조나 일정한 공문서 등 특히 신용할 만한 정황에 의하여 작성된 문서의 증거능력을 인정한 형사소송법 제315조와 형식적으로 구분되는 요건 하에서 증거능력을 인정하고 있다. 그러나 아래 나.항에서 구체적으로 살피는 것과 같이, 심판대상조항은, 미성년 피해자의 증언 시 스스로 감당할 수 없는 심각한 심리적·정서적 충격이나 그로 인한 후유 장애를 입을 개연성이 있는 등 공판준비 또는 공판기일에 진술할 수 없는 예외적인 사유가 인정될 수 있다는 점 및 성폭력처벌법에 따라 촬영된 영상물에 수록된 진술의 신용할 만한 정황을 고려한 것이라는 점에서 형사소송법상 인정되고 있는 전문법칙의 예외와 궤를 같이 한다.

(3) 피고인의 반대신문권은 적법절차를 규정한 헌법 제12조 제1항, 재판청구권 및 신속한 공개 재판을 받을 권리를 규정한 헌법 제27조 제1항, 제3항, 무죄추정의 원칙을 규정한 헌법 제27조 제4항에 근거하여 형사소송절차에서 공정한 재판을 받을 권리를 구현한 것이고 (헌재 2010. 11. 25. 2009헌바57; 헌재 2016. 12. 29. 2015헌바221 참조), 전문법칙의 중요한 근거가 되나 그 자체가 제한이 불가능한 절대적 기본권으로 인정되는 것은 아니다.

형사피고인은 형사소송절차에서 단순한 처벌대상이 아니라 절차를 형성·유지하는 절차의 당사자로서의 지위를 향유하고, 검사에 대하여 무기대등의 원칙이 보장되는 절차를 향유할 헌법적 권리를 갖지만, 헌법이 보장하는 공정한 재판절차를 어떠한 내용으로 구체화 할 것인가의 문제는 우선적으로 입법자의 과제이다 (헌재 1996. 12. 26. 94헌바1 참조). 또한 그 결과 형성된 형사피고인에게 유리한 모든 절차적 권리에 대한 수정이 불가능한 것도 아니다. 입법자는 형사소송절차를 규율함에 있어서 형사피고인인 국민을 단순한 처벌대상으로 전락시키는 결과를 초래하는 등 헌법적으로 포기할 수 없는 요소를 무시하거나 헌법 제37조 제2항에 위반되는 내용의 절차를 형성하지 아니하는 한, 여전히 재판절차를 합리적으로 형성할 수 있는 입법형성권을 가진다(헌재 1998. 12. 24. 94헌바46; 헌재 2010. 11. 25. 2009헌바57 참조).

(4) 심판대상조항은 형사소송절차에서 피고인의 공정한 재판을 받을 권리를 구현하는 전문법칙에 대한 예외를 규정한 조항으로서, 헌법 제27조가 정한 재판청구

권, 그중에서도 '공정한 재판을 받을 권리'를 제한하고 있는 것이므로 그 제한이 헌법적 한계를 벗어난 것인지 여부가 문제된다.

나. 판단

(1) 목적의 정당성 및 수단의 적합성

형법이 형벌권의 발생요건을 규정하는 법률이라면, 형사소송법은 형벌권을 실현하기 위한 절차를 규정한 법률이다. 국가형벌권의 실현은 결과적으로 범죄자의 기본권 제한을 예정하므로, 피고인의 공정한 재판을 받을 권리의 보장이 중요하다. 그러나 국가형벌권 행사의 목적이라는 측면에서 보면, 실체적 진실의 발견과 이를 통한 국민의 기본권 보호 역시 중요하다. 이러한 형사소송의 지도적 이념들은 때에 따라 충돌하기도 하지만, 대체로 상호 보완적으로 작용하여 사법정의를 실현한다.

다만 종래 형사소송절차의 형성과 관련해서는 실체적 진실의 발견과 피고인의 권리 보장이라는 목적에 가려져, 피해자의 지위는 크게 주목받지 못하였다. 피고인이 형사절차에서 소송의 주체로서 역할하는 것과 달리 피해자는 단순한 소송의 객체로서 심리의 대상이 되었다. 헌법에는 피해자의 재판절차진술권이 보장되고(헌법 제27조 제5항), 타인의 범죄행위로 생명·신체에 대한 피해를 입은 국민에 대한 국가의 구조가 인정되고 있으나(헌법 제30조), 피해자가 사법절차에서 새로운 위험에 노출되는 현상에 대한 대응은 최근에 들어서야 비로소 주목받고 있다. 국가형벌권 행사의 목적을 고려한다면, 형사소송절차에서 피해자 보호는 경시되어서는 안 될 가치이다.

성폭력처벌법은 성폭력범죄자의 처벌에 관한 형사법적 규율 이외에 피해자의 보호를 위한 수사 및 재판절차에 관한 형사소송법적 규율을 포함하고 있는데, 수사기관이 미성년 피해자를 조사하는 과정을 촬영한 영상물에 수록된 피해자의 진술에 대해, 원진술자인 미성년 피해자가 아닌 조사 과정에 동석하였던 신뢰관계인 등의 성립인정 진술만으로 증거능력을 인정하도록 증거능력의 특례를 규정한 심판대상조항은 미성년 피해자가 법정 진술과정에서 받을 수 있는 심리적·정서적 충격 등 새로운 추가피해(이하 '2차 피해'라 한다)를 방지하기 위한 것으로 그 입법목적이 정당하다.

또한 심판대상조항은 원진술자인 미성년 피해자의 법정 진술 없이도 전문증거인 영상녹화물을 일정한 요건 하에 성폭력범죄의 본증으로서 사용할 수 있도록 하여 미성년 피해자의 법정에서의 조사와 신문을 최소화할 수 있도록 하므로, 입법목적 달성에 기여하는 적합한 수단에 해당한다.

(2) 피해최소성 및 법익균형성

(가) 2019년을 기준으로, 지난 10년 동안 아동과 청소년 대상 성폭력범죄는 14.3% 증가하였으며, 상대적으로 13세 미만 연령층 대상 성폭력범죄 증가폭은 더 크다. 미성년 피해자에 대한 성폭력범죄는 주거지나 노상에서 발생하는 경우가 많고(13세 미만의 경우 주거지 37.7%, 노상 17.5%, 청소년의 경우 주거지 24.4%, 노상 14.1%), 범죄의 30% 이상은 친족, 이웃, 지인, 친구 등 피해자와 일정한 관계가 있는 사람 사이에서 발생하며, 특히 13세 미만 피해자의 경우 친족 등 밀접한 관계에 있는 사람이 가해자인 비율이 높다. 성폭력범죄의 파괴적 영향 및 미성년 피해자에 대한 범죄의 특성으로 인하여 미성년 피해자의 상당수는 외상후 스트레스 장애나 후유 장애를 겪고, 각종 사회부적응 현상을 겪는 등 범죄행위로 인한 피해의 회복에 어려움을 겪고 있다.

그런데 성폭력범죄의 경우, 범행 당시 특별한 물적 증거가 남지 않거나 목격자가 없는 경우가 많고 피해자 진술의 신빙성이 중요한 사건이 다수여서, 피고인이 범행을 부인하는 때에는 피해자의 법정 증언 시 진술의 신빙성에 대한 격렬한 탄핵이 이루어지게 된다. 피고인의 반대신문은 법관이 피해자의 진술태도를 눈으로 보는 가운데 주신문 속에 숨어 있거나 은폐된 정황과 동기를 이끌어낼 수 있고, 실체적 진실을 발견하는 유력한 수단이 되지만, 법정에서 성폭력 피해를 복기하고 격렬한 탄핵의 과정을 거치는 것은 범죄행위만큼이나 피해자에게 강한 정신적 충격과 모멸감을 줄 수 있다. 특히 피해자 진술의 약점을 지적하여야 할 반대신문이 피해자에 대한 공격의 방식으로 이루어지는 경우, 예컨대 피해자의 성품이나 평소 행동에 대한 편견을 조장하는 경우에는 반대신문에 기대하는 기능과 달리 피해자에게 수치심, 곤혹, 공포 기타 심리적 압박과 정신적 고통 등 2차 피해만을 발생시킬 수도 있다.

법원은 당해사건과 무관한 피해자의 사생활에 관한 신문 또는 진술이 이루어지거나 피해자가 성적 수치심 또는 공포감을 느낄 수 있는 상황이 발생하지 않도록 노력하여야 하고(성폭력범죄 등 사건의 심리·재판 및 피해자 보호에 관한 규칙 제2조 제2항), 반대신문권의 남용은 법관의 소송상 신문지휘권을 통해 억제될 수 있지만, 위협적이고 모욕적인 신문의 금지 등 추상적 제한(형사소송규칙 제74조 제2항) 외에는 규범적으로 신문사항에 대한 구체적 제한이 없고, 반대신문사항의 경우 사전에 미리 제출을 명할 법률적 근거가 없어 질문이 진행되는 짧은 순간에 즉시 판단하여 제한하는 데는 어려움이 있으므로 반대신문의 제한에 관한 실무례가 충분히 축적되어 있다고 보기 어려운 것이 현실이다.

미성년 피해자의 경우는 연령에 따라 편차가 있기는 하지만, 발달 및 진술 특성에 따라 성년 피해자에 비하여 법정 진술로 인하여 2차 피해를 입을 우려는 훨씬 큰 반면, 실체진실의 발견에 대한 기여는 적을 수 있다. 아동·청소년의 경우, 기억과 인지능력의 한계로 말미암아 유도신문과 암시적 질문 등 부적절한 신문방법에 의하여 그 기억과 진술이 왜곡될 가능성이 성인에 비하여 크고, 질문의 사회적·법적 의미를 이해하여 이를 표현해 내는 능력 또한 성인에 비하여 떨어지는 것이 일반적이다. 아동의 특성이나 성폭력범죄에 관한 전문성이 없는 피고인 또는 변호인에 의하여 진술의 일부 부정확함이나 세부적 사항의 일관성에 대한 집요하고 날선 공격이 이루어질 경우, 실체적 진실 발견과 무관하게 미성년 피해자에게 심리적·정신적 충격을 줄 가능성이 크다. 또한 피고인과 미성년 피해자가 가까운 관계에 있는 많은 사안의 경우, 미성년 피해자의 피고인에 대한 이중적인 감정이나 주변인의 계속되는 회유와 압박 등으로 인하여 법정에서 진술하는 미성년 피해자가 추가 피해를 입을 위험성이 더 크다.

한편, 성폭력처벌법은 수사 및 재판절차에서 발생하는 2차 피해를 방지하기 위하여 심리를 비공개할 수 있도록 하고(제31조), 각급 법원에 피해자가 재판 전후에 피고인 등과 마주치지 아니하고 보호와 지원을 받을 수 있는 증인지원시설을 설치하도록 하며(제32조), 증인신문 시 신뢰관계인을 동석하게 하고(제34조), 진술조력인이 증인신문에 참여하여 중개하거나 보조하게 할 수 있도록 하며(제37조), 비디오 등 중계장치에 의한 중계를 통한 신문이 가능하도록 하는(제40조) 등의 규정들을 두고 있다. 이러한 제도들은 가해자와의 직접적인 대면으로 인한 미성년 피해자의 충격과 공포감을 완화시키는 데 다소 도움이 될 수 있지만, 이는 모두 미성년 피해자의 증언을 전제로 한 것이다. 피고인의 이익을 위하여 증인의 진술이 거짓임을 탄핵하는 것을 본질적인 목적으로 하는 반대신문의 거친 공격 앞에 미성년 피해자를 노출하는 위험은 피할 수 없고, 이를 통해 미성년 피해자가 과거의 끔찍한 피해경험에 대한 반복적인 회상을 강요받게 되는 것을 막을 수는 없으므로 미성년 피해자에게 발생하는 2차 피해를 방지하는 데 한계가 있다.

이를 종합하면, 성폭력범죄의 미성년 피해자는 증언 시 스스로 감당할 수 없는 심각한 심리적·정서적 충격이나 그로 인한 후유 장애를 입을 개연성이 있으므로 미성년 피해자의 법정 증언을 일정한 요건 하에 최소화하는 등 미성년 피해자를 사법절차의 남용으로부터 특별히 보호할 필요성과 그에 따른 조치를 취할 정책적 필요성이 충분히 인정된다.

(나) 성폭력처벌법은 성폭력범죄의 피해자가 19세 미만인 경우 '피해자의 진술 내용과 조사 과정'을 영상물 녹화장치로 촬영·보존하고(제30조 제1항), 영상물 녹화는 조사의 개시부터 종료까지의 전 과정 및 객관적 정황을 녹화하도록 하며(제30조 제3항), 피해자가 녹화장소에 도착한 시각, 녹화를 시작하고 마친 시각, 그 밖에 녹화과정의 진행경과를 확인하기 위하여 필요한 사항을 조서 또는 별도의 서면에 기록한 후 수사기록에 편철하도록 규정하고 있다(제30조 제4항).

심판대상조항은 위 규정에 따라 미성년 피해자의 진술 내용 및 조사 과정이 적법하게 촬영·보존된 영상물이 법원에 증거로 제출된 경우에 한하여 원진술자의 법정진술 없이도 그 증거능력이 인정될 수 있도록 한다. 즉, 심판대상조항에 의하여 전문법칙의 예외가 인정되는 것은 일반적인 진술조서나 진술서가 아닌 진술의 전체 과정이 고스란히 담긴 영상물에 수록된 진술에 한정된다. 이러한 영상물은 진술이 이루어지는 당시의 시각적 장면과 음성을 기술적으로 거의 완전하게 재생할 수 있고, 진술의 취득과정 전체와 이른바 '태도증거'에 해당하는 진술자의 표정, 어조, 진술태도 및 언어의 미묘한 차이 등을 실제 눈앞에서 보는 것과 같이 드러낸다. 이를 통해 법원 및 피고인 등은 질문자의 부적절한 암시나 잘못된 정보제공·반복적인 질문을 통한 유도신문, 진술의 강요나 회유 등이 있었는지 여부 등을 구체적으로 확인할 수 있다. 또 법원은 정신건강의학과의사, 심리학자, 사회복지학자, 그 밖의 관련 전문가로부터 피해자의 정신·심리 상태에 대한 진단 소견 및 피해자의 진술 내용에 관한 의견을 조회할 수 있다(성폭력처벌법 제33조 제1항). 전문심리위원은 영상물에 수록된 미성년 피해자 진술을 확인하거나 피해자를 직접 면담하는 등의 방법으로 피해자 진술을 지득하여 그 신빙성을 전문적·과학적으로 검토하여 의견을 제출하고, 이는 반대신문과 유사한 효과를 거두고 있다.

즉, 심판대상조항에 의하여 증거능력이 인정될 수 있는 영상물에 수록된 미성년 피해자의 진술은 사건 내지 수사 초기의 생생한 기억 속에서 이루어진 진술로서, 녹화·보존의 방법 및 영상물이 갖는 증거방법의 특성상, 진술에 허위개입의 여지가 적고 진술내용의 임의성에 대한 판단이 용이하여 신용성이 정황적으로 보장된다고 볼 수 있다. 그러므로 다른 증거방법에 의한 통상의 전문증거에 비하여 반대신문에 의한 검증의 필요성이 상대적으로 적을 뿐만 아니라 그 자체로 미성년 피해자 진술의 신빙성 판단에 필요한 요소를 충분히 갖추고 있다고 볼 수 있다.

(다) 심판대상조항은 전문법칙을 분별없이 적용하여 일률적으로 원진술자인 미성년 피해자를 법정에 출석시켜 진술하도록 하는 것을 방지함으로써, 피고인의 형사소송절차상 권리의 보장과 성폭력범죄 미성년 피해자의 보호 사이의 조화를 도모한 규정일 뿐, 피고인의 미성년 피해자에 대한 반대신문을 전적으로 금지하거나 피고인을 단순한 처벌의 대상으로 전락시키는 규정이 아니다.

심판대상조항에 의하여 영상물에 수록된 진술의 증거능력이 인정되기 위해서는 최소한 조사 과정에 동석한 신뢰관계인 등이 성립인정에 관한 진술을 하도록 되어 있다. 따라서 원진술자인 미성년 피해자가 증인으로 출석하지 않는 경우에도 피고인은 그 신뢰관계인 등에 대한 증인신문을 통하여 영상녹화 당시의 미성년 피해자의 진술 태도, 진술의 경위와 내용, 왜곡 가능성 등 영상물에 수록된 미성년 피해자 진술의 증거능력 및 증명력 판단에 필요한 사정들을 1차적으로 탄핵할 수 있다.

나아가 심판대상조항에 의하여 영상물에 수록된 미성년 피해자 진술의 증거능력이 인정된다 하더라도, 이는 피고인의 참여 없이 수사기관에 의하여 작성된 미성년 피해자의 진술이라는 한계 내에서만 증거능력을 갖는다. 법원은 위와 같은 사정을 포함하여 논리와 경험의 법칙에 따라 미성년 피해자 진술의 증명력을 판단하게 된다. 그로 인하여, 심판대상조항에도 불구하고 법원은 미성년 피해자 진술의 신빙성이나 구체성, 사건의 내용 등을 통한 심증의 형성 가부, 피고인 주장의 합리성이나 구체성을 비롯한 반대신문의 필요성, 그 밖에 피해자의 연령과 출석의지 등 실체적 진실발견과 미성년 피해자의 보호를 포함한 제반 사정을 고려하고 관련된 이익을 비교하여 그 필요성이 인정되는 경우, 형사소송법 제294조, 제295조에 따라 원진술자인 미성년 피해자를 피고인 및 변호인의 신청 또는 직권으로 증인으로 소환하여 신문할 수 있다. 이 경우 피고인 및 그 변호인은 형사소송법 제161조의2, 제163조에 따라 증인신문에의 참여권과 반대신문권 등을 보장받음은 물론이다.

그리고 위와 같이 피해자에 대한 신문 필요성이 인정되어 법원이 증인채택결정을 하였음에도 불구하고 미성년 피해자가 법정에 출석하지 아니하여 반대신문권이 행사되지 못하였다면, 법관은 영상물에 수록된 미성년 피해자 진술의 증명력 판단에서 그러한 사정을 적절히 고려할 수 있으며, 그 결과 미성년 피해자 진술의 증명력이 부인될 수도 있다. 범죄사실을 합리적인 의심이 없는 정도로 증명해야 할 책임은 여전히 검사에게 있고, 미성년 피해자의 진술의 증거능력이 인정된다고 해서 곧바로 유죄의 증거로 사용되는 것이 아니다.

(라) 증거조사는 공판정에서 수소법원에 의하여 행하여지는 것이 원칙이나, 공판정에서 정상적인 증거조사가 있을 때까지 기다려서는 증거방법의 사용이 불가능하거나 곤란한 경우에는 검사, 피고인, 피의자 또는 변호인의 청구에 의하여 제1회 공판기일 전에 판사가 증거조사 또는 증인신문을 하여 증거를 보전할 수 있다(형사소송법 제184조). 한편 성폭력범죄에 있어서는 피해자가 공판기일에 출석하여 증언하는 것에 현저히 곤란한 사정이 있을 때 피해자나 그 법정대리인, 경찰의 요청에 따른 검사의 청구로 증거보전절차를 진행할 수 있도록 하고 있으며, 피해자가 16세 미만이거나 신체적인 또는 정신적인 장애로 사물을 변별하거나 의사를 결정할 능력이 미약한 경우에는 공판기일에 출석하여 증언하는 것에 현저히 곤란한 사정이 있는 것으로 본다(성폭력처벌법 제41조).

일반적으로 증거보전절차는, 수사단계에서 수사기관인 검사에게 증거를 수집·보전하기 위하여 여러 강제처분의 권한이 인정되는 반면, 피의자나 피고인에게는 유리한 증거를 수집·보전할 길이 제한됨에 따라 수사절차를 소송구조화하여 당사자주의를 강화하기 위한 제도로 설명된다. 반면, 성폭력처벌법상 증거보전의 특례는 증거보전청구 신청권을 피해자 측에 부여한다는 점에서 피해자 보호 내지 피해자의 재판절차진술권 보장을 위한 제도로 설계되었다고 봄이 상당하다.

성폭력범죄의 미성년 피해자에 대하여 증거보전절

차에 의한 증인신문이 적극적으로 활용될 경우, 미성년 피해자는 형사절차에서 반복하여 피해경험을 진술함에 따른 심리적·정서적 고통을 조기(早期)에 덜게 되는 측면이 있으나, 이 경우에도 최소한 수사기관의 조사에 따른 진술 이후에 다시 법정에 출석하여 진술할 수밖에 없으므로, 반복진술로 인한 2차 피해를 줄이는 효과가 심판대상조항의 내용을 대체할 수 있을 정도라고 보기는 어렵다.

미성년 피해자에 대한 피고인의 반대신문권 보장 여부는 실질적으로 피고인이 영상물에 수록된 미성년 피해자의 진술에 관하여 증거부동의를 하는 경우에 문제되는 것인데, 증거보전절차를 확대 적용할 경우 사건 초기에 피의자 또는 피고인의 반대신문에 미성년 피해자를 일률적으로 노출시켜 미성년 피해자에 더 큰 부담이 될 수도 있다.

또한, 증거보전절차에서도 교호신문제도에 의하는 증인신문 방식은 공판절차와 다르지 않으므로, 피의자 또는 피고인의 이익을 위하여 주신문에 따른 피해자의 증언을 탄핵하는 것을 본질적 목적으로 하고, 원칙적으로 유도신문이 허용되는 반대신문의 속성(형사소송규칙 제76조 참조)에서 비롯되는 2차 피해를 방지하지는 못한다.

심판대상조항에 의하여 영상물에 수록된 미성년 피해자의 진술에 증거능력이 인정될 수 있도록 한 것은, 공판절차 또는 증거보전절차의 증인신문에서 성폭력처벌법상 피해자 보호를 위한 각종 제도가 활용될 수 있음에도 불구하고, 이러한 제도만으로는 미성년 피해자에 대한 2차 피해의 방지가 불충분하였다는 현실 인식에 기초한 것인데, 이러한 입법자의 판단을 가볍게 여기기는 어렵다.

따라서 미성년 피해자의 증인신문을 위한 증거보전절차의 활용을 심판대상조항과 동일한 정도로 그 입법목적에 기여하는 대안으로 보기는 어렵다.

(마) 심판대상조항은 그 적용대상을 19세 미만의 성폭력범죄 피해자로 함으로써 미성년이기만 하면 연령이나 구체적 사정을 고려하지 않고 모두 보호대상에 포함시키고 있다.

소아의 시기를 벗어났다고 하더라도 청소년 역시 심리적·정서적으로 아직 미성숙하고, 특히 감수성이 예민한 시기에 있어 성폭력범죄 및 그에 따른 2차 피해로 인해 보다 장기적이고 심각한 영향을 받을 우려가 있으며, 이는 신체적 측면에서 성년에 가까운 일부 청소년의 경우에도 예외일 수 없다. 더욱이 이 연령대의 청소년이 대부분 학령기에 있으므로, 성폭력피해 후 반복적인 사법절차에의 관여는 학업에 대한 부적응, 또래들 사이의 부정적인 소문의 확산 등으로 인해 그 피해가 증폭될 위험이 있다.

심판대상조항과 같은 증거능력 특례의 적용범위는 관련 법률의 수차 개정으로 13세 미만의 피해자에서부터 16세 미만의 피해자로 확대되었다가 미성년 피해자를 모두 포함하게 되었다. 이는 성폭력범죄로부터 기존 법률로 포섭되지 않던 연령의 미성년 피해자에 대한 보호 필요성이 경험적으로 강하게 대두된 데 따른 입법적 결단이라고 볼 수 있다. 개별 피해자별로 능력을 평가하여 증거능력 특례를 적용할 수 있는 적합한 기준을 마련하기 어렵고 그러한 과정 자체가 피해자에게 또 다른 반복 진술의 고통을 가져올 수 있는 점 등을 감안해 볼 때, 심판대상조항이 미성년 피해자 모두를 보호대상으로 한 것이 그 적용 범위를 부당하게 확대한 것이라고 볼 수는 없다.

(바) 위와 같은 사정을 종합하여 볼 때, 심판대상조항이 성폭력범죄 사건에서 미성년 피해자 진술 및 조사의 전체 과정을 그대로 녹화한 영상물이 증거로 제출된 경우에 한하여 전문법칙의 예외를 인정한 것은 신체적·정신적으로 미성숙한 미성년 피해자를 피고인의 반대신문 절차에서 발생할 수 있는 2차 피해로부터 보호하기 위한 고려에서 비롯된 부득이한 조치라 할 것이다.

형사소송절차에서 피고인의 반대신문권 보장이 공정한 재판을 받을 권리를 구현하는 데 중요한 요소임은 부인할 수 없다. 그러나 헌법상 재판절차진술권의 주체인 형사피해자가 궁극적으로 그의 기본권 보장을 위한 형사소송절차 진행 도중 오히려 2차 피해를 입는 현상을 방지하여야 할 공익 또한 매우 중대하다. 이러한 공익의 중요성이 형사소송절차가 발전하여 온 과정에서 최근에서야 비로소 주목받게 되었음을 고려하면, 성폭력범죄에 관한 형사재판의 경우 피고인의 반대신문 절차에서 발생할 수 있는 2차 피해로부터 미성년 피해자를 보호하기 위하여 입법자가 마련한 장치가 피고인의 공정한 재판을 받을 권리를 과도하게 제한하는 내용인지에 대해서는 보다 신중하게 판단할 필요가 있다.

피고인의 반대신문권은 공정한 재판과 재판의 결과적 정확성을 보장하는 도구적 의미를 가지며 공정한 재판의 절대적 기준이 되는 것은 아니다. 전문진술이라 하더라도 강한 신빙성을 가진 것으로 그에 관한 진실성 여부가 시험되고 평가될 수 있어 피고인의 권리가 적절한 조치에 의하여 보장될 수 있는 상황이라면 그 전문진술이 유죄판결의 증거가 될 수 있다는 이유로 재판을 불공정하다고 볼 수 없다.

앞서 살핀 것과 같이, 피고인은 미성년 피해자에 대한 반대신문이 아니더라도 조사 과정이 그대로 녹화된 영상물을 활용하여 그 적법성 및 미성년 피해자 진술의 신빙성을 구체적으로 탄핵하거나 조사 과정에 동석하였던 신뢰관계인 등에 대한 신문 등을 통하여 자신을 방어할 수 있다. 나아가, 심판대상조항에 의하여 증거능력이 인정된다 하더라도 그 증명력이 부인될 수 있음은 물론이며, 구체적인 사건에서 미성년 피해자의 보호와 실체적 진실발견 등 제반 요소를 고려한 법원의 개별적 판단에 따라 미성년 피해자에 대한 반대신문권을 행사할 수 있는 기회도 여전히 부여받고 있다. 이러한 사정들과 심판대상조항이 보호하고자 하는 공익의 중대성에 비추어 볼 때, 심판대상조항이 전문법칙의 예외를 정하고 있다는 사정만으로 미성년 피해자의 보호만을 앞세워 피고인의 방어권을 사실상 무력화하고 있다고 볼 수는 없는바, 위 조항은 피해의 최소성 및 법익의 균형성 요건을 갖추었다.

(3) 소결

따라서 심판대상조항은 과잉금지원칙을 위반하여 청구인의 공정한 재판을 받을 권리를 침해하지 않는다.

재판관 유남석 이선애 이석태 이은애 이종석 이영진 김기영 문형배 이미선

[별지] 관련조항

성폭력범죄의 처벌 등에 관한 특례법(2012. 12. 18. 법률 제11556호로 전부개정된 것)

제24조(피해자의 신원과 사생활 비밀 누설 금지) ① 성폭력범죄의 수사 또는 재판을 담당하거나 이에 관여하는 공무원 또는 그 직에 있었던 사람은 피해자의 주소, 성명, 나이, 직업, 학교, 용모, 그 밖에 피해자를 특정하여 파악할 수 있게 하는 인적사항과 사진 등 또는 그 피해자의 사생활에 관한 비밀을 공개하거나 다른 사람에게 누설하여서는 아니 된다.

② 누구든지 제1항에 따른 피해자의 주소, 성명, 나이, 직업, 학교, 용모, 그 밖에 피해자를 특정하여 파악할 수 있는 인적사항이나 사진 등을 피해자의 동의를 받지 아니하고 신문 등 인쇄물에 싣거나 「방송법」 제2조 제1호에 따른 방송 또는 정보통신망을 통하여 공개하여서는 아니 된다.

제27조(성폭력범죄 피해자에 대한 변호사 선임의 특례) ① 성폭력범죄의 피해자 및 그 법정대리인(이하 "피해자등"이라 한다)은 형사절차상 입을 수 있는 피해를 방어하고 법률적 조력을 보장하기 위하여 변호사를 선임할 수 있다.

② 제1항에 따른 변호사는 검사 또는 사법경찰관의 피해자등에 대한 조사에 참여하여 의견을 진술할 수 있다. 다만, 조사 도중에는 검사 또는 사법경찰관의 승인을 받아 의견을 진술할 수 있다.

③ 제1항에 따른 변호사는 피의자에 대한 구속 전 피의자심문, 증거보전절차, 공판준비기일 및 공판절차에 출석하여 의견을 진술할 수 있다. 이 경우 필요한 절차에 관한 구체적 사항은 대법원규칙으로 정한다.

④ 제1항에 따른 변호사는 증거보전 후 관계 서류나 증거물, 소송계속 중의 관계 서류나 증거물을 열람하거나 등사할 수 있다.

⑤ 제1항에 따른 변호사는 형사절차에서 피해자등의 대리가 허용될 수 있는 모든 소송행위에 대한 포괄적인 대리권을 가진다.

⑥ 검사는 피해자에게 변호사가 없는 경우 국선변호사를 선정하여 형사절차에서 피해자의 권익을 보호할 수 있다.

제31조(심리의 비공개) ① 성폭력범죄에 대한 심리는 그 피해자의 사생활을 보호하기 위하여 결정으로써 공개하지 아니할 수 있다.

② 증인으로 소환받은 성폭력범죄의 피해자와 그 가족은 사생활보호 등의 사유로 증인신문의 비공개를 신청할 수 있다.

③ 재판장은 제2항에 따른 신청을 받으면 그 허가 및 공개 여부, 법정 외의 장소에서의 신문 등 증인의 신문 방식 및 장소에 관하여 결정할 수 있다.

제32조(증인지원시설의 설치·운영 등) ① 각급 법원은 증인으로 법원에 출석하는 피해자등이 재판 전후에 피고인이나 그 가족과 마주치지 아니하도록 하고, 보호와 지원을 받을 수 있는 적절한 시설을 설치한다.

② 각급 법원은 제1항의 시설을 관리·운영하고 피해자등의 보호와 지원을 담당하는 직원(이하 "증인

지원관"이라 한다)을 둔다.

③ 법원은 증인지원관에 대하여 인권 감수성 향상에 필요한 교육을 정기적으로 실시한다.

④ 증인지원관의 업무·자격 및 교육 등에 필요한 사항은 대법원규칙으로 정한다.

제34조(신뢰관계에 있는 사람의 동석) ① 법원은 제3조부터 제8조까지, 제10조 및 제15조(제9조의 미수범은 제외한다)의 범죄의 피해자를 증인으로 신문하는 경우에 검사, 피해자 또는 법정대리인이 신청할 때에는 재판에 지장을 줄 우려가 있는 등 부득이한 경우가 아니면 피해자와 신뢰관계에 있는 사람을 동석하게 하여야 한다.

② 제1항은 수사기관이 같은 항의 피해자를 조사하는 경우에 관하여 준용한다.

③ 제1항 및 제2항의 경우 법원과 수사기관은 피해자와 신뢰관계에 있는 사람이 피해자에게 불리하거나 피해자가 원하지 아니하는 경우에는 동석하게 하여서는 아니 된다.

제37조(진술조력인의 재판과정 참여) ① 법원은 성폭력범죄의 피해자가 13세 미만 아동이거나 신체적인 또는 정신적인 장애로 의사소통이나 의사표현에 어려움이 있는 경우 원활한 증인 신문을 위하여 직권 또는 검사, 피해자, 그 법정대리인 및 변호사의 신청에 의한 결정으로 진술조력인으로 하여금 증인 신문에 참여하여 중개하거나 보조하게 할 수 있다.

② 법원은 증인이 제1항에 해당하는 경우에는 신문 전에 피해자, 법정대리인 및 변호사에게 진술조력인에 의한 의사소통 중개나 보조를 신청할 수 있음을 고지하여야 한다.

③ 진술조력인의 소송절차 참여에 관한 구체적 절차와 방법은 대법원규칙으로 정한다.

제38조(진술조력인의 의무) ① 진술조력인은 수사 및 재판 과정에 참여함에 있어 중립적인 지위에서 상호간의 진술이 왜곡 없이 전달될 수 있도록 노력하여야 한다.

② 진술조력인은 그 직무상 알게 된 피해자의 주소, 성명, 나이, 직업, 학교, 용모, 그 밖에 피해자를 특정하여 파악할 수 있게 하는 인적사항과 사진 및 사생활에 관한 비밀을 공개하거나 다른 사람에게 누설하여서는 아니 된다.

제40조(비디오 등 중계장치에 의한 증인신문) ① 법원은 제2조 제1항 제3호부터 제5호까지의 범죄의 피해자를 증인으로 신문하는 경우 검사와 피고인 또는 변호인의 의견을 들어 비디오 등 중계장치에 의한 중계를 통하여 신문할 수 있다.

② 제1항에 따른 증인신문의 절차·방법 등에 관하여 필요한 사항은 대법원규칙으로 정한다.

구 성폭력범죄의 처벌 등에 관한 특례법(2012. 12. 18. 법률 제11556호로 전부개정되고, 2020. 10. 20. 법률 제17507호로 개정되기 전의 것)

제41조(증거보전의 특례) ① 피해자나 그 법정대리인 또는 경찰은 피해자가 공판기일에 출석하여 증언하는 것에 현저히 곤란한 사정이 있을 때에는 그 사유를 소명(疏明)하여 제30조에 따라 촬영된 영상물 또는 그 밖의 다른 증거에 대하여 해당 성폭력범죄를 수사하는 검사에게 「형사소송법」 제184조(증거보전의 청구와 그 절차) 제1항에 따른 증거보전의 청구를 할 것을 요청할 수 있다. 이 경우 피해자가 16세 미만이거나 신체적인 또는 정신적인 장애로 사물을 변별하거나 의사를 결정할 능력이 미약한 경우에는 공판기일에 출석하여 증언하는 것에 현저히 곤란한 사정이 있는 것으로 본다.

성폭력범죄의 처벌 등에 관한 특례법(2020. 10. 20. 법률 제17507호로 개정된 것)

제41조(증거보전의 특례) ① 피해자나 그 법정대리인 또는 경찰은 피해자가 공판기일에 출석하여 증언하는 것에 현저히 곤란한 사정이 있을 때에는 그 사유를 소명하여 제30조에 따라 촬영된 영상물 또는 그 밖의 다른 증거에 대하여 해당 성폭력범죄를 수사하는 검사에게 「형사소송법」 제184조(증거보전의 청구와 그 절차) 제1항에 따른 증거보전의 청구를 할 것을 요청할 수 있다. 이 경우 피해자가 16세 미만이거나 신체적인 또는 정신적인 장애로 사물을 변별하거나 의사를 결정할 능력이 미약한 경우에는 공판기일에 출석하여 증언하는 것에 현저히 곤란한 사정이 있는 것으로 본다.

② 제1항의 요청을 받은 검사는 그 요청이 타당하다고 인정할 때에는 증거보전의 청구를 할 수 있다.

구 형사소송법(2012. 12. 18. 법률 제11572호로 개정되고, 2020. 12. 8. 법률 제17572호로 개정되기 전의 것)

제165조의2(비디오 등 중계장치 등에 의한 증인신문) 법원은 다음 각 호의 어느 하나에 해당하는 자를 증인으로 신문하는 경우 상당하다고 인정하는 때에는

검사와 피고인 또는 변호인의 의견을 들어 비디오 등 중계장치에 의한 중계시설을 통하여 신문하거나 차폐(遮蔽)시설 등을 설치하고 신문할 수 있다.

1. 「아동복지법」 제71조 제1항 제1호부터 제3호까지에 해당하는 죄의 피해자
2. 「아동·청소년의 성보호에 관한 법률」 제7조, 제8조, 제11조부터 제15조까지 및 제17조 제1항의 규정에 해당하는 죄의 대상이 되는 아동·청소년 또는 피해자
3. 범죄의 성질, 증인의 연령, 심신의 상태, 피고인과의 관계, 그 밖의 사정으로 인하여 피고인 등과 대면하여 진술하는 경우 심리적인 부담으로 정신의 평온을 현저하게 잃을 우려가 있다고 인정되는 자

형사소송법(2021. 8. 17. 법률 제18398호로 개정된 것)

제165조의2(비디오 등 중계장치 등에 의한 증인신문) ① 법원은 다음 각 호의 어느 하나에 해당하는 사람을 증인으로 신문하는 경우 상당하다고 인정할 때에는 검사와 피고인 또는 변호인의 의견을 들어 비디오 등 중계장치에 의한 중계시설을 통하여 신문하거나 가림 시설 등을 설치하고 신문할 수 있다.

1. 「아동복지법」 제71조 제1항 제1호·제1호의2·제2호·제3호에 해당하는 죄의 피해자
2. 「아동·청소년의 성보호에 관한 법률」 제7조, 제8조, 제11조부터 제15조까지 및 제17조 제1항의 규정에 해당하는 죄의 대상이 되는 아동·청소년 또는 피해자
3. 범죄의 성질, 증인의 나이, 심신의 상태, 피고인과의 관계, 그 밖의 사정으로 인하여 피고인 등과 대면하여 진술할 경우 심리적인 부담으로 정신의 평온을 현저하게 잃을 우려가 있다고 인정되는 사람

② 법원은 증인이 멀리 떨어진 곳 또는 교통이 불편한 곳에 살고 있거나 건강상태 등 그 밖의 사정으로 말미암아 법정에 직접 출석하기 어렵다고 인정하는 때에는 검사와 피고인 또는 변호인의 의견을 들어 비디오 등 중계장치에 의한 중계시설을 통하여 신문할 수 있다.

③ 제1항과 제2항에 따른 증인신문은 증인이 법정에 출석하여 이루어진 증인신문으로 본다.

④ 제1항과 제2항에 따른 증인신문의 실시에 필요한 사항은 대법원규칙으로 정한다.

형사소송법(1954. 9. 23. 법률 제341호로 제정된 것)

제184조(증거보전의 청구와 그 절차) ① 검사, 피고인, 피의자 또는 변호인은 미리 증거를 보전하지 아니하면 그 증거를 사용하기 곤란한 사정이 있는 때에는 제1회 공판기일 전이라도 판사에게 압수, 수색, 검증, 증인신문 또는 감정을 청구할 수 있다.

② 전항의 청구를 받은 판사는 그 처분에 관하여 법원 또는 재판장과 동일한 권한이 있다.

구 형사소송규칙(2007. 10. 29. 대법원규칙 제2106호로 개정되고, 2021. 10. 29. 대법원규칙 제3004호로 개정되기 전의 것)

제84조의5(중계방법 및 증언실의 위치) ① 법원은 제84조의4에 따라 비디오 등 중계장치에 의한 중계시설을 통하여 증인신문을 할 때 증인을 법정 외의 장소로서 비디오 등 중계장치가 설치된 증언실에 출석하게 하고, 영상과 음향의 송수신에 의하여 법정의 재판장, 검사, 피고인, 변호인과 증언실의 증인이 상대방을 인식할 수 있는 방법으로 증인신문을 한다. 다만, 중계장치를 통하여 증인이 피고인을 대면하거나 피고인이 증인을 대면하는 것이 증인의 보호를 위하여 상당하지 않다고 인정되는 경우 재판장은 검사, 변호인의 의견을 들어 증인 또는 피고인이 상대방을 영상으로 인식할 수 있는 장치의 작동을 중지시킬 수 있다.

형사소송규칙(2021. 10. 29. 대법원규칙 제3004호로 개정된 것)

제84조의9(차폐시설 등) ② 법 제165조의2 제1항에 따라 비디오 등 중계장치에 의한 중계시설을 통하여 증인신문을 할 때 중계장치를 통하여 증인이 피고인을 대면하거나 피고인이 증인을 대면하는 것이 증인의 보호를 위하여 상당하지 않다고 인정되는 경우 재판장은 검사, 변호인의 의견을 들어 증인 또는 피고인이 상대방을 영상으로 인식할 수 있는 장치의 작동을 중지시킬 수 있다.

57. 구 약사법 제50조 제1항 본문 위헌소원 등

[2021. 12. 23. 2019헌바87, 2020헌바409(병합)]

【판시사항】

1. 약국개설자로 하여금 약국 이외의 장소에서 의약품을 판매할 수 없도록 하고 있는 약사법 제50조 제1항 본문 중 '약국개설자'에 관한 부분(이하 '이 사건 금지조항'이라 한다)이 죄형법정주의의 명확성원칙에 위반되는지 여부(소극)

2. 이 사건 금지조항과 위 조항을 위반한 자를 징역 또는 벌금형에 처하도록 한 구 약사법 제94조 제1항 제8호 중 제50조 제1항 본문 가운데 '약국개설자'에 관한 부분(이하 '이 사건 처벌조항'이라 하고, 이 사건 금지조항과 이 사건 처벌조항을 합하여 '심판대상조항'이라 한다)이 과잉금지원칙을 위반하여 약국개설자의 직업수행의 자유를 침해하는지 여부(소극)

【결정요지】

1. 이 사건 금지조항의 문언, 입법취지, 관련 규정의 내용, 법원의 해석 등을 종합하여 볼 때, 위 조항은 의약품의 주문, 조제, 인도, 복약지도 등 의약품의 판매를 구성하는 일련의 행위 전부 또는 주요 부분이 약국 내에서 이루어지거나 그와 동일하게 볼 수 있는 방법으로 이루어져야 한다는 것을 의미함을 충분히 예견할 수 있다. 따라서 이 사건 금지조항은 죄형법정주의의 명확성원칙에 위반되지 않는다.

2. 의약품의 판매장소를 약국 내로 제한하는 것은 약사가 환자를 직접 대면하여 충실한 복약지도를 할 수 있게 하고, 보관과 유통과정에서 의약품이 변질·오염될 가능성을 차단하며, 중간 과정 없는 의약품의 직접 전달을 통하여 약화사고시의 책임소재를 분명하게 함으로써 궁극적으로는 국민보건을 향상·증진시킨다는 입법목적을 달성하기 위하여 필요한 최소한의 조치이다. 2012년 안전상비의약품의 약국 외 판매 제도가 시행되었고, 최근에는 코로나19 팬데믹(pandemic)

사태로 인하여 의사·환자간 비대면 진료·처방이 한시적으로 허용되었지만, 의약품 판매는 국민의 건강과 직접 관련된 보건의료 분야라는 점을 고려할 때 심판대상조항이 의약품의 판매장소를 약국으로 제한하는 것은 여전히 불가피한 측면이 있다. 따라서 심판대상조항이 과잉금지원칙을 위반하여 약국개설자의 직업수행의 자유를 침해한다고 볼 수 없다.

재판관 이영진의 판시사항 나. 부분에 관한 반대의견

일반의약품을 포함한 의약품 일체를 무조건 약국 내에서만 판매할 수 있도록 하는 것은 과도하다. 의약품 중 '일반의약품'의 경우 오남용 우려가 적고, 의사·치과의사의 처방이 필요 없으며, 약사의 복약지도 역시 필수적이지 않으므로, 전문의약품과 달리 약국 외 판매를 허용하는 예외를 인정하여야 한다. 2012년경부터 안전상비의약품이 편의점 등에서 판매되기 시작한 이후 약화사고가 증가하였다고 볼 객관적인 자료는 많지 않다. 이에 비추어 보면, 안전성이 검증된 일부 일반의약품의 경우 약국 외 판매를 허용하더라도 약화사고가 증가하는 등 국민 보건에 위해를 끼칠 수 있다고 보기는 어렵다. 아울러 일정한 조건 하에 저온유통 물류 서비스 등을 통한 배달을 허용하거나 전화 등 통신수단을 통한 복약지도를 허용하는 등 심판대상조항의 입법목적을 달성하면서도 약국개설자의 직업수행의 자유 등 기본권을 덜 침해하는 수단이 존재한다. 코로나19 등 각종 감염병의 주기적 유행뿐만 아니라 1인 가구의 증가와 인구의 고령화가 가속화됨에 따라, 의약품 배달서비스 제도의 도입은 향후 피할 수 없게 되었다. 이러한 상황에서 심판대상조항을 통하여 의약품의 판매장소를 약국 내로 제한한다면 오히려 소비자의 약국에 대한 접근성이 제한되어 국민보건의 향상을 가로막는 결과가 될 수 있다. 따라서 심판대상조항은 과잉금지원칙에 반하여 약국개설자의 직업수행의 자유를 침해한다.

【심판대상조문】

약사법(2007. 4. 11. 법률 제8365호로 전부개정된 것) 제50조 제1항 본문 중 '약국개설자'에 관한 부분

구 약사법(2015. 1. 28. 법률 제13114호로 개정되고, 2020. 4. 7. 법률 제17208호로 개정되기 전의 것) 제94조 제1항 제8호 중 제50조 제1항 본문 가운데 '약국개설자'에 관한 부분

【참조조문】

헌법 제15조

약사법(2007. 4. 11. 법률 제8365호로 전부개정된 것) 제20조 제1항, 제44조 제1항, 제50조 제3항, 제4항

【참조판례】

1. 헌재 1992. 2. 25. 89헌가104, 판례집 4, 64, 79

헌재 1998. 4. 30. 95헌가16, 판례집 10-1, 327, 342

헌재 2001. 6. 28. 99헌바31, 판례집 13-1, 1233, 1239

대법원 2008. 10. 23. 선고 2008도3423 판결

대법원 2016. 12. 29. 선고 2014두39357 판결

대법원 2017. 4. 26. 선고 2017도3406 판결

2. 헌재 2005. 3. 31. 2001헌바87, 판례집 17-1, 321, 331

헌재 2008. 4. 24. 2005헌마373, 판례집 20-1상, 626, 647-650

헌재 2020. 2. 27. 2017헌바422, 18

헌재 2020. 10. 29. 2019헌바249, 판례집 32-2, 389, 401

【당 사 자】

청 구 인 1. 이○○(2019헌바87)
대리인 변호사 백선경
법무법인 중원
담당변호사 김기현 외 1인
2. 이□□(2020헌바409)
대리인 법무법인 동하
담당변호사 김동하 외 9인

당해사건 1. 대구지방법원 2018노2784 약사법 위반(2019헌바87)
2. 수원지방법원 2019노7116 약사법 위반(2020헌바409)

【주 문】

약사법(2007. 4. 11. 법률 제8365호로 전부개정된 것) 제50조 제1항 본문 중 '약국개설자'에 관한 부분 및 구 약사법(2015. 1. 28. 법률 제13114호로 개정되고, 2020. 4. 7. 법률 제17208호로 개정되기 전의 것) 제94조 제1항 제8호 중 제50조 제1항 본문 가운데 '약국개설자'에 관한 부분은 헌법에 위반되지 아니한다.

【이 유】

1. 사건개요

가. 2019헌바87

청구인은 경주시 ○○로 (지번 생략)에 있는 '○○약국'을 운영하고 있는 약사이다. 청구인은 2015. 11. 6.경 전화로 신경정신질환 환자의 질병, 증상 등을 상담한 후 택배를 이용하여 △△ 등 일반의약품을 배송하여 약국 이외의 장소에서 의약품을 판매하는 등 약사법을 위반한 공소사실이 인정되어, 2018. 7. 18. 벌금 2,000만 원을 선고받았다(대구지방법원 경주지원 2017고단705).

청구인과 검사는 모두 제1심 법원의 판결에 불복하여 항소하였고(대구지방법원 2018노2784), 청구인은 항소심 계속 중인 2018. 11. 21. 약사법 제50조 제1항 본문에 대한 위헌법률심판제청신청을 하였으나(대구지방법원 2018초기1777), 2019. 2. 1. 항소 및 제청신청이 기각되었다. 청구인은 2019. 2. 15. 제청신청 기각결정을 송달받은 후 2019. 3. 4. 위 약사법 조항의 위헌확인을 구하는 이 사건 헌법소원심판을 청구하였다.

나. 2020헌바409

청구인은 수원시 ○○구에 있는 '○○약국'을 운영하고 있는 약사이다. 청구인은 2017. 8. 14.경부터 2018. 7. 19.경까지 군포○○병원으로부터 처방전을 메일로 송부 받아 의약품을 조제한 후 자신의 아들로 하여금 해당 의약품과 복약지도서를 배송하게 하는 등 약국 이외의 장소에서 의약품을 판매하여 약사법을 위반한 공소사실이 인정되어, 2019. 12. 5. 제1심에서 벌금 100만 원을 선고받았다(수원지방법원 2019고정1000). 청구인은 항소하고(수원지방법원 2019노7116), 약사법 제50조 제1항 본문과 제94조 제1항 제8호에 대한 위헌법률심판제청신청을 하였으나(수원지방법원 2020초기1358), 항소심 법원은 2020. 7. 20. 청구인에 대한 형의 선고를 유예하는 판결을 선고하면서 위 제청신청을 기각하였다. 이에 청구인은 2020. 8. 15. 위 약사법 조항들의 위헌확인을 구하는 이 사건 헌법소원심판을 청구하였다.

2. 심판대상

당해 사건 재판에 적용된 부분으로 심판대상을 다음과 같이 한정한다. 이 사건의 심판대상은 약사법(2007. 4. 11. 법률 제8365호로 전부개정된 것) 제50조 제1항 본문 중 '약국개설자'에 관한 부분(이하 '이 사건 금지조항'이라 한다) 및 구 약사법(2015. 1. 28. 법률 제13114호로 개정되고, 2020. 4. 7. 법률 제17208호로 개정되기 전의 것) 제94조 제1항 제8호 중 제50조 제1항 본문 가운데 '약국개설자'에 관한 부분(이하 '이 사건 처벌조항'이라 하고, 이 사건 금지조항과 이 사건 처벌조항을 합하여 '심판대상조항'이라 한다)이 헌법에 위반되는지 여부이다. 심판대상조항 및 관련조항은 다음과 같다.

[심판대상조항]

약사법(2007. 4. 11. 법률 제8365호로 전부개정된 것)

제50조(의약품 판매) ① 약국개설자 및 의약품판매업자는 그 약국 또는 점포 이외의 장소에서 의약품을 판매하여서는 아니 된다. 다만, 시장·군수·구청장의 승인을 받은 경우에는 예외로 한다.

구 약사법(2015. 1. 28. 법률 제13114호로 개정되고, 2020. 4. 7. 법률 제17208호로 개정되기 전의 것)

제94조(벌칙) ① 다음 각 호의 어느 하나에 해당하는 자는 3년 이하의 징역 또는 3천만 원 이하의 벌금에 처한다. 다만, 제87조 제1항을 위반한 자에 대하여는 고소가 있어야 공소를 제기할 수 있다.

8. 제50조 제1항(제44조의5 제1항에서 준용하는 경우를 포함한다)을 위반한 자

[관련조항]

약사법(2007. 4. 11. 법률 제8365호로 전부개정된 것)

제20조(약국 개설등록) ① 약사 또는 한약사가 아니면 약국을 개설할 수 없다.

제44조(의약품 판매) ① 약국 개설자(해당 약국에 근무하는 약사 또는 한약사를 포함한다. 제47조, 제48조 및 제50조에서도 같다)가 아니면 의약품을 판매하거나 판매할 목적으로 취득할 수 없다. (단서 생략)

제50조(의약품 판매) ③ 약국개설자는 의사 또는 치과의사의 처방전이 없이 일반의약품을 판매할 수 있다.

④ 약국개설자는 일반의약품을 판매할 때에 필요하다고 판단되면 복약지도를 할 수 있다.

3. 청구인들의 주장

가. 2019헌바87

(1) 이 사건 금지조항은 약국개설자로 하여금 약국 이외의 장소에서 의약품을 판매할 수 없도록 하고 있는데, '약국 이외의 장소에서 의약품을 판매'한다는 것의 의미에 관하여 법원마다 구체적 법률해석에 있어 차이가 있고, 환자의 거동이 불편하거나 지리적으로 약국을 이용하기 어려운 때에는 약국개설자가 소포 등으로 의약품을 우송할 수 있다고 본 보건복지부의 행정선례도 존재하는 등, 처벌대상인 행위에 대한 예측가능성이 결여되어 명확성원칙에 반한다.

(2) 일반의약품은 전문의약품과 달리 약사의 복약지도가 없더라도 약물의 오남용 가능성이 낮고, 환자가 있는 현장에서 의약품을 판매하여야 할 부득이한 사유가 있을 수 있다. 그럼에도 불구하고 이 사건 금지조항은 택배를 이용한 의약품 판매를 일률적으로 금지하여 청구인의 직업수행의 자유를 침해한다.

(3) 외국에서 수입·판매되는 의약품의 경우 해외직구가 가능한 반면, 이 사건 금지조항은 국내에서 판매되는 모든 의약품에 관하여 택배배송을 통한 판매를 금지하여, 해외직구로 수입·판매되는 의약품과 국내에서 판매되는 의약품을 차별취급하여 청구인의 평등권을 침해한다. 또한, 한약사의 경우 원외탕전실을 두고

한약을 제조하여 환자에게 택배로 발송하는 것이 허용된 반면, 이 사건 금지조항은 약국개설자로 하여금 의약품을 택배발송을 통해 판매하는 것을 금지하여, 한약사와 약국개설자를 차별취급하여 청구인의 평등권을 침해한다.

나. 2020헌바409

(1) 이 사건 금지조항은 약국개설자로 하여금 약국 이외의 장소에서 의약품을 판매할 수 없도록 하고 있는데, '약국 이외의 장소에서 의약품을 판매'한다는 것의 의미가 분명하지 않아, 명확성의 원칙에 반한다.

(2) 이 사건 금지조항이 약국개설자가 직원을 통해 약국 이외의 장소에서 의약품을 인도하는 것을 허용하지 않는 것은 사적자치의 원칙에 반하는 것으로서 직업수행 방법에 대한 과도한 제한이다. 따라서 심판대상조항은 과잉금지원칙에 반하여 청구인의 직업수행의 자유를 침해한다.

4. 판 단

가. 쟁점의 정리

(1) 심판대상조항은 약국개설자로 하여금 약국 이외의 장소에서 의약품을 판매하지 못하도록 하고, 이를 위반할 경우 3년 이하의 징역 또는 3천만 원 이하의 벌금에 처하도록 규정하여, 청구인들과 같은 약국개설자의 직업수행의 자유를 제한하고 있다. 이하에서는 이 사건 금지조항이 죄형법정주의의 명확성원칙에 반하는지 여부를 먼저 살펴본 다음, 심판대상조항이 과잉금지원칙에 반하여 청구인들의 직업수행의 자유를 침해하는지 여부를 이어서 검토한다.

(2) 한편, 청구인 이○○는 이 사건 금지조항이 국내에서 판매되는 모든 의약품에 관하여 택배배송을 통한 판매를 금지하여, 외국에서 수입·판매되는 의약품 등과 차별취급하고 있다고 주장하나, 위 조항은 국산 의약품과 수입 의약품을 따로 규율하고 있지 않다. 다만, 관세법 제94조 제4호, 관세법 시행규칙 제45조 제2항 제1호 본문, '수입통관 사무처리에 관한 고시' 제67조 [별표 11]에 따르면 의약품의 경우 총 6병(6병 초과의 경우 의약품 용법상 3개월 복용량)까지는 자가사용으로 보아 관세 부담 없이 통관이 허용되는 것은 사실이다. 그러나 이는 이 사건 금지조항이 아니라 관세법의 규율에 따른 결과이므로 이러한 점만을 근거로 위 조항이 청구인들의 평등권을 침해한다고 보기는 어렵다.

나아가 청구인 이○○는 한약사들의 경우 원외탕전실을 두고 한약을 제조하여 환자에게 택배로 발송하는 것이 허용된 반면, 심판대상조항은 약국개설자의 의약품 택배 발송을 금지·처벌하여 한약사와 약국개설자를 차별 취급한다고 주장한다. 그러나 원외탕전실은 약국이 아닌 의료기관의 부속시설일 뿐이어서 약국개설자의 의약품 판매에 관한 이 사건 금지조항과 직접적 관련이 없다. 또한, 한약이라고 하더라도 의약품에 해당한다면 약국개설자인 한약사로서는 이를 약국 내에서만 판매할 의무를 부담하는 것은 마찬가지이므로, 이 사건 금지조항이 한약사인 약국개설자와 약사인 약국개설자를 달리 취급한다고 보기 어렵다. 따라서 이 사건 금지조항의 평등권 침해 여부는 문제되지 않는다.

나. 이 사건 금지조항의 죄형법정주의의 명확성원칙 위반 여부

(1) 죄형법정주의의 명확성원칙

헌법 제12조 제1항 제2문과 제13조 제1항 전단에서 도출되는 죄형법정주의는 범죄와 형벌이 법률로 정하여져야 함을 의미하며, 죄형법정주의에서 파생되는 명확성의 원칙은 법률이 처벌하고자 하는 행위가 무엇이며 그에 대한 형벌이 어떠한 것인지를 누구나 예견할 수 있고, 그에 따라 자신의 행위를 결정할 수 있도록 구성요건을 명확하게 규정할 것을 요구하고 있다. 그러나 모든 법규범의 문언을 순수하게 기술적 개념만으로 구성하는 것은 입법기술적으로 불가능하고 또 바람직하지도 않기 때문에 어느 정도 가치개념을 포함한 일반적, 규범적 개념을 사용하지 않을 수 없다. 또한 당해 법률조항의 입법목적, 당해 법률의 체계 및 다른 규정들과의 상호관계를 고려하거나 이미 확립된 판례를 통한 해석방법을 통하여 그 규정의 해석 및 적용에 대한 신뢰성이 있는 원칙을 도출할 수 있어서 법률조항의 취지를 예측할 수 있는 정도의 내용이라면 그 범위 내에서 명확성의 원칙은 유지되고 있다고 보아야 할 것이고, 법관의 보충적인 가치판단을 통한 법문의 해석으로 그 의미내용을 확인해낼 수 있다면 명확성의 원칙에 반한다고 할 수 없다(헌재 1992. 2. 25. 89헌가104; 헌재 1998. 4. 30. 95헌가16; 헌재 2001. 6. 28. 99헌바31 참조).

(2) 판단

이 사건 금지조항은 약국개설자가 약국 이외의 장소에서 의약품을 판매하는 것을 금지하고 있는데, '약국 이외의 장소에서 의약품을 판매'한다는 것의 구체적 의미가 무엇인지가 문제될 수 있다.

살피건대, '약국 이외의 장소'라 함은 말 그대로 약국, 즉 '약사가 수여할 목적으로 의약품 조제 업무를 하는 장소 및 개설자가 판매업을 겸하는 경우 그 판매업에 필요한 장소'(약사법 제2조 제3호 참조)가 아닌 그 밖의 장소를 의미한다. '의약품'이란 약사법의 정의규정에 의하여 그 범위가 제한적으로 열거되어 있다(약사법 제2조 제4호 참조). 또한, '판매'란 상품을 일정한 값을 받고 파는 것을 의미하는 것으로서, 의약품의 판매에는 의약품의 주문, 조제, 인도, 복약지도 등 소비자로부터 의약품을 주문받고 인도하기까지의 전 과정을 구성하는 일련의 행위가 포함된다.

이 사건 금지조항은 의약품이 약사의 관리·지도하에 환자에게 안전하게 투약될 수 있도록 하기 위한 것이므로, 위 조항에 의하여 판매 과정에서 발생할 수 있는 모든 행위가 전적으로 약국 내에서만 이루어져야 한다고 볼 것은 아니다. 즉, 판매과정의 주요 부분이 약국 내에서 이루어지거나 그와 동일하게 볼 수 있는 방법으로 이루어지는 등 의약품의 안전한 투약을 위한 입법취지에 반하지 않는 범위에서 사소한 행위가 약국 외에서 이루어지는 것까지 위 조항에 의해 금지되는 것은 아니다.

대법원 역시 이와 동일한 전제에서, 이 사건 금지조항에 따라 의약품의 주문, 조제, 인도, 복약지도 등 의약품 판매를 구성하는 일련의 행위 전부 또는 주요 부분은 약국 내에서 이루어지거나 그와 동일하게 볼 수 있는 방법으로 이루어져야 한다는 취지로 일관되게 판시하여(대법원 2008. 10. 23. 선고 2008도3423 판결; 대법원 2016. 12. 29. 선고 2014두39357 판결; 대법원 2017. 4. 26. 선고 2017도3406 판결 등 참조), 구체적 해석의 지침을 제시하고 있다.

이를 종합하면, 건전한 상식과 통상적인 법감정을 가진 일반인이라면 이 사건 금지조항에서 말하는 '약국 이외의 장소에서 의약품을 판매하는 행위'가 무엇인지 예측하는 것이 곤란하다고 보기 어렵고, 이를 법 집행기관의 자의적인 해석이나 적용 가능성이 있는 불명확한 개념이라고 보기도 어렵다. 따라서 이 사건 금지조항은 죄형법정주의의 명확성원칙에 위반된다고 볼 수 없다.

다. 심판대상조항의 과잉금지원칙 위반 여부

(1) 헌재 2008. 4. 24. 2005헌마373 결정

헌법재판소는 2008. 4. 24. 2005헌마373 결정에서 약사법 위반의 피의사실에 관한 기소유예처분이 약국 개설자인 청구인의 기본권을 침해하는지 여부를 판단하면서, 기소유예처분의 정당성을 판단하기 위한 전제로서 이 사건 금지조항과 내용이 동일한 구 약사법(2000. 1. 12. 법률 제6153호로 개정되고, 2007. 4. 11. 법률 제8365호로 전부 개정되기 전의 것) 제41조 제1항 본문 중 '약국개설자'에 관한 부분이 직업의 자유를 침해하지 아니한다고 판단하였다. 그 이유의 요지는 다음과 같다.

『1) 입법목적의 정당성

법 제41조 제1항 본문은 1963년 약사법 전면개정 시부터 규정된 내용으로서, 의약품의 경우 사람의 질병의 진단·치료·경감·처치에 사용되는 물품이라는 특성상 사용법과 사용량·투여대상에 대한 철저한 관리가 요구되므로, 의약품이 약국에서 약사의 관리·지도하에 환자에게 안전하게 투약될 수 있도록 하기 위한 것이다. 즉 의약품의 판매장소를 약국으로 제한함으로써 약사가 환자를 직접 대면하여 충실한 복약지도를 할 수 있게 하고, 보관과 유통과정에서 의약품이 변질·오염될 가능성을 차단하며, 중간 과정 없는 의약품의 직접 전달을 통하여 약화사고시의 책임소재를 분명하게 함으로써 궁극적으로는 국민보건을 향상·증진시키기 위한 것이 위 법률조항의 입법목적이라고 할 것인바, 이러한 입법목적이 정당함에는 의문의 여지가 없다.

2) 수단의 적합성

약국개설자가 약국 내에서만 의약품을 판매할 수 있게 되면, 약사는 환자를 직접 대면하여 처방의 진위 여부 및 처방전상의 환자임을 확인한 후 의약품을 판매할 수 있으므로 처방상의 용법 및 용량·부작용 등을 설명함에 있어 전화나 서면 등에 의한 간접적인 전달수단에 의한 경우보다 충실한 복약지도를 할 수 있다. 또한 의약품을 우편이나 택배 등 중간 매개를 거치지 않고 바로 환자에게 전달할 수 있으므로, 배송과정에서 적정한 보관상태가 유지되지 못하여 부패되거나 봉함이 훼손되어 공기 중의 오염물질에 노출될 가능성이 적어지며, 의약품이 약사로부터 환자에게 직접 전달되므로 약화사고시의 책임소재가 명확해진다. 따라서 의약품의 판매장소를 약국 내로 제한하는 것은 동 조항의 입법목적 달성을 위한 적합한 수단이라고 볼 수 있다.

3) 피해의 최소성

가) 의약품의 약국 외 판매는 절대적 금지사항이 아니고, 약사가 환자를 직접 대면하여 의약품을 판매·

전달한다면 배달과정에서 발생할 수 있는 의약품의 오염·변질가능성, 약화사고시 책임소재의 불분명, 충분한 복약지도를 하지 못함에 따른 의약품의 오남용 문제 등이 발생할 우려가 없으므로 의약품의 판매장소를 제한하는 위 조항의 취지에 반하지 않아 허용될 여지가 있다.

한편, 우편배달은 이미 그 자체로 의약품의 오염가능성이 있는 점, 약사가 직접 환자의 상태와 처방전을 확인하지 않은 상태에서 의약품을 제조·판매하고 전화 등을 통한 복약지도를 할 수밖에 없는 점, 배달사고가 생긴 경우 책임소재의 불분명하게 되는 점 등 위 조항이 규제하고자 하는 문제점을 그대로 내포할 수밖에 없다. 또한, 동일한 질환으로 여러 번 의약품을 구매한 환자, 당뇨 등 복합적인 질환을 앓고 있어 거동이 불편하거나 의약품의 복용방법에 대한 이해의 정도가 낮은 노약자의 경우는 의약품의 오남용을 통한 부작용의 우려가 일반인보다 더 높다는 점에서 약사가 환자를 직접 대면하여 의약품을 처방하고 철저한 복약지도를 해야 할 필요성이 더욱 크다. 아울러 거동이 불편한 자라도 가족 등 대리인을 통하여 의약품을 구입할 수 있고, 보호자가 없는 독거노인 등에 대하여는 각 지역별 관할 보건소에서 방문보건대상관리자로 선정·등록하여 정기적으로 가정방문을 통한 진료 및 처방·투약활동을 하면서 환자의 요구가 있는 경우 수시로 방문하여 진료서비스를 제공하고 있으며, 이러한 가정방문간호사업이 전국적으로 확대되고 있는 추세임을 고려할 때, 환자의 입장에서 반드시 약국개설자로부터 의약품을 우편 또는 택배로 받아야만 할 부득이한 사정이 있는 경우란 상정하기 어렵다.

나) 또한, 의약품의 판매장소에 대한 제한은 이 법의 다른 제도와도 밀접한 관련을 갖고 있다. 만일 의약품의 약국 외 판매를 허용하게 되면, 약사가 개설할 수 있는 약국의 수를 1개소로 제한함으로써 약사가 의약품에 대한 조제·판매의 업무를 직접 수행할 수 있는 장소적 범위 내에서만 약국개설을 허용하여 약사 아닌 자에 의하여 약국이 관리되는 것을 그 개설단계에서 미리 방지하고자 하는 구 약사법 제19조 제1항의 취지에 어긋나게 되고, 약사에 대하여 약국의 개설 없이도 인터넷 또는 전자상거래를 통하여 의약품을 판매할 수 있는 길을 마련해주는 셈이 되어 약국개설등록제도를 둔 의미가 상실된다. 또한 약사 아닌 자에 의한 의약품의 조제 및 판매행위를 규제하기가 사실상 어려워지게 되어 국민보건향상에 기여함을 목적으로 하는 구 약사법 전체의 취지에 반하는 결과를 초래할 수 있다.

다) 따라서 의약품의 판매장소를 약국 내로 제한하는 것은 법 제41조 제1항 본문의 입법목적을 달성하기 위하여 필요한 최소한의 조치라고 볼 수 있다.

4) 법익의 균형성

법 제41조 제1항 본문에 의하여 제한되는 사익은 청구인이 약국 외에서 의약품을 판매할 수 없게 됨에 따른 영업상의 불이익인바, 실제 약국개설자의 의약품판매활동은 약국 내에서 이루어지는 것이 대부분이고 약국 외에서 의약품을 판매하는 것은 극히 예외적인 경우이므로 동 조항으로 인한 청구인의 직업수행의 자유에 대한 제한은 그 정도가 그다지 크다고 볼 수 없다. 반면 위 조항이 달성하고자 하는 국민보건의 향상이라는 공익은 매우 크다.

따라서 법 제41조 제1항 본문은 청구인의 직업의 자유를 침해한다고 볼 수 없다.』

(2) 판단

(가) 앞서 살펴본 헌재 2008. 4. 24. 2005헌마373 결정 이후 2012년 안전상비의약품의 약국 외 판매 제도가 시행되었을 뿐만 아니라, 특히 최근에는 코로나19 팬데믹(pandemic) 사태로 인하여 의사·환자 간 비대면 진료·처방이 한시적으로 허용되는 등 보건의료 환경에 변화가 있었다. 그러나 여전히 의약품 판매는 국민의 건강과 직접 관련된 보건의료 분야이므로 의약품의 오남용 또는 변질된 의약품 사용으로 인한 건강 악화를 방지하기 위해서는 복약지도를 충실히 하고, 의약품의 변질·오염 가능성을 사전에 차단해야 하며, 약화사고 시에도 그 책임소재를 신속히 파악하여 대처할 필요성이 크다. 이러한 점에서 심판대상조항이 의약품의 판매장소를 약국으로 제한하는 것은 불가피한 측면이 있다.

(나) 2012년 안전상비의약품의 약국 외 판매 제도가 시행된 이래 편의점에서 안전상비의약품이 별다른 문제없이 판매되고 있다는 점을 근거로 하여 일반의약품 중 안전성이 확보되어 부작용 염려가 덜한 제품의 경우 약국 외 판매를 허용해도 무방하다는 주장이 있을 수 있다. 그러나 일반의약품이라고 하여 약화사고의 위험이 없는 것은 아니다. 일반의약품 중 현재 편의점에서 판매되고 있는 안전상비의약품의 경우 의약품 오남용을 방지하기 위하여 1일 최대 복용량을 포장단위로 하여 판매되고 있고, 1회 판매 가능한 개수 역시 품목별로

1개의 포장단위로 제한되며, 개봉 판매는 금지된다(약사법 제44조의4 제3호, 제4호, 약사법 시행규칙 제28조 제1항 제1호, 제2항 제3호). 그러나 이들 안전상비의약품은 소비자들의 활용도가 높은 의약품이기 때문에 소비자가 용법이나 주의사항 등에 특별히 주의를 기울이지 않은 채 복용할 수 있어 위와 같은 소포장 판매 및 1회 판매 가능 횟수 제한에도 불구하고 여전히 의약품 오남용 문제는 남아 있다. 이러한 상황에서 안전성이 확보되고 부작용 우려가 적다는 이유로 극히 예외적으로만 편의점 판매가 허용된 안전상비의약품에 더하여 일반의약품까지 약국 외 판매를 허용하기는 어렵다.

또한, 의약품의 판매장소를 엄격히 제한하고 있는 현재에도 인터넷을 통한 향정신성의약품, 발기부전치료제 등의 불법판매 사례가 발생하고 있는바, 의약품 판매장소에 관한 제한이 없다면 의약품의 무절제한 유통과 복용에 따른 문제가 심화될 가능성이 있고, 위조 처방전을 이용한 불법적 의약품 거래가 증가할 가능성 역시 배제하기 어렵다.

(다) 코로나19 팬데믹 사태로 인하여 의사·환자 간 비대면 진료·처방이 한시적으로 허용되고, 약사가 환자에게 의약품을 교부함에 있어 그 교부방식을 환자와 약사가 협의하여 결정할 수 있도록 한시적 예외가 인정되고 있는데(보건복지부 공고 제2020-177호 참조), 이와 같은 상황에서도 약화사고 등 별다른 부작용이 없었으므로 안전성이 검증된 일부 일반의약품의 경우 약국 외 판매를 허용하여도 무방하다는 주장이 있을 수 있다. 그러나 코로나19 팬데믹 사태로 인하여 의약품 판매장소 내지 교부방식에 대한 제한이 한시적으로 완화된 때로부터 아직 많은 시간이 흐르지 않아, 위와 같은 공고가 일선 약국 등에서 현실적으로 어떻게 작동하고 있는지, 그로 인한 약화사고 등 발생 추이가 어떠한지 등에 관한 공신력 있는 분석자료는 아직 찾아보기 어렵다. 또한, 의약품의 약국 외 판매는 의사·환자 간의 원격의료를 전제로 할 때 실효적으로 소비자의 편익에 기여할 수 있으나, 의사와 환자 사이의 원격의료 허용 여부도 아직 불투명하고, 현재의 코로나19 팬데믹 사태는 특수한 상황으로서 부득이한 측면이 있다는 것을 고려하면, 이를 일반화하기 어렵다.

(라) 약국에서 취급하는 의약품은 일반 재화와 달리 공급자와 소비자 사이에 상당한 정보비대칭이 존재하며, 의약품이 제대로 보관되지 않거나 부정확하게 사용될 경우 소비자가 인지하지 못한 상태에서 생명이나 건강에 심각한 해를 끼칠 수 있다. 따라서 일반 국민들에 대해 의약품 공급의 신뢰성과 질을 확보하는 것은 매우 중요하고, 이와 같은 의약품의 특수성으로부터 이를 다루는 약국개설자의 의약품 판매장소를 약국으로 제한하는 제도 역시 파악될 필요가 있다. 즉, 약국업은 단순한 상거래를 수행하는 것이 아니라 사람의 생명과 건강을 다루는 중대한 것이며(헌재 2005. 3. 31. 2001헌바87 참조), 이를 수행하는 약국개설자는 단순히 '일정한 시설을 갖추어 약국업을 시행하는 사업자'에 불과하다고 보기 어렵다(헌재 2020. 2. 27. 2017헌바422; 헌재 2020. 10. 29. 2019헌바249 참조). 이러한 관점에서 의약품의 판매장소를 약국 내로 제한하고 이를 위반할 경우 형사처벌하는 심판대상조항은 공공성을 지닌 공중보건 제도의 근간을 이루는 조항에 해당한다고 할 수 있으며, 이로부터 달성되는 공익은 매우 중대하다.

(마) 이상의 내용을 종합하면, 심판대상조항이 과잉금지원칙을 위반하여 직업수행의 자유를 침해한다고 볼 수 없다.

5. 결 론

심판대상조항은 헌법에 위반되지 아니하므로 주문과 같이 결정한다. 이 결정은 아래 6.과 같은 재판관 이영진의 반대의견이 있는 외에는 관여 재판관들의 일치된 의견에 의한 것이다.

6. 재판관 이영진의 반대의견

나는 법정의견과 달리 심판대상조항이 과잉금지원칙에 위배되어 약국개설자의 직업수행의 자유를 침해한다고 생각하므로, 아래와 같이 견해를 밝힌다.

가. 목적의 정당성 및 수단의 적합성

법정의견이 설시한 것과 같이 심판대상조항은 의약품이 약사의 관리·지도하에 환자에게 안전하게 투약될 수 있도록 하여 국민보건을 향상·증진시키기 위한 것으로서 그 목적이 정당하고, 의약품의 판매장소를 약국 내로 제한하고 이를 위반하였을 때 형사처벌하는 것은 위와 같은 목적달성에 적합한 수단인 점은 인정된다.

나. 침해의 최소성

(1) 앞서 살펴본 바와 같이 입법목적의 정당성과 수단의 적합성이 인정된다고 하더라도, 일반의약품을 포함한 의약품 일체를 무조건 약국 내에서만 판매할 수 있도록 하는 것은 과도하다. 의약품 중 '일반의약품'의

경우 오남용 우려가 적고, 의사·치과의사의 처방이 필요 없으며, 약사의 복약지도 역시 필수적이지 않으므로, 전문의약품과 달리 약국 외 판매를 허용하는 예외를 인정하여야 한다. 특히, 만성질환자가 장기간 동일한 의약품을 구입하는 등 약화사고의 가능성이 낮은 경우나 약국이 많지 않은 소규모 지방자치단체에 거주하는 주민들의 경우에는 택배서비스나 약국개설자에 의하여 고용된 종업원을 통하여 '일반의약품'을 배송받을 수 있도록 예외적으로 허용하여야 할 필요성이 크다.

(2) 이에 대하여, 오남용 우려가 적은 일부 '일반의약품'의 경우라고 하더라도, 이를 택배서비스나 약사의 관리·감독 하에 있는 종업원을 통해 배달·판매할 수 있도록 한다면 그 자체로 의약품의 오염 가능성이 발생하고, 약사가 직접 환자의 상태와 처방전을 확인하지 않은 상태에서 전화 등을 통한 복약지도를 할 수밖에 없게 되며, 배달사고가 생긴 경우 책임소재가 불분명해지는 등 심판대상조항이 규제하고자 하는 문제점을 그대로 내포할 수밖에 없다는 주장이 있을 수 있다.

그러나 2012년경부터 안전상비의약품이 편의점 등에서 판매되기 시작하여, 의약품 구입 장소 및 구입 시간 등과 관련한 소비자의 편익은 상당 부분 증대된 데 반해, 위와 같은 안전상비의약품 판매로 인하여 약화사고 등이 증가하였다고 볼 객관적인 자료는 많지 않다. 이에 비추어 보면, 안전성이 검증된 일부 일반의약품의 경우 약국 외 판매를 허용하더라도 이로 인하여 약화사고가 증가하는 등 국민 보건에 위해를 끼칠 수 있다고 보기는 어렵다. 아울러 후술하는 바와 같이, 약국개설자의 관리·감독 하에 있는 종업원을 통한 의약품의 전달 등을 허용하거나 일정한 조건 하에 저온유통 물류서비스 등을 통한 배달을 허용하는 등 심판대상조항의 입법목적을 달성하면서도 청구인들의 직업수행의 자유 등 기본권을 덜 침해하는 수단이 존재한다.

먼저 '의약품의 오염 가능성'과 관련하여, 대부분의 의약품은 직사광선을 피하고 서늘하고 건조한 곳에 실온보관하면 충분하고, 냉장보관을 필요로 하는 의약품은 많지 않을 뿐만 아니라, 냉장보관이 필요하다고 하더라도 전용 냉장창고와 냉장배달 차량 등을 갖추고 있는 저온유통 물류 서비스를 통하여 의약품을 배달한다면 배달 과정에서 의약품의 오염 가능성을 막을 수 있다. 현재에도 백신 등 일부 의약품의 배송은 이와 같은 물류 서비스를 통하여 원활하게 이루어지고 있다. 또한, 약사가 직접 고용한 종업원을 통한 의약품 배송의 경우 물류서비스를 통한 배송과 달리 당일 배송이 가능하므로 택배 등 물류서비스를 통한 의약품 배달에 비해서 배달 과정에서 의약품의 오염 가능성은 더 낮다. 따라서 햇빛 차단 가림막 구비나 냉장상태의 배달 등을 조건으로 의약품의 배송을 허용하더라도 심판대상조항의 입법목적을 충분히 달성할 수 있다.

다음으로 '복약지도'와 관련하여, 택배서비스나 종업원을 통한 의약품의 배송을 허용하더라도 전화나 화상통화 등 통신수단을 통한 복약지도가 가능할 뿐만 아니라, 약국을 직접 방문하기 어려운 노약자나 어린이에 대한 의약품 판매의 경우 관련 복약지도는 그 보호자에 대하여 이루어지는 경우가 대부분이기 때문에 전화 등을 통한 복약지도를 금지할 하등의 이유가 없다. 더구나 현재 약국이 판매하는 의약품 중 일반의약품이 차지하는 비율도 상당한데, 일반의약품의 경우 복약지도가 반드시 필요한 것은 아니라는 점을 고려하면(약사법 제50조 제4항), 대면 복약지도의 필요성만을 이유로 일반의약품을 포함한 의약품 일체에 관하여 약국 외 판매를 금지하는 것은 과도한 규제이다.

마지막으로 '배달사고 시 책임소재'의 불분명 우려와 관련하여서도, 제조물책임법과 제품의 리콜 제도를 통해 제조·판매업자의 과실 및 결함에 대한 책임은 제조·판매업자에게 부담시키고, 택배서비스를 통한 배송 과정에서의 문제는 택배회사의 책임으로, 종업원을 통한 배송 과정에서의 문제는 종업원을 관리 감독할 의무가 있는 약국개설자의 책임으로 보아, 관련 문제를 해결하면 족하다.

(3) 코로나19 등 각종 감염병의 주기적 유행뿐만 아니라 1인 가구의 증가와 인구의 고령화가 가속화됨에 따라, 의약품 배달서비스 제도의 도입은 향후 피할 수 없게 되었다. 이러한 상황에서 심판대상조항을 통하여 의약품의 판매장소를 약국 내로 제한한다면 오히려 소비자의 약국에 대한 접근성이 제한되어 국민보건의 향상을 가로막는 결과가 될 수 있다. 미국·영국·독일·일본 등 주요 선진국에서는 소비자들의 편의성, 접근성 등을 고려하여 이미 상당한 범위의 의약품에 대하여 편의점, 슈퍼마켓 등 일반 소매점에서의 판매를 허용하고 있을 뿐만 아니라, 인터넷을 통하여 의약품을 구입한 후 이를 택배 등을 통해 배송 받을 수 있도록 하는 이른바 온라인 약국 역시 제도적으로 허용되어 있다.

(4) 이상과 같은 점을 고려할 때, 일반의약품을 포함한 의약품 일체를 그 판매장소를 약국 내로 제한하고

이를 위반할 경우 형사처벌을 하는 것은 심판대상조항의 입법목적을 달성하기 위하여 필요한 최소한의 조치라고 볼 수 없다.

다. 법익의 균형성

단기적인 시각에서는 의약품의 약국 외 판매를 금지하는 심판대상조항이 국민 보건 향상이라는 중대한 공익을 충실히 달성하고 있는 듯 보이지만, 장기적인 관점에서는 달성되는 공익의 정도가 높지 않다. 약국개설자의 의약품 판매장소를 약국으로 제한함으로써 택배서비스나 약국 종업원을 통한 의약품의 배달을 막는 심판대상조항은 지역 간 불균형으로 소규모 지방자치단체에는 약국이 많지 않은 우리나라의 상황에서 의약품에 대한 소비자의 접근성을 낮추는 결과를 초래할 수 있다. 비록 2012년부터 편의점 등에서 안전상비의약품이 판매되고 있으나, 약사법 제44조의2 제1항에 따르면 안전상비의약품은 일반의약품 중 20개 품목 이내에서만 지정될 수 있으므로, 안전상비의약품의 약국 외 판매만으로는 의약품에 대한 소비자의 접근성 문제를 해결하기에 부족하다. 결국 의약품의 약국 외 판매를 전면 금지하는 것은 오히려 국민 건강의 증진이라는 공익을 축소시킬 우려가 있다.

이에 반해 심판대상조항이 제한하는 사익의 정도는 매우 크다. 약국개설자는 오로지 약국 내에서 소비자에게 의약품을 현실적으로 인도하거나 약국 내 판매와 동일하게 인정될 수 있는 방법에 의하여서만 의약품을 판매할 수 있고, 그 밖에 다른 수단을 통해 의약품을 판매할 직업수행의 자유를 전면적으로 제한받게 된다. 이러한 점에 비추어 보면, 심판대상조항으로 인해 달성되는 공익의 정도는 크지 않은 반면 제한되는 사익의 정도는 중대하다. 따라서 심판대상조항은 법익의 균형성 원칙에 위반된다.

라. 소결

심판대상조항은 헌법 제37조 제2항의 과잉금지원칙에 반하여 약국개설자의 직업수행의 자유를 침해한다.

재판관 유남석 이선애 이석태 이은애 이종석 이영진 김기영 문형배 이미선

58. 최저임금법 제6조 제4항 등 위헌확인

[2021. 12. 23. 2018헌마629, 630(병합)]

【판시사항】

1. 매월 1회 이상 정기적으로 지급하는 상여금 등 및 복리후생비의 일부를 최저임금에 산입하도록 한 최저임금법 제6조 제4항 제2호, 제3호 나목(이하 모두 합하여 '이 사건 산입조항'이라 한다), 최저임금법 부칙 제2조(이하 '이 사건 부칙조항'이라 한다)가 적법절차원칙, 명확성원칙 및 포괄위임금지원칙에 위배되어 근로자의 근로의 권리를 침해하는지 여부(소극)

2. 이 사건 산입조항 및 부칙조항이 입법형성의 재량 범위를 일탈하여 근로자의 근로의 권리를 침해하는지 여부(소극)

3. 최저임금 산입을 위하여 임금지급 주기에 관한 취업규칙을 변경하는 경우 노동조합 또는 근로자 과반수의 동의를 받을 필요 없도록 규정한 최저임금법 제6조의2 중 '제6조 제4항 제2호 및 제3호 나목에 따라 산입되는 임금'에 관한 부분(이하 '이 사건 특례조항'이라 한다)이 노동조합 및 근로자의 단체교섭권을 침해하는지 여부(소극)

【결정요지】

1. 이 사건 산입조항 및 부칙조항의 입법과정에 절차적 하자가 있다고 볼 만한 사정을 발견할 수 없다. '상여금, 그 밖에 이에 준하는 것'은 기본급 이외에 업적, 공헌도 등에 따라 지급하는 금품 중 산정기간이 1개월을 초과하는 임금 및 이와 유사한 속성을 갖는 임금으로서, 그 구체적인 내용이 하위 법령에 규정될 것임을 예측할 수 있다. '근로자의 생활 보조 또는 복리후생을 위한 성질의 임금'은 근로자의 생활을 돕거나 이를 윤택하게 하거나 그 밖에 근로자의 행복과 이익을 높이기 위하여 지급되는 임금을 의미한다고 어렵지 않게 이해할 수 있다. 따라서 이 사건 산입조항 및 부칙조항이 적법절차원칙, 명확성원칙 및 포괄위임금지원칙에 위배되어 근로자의 근로의 권리를 침해한다고 볼 수 없다.

2. 이 사건 산입조항 및 부칙조항은 근로자들이 실제 지급받는 임금과 최저임금 사이의 괴리를 극복하고, 근로자 간 소득격차 해소에 기여하며, 최저임금 인상으로 인한 사용자의 부담을 완화하고자 한 것이다. 매월 1회 이상 정기적으로 지급하는 상여금 등이나 복리후생비는 그 성질이나 실질적 기능 면에서 기본급과 본질적인 차이가 있다고 보기 어려우므로, 이를 최저임금에 산입하는 것은 그 합리성을 수긍할 수 있다. 최저임금 산입범위가 확대되더라도 근로자가 실제 받는 임금총액이 줄어들지는 않으며, 산입수준의 제한을 통하여 저임금 근로자들의 불이익이 상당 부분 차단되고 있다. 또한, 이 사건 산입조항 및 부칙조항으로 인해 영향을 받는 근로자의 규모나 그 영향의 정도가 비교적 한정적이라고 볼 수 있어, 전반적으로 위 조항들로 인한 근로자들의 불이익이 크다고 보기 어렵다. 따라서 이 사건 산입조항 및 부칙조항이 입법재량의 범위를 일탈하여 청구인 근로자들의 근로의 권리를 침해한다고 볼 수 없다.

3. 이 사건 특례조항은 사용자가 일방적으로 상여금 등의 지급주기를 변경할 수 있도록 함으로써 근로자가 근로자단체를 통해 사용자와 집단적으로 교섭하는 것을 제한하므로, 노동조합과 그 조합원의 단체교섭권을 제한한다. 이 사건 특례조항은 이 사건 산입조항 및 부칙조항의 실효성을 확보하고, 근로자에게 임금의

최저수준을 매월 보장함으로써 근로자의 생활 안정을 꾀하고자 하는 조항이다. 이 사건 특례조항은 최저임금 산입을 위한 목적에서, 임금 총액의 변동 없이 상여금 등 및 복리후생비의 지급주기를 매월 지급하는 것으로 변경하는 경우에만 적용된다. 최저임금 산입범위 개편으로 인해 영향을 받는 근로자의 규모나 그 영향의 정도가 비교적 한정적인 점 등을 감안하면, 이 사건 특례조항에 따라 청구인들의 단체교섭권이 제한되는 정도 역시 크다고 보기 어렵다. 따라서 이 사건 특례조항은 과잉금지원칙에 위배되어 청구인들의 단체교섭권을 침해한다고 볼 수 없다.

재판관 이선애, 재판관 이은애, 재판관 이종석, 재판관 이영진의 이 사건 특례조항에 대한 일부 반대의견 및 일부 별개의견

노동조합은 이 사건 특례조항에도 불구하고 여전히 상여금 등 및 복리후생비의 지급주기에 대하여 사용자와 자유롭게 단체교섭을 할 수 있다. '취업규칙의 불이익 변경에 대한 동의권의 행사'는 사용자가 제시한 근로조건의 불이익변경에 대해 그 동의 여부를 표시하는 것일 뿐이므로, 단체교섭권의 '교섭' 개념과 부합하지 않고, 위 동의는 헌법상 근로의 권리의 보호범위에 속하는 것으로 보아 그 침해 여부를 판단하면 충분하다. 따라서 이 사건 특례조항이 단체교섭권을 제한한다고 볼 수 없으므로, 청구인 노동조합들의 이 사건 특례조항에 대한 심판청구는 기본권 침해 가능성을 인정할 수 없거나 자기관련성을 갖추지 못하여 부적법하다. 또한, 근로의 권리가 제한되는 정도가 크다고 볼 수 없으므로, 이 사건 특례조항은 청구인 근로자들의 근로의 권리를 침해하지 아니한다.

재판관 이미선의 이 사건 특례조항에 대한 법정의견에 대한 보충의견

해당 근로조건에 관하여 별도로 단체교섭을 요구할 수 있다고 하더라도, 사용자의 일방적인 근로조건 변경에 법적 효력을 부여하는 것 그 자체로 노사 간 자율적인 합의에 따른 근로조건의 결정을 목적으로 하는 단체교섭권은 제한될 수밖에 없다.

【심판대상조문】

최저임금법(2018. 6. 12. 법률 제15666호로 개정된 것) 제6조 제4항 제2호, 제3호 나목, 제6조의2 중 '제6조 제4항 제2호 및 제3호 나목에 따라 산입되는 임금'에 관한 부분

최저임금법 부칙(2018. 6. 12. 법률 제15666호) 제2조

【참조조문】

헌법 제12조 제1항, 제32조 제1항, 제3항, 제33조 제1항, 제75조

구 최저임금법(2010. 6. 4. 법률 제10339호로 개정되고, 2018. 6. 12. 법률 제15666호로 개정되기 전의 것) 제6조 제4항

최저임금법(2008. 3. 21. 법률 제8964호로 개정된 것) 제6조 제1항, 제2항

최저임금법(2018. 6. 12. 법률 제15666호로 개정된 것) 제6조 제4항 제1호, 제3호 가목

근로기준법(2007. 4. 11. 법률 제8372호로 전부개정된 것) 제94조 제1항, 제96조 제1항, 제97조

노동조합 및 노동관계조정법(1997. 3. 13. 법률 제5310호로 제정된 것) 제33조

근로기준법 시행령(2007. 6. 29. 대통령령 제20142호로 전부개정된 것) 제23조

구 최저임금법 시행규칙(2011. 12. 19. 고용노동부령 제41호로 개정되고, 2018. 12. 31. 고용노동부령 제240호로 개정되기 전의 것) 제2조 [별표 1]

【참조판례】

1. 헌재 2003. 7. 24. 2002헌바51, 판례집 15-2상, 103, 118

헌재 2011. 10. 25. 2009헌마588, 판례집 23-2하, 51, 63

헌재 2011. 12. 29. 2010헌바385등, 판례집 23-2

하, 673, 687
헌재 2012. 10. 25. 2011헌마307, 판례집 24-2하, 38, 64
2. 헌재 2008. 9. 25. 2005헌마586, 판례집 20-2상, 556, 563
헌재 2015. 5. 28. 2013헌마619, 판례집 27-1하, 323, 330
3. 헌재 1990. 1. 15. 89헌가103, 판례집 2, 4, 16
헌재 1998. 2. 27. 94헌바13등, 판례집 10-1, 32, 42, 44
헌재 2006. 7. 27. 2004헌바77, 판례집 18-2, 108, 117
헌재 2009. 2. 26. 2007헌바27, 판례집 21-1상, 61, 72
헌재 2017. 9. 28. 2015헌마653, 판례집 29-2상, 485, 498
헌재 2018. 8. 30. 2015헌가38, 판례집 30-2, 206, 213

【당 사 자】

청 구 인 [별지 1] 청구인 명단과 같음

【주 문】

이 사건 심판청구를 모두 기각한다.

【이 유】

1. 사건개요

청구인 1 내지 8은 '노동조합 및 노동관계조정법'에 따라 설립 신고를 마친 노동조합들이며, 청구인 13은 연합단체인 노동조합이다(이하 위 청구인들을 모두 합하여 '청구인 조합들'이라 한다).

청구인 9 내지 12는 근로자들로서, 각각 청구인 1, 2, 3, 6 조합의 조합원 또는 위원장이다. 청구인 14 내지 147은 청구인 13의 가맹조직 혹은 산하조직인 노동조합에 소속된 조합원이자 근로자들이다(이하 위 청구인들을 모두 합하여 '청구인 근로자들'이라 하고, 청구인 조합들과 청구인 근로자들을 합하여 '청구인들'이라 한다).

청구인들은, 최저임금법 제6조 제1항의 "임금"에 상여금, 그 밖에 이에 준하는 것으로서 고용노동부령으로 정하는 임금(이하 '상여금 등'이라 한다) 및 식비, 숙박비, 교통비 등 근로자의 생활 보조 또는 복리후생을 위한 성질의 임금으로서 통화로 지급하는 임금(이하 '복리후생비'라 한다) 중 각 매월 1회 이상 정기적으로 지급하는 임금의 일부를 산입(이하 근로자의 임금을 최저임금법 제6조 제1항의 "임금"에 산입하는 것을 '최저임금에 산입' 또는 '최저임금 산입'이라고도 표현한다)하도록 한 최저임금법 제6조 제4항, 최저임금 산입을 위한 취업규칙 변경절차의 특례를 규정한 같은 법 제6조의2, 상여금 등 및 복리후생비의 최저임금 산입수준과 관련한 연도별 적용 특례를 규정한 최저임금법 부칙(2018. 6. 12. 법률 제15666호) 제2조가 청구인들의 재산권, 근로의 권리, 단체교섭권 및 단체행동권, 인간다운 생활을 할 권리, 평등권 등을 침해한다고 주장하면서 2018. 6. 19. 그 위헌확인을 구하는 헌법소원심판을 청구하였다.

2. 심판대상

청구인들은 최저임금법 제6조 제4항 및 제6조의2 전체의 위헌확인을 구하고 있다. 그러나 청구인들의 주장과 관련 있는 부분은 매월 1회 이상 정기적으로 지급하는 상여금 등 및 복리후생비의 일부를 최저임금에 산입하도록 한 최저임금법 제6조 제4항 제2호 및 제3호 나목과, 같은 법 제6조의2 중 위 임금들에 관한 부분이므로, 각 해당 부분으로 심판대상을 한정한다.

따라서 이 사건 심판대상은 최저임금법(2018. 6. 12. 법률 제15666호로 개정된 것, 이하 '법'이라 한다) 제6조 제4항 제2호, 제3호 나목(이하 위 조항들을 모두 합하여 '이 사건 산입조항'이라 한다), 같은 법 제6조의2 중 '제6조 제4항 제2호 및 제3호 나목에 따라 산입되는 임금'에 관한 부분(이하 '이 사건 특례조항'이라 한다), 최저임금법 부칙(2018. 6. 12. 법률 제15666호, 이하 '부칙'이라 한다) 제2조(이하 '이 사건 부칙조항'이라 하고, 이 사건 산입조항, 이 사건 특례조항, 이 사건 부칙조항을 모두 합하여 '심판대상조항들'이라 한다)가 청구인들의 기본권을 침해하는지 여부이다.

심판대상조항 및 관련조항은 아래와 같다.

[심판대상조항]

최저임금법(2018. 6. 12. 법률 제15666호로 개정된 것)

제6조(최저임금의 효력) ④ 제1항과 제3항에 따른 임금에는 매월 1회 이상 정기적으로 지급하는 임금을 산입(算入)한다. 다만, 다음 각 호의 어느 하나에 해

당하는 임금은 산입하지 아니한다.

2. 상여금, 그 밖에 이에 준하는 것으로서 고용노동부령으로 정하는 임금의 월 지급액 중 해당 연도 시간급 최저임금액을 기준으로 산정된 월 환산액의 100분의 25에 해당하는 부분

3. 식비, 숙박비, 교통비 등 근로자의 생활 보조 또는 복리후생을 위한 성질의 임금으로서 다음 각 목의 어느 하나에 해당하는 것

나. 통화로 지급하는 임금의 월 지급액 중 해당 연도 시간급 최저임금액을 기준으로 산정된 월 환산액의 100분의 7에 해당하는 부분

제6조의2(최저임금 산입을 위한 취업규칙 변경절차의 특례) 사용자가 제6조 제4항에 따라 산입되는 임금에 포함시키기 위하여 1개월을 초과하는 주기로 지급하는 임금을 총액의 변동 없이 매월 지급하는 것으로 취업규칙을 변경하려는 경우에는 「근로기준법」 제94조 제1항에도 불구하고 해당 사업 또는 사업장에 근로자의 과반수로 조직된 노동조합이 있는 경우에는 그 노동조합, 근로자의 과반수로 조직된 노동조합이 없는 경우에는 근로자의 과반수의 의견을 들어야 한다.

최저임금법 부칙(2018. 6. 12. 법률 제15666호)

제2조(최저임금의 효력에 관한 적용 특례) ① 제6조 제4항 제2호의 개정규정에도 불구하고 같은 호에서 규정하고 있는 "100분의 25"는 다음 각 호에 따른 비율로 한다.

1. 2020년은 100분의 20
2. 2021년은 100분의 15
3. 2022년은 100분의 10
4. 2023년은 100분의 5
5. 2024년부터는 100분의 0

② 제6조 제4항 제3호의 개정규정에도 불구하고 같은 호 나목에서 규정하고 있는 "100분의 7"은 다음 각 호에 따른 비율로 한다.

1. 2020년은 100분의 5
2. 2021년은 100분의 3
3. 2022년은 100분의 2
4. 2023년은 100분의 1
5. 2024년부터는 100분의 0

[관련조항]

[별지 2] 기재와 같음

3. 청구인들의 주장

이 사건 산입조항 및 부칙조항은 모호하고 불명확한 개념을 나열하여 명확성원칙에 위반되고, 하위법령에 구체적인 내용을 전면적·포괄적으로 위임함으로써 위임입법의 한계도 일탈하였다. 또한 심판대상조항들은 그 입법과정에서의 절차적 흠결이 중대하여 절차적 정당성을 확보하지 못하였다.

심판대상조항들이 상여금 등 및 복리후생비의 일부를 최저임금에 산입하도록 함에 따라 청구인 근로자들은 최저임금액이 인상되더라도 자신의 임금이 거의 인상되지 않는 등의 불이익을 입게 되므로, 심판대상조항들은 과잉금지원칙에 위배하여 청구인 근로자들의 재산권, 적정임금보장요구권, 인간다운 생활을 할 권리를 침해한다. 또한 심판대상조항들은 임금항목의 구성에 따라 근로자들이 최저임금과 관련한 차별을 받도록 하고 있으므로, 청구인 근로자들의 평등권을 침해한다.

이 사건 특례조항은 사용자가 근로자 집단의 동의 없이 단지 의견만 청취하고도 일방적으로 임금구조를 개편하여 근로조건을 결정하도록 허용하고 있으므로, 청구인들의 단체교섭권 및 단체행동권을 침해한다.

4. 제도 개관

가. 최저임금 산입범위 개관

(1) 최저임금 산입범위 제한의 취지

최저임금법은 사용자로 하여금 최저임금의 적용을 받는 근로자에게 최저임금액 이상의 임금을 지급할 의무를 부과하면서(제6조 제1항), 근로자가 지급받은 임금 중 일정 범위의 임금과 최저임금액을 비교하여 최저임금액 미달 여부를 판단하도록 규정하고 있다(제6조 제4항). 이와 같이 근로자에게 실제 지급된 임금 중 최저임금액 미달 여부를 판단하는 기준이 되는 임금(법 제6조 제1항의 "임금")을 '최저임금의 적용을 위한 임금' 또는 '비교대상 임금'이라고 한다(이하 법 제6조 제1항의 "임금"을 '비교대상 임금'이라 한다).

최저임금법에서 비교대상 임금의 범위를 제한하는 이유는, 최저임금제가 근로자의 생활안정을 위한 것이기 때문에 최저임금의 적용 대상이 되는 임금을 사전에 예상할 수 있도록 한정할 필요가 있고, 또한 비교대상 임금의 범위를 제한하지 않고 임금 총액을 기준으로 하게 되면 사용자가 통상임금 산정의 기초가 되는 임금 부분을 낮게 정하고 연장근로수당이나 휴일근로수당 등을 증가시킴으로써 근로자의 임금을 최저임금액 이

상이 되도록 할 우려가 있기 때문이다.

최저임금법은 제정 당시부터 매월 1회 이상 정기적으로 지급하는 임금만을 비교대상 임금에 산입하도록 하고 있다. 최저임금법의 취지가 근로자들의 생활안정에 있음을 고려하면 1개월 단위로 최저임금액 이상의 임금 지급이 보장되어야 하므로, 지급주기가 1개월 이내인 임금만을 비교대상 임금에 산입하도록 한 것이다.

다만 매월 1회 이상 정기적으로 지급되는 임금 중에도 일정한 임금은 비교대상 임금에서 제외되는데, 이에 대해서는 2018년 법 개정 전후로 내용의 변화가 있다.

(2) 최저임금 산입범위의 입법연혁

(가) 개정 전 규정

최저임금 산입범위는 1986년 최저임금법이 제정된 이래 일부 자구의 수정만 있었을 뿐 그 실질적인 내용의 변화가 없다가, 2018. 6. 12. 법률 제15666호로 최저임금법이 개정될 때 상당한 변화가 있었다.

위 2018년 개정 직전의 구 최저임금법(2010. 6. 4. 법률 제10339호로 개정되고, 2018. 6. 12. 법률 제15666호로 개정되기 전의 것) 제6조 제4항은 최저임금에 산입되는 임금에 대한 원칙을 규정하지 아니한 채, 최저임금에 산입하지 아니하는 임금을 크게 세 가지의 항목으로 나누어 규정하고, 각 항목에 속하는 세부적인 임금은 고용노동부장관이 정하도록 하고 있었다. 위 세 가지의 항목은, ① '매월 1회 이상 정기적으로 지급하는 임금 외의 임금', ② '소정근로시간 또는 소정의 근로일에 대하여 지급하는 임금 외의 임금', ③ '그 밖에 최저임금액에 산입하는 것이 적당하지 아니한 임금'이다. 그리고 같은 법 시행규칙 제2조 [별표 1]은 최저임금에 산입하지 아니하는 임금의 범위를 구체적으로 규정하였다.

(나) 개정 규정의 내용

1) 2018. 6. 12. 법률 제15666호로 개정된 최저임금법 제6조 제4항은 '최저임금에는 매월 1회 이상 정기적으로 지급하는 임금을 산입한다'는 원칙을 명시하였다. 그리고 최저임금에 산입하지 아니하는 임금으로, 종전 규정의 '소정근로시간 또는 소정의 근로일에 대하여 지급하는 임금 외의 임금'은 그대로 둔 채, '상여금, 그 밖에 이에 준하는 임금'과 '근로자의 생활 보조 또는 복리후생을 위한 성질의 임금' 중 각 일부를 새롭게 규정하였다.

2) 구체적으로 살펴보면, 개정된 법 제6조 제4항 제2호는 매월 1회 이상 정기적으로 지급하는 임금 중 '상여금, 그 밖에 이에 준하는 것으로서 고용노동부령으로 정하는 임금의 월 지급액 중 해당 연도 시간급 최저임금액을 기준으로 산정된 월 환산액(이하 '최저임금 월 환산액'이라 한다)의 100분의 25에 해당하는 부분'을 산입하지 아니한다고 규정하고 있다.

상여금 등의 경우 기존에는 매월 지급하더라도 그 산정기간이 1개월을 초과하는 경우에는 최저임금 산입범위에서 제외하는 것이 실무의 태도였다. 그러나 위 개정 규정(이 사건 산입조항)에 따라, 상여금 등이 매월 1회 이상 지급되는 경우(즉, '지급주기'가 매월인 경우)에는 산정기간이 1개월을 초과하더라도 그 일부가 최저임금 산입범위에 포함되게 되었다.

이 사건 산입조항(법 제6조 제4항 제2호)에 의하면 상여금 등을 모두 합산한 월 지급액 중 최저임금 월 환산액의 25%에 해당하는 부분은 최저임금에 산입하지 아니하고, 이를 초과한 부분만 산입한다. 한편, 이 사건 부칙조항(부칙 제2조 제1항)에 의하면, 2019년 현재 '최저임금 월 환산액의 25%'인 위 미산입비율은 2020년 20%, 2021년 15%, 2022년 10%, 2023년 5%와 같이 연차적으로 축소되어, 2024년부터는 상여금 등의 전부가 최저임금에 산입된다.

3) 개정 전 최저임금법 시행규칙 제2조 별표 1에서는 '근로자의 생활을 보조하는 수당 또는 현물이나 이와 유사한 형태로 지급되는 급여 등 근로자의 복리후생을 위한 성질의 것'은 '최저임금액에 산입하는 것이 적당하지 않은 임금'으로 분류되어 최저임금에 산입되지 않았다.

그러나 개정된 법 제6조 제4항 제3호는 이를 둘로 나누어, 근로자의 생활 보조 또는 복리후생을 위하여 매월 1회 이상 정기적으로 지급하는 임금 중 '통화 이외의 것으로 지급하는 임금'(가령 식사, 기숙사·주택 제공, 출퇴근 차량 제공 등)은 종전과 마찬가지로 산입범위에서 제외한 반면(같은 호 가목), '통화로 지급하는 임금'은 그중 일부를 최저임금에 산입한다(같은 호 나목).

이 사건 산입조항(법 제6조 제4항 제3호 나목)에 의하면 위 '통화로 지급하는 임금'(복리후생비)을 모두 합산한 월 지급액 중 최저임금 월 환산액의 7%에 해당하는 부분은 최저임금에 산입하지 아니하고, 이를 초과한 부분만 산입한다. 이 사건 부칙조항(부칙 제2조 제2항)에 의하면, 2019년 현재 '최저임금 월 환산액의 7%'인 위 미산입비율은 2020년 5%, 2021년 3%, 2022년 2%, 2023년 1%와 같이 연차적으로 축소되어, 2024년부터는 복리후생비의 전부가 최저임금에 산입된다.

(3) 산입범위 개편의 영향

(가) 사용자는 최저임금의 적용을 받는 근로자에게 최저임금액 이상의 임금을 지급하여야 하기 때문에(법 제6조 제1항), 법 제6조 제1항의 "임금"(비교대상 임금)에 산입되는 임금이 많으면 많을수록 사용자에게 유리하고, 근로자에게 불리하다. 특히 이 사건 산입조항 및 부칙조항과 같이 종전에 최저임금에 산입되지 않던 항목이 새롭게 산입되는 경우에는, 사용자가 근로자에게 지급하는 임금의 총액을 증가시키지 않더라도 비교대상 임금에 산입되는 임금액을 증가시킬 수 있게 된다. 이 경우 고용노동부장관이 매년 고시하는 최저임금액이 종전에 비해 증가하더라도, 사용자는 그 최저임금액 증가분만큼 근로자의 임금 총액을 증가시키지 않으면서 법 제6조 제1항을 준수할 수 있게 된다.

이처럼 이 사건 산입조항과 부칙조항으로 인한 최저임금 산입범위 확대는 최저임금액 인상으로 인한 실제 임금인상 효과를 감소시킬 수 있기 때문에 기본적으로 근로자에게 불리한 제도변화라고 할 수 있다. 그러나 최저임금법 제6조 제2항은 "사용자는 이 법에 따른 최저임금을 이유로 종전의 임금수준을 낮추어서는 아니 된다."라고 규정하고 있으므로, 사용자는 최저임금 산입범위가 확대되었음을 이유로 종전 임금 총액을 낮출 수는 없다. 따라서 위와 같은 제도변화가 있다고 하여도 근로자가 실제 받는 임금 총액은 줄어들지 않고, 단지 최저임금액 인상에 따른 실제 임금인상 효과가 종전에 비하여 감소하는(즉, 최저임금액의 인상률과 비교한 실제 임금 총액의 인상률이 종전에 비하여 낮아지는) 효과가 발생할 뿐이다.

(나) 한편, 이 사건 산입조항은 위와 같이 상여금 등과 복리후생비를 산입범위에 포함하여 산입범위를 확대하면서도 그 산입수준을 일정한 범위로 제한하고 있는데, 이는 앞서 살펴본 임금인상 감소 효과를 일부 제한하기 때문에 근로자를 위한 제도적 보완장치라고 볼 수 있다. 특히 최저임금 월 환산액의 일정 비율을 초과하는 금액만 산입하도록 함에 따라, 상여금 등이나 복리후생비가 적은 근로자일수록 최저임금에 산입되는 금액이 줄어들어 유리하다. 일반적으로 저임금 근로자가 그 밖의 다른 근로자들에 비하여 상여금 등과 복리후생비가 상대적으로 적을 가능성이 높으므로, 이는 기본적으로 저임금 근로자를 보호하기 위한 취지라고 이해할 수 있다.

나. 취업규칙 개관

(1) 취업규칙의 의미

취업규칙은 사용자가 근로자의 복무규율과 임금 등 당해 사업의 근로자 전체에 적용될 근로조건에 관한 준칙을 규정한 것을 말한다. 이는 사업장에서의 근로자의 복무규율이나 근로조건의 기준을 통일적으로 설정하기 위한 것이다.

(2) 취업규칙의 작성과 변경

취업규칙의 작성·변경에 관한 권한은 원칙적으로 사용자에게 있으므로 사용자는 그 의사에 따라 취업규칙을 작성·변경할 수 있다. 사용자는 취업규칙의 작성 또는 변경에 관하여 해당 사업 또는 사업장에 근로자의 과반수로 조직된 노동조합이 있는 경우에는 그 노동조합, 근로자의 과반수로 조직된 노동조합이 없는 경우에는 근로자의 과반수의 의견을 들어야 한다(근로기준법 제94조 제1항 본문). 그러나 취업규칙을 근로자에게 불리하게 변경하는 경우에는 그 동의를 받아야 한다(같은 항 단서).

(3) 취업규칙의 효력

취업규칙에서 정한 기준에 미달하는 근로조건을 정한 근로계약은 그 부분에 관하여는 무효로 하며, 이 경우 무효로 된 부분은 취업규칙에 정한 기준에 따른다(근로기준법 제97조). 취업규칙은 법령이나 해당 사업 또는 사업장에 대하여 적용되는 단체협약과 어긋나서는 아니 된다(근로기준법 제96조). 단체협약에 정한 근로조건 기타 근로자의 대우에 관한 기준에 위반하는 취업규칙의 부분은 무효로 하며, 그와 같이 무효로 된 부분은 단체협약에 정한 기준에 의한다(노동조합 및 노동관계조정법 제33조).

5. 판 단

가. 이 사건 산입조항 및 부칙조항에 대한 판단

(1) 제한되는 기본권

(가) 청구인 근로자들은 이 사건 산입조항 및 부칙조항이 재산권을 침해한다고 주장한다.

우리 헌법이 보장하고 있는 재산권은 경제적 가치가 있는 모든 공법상·사법상의 권리를 뜻한다. 이러한 재산권의 범위에는 동산·부동산에 대한 모든 종류의 물권은 물론, 재산가치가 있는 모든 사법상의 채권과 특별법상의 권리 및 재산가치 있는 공법상의 권리 등이 포함되나, 단순한 기대이익·반사적 이익 또는 경제적인 기회 등은 재산권에 속하지 아니한다(헌재 2012.

10. 25. 2011헌마307 참조).

앞서 보았듯이 이 사건 산입조항 및 부칙조항으로 인한 최저임금 산입범위 확대에 따라 근로자가 실제 받는 임금이 종전에 비하여 줄어들 수는 없으며, 단지 최저임금액의 인상률과 비교한 실제 임금 총액의 인상률이 종전에 비하여 낮아지는 효과가 발생할 뿐이다. 그런데 그와 같이 최저임금액의 인상률에 비례하여 실제 임금 총액이 인상될 것이라는 예상은 단순한 기대이익에 불과하여 재산권에 속한다고 볼 수 없다.

따라서 위 조항들이 청구인 근로자들의 재산권을 제한한다고 볼 수 없다.

(나) 헌법 제32조 제1항은 "모든 국민은 근로의 권리를 가진다. 국가는 사회적·경제적 방법으로 근로자의 고용의 증진과 적정임금의 보장에 노력하여야 하며, 법률이 정하는 바에 의하여 최저임금제를 시행하여야 한다."라고 규정하여 근로의 권리를 보장하고 있다. 헌법 제32조 제3항은 위와 같은 근로의 권리가 실효적인 것이 될 수 있도록 "근로조건의 기준은 인간의 존엄성을 보장하도록 법률로 정한다."라고 하여 근로조건 법정주의를 규정하고 있다. 근로조건이라 함은 임금과 그 지불방법, 취업시간과 휴식시간, 안전시설과 위생시설, 재해보상 등 근로계약에 의하여 근로자가 근로를 제공하고 임금을 수령하는 데에 관한 조건들로서, 근로조건에 관한 기준을 법률로써 정한다는 것은 근로조건에 관하여 법률이 최저한의 제한을 설정한다는 의미이다(헌재 2003. 7. 24. 2002헌바51 참조).

최저임금제도는 근로조건의 핵심적 부분인 임금과 관련된 사항일 뿐만 아니라, 근로자에 대하여 임금의 최저수준을 보장하여 근로자의 생활안정을 꾀하는 데 그 일차적인 목적이 있다. 따라서 최저임금은 인간의 존엄성을 보장하기 위한 최소한의 근로조건에 해당하며, 이에 관한 권리는 근로의 권리의 내용에 포함된다.

앞서 보았듯이 최저임금 산입범위 확대는 최저임금액 인상으로 인한 실제 임금인상 효과를 종전보다 감소시킬 수 있고, 최저임금과 비교대상 임금 간의 '비교의 방식'에 근본적인 변화를 초래하여 최저임금과 관련한 근로자의 법적 지위를 종전에 비해 불리하게 변경한다. 그렇다면 이 사건 산입조항 및 부칙조항이 종전과 달리 매월 1회 이상 정기적으로 지급하는 상여금 등 및 복리후생비의 일부를 최저임금에 새롭게 산입하도록 함으로써 청구인 근로자들의 근로의 권리를 침해하는지 여부가 문제된다.

(다) 청구인 근로자들은 이 사건 산입조항 및 부칙조항이 헌법 제32조 제1항에 따른 청구인 근로자들의 적정임금보장요구권 또는 최저임금보장요구권을 침해한다고 주장한다. 그러나 헌법 제32조 제1항은 국가에게 사회적·경제적 방법으로 근로자의 고용의 증진과 적정임금의 보장에 노력할 의무와 법률이 정하는 바에 따라 최저임금제를 시행할 의무를 부과하고 있을 뿐이므로, 근로자 개인이 국가에 대하여 적정임금이나 최저임금의 보장을 요구할 수 있는 권리가 위 조항에 의하여 바로 도출된다고 보기 어렵다(헌재 2012. 10. 25. 2011헌마307 참조). 따라서 위 주장에 대하여는 더 나아가 판단하지 아니한다.

(라) 청구인 근로자들은 이 사건 산입조항 및 부칙조항이 자신들의 인간다운 생활을 할 권리를 침해한다고 주장한다. 최저임금제도는 사용자가 근로자에게 지급하는 임금의 최저수준을 국가가 강제함으로써 최소한의 물질적인 생활의 유지에 기여하는 측면이 있다. 그러나 그와 같은 '최소한의 물질적인 생활의 유지'는 최저임금의 '수준'과 직접적으로 관련이 되는데, 최저임금의 수준은 고용노동부장관이 해마다 고시하는 최저임금액으로 결정된다.

앞서 보았듯이 이 사건 산입조항 및 부칙조항과 관련해서는 최저임금의 수준 그 자체보다는, 최저임금 산입범위의 확대로 인하여 근로자가 받는 임금 및 법적 지위상의 불리한 영향이 보다 더 본질적인 문제라고 볼 수 있다. 따라서 이 사건에서 사안과 가장 밀접한 관계에 있는 주된 기본권인 근로의 권리의 침해 여부에 대하여 판단하는 이상, 인간다운 생활을 할 권리의 침해 여부에 대하여는 별도로 판단하지 아니한다.

한편, 청구인 근로자들은 이 사건 산입조항 및 부칙조항이 헌법 제34조 제2항 및 제5항의 사회국가실현의무를 위반하였다고 주장한다. 그런데 헌법 제34조 제5항은 신체장애자, 질병·노령 기타의 사유로 생활 능력이 없는 국민에 대한 국가의 보호를 규정한 것으로서 근로자 전반의 최저임금 산입범위가 문제되는 이 사건과는 무관하다. 헌법 제34조 제2항의 '국가의 사회보장 및 사회복지증진 의무'는 국가가 물질적 궁핍이나 각종 재난으로부터 국민을 보호할 의무로서 인간다운 생활을 할 권리의 실현을 위한 수단적인 성격을 가지므로(헌재 2011. 10. 25. 2009헌마588 참조), 이 사건 산입조항 및 부칙조항이 위 의무를 위반하였다는 주장은 결국 인간다운 생활을 할 권리의 침해에 대한 주장과 다르지 아니하다. 따라서 위 의무의 위반 여부에 대하여도 별도로 판단하지 아니한다.

(마) 청구인 근로자들은, 이 사건 산입조항 및 부칙조항이 근로자들로 하여금 임금항목의 구성에 따라 최저임금과 관련한 차별을 받도록 하고 있으므로 청구인 근로자들의 평등권을 침해한다고 주장한다. 그런데 위 주장은 결국 위 조항들이 종전과 달리 상여금 등 및 복리후생비의 일부를 최저임금에 산입하도록 하는 것이 청구인 근로자들의 기본권을 침해한다는 주장과 다르지 아니하므로, 앞서 보았듯이 위 조항들의 근로의 권리 침해 여부에 대하여 판단하는 이상, 이에 관하여는 더 나아가 판단하지 아니한다.

(바) 그렇다면, 이하에서는 이 사건 산입조항 및 부칙조항이 청구인 근로자들의 근로의 권리를 침해하는지 여부에 대하여 살펴본다.

(2) 이 사건 산입조항 및 부칙조항이 근로의 권리를 침해하는지 여부

(가) 적법절차원칙에 위배되는지 여부

청구인 근로자들은, 이 사건 산입조항 및 부칙조항이 그 입법과정에서의 절차적 흠결이 중대하여 최소한의 절차적 정당성을 확보하지 못하였으므로 적법절차원칙에 위배되어 자신들의 기본권을 침해한다는 취지로 주장한다.

그러나 국회의안정보시스템의 기록과 국회 회의록 등 관련 자료에 의하면 이 사건 산입조항 및 부칙조항은 국회법 등 관련 법령에 따라 의결·공포된 것으로 보이고, 달리 그 입법과정에 어떠한 절차적 하자가 있다고 볼 만한 사정을 발견할 수 없다.

따라서 이 사건 산입조항 및 부칙조항이 적법절차원칙에 위배된다고 볼 수 없다.

(나) 명확성원칙 및 포괄위임금지원칙에 위배되는지 여부

1) 법 제6조 제4항 제2호 관련 부분

가) 이 사건 산입조항은 최저임금에 산입하지 아니하는 임금으로 '상여금, 그 밖에 이에 준하는 것으로서 고용노동부령으로 정하는 임금' 중 일정한 부분을 규정하고 있다. 여기서 '상여금, 그 밖에 이에 준하는 것'은 고용노동부령으로 규정해야 할 최저임금 미산입 임금의 대강을 설명하고 있는 것으로서, 그것이 명확한지 여부는 독자적인 명확성원칙의 문제가 아니라 명확성원칙이 헌법상 구체화된 포괄위임금지원칙의 문제라 할 것이므로, 포괄위임금지원칙 위반 여부에 대해서만 살펴본다(헌재 2011. 12. 29. 2010헌바385등 참조).

나) 임금의 종류는 매우 다양하고, 같거나 유사한 성격의 임금에 대하여 사업장에 따라 서로 다른 명칭이 부여되어 지급되는 경우도 많다. 또 사회 현실의 변화나 정책적 필요에 따라 새로운 임금항목이 신설되거나 종전의 임금항목이 폐지되기도 한다. 나아가 어떠한 임금이 상여금에 준하는 것인지 여부에 대한 판단은 해당 임금의 지급사유, 산정방식, 지급주기 및 다른 임금과의 관계 등을 고려하여야 하는 전문적·기술적 사항에 해당하기도 한다. 따라서 이를 일일이 법률로 정하는 것보다는 하위법령에서 정하도록 위임할 필요성이 인정된다.

다) 최저임금법이나 근로기준법은 '상여금'의 의미를 정의하고 있지 않다. 일반적으로 상여금이란 기본급 이외에 업적, 공헌도 기타 사유에 따라 지급하는 금품을 말하며, 분기별 또는 특정 시기에 지급되거나 매월 지급될 수도 있다. 단체협약이나 취업규칙 등에 그 지급시기 및 지급대상, 지급기준 등이 정해져 있고, 사용자의 지급의무가 인정되는 경우에는 상여금의 임금성이 인정되어 이 사건 산입조항의 '상여금'에 포함될 수 있다. 상여금은 통상 산정기간이 1개월을 초과할 뿐만 아니라, 산정기간이 1개월 이하인 경우에는 지급주기도 1개월 이하가 되어 법 제6조 제4항 본문에 따라 최저임금에 산입될 것이므로, 이 사건 산입조항의 '상여금'은 산정기간이 1개월을 초과하는 것만을 의미함을 알 수 있다.

'상여금에 준하는 임금'은 상여금이 아닌 다른 항목의 임금 중 위에서 살펴본 상여금과 유사한 속성을 갖는 임금을 의미한다고 볼 수 있다. 가령, 근로기준법 시행령 제23조는 매월 1회 이상 지급하여야 할 임금의 예외로 임금 산정기간이 1개월을 초과하는 정근수당, 근속수당, 장려금, 능률수당 등을 상여금과 함께 규정하고 있으므로, '상여금에 준하는 임금'에는 이러한 임금들이 포함될 것이고, 그와 같은 내용이 구체화되어 하위 법령에 규정될 것임을 예측할 수 있다.

2) 법 제6조 제4항 제3호 관련 부분

다음으로 '식비, 숙박비, 교통비 등 근로자의 생활 보조 또는 복리후생을 위한 성질의 임금' 부분이 명확성원칙에 위반되는지 여부에 대하여 본다.

사전적으로 '복리'는 '행복과 이익을 아울러 이르는 말'을 의미하고, '후생'은 '사람들의 생활을 넉넉하고 윤택하게 하는 일'을 의미하므로, '근로자의 생활 보조 또

는 복리후생을 위한 성질의 임금'은 '근로자의 생활을 돕거나 이를 윤택하게 하기 위한, 그 밖에 근로자의 행복과 이익을 높이기 위하여 지급되는 임금'을 의미한다고 어렵지 않게 이해할 수 있다. 근로기준법상 '임금'에 해당하여야 하므로, 근로자가 특수한 근무조건이나 환경에서 직무를 수행하게 됨으로 말미암아 추가로 소요되는 비용을 변상하기 위하여 지급되는 이른바 '실비변상적 급여'는 제외된다는 점도 알 수 있다. 그리고 '식비, 숙박비, 교통비'가 예시적으로 서술되어 있어, 뒤에 나오는 '근로자의 생활 보조 또는 복리후생을 위한 성질의 임금'의 해석을 위한 판단지침을 제공하고 있다. 나아가 이 사건 산입조항의 문언에 따라 매월 1회 이상 정기적으로 통화로 지급되는 경우만 위 조항 부분의 적용을 받으므로, 그 점에서도 적용범위가 한정된다고 볼 수 있다. 따라서 수범자는 법 제6조 제4항 제3호의 '식비, 숙박비, 교통비 등 근로자의 생활 보조 또는 복리후생을 위한 성질의 임금'의 의미도 예측할 수 있다.

3) 소결

이 사건 산입조항 및 부칙조항이 명확성원칙이나 포괄위임금지원칙에 위배된다고 볼 수 없다.

(다) 근로의 권리 침해 여부

1) 심사기준

헌법 제32조 제1항은, "국가는 … 법률이 정하는 바에 의하여 최저임금제를 시행하여야 한다"라고 규정하고 있으므로, 최저임금제를 구체적으로 어떻게 형성할 것인지에 관해서는 기본적으로 입법자에게 재량이 부여되어 있다고 볼 수 있다. 최저임금의 비교대상이 되는 임금에 어떤 임금을 어느 정도로 산입할 것인지의 문제 역시 우리나라 근로자들의 임금체계와 각 항목별 임금의 특징, 근로자의 불이익의 정도와 사용자의 부담 정도, 근로 관행, 사회·경제적 여건 등을 종합적으로 고려하여 결정할 필요가 있는 사항이므로, 이에 관하여 입법자에게 입법형성의 재량이 주어져 있다고 봄이 타당하다. 다만, 입법자가 그러한 재량을 행사하는 경우, 근로조건의 기준은 인간의 존엄성을 보장하도록 정한다고 한 헌법 제32조 제3항에 위반되어서는 안 된다.

따라서 이 사건 산입조항 및 부칙조항이 매월 1회 이상 정기적으로 지급하는 상여금 등 및 복리후생비의 일부를 새롭게 최저임금에 산입하도록 하여 청구인 근로자들의 근로의 권리를 침해하는지 여부는, 그것이 현저히 불합리하여 헌법상 용인될 수 있는 재량의 범위를 명백히 일탈하였는지 여부에 달려 있다(헌재 2008. 9. 25. 2005헌마586; 헌재 2015. 5. 28. 2013헌마619 참조).

2) 판단

가) 1986년 최저임금법의 제정 당시에는 임금 항목이 비교적 단순하였으나, 그 이후 임금 항목들이 복잡해져 기본급이 급여에서 차지하는 비중이 상대적으로 낮아지고 상여금이나 복리후생비 등 기타 수당의 비중은 높아지게 되었다. 그런데 최저임금의 산입범위는 제정 당시의 규정이 실질적인 변화 없이 유지되어 여전히 기본급과 한정된 범위의 일부 수당만 최저임금에 산입됨에 따라 실제 받는 임금과의 괴리가 커지게 되었다. 또한 고임금 노동자라 하더라도 상여금 등 및 복리후생비는 높으나 기본급이 최저임금 수준으로 낮은 경우 최저임금 인상으로 기본급 및 그와 연동된 상여금 등이 인상되어, 최저임금 인상이 상여금 등을 받는 노동자와 받지 못하는 노동자 간의 임금격차를 심화시키는 결과를 초래하기도 하였다. 한편, 2018년 최저임금액이 급격하게 인상되면서 중소기업과 소상공인의 부담이 과하게 가중될 수 있다는 우려가 일각에서 제기되었다.

이에 이 사건 산입조항 및 부칙조항은 매월 1회 이상 정기적으로 지급하는 상여금 등과 복리후생비를 최저임금에 산입하여 근로자들이 실제 지급받는 임금과 최저임금 사이의 괴리를 극복하고, 고임금 노동자까지 최저임금 인상의 혜택을 받는 불합리를 개선하여 근로자 간 소득격차 해소에 기여하며, 최저임금 인상으로 인한 사용자의 부담을 완화하고자 한 것이다.

나) 우리나라에서 정기적으로 지급되는 상여금이나 이에 준하는 정근수당, 근속수당 등은 대부분 기본급에 일정한 비율을 곱한 금액 또는 일정하게 정해진 액수의 금액을 근로자에게 지급하는 형태로서, 그 성질이나 실질적 기능이 기본급과 별다른 차이가 있다고 보기 어렵다. 복리후생비의 경우도 아래에서 보는 임금일체설에 의할 때 기본급과 그 성질이 다르다고 보기 어렵고, 이러한 상여금 등 및 복리후생비가 매월 지급되는 경우라면 근로자들 역시 기본급과 이들 임금을 엄밀히 구분해서 받아들이지 않는 것이 일반적이라고 할 수 있다.

대법원은 종전의 임금2분설을 폐기하고 임금일체설을 취하여 임금항목을 교환적 부분과 생활보장적 부분으로 구분할 수 없다고 보았으며, 정기상여금도 정기성, 일률성, 고정성을 갖추면 통상임금에 해당한다고 보고 있는데(대법원 1995. 12. 21. 선고 94다26721 전원합의체 판결, 대법원 2013. 12. 18. 선고 2012다

89399 전원합의체 판결 참조), 이러한 법원의 판례 역시 기본급과 정기적으로 지급하는 상여금 등 및 복리후생비가 그 성질에 있어서 본질적인 차이가 없음을 전제하고 있다고 볼 수 있다.

이처럼 매월 1회 이상 정기적으로 지급하는 상여금 등이나 복리후생비는 그 성질이나 실질적 기능 면에서 기본급과 본질적인 차이가 있다고 보기 어려우므로, 기본급과 마찬가지로 이를 최저임금에 산입하는 것은 그 합리성을 수긍할 수 있다.

다) 우리나라의 임금체계는 다른 나라에 비해 기본급 비중이 낮고 상여금, 복리후생비 등 기타 수당의 비중이 높으며, 호봉급이 지배적인 특징을 갖고 있다. 앞서 보았듯이 종전의 최저임금 산입범위는 위와 같은 우리 임금체계의 특징을 정확히 반영하지 못하고 있었으며, 높은 상여금 등의 비중과 호봉급 체계가 결합할 경우 최저임금 인상의 영향은 고임금 근로자에게까지 영향을 미칠 수 있다. 특히 최근 급격한 최저임금 인상으로 최저임금 영향률이 높아지면서, 고임금 근로자들까지 최저임금 인상의 영향을 받는 경우가 늘어나게 되었다.

이 사건 산입조항과 같이 매월 정기적으로 지급하는 상여금 등과 복리후생비를 최저임금에 산입할 경우, 최저임금이 현실의 임금구조를 보다 잘 반영하게 됨으로써 최저임금과 실제 임금 사이의 괴리를 해소하는 데 기여할 수 있음은 분명하다. 나아가 고용노동부와 한국노동연구원의 자료에 따르면, 이 사건 산입조항 및 부칙조항에 따른 산입범위 개편으로 소규모사업체보다는 대규모사업체에 속한 근로자가, 저임금근로자보다는 고임금근로자가 최저임금 영향률의 변화를 크게 겪는 것으로, 다시 말해 불리한 영향을 더 많이 받는 것으로 나타났다. 이는 위 조항들이 고임금 노동자까지 최저임금 인상의 혜택을 받는 불합리성을 해소하여 근로자 간 소득격차를 해소하는 데 어느 정도 효과적으로 기여한다는 점을 나타낸다고 볼 수 있다.

한편, 앞서 보았듯이 최저임금에 산입되는 임금이 많으면 많을수록 최저임금액 이상의 임금을 지급하기가 용이해지므로, 이 사건 산입조항 및 부칙조항은 사용자의 부담을 완화하는 데에도 긍정적인 효과를 나타내고 있다고 볼 수 있다.

이처럼 이 사건 산입조항 및 부칙조항에 따른 최저임금 산입범위 확대는 앞서 살펴본 각각의 입법목적의 달성에 긍정적인 기여를 하고 있으므로, 그 필요성과 취지를 수긍할 수 있다.

라) 이 사건 산입조항과 부칙조항에 따라 최저임금 산입범위를 종전보다 확대하여 상여금 등이나 복리후생비와 같은 새로운 임금항목을 최저임금에 산입할 경우, 해당 임금항목의 비중이 높은 근로자들은 최저임금액 인상에 따른 실제 임금인상 효과가 감소되어 상대적으로 불리한 지위에 처할 수 있다. 그러나 이는 최저임금 산입범위를 종전과 달리 개편하는 과정에서 필연적으로 수반될 수밖에 없는 현상이다. 그리고 위와 같이 최저임금액 인상에 따른 실제 임금인상 효과가 감소되는 현상은 제도가 전환되는 기간 동안만 한시적으로 발생하는 것이고, 최저임금액이 점차 상승하여 그 금액이 해당 근로자의 기본급과 최저임금에 산입되는 상여금 등 및 복리후생비 등을 합한 비교대상 임금 총액과 같아지는 순간이 오면, 그때부터는 다시 최저임금액 인상에 따라 임금 총액이 상승하게 된다.

나아가 앞서 보았듯이 최저임금법 제6조 제2항은 "사용자는 이 법에 따른 최저임금을 이유로 종전의 임금수준을 낮추어서는 아니 된다"라고 규정하고 있기 때문에, 최저임금 산입범위가 확대되더라도 근로자가 실제 받는 임금 총액이 줄어들 수는 없으며, 단지 최저임금액의 인상률과 비교한 실제 임금 총액의 인상률이 종전에 비하여 낮아지는 효과가 발생할 뿐이므로, 전반적으로 위 조항들로 인한 근로자들의 실질적인 경제적 불이익이 아주 크다고 보기는 어렵다.

마) 이 사건 산입조항 및 부칙조항은 최저임금 산입수준의 제한과 그 점진적 확대를 통하여 주로 저임금 근로자들의 불이익을 상당 부분 차단하고 있다. 즉, 상여금 등 및 복리후생비를 한꺼번에 최저임금에 산입함에 따른 부작용을 최소화하기 위해, 위 조항들은 2019년에는 위 임금들 중 최저임금 월 환산액의 25%(상여금 등의 경우) 또는 7%(복리후생비의 경우)를 초과하는 부분만 최저임금에 산입되도록 하고, 그 산입수준을 해마다 점진적으로 확대하고 있다. 입법자료에 의하면, 위 '최저임금 월 환산액의 25% 또는 7%'라는 산입수준은 연소득이 2,500만 원 가량이거나 그 이하인 근로자들을 염두에 두고, 이들을 보호하기 위하여 고안된 것으로 보인다.

바) 한국노동연구원이 고용노동부의 2017년 기준 고용형태별근로실태조사상의 근로자들을 대상으로 분석하여 최저임금위원회에 제출한 자료에 따르면, 2018년 적용 최저임금(시간당 7,530원)의 영향을 받는 근로

자(241만 8천 명)의 88%는 이 사건 산입조항으로 인한 산입범위 확대에 영향을 받지 않으며, 이를 감안한 위 근로자들의 실질임금 인상효과는 최저임금이 10% 인상될 때 그에 비해 1% 정도 줄어든 9%로 분석되었다(2018 최저임금위원회 활동보고서 참조).

이 사건 산입조항과 달리, 이 사건 부칙조항으로 인한 영향을 분석한 자료는 찾아보기 어렵다. 다만, 이 사건 부칙조항은 산입범위를 점차 확대하여 2024년에는 상여금 등 및 복리후생비를 모두 최저임금에 산입하게 하는 것이므로, 상여금 등 및 복리후생비를 모두 산입하였을 경우의 영향을 분석해 보면 이 사건 부칙조항으로 인한 영향을 상당 부분 확인할 수 있다고 판단된다. 이와 관련하여 앞의 한국노동연구원이 최저임금위원회에 제출한 자료 중 관련 부분에 의하면, 상여금 등 및 복리후생비를 모두 산입할 경우에도 2018년 적용 최저임금의 영향을 받는 전체 근로자(241만 8천 명) 중 80.2%는 산입범위 확대에 영향을 받지 않으며, 이를 감안한 위 근로자들의 실질임금 인상효과는 최저임금이 10% 인상될 때 그에 비해 1.6% 줄어든 8.4%로 분석되었다(2018 최저임금위원회 활동보고서 참조).

이처럼 이 사건 산입조항 및 부칙조항으로 인해 영향을 받는 근로자의 규모나 그 영향의 정도가 비교적 한정적이라고 볼 수 있어, 전반적으로 위 조항들로 인한 근로자들의 불이익이 크다고 보기 어렵다. 그리고 앞서 보았듯이 저임금근로자보다는 고임금근로자가 그러한 불이익을 상대적으로 더 많이 받는 것으로 나타나고 있다. 나아가 최저임금 산입범위를 확대할 경우 최저임금액을 인상할 여력이 증가하게 되고, 이를 통하여 최저임금제도의 안정적 운영을 도모할 수 있게 된다는 점도 고려할 필요가 있다.

사) 이상의 내용을 종합하면, 이 사건 산입조항 및 부칙조항이 매월 1회 이상 정기적으로 지급하는 상여금 등 및 복리후생비를 새롭게 최저임금에 산입하도록 한 것이 현저히 불합리하여 헌법상 용인될 수 있는 입법재량의 범위를 명백히 일탈하였다고 볼 수 없으므로, 위 조항들은 청구인 근로자들의 근로의 권리를 침해하지 아니한다.

(라) 소결

따라서 이 사건 산입조항 및 부칙조항은 청구인 근로자들의 근로의 권리를 침해하지 아니한다.

나. 이 사건 특례조항에 대한 판단

(1) 제한되는 기본권

(가) 헌법 제33조 제1항은 "근로자는 근로조건의 향상을 위하여 자주적인 단결권·단체교섭권 및 단체행동권을 가진다."라고 규정하여 근로3권을 보장하고 있다. 근로3권 중 단체교섭권은 근로자가 단결하여 그 대표자를 통해 근로조건에 관하여 사용자 또는 사용자단체와 집단적으로 교섭할 수 있는 권리를 말한다. 헌법 제33조 제1항이 근로3권을 기본권으로 보장하는 취지는 근로자가 사용자와 대등한 지위에서 집단적 교섭을 통해 자율적으로 근로조건을 결정할 수 있도록 하는 데에 있다(헌재 1998. 2. 27. 94헌바13등 참조). 사회적·경제적 열위에 있는 개별 근로자의 입장에서는 사용자의 의사에 따라 정해진 근로조건을 강요받을 수밖에 없어 계약자유의 원칙이 형해화될 우려가 있는바, 근로자에 대해서도 계약자유의 원칙이 실현되기 위해서는 근로자들이 단결체를 조직하고 집단적으로 교섭함으로써 사용자와 실질적으로 대등한 관계에서 근로조건을 결정·개선할 수 있어야 한다. 이러한 배경에서 헌법 제33조 제1항은 근로3권을 기본권으로 보장하는 것이고, 여기에는 근로조건의 집단적 결정은 대등한 위치에 있는 노사 간의 교섭과 합의를 통해 이루어져야 한다는 이른바 집단적 근로조건 대등결정의 원칙이 내포되어 있다고 할 것이다.

한편, 근로기준법 제4조는 "근로조건은 근로자와 사용자가 동등한 지위에서 자유의사에 따라 결정하여야 한다."라고 하여, 근로조건은 사용자가 일방적으로 결정하여서는 안 되고 근로관계 당사자 사이에서 자유로운 합의에 따라 정해져야 하는 사항임을 분명히 하고 있다(대법원 2019. 11. 14. 선고 2018다200709 판결 참조). 위 규정이 주로 개별적 근로관계를 규율대상으로 하는 근로기준법에 마련되어 있기는 하나, 근로자 개별적 차원의 형식적 평등을 집단적 차원의 실질적 평등으로 실현하고자 했던 노동법의 생성과정을 보면, 위 규정에서 선언한 근로조건 대등결정의 원칙은 개별 근로계약을 체결하거나 변경하는 경우뿐만 아니라 집단적 근로조건을 결정하는 내용의 취업규칙이나 단체협약에 대해서도 적용되어야 한다.

근로기준법이 취업규칙제도를 두어 사용자로 하여금 해당 사업장의 근로자 집단에 통일적으로 적용될 근로조건과 복무규율에 관한 기준을 설정한 준칙인 취업규칙을 일방적으로 작성할 수 있도록 하는 동시에, 취업규칙을 근로자에게 불리하게 변경하는 경우에는 해당 사업장에 근로자의 과반수로 조직된 노동조합이 있으면 그 노동조합, 근로자의 과반수로 조직된 노동조합이 없으면 근로자의 과반수의 동의를 받도록 하고 있는 것도 기득권 보호, 근로조건의 통일적 규율과 함께 집단적 근로조건 대등결정의 규범적 요청에 따른 것으로 볼 수 있다(대법원 1977. 7. 26. 선고 77다355 판결 참조).

따라서 일정한 경우에 사용자로 하여금 일방적으로 취업규칙의 작성·변경을 통하여 기존의 근로조건을 근로자에게 불리하게 변경할 수 있도록 하는 것은 근로자들이 그 단결체를 통해 해당 근로조건에 관하여 사용자와 집단적으로 교섭하는 것을 제한하게 되므로, 근로자 또는 근로자단체의 단체교섭권을 제한한다. 설령 노동조합이 사용자에 대하여 해당 근로조건에 관하여 단체협약의 체결을 주장하면서 단체교섭을 요구할 수 있고 그러한 요구에 별다른 제한이 없다고 하더라도, 사용자가 일방적으로 기존의 근로조건을 불리하게 하는 내용으로 취업규칙을 작성·변경할 수 있고 근로자로서는 이렇게 불리하게 변경된 근로조건을 적용받을 수 밖에 없는 국면에서 해당 근로조건의 결정에 관한 근로자 또는 근로자단체의 단체교섭권은 제한된다고 보아야 한다.

(나) 일반적으로 1개월을 초과하는 주기로 지급하는 임금을 총액의 변동 없이 매월 지급하는 것으로 취업규칙을 변경하는 것은 임금 지급의 안정성을 높인다는 점에서 근로자에게 일부 유리한 측면이 있다. 그러나 앞서 보았듯이 매월 1회 이상 정기적으로 지급하는 상여금 등 및 복리후생비의 일부를 종전과 달리 최저임금에 새로 산입할 경우, 최저임금액 인상으로 인한 근로자의 실제 임금인상 효과를 종전보다 감소시킬 수 있고, 최저임금과 관련한 근로자의 법적 지위가 종전에 비해 불리하게 변경된다. 그러므로 상여금 등 및 복리후생비를 최저임금에 산입하기 위하여 그 지급주기에 관한 취업규칙을 위와 같이 변경하는 것은 결과적으로 근로자에게 불리한 변경이 될 가능성이 있다.

그런데 이 사건 특례조항에 따르면, 사용자가 최저임금 산입을 위하여 1개월을 초과하는 주기로 지급하는 상여금 등 및 복리후생비를 총액의 변동 없이 매월 지급하는 것으로 취업규칙을 변경할 때에는 근로기준법 제94조 제1항에도 불구하고 과반수 노동조합 또는 근로자의 과반수의 동의를 받을 필요 없이 그 의견을 듣기만 하면 된다. 이처럼 이 사건 특례조항은 근로조건에 해당하는 상여금 등 및 복리후생비의 지급주기에 관한 취업규칙의 변경에 대하여 최저임금 산입을 목적으로 하면서 총액의 변동이 없는 경우에는 사용자가 일방적으로 상여금 등 및 복리후생비의 지급주기를 변경할 수 있도록 함으로써 근로자가 근로자단체를 통해 상여금 등 및 복리후생비의 지급주기에 관하여 사용자와 교섭하는 것을 제한하므로, 노동조합인 청구인 조합들과 그 조합원인 청구인 근로자들의 단체교섭권을 제한한다.

(2) 단체교섭권 침해 여부

(가) 입법목적의 정당성 및 수단의 적합성

이 사건 특례조항은 최저임금 산입을 위한 임금지급주기의 변경을 용이하게 함으로써 이 사건 산입조항 및 부칙조항의 실효성을 확보하고, 근로자에게 임금의 최저수준을 매월 보장함으로써 근로자의 생활안정을 꾀하고자 하는 조항으로서, 그 입법목적이 정당하다.

그리고 사용자가 최저임금 산입을 위하여 1개월을 초과하는 주기로 지급하는 상여금 등 및 복리후생비를 총액의 변동 없이 매월 지급하는 것으로 취업규칙을 변경할 때 과반수 노동조합 또는 근로자의 과반수의 동의를 받을 필요가 없도록 하는 것은 취업규칙상 임금지급주기의 변경을 용이하게 하여 위와 같은 입법목적의 달성에 기여하므로, 수단의 적합성도 인정된다.

(나) 침해의 최소성

1) 앞서 보았듯이 이 사건 산입조항 및 부칙조항은 매월 1회 이상 정기적으로 지급하는 상여금 등과 복리후생비를 최저임금에 산입하여 근로자들이 실제 지급받는 임금과 최저임금 사이의 괴리를 극복하고, 고임금 근로자까지 최저임금 인상의 혜택을 받는 불합리를 개선하여 근로자 간 소득격차 해소에 기여하며, 최저임금 인상으로 인한 사용자의 부담을 완화하고자 한 것이다.

이 사건 산입조항은 '최저임금에는 매월 1회 이상 정기적으로 지급하는 임금을 산입한다'는 원칙을 명시하고 있다. 이는 가장 낮은 임금을 받는 근로자들의 생활안정이라는 최저임금법의 취지를 고려할 때 매월 최저임금 이상의 임금 지급이 보장되도록 해야 할 필요가 있다는 판단에 따른 것이다. 이에 이 사건 산입조항 및 부칙조항은 다른 임금과 마찬가지로 상여금 등과 복리후생비도 매월 1회 이상 정기적으로 지급되는 경우 이를 최저임금에 산입한다고 규정하고 있다.

이 사건 산입조항 및 부칙조항이 실효성이 있으려면 기존에 1개월을 초과하는 주기로 지급하던 상여금 등이나 복리후생비를 매월 1회 이상 지급하는 것으로 지급주기를 변경할 수 있어야 한다. 그런데 상여금 등이나 복리후생비의 지급주기가 취업규칙에 규정되어 있다면, 사용자가 이를 최저임금에 산입시키기 위하여 상여금 등이나 복리후생비의 지급주기에 관한 취업규칙을 변경하는 경우, 그것이 근로기준법 제94조 제1항 단서의 불이익변경에 해당하여 과반수 노동조합 또는 근로자 과반수의 동의를 얻어야 하는지 여부가 논란이 될 수 있다.

나아가 위와 같은 경우가 불이익변경에 해당한다는 이유로 과반수 노동조합이나 근로자 과반수의 동의를 얻어야 한다고 볼 경우, 취업규칙상의 임금지급 주기 변경이 가능한지 여부가 불확실하게 되고 그 가능 여부가 개별 사업장별로 달라질 수 있다. 이 경우 최저임금 산입범위와 임금체계 개편의 효과가 반감될 것이고, 이에 따라 실제 근로자가 지급받는 임금과 최저임금 사이의 괴리를 극복하고 근로자 간 소득격차를 해소하고자 하는 이 사건 산입조항 및 부칙조항의 입법목적도 달성이 어려워질 수 있다.

이에 이 사건 특례조항은 위와 같은 취업규칙 변경의 경우 과반수 노동조합 또는 근로자 과반수의 의견을 듣기만 하면 되고 동의를 얻을 필요는 없다고 규정함으로써 입법을 통하여 불이익변경과 관련한 법적 논란의 소지를 사전에 차단하고, 최저임금 산입을 위한 임금지급 주기의 변경을 용이하게 하고자 하는 것이다.

또한 저소득 근로자에게는 임금의 안정적인 지급이 매우 중요한데, 임금의 지급주기를 단축할 경우 임금지급의 안정성이 증대하여 저소득 근로자의 생활안정에 기여할 수 있다.

이처럼 이 사건 특례조항이 규정하고 있는 취업규칙 변경에 대한 특례는 이 사건 산입조항 및 부칙조항의 실효성을 확보하고, 근로자에게 임금의 최저수준을 매월 보장하고자 하는 위 조항의 입법목적 달성을 위하여 필요한 조치라고 볼 수 있다.

2) 이 사건 특례조항은 오로지 최저임금 산입을 위한 목적에서 임금 총액의 변동 없이 상여금 등 및 복리후생비의 지급주기를 매월 지급하는 것으로 변경하는 경우에만 적용되고, 다른 경우에는 적용되지 아니한다.

임금 총액이 동일한 상태에서 임금의 지급 주기를 변경하는 것은 그 자체로는 근로자의 근로소득 수준에 영향을 미치지 아니하므로, 근로조건의 중요한 부분을 근본적으로 변경하는 것이라 보기는 어렵다. 오히려 앞서 보았듯이 임금의 지급주기를 '매월 1회 이상'으로 함으로써 근로자의 생활안정에 더 기여하는 측면도 있다.

물론 이 사건 산입조항과 연결하여 볼 때에는, 임금의 지급주기를 변경하여 상여금 등 및 복리후생비가 최저임금 산입범위에 새롭게 포함될 경우 최저임금액 인상에 따른 실제 임금인상 효과가 종전에 비하여 감소하는 등 근로자의 법적 지위가 불리하게 변경될 수 있는 것은 사실이다. 그러나 앞서 이 사건 산입조항 및 부칙조항에 대한 판단에서 보았듯이 그러한 최저임금 산입범위 개편으로 인해 영향을 받는 근로자의 규모나 그 영향의 정도가 비교적 한정적이어서 위 조항들로 인한 근로자들의 불이익이 실질적으로 아주 크다고 보기 어렵고, 위 조항들이 저소득 근로자들의 불이익을 차단하기 위한 제도적 보완장치를 두고 있는 점 등을 감안하면, 이 사건 특례조항에 따라 근로자들이 입는 불이익 역시 크다고 보기는 어렵다.

이처럼 이 사건 특례조항은 그 적용범위가 한정적이고, 해당 조항이 규율대상으로 삼고 있는 취업규칙 변경이 근로조건의 중요한 부분을 근본적으로 변경하는 것이라 보기 어려우며, 그 변경에 따라 근로자들이 입는 불이익 역시 크다고 보기 어려우므로, 사용자가 일방적으로 상여금 등 및 복리후생비의 지급주기를 변경함으로 인하여 청구인들의 단체교섭권이 제한되는 정도 역시 크다고 보기 어렵다.

3) 최저임금 산입을 위한 취업규칙 변경에 관한 특례규정을 별도로 두지 않고 근로기준법 제94조 제1항 단서를 그대로 적용하도록 하되, 만약 그러한 취업규칙 변경의 불이익변경 해당 여부 등에 관하여 분쟁이 발생할 경우 법원의 판단을 통하여 해결하도록 하는 방안도 고려할 수 있다. 그러나 앞서 보았듯이 이 경우 취업규칙상의 임금지급 주기 변경이 가능한지 여부가 불확실하게 되고 그와 관련한 많은 논란과 법적 분쟁이 발생할 수 있다. 법원의 판단이 있는 경우에도 취업규칙 변경 가능 여부가 개별 사업장별로 달라질 수 있어 최저임금 산입범위 확대의 효과가 반감될 가능성이 있고, 이 사건 산입조항 및 부칙조항의 실효성을 확보하기 어려워질 수 있다. 따라서 위와 같이 특례규정을 두지 않고 법원의 판단을 통하여 해결하는 방안이 이 사건 특례조항의 입법목적을 이 사건 특례조항과 동등한 정도로 달성한다고 볼 수 없고, 달리 이 사건 특례조항과 동등하게 입법목적을 달성하면서도 노동조합이나 근로자의 기본권을 덜 제한하는 입법대안을 상정하기 어렵다.

4) 따라서 이 사건 특례조항은 침해의 최소성 요건을 충족한다.

(다) 법익의 균형성

이 사건 특례조항은 이 사건 산입조항 및 부칙조항의 실효성을 확보하고, 근로자에게 임금의 최저수준을 매월 보장함으로써 근로자의 생활안정을 꾀하고자 하는 것으로서, 이러한 공익은 중대하다.

반면 이 사건 특례조항은 오로지 최저임금 산입을 위한 목적에서 임금 총액의 변동 없이 상여금 등 및 복리후생비의 지급주기를 매월 지급하는 것으로 변경하는 경우에만 적용되는데, 앞서 보았듯이 위와 같은 취업규칙의 변경은 근로조건의 중요한 부분을 근본적으로 변경하는 것이라 보기 어렵고, 그 변경에 따라 근로자들이 입는 불이익 역시 크다고 보기 어려우므로, 사용자에 의한 일방적인 변경으로 인하여 청구인들의 단체교섭권이 제한되는 정도는 위와 같은 공익에 비하여 크다고 보기 어렵다.

따라서 이 사건 특례조항은 법익의 균형성 요건도 충족한다.

(라) 소결

이 사건 특례조항은 과잉금지원칙에 위배되어 청구인들의 단체교섭권을 침해한다고 볼 수 없다.

(3) 청구인들의 그 밖의 주장에 대한 판단

청구인들은 이 사건 특례조항이 단체행동권도 침해한다고 주장하나, 이 사건 특례조항의 내용은 노동쟁의와는 직접적인 관련이 없으므로, 단체행동권 침해 여부에 대하여는 더 나아가 판단하지 아니한다.

또한 청구인들은 이 사건 특례조항이 헌법 제32조 제2항의 근로조건 민주주의원칙을 위반하였다고 주장한다. 그런데 헌법 제32조 제2항은 근로의 의무에 관한 조항으로서, 자신의 의사로 자유롭게 근로하는 근로자들의 임금과는 무관한 내용이다. 따라서 이 부분 주장에 대하여는 더 나아가 판단하지 아니한다.

청구인들은 이 사건 특례조항이 그 입법과정에서의 절차적 흠결이 중대하여 최소한의 절차적 정당성을 확보하지 못하였으므로 적법절차원칙에 위배되어 자신들의 기본권을 침해한다는 취지로 주장한다. 이 사건 특례조항은 이 사건 산입조항 및 부칙조항과 함께 의결되었는데, 이 사건 산입조항 및 부칙조항의 입법과정에 절차적 하자가 있다고 볼 만한 사정을 발견할 수 없음은 앞서 살펴본 바와 같고, 달리 이 사건 특례조항에 대해서만 절차적 하자를 문제 삼을 만한 사정도 없다. 따라서 이 사건 특례조항 역시 적법절차원칙에 위배된다고 볼 수 없다.

한편, 청구인들이 이 사건 특례조항에 대해서도 재산권, 적정임금보장요구권, 인간다운 생활을 할 권리, 평등권 침해의 주장을 하는 것으로 볼 여지가 있으나, 이는 결국 상여금 등 및 복리후생비의 일부를 최저임금에 산입하는 것을 문제 삼는 것으로서 이 사건 산입조항 및 부칙조항에 관한 주장과 다를 바 없으므로, 이에 관하여는 따로 판단하지 아니한다.

6. 결 론

그렇다면 이 사건 심판청구는 모두 이유 없으므로 이를 기각하기로 하여 주문과 같이 결정한다. 이 결정은 아래 7.과 같은 재판관 이선애, 재판관 이은애, 재판관 이종석, 재판관 이영진의 이 사건 특례조항에 대한 일부 반대의견 및 일부 별개의견, 아래 8.과 같은 재판관 이미선의 이 사건 특례조항에 대한 법정의견에 대한 보충의견이 있는 외에는 나머지 관여 재판관들의 일치된 의견에 의한 것이다.

7. 재판관 이선애, 재판관 이은애, 재판관 이종석, 재판관 이영진의 이 사건 특례조항에 대한 일부 반대의견 및 일부 별개의견

우리는 이 사건 심판청구 중 이 사건 산입조항 및 부칙조항에 대한 심판청구는 이유 없으므로 이를 기각하여야 한다는 점에 대하여는 법정의견과 견해를 같이 한다. 그러나 우리는 법정의견과 달리 청구인 조합들의 이 사건 특례조항에 대한 심판청구는 기본권침해가능성 내지 자기관련성이 없으므로 각하하여야 하고, 이 사건 특례조항은 청구인 근로자들의 단체교섭권을 제한하지 아니하므로 대신 청구인 근로자들의 근로의 권리 침해 여부를 판단하여야 한다고 생각한다. 이에 다음과 같이 그 의견을 남긴다.

가. 이 사건 특례조항이 청구인들의 단체교섭권을 제한하는지 여부

(1) 헌법상 단체교섭권은 근로자가 사용자와 자유롭게 교섭하는 것을 방해하지 않음으로써 보장되는 자유권적 측면뿐만 아니라, 적극적인 입법조치를 통해 근로자의 권리행사의 실질적 조건을 형성하고 보장하도록 국가에 요청하는 사회권적 측면을 가진다(헌재 1998. 2. 27. 94헌바13등; 헌재 2017. 9. 28. 2015헌마653; 헌재 2018. 8. 30. 2015헌가38 참조).

우선 이 사건 특례조항이 단체교섭권의 자유권적 측

면을 제한하지 않는 것은 명백하다. 이 사건 특례조항은 단체교섭의 대상이 되는 사항을 제한하거나 단체교섭의 방법을 한정하고 있지 않으므로, 근로자들이 단결권을 행사하여 결성한 노동조합은 이 사건 특례조항에도 불구하고 여전히 상여금 등 및 복리후생비의 지급주기에 대하여 사용자와 자유롭게 단체교섭을 할 수 있다. 또한 이 사건 특례조항은 단체협약의 효력을 제한하고 있지 않으므로, 사용자가 이 사건 특례조항에 따라 상여금 등 및 복리후생비를 매월 지급하는 것으로 취업규칙을 변경하더라도, 여전히 단체교섭에 따라 체결된 단체협약의 효력은 그 변경된 취업규칙에 우선한다(노동조합 및 노동관계조정법 제33조 제1항 참조).

다음으로 이 사건 특례조항이 단체교섭권의 사회권적 측면을 제한하는지를 살펴봄에 있어서는, 이 측면이 국가와 근로자의 양자 관계가 아니라 국가·근로자·사용자의 3자 관계를 그 대상으로 하며, 국가가 사용자에게 일정한 의무를 부과함으로써 사용자의 직업수행의 자유를 제한하는 형태로 실현된다는 점을 충분히 고려할 필요가 있다. 따라서 단체교섭권의 자유권적 측면이 원칙적으로 최대한 보장되어야 함과 달리, 사회권적 측면은 상대적으로 그 보호영역이 분명히 특정되어야 한다.

단체교섭이란 근로자 측과 사용자 측이 근로조건에 관하여 합의에 도달할 목적으로 회담·협상하는 것을 말한다. 여기서 '교섭'이란 쌍방이 자율적 의사에 따라 양보를 거듭하면서 합의에 도달하려는 것이고, 노동조합은 교섭 결렬 시 단체행동권의 행사를 통하여 사용자에게 양보를 구할 수 있을 뿐 양보나 합의 그 자체가 강제되는 것은 아니다. 그런데 이 사건 특례조항에서 문제되는 '취업규칙의 불이익변경에 대한 동의권의 행사'는 사용자가 일방적으로 제시한 근로조건의 불이익변경에 대해 그 동의 여부를 표시하는 것일 뿐이므로, 단체교섭권의 '교섭' 개념과 부합하지 않는다. 즉, 사용자가 단순히 취업규칙을 변경하려는 이유 등을 근로자 측에 설명하고 그 동의를 얻는 것을, 노사 쌍방이 합의에 도달할 목적으로 양보 및 협상을 거듭하는 '단체교섭'과 반드시 동일하게 볼 수 있는지 의문이고, 특히 노동조합이 없는 사업장의 경우 사용자가 근로자 측과의 실질적인 양보 및 협상 과정 없이 취업규칙의 불이익변경에 대한 동의를 구할 가능성도 배제할 수 없기 때문이다.

또한, 헌법재판소는 "헌법이 근로자에게 단결권·단체교섭권·단체행동권을 인정한 취지는 경제적 약자인 근로자가 사용자와 대등한 입장에서 단체협약을 체결할 수 있게 하자는 데 있다"라고 하여(헌재 1990. 1. 15. 89헌가103 참조) 근로3권의 주된 목적을 단체협약의 체결로 이해한 바 있다. 입법자 역시 단체교섭에 따라 체결된 단체협약을 일반 계약에 비하여 두텁게 보호하는 등(노동조합 및 노동관계조정법 제33조, 제35조, 제36조 등 참조), 단체협약이라는 형태를 매개로 단체교섭권을 실현·보장하고 있는 것으로 이해된다.

설령 단체교섭권에 단체협약의 형태가 아닌 다른 방식의 근로조건 결정을 위한 교섭이 포함될 수 있다고 하더라도, 국가가 노동조합을 통하여 형성되지 않은 근로자 다수의 근로조건에 관한 모든 형태의 의사표현까지 단체교섭권의 형태로 보호해야 한다고 보기는 어렵다. 단체교섭의 목적을 단체협약뿐만 아니라 모든 근로조건 결정으로 확장하면서 그 주체와 방법을 명확히 하지 않는다면, 단결 및 단체교섭의 주체를 노동조합으로 해석하는 전통적인 단결권, 단체교섭권의 법리 및 쟁의행위의 대상을 단체협약의 대상이 될 수 있는 사항으로 한정하는 단체행동권의 법리와 조화되기 어려운 문제를 발생시킬 우려가 있다. 예컨대 이 사건 특례조항이 규정하고 있는 것처럼 '근로자의 과반수'를 단체교섭권의 주체로 승인할 수 있을 것인지, 교섭의 결렬이 아니라 일회성 의사표시가 관철되지 않았음을 이유로 단체행동권의 행사로 나아갈 수 있을 것인지, 나아가 이러한 형태의 교섭에 대해서도 국가가 일정한 입법조치를 하지 않은 것이 위헌인지 등 헌법과 노동법이 예정하지 않은 수많은 문제가 발생할 수 있다.

따라서 취업규칙의 불이익변경에 대한 근로자 측의 동의를 배제하는 이 사건 특례조항이 청구인들의 단체교섭권을 제한한다고 볼 수 없다.

(2) (가) 법정의견이 '일정한 경우에 사용자로 하여금 일방적으로 취업규칙의 작성·변경을 통하여 기존의 근로조건을 근로자에게 불리하게 변경할 수 있도록 하는 것은 근로자들이 그 단결체를 통해 해당 근로조건에 관하여 사용자와 집단적으로 교섭하는 것을 제한하게 되므로, 근로자 또는 근로자단체의 단체교섭권을 제한한다'는 점의 근거로 들고 있는 대법원 1977. 7. 26. 선고 77다355 판결에 대하여 구체적으로 살펴본다.

1) 위 대법원 판결은 "취업규칙은 사용자가 기업경영권에 기하여 사업장에 있어서의 근로자의 복무규율이나 근로 조건의 기준을 획일적 통일적으로 정립하기 위하여 작성하는 것으로서 이는 근로기준법이 종속적 노

동관계의 현실에 입각하여 실질적으로 불평등한 근로자의 입장을 보호강화 하여 그들의 기본적 생활을 보호향상 시키려는 목적의 일환으로 그 작성을 강제하고 이에 법규범성을 부여한 것이라고 볼 것이므로 원칙적으로 취업규칙의 작성변경권은 사용자에게 있다 할 것이나 취업규칙의 변경에 의하여 기존 근로조건의 내용을 일방적으로 근로자에게 불이익하게 변경하려면 종전 취업규칙의 적용을 받고 있던 근로자 집단의 집단의사결정 방법에 의한 동의를 요한다고 할 것이며 그 동의 방법은 근로자 과반수로 조직된 노동조합이 있는 경우에는 그 조합의 그와 같은 조합이 없는 경우에는 근로자들의 회의방식에 의한 과반수의 동의가 없는 한 취업규칙의 변경으로서의 효력을 가질 수 없고 따라서 그러한 취업규칙변경에 대하여 개인적으로 동의한 근로자에 대하여도 효력이 없는 것이라고 할 것이다. 왜냐하면 기존 근로조건의 내용을 사용자가 일방적으로 근로자에게 불이익하게 변경하는 것은 위의 근로기준법의 보호법으로서의 정신과 기득권 보호의 원칙 및 근로조건은 근로자와 사용자가 동등한 지위에서 자유의사에 의하여 결정되어야 한다는 근로기준법 제3조의 규정상 허용될 수 없다 할 것이고, 그렇다고 하여 만약 취업규칙의 불이익한 변경에 개인적으로 동의한 근로자에 대하여는 그 변경의 효력이 있고 동의하지 아니한 근로자에 대하여는 효력이 없다고 한다면 근로자는 단체로서 행동할 때 실질적으로 사용자와 대등한 입장에 서게 된다는 것이 모든 노사관계법의 기본입장이므로 사용자는 실질적으로 대등하지 아니한 우월한 지위에 서서 용이하게 취업규칙의 변경이란 형식으로 개별근로자에 대하여 기존 취업규칙에 미달되는 근로계약을 체결할 수 있게 되어 취업규칙에 정한 기준에 미달되는 근로조건을 정한 근로계약은 그 부분에 한하여 무효로 하고 무효로 된 부분은 취업규칙에 정한 기준에 의한다 하여 취업규칙상의 기준을 최저기준으로 규정한 근로기준법 제98조를 사실상 무의미하게 만드는 결과가 되고 또한 한 개의 사업장에 다수의 취업규칙이 사실상 병존하는 것과 같은 결과가 되어 취업규칙의 규범으로서의 획일적, 통일적 적용의 필요성에도 위배된다 할 것이며 집단에 적용되는 법규범의 변경에는 집단적 의사에 의한 동의를 얻게 함으로서 집단전체에 그 효력을 미치게 함은 일반법규범의 변경절차로서도 타당하기 때문이다" 라고 판시하고 있다.

2) 위 판결에서 "근로조건은 근로자와 사용자가 동등한 지위에서 자유의사에 따라 결정하여야 한다"는 구 근로기준법 제3조(현행법 제4조)를 언급하면서 취업규칙의 불이익변경에 대하여 근로자의 개별적 동의가 아니라 집단의사결정에 의한 동의가 필요하다고 설시한 점, "근로자는 단체로서 행동할 때 실질적으로 사용자와 대등한 입장에 서게 된다는 것이 모든 노사관계법의 기본입장"이라고 설시한 점을 종합하면, 대법원은 구 근로기준법 제3조(현행법 제4조)에서 규정한 '근로조건 대등결정의 원칙'이 '집단적 대등결정의 원칙'을 포함하는 것으로 보고, 위 원칙에 비추어 볼 때 사용자가 취업규칙을 불이익하게 변경하려면 종전 취업규칙의 적용을 받고 있던 근로자 집단의 집단의사결정 방법에 의한 동의를 요한다고 판단한 것으로 보인다.

그러나, 위 대법원 77다355 판결은 취업규칙의 불이익변경이 근로자에게 효력을 미치기 위한 요건으로서 '근로자 측의 동의가 필요한지 여부와 그 동의 방식'을 설시한 것이지, 그러한 동의가 헌법상 단체교섭권의 내용에 포함되는지 여부를 논증한 것은 아니다.

뿐만 아니라 종래 대법원은 취업규칙의 불이익변경에 대하여 근로자집단의 집단적 의사결정에 의한 동의가 없는 한 취업규칙의 변경은 효력이 없다는 입장을 취하였다가(위 77다355 판결 및 대법원 1990. 4. 27. 선고 89다카7754 판결 참조), 위 동의 없는 취업규칙의 불이익변경은 기존의 근로자에 대한 관계에서는 그 변경의 효력이 미치지 않으나 그 변경 후의 신규 근로자에게는 변경의 효력이 미친다는 입장으로 변경하였다(대법원 1992. 12. 22. 선고 91다45165 전원합의체 판결; 대법원 2003. 12. 18. 선고 2002다2843 전원합의체 판결 참조). 대법원이 설시한 대로 근로자단체의 동의 여부와 무관하게 취업규칙 변경의 효력은 발생하는 것이고, 단지 기득이익의 보호를 위하여 기존 근로자들에 대해서는 그 동의가 없으면 취업규칙 변경의 효력이 미치지 않게 하는 것이라면, 위 동의는 결과적으로 사업장 전체에 적용되는 근로조건인 취업규칙의 불이익변경에 대해서는 아무런 영향을 미치지 못하고, 단지 기존 근로자들이 기득이익의 보호를 받을 것인지 여부에 대하여 의사표시를 하는 것에 불과하게 되는 것인데, 이를 근로조건에 관한 집단적 교섭으로 볼 수 있는지 의문이다.

특히 대법원이 종전의 77다355 판결에서는 기득권 존중의 원칙, 근로기준법의 근로자 보호의 정신, 집단적 결정을 통한 근로조건 대등결정의 원칙이라는 세 가지 근거를 제시한 것으로 보이는데, 위 91다45165 판결 등에서는 변경된 취업규칙이 기존 근로자들에게 적용되지 않는 근거로 기득이익의 보호만을 설시하였을 뿐 '집단적 결정을 통한 근로조건 대등결정의 원칙'과 관련한 사항을 전혀 언급하고 있지 않다는 점을 고려하면, 기존 근로자들에 대하여 취업규칙 변경의 효력이 미치지 않는다는 이유로 위 동의를 헌법상 단체교섭권의 범위에 포함시킬 수 있다고 보기는 어렵다. 이에 더하여 위 대법원 전원합의체 판결 역시 그 논증과정에서 헌법상 단체교섭권을 염두에 두었다고 볼 만한 사정을 발견하기 어렵다는 점을 감안하면, 이 사건에서 헌법재판소가 취업규칙 불이익변경에 대한 동의를 헌법상 단체교섭권의 대상에 포함하는 것으로 보는 것에는 더욱 신중함이 요구된다 할 것이다.

(나) 한편, 근로조건에 대한 근로자 측의 '집단의사결정'이라고 하여 모두 당연히 헌법상 '단체교섭권'의 범위에 포함된다고 볼 수는 없으며, 이는 결국 헌법상 단체교섭권의 의미와 근로기준법 제94조 제1항의 '동의'의 실체를 고려하여 헌법해석으로 해결할 수밖에 없는 문제이다.

헌법 제32조 제1항은 "모든 국민은 근로의 권리를 가진다."라고 하여 근로3권과 별도로 근로의 권리를 규정하고 있고, 같은 조 제3항은 "근로조건의 기준은 인간의 존엄성을 보장하도록 법률로 정한다."라고 규정하고 있으며, 이에 따라 제정된 법률이 근로기준법이다.

헌법재판소는 헌법이 근로조건의 기준을 법률로 정하도록 한 것은 인간의 존엄에 상응하는 근로조건에 관한 기준의 확보가 사용자에 비하여 경제적·사회적으로 열등한 지위에 있는 개별 근로자의 인간존엄성의 실현에 중요한 사항이기 때문이라고 하면서, 구 근로기준법 제24조(현행 제17조, 사용자의 근로조건 명시의무규정)와 관련하여 "근로계약에 있어 사용자와 근로자 사이에는 사실상의 교섭력 차이가 실질적으로 존재하고, 경제적으로 우월한 지위에 있는 사용자가 근로조건을 구체적으로 명시하지 않거나 확정적 근로조건을 제시하지 않음으로써 근로자에게 불리하거나 부당한 근로를 강요할 위험이 항시 존재한다."라고 지적하였다(헌재 2006. 7. 27. 2004헌바77 참조).

이처럼 헌법 제32조 제1항, 제3항에 따라 근로기준법이 사용자에 비하여 열등한 지위에 있는 근로자를 보호하기 위하여 근로조건의 기준을 법률로 정하고 있는 것이라는 선례의 태도에 의할 때, "근로조건은 근로자와 사용자가 동등한 지위에서 자유의사에 따라 결정하여야 한다."는 근로기준법 제4조 역시 근로의 권리의 실현을 위한 조항이라고 이해할 수 있다. 나아가 근로기준법 제94조 제1항 단서에서 취업규칙의 불이익변경에 대하여 근로자 측의 동의를 요하는 것도, 우월적 지위에 있는 사용자가 일방적으로 취업규칙을 근로자에게 불리하게 변경하여 근로자의 인간존엄성의 실현에 지장을 초래하는 것을 방지하기 위한 것으로 볼 수 있으므로, 이 역시 근로의 권리의 실현을 위한 것이라고 할 수 있다.

위 조항에서 취업규칙의 불이익변경에 대하여 근로자의 개별적 동의가 아닌 집단적 동의를 받도록 한 것은, 대법원도 설시하였듯이 개별적 동의를 얻게 할 경우 실질적으로 사용자가 우월한 지위에 서는 결과가 되고, 취업규칙상의 기준을 최저기준으로 규정한 구 근로기준법 제98조(현행 제97조)의 취지가 몰각되며, 한 개의 사업상에 다수의 취업규칙이 사실상 병존하는 것과 같은 결과가 되는 등 여러 가지 부작용이 예상되기 때문이므로, 취업규칙의 불이익변경에 대한 동의의 방식으로 집단의사결정에 의한 동의를 요한다는 이유만으로 위 동의가 헌법상 근로의 권리의 영역에서 벗어난다고 볼 수는 없다.

헌법상 단체교섭권은 지금까지 헌법재판소의 선례를 보면 주로 집단적 노사관계법의 영역에서 그 논의가 이루어져 왔으므로, 개별적 근로관계법인 근로기준법의 조항에 대하여 헌법상 단체교섭권의 논의를 적용하는 것은 기존 논의의 틀을 무너뜨릴 가능성이 있어 신중할 필요가 있다. 설령 근로기준법 제94조 제1항 단서와 같이 개별적 근로관계법의 영역에서 근로자 측의 '집단의사결정'을 바탕으로 한 의사표시나 행위가 이루어지는 경우라 하더라도, 그러한 이유만으로 섣불리 이를 헌법상 단체교섭권의 영역에 포함되는 것이라 볼 수는 없으며, 그렇게 보기 위해서는 헌법상 단체교섭권의 의미와 범위, 단결권 및 단체행동권 등 다른 근로3권의 내용에 미치는 영향 등과 관련하여 심도 있는 연구가 뒷받침될 필요가 있다.

따라서 근로기준법 제94조 제1항 단서의 동의는 헌법상 근로의 권리의 보호범위에 속하는 것으로 보아 그 침해 여부를 판단하면 충분하고, 이를 굳이 단체교섭권의 범주로 끌어들이는 것은 헌법상 기본권의 체계 및 이를 바탕으로 한 기존의 논의와 상충할 우려가 있을 뿐만 아니라 그 실익 또한 크지 않다고 판단된다.

나. 청구인 조합들의 이 사건 특례조항에 대한 청구에 관한 판단

앞서 살펴본 것과 같이, 이 사건 특례조항이 청구인들의 단체교섭권을 제한한다고 볼 수 없으므로, 이 사건 특례조항이 청구인 조합들의 단체교섭권을 침해할 가능성이 인정되지 아니한다. 또한, 노동조합은 근로의 권리의 주체가 될 수 없으므로(헌재 2009. 2. 26. 2007헌바27 참조), 이 사건 특례조항이 청구인 조합들의 근로의 권리를 침해할 가능성도 없다. 따라서 청구인 조합들의 이 사건 특례조항에 대한 심판청구는 기본권침해가능성을 인정할 수 없거나 기본권침해의 자기관련성을 갖추지 못하였으므로 부적법하다.

다. 청구인 근로자들의 이 사건 특례조항에 대한 청구에 관한 판단

(1) 제한되는 기본권

앞서 살펴본 것과 같이, 이 사건 특례조항이 청구인 근로자들의 단체교섭권을 제한한다고 볼 수 없다. 이 사건 특례조항에 따르면, 사용자가 최저임금 산입을 위하여 1개월을 초과하는 주기로 지급하는 상여금 등 및 복리후생비를 총액의 변동 없이 매월 지급하는 것으로 취업규칙을 변경할 때에는 근로기준법 제94조 제1항에도 불구하고 과반수 노동조합 또는 근로자 과반수의 동의를 받을 필요 없이 그 의견을 듣기만 하면 된다. 사용자가 위와 같이 취업규칙을 변경할 경우, 이 사건 산입조항 및 부칙조항에 따라 해당 취업규칙의 적용을 받는 근로자의 비교대상 임금에 상여금 등 및 복리후생비가 추가로 산입된다. 이는 앞서 보았듯이 최저임금액 인상으로 인한 해당 근로자의 실제 임금인상 효과를 종전보다 감소시킬 수 있고, 최저임금과 관련한 해당 근로자의 법적 지위를 종전에 비해 불리하게 변경한다. 그렇다면, 이 사건 산입조항 및 부칙조항과 마찬가지로, 이 사건 특례조항 역시 청구인 근로자들의 근로의 권리를 침해하는지 여부가 문제된다.

(2) 근로의 권리 침해 여부

(가) 심사기준

취업규칙의 불이익변경에 대하여 근로자집단의 동의를 받아야 한다는 원칙의 예외를 둘 것인지, 예외를 둔다면 어떠한 경우에 대하여 예외를 둘 것인지 등은 취업규칙의 법적 성격과 효력, 근로 관행, 사회·경제적 여건 등을 종합적으로 고려하여 결정할 필요가 있는 사항이므로, 이에 관하여 입법자에게 입법형성의 재량이 주어져 있다고 봄이 타당하다. 다만, 입법자가 그러한 재량을 행사하는 경우, 근로조건의 기준은 인간의 존엄성을 보장하도록 정한다고 한 헌법 제32조 제3항에 위반되어서는 안 된다. 따라서 이 사건 특례조항이 청구인 근로자들의 근로의 권리를 침해하는지 여부는, 그것이 현저히 불합리하여 헌법상 용인될 수 있는 재량의 범위를 명백히 일탈하였는지 여부에 달려 있다(헌재 2008. 9. 25. 2005헌마586; 헌재 2015. 5. 28. 2013헌마619 참조).

(나) 판단

이 사건 특례조항은 최저임금 산입을 위한 임금지급 주기의 변경을 용이하게 함으로써 이 사건 산입조항 및 부칙조항의 실효성을 확보하고, 근로자에게 임금의 최저수준을 매월 보장함으로써 근로자의 생활안정을 꾀하고자 하는 조항이다.

이 사건 특례조항은 위와 같은 취업규칙 변경의 경우 과반수 노동조합 또는 근로자 과반수의 의견을 듣기만 하면 되고 동의를 얻을 필요는 없다고 규정함으로써, 법적 논란의 소지를 사전에 차단하고, 최저임금 산입을 위한 임금지급 주기의 변경을 용이하게 하고자 하는 것이다. 이는 위 조항의 입법목적 달성을 위하여 필요한 조치로서, 그 취지와 필요성을 수긍할 수 있다.

법정의견에서 살펴보았듯이 이 사건 특례조항은 그 적용범위가 한정적이고, 해당 조항이 규율대상으로 삼고 있는 취업규칙 변경이 근로조건의 중요한 부분을 근본적으로 변경하는 것이라 보기 어려우며, 그 변경에 따라 근로자들이 입는 불이익 역시 크다고 보기 어려우므로, 그러한 취업규칙의 변경에 대한 동의 권한을 갖지 못함으로 인하여 청구인 근로자들의 근로의 권리가 제한되는 정도 역시 크다고 보기 어렵다.

이상의 내용을 종합하면, 이 사건 특례조항이 현저히 불합리하여 헌법상 용인될 수 있는 입법재량의 범위를 명백히 일탈하였다고 볼 수 없으므로, 위 조항은 청구인 근로자들의 근로의 권리를 침해하지 아니한다.

라. 결론

청구인 조합들의 이 사건 특례조항에 대한 심판청구는 부적법하고, 이 사건 특례조항은 청구인 근로자들의 근로의 권리를 침해하지 아니한다.

8. 재판관 이미선의 이 사건 특례조항에 대한 법정의견에 대한 보충의견

이 사건 특례조항이 청구인들의 단체교섭권을 제한한다는 법정의견에 대하여 다음과 같은 내용을 보충한다.

가. 계약의 내용은 당사자의 합의로만 변경할 수 있으며 당사자 일방이 임의로 변경할 수 없다는 것은 계약의 기본 법리이고, 이는 근로계약의 경우에도 마찬가지이다. 따라서 사용자로 하여금 일방적으로 근로조건을 변경할 수 있도록 하는 것은 근로자 개인의 측면에서는 계약의 자유를 제한하는 것이고, 근로자 집단의 측면에서는 단체교섭권을 제한하는 것이다. 해당 근로조건에 관하여 별도로 단체교섭을 요구할 수 있다고 하더라도, 사용자의 일방적인 근로조건 변경에 법적 효력을 부여하는 것 그 자체로 노사 간 자율적인 합의에 따른 근로조건의 결정을 목적으로 하는 단체교섭권은 제한될 수밖에 없다.

나. 근로기준법은 사용자가 근로조건과 복무규율에 관하여 일방적으로 작성하는 취업규칙을 법적 제도로 인정하고 있다. 이에 따라 사용자는 취업규칙의 작성을 통해 새로 근로계약을 체결하는 근로자에게 적용될 근로조건을 일방적으로 정할 수 있을 뿐만 아니라, 취업규칙의 작성·변경을 통해 취업규칙에서 정한 근로조건이나 해당 사업장에서 관행적으로 적용되어 오던 근로조건을 일방적으로 변경할 수도 있다. 그러나 근로기준법은 근로자 보호와 집단적 근로조건 대등결정의 원칙을 관철하기 위하여 취업규칙을 근로자에게 불리하게 변경하는 경우에 과반수 노동조합이나 근로자의 과반수의 동의를 받도록 하고 있음(근로기준법 제94조 제1항)은 법정의견에서 지적한 바와 같다.

그런데 이 사건 특례조항은 최저임금에 산입할 목적으로 상여금 등 및 복리후생비를 총액의 변동 없이 매월 지급하는 것으로 취업규칙을 변경할 때에는 근로기준법 제94조 제1항의 적용을 배제시키고 있다. 이에 따라 종전 취업규칙이나 관행에 기하여 상여금 등 및 복리후생비를 1개월을 초과하는 주기로 지급하던 사용자는 그 지급주기의 변경이 해당 사업장 근로자에게 불리하더라도 과반수 노동조합이나 근로자 과반수의 동의 없이 해당 임금을 매월 지급하는 내용으로 취업규칙을 작성·변경할 수 있다.

물론 이 사건 특례조항이 단체교섭의 대상이나 방법을 직접적으로 규정하는 것은 아니고, 노동조합은 상여금 등 및 복리후생비의 지급주기에 관하여 사용자에게 단체교섭을 요구할 수도 있다. 그러나 사용자로 하여금 임금의 지급주기라는 근로조건을 일방적으로 변경할 수 있도록 하고 그와 같이 변경된 근로조건의 효력을 인정하는 단계에서 노사 간 자율적인 합의에 따른 근로조건의 결정을 목적으로 하는 단체교섭권은 제한되는 것이고, 이를 단순히 교섭 진행에 차질을 주는 정도에 그치는 것으로 볼 수는 없다.

한편 일부 반대의견 및 일부 별개의견이 지적하는 바와 같이, 단체협약에서 상여금 등 및 복리후생비를 1개월을 초과하여 지급하는 것으로 정한 경우에는 사용자가 이 사건 특례조항에 따라 해당 임금을 매월 지급하는 것으로 취업규칙을 변경하더라도 단체협약의 효력이 변경된 취업규칙에 우선한다. 그러나 단체협약은 취업규칙과 달리 노동조합 및 노동관계조정법상 유효기간의 제한을 받는데, 유효기간의 도과로 단체협약이 실효되어 단체협약 중 근로조건에 관한 부분이 근로계약의 내용이 된 경우에는 새로운 취업규칙의 변경에 의하여 근로계약의 내용이 된 단체협약상의 근로조건을 불리하게 변경할 수 있다(대법원 2007. 12. 27. 선고 2007다51758 판결; 대법원 2013. 7. 25. 선고 2012다44280 판결 참조). 따라서 상여금 등 및 복리후생비의 지급주기를 1개월을 초과한 단위로 정한 단체협약이 있더라도 그 유효기간이 도과하여 실효되었다면, 그 이후에 사용자가 이 사건 특례조항에 따라 상여금 등 및 복리후생비를 매월 지급하는 것으로 취업규칙을 변경할 경우 종전 단체협약상의 지급주기의 적용은 배제되고 취업규칙상의 지급주기가 적용된다고 할 것이다.

다. 근로자는 사용자와 대등한 지위에서 자율적인 합의에 의하여 근로조건을 결정할 수 있어야 하고 이를 위해 헌법 제33조 제1항이 단체교섭권을 보장하고 있다.

법정의견은 근로기준법 제94조 제1항의 '집단적 동의'의 법적 성질을 어떻게 볼 것인지를 떠나, 이 사건 특례조항이 사용자로 하여금 취업규칙제도를 이용하여 일방적으로 상여금 등 및 복리후생비의 지급주기를 변경할 수 있도록 한 것이 단체교섭권을 제한하는 것이라고 본 것이다.

재판관 유남석 이선애 이석태 이은애 이종석 이영진 김기영 문형배 이미선

[별지 1] 청구인 명단

(2018헌마629)

1.~12. ○○(주)노동조합 대표자 전○○ 외
대리인 법무법인 중앙법률원
담당변호사 문성덕

(2018헌마630)

13.~147. ○○연맹 대표자 김○○ 외
대리인 법무법인 여는
담당변호사 권두섭, 신인수,
김세희, 조혜진, 하태승

[별지 2] 관련조항

구 최저임금법(2010. 6. 4. 법률 제10339호로 개정되고, 2018. 6. 12. 법률 제15666호로 개정되기 전의 것)

제6조(최저임금의 효력) ④ 다음 각 호의 어느 하나에 해당하는 임금은 제1항과 제3항에 따른 임금에 산입(算入)하지 아니한다.

1. 매월 1회 이상 정기적으로 지급하는 임금 외의 임금으로서 고용노동부장관이 정하는 것
2. 「근로기준법」 제2조 제1항 제7호에 따른 소정(所定)근로시간(이하 "소정근로시간"이라 한다) 또는 소정의 근로일에 대하여 지급하는 임금 외의 임금으로서 고용노동부장관이 정하는 것
3. 그 밖에 최저임금액에 산입하는 것이 적당하지 아니하다고 인정하여 고용노동부장관이 따로 정하는 것

최저임금법(2008. 3. 21. 법률 제8964호로 개정된 것)

제6조(최저임금의 효력) ① 사용자는 최저임금의 적용을 받는 근로자에게 최저임금액 이상의 임금을 지급하여야 한다.

② 사용자는 이 법에 따른 최저임금을 이유로 종전의 임금수준을 낮추어서는 아니 된다.

최저임금법(2018. 6. 12. 법률 제15666호로 개정된 것)

제6조(최저임금의 효력) ④ 제1항과 제3항에 따른 임금에는 매월 1회 이상 정기적으로 지급하는 임금을 산입(算入)한다. 다만, 다음 각 호의 어느 하나에 해당하는 임금은 산입하지 아니한다.

1. 「근로기준법」 제2조 제1항 제8호에 따른 소정(所定)근로시간(이하 "소정근로시간"이라 한다) 또는 소정의 근로일에 대하여 지급하는 임금 외의 임금으로서 고용노동부령으로 정하는 임금
3. 식비, 숙박비, 교통비 등 근로자의 생활 보조 또는 복리후생을 위한 성질의 임금으로서 다음 각 목의 어느 하나에 해당하는 것
   가. 통화 이외의 것으로 지급하는 임금

근로기준법(2007. 4. 11. 법률 제8372호로 전부개정된 것)

제94조(규칙의 작성, 변경 절차) ① 사용자는 취업규칙의 작성 또는 변경에 관하여 해당 사업 또는 사업장에 근로자의 과반수로 조직된 노동조합이 있는 경우에는 그 노동조합, 근로자의 과반수로 조직된 노동조합이 없는 경우에는 근로자의 과반수의 의견을 들어야 한다. 다만, 취업규칙을 근로자에게 불리하게 변경하는 경우에는 그 동의를 받아야 한다.

제96조(단체협약의 준수) ① 취업규칙은 법령이나 해당 사업 또는 사업장에 대하여 적용되는 단체협약과 어긋나서는 아니 된다.

제97조(위반의 효력) 취업규칙에서 정한 기준에 미달하는 근로조건을 정한 근로계약은 그 부분에 관하여는 무효로 한다. 이 경우 무효로 된 부분은 취업규칙에 정한 기준에 따른다.

노동조합 및 노동관계조정법(1997. 3. 13. 법률 제5310호로 제정된 것)

제33조(기준의 효력) ① 단체협약에 정한 근로조건 기타 근로자의 대우에 관한 기준에 위반하는 취업규칙 또는 근로계약의 부분은 무효로 한다.

② 근로계약에 규정되지 아니한 사항 또는 제1항의 규정에 의하여 무효로 된 부분은 단체협약에 정한 기준에 의한다.

근로기준법 시행령(2007. 6. 29. 대통령령 제20142호로 전부개정된 것)

제23조(매월 1회 이상 지급하여야 할 임금의 예외) 법 제43조 제2항 단서에서 "임시로 지급하는 임금, 수당, 그 밖에 이에 준하는 것 또는 대통령령으로 정하는 임금"이란 다음 각 호의 것을 말한다.

1. 1개월을 초과하는 기간의 출근 성적에 따라 지급하는 정근수당
2. 1개월을 초과하는 일정 기간을 계속하여 근무한 경우에 지급되는 근속수당
3. 1개월을 초과하는 기간에 걸친 사유에 따라 산정되는 장려금, 능률수당 또는 상여금

4. 그 밖에 부정기적으로 지급되는 모든 수당

구 최저임금법 시행규칙(2011. 12. 19. 고용노동부령 제41호로 개정되고, 2018. 12. 31. 고용노동부령 제240호로 개정되기 전의 것)

제2조(최저임금의 범위) 「최저임금법」(이하 "법"이라 한다) 제6조 제4항에 따라 최저임금에 산입(算入)하지 아니하는 임금의 범위는 별표 1과 같다. 다만, 별표 2의 임금은 최저임금에 산입한다.

[별표 1] 최저임금에 산입하지 아니하는 임금의 범위(제2조 본문 관련)

구분	임금의 범위
매월 1회 이상 정기적으로 지급하는임금외의 임금	1. 1개월을 초과하는 기간의 출근성적에 따라 지급하는 정근수당 2. 1개월을 초과하는 일정기간의 계속근무에 대하여 지급하는 근속수당 3. 1개월을 초과하는 기간에 걸친 해당 사유에 따라 산정하는 장려가급(奬勵加給)·능률수당 또는 상여금 4. 그 밖에 결혼수당·월동수당·김장수당 또는 체력단련비 등 임시 또는 돌발적인 사유에 따라 지급하는 임금·수당이나, 지급조건이 사전에 정해진 경우라도 그 사유의 발생일이 확정되지 않거나 불규칙적인 임금·수당
소정의 근로시간 또는 소정의 근로일에 대하여 지급하는 임금 외의 임금	1. 연차휴가 근로수당, 유급휴가 근로수당, 유급휴일 근로수당 2. 연장시간근로·휴일근로에 대한 임금 및 가산임금 3. 야간근로에 대한 가산임금 4. 일직·숙직수당 5. 그 밖에 명칭에 관계없이 소정근로에 대하여 지급하는 임금이라고 인정할 수 없는 것
그 밖에 최저임금액에 산입하는 것이 적당하지 않은 임금	가족수당·급식수당·주택수당·통근수당 등 근로자의 생활을 보조하는 수당 또는 식사, 기숙사·주택 제공, 통근차운행 등 현물이나 이와 유사한 형태로 지급되는 급여 등 근로자의 복리후생을 위한 성질의 것

59. 의료법 제82조 제3항 등 위헌확인

[2021. 12. 23. 2019헌마656]

【판시사항】

1. 시각장애인만이 안마사 자격인정을 받을 수 있도록 규정한 의료법 제82조 제1항 중 '「장애인복지법」에 따른 시각장애인 중' 부분(이하 '이 사건 자격조항'이라 한다), 시·도지사로부터 안마사 자격인정을 받지 아니한 자는 안마시술소 또는 안마원을 개설할 수 없도록 규정한 의료법 제82조 제3항 중 제33조 제2항 제1호를 준용하는 부분(이하 '이 사건 개설조항'이라 한다)이 비시각장애인인 청구인들의 직업선택의 자유와 평등권을 침해하는지 여부(소극)

2. 시·도지사로부터 안마사 자격인정을 받지 아니한 채 영리목적으로 안마를 한 자를 형사처벌하도록 규정하고 있는 의료법 제88조 제3호(이하 '이 사건 처벌조항'이라 한다)가 책임과 형벌 사이의 비례원칙에 위반되는지 여부(소극)

【결정요지】

1. 안마업을 시각장애인에게 독점시키는 이 사건 자격조항으로 말미암아 일반국민의 직업선택의 자유가 제한되는 것은 사실이지만, 안마업은 시각장애인이 정상적으로 영위할 수 있는 거의 유일한 직업이므로 시각장애인 안마사 제도는 시각장애인의 생존권 보장을 위한 불가피한 선택으로 볼 수밖에 없다. 이러한 시각장애인과 달리, 비장애인은 상대적으로 높은 교육기회를 바탕으로 안마업 이외에 선택가능한 직업의 종류와 범위가 상당히 넓다. 시각장애인 안마사 제도는 여전히 시각장애인들, 특히 중증시각장애인 내지 중도 실명자들의 최소한의 삶을 지탱해주는 직업교육 및 취업의 틀로서 기능한다.

이 사건 개설조항은 안마사 자격인정을 받은 자만이 안마시술소 등을 개설할 수 있도록 함으로써 일반국민에게 제공되는 안마의 질을 담보하고, 시각장애인들이 목표를 가지고 자아를 실현할 수 있도록 적극적인 기회를 제공하며, 시각장애인 안마사들이 열악한 환경에서 노동력을 착취당하는 것을 방지한다.

그렇다면 이 사건 자격조항 및 개설조항은 비시각장애인의 직업선택의 자유 및 평등권을 침해한다고 보기 어렵다.

2. 이 사건 처벌조항은 벌금형과 징역형의 하한에는 제한을 두지 않고 그 상한만 3년 이하의 징역형 또는 3천만 원 이하의 벌금형으로 제한함으로써 죄질에 따라 벌금형이나 선고유예까지 선고될 수 있으므로, 이 사건 처벌조항은 책임과 형벌 사이의 비례원칙에 위반된다고 볼 수 없다.

재판관 이영진의 보충의견

비시각장애인의 직업선택의 자유를 덜 침해하면서도 시각장애인을 지원하는 방법이 매우 다양한 형태로 존재할 수 있음에도 불구하고 입법자는 그에 관한 대안을 개발하지 아니한 채 이 사건 자격조항 및 개설조항에 안주하려 하는바, 이는 사회보장·사회복지 증진에 노력할 국가의 의무를 게을리한 것이다. 시각장애인과 비시각장애인 양자 모두의 기본권 보호를 위해서는 시각장애인의 생존권을 보장하면서도 비시각장애인의 직업선택의 자유를 덜 제한할 수 있도록 입법적 개선을 하는 것이 필요하다.

【심판대상조항】

의료법(2009. 1. 30. 법률 제9386호로 개정된 것) 제82조 제3항 중 제33조 제2항 제1호를 준용하는 부분

의료법(2010. 1. 18. 법률 제9932호로 개정된 것) 제82조 제1항 중 '「장애인복지법」에 따른 시각장애인 중' 부분

의료법(2016. 12. 20. 법률 제14438호로 개정되고, 2021. 9. 24. 법률 제18468호로 개정되기 전의 것) 제88조 제3호

【참조조문】

헌법 제11조, 제15조

구 의료법(2009. 1. 30. 법률 제9386호로 개정되고, 2020. 3. 4. 법률 제17069호로 개정되기 전의 것) 제33조 제2항

【참조판례】

1. 헌재 2013. 6. 27. 2011헌가39등, 판례집 25-1, 409, 421-425

헌재 2017. 12. 28. 2017헌가15, 판례집 29-2하, 264, 270-273

2. 헌재 2010. 7. 29. 2008헌마664등, 판례집 22-3상, 427, 440-441

【당 사 자】

청 구 인 [별지 1] 청구인 명단과 같음

공동심판참가인

[별지 2] 공동심판참가인 명단과 같음

【주 문】

1. 청구인 1 내지 67의 심판청구 및 공동심판참가인 정○○의 참가신청을 모두 각하한다.

2. 나머지 청구인들 및 공동심판참가인들의 심판청구를 모두 기각한다.

【이 유】

1. 사건개요

청구인들은 비시각장애인으로 시·도지사로부터 안마사 자격인정을 받지 아니한 채, 체형관리 등 다른 업종으로 사업자등록을 한 다음 사실상 안마시술소 내지 안마원을 운영하는 사람들이다.

청구인들은, 시각장애인만이 안마사 자격인정을 받을 수 있다고 규정한 의료법 제82조 제1항 중 '「장애인복지법」에 따른 시각장애인 중' 부분, 시·도지사로부터 안마사 자격인정을 받지 아니한 자가 안마시술소 또는 안마원을 개설할 수 없도록 규정한 의료법 제82조 제3항 중 제33조 제2항 제1호를 준용하는 부분, 시·도지사로부터 안마사 자격인정을 받지 아니한 채 영리 목적으로 안마를 한 자를 형사처벌하도록 규정하고 있는 의료법 제88조 제3호가 청구인들의 직업선택의 자유 등을 침해한다고 주장하며, 2019. 6. 21. 위 조항들의 위헌확인을 구하는 이 사건 헌법소원심판을 청구하였다.

2. 심판대상

이 사건 심판대상은 의료법(2010. 1. 18. 법률 제9932호로 개정된 것) 제82조 제1항 중 '「장애인복지법」에 따른 시각장애인 중' 부분(이하 '이 사건 자격조항'이라 한다), 의료법(2009. 1. 30. 법률 제9386호로 개정된 것) 제82조 제3항 중 제33조 제2항 제1호를 준용하는 부분(이하 '이 사건 개설조항'이라 한다), 의료법(2016. 12. 20. 법률 제14438호로 개정되고, 2021. 9. 24. 법률 제18468호로 개정되기 전의 것) 제88조 제3호(이하 '이 사건 처벌조항'이라 하고, 위 조항들을 모두 합하여 '심판대상조항들'이라 한다)가 청구인들의 기본권을 침해하는지 여부이다. 심판대상조항과 관련조항은 다음과 같다.

[심판대상조항]

의료법(2010. 1. 18. 법률 제9932호로 개정된 것)

제82조(안마사) ① 안마사는「장애인복지법」에 따른 시각장애인 중 다음 각 호의 어느 하나에 해당하는 자로서 시·도지사에게 자격인정을 받아야 한다.

1.「초·중등교육법」 제2조 제5호에 따른 특수학교 중 고등학교에 준한 교육을 하는 학교에서 제4항에 따른 안마사의 업무한계에 따라 물리적 시술에 관한 교육과정을 마친 자

2. 중학교 과정 이상의 교육을 받고 보건복지부장관이 지정하는 안마수련기관에서 2년 이상의 안마수련과정을 마친 자

의료법(2009. 1. 30. 법률 제9386호로 개정된 것)

제82조(안마사) ③ 안마사에 대하여는 이 법 중 제8조, 제25조, 제28조부터 제32조까지, 제33조 제2항

제1호·제3항·제5항·제8항 본문, 제36조, 제40조, 제59조 제1항, 제61조, 제63조(제36조를 위반한 경우만을 말한다), 제64조부터 제66조까지, 제68조, 제83조, 제84조를 준용한다. 이 경우 "의료인"은 "안마사"로, "면허"는 "자격"으로, "면허증"은 "자격증"으로, "의료기관"은 "안마시술소 또는 안마원"으로, "해당 의료관계단체의 장"은 "안마사회장"으로 한다.

의료법(2016. 12. 20. 법률 제14438호로 개정되고, 2021. 9. 24. 법률 제18468호로 개정되기 전의 것)

제88조(벌칙) 다음 각 호의 어느 하나에 해당하는 자는 3년 이하의 징역이나 3천만 원 이하의 벌금에 처한다.

3. 제82조 제1항에 따른 안마사의 자격인정을 받지 아니하고 영리를 목적으로 안마를 한 자

[관련조항]

구 의료법(2009. 1. 30. 법률 제9386호로 개정되고, 2020. 3. 4. 법률 제17069호로 개정되기 전의 것)

제33조(개설 등) ② 다음 각 호의 어느 하나에 해당하는 자가 아니면 의료기관을 개설할 수 없다. 이 경우 의사는 종합병원·병원·요양병원 또는 의원을, 치과의사는 치과병원 또는 치과의원을, 한의사는 한방병원·요양병원 또는 한의원을, 조산사는 조산원만을 개설할 수 있다.

1. 의사, 치과의사, 한의사 또는 조산사

3. 청구인들의 주장

심판대상조항들은 개인의 노력으로 극복할 수 없는 시각장애 여부를 절대적 기준으로 설정하여 안마사 직역에 대한 일반인의 진입 자체를 봉쇄함으로써 청구인들의 직업선택의 자유를 침해한다.

직업선택의 영역에서 현실적으로 궁박한 상태에 있다고 할 수 있는 시각장애인의 보호와 생계보장을 위한 다른 정책대안을 모색하는 것이 사실상 불가능할 정도로 국가의 재정규모와 수준이 열악하거나 여타의 보완책을 모색할 가능성이 없는 것이 아닌데도 시각장애인 안마사제도를 두는 것은 그 입법목적이 정당하다고 볼 수 없다.

일정한 복지관련시설에만 비시각장애인의 안마행위를 금지하거나, 일정한 규모의 사업장에 시각장애인 안마사를 의무적으로 고용하도록 강제하는 방법 등 시각장애인의 생계를 보장하는 목적을 달성하면서도 비시각장애인의 기본권 침해가 적은 방법들이 존재함에도, 심판대상조항들은 비시각장애인의 직업선택을 원천적으로 차단하고 있으므로 과잉금지원칙에 반하여 청구인들의 직업선택의 자유를 침해하고, 비시각장애인을 차별취급하여 청구인들의 평등권을 침해한다.

무자격 안마행위에 대하여 이 사건 처벌조항은 3년 이하의 징역이나 3천만 원 이하의 벌금에 처하도록 하고 있는바, 이는 책임에 비례하지 아니한 과중한 형벌을 규정하고 있는 것으로서 책임원칙에 반하여 헌법에 위반된다.

4. 청구인추가신청의 적법 여부

청구인들의 대리인은 이 사건 심판청구 이후인 2019. 6. 25. 이○○, 신○○이 당초 제출한 청구인 목록에서 누락되었다고 주장하면서 이를 보정하는 내용의 보충의견서를 제출하였다. 그런데 이는 청구인의 추가를 구하는 것으로서 당사자표시정정의 범위를 넘는 임의적 당사자 변경에 해당하여 헌법소원심판절차에서 허용되지 않는다(헌재 2019. 5. 30. 2018헌마1208등; 헌재 2020. 6. 25. 2018헌마974 참조).

가사 이를 공동심판참가신청으로 선해한다고 하여도 이와 같은 공동심판참가신청은 헌법소원심판 청구기간 내에 이루어져야 하는바, 위 이○○, 신○○은 심판대상조항들 중 그 시행이 가장 늦은 이 사건 처벌조항이 시행(2016. 12. 20.)되기 전부터 안마업에 종사하고자 하였던 자이므로 늦어도 이 사건 처벌조항의 시행과 동시에 기본권 침해사유가 발생하였다고 할 것이다. 그런데 위 이○○, 신○○은 그로부터 1년이 훨씬 도과하여 2019. 6. 25. 이 사건 공동심판참가신청을 하였으므로, 위 신청은 청구기간을 도과하여 역시 부적법하다.

5. 공동심판참가신청의 적법 여부

이 사건 심판청구 이후인 2019. 9. 5. 이□□, 최○○, 정○○은 이 사건 헌법소원심판에 참가하기 위한 신청을 하였다. 법령에 대한 헌법소원심판에서 그 목적이 청구인과 제3자에게 합일적으로 확정되어야 할 경우, 그 제3자는 공동청구인으로서 심판에 참가할 수 있다(헌법재판소법 제40조 제1항, 민사소송법 제83조 제1항). 다만 공동심판참가인은 별도의 헌법소원을 제기하는 대신에 계속 중인 심판에 공동청구인으로서 참가하는 것이므로 그 참가신청은 헌법소원 청구기간 내

에 이루어져야 한다(헌재 2009. 4. 30. 2007헌마106 참조).

공동심판참가신청인 정○○은 심판대상조항들 중 그 시행이 가장 늦은 이 사건 처벌조항이 시행되기 전부터 안마업에 종사하고자 하였던 자이므로 늦어도 이 사건 처벌조항의 시행(2016. 12. 20.)과 동시에 기본권 침해 사유가 발생하였다고 할 것인데, 위 정○○은 그로부터 1년이 지난 2019. 9. 5. 이 사건 공동심판참가신청을 하였으므로 위 정○○의 공동심판참가신청은 청구기간을 도과하여 부적법하다.

공동심판참가신청인 이□□, 최○○은 이 사건 처벌조항 시행 이후인 2019. 6. 24. 및 2019. 7. 17. 각 사업자등록을 함으로써 안마업에 종사하고자 한 자이므로 심판대상조항들이 시행된 이후 그 법령에 해당하는 기본권 침해사유가 발생하였다고 할 것이다. 그런데 위 이□□, 최○○은 그로부터 1년 이내인 2019. 9. 5. 이 사건 공동심판참가신청을 하였으므로, 위 신청은 헌법재판소법 제40조 제1항 및 민사소송법 제83조 제1항에 따라 적법하다.

6. 적법요건 판단

가. 청구인 1 내지 46의 심판청구

심판대상조항들의 시행 이후 안마시술소 등을 하기 위하여 체형관리 등 다른 업종으로 사업자등록을 하였다면 이 사업자등록을 한 때 심판대상조항들로 인한 기본권침해 사유가 발생하였다고 봄이 상당한바, 위 청구인들은 안마시술소 등을 하기 위하여 체형관리 등 다른 업종으로 사업자등록을 한 날인 [별지 1] 청구인 명단 기재 해당 사업자등록일부터 1년이 지난 2019. 6. 21. 이 사건 심판청구를 하였으므로, 위 청구인들의 심판청구는 청구기간을 도과하여 부적법하다.

나. 청구인 47 내지 67의 심판청구

이 사건 처벌조항은 심판대상조항들 중 가장 늦은 2016. 12. 20. 시행되었다. 그런데 위 청구인들은 위 조항이 시행되기 전부터 안마시술소 등을 하기 위하여 체형관리 등 다른 업종으로 [별지 1] 청구인 명단 기재 해당 사업자등록일에 사업자등록을 하고 그 영업을 시작하였으므로, 늦어도 위 조항의 시행과 동시에 심판대상조항들로 인한 기본권 침해사유가 발생하였다고 봄이 상당하다. 그런데 위 청구인들은 그로부터 1년이 지난 2019. 6. 21.에 비로소 이 사건 심판청구를 하였으므로, 위 청구인들의 심판청구는 청구기간을 도과하여 부적법하다.

다. 청구인 68 내지 136의 심판청구

위 청구인들은 심판대상조항들의 시행 이후 사업자등록을 하고 사실상 안마시술소 등의 영업을 한 자들인바, 위 청구인들이 안마시술소 등을 운영하기 위하여 체형관리 등의 업종으로 사업자등록을 한 [별지 1] 청구인 명단 기재 해당 사업자등록일에 비로소 심판대상조항들로 인한 기본권침해 사유가 발생하였다고 봄이 상당하다. 따라서 안마시술소 등을 하기 위하여 체형관리 등 다른 업종으로 사업자등록을 한 날부터 1년 이내인 2019. 6. 21.에 이루어진 이 사건 심판청구는 청구기간을 준수하였다.

라. 소결

그러므로 이하에서는 청구기간을 준수한 청구인 68 내지 136 및 공동심판참가인 이□□, 최○○의 심판청구에 대하여만 본안 판단에 나아간다(이하 7.항에서부터는 위 청구인들과 위 공동심판참가인들을 모두 합하여 '청구인들'이라 한다).

7. 본안 판단

가. 이 사건 자격조항 및 개설조항에 대한 판단

(1) 헌법재판소는 이 사건 자격조항 및 이와 실질적으로 동일한 구 의료법상 안마사 자격조항에 대하여 네 차례에 걸쳐 합헌결정을 한 바 있는데(헌재 2008. 10. 30. 2006헌마1098등; 헌재 2010. 7. 29. 2008헌마664등; 헌재 2013. 6. 27. 2011헌가39등; 헌재 2017. 12. 28. 2017헌가15 참조), 그 이유의 요지는 다음과 같다.

『(가) 이 사건 자격조항은 신체장애자 보호에 대한 헌법적 요청, 장애인복지정책의 원칙 등에 바탕을 두고서 시각장애인의 생계를 보장하기 위한 것으로서, 궁극적으로는 그들에게 삶의 보람을 얻게 하고 인간다운 생활을 할 권리를 실현시키려는 데에 위 법률조항의 입법목적이 있다고 할 것이므로 그 목적의 정당성이 인정되고, 다른 직종에 비해 공간이동과 기동성을 거의 요구하지 않을 뿐더러 촉각이 발달한 시각장애인이 영위하기에 용이한 안마업의 특성 등에 비추어 시각장애인에게 안마업을 독점시킴으로써 그들의 생계를 지원하고 직업활동에 참여할 수 있는 기회를 제공하여 위와 같은 입법목적을 달성하는 데 적합한 수단이 된다.

(나) 안마업을 시각장애인에게 독점시키는 이 사건

자격조항으로 말미암아 일반국민의 직업선택의 자유가 제한되는 것은 사실이지만, 안마업은 시각장애인이 정상적으로 영위할 수 있는 거의 유일한 직업이므로 시각장애인 안마사제도는 시각장애인의 생존권 보장을 위한 불가피한 선택으로 볼 수밖에 없는 점, 이에 반하여 일반국민이 선택할 수 있는 직업의 종류와 범위가 상대적으로 넓고 안마업 외에도 선택할 수 있는 직업이 많다는 점 등을 고려하면 이 사건 자격조항이 침해의 최소성에 반한다고 할 수 없다.

(다) 시각장애인 안마사제도는 생활전반에 걸쳐 시각장애인에게 가해진 유·무형의 사회적 차별을 보상해주고 실질적인 평등을 이룰 수 있는 수단이며, 이 사건 자격조항은 시각장애인의 생존권보장이라는 헌법적 요청에 따라 시각장애인과 비시각장애인을 둘러싼 여러 상황을 적절하게 형량한 것으로서, 위 법률조항으로 인해 얻게 되는 시각장애인의 생존권 등 공익과 그로 인해 잃게 되는 일반국민의 직업선택의 자유 등 사익을 비교해 보더라도, 공익과 사익 사이에 법익 불균형이 발생한다고 할 수 없으므로, 이 사건 자격조항이 비시각장애인을 시각장애인에 비하여 비례의 원칙에 반하여 차별하는 것이라고 할 수 없을 뿐 아니라, 비시각장애인의 직업선택의 자유를 과도하게 침해하여 헌법에 위반된다고 보기도 어렵다.』

(2) 또한 헌법재판소는 2013. 6. 27. 2011헌가39등 결정과 2017. 12. 28. 2017헌가15 결정에서 이 사건 개설조항은 비시각장애인의 직업선택의 자유 및 평등권을 침해하지 아니한다고 판단한 바 있는데, 그 이유의 요지는 다음과 같다.

『(가) 이 사건 개설조항은 일정한 교육을 거쳐 시·도지사로부터 자격인정을 받은 자만이 안마시술소 등을 개설할 수 있도록 함으로써 국민에게 제공되는 안마서비스의 적정성을 기하고, 무자격자가 안마시술소 등을 개설할 경우 발생할지도 모르는 국민의 건강상 위험을 미리 방지하며, 시각장애인의 생계보호 및 자아실현의 기회부여라는 시각장애인 안마사제도의 목적을 보다 효과적으로 실현하고자 하는 것으로서, 그 입법목적이 정당하다.

(나) 엄격한 교육과정을 거치지 아니한 자가 안마시술소 등을 개설할 경우, 안마시술소 등에서 제공되는 안마의 질을 관리하기가 어려워지고 더 나아가 국민들의 건강에 위해를 끼칠 우려가 있으며, 비시각장애인도 안마시술소 등을 개설할 수 있도록 할 경우 시각장애로 말미암아 안마시술소 등을 개설·운영함에 있어 비시각장애인보다 어려움을 겪을 가능성이 높은 시각장애인들이 경쟁에서 도태되어 생계에 어려움을 겪게 될 가능성이 크므로, 시·도지사로부터 자격인정을 받은 시각장애인 안마사에게만 안마시술소 등을 개설할 수 있도록 하는 것은 이 사건 개설조항의 입법목적을 달성하기 위한 적합한 수단이다.

(다) 비시각장애인에게 안마시술소 등을 개설하여 운영하는 것을 허용할 경우 안마시술소 등에서 비시각장애인 고용주와 시각장애인 종업원의 구조가 고착화되어, 상대적으로 약자의 입장에 있는 시각장애인 안마사들이 열악한 환경에서 노동 제공을 강요당하거나 저임금에 시달리게 되는 등, 복지의 사각지대에 놓이게 될 가능성도 배제할 수 없고, 일단 비시각장애인에게 안마시술소 등을 개설할 수 있도록 허용한 이후에는 행정비용이나 단속인력의 한계로 인해 열악한 환경에 방치된 시각장애인 안마사를 보호하거나 이들의 최저한의 근무환경을 보장함에 있어 여러 가지 어려움이 있을 수밖에 없다. 나아가 시각장애인 안마사제도를 통하여 시각장애인의 생계보호 및 이를 넘어선 자아실현의 기회 제공이라는 입법목적을 보다 더 잘 실현하기 위해서는 안마시술소 등의 개설 및 운영에 있어서도 독점적 지위를 보장함으로써, 보다 많은 시각장애인들이 안마사 자격인정 단계에서부터 더 큰 목표를 가지고 직업활동을 영위해 나갈 수 있는 기회를 최대한 보장해 주는 것이 필요하며, 안마시술소 등의 개설에 관한 독점권을 시각장애인에게 인정하는 것 이외에 이를 위한 덜 침익적인 수단을 발견하기 어려우므로, 이 사건 개설조항은 침해의 최소성을 충족한다.

(라) 한편, 시각장애인에 대한 복지정책이 미흡한 현실에서 시각장애인 안마사제도가 헌법 제10조 및 제34조 제5항에 의한 요청에 따라 시각장애인에게 가해진 유·무형의 사회적 차별을 보상해주고 실질적인 평등을 이룰 수 있는 수단으로서 채택된 것인 점, 만약 비시각장애인에게도 안마시술소 등을 개설하는 것이 허용될 경우 앞서 살핀 바와 같이 시각장애인에게만 안마사 자격을 독점적으로 부여하는 취지가 몰각될 수 있는 점 등에 비추어 보면, 이 사건 개설조항 역시 비시각장애인을 부당하게 차별한다고 할 수는 없다.

(마) 이와 같이 이 사건 개설조항은 안마사 자격인정을 받은 자만이 안마시술소 등을 개설할 수 있도록 함으로써 일반 국민에게 제공되는 안마의 질을 담보하고,

시각장애인들이 목표를 가지고 자아를 실현할 수 있도록 보다 적극적인 기회를 제공하며, 시각장애인 안마사들이 열악한 환경에서 노동력을 착취당하는 것을 방지한다는 공익 달성에 기여하는 반면, 이 사건 개설조항으로 인하여 비시각장애인들이 안마시술소 등을 개설할 수 없게 된다고 할지라도, 이들에게는 다양한 다른 직업을 선택할 수 있는 가능성이 존재하므로, 이로 인해 제한되는 비시각장애인의 사익이 공익에 비하여 크다고 볼 수도 없으므로, 이 사건 개설조항은 법익의 균형성도 갖추고 있다.

(바) 따라서 이 사건 개설조항은 과잉금지원칙에 위배되어 안마시술소 등을 개설하여 운영하고자 하는 비시각장애인의 직업선택의 자유 및 평등권을 침해하지 아니한다.』

(3) 위와 같은 헌법재판소의 결정 이후 안마서비스에 대한 수요 증가나 안마업에 종사하기를 희망하는 비시각장애인의 증가, 시각장애인의 경제활동 현황 등을 들어 비시각장애인의 안마업 진입을 차단하는 이 사건 자격조항 및 개설조항에 대한 법익형량을 수정할 필요가 있다는 의견이 있을 수 있다.

그러나 2020년 장애인경제활동실태조사에 의하면, 15세 이상의 인구를 기준으로 볼 때 고용률은 60.2%이지만, 시각장애인의 경우 고용률은 42.3%에 불과하다. 이 중에서도 특히 중증 시각장애인의 경우 고용률은 18.2%에 불과하여, 중증의 전체 장애인 고용률 19.9%보다도 낮고, 고용률 48.2%인 경증 시각장애인과도 현저히 다른 상황을 보여주고 있다. 2021년 현재 총 시각장애인 안마사 11,305명 중 중증 시각장애인 안마사는 10,613명으로 안마사 중 중증 시각장애인이 약 93.9%에 이른다. 안마업은 육체적으로 힘을 요구하는 직업으로서 일정한 연령 이상인 시각장애인이 안마업에 종사하기는 현실적으로 어려운 점(2020년 장애인경제활동실태조사에 의하면 60세 이상 장애인의 고용률은 25.9%에 불과하다), 시각장애인의 교육기회가 국민 평균 수준에 훨씬 미치지 못하는 점까지 덧붙여 고려하면, 취업이 어려운 18세에서 60세 사이의 중증 시각장애인의 상당수가 안마업에 종사하고 있다고 볼 수 있다. 이러한 시각장애인과 달리, 비장애인은 상대적으로 높은 교육기회를 바탕으로 안마업 이외에 선택가능한 직업의 종류와 범위가 상당히 넓다. 특히 물리치료사의 경우는 안마사와 유사한 측면이 있는 직종으로서 일련의 수련과정과 시험을 거쳐 물리치료사 자격을 취득하고 그 분야에서 직업에 종사할 수 있다는 점에 비추어 넓게 보면, 반드시 안마 등의 시술을 직업으로 선택할 다른 방법이 완전히 봉쇄되었다고 볼 수도 없다.

한편, 시각장애인 중 다수가 후천적으로 시각장애인이 되는 이른바 중도 실명자이다. 2017년 장애인실태조사에 의하면 시각장애가 최초로 발생된 시기는 돌 이후가 대부분인데(95. 4%), 돌 이후 시각장애인이 된 사람의 비율을 연령별로 보면 1-4세 8%, 5-9세 11.2%, 10-19세 9.8%, 20-29세 7%, 30-39세 10.9%, 40-49세 13.2%, 50-59세 18.8%로 나타난다. 즉 왕성하게 근로에 참여할 수 있는 연령대(30대-50대)에 시각장애를 얻게 되는 경우가 많은 것이다. 이처럼 비시각장애인으로서 직업을 가지고 경제활동을 하던 사람이 갑작스럽게 시각장애를 얻게 된 경우, 기존에 해오던 경제활동이나 업무를 수행하기 어려워지는 것을 쉽게 상정해 볼 수 있다. 이러한 경우 새롭게 점자나 음성낭독프로그램 등 자립생활 기술을 익히기 어렵고, 실직 이후 재취업이 어려워 생계마저 위협이 되는 경우가 있을 수 있다. 그런데 시각장애인의 안마사 교육은 무료로 이루어지는 것으로서 안마교육을 통하여 재취업의 기회를 얻을 수 있는 등 안마업은 중도 실명자인 시각장애인의 생계 보장을 위한 중요한 대안으로 기능하게 된다. 결국 시각장애인 안마사제도는 여전히 시각장애인들, 특히 중증시각장애인 내지 중도 실명자들의 최소한의 삶을 지탱해 주는 직업교육 및 취업의 틀로서 기능한다고 할 수 있다.

이처럼 우리 사회에서 시각장애인이 처한 현실과 이들을 보호해야 할 필요성, 비시각장애인이 다른 직업을 선택할 수 있는 가능성이 헌법재판소의 이 사건 자격조항 및 개설조항에 대한 종전 결정 이후 달라졌다고 보기 어렵고, 시각장애인의 직업활동과 생존을 보장하기 위한 다른 효율적인 대안들이 새롭게 자리잡았다고 보기도 어렵다. 따라서 이 사건에서도 헌법재판소의 종전 결정들과 달리 판단하여야 할 사정의 변경이 있다고 볼 수 없으므로, 이 사건 자격조항 및 개설조항이 비시각장애인인 청구인들의 직업선택의 자유 및 평등권을 침해한다고 볼 수 없다.

나. 이 사건 처벌조항에 관한 판단

헌법재판소는 2010. 7. 29. 2008헌마664등 결정에서 벌금형의 상한이 다소 차이가 있을 뿐 이 사건 처벌조항과 실질적으로 동일한 구 의료법 조항에 대하여 책임과 형벌 사이의 비례원칙에 위반되지 않는다고 판단하였고, 그 이유의 요지는 다음과 같다.

『(1) 특정의 행위를 불법이며 범죄라 하여 국가가 형벌권을 행사하여 이를 규제할 것인지의 문제는 인간과 인간, 인간과 사회와의 상호관계를 함수로 하여 시간과 공간에 따라 그 결과를 달리할 수밖에 없는 것이고, 결국은 그 사회의 시대적인 상황, 사회구성원들의 의식 등에 의하여 결정될 수밖에 없으며, 기본적으로 입법자의 의지 즉 입법정책의 문제로서 입법자의 입법형성의 자유에 속한다고 할 것이므로, 어떠한 행위를 형사처벌의 대상으로 할 것인지에 관한 것은 그것이 입법자에게 주어진 합리적인 재량의 한계를 현저히 일탈하지 아니하는 한 위헌이라고 단정할 수 없다.

(2) 안마사의 자격 없이 안마를 하는 자에 대한 형사처벌이 1982. 4. 1. 시행된 개정 의료법에 명시적으로 규정된 이래, 조문의 형태에 일부 변동이 있기는 하였지만 처벌조항 자체는 현재까지 계속 존재하여 오고 있는데도 비안마사들의 안마행위가 근절되지 않고 빈발하고 있음으로써 시각장애인들의 생존권보장이라는 헌법적 요청에 따라 마련된 이 사건 자격조항이 사실상 유명무실하게 되고 있는 사정 등을 감안하면, 시각장애인들에 대한 실질적인 보호를 위하여 비안마사들의 안마행위를 실효적으로 규제하는 것이 필요하다.

(3) 이러한 점에 비추어 볼 때, 이 사건 처벌조항을 통하여 비안마사들의 안마행위에 대한 형사처벌을 할 수 있도록 한 입법자의 결단은 수긍할 만한 합리적 이유가 있는 것으로서 입법형성자유의 범위 내에 있다 할 것이므로, 이 사건 처벌조항은 헌법에 위반된다고 할 수 없다.』

이에 덧붙여 이 사건 처벌조항은 벌금형과 징역형을 모두 규정하고 있으나, 그 하한에는 제한을 두지 않고 그 상한만 3년 이하의 징역형 또는 3천만 원 이하의 벌금형으로 제한하여 법관의 양형재량을 폭넓게 인정하고 있으며 죄질에 따라 벌금형의 선고나 선고유예까지 할 수 있으므로 이러한 법정형이 위와 같은 입법목적에 비추어 지나치게 가혹한 형벌이라고 보기 어려운 점, 시각장애인들의 생존권보장이라는 헌법적 요청에 따라 마련된 시각장애인 안마사제도의 취지 등을 감안한다면, 이 사건 처벌조항을 통하여 비안마사들의 안마시술소 개설행위에 대한 형사처벌을 할 수 있도록 하고 그 법정형으로 징역형과 벌금형을 둔 입법자의 결단은 수긍할 만한 합리적 이유가 있다. 따라서 이 사건 처벌조항은 입법형성재량의 범위 내에 있는 것으로서 책임과 형벌 사이의 비례원칙에 반하여 헌법에 위반되지 아니한다.

8. 결 론

청구인 1 내지 67의 심판청구 및 공동심판참가인 정○○의 참가신청은 부적법하여 이를 모두 각하하고, 나머지 청구인들 및 공동심판참가인들의 심판청구는 이유 없으므로 이를 모두 기각하기로 하여, 관여 재판관 전원의 일치된 의견으로 주문과 같이 결정한다. 이 결정에는 아래 9.와 같은 재판관 이영진의 보충의견이 있다.

9. 재판관 이영진의 보충의견

나는 시각장애인만이 안마사의 자격인정을 받을 수 있으며, 안마사 자격인증을 받지 아니한 자는 안마시술소나 안마원을 개설할 수 없도록 한 이 사건 자격조항 및 개설조항(이하 '이 사건 자격조항 등'이라 한다)이 청구인들의 직업선택의 자유와 평등권을 침해하는 정도에 이르지는 아니하나, 시각장애인과 비시각장애인 양자 모두의 기본권 보호를 위해서는 규범조화적인 입법적 개선이 필요하다는 의견이므로 아래와 같은 견해를 밝힌다.

장애인에 대한 복지정책은 제1차적으로는 장애인의 생존권을 보장하는 데 있지만 거기에 그쳐서는 안 되고, 소수자인 장애인이 진정한 사회공동체의 일원으로 대우받을 수 있도록 제반 여건을 형성하는 데에도 초점을 맞추어 인간의 존엄과 가치를 지키며 인간다운 삶을 영위할 수 있도록 하여야 한다. 그러나 장애인에 대한 적극적인 복지정책은 때로 일반국민에 비하여 장애인을 우대하는 형태로 나타나게 되는데, 그로 말미암아 일반국민의 기본권 행사가 제한받게 될 경우 입법자로서는 장애인의 보호와 일반국민의 기본권 보장이라는 양 법익 사이에 조화와 균형을 이룰 수 있도록 하여야 한다(헌재 2008. 10. 30. 2006헌마1098등 참조).

예컨대, 비시각장애인에게 안마업을 허용하면서도 시각장애인 안마사가 취업할 수 있는 보건복지 관련 시설을 안마시술소나 안마원 외에 보건소, 노인복지시설, 장애인복지시설 등으로 확대하여 시행하는 방법이나 일정한 규모의 사업장에 산업안마사(헬스키퍼:Health Keeper)를 의무적으로 고용하도록 강제하는 방법, 일정한 규모 이상의 안마시술소나 안마원 또는 스포츠마사지 업소의 경우 시각장애인 안마사를 일정비율 이상 의무적으로 고용하도록 쿼터를 두는 방법, 시각장애인의 안마시술소나 안마원 사업 개시에 필요한 자금을 재정적 지원하고 세제혜택을 주는 방법, 영업장을 두지 아니하는 출장안마나 일정규모 이상 또는 이하의 안마업에 한하여 시각장애인에게 독점권을 주는 방법, 안마를 필요로 하는 일반인이 안마바우처를 구입하여 자택에서 시각장애인 안마사로부터 손쉽게 안마서비스를 받을 수 있게 하는 방법 등 시각장애인의 생계보장 및 직업활동 참여기회 제공을 폭넓게 달성하면서도 비시각장애인의 기본권을 덜 침해할 수 있는 시각장애인 지원방법이 매우 다양한 형태로 존재할 수 있다(헌재 2008. 10. 30. 2006헌마1098등 결정의 위헌의견 참조).

우리나라와 같이 안마사라는 특정 직업을 시각장애인에게만 독점적으로 부여하는 입법례는 매우 드물 뿐만 아니라 일부 국가에서는 그러한 입법에 대하여 위헌결정을 한 예도 있다. 외국의 입법례를 살펴보면, 미국의 경우 연방정부가 소유, 사용, 점유하는 부동산에서 자동판매기나 카페테리아 등 판매시설의 운영을 허가함에 있어서 시각장애인에게 우선권을 부여하는 법률(Randolph-Sheppard Act)을 시행하여 위 판매시설에서 얻은 이익을 그 시설을 운영한 시각장애인에게 귀속되도록 하고 있고, 독일의 경우 일반 노동시장에서 고용기회를 가질 수 없는 시각장애인들에게 별도의 시각장애인용 작업장(Blindenwerkstätte)을 설치하여 일정한 생업활동을 할 수 있도록 하는 등 외국의 경우 특정 직업을 안마사에 독점시키지 않으면서도 시각장애인의 생계보장 및 직업활동 참여기회를 제공하는 방안들을 마련하고 있다.

위와 같은 다양한 대안들이 제시될 수 있음에도 그에 관한 검토나 또 다른 대안의 개발을 하지 아니한 채 이 사건 자격조항 등에 안주하려는 입법자의 태도는 신체장애자 등 생활능력이 없는 국민은 법률이 정하는 바에 의하여 국가의 보호를 받도록 한 헌법규정(헌법 제34조 제5항)에 기대어 사회보장·사회복지 증진에 노력할 국가의 의무(헌법 제34조 제2항)를 게을리한 것이라고 볼 수도 있을 것이다.

안마사의 자격을 비시각장애인에게도 허용할 경우, 비시각장애인들의 탈법적인 안마사 영업을 양성화하여 안마의 수요가 확대될 수 있고 안마사업을 하나의 산업으로 발달시켜 국가 전체의 이익을 증진시킬 수 있으며, 그에 따라 오히려 시각장애인 안마사의 활동영역도 넓어질 수 있다. 나아가 안마사업계 수익의 일부를 시각장애인의 복지를 위하여 사용할 수 있는 방안도 강구해 볼 수 있다(헌재 2010. 7. 29. 2008헌마664등 결정의 위헌의견 참조).

2020년 5월 현재 15세 이상의 시각장애인 251,565명 중에서 안마업에 종사하는 사람은 약 1만 1천여 명에 불과하다. 이와 같은 안마사 수는 안마나 마사지를 통하여 육체적 피로와 정신적 스트레스를 해소하고자 하는 현대인들의 수요를 충족시켜 주기에는 턱없이 부족한 규모이다.

이에 따라 마사지 관련업계에서는 마사지 행위가 이루어지는 업소 수가 약 8만여 개, 관련 종사자 수가 약 30만 명에 달하는 것으로 추산하는 등 비시각장애인들이 발 마사지 등 스포츠마사지나 피부미용마사지의 명목으로 안마업에 종사하는 경우가 허다하다. 특히 의료법에서 '안마'의 구체적인 의미에 대하여 규정하고 있지 아니하면서, 하위법령인 '안마사에 관한 규칙'에서 안마사의 업무를 '안마·마사지·지압 등 각종 수기요법(手技療法)이나 전기기구의 사용, 그 밖의 자극요법으로 인체에 물리적 시술행위를 하는 것'(안마사에 관한 규칙 제2조)이라고 너무나 포괄적으로 규정하고 있다. 이로 인하여 시각장애인에게 허용되는 안마와, 스포츠마사지나 피부미용마사지 등 비시각장애인에게 허용되지 않는 안마의 경계가 모호하여 많은 비시각장애인들이 형사처벌을 받을 위기에 내몰리는 한편, 법의 문외한인 일반인들은 업무나 운동 등으로 인한 육체적 피로와 정신적 스트레스 해소를 위하여 안마사의 자격이 없는 비시각장애인들로부터 마사지 등을 받음으로써 그 진정한 의사와 관계없이 불법행위에 동참하는 결과를 초래하고 있다. 이는 안마 내지 스포츠마사지 업계의 현실과 시각장애인에게만 안마업을 독점시키는 규범의 괴리가 얼마나 심각한지를 잘 보여준다.

시각장애인에 한하여 안마사 자격을 인정하는 구 '안마사에 관한 규칙' 조항에 대하여 2006년 헌법재판소가 법률유보원칙에 반하여 헌법에 위반된다고 선언(헌재 2006. 5. 25. 2003헌마715등 결정 참조)한 이래, 입법자는 안마사 자격을 시각장애인에게 독점시키는 내용을 의료법에 직접 규정하기에 이르렀다. 이후 헌법재판소는 이러한 내용의 의료법 조항에 대하여 네 차례 합헌 결정을 한 바 있으나, 이 결정 중에는 비시각장애인에게 안마사업이 허용되더라도 시각장애인 안마사의 영업활동이 전혀 불가능하게 되는 것이 아니고 단지 시각장애인이 아닌 일반 안마사들과 경쟁하는 입장에 처하게 될 뿐이며, 전체 시각장애인 인구 중에서 안마업에 종사하는 사람은 소수에 불과하므로, 이로써 시각장애인 전체의 복지에 명백하고 확실한 위험이 발생하게 된다고 보기 어려워 안마사 자격을 시각장애인에게 독점시키는 내용의 의료법 조항이 헌법에 위반된다는 반대의견이 개진되기도 하였다. 또한 시각장애인의 안마사 독점은 오로지 시각장애인의 생계를 보장하기 위한 것이지만 사회공동체의 다른 구성원들에게도 동등하게 보장되어야 할 직업선택의 기회 자체를 원천적으로 배제시킬 뿐만 아니라, 국민이 안마를 통해 건강을 증진시키고 또 안마사 간의 경쟁을 통해 질적으로 향상된 서비스를 공급받을 기회마저도 상실시키고 있다는 의견 등도 꾸준히 제기되어 오면서, 안마업과 관련하여 시각장애인과 비시각장애인의 소모적인 갈등상황이 반복되어 왔음은 주지의 사실이다. 이러한 끊임없는 갈등상황은 일반국민이 안마를 직업으로 선택할 수 없는 문제 역시 사회경제적 약자를 보호하는 것 못지않게 중요한 헌법적 문제라는 점을 시사한다.

법정의견이 밝힌 바와 같이 현재 시각장애인이 처한 현실과 이들의 보호할 필요성을 인정할 수 있으나, 다른 한편으로는 당사자의 능력이나 자격과 상관없는 객관적 요건에 의한 비시각장애인의 직업선택의 자유가 원천적으로 차단되는 측면 또한 엄중히 인식해야 한다.

이 사건 자격조항 등은 시각장애인의 생존과 인간다운 생활을 보장하기 위하여 입법자가 선택한 수단으로서, 비록 위헌이라고 선언할 정도에 이르지는 않았지만, 이 사건 자격조항 등으로 인하여 비시각장애인이 입게 되는 불이익에 대하여 보다 진지한 고려가 필요하다. 입법자를 비롯한 정부 당국에서는 시각장애인에 대한 복지정책을 실시하는 과정에서 이러한 문제를 해소하는 데 주의를 게을리해서는 안 될 것이다. 차제에 시각장애인의 생존권을 보장하면서도 비시각장애인의 직업선택의 자유를 덜 제한할 수 있도록 입법적 개선을 하는 것이 필요하다.

재판관 유남석 이석태 이은애 이종석 이영진 김기영 문형배 이미선

[별지 1] 청구인 명단

1.~136. 엄○○ 외
청구인들 대리인 법무법인 대한중앙
담당변호사 조기현

[별지 2] 공동심판참가인 명단

1.~ 3. 이□□ 외
공동심판참가인들 대리인 법무법인 대한중앙
담당변호사 조기현

60. 대구교육대학교 총장임용후보자 선정규정 제23조 제1항 제2호 등 위헌확인

[2021. 12. 23. 2019헌마825]

【판시사항】

1. 대구교육대학교 총장임용후보자선거에서 후보자가 되려는 사람은 1,000만 원의 기탁금을 납부하도록 규정한 '대구교육대학교 총장임용후보자 선정규정' 제23조 제1항 제2호 및 제24조 제1항(이하 '이 사건 기탁금납부조항'이라 한다)이 과잉금지원칙에 위배되어 후보자가 되려는 청구인의 공무담임권을 침해하는지 여부(소극)

2. 대구교육대학교 총장임용후보자선거 후보자가 제1차 투표에서 최종 환산득표율의 100분의 15 이상을 득표한 경우에만 기탁금의 반액을 반환하도록 하고 반환하지 않는 기탁금은 대학 발전기금에 귀속되도록 규정한 '대구교육대학교 총장임용후보자 선정규정' 제24조 제2항(이하 '이 사건 기탁금귀속조항'이라 한다)이 과잉금지원칙에 위배되어 청구인의 재산권을 침해하는지 여부(적극)

【결정요지】

1. 이 사건 기탁금납부조항은 후보자 난립에 따른 선거의 과열을 방지하고 후보자의 성실성을 확보하기 위한 것이다. 대구교육대학교는 총장임용후보자선거에서 과거 간선제를 채택하였을 때 어떤 홍보수단도 활용할 수 없도록 하였던 것과 달리 직선제를 채택하면서 다양한 방법의 선거운동을 허용하고 있으므로, 선거가 과열되거나 혼탁해질 위험성이 증대되었다. 기탁금 제도를 두는 대신에 피선거권자의 자격요건을 강화하면 공무담임권이 오히려 더 제한될 소지가 있고, 추천인 요건을 강화하는 경우 사전 선거운동이 과열될 수 있으며, 선거운동 방법의 제한 및 이에 관한 제재를 강화하면 선거운동이 위축될 염려도 있다. 이 사건 기탁금납부조항이 규정하는 1,000만 원이라는 기탁금액이 후보자가 되려는 사람이 납부할 수 없을 정도로 과다하다거나 입후보 의사를 단념케 할 정도로 과다하다고 할 수도 없다. 따라서 이 사건 기탁금납부조항은 청구인의 공무담임권을 침해하지 아니한다.

2. 재판관 이석태, 재판관 김기영, 재판관 문형배, 재판관 이미선의 이 사건 기탁금귀속조항에 대한 위헌의견

이 사건 기탁금귀속조항에 따르면, 선거를 완주하여 성실성을 충분히 검증 받은 후보자는 물론, 최다 득표를 하여 총장임용후보자로 선정된 사람조차도 기탁금의 반액은 반환 받지 못하게 된다. 이는 난립후보라고 할 수 없는 성실한 후보자들을 상대로도 기탁금의 발전기금 귀속을 일률적으로 강요함으로써 대학의 재정을 확충하는 것과 다름없다. 기탁금 반환 조건을 현재보다 완화하더라도 충분히 후보자의 난립을 방지하고 후보자의 성실성을 확보할 수 있음에도, 이 사건 기탁금귀속조항은 후보자의 성실성이나 노력 여하를 막론하고 기탁금의 절반은 반드시 대학 발전기금에 귀속되도록 하고 나머지 금액의 반환 조건조차 지나치게 까다롭게 규정하고 있다. 그러므로 이 사건 기탁금귀속조항은 과잉금지원칙에 위반되어 청구인의 재산권을 침해한다.

재판관 유남석, 재판관 이선애, 재판관 이은애의 이 사건 기탁금귀속조항에 대한 위헌의견

아래 이 사건 기탁금납부조항에 대한 반대의견에서 밝힌 바와 같이 이 사건 기탁금납부조항이 청구인의 공무담임권을 침해하여 헌법에 위반되므로, 이 사건 기탁금납부조항을 전제로 설계된 이 사건 기탁금귀속조항 역시 헌법에 위반된다.

재판관 이종석, 재판관 이영진의 이 사건 기탁금귀속조항에 대한 반대의견

학문의 자유 보장을 위하여 대학에 부여된 기본권인 대학의 자율성은 대학의 운영과 관련된 전반적 사항에 모두 미치고, 대학 총장은 대학 운영에 관하여 중추적인 역할을 담당하므로, 대학은 총장임용후보자를 대학의 구체적인 실정에 맞게 자율적으로 선정할 수 있어야 한다. 이 사건 기탁금귀속조항은 총장임용후보자의 선정 방법을 해당 대학에 위임한 교육공무원법 등에 따라 대구교육대학교가 이 사건 기탁금납부조항과 함께 자율적으로 제·개정한 것이므로, 그 내용이 현저히 불합리하지 않는 한 가급적 존중되어야 한다. 반환되지 않은 기탁금은 교직원의 학술연구와 학생들의 면학풍토 조성 및 대학 발전을 위한 재원으로 사용되는데, 이는 총장이 담당해야 하는 역할과 상당부분 중첩된다. 그렇다면 이 사건 기탁금귀속조항은 청구인의 재산권을 침해하지 아니한다.

재판관 유남석, 재판관 이선애, 재판관 이은애의 이 사건 기탁금납부조항에 대한 반대의견

대구교육대학교는 총장임용후보자선거에서 이미 후보자의 자격 요건을 엄격하게 규정하고 있으므로, 후보자의 무분별한 난립이라고 단언할 수 있는 경우가 얼마나 될지 의문이다. 대구교육대학교는 선거운동의 방법 역시 구체적으로 제한하고 있으며, 결선투표제를 운영하고 있다. 직선제 선거가 선거 과열의 위험성이 클 수 있다고는 하나, 이는 제도의 구체적인 설계와 집행에 따라 달라질 수 있는 부분이다. 대구교육대학교는 기존의 선거관리 규정을 충실하게 집행하거나 규제를 강화함으로써, 선거의 과열을 방지하고 대학 운영의 안정을 추구하는 한편, 후보자의 성실성을 확보할 수 있다. 이 사건 기탁금납부조항은 기탁금액의 측면에서도 기본권의 제한이 과도해서, 성실성을 갖춘 사람이 1,000만 원이라는 기탁금으로 인하여 출마를 포기하게 될 가능성을 배제할 수 없다. 이 사건 기탁금납부조항은 성실성을 갖추었으나 재력이 부족한 후보자의 출마를 억제하고, 후보자들의 인적 구성과 선거에서 이뤄지는 논의의 폭을 협소하게 함으로써, 후보자의 공무담임권을 크게 제한할 뿐만 아니라 대학의 발전에도 부정적인 영향을 미칠 수 있다. 따라서 이 사건 기탁금납부조항은 과잉금지원칙에 위반되어 청구인의 공무담임권을 침해한다.

재판관 이종석, 재판관 이영진의 이 사건 기탁금납부조항에 대한 보충의견

이 사건 기탁금납부조항은 대학의 자율성 보장 차원에서 존중할 필요가 있다. 총장임용후보자선거에서 후보자의 난립은 공동체의 큰 혼란을 초래할 수 있다. 기탁금 제도 이외의 수단들이 대구교육대학교의 구체적인 현실 속에서 이 사건 기탁금납부조항과 동일한 목적을 달성하면서도 기본권 제한이 덜한 대안이라고 단정하기 어렵다. 1,000만 원이라는 기탁금액은 과다하지 아니하고, 이 사건 기탁금납부조항이 달리 현저히 불합리하다고 볼 만한 사정이 없으므로, 이 사건 기탁금납부조항은 청구인의 공무담임권을 침해하지 아니한다.

【심판대상조문】

대구교육대학교 총장임용후보자 선정규정(2019. 5. 8. 대구교육대학교규정 제656호로 전부개정된 것) 제23조 제1항 제2호, 제24조 제1항, 제2항

【참조조문】

헌법 제23조 제1항, 제25조, 제37조 제2항

구 '대구교육대학교 총장후보자 선정에 관한 규정'(2015. 6. 10. 대구교육대학교규정 제574호로 개정되고, 2019. 5. 8. 대구교육대학교규정 제656호로 전부개정되기 전의 것) 제16조

대구교육대학교 총장임용후보자 선정규정(2019. 5. 8. 대구교육대학교규정 제656호로 전부개정된 것) 제2조, 제3조 제1항 제6호, 제15조, 제16조 제1항, 제25조 내지 제36조

고등교육법(2011. 7. 21. 법률 제10866호로 개정된 것) 제2조, 제3조

교육공무원법(2011. 9. 30. 법률 제11066호로 개정된 것) 제2조 제1항 제1호

교육공무원법(2013. 3. 23. 법률 제11690호로 개정되고, 2021. 9. 24. 법률 제18455호로 개정되기 전의 것) 제24조 제1항 내지 제4항, 제24조의3

교육공무원법(2015. 3. 27. 법률 제13221호로 개정된 것) 제2조 제3항

교육공무원임용령(2013. 3. 23. 대통령령 제24423호로 개정된 것) 제12조의2

교육공무원임용령(2016. 7. 26. 대통령령 제27372호로 개정된 것) 제12조의3, 제12조의4

【참조판례】

1. 헌재 2018. 4. 26. 2014헌마274, 판례집 30-1상, 647, 658

헌재 2019. 8. 29. 2019헌마616, 판례집 31-2상, 242, 248-249

2. 헌재 2019. 9. 26. 2018헌마128등, 판례집 31-2상, 374, 386

【당 사 자】

청 구 인 조○○

대리인 법무법인 대경종합법률사무소

담당변호사 조정 외 3인

【주 문】

1. 대구교육대학교 총장임용후보자 선정규정(2019. 5. 8. 대구교육대학교규정 제656호로 전부개정된 것) 제24조 제2항은 헌법에 위반된다.

2. 청구인의 나머지 심판청구를 모두 기각한다.

【이 유】

1. 사건개요

가. 청구인은 1996. 3. 1. 대구교육대학교에 전임강사로 임용되었고, 2002. 4. 1. 부교수로 임용되었으며, 2007. 4. 1. 교수로 임용되어 현재까지 재직 중이다.

나. 대구교육대학교는 2019. 5. 2. 교수회의의 심의·의결을 거쳐 2019. 5. 8. '대구교육대학교 총장임용후보자 선정규정'을 전부개정하였다. 위 규정 제23조 제1항 제2호는 총장임용후보자선거의 후보자로 등록하기 위해서는 기탁금 영수증을 제출하도록 규정하였고, 제24조 제1항은 1,000만 원의 기탁금을 납부하도록 규정하였으며, 같은 조 제2항은 후보자가 후보자 등록 후 사망한 경우에는 납부한 기탁금의 전액을, 후보자가 제1차 투표에서 최종 환산득표율의 100분의 15 이상을 득표한 경우에는 납부한 기탁금의 반액을 후보자에게 반환하도록 하되, 이 경우 반환하지 아니하는 기탁금은 대구교육대학교 발전기금에 귀속되도록 규정하였다.

나. 대구교육대학교는 2019. 6. 14. 제16대 총장 임용을 위한 총장임용후보자선거의 관리를 대구광역시 남구선거관리위원회에 위탁하는 등 선거 절차를 개시하였다. 이에 청구인은 위 규정 제23조 제1항 제2호, 제24조가 총장임용후보자선거의 후보자로 등록하고자 하는 청구인의 공무담임권, 평등권, 일반적 행동자유권을 침해한다고 주장하면서 2019. 7. 26. 이 사건 헌법소원심판을 청구하였다.

2. 심판대상

이 사건 심판대상은 '대구교육대학교 총장임용후보자 선정규정'(2019. 5. 8. 대구교육대학교규정 제656호로 전부개정된 것) 제23조 제1항 제2호 및 제24조 제1항(이하 '이 사건 기탁금납부조항'이라 한다), 제24조 제2항(이하 '이 사건 기탁금귀속조항'이라 하고, 이 사건 기탁금귀속조항과 이 사건 기탁금납부조항을 합하여 '심판대상조항'이라 한다)이 청구인의 기본권을 침해하는지 여부이다. 심판대상조항은 다음과 같고, 관련조항은 [별지]와 같다.

[심판대상조항]

대구교육대학교 총장임용후보자 선정규정(2019. 5. 8. 대구교육대학교규정 제656호로 전부개정된 것)

제23조(후보자 등록 등) ① 후보자가 되려는 사람은 「위탁선거법」 제18조에 따라 후보자 등록기간(선거기간개시일 전 2일부터 2일 동안)에 다음 각 호의 서류 등을 관할 선관위에 제출하여 후보자 등록을 신청하여야 한다.

2. 기탁금 영수증

제24조(기탁금의 납부 및 반환) ① 후보자가 되려는 사람은 후보자 등록을 신청할 때 관할 선관위가 정하는 방법에 따라 일천만 원의 기탁금을 납부하여야 한다.

② 관할 선관위는 다음 각 호의 구분에 따른 금액을 선거일 후 10일 이내에 기탁자에게 반환한다. 이 경우 반환하지 아니하는 기탁금은 대구교육대학교 발전기금에 귀속된다.

1. 후보자가 후보 등록 후 사망한 경우에는 기탁금의 전액을 반환 받는다.
2. 후보자가 제1차 투표에서 최종 환산득표율의 100분의 15 이상을 득표한 경우에는 기탁금의 100분의 50에 해당하는 금액을 반환 받는다.

3. 청구인의 주장

가. 심판대상조항의 입법목적은 대구교육대학교 총장임용후보자선거에서 후보자의 난립을 방지하고 후보자의 애교심을 확인하려는 것으로 보이나, 실제로는 후보자의 난립 가능성이 거의 없고, 기탁금 납부를 강제하는 것이 자발적인 애교심을 확인하는 수단으로 적절한 것도 아니다. 대학발전 계획서 등을 상세히 요구함으로써 후보자 난립을 방지하는 한편 교육, 연구, 봉사 등을 통하여 애교심을 확인할 수 있는데도, 1,000만 원이라는 고액의 기탁금 납부를 강제하고 선거 결과에 따라 적어도 절반 이상의 기탁금을 대학 발전기금에 귀속시키는 것은 침해의 최소성에 위반되며, 이로 인하여 달성되는 공익이 침해되는 이익보다 크다고 할 수 없다. 따라서 심판대상조항은 과잉금지원칙에 위배되어 청구인의 공무담임권을 침해한다.

나. 심판대상조항은 경제적 능력이 약한 사람의 후보자 지원을 어렵게 하여 청구인의 평등권을 침해하고, 총장임용후보자선거에 출마하려는 사람에게 발전기금 기부를 강제하여 청구인의 일반적 행동자유권을 침해한다.

4. 국립대학 총장임용후보자선거와 기탁금 제도

가. 국립대학은 고등교육을 실시하기 위하여 국가가 설립·경영하거나 국가가 국립대학 법인으로 설립하는 대학이다(고등교육법 제2조, 제3조). 국립대학의 장인 총장은 교육공무원으로서, 해당 대학의 추천을 받아 교육부장관의 제청으로 대통령이 임용한다(교육공무원법 제2조 제1항 제1호, 제3항, 제24조 제1항). 대학이 총장의 임용을 추천할 때에는 2인 이상의 후보자를 교육부장관에게 추천하여야 한다(교육공무원임용령 제12조의2).

나. 대학은 총장임용후보자의 추천을 위하여 대학의 장 임용추천위원회(이하 '추천위원회'라 한다)를 둔다(교육공무원법 제24조 제2항). 추천위원회의 구성·운영 등에 필요한 사항은 대통령령으로 정하되, 위원의 일정 비율 이상은 여성으로 하여야 하고, 추천위원회의 운영 등에 필요한 세부사항은 해당 대학의 학칙으로 정한다(교육공무원법 제24조 제4항, 교육공무원임용령 제12조의3).

추천위원회의 위원은 해당 대학의 교원, 직원, 재학생, 졸업생 및 해당 대학의 발전에 기여하였거나 교육·연구 또는 대학 운영에 관한 학식과 경험이 풍부한 사람 중에서 선정하여야 하고, 추천위원회는 위 각 집단별로 각 1명 이상의 위원이 포함되어야 한다(교육공무원임용령 제12조의3 제1항, 제2항).

다. 추천위원회는 해당 대학에서 정하는 바에 따라 추천위원회에서의 선정 방식 또는 해당 대학 교원의 합의된 방식과 절차에 따른 선정 방식 중 어느 하나의 방법에 따라 총장임용후보자를 선정하여야 한다(교육공무원법 제24조 제3항).

이에 따른 국립대학의 총장임용후보자 선정 절차는, 이른바 '간선제' 방식과 '직선제' 방식으로 운영되고 있다. 간선제 방식은 총장임용후보자 추천을 위한 위원회를 구성하고 후보자를 공모하여 추천위원회의 심의를 거쳐 총장임용후보자를 선정하는 방식이고, 공모제나 추천제라고도 한다. 직선제 방식은 대학의 교원·직원·학생·동문 등 구성원이 참여하는 직접선거제도를 마련하여 투표 결과에 따라 복수의 총장임용후보자를 선정하는 방식이다. 직선제 방식을 택한 대학은 선거관리에 관하여 그 소재지를 관할하는 선거관리위원회법에 따른 구·시·군선거관리위원회에 선거관리를 위탁하여야 한다(교육공무원법 제24조의3).

라. 또한, 대다수의 국립대학은 총장임용후보자 선정과 관련해서 학칙에 후보자의 기탁금 납부 및 반환에 관한 규정을 두고 있다. 이러한 기탁금 제도는 간선제

선정 방식을 택한 대학과 직선제 선정 방식을 택한 대학 모두에서 활용되고 있고, 대학별로 구체적인 내용에는 차이가 있다.

마. 국립대학인 대구교육대학교는 '대구교육대학교 총장임용후보자 선정규정'(2019. 5. 8. 대구교육대학교 규정 제656호로 전부개정된 것, 이하 '이 사건 선정규정'이라 한다)에서 총장임용후보자 선정에 관한 사항을 규정하고 있다. 대구교육대학교는 교원이 합의한 방식과 절차에 따라 교원, 직원, 조교, 학생의 직접·비밀 선거를 거쳐 총장임용후보자를 선정한다(이 사건 선정규정 제2조, 제15조). 대구교육대학교 총장임용후보자선거의 후보자가 되려는 사람은 이 사건 기탁금납부조항에 따라 1,000만 원의 기탁금을 납부하여야 하고, 이 사건 기탁금귀속조항에 따라 후보자가 후보자 등록 후 사망한 경우에는 납부한 기탁금의 전액을, 후보자가 제1차 투표에서 최종 환산득표율의 100분의 15 이상을 득표한 경우에는 납부한 기탁금의 반액을 반환 받으며, 반환되지 않는 기탁금은 모두 대구교육대학교 발전기금에 귀속된다.

5. 이 사건 기탁금납부조항에 대한 판단

가. 제한되는 기본권

헌법 제25조의 공무담임권은 모든 국민이 누구나 그 능력과 적성에 따라 공직에 취임할 수 있는 균등한 기회를 보장한다(헌재 2019. 8. 29. 2019헌마616 참조). 이 사건 기탁금납부조항은 국립대학인 대구교육대학교에서 총장임용후보자선거의 후보자가 되려는 사람에게 기탁금 납부를 요구하므로, 기탁금을 납부할 수 없거나 납부를 원하지 않는 사람들의 공무담임권을 제한한다.

또한, 이 사건 기탁금납부조항은 기탁금을 마련할 만한 경제적 능력이 없는 사람의 후보자 지원을 어렵게 하므로 평등권 침해 여부가 문제될 수 있으나, 이는 공무담임권 침해 여부를 판단할 때 함께 판단할 수 있으므로 별도로 판단하지 아니한다.

따라서 이 사건 기탁금납부조항이 공무담임권을 침해하는지 여부를 살펴본다.

나. 과잉금지원칙 위반 여부

(1) 목적의 정당성 및 수단의 적합성

국립대학 총장임용후보자선거에서 후보자가 무분별하게 난립하거나 최소한의 진지함과 성실성을 결여한 사람들이 후보자로 등록하게 되면, 선거가 과열되고 선거의 공정한 운영이 저해될 우려가 있다. 또한 선거 이후 대학 구성원들이 안정된 환경에서 교육·연구 및 이를 위한 행정 업무에 건전하게 매진하기 어렵게 될 수도 있다. 이 사건 기탁금납부조항은 후보자 난립에 따른 선거의 과열을 방지하고 후보자의 성실성을 확보하기 위한 것으로서, 목적의 정당성이 인정된다.

또한, 이 사건 기탁금납부조항은 후보자 등록을 위해 1,000만 원의 기탁금 납부를 요구함으로써 성실성을 결여한 무분별한 후보자 지원을 예방하는 효과가 있으므로, 수단의 적합성도 인정된다.

(2) 침해의 최소성

선거 제도는 선거권자 및 피선거권자의 자격, 허용되는 선거운동 및 그 관리 방안 등을 어떻게 설계하느냐에 따라서 구체적인 양상에서 큰 차이가 있을 수 있으므로, 선거 관련 기탁금 제도의 필요성은 간선제 또는 직선제와 같은 선거 방식의 큰 분류만이 아닌 개별 제도의 구체적인 내용까지 고려해서 판단하여야 한다.

대구교육대학교는 총장임용후보자선거에서 과거 간선제 방식을 택하였을 당시, 추천위원회가 지원자 및 참고인 등에 대한 자료 제출 요구 및 열람, 출석 요구 및 진술 청취를 할 수 있도록 규정한 것 외에 지원자로서는 어떤 홍보수단도 활용할 수 없도록 하고, 오직 추천위원회의 심의를 통하여 총장임용후보자를 선정하도록 하였다[대구교육대학교 총장후보자 선정에 관한 규정(2015. 6. 10. 대구교육대학교규정 제574호로 개정되고, 2019. 5. 8. 대구교육대학교규정 제656호로 전부개정되기 전의 것) 제16조].

그러나 총장임용후보자선거를 직선제 방식으로 변경한 지금은 선거 홈페이지 이용, 합동연설회 및 공개토론회, 전화 통화, 문자 전송, 선거벽보의 부착, 소형인쇄물의 배부, 선거공보 배부, 학내정보통신망을 이용한 전자우편 발송과 같이 다양한 방식의 선거운동을 허용하고 있다(이 사건 선정규정 제25조 제1항). 이로 인하여 총장임용후보자를 선정하는 과정에서 과거보다 선거가 과열되거나 혼탁해질 위험이 커졌고, 이를 규율할 필요성 또한 증대되었다.

이에 대하여, 대구교육대학교가 이미 학내 인사의 경우 재직 중인 교수 또는 부교수로, 외부인사의 경우 재직 중인 교원선거인(총장, 교수, 부교수, 조교수) 중 10인 이상의 추천을 받은 사람으로 피선거권자의 자격을 규정하는 한편(이 사건 선정규정 제16조 제1항, 이 사건 선정규정 제3조 제1항 제6호), 선거운동 방법을 제한하고 있고(이 사건 선정규정 제25조 내지 제33조), 후보자의 부정행위나 선거의 공정을 해할 우려가 있는 행위 등에 대한 제재 규정도 마련하고 있으므로(이 사건 선정규정 제34조 내지 제36조), 이를 통하여 후보자의 난립이 충분히 예방된다는 견해가 있을 수 있다. 그러나 외부인사의 추천인 요건은 교원선거인마다 복수의 추천이 가능해서 실효성이 크지 않고, 2007. 8. 13. 대구교육대학교에서 최초로 기탁금 제도가 도입된 이래로 이 사건 기탁금납부조항은 해당 대학의 구체적인 현실을 고려하여 교수회의 심의를 비롯한 심층적인 논의를 거쳐 현재와 같이 규정된 것이므로, 해당 대학 구성원들의 이러한 판단에도 불구하고 기탁금 제도 없이 후보자의 난립을 방지하고 후보자의 성실성을 확보할 수 있다고 단언하기 어렵다.

물론 기탁금 제도 외에 후보자의 난립을 예방하기 위한 대안으로, 피선거권자의 자격 요건을 강화할 수 있고, 선거운동 방법의 제한이나 그 위반에 대한 제재를 강화할 수도 있다. 그러나 피선거권자의 자격 요건을 강화하면 공무담임권이 오히려 더 크게 제한될 소지가 있고, 후보자 추천 과정에서 사실상의 사전 선거운동으로 인한 선거 과열이나 혼탁의 문제가 발생하지 않는다고 단정하기 어렵다. 선거운동 방법의 제한 및 이와 관련된 제재를 지나치게 강화하는 경우에는 선거운동의 자유가 위축될 염려도 있다. 따라서 기탁금 제도 외의 다른 방안들이 기탁금 제도와 같은 목적을 달성하면서도 기탁금 제도보다 기본권 침해가 덜한 대안이라고 할 수 없다.

다음으로 기탁금액에 관하여 살펴본다. 기탁금액이 지나치게 낮아 후보자가 기탁금을 납부하는 것에 대하여 아무런 부담도 느끼지 않는다면, 이는 기탁금 제도에 의하여 달성하려는, 후보자의 난립 방지와 후보자의 성실성 확보라는 목적에 전혀 기여할 수 없게 된다. 따라서 기탁금액은 후보자가 등록 여부를 신중하게 고려하도록 하는 한편 불성실한 후보자에게는 실질적인 제재효과가 미칠 수 있게 하는 등 후보자의 난립을 방지하고 선거의 신뢰성과 선거운동의 성실성을 보장할 수준에 이르러야 할 것이다(헌재 2019. 9. 26. 2018헌마128등 참조).

대구교육대학교 총장임용후보자선거에서 후보자가 학내 인사인 경우에는 교수 또는 부교수로서 평균 연봉이 1억 원 내외에 해당한다. 후보자가 외부인사인 경우에도 교원선거인 10인 이상의 추천을 받아야 하므로 일정 수준의 경제적·사회적 기반을 가졌을 것으로 예측된다. 이러한 상황에서 기탁금액이 지나치게 낮게 설정될 경우 자칫 기탁금 제도의 실효성이 저하될 우려가 있는 점, 기탁금액을 절반으로 줄이는 등 기탁금 부담을 완화하는 내용의 수정안이 2019. 5. 2. 대구교육대학교 교수회의에 발의되었지만 부결되었다는 점 등을 고려하면, 이 사건 기탁금납부조항이 규정하는 1,000만 원이라는 기탁금액은 대구교육대학교 총장임용후보자선거에서 후보자가 되려는 사람이 납부할 수 없을 정도로 과다하다거나 입후보 의사를 단념케 할 정도로 과다한 금액이라고 할 수 없다.

위와 같은 사정들을 종합하면, 심판대상조항은 침해의 최소성을 갖추었다.

(3) 법익의 균형성

이 사건 기탁금납부조항은 대구교육대학교에서 교수회의 심의를 비롯한 논의 과정을 거쳐 마련된 것으로서, 총장임용후보자선거의 과열 방지 및 후보자의 성실성 확보에 기여하고, 후보자가 되려는 사람의 입후보 의사를 단념케 할 정도로 과다한 금액을 규정하고 있지 아니하므로, 이 사건 기탁금납부조항으로 인하여 제한되는 사익이 달성하고자 하는 공익보다 크다고 단언할 수 없다. 따라서 이 사건 기탁금납부조항은 법익의 균형성을 갖추었다.

다. 소결

그러므로 이 사건 기탁금납부조항은 청구인의 공무담임권을 침해하지 아니한다.

6. 이 사건 기탁금귀속조항에 대한 판단

가. 재판관 이석태, 재판관 김기영, 재판관 문형배, 재판관 이미선의 위헌의견

(1) 제한되는 기본권

이 사건 기탁금귀속조항은, 대구교육대학교 총장임용후보자선거에서 기탁금의 반환 사유를 기탁금을 납부한 후보자가 후보자 등록 후 사망한 경우와 선거에서 최종 환산득표율의 100분의 15 이상을 득표한 경우로 한정하면서, 후보자 등록 후 사망한 경우에는 납부한 기탁금의 전액을, 선거에서 최종 환산득표율의 100분의 15 이상을 득표한 경우에는 납부한 기탁금의 반액을 반환하도록 규정하고 있으며, 반환하지 아니하는 기탁금은 모두 대구교육대학교 발전기금에 귀속되도록 하고 있다. 따라서 이 사건 기탁금귀속조항은 후보자의 재산권을 제한한다.

한편 청구인은 이 사건 기탁금귀속조항이 대학 발전기금의 납부를 원하지 않는 후보자의 일반적 행동자유권을 제한한다고 주장한다. 그런데 후보자가 일반적으로 대학의 발전에 관하여 큰 관심과 열의를 갖고 있다고 본다면, 이 사건 기탁금귀속조항은 기탁금의 구체적인 용처가 대학의 발전기금이라는 점에 문제가 있는 것이 아니라 후보자의 성실성을 판단하는 수단으로 금전의 납부를 요구하고 제한된 요건을 충족하지 못한 경우 이를 반환하지 않는 것이 정당한지 여부가 주된 쟁점이 되므로, 이와 가장 밀접하게 관련된 재산권의 침해 여부를 판단하는 이상 일반적 행동자유권 침해 여부는 별도로 판단하지 않는다.

그렇다면 이 사건 기탁금귀속조항이 재산권을 침해하는지 여부를 살펴본다.

(2) 과잉금지원칙 위반 여부

(가) 목적의 정당성 및 수단의 적합성

총장임용후보자선거에서 기탁금 제도가 존재한다 하더라도 기탁금을 납부한 누구나 전액을 반환 받을 수 있다면 기탁금 제도의 실효성은 크게 떨어질 것이다. 이 사건 기탁금귀속조항은 후보자 난립으로 인한 선거의 과열 방지 및 후보자의 성실성 확보라는 목적의 실현을 위해 기탁금의 반환과 귀속에 관한 원칙을 규정하고 있으므로, 그 목적의 정당성 및 수단의 적합성이 일응 인정된다.

(나) 침해의 최소성

이 사건 기탁금귀속조항은 후보자 난립을 억제하고 후보자의 성실성을 확보하는 것이 그 목적이므로, 기탁금의 반환 및 귀속 요건은 이러한 목적을 달성할 수 있는 범위 내에서 규정되어야 한다.

그런데 이 사건 기탁금귀속조항에 따르면, 총장임용후보자선거에서 후보자는 후보자 등록 후 사망한 경우가 아닌 한 어떠한 경우에도 기탁금의 반액을 돌려받을 수 없게 된다. 제1차 투표에서 최종 환산득표율의 100분의 15 이상의 득표를 한 후보자가 없어 그대로 결선투표에 이르게 된 경우에는, 누구도 기탁금을 전혀 돌려받지 못하게 된다. 이 사건 기탁금귀속조항은 낙선하였지만 선거를 성실하게 완주하여 성실성을 충분히 검증 받은 후보자는 물론, 설령 최다 득표를 하여 총장임용후보자로 선정된 후보자라 하더라도 기탁금의 반액은 결코 반환 받지 못하도록 규정하고 있는 것이다. 결국 이 사건 기탁금귀속조항은 선거의 과열 방지 및 후보자의 성실성 확보라는 목적을 넘어 모든 후보자에게 최소 500만 원 이상의 금액을 징수하고 있는 것이고, 난립후보라고 할 수 없는 진지하고 성실한 후보자들을 상대로도 기탁금의 발전기금 귀속을 강요함으로써 대학의 재정을 확충하고 있다.

또한 대구교육대학교 총장임용후보자선거에서 선거관리비용은 전액 대학회계에서 지출되는 반면, 반환되지 않은 기탁금은 선거관리비용과 전혀 무관한 대학 발전기금에 귀속되므로, 이렇게 엄격한 수준의 기탁금 귀속 제도가 선거의 운영을 위하여 반드시 필요하다고 할 수도 없다.

한편 이 사건 기탁금귀속조항의 기탁금 반환 조건을 현재보다 완화하더라도 충분히 후보자의 난립을 방지하고 후보자의 성실성을 확보할 수 있다. 후보자가 총장임용후보자로 선정되거나 일정한 비율의 표를 획득한 경우에는 기탁금 전액을 반환하도록 한다든가, 기탁금 반액의 반환에 필요한 득표율 조건을 현재보다 완화한다든가, 후보자가 결선투표에 진출한 경우에는 제1차 투표에서 최종 환산득표율이 15%에 미달하더라도 기탁금을 전부 또는 일부 반환하게 할 수 있다. 이를 통해 후보자 본인의 책임과 무관한 재산권 제한을 최소화하는 한편 더욱 진지하고 성실한 선거 참여를 유도할 수 있다.

그럼에도 이 사건 기탁금귀속조항은 후보자의 성실성이나 노력 여하를 막론하고 기탁금의 절반은 반드시 대학 발전기금에 귀속되도록 하고 나머지 금액의 반환 조건조차 지나치게 까다롭게 규정하고 있으므로, 침해의 최소성에 위반된다.

(다) 법익의 균형성

이 사건 기탁금귀속조항은 비록 후보자가 성실하게 선거를 완주하더라도 기탁금 반액은 결코 돌려받지 못하게 하므로 후보자의 성실성 확보라는 목적에 기여하는 바가 크지 않은 반면, 이 사건 기탁금귀속조항으로 인해 후보자의 재산권은 크게 제한된다. 따라서 이 사건 기탁금귀속조항은 달성하고자 하는 공익에 비하여 제한되는 사익이 더 크므로, 법익의 균형성을 갖추지 못하였다.

(3) 소결

그러므로 이 사건 기탁금귀속조항은 과잉금지원칙에 위반되어 청구인의 재산권을 침해한다.

나. 재판관 유남석, 재판관 이선애, 재판관 이은애의 위헌의견

이 사건 기탁금귀속조항은 후보자 난립으로 인한 선거의 과열 방지 및 후보자의 성실성 확보라는 목적을 위하여, 일정한 요건을 충족하지 못한 후보자의 기탁금을 대구교육대학교의 발전기금에 귀속되도록 하는 조항으로서, 이 사건 기탁금납부조항의 실효성을 확보하기 위한 것이다. 따라서 이 사건 기탁금귀속조항은 이 사건 기탁금납부조항을 전제로 이와 결합하여 대구교육대학교 총장임용후보자선거의 기탁금 제도를 형성하고 있으므로, 이 사건 기탁금귀속조항만으로는 법적으로 독립된 의미를 갖지 아니한다.

그런데 아래 9. 이 사건 기탁금납부조항에 대한 반대의견에서 밝힌 바와 같이 이 사건 기탁금납부조항이 청구인의 공무담임권을 침해하여 헌법에 위반되므로, 이 사건 기탁금납부조항을 전제로 삼아 설계된 이 사건 기탁금귀속조항 역시 헌법에 위반된다.

7. 결 론

그렇다면 이 사건 기탁금귀속조항은 헌법에 위반되고, 이 사건 기탁금납부조항에 대한 심판청구는 이유 없어 이를 기각하기로 하여, 주문과 같이 결정한다. 이 결정은 아래 8.과 같은 재판관 이종석, 재판관 이영진의 이 사건 기탁금귀속조항에 대한 반대의견, 아래 9.와 같은 재판관 유남석, 재판관 이선애, 재판관 이은애의 이 사건 기탁금납부조항에 대한 반대의견, 아래 10.과 같은 재판관 이종석, 재판관 이영진의 이 사건 기탁금납부조항에 대한 보충의견이 있는 외에는 관여 재판관들의 일치된 의견에 따른 것이다.

8. 재판관 이종석, 재판관 이영진의 이 사건 기탁금귀속조항에 대한 반대의견

우리는 이 사건 기탁금귀속조항이 청구인의 재산권을 침해하지 아니한다고 생각하므로, 다음과 같이 반대의견을 밝힌다.

가. 대학의 자율성

헌법 제22조 제1항에서 규정한 학문의 자유 등의 보호는 개인의 인권으로서의 학문의 자유뿐만 아니라 특히 대학에서 학문 연구의 자유·연구 활동의 자유·교수의 자유 등도 보장하는 취지이다. 헌법 제31조 제4항은 "교육의 자주성·전문성·정치적 중립성 및 대학의 자율성은 법률이 정하는 바에 의하여 보장된다."라고 규정하여 교육의 자주성·대학의 자율성을 보장하고 있는데, 이는 대학에 대한 공권력 등 외부세력의 간섭을 배제하고 대학 구성원 자신이 대학을 자주적으로 운영할 수 있도록 함으로써 대학인으로 하여금 연구와 교육을 자유롭게 하여 진리 탐구와 지도적 인격의 도야(陶冶)라는 대학의 기능을 충분히 발휘할 수 있도록 하기 위한 것이며, 교육의 자주성이나 대학의 자율성은 헌법 제22조 제1항이 보장하고 있는 학문의 자유의 확실한 보장수단으로 꼭 필요한 것으로서 이는 대학에 부여된 헌법상의 기본권이다. 여기에서 대학의 자율성은 대학 시설의 관리·운영만이 아니라 연구와 교육의 내용, 그 방법과 대상, 교과과정의 편성, 학생의 선발과 전형, 교원의 임면에 관한 사항 등 대학의 운영과 관련된 전반적 사항에 모두 미친다고 할 것이다(헌재 2006. 4. 27. 2005헌마1119 참조).

한편 대학의 총장은 교무를 통할하고 소속 교직원을 감독하며 학생을 지도하고 대학을 대표하므로, 대학 운영에 관하여 중추적인 역할을 담당한다. 따라서 대학은 총장임용후보자를 해당 대학의 구체적인 실정에 맞게 자율적으로 선정할 수 있어야 하고, 이는 학문의 자유를 구현하기 위해 보장되는 대학의 자율성이라는 측면에서 국립대학과 사립대학을 불문하고 존중되어야 한다.

나. 이 사건 기탁금귀속조항에 대한 판단

이 사건 기탁금귀속조항은 대학 총장임용후보자의 선정 방법을 해당 대학에 위임한 교육공무원법 등 관련 법령에 따라, 대구교육대학교가 이 사건 기탁금납부조항과 함께 자율적으로 제·개정한 것이므로, 그 내용이 현저히 불합리하지 않는 한 대구교육대학교가 영위하는 자율성의 측면에서 가급적 존중되어야 한다.

이 사건 기탁금귀속조항은 청구인이 납부한 기탁금의 일부 또는 전부를 발전기금에 귀속시킴으로써 청구인의 재산권을 제한하나, 이는 대학의 발전에 대한 최소한의 열의를 표시할 수 있고 일정한 지지를 기대할 수 있는 인물들이 대구교육대학교 총장임용후보자선거에서 후보자로 등록하도록 유도하기 위한 것이다.

대구교육대학교의 발전기금은 교직원에 대한 연구활동 지원, 학생의 장학 사업, 국내·외 학술교류 및 학술회의 지원, 도서, 연구기자재 및 관련 시설 확충 등의 사업을 위하여 사용된다[대구교육대학교 발전기금 정관(2002. 11. 12. 개정된 것) 제4조]. 따라서 반환되지 않은 기탁금은 위와 같은 교직원의 학술연구와 학생들의 면학풍토 조성 및 대학 발전을 위한 재원으로 사용되는데, 이는 결국 대학의 발전을 위해서 총장이 담당해야 하는 역할과 상당 부분 중첩된다.

그렇다면 총장임용후보자선거 후보자의 진정성을 확인하는 과정에서 납부 받은 기탁금 중 일부 또는 전부를 대학의 발전기금에 귀속시키는 것이 부당하다고 할 수 없고, 후보자들로서도 입후보를 결심하는 과정에서 자신이 납부하게 될 기탁금이 학교 발전을 위해 쓰일 수 있으리라는 점을 일정 정도는 예측하거나 용인할 수 있다고 보인다. 나아가 현재 대구교육대학교의 1,000만 원이라는 기탁금이 아주 큰 금액이라고 볼 수는 없다는 점까지 종합하면, 대구교육대학교가 후보자 난립 방지를 위하여 후보자의 기탁금의 일정 부분이 반드시 발전기금에 귀속되도록 하는 이 사건 기탁금귀속조항을 두기로 한 자율적 판단이 청구인의 재산권을 과도하게 제한한다고 할 수 없다.

그러므로 이 사건 기탁금귀속조항은 청구인의 재산권을 침해하지 아니한다.

9. 재판관 유남석, 재판관 이선애, 재판관 이은애의 이 사건 기탁금납부조항에 대한 반대의견

우리는 이 사건 기탁금납부조항이 목적의 정당성과 수단의 적합성이 인정된다는 점에 대해서는 법정의견과 견해가 같으나, 법정의견과 달리 이 사건 기탁금납부조항이 침해의 최소성과 법익의 균형성에 위반되어 청구인의 공무담임권을 침해한다고 생각하므로, 다음과 같이 반대의견을 밝힌다.

가. 침해의 최소성

(1) 적정 후보자의 수는 몇 명이며 후보자가 몇 명 이상일 때 '후보자 난립'이라고 할 수 있는지에 관하여 분명한 기준을 제시하기 어렵고 기탁금 제도에 후보자 난립 방지의 효과가 얼마나 있는지에 관하여 확실한 대답을 하기 어려운 만큼 기탁금 제도의 운용, 기탁금액의 설정은 신중을 기하여야 한다(헌재 2001. 7. 19. 2000헌마91등 참조).

(2) 대구교육대학교는 총장임용후보자선거에서 선거의 과열 방지와 후보자의 성실성 확보를 위한 여러 제도를 이미 운영하고 있다.

대구교육대학교 총장임용후보자선거에서 후보자로 등록하려면, 학내 인사의 경우 교수 또는 부교수여야 하고(이 사건 선정규정 제16조 제1항 제1호), 외부인사의 경우 교육공무원 임용에 결격사유가 없는 사람으로서 교원선거인 10인 이상의 추천을 받아야 한다(이 사건 선정규정 제16조 제1항 제2호).

대구교육대학교의 전임교원(교수, 부교수, 조교수)으로 임용되려면 교육공무원법상 결격사유가 없어야 하고, 박사학위 소지자(예·체능실기 분야는 석사학위 이상의 소지자)여야 한다[대구교육대학교 전임교원 임용규정(2019. 3. 20. 대구교육대학교규정 제649호로 개정된 것) 제2조 제1호, 제6조 제1항]. 전임교원은 기초심사·전공심사·공개강의 심사·면접심사를 포함하는 공개전형을 통하여 선발되고(같은 규정 제4조, 제8조 제3항), 타 대학 재직교원이나 퇴직교원을 신규 임용하는 경우 조교수는 5년, 부교수는 9년, 교수는 14년의 최소 교육·연구경력년수를 각 충족하여야 한다(같은 규정 제14조 제1항, 제2항).

이에 더하여, 조교수가 부교수로 승진하려면 4년, 부교수가 교수로 승진하려면 5년의 최소 교육·연구경력년수가 요구되고(같은 규정 제24조 제2항), 전임교원이 재임용 또는 승진임용되기 위해서는 교육영역, 연구영역, 봉사영역, 교육 관계 법령 준수 및 기타 전임교원으로서의 품위에 관한 사항에 대하여 객관적 사유에 근거한 심사를 통과하여야 한다(같은 규정 제18조 제1항, 제25조 제2항).

대구교육대학교 총장임용후보자선거의 후보자는 이미 위와 같이 엄격한 자격 요건을 충족한 대구교육대학교 교수·부교수 본인, 또는 10인 이상의 교원선거인이 추천한 외부인사만이 가능하고, 후보자 등록을 위해서는 이력서, 공정행위 서약서, 공약준수 서약서, 대학발전계획서, 연구업적도 제출하여야 한다. 대구교육대학교의 전임교원 정원이 2020년 기준으로 93명이므로, 외부인사의 경우 전임교원의 10분의 1이 넘는 인원의 추천을 요하고 있는 셈이다. 이러한 요건을 갖춘 후보자 중 과연 최소한의 성실성을 갖추지 못하였거나 후보자의 무분별한 난립이라고 단언할 수 있는 경우가 얼마나 될지 의문이다.

실제로 대구교육대학교에서 청구인이 출마하였던 최근 두 차례의 선거(제15대 및 제16대 총장임용후보자선거)를 보면 교수들만 후보자로 등록하였고, 부교수나 외부인사가 후보자로 등록한 경우는 없었다. 이는 총장임용후보자선거에 실제로 출마하기 위해서는 형식적인 자격 요건을 충족하여야 할 뿐만 아니라 교내에서 오랜 기간 경력과 덕망을 쌓을 필요가 있다는 점을 시사한다.

(3) 만일 위와 같은 규정에도 불구하고 후보자들이 난립하여 선거가 과열될 우려가 있다면, 필요한 경우

현행 규정들보다 후보자의 자격 요건을 강화하여 학내 인사의경우에도 일정 수 이상의 교원선거인의 추천을 받도록 하거나, 외부인사에게는 요구되는 추천자의 수를 늘리도록 하는 것과 같은 방법으로 지원자들의 무분별한 난립을 방지할 수도 있다(헌재 2018. 4. 26. 2014헌마274 참조). 후보자 등록을 위해 더욱 구체적이고 상세한 내용의 대학발전계획서를 제출하도록 하는 것도 한 방법이 될 수 있다. 이와 같이 후보자의 자격 요건 등을 강화함으로써 선거의 과열을 방지하고 후보자의 성실성을 확보하는 방안들은 국립대학 총장으로서의 자질과 무관한 재력의 영향을 받는 기탁금 납부 제도에 비하여 국립대학 총장으로서의 자질과 더욱 밀접한 관련이 있는 요소를 활용한다는 점에서, 공무담임권의 제한 정도가 덜하고 더욱 합리적인 수단이다.

(4) 비록 후보자의 선거운동을 중심으로 진행되는 직선제 선거가 추천위원회의 심의 절차를 중심으로 진행되는 간선제 선거에 비하여 일반적으로 선거 과열의 위험성이 클 수 있다고는 하나, 이는 제도를 구체적으로 어떻게 설계하고 집행하느냐에 따라 달라질 수 있는 부분이다.

직선제 선거를 실시한다 하더라도 후보자 자격 요건에 대한 심사와 선거운동에 대한 규제가 철저하게 이루어진다면 선거 과열 내지 그로 인한 폐해를 방지할 수 있다. 반면 간선제를 택하는 경우에도, 추천위원회 구성 단계에서부터 이권 다툼이 발생하거나, 추천위원회의 심의 과정에서 오히려 음성적인 선거운동이 암암리에 이뤄지는 등 총장임용후보자 선정 절차가 과열될 가능성도 있는 것이다. 따라서 직선제 방식을 택하였다는 이유만으로 선거의 과열을 방지할 필요가 더 크다고 단언할 수 없다.

대구교육대학교는 총장임용후보자선거에 후보자로 등록한 사람들의 선거운동 방법을 매우 상세하게 제한하고 있고(이 사건 선정규정 제26조 내지 제33조), 후보자의 부정행위는 제재 대상이며(이 사건 선정규정 제34조), 현직 총장 등의 지위를 이용한 선거운동은 금지되고(이 사건 선정규정 제35조), 선거의 공정을 해할 우려가 있는 행위를 누구나 신고할 수 있으며 이는 관할 선거관리위원회의 조치, 형사고발, 총장의 징계 등의 대상이 된다(이 사건 선정규정 제36조). 또한 1차 투표에서 과반을 득표한 후보자가 없는 경우 결선투표를 거치도록 하여 최종적으로는 최다 득표자가 상당수의 지지를 확보하고 당선될 수 있도록 하고 있다(이 사건 선정규정 제39조). 따라서 대구교육대학교는 직선제 선거에서도 위와 같은 기존의 선거관리 규정을 충실하게 집행하거나 규제를 더욱 강화하는 방식으로 충분히 선거의 과열을 방지하고 대학 운영의 안정을 추구할 수 있다.

(5) 이 사건 기탁금납부조항은 기탁금액의 측면에서도 기본권의 제한이 과도하다. 기탁금 제도는 그 금액이 지나치게 높게 설정되는 경우 재력이 풍부하여 그 정도의 돈을 쉽게 조달·활용할 수 있는 사람들에게는 아무런 후보자 난립 방지의 효과를 갖지 못한 채 단지 기탁금의 납부가 어려운 사람만을 그 자질과 무관하게 배척할 수 있다(헌재 2001. 7. 19. 2000헌마91등 참조).

대구교육대학교의 교수나 부교수, 또는 총장 취임을 희망할 정도의 경륜을 갖춘 외부인사에게 1,000만 원의 금액이 크게 부담스럽지 않고 적정한 금액이라고 보는 견해도 있다. 그러나 1,000만 원이라는 기탁금액은 학내 인사의 입장에서 결코 적은 금액이라고 할 수 없을 뿐만 아니라, 일반 국민의 입장에서도 평균적인 소득 수준이나 저축 수준 등을 고려하여 보았을 때 누구나 손쉽게 이를 마련할 수 있는 정도라고 보기 어렵다(헌재 2018. 4. 26. 2014헌마274 참조). 1,000만 원은 대부분의 교수 및 부교수에게도 연봉의 10분의 1이 넘는 금액이라는 점, 총장임용후보자선거에서 후보자는 선거벽보, 소형 인쇄물, 영상 홍보물의 제작비용을 비롯한 각종 선거운동비용을 자비로 부담하여야 하고 이를 보전 받을 방법이 전혀 없다는 점 등을 고려하면, 후보자로서의 성실성을 갖춘 사람이 1,000만 원이라는 기탁금으로 인하여 출마를 포기하게 될 가능성을 배제할 수 없으므로, 이 사건 기탁금납부조항이 입법목적 달성에 필요한 최소한의 범위 내에서 청구인의 공무담임권을 제한하고 있다고 보기 어렵다.

(6) 따라서 이 사건 기탁금납부조항은 침해의 최소성에 위반된다.

나. 법익의 균형성

(1) 헌법 제31조 제4항이 정하는 교육의 자주성 및 대학의 자율성은 헌법 제22조 제1항이 보장하는 학문의 자유의 확실한 보장수단으로 꼭 필요한 것으로서 대학에 부여된 헌법상의 기본권이고, 국립대학에도 이러한 기본권이 부여된다(헌재 2006. 4. 27. 2005헌마1047등; 헌재 2015. 12. 23. 2014헌마1149 참조).

(2) 이 사건 기탁금납부조항은 대구교육대학교의 교수회의에서 자율적으로 의결된 것이므로 대구교육대학

교가 영위하는 자율성의 영역에서 보호되나, 이러한 대학의 자율성도 다른 기본권과 마찬가지로 절대적인 것은 아니고 그 제한이 가능하다. 특히 대구교육대학교와 같은 국립대학은 교육·연구에 관한 국가의 책무를 직접 수행하는 영조물로서 공적인 목적을 위하여 설립·운영되는 기관이고, 많은 국고가 투입되므로, 그러한 국립대학의 운영을 총괄하는 총장의 선정과정에 관하여 대학의 자율성만을 고려할 수는 없다. 비록 국립대학 운영의 측면에서 대학의 자율성을 보호할 필요가 있다 하더라도, 대학의 자율성이 다른 기본권 내지 가치와 조화를 이룰 수 있어야 하는 것이다.

(3) 이 사건 기탁금납부조항은 총장 임용에 대하여 진지성과 성실성을 결여한 사람은 물론, 총장 임용에 대한 진지한 열망을 갖고 선거에 성실하게 참여할 의사가 있는 사람이라도 재력이 부족한 경우에는 후보자 등록을 할 수 없도록 하는 억제 효과를 가진다. 기탁금 납부 제도는 진지하고 성실한 후보자를 가려내기 위한 제도이지만, 실제로는 후보자의 성실함과 무관하게 모든 후보자에게 일종의 경제적 진입장벽으로 작용할 수 있는 것이다. 특히 재력이 국립대학의 총장이라는 공직의 수행능력과 전혀 무관한 요소라는 점에 비추어 볼 때, 과도한 기탁금으로 인한 총장취임기회의 제한은 결코 과소평가되어서는 안 된다.

(4) 더군다나 직선제 방식의 총장임용후보자선거는 국립대학의 운영에 관한 학내 구성원들의 의사를 민주적으로 반영하여야 하는 절차라는 점을 고려한다면, 재력과 무관하게 다양한 배경을 가진 피선거권자가 선거에 출마하여 학내 구성원들의 다원적인 의사를 대표할 수 있도록 함이 바람직하다. 총장임용후보자선거에서 다양한 가치관과 배경을 가진 후보자들이 등록하여 건전하게 경쟁하게 된다면, 선거 절차 자체도 학내 구성원 간에 대학 운영의 방향을 진지하게 논의하는 계기가 될 수 있고, 선거를 거쳐 총장에 취임한 인물이 선거 이후 대학을 안정시키고 정책을 집행하는 과정에서 선거 과정에서 드러난 다원적 가치를 두루 고려할 가능성도 커진다.

그러나 이 사건 기탁금납부조항은 기탁금을 과도하게 설정하여 선거에 진지하고 성실하게 참여할 의지가 있음에도 재력이 부족한 후보자의 출마를 억제하고 후보자들의 인적 구성과 선거에서 이뤄지는 논의의 폭을 협소하게 할 수 있다. 이러한 상황에서 이 사건 기탁금납부조항으로 인하여 실제로 등록되는 후보자의 수가 줄어든다고 하더라도, 이는 진지하고 성실한 후보자가 배척된 결과일 수 있으므로 본래 의미에서 후보자의 '무분별한 난립'이 방지되는 것이라 보기도 어렵고, 도리어 대학의 발전이 저해될 위험이 있다.

(5) 결과적으로 이 사건 기탁금납부조항은 비록 선거의 과열 방지 및 후보자의 성실성 확보라는 목적에 일부 기여할 수는 있으나, 오히려 후보자로서의 성실함을 갖춘 인물이 재력이 부족하다는 이유 등으로 총장임용후보자선거 출마 자체를 포기하게 만들 수도 있으므로 공무담임권의 제한이 결코 적지 않고, 대학 내의 민주적이고 다원적인 가치를 저해하여 국립대학의 발전에도 부정적인 영향을 미칠 가능성이 있다. 그렇다면 이 사건 기탁금납부조항을 통하여 달성하려는 공익이 그로 인하여 제한되는 사익보다 크다고 단정할 수 없으므로, 이 사건 기탁금납부조항은 법익의 균형성에 위반된다.

다. 소결

따라서 이 사건 기탁금납부조항은 과잉금지원칙에 위반되어 청구인의 공무담임권을 침해한다.

10. 재판관 이종석, 재판관 이영진의 이 사건 기탁금납부조항에 대한 보충의견

우리는 이 사건 기탁금납부조항이 청구인의 공무담임권을 침해하지 아니한다는 점에 관하여 다음과 같이 그 이유를 보충하고자 한다.

앞서 8. 이 사건 기탁금귀속조항에 대한 반대의견에서 살펴본 것과 같이, 학문의 자유 보장을 위하여 대학의 자율성은 존중되어야 하고, 대학은 총장임용후보자를 해당 대학의 구체적인 실정에 맞게 자율적으로 선정할 수 있어야 한다. 이 사건 기탁금납부조항은 대구교육대학교의 구체적인 실정을 파악하고 있는 교수회의 심의 등 학내의 의사결정 절차에 따라 논의를 거쳐 도입된 것이므로, 그 내용이 현저히 불합리하지 않는 한 대학의 자율성을 보장하는 차원에서 이를 존중할 필요가 있다.

대구교육대학교가 이 사건 기탁금납부조항을 통하여 총장임용후보자선거의 후보자가 1,000만 원의 기탁금을 납부하도록 한 것은, 후보자의 난립과 선거의 과열을 방지하기 위한 것이다. 총장임용후보자선거에서 후보자의 난립은 공동체의 큰 혼란을 초래할 수 있다. 대학 구성원들이 선거 이후 분열하여 갈등과 반목 속에 있게 된다면, 학문의 자유를 통한 대학의 발전과 고등교육기관으로서의 목표 달성은 요원해질 것이다. 따라서 총장임용후보자선거에서 일정 수준 이상의 진지성과 성실성이 있는 사람만을 후보자로 등록하게 할 필요가 있고, 기탁금 납부 제도를 두는 것은 그러한 목적 달성에 유효한 수단이다.

선거의 과열 방지 및 후보자의 성실성 확보를 위한 다른 수단들의 경우, 해당 대학의 구체적인 현실 속에서 이 사건 기탁금납부조항과 동일한 입법목적을 달성할 수 있으면서도 기본권 제한이 덜한 대안에 해당한다고 단정하기 어렵다. 앞서 법정의견에서 살펴본 사항들을 종합하여 볼 때 이 사건 기탁금납부조항에서 요구하는 기탁금액은 후보자가 되려는 사람이 납부할 수 없을 정도로 과다하거나 입후보 의사를 단념케 할 정도로 과다한 금액이 아니고, 달리 이 사건 기탁금납부조항이 현저히 불합리하다고 볼 만한 사정도 없다.

그러므로 이 사건 기탁금납부조항은 청구인의 공무담임권을 침해하지 아니한다.

재판관 유남석 이선애 이석태 이은애 이종석 이영진 김기영 문형배 이미선

[별지] 관련 조항

고등교육법(2011. 7. 21. 법률 제10866호로 개정된 것)

제6조(학교규칙) ① 학교의 장(학교를 설립하는 경우에는 해당 학교를 설립하려는 자를 말한다)은 법령의 범위에서 학교규칙(이하 "학칙"이라 한다)을 제정하거나 개정할 수 있다.

② 학칙의 기재사항, 제정 및 개정 절차 등 필요한 사항은 대통령령으로 정한다.

고등교육법 시행령(2018. 5. 28. 대통령령 제28900호로 개정된 것)

제4조(학칙) ① 법 제6조에 따른 학교규칙(이하 "학칙"이라 한다)에는 다음 각 호의 사항을 기재하여야 한다.

1.~16. (생략)

17. 그 밖에 법령에서 정하는 사항

교육공무원법(2013. 3. 23. 법률 제11690호로 개정되고, 2021. 9. 24. 법률 제18455호로 개정되기 전의 것)

제24조(대학의 장의 임용) ① 대학(「고등교육법」 제2조 각 호의 학교를 말하되, 공립대학은 제외한다. 이하 이 조, 제24조의2, 제24조의3 및 제25조부터 제27조까지에서 같다)의 장은 해당 대학의 추천을 받아 교육부장관의 제청으로 대통령이 임용한다. 다만, 새로 설립되는 대학의 장을 임용하거나 대학의 장의 명칭 변경으로 인하여 학장으로 재직 중인 사람을 해당 대학의 총장으로, 총장으로 재직 중인 사람을 해당 대학의 학장으로 그 임기 중에 임용하는 경우에는 교육부장관의 제청으로 대통령이 임용한다.

② 제1항 본문에 따른 대학의 장의 임용추천을 위하여 대학에 대학의 장 임용추천위원회(이하 "추천위원회"라 한다)를 둔다.

③ 추천위원회는 해당 대학에서 정하는 바에 따라 다음 각 호의 어느 하나의 방법에 따라 대학의 장 후보자를 선정하여야 한다.

1. 추천위원회에서의 선정
2. 해당 대학 교원의 합의된 방식과 절차에 따른 선정

④ 추천위원회의 구성·운영 등에 필요한 사항은 대통령령으로 정하되, 위원의 일정 비율 이상은 여성으로 한다.

교육공무원임용령(2013. 3. 23. 대통령령 제24423호로 개정된 것)

제12조의2(대학의 장의 추천) 대학은 법 제24조 제1항 또는 제55조 제1항의 규정에 의하여 대학의 장의 임용추천을 할 때에는 2인 이상의 후보자를 대학의 장의 임기만료일 30일 전(대학의 장이 임기중에 사고 등으로 그 직무를 수행할 수 없는 때에는 그 사유가 발생한 날부터 60일 이내)까지 교육부장관(공립의 대학이 그 장의 임용추천을 하는 경우에는 지방자치단체의 장)에게 추천하여야 한다.

교육공무원임용령(2016. 7. 26. 대통령령 제27372호로 개정된 것)

제12조의3(대학의 장 임용추천위원회의 구성 및 운영)

① 법 제24조 제2항에 따른 대학의 장 임용추천위원회(이하 "추천위원회"라 한다)는 다음 각 호의 사람 중에서 해당 대학의 학칙으로 정하는 바에 따라 10명 이상 50명 이하(교육대학 및 「고등교육법」 제43조 제1항에 따른 종합교원양성대학의 경우에는 10명 이상 20명 이하)의 위원으로 구성한다. 다만, 교육부장관이 학생 정원 등 해당 대학의 규모를 고려하여 위원 수를 조정할 필요가 있다고 인정한 대학

의 추천위원회는 10명 이상 60명 이하의 위원으로 구성할 수 있다.
1. 해당 대학의 교원
2. 해당 대학의 직원
3. 해당 대학의 재학생
4. 해당 대학의 졸업생
5. 해당 대학의 발전에 기여하였거나 교육·연구 또는 대학 운영에 관한 학식과 경험이 풍부한 사람

제12조의4(대학의 장 후보자 선정의 공정성 확보를 위한 조치) 대학의 장은 추천위원회의 운영 및 대학의 장 후보자 선정의 공정성을 확보하기 위하여 필요한 조치를 마련하여야 한다.

대구교육대학교 학칙(2019. 3. 20. 대구교육대학교규정 제648호로 개정된 것)

제64조(총장) ① 총장은 교무를 통할하고, 소속 교직원을 감독하며, 학생을 지도하고 이 대학교를 대표한다.
② 총장임용후보자는 이 대학교 전임교원의 합의된 방식과 절차에 따라 선정하며, 이에 대한 세부사항은 총장이 따로 정한다.

대구교육대학교 총장임용후보자 선정규정(2019. 5. 8. 대구교육대학교규정 제656호로 전부개정된 것)

제1조(목적) 이 규정은 「교육공무원법」 제24조 제1항·제2항·제3항 제2호, 「교육공무원임용령」 제12조의2, 제12조의3 및 「대구교육대학교 학칙」 제64조 제2항에 따라 대구교육대학교의 총장임용후보자 선정에 관한 사항을 규정함을 목적으로 한다.

제2조(총장임용후보자 선정방법) ① 대구교육대학교(이하 "이 대학교"이라 한다)의 총장임용후보자는 「교육공무원법」 제24조 제3항 제2호(해당 대학 교원의 합의된 방식과 절차에 따른 선정) 및 「공공단체등 위탁선거에 관한 법률」(이하 "「위탁선거법」"이라 한다)에 의하여 실시하는 직접·비밀 선거를 거쳐 선정한다.

제3조(정의) ① 이 규정에서 사용하는 용어의 의미는 다음 각 호와 같다.
1. "총장임용추천위원회"란 「교육공무원법」 제24조 제2항에 따른 "대학의 장 임용추천위원회"로서 이 대학교 총장임용후보자의 선정을 위하여 이 대학교에 두는 위원회를 말한다.
2. "총장임용후보자"란 이 규정에 따라 총장임용추천위원회(이하 "추천위원회"라 한다)에 의해 선정된 2명의 후보자를 말한다.
3. "총장임용후보자선거"(이하 "선거"라 한다)란 총장임용후보자의 선정을 위하여 이 규정에 따라 실시하는 선거를 말한다.
4. "후보자"란 선거에 후보로 등록한 자를 말한다.
5. "선거인"이란 선거에 선거권이 있는 자로서 선거인명부에 등록된 자(선거기간 개시일에 선거인명부가 아직 작성되지 아니한 경우에는 선거인명부에 오를 자격이 있는 사람)를 말한다.
6. "교원"이란 「고등교육법」 제14조 제2항에 따른 총장, 교수, 부교수 및 조교수를 말한다.

제15조(선거권) ① 선거일 공고일 현재 이 대학교에 재직 중인 교원으로서 휴직이나 정직 중이 아닌 사람(이하 "교원선거인"이라 한다)은 선거권을 가진다.
② 선거일 공고일 현재 이 대학교에 재직 중인 직원, 조교 및 재학 중인 학생으로서 다음 각 호의 어느 하나에 해당하는 사람은 선거권을 가진다.
1. 휴직·정직 중이거나 타기관에서 본 대학으로 파견·지원근무 중이 아닌 직원
2. 휴직·정직 중이 아닌 조교
3. 휴학, 정학, 국내외 교류수학(해외교환학생 포함) 중이 아닌 학생

제16조(피선거권) ① 다음 제1호·제2호 각 호의 하나에 해당되고 제3호를 충족하는 사람은 피선거권이 있다.
1. 선거공고일 현재 전·현직 총장이력자를 제외한 이 대학교 교원인 교수 또는 부교수
2. 교육공무원 임용에 결격사유가 없는 자로서 제15조 제1항의 교원선거인 중 10인 이상의 추천을 받은 외부인사
3. 후보자 등록 당시 총장의 임기만료 다음 날로부터 4년 이내에 「교육공무원법」 제47조 제1항 단서에 의한 정년에 달하지 않는 자. 다만, 이 규정 제19조 제1항 제2호 궐위선거의 경우 후보자 등록일 다음 날로부터 4년 이내에 「교육공무원법」 제47조 제1항 단서에 의한 정년에 달하지 않는 자.

제23조(후보자 등록 등) ① 후보자가 되려는 사람은 「위탁선거법」 제18조에 따라 후보자 등록기간(선거기간개시일 전 2일부터 2일 동안)에 다음 각 호의 서류 등을 관할 선관위에 제출하여 후보자 등록을 신청하여야 한다.
1. 후보자 등록신청서

2. (생략)
3. 교수 또는 부교수 재직증명서(해당자에 한함)
4. 제16조 제1항 제2호의 추천서(해당자에 한함)
5. 제17조 제1항의 보직사퇴서(해당자에 한함)

③ 후보자로 등록한 자 중 피선거권이 없는 것이 발견된 때 또는 제1항에 의한 등록서류가 미비한 때에는 그 후보자의 등록은 무효로 한다.

⑤ 후보자는 후보자 등록마감일의 다음 날부터 2일 이내에 추천위원회가 정한 서식에 따라 다음 각 호의 서류를 추천위원회에 제출하여야 한다.

1. 이력서
2. 공정행위 서약서
3. 공약준수 서약서
4. 대학발전계획서
5. 연구업적(연구진행사업 포함)

⑨ 이 규정에 따른 외부인사로서 입후보하려는 사람은 선거권자가 기명하고 날인 또는 서명(무인은 허용하지 아니한다)한 추천장을 후보자 등록신청서에 첨부하여야 한다.

⑩ 추천위원회는 등록후보자가 1인 이하인 경우에는 선거를 재공고한다.

제25조(선거운동 등) ① 선거운동은 다음 각 호의 어느 하나의 방법으로 할 수 있다.

1. 선거 홈페이지 이용
2. 합동연설회 및 공개토론회
3. 선거인에게 직접적인 전화 통화, 화상·동영상을 제외한 문자 전송
4. 선거벽보의 부착
5. 소형인쇄물의 배부
6. 선거공보 배부
7. 학내정보통신망을 이용하여 전자우편을 전송하는 방법(음성·동영상을 제외한 글, 그림, 사진, 이미지 정보에 국한한다)

② 다음 각 호의 어느 하나에 해당하는 행위는 선거운동으로 보지 아니한다.

1. 선거에 관한 단순한 의견개진 및 의사표시
2. 후보자와 선거운동을 위한 준비행위

③ 교원선거인(후보자 포함)이 아닌 사람은 어떠한 방법으로도 선거운동을 할 수 없다.

제39조(총장임용후보자의 선정방법) ① 총장임용후보자는 선거인의 투표에서 최종 환산득표율의 과반을 득표한 후보자와 차순위득표를 한 후보자로 하며, 그 선정순위는 득표순위에 따른다.

② 제1항에도 불구하고 제1항의 투표(제1차투표)에서 최종 환산득표율의 과반을 얻은 후보자가 없는 경우에는 그 득표순위에 따른 2명의 후보자를 대상으로 결선투표를 실시하여 최종 환산득표율의 최다득표자와 차순위득표자를 총장임용후보자로 선정한다.

③ 총장임용후보자 및 그 선정순위가 정해지는 득표순위에서 득표수가 같은 후보자가 여러 명이 있는 경우 원칙적으로 직전의 투표에서 득표순위에 따라 정하되, 자세한 방법은 시행세칙으로 정한다.

제40조(선정결과 통보 및 추천) ① 추천위원회는 임용후보자 2명의 선정 종료 후 지체 없이 그 결과를 총장에게 통보하고 학내에 공고한다.

② 총장은 선정된 임용후보자 2명을 총장 임기만료일 30일 전(총장이 임기 중에 사고 등으로 그 직무를 수행할 수 없는 때에는 그 사유가 발생한 날로부터 60일 이내)까지 교육부장관에게 추천하여야 한다.

③ 총장임용후보자 추천자 2인 중 1순위 후보자가 교육부 인사위원회의 심의에서 부적격이고 2순위 후보자가 적격일 경우 2순위 후보자를 수용한다.

61. 국회법 제54조의2 제1항 본문 위헌확인 등

[2022. 1. 27. 2018헌마1162, 2020헌바428(병합)]

【판시사항】

1. 피청구인이 정보위원회 법안심사소위원회 회의의 방청신청을 불허한 행위(이하 '이 사건 방청불허행위'라 한다)에 대한 헌법소원 심판청구의 적법 여부(소극)

2. 헌법 제50조 제1항의 의사공개원칙의 의미

3. 정보위원회 회의는 공개하지 아니한다고 정하고 있는 국회법 제54조의2 제1항 본문(이하 '심판대상조항'이라 한다)이 의사공개원칙에 위배되어 청구인들의 알 권리를 침해하는지 여부(적극)

【결정요지】

1. 이 사건 방청불허행위의 대상이 되었던 회의는 이미 종료되었으므로 방청불허행위에 관한 주관적 권리보호이익은 소멸하였고, 심판대상조항에 대한 심판청구의 적법성을 인정하여 본안 판단에 나아가는 이상 이 사건 방청불허행위에 대해서는 별도의 심판의 이익도 인정되지 아니하므로, 이 사건 방청불허행위에 대한 심판청구는 부적법하다.

2. 헌법 제50조 제1항은 본문에서 국회의 회의를 공개한다는 원칙을 규정하면서, 단서에서 '출석의원 과반수의 찬성이 있거나 의장이 국가의 안전보장을 위하여 필요하다고 인정할 때'에는 이를 공개하지 아니할 수 있다는 예외를 두고 있다. 이러한 헌법 제50조 제1항의 구조에 비추어 볼 때, 헌법상 의사공개원칙은 모든 국회의 회의를 항상 공개하여야 하는 것은 아니나 이를 공개하지 아니할 경우에는 헌법에서 정하고 있는 일정한 요건을 갖추어야 함을 의미한다. 또한 헌법 제50조 제1항 단서가 정하고 있는 회의의 비공개를 위한 절차나 사유는 그 문언이 매우 구체적이어서, 이에 대한 예외는 엄격하게 인정되어야 한다.

이러한 점에 비추어 보면 헌법 제50조 제1항으로부터 일체의 공개를 불허하는 절대적인 비공개가 허용된다고 볼 수는 없는바, 특정한 내용의 국회의 회의나 특정 위원회의 회의를 일률적으로 비공개한다고 정하면서 공개의 여지를 차단하는 것은 헌법 제50조 제1항에 부합하지 아니한다.

3. 심판대상조항은 정보위원회의 회의 일체를 비공개 하도록 정함으로써 정보위원회 활동에 대한 국민의 감시와 견제를 사실상 불가능하게 하고 있다. 또한 헌법 제50조 제1항 단서에서 정하고 있는 비공개사유는 각 회의마다 충족되어야 하는 요건으로 입법과정에서 재적의원 과반수의 출석과 출석의원 과반수의 찬성으로 의결되었다는 사실만으로 헌법 제50조 제1항 단서의 '출석위원 과반수의 찬성'이라는 요건이 충족되었다고 볼 수도 없다. 따라서 심판대상조항은 헌법 제50조 제1항에 위배되는 것으로 과잉금지원칙 위배 여부에 대해서는 더 나아가 판단할 필요 없이 청구인들의 알 권리를 침해한다.

재판관 이은애, 재판관 이영진의 심판대상조항에 대한 반대의견

헌법 제50조 제1항은 국회 스스로 회의의 공개 여부를 결정할 수 있는 자율권이 있음을 인정하면서 그 자율권 행사에 대한 한계를 설정하고 있는 조항이다. 따라서 헌법 제50조 제1항 단서는 국회 회의의 비공개를 위해서 모든 회의마다 반드시 출석의원 과반수의 찬성이나 국가의 안전보장을 위하여 필요성이 인정된다는 의장의 결정이라는 절차를 거칠 것을 요구하는 조항이라기보다는 회의에 참여한 구성원들이 실질적으로 비공개에 대한 합의에 이르렀다고 볼 수 있거나 국가의 안전보장을 위해 필요하다는 것이 인정되는 경우에는 의사공개원칙에 대한 예외를 허용하는 조항으로 해석된다. 그런데 정보위원회의 모든 회의는 실질적으로 국가기밀에 관한 사항과 직·간접적으로 관련되어 있으므로 국가안전보장을 위하여 회의의 비공개가 필요하다. 또한 헌법 제50조 제1항의 취지를 고려할 때, 헌법 제50조 제1항 단서가 정하고 있는 출석의원 과반수의 찬성보다 더 엄격한 본회의 의결을 통해 민주적 정당성을 갖춘 법률의 형식으로 위원회 회의의 비공개를 결정할 수 있다고 봄이 상당하다. 따라서 심판대상조항은 헌법 제50조 제1항의 의사공개원칙에 위배되지 아니하다.

심판대상조항은 국가기밀을 보호하고 국가안전보장이라는 목적을 달성하기 위한 것인데, 회의내용 등을 고려하여 각 회의마다 일일이 정보위원회 회의의 공개 또는 비공개를 결정하도록 하는 것은 현실적으로 가능하지 아니할 뿐만 아니라 이를 통해서는 심판대상조항의 입법목적을 달성할 수 없다. 입법자는 우리가 현재 북한과 휴전 중이라는 특수한 상황에 있고 국가정보원이 국외 및 북한에 관한 정보를 수집·작성·배포하는 등의 직무를 수행하여 직무내용의 비밀을 유지할 필요성이 크다는 사정 등을 종합적으로 고려하여, 국가정보원과 관련된 사항을 소관 사항으로 하고 있는 정보위원회 회의를 일률적으로 공개하지 아니하도록 정한 것인바, 이를 과도한 제한이라고 볼 수는 없다. 나아가 정보위원회 회의의 비공개로 인해 정보의 취득이 제한됨으로써 발생하는 알 권리에 대한 제약에 비하여 국가의 기밀을 보호하고 국가안전보장에 기여하고자 하는 공익은 매우 중대하다. 따라서 심판대상조항은 과잉금지원칙에 위배되지 아니한다.

【심판대상조문】

국회법(2018. 4. 17. 법률 제15620호로 개정된 것) 제54조의2 제1항 본문

【참조조문】

헌법 제50조 제1항

국회법(2018. 4. 17. 법률 제15620호로 개정된 것) 제54조의2 제2항, 제3항, 제4항, 제55조 제1항, 제57조 제5항, 제75조 제1항, 제118조 제1항, 제4항, 제5항

구 국회법(2018. 7. 17. 법률 제15713호로 개정되고 2020. 12. 15. 법률 제17646호로 개정되기 전의 것) 제37조 제1항 제16호 가목, 나목

국회법(2020. 12. 15. 법률 제17646호로 개정된 것) 제37조 제1항 제16호 가목, 나목

공공기관의 정보공개에 관한 법률(2013. 8. 6. 법률 제11991호로 개정된 것) 제9조 제1항 제1호

【참조판례】

1. 헌재 2011. 12. 29. 2009헌마527, 판례집 23-2하, 840, 845-846

헌재 2018. 8. 30. 2016헌마263, 판례집 30-2, 481, 492-493

2. 헌재 2000. 6. 29. 98헌마443등, 판례집 12-1, 886, 897

【당 사 자】

청 구 인 [별지] 청구인 명단과 같음

피청구인 국회 정보위원회 위원장(2018헌마1162)

당해사건 서울행정법원 2019구합74799 정보공개거부처분취소(2020헌바428)

【주 문】

1. 국회법(2018. 4. 17. 법률 제15620호로 개정된 것) 제54조의2 제1항 본문은 헌법에 위반된다.

2. 청구인 오○○, 청구인 강○○, 청구인 김○○, 청구인 이○○, 청구인 이□□의 나머지 심판청구를 각하한다.

【이 유】

1. 사건개요

가. 2018헌마1162

청구인 오○○, 청구인 강○○, 청구인 김○○, 청구인 이○○, 청구인 이□□(이하 '청구인 오○○ 등'이라 한다)는 2018. 11. 22. 피청구인에게 국회 정보위원회 제1차 법안심사소위원회 회의(이하 '이 사건 회의'라 한다)에 대한 방청을 신청하였다. 그러나 국회 정보위원회 사무처 담당직원이 청구인 오○○ 등에게 '국회법 규정에 의하여 이 사건 회의는 방청 허가 여부 자체가 논의될 수 있는 사안이 아니므로 문서로 답변을 보내줄 수 없다'는 내용을 유선으로 전달하였을 뿐, 피청구인은 달리 청구인 오○○ 등의 방청신청에 대하여 어떠한 조치를 취하지 않았다.

이에 청구인 오○○ 등은 이 사건 회의를 공개하지 않은 피청구인의 조치 및 국회 정보위원회 회의는 공개하지 않는다고 규정한 국회법 제54조의2 제1항 본문이 헌법 제50조 제1항에 규정된 의사공개원칙에 위배되고 청구인 오○○ 등의 알 권리 등을 침해한다며, 2018. 12. 4. 그 위헌확인을 구하는 취지의 이 사건 헌법소원심판을 청구하였다.

나. 2020헌바428

청구인 김□□은 2019. 4. 8. 국회사무총장에게 제367회 국회(임시회) 제3차 정보위원회 전체회의 회의록 중 특정 부분의 공개를 청구하였으나, 국회사무총장은 2019. 5. 3. 국회법 제54조의2 제1항 본문 및 '공공기관의 정보공개에 관한 법률' 제9조 제1항 제1호에 따른 비공개 대상 정보에 해당한다는 이유로 청구인 김□□의 정보공개청구를 거부하였다.

이에 청구인 김□□은 위 정보공개거부처분의 취소를 구하는 소를 제기하고(서울행정법원 2019구합74799), 재판 계속 중 국회법 제54조의2 제1항에 대하여 위헌법률심판제청신청을 하였으나(서울행정법원 2020아11343), 2020. 7. 24. 위 청구 및 제청신청이 모두 기각되자, 2020. 8. 24. 이 사건 헌법소원심판을 청구하였다.

2. 심판대상

가. 2018헌마1162

청구인 오○○ 등은 국회 정보위원회를 피청구인으로 하여 이 사건 회의를 공개하지 아니한 조치의 위헌확인 및 이러한 조치의 근거규정인 국회법 제54조의2 제1항 본문의 위헌확인을 구하고 있다. 그런데 방청신청에 대한 허가 여부를 정하는 것은 상임위원회 위원장에게 속하는 권한이므로(국회법 제55조 제1항, 제57조 제8항), 피청구인을 국회 정보위원회 위원장으로 확정하기로 한다. 또한 방청신청에 대한 불허는 별도의 형식 없이 구두로도 이루어질 수 있으므로 정보위원회 소속 직원이 청구인 오○○ 등의 방청신청에 대하여 '국회법 규정에 따라 방청 허가 여부 자체가 논의될 수 없다'는 의사를 유선으로 전달함으로써 피청구인은 국회법 제54조의2 제1항에 따라 이 사건 회의의 방청을 불허한다는 거부의사를 사실상 확정적으로 표명하였다고 할 것이다. 따라서 피청구인이 청구인 오○○ 등의 방청을 불허한 작위행위를 심판대상으로 본다.

나. 2020헌바428

청구인 김□□은 국회법 제54조의2 제1항 전체의 위헌확인을 구하고 있으나, 당해사건에 적용되고 청구인 김□□이 구체적으로 위헌성을 다투는 부분은 위 조항 중 본문에 해당하므로 심판대상을 이 부분으로 한정한다.

다. 소결

따라서 2018헌마1162 사건의 심판대상은 피청구인이 청구인 오○○ 등의 이 사건 회의 방청을 불허한 행위(이하 '이 사건 방청불허행위'라 한다) 및 국회법(2018. 4. 17. 법률 제15620호로 개정된 것) 제54조의2 제1항 본문이 청구인 오○○ 등의 기본권을 침해하는지 여부이고, 2020헌바428 사건의 심판대상은 국회법(2018. 4. 17. 법률 제15620호로 개정된 것) 제54조의2 제1항 본문(이하 '심판대상조항'이라 한다)이 헌법에 위반되는지 여부이다. 심판대상조항 및 관련조항은 다음과 같다.

[심판대상조항]

국회법(2018. 4. 17. 법률 제15620호로 개정된 것)

제54조의2(정보위원회에 대한 특례) ① 정보위원회의 회의는 공개하지 아니한다. 다만, 공청회 또는 제65조의2에 따른 인사청문회를 실시하는 경우에는 위원회의 의결로 이를 공개할 수 있다.

[관련조항]

대한민국 헌법(1987. 10. 29. 헌법 제10호로 전부개정된 것)

제50조 ① 국회의 회의는 공개한다. 다만, 출석의원 과반수의 찬성이 있거나 의장이 국가의 안전보장을 위하여 필요하다고 인정할 때에는 공개하지 아니할 수

있다.

② 공개하지 아니한 회의내용의 공표에 관하여는 법률이 정하는 바에 의한다.

구 국회법(2018. 7. 17. 법률 제15713호로 개정되고 2020. 12. 15. 법률 제17646호로 개정되기 전의 것)

제37조(상임위원회와 그 소관) ① 상임위원회의 종류와 소관 사항은 다음과 같다.

16. 정보위원회

가. 국가정보원 소관에 속하는 사항

나. 국가정보원법 제3조 제1항 제5호에 따른 정보 및 보안 업무의 기획·조정 대상 부처 소관의 정보 예산안과 결산 심사에 관한 사항

국회법(2020. 12. 15. 법률 제17646호로 개정된 것)

제37조(상임위원회와 그 소관) ① 상임위원회의 종류와 소관 사항은 다음과 같다.

16. 정보위원회

가. 국가정보원 소관에 속하는 사항

나. 국가정보원법 제4조 제1항 제5호에 따른 정보 및 보안 업무의 기획·조정 대상 부처 소관의 정보 예산안과 결산 심사에 관한 사항

국회법(2018. 4. 17. 법률 제15620호로 개정된 것)

제54조의2(정보위원회에 대한 특례) ② 정보위원회의 위원 및 소속 공무원(의원 보좌직원을 포함한다. 이하 이 조에서 같다)은 직무수행상 알게 된 국가기밀에 속하는 사항을 공개하거나 타인에게 누설해서는 아니 된다.

③ 정보위원회의 활동을 보좌하는 소속 공무원에 대해서는 국가정보원장에게 신원조사를 의뢰하여야 한다.

④ 이 법에서 정한 사항 외에 정보위원회의 구성과 운영 등에 필요한 사항은 국회규칙으로 정한다.

제55조(위원회에서의 방청 등) ① 의원이 아닌 사람이 위원회를 방청하려면 위원장의 허가를 받아야 한다.

제57조(소위원회) ⑤ 소위원회의 회의는 공개한다. 다만, 소위원회의 의결로 공개하지 아니할 수 있다.

제75조(회의의 공개) ① 본회의는 공개한다. 다만, 의장의 제의 또는 의원 10명 이상의 연서에 의한 동의(動議)로 본회의 의결이 있거나 의장이 각 교섭단체 대표의원과 협의하여 국가의 안전보장을 위하여 필요하다고 인정할 때에는 공개하지 아니할 수 있다.

제118조(회의록의 배부·배포) ① 회의록은 의원에게 배부하고 일반인에게 배포한다. 다만, 의장이 비밀 유지나 국가안전보장을 위하여 필요하다고 인정한 부분에 관하여는 발언자 또는 그 소속 교섭단체 대표의원과 협의하여 게재하지 아니할 수 있다.

④ 공개하지 아니한 회의의 내용은 공표되어서는 아니 된다. 다만, 본회의 의결 또는 의장의 결정으로 제1항 단서의 사유가 소멸되었다고 판단되는 경우에는 공표할 수 있다.

⑤ 공표할 수 있는 회의록은 일반인에게 유상으로 배포할 수 있다.

공공기관의 정보공개에 관한 법률(2013. 8. 6. 법률 제11991호로 개정된 것)

제9조(비공개 대상 정보) ① 공공기관이 보유·관리하는 정보는 공개 대상이 된다. 다만, 다음 각 호의 어느 하나에 해당하는 정보는 공개하지 아니할 수 있다.

1. 다른 법률 또는 법률에서 위임한 명령(국회규칙·대법원규칙·헌법재판소규칙·중앙선거관리위원회규칙·대통령령 및 조례로 한정한다)에 따라 비밀이나 비공개 사항으로 규정된 정보

3. 청구인들의 주장

가. 2018헌마1162

이 사건 방청불허행위와 그 근거 법률인 심판대상조항은 헌법 제50조 제1항에 규정된 의사공개원칙에 위반되고, 일체의 예외 없이 모든 정보위원회의 회의를 공개하지 아니하도록 하는 것으로 알 권리를 침해한다.

나. 2020헌바428

심판대상조항은 국회 정보위원회에 대한 국민의 참여를 배제하여 국민주권주의에 위반되고, 헌법 제50조 제1항 본문에 규정된 의사공개원칙은 같은 항 단서의 헌법유보 조항에 의해서만 제한될 수 있으므로 헌법 제50조 제1항의 의사공개원칙에 위반된다.

또한 국회 정보위원회 회의 내용 중 국가안보와 직접적으로 관련된 정보로서 그 공개가 부적절한 경우만을 비공개대상으로 할 수 있음에도 심판대상조항은 정보위원회의 모든 의사를 비공개하고 이에 대해 국민이 통제할 수 있는 절차도 마련하고 있지 아니하여 알 권리를 침해하고, 다른 상임위원회와 달리 정보위원회 회의만 비공개함으로써 평등권을 침해한다.

4. 이 사건 방청불허행위에 관한 판단

청구인 오○○ 등이 방청을 신청하였던 이 사건 회

의는 이미 종료되었으므로 심판청구 당시 이 사건 방청불허행위에 관한 주관적 권리보호이익은 소멸하였다. 다만, 헌법소원은 주관적 권리구제뿐만 아니라 헌법질서 보장의 기능도 겸하고 있으므로 같은 유형의 침해행위가 앞으로도 반복될 위험이 있고, 헌법질서의 수호유지를 위하여 그에 대한 헌법적 해명이 긴요한 사항에 대하여는 심판청구의 이익을 인정하여야 한다(헌재 2011. 12. 29. 2009헌마527; 헌재 2018. 8. 30. 2016헌마263 참조).

이 사건 방청불허행위에 대해 예외적으로 심판청구의 이익을 인정할 것인지를 살펴본다. 이 사건 방청불허행위는 심판대상조항에 근거하여 이루어진 것으로서 이 사건 방청불허행위와 유사한 기본권침해가 반복될 가능성이 있는 것은 결국 심판대상조항이 현존하고 있기 때문이라 할 수 있다. 또한 청구인 오○○ 등이 종국적으로 다투고자 하는 것 역시 정보위원회의 회의를 공개하지 않는다고 명시적으로 규정하고 있는 심판대상조항의 위헌성이다. 따라서 청구인 오○○ 등의 주장 취지 및 권리구제의 실효성 등을 종합적으로 고려할 때 심판대상조항에 대한 심판청구의 적법성을 인정하여 본안 판단에 나아가는 이상, 이 사건 방청불허행위에 대해서는 별도로 심판청구의 이익을 인정하지 아니한다(헌재 2018. 8. 30. 2016헌마263 참조).

따라서 청구인 오○○ 등의 이 사건 방청불허행위에 대한 심판청구는 부적법하다.

5. 심판대상조항에 관한 판단

가. 국회 의사공개원칙 및 정보위원회에 대한 특례 개관

(1) 의사공개원칙

헌법 제50조 제1항 본문은 "국회의 회의는 공개한다."라고 하여 의사공개원칙을 규정하고 있다. 의사공개원칙은 의사진행의 내용과 의원의 활동을 국민에게 공개함으로써 민의에 따른 국회운영을 실천한다는 민주주의적 요청에서 유래하는 것으로, 국회에서의 토론 및 정책결정의 과정이 공개되어야 주권자인 국민의 의정활동에 대한 감시와 비판이 가능하고 의사결정의 공정성을 확보할 수 있을 뿐 아니라, 국민에게 의제에 대하여 이해하고 의견을 발표할 수 있도록 정보가 제공되고 국가의사결정의 과정에 참여할 수 있는 실질적 기회가 부여되어 국민의 정치적 의사형성에 기여할 수 있다. 따라서 의사공개원칙은 대의민주주의 정치에 있어서 공공정보의 공개를 통해 국정에 대한 국민의 참여도를 높이고 국정운영의 투명성을 확보하기 위하여 필요불가결한 요소라 할 수 있다(헌재 2009. 9. 24. 2007헌바17 참조).

의사공개원칙은 방청 및 보도의 자유와 회의록의 공표를 그 내용으로 한다. 의사공개원칙의 헌법적 의미를 고려할 때, 헌법 제50조 제1항 본문은 단순한 행정적 회의를 제외하고 국회의 헌법적 기능과 관련된 모든 회의는 원칙적으로 국민에게 공개되어야 함을 천명한 것으로(헌재 2000. 6. 29. 98헌마443등 참조), 국회 본회의뿐만 아니라 위원회의 회의에도 적용된다. 따라서 본회의든 위원회의 회의든 국회의 회의는 원칙적으로 공개하여야 하며, 원하는 모든 국민은 원칙적으로 그 회의를 방청할 수 있다(헌재 2000. 6. 29. 98헌마443등; 헌재 2010. 12. 28. 2008헌라7등 참조).

다만, 의사공개원칙은 절대적인 것은 아니고, 출석의원 과반수의 찬성이 있거나 의장이 국가의 안전보장을 위하여 필요하다고 인정할 때에는 공개하지 아니할 수 있다(헌법 제50조 제1항 단서).

국회법 역시 의사의 공개에 대하여 구체적으로 규정하고 있다. 국회법 제75조 제1항은 "본회의는 공개한다. 다만, 의장의 제의 또는 의원 10명 이상의 연서에 의한 동의로 본회의 의결이 있거나 의장이 각 교섭단체 대표의원과 협의하여 국가의 안전보장을 위하여 필요하다고 인정할 때에는 공개하지 아니할 수 있다."라고 규정하고 있으며, 위원회 회의의 공개에 대해서는 명문의 규정을 마련하고 있지 아니하나 국회법 제71조에 따라 국회법 제75조 제1항이 위원회의 회의에도 준용된다. 나아가 국회법 제57조 제5항에서 "소위원회의 회의는 공개한다. 다만, 소위원회의 의결로 공개하지 아니할 수 있다."고 규정하여 소위원회 회의 역시 공개가 원칙임을 명시하고 있다.

(2) 정보위원회에 대한 특례

(가) 국가정보원(정보위원회가 신설될 당시에는 그 명칭이 '국가안전기획부'였으나, 1999. 1. 21. 법률 제5681호로 국가정보원법이 개정되면서 '국가정보원'으로 기관의 명칭이 변경되었다. 이하 현행법을 기준으로 양자를 구분하지 아니하고 '국가정보원'으로 표시하기로 한다) 소관에 속하는 사항과 정보 및 보안 업무의 기획·조정, 예산안과 결산 심사에 관한 사항은 본래 국방위원회의 소관사항이었으나, 국회법이 1994. 6. 28. 법률 제4761호로 개정되면서 국회법 제37조 제17호에

정보위원회가 신설되어 정보위원회의 소관사항으로 이관되었다. 이는 별도의 상임위원회를 설치함으로써 국내 유일의 정보기관으로서 다른 행정부처와 성격을 달리 하는 국가정보원에 대한 국회의 통제를 강화하기 위한 것이었다.

정보위원회가 신설되면서 국가의 기밀정보를 다루는 정보위원회의 특성을 고려하여 정보위원회의 경우 위원정수를 12인으로 국회법에서 명문으로 규정하고(국회법 제38조 단서), 정보위원회 위원은 의장이 각 교섭단체 대표의원으로부터 해당 교섭단체 소속 의원 중에서 후보를 추천받아 부의장 및 각 교섭단체 대표의원과 협의하여 선임하거나 개선하도록 하되, 다만 교섭단체 대표의원은 당연직 정보위원회 위원이 되도록 하며(국회법 제48조 제3항), 정보위원회에 국가정보원 소관 예산안과 결산에 대한 실질적인 최종 심사권을 부여하고(국회법 제84조 제4항), 국가정보원의 예산심사를 비공개로 하도록 하였다(국가정보원법 제16조 제7항). 이외에도 정보위원회 신설 당시에는 정보위원회의 경우 폐회 중 최소한 월 1회 정례회의를 개회하도록 정하고 있었으나[구 국회법(1994. 6. 28. 법률 제4761호로 개정되고, 2016. 12. 16. 법률 제14376호로 개정되기 전의 것) 제53조], 이후 2016. 12. 16. 법률 제14376호로 국회법을 개정할 당시 3월과 5월에 1회 이상 정례회의를 개회하는 것으로 개정하였다가, 2020. 12. 22. 법률 제17756호로 국회법이 개정되면서 삭제하는 등, 입법자는 정보위원회를 다른 위원회와 여러 가지 면에서 다르게 규정하였다.

또한 국회법은 국회법 제54조의2에서 정보위원회에 대한 특례규정을 마련하여, 정보위원회의 회의는 공개하지 아니하고(국회법 제54조의2 제1항 본문), 정보위원회의 위원 및 소속 공무원은 직무수행상 알게 된 국가기밀에 속하는 사항을 공개하거나 타인에게 누설하여서는 아니되는 의무를 부담하며(국회법 제54조의2 제2항), 기밀을 공개하거나 누설한 경우 가중처벌되고(특정범죄 가중처벌 등에 관한 법률 제4조의3), 정보위원회의 활동을 보좌하는 소속 공무원에 대해서는 국가정보원장에게 신원조사를 의뢰하도록 하였다(국회법 제54조의2 제3항).

(나) 1994. 6. 28. 법률 제4761호로 국회법이 개정되면서 신설된 국회법 제54조의2 제1항은 이후 2005. 7. 28. 법률 제7614호로 국회법이 개정되면서 공청회 또는 인사청문회는 위원회의 의결로 공개할 수 있다는 예외를 규정하였고, 2018. 4. 17. 법률 제15620호로 개정되기는 하였으나, 일부 자구의 수정을 제외하고는 내용의 큰 변화 없이 현재까지 유지되고 있다.

국회법 제54조의2 제1항에서 정보위원회의 회의를 공개하지 아니하도록 하는 특례를 마련한 것은 정보기관인 국가정보원에 대한 민주적 통제를 강화하면서도 국외 정보 등을 수집하고 국가기밀에 속하는 사항에 대한 보안 업무를 담당하는 국가정보원 직무의 성격을 고려하여(국가정보원법 제4조 제1항) 국가의 기밀을 보호하기 위한 것이다.

나. 쟁점

(1) 알 권리는 민주주의 국가에서 국정에 대한 참여를 보장하고, 인격의 자유로운 발전을 도모하며, 인간다운 생활을 확보하기 위하여 필요한 정보수집의 자유와 권리를 의미한다(헌재 1991. 5. 13. 90헌마133 참조). 국민이 정치적 의사를 형성하기 위해서는 필요한 정보에의 접근 및 수집이 보장되어야 하고, 이러한 정보를 바탕으로 국민이 그들이 선출한 대표자의 의정활동을 파악하고 비판하는 것은 국민주권주의와 민주주의에 내재된 헌법적 요청이다. 특히 헌법 제50조 제1항에 따라 국회의 회의는 원칙적으로 공개되어야 하고, 국민은 국회의 회의의 공개를 요구할 수 있다(헌재 2009. 9. 24. 2007헌바17 참조). 그런데 심판대상조항은 명시적으로 국회 정보위원회의 회의를 공개하지 않는다고 규정하고 있으므로, 심판대상조항이 의사공개원칙을 명문으로 규정하고 있는 헌법 제50조 제1항에 반하거나 과잉금지원칙에 위배되어 청구인들의 알 권리를 침해하는지 여부가 문제된다.

(2) 청구인들은 심판대상조항이 국회 정보위원회에 대한 국민의 참여를 배제하여 국민주권주의에 위배되고 다른 상임위원회와 달리 정보위원회 회의만 비공개함으로써 평등권을 침해한다고 주장하나, 이는 결국 정보위원회 회의를 일률적으로 비공개하는 것의 위헌성을 다투는 것으로 심판대상조항이 의사공개원칙 및 과잉금지원칙에 위배되어 청구인들의 알 권리를 침해한다는 것과 사실상 다르지 아니하므로 이에 대해서는 별도로 판단하지 아니하기로 한다.

다. 의사공개원칙 위배 여부

(1) 헌법 제50조 제1항의 해석

헌법 제50조 제1항은 의사공개원칙을 명문으로 정하고 있다. 앞서 살펴본 바와 같이, 의사공개원칙은 의사

진행의 내용과 의원의 활동을 국민에게 공개함으로써 민의에 따른 국회운영을 실천한다는 민주주의적 요청에서 유래한 것이다. 국회에서 하는 토론 및 정책결정의 과정이 공개되어야 주권자인 국민의 정치적 의사형성과 참여, 의정활동에 대한 감시와 비판이 가능할 뿐만 아니라 의사를 공개함으로써 의사결정의 공정성을 담보하고 정치적 야합이나 부패를 방지할 수 있다는 점에서, 의사공개원칙은 대의민주주의의 구체적 실현을 위한 불가결한 요소이다(헌재 2000. 6. 29. 98헌마443 등 참조).

헌법 제50조 제1항은 본문에서 국회의 회의를 공개한다는 원칙을 규정하면서, 단서에서 '출석의원 과반수의 찬성이 있거나 의장이 국가의 안전보장을 위하여 필요하다고 인정할 때'에는 이를 공개하지 아니할 수 있다는 예외를 두고 있다. 이러한 헌법 제50조 제1항의 구조에 비추어 볼 때, 헌법상 의사공개원칙은 모든 국회의 회의를 항상 공개하여야 하는 것은 아니나 이를 공개하지 아니할 경우에는 헌법에서 정하고 있는 일정한 요건을 갖추어야 함을 의미하는 것이다. 또한 헌법 제50조 제1항 단서가 정하고 있는 회의의 비공개를 위한 절차나 사유는 그 문언이 매우 구체적이므로, 예외적인 비공개 사유는 문언에 따라 엄격하게 해석되어야 한다.

이러한 점에 비추어 보면, 헌법 제50조 제1항으로부터 일체의 공개를 불허하는 절대적인 비공개가 허용된다고 볼 수는 없다. 회의의 내용이 국가안전보장에 영향을 미치지 아니하는 경우나 회의의 구성원인 출석의원 과반수가 회의의 공개에 찬성하는 경우에도 회의를 공개할 수 없도록 정하여, 국회의 회의의 공개를 원천적으로 차단하는 것은 헌법 제50조 제1항의 문언에 정면으로 반하기 때문이다. 따라서 특정한 내용의 국회의 회의나 특정 위원회의 회의를 일률적으로 비공개한다고 정하면서 공개의 여지를 차단하는 것은 헌법 제50조 제1항에 부합하지 아니한다.

(2) 심판대상조항이 헌법 제50조 제1항에 위배되는지 여부

정보위원회는 국민이 선출한 대표로 하여금 정보기관인 국가정보원의 재량의 남용, 밀행성을 통제할 수 있도록 하는 민주적 통제의 한 방법이므로, 정보위원회의 실효성을 위해서는 국가안전보장에 위험이 발생할 여지가 없는 한 회의를 공개하여 국민의 비판 또는 견제가 가능하도록 운영되어야 한다. 그럼에도 불구하고, 심판대상조항은 정보위원회의 회의 일체를 비공개 하도록 정하고 있다. 위원회의 의결로 공개할 수 있는 것도 공청회와 인사청문회뿐이어서(국회법 제54조의2 제1항 단서), 이를 제외하고는 출석한 정보위원 과반수의 찬성이 있거나, 정보위원장이 국가의 안전보장과 무관하다고 인정한 경우에도 회의를 공개할 수 없다. 이로 인해 정보위원회 활동에 대한 국민의 감시와 견제는 사실상 불가능하게 되는 바, 이는 헌법 제50조 제1항에 위배되는 것이다.

심판대상조항이 헌법 제49조에서 정하고 있는 바에 따라 재적의원 과반수의 출석과 출석의원 과반수의 찬성으로 의결되었다는 이유만으로, 심판대상조항의 존재 자체가 헌법 제50조 제1항 단서의 '출석의원 과반수의 찬성' 요건을 충족하는 것으로 해석할 수도 없다. 헌법 제50조 제1항 단서는 번거롭더라도 개별·구체적인 회의마다 회의에 참여하는 구성원의 실질적인 합의나 회의 내용을 고려한 위원장의 결정을 통해 공개 여부를 자율적으로 정하라는 취지이다(헌재 2000. 6. 29. 98헌마443등 참조). '출석의원 과반수의 찬성' 또는 '위원장의 국가안전보장을 위해 필요하다는 결정'은 각 회의마다 충족되어야 하는 요건으로 이를 달리 해석할 여지는 없으며, 입법과정에서 재적의원 과반수의 출석과 출석의원 과반수의 찬성으로 의결되었다는 사실만으로 헌법 제50조 제1항 단서의 '출석의원 과반수의 찬성'이라는 요건이 충족되었다고 보는 것은 헌법 제50조 제1항을 장식에 불과한 것으로 만드는 해석이다. 만일 이 사건에서 심판대상조항이 의결정족수를 충족하여 의결되어 국회법으로 성립되었다는 이유로 헌법 제50조 제1항의 출석의원 과반수 찬성이라는 요건이 충족되었다고 해석하게 되면, 본회의를 포함한 모든 국회의 회의를 비공개한다는 내용의 입법이 이루어져도 출석의원 과반수 찬성이라는 요건을 충족한 것이 되어 헌법재판소로서는 이러한 입법이 헌법 제50조 제1항에 위반된다는 판단을 할 수 없게 된다. 이는 국민주권주의, 민주주의 원리에 정면으로 배치되고, 의사공개원칙을 선언한 헌법 제50조 제1항은 껍데기만 남게 될 것이다.

(3) 소결

이처럼 심판대상조항은 헌법 제50조 제1항에 위배되는 것으로, 과잉금지원칙 위배 여부에 대해서는 더 나아가 판단할 필요 없이 청구인들의 알 권리를 침해한다.

6. 결 론

그렇다면 심판대상조항은 헌법에 위반되고, 이 사건 방청불허행위에 대한 심판청구는 부적법하므로 주문과 같이 결정한다. 이 결정은 아래 7.과 같은 재판관 이은애, 재판관 이영진의 심판대상조항에 대한 반대의견이 있는 외에는 관여 재판관들의 일치된 의견에 의한 것이다.

7. 재판관 이은애, 재판관 이영진의 심판대상조항에 대한 반대의견

우리는 심판대상조항이 의사공개원칙 및 과잉금지원칙에 위배되지 아니한 것으로 청구인들의 알 권리를 침해하지 아니한다고 보므로, 다음과 같은 반대의견을 개진한다.

가. 의사공개원칙 위배 여부

(1) 헌법 제50조 제1항의 해석

헌법은 국가의 최고규범으로서 헌법규범을 해석함에 있어 그 문언이 우선되어야 함은 물론이나, 개별 헌법규범이 정하고 있는 핵심적인 사항을 훼손하지 아니하는 범위 내에서는 시대의 변화나 현실상황을 고려하여 전체 헌법 체계 내에서의 정합적인 해석을 통해 그 구체적 의미를 도출하는 것이 허용된다.

헌법 제50조 제1항은 본문에서 국회의 회의를 공개하도록 정하여 대의민주주의의 실현을 위한 불가결한 요소인 의사공개원칙을 확인하면서 동시에 단서에서 출석의원 과반수의 찬성이 있거나 의장이 국가의 안전보장을 위하여 필요하다고 인정할 때에는 이를 공개하지 아니할 수 있다고 정함으로써 이에 대한 예외를 구체적으로 규정하고 있다.

그런데 국회는 의사와 그 내부 사항을 자율적으로 정할 수 있는 자율권을 가지며 헌법 제50조 제1항 단서 역시 출석의원 과반수의 찬성이 있는 경우를 회의의 비공개사유로 정함으로써 국회 회의의 공개 여부에 관하여 회의 구성원들의 자율적인 판단을 허용하고 있는 점, 헌법 제50조 제1항 단서에서 의장이 국가의 안전보장을 위하여 필요하다고 인정할 때에는 회의를 공개하지 아니할 수 있다고 정하고 있는 것은 국가안전보장을 회의를 공개하지 아니할 수 있는 사유의 하나로 정하고 이러한 사유가 인정되면 일정한 절차를 거쳐 국회의 회의를 공개하지 아니할 수 있음을 포괄적으로 규정하고 있는 것으로 해석되는 점, 헌법 제50조 제1항의 회의에는 단순한 행정적 회의를 제외한 국회의 헌법적 기능과 관련된 모든 회의 및 위원회의 회의가 모두 포함되는데(국회법 제71조, 제75조 제1항) 현행 헌법이 개정된 1987. 10. 29. 이후 국회의 상임위원회가 폐지되거나, 명칭이 변경되거나, 신설되기도 하여 헌법 제50조 제1항이 현재 국회법에 규정된 상임위원회의 개별적인 특수성을 모두 고려하여 예외사유를 구체적이고 열거적으로 정한 것이라고 보기 어렵다는 점 등을 고려할 때, 헌법 제50조 제1항은 대의민주주의의 전제가 되는 의사공개원칙을 명문으로 규정하여 주권자인 국민이 정보를 제공받고 국가의사결정의 과정에 참여할 수 있는 실질적인 기회를 부여하면서도 출석의원 과반수의 찬성이 있거나 의장의 결정이 있을 것이라는 절차적 요건과 국가의 안전보장을 위한 필요라는 내용적 요건을 의사공개원칙을 제한할 수 있는 핵심적인 사유로 정한 것으로 보는 것이 타당하다. 즉 헌법 제50조 제1항은 국회 스스로 회의의 공개 여부를 결정할 수 있는 자율권이 있음을 인정하면서 그 자율권 행사에 대한 한계를 설정하고 있는 조항인 것이다.

이처럼 헌법 제50조 제1항 단서는 국회 회의의 비공개를 위해서 모든 회의마다 반드시 출석의원 과반수의 찬성이나 국가의 안전보장을 위하여 필요성이 인정된다는 의장의 결정이라는 절차를 거칠 것을 요구하는 조항이라기보다는 회의에 참여한 구성원들이 실질적으로 비공개에 대한 합의에 이르렀다고 볼 수 있거나 국가의 안전보장을 위해 필요하다는 것이 인정되는 경우에는 의사공개원칙에 대한 예외가 허용된다는 것으로, 국회의 자율권의 한계를 개방적으로 설정하고 있는 조항이다. 따라서 국가안전보장을 위해 회의 내용의 비공개가 필요하다는 점에 대해 구성원들의 포괄적인 합의가 이루어져 개별 회의에서 회의의 비공개를 위해 헌법 제50조 제1항 단서에서 열거하고 있는 절차나 요건을 생략할 수 있도록 정하였다면, 이는 국회의 자율권의 한계 내에 있는 것으로 헌법 제50조 제1항에 위배되지 아니한다.

예컨대, 국회법 제158조는 "징계에 관한 회의는 공개하지 아니한다. 다만, 본회의나 위원회의 의결이 있을 때에는 그러하지 아니하다."고 규정하고 있는데, 회의의 내용을 공개하는 것이 부적절하다는 점에 대해 실질적인 합의가 이루어지고, 위원회의 심사, 안건 심의, 본회의 상정 및 재적의원 과반수의 출석과 출석의원 과반수의 찬성으로 의결로 이러한 법률안이 통과되었다면,

징계에 관한 회의의 비공개에 있어 개별 회의마다 의결 및 국가안전보장을 위해 필요하다는 의장의 결정이라는 요건을 생략하더라도 이를 헌법 제50조 제1항에 위배되는 것이라 보기 어렵다.

(2) 심판대상조항이 헌법 제50조 제1항에 위배되는지 여부

(가) 국회법은 국회의 회의운영과 조직을 규정하는 근간이 되는 것으로 기본적으로 국회의 자율적인 영역에 관해 정하는 법률이다. 따라서 입법자는 헌법 제50조 제1항이 허용하는 범위 내에서 각 위원회의 특성에 따라 회의의 비공개에 관한 구체적인 요건과 절차를 국회법으로 정할 수 있다고 보는 것이 헌법과 국회법의 체계에 비추어 타당하다. 국회는 헌법이나 법률 규정을 명백히 위반한 흠이 있는 경우가 아닌 한 의사의 공개 여부를 스스로 판단하여 결정할 수 있고, 특히 국회 회의의 절차적 사항을 정하고 있는 국회법 조항에 관해서는 헌법이 정한 자율권의 한계를 명백히 넘어서는 경우가 아니라면 가급적 이를 존중함이 바람직하다.

(나) 심판대상조항이 헌법 제50조 제1항에 위반되는지 여부를 살펴본다.

먼저 정보위원회는 국가정보원 소관에 속하는 사항 및 국가정보원법 제4조 제1항 제5호에 따른 정보 및 보안 업무의 기획·조정 대상 부처 소관의 정보 예산안과 결산 심사에 관한 사항을 심의하는바, 정보위원회의 모든 회의는 실질적으로 국가기밀에 관한 사항과 직·간접적으로 관련되어 있으므로 국가안전보장을 위하여 회의의 비공개가 필요하다는 점이 인정된다.

또한 심판대상조항은 일률적으로 회의를 비공개하도록 정하고 있으나, 이는 개별 회의마다 일정 수 이상의 구성원의 동의나 위원장의 비공개 결정과 같은 절차를 따를 필요 없이 헌법에서 정한 비공개 요건을 갖춘 것으로 본다는 입법자의 의사가 법률의 형식으로 반영된 것으로 보인다. 헌법 제50조 제1항의 취지를 고려할 때, 국회는 헌법 제50조 제1항 단서가 적시한 출석의원 과반수의 찬성보다 더 엄격한 본회의 의결을 통해 민주적 정당성을 갖춘 법률의 형식으로 위원회 회의의 비공개를 결정할 수 있다고 봄이 상당하고, 본회의 의결을 통해 국회가 국가안전보장을 위한 필요를 고려하여 정보위원회의 회의를 공개하지 아니하도록 결정한 이상, 개별 회의마다 출석의원 과반수의 찬성이나 국가안전보장을 위해 필요하다는 의장의 결정이 있을 것이라는 요건을 생략하도록 하였다는 이유만으로 심판대상조항이 의사공개원칙에 위배된다고 볼 수는 없다.

국회법은 1994. 6. 28. 신설된 정보위원회가 국가의 기밀정보를 다룬다는 특수성을 고려하여 정보위원회에 관한 여러 규정을 두고 있다. 심판대상조항 역시 국가안전보장을 위해서는 정보위원회 회의의 비공개가 필요하다는 점을 고려하여 헌법 제50조 제1항이 정하고 있는 절차적 요건과 내용적 요건을 모두 갖추어 마련된 것인바, 심판대상조항은 헌법 제50조 제1항에 위배되지 아니한다.

(3) 소결

따라서 심판대상조항은 헌법 제50조 제1항의 의사공개원칙에 위배되지 아니한다.

나. 과잉금지원칙 위배 여부

(1) 목적의 정당성 및 수단의 적합성

심판대상조항은 의사공개원칙에 관하여 정보위원회에 대한 특례를 규정한 것으로, 정보위원회 회의를 비공개하는 것은 국외 정보 등을 수집하고 국가기밀에 속하는 사항에 대한 보안 업무를 담당하는 국가정보원 직무의 성격을 고려하여 국가의 기밀을 보호하고 국가안전보장에 기여하기 위한 것이다. 국가의 안전보장은 독립적 주권국가로서 국가의 존립과 영토의 보전, 국민의 생명·안전의 수호를 위한 불가결한 전제조건이자 모든 국민이 자유를 행사하기 위한 기본적인 전제조건이라 할 것이므로(헌재 2011. 8. 30. 2008헌가22등 참조), 국가의 안전을 보장하기 위한 심판대상조항의 입법목적은 정당하고, 공청회와 인사청문회를 제외한 정보위원회의 회의를 비공개하는 것은 이와 같은 입법목적을 달성하기 위한 적합한 수단이 된다.

(2) 침해의 최소성

심판대상조항은 정보위원회 회의가 국가기밀 등 국가안전보장과 밀접한 관련이 있는 사안에 관한 것인지를 불문하고, 일률적으로 모든 정보위원회 회의를 비공개하도록 규정하고 있으므로 이에 관하여 살펴본다.

먼저 정보위원회 회의를 안건의 내용만을 기준으로 국가안전보장과 밀접한 관련이 있는지 여부를 판단하여 공개 여부를 결정하는 것은 원활하고 효율적인 의사진행을 곤란하게 한다. 정보위원회의 소관 사항은 국가정보원 소관에 속하는 사항 일체로 국가정보원법 제8조, 제16조 제7항 등 법률에서 비공개로 규정한 국가정보원의 조직, 소재지, 정원, 예산 등이 포함되고, 성질상 국가기밀과 관련되지 않은 내용을 별도로 분리하기 어렵다. 특히 국회의원은 국민의 대표로서 대통령

의 명령에 귀속되는 국가기관을 적절하게 견제하는 역할을 수행하며, 이러한 역할을 충실하게 수행하기 위해서는 해당 국가기관의 의견을 충분히 청취할 수 있어야 한다. 국회가 대통령 소속으로 대통령의 지시와 감독을 받는 국가정보원을 효과적으로 견제하기 위해서는 국가정보원장을 포함하여 국가정보원 관계자로부터 충분한 정보를 제공받고 충실한 의견을 청취할 수 있어야 하며, 국회의원들 사이에 활발한 의견 교환도 필요하다. 그런데 안건의 내용을 기준으로 회의를 공개하게 되면 국가정보원장이나 관계자들이 정보제공이나 의견제시를 꺼릴 수 있고, 국회의원들 역시 국가의 안전보장과 밀접한 관련이 있는 내용을 논의할 기회를 가지지 못하게 된다. 이처럼 정보위원회 회의내용을 세세하게 구분하여 국가안전보장과 관련된 사항과 관련이 없는 사항을 분리하는 것이 가능할 것으로 보이지 아니하고, 개별 회의마다 의결이나 의장의 결정을 거쳐 일일이 회의의 공개 또는 비공개를 결정할 경우 국가정보업무에 대한 국회의 효율적인 통제라는 정보위원회의 목적을 달성하기 어렵다는 점을 고려한다면, 각 안건의 주제에 따라 공개 여부를 결정하도록 하는 것은 실효성 있는 대안이 될 수 없다.

다음으로 회의를 원칙적으로 비공개하되 위원회의 의결 또는 위원장의 결정에 따라 각 회의마다 일일이 공개 또는 비공개를 결정하도록 하는 방안 역시 국가정보업무에 대한 국회의 민주적·효율적 통제라는 정보위원회 본연의 역할을 충실히 수행하는 것을 어렵게 한다. 특히 방청 및 보도를 허용할 것인지 결정하기 위해서는 회의의 공개 여부를 사전적으로 판단해야 하는데, 안건의 주제만으로 공개 여부를 결정하기 어려울 뿐 아니라 신청 시기에 따라 판단 시점이 촉박하여 과도한 부담이 될 수 있다. 따라서 정보위원회 회의를 일률적으로 비공개하면서 이에 대한 예외를 두지 않았다 하더라도, 이를 알 권리에 대한 과도한 제한이라고 보기 어렵다.

또한 의사공개원칙에 관한 헌법 제50조는 국회 회의의 공개 여부에 관하여 회의 구성원의 자율적 판단을 허용하고 있다고 보아야 하고, 각 위원회는 위원회 소관 업무의 성격, 심사대상인 의안의 특성, 회의 공개로 인한 장단점, 그간의 의사관행 등 여러 사정을 종합하여 회의 공개 여부를 합리적으로 결정할 수 있다(헌재 2000. 6. 29. 98헌마443등 참조). 나아가 의사공개원칙은 절대적인 것이 아니라 각 국이 각자의 현실과 회의의 내용 등을 고려하여 구체적 내용을 정할 수 있는 것이다. 예컨대 독일은 연방의회의 회의는 공개하되(기본법 제42조 제1항) 위원회 회의는 원칙적으로 비공개하도록 정하면서(연방의회 의사규칙 제69조 제1항) 다만 의결로써 위원회 회의의 공개 여부를 정할 수 있다고 규정하고 있으며, 연방정보기관을 통제하는 통제위원회의 심의에 대해서는 이를 비밀로 한다고 명시하고 있다(연방의회통제법 제10조 제1항). 미국 의회에서는 상원 정보특별위원회와 하원 상설정보특별위원회가 정보기관에 대한 감독을 담당하고 있는데, 그 회의는 공개함이 원칙이나 상원 정보특별위원회 회의의 경우에는 국방 또는 연방정부의 기밀한 외교관계 수행상 비밀을 요하는 사항이 공개되는 경우 등 '상원 의사규칙' 제26장 제5조 제b항에 열거된 사유가 인정되는 경우 이를 비공개할 수 있고(상원 의사규칙 제26장 제5조 제b항), 하원 상설정보특별위원회 회의의 경우에는 국가안보를 위험하게 할 수 있는 경우, 민감한 수사정보에 해가 되는 경우, 특정인에 대한 명예훼손·품위손상·비방이 되는 경우 및 기타 법률 또는 하원 의사규칙을 위반할 우려가 있는 경우에는 이를 일반에 공개하지 아니할 수 있다(하원 상설정보특별위원회 운영규칙 제4조). 입법자는 우리가 현재 북한과 휴전 중이라는 특수한 상황에 있고 국가정보원이 국외 및 북한에 관한 정보를 수집·작성·배포하는 등의 직무를 수행하여 직무내용의 비밀을 유지할 필요성이 크다는 사정 등을 종합적으로 고려하여, 국가정보원과 관련된 사항을 소관 사항으로 하고 있는 정보위원회 회의를 일률적으로 공개하지 아니하도록 정한 것인바, 이를 과도한 제한으로 보기 어렵다.

한편, 국회법은 공개하지 않은 회의의 내용은 공표되어서는 안 되나 본회의 의결 또는 의장의 결정으로 비밀유지나 국가안전보장을 위하여 필요하다고 인정되는 사유가 소멸되었다고 판단되는 경우에는 회의의 내용을 공표할 수 있다고 규정하고(국회법 제118조 제4항), 본회의의 규정은 위원회에 준용되므로(국회법 제71조) 정보위원회의 회의록의 공표까지 모두 제한되는 것은 아니다. 또한 법률안의 경우 위원회의 심의를 거쳐 본회의에 회부된 후 위원장의 심사보고를 듣고 질의·토론을 거쳐 표결하므로(국회법 제93조) 공개된 본회의의 결과를 통하여 정보위원회에서 이루어진 법률안의 심의 내용을 일정 부분 파악할 수 있고, 정보위원회는 관례적으로 회의를 마친 후 위원장과 간사, 정보기관의 협의 하에 회의 내용을 요약하여 보안에 지장이 없는 범위 내에서 그 경과 및 결과를 언론에 공표하고 있어 정보위원회가 회의의 내용이나 기타 위원회의 활동을 전혀 파악할 수 없을 만큼 밀행적으로 운영되고 있다고 볼 수 없으므로, 전면적 비공개로 인해 발생할 수 있는 폐단은 어느 정도 방지되고 있다 할 수 있다.

이러한 점에 비추어 볼 때, 정보위원회 회의를 공개하지 아니하도록 정하고 있는 심판대상조항은 침해의 최소성을 갖추었다.

(3) 법익의 균형성

정보위원회 회의의 비공개로 인해 정보의 취득이 제한됨으로써 발생하는 알 권리에 대한 제약에 비하여 국가의 기밀을 보호하고 국가안전보장에 기여하고자 하는 공익은 매우 중대하므로, 심판대상조항은 법익의 균형성도 인정된다.

(4) 소결

따라서 심판대상조항은 과잉금지원칙에 위배되지 아니한다.

재판관 유남석 이선애 이석태 이은애 이종석 이영진 김기영 문형배 이미선

[별지] 청구인명단

1. ~ 5. 오○○ 외(2018헌마1162)

청구인 1 내지 5의 대리인 법무법인 다산
담당변호사 조지훈, 이주희
변호사 김하나, 서채완

6. 김□□(2020헌바428)
대리인 변호사 서채완, 이동균

62. 형의 집행 및 수용자의 처우에 관한 법률 시행령 제58조 제4항 위헌확인 등

[2022. 2. 24. 2018헌마1010]

【판시사항】

1. 소송대리인이 되려는 변호사가 신청한 소송대리인 접견신청을 교도소장이 불허한 행위(이하 '이 사건 접견불허행위'라 한다)에 관한 심판청구가 권리보호이익이 인정되는지 여부(소극)

2. 접촉차단시설이 설치되지 않은 장소에서의 수용자 접견 대상을 소송사건의 대리인인 변호사로 한정한 구 '형의 집행 및 수용자의 처우에 관한 법률 시행령' 제58조 제4항 제2호(이하 '심판대상조항'이라 한다)가 변호사인 청구인의 직업수행의 자유를 침해하는지 여부(소극)

3. 헌법소원 기각의견이 4인이고 인용의견이 5인인 경우 기각 주문을 낸 예

【결정요지】

1. 청구인은 소송대리인 접견신청이 불허된 이후 소송대리인이 되어 소송대리인 접견이 가능하게 되었으므로 이 사건 심판청구 당시 이미 이 사건 접견불허행위에 관한 주관적 권리보호이익은 소멸하였다. 이 사건 접견불허행위는 심판대상조항을 근거로 한 것으로서, 심판대상조항에 대하여 본안 판단에 나아가는 이상 이 사건 접견불허행위에 대해서는 별도로 심판청구의 이익이 인정되지 않는다.

2. 재판관 유남석, 재판관 이종석, 재판관 문형배, 재판관 이미선의 기각의견

접견 제한에 따른 변호사의 직업수행의 자유 제한에 대한 심사에서는 변호사 자신의 직업 활동에 가해진 제한의 정도를 살펴보아야 할 뿐 아니라 그로 인해 접견의 상대방인 수용자의 재판청구권이 제한되는 효과도 함께 고려되어야 하나, 소송대리인이 되려는 변호사의 수용자 접견의 주된 목적은 소송대리인 선임 여부를 확정하는 것이고 소송준비와 소송대리 등 소송에 관한 직무활동은 소송대리인 선임 이후에 이루어지는 것이 일반적이므로 소송대리인 선임 여부를 확정하기 위한 단계에서는 접촉차단시설이 설치된 장소에서 접견하더라도 그 접견의 목적을 수행하는데 필요한 의사소통이 심각하게 저해될 것이라고 보기 어렵다.

수용자가 소를 제기하지 아니한 상태에서 소송대리인이 되려는 변호사의 접견을 소송대리인인 변호사의 접견과 같은 형태로 허용한다면 소송제기 의사가 진지하지 않은 수용자가 이를 악용할 우려가 있고, 소송사건이 계속 중인 상태에서 수용자가 소송대리인으로 선임할 의사를 표시하였으나 선임신고가 이루어지지 않았을 뿐인 경우에도 선임신고가 이루어지기까지 특별한 절차나 상당한 시간이 소요된다고 보기 어려워 예외적으로 접촉차단시설이 설치되지 않은 장소에서 접견을 허용해야 할 필요가 있다고 보기 어렵다.

소송대리인이 되려는 변호사의 경우 변호인이 되려는 사람이나 소송사건의 대리인인 변호사와 비교하여 지위, 역할, 접견의 필요성 등에 차이가 있으므로, 접견제도의 운영에 있어 이들과 달리 취급할 필요가 있다. 소송대리인이 되려는 변호사는 이미 선임된 소송사건의 대리인과 달리 해당 범위가 상당히 넓어 접견의 수요를 예측하기 어려운 점도 양자를 달리 취급하여야 할 사정이 된다.

상소권회복 또는 재심청구 사건은 형 집행의

직접적 원인이 되는 확정판결에 대한 불복절차이고 청구요건과 절차가 까다롭기 때문에 변호사 선임 전이라도 접견상의 제약을 완화하고 있으나, 민사·행정 등 일반적인 소송사건의 경우 형 집행의 원인이 되는 확정판결과 직접 관련되어 있다거나 소송대리인이 되려는 변호사와의 접견 장소나 방법에 특례를 두어야 할 정도로 요건과 절차가 특별히 까다롭다고 볼 수 없다.

따라서 심판대상조항은 변호사인 청구인의 업무를 원하는 방식으로 자유롭게 수행할 수 있는 자유를 침해한다고 할 수 없다.

재판관 이선애, 재판관 이석태, 재판관 이은애, 재판관 이영진, 재판관 김기영의 인용의견

수용자가 변호사를 소송사건의 대리인으로 선임하는 단계는 소송사건의 재판을 준비하는 출발점에 해당하므로, 이 단계에서도 충분한 정보를 제공받으면서 의사소통을 할 수 있는 물적 조건을 제공받고, 소송사건 수임에 대하여 소송의 상대방 내지 제3자에 대한 관계에서 비밀유지가 보장될 필요성이 있는데, 심판대상조항은 소송대리인이 되려는 변호사의 경우 접촉차단시설이 설치된 장소에서 수용자를 접견하도록 함으로써 충분한 의사소통 및 소송사건 수임의 비밀유지를 제약하여 수용자는 적시에 효율적인 권리구제를 받지 못할 우려가 있고, 변호사는 그 직무인 소송사건의 수임을 위한 업무활동에 제약을 받을 가능성이 있다.

수용자가 제기하고자 하는 민사소송 등은 수용 중 발생한 사건에 관한 것이거나 교정시설의 장의 조치 기타 자신이 받은 처우에 대하여 국가 또는 교정시설을 상대로 한 소송일 가능성이 있는데, 소송대리인이 되려는 변호사가 접촉차단시설로 인해 직접 수용자에게 서류를 건네줄 수 없어 문서 송부나 반입을 하게 될 경우 교정시설의 검열을 의식하지 않을 수 없고 소송의 상대방이 될 수 있는 교정시설 관련자에게 수용자의 소송수임자료를 그대로 노출하는 것과 동일한 결과가 될 수 있어 비밀유지의 측면에서 바람직하지 않으며 수용자가 소 제기 자체를 포기하는 결과가 발생할 수도 있으므로 접촉차단시설이 설치되지 않은 장소에서 접견할 필요성이 크다.

소송대리인이 되려는 변호사도 원칙적으로 접촉차단시설이 없는 장소에서 접견하도록 하되, 교정시설의 규율 및 질서 유지를 해칠 우려가 있는 경우에 한하여 예외적으로 접촉차단시설이 설치된 장소에서 접견하도록 제한함으로써 변호사접견이 악용될 가능성을 방지할 수 있다.

따라서 심판대상조항은 과잉금지원칙에 반하여 변호사인 청구인의 직업수행의 자유를 침해한다.

3. 기각의견이 4인, 인용의견이 5인으로 재판관의 의견이 나뉜 경우, 비록 인용의견이 다수이지만, 헌법 제113조 제1항, 헌법재판소법 제23조

제2항 단서 제1호에서 정한 헌법소원 인용결정을 위한 심판정족수에는 미달하므로, 심판대상조항에 대한 심판청구를 기각한다.

【심판대상조문】

구 형의 집행 및 수용자의 처우에 관한 법률 시행령(2014. 6. 25. 대통령령 제25397호로 개정되고, 2019. 10. 22. 대통령령 제30134호로 개정되기 전의 것) 제58조 제4항 제2호

【참조조문】

형의 집행 및 수용자의 처우에 관한 법률 시행령(2014. 6. 25. 대통령령 제25397호로 개정된 것) 제58조 제2항, 제3항

구 형의 집행 및 수용자의 처우에 관한 법률 시행령(2014. 6. 25. 대통령령 제25397호로 개정되고, 2019. 10. 22. 대통령령 제30134호로 개정되기 전의 것) 제58

조 제4항 제1호

구 형의 집행 및 수용자의 처우에 관한 법률 시행령(2016. 6. 28. 대통령령 제27262호로 개정되고, 2019. 10. 22. 대통령령 제30134호로 개정되기 전의 것) 제59조의2

형의 집행 및 수용자의 처우에 관한 법률 시행규칙(2016. 6. 28. 법무부령 제870호로 개정된 것) 제29조의2 제1항

【참조판례】

1. 헌재 2018. 8. 30. 2014헌마681, 판례집 30-2, 390, 394

헌재 2018. 8. 30. 2016헌마263, 판례집 30-2, 481, 492-493

2. 헌재 2013. 8. 29. 2011헌마122, 판례집 25-2상, 494, 504

헌재 2019. 2. 28. 2015헌마1204, 판례집 31-1, 141, 153

헌재 2021. 10. 28. 2018헌마60, 공보 301, 1353, 1357-1358

헌재 2013. 8. 29. 2011헌마122, 판례집 25-2상, 494, 505-508

헌재 2015. 11. 26. 2012헌마858, 판례집 27-2하, 306, 317

【당 사 자】

청 구 인 이○○(변호사)

피청구인 ○○교도소장

【주 문】

1. 구 형의 집행 및 수용자의 처우에 관한 법률 시행령(2014. 6. 25. 대통령령 제25397호로 개정되고, 2019. 10. 22. 대통령령 제30134호로 개정되기 전의 것) 제58조 제4항 제2호에 대한 심판청구를 기각한다.

2. 나머지 심판청구를 각하한다.

【이 유】

1. 사건개요

가. 청구외 이□□은 2016. 7.경 □□교도소에 수용되어 있던 중 청구외 유○○로부터 폭행을 당하여 상처를 입는 일이 발생하자 2017. 2. 27. 유○○을 상대로 위 폭행과 관련한 손해배상청구 소송을 제기하였고(전주지방법원 2017가소9981), 그 무렵 법원에 소송구조를 신청하였다. 전주지방법원은 2017. 3. 10. 소송구조 신청을 기각하는 결정을 하였으나, 2심 법원인 광주고등법원이 2017. 11. 30. 기각 결정을 취소하고, 인지대, 송달료, 변호사비용에 관한 소송구조를 하는 결정을 하였고, 그 무렵 그 결정은 확정되었다. 한편, 이□□은 ○○교도소로 이감되면서 2018. 3. 21. 전주지방법원에 이송신청을 하였으며, 법원이 이를 받아들여 위 손해배상청구 소송이 춘천지방법원 원주지원으로 이송되었다(춘천지방법원 원주지원 2018가소3130).

나. 이□□은 변호사인 청구인에게 법원으로부터 소송구조결정을 받았으니 위 손해배상청구 사건의 소송대리인이 되어 달라는 내용의 서신을 보냈고, 서신을 받은 청구인은 2018. 7. 9. 피청구인 ○○교도소장에게 '형의 집행 및 수용자의 처우에 관한 법률 시행규칙' 별지 제32호 서식에 따른 '소송대리인 접견 신청서'를 제출하였으나, 피청구인은 2018. 7. 10. 위 접견신청을 불허하였다. 이에 청구인은 같은 날 일반접견을 신청하여 접촉차단시설이 설치된 접견실에서 이□□을 접견하였다.

다. 청구인은 소송사건의 대리인이 되려는 변호사의 소송대리인 접견신청을 불허한 피청구인의 행위와 그 근거법령인 구 '형의 집행 및 수용자의 처우에 관한 법률 시행령' 제58조 제4항 제2호가 청구인의 직업수행의 자유 등 기본권을 침해한다고 주장하며, 2018. 10. 8. 이 사건 헌법소원심판을 청구하였다.

2. 심판대상

가. 청구인은, 주위적으로 소송사건의 대리인이 되려는 변호사의 소송대리인 접견신청을 불허한 피청구인의 행위 및 구 '형의 집행 및 수용자의 처우에 관한 법률 시행령' 제58조 제4항 제2호가 헌법에 위반된다는 결정을 구하고, 예비적으로 '소송사건의 대리인이 되려는 변호사'가 위 조항에 규정된 '소송사건의 대리인인 변호사'에 포함되지 않는 것으로 해석하는 한 위헌이라는 결정을 구한다.

위 시행령 조항은 수용자가 소송사건의 대리인인 변호사와 접견하는 경우로서 교정시설의 안전 또는 질서를 해칠 우려가 없는 경우 접촉차단시설이 설치되지 않은 장소에서 접견할 수 있다고 규정하고 있는데, 문언상 수용자가 '소송사건의 대리인이 되려는 변호사'와

접견하는 경우에는 위 시행령 조항이 적용되지 않는다는 것이 명백하므로, 청구인의 주위적 청구는 접촉차단시설이 설치되지 않은 장소에서 수용자와 접견할 수 있는 사람의 범위에 '소송사건의 대리인이 되려는 변호사'를 포함시키지 않은 불완전·불충분한 입법, 즉 부진정입법부작위를 다투는 것이라 할 것이다.

청구인은 예비적으로 위 시행령 조항의 해석에 대하여 위헌확인을 구하고 있으나, 이 사건 심판청구서의 청구취지 및 청구이유를 종합하여 보면 청구인의 예비적 심판청구는 위 조항의 입법적 결함에 관한 위헌성을 보충·강조하는 취지로 이해되므로, 위 시행령 조항에 관하여 판단하는 이상 예비적 청구는 별도의 심판대상으로 삼지 않는 것이 상당하다.

나. 따라서 이 사건 심판대상은 피청구인이 2018. 7. 10. 소송사건의 대리인이 되려는 변호사인 청구인이 신청한 소송대리인 접견신청을 불허한 행위(이하 '이 사건 접견불허행위'라 한다) 및 구 '형의 집행 및 수용자의 처우에 관한 법률 시행령'(2014. 6. 25. 대통령령 제25397호로 개정되고, 2019. 10. 22. 대통령령 제30134호로 개정되기 전의 것) 제58조 제4항 제2호(이하 '심판대상조항'이라 한다)가 청구인의 기본권을 침해하는지 여부이고, 심판대상조항 및 관련조항은 다음과 같다.

[심판대상조항]

구 형의 집행 및 수용자의 처우에 관한 법률 시행령(2014. 6. 25. 대통령령 제25397호로 개정되고, 2019. 10. 22. 대통령령 제30134호로 개정되기 전의 것)

제58조(접견) ④ 수용자의 접견은 접촉차단시설이 설치된 장소에서 하게 한다. 다만, 다음 각 호의 어느 하나에 해당하는 경우에는 그러하지 아니하다.

2. 수용자가 소송사건의 대리인인 변호사와 접견하는 경우로서 교정시설의 안전 또는 질서를 해칠 우려가 없는 경우

[관련조항]

형의 집행 및 수용자의 처우에 관한 법률 시행령(2014. 6. 25. 대통령령 제25397호로 개정된 것)

제58조(접견) ② 변호인(변호인이 되려고 하는 사람을 포함한다. 이하 같다)과 접견하는 미결수용자를 제외한 수용자의 접견시간은 회당 30분 이내로 한다.

③ 수형자의 접견 횟수는 매월 4회로 한다.

구 형의 집행 및 수용자의 처우에 관한 법률 시행령(2014. 6. 25. 대통령령 제25397호로 개정되고, 2019. 10. 22. 대통령령 제30134호로 개정되기 전의 것)

제58조(접견) ④ 수용자의 접견은 접촉차단시설이 설치된 장소에서 하게 한다. 다만, 다음 각 호의 어느 하나에 해당하는 경우에는 그러하지 아니하다.

1. 미결수용자(형사사건으로 수사 또는 재판을 받고 있는 수형자와 사형확정자를 포함한다)가 변호인과 접견하는 경우

구 형의 집행 및 수용자의 처우에 관한 법률 시행령(2016. 6. 28. 대통령령 제27262호로 개정되고, 2019. 10. 22. 대통령령 제30134호로 개정되기 전의 것)

제59조의2(소송사건의 대리인인 변호사와의 접견) ① 제58조 제2항에도 불구하고 수용자가 소송사건의 대리인인 변호사와 접견하는 시간은 회당 60분으로 한다.

② 수용자가 소송사건의 대리인인 변호사와 접견하는 횟수는 월 4회로 하되, 이를 제58조 제3항, 제101조 및 제109조의 접견 횟수에 포함시키지 아니한다.

③ 소장은 제58조 제1항과 이 조 제1항 및 제2항에도 불구하고 소송사건의 수 또는 소송내용의 복잡성 등을 고려하여 소송의 준비를 위하여 특히 필요하다고 인정하면 접견 시간대 외에도 접견을 하게 할 수 있고, 접견 시간 및 횟수를 늘릴 수 있다.

④ 소장은 제1항 및 제2항에도 불구하고 접견 수요 또는 접견실 사정 등을 고려하여 원활한 접견 사무 진행에 현저한 장애가 발생한다고 판단하면 접견 시간 및 횟수를 줄일 수 있다. 이 경우 줄어든 시간과 횟수는 다음 접견 시에 추가하도록 노력하여야 한다.

⑤ 제1항부터 제4항까지에서 규정한 사항 외에 수용자와 소송사건의 대리인인 변호사의 접견에 관하여 필요한 사항은 법무부령으로 정한다.

형의 집행 및 수용자의 처우에 관한 법률 시행규칙(2016. 6. 28. 법무부령 제870호로 개정된 것)

제29조의2(소송사건의 대리인인 변호사의 접견 등 신청) ① 소송사건의 대리인인 변호사가 수용자를 접견하고자 하는 경우에는 별지 제32호서식의 신청서에 다음 각 호의 자료를 첨부하여 소장에게 제출하여야 한다.

1. 소송위임장 사본 등 소송사건의 대리인임을 소명할 수 있는 자료
2. 소송계속 사실을 소명할 수 있는 자료

3. 청구인의 주장

가. 수용자의 재판청구권이나 접견교통권의 핵심적인 부분을 실질적으로 확보하기 위해서 위 기본권들의 핵심적인 영역과 관련한 사항은 변호사에게 그 자신의 기본권으로서 재판청구권이나 접견교통권을 인정하고 보호해 주어야 한다.

나. 청구인은 수용자의 요청으로 민사소송 사건의 소송대리인이 되기 위해 접견신청을 하였는데, 이 사건 접견불허행위 및 심판대상조항으로 인해 소송대리인으로 선임되기 전이라는 이유로 접촉차단시설이 설치된 장소에서 수용자를 접견하게 되어 수임단계에서 수용자에게 직접 서류를 보여주면서 업무를 진행할 수 있는 기회가 봉쇄되는 등 변호사로서의 직업수행의 자유가 침해되었다.

4. 적법요건에 대한 판단

가. 헌법소원은 국민의 기본권침해를 구제하는 제도이므로 헌법소원심판청구가 적법하려면 심판청구 당시는 물론 결정 선고 당시에도 권리보호이익이 있어야 한다(헌재 2018. 8. 30. 2014헌마681 참조).

청구인은 2018. 7. 10. 소송대리인 접견신청이 불허되자 같은 날 일반접견 방식으로 접촉차단시설이 설치된 장소에서 접견을 마쳤다. 이□□이 같은 달 11. 청구인을 소송대리인으로 하는 위임장을 제출함으로써 이때부터는 접촉차단시설이 설치되지 않은 장소에서 소송대리인 접견이 가능하게 되었다. 청구인은 그 이후인 2018. 10. 8. 이 사건 심판청구를 하였다. 그렇다면 이 사건 심판청구 당시 이미 이 사건 접견불허행위에 관한 주관적 권리보호이익은 소멸하였다고 할 것이고, 예외적으로 심판청구의 이익을 인정할 것인지 여부가 문제된다.

이 사건 접견불허행위는 심판대상조항을 근거로 한 것으로서, 결국 심판대상조항이 현존하는 한 이 사건 접견불허행위와 유사한 기본권침해의 반복 가능성은 상존한다. 청구인이 종국적으로 다투고자 하는 것 또한 심판대상조항에서 '소송사건의 대리인인 변호사'만 접촉차단시설이 설치되지 않은 장소에서 수용자를 접견할 수 있도록 규정하고 있기 때문에 소송사건의 대리인이 되고자 하는 변호사는 접촉차단시설이 설치된 장소에서 수용자를 접견해야만 하는 것의 위헌성이다. 이에 청구인은 심판대상조항에 대하여도 헌법소원심판을 청구하고 있다. 그렇다면, 청구인의 주장 및 권리구제의 실효성 등을 종합적으로 고려할 때 심판대상조항에 대한 헌법소원청구에 대하여 본안 판단에 나아가는 이상 이 사건 접견불허행위에 대해서는 별도로 심판청구의 이익을 인정하지 않는 것이 상당하다(헌재 2018. 8. 30. 2016헌마263 참조).

나. 따라서 이 사건 접견불허행위에 대한 심판청구는 권리보호이익이 인정되지 아니하여 부적법하다. 이하에서는 심판대상조항이 청구인의 기본권을 침해하는지 여부만을 살펴본다.

5. 본안에 대한 판단

가. 제한되는 기본권

심판대상조항에 의하면 민사재판, 행정재판, 헌법재판 등에서 소송사건의 대리인이 되려고 하는 변호사는 아직 소송대리인으로 선임되기 전이라는 이유로 접촉차단시설이 설치된 장소에서 일반접견의 형태로 수용자를 접견하도록 되어 있어, 변호사가 소송사건의 수임단계에서는 수용자에게 직접 서류를 보여주는 등 충분한 정보를 제공하고 자유로운 의사소통을 하면서 업무를 진행할 수 없으므로, 심판대상조항은 변호사인 청구인의 직업수행의 자유를 제한한다.

청구인은 교정시설 내에 있는 수용자의 재판청구권이나 접견교통권의 핵심적인 부분을 실질적으로 보호하기 위해서는 소송사건의 대리인이 되고자 하는 변호사의 기본권으로서 재판청구권이나 접견교통권이 보호되어야 한다고 주장한다. 그러나 변호사가 소송사건의 대리인이 되어 소송절차에서 당사자의 재판청구권 행사를 위해 조력하는 것은 변호사라는 직업의 내용 중 본질적인 부분이라 할 것이므로, 청구인의 위 주장은 소송대리인이 되려고 하는 변호사의 직업수행의 자유를 보호할 필요성을 강조한 것에 다름 아니다. 따라서 이 부분 주장은 심판대상조항이 변호사인 청구인의 직업수행의 자유를 침해하는지 여부를 판단함에 있어 검토하는 것으로 충분하고, 따로 판단하지 않는다.

나. 직업수행의 자유 침해 여부

(1) 재판관 유남석, 재판관 이종석, 재판관 문형배, 재판관 이미선의 기각의견

(가) 목적의 정당성 및 수단의 적합성

교정시설은 다수의 수용자를 집단으로 관리하는 시설로서 구금의 목적을 달성하기 위해서는 수용자의 신체적 구속을 확보하여야 하고 교정시설 내의 수용질서

및 규율을 유지하여야 할 필요가 있다(헌재 2013. 8. 29. 2011헌마122 참조). 미결수용자(형사사건으로 수사 또는 재판을 받고 있는 수형자와 사형확정자를 포함한다. 이하 같다)가 변호인과 접견하는 경우와 수용자가 소송사건의 대리인인 변호사를 접견하는 경우를 제외하고는 원칙적으로 접촉차단시설이 설치된 장소에서 접견하도록 한 심판대상조항은 교정시설의 기본적 역할인 수용자의 신체적 구속 확보와 교정시설 내의 수용질서 및 규율 유지를 위해 도입된 것으로서 그 목적이 정당하고, 수단의 적합성 또한 인정된다.

(나) 침해의 최소성

1) 수형자의 경우 교화·갱생을 위하여 접견을 허용하는 것이 필요하더라도 접견의 자유에는 교정시설의 목적과 특성에 비추어 규제가 불가피하므로(헌재 2013. 8. 29. 2011헌마122 참조), 해당 교정시설에 있어서의 접견수요의 많고 적음 및 해당 접견의 목적, 접견의 긴요성 기타 제반 사정에 비추어 접견을 허용하는 것이 수형자의 구금목적을 방해하거나 교정시설 내의 수용질서 및 규율 유시에 지장을 줄 염려가 있는 경우 수형자의 접견을 제한할 필요가 있다. 미결수용자의 경우 헌법상 기본권인 변호인의 조력을 받을 권리를 실질적으로 보장하기 위하여 변호인 또는 변호인이 되려는 사람과의 자유로운 접견을 보장하여야 하나, 민사·행정소송 등 형사사건 외의 소송절차에서 접견의 허용 여부가 문제될 때에는 수형자와 마찬가지로 구금의 목적을 방해하거나 교정시설 내의 수용질서 및 규율 유지에 지장을 줄 염려가 있을 때에는 접견을 제한할 수 있다.

2) 소송사건의 대리인인 변호사가 의뢰인인 수용자를 접견하는 경우 변호사의 직업 활동은 변호사 개인의 이익을 넘어 수용자의 재판청구권 보장, 나아가 사법을 통한 권리구제라는 법치국가적 공익을 위한 것이기도 하므로, 접견 제한에 따른 변호사의 직업수행의 자유 제한에 대한 심사에서는 변호사 자신의 직업 활동에 가해진 제한의 정도를 살펴보아야 할 뿐 아니라 그로 인해 접견의 상대방인 수용자의 재판청구권이 제한되는 효과도 함께 고려되어야 한다(헌재 2021. 10. 28. 2018헌마60 참조). 이는 소송대리인으로 선임되지 아니한 단계에서 소송대리인이 되려는 변호사가 수용자와 접견하는 경우에도 마찬가지라고 할 것이나, 다만 소송대리인이 되려는 변호사의 수용자 접견의 목적 및 접견을 통하여 수행하는 직무의 내용이 소송대리인인 변호사의 수용자 접견과는 다른 점을 간과하여서는 안 된다. 즉, 소송대리인이 되려는 변호사의 수용자 접견의 주된 목적은 소송대리인 선임 여부를 확정하는 것이고, 그 과정에서 사건에 관한 상담이 이루어진다고 하더라도 소송준비와 소송대리 등 소송에 관한 직무활동은 소송대리인 선임 이후에 이루어지는 것이 일반적이다. 따라서 소송대리인으로 선임된 변호사가 상담, 소송준비, 소 제기 등 변호사의 직무를 성실히 수행하여 수용자의 재판청구권을 실질적으로 보장하기 위해서는 접촉차단시설이 설치되지 않은 장소에서의 접견이 필요하다고 할 것이나, 위와 같은 소송에 관한 직무활동을 본격적으로 하기 전 소송대리인 선임 여부를 확정하기 위한 단계에서는 대체로 기초적인 사실관계나 선임 여부의 의사를 확인하는 정도로 충분하므로 접촉차단시설이 설치된 장소에서 접견하더라도 그 접견의 목적을 수행하는 데 필요한 의사소통이 심각하게 저해될 것이라고 보기 어렵다.

이와 같이 소송대리인이 되려고 하는 변호사의 경우 그 필요한 의사소통의 정도에 비추어 볼 때 접촉차단시설이 설치되지 않은 장소에서의 접견이 반드시 필요하다고 볼 수 없고, '형의 집행 및 수용자의 처우에 관한 법률'에 의하면 접견 외에 서신을 주고받거나(제43조 제1항) 교정시설의 장의 허가를 받아 전화통화를 하는 등의 방법으로(제44조 제1항) 소송대리인 선임 의사를 확인할 수 있는 점, 소 제기나 소송준비 등 소송에 관한 직무활동을 위하여 필요한 의사소통이나 상담은 소송대리인으로 선임된 이후 접촉차단시설이 설치되지 않은 장소에서의 변호사접견을 통해 이루어질 수 있는 점 등을 고려하면, 소송대리인이 되려고 하는 변호사에 대하여 접촉차단시설이 설치된 장소에서의 일반접견만 허용하는 것이 소송대리인 선임 여부를 확정하기 위한 단계에서 수용자의 재판청구권에 심각한 영향을 미친다고 볼 수 없다. 나아가 소송대리인이 되려는 변호사의 접견을 소송대리인 변호사의 접견과 같은 형태로 허용한다면 소송제기 의사 내지 선임 의사가 진지하지 않은 수용자가 이를 악용할 우려도 있다.

3) 변호사는 당사자와 그 밖의 관계인의 위임이나 국가·지방자치단체와 그 밖의 공공기관의 위촉 등에 의하여 소송에 관한 행위 및 행정처분의 청구에 관한 대리행위와 일반 법률 사무를 하는 것을 그 직무로 한다(변호사법 제3조). 그러나 변호사로서의 직무 수행을 위하여 수용자와 접견하고자 하는 경우에도 그 접견은 신체구속제도 본래의 목적을 침해하지 않는 한도 내에

서 이루어져야 한다.

또한 소송대리인이 되려는 변호사의 경우 변호인이 되려는 사람이나 소송사건의 대리인인 변호사와 비교하여 지위, 역할, 접견의 필요성 등에 차이가 있으므로, 접견제도의 운영에 있어서 이들과 달리 취급할 수 있다.

먼저, 피의자 또는 피고인의 변호인선임권은 변호인의 조력을 받을 권리의 출발점이자 가장 기초적인 구성부분이므로, 변호인 선임을 위하여 피의자 또는 피고인이 가지는 변호인이 되려는 사람과의 접견교통권은 헌법상 기본권으로 보호되어야 하는바(헌재 2019. 2. 28. 2015헌마1204 참조), 구 '형의 집행 및 수용자의 처우에 관한 법률 시행령' 제58조 제4항 제1호(현행 '형의 집행 및 수용자의 처우에 관한 법률' 제41조 제2항 제1호)는 변호인이 되려는 사람과의 접견은 접촉차단시설이 설치되지 않은 장소에서 이루어질 수 있도록 하고 있다. 그러나 국가의 형벌권 행사에 따른 기본적 인권의 제약을 내재하고 있는 형사절차와 목적 및 취지, 기능을 달리 하는 그 외의 소송절차를 동일하게 취급할 것은 아니므로, 소송대리인이 되려는 변호사에 대해서 변호인이 되려는 사람과 동일한 정도로 접견을 보장하여야 하는 것은 아니다. 설령 수용자가 교정시설의 장의 조치나 처우 등과 관련하여 국가 또는 교정시설을 상대로 민사소송이나 행정소송, 헌법소송 등을 제기하기 위하여 또는 이러한 소송을 수행하기 위하여 소송대리인을 선임하고자 하는 경우라 하더라도, 소송에 관한 본격적인 직무활동이 이루어지기 전 소송대리인 선임 여부를 확정하기 위한 단계에서는 교정시설 내의 수용질서 및 규율 유지의 필요상 그 접견에 어느 정도 제한을 둘 수 있다.

또한 소송대리인 선임 이후 소 제기 전까지는 소송준비가 집중적으로 이루어지는 시기이므로 소 제기 전이라도 소송대리인인 변호사가 접촉차단시설이 설치되지 않은 장소에서 수용자를 접견하여 충분한 상담이 이루어지도록 할 필요가 있으나, 앞서 본 것과 같이 소송대리인이 되려는 변호사의 수용자 접견의 주된 목적은 소송대리인 선임 여부를 확정하는 데에 있고 본격적인 소송준비는 소송대리인으로 선임된 이후에 이루어지는 점을 고려하면, 소송대리인이 되려는 변호사의 수용자 접견을 소송대리인의 접견과 같이 보아야 할 필요성은 크다고 보기 어렵다. 소송대리인이 되려는 변호사는 이미 선임된 소송사건의 대리인과 달리 해당 범위가 상당히 넓어 접견의 수요를 예측하기 어려운 점도 접견제도의 운영에 있어 양자를 달리 취급할 사정이 된다.

4) 그 동안 헌법재판소 결정 및 법령의 개정을 통해 수용자의 접견 기회와 권리를 확대 보장하는 방향으로 수차례 개선이 이루어져 왔는데, 2019. 10. 22. '형의 집행 및 수용자의 처우에 관한 법률 시행령'이 개정되면서 수용자는 형사소송법에 따른 상소권회복 또는 재심청구 사건의 대리인이 되려는 변호사와 접견하는 경우에도 접촉차단시설이 설치되지 않은 장소에서 접견할 수 있게 되었다. 이는 상소권회복 또는 재심청구 사건이 형 집행의 직접적 원인이 되는 확정판결에 대한 불복절차이고, 청구 요건과 절차가 까다롭기 때문에 변호사를 선임하기 전이라도 접견상의 제약을 완화함으로써 수용자의 재판청구권이 보다 충실하게 보장되도록 한 것이다. 이와 달리 민사·행정 등 일반적인 소송사건의 경우 형 집행의 원인이 되는 확정판결과 직접적으로 관련되어 있다거나, 소송대리인이 되려는 변호사와의 접견 장소나 방법에 특례를 두어야 할 정도로 그 요건과 절차가 특별히 까다롭다고 볼 수 없다.

5) 이상의 사정을 종합하여 보면, 심판대상조항은 침해의 최소성에 위배되지 아니한다.

(다) 법익의 균형성

소송대리인이 되려는 변호사의 경우 접촉차단시설이 설치된 장소에서 수용자와 접견하도록 되어 있어 다소 불편을 겪을 가능성이 있다 하더라도 선임 여부의 의사를 확인하는 데 지장을 초래할 정도라 할 수 없고, 접견 외의 여러 가지 방법을 통하여 수용자의 의사를 확인할 길이 있는 점에 비추어볼 때 심판대상조항으로 인해 청구인이 입게 되는 불이익의 정도는 그리 크지 않다. 반면 심판대상조항이 달성하고자 하는 교정시설의 안전과 질서 유지라는 공익은 청구인이 입게 되는 불이익에 비하여 중대하다 할 것이므로, 심판대상조항은 청구인에 대한 기본권 제한과 공익목적의 달성 사이에 법익의 균형성 또한 갖추었다.

(라) 소결

따라서 소송대리인이 되려는 변호사의 경우 접촉차단시설이 설치된 장소에서 일반접견의 형태로 접견하도록 규정한 심판대상조항이 변호사의 업무를 원하는 방식으로 자유롭게 수행할 수 있는 자유를 침해한다고 할 수 없다.

(2) 재판관 이선애, 재판관 이석태, 재판관 이은애, 재판관 이영진, 재판관 김기영의 인용의견

우리는 심판대상조항이 과잉금지원칙에 반하여 청구

인의 직업수행의 자유를 침해한다고 판단하므로 다음과 같이 그 의견을 남긴다.

(가) 목적의 정당성 및 수단의 적합성

심판대상조항은 교정시설의 기본적 역할인 수용자의 신체적 구속력 확보와 교도소 내의 수용질서 및 규율 유지를 위해 도입된 것으로서 그 목적이 정당하고, 수단의 적합성 또한 인정된다는 점은 기각의견과 같다.

(나) 침해의 최소성

1) 이 사건에서 청구인은 수용자가 아닌 변호사이지만, 심판대상조항이 수용자의 접견의 자유를 제한함으로써 그 결과 접견의 상대방인 변호사인 청구인이 직업수행의 자유에 제한을 받게 된 것이므로, 심판대상조항의 기본권침해 여부를 판단할 때에는 변호사인 청구인이 소송대리인이 되어 조력하고자 하는 상대방이 수용자의 지위에 있는 점을 고려하지 않을 수 없다. 기본적으로 신체의 자유에 대한 제한을 받고 있는 수용자의 지위상 그로부터 파생하는 자유로운 접촉에 대한 일정한 제한은 감수해야 할 영역이 있으나, 이러한 제한 역시 교정시설의 목적과 특성, 즉 신체적 구속의 확보, 교도소 내의 수용질서 및 규율을 위해 필요한 한도를 벗어날 수 없다(헌재 2015. 11. 26. 2012헌마858 참조).

수용자가 소송사건의 대리인으로 변호사를 선임하는 것은 소송사건의 재판을 준비하는 출발점으로서 헌법 제27조에 규정된 재판청구권의 내용인 변호사의 도움을 받을 권리의 내용에 포함된다. 헌법재판소는 수용자의 재판청구권의 보장을 위해 소송사건의 대리인인 변호사는 접촉차단시설이 설치되지 않은 장소에서 수용자와 접견할 수 있어야 한다고 결정하였다(헌재 2013. 8. 29. 2011헌마122 참조). 이 결정의 취지는 수용자가 변호사를 소송사건의 대리인으로 선임하는 단계에서 동일하게 유지될 필요가 있다. 수용자가 변호사를 소송대리인으로 선임하는 단계는 소송사건의 재판을 준비하는 출발점에 해당하므로, 이 단계에서도 충분한 정보를 제공받으면서 의사소통을 할 수 있는 물적 조건을 제공받고, 소송사건 수임에 대하여 소송의 상대방 내지 제3자에 대한 관계에서 비밀유지가 보장될 필요성이 있다. 그런데, 심판대상조항은 소송대리인이 되려는 변호사의 경우 접촉차단시설이 설치된 장소에서 수용자를 접견하도록 함으로써 충분한 의사소통을 제약하고, 소송사건의 수임에 대한 비밀유지도 제약한다. 이로 인해 수용자는 적시에 효율적인 권리구제를 받지 못할 우려가 있고, 변호사는 그 직무인 소송사건의 수임을 위한 업무활동에 제약을 받을 가능성이 있다.

2) 접촉차단시설이 설치된 장소에서 수용자를 접견할 경우 소송사건을 수임하려는 변호사로서는 수임단계에서 수용자와 충분한 의사소통을 할 수 있는 물적 조건을 제공받지 못한다.

접촉차단시설은 스테인리스 창살을 사이에 두고 양면에 투명강화유리가 설치되어 있는 구조이므로 마이크를 이용한 의사전달 자체는 가능하지만, 수용자와 변호사는 서류 등을 함께 확인하는 것이 곤란하다.

소송사건의 대리인으로 선임되는 단계에서 당사자인 수용자를 접견할 때 기초적인 사실관계나 선임 의사 여부를 확인하는 것은 기본이고, 소송사건의 청구 요건, 향후 재판진행 절차, 소요되는 비용 등을 확인하기 위하여 수용자와 충분히 상담하여야 할 필요성이 있다. 민사재판, 행정재판, 헌법재판 등의 경우에도 절차가 복잡하거나 사실관계, 법리 등의 파악이 어려운 사건도 있을 수 있고, 숫자, 도표, 법조문 등 구체적인 사항과 관련하여 충분한 의사소통이 필요할 수도 있으므로, 소송대리인 선임단계에서 필요한 의사소통의 정도가 언제나 낮을 것이라고 일률적으로 추단하기는 어렵다.

2019. 10. 22. '형의 집행 및 수용자의 처우에 관한 법률 시행령'이 개정되면서 수용자는 형사소송법에 따른 상소권회복 또는 재심 청구사건의 대리인이 되려는 변호사와 접견하는 경우 접촉차단시설이 설치되지 않은 장소에서 접견할 수 있게 되었는데, 그 개정이유 중 하나로 상소권회복 또는 재심 청구사건의 청구 요건과 절차가 까다롭기 때문에 변호사를 선임하기 전이라도 접견상의 제약을 완화할 필요가 제시되었다. 이것은 이 사건에도 참고할 사항이 될 것이다.

3) 수용자가 제기하고자 하는 민사소송, 행정소송, 헌법소송 등은 수용 중 발생한 사건에 관한 것이거나 교정시설의 장의 조치 기타 자신이 받은 처우에 대하여 국가 또는 교정시설을 상대로 한 소송일 가능성이 있는데, 소송대리인이 되려는 변호사가 접촉차단시설로 인해 직접 수용자에게 서류를 건네줄 수 없어 수용자의 검토를 위해 소송수임과 관련한 자료나 수임계약서를 문서 송부나 반입을 하게 될 경우 교정시설의 검열을 의식하지 않을 수 없고, 소송의 상대방이 될 수 있는 교정시설 관련자에게 수용자의 소송수임 자료를 그대로 노출하는 것과 동일한 결과가 될 수 있어 비밀유지의 측면에서 바람직하지 않으며, 경우에 따라 수용자가 소제기 자체를 포기하는 결과가 발생할 수도 있어 접촉차

단시설이 설치되지 않은 장소에서 접견하여야 할 필요성이 크다.

4) 관련규정상 수용자는 교정성적이 우수하거나 교화 또는 건전한 사회복귀를 위하여 특히 필요하다고 인정되는 경우, 처우상 특히 필요하다고 인정되는 등의 경우에는 예외적으로 접촉차단시설이 설치되지 않은 장소에서 접견할 수 있기는 하나('형의 집행 및 수용자의 처우에 관한 법률' 제41조 제3항 제2호, '형의 집행 및 수용자의 처우에 관한 법률 시행령' 제59조 제3항 제1호, 제2호), 이러한 예외규정의 취지와 요건은 소송대리인이 되려는 변호사와의 접견을 보장하기 위한 것과 상이하여 이로써 소송대리인이 되려는 변호사의 접견이 실효적으로 보장된다고 볼 수 없다. 접견 이외에 서신 수수나 전화통화의 방법으로 변호사와 소송사건 수임과 관련한 의사소통을 하는 것도 가능할 것이나, 서신 수수나 전화통화 등의 방법이 서로 대면하는 접견에 비하여 소송사건 수임단계에서 필요한 의사소통으로서 충분할 것이라고 기대하기는 어렵다.

5) 변호사는 기본적 인권을 옹호하고 사회정의를 실현함을 사명으로 하며, 그 사명에 따라 성실히 직무를 수행하고 사회질서 유지와 법률제도 개선에 노력하여야 하는 공공성을 지닌 법률전문직으로서(변호사법 제1조, 제2조) 다른 전문직에 비하여 더욱 엄격한 직무의 공공성과 고양된 윤리성, 사회적 책임성이 강조되고 있으므로(헌재 2015. 11. 26. 2012헌마858 참조), 변호사와의 자유로운 접견을 확대함에 따라 혹시 발생할 수 있는 위법행위나 부작용에 대한 우려보다는 변호사를 신뢰하고, 그 기반 위에서 수용자의 재판청구권 실현을 보장하는 방향이 바람직하다. 소송대리인이 되려는 변호사도 원칙적으로 접촉차단시설이 없는 장소에서 접견하도록 하되, 교정시설의 규율 및 질서 유지를 해칠 우려가 있는 경우에 한하여 예외적으로 접촉차단시설이 설치된 장소에서 접견하도록 제한함으로써 변호사 접견이 악용될 가능성을 충분히 방지할 수 있다.

6) 덧붙여 이 사건의 경우처럼 수용자의 민사소송 사건이 이미 법원에 계류되어 존재하는 상태에서 소송구조결정까지 받아 수용자가 서신으로 특정 변호사를 소송대리인으로 선임할 의사를 표시하였고, 특정 변호사가 이에 응하여 접견신청을 하였으나 아직 위임계약서가 작성되지 않았을 뿐인 경우에 있어서는 사실상 소송사건의 대리인인 변호사와 접견하는 경우와 큰 차이가 있다고 볼 수 없으므로, 차단시설이 설치되지 않은 장소에서 접견을 보장하여야 할 합리적인 이유가 있다. 그런데 심판대상조항은 이러한 경우까지도 소송대리인이 되려고 하는 변호사로 하여금 일률적으로 접촉차단시설이 설치된 장소에서 접견하도록 하고 있으므로, 변호사인 청구인의 직업수행의 자유가 과도하게 제한되는 측면이 있다.

7) 앞서 살펴본 사항을 종합하면, 심판대상조항은 침해의 최소성을 갖추지 못하였다.

(다) 법익의 균형성

소송대리인이 되려는 변호사의 경우 일률적으로 접촉차단시설이 설치된 장소에서 수용자와 접견하도록 되어 있어 수용자와의 충분한 의사소통에 제약을 받으므로 심판대상조항으로 인해 청구인이 입게 되는 불이익의 정도가 크다고 할 것이다. 반면 심판대상조항이 달성하고자 하는 공익은 교정시설의 기본적 역할인 수용자의 신체적 구속력 확보와 교도소 내의 수용질서 및 규율 유지인데, 이는 교정시설의 안전과 질서 유지를 위해 필요한 경우에 소송대리인이 되려고 하는 변호사라 하더라도 접촉차단시설이 설치된 장소에서 수용자를 접견하도록 예외를 규정함으로써 보장될 수 있으므로, 심판대상조항은 청구인에 대한 기본권 제한과 공익목적의 달성 사이에 법익의 균형성 또한 갖추지 못하였다.

(라) 소결

따라서 심판대상조항은 과잉금지원칙에 반하여 청구인의 직업수행의 자유를 침해한다.

6. 결 론

그렇다면 이 사건 접견불허행위에 대한 심판청구는 부적법하다는 점에 대하여 재판관 전원의 의견이 일치하므로 이를 각하하기로 하고, 심판대상조항에 대하여는 재판관 4인이 기각의견, 재판관 5인이 인용의견으로 비록 인용의견이 다수이긴 하나 헌법 제113조 제1항, 헌법재판소법 제23조 제2항 단서 제1호에서 정한 헌법소원 인용결정을 위한 심판정족수에는 미달하므로 이 부분 심판청구를 기각하기로 하여 주문과 같이 결정한다.

재판관 유남석 이선애 이석태 이은애 이종석 이영진 김기영 문형배 이미선

63. 사립학교법 제53조 제3항 단서 위헌소원

[2022. 3. 31. 2018헌바522]

【판시사항】

사립 초·중등학교의 장을 1회에 한하여 중임할 수 있도록 하는 구 사립학교법 제53조 제3항 단서(이하 '심판대상조항'이라 한다)가 학교법인의 사립학교 운영의 자유와 학교장이 되려는 자의 직업의 자유 및 이들의 평등권을 침해하는지 여부(소극)

【결정요지】

심판대상조항은 사립 초·중등학교의 장이 중임할 수 있는 횟수를 1회에 한정함으로써 교장의 노령화·관료화를 방지하고, 인사순환을 통하여 교단을 활성화하며, 학교장과 학교법인의 유착을 방지하기 위한 것이다. 심판대상조항이 보장하는 최대 8년간의 재임기간이 지나치게 짧은 시간이라 단정하기 어렵고, 동일한 학교의 장을 2회 이상 중임하려는 경우만을 제한하므로 그 제한의 정도가 지나치다고 볼 수 없다.

대학과 초·중등학교는 교육내용과 방식 등의 측면에서 본질적 차이가 있으므로 사립 초·중등학교의 장을 사립대학의 장과 달리 규율하는 데 합리적 이유가 있다. 사립유치원의 경우 공교육으로 내실화되기 시작한 시기, 설립형태, 운영 방식 등을 고려할 때, 사립 초·중등학교의 장을 사립유치원의 장과 달리 규율하는 것이 불합리하다고 보기 어렵다. 따라서 심판대상조항은 학교법인의 사립학교 운영의 자유, 학교장이 되려는 자의 직업의 자유 및 이들의 평등권을 침해한다고 할 수 없다.

재판관 이은애, 재판관 이종석, 재판관 이영진의 반대의견

학교장의 중임 횟수는 사립학교의 설립목적 달성과 밀접한 연관을 가지는 사립학교 운영의 핵심적인 사항으로 학교법인의 자율적인 판단과 결정을 존중할 필요가 있다. 중임 횟수 제한은 법정의견이 상정한 입법목적들을 달성하는 데 직접적 관련이 적어 적합한 수단이 된다고 보기 어렵고, 사립학교의 장의 임기를 정관에서 자유롭게 정하도록 한 취지와 맞지 않을 뿐 아니라, 유능한 학교장을 통한 학교의 건전한 발달을 저해할 수 있다. 오늘날 대다수 사립학교의 재정·행정이 투명하게 집행되고 있고, 사립학교 운영에 관한 전반적인 규율과 더불어 사립학교장의 비위행위 등을 방지할 수 있는 제도적 장치가 마련되어 있는 현실에서 일부의 사례 혹은 학교법인과 학교장의 부당한 유착관계의 발생가능성에 대한 추상적 우려만으로 학교장의 중임 여부를 일률적으로 제한하는 것은 지나치다. 외국의 입법례를 살펴보아도, 사립학교장의 임기는 대부분 사적 계약에 맡겨져 있고, 중임 횟수를 특별히 제한하고 있지 아니하다. 따라서 심판대상조항은 학교법인의 사립학교 운영의 자유 등을 침해하여 헌법에 위반된다.

【심판대상조문】

구 사립학교법(2016. 2. 3. 법률제13938호로 개정되고, 2019. 12. 3. 법률 제16674호로 개정되기 전의 것) 제53조 제3항 단서

【참조조문】

헌법 제11조 제1항, 제15조, 제37조 제2항

구 사립학교법(2007. 7. 27. 법률 제8545호로 개정되고, 2020. 12. 22. 법률 제17659호로 개정되기 전의 것) 제54조의3 제3항

【참조판례】

헌재 2013. 11. 28. 2007헌마1189등, 판례집 25-2하, 398, 447-450

【당 사 자】

청 구 인 학교법인 ○○학원
대표자 이사장 고○○
대리인 변호사 이명웅

당해사건 서울고등법원 2018누51081 교장임명승인신청반려처분 취소의 소

【주 문】

구 사립학교법(2016. 2. 3. 법률 제13938호로 개정되고, 2019. 12. 3. 법률 제16674호로 개정되기 전의 것) 제53조 제3항 단서는 헌법에 위반되지 아니한다.

【이 유】

1. 사건개요

가. 청구인은 ○○고등학교를 설치·운영하는 학교법인으로, 2016. 12. 28. 서울특별시교육감(이하 '교육감'이라 한다)에게 박○○을 위 학교의 장으로 임명하기 위한 임명승인신청을 하였다. 그러나 교육감은 2017. 1. 6. 위 박○○이 이미 두 차례 위 학교의 장으로 재직하여 사립학교법 제53조 제3항 단서에 따른 학교장 중임 제한 규정에 위반된다는 이유로 위 신청을 반려하였다.

나. 청구인은 위 반려처분의 취소를 구하는 소를 제기하였으나, 2018. 5. 24. 기각되자(서울행정법원 2018구합55463) 항소하였고, 항소심 계속 중 위 처분의 근거조항인 사립학교법 제53조 제3항 단서에 대하여 위헌법률심판제청신청을 하였다. 2018. 12. 18. 위 항소(서울고등법원 2018누51081) 및 위헌법률심판제청신청(같은 법원 2018아1715)이 모두 기각되자, 2018. 12. 27. 이 사건 헌법소원심판을 청구하였다.

2. 심판대상

이 사건 심판대상은 구 사립학교법(2016. 2. 3. 법률 제13938호로 개정되고, 2019. 12. 3. 법률 제16674호로 개정되기 전의 것) 제53조 제3항 단서(이하 '심판대상조항'이라 한다)가 헌법에 위반되는지 여부이다. 심판대상조항 및 관련조항은 다음과 같다.

[심판대상조항]

구 사립학교법(2016. 2. 3. 법률 제13938호로 개정되고, 2019. 12. 3. 법률 제16674호로 개정되기 전의 것)

제53조(학교의 장의 임용) ③ 각급학교의 장의 임기는 학교법인 및 법인인 사립학교경영자는 정관으로, 사인인 사립학교경영자는 규칙으로 정하되, 4년을 초과할 수 없고, 중임할 수 있다. 다만, 초·중등학교의 장은 1회에 한하여 중임할 수 있다.

[관련조항]

구 사립학교법(2007. 7. 27. 법률 제8545호로 개정되고, 2020. 12. 22. 법률 제17659호로 개정되기 전의 것)

제54조의3(임명의 제한) ③ 학교법인의 이사장과 다음 각 호의 어느 하나의 관계에 있는 자는 당해 학교법인이 설치·경영하는 학교의 장에 임명될 수 없다. 다만, 이사정수의 3분의 2 이상의 찬성과 관할청의 승인을 받은 자는 그러하지 아니하다.

1. 배우자
2. 직계존속 및 직계비속과 그 배우자

3. 청구인의 주장

가. 심판대상조항은 교장의 노령화·관료화 방지 및 학교법인과의 유착으로 인한 학교운영의 투명성 저하 방지, 인사순환을 통한 교단의 활성화, 학교장의 학교법인에의 종속 가능성 예방 등을 입법목적으로 하고 있으나, 사립학교의 장은 승진이 아닌 개개의 고용계약에 의하여 임용되는 것이므로 국·공립학교에서와 같은 인사문제가 발생하지 아니하고, 이미 사립학교법에는 학교법인의 이사회와 교장의 유착관계를 방지하기 위한 규정들을 마련하고 있다. 교장의 장기근무만으로 학교법인과 교장 사이의 부당한 유착관계가 형성될 것이라는 전제는 아무런 합리적 근거가 없는 예단에 불과하다. 또한 사립학교에 대한 국가의 재정지원이 사립학교 운영의 자율성을 제한하는 근거가 되기 어렵다. 따라서 사립학교장의 중임을 제한하는 심판대상조항은 사립학교의 운영 자유와 계약의 자유, 사립학교의 장이 되려는 사람의 직업의 자유를 침해한다.

나. 심판대상조항은 초·중등학교의 장에 대해서만 1회에 한하여 중임할 수 있도록 하여 중임을 제한하고 유치원의 장과 대학의 장에 대해서는 이와 같은 제한을 하지 않고 있으므로 합리적 이유 없이 초·중등학교를 설치·경영하는 학교법인의 평등권을 침해한다.

4. 판 단

가. 제한되는 기본권

(1) 심판대상조항은 사립유치원이나 사립대학과는 달리 사립학교 중 초·중등학교(이하 '사립 초·중등학교'라 한다)의 장이 중임할 수 있는 횟수를 제한함으로써 사립 초·중등학교를 설치·운영하는 학교법인의 학교장 임용권을 제한하므로, 학교법인인 청구인의 사립학교 운영의 자유와 학교의 장이 되려는 사람의 직업의 자유 및 이들의 평등권을 침해하는지 문제된다.

(2) 한편, 청구인은 심판대상조항이 사립 초·중등학교를 국·공립학교와 같게 취급하는 것이 평등원칙에 위반된다고 주장하나, 이는 사립학교 운영의 자유 침해 여부를 판단할 때 그 내용이 포함되어 고려되므로 별도로 살피지 아니한다. 또한 청구인은 심판대상조항이 학교법인과 학교의 장 사이에 체결된 사법상 고용계약관계에 개입하여 사적 자치의 원칙에 반하고 계약의 자유를 침해한다고 주장하나, 심판대상조항과 보다 밀접한 기본권인 사립학교 운영의 자유와 직업의 자유 침해 여부를 판단하는 이상 별도로 살피지 아니한다.

(3) 그러므로 이하에서는 심판대상조항이 청구인의 사립학교 운영의 자유와 학교의 장이 되려는 사람의 직업의 자유, 이들의 평등권을 침해하는지 여부를 살핀다.

나. 사립학교 운영의 자유 및 직업의 자유, 평등권의 침해 여부

(1) 헌법재판소의 선례

헌법재판소는 2013. 11. 28. 2007헌마1189등 결정에서 심판대상조항과 동일한 내용의 구 사립학교법(2007. 7. 27. 법률 제8545호로 개정되고, 2016. 2. 3. 법률 제13938호로 개정되기 전의 것) 제53조 제3항 단서가 과잉금지원칙에 위반되어 사립 초·중등학교를 설치·경영하는 학교법인의 사립학교 운영의 자유나 그 학교의 장이 되려는 자의 직업의 자유를 침해하지 아니하고, 사립대학과 달리 취급하는 데 합리적 이유가 있어 이들의 평등권을 침해하지 아니한다고 판단한 바 있다. 그 요지는 다음과 같다.

「(가) 사립학교 운영의 자유 및 직업의 자유 침해 여부

1) 목적의 정당성 및 수단의 적합성

심판대상조항은 국·공립 초·중등학교의 장과 마찬가지로 사립 초·중등학교의 장에 대해서도 중임 횟수를 제한하고 있는데, 그 취지는 국·공립학교장과 마찬가지로 교장의 노령화·관료화를 방지하고, 재임기간 동안 책임경영을 할 수 있는 여건을 마련하는 한편, 인사순환을 통하여 교단을 활성화하려는 것이라 할 수 있다. 특히 사립학교의 장이 중임 횟수 제한 없이 장기간 재임할 경우 학교법인과의 유착으로 학교운영의 투명성이 저하될 수 있으며, 유임을 희망하는 학교장으로서는 임면권자인 학교법인의 의사에 종속될 개연성이 높아 학교경영과 교육을 분리하고 있는 우리 교육법제의 근본취지에 반하게 될 우려가 있으므로 학교장의 중임 횟수 제한은 이를 예방하고자 한 것이다. 이러한 심판대상조항의 입법목적은 그 정당성을 수긍할 수 있고, 사립학교장의 중임 횟수를 제한하는 것은 그와 같은 목적을 달성하기 위한 유용한 수단이 될 수 있다.

2) 피해의 최소성 및 법익의 균형성

심판대상조항은 사립 초·중등학교장에 대하여 임기 4년에 1회의 중임을 허용하고 있어 학교장의 재임기간을 최장 8년간 보장하고 있으므로, 학교법인이나 학교장이 스스로의 교육관에 기초하여 학교운영 계획을 수립하고 일관되고 책임 있게 이를 수행하는 데 장애가 될 정도로 짧은 기간이라 단정할 수 없다.

또한 사립 초·중등학교의 장이 되려는 사람으로서는 동일한 학교의 장을 2회 이상 중임하려는 경우에만 제한을 받을 뿐 다른 학교법인이 운영하는 학교는 물론 같은 학교법인이 운영하더라도 학교가 다른 경우에는 학교장으로 취임하는 데 아무런 제한을 받지 않으므로 위 조항에 의한 제한의 정도는 입법목적 달성에 필요한 범위를 넘어서는 것으로 볼 수 없다. 나아가 위 조항에 의하여 달성하고자 하는 학교법인과의 유착방지나 교장의 노령화 방지라는 공익은 위 조항에 의하여 제한되는 학교법인이나 학교장의 기본권에 비하여 결코 작다고 할 수 없으므로, 양 법익 사이에 균형이 유지되고 있다고 할 수 있다.

3) 소결

그러므로 심판대상조항은 과잉금지원칙에 위반되어 학교법인의 사립학교 운영의 자유 또는 학교장이 되려는 자의 직업의 자유를 침해한다고 보기 어렵다.

(나) 평등권 침해 여부

심판대상조항은 사립학교 중 초·중등학교의 장에 대해서만 중임 횟수를 제한하고 있어 그러한 제한을 두고 있지 아니한 사립대학의 장과 사이에 차별취급이 존재한다. 대학의 총장이나 학장도 교무를 통할하고, 소속 교직원을 감독하며 학생을 지도할 권한과 임무가 부여

된다는 점(고등교육법 제15조 제1항)에서는 초·중등학교의 장과 다르지 않다. 그러나 대학은 교육 외에 학문연구도 그 본연의 임무로 하고(초·중등교육법 제20조 제3항, 고등교육법 제15조 제2항), 학문의 자유에서 연원하는 대학의 자유의 주체가 된다는 점에서 초·중등학교와는 차이가 있다.

우리 교육법제도 이러한 차이를 반영하여 초·중등교육과 고등교육을 달리 규율하고 있는데 학교의 장을 비교해 보면, 대학의 장은 학칙 제·개정권을 행사함에 있어서 관할청의 인가를 요건으로 하지 아니하고(고등교육법 제6조 제1항, 초·중등교육법 제8조 제1항), 학교법인으로부터 위임을 받아 교원에 대한 임면권을 행사할 수도 있으며(사립학교법 제53조의2 제2항), 학교법인이 대학의 장을 임기 중에 해임하고자 하는 경우 초·중등학교의 장과 달리 이사 정수의 3분의 2 이상의 찬성에 의한 이사회 의결을 거쳐야 하는 제한을 받는다(같은 법 제53조 제2항)는 점에서 초·중등학교의 장과는 다르다.

또한 보편교육에 치중하는 초·중등학교와 달리 대학은 자유로운 연구·교육을 통한 진리탐구와 지도적 인격의 도야라는 고전적 기능에 더하여 국제적 경쟁력을 갖춘 유능한 인재를 사회에 공급하는 역할도 요청되는데, 대학이 이러한 역할을 수행하는 데 필요한 물적·인적 토대를 갖추기 위해서는 학교법인의 지속적인 재정적 지원이 뒷받침되어야 함은 물론 그에 못지않게 대학의 장의 역할도 중요하다 할 것이다.

따라서 대학의 경우 대학의 장이 임기에 구애됨이 없이 장기적인 학교발전의 전망을 가지고 이를 실현해 나가도록 보장해 주는 것이 필요하다 할 것이고, 이는 대학의 자율성이라는 관점에서도 대학의 장의 임면에 관하여는 임면권자나 대학 구성원들의 자율에 맡겨 둘 필요성이 초·중등학교의 장의 경우에 비하여 한층 크다 할 것이므로, 입법자가 이를 달리 규율하는 데에는 합리적인 이유가 있다고 할 것이다.

그러므로 심판대상조항이 평등권을 침해한다고 보기 어렵다.」

(2) 선례와 달리 판단해야 할 사정의 변경이나 필요성이 인정되는지 여부

(가) 헌법 제31조는 국민의 교육을 받을 권리를 실질적으로 보장하기 위하여 국가나 공공단체가 적극적·능동적으로 주도하고 관여하는 교육체계, 즉 공교육제도를 전제하고 있고, 위 선례 결정 이후에도 우리의 교육법제는 이러한 공교육제도에 입각하여 국·공립학교와 사립학교 사이에 본질적인 차이를 두지 않고 있으며, 국·공립학교 교원과 사립학교 교원은 동등한 처우를 받고 있다. 공·사립을 불문하고 초·중등학교의 장의 임무와 권한 역시 같다(초·중등교육법 제20조 제1항).

(나) 다만, 위 선례에서 초·중등학교의 장과 대학의 장의 차이로 언급하였던 요소 중 학칙의 제·개정에 관할청의 인가를 요하는 부분은 초·중등교육법이 2012. 3. 21. 법률 제11384호로 개정되면서 삭제되었다(제8조 제1항). 그러나 교육내용과 방식의 측면에서 보편교육을 중시하는 초·중등학교와 자유로운 연구교육을 통한 진리탐구와 학문의 자유를 추구하는 대학 사이에는 여전히 본질적 차이가 존재한다고 볼 수 있으므로 위와 같은 사정을 선례를 변경할 만한 사정에 해당한다고 보기 어렵다.

(다) 한편, 청구인은 법인이 설치·경영하는 사립유치원의 경우 사립 초·중등학교와 본질적으로 동일함에도 사립 초·중등학교에 대해서만 합리적 이유 없이 학교장의 중임 횟수를 제한하므로 평등권을 침해한다고 주장한다.

사립유치원이 학교로서 공교육의 일익을 담당하고 있고 오늘날 국가 및 지방자치단체로부터 재정지원을 받으면서 그 감독·통제를 받는다는 점은 초·중등학교와 유사하다고 할 수 있다.

그런데 유아교육은 초·중등교육법에서 부속적으로 규율되다가 유아교육법이 2004. 1. 29. 법률 제7120호로 제정되면서 유아교육에 대한 공교육체제가 마련됨에 따라 공교육으로 내실화되기 시작되었다. 사립유치원이 전체 유치원에서 차지하는 비중은 사립 초·중등학교가 전체 초·중등학교에서 차지하는 비중보다 아직 높게 나타나며, 사립학교법에서 학교법인이 아닌 경우 초·중등학교를 설립할 수 없도록 하고 이사장으로 하여금 해당 학교법인이 설치·경영하는 사립학교의 장을 겸직할 수 없도록 한 것과 달리(제3조, 제23조), 사립유치원에 대해서는 공공단체 외의 법인(학교법인은 제외)이나 그 밖의 사인도 사립학교경영자로서 사립유치원을 설치·경영할 수 있도록 하고 있으며(제2조, 제3조), 사립학교경영자와 관련하여 위와 같은 학교장 겸직 금지에 관한 조항을 준용하고 있지 아니하다(제51조 참조). 또한 유아교육의 교육과정은 최장 3년으로 각 6년

에 해당하는 초·중등학교에 비해 짧아 그 물적 시설 및 인적 자원의 규모와 배치에 있어 일반적으로 초·중등학교를 운영하는 학교법인과 차이가 있을 수 있고, 사립학교법에서 원칙적으로 학교법인에 임원으로서 7명 이상의 이사와 2명 이상의 감사를 두어야 하지만, 유치원만을 설치·경영하는 학교법인에 대해서는 임원으로서 5명 이상의 이사와 1명 이상의 감사를 두어야 하는 것으로 완화한 점(제14조 제1항) 역시 이러한 규모의 차이 등을 고려한 것이라 할 수 있다.

이와 같은 전반적인 사립유치원의 설립형태와 운영방식 등을 고려할 때 사립유치원을 사립 초·중등학교와 달리 규율하고 있는 심판대상조항이 합리적 이유를 흠결하였다고 단정하기 어렵다.

(라) 선례의 입장은 이 사건에서도 그대로 타당하므로, 심판대상조항은 청구인의 사립학교 운영의 자유, 학교장이 되려는 자의 직업의 자유 및 이들의 평등권을 침해한다고 할 수 없다.

5. 결 론

그렇다면 심판대상조항은 헌법에 위반되지 아니하므로 주문과 같이 결정한다. 이 결정은 아래 6.과 같은 재판관 이은애, 재판관 이종석, 재판관 이영진의 반대의견이 있는 외에는 관여 재판관들의 일치된 의견에 의한 것이다.

6. 재판관 이은애, 재판관 이종석, 재판관 이영진의 반대의견

우리는 심판대상조항이 학교법인의 사립학교 운영의 자유와 학교장이 되려는 자의 직업의 자유를 침해하여 헌법에 위반된다고 생각하므로 다음과 같이 반대의견을 밝힌다.

가. 목적의 정당성 및 수단의 적합성

(1) 사립학교의 기능과 운영의 자율성 존중

사립학교는 공교육의 질적 제고와 다양성을 보장하고, 다채로운 교육적 구상과 세계관을 펼칠 수 있으며, 학교의 개별화와 특성화를 통하여 학생과 학부모에게 폭넓은 선택의 기회를 주고, 사립학교 간의 경쟁을 통하여 창의적이고 자유로운 교육적 상상력을 실현함은 물론 제도의 발전과 교육혁신을 가져올 수 있다. 헌법 제31조는 교육을 받을 권리(제1항)와 교육의 자주성·전문성·정치적 중립성 및 대학의 자율성(제4항)을 보장하고 있음에도 불구하고 이를 구체화한 사립학교법은 사립학교의 자주성이나 특수성, 창의성을 육성·보호하는 규정은 거의 두지 않고, 설립에서 운영·해산에 이르기까지 상세하게 규율함으로써 위와 같은 사립학교의 기능이 실현되기 매우 어렵다. 사립학교에 대하여는 국·공립학교에 대하여 가해지는 규제가 그대로 적용됨은 물론 사립학교법에 의한 규제가 추가되어 국·공립학교보다 오히려 더 많은 규제를 받고 있는 실정이다.(헌재 2013. 11. 28. 2007헌마1189등 반대의견 참조).

그런데 우리의 교육제도에서 사립학교가 차지하는 비중이 유례없이 높고 중요한 역할을 수행하고 있는 것은, 국가가 공교육을 표방하면서도 재정이 궁핍하여 국민의 교육열에 상응하는 공교육 주관자로서의 책임을 온전히 수행하지 못하였고, 그로 인해 사립학교가 그 역할을 국·공립학교와 함께 수행하여 왔기 때문이다. 또한, 사립학교법에서 규정하고 있는 사립학교의 자주성은 특성 있는 건학이념과 교육목적에 근거한 자율적인 학교 운영 및 교육활동을 의미하고, 사립학교의 공공성은 비록 사립학교에서의 교육활동이라도 사회 공공의 복리를 위한 것이며 국가·사회 공동체의 교육목적에 기여하여야 한다는 것을 의미한다. 이는 사립학교가 공교육 제도의 체계에 철저히 편입되어 있는 우리나라의 교육제도라 하더라도, 사학의 자주성과 공공성은 배치되는 것이 아니라 상호 보완적인 관계를 형성하여야 함을 의미한다. 이와 같이 국가가 사립학교의 설립을 권장하고 이에 부응한 설립자가 특별한 건학이념과 교육목적을 가지고 사유재산을 출연하여 학교법인을 설립하였던 역사적·사회적 배경과 사립학교의 자주성과 공공성이 상호 보완적인 관계임을 고려할 때, 국가는 자발적으로 공교육의 책임을 부담한 사립학교의 설립자에게 사립학교의 자유를 보장하고 학교법인의 설립목적에 따른 독립적인 경영을 보장할 필요가 있다(헌재 2013. 11. 28. 2007헌마1189등 반대의견; 헌재 2013. 11. 28, 2009헌바206등 반대의견 참조).

특히 학교장은 교무를 총괄하고, 교직원을 지도·감독하며, 학생을 교육할 임무와 권한을 지니고(초·중등교육법 제20조 제1항), 자신의 교육관에 기초하여 학교 운영을 일관되고 책임 있게 수행함으로써 사립학교의 특별한 설립이념을 구현하는 데 중추적인 역할을 담당한다. 따라서 학교장의 중임 횟수는 사립학교의 설립목적 달성과 밀접한 연관을 가지는 사립학교 운영의 핵심적인 사항으로서 학교법인의 자율적인 판단과 결정을 존중할 필요가 있다.

(2) 법정의견은 심판대상조항의 입법목적으로 먼저 학교장의 장기 재임에 따른 학교법인과의 유착을 방지하여 학교운영의 투명성 제고를 들고 있다. 그러나 가족경영이나 학교법인과의 유착의 문제는 법인경영과 학교운영을 인적으로 분리하는 규정을 정당화하는 사유로 될 수 있을 뿐, 학교장의 중임을 제한하는 것과는 직접적인 관련성을 가진다고 보기 어렵다. 친족관계에 기반한 인적 유착 방지는 이미 이사장의 학교장 겸직 금지 조항(사립학교법 제23조 제1항), 이사장의 배우자 등에 대한 학교장 임명제한 조항(같은 법 제54조의3 제3항)을 통하여 관철되고 있으며, 2022. 3. 25.부터는 학교법인의 임원과 친족관계에 있는 교직원 공개 조항(2021. 9. 24. 법률 제18460호로 개정된 사립학교법 제72조의3)을 통해 한층 강화될 예정이다. 물론 이러한 유형의 인적 유착 외에도 장기 재임으로 인한 자연발생적 유착이 생길 가능성을 부정할 수는 없겠으나, 자연발생적 유착은 친족관계에 바탕한 인적 유착과 달리 당해 학교장과 학교법인의 개인적·구체적 특성과 상호관계에 따라 좌우되는 것이기 때문에 중임제한이라는 규제를 통하여 예방하기에 적합하지 않다(헌재 2013. 11. 28. 2007헌마1189등 반대의견 참조).

(3) 다음으로, 법정의견은 국·공립학교장의 경우와 공통된 입법목적으로 교장의 고령화·관료화 방지 및 인사순환을 통한 교단의 활성화를 들고 있다.

사립학교법은, 초·중등학교의 교육공무원 정년을 62세로 규정하고 있는 교육공무원법(제47조 제1항)과는 달리 사립학교 교원의 정년을 별도로 규정하고 있지 않은데, 고령화 방지를 위한 가장 직접적인 수단이라 할 수 있는 정년에 관해서는 규율하지 않으면서 중임 횟수만을 제한하는 것은 체계적으로 합리적인 수단이 될 수 없다(헌재 2013. 11. 28. 2007헌마1189등 반대의견 참조).

2004년부터 사립학교의 장 평균연령을 살펴보면, 2004년에 약 57.4세, 2008년에 약 57.8세, 2012년에 약 58.1세, 2016년에 약 58.1세, 2020년에 약 57.9세로, 중임 제한 조항을 도입한 2005년 전·후에 크게 달라지지 않은 사실을 확인할 수 있다. 이는 일반적으로 학교장의 중임 횟수 제한 그 자체가 학교장의 연령에 영향을 미친다기보다는, 학교장이 될 수 있는 자질과 교육경험 등이 종합적으로 고려되어 임용되고 있음을 반증하는 것이라 할 수 있다. 그리고 심판대상조항은 비교적 이른 나이에 학교장으로 임용되어 고령화 문제와 직접적 관련이 없는 경우에도 일률적으로 조기에 퇴임하도록 함으로써 학교장으로서의 역량을 발휘할 수 없도록 하는 불합리한 결과를 초래한다.

이러한 점을 고려할 때 중임 횟수 제한은 그 순기능으로 인한 효과보다도 오히려 능력 있고 건학이념을 효과적으로 구현할 수 있는 학교장의 장기 재임의 가능성을 원천적으로 차단함으로써 학교의 건전한 발달과 교육의 질적 향상을 저해할 우려가 크다.

법정의견이 상정한 인사순환을 통한 교단의 활성화라는 명분 역시 참신성보다 경륜과 원숙한 지혜가 더 필요할 수 있는 학교장 직책의 특성에 대한 고려를 결여한 것으로서 선뜻 수긍하기 어렵다(헌재 2013. 11. 28. 2007헌마1189등 반대의견 참조). 또한, 교원인사가 전체 교단 차원에서 이루어지는 국·공립학교 교원의 경우 학교장 중임 횟수에 제한을 둠으로써 승진을 위한 과열경쟁과 승진기회 축소에 따른 교원의 사기저하를 방지하여 교단의 활성화에 기여하는 측면이 있다 할 것이나, 기본적으로 학교법인별·학교별로 교원인사가 그치는 사립학교에 있어서는 이러한 고려를 할 필요가 상대적으로 적다.

이상의 점들을 고려할 때, 학교장의 중임 횟수를 제한하는 것은 법정의견이 상정한 입법목적을 달성하는데 반드시 적합한 수단이 된다고 할 수 없다.

나. 피해의 최소성

(1) 사립학교 교육에 대한 국가의 간섭은 사립학교가 담당하는 공교육, 즉 학력인정에 필요한 교육의 충실을 확보하기 위하여 필요한 한도에 그쳐야 한다. 심판대상조항은 원칙적으로 학교법인의 정관으로 정하도록 하면서도 4년을 초과할 수 없고, 이는 연임의 제한에 그치는 것이 아니라 한번 학교장에 취임하면 연속해서 임명되든, 그렇지 않든 합산하여 8년을 초과하여 학교장에 재임할 수 없게 하는 것이다. 이러한 중임 횟수의 제한은 학교장의 임기를 정관에서 자유롭게 정하여 사립학교 운영의 자율성을 보장하도록 한 취지와 맞지 않고, 사립학교 고유의 건학이념과 교육목적을 지속적으로 추구하는 것 역시 보장받을 수 없는 결과를 초래할 수 있다. 학교장은 행정과 교육활동을 통하여 학생의 발

달 및 성장에 직·간접적으로 영향을 미치므로, 능력 있고 건학이념을 효과적으로 실현할 수 있는 학교장에 대해서는 학교법인이나 학교의 구성원이 원할 경우 그 직무를 장기간 계속해서 수행할 수 있는 기회를 보장하는 것이 필요하다.

(2) 오늘날 우리 사회 전반에 있어 공정에 대한 규율 강화 및 국민 의식수준의 향상, 사립학교 운영의 투명성을 제고하기 위하여 마련된 여러 규율들로 인하여 전반적으로 사학비리는 과거에 비해 감소하였다고 할 수 있고, 대다수의 사립학교에서 교원임용절차나 재정·행정이 투명하게 집행되고 있다.

예컨대, 관할청은 사립학교의 교육에 관하여 조사를 하거나 필요한 사항에 관한 보고를 하게 할 수 있으며, 소속 공무원으로 하여금 장부나 그 밖의 서류 등을 검사하게 하거나 교육의 실시상황을 조사하게 할 수 있고(사립학교법 제70조), 사립학교법에 규정된 면직 사유 및 징계 사유가 있는 경우 학교장의 임용권자에게 해임 또는 징계를 요구할 수 있으며(같은 법 제54조 제3항), 교원징계위원회의 징계의결의 내용이 징계 사유에 비추어 가볍다고 인정되면 그 임용권자에게 그 징계처분을 하기 전에 교원징계위원회에 재심의를 요구하도록 할 수 있다(같은 법 제66조의2 제2항). 또한, 학교장의 근무성적이 매우 불량하거나, 학생의 입학, 수업 및 졸업에 관한 해당 학교의 장의 권한에 속하는 사항으로서 교육 관계 법령을 위반하였을 때, 학교에 속하는 회계의 집행에 관하여 부정한 일을 하였거나 현저히 부당한 일을 하였을 때 등 일정한 사유가 발생하는 경우 임용권자에게 학교장의 해임을 요구할 수 있고, 이 경우 해임을 요구받은 임용권자는 특별한 사유가 없으면 이에 따라야 한다(같은 법 제54조의2 제1항). 관할청의 해임 요구에 의하여 해임된 후 3년이 지나지 아니한 사람은 학교장에 임명될 수 없으며(같은 법 제54조의3 제2호), 임용권자가 특별한 사유 없이 관할청의 해임 요구를 따르지 아니하는 경우 1천만 원 이하의 과태료가 부과된다(같은 법 제74조 제1항 제2호). 이와 같이 입법자는 사립학교 운영에 관한 전반적인 규율과 더불어 사립학교장의 비위행위 등을 방지할 수 있는 제도적 장치를 마련하고 있으며, 업무상 횡령, 배임 등 위법행위의 경우 그에 상응하는 형사처벌을 통해 규제하고 있다.

그럼에도 불구하고 심판대상조항은 일부의 사례 혹은 학교법인과 학교장의 유착이 발생할 수 있다는 추상적 우려만으로 학교장으로 재직할 수 있는 기간의 상한을 두고 있다. 이는 대다수의 건전한 학교법인이 학교의 구체적 사정을 고려하여 자율적이고 합리적으로 학교장의 중임 여부를 판단할 수 있는 여지를 봉쇄하고, 사립학교의 자주성 확보라는 헌법적 요청과도 요원하게 하는 것으로서 그 피해가 심각하고 중대하다.

(3) 외국의 입법례를 살펴보더라도 학교법인이 사립학교의 장의 임기를 어떻게 정할 것인지는 대부분 사적 계약에 맡겨져 있고, 학교장의 중임 횟수를 특별히 제한하는 사례는 찾아보기 어렵다. 심판대상조항은 사립학교가 공교육을 수행하는 기능을 지나치게 중시한 나머지 사립학교 본래의 목적과 특성을 반영하지 못하고 있으며, 이미 교육과정이나 교과서 등을 비롯하여 학교 운영 전반에 대하여 국·공립학교와 같은 규율과 규제를 받고 있는 사립학교에 대하여 입법목적과 직접 관련이 없는 학교장의 2회 이상 중임 금지라는 인적 통제마저 추가하는 것이다. 이는 애초에 다양하고 특성 있는 교육을 제공함으로써 국민의 교육받을 권리를 실질적으로 보장하기 위한 사립학교의 존재 의의마저 유명무실하게 만들 위험이 있다.

(4) 더욱이 특수분야의 전문적인 교육을 목적으로 하는 고등학교로 지정된 특수목적고등학교(초·중등교육법 시행령 제90조 제1항)의 경우, 특수한 교육목적을 효과적으로 달성하기 위한 입학전형의 수립이나 학과의 개설, 수업운영방법의 결정 등에 있어 일반 고등학교에 비해 보다 폭넓은 자율이 요청된다. 재정적인 측면에서도 학교 재정의 상당 부분을 국가로부터 지원받는 일반 고등학교와 달리 특수목적고등학교는 입학금과 수업료가 자율화되고 재정결함보조금을 지원받지 않는 등(서울특별시 교육청의 2021학년도 사립학교 재정결함보조금 지원 계획 등 참조) 그 운영에 있어 학교법인의 자율적 판단을 존중할 여지가 크다. 그럼에도 심판대상조항이 학교장의 중임 횟수를 일률적으로 정하고 있는 것은 교육과정의 다양화와 학생의 개성과 적성에 맞는 교육을 지향하고 특수목적고등학교의 성격에 부합한다고 보기 어렵다.

(5) 이상의 점을 고려할 때, 심판대상조항은 피해의 최소성을 갖추었다고 할 수 없다.

다. 법익의 균형성

재임기간 동안의 업무수행과정에서 능력과 덕성이 검증된 학교장을 최장 8년 동안 재직하였다는 이유만으로 그 직에서 물러나게 할 특별한 공익은 생각하기 어렵다. 사립학교장의 중임 횟수 제한은 국·공립학교장의 경우와 달리 일반 교원이나 직원에 대한 교무장악력을 약화하여 공교육을 실현하는 데 오히려 부정적인 영향을 미칠 소지도 지니고 있다. 법정의견과 같이 학교장의 중임 횟수를 제한함으로써 학교법인과 학교장 사이의 부당한 유착관계나 학교장의 고령화를 방지하고 교단의 활성화를 제고할 필요성이 있다는 점을 고려하더라도, 이러한 공익과 학교법인이 장기에 걸친 사립학교의 건학이념과 교육목표를 설정하고 학교장이 이를 지속적으로 추구하고 발전시키는 데 차질을 빚음으로써 초래되는 사립학교 운영의 자유 및 직업의 자유에 대한 제한의 정도 사이에 법익의 균형이 적절하게 유지되고 있다고 볼 수 없다. 따라서 심판대상조항은 법익의 균형성을 갖추었다고 할 수 없다.

라. 소결

심판대상조항은 학교법인의 사립학교 운영의 자유 등을 침해하여 헌법에 위반된다.

재판관 유남석 이선애 이석태 이은애 이종석 이영진 김기영 문형배 이미선

64. 의료법 제27조 제1항 본문 전단 위헌확인 등

[2022. 3. 31. 2017헌마1343, 2019헌마993, 2020헌마989, 1486, 2021헌마1213, 1385(병합)]

【판시사항】

1. 의료인이 아닌 사람도 문신시술을 업으로 행할 수 있도록 그 자격 및 요건을 법률로 정할 입법의무가 있는지 여부(소극)

2. 의료인이 아닌 자의 문신시술업을 금지하고 처벌하는 의료법 제27조 제1항 본문 전단과 '보건범죄 단속에 관한 특별조치법' 제5조 제1호 중 의료법 제27조 제1항 본문 전단에 관한 부분이 청구인들의 직업선택의 자유를 침해하는지 여부(소극)

【결정요지】

1. 의료인이 아닌 사람도 문신시술을 업으로 행할 수 있도록 그 자격 및 요건을 법률로 제정하도록 하는 내용의 명시적인 입법위임은 헌법에 존재하지 않으며, 문신시술을 위한 별도의 자격제도를 마련할지 여부는 여러 가지 사회적·경제적 사정을 참작하여 입법부가 결정할 사항으로, 그에 관한 입법의무가 헌법해석상 도출된다고 보기는 어렵다. 따라서 이 사건 입법부작위에 대한 심판청구는 입법자의 입법의무를 인정할 수 없다.

2. 의료법의 입법목적, 의료인의 사명에 관한 의료법상의 여러 규정 및 의료행위의 개념에 관한 대법원 판례 등을 종합적으로 고려해 보면, 심판대상조항 중 '의료행위'는, 의학적 전문지식을 기초로 하는 경험과 기능으로 진찰, 검안, 처방, 투약 또는 외과적 시술을 시행하여 하는 질병의 예방 또는 치료행위 이외에도 의료인이 행하지 아니하면 보건위생상 위해가 생길 우려가 있는 행위로 분명하게 해석된다.

문신시술은, 바늘을 이용하여 피부의 완전성을 침해하는 방식으로 색소를 주입하는 것으로, 감염과 염료 주입으로 인한 부작용 등 위험을 수반한다. 이러한 시술 방식으로 인한 잠재적 위험성은 피시술자뿐 아니라 공중위생에 영향을 미칠 우려가 있고, 문신시술을 이용한 반영구화장의 경우라고 하여 반드시 감소된다고 볼 수도 없다. 심판대상조항은 의료인만이 문신시술을 할 수 있도록 하여 그 안전성을 담보하고 있다.

외국의 입법례처럼 별도의 문신시술 자격제도를 통하여 비의료인의 문신시술을 허용할 수 있다는 대안이 제시되기도 한다. 그러나 문신시술에 한정된 의학적 지식과 기술만으로는, 현재 의료인과 동일한 정도의 안전성과 사전적·사후적으로 필요할 수 있는 의료조치의 완전한 수행을 보장할 수 없으므로, 이러한 대안의 채택은 사회적으로 보건위생상 위험의 감수를 요한다. 또한, 문신시술 자격제도와 같은 대안은 문신시술인의 자격, 문신시술 환경 및 절차 등에 관한 규제와 관리를 내용으로 하는 완전히 새로운 제도의 형성과 운영을 전제로 하므로 상당한 사회적·경제적 비용을 발생시킨다.

따라서 문신시술 자격제도와 같은 대안의 도입 여부는 입법재량의 영역에 해당하고, 입법부가 위와 같은 대안을 선택하지 않고 국민건강과 보건위생을 위하여 의료인만이 문신시술을 하도록 허용하였다고 하여 헌법에 위반된다고 볼 수 없다.

그러므로 심판대상조항은 명확성원칙이나 과잉금지원칙을 위반하여 청구인들의 직업선택의 자유를 침해하지 않는다.

재판관 이석태, 재판관 이영진, 재판관 김기영, 재판관 이미선의 심판대상조항에 대한 반대의견

문신시술은, 치료목적 행위가 아닌 점에서 여타의 무면허의료행위와 구분되고, 최근 문신시술에 대한 사회적 인식의 변화로 그 수요가 증가하여, 선례와 달리 새로운 관점에서 판단할 필요가 있다.

미국·프랑스·영국 등의 입법례와 같이, 문신시술자에 대하여 의료인 자격까지 요구하지 않고도, 안전한 문신시술에 필요한 범위로 한정된 시술자의 자격, 위생적인 문신시술 환경, 도구의 위생관리, 문신시술 절차 및 방법 등에 관한 규제와 염료 규제를 통하여도 안전한 문신시술을 보장할 수 있다. 이는 문신시술을 업으로 영위하기 위하여 의사면허를 갖출 것을 요청하는 방법에 비하여 덜 침해적인 수단이면서, 국민의 신체나 공중위생에 대한 위해 방지라는 입법목적을 달성할 수 있는 실효성 있는 대안이다.

문신시술을 수행하기 위해서는 안전한 시술을 위한 기술은 물론, 창의적이거나 아름다운 표현력도 필요하다. 그런데 오로지 안전성만을 강조하여 의료인에게만 문신시술을 허용한다면, 증가하는 문신시술 수요를 제대로 충족하지 못하여 오히려 불법적이고 위험한 시술을 조장할 우려가 있다. 따라서 외국의 입법례와 같이 예술적 감각이 풍부한 비의료인도 위생적이고 안전한 방식으로 문신시술을 할 수 있도록 허용할 필요가 있다.

그럼에도 의사자격을 취득하여야 문신시술업에 종사할 수 있도록 하는 것은 사실상 비의료인의 문신시술업을 금지하는 것으로, 청구인들의 직업선택의 자유를 침해한다. 따라서 심판대상조항 중 각 '의료행위' 가운데 문신시술에 관한 부분은 헌법에 위반된다.

【심판대상조문】

의료법(2007. 4. 11. 법률 제8366호로 전부개정된 것) 제27조 제1항 본문 전단

보건범죄 단속에 관한 특별조치법(2011. 4. 12. 법률 제10579호로 개정된 것) 제5조 제1호 중 의료법 제27조 제1항 본문 전단에 관한 부분

【참조조문】

헌법 제15조, 제37조 제2항

의료법(2019. 8. 27. 법률 제16555호로 개정된 것) 제87조의2 제2항 제2호

【참조판례】

1. 헌재 1989. 9. 29. 89헌마13, 판례집 1, 294, 296

헌재 1994. 12. 29. 89헌마2, 판례집 6-2, 395, 405

헌재 1996. 4. 25. 94헌마129등, 판례집 8-1, 449, 462

헌재 2007. 11. 29. 2006헌마876, 판례집 19-2, 656, 662-666

2. 헌재 2005. 5. 26. 2003헌바86, 판례집 17-1, 630, 638-642

헌재 2007. 4. 26. 2003헌바71, 판례집 19-1, 390, 395-396

헌재 2010. 7. 29. 2008헌가19등, 판례집 22-2상, 37, 57-59

헌재 2013. 6. 27. 2010헌마658, 판례집 25-1, 556, 565-566

【당 사 자】

청 구 인 [별지] 청구인 명단과 같음

【주 문】

1. 의료인이 아닌 사람도 문신시술을 업으로 행할 수 있도록 그 자격 및 요건을 법률로 정하지 아니한 입법부작위에 대한 심판청구를 각하한다.

2. 청구인들의 나머지 심판청구를 모두 기각한다.

【이 유】

1. 사건개요

가. 2017헌마1343

청구인들은 ○○협회 구성원들로, 바늘로 살갗을 찔러서 색소를 투입하여 피부에 흔적을 남기는 시술(이하 '문신시술'이라 한다)을 업으로 영위하려고 하는 자들이다.

청구인들은 의료인이 아닌 자의 문신시술업을 금지하고 처벌하는 의료법 제27조 제1항 본문 전단, '보건범죄 단속에 관한 특별조치법'(이하 '보건범죄단속법'이라 한다) 제5조 제1호 중 의료법 제27조 제1항 본문 전단 부분이 죄형법정주의의 명확성원칙에 반하고 청구인들의 직업선택의 자유를 침해하며, 나아가 청구인들이 문신시술업을 영위할 수 있도록 그 자격 및 요건을 법률로 정하지 않는 입법부작위가 헌법에 위반된다고 주장하며 2017. 12. 8. 헌법소원심판을 청구하였다.

나. 2019헌마993

청구인들은 ○○중앙회 구성원들로, 문신시술을 업으로 영위하려고 하는 자들이다.

청구인들은 2019. 9. 3. 의료법 제27조 제1항 본문 전단, 보건범죄단속법 제5조 제1호 중 의료법 제27조 제1항 본문 전단 부분 규정이 죄형법정주의의 명확성원칙에 위배되고, 청구인들의 직업선택의 자유를 침해하며, 문신시술업에 관한 입법부작위가 헌법에 위반된다고 주장하며 헌법소원심판을 청구하였다.

다. 2020헌마989

청구인들은 ○○중앙회 구성원들로, 문신시술을 업으로 영위하려고 하는 자들이다.

청구인들은 2020. 7. 22. 의료법 제27조 제1항 본문 전단, 보건범죄단속법 제5조 제1호 중 의료법 제27조 제1항 본문 전단 부분 규정이 죄형법정주의의 명확성원칙에 위배되고, 청구인들의 직업선택의 자유를 침해하며, 문신시술업에 관한 입법부작위가 헌법에 위반된다고 주장하며 헌법소원심판을 청구하였다.

라. 2020헌마1486

청구인들은 문신시술을 하고 있는 자이거나 빠른 시일 내에 상업적인 문신시술업 개시를 계획하고 있는 자들이다.

의료법 제27조 제1항 본문 전단 및 보건범죄단속법 제5조 제1호 규정상 '의료행위'에 문신시술이 포함되는 것으로 해석되는 한 의료인이 아닌 자가 의료행위인 문신시술을 업으로 영위할 경우 형사처벌 대상이 되는바, 청구인들은 이러한 규정이 청구인들의 예술의 자유와 직업선택의 자유를 침해하고, 나아가 문신시술을 받는 행위도 제한하여 표현의 자유, 신체에 대한 자기결정권, 일반적 행동자유권도 침해한다고 주장하며 2020. 11. 3. 이 사건 헌법소원심판을 청구하였다.

마. 2021헌마1213

청구인들은 ○○중앙회 구성원들로, 문신시술을 업으로 영위하려고 하는 자들이다.

청구인들은 2021. 9. 28. 의료법 제27조 제1항 본문 전단, 보건범죄단속법 제5조 제1호 중 의료법 제27조 제1항 본문 전단 부분 규정이 죄형법정주의의 명확성원칙에 위배되고, 청구인들의 직업선택의 자유를 침해하며, 문신시술업에 관한 입법부작위가 헌법에 위반된다고 주장하며 헌법소원심판을 청구하였다.

바. 2021헌마1385

청구인들은 □□중앙회 회원들로 고객의 눈썹, 아이라인, 입술, 헤어라인 등에 문신시술을 하는 반영구화장시술을 직업으로 하고 있는 자들이다.

청구인들은 2021. 11. 12. 의료법 제27조 제1항 본문 전단이 죄형법정주의의 명확성원칙에 위배되고 청구인들의 직업선택의 자유, 표현의 자유, 예술의 자유를 침해한다고 주장하며 헌법소원심판을 청구하였다.

2. 심판대상

이 사건 심판대상은 의료법(2007. 4. 11. 법률 제8366호로 전부개정된 것) 제27조 제1항 본문 전단과 '보건범죄 단속에 관한 특별조치법'(2011. 4. 12. 법률 제10579호로 개정된 것) 제5조 제1호 중 의료법 제27조 제1항 본문 전단에 관한 부분(이하 두 법률조항을 합하여 '심판대상조항'이라 한다), 그리고 의료인이 아닌 사람도 문신시술을 업으로 행할 수 있도록 그 자격 및 요건을 법률로 정하지 아니한 입법부작위(이하 '이 사건 입법부작위'라 한다)가 청구인들의 기본권을 침해하는지 여부이다.

한편, 2020헌마1486사건 청구인들은 의료법 제27조 제1항 본문 전단 중 '의료행위' 부분과 '보건범죄 단속에 관한 특별조치법' 제5조 제1호 중 '의료행위' 부분에 관하여 문신시술행위가 '의료행위'에 포함된다고 해석하는 한 헌법에 위반된다고 주장하고, 2021헌마1385 사건 청구인들은 주위적으로, 의료법 제27조 제1항 본문의 '의료행위'에 문신시술을 이용한 반영구화장시술이 포함된다고 해석하는 한 헌법에 위반된다는 주장을, 예비적으로 의료법 제27조 제1항 본문 전단이 위헌이라고 주장을 하고 있다. 그런데 이러한 청구인들의 주장은 결국 비의료인의 문신시술 행위를 금지하는 심판대상조항 자체의 위헌성을 다투는 것으로 봄이 상당하므로 심판대상조항 외에 별도의 심판대상으로 삼지 아니한다.

심판대상조항과 관련조항은 다음과 같다.

[심판대상조항]

의료법(2007. 4. 11. 법률 제8366호로 전부개정된 것)

제27조(무면허 의료행위 등 금지) ① 의료인이 아니면 누구든지 의료행위를 할 수 없으며 의료인도 면허된 것 이외의 의료행위를 할 수 없다. (단서 생략)

보건범죄 단속에 관한 특별조치법(2011. 4. 12. 법률 제10579호로 개정된 것)

제5조(부정의료업자의 처벌) 의료법 제27조를 위반하여 영리를 목적으로 다음 각 호의 어느 하나에 해당하는 행위를 한 사람은 무기 또는 2년 이상의 징역에 처한다. 이 경우 100만 원 이상 1천만 원 이하의 벌금을 병과한다.

1. 의사가 아닌 사람이 의료행위를 업(業)으로 한 행위

[관련조항]

의료법(2019. 8. 27. 법률 제16555호로 개정된 것)

제87조의2(벌칙) ② 다음 각 호의 어느 하나에 해당하는 자는 5년 이하의 징역이나 5천만원 이하의 벌금에 처한다.

2. 제12조 제2항 및 제3항, 제18조 제3항, 제21조의2 제5항·제8항, 제23조 제3항, 제27조 제1항, 제33조 제2항(제82조 제3항에서 준용하는 경우만을 말한다)·제8항(제82조 제3항에서 준용하는 경우를 포함한다)·제10항을 위반한 자. 다만, 제12조 제3항의 죄는 피해자의 명시한 의사에 반하여 공소를 제기할 수 없다.

3. 청구인들의 주장

가. 2017헌마1343, 2019헌마993, 2020헌마989, 2021헌마1213

심판대상조항 중 '의료행위' 개념은 너무 광범위하고 포괄적이며, 수범자인 일반 국민의 입장에서는 문신시술행위가 의료인만이 할 수 있는 행위인 의료행위라고 일의적으로 파악하기 어려우므로 죄형법정주의의 명확성원칙에 위반된다.

반드시 의료인이 수행해야 할 필요가 없는 행위까지 의료인에게 독점시키는 것은 과잉금지원칙을 위반하여 비의료인의 직업선택의 자유를 침해하는 것이다. 문신시술행위의 경우 공중 보건위생상 위해성이 크지 않고 외국 사례와 같이 문신시술사 자격 또는 면허의 도입 등 완화된 수단으로 공중 보건위생을 보장할 수 있는 점을 고려할 때 심판대상조항은 침해의 최소성 원칙에 반하고 문신시술로 인한 공중 보건위생의 위해성 정도가 상대적으로 적은 데 반해 비의료인의 문신시술업을 일률적으로 금지하고 중한 법정형으로 형사처벌하는 것은 법익의 균형성에도 반한다.

나아가 의사의 면허보다 낮은 수준의 의료기술로도 문신시술업을 영위할 수 있도록 하는 자격제도를 입법자가 제정할 작위의무가 있음에도 이를 입법하지 않는 입법부작위는 헌법에 위배된다.

나. 2020헌마1486

심판대상조항은 국민의 건강과 보건위생을 보호하기 위하여 문신시술을 의료인만이 할 수 있도록 정하고 있으나, 의료인들도 문신시술에 필요한 전문성을 갖추지 못하고 있고, 비의료인에 의한 문신시술이 급증하는 등 규제의 실효성이 없어 수단의 적합성을 인정할 수 없다. 문신시술을 위하여 의사면허를 요청하는 것은 지나친 시간과 비용을 요하여 필요이상의 진입장벽에 해당하며, 위반행위를 형벌로 규제하는 것은 침해의 최소성 원칙에 반한다. 문신시술의 위험성이 적은 만큼 심판대상조항으로 달성하는 공익적 효과보다는 청구인들에 대한 전면적인 문신시술 금지라는 사익의 침해가 중하여 법익의 균형성에도 반한다. 따라서 심판대상조항은 청구인들의 예술의 자유와 직업선택의 자유를 침해한다.

심판대상조항은 합법적인 문신시술을 사실상 불가능하게 하고 있어 문신 피시술자로서 청구인들의 표현의 자유, 신체에 대한 자기결정권, 그리고 일반적 행동자유권도 침해한다.

다. 2021헌마1385

심판대상조항은 사람의 생명·신체나 공중위생에 대한 위해가능성이 낮은 의료행위에 대하여 이에 상응한 적절한 자격제도를 마련하지 아니하고 비의료인에 의한 의료행위를 일률적으로 금지한다. 이는 과잉금지원칙을 위반하여 청구인들이 문신시술을 이용한 반영구화장시술을 업으로 영위할 수 없도록 하는바 청구인들

의 직업선택의 자유를 침해하고, 문신시술을 이용한 반영구화장시술을 통한 미의 추구와 표현, 창작행위를 지나치게 제한하여 청구인들의 표현의 자유와 예술의 자유를 침해한다.

또한, 심판대상조항 중 '의료행위'는 그 의미가 불분명하여 명확성원칙에 위반된다.

4. 이 사건 입법부작위에 대한 판단

이 사건 입법부작위와 관련하여 의료인이 아닌 사람도 문신시술을 업으로 행할 수 있도록 그 자격 및 요건에 관한 법률을 만들어야 할 입법자의 헌법상 의무를 인정할 수 없다고 결정한 헌법재판소 선례가 있다(헌재 2007. 11. 29. 2006헌마876). 위 선례의 요지는 다음과 같다.

「진정입법부작위에 대한 헌법소원은 헌법에서 기본권보장을 위하여 법령에 명시적인 입법위임을 하였음에도 입법자가 이를 이행하지 아니한 경우이거나, 헌법해석상 특정인에게 구체적인 기본권이 생겨 이를 보장하기 위한 국가의 행위의무 내지 보호의무가 발생하였음이 명백함에도 불구하고 입법자가 아무런 입법조치를 취하지 아니한 경우에 한하여 허용된다(헌재 1989. 9. 29. 89헌마13; 헌재 1994. 12. 29. 89헌마2).

입법자가 비의료인도 문신시술을 업으로 행할 수 있도록 그 자격 및 요건에 관한 법률을 제정해야 한다고 정하고 있는 헌법상 명시적인 규정은 없다. 직업선택의 자유를 규정한 헌법 제15조만으로는 헌법이 비의료인도 문신시술을 업으로 행할 수 있도록 그 자격 및 요건에 관한 법률을 만들어야 할 명시적인 입법의무를 부여하였다고 볼 수는 없다.

나아가 헌법해석상 그러한 입법의무도 인정할 수 없다. '문신'(文身)의 사전적 의미는, 살갗을 바늘로 찔러 먹물이나 다른 물감으로 글씨·그림·무늬 따위를 새기는 일 또는 그렇게 새긴 몸을 말하는바, 실제에 있어서는 문신의 방법과 형태가 매우 다양하며 그 중 고유한 의미의 문신시술행위는 피시술자의 생명, 신체 또는 보건위생상의 위해를 가져올 우려가 있다. 그러므로 비의료인에게도 문신시술행위를 허용할 것인지 여부, 허용되는 문신시술행위의 범위, 문신시술행위를 할 수 있는 자격요건 등은 문신시술의 목적, 방법, 문신의 용도, 문신시술행위로 인한 부작용 등 여러 가지 사회적·경제적 사정을 참작하여 입법자가 결정할 수 있는 사항이며, 의료행위 중에서 국민보건위생상 위험성이 적은 일정한 범위의 것을 따로 떼어서 이를 의사에게 맡기지 아니하고, 다른 자격제도를 두어 그 자격자에게 맡길 것인지 여부도 입법부의 입법형성의 자유에 속한다(헌재 1996. 4. 25. 94헌마129). 따라서 비의료인도 문신시술을 업으로 행할 수 있도록 그 자격 및 요건에 관한 법률을 만들어야 할 입법의무가 헌법해석상 도출된다고 보기는 어렵다.

그렇다면 비의료인의 문신시술업에 대한 입법부작위의 위헌확인을 구하는 이 사건 헌법소원심판은 작위의무를 인정할 수 없어 허용되지 않는다.」

위 선례의 판시 내용은 그 자체로서 타당하고 이 사건에서 달리 판단해야 할 아무런 사정변경이 없다. 따라서 이 사건 입법부작위에 대한 심판청구는 입법자의 작위의무를 인정할 수 없어 부적법하다.

5. 심판대상조항에 대한 판단

가. 쟁점

(1) 심판대상조항은 의료인에게만 의료행위를 할 수 있도록 하여 비의료인인 청구인들이 문신시술을 업으로 영위하는 것을 금지하고, 이를 위반할 경우 형사처벌하는바, 이는 직업선택의 자유에 대한 제한으로서 이 사건에서 '의료행위'의 개념이 불명확하여 명확성원칙에 위반되는지 여부와 심판대상조항이 과잉금지원칙을 위반하여 청구인들의 직업선택의 자유를 침해하는지 여부가 문제된다.

(2) 한편, 2020헌마1486, 2021헌마1385 사건 청구인들은 심판대상조항이 예술의 자유와 표현의 자유도 제한한다고 주장하고, 청구인들이 자신의 미적 감상 등을 문신시술을 통하여 시각적으로 표현할 수 있다는 측면에서 문신시술이 예술의 자유 또는 표현의 자유의 영역에 포함될 수 있다. 그런데 하나의 규제로 인해 여러 기본권이 동시에 제약을 받는 기본권경합의 경우에는 기본권침해를 주장하는 청구인의 의도 및 기본권을 제한하는 입법자의 객관적 동기 등을 참작하여 사안과 가장 밀접한 관계에 있고 또 침해의 정도가 큰 주된 기본권을 중심으로 해서 그 제한의 한계를 따져 보아야 할 것이다(헌재 1998. 4. 30. 95헌가16; 헌재 2004. 5. 27. 2003헌가1등). 이 사건에서 청구인들은 의료인이 아니더라도 문신시술업을 합법적인 직업으로 영위할 수 있어야 함을 주장하고 있고, 심판대상조항의 일차적 의도도 보건위생상 위해 가능성이 있는 행위를 규율하고자 하는 데 있으며, 심판대상조항에 의한 예술의 자유 또

는 표현의 자유의 제한은 문신시술업이라는 직업의 자유에 대한 제한을 매개로 하여 간접적으로 제약되는 것이라 할 것인바, 사안과 가장 밀접하고 침해의 정도가 큰 직업선택의 자유를 중심으로 심판대상조항의 위헌 여부를 살피는 이상 예술의 자유와 표현의 자유 침해 여부에 대하여는 판단하지 아니한다.

2020헌마1486 사건 청구인들은 나아가 본인들이 문신 피시술자의 지위도 겸하고 있는바, 심판대상조항이 청구인들의 표현의 자유, 신체에 대한 자기결정권, 그리고 일반적 행동자유권도 제한한다고 주장한다. 그러나 심판대상조항은 문신 피시술자가 문신시술을 받는 행위를 제한하는 것은 아니며, 심판대상조항으로 인하여 문신시술자의 범위가 축소되어 문신시술을 받는 것이 사실상 어려워진다고 하더라도 이는 문신시술자의 직업선택의 자유 제한으로 발생할 수 있는 간접적 효과에 해당하므로 이에 관하여 별도로 판단하지 아니한다.

나. 직업선택의 자유 침해 여부

(1) '의료행위' 부분의 명확성원칙 위반 여부

(가) 죄형법정주의의 명확성원칙

우리 헌법 제12조 제1항 및 제13조 제1항에서 천명하고 있는 죄형법정주의로부터 파생되는 명확성의 원칙은 누구나 법률이 처벌하고자 하는 행위가 무엇이며 그에 대한 형벌이 어떠한 것인지를 예견할 수 있고, 그에 따라 자신의 행위를 결정할 수 있도록 범죄의 구성요건과 형벌은 명확하게 규정되어야 한다는 원칙이다.

여기서 구성요건이 명확하여야 한다는 것은 그 법률을 적용하는 단계에서 가치판단을 전혀 배제한 무색투명한 서술적 개념으로 규정되어져야 한다는 것을 의미하는 것은 아니고 입법자의 입법의도가 건전한 일반상식을 가진 자에 의하여 일의적(一義的)으로 파악될 수 있는 정도의 것을 의미하는 것이라고 할 것이다. 따라서 다소 광범위하고 어느 정도의 범위에서는 법관의 보충적인 해석을 필요로 하는 개념을 사용하여 규정하였다고 하더라도 그 적용단계에서 다의적(多義的)으로 해석될 우려가 없는 이상 그 점만으로 헌법이 요구하는 명확성의 요구에 배치된다고는 보기 어렵다(헌재 2001. 12. 20. 2001헌가6등; 헌재 2005. 5. 26. 2003헌바86; 헌재 2007. 4. 26. 2003헌바71).

(나) 헌법재판소 선례

심판대상조항 중 '의료행위'의 개념에 관하여 죄형법정주의의 명확성원칙에 위배되지 않는다고 결정한 헌법재판소 선례가 있다(헌재 2016. 10. 27. 2016헌바322). 위 선례의 요지는 다음과 같다.

「의료행위는 반드시 질병의 치료와 예방에 관한 행위에만 한정되지 않고, 그와 관계없는 것이라도 의학상의 기능과 지식을 가진 의료인이 하지 아니하면 보건위생상 위해를 가져올 우려가 있는 일체의 행위가 포함된다. 대법원도 구 의료법 제25조 제1항의 의료행위라 함은 의학적 전문지식을 기초로 하는 경험과 기능으로 진찰, 검안, 처방, 투약 또는 외과적 시술을 시행하여 하는 질병의 예방 또는 치료행위 이외에도 의료인이 행하지 아니하면 보건위생상 위해가 생길 우려가 있는 행위를 의미한다고 해석하고 있다(대법원 1999. 6. 25. 선고 98도4716 판결; 대법원 2000. 2. 25. 선고 99도4542 판결 등 참조). 이와 같이 의료법의 입법목적, 의료인의 사명에 관한 의료법상의 여러 규정 및 의료행위의 개념에 관한 대법원 판례 등을 종합적으로 고려해 보면, 심판대상조항 중 '의료행위'의 개념은 건전한 일반상식을 가진 자에 의하여 일의적으로 파악되기 어렵다거나 법관에 의한 적용단계에서 다의적으로 해석될 우려가 있다고 보기 어려우므로, 죄형법정주의의 명확성원칙에 위배된다고 할 수 없다.」

(다) 선례 변경 필요 여부

위 선례의 판시 내용은 여전히 타당하고 이 사건에서 달리 판단해야 할 아무런 사정변경이 없다. 따라서 심판대상조항 중 '의료행위' 개념이 죄형법정주의의 명확성원칙에 위배된다고 볼 수 없다.

(2) 과잉금지원칙 위반 여부

(가) 입법목적의 정당성 및 수단의 적합성

의료행위는 의학상의 기능과 지식을 가진 의료인이 하지 않으면 보건위생상 위해를 가져올 우려가 있는 일체의 행위를 말한다. 심판대상조항은 이러한 의료행위를 행할 수 있는 사람을 의료인으로 제한하여 국민의 생명, 신체나 공중위생에 대한 위해발생을 방지하고 국민건강의 보호증진을 도모하려는 것으로 그 입법목적의 정당성을 인정할 수 있다(의료법 제1조 참조).

의과대학에서 기초의학부터 시작하여 단순한 의료기술 이상의 '인체(人體) 전반에 관한 이론적 뒷받침'과 '인간의 신체 및 생명에 대한 외경심'을 체계적으로 교육받고 상당기간 임상실습을 한 후 국가의 검증(국가시험)을 거친 사람에 한하여 의료행위를 허용하고, 의사가 아닌 사람의 무면허의료행위를 금지하면 국민의 생명과 신체를 보호하고 공중위생에 대한 위해를 방지할 수 있으므로 이는 심판대상조항의 입법목적 달성을 위한 적합한 수단이 된다(헌재 2013. 6. 27. 2010헌마658; 헌재 2014. 8. 28. 2013헌마514; 헌재 2016. 10. 27. 2016헌바322 참조).

(나) 침해의 최소성

1) 무면허 의료행위자 중에서 부작용이 없이 의료행위를 할 수 있는 특별한 능력을 갖춘 사람이 있다고 하더라도 이를 구분하는 것은 실제로는 거의 불가능하며, 설령 부분적으로 그 구분이 가능하다고 하더라도 일반인들이 이러한 능력이 있는 무면허 의료행위자를 식별하기 매우 어려우므로 결국 국가에서 일정한 형태의 자격인증을 하는 방법 이외에는 달리 대안이 없다. 따라서 무면허 의료행위를 일률적, 전면적으로 금지하고 이를 위반한 경우에는 피시술자의 경과에 관계없이 형사처벌을 받게 하는 심판대상조항의 규제방법이 과도하다고 보기는 어렵다(헌재 2013. 6. 27. 2010헌마658; 헌재 2014. 8. 28. 2013헌마514; 헌재 2016. 10. 27. 2016헌바322 참조).

물론 법이 인정하는 의료인이 아니면서 어떤 특정분야에 관하여는 우수한 의료능력을 가진 한 부류의 사람들이 있다면, 보다 폭넓은 의료서비스 제공을 위하여 입법자로서는 이들의 지식과 능력을 충분히 검증하고 이들에게 일정한 자격을 부여하여 문신시술과 같은 특정 의료행위를 할 수 있는 길을 열어주는 것이 바람직할 수 있다. 그러나 이는 어디까지나 입법정책의 문제이며, 신체에 대한 침습행위를 수반하는 행위의 경우 국가로부터 의료에 관한 지식과 기술의 검증을 받은 사람만이 이러한 행위를 하게 하는 것이 가장 합리적이고 안전하며, 사람의 생명과 신체를 대상으로 하는 의료행위의 특성상 국가에 의하여 확인되고 검증되지 아니한 자의 의료행위는 항상 국민보건에 위해를 발생케 할 우려가 있으므로 이러한 위험발생을 미리 막기 위하여 이를 법적으로 규제할 수밖에 없다는 입법자의 판단이 입법재량의 범위를 넘었다고는 볼 수 없는 것이다(헌재 2013. 6. 27. 2010헌마658; 헌재 2014. 8. 28. 2013헌마514; 헌재 2016. 10. 27. 2016헌바322 참조).

2) 문신시술은, 바늘을 이용하여 피부의 완전성을 침해하는 방식을 통하여 색소를 주입하는 것이므로, 시술로 인한 발적, 통증, 부종이 수반되며, 시술 과정에서 피부가 가지는 일차적인 기능 중 하나인 외부로부터 감염을 막아주는 방어 기능이 파괴될 우려가 있다. 이는 진피 내에 색소를 침투시킬 것을 목적으로 하는 서화문신뿐 아니라 표피에 색소를 침투시킬 것을 목적으로 하는 미용문신의 경우에도 동일하다. 상처가 아물면 피부의 방어 기능은 회복되지만 문신행위에 의한 감염의 위험성은 시술자체로부터 발생하는 필연적인 위험 요소가 된다. 실제로 문신시술 부위의 포도알균 감염, 비결핵성 마이코박테리아 감염, 봉와직염 등 국소 감염뿐 아니라, 체액이나 혈액으로 감염되는 B형 간염, C형 간염과 매독 등 전신 감염 사례도 확인된다. 또한, 염료주입이 원인으로 추정되는 면역 관련 질환도 문신시술의 부작용으로 나타나고 있으며, 국내외적으로 육아종, 비후성 반흔, 켈로이드, 거짓림프종, 사르코이드증 등 부작용이 보고되고 있다.

이와 같은 문신시술의 각종 위험성을 고려할 때, 문신시술이 안전하게 진행되기 위해서는 시술에 관여하는 자가 그로 인한 감염증과 알레르기 반응, 혈액과 체액의 관리, 위생관리 등에 관한 의학적 지식을 숙지하여야 하고, 부작용을 최소화하기 위하여 필요한 예방조치 등을 완전하게 수행하고 안전한 시술절차를 준수하여야 하며, 개인의 신체적 특성을 고려한 적절한 염료를 선택하고 사용하여야 할 것이다. 이러한 사정에 비추어 보면, 현재로서는 의료인에 의하여 문신시술이 시행되어야 안전성이 담보될 수 있다. 또한 의료인의 경우 문신시술로 인한 부작용에 즉시 대처할 수 있으며, 의무기록이 10년 동안 보관되는 등 장기적인 위험과 감염관리에 대한 대응체계가 마련되어 있는 데 반해, 비의료인에게 문신시술을 허용할 경우 문신의 부작용에 대한 체계적인 대응을 보장할 수 없어 피시술자뿐 아니라 공중위생에 심각한 영향을 미칠 우려가 있다. 이러한 점을 고려할 때, 비의료인에게 문신시술을 허용할 경우 현재와 같이 의료인에게만 이를 허용하는 경우에 상응하는 정도로 국민의 건강을 보호할 수 없다.

외국의 입법례처럼 문신시술자의 교육 및 문신시술 방법·환경의 관리 등을 통하여 어느 정도 문신으로 인한 감염 등의 위험을 통제하면서 비의료인에게도 문신시술을 허용하는 대안이 제시되기도 한다. 그러나 문신시술에 한정된 위생관리 등 의학적 지식만으로 체계적인 의료 교육 및 임상 실습을 갖춘 의료인과 동일한 정도의 안전성과 사전적·사후적으로 필요할 수 있는 의료조치의 완전한 수행을 보장할 수 없으므로 이러한 대안의 채택은 사회적으로 보건위생상 위험의 감수를 요한다. 나아가, 이러한 대안은 문신시술인의 자격, 문신시술 환경 및 절차 등에 관한 규제와 관리를 내용으로 하는 완전히 새로운 제도를 형성하고 운영하는 것을 전제로 하는 것으로 상당한 사회적·경제적 비용을 발생시키는 것인바 그 선택여부는 입법재량의 영역에 해당한다. 따라서 입법부가 위와 같은 대안을 선택하지 않고 국민건강과 보건위생을 위하여 의료인만이 문신시술을 하도록 허용한 것이 불합리하여 헌법적으로 허용될 수 없다고 보기 어렵다.

3) 한편, 2021헌마1385 사건 청구인들은 자신들이 영위하는 반영구화장시술은 눈썹, 아이라인, 입술, 헤어라인 등 부위 피부에 색소를 주입하여 6개월 내지 3년 동안 색소가 유지되게 하는 것으로서, 시간이 지날수록 피부의 각화현상에 의해 색소가 자연스럽게 사라지기 때문에 영구적인 문신시술과는 구별되며 생명·신체나 공중위생에 대한 위해발생 가능성이 더 적다는 점이 고려되어야 한다는 취지의 주장을 한다. 그러나 위와 같은 반영구화장시술도 바늘로 살갗을 찔러 색소를 주입하는 것으로 그 시술 방식에 따른 잠재적 위험성이 문신시술과 구별된다고 보기 어렵고, 표피의 두께가 신체 부위 및 사람에 따라 차이가 있어 진피에 색소가 투입될 가능성을 완전히 배제할 수 없는 점을 고려할 때, 반영구화장시술을 구별하여 다르게 판단하기 어렵다.

따라서 심판대상조항은 침해의 최소성 원칙에 반한다고 볼 수 없다.

(다) 법익의 균형성

심판대상조항이 의료인이 아닌 자의 의료행위를 전면적으로 금지한 것은 매우 중대한 헌법적 법익인 국민의 생명권과 건강권을 보호하고 국민의 보건에 관한 국가의 보호의무(헌법 제36조 제3항)를 이행하기 위한 것이다. 심판대상조항으로 인하여 비의료인인 청구인들의 직업선택의 자유가 제한되나, 이는 위와 같은 중요한 공익에 비하여 그 침해의 정도가 중하다고 볼 수 없으므로 심판대상조항은 법익의 균형성을 위반하였다고 볼 수 없다(헌재 2010. 7. 29. 2008헌가19등; 헌재 2013. 6. 27. 2010헌마658 참조).

(3) 소결

따라서 심판대상조항은 명확성원칙에 위반되지 않으며 과잉금지원칙에도 위반되지 않아 청구인들의 직업선택의 자유를 침해한다고 보기 어렵다.

6. 결 론

그렇다면 이 사건 입법부작위에 대한 심판청구는 부적법하므로 각하하고, 심판대상조항에 관한 심판청구는 이유 없으므로 기각하기로 하여 주문과 같이 결정한다. 이 결정에는 아래 7.과 같은 재판관 이석태, 재판관 이영진, 재판관 김기영, 재판관 이미선의 심판대상조항에 대한 반대의견이 있는 외에는 나머지 관여 재판관들의 의견이 일치되었다.

7. 재판관 이석태, 재판관 이영진, 재판관 김기영, 재판관 이미선의 심판대상조항에 대한 반대의견

우리는 심판대상조항 중 각 '의료행위' 가운데 문신시술에 관한 부분이 과잉금지원칙을 위반하여 청구인들의 직업선택의 자유를 침해한다고 생각하므로 아래와 같이 의견을 밝힌다.

의료인이 아닌 사람도 함부로 의료행위를 할 수 있다고 한다면, 위험하거나 효과가 없는 치료행위로 인한 환자들의 피해와 공중위생에 대한 위해 발생을 충분히 예상할 수 있다. 이에 의학과 임상실습에 관한 체계적인 교육을 받고 국가의 검증을 거친 자에 한하여 의료행위를 영업으로 할 수 있도록 한정할 필요가 있다는 점에서 무면허의료행위 처벌의 일반적 필요성은 인정된다(헌재 2013. 6. 27. 2010헌마658 참조). 그런데 이 사건에서 문제되고 있는 문신시술의 경우는, 무엇보다도 치료목적 행위가 아니면서, 그 시술 방식이 정형화되어 있고 위험성이 통제될 수 있는 행위라는 점에서 이를 여타의 무면허의료행위와 동일하게 취급하여 판단한 선례와 달리 새로운 관점에서 판단할 필요가 있다. 이에 심판대상조항 중 각 '의료행위' 가운데 문신시술에 관한 부분에 한정하여 아래와 같이 판단한다.

가. 입법목적의 정당성 및 수단의 적합성

법정의견에서 본 바와 같이 심판대상조항의 입법목적의 정당성과 수단의 적합성은 인정된다.

나. 침해의 최소성

문신시술은 보건위생상 위험성이 있다는 측면에서 의료행위에 해당하기는 하나, 질병의 치료나 건강의 유지 및 증진을 위한 일반적인 의료행위와는 다르게 개성이나 아름다움 등을 표현하기 위해 이루어지는 시술이다. 또한, 청구인들이 행하고자 하는 문신시술은 우리나라 전통 관습이라기보다는 비교적 최근에 외국의 시술 형태를 도입한 것인데, 이러한 문신시술은 외국에서도 오랫동안 의학·의술과 구분된 독자적 직역으로 발전해 온 점에서, 반드시 의료행위와 필연적으로 밀접한 관계가 있다고 보기도 어렵다. 위와 같은 특징을 고려할 때, 문신시술의 경우는 대체의학 등 일반적인 무면허의료행위와는 구별되는 것으로, 반드시 의료인에게만 허용하여야 하는 업무 영역이라고 단정하기 어렵다.

나아가 의료인 자격을 취득하기 위해서는 상당한 노력과 비용이 소요되는데 그만큼 의료행위 자체가 생명·신체의 안전과 직결되어 있어 높은 수준의 전문성과 숙련성이 요구되기 때문이다. 그런데 문신시술은 위에서 본 바와 같이 일반적으로 질병치료나 건강증진을 위한 전문적 의료행위가 아니어서 오로지 문신시술만을 위하여 의료인 자격을 취득할 것을 기대하기는 사실상 어렵다. 따라서 의료인 자격에 이르지 않는 문신시술에 한정된 자격의 요구와 영업규제 등을 통하여 국민의 생명·신체나 공중위생에 대한 위해발생을 방지할 수 있다면, 이는 심판대상조항보다 청구인들의 직업선택의 자유를 덜 침해하는 대안이 될 수 있다. 이하에서는 문신시술에 수반될 수 있는 침습 및 감염으로 인한 위험성과 염료로 인한 위험성이 위와 같은 대안을 통하여 통제 가능한지 여부를 살펴본다.

(1) 침습 및 감염으로 인한 위험의 예방가능성

문신시술은 그 침습적 특성상 피부에 발생한 상처를 통한 감염의 위험성을 초래할 수 있으나, 현대기술과 도구의 발달로 위와 같은 감염의 통제가 기술적으로 가능하다. 멸균 기법과 일회용 기구 및 염료의 사용, 위생적인 문신시술 환경과 절차를 통하여 침습적인 시술의 경우에도 질병의 전염을 충분히 방지할 수 있는데, 이는 문신업을 의료업과 별개의 제도로 독립적으로 운영하고 있는 나라들이 이미 채택하고 있는 방법이다. 미국, 영국, 프랑스 등의 입법례를 살펴보면, 문신시술에 사용되는 도구를 일회용이나 멸균 제품으로 제한하고, 적절한 세척 및 소독 과정을 거치도록 하며, 폐기물 처리의 규제, 보호장비의 착용, 시술자와 피시술자의 병력 관리, 위생적인 업소 환경 규제 등을 상세하게 규정하여 위생적이고 안전한 문신시술을 보장하고 있다. 우리나라의 경우에도 이와 같은 문신시술 환경, 도구, 절차 등에 관한 규제를 통하여 문신시술로 인한 감염 위험을 통제할 수 있다고 할 것이다.

또한, 이러한 감염 예방조치들은 감염의 원인과 경로, 감염 예방을 위하여 문신시술 절차상 유의할 점과 사전·사후 조치 등에 대한 이해와 기술 습득만으로 충분히 실행할 수 있는 것이고, 따라서 비의료인도 습득하고 준수할 수 있는 정도의 기술들이다. 외국의 입법례를 살펴보면, 미국 뉴욕시는 안전한 문신 시술을 위하여 필요한 감염 예방 등에 관한 교육을 받고 관련 시험을 합격한 자에게 문신면허를 발급하고 있고, 프랑스도 최소 21시간 이상의 위생·보건교육을 이수한 자가 관리당국에 이를 신고한 후에 문신시술을 할 수 있도록 허용하고 있다. 영국의 경우는 등록된 문신업소에서 1년 이상 문신 기술, 위생, 안전 등에 관한 교육을 받은 자에게 문신시술을 허용하고 있다. 이러한 입법례를 보더라도 문신시술의 안전성 보장에는 의학 교육이나 의사자격시험에서 요청되는 정도의 광범위하고 높은 수준의 의학 지식까지 필요하지 않고, 보다 한정된 범위의 감염 예방 및 위생 관련 지식과 기술만으로도 그 위험성을 충분히 예방할 수 있음을 확인할 수 있다. 우리나라의 경우에도 비의료인이라 하더라도 안전한 문신시술을 위하여 필요한 위생 및 감염 예방 관련 내용을 충분히 숙지한 자에 대하여 자격이나 면허 등을 부여하는 방법으로 안전한 문신시술을 수행할 수 있는 자의 범위를 확대할 수 있을 것이다.

그밖에 침습적 시술의 특성상 피시술자의 신체 안전을 보장하기 위하여 문신시술자는 숙련된 문신 기술을 갖추어야 하고, 신체 해부학 및 생리학에 관한 이해가 필요하며, 응급상황이 발생할 경우 이를 대처할 수 있는 응급처치가 가능하여야 한다. 그러나 문신시술로 인한 침습의 범위가 피부로 제한되고 시술절차가 복잡하지 않다는 점을 고려할 때, 안전한 문신시술에 필요한 범위로 한정된 교육과 견습만으로도 문신시술의 안전성을 보장할 수 있고, 의사자격 취득에 필요한 모든 것을 갖추어야 할 필요는 없다고 할 것이다.

이처럼 위생적이고 안전한 문신시술에 필요한 한정된 교육 및 자격요건과, 감염 등의 예방을 위하여 필요한 업소 환경, 도구, 방법, 절차 등에 관한 규제를 통하여 침습 및 감염으로 인한 위험성을 예방할 수 있다는 점에서 문신시술자의 자격요건 및 시술허용 범위를 별도로 정하여 문신시술업 종사를 허용하고 이로부터 발생하는 위험 요소들을 통제하고 관리할 수 있다고 할 것이다.

(2) 염료로 인한 위험의 예방가능성

문신시술은 피하에 염료를 주입하므로, 염료 자체의 성분으로 인한 알레르기 및 면역 반응 등 유해사례가 발생하기도 한다. 그런데 이러한 부작용은 생명을 위협할 수 있는 전염에 비하여 인체에 대한 위험이 낮은 것으로 평가될 수 있다. 또한, 염료로 인한 부작용, 즉 염료의 원료나 불순물 등 색소 자체의 안전성과 관련된 위험은 이를 사용하여 문신시술을 하는 자가 의료인이

든 비의료인이든 동일한 것으로 평가하는 것이 타당하다. 이러한 문제는 염료의 제조·생산·수입 및 사용 등에 관한 규제를 통하여 해결되어야 하는 것이고, 안전성이 확인된 염료를 사용하는 한, 염료로 인한 부작용은 의료인에 한하여 문신시술을 허용하여야 하는 이유가 되기 어렵다.

현재 우리나라는 문신용 염료를 '생활화학제품 및 살생물제의 안전관리에 관한 법률'(이하 '화학제품안전법'이라 한다)상 '안전확인대상 생활화학제품'으로 지정·관리하고 있어, 문신용 염료 내에 함유될 수 없는 물질과 함량 제한 물질 등을 규정하고 있다(환경부고시 제2021-150호 안전확인대상생활화학제품 지정 및 안전·표시 기준 별표 2 참조). 문신용 염료를 제조 또는 수입하려는 자는 환경부장관이 지정하는 시험·검사기관의 확인을 받아야 하고(화학제품안전법 제10조 참조), 이러한 시험·검사기관의 확인을 받지 않거나 허위의 방법으로 받거나, 확인 또는 승인된 내용과 다르게 제품을 제조·수입하는 경우 제조·수입금지명령의 대상이 된다(화학제품안전법 제11조 참조).

이와 같이 현행법은 문신용 염료의 성분 등을 규제하고 정부의 감독 하에 시험·검사절차를 정하고 있는바, 문신용 염료로 인한 위험성 예방을 위한 조치는 이미 시행되고 있다. 문신으로 인하여 발생할 수 있는 신체의 위해 중, 염료로 인한 위험성 차단은 이러한 염료의 안전성 규제 및 사용 규제로 충분하고, 문신시술자를 의료인 자격이 있는 자로 한정하여야 할 필요까지는 없다.

(3) 독립된 문신시술 제도의 필요성

최근에 일본 최고재판소가 기존의 입장을 변경하여 문신시술이 의료행위에 해당하지 않는다고 판시함으로써, 이제 우리나라는 전 세계에서 유일하게 문신시술을 의료행위로 규정하여 규제하는 나라가 되었다. 그런데 우리나라도 최근 문신시술에 대한 사회적 인식이 변화하여 다양한 형태의 문신시술이 개인의 개성 표출 수단으로 인정되고 있고, 특히 눈썹 문신시술과 같은 반영구화장은 남녀노소를 불문하고 그 시술이 일반화될 정도로 문신시술에 대한 수요가 증대되고 있는 만큼, 우리나라를 제외한 모든 나라들이 문신시술을 비의료인에게 허용하고 있는 이유와, 우리나라의 일관된 금지규정에도 불구하고 국내에서 비의료인에 의한 문신시술이 지속적으로 성행하고 오히려 증가하는 이유를 진지하게 고민할 때가 되었다 할 것이다.

문신시술은 위에서 살펴본 바와 같이 감염 등의 위험성을 내재하고 있어 안전한 시술을 보장하기 위하여 의학적 지식과 기술이 필요한 것은 사실이다. 그러나 일반적으로 문신시술은 안전한 시술을 위한 기술을 넘어 창의적이거나 아름다운 표현이 가능한 기술도 요청되고, 이러한 추가적인 기술은 의료인이라고 하여 반드시 갖추고 있는 것은 아니다. 그럼에도 불구하고 오로지 안전성 측면만을 강조하여 의료인에게만 문신시술을 허용하는 것은 현실에 부합하지 않은 제도를 고집하는 것이다.

외국의 입법례와 같이 문신시술을 위한 별도의 제도를 두어, 문신시술자의 자격과 작업 환경, 방법, 절차 등에 관한 규제를 통해 예술적 감각이 풍부한 비의료인도 위생적이고 안전한 방식으로 문신시술을 할 수 있도록 허용한다면, 문신시술의 안전성과 경쟁력을 모두 보장할 수 있을 것이다. 피시술자는 일반적으로 개성이나 아름다움을 표현하기 위하여 문신시술을 선택하는 것이므로, 문신시술은 안전성 외에도 피시술자가 원하는 수준의 완성도를 갖출 것이 요청되며, 문신시술 관련 제도는 이러한 요청을 모두 수용할 수 있도록 설계되어야 한다. 이러한 현실을 외면한 제도의 고수는 증가하는 문신시술 수요를 제대로 충족하지 못하여 오히려 불법적이고 위험한 시술을 조장할 뿐이다.

(4) 소결

이상에서 본 바와 같이 문신시술자에 대하여 의료인 자격 취득까지 요구하지 않고도, 한정된 범위 내에서 필요한 시술자의 자격, 위생적인 문신시술 환경, 도구의 위생관리, 문신시술 절차 및 방법 등에 관한 규제와 염료 규제를 통하여도 안전한 문신시술을 보장할 수 있다. 이는 문신시술을 업으로 하기 위하여 의사면허를 갖출 것을 요청하는 방법에 비하여 덜 침해적인 수단이면서, 국민의 신체나 공중위생에 대한 위해 방지라는 입법목적을 달성할 수 있는 실효성 있는 대안이다. 나아가 문신시술의 창의적이고 예술적인 특성으로 인하여 비의료인에 의한 시술이 성행하고 있는 현실을 고려하면 계속하여 의료인의 자격이 있는 자에게만 문신시술업을 허용하는 것은 오히려 안전한 문신시술의 정착을 방해하는 것이라고 볼 수 있다. 따라서 이러한 대안을 채택하지 않고 비의료인에게 문신시술을 업으로 하는 것을 일절 금지하는 심판대상조항은 침해의 최소성을 충족하지 못한다.

다. 법익의 균형성

의료인에 한하여 문신시술을 허용함으로써 달성되는 공익은, 위생적이고 안전한 시술을 보장하여 국민의 생명, 신체나 공중위생에 대한 위해발생을 방지하는 것이다. 그러나 심판대상조항이 금지하는 대체의학 등 여타 무면허의료행위와는 달리, 문신시술은 질병의 치료나 건강의 증진을 위한 행위임을 공표하지 않는다. 게다가 문신시술에 사용되는 도구와 방법이 비교적 정형화되어 있어, 그로 인한 위험도 일반적으로 예상가능하고 통제 가능한 범위 내에 있다. 이러한 문신시술에서 발생하는 위험은 의료인이라는 엄격한 자격요건을 요구하지 않고 문신시술에 필요한 일정한 자격을 별도로 요구하는 방법만으로도 통제 가능하다 할 것이므로, 심판대상조항에 따라 의료인에 의한 문신시술만을 허용함으로써 달성되는 공익의 중대성이 크다고 보기 어렵다.

반면, 의료행위를 위한 의사면허 자격은 그 취득이 가장 엄격하고 어려운 자격 중 하나임을 고려할 때, 이러한 자격을 취득하여 문신시술업에 종사하여야 한다는 것은 사실상 문신시술업을 금지하는 것과 다르지 않다. 문신시술업에 종사하려는 자가 심판대상조항으로 인해 받는 직업선택의 자유에 대한 침해는 결코 작지 않다.

따라서 문신시술을 의료행위에 포함함으로써 달성할 수 있는 공익은 제한적인 반면, 그로 인하여 침해되는 기본권은 중대하다고 할 것이므로 심판대상조항 중 문신시술을 의료행위에 포함하는 부분은 법익의 균형성을 충족하지 못한다.

라. 결론

이상에서 본 바와 같이 심판대상조항 중 각 '의료행위' 가운데 문신시술에 관한 부분은 과잉금지원칙을 위반하여 청구인들의 직업선택의 자유를 침해한다.

재판관 유남석 이선애 이석태 이은애 이종석 이영진 김기영 문형배 이미선

[별지] 청구인 명단

(2017헌마1343)

1. ~ 416. 임○○ 외

(2019헌마993)

417. ~ 814. 김○○ 외

(2020헌마989)

815. ~ 1356. 김□□ 외

청구인들 1 내지 1356의 대리인 법무법인 인사이트
담당변호사 손익곤, 이경윤, 노준철, 김윤학

(2020헌마1486)

1357. ~ 1364. 황○○ 외

청구인들 1357 내지 1364의 대리인 법무법인 오월
담당변호사 강호민, 손명호, 곽예람

(2021헌마1213)

1365. ~ 1520. 김△△ 외

청구인들 1365 내지 1520의 대리인 법무법인 인사이트
담당변호사 손익곤, 김윤학

(2021헌마1385)

1521. ~ 1698. 정○○ 외

청구인들 1521 내지 1698의 대리인 변호사 강성헌, 박승현

65. 예비군법 제15조 제10항 전문 위헌제청

[2022. 5. 26. 2019헌가12]

【판시사항】

예비군대원 본인의 부재시 예비군훈련 소집통지서를 수령한 같은 세대 내의 가족 중 성년자가 정당한 사유없이 소집통지서를 본인에게 전달하지 아니한 경우 형사처벌을 하는 예비군법 제15조 제10항 전문 중 '제6조의2 제2항에 따라 소집통지서를 전달할 의무가 있는 사람 가운데 예비군대원 본인과 같은 세대 내의 가족 중 성년자가 정당한 사유없이 전달하지 아니하였을 때'에 관한 부분(이하 '심판대상조항'이라 한다)이 책임과 형벌 간의 비례원칙에 위반되는지 여부(적극)

【결정요지】

심판대상조항은 예비군대원 본인이 부재중이기만 하면 예비군대원 본인과 세대를 같이한다는 이유만으로 가족 중 성년자가 소집통지서를 전달할 의무를 위반하면 6개월 이하의 징역 또는 500만 원 이하의 벌금이라는 형사처벌을 하고 있는데, 이는 예비군훈련을 위한 소집통지서의 전달이라는 정부의 공적 의무와 책임을 단지 행정사무의 편의를 위하여 개인에게 전가하는 것으로, 이것이 실효적인 예비군훈련 실시를 위한 전제로 그 소집을 담보하고자 하는 것이라도 지나치다고 아니 할 수 없다. 심판대상조항은 국가안보 등에 관한 현실의 변화를 외면한 채 여전히 예비군대원 본인과 세대를 같이 하는 가족 중 성년자에 대하여 단지 소집통지서를 본인에게 전달하지 아니하였다는 이유로 형사처벌을 하고 있는데, 그 필요성과 타당성에 깊은 의문이 들지 않을 수 없다. 심판대상조항은 행정절차적 협력의무에 불과한 소집통지서 전달의무의 위반에 대하여 과태료 등의 행정적 제재가 아닌 형사처벌을 부과하고 있는데, 이는 형벌의 보충성에 반하고, 책임에 비하여 처벌이 지나치게 과도하여 비례원칙에도 위반된다. 위와 같은 사정들에 비추어 보면, 심판대상조항은 책임과 형벌 간의 비례원칙에 위반된다.

재판관 이선애, 재판관 이은애, 재판관 이영진의 반대의견

심판대상조항의 목적은 원활하게 예비군훈련이 진행되도록 하기 위한 것으로 그 정당성과 필요성이 인정되고, 예비군훈련의 본질적 역할과 기능 역시 시간의 흐름에 따라서 크게 달라졌다고 보기 어렵다. 예비군전력 유지를 통한 국가안전보장이라는 중대한 공익을 고려할 때, 행정형벌을 부과한 입법자의 판단이 현저히 불합리하다고 보기 어렵다. 심판대상조항은 정당한 사유가 인정되면 처벌받지 않을 수 있는 여지를 남겨두고 있고, 법관이 법률상 감경이나 작량감경을 하지 않아도 집행유예나 선고유예가 가능하여 죄질이 경미하고 비난가능성이 작은 경우 법관이 양형단계에서 피고인의 책임에 상응하는 형을 선고할 수 있다. 예비군법 제6조의2 제2항 후문의 예비군대원 본인 전달 간주규정이 있다고 하여, 심판대상조항이 더 이상 필요하지 않다고 단정하기도 어렵다. 위와 같은 사정들에 비추어 보면, 심판대상조항이 책임과 형벌 간의 비례원칙에 위반된다고 보기 어렵다.

예비군법 제15조 제11항과 심판대상조항과는 그 보호법익과 죄질뿐 아니라 행위주체 및 행위태양 등에서 서로 다르다. 병역의무자와 예비군대상자의 차이 및 병역의무부과 통지서와 예비군훈련 소집통지서의 차이, 각 조항의 행위주체 및 행위태양, 가벌성 정도의 차이 등을 고려하면, 병역법 제85조와 심판대상조항은 형벌체계의 균형을 상실하여 평등원칙에 위반된다고 단정하기 어렵다. 민방위기본법 제39조 제1항 제3호와 심판대상조항 역시 그 보호법익 및 죄질 등을 서로 달리한다. 따라서 심판대상조항은 형벌체계상의 균형을 상실하여 평등원칙에 위반되지 않는다.

【심판대상조문】

예비군법(2014. 10. 15. 법률 제12791호로 개정된 것) 제15조 제10항 전문 중 '제6조의2 제2항에 따라 소집통지서를 전달할 의무가 있는 사람 가운데 예비군대원 본인과 같은 세대 내의 가족 중 성년자가 정당한 사유없이 전달하지 아니하였을 때'에 관한 부분

【참조조문】

예비군법(2014. 10. 15. 법률 제12791호로 개정된 것) 제15조 제11항

예비군법(2016. 1. 19. 법률 제13780호로 개정된 것) 제6조의2

병역법(2017. 11. 28. 법률 제15054호로 개정된 것) 제6조 제5항, 제85조

민방위기본법(2017. 4. 18. 법률 제14805호로 개정된 것) 제24조 제2항, 제39조 제1항 제3호

【참조판례】

헌재 1992. 4. 28. 90헌바24, 판례집 4, 225, 229-230

헌재 2007. 11. 29. 2006헌가13, 판례집 19-2, 535, 538-539

헌재 2015. 2. 26. 2009헌바17등, 판례집 27-1상, 20, 28

헌재 2018. 6. 28. 2011헌바379등, 판례집 30-1하, 370, 411-419

헌재 2021. 2. 25. 2016헌마757, 공보 293, 423, 424

【당 사 자】

제청법원 울산지방법원

당해사건 울산지방법원 2019고약758 예비군법 위반

【주 문】

예비군법(2014. 10. 15. 법률 제12791호로 개정된 것) 제15조 제10항 전문 중 '제6조의2 제2항에 따라 소집통지서를 전달할 의무가 있는 사람 가운데 예비군대원 본인과 같은 세대 내의 가족 중 성년자가 정당한 사유 없이 전달하지 아니하였을 때'에 관한 부분은 헌법에 위반된다.

【이 유】

1. 사건개요

당해 사건 피고인은 ○○시 ○○동대에 소속된 예비군대원과 혼인한 부인이다. 피고인은 두 차례에 걸쳐 남편의 부재 중 그에 대한 훈련소집 통지서(이하 '소집통지서'라 한다)를 전달받고도 정당한 사유 없이 이를 예비군대원인 남편에게 전달하지 아니하였다는 공소사실로 약식명령이 청구되어(당해 사건), 현재 재판 계속 중이다.

당해 사건 법원은 2019. 4. 8. 직권으로 피고인에게 적용된 예비군법 제15조 제10항 전문이 책임과 형벌의 비례성원칙 등에 위반된다는 이유로 위헌법률심판을 제청하였다.

2. 심판대상

가. 제청법원은 예비군법 제15조 제10항 전문 전체에 대하여 위헌법률심판제청을 하였다. 그런데 예비군법 제15조 제10항 전문에서 인용하고 있는 제6조의 2 제2항은 소집통지서를 전달할 의무가 있는 사람으로 '예비군대원 본인과 같은 세대 내의 세대주나 가족 중 성년자, 본인의 고용주 또는 본인이 선정한 통지서 수령인'을 열거하고 있다.

그 중 당해 사건에서 예비군대원 본인의 '가족 중 성년자'인 배우자가 정당한 사유 없이 소집통지서를 전달하지 아니하였다는 이유로 약식명령이 청구된 점을 고려하면, 심판대상을 예비군법 제15조 제10항 전문 중 '예비군대원 본인과 같은 세대 내의 가족 중 성년자가 정당한 사유 없이 소집통지서를 전달하지 아니한 경우

에 관한 부분'으로 삼는 것이 상당하다.

나. 따라서 이 사건 심판대상은 예비군법(2014. 10. 15. 법률 제12791호로 개정된 것, 2016. 5. 29. 법률 제14184호로 개정되기 이전의 법률명은 '향토예비군 설치법'이었으나, 이하에서는 입법연혁과 상관없이 현재의 법률명인 '예비군법'으로 통칭한다) 제15조 제10항 전문 중 '제6조의2 제2항에 따라 소집통지서를 전달할 의무가 있는 사람 가운데 예비군대원 본인과 같은 세대 내의 가족 중 성년자가 정당한 사유 없이 전달하지 아니하였을 때'에 관한 부분(이하 '심판대상조항'이라 한다)이 헌법에 위반되는지 여부이고, 심판대상조항 및 관련조항은 다음과 같다.

[심판대상조항]

예비군법(2014. 10. 15. 법률 제12791호로 개정된 것)

제15조(벌칙) ⑩ 제6조의2 제2항에 따라 소집통지서를 전달할 의무가 있는 사람이 정당한 사유 없이 전달하지 아니하거나 지연 또는 파기하였을 때에는 6개월 이하의 징역 또는 500만 원 이하의 벌금에 처한다. 소집통지서를 수령할 의무가 있는 사람이 그 수령을 거부하였을 때에도 또한 같다.

[관련조항]

예비군법(2016. 1. 19. 법률 제13780호로 개정된 것)

제6조의2(소집통지서의 전달 등) ① 예비군대원을 훈련할 때에는 대통령령으로 정하는 바에 따라 사전에 소집통지서를 본인에게 전달하여야 한다. 다만, 동원에 대비한 불시(不時) 훈련이나 점검을 할 때에는 소집통지서를 전달하지 아니하고 대통령령으로 정하는 방법으로 통지하여 소집할 수 있다.

② 예비군대원 본인이 없을 때에는 같은 세대 내의 세대주나 가족 중 성년자, 본인의 고용주 또는 본인이 선정한 통지서 수령인(이하 이 조에서 "세대주등"이라 한다)에게 제1항의 소집통지서를 전달(본인이 선정한 소집통지서 수령인에 대한 전달에 있어서는 그 통지서 전달 전에 그 수령에 관한 동의를 받아야 한다)하여야 하고, 세대주등은 이를 지체 없이 본인에게 전달하여야 한다. 이 경우 소집통지서는 세대주등에게 전달된 때에 예비군대원 본인에게 전달된 것으로 본다.

③ 제1항이나 제2항에 따라 소집통지서를 전달함에 있어서 특히 필요하다고 인정되어 국방부장관이 정하는 경우에는 「민사소송법」 중 송달에 관한 규정(같은 법 제189조는 제외한다)을 준용하여 우편법령에 따른 특별한 송달의 방법으로 이를 전달할 수 있다.

④ 제1항에 따른 소집통지서는 본인으로부터 동의를 받았을 때에는 대통령령으로 정하는 바에 따라 「정보통신망 이용촉진 및 정보보호 등에 관한 법률」 제2조 제1항 제5호에 따른 전자문서로 전달할 수 있다.

예비군법(2014. 10. 15. 법률 제12791호로 개정된 것)

제15조(벌칙) ⑪ 제5조 제2항 및 제6조 제3항에 따라 동원 또는 훈련을 연기할 때에 그 사유를 고의로 발생하게 하거나 거짓된 행위를 한 사람은 3개월 이하의 징역 또는 300만 원 이하의 벌금이나 구류에 처한다.

병역법(2017. 11. 28. 법률 제15054호로 개정된 것)

제6조(병역의무부과 통지서의 송달) ⑤ 병역의무자가 없으면 세대주, 가족 중 성년자, 고용주(雇用主) 또는 본인이 선정한 통지서 수령인(受領人)에게 송달하여야 하며, 통지서를 받은 사람은 지체 없이 병역의무자에게 전달하여야 한다. 이 경우 병역의무부과 통지서는 전단에 규정된 사람에게 송달된 때에 병역의무자에게 송달된 것으로 본다.

제85조(통지서 수령 거부 및 전달의무 태만) 제6조에 따라 병역의무부과 통지서를 수령하거나 전달할 의무가 있는 사람이 정당한 사유 없이 그 수령을 거부한 경우 또는 이를 전달하지 아니하거나 전달을 지체한 경우에는 6개월 이하의 징역 또는 100만 원 이하의 벌금에 처한다.

민방위기본법(2017. 4. 18. 법률 제14805호로 개정된 것)

제24조(교육훈련 통지서의 전달 등) ② 제1항에 따라 직접 교부하는 경우 본인이 없으면 교육훈련 통지서를 지역 민방위대에서는 같은 세대 안의 세대주, 가족 중 성년자 또는 본인이 선정한 통지서 수령인(受領人)에게 전달(본인이 선정한 통지서 수령인에 대한 전달에 있어서는 그 통지서 전달 전에 그 수령에 관한 동의를 받아야 한다)하고, 직장 민방위대에서는 직장의 장에게 전달하여야 한다. 이 경우 본인을 갈음하여 교육훈련 통지서를 받은 사람은 이를 지체 없이 본인에게 전달하여야 한다.

제39조(과태료) ①다음 각 호의 어느 하나에 해당하는 자에게는 30만 원 이하의 과태료를 부과한다. 다만,

제36조 제1호 및 제2호, 제37조 제2호 또는 제38조에 해당하는 경우에는 그러하지 아니 하다.

3. 정당한 사유 없이 제23조 제2항 또는 제24조 제2항 후단을 위반한 자

3. 제청법원의 위헌법률심판 제청이유

심판대상조항에 따라서 세대주등은 타인의 행위(예비군본인의 동거신고)로 인하여 법률에 따른 작위의무를 부여받고, 이를 이행하지 않는 부작위에 대하여 형사처벌을 받는 것인데, 이는 행위책임의 원칙에 어긋나는 측면이 있다.

소집통지서를 본인에게 송달할 의무는 국가에게 있는 것이므로, 심판대상조항이 국가의 의무를 개인에게 넘기는 것에서 더 나아가 그 불이행에 대하여 형벌을 부과하는 것은 비례의 원칙에 어긋난다. 또한, 예비군법은 전자문서에 의한 소집통지를 가능하게 하고 있으므로, 병역의무이행 당시 본인의 전자우편을 확보하는 등의 방법으로 입법목적을 충분히 달성할 수 있다.

예비군법 제6조의2 제2항 후문에서 송달간주규정을 신설하여, 세대주등이 소집통지서를 전달받고 본인에게 전달하지 않은 경우에도 본인의 예비군훈련 미이행을 처벌할 수 있으므로, 세대주 등을 별도로 처벌할 필요성이 없다.

예비군법 제15조 제11항은 '예비군훈련을 보류하기 위한 사유를 거짓으로 만든 경우 3개월 이하의 징역 또는 300만 원 이하의 벌금'으로 처벌하고 있는데, 이보다 불법의 정도와 죄질이 경미한 '단순히 통지서를 전달하지 아니한 경우'를 과중하게 처벌하는 심판대상조항은 죄질과 책임 사이에 균형을 잃은 것으로 보인다. 병역법은 심판대상조항과 유사하게 세대주 등이 통지서를 전달할 의무를 위반하는 경우 '6개월 이하 징역 또는 100만 원이하의 벌금'으로 처벌하고(제85조, 제6조 제5항), 민방위기본법 역시 예비군법 제15조 제10항과 유사한 통지서 전달의무 위반행위를 '30만 원 이하의 과태료'로 규정하여 예비군법 제15조 제10항의 법정형이 불합리하게 더 높게 규정되어 있다. 이와 같은 사정을 종합하면, 예비군법 제15조 제10항 전문은 형벌체계상 균형을 상실하여 평등원칙에 위반된다.

4. 판 단

가. 예비군 제도의 개관

(1) 예비군의 임무

예비군은 평시에는 책임지역별로 향토방위 임무를 수행하고, 국가 유사시 현역 부대의 확장을 위하여 참여하며, 적의 침략과 파괴로부터 국가를 방위한다. 예비군은 전시·사변 또는 기타 이에 준하는 국가 비상사태하에서 현역 군부대 편성이나 작전에 필요한 동원에 대비하며, 적이나 무장공비의 침투 또는 무장소요가 있거나 그 우려가 있는 지역에서 적이나 무장공비의 소멸과 무장소요를 진압하고, 중요시설 및 병참선을 경비하며, 기타 민방위 기본법에 의한 민방위 지원업무를 수행한다(예비군법 제2조 참조).

(2) 예비군 조직

예비군은 ① 예비역인 장교, 준사관 및 부사관, ② 현역 또는 상근예비역의 복무를 마친 사람(현역 복무를 마친 것으로 보는 사람을 포함한다)으로서 그 복무를 마친 날의 다음 날부터 8년이 되는 해의 12월 31일까지의 기간에 있는 예비역의 병, ③ 사회복무요원, 국제협력봉사요원, 예술·체육요원, 공중보건의사, 병역판정검사전담의사, 국제협력의사, 공익법무관, 공중방역수의사(공익수의사로 의무복무를 마친 사람을 포함한다), 전문연구요원, 산업기능요원의 복무를 마친 사람(병역법 제63조 제2항에 따라 현역병 또는 사회복무요원으로서 보충역에 편입되거나 소집이 해제된 사람을 포함한다)으로서 그 복무를 마친 날의 다음 날부터 8년이 되는 해의 12월 31일까지의 기간에 있는 보충역의 병, ④ 기타 예비군 지원자로 조직한다. 다만, 국가비상사태 등 특별히 필요한 경우로서 대통령령으로 정하는 경우에는 위에 정해진 8년이 지난 예비역 및 보충역의 병도 예비군으로 조직할 수 있다(예비군법 제3조 제1항 참조).

예비군부대는 읍·면·동 단위의 행정구역 단위로 편성되어 지역방위 임무를 수행하는 지역예비군과 대학교나 공공기관 등 직장 단위로 편성되어 직장 방호 임무를 수행하는 직장예비군으로 편성이 된다(예비군법 제3조의2 제1항 참조).

(3) 예비군 훈련

(가) 소집통지서의 전달

예비군을 훈련하는 경우 수임군부대의 장은 소집통지서를 훈련소집일 7일 전까지 예비군대원 본인에게 전달하여야 한다(예비군법 제6조의2 제1항 본문 및 같은 법 시행령 제16조 제1항). 예비군대원 본인이 없을 때에는 예비군대원 본인과 같은 세대 내의 세대주나 가족 중 성년자, 본인의 고용주 또는 본인이 선정한 통지서

수령인(이하 '세대주등'이라 한다)에게 소집통지서를 전달하여야 하고, 세대주등은 이를 지체없이 본인에게 전달하여야 한다. 이 경우 소집통지서는 세대주등에게 전달된 때에 예비군대원 본인에게 전달된 것으로 본다(예비군법 제6조의2 제2항). 한편 국방부장관이 정하는 경우에는 민사소송법을 준용하여 우편법령에 따른 특별한 송달 방법으로 전달할 수 있다(예비군법 제6조의2 제3항). 또한 수임군부대의 장은 미리 예비군대원 본인으로부터 전자우편주소와 수신 동의를 받은 경우에는 소집통지를 '정보통신망 이용촉진 및 정보보호 등에 관한 법률' 제2조 제1항 제5호에 따른 전자문서로 전달할 수 있고, 훈련소집일 30일 전에 인터넷을 이용하여 훈련일정을 공시하여야 한다. 예비군대원이 수임군부대의 장이 공시한 훈련을 받겠다는 의사를 훈련소집일 12일(훈련소집일이 휴일인 경우는 3일) 전까지 전자문서로 통지한 경우에는 본인의 동의를 받아 소집통지서를 전자문서로 전달한 것으로 본다(예비군법 제6조의2 제4항 및 같은 법 시행령 제16조 제4항 및 제5항 참조).

(나) 훈련의 종류 및 기간

예비군훈련은 유사시 개인 및 부대의 임무에 따라 동원절차 숙지 및 동원 후 전투력 발휘보장과 임무수행을 위한 능력 구비를 위하여 실시하는데(예비군 교육훈련 훈령 제4조), 병역법에 따른 동원예비군훈련과 예비군법에 따른 지역예비군훈련으로 나뉜다(예비군 교육훈련 훈령 제2조 제2호 및 제3호 참조).

훈련의 대상은 예비군으로 편성된 자로 간부는 계급별 연령정년까지, 병은 8년차까지로 한다(예비군 교육훈련 훈령 제8조 제1호). 훈련기간은 동원예비군훈련의 경우 연간 30일 이내로 실시하고(병역법 제49조 제1항 참조), 지역예비군의 경우 국방부장관은 연 20일, 연 160시간의 한도 내에서 예비군대원을 훈련할 수 있다(예비군법 제6조 제1항, 같은 법 시행령 제15조 제1항, 예비군 교육훈련 훈령 제8조 제2호 참조).

나. 심판대상조항에 관한 판단

(1) 쟁점의 정리

(가) 심판대상조항은 예비군대원 본인과 같은 세대 내의 가족 중 성년자가 예비군대원 본인의 부재 시 받은 소집통지서를 정당한 사유 없이 본인에게 전달하지 아니한 경우 6개월 이하의 징역 또는 500만 원 이하의 벌금이라는 형사처벌에 처하는 조항이므로 책임과 형벌 간의 비례원칙 위반 여부 등에 위반되는지 여부가 문제된다.

(나) 제청법원은 행위책임원칙 위배를 제청이유로 들고 있으나, 책임 문제는 책임과 형벌 간의 비례원칙 위반 여부를 따지기 위한 선결문제이므로 책임과 형벌 간의 비례원칙 위반 여부를 살필 때 함께 검토하기로 한다.

(2) 책임과 형벌 간의 비례원칙 위반 여부

(가) 우리 헌법은 국가권력의 남용으로부터 국민의 기본권을 보호하려는 법치국가의 실현을 기본이념으로 하고 있고, 법치국가의 개념은 범죄에 대한 법정형을 정함에 있어 죄질과 그에 따른 행위자의 책임 사이에 적절한 비례관계가 지켜질 것을 요구하는 실질적 법치국가의 이념을 포함하고 있다(헌재 1992. 4. 28. 90헌바24).

입법자가 형벌이라는 수단을 선택함에 있어서는 그 형벌이 불법과 책임의 경중에 일치하도록 하여야 하고, 만약 선택한 형벌이 구성요건에 기술된 불법의 내용과 행위자의 책임에 일치되지 않는 과도한 것이라면 이는 비례의 원칙을 일탈한 것으로 헌법상 용인될 수 없다. 법정형의 종류와 범위를 정하는 것은 기본적으로 입법자의 권한에 속하는 것이지만, 법정형의 종류와 범위를 정할 때에는 형벌 위협으로부터 인간의 존엄과 가치를 존중하고 보호하여야 한다는 헌법 제10조의 요구에 따라야 하고, 형벌개별화의 원칙이 적용될 수 있는 범위의 법정형을 설정하여 실질적 법치국가의 원리를 구현하도록 하여야 하며, 형벌이 죄질과 책임에 상응하도록 적절한 비례성을 지켜야 한다(헌재 2007. 11. 29. 2006헌가13).

(나) 예비군 전력은 전시, 사변, 그밖에 이에 준하는 국가비상사태하에서 현역부대의 확장 및 평시 지역안보와 재난 대비를 위하여 필수불가결한 전력이며 국가의 안전보장 실현을 위하여 중요한 수단이다(헌재 2021. 2. 25. 2016헌마757). 심판대상조항은 모든 예비군대원이 참석한 상태에서 예비군훈련이 충실하고 원활하게 실시되도록 하기 위하여, 예비군대원 본인의 부재 시 소집통지서를 대신 수령한 같은 세대 내의 가족 중 성년자에게 지체없이 소집통지서를 본인에게 전달하여야 하는 의무를 부과하고 정당한 사유 없이 이를 위반하면 형사처벌까지 하고 있다.

그러나 국가의 존립과 국민의 안전을 위하여 예비군 조직을 편성하고 예비군훈련을 실시하고 동원하는 것은 기본적으로 국가 공동체를 이끌어가는 대한민국 정부(이하 '정부'라 한다)가 수행하여야 하는 공적 업무이다. 예비군법은 예비군 조직대상자를 대상으로 지방병무청장이 예비군을 편성하도록 하고 있고(제3조의2 제3항 제1호, 제2호 참조), 예비군 업무를 관장하고 훈련 및 동원을 담당하는 주체를 국방부장관으로 명시하고 있으며(제4조, 제5조 제1항, 제6조 제1항 참조), 예비군훈련을 위한 소집통지 역시 국방부장관의 위임을 받은 수임군부대의 장이 예비군대원에게 전달하도록 규정하는 등(제6조의2 제1항, 같은 법 시행령 제16조 참조), 예비군에 관한 전반적인 업무가 정부가 수행하여야 하는 공적 사무임을 나타내고 있다. 다만 예비군법 제6조의2 제2항은 예비군대원 본인 부재 시 대신하여 소집통지서를 수령한 세대주등이 지체없이 이를 본인에게 전달하도록 규정하고 있는데, 이는 앞서 살펴본 공적 사무인 예비군 업무의 특수성에 비추어 볼 때 예비군훈련을 원활하게 실시할 목적으로 정부의 업무 수행 절차에 대하여 단순히 국민으로서 협력하는 행정절차적 협력 의무를 의미한다.

한편 예비군법은 소집통지서의 전달방식으로 직접 전달 외에도 우편법령에 따른 송달, 전자문서에 의한 전달도 함께 규정하고 있고(제6조의2 제3항 및 제4항 참조), 특히 이메일 등과 같은 전자문서에 의한 전달방식은 오늘날 인터넷이 보편화됨에 따라서 예비군대원 본인에게 소집통지서를 전달하는 유용한 수단이 되고 있다. 따라서 정부는 예비군대원 본인의 동의하에 이메일 주소 등을 사전에 확보하여 언제든지 전자문서의 형식으로 소집통지서를 전달하거나, 민사소송법을 준용하여 우편법령에 따른 특별한 송달 방법을 사용하여 소집통지서를 전달할 수 있다.

이와 같이 예비군훈련을 위한 소집통지서 전달 업무는 정부가 수행하여야 하는 공적 사무로서, 정부는 직접 전달방식 외에도 우편법령에 따른 송달이나 전자문서의 방식을 사용하여 예비군대원 본인에게 소집통지서를 충분히 전달할 수 있음에도 불구하고, 심판대상조항은 예비군대원 본인이 부재중이기만 하면 예비군대원 본인과 세대를 같이한다는 이유만으로 위와 같은 협력의 범위를 넘어서 가족 중 성년자에게 소집통지서를 전달할 의무를 위반하면 6개월 이하의 징역 또는 500만 원 이하의 벌금이라는 형사처벌까지 하고 있는데, 이러한 심판대상조항의 태도는 예비군훈련을 위한 소집통지서의 전달이라는 정부의 공적 의무와 책임을 단지 행정사무의 편의를 위하여 개인에게 전가하는 것으로 이것이 실효적인 예비군훈련 실시를 위한 전제로 그 소집을 담보하고자 하는 것이라도 지나치다고 아니할 수 없다.

(다) 심판대상조항은 예비군법이 1972. 12. 30. 법률 제2428호로 개정될 때

소집통지서 전달에 관한 제6조의2가 신설되면서 함께 신설되었다. 그로부터 거의 50년이 흐른 현재까지 남북관계를 포함한 국가 안보 상황에 많은 변화가 있었고, 인터넷과 휴대전화의 발달로 종이문서 중심에서 전자문서 중심으로 소통방법이 개선되어 본인 명의의 휴대전화로 전자문서를 보내는 것이 보편적인 연락수단이 되는 등 사회문화적 변화가 뚜렷하며, 양심적 병역거부자에 대하여 대체복무를 허용하지 않는 병역법을 위헌으로 판단한 헌법재판소의 결정(헌재 2018. 6. 28. 2011헌바379등)이 나오는 등 병역의무이행에 관한 사회적 인식도 국가 중심 사고에서 개인의 기본권을 존중하는 방향으로 변하고 있다.

그러나 심판대상조항은 이러한 현실의 변화를 외면한 채 여전히 예비군대원 본인과 세대를 같이 하는 가족 중 성년자에 대하여 단지 소집통지서를 본인에게 전달하지 아니하였다는 이유로 형사처벌을 하고 있는데, 그 필요성과 타당성에 깊은 의문이 들지 않을 수 없다.

(라) 국가형벌권의 행사는 중대한 법익에 대한 위험이 명백한 경우에 한하여 최후의 수단으로 필요 최소한의 범위에 그쳐야 한다(헌재 2015. 2. 26. 2009헌바17등).

심판대상조항은 예비군대원 본인에 대한 소집통지서의 전달을 확실하게 보장하여 원활하게 예비군훈련이 실시되도록 하는 것을 그 목적으로 한다. 그러나 이러한 입법목적이 정당하다고 하여 그 목적 실현을 위한 수단을 정함에 있어 정부가 수행해야 할 예비군훈련에 관한 공적 사무의 이행과 책임을 개인에게 일방적으로 전가시켜서는 안된다.

물론 예비군훈련의 원활한 이행을 위해서는 정당한 사유 없이 훈련에 불응하는 예비군대원을 처벌할 필요가 있고(예비군법 제15조 제9항 제1호 참조), 이를 위해서는 그 전제로 소집통지서가 예비군대원 본인에게 적법하게 전달이 되어 그 효력이 발생하여야 하기 때문에(대법원 1979. 5. 29. 선고 79도705 판결 등 참조), 예비군대원 본인의 부재중 소집통지서를 대신 수령한 가족 중 성년자에게 이를 본인에게 전달하도록 의무를 지우는 것이 필요하다고 볼 수도 있다. 그러나 앞서 본 바와 같이 이는 어디까지나 원활하게 예비군훈련이 진행되도록 하기 위한 것으로서 행정절차적 협력의무에 불과하다.

예비군대원 본인과 세대를 같이 하는 가족 중 성년자

라면 특별한 사정이 없는 한 소집통지서를 본인에게 전달함으로써 훈련불참으로 인한 불이익을 받지 않도록 각별히 신경을 쓸 것임이 충분히 예상되고, 설령 그들이 소집통지서를 전달하지 아니하여 행정절차적 협력의무를 위반한다고 하여도 과태료 등의 행정적 제재를 부과하는 것만으로도 그 목적의 달성이 충분히 가능하다고 할 것임에도 불구하고, 심판대상조항은 훨씬 더 중한 형사처벌을 하고 있어 그 자체만으로도 형벌의 보충성에 반하고, 책임에 비하여 처벌이 지나치게 과도하여 비례원칙에도 위반된다고 할 것이다.

(마) 위와 같은 사정들에 비추어 보면, 심판대상조항은 책임과 형벌 간의 비례원칙에 위배되어 헌법에 위반된다. 심판대상조항이 헌법에 위반된다고 판단한 이상, 제청법원의 평등원칙 위반 주장에 대하여는 더 나아가 살피지 아니한다.

5. 결 론

심판대상조항은 헌법에 위반되므로 주문과 같이 결정한다. 이 결정은 아래 6.과 같은 재판관 이선애, 재판관 이은애, 재판관 이영진의 반대의견이 있는 외에는 관여 재판관들의 일치된 의견에 따른 것이다.

6. 재판관 이선애, 재판관 이은애, 재판관 이영진의 반대의견

우리는 심판대상조항이 책임과 형벌 간의 비례원칙에 위배되지 않고, 나아가 형벌체계상의 균형을 상실하여 평등원칙에 반한다고도 볼 수 없어 헌법에 위반되지 않는다고 판단하므로, 다음과 같이 이유를 남긴다.

가. 책임과 형벌 간의 비례원칙 위반 여부

(1) 어떤 범죄를 어떻게 처벌할 것인가 하는 문제, 즉 법정형의 종류와 범위의 선택은 그 범죄의 죄질과 보호법익에 대한 고려뿐만 아니라 우리의 역사와 문화, 입법 당시의 시대적 상황, 국민 일반의 가치관 내지 법감정, 그리고 범죄예방을 위한 형사정책의 측면 등 여러 요소를 종합적으로 고려하여 입법자가 결정할 사항으로서 광범위한 입법재량 내지 형성의 자유가 인정되어야 할 분야이다. 따라서 어느 범죄에 대한 법정형이 그 범죄의 죄질 및 이에 따른 행위자의 책임에 비하여 지나치게 가혹한 것이어서 비례원칙에 명백히 위배되는 경우가 아닌 한, 쉽사리 헌법에 위반된다고 단정하여서는 아니 된다(헌재 2020. 3. 26. 2018헌바206).

(2) 예비군 전력은 전시, 사변, 그밖에 이에 준하는 국가비상사태하에서 현역부대의 확장 및 평시 지역안보와 재난 대비를 위하여 필수불가결한 전력이며 국가의 안전보장 실현을 위하여 중요한 수단이다(헌재 2021. 2. 25. 2016헌마757). 국가안보를 위하여 잘 조직되고 준비되어 있는 예비군 전력을 갖추기 위해서는 평상시 충실하고 효율적인 훈련이 필수적임은 두말할 필요가 없다.

예비군법은 예비군훈련의 체계적이고 효율적인 실시를 위하여, 전역 후 민간인으로서 각자의 생활을 영위하는 예비군대원에게 예비군훈련의 일시 및 장소 등이 기재되어 있는 소집통지서를 훈련소집일 7일 전까지 본인에게 전달하도록 하고(법 제6조의2 제1항, 법 시행령 제16조 제1항 참조), 연간 20일 한도에서 예비군훈련에 참여할 의무를 부여하고 있다(법 제6조, 제15조 제9항 제1호 등 참조).

심판대상조항은 예비군대원 본인의 부재 시 같은 세대 내의 가족 중 성년자에게 소집통지서를 예비군대원 본인에게 전달하도록 의무를 부과하고 정당한 사유 없이 이를 위반하면 형사처벌까지 하도록 하고 있는데, 이는 예비군대원 본인의 부재 시에도 소집통지서의 전달을 확실하게 보장하여 해당 예비군대원이 훈련에 참여하는 데 지장이 없도록 하고, 이를 통해 원활하게 예비군훈련이 진행되도록 하기 위한 것으로 그 정당성과 필요성이 인정된다.

(3) 헌법 제39조에서 말하는 국방의 의무는 외부 적대세력의 직·간접적인 침략행위로부터 국가의 독립을 유지하고 영토를 보전하기 위한 의무로서, 현대전이 고도의 과학기술과 정보를 요구하고 국민 전체의 협력을 필요로 하는 이른바 총력전인 점에 비추어 단지 병역법에 의하여 군복무에 임하는 등의 직접적인 병력형성의 무만을 가리키는 것이 아니라, 병역법·향토예비군설치법·민방위기본법·비상대비자원관리법 등에 의한 간접적인 병력형성의무 및 병력형성 이후 군작전명령에 복종하고 협력하여야 할 의무도 포함하는 개념이다(헌재 2002. 11. 28. 2002헌바45).

이처럼 국방의 의무는 관련법에 의거하여 모든 국민에게 직·간접적으로 부여되는 헌법상의 의무이므로, 훈련에 참여하는 예비군대원 본인뿐 아니라 그와 세대를 같이 하는 가족 중 성년자도 국민으로서 국가안보 차원에서 이루어지는 예비군훈련을 직·간접적으로 지원하여야 하는 의무를 질 수 있다. 따라서 예비군훈련을 위한 소집통지서의 전달의무가 정부에만 귀속되는 전속적 의무라고 단정하기 어렵다.

특히 예비군대원에 대한 부적법한 소집통지서 전달의 경우 그 효력을 부정하는 대법원의 태도에 비추어 보면(대법원 1977. 2. 17. 선고 76노646 판결; 대법원 1979. 5. 29. 선고 79도705 판결 등 참조), 예비군대원 본인이 자리를 비워 정부에 의한 소집통지서의 전달이 어려운 경우, 정부를 대신하여 그와 세대를 같이 하는 가족 중 성년자에게 소집통지서의 본인 전달 의무를 부여함으로써 소집통지서 전달의 효력을 확보하고 본인이 훈련에 참가하도록 유도하는 것은 국가의 안보 및 국방의 의무 측면에서 매우 필요하고 중요하다.

따라서 심판대상조항이 예비군대원 본인의 부재로 인하여 정부에 의한 소집통지서의 전달이 사실상 어렵거나 여의치 않은 경우 예비군대원 본인과 같은 세대 내의 가족 중 성년자에게 이를 본인에게 전달하여야 할 작위의무를 부여하고, 정당한 사유 없이 위반 시 형사처벌을 가한다고 하여 그것이 매우 부당하여 헌법에 위반된다고 쉽게 단정할 수 없다.

(4) 정부가 전자우편 등을 통한 전자문서의 방식이나 우편송달의 방식으로 예비군대원 본인에게 소집통지서를 전달할 수 있으나, 여전히 전자우편 등을 사용하지 않거나 사용할 수 없는 예비군대원이 있으므로 예비군훈련 이행의 전제가 되는 소집통지서 전달의 정확성과 확실성을 담보하기 위하여 예비군대원 본인에게 직접 소집통지서를 전달하여야 하는 경우가 있고, 그 과정에서 예비군대원 본인이 부재중인 경우 같은 세대 내의 가족 중 성년자로 하여금 대신 소집통지서를 본인에게 전달하도록 하는 의무를 부여할 필요성 역시 충분히 인정된다. 따라서 전자문서방식이나 우편송달에 의한 소집통지서 전달이 가능하다고 하여 곧바로 심판대상조항이 비례원칙에 위배된다고 보기 어렵다.

(5) 심판대상조항이 신설된 1972년 이후 군사과학기술의 발전 등에 따라 국방의 체계와 모습도 현대화되었으나, 대북관계를 포함한 국가안보 상황에 근본적인 변화가 없는 이상 국가안보를 위한 병력의 형성 및 유지는 여전히 국가의 존립과 영토의 보전, 국민의 생명·안전의 수호 측면에서 중요한 의미를 가지고 있고, 이를 위한 예비군훈련의 본질적 역할과 기능 역시 시간의 흐름에 따라서 크게 달라졌다고 보기 어렵다.

(6) 어떤 행정법규 위반행위가 간접적으로 행정상의 질서에 장해를 줄 위험성이 있어서 행정질서벌을 과하여야 하는지, 아니면 직접적으로 행정목적과 공익을 침해하여서 행정형벌을 과하여야 하는지는 당해 위반행위가 행정법규의 보호법익을 침해하는 정도와 가능성에 따라 정하여야 한다. 나아가 어떤 행정법규 위반행위에 대해 행정형벌을 부과하여야 하는 경우, 법정형의 종류와 형량을 정하는 것은 형벌 본래의 기능과 목적 달성에 필요한 정도를 현저히 일탈하는 것과 같은 특별한 사정이 없는 한 헌법상 허용되는 입법자의 재량이다(헌재 2017. 10. 26. 2017헌바166; 헌재 2021. 2. 25. 2017헌바222).

예비군대원 본인의 부재 시 그 가족 중 성년자가 소집통지서를 받고도 이를 본인에게 전달하지 않으면 해당 예비군대원은 훈련에 참가하지 못하게 되고, 그 결과 예비군훈련의 정상적 실시를 저해하여 예비군 전력 유지를 통한 국가 안전보장이라는 중대한 공익의 침해를 가져올 수 있다. 따라서 이를 고려하여 과태료 등의 행정질서벌이 아닌 행정형벌을 부과한 입법자의 판단이 현저히 불합리하다고 보기 어렵다. 아울러 예비군대원 본인과 세대를 같이 하는, 즉 주거 및 생계를 같이하는 가족 중 성년자라면 예비군대원 본인에게 충분히 손쉽게 소집통지서를 전달할 수 있음에도 정당한 사유 없이 이를 전달하지 아니한 행위는 사실상 예비군대원 본인이 훈련에 불응하는 데 조력이나 방조를 한 것으로도 볼 수 있어 그 비난가능성이 작지 아니하다.

나아가 심판대상조항은 가족 중 성년자가 소집통지서를 본인에게 전달하지 않은 것에 대하여 정당한 사유가 인정되면 처벌받지 않을 수 있는 여지를 남겨두고 있고, 가족 중 성년자는 소집통지서 수령을 처음부터 거절함으로써 그 전달의무를 면할 수 있는 방법도 있다(대법원 2005. 4. 15. 선고 2004도7977 판결 참조). 또한 법정형도 '6개월 이하의 징역 또는 500만 원 이하의 벌금'으로 비교적 경미하고, 법관이 법률상 감경이나 작량감경을 하지 않아도 집행유예나 선고유예가 가능하여 죄질이 경미하고 비난가능성이 작은 경우 법관이 양형단계에서 피고인의 책임에 상응하는 형을 선고할 수 있다.

(7) 한편 제청법원은 예비군법 제6조의2 제2항 후문에 "이 경우 소집통지서는 세대주등에게 전달된 때에 예비군대원 본인에게 전달된 것으로 본다."는 간주규정이 있고, 이에 따라서 소집통지서를 전달받지 못하고 훈련에 불참한 예비군대원 본인을 예비군법 제15조 제9항 제1호에 따른 예비군훈련불응죄로 처벌할 수 있으므로 굳이 심판대상조항에 따라서 예비군대원 본인과

세대를 같이 하는 가족 중 성년자를 처벌할 필요성이 없다고 주장한다.

그러나 ① 위와 같은 간주규정과 예비군훈련불응죄와의 관계에 대한 대법원의 확립된 해석이 없어 제청법원의 주장처럼 예비군대원 본인을 처벌할 수 있는지 여부가 불확실한 점, ② 오히려 실무에서는, 위와 같은 간주규정에도 불구하고 예비군대원 본인에게 소집통지서가 전달되지 않으면 소집통지서를 전달하지 아니한 가족 중 성년자를 처벌하고 있는 점, ③ 만약 위와 같은 간주규정에 따라서 가족 중 성년자로부터 소집통지서를 전달받지 못한 예비군대원 본인이라도 예비군훈련불응죄로 처벌할 수 있다고 해석하게 되면 그 처벌의 전제로서 소집통지서가 예비군대원 본인에게 적법하게 전달되는 것을 요구하는 대법원의 판례와 배치될 소지가 있는 점(대법원 1977. 5. 10. 선고 77도1011 판결 참조), ④ 예비군법 제6조의2 제2항에 의한 전달의 경우에도 제1항에 의한 전달과 동일하게 훈련소집일 7일 이전에 전달되어야 유효한 것으로 보는 대법원 판례(대법원 1979. 5. 29. 선고 79도705 판결 참조)에 비추어 볼 때 위 간주규정은 소집통지서 전달일을 특정함으로써 그 유효 여부를 간명하게 결정하기 위하여 만들어진 규정으로 볼 수 있는 점 등을 종합하면, 위와 같은 간주규정이 있다는 이유로 심판대상조항이 더 이상 필요가 없다고 단정하기 어렵다.

(8) 그렇다면, 심판대상조항이 예비군대원 본인에 대한 소집통지서의 전달을 확보하기 위하여 예비군대원 본인과 세대를 같이 하면서 본인 대신 소집통지서를 받은 가족 중 성년자에게 전달할 의무를 부여하고, 정당한 사유 없이 이를 전달하지 아니한 경우 6개월 이하의 징역 또는 500만 원 이하의 벌금에 처한다고 하여 책임과 형벌 간의 비례원칙에 위반된다고 보기 어렵다.

나. 형벌체계상의 균형을 상실하여 평등원칙에 위반되는지 여부

(1) 특정 범죄에 대한 형벌이 죄질과 보호법익이 유사한 범죄에 대한 형벌과 비교할 때 현저히 형벌체계의 균형성을 잃은 것이 명백한 경우에는, 인간의 존엄성과 가치를 보장하는 헌법의 기본원리에 위배될 뿐만 아니라 법의 내용에 있어서도 형벌체계상의 균형을 상실하여 평등원칙에 반하여 위헌이라 할 수 있다. 그러나 법정형의 종류와 범위를 정함에 있어서 고려해야 할 사항 중 가장 중요한 것은 당해 범죄의 보호법익과 죄질로서, 보호법익이 다르면 또 그에 따라 법정형의 내용이 달라질 수밖에 없다. 그러므로 보호법익과 죄질이 서로 다른 둘 또는 그 이상의 범죄를 동일 선상에 놓고 그 중 어느 한 범죄의 법정형을 기준으로 하여 단순한 평면적인 비교로써 다른 범죄의 법정형의 과중 여부를 판정하여서는 아니 된다(헌재 2021. 10. 28. 2018헌바367).

(2) 예비군법 제15조 제11항은 "예비군훈련을 연기할 때 그 사유를 고의로 발생하게 하거나 거짓된 행위를 한 사람은 3개월 이하의 징역 또는 300만 원 이하의 벌금에 처하도록" 규정하고 있어 법정형을 '6개월 이하의 징역 또는 500만 원 이하의 벌금'으로 규정한 심판대상조항보다 낮은 법정형을 규정하고 있다. 그러나 예비군법 제15조 제11항은 '예비군훈련을 일시적으로 연기할 목적으로 해당 연기 사유를 고의로 발생하게 하거나 허위로 조작한 사람'을 처벌하는 것으로, '정당한 사유 없이 소집통지서를 예비군대원 본인에게 전달하지 아니한 세대를 같이하는 가족 중 성년자'를 처벌하는 심판대상조항과는 그 보호법익과 죄질뿐 아니라 행위주체 및 행위태양 등에서 서로 다르다. 따라서 예비군법 제15조 제11항의 법정형과 심판대상조항의 법정형이 다르더라도 형벌체계상의 균형을 상실하여 평등원칙에 위반된다고 보기 어렵다.

(3) 병역법 제85조는 '병역법 제6조 제5항에 따라 병역의무자 부재 시 병역의무부과 통지서를 전달할 의무를 부여받은 가족 중 성년자 등이 정당한 사유 없이 이를 전달하지 아니하거나 전달을 지체한 경우에는 6개월 이하의 징역 또는 100만 원 이하의 벌금에 처'하도록 규정하고 있는 데 비하여, 심판대상조항은 '예비군대원 본인의 부재 시 소집통지서 전달의무를 부여받은 같은 세대 내의 가족 중 성년자가 그 의무를 위반하여 전달하지 아니하면 6개월 이하의 징역 또는 500만 원 이하의 벌금에 처'하므로, 양 조항의 관계가 문제된다.

그런데 다음과 같은 차이들을 종합하면, 병역법 제85조와 심판대상조항은 각각 그 내용에 비추어 보호법익과 죄질 등에서 차이가 있어 해당 법정형이 다르더라도 그것이 형벌체계의 균형을 상실하여 평등원칙에 위반된다고 단정하기 어렵다.

첫째, 병역법상 병역의무자는 대한민국 국민인 남성으로서 생전 처음으로 병역법에 따른 병역의무를 이행하여야 하는 병역대상자를 말한다(제3조 제1항 및 제5조 등 참조). 반면에 예비군법상 예비군은 이미 의무복무를 마치고 전역(또는 소집해제)한 예비역을 그 대상으로 한다(제3조 제1항 참조). 또한 병역의무자 중 현역병의 경우 전시·사변 이에 준하는 국가비상사태의 발생 시 우선적으로 투입되는 병력자원인 반면에, 예비군은 전시·사변 이에 준하는 국가비상사태의 발생 시 군을 지원하고, 해당 지역을 방위하는 임무를 수행한다. 이처럼 병역법상 병역의무자와 예비군대상자는 그 대상과 역할 등에서 본질적인 차이가 있다.

나아가 병역의무자의 의무복무 기간은 2년 남짓으로 비교적 장기간이지만(병역법 제18조 제2항, 제19조, 제30조 제1항 참조), 예비군대원은 평소 사회생활을 하면서 매년 1~3일 정도만 훈련을 받는다는 점(예비군법 제6조 제1항 참조)에서도 차이가 있다.

둘째, 병역의무부과 통지서는 병역법에 따라서 병역의무자에게 병역의무를 부과하는 통지서를 말하며(법 제6조 제1항, 제2항 및 법 시행령 제3조의3 참조), 여기에는 ① 입영판정검사 통지서(법 제14조의3 제1항, 법 시행령 제9조 제2항 참조), ② 현역병입영 통지서(법 시행령 제21조 제2항 참조), ③ 사회복무요원 소집 통지서(법 시행령 제53조 제1항 단서), ④ 군사교육소집 통지서(법 시행령 제109조 제2항) 등이 포함되는 반면에, 심판대상조항에 따른 소집통지서는 단순히 예비군훈련을 통보하는 통지서를 말한다. 이처럼 병역법상 병역의무부과 통지서와 예비군법상 소집통지서는 그 종류 및 내용 등에서 서로 차이가 있으므로, 병역의무자에 대한 병역의무부과 통지서 전달의무와 예비군대원에 대한 소집통지서 전달의무는 그 목적 및 성질 등을 서로 달리한다.

셋째, 병역법 제85조의 전달의무주체는 병역의무자의 가족 중 성년자인 데 비하여, 심판대상조항은 예비군대원 본인과 같은 세대 내의 가족 중 성년자를 전달의무의 주체로 한다는 점에서 다소 차이가 있다. 아울러 병역법 제85조에서 규정한 전달의무위반 행위는 '병역의무부과 통지서의 미전달 또는 전달 지체'인 반면에, 심판대상조항이 포함된 예비군법 제15조 제10항은 '소집통지서의 미전달, 전달 지연 또는 파기'를 전달의무위반 행위로 규정하여 양 조항은 각 행위태양에 있어서 차이가 있다.

넷째, 예비군대원에 대한 소집통지는 훈련기간 동안 해마다 반복적으로 이루어지는 반면에, 병역의무자에 대한 병역의무부과 통지는 필요한 경우에 단발적으로 이루어진다. 따라서 예비군대원 본인과 같은 세대 내의 가족 중 성년자가 소집통지서를 수령하여 전달하여야 하는 의무는, 병역의무자의 가족 중 성년자의 병역의무부과 통지서 전달의무와 달리 가족(민법 제779조 참조) 가운데 현실적으로 주거 및 생계를 같이 하는 가족 중 성년자로 한정되었고, 앞서 본 바와 같이 예비군대원에 대한 소집통지는 반복적으로 이루어지므로 그 통지서 전달의무 위반행위도 반복하여 일어날 수 있는데, 이러한 상대적으로 한정된 의무대상자의 반복된 위반행위에 대한 가벌성은 그렇지 않은 의무대상자의 단발적 위반행위에 비하여 가벌성이 더 높다. 따라서 위반행위유형을 모두 포섭하여 위반행위에 상응하는 형벌을 부과할 수 있도록 법정형의 상한을 정하여야 한다는 관점에서 보면 심판대상조항의 벌금형의 법정형 상한이 병역법 제85조보다 더 높다고 하여도 이를 불합리하다고 보기 어렵다.

(4) 민방위기본법 제39조 제1항 제3호는 지역민방위대원 본인 부재 시 교육훈련 통지서를 전달할 의무가 있는 제24조 제2항 후단 소정의 가족 중 성년자 등이 정당한 사유 없이 이를 위반한 경우 30만 원 이하의 과태료를 부과하도록 규정하고 있다. 그러나 민방위의 임무는 전시·사변 또는 이에 준하는 비상사태, 통합방위사태, 국가적 재난 등과 같은 민방위사태로부터 주민의 생명과 재산을 보호하기 위하여 정부의 지도하에 수행하는 방공(防空), 응급적인 방재(防災)·구조·복구 및 군사작전상 필요한 노력 지원 등의 비군사적인 활동에 국한되며(민방위기본법 제2조 제1호 참조), 이 점에서 군사적 활동을 주요한 임무로 하는 예비군과는 본질적으로 다르다. 아울러 민방위대는 20세가 되는 해의 1월 1일부터 40세가 되는 해의 12월 31일까지의 대한민국 국민인 남성으로 조직되는데 여기서 예비군은 제외되고(민방위기본법 제18조 제1항 제10호 참조), 그 운용주체도 민방위는 국무총리가 되는 데 비하여(민방위기본법 제8조 제1항 참조), 예비군은 국방부장관이 되는(예비군법 제4조 참조) 등 민방위와 예비군은 서로 독립된 별도의 조직으로 편성·운영된다. 이와 같이 민방위기본법 제39조 제1항 제3호와 심판대상조항은 그 보호법익 및 죄질 등을 서로 달리하므로 민방위 교육훈련 통지서 전달의무 위반 시에는 과태료처분을 하면서 예비군훈련 소집통지서 전달의무 위반 시에는 형사처벌을 하도록 하였다고 하여 이것이 형벌체계상의 균형을 상실하여 평등원칙에 위반된다고 보기 어렵다.

(5) 따라서, 심판대상조항은 평등원칙에 위배되지 아니한다.

재판관 유남석 이선애 이석태 이은애 이종석 이영진 김기영 문형배 이미선

66. 변호사 광고에 관한 규정 제3조 제2항 등 위헌확인

[2022. 5. 26. 2021헌마619]

【판시사항】

1. 변호사법 제23조 제2항 제7호의 위임을 받아 변호사 광고에 관한 구체적인 규제 사항 등을 정한 대한변호사협회(이하 '변협'이라 한다)의 '변호사 광고에 관한 규정'(이하 '이 사건 규정'이라 한다)이 헌법소원심판의 대상이 되는 공권력의 행사에 해당하는지 여부(적극)

2. 이 사건 규정의 직접적인 수범자의 상대방으로서 법률서비스 온라인 플랫폼을 운영하며 변호사의 광고 등에 관한 영업행위를 하고 있는 업체(이하 '청구인 회사'라고 한다)가 제기한 심판청구가 자기관련성 요건을 갖추었는지 여부(적극)

3. 이 사건 규정 제4조 제14호 중 '협회의 유권해석에 반하는 내용의 광고' 부분, 제8조 제2항 제4호 중 '협회의 유권해석에 위반되는 행위를 목적 또는 수단으로 하여 행하는 경우' 부분(이하 '유권해석위반 광고금지규정'이라 한다)이 법률유보원칙에 위반되어 청구인들의 표현의 자유, 직업의 자유를 침해하는지 여부(적극)

4. 이 사건 규정 제5조 제2항 제1호 중 '변호사등과 소비자를 연결' 부분과 제8조 제2항 제2호(이하 '대가수수 직접 연결 금지규정'이라 한다)의 규율대상

5. 이 사건 규정 제5조 제2항 제1호 중 '변호사등을 광고·홍보·소개하는 행위' 부분(이하 '대가수수 광고금지규정'이라 한다)이 과잉금지원칙에 위반되어 청구인들의 표현의 자유, 직업의 자유를 침해하는지 여부(적극)

【결정요지】

1. 변협은 변호사법 제23조 제2항 제7호에서 명시적으로 위임받은 변호사 광고에 관한 규제를 설정함에 있어 공법인으로서 공권력 행사의 주체가 된다. 나아가, 변협의 구성원인 변호사 등은 위 규정을 준수하여야 할 의무가 있고, 이를 위반하게 되면 변호사법 등 관련 규정에 따라 징계를 받게 되는바, 이 사건 규정이 단순히 변협 내부 기준이라거나 사법적인 성질을 지니는 것이라 보기 어렵고, 수권법률인 변호사법과 결합하여 대외적 구속력을 가진다. 따라서 변협이 변호사 광고에 관한 규제와 관련하여 정립한 규범인 이 사건 규정은 헌법소원의 대상이 되는 공권력의 행사에 해당한다.

2. 법률서비스 온라인 플랫폼을 운영하며 변호사등의 광고·홍보·소개 등에 관한 영업행위를 하고 있는 청구인 회사는 이 사건 규정의 직접적인 수범자인 변호사의 상대방으로서 변호사가 준수해야 하는 광고방법, 내용 등의 제약을 그대로 이어받게 된다. 이는 실질적으로는 변호사등과 거래하는 위와 같은 사업자의 광고수주 활동을 제한하거나 해당 부문 영업을 금지하는 것과 다르지 않은 점, 이 사건 규정 개정 목적의 가장 주요한 것이 청구인 회사가 운영하는 것과 같은 온라인 플랫폼을 규제하는 것이었던 점 등에 비추어 보면, 이 사건 규정은 청구인 회사의 영업의 자유 내지 법적 이익에 불리한 영향을 주는 것이므로, 기본권침해의 자기관련성을 인정할 수 있다.

3. 유권해석위반 광고금지규정은 변호사가 변협의 유권해석에 위반되는 광고를 할 수 없도록 금지하고 있다. 위 규정은 '협회의 유권해석에 위반되는'이라는 표지만을 두고 그에 따라 금지되는 광고의 내용 또는 방법 등을 한정하지 않고 있고, 이에 해당하는 내용이 무엇인지 변호사법이나 관련 회규를 살펴보더라도 알

기 어렵다. 유권해석위반 광고금지규정 위반이 징계사유가 될 수 있음을 고려하면 적어도 수범자인 변호사는 유권해석을 통해 금지될 수 있는 내용들의 대강을 알 수 있어야 함에도, 규율의 예측가능성이 현저히 떨어지고 법집행기관의 자의적인 해석을 배제할 수 없는 문제가 있다.

따라서 위 규정은 수권법률로부터 위임된 범위 내에서 명확하게 규율 범위를 정하고 있다고 보기 어려우므로, 법률유보원칙에 위반되어 청구인들의 표현의 자유, 직업의 자유를 침해한다.

4. 대가수수 직접 연결 금지규정은 법률상담이나 사건에서 변호사와 소비자를 직접 이어주는 것과 관련하여 경제적 이익을 지급하는 형태의 광고를 금지하는 것으로 해석할 수 있다. 따라서 단순히 변호사와 소비자가 연결될 수 있는 장을 제공하는 것만으로 변호사와 소비자를 직접 연결하는 행위로 평가하기는 어려울 것이고, 일정한 경제적 이익의 수수가 있으나 그것이 직접적인 연결행위의 대가로 볼 수 없는 경우도 직접 연결을 전제로 한 위 규정의 규율대상에 포함된다고 보기 어렵다.

5. 대가수수 광고금지규정의 규율 대상은 이 사건 규정의 수범자인 변호사이고, 규제 대상이 되는 상대방의 행위는 '변호사 또는 소비자로부터 대가를 받고 법률상담 또는 사건 등을 소개·알선·유인하기 위하여 변호사등을 광고·홍보·소개하는 행위'이다. 위 규정이 규제하는 광고·홍보·소개행위의 목적으로 소개·알선·유인을 정하면서도 그 대상을 특정 변호사로 제한하고 있지 아니한 점과 광고·홍보·소개행위의 목적이 소비자를 설득하여 구매를 유도하는 데 있는 점을 고려하면, 대가수수 광고금지규정이 단순히 변호사법이 금지하는 소개·알선·유인행위를 다시 한 번 규제하는 것에 불과하다고 보기 어렵다. 즉, 법률상담 또는 사건 등을 소개하거나 유인할 목적으로 불특정 다수의 변호사를 동시에 광고·홍보·소개하는 행위도 위 규정에 따라 금지되는 범위에 포함된다고 해석된다.

변호사광고에 대한 합리적 규제는 필요하지만, 광고표현이 지닌 기본권적 성질을 고려할 때 광고의 내용이나 방법적 측면에서 꼭 필요한 한계 외에는 폭넓게 광고를 허용하는 것이 바람직하다. 각종 매체를 통한 변호사 광고를 원칙적으로 허용하는 변호사법 제23조 제1항의 취지에 비추어 볼 때, 변호사등이 다양한 매체의 광고업자에게 광고비를 지급하고 광고하는 것은 허용된다고 할 것인데, 이러한 행위를 일률적으로 금지하는 위 규정은 수단의 적합성을 인정하기 어렵다.

대가수수 광고금지규정이 아니더라도 변호사법이나 다른 규정들에 의하여 입법목적을 달성할 수 있고, 공정한 수임질서를 해치거나 소비자에게 피해를 줄 수 있는 내용의 광고를 특정하여 제한하는 등 완화된 수단에 의해서도 입법목적을 같은 정도로 달성할 수 있다. 나아가, 위 규정으로 입법목적이 달성될 수 있을지 불분명한 반면, 변호사들이 광고업자에게 유상으로 광고를 의뢰하는 것이 사실상 금지되어 청구인들의 표현의 자유, 직업의 자유에 중대한 제한을 받게 되므로, 위 규정은 침해의 최소성 및 법익의 균형성도 갖추지 못하였다.

따라서 대가수수 광고금지규정은 과잉금지원칙에 위반되어 청구인들의 표현의 자유와 직업의 자유를 침해한다.

재판관 이선애, 재판관 이은애, 재판관 이종석의 청구인 회사의 자기관련성에 대한 반대의견

이 사건 규정은 변호사 단체 자체적으로 제정한 것으로서 변호사만이 수범자임을 규정하고 있다. 위 규정에 의하여 발생하는 청구인 회사의 불이익은 간접적·경제적·사실적 불이익에 불과하므로, 기본권침해의 자기관련성이 인정되지 아니한다.

재판관 유남석, 재판관 이석태, 재판관 이영진, 재판관 이미선의 유권해석위반 광고금지규정에 대한 보충의견

변협의 유권해석은 그것을 정립하는 절차나 이의를 제기하는 절차 등에 관한 규정이 미비하여 언제든지 변협의 의사에 따라 쉽게 변경될 가능성이 있고, 그로 인해 수범자들에게 예측가능성을 주거나 법집행기관의 자의적인 해석가능성을 배제한다고 보기 어렵다. 나아가, 유권해석위반 광고금지규정 위반이 곧바로 독자적인 징계사유가 되어 표현의 자유를 위축시킬 우려 또한 크다. 만약 현행 법규로 대응하기 어려운 새로운 형태의 광고가 출현하여 규제의 공백이 생겼을 경우에는 관련 회규를 개정하는 절차를 밟아 규율하는 방식을 따라야 할 것이다.

그렇다면 위 규정은 과잉금지원칙에도 위반되어 청구인들의 표현의 자유와 직업의 자유를 침해한다.

재판관 이선애, 재판관 이은애, 재판관 이종석의 대가수수 광고금지규정에 대한 반대의견

대가수수 광고금지규정은 변호사등의 광고행위 일반을 금지하는 것이 아니라, 특정한 변호사에게 사건 등을 소개·알선·유인할 목적으로 이에 결부된 경제적 대가를 지급받고 광고행위를 하는 자에 대한 광고의뢰에 한정하여 금지하는 것으로 해석함이 타당하고, 이것이 변호사법 제23조 제2항 제7호의 위임의 취지에도 부합한다.

변호사 광고가 형식적으로는 광고의 형태를 띠고 있으나 실질적으로는 경제적 대가가 결부된 사건의 알선 등에 해당하는 경우 규제의 필요성이 있음에도 기존의 변호사법의 규제만으로는 공백이 있을 수 있는 점, 기술의 발달로 광고의 방법·형태가 다양해지면서 단지 서비스를 알리는 전통적인 방식의 광고에서 나아가 광고 자체가 소개·알선·유인의 효과를 가지는 경우도 있을 수 있는 점, 사건 등의 소개·알선·유인의 목적이 없는 광고 등의 의뢰는 허용되는 점, 변협은 변호사법의 위임에 따라 금지되는 광고의 방법 등을 정함에 있어 광범위한 재량을 가지는 점 등을 종합하여 보면, 대가수수 광고금지규정은 침해의 최소성 요건을 충족하고, 이로 인하여 제한되는 사익보다 공정한 수임질서 등의 공익이 더 크므로 법익의 균형성도 충족한다.

따라서 대가수수 광고금지규정은 과잉금지원칙에 위반되어 청구인들의 표현의 자유와 직업의 자유를 침해하지 않는다.

【심판대상조문】

변호사 광고에 관한 규정(2021. 5. 3. 전부개정된 것) 제3조 제2항, 제4조 제12호, 제13호, 제14호 중 '협회의 유권해석에 반하는 내용의 광고' 부분, 제5조 제2항 제1호, 제2호, 제3호, 제5호, 제8조 제1항 본문, 제2항 제2호, 제3호, 제4호 중 '협회의 유권해석에 위반되는 행위를 목적 또는 수단으로 하여 행하는 경우' 부분

【참조조문】

헌법 제15조, 제21조 제1항, 제37조 제2항

변호사법(2008. 3. 28. 법률 제8991호로 개정된 것) 제23조 제1항, 제2항, 제90조, 제91조

대한변호사협회 회칙(2010. 2. 8. 개정된 것) 제44조 제5항

【참조판례】

1. 헌재 2013. 5. 30. 2009헌마514, 판례집 25-1, 337, 343

헌재 2015. 3. 26. 2014헌마372, 판례집 27-1상, 383, 390-391

헌재 2019. 11. 28. 2017헌마759, 판례집 31-2상, 563, 567

2. 헌재 2008. 2. 28. 2006헌마1028, 판례집 20-1

상, 311, 324

헌재 2011. 10. 25. 2010헌마661, 판례집 23-2하, 101, 117

헌재 2014. 3. 27. 2012헌마404, 판례집 26-1상, 523, 528-529

3. 헌재 2009. 5. 28. 2007헌바22, 판례집 21-1하, 578, 588

헌재 2016. 7. 28. 2012헌바258, 판례집 28-2상, 1, 8-9

4. 헌재 2007. 8. 30. 2006헌바96, 공보 131, 979, 981-982

헌재 2010. 10. 28. 2009헌바4, 판례집 22-2하, 74, 80

헌재 2013. 2. 28. 2012헌바62, 판례집 25-1, 85, 92-95

헌재 2018. 7. 26. 2018헌바112, 판례집 30-2, 58, 64-69

헌재 2021. 4. 29. 2020헌마783

대법원 2002. 3. 15. 선고 2001도970 판결

5. 헌재 2005. 10. 27. 2003헌가3, 판례집 17-2, 189, 199

헌재 2016. 10. 27. 2015헌마1206등, 판례집 28-2하, 1, 18

헌재 2019. 11. 28. 2016헌마90, 판례집 31-2상, 484, 502

대법원 2002. 3. 15. 선고 2001도970 판결

대법원 2004. 10. 27. 선고 2004도5724 판결

대법원 2013. 1. 31. 선고 2012도2409 판결

【당 사 자】

청 구 인 [별지] 청구인 명단과 같음

【주 문】

1. 대한변호사협회의 변호사 광고에 관한 규정(2021. 5. 3. 전부개정된 것) 제4조 제14호 중 '협회의 유권해석에 반하는 내용의 광고' 부분, 제5조 제2항 제1호 중 '변호사등을 광고·홍보·소개하는 행위' 부분, 제8조 제2항 제4호 중 '협회의 유권해석에 위반되는 행위를 목적 또는 수단으로 하여 행하는 경우' 부분은 헌법에 위반된다.

2. 청구인들의 나머지 심판청구를 모두 기각한다.

【이 유】

1. 사건개요

가. 청구인 이○○ 등 60명은 변호사들이고(이하 '청구인 변호사들'이라 한다), 청구인 주식회사 ○○는 2014년 법률서비스 온라인 플랫폼인 '□□' 서비스를 출시하여 운영하는 사업자로서(이하 '청구인 회사'라고 한다) 변호사법 제23조 제1항에서 정한 변호사·법무법인·법무법인(유한) 또는 법무조합(이하 '변호사등'이라 한다)에 해당하지 아니하는 법인이다.

나. 대한변호사협회(이하 '변협'이라 한다)는 2021. 5. 3. 열린 2021년도 제2차 이사회에서 '변호사 광고에 관한 규정'의 개정을 의결하였는데, 그 주요 내용 중에는 변호사 또는 소비자로부터 경제적 대가를 받고 사건을 소개·알선·유인하기 위하여 변호사등을 광고·홍보·소개하는 행위를 하는 자에게 광고 의뢰를 금지하는 내용, 건전한 수임질서를 해할 우려가 있는 무료 또는 부당한 염가를 표방한 광고를 금지하는 내용, 무료 또는 부당한 염가의 법률상담 방식에 의한 광고를 금지하는 내용 등이 포함되어 있다.

다. 청구인들은 변호사등의 광고·소개·홍보, 그 밖에 변호사등과 소비자를 연결하는 일체의 광고·소개·홍보 등에 관하여 그 방법이나 내용 등을 제한하거나 규제하는 위 '변호사 광고에 관한 규정'(변협 규정 제44호, 2021. 5. 3. 전부개정된 것) 제3조 제2항, 제4조 제12호, 제13호, 제14호 중 '협회의 유권해석에 반하는 내용의 광고' 부분, 제5조 제2항 제1호, 제2호, 제3호, 제5호, 제8조 제1항, 제2항 제2호, 제3호, 제4호 중 '유권해석에 위반되는 행위를 목적 또는 수단으로 하여 행하는 경우' 부분이 청구인들의 표현의 자유, 직업의 자유 등을 침해한다고 주장하면서, 2021. 5. 31. 이 사건 헌법소원심판을 청구하였다.

라. 위 규정은 2021. 5. 4. 공포되어 부칙에 따라 공포일로부터 3월이 경과한 2021. 8. 5. 효력이 발생하였다.

2. 심판대상

청구인들은 변협의 '변호사 광고에 관한 규정' 제8조 제1항 전체에 대하여 헌법소원심판을 청구하였다. 그런데 제8조 제1항 단서는 변호사등의 광고 방법·내용 등의 제한·규제에 관한 예외를 정하고 있고, 청구인들은 이와 같은 예외 사유에 대해서 다투고 있는 것은 아

니므로, 이를 심판대상에서 제외한다.

따라서 이 사건 심판대상은 변협의 '변호사 광고에 관한 규정'(2021. 5. 3. 전부개정된 것, 이하 '이 사건 규정'이라 한다) 제3조 제2항, 제4조 제12호, 제13호 및 같은 조 제14호 중 '협회의 유권해석에 반하는 내용의 광고' 부분, 제5조 제2항 제1호, 제2호, 제3호, 제5호, 제8조 제1항 본문, 제2항 제2호, 제3호 및 같은 항 제4호 중 '협회의 유권해석에 위반되는 행위를 목적 또는 수단으로 하여 행하는 경우' 부분(이하 위 조항들을 모두 합하여 '심판대상조항'이라 한다)이 청구인들의 기본권을 침해하는지 여부이다. 심판대상조항과 관련조항은 다음과 같다.

[심판대상조항]

변호사 광고에 관한 규정(2021. 5. 3. 전부개정된 것)

제3조[광고의 주체] ② 변호사등은 자기가 아닌 변호사·비(非)변호사, 개인·단체, 사업자 등(이하 "타인"이라 한다)의 영업이나 홍보 등을 위하여 광고에 타인의 성명, 사업자명, 기타 상호 등을 표시하여서는 아니 된다.

제4조[광고내용 등의 제한] 변호사등은 스스로 또는 타인을 통하여 다음과 같은 광고를 할 수 없다.

12. 사건 또는 법률사무의 수임료에 관하여 공정한 수임질서를 저해할 우려가 있는 무료 또는 부당한 염가를 표방하는 광고

13. 수사기관과 행정기관의 처분·법원 판결 등의 결과 예측을 표방하는 광고

14. 기타 법령, 변호사윤리장전, 대한변호사협회(이하 "협회") 및 지방회의 회칙이나 규정(이하 "회규")에 위반되거나, 협회의 유권해석에 반하는 내용의 광고

제5조[광고방법 등에 관한 제한] ② 변호사등은 다음 각 호의 행위를 하는 자(개인·법인·기타단체를 불문한다)에게 광고·홍보·소개를 의뢰하거나 참여 또는 협조하여서는 아니 된다.

1. 변호사 또는 소비자로부터 금전·기타 경제적 대가(알선료, 중개료, 수수료, 회비, 가입비, 광고비 등 명칭과 정기·비정기 형식을 불문한다)를 받고 법률상담 또는 사건등을 소개·알선·유인하기 위하여 변호사등과 소비자를 연결하거나 변호사등을 광고·홍보·소개하는 행위

2. 광고 주체인 변호사등 이외의 자가 자신의 성명, 기업명, 상호 등을 표시하거나 기타 자신을 드러내는 방법으로, 법률상담 또는 사건 등을 소개·알선·유인하기 위하여 변호사등과 소비자를 연결하거나 변호사등을 광고·홍보·소개 하는 행위

3. 변호사등이 아님에도 수사기관과 행정기관의 처분·법원 판결 등의 결과 예측을 표방하는 서비스를 취급·제공하는 행위

5. 변호사등이 아님에도 변호사등의 직무와 관련한 서비스의 취급·제공 등을 표시하거나, 기타 소비자로 하여금 변호사등으로 오인하게 만들 수 있는 일체의 행위

제8조[법률상담 광고] ① 변호사등은 무료 또는 부당한 염가의 법률상담 방식에 의한 광고를 하여서는 아니 된다. 다만, 공익을 위한 경우 등 공정한 수임질서를 저해할 우려가 없는 경우에는 그러하지 아니하다.

② 변호사등은 다음에 해당하는 법률상담과 관련한 광고를 하거나 그러한 사업구조를 갖는 타인에게 하도록 허용해서는 아니 된다.

2. 변호사등 또는 소비자가 법률상담 연결 또는 알선과 관련하여 금전·기타 경제적 이익(알선료, 중개료, 수수료, 회비, 가입비, 광고비 등 명칭과 정기·비정기 형식을 불문한다)을 타인에게 지급하는 경우

3. 타인의 영업 또는 홍보의 일환으로 운영되는 법률상담에 참여하는 경우

4. 기타 법령 및 협회의 회규, 유권해석에 위반되는 행위를 목적 또는 수단으로 하여 행하는 경우

[관련조항]

변호사법(2008. 3. 28. 법률 제8991호로 개정된 것)

제23조(광고) ① 변호사·법무법인·법무법인(유한) 또는 법무조합(이하 이 조에서 "변호사등"이라 한다)은 자기 또는 그 구성원의 학력, 경력, 주요 취급 업무, 업무 실적, 그 밖에 그 업무의 홍보에 필요한 사항을 신문·잡지·방송·컴퓨터통신 등의 매체를 이용하여 광고할 수 있다.

② 변호사등은 다음 각 호의 어느 하나에 해당하는 광고를 하여서는 아니 된다.

1. 변호사의 업무에 관하여 거짓된 내용을 표시하는 광고

2. 국제변호사를 표방하거나 그 밖에 법적 근거가 없는 자격이나 명칭을 표방하는 내용의 광고

3. 객관적 사실을 과장하거나 사실의 일부를 누락하

는 등 소비자를 오도(誤導)하거나 소비자에게 오해를 불러일으킬 우려가 있는 내용의 광고

4. 소비자에게 업무수행 결과에 대하여 부당한 기대를 가지도록 하는 내용의 광고

5. 다른 변호사등을 비방하거나 자신의 입장에서 비교하는 내용의 광고

6. 부정한 방법을 제시하는 등 변호사의 품위를 훼손할 우려가 있는 광고

7. 그 밖에 광고의 방법 또는 내용이 변호사의 공공성이나 공정한 수임(受任) 질서를 해치거나 소비자에게 피해를 줄 우려가 있는 것으로서 대한변호사협회가 정하는 광고

③ 변호사등의 광고에 관한 심사를 위하여 대한변호사협회와 각 지방변호사회에 광고심사위원회를 둔다.

④ 광고심사위원회의 운영과 그 밖에 광고에 관하여 필요한 사항은 대한변호사협회가 정한다.

대한변호사협회 회칙(2010. 2. 8. 개정된 것)

제44조[변호사·법무법인·법무법인(유한)·법무조합 등의 보수 및 광고] ⑤ 모든 회원 및 외국법자문사는 광고·선전을 하거나 사무소표지를 설치할 때에는 이 회 또는 소속 지방변호사회가 규칙이나 규정으로 정하는 바에 따라야 한다.

변호사 광고에 관한 규정(2021. 5. 3. 전부개정된 것)

제1조[목적] 이 규정은 변호사법 제23조, 제24조 및 대한변호사협회 회칙 제44조 제5항, 제57조에 의하여 변호사·법률사무소·법무법인·법무법인(유한)·법무조합·합동법률사무소·공동법률사무소(이하 "변호사등"이라 한다)의 광고·소개·홍보, 그 밖에 변호사등과 소비자를 연결하는 광고·소개·홍보 등에 관하여 필요한 사항을 정함을 목적으로 한다.

제2조[정의] ① "변호사등 광고"(이하 "광고")라 함은 변호사등에 관한 소개·홍보, 변호사등이 수행하는 일체의 직무에 관한 소개·홍보, 그 밖의 소비자와 변호사등을 연결하는 일체의 수단과 방법을 말한다.

부칙(2021. 5. 3. 전부개정)

이 규정은 공포한 날부터 3월이 경과함으로써 그 효력이 발생한다.

3. 청구인들의 주장

가. 표현의 자유, 직업의 자유 등 침해

심판대상조항은 법률유보원칙, 명확성원칙, 과잉금지원칙, 신뢰보호원칙을 위반하여 청구인들의 표현의 자유, 직업의 자유를 침해하고, 청구인 변호사들의 행복추구권, 청구인 회사의 재산권을 침해한다.

(1) 법률유보원칙 위반

심판대상조항은 변호사법 제23조의 위임 범위 내에서 변호사 광고에 관하여 정하여야 한다는 한계를 가지는데, 이를 일탈하여 온라인 플랫폼 광고 방법을 원천적으로 금지하였고, 법률의 위임조항 없이 곧바로 청구인들의 기본권을 제한하여 법률유보원칙에 위반된다.

(2) 명확성원칙 위반

이 사건 규정 제4조 제12호와 제8조 제1항 중 '공정한 수임질서를 저해할 우려가 있는', '무료 또는 부당한 염가'의 의미가 명확하지 아니하고, 이 사건 규정 제5조 제2항 중 '참여 또는 협조하여서는 아니 된다' 부분도 그 의미가 불명확하여 명확성원칙에 위반된다.

(3) 과잉금지원칙 및 신뢰보호원칙위반

변협은 심판대상조항의 목적으로 광고업자를 통한 광고를 금지하는 규정에 대하여 '법률시장 교란의 위험이 있는 불공정 수임행위의 차단 및 공정한 수임질서 정착 도모'를 들고 있는바, 형식적인 입법목적이 정당하더라도 위 규정들은 그 목적 달성에 기여하는 수단이 아니고, 부당한 행위를 특정하여 규제하는 것이 아니라 포괄적인 금지를 하는 것은 침해 최소성에 반하며, 그로 인하여 침해되는 청구인들의 이익이 위 공익보다 작지 않으므로 법익의 균형성도 갖추지 못하여 과잉금지원칙에 위반된다. 또한, 청구인들은 법률서비스 온라인 광고 플랫폼 상에 상당한 유·무형의 투자를 지속하여 왔고(신뢰이익), 변호사법상 광고 관련 조항의 연혁에 의하면 위와 같은 신뢰이익은 보호가치가 있으며, 이 사건 규정의 도입으로 인하여 달성되는 공익이 심판대상조항으로 침해되는 청구인들의 이익에 미치지 못하므로, 신뢰보호원칙에도 위반된다.

나. 평등권 침해

심판대상조항은, 청구인 변호사들 입장에서 청구인 변호사들과 다른 직역 종사자 사이, □□ 서비스 이용 변호사와 다른 법률서비스 온라인 광고 플랫폼 이용 변호사 사이에 합리적 근거 없이 차별 취급하고 있어 평등권을 침해하고, 청구인 회사 입장에서 다른 직역 광고업자와 법률서비스 광고업자 사이, 전통 광고업자와 온라인 플랫폼 광고업자 사이, 청구인 회사와 기타 플랫폼 광고업자 사이에 합리적 근거 없이 차별 취급하고 있어 평등권을 침해한다.

다. 헌법상 경제질서 위배

심판대상조항은 법률서비스 온라인 광고 플랫폼을 통한 광고를 금지함으로써 청구인들의 사경제주체로서의 자유로운 경제활동을 지나치게 침해하거나 규제하는 것으로 자유경제질서를 위반한 위헌적 규정이다.

4. 적법요건에 대한 판단

가. 공권력 행사성

(1) 헌법재판소법 제68조 제1항에 의하여 헌법소원의 대상이 되는 행위는 국가기관의 공권력작용에 속하여야 한다. 여기서의 국가기관은 입법·행정·사법 등의 모든 기관을 포함하며, 간접적인 국가행정, 예를 들어 공법상의 사단, 재단 등의 공법인, 국립대학교와 같은 영조물 등의 작용도 헌법소원의 대상이 된다(헌재 2013. 5. 30. 2009헌마514; 헌재 2019. 11. 28. 2017헌마759 참조).

(2) 변호사 광고에 관한 규제는 변호사의 공공성과 공정한 수임질서의 유지, 법률사무에 대한 소비자들의 보호 등 공익적 목적을 달성하기 위하여 변호사등의 기본권을 제한하는 것이다. 이 사건 규정은 변호사법 제23조 제2항 제7호 및 같은 조 제4항의 명시적인 위임에 따라 변호사 광고에 관한 규제를 시행하는 데에 필요한 구체적 사항을 정한 것인바, 비록 그 제정형식이 법규명령이 아니더라도 그것이 상위법령의 위임한계를 벗어나지 아니하는 한 상위법령과 결합하여 대외적인 구속력을 갖는 규범으로서 기능하게 된다(헌재 2015. 3. 26. 2014헌마372 참조).

(3) 그렇다면, 변협은 위와 같이 변호사법에서 위임받은 변호사 광고에 관한 규제를 설정함에 있어 공법인으로서 공권력 행사의 주체가 된다. 나아가, 변협의 구성원인 변호사등은 위 규정을 준수하여야 할 의무가 있고, 이를 위반하게 되면 변호사법 제91조 등 관련 규정에 따라 변협 및 법무부에 설치된 변호사징계위원회에 의하여 변호사법 제90조에서 정한 징계를 받게 되는바, 이 사건 규정이 단순히 변협 내부 기준이라거나 사법적인 성질을 지니는 것이라 보기 어렵고, 수권법률인 변호사법과 결합하여 대외적 구속력을 가진다고 할 것이다. 따라서 변협이 변호사 광고에 관한 규제와 관련하여 정립한 규범인 심판대상조항은 헌법소원의 대상이 되는 공권력의 행사에 해당한다.

나. 청구인 회사의 자기관련성

(1) 헌법소원에 있어서는 원칙적으로 공권력의 행사 또는 불행사의 직접적인 상대방만이 자기관련성이 인정되고, 공권력 작용에 단지 간접적이나 사실적 또는 경제적인 이해관계가 있을 뿐인 제3자의 경우에는 자기관련성이 인정되지 않는다. 다만 공권력 작용의 직접적인 상대방이 아닌 제3자라고 하더라도 공권력 작용이 그 제3자의 기본권을 직접적이고 법적으로 침해하고 있는 경우에는 예외적으로 그 제3자에게 자기관련성이 인정될 수 있을 것이지만, 그 판단에 있어서는 입법의 목적, 실질적인 규율대상, 법규정에서의 제한이나 금지가 제3자에게 미치는 효과나 진지성의 정도 및 직접적인 수범자에 의한 헌법소원 제기의 기대가능성 등이 종합적으로 고려되어야 한다(헌재 2011. 10. 25. 2010헌마661; 헌재 2014. 3. 27. 2012헌마404 참조).

(2) 청구인 회사는 심판대상조항의 직접적인 수범자는 아니지만, 수범자인 변호사의 상대방으로서 법률서비스 온라인 플랫폼을 운영하며 변호사등의 광고·홍보·소개 등에 관한 영업행위를 하고 있는바, 이 사건 규정의 수범자인 변호사가 준수해야 하는 광고방법, 내용 등의 제약을 그대로 이어받게 된다. 이는 실질적으로는 변호사등과 거래하는 위와 같은 사업자의 광고 수주 활동을 제한하거나 해당 부문 영업을 금지하는 것과 다르지 않다(헌재 2008. 2. 28. 2006헌마1028 참조). 심판대상조항의 개정 목적을 살펴보더라도 가장 주요한 것이 청구인 회사가 운영하는 □□ 서비스와 같은 온라인 플랫폼을 규제하는 것이었고, 변협은 이 사건 규정 개정을 전후하여 그러한 입장을 여러 차례에 걸쳐 밝혔다.

따라서 심판대상조항은 청구인 회사의 영업의 자유 내지 법적 이익에 불리한 영향을 주는 것이므로, 기본권침해의 자기관련성을 인정할 수 있다.

다. 소결론

그렇다면 청구인들의 이 사건 심판청구는 모두 적법하다.

5. 본안에 대한 판단

가. 변호사 업무광고에 대한 규제 연혁

(1) 변협은 1993. 6. 28. '변호사 업무광고에 관한 규정'(변협 규정 제44호)을 제정하여 광고할 수 있는 사항을 한정적으로 열거하고, 광고방법과 횟수 등을 제한하는 이른바 '최소 허용 규제'(포지티브) 방식의 규제를

시행하여 오고 있었으나, 변호사법에는 광고에 관한 특별한 근거규정이 없었다.

(2) 변호사법이 2000. 1. 28. 법률 제6207호로 전부개정 되면서 처음으로 변호사 광고에 관한 규정이 신설되었는데(제23조), 위 조항은 종래의 변협 규정과 같이 변호사 광고를 제한적으로 허용하는 것이 아니라 원칙적으로 광고를 허용하고(제1항) 변협이 정하는 광고방식과 내용 등을 제한하는(제2항) 이른바 '최소 규제'(네거티브) 방식의 규제로 변경하였다.

위와 같은 변호사법의 개정에 따라, 변협도 2001. 7. 9. 광고사항을 13개로 제한하고 있던 규정 및 광고비 총액에 대한 제한을 삭제하는 등 '변호사 업무광고에 관한 규정'을 전부개정하였다.

(3) 그 후 구 변호사법(2007. 1. 26. 법률 제8271호로 개정되기 전의 것) 제23조 제2항에서 변협에 위임된 변호사광고 제한의 사유가 지나치게 넓어 소비자에 대한 정보제공 역할이 미흡하다는 지적이 계속되자, 2007. 1. 26. 법률 제8271호로 개정된 변호사법 제23조 제2항은 광고에 대한 규제는 국민의 기본권을 제한하는 사항이므로 금지되는 광고의 범위를 법에서 직접 규정하고, 법률로 금지된 광고를 제외하고는 변협의 자율적 통제를 보장하는 내용으로 개정되었으며, 이는 일부 문구만이 수정되어 현재에 이르고 있다.

위 법률 개정에 따라 변협도 2007. 2. 5. '기존의 규제 위주의 입장에서 탈피하여 광고를 널리 허용하는 것을 원칙으로 하되 필요 최소한의 제한만을 규정함으로써 국민에게 변호사를 선택하는데 도움을 주고 변호사로 하여금 공정한 경쟁에 의하여 고객을 유치할 수 있도록 개정한다'는 이유를 들어 '변호사 업무광고 규정'을 전부개정하였고, 같은 날 인터넷 등의 특수성을 감안한 '인터넷 등을 이용한 변호사 업무광고 기준'도 제정하였다.

(4) 이후 변협은 2016. 6. 27. 인터넷, 휴대폰, 이메일 등 광고방법이 급속도로 발전함에 따라 변호사 업무광고의 형태, 내용, 방법 등이 다양해지고 있으므로, 광고의 방법 및 내용이 변호사의 품위유지, 변호사의 공공성, 공정한 수임질서를 지키는 범위 안에서 자유롭게 이루어지도록 규제를 완화할 필요가 있다는 이유를 들어 '변호사 업무광고 규정'을 전부개정하였고, 종래 세부기준이었던 '인터넷 등을 이용한 변호사 업무광고 기준'을 폐지하면서 위 규정에서 함께 규율하였다.

(5) 이 사건 규정은 종래의 '변호사 업무광고 규정'(2016. 12. 30. 개정되고, 2021. 5. 3. 전부개정되기 전의 것, 이하 '구 광고규정'이라 한다)을 2021. 5. 3. 개정한 것인데, 주요 내용과 개정 취지는, ① 특정 광고방법 등 제한의 폐지(제5조 제1항 관련), ② '전문' 표시 사용의 허용(제7조 제1항 관련), ③ 법률시장 교란의 위험이 있는 불공정 수임행위 차단 및 공정한 수임질서 정착을 위해 새로운 형태의 법률사무 또는 변호사 소개·알선 등 광고행위에 대한 변호사 참여 규율(제5조 제2항 관련) 및 수임료 덤핑 행위 등 불공정 수임행위로 인한 피해 예방(제4조 관련) 등이다.

나. 제한되는 기본권

(1) 헌법은 제21조 제1항에서 "모든 국민은 언론·출판의 자유…를 가진다."라고 규정하여 현대 자유민주주의의 존립과 발전에 필수불가결한 기본권으로 언론·출판의 자유를 강력하게 보장하고 있는바, 광고물도 사상·지식·정보 등을 불특정다수인에게 전파하는 것으로서 언론·출판의 자유에 의한 보호를 받는 대상이 된다(헌재 2002. 12. 18. 2000헌마764 참조). 한편 헌법 제15조는 직업수행의 자유 내지 영업의 자유도 보장하고 있는바, 상업광고를 제한하는 입법은 직업수행의 자유도 동시에 제한하게 된다(헌재 2005. 10. 27. 2003헌가3; 헌재 2014. 3. 27. 2012헌바293; 헌재 2015. 12. 23. 2012헌마685 등 참조).

이 사건 규정은 변협이 변호사법 제23조 제2항 제7호의 위임을 받아 변호사등이 광고를 함에 있어 금지되는 광고의 방법 또는 내용 등을 정한 것이고, 청구인 변호사들은 변호사법 제25조, 변협 회칙 제9조 제1항에 따라 위 규정을 준수할 의무가 있으며, 이를 위반할 경우 변호사법 제91조 제2항 제2호, 제90조에 따라 제명, 3년 이하 정직, 3천만 원 이하의 과태료, 견책의 징계를 받을 수 있다. 따라서 심판대상조항은 청구인 변호사들의 표현의 자유, 직업의 자유를 제한한다.

청구인 회사는 법률서비스 온라인 플랫폼 사업자로서 변호사등의 광고·홍보·소개 등에 관한 영업행위에 직접적인 영향을 받게 되므로 직업의 자유를 제한받게 된다.

(2) 청구인 변호사들은 심판대상조항이 헌법 제10조의 행복추구권을 침해한다고도 주장하나, 기본권의 내용상 특별성을 가지는 직업의 자유의 침해 여부를 판단하는 이상, 이를 판단하지 아니한다(헌재 2007. 8. 30. 2006헌바96 참조).

(3) 청구인 회사는 심판대상조항이 재산권을 침해한

다고 주장하나, 청구인 회사가 심판대상조항으로 인하여 □□ 서비스를 기존과 같이 운영하지 못하는 영업상 어려움으로 경제적인 손해를 입게 된다고 하더라도 이는 사실상의 영향에 지나지 않으므로, 이 사건 심판대상조항이 청구인 회사의 재산권을 제한한다고 보기 어렵다(헌재 2015. 6. 25. 2013헌마198 참조).

(4) 청구인들은, 그들과 다른 직역 종사자 사이에 규제의 차이로 평등권이 침해된다고 주장하나, 다른 직역 종사자와 청구인들을 그 직무의 내용 및 성질, 목적 또는 사명, 자격요건, 의무 등에 차이가 있으므로 평등이 문제되는 비교집단이 되기 어려운바, 이에 대하여 판단하지 않는다(헌재 2012. 11. 29. 2010헌바454 참조). 또한, 심판대상조항은 그 문언상 □□ 서비스 이용 변호사와 다른 법률서비스 온라인 광고 플랫폼 이용 변호사 사이는 물론, 전통 광고업자와 온라인 플랫폼 광고업자 사이, 청구인 회사와 기타 플랫폼 광고업자를 차별하고 있다고 볼만한 근거가 없으므로, 이 부분 청구인들의 주장에 대해서도 판단하지 않는다.

(5) 청구인들은 심판대상조항이 헌법상 경제질서에 위배된다고 주장하나, 헌법 제119조의 경제질서는 국가의 경제정책에 대한 헌법적 지침으로서 직업의 자유와 같은 경제에 관한 기본권에 의하여 구체화되는 것이다. 따라서 청구인들의 헌법 제119조에 관한 주장 역시 직업의 자유 침해 여부에 대하여 심사하는 것으로 충분하므로 별도로 판단하지 않는다(헌재 2018. 6. 28. 2016헌바77등 참조).

(6) 한편, 심판대상조항이 명확성 원칙에 위반되는지 여부는 법률유보원칙 위반 여부와 관련하여 심판대상조항이 법률에서 위임한 범위 내에서 그 의미와 내용을 명확하게 정하고 있는지를 살펴보는 과정에서 함께 판단되므로 별도로 판단하지 아니한다.

(7) 이하에서는 심판대상조항이 법률유보원칙, 과잉금지원칙, 신뢰보호원칙을 위반하여 청구인들의 표현의 자유, 직업의 자유를 침해하는지에 대하여 살펴본다.

다. 법률유보원칙 위반 여부

(1) 법률유보원칙

법률이 행정부에 속하지 않는 기관의 자치규범에 특정 규율 내용을 정하도록 위임하더라도 그 사항이 국민의 권리 의무에 관련되는 것일 경우에는 적어도 국민의 권리와 의무의 형성에 관한 사항을 비롯하여 국가의 통치조직과 작용에 관한 기본적이고 본질적인 사항은 반드시 국회가 정하여야 한다는 법률유보 내지 의회유보의 원칙이 지켜져야 한다(헌재 2001. 4. 26. 2000헌마122; 헌재 2012. 4. 24. 2010헌바1 등 참조).

심판대상조항을 비롯한 이 사건 규정은 변호사법 제23조 제2항 제7호, 제23조 제4항의 법률상 명시적인 위임을 받아 제정된 것으로서, 법률상의 근거가 있다. 변호사법 제23조의 내용을 보면, 변호사등의 광고를 원칙적으로 허용하면서(제1항), 광고의 내용이나 방법이 변호사의 공공성 또는 소비자의 권리를 침해할 우려가 있는 경우 이를 한정적으로 열거하는 방식으로 금지하고 있는바(제2항), 국회가 국민의 권리와 의무에 관한 본질적인 사항을 법률에서 정하고 있지 아니하다고 보기 어렵다.

한편, 사회의 변화와 과학기술의 발전에 따라 변호사 광고의 방법과 내용의 유형 또한 다양해지고 있는데, 이러한 현실의 변화에 대응하여 제한할 광고의 방법과 내용을 적절히 규율하기 위해서는 변호사 단체로서 전문성을 가진 변협이 여러 요소를 고려하여 유연하게 그 범위를 정하게 할 필요성이 있다. 이에 변호사법은 위 사항을 변협에 위임하고 있는 것이므로, 그 제한 중 일부를 법률에서 직접 규정하지 아니하였다고 해서 기본권 제한의 본질적 사항에 관한 법률유보원칙을 위반하였다고 볼 수 없다.

(2) 위임의 한계 일탈 여부

청구인들은 수권법률인 변호사법 제23조에 따라 허용되는 광고가 심판대상조항으로 인하여 금지되는 결과를 낳게 되므로, 심판대상조항이 모법이 정한 위임한계를 일탈하였다고 주장한다.

위에서 본 바와 같이 기본권제한에 관한 법률유보원칙 하에서도 필요한 경우 하위규범에 위임하는 것이 가능하지만, 이러한 수권을 받아 제정된 하위규범의 내용은 어디까지나 위임 범위 내일 것을 요한다.

심판대상조항의 수권법률인 변호사법 제23조 제2항 제7호는 '광고의 방법 또는 내용이 변호사의 공공성이나 공정한 수임 질서를 해치거나 소비자에게 피해를 줄 우려가 있는 것'을 변협이 정할 수 있도록 위임하고 있다. 심판대상조항은 그러한 위임을 받아 광고의 주체(제3조 제2항), 광고내용(제4조), 광고방법(제5조), 법률상담 광고(제8조) 등에 관하여 일정한 제한을 설정하고 있다. 그런데 위 내용들이 법률에서 위임하고 있는 내용의 한계 내에 머물러 있는 것인지를 판단하기 위해서는 이 사건 심판대상조항에서 규율하고 있는 내용의 의미를 밝힐 필요가 있다. 아래에서는 그 의미와 관련하여 문제되는 것들을 중심으로 이들이 수권법률로부터 위임된 범위 안에서 그 의미와 내용을 명확하게 정하고 있는지를 살펴본다.

(3) 위임 범위 내로서 명확한 규정인지 여부

(가) 이 사건 규정 제4조 제14호 중 '협회의 유권해석에 반하는 내용의 광고' 부분 및 제8조 제2항 제4호 중 '협회의 유권해석에 위반되는 행위를 목적 또는 수단으로 하여 행하는 경우' 부분(이하 위 두 조항을 합하여 '이 사건 유권해석위반 광고금지규정'이라 한다)

1) 이 사건 규정 제4조 제14호는 변호사등이 스스로 또는 타인을 통하여 '협회의 유권해석에 반하는 내용의 광고'를 하는 것을 금지하고 있고, 제8조 제2항 제4호는 변호사등이 '협회의 유권해석에 위반되는 목적 또는 수단'을 통해 법률상담과 관련한 광고를 하거나 타인에게 하도록 하는 것을 금지하고 있다.

그런데 이 사건 유권해석위반 광고금지규정은 단순히 '협회의 유권해석에 위반되는'이라는 표지만을 두고 그에 따라 금지되는 광고의 내용 또는 방법 등을 한정하지 않고 있다. 이에 해당하는 내용 등이 무엇인지는 변호사법이나 변협 회칙, 이 사건 규정 등을 살펴보더라도 알기 어렵다. '유권해석'이라는 표현은 변협의 회규 중 이 사건 규정에서 유일하게 사용되고 있으며, 변리사나 공인회계사 등 다른 전문 직역의 회규를 살펴보아도 '유권해석'이라는 표현 또는 이를 위반할 경우 징계하는 내용의 규정을 찾아볼 수 없다.

한편, 변호사법 제23조는 변호사등의 광고에 관한 심사를 위하여 변협과 각 지방변호사회에 광고심사위원회를 둔다고 규정하고(제3항), 그 운영에 관하여 필요한 사항은 변협에 위임하고 있는바(제4항), 변협은 그 위임에 따라 이 사건 규정 제15조 제4항에서 '변협 광고심사위원회 위원장이 변호사 광고에 관한 규정과 관련한 법령 및 광고허용 범위의 해석을 한다'고 규정하고 있고, 이와 별개로 이 사건 제17조 제3항에서 '변호사 및 이해관계자의 광고 내용 또는 방법 등에 관한 질의에 대해 선례가 없거나 그 해석이 모호한 경우 변협 협회장은 변협 광고심사위원회의 의견을 들어 질의에 대한 답변을 회신한다'고 규정하고 있다. 이 사건 유권해석위반 광고금지규정의 '협회의 유권해석'을 전자의 일반적·추상적인 법령 해석이라고 보든, 후자의 개별적·구체적인 사안에 대한 질의 회신이라고 보든, 위 규정 위반이 징계사유가 될 수 있음을 고려하면 적어도 수범자인 변호사등은 이 사건 유권해석위반 광고금지규정에서 유권해석을 통해 금지될 수 있는 내용들의 대강을 알 수 있어야 한다.

그런데 수범자들은 유권해석이 내려지기 전까지는 금지되는 내용이 무엇인지 도저히 알 수 없다. 특히 이 사건 규정은 그 수범자가 특정 광고 행위를 하고자 할 때 참조할 수 있는 마지막 단계의 규율임에도, 스스로 그 내용을 파악하여 광고 행위 여부를 정하지 못하고 변협의 유권해석을 통해 확인받아야 한다는 점에서 규율의 예측가능성이 현저히 떨어진다. 그뿐만 아니라, 설령 어떤 특정 사안이나 관련 법령에 대한 변협의 유권해석이 있다고 하더라도, 그것이 과연 수범자가 하고자 하는 광고 행위에까지 적용되는 것인지 미리 판단하기 어렵고, 이는 결국 법집행기관의 자의적인 해석을 배제할 수 없는 문제가 있다.

따라서 이 사건 유권해석위반 광고금지규정은 수권법률로부터 위임된 범위를 벗어나는 규율 내용까지 포함할 가능성이 있으므로, 위임 범위 내에서 명확하게 규율 범위를 정하고 있다고 보기 어렵다.

2) 그러므로 이 사건 유권해석위반 광고금지규정은 법률유보원칙을 위반하여 청구인들의 표현의 자유, 직업의 자유를 침해한다.

(나) 이 사건 규정 제5조 제2항의 '참여 또는 협조하여서는 아니 된다' 부분

1) '참여'의 사전적 의미는 '어떤 일에 끼어들어 관계함'이고 '협조'는 '힘을 보태어 도움'으로서 다의적인 해석이 가능한 개념을 사용하고 있지만, 집행하는 기관들의 주관적인 가치관이나 윤리관에 따라 그 의미가 달라져 자의적 집행 가능성이 있는 개념이라고 보기 어렵고, 그 규제 범위가 광범위하다는 이유로 '참여 또는 협조'의 의미 자체가 불명확해지는 것은 아니다(헌재 2017. 8. 31. 2016헌가11 참조).

이 사건 규정은 변호사법 제23조 등의 위임을 받아 변호사등과 소비자를 연결하는 광고·소개·홍보에 관하여 필요한 사항을 정하는 것을 목적으로 하고 있고(제1조), 이 사건 규정 제5조 제2항은 제1호 내지 제6호에서 금지되는 광고 행위 유형을 구체적으로 정하고 있는바, 제2항 중 '각 호의 행위를 하는 자에게 참여 또는 협조하여서는 아니 된다'의 의미 또한 위 각 호와 연관지어 보아야 한다. 즉, 이 사건 규정 제5조 제2항의 '참여 또는 협조하여서는 아니 된다'의 의미는 위 조항 각 호에 따라 금지되는 형태의 행위에 참여 또는 협조하는

방법으로 가담하여서는 아니 된다는 의미를 가지고 있으므로, 이 사건 규정의 수범자인 변호사들로서는 위 규정이 그와 같은 경우에 적용되는 것이라는 점을 충분히 알 수 있다. 특히 위 제5조 제2항 각 호에서 금지하는 광고에 참여하거나 협조하는 행위 또한 그 수권조항인 변호사법 제23조에서 위임하고 있는 '변호사의 공공성이나 공정한 수임질서를 해치거나 소비자에게 피해를 줄 우려가 있는' 경우로서 수권조항의 위임 범위 내에 있는 것으로 볼 수 있다.

2) 따라서 위 조항 부분은 법률유보원칙에 위배되지 아니한다.

(다) 이 사건 규정 제4조 제12호의 '공정한 수임질서를 저해할 우려가 있는 무료 또는 부당한 염가' 부분 및 제8조 제1항의 '무료 또는 부당한 염가' 부분

1) 이 사건 규정 제4조 제12호는 변호사등이 '사건 또는 법률사무의 수임료에 관하여 공정한 수임질서를 저해할 우려가 있는 무료 또는 부당한 염가를 표방'하는 내용의 광고를 스스로 하거나 타인을 통하여 하는 것을 금지하고 있다. 이 사건 규정 제8조 제1항 본문은 변호사등이 '무료 또는 부당한 염가의 법률상담 방식에 의한 광고'를 금지하면서, 같은 항 단서에서 공익을 위한 경우 등 공정한 수임질서를 저해할 우려가 없는 경우에는 예외적으로 허용하고 있다.

이 사건 규정 제8조 제1항 단서에서 정한 바와 같이 공익을 위한 경우 등은 공정한 수임질서를 저해할 우려가 없는 경우라고 볼 수 있는데, 변호사법 제27조에서는 변호사에게 '공익활동'의무를 부과하고 있고, 변호사법 시행령 제7조의3의 각 호에서는 국선변호 또는 국선대리(제1호), 변협 또는 지방변호사회가 지정하는 무상 공익활동(제2호), 공익법인 또는 비영리법인에 대하여 무료로 제공하는 법률서비스(제3호) 등을 변호사법 제31조 제3항 단서 및 같은 조 제5항의 '공익목적 수임'의 예로 들고 있으며, 변협 자체적으로도 '공익활동 등에 관한 규정'(규정 제54호)을 제정하여 제2조에서 '공익활동'에 대하여 구체적으로 정하고 있다.

나아가, 이 사건 규정의 수권법률인 변호사법 제23조 제2항 제7호에서도 위 표지와 같은 '공정한 수임 질서를 해치는 광고'라는 개념을 사용하고 있는데, 같은 항 제1호 내지 제6호에 열거되어 금지된 광고, 특히 소비자를 오도할 우려가 있는 내용의 광고(제3호), 소비자에게 업무수행 결과에 대하여 부당한 기대를 가지도록 하는 내용의 광고(제4호), 다른 변호사등을 비방하거나 자신의 입장에서 비교하는 내용의 광고(제5호) 등이 공정한 수임질서를 해치는 구체적인 예로 볼 수 있다. 변호사법의 위와 같은 위임을 받아 제정된 이 사건 규정 제4조 제11호는 '변호사 보수액에 관하여 견적, 입찰, 비교 등을 표방하는 광고'를 공정한 수임질서를 저해할 수 있는 내용의 광고의 하나로 명시하고 있고, 제8호의 '과거에 취급하였거나 관여한 사건이나 현재 수임 중인 사건 또는 의뢰인을 표시하는 내용의 광고'나 제9호의 '법률사건이나 법률사무의 수임을 위하여 재판이나 수사 등 업무에 종사하는 공무원과의 연고 등 사적인 관계를 드러내며 영향력을 미칠 수 있는 것으로 선전하거나 암시하는 내용의 광고'도 일례가 될 수 있다.

변호사법 및 이 사건 규정의 입법취지와 위와 같은 관련 조항들의 내용 등에 비추어 보면, 위 규정들은 앞서 본 위임 범위 내에서 그 내용의 대강을 알 수 있도록 정하고 있으므로 이것이 위임 범위 밖에 있다고 보기 어렵다.

2) 그러므로 이 사건 규정 제4조 제12호의 '공정한 수임질서를 저해할 우려가 있는 무료 또는 부당한 염가' 부분 및 제8조 제1항의 '무료 또는 부당한 염가' 부분은 법률유보원칙에 위배되지 아니한다.

라. 과잉금지원칙 위반 여부

(1) 입법목적의 정당성

이 사건 규정은 법조 시장의 공정성을 저해하는 전자적 매체를 통한 새로운 방식의 광고가 무분별하게 확장하는 현 상황에 대응하여 개정된 것이다. 이는 인터넷 등을 기반으로 하는 각종 법률 플랫폼 사업자들이 비변호사의 지위를 유지하면서 변호사법의 제한으로부터 벗어나 다수의 변호사들로부터 의뢰를 받아 법률 소비자들에게 변호사를 소개·알선하는 영업 과정에서 무료 또는 부당한 염가의 법률사무 보수를 표방하거나 최저가 등의 표현을 사용하는 등 공정한 수임질서를 저해하는 것을 방지하여 법률 소비자를 보호하기 위한 것이다.

이와 같이 심판대상조항은 변호사의 공공성이나 공정한 수임질서의 훼손을 방지하고 법률 소비자의 피해를 막기 위한 것으로서 입법목적의 정당성이 인정된다.

(2) 심판대상조항별 검토

(가) 이 사건 규정 제3조 제2항, 제5조 제2항 제2호, 제8조 제2항 제3호

1) 수단의 적합성

이 사건 규정 제3조 제2항은 '변호사등이 광고에 자기가 아닌 타인의 영업이나 홍보 등을 위하여 타인의 상호 등을 표시하는 것'을 금지하고 있고, 제5조 제2항 제2호는 '광고 주체인 변호사등 이외의 자가 자신의 상호 등을 드러내는 방법으로 변호사등과 소비자를 연결하거나 변호사등을 광고하는 행위를 하는 경우, 변호사는 그 행위자에게 광고를 의뢰하거나 참여·협조하는 것'을 금지하고 있으며, 제8조 제2항 제3호는 '변호사등이 타인의 영업 또는 홍보의 일환으로 운영되는 법률상담에 참여'하는 내용의 광고를 금지하고 있다.

변호사법 제23조 제1항에 따라 원칙적으로 허용되는 광고의 형태는 변호사등의 그 업무에 관하여 정보를 제공하는 것인데, 그러한 광고에 타인의 상호 또는 그 영업이나 홍보 관련 사항을 표시하지 못하게 하는 것은 변호사의 영리추구 활동을 제한하고 그 직무에 관하여 고도의 공공성과 윤리성을 담보하며 수임질서를 유지하여 소비자를 보호하기 위한 적합한 수단으로 볼 수 있다.

2) 침해의 최소성

이 사건 규정 제3조 제1항은 변호사들이 '자신의 이름으로' 광고를 해야 된다고 규정하고 있는데, 이는 공공성을 지닌 법률 전문직으로서 국가권력은 물론 일반 사인 중 어느 누구로부터도 지배받지 아니하고 자신의 독자적인 소신에 따라 직무를 수행하는 변호사의 지위와 밀접한 관련이 있다.

이러한 요청에 따라 변호사법은, 변호사가 타인에게 자기의 명의를 이용하게 하는 행위(제34조 제3항 후단), 변호사가 아닌 자가 변호사를 고용하여 법률사무소를 운영하는 행위(제34조 제4항), 변호사가 변호사 아닌 자와 이익을 분배하는 행위(제34조 제5항)를 모두 금지하고 이를 위반할 경우 형사처벌 하는 규정을 두고 있다.

이 사건 규정 제3조 제2항과 제5조 제2항 제2호는, 변호사가 법률사무 처리와 밀접한 관련이 있는 변호사 업무 광고를 함에 있어 타인의 영업이나 홍보에 변호사가 이용되거나, 변호사가 변호사 아닌 자와 제휴 또는 이해관계가 있다는 그릇된 인상을 주는 것을 방지하기 위하여 타인의 상호 등이 광고에 표시되는 것을 금지하는 것이고, 이는 이 사건 규정 제8조 제2항 제3호의 경우도 마찬가지이다. 위 조항들로 인한 제한은 현재의 변호사 제도가 변호사에게 법률사무 전반을 독점시키고 있음에 따라 발생하는 규제로서 변호사가 감수하여야 할 부분이기도 하다(헌재 2013. 2. 28. 2012헌바62 참조). 변호사의 공공성과 독립성을 담보하기 위해 위와 같은 표시행위를 금지하는 것 외에 위 규정과 동일한 정도로 입법목적을 달성하면서도 변호사등의 기본권을 덜 제한하는 입법대안을 상정하기 어렵다.

따라서 위 규정들은 침해의 최소성 요건을 충족한다.

3) 법익의 균형성

위 조항으로 인하여 청구인 변호사들이 궁극적으로 받는 불이익은 그와 같은 광고를 하지 못하게 됨에 따르는 수임 기회의 제한이고, 청구인 회사 입장에서는 청구인 회사 상호를 표시하는 방법으로 변호사등을 광고하는 영업을 할 기회의 제한이다. 그러나 청구인 변호사들은 변호사법 제23조 제2항 및 이 사건 규정 등에서 제한하는 방식을 제외한 여러 광고 방법을 사용할 수 있고, 청구인 회사 입장에서도 앞서 본 동업 금지 등 변호사법에서 금지하고 있는 방식에 저촉되지 않는 방식으로 변호사 광고 영업을 계속할 수 있다. 결국 위 조항으로 달성하고자 하는 공익은 제한되는 사익보다 크다고 할 것이므로, 위 규정들은 법익의 균형성도 갖추었다.

4) 따라서 위 규정들은 과잉금지원칙에 위배되지 아니한다.

(나) 이 사건 규정 제4조 제12호, 제8조 제1항 본문

1) 수단의 적합성

구체적인 사건의 내용을 알지 못하는 상황에서 무료 또는 염가의 수임료를 표방하는 광고나 무료 또는 부당한 염가의 법률상담 방식에 의한 광고가 이루어질 경우 공정한 수임질서를 해칠 위험이 있고, 전문적이고 충분하지 못한 업무처리 내지 상담으로 인해 소비자들에게 피해를 줄 우려도 있는바, 그러한 내용의 광고를 제한하는 것은 공정한 수임질서의 유지와 소비자 피해의 방지라는 입법목적을 달성하기 위한 적합한 수단이다.

2) 침해의 최소성

법률상담은 법적 분쟁에 관련되는 실체적, 절차적 사항에 관하여 조언 또는 정보를 제공하거나 그 해결에 필요한 법적, 사실상의 문제에 관하여 조언, 조력을 하는 행위이고(대법원 2005. 5. 27. 선고 2004도6676 판결 참조), 의뢰인과 위임계약을 체결한 변호사로서는 위임의 내용에 따라 선량한 관리자의 주의의무를 다하여야 하며, 특히 소송대리를 위임받은 변호사는 그 수임사무를 수행함에 있어 전문적인 법률지식과 경험에 기초하여 성실하게 의뢰인의 권리를 옹호할 의무가 있

다(대법원 2004. 5. 14. 선고 2004다7354 판결 참조). 한편, 변호사와 의뢰인 사이에 수임료나 법률상담료는 계약 자유의 원칙에 따라 변호사의 경력, 제공하는 용역의 내용 및 시간, 소비자의 경제적 사정 등 여러 요소를 고려하여 자유롭게 결정된다.

이 사건 규정 제4조 제12호나 제8조 제1항 본문은 사전에 무료 또는 부당한 염가를 표방함으로써 공정한 수임질서를 저해할 우려가 있는 광고 행위만을 금지하는 것이고, 변호사의 조력을 필요로 하는 사람들을 상대로 변호사법에서 허용하는 경력, 주요 취급 업무, 업무 실적 등 업무의 홍보에 필요한 사항을 광고하는 것을 금지하지 않는다. 나아가 위 규정들은 공익을 위한 경우 등 공정한 수임질서를 저해할 우려가 없는 경우에는 수임료나 법률상담료를 받지 아니한다는 광고가 가능한 예외를 두고 있으며, 앞서 본 바와 같이 어떤 경우에 위 예외에 해당하는지는 변호사법 시행령 제7조의3, 변협의 '공익활동 등에 관한 규정' 등을 통해 충분히 파악할 수 있다.

'공정한 수임질서를 저해할 우려가 있는' 무료 또는 부당한 염가의 수임료를 표방하거나 무료 또는 부당한 염가의 법률상담 방식에 의한 광고를 금지하는 것 외에 위 규정과 동일한 정도로 입법목적을 달성하면서도 변호사등의 기본권을 덜 제한하는 입법대안을 상정하기 어려우므로, 위 규정들은 침해의 최소성 요건을 충족한다.

3) 법익의 균형성

무료 또는 부당한 염가의 수임료를 표방하거나 무료 또는 부당한 염가의 법률상담 방식을 내세운 광고를 금지하는 것은, 무고한 법률 소비자들의 피해를 막고 정당한 수임료나 법률상담료를 제시하는 변호사들을 보호함으로써 공정한 수임질서를 확립하기 위한 것으로 그 공익은 매우 중대하다. 위와 같은 내용의 광고를 제외하고도 청구인들에게는 다양한 방법과 내용의 광고가 원칙적으로 허용되는 점과 위 조항들로 인한 제한은 변호사에게 법률사무 전반을 독점시키고 있음에 따라 발생하는 규제인 점 등을 고려하면, 위 조항으로 달성하고자 하는 공익은 제한되는 사익보다 크다고 할 것이므로, 위 규정들은 법익의 균형성도 갖추었다.

4) 따라서 위 규정들은 과잉금지원칙에 위배되지 아니한다.

(다) 이 사건 규정 제4조 제13호, 제5조 제2항 제3호

1) 수단의 적합성

수사기관과 행정기관의 처분이나 법원 판결 등의 결과 예측을 표방하는 광고를 금지하는 위 규정들은 법률사무 처리의 공공성과 신뢰성을 유지하고 소비자의 피해를 방지라는 입법목적을 달성하기 위한 적합한 수단이다.

2) 침해의 최소성

변호사법 제23조 제2항은 소비자를 오도하거나 오해를 불러일으킬 우려가 있는 내용의 광고(제3호), 소비자에게 업무수행결과에 대하여 부당한 기대를 가지도록 하는 내용의 광고(제4호)를 금지하고 있고, 구 광고규정과 이 사건 규정 제4조 제3호에서 공히 '승소율, 석방률 기타 고객으로 하여금 업무수행결과에 대하여 부당한 기대를 가지도록 하는 내용의 광고'를 금지하고 있다. 이는 승소율이나 석방률이 통계수치로만 의미를 가질 뿐 특정한 의뢰인이나 사건과 관련하여 그 사건의 결과가 어떠하리라는 점을 보증해 줄 수 있는 자료가 아니므로 그 자체로 고객을 오도하거나 업무수행결과에 대하여 부당한 기대를 가지도록 할 가능성이 있기 때문이다.

처분이나 판결의 결과 역시 구체적인 개별 사건에 따라 여러 가지 다양한 요인들이 작용하여 도출된 것으로서, 그러한 결과를 객관적으로 정확하게 산출한다는 것 자체를 기대하기 어렵다. 위와 같은 결과 예측을 표방하는 광고를 금지하는 것 외에 위 규정과 동일한 정도로 입법목적을 달성하면서도 변호사등의 기본권을 덜 제한하는 입법대안을 상정하기 어렵다.

따라서 위 규정들은 침해의 최소성 요건을 충족한다.

3) 법익의 균형성

특정한 내용의 광고만을 금지하는 위 규정으로 인하여 제한되는 청구인들의 사익은 위 규정들로 달성하려는 법률사무 처리의 공공성과 신뢰성 유지, 소비자 피해방지라는 공익보다 크다고 할 수 없으므로, 위 규정들은 법익의 균형성도 갖추었다.

4) 따라서 위 규정들은 과잉금지원칙에 위배되지 아니한다.

(라) 이 사건 규정 제5조 제2항 제1호 중 '변호사등과 소비자를 연결' 부분, 제8조 제2항 제2호

1) 수단의 적합성

이 사건 규정 제5조 제2항 제1호는 '경제적 대가를 받고 법률상담 또는 사건 등을 소개·알선·유인하기 위하여 변호사등과 소비자를 연결하는 자'에게 광고 의뢰 등을 금지하고 있고, 제8조 제2항 제2호는 '법률상담의

연결 또는 알선과 관련하여 경제적 이익을 타인에게 지급하는 형태'의 광고를 금지하고 있다.

경제적 대가가 결부된 사건 등의 알선 행위에 터 잡은 광고 행위를 규제하는 위 규정들은 변호사의 공공성 및 공정한 수임질서의 유지, 소비자의 피해방지라는 입법목적을 달성하기 위한 적합한 수단이다.

2) 침해의 최소성

변호사법 제109조 제1호 후단은 '비변호사가 이익을 받고 법률상담이나 법률사무 취급을 알선하는 행위'를 금지하고 이를 위반하는 자를 형사처벌하고 있다. 변호사의 경우 '법률사무의 수임에 관하여 소개·알선 또는 유인의 대가로 이익을 제공 또는 약속하는 행위'(변호사법 제34조 제2항)와 '제109조 제1호에 규정된 자로부터 법률사무의 수임을 알선받는 행위'(변호사법 제34조 제3항)가 모두 금지되며, 위 각 조항의 위반은 변호사법 제109조 제2호에 따라 형사처벌 대상이다. 위와 같은 변호사법 규정들은 여러 헌법재판소 선례에서 헌법적 정당성이 인정된 바 있다(헌재 2007. 8. 30. 2006헌바96; 헌재 2010. 10. 28. 2009헌마4; 헌재 2013. 2. 28. 2012헌바62; 헌재 2018. 7. 26. 2018헌바112; 헌재 2021. 4. 29. 2020헌마783 등 참조).

위 규정들은 변호사법 제34조 제1항 제1호와 규정 형식이 유사하나, '특정한' 변호사라는 표지가 들어가 있지 아니한 차이가 있다. 그러나 공통적인 행위태양인 '연결(連結)'의 사전적 의미(사물과 사물을 서로 잇거나 현상과 현상이 관계를 맺게 함)나 변호사법위반 사건에서 '양자 간에 위임계약 등의 체결을 주선, 중재하거나 그 편의를 도모하는 행위'라는 '알선'의 의미(헌재 2013. 2. 28. 2012헌바62; 대법원 2002. 3. 15. 선고 2001도970 판결 참조)에 비추어 보면, 위 규정들은 법률상담이나 사건에서 변호사와 소비자를 직접 이어주는 것과 관련하여 경제적 이익을 지급하는 형태의 광고를 금지하는 것으로 해석할 수 있다. 따라서 단순히 변호사와 소비자가 연결될 수 있는 장을 제공하는 것만으로 변호사와 소비자를 직접 연결하는 행위로 평가하기는 어려울 것이고, 일정한 경제적 이익의 수수가 있으나 그것이 직접적인 연결행위의 대가로 볼 수 없는 경우도 직접 연결을 전제로 한 위 규정의 규율대상에 포함된다고 보기 어렵다.

그렇다면 법률상담이나 사건 등에 관하여 경제적 대가를 받고 변호사와 소비자를 직접 이어주는 행위는 그 자체로 변호사법에서 금지하는 알선행위에 해당할 여지가 큰 바, 그와 같은 형태의 광고를 금지하는 것 외에 위 규정과 동일한 정도로 입법목적을 달성하면서도 변호사등의 기본권을 덜 제한하는 입법대안을 상정하기 어렵다.

따라서 위 규정들은 침해의 최소성 요건을 충족한다.

3) 법익의 균형성

위 규정들로 달성하고자 하는 변호사의 공공성이나 공정한 수임질서의 유지, 소비자 피해방지는 매우 중대한 데 반해, 법률상담 또는 사건 등의 연결이나 알선과 관련하여 경제적 대가를 지급하는 형태의 광고를 할 수 없게 됨으로써 침해되는 청구인들의 이익은 크다고 보기 어려우므로, 위 규정은 법익의 균형성도 갖추었다.

4) 따라서 위 규정들은 과잉금지원칙에 위배되지 아니한다.

(마) 이 사건 규정 제5조 제2항 제1호 중 '변호사등을 광고·홍보·소개하는 행위' 부분

1) 위 규정의 해석

위 규정(이하 '이 사건 대가수수 광고금지규정'이라 한다)의 규율 대상은 이 사건 규정의 수범자인 변호사등이고, 규제 대상이 되는 상대방의 행위는 '변호사 또는 소비자로부터 대가를 받고 법률상담 또는 사건 등을 소개·알선·유인하기 위하여 변호사등을 광고·홍보·소개하는 행위'이다. 이 사건 대가수수 광고금지규정은 변호사법 제34조 제1항 제1호와 규정 형식이 유사하지만 문언상 '특정한' 변호사라는 표지가 들어가 있지 않고, 금지되는 광고의 매체나 방법도 제한하고 있지 아니한바, 위 규정을 해석함에 있어서도 이러한 점을 충분히 고려할 필요가 있다.

변호사법은 각종 매체를 이용한 변호사 광고를 원칙적으로 허용하는 한편(제23조), 법률사건이나 법률사무의 수임에 관하여 금품 등을 받고 당사자를 특정 변호사에게 소개, 알선, 유인하는 행위를 금지하고, 위반 시 형사처벌하고 있다(제34조 제1항, 제109조 제2호). 여기서 '소개·알선'이란 법률사건 또는 법률사무의 당사자 등과 특정한 변호사 사이에서 서로 상대방을 알게 하는 등의 방법으로 그 법률사건 또는 법률사무에 관한 위임계약의 체결을 주선, 중재하거나 그 편의를 도모하는 행위를 말하고(대법원 2002. 3. 15. 선고 2001도970 판결; 대법원 2013. 1. 31. 선고 2012도2409 판결 참조), '유인'이란 기망 또는 유혹을 수단으로 특정한 변호사와 위임계약을 체결하도록 유도하는 행위를 말한다고 할 것이다(대법원 2004. 10. 27. 선고 2004도5724

판결 참조).

위와 같은 변호사법의 규정들을 고려하여, 이 사건 대가수수 광고금지규정의 규제대상이 변호사법이 금지하는 특정 변호사에 대한 소개·알선·유인행위의 실질을 갖춘 광고행위로 제한된다고 해석할 여지가 없지는 않다.

그러나 이 사건 대가수수 광고금지규정이 규제하는 행위는 광고·홍보·소개행위이고, 이러한 행위의 목적으로 '소개·알선·유인'을 정하면서도 그 대상을 특정 변호사로 제한하고 있지 아니한 점과 광고·홍보·소개행위의 목적이 소비자를 설득하여 구매를 유도하는 데 있는 점을 고려하면, 이 사건 대가수수 광고금지규정에서 말하는 '소개·알선·유인'이 반드시 특정 변호사를 대상으로 한 개념이라고 단정하기 어렵다. 즉, 법률상담 또는 사건 등을 소개하거나 유인할 목적으로 불특정 다수의 변호사를 동시에 광고·홍보·소개하는 행위도 이 사건 대가수수 광고금지규정이 예정하는 행위라고 해석하는 것이 타당하다. 변호사법이 이미 특정 변호사에 대한 소개·알선·유인행위를 금지하고 있고, 그러한 행위가 광고·홍보·소개의 형식을 취하고 있더라도 특정 변호사에 대한 소개·알선·유인행위로 평가되는 이상 변호사법위반으로 처벌할 수 있는 점까지 고려하면, 이 사건 대가수수 광고금지규정이 단순히 변호사법이 금지하는 소개·알선·유인행위를 다시 한 번 규제하는 것에 불과하다고 보기는 어렵다.

2) 수단의 적합성

각종 매체를 통한 변호사 광고를 원칙적으로 허용하는 변호사법 제23조 제1항의 취지에 비추어 볼 때, 변호사등이 광고업자에게 광고비를 지급하고 광고하는 것은 당연히 허용된다고 할 것이고, 달리 그러한 방식의 광고를 금지하는 규정도 찾아볼 수 없다. 광고업자에게 대가를 지급하고 광고를 의뢰하는 행위를 일률적으로 금지하는 이 사건 대가수수 광고금지규정은 앞서 본 입법목적인 변호사의 공공성, 공정한 수임질서 유지, 소비자 피해 방지 등을 달성하기 위한 적합한 수단으로 보기 어렵다.

3) 침해의 최소성

일반적으로 광고는 불법적인 내용이거나 허위 혹은 기만적인 것이 아닌 한 그 자체가 해로운 것은 아니다. 개인은 충분한 정보가 제공될 경우에 자신들의 최선의 이익을 인식할 수 있으며, 그러한 목적에 가장 좋은 수단은 의사소통을 닫아 놓는 것이 아니라 열어 놓는 것이다. 자유시장 경제에서 소비자에게 정보가 충분히 보장되어 소비자가 합리적인 결정을 할 수 있도록 하는 것은 표현의 자유의 중요한 과제에 속한다(헌재 2005. 10. 27. 2003헌가3 참조). 이러한 취지에서 변호사법 제23조 제1항에서도 변호사등이 각종 매체를 통하여 그 업무의 홍보에 필요한 사항을 광고할 수 있도록 허용하고 있고, 변호사등이 광고업체에게 경제적 대가인 광고비를 지급하고 광고하는 것 역시 변호사법상 허용된다고 할 것이며, 달리 그러한 방식의 광고를 금지하는 규정도 찾아볼 수 없다. 그런데 이 사건 대가수수 광고금지규정은 타인에게 경제적 대가를 지급하고 변호사등을 광고·홍보·소개하는 행위를 일률적으로 금지하고 있는바, 이는 변호사 업무 광고에 대한 규제가 입법목적의 달성에 필요한 한도 내에서 섬세하게 재단된 것이라 할 수 없다.

앞서 본 이 사건 규정 제5조 제2항 제1호 중 '변호사등과 소비자를 연결' 부분이 변호사법에서 금지의무를 부과하고 위반시 형사처벌 되는 알선 행위와 맞닿아 있음에 반해, 이 사건 대가수수 광고금지규정은 변호사법에서 원칙적으로 허용하고 있는 광고업체를 통한 유상광고 방법을 전면적으로 금지하고 있다. 광고는 그 성질상 기본적으로 소비자를 유인하는 성격을 지니고, 변호사광고의 목적 자체가 법률상담 또는 사건 등을 소개받거나 유인하기 위한 것인바, 위 규정에서의 경제적 대가성이나 사건 알선 목적 등은 위 규정의 적용 한계를 설정하는 데 특별한 의미를 가진다고 보기 어렵다.

소비자는 변호사광고를 통하여 생활영역 안에서 가장 쉽게 법률서비스에 관한 정보를 접하게 되며, 변호사 업무에 관한 광고는 소비자에게 어떤 변호사가 어떠한 업무를 주로 하는지에 관한 정보를 효과적으로 제공하는 순기능이 많다. 물론 과당경쟁으로 인한 문제점이나 객관적 사실의 과장 등에 의한 소비자의 현혹 현상이나 변호사업 전반에 대한 품위나 신용의 훼손이라는 역기능도 존재하므로 변호사광고에 대한 합리적 규제가 필요하지만, 광고표현이 지닌 기본권적 성질을 고려할 때 광고의 내용이나 방법적 측면에서 꼭 필요한 한계 외에는 폭넓게 광고를 허용하는 것이 바람직하다.

우리 사회가 발전하고 경제규모가 커짐에 따라 법적인 분쟁도 날로 증가하는 추세에서 법률서비스 제공자인 변호사등에 대한 정확한 정보의 수요가 늘고 있는 점, 비약적으로 증가하는 변호사의 수를 고려할 때 이 사건 대가수수 광고금지규정에 의한 광고의 금지는 새로운 변호사들이 광고업체를 활용하여 자신을 알릴 기회를 배제함으로써 기존의 변호사등과의 경쟁에서 불리한 결과를 초래할 수 있는 점, 정보전달 매체에 관한 기술이 발달함에 따라 광고의 수단 또한 다양해지고 있고, 인터넷과 같이 계속 변화하는 분야에서의 규제 수단 또한 헌법의 틀 안에서 다채롭고 새롭게 강구되어야 하는 점(헌재 2016. 10. 27. 2015헌마1206등; 헌재 2019. 11. 28. 2016헌마90 참조) 등을 고려하면, 이 사건 대가수수 광고금지규정에서 경제적 대가를 지급하고 광고업체를 통한 광고방법을 일률적으로 금지하고 있는 것은 그러한 규제를 달성하기 위한 필요한 범위를 넘어선 것이다.

나아가, 이 사건 대가수수 광고금지규정이 아니더라도 그 입법목적은 다른 규정들에 의하여 충분히 달성될 수 있다. 즉, 변호사법 제23조 제2항의 각 호와 이 사건 규정 제4조, 제5조 등에서 이미 변호사 업무 광고의 내용상, 방법상의 제한을 설정하고 있고, '표시·광고의 공정화에 관한 법률'은 거짓·과장의 표시·광고, 기만적이거나 부당하게 비교하는 표시·광고를 금지하며(제3조), 소비자기본법은 소비자가 오해할 우려가 있는 특정용어 또는 특정표현의 사용을 제한할 필요가 있는 경우 국가가 광고의 내용 및 방법에 관한 기준을 정할 수 있도록 하고 있다(제11조 제2호). 이러한 법규들에 의하여 이 사건 대가수수 광고금지규정이 규제하고자 하는 부당한 광고를 통제할 수 있다.

따라서 공정한 수임질서를 해치거나 소비자에게 피해를 줄 수 있는 내용의 광고를 제한하는 등 기본권을 덜 제한하는 완화된 수단에 의해서도 입법목적을 같은 정도로 달성할 수 있으므로, 이 사건 대가수수 광고금지규정에서 경제적 대가를 지급하고 변호사들을 광고·홍보·소개하는 행위를 포괄적으로 금지하는 것은 침해의 최소성 요건을 충족하지 못하였다.

4) 법익의 균형성

이 사건 대가수수 광고금지규정으로 달성하고자 하는 공정한 수임질서의 유지나 소비자의 피해 방지라는 공익도 중요하나 위 규정으로 그러한 공익이 달성될 수 있는 것인지 불분명하다. 반면, 변호사법에서 여러 매체를 통한 광고를 원칙적으로 허용하고 있는 점, 앞서 본 입법 연혁과 같이 변호사 업무 광고의 자유가 점차적으로 확대되어 온 점, 사회·경제적 변화와 과학기술의 발전 등으로 다양한 형태의 광고가 출현하고 있는 점, 그럼에도 위 규정은 전면적으로 경제적 대가가 결부된 광고행위를 규제하고 있는 점 등의 사정에 비추어 보면, 이 사건 대가수수 광고금지규정으로 인하여 청구인 변호사들은 광고업자에게 유상으로 광고를 의뢰하는 것이 사실상 금지되어 표현의 자유, 직업의 자유에 중대한 제한을 받게 되고, 청구인 회사로서도 변호사들로부터 광고를 수주하지 못하게 되어 영업에 중대한 제한을 받게 된다. 따라서 위 규정은 법익의 균형성도 갖추지 못하였다.

5) 그러므로 이 사건 대가수수 광고금지규정은 과잉금지원칙을 위반하여 청구인들의 표현의 자유, 직업의 자유를 침해한다.

(바) 이 사건 규정 제5조 제2항 제5호

1) 수단의 적합성

위 규정은 '변호사등이 아님에도 변호사등의 직무와 관련한 서비스의 취급·제공 등을 표시하거나 소비자들이 변호사등으로 오인하게 만들 수 있는 자에게 광고를 의뢰하거나 참여·협조하는 행위를 금지'하고 있다. 이는 비변호사의 법률사무 취급행위를 미연에 방지함으로써 법률 전문가로서 변호사 자격제도를 유지하고 소비자의 피해를 방지하기 위한 적합한 수단이다.

2) 침해의 최소성

변호사법 제112조 제3호에서는 '비변호사가 변호사나 법률사무소를 표시하거나 이익을 얻을 목적으로 법률상담이나 법률사무를 취급하는 뜻을 표시하는 행위'를 금지하고 이에 위반한 자를 형사처벌하고 있다. 위 규정은 앞서 본 변호사법 제109조 제1호의 취지와 마찬가지로 비변호사의 법률사무 개입이나 법률사무 취급행위를 사전적으로 예방하기 위한 것인데, 그러한 자에게 광고를 의뢰하거나 참여·협조를 금지하는 것 외에 위 규정과 동일한 정도로 입법목적을 달성하면서도 변호사등의 기본권을 덜 제한하는 입법대안을 상정하기 어렵다. 따라서 위 규정은 침해의 최소성 요건을 충족한다.

3) 법익의 균형성

위 규정이 달성하고자 하는 공익에 비하여, 제한되는 청구인들의 이익은 상정하기 어려우므로 법익의 균형성도 갖추었다.

4) 따라서 위 규정은 과잉금지원칙에 위배되지 아니한다.

마. 신뢰보호원칙 위반 여부

(1) 신뢰보호원칙의 의의

신뢰보호원칙은 헌법상 법치국가의 원칙으로부터

도출되는데, 그 내용은 법률의 제정이나 개정시 구법질서에 대한 당사자의 신뢰가 합리적이고도 정당하며 법률의 제정이나 개정으로 야기되는 당사자의 손해가 극심하여 새로운 입법으로 달성하고자 하는 공익적 목적이 그러한 당사자의 신뢰의 파괴를 정당화할 수 없다면, 그러한 새로운 입법은 신뢰보호원칙상 허용될 수 없다는 것이다. 이러한 신뢰보호원칙의 위반 여부를 판단하기 위해서는, 한편으로는 침해받은 신뢰이익의 보호가치, 침해의 중한 정도, 신뢰가 손상된 정도, 신뢰침해의 방법 등과 다른 한편으로는 새로운 입법을 통해 실현하고자 하는 공익적 목적을 종합적으로 비교·형량하여 판단하여야 한다(헌재 2002. 11. 28. 2002헌바45; 헌재 2015. 5. 28. 2013헌마799 참조).

(2) 보호가치 있는 신뢰이익의 존재 여부

(가) 구 변호사업무광고규정(변협 규정 제44호, 2007. 2. 5. 전부개정되고, 2016. 6. 27. 전부개정되기 전의 것, 이하 '구 2007년 광고규정'이라 한다)이 전부개정된 이래 제3조 제1항은 "변호사는 자신의 이름으로 업무광고를 하여야 한다."라고 광고의 주체를 명시한 이후, 구 광고규정부터 이 사건 규정에 이르기까지 그 내용이 그대로 이어져왔다. 이는 변호사법 제34조의 명의이용허락 금지와 변호사 보수의 분배 금지 등의 취지에 따른 것으로서, 변호사 광고에 타인의 상호 등의 표시를 금지하거나 타인의 홍보를 금지하는 취지의 심판대상조항들(제3조 제2항, 제5조 제2항 제2호, 제8조 제2항 제3호)과 관련하여 청구인들에게 신뢰이익이 있다고 보기 어렵다.

(나) 일반적인 수임료 광고는 특별히 금지되었던 바 없으나 수권법률인 변호사법 제23조 제2항 제7호에서 명시한 입법목적인 공정한 수임질서를 저해할 우려가 있는 부분까지 가능했다고 보기 어려워 수임료 광고(제4조 제12호)에 관한 신뢰이익도 인정하기 어렵다. 수사기관과 행정기관의 처분·법원 판결 등의 결과 예측에 관한 광고(제4조 제13호, 제5조 제2항 제3호) 부분도 앞서 본 바와 같이 이 사건 규정의 개정과 관계없이 변호사법 제23조 제2항에 따라 허용되지 아니하던 광고라고 봄이 상당하고, 나머지 조항들(제5조 제2항 제1호, 같은 항 제5호, 제8조 제2항 제2호)은 변호사법상 금지되는 행위에 관련된 것들로서 신뢰이익을 인정할 수 없다.

(다) 다만 구 2007년 광고규정은 제8조 제1항을 신설하여 "변호사는 유료 또는 무료 법률상담에 관한 사항을 광고할 수 있으며, 법률상담 방식에 의한 광고를 할 수 있다."라고 정하였고, 구 광고규정에도 그대로 이어져 이 사건 규정 제8조 제1항으로 개정되기 전까지 유지되었다. 따라서 변호사등이 무료 법률상담에 관한 광고를 하는 것에 대한 신뢰는 이전부터 형성되어 있었다고 볼 여지가 있다.

(3) 신뢰이익과 공익의 비교형량

이 사건 규정 제8조 제1항은 변호사 시장의 공정한 수임질서를 급속하게 무너뜨리는 무료 또는 부당한 염가의 법률사무 보수를 표방하거나 최저가 등의 표현을 사용하는 등 건전한 수임질서를 해할 우려가 있는 무료 또는 부당한 염가를 표방한 덤핑 광고를 예방하고, 무분별한 허위·과장 광고로 인해 법률 소비자인 국민이 피해를 입지 않도록 하기 위해 신설되었다. 결국 위 조항의 입법목적은 앞서 본 바와 같은 공정한 수임질서의 유지 및 소비자의 피해방지라고 할 것이고, 이는 매우 중요한 공익이라고 할 것이다.

그에 반해, 청구인 변호사들이 이 사건 규정 개정 전에 무료 또는 염가의 법률상담 광고를 하였다는 점에 관한 아무런 자료가 제출되지 않았고, 청구인 회사의 경우 '□□' 서비스 내의 법률상담은 변호사들과 소비자 사이에 직접 유료로 이루어지며, 그 금액이나 내역 등에 대하여는 전혀 개입하지도 알지도 못한다는 입장으로서, 청구인들의 무료 또는 염가의 법률상담 광고에 대한 신뢰는 그 보호가치가 크다고 보이지 않는다.

(4) 소결론

따라서 심판대상조항은 신뢰보호원칙을 위반하여 청구인들의 표현의 자유, 직업의 자유를 침해한다고 볼 수 없다.

6. 결 론

그렇다면 이 사건 유권해석위반 광고금지규정 및 이 사건 대가수수 광고금지규정은 청구인들의 표현의 자유, 직업의 자유를 침해하므로 헌법에 위반되고, 청구인들의 나머지 심판청구는 이유 없으므로 이를 모두 기각하기로 하여 주문과 같이 결정한다. 이 결정은 아래 7.과 같은 재판관 이선애, 재판관 이은애, 재판관 이종석의 청구인 회사의 자기관련성에 대한 반대의견, 아래 8.과 같은 재판관 유남석, 재판관 이석태, 재판관 이영진, 재판관 이미선의 이 사건 유권해석위반 광고금지규정에 대한 보충의견, 아래 9.와 같은 재판관 이선애, 재판관 이은애, 재판관 이종석의 이 사건 대가수수 광고

금지규정에 대한 반대의견이 있는 외에는 관여 재판관들의 일치된 의견에 의한 것이다.

7. 재판관 이선애, 재판관 이은애, 재판관 이종석의 청구인 회사의 자기관련성에 대한 반대의견

우리는 청구인 회사의 심판청구는 자기관련성이 없으므로 각하하여야 한다고 생각하므로, 다음과 같이 반대의견을 밝힌다.

이 사건 규정은 변호사 단체인 변협이 자체적으로 제정한 것으로서 '변호사등'만이 수범자임을 규정하고 있다. 다만, 심판대상조항이 변호사등의 광고·소개·홍보, 그 밖에 변호사등과 소비자를 연결하는 광고·소개·홍보 등에 관하여 그 방법·내용 등을 제한하거나 규제함에 따라 법률서비스 온라인 플랫폼 사업자인 청구인 회사로서는 위와 관련된 영업행위를 함에 있어 제약을 받게 될 수 있다. 그러나 이는 어디까지나 심판대상조항으로 변호사등이 선택할 수 있는 광고의 내용, 방법 등이 제한됨에 따라 발생하는 사실상의 불리한 경제적 영향에 불과하다(헌재 2021. 10. 28. 2019헌마288 참조). 따라서 심판대상조항에 의하여 발생하는 청구인 회사의 불이익은 간접적·경제적·사실적 불이익에 불과하므로 기본권침해의 자기관련성이 인정되지 아니한다.

그렇다면 청구인 회사가 제기한 이 사건 심판청구는 부적법하다.

8. 재판관 유남석, 재판관 이석태, 재판관 이영진, 재판관 이미선의 이 사건 유권해석위반 광고금지규정에 대한 보충의견

우리는 이 사건 유권해석위반 광고금지규정이 법률유보원칙에 위반되어 청구인들의 표현의 자유와 직업의 자유를 침해한다는 법정의견에 대하여, 이 사건 유권해석 광고금지규정이 과잉금지원칙에도 위반되어 청구인들의 표현의 자유와 직업의 자유를 침해한다고 생각하므로, 다음과 같은 내용을 보충한다.

가. 입법목적의 정당성

이 사건 유권해석위반 광고금지규정은 변호사의 공공성이나 공정한 수임질서의 훼손을 방지하고 법률 소비자의 피해를 막기 위한 것으로서 입법목적의 정당성은 인정된다.

나. 수단의 적합성

앞서 본 바와 같이 이 사건 유권해석위반 광고금지규정에서 '협회의 유권해석'은 이 사건 규정 제15조 제4항의 일반적·추상적 법령 해석 또는 이 사건 규정 제17조 제3항의 개별적·구체적 사안에 대한 질의 회신으로 볼 수 있다. 그러나 '협회의 유권해석'을 어느 쪽으로 해석하든 수범자의 입장에서는 그러한 유권해석이 있기 전에는 금지되는 내용이 무엇인지 예측할 수 없다. 어떠한 유권해석이 나온 후라고 하더라도, 개별적·구체적 사안을 질의한 본인이 그에 대한 답변을 정면으로 위반하는 예외적인 경우를 제외하면, 기존의 유권해석이 과연 수범자가 하고자 하는 광고 행위에까지 적용되는 것인지 판단하는 것 또한 매우 곤란하다. 따라서 '협회의 유권해석'에 위반되는 광고를 금지하는 이 사건 유권해석위반 광고금지규정은 앞서 본 입법목적을 달성하기 위한 유효한 수단이라고 보기 어렵다.

다. 침해의 최소성

이 사건 유권해석위반 광고금지규정에서의 '협회의 유권해석'은 그것이 내려진 뒤라고 하더라도 수범자들에게 예측가능성을 주거나 법집행기관의 자의적인 해석을 배제한다고 보기도 어렵다. 나아가 그러한 유권해석을 정립하는 절차나 이에 이의를 제기하는 절차 및 기존의 해석을 변경하는 절차 등에 관한 규정 등이 미비한 상황에서 유권해석은 언제든지 변협의 의사에 따라 쉽게 변경될 가능성이 있고, 이는 금지되는 광고의 범위를 지나치게 확장시켜 표현의 자유를 위축시킬 우려 또한 크다.

더욱이 변협이 선제적으로 유권해석을 내놓은 경우 이에 반하는 광고 행위는 변호사법 제91조 제2항 제2호, 변협 회칙 제9조 제1항, 제44조 제5항 등에 따라 독자적인 변호사 징계사유가 되는데, 징계사유의 전제가 되는 유권해석의 정당성에 대한 당부 심사가 사실상 어렵게 되는 문제가 있다. 즉, 변협에게 변호사법, 이 사건 규정 등 광고 관련 법령의 최종적인 해석권한을 부여하거나 그 해석의 정당성을 보장하는 근거를 찾아볼 수 없음에도, 수범자들이 유권해석에 직접 이의를 제기할 수 있는 방안이 마련되어 있지 아니하고, 다만 징계처분에 대한 이의절차에서 간접적으로만 다툴 수 있을 뿐이다.

나아가, 징계혐의자는 변협 변호사징계위원회의 징계처분에 대하여 법무부 변호사징계위원회에 이의신청을 할 수 있고(변호사법 제100조 제1항), 법무부 변호사징계위원회의 결정에 불복할 경우 행정법원에 소를 제기할 수 있도록 제도적으로 보장하고 있지만(변호사법 제100조 제4항), 위와 같은 징계처분에 대한 이의절차에서도 유권해석 자체의 당부에 대한 심사보다는, 변협이 선취한 유권해석이 정당한 규범임을 전제로 하여 징계사유의 존부로서 징계혐의자의 광고 행위가 그러한 유권해석에 위반되는 것인지를 심사하는 데 초점이 맞추어질 가능성도 배제하기 어렵다.

이와 같이 유권해석의 존부가 수범자의 예측가능성이나 법집행기관의 자의적 해석 배제 가능성에 특별한 역할을 하지 못하는 점, 위 규정들 위반이 곧바로 독자적인 징계사유가 되는 점, 유권해석 자체에 대한 사후심사가 곤란한 점 등의 사정이 있음에도 '협회의 유권해석'에 위반되는 광고 행위 일체를 금지하고 있는 이 사건 유권해석위반 광고금지규정은 입법목적 달성을 위한 필요한 범위 내의 최소한의 제한이라고 보기 어렵다. 만약 현행 법규로 대응하기 어려운 새로운 형태의 광고가 출현하여 규제의 공백이 생겼을 경우에는 변협 회칙 제57조 등에서 정한 절차에 따라 관련 회규를 개정하는 절차를 밟아 규율하여야 하는 것이지, 그러한 공백을 변협의 유권해석이라는 불명확한 수단으로 메우려고 하는 것은 적절하다고 볼 수 없다.

따라서 위 규정은 침해의 최소성 요건을 충족하지 못하였다.

라. 법익의 균형성

이 사건 유권해석위반 광고금지규정으로 인하여 달성하고자 하는 공익은 불분명한 데 반해, 이로 인하여 청구인 변호사들은 그 자체로 예측하기 어려운 협회의 유권해석을 살펴 광고 행위의 가능 여부를 판단해야 하므로 표현의 자유, 직업의 자유에 중대한 제한을 받게 되고, 청구인 회사로서도 변호사들로부터 광고를 수주함에 있어 그것이 협회의 유권해석에 위반되는지를 살펴야 되는 영업에 중대한 제한을 받게 된다. 따라서 이 사건 유권해석위반 광고금지규정은 법익의 균형성도 갖추지 못하였다.

마. 소결론

이 사건 유권해석위반 광고금지규정은 과잉금지원칙에 위반되어 청구인들의' 표현의 자유와 직업의 자유를 침해한다.

9. 재판관 이선애, 재판관 이은애, 재판관 이종석의 이 사건 대가수수 광고금지규정에 대한 반대의견

우리는 이 사건 대가수수 광고금지규정이 과잉금지원칙에 위반하여 청구인들의 표현의 자유, 직업의 자유를 침해하지 아니한다고 생각하므로, 다음과 같이 반대의견을 밝힌다.

가. 이 사건 대가수수 광고금지규정의 기능과 의미

(1) 변호사법 제23조 제2항은 제1호 내지 제6호에서 변호사의 업무에 관하여 거짓된 내용을 표시하는 광고와 같이 변호사의 공공성이나 공정한 수임 질서를 해치거나 소비자에게 피해를 줄 우려가 있는 일정한 광고를 구체적으로 예시하여 금지하는 한편, 제7호에서 위와 같은 광고 이외에 '광고의 방법 또는 내용이 변호사의 공공성이나 공정한 수임 질서를 해치거나 소비자에게 피해를 줄 우려가 있는 광고'를 변협이 정하여 금지하도록 위임하고 있다.

위와 같은 우려가 있는 광고의 범위는 변호사의 전문성과 공공성 등과 함께 세부적인 변호사업무의 특성을 고려하여 정할 필요가 있고, 사회의 변화와 과학기술의 발전에 따라 변호사 광고의 방법과 내용 또한 다양해지고 있는바 이러한 현실의 변화에 대응하여 탄력적이고 유연한 규제가 요구되는 점 등을 고려하면, 변협은 변호사 광고의 규제에 있어 위와 같이 법률이 위임한 범위 내에서 원칙적으로 광범위한 재량을 가진다고 할 것이다.

한편 이 사건 대가수수 광고금지규정은 위와 같은 변호사법 제23조 제2항 제7호의 위임에 따라 변협이'광고의 방법 등'을 제한한 것으로, 비록 그 제정형식이 법규명령이 아니더라도, 위임한계를 벗어나지 아니하는 한 상위법령과 결합하여 대외적인 구속력을 갖는 규범으로서 기능한다(헌재 2015. 3. 26. 2014헌마372 참조).

구체적으로 살펴보면, 이 사건 대가수수 광고금지규정은, 변호사 등이 '① 변호사 또는 소비자로부터 금전·기타 경제적 대가(알선료, 중개료, 수수료, 회비, 가입비, 광고비 등 명칭과 정기·비정기 형식을 불문한다)를 받고, ② 법률상담 또는 사건 등(이하'사건 등'이라 한다)을 소개·알선·유인하기 위하여 ③ 변호사 등을 광고·홍보·소개(이하'광고 등'이라 한다)하는 행위를 하는 자'에게 광고 등을 의뢰하거나 참여 또는 협조하는 행위를 금지한다.

이와 같이 경제적 대가를 받고 사건의 소개 등 일정한 목적 달성을 위하여 광고하는 상대방에 대한 광고의뢰 등을 금지하는 것은, 변호사가 변호사 제도의 취지에 반하는 행위를 저지르는 자와 결탁하거나 이를 유인·조장하는 것을 막기 위한 것으로, '광고의 방법 또는 내용이 변호사의 공공성이나 공정한 수임 질서를 해치거나 소비자에게 피해를 줄 우려가 있는 광고'에 관한 것으로 볼 수 있으며, 달리 이 사건 대가수수 광고금지규정이 변호사법 제23조 제2항 제7호의 위임범위를 벗어난 것이라 볼 만한 사정이 없다.

(2) 이 사건 대가수수 광고금지규정에 따라, 변호사 등이 광고 등을 의뢰하거나 참여 또는 협조하는 행위가 금지되는 상대방은 위 (1)항에서 살핀 ① 내지 ③의 요건을 모두 갖추어야 하며, ①과 ②의 요건은 아래에서 살피는 것과 같이 ③의 요건과는 별도의 독립된 요건에 해당한다.

먼저, ① '경제적 대가의 수수'라는 요건에 관하여 본다. 이 사건 대가수수 광고금지규정은 경제적 대가의 예시로 '알선료, 중개료, 수수료, 회비, 가입비, 광고비'를 들면서 그 수수의 명칭과 형식을 불문하고 있다. 특히 여기서 알선료, 중개료, 수수료는 단순히 광고행위 자체에 대한 대가가 아니라, 사건 등의 당사자와 변호사 등 사이에서 양자 간에 법률사건이나 법률사무에 관한 위임계약 등의 체결을 중개하거나 그 편의를 도모하는 행위 등에 대한 대가를 의미한다고 봄이 문언의 통상적 의미에 부합한다.

또한 변호사법 제23조 제1항에 의하여 변호사 등은 원칙적으로 각종 매체를 통하여 업무의 홍보에 필요한 사항을 광고할 수 있고, 통상 광고는 광고업체에 의뢰하여 제작되며 비용이 소요되는 점, 앞서 본 바와 같이 이 사건 대가수수 광고금지규정은 변호사법 제23조 제2항 제7호의 위임에 따라 '광고의 방법 또는 내용이 변호사의 공공성이나 공정한 수임 질서를 해치거나 소비자에게 피해를 줄 우려'가 있는 변호사 광고의 방법을 제한하는 규정이라는 점 등에 비추어 보면, 이 사건 대가수수 광고금지규정에서의 경제적 대가는 '사건 등에 관한 소개·알선·유인의 목적성'에 대한 반대급부로서의 성격을 가지는 것이라고 봄이 타당하다. 따라서 이 사건 대가수수 광고금지규정에서의 '경제적 대가'는 위 규정으로 인하여 광고 등의 의뢰가 금지되는 상대방의 범위를 정함에 있어 광고행위 자체에 대한 대가라는 개념과는 구별되는 추가적인 요건이다.

다음으로 ② '사건 등을 소개·알선·유인하기 위한 목적'에 관하여 본다. 법정의견은 변호사 광고는 그 성질상 기본적으로 소비자를 유인하는 성격을 지니고, 변호사 광고의 목적 자체가 법률상담 또는 사건 등을 소개·알선·유인하는 것이라고 본다. 그러나 '광고'의 사전적 의미는 '세상에 널리 알림 또는 그런 일'로서, 광고는 상품이나 서비스를 널리 알리는 것 그 자체에 목적이 있는 것이다. 따라서 변호사 광고도 기본적으로는 변호사 등의 학력, 경력, 주요 취급 업무, 업무 실적 등의 사항을 널리 알리기 위한 것일 뿐, 이를 넘어 사건 등의 소개·알선·유인의 목적을 당연히 수반하는 것이 아니다. 이는 소개·알선·유인이 일반적으로 특정인을 대상으로 하는 것인 데 반하여, 광고는 그 개념상 불특정 다수인을 대상으로 한다는 점에 비추어 보아도 그러하다.

예컨대, 변호사에 대한 광고를 하는 자가 광고행위만을 할 뿐 이후의 위임계약의 주선 등에는 전혀 관여하지 않는 경우와 광고를 통해 유입된 소비자에게 위임계약의 체결을 주선하는 등으로 광고 이후에도 지속적인 관여를 하는 것을 전제로 그 사전단계로써 광고를 하는 경우가 있을 수 있으며, 각 경우의 소개·알선·유인의 목적은 달리 평가될 수 있다. 또한 특정 변호사에게 소비자가 유인될 가능성을 현저하게 높이는 방식으로 광고를 함으로써 광고 자체가 실질적으로는 특정 변호사에 대한 사건의 소개·알선·유인의 목적을 가진다고 평가할 수 있는 경우도 상정할 수 있다.

따라서 이 사건 대가수수 광고금지규정에서의 '사건 등을 소개·알선·유인하기 위한 목적'도 위 규정으로 인하여 광고 등의 의뢰가 금지되는 상대방의 범위를 정하는 데 있어 단순 광고행위의 개념과는 구별되는 추가적인 요건으로서의 의미를 가진다.

(3) 법정의견은 이 사건 대가수수 광고금지규정이 변호사법 제34조 제1항 제1호와 달리 문언상 '특정한' 변호사라는 표지가 들어가 있지 않고, 금지되는 광고의 매체나 방법도 제한하고 있지 않다는 점을 근거로 위 규정이 변호사 등에 대하여 광고업자에게 대가를 지급하고 광고를 의뢰하는 행위를 일률적으로 금지하는 것으로 해석한다.

그러나 변호사법 제34조 제1항 제1호는 이 사건 대가수수 광고금지규정과는 금지의무의 주체와 금지대상이 상이하여 이 사건 대가수수 광고금지규정의 해석에 직접 참조하기 어려운 부분이 있다. 한편, 이 사건 대가수수 광고금지규정에 비록 '특정한'이라는 표현이 직접 사용되지는 않았으나, '소개·알선·유인의 목적'을 요건으로 하는 이상 이는 일반적으로 '특정한' 변호사를 전제로 한다. 또한 '특정한'이란 '특별히 정하여져 있다'는 의미로서 일정한 표지로 구별이 가능하다는 것일 뿐 반드시 한 명을 의미하는 것은 아니다. 이와 같은 사정들을 종합하여 보면, 이 사건 대가수수 광고금지규정이 '특정한' 변호사라고 명시하지 않았다는 이유로 변호사 등에 대하여 광고업자에게 대가를 지급하고 광고를 의뢰하는 행위를 일률적으로 금지하는 것이라 단정하기 어렵다.

게다가 이 사건 대가수수 광고금지규정은 조문의 제목 자체도 '광고방법 등에 관한 제한'일 뿐만 아니라, 앞서 살핀 것과 같이 그 문언에 의하더라도 변호사 등이 광고를 의뢰할 수 있는 상대방의 범위를 제한하고 있다.

(4) 결국 이 사건 대가수수 광고금지규정은 변호사 등의 광고행위 일반을 금지하는 것이 아니라 특정한 변호사에게 사건 등을 소개·알선·유인할 목적으로 이에 결부된 경제적 대가를 지급받고 광고행위를 하는 자에 대하여 변호사 등이 광고의뢰 등을 하는 것에 한정하여 이를 금지하는 것으로 해석함이 타당하고, 이는 변호사법 제23조 제2항 제7호의 위임의 취지에 부합하는 것이기도 하다.

나. 이 사건 대가수수 광고금지규정이 청구인들의 표현의 자유, 직업의 자유를 침해하는지 여부

(1) 목적의 정당성 및 수단의 적합성

이 사건 대가수수 광고금지규정은, 변호사 광고의 형태를 띠고 있으나 그것이 실질적으로는 사건 등을 소개·알선·유인하기 위한 목적에 기하여 이루어지고 그러한 목적성에 경제적 대가가 결부되어 있는 경우 이러한 광고행위를 하는 자에 대하여 광고 의뢰 등을 하는 것을 금지함으로써 변호사가 변호사 제도의 취지에 반하는 행위를 저지르는 자와 결탁하거나 이를 유인·조장할 수 있는 방법으로 법률사건의 수임을 추구하는 것을 제한한다. 이는 변호사 제도의 특성상 변호사에게 요구되는 윤리성을 담보하고 공정한 수임질서를 유지하며, 법률사무 취급의 전문성·공정성·신뢰성 등을 확보하여 법률 소비자를 보호하고자 하는 것으로서 입법목적의 정당성이 인정되고, 이와 같은 입법목적을 달성하기 위한 적합한 수단이다.

(2) 침해의 최소성

변호사법은 변호사에게 요구되는 윤리성을 담보하고, 비변호사의 법률사무 취급행위를 방지하며, 법률사무 취급의 전문성, 공정성, 신뢰성 등을 확보하고자 법률사건이나 법률사무의 수임에 관한 비변호사의 알선행위를 금지·처벌하고(제109조 제1호, 제2호, 제34조 제1항), 변호사가 법률사건 등의 수임에 관하여 소개·알선·유인의 대가로 금품 등의 이익을 제공하거나 제공하기로 약속하는 행위를 금지·처벌하며(제109조 제2호, 제34조 제2항), 변호사가 제109조 제1호에 규정된 자로부터 법률사건의 수임을 알선받는 것을 금지·처벌한다(제109조 제2호, 제34조 제3항). 그런데 변호사 광고가 형식적으로는 광고의 형태를 띠고 있으나 실질적으로는 사건 등을 소개·알선·유인하기 위한 목적에 기하여 이루어지는 것으로서 그러한 목적성에 경제적 대가가 결부되어 있다면, 이는 공정한 수임질서를 해치거나 소비자에게 피해를 줄 우려가 있어 규제의 필요성이 인정됨에도 위 변호사법 조항들에 기하여 소개·알선·유인행위 자체를 제한하는 것만으로는 실질적인 알선행위의 규제에 공백이 있을 수 있다. 특히 정보전달의 매체에 관한 기술이 발달함에 따라 광고의 방법 및 형태 또한 다양해지고 있고, 이에 따라 단지 상품이나 서비스를 널리 알리는 효과에 그치는 전통적인 방식의 광고에서 나아가 광고 자체가 소개·알선·유인의 효과를 가지게 되는 경우도 있을 수 있음을 고려하여 보면 더욱 그러하다.

이 사건 대가수수 금지규정은 앞서 본 바와 같이 변호사 등의 광고 일반을 금지하는 것이 아니라 사건 등을 소개·알선·유인할 목적으로 이에 결부된 경제적 대가를 지급받고 광고행위를 하는 자에 대하여 변호사 등이 광고의뢰 등을 하는 것에 한정하여 금지할 뿐이므로, 변호사 등이 사건 등의 소개·알선·유인의 목적 없이 학력, 경력 등 업무의 홍보에 필요한 사항을 자유롭게 광고하는 것은 허용된다.

나아가, 변협은 그 구성원인 변호사의 업무가 가지는 공공성으로 인해 일부 공적인 성격을 가지기는 하나, 기본적으로는 같은 직업을 가진 사람들 또는 그 사람들의 단체를 구성원으로 하여 해당 직종의 구성원들을 보호하고 권익을 옹호하기 위한 직업인 단체로서 자율성과 자치권이 인정된다. 또한 앞서 살핀 것과 같이, 변협은 변호사법 제23조 제2항 제7호의 위임에 따라 금지되는 광고의 방법 등을 정함에 있어 원칙적으로 광범위한 재량을 가진다.

이러한 사정들에 비추어 보면, 이 사건 대가수수 광고금지규정의 규제는 입법목적의 달성을 위한 필요한 범위 내의 제한이라고 볼 수 있고, 달리 입법목적의 효과적인 달성을 위하여 달리 덜 침해적인 수단을 찾기도 어렵다.

따라서 이 사건 대가수수 광고금지규정은 침해의 최소성 요건을 충족한다.

(3) 법익의 균형성

이 사건 대가수수 광고금지규정은 변호사 수임질서의 공정성 등에 대하여 구체적 해악을 발생시킬 우려가 있는'알선·유인·소개'의 목적을 가지는 광고행위를 하는 자에 대한 광고 의뢰 등만을 금지하는바, 이로 인하여 제한되는 청구인들의 사익보다 위 규정이 달성하고자 하는 변호사의 공공성이나 공정한 수임질서의 유지, 소비자의 피해방지라는 공익이 더 크다 할 것이므로 이 사건 대가수수 광고금지규정은 법익의 균형성도 충족하였다.

(4) 소결

따라서 이사건 대가수수 광고금지규정은 과잉금지원칙에 위반하여 청구인들의 표현의 자유와 직업의 자유를 침해하지 않는다.

재판관 유남석 이선애 이석태 이은애 이종석 이영진 김기영 문형배 이미선

[별지] 청구인 명단

1. ~ 60. 이○○ 외

61. 주식회사 ○○

대표이사 김○○

청구인들 대리인 법무법인 강한

담당변호사 남기정, 성지윤, 김준태

67. 기소유예처분취소

[2022. 5. 26. 2020헌마1275]

【판시사항】

1. 공직선거법 제58조의2 단서 제3호에서 규정한 '투표참여 권유행위'가 '선거운동'에 해당하는 행위에 한정되는지 여부(소극)

2. 공직선거법 제58조의2 단서 제3호 및 제256조 제3항 제3호에 의하여 금지·처벌되는 투표참여 권유행위의 의미

3. 청구인이 게재한 칼럼의 제목, 구체적인 내용, 행위의 시기와 당시 사회상황 등을 종합하여, 청구인의 칼럼 게재행위가 공직선거법 제58조의2 단서 제3호 및 제256조 제3항 제3호에 의하여 금지·처벌되는 투표참여 권유행위에 해당한다고 본 사례

4. 일정한 격식을 갖추어 정기적으로 발행되는 간행물인 일간지가 공직선거법 제93조의 규율대상인 일반적인 문서·도화에 해당하는지 여부(소극)

5. 청구인이 칼럼을 게재한 ○○신문은 일정한 격식을 갖추어 정기적으로 발행되는 간행물로서 공직선거법 제93조의 규율대상인 일반적인 문서·도화에 해당하지 않음에도, 청구인에 대하여 탈법방법에 의한 인쇄물 배부로 인한 공직선거법위반 혐의를 인정한 이 부분 기소유예처분이 청구인의 평등권과 행복추구권을 침해하였다고 본 사례

【결정요지】

1. 공직선거법 제58조의2 단서 제3호의 특정 정당 또는 후보자를 지지·추천·반대하는 행위는 사실상 선거운동에 해당한다고 볼 여지가 많으나, 그 문언에 비추어 선거운동과 같이 당선 또는 낙선을 도모하는 목적의사나 능동적, 계획적 행위에 이르지 않더라도 특정 정당 또는 후보자를 지지·추천·반대하는 것 역시 가능하다 할 것이므로 선거운동보다 더 넓은 정치적 표현행위라고 볼 수 있다. 특정 정당 또는 후보자를 지지·추천·반대하는 내용이 있다 하더라도 투표참여 권유행위가 이루어진 시기나 방법, 경위 등을 종합적으로 고려할 때 선거운동의 목적까지는 인정되지 않는 경우가 충분히 있을 수 있고, 이러한 행위들도 선거의 공정성을 침해할 우려가 있는 때에는 규제의 필요성이 인정된다. 이와 같은 점들에 비추어 보면, 공직선거법 제58조의2 단서 제3호에서 규정한 특정 정당 또는 후보자를 지지·추천·반대하는 내용을 포함한 투표참여 권유행위가 '선거운동'에 해당하는 투표참여 권유행위에 한정된다고 볼 수 없다.

2. 공직선거법 제58조의2 단서 제3호 및 제256조 제3항 제3호의 문언, 법률 개정의 경위와 취지 등에 비추어 보면, 위 각 조항에 의하여 금지·처벌되는 투표참여 권유행위는 '공직선거법상 허용되지 않는 방법으로 특정 정당 또는 후보자를 지지·추천·반대하는 내용을 포함하여 투표참여를 권유하는 행위로서, 그것이 공직선거법상 선거운동기간이 아닌 때에 이루어진 경우'를 의미한다고 볼 수 있다.

3. 청구인이 게재한 칼럼의 제목, 구체적인 내용, 행위의 시기와 당시 사회상황 등을 종합하여 보면, 청구인의 이 사건 칼럼 게재행위는 '공직선거법상 허용되지 않는 방법으로 특정 정당을 반대하는 내용을 포함하여 투표참여를 권유한 행위'로서 공직선거법 제58조의2 단서 제3호 및 제256조 제3항 제3호에 의하여 금지·처벌되는 행위에 해당한다.

4. 공직선거법 제95조 제1항의 규율대상인 신문·통신·잡지 등의 경우 공직선거법 제93조

의 규율대상인 일반적인 문서·도화와 비교할 때 일정한 격식을 갖추어 주로 정기적으로 발행되고, 통상 객관적인 사실에 관한 보도와 논평으로 구성된다. 공직선거법 제95조 제1항이 신문·통신·잡지 등에 대하여 통상의 방법이 아닌 방법으로 배포하는 등의 행위를 금지하고 이를 처벌하는 것은 선거에 관한 보도와 논평의 자유를 보호하는 차원에서 통상방법으로 발행·배부하는 행위에 대해서는 제93조 위반죄로도 처벌하지 않는다는 뜻도 포함하고 있다. 따라서 선거에 관한 기사를 게재한 신문·통신·잡지 등의 배부행위에 대하여는 공직선거법 제93조가 적용될 여지가 없다.

5. 이 사건 칼럼이 게재된 ○○신문은 일정한 격식을 갖추어 정기적으로 발행되는 간행물로서 공직선거법 제93조의 규율대상인 일반적인 문서·도화에 해당하지 아니함에도, 청구인에게 탈법방법에 의한 인쇄물 배부로 인한 공직선거법위반 혐의를 인정한 이 부분 기소유예처분은 자의적인 검찰권의 행사에 해당하고, 그로 인하여 청구인의 평등권과 행복추구권이 침해되었다.

재판관 이종석, 재판관 이영진, 재판관 김기영, 재판관 이미선의 판시사항 다. 부분에 관한 반대의견

청구인이 게재한 칼럼의 구체적인 내용, 행위의 동기, 경위와 수단 및 방법, 시기 등을 종합하여 볼 때, 위 칼럼은 국민들의 정당과 정치권력에 대한 지속적인 감시의 중요성을 주장하고자 한 것일 뿐, 특정 정당을 반대하는 내용을 포함하여 투표참여를 권유하는 내용이라고 인정할 증거가 부족함에도, 청구인에게 투표참여 권유행위로 인한 공직선거법위반 혐의를 인정한 이 부분 기소유예처분도 자의적인 검찰권의 행사에 해당하고, 그로 인하여 청구인의 평등권과 행복추구권이 침해되었다.

【참조조문】

공직선거법(2005. 8. 4. 법률 제7681호로 개정된 것) 제255조 제2항 제5호

공직선거법(2010. 1. 25. 법률 제9974호로 개정된 것) 제93조 제1항

공직선거법(2014. 5. 14. 법률 제12583호로 개정된 것) 제58조의2 단서 제3호, 제256조 제3항 제3호

【참조판례】

1. 헌재 1994. 7. 29. 93헌가4등, 판례집 6-2, 15, 33-34

헌재 2001. 8. 30. 2000헌마121등, 판례집 13-2, 263, 269

헌재 2018. 7. 26. 2017헌가9, 판례집 30-2, 1, 6

대법원 1996. 4. 26. 선고 96도138 판결

대법원 2007. 3. 15. 선고 2006도8869 판결

2. 헌재 2018. 7. 26. 2017헌가9, 판례집 30-2, 1, 7

4. 대법원 2002. 4. 9. 선고 2000도4469 판결

대법원 2005. 6. 23. 선고 2004도8969 판결

대법원 2009. 6. 11. 선고 2009도2014 판결

【당 사 자】

청 구 인 임○○

대리인 변호사 김형남 외 1인

피청구인 서울남부지방검찰청 검사

【주 문】

1. 피청구인이 2020. 9. 16. 서울남부지방검찰청 2020년 형제7541, 10682호 사건에서 청구인에 대하여 한 기소유예처분 중 '탈법방법에 의한 인쇄물 배부'에 관한 부분은 청구인의 평등권과 행복추구권을 침해한 것이므로 이를 취소한다.

2. 청구인의 나머지 심판청구를 기각한다.

【이 유】

1. 사건개요

가. 청구인은 2020. 9. 16. 피청구인으로부터 서울남부지방검찰청 2020년 형제7541, 10682호로 투표참여 권유행위 및 탈법방법에 의한 인쇄물 배부로 인한 공직선거법위반 혐의에 관하여 기소유예처분을 받았는데

(이하 '이 사건 기소유예처분'이라 한다), 그 피의사실의 요지는 다음과 같다.

『청구인은 2020. 1. 29.경 ○○신문 ○○칼럼에 "○○당만 빼고"라는 제목으로 "□□당에 책임이 없지는 않으나 더 큰 책임은 ○○당에 있다", "그래서 제안한다 '○○당만 빼고' 투표하자"라는 내용의 글(이하 '이 사건 칼럼'이라 한다)을 게시하였다.

청구인은 이와 같이 칼럼을 신문에 게시하는 방법으로 특정 정당을 반대하는 내용을 포함하여 투표참여 권유행위를 하고, 선거일 전 180일부터 선거일까지 사이에 선거에 영향을 미치게 하기 위하여 특정 정당을 반대하는 내용의 인쇄물인 신문을 불특정 다수의 독자들에게 배부하여 공직선거법을 위반하였다.』

나. 한편, 피청구인은 청구인의 사전선거운동으로 인한 공직선거법위반 혐의에 대하여는 '청구인이 특정 후보자의 낙선을 목적으로 이 사건 칼럼을 기고하였다고 단정하기 어렵다'는 이유로 혐의없음의 불기소처분을 하였다.

다. 청구인은 2020. 9. 23. 이 사건 기소유예처분이 청구인의 평등권과 행복추구권 등을 침해한다고 주장하면서 그 취소를 구하는 이 사건 헌법소원심판을 청구하였다.

2. 청구인의 주장요지

가. 투표참여 권유행위 부분에 관한 주장

(1) 공직선거법 제58조의2 단서 제3호의 입법취지는 투표참여 권유행위를 빙자한 편법적인 선거운동을 금지하고자 하는 것이므로, 그 적용 범위는 선거운동에 해당하는 투표참여 권유행위에 한정된다고 해석하여야 한다. 이 사건 칼럼은 국민들에게 지속적으로 정치에 관심을 가져야 할 필요성을 강조하는 내용으로 일반적인 정치적 의견 개진에 불과할 뿐 선거운동에 해당하지 않고, 피청구인도 이와 같은 취지에서 청구인에 대하여 사전선거운동으로 인한 공직선거법 위반에 관하여는 혐의없음의 처분을 하였다. 따라서 이 사건 칼럼의 게재행위는 공직선거법 제58조의2 단서 제3호 위반에 해당하지 않는다.

(2) 이 사건 칼럼은 기존의 정당과 정치인들이 선거 이후 책임정치를 하지 않는 행태를 비판하고, 국민들에 대하여 선거 때 뿐만 아니라 지속적으로 정치에 관심을 가질 것을 촉구하고자 한 취지일 뿐, 특정 정당을 반대하는 내용을 포함하여 투표참여를 권유한 것이 아니다.

나. 탈법방법에 의한 인쇄물 배부 부분에 관한 주장

이 사건 칼럼의 게재행위는 공직선거법 제93조 제1항에서 정한 인쇄물 배부의 구성요건에 해당한다고 보기 어렵고, 이 사건 칼럼은 일반적인 정치적 의견 개진에 불과하므로 청구인에게 '선거에 영향을 미치게 하기 위한' 의사도 인정되지 않는다.

3. 판 단

가. 근거법률

이 사건 기소유예처분의 근거법률은 아래와 같다.

[근거법률]

공직선거법(2014. 5. 14. 법률 제12583호로 개정된 것)

제58조의2(투표참여 권유활동) 누구든지 투표참여를 권유하는 행위를 할 수 있다. 다만, 다음 각 호의 어느 하나에 해당하는 행위의 경우에는 그러하지 아니하다.

3. 특정 정당 또는 후보자(후보자가 되려는 사람을 포함한다. 이하 이 조에서 같다)를 지지·추천하거나 반대하는 내용을 포함하여 하는 경우

제256조(각종제한규정위반죄) ③ 다음 각 호의 어느 하나에 해당하는 자는 2년 이하의 징역 또는 400만원 이하의 벌금에 처한다.

3. 이 법에 규정되지 아니한 방법으로 제58조의2 단서를 위반하여 투표참여를 권유하는 행위를 한 자

공직선거법(2010. 1. 25. 법률 제9974호로 개정된 것)

제93조(탈법방법에 의한 문서·도화의 배부·게시 등 금지) ① 누구든지 선거일전 180일(보궐선거 등에 있어서는 그 선거의 실시사유가 확정된 때)부터 선거일까지 선거에 영향을 미치게 하기 위하여 이 법의 규정에 의하지 아니하고는 정당(창당준비위원회와 정당의 정강·정책을 포함한다. 이하 이 조에서 같다) 또는 후보자(후보자가 되고자 하는 자를 포함한다. 이하 이 조에서 같다)를 지지·추천하거나 반대하는 내용이 포함되어 있거나 정당의 명칭 또는 후보자의 성명을 나타내는 광고, 인사장, 벽보, 사진, 문서·도화, 인쇄물이나 녹음·녹화테이프 그 밖에 이와 유사한 것을 배부·첩부·살포·상영 또는 게시할 수 없다. (단서 및 각 호 생략)

공직선거법(2005. 8. 4. 법률 제7681호로 개정된 것)

제255조(부정선거운동죄) ② 다음 각 호의 어느 하나에 해당하는 자는 2년 이하의 징역 또는 400만 원

이하의 벌금에 처한다.

5. 제93조(탈법방법에 의한 문서·도화의 배부·게시 등 금지) 제1항의 규정에 위반하여 문서·도화 등을 배부·첩부·살포·게시·상영하거나 하게 한 자, 같은 조 제2항의 규정에 위반하여 광고 또는 출연을 하거나 하게 한 자 또는 제3항의 규정에 위반하여 신분증명서·문서 기타 인쇄물을 발급·배부 또는 징구하거나 하게 한 자

나. 투표참여 권유행위 부분에 관한 판단

(1) 공직선거법 제58조의2 단서 제3호의 적용 범위

선거운동의 의미에 관하여 헌법재판소는 '특정 후보자의 당선 내지 이를 위한 득표에 필요한 모든 행위 또는 특정 후보자의 낙선에 필요한 모든 행위 중 당선 또는 낙선을 위한 것이라는 목적의사가 객관적으로 인정될 수 있는 능동적, 계획적 행위'라고 판시하였고(헌재 1994. 7. 29. 93헌가4등; 헌재 2001. 8. 30. 2000헌마121등), 대법원 역시 같은 취지로 판시한 바 있다(대법원 1996. 4. 26. 선고 96도138 판결; 대법원 2007. 3. 15. 선고 2006도8869 판결 등).

공직선거법 제58조의2 단서 제3호상의 특정 정당 또는 후보자를 지지·추천·반대하는 행위는 사실상 위와 같은 선거운동에 해당한다고 볼 여지가 많으나, 그 문언에 비추어 선거운동과 같이 당선 또는 낙선을 도모하는 목적의사나 능동적, 계획적 행위에 이르지 않더라도 특정 정당 또는 후보자를 지지·추천·반대하는 것 역시 가능하다 할 것이므로 선거운동보다 더 넓은 정치적 표현행위라고 볼 수 있다. 대신 그 처벌조항인 공직선거법 제256조 제3항에서 정한 법정형(2년 이하의 징역 또는 400만 원 이하의 벌금)은 공직선거법상 선거운동에 관한 다른 금지·처벌 조항에 비하여 상대적으로 가벼운 편이다(헌재 2018. 7. 26. 2017헌가9 참조).

특정 정당 또는 후보자를 지지·추천·반대하는 내용이 있다 하더라도 그 투표참여 권유행위가 이루어진 시기나 방법, 경위 등을 종합적으로 고려할 때 선거운동의 목적까지는 인정되지 않는 경우가 충분히 있을 수 있고, 이러한 행위들이 선거의 공정성을 침해할 우려가 있는 때에는 규제의 필요성이 인정될 수 있다. 공직선거법이 선거일을 기준으로 선거에 영향을 미칠 수 있는 정도에 따라 '선거운동'보다 광범위한 개념으로서 '선거에 영향을 미치는 행위'(제90조 제1항, 제93조 제1항 등) 또는 '선거에 관한 행위'(제96조, 제115조 등) 등을 개별적으로 특정하여 금지하는 규정을 두고 있는 것도 같은 취지라 할 것이다.

이와 같은 점들에 비추어 보면, 공직선거법 제58조의2 단서 제3호에서 규정한 특정 정당 또는 후보자를 지지·추천·반대하는 내용을 포함한 투표참여 권유행위가 '선거운동'에 해당하는 투표참여 권유행위에 한정된다고 볼 수 없다.

(2) 이 사건 칼럼의 게재행위가 공직선거법 제58조의2 단서 제3호 및 제256조 제3항 제3호에 의하여 금지·처벌되는 행위에 해당하는지 여부

(가) 2012. 2. 29. 법률 제11374호로 선거운동의 정의조항인 공직선거법 제58조 제1항이 개정되면서 투표참여 권유행위에 관한 내용이 공직선거법에 처음으로 규정되었다. 위 조항에 의하면 특정 정당 또는 후보자를 지지·추천하거나 반대하는 내용 없이 투표참여를 권유하는 행위는 원칙적으로 선거운동으로 보지 않았다(제58조 제1항 단서 제5호).

그런데 특정 정당 또는 후보자를 지지·추천·반대하는 내용만 없으면 투표참여 권유행위가 사실상 무제한으로 허용되었기 때문에 선거를 앞두고 정당 또는 후보자의 명의가 표시된 현수막 등을 사용한 투표참여 권유행위가 무분별하게 이루어져 사실상 투표참여 권유를 빙자한 선거운동이 방치되고 있다는 문제점이 지적되었다.

이에 2014. 5. 14. 법률 제12583호로 개정된 공직선거법은 제58조 제1항 단서 제5호를 삭제하는 대신 제58조의2를 별도로 신설하여 본문에서는 누구든지 투표참여 권유행위를 할 수 있도록 허용하고, 단서 각 호에서 기존에 문제로 지적되던 방법을 사용한 투표참여 권유행위를 제한하였다. 그리고 위 개정 공직선거법은 제256조 제3항 제3호를 신설하여 공직선거법에 규정되지 아니한 방법으로 제58조의2 단서를 위반하여 투표참여를 권유하는 행위를 한 자를 처벌하도록 하였다.

공직선거법 제58조의2 단서 제3호 및 제256조 제3항 제3호의 문언, 법률 개정의 경위와 취지 등에 비추어 보면, 위 각 조항에 의하여 금지·처벌되는 투표참여 권유행위는 '공직선거법상 허용되지 않는 방법으로 특정 정당 또는 후보자를 지지·추천·반대하는 내용을 포함하여 투표참여를 권유하는 행위로서, 그것이 공직선거법상 선거운동기간이 아닌 때에 이루어진 경우'를 의미한다고 볼 수 있다(헌재 2018. 7. 26. 2017헌가9 참조).

(나) 이 사건 칼럼은 제목에서부터 '○○당만 빼고'로 특정 정당의 명칭과 이에 대한 반대의 의미를 가지는

표현을 직접적으로 사용하였다. 그 구체적인 내용을 살펴보더라도 "제왕적 대통령제 아래서도 행정부가 균열을 보이고 국회가 운영 중인데도 여야를 대신한 군중이 거리에서 맞붙고 있다. 이쯤 되면 선거는 무용하고 정치는 해악이다. □□당에 책임이 없지는 않으나 더 큰 책임은 ○○당에 있다. 촛불정권을 자임하면서도 국민의 열망보다 정권의 이해에 골몰하기 때문이다. 권력의 사유화에 대한 분노로 집권했으면서도 대통령이 진 '마음의 빚'은 국민보다 퇴임한 장관에게 있기 때문이다.", "○○당의 이 같은 처신은 처음부터 예견돼 있었는지 모른다. 지난 촛불집회의 성과를 국민 스스로 포기했기 때문이다.", "우려는 촛불집회 당시에도 있었다. 많은 사람들이 '죽 쒀서 개줄까' 염려했다. 하지만 우려는 현실이 됐다." 등 전반적으로 ○○당과 정부에 대하여 비판적으로 서술하고 있다.

(다) 한편, '권유'의 사전적 의미는 '어떠한 일 따위를 하도록 권하는 것'이다. 그런데 청구인은 위와 같은 ○○당과 정부에 대한 비판적인 내용에 더하여 이 사건 칼럼 말미에서 "유권자도 배신할 수 있다는 것을 알려주자. 선거가 끝난 뒤에도 국민의 눈치를 살피는 정당을 만들자. 그래서 제안한다. '○○당만 빼고' 투표하자."라고 서술함으로써 '제안', '투표하자'와 같은 권유의 의미를 가진 단어를 사용하여 독자들에게 투표를 권유하고 있다.

(라) 더욱이 이 사건 칼럼 중 "국민이 정당을 길들여보자. 정당과 정치인들에게 알려주자. 국민이 볼모가 아니라는 것을, 유권자도 배신할 수 있다는 것을 알려주자." 등의 내용은 선거를 통하여 국민이 정당과 정치인을 심판하여야 한다는 것으로, 선거를 통한 심판은 유권자들의 적극적인 투표권 행사가 뒷받침되어야 가능하다는 점에서 이 사건 칼럼에는 투표참여를 권유하는 의사가 담겨 있다고 볼 수 있다.

(마) 이 사건 칼럼의 게재 시점인 2020. 1. 29. 당시는 이미 2020. 4. 15.로 예정된 제21대 국회의원 선거의 예비후보자등록 신청이 개시되어 일부 후보자들이 예비후보자로 등록 후 활동을 하고 있었고, 각 정당의 후보자 공천이 임박하였던 시기였던 점, 이 사건 칼럼에서도 '다가오는 총선', '총선이 코앞이다' 등으로 제21대 국회의원 선거가 가까워오고 있음을 몇 차례 언급하고 있는 점 등에 비추어 보면, 이 사건 칼럼의 독자들로서는 이 사건 칼럼이 제21대 국회의원 선거를 염두에 두고 투표참여를 권유하는 취지라고 이해하였을 것으로 보인다.

(바) 위와 같은 사정들을 종합하여 보면, 청구인의 이 사건 칼럼 게재행위는 '공직선거법상 허용되지 않는 방법으로 특정 정당 또는 후보자를 지지·추천·반대하는 내용을 포함하여 투표참여를 권유한 행위로서, 그것이 공직선거법상 선거운동기간이 아닌 때에 이루어진 경우'로 공직선거법 제58조의2 단서 제3호 및 제256조 제3항 제3호에 의하여 금지·처벌되는 행위에 해당한다. 비록 청구인의 주장과 같이 이 사건 칼럼의 게재가 정당과 정치인들에 대하여 진영논리의 극복과 책임정치를 촉구하고자 하는 정치적 소신에서 비롯된 것이라 하더라도 이는 양형의 조건에 불과할 뿐 죄의 성립에는 아무런 영향을 미치지 아니한다.

(3) 소결

따라서 이 사건 기소유예처분 중 투표참여 권유행위에 관한 부분은 정당하고, 달리 위 기소유예처분이 헌법재판소가 관여할 정도로 자의적 처분이라고 볼 자료도 없다.

다. 탈법방법에 의한 인쇄물 배부 부분에 관한 판단

(1) 공직선거법 제93조의 규율대상

공직선거법 제95조 제1항은 "선거에 관한 기사를 게재한 신문·통신·잡지 또는 기관·단체·시설의 기관지 기타 간행물을 통상방법 외의 방법으로 배부·살포·게시·첩부하거나 그 기사를 복사하여 배부·살포·게시·첩부할 수 없다."라고 규정하면서 같은 조 제2항에서 '통상방법에 의한 배부'를 '종전의 방법과 범위 안에서 발행·배부하는 것'이라고 규정하고 있다. 신문·통신·잡지 또는 기관·단체·시설의 기관지 기타 간행물(이하 '신문·통신·잡지 등'이라고만 한다)의 경우 공직선거법 제93조의 규율대상인 일반적인 문서·도화와 비교할 때 단순한 문서·도화의 수준을 넘어서서 상당한 기간 반복적으로 제호, 발행인, 발행일 등을 표기하면서 일정한 격식을 갖추어 주로 정기적으로 발행되고, 통상 객관적인 사실에 관한 보도와 논평으로 구성된다. 이에 통상방법을 벗어나 악용되는 때에는 선거에 미치는 영향이 크므로, 공직선거법은 제95조 제1항을 위반한 자에 대하여 제93조 제1항을 위반한 자에 대한 경우보다 중한 법정형을 규정하고 있다(공직선거법 제252조 제3항). 한편, 공직선거법 제95조 제1항이 신문·통신·잡지 등에 대하여 통상의 방법이 아닌 방법으로 배포하는 등의 행위를 금지하고 이를 처벌하는 것은 이 조항이 선거에 관한 보도와 논평의 자유를 보호하는 차원에서 통상방법으로 발행·배부하는 행위에 대해서는 제93조 위반죄로도 처벌하지 않는다는 뜻도 포함하고 있다. 따라서 선거에 관한 기사를 게재한 신문·통신·잡지 등을 통상방법 외의 방법으로 배부하거나 그 기사를 복사하여 배부한 경우에 공직선거법 제95조 위반죄로 처벌할 수 있음은 별론으로 하더라도, 그러한 배부행위에 대하여 공직선거법 제93조가 적용될 여지는 없다(대법원 2002. 4. 9. 선고 2000도4469 판결; 대법원 2005. 6. 23. 선고 2004도8969 판결; 대법원 2009. 6. 11. 선고 2009도2014 판결 참조).

(2) 판단

이 사건 칼럼이 게재된 ○○신문은 격식을 갖추어 정기적으로 발행되는 간행물인바, 앞서 본 바와 같이 선거에 관한 보도와 논평의 자유를 보호하는 차원에서 통상의 방법이 아닌 방법으로 발행·배부하는 등의 경우만 공직선거법 제95조 위반죄로 처벌될 뿐 공직선거법 제93조의 규율대상인 일반적인 문서·도화에는 해당하지 않는다. 따라서 이 부분 피의사실은 공직선거법 제93조가 금지하는 탈법방법에 의한 인쇄물의 배부에 해당하지 않고, 또한 이 사건 칼럼이 게재된 신문이 '통상방법 외의 방법으로' 발행·배부된 것이라고 볼 근거도 없으므로 공직선거법 제95조 위반에도 해당할 여지가 없다.

(3) 소결

따라서 이 사건 기소유예처분 중 탈법방법에 의한 인쇄물 배부에 관한 부분은 그 결정에 영향을 미친 중대한 법리오해의 잘못이 있는 것으로, 헌법상 보장된 청구인의 평등권과 행복추구권을 침해한 것이다.

4. 결 론

그렇다면 이 사건 기소유예처분 중 탈법방법에 의한 인쇄물 배부에 관한 부분은 청구인의 평등권과 행복추구권을 침해한 것이므로 이를 취소하고, 청구인의 나머지 심판청구 부분은 이유 없으므로 이를 기각하기로 하여 주문과 같이 결정한다. 이 결정은 아래 5.과 같은 재판관 이종석, 재판관 이영진, 재판관 김기영, 재판관 이미선의 이 사건 기소유예처분 중 투표참여 권유행위 부분에 관한 반대의견이 있는 외에는 관여 재판관의 의견이 일치되었다.

5. 재판관 이종석, 재판관 이영진, 재판관 김기영, 재판관 이미선의 투표참여 권유행위 부분에 관한 반대의견

우리는 다수의견과 달리 이 사건 기소유예처분 중 투표참여 권유행위에 관한 부분도 그 결정에 영향을 미친 중대한 법리오해의 잘못이 있는 것으로 자의적인 검찰권의 행사라고 생각하므로, 아래와 같이 반대의견을 밝힌다.

가. 이 사건 칼럼의 게재행위가 '특정 정당을 반대하는 내용을 포함하여 투표참여를 권유하는 행위'에 해당하는지 여부

(1) 이 사건 칼럼의 구체적인 내용을 보면, "정권 내부 갈등과 여야 정쟁에 국민들의 정치 혐오가 깊어지고 있다.", "2016년 겨울, 국민들은 유사 이래 처음으로 정치권력에 대해 상전 노릇을 할 수 있었다. (중략) 그러나 지금 상황은 역전됐다. 정당과 정치권력이 다시 상전이 됐다.", "이제는 끊어버려야 한다. 이제는 선거에만 매달리는 것을 중단해야 한다. 더 이상 정당과 정치인이 국민을 농락하지 못하도록 해야 한다. 선거 과정의 달콤한 공약이 선거 뒤에 배신으로 돌아오는 일을 막아야 한다. 하지만 그 배신에는 국민도 책임이 있다.", "국민이 정당을 길들여보자. 정당과 정치인들에게 알려주자. 국민이 볼모가 아니라는 것을, 유권자도 배신할 수 있다는 것을 알려주자. 선거가 끝난 뒤에도 국민의 눈치를 살피는 정당을 만들자." 등으로 청구인은 정당과 정치인들이 선거 이후 정쟁에 몰두하며 민생을 외면하고 책임정치를 하지 않고 있는 행태를 비판하면서 국민들에게 단지 선거에 그치지 말고 정치에 대한 지속적인 관심과 감시를 촉구하고 있다. 다만 이 사건 칼럼의 게재 당시 ○○당이 집권여당이기 때문에 주된 비난의 대상이 되고 있기는 하나, 청구인이 이 사건 칼럼을 통하여 특정 정당을 지지 또는 반대하고자 하는 의도가 있었다고는 보이지 않는다.

(2) 청구인은 정치학 박사로서 이 사건 칼럼 게재 당시 ○○대학교 ○○연구소 연구교수 및 □□대학교 ○○학과 강사로 재직 중이었는바, 한국사회에 대한 정치학적 분석과 평론은 청구인의 연구분야에 해당하였다. 청구인은 ○○신문 ○○칼럼에 2019. 9. 10.부터 2020. 8. 13.까지 매월 1편 가량 총 13편의 칼럼을 기고하였는데, 그 내용들은 주로 진영논리에 반대하며 정부와 집권세력에 대하여 노동자 등 사회적 약자와 소수자의 보호 및 민생을 위한 책임정치를 촉구하는 것이었다. 이 사건 칼럼은 청구인이 위와 같이 정기적으로 기고하였던 칼럼 중 하나로서 통상적인 주기에 맞추어 작성된 것이고, 그 내용은 다른 칼럼들에서 나타난 청구인의

정치적 소신과 동일한 맥락으로 볼 수 있으므로, 이 사건 칼럼이 제21대 국회의원 선거 자체를 목적으로 하여 특별한 정치적 의도를 가지고 작성·게재된 것이라고 보기 어렵다.

(3) 이 사건 칼럼의 게재가 투표참여 권유행위로 인한 공직선거법 위반에 해당되기 위해서는 단지 집권여당인 ○○당에 대한 비판이 담겨 있는 것만으로는 부족하고 투표참여를 권유하는 행위로 인정되어야 한다. 그런데 청구인은 칼럼 전반에서 "○○당의 이 같은 처신은 처음부터 예견돼 있었는지 모른다. 지난 촛불집회의 성과를 국민 스스로 포기했기 때문이다. 누적인원 1,700만 명이 거둔 결실을 고스란히 대통령선거에 갖다 바쳤다.", "우려는 촛불집회 당시에도 있었다. 많은 사람들이 '죽 쒀서 개 줄까' 염려했다. 하지만 우려는 현실이 됐다. 선거 외에는, 야당을 여당으로 바꾸는 것 말고는 기대와 희망을 담을 다른 그릇을 찾아내지 못했기 때문이다.", "이제는 끊어버려야 한다. 이제는 선거에만 매달리는 것을 중단해야 한다." 등으로 오히려 선거에만 매달리는 세태에 대하여 비판적인 논조를 띠면서 국민들의 정당과 정치권력에 대한 지속적인 감시의 중요성을 주장하고 있다. 그렇다면 이 사건 칼럼이 특정 선거나 투표 자체를 목적으로 하여 작성되었다고 보기는 어렵다.

(4) 청구인이 이 사건 칼럼 말미에서 '선거'를 직접 언급하면서 "그래서 제안한다. '○○당만 빼고' 투표하자."라고 서술하기는 하였으나, 한편 이 사건 칼럼에는 전반적으로 집권여당인 ○○당과 정부에 대한 비판이 담겨있는 점, 이 사건 칼럼 게재 일자는 2020. 1. 29.로서 2020. 4. 15. 예정되어 있던 제21대 국회의원 선거로부터 상당히 앞선 시기였던 점 등에 비추어 보면, 청구인이 위 문장에서 독자에게 제안 또는 권유하고자 한 것은 투표행위 자체가 아니라 집권여당에 대한 지속적인 감시와 심판으로 해석함이 타당하다.

(5) 위와 같은 사정들을 종합하면, 이 사건 칼럼이 특정 정당을 반대하는 내용을 포함하여 투표참여를 권유하는 내용이라고 인정하기 부족하고, 달리 이를 인정할 증거가 없다. 따라서 청구인의 이 사건 칼럼 게재행위는 공직선거법 제58조의2 단서 제3호 및 제256조 제3항 제3호에서 금지·처벌하는 '특정 정당 또는 후보자를 지지·추천하거나 반대하는 내용을 포함하여 하는 투표참여 권유행위'에 해당한다고 볼 수 없다.

나. 소결

따라서 이 사건 기소유예처분 중 투표참여 권유행위에 관한 부분은 그 결정에 영향을 미친 중대한 법리오해의 잘못이 있는 것으로, 그로 인하여 청구인의 평등권과 행복추구권이 침해되었다고 할 것이므로 이를 취소함이 마땅하다.

재판관 유남석 이선애 이석태 이은애 이종석 이영진 김기영 문형배 이미선

68. 공직선거법 제57조의6 제1항 본문 등 위헌제청

[2022. 6. 30. 2021헌가24]

【판시사항】

서울교통공사의 상근직원이 당원이 아닌 자에게도 투표권을 부여하는 당내경선에서 경선운동을 할 수 없도록 금지·처벌하는 공직선거법 제57조의6 제1항 본문의 '제60조 제1항 제5호 중 제53조 제1항 제6호 가운데 지방공기업법 제2조에 규정된 지방공사인 서울교통공사의 상근직원'에 관한 부분 및 같은 법 제255조 제1항 제1호 중 제57조의6 제1항 본문의 '제60조 제1항 제5호 중 제53조 제1항 제6호 가운데 지방공기업법 제2조에 규정된 지방공사인 서울교통공사의 상근직원'에 관한 부분(이하 '심판대상조항'이라 한다)이 정치적 표현의 자유를 침해하는지 여부(적극)

【결정요지】

심판대상조항은 당내경선의 형평성과 공정성을 확보하기 위한 것으로 목적의 정당성과 수단의 적합성이 인정된다. 그러나 서울교통공사의 상근직원은 서울교통공사의 경영에 관여하거나 실질적인 영향력을 미칠 수 있는 권한을 가지고 있지 아니하므로, 경선운동을 한다고 하여 그로 인한 부작용과 폐해가 크다고 보기 어렵다. 또한 공직선거법은 이미 서울교통공사의 상근직원이 당내경선에 직·간접적으로 영향력을 행사하는 행위들을 금지·처벌하는 규정들을 마련하고 있다. 서울교통공사의 상근직원이 그 지위를 이용하여 경선운동을 하는 행위를 금지·처벌하는 규정을 두는 것은 별론으로 하고, 경선운동을 일률적으로 금지·처벌하는 것은 정치적 표현의 자유를 과도하게 제한하는 것이다. 정치적 표현의 자유의 중대한 제한에 비하여, 서울교통공사의 상근직원이 당내경선에서 공무원에 준하는 영향력이 있다고 볼 수 없는 점 등을 고려하면 심판대상조항이 당내경선의 형평성과 공정성의 확보라는 공익에 기여하는 바가 크다고 보기 어렵다. 따라서 심판대상조항은 과잉금지원칙에 반하여 정치적 표현의 자유를 침해한다.

재판관 이종석, 재판관 이영진의 반대의견

서울교통공사는 지방공기업법에 따라 설립된 지방공사로서, 그 사업의 공공적 성격이 강하고 조직·운영 등에도 공법적 특수성이 인정된다. 서울교통공사의 상근직원은 형법상 뇌물죄와 관련하여 공무원으로 간주되는 등 그 직무의 공공성이 인정되고, 당내경선에서 경선운동을 할 경우 관련 업무의 집행에 부당한 영향력을 행사할 가능성이 있다. 따라서 심판대상조항이 서울교통공사의 상근직원 모두에 대하여 당원이 아닌 자에게도 투표권을 부여하여 실시하는 당내경선에서 경선운동을 금지하는 것이 과도하다고 보기 어렵다.

현행 공직선거법 규정들만으로는 당내경선의 형평성과 공정성을 충분히 확보할 수 있는지 불분명하고, 서울교통공사의 상근직원은 소속 당원만을 대상으로 하는 당내경선에서는 경선운동을 할 수 있는 점, 경선운동에 이르지 아니하는 통상적인 정당활동 등을 할 수 있는 점 등을 고려하면, 심판대상조항은 과잉금지원칙에 반하여 정치적 표현의 자유를 침해하지 않는다.

【심판대상조문】

공직선거법(2010. 1. 25. 법률 제9974호로 개정된 것) 제57조의6 제1항 본문의 '제60조 제1항 제5호 중 제53

조 제1항 제6호 가운데 지방공기업법 제2조에 규정된 지방공사인 서울교통공사의 상근직원'에 관한 부분

공직선거법(2010. 1. 25. 법률 제9974호로 개정된 것) 제255조 제1항 제1호 중 제57조의6 제1항 본문의 '제60조 제1항 제5호 중 제53조 제1항 제6호 가운데 지방공기업법 제2조에 규정된 지방공사인 서울교통공사의 상근직원'에 관한 부분

【참조조문】

헌법 제21조 제1항, 제37조 제2항

구 공직선거법(2010. 1. 25. 법률 제9974호로 개정되고, 2020. 3. 25. 법률 제17127호로 개정되기 전의 것) 제60조 제1항 제5호

공직선거법(2015. 12. 24. 법률 제13617호로 개정된 것) 제53조 제1항 제6호

지방공기업법(2011. 8. 4. 법률 제10990호로 개정된 것) 제2조 제1항 제3호, 제4호 제49조 제2항

지방공기업법(2017. 7. 26. 법률 제14839호로 개정된 것) 제49조 제1항

서울교통공사의 설립 및 운영에 관한 조례(2017. 3. 9. 서울특별시조례 제6419호로 제정된 것) 제1조

【참조판례】

헌재 2007. 10. 30. 2007헌마1128, 공보 133, 1134, 1135

헌재 2018. 2. 22. 2015헌바124, 판례집 30-1상, 216, 228-234

헌재 2019. 4. 11. 2016헌바458등, 판례집 31-1, 391, 400

헌재 2021. 4. 29. 2019헌가11, 판례집 33-1, 397, 402-409

【당 사 자】

제청법원 서울중앙지방법원

제청신청인 1. 이○○

2. 박○○

제청신청인들의 대리인 변호사 고재환

제청신청인 이○○의 대리인 법무법인 지향

담당변호사 박갑주 외 3인

당해사건 서울중앙지방법원 2020고합845

공직선거법위반 등

【주 문】

공직선거법(2010. 1. 25. 법률 제9974호로 개정된 것) 제57조의6 제1항 본문의 '제60조 제1항 제5호 중 제53조 제1항 제6호 가운데 지방공기업법 제2조에 규정된 지방공사인 서울교통공사의 상근직원'에 관한 부분 및 같은 법 제255조 제1항 제1호 중 제57조의6 제1항 본문의 '제60조 제1항 제5호 중 제53조 제1항 제6호 가운데 지방공기업법 제2조에 규정된 지방공사인 서울교통공사의 상근직원'에 관한 부분은 헌법에 위반된다.

【이 유】

1. 사건개요

가. 제청신청인 이○○는 1993. 9. 23.부터 지방공사인 서울교통공사의 직원으로 근무하였고, 제21대 국회의원 선거와 관련하여 2020. 2. 21.경 ○○당 비례대표 경선 후보로 등록하여 2020. 3. 6.경 ○○당 비례대표 추천 순위 5위를 부여받아 2020. 4. 15. 실시된 위 국회의원 선거에서 ○○당 비례대표 국회의원으로 당선된 사람이다. 제청신청인 박○○는 1984. 4. 20.부터 2020. 12. 31.까지 서울교통공사의 직원으로 근무한 사람이다.

나. 제청신청인들은 "2019. 9.경부터 2020. 3.경까지 공직선거법에서 정한 방법 외의 방법으로 ○○당 비례대표 당내경선에서 경선운동을 함과 동시에 경선운동을 할 수 없는 지방공사의 상근직원이 ○○당 비례대표 당내경선에서 경선운동을 하였다."라는 공소사실 등으로 기소되었다(서울중앙지방법원 2020고합845).

다. 제청신청인들이 제1심 재판 계속 중이던 2021. 3. 5. 서울교통공사 상근직원의 당내경선운동을 금지하고 처벌하는 공직선거법 조항들에 대하여 위헌법률심판제청신청을 하였고(서울중앙지방법원 2021초기591), 제청법원은 이를 받아들여 이들 조항에 대하여 2021. 9. 6. 위헌법률심판제청을 하였다.

2. 심판대상

이 사건 심판대상은 공직선거법(2010. 1. 25. 법률 제9974호로 개정된 것) 제57조의6 제1항 본문의 '제60조 제1항 제5호 중 제53조 제1항 제6호 가운데 지방공기업법 제2조에 규정된 지방공사인 서울교통공사의 상근직원'에 관한 부분(이하 '이 사건 금지조항'이라 한다) 및 같은 법 제255조 제1항 제1호 중 제57조의6 제1항

본문의 '제60조 제1항 제5호 중 제53조 제1항 제6호 가운데 지방공기업법 제2조에 규정된 지방공사인 서울교통공사의 상근직원'에 관한 부분(이하 '이 사건 처벌조항'이라 하고, 위 두 조항을 통틀어 '심판대상조항'이라 한다)이 헌법에 위반되는지 여부이다. 심판대상조항 및 관련조항은 다음과 같다.

[심판대상조항]

공직선거법(2010. 1. 25. 법률 제9974호로 개정된 것)

제57조의6(공무원 등의 당내경선운동 금지) ① 제60조 제1항에 따라 선거운동을 할 수 없는 사람은 당내경선에서 경선운동을 할 수 없다. 다만, 소속 당원만을 대상으로 하는 당내경선에서 당원이 될 수 있는 사람이 경선운동을 하는 경우에는 그러하지 아니하다.

제255조(부정선거운동죄) ① 다음 각 호의 어느 하나에 해당하는 자는 3년 이하의 징역 또는 600만 원 이하의 벌금에 처한다.

1. 제57조의6 제1항을 위반하여 당내경선에서 경선운동을 한 사람

[관련조항]

구 공직선거법(2010. 1. 25. 법률 제9974호로 개정되고, 2020. 3. 25. 법률 제17127호로 개정되기 전의 것)

제60조(선거운동을 할 수 없는 자) ① 다음 각 호의 어느 하나에 해당하는 사람은 선거운동을 할 수 없다. 다만, 제1호에 해당하는 사람이 예비후보자·후보자의 배우자인 경우와 제4호부터 제8호까지의 규정에 해당하는 사람이 예비후보자·후보자의 배우자이거나 후보자의 직계존비속인 경우에는 그러하지 아니하다.

5. 제53조(공무원 등의 입후보) 제1항 제2호 내지 제8호에 해당하는 자(제4호 내지 제6호의 경우에는 그 상근직원을 포함한다)

공직선거법(2015. 12. 24. 법률 제13617호로 개정된 것)

제53조(공무원 등의 입후보) ① 다음 각 호의 어느 하나에 해당하는 사람으로서 후보자가 되려는 사람은 선거일 전 90일까지 그 직을 그만두어야 한다. (단서 생략)

6. 「지방공기업법」 제2조(적용범위)에 규정된 지방공사와 지방공단의 상근 임원

지방공기업법(2011. 8. 4. 법률 제10990호로 개정된 것)

제2조(적용 범위) ① 이 법은 다음 각 호의 어느 하나에 해당하는 사업(그에 부대되는 사업을 포함한다. 이하 같다) 중 제5조에 따라 지방자치단체가 직접 설치·경영하는 사업으로서 대통령령으로 정하는 기준 이상의 사업(이하 '지방직영기업'이라 한다)과 제3장 및 제4장에 따라 설립된 지방공사와 지방공단이 경영하는 사업에 대하여 각각 적용한다.

3. 궤도사업(도시철도사업을 포함한다)

4. 자동차운송사업

지방공기업법(2017. 7. 26. 법률 제14839호로 개정된 것)

제49조(설립) ① 지방자치단체는 제2조에 따른 사업을 효율적으로 수행하기 위하여 필요한 경우에는 지방공사(이하 '공사'라 한다)를 설립할 수 있다. 이 경우 공사를 설립하기 전에 특별시장, 광역시장, 특별자치시장, 도지사 및 특별자치도지사(이하 '시·도지사'라 한다)는 행정안전부장관과, 시장·군수·구청장(자치구의 구청장을 말한다)은 관할 특별시장·광역시장 및 도지사와 협의하여야 한다.

지방공기업법(2011. 8. 4. 법률 제10990호로 개정된 것)

제49조(설립) ② 지방자치단체는 공사를 설립하는 경우 그 설립, 업무 및 운영에 관한 기본적인 사항을 조례로 정하여야 한다.

서울교통공사 설립 및 운영에 관한 조례(2017. 3. 9. ○○시조례 제6419호로 제정된 것)

제1조(목적) 이 조례는 안전하고 신속한 대중교통 수단을 제공함으로써 시민의 복리증진에 기여하기 위하여 지방공기업법 제49조에 따라 서울교통공사를 설립하고 이의 관리 및 운영에 필요한 사항을 규정함을 목적으로 한다.

3. 제청법원의 위헌제청이유

서울교통공사의 상근직원은 그 직을 유지한 채 공직선거에 입후보할 수 있고 정당의 당원이 될 수 있는 사람으로, 그 지위와 권한에 비추어 이들에게 당내경선에서의 경선운동을 허용하더라도 부작용이나 폐해가 크다고 보기 어렵다. 서울교통공사 상근직원의 경선운동을 금지하고 처벌하는 심판대상조항은 과잉금지원칙을 위반하여 정치적 표현의 자유 등을 침해한다.

4. 판 단

가. 제한되는 기본권

심판대상조항은 서울교통공사의 상근직원이 당원이 아닌 자에게도 투표권을 부여하여 실시하는 당내경선

에서 경선운동을 할 수 없도록 금지하고 그 위반행위를 처벌함으로써 서울교통공사의 상근직원의 정치적 표현의 자유를 제한하고 있다. 따라서 심판대상조항이 과잉금지원칙을 위반하여 정치적 표현의 자유를 침해하는지 여부를 살펴본다.

나. 심사기준

당내경선은 정당이 추천하는 공직선거후보자를 선출하는 절차로서(공직선거법 제57조의2 제1항 및 제2항), 국민의 정치적 의사 형성에 참여하는 정당의 중요한 활동 중 하나이고, 정당의 규모와 역할이 증대됨에 따라 당내경선이 공직선거에 있어 중요한 부분을 차지하게 된 점은 부인하기 어렵다(헌재 2019. 4. 11. 2016헌바458등 참조).

그러나 당내경선은 공직선거 자체와는 구별되는 정당 내부의 자발적인 의사결정에 해당하고(헌재 2007. 10. 30. 2007헌마1128 참조), 경선운동은 원칙적으로 공직선거에서의 당선 또는 낙선을 위한 행위인 선거운동에 해당하지 않는다(대법원 2003. 7. 8. 선고 2003도305 판결; 대법원 2012. 4. 13. 선고 2011도17437 판결 등 참조). 따라서 당내경선의 형평성과 공정성을 담보하기 위해서 국가가 개입하여야 하는 정도가 공직선거와 동등하다고 보기는 어렵다. 이와 같은 당내경선 및 경선운동의 내용 및 성질과 경선운동은 정치적 표현의 자유의 보호영역에 속하는 점 등을 고려하면, 심판대상조항이 과잉금지원칙에 반하는지 여부를 판단할 때에는 엄격한 심사기준이 적용되어야 한다(헌재 2021. 4. 29. 2019헌가11 참조).

다. 과잉금지원칙 위반 여부

(1) 목적의 정당성 및 수단의 적합성

당원뿐만 아니라 '당원이 아닌 자'에게도 투표권을 부여하여 실시하는 당내경선에서는 사실상 선거운동기간 이전에도 선거구민을 상대로 특정 정당 소속 경선후보자를 홍보할 기회가 주어지므로, 사전선거운동금지규정 등을 회피하는 탈법적 수단으로 악용될 우려가 있고 정당 소속 후보자와 무소속 후보자 간의 불평등의 문제가 발생할 수 있다. 따라서 경선운동을 제한된 범위 내에서만 허용함으로써 위와 같은 문제점을 최소화할 필요가 있다(헌재 2019. 4. 11. 2016헌바458등 참조).

심판대상조항이 당원이 아닌 자에게도 투표권을 부여하여 실시하는 당내경선에서 서울교통공사의 상근직원에 대하여 경선운동을 금지하고 그 위반행위를 처벌하는 것은 당내경선의 형평성과 공정성을 확보하기 위한 것으로 정당한 목적 달성을 위한 적합한 수단이다(헌재 2021. 4. 29. 2019헌가11 참조).

(2) 침해의 최소성

(가) 서울교통공사의 상근임원인 사장은 ○○시장이 임면하고 공사를 대표하고 그 업무를 총괄하며 경영성과에 대하여 책임을 지며, 공사의 업무에 관한 중요 사항을 심의·의결하는 이사회의 구성원이다(지방공기업법 제58조 제2항, 제62조 제1항, 제2항, 서울교통공사 설립 및 운영에 관한 조례 제9조 제1항, 제2항, 제14조 제1항, 제2항, 서울교통공사 정관 제15조, 제27조, 제28조 등 참조). 반면 서울교통공사의 상근직원은 시험성적, 근무성적, 그 밖의 능력의 실증에 따라 사장이 임면하고(지방공기업법 제63조 제1항, 제2항) 원칙적으로 공개경쟁시험으로 채용되는바(서울교통공사 설립 및 운영에 관한 조례 제18조, 서울교통공사 정관 제18조 제1항, 제2항), 관련 법령과 조례 및 정관의 규정에 비추어 이들에게 서울교통공사의 경영에 관여하거나 실질적인 영향력을 미칠 수 있는 권한이 있다고 인정하기 어렵다(헌재 2021. 4. 29. 2019헌가11 참조).

이러한 서울교통공사 상근직원의 지위와 권한을 종합하면, 서울교통공사의 상근직원이 특정 경선후보자의 당선 또는 낙선을 위한 경선운동을 한다고 하여 그로 인한 부작용과 폐해가 일반 사기업 직원의 경우보다 크다고 보기 어렵다. 공직선거법 제53조 제1항 제6호가 지방공사의 상근임원과 달리 상근직원은 그 직을 유지한 채 공직선거에 입후보할 수 있도록 규정한 것도 상근직원의 영향력이 상근임원보다 적다는 점을 고려한 것이다. 그럼에도 불구하고 심판대상조항이 서울교통공사 상근임원의 경선운동을 금지하는 데 더하여 상근직원에게까지 경선운동을 금지하는 것은 당내경선의 형평성과 공정성을 확보한다는 입법목적에 비추어 보았을 때 과도한 제한이라고 볼 수 있다(헌재 2021. 4. 29. 2019헌가11 참조).

물론 당원만이 아니라 당원이 아닌 자를 상대로도 경선운동을 하게 된다는 점에서 그 지위를 이용하는 경우 경선의 당락에 영향을 미칠 수 있다는 의심이 있을 수 있으므로 일정 범위 내에서 서울교통공사 상근직원의 경선운동을 제한할 필요성이 있을 수 있으나, 직급에 따른 업무의 내용과 수행하는 개별·구체적인 직무의 성격에 대한 검토 없이 모든 상근직원에게 경선운동을 금지하고 그 위반행위를 처벌하는 것은 정치적 표현의 자유를 지나치게 제한하는 것이다(헌재 2018. 2. 22. 2015헌바124; 헌재 2021. 4. 29. 2019헌가11 참조).

(나) 공직선거법은 이미 서울교통공사 상근직원이 당내경선에 직·간접적으로 영향력을 행사하는 행위들을 금지·처벌하는 규정들을 마련하고 있고, 이와 같은 규정들만으로도 당내경선의 형평성과 공정성을 확보할 수 있다(헌재 2021. 4. 29. 2019헌가11 참조).

당원이 아닌 자에게도 투표권을 부여하여 실시하는 당내경선에서는 선거사무소를 설치하거나 그 선거사무소에 간판·현판 또는 현수막을 설치·게시하는 방법, 명함을 직접 주거나 지지를 호소하는 방법, 정당이 경선후보자가 작성한 1종의 홍보물을 1회에 한하여 발송하는 방법, 정당이 합동연설회 또는 합동토론회를 옥내에서 개최하는 방법으로만 경선운동을 할 수 있고, 이를 위반한 자는 형사처벌된다(공직선거법 제57조의3, 제255조 제2항 제3호 참조).

누구든지 당내경선에 있어 후보자로 선출되거나 되게 하거나 되지 못하게 할 목적 또는 후보자가 되지 아니하게 하거나 후보자가 된 것을 사퇴하게 할 목적으로 경선선거인 또는 그의 배우자나 직계존·비속에게 명목여하를 불문하고 금품 그 밖의 재산상의 이익 또는 공사의 직을 제공하는 등의 행위를 할 수 없고, 이를 위반한 자는 형사처벌된다. 또한 후보자로 선출되거나 되게 하거나 되지 못하게 하거나 경선선거인으로 하여금 투표를 하게 하거나 하지 아니하게 할 목적으로 경선후보자·경선운동관계자·경선선거인 또는 참관인에게 금품·향응 그 밖의 재산상의 이익이나 공사의 직을 제공하는 등의 행위를 한 자 역시 형사처벌된다(공직선거법 제57조의5, 제230조 제7항, 제8항 참조).

당내경선과 관련하여 경선운동 또는 교통을 방해하거나 위계·사술 그 밖의 부정한 방법으로 당내경선의 자유를 방해한 자, 업무·고용 그 밖의 관계로 인하여 자기의 보호·지휘·감독을 받는 자에게 특정 경선후보자를 지지·추천하거나 반대하도록 강요한 자는 형사처벌된다(공직선거법 제237조 제5항 제2호, 제3호 참조).

그 밖에 서울교통공사 상근직원의 경선운동이 선거운동에 이르거나 선거에 영향을 미치는 행위에 해당하는 경우 공직선거법상 관련 규정이 적용된다.

설령 위와 같은 공직선거법 규정들만으로 당내경선의 형평성과 공정성을 확보하기 부족하더라도, 서울교통공사 상근직원이 그 지위를 이용하여 경선운동을 하는 행위를 금지·처벌하는 규정을 두는 것은 별론으로 하고, 당원이 아닌 자에게도 투표권을 부여하여 실시하는 당내경선에서 서울교통공사 상근직원의 경선운동을 일률적으로 금지·처벌하는 것은 정치적 표현의 자유를 과도하게 제한하는 것이다(헌재 2021. 4. 29. 2019헌가11 참조).

(다) 따라서 심판대상조항은 침해의 최소성에 위반된다.

(3) 법익의 균형성

심판대상조항이 당원이 아닌 자에게도 투표권을 부여하여 실시하는 당내경선에서 서울교통공사의 상근직원 모두에 대하여 일률적으로 경선운동을 금지하는 것은 정치적 표현의 자유를 중대하게 제한하는 것이다. 반면 서울교통공사의 상근직원이 수행하는 직무의 성격에 비추어 볼 때 이들에게 공무원에 준하는 정치적 중립성이 요구된다고 할 수 없을 뿐만 아니라 직무에 공익적 성격이 있다고 하더라도 그 지위를 이용한 경선운동을 금지하는 것만으로 당내경선의 형평성과 공정성을 확보할 수 있다는 점을 고려하면, 심판대상조항이 당내경선의 형평성과 공정성의 확보라는 공익에 기여하는 바가 크다고 보기 어렵다(헌재 2018. 2. 22. 2015헌바124; 헌재 2021. 4. 29. 2019헌가11 참조).

따라서 심판대상조항은 법익의 균형성을 충족하지 못하였다.

(4) 소결

심판대상조항은 과잉금지원칙을 위반하여 정치적 표현의 자유를 침해하는 것이다.

5. 결 론

그렇다면 심판대상조항은 헌법에 위반되므로 주문과 같이 결정한다. 이 결정은 아래 6.과 같은 재판관 이종석, 재판관 이영진의 반대의견이 있는 외에는 관여 재판관들의 의견이 일치되었다.

6. 재판관 이종석, 재판관 이영진의 반대의견

우리는 법정의견과 달리 심판대상조항이 과잉금지원칙을 위반하여 정치적 표현의 자유를 침해하지 않는다고 생각하므로, 다음과 같이 그 이유를 밝힌다.

가. 목적의 정당성 및 수단의 적합성

서울교통공사는 안전하고 신속한 대중교통 수단을 제공함으로써 시민의 복리증진에 기여하기 위해 지방공기업법 제49조 및 서울교통공사 설립 및 운영에 관한 조례(이하 '이 사건 조례'라 한다)에 따라 설립된 것으로, ○○시가 수권자본금 25조 원 전액을 출자한 지방공사이다(지방공기업법 제53조 제1항, 이 사건 조례 제4조 제1항). ○○시장은 서울교통공사의 사장, 비상임이사와 감사를 임면하고 공사의 설립·운영 등 지방공사의 업무를 관리·감독한다(지방공기업법 제58조 제2항, 제73조, 이 사건 조례 제9조, 제10조, 제11조, 제31조, 서울교통공사 정관 제11조 제2항). 이와 같은 관련 규정들에 비추어 볼 때 서울교통공사는 사기업에 비하여 그 사업 내용이나 목적의 공공적 성격이 강하고 그 조직·운영 등에도 공법적 특수성이 인정된다(헌재 2021. 4. 29. 2019헌가11 재판관 이종석, 재판관 이영진의 반대의견 참조).

한편 정당의 규모와 역할이 증대됨에 따라 당내경선이 활발해지고 그 결과가 본선거의 결과로 그대로 이어지는 경우가 많은 점 등을 고려하면, 당내경선 과정에서의 공정성은 반드시 관철되어야 하고 혼탁한 당내경선이나 과열된 경선운동으로 인한 부작용을 최소화할 필요가 있다(헌재 2019. 4. 11. 2016헌바458등; 헌재 2021. 4. 29. 2019헌가11 재판관 이종석, 재판관 이영진의 반대의견 참조). 특히 '당원이 아닌 자'에게도 투표권을 부여하여 실시하는 당내경선에서는 사실상 선거운동기간 이전에 선거구민을 상대로 특정 정당 소속 경선후보자를 홍보할 기회가 주어지므로 과열된 경선운동은 정당 소속 후보자와 무소속 후보자 간의 불평등의 문제를 야기할 수 있고, 경선운동이 사전선거운동금지 등 각종 선거운동 관련 규제를 회피하기 위한 탈법적인 수단으로 변질될 우려도 있다(헌재 2019. 4. 11. 2016헌바458등; 헌재 2021. 4. 29. 2019헌가11 재판관 이종석, 재판관 이영진의 반대의견 참조).

심판대상조항이 서울교통공사의 상근직원에 대하여 당원이 아닌 자에게도 투표권을 부여하여 실시하는 당내경선에서 경선운동을 금지하고 이를 위반한 경우 처벌하는 것은 서울교통공사의 공법적 특수성을 고려하여 당내경선의 형평성과 공정성을 확보하기 위한 것으로 목적의 정당성 및 수단의 적합성이 인정된다.

나. 침해의 최소성

(1) 서울교통공사의 상근직원은 그 직무 외에 영리를 목적으로 하는 업무에 종사하지 못하고 사장의 허가 없이 다른 직무를 겸할 수 없으며(지방공기업법 제61조), 형법 제129조부터 제132조까지의 뇌물 관련 규정을 적용할 때에는 공무원으로 간주된다(지방공기업법 제83조). ○○시장은 서울교통공사가 수행하는 사업을 지원하기 위하여 필요한 경우에는 그 소속 공무원을 파견하거나 겸임하게 할 수 있고(지방공기업법 제75조의3), ○○시장이 지정하는 시 소속의 공무원 2명이 서울교통공사의 당연직 이사를 맡는다(서울교통공사 정관 제11조 제4항 제1호). 서울교통공사는 ○○시 도시철도의 건설과 운영 및 이에 따른 도시계획사업 등을 수행하며(이 사건 조례 제19조, 서울교통공사 정관 제6조), 그 소속 직원은 일반직 15,991명, 청원경찰 14명, 한시정원 295명으로 총 16,300명에 이른다(서울교통공사 정관 제26조 [별표 2]).

이러한 사정을 고려할 때 사업 내용이나 목적의 공공적 성격이 강하고 그 조직·운영 등에도 공법적 특수성이 인정되는 기관의 구성원으로서 그 상근직원이 직을 그대로 유지한 채 당원이 아닌 자에게도 투표권을 부여하여 실시하는 당내경선에서 경선운동을 할 경우, 특정 집단의 이익만을 도모하는 방향으로 업무를 수행하거나 관련 업무의 집행에 부당한 영향력을 행사할 가능성이 있는 등 당내경선의 형평성과 공정성에 미칠 수 있는 영향력이 일반 사기업 직원보다 크지 않다고 단정하기 어렵다. 공익목적성이 강한 서울교통공사의 상근직원이 당원이 아닌 자에게도 투표권을 부여하여 실시하는 당내경선에서 특정 경선후보자를 위한 당선 내지 낙선 운동을 하게 되면 그 지위의 특수성으로 인하여 당내경선의 형평성과 공정성을 해치게 될 것이다(헌재 2021. 4. 29. 2019헌가11 재판관 이종석, 재판관 이영진의 반대의견 참조).

또한 서울교통공사의 상근직원이 수행하는 직무는 다양하고 집행간부가 부하직원을 동원하는 등의 부정선거 형태가 통상의 모습이었던 과거와 달리, 오늘날에는 당해사건의 공소사실에서 보듯이 오히려 문자메시지나 전화 등을 통한 선거 개입이 일반화되고 있으므로, 직급이 높고 집행간부의 지위에 있다고 하여 당내경선에 미치는 영향력이 크고 반대로 직급이 낮다고 하여 당내경선에 미치는 영향력이 낮다고 단정할 수 없다(헌재 2021. 4. 29. 2019헌가11 재판관 이종석, 재판관 이영진의 반대의견 참조).

결국 서울교통공사의 상근임원은 물론 상근직원에 대하여도 당원이 아닌 자에게도 투표권을 부여하여 실시하는 당내경선에서 경선운동을 금지하는 것은 앞서 본 입법목적과 현실을 종합적으로 고려한 것으로 과도하다고 보기 어렵다. 앞으로 선거문화가 향상되고 당내경선의 공정성에 대한 보편적 가치기준이 확립되는 등 상황이 변화되면 이와 같은 금지 또는 금지범위에 관한 규율내용 역시 상황변화에 맞게 개선될 수 있을 것이나, 현재의 상황에서 서울교통공사의 상근직원에 대한 경선운동 금지·처벌이 과도한 제한이라고 볼 수는 없다(헌재 2018. 2. 22. 2015헌바124 재판관 김창종, 재판관 조용호의 반대의견; 헌재 2021. 4. 29. 2019헌가11 재판관 이종석, 재판관 이영진의 반대의견 참조).

(2) 물론 당원이 아닌 자에게도 투표권을 부여하여 실시하는 당내경선에서 서울교통공사의 상근직원에 대하여 그 지위를 이용한 경선운동만을 금지하는 방법처럼 기본권을 보다 덜 제한하는 방법을 상정할 수 있다. 그러나 그와 같은 제한요건을 부가할 경우 어느 것이 '지위를 이용한' 경선운동이고 어느 것이 그렇지 않은 경선운동인지의 경계 획정이 매우 곤란하여 금지되는 경선운동의 범위가 일의적으로 특정되기 어려울 것이기 때문에, 실제 법적용에 있어 선거관련기관의 유권해석이나 법원의 판단을 구해야 되는 등으로 인하여 금지조항으로서의 실효성 또는 규범력이 약화될 우려가 있다(헌재 2021. 4. 29. 2019헌가11 재판관 이종석, 재판관 이영진의 반대의견 참조).

공직선거법이 과거 우리나라 선거 역사를 얼룩지게 한 관권, 금권, 폭력 등에 의한 불법·타락선거로부터 선거의 공정성을 지키기 위하여 제정된 경위에 비추어 볼 때 경선운동의 주체·방법 등을 어떻게 규율할 것인지는 선거전문가들의 집단이라고 볼 수 있는 입법부의 판단을 존중하여야 한다(헌재 2018. 2. 22. 2015헌바124 재판관 김창종, 재판관 조용호의 반대의견; 헌재 2021. 4. 29. 2019헌가11 재판관 이종석, 재판관 이영진의 반대의견 참조).

(3) 공직선거법은 서울교통공사의 상근직원이 선거에 영향을 미칠 수 있는 전형적인 유형의 행위들을 특정하여 금지·처벌하고(제86조 제1항, 제255조 제1항 제10호) 경선운동의 방법을 제한하면서 이를 위반한 자를 처벌하고 있으며(제57조의3, 제255조 제2항 제3호), 당원의 매수 등을 금지·처벌하고(제57조의5, 제230조 제7항, 제8항) 당내경선의 자유를 방해하는 행위 등을 처벌하고 있다(제237조 제5항 제2호, 제3호). 그러나 이러한 규정들만으로 심판대상조항이 추구하는 당내경선의 형평성과 공정성을 충분히 확보할 수 있는지는 불분명하다(헌재 2021. 4. 29. 2019헌가11 재판관 이종석, 재판관 이영진의 반대의견 참조).

나아가 서울교통공사의 상근직원은 소속 당원만을 대상으로 하는 당내경선에서는 경선운동을 할 수 있다(공직선거법 제57조의6 제1항 단서). '경선운동'이란 특정 경선후보자의 당선 내지 득표나 낙선을 위하여 필요하고도 유리한 모든 행위로서 당선 또는 낙선을 도모한다는 목적이 객관적으로 인정될 수 있는 능동적·계획적인 행동을 의미하므로(대법원 2008. 9. 25. 선고 2008도6232 판결 참조), 이에 이르지 아니하는 통상적인 정당활동 등은 서울교통공사의 상근직원도 할 수 있다. 따라서 심판대상조항으로 인하여 서울교통공사 상근직원의 정치적 표현의 자유가 전혀 무의미해지거나 그 실질적 의미가 상실된다고 보기 어렵다(헌재 2018. 2. 22. 2015헌바124 재판관 김창종, 재판관 조용호의 반대의견; 헌재 2021. 4. 29. 2019헌가11 재판관 이종석, 재판관 이영진의 반대의견 참조).

(4) 따라서 심판대상조항은 침해의 최소성에 위반된다고 볼 수 없다.

다. 법익의 균형성

심판대상조항에 의하여 보호되는 당내경선의 형평성과 공정성의 확보라는 공공의 이익은 본 선거의 형평성 및 공정성과도 밀접 불가분의 관계에 있으므로 본 선거의 준비 단계라고 할 수 있는 당내경선에서부터 확보되어야 할 필요성이 큰 만큼 높은 가치를 지닌다. 이에 비하여 심판대상조항이 서울교통공사 상근직원의 정치적 표현의 자유를 제한하는 정도가 크다고 보기 어려우므로, 법익의 균형성도 갖추었다(헌재 2021. 4. 29. 2019헌가11 재판관 이종석, 재판관 이영진의 반대의견 참조).

라. 소결론

심판대상조항은 과잉금지원칙을 위반하여 정치적 표현의 자유를 침해하지 아니한다.

재판관 유남석 이선애 이석태 이은애 이종석 이영진 김기영 문형배 이미선

69. 공직선거법 제103조 제3항 위헌소원

[2022. 7. 21. 2018헌바164]

【판시사항】

1. 누구든지 선거기간 중 선거에 영향을 미치게 하기 위하여 그 밖의 집회나 모임을 개최할 수 없고, 이를 위반하는 자를 처벌하는 공직선거법 제103조 제3항 중 '누구든지 선거기간 중 선거에 영향을 미치게 하기 위하여 그 밖의 집회나 모임을 개최할 수 없다' 부분, 구 공직선거법 제256조 제2항 제1호 카목 가운데 제103조 제3항 중 '누구든지 선거기간 중 선거에 영향을 미치게 하기 위하여 그 밖의 집회나 모임을 개최할 수 없다' 부분, 공직선거법 제256조 제3항 제1호 카목 가운데 제103조 제3항 중 '누구든지 선거기간 중 선거에 영향을 미치게 하기 위하여 그 밖의 집회나 모임을 개최할 수 없다' 부분(이하 '심판대상조항'이라 한다)이 죄형법정주의의 명확성원칙에 위배되는지 여부(소극)

2. 심판대상조항이 집회의 자유, 정치적 표현의 자유를 과도하게 침해하는지 여부(적극)

【결정요지】

1. '선거에 영향을 미치는 행위'란 '선거과정 및 선거결과에 변화를 주거나 그러한 영향을 미칠 우려가 있는 일체의 행동'으로 해석할 수 있고, 구체적인 사건에서 그 행위가 이루어진 시기, 동기, 방법 등 제반 사정을 종합하여 그 내용을 판단할 수 있다. 대법원 판례에 나타난 구체적 사례에 관한 해석 기준을 바탕으로 하면, 건전한 상식과 통상적인 법 감정을 가진 사람이라면 누구나, 선거에 영향을 미치게 하기 위한 의사에 따라 이루어지는 행위와, 선거와 관계없이 단순한 의사표현으로서 이루어지는 행위를 구분할 수 있다. 또한 심판대상조항은 '향우회·종친회·동창회·단합대회 또는 야유회'를 제외한 '모든 집회나 모임'의 개최를 금지하는 것이 명확하다. 그렇다면 심판대상조항은 죄형법정주의의 명확성원칙에 위배되지 않는다.

2. 심판대상조항은 선거운동의 부당한 경쟁, 후보자들 사이의 경제력 차이에 따른 불균형이라는 폐해를 막고, 선거의 공정성과 평온성을 침해하는 탈법적인 행위를 차단하여, 선거의 자유와 공정을 보장하기 위한 것이다.

심판대상조항은, 공직선거법이 허용하는 경우를 제외하고는, 선거기간 중 특정한 정책이나 현안에 대한 표현행위와, 그에 대한 지지나 반대를 하는 후보자나 정당에 대한 표현행위가 함께 나타나는 집회나 모임의 개최를, 전면적·포괄적으로 금지·처벌하고 있어서, 일반 유권자가 선거기간 중 선거에 영향을 미치게 하기 위한 연설회나 대담·토론회를 비롯하여 집회나 모임을 개최하는 것이 전부 금지되고 있다. 그런데 선거의 준비과정 및 선거운동, 선거결과와 관련하여 정당이나 공직선거의 후보자 등도 지지나 비판 그 자체로부터 자유로울 수는 없다. 특정한 정책에 대한 찬성이나 반대를 집회나 모임이라는 집단적 의사표시 방법으로 표현하는 과정에, 선거의 공정성을 해칠 구체적인 위험이 언제나 있다고 보기 어렵다.

심판대상조항의 입법목적은 '집회 및 시위에 관한 법률', 선거비용 제한·보전 제도, 기부행위 금지, 과도한 비용이 발생하거나 금전적 이익이 집회 참여의 대가로 수수되는 집회나 모임의 개최만을 한정적으로 금지하는 방법, 허위사실유포 등을 직접 처벌하는 공직선거법 규정 등으로 달성할 수 있다. 심판대상조항은 정치적 의사표현이 활발하게 교환되어야 할 선거기간 중에, 오히려 특정 후보자나 정당이 특정한 정책에 대한 찬성이나 반대를 하고 있다는 언급마저도 할 수 없는 범위 내에서만 집회나 모임의 방법으로 정치적 의사를 표현하도록 하여, 평소보다 일반 유권자의 정치적 표현의 자유를 더 제한하고 있다. 선거의 공정이나 평온에 대한 구체적인 위험이 없어, 규제가 불필요하거나 또는 예외적으로 허용하는 것이 가능한 경우에도, 선거기간 중 선거에 영향을 미칠 염려가 있거나 미치게 하기 위한 일반 유권자의 집회나 모임을 전면적으로 금지하고 위반 시 처벌하는 것은 침해의 최소성에 반한다.

선거기간 중 선거와 관련된 집단적 의견표명 일체가 불가능하게 됨으로써 일반 유권자가 받게 되는 집회의 자유, 정치적 표현의 자유에 대한 제한 정도는 매우 중대하므로, 심판대상조항은 집회의 자유, 정치적 표현의 자유를 침해한다.

재판관 이선애, 재판관 이종석, 재판관 이영진의 반대의견

심판대상조항은 선거에 영향을 미치게 할 목적의 탈법행위에 해당하거나, 특정 후보자의 당선 또는 낙선을 도모하는 목적의지를 수반하는 집회나 모임에 한정하여 집회의 자유, 정치적 표현의 자유를 제한하는 것이다.

종전 선거기간 중 각종 집회가 빈번하게 열려 사실상 특정 후보에 대한 선거운동이 이루어지고, 집회의 과정에서 금품 지급 등의 사례가 빈번하였다. 따라서 선거기간 중 선거에 영향을 미치게 하기 위하여 집회나 모임을 개최하는 행위를 제한하지 않으면, 선거운동에 있어서 균등한 기회를 보장한다고 규정한 헌법 제116조 제1항의 취지에 어긋나고, 무분별한 흑색선전, 편파적 의견이나 부당한 표현, 허위사실유포나 비방 등으로 선거의 공정성과 평온이 심각한 위협을 받을 수 있다.

일반 유권자도 선거에 영향을 미치게 하기 위한 것이 아닌 집회나 모임은 얼마든지 자유롭게 개최할 수 있다. 즉 선거기간 중에도 국민들이 제기하는 건전한 비판과 여론 형성을 심판대상조항이 금지하지 않는다. 심판대상조항은 선거 과열로 인한 과다한 비용 지출과 후보자 및 유권자의 경제력 차이에 따른 불균형을 방지하고, 선거의 공정성을 확보하기 위한 필요·최소한의 수단이다. 선거기간 중이라는 짧은 기간에 한정하여, 부분적으로만 정치적 표현의 자유와 집회의 자유가 제한되는 불이익이, 달성하려는 공익보다 더 크다고 보기도 어렵다.

따라서 심판대상조항이 정치적 표현의 자유, 집회의 자유를 침해한다고 할 수 없다.

【심판대상조문】

공직선거법(2010. 1. 25. 법률 제9974호로 개정된 것) 제103조 제3항 중 '누구든지 선거기간 중 선거에 영향을 미치게 하기 위하여 그 밖의 집회나 모임을 개최할 수 없다' 부분

구 공직선거법(2010. 1. 25. 법률 제9974호로 개정되고, 2014. 2. 13. 법률 제12393호로 개정되기 전의 것) 제256조 제2항 제1호 카목 가운데 제103조 제3항 중 '누구든지 선거기간 중 선거에 영향을 미치게 하기 위하여 그 밖의 집회나 모임을 개최할 수 없다' 부분

공직선거법(2014. 2. 13. 법률 제12393호로 개정된 것) 제256조 제3항 제1호 카목 가운데 제103조 제3항 중 '누구든지 선거기간 중 선거에 영향을 미치게 하기 위하여 그 밖의 집회나 모임을 개최할 수 없다' 부분

【참조조문】

공직선거법(2012. 1. 17. 법률 제11207호로 개정된 것) 제79조 제1항, 제2항, 제7항, 제80조, 제81조 제1항, 제87조, 제101조, 제103조 제2항, 제4항, 제5항

【참조판례】

1. 헌재 2016. 7. 28. 2015헌바6, 판례집 28-2상, 92, 99-100

대법원 2011. 6. 24. 선고 2011도3447 판결

대법원 2011. 10. 27. 선고 2011도5344 판결

2. 헌재 1992. 2. 25. 89헌가104, 판례집 4, 64, 94-95

헌재 1994. 7. 29. 93헌가4등, 판례집 6-2, 15, 38

헌재 2002. 6. 27. 99헌마480, 판례집 14-1, 616, 632

헌재 2003. 10. 30. 2000헌바67등, 판례집 15-2하, 41, 52-53, 56

헌재 2011. 12. 29. 2007헌마1001등, 판례집 23-2하, 739, 756-759, 763-764

헌재 2013. 3. 21. 2010헌바132등, 판례집 25-1, 180, 199-200

헌재 2013. 6. 27. 2012헌바37, 판례집 25-1, 506, 510

헌재 2013. 12. 26. 2010헌가90, 판례집 25-2하, 595, 603-604

헌재 2013. 12. 26. 2009헌마747, 판례집 25-2하, 745, 752

헌재 2016. 9. 29. 2014헌가3등, 판례집 28-2상, 258, 267-272

헌재 2018. 5. 31. 2013헌바322등, 판례집 30-1하, 88, 104

헌재 2018. 6. 28. 2015헌가28등, 판례집 30-1하, 297, 307-310

헌재 2018. 7. 26. 2018헌바137, 판례집 30-2, 71, 75-76

대법원 2011. 6. 24. 선고 2011도3447 판결

대법원 2011. 10. 27. 선고 2011도5344 판결

【당 사 자】

청 구 인 1. 김○○
대리인 법무법인(유한) 지평
담당변호사 박성철 외 1인
법무법인 가로수
담당변호사 김필성 외 1인
2. 주○○
대리인 법무법인(유한) 지평
담당변호사 박성철 외 1인

당해사건 서울중앙지방법원 2012고합1299
공직선거법위반

【주 문】

공직선거법(2010. 1. 25. 법률 제9974호로 개정된 것) 제103조 제3항 중 '누구든지 선거기간 중 선거에 영향을 미치게 하기 위하여 그 밖의 집회나 모임을 개최할 수 없다' 부분, 구 공직선거법(2010. 1. 25. 법률 제9974호로 개정되고, 2014. 2. 13. 법률 제12393호로 개정되기 전의 것) 제256조 제2항 제1호 카목 가운데 제103조 제3항 중 '누구든지 선거기간 중 선거에 영향을 미치게 하기 위하여 그 밖의 집회나 모임을 개최할 수 없다' 부분, 공직선거법(2014. 2. 13. 법률 제12393호로 개정된 것) 제256조 제3항 제1호 카목 가운데 제103조 제3항 중 '누구든지 선거기간 중 선거에 영향을 미치게 하기 위하여 그 밖의 집회나 모임을 개최할 수 없다' 부분은 모두 헌법에 위반된다.

【이 유】

1. 사건개요

가. 청구인들은 2012. 4. 9. 및 같은 달 10. ○○시 ○○구 ○○동 ○○대학교 정문 앞, □□시 □□구 □□동 □□대학교 정문 앞 등에서 '○○ 토크 콘서트' 등을 개최하여, 국회의원 선거운동기간 중 선거에 영향을 미치게 하기 위하여 집회를 개최하였다는 공소사실로 기소되었다. 2018. 2. 2. 청구인들은 당해 사건 법원에서 각 벌금 90만 원의 형을 선고받고, 현재 항소심(서울고등법원 2018노654) 계속 중이다.

나. 청구인들은 당해 사건 재판 계속 중 선거기간 중 선거에 영향을 미치게 하기 위한 집회나 모임을 개최하는 것을 금지하는 공직선거법 제103조 제3항에 대하여 위헌법률심판의 제청을 신청하였으나, 2018. 2. 2. 기각되자(서울중앙지방법원 2016초기4527), 2018. 4. 4. 이 사건 헌법소원심판을 청구하였다.

2. 심판대상

가. 청구인들은 공직선거법 제103조 제3항 전부가 헌법에 위반된다는 결정을 구하고 있으나, 당해 사건 공소사실과 관련되는 부분은 공직선거법 제103조 제3항 중 '그 밖의 집회나 모임'에 관한 부분이다. 따라서 공직선거법 제103조 제3항 중 '누구든지 선거기간 중 선거에 영향을 미치게 하기 위하여 그 밖의 집회나 모임을 개최할 수 없다' 부분으로 심판대상을 한정한다.

나. 공직선거법 제103조 제3항을 위반한 자를 형사

처벌하는 근거가 되는 처벌조항인 구 공직선거법 제256조 제2항 제1호 카목도 형사재판인 당해 사건에 직접 적용되고, 당해 사건 판결에도 적용 법조로 기재되어 있으며, 청구인들의 주장에는 처벌조항의 위헌성을 다투는 취지도 함께 포함되어 있다고 볼 수 있으므로, 이를 함께 심판대상으로 삼는다. 한편 2014. 2. 13. 법률 제12393호로 개정된 현행 공직선거법 제256조 제3항 제1호 카목은 개정되기 전의 구 공직선거법 제256조 제2항 제1호 카목과 동일한 내용을 규정하고 있다. 따라서 현행 공직선거법 제256조 제3항 제1호 카목 또한 구법의 처벌조항의 위헌 여부와 결론을 같이 할 것이 명백하므로, 이를 심판대상에 포함시키기로 한다(헌재 2008. 7. 31. 2004헌마1010등; 헌재 2018. 1. 25. 2017헌가7등 참조).

다. 그렇다면 이 사건 심판대상은 공직선거법(2010. 1. 25. 법률 제9974호로 개정된 것) 제103조 제3항 중 '누구든지 선거기간 중 선거에 영향을 미치게 하기 위하여 그 밖의 집회나 모임을 개최할 수 없다' 부분, 구 공직선거법(2010. 1. 25. 법률 제9974호로 개정되고, 2014. 2. 13. 법률 제12393호로 개정되기 전의 것) 제256조 제2항 제1호 카목 가운데 제103조 제3항 중 '누구든지 선거기간 중 선거에 영향을 미치게 하기 위하여 그 밖의 집회나 모임을 개최할 수 없다' 부분, 공직선거법(2014. 2. 13. 법률 제12393호로 개정된 것) 제256조 제3항 제1호 카목 가운데 제103조 제3항 중 '누구든지 선거기간 중 선거에 영향을 미치게 하기 위하여 그 밖의 집회나 모임을 개최할 수 없다' 부분(이하 '심판대상조항'이라 한다)이 헌법에 위반되는지 여부이다.

심판대상조항은 다음과 같고, 관련조항은 [별지]와 같다.

[심판대상조항]

공직선거법(2010. 1. 25. 법률 제9974호로 개정된 것)

제103조(각종집회 등의 제한) ③ 누구든지 선거기간 중 선거에 영향을 미치게 하기 위하여 향우회·종친회·동창회·단합대회 또는 야유회, 그 밖의 집회나 모임을 개최할 수 없다.

구 공직선거법(2010. 1. 25. 법률 제9974호로 개정되고, 2014. 2. 13. 법률 제12393호로 개정되기 전의 것)

제256조(각종제한규정위반죄) ② 다음 각 호의 어느 하나에 해당하는 자는 2년 이하의 징역 또는 400만원 이하의 벌금에 처한다.

1. 선거운동과 관련하여 다음 각 목의 어느 하나에 해당하는 자

카. 제103조(각종집회등의 제한) 제3항 내지 제5항의 규정에 위반하여 각종집회등을 개최하거나 하게 한 자

공직선거법(2014. 2. 13. 법률 제12393호로 개정된 것)

제256조(각종제한규정위반죄) ③ 다음 각 호의 어느 하나에 해당하는 자는 2년 이하의 징역 또는 400만원 이하의 벌금에 처한다.

1. 선거운동과 관련하여 다음 각 목의 어느 하나에 해당하는 자

카. 제103조(각종집회등의 제한) 제3항 내지 제5항의 규정에 위반하여 각종집회등을 개최하거나 하게 한 자

3. 청구인들의 주장

가. 선거에 관한 어떠한 의견이라도 가지고 있는 자가 개최하는 집회는 '선거에 영향을 미치게 하기 위한' 집회가 될 수 있어, 수범자는 심판대상조항이 금지하고 처벌하는 행위의 범위를 예측하기 어렵고, 법 집행기관의 자의에 따라 광범위한 처벌, 선택적 처벌이 가능하므로, 심판대상조항은 명확성원칙에 위배된다.

나. 집회의 자유는 표현의 자유의 집단적인 형태로서, 민주국가의 의사형성 과정에서 가장 핵심적인 기능을 하는 기본권이며, 민주 정치의 요체인 선거 과정에서 가장 효과적으로 기능하는 기본권이다. 집회에서 선거와 관련된 현안에 관한 의견을 나누고 서로 영향을 주고받았다는 이유로 이를 처벌하는 사회가 과연 민주주의 사회일 수 있는지 의문이다.

심판대상조항은 선거기간 동안 부당한 파벌이 형성되고 여론이 왜곡될 수 있다는 우려만으로 정치적인 집회를 모두 전면적으로 금지한 것인데, 심판대상조항과 같이 일괄적으로 집회 자체를 금지할 것이 아니라, 그에 수반되는 매수행위 등 개별적이고 구체적인 별도의 위법행위를 직접적으로 규제하는, 기본권을 덜 제한하는 수단이 있다.

부당한 기부행위나 매수행위, 부정선거운동 등 구체적인 사안들을 적절히 규율할 수 있는 법률조항들이 공직선거법, '집회 및 시위에 관한 법률' 등에 이미 충분히 마련되어 있다는 점에서 심판대상조항이 달성하려는 공익은 실체도 없고 모호하다. 반면 심판대상으로 인하여 선거기간 동안 소수자들이 의견을 개진할 수 있는 통로인 집회의 자유, 정치적 표현의 자유에 대한 침해

의 결과는 구체적이고 매우 중대하다.

따라서 심판대상조항은 과잉금지원칙에 위배되어 집회의 자유, 정치적 표현의 자유, 선거운동의 자유를 침해한다.

4. 판 단

가. 문제되는 헌법 원칙과 제한되는 기본권

(1) 심판대상조항이 죄형법정주의의 명확성원칙에 위배되는지 여부가 문제된다.

(2) 심판대상조항은 선거기간 중 선거운동에 이르지 않더라도 '선거에 영향을 미치게 하기 위한' 집회나 모임을 제한하고 있다. 집회의 자유는 집단적 의견표명의 자유로서(헌재 2003. 10. 30. 2000헌바67등), 표현의 자유를 집단적 형태로 구현하는 것이다. 헌법 제21조 제1항은 "모든 국민은 언론·출판의 자유와 집회·결사의 자유를 가진다."라고 규정하여, 타인과의 의견교환을 위한 기본권인 표현의 자유, 집회의 자유, 결사의 자유를 함께 국민의 기본권으로 보장하고 있다(헌재 2016. 9. 29. 2014헌가3등; 헌재 2020. 4. 23. 2018헌마551 참조). 따라서 심판대상조항은 집회의 자유 및 정치적 표현의 자유를 제한한다. 이들 기본권은 결국 표현의 자유가 구현되는 형태로 그 심사기준이 다르지 않으므로, 이하에서는 심판대상조항으로 인한 집회의 자유, 정치적 표현의 자유 제한이 과도한 것인지 여부를 함께 살펴본다.

(3) 한편 '선거에 영향을 미치게 하기 위한' 집회나 모임 중에는 선거운동에 해당하는 집회나 모임이 있으므로, 선거운동에 해당하는 집회나 모임의 개최를 금지하는 부분에서 심판대상조항은 선거운동의 자유도 함께 제한한다. 다만 정치적 표현의 자유의 제한에 대한 판단에 포함되므로 따로 판단하지 않는다.

나. 죄형법정주의의 명확성원칙 위배 여부

(1) 죄형법정주의의 명확성원칙의 의의

헌법 제12조 및 제13조를 통하여 보장되고 있는 죄형법정주의는 범죄와 형벌이 법률로 정해져야 함을 의미하며, 이러한 죄형법정주의에서 파생되는 명확성원칙은 법률에서 처벌하고자 하는 행위가 무엇이며 그에 대한 형벌이 어떠한 것인지를 누구나 예견할 수 있고, 그에 따라 자신의 행위를 결정할 수 있도록 구성요건을 명확하게 규정하여야 함을 의미한다.

다만, 구성요건이 명확해야 한다는 것이 입법자가 모든 구성요건을 단순한 의미의 서술적인 개념에 의하여 규정하여야 한다는 것은 아니고, 자의를 허용하지 않는 통상의 해석방법에 의하더라도 당해 처벌법규의 보호법익과 그에 의하여 금지된 행위 및 처벌의 종류와 정도를 누구나 알 수 있도록 규정되어야 한다는 의미이다. 따라서 처벌법규의 구성요건이 다소 광범위하여 어떤 범위에서는 법관의 보충적인 해석을 필요로 하는 개념을 사용하였다고 하더라도 그 점만으로 헌법이 요구하는 처벌법규의 명확성에 반드시 배치되는 것이라고는 볼 수 없다(헌재 2016. 7. 28. 2015헌바6 참조).

(2) '선거에 영향을 미치게 하기 위하여' 부분

(가) '영향'이란 어떤 사물의 효과나 작용이 다른 것에 미치는 것을, '미치다'는 이러한 영향이나 작용 따위가 대상에 가하여지거나 가하는 것을 의미하므로, '선거에 영향을 미치게 하기 위한 행위'란 선거의 효과나 작용에 변화를 주는 일체의 행동을 의미하는 것으로 해석된다. '선거에 영향을 미치는 행위'란 결국 공직선거법이 적용되는 선거에 있어 선거과정 및 선거결과에 변화를 주거나 그러한 영향을 미칠 우려가 있는 일체의 행동으로 해석할 수 있고, 구체적인 사건에서 그 행위가 이루어진 시기, 동기, 방법 등 제반 사정을 종합하여 그 내용을 판단할 수 있다. 이는 선거운동보다 넓은 개념이다(헌재 2016. 7. 28. 2015헌바6 참조).

(나) 대법원은 공직선거법 제103조 제3항에서 '선거에 영향을 미치게 하기 위하여'는 고의 이외의 초과주관적 요소로서 '선거에 영향을 미치게 할 목적'을 범죄성립요건으로 규정한 것으로, 그 목적에 대한 적극적 의욕이나 확정적 인식을 요하지 아니하고 미필적 인식으로 충분하다고 보았다. 다만 그 입법 목적이 선거의 공정성과 평온성을 침해하는 탈법적인 행위를 차단함으로써 공공의 이익을 도모하는 것임을 염두에 두고 합리적으로 판단하여야 하며, 그러한 목적이 있는지 여부는 피고인의 사회적 지위, 피고인과 후보자·경쟁 후보자 또는 정당과의 관계, 행위의 동기 및 경위와 수단 및 방법, 행위의 내용과 태양, 행위 당시의 사회상황 등을 종합하여 사회통념에 비추어 판단하여야 한다(대법원 2011. 6. 24. 선고 2011도3447 판결).

특정 정당이나 후보자 또는 입후보예정자와 특정 정책 사이의 관련성을 나타냄이 없이 그 정책 자체에 대한 지지·반대 의사를 표현하는 단체의 활동이 '선거에 영향을 미치게 할 목적의 탈법행위' 또는 '선거운동'에 해당하는지 여부는, 그 정책이 '선거쟁점'이 되었는지 여부에 따라 일률적으로 결정될 수 없고, 선거쟁점이 된 특정 정책에 대한 단체의 지지·반대활동이 결과적으로 그 정책에 찬성하거나 반대하는 정당, 후보자, 입후보예정자에게 유·불리한 영향을 미치게 되는 경우에도 마찬가지이다(대법원 2011. 6. 24. 선고 2011도3447 판결). 구체적으로 집회와 활동이 기존에 단체가 행하던 활동의 연장선상에서 이루어진 것이라 하더라도, 특정 정책을 찬성하거나 그에 우호적인 정당이나 후보자에 투표하지 말라는 취지로서 선거에 영향을 미치게 할 목적의 탈법행위에 해당하거나, 특정 후보자의 당선 또는 낙선을 도모하는 목적의지를 수반하는 행위로 평가할 수 있는 경우에는 '선거에 영향을 미치게 하기 위하여' 한 행위로 평가할 수 있다(대법원 2011. 10. 27. 선고 2011도5344 판결). 반면 특정 정당, 후보자, 입후보예정자와 관계가 있는 것으로 볼 만한 자료가 없으며, 정부의 정책을 강하게 비판하거나 단순히 투표참여를 독려하는 내용만 있거나, 특정 정책에 동의하는 정당 및 후보자들이 선거연합을 결성할 것을 촉구하는 취지의 선언에 동조하는 것에 그치면, 선거운동 목적 또는 선거에 영향을 미치게 할 의사가 있다고 단정할 수 없다(대법원 2011. 10. 27. 선고 2011도5344 판결).

(다) 집회나 모임이 '선거운동'에까지 이르지 않았다고 하더라도, '선거에 영향을 미치는 행위'로 인정될 수 있고, 실질적으로 선거과정 및 선거결과에 영향을 미치는지 여부에 관계없이 선거의 공정성에 영향을 미칠 우려가 있으면 금지되므로, '선거에 영향을 미치게 하기 위하여'라는 구성요건이 다소 포괄적인 측면은 있다. 그러나 선거에 영향을 미치는 행위란 사회의 변화에 따라 변동되므로, 모든 행위 유형을 미리 예상하여 일일이 구체적·서술적으로 열거하는 것이 불가능하거나 현저히 곤란한 경우에 해당하고, 개별 사안에서 행위가 이루어진 시기, 동기, 방법 등 제반 사정을 종합하여 통상적인 법해석 또는 법 보충 작용을 통해 이러한 불명확성을 보완할 수 있다(헌재 2016. 7. 28. 2015헌바6 참조).

선거과정 및 선거결과에 변화를 가져올 위험성의 내용이나 정도는 법관의 보충적인 해석을 필요로 할 수밖에 없지만, 대법원 판례에 나타난 구체적 사례에 관한 해석 기준을 바탕으로 하면, 건전한 상식과 통상적인 법 감정을 가진 사람이라면 누구나 선거에 영향을 미치게 하기 위한 의사에 따라 이루어지는 행위와 선거와 관계없이 단순한 의사표현으로서 이루어지는 행위를 구분할 수 있고, 법률적용자에 대한 관계에서도 자의가 허용될 소지는 없을 것이다(헌재 2001. 8. 30. 99헌바92등 참조).

(라) 따라서 심판대상조항 중 '선거에 영향을 미치게 하기 위하여' 부분은 건전한 상식과 통상적인 법감정을 가진 사람이 예측할 수 없을 정도로 광범위하다고 할 수 없으므로, 죄형법정주의의 명확성원칙에 위배되지 아니한다. (3) '그 밖의 집회나 모임' 부분

'집회'는 일정한 장소를 전제로 하여 특정한 공동목적을 위하여 모인 다수인의 일시적 회합(헌재 2009. 5. 28. 2007헌바22; 헌재 2014. 1. 28. 2011헌바174등; 대법원 2008. 6. 26. 선고 2008도3014 판결)을 의미하며, 심판대상조항이 금지하는 집회는 '집회 및 시위에 관한 법률'을 준수한 합법 집회인지, 그렇지 않은 불법 집회인지를 묻지 않는다.

'모임'의 사전적 의미는 ① '어떤 목적 아래 때와 곳을 정하여 여러 사람이 모이는 일, 자리를 함께 하는 일' 또는 ② '여러 사람이 어떤 목적으로 조직한 단체'이다. 공직선거법 제103조 제2항에서 '회의 그 밖에 어떠한 명칭의 모임도 개최할 수 없다'라고 규정한 것, '개최하다'의 목적어가 되어야 하는 것에 비추어 볼 때, 심판대상조항에서 모임은 ①의 의미로 볼 수 있다. 이 경우 '집회'와 '모임'이 특별히 구별되는 구성요건이라고 보기는 어렵다.

공직선거법 제103조 제3항에 함께 규정되어 있는 향우회·종친회·동창회·단합대회·야유회가 옥내인지 옥외인지 불문하고 금지되는 것과 같이, '옥내' 집회나 모임, '옥외' 집회나 모임 모두 금지된다.

공직선거법 제103조 제3항은 금지되는 행위를 '향우회·종친회·동창회·단합대회 또는 야유회, 그 밖의 집회나 모임'의 개최라고 규정하고 있으므로, 심판대상조항은 향우회·종친회·동창회·단합대회 또는 야유회 등과 유사한 것인지 여부를 불문하고, '향우회·종친회·동창회·단합대회 또는 야유회'를 제외한 '모든 집회나 모임'의 개최를 금지하는 것이 명확하다.

그렇다면 심판대상조항 중 '그 밖의 집회나 모임' 부분은 죄형법정주의의 명확성원칙에 위배되지 않는다.

(4) 소결론

심판대상조항은 죄형법정주의의 명확성원칙에 위배되지 않는다.

다. 집회의 자유, 정치적 표현의 자유 침해 여부

(1) 집회의 자유, 정치적 표현의 자유 제한에 대한 심사기준

(가) 집회의 자유는 개인의 인격발현의 요소이자, 민주주의를 구성하는 요소로서 자유민주주의를 실현하려는 사회공동체에 있어서 불가결한 객관적 가치질서라는 이중의 헌법적 기능을 가지고 있다(헌재 2003. 10. 30. 2000헌바67등; 헌재 2016. 9. 29. 2014헌가3등).

헌법 제21조 제1항은 집회의 자유를 명시적으로 국민의 기본권으로 보장함으로써, 평화적 집회 그 자체는 공공의 안녕질서에 대한 위험이나 침해로 평가되어서는 아니 되고, 개인이 집회의 자유를 집단적으로 행사함으로써 불가피하게 발생하는 일반대중에 대한 불편함이나 법익에 대한 위험은 보호법익과 조화를 이루는 범위 내에서 국가와 제3자에 의하여 수인되어야 한다는 것을 스스로 규정하고 있다(헌재 2003. 10. 30. 2000헌바67등; 헌재 2016. 9. 29. 2014헌가3등 참조).

또한 집회의 자유는 집단적 의견표명의 자유로서, 민주국가에서 정치의사 형성에 참여할 수 있는 기회를 제공하고, 사회·정치현상에 대한 불만과 비판이나 집권세력에 대한 정치적 반대의사를 공개적으로 표출하게 함으로써 정치적 불만이 있는 자를 사회에 통합하고 정치적 안정에 기여하며, 소수집단의 권익과 주장을 옹호하기 위한 적절한 수단을 제공한다. 이러한 의미에서 헌법이 집회의 자유를 보장한 것은 관용과 다양한 견해가 공존하는 다원적인 '열린 사회'에 대한 헌법적 결단이다(헌재 2003. 10. 30. 2000헌바67등; 헌재 2016. 9. 29. 2014헌가3등; 헌재 2018. 6. 28. 2015헌가28등 참조).

자유민주주의국가에서 국민이 자신의 견해를 집단적으로 표현하기 위하여 집회에 참가하는 행위는 민주시민생활의 일상에 속하는 것이자 보편적으로 인정되는 가치이다(헌재 2003. 10. 30. 2000헌바67등).

(나) 정치적 표현의 자유는 헌법 제21조 제1항에서 정한 언론·출판의 자유 보장 규정에 의한 보호를 받는다(헌재 2011. 12. 29. 2007헌마1001등; 헌재 2015. 4. 30. 2011헌바163 등 참조). 나아가 정치적 표현의 자유는 단순히 개인의 자유인 것에 그치는 것이 아니고 피치자가 스스로 지배기구에 참가한다고 하는 자치정체(自治政體)의 이념을 근간으로 하는 것으로(헌재 1992. 2. 25. 89헌가104; 헌재 2013. 12. 26. 2009헌마747 참조), 자유민주적 기본질서의 구성요소로서 현대 자유민주주의의 존립과 발전에 필수불가결한 기본권이므로, 정치적 표현의 자유가 억압당하는 경우 국민주권과 민주주의 정치원리는 공허한 메아리에 지나지 않게 될 것이다(헌재 2004. 3. 25. 2001헌마710; 헌재 2011. 12. 29. 2007헌마1001등 참조).

국민이 선거와 관련하여 정당 또는 후보자에 대한 지지·반대의 의사를 포함하여 선거의 쟁점이 된 정책이나 후보자의 행적 등에 대한 다양한 견해를 표시하는 것은, 정치적 표현의 자유 행사의 한 형태로서 국민주권 행사의 일환이자 민주사회를 구성하고 움직이게 하는 중요한 요소이다. 선거는 오늘날 자유민주주의 국가에서 통치기관을 구성하고 그에 정당성을 부여하는 한편 국민 스스로 정치적 의사형성과정에 참여하여 국민주권과 대의민주주의를 실현하는 핵심적인 수단이다. 선거의 궁극적인 목적은 국민의 정치적 의사를 대의기관의 구성에 정확하게 반영하는 데에 있고, 이를 위해서는 자유롭게 의견과 정보를 주고받는 과정에서 비판과 토론을 통해 정치적 의사를 형성해 나가는 것이 필수적이다. 대의민주주의를 원칙으로 하는 현대 민주정치 아래에서는 국민이 선거과정에서 정치적 의견을 자유로이 발표·교환할 때, 정치적 표현의 자유가 비로소 그 기능을 다하게 된다(헌재 1994. 7. 29. 93헌가4등; 헌재 2011. 12. 29. 2007헌마1001등; 헌재 2014. 4. 24. 2011헌바17등; 헌재 2015. 4. 30. 2011헌바163 참조). 선거에서 정치적 표현의 자유를 과도하게 제한하여 한정된 의견과 정보만이 소통되도록 한다면 진정으로 선거인에게 자유로운 선택권을 보장한다고 할 수 없다.

(다) 선거에 있어서 균등한 기회가 보장되지(헌법 제116조 제1항) 아니하거나, 여론조작과 흑색선전 등으로 인하여 유권자가 올바른 선택을 할 수 없게 된다면 선거제도의 본래적 기능과 대의민주주의의 본질이 훼손되는 결과를 초래할 수 있으므로, 선거의 공정성은 집회의 자유, 정치적 표현의 자유의 한정원리로 기능할 수 있다(헌재 2014. 4. 24. 2011헌바17등; 헌재 2015. 4. 30. 2011헌바163 참조).

다만 선거의 공정성을 추구하는 궁극적인 목적은 민주정치의 발전에 기여하고자 하는 데에 있으므로(헌재 2011. 12. 29. 2007헌마1001등 참조), 추상적인 선거의 공정성만으로는 정치적 표현의 자유에 대한 전면적·포괄적 제한을 정당화할 수 있는 공익이라고 볼 수 없다(헌재 1994. 7. 29. 93헌가4등 참조).

선거의 공정성을 위하여 정치적 표현의 자유를 제한함에 있어서는 선거에 있어 자유와 공정이 반드시 상충관계에 있는 것만이 아니라 서로 보완하는 기능도 함께 가지고 있다(헌재 1994. 7. 29. 93헌가4등)는 점을 간과하여서는 안 된다. 예컨대 정치적 표현의 자유에 대한 과도한 제한은 정치적 기득권자에게 유리한 반면, 도전자에게 불리하게 작용하여 정치적 신인의 등장을 제약하게 된다(헌재 1994. 7. 29. 93헌가4등 참조). 역으로 정치적 표현의 자유를 충분히 보장하는 것은 무분별한 흑색선전, 허위사실유포나 비방 등의 표현이 선거에 미칠 수 있는 부정적인 영향을 해소할 수 있는 수단이 되기도 한다. 다양한 의견과 사상의 자유로운 표출을 가능하게 함으로써 토론과 비판을 통한 상호 검증을 거치도록 하는 것이 표현의 자유의 본래의 기능이기 때문이다(헌재 2013. 6. 27. 2012헌바37 참조).

(라) 이와 같은 집회의 자유, 정치적 표현의 자유의 헌법상 지위, 그 성격과 중요성, 선거의 공정성과의 관계 등에 비추어 볼 때, 입법자는 선거의 공정성을 위하여 부득이하게 집회의 자유와 정치적 표현의 자유를 제한하더라도, 입법목적 달성과의 관련성이 구체적이고 명백한 범위 내에서 최소한의 제한에 그치는 수단을 선택하지 않으면 안 된다.

따라서 선거운동을 포함하여 선거에 영향을 미치는 표현행위에 대한 제한이 집회의 자유, 정치적 표현의 자유를 침해하는지 여부를 판단함에 있어서는 엄격한 심사기준을 적용하여야 한다(헌재 2011. 12. 29. 2007헌마1001등 참조).

(2) 목적의 정당성 및 수단의 적합성

심판대상조항은 헌법 제116조 제1항의 선거운동 기회균등 보장의 원칙에 입각하여 선거운동의 부당한 경쟁, 후보자들 사이의 경제력 차이에 따른 불균형이라는 폐해를 막고, 선거의 공정성과 평온성을 침해하는 탈법적인 행위를 차단하여(대법원 2011. 6. 24. 선고 2011도3447 판결) 선거의 평온과 공정을 해하는 결과의 발생을 방지함으로써 선거의 자유와 공정을 보장하려는 것이므로, 그 입법목적의 정당성이 인정된다(헌재 2001. 12. 20. 2000헌바96등).

선거기간 중에 선거에 영향을 미치게 하기 위한 집회나 모임을 금지·처벌하는 것은 위와 같은 입법목적을 달성하기 위한 적합한 수단이다.

(3) 침해의 최소성

(가) 심판대상조항은 선거기간 중 선거에 영향을 미치게 하기 위하여 집회나 모임을 개최하는 행위를 금지·처벌하고 있다.

그런데 심판대상조항이 금지하고 처벌하는 행위의 주체는 선거의 후보자, 예비후보자 등록을 한 자, 선거사무원 등에 한정되지 않고, 일반 유권자의 경우도 심판대상조항의 수범자가 된다. 심판대상조항이 개최를 금지하는 '집회나 모임'은 공직선거법 제103조 제3항에 열거되어 있는 향우회·종친회·동창회·단합대회 또는 야유회 등과 유사한 것인지 여부를 불문하고, '모든 집회나 모임'이며, '집회 및 시위에 관한 법률'을 준수한 합법 집회인지, 그렇지 않은 불법 집회인지, 옥내 집회인지 옥외 집회인지를 묻지 않는다.

(나) 또한 '선거에 영향을 미치게 하기 위한 목적'이란 선거의 준비과정 및 선거운동, 선거결과 등에 어떤 작용을 하려는 목적을 의미하는데(헌재 2016. 7. 28. 2015헌바6 참조), 이는 '선거운동'보다 넓은 개념으로 '선거운동에까지 이르지 아니하였다고 하더라도 선거에 간접적으로 영향을 미쳐 선거의 공정을 해함으로써 선거에 영향을 미칠 우려가 있는 행위도 포함되는 것'으로 해석되고, 비록 표면적으로는 선거와 무관한 것처럼 보이는 행위라 할지라도 그 행위가 이루어진 시기, 동기, 방법 등 제반 사정을 종합하여 선거에 영향을 미칠 우려가 있는 행위로 평가된다면 '선거에 영향을 미치는 행위'가 될 수 있다(대법원 2006. 6. 27. 선고 2005도303 판결 참조).

대법원 판결로 구체화된 심판대상조항에 따르면, 특정 정당, 후보자, 입후보 예정자와 관계가 있는 것으로 볼 만한 자료가 없는 경우에는, 선거에 영향을 미치게 할 의사가 있다고 단정할 수 없지만, 특정한 정책이나 현안에 대한 찬성이나 반대의 의사표시와 함께 이를 지지하거나 반대하는 특정한 정당이나 후보자에 대한 의사표시가 나타나는 경우 '선거에 영향을 미치게 하기 위하여' 한 행위가 된다(대법원 2011. 6. 24. 선고 2011도3447 판결; 대법원 2011. 10. 27. 선고 2011도5344 판결 참조).

결국 심판대상조항은 공직선거법이 허용하는 경우를 제외하고는, 선거기간 중 특정한 정책이나 현안에 대한 표현행위와 그에 대한 지지나 반대를 하는 후보자나 정당에 대한 표현행위가 함께 나타나는 집회나 모임의 개최를 전면적·포괄적으로 금지·처벌하는 조항으로 기능하고 있다.

(다) 그런데 공직선거법상 후보자등은 선거운동기간 중에 공개장소에서의 연설·대담(공직선거법 제79조 제1항, 제2항)을 통하여, 결과적으로 집회나 모임이 개최된 것과 차이가 없는 방법으로 선거운동을 할 수 있

다. 또한 후보자등은 다른 사람이 개최한 옥내모임에 일시적으로 참석하여 연설·대담을 할 수 있다(제79조 제7항).

반면 후보자등이 아닌 사람의 경우, 단체 또는 언론기관의 경우에는 후보자등을 초청하여 옥내에서 대담·토론회를 개최하는 방법이 있으나(제81조, 제82조), 그 이외의 방식으로는 선거기간 중 선거에 영향을 미치게 하기 위한 연설회나 대담·토론회를 비롯하여 집회나 모임 개최가 전부 금지된다. 후보자등이 참석한 옥내모임에서 후보자등은 연설·대담이라는 선거운동까지도 가능한데, 공직선거법상 단체 또는 언론기관이 아닌 일반 유권자에게는 선거운동에 이르지 않은 경우에도 집회나 모임의 방법으로 선거에 관한 의사를 표현하는 것이 허용되지 않는다.

즉, 심판대상조항은 집회나 모임의 목적이나 내용이 선거에 영향을 미치거나 선거에 영향을 미칠 우려가 있어, 선거의 준비과정 및 선거운동, 선거결과 등을 달라지게 할 위험이 있기만 하면, 그 위험이 어느 정도로 구체적이고 실질적인 것인지 여부를 불문하고 그 집회나 모임을 선거기간 중에는 예외 없이 일률적으로 금지하고 있다(헌재 2016. 9. 29. 2014헌가3등 참조). 그런데 집회의 자유는 집회를 통하여 형성된 의사를 집단적으로 표현하고 이를 통하여 불특정 다수인의 의사에 영향을 줄 자유를 포함하므로(헌재 2005. 11. 24. 2004헌가17; 헌재 2016. 9. 29. 2014헌가3등), 집회는 기본적으로 다른 사람의 의사에 영향을 주기 위한 목적으로 개최하는 것이다. 심판대상조항과 같이 일반 유권자가 집회나 모임의 방법으로 특정 후보자나 정당에 대한 정치적 의사를 표시하는 것을 전면적·포괄적으로 제한하는 것이, 선거에서의 균등한 기회 보장 및 선거의 공정성 확보라는 입법목적을 달성하기 위하여 반드시 필요한 수단인지 여부에 대하여 본다.

(라) 다원주의 사회에서는 다양한 가치관과 이해관계의 존재로 인하여 의견의 대립이 불가피한바, 자유로운 의견 표명은 상호 검증 및 의사소통을 가능하게 함으로써 사회발전과 통합의 토대가 된다. 그러므로 선거의 준비과정 및 선거운동, 선거결과와 관련하여 정당이나 공직선거의 후보자 등도 지지나 비판 그 자체로부터 자유로울 수는 없다(헌재 2016. 9. 29. 2014헌가3등 참조).

따라서 선거운동에 관여하는 정당이나 공직선거의 후보자, 선거사무원, 선거의 공정한 관리 사무를 수행하는 선거관리위원회 공무원, 투표참관인, 개표참관인 등이나 일반 국민의 생명·신체에 위해가 발생할 우려가 있거나, 폭력이나 협박 등으로 위에 열거한 선거운동에 참여하거나 공정한 선거관리 업무에 관여하는 자의 선거운동이나 업무 수행 자체에 지장을 주거나 그 선거운동이나 업무에 관하여 특정한 의사결정을 강요당할 구체적 위험이 있는 경우가 아니라면, 단순히 선거의 공정성이라는 추상적인 위험성을 들어 선거에 영향을 미치게 하기 위한 집회나 모임을 전면적·포괄적으로 제한하는 것을 정당화하기 어렵다(헌재 2016. 9. 29. 2014헌가3등 참조).

집회의 금지는 원칙적으로 공공의 안녕질서에 대한 직접적인 위협이 명백하게 존재하는 경우에 한하여 허용될 수 있다. 집회의 금지는 집회의 자유를 덜 제한하는 다른 수단, 즉 집회참가자 수의 제한, 집회 대상과의 거리 제한, 집회 방법·시기·소요 시간의 제한 등과 같은 조건을 붙여 집회를 허용하는 가능성을 모두 소진한 후에 비로소 고려될 수 있는 최종적인 수단이다(헌재 2003. 10. 30. 2000헌바67등; 헌재 2018. 5. 31. 2013헌바322등; 헌재 2018. 6. 28. 2015헌가28등; 헌재 2018. 7. 26. 2018헌바137). 따라서 심판대상조항에 의하여 보호되는 법익에 대한 직접적인 위험을 초래한다는 일반적 추정이 구체적인 상황에서 부인될 수 있는 경우라면, 입법자는 전면 금지가 아니라 집회나 모임이 가능할 수 있도록 기본권을 덜 제한하는 방법으로 규정하여야 한다(헌재 2018. 6. 28. 2015헌가28등; 헌재 2018. 7. 26. 2018헌바137 등 참조).

예를 들어, 특정한 정책에 대한 찬성이나 반대를 집회나 모임이라는 집단적 의사표시 방법으로 표현하는 과정에서, 특정한 정당이나 후보자가 그에 대한 찬성 또는 반대의 입장을 과거에 표시하였다는 '진실한 객관적 사실'이 함께 언급되었다고 하여, 선거의 공정성을 해칠 구체적인 위험이 언제나 있다고 보기 어렵다. 그럼에도 불구하고 심판대상조항은 선거의 공정과 평온에 대한 위험 상황이 구체적으로 존재하지 않는 경우까지도 예외 없이 선거에 영향을 미치게 하기 위한 선거기간 중의 집회나 모임을 금지하고 있는바, 이는 입법목적의 달성에 필요한 범위를 넘는 과도한 제한이다(헌재 2018. 6. 28. 2015헌가28등 참조).

(마) '집회 및 시위에 관한 법률'은 선거의 공정과 평온에 구체적인 위험을 발생시키는 집회나 모임에 대하여 집회의 성격과 양상에 따른 다양한 규제수단들을 이

미 규정하고 있다. '집회 및 시위에 관한 법률'은 집단적인 폭행, 협박, 손괴, 방화 등으로 공공의 안녕질서에 직접적인 위협을 끼칠 것이 명백한 집회·시위의 주최를 금지하고(제5조 제1항), 이와 같은 집회·시위를 선전하거나 선동하는 것을 금지하며(제5조 제2항), 관할 경찰관서장은 신고된 옥외집회·시위가 공공의 안녕질서에 직접적인 위협을 끼칠 것이 명백하다고 판단되는 경우 그 집회·시위의 금지를 통고할 수 있도록 하고(제8조 제1항), 확성기 등을 사용하여 타인에게 심각한 피해를 주는 소음 발생을 제한하고 있으며(제14조), 주최자, 질서유지인, 참가자로 하여금 다른 사람의 생명을 위협하거나 신체에 해를 끼칠 수 있는 기구를 휴대하거나 사용하는 행위 및 폭행, 협박, 손괴, 방화 등으로 질서를 문란하게 하는 행위 등을 하지 못하도록 하고(제16조~제18조), 집회·시위에 대한 사후적인 통제수단으로 관할경찰관서장의 해산명령에 관하여 규정하고 있다(제20조). 이러한 제한을 위반한 경우에는 처벌되고(제22조, 제24조), 집회·시위 과정에서의 폭력행위나 업무방해 행위 등은 형사법상의 범죄행위로서 처벌된다(헌재 2018. 6. 28. 2015헌가28등).

그렇다면 심판대상조항과 같이 '선거에 영향을 미치게 하기 위하거나, 선거에 영향을 미칠 염려가 있는 집회나 모임'을 선거기간 중에 전면적으로 금지하지 아니하더라도, 선거의 평온의 확보라는 입법목적의 달성에는 지장이 없다.

(바) 종전 각종 선거에서 선거기간 중 단합대회·야유회 등의 명목으로 각종 집회가 빈번하게 열려 후보자들이 그 집회에 참석하거나 집회 비용의 전부 또는 일부를 부담함으로써 사실상 특정 후보에 대한 선거운동이 이루어지고, 일부에서는 이러한 집회의 개최 능력이 있음을 과시하면서 후보자 측에 금품을 요구하는 일 등이 발생한 일이 있어(헌재 2001. 12. 20. 2000헌바96등), 선거기간 중 집회나 모임의 개최로 인하여 후보자들 간의 경제력의 차이에 따른 불균형, 무분별한 흑색선전 등이 발생할 위험성이 존재하고, 심판대상조항은 이러한 과거의 선거 현실에 대한 반성의 산물인 측면이 있는 것은 사실이다(헌재 2013. 12. 26. 2010헌가90 참조).

1) 그러나 '후보자' 사이의 '경제력' 차이로 인한 선거에서의 기회 불균형은 선거비용 제한·보전 제도를 통해서 해소될 수 있다(공직선거법 제119조, 제121조, 제122조의2, 제135조의2, 제258조 제1항, 제263조 제1항 등 참조).

공직선거법상 '선거비용'이란 당해 선거에서 선거운동을 위하여 소요되는 금전·물품 및 채무 그 밖에 모든 재산상의 가치가 있는 것으로서, 후보자가 지출한 비용뿐만 아니라(제119조 제1항 본문 및 제1호), 정당, 정당선거사무소의 소장, 후보자의 배우자 및 직계존비속, 선거사무장·선거연락소장·회계책임자가 지출한 비용도 포함된다(제119조 제1항 제2호, 제3호). 따라서 후보자 및 위 관계자가 집회나 모임을 개최하기 위하여 지출한 비용은 선거비용에 포함된다.

나아가 선거의 공정성을 침해한다고 보아 공직선거법 제87조 제1항 각 호에 따라 선거운동이 금지되고 있는 향우회·종친회·동창회 등 지연·혈연·학연에 기초한 단체, 후보자 또는 후보자의 가족 등이 임원으로 있거나 재산을 출연하였거나 의사결정에 실질적으로 영향력을 행사하는 단체가 개최하는 집회나 모임, 그 외에 개최 주체를 불문하고 과도한 비용이 발생하거나 금전적 이익이 집회 참여의 대가로 수수된 사례가 있었거나 그러할 가능성이 높은 단합대회·야유회 등의 개최만을 한정적으로 금지하는 방법으로도 '후보자' 사이의 '경제력' 차이로 인한 선거에서의 기회 불균형의 우려는 상당 부분 해소될 수 있다.

또한 공직선거법은 누구든지 후보자 등과 통모하여 해당 후보자의 선거운동을 위하여 지출한 비용과 기부행위제한규정을 위반하여 지출한 비용(제119조 제1항 제4호)도 선거비용에 포함시킴으로써 후보자가 유권자를 빙자하거나 은밀히 결탁하는 등으로 공직선거법상 선거비용제한의 규제를 잠탈하는 것도 방지하고 있다.

2) 일반 유권자가 후보자 등과 통모하지 아니하고, 자신의 비용으로 집회나 모임을 개최하는 경우, '일반 유권자' 사이의 '경제력' 차이로 인한 선거에서의 기회 불균형이 발생할 우려가 있다.

그런데 사람들이 다수 모이는 모든 집회나 모임이 금품 수수를 통한 인원 동원이라는 과열과 타락, 부정과 연관되어 있다고 할 수는 없다. 예를 들어, 일반 유권자가 뜻을 같이하는 사람들을 정보통신망 등을 이용하여 모은 다음, 소규모의 참석자들이 각자의 비용으로, 주장하고자 하는 정치적 의사표현의 내용과 그 대상에 비추어 적절한 시기와 장소에 모여 의견을 표명하고 해산한다고 하여, 경제력 차이로 인한 선거에서의 기회 불균형이 발생한다고 보기 어렵다. 집회나 모임의 과정에서 음향시설, 장소 임대 등을 위하여 일정한 비용이 발생하는 경우에도, 그것이 사회통념상 일상적으로 발생할 수 있는 적은 비용에 불과하다면 언제나 경제력 차이로 인한 선거에서의 기회 불균형을 발생시킨다고 볼 수 없다.

선거기간 중 과다한 비용을 지출하는 방법으로 개최되는 집회나 모임만 제한하는 방법, 집회나 모임의 참석과 관련하여 어떠한 명목으로도 대가나 금전적 이익 등의 수수를 금지하는 방법과 같이, 심판대상조항보다 일반 유권자의 집회의 자유, 정치적 표현의 자유를 덜 침해하는 수단을 통해서도 경제력 차이로 인한 기회 불균형을 충분히 방지할 수 있다.

3) 한편, 일반 유권자가 선거에 영향을 미치는 집회나 모임을 개최할 수 있게 되면, 그러한 집회에 참석할 자를 모으기 위하여 경제적 이익을 제공하고 인원을 동원하는 폐해가 발생할 우려가 있다.

이에 대하여, 공직선거법은 선거사무장·선거연락소장·선거사무원·활동보조인 및 회계책임자에게 수당과 실비를 지급하는 경우를 제외하고 누구든지 선거운동과 관련하여 금품 기타 이익의 제공 또는 그 제공의 의사를 표시하거나 그 제공의 약속·지시·권유·알선·요구 또는 수령할 수 없도록 금지·처벌하고 있다(제135조 제3항, 제230조 제1항 제4호). 또한 후보자 등이 당해 선거구 안에 있는 자 등에 대하여 금전·물품 기타 재산상 이익의 제공, 이익제공의 의사표시 또는 그 제공을 약속하는 행위(이하 '기부행위'라 한다) 및 그 외의 자가 후보자 또는 그 소속 정당을 위하여 하는 기부행위도 금지·처벌된다(제112조 내지 제117조, 제257조). 후보자나 유권자의 금력을 이용한 세력의 과시는 위와 같은 공직선거법 규정에 의하여 지금도 방지될 수 있다.

4) 일반 유권자가 개최하는 집회나 모임의 방법이나 지출가능한 비용 등을 제한하고, 경제적 이익을 제공하여 집회 참석자를 동원하는 것을 금지·처벌하더라도, 후보자의 정당 가입 유무와 가입한 정당의 규모, 후보자 및 유권자의 정치적·사회적 영향력에 따라 해당 정당이나 후보자를 지지·반대하는 유권자의 수가 다르기 때문에 결과적으로 집회나 모임에 참석하는 인원의 규모나 그 횟수 등이 달라질 수 있다.

그러나 대가를 제공받은 것이 아니라면 그 유권자들은 해당 정당이나 후보자를 지지·반대하거나, 정책이나 선거의 쟁점에 대하여 찬성·반대하는 자발적인 정치적 의사를 표현하는 것이므로, 위와 같은 영향력에 의한 차이 자체가 선거의 공정을 해치는 위험성이라거나, 금지되어야 할 세력의 과시 또는 부당한 경쟁이라고 볼 수 없다.

후보자나 유권자의 정치적 표현을 허용하는 한, 표현의 방법에 관계없이 그 정치적·사회적 영향력과 지지자들의 규모는 드러날 수밖에 없는 것이다. 지나친 세 과시 등을 통한 여론의 왜곡 등을 상정해 볼 수도 있으나, 특정한 정당이나 후보자를 지지하거나 반대하는 자들끼리 모여 집회나 모임의 방법으로 세를 과시한다고 하여, 일반 유권자에게 항상 좋은 인상을 주는 효과적인 방법이 될 것인지도 의문이다. 지지자나 반대자가 많다는 인상을 받았다고 하여 그것을 인식한 일반 유권자들이 선거에서 합리적인 선택을 할 수 없는 것도 아니다.

5) 심판대상조항이 선거의 과열로 인한 무분별한 흑색선전, 허위사실유포나 비방으로 인한 선거의 평온과 공정의 심각한 위협을 방지하기 위하여 부득이하게 반드시 필요한 수단인지에 관하여 본다.

이러한 폐해는 모든 정치적 표현에서 공통적으로 발생할 수 있는 것이고 특별히 집회나 모임의 개최에 있어서 이러한 폐해 발생의 위험이 높은 것도 아니다. 언론의 정파성, 선정성, 또는 불공정한 보도로 선거의 공정이 해쳐질 것이 우려된다 하여 '일정한 기간 선거관련 보도를 일률적으로 금지'하는 것이 허용될 수 없는 것과 마찬가지로, 일반 유권자의 정치적 표현 내지 선거운동 속에 비방·흑색선전 등의 부정적 요소가 개입될 여지가 있다 하여 '일정한 기간 집회나 모임의 방법으로 정치적 의사를 표현하는 것을 전면적으로 금지'하는 것은 허용될 수 없다(헌재 2011. 12. 29. 2007헌마1001등 참조).

집회의 자유가 우리 헌법질서에서 가지는 의미를 송두리째 부인하지 않고서는, 집회나 모임의 개최 자체에 곧 무분별한 흑색선전이나 허위사실유포 등의 위험성이 있는 것이라고 볼 수는 없다. 집회의 개최 자체가 아니라, 집회나 모임에서 이루어지는 후보자에 대한 인신공격적 비난이나 허위사실 적시를 통한 비방 등의 개별행위가 있을 때, 비로소 선거의 공정에 영향을 미칠 위험성으로 이어질 수 있는 것이다.

무분별한 흑색선전, 허위사실유포 등으로 인한 선거의 평온과 공정에 대한 위협은 그러한 위험성이 있는 구체적인 행위를 직접적으로 금지하고 처벌함으로써 대처하여야 하고, 이러한 규정은 공직선거법에 이미 도입되어 있다. 누구든지 선거운동을 위하여 후보자, 후보자의 배우자 또는 직계존비속이나 형제자매의 출생지·가족관계·신분·직업·경력 등·재산·행위·소속단체, 특정인 또는 특정단체로부터의 지지여부 등에 관하여 허위의 사실을 공표할 수 없으며, 공연히 사실을 적시하여 사생활을 비방할 수 없다. 또한 누구든지 선거운동을 위하여 정당, 후보자, 후보자의 배우자 또는 직계존비속이나 형제자매와 관련하여 특정 지역·지역인 또는 성별을 공연히 비하·모욕하여서는 아니 된다(제110조). 공직선거법은 허위사실을 공표하거나 후보자를 비방하는 경우 형사처벌하고 있는데(제250조, 제251조), 위 조항들의 법정형이 심판대상조항보다 높다(헌재 2011. 12. 29. 2007헌마1001등 참조).

나아가 위와 같이 공직선거법에 의하여 형사처벌되는 정치적 표현들이나 그에 해당하지는 않지만 편파적이거나 부당한 것처럼 보일 수 있는 정치적 표현들이 선거에 미칠 수 있는 부정적인 영향은, 정치적 표현의 자유를 더 폭넓게 보장함으로써 해소될 수 있다. 다양한 의견, 견해, 사상의 자유로운 표출을 가능하게 함으로써 토론과 비판을 통한 상호 검증을 거치도록 하는 것이 표현의 자유의 본래의 기능이기 때문이다(헌재 2013. 6. 27. 2012헌바37 참조).

6) 공직선거법 제79조 내지 제82조에서 허용하는 집회나 모임의 방법으로 하는 선거운동의 시간, 장소, 방법에 대한 제한을 벗어나고자, 공개장소에서의 연설·대담, 대담·토론회가 아닌 집회나 모임을 개최할 것이라고 우려할 수 있다. 그러나 선거에 영향을 미치는 집회나 모임의 개최를 허용하되, 공개장소에서의 연설·대담, 대담·토론회의 시간, 장소, 방법에 대한 제한과 동일하거나 유사한 제한을 두는, 심판대상조항보다 기본권을 덜 제한하는 방법으로도 공직선거법의 제한이나 금지를 회피하려는 탈법행위를 충분히 실효적으로 방지할 수 있다.

7) 이상의 내용을 종합하여 보면, 후보자의 선거비용 제한·보전 제도와 함께, 일반 유권자가 과도한 비용을 들이거나 참석자에게 금전적 이익 등을 제공하는 집회 개최, 선거의 공정성에 구체적인 해악을 발생시키는 것이 명백한 집회에서의 정치적 표현 행위 등을 한정적으로 제한하고 위반행위를 제재하는 수단을 통해서도, 선거에서의 기회 균등과 선거의 공정과 평온을 달성하려는 입법목적은 충분히 달성할 수 있다.

(사) 정치적 표현의 자유의 헌법상 지위에 비추어 볼 때, 정치적 표현에 대하여는 '자유를 원칙으로, 금지를 예외로' 하여야 하고, '금지를 원칙으로, 허용을 예외로' 해서는 안 된다는 점은 자명하다(헌재 2011. 12. 29. 2007헌마1001등 참조). 모든 국민은 자신의 정치적 의견과 정치사상을 외부에 표현할 정치적 표현의 자유를 가지며, 이는 자유민주적 헌법의 근본가치이자 민주정치의 필수불가결한 요소이다. 법치주의 국가에서의 기본권 제한은 '기본권 최대한 보장의 원칙'에 따라 필요한 범위 내에서 최소한에 그쳐야 한다는 것이 기본권 제한의 한계이다(헌재 2013. 3. 21. 2010헌바132등).

일반 유권자 개인이 선거기간 중에 선거운동과 정치적 표현을 할 수 있다면, 그것을 집단적 의사표현의 방식으로 해서는 안 될 이유는 없으며, 집단적 의사표현의 방식 그 자체가 선거의 공정성에 해악을 미친다고 할 수는 없다. 국민이 대표를 선출함으로써 국민주권과 민주주의를 실현하는 제도적 장인 선거에서, 국민이 후보자, 정당, 정책 등에 대한 자신의 정치적 생각을 합법적인 집회나 모임을 통해 설파하여 자신과 의견이 같은 세력을 규합해 나가는 것은, 우리 헌법의 근본이념인 '자유민주적 기본질서'의 핵심적인 보장 영역에 속한다(헌재 2013. 3. 21. 2010헌바132등 참조).

그런데 심판대상조항은 가장 정치적 의사표현이 활발하게 교환되어야 할 선거기간 중에, 오히려 특정 후보자나 정당이 특정한 정책에 대한 찬성이나 반대를 하고 있다는 언급마저도 할 수 없는 범위 내에서만 집회나 모임의 방법으로 정치적 의사를 표현하도록 하여, 평소보다 일반 유권자의 정치적 표현의 자유를 더 제한하고 있다. 이로 인하여 선거의 공정성과 평온에 실질적인 해악을 끼칠 수 있는 구체적인 위험성을 초래하거나 그러한 목적이 명백한 경우에 해당하지 않는 경우에도, 일반 유권자는 진행 중인 선거와 관련하여 합리적 범위 내에서 집단적 의사표명을 할 기회 일체를 봉쇄당할 여지조차 있게 된다. 나아가 집회나 모임을 주관하거나 개최한 사람이 의도한 것이 아니어도 집회나 모임에서 나온 표현 중에 선거와의 관련성을 인정할 만한 내용이 있고 그러한 표현의 발화에 대한 예견 가능성을 조금이라도 인정할 수 있다면 심판대상조항에 따른 처벌이 가능하게 될 수도 있다. 결국 집회나 모임을 개최하려는 사람은 심판대상조항으로 인하여 집회나 모임의 개최를 꺼리거나 방어적으로 개최하게 되므로 집회의 자유, 정치적 표현의 자유는 위축될 우려가 크다.

(아) 심판대상조항이 '선거에 영향을 미칠 염려가 있거나 미치게 하기 위한 집회나 모임'을 선거기간 중이

라는 이유만으로 전면적으로 금지하고 위반 시 처벌하는 것은, 결국 선거의 공정이나 평온에 대한 구체적인 위험이 없는 경우에까지도 특정한 사실이나 견해를 표명하는 것을 금지하고 억압하는 것으로서, 다원주의적 가치관을 전제로 하는 민주주의에 정면으로 배치되고, 입법목적 달성에 필요한 범위를 넘어 과도하게 정치적 표현의 자유와 집회의 자유를 제한하는 것이다(헌재 2016. 9. 29. 2014헌가3등 참조).

법률조항이 정당한 입법 목적 달성을 위한 적정한 수단이라고 하더라도, 헌법상 보호되어야 할 표현까지 함께 규제하는 포괄적인 법률조항은 가장 기본권을 덜 침해하는 것이 될 수 없다(헌재 2002. 6. 27. 99헌마480; 헌재 2016. 9. 29. 2014헌가3등 참조).

(자) 그렇다면 심판대상조항은 선거의 공정과 평온의 확보라는 입법목적 달성을 위하여 반드시 필요한 최소한의 범위를 넘어서, 규제가 불필요하거나 또는 예외적으로 허용하는 것이 가능한 경우에도, 선거기간 중의 선거에 영향을 미치게 하기 위한 일반 유권자의 집회나 모임을 일률적·전면적으로 금지하고 있으므로 침해의 최소성에 반한다.

(4) 법익의 균형성

(가) 표현의 자유와 민주주의의 가치 등에 비추어 볼 때, 집회의 자유, 정치적 표현의 자유를 제한하는 경우에는 그 제한을 통해 보호하려는 공익이 그로 인해 침해되는 사익보다 우월하여야 한다(헌재 2018. 6. 28. 2015헌가28등 참조).

대의제 민주주의 하에서 민주주의를 구현하는 원동력은 일반 유권자의 자발적인 정치 참여에 있다. 따라서 심판대상조항에 대한 법익의 균형성 판단에서는 선거의 공정과 평온이 지나치게 강조될 경우 국민의 선거 참여가 과도하게 제한될 수 있다는 점을 감안하여야 할 것이다.

(나) 심판대상조항은 선거에서의 기회 균등 및 선거의 공정성을 해치는 것이 명백하다고 볼 수 없는 집회나 모임의 개최, 정치적 표현까지 금지·처벌하고 있고, 이러한 범위 내에서 심판대상조항으로 인하여 달성할 수 있는 공익의 정도가 중대하다고 볼 수 없다.

거짓 사실의 전파, 금품 수수 등 선거의 공정과 평온에 구체적인 위험을 발생시키는 집회나 모임에 대하여는 이미 '집회 및 시위에 관한 법률', 형법, 공직선거법에 이를 금지하고 처벌하는 규정이 마련되어 있다. 이들 규정으로도 심판대상조항의 입법목적은 대부분 달성될 수 있는 것으로 보이므로, 심판대상조항으로 달성하려는 그 이상의 공익 실현 효과는 가정적이고 추상적인 것이다(헌재 2016. 9. 29. 2014헌가3등 참조). 나아가 후보자 및 그 관계자는 지금도 공개장소에서의 연설·대담 등을 통하여 사실상 집회나 모임의 방법으로 선거운동을 할 수 있는 상황에서, 심판대상조항이 달성하려는 공익은 더욱 불분명하다.

(다) 반면 심판대상조항이 구체적인 집회나 모임의 상황을 고려하여 상충하는 법익 사이의 조화를 이루려는 노력을 전혀 기울이지 않고서, 일반 유권자가 선거에 영향을 미치게 하기 위한 집회나 모임을 개최하는 것을 전면적으로 금지함에 따라, 사실상 선거와 관련된 집단적 의견표명 일체가 불가능하게 됨으로써 일반 유권자가 받게 되는 집회의 자유, 정치적 표현의 자유에 대한 제한 정도는 매우 크다.

따라서 심판대상조항은 법익의 균형성에도 위배된다.

(5) 소결

심판대상조항은 과잉금지원칙에 반하여 집회의 자유, 정치적 표현의 자유를 침해한다.

5. 결 론

그렇다면 심판대상조항은 모두 헌법에 위반되므로 주문과 같이 결정한다.

아울러 종전에 헌법재판소가 이 결정과 견해를 달리해, '누구든지 선거기간 중 선거에 영향을 미치게 하기 위하여 단합대회 또는 야유회 기타의 집회를 개최할 수 없고 그에 위반하여 각종집회등을 개최하거나 하게 한 자를 처벌하던' 구 '공직선거 및 선거부정방지법'(2000. 2. 16. 법률 제6265호로 개정되고, 2004. 3. 12. 법률 제7189호로 개정되기 전의 것) 제256조 제2항 제1호 카목 중 제103조 제2항 부분이 헌법에 위반되지 아니한다고 판시한 헌재 2001. 12. 20. 2000헌바96등 결정은, 이 결정과 저촉되는 '기타의 집회'에 관한 범위 내에서 변경하기로 한다.

이 결정은 아래 6.과 같은 재판관 이선애, 재판관 이종석, 재판관 이영진의 반대의견이 있는 외에는 관여 재판관들의 일치된 의견에 따른 것이다.

6. 재판관 이선애, 재판관 이종석, 재판관 이영진의 반대의견

우리는 심판대상조항이 과잉금지원칙에 위배되지 않아 집회의 자유, 정치적 표현의 자유를 침해하지 않는다고 생각하므로 아래와 같이 반대의견을 밝힌다.

가. 목적의 정당성 및 수단의 적합성

심판대상조항은 헌법 제116조 제1항의 선거운동 기회균등 보장의 원칙에 입각하여 선거운동의 부당한 경쟁, 후보자들 사이의 경제력 차이에 따른 불균형이라는 폐해를 막고, 선거의 공정성과 평온성을 침해하는 탈법적인 행위를 차단하여(대법원 2011. 6. 24. 선고 2011도3447 판결) 선거의 평온과 공정을 해하는 결과의 발생을 방지함으로써 선거의 자유와 공정을 보장하려는 것이므로, 그 입법목적의 정당성이 인정된다(헌재 2001. 12. 20. 2000헌바96등).

선거기간 중에 선거에 영향을 미치게 하기 위한 집회나 모임을 금지·처벌하는 것은 위와 같은 입법목적을 달성하기 위한 적합한 수단이다.

나. 침해의 최소성

(1) 심판대상조항은 선거기간 중 선거에 영향을 미치게 하기 위하여 집회나 모임을 개최하는 행위를 금지·처벌하고 있다. 그러나 심판대상조항은 '선거에 영향을 미치게 하기 위한 목적'이 있는 집회나 모임의 개최에 한정하여 집회의 자유, 정치적 표현의 자유 등을 제한할 뿐, 그러한 목적이 없는 집회나 모임의 개최는 선거운동 기간에도 얼마든지 가능하다.

선거와 무관한 집회나 모임뿐만 아니라, 정당 및 선거에 출마하고자 하는 입후보예정자들이 공약으로 채택하거나 정당·후보자 간 쟁점으로 부각된 정치적·사회적 현안을 말하는 이른바 '선거쟁점'에 대한 찬성이나 반대의사를 표시하는 집회나 모임이, 결과적으로 그 정책에 찬성하거나 반대하는 정당, 후보자, 입후보예정자에게 유·불리한 영향을 미치게 되는 경우에도, 항상 '선거에 영향을 미치게 하기 위하여' 한 행위가 되지는 않는다(대법원 2011. 6. 24. 선고 2011도3447 판결 참조). 특정한 정당이나 후보자를 찬성한다거나 반대한다는 취지가 없으며, 특정 정당·후보자·입후보예정자와 관계가 없는 경우 '선거의 쟁점'이 된 내용에 대한 찬성이나 반대의 의사표시를 하기 위한 집회나 모임의 개최가 제한되지 않는다(대법원 2011. 10. 27. 선고 2011도5344 판결 참조). 심판대상조항은 선거에 영향을 미치게 할 목적의 탈법행위에 해당하거나, 특정 후보자의 당선 또는 낙선을 도모하는 목적의지를 수반하는 집회나 모임에 한정하여 집회의 자유, 정치적 표현의 자유를 제한하는 것이다.

그렇다면 집회의 자유 또는 정치적 표현의 자유가 우리 헌법 질서에서 차지하는 의미와 기능을 정지시킬 정도로, 심판대상조항이 지나치게 광범위하게 집회의 자유와 정치적 표현의 자유 등을 제한한다고 볼 수 없다.

(2) 선거기간 중 선거에 영향을 미치는 집회나 모임은 선거에 있어서 후보자와 선거인 모두에게 효과적인 정보의 전달 및 획득 내지는 선전을 위한 매우 유력한 수단이 될 수 있을 것이므로 그 자유로운 이용의 필요성이 큰 것은 부인할 수 없다.

그러나 집회 등을 무제한으로 허용할 경우 선거운동의 부당한 경쟁을 초래하여 후보자들 간의 경제력의 차이에 따른 불균형이 두드러지게 되고, 무분별한 흑색선전으로 인하여 선거의 평온과 공정이 심각한 위협을 받게 될 것이고, 법이 정한 여타의 금지규정을 회피하는 수단으로까지 이용되는 등 폐해가 발생할 우려가 큼은 자명하다. 이에 대한 적절한 제한은 참된 의미의 선거의 자유와 공정을 보장하기 위한 제도적 장치로서의 의미를 갖는다(헌재 2001. 12. 20. 2000헌바96등).

종전 각종 선거에서 선거기간 중 단합대회·야유회 등의 명목으로 각종 집회가 빈번하게 열려 후보자들이 그 집회에 참석하거나 집회 비용의 전부 또는 일부를 부담함으로써 사실상 특정 후보에 대한 선거운동이 이루어지고, 일부에서는 이러한 집회의 개최 능력이 있음을 과시하면서 후보자 측에 금품을 요구하는 일 등이 적지 아니하였을 뿐만 아니라, 위와 같은 집회가 후보자의 세를 과시하는 방편으로 이용되기도 하여 여기에 동원되는 사람에게 금품을 지급하는 등 선거분위기의 과열·혼탁을 조장하는 예가 빈번하였다. 따라서 선거에 영향을 미칠 수 있는 집회의 금지는 선거의 공정성 확보라는 입법목적을 달성하는 데에 필요한 것으로(헌재 2001. 12. 20. 2000헌바96등), 심판대상조항은 이러한 과거의 선거 현실에 대한 반성의 산물인 측면이 있다(헌재 2013. 12. 26. 2010헌가90 참조).

(3) 집회나 모임은 공중이 자유로이 통행하거나 집합하는 공개된 장소에서 개최될 경우 공중에게 계속적으로 노출되어 그 홍보 효과가 매우 크고, 투입되는 비용에 따라 집회 참여자의 수, 집회에 부수적으로 휴대·설치되는 표현물의 형태, 확성 장치를 통해 발생하는 소리의 크기 등이 현저히 달라져 유권자에게 미치는 영향력에도 상당한 차이가 발생하게 된다. 선거기간 중에 특정한 정당이나 후보자를 지지하거나 반대하는 취지의 집회에 참석한 사람의 수가 많을 경우, 지지자나 반대자가

많다는 인상을 쉽게 유권자에게 전달할 수 있다.

따라서 선거에 영향을 미치게 하기 위하여 집회나 모임을 개최하는 행위를 제한하지 않으면, 정당·후보자 및 그를 지지·반대하는 유권자 사이에 세력을 과시하기 위한 수단으로 사용되어 홍보 효과가 더 높은 시간·장소에서 더 자주 집회나 모임을 개최하고, 집회나 모임의 현장에 참여할 자를 더 많이 모집하는 등으로 과다한 경쟁을 유발하게 된다. 그에 따라 후보자의 정당 가입 유무와 가입정당의 규모, 후보자 및 그를 지지하는 유권자의 경제적·정치적·사회적 영향력의 차이에 따른 선거운동 등에서의 불균형이 두드러지게 되어, 선거운동에 있어서 균등한 기회를 보장한다고 규정한 헌법 제116조 제1항의 취지에 반하게 된다. 또한 후보자나 유권자 사이의 지나친 경쟁으로 선거가 과열되면서 집회나 모임을 이용한 무분별한 흑색선전, 진실을 왜곡한 의혹제기, 편파적 의견이나 부당한 표현, 허위사실 유포나 비방 등으로 선거의 공정성과 평온이 심각한 위협을 받을 수 있다.

(4) 심판대상조항이 선거에 영향을 미치게 하기 위한 집회나 모임을 금지하는 한편, 공직선거법상 후보자등은 선거운동기간 중에 공개장소에서의 연설·대담(공직선거법 제79조 제1항, 제2항), 다른 사람이 개최한 옥내모임에 일시적으로 참석하여 연설·대담(제79조 제7항)을 할 수 있어서, 결과적으로 집회나 모임이 개최된 것과 차이가 없는 방법으로 하는 선거운동을 할 수 있다. 따라서 심판대상조항이 후보자등의 선거운동의 자유 등 정치적 표현의 자유, 집회의 자유를 과도하게 제한한다고 볼 수 없다(헌재 2001. 12. 20. 2000헌바96등).

(5) 또한 후보자등이 아닌 사람의 경우, 단체 또는 언론기관은 후보자등을 초청하여 옥내에서 대담·토론회를 개최할 수 있다(제81조, 제82조). 또한 선거운동이 금지되지 않아 선거운동을 할 수 있는 단체들은 선거운동기간 중 도로·시장·점포·다방·대합실 기타 다수인이 왕래하는 공개된 장소에서 선거운동을 할 수 있으므로(제106조 제2항 참조), 비록 집회나 모임의 방법으로 선거운동을 할 수 있는 것은 아니지만, 선거에 영향을 미칠 집회의 금지로 초래될 선거운동의 자유 및 집회의 자유에 대한 법익침해를 최소화하고 있다(헌재 2001. 12. 20. 2000헌바96등).

심판대상조항은 '선거기간 중'에 선거에 영향을 미치게 하기 위하여 이루어지는 '선거운동' 또는 '선거운동에 준하는 내용의 표현행위'만을 규제하고 있다. 따라서 단체 또는 언론기관이 아닌 일반 유권자도, 선거에 영향을 미치게 하기 위한 것이 아닌 집회나 모임은 얼마든지 자유롭게 개최할 수 있다. 즉 선거기간 중에도 국민들이 제기하는 건전한 비판과 여론 형성을 심판대상조항이 금지하지 않는다.

또한 심판대상조항은 일반 유권자의 선거운동 또는 '선거운동에 준하는 표현행위' 일체를 전면적으로 제한하는 것이 아니라, 우리 선거문화와 과거의 선거경험에 비추어 특히 폐해의 우려가 크다고 인정되는 집회나 모임의 개최라는 특정한 방법에 국한하여 부분적인 제한을 하고 있다. 이러한 점에서 심판대상조항이 일반 유권자의 선거운동 등 정치적 표현의 자유를 과도하게 제한한다고 볼 수도 없다.

(6) 공직선거법 제79조 내지 제82조에서 허용하는 집회나 모임의 방법으로 하는 선거운동과 관련하여, 공직선거법은 구체적으로 선거운동의 방법을 한정하고 그 규율 위반 행위에 대하여 각각의 제재 수단을 마련함으로써 그 실효성을 확보하고 있다. 예를 들어, 공직선거법 제79조 제1항, 제2항, 제6항은 후보자등이 공개장소에서의 연설·대담, 다른 사람이 개최한 옥내모임에 일시적으로 참석하여 연설·대담하는 선거운동을 허용하고, 그와 관련하여 여러 가지 제한을 하고 있는데, 이러한 연설·대담자에게 재산상의 이익이나 공사의 직을 제공하거나 그 제공의 의사를 표시하거나 약속한 자는 5년 이하의 징역 또는 3천만원 이하의 벌금에 처하고(제230조 제1항 제1호), 연설을 할 수 없는 장소에서 선거운동을 위한 연설·대담을 한 자는 3년 이하의 징역 또는 600만원 이하의 벌금에 처하며(제255조 제1항 제6호), 연설·대담에서 녹음기 또는 녹화기의 사용대수를 초과하여 사용한 자, 야간 연설 제한 시간에 연설한 자는 2년 이하의 징역 또는 400만원 이하의 벌금에 처한다(제256조 제3항 제1호 다목, 차목).

심판대상조항이 선거에 영향을 미치는 집회나 모임의 개최를 금지하지 않는다면, 공직선거법이 공개장소에서의 연설·대담, 후보자등 초청 대담·토론회 등에 관하여 정한, 여러 선거운동의 제한을 피하여, 탈법적인 집회나 모임이 개최될 수 있으므로, 위에서 예시한 것과 같은 공직선거법상의 규제들은 사실상 무의미해지고 선거의 공정성이 훼손될 위험도 있다.

(7) 심판대상조항이 선거에 영향을 미치게 하기 위하여 선거기간 중에 집회나 모임을 개최하는 행위를 금

지·처벌하는 것은, 선거 과열로 인한 과다한 비용 지출과 후보자 및 유권자의 경제력 차이에 따른 불균형을 방지하기 위한 가장 효과적인 수단이다.

공직선거법 제119조 내지 제121조는 선거비용의 총액을 제한하고 있으나, 선거비용에는 '선거운동을 위하여' 소요된 금전·물품 및 채무 그 밖에 재산상의 가치가 있는 것만이 포함되므로(제119조 제1항), 집회나 모임의 개최가 '선거운동'에 이르지 않은 경우 그에 소요된 비용 중 일부는 선거비용에 포함되지 않을 가능성도 있다.

나아가 일반 유권자가 선거에 영향을 미치게 하기 위하여 선거기간 중에 집회나 모임을 개최하는 것을 허용하면, 후보자가 유권자를 빙자하거나 은밀히 결탁하여 공직선거법 제8장 특히 제119조 내지 제121조에서 규정하고 있는 선거비용의 규제 등 후보자에 대한 각종 규제를 잠탈하는 수단으로 악용될 수 있고 이는 선거과열을 초래하여 선거의 평온을 훼손할 수 있다. 일반 유권자의 경우 후보자등과 통모하여 후보자의 선거운동을 위하여 지출한 비용만 선거비용에 포함되므로(제119조 제1항 제4호), 후보자에 대한 선거비용 제한만으로 그 폐해를 실효적으로 예방하거나 규제하기 어려운 사각지대가 발생할 수 있고, 일반 유권자가 개최한 모든 집회나 모임을 확인하여 후보자와 통모하였는지 여부를 밝히는 것은 실질적으로 불가능할 뿐만 아니라, 선거관리에 있어서 상당한 비용을 유발하게 된다.

(8) 심판대상조항은 금지기간을 '선거기간 중'으로 한정하고 있다. 공직선거법은 선거운동은 선거기간개시일부터 선거일 전일까지에 한하여 할 수 있는 것으로 정하고(제59조), 선거기간은 대통령선거는 23일, 국회의원선거, 지방자치단체의 의회의원 및 장 선거는 14일(제33조 제1항)로 정하고 있다.

공직선거법은 선거운동기간을 제한하는 규정(제59조)을 두고 있는 것 외에도 국회의원, 지방의회의원, 지방자치단체의 장 등의 당해 선거구 안에 있는 자 등에 대한 기부행위 상시제한 규정(제113조)을 두는 한편, 선거일전 180일, 120일, 90일, 60일, 30일 등부터 시기적으로 다양하게 선거에 영향을 줄 수 있는 특정행위를 제한 내지 금지하고 있다. 심판대상조항은 이러한 시기적 제한 중 가장 짧은 선거기간 중의 제한을 선택하여 정치적 표현의 자유, 집회의 자유를 제한한 것으로, 집회나 모임의 개최가 선거에 미치는 영향력, 일반적으로 선거에 즈음하여 선거에 영향을 미치게 하기 위한 행위를 하였을 때 그 효과의 지속 정도, 선거운동 등 정치적 표현의 자유와 관련하여 침해되는 법익과의 균형, 우리의 선거 현실에 대한 그 동안의 경험 등 여러 가지 사정을 참작하여, 입법자가 제한 또는 금지의 기간을 정한 것이다.

선거에 영향을 줄 수 있는 특정한 행위에 대해 어느 정도의 금지기간을 두는 것이 선거운동 등 정치적 표현의 자유와 집회의 자유에 대한 침해를 최소화하고 선거의 공정성을 확보할 것인지에 대하여는 헌법적 한계를 일탈하지 않는 한 입법자의 판단을 존중할 수 있다.

선거에 영향을 줄 수 있는 특정행위를 제한하는 기간에 대해 입법자의 입법형성권을 존중한다는 점, 집회나 모임의 개최가 선거의 결과에 영향을 미치는 개연성이 높다고 인정할 수 있는 점 등에 비추어 보면, 심판대상조항의 규제기간이 입법목적 달성에 필요한 정도를 넘는 과도한 제한이라고 볼 수 없다.

(9) 침해의 최소성을 판단함에 있어서는 우리나라 선거문화의 역사성, 선거 및 정치 뮤화의 특수성, 정치적·경제적·사회적 환경, 선거와 관련된 국민의식의 정도와 법 감정 등을 종합하여 판단하여야 한다.

현행 공직선거법은 과거 금권에 의한 타락선거, 흑색선전과 비방으로 얼룩진 과열선거 그리고 관권선거가 문제되어 온 역사적 경험을 직시하고, 혼탁한 선거문화를 바로잡고 고비용의 선거구조를 혁신하여 공정하고 깨끗한 선거문화를 정착시키고자 선거운동의 기간과 방법 등을 상세하게 규율하고 있다. 그동안 이루어온 민주주의의 발전상과 높아진 국제적 위상, 국민의식의 향상에도 불구하고, 현재 우리의 선거문화가 집회나 모임의 방법으로 하는 선거에 영향을 미치는 정치적 표현행위를 전면적으로 허용해도 선거의 공정성을 훼손하지 아니할 정도의 안정적 수준에 와 있고, 이에 대한 국민의 신뢰와 지지가 뒷받침되고 있다고 단정할 수만은 없다. 공조직과 사조직 그리고 혈연·지연·학연을 이용한 불법선거, 금전을 이용한 금권선거, 여론조작과 흑색선전 등 거짓말 선거의 폐해가 잔존하고 있는 것이 엄연한 현실이고 이를 시정하여 공명선거를 이루고자 하는 국민적 열망이 뜨겁다.

이러한 상황에서 후보자, 정당 조직에 속한 관계자뿐만 아니라 일반 유권자에게까지 집회나 모임의 개최를 자유롭게 허용하여 그에 의한 선거운동이나 선거에 영향을 미치는 의사표현이 전면적으로 허용된다면, 후보자등 사이의 지나친 경쟁으로 선거가 과열되고, 선거운동 등에서의 불균형이 두드러지게 되며, 선거의 공정성과 평온이 심각한 위협을 받을 수 있다. 특히 후보자가 유권자와 은밀히 결탁하여 불법으로 선거운동을 하는 경우, 유권자의 개인적인 형사책임만 따를 뿐 그가 지지한 후보자의 당선무효로 연결시키는 것을 어렵게 하여 이를 악용할 때에는 점차 정착되어 가는 공명선거 분위기에 역행할 위험 또한 크다.

(10) 이와 같은 점을 종합하면, 선거기간 중 선거에 영향을 미치게 하기 위한 집회나 모임을 금지하는 심판대상조항은 선거의 공정성 확보를 위한 필요·최소한의 수단으로서 불가피한 규제이므로(헌재 2001. 12. 20. 2000헌바96등), 침해의 최소성에 위반된다고 볼 수 없다.

다. 법익의 균형성

우리의 헌법 현실을 고려할 때, 심판대상조항에 의하여 보호되는 선거에 있어서 실질적 기회 균등과 선거의 공정성의 확보라는 공익은 국민적 열망을 담고 있는 것으로서 특히 높은 가치를 지니는 것이다. 나아가 '선거의 쟁점'이 된 내용에 대한 찬성이나 반대의 의사표시를 하더라도, 특정한 정당이나 후보자를 찬성한다거나 반대한다는 취지가 없으며, 특정 정당·후보자·입후보예정자와 관계가 없는 경우에는, '선거에 영향을 미치게 하기 위하여' 한 행위가 아니어서 집회나 모임의 개최가 제한되지 않을 수 있다(대법원 2011. 10. 27. 선고 2011도5344 판결 참조).

이처럼 선거기간 중이라는 짧은 기간에 한정하여, 부분적으로만 정치적 표현의 자유와 집회의 자유가 제한되는 불이익이 심판대상조항이 달성하려는 공익보다 더 크다고 보기 어려우므로, 심판대상조항은 법익의 균형성에도 반하지 않는다.

라. 소결

심판대상조항으로 인하여 정치적 표현의 자유, 집회의 자유가 전혀 무의미해지거나 형해화된다고 단정할 수 없으므로, 심판대상조항은 과잉금지원칙에 반하여 정치적 표현의 자유, 집회의 자유를 침해하는 것이라고 할 수 없다(헌재 2001. 12. 20. 2000헌바96등).

재판장 유남석 이선애 이석태 이은애 이종석 이영진 김기영 문형배 이미선

[별지] 관련조항

공직선거법(2012. 1. 17. 법률 제11207호로 개정된 것)

제79조(공개장소에서의 연설·대담) ① 후보자(비례대표국회의원후보자 및 비례대표지방의회의원후보자는 제외한다. 이하 이 조에서 같다)는 선거운동기간 중에 소속 정당의 정강·정책이나 후보자의 정견, 그 밖에 필요한 사항을 홍보하기 위하여 공개장소에서의 연설·대담을 할 수 있다.

② 제1항에서 "공개장소에서의 연설·대담"이라 함은 후보자·선거사무장·선거연락소장·선거사무원(이하 이 조에서 "후보자등"이라 한다)과 후보자등이 선거운동을 할 수 있는 사람 중에서 지정한 사람이 도로변·광장·공터·주민회관·시장 또는 점포, 그 밖에 중앙선거관리위원회규칙으로 정하는 다수인이 왕래하는 공개장소를 방문하여 정당이나 후보자에 대한 지지를 호소하는 연설을 하거나 청중의 질문에 대답하는 방식으로 대담하는 것을 말한다.

⑦ 후보자등은 다른 사람이 개최한 옥내모임에 일시적으로 참석하여 연설·대담을 할 수 있으며, 이 경우 그 장소에 설치된 확성장치를 사용하거나 휴대용 확성장치를 사용할 수 있다.

제80조(연설금지장소) 다음 각호의 1에 해당하는 시설이나 장소에서는 제79조(공개장소에서의 연설·대담)의 연설·대담을 할 수 없다.

1. 국가 또는 지방자치단체가 소유하거나 관리하는 건물·시설. 다만, 공원·문화원·시장·운동장·주민회관·체육관·도로변·광장 또는 학교 기타 다수인이 왕래하는 공개된 장소는 그러하지 아니하다.
2. 선박·정기여객자동차·열차·전동차·항공기의 안과 그 터미널구내 및 지하철역구내
3. 병원·진료소·도서관·연구소 또는 시험소 기타 의료·연구시설

제81조(단체의 후보자등 초청 대담·토론회) ① 제87조(단체의 선거운동금지) 제1항 제1호 내지 제6호의 규정에 해당하지 아니하는 단체는 후보자 또는 대담·토론자(대통령선거 및 시·도지사선거의 경우에 한하며, 정당 또는 후보자가 선거운동을 할 수 있는 자중에서 선거사무소 또는 선거연락소마다 지명한 1인을 말한다. 이하 이 조에서 같다) 1인 또는 수인을 초청하여 소속정당의 정강·정책이나 후보자

의 정견 기타사항을 알아보기 위한 대담·토론회를 이 법이 정하는 바에 따라 옥내에서 개최할 수 있다. 다만, 제10조 제1항 제6호의 노동조합과 단체는 그러하지 아니하다.

제87조(단체의 선거운동금지) ① 다음 각 호의 어느 하나에 해당하는 기관·단체(그 대표자와 임직원 또는 구성원을 포함한다)는 그 기관·단체의 명의 또는 그 대표의 명의로 선거운동을 할 수 없다.

1. 국가·지방자치단체
2. 제53조(공무원 등의 입후보)제1항 제4호 내지 제6호에 규정된 기관·단체
3. 향우회·종친회·동창회, 산악회 등 동호인회, 계모임 등 개인간의 사적모임
4. 특별법에 의하여 설립된 국민운동단체로서 국가 또는 지방자치단체의 출연 또는 보조를 받는 단체(바르게살기운동협의회·새마을운동협의회·한국자유총연맹을 말한다)
5. 법령에 의하여 정치활동이나 공직선거에의 관여가 금지된 단체
6. 후보사 또는 후보자의 가족(이하 이 항에서 "후보자등"이라 한다)이 임원으로 있거나, 후보자등의 재산을 출연하여 설립하거나, 후보자등이 운영경비를 부담하거나 관계법규나 규약에 의하여 의사결정에 실질적으로 영향력을 행사하는 기관·단체
8. 구성원의 과반수가 선거운동을 할 수 없는 자로 이루어진 기관·단체

② 누구든지 선거에 있어서 후보자(후보자가 되고자 하는 자를 포함한다)의 선거운동을 위하여 연구소·동우회·향우회·산악회·조기축구회, 정당의 외곽단체 등 그 명칭이나 표방하는 목적 여하를 불문하고 사조직 기타 단체를 설립하거나 설치할 수 없다.

제101조(타연설회 등의 금지) 누구든지 선거기간중 선거에 영향을 미치게 하기 위하여 이 법의 규정에 의한 연설·대담 또는 대담·토론회를 제외하고는 다수인을 모이게 하여 개인정견발표회·시국강연회·좌담회 또는 토론회 기타의 연설회나 대담·토론회를 개최할 수 없다.

제103조(각종집회 등의 제한) ② 특별법에 따라 설립된 국민운동단체로서 국가나 지방자치단체의 출연 또는 보조를 받는 단체(바르게살기운동협의회·새마을운동협의회·한국자유총연맹을 말한다) 및 주민자치위원회는 선거기간 중 회의 그 밖에 어떠한 명칭의 모임도 개최할 수 없다.

④ 선거기간중에는 특별한 사유가 없는 한 반상회를 개최할 수 없다.

⑤ 누구든지 선거일전 90일(선거일전 90일후에 실시사유가 확정된 보궐선거등에 있어서는 그 선거의 실시사유가 확정된 때)부터 선거일까지 후보자(후보자가 되고자 하는 자를 포함한다)와 관련있는 저서의 출판기념회를 개최할 수 없다.

제141조(당원집회의 제한) ① 정당(당원협의회를 포함한다)은 선거일전 30일부터 선거일까지 소속당원의 단합·수련·연수·교육 그 밖에 명목여하를 불문하고 선거가 실시중인 선거구안이나 선거구민인 당원을 대상으로 당원수련회 등(이하 이 조에서 "당원집회"라 한다)을 개최할 수 없다. 다만, 당무에 관한 연락·지시 등을 위하여 일시적으로 이루어지는 당원간의 면접은 당원집회로 보지 아니한다.

70. 공직선거법 제90조 제1항 제1호 등 위헌소원 등

[2022. 7. 21. 2018헌바357, 2021헌가7(병합)]

【판시사항】

가. 선거기간 중 선거에 영향을 미치게 하기 위한 그 밖의 집회나 모임의 개최를 금지하는 공직선거법 제103조 제3항 중 '누구든지 선거기간 중 선거에 영향을 미치게 하기 위하여 그 밖의 집회나 모임을 개최할 수 없다' 부분 및 이에 위반한 경우 처벌하는 공직선거법 제256조 제3항 제1호 카목 가운데 제103조 제3항 중 '누구든지 선거기간 중 선거에 영향을 미치게 하기 위하여 그 밖의 집회나 모임을 개최할 수 없다' 부분(이하 '집회개최 금지조항'이라 한다)이 집회의 자유, 정치적 표현의 자유를 침해하는지 여부(적극)

나. 일정기간 선거에 영향을 미치게 하기 위한 현수막, 그 밖의 광고물의 게시를 금지하는 공직선거법 제90조 제1항 제1호 중 '현수막, 그 밖의 광고물 게시'에 관한 부분 및 이에 위반한 경우 처벌하는 공직선거법 제256조 제3항 제1호 아목 중 '제90조 제1항 제1호의 현수막, 그 밖의 광고물 게시'에 관한 부분(이하 '시설물설치 등 금지조항'이라 한다)이 정치적 표현의 자유를 침해하는지 여부(적극)

다. 일정기간 선거에 영향을 미치게 하기 위한 광고, 문서·도화의 첩부·게시를 금지하는 공직선거법 제93조 제1항 본문 중 '광고, 문서·도화 첩부·게시'에 관한 부분 및 이에 위반한 경우 처벌하는 공직선거법 제255조 제2항 제5호 중 '제93조 제1항 본문의 광고, 문서·도화 첩부·게시'에 관한 부분(이하 '문서·도화게시 등 금지조항'이라 한다)이 정치적 표현의 자유를 침해하는지 여부(적극)

라. 공개장소에서의 연설·대담장소 또는 대담·토론회장에서 연설·대담·토론용으로 사용하는 경우를 제외하고는 선거운동을 위하여 확성장치를 사용할 수 없도록 한 공직선거법 제91조 제1항 및 구 공직선거법 제255조 제2항 제4호 중 '제91조 제1항의 규정에 위반하여 확성장치를 사용하여 선거운동을 한 자' 부분(이하 '확성장치사용 금지조항'이라 한다)이 정치적 표현의 자유를 침해하는지 여부(소극)

마. 헌법불합치 결정을 선고하면서 계속 적용을 명한 사례

【결정요지】

가. 집회개최 금지조항은 선거에서의 균등한 기회보장과 선거의 공정성 확보를 위한 것으로서 정당한 목적 달성을 위한 적합한 수단이나, 선거기간 중 선거에 영향을 미치게 하기 위한 집회나 모임이라면 선거의 공정과 평온에 대한 위험이 구체적으로 존재하지 않는 경우까지도 예외 없이 개최를 금지하고 있다. 선거의 평온이라는 입법목적은 '집회 및 시위에 관한 법률'의 다양한 규제수단들이나 형사법상의 처벌조항 등으로 달성할 수 있고, 선거에서의 기회 불균형 등의 문제는 선거비용 제한·보전 제도, 기부행위 금지 등 기존의 공직선거법상의 규제들이나 일정한 집회나 모임의 개최만을 한정적으로 금지하는 방법 등에 의해서도 방지할 수 있으며, 무분별한 흑색선전, 허위사실유포 등에 대한 규제도 공직선거법에 이미 도입되어 있는바, 집회개최 금지조항은 입법목적 달성을 위하여 필요한 범위를 넘어 선거기간 중 선거에 영향을 미치게 하기 위한 유권자의 집회나 모임을 일률적으로 금지·처벌하고 있으므로 침해의 최소성에 반한다. 또한 집회개최 금지조항으로 인하여 일반 유권자가 받는 집회의 자

유, 정치적 표현의 자유에 대한 제약이 달성되는 공익보다 중대하므로 법익의 균형성에도 위배된다. 따라서 집회개최 금지조항은 과잉금지원칙에 반하여 집회의 자유, 정치적 표현의 자유를 침해한다.

나. 시설물설치 등 금지조항은 선거에서의 균등한 기회보장과 선거의 공정성 확보를 위한 것이다. 그러나 선거에서의 기회 불균형 등의 문제는 선거비용 제한·보전 제도 등 공직선거법상의 기존의 규제와 매체의 종류, 비용 등을 제한하는 수단을 통해서도 방지할 수 있으며, 무분별한 흑색선전, 허위사실유포 등에 대한 규제도 공직선거법에 이미 도입되어 있는바, 시설물설치 등 금지조항은 입법목적 달성을 위하여 필요한 범위를 넘어 현수막, 그 밖의 광고물의 게시를 통한 정치적 표현을 장기간 동안 포괄적으로 금지·처벌하고 있으므로 침해의 최소성에 반한다. 또한 시설물설치 등 금지조항으로 인하여 유권자나 후보자가 받는 정치적 표현의 자유에 대한 제약이 달성되는 공익보다 중대하므로 법익의 균형성에도 위배된다. 따라서 시설물설치 등 금지조항은 과잉금지원칙에 반하여 정치적 표현의 자유를 침해한다.

다. 문서·도화게시 등 금지조항은 선거에서의 균등한 기회보장과 선거의 공정성 확보를 위한 것이다. 그러나 광고, 문서·도화는 시설물 등과 비교하여 보더라도 투입되는 비용이 상대적으로 적어 경제력 차이로 인한 선거 기회 불균형의 문제가 크지 않고, 선거 기회의 불균형에 대한 우려는 공직선거법상 선거비용 제한·보전 제도나 광고, 문서·도화의 종류나 금액 등을 제한하는 수단을 마련하여 방지할 수 있으며, 무분별한 흑색선전, 허위사실유포 등에 대한 규제도 공직선거법에 이미 도입되어 있다. 광고, 문서·도화에 담긴 정보가 반드시 일방적·수동적으로 전달되거나 수용되는 것은 아니므로 매체의 특성만을 이유로 광범위한 규제를 정당화할 수 없는바, 문서·도화게시 등 금지조항은 입법목적 달성을 위하여 필요한 범위를 넘어 광고, 문서·도화의 첩부·게시를 통한 정치적 표현을 장기간 동안 포괄적으로 금지·처벌하고 있으므로 침해의 최소성에 반한다. 또한 문서·도화게시 등 금지조항으로 인하여 유권자나 후보자가 받는 정치적 표현의 자유에 대한 제약이 달성되는 공익보다 중대하므로 법익의 균형성에도 위배된다. 따라서 문서·도화게시 등 금지조항은 과잉금지원칙에 반하여 정치적 표현의 자유를 침해한다.

라. 확성장치에 의한 기계적인 소음은 다수의 사람들이 건강하고 쾌적한 환경에서 생활할 권리에 직접적인 영향을 미치며, 경쟁적인 사용으로 인한 피해 확산의 우려도 있으므로, 확성장치사용 금지조항은 입법목적의 정당성과 수단의 적합성이 인정된다. 확성장치에 의해 기계적으로 유발되는 소음은 자연적으로 발생하는 생활소음에 비하여 상대적으로 큰 피해를 유발할 가능성이 높고, 모든 종류의 공직선거 때마다 확성장치로 인한 소음을 감내할 것을 요구한다면 선거 전반에의 혐오감을 야기시킬 우려가 있다. 반면, 선거운동에서 다소 전통적인 수단이라 할 수 있는 확성장치의 사용을 규제한다고 하더라도 후보자는 보다 접근이 용이한 다른 선거운동방법을 활용할 수 있고, 확성장치의 출력수나 사용시간을 규제하는 입법은 확성장치사용 자체를 제한하는 방안과 동등하거나 유사한 효과가 있다고 볼 수도 없으므로 확성장치사용 금지조항은 침해의 최소성에 어긋나지 않는다. 또한 확성장치 사용을 제한함으로써 달성할 수 있는 공익이 그로 인하여 제한되는 정치적 표현의 자유보다 작다고 할 수 없으므로 확성장치사용 금지조항은 법익의 균형성에도 반하지 않는다. 따라서 확성장치사용 금지조항은 과잉금지원칙에 반하여 정치적 표현의 자유를 침해하지 않는다.

마. 시설물설치 등 금지조항과 문서·도화게시 등 금지조항의 위헌성은 일정한 정치적 표현의 방법을 제한하는 것 자체가 아니라, 선거에서의 기회균등 및 선거의 공정성을 해친다고 볼 수 없는 행위까지 모두 금지·처벌하는 데 있고, 정치적 표현행위를 어느 정도로 허용할 것인지는 입법자가 충분한 논의를 거쳐 결정하여야 할 사항이므로, 위 조항들에 대하여 헌법불합치 결정을 선고하되, 2023. 7. 31.을 시한으로 입법자가 개정할 때까지 계속 적용을 명한다.

재판관 이선애, 재판관 이종석, 재판관 이영진의 집회개최 금지조항에 관한 반대의견

집회개최 금지조항은 '선거에 영향을 미치게 하기 위한 목적'이 있는 집회나 모임의 개최에 한정하여 이를 금지한다. 집회나 모임은 홍보 효과가 크고, 투입되는 비용에 따라 유권자에게 미치는 영향력에도 상당한 차이가 발생하므로 이를 제한하지 않으면 선거운동 등에서의 불균형이 두드러지게 되며, 이를 이용한 무분별한 흑색선전으로 인하여 선거의 평온과 공정이 심각한 위협을 받게 될 우려가 크다. 공직선거법상 선거비용제한 등을 통한 규제의 한계 등에 비추어 보면, 집회개최 금지조항은 선거에서의 기회균등 및 선거의 공정성 확보를 위한 가장 효과적인 수단이며, 집회개최 금지조항은 금지기간을 '선거기간 중'으로 한정하고 있으므로 침해의 최소성에 위반된다고 볼 수 없다. 집회개최 금지조항으로 인하여 제한되는 정치적 표현의 자유와 집회의 자유가 그로 인하여 달성할 수 있는 공익보다 더 크다고 보기도 어렵다. 따라서 집회개최 금지조항은 과잉금지원칙에 반하여 정치적 표현의 자유, 집회의 자유를 침해하는 것이라고 할 수 없다.

【심판대상조문】

구 공직선거법(2004. 3. 12. 법률 제7189호로 개정되고, 2022. 1. 18. 법률 제18790호로 개정되기 전의 것) 제255조 제2항 제4호 중 '제91조 제1항의 규정에 위반하여 확성장치를 사용하여 선거운동을 한 자' 부분

공직선거법(2004. 3. 12. 법률 제7189호로 개정된 것) 제91조 제1항

공직선거법(2010. 1. 25. 법률 제9974호로 개정된 것) 제90조 제1항 제1호 중 '현수막, 그 밖의 광고물 게시'에 관한 부분, 제93조 제1항 본문 중 '광고, 문서·도화 첩부·게시'에 관한 부분, 제103조 제3항 중 '누구든지 선거기간 중 선거에 영향을 미치게 하기 위하여 그 밖의 집회나 모임을 개최할 수 없다' 부분, 제255조 제2항 제5호 중 '제93조 제1항 본문의 광고, 문서·도화 첩부·게시'에 관한 부분

공직선거법(2014. 2. 13. 법률 제12393호로 개정된 것) 제256조 제3항 제1호 아목 중 '제90조 제1항 제1호의 현수막, 그 밖의 광고물 게시'에 관한 부분, 제256조 제3항 제1호 카목 가운데 제103조 제3항 중 '누구든지 선거기간 중 선거에 영향을 미치게 하기 위하여 그 밖의 집회나 모임을 개최할 수 없다' 부분

【참조조문】

헌법 제116조 제1항

공직선거법(1994. 3. 16. 법률 제4739호로 제정된 것) 제251조

공직선거법(2004. 3. 12. 법률 제7189호로 개정된 것) 제101조

공직선거법(2005. 8. 4. 법률 제7681호로 개정된 것) 제81조 제1항, 제103조 제2항, 제4항, 제5항, 제258조 제1항 제1호, 제263조 제1항

공직선거법(2010. 1. 25. 법률 제9974호로 개정된 것) 제79조 제1항, 제2항, 제3항, 제4항, 제7항, 제87조, 제119조 제1항, 제141조 제1항

공직선거법(2012. 1. 17. 법률 제11207호로 개정된 것) 제80조

공직선거법(2015. 12. 24. 법률 제13617호로 개정된 것) 제110조, 제250조 제1항, 제2항

공직선거법(2020. 12. 29. 법률 제17813호로 개정된 것) 제60조의3 제1항 제1호, 제2호, 제5호

공직선거법(2022. 1. 18. 법률 제18790호로 개정된 것) 제102조 제1항

【참조판례】

가. 헌재 2016. 7. 28. 2015헌바6, 판례집 28-2상, 92, 100

헌재 2016. 9. 29. 2014헌가3등, 판례집 28-2상, 258, 270

헌재 2018. 6. 28. 2015헌가28등, 판례집 30-1하, 297, 308-309

헌재 2018. 7. 26. 2018헌바137, 판례집 30-2, 71, 75-76

대법원 2006. 6. 27. 선고 2005도303 판결

【당 사 자】

청 구 인 [별지 1] 청구인 명단과 같음(2018헌바357)

제청법원 서울북부지방법원(2021헌가7)

제청신청인 [별지 2] 제청신청인 명단과 같음(2021헌가7)

당해사건 서울고등법원 2017노3849 공직선거법위반(2018헌바357)

서울북부지방법원 2020고합288 공직선거법위반(2021헌가7)

【주 문】

1. 공직선거법(2010. 1. 25. 법률 제9974호로 개정된 것) 제103조 제3항 중 '누구든지 선거기간 중 선거에 영향을 미치게 하기 위하여 그 밖의 집회나 모임을 개최할 수 없다' 부분, 공직선거법(2014. 2. 13. 법률 제12393호로 개정된 것) 제256조 제3항 제1호 카목 가운데 제103조 제3항 중 '누구든지 선거기간 중 선거에 영향을 미치게 하기 위하여 그 밖의 집회나 모임을 개최할 수 없다' 부분은 모두 헌법에 위반된다.

2. 공직선거법(2010. 1. 25. 법률 제9974호로 개정된 것) 제90조 제1항 제1호 중 '현수막, 그 밖의 광고물 게시'에 관한 부분, 공직선거법(2014. 2. 13. 법률 제12393호로 개정된 것) 제256조 제3항 제1호 아목 중 '제90조 제1항 제1호의 현수막, 그 밖의 광고물 게시'에 관한 부분, 공직선거법(2010. 1. 25. 법률 제9974호로 개정된 것) 제93조 제1항 본문 중 '광고, 문서·도화 첩부·게시'에 관한 부분 및 제255조 제2항 제5호 중 '제93조 제1항 본문의 광고, 문서·도화 첩부·게시'에 관한 부분은 모두 헌법에 합치되지 아니한다. 위 법률조항들은 2023. 7. 31.을 시한으로 입법자가 개정할 때까지 계속 적용된다.

3. 공직선거법(2004. 3. 12. 법률 제7189호로 개정된 것) 제91조 제1항 및 구 공직선거법(2004. 3. 12. 법률 제7189호로 개정되고, 2022. 1. 18. 법률 제18790호로 개정되기 전의 것) 제255조 제2항 제4호 중 '제91조 제1항의 규정에 위반하여 확성장치를 사용하여 선거운동을 한 자' 부분은 모두 헌법에 위반되지 아니한다.

【이 유】

1. 사건개요

가. 2018헌바357

(1) 청구인들은 공직선거법위반 혐의로 기소되어 2017. 12. 1., ① 청구인 안○○, 이○○, 이□□, 이△△는 선거기간 중 제20대 국회의원선거에 출마한 후보자들을 낙선시키는 등 영향을 미치게 하기 위하여 집회를 개최하였다는 사실, ② 청구인 안○○, 이△△, 이○○, 최○○, 김○○, 이▽▽, 강○○, 김□□, 박○○, 김△△, 정○○, 김▽▽, 이××, 장○○, 유○○, 오○○, 김××, 정○○는 집회 과정에서 선거운동을 위하여 확성장치를 사용하였다는 사실, ③ 청구인 이□□을 제외한 나머지 청구인들은 집회 과정에서 선거에 영향을 미치게 하기 위하여 현수막을 게시하고, 피켓 등의 광고물을 게시함과 동시에 후보자를 반대하는 내용이 포함되어 있는 광고, 문서·도화를 첩부 또는 게시하였다는 사실로 각 벌금형을 선고받았다(서울중앙지방법원 2016고합1016).

(2) 이에 대하여 청구인들 및 검사가 항소하였고(서울고등법원 2017노3849), 청구인들은 항소심 계속 중 공직선거법 제90조 제1항 제1호, 제91조 제1항, 제93조 제1항 본문, 제103조 제3항에 대하여 위헌법률심판제청신청을 하였다(서울고등법원 2018초기321, 2018초기323). 위 법원은 2018. 7. 18. 제1심 판결을 파기하고 청구인들에 대하여 다시 형을 정하여 판결을 선고하였고, 위헌법률심판제청신청에 대하여는 공직선거법 제90조 제1항 후문에 대한 신청은 각하하고, 나머지 신청은 기각하는 결정을 하였다. 이에 청구인들은 2018. 8. 17. 위 조항들을 대상으로 이 사건 헌법소원심판을 청구하였다.

(3) 한편, 청구인들 및 검사는 위 항소심 판결에 대하여 상고하였는데(대법원 2018도12324), 청구인 정

○○, 이××은 각 상고를 취하하고, 나머지 청구인들에 대하여는 상고가 기각됨으로써 항소심 판결이 확정되었다.

나. 2021헌가7

(1) 제청신청인들은 2020. 3. 28. 제21대 국회의원선거에 영향을 미치게 하기 위하여 피켓을 들고 서 있음으로써 광고물을 게시하였다는 내용의 공소사실로 기소되었다(서울북부지방법원 2020고합288).

(2) 제청신청인들은 위 사건의 계속 중 공직선거법 제90조 제1항 제1호 및 제256조 제3항 제1호 아목에 대하여 위헌법률심판제청신청을 하였고(서울북부지방법원 2020초기1720), 서울북부지방법원은 2021. 1. 29. 위 조항들에 대하여 위헌법률심판을 제청하였다.

2. 심판대상

가. 2018헌바357

공직선거법 제90조 제1항 제1호, 제93조 제1항 본문, 제103조 제3항의 경우 당해 사건에서는 '현수막, 그 밖의 광고물 게시'와 '광고, 문서·도화 첩부·게시' 및 '그 밖의 집회나 모임 개최'에 관한 부분만 문제되고 있으므로, 심판대상을 이에 해당하는 부분으로 한정한다.

한편 금지조항을 위반한 자에 대한 형사처벌의 근거가 되는 처벌조항들도 형사재판인 당해 사건에 직접 적용되고, 당해 사건의 판결에서 적용법조로 기재되어 있으며, 청구인들의 주장에는 처벌조항의 위헌성을 다투는 취지도 함께 포함되어 있다고 볼 수 있으므로, 이를 함께 심판대상으로 삼는다.

나. 2021헌가7

당해 사건에서는 '그 밖의 광고물 게시'에 관한 부분만 문제되고 있으므로, 심판대상을 이에 해당하는 부분으로 한정한다.

다. 심판대상

그렇다면 이 사건 심판대상은 ① 공직선거법(2010. 1. 25. 법률 제9974호로 개정된 것) 제103조 제3항 중 '누구든지 선거기간 중 선거에 영향을 미치게 하기 위하여 그 밖의 집회나 모임을 개최할 수 없다' 부분, 공직선거법(2014. 2. 13. 법률 제12393호로 개정된 것) 제256조 제3항 제1호 카목 가운데 제103조 제3항 중 '누구든지 선거기간 중 선거에 영향을 미치게 하기 위하여 그 밖의 집회나 모임을 개최할 수 없다' 부분(이하 합하여 '집회개최 금지조항'이라 한다), ② 공직선거법(2010. 1. 25. 법률 제9974호로 개정된 것) 제90조 제1항 제1호 중 '현수막, 그 밖의 광고물 게시'에 관한 부분, 공직선거법(2014. 2. 13. 법률 제12393호로 개정된 것) 제256조 제3항 제1호 아목 중 '제90조 제1항 제1호의 현수막, 그 밖의 광고물 게시'에 관한 부분(이하 합하여 '시설물설치 등 금지조항'이라 한다), ③ 공직선거법(2010. 1. 25. 법률 제9974호로 개정된 것) 제93조 제1항 본문 중 '광고, 문서·도화 첩부·게시'에 관한 부분 및 제255조 제2항 제5호 중 '제93조 제1항 본문의 광고, 문서·도화 첩부·게시'에 관한 부분(이하 합하여 '문서·도화게시 등 금지조항'이라 한다), ④ 공직선거법(2004. 3. 12. 법률 제7189호로 개정된 것) 제91조 제1항, 구 공직선거법(2004. 3. 12. 법률 제7189호로 개정되고, 2022. 1. 18. 법률 제18790호로 개정되기 전의 것) 제255조 제2항 제4호 중 '제91조 제1항의 규정에 위반하여 확성장치를 사용하여 선거운동을 한 자' 부분(이하 합하여 '확성장치사용 금지조항'이라 한다)이 헌법에 위반되는지 여부이다.

심판대상조항은 다음과 같다.

[심판대상조항]

공직선거법(2010. 1. 25. 법률 제9974호로 개정된 것)

제103조(각종집회 등의 제한) ③ 누구든지 선거기간 중 선거에 영향을 미치게 하기 위하여 향우회·종친회·동창회·단합대회 또는 야유회, 그 밖의 집회나 모임을 개최할 수 없다.

공직선거법(2014. 2. 13. 법률 제12393호로 개정된 것)

제256조(각종제한규정위반죄) ③ 다음 각 호의 어느 하나에 해당하는 자는 2년 이하의 징역 또는 400만원 이하의 벌금에 처한다.

1. 선거운동과 관련하여 다음 각 목의 어느 하나에 해당하는 자

   카. 제103조(각종집회 등의 제한) 제3항 내지 제5항의 규정에 위반하여 각종집회 등을 개최하거나 하게 한 자

공직선거법(2010. 1. 25. 법률 제9974호로 개정된 것)

제90조(시설물설치 등의 금지) ① 누구든지 선거일 전 180일(보궐선거 등에서는 그 선거의 실시사유가 확정된 때)부터 선거일까지 선거에 영향을 미치게 하기 위하여 이 법의 규정에 의한 것을 제외하고는 다음 각 호의 어느 하나에 해당하는 행위를 할 수 없다. 이 경우 정당(창당준비위원회를 포함한다)의 명칭이나 후보자(후보자가 되려는 사람을 포함한다.

이하 이 조에서 같다)의 성명·사진 또는 그 명칭·성명을 유추할 수 있는 내용을 명시한 것은 선거에 영향을 미치게 하기 위한 것으로 본다.

1. 화환·풍선·간판·현수막·애드벌룬·기구류 또는 선전탑, 그 밖의 광고물이나 광고시설을 설치·진열·게시·배부하는 행위

공직선거법(2014. 2. 13. 법률 제12393호로 개정된 것)

제256조(각종제한규정위반죄) ③ 다음 각 호의 어느 하나에 해당하는 자는 2년 이하의 징역 또는 400만 원 이하의 벌금에 처한다.

1. 선거운동과 관련하여 다음 각 목의 어느 하나에 해당하는 자

아. 제90조(시설물설치 등의 금지)의 규정에 위반하여 선전물을 설치·진열·게시·배부하거나 하게 한 자 또는 상징물을 제작·판매하거나 하게 한 자

공직선거법(2010. 1. 25. 법률 제9974호로 개정된 것)

제93조(탈법방법에 의한 문서·도화의 배부·게시 등 금지) ① 누구든지 선거일 전 180일(보궐선거 등에 있어서는 그 선거의 실시사유가 확정된 때)부터 선거일까지 선거에 영향을 미치게 하기 위하여 이 법의 규정에 의하지 아니하고는 정당(창당준비위원회와 정당의 정강·정책을 포함한다. 이하 이 조에서 같다) 또는 후보자(후보자가 되고자 하는 자를 포함한다. 이하 이 조에서 같다)를 지지·추천하거나 반대하는 내용이 포함되어 있거나 정당의 명칭 또는 후보자의 성명을 나타내는 광고, 인사장, 벽보, 사진, 문서·도화, 인쇄물이나 녹음·녹화테이프 그 밖에 이와 유사한 것을 배부·첩부·살포·상영 또는 게시할 수 없다.

제255조(부정선거운동죄) ② 다음 각 호의 어느 하나에 해당하는 자는 2년 이하의 징역 또는 400만 원 이하의 벌금에 처한다.

5. 제93조(탈법방법에 의한 문서·도화의 배부·게시 등 금지) 제1항의 규정에 위반하여 문서·도화 등을 배부·첩부·살포·게시·상영하거나 하게 한 자, 같은 조 제2항의 규정에 위반하여 광고 또는 출연을 하거나 하게 한 자 또는 제3항의 규정에 위반하여 신분증명서·문서 기타 인쇄물을 발급·배부 또는 징구하거나 하게 한 자

공직선거법(2004. 3. 12. 법률 제7189호로 개정된 것)

제91조(확성장치와 자동차 등의 사용제한) ① 누구든지 이 법의 규정에 의한 공개장소에서의 연설·대담장소 또는 대담·토론회장에서 연설·대담·토론용으로 사용하는 경우를 제외하고는 선거운동을 위하여 확성장치를 사용할 수 없다.

구 공직선거법(2004. 3. 12. 법률 제7189호로 개정되고, 2022. 1. 18. 법률 제18790호로 개정되기 전의 것)

제255조(부정선거운동죄) ② 다음 각 호의 어느 하나에 해당하는 자는 2년 이하의 징역 또는 400만 원 이하의 벌금에 처한다.

4. 제91조(확성장치와 자동차 등의 사용제한) 제1항·제3항 또는 제216조(4개 이상 선거의 동시실시에 관한 특례) 제1항의 규정에 위반하여 확성장치나 자동차를 사용하여 선거운동을 하거나 하게 한 자

3. 청구인들의 주장 및 제청법원의 위헌법률심판 제청 이유

가. 2018헌바357

(1) 집회개최 금지조항

위 조항 중 '선거에 영향을 미치게 하기 위하여' 부분과 '그 밖의 집회나 모임' 부분은 죄형법정주의의 명확성원칙에 위배된다.

또한 위 조항은 모임의 성격, 규모 및 장소 등에 비추어 선거의 공정을 해할 위험성이 있는지 여부를 따지지 않고 일률적으로 선거기간 동안 집회와 모임을 포괄적으로 금지하는 것으로 과잉금지원칙에 위배되어 집회의 자유 및 정치적 표현의 자유를 침해한다.

(2) 시설물설치 등 금지조항, 문서·도화게시 등 금지조항

위 조항들 중 '선거에 영향을 미치게 하기 위하여' 부분은 죄형법정주의의 명확성원칙에 위배된다.

또한 위 조항들은 유권자의 의사선택 왜곡 등 선거에 '부당한' 영향을 미칠 위험성이 명백한 것에 한정하지 않고 선거의 공정을 해할 우려가 있다는 이유만으로 현수막, 그 밖의 광고물이나 광고, 문서·도화를 통한 의사표현을 일률적으로 금지하는 것으로 과잉금지원칙에 위배되어 정치적 표현의 자유를 침해한다.

(3) 확성장치사용 금지조항

위 조항은 일반 유권자들의 확성장치 사용을 일률적으로 금지함으로써 선거의 평온 또는 선거비용의 과다지출방지라는 입법목적의 달성에 필요한 범위를 넘어 정치적 표현의 자유를 과도하게 침해하는 것으로 과잉

금지원칙에 위배되어 정치적 표현의 자유를 침해한다.

나. 2021헌가7

시설물설치 등 금지조항은 선거의 공정이라는 입법목적의 달성에 필요한 범위를 넘어 정치적 표현의 자유를 과도하게 침해한다. 또한 공직선거법 제90조 제1항 후문은 범죄의 주관적 구성요건에 관한 검사의 입증책임을 합리적 이유 없이 완화하거나 피고인에게 전가하는 것으로서 헌법상 무죄추정의 원칙에 위배된다.

4. 판 단

가. 집회의 자유, 정치적 표현의 자유 제한에 대한 심사기준

집회의 자유, 정치적 표현의 자유의 헌법상 의미, 그 성격과 중요성, 선거의 공정성과의 관계 등에 비추어 볼 때, 입법자는 선거의 공정성을 위하여 부득이하게 집회의 자유와 정치적 표현의 자유를 제한하더라도, 입법목적 달성과의 관련성이 구체적이고 명백한 범위 내에서 최소한의 제한에 그치는 수단을 선택하지 않으면 안 된다.

선거운동을 포함하여 선거에 영향을 미치는 표현행위에 대한 제한이 집회의 자유, 정치적 표현의 자유를 침해하는지 여부를 판단함에 있어서는 엄격한 심사기준을 적용하여야 한다(헌재 2011. 12. 29. 2007헌마1001등 참조).

나. 집회개최 금지조항에 대한 판단

(1) 과잉금지원칙 위배 여부

(가) 목적의 정당성 및 수단의 적합성

집회개최 금지조항은 선거에서의 균등한 기회를 보장하고(헌법 제116조 제1항), 선거의 공정성을 확보하기 위한 것으로서 그 입법목적의 정당성이 인정된다.

선거기간 중에 선거에 영향을 미치게 하기 위한 집회나 모임을 금지·처벌하는 것은 위와 같은 입법목적을 달성하기 위한 적합한 수단이다.

(나) 침해의 최소성

1) 집회개최 금지조항은 선거기간 중 선거에 영향을 미치게 하기 위하여 집회나 모임을 개최하는 행위를 금지·처벌하고 있다.

그런데 집회개최 금지조항이 금지하고 처벌하는 행위의 주체는 선거의 후보자, 예비후보자 등록을 한 자, 선거사무원 등에 한정되지 않고, 일반 유권자의 경우도 집회개최 금지조항의 수범자가 된다. 집회개최 금지조항이 개최를 금지하는 '집회나 모임'은 공직선거법 제103조 제3항에 열거되어 있는 향우회·종친회·동창회·단합대회 또는 야유회 등과 유사한 것인지 여부를 불문하고, '모든 집회나 모임'이며, '집회 및 시위에 관한 법률'을 준수한 합법 집회인지, 그렇지 않은 불법 집회인지, 옥내 집회인지 옥외 집회인지를 묻지 않는다.

또한 '선거에 영향을 미치게 하기 위한 목적'이란 선거의 준비과정 및 선거운동, 선거결과 등에 어떤 작용을 하려는 목적을 의미하는데(헌재 2016. 7. 28. 2015헌바6 참조), 이는 '선거운동'보다 넓은 개념으로 '선거운동에까지 이르지 아니하였다고 하더라도 선거에 간접적으로 영향을 미쳐 선거의 공정을 해함으로써 선거에 영향을 미칠 우려가 있는 행위도 포함되는 것'으로 해석되고, 비록 표면적으로는 선거와 무관한 것처럼 보이는 행위라 할지라도 그 행위가 이루어진 시기, 동기, 방법 등 제반 사정을 종합하여 선거에 영향을 미칠 우려가 있는 행위로 평가된다면 '선거에 영향을 미치는 행위'가 될 수 있다(대법원 2006. 6. 27. 선고 2005도303 판결 참조).

결국 집회개최 금지조항은 공직선거법이 허용하는 경우를 제외하고는, 선거기간 중 특정한 정책이나 현안에 대한 표현행위와 그에 대한 지지나 반대를 하는 후보자나 정당에 대한 표현행위가 함께 나타나는 집회나 모임의 개최를 전면적·포괄적으로 금지·처벌하는 조항으로 기능하고 있다.

2) 집회개최 금지조항과 같이 일반 유권자가 집회나 모임의 방법으로 특정 후보자나 정당에 대한 정치적 의사를 표시하는 것을 전면적·포괄적으로 제한하는 것이, 선거에서의 균등한 기회 보장 및 선거의 공정성 확보라는 입법목적을 달성하기 위하여 반드시 필요한 수단인지 여부에 대하여 본다.

3) 다원주의 사회에서는 다양한 가치관과 이해관계의 존재로 인하여 의견의 대립이 불가피한바, 자유로운 의견 표명은 상호 검증 및 의사소통을 가능하게 함으로써 사회발전과 통합의 토대가 된다. 그러므로 선거의 준비과정 및 선거운동, 선거결과와 관련하여 정당이나 공직선거의 후보자 등도 지지나 비판 그 자체로부터 자유로울 수는 없다(헌재 2016. 9. 29. 2014헌가3등 참조).

따라서 선거운동에 관여하는 정당이나 공직선거의 후보자, 선거사무원, 선거의 공정한 관리 사무를 수행하는 선거관리위원회 공무원, 투표참관인, 개표참관인

등이나 일반 국민의 생명·신체에 위해가 발생할 우려가 있거나, 폭력이나 협박 등으로 위에 열거한 선거운동에 참여하거나 공정한 선거관리 업무에 관여하는 자의 선거운동이나 업무 수행 자체에 지장을 주거나 그 선거운동이나 업무에 관하여 특정한 의사결정을 강요당할 구체적 위험이 있는 경우가 아니라면, 단순히 선거의 공정성이라는 추상적인 위험성을 들어 선거에 영향을 미치게 하기 위한 집회나 모임을 전면적·포괄적으로 제한하는 것을 정당화하기 어렵다(헌재 2016. 9. 29. 2014헌가3등 참조).

집회의 금지는 원칙적으로 공공의 안녕질서에 대한 직접적인 위협이 명백하게 존재하는 경우에 한하여 허용될 수 있다. 집회개최 금지조항에 의하여 보호되는 법익에 대한 직접적인 위험을 초래한다는 일반적 추정이 구체적인 상황에서 부인될 수 있는 경우라면, 입법자는 전면 금지가 아니라 집회나 모임이 가능할 수 있도록 기본권을 덜 제한하는 방법으로 규정하여야 한다(헌재 2018. 6. 28. 2015헌가28등; 헌재 2018. 7. 26. 2018헌바137 등 참조).

그럼에도 불구하고 집회개최 금지조항은 선거의 공정과 평온에 대한 위험 상황이 구체적으로 존재하지 않는 경우까지도 예외 없이 선거에 영향을 미치게 하기 위한 선거기간 중의 집회나 모임을 금지하고 있는바, 이는 입법목적의 달성에 필요한 범위를 넘는 과도한 제한이다(헌재 2018. 6. 28. 2015헌가28등 참조).

4) '집회 및 시위에 관한 법률'은 선거의 공정과 평온에 구체적인 위험을 발생시키는 집회나 모임에 대하여 집회의 성격과 양상에 따른 다양한 규제수단들을 이미 규정하고 있다(제5조, 제8조 제1항, 제14조, 제16조 내지 제18조, 제20조, 제22조, 제24조). 또한 집회·시위 과정에서의 폭력행위나 업무방해 행위 등은 형사법상의 범죄행위로서 처벌된다.

그렇다면 집회개최 금지조항과 같이 '선거에 영향을 미치게 하기 위하거나, 선거에 영향을 미칠 염려가 있는 집회나 모임'을 선거기간 중에 전면적으로 금지하지 아니하더라도, 선거의 평온의 확보라는 입법목적의 달성에는 지장이 없다.

5) 선거기간 중 집회나 모임의 개최로 인하여 후보자들 간의 경제력의 차이에 따른 불균형, 무분별한 흑색선전 등이 발생할 위험성이 존재하고, 집회개최 금지조항은 이러한 과거의 선거 현실에 대한 반성의 산물인 측면이 있는 것은 사실이다.

가) 그러나 '후보자' 사이의 '경제력' 차이로 인한 선거에서의 기회 불균형은 선거비용 제한·보전 제도를 통해서 해소될 수 있다(공직선거법 제119조, 제121조, 제122조의2, 제135조의2, 제258조 제1항, 제263조 제1항 등 참조).

공직선거법상 '선거비용'이란 당해 선거에서 선거운동을 위하여 소요되는 금전·물품 및 채무 그 밖에 모든 재산상의 가치가 있는 것으로서, 후보자가 지출한 비용뿐만 아니라(제119조 제1항 본문 및 제1호), 정당, 정당선거사무소의 소장, 후보자의 배우자 및 직계존비속, 선거사무장·선거연락소장·회계책임자가 지출한 비용도 포함된다(제119조 제1항 제2호, 제3호). 따라서 후보자 및 위 관계자가 집회나 모임을 개최하기 위하여 지출한 비용은 선거비용에 포함된다.

나아가 선거의 공정성을 침해한다고 보아 공직선거법 제87조 제1항 각 호에 따라 선거운동이 금지되고 있는 향우회·종친회·동창회 등 지연·혈연·학연에 기초한 단체, 후보자 또는 후보자의 가족 등이 임원으로 있거나 재산을 출연하였거나 의사결정에 실질적으로 영향력을 행사하는 단체가 개최하는 집회나 모임, 그 외에 개최 주체를 불문하고 과도한 비용이 발생하거나 금전적 이익이 집회 참여의 대가로 수수된 사례가 있었거나 그러할 가능성이 높은 단합대회·야유회 등의 개최만을 한정적으로 금지하는 방법으로도 '후보자' 사이의 '경제력' 차이로 인한 선거에서의 기회 불균형의 우려는 상당 부분 해소될 수 있다.

또한 공직선거법은 누구든지 후보자 등과 통모하여 해당 후보자의 선거운동을 위하여 지출한 비용과 기부행위제한규정을 위반하여 지출한 비용(제119조 제1항 제4호)도 선거비용에 포함시킴으로써 후보자가 유권자를 빙자하거나 은밀히 결탁하는 등으로 공직선거법상 선거비용제한의 규제를 잠탈하는 것도 방지하고 있다.

나) 일반 유권자가 후보자 등과 통모하지 아니하고, 자신의 비용으로 집회나 모임을 개최하는 경우, '일반 유권자' 사이의 '경제력' 차이로 인한 선거에서의 기회 불균형이 발생할 우려가 있다.

그런데 사람들이 다수 모이는 모든 집회나 모임이 금품 수수를 통한 인원 동원이라는 과열과 타락, 부정에 연관되어 있다고 할 수는 없다. 집회나 모임의 과정에서 음향시설, 장소 임대 등을 위하여 일정한 비용이 발생하는 경우에도, 그것이 사회통념상 일상적으로 발생할 수 있는 적은 비용에 불과하다면 언제나 경제력 차이로 인한 선거에서의 기회 불균형을 발생시킨다고 볼 수 없다.

선거기간 중 과다한 비용을 지출하는 방법으로 개최되는 집회나 모임만 제한하는 방법, 집회나 모임의 참석과 관련하여 어떠한 명목으로도 대가나 금전적 이익 등의 수수를 금지하는 방법과 같이, 집회개최 금지조항보다 일반 유권자의 집회의 자유, 정치적 표현의 자유를 덜 침해하는 수단을 통해서도 경제력 차이로 인한 기회 불균형을 충분히 방지할 수 있다.

다) 한편, 일반 유권자가 선거에 영향을 미치는 집회나 모임을 개최할 수 있게 되면, 그러한 집회에 참석할 자를 모으기 위하여 경제적 이익을 제공하고 인원을 동원하는 폐해가 발생할 우려가 있다.

이에 대하여, 공직선거법은 선거사무장·선거연락소장·선거사무원·활동보조인 및 회계책임자에게 수당과 실비를 지급하는 경우를 제외하고 누구든지 선거운동과 관련하여 금품 기타 이익의 제공 또는 그 제공의 의사를 표시하거나 그 제공의 약속·지시·권유·알선·요구 또는 수령할 수 없도록 금지·처벌하고 있다(제135조 제3항, 제230조 제1항 제4호). 또한 후보자 등이 당해 선거구 안에 있는 자 등에 대하여 금전·물품 기타 재산상 이익의 제공, 이익제공의 의사표시 또는 그 제공을 약속하는 행위 및 그 외의 자가 후보자 또는 그 소속 정당을 위하여 하는 기부행위도 금지·처벌된다(제112조 내지 제117조, 제257조). 후보자나 유권자의 금력을 이용한 세력의 과시는 위와 같은 공직선거법 규정에 의하여 지금도 방지될 수 있다.

라) 집회개최 금지조항이 선거의 과열로 인한 무분별한 흑색선전, 허위사실유포나 비방으로 인한 선거의 평온과 공정의 심각한 위협을 방지하기 위하여 부득이하게 반드시 필요한 수단인지에 관하여 본다.

무분별한 흑색선전, 허위사실유포 등으로 인한 선거의 평온과 공정에 대한 위협은 그러한 위험성이 있는 구체적인 행위를 직접적으로 금지하고 처벌함으로써 대처하여야 하고, 이러한 규정은 공직선거법에 이미 도입되어 있다. 누구든지 선거운동을 위하여 후보자, 후보자의 배우자 또는 직계존비속이나 형제자매의 출생지·가족관계·신분·직업·경력 등·재산·행위·소속단체, 특정인 또는 특정단체로부터의 지지여부 등에 관하여 허위의 사실을 공표할 수 없으며, 공연히 사실을 적시하여 사생활을 비방할 수 없다. 또한 누구든지 선거운동을 위하여 정당, 후보자, 후보자의 배우자 또는 직계존비속이나 형제자매와 관련하여 특정 지역·지역인 또는 성별을 공연히 비하·모욕하여서는 아니 된다(제110조). 공직선거법은 허위사실을 공표하거나 후보자를 비방하는 경우 형사처벌하고 있는데(제250조, 제251조), 위 조항들의 법정형이 집회개최 금지조항보다 높다.

마) 공직선거법 제79조 내지 제82조에서 허용하는 집회나 모임의 방법으로 하는 선거운동의 시간, 장소, 방법에 대한 제한을 벗어나고자, 공개장소에서의 연설·대담, 대담·토론회가 아닌 집회나 모임을 개최할 것이라고 우려할 수 있다. 그러나 선거에 영향을 미치는 집회나 모임의 개최를 허용하되, 공개장소에서의 연설·대담, 대담·토론회의 시간, 장소, 방법에 대한 제한과 동일하거나 유사한 제한을 두는, 집회개최 금지조항보다 기본권을 덜 제한하는 방법으로도 공직선거법의 제한이나 금지를 회피하려는 탈법행위를 충분히 실효적으로 방지할 수 있다.

바) 이상의 내용을 종합하여 보면, 후보자의 선거비용 제한·보전 제도와 함께, 일반 유권자가 과도한 비용을 들이거나 참석자에게 금전적 이익 등을 제공하는 집회 개최, 선거의 공정성에 구체적인 해악을 발생시키는 것이 명백한 집회에서의 정치적 표현 행위 등을 한정적으로 제한하고 위반행위를 제재하는 수단을 통해서도, 선거에서의 기회 균등과 선거의 공정과 평온을 달성하려는 입법목적은 충분히 달성할 수 있다.

6) 그렇다면 집회개최 금지조항은 선거의 공정과 평온의 확보라는 입법목적 달성을 위하여 반드시 필요한 최소한의 범위를 넘어서, 규제가 불필요하거나 또는 예외적으로 허용하는 것이 가능한 경우에도, 선거기간 중의 선거에 영향을 미치게 하기 위한 일반 유권자의 집회나 모임을 일률적·전면적으로 금지하고 있으므로 침해의 최소성에 반한다.

(다) 법익의 균형성

1) 표현의 자유와 민주주의의 가치 등에 비추어 볼 때, 집회의 자유, 정치적 표현의 자유를 제한하는 경우에는 그 제한을 통해 보호하려는 공익이 그로 인해 침해되는 사익보다 우월하여야 한다(헌재 2018. 6. 28. 2015헌가28등 참조).

대의제 민주주의 하에서 민주주의를 구현하는 원동력은 일반 유권자의 자발적인 정치 참여에 있다. 따라서 집회개최 금지조항에 대한 법익의 균형성 판단에서는 선거의 공정과 평온이 지나치게 강조될 경우 국민의 선거참여가 과도하게 제한될 수 있다는 점을 감안하여야 할 것이다.

2) 집회개최 금지조항은 선거에서의 기회 균등 및 선거의 공정성에 구체적인 해악을 발생시키는 것이 명백하다고 볼 수 없는 집회나 모임의 개최, 정치적 표현까지 금지·처벌하고 있고, 이러한 범위 내에서 집회개최 금지조항으로 인하여 달성할 수 있는 공익의 정도가 중대하다고 볼 수 없다.

반면 집회개최 금지조항이 구체적인 집회나 모임의 상황을 고려하여 상충하는 법익 사이의 조화를 이루려는 노력을 전혀 기울이지 않고서, 일반 유권자가 선거에 영향을 미치게 하기 위한 집회나 모임을 개최하는 것을 전면적으로 금지함에 따라, 사실상 선거와 관련된 집단적 의견표명 일체가 불가능하게 됨으로써 일반 유권자가 받게 되는 집회의 자유, 정치적 표현의 자유에 대한 제한 정도는 매우 중대하다.

따라서 집회개최 금지조항은 법익의 균형성에도 위배된다.

(2) 소결

그렇다면 집회개최 금지조항은 과잉금지원칙에 반하여 집회의 자유, 정치적 표현의 자유를 침해한다.

다. 시설물설치 등 금지조항에 관한 판단

(1) 과잉금지원칙 위배 여부

(가) 목적의 정당성 및 수단의 적합성

시설물설치 등 금지조항의 입법목적은 선거에서의 균등한 기회를 보장하고(헌법 제116조 제1항), 선거의 공정성을 확보하기 위한 것으로서 그 정당성이 인정된다. 시설물설치 등 금지조항이 누구든지 선거일 전 180일부터 선거일까지 선거에 영향을 미치게 하기 위하여 공직선거법의 규정에 의한 것을 제외하고는 현수막, 그 밖의 광고물을 게시할 수 없도록 금지·처벌하는 것은 위와 같은 입법목적을 달성하기 위한 적합한 수단에 해당한다.

(나) 침해의 최소성

1) 우선, 시설물설치 등 금지조항은 후보자의 정치적 표현의 자유를 제한하는 것에서 더 나아가 일반 유권자에 대하여는 현수막, 그 밖의 광고물을 이용하여 정치적 표현을 할 기회를 사실상 박탈하는 결과를 초래하고 있다.

공직선거법상 후보자나 예비후보자에게는 선거사무소의 간판이나 현수막 게시 등이 허용된다(제60조의3 제1항 제1호, 제61조 제6항, 제67조 등 참조). 그러나 그 규격이나 게시방법 등을 제한하고 이를 위반한 자에 대하여 과태료나 형사처벌 등의 제재를 가하도록 하고 있어(제256조 제3항 제1호 가목, 제261조 제8항 제2호 가목), 그 허용범위가 넓다고 볼 수 없다.

더욱이 일반 유권자의 경우에는 그러한 허용규정조차 두지 않고 있어, 선거에 영향을 미치게 할 목적만 인정된다면 현수막, 그 밖의 광고물을 게시하는 방법으로는 특정 후보자나 정당에 대한 정치적 표현 자체를 할 수 없게 된다.

이처럼 시설물설치 등 금지조항은 후보자의 정치적 표현의 자유를 상당부분 제한할 뿐 아니라, 후보자에 비하여 선거운동의 허용영역이 상대적으로 좁은 일반 유권자에 대하여는 더욱 광범위하게 정치적 표현의 자유를 제한함으로써 민주주의 사회의 근간이 되는 정치적 표현의 자유라는 기본권을 형해화하고 있다.

2) 다음으로, 시설물설치 등 금지조항은 규제기간을 '선거일 전 180일부터 선거일까지'로 정하고 있으나, 위와 같은 규제기간이 후보자나 일반 유권자의 정치적 표현의 자유를 제한하는 데 합리적인 기준이 된다고 볼 수도 없다.

공직선거법상 후보자등록은 대통령선거에서는 선거일 전 24일, 국회의원선거와 지방자치단체의 의회의원 및 장의 선거에서는 선거일 전 20일부터 2일 간 할 수 있고(제49조 제1항), 선거기간 및 선거운동기간도 후보자등록마감일 다음날에 개시된다(제33조 제3항, 제59조). 또한 예비후보자등록은 대통령선거의 경우 선거일 전 240일, 지역구국회의원선거 및 시·도지사선거의 경우 선거일 전 120일, 지역구시·도의회의원선거, 자치구·시의 지역구의회의원 및 장의 선거의 경우 선거기간개시일 전 90일, 군의 지역구의회의원 및 장의 선거의 경우 선거기간개시일 전 60일부터 가능하다(제60조의2 제1항). 대통령선거를 제외하고, 선거일 전 180일이라는 시점은 후보자나 정당 측에서 예비후보자등록을 하기 훨씬 전의 시점으로 이때부터 선거에 관한 정치적 표현을 제한하여야 할 필요성이 크지 않다. 더욱이 이러한 기준은 후보자나 정당의 선거운동을 기준으로 하는 것으로서, 일반 유권자의 정치적 표현 제한에 있어서는 합리적인 기준이 되지 못한다. 최근의 주요 선거 일정을 보면, 2016. 4. 13. 제20대 국회의원선거, 2017. 4. 12. 재·보궐선거, 2017. 5. 9. 제19대 대통령선거, 2018. 6. 13. 제7회 전국동시지방선거, 2020. 4. 15. 제21대 국회의원선거,

2021. 4. 7. 재·보궐선거, 2022. 3. 9. 제20대 대통령선거, 2022. 6. 1. 제8회 전국동시지방선거가 치러졌다. 이처럼 공직선거법상 대통령선거, 국회의원선거, 지방선거가 순차적으로 맞물려 돌아가는 현실에서, 선거일 전 180일부터 선거일까지 장기간에 걸쳐 현수막, 그 밖의 광고물 게시에 의한 정치적 표현을 포괄적으로 규제하는 것은 당초의 입법취지에서 벗어나 선거와 관련한 국민의 자유로운 목소리를 상시적으로 억압하는 결과를 초래할 수 있다.

3) 한편, 현수막, 그 밖의 광고물의 경우 투입되는 비용에 따라 매체의 규모, 횟수, 이용하는 사람의 수 등이 달라져 홍보 효과에도 상당한 차이가 발생할 수 있으므로 선거에서의 기회 불균형을 야기할 수 있고, 후보자나 유권자의 금력을 이용한 세력의 과시 우려도 있을 수 있다. 그러나 이와 같은 문제는 공직선거법상 선거비용 제한·보전 제도 등 기존의 규제를 통하여 방지할 수 있음은 앞서 집회개최 금지조항에 관한 판단에서 본 바와 같다.

나아가 일반 유권자가 후보자 등과 통모하지 아니하고, 자신의 비용으로 현수막, 그 밖의 광고물을 게시하는 경우에 이들 간의 경제력 차이가 선거과정에서 나타날 수 있으나, 현수막, 그 밖의 광고물을 게시함에 있어 언제나 많은 비용이 소요되는 것은 아니다. 일상생활에서 사용하는 물건이나 사회통념상 적은 비용으로 제작한 물건에 후보자나 정당의 명칭을 기재하여 이를 사회통념상 적은 비용으로 게시하는 경우 등에는 경제력의 차이로 인한 기회불균형이 발생한다고 보기 어렵다. 공직선거법은 이미 상당한 비용이 소요되는 언론매체를 통한 광고나 인터넷 광고는 후보자 또는 정당만이 할 수 있도록 규정하고 있으므로(제69조, 제70조, 제82조의7, 제94조, 제252조 제3항), 그보다 적은 비용의 광고물 등을 일반 유권자가 이용할 수 있는 기회를 원천적으로 차단하는 것이 정당하다고 보기도 어렵다. 또한, 후보자가 선거운동에 사용할 수 있는 광고물의 종류, 규격, 이용방법, 비용 등을 제한하고 있는 것처럼, 매체의 종류, 규격, 이용 방법, 비용 등을 제한하는 수단을 사용하면 일반 유권자의 경제력 차이로 인한 기회 불균형을 방지할 수도 있다.

4) 시설물설치 등 금지조항이 선거의 과열로 인한 흑색선전, 허위사실 유포나 비방을 방지하기 위한 불가피한 수단에 해당한다고 볼 수도 없다.

후보자에 대한 인신공격적 비난이나 허위사실 적시를 통한 비방 등은 그 행위를 직접적으로 금지하고 처벌하는 규정으로 대처하여야 할 문제이고, 이러한 규정은 앞서 집회개최 금지조항에 대한 판단에서 본 바와 같이 공직선거법에 이미 별도로 입법화되어 있으며, 그 법정형도 시설물설치 등 금지조항보다 무겁다.

5) 이처럼 다른 수단에 의하더라도 시설물설치 등 금지조항과 동등한 정도로 그 입법목적을 달성할 수 있음에도 불구하고, 시설물설치 등 금지조항은 현수막, 그 밖의 광고물의 게시를 통한 정치적 표현을 장기간 동안 포괄적으로 금지·처벌함으로써 선거에서의 기회 균등 및 선거의 공정성을 해치는 것이 명백하다고 볼 수 없는 정치적 표현까지 규제하고 있는바, 입법목적 달성을 위하여 반드시 필요한 최소한의 범위를 넘어선 것으로 침해의 최소성을 충족하지 못한다.

(다) 법익의 균형성

시설물설치 등 금지조항은 선거에서의 기회 균등 및 선거의 공정성 도모를 위한 것이나, 선거의 공정성 등을 해치는 것이 명백하다고 볼 수 없는 방법까지 장기간에 걸쳐 규제하고 있다. 그로 인하여 일반 유권자나 후보자가 받게 되는 정치적 표현의 자유에 대한 제약은 매우 크다고 할 것이고, 시설물설치 등 금지조항이 달성하고자 하는 공익이 그보다 중대하다고 볼 수 없다. 따라서 시설물설치 등 금지조항은 법익의 균형성에도 위배된다.

(2) 소결

그렇다면 시설물설치 등 금지조항은 과잉금지원칙에 반하여 정치적 표현의 자유를 침해한다.

라. 문서·도화게시 등 금지조항에 대한 판단

(1) 과잉금지원칙 위배 여부

(가) 목적의 정당성 및 수단의 적합성

문서·도화게시 등 금지조항도 선거운동의 부당한 경쟁 및 후보자들 간의 경제력의 차이에 따른 불균형이라는 폐해를 막고, 선거의 공정성을 확보하는 것을 그 목적으로 하며, 이를 위해 법률상 허용되지 않은 광고, 문서·도화의 첩부·게시 행위를 금지하고 이를 위반한 자를 형사처벌하도록 한다. 따라서 입법목적의 정당성 및 수단의 적합성을 인정할 수 있다.

(나) 침해의 최소성

1) 우선, 문서·도화게시 등 금지조항은 후보자의 정치적 표현의 자유를 제한할 뿐만 아니라, 일반 유권자에 대하여는 광고, 문서·도화를 이용하여 정치적 표현을 할 기회를 사실상 박탈하는 결과를 초래한다.

공직선거법상 예비후보자로 등록하면 선거운동기간 전이라도 예비후보자의 명함을 배부하거나 예비후보자 홍보물을 우편발송할 수 있고(제60조의3), 후보자로 등록하면 선거운동기간 동안 후보자의 명함을 배부하거나(제93조 제1항 단서 제1호), 선거벽보, 선거공보, 선거공약서를 작성하여 선거관리위원회에 제출함으로써 이를 첩부 또는 배부되게 할 수 있다(제64조 내지 제66조). 그러나 그 규격과 배부 장소 등이 제한되므로 허용범위가 넓다고 볼 수 없다. 더욱이 일반 유권자의 경우에는 이에 관한 아무런 허용규정이 없어 선거에 영향을 미치게 할 목적만 인정된다면 광고, 문서·도화를 이용하여 특정 후보자나 정당에 대한 정치적 의사를 표현할 수 없게 된다.

즉, 문서·도화게시 등 금지조항은 후보자에 대한 정치적 표현의 자유를 상당 부분 제한할 뿐 아니라, 후보자에 비하여 선거운동의 허용영역이 상대적으로 좁은 일반 유권자에 대하여는 더 광범위하게 정치적 표현의 자유를 제한한다.

2) 다음으로, 문서·도화게시 등 금지조항은 규제기간을 '선거일 전 180일부터 선거일까지'로 정하고 있으나, 그와 같은 장기간의 규제기간이 정치적 표현의 자유를 제한할 합리적인 기준이 된다고 볼 수 없다. 이러한 시간적 범위는 일반 유권자의 정치적 표현 제한 시점의 합리적인 기준이 되지 못하고, 각종 선거가 순차적으로 맞물려 돌아가는 현실에서 국민들의 정치적 표현의 자유를 상시적으로 제한하게 되어 그로 인한 기본권 제한의 정도가 지나치게 크다는 점은 앞서 시설물설치 등 금지조항에 대한 판단에서 본 바와 같다.

3) 광고, 문서·도화는 시설물 등과 비교하여 보더라도 투입되는 비용이 상대적으로 적어 경제력 차이로 인한 선거 기회 불균형의 문제가 크지 않다. 설령 선거 기회의 불균형에 대한 우려가 있더라도 이는 공직선거법상 선거비용 제한·보전 제도나 광고, 문서·도화의 종류나 금액 등을 제한하는 수단을 마련하여 방지할 수 있음은 앞서 집회개최 금지조항 및 시설물설치 등 금지조항에 대한 판단에서 본 바와 같다.

4) 광고, 문서·도화의 첩부·게시를 금지하는 것이 선거의 과열로 인한 무분별한 흑색선전, 허위사실유포나 비방을 방지하기 위해 불가피하다고 보기도 어렵다.

후보자에 대한 인신공격적 비난이나 허위사실 적시를 통한 비방 등은 그 행위를 직접적으로 금지하고 처벌하는 규정으로 대처하여야 할 문제이고, 이러한 규정은 앞서 집회개최 금지조항에 대한 판단에서 본 바와 같이 공직선거법에 이미 별도로 입법화되어 있으며, 그 법정형도 문서·도화게시 등 금지조항보다 무겁다.

5) 한편, 문서·도화의 경우에는 정보의 전달 및 수용이 일방적·수동적으로 이루어질 수 있고, 전달되는 정보 및 의견에 대해 즉시 교정이 쉽지 않으며, 시설물 등과 비교하여 손쉽게 제작되어 첩부·게시될 수 있다는 특성이 있다. 이에 선거비용 규제만으로 그 폐해를 실효적으로 예방하거나 규제하기 어렵다는 점이 문서·도화의 첩부·게시에 대한 규제 필요성을 지지하는 논거로 지속적으로 주장되어 왔다.

그러나 문서·도화에 의한 정보의 전달 방식이 반드시 일방적·수동적인 것은 아니다. 대면이나 접촉을 통해 문서·도화를 직접 전달하는 경우에는 받는 사람이 본인의 의사에 따라 이를 받지 않을 수 있다. 우편으로 문서·도화를 발송하거나 특정 장소에 대량으로 놓아두거나 다른 문서·도화 등에 끼우는 등의 방법으로 전달하는 경우에도 받는 사람이 자발적·적극적으로 문서·도화의 내용에 관심을 갖고 읽어야 거기에 담긴 정보를 수용하게 되는 것이지, 이를 받는다고 해서 반드시 수신자가 의사에 반하여 무비판적으로 정보를 수용하게 되는 것은 아니다. 그리고 이는 문서·도화가 일방적으로 첩부·게시되는 경우에도 크게 다르지 않다.

또한 문서·도화 매체 자체에는 즉각적인 교정 기능이 없지만, 이에 담긴 정보에 대한 반론과 토론 및 교정의 과정은 다른 내용의 문서·도화 또는 다른 매체를 통해서도 충분히 이루어질 수 있다. 대표적인 종이 매체인 신문에서도 정정보도, 반론보도 등을 통해 의견의 교정이나 반박과 같은 의견교환이 이루어지고 있으며, 우리 사회에서 토론의 장으로서의 역할을 하고 있다. 역사적으로도 사상의 자유시장의 출범과 발달을 이끈 핵심적이고도 기본적인 매체는 문서·도화였다고 할 수 있다. 따라서 문서·도화의 특성만을 이유로 그에 대한 광범위한 규제가 정당화될 수 없으므로, 문서·도화게시 등 금지조항은 침해의 최소성에 반한다.

(다) 법익의 균형성

문서·도화게시 등 금지조항은 선거에서의 기회 균등 및 선거의 공정성 도모를 위한 것이나, 선거의 공정성 등을 해치는 것이 명백하다고 볼 수 없는 방법조차 선거일 전 180일부터 선거일까지 장기간에 걸쳐 규제하고 있다. 따라서 그로 인하여 일반 유권자나 후보자의 정치적 표현의 자유는 지나치게 제한된다. 따라서 문서·도화게시 등 금지조항은 법익의 균형성도 갖추지 못하였다.

(2) 소결

그렇다면 문서·도화게시 등 금지조항은 과잉금지원칙에 반하여 정치적 표현의 자유를 침해한다.

마. 확성장치사용 금지조항에 대한 판단

(1) 과잉금지원칙 위배 여부

(가) 목적의 정당성 및 수단의 적합성

확성장치는 사람의 음성을 기계를 통해 인위적으로 확대하여 전달하므로 선거운동 과정에서는 자신의 정치적 표현을 다수에게 효율적으로 알릴 수 있는 수단으로 이용될 수 있다. 그러나 앞서 본 현수막, 광고물이나 문서·도화 등과는 달리 필연적으로 소음이 유발되고, 이는 다수의 사람들이 건강하고 쾌적한 환경에서 생활할 권리에 직접적인 영향을 미친다. 만약 확성장치의 사용을 아무런 제한 없이 허용할 경우 경쟁적인 사용에 따라 소음이 증폭되어 피해를 더욱 확산시킬 수 있다. 이에 공개장소에서의 연설·대담장소 또는 대담·토론회장에서 연설·대담·토론용으로 사용하는 경우와 같이 일정한 범위에 한하여서만 확성장치의 사용을 허용하고, 그에 해당하지 않는 경우에는 확성장치를 선거운동에 사용할 수 없도록 하는 것은 입법목적의 정당성과 수단의 적합성이 인정된다.

(나) 침해의 최소성

1) 소음이 미치는 영향력은 소음의 크기와 발생, 지속 시간 및 그 장소에 따라 다양하고, 경제적 상황이나 건강상태에 따라 피해의 양상도 다르게 나타날 수 있다. 특히 확성장치에 의해 기계적으로 유발되는 소음은 자연적으로 발생하는 생활소음에 비하여 상대적으로 정서불안, 강박관념, 불면증 등의 정신적·육체적 피해를 유발할 가능성이 높고 경우에 따라서는 일반 국민의 생업에 지장을 초래할 수도 있다. 비록 선거 소음이 상시적으로 발생하는 것은 아니라 할지라도, 향후 반복하여 치러질 모든 종류의 공직선거 때마다 확성장치로 인한 소음 유발이 허용되고, 선거운동이라는 이유로 타인으로 하여금 그러한 상황을 감내할 것을 요구한다면 선거 전반에의 혐오감을 야기시킬 우려도 있다. 이러한 점에서 다른 선거운동방법과는 달리 소음을 유발하는 확성장치의 경우에는 그 규제의 필요성이 크다.

2) 오늘날 정견을 알리는 선거운동은 과학기술의 발달과 사회문화의 변화에 의해 그 수단이 발전되고 방법도 다양해지고 있으며, 특히 비용이나 장소적 제한을 크게 받지 않아 접근의 문턱이 낮은 인터넷이나 소셜네트워크를 이용한 선거운동의 비중이 나날이 커지고 있다. 따라서 선거운동에서 다소 전통적인 수단이라 할 수 있는 확성장치의 사용을 규제한다고 하더라도, 보다 접근이 용이한 다른 선거운동방법을 활용할 수 있으므로 확성장치의 사용 규제가 정치적 표현의 자유에 대한 과도한 제한에 해당한다고 볼 수 없다.

3) 다만, 확성장치의 사용을 규제하는 대신 출력수나 사용시간 규제 등 보다 덜 제한적인 수단을 마련하자는 주장이 있을 수 있다. 그러나 동시다발적인 확성장치의 사용에 따른 과도한 소음의 발생, 경쟁적인 사용에 따른 과열경쟁 등의 문제를 개별 장치의 출력수 규제나 사용시간의 제한만으로 막는 것에는 한계가 있고, 그와 같은 수단이 국민의 주거와 사생활의 평온 및 선거의 공정성을 달성함에 있어 확성장치사용 자체를 제한하는 방안과 동등하거나 유사한 효과가 있다고 볼 수도 없다. 집회의 경우와는 달리 장소가 제한되지 않고 전국에서 동시다발적으로 이루어질 수 있는 선거운동에 대하여 '집회 및 시위에 관한 법률'처럼 확성장치의 사용을 허용하면서 소음을 규제하는 방안을 그대로 적용하는 것도 어려우므로 이를 그 대안으로 보기는 어렵다.

이러한 점들을 고려했을 때, 확성장치사용 금지조항은 침해의 최소성에 어긋나지 아니한다.

(다) 법익의 균형성

확성장치사용 금지조항은 선거운동 과정에서 확성장치의 사용으로 인한 소음을 규제하여 국민의 건강하고 쾌적한 환경에서 생활할 권리를 보호하기 위한 것이다. 이 같은 공익은 다양한 선거운동방법 중에서도 소음으로 인하여 타인에게 피해를 초래할 수 있는 수단인 확성장치의 사용을 규제함에 따라 표현의 자유가 제한받는 정도에 비추어 결코 작다고 볼 수 없다. 따라서 확성장치사용 금지조항은 법익 균형성에도 반하지 아니한다.

(2) 소결

그렇다면 확성장치사용 금지조항은 과잉금지원칙에 반하여 정치적 표현의 자유를 침해하지 않는다.

5. 헌법불합치결정의 필요성

앞서 본 바와 같이 심판대상조항 중 시설물설치 등 금지조항과 문서·도화게시 등 금지조항은 정치적 표현의 자유를 침해하여 헌법에 위반된다.

그런데 시설물설치 등 금지조항과 문서·도화게시 등 금지조항의 위헌성은 선거에 영향을 미치게 하기 위하여 현수막, 그 밖의 광고물을 게시하는 행위, 광고, 문서·도화를 첩부·게시하는 행위를 제한하는 것 자체에 있는 것이 아니라, 이를 '선거일 전 180일부터 선거일까지'라는 장기간 동안 '포괄적'으로 규제함으로써 후보자나 일반 유권자가 적은 비용으로 손쉽게 할 수 있는 현수막, 그 밖의 광고물 게시 및 광고, 문서·도화의 첩부·게시 등 선거에서의 기회 균등 및 선거의 공정성을 해치는 것이 명백하다고 볼 수 없는 정치적 표현까지 모두 금지·처벌하는 것에 있다.

따라서 위 조항들에 대하여 단순위헌결정을 하게 되면, 매체의 종류, 규격, 이용 방법, 비용 등에 상관없이 선거에 영향을 미치게 하기 위하여 현수막, 그 밖의 광고물을 게시하는 행위 및 광고, 문서·도화를 첩부·게시하는 행위를 모두 규제할 수 없게 되는 법적 공백이 발생할 수 있다. 나아가 정치적 표현 행위의 방법을 구체적으로 어느 정도로 허용할 것인지는 일반 유권자와 후보자의 정치적 표현의 자유, 선거에서의 균등한 기회의 보장, 선거의 공정성, 우리의 선거문화 등을 종합적으로 고려하여 입법자가 충분한 논의를 거쳐 결정하여야 할 사항이다.

이러한 점들을 고려했을 때, 시설물설치 등 금지조항과 문서·도화게시 등 금지조항에 대하여는 단순위헌결정을 하는 대신 입법자의 개선입법이 있을 때까지 계속 적용을 명하는 헌법불합치결정을 선고함이 타당하다. 입법자는 가능한 한 빠른 시일 내에 개선입법을 하여야 할 의무가 있고, 2023. 7. 31.까지 개선입법이 이루어지지 않으면 시설물설치 등 금지조항과 문서·도화게시 등 금지조항은 2023. 8. 1.부터 효력을 상실한다.

6. 결 론

그렇다면 집회개최 금지조항은 헌법에 위반되고, 시설물설치 등 금지조항과 문서·도화게시 등 금지조항은 헌법에 합치되지 아니하나 2023. 7. 31.을 시한으로 입법자의 개선입법이 이루어질 때까지 계속 적용하도록 하며, 확성장치사용 금지조항은 헌법에 위반되지 아니하므로, 아래 7.과 같은 재판관 이선애, 재판관 이종석, 재판관 이영진의 집회개최 금지조항에 대한 반대의견이 있는 외에는 나머지 관여 재판관 전원의 일치된 의견으로 주문과 같이 결정한다.

아울러 종전에 헌법재판소가 이와 견해를 달리하여 시설물설치 등 금지조항과 실질적으로 동일한 내용을 규정하고 있던 개정 전 조항들이 헌법에 위반되지 않는다고 판시한 결정들(헌재 2001. 12. 20. 2000헌바96 등; 헌재 2015. 4. 30. 2011헌바163), 문서·도화게시 등 금지조항 및 이와 실질적으로 동일한 내용의 개정 전 조항들이 헌법에 위반되지 아니한다고 판시한 결정들(헌재 2001. 8. 30. 99헌바92등; 헌재 2001. 10. 25. 2000헌마193; 헌재 2001. 12. 20. 2000헌바96등; 헌재 2006. 5. 25. 2005헌바15; 헌재 2006. 7. 27. 2004헌마217; 헌재 2007. 1. 17. 2004헌바82; 헌재 2009. 2. 26. 2006헌마626; 헌재 2014. 4. 24. 2011헌바17등; 헌재 2015. 4. 30. 2011헌바163; 헌재 2016. 6. 30. 2014헌바253; 헌재 2018. 4. 26. 2017헌가2 등) 및 집회개최 금지조항과 실질적으로 동일한 내용의 개정 전 조항이 헌법에 위반되지 않는다고 판시한 결정(헌재 2001. 12. 20. 2000헌바96등)은 이 결정 취지와 저촉되는 범위 안에서 변경하기로 한다.

7. 재판관 이선애, 재판관 이종석, 재판관 이영진의 집회개최 금지조항에 관한 반대의견

우리는 집회개최 금지조항이 과잉금지원칙에 위배되지 않아 집회의 자유, 정치적 표현의 자유를 침해하지 않는다고 생각하므로 아래와 같이 반대의견을 밝힌다.

가. 목적의 정당성 및 수단의 적합성

집회개최 금지조항의 입법목적의 정당성과 수단의 적합성이 인정됨은 법정의견과 같다.

나. 침해의 최소성

(1) 집회개최 금지조항은 선거기간 중 선거에 영향을 미치게 하기 위하여 집회나 모임을 개최하는 행위를 금지·처벌하고 있다. 그러나 집회개최 금지조항은 '선거에 영향을 미치게 하기 위한 목적'이 있는 집회나 모임의 개최에 한정하여 집회의 자유, 정치적 표현의 자유 등을 제한할 뿐, 그러한 목적이 없는 집회나 모임의 개최는 선거운동 기간에도 얼마든지 가능하다.

선거와 무관한 집회나 모임뿐만 아니라, 정당 및 선거에 출마하고자 하는 입후보예정자들이 공약으로 채택하거나 정당·후보자 간 쟁점으로 부각된 정치적·사회적 현안을 말하는 이른바 '선거쟁점'에 대한 찬성이나 반대의사를 표시하는 집회나 모임이, 결과적으로 그 정책에 찬성하거나 반대하는 정당, 후보자, 입후보예정자에게 유·불리한 영향을 미치게 되는 경우에도,

항상 '선거에 영향을 미치게 하기 위하여' 한 행위가 되지는 않는다(대법원 2011. 6. 24. 선고 2011도3447 판결 참조). 특정한 정당이나 후보자를 찬성한다거나 반대한다는 취지가 없으며, 특정 정당·후보자·입후보예정자와 관계가 없는 경우 '선거의 쟁점'이 된 내용에 대한 찬성이나 반대의 의사표시를 하기 위한 집회나 모임의 개최가 제한되지 않는다(대법원 2011. 10. 27. 선고 2011도5344 판결 참조). 집회개최 금지조항은 선거에 영향을 미치게 할 목적의 탈법행위에 해당하거나, 특정 후보자의 당선 또는 낙선을 도모하는 목적의지를 수반하는 집회나 모임에 한정하여 집회의 자유, 정치적 표현의 자유를 제한하는 것이다.

그렇다면 집회의 자유 또는 정치적 표현의 자유가 우리 헌법 질서에서 차지하는 의미와 기능을 정지시킬 정도로, 집회개최 금지조항이 지나치게 광범위하게 집회의 자유와 정치적 표현의 자유 등을 제한한다고 볼 수 없다.

(2) 선거기간 중 선거에 영향을 미치는 집회나 모임은 선거에 있어서 후보자와 선거인 모두에게 효과적인 정보의 전달 및 획득 내지는 선전을 위한 매우 유력한 수단이 될 수 있을 것이므로 그 자유로운 이용의 필요성이 큰 것은 부인할 수 없다.

그러나 집회 등을 무제한으로 허용할 경우 선거운동의 부당한 경쟁을 초래하여 후보자들 간의 경제력의 차이에 따른 불균형이 두드러지게 되고, 무분별한 흑색선전으로 인하여 선거의 평온과 공정이 심각한 위협을 받게 될 것이고, 법이 정한 여타의 금지규정을 회피하는 수단으로까지 이용되는 등 폐해가 발생할 우려가 큼은 자명하다. 이에 대한 적절한 제한은 참된 의미의 선거의 자유와 공정을 보장하기 위한 제도적 장치로서의 의미를 갖는다(헌재 2001. 12. 20. 2000헌바96등).

종전 각종 선거에서 선거기간 중 단합대회·야유회 등의 명목으로 각종 집회가 빈번하게 열려 후보자들이 그 집회에 참석하거나 집회 비용의 전부 또는 일부를 부담함으로써 사실상 특정 후보에 대한 선거운동이 이루어지고, 일부에서는 이러한 집회의 개최 능력이 있음을 과시하면서 후보자 측에 금품을 요구하는 일 등이 적지 아니하였을 뿐만 아니라, 위와 같은 집회가 후보자의 세를 과시하는 방편으로 이용되기도 하여 여기에 동원되는 사람에게 금품을 지급하는 등 선거분위기의 과열·혼탁을 조장하는 예가 빈번하였다. 따라서 선거에 영향을 미칠 수 있는 집회의 금지는 선거의 공정성 확보라는 입법목적을 달성하는 데에 필요한 것으로(헌재 2001. 12. 20. 2000헌바96등), 집회개최 금지조항은 이러한 과거의 선거 현실에 대한 반성의 산물인 측면이 있다(헌재 2013. 12. 26. 2010헌가90 참조).

(3) 집회나 모임은 공중이 자유로이 통행하거나 집합하는 공개된 장소에서 개최될 경우 공중에게 계속적으로 노출되어 그 홍보 효과가 매우 크고, 투입되는 비용에 따라 집회 참여자의 수, 집회에 부수적으로 휴대·설치되는 표현물의 형태, 확성 장치를 통해 발생하는 소리의 크기 등이 현저히 달라져 유권자에게 미치는 영향력에도 상당한 차이가 발생하게 된다. 선거기간 중에 특정한 정당이나 후보자를 지지하거나 반대하는 취지의 집회에 참석한 사람의 수가 많을 경우, 지지자나 반대자가 많다는 인상을 쉽게 유권자에게 전달할 수 있다.

따라서 선거에 영향을 미치게 하기 위하여 집회나 모임을 개최하는 행위를 제한하지 않으면, 정당·후보자 및 그를 지지·반대하는 유권자 사이에 세력을 과시하기 위한 수단으로 사용되어 홍보 효과가 더 높은 시간·장소에서 더 자주 집회나 모임을 개최하고, 집회나 모임의 현장에 참여할 자를 더 많이 모집하는 등으로 과다한 경쟁을 유발하게 된다. 그에 따라 후보자의 정당 가입 유무와 가입정당의 규모, 후보자 및 그를 지지하는 유권자의 경제적·정치적·사회적 영향력의 차이에 따른 선거운동 등에서의 불균형이 두드러지게 되어, 선거운동에 있어서 균등한 기회를 보장한다고 규정한 헌법 제116조 제1항의 취지에 반하게 된다. 또한 후보자나 유권자 사이의 지나친 경쟁으로 선거가 과열되면서 집회나 모임을 이용한 무분별한 흑색선전, 진실을 왜곡한 의혹제기, 편파적 의견이나 부당한 표현, 허위사실 유포나 비방 등으로 선거의 공정성과 평온이 심각한 위협을 받을 수 있다.

(4) 집회개최 금지조항이 선거에 영향을 미치게 하기 위한 집회나 모임을 금지하는 한편, 공직선거법상 후보자 등은 선거운동기간 중에 공개장소에서의 연설·대담(공직선거법 제79조 제1항, 제2항), 다른 사람이 개최한 옥내모임에 일시적으로 참석하여 연설·대담(제79조 제7항)을 할 수 있어서, 결과적으로 집회나 모임이 개최된 것과 차이가 없는 방법으로 하는 선거운동을 할 수 있다. 따라서 집회개최 금지조항이 후보자 등의 선거운동의 자유 등 정치적 표현의 자유, 집회의 자유를 과도하게 제한한다고 볼 수 없다(헌재 2001. 12. 20.

2000헌바96등).

(5) 또한 후보자 등이 아닌 사람의 경우, 단체 또는 언론기관은 후보자 등을 초청하여 옥내에서 대담·토론회를 개최할 수 있다(제81조, 제82조). 또한 선거운동이 금지되지 않아 선거운동을 할 수 있는 단체들은 선거운동기간 중 도로·시장·점포·다방·대합실 기타 다수인이 왕래하는 공개된 장소에서 선거운동을 할 수 있으므로(제106조 제2항 참조), 비록 집회나 모임의 방법으로 선거운동을 할 수 있는 것은 아니지만, 선거에 영향을 미칠 집회의 금지로 초래될 선거운동의 자유 및 집회의 자유에 대한 법익침해를 최소화하고 있다(헌재 2001. 12. 20. 2000헌바96등).

집회개최 금지조항은 '선거기간 중'에 선거에 영향을 미치게 하기 위하여 이루어지는 '선거운동' 또는 '선거운동에 준하는 내용의 표현행위'만을 규제하고 있다. 따라서 단체 또는 언론기관이 아닌 일반 유권자도, 선거에 영향을 미치게 하기 위한 것이 아닌 집회나 모임은 얼마든지 자유롭게 개최할 수 있다. 즉 선거기간 중에도 국민들이 제기하는 건전한 비판과 여론 형성을 집회개최 금지조항이 금지하지 않는다.

또한 집회개최 금지조항은 일반 유권자의 선거운동 또는 '선거운동에 준하는 표현행위' 일체를 전면적으로 제한하는 것이 아니라, 우리 선거문화와 과거의 선거경험에 비추어 특히 폐해의 우려가 크다고 인정되는 집회나 모임의 개최라는 특정한 방법에 국한하여 부분적인 제한을 하고 있다. 이러한 점에서 집회개최 금지조항이 일반 유권자의 선거운동 등 정치적 표현의 자유를 과도하게 제한한다고 볼 수도 없다.

(6) 공직선거법 제79조 내지 제82조에서 허용하는 집회나 모임의 방법으로 하는 선거운동과 관련하여, 공직선거법은 구체적으로 선거운동의 방법을 한정하고 그 규율 위반 행위에 대하여 각각의 제재 수단을 마련함으로써 그 실효성을 확보하고 있다. 예를 들어, 공직선거법 제79조 제1항, 제2항, 제6항은 후보자 등이 공개장소에서의 연설·대담, 다른 사람이 개최한 옥내모임에 일시적으로 참석하여 연설·대담하는 선거운동을 허용하고, 그와 관련하여 여러 가지 제한을 하고 있는데, 이러한 연설·대담자에게 재산상의 이익이나 공사의 직을 제공하거나 그 제공의 의사를 표시하거나 약속한 자는 5년 이하의 징역 또는 3천만 원 이하의 벌금에 처하고(제230조 제1항 제1호), 연설을 할 수 없는 장소에서 선거운동을 위한 연설·대담을 한 자는 3년 이하의 징역 또는 600만 원 이하의 벌금에 처하며(제255조 제1항 제6호), 연설·대담에서 녹음기 또는 녹화기의 사용대수를 초과하여 사용한 자, 야간 연설 제한 시간에 연설한 자는 2년 이하의 징역 또는 400만 원 이하의 벌금에 처한다(제256조 제3항 제1호 다목, 차목).

집회개최 금지조항이 선거에 영향을 미치는 집회나 모임의 개최를 금지하지 않는다면, 공직선거법이 공개장소에서의 연설·대담, 후보자등 초청 대담·토론회 등에 관하여 정한, 여러 선거운동의 제한을 피하여, 탈법적인 집회나 모임이 개최될 수 있으므로, 위에서 예시한 것과 같은 공직선거법상의 규제들은 사실상 무의미해지고 선거의 공정성이 훼손될 위험도 있다.

(7) 집회개최 금지조항이 선거에 영향을 미치게 하기 위하여 선거기간 중에 집회나 모임을 개최하는 행위를 금지·처벌하는 것은, 선거 과열로 인한 과다한 비용 지출과 후보자 및 유권자의 경제력 차이에 따른 불균형을 방지하기 위한 가장 효과적인 수단이다.

공직선거법 제119조 내지 제121조는 선거비용의 총액을 제한하고 있으나, 선거비용에는 '선거운동을 위하여' 소요된 금전·물품 및 채무 그 밖에 재산상의 가치가 있는 것만이 포함되므로(제119조 제1항), 집회나 모임의 개최가 '선거운동'에 이르지 않은 경우 그에 소요된 비용 중 일부는 선거비용에 포함되지 않을 가능성도 있다.

나아가 일반 유권자가 선거에 영향을 미치게 하기 위하여 선거기간 중에 집회나 모임을 개최하는 것을 허용하면, 후보자가 유권자를 빙자하거나 은밀히 결탁하여 공직선거법 제8장 특히 제119조 내지 제121조에서 규정하고 있는 선거비용의 규제 등 후보자에 대한 각종 규제를 잠탈하는 수단으로 악용될 수 있고 이는 선거 과열을 초래하여 선거의 평온을 훼손할 수 있다. 일반 유권자의 경우 후보자 등과 통모하여 후보자의 선거운동을 위하여 지출한 비용만 선거비용에 포함되므로(제119조 제1항 제4호), 후보자에 대한 선거비용 제한만으로 그 폐해를 실효적으로 예방하거나 규제하기 어려운 사각지대가 발생할 수 있고, 일반 유권자가 개최한 모든 집회나 모임을 확인하여 후보자와 통모하였는지 여부를 밝히는 것은 실질적으로 불가능할 뿐만 아니라, 선거관리에 있어서 상당한 비용을 유발하게 된다.

(8) 집회개최 금지조항은 금지기간을 '선거기간 중'으로 한정하고 있다. 공직선거법은 선거운동은 선거기간개시일부터 선거일 전일까지에 한하여 할 수 있는 것

으로 정하고(제59조), 선거기간은 대통령선거는 23일, 국회의원선거, 지방자치단체의 의회의원 및 장 선거는 14일(제33조 제1항)로 정하고 있다.

공직선거법은 선거운동기간을 제한하는 규정(제59조)을 두고 있는 것 외에도 국회의원, 지방의회의원, 지방자치단체의 장 등의 당해 선거구 안에 있는 자 등에 대한 기부행위 상시제한 규정(제113조)을 두는 한편, 선거일전 180일, 120일, 90일, 60일, 30일 등부터 시기적으로 다양하게 선거에 영향을 줄 수 있는 특정행위를 제한 내지 금지하고 있다. 집회개최 금지조항은 이러한 시기적 제한 중 가장 짧은 선거기간 중의 제한을 선택하여 정치적 표현의 자유, 집회의 자유를 제한한 것으로, 집회나 모임의 개최가 선거에 미치는 영향력, 일반적으로 선거에 즈음하여 선거에 영향을 미치게 하기 위한 행위를 하였을 때 그 효과의 지속 정도, 선거운동 등 정치적 표현의 자유와 관련하여 침해되는 법익과의 균형, 우리의 선거 현실에 대한 그 동안의 경험 등 여러 가지 사정을 참작하여, 입법자가 제한 또는 금지의 기간을 정한 것이다.

선거에 영향을 줄 수 있는 특정한 행위에 대해 어느 정도의 금지기간을 두는 것이 선거운동 등 정치적 표현의 자유와 집회의 자유에 대한 침해를 최소화하고 선거의 공정성을 확보할 것인지에 대하여는 헌법적 한계를 일탈하지 않는 한 입법자의 판단을 존중하여야 한다.

선거에 영향을 줄 수 있는 특정행위를 제한하는 기간에 대해 입법자의 입법형성권을 존중한다는 점, 집회나 모임의 개최가 선거의 결과에 영향을 미치는 개연성이 높다고 인정할 수 있는 점 등에 비추어 보면, 집회개최 금지조항의 규제기간이 입법목적 달성에 필요한 정도를 넘는 과도한 제한이라고 볼 수 없다.

(9) 침해의 최소성을 판단함에 있어서는 우리나라 선거문화의 역사성, 선거 및 정치 문화의 특수성, 정치적·경제적·사회적 환경, 선거와 관련된 국민의식의 정도와 법 감정 등을 종합하여 판단하여야 한다.

현행 공직선거법은 과거 금권에 의한 타락선거, 흑색선전과 비방으로 얼룩진 과열선거 그리고 관권선거가 문제되어 온 역사적 경험을 직시하고, 혼탁한 선거문화를 바로잡고 고비용의 선거구조를 혁신하여 공정하고 깨끗한 선거문화를 정착시키고자 선거운동의 기간과 방법 등을 상세하게 규율하고 있다. 그동안 이루어온 민주주의의 발전상과 높아진 국제적 위상, 국민의식의 향상에도 불구하고, 현재 우리의 선거문화가 집회나 모임의 방법으로 하는 선거에 영향을 미치는 정치적 표현행위를 전면적으로 허용해도 선거의 공정성을 훼손하지 아니할 정도의 안정적 수준에 와 있고, 이에 대한 국민의 신뢰와 지지가 뒷받침되고 있다고 단정할 수 만은 없다. 공조직과 사조직 그리고 혈연·지연·학연을 이용한 불법선거, 금전을 이용한 금권선거, 여론조작과 흑색선전 등 거짓말 선거의 폐해가 잔존하고 있는 것이 엄연한 현실이고 이를 시정하여 공명선거를 이루고자 하는 국민적 열망이 뜨겁다.

이러한 상황에서 후보자, 정당 조직에 속한 관계자뿐만 아니라 일반 유권자에게까지 집회나 모임의 개최를 자유롭게 허용하여 그에 의한 선거운동이나 선거에 영향을 미치는 의사표현이 전면적으로 허용된다면, 후보자 등 사이의 지나친 경쟁으로 선거가 과열되고, 선거운동 등에서의 불균형이 두드러지게 되며, 선거의 공정성과 평온이 심각한 위협을 받을 수 있다. 특히 후보자가 유권자와 은밀히 결탁하여 불법으로 선거운동을 하는 경우, 유권자의 개인적인 형사책임만 따를 뿐 그가 지지한 후보자의 당선무효로 연결시키는 것을 어렵게 하여 이를 악용할 때에는 점차 정착되어 가는 공명선거 분위기에 역행할 위험 또한 크다.

(10) 이와 같은 점을 종합하면, 선거기간 중 선거에 영향을 미치게 하기 위한 집회나 모임을 금지하는 집회개최 금지조항은 선거의 공정성 확보를 위한 필요·최소한의 수단으로서 불가피한 규제이므로(헌재 2001. 12. 20. 2000헌바96등), 침해의 최소성에 위반된다고 볼 수 없다.

다. 법익의 균형성

우리의 헌법 현실을 고려할 때, 집회개최 금지조항에 의하여 보호되는 선거에 있어서 실질적 기회 균등과 선거의 공정성의 확보라는 공익은 국민적 열망을 담고 있는 것으로서 특히 높은 가치를 지니는 것이다.

나아가 '선거의 쟁점'이 된 내용에 대한 찬성이나 반대의 의사표시를 하더라도, 특정한 정당이나 후보자를 찬성한다거나 반대한다는 취지가 없으며, 특정 정당·후보자·입후보예정자와 관계가 없는 경우에는, '선거에 영향을 미치게 하기 위하여' 한 행위가 아니어서 집회나 모임의 개최가 제한되지 않을 수 있다(대법원 2011. 10. 27. 선고 2011도5344 판결 참조).

이처럼 선거기간 중이라는 짧은 기간에 한정하여, 부분적으로만 정치적 표현의 자유와 집회의 자유가 제한되는 불이익이 집회개최 금지조항이 달성하려는 공익보다 더 크다고 보기 어려우므로, 집회개최 금지조항은 법익의 균형성에도 반하지 않는다.

라. 소결

집회개최 금지조항으로 인하여 정치적 표현의 자유, 집회의 자유가 전혀 무의미해지거나 형해화된다고 단정할 수 없으므로, 집회개최 금지조항은 과잉금지원칙에 반하여 정치적 표현의 자유, 집회의 자유를 침해하는 것이라고 할 수 없다(헌재 2001. 12. 20. 2000헌바96등).

재판장 유남석 이선애 이석태 이은애 이종석 이영진 김기영 문형배 이미선

[별지 1] 청구인 명단

1. ~ 22. 안○○ 외

청구인들 대리인 법무법인 이공
담당변호사 양홍석, 김선휴

[별지 2] 제청신청인 명단

1. ~ 4. 장○○ 외

제청신청인들 대리인 법무법인 여는
담당변호사 권두섭, 강영구, 신선아, 김세희, 하태승, 김하경, 서희원, 김성진

71. 재판취소 등

[2022. 7. 21. 2013헌마496]

【판시사항】

1. "구 조세감면규제법(1993. 12. 31. 법률 제4666호로 전부개정된 것)의 시행에도 불구하고 구 조세감면규제법(1990. 12. 31. 법률 제4285호) 부칙 제23조가 실효되지 않은 것으로 해석하는 것은 헌법에 위반된다."는 헌재 2012. 5. 31. 2009헌바123등 결정(이하 '이 사건 한정위헌결정'이라 한다)의 기속력을 부인하고 청구인의 재심청구를 기각한 법원의 재판이 '법률에 대한 위헌결정의 기속력에 반하는 재판'으로 예외적으로 헌법소원심판의 대상이 되고 청구인의 기본권을 침해하는지 여부(적극)

2. 이 사건 한정위헌결정이 이루어지기 전에 확정된 법원의 재판이 헌법소원심판의 대상이 되는지 여부(소극)

3. 법원의 재판을 거쳐 확정된 행정처분인, 피청구인이 2004. 4. 16. 청구인에 대하여 한 과세처분(이하 '이 사건 과세처분'이라 한다)이 헌법소원심판의 대상이 되는지 여부(소극)

【결정요지】

1. 헌법재판소는 2022. 6. 30. 2014헌마760 등 결정에서 "헌법재판소법(2011. 4. 5. 법률 제10546호로 개정된 것) 제68조 제1항 본문 중 '법원의 재판' 가운데 '법률에 대한 위헌결정의 기속력에 반하는 재판' 부분은 헌법에 위반된다."라는 결정을 선고하였다.

헌법재판소가 법률의 위헌성 심사를 하면서 합헌적 법률해석을 하고 그 결과로서 이루어지는 한정위헌결정은 일부위헌결정으로서, 헌법재판소가 헌법에서 부여받은 위헌심사권을 행사한 결과인 법률에 대한 위헌결정에 해당한다. 따라서 이 사건 한정위헌결정으로 구 조세감면규제법(1990. 12. 31. 법률 제4285호) 부칙 제23조의 규범 영역 중 1993. 12. 31. 법률 제4666호로 전부개정된 구 조세감면규제법의 시행일인 1994. 1. 1. 이후에 적용되는 부분은 그 효력을 상실하였고, 이는 법원을 비롯한 모든 국가기관과 지방자치단체에 대하여 기속력이 있다.

법원은 이 사건 한정위헌결정의 기속력을 부인하여 청구인의 재심 청구를 기각하였는바, 이는 '법률에 대한 위헌결정의 기속력에 반하는 재판'으로 헌법소원심판의 대상이 되고 청구인의 재판청구권을 침해하였으므로 헌법재판소법 제75조 제3항에 따라 취소되어야 한다.

2. 위헌결정이 있기 전에 그 법률을 법원이 적용하는 것은 제도적으로 정당성이 보장되므로 아직 헌법재판소에 의하여 위헌으로 선언된 바가 없는 법률이 적용된 재판을 그 후에 위헌결정이 선고되었다는 이유로 위법한 공권력의 행사라고 하여 헌법소원심판의 대상으로 삼을 수는 없다.

청구인은 이 사건 한정위헌결정이 이루어지기 전에 이미 확정된 법원의 재판에 대하여 헌법재판소법 제75조 제7항에 따라 재심을 청구하였는바, 이러한 재심대상판결은 법률에 대한 위헌결정의 기속력에 반하는 재판에 해당하지 않으므로 이에 대한 심판청구는 부적법하다.

3. 법원의 재판을 거쳐 확정된 행정처분(이하 '원행정처분'이라 한다)에 대한 헌법소원 심판청구는 헌법재판소법 제68조 제1항의 입법취지 등에 비추어 원칙적으로 허용되지 않지만, 원행정처분을 심판의 대상으로 삼았던 법원의 재판이 예외적으로 헌법소원심판의 대상이 되어 그 재판 자체가 취소되는 경우에는 예외적

으로 원행정처분에 대하여도 헌법소원 심판청구가 허용된다.

그런데 이 사건 과세처분을 심판대상으로 삼았던 법원의 재판인 재심대상판결은 법률에 대한 위헌결정의 기속력에 반하는 재판에 해당하지 않는다.

따라서 이 사건 과세처분을 심판의 대상으로 삼았던 법원의 재판이 예외적으로 헌법소원의 대상이 되어 취소되는 경우에 해당하지 아니하므로, 원행정처분인 이 사건 과세처분에 대한 심판청구는 부적법하다.

이 사건 과세처분에 대한 재판관 이석태, 재판관 이영진의 반대의견

원행정처분에 대한 헌법소원 심판청구는 절대적으로 허용되지 않는 것이 아니라, 법원이 헌법재판소의 위헌결정의 효력을 인정하지 않음으로써 국민의 기본권을 침해하는 경우와 같이 헌법재판소법 제68조 제1항에서 원칙적으로 재판소원을 금지하고 있는 취지를 더 이상 존중할 필요가 없는 경우에는 달리 판단될 수 있다.

이 사건 과세처분의 근거가 된 법률조항에 대하여 헌법재판소의 위헌결정이 있었고 이 사건 과세처분을 심판의 대상으로 삼았던 법원의 재판이 취소될 수 있는 재심 절차가 법에 마련되어 있음에도, 법원 스스로 이를 위반하여 해당 재판이 취소될 수 없는 결과가 초래된 것이다. 이러한 경우에는 법원의 확정판결이 가지는 효력인 기판력에 의한 법적 안정성을 더 이상 유지시켜야 할 이유가 없으며, 헌법재판소는 위헌결정의 실효성을 확보함과 동시에 법원에 의하여 훼손된 헌법 우위의 법질서를 바로 잡고 국민의 기본권을 신속하고 효율적으로 구제하기 위하여 예외적으로 원행정처분에 대한 헌법소원심판청구를 허용할 필요가 있다.

따라서 이 사건 한정위헌결정의 기속력을 부인하여 청구인의 재심청구를 기각한 법원의 재판과 함께 이 사건 과세처분도 함께 취소하여야 한다.

【참조조문】

헌법 제107조, 제111조

헌법재판소법(2011. 4. 5. 법률 제10546호로 개정된 것) 제47조 제1항, 제68조, 제75조

【참조판례】

1. 헌재 1992. 6. 26. 90헌바25, 판례집 4, 343, 349

헌재 1993. 7. 29. 90헌바35, 판례집 5-2, 14, 30-31

헌재 1997. 12. 24. 96헌마172등, 판례집 9-2, 842, 854-862

헌재 2022. 6. 30. 2014헌마760등, 공보 309, 864, 868-869

2. 헌재 2001. 2. 22. 99헌마461, 판례집 13-1, 328, 343

3. 헌재 1998. 5. 28. 91헌마98등, 판례집 10-1, 660, 670-671

【당 사 자】

청 구 인 ○○ 주식회사
대표이사 허○○
대리인 법무법인(유한) 태평양
담당변호사 유철형 외 3인
법무법인 대서양
담당변호사 곽태철 외 2인
피청구인 ○○세무서장

【주　문】

1. 서울고등법원 2013. 6. 26. 선고 2012재누110 판결 및 대법원 2013. 11. 15.자 2013두14665 판결은 청구인의 재판청구권을 침해한 것이므로 이를 모두 취소한다.

2. 청구인의 나머지 심판청구를 모두 각하한다.

【이　유】

1. 사건개요

가. 청구인은 1990. 10. 1. 구 조세감면규제법(1990. 12. 31. 법률 제4285호로 개정되기 전의 것) 제56조의 2에 따라 한국증권거래소에 주식을 상장하는 것을 전제로 자산재평가를 실시하고 그에 따라 1990 사업연도 법인세를 신고·납부하였으나, 2003. 12. 31.까지 한국증권거래소에 주식을 상장하는 것이 어렵게 되자, 2003. 12. 30. 스스로 위 자산재평가를 취소하였다.

피청구인은 2004. 4. 16. 청구인이 구 조세감면규제법(1990. 12. 31. 법률 제4285호) 부칙 제23조에 따라 1990 사업연도 이후 각 사업연도소득에 대한 법인세를 재계산하여 재평가를 취소한 날이 속하는 사업연도 법인세 과세표준과 함께 신고·납부하지 않았다는 이유로 법인세, 방위세, 농어촌특별세를 부과하고, 종전의 자산재평가가 자산재평가법에 의한 자산재평가에 해당하지 않게 되었다는 이유로 1999년 귀속 자산재평가세를 부과하는 등 청구인에 대하여 가산세 86,075,237,128원을 포함하여 합계 156,843,073,190원을 결정·고지하였다가, 이후 국세심판원의 결정에 따라 가산세 부분을 제외하고 법인세, 방위세, 농어촌특별세 및 자산재평가세의 본세는 70,767,836,129원으로 감액 경정하였다.

청구인은 2005. 6. 29. 위 부과처분의 취소를 구하는 행정소송을 제기하였으나 기각되었고(서울행정법원 2005. 12. 20. 선고 2005구합19764 판결), 이후 항소심에서 청구인용되었으나(서울고등법원 2006. 10. 12. 선고 2006누4297 판결), 대법원에서 파기되어 사건이 서울고등법원에 환송되었다(대법원 2008. 12. 11. 선고 2006두17550 판결).

나. 청구인은 파기환송심 계속 중 위 부과처분의 근거가 된다고 본 구 조세감면규제법(1990. 12. 31. 법률 제4285호) 부칙 제23조에 대하여 위헌법률심판제청신청을 하였으나 2009. 5. 13. 기각되자(같은 날 파기환송심 판결인 서울고등법원 2008누37574 판결도 기각되었고, 2009. 6. 4. 그 판결이 확정되었다), 2009. 6. 22. 위 조항에 대하여 헌법재판소법 제68조 제2항에 의한 헌법소원심판을 청구하였는데, 이에 대하여 헌법재판소는 2012. 5. 31. "구 조세감면규제법(1993. 12. 31. 법률 제4666호로 전부개정된 것)의 시행에도 불구하고 구 조세감면규제법(1990. 12. 31. 법률 제4285호) 부칙 제23조가 실효되지 않은 것으로 해석하는 것은 헌법에 위반된다."라는 한정위헌결정을 하였다(헌재 2012. 5. 31. 2009헌바123 등, 이하 '이 사건 한정위헌결정'이라 한다).

다. 청구인은 이 사건 한정위헌결정 이후 헌법재판소법 제75조 제7항에 따라 그 전에 이미 확정된 서울고등법원 2008누37574 판결에 대하여 재심을 청구하였으나, 법원은 이 사건 한정위헌결정은 헌법재판소가 법률조항의 해석·적용을 한 것이지 법률조항 자체가 헌법에 위반되는지 여부를 판단한 것이 아니므로 헌법재판소법 제75조 제7항이 규정한 '헌법소원이 인용된 경우'에 해당하지 않아 재심사유가 될 수 없다는 이유 등으로 위 재심청구를 기각하였고(서울고등법원 2013. 6. 26. 선고 2012재누110 판결), 이에 대한 상고도 심리불속행으로 기각하였다(대법원 2013. 11. 15.자 2013두14665 판결).

라. 이에 청구인은 2013. 7. 15. 재심기각판결인 서울고등법원 2013. 6. 26. 선고 2012재누110 판결, 재심대상판결인 서울고등법원 2009. 5. 13. 선고 2008누37574 판결, 파기환송판결인 대법원 2008. 12. 11. 선고 2006두17550 판결 및 위 부과처분의 각 취소를 구하는 이 사건 헌법소원심판을 청구하였다. 이후 청구인은 2013. 11. 25. 재심상고기각판결인 대법원 2013. 11. 15.자 2013두14665 판결에 대한 취소를 구하는 심판청구를 추가하였다.

2. 심판대상

이 사건 심판대상은 ① 서울고등법원 2013. 6. 26. 선고 2012재누110 판결 (이하 '이 사건 재심기각판결'이라 한다) 및 대법원 2013. 11. 15.자 2013두14665 판결(이하 '이 사건 재심상고기각판결'이라 한다), ② 서울고등법원 2009. 5. 13. 선고 2008누37574 판결(이하 '이 사건 재심대상판결'이라 한다)과 대법원 2008. 12. 11. 선고 2006두17550 판결(이하 '이 사건 파기환송판결'이라 한다), ③ 피청구인이 2004. 4. 16. 청구인에 대하여 한 부과처분에서 가산세 부분을 제외한 [별지] 부과처분 내역 중 각 사업연도별 법인세, 방위세, 농어촌특별세 및 자산재평가세의 본세 70,767,836,129원 부분(이하 '이 사건 과세처분'이라 한다)이 각각 청구인의 기본권을 침해하는지 여부이다. 관련조항은 다음과 같다.

[관련조항]

헌법재판소법(2011. 4. 5. 법률 제10546호로 개정된 것)

제47조(위헌결정의 효력) ① 법률의 위헌결정은 법원과 그 밖의 국가기관 및 지방자치단체를 기속(羈束)한다.

제68조(청구 사유) ① 공권력의 행사 또는 불행사(不行使)로 인하여 헌법상 보장된 기본권을 침해받은 자는 법원의 재판을 제외하고는 헌법재판소에 헌법소원심판을 청구할 수 있다. 다만, 다른 법률에 구제절차가 있는 경우에는 그 절차를 모두 거친 후에 청구할 수 있다.

제75조(인용결정) ① 헌법소원의 인용결정은 모든 국가기관과 지방자치단체를 기속한다.

⑥ 제5항의 경우 및 제68조제2항에 따른 헌법소원을 인용하는 경우에는 제45조 및 제47조를 준용한다.

⑦ 제68조 제2항에 따른 헌법소원이 인용된 경우에 해당 헌법소원과 관련된 소송사건이 이미 확정된 때에는 당사자는 재심을 청구할 수 있다.

3. 청구인의 주장

가. 헌법재판소의 법률에 대한 위헌결정은 법원과 그 밖의 모든 국가기관을 기속하고, 여기서 위헌결정에는 한정위헌결정도 당연히 포함된다. 청구인이 이 사건 한정위헌결정 이후 해당 헌법소원과 관련된 소송사건의 당사자로서 헌법재판소법 제75조 제7항에 따라 제기한 재심청구를 기각한 관결 및 그에 대한 상고를 기각한 관결은 헌법재판소의 위헌결정의 기속력에 정면으로 반하는 재판으로 청구인의 기본권을 침해하였으므로, 이 사건 재심기각관결 및 이 사건 재심상고기각관결은 모두 취소되어야 한다.

나. 헌법재판소법 제68조 제2항의 헌법소원의 계기를 부여한 당해 사건에 대하여는 위헌결정의 소급효가 인정되므로 이 사건 한정위헌결정의 효력은 이 사건 파기환송관결 및 이 사건 재심대상관결에도 소급하여 미친다. 따라서 위 관결들은 이 사건 한정위헌결정의 기속력에 반하는 법원의 재판으로 당연무효이고 위 관결들에는 기판력이 인정되지 않는다.

다. 이 사건 과세처분은 이미 법원의 재판을 거쳐 그 취소 여부가 확정된 행정처분인데, 법원이 위와 같이 이 사건 한정위헌결정의 기속력에 반하여 청구인의 재심 청구를 모두 기각함으로써 청구인의 기본권을 침해하였고, 이 사건 파기환송관결 및 이 사건 재심대상관결은 당연무효이거나 헌법재판소 결정에 의한 취소로 그 효력을 상실할 것이므로 이 사건 과세처분을 헌법소원심판의 대상으로 삼는다고 하더라도 법원 관결의 기관력에 저촉되지 않는다. 그러므로 이 사건 과세처분도 위 관결들과 함께 취소되어야 한다.

4. 판 단

가. 쟁점

이 사건은 특정한 과세처분의 근거가 된 법률조항에 대하여 헌법재판소법(이하 경우에 따라 연혁과 관계없이 '법'이라 한다) 제68조 제2항에 따른 헌법소원심판에서 한정위헌결정이 선고되자, 이전에 해당 법률조항을 근거로 이루어진 확정관결에 대하여 법 제75조 제7항에 따른 재심이 청구된 사안에서, 헌법재판소의 한정위헌결정은 위헌결정이 아니라는 이유로 해당 법률조항을 적용한 확정관결에 대해 재심을 받아들이지 아니한 이 사건 재심기각관결 및 이 사건 재심상고기각관결과 이 사건 한정위헌결정 이전에 확정된 이 사건 재심대상관결 및 이 사건 파기환송관결, 그리고 처분의 근거가 되는 법률조항에 대한 헌법재판소의 한정위헌결정 이후 법이 정한 절차에 따라 재심절차까지 거쳤으나 결국 취소되지 않은 이 사건 과세처분이 청구인의 기본권을 침해하는지 여부에 대한 것이다.

나. 법률에 대한 위헌심사권과 위헌결정의 기속력

(1) 헌법은 법률에 대한 위헌심사권을 헌법재판소에 부여하고 있다(헌법 제107조, 제111조). 헌법재판소는 헌법에서 부여받은 위헌심사권을, 법원의 제청에 의한 법률의 위헌 여부 심판(헌법 제107조 제1항, 제111조 제1항 제1호, 법 제41조 제1항), 법률의 위헌 여부 심판의 제청신청이 기각된 때 당사자가 청구하는 헌법소원심판(헌법 제111조 제1항 제5호, 법 제68조 제2항), 그리고 기본권을 침해하는 법률에 대해 헌법재판소법이 정한 절차에 따라 그 권리구제를 구하는 헌법소원심판(헌법 제111조 제1항 제5호, 법 제68조 제1항)을 통해 행사한다.

(2) 법률이 헌법에 위반되는지 여부가 재판의 전제가 된 경우에 당해 사건을 담당하는 법원은 직권 또는 당사자의 신청에 의한 결정으로 헌법재판소에 법률에 대한 위헌 여부 심판을 제청한다(법 제41조 제1항). 그런데 당사자의 위헌제청신청이 법원에 의하여 기각된 경우 법 제68조 제2항은 그 신청을 한 당사자가 헌법재판소에 법률에 대한 위헌 여부 심판을 청구할 수 있도록

정하고 있다. 즉, 법 제68조 제1항 본문에서 법원의 재판을 헌법소원심판 대상에서 제외하면서도, 법원이 위헌제청을 하지 않고 위헌적인 법률을 적용하여 재판을 한다는 의심이 있는 경우 소송당사자가 직접 헌법재판소에 해당 법률의 위헌 여부에 관한 심판을 청구할 수 있도록 함으로써 헌법재판소로 하여금 법원의 재판의 전제가 되는 법률의 위헌성을 심사하게 할 수 있는 길을 열어 놓고 있다. 법원이 아니라 개인이 직접 헌법재판소에 법률에 대한 위헌 여부 심판을 구한다는 점에서 법은 이를 헌법소원의 형태로 심판 청구를 하는 것으로 정하고 있지만, 법 제68조 제2항의 헌법소원심판은 구체적인 소송사건을 계기로 하여 헌법재판소에 '법률의 위헌 여부'에 대한 심판을 구하는 제도라는 점에서, 법 제41조의 위헌법률심판과 마찬가지로 구체적 규범통제에 해당한다.

따라서 법 제68조 제2항의 헌법소원심판에서 법률의 위헌성이 확인되면, 헌법재판소는 법률에 대한 위헌결정의 형태로 헌법소원 인용결정을 하여야 하며, 헌법재판소가 헌법에서 부여받은 위헌심사권을 행사한 결과인 법률에 대한 위헌결정은 법원을 포함한 모든 국가기관과 지방자치단체를 기속한다(헌재 1997. 12. 24. 96헌마172등 참조).

법 제75조 제6항은 법 제68조 제2항에 따른 헌법소원을 인용하는 경우 법 제47조를 준용한다고 규정함으로써, 법 제68조 제2항의 헌법소원심판을 통해 이루어진 법률의 위헌결정은 법원을 포함한 모든 국가기관과 지방자치단체에 대해 기속력이 인정됨을 분명히 하고 있다.

다. 법률에 대한 규범통제로서 한정위헌결정의 기속력

헌법재판소는 법률의 위헌 여부를 심사하는 경우 법률에 대해 다의적인 해석가능성이 있을 때 일반적인 해석 작용이 용인되는 범위 내에서 종국적으로 어느 쪽이 가장 헌법에 합치되는가를 가려, 합헌적인 한정축소해석의 영역 밖에 있는 경우에까지 법률의 적용범위를 넓히는 것은 위헌이라는 취지로 위헌의 범위를 정하여 한정위헌의 결정을 선고할 수 있다. 이는 단순히 법률을 헌법에 비추어 해석하는 것에 지나지 않는 것이 아니라 헌법규범을 기준으로 하여 법률의 위헌성 여부를 심사하는 작업이며, 헌법재판소가 법률의 위헌성 심사를 하면서 합헌적 법률해석을 하고 그 결과로서 이루어지는 한정위헌결정은 비록 법문의 변화를 가져오는 것은 아니나 법률조항 중 특정의 영역에 적용되는 부분이 위헌이라는 것을 뜻하는 일부위헌결정으로, 법률에 대한 위헌심사권을 가진 헌법재판소의 권한에 속한다(헌재 1992. 2. 25. 89헌가104; 헌재 1997. 12. 24. 96헌마172등 참조).

따라서 한정위헌결정도 법 제47조 제1항에서 정한 기속력이 인정되는 '법률의 위헌결정'에 해당하고, 법 제68조 제2항에 따른 헌법소원심판에서 법률의 위헌성이 확인되어 한정위헌결정의 형태로 인용되는 경우 그 결정은 법률에 대한 위헌결정으로 법원을 비롯한 모든 국가기관과 지방자치단체에 대하여 기속력이 인정된다(법 제75조 제6항, 제47조 제1항).

라. 이 사건 재심기각판결 및 이 사건 재심상고기각판결에 대한 판단

(1) 이 사건 한정위헌결정의 기속력

(가) 헌법재판소는 2012. 5. 31. 2009헌바123등 결정에서 "구 조세감면규제법(1993. 12. 31. 법률 제4666호로 전부개정된 것)의 시행에도 불구하고 구 조세감면규제법(1990. 12. 31. 법률 제4285호) 부칙 제23조가 실효되지 않은 것으로 해석하는 것은 헌법에 위반된다."라고 선고함으로써, 법률조항의 문언 자체는 그대로 둔 채 그 법률조항이 규율하는 일부 영역, 즉 구 조세감면규제법(1990. 12. 31. 법률 제4285호) 부칙 제23조(이하 '이 사건 부칙조항'이라 한다)의 규범 영역 중 구 조세감면규제법(1993. 12. 31. 법률 제4666호로 전부개정된 것)의 시행일인 1994. 1. 1. 이후에도 적용되는 부분을 한정하여 그 효력을 상실시키는 한정위헌결정을 하였다.

(나) 이 사건 한정위헌결정은 구체적 사건에서 법률조항에 대한 법원의 특정한 해석·적용의 당부를 심사한 것이 아니라, 법률조항의 규범 영역 중 일부가 헌법에 위반되어 무효라는 내용의 일부위헌결정이다. 구체적 사건에서 법원의 법률의 해석·적용 권한이 사법권의 본질적 내용을 이루는 것은 부정할 수 없다. 그러나 법률조항의 문언 자체에 변화가 없고 헌법재판소가 법률조항의 규범 영역 중 헌법에 위반되어 효력을 상실하는 부분을 '해석'이라는 표현을 사용하여 지칭하였다는 이유로 법률에 대한 위헌성 심사의 결과인 한정위헌결정을 규범통제가 아닌 구체적 사건에서의 법원의 법률의 해석·적용 권한에 대한 통제라고 볼 수는 없다.

따라서 이 사건 한정위헌결정은 일부위헌결정으로서

법률에 대한 위헌결정에 해당하고, 법 제75조 제6항, 법 제47조 제2항에 따라 이 사건 부칙조항 중 구 조세감면규제법(1993. 12. 31. 법률 제4666호로 전부개정된 것)의 시행일인 1994. 1. 1. 이후에 적용되는 부분은 그 효력을 상실하였다. 또한 이 사건 한정위헌결정은 법 제75조 제6항, 제47조 제1항에 따라 법원과 그 밖의 국가기관 및 지방자치단체에 대하여 기속력이 있다.

(2) 예외적으로 헌법소원심판의 대상이 되는 법원의 재판에 해당하는지 여부

(가) 헌법재판소는 헌재 2022. 6. 30. 2014헌마760 등 결정에서 "헌법재판소법(2011. 4. 5. 법률 제10546호로 개정된 것) 제68조 제1항 본문 중 '법원의 재판' 가운데 '법률에 대한 위헌결정의 기속력에 반하는 재판' 부분은 헌법에 위반된다."라는 위헌결정을 선고하였다.

(나) 이 사건 재심기각판결은 '법률조항 자체는 그대로 둔 채 그 법률조항에 관한 특정한 내용의 해석·적용만을 위헌으로 선언하는 이른바 한정위헌결정에 관하여는 헌법재판소법 제47조가 규정하는 위헌결정의 효력을 부여할 수 없으며, 그 결과 한정위헌결정은 법원을 기속할 수 없고 재심사유가 될 수 없다'라는 이유를 들어 이 사건 한정위헌결정의 기속력을 부인하고 청구인의 재심청구를 기각하였고, 이 사건 재심상고기각판결도 마찬가지 이유로 심리불속행으로 상고를 기각하였다. 이는 일부위헌결정으로서 법 제75조 제6항, 제47조 제1항에 따라 기속력이 인정되는 이 사건 한정위헌결정의 기속력을 부인한 것이므로, 이 사건 재심기각판결 및 이 사건 재심상고기각판결은 모두 '법률에 대한 위헌결정의 기속력에 반하는 재판'에 해당한다. 따라서 이 사건 재심기각판결 및 이 사건 재심상고기각판결에 대해서는 예외적으로 그 취소를 구하는 헌법소원심판 청구가 허용된다.

(3) 재판청구권 침해 여부

(가) 헌법 제27조 제1항은 "모든 국민은 헌법과 법률이 정한 법관에 의하여 법률에 의한 재판을 받을 권리를 가진다."라고 규정하여 법원이 법률에 기속된다는 당연한 법치국가적 원칙을 확인하고, '법률에 의한 재판, 즉 절차법이 정한 절차에 따라 실체법이 정한 내용대로 재판을 받을 권리'를 보장하고 있다(헌재 1992. 6. 26. 90헌바25; 헌재 1993. 7. 29. 90헌바35 참조).

(나) 법 제75조 제7항은 "제68조 제2항에 따른 헌법소원이 인용된 경우에 해당 헌법소원과 관련된 소송사건이 이미 확정된 때에는 당사자는 재심을 청구할 수 있다."라고 규정함으로써 소송당사자가 재심을 청구할 권리를 부여하고 있고, 여기서 '헌법소원이 인용된 경우'에는 헌법재판소가 한정위헌결정을 한 경우도 포함된다.

따라서 이 사건 한정위헌결정의 기속력을 부인하여 재심사유로 받아들이지 아니한 이 사건 재심기각판결 및 이 사건 재심상고기각판결은 청구인의 재판청구권을 침해하는 것이다.

(4) 소결

이 사건 재심기각판결 및 이 사건 재심상고기각판결은 '법률에 대한 위헌결정의 기속력에 반하는 재판'으로 이에 대한 헌법소원은 허용되고 헌법상 보장된 청구인의 재판청구권을 침해하였으므로, 법 제75조 제3항에 따라 모두 취소되어야 한다.

마. 이 사건 재심대상판결 및 이 사건 파기환송판결에 대한 판단

(1) 이 사건 재심대상판결 및 이 사건 파기환송판결은 그 재판에 적용된 법률조항인 이 사건 부칙조항에 대하여 이 사건 한정위헌결정이 선고되기 전에 이루어진 재판이다.

헌법과 법률에 의하여 법률의 위헌 여부를 심사하는 헌법재판절차를 통상의 사법절차와 분리하여 제도화하고 있는 우리나라에서 헌법재판소가 위헌을 선언하기 전까지 모든 법률은 합헌으로 추정되므로, 법원으로서도 위헌의 의심이 있는 경우 헌법재판소에 해당 법률에 대한 위헌제청을 하여 그 적용을 일시 유보할 수는 있더라도, 그 법률의 적용을 거부할 수는 없다. 이에 위헌결정이 있기 전에 그 법률을 법원이 적용하는 것은 제도적으로 정당성이 보장된다. 따라서 아직 헌법재판소에 의하여 위헌으로 선언된 바가 없는 법률이 적용된 재판을 그 뒤에 위헌결정이 선고되었다는 이유로 위법한 공권력의 행사라고 하여 헌법소원심판의 대상으로 삼을 수는 없고(헌재 2001. 2. 22. 99헌마461등 참조), 그에 대한 구제 및 기판력의 제거는 재심절차에 의해서 가능하다.

법 제75조 제7항이 "제68조 제2항에 따른 헌법소원이 인용된 경우에 해당 헌법소원과 관련된 소송사건이 이미 확정된 때에는 당사자는 재심을 청구할 수 있다."라고 정하고, 법 제47조 제3항이 형벌에 관한 법률조항에 대한 위헌결정의 소급효를 인정하고 있음에도 같은

조 제4항에서 위헌으로 결정된 법률조항에 근거한 유죄의 확정판결에 대하여 법원에 재심절차를 통해 구제받을 수 있도록 정하고 있는 것도 위와 같은 이유 때문이다.

(2) 그렇다면 이 사건 재심대상판결 및 이 사건 파기환송판결은 '법률에 대한 위헌결정의 기속력에 반하는 재판'에 해당하지 아니하여 예외적으로 헌법소원의 대상이 되지 아니하므로, 이에 대한 심판청구는 모두 부적법하다.

바. 이 사건 과세처분에 대한 판단

(1) 법원의 재판을 거쳐 확정된 행정처분에 대한 헌법소원 심판청구

(가) 공권력의 행사로 인하여 헌법상 보장된 기본권을 침해받은 자는 원칙적으로 법원의 재판을 제외하고는 헌법재판소에 헌법소원심판을 청구할 수 있다(헌법 제111조 제1항 제5호, 법 제68조 제1항 본문). 따라서 행정처분에 대하여도 헌법소원심판을 청구할 수 있음이 원칙이다. 다만, 행정소송의 대상이 되는 행정처분의 경우에는 법 제68조 제1항 단서에 의하여 헌법소원심판을 청구하기에 앞서 행정소송절차를 거치도록 되어 있고, 법원의 재판을 원칙적으로 헌법소원심판의 대상에서 제외한 법 제68조 제1항의 입법취지 등에 비추어 볼 때, 행정처분의 취소를 구하는 행정소송에서 그 청구가 받아들여지지 아니하는 판결이 확정된 후 당해 행정처분(이하 '원행정처분'이라 한다)에 대하여 헌법소원심판을 청구하는 것은 허용되지 않는다. 행정처분의 취소소송에서 청구를 기각하는 판결이 확정되면 당사자는 그 판결의 기판력에 의한 기속을 받게 되므로, 별도의 절차에 의해 확정판결의 기판력이 제거되지 아니하는 한, 판결에 의해 적법한 것으로 확정된 원행정처분의 위법성을 주장하는 것은 확정판결의 기판력에 어긋나기 때문이다(헌재 1998. 5. 28. 91헌마98등 참조).

(나) 그러나 원행정처분을 심판의 대상으로 삼았던 법원의 재판이 예외적으로 헌법소원심판의 대상이 되어 그 재판 자체가 취소되는 경우에는 신속하고 효율적인 국민의 기본권 구제를 위해 원행정처분에 대하여도 헌법소원심판청구를 허용하고 이를 취소할 수 있다(헌재 1997. 12. 24. 96헌마172등 참조).

(2) 이 사건의 경우

(가) 앞서 본 바와 같이 이 사건 재심기각판결 및 이 사건 재심상고기각판결은 '법률에 대한 위헌결정의 기속력에 반하는 재판'으로 헌법상 보장된 청구인의 재판청구권을 침해하였으므로 모두 취소되어야 한다. 그러나 이 사건 재심기각판결 및 이 사건 재심상고기각판결은 원행정처분인 이 사건 과세처분을 심판의 대상으로 삼았던 법원의 재판이 아니다.

(나) 이 사건 과세처분을 심판의 대상으로 삼았던 법원의 재판은 이 사건 재심대상판결 및 이 사건 파기환송판결이고, 이들 법원의 재판이 예외적으로 헌법소원의 대상이 되어 취소된다면 이 사건 과세처분도 함께 취소될 여지가 있다. 그러나 이 사건 재심대상판결 및 이 사건 파기환송판결은 앞서 본 바와 같이 예외적으로 헌법소원의 대상이 되는 법원의 재판에 해당하지 아니하고, 헌법재판소가 이 사건 재심대상판결 및 이 사건 파기환송판결을 취소하지 않으면서 이 사건 과세처분을 취소하는 것은 이들 재판의 기판력과 충돌하게 되므로 허용되지 아니한다.

(3) 소결

결국 이 사건 과세처분을 심판의 대상으로 삼았던 법원의 재판이 예외적으로 헌법소원의 대상이 되어 취소되는 경우에 해당하지 아니하므로, 이 사건 과세처분에 대한 심판청구는 부적법하다.

5. 결 론

그렇다면 이 사건 재심기각판결 및 이 사건 재심상고기각판결은 청구인의 재판청구권을 침해한 것이므로 이를 모두 취소하고, 청구인의 나머지 심판청구는 모두 부적법하므로 이를 각하하기로 하여, 주문과 같이 결정한다. 이 결정은 아래 6.과 같은 재판관 이석태, 재판관 이영진의 이 사건 과세처분에 대한 반대의견이 있는 외에는 관여 재판관들의 일치된 의견에 의한 것이다.

6. 재판관 이석태, 재판관 이영진의 이 사건 과세처분에 대한 반대의견

우리는 이 사건 재심기각판결 및 이 사건 재심상고기각판결과 함께 이 사건 과세처분도 이 사건에서 함께 취소하여야 한다고 생각하므로 아래와 같이 반대의견을 밝힌다.

가. 원행정처분에 대한 헌법소원심판청구

(1) 공권력의 행사로 인하여 헌법상 보장된 기본권을 침해받은 자는 원칙적으로 법원의 재판을 제외하고는

헌법재판소에 헌법소원심판을 청구할 수 있다(헌법 제111조 제1항 제5호, 법 제68조 제1항 본문). 다만 다른 법률에 구제절차가 있는 경우에는 그 절차를 모두 거친 후에 청구할 수 있다(법 제68조 제1항 단서).

그런데 행정소송의 대상이 되는 행정처분의 경우에는 법 제68조 제1항 단서에 의하여 헌법소원심판을 청구하기에 앞서 행정소송절차를 모두 거친다 하더라도 법원의 재판을 원칙적으로 헌법소원심판의 대상에서 제외하고 있는 법 제68조 제1항의 입법취지 등을 고려하여, 원래의 행정처분에 대하여 다시 헌법소원심판을 청구하는 것은 원칙적으로 허용되지 않고 있다(헌재 1998. 5. 28. 91헌마98등 참조). 다만, 헌법재판소는 헌법재판소가 위헌으로 결정한 법령을 적용함으로써 국민의 기본권을 침해한 법원의 재판은 예외적으로 헌법소원심판의 대상이 될 수 있음을 선언하면서, 그와 같은 법원의 재판을 취소함과 아울러, 그 재판의 대상이었던 원행정처분에 대한 헌법소원심판청구도 받아들여 이를 취소한 바 있다(헌재 1997. 12. 24. 96헌마172등 참조).

따라서 행정소송절차를 모두 거친 원행정처분에 대한 헌법소원심판청구는 절대적으로 허용되지 않는 것이 아니라, 법원이 헌법재판소의 위헌결정의 효력을 인정하지 않음으로써 국민의 기본권을 침해하는 경우와 같이 법 제68조 제1항에서 원칙적으로 재판소원을 금지하고 있는 취지를 더 이상 존중할 필요가 없는 경우에는 원행정처분에 대한 헌법소원심판청구의 허용 여부도 달리 판단될 수 있다.

(2) 법률에 대한 위헌결정 및 헌법소원의 인용결정은 모든 국가기관에 대하여 효력이 미치고(법 제47조 제1항, 제75조 제1항, 제6항), 이러한 기속력은 헌법의 우위와 법률의 위헌 또는 인용결정의 실효성을 확보하기 위한 것이다. 앞서 본 바와 같이 현행 헌법소원제도는 재판소원을 원칙적으로 금지하면서도 법 제68조 제2항의 헌법소원제도를 마련하여 헌법재판소에 의하여 재판의 전제가 되는 규범통제 결과 해당 법률의 위헌성이 확인되면 위헌소원을 제기한 당해 사건 당사자의 경우 법원에 재심청구를 할 수 있도록 하고 법원 스스로 이러한 재심절차를 통해 법 제68조 제2항 헌법소원이 인용되기 전에 이미 확정된 재판을 취소할 수 있도록 함으로써, 위헌결정의 계기를 부여한 당사자를 구제함과 동시에 헌법재판소에 의한 규범통제의 실효성이 확보될 수 있도록 하고 있다. 그런데 만약 법 제68조 제2항에 따른 헌법소원 심판청구가 인용되어 법률에 대한 위헌결정이 있었음에도 법원이 위헌결정의 기속력을 부인하여 당해 사건 당사자가 제기한 재심청구를 받아들이지 않음으로써 원행정처분을 심판의 대상으로 삼았던 법원의 재판이 취소될 수 없는 결과를 초래하는 경우에는, 법원 스스로 법이 정한 재심재판을 통해 확정판결의 기판력을 제거함으로써 합헌적 질서를 회복할 수 있는 기회를 거부하고 헌법의 우위에 따른 법질서를 훼손한 것이 된다.

이러한 경우에는 법원의 확정판결이 가지는 효력인 기판력에 의한 법적 안정성을 더 이상 유지시켜야 할 이유가 없으며, 헌법재판소는 위헌결정의 실효성을 확보함과 동시에 법원에 의하여 훼손된 헌법 우위의 법질서를 바로 잡고 국민의 기본권을 신속하고 효율적으로 구제하기 위하여 예외적으로 원행정처분에 대한 헌법소원심판청구를 허용할 필요가 있다.

나. 이 사건의 경우

(1) 청구인은 2005. 6. 29. 이 사건 과세처분에 대해 취소를 구하는 행정소송을 제기하였고 그에 대한 패소판결인 이 사건 재심대상판결이 2009. 6. 4. 최종 확정된 이후에 이 사건 과세처분에 대한 헌법소원심판청구를 함으로써 다른 법률에 구제절차가 있는 경우 그 절차를 모두 거칠 것을 요하는 법 제68조 제1항 단서가 정한 헌법소원심판청구의 보충성 요건을 충족하였다. 또한 청구인은 이 사건 과세처분의 취소를 구하는 행정소송 계속 중 처분의 근거가 되는 법률조항에 대하여 법 제68조 제2항의 헌법소원을 제기하여 헌법재판소로부터 2012. 5. 31. 인용결정을 받고 법 제75조 제7항에 따라 법원에 이 사건 재심대상판결에 대한 재심을 청구하였으나, 법원은 이 사건 한정위헌결정의 기속력을 부인하여 그에 관한 재심청구를 기각하고 그에 대한 상고도 기각함으로써 헌법 및 그 위임에 따라 마련된 헌법소원제도에 의하여 보장되는 청구인의 재판청구권을 침해하였다. 이러한 이유로 이 사건 재심기각판결 및 이 사건 재심상고기각판결이 '법률에 대한 위헌결정의 기속력에 반하는 재판'으로서 예외적으로 취소되어야 함은 앞서 본 바와 같다.

(2) 엄밀히 말해 원행정처분인 이 사건 과세처분을 심판의 대상으로 삼았던 법원의 재판은 이 사건 재심대상판결이고, 이는 이 사건 한정위헌결정 이전에 확정

된 법원의 재판으로서 오로지 헌법재판소법이 정한 재심절차에 의하여서만 취소가 가능하다. 그런데 이 사건 재심기각판결 및 이 사건 재심상고기각판결은 이 사건 한정위헌결정의 기속력을 부인하여 이를 재심사유로 받아들이지 않았고, 이로써 이 사건 재심대상판결이 취소될 수 있는 유일한 절차가 차단되었다.

이와 같이 법원의 재판절차를 통해서는 원행정처분에 의하여 침해된 국민의 기본권이 더 이상 구제될 가능성이 없고 나아가 원행정처분을 심판의 대상으로 삼았던 법원의 재판이 취소될 수 있는 절차가 마련되어 있음에도 법원 스스로 이를 위반하여 해당 재판이 취소될 수 없는 결과를 초래한 경우에는, 법원의 재판을 거친 원행정처분이라 하더라도 예외적으로 그에 대한 헌법소원심판을 허용할 필요가 있다. 헌법재판소는 이러한 경우 국민의 기본권을 신속하고 효율적으로 구제하기 위해서 그리고 법원에 의해 부정된 위헌결정의 기속력을 회복시키기 위하여, 원행정처분을 직접 심판의 대상으로 삼았던 법원의 재판인 이 사건 재심대상판결을 직접 취소할 수 없는 경우라 하더라도, 원행정처분인 이 사건 과세처분을 직접 취소할 필요가 있는 것이다.

이는 헌법에 대한 최종해석권한을 가진 헌법재판소를 통하여 최고 규범인 헌법의 우위를 확보할 필요성에 따른 것임은 물론, 나아가 이러한 예외적인 경우에는 확정판결의 기판력을 통한 법적 안정성보다 헌법의 우위에 따라 마련된 제도인 헌법소원심판청구를 통한 국민의 기본권에 대한 실효적 보장을 중요시하는 것이 우리 헌법의 정신에 부합하기 때문이다.

다. 소결

이 사건 과세처분은 원행정처분에 해당하지만, 이 사건 한정위헌결정에서 위헌으로 선언한 법률조항을 근거로 한 처분으로서 법 제68조 제2항 및 법 제75조 제7항에 따라 재심절차에 의하여 법원의 재판을 통해 취소되어야 함에도, 법원이 이 사건 한정위헌결정의 기속력을 부인함으로써 법이 정한 절차를 통한 취소가 불가능하게 되었으므로, 예외적으로 헌법소원심판청구가 허용되는 경우에 해당한다.

따라서 청구인은 피청구인의 위헌·위법한 공권력 행사인 이 사건 과세처분으로 말미암아 헌법상 보장된 기본권인 재산권을 침해받았다고 할 것이므로, 법 제75조 제3항에 따라 피청구인이 청구인에게 한 이 사건 과세처분은 취소되어야 한다.

재판장 유남석 이선애 이석태 이은애 이종석 이영진 김기영 문형배 이미선

[별지] 부과처분 내역

(별지 생략)

72. 통신자료 취득행위 위헌확인 등

[2022. 7. 21. 2016헌마388, 2022헌마105·110·126(병합)]

【판시사항】

1. 수사기관 등이 전기통신사업자에게 이용자의 성명 등 통신자료의 제공을 요청하여 취득한 행위(이하 '이 사건 통신자료 취득행위'라 한다)가 헌법소원의 대상이 되는 공권력 행사에 해당하는지 여부(소극)

2. 수사기관 등이 전기통신사업자에게 이용자의 성명 등 통신자료의 열람이나 제출을 요청할 수 있도록 한 전기통신사업법 제83조 제3항 중 '검사 또는 수사관서의 장(군 수사기관의 장을 포함한다), 정보수사기관의 장의 수사, 형의 집행 또는 국가안전보장에 대한 위해 방지를 위한 정보수집을 위한 통신자료 제공요청'에 관한 부분(이하 '이 사건 법률조항'이라 한다)이 직접성 요건을 갖추었는지 여부(적극)

3. 이 사건 법률조항이 개인정보자기결정권을 제한하는지 여부(적극)

4. 이 사건 법률조항이 영장주의의 적용을 받는지 여부(소극)

5. 이 사건 법률조항이 명확성원칙에 위배되는지 여부(소극)

6. 이 사건 법률조항이 과잉금지원칙에 위배되는지 여부(소극)

7. 이 사건 법률조항이 적법절차원칙에 위배되는지 여부(적극)

8. 헌법불합치결정의 필요성

【결정요지】

1. 수사기관 등에 의한 통신자료 제공요청은 임의수사에 해당하는 것으로, 전기통신사업자가 이에 응하지 아니한 경우에도 어떠한 법적 불이익을 받는다고 볼 수 없다. 따라서 이 사건 통신자료 취득행위는 헌법소원의 대상이 되는 공권력의 행사에 해당하지 않는다.

2. 이 사건 법률조항은 수사기관 등의 전기통신사업자에 대한 통신자료 제공요청이라는 행위를 예정하고 있으나, 이 사건 통신자료 취득행위에 대한 직접적인 불복수단이 존재하는지 여부가 불분명하고, 청구인들이 영장주의 및 적법절차원칙 위반을 다투고 있는 부분과 관련하여서는 법률 그 자체에 의하여 청구인들의 법적 지위에 영향을 미친다고 볼 수 있다. 따라서 이 사건 법률조항은 직접성이 인정된다. 직접성을 부정한 헌재 2012. 8. 23. 2010헌마439 결정은 이 결정과 저촉되는 범위 안에서 이를 변경한다.

3. 전기통신사업자가 수사기관 등의 통신자료 제공요청에 따라 수사기관 등에 제공하는 이용자의 성명, 주민등록번호, 주소, 전화번호, 아이디, 가입일 또는 해지일은 청구인들의 동일성을 식별할 수 있게 해주는 개인정보에 해당하므로, 이 사건 법률조항은 개인정보자기결정권을 제한한다.

4. 헌법상 영장주의는 체포·구속·압수·수색 등 기본권을 제한하는 강제처분에 적용되므로, 강제력이 개입되지 않은 임의수사에 해당하는 수사기관 등의 통신자료 취득에는 영장주의가 적용되지 않는다.

5. 청구인들은 이 사건 법률조항 중 '국가안전보장에 대한 위해'의 의미가 불분명하다고 주장하나, '국가안전보장에 대한 위해를 방지하기 위한 정보수집'은 국가의 존립이나 헌법의 기본질서에 대한 위험을 방지하기 위한 목적을 달성함에 있어 요구되는 최소한의 범위 내에서의 정보수집을 의미하는 것으로 해석되므로, 명확성원칙에 위배되지 않는다.

6. 이 사건 법률조항은 범죄수사나 정보수집의 초기단계에서 수사기관 등이 통신자료를 취득할 수 있도록 함으로써 수사나 형의 집행, 국가안전보장 활동의 신속성과 효율성을 도모하고, 이를 통하여 실체적 진실발견, 국가 형벌권의 적정한 행사 및 국가안전보장에 기여한다. 이 사건 법률조항은 수사기관 등이 통신자료 제공요청을 할 수 있는 정보의 범위를 성명, 주민등록번호, 주소 등 피의자나 피해자를 특정하기 위한 불가피한 최소한의 기초정보로 한정하고, 민감정보를 포함하고 있지 않으며, 그 사유 또한 '수사, 형의 집행 또는 국가안전보장에 대한 위해를 방지하기 위한 정보수집'으로 한정하고 있다. 또한, 전기통신사업법은 통신자료 제공요청 방법이나 통신자료 제공현황 보고에 관한 규정 등을 두어 통신자료가 수사 등 정보수집의 목적달성에 필요한 최소한의 범위 내에서 이루어지도록 하고 있다. 따라서 이 사건 법률조항은 과잉금지원칙에 위배되지 않는다.

7. 이 사건 법률조항에 의한 통신자료 제공요청이 있는 경우 통신자료의 정보주체인 이용자에게는 통신자료 제공요청이 있었다는 점이 사전에 고지되지 아니하며, 전기통신사업자가 수사기관 등에게 통신자료를 제공한 경우에도 이러한 사실이 이용자에게 별도로 통지되지 않는다. 그런데 당사자에 대한 통지는 당사자가 기본권 제한 사실을 확인하고 그 정당성 여부를 다툴 수 있는 전제조건이 된다는 점에서 매우 중요하다. 효율적인 수사와 정보수집의 신속성, 밀행성 등의 필요성을 고려하여 사전에 정보주체인 이용자에게 그 내역을 통지하도록 하는 것이 적절하지 않다면 수사기관 등이 통신자료를 취득한 이후에 수사 등 정보수집의 목적에 방해가 되지 않는 범위 내에서 통신자료의 취득사실을 이용자에게 통지하는 것이 얼마든지 가능하다. 그럼에도 이 사건 법률조항은 통신자료 취득에 대한 사후통지절차를 두지 않아 적법절차원칙에 위배된다.

8. 이 사건 법률조항은 통신자료 취득 자체가 헌법에 위반된다는 것이 아니라 통신자료 취득에 대한 사후통지절차를 마련하지 않은 것이 헌법에 위반된다는 것이므로, 이 사건 법률조항에 대하여 단순위헌 결정을 하게 되면 법적 공백이 발생하게 된다. 따라서 이 사건 법률조항에 대하여 잠정적용을 명하는 헌법불합치결정을 선고하되, 입법자는 늦어도 2023. 12. 31.까지 개선입법을 하여야 한다.

재판관 이석태, 재판관 이영진, 재판관 김기영, 재판관 문형배, 재판관 이미선의 판시사항 1. 부분에 관한 별개의견

이 사건 통신자료 취득행위의 공권력 행사성은 인정되나 심판의 이익이 없음을 이유로 각하되어야 한다.

이 사건 통신자료 취득행위는 정보주체인 청구인들의 의사와 상관없이 이루어진 것으로, 청구인들이 전기통신사업자의 통신자료 제공을 저지하기 위해 개입할 여지가 전혀 없을 뿐만 아니라, 수사기관 등이 청구인들의 의사와 무관하게 이들의 통신자료를 취득한 순간 곧바로 청구인들의 법적 지위가 불리하게 변화된다. 따라서 이 사건 통신자료 취득행위는 청구인들의 개인정보인 통신자료에 대하여 대물적으로 행하는 수사행위로서 권력적 사실행위에 해당하므로, 헌법소원의 대상이 되는 공권력행사에 해당한다.

그러나 이 사건 통신자료 취득행위는 이 사건 법률조항에 근거하여 이루어진 것이고, 청구인들이 종국적으로 다투고자 하는 것도 이 사건 법률조항의 위헌성이므로, 이 사건 법률조항에 대한 심판청구의 적법성을 인정하여 본안 판단에 나아가는 이상, 이 사건 통신자료 취득행위에 대해서는 별도로 심판청구의 이익을 인정할 실익이 없다.

재판관 이종석의 6. 부분에 관한 별개의견

이 사건 법률조항은 적법절차원칙에 위배될 뿐만 아니라 과잉금지원칙에도 위배된다.

이 사건 법률조항은 통신자료를 요청할 수 있는 사유를 지나치게 광범위하고 포괄적으로 규정하여 수사기관 등의 통신자료 취득이 개인정보자기결정권뿐만 아니라 개인의 사생활이나 통신의 자유에 대한 중대한 제한으로 이어질 수 있도록 하고 있다. 이 사건 법률조항에 의하여 수사기관 등이 취득하는 통신자료는 민감정보로 확대될 수 있는 위험성을 가진 정보들이고, 특히 주민등록번호는 만능키라고 불리울 정도로 다른 민감한 정보로의 연결자로서 역할을 할 수 있다. 수사나 정보 수집의 초기단계에서 용의자나 피해자를 특정하기 위한 목적이라면, 성명, 생년월일, 주소, 전화번호 정도의 통신자료만을 제공받아도 충분하다. 또한, 이 사건 법률조항은 수사기관 등이 취득한 통신자료의 보관기간이나 폐기절차 등 사후관리에 관한 규정을 전혀 마련하고 있지 않아 국민의 개인정보가 수사기관 등에 의하여 남용될 위험에 노출되어 있다.

따라서 이 사건 법률조항은 과잉금지원칙에 위배되어 개인정보자기결정권을 침해한다.

【심판대상조문】

전기통신사업법(2010. 3. 22. 법률 제10166호로 전부개정된 것) 제83조 제3항 중 '검사 또는 수사관서의 장(군 수사기관의 장을 포함한다), 정보수사기관의 장의 수사, 형의 집행 또는 국가안전보장에 대한 위해 방지를 위한 정보수집을 위한 통신자료 제공요청'에 관한 부분

【참조조문】

구 전기통신사업법(2010. 3. 22. 법률 제10166호로 전부개정되고, 2020. 6. 9. 법률 제17347호로 개정되기 전의 것) 제83조 제4항

전기통신사업법(2010. 3. 22. 법률 제10166호로 전부개정된 것) 제83조 제5항, 제7항

구 전기통신사업법(2010. 3. 22. 법률 제10166호로 전부개정되고, 2018. 12. 24. 법률 제16019호로 개정되기 전의 것) 제94조 제5호

구 전기통신사업법(2013. 3. 23. 법률 제11690호로 개정되고, 2017. 7. 26. 법률 제14839호로 개정되기 전의 것) 제83조 제6항

전기통신사업법(2020. 6. 9. 법률 제17352호로 개정된 것) 제104조 제5항 제13호, 제14호

【참조판례】

1. 헌재 2012. 8. 23. 2010헌마439, 판례집 24-2상, 641, 646

2. 헌재 1997. 8. 21. 96헌마48, 판례집 9-2, 295, 304

헌재 2004. 8. 26. 2003헌마337, 판례집 16-2상, 334, 343

3. 헌재 2012. 12. 27. 2010헌마153, 판례집 24-2하, 537, 547

헌재 2018. 8. 30. 2016헌마483, 판례집 30-2, 552, 561

4. 헌재 2012. 5. 31. 2010헌마672, 판례집 24-1하, 652, 655-656

5. 헌재 1992. 2. 25. 89헌가104, 판례집 4, 64, 89-90

헌재 2014. 9. 25. 2011헌바358, 판례집 26-2상, 445, 457-458

6. 헌재 2005. 7. 21. 2003헌마282등, 판례집 17-2, 81, 92

헌재 2018. 6. 28. 2012헌마191등, 판례집 30-1하, 564, 578

헌재 2018. 8. 30. 2016헌마483, 판례집 30-2, 552, 563-564

7. 헌재 2018. 4. 26. 2014헌마1178, 판례집 30-1상, 675, 681

【당 사 자】

청 구 인 [별지 1] 청구인 명단과 같음

피청구인 [별지 2] 피청구인 명단과 같음

【주 문】

1. 전기통신사업법(2010. 3. 22. 법률 제10166호로 전부개정된 것) 제83조 제3항 중 '검사 또는 수사관서의 장(군 수사기관의 장을 포함한다), 정보수사기관의 장의 수사, 형의 집행 또는 국가안전보장에 대한 위해방지를 위한 정보수집을 위한 통신자료 제공요청'에 관한 부분은 헌법에 합치되지 아니한다. 위 법률조항은 2023. 12. 31.을 시한으로 입법자가 개정할 때까지 계속 적용된다.

2. [별지 3] [별지 4] 기재 청구인들의 각 통신자료 취득행위에 대한 심판청구 및 청구인 유○○, 박○○, 신○○, 김○○, 장○○의 심판청구를 각하한다.

【이 유】

1. 사건개요

가. 2016헌마388

(1) 청구인들은 전기통신사업자인 ○○ 주식회사, 주식회사 □□, 주식회사 △△가 제공하는 전기통신역무를 이용하는 사람들이다.

(2) 피청구인들은 전기통신사업법 제83조 제3항에 따라 ○○ 주식회사와 주식회사 □□에게 수사를 위하여 [별지 3] 기재와 같이 청구인 좌○○, 김□□, 박□□, 조○○, 강○○, 하○○, 안○○, 박△△, 양○○, 이○○의 '성명, 주민등록번호, 주소, 전화번호, 가입일' 등의 통신자료 제공을 요청하였고, 위 전기통신사업자들은 피청구인들에게 [별지 3] 기재와 같이 청구인들의 통신자료를 제공하였다. 피청구인들은 이를 통해 2015. 5. 21.부터 2016. 3. 4.까지 [별지 3] 기재 청구인들의 통신자료를 취득하였다.

또한 피청구인들 및 각급 검찰청에 소속된 검사 및 수사관서의 장들은 ○○ 주식회사, 주식회사 □□, 주식회사 △△에 [별지 3] 기재 청구인들을 제외한 나머지 청구인들의 통신자료 제공을 요청하여 그 통신자료를 취득하였다.

(3) 이에 청구인들은 2016. 5. 18. 검사 또는 군 수사기관의 장을 포함한 수사관서의 장, 정보수사기관의 장(이하 '수사기관 등'이라 한다)이 전기통신사업자에게 통신자료의 제공을 요청하면 전기통신사업자가 그 요청에 따를 수 있다고 정하고 있는 전기통신사업법 제83조 제3항에 대해, [별지 3] 기재 청구인들은 각 통신자료 취득행위에 대해, 청구인 강○○는 긴급한 사유가 있는 경우 수사기관의 장 등이 전기통신사업자에게 서면에 의하지 아니하는 방법으로 통신자료의 제공을 요청할 수 있다고 정하고 있는 전기통신사업법 제83조 제4항 단서를 위 제83조 제3항에 추가하여 이 사건 헌법소원심판을 청구하였다.

나. 2022헌마105

(1) 청구인은 2021. 12. 23. 전기통신사업자인 주식회사 □□를 상대로 자신의 통신자료가 수사기관에 제공된 사실이 있는지 여부를 확인해 줄 것을 요청하였고, 주식회사 □□는 2021. 12. 27. 청구인의 성명, 주민등록번호, 주소, 전화번호, 가입일, 해지일의 통신자료가 2021. 2. 23.부터 같은 해 6. 28. 사이에 세 차례에 걸쳐 ○○지방검찰청에 제공된 사실이 있음을 확인해주었다.

(2) 이에 청구인은 수사기관 등의 요청에 따라 전기통신사업자가 이용자의 개인정보를 제공할 수 있도록 규정한 전기통신사업법 제83조 제3항이 영장주의에 위반되고 청구인의 기본권을 침해한다고 주장하면서 2022. 1. 25. 이 사건 헌법소원심판을 청구하였다.

다. 2022헌마110

(1) 2021. 2. 23.부터 같은 해 11. 8. 사이에 4차례에 걸쳐 청구인의 성명, 주민등록번호, 주소, 전화번호, 가입일, 해지일의 통신자료가 ○○지방검찰청, ○○경찰서 등 수사기관에 제공되었다.

(2) 이에 청구인은 수사기관 등의 요청에 따라 전기통신사업자가 이용자의 개인정보를 제공할 수 있도록 규정한 전기통신사업법 제83조 제3항이 과잉금지원칙, 명확성원칙, 영장주의에 위배되어 청구인의 기본권을 침해한다고 주장하면서 2022. 1. 26. 이 사건 헌법소원심판을 청구하였다.

라. 2022헌마126

(1) 청구인들은 전기통신사업자인 ○○ 주식회사, 주식회사 □□, 주식회사 △△가 제공하는 전기통신역무를 이용하는 사람들이다.

(2) 청구인들은 피청구인들이 [별지 4] 기재와 같이 청구인들의 통신자료를 취득한 사실을 알고, 피청구인들의 [별지 4] 기재와 같은 각 통신자료 취득행위와 그 근거법률인 전기통신사업법 제83조 제3항 및 제4항 단서가 청구인들의 개인정보자기결정권 등을 침해한다고 주장하면서 2022. 1. 28. 이 사건 헌법소원심판을 청구하였다.

2. 심판대상

가. 2016헌마388

(1) 청구인 좌○○ 등은 [별지 3] 기재 각 통신자료 취득행위에 대해 이 사건 헌법소원심판을 청구하고 있다.

(2) 또한, 청구인들은 전기통신사업법 제83조 제3항 전체에 대해서도 심판청구를 하고 있다. 그러나 이 사건에서 수사기관 등은 수사를 위하여 전기통신사업자에게 청구인들의 통신자료 제공요청을 하였고 전기통신사업자들은 위 요청에 따라 청구인들의 개인정보가 담긴 통신자료를 수사기관 등에 제공하였으므로(이하 수사기관 등의 '통신자료 제공요청'과 전기통신사업자의 '통신자료 제공'을 통해 수사기관 등이 통신자료를 확보한 것을 '통신자료 취득행위'라 한다), 심판대상을 전기통신사업법 제83조 제3항 중 '검사 또는 수사관서의 장(군 수사기관의 장을 포함한다), 정보수사기관의 장의 통신자료 제공요청'에 관한 부분으로 한정한다. 청구인들은 전기통신사업법이 사후통지 절차를 마련하지 아니한 입법부작위가 헌법에 위반된다는 취지의 주장도 하고 있으나, 이는 전기통신사업법 제83조 제3항이 이용자에 대한 사후통지에 관해 규정하지 아니한 것, 즉 불충분·불완전한 입법을 다투는 것으로 결국 전기통신사업법 제83조 제3항의 위헌 여부를 다투는 것이므로 별도로 심판대상에 포함시키지 아니한다.

(3) 한편, 청구인 강○○는 전기통신사업법 제83조 제3항이 위헌일 경우 전기통신사업법 제83조 제4항 단서도 위헌임을 면할 수 없으므로 헌법재판소법 제45조에 따라 위헌결정의 범위를 확장하여 위 조항에 대해서도 위헌선언을 해야 한다고 주장하고 있으나, 이는 전기통신사업법 제83조 제4항의 독자적인 위헌성에 대한 주장이 아니므로 심판대상에 포함시키지 아니한다

(4) 따라서 심판대상은 [별지 3] 기재 청구인들에 대한 각 통신자료 취득행위와 전기통신사업법(2010. 3. 22. 법률 제10166호로 전부개정된 것) 제83조 제3항 중 '검사 또는 수사관서의 장(군 수사기관의 장을 포함한다), 정보수사기관의 장의 수사, 형의 집행 또는 국가안전보장에 대한 위해 방지를 위한 정보수집을 위한 통신자료 제공요청'에 관한 부분이 청구인들의 기본권을 침해하는지 여부이다.

나. 2022헌마105

청구인은 전기통신사업법 제83조 제3항 전부에 대하여 심판청구를 하고 있으나, 청구인은 검사에게 통신자료가 제공된 사람이므로, 심판대상을 청구인에게 관련된 부분으로 한정한다. 따라서 심판대상은 전기통신사업법(2010. 3. 22. 법률 제10166호로 전부개정된 것) 제83조 제3항 중 '검사의 수사를 위한 정보수집을 위한 통신자료 제공요청'에 관한 부분이 청구인의 기본권을 침해하는지 여부이다.

다. 2022헌마110

청구인은 전기통신사업법 제83조 제3항 전부에 대해 심판청구를 하고 있으나, 청구인의 통신자료는 검사와 경찰에게 제공되었으므로, 심판대상을 청구인에게 관련된 부분으로 한정한다. 따라서 심판대상은 전기통신사업법(2010. 3. 22. 법률 제10166호로 전부개정된 것) 제83조 제3항 중 '검사 또는 수사관서의 장의 수사를 위한 정보수집을 위한 통신자료 제공요청'에 관한 부분이 청구인의 기본권을 침해하는지 여부이다.

라. 2022헌마126.

청구인들은 [별지 4] 기재 각 통신자료 취득행위와 전기통신사업법 제83조 제3항 및 제4항 단서에 대하여 심판청구를 하고 있다. 그런데 청구인들은 검사 또는 ○○처 등 수사기관에 통신자료가 제공된 사람들이므로, 전기통신사업법 제83조 제3항은 청구인들에게 관련된 부분으로 심판대상을 한정하고, 전기통신사업법 제83조 제4항 단서에 대하여는 독자적인 위헌성을 주장하고 있지 않으므로, 심판대상에서 제외하기로 한다. 따라서 심판대상은 [별지 4] 기재 청구인들에 대한 각 통신자료 취득행위와 전기통신사업법(2010. 3. 22. 법률 제10166호로 전부개정된 것) 제83조 제3항 중 '검사 또는 수사관서의 장의 수사를 위한 정보수집을 위한 통신자료 제공요청'에 관한 부분이 청구인들의 기본권을 침해하는지 여부이다.

마. 소결

그러므로 위 심판대상들을 종합하면, 이 사건 심판대상은 [별지 3] [별지 4] 기재 청구인들에 대한 각 통신자료 취득행위(이하 '이 사건 통신자료 취득행위'라 한다)와 전기통신사업법(2010. 3. 22. 법률 제10166호로 전부개정된 것) 제83조 제3항 중 '검사 또는 수사관서의 장(군 수사기관의 장을 포함한다), 정보수사기관의 장의 수사, 형의 집행 또는 국가안전보장에 대한 위해 방지를 위한 정보수집을 위한 통신자료 제공요청'에 관한 부분(이하 '이 사건 법률조항'이라 한다)이 청구인들의 기본권을 침해하는지 여부이다.

심판대상조항 및 관련조항은 다음과 같다.

[심판대상조항]

전기통신사업법(2010. 3. 22. 법률 제10166호로 전부개정된 것)

제83조(통신비밀의 보호) ③ 전기통신사업자는 법원, 검사 또는 수사관서의 장(군 수사기관의 장, 국세청장 및 지방국세청장을 포함한다. 이하 같다), 정보수사기관의 장이 재판, 수사(「조세범 처벌법」 제10조 제1항·제3항·제4항의 범죄 중 전화, 인터넷 등을 이용한 범칙사건의 조사를 포함한다), 형의 집행 또는 국가안전보장에 대한 위해를 방지하기 위한 정보수집을 위하여 다음 각 호의 자료의 열람이나 제출(이하 "통신자료 제공"이라 한다)을 요청하면 그 요청에 따를 수 있다.

1. 이용자의 성명
2. 이용자의 주민등록번호
3. 이용자의 주소
4. 이용자의 전화번호
5. 이용자의 아이디(컴퓨터시스템이나 통신망의 정당한 이용자임을 알아보기 위한 이용자 식별부호를 말한다)
6. 이용자의 가입일 또는 해지일

[관련조항]

구 전기통신사업법(2010. 3. 22. 법률 제10166호로 전부개정되고, 2020. 6. 9. 법률 제17347호로 개정되기 전의 것)

제83조(통신비밀의 보호) ④ 제3항에 따른 통신자료제공 요청은 요청사유, 해당 이용자와의 연관성, 필요한 자료의 범위를 기재한 서면(이하 "자료제공요청서"라 한다)으로 하여야 한다. 다만, 서면으로 요청할 수 없는 긴급한 사유가 있을 때에는 서면에 의하지 아니하는 방법으로 요청할 수 있으며, 그 사유가 해소되면 지체 없이 전기통신사업자에게 자료제공요청서를 제출하여야 한다.

전기통신사업법(2010. 3. 22. 법률 제10166호로 전부개정된 것)

제83조(통신비밀의 보호) ⑤ 전기통신사업자는 제3항과 제4항의 절차에 따라 통신자료제공을 한 경우에는 해당 통신자료제공 사실 등 필요한 사항을 기재한 대통령령으로 정하는 대장과 자료제공요청서 등 관련 자료를 갖추어 두어야 한다.

⑦ 전기통신사업자는 제3항에 따라 통신자료제공을 요청한 자가 소속된 중앙행정기관의 장에게 제5항에 따른 대장에 기재된 내용을 대통령령으로 정하는 방법에 따라 알려야 한다. 다만, 통신자료제공을 요청한 자가 법원인 경우에는 법원행정처장에게 알려야 한다.

구 전기통신사업법(2013. 3. 23. 법률 제11690호로 개정되고, 2017. 7. 26. 법률 제14839호로 개정되기 전의 것)

제83조(통신비밀의 보호) ⑥ 전기통신사업자는 대통령령으로 정하는 방법에 따라 통신자료제공을 한 현황 등을 연 2회 미래창조과학부장관에게 보고하여야 하며, 미래창조과학부장관은 전기통신사업자가 보고한 내용의 사실 여부 및 제5항에 따른 관련 자료의 관리 상태를 점검할 수 있다.

구 전기통신사업법(2010. 3. 22. 법률 제10166호로 전부개정되고, 2018. 12. 24. 법률 제16019호로 개정되기 전의 것)

제94조(벌칙) 다음 각 호의 어느 하나에 해당하는 자는 5년 이하의 징역 또는 2억 원 이하의 벌금에 처한다.

5. 제83조 제3항을 위반하여 통신자료제공을 한 자 및 그 제공을 받은 자

전기통신사업법(2020. 6. 9. 법률 제17352호로 개정된 것)

제104조(과태료) ⑤ 다음 각 호의 어느 하나에 해당하는 자에게는 1천만 원 이하의 과태료를 부과한다.

13. 제83조 제5항을 위반하여 관련 자료를 갖추어 두지 아니하거나 거짓으로 기재하여 갖추어 둔 자
14. 제83조 제7항을 위반하여 중앙행정기관의 장에게 통신자료제공 사실 등이 기재된 대장의 내용을 알리지 아니한 자

3. 청구인들의 주장

가. 2016헌마388

(1) 적법요건에 관한 주장

(가) 이 사건 통신자료 취득행위는 수사기관 등이 우월적 지위에서 일방적으로 청구인들의 통신자료에 대해 행하는 대물적인 수사행위로서 권력적 사실행위에 해당하고, 수사기관 등은 국가기관으로 전기통신사업자가 요청에 응하지 아니할 경우 불이익을 입을 수 있다는 위축효과를 야기할 수 있으므로 이는 헌법소원의

대상이 되는 공권력행사에 해당한다.

(나) 이 사건 법률조항에 따라 수사기관 등이 통신자료를 취득한 경우에도 정보가 제공된 이용자들은 수사기관 등의 통신자료 제공요청 및 전기통신사업자의 통신자료 제공에 대해 알 수 없고, 통신자료 취득행위 자체에 대하여 다툴 방법도 없다. 따라서 이 사건 법률조항은 집행행위를 예정하고 있기는 하나 집행행위에 대하여 구제절차가 없거나 권리구제의 기대가능성이 없는 경우에 해당하므로 기본권침해의 직접성을 인정하여야 한다. 또한 일부 청구인들의 청구가 통신자료 취득행위가 발생한 날부터 1년이 도과된 이후에 이루어진 것은 사실이나, 사후 통지 절차 등의 미비로 자신의 통신자료가 수사기관 등에 제출된 사실을 알지 못한 경우에는 실제로 알게 된 날부터 90일이 도과되었는지 여부를 기준으로 청구기간이 준수되었는지를 판단하여야 한다.

(2) 본안에 관한 주장

(가) 이 사건 법률조항에 의한 수사기관 등의 통신자료 취득행위는 영장주의의 적용을 받는 강제처분에 해당함에도 불구하고, 피청구인들의 이 사건 통신자료 취득행위는 영장 없이 이루어졌다. 또한 [별지 3] 기재 청구인 좌○○ 등에 대해서는 이 사건 법률조항이 정한 통신자료 취득의 사유에 해당하지 않음에도 통신자료 취득행위가 이루어지고, 특히 청구인 이○○에 대해서는 총 7회의 통신자료 취득행위가 이루어졌다. 피청구인들은 청구인들이 피의자 또는 내사혐의자와 통화를 한 기록이 있어 수사목적 달성을 위해 통신자료를 취득하였다고 주장하고 있을 뿐 청구인들에 대한 통신자료 취득행위가 반드시 필요한 것이었는지에 대해서는 아무런 입증도 하고 있지 아니하다.

따라서 이 사건 통신자료 취득행위는 영장주의 및 과잉금지원칙에 위배되는 것으로 [별지 3] 기재 청구인 좌○○ 등의 개인정보자기결정권을 침해한다.

(나) 이 사건 법률조항에 의한 통신자료의 취득은 수사기관이 우월적 지위에서 행하는 것으로 강제처분에 해당하므로, 이 사건 법률조항은 사실상 영장 없는 압수·수색을 허용하는 것이다. 또한 통신자료 취득행위는 사실상 전 국민을 대상으로 광범위하고 포괄적으로 이루어질 수 있고, 이 사건 법률조항은 수사기관 등이 통신자료 제공요청을 할 수 있는 사유를 매우 포괄적이고 모호하게 규정하고 있을 뿐만 아니라 사후적으로 전기통신사업자가 이용자들에게 수사기관 등의 요청에 따라 통신자료를 제공하였음을 통지하는 등의 절차를 전혀 마련하고 있지 아니한 바, 이 사건 법률조항은 과잉금지원칙, 명확성원칙, 영장주의 및 적법절차원칙에 위배되는 것으로 청구인들의 개인정보자기결정권을 침해한다.

나. 2022헌마105

이 사건 법률조항은 수사기관이 이용자의 인적 사항을 특정할 수 있는 통신자료를 영장 없이 간이한 방법으로 취득할 수 있도록 함으로써 통신의 비밀을 침해하고 영장주의에도 위배된다.

다. 2022헌마110

이 사건 법률조항은 개인정보 수집목적과 대상자 범위를 지나치게 포괄적으로 규정하고, 사전 또는 사후적인 사법적 통제절차를 마련하고 있지 않으며, 개인정보가 수사기관에 제공되었음에도 정보 주체인 개인에게 이를 통지하는 절차를 두지 않아 수사기관에 의한 무차별적인 개인정보 취득을 허용하고 있다. 따라서 이 사건 법률조항은 개인정보자기결정권과 통신의 비밀을 침해하고, 과잉금지원칙, 명확성원칙 및 영장주의에도 위배된다.

라. 2022헌마126

(1) 이 사건 통신자료 취득행위

(가) 이 사건 통신자료 취득행위는 피청구인들이 우월적 지위에서 전기통신사업자를 통하여 [별지 4] 기재 청구인들에게 공권력을 행사한 것이고, 이는 권력적 사실행위로서 이미 종료되어 법원에서 소의 이익이 부정될 가능성이 높으므로 보충성의 예외가 인정된다. 또한, 개인정보 보호의 중요성, 수사기관의 전기통신사업자를 통한 무분별한 정보 수집의 관행 등을 고려하면 헌법적 해명의 필요성도 인정된다.

(나) 수사기관의 통신자료 취득행위는 사전 또는 사후적인 사법적 통제나 사후 고지조차 없는 상태에서 정보 주체의 동의 없이 개인정보를 취득하는 것이므로 영장주의가 적용되는 강제수사로 보아야 한다. 따라서 [별지 4] 기재 청구인들에 대한 이 사건 통신자료 취득행위는 영장주의에 위배될 뿐만 아니라 개인정보자기결정권을 침해하고, 수사기관의 통신자료 취득과정에서 정보 주체의 절차 참여를 보장하거나 이를 사전 또는 사후적으로 고지하여 다툴 수 있는 구제절차를 마련하고 있지 않으므로, 적법절차원칙에도 위배된다.

(2) 이 사건 법률조항

(가) 이 사건 법률조항은 수집 목적과 대상이 너무 포괄적이어서 수사기관에 의한 무차별적인 개인정보 수집을 가능하게 하고, 통신자료 제한조치, 압수·수색, 통신사실 확인 자료 제공 요청 등에 따른 통신정보 취득이 엄격하게 규율되고 있는 것과 달리 아무런 법원의 통제 없이 수사기관이 정보를 취득할 수 있게 하여 위와 같은 법체계와 일치되지 않으며, 통신정보 취득에 법원의 통제를 받도록 하거나 정보 주체에게 통신자료 취득사실을 통지 또는 정보 수집의 대상과 목적을 한정하는 등 덜 제약적인 방법이 가능함에도 통신의 비밀과 개인정보자기결정권을 과도하게 침해한다.

(나) 이 사건 법률조항은 개인정보의 수집·보관·이용 등의 주체, 목적, 대상, 범위 등을 법률에 구체적으로 규정함으로써 법률적 근거를 분명히 하여야 함에도 요청사유와 전기통신사업자의 거부 여부 등을 불명확하게 규정하여 명확성 원칙에 위배되고, 사전 또는 사후적인 사법적 통제나 사후 통지 등 절차적 적절성을 담보할 수 있는 장치를 전혀 두지 않아 적법절차원칙에 위배되며, 통신자료와 통신사실 확인자료를 구분하여 통신자료를 입법취지에도 맞지 않은 전기통신사업법에 규정하면서 통신자료 제공행위가 수사인지조차 명확하지 않게 규정한 것은 체계정당성에 위배된다. 또한, 개인정보자기결정권의 핵심적인 사항인 정보주체에 대한 통지절차를 결여한 채 입법하여 법률유보원칙에도 위배된다.

4. 적법요건에 관한 판단

가. 이 사건 통신자료 취득행위에 대한 심판청구

헌법재판소법 제68조 제1항은 '공권력의 행사 또는 불행사로 인하여 기본권을 침해받은 자'가 헌법소원을 제기할 수 있다고 규정하고 있는바, 여기에서 '공권력'이란 입법권·행정권·사법권을 행사하는 모든 국가기관·공공단체 등의 고권적 작용을 말하고, 그 행사 또는 불행사로 국민의 권리와 의무에 대하여 직접적인 법률효과를 발생시켜 청구인의 법률관계 내지 법적 지위를 불리하게 변화시키는 것이어야 한다(헌재 2012. 8. 23. 2010헌마439; 헌재 2018. 8. 30. 2016헌마483 참조).

살피건대, 이 사건 법률조항에 의하여 이루어지는 수사기관 등의 통신자료 제공요청은 임의수사에 해당하는 것으로, 이 사건 통신자료 취득행위는 피청구인들의 [별지 3] [별지 4] 기재 청구인들에 대한 통신자료 제공요청에 대하여 공권력주체가 아닌 사인인 전기통신사업자가 임의로 이를 제공함으로써 이루어진 것이다. 전기통신사업법은 전기통신사업자가 수사기관 등의 통신자료 제공요청에 따를 수 있다고 규정함으로써 전기통신사업자에게 이용자의 통신자료를 수사기관 등의 요청에 응하여 합법적으로 제공할 수 있는 권한을 부여하면서 통신자료의 제공 여부를 전기통신사업자의 재량에 맡겨 두고 있을 뿐, 전기통신사업자의 협조의무 등에 대해 명시하고 있는 바가 없으며 전기통신사업자가 통신자료 제공요청에 응하지 아니한 경우의 강제수단에 대하여도 전혀 정하고 있지 아니하다. 또한 피청구인들과 전기통신사업자 사이에는 어떠한 상하관계도 없고, 피청구인들의 통신자료 제공요청에 응하지 아니하였다고 하여 전기통신사업자가 어떠한 법적 불이익을 입게 되는 것도 아니다. 설령 수사기관 등의 요청 등으로 인해 전기통신사업자가 심리적 압박감을 느낀다고 할지라도 이는 간접적·사실적인 불이익에 불과하고, 수사기관 등의 요청에 응하지 아니하여 피청구인들이 압수·수색영장을 발부받아 통신자료를 취득한다고 하여도 전기통신사업자의 사업수행에 어떠한 불이익이 초래될 것으로 보이지도 아니한다(헌재 2012. 8. 23. 2010헌마439 참조).

따라서 이 사건 통신자료 취득행위는 헌법재판소법 제68조 제1항에 의한 헌법소원의 대상이 되는 공권력의 행사에 해당하지 아니한다고 할 것이므로, [별지 3] [별지 4] 기재 청구인들의 각 통신자료 취득행위에 대한 심판청구는 부적법하다.

나. 이 사건 법률조항에 대한 심판청구

(1) 직접성에 관한 판단

법률 또는 법률조항 자체가 헌법소원의 대상이 될 수 있으려면 그 법률 또는 법률조항에 의하여 구체적인 집행행위를 기다리지 아니하고 법령 그 자체에 의하여 자유의 제한, 의무의 부과, 권리 또는 법적 지위의 박탈이 생겨야 한다(헌재 2019. 12. 27. 2017헌마1299 참조). 다만 구체적인 집행행위가 존재하는 경우라도 그 집행행위를 대상으로 하는 구제절차가 없거나, 구제절차가 있다고 하더라도 권리구제의 기대가능성이 없고 다만 기본권 침해를 당한 청구인에게 불필요한 우회절차를 강요하는 것밖에 되지 않는 경우나(헌재 1997. 8. 21. 96헌마48 참조), 법규범의 내용이 집행행위 이전에 이미 국민의 권리관계를 직접 변동시키거나 국민의 법적 지위를 결정적으로 정하는 것이어서 국민의 권리관계가 집행행위의 유무나 내용에 의하여 좌우될 수 없을 정도로 확정된 상태인 경우(헌재 2004. 8. 26. 2003헌마337 참조)에는 예외적으로 기본권침해의 직접성을 인정할 수 있다.

이 사건 법률조항은 수사기관 등의 전기통신사업자에 대한 통신자료 제공요청이라는 행위를 예정하고 있어, 수사기관 등의 통신자료 제공요청만으로는 이용자에 대한 기본권 제한의 효과가 발생하지 아니하며 공권력주체가 아닌 사인인 전기통신사업자가 수사기관 등의 제공요청에 응하여 수사기관 등에게 이용자의 통신자료를 제공한 시점에 비로소 이용자의 기본권이 제한된다. 즉, 이 사건 법률조항으로 인한 기본권 제한이 구체적으로 발생함에 있어서는 공권력 주체가 아닌 사인인 전기통신사업자의 임의적인 통신자료 제공이 필수적인 요건이 된다. 그런데 이 사건 통신자료 취득행위에 대한 직접적인 불복수단이 존재하는지 여부가 불분명하다. 더욱이 이용자는 수사기관 등의 통신자료 제공요청의 직접적인 상대방이 아니어서 다른 절차를 통해 권리구제를 받지 못할 가능성이 크다.

또한 청구인들은 수사기관 등이 영장 없이 전기통신사업자에게 통신자료 제공요청을 할 수 있도록 하면서 사후통지 절차마저 마련하고 있지 아니한 것의 위헌성을 주장하고 있는데, 이 사건 법률조항은 최소한 영장주의 및 적법절차 원칙 위반 등과 관련하여서는 법률 그 자체에 의하여 청구인들의 법적 지위에 영향을 미친다고 볼 수 있다.

따라서 이 사건 법률조항은 기본권침해의 직접성이 인정된다. 2012. 8. 23. 헌법재판소가 이와 견해를 달리 하여 수사기관 등의 통신자료 제공요청 및 전기통신사업자의 통신자료 제공의 근거 조항이던 구 전기통신사업법(2010. 1. 1. 법률 제9919호로 개정되고, 2010. 3. 22. 법률 제10166호로 전부개정되기 전의 것) 제54조 제3항 중 '수사관서의 장으로부터 수사를 위하여 통신자료제공을 요청받은 때'에 관한 부분의 기본권침해의 직접성을 인정할 수 없다고 판시한 2010헌마439 결정은 이 결정과 저촉되는 범위 안에서 이를 변경한다.

(2) 청구기간에 관한 판단

(가) 헌법재판소법 제68조 제1항에 따른 헌법소원의 심판은 기본권의 침해사유가 있음을 안 날부터 90일 이내에, 그 사유가 있는 날부터 1년 이내에 청구하여야 한다(헌법재판소법 제69조 제1항). 다만 심판청구가 비록 청구기간을 도과한 것이라고 하더라도 청구기간 도과에 정당한 사유가 있는 경우에는 이를 허용하는 것이 헌법소원제도의 취지와 헌법재판소법 제40조에 의하여 준용되는 행정소송법 제20조 제2항 단서에 부합하는 해석이다. 여기서 정당한 사유라 함은 청구기간 도과의 원인 등 여러 가지 사정을 종합하여 지연된 심판청구를 허용하는 것이 사회통념상으로 보아 상당한 경우를 의미하는 것으로, 천재지변 기타 피할 수 없는 사정과 같은 객관적 불능의 사유와 이에 준할 수 있는 사유뿐만 아니라 일반적 주의를 다하여도 그 기간을 준수할 수 없는 사유를 포함한다고 할 것이다(헌재 2001. 12. 20. 2001헌마39 참조).

(나) 이 사건 법률조항에 의한 기본권침해의 사유가 구체적으로 발생한 것은 수사기관 등이 전기통신사업자로부터 청구인들의 통신자료를 취득한 시점이라고 할 것이고, 전기통신사업자가 청구인들에게 통신자료 제공내역 결과 통지서를 제공한 시점에 이로 인한 기본권침해의 사유를 알았다고 할 것이다.

그런데 전기통신사업법은 전기통신사업자가 수사기관 등에 통신자료를 제공한 경우에 이를 이용자에게 통지하는 절차를 마련하고 있지 아니하여, 이용자들은 '개인정보 보호법' 제35조 제1항에 따라 전기통신사업자에게 자신의 개인정보를 제3자에게 제공한 현황에 대한 열람·제공을 요청하기 전에는 자신의 통신자료가 수사기관 등에게 제공되었는지를 알 수 있는 방법이 전혀 없다.

이 사건에서 일부 청구인들은 수사기관 등이 통신자료를 취득한 시점으로부터 1년이 도과된 이후에 이 사건 심판청구를 하였으나, 전기통신사업법에 사후통지를 받을 수 있는 방법이 마련되어 있지 않았으므로, 청구인들이 기본권침해의 사유가 발생하였음을 인지하지 못한 데에 과실이나 책임이 있다고 할 수 없다. 따라서 일부 청구인들이 기본권침해의 사유가 발생한 날부터 1년이 도과한 이후에 심판청구를 하였다 하더라도 이에는 정당한 사유가 인정된다고 보아야 한다.

다만, 2016헌마388 사건의 청구인 유○○, 박○○, 신○○, 김○○, 장○○는 전기통신사업자로부터 통신자료 제공내역 결과 통지서를 받아 기본권침해의 사유가 발생하였음을 확인한 날부터 90일이 도과한 이후에 이 사건 심판청구를 하였고 여기에는 정당한 이유가 있다고 볼 수 없으므로, 이들의 심판청구는 청구기간을 도과한 것으로 부적법하다.

(3) 소결

따라서 [별지 3] [별지 4] 기재 청구인들의 각 통신자료 취득행위에 대한 심판청구는 부적법하다. 또한, 청구인 유○○, 박○○, 신○○, 김○○, 장○○의 심판청구는 부적법하고, 이들을 제외한 나머지 청구인들의 이 사건 법률조항에 대한 심판청구는 적법하다.

5. 본안에 관한 판단

가. 전기통신사업법상 수사기관 등의 통신자료 제공 요청 제도

(1) 수사상 필요에 의해 통신역무를 제공하는 자에게 관련 자료의 제출을 요구할 수 있도록 하는 조항은 1983. 12. 30. 법률 제3686호로 제정된 공중전기통신사업법 제82조 제2항에 최초로 규정되었다. 1991. 8. 10. 법률 제4394호로 공중전기통신사업법이 전부개정되고 법명이 전기통신사업법으로 개정되면서 제54조 제3항에서 "전기통신사업자 또는 제12조의 규정에 의하여 전기통신사업의 일부를 수탁하여 취급하는 자는 수사상 필요에 의하여 관계기관으로부터 전기통신업무에 관한 서류의 열람이나 제출을 서면으로 요구받은 때에는 이에 응할 수 있다."라고 규정하였으나 당시에는 통신자료와 통신사실 확인자료를 구분하지 아니하였다.

수사기관 등이 전기통신사업자에게 통신사실 확인자료와 구별되는 통신자료의 제공을 요청할 수 있도록 한 것은 2000. 1. 28. 법률 제6230호로 개정된 전기통신사업법 제54조 제3항이다. 이후 몇 차례의 개정을 거치면서 통신자료 제공요청의 주체가 법원, 국세청장, 지방국세청장 등으로 확대되고, 통신자료 제공요청 사유에 재판, 조세범처벌법 중 일부 범칙사건의 조사를 위한 경우가 추가되었으며, 2010. 3. 22. 전기통신사업법이 법률 제10166호로 전부개정되면서 그 내용이 현재와 같이 제83조에 규정되었다.

(2) 통신자료 제공요청은 주로 범죄의 피의자와 피해자를 특정하기 위한 수사 초기단계에 활용되고 있다. 이 사건 법률조항은 수사기관 등에게는 영장이나 법원의 허가와 같은 별도의 절차 없이 전기통신사업자에게 통신자료 제공요청을 할 수 있는 권한을, 전기통신사업자에게는 수사기관의 제공요청에 응하여 이용자의 통신자료를 합법적으로 제공할 수 있는 권한을 부여함으로써(헌재 2012. 8. 23. 2010헌마439 참조), 수사기관 등의 수사나 정보수집 활동의 신속성과 효율성을 도모하고 다른 범죄를 예방하기 위한 것이다.

수사기관 등이 통신자료 제공요청을 할 때에는 요청사유, 해당 이용자와의 연관성, 필요한 자료의 범위를 기재한 서면(이하 '자료제공요청서'라 한다)으로 하여야 한다. 다만, 서면으로 요청할 수 없는 긴급한 사유가 있을 때에는 서면에 의하지 아니하는 방법으로 요청할 수 있으며, 그 사유가 해소되면 지체 없이 전기통신사업자에게 자료제공요청서를 제출하여야 한다(전기통신사업법 제83조 제4항). 전기통신사업자는 통신자료제공을 한 경우에는 해당 통신자료제공 사실 등 필요한 사항을 기재한 통신자료제공대장과 자료제공요청서 등 관련 자료를 갖추어 두어야 하고(같은 조 제5항), 통신자료제공대장은 1년간 보관하여야 한다(전기통신사업법 시행령 제53조 제1항).

전기통신사업자는 통신자료제공을 한 현황 등을 매 반기(半期) 종료 후 30일 이내에, 연 2회 과학기술정보통신부장관에게 보고하여야 하며(전기통신사업법 제83조 제6항, 전기통신사업법 시행령 제53조 제2항), 이용자의 통신비밀에 관한 업무를 총괄하는 전담기구를 설치·운영하여야 한다(전기통신사업법 제83조 제8항, 전기통신사업법 시행령 제53조 제3항).

(3) 전기통신사업법은 수사기관 등에 제공된 통신자료의 정보주체인 이용자들에게 통신자료 취득행위가 있었음을 통지하는 절차나 이용자들이 통신자료 취득행위를 다툴 수 있는 별도의 수단을 마련하고 있지 아니하다. 다만, 이용자들은 '개인정보 보호법' 제35조 제1항 및 '개인정보 보호법 시행령' 제41조 제1항에 따라 전기통신사업자에게 '개인정보의 제3자 제공 현황'에 대한 열람을 요구할 수 있다.

나. 쟁점의 정리

(1) 개인정보자기결정권은 자신에 관한 정보가 언제 누구에게 어느 범위까지 알려지고 또 이용되도록 할 것인지를 그 정보주체가 스스로 결정할 수 있는 권리로서, 헌법 제10조 제1문에서 도출되는 일반적 인격권 및 헌법 제17조의 사생활의 비밀과 자유에 의하여 보장된다. 개인정보를 대상으로 한 조사·수집·보관·처리·이용 등의 행위는 모두 원칙적으로 개인정보자기결정권에 대한 제한에 해당한다(헌재 2012. 12. 27. 2010헌마153; 헌재 2018. 8. 30. 2016헌마483 참조). 전기통신사업자가 수사기관 등의 통신자료 제공요청에 따라 수사기관 등에 제공하는 이용자의 성명, 주민등록번호, 주소, 전화번호, 아이디, 가입일 또는 해지일은 청구인들의 동일성을 식별할 수 있게 해주는 개인정보에 해당하므로, 이 사건 법률조항은 개인정보자기결정권을 제

한한다. (2) 청구인들은 이 사건 법률조항에 의한 통신자료 취득행위가 사실상 압수·수색과 동일함에도 불구하고 수사기관 등이 법원의 판단을 거치지 아니한 채 전기통신사업자로부터 통신자료를 취득할 수 있도록 정하고 있는 것이 영장주의에 위배된다고 주장한다. 따라서 이 사건 법률조항이 영장주의에 위배되는지 여부가 문제된다.

(3) 청구인들은 이 사건 법률조항 중 '국가안전보장에 대한 위해'의 의미가 불명확하여 명확성원칙에 위배된다고 주장하므로, 이 사건 법률조항이 명확성원칙에 위배되는지 여부도 문제된다.

(4) 청구인들은 이 사건 법률조항이 개인정보의 수집목적과 대상자 범위를 지나치게 광범위하고 포괄적으로 규정하고 통신자료 제공 이후의 통지절차 등을 두지 않아 과잉금지원칙에 위배될 뿐만 아니라 적법절차원칙에도 위배된다고 주장한다. 청구인들은 사실상 동일한 사유로 과잉금지원칙과 적법절차원칙 위배를 주장하고 있는데, 통신자료 제공으로 인한 광범위하고 포괄적인 개인정보 제한에 관한 주장에 대하여는 과잉금지원칙 위배 여부에서, 통신자료 제공 이후의 통지절차 미비 등에 관한 주장에 대하여는 적법절차원칙 위배 여부에서 판단하기로 한다.

(5) 이 외에 청구인들은 이 사건 법률조항의 '수사', '형의 집행'의 범위가 한정되지 아니하다거나, 이 사건 법률조항의 '수사', '재판', '형의 집행' 등과 같은 규정만으로는 요청사유와 전기통신사업자의 거부 여부 등을 명확하게 알 수 없어 명확성 원칙에 위배된다거나, 통신자료를 입법취지에도 맞지 않는 전기통신사업법에 규정하면서 수사인지조차 명확하게 규정하지 않아 체계정당성에 위배된다거나, 정보주체에 대한 통지절차를 결여한 것이 법률유보원칙에 된다고 주장한다. 위와 같은 청구인들의 주장은 결국 이 사건 법률조항의 규율내용이 광범위하여 과잉금지원칙에 위배된다거나 이용자에 대한 통지절차를 두지 않은 것이 적법절차원칙에 위배된다는 주장과 사실상 다르지 않으므로, 과잉금지원칙이나 적법절차원칙 위배 여부를 판단하면서 함께 살펴보기로 한다.

(6) 그렇다면 결국 이 사건 법률조항은 영장주의, 명확성원칙, 과잉금지원칙 및 적법절차원칙에 위배되어 청구인들의 개인정보자기결정권을 침해하는지 여부가 문제되므로, 이에 관하여 살펴본다.

다. 헌법상 영장주의 위배 여부

헌법 제12조 제3항은 '체포·구속·압수 또는 수색을 할 때에는 적법한 절차에 따라 검사의 신청에 의하여 법관이 발부한 영장을 제시하여야 한다.'라고 규정하고, 헌법 제16조는 '주거에 대한 압수나 수색을 할 때에는 검사의 신청에 의하여 법관이 발부한 영장을 제시하여야 한다.'라고 규정함으로써 영장주의를 헌법적 차원에서 보장하고 있다. 우리 헌법이 채택하여 온 영장주의는 형사절차와 관련하여 체포·구속·압수·수색의 강제처분을 함에 있어서는 사법권 독립에 의하여 신분이 보장되는 법관이 발부한 영장에 의하지 않으면 아니된다는 원칙이다. 따라서 헌법상 영장주의의 본질은 체포·구속·압수·수색 등 기본권을 제한하는 강제처분을 함에 있어서는 중립적인 법관의 구체적 판단을 거쳐야 한다는 데에 있다(헌재 2012. 5. 31. 2010헌마672 참조).

살피건대, 이 사건 법률조항은 수사기관 등이 전기통신사업자에 대하여 통신자료의 제공을 요청할 수 있는 권한을 부여하면서 전기통신사업자는 '그 요청에 따를 수 있다'고 규정하고 있을 뿐, 전기통신사업자에게 수사기관 등의 통신자료 제공요청에 응하거나 협조하여야 할 의무를 부과하지 않으며, 달리 전기통신사업자의 통신자료 제공을 강제할 수 있는 수단을 마련하고 있지 아니하다. 따라서 이 사건 법률조항에 따른 통신자료 제공요청은 강제력이 개입되지 아니한 임의수사에 해당하고 이를 통한 수사기관 등의 통신자료 취득에는 영장주의가 적용되지 아니하는바, 이 사건 법률조항은 헌법상 영장주의에 위배되지 아니한다.

라. 명확성원칙 위배 여부

법치국가원리의 한 표현인 명확성원칙은 기본적으로 모든 기본권제한 입법에 요구된다. 법규범이 명확한지 여부는 그 법규범이 수범자에게 법규의 의미내용을 알 수 있도록 공정한 고지를 하여 예측가능성을 주고 있는지 여부와 그 법규범이 법을 해석·집행하는 기관에게 충분한 의미내용을 규율하여 자의적인 법해석이나 법집행이 배제되는지 여부, 다시 말하면 예측가능성 및 자의적 법집행 배제가 확보되는지 여부에 따라 판단할 수 있다. 법규범의 의미내용은 그 문언뿐만 아니라 입법목적이나 입법취지, 입법연혁, 그리고 법규범의 체계적 구조 등을 종합적으로 고려하는 해석방법에 의하여 구체화하게 되므로, 결국 법규범이 명확성원칙에 위반되는지 여부는 위와 같은 해석방법에 의하여 그 의미내용을 합리적으로 파악할 수 있는 해석기준을 얻을 수 있는지 여부에 달려 있다(헌재 2017. 4. 27. 2014헌바405; 헌재 2018. 6. 28. 2012헌마191등 참조).

청구인들은 이 사건 법률조항 중 '국가안전보장에 대한 위해'의 의미가 불분명하여 명확성원칙에 위배된다고 주장한다. 그런데 '국가안전보장'이란 국가의 존립·헌법의 기본질서의 유지 등을 포함하는 개념으로서 결국 국가의 독립, 영토의 보전, 헌법과 법률의 기능, 헌법에 의하여 설치된 국가기관의 유지 등의 의미로 이해될 수 있고(헌재 1992. 2. 25. 89헌가104; 헌재 2014. 9. 25. 2011헌바358 참조), 국가안전보장에 대한 '위해'란 국가안전보장에 대하여 위험을 발생시키는 것을 의미하므로, 결국 '국가안전보장에 대한 위해'란 국가의 존립이나 헌법의 기본질서에 위험을 발생시킬 수 있는 경우를 의미한다고 해석될 수 있다.

특히 전기통신사업법 제83조는 통신비밀을 보호하기 위한 조항으로 제1항과 제2항에서 전기통신사업자가 취급 중에 있는 통신의 비밀이나 전기통신업무에 종사하는 사람이 재직 중에 통신에 관하여 알게 된 타인의 비밀 등을 누설하여서는 아니된다고 정하고 있는바, 통신의 비밀에 대한 엄격한 보호를 규정하고 있는 전기통신사업법 제83조의 취지에 비추어 볼 때 '국가안전보장에 대한 위해를 방지하기 위한 정보수집'은 국가의 존립이나 헌법의 기본질서에 대한 위험을 방지하기 위한 목적을 달성함에 있어 요구되는 최소한의 범위 내에서의 정보수집을 의미하는 것으로 해석된다.

그렇다면 이 사건 법률조항은 건전한 상식과 통상적인 법감정을 가진 사람이라면 그 취지를 충분히 예측할 수 있다고 할 것인바, 명확성원칙에 위배되지 아니한다.

마. 과잉금지원칙 위배 여부

(1) 목적의 정당성 및 수단의 적합성

현대사회에서는 정보통신기술의 비약적인 발달로 인하여 개인의 인적사항과 같은 각종 개인정보가 정보주체의 의사나 인식 여부와 관계없이 제3자에 의하여 광범위하게 수집·보관·처리·이용될 수 있게 되었다. 이러한 정보는 수사기관 등이 범인을 발견·확보하고, 형을 집행하며, 국가의 안전보장에 대한 위험을 방지하기 위한 정보를 수집·보전하는 데 중요한 자료가 될 수 있다(헌재 2018. 6. 28. 2012헌마191등 참조). 특히, 이동전화나 인터넷의 사용이 일상화되면서, 수사기관 등은 이러한 서비스를 제공하는 전기통신사업자를 통해 개인을 특정할 수 있는 정보를 신속하게 확보할 수 있게 되었고, 이는 범죄수사나 정보수집의 초기단계에서 중요한 자료로 활용되고 있다.

이처럼 이 사건 법률조항은 수사기관 등이 전기통신사업자에 대한 통신자료 제공요청을 통해 이용자의 통신자료를 취득할 수 있도록 함으로써 수사나 형의 집행, 국가안전보장 활동의 신속성과 효율성을 도모하고 이를 통하여 실체적 진실발견, 국가형벌권의 적정한 행사 및 국가안전보장에 기여하므로, 입법목적의 정당성이 인정된다. 또한, 수사기관 등이 필요한 경우 전기통신사업자에 대한 통신자료 제공요청을 통해 이용자의 통신자료를 취득하는 것은 위와 같은 목적을 달성하기 위한 적합한 수단이므로, 수단의 적합성도 인정된다.

(2) 침해의 최소성

(가) 통신자료 제공의 필요성과 그 한계

통신자료는 범죄 수사 등에 있어 매우 중요한 수사의 단서가 된다. 우리나라 이동통신서비스 가입 회선이 주민등록인구수를 넘어서고, 초고속 인터넷망의 확대와 스마트폰의 보급으로 국민들의 통신수단 이용 및 이용내용이 과거와 비교할 수 없을 만큼 확대되면서 수사 등에서 통신자료의 중요성은 더욱 증대되고 있다. 대인수사에 대한 의존도를 줄이고 대물수사를 통해 객관적인 증거를 확보하고자 하는 수사방향의 변화에 비추어 볼 때 수사기관 등이 전기통신사업자를 통해 통신자료를 취득할 수 있도록 허용하는 것이 필요하며, 특히 일부 범죄의 경우에는 통신자료를 신속하게 확보하는 것이 추가적인 범죄를 예방하고 공익을 달성하기 위해 긴요하기도 하다. 다만 수사기관 등이 전기통신사업자를 통해 통신자료를 취득하는 것이 불가피한 측면이 있다고 할지라도, 국가가 정보주체의 동의 없이 개인의 정보를 취득하는 일은 공익을 달성함에 있어 필요한 경우로 엄격하게 한정되어야 한다.

(나) 통신자료 제공대상 정보의 범위

이 사건 법률조항은 수사기관 등이 통신자료 제공요청을 할 수 있는 정보의 범위를 한정하고 있다.

일반적으로 성명, 직명(職名)과 같이 다른 사람들과의 사이에서 식별이나 소통에 필요한 기초정보들은 사회생활 영역에서 노출되는 것이 자연스럽고, 또 국가가 그 기능을 제대로 수행하기 위해서도 일정하게 축적·이용하지 않을 수 없는 정보들이다. 이러한 정보들은 다른 위험스런 정보에 접근하기 위한 식별자(識別子) 역할을 하거나, 다른 개인정보들과 결합함으로써 개인의 전체적·부분적 인격상을 추출해 내는 데 사용되지 않는 한 그 자체로 언제나 엄격한 보호의 대상이 된다고 보기 어렵다(헌재 2005. 7. 21. 2003헌마282등; 헌재 2018. 8. 30. 2016헌마483 참조).

이 사건 법률조항에 따라 제공이 요청되는 통신자료는 주로 수사의 초기단계에서 범죄의 피의자와 피해자를 특정하기 위한 목적으로 활용된다. 수사기관 등이 통신자료 제공요청을 통해 취득한 정보는 이용자의 '성명, 주민등록번호, 주소, 전화번호, 아이디, 가입일 또는 해지일'로, 피의자나 피해자를 특정하고 필요한 경우 이들에게 연락을 취하기 위한 가장 기초적인 정보로서, 수사나 국가안전보장 유지를 위해 취득이 불가피한 최소한의 기초정보이다. 특히 수사 등의 초기 단계에서는 피의자나 피해자를 특정할 수 있는 정보를 제공받아, 범죄 등의 진위 여부를 확인하고 관련자의 범위를 좁혀나갈 필요가 크다.

물론 전화번호나 주소 등은 유출·남용 시 정보주체가 원하지 않는 개인정보에 대한 접근이 가능해진다는 점에서 상당한 보호가 필요한 정보임을 수긍할 수 있고, 주민등록번호도 다른 개인정보를 통합하는 연결자 역할을 할 수 있다는 점에서 특별한 보호가 필요한 정보임은 분명하다. 그러나 수사기관 등이 수사나 형의 집행, 국가안전보장에 대한 위해 방지 등을 위해 피의자나 피해자를 특정함에 있어서는 신속성과 정확성이 모두 요구되고, 동명이인 등에 대한 불필요한 수사나 추가적인 정보취득 없이 신속하게 수사를 진행하기 위해서는 전화번호나 주소, 주민등록번호를 취득하는 것이 불가피하다. 특히 전화번호나 주소는 그 자체로 개인의 신상이나 인격에 대한 내용을 직접 포함하고 있지 않다는 점까지 고려한다면, 전화번호나 주소, 주민등록번호가 포함되어 있다는 이유만으로 이를 지나친 제한이라고 볼 수 없다.

(다) 통신자료 제공요청의 사유

이 사건 법률조항은 수사기관 등의 통신자료 제공요청에 있어 '수사, 형의 집행 또는 국가안전보장에 대한 위해를 방지하기 위한 정보수집'으로 그 사유를 한정하고 있다.

먼저 수사는 범죄의 혐의가 있다고 판단하는 때 그 혐의의 진위를 확인하고 범인을 발견·확보하며 증거를 수집·보전하는 수사기관의 활동이다. 대인 수사를 축소하고 물적 수사를 확대함으로써 수사과정에서의 인권침해를 최소화 하고자 하는 최근의 수사 방향에 비추어 볼 때, 통신자료는 수사의 초기 단계에서 수사의 대상이 되었다는 불필요한 오해와 불안감을 유발하지 않으면서 피의자 등 해당 이용자와의 연관성이 인정될 수 있는 인물이 누구인지 확인하고 수사에의 활용 여부 등을 결정하기 위한 자료로서 그 필요성을 인정할 수 있다. 또한, 전기통신사업법은 제83조 제1항 및 제2항에서 먼저 전기통신사업자가 취급하는 통신비밀에 대한 일반적인 보호의무를 규정하고, 제3항에 이르러서야 그 예외로서 통신자료 제공요청에 대해 규정하고 있는바, 이는 통신비밀을 엄격하게 보호하는 전제하에 예외적인 경우에 한해서만 제한적으로 개인의 통신자료를 수사기관 등에게 제공할 수 있다는 취지이다. 따라서 수사를 위한 통신자료 취득행위는 범죄의 혐의가 있다고 의심할만한 이유가 있는 상황에서 피의자나 피해자를 특정하거나 증거의 수집·발견을 위해 필요한 최소한도의 범위 내에서만 허용된다고 할 것이다.

다음으로, 형의 집행을 위한 통신자료에 관하여 보면, 형의 집행은 재판 등을 통해 확정된 형을 집행하는 것을 의미한다. 대부분 판결문에 형 집행 대상이 되는 피고인의 정보가 기재되어 있기는 하나, 피고인이 형이 확정된 이후 도주한 경우에는 그 신병을 확보하기 위해 피고인이나 주변인들의 통신자료를 취득할 필요가 인정된다. 따라서 형의 집행을 위한 통신자료도 이러한 형 집행 목적을 달성하기 위한 필요한 최소한도의 범위 내에서만 허용된다고 할 것이다.

한편, 청구인들은 국가안전보장에 대한 위해를 방지하기 위한 단순한 정보수집에 대해서까지 통신자료 제공요청을 허용하는 것이 지나치게 과도하다고 주장한다. 그런데 '국가안전보장에 대한 위해'는 단순한 질서위반이나 범법행위를 의미하는 것이 아니라 국가의 존립이나 헌법의 기본질서에 대해 위험을 발생시키는 행위를 의미하므로, 이러한 행위에 대해 관련자들을 신속하게 특정하고 사전에 위해를 방지하는 것은 매우 긴요하다. 따라서 국가안전보장에 대한 위해를 방지하기 위한 정보수집을 위하여 필요한 최소한의 범위 내에서 통신자료 제공요청을 허용할 필요가 인정된다.

(라) 통신자료에 대한 사전·사후 관리

이 사건 법률조항은 주로 수사나 정보수집의 초기 단계에서 관련자 등을 '특정'하기 위한 목적으로 활용되는데, 전기통신사업법은 이러한 수사나 정보수집의 초기 단계에서 요구되는 신속성과 밀행성을 고려하여 비록 사전에 이용자의 동의를 받도록 하거나 법원의 허가를 요구하는 것은 아니나, 통신자료 제공요청 방법이나 통신자료 제공현황 보고 등에 관한 규정을 두어 통신자료를 관리하고 있다.

우선 이 사건 법률조항에 의한 통신자료 제공요청은 요청사유, 해당 이용자와의 연관성, 필요한 자료의 범위를 기재한 서면으로 하여야 하고(전기통신사업법 제83조 제4항 본문), 서면으로 요청할 수 없는 긴급한 사유가 있어 서면에 의하지 아니하는 방법으로 통신자료 제공요청을 한 경우에는 그 사유가 해소된 후에 지체 없이 전기통신사업자에게 자료제공요청서를 제출하여야 한다(같은 항 단서). 전기통신사업자는 통신자료제공을 한 경우에는 해당 통신자료제공 사실 등 필요한 사항을 기재한 대장과 자료제공요청서 등 관련 자료를 갖추어 두어야 하고(전기통신사업법 제83조 제5항), 통신자료제공 현황을 연 2회 과학기술정보통신부장관에게 보고하여야 하며, 과학기술정보통신부장관은 전기통신사업자가 보고한 내용의 사실 여부 및 대장과 자료제공요청서 등의 관리 상태를 점검할 수 있다(같은 조 제6항). 전기통신사업자는 통신자료제공을 요청한 자가 소속된 중앙행정기관의 장에게 통신자료제공 사실을 알려야 한다(같은 조 제7항 본문).

또한, 취득한 통신자료에 대하여 수사기관은 형사소송법 제198조 제2항 등에 따라 수사과정에서 취득한 비밀을 엄수하여야 하고, 정보기관의 직원 역시 국가정보원직원법 제17조 제1항 등에 의해 직무상 알게 된 비밀을 누설하여서는 아니 되며, 비밀을 누설할 경우 공무상 비밀누설죄로 처벌된다(형법 제127조).

(마) 따라서 이러한 점들에 비추어 볼 때 이 사건 법률조항은 수사기관 등의 통신자료 제공요청이 수사 등 정보수집의 목적 달성에 필요한 최소한의 범위 내에서 이루어지도록 하고 있으므로, 침해의 최소성에 위배되지 않는다.

(3) 법익의 균형성

이 사건 법률조항에 의하여 수사기관 등에 제공되는 개인정보는 성명 등 개인을 식별하기 위해 필요한 가장 기초적인 정보에 한정되고, 민감정보는 포함되지 아니하며, 통신자료 제공요청 사유 또한 수사, 형의 집행 또는 국가안전보장에 대한 위해를 방지하기 위한 정보수집으로 한정되고 있다. 따라서 이 사건 법률조항을 통하여 달성하고자 하는 신속하고 효율적인 수사나 형 집행의 필요성, 실체적 진실 발견, 국가형벌권의 적정한 행사 및 국가안전보장 등의 공익을 고려한다면, 이 사건 법률조항에 따라 수사기관 등에 통신자료가 제공된다고 하여 그 자체만으로 달성하고자 하는 공익에 비하여 제한되는 사익이 더 크다고 보기 어렵다. 이 사건 법률조항은 법익의 균형성에 위배되지 않는다.

(4) 소결

따라서 이 사건 법률조항은 과잉금지원칙을 위반하여 청구인들의 개인정보자기결정권을 침해한다고 볼 수 없다.

바. 적법절차원칙 위배 여부

(1) 헌법 제12조의 적법절차원칙은 형사절차뿐만 아니라 모든 국가작용 전반에 적용된다. 적법절차원칙에서 도출할 수 있는 중요한 절차적 요청으로는 당사자에게 적절한 고지를 행할 것, 당사자에게 의견 및 자료 제출의 기회를 부여할 것 등을 들 수 있다. 그러나 이 원칙이 구체적으로 어떠한 절차를 어느 정도로 요구하는지는 규율되는 사항의 성질, 관련 당사자의 권리와 이익, 절차 이행으로 제고될 가치, 국가작용의 효율성, 절차에 소요되는 비용, 불복의 기회 등 다양한 요소를 비교하여 개별적으로 판단할 수밖에 없다(헌재 2018. 4. 26. 2014헌마1178 참조).

(2) 이 사건 법률조항에 의한 통신자료 제공요청이 있는 경우 통신자료의 정보주체인 이용자에게는 통신자료 제공요청이 있었다는 점이 사전에 고지되지 아니하며, 전기통신사업자가 수사기관 등에게 통신자료를 제공한 경우에도 이러한 사실을 이용자에게 별도로 통지하지 아니하여 이용자로서는 별도로 '개인정보 보호법' 제35조 제1항에 따라 전기통신사업자에게 통신자료 제공내역에 대한 열람을 요구하지 아니하고는 자신의 통신자료가 수사기관 등에 제공되었는지 여부를 알 수 없다. 그런데 당사자에 대한 통지는 당사자가 기본권 제한 사실을 확인하고 그 정당성 여부를 다툴 수 있는 전제조건이 된다는 점에서 매우 중요하다. 따라서 수사나 정보수집 등의 활동에 신속성, 밀행성 확보가 필요하다고 하여 그러한 이유만으로 헌법상의 절차적 요청을 외면하는 것은 허용되지 않는다.

이 사건 법률조항에 따른 통신자료 제공요청은 효율적인 수사와 정보수집의 신속성, 밀행성 등의 필요성을 고려하면, 사전에 정보주체인 이용자에게 그 내역을 통지하도록 하는 것이 적절하지 않다고 볼 수 있다. 그러나 수사기관 등이 통신자료를 취득한 이후에는 수사 등 정보수집의 목적에 방해가 되지 않는 범위 내에서 통신자료의 취득사실을 이용자에게 통지하는 것이 얼마든지 가능하다. 수사기관 등이 통신자료 취득사실을 통지함으로써 이용자들은 통신자료 제공요청 및 제공이 적법한 절차에 따라 이루어졌는지, 통신자료가 제공 목적에 부합하게 사용되었는지 등을 확인할 수 있고, 만일 수사기관 등의 불법 또는 부당한 행위를 발견하게 된다면, 그에 상응한 적절한 권리구제절차를 취함으로써 자신의 개인정보가 불법 또는 부당하게 이용되는 것을 통제할 수 있다.

만약 이러한 통지로 수사나 정보수집 활동 등에 어려움이 발생하거나 다른 사람들의 기본권을 침해할 우려가 있다면, 범죄의 개연성이 큰 상황에서 증거인멸이나 도주 등 객관적인 사유에 따른 통지의 예외 사유를 마련하거나, 원칙적으로 통신자료 취득 후 일정 기간 내에 그 사실을 통지하도록 하되 보안유지의 필요성과 같이 특별한 사유가 있는 경우에는 수사나 정보수집 활동이 종료된 후 일정 기간 내에 통신자료 취득사실을 고지하도록 하거나, 구체적인 요청사유를 공개하는 것이 다른 사람들의 기본권을 침해할 우려가 있는 경우에는 통신자료 제공요청 및 이에 따른 제공이 있었다는 사실을 고지하면서 구체적 요청사유에 관해서는 통지하지 아니할 수 있도록 정함으로써 이를 일정 부분 해소시킬 수 있다. 그럼에도 이 사건 법률조항은 정보주체인 이용자에 대해 아무런 통지절차를 두지 않아 자신의 개인정보가 수사기관 등에 제공되었음에도 이용자는 이를 알지 못한 채 자신의 개인정보에 대한 통제기회를 전혀 가질 수 없도록 하고 있다.

물론 이용자는 '개인정보 보호법' 제35조 제1항에 따라 전기통신사업자에게 통신자료 제공내역의 열람을 요청할 수 있다. 그러나 이 경우 요청일로부터 1년 전까지의 통신자료 제공내역만을 열람할 수 있고(전기통신사업법 시행령 제53조 제1항), 이를 통해 열람 가능한 정보는 전기통신사업자가 통신자료 제공대장에 기재하여 보관하고 있는 내용으로 '제공일자, 요청기관, 요청사유, 제공 내역 등'인데(전기통신사업법 제83조 제5항), 요청사유는 관행적으로 '전기통신사업법 제83조 제3항'으로만 기재되어 이용자들은 이를 통해서 구체적으로 어떠한 사유로 자신의 정보가 제공되었는지 정확한 사유를 알기 어렵다. 더욱이 일반 국민들은 특별한 사유 없이는 자신의 통신자료가 수사기관 등에 제공되었을 것이라는 의심을 하지 아니하는 경우가 대부분이므로, 일부 적극적인 정보주체가 '개인정보 보호법'을 통해 통신자료 제공내역을 열람할 수 있다는 이유만으로 이것이 법령에 의한 사후통지 절차를 대체할 수 있는 것도 아니다.

(3) 따라서 이 사건 법률조항이 통신자료 취득에 대한 사후통지절차를 규정하고 있지 않은 것은 적법절차원칙에 위배하여 청구인들의 개인정보자기결정권을 침해한다.

사. 헌법불합치결정의 필요성

법률이 헌법에 위반되는 경우 원칙적으로 위헌결정을 하여야 하지만, 위헌결정을 통하여 법률조항을 법질서에서 제거하는 것이 법적 공백이나 혼란을 초래할 우려가 있는 경우에는 위헌조항의 잠정 적용을 명하는 헌법불합치결정을 할 수 있다(헌재 2020. 8. 28. 2018헌마927; 헌재 2022. 1. 27. 2020헌마895 참조).

이 사건 법률조항은 통신자료 취득 자체가 헌법에 위반된다는 것이 아니라 통신자료 취득에 대한 사후통지절차를 마련하지 않은 것이 헌법에 위반된다는 것이므로, 이 사건 법률조항에 대하여 단순위헌결정을 하여 당장 그 효력을 상실시킨다면 통신자료 취득에 관한 근거규정이 없어지게 되어 법적 공백이 발생하게 된다. 따라서 이 사건 법률조항에 대하여 단순위헌결정을 하는 대신 헌법불합치 결정을 선고하되, 입법자의 개선입법이 있을 때까지 잠정적용을 명하기로 한다. 입법자는 가능한 한 빠른 시일 내에, 늦어도 2023. 12. 31.까지는 개선입법을 하여야 한다.

6. 결 론

그렇다면 이 사건 통신자료 취득행위에 대한 심판청구 및 청구인 유○○, 박○○, 신○○, 김○○, 장○○의 심판청구는 부적법하고, 이 사건 법률조항은 헌법에 합치되지 아니하므로 헌법불합치결정을 함과 동시에 2023. 12. 31.을 시한으로 입법자의 개선입법이 이루어질 때까지 잠정적으로 이를 적용하기로 하여 주문과 같이 결정한다. 이 결정은 이 사건 통신자료 취득행위에 대한 재판관 이석태, 재판관 이영진, 재판관 김기영, 재판관 문형배, 재판관 이미선의 아래 7.과 같은 별개의견이, 이 사건 법률조항에 대한 재판관 이종석의 아래 8.과 같은 별개의견이 있는 외에는 관여 재판관들의 일치된 의견에 따른 것이다.

7. 재판관 이석태, 재판관 이영진, 재판관 김기영, 재판관 문형배, 재판관 이미선의 이 사건 통신자료 취득행위에 대한 별개의견

우리는 이 사건 통신자료 취득행위에 대한 심판청구가 부적법하다는 결론에는 찬성하나, 이 사건 통신자료 취득행위의 공권력행사성은 인정하되 다만 권리보호이익이 없음을 이유로 심판청구를 각하하여야 한다고 생각하므로 아래와 같이 별개의견을 밝힌다.

가. 먼저 이 사건 통신자료 취득행위가 헌법소원의 대상이 되는 공권력행사에 해당하는지를 살펴본다.

이 사건 법률조항에 의한 수사기관 등의 통신자료 제공요청은 임의수사의 한 방법으로, 이 사건 법률조항의 규정형식만 보면 통신자료 제공 여부가 전기통신사업자에 의해 자발적으로 결정되는 것처럼 보이는 것은 사실이다. 그러나 공권력인 수사권 행사의 주체인 수사기관 등이 이 사건 법률조항에 따라 전기통신사업자에게 통신자료 제공요청을 한 경우 이러한 요청만으로도 전기통신사업자는 상당한 부담을 가질 수밖에 없고, 전기통신사업자가 수사기관 등의 통신자료 제공요청에 응하지 아니하여 수사기관 등이 압수·수색 영장 집행의 방식으로 이용자의 통신자료를 확보할 경우 전기통신사업자의 업무에 지장이 초래될 수 있어 전기통신사업자가 굳이 자신의 부담 하에 수사기관 등의 통신자료 제공요청을 거절할 가능성도 높지 않다.

나아가 이 사건 통신자료 취득행위는 대인적으로는 이용자인 [별지 3] [별지 4] 기재 청구인들에 대한 것이 아니라 전기통신사업자를 직접 상대방으로 하여 이루어진 것이지만, 위 청구인들의 통신자료를 대상으로 한 것으로 대물적으로는 위 청구인들에 대한 행위이며 이로 인해 전기통신사업자가 아닌 위 청구인들의 기본권이 제한되는 경우에 해당한다. 따라서 이 사건 통신자료 취득행위가 국민의 권리와 의무에 직접적인 법률효과를 발생시켜 청구인의 법률관계 내지 법적 지위를 불리하게 변화시키는 공권력행사에 해당하는지 여부는 전기통신사업자가 아니라 이용자인 위 청구인들을 기준으로 판단하여야 한다. 그런데 이 사건 통신자료 취득행위는 정보주체인 위 청구인들의 의사와 상관없이 이루어진 것으로, 위 청구인들이 전기통신사업자의 통신자료 제공을 저지하기 위해 개입할 여지가 전혀 없을 뿐만 아니라 수사기관 등이 위 청구인들의 의사와 무관하게 이들의 통신자료를 취득한 순간 곧바로 위 청구인들의 법적 지위가 불리하게 변화된다. 따라서 이 사건 통신자료 취득행위는 피청구인들이 우월적 지위에서 [별지 3] [별지 4] 기재 청구인들의 개인정보인 통신자료에 대하여 대물적으로 행하는 수사행위로서 권력적 사실행위에 해당하는바(헌재 2012. 8. 23. 2010헌마439 재판관 김종대, 재판관 송두환, 재판관 이정미의 반대의견 참조), 이는 헌법소원의 대상이 되는 공권력행사에 해당한다.

나. 다음으로 이 사건 통신자료 취득행위에 대한 심판청구에 권리보호이익이 인정되는지를 살펴본다.

이 사건 통신자료 취득행위는 이미 종료되었으므로 심판청구 당시 이 사건 통신자료 취득행위에 관한 주관적 권리보호이익은 소멸하였다. 헌법소원은 주관적 권리구제뿐만 아니라 헌법질서 보장의 기능도 겸하고 있으므로 같은 유형의 침해행위가 앞으로도 반복될 위험이 있고, 헌법질서의 수호유지를 위하여 그에 대한 헌법적 해명이 긴요한 사항에 대하여는 심판청구의 이익을 인정할 수 있으므로 이에 관하여 살펴본다(헌재 2011. 12. 29. 2009헌마527; 헌재 2018. 8. 30. 2016헌마263 참조).

이 사건 통신자료 취득행위는 이 사건 법률조항에 근거하여 이루어진 것으로서 이 사건 통신자료 취득행위와 유사한 기본권침해가 반복될 가능성이 있는 것은 결국 이 사건 법률조항이 현존하고 있기 때문이라고 할 수 있다. 또한 [별지 3] [별지 4] 기재 청구인들은 이 사건 통신자료 취득행위와 함께 이 사건 법률조항에 대해서도 심판청구를 하고 있는데, 주장 취지를 보면 위 청구인들이 종국적으로 다투고자 하는 것은 수사기관 등이 전기통신사업자에 대한 통신자료 제공요청을 통해 이용자의 동의 없이 이용자의 통신자료를 취득할 수 있도록 규정하고 있는 이 사건 법률조항의 위헌성이다. 따라서 위 청구인들의 주장 취지 및 권리구제의 실효성 등을 종합적으로 고려할 때 이 사건 법률조항에 대한 심판청구의 적법성을 인정하여 본안 판단에 나아가는 이상, 이 사건 통신자료 취득행위에 대해서는 별도로 심판청구의 이익을 인정할 실익이 없다(헌재 2018. 8. 30. 2016헌마263 참조).

따라서 [별지 3] [별지 4] 기재 청구인들의 이 사건 통신자료 취득행위에 대한 심판청구는 권리보호이익이 인정되지 아니하여 부적법하다.

8. 재판관 이종석의 이 사건 법률조항에 대한 별개의견

나는 이 사건 법률조항이 적법절차원칙에 위배될 뿐만 아니라 과잉금지원칙에도 위배된다고 생각하므로, 아래와 같이 별개의견을 밝힌다.

가. 입법목적의 정당성 및 수단의 적합성

이 사건 법률조항은 수사기관 등이 필요한 경우 전기통신사업자에 대한 통신자료 제공요청을 통해 이용자의 통신자료를 취득할 수 있도록 함으로써 수사나 형의 집행, 국가안전보장에 대한 위해 방지 활동 등의 신속성과 효율성을 도모하고, 실체적 진실발견, 국가형벌권의 적정한 행사 및 국가안전보장에 기여하기 위한 것이므로, 입법목적의 정당성 및 수단의 적합성이 인정된다.

나. 침해의 최소성

(1) 국가는 공적 정보의 생산자이자 유통자로서, 또한 개인정보의 보호자로서 다양한 역할을 수행하고 있다. 통신자료는 통신사실 확인자료에 비하면 정보의 민감성이 덜할 수 있지만 최근 빅데이터의 발달로 이러한 정보를 조합하여 이용자 본인에 대한 내밀하고 핵심적인 정보를 얻게 될 수도 있다. 따라서 수사기관 등이 통신자료를 통하여 개인정보를 확보하는 것은 반드시 필요한 최소한의 범위 내로 한정되어야 하며, 객관적인 통제절차가 마련되어 있어야 한다.

(2) 먼저 이 사건 법률조항은 통신자료를 요청할 수 있는 사유를 지나치게 광범위하고 포괄적으로 규정하고 있다.

정보통신기술의 비약적인 발달로 인해 오늘날 개인의 인적사항 등에 대한 각종 정보가 정보주체의 의사나 인식 여부와 무관하게 제3자의 수중에서 무한대로 집적·이용 또는 공개될 수 있는 위험성이 매우 커졌다. 이러한 상황에서 수사기관 등이 다수 이용자의 정보를 집약적으로 보유하고 있는 전기통신사업자를 통해 광범위한 통신자료를 취득하는 것을 허용하게 되면, 수사기관 등은 엄청난 양의 정보를 신속하게 입수할 수 있게 되고, 그 수집 정보를 분석한 파생 정보까지 활용할 수 있게 되어 단순히 정보주체로서의 개인정보자기결정권뿐만 아니라 개인의 사생활이나 통신의 자유에 대한 중대한 제한으로 이어질 수 있다. 따라서 수사기관 등의 통신자료 제공요청을 통한 통신자료의 취득은 엄격한 요건하에서 제한적으로 허용되어야 하며, 수사기관 등의 통신자료 제공요청이 법관에 의한 영장 또는 사전허가 없이 이루어지는 점을 고려하면 더욱더 그러하다.

그런데 이 사건 법률조항은 '수사, 형의 집행 또는 국가안전보장에 대한 위해를 방지하기 위한 정보수집'이라는 매우 포괄적인 사유를 요건으로 정하고 있다.

수사는 범죄의 혐의가 있다고 판단하는 때 그 혐의의 진위를 확인하고, 범인을 특정하며, 증거를 수집·보전하기 위한 활동이다. 그런데 범죄의 유형이 다양해짐에 따라 수사의 대상이 지속적으로 확대되고 있어 수사의 범위가 매우 광범위해지고 있으며, 수사의 초기단계는 그 전단계인 내사와의 경계가 모호하여 사실상 수사기관 등이 행하는 모든 활동이 이 사건 법률조항에서의 '수사'의 범위에 포함될 여지가 있다. 국가안전보장에 대한 위해를 방지하기 위한 정보수집은 그 포섭되는 영역이 더욱 광범위하다. '정보수집'은 문언 그대로 정보를 모으는 것으로 그 시기나 종기 등이 특정되지 아니하여 그 범위가 매우 넓다. 또한 형의 집행은 법률에 특정한 규정이 없는 한 재판이 확정된 후에 집행하게 되는데(형사소송법 제459조), 판결문에 형 집행 대상이 되는 피고인의 정보 대부분이 기재되어 있어 형의 집행을 위해 통신자료 제공요청을 할 필요성이 인정되는 것은 형의 확정 이후에 피고인이 도주하여 그 신병을 확보하기 위해 필요한 경우 등으로 한정될 것임에도 이 사건 법률조항은 '형의 집행을 위해 필요한 경우'라는 포괄적인 규정을 통해 수사기관 등의 남용 가능성을 높이고 있다.

수사기관 등의 통신자료 제공요청에 대해서는 법정형 등을 기준으로 중한 범죄의 수사에 필요한 경우(사안의 중대성) 또는 범죄의 예방이나 추가 발생 방지를 위해 매우 신속한 수사가 필요한 경우(긴급성), 다른 수단을 통해서는 수사의 진행이 불가능하거나 현저한 어려움이 발생하는 경우, 피고인의 신병이 확보되지 아니하여 형의 집행이 곤란한 경우, 국가안전보장에 대한 중대한 위해가 발생할 현실적인 개연성이 있는 경우 등으로 한정하여, 수사기관 등이 재판, 수사 등의 목적을 달성하기 위해 필요한 최소한의 경우에만 통신자료 제공요청을 할 수 있도록 하는 것이 요구된다. 더욱이 수사기관 등은 형사소송법상 압수·수색을 통해서도 필요한 통신자료를 취득할 수 있으므로, 임의수사의 방식으로 허용되는 통신자료 제공요청의 범위를 제한한다고 하여 '수사, 형의 집행 또는 국가안전보장에 대한 위해를 방지하기 위한 정보수집'에 결정적인 지장을 초래하는 것도 아니다.

(3) 또한, 이 사건 법률조항에 의하여 수사기관 등이 취득하는 통신자료는 다른 정보에 접근하기 위한 식별자(識別子) 역할을 하거나, 다른 개인정보들과 결합하

여 민감한 정보로 확대될 수 있는 위험성을 가진 정보들이다.

수사기관 등에 제공되는 통신자료들 중 성명, 주소, 전화번호, 아이디, 가입일 또는 해지일은 그 자체로는 민감한 정보가 아니라고 할 수 있다. 그러나 이러한 정보들은 다른 통신 메타데이터와 결합되거나 분석될 경우 사적 통신 내용에 의하여 전달되는 것 이상의 개인의 행동, 사회적 관계, 개인의 취향과 정치성 등을 보다 구체적으로 나타낼 수 있는 정보로 진화할 수 있다. 특히 통신자료 중 주민등록번호는 만능키라고 불리울 정도로 단순히 개인을 식별하는 수준을 넘는 많은 정보를 담고 있어 다른 민감한 정보로의 연결자로서 역할을 할 수 있다. 이 사건 법률조항이 주로 수사나 정보수집의 초기 단계에서 용의자나 피해자를 특정하기 위한 목적으로 활용된다면, 성명, 생년월일, 주소, 전화번호 정도의 통신자료만을 제공받아도 충분히 그 목적을 달성할 수 있다.

(4) 더불어 이 사건 법률조항은 수사기관 등이 취득한 통신자료의 보관기간이나 폐기절차 등 사후관리에 관한 직접적인 규정을 전혀 마련하고 있지 않다.

이 사건 법률조항에 따라 이용자의 통신자료를 취득할 수 있는 자는 검사 또는 수사관서의 장(군 수사기관의 장 포함), 정보수사기관의 장이며, 여기에는 사법경찰권이 부여된 행정부처인 법무부, 고용노동부, 식품의약품안전처 등도 포함된다. 이처럼 이 사건 법률조항에 따라 통신자료를 취득할 수 있는 주체의 범위가 매우 광범위함에도 불구하고, 전기통신사업법에는 취득한 통신자료의 보관기간이나 폐기절차 등 사후관리에 관한 규정이 존재하지 아니하여 통신자료의 보관이나 폐기 등은 각 기관의 실무에 따라 별개로 이루어지고 있는 것이 현실이다.

특히 오늘날 정보는 전산처리과정을 통하여 개인관련 정보가 무제한적으로 저장될 수 있고 다른 정보들과 함께 통합되어 개인에 관한 거의 모든 정보를 취합·축적할 수 있다. 이러한 상황에서 통신자료가 유출될 경우 예측하지 못한 큰 피해를 초래할 위험이 있다. 또한, 이러한 정보는 기간의 제한 없이 보관이 가능하여 정보가 지속적으로 축적될 경우 이 사건 법률조항이 의도하고 있는 목적과 달리 악용될 가능성을 부정하기 어렵다. 따라서 취득한 통신자료의 보관기간과 폐기절차에 관해 명확한 절차적 규정을 마련하고 이에 대한 엄격한 통제장치를 두는 것은 필요한 최소한도의 범위 내에서만 정보가 수집·이용될 수 있도록 하기 위한 최소한의 기본권 보장 장치라 할 것이다. 그럼에도 이 사건 법률조항은 아무런 절차적 통제장치를 마련하지 않은 채 수집된 정보의 보관과 처리를 수사기관 등에 일임하고 있어 국민들의 개인정보가 수사기관 등에 의해 남용될 수 있는 위험성에 노출되어 있다.

(5) 따라서 위와 같은 사정을 종합하면, 이 사건 법률조항은 민감한 정보로 확대될 수 있는 위험성을 가진 정보들을 광범위하고 포괄적인 사유만으로도 제공요청할 수 있고 보관기간이나 폐기절차 등 사후관리가 미흡하므로, 침해의 최소성에 위배된다.

다. 법익의 균형성

이 사건 법률조항에 따라 수사기관 등에게 제공된 통신자료가 파생정보와 결합하여 개인의 민감한 정보에 대한 접근을 허용할 위험이 있고, 수사기관 등이 취득한 통신자료가 광범위하게 장기간 수집·이용될 수 있다는 점 등을 고려하면, 이 사건 법률조항이 정보주체의 의사와 무관하게 통신자료가 수사기관 등에 제공될 수 있도록 한 것은 개인정보자기결정권에 대한 중대한 제한이라 할 것이다. 이는 이 사건 법률조항이 달성하고자 하는 신속하고 효율적인 수사나 정보활동의 보장이라는 공익을 고려하더라도 마찬가지이다. 따라서 이 사건 법률조항은 달성하고자 하는 공익에 비해 제한되는 사익이 더 크므로, 법익의 균형성도 인정되지 아니한다.

라. 소결

그러므로 이 사건 법률조항은 사후통지절차를 두고 있지 않아 적법절차원칙에 위배될 뿐만 아니라 위와 같은 사유로도 과잉금지원칙에 위배되어 개인정보자기결정권을 침해한다.

재판장 유남석 이선애 이석태 이은애 이종석 이영진 김기영 문형배 이미선

[별지 1] 청구인 명단

(2016헌마388)

1. ~ 500. 좌○○ 외

청구인들의 대리인 법무법인 지향

담당변호사 이은우

변호사 채희준
변호사 서채완
청구인 5의 대리인 법무법인 이공
담당변호사 허진민, 양□□,
김선휴, 황영민, 김일수

(2022헌마105)
김△△
대리인 법무법인 동서남북
담당변호사 고일영

(2022헌마110)
김▽▽(변호사)

(2022헌마126)
1. ~ 29. 김×× 외
청구인들의 대리인 법무법인 우리
담당변호사 김정철, 김봉우,
김희선, 김선민

[별지 2] 피청구인 명단

(2016헌마388)
1. ~ 9. ○○지방검찰청 검사장 외
피청구인 2, 4, 6, 8의 대리인 정부법무공단
담당변호사 서규영, 최상철,
심혜진, 유일한, 김현영
피청구인 3의 대리인 법무법인 율촌
담당변호사 윤용섭, 윤홍근,
정태학, 양재준, 이원찬

(2022헌마126)
1. ~ 19. ○○처장 외

[별지 3] 이 사건 통신자료 취득행위(2016헌마388)

(별지 생략)

[별지 4] 이 사건 통신자료 취득행위(2022헌마126)

(별지 생략)

73. 영유아보육법 제16조 제8호 등 위헌확인

[2022. 9. 29. 2019헌마813]

【판시사항】

1. 아동학대관련범죄로 벌금형이 확정된 날부터 10년이 지나지 아니한 사람은 어린이집을 설치·운영하거나 어린이집에 근무할 수 없고, 같은 이유로 보육교사 자격이 취소되면 그 취소된 날부터 10년간 자격을 재교부받지 못하도록 한, 영유아보육법 제16조 제8호 후단 중 아동복지법 제17조 제5호를 위반하여 아동복지법 제71조 제1항 제2호로 처벌받은 경우에 관한 부분, 같은 법 제20조 제1호 중 제16조 제8호 후단 가운데 아동복지법 제17조 제5호를 위반하여 아동복지법 제71조 제1항 제2호로 처벌받은 경우에 관한 부분, 같은 법 제48조 제2항 제2호 본문 중 아동복지법 제17조 제5호를 위반하여 아동복지법 제71조 제1항 제2호에 따라 처벌받은 경우에 관한 부분(위 조항들을 모두 합하여 '심판대상조항'이라 한다)이 직업선택의 자유를 침해하는지 여부(적극)

2. 청구인 이○○에 대한 심판청구는 기본권 침해가능성 및 자기관련성이 인정되지 아니하거나 청구기간을 도과하여 각하한 사례

【결정요지】

1. 심판대상조항은 6세 미만의 취학 전 아동인 영유아에 대한 학대를 예방함으로써 영유아를 건강하고 안전하게 보육하기 위한 것으로 입법목적은 정당하고, 이를 통해 영유아에 대한 보육이 안전하게 이루어질 수 있으므로 수단의 적합성도 인정된다.

아동학대관련범죄전력자에 대해 범죄전력만으로 장래에 동일한 유형의 범죄를 다시 저지를 것이라고 단정하기는 어려움에도 불구하고, 심판대상조항은 오직 아동학대관련범죄전력에 기초해 10년이라는 기간 동안 일률적으로 취업제한의 제재를 부과하는 점, 이 기간 내에는 취업제한 대상자가 그러한 제재로부터 벗어날 수 있는 어떠한 기회도 존재하지 않는 점, 재범의 위험성에 대한 사회적 차원의 대처가 필요하다 해도 개별 범죄행위의 태양을 고려한 위험의 경중에 대한 판단이 있어야 하는 점 등에 비추어 볼 때, 심판대상조항은 침해의 최소성 요건을 충족했다고 보기 어렵다.

이러한 문제점을 해결하기 위해서는 아동학대관련범죄전력자에게 재범의 위험성이 있는지 여부, 있다면 어느 정도로 취업제한을 해야 하는지를 구체적이고 개별적으로 심사하는 절차가 필요하다. 이 심사의 세부적 절차와 심사권자 등에 관해서는 추후 심도 있는 사회적 논의가 필요하겠지만, 10년이라는 현행 취업제한 기간을 상한으로 두고 법관이 대상자의 취업제한기간을 개별적으로 심사하는 방식도 하나의 대안이 될 수 있다.

영유아를 아동학대관련범죄로부터 보호하여 영유아를 건강하고 안전하게 보육하고, 어린이집에 대한 윤리성과 신뢰성을 높여 영유아 및 그 관계자들이 어린이집을 믿고 이용하도록 하는 것은 우리 사회의 중요한 공익에 해당한다. 그러나 심판대상조항은 일률적으로 10년의 취업제한을 부과한다는 점에서 죄질이 가볍고 재범의 위험성이 낮은 범죄전력자들에게 지나치게 가혹한 제한이 될 수 있어, 그것이 달성하려는 공익의 무게에도 불구하고 법익의 균형성 요건을 충족하지 못한다.

2. 청구인 이○○의 심판청구는 심판대상조항이 적용되지 않는 경우 또는 청구기간을 도과한 경우에 해당하므로 모두 부적법하다.

재판관 이선애, 재판관 이은애, 재판관 이영진의 심판대상조항에 대한 반대의견

심판대상조항의 입법목적의 정당성 및 수단의 적합성은 인정된다.

어린이집은 6세 미만의 취학 전 영유아의 보육을 담당하는 기관으로서 영유아들은 의사결정능력이 미약하고 정신적·육체적으로 아직 성숙하지 않은 발달과정에 있으므로, 이들에 대한 아동학대관련범죄는 쉽게 축소·은폐될 수 있고, 반복적인 학대행위에 장기간 노출될 위험이 있다. 또한, 아동학대관련범죄는 영유아의 신체적·정서적 발달에 치명적인 영향을 줄 수 있으며, 경우에 따라서는 전 생애에 걸쳐 악영향을 끼칠 수도 있다.

헌법재판소는 2018. 6. 28. 2017헌마130등 사건에서 아동학대관련범죄로 형을 선고받아 확정된 자에 대하여 10년 동안 체육시설 및 초·중등교육법 제2조의 각 호의 학교에 취업 또는 사실상 노무를 제공할 수 없도록 한 아동복지법 조항에 대하여 위헌결정을 한 바 있다. 그런데 어린이집은 영유아들이 신체적·정신적 발달의 중요한 시기에 매일 장시간 머물면서 교사 등 보육교직원과 긴밀한 접촉을 하며 생활하는 보육시설이므로, 특정한 신체적 활동을 목적으로 일정 시간 또는 어느 정도 성장한 아동이나 청소년들을 대상으로 하는 체육시설이나 학교와는 그 근무자들에게 요구되는 자질이 동일하다고 볼 수 없다. 아동학대관련범죄가 영유아의 신체적·정신적 발달에 미치는 치명적인 영향이나 그로 인한 피해회복의 어려움 등을 고려하면, 어린이집에 대하여는 보다 엄격하게 취업을 제한함으로써 사전에 영유아를 아동학대의 위험으로부터 철저히 보호해야 할 필요가 인정된다.

만약 아동학대관련범죄로 벌금형이 확정된 사람이 어린이집에 근무하게 된다면, 당해 어린이집뿐만 아니라 어린이집 전체의 안전성에 대한 사회적 신뢰가 붕괴되고 필요 이상의 불안감을 증가시킬 수 있다. 또한, 심판대상조항은 아동학대범죄 전력자를 영유아와 접촉할 가능성이 높은 어린이집에 한정하여 취업을 제한하고, 재범 없이 10년의 기간이 지나면 다시 취업할 수 있도록 하므로, 침해의 최소성 및 법익균형성에 위배되지 아니한다.

【심판대상조문】

영유아보육법(2015. 5. 18. 법률 제13321호로 개정된 것) 제16조 제8호 후단 중 아동복지법 제17조 제5호를 위반하여 아동복지법 제71조 제1항 제2호로 처벌받은 경우에 관한 부분, 제20조 제1호 중 제16조 제8호 후단 가운데 아동복지법 제17조 제5호를 위반하여 아동복지법 제71조 제1항 제2호로 처벌받은 경우에 관한 부분, 제48조 제2항 제2호 본문 중 아동복지법 제17조 제5호를 위반하여 아동복지법 제71조 제1항 제2호에 따라 처벌받은 경우에 관한 부분

구 영유아보육법(2013. 8. 13. 법률 제12068호로 개정되고 2015. 5. 18. 법률 제13321호로 개정되기 전의 것) 제48조 제2항 단서

【참조조문】

구 영유아보육법(2013. 8. 13. 법률 제12068호로 개정되고 2015. 5. 18. 법률 제13321호로 개정되기 전의 것) 제48조 제1항 제3호

영유아보육법(2015. 5. 18. 법률 제13321호로 개정된 것) 제48조 제1항 제3호

구 아동복지법(2011. 8. 4. 법률 제11002호로 전부개정되고 2017. 10. 24. 법률 제14925호로 개정되기 전의 것) 제71조 제1항 제2호

구 아동복지법(2011. 8. 4. 법률 제11002호로 전부개정되고 2021. 12. 21. 법률 제18619호로 개정되기 전의 것) 제17조 제5호

아동복지법(2014. 1. 28. 법률 제12361호로 개정된 것) 제3조 제7호의2 가목

아동학대범죄의 처벌 등에 관한 특례법(2014. 1. 28. 법률 제12341호로 제정된 것) 제2조 제4호 타목, 파목, 제7조

【참조판례】

1. 헌재 2018. 6. 28. 2017헌마130등, 판례집 30-1하, 696, 705-708

헌재 2019. 7. 25. 2016헌마754, 판례집 31-2상, 45, 51

【당 사 자】

청 구 인 1. 임○○

2. 이○○

청구인들의 대리인 변호사 박용호 외 1인

【주 문】

1. 영유아보육법(2015. 5. 18. 법률 제13321호로 개정된 것) 제16조 제8호 후단 중 아동복지법 제17조 제5호를 위반하여 아동복지법 제71조 제1항 제2호로 처벌받은 경우에 관한 부분, 같은 법 제20조 제1호 중 제16조 제8호 후단 가운데 아동복지법 제17조 제5호를 위반하여 아동복지법 제71조 제1항 제2호로 처벌받은 경우에 관한 부분, 같은 법 제48조 제2항 제2호 본문 중 아동복지법 제17조 제5호를 위반하여 아동복지법 제71조 제1항 제2호에 따라 처벌받은 경우에 관한 부분은 헌법에 위반된다.

2. 청구인 이○○의 심판청구를 각하한다.

【이 유】

1. 사건개요

가. 청구인 임○○는 보육교사로 근무하였던 사람으로, 2016. 6. 21.에서 6. 29. 사이에 범한 아동학대범죄의처벌등에관한특례법위반(아동복지시설종사자등의아동학대가중처벌)죄로 2017. 8. 11. 벌금 500만 원을 선고받았고(의정부지방법원 고양지원 2017고단708), 항소하였으나 2018. 8. 30. 항소기각판결을 선고받았으며(의정부지방법원 2017노2333), 상고하였으나 2019. 7. 4. 상고기각판결을 선고받아(대법원 2018도14933), 위 판결이 확정되었다. 이에 따라 2019. 9. 20. 청구인 임○○의 보육교사자격이 취소되었다.

나. 청구인 이○○은 어린이집 원장으로 근무하였던 사람으로, 2013년 1월 말경부터 2월 초순경 사이 및 2013. 2. 4.경 범한 아동복지법위반죄로 2014. 2. 6. 벌금 100만 원을 선고받았고(의정부지방법원 2013고정1985), 항소하였으나 2014. 7. 10. 항소기각판결을 선고받았으며(의정부지방법원 2014노353), 상고하였으나 2014. 9. 25. 상고기각판결을 선고받아(대법원 2014도9924), 위 판결이 확정되었다. 이로 인하여 청구인 이○○은 2015. 3. 1.부터 어린이집 원장자격 및 보육교사자격이 취소되었다.

다. 청구인들은 아동학대관련범죄로 벌금형이 확정된 날부터 10년이 지나지 아니한 사람은 어린이집을 설치·운영하거나 어린이집에 근무할 수 없고, 같은 이유로 자격이 취소되면 그 취소된 날부터 10년 간 자격을 재교부받지 못하도록 규정한 영유아보육법 제16조 제8호 후단, 제20조 제1호, 제48조 제2항 제2호가 청구인들의 직업의 자유를 침해한다고 주장하면서, 2019. 7. 25. 이 사건 헌법소원심판을 청구하였다.

2. 심판대상

청구인들은 영유아보육법 제16조 제8호 후단, 제20조 제1호, 제48조 제2항 제2호 전체에 대하여 심판청구를 하고 있으나, 청구인들은 아동복지법 제17조 제5호 등을 위반하여 아동복지법 제71조 제1항 제2호에 따라 벌금형으로 처벌받은 경우이므로 심판대상을 청구인들과 관련 있는 부분으로 한정한다. 한편, 청구인 이○○은 2013년 1월 내지 2월에 아동복지법을 위반하여 2015. 3. 1. 어린이집 원장자격 및 보육교사자격이 취소되었고, 영유아보육법 부칙(2015. 5. 18. 법률 제13321호) 제5조는 '이 법 시행 전의 위반행위에 대한 행정처분에 관하여는 종전의 규정에 따른다.'고 규정하고 있으므로 자격이 취소된 자에 대한 자격재교부 제한에 관하여 청구인 이○○에 대해서는 2015. 3. 1. 당시 시행되던 영유아보육법 제48조 제2항 단서를 심판대상으로 한다.

그렇다면 이 사건 심판대상은 영유아보육법(2015. 5. 18. 법률 제13321호로 개정된 것) ① 제16조 제8호 후단 중 아동복지법 제17조 제5호를 위반하여 아동복지법 제71조 제1항 제2호로 처벌받은 경우에 관한 부분(이하 '설치·운영 금지조항'이라 한다), ② 제20조 제1호 중 제16조 제8호 후단 가운데 아동복지법 제17조 제5호를 위반하여 아동복지법 제71조 제1항 제2호로 처벌받은 경우에 관한 부분(이하 '근무 금지조항'이라 한다), ③ 제48조 제2항 제2호 본문 중 아동복지법 제17조 제5호를 위반하여 아동복지법 제71조 제1항 제2호에 따라 처벌받은 경우에 관한 부분(이하 '자격재교부 금지조항'이라 한다) 및 구 영유아보육법(2013. 8. 13. 법률 제12068호로 개정되고 2015. 5. 18. 법률 제

13321호로 개정되기 전의 것) 제48조 제2항 단서(이하 '구 자격재교부 금지조항'이라 하고, 위 조항들을 모두 합하여 '심판대상조항'이라 한다)가 청구인들의 기본권을 침해하는지 여부이다.

심판대상조항 및 관련 조항은 다음과 같다.

[심판대상조항]

영유아보육법(2015. 5. 18. 법률 제13321호로 개정된 것)

제16조(결격사유) 다음 각 호의 어느 하나에 해당하는 자는 어린이집을 설치·운영할 수 없다.

8. 제54조 제2항부터 제4항까지의 규정에 따라 300만원 이상의 벌금형이 확정된 날부터 2년이 지나지 아니한 사람 또는 「아동복지법」 제3조 제7호의2에 따른 아동학대관련범죄로 벌금형이 확정된 날부터 10년이 지나지 아니한 사람

제20조(결격사유) 다음 각 호의 어느 하나에 해당하는 자는 어린이집에 근무할 수 없다.

1. 제16조 각 호의 어느 하나에 해당하는 자

제48조(어린이집의 원장 또는 보육교사의 자격취소)

② 보건복지부장관은 제1항에 따라 자격이 취소된 사람에게는 그 취소된 날부터 다음 각 호의 구분에 따라 자격을 재교부하지 못한다.

2. 제1항 제3호에 해당하는 경우: 10년(다만,「아동복지법」 제3조 제7호의2에 따른 아동학대관련범죄로 금고 이상의 실형을 선고받고 그 집행이 종료되거나 집행이 면제된 날부터 20년이 지나지 아니한 사람 또는 「아동복지법」 제3조 제7호의2에 따른 아동학대관련범죄로 금고 이상의 형의 집행유예가 확정된 날부터 20년이 지나지 아니한 사람에게는 자격을 재교부할 수 없다)

구 영유아보육법(2013. 8. 13. 법률 제12068호로 개정되고 2015. 5. 18. 법률 제13321호로 개정되기 전의 것)

제48조(어린이집의 원장 또는 보육교사의 자격취소)

② 보건복지부장관은 제1항에 따라 자격이 취소된 사람에게는 그 취소된 날부터 2년 이내에는 자격을 재교부하지 못한다. 다만, 제1항 제3호에 따라 자격이 취소된 경우에는 그 취소된 날부터 10년 이내에는 자격을 재교부하지 못한다.

[관련 조항]

아동복지법(2014. 1. 28. 법률 제12361호로 개정된 것)

제3조(정의) 이 법에서 사용하는 용어의 뜻은 다음과 같다.

7의2. "아동학대관련범죄"란 다음 각 목의 어느 하나에 해당하는 죄를 말한다.

가. 「아동학대범죄의 처벌 등에 관한 특례법」 제2조 제4호에 따른 아동학대범죄

아동학대범죄의 처벌 등에 관한 특례법(2014. 1. 28. 법률 제12341호로 제정된 것)

제2조(정의) 이 법에서 사용하는 용어의 뜻은 다음과 같다.

4. "아동학대범죄"란 보호자에 의한 아동학대로서 다음 각 목의 어느 하나에 해당하는 죄를 말한다.

타. 「아동복지법」 제71조 제1항 각 호의 죄(제3호의 죄는 제외한다)

파. 가목부터 타목까지의 죄로서 다른 법률에 따라 가중처벌되는 죄

제7조(아동복지시설의 종사자 등에 대한 가중처벌) 제10조 제2항 각 호에 따른 아동학대 신고의무자가 보호하는 아동에 대하여 아동학대범죄를 범한 때에는 그 죄에 정한 형의 2분의 1까지 가중한다.

구 아동복지법(2011. 8. 4. 법률 제11002호로 전부개정되고 2017. 10. 24. 법률 제14925호로 개정되기 전의 것)

제71조(벌칙) ① 제17조를 위반한 자는 다음 각 호의 구분에 따라 처벌한다.

2. 제3호부터 제8호까지의 규정에 해당하는 행위를 한 자는 5년 이하의 징역 또는 3천만원 이하의 벌금에 처한다.

구 아동복지법(2011. 8. 4. 법률 제11002호로 전부개정되고 2021. 12. 21. 법률 제18619호로 개정되기 전의 것)

제17조(금지행위) 누구든지 다음 각 호의 어느 하나에 해당하는 행위를 하여서는 아니된다.

5. 아동의 정신건강 및 발달에 해를 끼치는 정서적 학대행위

영유아보육법(2015. 5. 18. 법률 제13321호로 개정된 것)

제48조(어린이집의 원장 또는 보육교사의 자격취소)

① 보건복지부장관은 어린이집의 원장 또는 보육교사가 다음 각 호의 어느 하나에 해당하면 그 자격을 취소할 수 있다.

3. 「아동복지법」 제3조 제7호의2에 따른 아동학대

관련범죄로 처벌을 받은 경우

구 영유아보육법(2013. 8. 13. 법률 제12068호로 개정되고 2015. 5. 18. 법률 제13321호로 개정되기 전의 것) 제48조(어린이집의 원장 또는 보육교사의 자격취소)

① 보건복지부장관은 어린이집의 원장 또는 보육교사가 다음 각 호의 어느 하나에 해당하면 그 자격을 취소할 수 있다.

3. 「아동복지법」 제17조의 금지행위를 하여 같은 법 제71조 제1항에 따른 처벌을 받은 경우

3. 청구인들의 주장

심판대상조항은 오직 아동학대관련범죄 전력에 기초해 10년 동안 일률적으로 취업을 제한하는 점, 이 기간 내에는 이러한 제재로부터 벗어날 수 있는 어떠한 기회도 존재하지 않는 점, 재범의 위험성의 경중에 대한 고려가 있어야 하는 점 등에 비추어 침해의 최소성에 어긋난다. 심판대상조항은 죄질이 가볍고 재범의 위험성이 낮은 자들에게 지나치게 가혹한 제한이 될 수 있는 점, 범죄의 경중이나 재범의 위험성에 대한 판단이 대상자별로 구체적·개별적으로 이루어지는 것이 아니라 일률적으로 의제되고, 10년 내에는 재범의 위험성이 있다는 판단에서 벗어날 수 없다는 점에서 법익의 균형성도 충족하지 못한다.

4. 청구인 이○○의 심판청구에 대한 판단

가. 설치·운영 금지조항에 대한 심판청구

영유아보육법은 2004. 1. 29. 법률 제7153호로 전부개정된 때부터 2013. 8. 13. 법률 제12068호로 개정되기 전까지 벌금형과 관련한 결격사유는 규정하지 않았다. 2013. 8. 13. 법률 제12068호로 영유아보육법이 개정될 때 제16조 제8호에 '벌금형 또는 통고처분을 받은 사람으로서 그 벌금형을 선고받거나 통고처분을 이행한 후 2년(「아동복지법」 제17조를 위반한 경우에는 10년)이 지나지 아니한 자'가 어린이집을 설치·운영할 수 없는 자로 추가되었고, 제16조의 개정규정은 공포한 날부터 시행되었다[영유아보육법 부칙(2013. 8. 13. 법률 제12068호) 제1조 단서]. 2014. 5. 28. 법률 제12697호로 영유아보육법이 개정될 때 제16조 제8호는 '제54조에 따라 300만원 이상의 벌금형이 확정된 날부터 2년이 지나지 아니한 사람 또는 「아동복지법」 제17조를 위반하여 같은 법 제71조에 따라 벌금형이 확정된 날부터 10년이 지나지 아니한 사람'으로 개정되어 공포한 날로부터 시행되었는데[영유아보육법 부칙(2014. 5. 28. 법률 제12697호) 제1조 본문], 영유아보육법 부칙(2014. 5. 28. 법률 제12697호) 제2조는 '제16조 제8호의 개정규정은 2013년 8월 13일 이후 행위로 벌금형이 확정된 사람에게 적용한다.'고 규정하였다. 2015. 5. 18. 법률 제13321호로 영유아보육법이 개정될 때 제16조 제8호는 '제54조에 따라 300만원 이상의 벌금형이 확정된 날부터 2년이 지나지 아니한 사람 또는 「아동복지법」 제3조 제7호의2에 따른 아동학대관련범죄로 벌금형이 확정된 날부터 10년이 지나지 아니한 사람'으로 개정되었고, 영유아보육법 부칙(2015. 5. 18. 법률 제13321호) 제2조는 '제16조의 개정규정은 이 법 시행 이후의 행위로 형이 확정되었거나 제45조에 따라 최초로 폐쇄명령을 받은 사람부터 적용한다.'고 규정하였다.

청구인 이○○은 2013년 1월 내지 2월에 아동복지법 제17조 제5호 등의 금지행위를 하여 같은 법 제71조 제1항 제2호에 따라 벌금 100만 원을 선고받고 2014. 9. 25. 그 형이 확정된 자이다. 2014. 9. 25. 당시에는 구 영유아보육법(2014. 5. 28. 법률 제12697호로 개정되고 2015. 5. 18. 법률 제13321호로 개정되기 전의 것) 제16조 제8호가 시행되었으므로 청구인 이○○은 같은 조항의 규율 대상이 되는데, 영유아보육법 부칙(2014. 5. 28. 법률 제12697호) 제2조는 '제16조 제8호의 개정규정은 2013년 8월 13일 이후 행위로 벌금형이 확정된 사람에게 적용한다.'고 규정하고 있으므로, 2013년 1월 내지 2월의 행위로 벌금형이 확정된 청구인 이○○에게 구 영유아보육법(2014. 5. 28. 법률 제12697호로 개정되고 2015. 5. 18. 법률 제13321호로 개정되기 전의 것) 제16조 제8호는 적용되지 않는다. 또한, 영유아보육법 제16조 제8호 후단은 2015. 5. 18. 법률 제13321호로 한번 더 개정된 후 현재에 이르고 있는데, 영유아보육법 부칙(2015. 5. 18. 법률 제13321호) 제2조는 '제16조의 개정규정은 이 법 시행 이후의 행위로 형이 확정되었거나 제45조에 따라 최초로 폐쇄명령을 받은 사람부터 적용한다.'고 규정하고 있으므로 현행법인 영유아보육법(2015. 5. 18. 법률 제13321호로 개정된 것) 제16조 제8호 후단 역시 청구인 이○○에게 적용되지 않는다.

그렇다면 청구인 이○○의 설치·운영 금지조항에 대한 심판청구는 기본권침해가능성, 자기관련성이 인정되지 아니하여 부적법하다.

나. 근무 금지조항에 대한 심판청구

영유아보육법 제20조 제1호는 '제16조 각 호의 어느

하나에 해당하는 자는 어린이집에 근무할 수 없다'고 규정하고 있는데 청구인 이○○은 아동복지법위반죄로 벌금형을 받아 영유아보육법 제16조 제8호 후단에 해당하여 같은 법 제20조 제1호에 의해 어린이집에 근무할 수 없다고 주장하면서 영유아보육법 제20조 제1호도 다투고 있다. 그런데 위 가.항에서 본 바와 같이 청구인 이○○은 2013. 8. 13. 전의 행위로 벌금형이 확정된 경우이어서 영유아보육법 부칙(2014. 5. 28. 법률 제12697호) 제2조 및 영유아보육법 부칙(2015. 5. 18. 법률 제13321호) 제2조에 의해 제16조 제8호 후단의 적용을 받지 아니한다. 따라서 근무 금지조항 역시 청구인 이○○에게 적용되지 않는다.

그렇다면 청구인 이○○의 근무 금지조항에 대한 심판청구는 기본권침해가능성, 자기관련성이 인정되지 아니하여 부적법하다.

다. 구 자격재교부 금지조항에 대한 심판청구

청구인 이○○은 2013년 1월 내지 2월에 아동복지법 제17조 제5호 등을 위반하여 같은 법 제71조 제1항 제2호에 따라 처벌받은 경우로서 2014. 9. 25. 벌금형이 확정되어 2015. 3. 1. 어린이집 원장자격 및 보육교사자격이 취소되었다. 영유아보육법 부칙(2015. 5. 18. 법률 제13321호) 제5조(행정처분에 관한 경과조치)는 '이 법 시행 전의 위반행위에 대한 행정처분에 관하여는 종전의 규정에 따른다.'고 규정하고 있으므로 자격이 취소된 자에 대한 자격재교부 제한에 관하여 청구인 이○○에게는 자격이 취소된 2015. 3. 1. 당시 시행되던 구 영유아보육법(2013. 8. 13. 법률 제12068호로 개정되고 2015. 5. 18. 법률 제13321호로 개정되기 전의 것) 제48조 제2항 단서, 즉 구 자격재교부 금지조항이 적용된다.

구 자격재교부 금지조항은 2013. 8. 13.부터 신설·시행되었고[영유아보육법 부칙(2013. 8. 13. 법률 제12068호) 단서], 청구인 이○○은 2015. 3. 1. 어린이집 원장자격 및 보육교사자격이 취소되었다. 그렇다면 청구인 이○○에 대하여 구 자격재교부 금지조항으로 인한 기본권 침해사유는 2015. 3. 1.에 발생했다고 할 것인데 2019. 7. 25. 이 사건 헌법소원심판을 청구하였으므로 청구인 이○○의 구 자격재교부 금지조항에 대한 심판청구는 기본권 침해사유 발생일로부터 1년을 도과하여 부적법하다.

5. 청구인 임○○의 심판청구에 대한 판단

가. 제한되는 기본권 및 심사기준

헌법 제15조는 "모든 국민은 직업선택의 자유를 가진다."라고 규정함으로써 개인이 원하는 직업을 자유롭게 선택하는 '좁은 의미의 직업선택의 자유'와 그가 선택한 직업을 자기가 원하는 방식으로 자유롭게 수행할 수 있는 '직업수행의 자유'를 보장하고 있다. 청구인 임○○는 심판대상조항(이하 '구 자격재교부 금지조항'을 제외한 나머지 심판대상조항을 말한다)에 의하여 벌금형이 확정된 날부터 10년 동안 영유아보육법 제2조 제3호의 어린이집을 설치·운영하거나 어린이집에 근무할 수 없고, 보육교사 자격을 재교부 받을 수 없게 되었다. 이는 일정한 직업을 선택함에 있어 기본권 주체의 능력과 자질에 따른 제한에 해당하므로 이른바 '주관적 요건에 의한 좁은 의미의 직업선택의 자유'에 대한 제한에 해당한다. 다만, 직업의 자유도 헌법 제37조 제2항에 따라 제한될 수 있지만, 좁은 의미의 직업선택의 자유를 제한하는 것은 인격발현에 대한 침해의 효과가 직업수행의 자유를 제한하는 경우보다 일반적으로 크기 때문에 전자에 대한 제한은 후자에 대한 제한보다 더 엄격한 제약을 받는다(헌재 2018. 6. 28. 2017헌마130등 참조).

나. 직업선택의 자유 침해 여부

(1) 목적의 정당성 및 수단의 적합성

심판대상조항은 아동학대관련범죄로 벌금형이 확정된 후 10년이 지나지 아니한 자는 어린이집의 설치·운영 및 어린이집에서의 근무를 하지 못하도록 하여 6세 미만 의 취학 전 아동인 영유아에 대한 학대를 예방함으로써 영유아를 건강하고 안전하게 보육하기 위한 것으로 입법목적은 정당하고, 이를 통해 영유아에 대한 보육이 안전하게 이루어질 수 있으므로 수단의 적합성도 인정된다.

(2) 침해의 최소성

아동학대관련범죄로 벌금형을 선고받아 확정된 자에 대하여 10년간 어린이집에 취업을 제한하는 것이 입법목적을 달성하는 데 적합한 수단이라고 하더라도, 심판대상조항은 다음과 같은 점에서 침해의 최소성에 위반된다. (가) 심판대상조항은 어린이집에서 아동학대관련범죄전력자를 배제하여 영유아를 관련 범죄로부터 보호하려는 것인데, 이는 아동학대관련범죄전력자라는 이유만으로 이들이 다시 아동학대관련범죄를 저지를 것이라는 전제 하에 취업제한의 제재를 예외 없이 관철하고 있다는 점에서 문제가 있다. 아동학대관련범죄전력자가 영유아를 대상으로 동종범죄를 다시 저지를 가능성이 없다고 할 수는 없지만, 범죄전력만으로 그가 장래에 동일한 유형의 범죄를 다시 저지를 것이라고 단정하기는 어려우므로, 어떠한 예외도 없이 재범가능성을 당연시하는 심판대상조항은 아동학대관련범죄전력자 중 재범 위험성이 없는 자의 기본권에 과도한 제한을 초래한다(헌재 2018. 6. 28. 2017헌마130등 참조).

(나) 아동학대관련범죄전력자가 어느 정도 재범의 위험성이 있다는 입법자의 판단을 받아들인다 하더라도, 재범의 위험성은 사람에 따라 얼마든지 달라질 수 있다. 따라서 여러 사정에 비추어 재범의 위험성이 사라졌거나 현저히 낮아졌음이 입증된다면, 단지 그가 아동학대관련범죄전력자라는 이유만으로 계속해서 어린이집에 취업할 수 없도록 하는 것은 과도하다. 심판대상조항은 아동학대관련범죄전력에 기초하여 어떠한 예외도 없이 그 대상자의 재범 위험성을 당연시할 뿐만 아니라, 벌금형이 확정된 때부터 10년이 경과하기 전에는 결코 재범의 위험성이 소멸하지 않는다는 입장에 서 있다. 이처럼 아동학대관련범죄전력만으로 재범의 위험성이 있다고 간주하고 일률적·편의적인 시각에서 아동학대관련범죄전력자에 대하여 어린이집에 10년간 취업 등을 금지하는 것은, 아동학대관련범죄전력이 있지만 10년의 기간 안에 재범의 위험성이 해소될 수 있는 자들에게 과도한 기본권 제한에 해당한다(헌재 2018. 6. 28. 2017헌마130등 참조).

(다) 설령 아동학대관련범죄전력자에 대하여 재범의 위험성에 관계없이 10년간 어린이집에 취업 등을 할 수 없도록 하는 결격제도가 정당하다고 하더라도, 범죄행위의 유형이나 구체적 태양 등을 구체적으로 고려하지 않고 일군의 범죄를 저지른 사람 전부에 대하여 동일한 취업제한 기간을 두는 것은 구체적 타당성에도 반한다.

아동학대관련범죄를 저지른 자들이라 하더라도 개별 범죄의 경중에는 차이가 있고, 이는 재범의 위험성도 마찬가지이다. 범죄의 경중과 그와 연관된 재범의 위험성을 가늠하지 않고 동일한 취업제한의 제재를 가하는 심판대상조항은 각 행위의 죄질에 따른 상이한 제재의 필요성을 간과한 것이며, 특히 그 중에서도 단 한 차례의 우발적인 학대행위를 저지른 경우와 같이 범행의 정도가 가볍고 재범의 위험성이 상대적으로 크지 않은 자에게까지 10년 동안 일률적인 취업제한 등을 부과하는 것은 그 제한의 정도가 지나치다.

형사처벌과는 달리, 법률상 결격사유에서는 아동학대관련범죄를 범하였다면 범죄의 경중과 관계없이 본질적으로 동일하다고 볼 수 있다는 주장도 있을 수 있다. 그러나 법률상 결격사유를 정함에 있어서도 범죄의 경중이나 재범의 위험성 등을 고려하는 것이 타당하며, 현재 우리 실정법에서 법률상 결격사유를 규정하는 통상적인 규정 방식도 그와 다르지 않다. 범죄의 경중이나 재범의 위험성에 관한 개별적 판단 없이 일률적으로 일정기간에 걸쳐 취업 등을 차단하는 것은 죄질이 가볍고 재범의 위험성이 낮은 자에 대해서는 기본권 침해가 될 수 있다(헌재 2018. 6. 28. 2017헌마130등 참조).

(라) 이상에서 언급한 문제점을 해결하기 위해서는 아동학대관련범죄전력자의 취업 제한을 하기에 앞서, 그러한 대상자들에게 재범의 위험성이 있는지 여부, 만약 있다면 어느 정도로 취업제한을 해야 하는지를 구체적이고 개별적으로 심사하는 절차가 필요하다. 이 심사의 세부적 절차와 심사권자 등에 관해서는 추후 심도 있는 사회적 논의가 필요하겠지만, 10년이라는 현행 취업제한기간을 기간의 상한으로 두고 법관이 대상자의 취업제한기간을 개별적으로 심사하는 방식도 하나의 대안이 될 수 있다(아동복지법 제29조의3 제1항 참조).

(마) 그렇다면 심판대상조항은 오직 아동학대관련범죄전력에 기초해 10년이라는 기간 동안 일률적으로 취업제한 등의 제재를 부과하는 점, 이 기간 내에는 취업제한 대상자가 그러한 제재로부터 벗어날 수 있는 어떠한 기회도 존재하지 않는 점, 재범의 위험성에 대한 사회적 차원의 대처가 필요하다 해도 이 위험의 경중에 대한 고려가 있어야 하는 점 등에 비추어 침해의 최소성 요건을 충족했다고 보기 힘들다.

(3) 법익의 균형성

영유아를 아동학대관련범죄로부터 보호하여 영유아를 건강하고 안전하게 보육하고, 어린이집에 대한 윤리성과 신뢰성을 높여 영유아 및 그 관계자들이 어린이집을 믿고 이용하도록 하는 것은 우리 사회의 중요한 공익에 해당한다.

그러나 심판대상조항에 의하여 청구인 임○○의 직업선택의 자유 또한 중대하게 제한되고 있는바, 죄질이 가볍고 재범의 위험성이 낮은 범죄전력자들에게 지나치게 가혹한 제한이 될 수 있는 점, 재범의 위험성에 대한 판단이 관련 범죄전력자에 대하여 일률적으로 이루어지고 있고, 10년 기간 내에는 재범의 위험성이 있다는 혐의를 벗어날 수 없으며, 범죄의 경중이나 재범의 위험성 존부에 관하여 구체적이고 개별적으로 판단할 수 있는 어떠한 제도적 절차도 구비되어 있지 않은 점 등을 종합하면, 심판대상조항은 그것이 달성하려는 공익의 무게에도 불구하고 우리 사회가 청구인 임○○에게 감내하도록 요구할 수 있는 수준을 넘어선다고 할 것이다. 따라서 심판대상조항은 법익의 균형성 요건을 충족하지 아니한다(헌재 2018. 6. 28. 2017헌마130등 참조).

(4) 소결

이상에서 본 바와 같이 심판대상조항은 과잉금지원칙에 위반되어 청구인 임○○의 직업선택의 자유를 침해한다.

6. 결 론

그렇다면 설치·운영 금지조항, 근무 금지조항, 자격재교부 금지조항은 헌법에 위반되고, 청구인 이○○의 심판청구는 부적법하므로 이를 각하하기로 하여 주문과 같이 결정한다. 이 결정은 아래 7.과 같은 재판관 이선애, 재판관 이은애, 재판관 이영진의 설치·운영 금지조항, 근무 금지조항, 자격재교부 금지조항에 대한 반대의견이 있는 외에는 관여 재판관들의 일치된 의견에 따른 것이다.

7. 재판관 이선애, 재판관 이은애, 재판관 이영진의 설치·운영 금지조항, 근무 금지조항, 자격재교부 금지조항에 대한 반대의견

우리는 설치·운영 금지조항, 근무 금지조항, 자격재교부 금지조항(이하 '심판대상조항'이라 한다)이 직업선택의 자유를 침해하지 않는다고 생각하므로, 아래와 같이 반대의견을 남긴다.

가. 입법목적의 정당성 및 수단의 적합성

심판대상조항은 영유아에 대한 학대를 예방함으로써 아동들이 행복하고 안전하게 자라나게 하고 어린이집에 대한 윤리성과 신뢰를 높여 영유아 및 그 보호자가 이들 기관을 믿고 이용하게 할 수 있도록 하는 입법목적을 지니고 있으므로, 입법목적의 정당성이 인정된다.

또한, 아동학대관련범죄로 벌금형이 확정된 후 10년이 지나지 아니한 사람의 어린이집의 설치·운영 및 근무를 금지하는 것은 영유아에 대한 학대를 예방함으로써 위와 같은 입법목적 달성에 기여하는 하나의 방안이 될 수 있으므로, 수단의 적합성도 인정된다.

나. 침해의 최소성

(1) 어린이집은 6세 미만의 취학 전 영유아의 보육을 담당하는 기관으로서, 어린이집 보육교직원은 영유아와 상시적으로 접촉하고 긴밀한 생활관계를 형성하면서 영유아의 성장과 발달을 촉진시키는 역할을 수행한다(영유아보육법 제2조 참조). 영유아의 보육은 영유아의 신체·정서·언어·사회성 및 인지적 발달에 지대한 영향을 미칠 수 있으므로, 영유아를 대상으로 한 어린이집을 설치·운영하고자 하거나 어린이집에 근무하고자 하는 자, 특히 원장이나 보육교사는 그에 맞는 윤리의식과 도덕성, 사회적 책임과 준법의식 등이 요구되고, 보육의 질적 수준과 영유아의 신체적·정신적 건강을 보호하기 위해서는 이러한 자질을 갖추지 못한 자를 보육현장에서 배제시킬 필요가 있다.

(2) 영유아는 6세 미만의 취학 전 아동으로서 의사결정능력이 미약하고 정신적·육체적으로 아직 성숙하지 않은 발달과정에 있으므로, 자기방어능력이 매우 취약할 뿐만 아니라, 나이가 어릴수록 아동학대가 발생하더라도 그 피해사실 자체를 인지하지 못하는 경우가 많다(헌재 2019. 7. 25. 2016헌마754 참조). 이로 인하여 영유아를 대상으로 한 아동학대관련범죄는 쉽게 은폐·축소될 위험이 있고, 스스로 방어능력이 미약한 6세 미만의 영유아가 이러한 피해사실을 적절히 주위에 알려 도움을 청할 것도 기대하기 어려워, 반복적인 학대행위에 장기간 그대로 노출될 위험도 고려하지 않을 수 없다. 어린이집의 보육교사 등 보육교직원은 영유아와 장시간 지속적으로 밀접한 관계를 맺으며 아이들을 보육하므로, 이들에 의한 아동학대관련범죄는 영유아의 신체적·정서적 발달에 치명적인 영향을 줄 수 있으며, 경우에 따라서는 전 생애에 걸쳐 악영향을 끼칠 수도 있다. 따라서 이들에 의한 아동학대관련범죄를 사전에 철저히 예방하는 것이 영유아의 안전하고 건강한 보육을 위하여 무엇보다도 긴요하게 요청된다.

(3) 헌법재판소는 2018. 6. 28. 2017헌마130등 사건에서 아동학대관련범죄로 형을 선고받아 확정된 자에 대하여 10년 동안 체육시설 및 초·중등교육법 제2조 각 호의 학교에 취업 또는 사실상 노무를 제공할 수 없도록 한 아동복지법 조항에 대하여 아동학대관련범죄 전력자의 재범가능성을 당연시하고, 이후 재범의 위험성이 소멸하거나 낮아질 가능성을 전혀 고려하지 않았을 뿐만 아니라, 범죄행위의 유형이나 구체적 태양 등

을 고려하지 않고 일률적으로 10년의 취업제한을 부과하여 직업선택의 자유를 침해하였다고 하여 위헌결정을 한 바 있다.

그런데 어린이집은 아직 의사소통능력이나 의사결정능력이 미약하여 스스로 방어능력이 취약한 6세 미만의 취학 전 아동을 대상으로 하고, 최근 보건복지부에서 발표한 2021년 전국보육실태조사에 따르면, 영유아 전체의 어린이집 이용 시간은 평균 7시간 12분에 이른다는 결과가 발표되었다. 즉, 영유아들은 신체적·정신적 발달이 중요한 시기에 매일 장시간 어린이집에 머물면서 교사 등 보육교직원과 긴밀한 접촉을 하며 생활하고 있는 것이다. 따라서 이러한 영유아의 발달단계상 특징과 어린이집의 특수성을 고려하면, 특정한 신체적 활동을 목적으로 일정시간 머무는 체육시설이나 국민생활에 필요한 기초적인 초등교육 또는 이를 기반으로 한 중등·고등교육을 목적으로 어느 정도 성장한 취학 후 아동이나 청소년들을 대상으로 하는 학교와는 그 근무자들에게 요구되는 자질이 동일하다고 볼 수 없다.

어린이집 보육교직원의 아동학대관련범죄는 아직 발달단계에 있는 미성숙한 영유아의 전 생애에 걸쳐 심대한 악영향을 미칠 우려가 있고, 아동학대관련범죄는 행위자의 습벽 등에 의해 저질러지는 경우가 적지 않아 단기간에 교정되지 않고 장기화될 가능성도 있으므로, 이로 인한 위험으로부터 영유아를 사전에 차단시킬 필요성은 어린이집이 위의 체육시설이나 학교보다 강하다.

(4) 물론 법정의견과 같이 심판대상조항이 아동학대관련범죄의 경중, 재범의 위험성을 기준으로 취업제한기간, 취업제한 대상기관을 세분화하여 규율함으로써 아동학대관련범죄의 전력자라 하더라도 지나치게 취업의 자유가 제한되지 않도록 해야 한다고 볼 수도 있을 것이다.

그러나 아동학대관련범죄가 영유아의 정신적·신체적 발달에 미치는 치명적인 영향이나 그로 인한 피해회복의 어려움 등을 고려하면, 아동학대관련범죄 전력자의 취업으로 인해 발생할 수 있는 아동학대행위의 위험을 아직 미성숙한 영유아가 전적으로 부담하도록 할 수 없다. 다른 취업기관과 달리 영유아가 비교적 장시간 머물면서 보육교직원의 보육을 전적으로 받아야 하는 어린이집에 대해서는 보다 엄격하게 취업을 제한함으로써 사전에 영유아를 아동학대의 위험으로부터 철저히 보호해야 할 필요가 인정된다.

(5) 만약 아동학대관련범죄로 벌금형이 확정된 자가 어린이집에 근무하게 된다면, 당해 어린이집뿐만 아니라 어린이집 전체의 안전성에 대한 사회적 신뢰가 붕괴되고, 이를 이용하는 영유아 및 그 보호자에게 불안감을 필요 이상으로 증가시키게 될 수 있는 점을 고려하면, 아동학대관련범죄 전력자의 취업제한 등의 필요성은 더욱 크다고 할 것이다. 그렇다면 어린이집 전체의 안전성에 대한 사회적 신뢰를 유지하고 궁극적으로 영유아의 완전하고 조화로운 인격 발달을 위하여 심판대상조항이 불필요한 제한이라고 단정할 수 없다.

(6) 또한, 심판대상조항은 아동학대관련범죄 전력자가 영유아와 접촉할 가능성이 높은 어린이집에 한정하여 취업 등을 제한하고 있고, 재범 없이 10년의 기간이 지나면 취업도 가능하게 되므로, 지나친 제한이라고 볼 수 없다.

(7) 결국 심판대상조항 외에 목적을 효과적으로 달성하기 위한 덜 제한적인 수단이 있다고 보기 어렵고, 심판대상조항이 부과하는 제한은 목적 달성을 위하여 필요한 범위 내의 것이므로, 침해의 최소성이 인정된다.

다. 법익의 균형성

영유아를 아동학대관련범죄로부터 보호하여 건강한 사회구성원으로 성장할 수 있도록 하는 심판대상조항의 목적은 매우 중요한 공익이다. 심판대상조항으로 인하여 10년 동안 어린이집에 취업 등을 할 수 없는 제한을 받으나, 이러한 불이익은 영유아의 건강하고 안전한 보육을 위한 것으로 어린이집에 한정되어 있고, 재범 없이 10년이 경과하면 어린이집 근무가 가능하다는 점 등을 고려하면, 심판대상조항이 달성하려는 공익보다 크다고 단언하기는 어렵다. 따라서 심판대상조항은 법익의 균형성도 인정된다.

라. 결론

그러므로 심판대상조항이 직업선택의 자유를 침해한다고 보기 어렵다.

재판관 유남석 이선애 이석태 이은애 이종석 이영진 김기영 문형배 이미선

74. 민법 제809조 제1항 등 위헌소원

[2022. 10. 27. 2018헌바115]

【판시사항】

1. 8촌 이내의 혈족 사이에서는 혼인할 수 없도록 하는 민법 제809조 제1항(이하 '이 사건 금혼조항'이라 한다)이 혼인의 자유를 침해하는지 여부(소극)

2. 이 사건 금혼조항을 위반한 혼인을 무효로 하는 민법 제815조 제2호(이하 '이 사건 무효조항'이라 한다)가 혼인의 자유를 침해하는지 여부(적극)

3. 이 사건 무효조항에 대하여 헌법불합치 결정을 선고하면서 계속 적용을 명한 사례

【결정요지】

1. 이 사건 금혼조항은 근친혼으로 인하여 가까운 혈족 사이의 상호관계 및 역할, 지위와 관련하여 발생할 수 있는 혼란을 방지하고 가족제도의 기능을 유지하기 위한 것으로서 정당한 입법목적 달성을 위한 적합한 수단에 해당한다. 이 사건 금혼조항은, 촌수를 불문하고 부계혈족 간의 혼인을 금지한 구 민법상 동성동본 금혼 조항에 대한 헌법재판소의 헌법불합치 결정의 취지를 존중하는 한편, 우리 사회에서 통용되는 친족의 범위 및 양성평등에 기초한 가족관계 형성에 관한 인식과 합의에 기초하여 혼인이 금지되는 근친의 범위를 한정한 것이므로 그 합리성이 인정되며, 입법목적 달성에 불필요하거나 과도한 제한을 가하는 것이라고는 볼 수 없으므로 침해의 최소성에 반한다고 할 수 없다. 나아가 이 사건 금혼조항으로 인하여 법률상의 배우자 선택이 제한되는 범위는 친족관계 내에서도 8촌 이내의 혈족으로, 넓다고 보기 어렵다. 그에 비하여 8촌 이내 혈족 사이의 혼인을 금지함으로써 가족질서를 보호하고 유지한다는 공익은 매우 중요하므로 이 사건 금혼조항은 법익균형성에 위반되지 아니한다. 그렇다면 이 사건 금혼조항은 과잉금지원칙에 위배하여 혼인의 자유를 침해하지 않는다.

2. 가. 재판관 이선애, 재판관 이은애, 재판관 이종석, 재판관 이영진, 재판관 이미선의 헌법불합치의견

이 사건 무효조항은 이 사건 금혼조항의 실효성을 보장하기 위한 것으로서 정당한 입법목적 달성을 위한 적합한 수단에 해당한다. 다만, 이미 근친혼이 이루어져 당사자 사이에 부부간의 권리와 의무의 이행이 이루어지고 있고, 자녀를 출산하거나 가족 내 신뢰와 협력에 내한 기대가 발생하였다고 볼 사정이 있는 때에 일률적으로 그 효력을 소급하여 상실시킨다면, 이는 가족제도의 기능 유지라는 본래의 입법목적에 반하는 결과를 초래할 가능성이 있다. 이 사건 무효조항의 입법목적은 근친혼이 가까운 혈족 사이의 신분관계 등에 현저한 혼란을 초래하고 가족제도의 기능을 심각하게 훼손하는 경우에 한정하여 무효로 하더라도 충분히 달성 가능하고, 위와 같은 경우에 해당하는지 여부가 명백하지 않다면 혼인의 취소를 통해 장래를 향하여 혼인을 해소할 수 있도록 규정함으로써 가족의 기능을 보호하는 것이 가능하므로, 이 사건 무효조항은 입법목적 달성에 필요한 범위를 넘는 과도한 제한으로서 침해의 최소성을 충족하지 못한다. 나아가 이 사건 무효조항을 통하여 달성되는 공익은 결코 적지 아니하나, 이 사건 무효조항으로 인하여 제한되는 사익 역시 중대함을 고려하면, 이 사건 무효조항은 법익균형성을 충족하지 못한다. 그렇다면, 이 사건 무효조항은 과잉금지원칙에 위배

하여 혼인의 자유를 침해한다.

나. 재판관 유남석, 재판관 이석태, 재판관 김기영, 재판관 문형배의 헌법불합치의견

이 사건 금혼조항에 대한 반대의견에서 밝히는 바와 같이 이 사건 금혼조항은 그 금지의 범위가 지나치게 광범위하여 헌법에 합치되지 아니하므로, 이 사건 무효조항도 무효로 하는 근친혼의 범위가 너무 광범위하여 헌법에 합치되지 아니한다. 이 사건 금혼조항의 개선입법으로 금지되는 근친혼의 범위가 합헌적으로 축소되는 경우에 그와 같이 축소된 금혼 범위 내에서 이 사건 무효조항은 그 입법목적의 정당성과 수단의 적합성이 인정된다. 이 사건 무효조항의 입법목적은 가령 직계혈족 및 형제자매 사이의 혼인과 같이 근친혼이 가족제도의 기능을 심각하게 훼손하는 경우에 한정하여 그 혼인을 무효로 하고 그 밖의 근친혼에 대하여는 혼인의 취소를 통해 장래를 향하여 혼인이 해소될 수 있도록 규정함으로써 기왕에 형성된 당사자나 그 자녀의 법적 지위를 보장하더라도 충분히 달성될 수 있다. 그럼에도 이 사건 무효조항은 이 사건 금혼조항을 위반한 경우를 전부 무효로 하고 있어서 침해최소성과 법익균형성에 반한다. 그렇다면 이 사건 무효조항은 과잉금지원칙에 위배하여 혼인의 자유를 침해한다.

3. 이 사건 무효조항에 대하여 2024. 12. 31.을 시한으로 입법자가 개정할 때까지 계속 적용을 명하는 헌법불합치 결정을 선고한다. 다만 당해 사건에서는 이 사건 무효조항이 개정될 때를 기다려 개정된 신법을 적용하여야 할 것이다.

재판관 유남석, 재판관 이석태, 재판관 김기영, 재판관 문형배의 이 사건 금혼조항에 대한 반대의견

이 사건 금혼조항이 정한 근친혼 금지는 인류 보편적으로 형성된 근친상간 금기에서 유래하는 것으로, 가족질서를 유지하고 가족제도의 기능을 보호하는 데에 그 입법목적이 있다. 그런데 이 사건 금혼조항은 근친상간 금기의 범위를 훨씬 넘어 8촌 이내 혈족을 모두 금혼의 대상으로 삼고 있다. 8촌 이내의 혈족을 '근친'으로 여기는 관념이 오늘날에도 여전히 지역이나 세대를 불문하고 보편적으로 받아들여지는 통념이라고 보기 어렵고, 친족인지 여부를 확인할 수 있는 별도의 신분공시제도가 마련되어 있는 것도 아니어서 상대적으로 촌수가 먼 친족의 경우에는 혈족관계의 존재나 그 촌수를 알기 어렵게 되었다. 독일, 오스트리아, 스위스, 프랑스, 영국, 일본, 중국 등 다수의 국가들이 이 사건 금혼조항에 비해 상대적으로 금혼의 범위를 좁게 규정하고 있고, 혼인의 자유는 보편적 인권으로서 존중되고 보호되어야 한다는 것이 오늘날 세계적으로 통용되는 관념이라 할 것이므로, 입법자는 국제규범과의 정합성을 고려하여 혼인제도를 형성하도록 노력하여야 할 것이다. 그럼에도 이 사건 금혼조항은 만연히 민법상의 친족 범위에 맞추어 금혼의 범위를 규정하고 있다. 유전학적 연구결과에 의하더라도 8촌 이내 혈족 사이의 혼인이 일률적으로 그 자녀나 후손에게 유전적으로 유해한지에 대한 과학적인 증명이 있었다고 보기 어려우므로, 유전학적 관점은 혼인의 상대방을 선택할 자유를 제한하는 합리적인 이유가 될 수 없다. 따라서 이 사건 금혼조항은 입법목적 달성에 필요한 범위를 넘는 과도한 제한으로서 과잉금지원칙에 위배하여 혼인의 자유를 침해한다. 다만 이 사건 금혼조항의 위헌성은 근친혼 금지의 광범성에 있으므로, 입법자가 금지되는 혼인의 범위를 합헌적으로 개선할 방법을 충분히 검토하여 새로이 혼인제도를 형성할 수 있도록 헌법불합치결정을 함이 상당하다.

【심판대상조문】

민법(2005. 3. 31. 법률 제7427호로 개정된 것) 제809조 제1항, 제815조 제2호

【참조조문】

헌법 제36조 제1항, 제37조 제2항

민법(1990. 1. 13. 법률 제4199호로 개정된 것) 제777조 제1호

민법(2005. 3. 31. 법률 제7427호로 개정된 것) 제809조 제2항, 제815조 제3호, 제4호, 제816조 제1호, 제820조, 제824조

가족관계의 등록 등에 관한 법률(2007. 5. 17. 법률 제8435호로 제정된 것) 제71조 제4호

【참조판례】

1. 헌재 1997. 7. 16. 95헌가6등, 판례집 9-2, 1, 6

【당 사 자】

청구인 오○○

대리인 변호사 장샛별 외 1인

당해사건 대구가정법원 2017르5150 혼인의 무효

【주 문】

1. 민법(2005. 3. 31. 법률 제7427호로 개정된 것) 제809조 제1항은 헌법에 위반되지 아니한다.

2. 민법(2005. 3. 31. 법률 제7427호로 개정된 것) 제815조 제2호는 헌법에 합치되지 아니한다. 위 법률조항은 2024. 12. 31.을 시한으로 개정될 때까지 계속 적용된다.

【이 유】

1. 사건개요

가. 청구인과 함○○은 2016. 5. 4. ○○시장에게 혼인신고를 하였다.

나. 함○○은 2016. 8. 1. 청구인과 6촌 사이임을 이유로 혼인무효의 소를 제기하였고, 대구가정법원 상주지원은 위 혼인신고가 8촌 이내 혈족 사이의 혼인신고이므로 민법 제809조 제1항, 제815조 제2호에 따라 무효임을 확인하였다(2016드단646).

다. 이에 청구인은 대구가정법원에 항소하였고(2017르5150), 위 항소심 계속 중 8촌 이내 혈족 사이의 혼인을 금지하고 이를 혼인의 무효사유로 규정한 민법 제809조 제1항 및 제815조 제2호에 대하여 위헌법률심판 제청신청을 하였으나(대구가정법원 2017즈기1432), 2018. 1. 25. 청구인의 위 항소 및 신청이 모두 기각되자, 2018. 2. 19. 이 사건 헌법소원심판을 청구하였다.

2. 심판대상

이 사건 심판대상은 민법(2005. 3. 31. 법률 제7427호로 개정된 것) 제809조 제1항(이하 '이 사건 금혼조항'이라 한다)과 제815조 제2호(이하 '이 사건 무효조항'이라 하고, 이 사건 금혼조항과 합쳐 이를 때는 '심판대상조항'이라 한다)가 헌법에 위반되는지 여부이다.

심판대상조항 및 관련조항은 다음과 같다.

[심판대상조항]

민법(2005. 3. 31. 법률 제7427호로 개정된 것)

제809조(근친혼 등의 금지) ① 8촌 이내의 혈족(친양자의 입양 전의 혈족을 포함한다) 사이에서는 혼인하지 못한다.

제815조(혼인의 무효) 혼인은 다음 각 호의 어느 하나의 경우에는 무효로 한다.

2. 혼인이 제809조 제1항의 규정을 위반한 때

[관련조항]

구 민법(1958. 2. 22. 법률 제471호로 제정되고, 1990. 1. 13. 법률 제4199호로 개정되기 전의 것)

제777조(친족의 범위) 친족관계로 인한 법률상 효력은 본법 또는 다른 법률에 특별한 규정이 없는 한 다음 각 호에 해당하는 자에 미친다.

1. 8촌 이내의 부계혈족
2. 4촌 이내의 모계혈족

민법(1990. 1. 13. 법률 제4199호로 개정된 것)

제777조(친족의 범위) 친족관계로 인한 법률상 효력은 이 법 또는 다른 법률에 특별한 규정이 없는 한 다음 각 호에 해당하는 자에 미친다.

1. 8촌 이내의 혈족

구 민법(1958. 2. 22. 법률 제471호로 제정되고, 2005. 3. 31. 법률 제7427호로 개정되기 전의 것)

제809조(동성혼 등의 금지) ① 동성동본인 혈족 사이에서는 혼인하지 못한다.

② 남계혈족의 배우자, 부의 혈족 및 기타 8촌 이내

의 인척이거나 이러한 인척이었던 자 사이에서는 혼인하지 못한다.

제815조(혼인의 무효) 혼인은 다음 각 호의 경우에는 무효로 한다.

2. 당사자 간에 직계혈족, 8촌 이내의 방계혈족 및 그 배우자인 친족관계가 있거나 또는 있었던 때
3. 당사자 간에 직계인척, 부의 8촌 이내의 혈족인 인척관계가 있거나 또는 있었던 때

민법(2005. 3. 31. 법률 제7427호로 개정된 것)

제809조(근친혼 등의 금지) ② 6촌 이내의 혈족의 배우자, 배우자의 6촌 이내의 혈족, 배우자의 4촌 이내의 혈족의 배우자인 인척이거나 이러한 인척이었던 자 사이에서는 혼인하지 못한다.

제815조(혼인의 무효) 혼인은 다음 각 호의 어느 하나의 경우에는 무효로 한다.

3. 당사자 간에 직계인척관계(直系姻戚關係)가 있거나 있었던 때
4. 당사자 간에 양부모계의 직계혈족관계가 있었던 때

제816조(혼인취소의 사유) 혼인은 다음 각 호의 어느 하나의 경우에는 법원에 그 취소를 청구할 수 있다.

1. 혼인이 제807조 내지 제809조(제815조의 규정에 의하여 혼인의 무효사유에 해당하는 경우를 제외한다. 이하 제817조 및 제820조에서 같다) 또는 제810조의 규정에 위반한 때

제820조(근친혼 등의 취소청구권의 소멸) 제809조의 규정에 위반한 혼인은 그 당사자 간에 혼인 중 포태(胞胎)한 때에는 그 취소를 청구하지 못한다.

제824조(혼인취소의 효력) 혼인의 취소의 효력은 기왕에 소급하지 아니한다.

제824조의2(혼인의 취소와 자의 양육 등) 제837조 및 제837조의2의 규정은 혼인의 취소의 경우에 자의 양육책임과 면접교섭권에 관하여 이를 준용한다.

가족관계의 등록 등에 관한 법률(2007. 5. 17. 법률 제8435호로 제정된 것)

제71조(혼인신고의 기재사항 등) 혼인의 신고서에는 다음 사항을 기재하여야 한다. 다만, 제3호의 경우에는 혼인당사자의 협의서를 첨부하여야 한다.

4. 「민법」 제809조 제1항에 따른 근친혼에 해당되지 아니한다는 사실

3. 청구인의 주장 요지

가. 이 사건 금혼조항은 가족질서 및 사회질서의 유지, 유전질환의 예방을 입법목적으로 한다. 그러나 오늘날 산업화, 도시화, 핵가족화로 인하여 우리나라의 유교적 가족문화는 약화되거나 해체되었으므로, 8촌 이내 혈족을 근친으로 여기는 관념은 그 보편타당성을 상실하였다. 또한 유전학적인 이유는 인과관계에 대한 구체적인 증명이나 소명 없이 막연한 우려에 근거한 것이어서, 이 사건 금혼조항의 정당한 입법목적이 될 수 없다.

오히려 이 사건 금혼조항은 동성동본금혼조항의 폐지로 인한 입법공백을 보완하기 위하여, 근친혼 금지의 범위에 대한 진지한 논의 없이 민법 제777조 제1호가 정한 친족의 범위에 해당하는 모든 혈족 사이의 혼인을 일률적으로 금지한 것으로, 외국의 입법례에 비하여 근친혼 금지의 범위를 이례적으로 넓게 설정하고 있어서, 국제결혼이 증가한 오늘날 가족질서 및 혼인질서에 충돌과 혼란을 가중시킨다.

결국 이 사건 금혼조항은 가족질서나 사회질서에 혼란을 야기할 우려가 없거나 유전질환의 위험이 없는 범위에 대해서까지 합리적인 이유 없이 혼인을 금지하고 있으므로 과잉금지원칙에 위반된다.

나. 이 사건 무효조항은 8촌 이내 혈족 사이의 혼인을 일률적으로 무효로 정함으로써, 당사자가 진정한 의사로 혼인신고를 한 경우에도 일방당사자 또는 제3자의 주장에 의하여 언제든지 혼인신고를 정정할 수 있도록 하고 있어서 이른바 축출이혼의 수단으로 악용될 소지가 있다. 또한 8촌 이내의 혈족을 확인할 수 있는 신분공시제도가 마련되어 있지 아니함에도 이 사건 무효조항이 8촌 이내 혈족 사이의 혼인을 당연무효사유로 정한 것은, 혼인당사자에게 불측의 손해를 야기함은 물론 그 자녀의 복리를 현저히 저해하므로, 과잉금지원칙에 위반된다.

4. 판 단

가. 심판대상조항의 내용 및 입법연혁

(1) 혼인의 성립과 무효

민법상 혼인은 법률행위로서 일종의 계약이며, 법이 정한 일정한 요건을 충족하는 때에 성립한다. 혼인연령(민법 제807조)에 달한 혼인 당사자 사이에 일정한 친족관계 등 금혼사유가 없고(민법 제809조), 중혼(重婚)에 해당하지 않으며(민법 제810조), 혼인 당사자 사이에 혼인의 합의가 있는 때(민법 제815조 제1호) '가족

관계의 등록 등에 관한 법률'에 따라 혼인신고를 함으로써 혼인은 그 효력이 생긴다(민법 제812조).

혼인이 일단 성립하면 그를 기초로 여러 법률관계가 파생되므로, 법적 안정성의 보장을 위해 민법은 혼인의 성립에 하자가 있다고 하더라도 법이 규정하는 경우에만 그 효력을 다툴 수 있도록 하고, 혼인의 당연무효는 예외적으로 인정한다.

민법 제815조는 혼인의 무효사유로, 당사자 사이의 혼인의 합의가 없는 때, 8촌 이내의 혈족 사이의 혼인인 때, 당사자 간에 직계인척관계가 있거나 있었던 때, 당사자 간에 양부모계의 직계혈족관계가 있었던 때를 규정하고 있다. 이러한 혼인의 무효사유가 있으면, 그 혼인은 처음부터 무효이고, 법원의 혼인무효 판결이 있을 때 비로소 무효가 되는 것이 아니다. 혼인무효사유에 해당하는 경우에 혼인당사자는 물론 제3자에 대한 관계에서도 혼인으로서의 효력이 발생하지 아니하므로, 무효혼에 의한 상속 등 권리변동은 무효이고 무효혼에서 출생한 자녀는 혼인 외의 자녀가 된다. 다만 이러한 자녀에 대하여 친생자출생의 신고를 한 때에 그 신고는 인지의 효력이 있다(가족관계의 등록 등에 관한 법률 제57조).

혼인무효의 소는 확인의 소이고, 당사자, 법정대리인 또는 4촌 이내의 친족은 언제든지 혼인무효의 소를 제기할 수 있다(가사소송법 제23조).

심판대상조항은 8촌 이내의 혈족 사이에서 혼인의 성립을 제한하고(이 사건 금혼조항), 이에 위반한 혼인은 처음부터 무효로 하는 규정(이 사건 무효조항)이다.

(2) 심판대상조항의 연혁

(가) 양성평등에 기초한 친족 범위의 조정

구 민법(1958. 2. 22. 법률 제471호로 제정되고, 1990. 1. 13. 법률 제4199호로 개정되기 전의 것) 제768조는 자기의 직계존속과 직계비속을 직계혈족이라 하고 자기의 형제자매와 형제의 직계비속, 직계존속의 형제자매 및 그 형제의 직계비속을 방계혈족이라고 규정하고, 제777조는 8촌 이내의 부계(父系)혈족, 4촌 이내의 모계(母系)혈족, 부(夫)의 8촌 이내의 부계혈족, 부(夫)의 4촌 이내의 모계혈족, 처(妻)의 부모, 배우자를 친족으로 규정하여, 형제·자매의 직계비속 사이, 부계(父系)와 모계(母系) 사이 및 부(夫)와 처(妻) 사이에 혈족, 친족 범위에 관한 현저한 차별을 두었다.

이러한 차별은 인간의 존엄과 양성평등의 원칙에 배치된다는 이유로, 위 구 민법 조항은 1990. 1. 13. 법률 제4199호로 개정되었다. 개정된 민법 제768조는 '자기의 직계존속과 직계비속을 직계혈족'으로, '자기의 형제자매와 형제자매의 직계비속, 직계존속의 형제자매 및 그 형제자매의 직계비속을 방계혈족'으로 규정하고, 제777조는 부계와 모계, 부(夫)와 처를 구분하지 아니하고 8촌 이내의 혈족, 4촌 이내의 인척, 배우자를 친족으로 보고 있으며, 이는 종전보다 친족인 혈족의 범위를 넓히는 결과를 가져왔다.

(나) 동성동본 혼인금지를 규정한 구 민법 조항에 대한 헌법불합치 결정과 금혼 범위의 조정

구 민법(1958. 2. 22. 법률 제471호로 제정되고, 2005. 3. 31. 법률 제7427호로 개정되기 전의 것) 제809조 제1항은 "동성동본인 혈족 사이에서는 혼인하지 못한다."라고 하여, 촌수를 불문하고 부계혈족 간의 혼인을 금지하였다. 위 조항에 대하여 헌법재판소는 1997. 7. 16. 95헌가6등 사건에서, '자유와 평등을 근본이념으로 하고 남녀평등의 관념이 정착된 현대의 자유민주주의사회에서 동성동본금혼을 규정한 민법 제809조 제1항은 이제 사회적 타당성 내지 합리성을 상실하고 있음과 아울러 인간으로서의 존엄과 가치 및 행복추구권을 규정한 헌법이념 및 개인의 존엄과 양성의 평등에 기초한 혼인과 가족생활의 성립·유지라는 헌법규정에 정면으로 배치될 뿐 아니라, 남계혈족에만 한정하여 성별에 의한 차별을 함으로써 헌법상의 평등의 원칙에도 위반되며, 그 입법목적이 정당하지 않다는 점에서 헌법 제37조 제2항에도 위반된다.'는 이유로 헌법불합치 결정을 하였고, 위 결정의 주문에 따라 구 민법 제809조 제1항은 1999. 1. 1.부터 효력이 상실되었다.

이 사건 금혼조항을 포함한 민법 제809조는 2005. 3. 31. 법률 제7427호로 개정된 것으로, 뒤늦게나마 헌법재판소의 위 헌법불합치 결정의 취지를 반영하여 '남녀평등과 혼인의 자유를 침해할 우려가 있는 동성동본 금혼제도를 폐지하고 근친혼금지제도로 전환하되, 근친혼 제한의 범위를 합리적으로 조정'하는 데에 그 입법취지가 있었다.

이에 따라 민법 제809조 제1항(이 사건 금혼조항)은 8촌 이내의 혈족(친양자의 입양 전의 혈족을 포함한다) 사이의 혼인을 금지하고 있다. 8촌 이내의 혈족에는 직계혈족과 방계혈족이 모두 포함되고, 출생에 의해 맺어지는 자연혈족 외에 입양에 의해 맺어지는 법정혈족도 포함된다. 이는 부계혈족이건 모계혈족이건 마찬가지이다.

민법 제809조 제2항과 제3항에서는 일정한 인척 사이의 금혼과 양부모계의 혈족 또는 인척이었던 사람 사이의 금혼을 규정하고 있다.

(다) 무효인 혼인의 범위의 조정

구 민법(1958. 2. 22. 법률 제471호로 제정되고, 2005. 3. 31. 법률 제7427호로 개정되기 전의 것) 제815조 제2호는 "당사자 간에 직계혈족, 8촌 이내의 방계혈족인 친족관계가 있거나 또는 있었던 때"에 혼인이 무효로 된다고 규정하였다.

구 민법(1958. 2. 22. 법률 제471호로 제정되고, 1990. 1. 13. 법률 제4199호로 개정되기 전의 것) 제777조 제1호 및 제2호는 8촌 이내의 부계혈족과 4촌 이내의 모계혈족만 친족으로 규정하였으므로, 모계혈족의 경우에는 4촌 이내의 혈족만 혼인무효사유에 해당하는 것으로 해석되었다. 그러나 앞서 살핀 것과 같이 1990. 1. 13. 법률 제4199호로 개정된 민법은 부계혈족과 모계혈족을 구분하지 아니하고 '8촌 이내의 혈족'을 모두 친족으로 규정하였으므로, 같은 법 제815조 제2호에서 정한 무효혼의 범위도 부계혈족과 모계혈족을 구분하지 아니하고 직계혈족과 8촌 이내의 방계혈족을 의미하는 것으로 확장하여 해석되었다.

2005. 3. 31. 법률 제7427호로 민법이 개정되면서 이 사건 금혼조항이 신설됨에 따라 이 사건 무효조항이 개정되어, '이 사건 금혼조항을 위반한 때'를 혼인무효사유로 규정함으로써 민법 제777조 제1호에 따른 친족의 범위와 이 사건 금혼조항이 정한 금혼의 범위 및 이 사건 무효조항에 따른 무효혼의 범위까지 모두 '8촌 이내의 혈족'으로 통일되었다.

한편, 민법 제815조 제3호, 제4호에 따라 당사자 간에 직계인척관계가 있거나 있었던 때 및 당사자 간에 양부모계의 직계혈족관계가 있었던 때에 한하여 혼인은 무효이고, 민법 제809조 제2항, 제3항을 위반한 경우 등 나머지 금혼조항의 위반은 혼인의 취소사유에 해당한다(민법 제816조 제1호).

나. 혼인과 가족생활을 스스로 결정하고 형성할 자유의 제한과 한계

(1) 헌법 제36조 제1항은 "혼인과 가족생활은 개인의 존엄과 양성의 평등을 기초로 성립되고 유지되어야 하며, 국가는 이를 보장한다."라고 규정하여, 혼인과 가족생활을 스스로 결정하고 형성할 수 있는 자유를 기본권으로서 보장하고, 혼인과 가족에 대한 제도를 보장한다(헌재 2002. 8. 29. 2001헌바82 참조). 즉, 소극적으로는 국가권력의 부당한 침해에 대한 개인의 주관적 방어권으로서 국가권력이 혼인과 가정이란 사적인 영역을 침해하는 것을 금지하면서, 적극적으로는 혼인과 가정을 제3자 등으로부터 보호해야 할 뿐만 아니라 개인의 존엄과 양성의 평등을 바탕으로 성립되고 유지되는 혼인·가족제도를 실현해야 할 국가의 과제를 부과하고 있다(헌재 2000. 4. 27. 98헌가16등 참조).

따라서 입법자는 혼인 및 가족관계가 가지는 고유한 특성, 예컨대 계속적·포괄적 생활공동체, 당사자의 의사와 관계없는 친족 등 신분관계의 형성과 확장가능성, 구성원 상호간의 이타(利他)적 유대관계의 성격이나 상호 신뢰·협력의 중요성, 시대와 사회의 변화에 따른 공동체의 다양성 증진 및 인식·기능의 변화 등을 두루 고려하여, 사회의 기초단위이자 구성원을 보호하고 부양하는 자율적 공동체로서의 가족의 순기능이 더욱 고양될 수 있도록 혼인과 가정을 보호하고, 개인의 존엄과 양성의 평등에 기초한 혼인·가족제도를 실현해야 한다. 이를 위해 개인이 혼인과 가족생활을 스스로 결정하고 형성할 수 있는 자유를 제한하는 경우에는 기본권 제한의 헌법적 한계를 준수하여야 함은 물론이다.

(2) 심판대상조항은 8촌 이내의 혈족 사이의 혼인을 금지하고, 이에 위반한 혼인은 무효로 하여 '혼인과 가족생활을 스스로 결정하고 형성할 수 있는 자유'(이하 '혼인의 자유'라 한다)를 제한하고 있다. 이러한 제한이 헌법 제37조 제2항이 정한 기본권 제한의 한계 원리 내의 것인지 살펴본다.

다. 이 사건 금혼조항의 혼인의 자유 침해 여부

(1) 가까운 혈족[다만, 이는 민법상 혈족(제768조) 가운데 친족에 속하는 혈족(제777조)이나 가족에 속하는 혈족(제779조)과 동일한 범위의 법률상 혈족을 지칭하는 것은 아니며, 사회 일반의 관념상 가까운 혈연관계에 있는 사람을 칭한다.] 사이의 혼인(이하 '근친혼'이라 한다)의 경우 미성년 시기를 포함하는 오랜 시간 동안 공동생활 내지 교류가 이루어지는 과정에서 연령, 항렬 그 밖의 가까운 혈족 내 서열이나 영향력의 작용을 통해 개인의 자유롭고 진실한 혼인 의사의 형성·합치에 어려움을 초래하는 경우가 있고, 근친혼의 가능성은 가까운 혈족 사이에 성(性)적 긴장이나 갈등·착취 관계를 초래할 수 있다. 또한 근친혼이 이루어질 경우, 종래 형성되어 계속된 가까운 혈족 사이의 신분관계를 변경시키게 되므로 가까운 혈족 구성원의 역할과 지위에 혼란을 불러일으킨다. 이에 더하여, 인

류 문화에서 보편적으로 금기시되는 근친상간(incest)은 근친혼 당사자나 그로부터 출생한 자녀들이 가까운 혈족 사이에서 일반적으로 기대되는 신뢰와 애정에 기초한 사적 유대 및 협력관계를 갖기 어렵게 하여 가까운 혈족의 해체를 초래할 수 있다. 그 결과 우리 사회에서 1차적으로 가까운 혈족이 담당하는 구성원에 대한 보호와 부양에서 배제되는 구성원이 발생할 수 있다. 예컨대, 보호교양을 필요로 하는 미성년 근친혼 당사자에 대한 보호교양이 중지된다거나, 근친혼 당사자의 유고 상황에서 미성년 자녀에 대한 가까운 혈족의 양육 지원을 기대하기 어렵다거나, 근친혼 당사자가 부모의 부양을 거부하거나 반대로 부모가 거부하는 경우와 같이 가족제도에 대한 일반적 기대가 충족되지 않는 상황이 발생할 수 있다.

이 사건 금혼조항은 위와 같이 근친혼으로 인하여 가까운 혈족 사이의 상호 관계 및 역할, 지위와 관련하여 발생할 수 있는 혼란을 방지하고 가족제도의 기능을 유지하기 위한 것이므로 그 입법목적이 정당하다. 또한 8촌 이내의 혈족 사이의 법률상의 혼인을 금지한 것은 근친혼의 발생을 억제하는 데 기여하므로 입법목적 달성에 적합한 수단에 해당한다.

(2) 앞서 살펴 본 바와 같이, 1958. 2. 22. 법률 제471호로 제정된 민법은 제809조 제1항에서 "동성동본인 혈족 사이에서는 혼인하지 못한다."라고 하여 촌수를 불문하고 부계혈족 간의 혼인을 금지하였으나, 위 조항은 헌법재판소의 1997. 7. 16. 95헌가6 등 결정의 취지에 따라 1999. 1. 1.부터 그 효력이 상실되었고, 이 사건 금혼조항은 이후 2005. 3. 31. 법률 제7427호로 민법이 개정될 때 새롭게 규정된 것이다. 이 사건 금혼조항이 정한 법률혼이 금지되는 혈족의 범위는 이 사건 금혼조항의 입법 당시 시행되고 있던 민법(1990. 1. 13. 법률 제4199호로 개정된 것) 제777조 제1호에서 정한 혈족의 범위를 기준으로 한 것이다. 이는 헌법재판소가 한 위 헌법불합치 결정의 취지를 존중하는 한편, 우리 사회에서 통용되는 친족의 범위 및 양성평등에 기초한 가족관계 형성에 관한 인식과 합의에 기초하여 근친의 범위를 한정한 것이므로 그 합리성이 인정된다. 급속한 경제성장에 따른 산업화·도시화와 교통·통신의 발달, 전국적인 인구이동 및 도시집중 현상 등과 같이 친족 관념이나 가족의 기능에 변화를 가져올 수 있는 사회·문화적 변동이 계속되고 있는 오늘날의 상황에서도 친족 관념이나 가족의 기능에 관해 세대 간 견해의 변화가 있었다고 단정하기는 어려운 만큼, 민법이 정하고 있는 친족의 범위를 고려하여 정한 이 사건 금혼조항이 입법목적 달성에 불필요하거나 과도한 제한을 가하는 것이라고는 볼 수 없다.

한편, 이 사건 금혼조항이 정한, 법률혼이 금지되는 혈족의 범위는 외국의 입법례에 비하여 상대적으로 넓은 것은 사실이다. 그러나 근친혼이 가까운 혈족 사이에서 혼란을 초래하거나 가족제도의 기능을 저해하는 범위는 가족의 범주에 관한 인식과 합의에 주로 달려 있으므로 역사·종교·문화적 배경이나 생활양식의 차이로 인하여 상이한 가족 관념을 가지고 있는 국가 사이의 단순 비교가 의미를 가지기 어렵다.

이를 종합하면, 이 사건 금혼조항은 입법목적 달성에 불필요한 제한을 가하고 있다고 보기 어렵고, 근친 사이의 법률상 혼인을 금지하는 외에 입법목적 달성을 위한 다른 수단이 있다고 보기도 어려우므로 이 사건 금혼조항이 침해의 최소성에 반한다고 할 수 없다.

(3) 이 사건 금혼조항으로 인하여 법률상의 배우자 선택이 제한되는 범위는 친족관계 내에서도 8촌 이내의 혈족으로, 넓다고 보기 어렵다. 그에 비하여 8촌 이내 혈족 사이의 혼인을 금지함으로써 가족질서를 보호하고 유지한다는 공익은 매우 중요하다. 따라서 이 사건 금혼조항은 법익균형성의 원칙에 위반되지 아니한다.

(4) 그렇다면 이 사건 금혼조항은 과잉금지원칙에 위배하여 혼인의 자유를 침해하지 않는다.

라. 이 사건 무효조항의 혼인의 자유 침해 여부

(1) 재판관 이선애, 재판관 이은애, 재판관 이종석, 재판관 이영진, 재판관 이미선의 헌법불합치의견

(가) 이 사건 무효조항은 이 사건 금혼조항의 실효성을 보장하기 위한 것으로 이 사건 금혼조항과 마찬가지로 그 입법목적이 정당하다. 또한 이 사건 무효조항에 의하여 근친혼은 처음부터 무효가 되고, 이는 근친혼의 발생을 억제하는 데 기여하므로 입법목적 달성에 적합한 수단에 해당한다.

(나) 앞서 살핀 것과 같이 근친혼을 사전에 금지하는 이 사건 금혼조항이 혼인의 자유를 침해하지 않는다고 하더라도, 형식적 혼인신고를 통하여 법률혼의 외관을 갖추고 당사자 사이의 혼인의 의사의 합치 및 부부공동생활 영위 등을 통해 실질적으로도 혼인관계를 형성·유지한 경우 이를 처음부터 무효인 혼인으로 보아야 하는지는 별도의 검토를 요한다.

근친혼을 금지하는 이유는 근친혼으로 인하여 발생할 수 있는 가까운 혈족 사이의 상호 관계 및 역할, 지

위와 관련한 혼란을 방지하고 가족제도의 기능을 유지하기 위함이다. 그런데 이미 근친혼이 이루어져 당사자 사이에 부부간의 권리와 의무의 이행이 이루어지고 있고, 자녀를 출산하거나 가족 내 신뢰와 협력에 대한 기대가 발생하였다고 볼 사정이 있는 때에 일률적으로 그 효력을 소급하여 상실시킨다면, 이는 가족제도의 기능 유지라는 본래의 입법목적에 반하는 결과를 초래할 가능성이 있다.

이 사건 무효조항으로 인하여 근친혼 당사자 사이에서 출생한 자녀는 혼인 외의 자녀가 됨으로써 법적 지위가 불안정해질 수 있고, 근친혼 당사자는 배우자로서 누리고 있거나 기대할 수 있었던 사회보장수급권, 상속권을 상실함으로써 예측하기 어려운 궁박한 상황에 처해질 수 있으며, 경우에 따라서는 무효인 혼인의 당사자들뿐만 아니라 그 밖의 가까운 혈족 관계에도 영향을 미쳐 이들 사이의 신분관계 등을 둘러싼 질서가 붕괴되고 그 제도적 기능이 와해될 여지마저 존재한다.

혼인신고서에는 이 사건 금혼조항에 의하여 금지되는 근친혼에 해당되지 아니한다는 사실을 기재하여야 하지만(가족관계의 등록 등에 관한 법률 제71조 제4호), 현재 우리나라에는 서로 8촌 이내의 혈족에 해당하는지 여부를 명확하게 확인할 수 있는 신분공시제도가 없다. 이에 혼인 당사자가 서로 8촌 이내의 혈족임을 우연한 사정에 의하여 사후적으로 확인하게 되는 경우도 있을 수 있다. 그럼에도 현행 가사소송법에 의하면 아무런 예외 없이 일방당사자나 법정대리인 또는 4촌 이내의 친족이 언제든지 혼인무효의 소를 제기할 수 있는데(가사소송법 제23조), 이는 당사자나 그 자녀들에게 지나치게 가혹한 결과를 초래할 수 있다. 이 사건 무효조항의 입법목적은 근친혼이 가까운 혈족 사이의 신분관계 등에 현저한 혼란을 초래하고 가족제도의 기능을 심각하게 훼손하는 경우에 한정하여 무효로 하더라도 충분히 달성 가능하다.

한편, 민법은 혼인의 요건에 하자가 있는 경우, 혼인이 일단 유효하게 성립하도록 하면서도 법원의 재판에 의하여 취소할 수 있도록 하는 혼인취소제도를 두고 있다. 혼인취소사유가 있는 경우에는 혼인취소청구권자가 혼인의 취소를 주장하여서 혼인의 취소가 확정되더라도 그 취소의 효력은 기왕에 소급하지 아니하고, 혼인취소의 상대방이나 자녀의 법적 지위는 이혼에 준하여 보장된다(민법 제824조 및 제824조의2). 나아가 민법 제820조는 당사자 간에 혼인 중 포태한 때에는 아예 혼인을 취소할 수 없도록 하고 있어서 자녀의 복리를 강하게 보장하고 있다. 근친혼이 가까운 혈족 사이의 신분관계 등에 현저한 혼란을 초래하고 가족제도의 기능을 심각하게 훼손하는 경우로서 현재 우리 사회 구성원이 가까운 혈족 사이 관계에 관하여 일반적으로 사고하고 행동하는 방식에 현저히 어긋나는지 여부가 명백하지 아니한 경우, 입법자로서는 위와 같은 혼인취소제도를 활용하여 이 사건 금혼조항의 실효성을 담보하면서도 가족의 기능을 보호할 수 있다. 즉, 일정한 범위의 근친혼을 혼인취소사유로 규정하고, 혼인취소청구권자의 청구가 있는 때에 법원의 판결을 통해 장래를 향하여 혼인을 해소할 수 있도록 하되, 제척기간을 두는 등 혼인취소청구권에 일정한 제한을 규정하여 혼인 당사자나 그 자녀의 복리를 보호할 수 있다.

결국 이 사건 무효조항은 근친혼의 구체적 양상을 살피지 아니한 채 8촌 이내 혈족 사이의 혼인을 일률적·획일적으로 혼인무효사유로 규정하고, 혼인관계의 형성과 유지를 신뢰한 당사자나 그 자녀의 법적 지위를 보호하기 위한 예외조항을 두고 있지 않으므로, 입법목적 달성에 필요한 범위를 넘는 과도한 제한으로서 침해의 최소성을 충족하지 못한다.

(다) 이 사건 무효조항은 8촌 이내 혈족 사이의 혼인을 일률적으로 혼인무효사유로 규정함으로써 상당기간 유지하여 온 부부생활의 실체를 부인하고, 혼인관계의 형성과 유지를 신뢰한 당사자나 자녀의 법적 지위를 보호하지 아니하여 개인의 생존권이나 자녀의 복리에 중대한 영향을 미친다. 또한 당사자가 서로 합의 하에 혼인의 외형을 유지하고 있다가도 일방의 혼인무효 주장만으로 혼인관계가 손쉽게 해소될 수 있다고 한다면, 한 당사자가 다른 당사자로부터 일방적으로 유기를 당하는 등의 이른바 축출이혼으로 악용될 소지도 배제할 수 없다.

이 사건 무효조항을 통하여 이 사건 금혼조항의 실효성을 확보함으로써 가까운 혈족 사이 상호 관계 및 역할, 지위와 관련하여 발생할 수 있는 혼란을 방지하고 가족제도의 기능을 보호하여 달성되는 공익은 결코 적지 아니하나, 이 사건 무효조항으로 인하여 제한되는 사익의 중대함을 고려하면, 이 사건 무효조항은 법익균형성을 충족하지 못한다.

(라) 그렇다면, 이 사건 무효조항은 과잉금지원칙에 위배하여 혼인의 자유를 침해한다.

(마) 이 사건 무효조항은 과잉금지원칙에 위배하여

혼인의 자유를 침해하는 것으로서 헌법에 위반되므로 원칙적으로 위헌결정을 하여야 할 것이지만, 이 사건 무효조항에 대하여 단순위헌결정을 하는 경우 이 사건 금혼조항의 실효성을 담보할 수단이 사라지게 되는 불합리한 결과가 발생한다. 또한 이 사건 무효조항의 위헌성은 이 사건 금혼조항에 의하여 금지되는 근친혼을 어떠한 예외도 없이 처음부터 무효로 하는 데에 있다. 근친혼이 가까운 혈족 사이의 신분관계 등에 현저한 혼란을 초래하고 가족제도의 기능을 심각하게 훼손하는 경우로서 현재 우리 사회 구성원이 가까운 혈족 사이의 관계에 관하여 일반적으로 사고하고 행동하는 방식에 현저히 어긋나는 때에도 무효로 하여서는 아니 된다는 것은 아니다. 근친혼조항에 의하여 금지되는 근친혼을 어떠한 예외도 없이 처음부터 무효로 하는 데에 당사자와 그 자녀의 법적 지위에 대한 예외적 보호가 필요한 범위에 관하여는, 혼인과 가정을 보호하고 개인의 존엄과 양성의 평등에 기초한 혼인·가족제도를 실현하여야 할 일차적 책임이 있는 입법자가 근친혼의 양상에 따른 당사자 및 그 자녀의 보호필요성이나 친족의 범위와 기족의 기능에 관한 사회적 인식 등 제반사항을 고려하여 합헌적 개선방법을 강구하고 구체적 입법조치를 할 수 있도록 입법자에게 맡기는 것이 바람직하다.

(2) 재판관 유남석, 재판관 이석태, 재판관 김기영, 재판관 문형배의 헌법불합치의견

(가) 아래 6.과 같은 이 사건 금혼조항에 대한 반대의견에서 밝히는 바와 같이 8촌 이내 혈족 사이의 혼인을 금지한 이 사건 금혼조항이 그 금지 범위의 광범성으로 인해 헌법에 합치되지 아니하므로, 이 사건 금혼조항의 실효성을 확보하기 위하여 이에 위반한 8촌 이내 혈족 사이의 혼인을 전부 무효로 한 이 사건 무효조항도 무효로 하는 근친혼의 범위가 너무 광범위하여 헌법에 합치되지 아니한다.

(나) 이 사건 금혼조항의 개선입법으로 금지되는 근친혼의 범위가 합헌적으로 축소되는 경우에 그와 같이 축소된 금혼 범위 내에서 이 사건 무효조항은 그 입법목적의 정당성과 수단의 적합성이 인정될 수 있다. 그러나 이 사건 무효조항 중 위와 같이 한정된 범위의 근친혼에 관한 부분도 다음과 같은 점에서 침해최소성과 법익균형성에 반한다.

이 사건 무효조항이 규정한 혼인의 무효는 이미 당사자 사이에 부부 간의 권리와 의무의 이행이 이루어지고 있고 자녀를 출산하거나 가족 내 신뢰와 협력에 대한 기대가 발생한 경우에도 처음부터 혼인이 없었던 것처럼 취급하는 것이어서 가족제도의 기능 유지라는 근친혼 금지의 본래 입법목적에 반하는 결과를 초래할 수 있다. 즉 이 사건 무효조항으로 인하여 근친혼 당사자 사이에서 출생한 자녀는 혼인 외의 자녀가 됨으로써 법적 지위가 불안정해질 수 있고, 근친혼 당사자는 배우자로서 누리거나 기대할 수 있었던 부양청구권, 재산분할청구권, 사회보장수급권, 상속권 등을 상실함으로써 예측하기 어려운 궁박한 상황에 처해지는 등 근친혼 당사자나 그 자녀들에게 지나치게 가혹한 결과를 초래한다.

한편 민법은 혼인의 요건에 하자가 있는 경우, 혼인이 일단 유효하게 성립하도록 하면서도 법원의 재판에 의해 취소할 수 있도록 하는 혼인취소제도를 두고 있다. 이 제도에 의하면 혼인의 취소가 확정되더라도 그 취소의 효력은 기왕에 소급하지 아니하고, 혼인 취소의 상대방이나 자녀의 법적 지위는 이혼에 준하여 보장된다.

그렇다면 이 사건 무효조항의 입법목적은 가령 직계혈족 및 형제자매 사이의 혼인과 같이 근친혼이 가족제도의 기능을 심각하게 훼손하는 경우에 한정하여 무효로 하고 그 밖의 근친혼에 대하여는 혼인이 소급하여 무효가 되지 않고 혼인의 취소를 통해 장래를 향하여 해소할 수 있도록 규정함으로써 기왕에 형성된 당사자나 자녀의 법적 지위를 보장하더라도 충분히 달성할 수 있다.

또한 이 사건 무효조항은 이를 통해 이 사건 금혼조항의 실효성을 확보함으로써 가족제도의 기능을 보호하여 달성되는 공익이 적지 아니하나, 혼인의 당사자나 그 자녀의 법적 지위를 전혀 보호하지 아니하고 이 사건 금혼조항의 위반을 혼인무효사유로 규정함으로써 개인의 생존권이나 자녀의 복리에 중대한 영향을 미친다.

그럼에도 이 사건 무효조항은 이 사건 금혼조항을 위반한 경우를 전부 무효로 하고 있으므로 침해최소성과 법익균형성에 반한다. 따라서 이 사건 무효조항은 과잉금지원칙에 위배하여 혼인의 자유를 침해한다.

(다) 이 사건 무효조항에 대하여 단순위헌결정을 할 경우, 이 사건 금혼조항 중 합헌인 부분의 실효성을 담보할 수단이 없게 되어 용인하기 어려운 법적 공백이 생기게 된다. 더욱이 혼인이 금지되는 혈족의 범위, 금지된 근친혼 중에서 무효로 할 부분과 취소할 수 있도

록 할 부분을 정하는 것은 개인의 존엄과 양성의 평등에 기초한 혼인 및 가족제도를 형성하여야 할 일차적 책임이 있는 국회가 근친혼의 당사자 및 그 자녀의 보호필요성 등을 고려하여 합헌적 개선방법을 강구하고 구체적 입법조치를 하는 것이 바람직하다.

(3) 소결

따라서 이 사건 무효조항에 대하여는 헌법불합치 결정을 선고하되, 입법자의 개선입법이 이루어질 때까지 계속 적용을 명하기로 한다. 입법자는 가능한 한 빠른 시일 내에, 늦어도 2024. 12. 31.까지는 개선입법을 이행하여야 하며, 당해 사건에서는 이 사건 무효조항이 개정될 때를 기다려 개정된 신법을 적용하여야 할 것이다.

5. 결 론

그렇다면 이 사건 금혼조항은 헌법에 위반되지 아니하고 이 사건 무효조항은 헌법에 합치되지 아니하므로, 이 사건 무효조항에 대하여는 헌법불합치 결정을 함과 동시에 2024. 12. 31.을 시한으로 입법자의 개선입법이 이루어질 때까지 이를 계속 적용하기로 하여, 주문과 같이 결정한다. 이 결정은 이 사건 금혼조항에 대하여 아래 6.과 같은 재판관 유남석, 재판관 이석태, 재판관 김기영, 재판관 문형배의 반대의견이 있는 외에는 관여 재판관들의 일치된 의견에 의한 것이다.

6. 이 사건 금혼조항에 대한 재판관 유남석, 재판관 이석태, 재판관 김기영, 재판관 문형배의 반대의견

우리는 이 사건 금혼조항이 과잉금지원칙에 위배하여 혼인의 자유를 침해한다고 생각한다. 무엇보다도 오늘날의 시대변화와 국제적인 규범상황에 맞추어 금혼의 범위를 점차 축소해 나감으로써 혼인의 자유를 폭넓게 보장하는 것이 자유민주주의 법질서와 법정신에 부합한다는 관점에서 다음과 같은 반대의견을 제시한다.

가. 목적의 정당성 및 수단의 적합성

근친혼 금지는 인류 보편적으로 형성된 근친상간 금기에서 유래한다. 근친상간 금기는 인간의 자연적, 심리적 본성을 반영한 것으로 직계혈족 및 형제자매 간의 성적 교섭이나 출산을 제한하기 위한 것이다. 성적 교섭과 출산을 통해 가족을 확장하는 것은 오롯이 부모의 역할이며 자녀에게는 부모의 역할을 대체할 후속세대로서의 성장이라는 역할이 기대된다. 자녀는 가족 내에서 부모나 형제자매에 대해 성적 대상으로서의 역할을 수행하지 않으며, 수행해서도 안 된다. 성적 긴장 및 갈등 관계로 인한 가족의 붕괴를 방지하고, 인류의 지속적인 발전을 위해 안정적으로 양육된 다음 세대를 확보하려면 가족구성원 간 성적 역할의 혼란을 방지할 필요가 있다고 할 것이다.

이 사건 금혼조항은 가족질서를 유지하고 가족제도의 기능을 보호하기 위하여 가족 내에서의 혼인을 금지한 것으로 그 입법목적이 정당하며 수단의 적합성도 인정된다.

나. 침해의 최소성

(1) 그런데 이 사건 금혼조항은 위에서 말한 근친상간 금기의 범위를 훨씬 넘어 8촌 이내 혈족을 모두 금혼의 대상으로 삼고 있다. 법정의견이 설시한 바와 같이 이 사건 금혼조항이 근친혼으로 인하여 가까운 혈족 사이의 상호 관계 및 역할, 지위와 관련하여 발생할 수 있는 혼란을 방지하고 가족제도의 기능을 유지하는 데에 그 입법목적이 있다 하더라도 8촌 이내의 방계혈족에까지 광범위하게 혼인을 금지할 합리적인 이유가 제시되었는지는 의문이다.

(2) 법정의견은 "친족 관념이나 가족의 기능에 변화를 가져올 수 있는 사회·문화적 변동이 계속되고 있는 오늘날의 상황에서도 친족 관념이나 가족의 기능에 관해 세대 간 견해의 변화가 있었다고 단정하기는 어려운 만큼, 민법이 정하고 있는 친족의 범위를 고려하여 정한 이 사건 금혼조항이 입법목적 달성에 불필요하거나 과도한 제한을 가하는 것이라고는 볼 수 없다."라고 하였다.

그러나 8촌 이내의 혈족을 이른바 '근친'으로 여기는 관념이 오늘날에도 여전히 지역이나 세대를 불문하고 보편적으로 받아들여지는 통념이라고 보기는 어렵다. 급속한 경제성장에 따른 산업화·도시화와 교통·통신의 발달, 전국적인 인구이동 및 도시집중 현상 등은 핵가족화와 전통부락의 해체, 가족관계와 전통적인 윤리의식 및 가족관의 변화를 가져왔다. 각 세대가 필요에 따라 유동하는 삶을 살게 되면서 친족 사이의 왕래는 현저히 줄어들었고, 친족인지 여부를 확인할 수 있는 별도의 신분공시제도가 마련되어 있는 것도 아니어서 상대적으로 촌수가 먼 친족의 경우에는 혈족관계의 존재나 그 촌수를 알기 어렵게 되었다.

헌법재판소는 호주제를 규정한 구 민법(2005. 3. 31. 법률 제7427호로 개정되기 전의 것) 제778조에 대하여 헌법불합치 결정(헌재 2005. 2. 3. 2001헌가9등)을 하였고, 그 취지에 맞추어 2008. 1. 1. 구 호적법은 폐지되었다. 이에 따라 8촌 이내 방계혈족에 해당하는지 여부를 확인하기 위해서는 부계는 물론 모계 친족의 본적지를 일일이 확인하여 해당 관청에서 친족의 제적등본을 열람·대조하는 것 이외에는 별다른 증명방법이 존재하지 아니한다.

그럼에도 8촌 이내의 방계혈족인지 여부를 확인하여 혼인의 상대방을 결정하여야 한다면 이는 시대변화에 부합하지 않을 뿐 아니라 호주제 및 호적제도를 폐지한 취지와도 모순된다.

(3) 외국 입법례를 살펴보면, 독일, 오스트리아, 스위스는 직계혈족 및 형제·자매 간의 혼인을 금지하고 있고(독일 민법 제1307조, 오스트리아 혼인법 제6조, 스위스 민법 제95조 제1항), 프랑스, 영국, 미국, 일본은 3촌 이내 방계혈족 간의 혼인을 금지하고 있으며(프랑스 민법 제161조 내지 제163조, 영국 1949년 혼인법 제1조, 미국 '통일 혼인 및 이혼법' 제207조, 일본 민법 제734조 제1항), 우리나라의 동성동본불혼제도의 모태가 된 중국도 동성불혼제도를 폐지하고 근친혼 금지의 범위를 대폭 축소하면서 직계혈족과 3대 이내 방계혈족 간의 혼인만을 금지하고 있어서(중국 혼인법 제7조 제1호) 이 사건 금혼조항에 비해서는 상대적으로 금혼의 범위를 좁게 규정하고 있다.

세계인권선언 제16조 제1항 전문은 "성인 남녀는 인종, 국적 또는 종교에 따른 어떠한 제한도 없이 혼인하고 가정을 이룰 권리를 가진다."라고 규정하고 있고, 같은 조 제2항은 "혼인은 장래 배우자들의 자유롭고 완전한 합의에 의해서만 성립한다."라고 규정하고 있다. 또 시민적·정치적 권리에 관한 국제규약(1990. 6. 13. 다자조약 제1007호, 발효일 1990. 7. 10.) 제23조 제2항은 "혼인적령의 남녀에게는 혼인을 하고, 가정을 구성할 권리가 인정된다."라고, 제3항은 "혼인은 양당사자의 자유롭고 완전한 합의 없이는 성립되지 아니한다."라고 규정하고 있다. 따라서 각 나라의 고유한 역사·종교·문화적 배경이나 생활양식의 차이에도 불구하고 혼인의 자유 특히 '혼인의 상대방을 자유롭게 결정할 권리'는 보편적 인권으로서 존중되고 보호되어야 한다는 것이 오늘날 세계적으로 통용되는 관념이라고 할 것이다. 더욱이 국제결혼이 지속적으로 증가하고 해외 유입인구도 갈수록 늘어나는 상황에서 혼인 당사자 사이 상이한 혼인제도는 혼인의 성립과 혼인의 안정적인 유지를 위협함은 물론 해당 혼인으로부터 출생한 자녀의 복리를 심각하게 해칠 수 있으므로, 입법자는 국제적 규범상황과의 정합성을 고려하여 혼인제도를 형성하도록 노력하여야 할 것이다.

그럼에도 이 사건 금혼조항은 사회적·시대적 변화나 국제적 규범상황을 반영하지 못한 채 만연히 민법상의 친족 범위에 맞추어 혼인 금지의 범위를 규정하고 있다. 앞서 입법연혁에서 살펴 본 바와 같이, 구 민법(1958. 2. 22. 법률 제471호로 제정되고, 2005. 3. 31. 법률 제7427호로 개정되기 전의 것) 제809조 제1항은 '동성동본인 혈족' 사이의 혼인을 금지하고 있어서 모계혈족 사이의 혼인은 명시적으로 금지되어 있지 아니하였다. 다만 같은 법 제815조 제2호는 "당사자 간에 직계혈족, 8촌 이내의 방계혈족인 친족관계가 있거나 또는 있었던 때"에 혼인이 무효로 된다고 규정하였으므로, 구 민법 제777조가 친족의 범위를 어떻게 규정하는지에 따라 모계혈족 사이 혼인의 효력이 결정되었다. 구 민법(1958. 2. 22. 법률 제471호로 제정되고, 1990. 1. 13. 법률 제4199호로 개정되기 전의 것) 제777조 제1호 및 제2호는 혈족 가운데 '8촌 이내의 부계혈족과 4촌 이내의 모계혈족'에 해당하는 자에게만 친족관계로 인한 법률상 효력이 미치도록 규정하였으므로, 모계혈족의 경우 4촌 이내 혈족만 혼인무효사유에 해당하는 것으로 해석되었고, 4촌을 초과하는 모계혈족 사이의 혼인은 혼인취소사유에도 해당되지 아니하였으므로 혼인의 자유가 전혀 제한되지 아니하였다. 1990. 1. 13. 법률 제4199호로 개정된 민법은 제777조 제1호에서 부계혈족과 모계혈족을 구분하지 아니하고 '8촌 이내의 혈족'에 해당하는 자에게 친족관계로 인한 법률상 효력이 미치도록 규정하였다. 이에 따라 모계혈족의 경우에도 8촌 이내 혈족 사이의 혼인은 모두 무효가 되는 것으로 혼인무효사유의 범위가 확대되었다. 이후 2005. 3. 31. 법률 제7427호로 개정된 민법에서 양성평등과 혼인의 자유를 침해하는 동성동본금혼조항이 삭제되고 이 사건 금혼조항이 신설되면서, 부계와 모계를 구분하지 아니하고 8촌 이내 혈족 사이의 혼인은 명시적으로 금지되었다.

친족의 범위를 규정함에 있어서는 부계혈족과 모계혈족을 구분할 합리적인 이유가 없고, 부계인지 모계인지를 따지지 아니하고 특정 촌수 범위 내에 있는 인적 집단에게 친족관계로 인한 법률상 효력이 미치도록 규정함이 인간의 존엄성과 양성평등의 원칙에 부합한다고 할 것이나, 이 사건 금혼조항은 친족의 범위를 정하는 조항이 아니라 혼인의 자유, 특히 혼인의 상대방을 자유롭게 결정할 권리를 제한하는 것이므로, 입법자는 민법 제777조가 정한 친족의 범위와 상관없이 혼인의 자유를 제한할 필요가 있는 최소한의 범위 내에서만 금혼의 범위를 정하였어야 할 것이다.

그런데 이 사건 기록에 첨부된 개정 당시의 입법 자료를 살펴보아도, 민법 제777조의 친족 범위와 유전학적 관점 등을 고려하여 적정한 금혼의 범위를 정한 것이라는 취지의 설명 외에는, 구 민법 제809조 제1항에서 명시적으로 금지하고 있지 아니하였던 모계혈족에 대하여서까지 광범위하게 혼인을 금지하여야 할 필요성이나 합리적인 이유에 대해서는 명확한 해명을 제시하고 있지 아니하다.

(4) 유전학적 연구결과에 의하더라도 8촌 이내 혈족 사이의 혼인이 일률적으로 그 자녀나 후손에게 유전적으로 유해한지에 대한 과학적인 증명이 있다고 보기 어렵다. 더구나 열성 유전자의 발현가능성이 높다는 우려만으로 혼인 그 자체를 금지하는 것은 불명확한 가설에 근거한 것이어서 혼인의 상대방을 선택할 자유를 제한하는 합리적인 이유가 될 수 없다. 혼인은 자녀의 출산만을 목적으로 하지 않으며, 건강한 자녀의 출산을 조건으로 할 때에만 혼인이 성립되거나 유지될 수 있는 것도 아니다. 유전학적 관점은 우성 유전인자를 가진 자들만이 자녀를 출산하고 가족을 유지할 수 있다는 관념과 결부된 것으로 인간을 차별화·도구화하는 것이어서, 혼인제도와 가족제도가 인간의 존엄성 존중이라는 근본이념에 따라 규율되어야 한다는 헌법적 요구에 반한다.

(5) 이 모든 사정을 종합적으로 고려할 때, 이 사건 금혼조항이 8촌 이내의 혈족 사이의 혼인을 일률적으로 금지한 것은, 혼인관념이나 친족관념의 변화나 국제적 규범상황을 고려하여 금혼의 범위를 최소화하려는 노력 없이 만연히 민법상의 친족 범위에 맞추어 금혼의 범위를 규정한 것으로 침해최소성에 반한다.

다. 법익의 균형성

근친 간의 혼인은 가족 내 지위나 역할의 혼란을 가져올 뿐 사회질서를 해치거나 제3자의 이익을 침해하는 것은 아니다. 그럼에도 전통적 관념이나 윤리적 금기를 이유로 혼인 그 자체를 광범위하게 금지하는 것은 당연히 보호받아야 할 남녀 간의 결합에 대하여 사회적 비난을 조장하고 시대변화에 역행하는 윤리적 금기를 사회적으로 고착화하는 것에 다름 아니다. 특히 우리나라는 신고혼주의를 택하고 있어서 근친혼 당사자들은 혼인신고를 하지 아니한 채 가족을 형성하고 가정생활을 영위할 가능성이 높다. 과거 동성동본금혼 시대에 많은 동성동본인 사람들이 혼인신고를 못해 커다란 고통을 받았고, 그들이 겪는 고통을 국가도 외면하지 못하여 결국 몇 차례 특별법을 제정하여 혼인신고를 받아 준 사례가 있다는 사실은, 우리 사회가 혼인신고 없이 살아가기 힘든 사회라는 것을 말해 준다. 결국 이 사건 금혼조항을 통하여 가족질서를 유지하고 가족의 기능을 보호하려는 공익에 비하여 이 사건 금혼조항으로 인하여 침해되는 사익이 훨씬 더 중대하므로, 이 사건 금혼조항은 법익균형성에 반한다.

라. 소결

따라서 이 사건 금혼조항은 과잉금지원칙에 위배하여 혼인의 자유를 침해한다.

마. 이 사건 금혼조항에 대한 헌법불합치 결정의 필요성

이 사건 금혼조항의 위헌성은 근친혼 금지의 광범성에 있다. 다만 이 사건 금혼조항에 위헌성이 있다고 하여도 헌법재판소가 곧바로 위헌결정을 할 것이 아니라 입법형성권을 가지고 있는 국회가 혈족 사이 혼인이 금지되는 범위를 합헌적으로 개선할 방법을 충분히 검토하여 새로이 혼인제도를 형성할 수 있도록 헌법불합치 결정을 함이 상당하다.

재판관 유남석 이선애 이석태 이은애 이종석 이영진 김기영 문형배 이미선

75. 공직선거법 제60조 제1항 제5호 등 위헌확인

[2022. 11. 24. 2020헌마417]

【판시사항】

1. 청구기간 도과를 이유로 일부 청구인들의 심판청구를 각하한 사례

2. 농업협동조합법·수산업협동조합법에 의하여 설립된 조합(이하 '협동조합'이라 한다)의 상근직원에 대하여 선거운동을 금지하는 구 공직선거법 제60조 제1항 제5호 중 제53조 제1항 제5호 가운데 '농업협동조합법·수산업협동조합법에 의하여 설립된 조합의 상근직원'에 관한 부분(이하 '심판대상조항'이라 한다)이 협동조합 상근직원인 청구인들의 선거운동의 자유를 침해하는지 여부(소극)

【결정요지】

1. 청구인들이 심판대상조항의 규율을 구체적이고 현실적으로 적용받게 된 날은 이들이 각 협동조합에 입사하여 상근직원으로 근무하게 된 때라고 할 수 있다. 따라서 그로부터 1년이 지난 시점에 제기된 일부 청구인들의 심판청구는 청구기간을 도과한 것으로서 부적법하다.

2. 재판관 이선애, 재판관 이은애, 재판관 이종석, 재판관 이영진의 기각의견

심판대상조항이 협동조합 상근직원의 선거운동을 원칙적으로 금지하는 것은 선거의 형평성과 공정성을 확보하려는 것으로서, 입법목적의 정당성 및 수단의 적합성이 인정된다.

협동조합이 가지는 공법인적 특성과 기능적 공공성에 더하여, 협동조합의 상근직원이 각 지역 주민들의 생활에 매우 밀접한 직무를 수행하고 있는 점 등을 고려해볼 때, 협동조합의 상근직원이 그 직을 그대로 유지한 채 선거운동을 할 경우에는 선거의 공정성·형평성이 저해될 우려가 있다. 한편, 공직선거법과 농업협동조합법·수산업협동조합법에는 협동조합의 상근직원이 그의 지위와 권한을 선거운동에 남용하지 못하도록 제한하는 규정들이 일부 존재하나, 그러한 규정들만으로 선거의 공정성·형평성이 충분히 확보될 수 있는지 불분명하고, 달리 입법목적을 달성할 수 있는 효과적인 대안을 상정하기도 어렵다. 심판대상조항은 정치적 의사표현 중 당선 또는 낙선을 위한 직접적인 활동만을 금지할 뿐이므로, 협동조합의 상근직원은 여전히 선거와 관련하여 일정 범위 내에서는 자유롭게 자신의 정치적 의사를 표현하면서 후보자에 대한 정보를 충분히 교환할 수 있다. 따라서 심판대상조항은 침해의 최소성 및 법익의 균형성을 충족한다.

결국 심판대상조항은 과잉금지원칙에 반하여 청구인들의 선거운동의 자유를 침해하지 않는다.

재판관 유남석, 재판관 이석태, 재판관 김기영, 재판관 문형배, 재판관 이미선의 인용의견

협동조합은 일부 공법인적 특성을 가지고 있기는 하지만, 그 존립목적이나 설립·관리의 측면에서 볼 때 자주적 단체로서 기본적으로 사법인에 가깝다고 할 수 있다. 또한 협동조합의 상근직원이 수행하는 직무 내용은 일반 사기업 직원의 직무와 크게 다르지 않으며, 이들에게 정치적 중립성이 요구된다거나, 선거운동에 부당하게 동원할 우려가 있는 권력적 요소 내지 영향력이 있다고 볼 수도 없다. 이러한 점을 종합하여 볼 때, 특별히 협동조합의 상근직원에 대하여 선거운동을 원칙적으로 금지할 필요가

있다고 보기 어렵다.

게다가 공직선거법과 농업협동조합법·수산업협동조합법은 이미 협동조합의 상근직원이 그의 지위와 권한을 선거운동에 남용하지 못하도록 제한하는 규정들을 충분히 마련하고 있다. 설령 이러한 제반 규정들만으로 선거의 공정성을 담보하기 부족하다고 하더라도, 협동조합 상근직원 중 선거운동이 제한되는 주체의 범위를 최소화하거나, 제한되는 선거운동의 범위를 최소화하려는 노력 없이, 일률적으로 모든 상근직원에 대하여 일체의 선거운동을 원칙적으로 금지하는 것은 선거운동의 자유를 과도하게 제한하는 것이다.

따라서 심판대상조항은 과잉금지원칙에 반하여 청구인들의 선거운동의 자유를 침해한다.

【심판대상조문】

구 공직선거법(2010. 1. 25. 법률 제9974호로 개정되고, 2020. 3. 25. 법률 제17127호로 개정되기 전의 것) 제60조 제1항 제5호 중 제53조 제1항 제5호 가운데 '농업협동조합법·수산업협동조합법에 의하여 설립된 조합의 상근직원'에 관한 부분

【참조조문】

헌법 제21조, 제37조 제2항

공직선거법(2010. 1. 25. 법률 제9974호로 개정된 것) 제53조 제1항 제5호, 제255조 제1항 제2호

농업협동조합법(2009. 6. 9. 법률 제9761호로 개정된 것) 제2조

수산업협동조합법(2010. 4. 12. 법률 제10245호로 개정된 것) 제2조 제4호, 제5호

【참조판례】

1. 헌재 2012. 6. 27. 2010헌마716, 판례집 24-1하, 754, 762-763
2. 헌재 2000. 6. 1. 99헌마553, 판례집 12-1, 686, 707-709

헌재 2018. 2. 22. 2015헌바124, 판례집 30-1상, 216, 227-228

헌재 2020. 3. 26. 2018헌바90, 공보 282, 518, 521

헌재 2022. 6. 30. 2021헌가24, 공보 309, 837, 840-841

【당 사 자】

청 구 인 [별지] 청구인 명단과 같음

【주 문】

1. 청구인 오○○, 성○○, 최○○, 백○○, 박□□의 심판청구를 모두 각하한다.
2. 나머지 청구인들의 심판청구를 모두 기각한다.

【이 유】

1. 사건개요

가. 청구인 박○○는 2020. 1. 1. 지역농업협동조합인 ○○농업협동조합에, 청구인 오○○, 성○○, 최○○, 백○○은 2018. 12. 1. 지역농업협동조합인 □□농업협동조합에 각 입사하여 상근직원으로 재직 중인 자들이다. 그리고 청구인 박□□은 2019. 3. 1. 청구인 이○○은 2019. 7. 1. 지역축산업협동조합인 △△농업협동조합에 각 입사하여 상근직원으로 재직 중이며, 청구인 이□□, 박△△은 2019. 7. 25. 업종별 수산업협동조합인 ○○수산업협동조합에 각 입사하여 상근직원으로 재직 중인 자들이다.

나. 청구인들은 ① 농업협동조합법·수산업협동조합법에 의하여 설립된 조합의 상근직원은 선거운동을 할 수 없다고 규정한 공직선거법 제60조 제1항 제5호 중 제53조 제1항 제5호 가운데 '농업협동조합법·수산업협동조합법에 의하여 설립된 조합의 상근직원' 부분과, ② 이를 위반한 경우 3년 이하의 징역 또는 600만 원 이하의 벌금에 처한다고 규정한 공직선거법 제255조 제1항 제2호 중 위 해당 부분이 청구인들의 선거운동의 자유 및 평등권을 침해한다고 주장하며, 2020. 3. 18. 이 사건 헌법소원심판을 청구하였다.

2. 심판대상

청구인들은 처벌조항인 공직선거법 제255조 제1항 제2호 중 제60조 제1항 제5호 가운데 제53조 제1항 제5호의 '농업협동조합법·수산업협동조합법에 의하여 설립된 조합의 상근직원' 부분도 심판대상으로 삼고 있으나, 처벌조항에서 정한 법정형이 과다하거나 체계정

당성에 어긋난다는 등 처벌조항 자체의 고유한 위헌성에 대해서는 전혀 주장하고 있지 않다. 그러므로 공직선거법 제255조 제1항 제2호 중 위 부분은 심판대상조항에서 제외하기로 한다.

따라서 이 사건 심판대상은 구 공직선거법(2010. 1. 25. 법률 제9974호로 개정되고, 2020. 3. 25. 법률 제17127호로 개정되기 전의 것) 제60조 제1항 제5호 중 제53조 제1항 제5호 가운데 '농업협동조합법·수산업협동조합법(이하 농업협동조합법은 '농협법', 수산업협동조합법은 '수협법'이라 한다)에 의하여 설립된 조합의 상근직원'에 관한 부분(이하 '심판대상조항'이라 한다)이 청구인들의 기본권을 침해하는지 여부이다. 심판대상조항 및 관련조항은 다음과 같다.

[심판대상조항]

구 공직선거법(2010. 1. 25. 법률 제9974호로 개정되고, 2020. 3. 25. 법률 제17127호로 개정되기 전의 것)

제60조(선거운동을 할 수 없는 자) ① 다음 각 호의 어느 하나에 해당하는 사람은 선거운동을 할 수 없다. 다만, 제1호에 해당하는 사람이 예비후보자·후보자의 배우자인 경우와 제4호부터 제8호까지의 규정에 해당하는 사람이 예비후보자·후보자의 배우자이거나 후보자의 직계존비속인 경우에는 그러하지 아니하다.

5. 제53조(공무원 등의 입후보) 제1항 제2호 내지 제8호에 해당하는 자(제4호 내지 제6호의 경우에는 그 상근직원을 포함한다)

[관련조항]

공직선거법(2010. 1. 25. 법률 제9974호로 개정된 것)

제53조(공무원 등의 입후보) ① 다음 각 호의 어느 하나에 해당하는 사람으로서 후보자가 되려는 사람은 선거일 전 90일까지 그 직을 그만두어야 한다. 다만, 대통령선거와 국회의원선거에 있어서 국회의원이 그 직을 가지고 입후보하는 경우와 지방의회의원선거와 지방자치단체의 장의 선거에 있어서 당해 지방자치단체의 의회의원이나 장이 그 직을 가지고 입후보하는 경우에는 그러하지 아니하다.

5. 「농업협동조합법」·「수산업협동조합법」·「산림조합법」·「엽연초생산협동조합법」에 의하여 설립된 조합의 상근 임원과 이들 조합의 중앙회장

제255조(부정선거운동죄) ① 다음 각 호의 어느 하나에 해당하는 자는 3년 이하의 징역 또는 600만 원 이하의 벌금에 처한다.

2. 제60조(선거운동을 할 수 없는 자) 제1항의 규정에 위반하여 선거운동을 하거나 하게 한 자 또는 같은 조 제2항이나 제205조(선거운동기구의 설치 및 선거사무관계자의 선임에 관한 특례) 제4항의 규정에 위반하여 선거사무장 등으로 되거나 되게 한 자

농업협동조합법(2009. 6. 9. 법률 제9761호로 개정된 것)

제2조(정의) 이 법에서 사용하는 용어의 뜻은 다음과 같다.

1. "조합"이란 지역조합과 품목조합을 말한다.
2. "지역조합"이란 이 법에 따라 설립된 지역농업협동조합과 지역축산업협동조합을 말한다.
3. "품목조합"이란 이 법에 따라 설립된 품목별·업종별 협동조합을 말한다.
4. "중앙회"란 이 법에 따라 설립된 농업협동조합중앙회를 말한다.

수산업협동조합법(2010. 4. 12. 법률 제10245호로 개정된 것)

제2조(정의) 이 법에서 사용하는 용어의 뜻은 다음과 같다.

4. "조합"이란 이 법에 따라 설립된 지구별 수산업협동조합, 업종별 수산업협동조합 및 수산물가공 수산업협동조합을 말한다.
5. "중앙회"란 이 법에 따라 설립된 수산업협동조합중앙회를 말한다.

3. 청구인들의 주장

가. 농협법·수협법에 의하여 설립된 조합(이하 '협동조합'이라 한다)의 상근직원은 헌법이나 법률에 따라 정치적 중립성이 요구되는 자가 아니므로, 이들의 정치적 중립성을 담보하려는 심판대상조항의 입법목적은 그 정당성을 인정할 수 없다. 또한 협동조합의 상근직원은 일반적으로 선거의 공정성을 해할 위험이 있다고 단정할 수 없으므로, 이들의 선거운동을 전면 금지하는 것이 선거의 공정성을 확보하는 데 적합한 수단이라고 볼 수도 없다. 한편, 공직선거법상 관련 규정에 의하면 협동조합의 상근직원은 그 직을 유지한 채 공직선거에 입후보하여 자신을 위한 선거운동을 할 수 있는데, 심판대상조항에서 타인을 위한 선거운동을 전면 금

지하는 것은 과도한 제한이다. 게다가 공직선거법 제85조 제3항, 제86조 제1항 등 관련법령의 다른 규정들만으로도 선거의 공정성은 충분히 담보될 수 있다. 그런데 심판대상조항은 협동조합 상근직원의 직급, 직종에 따른 업무의 내용과 직무의 성격, 권한의 성질 등을 불문하고 일률적으로 모든 상근직원의 선거운동을 전면 금지하고 있으므로, 침해의 최소성 및 법익의 균형성에 반한다. 따라서 심판대상조항은 과잉금지원칙에 반하여 청구인들의 선거운동의 자유를 침해한다.

나. 협동조합의 상근 임원과 상근직원은 권한과 책임의 범위, 정도가 근본적으로 다르다. 따라서 협동조합의 상근직원에 대해서까지 선거운동을 원칙적으로 금지하는 심판대상조항은 본질적으로 다른 집단인 협동조합의 상근 임원과 상근직원을 동일하게 취급하는 것으로서, 청구인들의 평등권을 침해한다.

4. 청구인 오○○, 성○○, 최○○, 백○○, 박□□의 심판청구에 대한 판단

법령에 대한 헌법소원은 그 법령의 시행과 동시에 기본권을 침해받게 되는 경우에는 그 법령이 시행된 사실을 안 날부터 90일 이내에, 법령이 시행된 날부터 1년 이내에 헌법소원을 청구하여야 하고, 법령이 시행된 뒤에 비로소 그 법령에 해당하는 사유가 발생하여 기본권의 침해를 받게 된 경우에는 그 사유가 발생하였음을 안 날부터 90일 이내에, 그 사유가 발생한 날부터 1년 이내에 헌법소원을 제기하여야 한다. 여기서 청구기간 산정의 기산점이 되는 '법령에 해당하는 사유가 발생한 날'이란 '법령의 규율을 구체적이고 현실적으로 적용받게 된 날'을 가리킨다(헌재 2012. 6. 27. 2010헌마716).

이 사건에서 청구인들이 심판대상조항의 규율을 구체적이고 현실적으로 적용받게 된 날은 청구인들이 각 협동조합에 입사하여 상근직원으로 근무하게 된 때라고 할 수 있다. 그런데 청구인 오○○, 성○○, 최○○, 백○○은 2018. 12. 1.에, 청구인 박□□은 2019. 3. 1.에 각 협동조합에 입사하여 그 때부터 상근직원으로 근무하였다. 따라서 그로부터 1년이 경과한 2020. 3. 18.에 제기된 위 청구인들의 이 사건 심판청구는 청구기간을 도과하여 부적법하다. 그러므로 이하에서는 이들을 제외한 나머지 청구인들(이하 '청구인들'이라 한다)의 심판청구에 관하여 본안에 나아가 판단한다.

5. 본안에 관한 판단

가. 심판대상조항의 규율내용

심판대상조항은 협동조합의 상근직원에 대하여, 그가 예비후보자·후보자의 배우자이거나 후보자의 직계존비속인 경우가 아닌 한, 시기와 방법을 불문하고 일체의 선거운동을 할 수 없도록 규정하고 있다. 이 때 협동조합이란, 농협법에 따라 설립된 지역조합과 품목조합(농협법 제2조 제1호 내지 제3호), 수협법에 따라 설립된 지구별 수산업협동조합, 업종별 수산업협동조합 및 수산물가공 수산업협동조합을 의미한다(수협법 제2조 제4호).

나. 제한되는 기본권

심판대상조항은 협동조합의 상근직원에 대하여 공직선거와 관련한 선거운동을 원칙적으로 금지함으로써 청구인들의 선거운동의 자유를 제한한다.

청구인들은 심판대상조항이 본질적으로 다른 집단인 협동조합의 상근 임원과 상근직원을 동일하게 취급하여 평등권을 침해한다고도 주장하나, 이는 결국 협동조합의 상근직원에 대해서까지 선거운동을 할 수 없도록 제한하는 것이 과도하다는 주장과 다르지 않으므로 별도로 판단하지 아니한다.

다. 선거운동의 의의와 선거운동의 자유

선거운동이란 특정 선거에서 특정 후보자를 '당선되거나 되게 하거나 되지 못하게 하기 위한 행위'를 말한다(공직선거법 제58조 제1항 본문). 선거운동의 자유는 널리 선거과정에서 자유로이 의사를 표현할 자유의 일환이므로, 정치적 표현의 자유의 한 태양으로서 헌법이 정한 언론·출판·집회·결사의 자유 보장규정에 의해 보호된다. 또한 우리 헌법은 참정권의 내용으로서 모든 국민에게 법률이 정하는 바에 따라 선거권을 부여하고 있는데, 선거권이 제대로 행사되기 위하여는 후보자에 대한 정보의 자유 교환이 필연적으로 요청된다 할 것이므로, 선거운동의 자유는 선거권 행사의 전제 내지 선거권의 중요한 내용으로서도 보호된다.

물론 선거운동의 자유도 무제한일 수는 없는 것이고, 선거의 공정성이라는 또 다른 가치를 위하여 어느 정도 선거운동의 주체, 기간, 방법 등에 대한 규제가 행하여지지 않을 수 없다. 다만 선거운동은 국민주권 행사의 일환일 뿐 아니라 정치적 표현의 자유의 한 형태로서 민주사회를 구성하고 움직이게 하는 요소이므로, 그 제한입법의 위헌여부에 대하여는 엄격한 심사기준이 적용되어야 할 것이다(헌재 2018. 2. 22. 2015헌바124 참조).

라. 선거운동의 자유 침해 여부

(1) 재판관 이선애, 재판관 이은애, 재판관 이종석, 재판관 이영진의 기각의견

(가) 입법목적의 정당성 및 수단의 적합성

심판대상조항은 협동조합의 상근직원이 그 지위와 권한을 특정 개인을 위한 선거운동에 남용하는 것을 방지함으로써 선거의 형평성과 공정성을 확보하려는 것이므로, 그 입법목적의 정당성을 인정할 수 있다. 그리고 협동조합의 상근직원에 대하여 원칙적으로 모든 선거운동을 할 수 없도록 제한하는 것은 위와 같은 목적을 달성하기 위한 적합한 수단이다.

(나) 침해의 최소성

1) 공직선거법이 과거 우리나라 선거 역사를 얼룩지게 한 관권, 금권, 폭력 등에 의한 불법·타락선거로부터 선거의 공정성을 지키기 위하여 제정된 경위에 비추어 볼 때, 선거운동의 주체·방법·태양·기간을 어떻게 규율할 것인지는 입법자가 제반 사정을 고려하여 결정할 문제로서, 그 입법형성의 자유를 존중하여야 한다.

2) 협동조합은 기본적으로 사법인에 해당하기는 하지만, 그 수행하는 사업 내지 업무가 국민경제에서 상당한 비중을 차지하고, 국민경제 및 국가 전체의 경제와 관련된 경제적 기능에 있어서 금융기관에 준하는 공공성이 있으며(헌재 2001. 3. 21. 99헌바72 참조), 국가로부터 재정적 지원, 각종 세제상 특례 및 업무에 관한 감독을 받는 등 일반 사법인과 구별되는 공법인적 특성을 상당 부분 가지고 있다(헌재 2000. 6. 1. 99헌마553 참조).

게다가 현재 농업협동조합은 총 1,104개, 수산업협동조합은 총 91개가 있는데, 각 조합마다 본점 및 지점, 그 밖의 사무소(하나로마트, 바다마트, 농·수산물 공판장 등)를 가지고 전국 각지에 산재하면서 각 지역 주민들의 생활에 밀착되어 있다. 특히 협동조합의 상근직원은 위 각 사무소에 배치되어, 여신·수신, 보험·공제 상품의 판매, 조합원 생산물의 판매·유통·가공 등 조합원을 포함한 각 지역 주민들의 생활에 매우 밀접한 직무를 수행하고 있다.

위와 같은 협동조합의 법적 성격과 기능, 협동조합 상근직원의 직무 내용과 특성 등을 고려하면, 협동조합의 상근직원이 그 직을 그대로 유지한 채 선거운동을 할 경우 발생할 부작용과 폐해, 그리고 그로 인하여 선거의 공정성·형평성이 저해되는 정도는 일반 사기업 직원이 선거운동을 할 경우보다 크지 않다고 단정하기 어렵다. 특히 협동조합의 기능에 대한 의존도, 협동조합 상근직원과 지역주민의 밀착정도가 높은 지역의 경우에는 선거의 공정성·형평성이 저해될 가능성과 정도가 더욱 클 것이다. 따라서 협동조합 상근직원의 선거운동은 특별히 제한할 필요가 있다.

3) 한편, 공직선거법과 농·수협법은 협동조합의 상근직원이 그의 지위와 권한을 선거운동에 남용하지 못하도록 제한하는 규정을 일부 두고 있으나, 그러한 규정만으로 심판대상조항이 추구하는 선거의 공정성·형평성을 충분히 확보할 수 있는지는 불분명하다. 이러한 상황에서 심판대상조항은 협동조합의 상근직원이 예비후보자·후보자의 배우자이거나 후보자의 직계존비속에 해당하지 않는 한, 시기와 방법을 불문하고 모든 선거운동을 할 수 없도록 금지하고 있는데, 다음과 같은 점을 고려하면 이러한 입법자의 판단이 현저히 잘못되었다고 보기 어렵다.

가) 협동조합의 상근직원이 수행하는 직무는 매우 다양하며, 직급이 높거나 간부직원의 지위에 있다고 하여 선거에 미치는 영향력이 크고, 반대로 직급이 낮다고 하여 선거에 미치는 영향력이 낮다고 단정할 수 없다. 그러므로 직급에 따른 업무의 내용이나, 수행하는 개별·구체적인 직무의 성격에 따라 선거운동의 제한 정도를 달리하는 것은 현실적으로 불가능하거나 효과적이지 않다.

나) 다음으로 '선거운동의 방법이나 태양' 혹은 '선거운동의 범위' 등을 제한함으로써 기본권 침해를 최소화하는 방안도 생각해 볼 수 있으나, 선거운동의 개념은 매우 넓은데다가 실제에 있어 매우 다양하고 복잡한 형태로 행하여질 것이어서, 그 가운데 어느 것을 협동조합의 상근직원이라는 신분과 관련하여 특별히 금지할 필요가 있는 것인지 구분·특정하기 어렵다.

다) 또한 협동조합의 상근직원이 '그 지위를 이용하여' 또는 '그 직무 범위 내에서' 하는 선거운동만을 금지하는 방식도 상정해볼 수 있으나, 이들 업무 내용과 범위에 비추어 어느 것이 '지위를 이용한' 선거운동이고 어느 것이 그렇지 않은 선거운동인지 경계를 획정하기가 매우 곤란할 수 있다. 그에 따라 실제 법 적용을 위해서는 선거 관련 기관의 유권해석이나 법원의 판단을 구해야 하는 등 번잡한 절차를 필요로 할 수 있는데, 제한된 선거운동 기간 동안 위와 같은 절차를 거쳐 금지되

는 선거운동인지 여부를 일일이 확정하는 것은 실효성이 떨어지고, 일단 선거에 영향을 미치는 행위가 이루어진 후에는 선거의 공정성을 회복하기 어렵다는 점 등을 고려하면, 위와 같은 규정 방식이 심판대상조항과 동일한 정도로 선거의 공정성·형평성을 담보할 수 있는 대안이라고 단정할 수 없다(헌재 2020. 3. 26. 2018헌바90 참조).

4) 나아가 심판대상조항은 협동조합의 상근직원에 대하여 정치적 활동이나 선거와 관련된 모든 행위태양을 금지하는 것이 아니라, 당선 또는 낙선을 위한 직접적인 활동만을 금지하고 있다. 즉, 협동조합의 상근직원은 ㉠ 선거에 관한 단순한 의견개진 및 의사표시, ㉡ 입후보와 선거운동을 위한 준비행위, ㉢ 정당의 후보자 추천에 관한 단순한 지지·반대의 의견개진 및 의사표시, ㉣ 통상적인 정당활동, ㉤ 설날·추석 등 명절 및 석가탄신일·기독탄신일 등에 하는 의례적인 인사말을 문자메시지(그림말·음성·화상·동영상 등을 포함한다)로 전송하는 행위 등, 선거운동 이외의 방법으로 특정 후보자나 정당을 위한 지원활동을 할 수 있다(공직선거법 제58조 제1항 단서 참조). 이처럼 협동조합의 상근직원은 여전히 선거와 관련하여 일정 범위 내에서는 자유롭게 자신의 정치적인 의사를 표현하면서 후보자에 대한 정보를 충분히 교환할 수 있으므로, 심판대상조항으로 인하여 선거운동의 자유 내지 정치적 표현의 자유가 전혀 무의미해지거나 선거권의 실질적 의미가 상실된다고 보기 어렵다.

5) 결국 협동조합의 상근직원에 대하여 모든 선거운동을 원칙적으로 금지하는 것은 앞서 본 입법목적과 현실을 종합적으로 고려하여 나온 입법정책적 결단으로서 거기에 나름대로 합리적 이유가 있으므로, 현재의 상태를 과도한 제한이라고 볼 수는 없다. 심판대상조항은 침해의 최소성에 반하지 않는다.

(다) 법익의 균형성

협동조합의 공법인적 성격 내지 그 기능의 공공성, 협동조합 상근직원의 직무 내용 및 지역 주민들에게 미칠 수 있는 영향력 등을 고려하면, 협동조합 상근직원의 선거운동을 제한할 필요성은 매우 크다고 볼 수 있다. 그리고 협동조합 상근직원의 선거운동을 제한함으로써 달성되는 선거의 공정성·형평성 확보라는 공익은 매우 중대하다. 반면, 협동조합의 상근직원인 청구인들은 심판대상조항으로 인하여 정치적 의사표현 중 선거와 직접 관련이 있는 선거운동만을 제한받을 뿐이다. 이처럼 협동조합의 상근직원이 제한받는 사익의 정도가 위 조항으로 달성되는 공익보다 더 크다고 볼 수 없으므로, 심판대상조항은 법익의 균형성도 충족한다.

(라) 소결론

심판대상조항은 과잉금지원칙에 반하여 청구인들의 선거운동의 자유를 침해하지 않는다.

(2) 재판관 유남석, 재판관 이석태, 재판관 김기영, 재판관 문형배, 재판관 이미선의 인용의견

우리는 심판대상조항이 과잉금지원칙에 반하여 청구인들의 선거운동의 자유를 침해한다고 판단하므로 다음과 같이 그 의견을 밝힌다.

(가) 입법목적의 정당성 및 수단의 적합성

심판대상조항은 선거의 형평성과 공정성을 확보하려는 것으로서, 입법목적의 정당성과 수단의 적합성이 인정된다는 점은 기각의견과 같다.

(나) 침해의 최소성

1) 협동조합은 국가로부터 재정적 지원과 업무에 관한 감독을 받는 등 일반 사법인과 구별되는 공법인적 특성을 가지고 있다. 그러나 이와 같은 특수성은 헌법 제123조 제5항에 따른 협동조합 육성과정에서 나타나는 국가의 지원 및 감독으로 인한 것에 불과하여, 이를 근거로 협동조합을 공법인이라고 볼 수는 없다. 기본적으로 협동조합은 조합원의 지위 향상과 공동이익을 도모하는 것을 목적으로 하는 자주적인 협동조직으로(농협법 제1조, 수협법 제1조), 조합구역 내 20인 이상의 조합원 자격을 가진 자가 발기인이 되어 설립하고(농협법 제15조 제1항, 제107조 제1항, 제112조 제1항, 수협법 제16조 제1항, 제108조, 제113조), 조합원의 출자로써 자금을 조달하는 등(농협법 제21조, 제107조 제1항, 제112조 제1항, 수협법 제22조, 제108조, 제113조) 그 존립목적이나 설립·관리의 측면에서 자주적인 단체로서, 공법인보다는 사법인에 가깝다(헌재 1996. 4. 25. 92헌바47 참조).

게다가 협동조합의 상근직원은 각 협동조합의 본점과 지점, 농·수산물 공판장, 하나로마트, 바다마트, 축산물가공유통사업장 등과 같은 사무소에 배치되어, 여신·수신, 보험·공제 상품의 판매, 조합원 생산물의 판매·유통·가공 등의 직무를 수행하는데, 이러한 직무들은 기본적으로 일반 사기업 직원이 수행하는 직무 내용과 크게 다르지 않다. 또한 협동조합의 상근직원은 자유로이 정당에 가입할 수 있고(정당법 제22조 제1항), 그 직을 유지한 채 공직선거의 후보자가 될 수도 있는

등(공직선거법 제53조 제1항 제5호 참조) 정치적 중립성이 요구되지도 않는다.

더불어, 관련 법령과 각 협동조합의 정관 규정 등에 비추어 볼 때 협동조합의 상근직원에게 선거운동에 부당하게 동원할 우려가 있는 권력적 요소나 영향력이 있다고 보기 어렵다. 이는 협동조합의 상근 임원과 비교해 보면 보다 분명하게 드러나는데, 구체적으로, 협동조합의 상근 임원은 조합원 총회 내지 조합원들로 구성된 대의원회 등에서 선출되고(농협법 제45조 제5항, 제6항, 제107조 제1항, 제112조 제1항, 수협법 제46조 제3항, 제4항, 제108조, 제113조), 협동조합을 대표할 권한과 포괄적인 업무집행권, 감사권을 가지며, 조합원의 자격 심사 및 가입 승낙, 간부직원의 임면 등 협동조합에 관한 중요 사항을 의결하는 이사회의 구성원이 된다(농협법 제43조, 제46조, 제47조, 제107조 제1항, 제112조 제1항, 수협법 제45조, 제47조 내지 제49조, 제108조, 제113조). 그에 반해 협동조합의 상근직원은 시험성적, 근무성적, 그 밖의 능력의 실증에 따라 조합장이 임면하고(농협법 제56조 제1항, 제2항, 제107조 제1항, 제112조 제1항, 수협법 제59조 제1항, 제2항, 제108조, 제113조, 수협법 시행령 제17조), 그 중 간부직원은 조합장, 상임이사 등을 보좌하여 분장된 업무를 처리하며, 간부직원이 아닌 상근직원은 통상적으로 공개경쟁시험을 통해 채용된 다음 조합과의 근로계약에 따른 노무를 제공할 뿐이다.

물론 협동조합의 상근직원이 조합원을 포함한 각 지역 주민들의 생활에 매우 밀접한 직무를 수행하고 있기는 하지만, 협동조합을 이용하는 주민들은 상근직원에 대하여 사용자 지위에 있는 협동조합의 구성원이거나 협동조합이 제공하는 서비스를 이용하는 고객의 지위에 있는 점, 협동조합의 상근직원은 종종 조합원의 이익과 괴리된 별도의 이익집단으로 인식되기도 하는 점 등을 고려하면, 위와 같은 직무 내용의 특성만으로 협동조합의 상근직원이 조합원이나 지역 주민들의 자유로운 정치적 의사 형성 및 결정을 저해할 만한 영향력을 가지고 있다고 보기도 어렵다.

따라서 협동조합의 상근직원이 선거운동을 한다고 하여 그로 인한 부작용과 폐해가 일반 사기업 직원의 경우보다 크다고 보기 어려운바, 특별히 협동조합의 상근직원에 대하여 선거운동을 원칙적으로 금지할 필요성이 있다고 볼 수 없다.

2) 게다가 공직선거법과 농·수협법은 이미 협동조합의 상근직원이 그의 지위와 권한을 선거운동에 남용하지 못하도록 제한하는 규정들을 충분히 마련하고 있다.

우선 협동조합의 상근직원은 업무·고용 기타의 관계로 인하여 자기의 보호·지휘·감독 하에 있는 자에게 특정 정당이나 후보자를 지지·추천하거나 반대하도록 강요해서는 안 된다(공직선거법 제237조 제1항 제3호). 또한 협동조합의 상근직원은 협동조합 조직 내에서의 직무상 행위를 이용하여 그 구성원에 대하여 선거운동을 하거나 하게 할 수 없고, 계열화나 하도급 등 거래상 특수한 지위를 이용하여 기업조직·기업체 또는 그 구성원에 대하여 선거운동을 하거나 하게 할 수 없다(공직선거법 제85조 제3항). 나아가 협동조합의 상근직원은 협동조합의 명의 또는 그 대표인 조합장 등의 명의로 선거운동을 할 수 없으며(공직선거법 제87조 제1항 제2호), 그 밖의 방법으로 협동조합을 선거운동에 이용해서도 안 된다(농협법 제7조 제2항, 수협법 제7조 제2항). 위와 같은 규정들을 위반하여 선거운동을 하거나 하게 한 자는 형사처벌 대상이 된다(공직선거법 제237조 제1항 제3호, 제255조 제1항 제9호, 제11호, 농협법 제172조 제1항 제1호, 수협법 제178조 제1항 제1호).

가사 위와 같은 제반 규정들만으로는 선거의 공정성을 담보하기 부족하다고 하더라도, 직급에 따른 업무 내용과 수행하는 개별·구체적인 직무의 성격을 고려하여 협동조합 상근직원 중 선거운동이 제한되는 주체의 범위를 최소화하거나, 협동조합의 상근직원에 대하여 '그 지위를 이용하여' 또는 '그 직무 범위 내에서' 하는 선거운동을 금지하는 방법으로도 선거의 공정성은 충분히 담보될 수 있다(헌재 2022. 6. 30. 2021헌가24 참조). 따라서 일률적으로 모든 상근직원에 대하여 일체의 선거운동을 원칙적으로 금지하는 것은 선거운동의 자유에 대한 과도한 제한이다.

3) 심판대상조항은 침해의 최소성에 반한다.

(다) 법익의 균형성

심판대상조항이 달성하고자 하는 선거의 형평성과 공정성이라는 공익은 매우 중요하다. 그러나 이미 협동조합 상근직원의 부정한 선거 관여를 제한하는 다양한 규정이 존재하는 상황에서, 정치적 중립성이 요구되는 지위에 있거나 선거운동에 부당하게 동원할 만한 영향력이 있다고 보기 어려운 협동조합 상근직원의 선거운동을 원칙적으로 전면 금지함으로써 추가적으로 달성할 수 있는 공익은 크지 않다. 그에 반해 협동조합의 상근직원은 심판대상조항으로 인하여 직급이나 직무 내용, 선거운동의 방법이나 태양 등을 불문하고 일률적으로 모든 선거운동을 할 수 없는 제한을 받는다. 이와 같이 심판대상조항으로 인하여 제한되는 사익은 그로써 달성할 수 있는 공익에 비하여 결코 가볍다고 볼 수 없으므로, 심판대상조항은 법익의 균형성에도 반한다.

(라) 소결론

심판대상조항은 과잉금지원칙을 위반하여 청구인들의 선거운동의 자유를 침해한다.

6. 결 론

청구인 오○○, 성○○, 최○○, 백○○, 박□□의 심판청구는 부적법하므로 각하하고, 나머지 청구인들의 심판청구와 관련하여 재판관 이선애, 재판관 이은애, 재판관 이종석, 재판관 이영진은 기각의견이고, 재판관 유남석, 재판관 이석태, 재판관 김기영, 재판관 문형배, 재판관 이미선은 인용의견으로, 비록 인용의견에 찬성한 재판관이 다수이기는 하나 헌법 제113조 제1항, 헌법재판소법 제23조 제2항 단서 제1호에서 정한 헌법소원 인용결정을 위한 심판정족수에는 이르지 못하였으므로, 나머지 청구인들의 심판청구는 모두 기각하기로 하여 주문과 같이 결정한다.

재판관 유남석 이선애 이석태 이은애 이종석 이영진 김기영 문형배 이미선

[별지] 청구인 명단

1. ~ 9. 박○○ 외

청구인들의 대리인 법무법인 여는
담당변호사 권두섭, 조연민

76. 국립묘지의 설치 및 운영에 관한 법률 제5조 제3항 제1호 단서 위헌소원

[2022. 11. 24. 2020헌바463]

【판시사항】

국립묘지 안장 대상자의 사망 당시의 배우자가 재혼한 경우에는 국립묘지에 안장된 안장 대상자와 합장할 수 없도록 규정한 '국립묘지의 설치 및 운영에 관한 법률' 제5조 제3항 본문 제1호 단서 중 '안장 대상자가 사망한 후에 다른 사람과 혼인한 배우자는 제외한다.' 부분(이하 '심판대상조항'이라 한다)이 평등원칙에 위배되는지 여부(소극)

【결정요지】

안장 대상자가 사망한 후에 재혼한 배우자는 다른 사람과 혼인관계를 형성하여 안장 대상자를 매개로 한 인척관계를 종료하였다는 점에서, 안장 대상자의 사망 후에 재혼하지 않은 배우자나 배우자 사망 후 안장 대상자가 재혼한 경우에 있어 종전 배우자와는 차이가 있다.

안장 대상자가 사망한 뒤 그 배우자가 재혼을 통해 새로운 혼인관계를 형성하고 안장 대상자를 매개로 한 인척관계를 종료하였다면, 그가 국립묘지에 합장될 자격이 있는지는 사망 당시의 배우자를 기준으로 하는 것이 사회통념에 부합한다.

안장 대상자의 사망 후 재혼하지 않은 배우자나 배우자 사망 후 안장 대상자가 재혼한 경우의 종전 배우자는 자신이 사망할 때까지 안장 대상자의 배우자로서의 실체를 유지하였다는 점에서 합장을 허용하는 것이 국가와 사회를 위하여 헌신하고 희생한 안장 대상자의 충의와 위훈의 정신을 기리고자 하는 국립묘지 안장의 취지에 부합하고, 안장 대상자의 사망 후 그 배우자가 재혼을 통하여 새로운 가족관계를 형성한 경우에 그를 안장 대상자와의 합장 대상에서 제외하는 것은 합리적인 이유가 있다. 따라서 심판대상조항은 평등원칙에 위배되지 않는다.

재판관 이은애, 재판관 이종석, 재판관 이영진, 재판관 김기영의 반대의견

안장 대상자의 배우자는 직접 국가를 위해 희생·공헌한 사람은 아니지만 안장 대상자의 공헌과 희생에 직·간접적으로 조력하고 그로 인한 어려움을 함께 공유한 사람이다. 국가는 안장 대상자와 배우자의 이러한 관계를 고려하여 원칙적으로 안장 대상자의 배우자도 국립묘지에 합장될 수 있도록 허용함으로써 예우를 제공하고 있는 것이다. 안장 대상자의 배우자의 이러한 기여는 안장 대상자 사망 후에 재혼을 한다고 하여 소급적으로 소멸되는 것이 아니다.

6·25 전쟁 이후 남겨진 자녀의 양육과 생존을 위하여 재혼이라는 어려운 결정을 하게 된 배우자 유족이 많았다. 안장 대상자의 사망 후에 배우자가 재혼하였다는 이유만으로 국립묘지에 합장할 수 없다고 한다면, 그들의 자녀로서는 부모를 합장할 수 없게 되므로 안장 대상자의 자녀에 대한 예우와 지원의 측면에서도 합리적이라고 보기 어렵다. 합장대상에 안장대상자 사망 후 재혼한 배우자를 새로이 포함시킨다 하더라도 추가로 소요되는 국가의 재정적 부담은 크지 않다.

따라서 안장 대상자의 사망 후 배우자가 재혼하였다는 이유만으로 그 기여를 전혀 고려하지 않고 일률적으로 국립묘지 합장 대상에서 제외한 것은 재혼한 배우자를 불합리하게 차별한 것으로서 평등원칙에 위배된다.

【심판대상조문】

국립묘지의 설치 및 운영에 관한 법률(2017. 10. 31. 법률 제15029호로 개정된 것) 제5조 제3항 본문 제1호 단서 중 '안장 대상자가 사망한 후에 다른 사람과 혼인한 배우자는 제외한다.' 부분

【참조조문】

헌법 제11조, 제36조 제1항

국립묘지의 설치 및 운영에 관한 법률(2008. 3. 28. 법률 제9078호로 개정된 것) 제1조

국립묘지의 설치 및 운영에 관한 법률(2013. 5. 22. 법률 제11818호로 개정된 것) 제2조 제5호, 제6호, 제11조 제1항, 제16조 제1항

국립묘지의 설치 및 운영에 관한 법률(2019. 1. 15. 법률 제16294호로 개정된 것) 제5조 제1항 제1호 자목

【참조판례】

헌재 2011. 10. 25. 2010헌바272, 판례집 23-2상, 868, 875

【당 사 자】

청 구 인 민○○
　대리인 법무법인(유한) 동인
　　담당변호사 진욱재

당해사건 서울행정법원 2019구합82950 국립묘지 합장거부처분 취소

【주　문】

국립묘지의 설치 및 운영에 관한 법률(2017. 10. 31. 법률 제15029호로 개정된 것) 제5조 제3항 본문 제1호 단서 중 '안장 대상자가 사망한 후에 다른 사람과 혼인한 배우자는 제외한다.' 부분은 헌법에 위반되지 아니한다.

【이　유】

1. 사건개요

청구인은 조○○과 민○○ 사이에서 태어난 자녀이다. 민○○는 한국전쟁에 학도병으로 참전해 1951. 6. 27. 전사하여 국립묘지에 안장되었다. 청구인의 모 조○○은 1962. 4. 6. 이○○과 재혼하였고, 2004. 12. 30. 사망하였다.

청구인은 2019. 6.경 국립서울현충원장에게 조○○이 국가유공자인 민○○의 사망 당시의 배우자임을 근거로 조○○의 합장을 신청하였다. 이에 국립서울현충원장은 2019. 8. 7. 조○○이 민○○ 사망 후에 다른 사람과 재혼하였으므로 합장 대상에 해당하지 않는다는 이유로 위 합장 신청을 거부하였다(이하 '이 사건 처분'이라 한다).

청구인은 국립서울현충원장을 상대로 이 사건 처분의 취소를 구하는 소를 제기하고(서울행정법원 2019구합82950), 소송 계속 중 이 사건 처분의 근거가 된 '국립묘지의 설치 및 운영에 관한 법률' 제5조 제3항 본문 제1호 단서에 대한 위헌법률심판제청신청을 하였으나(서울행정법원 2020아11534), 2020. 8. 13. 그 청구 및 제청신청이 모두 기각되자, 2020. 9. 2. 이 사건 헌법소원심판을 청구하였다.

2. 심판대상

청구인은 '국립묘지의 설치 및 운영에 관한 법률' 제5조 제3항 본문 제1호 단서 전체에 대하여 이 사건 헌법소원심판을 청구하였으나, 청구인의 모는 재혼함으로써 합장 대상자에서 제외된 것이므로, 당해사건과 관련된 부분으로 심판대상을 한정한다.

그렇다면 이 사건 심판대상은 '국립묘지의 설치 및 운영에 관한 법률'(2017. 10. 31. 법률 제15029호로 개정된 것, 이하 '국립묘지법'이라 한다) 제5조 제3항 본문 제1호 단서 중 '안장 대상자가 사망한 후에 다른 사람과 혼인한 배우자는 제외한다.' 부분(이하 '심판대상조항'이라 한다)이 헌법에 위반되는지 여부이다.

심판대상조항(밑줄 친 부분) 및 관련조항은 다음과 같다.

[심판대상조항]

국립묘지의 설치 및 운영에 관한 법률(2017. 10. 31. 법률 제15029호로 개정된 것)

제5조(국립묘지별 안장 대상자) ③ 제1항에 따라 국립묘지에 안장된 사람의 배우자는 본인이나 유족의 희망에 따라 합장할 수 있으며, 배우자의 요건은 다음 각 호와 같다. 다만, 제6조 제2항에 따라 영정(影幀)이나 위패로 봉안된 사람의 배우자는 그와 함께 위

패로 봉안하거나 유골의 형태로 안치할 수 있다.

1. 안장 대상자의 사망 당시의 배우자. 다만, 배우자가 사망한 후에 안장 대상자가 재혼한 경우에는 종전의 배우자도 포함하고, 안장 대상자가 사망한 후에 다른 사람과 혼인한 배우자는 제외한다.

[관련조항]

국립묘지의 설치 및 운영에 관한 법률(2008. 3. 28. 법률 제9078호로 개정된 것)

제1조(목적) 이 법은 국립묘지의 설치와 운영에 관한 사항을 규정함으로써 국가나 사회를 위하여 희생·공헌한 사람이 사망한 후 그를 안장(安葬)하고 그 충의(忠義)와 위훈(偉勳)의 정신을 기리며 선양(宣揚)하는 것을 목적으로 한다.

국립묘지의 설치 및 운영에 관한 법률(2013. 5. 22. 법률 제11818호로 개정된 것)

제2조(정의) 이 법에서 사용하는 용어의 뜻은 다음과 같다.

5. "안장"이란 매장, 안치, 자연장 및 위패봉안을 말한다.

6. "합장(合葬)"이란 안장 대상자와 그 배우자를 하나의 묘나 봉안함에 안장하거나 전몰(戰歿), 그 밖의 사정으로 인적사항을 확인할 수 없는 사람을 유골의 형태로 봉안시설에 안치하는 것을 말한다.

국립묘지의 설치 및 운영에 관한 법률(2019. 1. 15. 법률 제16294호로 개정된 것)

제5조(국립묘지별 안장 대상자) ① 국립묘지에는 다음 각 호의 구분에 따라 그에 해당하는 사람의 유골이나 시신을 안장한다. 다만, 유족이 국립묘지 안장을 원하지 아니하는 경우에는 그러하지 아니하다.

1. 국립서울현충원, 국립대전현충원 및 국립연천현충원

자. 「국가유공자 등 예우 및 지원에 관한 법률」 제4조 제1항 제9호에 따른 6·25참전재일학도의용군인으로서 사망한 사람

국립묘지의 설치 및 운영에 관한 법률(2013. 5. 22. 법률 제11818호로 개정된 것)

제11조(안장 신청 등) ① 제5조부터 제7조까지의 규정에 따른 안장(영정봉안을 포함한다), 합장 또는 이장은 유족이나 관계 기관의 장이 국가보훈처장이나 국방부장관에게 신청하여야 한다.

제16조(안장비용) ① 안장시설에 안장하는 데에 필요한 비용은 국가가 부담한다.

3. 청구인의 주장

안장 대상자의 배우자가 혼인관계를 종료한 것은 혼인생활을 종료시킬 의사로 이혼을 하였기 때문이 아니라 안장 대상자의 사망에서 기인한 것임에도, 이후에 다른 사람과 재혼하였다 하여 안장 대상자와의 혼인생활로 인하여 발생한 권리를 박탈하는 것은 헌법 제36조 제1항에 위배된다.

현실적으로 지금까지 대부분의 안장 대상자가 남성이라는 점을 고려하면, 안장 대상자의 배우자가 재혼한 경우 합장할 수 있는 권리를 인정하지 않으면서 안장 대상자가 재혼한 경우 종전의 배우자는 포함되도록 한 것은 성별에 의한 차별로, 헌법 제11조의 평등권을 침해한다.

안장 대상자의 사후에 재혼한 배우자의 경우에도 국립묘지의 안장대상임을 명시하고 있는 미국의 경우를 보더라도 반드시 재혼한 배우자라 하여 합장 대상자에서 배제하는 것은 불합리하다.

4. 판 단

가. 쟁점의 정리

(1) 국립묘지법 제5조 제3항 본문 제1호에 따르면 안장 대상자의 사망 당시 배우자였다 하더라도 안장 대상자 사망 후 재혼하지 않은 배우자는 합장 대상자에 포함되는 반면 다른 사람과 재혼한 배우자는 합장의 대상에서 제외되고, 배우자 사망 후에 안장 대상자가 재혼한 경우에는 안장 대상자 사망 당시의 배우자가 아님에도 불구하고 종전 배우자가 합장 대상에 포함되는바, 심판대상조항에서 안장 대상자 사망 후에 재혼한 배우자를 합장 대상에서 제외한 것이 합장 대상에 포함되는 자들과 비교하여 불합리하게 차별하는 것인지 문제된다.

(2) 청구인은, 심판대상조항이 안장 대상자의 배우자가 재혼한 경우에는 종전 혼인에서 발생한, 국립묘지에 안장 대상자와 합장될 수 있는 권리를 소멸시킴으로써 재혼을 제한하는 결과를 초래하여 헌법 제36조 제1항을 위반한다고 주장한다. 그러나 심판대상조항이 안장 대상자의 배우자가 재혼하는 것을 법적으로 금지하고 있지 않는 이상, 재혼으로 인해 국립묘지에 합장되지 못한다 하더라도 혼인과 가족생활 보장에 관한 헌법 제36조 제1항이 문제되는 것은 아니므로, 이에 대해서는 판단하지 않는다.

(3) 청구인은, 안장 대상자가 배우자 사망 후에 재혼

한 경우에는 재혼 배우자 및 종전 배우자 모두에게 합장될 권리를 인정하는 반면 안장 대상자 사망 당시의 배우자가 재혼하는 경우에는 합장될 권리를 부여하지 않음으로써 안장 대상자와 그의 배우자 간에 재혼 여부에 따른 합장 인정범위를 달리하는 것은 사실상 남녀를 성별에 근거하여 차별하는 것이라고도 주장한다. 그러나 심판대상조항은 안장 대상자의 성별에 따라 그의 배우자에게 합장될 권리를 다르게 부여하고 있지 않다. 따라서 심판대상조항은 성별을 이유로 한 차별취급을 하고 있지 않으므로, 이에 대해서는 더 나아가 판단하지 않는다.

나. 평등원칙 위배 여부

(1) 심사기준

국립묘지에 안장될 국가유공자 등의 범위와 자격 등은 국립묘지의 수용능력, 국가유공자 등에 대한 평가기준 등에 따라 정하여질 수밖에 없으므로 안장 대상자의 범위와 자격을 정함에 있어서는 입법자에게 폭넓은 입법형성권이 부여된다(헌재 2011. 10. 25. 2010헌바272 참조). 이와 마찬가지로 안장 대상자와 합장될 수 있는 자의 범위와 자격 등도 국립묘지의 수용능력, 안장 대상자와의 관계 등에 따라 정하여지는 입법자의 폭넓은 입법형성의 자유영역에 속하는 것으로 기본적으로 국가의 입법정책에 달려 있다. 따라서 그 내용이 현저히 불합리하지 않은 한 헌법에 위반된다고 할 수 없다.

이러한 기준에 따라 심판대상조항이 안장 대상자의 사망 후 재혼한 배우자를 합장 대상자에서 제외함으로써 재혼한 배우자를 안장 대상자의 사망 후 재혼하지 않은 배우자나 배우자 사망 후 안장 대상자가 재혼한 경우 그의 종전 배우자와 달리 취급하는 것이 현저히 불합리하여 평등원칙을 위반하는지 여부를 살펴본다.

(2) 판단

국립묘지법은 국가나 사회를 위하여 희생·공헌한 사람의 충의와 위훈의 정신을 기리며 선양하는 것을 입법목적으로 한다. 따라서 국립묘지법이 안장 대상자의 배우자에 대하여 합장을 허용하는 취지는 안장 대상자의 유족을 예우함으로써 국가나 사회를 위하여 희생하고 헌신한 안장 대상자의 충의와 위훈의 정신을 기리고자 하는 데에 있다고 할 것이므로, 국립묘지에 합장될 자의 범위를 정함에 있어서는 합장을 통한 안장 대상자에 대한 예우라는 측면을 고려할 필요가 있다.

안장 대상자가 사망한 후에 재혼하지 않은 배우자의 경우, 안장 대상자의 사망으로 안장 대상자와의 혼인은 법적으로 해소되지만 배우자 본인의 사망 당시까지 새로운 혼인관계를 형성하지 아니한 채 안장 대상자의 친족과의 인척관계를 유지함으로써 안장 대상자의 배우자로서의 실체를 유지한 것으로 평가할 수 있다. 또한 배우자 사망 후 안장 대상자가 재혼한 경우 그의 종전 배우자는 본인의 사망 당시까지 안장 대상자와의 혼인관계를 유지하였다. 반면, 안장 대상자가 사망한 후에 재혼한 배우자는 새로운 혼인관계를 형성하여 안장 대상자를 매개로 한 인척관계를 종료한 사람으로, 안장 대상자의 배우자로서의 실체를 지속하였는지 여부에 있어서 안장 대상자의 사망 후 재혼하지 않은 배우자나 배우자 사망 후 안장 대상자가 재혼한 경우 그의 종전 배우자와는 차이가 있다.

또한 안장 대상자가 사망한 뒤 그 배우자가 재혼을 통해 다른 사람과 혼인관계를 형성하고 안장 대상자를 매개로 한 인척관계를 종료한 이후에 사망하였다면, 그가 국립묘지에 합장될 자격이 있는지는 사망 당시의 배우자를 기준으로 하는 것이 사회통념에 부합한다고 할 것이다. 위와 같은 재혼 배우자를 그가 사망 당시 유지하던 혼인관계의 배우자가 아닌 그 전에 사별한 안장 대상자에게로 돌아가 합장될 수 있도록 허용하는 것은, 안장 대상자의 사망 이후 다른 사람과 새로운 혼인관계를 형성하여 사망한 안장 대상자를 매개로 한 인척관계를 종료함으로써 사망한 안장 대상자의 배우자로서의 실체가 소멸되는 재혼의 취지와도 부합하지 않는다.

그렇다면 안장 대상자의 사망 후 재혼하지 않은 배우자나 배우자 사망 후 안장 대상자가 재혼한 경우의 종전 배우자는 자신이 사망할 때까지 안장 대상자의 배우자로서의 실체를 유지하였다는 점에서 합장을 허용하는 것이 국가와 사회를 위하여 헌신하고 희생한 안장 대상자의 충의와 위훈의 정신을 기리고자 하는 국립묘지 안장의 취지에 부합하고, 안장 대상자의 사망 후 그 배우자가 재혼을 통하여 새로운 가족관계를 형성한 경우에 그를 안장 대상자와의 합장 대상에서 제외하는 것은 합리적인 이유가 있다.

따라서 입법자가 안장 대상자의 사망 후 재혼한 배우자를 합장 대상에서 제외한 것이 현저히 자의적이라거나 불합리하다고 볼 수 없으므로, 심판대상조항은 평등원칙에 위배되지 않는다.

5. 결 론

그렇다면 심판대상조항은 헌법에 위반되지 아니하므

로 주문과 같이 결정한다. 이 결정에는 아래 6.과 같은 재판관 이은애, 재판관 이종석, 재판관 이영진, 재판관 김기영의 반대의견이 있는 외에는 나머지 관여 재판관들의 일치된 의견에 의한 것이다.

6. 재판관 이은애, 재판관 이종석, 재판관 이영진, 재판관 김기영의 반대의견

우리는 심판대상조항이 평등원칙에 위배된다고 판단하므로 아래와 같이 의견을 밝힌다.

가. 평등원칙 위반

(1) 국가 보훈은 국가와 사회를 위하여 희생·공헌한 사람에 대하여 그에 상응한 적절한 보상을 함으로써 그들의 희생과 공헌에 대한 적절한 예우를 하고 나라를 위한 헌신이 명예롭고 존중받는다는 확고한 믿음을 가지게 하여 국민들의 애국심을 고취시키고 국가공동체의 영속적인 발전을 위한 정신적 가치를 창출하는 기능을 한다. 따라서 국가와 사회를 위하여 희생·공헌한 사람에 대한 보훈은 그들의 공헌과 희생이 애국정신의 귀감으로서 항구적으로 존중되고 그 공헌과 희생의 정도에 상응하여 국가유공자 등과 그 유족의 영예로운 생활이 유지·보장되는 실질적 보장이 되도록 하여야 한다.

(2) 국립묘지는 국가와 사회를 위하여 희생·공헌한 국가유공자 등을 안장하고 그 충의와 위훈의 정신을 기리며 선양하기 위하여 국가가 설립하여 관리하는 묘지이다. 국립묘지 안장은 국가와 사회를 위해 헌신한 사람의 공헌에 대한 보답행위인 동시에 안장 대상자와 그 유족에 대한 예우를 의미한다. 1955년 국군묘지를 창설할 당시 군인, 사관후보생 등 사망자 본인만을 안장 대상자로 하였던 것을 1965년 국군묘지를 국립묘지로 승격하면서 안장 대상자 일부에 대하여 배우자 합장을 허용하기 시작하여 1970년 모든 안장 대상자를 대상으로 배우자 합장을 허용한 것은 안장 대상자뿐만 아니라 그 유족에 대한 예우라는 측면을 고려한 것이다.

(3) 부부는 민법상 서로 동거하며 부양하고 협조할 의무를 부담하므로(민법 제826조 제1항 참조), 안장 대상자의 배우자는 안장 대상자와 생활공동체를 형성하면서 필연적으로 안장 대상자의 국가와 사회에 대한 희생과 공헌, 그로 인한 어려움을 함께 공유할 수밖에 없다. 안장 대상자의 배우자는 직접 국가를 위해 희생·공헌한 사람은 아니지만 안장 대상자의 공헌과 희생에 직·간접적으로 조력하고 그로 인한 어려움을 함께 공유한 사람이므로, 안장 대상자의 배우자도 국가와 사회에 대한 공헌과 희생에 기여가 있었다고 볼 수 있다. 국가는 안장 대상자와 배우자의 이러한 관계를 고려하여 안장 대상자의 배우자도 국립묘지에 합장될 수 있도록 허용함으로써 예우를 제공하고 있는 것이다.

(4) 그런데 안장 대상자의 배우자가 안장 대상자를 직·간접적으로 조력함으로써 이룬 기여는 안장 대상자 사망 후에 재혼을 한다고 하여 소급적으로 소멸되는 것이 아니다. 안장 대상자의 국가와 사회에 대한 공헌과 희생에 배우자의 기여가 있었다는 사실은 배우자의 재혼 이후에도 여전히 변하지 않는다. 따라서 국가가 이러한 배우자의 기여를 전혀 고려하지 않고 안장 대상자 사망 후에 재혼을 하였다는 이유만으로 국립묘지의 합장 대상에서 일률적으로 제외한 것은 합리적이라고 보기 어렵다.

국립묘지법은 배우자가 사망한 후에 안장 대상자가 재혼한 경우에는 종전의 배우자도 국립묘지의 합장 대상이 될 수 있도록 규정하고 있는데(제5조 제3항 제1호 단서 전단), 이때에는 종전 배우자가 안장 대상자의 국가와 사회에 대한 공헌과 희생에 기여가 있었는지 여부를 고려하지 않고 안장 대상자의 배우자였다는 사실만으로 국립묘지에 합장될 수 있도록 하고 있다. 안장 대상자의 예우의 측면에서 종전 배우자의 합장을 모두 허용하면서도 오히려 안장 대상자의 국가와 사회에 대한 공헌과 희생에 기여가 있는 배우자는 안장 대상자의 사망 후 재혼을 하였다는 이유만으로 국립묘지 합장 대상에서 일률적으로 제외되고 있는 것이다. 이처럼 국가가 배우자의 공헌과 희생이 직접 국가를 위해 이루어진 것이 아니라는 이유로 도외시한다면, 국가와 사회를 위한 희생과 공헌에 대한 적절한 보상과 예우를 제공함으로써 국가와 사회의 소중한 가치를 인정하고 국민 통합 등 정치적 가치를 창출하도록 하는 국가 보훈의 정책적 목표에 부합하는 합리적인 정책이라고 보기 어렵다.

특히 6·25 전쟁 이후 국가의 재정이 미약하여 사망한 국가유공자 등의 배우자에 대한 사회·경제적 지원이 미약하였고, 여성의 경제적 참여도가 매우 낮았을 뿐만 아니라 미망인과 그 자녀에 대한 사회·문화적 차별이 심하였던 상황에서 남겨진 자녀의 양육과 생존을 위하여 재혼이라는 어려운 결정을 하게 된 배우자 유족이 많았다는 우리나라의 특유한 역사적 사정까지 고려한다면, 안장 대상자의 사망 후 재혼을 하였다는 이유만으로 재혼한 배우자를 국립묘지 합장 대상에서 일률적으로 제외한 것은 지나치게 가혹한 측면이 있다.

(5) 더불어 안장 대상자의 사망 당시 배우자는 재혼으로 안장 대상자를 매개로 한 인척관계가 모두 소멸되나, 안장 대상자와의 사이에서 출산한 자녀에 대하여는 혈연관계가 그대로 유지된다. 안장 대상자의 자녀는 부모인 안장 대상자와 그 배우자의 사망 후에 제사를 주재하고 추모의 예를 행하게 되는데, 안장 대상자의 사망 후에 배우자가 재혼하였다는 이유만으로 국립묘지에 합장할 수 없다고 한다면, 그들의 자녀로서는 부모를 합장할 수 없게 되므로 안장 대상자의 자녀에 대한 예우와 지원의 측면에서도 합리적이라고 보기 어렵다.

(6) 합장의 경우에는 종전 안장 대상자의 묘 공간을 활용하게 되므로 추가적인 면적 확보가 필요하지 않고, 다만 합장에 필요한 시설 마련과 용역에 드는 비용만 추가로 소요되는데, 국가보훈처장의 2022. 7. 21.자 사실조회 회신에 의하면 실무상 합장 시 국가가 유골함을 무상 제공하고 위패에 이름을 새기는 등 비용을 부담하고 있고, 그 비용이 봉안묘는 47,000원(유골함 비용), 봉안당은 98,000원(유골함 비용 47,000원 + 봉안 명패 51,000원)이어서 국가의 재정적 부담이 크지 않다.

(7) 따라서 안장 대상자의 사망 후 배우자가 재혼하였다는 이유만으로 그 기여를 전혀 고려하지 않고 일률적으로 국립묘지 합장 대상에서 제외한 것은 재혼한 배우자를 불합리하게 차별한 것으로서 평등원칙에 위배된다.

나. 헌법불합치 결정의 필요성

앞서 본 바와 같이 심판대상조항은 평등원칙에 위배되므로, 원칙적으로 위헌 결정을 내려야 한다. 그러나 심판대상조항의 위헌성은 재혼한 배우자를 그 구체적인 기여나 사정을 전혀 고려하지 않고 일률적으로 국립묘지 합장 대상에서 제외한 것에 있으므로, 구체적으로 어느 범위에서 재혼한 배우자의 합장을 허용할 것인지 여부는 입법자가 충분한 논의를 거쳐 결정하여야 할 사항이다. 따라서 심판대상조항에 대하여 단순위헌결정을 하는 대신 헌법불합치결정을 선고함이 타당하고, 계속적용을 명하는 경우에는 당해 사건에 이에 대한 위헌선언의 효력이 미치지 못할 우려가 있으므로, 그 적용을 중지할 필요가 있다. 당해 사건에서는 심판대상조항이 개정될 때를 기다려 개정된 신법을 적용하여야 할 것이다(헌재 2018. 1. 25. 2017헌가7등; 헌재 2021. 6. 24. 2018헌가2 참조).

재판관　유남석 이선애 이석태 이은애 이종석 이영진 김기영 문형배 이미선

77. 공증인법 제10조 제2항 등 위헌확인

[2022. 11. 24. 2019헌마572]

【판시사항】

1. 기존 공증인과 공증사무소를 개정 공증인법에 의한 임명·인가 공증인으로 보고 그로 인하여 인가공증인의 현원이 정원을 초과하는 경우에는 현원이 정원과 같아질 때까지 초과된 현원에 대한 정원이 따로 있는 것으로 본다고 규정한 공증인법 부칙 제2조, 제3조 제1항 본문 및 '공증인의 정원 및 신원보증금에 관한 규칙' 부칙 제2조(이를 합하여 '이 사건 경과 규정'이라 한다)가 공증인이 되고자 하는 청구인들에 대하여 기본권침해의 자기관련성이 인정되는지 여부(소극)

2. 각 지방검찰청 소속 공증인의 정원을 법무부장관이 정하도록 한 공증인법 제10조 제2항 전문이 의회유보원칙 및 포괄위임금지원칙에 반하는지 여부(소극)

3. 공증인법 제10조 제2항 전문 및 법무부령으로 각 지방검찰청 소속 공증인의 정원을 정한 '공증인의 정원 및 신원보증금에 관한 규칙' 제2조(이를 합하여 '이 사건 정원 규정'이라 한다)가 청구인들의 직업의 자유를 침해하는지 여부(소극)

【결정요지】

1. 2009. 2. 6. 공증인법이 개정됨에 따라 임명공증인의 자격 요건이 강화되었고, 법무법인 등도 별도의 공증인가를 받아야만 공증업무를 수행할 수 있게 되었으며 공증인가의 유효기간도 5년으로 제한되었다. 기존 공증인 및 공증사무소도 5년의 임명·인가기간의 적용을 받게 되므로 그 기간이 경과 되면 법무부장관에게 재임명·재인가 신청을 하여 재임명·재인가를 받아야 공증사무를 계속 수행할 수 있는바, 공증인법은 재임명·재인가 신청인을 신규 임명·인가 신청인에 우선하는 내용은 전혀 규정하고 있지 아니하고, 다만 공증인법 개정에도 불구하고 이 사건 경과 규정에 의하여 기존 공증인 및 공증사무소가 임명·인가기간 내에서 임명·인가공증인의 지위를 계속 유지할 수 있게 한 것뿐이다. 따라서 이 사건 경과 규정은 공증인법 개정에 따라 기존 공증인과 공증사무소의 신뢰보호를 위해 규정된 경과조치로서, 청구인들과 같이 새로이 공증인이 되고자 하는 자들과 관련이 없으며 청구인들에 대하여 어떠한 권리·의무를 부담시키는 등 법적 지위의 변동을 직접 초래하지 않는다. 그러므로 이 사건 경과 규정은 새로이 공증인이 되고자 하는 청구인들에 대해 기본권침해의 자기관련성이 인정되지 아니한다.

2. 공증사무를 국가가 전담할지, 민간에 완전 개방할지, 국가와 민간이 분담할지는 입법정책의 문제라는 점을 고려하면 공증제도를 규율하는 입법자의 재량에는 그 규율 형식에 관한 재량도 어느 정도 존재한다고 보지 않을 수 없다. 공증인의 정원은 각 관할 구역의 면적, 인구와 같은 공증수요의 측면과 공증사무의 증감과 같은 사회·경제적인 요소, 주민들의 접근 편의성 등 여러 요소들을 종합적으로 고려하여 정하여질 사항이다. 그렇다면 공증인의 구체적인 정원을 반드시 법률의 형식으로 정하여야 하는 것으로 보기는 어렵고, 공증인법은 공증인 정원제에 관한 기본적이고도 핵심적인 사항을 이미 법률로 규정하였으므로 공증인법 제10조 제2항 전문이 공증인의 구체적인 정원을 법률에 직접 규정하지 아니하고 법무부령에 위임한 것만으로 의회유보원칙에 반한다고 볼 수는 없다.

또한 공증인의 구체적인 지역별 정원을 법률로 직접 규정하기보다는 전문성을 가진 행정기관이 사회적·경제적 여건의 변화 등을 고려하여 탄력적으로 정할 필요가 있고, 공증인법 전체의 입법목적 및 공증인법의 조항들을 종합하면 공증인의 정원은 각 지방검찰청 관할 구역의 면적, 인구, 공증사무의 수요, 주민들의 접근가능성 등을 고려하여 정하여질 것임을 예측할 수 있다. 따라서 공증인법 제10조 제2항 전문이 포괄위임금지원칙에 위반한 것으로 볼 수 없다.

3. 공증사무는 국가사무의 일종으로서 부실한 공증을 사전에 방지하는 것은 공증사무의 적절성과 공정성을 확보하고 공증사무 전체에 대한 국민의 신뢰를 제고한다는 측면에서 중요한 의미를 갖는 점, 공증인에 대한 관리·감독이 실효적으로 이루어지기 위해서는 법무부가 공증인을 유효·적절하게 관리할 수 있을 만큼 공증인의 정원을 제한할 필요가 있는 점, 공증사무만을 전담하는 임명공증인의 정원을 늘리는 대신 변호사 업무와 공증사무를 겸업하는 인가공증인의 정원을 축소한 것은 공증사무의 적정성, 신뢰성 확보를 위한 것인 점, 2009년 공증인법 개정 이후 공증사무 수요에 큰 변화가 없는 상태에서 공증인 정원을 증원하지 않은 것은 일응 수긍할 만한 이유가 있다고 보이는 점 등을 고려하면 이 사건 정원 규정은 입법형성권의 한계를 벗어나 청구인들의 직업의 자유를 침해하지 아니한다.

재판관 이선애, 재판관 이은애, 재판관 이영진의 이 사건 정원 규정에 관한 반대의견

국가사무로서의 공증사무의 성격, 공증의 의의나 효력, 그 직무에 관하여 공무원의 지위를 가지는 공증인의 특성, 법무부장관의 공증인 임명·인가와 감독권 등을 종합하면, 이 사건 정원 규정은 국민에게 어떤 의무를 부과하거나 행위를 금지하는 것과 같은 국민의 기본권에 직접 관련된 법률조항이 아니라, 공증사무의 수요와 공급 상황, 관할 구역의 면적, 인구 등을 고려하여 국가사무인 공증사무가 적절하게 수행될 수 있도록 공증인 조직의 규모를 정하고자 하는 것으로 볼 수 있다. 나아가 공증인 임명·인가를 신청하고자 하는 시기와 지역에 따라 공증인이 될 가능성 내지 경쟁률이 유동적이므로, 공증인 임명·인가 여부가 반드시 정원의 다과와 직결되는 것은 아니다. 그렇다면 이 사건 정원 규정으로 인하여 공증인의 정원이 제한되어 청구인들이 공증인으로 임명되거나 청구인들이 설립한 법무법인 등이 공증인가를 받을 기회가 제한 또는 축소되는 불이익을 입게 된다고 하더라도 그러한 불이익은 단순히 간접적이고 사실적인 것에 불과하므로, 청구인들에게는 기본권침해의 자기관련성이 인정되지 아니한다.

【심판대상조문】

공증인법(2009. 2. 6. 법률 제9416호로 개정된 것) 제10조 제2항 전문

공증인법 부칙(2009. 2. 6. 법률 제9416호) 제2조, 제3조 제1항 본문

공증인의 정원 및 신원보증금에 관한 규칙(2010. 2. 5. 법무부령 제694호로 개정된 것) 제2조

공증인의 정원 및 신원보증금에 관한 규칙 부칙(2010. 2. 5. 법무부령 제694호) 제2조

【참조조문】

헌법 제15조, 제75조, 제95조

공증인법(2009. 2. 6. 법률 제9416호로 개정된 것) 제15조, 제15조의2, 제15조의8

【참조판례】

3. 헌재 2007. 6. 28. 2004헌마262, 판례집 19-1, 814, 822-824

【당 사 자】

청 구 인 [별지 1] 청구인 명단과 같음

【주 문】

1. 공증인법(2009. 2. 6. 법률 제9416호로 개정된 것) 제10조 제2항 전문 및 공증인의 정원 및 신원보증금에 관한 규칙(2010. 2. 5. 법무부령 제694호로 개정된 것) 제2조에 대한 심판청구를 모두 기각한다.

2. 청구인들의 나머지 심판청구를 모두 각하한다.

【이 유】

1. 사건개요

청구인들은 법조경력 10년 안팎의 변호사들이다. 청구인들은 공증인법이 2009. 2. 6. 법률 제9416호로 개정되면서 공증인법 제10조 제2항 전문 및 '공증인의 정원 및 신원보증금에 관한 규칙' 제2조가 공증인의 정원을 제한하고, 공증인법 부칙 제2조, 제3조 제1항 본문, 위 규칙 부칙 제2조가 공증인법 개정 당시 공증사무를 수행하고 있던 공증인은 개정규정에도 불구하고 개정법에 따른 공증인 임명·인가를 받은 것으로 보고 있어, 새로이 공증인이 되고자 하는 변호사들이 공증사무를 담당할 기회를 사실상 박탈당하였다고 주장하면서 2019. 5. 31. 이 사건 헌법소원심판을 청구하였다.

2. 심판대상

이 사건 심판의 대상은 공증인법(2009. 2. 6. 법률 제9416호로 개정된 것) 제10조 제2항 전문, 공증인법 부칙(2009. 2. 6. 법률 제9416호) 제2조, 제3조 제1항 본문, '공증인의 정원 및 신원보증금에 관한 규칙'(2010. 2. 5. 법무부령 제694호로 개정된 것, 이하 '이 사건 규칙'이라 한다) 제2조, '공증인의 정원 및 신원보증금에 관한 규칙' 부칙(2010. 2. 5. 법무부령 제694호) 제2조가 청구인들의 기본권을 침해하는지 여부이다(이하 공증인법 제10조 제2항 전문 및 이 사건 규칙 제2조를 합하여 '이 사건 정원 규정'이라 하고, 공증인법 부칙 제2조, 제3조 제1항 본문 및 이 사건 규칙 부칙 제2조를 합하여 '이 사건 경과 규정'이라 한다).

심판대상조항은 다음과 같고 관련조항은 [별지 2]와 같다.

[심판대상조항]

공증인법(2009. 2. 6. 법률 제9416호로 개정된 것)

제10조(공증인의 소속과 정원) ② 각 지방검찰청 소속 공증인의 정원(定員)은 지방검찰청의 관할 구역마다 법무부장관이 정한다. 이 경우 지방검찰청 관할 구역의 면적, 인구 등을 고려하여 필요하다고 인정하면 관할 구역을 세분하여 정원을 정할 수 있다.

공증인법 부칙(2009. 2. 6. 법률 제9416호)

제2조(임명공증인에 대한 경과조치) 이 법 시행 당시 법무부장관으로부터 임명을 받아 공증사무를 수행하고 있는 공증인은 제12조의 개정규정에도 불구하고 이 법에 따른 임명을 받은 것으로 본다.

제3조(법무법인 등 및 공증인가합동법률사무소에 대한 경과조치) ① 이 법 시행 당시 법무부장관으로부터 종전의 제17조 제1항에 따라 공증사무소 설치인가를 받아 공증사무를 수행하고 있는 법무법인 등과 공증인가합동법률사무소(이하 "기존 공증사무소"라 한다)는 이 법에 따른 인가공증인으로 보고, 종전의 제20조 제1항에 따라 서명과 직인의 인영을 신고하고 기존 공증사무소에서 공증인의 직무를 수행하고 있는 변호사는 제15조의4 제1항의 개정규정에도 불구하고 이 법에 따른 공증담당변호사로 보아, 각각 인가공증인 및 공증담당변호사에 관한 이 법의 규정을 적용한다. 다만, 제15조의8 제1항의 개정규정에 따른 인가기간은 이 법 시행일부터 기산한다.

공증인의 정원 및 신원보증금에 관한 규칙(2010. 2. 5. 법무부령 제694호로 개정된 것)

제2조(정원) 각 지방검찰청소속 공증인의 정원은 별표 1과 같다.

[별표 1] 각 지방검찰청 소속 공증인의 정원(제2조 관련)

지방검찰청	정원	
	임명공증인	인가공증인
서울중앙지방검찰청	12명	89명
서울동부지방검찰청	3명	3명
서울남부지방검찰청	4명	7명
서울북부지방검찰청	3명	2명
서울서부지방검찰청	3명	2명
의정부지방검찰청	3명	6명
인천지방검찰청	6명	9명
수원지방검찰청	10명	17명
춘천지방검찰청	3명	2명

청주지방검찰청	3명	3명
대전지방검찰청	5명	8명
대구지방검찰청	7명	9명
부산지방검찰청	7명	11명
울산지방검찰청	3명	2명
창원지방검찰청	4명	5명
광주지방검찰청	6명	9명
전주지방검찰청	3명	4명
제주지방검찰청	1명	2명

공증인의 정원 및 신원보증금에 관한 규칙 부칙(2010. 2. 5. 법무부령 제694호)

제2조(정원에 관한 경과조치) 이 규칙 시행 당시 인가공증인 현원이 이 규칙에 따른 인가공증인 정원을 초과하는 경우에는 현원이 이 규칙에 따른 정원과 같아질 때까지 그 초과된 현원에 대한 정원이 따로 있는 것으로 본다.

3. 청구인들의 주장

가. 심판대상조항으로 인하여 새로이 공증사무를 수행하고자 하는 신진 변호사들은 공증인 임명이나 인가를 받을 기회를 원천적으로 박탈당한 반면, 공증인 정원제 도입 당시의 기존 공증인들은 다른 공증인들의 신규 진입을 봉쇄한 채 사실상 공증사무를 독점하고 있다. 따라서 심판대상조항은 청구인들의 평등권을 침해하고, 헌법 제11조 제2항에서 금지하는 사회적 특수계급을 창설하였다.

나. 심판대상조항은 기존 공증인들에게 기득권을 부여하고 새로 진입하려는 자에게는 능력에 관계없이 공증인이 될 기회 자체를 박탈하였으므로 공무담임에 있어 준수되어야 할 능력주의에 위배하여 청구인들의 공무담임권을 침해하였다.

다. 심판대상조항은 공증인이라는 직업선택의 자유에 대한 객관적 사유에 의한 제한으로서 월등하게 중요한 공익에 대한 명백하고 확실한 위험이 있는 경우에 해당하지 않으므로 청구인들의 직업선택의 자유를 침해한다.

라. 공증인법 제10조 제2항은 공증인 정원에 관한 기본적 사항을 전혀 정하지 않고 법무부장관에게 백지위임하였으므로 의회유보원칙에 반한다. 그리고 공증인 정원의 상한과 하한 등 기본적 범위와 정원 결정에 있어서 고려하여야 할 사항을 정하여 법무부장관에게 위임했어야 함에도 그러지 아니하였으므로 포괄위임금지원칙에 반한다.

4. 공증인 제도와 공증인의 정원

가. 공증의 의의

공증이란 특정한 사실 또는 법률관계의 존부를 공적으로 증명하는 행위이다. 즉 의문 또는 다툼이 없는 사항에 관하여 공적 권위로써 이를 증명하는 행위를 말한다. 공증인법은 공증인의 직무로 법률행위나 그 밖에 사권(私權)에 관한 사실에 대한 공정증서(公正證書)의 작성, 사서증서(私署證書) 또는 전자문서(공무원이 직무상 작성한 것은 제외한다)에 대한 인증, 공증인법과 그 밖의 법령에서 공증인이 취급하도록 정한 사무를 규정하고 있다(제2조).

이러한 공증제도는 사인 사이의 권리 또는 법률관계 등을 명확히 하여 사권을 보호하는 것과 함께 장래의 분쟁을 미연에 방지하고 법적질서를 유지하는 것을 목적으로 한다.

'공적 권위에 의하여 사실 또는 법률관계를 증명하는 것'이라는 공증의 개념상, 이는 개인 간 사사로운 행위로는 불가하다. 공증인이 작성한 공정증서는 공문서로서 민사소송법과 형사소송법상 강력한 증거력이 인정되고, 특히 공정증서는 집행권원이 되기도 한다(민사집행법 제56조 제4호). 따라서 이와 같은 공증의 효력이나 앞서 본 공증제도의 의의에 비추어 공증인의 공증사무는 국가사무라고 볼 수 있다.

공증인은 변호사와 달리 어느 일방 의뢰인의 대리인이 아니라 관련 당사자 모두를 위하여 복잡하고 중요한 법적 사무를 독립적이고 공정한 위치에서 조력하는 전문가로서, 그 직무에 관하여 공무원의 지위를 가진다(공증인법 제2조). 공증인이 그 직무에 관하여 작성한 공정증서나 인증서를 타인이 위조하면 공문서위조죄가 되고(형법 제225조), 공증인이 허위 내용으로 공증하면 허위공문서작성죄가 되며(형법 제227조), 그 밖에 국가배상법의 적용에 있어서도 공증인을 공무원으로 본다.

나. 공증인 제도

공증인에는 임명공증인과 인가공증인이 있다(공증인법 제1조의2 제1호).

(1) 임명공증인

공증에 관한 직무를 수행할 수 있도록 법무부장관으로부터 임명을 받은 사람을 말한다(공증인법 제1조의2 제1호). 통산하여 10년 이상 판사·검사·변호사 등 법원조직법 제42조 제1항 각 호의 직에 재직했던 사람이 임명공증인에 임명될 수 있고(제12조), 공증인법 제13조의 결격사유가 있는 사람은 공증인에 임명될 수 없다.

(2) 인가공증인

변호사법에 따라 설립된 법무법인, 법무법인(유한) 또는 법무조합(이하 '법무법인 등'이라 한다)은 해당 법무법인 등의 구성원 변호사 중 2명 이상이 공증담당변호사의 자격을 갖추고 인가신청을 한 경우 법무부장관으로부터 공증인가를 받아 공증사무를 수행할 수 있으며(제15조의2), 이러한 법무법인 등을 인가공증인이라 한다. 인가공증인의 경우 공증에 관한 법령을 적용할 때에는 그 성격에 반하지 아니하는 한 공증담당변호사를 공증인으로 본다(제15조의5).

(3) 공증인의 의무

공증인은 정당한 이유 없이 공증의 촉탁을 거절하지 못하고, 거절하는 경우에는 촉탁인이나 그 대리인에게 거절의 이유를 알려야 한다(제4조). 법률에 특별한 규정이 있거나 촉탁인의 동의를 받은 경우가 아니면 직무상 알게 된 비밀을 누설하지 못하고(제5조), 임명공증인은 법무부장관의 허가를 받은 경우 이외에는 다른 공무를 겸하거나 상업을 경영할 수 없고, 상사회사나 영리를 목적으로 하는 사단법인의 대표자 또는 사용인이 될 수 없는 겸직금지의무를 진다(제6조).

공증인은 촉탁인으로부터 수수료, 일당 및 여비를 받지만 금액에 관하여는 법무부령에 정하여져 있고 그 밖에 어떠한 명목으로도 취급한 사건에 관하여 보수를 받지 못한다(제7조). 또한 공증인은 수수료 등을 임의로 감액할 수 없다(공증인 수수료 규칙 제30조).

다. 2009년 공증인법 개정의 내용

과거 공증사무는 법무부장관이 임명한 공증인과 일정한 시설을 갖춘 법무법인 등과 공증인가합동법률사무소에 의해 수행되고 있었다. 임명공증인에 관한 사항은 공증인법에, 법무법인 등과 공증인가합동법률사무소에 관한 사항은 변호사법에 각각 규정되어 법체계의 통일성 및 제도 운영의 효율성이 저하되고 있다는 문제와 함께, 공증사무 수행자들의 공증제도에 대한 이해와 지식 부족, 변호사 업무와의 겸업으로 인한 공증보조자에 대한 높은 의존 등으로 국가사무인 공증의 신뢰성과 적정성이 훼손되고 있다는 지적에 따라 2009. 2. 6. 법률 제9416호로 공증인법이 대폭 개정되었다.

개정 공증인법은 종래 변호사법에서 규정하고 있던 공증 관련 규정을 폐지하고 공증 관련 법령 체계를 공증인법으로 일원화하였으며, 공증인을 법무부장관으로부터 임명받은 '임명공증인'과 법무부장관으로부터 공증인가를 받은 '인가공증인'으로 규정하여 공증인 체계도 통일적으로 규율하였다. 또한 공증사무를 수행하고 있던 법무법인 등의 경우 종전에는 법무법인 설립인가만 취득하면 공증인가를 따로 받을 필요 없이 공증사무를 수행할 수 있었으므로, 그 기간에 제한이 없었으나[구 변호사법(2009. 2. 6. 법률 제9416호로 개정되기 전의 것) 제49조 제1항], 법무법인 등도 설립인가 외에 공증인가를 따로 받도록 하고 그 인가의 유효기간도 5년으로 제한하여 5년마다 재인가를 받도록 개정되었다(공증인법 제15조의8). 그에 따라 경과 규정을 마련하여 개정 공증인법 시행 당시 공증인가를 받아 공증사무를 수행하고 있는 법무법인 등과 공증인가합동법률사무소(이하 '기존 공증사무소'라 한다)를 공증인법에 따른 인가공증인으로 보고 다만 인가기간은 법 시행일로부터 5년간으로 하여 공증사무를 계속 수행할 수 있도록 하였다(부칙 제3조 제1항).

또한 공증사무에 대한 신뢰성과 적정성을 확보하기 위해 공증인법은 공증인의 자격 기준을 강화하였다. 임명공증인의 자격을 '판사·검사 또는 변호사의 자격을 가진 자'에서 통산하여 법조경력 10년 이상의 자로 강화하고 인가공증인의 공증담당변호사의 자격도 임명공증인에 대하여 요구하는 자격과 동일하게 규정하는 한편(제12조, 제15조의4 제1항), 법무법인 등 인가공증인의 경우 2명 이상의 공증담당변호사를 반드시 지정하도록 하고 이를 충족하지 못할 경우 공증인가를 취소할 수 있도록 규정하였다(제15조의3, 제15조의7 제1항 제2호). 개정 공증인법은 그밖에 공증인의 정년 제도를 부활시켰으며(제15조 제3항) 기존에 임명공증인에 대하여만 적용되던 정원제도를 인가공증인에 대하여도 적용하도록 하였다.

라. 공증인 정원제

2009년 개정 전 공증인법은 공증인(현행 공증인법상 임명공증인에 해당)에 대하여 정원제를 이미 채택하고 있었고 '공증인 정원 및 신원보증금에 관한 규칙'에서 총 75명의 정원을 정하고 있었다. 그러나 법무법인 등은 변호사법에 의하여 설립인가만으로 공증사무를 수행할 수 있었으므로 정원의 제한이 없었다. 개정 공증인법은 임명공증인과 인가공증인 모두에 대하여 정원제를 적용하도록 규정하였고(제10조 제2항) 이에 따라 2010년 이 사건 규칙이 개정되면서 임명공증인의 정원은 75명에서 86명으로 증원하고 인가공증인의 정원은 2009년 공증인법 개정 당시 공증사무를 취급하던 법무법인 등의 숫자(360개, 2021. 6. 18.자 법무부장관의 사실조회 회신 참조)보다 훨씬 적은 190개로 정하였다.

5. 적법요건에 대한 판단

가. 헌법재판소법 제68조 제1항에 의하면 헌법소원은 공권력의 행사 또는 불행사로 헌법상 보장된 기본권을 침해받은 자가 그 심판을 구하는 제도로서, 이 경우 심판을 구하는 자는 심판의 대상인 공권력의 행사 또는 불행사로 자기의 기본권이 현재 그리고 직접적으로 침해받고 있는 자여야 한다. 공권력 작용의 직접적인 상대방이 아닌 제3자라고 하더라도 그 제3자의 기본권을 직접적이고 법적으로 침해하고 있는 경우에는 그 제3자에게 자기관련성이 인정될 수 있다. 그렇지만 타인에 대한 공권력의 작용이 단지 간접적, 사실적 또는 경제적인 이해관계로만 관련된 제3자에게는 자기관련성이 인정되지 않는다(헌재 2014. 8. 28. 2012헌마776; 헌재 2019. 11. 28. 2016헌마40 참조).

나. 이 사건 정원 규정에 대한 심판청구 부분

청구인들은 변호사들로서 공증인 또는 법무법인 등의 공증담당변호사가 되고자 하는 자들이다. 이 사건 정원 규정은 각 지방검찰청 관할 구역별로 임명공증인 및 인가공증인의 정원을 규정하고 있으므로, 청구인들은 정원이 채워진 구역의 경우 더 이상 공증인 임명 및 인가를 받을 수 없게 되었다.

특히 인가공증인의 경우 공증인법 및 이 사건 규칙 개정 전에는 법무법인 등의 설립인가만 받으면 따로 정원의 제한 없이 공증사무를 수행할 수 있었으나, 이 사건 정원 규정의 시행으로 인해 임명공증인과 같이 정원 제한을 받게 되었다. 인가공증인의 경우 공증인가를 받고자 하는 법무법인이 직접 수범자라 할 것이지만, 인가공증인 정원제로 인하여 소속 법무법인이 공증인가를 받지 못하게 되거나 스스로 법무법인을 설립하여 공증인가를 받는 것이 제한된 변호사들로서도 법무법인과 유사한 정도의 불이익을 받는다 할 것이다. 따라서 이 사건 정원 규정은 청구인들의 직업의 자유 등 기본권을 침해할 가능성이 있으므로 기본권침해의 자기관련성이 인정된다.

다. 이 사건 경과 규정에 대한 심판청구 부분

(1) 이 사건 경과 규정은 개정 공증인법 시행 당시의 기존 공증인과 공증사무소를 개정 공증인법에 의한 임명·인가 공증인으로 보고(공증인법 부칙 제2조, 제3조 제1항 본문), 그로 인하여 인가공증인의 현원이 정원을 초과하는 경우에는 현원이 정원과 같아질 때까지 초과된 현원에 대한 정원이 따로 있는 것으로 본다고(이 사건 규칙 부칙 제2조) 규정하고 있다.

앞서 본 바와 같이 2009. 2. 6. 공증인법이 개정됨에 따라 임명공증인의 자격 요건이 강화되었고(제12조), 법무법인 등도 별도의 공증인가를 받아야만 공증업무를 수행할 수 있게 되었으며 공증인가의 유효기간도 5년으로 제한되었다(제15조의8 제1항). 이에 이 사건 경과 규정은 공증인법의 개정으로 자격요건, 공증인가 요부, 인가기간 등이 달라지게 된 기존 공증인과 공증사무소에게 개정 공증인법에 의한 임명공증인과 인가공증인의 지위를 인정하기 위한 경과조치인바, 청구인들은 이 사건 경과 규정의 수범자가 아니다.

(2) 한편 공증인법에 따르면 기존 공증인 및 공증사무소도 5년의 임명·인가기간의 적용을 받게 되므로(제15조 제1항, 제15조의8 제1항, 부칙 제3조 제1항 단서) 그 기간이 경과 되면 법무부장관에게 재임명·재인가 신청을 하여 재임명·재인가를 받아야 공증사무를 계속 수행할 수 있다. 그런데 공증인법은 재임명·재인가 신청인을 신규 임명·인가 신청인에 우선하는 내용은 전혀 규정하고 있지 아니하고, 다만 공증인법 개정에도 불구하고 이 사건 경과 규정에 의하여 기존 공증인 및 공증사무소가 임명·인가기간 내에서 임명·인가 공증인의 지위를 계속 유지할 수 있게 한 것뿐이다. 따라서 이 사건 경과 규정은 공증인법 개정에 따라 기존 공증인과 공증사무소의 신뢰보호를 위해 규정된 경과조치로서, 청구인들과 같이 새로이 공증인이 되고자 하는 자들과 관련이 없으며 청구인들에 대하여 어떠한 권리·의무를 부담시키는 등 법적 지위의 변동을 직접 초래하지 않는다.

(3) 그러므로 이 사건 경과 규정은 새로이 공증인이 되고자 하는 청구인들에 대해 기본권침해의 자기관련성이 인정되지 아니한다.

라. 소결

이 사건 정원 규정에 대한 심판청구는 적법하고, 이 사건 경과 규정에 대한 심판청구는 부적법하므로, 이하에서는 이 사건 정원 규정에 대하여 본안에 나아가 판단한다.

6. 이 사건 정원 규정에 대한 본안 판단

가. 제한되는 기본권 및 쟁점의 정리

(1) 이 사건 정원 규정은 각 지방검찰청 소속 공증인의 정원을 법무부장관이 정하도록 하고(공증인법 제10조 제2항), 법무부령으로 각 지방검찰청 소속 공증인의 정원을 임명공증인과 인가공증인별로 구체적으로 정한 것으로서(이 사건 규칙 제2조) 변호사인 청구인들이 공증인이 될 수 있는 기회를 제한하므로 청구인들의 직업의 자유가 제한된다. 따라서 이 사건의 쟁점은 공증인법 제10조 제2항 전문이 의회유보원칙 및 포괄위임금지원칙을 위반하여 청구인들의 직업의 자유를 침해하는지, 이 사건 정원 규정이 헌법 제37조 제2항이 규정한 기본권제한입법의 한계를 위반하여 청구인들의 직업의 자유를 침해하는지 여부이다.

(2) 한편 청구인들은 이 사건 정원 규정이 정원제 도입 당시 이미 공증인이었던 자들과 신규로 공증인이 되고자 하는 자들을 차별하여 청구인들의 평등권을 침해하고, 헌법 제11조 제2항이 금지하는 사회적 특수계급을 창설한다고 주장하고 있으나, 공증인 정원제 자체는 기존 공증인과 신규로 공증인이 되고자 하는 자를 불문하고 동일하게 적용되므로 평등권 침해 여부에 대하여는 더 나아가 살펴보지 아니한다.

청구인들은 그밖에 공무담임권도 침해받았다고 주장한다. 공증인은 공증사무에 한하여 공무원의 지위를 가지는 것으로 의제될 뿐, 국가공무원법이나 지방공무원법상 공무원에 해당하지 아니하므로 이 사건 정원 규정으로 인해 청구인들이 공증인이 될 기회가 제한된다 하더라도 이는 공직 취임의 기회에 관한 기본권인 공무담임권이 문제되는 사안이 아니므로 더 나아가 살피지 아니한다.

나. 공증인법 제10조 제2항 전문이 의회유보원칙 및 포괄위임금지원칙에 반하여 직업의 자유를 침해하는지 여부

(1) 의회유보원칙 위반 여부

(가) 법치주의는 행정작용에는 국회가 제정한 형식적 법률의 근거가 요청된다는 법률유보원칙을 그 핵심적 내용으로 하고 있다. 오늘날 법률유보원칙은 단순히 행정작용이 법률에 근거를 두기만 하면 충분한 것이 아니라, 국가공동체와 그 구성원에게 기본적이고도 중요한 의미를 가지는 영역, 특히 국민의 기본권 실현에 관련된 영역에 있어서는 행정에 맡길 것이 아니라 국민의 대표자인 입법자 스스로 그 본질적 사항에 대하여 결정하여야 한다는 요구, 즉 의회유보원칙까지 내포하는 것으로 이해되고 있다. 이때 입법자가 형식적 법률로 스스로 규율하여야 하는 사항이 어떤 것인지는 일률적으로 획정할 수 없고 구체적인 사례에서 관련된 이익 내지 가치의 중요성 등을 고려하여 개별적으로 정할 수 있다고 할 것이다. 그러나 적어도 헌법상 보장된 국민의 자유나 권리를 제한할 때에는 그 제한의 본질적인 사항에 관한 한 입법자가 법률로써 스스로 규율하여야 한다(헌재 2015. 5. 28. 2013헌가6; 헌재 2016. 6. 30. 2015헌바125등; 헌재 2017. 8. 31. 2015헌바388 참조).

(나) 공증인의 정원을 두는 것은 공증인이 되고자 하는 국민의 직업의 자유를 제한하는 측면이 있으나, 한편으로는 공증이라는 국가의 사무를 민간부문에게 개방함으로써 공증에 관한 직업의 일반적 금지로부터 회복시켜주는 것이기도 하다.

공증사무를 국가가 전담할지, 민간에 완전 개방할지, 국가와 민간이 분담할지는 입법정책의 문제라는 점을 고려하면 공증제도를 규율하는 입법자의 재량에는 그 규율 형식에 관한 재량도 어느 정도 존재한다고 보지 않을 수 없다.

공증인의 정원은 각 관할 구역의 면적, 인구와 같은 공증수요의 측면과 공증사무의 증감과 같은 사회·경제적인 요소, 주민들의 접근 편의성 등 여러 요소들을 종합적으로 고려하여 정하여질 사항이다. 공증인법 제10조도 공증인의 정원은 지방검찰청 관할 구역마다 정하되 각 관할 구역의 면적, 인구 등을 고려하여 정하도록 규정하고 있다. 그렇다면 공증인의 구체적인 정원을 반드시 법률의 형식으로 정하여야 하는 것으로 보기는 어렵고, 공증인법은 공증인 정원제에 관한 기본적이고도 핵심적인 사항을 이미 법률로 규정한 것으로 볼 수 있다. 따라서 공증인법 제10조 제2항 전문이 공증인의 구체적인 정원을 법률로 직접 규정하지 아니하고 법무부령에 위임한 것만으로 의회유보원칙에 반한다고 볼 수는 없다.

(2) 포괄위임금지원칙 위반 여부

(가) 헌법 제75조는 위임입법의 근거를 마련하는 한편 대통령령으로 입법할 수 있는 사항을 법률에서 구체

적으로 범위를 정하여 위임받은 사항으로 한정함으로써 위임입법의 범위와 한계를 제시하고 있다. 그리고 헌법 제95조는 부령에의 위임근거를 마련하면서 '구체적으로 범위를 정하여'라는 문구를 사용하고 있지는 않지만, 법률의 위임에 의한 대통령령에 가해지는 헌법상의 제한은 당연히 법률의 위임에 의한 부령의 경우에도 적용된다. 따라서 법률로 부령에 위임을 하는 경우라도 적어도 법률의 규정에 의하여 부령으로 규정될 내용 및 범위의 기본사항을 구체적으로 규정함으로써 누구라도 당해 법률로부터 부령에 규정될 내용의 대강을 예측할 수 있도록 하여야 한다(헌재 2004. 11. 25. 2004헌가15; 헌재 2013. 2. 28. 2012헌가3). 예측가능성의 유무는 관련 법 조항 전체를 유기적·체계적으로 종합 판단하여야 하며, 각 대상법률의 성질에 따라 구체적·개별적으로 검토하여야 한다(헌재 2013. 10. 24. 2012헌바368 참조).

(나) 앞서본 바와 같이 공증인의 정원은 각 관할 구역의 면적과 인구, 공증사무의 지역별 수요와 주민들의 접근가능성 등 여러 요소들을 고려하여 정할 문제이다. 따라서 공증인의 구체적인 지역별 정원을 법률로 직접 규정하기 보다는 전문성을 가진 행정기관이 사회적·경제적 여건의 변화 등을 고려하여 탄력적으로 정할 필요가 있으므로 공증인의 정원을 하위법령에 위임할 필요성이 인정된다.

(다) 공증인법은 공증인의 지위와 그 직무에 관한 사항을 규율하여 공증사무의 적절성과 공정성을 확보함을 목적으로 한다(제1조). 그에 따라 공증인법은 공증인의 자격과 결격사유(제12조, 제13조, 제15조의2, 제15조의4), 임명과 인가 절차, 면직 또는 인가취소사유(제14조, 제15조의7), 재임명·재인가 거부사유(제15조 제2항, 제15조의8 제2항) 등을 규정하였다. 또한 법무부장관은 공증인을 감독하고, 법무부 공증인징계위원회의 의결에 따라 공증인에 대하여 징계한다(제78조, 제84조). 공증인법이 공증인의 정원을 두는 목적 역시 공증사무의 공정성과 신뢰성 제고를 위해 공증인들의 과당경쟁을 방지하고, 부당하고 부실한 공증사무 처리를 막기 위한 것이다. 그렇다면 공증인의 정원은 공증사무의 공정성과 신뢰성을 담보하면서도 공증사무를 필요로 하는 국민이 편리하게 이를 이용할 수 있도록 적정한 인원으로 정해질 필요가 있고, 이에 공증인법 제10조 제2항은 공증인의 정원은 지방검찰청의 관할 구역마다 법무부장관이 정하도록 하면서, 관할 구역의 면적, 인구 등을 고려하여 필요하다고 인정하면 관할 구역을 세분하여 정원을 정할 수 있도록 하고 있다.

이상과 같이 공증인법 제10조 제2항과 공증인법 전체의 입법목적 및 위와 같은 조항들을 종합하면 공증인의 정원은 각 지방검찰청 관할 구역의 면적, 인구, 공증사무의 수요, 주민들의 접근가능성 등을 고려하여 정하여질 것임을 예측할 수 있다.

따라서 공증인법 제10조 제2항 전문이 포괄위임금지원칙에 위반한 것으로 볼 수 없다.

(3) 소결

공증인법 제10조 제2항 전문은 의회유보원칙이나 포괄위임금지원칙에 반하여 청구인들의 직업의 자유를 침해하지 아니한다.

다. 이 사건 정원 규정이 직업의 자유를 침해하는지 여부

(1) 공공주체가 자신의 임무를 수행함에 있어서 모든 임무를 자신이 직접 수행하여야 할 의무를 지는 것은 아니므로, 국가의 임무를 국가기관이 직접 수행할 수도 있고 임무의 기능을 민간부문으로 하여금 수행하게 할 수도 있다(헌재 2007. 6. 28. 2004헌마262 참조). 여기서 국가가 자신의 임무를 그 스스로 수행할 것인지 아니면 그 임무의 기능을 민간부문으로 하여금 수행하게 할 것인지 하는 문제는 입법자가 당해 사무의 성격과 수행방식의 효율성 정도 및 비용, 공무원 수의 증가 또는 정부부문의 비대화 문제, 시장여건의 성숙도, 민영화에 대한 사회적·정치적 합의 등을 종합적으로 고려하여 판단해야할 사항으로서 그 판단에 관하여는 입법자에게 광범위한 입법재량 내지 형성의 자유가 인정된다(헌재 2007. 6. 28. 2004헌마262 참조).

(2) 1961년 공증인법이 제정될 당시에는 현재의 임명공증인과 같은 전업공증인만이 존재하였으며, 그 정원은 지금과 같이 각 지방검찰청 소속 별로 '공증인의 정원 및 신원보증금에 관한 규칙'에서 정해져 있었다. 1982년 법무법인 제도가 도입되면서 변호사법에 따라 법무법인 등의 설치인가를 받으면 따로 공증인가를 받지 않아도 공증사무를 수행할 수 있게 되었다. 그에 따라 공증사무소는 급격히 증가한데 비해 공증수요는 정체되어 공증 수입이 상대적으로 감소하자, 일부 공증사무소가 법정 공증수수료를 부당 인하하거나 리베이트를 지급하는 등 수임 단계에서 법령을 위반하고, 공증사무를 부실처리하는 등 공증사무의 적법성과 신뢰성을 심각하게 저해하는 사례가 빈발하였다. 즉 변호사법에

의하여 법무법인 등에게 공증사무 수행 권한을 자동으로 부여하는 것이 공증사무소의 난립과 과당경쟁, 변호사 업무와 공증사무 병행에 따른 공증담당변호사의 무단이석 등 부적절한 공증사무 수행의 원인으로 지목되었으며, 공증인의 정원을 제한할 필요성이 제기되었다.

(3) 공증사무는 국가사무의 일종으로서 분쟁을 사전에 예방하는 역할을 하거나 이미 발생한 분쟁에 대한 강력한 증거를 마련하는 역할을 한다. 나아가 공증인이 작성한 공정증서 중 일부는 집행권원이 되기도 한다. 또한 공증인의 고의·과실에 의한 허위 또는 부실공증은 국가배상책임의 대상이 되기도 한다. 그렇기 때문에 부실한 공증을 사전에 방지하는 것은 공증사무의 적절성과 공정성을 확보하고 공증사무 전체에 대한 국민의 신뢰를 제고한다는 측면에서 중요한 의미를 갖는다. 공증인법 상 공증인에 대한 관리·감독의 책임과 징계권은 법무부장관에게 있으므로(제78조, 제84조), 공증인에 대한 관리·감독이 실효적으로 이루어지기 위해서는 법무부가 공증인을 유효·적절하게 관리할 수 있을 만큼 공증인의 정원을 제한할 필요가 있다.

(4) 공증인 정원의 적정 여부는 단순히 지역별 인구 비율이나 인구 규모만으로 따질 수 없고, 지역별 면적 및 경제 규모, 공증사무에 대한 수요와 공급 상황, 지역 주민들의 편의 등 사회·경제 전반에 걸친 요소를 함께 고려하여야 하는 복잡하고 어려운 과제이다. 또한 지역별 공증인의 정원을 정함에 있어서는 위에 나열한 여러 객관적인 사정들을 고려하여 결정하여야 하고, 공증인이 되고자 하는 사람의 주관적 이익을 우선할 수는 없다(대법원 2019. 12. 13. 선고 2018두41907 판결 참조).

(5) 앞서 본 바와 같이 2009년 개정 전 공증인법은 임명공증인에 대하여 정원제를 이미 채택하여 '공증인 정원 및 신원보증금에 관한 규칙'에서 총 75명의 정원을 정하고 있었던 반면 법무법인 등은 변호사법에 의하여 설립인가만으로 공증사무를 수행할 수 있었으므로 정원의 제한이 없었다. 이 사건 규칙 제2조 별표1은 2009년 당시 현원(33명)이 정원(75명)에 훨씬 못 미치던 임명공증인의 총 정원을 86명으로 증원하고, 정원제를 택하지 않았던 인가공증인에 대하여는 정원제를 도입하면서 기존 공증업무를 취급하던 법무법인 등의 숫자(360개)보다 적은 정원(190개)을 규정하였다(2021. 6. 18.자 법무부장관의 사실조회 회신 참조).

이는 공증사무의 적정성, 신뢰성 확보를 위해 공증사무만을 전담하는 임명공증인의 정원은 늘리는 대신, 변호사 업무와 공증사무를 겸업하여 공증사무에 소홀할 가능성이 있는 법무법인 등 인가공증인의 정원을 축소시키고자 하는 취지에서 공증인 정원을 이와 같이 정한 것이다. 앞서본 바와 같이 법무법인 등 변호사 겸업 공증인의 경우 소송사무와 공증사무 병행에 따른 공증사무 부실처리와 공증사무소 간 과당경쟁의 문제들이 계속 지적되고 있었기 때문이다.

(6) 공증인에게는 5년의 임기 또는 인가기간의 제한이 있다(제15조 제1항, 제15조의8). 따라서 기존 공증인의 임기와 인가기간의 종료, 임명공증인의 정년 도래(제15조 제3항)·면직(제14조) 또는 당연퇴직(제15조 제5항), 인가공증인의 공증인가 취소(제15조의7) 등의 사유가 발생한 경우에는 신규 공증인을 다시 임명·인가할 수 있다. 또한 공증사무를 수행하고자 하는 변호사로서는 이미 공증인가를 받은 법무법인 등에 소속되어 공증담당변호사로 지정받는 방법도 있다. 따라서 이 사건 정원 규정이 신규 공증인의 진입을 봉쇄하였다거나 지나치게 제한하고 있다고 보기는 어렵다.

(7) 한편 청구인들은 공증인 정원을 설정하고 운용함에 있어 우리나라 경제 규모의 확대, 법원의 소송사건 수 증가, 정원제 시행 이후 변호사 수의 대폭적 증가 등을 종합적으로 고려하여 제도를 탄력적으로 시행하여야 함에도 2009년 공증인법 개정 이후 공증인 정원이 변하지 않은 점도 부당하다고 주장하고 있다. 그러나 대한공증인협회의 연도별 공증업무 처리 건수에 관한 통계자료에 의하면 2009년 이후 현재까지 공증사무 건수나 공증가액의 뚜렷한 증가가 확인되지 않고 있다. 그렇다면 공증사무 수요에 큰 변화가 없는 상태에서 공증인 정원을 증원하지 않은 것은 일응 수긍할 만한 이유가 있다고 생각된다.

(8) 또한 청구인들은 독일, 프랑스, 미국 등 외국의 공증인 수와 비교하면서 우리나라 경제규모 등에 비하여 공증인 정원이 적다는 취지로 주장하고 있다. 그러나 나라마다 공증인의 역할과 공증사무의 범위에 차이가 있으므로 나라별로 공증인의 정원을 단순 비교하기에는 무리가 있다.

(9) 이상에서 본 바와 같이 공증인의 정원은 공증사무의 적절성과 공정성 확보라는 공증인법의 입법목적과 공증사무의 수요, 지역별 면적·인구, 주민들의 접근성 등 여러 사정을 고려하여 정하여야 할 것인바, 위의 모든 사정을 종합적으로 고려하면 이 사건 정원 규정은

입법형성권의 한계를 벗어나 청구인들의 직업의 자유를 침해하지 아니한다.

7. 결 론

그렇다면 청구인들의 이 사건 정원 규정에 대한 심판청구는 이유 없으므로 이를 기각하고, 이 사건 경과 규정에 대한 심판청구는 부적법하므로 이를 각하하기로 하여, 주문과 같이 결정한다. 이 결정은 아래 8.과 같은 재판관 이선애, 재판관 이은애, 재판관 이영진의 이 사건 정원 규정에 관한 반대의견이 있는 외에는 나머지 관여 재판관들의 일치된 의견에 의한 것이다.

8. 재판관 이선애, 재판관 이은애, 재판관 이영진의 이 사건 정원 규정에 관한 반대의견

우리는 이 사건 정원 규정에 대한 심판청구가 기본권 침해의 자기관련성 요건을 갖추지 못하여 부적법하다고 판단하므로, 다음과 같이 그 이유를 밝힌다.

가. 이 사건 정원 규정은 각 지방검찰청 소속 공증인의 정원을 법무부장관이 정하도록 위임하고(공증인법 제10조 제2항 전문), 그 위임에 따라 법무부령으로 각 지방검찰청 소속 공증인의 정원을 정한 것이다(이 사건 규칙 제2조). 앞서 본 바와 같이 공증이란 '공적 권위에 의하여 사실 또는 법률관계를 증명하는 것'이고, 공증인이 작성한 공정증서는 공문서로서 민사소송법과 형사소송법상 강력한 증거력이 인정되고(민사소송법 제356조 제1항, 형사소송법 제315조 제1호) 집행권원이 되기도 한다(민사집행법 제56조 제4호). 이와 같은 공증의 의의나 효력에 비추어 공증사무는 국가사무라 할 수 있고, 공증인법은 공증인이 그 직무에 관하여 공무원의 지위를 가진다고 규정하고 있다(제2조). 또한 법무부장관은 공증인 임명·인가를 함에 있어 각 지방검찰청 관할 구역별 정원의 범위 내에서 해야 한다는 제한을 받기는 하지만, 공증인법 및 관련법령은 공증인의 결격사유나 자격 요건 외에는 공증인 임명·인가에 대한 구체적인 심사기준이나 절차를 자세하게 규율하지 않은 채 법무부장관에게 맡겨두고 있다(공증인법 제12조, 제13조, 제15조의2 제1항 참조). 공증인법상 공증인에 대한 관리·감독의 책임과 징계권은 법무부장관에게 있고, 법무부장관은 감독권의 일부를 지방검찰청검사장에게 위임할 수 있다(제78조, 제84조).

국가사무로서의 공증사무의 성격, 공증의 의의나 효력, 그 직무에 관하여 공무원의 지위를 가지는 공증인의 특성, 법무부장관의 공증인 임명·인가와 감독권 등을 종합하면, 이 사건 정원 규정은 국민에게 어떤 의무를 부과하거나 행위를 금지하는 것과 같은 국민의 기본권에 직접 관련된 법률조항이 아니라, 공증사무의 수요와 공급 상황, 관할 구역의 면적, 인구 등을 고려하여 국가사무인 공증사무가 적절하게 수행될 수 있도록 공증인 조직의 규모를 정하고자 하는 것으로 볼 수 있다.

나. 나아가 공증인법상 임명공증인의 임기와 인가공증인의 인가 유효기간이 5년으로 정해져 있고(제15조 제1항, 제15조의8 제1항), 임기·인가기간 내에도 기존 임명공증인의 면직·당연퇴직(제14조, 제15조 제5항) 또는 정년도래(제15조 제3항, 제4항) 및 인가공증인의 인가취소(제15조의7) 등의 사유로 공증인의 현원은 달라질 수 있다. 또한 각 지방검찰청 관할 구역별로 공증인의 현황도 다르다. 이와 같이 공증인 임명·인가를 신청하고자 하는 시기와 지역에 따라 공증인이 될 가능성 내지 경쟁률이 유동적이므로, 공증인 임명·인가 여부가 반드시 정원의 다과와 직결되는 것이 아님을 알 수 있다.

다. 그렇다면 이 사건 정원 규정으로 인하여 공증인의 정원이 제한되어 청구인들이 공증인으로 임명되거나 청구인들이 설립한 법무법인 등이 공증인가를 받을 기회가 제한 또는 축소되는 불이익을 입게 된다고 하더라도 그러한 불이익은 단순히 간접적이고 사실적인 것에 불과하므로, 청구인들에게는 기본권침해의 자기관련성이 인정되지 아니한다. 따라서 이 사건 정원 규정에 대한 심판청구는 부적법하므로 이를 각하하여야 한다.

재판관 유남석 이선애 이석태 이은애 이종석 이영진 김기영 문형배 이미선

[별지 1] 청구인 명단

1. ~ 31. 최○○ 외

대리인 법무법인(유한) 현

담당변호사 김승대, 김동철, 강찬우

[별지 2] 관련조항

공증인법(2009. 2. 6. 법률 제9416호로 개정된 것)

제1조의2(용어의 뜻) 이 법에서 사용하는 용어의 뜻은

다음과 같다.

1. "공증인"이란 제2조에서 정하는 공증(公證)에 관한 직무를 수행할 수 있도록 법무부장관으로부터 제11조에 따라 임명을 받은 사람(이하 "임명공증인"이라 한다)과 제15조의2에 따라 공증인가를 받은 자(이하 "인가공증인"이라 한다)를 말한다.

제11조(임명공증인의 임명) ① 법무부장관은 임명공증인을 임명하고 그 소속 지방검찰청을 지정할 수 있다.

② 제1항에 따라 임명을 받으려는 사람은 법무부령으로 정하는 바에 따라 법무부장관에게 임명신청을 하여야 한다.

제12조(임명공증인의 자격) 임명공증인에 임명될 수 있는 사람은 통산하여 10년 이상 법원조직법 제42조 제1항 각 호의 직에 재직했던 사람으로 한다.

제13조(임명공증인의 결격사유) 다음 각 호의 어느 하나에 해당하는 사람은 임명공증인이 될 수 없다.

1. 피성년후견인 또는 피한정후견인
2. 파산선고를 받고 복권(復權)되지 아니한 사람
3. 금고 이상의 실형을 선고받고 그 집행이 끝나거나 집행을 받지 아니하기로 확정된 후 5년이 지나지 아니한 사람
4. 금고 이상의 형의 집행유예를 선고받고 그 유예기간이 끝난 날부터 2년이 지나지 아니한 사람
5. 금고 이상의 형의 선고유예를 받고 그 유예기간 중에 있는 사람
6. 법원의 판결에 따라 자격이 상실되거나 정지된 사람
7. 탄핵이나 징계에 의하여 파면 또는 면직 처분을 받거나 변호사법에 따라 제명된 날부터 5년이 지나지 아니한 사람
8. 징계에 의하여 해임 처분을 받은 날부터 3년이 지나지 아니한 사람

제15조(임기와 당연퇴직) ① 임명공증인의 임기는 5년으로 하되, 재임명할 수 있다.

② 법무부장관은 다음 각 호의 어느 하나에 해당한다고 인정되는 임명공증인은 재임명을 하지 아니한다.

1. 신체 또는 정신상의 장애로 인하여 직무를 수행할 수 없는 경우
2. 직무수행의 태도·방식·결과 등이 현저히 불량하여 공증인으로서의 적절한 직무수행이 곤란한 경우

제15조의2(공증인가) ① 법무부장관은 다음 각 호의 요건을 모두 갖춘 자에 대하여 공증인가를 하고 그 소속 지방검찰청을 지정할 수 있다.

1. 변호사법에 따라 설립된 법무법인, 법무법인(유한) 또는 법무조합(이하 "법무법인 등"이라 한다)일 것
2. 해당 법무법인등의 구성원 변호사 중 2명 이상이 제15조의4에 따른 공증담당변호사 자격이 있을 것

② 제1항의 인가를 받으려는 자는 법무부령으로 정하는 바에 따라 법무부장관에게 인가신청을 하여야 한다.

제15조의3(공증담당변호사의 지정 등) ① 인가공증인은 구성원 변호사 중에서 2명 이상의 공증담당변호사를 지정하여 소속 지방검찰청을 거쳐 법무부장관에게 신고하여야 한다. 공증담당변호사의 지정에 변경이 있을 때에도 또한 같다.

제15조의4(공증담당변호사의 자격) ① 공증담당변호사는 제12조의 자격을 갖추어야 한다.

제15조의5(공증담당변호사의 지위) 공증에 관한 법령을 적용할 때에는 그 성격에 반하지 아니하는 한 공증담당변호사를 공증인으로 본다. 제15조의8(인가의 유효기간) ① 공증인가의 유효기간은 5년으로 하되, 재인가할 수 있다.

② 제1항의 재인가에 관하여는 제15조 제2항 제2호를 준용한다.

구 변호사법(2008. 3. 28. 법률 제8991호로 개정되고 2009. 2. 6. 법률 제9416호로 개정되기 전의 것)

제49조 (업무) ① 법무법인은 이 법과 다른 법률에 따른 변호사 및 공증인의 직무에 속하는 업무를 수행한다. 다만, 공증인의 직무에 속하는 업무는 구성원 중 통산하여 5년 이상 법원조직법 제42조 제1항 각 호의 어느 하나에 해당하는 직에 있었던 자가 주사무소에서만 할 수 있다.

변호사법(2009. 2. 6. 법률 제9416호로 개정된 것)

제49조(업무) ① 법무법인은 이 법과 다른 법률에 따른 변호사의 직무에 속하는 업무를 수행한다.

78. 육군훈련소 내 종교행사 참석 강제 위헌확인

[2022. 11. 24. 2019헌마941]

【판시사항】

1. 피청구인이 청구인들로 하여금 육군훈련소 내 종교행사에 참석하도록 한 행위가 권력적 사실행위에 해당하여 헌법소원 대상이 되는지 여부(적극)

2. 피청구인이 청구인들로 하여금 육군훈련소 내 종교행사에 참석하도록 한 행위에 대하여 예외적인 소의 이익을 인정할 필요가 있는지 여부(적극)

3. 피청구인이 청구인들로 하여금 육군훈련소 내 종교행사에 참석하도록 한 행위가 정교분리원칙에 위배되어 청구인들의 종교의 자유를 침해하는지 여부(적극)

4. 피청구인이 청구인들로 하여금 육군훈련소 내 종교행사에 참석하도록 한 행위가 과잉금지원칙에 위배되어 청구인들의 종교의 자유를 침해하는지 여부(적극)

【결정요지】

1. 피청구인이 청구인들로 하여금 육군훈련소 내 종교행사에 참석하도록 한 이 사건 종교행사 참석조치는 피청구인이 우월적 지위에서 청구인들에게 일방적으로 강제한 행위로, 헌법소원심판의 대상이 되는 권력적 사실행위에 해당한다.

2. 피청구인이 청구인들로 하여금 육군훈련소 내 종교행사에 참석하도록 한 이 사건 종교행사 참석조치는 이미 종료된 행위이나, 반복가능성과 헌법적 해명의 중요성을 고려할 때 심판의 이익을 인정할 수 있다.

3. 피청구인이 청구인들로 하여금 개신교, 천주교, 불교, 원불교 4개 종교의 종교행사 중 하나에 참석하도록 한 것은 그 자체로 종교적 행위의 외적 강제에 해당한다. 이는 피청구인이 위 4개 종교를 승인하고 장려한 것이자, 여타 종교 또는 무종교보다 이러한 4개 종교 중 하나를 가지는 것을 선호한다는 점을 표현한 것이라고 보여질 수 있으므로 국가의 종교에 대한 중립성을 위반하여 특정 종교를 우대하는 것이다. 또한, 이 사건 종교행사 참석조치는 국가가 종교를, 군사력 강화라는 목적을 달성하기 위한 수단으로 전락시키거나, 반대로 종교단체가 군대라는 국가권력에 개입하여 선교행위를 하는 등 영향력을 행사할 수 있는 기회를 제공하므로, 국가와 종교의 밀접한 결합을 초래한다는 점에서 정교분리원칙에 위배된다.

4. 피청구인이 청구인들로 하여금 육군훈련소 내 종교행사에 참석하도록 한 이 사건 종교행사 참석조치는 군에서 필요한 정신전력을 강화하는 데 기여하기보다 오히려 해당 종교와 군 생활에 대한 반감이나 불쾌감을 유발하여 역효과를 일으킬 소지가 크고, 훈련병들의 정신전력을 강화할 수 있는 방법으로 종교적 수단 이외에 일반적인 윤리교육 등 다른 대안도 택할 수 있으며, 종교는 개인의 인격을 형성하는 가장 핵심적인 신념일 수 있는 만큼 종교에 대한 국가의 강제는 심각한 기본권 침해에 해당하는 점을 고려할 때, 과잉금지원칙을 위반하여 청구인들의 종교의 자유를 침해한다.

재판관 이선애, 재판관 이은애, 재판관 이영진의 반대의견

군인복무기본법 제15조 제3항은 '모든 군인은 자기의 의사에 반하여 종교의식에 참여하도록 강요받지 아니한다'고 명시하고 있는 점, 육군훈련소 '훈육 및 병영생활지도 지침서'도 종교행사 미참석자의 개인정비 및 자유시간을 보장한다고 명시하는 점, 이 사건 당시 분대장의 발언 내용, 육군훈련소에서 훈련을 받은 다른 기수의 1주차 종교행사 불참 현황, 이 사건 종교행사 참석의 불이행에 대하여 제재나 불이익이 부과될 수 없는 점 등을 고려할 때, 피청구인이 청구인들에게 종교행사 참석을 권유하는 행위가 청구인들에게 사실상 강제에 이르는 효과를 나타내었을 것이라고 단정하기 어렵다. 따라서 이 사건 종교행사 참석조치는 헌법소원의 대상이 되는 공권력의 행사라고 볼 수 없다.

또한, 군인에 대한 종교의식 참석 강제가 허용되지 않는다는 점은 이미 군인복무기본법에 반영되어 있으므로, 육군훈련소에서 종교행사 참석을 강제하는 행위가 향후 여러 차례 발생할 위험성이 있다거나 이에 관한 헌법적 해명의 필요성이 인정된다고 보기 어려워 예외적인 심판의 이익도 인정되지 않는다.

【참조조문】

헌법 제20조, 제37조 제2항

군인의 지위 및 복무에 관한 기본법(2018. 12. 24. 법률 제16034호로 개정된 것) 제15조

【참조판례】

1. 헌재 2012. 10. 25. 2011헌마429, 판례집 24-2하, 72, 74

헌재 2017. 11. 30. 2016헌마503, 판례집 29-2하, 224, 230

2. 헌재 2002. 7. 18. 2000헌마327, 판례집 14-2, 54, 60

3. 헌재 2001. 9. 27. 2000헌마159, 판례집 13-2, 353, 360

헌재 2003. 3. 27. 2002헌바35, 판례집 15-1, 266, 277

헌재 2010. 2. 25. 2007헌바131등, 판례집 22-1상, 104, 136-137

【당 사 자】

청 구 인 1. 김○○(변호사)
2. 장○○(변호사)
3. 정○○(변호사)
4. 정□□(변호사)
5. 박○○(변호사)

피청구인 육군훈련소장

【주 문】

피청구인이 2019. 6. 2. 청구인들에 대하여 육군훈련소 내 종교 시설에서 개최되는 개신교, 불교, 천주교, 원불교 종교행사 중 하나에 참석하도록 한 행위는 청구인들의 종교의 자유를 침해하여 위헌임을 확인한다.

【이 유】

1. 사건개요

청구인들은 2019. 4. 26. 제8회 변호사시험에 합격하여 변호사 자격을 가진 사람들로서, 모두 종교를 가지고 있지 않다. 청구인들은 2019. 5. 30. 충청남도 논산시에 있는 육군훈련소에 입소하여 ○○연대 ○○중대 ○○소대(공익법무소대)에 배치되었고, 2019. 6. 27.까지 기초군사훈련을 받은 뒤, 2019. 8. 1. 공익법무관으로 신규 임용되었다.

기초군사훈련 1주차였던 2019. 6. 2. 일요일 오전 8시 30분경, 육군훈련소 소속 조○○ 분대장은 훈련병들에게 '육군훈련소 내에서 개최되는 개신교, 불교, 천주교, 원불교 종교행사 중 하나를 선택하여 참석해보라'고 말하였다. 이에 청구인들은 조○○ 분대장을 찾아가, 종교가 없으니 어느 종교행사에도 참석하고 싶지 않다는 의사를 밝혔다. 그러자 위 분대장은 '종교가 없더라도 경험 삼아 한 번쯤 참석해보라. 다시 한 번 생각해보되 생각이 바뀌지 않으면 다시 와서 불참의사를 확정적으로 밝히라'는 취지로 말하였다. 이후 청구인들은 재차 불참의사를 밝히지 않고 육군훈련소 내 각 종교시설에서 진행되는 종교행사에 참석하였다.

청구인들은 피청구인이 2019. 6. 2. 청구인들에 대하여 육군훈련소 내 종교 시설에서 개최되는 종교행사에 참석하도록 한 조치가 자신들의 종교의 자유를 침해하고 정교분리원칙에 위반된다고 주장하면서, 2019. 8. 23. 이 사건 헌법소원심판을 청구하였다.

2. 심판대상

이 사건 심판대상은 피청구인이 2019. 6. 2. 청구인들에 대하여 육군훈련소 내 종교 시설에서 개최되는 개신교, 불교, 천주교, 원불교 종교행사 중 하나에 참석하도록 한 행위(이하 '이 사건 종교행사 참석조치'라 한다)가 청구인들의 기본권을 침해하는지 여부이다. 관련 조항은 다음과 같다.

[관련조항]

군인의 지위 및 복무에 관한 기본법(2018. 12. 24. 법률 제16034호로 개정된 것)

제15조(종교생활의 보장) ① 지휘관은 부대의 임무 수행에 지장이 없는 범위에서 군인의 종교생활을 보장하여야 한다.

② 영내 거주 의무가 있는 군인은 지휘관이 지정하는 종교시설 및 그 밖의 장소(이하 "종교시설등"이라 한다)에서 행하는 종교행사에 참석할 수 있으며, 종교시설등 외에서 행하는 종교행사에 참석하고자 할 때에는 지휘관의 허가를 받아야 한다.

③ 모든 군인은 자기의 의사에 반하여 종교행사에 참석하도록 강요받거나 참석을 제한받지 아니한다.

3. 청구인들의 주장

이 사건 종교행사 참석조치는 권력적 사실행위로, 이미 종료되었으나 반복될 위험이 있으며 헌법적 해명이 중대한 사안이므로 이 사건 청구는 적법하다.

이 사건 종교행사 참석조치는 선교의 목적이 포함되어 있어 목적의 정당성을 인정할 수 없고, 종교행사에의 참석을 강제한 것은 불합리하고 불공정한 수단에 해당한다. 종교행사에 참석하지 않을 수 있는 예외를 두는 등 침해를 최소화하는 대안을 채택하지 않은 것은 침해의 최소성에 위배되며, 종교행사 참석 강제는 오히려 군대의 기강을 무너뜨리는 공익적 역효과가 있어 법익의 균형성을 충족하지 않는다. 따라서 이 사건 종교행사 참석조치는 과잉금지원칙을 위반하여 청구인들의 소극적 종교행사의 자유를 침해하며, 헌법 제20조 제2항상 정교분리원칙에 위반된다.

4. 적법요건에 대한 판단

가. 헌법소원 대상성

행정청의 사실행위는 경고·권고·시사와 같은 정보제공 행위나 임의적 협력을 통하여 사실상의 효과를 발생시키고자 하는 단순한 행정지도와 같이 대외적 구속력이 없는 '비권력적 사실행위'와 행정청이 우월적 지위에서 일방적으로 강제하는 '권력적 사실행위'로 나뉘고, 그 중 권력적 사실행위는 헌법소원의 대상이 되는 공권력의 행사에 해당한다. 일반적으로 어떤 행위가 헌법소원의 대상이 되는 권력적 사실행위에 해당하는지 여부는 당해 행정주체와 상대방과의 관계, 그 사실행위에 대한 상대방의 의사·관여 정도·태도, 그 사실행위의 목적·경위, 법령에 의한 명령·강제수단의 발동 가부 등 그 행위가 행하여질 당시의 구체적 사정을 종합적으로 고려하여 개별적으로 판단해야 한다(헌재 2012. 10. 25. 2011헌마429; 헌재 2017. 11. 30. 2016헌마503 참조).

피청구인은 청구인들이 기초군사훈련을 받는 육군훈련소 내의 최고 관리자로서 청구인들의 훈련소 내 생활에 관하여 우월적인 지위에 있다. 피청구인은 2019. 2. 28. 주간상황평가 회의과정에서 종교활동 여건보장을 통해 군 전투력이 증강될 수 있도록 신앙전력화를 위한 노력을 강조하였고, 육군훈련소 '훈육 및 병영생활지도 지침서'는 개인의사에 따른 종교 활동의 선택을 보장하면서도, 군종활동을 통하여 인성함양 및 정신전력 강화차원에서 '1인 1종교를 권장'한다고 기재하고 있으며, '종교행사에의 참석 여부 등은 지휘 및 당직 계통에 의하여 실시한다'고 정하고 있다.

이 사건 종교행사 참석조치는 청구인들을 지휘하는 조○○ 분대장을 통하여 이루어졌다. 이 사건 종교행사 참석조치가 있었던 당일은 휴일이었지만, 청구인들은 종교행사의 불참 가능 여부를 확인하기 위하여 당직근무 중인 조○○ 분대장에게 이를 문의하였고, 조○○ 분대장은 위와 같은 피청구인의 지침이 반영된 공식적인 답변을 전달한 것으로 평가할 수 있으며, 달리 조○○ 분대장이 육군훈련소 분대장이 아닌 개인적인 지위로 청구인들에게 자신의 사적인 의견을 표명한 것이라고 볼 여지는 없다.

또한, 이 사건과 관련하여 피청구인이 제출한 자료에 따르면, 이 사건 훈련병들의 입소주차(입소 후 4일차)에는 4개 종교에 대한 체험을 위해 종교행사 참석을 권장하였고, 2주차부터 수료주까지는 본인희망에 의한 참석이나 휴식이 가능하다고 전달하였으며, 소수종교를 믿거나 무종교인 훈련병은 2주차부터 개인희망에 의해 불참이 가능하였다. 또한 피청구인이 제출한 통계자료에 따르면 입소주차 오전 종교행사에는 전원이 참석하여 불참 잔류 인원이 전혀 없었던 반면, 오후에는 일부 불참하고, 2주차부터는 오전, 오후 모두 상당수의 불참인원이 있었던 사실이 확인된다. 그렇다면 적어도 입소주차 오전 종교행사에는 불참이 사실상 허용되지 않았다고 볼 수 있다.

이상을 종합하여 보면, 이 사건 종교행사 참석조치는 피청구인이 청구인들의 임의적 협력을 기대하여 행한 비권력적 권고, 조언 따위의 단순한 행정지도로서의 한계를 넘어 우월적 지위에서 청구인들에게 일방적으로 강제된 것이라고 할 수 있고, 이는 헌법소원심판의 대상이 되는 권력적 사실행위에 해당한다.

나. 권리보호이익

청구인들은 이미 육군훈련소에서 기초군사훈련을 마치고 퇴소하여 더 이상 기본권을 제한받고 있지 아니하므로 이 사건 심판청구가 인용된다고 하더라도 청구인들의 주관적인 권리구제에는 도움이 되지 아니한다. 그러나 헌법소원이 주관적 권리구제에는 별 도움이 되지 않는다 하더라도 그러한 침해행위가 앞으로도 반복될 위험이 있거나 당해 분쟁의 해결이 헌법질서의 수호·유지를 위하여 긴요한 사항이어서 헌법적으로 그 해명이 중대한 의미를 지니고 있는 경우에는 심판청구의 이익을 인정할 수 있다(헌재 2002. 7. 18. 2000헌마327).

피청구인은 종교행사 실시를 통하여 훈련병들의 종교의 자유를 보장하는 것에서 나아가 신앙전력화를 위해 '1인 1종교를 권장'하고 있음을 인정할 수 있는데 이 사안과 같이 종교행사 참석 권고를 넘어 실질적으로 참석을 강제하는 행위가 앞으로도 반복될 가능성은 얼마든지 있다. 또한 소극적 자유를 포함한 종교의 자유 보호와 정교분리원칙의 중요성을 고려할 때 이 사건 종교행사 참석조치가 헌법적으로 정당한지 여부는 헌법질서의 수호·유지를 위하여 헌법적 해명이 긴요한 사항에 해당하므로 이 사건 심판청구는 심판의 이익이 있다고 할 것이다.

5. 본안에 대한 판단

가. 제한되는 기본권

우리 헌법 제20조는 제1항에서 모든 국민은 종교의 자유를 가진다고 규정하고 제2항에서 국교는 인정되지 아니하며 종교와 정치는 분리된다고 규정하여 종교의 자유와 정교분리원칙을 선언하고 있다. 종교의 자유는 일반적으로 신앙의 자유, 종교적 행위의 자유 및 종교적 집회·결사의 자유의 3요소를 내용으로 한다(헌재 2001. 9. 27. 2000헌마159). 종교의 자유는 무종교의 자유도 포함하는 것으로(헌재 2010. 2. 25. 2007헌바131등), 신앙을 가지지 않고 종교적 행위 및 종교적 집회에 참석하지 아니할 소극적 자유도 함께 보호한다.

이 사건 종교행사 참석조치는 청구인들로 하여금 개신교, 불교, 천주교, 원불교 4개 종교의 종교시설에서 개최된 종교행사 중 하나를 택하여 참석하도록 강제한 것이다. 이 사건 종교행사는 종교별로 행하는 종교집회로서(군종업무에 관한 훈령 제2조 제6호 참조), 신앙을 가지고 있는 군인들이 해당 종교의 종교행사에 참석할 수 있도록 하여 종교행사의 자유를 보장하기 위하여 실시되는 것인바[군인의 지위 및 복무에 관한 기본법(이하 '군인복무기본법'이라 한다) 제15조 제1항, 제2항], 종교적 행위가 예정된 종교적 집회의 성격을 가진다.

타인에 대한 종교나 신앙의 강제는 결국 종교적 행위, 즉 신앙고백, 기도, 예배 참석 등 외적 행위를 통하여만 가능하다. 따라서 이 사건 종교행사 참석조치로 인하여 청구인들의 내심이나 신앙에 실제 변화가 있었는지 여부와는 무관하게, 종교시설에서 개최되는 종교행사에의 참석을 강제한 것만으로 청구인들이 신앙을 가지지 않을 자유와 종교적 집회에 참석하지 않을 자유를 제한하는 것이라고 평가할 수 있다. 따라서 이 사건 종교행사 참석조치는 청구인들의 종교의 자유를 제한한다.

나. 종교의 자유 침해여부

(1) 정교분리원칙 위배 여부

(가) 의미

헌법 제20조 제2항에서 정하고 있는 정교분리원칙은 종교와 정치가 분리되어 상호간의 간섭이나 영향력을 행사하지 않는 것으로 국가의 종교에 대한 중립을 의미한다. 정교분리원칙에 따라 국가는 특정 종교의 특권을 인정하지 않고 종교에 대한 중립을 유지하여야 한다. 국가의 종교적 중립성은 종교의 자유를 온전히 실현하기 위하여도 필요한데, 국가가 특정한 종교를 장려하는 것은 다른 종교 또는 무종교의 자유에 대한 침해가 될 수 있다(헌재 2010. 2. 25. 2007헌바131등 참조).

(나) 군대 내 종교의 자유

군인이라 하더라도 그 종교의 자유는 보장되어야 하며, 특히 전시·사변 등 국가비상사태가 발생하여 군인이 실제 무장전투에 동원되는 경우 사상자가 발생하는 등 죽음에 대한 공포가 극대화되는 상황에서는 종교가 군인들에게 더욱 중요한 의미를 가질 수 있다(헌재 2003. 3. 27. 2002헌바35 참조). 또한 평시 훈련기간 중에도 단체생활이 지속되는 특성상 건전한 병영생활을 유지하고, 자칫 무절제해지거나 남용될 수 있는 군대 내 무력 사용을 통제할 윤리관이나 가치관을 확립함에 있어 종교적 신념이 긍정적인 역할을 할 수 있음을 인정할 수 있다.

군인복무기본법은 국가방위와 국민의 보호를 사명으로 하는 군인의 기본권을 보장하기 위하여 제15조 제1항 및 제2항에서 부대의 임무 수행에 지장이 없는 범위에서 군인의 종교생활을 보장하고 있으며, 군인이 종교시설 등에서 행하는 종교행사에 참석할 수 있도록 규정하고 있다. 다만, 정교분리원칙상 국가는 특정 종교를 장려하거나 개인의 종교선택에 대해 간섭하여서는 안 되고, 군인의 자발적이고 자율적인 종교 활동의 보장을 넘어 그 의사에 반하여 종교행사에 참석하도록 강요할 수 없으며, 이 점은 군인복무기본법 제15조 제3항에서 명문으로 확인하고 있다.

(다) 이 사건 종교행사 참석조치

1) 우리나라 군은 창설초기부터 군종제도를 운영하여 왔고, 1970년대 경부터 신앙심을 무형적 전투력으로 삼는 '신앙전력화'라는 업무지침을 채택하여 왔다. 현행 법령에 따르면 신앙전력화는 장병이 종교업무를 통하여 고양된 신앙심과 사생관, 국가관, 가치관으로 부여된 임무를 완수하는 무형적인 전투력 강화를 말한다(군종업무에 관한 훈령 제2조 제12호). 개인의 신앙심이 군에 필요한 정신력 강화에도 도움이 되는 점을 고려하여 군대 내의 종교의 자유를 최대한 보장하고 부대의 임무 수행에 지장이 없는 범위에서 종교활동을 장려하는 것은, 군의 유형적인 전투력 못지않게 중요한 군인의 가치관이나 정신력을 포함한 무형적인 전투력을 강화하기 위한 것으로서 종교의 긍정적인 사회적 역할을 수용하는 것이라고 할 수 있다.

그러나 위와 같은 군종제도와 '신앙전력화'가 무형의 전투력 강화를 위해 필요하다고 하더라도, 군에서의 종교활동은 우리 헌법이 천명하는 국교부인 및 정교분리원칙, 즉 국가가 모든 종교에 대하여 중립적이어야 한다는 한계를 벗어날 수 없다고 할 것이다.

2) 이 사건 종교행사는 앞서 살펴본 바와 같이 종교적 행위가 예정된 종교적 집회의 성격을 가지는 것임을 인정할 수 있다. 피청구인이 청구인들로 하여금 종교행사에 참석하도록 한 것은 그 자체로 종교적 행위의 외적 강제에 해당하며, 군대내 종교행사의 운영과 관련하여 정교분리원칙을 구체화한 군인복무기본법 제15조 제3항의 명시적 금지조항을 위반한 것이기도 하다.

특히 피청구인이 청구인들로 하여금 개신교, 천주교, 불교, 원불교 4개 종교의 종교행사 중 하나에 참석하도록 한 것은 피청구인이 위 4개 종교를 승인하고 장려한 것이자, 여타 종교 또는 무종교보다 이러한 4개 종교 중 하나를 가지는 것을 선호한다는 점을 표현한 것이라고 보여질 수 있다. 그런데 우리 헌법상 정교분리원칙은 국가가 중립적인 지위에서 다양한 종교적 신념이나 무신론 등의 가능성을 인정하여 민주사회의 기초가 되는 다원성을 보장하기 위한 것인바, 피청구인이 위 4개 종교만을 특정하여 청구인들로 하여금 그 종교행사에 참석하도록 강제한 것은 국가의 종교에 대한 중립성을 위반하여 특정 종교를 우대하는 것으로서 정교분리원칙상 허용될 수 없다.

또한, 피청구인이 궁극적으로 군사력의 강화라는 세속적 목적을 위하여 이 사건 종교행사 참석조치를 하였다고 하더라도, 이러한 조치는 국가가 종교를 그 목적을 달성하기 위한 수단으로 전락시키거나, 반대로 종교단체가 군대라는 국가권력에 개입하여 선교행위를 하는 등 영향력을 행사할 수 있는 기회를 제공하므로, 국가와 종교의 밀접한 결합을 초래한다. 이러한 점에서 피청구인이 개인의 자율적이고 자발적인 신앙생활이나 종교활동을 보장하는 것을 넘어, 개인의 의사에 반하여 종교행사에 참석하도록 강제하는 방법으로 군인의 정신적 전력을 제고하는 것은, 국가와 종교의 상호 분리를 요청하는 정교분리원칙에 정면으로 위배하여 종교의 자유를 침해한다.

(2) 과잉금지원칙 위배 여부

피청구인이 이 사건 종교행사 참석조치를 통하여 궁극적으로는 군인의 정신적 전력을 강화하고자 하였다고 볼 수 있는바, 일응 그 목적의 정당성을 인정할 여지가 있다. 그러나 개인이 자율적으로 형성한 종교적 신념이나 자발적인 종교행사 참석의 긍정적인 측면을 인정하고 적극적으로 수용한 것에 그치지 않고 더 나아가 종교를 가지지 않은 자로 하여금 종교행사에 참석하도록 강제하는 것은, 군에서 필요한 정신전력을 강화하는 데 기여하기보다 오히려 해당 종교와 군 생활에 대한 반감이나 불쾌감을 유발하여 역효과를 일으킬 소지가 크다. 따라서 청구인들의 의사에 반하여 개신교, 불교, 천주교, 원불교 종교행사에 참석하도록 하는 방법으로 군인의 정신전력을 제고하려는 이 사건 종교행사 참석조치는 그 수단의 적합성을 인정할 수 없다.

나아가 피청구인이 종교를 가지지 아니한 훈련병들의 정신전력을 강화할 수 있는 방법으로 종교적 수단 이외에 일반적인 윤리교육 등 다른 대안도 택할 수 있다고 할 것이므로 이 사건 종교행사 참석조치는 불가피한 수단이 아니며 침해의 최소성을 충족한다고 보기 어렵다. 또한 청구인들은 의무복무제도에 의한 군복무 과정에서 종교행사 참석을 강요받았는데 청구인들이 이를 회피할 가능성이 있었다고 보기 어려우며, 훈련 첫 주에만 종교행사 참석이 강제되고 2주차부터는 참석 여부가 자율적이었다고 하더라고 이미 발생한 종교적 자유의 침해가 치유되거나 약화된다고 볼 수도 없다.

종교는 개인의 인격을 형성하는 가장 핵심적인 신념일 수 있는 만큼 종교에 대한 국가의 강제는 심각한 기본권 침해에 해당하고 군인의 정신전력 제고를 위하여 양보될 수 없는 것이므로, 이 사건 종교행사 참석조치는 법익의 균형성도 충족하지 못한다.

다. 소결

따라서 이 사건 종교행사 참석조치는 정교분리원칙과 과잉금지원칙을 위반하여 청구인들의 종교의 자유를 침해한다.

6. 결 론

그렇다면 피청구인이 2019. 6. 2. 청구인들에 대하여 육군훈련소 내 종교 시설에서 개최되는 개신교, 불교, 천주교, 원불교 종교행사 중 하나에 참석하도록 한 행위는 청구인들의 종교의 자유를 침해한 것으로 취소되어야 할 것이나, 이미 피청구인의 행위가 종료되었으므로 동일 또는 유사한 기본권 침해의 반복을 방지하기 위하여 선언적 의미에서 그에 대한 위헌확인을 하기로 하여 주문과 같이 결정한다. 이 결정에는 아래 7.과 같은 재판관 이선애, 재판관 이은애, 재판관 이영진의 반대의견이 있는 외에는 나머지 관여 재판관들의 의견이 일치되었다.

7. 재판관 이선애, 재판관 이은애, 재판관 이영진의 반대의견

우리는 이 사건 종교행사 참석조치에 대한 심판청구는 헌법소원의 대상이 되는 공권력의 행사라 볼 수 없고, 권리보호이익이 존재하지 않아 부적법하다고 판단하므로 아래와 같이 반대의견을 밝힌다.

가. 헌법소원 대상성

(1) 헌법재판소법 제68조 제1항은 '공권력의 행사 또는 불행사로 인하여 기본권을 침해받은 자'가 헌법소원을 제기할 수 있다고 규정하고 있고, 여기에서 '공권력'이란 입법권·행정권·사법권을 행사하는 모든 국가기관·공공단체 등의 고권적 작용을 말하며, 그 행사 또는 불행사로 국민의 권리와 의무에 대하여 직접적인 법률효과를 발생시켜 청구인의 법률관계 내지 법적 지위를 불리하게 변화시키는 것이어야 한다(헌재 2021. 11. 25. 2017헌마1384등 참조).

(2) 피청구인은 청구인들의 상관으로서(군인복무기본법 제25조 참조), 청구인들의 훈련소 내 생활에 관하여 우월적인 지위에 있었던 것은 사실이다. 그러나 어떠한 행위가 헌법소원의 대상이 되는 권력적 사실행위에 해당하는지 여부는 당해 행정주체와 상대방의 일반적인 관계 외에도 그 사실행위에 대한 상대방의 의사·관여정도·태도, 그 사실행위의 목적·경위, 법령에 의한 명령·강제수단의 발동 가부 등 특정 사실행위가 이루어질 당시의 구체적인 사정을 종합적으로 고려하여 판단하여야 하고(헌재 1994. 5. 6. 89헌마35; 헌재 2018. 4. 26. 2016헌마46등 참조), 피청구인이 청구인에 대하여 우월적인 지위에 있다는 사실만으로 피청구인의 모든 행위가 권력적 사실행위에 해당한다고 볼 것은 아니다.

군인복무기본법 제15조 제3항은 "모든 군인은 자기의 의사에 반하여 종교의식에 참여하도록 강요받거나 참여를 제한받지 아니한다."라고 명시하고 있으므로, 피청구인에게는 청구인들의 의사에 반하여 종교의식에 참여하도록 명령할 수 있는 권한이 없다. 이러한 상황에서 피청구인이 1주차에 한하여 종교행사 참석을 권장하였다면, 특별한 사정이 있지 않는 한 이를 명령이나 강제에 해당한다고 보기는 어렵다.

육군훈련소 '훈육 및 병영생활지도 지침서'에서는 1인 1종교를 권장한다고만 되어 있을 뿐, 자신의 의사에 관계없이 반드시 하나의 종교를 가져야 한다거나 종교행사에 1회 이상 참석해야 한다는 내용은 찾아볼 수 없다. 오히려 "종교행사 미참석자는 개인정비 및 자유시간을 보장한다."라고 명시되어 있을 뿐이다. 분대장의 발언 내용을 보더라도, 청구인들이 불참의사를 밝히자 이에 대하여 '다시 한 번 생각해보되 생각이 바뀌지 않으면 다시 와서 불참의사를 확정적으로 밝히라'는 취지로 말하였을 뿐, 반드시 참석해야만 한다고 단정적으로 지시한 바 없다. 설령 청구인들이 재차 불참의사를 밝히는 데 심리적 부담을 느꼈을 가능성이 있다고 하더라도, 이와 같은 주관적인 가능성만으로 이 사건 종교행사 참석조치가 단순한 권유를 넘어 강제에 이르렀다고 평가하기에는 부족함이 있다.

한편, 피청구인이 제출한 자료에 따르면 1주차 오전에는 전원이 종교행사에 참석하였다가 오후에는 일부 불참하고, 2주차부터는 오전, 오후 모두 상당수의 불참인원이 있었던 사실이 확인된다. 그러나 참석 현황에는 피청구인의 권유 외에도 훈련병들의 자발적인 판단이나 당시 훈련병들 상호 간의 분위기 등 여러 가지 요소가 영향을 미칠 수 있다. 실제로 기록상 육군훈련소에서 훈련을 받은 다른 기수의 1주차 종교행사 참석 현황을 살펴보면, 청구인들의 이전 기수인 19-16기(2019. 4. 18. ~ 2019. 5. 16. 훈련)는 주간에 579명, 야간에 44명이 참석하여 총 인원 732명 중 최소 109명, 최대 153명이 불참한 것으로 보이고, 이후 기수인 19-28기(2019. 7. 18. ~ 2019. 8. 14. 훈련)는 주간에 579명, 야간에 28명이 참석하여 총 인원 689명 중 최소 82명, 최대 110명이 불참한 것으로, 19-34기(2019. 8. 29. ~ 2019. 9. 26. 훈련)는 주간에 579명, 야간에 4명이 참석하여 총 인원 679명 중 최소 96명, 최대 100명이 불참한 것으로 보인다. 그렇다면 피청구인이 육군훈련소의 일반적인 방침으로서 1주차 종교행사 참석을 강제하고 있었다고 보기 어렵고, 피청구인이 유독 청구인들의 기수에 대해서만 지침을 달리할 특별한 이유도 없다.

(3) 나아가 이 사건 종교행사 참석의 불이행에 대한 제재수단이 있었는지 여부에 대하여 살피건대, 피청구인 및 분대장은 1주차 종교행사에 참석하지 않을 경우에 어떠한 불이익이 있을 것이라고 고지한 바 없고, 그 밖에 이 사건 종교행사 참석조치에 불응하는 경우 불리한 처우를 받을 수 있다는 점을 인정할 만한 자료가 없다. 오히려 의사에 반하는 종교행사 참석을 강제할 경우 이는 군인복무기본법에서 금지하는 명백한 위법행위가 된다. 그렇다면 청구인들로서는 불참으로 인한 불이익이 부과될 수 없다는 점과 만일 부과될 시에는 그 위법성을 다툴 수 있다는 점을 충분히 알 수 있고, 이러한 상황에서 피청구인이 참석을 권유하는 행위가 청구인들에게 사실상 강제에 이르는 효과를 나타내었을 것이라고 단정하기 어렵다. (4) 따라서 이 사건 종교행사 참석조치는 헌법소원의 대상이 되는 공권력의 행사라고 볼 수 없다.

나. 권리보호이익

(1) 설령 이 사건 종교행사 참석조치가 헌법소원의 대상이 되는 공권력의 행사에 해당한다고 보더라도, 청구인들은 이미 2019. 6. 27.자로 기초군사훈련을 마치고 육군훈련소를 퇴소하였으므로 이 사건 종교행사 참석조치에 관하여 심판을 구할 청구인들의 주관적인 권리보호이익은 더 이상 존재하지 않는다.

(2) 나아가 군인복무기본법은 부대의 임무 수행에 지장이 없는 범위에서 군인의 종교생활을 보장하여야 할 지휘관의 의무 및 지휘관이 지정하는 종교시설 등에서 행하는 종교의식에 참여할 수 있는 군인의 권리를 규정하고 있을 뿐만 아니라(제15조 제1항, 제2항 참조), 2018. 12. 24. 법률 제16034호로 개정되면서 "모든 군인은 자기의 의사에 반하여 종교의식에 참여하도록 강요받거나 참여를 제한받지 아니한다."(제15조 제3항)라는 명시적인 규정도 신설하였다. 그러므로 자기의 의사에 반한 종교의식 참석 강제가 종교의 자유에 반하여 허용되지 않는다는 점은 이미 법률에도 반영되어 있다. 따라서 육군훈련소에서 종교행사 참석을 강제하는 행위가 향후 여러 차례 발생할 위험성이 있다거나 이에 관한 헌법적 해명의 필요성이 인정된다고 보기 어렵다.

(3) 결국 이 사건 심판청구는 주관적 권리보호의 이익이 존재하지 않고, 헌법적 해명을 위한 예외적인 심판의 이익도 인정되지 아니한다.

재판관 유남석 이선애 이석태 이은애 이종석 이영진 김기영 문형배 이미선

79. 국군포로의 송환 및 대우 등에 관한 법률 제9조 제1항 위헌소원

[2022. 12. 22. 2020헌바39]

【판시사항】

1. 국군포로로서 억류기간 동안의 보수를 지급받을 권리를 국내로 귀환하여 등록절차를 거친 자에게만 인정하는 '국군포로의 송환 및 대우 등에 관한 법률' 제9조 제1항(이하 '심판대상조항'이라 한다)에 대하여, 국내로 귀환하기 전에 사망한 국군포로의 자녀가 국내로 귀환하지 아니한 국군포로에게도 보수청구권을 인정할 것을 주장하며 제기한 헌법소원심판청구가 재판의 전제성이 인정되는지 여부(적극)

2. 심판대상조항이 귀환하지 않은 국군포로를 합리적 이유 없이 차별하여 평등원칙에 위배되는지 여부(소극)

【결정요지】

1. 청구인은 등록이 불가한 국군포로인 자신의 아버지에게도 보수청구권이 인정되어야 함에도 심판대상조항이 이를 규정하지 않아 평등원칙에 위배된다고 주장하고 있고, 심판대상조항이 그 취지에 따라 등록이 불가한 국군포로 또는 그 유족에게도 보수청구권을 인정하는 것으로 개정된다면 등록하지 않은 국군포로의 보수 등 지급청구 거부를 다투는 당해사건에서 재판의 주문이 달라질 가능성이 인정된다. 따라서 재판의 전제성이 인정된다.

2. 국군포로의 신원, 귀환동기, 억류기간 중의 행적을 확인하여 등록 및 등급을 부여하는 것은 국군포로가 국가를 위하여 겪은 희생을 위로하고 국민의 애국정신을 함양한다는 국군포로송환법의 취지에 비추어 볼 때 보수를 지급하기 위해 선행되어야 할 필수적인 절차이다. 귀환하지 못한 국군포로의 경우 등록을 할 수가 없고, 대우와 지원을 받을 대상자가 현재 대한민국에 존재하지 않아 보수를 지급하는 제도의 실효성이 인정되기 어렵다. 따라서 심판대상조항은 평등원칙에 위배되지 않는다.

재판관 이선애, 재판관 이은애, 재판관 이종석, 재판관 이영진의 반대의견

청구인의 부(父)는 국군포로이기는 하나 국군포로송환법상 보수청구권이 입법되기 이전에 이미 사망하였다. 국군포로송환법상 보수청구권은 등록포로 본인의 일신전속적 권리이므로, 등록포로가 사망한 경우 상속되지 않는다. 그렇다면 보수청구권을 인정받기 위하여 '등록'을 요구하는 부분이 위헌이라 하더라도, 국군포로의 자녀인 청구인에게 보수청구권이 인정되지 않는다고 하는 법원 재판의 결론은 달라지지 않는다. 따라서 이 사건 심판청구는 재판의 전제성이 인정되지 않아 부적법하다.

【심판대상조문】

국군포로의 송환 및 대우 등에 관한 법률(2013. 3. 22. 법률 제11652호로 개정된 것) 제9조 제1항

【참조조문】

헌법 제11조

헌법재판소법 제68조 제2항

구 국군포로의 송환 및 대우 등에 관한 법률(2006. 3. 24. 법률 제7896호로 제정되고, 2013. 3. 22. 법률 제11652호로 개정되기 전의 것) 제7조, 제9조

국군포로의 송환 및 대우 등에 관한 법률(2015. 3. 27. 법률 제13237호로 개정된 것) 제2조, 제6조, 제11조, 제15조, 제15조의5

국군포로의 송환 및 대우 등에 관한 법률 부칙(2006. 3. 24. 법률 제7896호) 제3조, 제5조

국군포로의 송환 및 대우 등에 관한 법률 부칙(2013. 3. 22. 법률 제11652호) 제2조

국군포로의 송환 및 대우 등에 관한 법률 시행령(2019. 5. 7. 법률 제29747호로 개정된 것) 제3조, 제5조, 제14조, 제16조의2

【참조판례】

1. 헌재 1995. 7. 21. 93헌바46, 판례집 7-2, 48, 58

헌재 2011. 11. 24. 2010헌바353, 판례집 23-2하, 376, 380

헌재 2014. 6. 26. 2012헌마757, 판례집 26-1하, 656, 666

헌재 2021. 5. 27. 2019헌바332, 판례집 33-1, 555, 560

2. 헌재 2014. 6. 26. 2012헌마757, 판례집 26-1하, 656, 667

【당 사 자】

청 구 인　손○○
대리인 법무법인(유한) 세종
담당변호사 이승수 외 1인

당해사건　서울행정법원 2018구합80407 보수 등 지급신청 거부처분 취소청구의 소

【주　문】

국군포로의 송환 및 대우 등에 관한 법률(2013. 3. 22. 법률 제11652호로 개정된 것) 제9조 제1항은 헌법에 위반되지 아니한다.

【이　유】

1. 사건개요

가. 망 손□□(1925. 6. 11.생)은 6·25전쟁이 발발하자 1950. 9. 6. 국군에 입대하여 복무하다가 포로가 되어 북한에 억류되었고 1984. 1. 22. 북한에서 사망하였다. 청구인은 망 손□□의 자녀로, 북한에서 태어나 2005. 12. 19. 탈북하여 대한민국에 입국한 북한이탈주민이다.

나. 청구인은 '국군포로의 송환 및 대우 등에 관한 법률'이 대한민국에 귀환하여 등록한 포로에 대한 보수 기타 대우 및 지원만을 규정하고, 대한민국으로 귀환하기 전에 사망한 국군포로에 대하여는 이에 관한 입법조치를 하지 않은 입법부작위에 대하여 2016. 7. 28. 헌법소원심판을 청구하였으나, 헌법재판소는 이러한 입법부작위는 부진정입법부작위에 해당하고, 따라서 '국군포로의 송환 및 대우 등에 관한 법률' 제9조, 제11조 제1항, 제15조 제1항의 불완전함을 다투는 심판청구로 보더라도 청구기간을 지났다는 이유로 각하하였다(헌재 2018. 5. 31. 2016헌마626 참조).

다. 청구인은 2018. 7.경 국방부장관에게 망 손□□의 억류기간에 대한 보수를 지급받을 권리가 있음을 주장하며 보수의 지급을 신청하였으나, 국방부장관은 2018. 7. 24. '국군포로의 송환 및 대우 등에 관한 법률' 제9조 제1항 등에 근거하여 '망인은 국군포로송환법상 대한민국에 귀환하기 전에 사망한 국군포로에 해당하므로 생환포로와 동등한 보수 등의 지급은 불가능하다'는 취지로 위 신청을 거부하는 회신을 하였다(이하 '이 사건 거부처분'이라 한다).

라. 이에 청구인은 국방부장관을 상대로 이 사건 거부처분의 취소를 구하는 소(서울행정법원 2018구합80407, 이하 '당해사건'이라 한다)를 제기하고, 당해사건 계속 중 대한민국으로 귀환하여 등록절차를 마친 국군포로, 즉 등록포로에게만 억류기간에 대한 보수를 지급하도록 규정한 '국군포로의 송환 및 대우 등에 관한 법률' 제9조 제1항에 대하여 위헌법률심판제청신청을 하였으나(서울행정법원 2019아11146), 법원은 2019. 12. 12. 당해사건에 대하여 청구기각판결을 선고함과 동시에 위 제청신청을 기각하였다.

청구인은 2019. 12. 16. 기각결정문을 송달받고, 2020. 1. 14. '국군포로의 송환 및 대우 등에 관한 법률' 제9조 제1항에 대하여 헌법재판소법 제68조 제2항에 따른 이 사건 헌법소원심판을 청구하였다.

2. 심판대상

이 사건 심판대상은 '국군포로의 송환 및 대우 등에 관한 법률'(2013. 3. 22. 법률 제11652호로 개정된 것, 이하 '국군포로송환법'이라 한다) 제9조 제1항(이하 '심판대상조항'이라 한다)이 헌법에 위반되는지 여부이다. 심판대상조항은 다음과 같고, 관련조항은 [별지] 기재와 같다.

[심판대상조항]

국군포로의 송환 및 대우 등에 관한 법률(2013. 3. 22. 법률 제11652호로 개정된 것)

제9조(보수의 특례) ① 국방부장관은 등록포로에게 억류기간에 대한 보수(수당을 포함한다. 이하 이 조에

서 같다)를 지급한다. 다만, 억류기간 종료일에 60세를 초과한 경우에는 60세가 되는 날이 속하는 달까지의 보수를 지급한다.

3. 청구인의 주장

심판대상조항은 국군포로에 대한 억류기간 동안의 보수 지급 여부를 국군포로가 생환하여 등록절차를 거쳤는지 여부로 결정하고 있으나, 북한을 탈출할 기회를 가졌는지 여부는 우연한 사정에 불과하고, 보수 지급의 근거가 되는 국가에 대한 희생과 공헌의 정도 또는 유족의 생계 곤란의 정도나 지원의 필요성 등과는 전혀 무관한 요소이다. 따라서 심판대상조항은 국군포로 중 미귀환 포로만을 합리적 이유 없이 차별취급하여 평등원칙을 위반하고, 인간으로서의 존엄과 가치 및 인간다운 생활을 할 권리, 재산권을 침해한다.

청구인과 같이 미귀환 포로의 가족인 경우, 대한민국 국민으로서의 자유와 권리를 누리고 여생을 마친 등록포로의 가족과 비교하여 훨씬 더 큰 보상이 필요한 피해를 입었다. 그런데 미귀환포로의 가족은 등록포로의 가족과 동일한 액수의 지원금만을 받을 수 있으므로, 심판대상조항은 국군포로 중 미귀환 포로의 가족을 합리적 이유 없이 차별취급하여 평등원칙을 위반한다.

4. 적법요건 판단

가. 헌법재판소법 제68조 제2항의 헌법소원의 경우 법원에 계속된 구체적 사건에 적용할 법률의 위헌 여부가 재판의 전제가 되어야 하고, 이 경우 재판의 전제라 함은 문제된 법률 또는 법률조항이 당해 소송사건의 재판에 적용되는 것이어야 하며, 그 위헌 여부에 따라 재판의 주문이 달라지거나 재판의 내용과 효력에 관한 법률적 의미가 달라지는 경우를 말한다(헌재 1995. 7. 21. 93헌바46; 헌재 2011. 11. 24. 2010헌바353; 헌재 2021. 5. 27. 2019헌바332 참조).

나. 청구인이 위헌법률심판제청신청을 할 당시 당해사건이 적법하게 계속 중이었고, 심판대상조항은 보수지급청구를 거부한 처분의 근거조항이므로 당해사건에 적용되는 법률이다.

청구인은 등록이 불가한 국군포로인 망 손□□에게도 보수청구권이 인정되어야 함에도 심판대상조항이 이를 규정하지 않아 평등원칙에 위배된다고 주장하고 있고, 심판대상조항이 그 취지에 따라 등록이 불가한 국군포로 또는 그 유족에게도 보수청구권을 인정하는 것으로 개정된다면 미귀환포로의 보수 등 지급청구 거부를 다투는 당해사건에서 재판의 주문이 달라질 가능성이 인정된다.

따라서 재판의 전제성이 인정된다.

5. 제도 개관

가. 구 국군포로송환법(2006. 3. 24. 법률 제7896호로 제정되고, 2013. 3. 22. 법률 제11652호로 개정되기 전의 것) 제9조 제1항은 등록포로에 대하여 억류기간 전부에 대한 보수를 지급하였다. 위 법에서는 그 외에도 억류기간 동안 억류국에 동조행위를 하였더라도 그것이 생존을 위한 것일 경우에는 보수를 지급하며(제6조 제3항), 보수 및 연금의 금액 산정에 있어 병(兵)이 국군포로가 된 경우 입대일부터 기산하여 3년이 되는 날이 속하는 달의 다음달부터 하사로 임용할 수 있도록 하는 임용의 특례(제7조 제1항) 및 이에 따른 군인연금법의 적용특례(제10조)를 규정하고 있었다.

그런데 일시금으로 지급된 거액의 보수 및 연금을 국군포로들이 적절하게 관리하지 못하거나 국내 가족과의 금전적 갈등으로 인해 어려움을 겪는 점을 고려하여, 2013. 3. 22. 제11652호로 개정된 국군포로송환법은 등록포로의 등급에 관계없이 본래의 보수액을 지급하되, 억류기간 전부가 아니라 60세가 되는 날이 속하는 달까지의 보수를 지급하는 것으로 변경되었다(제9조 제1항, 심판대상조항). 임용의 특례와 관련하여서도 병(兵) 계급의 경우 하사로 명예전역할 뿐, 보수 금액의 산정에 있어서는 더 이상 하사로 간주하지 않고(제7조) 그에 따른 군인연금법의 적용 특례 역시 폐지하였다(제10조). 그 결과 병의 신분인 귀환포로가 국군포로송환법에 의하여 받을 수 있는 보수액 및 연금액 명목의 금원은 대폭 축소되었다. 대신 국군포로송환법은 등록포로의 안정된 여생을 보장하고자, 제11조에서 등록포로에 대한 위로지원금을 신설하여 일시 지원금과 사망 시까지 월 지원금을 지급하도록 하였다. 위로지원금은 등급에 따라 차등 지급되는 월지원금과 월지원금 월액의 40배에 해당하는 일시지원금으로 구성된다(제11조 제2항, 제3항)

나. 등록포로의 유족은 종전까지는 별도의 지원금 지급대상이 아니었으나, 2013. 3. 22. 개정된 국군포로송환법은 등록포로가 사망한 경우 그 유족에게 유족지원금을 지급하기로 하고 있다(제11조 제5항 참조).

한편, 등록하기 전에 사망한 귀환포로 또는 귀환하기

전에 사망한 국군포로의 경우 본인에 대한 지원이 불가능하므로, 국군포로송환법은 이들의 가족이 억류지출신 포로가족으로서 등록할 경우 지원금을 지급하도록 하고 있다(제15조 참조).

6. 본안 판단

가. 쟁점

심판대상조항은 등록포로만이 억류기간(단, 60세가 되는 날이 속하는 달까지)에 대한 보수를 지급받을 수 있는 것으로 규정하여 귀환하지 못한 국군포로를 달리 취급하고 있는바, 심판대상조항이 이를 이유로 평등원칙에 위배되는지 여부를 살펴본다.

청구인은 심판대상조항이 귀환하지 못한 국군포로의 가족을 차별하고 있다고 주장하나, 심판대상조항은 귀환포로의 가족이든, 귀환하지 못한 국군포로의 가족이든 그 규율대상으로 삼고 있지 않으므로 그러한 차별취급은 발생하지 않는다(헌재 2014. 6. 26. 2012헌마757 참조).

한편, 국군포로송환법에 따른 보수청구권은 심판대상조항에 의해 비로소 구체적으로 형성된 권리로서 청구인의 부(父) 망 손□□은 국군포로송환법상 보수청구권을 구체적 권리로서 취득한 적이 없어 심판대상조항이 청구인의 재산권을 제한한다고 볼 수 없다. 청구인은 심판대상조항이 인간다운 생활을 할 권리 등도 침해한다고 주장하나 그 내용은 평등원칙에 위배된다는 주장에 다름 아니므로 별도로 판단하지 않는다.

나. 평등원칙 위배 여부

심판대상조항에 따른 보수를 비롯하여 국군포로송환법에 따른 각종 대우와 지원을 받기 위해서는 귀환포로가 국방부장관에게 등록하는 절차를 거쳐야 한다(제6조 제1항). 국방부장관은 귀환포로가 스스로 적에게 투항하여 포로가 되었거나 억류기간 중 억류국 등에 스스로 적극 동조한 사실이 있는 등의 사유에 해당하면 아예 등록을 거부하여 국군포로송환법에 따른 대우와 지원을 하지 않을 수도 있고(제6조 제2항), 대우와 지원범위를 정하기 위하여 억류기간의 행적에 따라 등급을 부여하며(제6조 제3항), 등록여부 및 등급 결정을 위하여 관계기관의 협조를 얻어 대상자의 신원, 귀환동기, 억류기간 중의 행적 등을 확인할 수 있다(제6조 제5항).

국군포로가 국가를 위하여 겪은 희생을 위로하고 국민의 애국정신을 함양한다는 국군포로송환법의 취지에 비추어 볼 때 위와 같은 등록 및 등급 부여는 형식적인 절차가 아니라 국군포로에 대한 대우와 지원을 통하여 국군포로송환법의 취지를 구현하기 위한 필수적인 절차이다. 그런데 귀환하지 못한 국군포로의 경우에는 그와 같은 등록을 신청하는 것 자체가 불가능하다. 6·25 전쟁이 발발한 지 오랜 시간이 흘렀을 뿐만 아니라 북한은 국군포로의 존재 자체를 부인하는 등 국군포로의 존재 및 생사 여부에 대한 확인이 어려워, 북한을 이탈하여 대한민국에 귀환한 국군포로 본인의 주장과 신청에 의하는 경우 외에는 다른 등록방법을 상정하기 어렵기 때문이다.

북한을 이탈하여 대한민국에 입국한 억류지출신 포로가족이 국군포로 본인의 등록을 신청하는 경우를 상정할 수는 있겠으나, 국군포로 본인이 귀환하지 않은 상태에서는 등록 거부 혹은 등급 부여를 위해 대상자의 신원, 포로가 된 경위, 억류기간 중의 행적 등을 파악하는 데에는 한계가 있을 수밖에 없고, 등록을 인정한다고 하여도 국군포로송환법에 따른 대우와 지원을 받을 대상자가 현재 대한민국에 존재하지 않는다면 그 실효성이 인정되기 어렵다. 심판대상조항을 비롯하여 등록포로에게 각종 대우와 지원을 규정하고 있는 국군포로송환법의 취지는 본인의 의사와 달리 북한에 억류되어 고초를 겪었을 국군포로 본인의 희생을 위로하고 안정적 정착을 지원하고자 하는 것이기 때문이다.

위와 같은 점들을 고려하면 심판대상조항이 국군포로가 귀환하여 등록절차를 거친 경우에 억류기간(단, 60세가 되는 날이 속하는 달까지)에 대한 보수를 지급하도록 하고 귀환하지 못한 국군포로에 대하여 이를 인정하지 않는 것에는 합리적인 이유가 있다.

따라서 심판대상조항은 평등원칙에 위배되지 않는다.

7. 결 론

그렇다면 심판대상조항은 헌법에 위반되지 아니하므로 주문과 같이 결정한다. 이 결정에는 아래 8.과 같은 재판관 이선애, 재판관 이은애, 재판관 이종석, 재판관 이영진의 반대의견이 있는 외에는 나머지 관여 재판관들의 일치된 의견에 의한 것이다.

8. 재판관 이선애, 재판관 이은애, 재판관 이종석, 재판관 이영진의 반대의견

우리는 이 사건 심판청구가 부적법하다고 판단하므로 아래와 같이 의견을 밝힌다.

심판대상조항에 따른 등록포로에 대한 보수특례는 군인보수상의 보수청구권에 대한 국가의 소멸시효의 이익을 포기하고, 억류국에 동조행위를 하였더라도 그것이 생존을 위한 것일 경우에는 보수를 지급하는 등 수혜적 성격의 권리로서(헌재 2014. 6. 26. 2012헌마757 참조) 법률에 규정되어야 비로소 인정되는 권리이다. 또한 국군포로송환법상 보수청구권이 인정되는 등록포로의 유족에게는 등록포로가 사망 전에 받았던 월지원금 월액을 그대로 동일하게 지급받는 것이 아니라 그 중 일정액의 100분의 70만을 지급하도록 규정하고 있다(제11조 제5항). 이러한 점을 고려하면, 국군포로송환법상 보수청구권은 등록포로 본인의 일신전속적 권리이므로, 등록포로가 사망한 경우 상속되지 않는다. 등록포로가 사망하면 그것으로 보수청구권 수급권자로서의 법적 관계는 종료되고, 그의 상속인은 수급권자 지위를 승계하지 못한다.

이 사건의 경우 청구인은 국군포로 본인에 해당하지 않고, 청구인의 부(父) 망 손□□은 국군포로이나 국군포로송환법상 보수청구권이 입법되기 이전인 1984. 1. 22. 이미 사망하였으므로, 보수청구권을 인정받기 위하여 '등록'을 요구하는 부분이 귀환하지 못한 국군포로의 입장에서 평등원칙을 위반하여 위헌이라 하더라도, 즉 심판대상조항이 위헌이라 하더라도 그의 자녀로서 억류지출신 포로가족인 청구인에게 보수청구권이 인정되지 않는다고 하는 당해사건의 결론은 달라지지 않는다.

그렇다면 이 사건 심판청구는 재판의 전제성이 없으므로 부적법하다.

재판관 유남석 이선애 이석태 이은애 이종석 이영진 김기영 문형배 이미선

[별지] 관련조항

국군포로의 송환 및 대우 등에 관한 법률(2015. 3. 27. 법률 제13237호로 개정된 것)

제2조(정의) 이 법에서 사용하는 용어의 뜻은 다음과 같다.

1. "국군포로"라 함은 대한민국 군인으로서 참전 또는 임무 수행 중 적국(반국가단체를 포함한다)이나 무장폭도 또는 반란집단(이하 "억류국등"이라 한다)에 의하여 억류 중인 사람 또는 억류지를 벗어난 사람으로서 대한민국으로 귀환하지 아니한 사람을 말한다.

1의2. "국군포로 유해"란 국군포로의 사체의 전부 또는 일부로서 유전자 검사 가능성 등을 고려하여 대통령령으로 정하는 것을 말한다.

2. "귀환포로"라 함은 국군포로이었다가 대한민국으로 귀환한 사람을 말한다.
3. "억류지출신 포로가족"이라 함은 억류기간 중 또는 제6조의 규정에 따른 등록 전에 사망한 국군포로 또는 귀환포로가 억류지에서 형성한 가족으로서 억류지를 벗어난 후 외국의 국적을 취득하지 아니한 사람을 말하며, 그 범위는 대통령령으로 정한다.
4. "억류기간"이라 함은 국군포로가 된 날부터 억류지를 벗어나 대한민국으로 귀환한 날까지를 말한다.
5. "등록포로"라 함은 제6조의 규정에 따라 등록한 귀환포로를 말한다.

제6조(등록 및 취소) ① 귀환포로 또는 대한민국으로 귀환한 억류지출신 포로가족으로서 이 법에 따른 대우 또는 지원을 받고자 하는 사람은 국방부장관에게 등록하여야 한다.

③ 국방부장관은 귀환포로를 등록할 때에는 다음 각 호의 기준에 따라 등급을 정하여 등록하여야 한다.

1. 1등급 : 억류기간 중 억류국등에 동조를 거부하여 수형생활을 하는 등 포로로서의 본분이 되는 행위를 한 사람
2. 2등급 : 억류기간 중 생존을 위하여 억류국등에 단순노무 제공 등의 협조를 하였으나 대한민국에 대한 적대행위는 하지 아니한 사람
3. 3등급 : 억류기간 중 생존을 위하여 억류국등의 공공조직에 가입하여 협조하는 등 대한민국에 간접적 적대행위를 한 사람

제11조(위로지원금) ① 국방부장관은 등록포로를 위로하고 이들의 안정적인 국내 정착을 지원하기 위한 위로지원금을 월지원금과 일시지원금으로 나누어 지급한다.

② 월지원금은 제6조에 따라 등록한 날이 속하는 달부터 등록포로가 사망한 날이 속하는 달까지 월액으로 지급한다.

③ 월지원금의 월액은 국민기초생활 보장법 제6조에 따라 결정·공표되는 최저생계비로서 1인 가구에

해당하는 최저생계비(이하 “최저생계비”라 한다)의 10배 이내에서 제6조 제3항에 따른 등급별로 다음 각 호의 구분에 따른 금액으로 한다.

1. 1등급: 최저생계비의 10배에 해당하는 금액
2. 2등급: 최저생계비의 7배에 해당하는 금액
3. 3등급: 최저생계비의 6배에 해당하는 금액 이내에서 억류기간 중의 행적에 따라 대통령령으로 정하는 금액

④ 일시지원금은 월지원금 월액의 40배에 해당하는 금액을 등록일부터 60일 이내에 지급한다. 다만, 억류지를 벗어난 국군포로가 대한민국으로 귀환하기 전까지 체류비용의 부족으로 국내 귀환에 지장이 초래되는 등 부득이한 사정이 있는 경우에는 등록 전에 일시지원금의 일부를 지급할 수 있다.

⑤ 국방부장관은 등록포로가 사망하였을 때에는 사망 당시 등록포로가 부양하고 있던 배우자(억류지를 벗어난 후 혼인한 배우자는 제외한다) 또는 미성년자인 자녀(억류지를 벗어난 후 출생 또는 입양한 자녀는 제외한다)에게 월지원금 월액 중 일정액(등록포로가 사망할 당시 「군인연금법」에 따라 위관급 장교, 준사관 및 부사관에게 지급하는 퇴역연금의 평균월액을 말한다)의 100분의 70에 해당하는 금액을 유족지원금으로 지급한다.

제15조(억류지출신 포로가족에 대한 지원금) ① 국방부장관은 제6조의 규정에 따라 등록된 억류지출신 포로가족에 대하여 지원금을 지급할 수 있다.

② 제1항의 규정에 따른 지원금의 지급신청, 지급기준 및 지급방법 등에 관하여 필요한 사항은 대통령령으로 정한다.

국군포로의 송환 및 대우 등에 관한 법률 시행령(2019. 5. 7. 법률 제29747호로 개정된 것)

제3조(등록신청 및 결정) ① 법 제6조에 따라 귀환포로 또는 억류지출신 포로가족(등록포로의 가족을 제외한다)으로서 등록신청을 하고자 하는 사람은 국방부령이 정하는 바에 따라 등록신청서를 국방부장관에게 제출하여야 한다.

② 제1항의 등록신청에 있어서 억류지출신 포로가족이 2인 이상인 경우에는 가족대표자를 선정하여야 하며, 대표자를 선정하지 못하는 경우에는 다음 각 호의 순위에 따른다.

1. 배우자
2. 자녀(2인 이상의 경우에는 연장자순에 따른다)

⑥ 국방부장관은 제5항에 따라 등록이 결정된 귀환포로 및 억류지출신 포로가족에게는 귀환용사증 및 귀환용사가족증을 발급하여야 한다.

제5조(보수의 산정 및 지급) ① 법 제9조 제1항에 따른 보수액(수당을 포함한다. 이하 이 조에서 같다)은 등록포로의 억류당시 보수관계법령을 적용하여 산정한다. 다만, 보수관계법령에 따라 이미 지급한 보수가 있는 경우에는 그 금액만큼 감액하여야 한다.

⑤ 제1항에 따른 보수액은 그 보수 지급일 현재의 화폐단위로 환산하여 산정하되, 이자는 이에 산입하지 아니한다.

⑥ 법 제9조 제1항에 따른 보수는 등록일부터 60일 이내에 일시불로 지급한다.

제14조(억류지출신 포로가족에 대한 지원금) ① 법 제15조에 따른 지원금(이하 “지원금”이라 한다)은 이 영 시행당시의 「최저임금법」 제10조 제1항에 따라 고용노동부장관이 고시한 전년도 시간단위 최저임금에 200시간을 곱한 금액의 80배에 해당하는 금액의 범위 안에서 물가상승률 등을 고려하여 국방부장관이 정하는 금액으로 한다.

구 국군포로의 송환 및 대우 등에 관한 법률(2006. 3. 24. 법률 제7896호로 제정되고, 2013. 3. 22. 법률 제11652호로 개정되기 전의 것)

제7조(임용의 특례 등) ① 병은 포로가 된 경우 입대일부터 기산하여 3년이 되는 날이 속하는 달의 다음 달부터 하사로 임용할 수 있다.

제9조(보수의 특례) ① 국방부장관은 등록포로에 대하여 억류기간에 대한 보수(수당을 포함한다. 이하 이 조에서 같다)를 제6조 제3항의 규정에 의한 등급에 따라 다음과 같이 지급한다.

〈등급〉 〈지급액〉

1등급 보수액의 100분의 110

2등급 보수액의 전액

3등급 보수액의 100분의 50이상 100분의 90미만의 범위에서 억류기간 중의 행적에 따라 대통령령이 정하는 금액

80. 가정폭력범죄의 처벌 등에 관한 특례법 제55조의2 제1항 위헌소원

[2023. 2. 23. 2019헌바43]

【판시사항】

우편을 이용한 접근금지를 피해자보호명령에 포함시키지 아니한 구 '가정폭력범죄의 처벌 등에 관한 특례법' 제55조의2 제1항이 평등원칙에 위배되는지 여부(소극)

【결정요지】

재판관 유남석, 재판관 이선애, 재판관 이은애, 재판관 문형배의 합헌의견

피해자보호명령제도는 가정폭력행위자가 피해자와 시간적·공간적으로 매우 밀접하게 관련되어 즉시 조치를 취하지 않으면 피해자에게 회복할 수 없는 피해를 입힐 가능성이 있을 때에 법원의 신속한 권리보호명령이 이루어질 수 있도록 하는 것이 입법의 주요한 목적 중 하나이다. 그런데 전기통신을 이용한 접근행위의 피해자와 우편을 이용한 접근행위의 피해자는 피해의 긴급성, 광범성, 신속한 조치의 필요성 등의 측면에서 차이가 있다.

우편을 이용한 접근행위에 대해서는 법원의 가처분결정과 간접강제결정을 통해 비교적 신속하게 우편을 이용한 접근의 금지라는 목적을 달성할 수 있고, 나아가 그 접근행위가 형법상 협박죄 등에 해당할 경우 피해자는 고소 등의 조치를 취할 수도 있다.

또한 피해자보호명령제도에 대해서는 진술거부권고지나 동행영장에 관한 규정이 준용되지 않고, 가정폭력행위자가 심리기일에 출석하지 않아도 되는 등 실무상 민사 또는 가사 신청사건과 유사하게 운영되고 있다.

이러한 피해자보호명령제도의 특성, 우편을 이용한 접근행위의 성질과 그 피해의 정도 등을 고려할 때, 입법자가 심판대상조항에서 우편을 이용한 접근금지를 피해자보호명령의 종류로 정하지 아니하였다고 하더라도 이것이 입법자의 재량을 벗어난 자의적인 입법으로서 평등원칙에 위반된다고 보기 어렵다.

재판관 이석태, 재판관 이종석, 재판관 이영진, 재판관 김기영, 재판관 이미선의 헌법불합치의견

피해자보호명령은 피해자 스스로 안전과 보호를 위한 방책을 마련하여 이를 직접 법원에 청구할 수 있도록 함으로써 피해자 보호를 강화하려는 취지로 도입되었다. 그러나 심판대상조항은 우편을 이용한 접근금지를 피해자보호명령에서 제외하고 있는바, 전기통신을 이용한 접근과 비교하여 볼 때 우편을 이용한 접근이 피해자의 안전에 위협이 되지 않는다거나 피해자가 심리적 압박을 덜 받는다거나 그러한 접근금지가 피해자 보호에 실효성이 없다는 사정은 발견되지 않는다. 합헌의견은 피해자가 가처분결정을 통하여 우편을 이용한 접근금지의 목적을 달성할 수 있다고 하지만, 피해자보호명령의 경우 법원이 이행실태를 수시로 조사하게 할 수 있고 위반한 자에 대하여 형사처벌까지 가능하다는 점에서 간접강제만 가능한 가처분과는 구별되고, 전기통신을 이용한 접근금지도 가처분이 가능하다는 점에서 우편을 이용한 접근금지와 차이가 없다.

또한 우편을 이용한 접근금지를 피해자보호명령으로 규정하지 아니한 것이 헌법에 위반되는지와, 피해자보호명령을 위반한 경우 어떠한 제재수단을 선택할 것인지는 별개의 문제인바, 합헌의견과 같이 피해자보호명령을 위반하면 형사처벌되기 때문에 우편을 이용한 접근금지를 규정하지 않은 것이 국가형벌권 행사에 관한 입법재량의 문제라고 단정할 수 있는지 의문이다.

따라서 심판대상조항이 전기통신을 이용한 접근금지를 규정하고 있는 것과 달리 우편을 이용한 접근금지에 대하여 규정하지 아니한 것은 합리적 이유 없는 차별로서 평등원칙에 위배된다.

다만 심판대상조항의 위헌성은 피해자보호명령 자체에 있는 것이 아니라 우편을 이용한 접근금지에 관한 규정을 두지 아니한 것에 있고, 단순위헌결정을 하게 되면 법적 공백으로 인하여 피해자보호명령을 할 수 있는 근거규정이 사라지는 불합리한 결과가 발생하므로 헌법불합치결정을 선고하는 것이 타당하다.

【심판대상조문】

구 가정폭력범죄의 처벌 등에 관한 특례법(2014. 12. 30. 법률 제12877호로 개정되고, 2020. 10. 20. 법률 제17499호로 개정되기 전의 것) 제55조의2 제1항

【참조조문】

헌법 제11조 제1항

구 가정폭력범죄의 처벌 등에 관한 특례법(2011. 7. 25. 법률 제10921호로 개정되고, 2020. 10. 20. 법률 제17499호로 개정되기 전의 것) 제55조의3

가정폭력범죄의 처벌 등에 관한 특례법(2012. 1. 17. 법률 제11150호로 개정된 것) 제63조 제1항 제2호

가정폭력범죄의 처벌 등에 관한 특례법(2020. 10. 20. 법률 제17499호로 개정된 것) 제55조의2 제1항 제2호, 제5호

전기통신사업법(2010. 3. 22. 법률 제10166호로 개정된 것) 제2조 제1호

【참조판례】

헌재 2010. 3. 25. 2009헌가2, 판례집 22-1상, 407, 415

헌재 2016. 6. 30. 2014헌바456등, 판례집 28-1하, 535, 548

헌재 2020. 8. 28. 2018헌마927, 판례집 32-2, 196, 204

【당 사 자】

청 구 인　박○○
대리인 법무법인(유한) 원
담당변호사 원민경

당해사건　서울가정법원 2018커62 피해자보호명령에대한항고

【주　문】

구 가정폭력범죄의 처벌 등에 관한 특례법(2014. 12. 30. 법률 제12877호로 개정되고, 2020. 10. 20. 법률 제17499호로 개정되기 전의 것) 제55조의2 제1항은 헌법에 위반되지 아니한다.

【이　유】

1. 사건개요

청구인은 부 박□□으로부터 폭언과 욕설, 협박 등의 가정폭력범죄를 당하고 있다는 이유로 2017. 9. 8. 법원에 '박□□에게 청구인 직장에서 100미터 이내의 접근금지, 전자적 방식에 의한 접근금지, 우편에 의한 접근금지 등의 피해자보호명령을 하여줄 것'을 청구하였다(서울가정법원 2017처228). 위 법원은 2018. 8. 30. '박□□에게 2019. 2. 28.까지 청구인의 주거 및 직장에서 100미터 이내의 접근금지, 청구인의 휴대전화 또는 이메일 주소로 유선, 무선, 광선 및 기타의 전자적 방식에 의하여 부호, 문언, 음향 또는 영상을 송신하지 아니할 것을 명한다'는 내용의 피해자보호명령을 하였다.

이에 대하여 청구인은 박□□이 청구인을 협박하고 비난하는 내용의 우편이나 소포를 청구인의 직장 및 주거에 보내는 방법으로 피해자를 협박하고 있으므로, 피해자보호명령에 '우편을 이용한 접근금지'가 포함되어야 한다고 주장하면서 항고를 제기하였다. 그러나 항고심 법원은 2018. 11. 27. '가정폭력범죄의 처벌 등에 관한 특례법'(이하 '가정폭력처벌법'이라 한다) 등 관련 법령에서 우편을 이용한 접근행위를 제한할 수 있도록 규정하고 있지 않아 그러한 내용의 피해자보호명령은 가

능하지 않다는 이유로 청구인의 항고를 기각하였고(서울가정법원 2018커62), 청구인이 재항고를 제기하여 현재 재항고심 계속 중이다(대법원 2018터24).

청구인은 항고심 계속 중이던 2018. 11. 6. 피해자보호명령의 종류를 정하고 있는 가정폭력처벌법 제55조의2 제1항이 우편을 이용한 접근금지를 규정하고 있지 아니한 것은 위헌이라고 주장하면서 위헌법률심판제청신청을 하였으나 2019. 1. 3. 기각되자(서울가정법원 2018즈기1321), 2019. 1. 16. 이 사건 헌법소원심판을 청구하였다.

2. 심판대상

이 사건 심판대상은 구 '가정폭력범죄의 처벌 등에 관한 특례법'(2014. 12. 30. 법률 제12877호로 개정되고, 2020. 10. 20. 법률 제17499호로 개정되기 전의 것) 제55조의2 제1항(이하 '심판대상조항'이라 한다)이 헌법에 위반되는지 여부이다. 심판대상조항 및 관련조항은 다음과 같다.

[심판대상조항]

구 가정폭력범죄의 처벌 등에 관한 특례법(2014. 12. 30. 법률 제12877호로 개정되고, 2020. 10. 20. 법률 제17499호로 개정되기 전의 것)

제55조의2(피해자보호명령 등) ① 판사는 피해자의 보호를 위하여 필요하다고 인정하는 때에는 피해자 또는 그 법정대리인의 청구에 따라 결정으로 가정폭력행위자에게 다음 각 호의 어느 하나에 해당하는 피해자보호명령을 할 수 있다.

1. 피해자 또는 가정구성원의 주거 또는 점유하는 방실로부터의 퇴거 등 격리
2. 피해자 또는 가정구성원의 주거, 직장 등에서 100미터 이내의 접근금지
3. 피해자 또는 가정구성원에 대한 「전기통신사업법」 제2조 제1호의 전기통신을 이용한 접근금지
4. 친권자인 가정폭력행위자의 피해자에 대한 친권행사의 제한

[관련조항]

가정폭력범죄의 처벌 등에 관한 특례법(2020. 10. 20. 법률 제17499호로 개정된 것)

제55조의2(피해자보호명령 등) ① 판사는 피해자의 보호를 위하여 필요하다고 인정하는 때에는 피해자, 그 법정대리인 또는 검사의 청구에 따라 결정으로 가정폭력행위자에게 다음 각 호의 어느 하나에 해당하는 피해자보호명령을 할 수 있다.

2. 피해자 또는 가정구성원이나 그 주거·직장 등에서 100미터 이내의 접근금지
5. 가정폭력행위자의 피해자에 대한 면접교섭권행사의 제한

가정폭력범죄의 처벌 등에 관한 특례법(2012. 1. 17. 법률 제11150호로 개정된 것)

제63조(보호처분 등의 불이행죄) ① 다음 각 호의 어느 하나에 해당하는 가정폭력행위자는 2년 이하의 징역 또는 2천만원 이하의 벌금 또는 구류(拘留)에 처한다.

2. 제55조의2에 따른 피해자보호명령 또는 제55조의4에 따른 임시보호명령을 받고 이를 이행하지 아니한 가정폭력행위자

구 가정폭력범죄의 처벌 등에 관한 특례법(2011. 7. 25. 법률 제10921호로 개정되고, 2020. 10. 20. 법률 제17499호로 개정되기 전의 것)

제55조의3(피해자보호명령의 기간) ① 제55조의2 제1항 각 호의 피해자보호명령의 기간은 6개월을 초과할 수 없다. 다만, 피해자의 보호를 위하여 그 기간의 연장이 필요하다고 인정하는 경우에는 직권이나 피해자 또는 그 법정대리인의 청구에 따른 결정으로 2개월 단위로 연장할 수 있다.

② 제1항 및 제55조의2 제3항에 따라 피해자보호명령의 기간을 연장하거나 그 종류를 변경하는 경우 종전의 처분기간을 합산하여 2년을 초과할 수 없다.

전기통신사업법(2010. 3. 22. 법률 제10166호로 개정된 것)

제2조(정의) 이 법에서 사용하는 용어의 뜻은 다음과 같다.

1. "전기통신"이란 유선·무선·광선 또는 그 밖의 전자적 방식으로 부호·문언·음향 또는 영상을 송신하거나 수신하는 것을 말한다.

3. 청구인의 주장

심판대상조항은 퇴거 등 격리, 100미터 이내의 접근금지, 전기통신을 이용한 접근금지, 친권행사의 제한 등으로 피해자보호명령의 종류를 한정하고 있어 우편을 이용한 침해로부터 피해자를 보호하지 못하는 입법적 결함이 있다. 이는 피해자의 인간으로서의 존엄과

가치 및 행복추구권을 침해하고, 우편을 이용한 침해와 전기통신을 이용한 침해를 합리적 이유 없이 차별취급하므로 평등권도 침해한다.

당해 사건 법원은 민사상 가처분 신청을 통하여서도 우편을 이용한 접근금지라는 목적을 달성할 수 있다고 하지만, 가정폭력행위자가 피해자보호명령을 위반하였을 경우에는 '2년 이하의 징역 또는 2천만 원 이하의 벌금 또는 구류'에 처할 수 있다는 점에서 간접강제만 가능한 민사상 가처분과는 보호 수준이 다르고, 피해자보호명령과 별도의 가처분 신청을 해야 하는 것은 피해자보호라는 가정폭력처벌법의 목적에도 반한다.

4. 판 단

가. 쟁점의 정리

심판대상조항이 피해자보호명령의 한 종류로 '전기통신사업법 제2조 제1호의 전기통신을 이용한 접근금지'(유선·무선·광선 또는 그 밖의 전자적 방식으로 부호·문언·음향 또는 영상을 송신하거나 수신하는 것을 말한다, 이하 '전기통신을 이용한 접근금지'라 한다)를 규정하고 있는 것과 달리 '우편을 이용한 접근금지'를 규정하고 있지 아니하여, 우편을 이용한 접근행위로 침해를 받는 피해자 또는 가정구성원을 전기통신을 이용한 접근행위로 침해를 받는 피해자 또는 가정구성원과 달리 취급하고 있으므로 이러한 차별이 불합리한 것으로서 평등원칙에 위반되는지 여부가 문제된다.

청구인은 심판대상조항이 우편을 이용한 접근금지를 규정하지 않음으로 인하여 헌법 제10조의 인간으로서의 존엄과 가치 및 행복추구권을 침해한다는 주장도 하나, 이러한 주장은 심판대상조항이 피해자들을 침해의 방식에 따라 달리 취급하고 있는 차별의 문제를 다른 측면에서 주장한 것과 다르지 않으므로 이에 관하여는 별도로 판단하지 아니한다.

나. 가정폭력처벌법상 피해자보호명령제도

(1) 피해자보호명령은 판사가 가정폭력범죄 피해자의 보호를 위하여 필요하다고 인정하는 때에 피해자 등의 청구에 따라 결정으로 가정폭력행위자에게 피해자의 주거지 등에서의 퇴거 등을 명하는 제도로서, 가정폭력처벌법이 2011. 7. 25. 법률 제10921호로 개정되면서 처음 도입되었다. 이 제도는 피해자가 수사기관과 소추기관을 거치지 않고 스스로의 안전과 보호를 위하여 법원에 직접 보호를 요청하는 제도라는 데 그 의의가 있다. 대법원규칙인 가정보호심판규칙(이하 '규칙'이라고만 한다)은 가정폭력처벌법(제55조의9)의 위임에 따라 피해자보호명령사건의 조사·심리에 필요한 사항을 정하고 있다.

(2) 피해자보호명령의 청구권자는 피해자, 그 법정대리인 또는 검사이다(가정폭력처벌법 제55조의2 제1항). 피해자보호명령제도가 처음 도입되었을 때에는 청구권자가 피해자와 그 법정대리인으로 한정되어 있었으나 가정폭력처벌법이 2020. 10. 20. 법률 제17499호로 개정되면서 청구권자에 검사가 추가되었다. 제1심의 결정이 있을 때까지 피해자는 가정폭력행위자의 동의 없이 언제라도 청구를 취하할 수 있고(규칙 제67조의5 제1항), 피해자, 청구인이 적법하게 소환되었음에도 2회에 걸쳐 모두 심리기일에 출석하지 아니한 때에는 피해자보호명령 청구를 취하한 것으로 본다(규칙 제67조의14 제3항 단서).

(3) 가정폭력처벌법 제55조의7에 따라 피해자보호명령의 조사·심리에 관하여는 가정보호사건에 관한 규정들(제19조부터 제22조까지, 제30조부터 제32조까지, 제34조부터 제36조까지)이 준용되나, "판사 또는 가정보호사건조사관은 가정보호사건을 조사할 때에 미리 가정폭력행위자에 대하여 불리한 진술을 거부할 수 있음을 알려야 한다."라고 규정한 제23조와 가정폭력행위자가 정당한 이유 없이 조사·심리를 위한 기일의 소환에 응하지 아니하는 경우에 발부하는 동행영장에 관한 규정인 제24조부터 제27조까지는 준용되지 않는다.

판사는 가능한 신속하게 심리기일을 진행하여야 하고, 피해자, 청구인 및 가정폭력행위자를 소환하여야 한다(가정폭력처벌법 제30조 제1항, 규칙 제67조의12). 소환장의 송달에 관하여는 민사소송법 중 송달에 관한 규정 및 형사소송법 제76조 제2항부터 제5항까지의 규정이 준용되어(규칙 제67조의13 제4항, 제4조 제5항) 공시송달과 발송송달도 가능하다. 피해자보호명령의 심리는 피해자, 청구인 또는 가정폭력행위자가 심리기일에 출석하지 아니한 때에도 할 수 있다(규칙 제67조의14 제3항 본문).

(4) 심판대상조항이 열거하고 있는 피해자보호명령의 종류는, ① 피해자 또는 가정구성원의 주거 또는 점유하는 방실로부터의 퇴거 등 격리(제1호), ② 피해자 또는 가정구성원의 주거, 직장 등에서 100미터 이내의 접근금지(제2호), ③ 피해자 또는 가정구성원에 대한

전기통신을 이용한 접근금지(제3호), ④ 친권자인 가정폭력행위자의 피해자에 대한 친권행사의 제한(제4호)이고, 위 각호의 피해자보호명령은 병과할 수 있다(같은 조 제2항). 가정폭력처벌법이 2020. 10. 20. 법률 제17499호로 개정되면서, 심판대상조항 중 제2호는 "피해자 또는 가정구성원이나 그 주거·직장 등에서 100미터 이내의 접근금지"로 개정되었고, 제5호에 "가정폭력행위자의 피해자에 대한 면접교섭권행사의 제한"이 추가되었다.

피해자, 그 법정대리인 또는 검사는 피해자보호명령의 취소 또는 그 종류의 변경을 신청할 수 있고, 판사는 상당한 이유가 있다고 인정하는 때에는 직권 또는 신청에 따른 결정으로 해당 피해자보호명령을 취소하거나 그 종류를 변경할 수 있다(가정폭력처벌법 제55조의2 제3항, 제4항).

(5) 피해자보호명령의 기간은 1년을 초과할 수 없다. 다만, 판사는 피해자의 보호를 위하여 그 기간의 연장이 필요하다고 인정하는 경우에는 직권이나 피해자, 그 법정대리인 또는 검사의 청구에 따른 결정으로 2개월 단위로 연장할 수 있다. 피해자보호명령의 기간을 연장하거나 그 종류를 변경하는 경우 종전의 처분기간을 합산하여 3년을 초과할 수 없다(가정폭력처벌법 제55조의3). 2020. 10. 20. 법률 제17499호로 개정되기 전의 가정폭력처벌법에서는 기간 연장의 청구권자가 피해자 또는 그 법정대리인으로 한정되어 있었고, 피해자보호명령의 기간은 원칙적으로 6개월을, 합산 기간은 2년을 초과할 수 없는 것으로 규정되어 있었다.

(6) 피해자보호명령을 받고 이를 이행하지 아니한 가정폭력행위자는 2년 이하의 징역 또는 2천만 원 이하의 벌금 또는 구류에 처한다. 상습적으로 위 죄를 범한 가정폭력행위자는 3년 이하의 징역이나 3천만 원 이하의 벌금에 처한다(가정폭력처벌법 제63조 제1항 제2호, 제3항).

다. 평등원칙 위반 여부

(1) 재판관 유남석, 재판관 이선애, 재판관 이은애, 재판관 문형배의 합헌의견

(가) 일반적으로 평등원칙은 본질적으로 같은 것은 같게, 본질적으로 다른 것은 다르게 취급할 것을 요구하는 것으로서 일체의 차별적 대우를 부정하는 절대적 평등을 의미하는 것이 아니라, 입법과 법의 적용에 있어서 합리적인 근거가 없는 차별을 배제하는 상대적 평등을 뜻한다 할 것이므로, 합리적 근거가 있는 차별은 평등원칙에 반하는 것이 아니다(헌재 2001. 6. 28. 99헌마516; 헌재 2016. 6. 30. 2014헌바456등 참조).

(나) 입법자가 가정폭력범죄의 피해자 보호를 강화하기 위한 방법 중 하나로 피해자보호명령제도를 도입함에 있어 가정폭력행위자가 피해자 등에게 접근할 수 있는 모든 방법을 다 규율하는 것은 현실적으로 어렵다. 그리고 피해자보호명령제도는 가정폭력행위자가 피해자와 시간적·공간적으로 매우 밀접하게 관련되어 있어서 즉시 조치를 취하지 않으면 피해자에게 회복할 수 없는 신체적·정서적 피해를 입힐 가능성이 있을 때에 피해자의 청구에 따라 법원의 신속한 권리보호명령이 이루어질 수 있도록 하는 것이 입법의 주요한 목적 중 하나이다. 그런데 전기통신을 이용한 접근행위의 피해자 또는 가정구성원과 우편을 이용한 접근행위의 피해자 또는 가정구성원은 피해의 긴급성, 광범성, 신속한 조치의 필요성 등의 측면에서 차이가 있다.

전기통신 시설이 비약적으로 발달한 현대사회에서 전화, 팩스, 이메일, 휴대전화 문자메시지, 사회관계망서비스(SNS) 등 전기통신을 이용한 접근은 언제 어디서나 적은 비용으로도 대량으로 손쉽게 이루어질 수 있으므로 피해자 또는 가정구성원에게 끼칠 수 있는 피해의 정도가 즉각적이고 반복적이며 광범위할 수 있다. 이와 같은 전기통신의 특성을 반영하여 '정보통신망 이용촉진 및 정보보호 등에 관한 법률'은 '공포심이나 불안감을 유발하는 부호·문언·음향·화상 또는 영상을 반복적으로 상대방에게 도달하도록 하는 내용의 정보'를 유통하는 행위를 형사처벌하는 규정을 두고 있기도 하다(제74조 제1항 제3호, 제44조의7 제1항 제3호).

반면, 편지나 엽서 등 우편을 이용한 접근행위의 경우 우체국 등의 배송기관을 거쳐야 하기 때문에, 발송에서부터 도달에 이르기까지 걸리는 시간, 소요되는 비용, 도달하는 장소 및 시각, 우편물의 도달 및 수령 과정에서 피해자 또는 가정구성원이 받게 되는 일상생활의 지장 정도 등의 측면에서 볼 때, 피해자 또는 가정구성원이 입게 되는 피해의 정도가 전기통신을 이용한 접근에 비해서는 상대적으로 즉각적이거나 광범위하다고 볼 수 없다.

(다) 또한 가정폭력행위자의 우편을 이용한 접근행위에 대해서는 피해자가 법원에 접근금지 등 가처분신청을 하여 법원의 가처분결정을 받음으로써 비교적 신

속하게 우편을 이용한 접근의 금지라는 목적을 달성할 수 있다(민사집행법 제300조 제2항, 제305조 제2항). 피해자는 위 가처분신청과 동시에 법원에 위반행위 1회당 일정 금액의 간접강제금을 피해자에게 지급하도록 하는 등의 내용으로 간접강제신청을 하여 법원의 간접강제결정을 받음으로써 가처분결정의 실효성 확보도 가능하다. 나아가 우편을 통한 접근행위가 공포심을 일으킬 정도의 해악의 고지에 이르거나 불특정 또는 다수인이 인식할 수 있는 상태에서 이루어짐으로써 형법상 협박죄나 모욕죄 또는 명예훼손죄 등에 해당할 경우 가정폭력행위자에 대한 형사처벌이 가능하므로, 피해자는 가정폭력행위자를 수사기관에 고소하는 등의 조치를 취할 수도 있다.

가정폭력처벌법이 규정하고 있는 피해자보호명령에 따른 접근금지명령과 민사상 가처분결정에 따른 접근금지명령의 가장 큰 차이점 중 하나는 전자를 위반할 경우 '2년 이하의 징역 또는 2천만 원 이하의 벌금 또는 구류'에 처해질 수 있는 반면(가정폭력처벌법 제63조 제1항 제2호), 후자를 위반할 경우 간접강제를 통한 금전적 배상만을 받을 수 있다는 데에 있으므로, 접근금지명령의 실효성 측면에서 보면 피해자보호명령이 우위를 가지는 것은 사실이다.

그러나 특정의 인간행위에 대하여 그것이 불법이며 범죄라 하여 국가가 형벌권을 행사하여 이를 규제할 것인지, 아닌지의 문제는 그 사회의 시대적인 상황, 사회구성원들의 의식 등에 의하여 결정될 수밖에 없고, 따라서 기본적으로 입법권자가 정책적으로 판단할 문제에 속하므로(헌재 2005. 9. 29. 2003헌바52; 헌재 2010. 3. 25. 2009헌가2 참조), 원칙적으로 입법자는 피해자보호명령제도를 둔 취지 등을 고려하여 우편을 통한 접근금지를 가정폭력처벌법상 피해자보호명령의 내용 중 하나로 규정하여 이를 위반할 경우 형사처벌을 하도록 정할 것인지를 선택할 수 있다.

심판대상조항은 가정폭력행위자의 거주·이전의 자유, 통신의 자유 등을 제한하고, 이를 위반한 사람은 형사처벌을 받을 수도 있다. 그런데 앞서 본 바와 같이 피해자보호명령제도에 대하여는 피해자의 신속한 권리보호를 위하여 가정폭력처벌법상 진술거부권고지나 동행영장에 관한 규정이 준용되지 않고, 판사는 가정폭력행위자가 심리기일에 출석하지 않아도 심리를 할 수 있는 등 실무상 민사 또는 가사 신청사건과 유사하게 운영되고 있다. 이러한 피해자보호명령제도의 특성, 전기통신을 이용한 접근행위 및 우편을 이용한 접근행위의 성질과 그 피해의 정도 등을 고려할 때, 입법자가 심판대상조항에 피해자보호명령의 종류를 한정적으로 열거하면서 전기통신을 이용한 접근금지와 달리 우편을 이용한 접근금지를 피해자보호명령의 한 종류로 정하지 아니하였다고 하더라도 이것이 입법자의 재량을 벗어난 자의적인 입법이라고 보기는 어렵다.

(라) 이러한 사정을 종합해 보면, 심판대상조항이 우편을 이용한 접근금지를 피해자보호명령의 종류로 규정하고 있지 않은 것이 합리적 이유 없는 차별로서 평등원칙에 위반된다고 보기 어렵다.

(2) 재판관 이석태, 재판관 이종석, 재판관 이영진, 재판관 김기영, 재판관 이미선의 헌법불합치의견

일반적으로 결혼에 의한 부부 관계와 혈연으로 맺어진 부모·자녀 관계는 기본적인 가정구성원으로서 상호간에 깊은 신뢰와 유대로 연결되어 있다. 그런데 부부 및 부모·자녀의 가정구성원으로서의 깊은 신뢰와 유대가 현실에서 언제나 일관되게 유지되는 것은 아니다. 대표적으로 배우자 일방의 상대배우자와 자녀를 향한 가정폭력은 그들에게 회복할 수 없는 중대한 정신적·육체적 피해를 초래하고, 가정구성원 상호간의 신뢰와 유대를 파괴하여 결국에는 한 가정을 해체하는 심각한 문제를 야기한다. 이와 같이 오늘날 가정폭력이 야기하는 가정과 사회의 문제가 날로 증대하는 현실을 고려하면, 국가가 가정폭력 가해자를 엄하게 처벌하는 것 외에도 가해자의 추가적인 협박과 폭행 등으로부터 가정폭력 피해자를 두텁고 효과적으로 보호하기 위한 구체적 방안을 마련하는 것은 매우 중요하고 시급한 문제라고 할 것이다(헌재 2020. 8. 28. 2018헌마927 참조).

그러한 측면에서, 가정폭력처벌법이 피해자보호명령제도를 도입한 것은 피해자가 스스로 안전과 보호를 위한 방책을 마련하여 이를 직접 법원에 청구할 수 있도록 함으로써 피해자 보호를 강화하려는 데 있고, 이는 기존의 형사처벌절차와는 다른 민사적 명령을 통해 피해자 보호에 한층 더 실효성 있게 접근하겠다는 의지가 담겨 있는 것으로 볼 수 있다. 무엇보다 피해자보호명령제도는 가해자의 처벌을 목적으로 하는 것이 아니라 피해자 보호를 목적으로 하는 것이고, 이는 곧 가해자의 가정폭력에 의해 몸과 마음에 상처를 입은 피해자가 안심하고 다음 삶을 살기 위해, 단지 생명과 신체가 온

전하다는 것뿐 아니라 협박이나 심리적 압박으로부터도 벗어나 자유롭고 안전한 삶을 영위할 수 있도록 피해자를 보호한다는 데 그 취지가 있다.

위와 같은 취지에 비추어 피해자보호명령제도는 피해자의 안전에 위협이 되는 행위들에 대해 발동될 수 있어야 하고, 이를 위해 심판대상조항은 가정폭력행위자를 피해자로부터 격리하거나 일정한 거리 이내로 접근하는 것을 금지하며, 전기통신을 이용한 접근을 제한하고 친권을 제한하는 등의 조치를 할 수 있도록 함으로써 피해자를 보호하고 있다. 다만 심판대상조항은 우편을 이용한 접근금지를 피해자보호명령에서 제외하고 있는바, 심판대상조항에서 열거하고 있는 다른 조치들과 비교하여 볼 때 우편을 이용한 접근행위가 피해자의 안전에 위협이 되지 않는다거나 피해자가 심리적 압박을 덜 받는다거나 우편을 이용한 접근을 금지하는 것이 피해자의 안전과 보호를 담보하는 데 실효성이 없다거나 하는 등의 사정은 발견되지 않는다.

합헌의견은 전기통신을 이용한 침해와는 달리 우편을 이용한 침해의 경우 가정폭력행위자가 피해자와 시간적·공간적으로 밀접하게 관련되어 있지 않아 피해자에게 회복할 수 없는 신체적, 정서적 피해를 입힐 가능성이 적기 때문에 피해자보호명령의 대상에서 제외할지 여부를 입법자가 재량적으로 결정할 수 있다고 보고 있다. 그러나 실제로 피해자보호명령이 청구되는 경우는 사안의 긴급성과는 크게 상관이 없고, 가정폭력사건 자체는 이미 종결되었더라도 피해자가 여전히 가정폭력의 재발에 대한 불안감에 시달리면서 지속적으로 정서적, 심리적 위협을 느끼는 사례가 대부분이다. 이러한 현실을 고려하면, 피해자에게 회복할 수 없는 피해를 입힐 가능성이 있을 때에만 비로소 피해자보호명령을 발동할 수 있다는 제한적인 해석은 받아들이기 어렵다. 더구나 가정폭력행위자가 피해자의 직장에 불특정 또는 다수인이 인식할 수 있는 상태로 공포심을 일으킬 수 있는 우편물을 수시로 보내는 경우와 같이, 침해의 구체적인 양상에 따라서는 우편을 이용한 침해도 전기통신을 이용한 침해 못지않게 얼마든지 피해의 정도가 반복적이고 광범위할 수 있다.

또한 합헌의견은 피해자가 가처분신청을 통하여 우편을 이용한 접근금지의 목적을 달성할 수 있다고 하지만, 피해자보호명령의 경우 법원이 조사관 등으로 하여금 이행실태를 수시로 조사하게 할 수 있고 피해자보호명령을 위반한 자에 대하여 형사처벌까지 가능하다는 점에서 간접강제만 가능한 가처분과는 그 실효성에 있어 차이가 있다. 그리고 전기통신을 이용한 접근금지도 가처분을 통하여 그 목적을 달성할 수 있다는 점에 있어서 우편을 이용한 접근금지와 차이가 없지만 피해자보호명령의 대상이 된다는 점에서 가처분신청이 가능하다는 이유로 피해자보호명령의 필요성을 부인할 수는 없다.

따라서 가처분과 같은 다른 방법이 있다는 이유로 우편을 이용한 접근행위와 전기통신을 이용한 접근행위를 차별 취급하는 것이 합리적이라고 보기는 어렵다. 특히 기존의 가정보호사건과는 달리 피해자 스스로 직접 법원에 안전과 보호를 위한 조치를 청구할 수 있도록 하여 가정폭력으로부터 피해자를 한층 더 실효성 있게 보호하고자 한 피해자보호명령제도의 취지에 비추어보면 더욱 그러하다.

나아가 심판대상조항에서 우편을 이용한 접근금지를 피해자보호명령의 내용 중 하나로 규정하지 않은 것이 헌법에 위반되는지와, 피해자보호명령을 위반한 경우 그 책임을 묻기 위해 어떠한 제재수단을 선택할 것인지는 서로 구별되는 문제인바, 합헌의견과 같이 피해자보호명령을 위반하면 형사처벌되기 때문에 심판대상조항에서 우편을 이용한 접근금지를 규정하지 않은 것이 국가형벌권 행사에 관한 입법재량의 문제라고 단정할 수 있는지는 의문이다.

물론 입법으로 가정폭력행위자가 피해자나 가정구성원에게 접근할 수 있는 모든 방법을 상정하여 세세히 규율하는 것은 어렵다. 그러나 적어도 전기통신을 이용한 접근금지를 피해자보호명령에 규정한 취지가 무엇인지 생각해보면, 우편을 이용한 접근금지도 피해자 보호조치에 포함시킬 필요가 있다. 예를 들어 피해자로부터 100미터 이내 접근금지라는 피해자보호명령이 내려진 후에도 만일 피해자가 가정폭력행위자로부터 수시로 전화나 이메일을 이용한 협박에 시달리는 것을 막을 수 없다면 그 피해자보호명령은 실효성이 있다고 보기 어려울 것이다. 이러한 필요에서 전기통신을 이용한 접근금지가 피해자보호명령으로 규정되었다고 충분히 짐작할 수 있고 이 점은 우편을 이용한 접근금지에 대하여도 다르지 않다.

이상과 같은 점들을 종합하면 심판대상조항이 피해자보호명령의 유형으로 전기통신을 이용한 접근금지를 규정하고 있는 것과 달리 우편을 이용한 접근금지에 대하여 규정하지 아니한 것은 가정폭력 피해자라는 동일한 대상에 대하여 피해자를 보호하는 방안을 마련함에 있어서 합리적 이유 없이 차별 취급한 것으로 심판대상조항은 평등원칙에 위배된다.

다만 심판대상조항의 위헌성은 피해자보호명령 자체에 있는 것이 아니라 우편을 이용한 접근금지에 관한 규정을 두지 아니한 것에 있고, 단순위헌결정을 하게 되면 법적 공백으로 인하여 피해자보호명령을 할 수 있는 근거규정이 사라지는 불합리한 결과가 발생하므로, 단순위헌결정을 하는 대신 헌법불합치결정을 선고하는 것이 타당하다.

5. 결 론

심판대상조항에 대하여 재판관 유남석, 재판관 이선애, 재판관 이은애, 재판관 문형배는 합헌의견이고, 재판관 이석태, 재판관 이종석, 재판관 이영진, 재판관 김기영, 재판관 이미선은 헌법불합치의견으로, 헌법불합치의견이 다수이기는 하나, 헌법 제113조 제1항, 헌법재판소법 제23조 제2항 단서 제1호에서 정한 헌법불합치결정을 위한 심판정족수에는 이르지 못하여 합헌을 선고할 수밖에 없으므로, 주문과 같이 결정한다.

재판관 유남석 이선애 이석태 이은애 이종석 이영진 김기영 문형배 이미선

81. 최저임금법 제6조 제5항 위헌소원

[2023. 2. 23. 2020헌바11·12·13·77·78·312·388·464·465·512,
2021헌바45·56·69·78·81·87·93·98·147·197·209·210·211·
212·213·214·215·216·217·287·288·296·299·326·334·335·423,
2022헌바23·125·151·158·161·196·205·224·236·272·278·279·283·312·316(병합)]

【판시사항】

1. 심판대상조항이 일반택시운송사업자의 계약의 자유와 직업의 자유를 침해하는지 여부(소극)

2. 심판대상조항이 일반택시운송사업자의 평등권을 침해하는지 여부(소극)

【결정요지】

1. 심판대상조항은 대중교통의 중요한 역할을 담당하고 있음에도 대표적인 저임금, 장시간 근로 업종에 해당하는 택시운전근로자들의 임금의 불안정성을 일부나마 해소하여 생활안정을 보장한다는 사회정책적 배려를 위하여 제정된 규정으로서 입법목적이 정당하고, 그 내용은 입법목적을 실현하기 위하여 적합한 수단이다. 심판대상조항은 입법목적 달성을 위하여 임금의 구성 비율 조정이라는 상대적으로 가벼운 제한을 부과하고 있다. 또한 생산고에 따른 임금 전부를 비교대상 임금에서 제외하는 방식이 아니라 그 중 일부를 제외하는 대안이나, 지역에 따라 그 포함 여부와 비율을 달리하는 대안도 고려해볼 수 있으나, 이러한 대안들이 심판대상조항과 입법목적을 같은 정도로 달성하면서도 일반택시운송사업자들의 기본권을 덜 제한하는 것으로 볼 수는 없다. 심판대상조항이 달성하려는 공익은 열악한 근로조건 아래 놓여 있는 택시운전근로자들의 임금에 일부나마 안정성을 부여하는 것으로서 택시운전근로자들의 인간다운 생활을 보장하고, 헌법에서 국가에게 명한 근로자의 적정임금의 보장에 노력하고 법률이 정하는 최저임금제를 시행할 의무를 이행하는 것이므로 중대한 공익에 해당하고, 초과운송수입금이 임금의 많은 부분을 차지하는 임금체계를 그대로 둔다면 과속과 난폭운전 등이 늘어나 택시운송질서를 위협할 수 있으므로 국민의 안전을 보장할 국가의 의무 이행이라는 측면에서도 중요하다. 반면 심판대상조항에 의해 일반택시운송사업자들의 계약의 자유나 직업의 자유가 제한되는 정도는 고정급의 비율을 높여 근로계약을 체결하여야 한다는 의무를 수인하는 정도에 그친다. 여기에 택시의 공급 과잉, 열악한 근로조건에 따른 택시운전근로자들의 이탈, 심판대상조항과 운송수입금 전액관리제의 기반이 되는 적정한 요금 및 서비스체계의 미비 등 우리 택시산업이 안고 있는 오래된 구조적 문제가 코로나19의 확산에 따른 사회적 거리두기 등으로 인한 택시수요의 급속한 감소와 맞물려 일반택시운송사업자의 경영난에 큰 영향을 준 점 등을 고려하면, 심판대상조항을 통해 택시운송사업자들의 계약의 자유와 직업의 자유를 다소간 제한하는 것을 감수하고서라도 택시운전근로자들의 생활안정 및 국민의 교통안전을 확보하고자 한 입법자의 판단이 공익과 사익 사이의 비례관계를 명백하게 벗어났다고 볼 수 없다.

2. 택시산업은 대중교통의 한 축을 이루는 공공성이 강한 업종이고, 택시운전근로자의 생활안정이 보장되지 않을 경우 사고의 증가 등 사회적 폐해를 낳을 수 있으며, 사납금제하에서

택시운전근로자의 임금 불안정성이 더욱 크다고 볼 여지가 있으므로, 심판대상조항이 이러한 사정을 두루 고려하여 택시운전근로자들에 관하여만 생활안정을 위한 규율을 둔 것은 차별의 합리적인 이유가 있다.

재판관 이선애, 재판관 이은애, 재판관 이종석, 재판관 이영진의 보충의견

심판대상조항에 따라 비교대상 임금에서 생산고에 따른 임금을 제외하고 고정급만으로 최저임금 이상을 지급하는 것이 택시운전근로의 특성과 잘 조화된다거나, 바람직하다고 평가할 수만은 없다. 그럼에도 심판대상조항이 의의를 갖는 것은 여전히 택시업계의 운송수입금 관리 및 임금체계가 사납금제의 형태를 벗어나지 못하고 있기 때문이다. 사납금제에 대해서는 택시수요 감소 등 영업환경에 따른 위험부담을 모두 근로자에게 부담시키고 사납금의 액수를 통한 금전적 통제에 따라 필연적으로 장시간 노동으로 이어지게 한다는 비판이 지속적으로 제기되어 왔다. 사납금제가 어떠한 형태로든 택시업계에 자리 잡고 있는 한, 택시운전근로자의 생활안정 및 택시운송질서의 확립을 위하여 고정급만으로 최저임금을 지급하도록 한 심판대상조항의 역할은 유효할 수밖에 없다. 그러나 여객자동차법이 규정하는 바와 같이 운송수입금 전액관리제가 정착되고 택시운전근로자들이 근로시간과 운송수입에 따라 임금을 지급받을 수 있는 토대가 마련된다면, 비교대상 임금 산입에 관한 특례조항인 심판대상조항은 더 이상 존재할 필요가 없으므로 이를 폐지하는 것을 고려할 수 있다.

【심판대상조문】

최저임금법(2008. 3. 21. 법률 제8964호로 개정된 것) 제6조 제5항 중 '생산고에 따른 임금을 제외한' 부분

【참조조문】

헌법 제10조, 제11조 제1항, 제15조, 제32조 제1항, 제119조 제1항, 제2항

구 최저임금법(2010. 6. 4. 법률 제10339호로 개정되고, 2018. 6. 12 법률 제15666호로 개정되기 전의 것) 제6조 제4항

최저임금법(2018. 6. 12 법률 제15666호로 개정된 것) 제6조 제4항

여객자동차운수사업법(2008. 3. 21. 법률 제8980호로 개정된 것) 제3조 제1항, 제2항

여객자동차운수사업법(2019. 8. 27. 법률 제16563호로 개정된 것) 제21조 제1항

구 최저임금법 시행령(2009. 6. 26. 대통령령 제21572호로 개정되고, 2018. 12. 31. 대통령령 제29469호로 개정되기 전의 것) 제5조의2

최저임금법 시행령(2018. 12. 31. 대통령령 제29469호로 개정된 것) 제5조의3

구 여객자동차운수사업법 시행령(2015. 1. 28. 대통령령 26064호로 개정되고, 2021. 4. 6. 대통령령 제31609호로 개정되기 전의 것) 제3조

【참조판례】

1. 헌재 2011. 8. 30. 2008헌마477, 공보 179, 1311
2. 헌재 2011. 8. 30. 2008헌마477, 공보 179, 1311

헌재 2016. 12. 29. 2015헌바327등

【당 사 자】

청 구 인 [별지1] 청구인 명단과 같음

당해사건 [별지2] 당해 사건 목록과 같음

【주 문】

최저임금법(2008. 3. 21. 법률 제8964호로 개정된 것) 제6조 제5항 중 '생산고에 따른 임금을 제외한' 부분은 헌법에 위반되지 아니한다.

【이 유】

1. 사건개요

청구인들은 일반택시운송사업을 목적으로 하는 택시회사이고, [별지2] 기재 당해 사건의 원고들은 청구인들에게 고용되어 택시운전근로자로 근무하였거나 근

무하고 있는 사람들이다. 당해 사건의 원고들은 청구인들로부터 지급받은 임금의 합계액이 최저임금법 제6조 제5항에서 정한 최저임금액에 미달한다고 주장하면서 청구인들을 상대로 임금 등의 지급을 구하는 소송을 제기하였고, 청구인들은 당해 사건 계속 중 최저임금법 제6조 제5항에 대하여 위헌법률심판제청신청을 하였으나 기각되자 이 사건 헌법소원심판을 청구하였다.

2. 심판대상

청구인들은 택시운전근로자의 임금 중 최저임금에 산입되는 범위에 관하여 '생산고에 따른 임금을 제외'하는 법률조항의 위헌성을 다투므로, 심판대상을 최저임금법 제6조 제5항 중 위 부분으로 한정한다. 따라서 이 사건 심판대상은 최저임금법(2008. 3. 21. 법률 제8964호로 개정된 것) 제6조 제5항 중 '생산고에 따른 임금을 제외한' 부분(이하 '심판대상조항'이라 한다)이 헌법에 위반되는지 여부이다. 심판대상조항은 다음과 같고, 관련조항은 [별지3]과 같다.

[심판대상조항]

최저임금법(2008. 3. 21. 법률 제8964호로 개정된 것)

제6조(최저임금의 효력) ⑤ 제4항에도 불구하고 「여객자동차 운수사업법」 제3조 및 같은 법 시행령 제3조 제2호 다목에 따른 일반택시운송사업에서 운전업무에 종사하는 근로자의 최저임금에 산입되는 임금의 범위는 생산고에 따른 임금을 제외한 대통령령으로 정하는 임금으로 한다.

3. 청구인들 주장의 요지

가. 대리운전업, 차량공유제, 렌터카를 비롯한 관련 산업의 성장에 따른 택시수요의 감소 등 일반택시운송사업(이하 '택시운송사업'이라 한다)을 둘러싼 사회적, 경제적 환경이 크게 변화하고 있는 데 반해 택시운송사업자의 영세성은 더욱 심화되고 있는 점을 고려할 때, 택시운송사업자는 택시운전근로자와 최저임금법이 정한 통상적인 최저임금액 이상의 임금을 지급하는 범위에서 자유롭게 임금에 관한 협약을 체결하고 이를 바탕으로 택시운송사업을 영위할 수 있어야 한다. 그럼에도 심판대상조항에 따라 택시운송사업자는 생산고에 따른 임금을 제외하고 고정급으로만 최저임금액 이상을 지급하여야 하는바, 심판대상조항은 택시운송사업자의 단체협약 자치를 포함한 계약의 자유, 직업의 자유 및 재산권을 침해한다.

나. 심판대상조항은 택시운전근로자들의 최저임금에 대해서만 특례를 규정하여 생산고에 따른 임금을 지급하는 다른 업종의 사업자보다 더 많은 임금을 지급하여야 하므로 택시운송사업자의 평등권을 침해한다.

다. 심판대상조항은 경제상의 자유와 창의를 존중한다고 규정한 헌법 제119조 제1항을 위반하며, 법치주의 원리로부터 도출되는 체계정당성의 원칙에도 어긋난다.

라. 심판대상조항에 관하여 헌법재판소의 두 차례 합헌 결정이 있었으나, 이는 택시운송사업의 특성과 현실을 간과한 문제가 있고, 헌법재판소의 결정 이후에 선고된 대법원 전원합의체 판결에 따라 당해 사건과 같은 다수의 임금 청구 소송이 제기되어 택시운송사업자의 경영난이 가중되고 있는바, 심판대상조항의 위헌성이 더욱 부각되고 있다.

4. 제도의 개관

가. 심판대상조항의 입법취지 및 택시운전근로자의 근로조건

(1) 1990년대 이래 택시운전근로자의 가장 대표적인 임금체계는, 일정한 금액의 사납금을 회사에 입금하고 이를 초과하는 운송수입금은 근로자 자신의 수입으로 하는 사납금제이다. 이러한 임금체계에 의할 때, 운송수입금이 많으면 많을수록 근로자들의 수입이 늘어나게 되므로 근로자들의 성실한 근로를 유도할 수 있다는 장점이 있을 수 있으나, 운송수입금이 일정하지 않기 때문에 근로자들의 임금액의 변동이 심하고, 고정급이 크지 않기 때문에 운송수입금이 적은 때에는 근로자가 기본적인 생활에 필요한 정도의 임금조차 확보하기 어려울 수도 있다. 한편 1988년경 이래 택시의 수가 계속하여 증가한 반면, 대중교통체계의 발달과 자가용 차량의 증가로 2000년부터는 택시수송인원이 감소하기 시작하는 등의 여러 가지 요인에 의하여 택시운전근로자의 월간 수입의 증가율은 전(全) 산업 월간 임금의 증가율의 절반 정도에도 미치지 못하게 되었고, 이에 따라 택시운전근로자들은 계속 늘어나는 실제 근로시간에도 불구하고 저임금에서 벗어나지 못하는 열악한 근로조건에 처하게 되었다. 이러한 상황에서 더 많은 운송수입을 얻으려는 택시운전근로자들이 난폭운전, 승차거부 등 무리한 운행을 하여 일반국민의 안전과 운송질서를 저해하는 현상이 나타나기도 하였다. 이러한 문

제점에 대한 입법적 조치로서 2007. 12. 27. 생산고에 따른 임금은 최저임금에 산입되는 임금의 범위에서 제외한다는 취지의 심판대상조항이 신설되었다(2008. 3. 21. 개정 전후 심판대상조항의 내용은 동일하다). 심판대상조항의 입법취지는 법률안의 제안이유나 위에서 본 입법동기에 비추어 알 수 있듯이 택시운전근로자들이 받는 임금 중 고정급의 비율을 높여 운송수입이 적은 경우라고 하더라도 최저임금액 이상의 임금을 받을 수 있도록 보장함으로써 보다 안정된 생활을 영위할 수 있도록 한다는 것이다(헌재 2011. 8. 30. 2008헌마477 참조).

(2) 그런데 심판대상조항의 시행 이후 청구인들을 비롯한 다수의 택시운송사업자들은 생산고에 따른 임금을 제외한 고정급이 최저임금에 미달되는 것을 회피하기 위하여, 택시운전근로자들의 실제 근무형태나 운행시간의 변화 없이 소정근로시간만을 단축하는 형태로 취업규칙을 변경하거나 단체협약을 체결하였다. 이에 따라 종래 근로의무를 부담하기로 합의된 소정근로시간에 대응하여 지급되는 고정급을 최저임금 수준 이상으로 높임으로써 택시운전근로자들의 생활안정성을 제고하려는 심판대상조항의 입법취지가 몰각된다는 지적이 제기되어 왔다.

(3) 택시운전근로자들의 근로조건은 심판대상조항이 제정될 당시는 물론이거니와 현재까지도 개선되지 않고 있다. 한국노동연구원이 2020년 작성한 「택시산업 활성화 및 운수종사자 처우·복지 개선방안 연구보고서」에 의하면 2019년을 기준으로 전(全) 산업의 근로시간은 주 40시간제 시행에 따라 2003년 대비 약 15% 감소하였지만 택시운전근로자들의 근로시간은 오히려 같은 기간 동안 약 19% 증가한 것으로 파악되었고, 운전업무에 있어서 택시운전근로자들이 꼽은 가장 큰 어려움 역시 장시간 노동으로 확인되었다.

택시운전근로자들의 저임금 구조 역시 마찬가지로 큰 변화를 보이지 않고 있다. 한국노동연구원의 위 보고서에 따르면 2019년 기준 택시운전근로자의 월 임금은 1일 2교대의 경우 211.7만 원, 1인 1차제의 경우 203.6만 원으로 파악되었는데, 이를 택시운전근로자들이 실제 제공하는 근로시간과 비교하면 시간당 임금이 최저임금에도 미치지 못할 정도로 낮은 수준에 머물러 있다. 이와 같이 지난 20년 동안 택시운전근로자들의 임금은 늘어나지 않으면서 근로시간은 증가하였고, 이러한 근로조건의 악화는 택시운전근로자의 수 및 택시 가동률의 저하로, 이는 다시 택시운송사업자의 경영난을 가중시키는 악순환으로 이어졌다. 나아가 이러한 경영난 속에서 택시운전근로자들에 대한 최저임금 및 근로시간 규제 등이 제대로 준수되지 않는 상황이 지속되어 왔다.

(4) 한편 사납금제하에서 택시운송사업자들이 적극적인 경영합리화보다는, 택시요금 인상에 따라 사납금을 인상하거나 운휴나 사고 시에도 택시운전근로자들에게 사납금이나 사고 처리 비용을 전가시키는 경영 방식을 통해 안정적인 수익 확보를 꾀하고, 그 결과 택시운전근로자들이 생계유지를 위하여 과속 및 난폭운전을 하게 됨으로써 교통사고의 발생, 불친절한 서비스와 같은 사회적 부작용이 발생하였다. 그러자 입법자는 택시운송사업자의 불법적 경영형태를 방지하고 택시운전근로자의 임금체계를 보다 안정적으로 개선해 나갈 수 있는 기반을 조성하기 위하여 1994. 8. 3. 구 자동차운수사업법을 법률 제4780호로 개정하면서 운송수입금 전액관리제를 도입하였고, 1997. 9. 1.부터 이를 시행하게 되었다.

그러나 이러한 제도 도입에도 불구하고 사납금제의 관행은 개선되지 않았고, 2014. 1. 28. 법률 제12378호로 제정된 '택시운송사업의 발전에 관한 법률'(이하 '택시발전법'이라 한다)에 택시운전근로자에 대한 운송비용 전가금지를 규율하여 입법 보완을 해왔지만, 택시업계에서는 기존의 1일 단위 사납금제 기반의 임금형태와 그에 수반하는 문제점이 지속적으로 제기되어 왔다. 이에 따라 2019. 8. 27. 법률 제16563호로 운송수입금 전액관리제에 관한 구체적 근거를 명시하고 그 위반행위에 대한 행정제재를 규율하여 규범력을 강화한 '여객자동차 운수사업법'(이하 '여객자동차법'이라 한다)이 개정되어 2020. 1. 1.부터 시행되고 있다. 이에 대하여 국토교통부는 '택시운송사업 전액관리제 지침'을 통해 변형된 형태의 사납금 제도를 모두 금지한다고 설명하고 있지만, 택시업계에서는 '월 기준금', '협약금' 등으로 명칭만 바꾼 채 그 금액을 대폭 인상한 다음 이에 미달하는 금액을 택시운전근로자들의 급여에서 공제하는 정산 방식이 여전한 것으로 평가되고 있다.

나. 선례

헌법재판소는 2011. 8. 30. 최저임금법 제6조 제5항에 대한 제68조 제1항의 헌법소원심판에서, 위 법률조항이 택시운송사업자의 계약의 자유와 평등권을 침해하지 않는다고 판단하여 심판청구를 기각하였다(2008

헌마477). 또한 헌법재판소는 2016. 12. 29. 최저임금법 제6조 제5항이 계약의 자유와 평등권을 침해하는지 여부에 관한 선례의 판단을 변경할 이유가 없고 헌법 제119조 제1항에도 위반되지 아니한다는 이유를 들어 합헌 결정을 하였다(2015헌바327등, 이하 위 두 선례를 아울러 '이 사건 각 선행결정'이라 한다).

다. 관련 대법원 판결

한편 대법원은 2019. 4. 18. '헌법 및 최저임금법 관련 규정 내용과 체계, 심판대상조항의 입법 취지와 입법 경과, 여객자동차법의 규정 취지 및 택시운송사업의 공공성, 소정근로시간을 단축하는 합의 관련 전후 사정 등을 종합적으로 고려하면, 정액사납금제하에서 생산고에 따른 임금을 제외한 고정급이 최저임금에 미달하는 것을 회피할 의도로 사용자가 소정근로시간을 기준으로 산정되는 시간당 고정급의 외형상 액수를 증가시키기 위해 택시운전근로자 노동조합과 사이에 실제 근무형태나 운행시간의 변경 없이 소정근로시간만을 단축하기로 합의한 경우, 이러한 합의는 강행법규인 최저임금법상 심판대상조항 등의 적용을 잠탈하기 위한 탈법행위로서 무효'라고 판단하였다(2016다2451 전원합의체 판결, 이하 '이 사건 대법원 판결'이라 한다).

5. 판 단

가. 제한되는 기본권

(1) 심판대상조항에 따라 택시운송사업자는 생산고에 따른 임금을 제외한 고정급만으로 택시운전근로자에게 최저임금액 이상을 지급하여야 한다. 심판대상조항이 임금의 구성에 관한 사용자와 근로자 간의 계약 내용을 제한한다는 측면에서는 헌법 제10조 행복추구권의 일반적 행동자유권에서 파생되는 사용자의 계약의 자유를 제한하고, 근로자를 고용하여 재화나 용역을 제공하는 사용자의 활동을 제한한다는 측면에서는 헌법 제15조의 직업의 자유를 제한한다(헌재 2020. 6. 25. 2019헌마15 참조).

(2) 심판대상조항의 적용을 받는 택시운송사업자와는 달리, 택시운전근로자를 제외한 다른 업종의 근로자들을 고용하는 사용자는 고정급과 생산고에 따른 급여를 합하여 최저임금액 이상을 지급하더라도 최저임금법 위반의 문제가 발생하지 아니한다. 따라서 심판대상조항은 택시운송사업자를 다른 업종의 사용자들과 다르게 취급하므로 평등권 침해 여부가 문제된다.

(3) 헌법이 보장하고 있는 재산권은 경제적 가치가 있는 모든 공법상·사법상의 권리를 뜻한다. 이러한 재산권의 범위에는 동산·부동산에 대한 모든 종류의 물권은 물론, 재산가치가 있는 모든 사법상의 채권과 특별법상의 권리 및 재산가치 있는 공법상의 권리 등이 포함되나, 단순한 기대이익·반사적 이익 또는 경제적인 기회 등은 재산권에 속하지 아니한다(헌재 2012. 10. 25. 2011헌마307 참조).

심판대상조항은 택시운송사업자의 임금 지급에 있어서 고정급이 최저임금액 이상이 되도록 임금의 구성 비율에 제한을 가하고 있으며, 이는 임금의 구성 체계에 관한 사실적·법적 환경의 일부를 이룬다. 만약 심판대상조항이 없다면 택시운송사업자들로서는 택시운전근로자들에게 지급할 임금에서 고정급 비율을 줄일 수 있어 임금 구조의 유연성을 제고할 수 있지만, 이와 같이 영리 획득의 기회나 사업 영위를 위한 사실적·법적 여건은 헌법상 보장되는 재산권에 속하지 아니한다. 따라서 심판대상조항이 택시운송사업자의 재산권을 제한한다고 볼 수 없다.

(4) 한편 청구인들 중에서는 '택시운송사업자가 단체협약으로 소정근로시간을 단축하는 것을 무효로 볼 경우 헌법 제33조 제1항에 따른 단체교섭권 내지 그로부터 도출되는 협약자치의 원칙을 침해한다'고 주장하기도 한다. 그러나 이는 그 주장 자체에서 알 수 있듯이 심판대상조항에 대한 고유의 위헌성을 주장하는 것이라기보다는 이 사건 대법원 판결의 부당성을 다투는 것이다. 또한 심판대상조항에 관하여 최저임금의 적용 대상이 되는 임금(이하 '비교대상 임금'이라 한다)을 산정하는 시간 수 계산에서 생산고에 따른 임금을 위한 시간까지 포함하는 것으로 해석하는 한 위헌이라고 주장하는 청구인들도 있다. 이러한 주장 역시 심판대상조항에 관한 적용 내지 법원의 해석의 당부, 특히 이 사건 대법원 판결이 제시한 법리를 다투는 것에 불과하므로 더 나아가 살피지 아니한다.

청구인들은 심판대상조항이 헌법 제119조 제1항에 위반된다고 주장한다. 그런데 헌법 제119조 제1항은 헌법상 경제질서에 관한 일반조항으로서 국가의 경제정책에 대한 하나의 헌법적 지침이고, 동 조항이 언급하는 '경제적 자유와 창의'는 직업의 자유, 재산권의 보장, 근로3권과 같은 경제에 관한 기본권 및 비례의 원칙과 같은 법치국가원리에 의하여 비로소 헌법적으로 구체화된다(헌재 2002. 10. 31. 99헌바76등; 헌재 2020.

8. 28. 2017헌바474 참조). 따라서 심판대상조항의 헌법 제119조 제1항 위반 여부는 직업의 자유 침해 여부를 살펴보는 것으로 충분하므로 별도로 판단하지 아니한다.

나아가 청구인들은 정액사납금제를 전제로 한 심판대상조항이 운송수입금 전액관리제를 규정한 여객자동차법 제21조, 고정급과 초과운송수입금을 포함해서 평균임금을 산정하도록 한 근로기준법 및 그 해석과 모순되어 체계정당성의 원칙에 위반된다고 주장한다. 그런데 체계정당성 위반은 위헌성의 징후일 뿐, 비례의 원칙이나 평등원칙 등을 위반하여야 비로소 위헌이라고 인정되므로(헌재 2005. 6. 30. 2004헌바40등 참조), 심판대상조항이 계약의 자유, 직업의 자유 및 평등권을 침해하였는지 여부를 판단하는 이상 체계정당성 위반 여부는 별도로 판단하지 아니한다.

나. 계약의 자유 및 직업의 자유 침해 여부

(1) 심사기준

계약의 자유나 직업의 자유도 절대적인 것은 아니므로 사회적 약자의 보호, 독점 방지, 실질적 평등, 경제정의 등의 관점에서 법률상 제한될 수 있고, 다만 이 경우 헌법 제37조 제2항에 규정된 기본권 제한의 한계를 준수할 것이 요구된다(헌재 2008. 9. 25. 2005헌바81; 헌재 2019. 12. 27. 2017헌마1366등; 헌재 2020. 6. 25. 2019헌마15 참조).

그런데 헌법은 국가에게 근로자의 적정임금의 보장에 노력할 것과 법률이 정하는 바에 의하여 최저임금제를 시행할 의무를 부과하고 있으며(제32조 제1항), 최저임금법은 근로자에 대하여 임금의 최저수준을 보장하여 근로자의 생활안정과 노동력의 질적 향상을 꾀함으로써 국민경제의 건전한 발전에 이바지하는 것을 목적으로 한다. 따라서 최저임금의 적용을 위한 비교대상 임금의 산입 방법 등은 개인의 본질적이고 핵심적인 자유 영역에 관한 것이라기보다 사회적 연관관계에 놓여 있는 경제 활동을 규제하는 사항에 해당한다고 볼 수 있으므로, 그 위헌성 여부를 심사함에 있어서는 완화된 심사기준이 적용된다(헌재 2019. 12. 27. 2017헌마1366등; 헌재 2020. 6. 25. 2019헌마15 참조). 나아가 고용에 관한 계약의 자유와 직업의 자유 등 경제적 기본권 제한에 대한 위헌심사에 있어서는 헌법 제119조에 규정된 경제질서 조항의 의미를 충분히 고려하여야 한다. 우리 헌법은 제119조 제1항에서 "대한민국의 경제질서는 개인과 기업의 경제상의 자유와 창의를 존중함을 기본으로 한다."라고 규정하여 자유경쟁을 존중하는 시장경제를 기본으로 하면서도, 같은 조 제2항에서 "국가는 균형있는 국민경제의 성장 및 안정과 적정한 소득의 분배를 유지하고, 시장의 지배와 경제력의 남용을 방지하며, 경제주체간의 조화를 통한 경제의 민주화를 위하여 경제에 관한 규제와 조정을 할 수 있다."라고 규정함으로써, 우리 헌법의 경제질서가 사회정의, 공정한 경쟁질서, 경제민주화 등을 실현하기 위한 국가의 규제와 조정을 허용하는 사회적 시장경제임을 밝히고 있다. 따라서 입법자는 경제현실의 역사와 미래에 대한 전망, 목적달성에 소요되는 경제적·사회적 비용, 당해 경제문제에 관한 국민 내지 이해관계인의 인식 등 제반 사정을 두루 감안하여, 경제영역에서 국가목표를 이루기 위하여 가능한 여러 정책 중 필요하다고 판단되는 경제정책을 선택할 수 있다. 입법자의 그러한 정책판단과 선택은 그것이 현저히 합리성을 결여한 것이라고 볼 수 없는 한 경제에 관한 국가적 규제·조정권한의 행사로서 존중되어야 한다(헌재 2018. 6. 28. 2016헌바77등; 헌재 2019. 12. 27. 2017헌마1366등 참조).

(2) 입법목적의 정당성 및 수단의 적합성

심판대상조항은 대중교통의 중요한 역할을 담당하고 있음에도 대표적인 저임금, 장시간 근로 업종에 해당하는 택시운전근로자들의 임금의 불안정성을 일부나마 해소하여 생활안정을 보장한다는 사회정책적 배려를 위하여 제정된 규정으로서, 입법목적이 정당하다. 심판대상조항에 따라 택시운전근로자들이 생산고의 다과에 관계없이 최소한 최저임금에 해당하는 고정급을 받을 수 있고 생활의 안정성이 제고될 수 있으므로, 이는 입법목적을 실현하기 위한 적합한 수단이다.

(3) 침해의 최소성

(가) 심판대상조항은 위와 같은 입법목적의 실현을 위하여 택시운송사업자들이 택시운전근로자들에게 지급하는 임금총액을 증액하는 것이 아니라 그 중 최저임금액 상당을 고정급으로 확보해 주도록 강제한다. 즉 심판대상조항은 임금의 구성 비율 조정이라는 제한을 부과하고 있는바, 이는 완전월급제의 시행이나 임금의 인상 등에 비하여 택시운송사업자들에게 부담이 덜한 조치로서, 입법목적 달성을 위한 상대적으로 가벼운 제한에 해당한다. 물론 심판대상조항의 시행 후 최저임금 고시액의 상승률이 택시운전근로자들의 임금상승률보다 높은 상황이 오랫동안 계속되어 실제로 택시운전근로자들의 임금이 인상되는 결과로 이어질 수도 있으나,

이는 심판대상조항이 아닌 최저임금제 자체의 효과에 따른 것이다(헌재 2011. 8. 30. 2008헌마477 참조).

(나) 다른 한편, 생산고에 따른 임금 전부를 비교대상 임금에서 제외하는 방식이 아니라 그 중 일부를 제외하는 대안이나, 지역에 따라 그 포함 여부와 비율을 달리 하는 대안도 고려해볼 수 있다. 그러나 입법자가 운송수입금 전액관리제를 도입하기 위한 입법적 조치를 실시한 지 상당한 시간이 지난 현재까지도 이 제도가 정착되지 아니한 우리의 현실에 비추어보면, 생산고에 따른 임금의 일부를 비교대상 임금에 포함시킨다거나 비교대상 임금의 산입 범위에 관하여 지역적인 차이를 두는 것이 실제로 입법목적 달성에 얼마나 효과적으로 기여할 수 있을지 의문이다. 따라서 이러한 대안들이 심판대상조항과 입법목적을 같은 정도로 달성하면서도 택시운송사업자들의 기본권을 덜 제한하는 것으로 볼 수는 없다.

(다) 심판대상조항은 침해의 최소성을 충족한다.

(4) 법익의 균형성

(가) 심판대상조항이 달성하려는 공익은 열악한 근로조건 아래 놓여 있는 택시운전근로자들의 임금에 일부나마 안정성을 부여하는 것으로서 택시운전근로자들의 인간다운 생활(헌법 제34조 제1항)을 보장하고, 헌법에서 국가에게 명한 근로자의 적정임금의 보장에 노력하고 법률이 정하는 최저임금제를 시행할 의무(헌법 제32조 제1항)를 이행하는 것이므로 중대한 공익에 해당된다.

앞서 본 바와 같이 택시운전근로자들은 여전히 저임금과 장시간근로라는 열악한 근로조건에 시달리고 있다. 이러한 상황에서 초과운송수입금이 임금의 많은 부분을 차지하는 임금체계를 그대로 둔다면 택시운전근로자들이 운송수입을 늘리려는 의도에서 과속과 난폭운전 등의 위반행위가 늘어나 택시운송질서를 위협할 것이며, 이는 곧 택시를 이용하는 국민의 안전 저해로 이어질 수밖에 없다. 심판대상조항이 달성하려는 공익은 국민의 안전을 보장할 국가의 의무 이행이라는 측면에서도 중요하다.

한편 심판대상조항이 달성하려는 공익의 중요성은 설령 택시운전자들 중에 고정급 대신 생산고에 따른 임금을 선호하는 이들이 있다 하여도 마찬가지로 인정된다. 전체 임금 중 생산고에 따른 임금의 비중이 높아질수록 이를 더 취득하기 위하여 과속운전, 난폭운전, 단거리 탑승 거부 등의 부작용이 커지기 때문이다.

(나) 심판대상조항에 따라 소속 택시운전근로자들에게 고정급으로 지급하여야 할 임금이 늘어남으로써 택시운송사업자들의 계약의 자유가 제한되고 고정비용의 증가로 인한 경영상의 부담이 늘어날 수 있다. 그러나 심판대상조항은 택시운송사업자들이 택시운전근로자들에게 지급하는 임금총액을 반드시 증액하도록 하는 것이 아니므로, 택시운송사업자들은 임금총액을 그대로 유지하면서도 고정급의 비율을 상향조정함으로써 최저임금에 관한 법률규정을 준수할 수 있다. 그 결과 심판대상조항에 의해 택시운송사업자들의 계약의 자유나 직업의 자유가 제한되는 정도는 고정급의 비율을 높여 근로계약을 체결하여야 한다는 의무를 수인하는 정도에 그친다.

(다) 한편 청구인들이 주장하는 바와 같이 심판대상조항이 택시운송사업자들이 겪는 최근의 경영난의 주된 원인인지도 의문이다. 오히려 택시의 공급 과잉, 열악한 근로조건에 따른 택시운전근로자들의 이탈, 심판대상조항과 운송수입금 전액관리제의 기반이 되는 적정한 요금 및 서비스체계의 미비 등 우리 택시산업이 안고 있는 오래된 구조적 문제가 코로나19의 확산에 따른 사회적 거리두기 등으로 인한 택시수요의 급속한 감소와 맞물려 경영난에 큰 영향을 주었다고 보는 것이 합리적이다.

청구인들은 이 사건 대법원 판결에 따라 택시운송사업자들이 택시운전근로자들에게 최저임금에 미달되는 금액을 사후적으로 지급할 의무를 지는 반면, 택시운전근로자들은 소정근로시간 단축 합의 당시 예상치 않았던 이익을 얻게 되어 택시운송사업자들의 기본권이 침해되는 결과를 가져온다고도 주장하나, 이는 심판대상조항의 입법 취지를 회피한 택시운송사업자들의 탈법행위에 따라 발생한 불가피한 결과일 뿐이다. 즉 다수의 택시운송사업자들은 실제 근무형태나 운행시간의 변경이 없었음에도 오히려 소정근로시간을 단축하는 내용으로 취업규칙을 변경함으로써 심판대상조항이 의도한 고정급에 해당하는 최저임금의 보장을 회피하였고, 이 사건 대법원 판결은 이에 대하여 심판대상조항의 적용을 잠탈하기 위한 것으로 무효라고 판단하기에 이른 것이다. 따라서 이 사건 대법원 판결 및 그 법리에 따라 택시운송사업자들이 부담해야 할 미지급 임금은 심판대상조항에 따라 제한되는 택시운송사업자들의 사익을 평가함에 있어서 고려할 중요한 요소라고 볼 수는 없다.

(라) 심판대상조항이 달성하려는 공익과 그로 인해

제한되는 사익을 형량함에 있어서 택시산업의 근로관계 규범과 현실 사이의 괴리가 크다는 점을 감안할 필요가 있다. 앞서 살핀 바와 같이 심판대상조항을 비롯하여 여객자동차법 및 택시발전법 등 택시산업의 근로관계와 운송수입금 방식을 규율하는 여러 입법적 조치와 이 사건 대법원 판결과 같은 해당 규범의 해석이 공통적으로 지향하는 방향은, 택시운전근로자들의 저임금, 장시간 근로가 갖는 특수성에 대한 이해와 고려를 바탕으로 그들의 생활안정성을 도모하는 것이다. 하지만 이러한 규범적 조치에도 불구하고 이 사건 대법원 판결의 사실관계에서 보여 주듯이 소정근로시간의 단축 등 탈법적 대응이 이루어지는 것이 택시업계의 현실이다.

(마) 위와 같은 사정을 모두 종합하여 보면, 심판대상조항을 통해 택시운송사업자들의 계약의 자유와 직업의 자유를 다소간 제한하는 것을 감수하고서라도 택시운전근로자들의 생활안정 및 국민의 교통안전을 확보하고자 한 입법자의 판단이 공익과 사익 사이의 비례관계를 명백하게 벗어났다고 볼 수는 없다.

(5) 소결

심판대상조항은 과잉금지원칙에 위배되어 택시운송사업자들의 계약의 자유 및 직업의 자유를 침해하지 아니한다.

다. 평등권 침해 여부

(1) 이 사건 각 선행결정은 심판대상조항이 택시운송사업자들의 평등권을 침해하지 않는다고 판단하였고, 그 이유의 요지는 다음과 같다.

『택시운송사업이 대중교통의 한 축을 이룬다는 측면에서 다른 산업에 비하여 공공성이 강한 업종이기 때문에 서비스제공의 계속성을 보장하기 위하여 이에 종사하는 근로자들의 생활의 안정과 근로조건 향상을 위해 노력해야 할 필요성이 보다 강하다. 택시운전근로자들은 근로계약상의 근로시간 이후에도 생산수단이 되는 차량을 계속 가지고 있는 경우가 적지 않으며, 사용자에 의하여 거래상대방이나 그 수가 지정되는 것도 아니라서 생활의 안정이 보장되지 못하는 경우에는 무리한 운행으로 인한 사고의 증가, 서비스의 저하 등 사회적 폐해를 낳을 수도 있다. 택시운전근로자들의 경우 일정한 고정급이란 사납금의 완납을 전제로 하며, 운송수입금이 사납금에 미치지 못하는 경우에는 가불금 등의 형식으로 부족액만큼의 고정급이 줄어드는 것이 일반적이므로 택시운전근로자들은 임금의 불안정성이 더 크다고 볼 여지도 있다. 심판대상조항은 이러한 사정들을 두루 고려하여 택시운전근로자들에 관하여만 생활안정을 위한 규율을 둔 것으로서, 이는 차별의 합리적인 이유가 있는 경우에 해당하므로, 택시운송사업자들의 평등권을 침해한다고 할 수 없다.』

(2) 이 사건 각 선행결정의 이러한 취지와 판단은 위 결정 이후의 사정들, 특히 택시운송사업의 변화 양상, 택시운전근로자들이 겪고 있는 근로조건의 현실 및 이 사건 대법원 판결과 그 영향 등을 종합적으로 고려할 때 이 사건에서도 그대로 타당하다.

(3) 심판대상조항은 택시운송사업자들의 평등권을 침해하지 아니한다.

6. 결 론

그렇다면 심판대상조항은 헌법에 위반되지 아니하므로 주문과 같이 결정한다. 이 결정은 아래 7.과 같은 재판관 이선애, 재판관 이은애, 재판관 이종석, 재판관 이영진의 보충의견이 있는 외에는 관여 재판관들의 일치된 의견에 따른 것이다.

7. 재판관 이선애, 재판관 이은애, 재판관 이종석, 재판관 이영진의 보충의견

우리는 심판대상조항이 헌법에 위반되지 않는다는 법정의견에 동의하지만, 운송수입금의 전액관리제의 정착에 발맞추어 심판대상조항과 같은 특례조항이 궁극적으로는 폐지되는 것이 타당하다는 점도 함께 밝혀두고자 한다.

가. 택시운전근로는 차량 운행과 수입의 획득이 모두 사업장 밖에서 이루어지는 탓에 사용자가 상시적으로 근로자를 지휘·감독하기 어려운 문제가 있고, 임금의 결정이 운송수입에 비례하여 결정된다는 점에서 본질적으로 성과급제와 친하다고 평가된다. 따라서 심판대상조항에 따라 비교대상 임금에서 생산고에 따른 임금을 제외하고 고정급만으로 최저임금 이상을 지급하는 것이 택시운전근로의 특성과 잘 조화된다거나, 바람직하다고 평가할 수만은 없다.

그럼에도 심판대상조항이 의의를 갖는 것은 여전히 택시업계의 운송수입금 관리 및 임금체계가 사납금제의 형태를 벗어나지 못하고 있기 때문이다. 청구인들은 여객자동차법의 개정으로 운송수입금 전액관리제를 전면적으로 시행하여야 함에도 다수의 택시업체에서 사납금제를 채택한 이유를 노사 모두의 의사와 이익에 부합하기 때문이라고 주장하나, 사납금제에 대해서는 택시수요 감소 등 영업환경에 따른 위험부담을 모두 근로자에게 부담시키고 사납금의 액수를 통한 금전적 통제에 따라 필연적으로 장시간 노동으로 이어지게 한다는 비판이 지속적으로 제기되어 왔다. 실제로 지난 20여 년 동안 이어진 택시운송사업의 위기가 일차적으로 택시운전근로자들의 저임금, 장시간 근로로 메워져 왔고 그 한가운데 사납금제가 자리 잡고 있음을 부인하기 어렵다. 그리고 사납금제가 어떠한 형태로든 택시업계에 자리 잡고 있는 한, 택시운전근로자의 생활안정 및 택시운송질서의 확립을 위하여 고정급만으로 최저임금을 지급하도록 한 심판대상조항의 역할은 유효할 수밖에 없다.

나. 그러나 여객자동차법이 규정하는 바와 같이 운송수입금 전액관리제가 정착되고 택시운전근로자들이 근로시간과 운송수입에 따라 임금을 지급받을 수 있는 토대가 마련된다면, 비교대상 임금 산입에 관한 특례조항인 심판대상조항은 더 이상 존재할 필요가 없으므로 이를 폐지하는 것을 고려할 수 있다. 이때 택시운송수입금 전액관리와 근로시간 산정의 투명성을 바탕으로 비교대상 임금에 생산고에 따른 임금을 포함시키는 외국의 택시운전근로자 임금제도를 참고할 수 있다. 근래에 택시이용객들의 신용카드사용이 늘어나고 택시운행정보관리시스템(택시발전법 제13조)이 안정적으로 구축됨에 따라, 예전에 비해 운송수입금 전액관리를 실현할 수 있는 제도적·현실적 여건은 점차 성숙되어 가고 있다.

다. 심판대상조항과 같은 입법은 택시운송사업의 공공성을 기초로 하고 있는 만큼, 국가 또는 지방자치단체가 각종 지원을 통해 택시운송서비스의 지속성과 안정성을 유지하도록 노력할 필요가 있다. 심판대상조항이 의도하는 택시운전근로자의 안정적인 임금구조가 자리 잡기 위해서는 택시운송사업의 경쟁력 확보가 필수적이며, 이를 위해서는 운송요금 등에 관한 결정권이 없는 택시운송사업자의 자체적인 노력만으로는 한계가 있을 수밖에 없기 때문이다. 따라서 택시요금체계의 현실화와 유연화, 택시공급의 과잉 문제를 해결하기 위한 적극적인 지원과 더불어 운송수입금 전액관리제 정착을 위한 인센티브 등 오늘날 택시산업이 겪고 있는 어려움을 해결할 실질적인 정책과 입법의 개선이 이루어져야 할 것이다.

재판관 유남석 이선애 이석태 이은애 이종석 이영진 김기영 문형배 이미선

[별지1] 청구인 명단

1. ~ 36. ○○ 합자회사(2020헌바11, 2020헌바388, 2020헌바464) 외 35인
대표사원 이○○

청구인 1 내지 7, 13, 14, 16, 17, 19, 26의 대리인
법무법인 대서양
담당변호사 곽태철, 최홍국, 정혜성

청구인 8, 9, 12, 15, 20, 35의 대리인
법무법인 김장리
담당변호사 이건웅, 신영식, 김선혜, 성준환, 박진석, 김예빈, 윤주혁, 안지인, 이유림

청구인 10, 11의 대리인 법무법인(유한) 지평
담당변호사 권창영, 최명지

청구인 18의 대리인 법무법인 온세상
담당변호사 최윤정

청구인 14, 16, 17, 21 내지 25, 27 내지 34, 36의 대리인 법무법인 소망
담당변호사 오승원

[별지2] 당해 사건 목록

1. 대전지방법원 2019나102787 임금(2020헌바11)
2. 대전지방법원 2019나102947 임금(2020헌바12)
3. 대전지방법원 2019나102619(본소) 임금, 2019나102626(반소) 임금(2020헌바13)
4. 대전지방법원 2019나102800 임금(2020헌바77)
5. 대전지방법원 2019나105731 임금(2020헌바78)
6. 대법원 2020다207963(본소) 임금 등, 2020다207970(반소) 부당이득금(2020헌바312)
7. 대전지방법원 2019나102770 임금(2020헌바388)
8. 대전지방법원 2019가단103581(본소) 임금, 2020가단116057(반소) 임금(2020헌바464)
9. 대전지방법원 2019가소258669 임금(2020헌바465)
10. 서울고등법원 2019나2033430(본소) 임금, 2019나2033447(반소) 사납금(2020헌바512)
11. 의정부지방법원 2019나208046(본소) 임금, 2020나204972(반소) 사납금(2021헌바45)
12. 인천지방법원 부천지원 2019가합104159, 104166 임금(2021헌바56)
13. 부산지방법원 2019가합52719 임금(2021헌바69)

14. 서울고등법원 2015나2068360(본소) 체불임금, 2015 나2068377(반소) 사납금(2021헌바78)

15. 대구고등법원 2016나24452(본소) 임금, 2019나24682(반소) 사납금(2021헌바81)

16. 대전지방법원 2019가단122872(본소) 임금, 2021가단108008(반소) 미납금(2021헌바87)

17. 대전지방법원 2019가단115621 임금(2021헌바93)

18. 대전지방법원 2019가단131494 임금(2021헌바98)

19. 대전지방법원 2019가단119852 임금(2021헌바147)

20. 의정부지방법원 2019가소321256 임금(2021헌바197)

21. 대전지방법원 2020가단116873 임금(2021헌바209)

22. 대전지방법원 2020가단100953 임금(2021헌바210)

23. 대전지방법원 2019가단130309 임금(2021헌바211)

24. 대전지방법원 2021가단101250 임금(2021헌바212)

25. 대전지방법원 2021가단120190 임금(2021헌바213)

26. 대전지방법원 2020가단113430 임금(2021헌바214)

27. 대전지방법원 2020가단107428 임금(2021헌바215)

28. 대전지방법원 2020가단105217 임금(2021헌바216)

29. 대전지방법원 2020가단103105 임금(2021헌바217)

30. 대전지방법원 2021가단120145 임금(2021헌바287)

31. 대전지방법원 2021가단120374 임금(2021헌바288)

32. 수원지방법원 성남지원 2019가소629553 임금(2021헌바296)

33. 서울고등법원 2015나2065767(본소) 임금, 2015나2065774(반소) 사납금(2021헌바299)

34. 광주지방법원 목포지원 2019가합10021(본소) 임금, 2019가합11055(반소) 부당이득금(2021헌바326)

35. 대전지방법원 2020가합101212 임금(2021헌바334)

36. 대전지방법원 2020가합107678 임금(2021헌바335)

37. 의정부지방법원 2019가합56975(본소) 임금, 2020가합56278(반소) 사납금(2021헌바423)

38. 수원지방법원 안양지원 2019가합105899(본소) 임금, 2021가합102176(반소) 운송수입금 등(2022헌바23)

39. 대법원 2022다223235 임금(2022헌바125)

40. 대법원 2022다223297 체불임금청구(2022헌바151)

41. 수원지방법원 안양지원 2019가단118560(본소) 임금, 2021가단101862(반소) 사납금청구(2022헌바158)

42. 수원고등법원 2021나23205 임금(2022헌바161)

43. 전주지방법원 군산지원 2022가단53635 임금(2022헌바196)

44. 수원고등법원 2021나21810(본소) 임금, 2021나21827(반소) 운송수입금 등(2022헌바205)

45. 의정부지방법원 2020나209267 임금(2022헌바224)

46. 서울고등법원(춘천) 2021나980 임금(2022헌바236)

47. 수원고등법원 2021나103225 임금(2022헌바272)

48. 서울고등법원(춘천) 2021나2146(본소) 임금, 2021나2153(반소) 임금(2022헌바278)

49. 서울고등법원(춘천) 2021나1983(본소) 임금, 2021나1990(반소) 기존운송수입금 청구(2022헌바279)

50. 의정부지방법원 2019가합55217(본소) 임금, 2020가합56292(반소) 사납금(2022헌바283)

51. 의정부지방법원 2020가단104897(본소) 임금, 2022가단118234(반소) 사납금 청구(2022헌바312)

52. 수원지방법원 2020가단564822 임금(2022헌바316)

[별지3] 관련조항

구 최저임금법(2010. 6. 4. 법률 제10339호로 개정되고, 2018. 6. 12 법률 제15666호로 개정되기 전의 것) 제6조(최저임금의 효력) ④ 다음 각 호의 어느 하나에 해당하는 임금은 제1항과 제3항에 따른 임금에 산입(算入)하지 아니한다.

1. 매월 1회 이상 정기적으로 지급하는 임금 외의 임금으로서 고용노동부장관이 정하는 것
2. 「근로기준법」 제2조 제1항 제7호에 따른 소정(所定)근로시간(이하 "소정근로시간"이라 한다) 또는 소정의 근로일에 대하여 지급하는 임금 외의 임금으로서 고용노동부장관이 정하는 것
3. 그 밖에 최저임금액에 산입하는 것이 적당하지 아니하다고 인정하여 고용노동부장관이 따로 정하는 것

최저임금법(2018. 6. 12 법률 제15666호로 개정된 것)

제6조(최저임금의 효력) ④ 제1항과 제3항에 따른 임금에는 매월 1회 이상 정기적으로 지급하는 임금을 산입(算入)한다. 다만, 다음 각 호의 어느 하나에 해당하는 임금은 산입하지 아니한다.

1. 「근로기준법」 제2조 제1항 제8호에 따른 소정(所定)근로시간(이하 "소정근로시간"이라 한다) 또는 소정의 근로일에 대하여 지급하는 임금 외의 임금으로서 고용노동부령으로 정하는 임금
2. 상여금, 그 밖에 이에 준하는 것으로서 고용노동부령으로 정하는 임금의 월 지급액 중 해당 연도 시간급 최저임금액을 기준으로 산정된 월 환산액의 100분의 25에 해당하는 부분
3. 식비, 숙박비, 교통비 등 근로자의 생활 보조 또는 복리후생을 위한 성질의 임금으로서 다음 각 목의 어느 하나에 해당하는 것
   가. 통화 이외의 것으로 지급하는 임금
   나. 통화로 지급하는 임금의 월 지급액 중 해당 연도 시간급 최저임금액을 기준으로 산정된 월 환산액의 100분의 7에 해당하는 부분

구 최저임금법 시행령(2009. 6. 26. 대통령령 제21572호로 개정되고, 2018. 12. 31. 대통령령 제29469호로 개정되기 전의 것)

제5조의2(일반택시운송사업 운전 근로자의 최저임금에 산입되는 임금의 범위) 법 제6조 제5항에서 "대통령령으로 정하는 임금"이란 단체협약, 취업규칙, 근로계약에 정해진 지급 조건과 지급률에 따라 매월 1회 이상 지급하는 임금을 말한다. 다만, 다음 각 호의 어느 하나에 해당하는 임금은 산입하지 아니한다.

1. 소정근로시간 또는 소정의 근로일에 대하여 지급하는 임금 외의 임금
2. 근로자의 생활 보조와 복리후생을 위하여 지급하는 임금

최저임금법 시행령(2018. 12. 31. 대통령령 제29469호로 개정된 것)

제5조의3(일반택시운송사업 운전 근로자의 최저임금에 산입되는 임금의 범위) 법 제6조 제5항에서 "대통령령으로 정하는 임금"이란 단체협약, 취업규칙, 근로계약에 정해진 지급 조건과 지급률에 따라 매월 1회 이상 지급하는 임금을 말한다. 다만, 다음 각 호의 어느 하나에 해당하는 임금은 산입(算入)하지 아니한다.

1. 소정근로시간 또는 소정의 근로일에 대하여 지급하는 임금 외의 임금
2. 근로자의 생활 보조와 복리후생을 위하여 지급하는 임금

여객자동차운수사업법(2008. 3. 21. 법률 제8980호로 개정된 것)

제3조(여객자동차운송사업의 종류) ① 여객자동차운송사업의 종류는 다음 각 호와 같다.

2. 구역(區域) 여객자동차운송사업: 사업구역을 정하여 그 사업 구역 안에서 여객을 운송하는 사업

② 제1항 제1호 및 제2호의 여객자동차운송사업은 대통령령으로 정하는 바에 따라 세분할 수 있다.

구 여객자동차운수사업법 시행령(2015. 1. 28. 대통령령 26064호로 개정되고, 2021. 4. 6. 대통령령 제31609호로 개정되기 전의 것)

제3조(여객자동차운송사업의 종류) 법 제3조 제2항에 따라 같은 조 제1항 제1호 및 제2호에 따른 노선 여객자동차운송사업과 구역 여객자동차운송사업은 다음 각 호와 같이 세분한다.

2. 구역 여객자동차운송사업
   다. 일반택시운송사업: 운행계통을 정하지 아니하고 국토교통부령으로 정하는 사업구역에서 1개의 운송계약에 따라 국토교통부령으로 정하는 자동차를 사용하여 여객을 운송하는 사업. 이 경우 국토교통부령으로 정하는 바에 따라 경형·소형·중형·대형·모범형 및 고급형 등으로 구분한다.

여객자동차운수사업법(2019. 8. 27. 법률 제16563호로 개정된 것)

제21조(운송사업자의 준수 사항) ① 대통령령으로 정하는 운송사업자는 운수종사자가 이용자에게서 받은 운임이나 요금(이하 "운송수입금"이라 한다)의 전액에 대하여 다음 각 호의 사항을 준수하여야 한다.

1. 1일 근무시간 동안 택시요금미터(운송수입금 관리를 위하여 설치한 확인 장치를 포함한다. 이하 같다)에 기록된 운송수입금의 전액을 운수종사자의 근무종료 당일 수납할 것
2. 일정금액의 운송수입금 기준액을 정하여 수납하지 않을 것
3. 차량 운행에 필요한 제반경비(주유비, 세차비, 차량수리비, 사고처리비 등을 포함한다)를 운수종사자에게 운송수입금이나 그 밖의 금전으로 충당하지 않을 것
4. 운송수입금 확인기능을 갖춘 운송기록출력장치를 갖추고 운송수입금 자료를 보관(보관기간은 1년으로 한다)할 것
5. 운송수입금 수납 및 운송기록을 허위로 작성하지 않을 것

82. 의료법 제45조의2 제1항 등 위헌확인 등

[2023. 2. 23. 2021헌마374·743·1043(병합)]

【판시사항】

1. 의료기관의 장으로 하여금 보건복지부장관에게 비급여 진료비용에 관한 사항을 보고하도록 한 의료법 제45조의2 제1항 중 '비급여 진료비용'에 관한 부분(이하 '보고의무조항'이라 한다)이 법률유보원칙에 반하여 의사의 직업수행의 자유와 환자의 개인정보자기결정권을 침해하는지 여부(소극)

2. 보고의무조항이 포괄위임금지원칙에 반하여 의사의 직업수행의 자유와 환자의 개인정보자기결정권을 침해하는지 여부(소극)

3. 보고의무조항이 과잉금지원칙에 반하여 의사의 직업수행의 자유와 환자의 개인정보자기결정권을 침해하는지 여부(소극)

4. 의원급 의료기관의 비급여 진료비용에 관한 현황조사·분석 결과를 공개하도록 한 '비급여 진료비용 등의 공개에 관한 기준' 제3조 중 '의료법 제3조 제2항 제1호에 따른 의료기관'의 '비급여 진료비용'에 관한 부분(이하 '이 사건 고시조항'이라 한다)이 법률유보원칙에 반하여 의사의 직업수행의 자유를 침해하는지 여부(소극)

5. 이 사건 고시조항이 과잉금지원칙에 반하여 의사의 직업수행의 자유를 침해하는지 여부(소극)

【결정요지】

1. 보고의무조항은 '비급여 진료비용의 항목, 기준, 금액, 진료내역'을 보고하도록 함으로써 보고의무에 관한 기본적이고 본질적인 사항을 법률에서 직접 정하고 있으므로, 법률유보원칙에 반하여 청구인들의 기본권을 침해하지 아니한다.

2. 비급여는 그 유형과 종류가 다양하므로 보고의무에 관한 세부적인 사항은 하위법령에 위임할 필요가 있고, 보고의무조항의 입법목적과 '개인정보 보호법'의 내용 등을 고려하면, 보고대상인 '진료내역'에는 상병명, 수술·시술명 등 비급여 진료의 실태파악에 필요한 진료정보만 포함될 뿐 환자 개인의 신상정보는 포함되지 않을 것임을 예상할 수 있다. 따라서 보고의무조항은 포괄위임금지원칙에 반하여 청구인들의 기본권을 침해하지 아니한다.

3. 비급여는 급여와 달리 사회적 통제기전이 없어 국민들이 비급여 진료의 필요성과 위험성을 바탕으로 진료 여부를 결정할 수 있는 체계가 부족하고, 그동안 시행되었던 표본조사의 방법으로는 비급여 현황을 정확히 파악하는 데 한계가 있다. 병원마다 제각각 비급여 진료의 명칭과 코드를 사용하고 있으므로 구체적인 진료내역을 추가로 조사할 수밖에 없고, 보고된 정보는 입법목적에 필요한 용도로만 제한적으로 이용하고 안전하게 관리되도록 관련 법률에서 명확히 규정하고 있으며, 보고의무의 이행에 드는 노력이나 시간도 의사의 진료활동에 큰 부담을 주는 정도라고 보기 어렵다.

따라서 보고의무조항은 과잉금지원칙에 반하여 청구인들의 기본권을 침해하지 아니한다.

4. 비급여 진료비용의 '현황조사·분석 및 결과 공개의 범위·방법·절차'에 관한 사항은 그 내용이 전문적·기술적이어서 하위법령에 위임할 필요가 있고, '사회적 수요가 큰 비급여 항목'에 대하여 기존 '병원급 의료기관'과 유사한 방법으로 진료비용이 공개될 것임을 예측할 수 있다. 따라서 이 사건 고시조항의 상위법령인 의료법 제45조의2 제4항은 위임입법의 한계를 준수하였다.

또한 의료법령의 체계와 관련규정에 비추어 보면, '전체 비급여에서 차지하는 비중이 큰 항목'들이 보고대상이 될 것이고, '그러한 비급여 진료를 주로 수행하는 의료기관'이 보고 및 결과공개 대상인 의료기관이 될 것임을 알 수 있다. 따라서 '현황조사·분석 및 결과 공개 대상인 의료기관'을 고시로 정하도록 한 의료법 시행규칙 제42조의3 제2항 중 '비급여 진료비용'에 관한 부분은 백지위임에 해당한다고 볼 수 없다.

따라서 이 사건 고시조항은 위임입법의 한계를 준수한 상위법령의 위임범위 내에서 규정하고 있으므로 법률유보원칙에 반하여 청구인들의 기본권을 침해하지 아니한다.

5. 비급여 진료비용이 공개되면 국민들은 자신이 방문하고자 하는 지역의 비급여 진료비용을 미리 알 수 있고 각 의료기관의 비급여 진료비용을 비교하여 선택할 수 있다. 비급여 고지제도 및 병원급 의료기관의 비급여 진료비용 공개만으로는 의료소비자의 알권리와 의료선택권을 충분히 보장할 수 없고, 비급여 진료비용을 공개하더라도 여전히 의료기관들은 자유롭게 비급여 진료를 하고 진료비용을 정할 수 있으므로 이 사건 고시조항이 진료비용을 규제하거나 획일화하는 것이라고 보기 어렵다. 의료소비자는 비용 외에도 다양한 요소를 고려하여 의료기관을 선택할 것이므로 최저가 경쟁이 심화될 것이라고 보기 어렵고, 무리하게 진료비를 낮춰 환자를 유인한 후 불필요한 비급여 진료를 받게 하는 사례는 별도의 의료법 규정과 제도들로 규제가 가능하다.

그러므로 이 사건 고시조항은 과잉금지원칙에 반하여 청구인들의 기본권을 침해하지 아니한다.

재판관 이선애, 재판관 이은애, 재판관 이종석, 재판관 이영진의 보고의무조항과 이 사건 고시조항에 관한 반대의견

1. 보고의무조항은 환자의 광범위한 의료정보가 포함된 '진료내역'을 보고대상으로 규정하면서 제공되는 진료내역의 범위가 어디까지인지, 환자의 개인정보자기결정권을 침해하지 않기 위해 준수하여야 할 최소한의 기준이 무엇인지에 관하여 전혀 규정하고 있지 않으므로, 법률유보원칙에 반하여 청구인들의 기본권을 침해한다.

2. 보고의무조항은 그 입법목적이나 관련조항과의 체계적 해석 등을 통하더라도 하위법령에서 어떠한 범위의 진료내역을 보고대상으로 정할 것인지 그 대강을 예측하기가 어려우므로 포괄위임금지원칙에 반하여 청구인들의 기본권을 침해한다.

3. 비급여 진료에 관한 정보는 매우 민감한 의료정보로 보호의 필요성이 매우 크다. 그런데 보고의무조항은 보고대상인 비급여 항목이나 진료내역과 관련하여 아무런 제한을 두지 않은 채 사실상 모든 국민의 비급여 진료에 관한 정보 일체를 보건복지부에 보고하도록 하고 있으며, 환자들에게 자신의 의료정보 제공을 거부할 권리도 보장하고 있지 않다. 급여 정보와 비급여 정보가 합쳐지면 국민 건강에 관한 포괄적이고 통합적인 정보를 구성할 수 있게 된다는 점에서 개인의 모든 정보가 국가권력의 감시·통제 하에 놓일 가능성을 배제할 수 없고, 국민건강보험의 재정적 한계와 무관한 사적 진료계약의 영역에 대하여까지 국가의 관리·감독을 강화하는 것은 건강보험제도의 건전한 운영에 도움이 되지 않을 뿐만 아니라 오히려 의료수준이 저하되는 결과를 야기할 수 있다.

따라서 보고의무조항은 과잉금지원칙에 반하여 청구인들의 기본권을 침해한다.

4. 이 사건 고시조항의 상위법령인 의료법 시행규칙 제42조의3 제2항 중 '비급여 진료비용'에 관한 부분은 의료법 제45조의2 제4항으로

부터 위임받은 "현황조사·분석 및 결과 공개의 범위"와 관련하여 어떠한 의료기관을 공개 대상으로 할 것인지 그 대강의 기준도 전혀 정하지 않은 채 보건복지부장관의 고시로 정하도록 그대로 재위임하고 있으므로 복위임금지 법리에 반한다.

따라서 위 의료법 시행규칙 조항은 위임입법의 한계를 벗어난 것이고, 이에 근거한 이 사건 고시조항은 법률에 근거가 없이 기본권을 제한한 것이므로 법률유보원칙에 반하여 청구인들의 기본권을 침해한다.

5. 단순히 비용만을 기준으로 주변 의료기관과 비교한 결과를 공개할 경우, 의료기관들로서는 환자에게 최적의 의료서비스를 제공하고자 하는 노력보다 더 저렴한 재료나 치료방법을 사용하더라도 가능한 평균비용에 맞추려는 노력을 우선적으로 하게 될 것이다. 결국 비급여 진료비용의 공개는 가격경쟁을 유도하여 의료의 질 하락으로 이어질 수 있고, 저가 진료를 내세워 환자를 유인한 후 불필요한 비급여 진료를 시술하여 이익을 챙기는 불법 의료기관이 성행하게 될 우려도 있다.

비급여 진료에 대한 환자의 알권리와 의료기관 선택권 보장은 비급여 고지제도와 설명제도에 의하여 이미 적절히 이루어지고 있고, 각 의료기관의 인력·장비 등 비급여 진료비용을 결정짓는 다양한 요소들을 반영하지 않은 채 오로지 진료비용만을 공개하는 것은 의료소비자에 대한 정확한 정보제공이라고 보기도 어렵다.

그러므로 이 사건 고시조항은 과잉금지원칙에 반하여 청구인들의 기본권을 침해한다.

【심판대상조문】

의료법(2020. 12. 29. 법률 제17787호로 개정된 것) 제45조의2 제1항 중 '비급여 진료비용'에 관한 부분

비급여 진료비용 등의 공개에 관한 기준(2021. 3. 29. 보건복지부고시 제2021-100호) 제3조 중 '의료법 제3조 제2항 제1호에 따른 의료기관'의 '비급여 진료비용'에 관한 부분

【참조조문】

헌법 제10조, 제15조, 제17조, 제37조 제2항, 제75조

의료법(2016. 3. 22. 법률 제14084호로 개정된 것) 제45조 제1항

의료법(2020. 3. 4. 법률 제17069호로 개정된 것) 제3조 제2항 제1호

의료법(2020. 12. 29. 법률 제17787호로 개정된 것) 제45조의2 제2항, 제3항, 제4항

의료법 시행규칙(2021. 6. 30. 보건복지부령 제809호로 개정된 것) 제42조의3 제1항 제1호, 제2항, 제4항, 제5항, 제6항

【참조판례】

1. 헌재 1999. 5. 27. 98헌바70, 판례집 11-1, 633, 644

헌재 2009. 2. 26. 2008헌마370등, 공보 149, 514, 521-522

헌재 2016. 6. 30. 2015헌바125등, 판례집 28-1하, 589, 597

2. 헌재 2010. 2. 25. 2008헌바160, 판례집 22-1상, 256, 269

3. 헌재 2005. 3. 31. 2001헌바87, 판례집 17-1, 321, 331

4. 헌재 1994. 7. 29. 93헌가12, 판례집 6-2, 53, 59

헌재 2004. 11. 25. 2004헌가15, 판례집 16-2하, 267, 274

5. 헌재 2019. 9. 26. 2018헌바111

【당 사 자】

청 구 인 [별지1] 청구인 명단과 같음

보조참가인 [별지2] 보조참가인 명단과 같음

【주 문】

1. 청구인 최○○, 이○○의 비급여 진료비용 등의 공개에 관한 기준(2021. 3. 29. 보건복지부고시 제2021-100호) 제3조 중 '의료법 제3조 제2항 제1호에 따른 의료기관'의 '비급여 진료비용'에 관한 부분에 대한 심판청구를 각하한다.

2. 나머지 심판청구를 모두 기각한다.

【이 유】

1. 사건개요

가. 2021헌마374

(1) 청구인 1 내지 28은 의료법 제3조 제2항 제1호 나목에 따른 치과의원을 개설, 운영하고 있는 사람들이고, 청구인 29와 30은 일반 국민이다.

(2) 의료법 제45조의2 제1항, 제92조 제2항 제2호에 의하면, 의료기관의 장은 보건복지부장관에게 비급여 진료비용과 제증명수수료의 항목, 기준, 금액, 진료내역 등에 관한 사항을 보고하여야 하고 이를 위반한 자에 대하여는 과태료가 부과된다.

의료법 제45조의2 제2항, 구 의료법 시행규칙(2020. 9. 4. 보건복지부령 제747호로 개정되고, 2021. 6. 30. 보건복지부령 제809호로 개정되기 전의 것, 이하 '구 의료법 시행규칙'이라 한다) 제42조의3 제1항, '비급여 진료비용 등의 공개에 관한 기준' 제3조에 의하면, 비급여 진료비용 등의 현황조사·분석 결과의 공개대상인 의료기관이 기존 '병원급' 의료기관에서 '의원급' 의료기관까지 확대되었다.

의료법 제45조의2 제3항, 제92조 제2항 제3호에 의하면, 보건복지부장관은 현황조사·분석을 위하여 필요한 경우 의료기관의 장에게 자료제출을 명할 수 있고 이를 위반한 자에게는 과태료가 부과된다. 자료제출 명령을 받은 의료기관은 '비급여 진료비용 등의 공개에 관한 기준' 제6조 제1항 별지 제1호 서식의 자료를 제출하여야 한다.

의료법 제45조의2 제4항, '비급여 진료비용 등의 공개에 관한 기준' 제4조 제2항 별표 1에 의하면, 비급여 진료비용 등의 공개항목이 564 항목에서 616 항목으로 확대되었다. 확대된 공개항목 중 치과의원과 관계된 항목은 ① 인레이(연번 301~304), ② 온레이(연번 305~308), ③ 치석제거(연번 314~317), ④ 잇몸웃음 교정술(연번 319~320)이다.

(3) 청구인들은 2021. 3. 30. ① 의료법 제45조의2 제1항, 제2항, 제4항, 제92조 제2항 제2호, ② 구 의료법 시행규칙 제42조의3 제1항, ③ '비급여 진료비용 등의 공개에 관한 기준' 제3조, 제4조 제2항 별표 1 중 연번 301부터 308까지, 314부터 317까지, 319부터 320까지에 대하여 이 사건 헌법소원심판을 청구하였고, ④ 2021. 5. 26. 의료법 제45조의2 제3항 및 제92조 제2항 제3호를 심판대상으로 추가하는 내용의 청구취지 및 청구원인 변경신청서를 제출하였다.

나. 2021헌마743

(1) 청구인들은 의료법 제3조 제2항 제1호 가목에 따른 의원을 개설, 운영하고 있는 사람들이다.

(2) 청구인들은 2021. 6. 25. ① 의료법 제45조의2 제1항, 제2항 본문, 제3항, 제92조 제2항 제2호, 제3호, ② 구 의료법 시행규칙 제42조의3 제1항, ③ '비급여 진료비용 등의 공개에 관한 기준' 제3조 중 '의료법 제3조 제2항 제1호 가목에 따른 의료기관' 부분 및 제6조 제1항, ④ 위 ①의 의료법 조항들과 거의 동일한 내용을 규정하고 있는 구 의료법(2016. 12. 20. 법률 제14438호로 개정되고, 2020. 12. 29. 법률 제17787호로 개정되기 전의 것, 이하 '구 의료법'이라 한다) 제45조의2 제1항 본문, 제2항, 제3항, 제92조 제2항 제2호에 대하여 이 사건 헌법소원심판을 청구하였다.

다. 2021헌마1043

(1) 청구인은 의료법 제3조 제2항 제1호 나목에 따른 치과의원을 개설, 운영하고 있는 사람이다.

(2) 청구인은 2021. 8. 31. 의료법 제45조의2 제1항(청구인은 의료법 '제45조 제2항'에 대한 위헌확인을 구하고 있으나, 기록의 취지를 종합하면 '제45조의2 제1항'의 오기로 봄이 상당하다)에 대하여 이 사건 헌법소원심판을 청구하였다.

라. 보조참가신청

박○○ 외 29인은 치과의사면허 소지자이자 대한치과의사협회 임원들로서 이 사건 심판결과에 대하여 법률상 이해관계가 있다고 주장하면서 2022. 4. 27. 2021헌마374 사건의 청구인들을 위하여 보조참가신청을 하였다.

2. 심판대상

가. 구 의료법 제45조의2 제1항 본문, 제2항, 제3항, 제92조 제2항 제2호는 모두 개정되었고 위 조항들과 실질적으로 동일한 내용을 규정한 현행 의료법 조항들에 대하여 이 사건 심판청구가 제기되어 있으므로, 위 구 의료법 조항들은 심판대상에서 제외한다.

나. 의료법 제45조의2 제2항은 '병원급' 의료기관이 아닌 의료기관에 대하여는 보건복지부장관이 재량으로 비급여 진료비용에 관한 현황조사·분석 결과를 공개할

수 있도록 하고 있고, 그 위임에 따른 하위법령들에 의하여 비로소 '의원급' 의료기관이 공개대상에 포함되는 결과가 발생한다. 의료법 제45조의2 제3항과 '비급여 진료비용 등의 공개에 관한 기준' 제6조 제1항 역시 보건복지부장관의 자료제출명령이라는 재량적 집행행위가 수반된다. 따라서 위 조항들은 기본권에 대한 직접 침해가능성이 없으므로 모두 심판대상에서 제외한다.

다. 의료법 제45조의2 제4항과 구 의료법 시행규칙 제42조의3 제1항은 그 규정의 구체화를 위하여 하위규범의 시행을 예정하고 있는 경우로서 기본권에 대한 직접 침해가능성이 없으므로 심판대상에서 제외한다.

라. 의료법 제92조 제2항 제2호 및 제3호, '비급여 진료비용 등의 공개에 관한 기준' 제4조 제2항 별표 1에 대하여는 청구인들이 위 조항들 고유의 기본권 침해 주장을 하고 있지 않으므로 심판대상에서 제외한다.

마. 청구인들은 '비급여 진료비용'의 보고 및 공개에 대한 위헌성만을 주장하고 있고 '제증명수수료'에 관한 부분은 다투고 있지 않으므로 심판대상조항들을 '비급여 진료비용'에 관한 부분으로 한정한다.

바. 청구인들은 종래 '병원급' 의료기관만 비급여 진료비용의 현황분석 결과를 공개하도록 하였다가 '의원급' 의료기관까지 확대하여 공개하도록 한 것의 위헌 여부를 다투고 있으므로, '비급여 진료비용 등의 공개에 관한 기준' 제3조를 의원급 의료기관(의료법 제3조 제2항 제1호에 따른 의료기관)에 관한 부분으로 한정한다.

사. 그렇다면 이 사건 심판대상은 ① 의료법(2020. 12. 29. 법률 제17787호로 개정된 것) 제45조의2 제1항 중 '비급여 진료비용'에 관한 부분(이하 '보고의무조항'이라 한다), ② '비급여 진료비용 등의 공개에 관한 기준'(2021. 3. 29. 보건복지부고시 제2021-100호, 이하 연혁에 관계없이 '이 사건 고시'라 한다) 제3조 중 '의료법 제3조 제2항 제1호에 따른 의료기관'의 '비급여 진료비용'에 관한 부분(이하 '이 사건 고시조항'이라 한다)이 청구인들의 기본권을 침해하는지 여부이다.

심판대상조항은 다음과 같고, 관련조항은 [별지3]과 같다.

[심판대상조항]

의료법(2020. 12. 29. 법률 제17787호로 개정된 것)

제45조의2(비급여 진료비용 등의 보고 및 현황조사 등) ① 의료기관의 장은 보건복지부령으로 정하는 바에 따라 비급여 진료비용 및 제45조 제2항에 따른 제증명수수료(이하 이 조에서 "비급여 진료비용 등"이라 한다)의 항목, 기준, 금액 및 진료내역 등에 관한 사항을 보건복지부장관에게 보고하여야 한다.

비급여 진료비용 등의 공개에 관한 기준(2021. 3. 29. 보건복지부고시 제2021-100호)

제3조(대상 의료기관) 규칙 제42조의3 제1항에 따라 비급여 진료비용 등의 항목, 기준 및 금액 등에 관한 현황조사·분석·공개 대상 의료기관은 「의료법」 제3조 제2항 제1호 및 제3호에 따른 의료기관을 대상으로 한다.

3. 청구인들의 주장과 보조참가인의 의견 요지

가. 보고의무조항에 대한 주장

(1) 보고의무조항은 보건복지부령으로 정하는 바에 따라 비급여 진료비용의 '진료내역'을 보고하도록 하고 있는바, 그 '진료내역'의 의미가 매우 광범위하여 어떠한 내용이 이에 포함될 것인지 예측하기 어려우므로 포괄위임금지원칙에 위반된다.

(2) 비급여 진료비용의 '진료내역'에는 환자의 신체적·정신적 특성 및 건강상태에 관한 민감한 의료정보가 포함되고, 진료내역을 비롯한 비급여 진료의 항목, 기준 등은 비급여 가격의 결정요소로서 영업비밀에 해당한다. 따라서 비급여 진료에 관한 정보를 국가에 보고하게 하는 것은 환자의 개인정보자기결정권과 사생활의 비밀과 자유, 의사의 양심의 자유와 사생활의 비밀과 자유, 직업의 자유, 일반적 행동자유권을 침해한다.

(3) 보고의무조항은 과도한 비급여 진료비용을 책정한 의료기관과 그렇지 않은 의료기관에게 동일한 보고의무를 부담시킴으로써 의사인 청구인들의 평등권을 침해한다.

나. 이 사건 고시조항에 대한 주장

(1) 이 사건 고시조항은 의료법 제45조의2 제4항과 구 의료법 시행규칙 제42조의3 제1항(현행 의료법 시행규칙 제42조의3 제2항)의 위임에 따라 규정된 것인바, 위 의료법 조항은 포괄위임금지원칙에 반하고 위 시행규칙 조항은 법률에서 위임받은 사항을 전혀 구체화하지 않은 채 고시에 재위임하고 있으므로 법률유보원칙에 반한다.

(2) 의원급 의료기관까지 망라하여 비급여 진료비용을 공개할 경우 의료기관 사이에 가격 경쟁이 촉발될

수 있고 저가의 박리다매식 비급여 진료행위는 의료의 질을 저하시킬 우려가 있다. 의원급 의료기관은 영세하고 경쟁이 치열하여 저가 진료를 하는 의료기관에 환자들의 쏠림 현상이 발생할 경우 가격을 더 이상 낮추지 못하는 의료기관들은 폐업 위기에 직면할 수 있다. 비급여 고지제도와 병원급 의료기관의 비급여 진료비용 공개만으로도 비급여 진료항목의 일반적인 가격정보를 충분히 얻을 수 있다. 그러므로 의원급 의료기관의 비급여 진료비용을 공개하는 것은 의사의 직업의 자유, 사생활의 비밀과 자유, 행복추구권을 침해한다.

다. 두 조항들 모두에 대한 주장

(1) 심판대상조항들은 비급여 진료에 대한 국가의 통제와 간섭을 강화하는 것이므로 자유시장경제질서에 관한 헌법 제119조 제1항에 반한다.

(2) 심판대상조항들은 스스로 비용을 들여 직업활동을 영위한다는 점에서 동일한 '의료기관의 운영자'와 '일반 자영업자'를 달리 취급하고, 비급여 진료의 내용이나 운영상황이 전혀 다른 '의원급 의료기관'과 '병원급 의료기관'을 동일하게 취급하고 있다는 점에서, 의원급 의료기관의 운영자인 청구인들의 평등권을 침해한다.

4. 적법요건에 관한 판단

청구인 최○○, 이○○는 일반 국민으로서 보고의무조항의 수범자는 아니나, 의료기관의 장이 보고의무를 이행하면 환자들의 비급여 진료내역에 관한 정보가 보건복지부에 제공된다는 점에서 청구인들의 개인정보자기결정권에 대한 직접적이고 법적인 제한이 발생한다.

그러나 일반 국민이 비급여 진료비용의 공개로 인해 어떠한 불이익을 입는다고 보기 어려우므로 이 사건 고시조항에 대해서는 일반 국민인 청구인들의 자기관련성을 인정하기 어렵다. 따라서 청구인 최○○, 이○○의 이 사건 고시조항에 대한 심판청구는 부적법하다.

5. '비급여 대상 진료' 관련 제도의 개관

가. 비급여 대상의 의의 및 종류

국민건강보험법 제41조와 의료급여법 제7조는 '가입자(수급권자)의 질병, 부상, 출산 등에 대하여 진찰·검사, 약제·치료재료의 지급, 처치·수술 및 그 밖의 치료, 예방, 재활, 입원, 간호, 이송에 대한 요양급여(의료급여)를 실시한다'고 하면서, '보건복지부장관은 요양급여(의료급여)의 기준을 정할 때 업무나 일상생활에 지장이 없는 질환에 대한 치료 등 보건복지부령으로 정하는 사항은 요양급여(의료급여) 대상에서 제외되는 사항(이하 '비급여 대상'이라 한다)으로 정할 수 있다'고 규정하고 있다.

이에 따라 '국민건강보험 요양급여의 기준에 관한 규칙' 제9조 별표 2에서 비급여 대상을 규정하고 있는바, 발생 유형별 분류에 의하면 그 유형은 ① 질병의 진단·치료 등을 목적으로 하나, 비용·효과성 등의 측면에서 비급여로 정한 경우(치료적 비급여), ② 상급병실료 차액, 선택진료비 및 제증명수수료로서 관련 제도적 규정에 따라 비급여로 정한 경우(제도 비급여), ③ 일상생활에 지장이 없는 질환의 치료나 신체적 필수 기능개선을 직접 목적으로 하지 않는 진료로서 의료소비자의 선택에 의한 경우(선택 비급여) 등으로 구분할 수 있다.

나. 비급여 진료비용 고지제도 및 설명제도

2009. 1. 30. 의료법 제45조가 신설됨에 따라 의료기관 개설자는 환자 또는 환자의 보호자가 비급여 진료비용을 쉽게 알 수 있도록 그 내용을 고지할 의무를 부담하게 되었다. 또한 2020. 9. 4. 의료법 시행규칙 제42조의2 제2항이 신설됨에 따라 이 사건 고시 별표 1에 열거된 비급여 대상에 대하여는 의료기관 개설자가 비급여 진료 전에 환자 또는 그 보호자에게 그 항목과 가격을 직접 설명할 의무를 부담하게 되었다.

다. 비급여 진료비용 공개제도

2015. 12. 29. 의료법 제45조의2가 신설되어 보건복지부장관이 의료기관의 비급여 진료비용의 현황을 조사·분석하고 그 결과를 공개할 수 있도록 하였고, 2016. 12. 20. '병원급' 의료기관에 대한 비급여 진료비용 공개가 의무화되었으며, 보건복지부장관이 비급여 진료비용의 현황조사·분석을 위해 의료기관의 장에게 관련 자료의 제출을 명할 수 있도록 하였다.

2021. 3. 29. 이 사건 고시가 개정되어 비급여 진료비용에 대한 현황조사·분석 결과를 공개하는 의료기관의 범위를 '의원급' 의료기관까지 확대하였고, 공개항목 역시 기존 564항목에서 616항목으로 확대하였다. 건강보험심사평가원(이하 '심평원'이라 한다)은 비급여 진료비용의 현황조사·분석결과로서 '의료기관별, 항목별, 최저·최고비용' 등을 매년 1회 심평원 홈페이지에 공개한다(이 사건 고시 제8조 제1항, 제9조, 제10조 제1항).

라. 비급여 진료에 관한 보고제도

그동안 보건복지부는 개별 의료기관에 대한 자료제출명령을 통해 비급여 진료정보를 수집하였고, 의료기관의 자발적 협조에 기반한 표본조사나 실태조사를 통해 비급여의 규모와 현황을 파악하여 왔다. 그런데 2020. 12. 29. 보고의무조항이 신설됨에 따라 의료기관의 장은 비급여 진료에 관한 정기적인 보고의무를 부담하게 되었다.

6. 본안에 관한 판단

가. 쟁점의 정리

(1) 보고의무조항에 관한 쟁점

개인의 의료에 관한 정보는 개인의 인격 및 사생활의 핵심에 해당하는 민감한 정보 가운데 하나로서 개인정보자기결정권의 보호대상이 되는 개인정보이다. 일반국민인 청구인들은 보고의무조항으로 인하여 자신이 의료기관에서 진료받은 비급여의 항목, 기준, 금액, 진료내역 등 민감한 의료정보가 의료기관을 통해 보건복지부에 제공될 것이므로 개인정보자기결정권을 제한받는다(헌재 2008. 10. 30. 2006헌마1401등 참조).

의사는 자신이 진찰하고 치료한 환자의 신체적·정신적 비밀을 유지하고 보존할 의무를 부담하는바, 보고의무조항은 의사가 진료과정에서 취득한 환자의 진료내역 등에 관한 정보를 의료기관의 장으로 하여금 국가에 보고하도록 강제하고 있으므로 이는 결국 의사인 청구인들의 직업수행의 자유를 제한한다.

한편, 보고의무조항은 보건복지부령이 정하는 바에 따라 비급여 진료비용에 관한 사항에 대해 보건복지부장관에게 보고하도록 하고 있는바, 위임하고 있는 사항이 하위법령에 위임할 수 있는 내용인지, 위임이 가능하다면 위임될 내용에 대해 예측가능성을 주고 있는지 문제된다.

그러므로 보고의무조항이 법률유보원칙과 포괄위임금지원칙, 과잉금지원칙에 반하여 의사의 직업수행의 자유와 환자의 개인정보자기결정권을 침해하는지 여부를 살펴본다.

(2) 이 사건 고시조항에 관한 쟁점

의사가 어떠한 비급여 항목에 대하여 얼마의 비용을 받고 진료를 하였는지는 의료업을 영위하는 과정에서 축적된 일종의 영업정보로서, 이러한 영업정보의 공개 여부 및 공개 방법 등은 의사가 자유롭게 결정할 사항이다. 그런데 이 사건 고시조항은 국가가 모든 의원급 의료기관의 비급여 진료비용을 공개하도록 하고 있으므로 의사인 청구인들의 직업수행의 자유를 제한한다.

한편, 이 사건 고시조항은 의료법 제45조의2 제4항 및 의료법 시행규칙(2021. 6. 30. 보건복지부령 제809호로 개정된 것, 이하 '의료법 시행규칙'이라 한다) 제42조의3 제2항의 위임에 따른 것으로서 위 의료법 조항 및 의료법 시행규칙 조항이 위임입법의 한계를 준수하였는지, 위임입법의 한계를 준수하였다면 이 사건 고시조항이 위 의료법 및 의료법 시행규칙 조항의 위임범위 내에서 규정한 것인지 문제된다.

그러므로 이 사건 고시조항이 법률유보원칙 및 과잉금지원칙에 반하여 의사의 직업수행의 자유를 침해하는지 여부를 살펴본다.

(3) 그 밖의 주장에 대한 판단

(가) 청구인들은 보고의무조항으로 인하여 의사의 양심의 자유가 제한된다고 주장하나, 의사가 환자의 진료정보에 대한 비밀을 유지하는 것은 의사로서의 직업적 의무(의료법 제19조의 정보누설금지 등)에서 비롯된 것일 뿐, 의사 자신의 세계관, 인생관, 주의, 신조 등이 개입된다거나 개인의 인격형성에 관계된 진지한 윤리적 결정에 따른 것이라고 보기 어려우므로 양심의 자유가 제한된다고 보기는 어렵다.

(나) 청구인들은 비급여에 관한 정보가 의료기관의 영업비밀에 해당한다고 주장하나, 각 의료기관에서 시행하는 비급여 진료의 '항목, 기준, 금액' 등에 관한 정보는 이미 비급여 고지제도를 통해 공개되고 있고, 해당 정보를 다른 경쟁 의료기관에서 입수하는 것이 불가능하다고 볼 수도 없으므로, 보호가 필요한 영업비밀에 속하는 정보라고 보기 어렵다. 환자의 '진료내역'에 관한 정보는 환자의 개인정보 보호를 위해 비밀로 유지·관리되는 정보이기는 하지만, 그 자체가 독립된 경제적 가치를 가진다거나 생산방법, 판매방법 기타 영업활동에 유용한 기술상·경영상 정보라고 보기는 어려우므로 일반적인 영업비밀의 개념에 속한다고 보기는 어렵다(헌재 2008. 10. 30. 2006헌마1401등 참조).

(다) 청구인들은 보고의무조항이 '과도한 비급여 진료비용을 책정한 의료기관'과 '그렇지 않은 의료기관'에게 동일한 보고의무를 부담시킴으로써 평등권을 침해한다고 주장하나, 이러한 주장은 전국의 모든 의료기관에게 보고의무를 부담시키는 것이 과잉금지원칙에 위반된다는 주장과 다르지 않으므로 별도로 판단하지 아니한다.

청구인들은 보고의무조항이 '의료기관의 운영자'와 '일반 자영업자'를 차별하고 있다고 주장하나, 의료기관에서 이루어지는 보건의료서비스는 단순한 상거래의 대상이 아니라 국민의 생명권과 건강권의 보장에 직결되는 것으로 일반 재화와 다른 특성이 있으므로(헌재 2005. 3. 31. 2001헌바87 참조), 양자는 본질적으로 동일한 비교집단으로 볼 수 없다.

청구인들은 심판대상조항들이 '병원급 의료기관'과 '의원급 의료기관'을 동일하게 취급하는 것은 평등권 침해라고 주장하나, 이러한 주장은 규모가 작고 영세한 의원급 의료기관의 경우 심판대상조항들로 인한 불이익의 정도가 과도하여 과잉금지원칙에 위반된다는 주장과 다르지 않으므로 별도로 판단하지 아니한다.

(라) 청구인들은 심판대상조항들로 인하여 사생활의 비밀과 자유, 일반적 행동자유권, 행복추구권도 침해받는다고 주장하나, 그 주장 내용들은 모두 위 조항들과 가장 밀접한 관계에 있는 개인정보자기결정권, 직업수행의 자유가 침해되고 있음을 다른 측면에서 주장하는 것에 불과하므로 이에 관하여는 별도로 판단하지 아니한다.

청구인들은 심판대상조항들이 헌법 제119조 제1항에 반한다고 주장하나, 헌법 제119조 제1항은 대한민국의 경제질서에 관하여 규정한 것으로 헌법상의 원리나 헌법상 보장된 제도의 내용이 침해되었다는 사정만으로 바로 청구인들의 기본권이 직접 현실적으로 침해된 것이라고 할 수 없으며, 직업의 자유 침해 여부에 대하여 판단하는 이상 헌법 제119조 제1항의 위반 여부에 대하여는 별도로 판단하지 아니한다(헌재 2010. 7. 29. 2008헌마581등 참조).

나. 보고의무조항에 관한 판단

(1) 법률유보원칙 위반 여부

(가) 헌법은 법치주의를 그 기본원리의 하나로 하고 있고, 법치주의는 법률유보원칙, 즉 행정작용에는 국회가 제정한 형식적 법률의 근거가 요청된다는 원칙을 그 핵심적 내용으로 하고 있다. 나아가 오늘날의 법률유보원칙은 단순히 행정작용이 법률에 근거를 두기만 하면 충분한 것이 아니라, 국가공동체와 그 구성원에게 기본적이고도 중요한 의미를 갖는 영역, 특히 국민의 기본권 실현에 관련된 영역에 있어서는 행정에 맡길 것이 아니라 국민의 대표자인 입법자 스스로 그 본질적 사항에 대하여 결정하여야 한다는 요구, 즉 의회유보원칙까지 내포하는 것으로 이해되고 있다(헌재 1999. 5. 27. 98헌바70; 헌재 2009. 2. 26. 2008헌마370등 참조). 다만 입법자가 스스로 규율하여야 하는 사항이 어떤 것인가는 일률적으로 획정할 수 없고, 구체적 사례에서 관련된 이익 내지 가치의 중요성, 규제 내지 침해의 정도와 방법 등을 고려하여 개별적으로 결정할 수 있을 뿐이다. 그러나 적어도 헌법상 보장된 국민의 자유나 권리를 제한할 때에는 그 제한의 본질적인 사항에 관한한 입법자가 법률로써 스스로 규율하여야 한다(헌재 1999. 5. 27. 98헌바70; 헌재 2016. 6. 30. 2015헌바125등 참조).

(나) 보고의무조항은 '비급여 진료비용의 항목, 기준, 금액, 진료내역'을 보고하도록 함으로써 보고의무에 관한 기본적이고 본질적인 사항을 법률에서 직접 정하고 있다.

다만, '보건복지부령이 정하는 바에 따라' 보고하여야 한다고 규정함으로써 보고제도에 관한 세부적인 사항을 하위법령에 위임하고 있으나, 비급여 대상은 그 유형과 종류가 매우 다양하고 발생요인과 특성, 중증도, 환자의 선택적 요소 등에 따라 급여화 가능성이나 정보 수집의 필요성에 차이가 있을 수 있으므로, '보고대상'의 구체적인 내용과 범위를 입법자가 미리 법률로 정하는 것은 쉽지 않다. 그 밖에 '보고방법'이나 '절차' 등 보고에 필요한 사항들도 당시의 의료상황이나 여건 등을 반영하여 탄력적으로 정해야 할 전문적·기술적 사항이므로 입법자가 반드시 스스로 결정하여야 하는 본질적 사항이라고 보기 어렵다.

따라서 보고의무조항은 법률유보원칙에 반하여 청구인들의 기본권을 침해하지 아니한다.

(2) 포괄위임금지원칙 위반 여부

(가) 의의

헌법은 제75조에서 "대통령은 법률에서 구체적으로 범위를 정하여 위임받은 사항 …… 에 관하여 대통령령을 발할 수 있다."라고 규정함으로써 위임입법의 근거를 마련함과 동시에 위임은 '구체적으로 범위를 정하여' 하도록 하여 그 한계를 제시하고 있다. 이는 법률에 대통령령 등 하위법규에 규정될 내용 및 범위의 기본사항이 가능한 한 구체적이고도 명확하게 규정되어 있어서 누구라도 당해 법률 그 자체로부터 대통령령 등에 규정될 내용의 대강을 예측할 수 있어야 함을 의미한다. 그 예측가능성의 유무는 당해 특정조항 하나만을 가지고 판단할 것은 아니고 관련 법조항 전체를 유기적·체계적으로 종합 판단하여야 하며, 각 대상 법률의 성질에 따라 구체적·개별적으로 검토하여야 한다(헌재 2010. 2. 25. 2008헌바160 참조).

(나) 위임의 필요성

앞서 본 바와 같이 비급여 대상은 그 유형과 종류가 매우 다양하고 비급여 대상에 따라 정보수집의 필요성 등에 차이가 있을 수 있으므로, 구체적으로 어떠한 내용을 보고하고 어떠한 방법과 절차에 따르도록 할 것인지에 관하여는 법률에서 직접 정하지 않고 하위법령에 위임할 필요성이 인정된다.

(다) 예측가능성

1) 국민건강보험법 제41조 제4항과 의료급여법 제7조 제3항은 보건복지부장관이 '업무나 일상생활에 지장이 없는 질환에 대한 치료'를 비급여 대상으로 할 수 있도록 정하고 있는바, 보고의무조항의 수범자인 의사들은 자신의 전문과목과 관련하여 어떠한 의료행위가 급여 대상이고 비급여 대상인지를 잘 알고 있을 뿐 아니라, 각 비급여 진료의 항목, 기준, 금액, 진료내역 등은 진료를 행하는 의사 스스로가 결정하고 작성하는 것이므로 보고대상이 되는 정보의 대강을 예측할 수 있다.

2) 보고의무조항은 과도한 비급여 진료비용을 부담시키는 일부 의료기관을 감독하여 진료비용의 적정화를 유도하고, 비급여 진료비용에 대한 현황조사·분석을 통하여 건강보험 급여를 확대하며, 그 결과를 공개함으로써 국민의 알권리를 보장하는 등 다양한 입법목적을 가지고 있다. 이러한 입법목적에 비추어 보면, 보고의무조항에 따라 보고해야 하는 비급여 진료비용의 항목은 진료비의 규모와 사회적 수요, 의약학적 중요성 등을 고려하여 국민의 의료비에 영향을 많이 미치는 비급여 항목이 그 대상이 될 것임을 예상할 수 있다.

3) 또한 위와 같은 보고의무조항의 입법목적을 고려하면, 보고대상인 비급여 진료비용의 '진료내역'에는 비급여 진료의 정확한 실태파악을 위하여 필요한 상병명, 수술·시술명, 주된 증상, 실시횟수 등과 같은 객관적인 진료정보만 포함될 뿐, 위 입법목적 달성과 전혀 관계가 없는 환자 개인의 신상정보 등은 포함되지 않을 것임을 짐작할 수 있다.

특히 '개인정보 보호법'은 가명정보의 경우 정보주체의 동의 없이 공익 목적으로 이용할 수 있도록 하고 있는바, '가명정보'란 '개인을 알아 볼 수 있는 정보를 가명처리(개인정보의 일부를 삭제하거나 일부 또는 전부를 대체)함으로써 원래의 상태로 복원하기 위한 추가 정보의 사용·결합 없이는 특정 개인을 알아볼 수 없는 정보'를 말한다(제2조 제1호 다목, 제1호의2). 개인정보처리자는 통계작성, 과학적 연구, 공익적 기록보존 등을 위하여 정보주체의 동의 없이 가명정보를 처리할 수 있고, 가명정보를 제3자에게 제공하는 경우 특정 개인을 알아보기 위하여 사용될 수 있는 정보를 포함해서는 아니된다(제28조의2). 위와 같이 개인을 식별할 수 없도록 가명처리를 하여야만 개인정보를 정보주체의 동의 없이 공익목적으로 처리할 수 있도록 한 '개인정보 보호법'의 취지와 관련 규정에 비추어 보면, 보고의무조항에 따라 환자의 동의 없이 수집하는 '진료내역'에는 환자 개인을 알아볼 수 있게 하는 신상정보 등이 포함되지 않을 것임을 예상할 수 있다.

(라) 소결

그렇다면 보고의무조항은 그 입법목적 및 관련조항과의 체계적 해석 등을 통해 하위법령에 규정될 내용의 대강을 충분히 예측할 수 있다고 보이므로, 포괄위임금지원칙에 반하여 청구인들의 기본권을 침해하지 아니한다.

(3) 과잉금지원칙 위반 여부

(가) 목적의 정당성과 수단의 적합성

보고의무조항은 일부 의료기관이 환자에게 비급여 진료를 사실상 강요하여 과도한 진료비용을 부담하게 하는 것을 감독하고 방지하는 데 그 목적이 있다. 또한 비급여 정보의 '보고'는 그 현황 분석 결과를 '공개'하기 위한 전제가 되는 것으로서 수집된 정보를 공개자료로 활용하여 국민의 알권리와 의료선택권을 보장하기 위한 데도 그 입법목적이 있다. 더 나아가 비급여 진료비용에 대한 현황을 정확히 파악함으로써 건강보험 급여 확대를 통해 국민들의 의료비 부담을 감소시키기 위한 입법목적도 가지고 있다. 이러한 입법목적들은 궁극적으로 국민 보건을 향상시키기 위한 것이므로 목적의 정당성이 인정된다.

비급여 진료에 관한 정보를 보건복지부장관에게 보고하게 할 경우 불필요한 비급여 진료를 강요하는 사례를 막을 수 있고, 국가로서는 의료기관이 제공한 정보를 토대로 비급여의 현황파악이 용이해지므로 그 분석결과의 공개나 비급여의 급여화 사업에 실질적인 도움이 될 수 있다. 따라서 수단의 적합성이 인정된다.

(나) 침해의 최소성

1) 보건의료는 단순한 상거래의 대상이 아니라 사람의 생명과 건강을 다루는 중대한 것이다. 또한 보건의료 서비스는 공급자와 수요자 등 시장참여자 사이의 정

보비대칭, 수요와 치료의 불확실, 법적 독점 등 일반 재화와 다른 특성이 있다. 따라서 민간부문의 영리성 추구를 제한할 자율적 규제나 법적 규제가 미흡한 경우에는 의료수요 유발, 고가서비스 추구 등을 통해 국민의 의료비 부담을 증가시키므로, 그 수요와 공급을 시장에 전적으로 맡겨 두면 시장의 실패 혹은 사회적 후생감소를 초래할 가능성이 있다. 이로 인하여, 국민이 보건의료 서비스에 개인의 신분이나 재산에 관계없이 균등하게 접근하고, 보건의료전달체계 내에서 보건의료자원(인력·시설·장비 등)을 균등히 향유하며, 기본적으로 필요한 양의 필수적인 서비스를 받고 진료수준의 차이를 배제할 권리가 위협받는다면, 이는 헌법이 보장하는 국민의 건강권과 국가가 국민에게 적정한 의료급여를 보장해야 하는 사회국가적 의무에 위배된다고 할 것이다(헌재 2005. 3. 31. 2001헌바87 참조).

비급여는 신의료기술 도입 촉진 등 의료발전에 기여하는 긍정적 측면이 있으나, 급여와 달리 적정한 사회적 통제기전이 없다. 이 때문에 의료의 질 측면에서 적정성 심사나 평가 등이 이루어지지 않아 의료의 안전성에 위험이 존재하고, 환자의 입장에서는 비용대비 충분한 효과가 있는지 등에 대한 판단이 어려워 해당 비급여 진료의 필요성과 위험성을 바탕으로 사전에 진료 여부를 결정할 수 있는 체계가 부족하다. 또한 가격, 제공기준, 제공량 등에 대한 관리기전이 부족하여 의료기관별로 비급여 비용의 편차가 크고 이는 의료소비자의 신뢰 저하로 이어진다. 높은 비급여 의료비는 국민 의료비 부담의 증가요인으로 작용하여 지속적인 보장성 강화 정책에도 불구하고 국민이 체감하는 보장률을 정체시킨다.

비급여 진료가 가진 이러한 문제점들로 인하여, 의료소비자인 국민들은 자신의 지불능력을 초과하는 수준의 의료비로 안전성이 담보되지 않은 의료서비스를 받게 될 위험이 있으며, 의료 이용 전에 정확한 진료비 정보를 토대로 의료기관을 선택할 수 있는 권리를 제대로 보장받지 못하게 되는 상황에 처하게 된다. 이는 적정한 비용으로 필요한 시기에 양질의 의료서비스를 제공하기 위한 의료보장제도의 본래 목적을 달성하기 어렵게 하는 것이므로, 비급여의 관리는 헌법 제36조 제3항에 따라 적극적으로 국민의 보건을 위한 정책을 수립하고 시행하여야 할 국가의 책무에 해당한다.

2) 그동안은 비급여가 국민의료비에서 차지하는 비중에도 불구하고 비급여의 정확한 현황을 파악하기 어려웠다. 종래 비급여의 급여화 정책은 진료비 실태조사, 비급여 상세내역조사 등 표본조사에 기반해 추진해 왔으나, 이러한 조사방법으로는 신의료기술과 같이 극히 일부의 의료기관에서만 진료가 이루어지거나 의료기관에 따라 진료 형태가 다른 경우 그 내용을 정확히 파악할 수 없다. 또한 비급여 보고제도의 목적은 단순히 급여화의 근거 산출만을 위한 것이 아니라 급여화 가능성이 낮더라도 사회적으로 모니터링 필요성이 강하게 제기되는 항목에 대한 현황 파악을 통해 그 결과를 공개하기 위한 데도 입법목적이 있으므로 단순히 급여화가 필요한 항목에 대해서만 자료를 제출 받아서는 입법목적을 달성하기 어렵다.

3) 병원마다 제각각 비급여 진료의 명칭과 코드를 사용하고 있는 현재의 상황에서는 비급여 항목만으로 정확한 내용을 알 수가 없으므로 구체적인 진료내역을 추가로 조사할 수밖에 없으며 이는 비급여 의료비 코드가 표준화되기 전까지 부득이한 조치이다. 특히 보고의무조항은 비급여 진료비용의 공개를 위한 현황분석·조사자료로 사용되는바, 국민에게 정확한 정보를 제공하기 위해서는 비급여가 제공된 상병명·시술명 등 진료내역에 관한 자료를 보고받을 필요가 있다.

또한 이미 살핀 바와 같이 보고의무조항에 따른 보고대상인 비급여 진료비용의 '진료내역'에는 비급여 진료의 정확한 실태파악을 위하여 필요한 상병명, 수술·시술명, 주된 증상 등과 같은 객관적인 진료정보만 포함될 뿐, 해당 정보가 누구에 관한 것인지를 특정할 수 있게 하는 환자의 개인정보는 제외된다고 해석되므로 환자의 개인정보자기결정권에 대한 중대한 제한을 초래한다고 보기도 어렵다.

4) 보고의무조항에 따라 보고된 정보는 입법목적에 필요한 용도로만 제한적으로 이용하고 안전하게 관리되도록 관련 법률에서 명확히 규정하고 있다.

국민건강보험법은 '국민건강보험공단(이하 '공단'이라 한다), 심평원에 종사하였던 사람 또는 종사하는 사람은 가입자 및 피부양자의 개인정보 또는 업무를 수행하면서 알게 된 정보를 누설하거나 직무상 목적 외의 용도로 이용 또는 정당한 사유 없이 제3자에게 제공하는 행위를 하여서는 아니된다'고 규정하고 위반 시 형사처벌을 가하고 있다(제102조 제1호, 제2호, 제115조 제1항, 제2항 제2호).

또한 '개인정보 보호법'은 개인정보처리자로 하여금 개인정보를 목적 외의 용도로 활용하는 것을 금지하고

(제3조 제2항) 정보주체의 권리가 침해받을 가능성과 그 위험 정도를 고려하여 개인정보를 안전하게 관리하도록 하고 있으며(같은 조 제4항), 개인정보가 분실·도난·유출·위조·변조 또는 훼손되지 아니하도록 내부 관리계획 수립, 접속기록 보관 등 안전성 확보에 필요한 기술적·관리적 및 물리적 조치를 하도록 의무를 부과하고 있다(제29조). 이에 따라 '개인정보의 안전성 확보조치 기준'(개인정보보호위원회 고시 제2021-2호)과 '보건복지부 개인정보 보호지침'(보건복지부 훈령 제195호)이 마련되어 있으며, 공단과 심평원은 위 기준 등을 준수하여 기관 내부의 지침과 관리계획 등에 의해 정보의 안전성 확보에 필요한 기술적·관리적·물리적 조치를 취하고 있다.

5) 의료기관의 장은 반기마다(연 2회) 보고의무를 이행하며, 보건복지부장관은 의료기관의 행정부담, 보고내용의 활용 목적 등을 고려하여 의료기관별 또는 항목별로 보고 횟수를 달리 정할 수 있다(의료법 시행규칙 제42조의3 제1항). 또한 의원급 의료기관에서 행하는 비급여 진료항목은 전문분야에 따라 그 수가 한정되어 있으므로 각 의료기관별로 보고하여야 할 비급여 진료항목의 수는 그다지 많지 않을 것으로 보인다. 이러한 점을 고려하면, 보고의무 이행에 드는 노력과 비용, 절차상 번거로움 등이 의사의 진료활동에 큰 부담을 준다고 보기 어렵다.

6) 그러므로 보고의무조항은 침해 최소성이 인정된다.

(다) 법익 균형성

이미 살핀 바와 같이 보고의무조항에 따른 보고대상인 '진료내역'에는 해당 정보가 누구에 관한 것인지를 특정할 수 있게 하는 환자의 개인정보가 포함되지 않는다고 해석되고, 의사들은 비급여 진료비용의 보고를 위한 시간과 노력을 연간 2회 할애하는 불이익을 입는 것에 불과하므로, 보고의무조항으로 인해 제한되는 사익의 정도가 그다지 크다고 보기 어렵다. 반면, 보고의무조항은 비급여 진료의 현황조사를 통한 건강보험의 확대 등 국민 보건 향상을 위한 것으로, 이러한 공익은 제한받는 사익에 비하여 매우 중대하다. 따라서 보고의무조항은 법익 균형성을 갖추었다.

(라) 소결

그러므로 보고의무조항은 과잉금지원칙에 반하여 청구인들의 기본권을 침해하지 아니한다.

다. 이 사건 고시조항에 관한 판단

(1) 법률유보원칙 위반 여부

(가) 이 사건 고시조항에 따른 기본권 제한이 법률에 근거한 것으로서 법률유보원칙에 반하지 않기 위해서는, 이 사건 고시조항의 내용이 상위법령으로부터 위임받은 범위 내에서 규율된 것이어야 할 뿐만 아니라, 모법인 상위법령도 위임입법의 한계를 준수한 것이어야 하는바, 이 사건 고시조항의 위임구조에 관하여 살펴본다.

의료법 제45조의2 제2항(이하 '결과공개조항'이라 한다)은 "보건복지부장관은 …… 모든 의료기관에 대한 비급여 진료비용 등의 항목, 기준, 금액 및 진료내역 등에 관한 현황을 조사·분석하여 그 결과를 공개할 수 있다. 다만, 병원급 의료기관에 대하여는 그 결과를 공개하여야 한다."라고 규정하고, 같은 조 제4항(이하 '이 사건 위임조항'이라 한다)은 "제2항에 따른 현황조사·분석 및 결과 공개의 범위·방법·절차 등에 필요한 사항은 보건복지부령으로 정한다."라고 규정하고 있다. 그 위임에 따른 의료법 시행규칙 제42조의3 제2항 중 '비급여 진료비용'에 관한 부분(이하 '이 사건 시행규칙 조항'이라 한다)은 "법 제45조의2 제2항에 따라 보건복지부장관이 비급여 진료비용에 대한 현황을 조사·분석하고 그 결과를 공개하는 의료기관은 보건복지부장관이 정하여 고시하는 의료기관으로 한다."라고 규정하고 있고, 그 위임에 따라 이 사건 고시조항은 의원급 의료기관을 비급여 진료비용의 현황조사·분석 및 결과공개 대상인 의료기관으로 정하고 있다.

(나) 먼저 이 사건 위임조항이 포괄위임금지원칙을 준수하였는지에 관하여 본다.

비급여는 그 유형과 종류가 매우 다양하고 각 항목에 따라 현황조사·분석 및 결과공개의 필요성이 달라질 수 있으므로 법률에서 일률적으로 현황조사·분석 및 결과공개의 '범위'를 정하기는 쉽지 않다. 현황조사·분석 및 결과공개의 '방법'이나 '절차' 등도 관련 행정부처가 당시의 의료상황 및 기술적 여건 등을 고려하여 탄력적으로 정하게 할 필요가 있으므로, 위임의 필요성이 인정된다.

비급여 진료비용 공개제도의 입법목적이 의료소비자의 알권리와 의료선택권을 보장하기 위한 데 있다는 점을 고려하면, 많은 환자들과 밀접한 관련이 있어 사회적·의료적 수요가 큰 비급여 항목이 공개대상이 될 것임을 예상할 수 있고, 공개 방법과 절차도 그동안 심평원에서 병원급 의료기관을 상대로 시행해 온 비급여 진료비용 공개제도의 방식과 크게 다르지 않을 것임을 예측할 수 있다.

따라서 이 사건 위임조항은 포괄위임금지원칙에 반하지 아니한다.

(다) 다음으로 이 사건 시행규칙 조항이 재위임의 한계를 준수하였는지에 관하여 본다.

법률조항 자체에서 위임의 구체적 범위를 명확히 규정하고 있지 않다고 하더라도 법률의 전반적 체계와 관련규정에 비추어 위임조항의 내재적인 위임의 범위나 한계를 객관적으로 분명히 확정할 수 있다면 이를 일반적이고 포괄적인 백지위임에 해당하는 것으로 볼 수는 없다(헌재 1994. 7. 29. 93헌가12; 헌재 2004. 11. 25. 2004헌가15 참조).

결과공개조항은 '보고의무조항에 따라 보고받은 내용을 바탕으로' 의료기관의 비급여 진료비용의 항목, 기준, 금액 및 진료내역 등에 관한 현황을 조사·분석하여 그 결과를 공개할 수 있다고 규정하고 있으므로, 보고받은 내용이 곧 현황조사·분석의 대상이 되고 그 결과가 공개대상이 된다고 볼 수 있다. 그런데 보고의무조항의 위임에 따른 의료법 시행규칙 제42조의3 제1항 제1호는 비급여 대상이 되는 행위·약제 및 치료재료 중 '의료기관에서 실시·사용·조제하는 빈도, 의료기관의 징수비용, 환자의 수요 등'을 고려하여 보고내용을 정하도록 하고 있으므로, 진료횟수나 비용, 수요 등을 고려할 때 전체 비급여에서 차지하는 비중이 큰 항목들이 보고대상이 될 것임을 알 수 있고, 결국 그러한 비급여 진료를 주로 수행하는 의료기관이 보고 및 결과공개 대상인 의료기관이 된다고 볼 수 있을 것이다.

그렇다면 비록 이 사건 시행규칙 조항 자체는 현황조사·분석 및 결과 공개대상인 의료기관의 범위를 규정하고 있지 않으나, 의료법령의 전반적 체계와 관련규정에 비추어 의료기관의 범위나 한계를 어느 정도 확정할 수 있으므로 일반적이고 포괄적인 백지위임에 해당한다고 볼 수 없다.

(라) 마지막으로 이 사건 고시조항이 이 사건 시행규칙 조항의 위임범위 내에서 규정하였는지에 관하여 본다.

이 사건 고시조항은 '비급여 진료비용의 항목, 기준, 금액 등에 관한 현황조사·분석·공개 대상 의료기관은 의원급 의료기관으로 한다'고 정하고 있는바, 이는 이 사건 시행규칙 조항에서 위임하고 있는 '비급여 진료비용에 대한 현황을 조사·분석하고 그 결과를 공개하는 의료기관'에 관한 사항이므로, 위 시행규칙 조항의 위임범위 안에 속하는 내용이라고 할 것이다.

따라서 이 사건 고시조항은 위임입법의 헌법적 한계를 준수한 의료법 조항 및 의료법 시행규칙 조항에 근거하여 그 위임범위 내에서 규정한 것이므로 법률유보원칙에 반하여 청구인들의 기본권을 침해하지 아니한다.

(2) 과잉금지원칙 위반 여부

(가) 목적의 정당성과 수단의 적합성

이 사건 고시조항은 의료기관의 비급여 진료현황을 조사·분석하고 그 결과를 공개함으로써 의료정보의 열세에 있는 의료소비자들의 알권리와 의료선택권을 보장하기 위한 것인바, 이러한 입법목적은 정당하다.

비급여 진료비용은 의료기관별로 편차가 크고 환자의 입장에서는 비용대비 충분한 효과가 있는지 판단하기 어려우므로 각 의료기관별 비급여 진료비용이 공개되면 의료소비자들이 의료기관을 선택하거나 비급여 진료를 이용할 것인지 여부를 결정할 때 도움을 받을 수 있다. 따라서 수단의 적합성이 인정된다.

(나) 침해의 최소성

1) 관련 법령에 따라 가격(수가)이 정해지는 요양급여 대상과 달리 비급여 대상은 의료기관과 환자 사이의 사적 자치에 의한 계약체결 방식으로 가격이 결정된다. 그러나 정보의 전문성과 비대칭성으로 인하여 소비자의 입장에서 비급여 비용의 적정성을 판단하기가 쉽지 않고 의료기관이 가격을 결정하면 그대로 따를 수밖에 없는 것이 현실이다(헌재 2019. 9. 26. 2018헌바111 참조).

현재 심평원은 의료기관별, 비급여 항목별, 최저·최고비용 및 동일 규모 의료기관의 평균 진료비용을 공개하고 있는바, 이를 통하여 국민들은 자신이 방문하고자 하는 지역의 비급여 진료비용을 미리 알 수 있고 각 의료기관의 비급여 진료비용을 비교하여 선택할 수 있다. 물론 각 의료기관의 시설과 장비, 의료행위의 난이도, 의료인의 경력과 수준 등에 관한 정보를 제공하지 않은 채 진료비용만을 공개하는 것은 비급여 진료에 관한 정확한 정보제공 측면에서 다소 한계가 있으나, 국민들은 심평원에서 제공한 최소한의 가격정보를 활용하여 수많은 병의원 중에서 자신의 지불능력에 적합한 의료기관을 일차적으로 추려낼 수 있고, 이를 토대로 해당 의료기관의 홈페이지를 검색하거나 직접 의료기관에 방문함으로써 좀 더 정확하고 자세한 비급여 진료에 관한 정보를 얻을 수 있다.

2) 각 의료기관의 비급여 진료비용을 공개한다고 하여 비급여 진료비용을 규제하거나 획일화하는 것이라고 보기는 어렵다. 여전히 의료기관들은 최선의 노력과 비용을 투자하여 비급여 진료를 함으로써 자신의 능력과 창의를 발휘할 수 있고, 시설·장비·인력·기술 등 각 의료기관이 처한 다양한 사정과 여건을 충분히 고려하여 자유롭게 비급여 진료비용을 결정할 수 있다.

청구인들은 의원급 의료기관의 비급여 진료비용을 공개할 경우 환자를 유치하기 위한 최저가 경쟁이 심화될 것이라 주장하나, 의료기관마다 가격을 결정하게 된 요인(의료기기, 진료시간, 시설 및 치료재 등)이 다른 상황에서 오로지 비용만을 중심으로 한 경쟁이 촉발될 것이라고 보기는 어렵다. 의료소비자 역시 의료기관의 명성이나 위치 등 여러 요소를 고려하여 의료기관을 방문하고, 제공되는 의료의 질과 서비스 수준이 우수하고 의사와의 신뢰관계가 쌓이게 되면 높은 비용을 부담하고서라도 그 의료기관을 찾게 될 것이므로, 단순히 저렴한 진료비를 제공하는 의료기관만을 선호할 것이라고 보기 어렵다.

따라서 청구인들이 우려하는 바와 같이 무리하게 진료비를 낮춰 환자를 유인한 후 불필요한 비급여 진료를 받게 하는 사례가 늘어날 것이라고 단정하기 어렵고, 설령 그러한 사례가 발생한다고 하더라도 영리 목적으로 환자를 유인하는 행위를 금지하고 처벌하는 의료법 조항(제27조 제3항, 제88조), 기업형 불법 사무장 병원의 난립을 막기 위해 1인 1의료기관 개설을 원칙으로 하고 그 위반행위를 처벌하고 있는 의료법 조항(제33조 제8항, 제87조의2 제2항 제2호) 등 이를 규제하기 위한 여러 규정과 제도들이 마련되어 있다.

3) 비급여 고지제도 및 병원급 의료기관의 비급여 진료비용 공개만으로는 의료소비자의 알권리와 의료선택권을 충분히 보장할 수 없다.

의료인은 환자 또는 보호자가 비급여 진료의 항목과 비용 등을 쉽게 알 수 있도록 그 내용을 고지하고 설명할 의무를 부담하나, 주로 비급여에 관한 일반적인 정보만 제공하고 있어 환자 입장에서 이를 분석하기가 어렵고, 의료기관마다 제공하는 비급여 항목 명과 항목 수, 진료내용과 범위가 동일하지 않아 의료기관 간 비교가 어렵다. 또한 각 의료기관별로 홈페이지를 검색하거나 직접 방문을 하여야만 비급여 진료비용을 알 수 있으므로 정보접근성이 떨어진다. 반면 심평원 홈페이지에서는 비급여 진료의 명칭과 단위를 일치시켜 표준화된 정보를 제공하고 있고 각 의료기관의 비급여 진료비용을 한 눈에 파악할 수 있으므로 의료기관별 가격 비교가 용이해 소비자의 선택에 훨씬 더 도움이 될 수 있다.

또한 의원급 의료기관이 전체 의료기관의 90% 이상을 차지하여 병원급 의료기관의 비급여 진료비용을 공개하는 것만으로는 의료소비자의 알권리 보장에 한계가 있다. 특히 비급여의 유형 중 선택 비급여가 전체 비급여에서 차지하는 비율이 가장 높고 의료기관별 비용 편차도 큰 편인바, 종합병원급 이상은 치료적 비급여의 비중이 높은 반면 의원급 의료기관은 선택 비급여의 비중이 높으므로 의원급 의료기관의 비급여 진료비용을 공개할 필요성이 더욱 크다.

4) 이상의 점들을 종합하면, 이 사건 고시조항은 침해의 최소성이 인정된다.

(다) 법익 균형성

이 사건 고시조항은 의료소비자의 알권리와 의료선택권을 보장하고 궁극적으로는 국민들로 하여금 적정한 비용으로 필요한 시기에 양질의 의료서비스를 제공받도록 하기 위한 것인바, 이러한 공익은 매우 중대하다. 의사인 청구인들은 자신이 진료하는 비급여 비용에 관한 정보가 국가를 통해 공개되는 불이익을 입게 되나, 이미 비급여 고지제도를 통해 진료비용을 공개하고 있으므로 전혀 다른 새로운 정보를 공개하는 것이 아닐 뿐 아니라, 환자들의 의료기관 선택에 있어 가격이 전적인 영향을 주는 것은 아니므로 이로 인해 최저가 경쟁이나 과다경쟁 등이 촉발될 가능성이 크다고 보기도 어렵다. 그렇다면 이 사건 고시조항으로 인해 의사인 청구인들이 입는 불이익은 위 공익에 비하여 크다고 보기 어려우므로 법익 균형성을 갖추었다.

(라) 소결

그러므로 이 사건 고시조항은 과잉금지원칙에 반하여 청구인들의 기본권을 침해하지 아니한다.

7. 결 론

그렇다면 청구인 최○○, 이○○의 이 사건 고시조항에 대한 심판청구는 부적법하므로 이를 각하하고, 나머지 심판청구는 이유 없으므로 이를 모두 기각하기로 하여 주문과 같이 결정한다. 이 결정은 아래 8.과 같은 재판관 이선애, 재판관 이은애, 재판관 이종석, 재판관 이영진의 보고의무조항과 이 사건 고시조항에 관한 반대의견이 있는 외에는 나머지 관여 재판관들의 일치된 의견에 의한 것이다.

8. 재판관 이선애, 재판관 이은애, 재판관 이종석, 재판관 이영진의 보고의무조항과 이 사건 고시조항에 관한 반대의견

우리는 보고의무조항이 의사의 직업수행의 자유와 환자의 개인정보자기결정권을 침해하고 이 사건 고시조항이 의사의 직업수행의 자유를 침해한다고 판단하므로 다음과 같이 반대의견을 남긴다.

가. 보고의무조항에 관한 판단

(1) 법률유보원칙 위반

(가) 오늘날 현대사회는 개인의 인적 사항이나 생활상의 각종 정보가 정보주체의 의사와는 전혀 무관하게 타인의 수중에서 무한대로 집적되고 이용 또는 공개될 수 있는 새로운 환경에 처하게 되었고, 개인정보의 수집·처리에 있어 거대 정보수집주체인 국가는 그 역량의 절대적 강화로 개인의 일상사를 낱낱이 파악할 수 있게 되었다. 정보화 사회로의 급속한 진전 속에 개인정보 보호의 필요성이 날로 증대하고 있는 상황에서 국가권력이 개인정보자기결정권을 제한함에 있어서는, 개인정보의 수집·보관·이용 등의 주체, 목적, 대상 및 범위 등을 법률에 구체적으로 규정할 것이 요청된다. 더욱이 개인의 인격에 밀접히 연관된 민감한 정보일수록 법률에서 직접 정할 필요성은 더 강해진다(헌재 2005. 7. 21. 2003헌마282등; 헌재 2015. 5. 28. 2011헌마731 참조).

(나) 보고의무조항은 '비급여 진료비용의 항목, 기준, 금액, 진료내역 등에 관한 사항'을 보건복지부장관에게 보고하도록 규정하고 있는바, 이 중 비급여 진료비용의 '진료내역'은 아래에서 보는 바와 같이 그 내용과 범위가 매우 포괄적임에도 진료내역이 구체적으로 무엇을 의미하는지에 관하여 보고의무조항에서 전혀 규정하고 있지 않다.

일반적으로 진료내역이란 '누가 언제 어디서 어떠한 내용의 진료를 받았는지'에 관한 정보를 의미하는 것으로 해석되고, 의료법 제22조 제1항 및 의료법 시행규칙 제14조 제1항 등에 의하면 '진료내역'에는 의료기관에서 진료기록부 등을 통하여 수집·보관하고 있는 환자의 인적사항, 주된 증상, 진단결과 또는 진단명, 진료경과, 치료 내용(주사·투약·처치 등), 진료 일시 등에 관한 정보가 포함되는 것으로 해석할 수 있다. 위 법령들에 명시된 정보 외에도, 의사들은 효과적인 진료를 위하여 환자별로 특이한 증상, 사고방식, 행동양식, 비정상적인 신체반응 등 개체적 특질을 비롯한 다양한 정보들을 수집하고 있다. 예컨대, 치과, 피부과, 산부인과, 비뇨의학과에서는 환자의 얼굴과 몸 특정 부위의 사진 등을, 이비인후과에서는 환자의 음성, 수면 모습을 녹화한 동영상 등을, 정신건강의학과에서는 다양한 종류의 검사결과지, 심층상담대화기록, 상담 녹음, 행동관찰 동영상 등을 수집하기도 한다. 이러한 의료정보는 그 자체로 개인의 정신이나 신체에 관한 단점을 나타내는 사생활의 핵심을 이루는 비밀이므로 제3자에 제공되거나 유출되었을 때 돌이킬 수 없는 인격적 피해를 입힐 수 있다.

이와 같이 '진료내역'이라고만 했을 때 그것이 의미하는 정보의 광범성, 의료정보의 민감성과 정보유출에 따른 피해의 심각성 등을 고려하면, 환자의 개인정보자기결정권에 중대한 제한을 초래하는 의료정보의 수집과 제공을 규율함에 있어서는 반드시 입법자가 법률로써 '수집되는 의료정보의 범위와 기준'을 명확히 정해놓아야 한다. 그런데 보고의무조항은 환자의 광범위한 의료정보가 포함된 '진료내역'을 보고대상으로 규정하면서 제공되는 진료내역의 범위가 어디까지인지, 환자의 개인정보자기결정권을 침해하지 않기 위해 준수하여야 할 최소한의 기준이 무엇인지에 관하여 전혀 규정하고 있지 않다. 그 결과 보건복지부는 언제든 정책적 판단이나 필요에 따라 진료내역의 범위를 달리 정할 수 있고, 경우에 따라서는 환자의 개인정보와 건강상태에 관한 모든 정보를 보고대상인 '진료내역'에 포함시킬 가능성을 배제할 수 없다.

(다) 그렇다면 보고의무조항은 의료기관으로 하여금 환자의 개인정보자기결정권에 중대한 제한을 초래하는 비급여 진료내역에 관한 정보를 국가에 제공하도록 하면서, 정보의 범위와 기준에 관한 본질적이고 기본적인 사항을 법률에서 전혀 규정하지 않은 채 하위법령에 위임하고 있으므로 법률유보원칙에 반하여 청구인들의 기본권을 침해한다.

(2) 포괄위임금지원칙 위반

(가) 앞서 본 바와 같이 보고의무조항은 보고대상인 '진료내역'의 범위에 관하여 아무런 기준을 제시하지 않은 채 보건복지부령으로 정하도록 위임하고 있는바, 입법목적이나 관련조항과의 체계적 해석 등을 통하더라도 하위법령에서 어떠한 범위의 진료내역을 보고대상으로 정할 것인지 그 대강을 예측하기가 어렵다.

보고의무조항은 환자에게 과도한 진료비용을 부담

하게 하는 의료기관을 감독하고, 비급여의 현황파악 및 실태조사를 통해 건강보험급여를 확대하며, 수집된 자료를 조사·분석하여 비급여 진료비용을 공개함으로써 환자의 알권리와 의료선택권을 보장하기 위한 데 그 입법목적이 있다.

그러나 이러한 입법목적을 고려하더라도 수많은 의료정보를 담고 있는 환자의 진료내역 중 어떠한 정보가 위와 같은 입법목적 달성을 위하여 반드시 필요한 정보로서 보고대상인 진료내역의 범위에 포함될 것인지 알기 어렵다. 오히려 '비급여의 현황파악 및 실태조사'라는 보고의무조항의 입법목적을 고려하면 가능한 한 자세하고 광범위한 비급여 진료정보를 수집하는 것이 위 입법목적 달성에 효과적일 수 있으므로, 보고의무조항의 입법목적을 통해 하위법령에 규정될 진료내역의 범위나 한계를 예상하기란 더욱 쉽지 않다.

(나) 한편, '가명정보'의 개념을 도입하고 있는 '개인정보 보호법' 조항과의 유기적·체계적 해석에 의해 보건복지부령에서 정하게 될 보고대상인 '진료내역'의 범위에도 환자 개인을 식별할 수 있게 하는 신상정보 등이 포함되지 않을 것임을 예측할 수 있는지 문제된다.

그러나 '개인정보 보호법'상 의료정보와 같은 민감정보를 가명처리하여 정보주체의 동의 없이 제공하는 것이 가능한지에 관하여는 다양한 해석이 있을 수 있고, 가사 의료정보의 가명처리가 가능하다고 하더라도 대부분의 비급여 진료가 급여 진료와 병행해서 이루어지는 우리나라 의료현실의 특성상 단순히 비급여 진료정보를 가명처리한다고 하여 누구의 진료정보인지 식별불가능하게 된다고 단정하기도 어렵다. 따라서 '개인정보 보호법'에 가명정보에 관한 규정이 있다고 하여 섣불리 보고대상인 비급여 진료내역의 범위가 이에 따라 규정될 것이라고 예측하기는 어렵다.

(다) 그러므로 보고의무조항은 포괄위임금지원칙에 반하여 청구인들의 기본권을 침해한다.

(3) 과잉금지원칙 위반

(가) 목적의 정당성 및 수단의 적합성

보고의무조항의 목적의 정당성 및 수단의 적합성이 인정된다는 점은 법정의견과 같다.

(나) 침해의 최소성

1) 사람의 육체적·정신적 상태나 건강에 대한 정보, 성생활에 대한 정보와 같은 것은 인간의 존엄성이나 인격의 내적 핵심을 이루는 요소이다. 따라서 외부세계의 어떤 이해관계에 따라 그에 대한 정보를 수집하고 공표하는 것이 쉽게 허용된다면 개인의 내밀한 인격과 자기정체성이 유지될 수 없다. 인간이 아무리 공동체에서 어울려 살아가는 사회적 존재라 할지라도 개인의 질병명은 외부세계와의 접촉을 통하여 생성·전달·공개·이용되는 것이 자연스럽다거나 필요하다고 보기 어렵다. 오히려 특별한 사정이 없는 한 타인의 지득(知得), 외부에 대한 공개로부터 차단되어 개인의 내밀한 영역 내에 유보되어야 하는 정보인 것이다. 이러한 성격의 개인정보를 수집함으로써 사생활의 비밀과 자유를 제한하는 국가적 조치는 엄격한 기준과 방법에 따라 섬세하게 행하여지지 않으면 아니된다(헌재 2007. 5. 31. 2005헌마1139 참조).

일반적으로 진료내역에 포함되는 상병명, 수술·시술명은 그 자체로 개인의 정신이나 신체에 관한 단점을 나타내며 사회적·경제적 평가의 판단기준이 되는 사생활의 핵심을 이루는 비밀이다. 특히 비급여 진료에 관한 정보는 환자들의 입장에서 매우 민감한 의료정보로, 산부인과나 비뇨의학과, 정신건강의학과 등에서 진료를 받는 환자들은 숨기고 싶은 신체적·정신적 결함이나 예민한 개인정보의 누출을 피하기 위하여 일부러 비급여 진료를 받기도 한다는 점에서 보호의 필요성이 매우 크다. 그런데 보고의무조항은 보고대상인 비급여 항목이나 진료내역과 관련하여 아무런 제한을 두지 않은 채 사실상 모든 국민의 비급여 진료에 관한 정보 일체를 보건복지부에 보고하도록 하고 있다.

가사 비급여 진료에 관한 정보가 필요하다고 하더라도 정보주체인 환자들에게 자신의 의료정보 제공을 거부할 권리를 보장하는 등 그 침해를 최소화하는 방법을 고려하여야 하는데, 보고의무조항은 환자들에게 정보제공 여부에 관하여 결정할 수 있는 권리를 전혀 보장하지 않은 채 의료기관의 장으로 하여금 환자의 동의 없이 비급여 진료정보를 국가에 보고하도록 하고 있다.

2) 공단과 심평원은 가입자 및 피부양자의 자격관리, 보험료의 부과·징수, 보험급여 비용 지급 등의 업무를 수행하면서 거의 모든 국민의 일반적인 인적 정보, 보험료 부과를 위한 직장, 소득, 재산 등에 관한 정보, 요양급여정보, 건강검진 관련 정보 등을 수집하여 처리하고 있다. 여기서 더 나아가 공단과 심평원이 국민들의 비급여 진료에 관한 정보까지 보유하게 될 경우, 이미 보유하고 있는 요양급여에 관한 정보와 결합하여 정보주체의 건강에 관한 포괄적이고 통합적인 정보를 구성할 수 있게 된다. 특히 공단과 심평원은 국가·지방자

치단체·요양기관, 보험사업자 및 보험료율 산출기관, 공공기관, 그 밖의 공공단체 등에 대하여 건강보험사업이나 요양급여 심사 등을 위하여 필요한 자료의 제공을 요청할 권한을 가지고 있고(국민건강보험법 제96조), 심평원은 업무의 효율성 등을 위해 상호연계가 필요한 경우 의료기관으로부터 제출받은 자료를 공단 등 관련 기관이 활용하도록 할 수 있으며(이 사건 고시 제11조), 중앙행정기관 등의 장은 행정 효율성 제고 등을 위하여 소관 전자적 시스템과 다른 중앙행정기관 등의 전자적 시스템을 상호연계하거나 통합할 수 있다(전자정부법 제30조의2 제1항). 그렇다면 각 국가기관에 집적되어 있는 산발적 개인정보라도 국가가 필요에 따라 상호연계·통합함으로써 개인의 모든 정보를 국가권력의 감시·통제 하에 놓을 가능성을 배제할 수 없다.

3) 국가기관이 개인정보를 수집할 때에는 그 권한 남용을 방지하고 이로 인한 관련 기본권 침해를 최소화하기 위하여, 집행 과정에서나 집행이 종료된 이후에라도 당초 수집한 목적과 무관한 정보까지 국가기관에 의해 수집·보관되고 있지는 않은지, 수집한 자료를 본래 수집한 목적, 범위 내에서 제대로 이용·처리하는지 등을 감독 내지 통제할 법적 장치가 강하게 요구된다(헌재 2018. 8. 30. 2016헌마263 참조). 특히 전자정부의 실현에 따른 공공분야의 전산화로 인해 개인정보의 침해에 대한 우려가 커진 만큼, 조사목적에 반하는 정보의 결합 및 네트워크화를 방지하기 위한 법적·제도적·기술적 시스템을 갖추는 것이 선결과제이다.

공단과 심평원이 보유한 국민의 의료정보 유출은 지난 수년간 지속적으로 문제되어 왔으며, 여러 차례 해커들과 민간 보험사 등의 표적이 되어 왔다. 그런데 보고의무조항을 신설하면서 의료기관으로부터 수집한 자료를 본래 수집한 목적, 범위 내에서 제대로 이용·처리하는지 등을 감독 내지 통제할 법적 장치를 별도로 마련한 사정이 보이지 않는다. 국민건강보험법이나 '개인정보 보호법', 공단과 심평원의 내부 지침 등에서 개인정보의 유출이나 목적 외 사용을 금지하는 일반적인 규정을 두고 있으나, 이러한 규정만으로는 충분한 법적·제도적 통제장치를 갖춘 것이라고 보기 어렵다.

4) 의료기관은 요양기관 강제지정제로 인하여 보건복지부장관이 정한 기준에 따라 일정한 비용만을 받고 전 국민에게 포괄적인 요양급여를 제공할 의무가 있으므로 요양급여의 영역에서는 자신의 비용으로 마련한 인적·물적 설비를 자신이 원하는 대로 사용하며 자유롭게 의료서비스를 제공하는 데 한계가 있다. 이러한 상황에서 의료기관에게 비급여 진료의 공간을 확보해주는 것은, 의료인으로 하여금 의료행위를 통하여 개인의 직업관을 실현하고 인격을 발현할 수 있도록 함으로써 직업의 자유에 대한 제한을 완화하는 기능을 한다(헌재 2002. 10. 31. 99헌바76등 참조). 즉, 비급여 영역에서만큼은 의료기관이 환자와의 계약을 통해 자유롭게 의료서비스를 제공하고 그에 따른 비용을 산정할 수 있다는 점 때문에 타 의료기관과 다른 전문성과 차별성을 꾀하고 수준 높은 의료행위를 제공하기 위한 노력을 기울일 수 있는 것이다.

그런데 모든 의료기관으로 하여금 비급여 진료에 관한 정보를 국가에게 보고하도록 강제하는 것은 국민건강보험이라는 제도권 밖에서 어느 정도 자율성을 인정받던 비급여 영역을 사실상 국가의 감시와 통제 하에 두는 결과를 초래한다. 더구나 보고된 비급여 정보가 조사·분석의 대상이 되어 각 의료기관별 비급여 진료비용의 공개로까지 이어진다는 점에서 국가가 요양급여와 마찬가지로 비급여 진료비용을 규제하고 획일화하는 결과를 초래할 수 있다. 국민건강보험의 재정적 한계와 무관한 사적 진료계약의 영역에 대하여까지 국가의 관리·감독을 강화하는 것은 국민건강보험제도의 건전한 운영에 별다른 도움이 되지 않을 뿐만 아니라 오히려 의료수준이 저하되는 결과를 야기할 수 있다.

5) 나아가 행정직원이 따로 없는 소규모 동네 의원에서는 수많은 환자에 대하여 이루어진 비급여 진료행위에 대하여 이를 일일이 기록하고 보고해야 하는 부담이 적지 않을 것이므로 정상적인 진료활동에 지장을 줄 가능성도 배제할 수 없다.

6) 이상의 점들을 종합하면, 보고의무조항은 침해의 최소성을 갖추었다고 보기 어렵다.

(다) 법익 균형성

보고의무조항으로 인하여 일반 국민인 청구인들은 누구에게도 알리고 싶지 않은 자신의 신체적·정신적 결함에 관한 정보가 자신의 의사에 반하여 국가에 제공되는 불이익을 입게 되고, 의사인 청구인들은 국민건강보험제도의 틀 밖에서 자유롭게 이루어진 비급여 진료영역에서까지 해당 진료정보를 국가에 통보하여야 하는 불이익을 입게 된다. 이러한 불이익은 환자의 개인정보자기결정권과 의사의 직업의 자유에 대한 중대한 제한을 초래하는 것으로서, 비급여의 관리와 건강보험의 확대 등을 통한 국민 보건 향상이라는 보고의무조항의 입법목적을 고려하더라도 제한되는 사익이 더 중대하다. 따라서 법익 균형성을 갖추었다고 보기 어렵다.

(라) 소결

그러므로 보고의무조항은 과잉금지원칙에 반하여 청구인들의 기본권을 침해한다.

나. 이 사건 고시조항에 관한 판단

(1) 법률유보원칙 위반

(가) 일반적으로 법률에서 위임받은 사항을 전혀 규정하지 않고 재위임하는 것은 '위임받은 권한을 그대로 다시 위임할 수 없다'는 복위임금지의 법리에 반할 뿐 아니라 수권법의 내용변경을 초래하는 것이 되고, 부령의 제정·개정절차가 대통령령에 비하여 보다 용이한 점을 고려할 때 재위임에 의한 부령의 경우에도 위임에 의한 대통령령에 가해지는 헌법상의 제한이 당연히 적용되어야 할 것이다. 따라서 법률에서 위임받은 사항을 전혀 규정하지 아니하고 그대로 재위임하는 것은 허용되지 않으며 위임받은 사항에 관하여 대강을 정하고 그 중의 특정사항을 범위를 정하여 하위법령에 다시 위임하는 경우에만 재위임이 허용된다(헌재 1996. 2. 29. 94헌마213; 헌재 2008. 4. 24. 2007헌마1456 참조). 이 사건과 같이 법률로부터 수권받은 부령이 고시에 재위임한 경우도 위와 같은 법리가 그대로 적용된다.

이하에서는 이 사건 고시조항의 상위법령이 위 복위임금지 법리를 위반했는지 여부에 관하여 살펴본다.

(나) 이 사건 고시조항과 관련한 위임구조는 아래와 같다.

결과공개조항은 "보건복지부장관은 제1항에 따라 보고받은 내용을 바탕으로 모든 의료기관에 대한 비급여 진료비용등의 항목, 기준, 금액 및 진료내역 등에 관한 현황을 조사·분석하여 그 결과를 공개할 수 있다. 다만, 병원급 의료기관에 대하여는 그 결과를 공개하여야 한다."라고 규정하고, 이 사건 위임조항은 "제2항에 따른 현황조사·분석 및 결과 공개의 범위·방법·절차 등에 필요한 사항은 보건복지부령으로 정한다."라고 규정하고 있다. 그 위임에 따른 보건복지부령으로서 이 사건 시행규칙 조항은 "법 제45조의2 제2항에 따라 보건복지부장관이 비급여 진료비용에 대한 현황을 조사·분석하고 그 결과를 공개하는 의료기관은 보건복지부장관이 정하여 고시하는 의료기관으로 한다."라고 규정하고 있고, 그 위임에 따라 이 사건 고시조항은 의원급 의료기관을 비급여 진료비용의 현황조사·분석·공개 대상인 의료기관으로 정하고 있다.

(다) 이 사건 시행규칙 조항에서 고시에 재위임하고 있는 "현황을 조사·분석하고 그 결과를 공개하는 의료기관"은 이 사건 위임조항으로부터 위임받은 사항 중 "현황조사·분석 및 결과 공개의 범위"와 관련한 것으로 볼 수 있는바, 위 '범위'에는 어떠한 '비급여 항목'에 관하여 현황조사·분석을 하고 그 결과를 공개할 것인지에 관한 것 뿐 아니라, 현황조사·분석 및 결과공개의 대상인 '의료기관'을 어느 범위로 정할 것인지에 관한 내용도 포함된다고 보아야 한다.

그런데 이 사건 시행규칙 조항은 이 사건 위임조항으로부터 위임받은 '현황조사·분석 및 결과 공개의 범위'와 관련하여 어떠한 의료기관을 공개 대상으로 할 것인지 그 대강의 기준도 전혀 정하지 않은 채 보건복지부장관의 고시로 정하도록 그대로 재위임하고 있다. 이는 종전 시행규칙 조항과 비교하면 더욱 명확해지는바, 구 의료법 시행규칙(2016. 10. 6. 보건복지부령 제442호로 개정되고, 2020. 9. 4. 보건복지부령 제747호로 개정되기 전의 것) 제42조의3 제1항은 "법 제45조의2 제1항에 따라 보건복지부장관이 …… 비급여 진료비용등에 대한 현황조사·분석을 하는 의료기관은 병원급 의료기관 중 병상규모 및 입원 환자의 수 등을 고려하여 보건복지부장관이 정하여 고시하는 의료기관으로 한다."라고 규정함으로써, 현황조사·분석 및 결과공개의 대상인 의료기관의 범위와 기준을 구체화한 후 고시에 재위임하였다.

(라) 한편, 결과공개조항은 '보고의무조항에 따라 보고받은 내용을 바탕으로' 모든 의료기관에 대한 비급여 진료비용의 항목 등에 관한 현황을 조사·분석하여 그 결과를 공개할 수 있다고 규정하고 있으므로, 보고의무조항과의 유기적·체계적 해석에 의하면 '보고의무조항에 따라 보고한 모든 의료기관의 비급여 진료비용에 관한 내용'이 현황조사·분석의 대상이 되고 그 결과가 공개대상이 된다고 볼 수 있을 것이다. 그런데 보고의무조항의 위임에 따른 의료법 시행규칙 제42조의3 제1항 제1호는 '비급여 대상이 되는 행위·약제 및 치료재료 중 의료기관에서 실시·사용·조제하는 빈도, 의료기관의 징수비용, 환자의 수요' 등을 고려하여 보고내용을 정하도록 규정하고 있는바, 이는 어떠한 '비급여 항목'을 보고하고 그에 따른 현황조사·분석 결과를 공개할 것인지에 관한 기준이 될 수 있을 뿐, 어떠한 '의료기관'이 그 대상이 되는지에 관한 기준이 된다고 보기는 어렵다.

그러므로 의료법령의 전반적 체계와 관련규정에 비추어 보아도 이 사건 시행규칙 조항이 고시에 위임한 '현황을 조사·분석하고 그 결과를 공개하는 의료기관'의 구체적인 범위나 한계를 객관적으로 확정하기 어렵다.

(마) 의료법 시행규칙 제42조의3 제5항은 "비급여 진료비용 등의 현황에 대한 조사·분석 결과를 공개하는 경우에는 보건복지부장관이 지정하는 정보시스템에 게시하는 방법으로 한다."라고 규정하여 이 사건 위임조항으로부터 위임받은 사항 중 현황조사·분석 및 결과공개의 '방법'에 관하여 구체화하고 있다. 그러나 '방법'에 관하여 구체화한 조항이 있다고 하여 '범위'에 관하여 백지위임하고 있는 이 사건 시행규칙 조항이 재위임에 요청되는 헌법적 기준을 충족하였다고 볼 수는 없다. 이 사건 위임조항과 같이 상위법령에서 '범위, 방법, 절차 등' 여러 항목에 관한 사항을 한꺼번에 하위법령에 위임한 경우에는, 하위법령에서 각각의 항목별로 그 대강을 정하고 각 항목의 특정사항을 범위를 정하여 다시 하위법령에 위임하는 경우에만 재위임이 허용되는 것이며, 위임받은 여러 항목 중 어느 하나만을 구체화하였다고 하여 다른 항목에 관한 부분까지 재위임의 한계를 준수하였다고 볼 수는 없기 때문이다.

(바) 그렇다면 이 사건 시행규칙 조항은 위임입법의 한계를 벗어난 것이고, 이에 근거한 이 사건 고시조항은 법률에 근거가 없이 기본권을 제한한 것이므로 법률유보원칙에 반하여 청구인들의 기본권을 침해한다. 이 사건 고시조항이 위헌인 이 사건 시행규칙 조항에 기인한 것인 이상 이 사건 시행규칙 조항에 대하여도 헌법재판소법 제75조 제5항에 의하여 위헌임을 선언하여야 한다.

(2) 과잉금지원칙 위반

(가) 목적의 정당성 및 수단의 적합성

이 사건 고시조항의 목적의 정당성 및 수단의 적합성이 인정된다는 점은 법정의견과 같다.

(나) 침해의 최소성

1) 비급여 진료비용이 공개될 경우 진료비용이 상대적으로 높게 책정되어 있는 의료기관은 가격 인하에 대한 부담을 느낄 수밖에 없다. 비급여는 요양급여 제도의 운영에 따른 획일화된 기준을 보완하고 새로운 의료기술을 반영하여 각 환자에 맞는 탄력적인 처치가 가능하게 하는 역할을 하는데, 단순히 비용만을 기준으로 주변 의료기관과 비교한 결과를 공개할 경우 의료기관들로서는 환자에게 최적의 의료서비스를 제공하고자 하는 노력보다 더 저렴한 재료나 치료방법을 사용하더라도 가능한 평균비용에 맞추려는 노력을 우선적으로 하게 될 것이다.

결국 국가가 모든 의료기관의 비급여 진료비용을 공개하고 최저가·최고가를 비교하여 순위화하는 것은 의료기관 간 가격경쟁을 유도하는 결과를 가져올 수 있고, 이는 의료의 질 하락으로 이어져 국민들의 보건향상에 부정적 결과를 초래할 수 있다. 더 나아가 저가 비급여 진료를 내세워 환자를 유인한 후 불필요한 비급여 진료를 시술하여 이익을 챙기는 불법 의료기관이 성행하게 될 가능성도 있는바, 실제 이 사건 고시조항의 시행 이후 심평원에서 공개한 가격정보 등을 활용하여 비급여 진료비용을 공개하고 가격할인이나 이벤트 등의 광고를 통해 환자를 유인하고 있는 민간 플랫폼들이 다수 발견된다. 물론 비급여 진료비용 공개자료를 영리목적의 환자유인·알선 및 불법광고 등에 활용할 경우 의료법에 따른 처벌대상이 될 수 있으나, 이는 사후적 규제방안일 뿐 가격공개에 따른 최저가 경쟁이나 의료영리화를 막을 수 있는 근본적인 해결책이 될 수 없다.

2) 규모와 인지도를 갖춘 병원급 의료기관의 경우 비급여 진료비용의 차이가 환자들의 선택을 좌우할 만한 핵심적인 요소가 아닐 수 있으나, 의원급 의료기관은 비용이 의료기관을 결정하는 중요한 요인이 될 수 있다. 따라서 비급여 진료비용의 공개는 병원급 의료기관에 비하여 규모가 작고 경쟁이 치열하여 안정적인 운영을 확보하기 어려운 의원급 의료기관들을 무한 가격경쟁으로 내몰 수 있으며, 가격을 일정 수준 이하로 낮추지 못하는 영세한 의료기관은 도태되고 자본력이 있는 소수의 의료인만 의료시장을 독과점하게 할 우려가 있다.

3) 비급여 진료는 해당 의료기관에 특화된 독특한 서비스의 한 형태로 의료행위명이 동일하다고 해서 병의원 간 진료비를 비교할 수 있는 대상이 아니다. 각종 검사료는 의료장비의 감가상각비, 검사시행 및 서비스 제공인력의 인건비, 재료대 등 진료비를 구성하는 요소별 책정가격이 종합적으로 고려되고, 병실료의 경우 병원이 위치한 지역별 차이, 병실규모, 시설기자재, 비품 등의 변수에 따라서 가격이 책정된다. 같은 비급여 특수방사선 촬영이라도 촬영 목적이나 대상(부위), 사용 장비 및 옵션 등에 따라 매우 다양하게 세분류되고 각 분류항목마다 진료비의 편차도 상당하다. 따라서 각 의료

기관의 인력·시설·장비 등 비급여 진료비용을 결정짓는 다양한 요소들을 반영하지 않은 채 오로지 진료비용만을 공개하는 것은 의료소비자에 대한 정확한 정보제공이라고 보기 어려우며, 국민들은 각 의료기관의 비급여 진료가 표준화된 분류를 따른 동일한 수준의 진료로 착각할 수 있으므로 합리적인 의료선택권 보장에 한계가 있다.

4) 비급여 진료에 대한 환자의 알권리와 의료기관 선택권 보장은 비급여 고지제도와 설명제도에 의하여 이미 적절히 이루어지고 있다.

의료법 제45조, 의료법 시행규칙 제42조의2, '비급여 진료비용 등의 고지 지침'에 의하면, 의료기관 개설자는 비급여 대상의 항목과 가격을 적은 책자 등을 환자 또는 보호자가 쉽게 볼 수 있는 장소에 갖추어 두어야 하고, 이 사건 고시 별표 1에서 정한 비급여 진료비용 등 공개항목과 그 밖에 환자가 원하는 비급여 항목에 대하여는 환자나 그 보호자에게 진료 전 해당 비급여 대상의 항목과 가격을 직접 설명해야 하며, 인터넷 홈페이지를 운영하는 의료기관의 경우 이용자가 알아보기 쉽도록 비급여 대상의 항목과 가격을 홈페이지에 따로 표시하여야 한다.

각 의료기관에서 인터넷 홈페이지나 책자 등을 통해 제공하는 정보에는, 해당 의료기관에 종사하는 의사의 전문성과 특별한 기술, 의료설비와 장비의 최신성, 의료서비스의 차별성 등과 같이 비급여 진료비용에 반영된 여러 요소를 알 수 있는 구체적 정보들이 함께 제공될 것이므로 의료소비자는 이를 통해 자신에게 필요한 비급여 진료정보를 충분히 획득할 수 있다.

5) 이상의 점들을 종합하면, 이 사건 고시조항은 침해의 최소성을 갖추었다고 볼 수 없다.

(다) 법익 균형성

비급여 진료에 관한 국민의 알권리와 의료선택권 보장이 중대한 공익임에는 의문이 없으나, 이미 비급여 고지제도를 통하여 국민의 알권리가 상당 수준 보장되고 있고, 각 의료기관의 인력·시설·장비 등 비급여 진료비용을 결정짓는 다양한 요소들을 반영하지 않은 채 오로지 진료비용만을 일률적으로 공개하는 것은 의료소비자에 대한 정확한 정보제공이라고 보기도 어렵다. 반면, 의료기관 간 단지 가격비교만을 통해 경쟁을 유도하는 것은 의료시장을 왜곡시켜 국민 보건 향상에 부작용을 낳을 수 있으며, 비급여 진료에 대한 의존도가 큰 의원급 의료기관을 가격 중심의 경쟁으로 내몰아 의료기관의 안정적 운영에 현저한 지장을 초래할 수 있다. 이러한 불이익은 이 사건 고시조항으로 달성하고자 하는 공익에 비하여 작다고 보기 어려우므로 법익 균형성을 갖추지 못하였다.

(라) 소결

그러므로 이 사건 고시조항은 과잉금지원칙에 반하여 청구인들의 기본권을 침해한다.

재판관 유남석 이선애 이석태 이은애 이종석 이영진 김기영 문형배 이미선

[별지1] 청구인 명단

(2021헌마374)

1. ~ 30. 김○○ 외 29인

청구인 1 내지 30의 대리인 법무법인 리얼굿

담당변호사 오승철, 박주성

(2021헌마743)

31. ~ 47. 강○○ 외 16인

청구인 31 내지 47의 대리인 법무법인 의성

담당변호사 이동필, 김연희, 이영호

(2021헌마1043)

48. 신○○(변호사)

[별지2] 보조참가인 명단

(2021헌마374)

1. ~ 30. 박○○ 외 29인

보조참가인들의 대리인 1. 변호사 권인영

2. 법무법인(유한) 세종

담당변호사 배호근, 하태헌, 홍수희, 김민관, 김현욱, 이정은, 박미소

[별지3] 관련조항

의료법(2020. 3. 4. 법률 제17069호로 개정된 것)

제3조(의료기관) ② 의료기관은 다음 각 호와 같이 구분한다.

1. 의원급 의료기관: 의사, 치과의사 또는 한의사가 주로 외래환자를 대상으로 각각 그 의료행위를 하는 의료기관으로서 그 종류는 다음 각 목과 같다.

가. 의원

나. 치과의원
다. 한의원

의료법(2016. 3. 22. 법률 제14084호로 개정된 것)

제45조(비급여 진료비용 등의 고지) ① 의료기관 개설자는 「국민건강보험법」 제41조 제4항에 따라 요양급여의 대상에서 제외되는 사항 또는 「의료급여법」 제7조 제3항에 따라 의료급여의 대상에서 제외되는 사항의 비용(이하 "비급여 진료비용"이라 한다)을 환자 또는 환자의 보호자가 쉽게 알 수 있도록 보건복지부령으로 정하는 바에 따라 고지하여야 한다.

의료법(2020. 12. 29. 법률 제17787호로 개정된 것)

제45조의2(비급여 진료비용 등의 보고 및 현황조사 등) ② 보건복지부장관은 제1항에 따라 보고받은 내용을 바탕으로 모든 의료기관에 대한 비급여 진료비용 등의 항목, 기준, 금액 및 진료내역 등에 관한 현황을 조사·분석하여 그 결과를 공개할 수 있다. 다만, 병원급 의료기관에 대하여는 그 결과를 공개하여야 한다.

③ 보건복지부장관은 제2항에 따른 비급여 진료비용 등의 현황에 대한 조사·분석을 위하여 필요하다고 인정하는 경우에는 의료기관의 장에게 관련 자료의 제출을 명할 수 있다. 이 경우 해당 의료기관의 장은 특별한 사유가 없으면 그 명령에 따라야 한다.

④ 제2항에 따른 현황조사·분석 및 결과 공개의 범위·방법·절차 등에 필요한 사항은 보건복지부령으로 정한다.

의료법 시행규칙(2021. 6. 30. 보건복지부령 제809호로 개정된 것)

제42조의3(비급여 진료비용 등의 보고 및 현황 조사 등) ① 의료기관의 장은 법 제45조의2제1항에 따른 비급여 진료비용 등(이하 이 조에서 "비급여 진료비용 등"이라 한다)에 관한 다음 각 호의 구분에 따른 사항을 보건복지부장관에게 반기마다 보고해야 한다. 다만, 의료기관의 행정부담, 보고 내용의 활용 목적 등을 고려하여 보건복지부장관이 정하여 고시하는 바에 따라 의료기관별 또는 항목별로 보고 횟수를 달리 정할 수 있다.

1. 법 제45조 제1항에 따른 비급여 진료비용: 「국민건강보험 요양급여의 기준에 관한 규칙」 별표 2에 따라 비급여 대상이 되는 행위·약제 및 치료재료 중 다음 각 목의 사항을 고려하여 보건복지부장관이 정하여 고시하는 사항
   가. 의료기관에서 실시·사용·조제하는 빈도
   나. 의료기관의 징수비용
   다. 환자의 수요
   라. 환자가 「국민건강보험법 시행령」 별표 2 제3호 라목에 따른 희귀난치성질환자등이거나 같은 영 제21조 제3항에 해당하는 경우, 법 제38조에 따른 특수의료장비를 사용하는 경우 등 구체적인 진료 상황

② 법 제45조의2 제2항에 따라 보건복지부장관이 비급여 진료비용 등에 대한 현황을 조사·분석하고 그 결과를 공개하는 의료기관은 보건복지부장관이 정하여 고시하는 의료기관으로 한다.

④ 보건복지부장관은 비급여 진료비용 등에 대한 심층적 조사·분석을 위하여 필요하다고 인정하는 경우에는 관계 전문기관이나 전문가 등에게 필요한 자료 또는 의견의 제출을 요청할 수 있다.

⑤ 보건복지부장관은 법 제45조의2 제2항에 따라 비급여 진료비용 등의 현황에 대한 조사·분석 결과를 공개하는 경우에는 보건복지부장관이 지정하는 정보시스템에 게시하는 방법으로 한다.

⑥ 제1항부터 제5항까지의 규정에 따른 비급여 진료비용 등의 보고와 비급여 진료비용 등의 현황에 대한 조사·분석 및 공개의 범위, 방법 및 절차 등에 관하여 필요한 세부 사항은 보건복지부장관이 정하여 고시한다.

83. 출입국관리법 제63조 제1항 위헌제청

[2023. 3. 23. 2020헌가1, 2021헌가10(병합)]

【판시사항】

1. 강제퇴거명령을 받은 사람을 보호할 수 있도록 하면서 보호기간의 상한을 마련하지 아니한 출입국관리법 제63조 제1항(이하 '심판대상조항'이라 한다)이 과잉금지원칙 및 적법절차원칙에 위배되어 피보호자의 신체의 자유를 침해하는지 여부(적극)

2. 헌법불합치결정을 하면서 계속 적용을 명한 사례

【결정요지】

1. [재판관 유남석, 재판관 이석태, 재판관 김기영, 재판관 문형배, 재판관 이미선의 헌법불합치의견]

가. 심판대상조항은 강제퇴거대상자를 대한민국 밖으로 송환할 수 있을 때까지 보호시설에 인치·수용하여 강제퇴거명령을 효율적으로 집행할 수 있도록 함으로써 외국인의 출입국과 체류를 적절하게 통제하고 조정하여 국가의 안전과 질서를 도모하고자 하는 것으로, 입법목적의 정당성과 수단의 적합성은 인정된다. 그러나 보호기간의 상한을 두지 아니함으로써 강제퇴거대상자를 무기한 보호하는 것을 가능하게 하는 것은 보호의 일시적·잠정적 강제조치로서의 한계를 벗어나는 것이라는 점, 보호기간의 상한을 법에 명시함으로써 보호기간의 비합리적인 장기화 내지 불확실성에서 야기되는 피해를 방지할 수 있어야 하는데, 단지 강제퇴거명령의 효율적 집행이라는 행정목적 때문에 기간의 제한이 없는 보호를 가능하게 하는 것은 행정의 편의성과 획일성만을 강조한 것으로 피보호자의 신체의 자유를 과도하게 제한하는 것인 점, 강제퇴거명령을 받은 사람을 보호함에 있어 그 기간의 상한을 두고 있는 국제적 기준이나 외국의 입법례에 비추어 볼 때 보호기간의 상한을 정하는 것이 불가능하다고 볼 수 없는 점, 강제퇴거명령의 집행 확보는 심판대상조항에 의한 보호 외에 주거지 제한이나 보고, 신원보증인의 지정, 적정한 보증금의 납부, 감독관 등을 통한 지속적인 관찰 등 다양한 수단으로도 가능한 점, 현행 보호일시해제제도나 보호명령에 대한 이의신청, 보호기간 연장에 대한 법무부장관의 승인제도만으로는 보호기간의 상한을 두지 않은 문제가 보완된다고 보기 어려운 점 등을 고려하면, 심판대상조항은 침해의 최소성과 법익균형성을 충족하지 못한다. 따라서 심판대상조항은 과잉금지원칙을 위반하여 피보호자의 신체의 자유를 침해한다.

나. 행정절차상 강제처분에 의해 신체의 자유가 제한되는 경우 강제처분의 집행기관으로부터 독립된 중립적인 기관이 이를 통제하도록 하는 것은 적법절차원칙의 중요한 내용에 해당한다. 심판대상조항에 의한 보호는 신체의 자유를 제한하는 정도가 박탈에 이르러 형사절차상 '체포 또는 구속'에 준하는 것으로 볼 수 있는 점을 고려하면, 보호의 개시 또는 연장 단계에서 그 집행기관인 출입국관리공무원으로부터 독립되고 중립적인 지위에 있는 기관이 보호의 타당성을 심사하여 이를 통제할 수 있어야 한다. 그러나 현재 출입국관리법상 보호의 개시 또는 연장 단계에서 집행기관으로부터 독립된 중립적 기관에 의한 통제절차가 마련되어 있지 아니하다. 또한 당사자에게 의견 및 자료 제출의 기회를 부여하는 것은 적법절차원칙에서 도출되는 중요한 절차적 요청이므로, 심판대상조항에 따라 보호를 하는 경우에도 피보호

자에게 위와 같은 기회가 보장되어야 하나, 심판대상조항에 따른 보호명령을 발령하기 전에 당사자에게 의견을 제출할 수 있는 절차적 기회가 마련되어 있지 아니하다. 따라서 심판대상조항은 적법절차원칙에 위배되어 피보호자의 신체의 자유를 침해한다.

[재판관 이선애의 헌법불합치의견]

헌재 2018. 2. 22. 2017헌가29 결정의 위헌의견에 참여하여 논증한 바와 같이, 심판대상조항은 행정의 편의성과 획일성만을 강조하여 기간의 제한 없는 보호를 가능하게 한 것으로 그 자체로 피보호자의 신체의 자유를 과도하게 제한하고, 보호명령에 대한 이의신청 등 사후적 구제수단 역시 실효성이 없으므로 과잉금지원칙에 위배된다. 또한 보호의 개시나 연장 단계에서 공정하고 중립적인 기관에 의한 통제절차가 없고, 행정상 인신구속을 함에 있어 의견제출의 기회도 전혀 보장하고 있지 아니하므로, 적법절차원칙에도 위배된다.

2. 심판대상조항의 위헌성은 보호기간의 상한을 설정하지 아니하여 장기간 또는 무기한 보호가 가능하도록 한 점과 보호의 개시 또는 연장 단계에서 공정하고 중립적인 기관에 의한 통제가 이루어지지 않고, 당사자에게 의견제출의 기회가 부여되어 있지 않은 점에 있다. 이러한 상황에서 심판대상조항에 대하여 단순위헌결정을 선고하게 되면 강제퇴거명령의 집행을 위한 보호의 근거규정이 사라지게 되어 강제퇴거명령을 받은 사람의 신병을 확보할 수 없게 되는 용인하기 어려운 법적 공백이 발생할 우려가 있다. 또한 입법자는 보호기간의 상한을 어떻게 설정할 것인지, 보호의 개시나 연장 단계에서 인신구속의 타당성을 심사할 기관을 어떻게 구성할 것인지와 의견제출의 기회를 어떠한 형태로 보장할 것인지 등 절차 형성에 관하여 입법재량을 가진다. 따라서 심판대상조항에 대하여 헌법불합치결정을 선고하되, 2025. 5. 31.을 시한으로 개선입법이 있을 때까지 계속 적용을 명한다.

재판관 이은애, 재판관 이종석, 재판관 이영진의 반대의견

헌법재판소는 2018. 2. 22. 2017헌가29 결정에서 심판대상조항이 과잉금지원칙 및 적법절차원칙에 위배되지 아니하여 강제퇴거대상자의 신체의 자유를 침해하지 않는다고 판단하였다. 선례를 변경하기 위해서는 가중정족수라는 형식적 요건 외에도, 선례의 판단에 법리상 잘못이 있다거나 사정변경이 있다는 등 선례의 입장을 변경해야만 할 필요성이 인정되어야 한다.

심판대상조항에 의한 보호는 '강제퇴거명령의 집행 확보'라는 목적상 한계와 '목적 달성을 위해 필요한 최소한의 기간'이라는 시간적 한계의 범위 내에서 집행되고 있으며, 출입국관리법은 보호명령에 대한 이의신청, 보호기간 연장에 대한 법무부장관의 승인제도, 보호의 일시해제 등을 통해 보호가 필요한 최소한도의 기간 동안에만 이루어질 수 있도록 제도를 보완하고 있다. 헌재 2018. 2. 22. 2017헌가29 결정이 선고된 이후 비보호를 원칙으로 하는 출국명령이 확대되고, 이의신청 제도가 실질화되었으며, 보호의 연장승인 및 보호일시해제제도의 실효성도 확대되는 등 제도와 실무도 개선되어 왔다. 나아가 강제퇴거대상자의 보호기간에 대한 상한 설정과 관련하여, 미국, 일본과 중국 등은 여전히 강제퇴거대상자에 대한 수용기간의 상한을 규정하고 있지 않아 우리나라가 보호기간에 상한을 설정하게 되면 우리나라에 불법으로 체류하는 외국인이 급증할 가능성을 배제할 수 없다는 점도 선례 결정 당시와 같은 사정이다.

출국거부자에 대한 강제퇴거명령 집행의 어려움은 선례 이후 변화가 없고, 보호기간의 상한을 설정하여 그 기간이 경과하면 보호를 해제하도록 할 경우 자발적 출국의지를 저해할 가능성이 커질 우려가 있으며, 보호해제된 강제퇴거대상자의 국내체류를 효율적으로 관리하거나 취업, 주거, 의료, 생계지원 등 이들의 국내체류여건을 완화할 수 있는 방안도 충분히 마련되어 있지 아니하는바, 선례의 판단을 변경할 만한 정책적인 변화 등의 사정변경이 있다고 보기도 어렵다.

또한 보호의 개시 또는 연장 단계에 제3의 독립된 중립적 기관이나 법원의 관여를 배제했다는 이유만으로 적법절차원칙에 위배되는 것은 아니며, 출입국관리법은 강제퇴거명령에서부터 보호의 개시, 연장, 해제에 이르는 전체적인 절차를 정함에 있어 출입국관리 행정의 효율성을 해치지 아니하는 범위 내에서 당사자의 절차적 권리를 보장하기 위한 절차들을 충분히 마련하고 있다.

한편, 심판대상조항에 의한 보호는 행정처분으로 헌법 제12조 제3항의 엄격한 영장주의가 적용되지 아니하며, 강제퇴거대상자는 보호명령 자체의 취소를 구하는 행정소송이나 그 집행의 정지를 구하는 집행정지신청을 할 수 있고 엄격한 사전적 절차 및 사후적 보호수단들이 행정소송절차를 통한 구제수단의 한계를 실효적으로 보완하고 있으므로 심판대상조항은 헌법 제12조 제6항에도 위배되지 아니한다.

이러한 점들을 종합하면, 헌법불합치의견이 제시하고 있는 사정들은 선례 결정을 변경할 필요성이 인정되는 규범 또는 사실상태의 변화에 해당하지 아니하는바, 선례를 변경할만한 필요성이 인정되지 아니한다.

재판관 이미선의 재판관 유남석, 재판관 이석태, 재판관 김기영, 재판관 문형배, 재판관 이미선의 헌법불합치의견에 대한 보충의견

헌법 제12조 제6항은 당사자가 체포·구속된 원인관계 등에 대한 최종적인 사법적 판단절차와는 별도로 체포·구속 자체에 대한 적법 여부를 법원에 심사 청구할 수 있는 절차를 헌법적 차원에서 보장하는 규정으로 헌법적 차원에서 독자적 지위를 가지며, 모든 형태의 공권력 행사기관이 체포 또는 구속의 방법으로 신체의 자유를 제한하는 사안에 대해 적용되고, 외국인에 대해서도 인정된다. 따라서 심판대상조항에 근거하여 보호된 외국인에 대해서는 보호 자체에 대한 적법 여부를 법원에 심사청구할 수 있는 기회가 최소한 1회 이상 제공되어야 한다.

그런데 출입국관리법은 보호 개시 또는 계속의 적법 여부 심사를 법원에 청구할 수 있는 절차를 두고 있지 아니하며, 인신보호법이 '출입국관리법에 따라 보호된 자'를 인신보호법의 적용대상에서 제외하고 있어 심판대상조항에 의해 보호된 외국인은 인신보호법상 구제청구도 할 수 없다. 또한 보호의 개시나 연장 단계에서 법원의 관여가 전혀 이루어지지 않는 상황에서 통상의 행정소송절차만으로 법원에 의한 신속하고 효율적인 구제절차가 보장된다고 볼 수 없으며, 보호의 개시는 적법하게 이루어졌으나 보호필요성의 소멸 등으로 보호의 계속이 위법하게 된 경우, 보호명령에 대한 취소소송이나 집행정지신청사건에서 적절하고 효율적인 구제가 이루어질 수 있을지 단정할 수도 없다. 법무부장관에 대한 이의신청 역시 법원의 심사를 핵심 요소로 하는 헌법 제12조 제6항의 체포·구속적부심사제도의 내용이 될 수 없고, 중립적·객관적 기관이 아닌 관리감독청에 불과한 법무부장관에 의한 사후 통제나 그 밖에 출입국관리법이 정하고 있는 절차가 체포·구속적부심사제도를 보충하는 기능을 수행할 수 있다고 보기도 어렵다.

헌법 제12조 제6항이 체포·구속적부심사청구권을 보장하고 있는 취지를 고려하면 심판대상조항에 따라 보호되고 있는 상태 그 자체에 대한 적법 여부 심사를 법원에 청구할 수 있는 절차는 보장되어야 하고, 이는 심판대상조항에 의한 보호가 출입국관리행정의 일환으로 이루어지는 것이라고 하더라도 보호로 인해 신체의 자유에 중대한 제한이 초래되는 이상 마찬가지인바, 심판대상조항은 헌법 제12조 제6항에 위배된다.

【심판대상조문】

출입국관리법(2014. 3. 18. 법률 제12421호로 개정된 것) 제63조 제1항

【참조조문】

헌법 제12조 제1항, 제3항, 제6항, 제37조 제2항

출입국관리법(2010. 5. 14. 법률 제10282호로 개정된 것) 제2조 제11호

출입국관리법(2014. 3. 18. 법률 제12421호로 개정된 것) 제46조 제1항 제2호, 제3호, 제8호, 제63조 제2항, 제3항, 제4항, 제5항, 제66조 제1항, 제2항

출입국관리법(2018. 3. 20. 법률 제15492호로 개정된 것) 제65조 제1항

【참조판례】

1. 헌재 1992. 12. 24. 92헌가8, 판례집 4, 853, 877

헌재 2003. 7. 24. 2001헌가25, 판례집 15-2상, 1, 18

헌재 2005. 3. 31. 2003헌마87, 판례집 17-1, 437, 450-451

헌재 2014. 4. 24. 2011헌마474등, 판례집 26-1하, 117, 129

헌재 2015. 9. 24. 2012헌바302, 판례집 27-2상, 514, 521

헌재 2018. 2. 22. 2017헌가29, 판례집 30-1상, 186, 197, 203, 206, 208-209

헌재 2020. 9. 24. 2017헌바157등, 판례집 32-2, 213, 219

대법원 2001. 10. 26. 선고 99다68829 판결

【당 사 자】

제청법원 1. 수원지방법원(2020헌가1)
2. 서울행정법원(2021헌가10)

제청신청인 1. 파○○(외국인)(2020헌가1)
대리인 법무법인(유한) 지평
담당변호사 박성철
변호사 마한얼 외 9인
2. 자○○(외국인)(2021헌가10)
대리인 법무법인(유한) 지평
담당변호사 박성철
변호사 마한얼 외 2인

당해사건 1. 수원지방법원 2019구단6240 강제퇴거명령 및 보호명령 취소(2020헌가1)
2. 서울행정법원 2018구단54708 강제퇴거명령 및 보호명령 취소(2021헌가10)

【주 문】

출입국관리법(2014. 3. 18. 법률 제12421호로 개정된 것) 제63조 제1항은 헌법에 합치되지 아니한다. 위 법률조항은 2025. 5. 31.을 시한으로 입법자가 개정할 때까지 계속 적용된다.

【이 유】

1. 사건개요

가. 2020헌가1

제청신청인 파○○(외국인)은 이집트아랍공화국 국적의 외국인으로 2018. 7. 21. 관광·통과(B-2) 체류자격으로 대한민국에 입국한 후 부여받은 체류기간을 도과하여 대한민국에 체류하던 중이었다.

수원출입국·외국인청장은 2018. 10. 17. 출입국관리법 제51조 제3항에 따라 위 제청신청인을 긴급보호하고, 2018. 10. 18. 같은 법 제46조 제1항 제3호, 제8호, 제11조 제1항 제8호, 제17조 제1항에 따라 위 제청신청인에게 강제퇴거명령을 함과 동시에 같은 법 제63조 제1항에 따라 보호명령을 하였다.

이에 위 제청신청인은 위 강제퇴거명령 및 보호명령의 취소를 구하는 소를 제기하고(수원지방법원 2019구단6240), 위 재판 계속 중 출입국관리법 제63조 제1항 등에 대하여 위헌법률심판제청을 신청하였으며(수원지방법원 2019아4057), 제청법원은 출입국관리법 제63조 제1항에 대한 신청 부분을 받아들여 2020. 1. 23. 이 사건 위헌법률심판을 제청하였다.

나. 2021헌가10

제청신청인 자○○(외국인)은 방글라데시인민공화국 국적의 외국인으로 2017. 5. 13. 단기상용(C-3-4) 체류자격으로 대한민국에 입국한 후 2017. 8. 7. 난민

인정신청을 하여 추가로 기타(G-1-5) 체류자격을 부여받았다.

서울출입국·외국인청장은 2017. 11. 22. 위 제청신청인이 허위초청 행위로 입국하였다는 이유로 출입국관리법 제46조 제1항 제2호, 제3호, 제7조의2 제2호, 제11조 제1항 제3호, 제4호에 따라 위 제청신청인에게 강제퇴거명령을 함과 동시에 같은 법 제63조 제1항에 따라 보호명령을 하였다.

이에 위 제청신청인은 위 강제퇴거명령 및 보호명령의 취소를 구하는 소를 제기하고(서울행정법원 2018구단54708), 위 재판 계속 중 출입국관리법 제63조 제1항 등에 대하여 위헌법률심판제청을 신청하였으며(서울행정법원 2018아12518), 제청법원은 출입국관리법 제63조 제1항에 대한 신청 부분을 받아들여 2021. 2. 9. 이 사건 위헌법률심판을 제청하였다.

2. 심판대상

이 사건 심판대상은 출입국관리법(2014. 3. 18. 법률 제12421호로 개정된 것) 제63조 제1항(이하 '심판대상조항'이라 한다)이 헌법에 위반되는지 여부이다. 심판대상조항 및 관련조항은 다음과 같다.

[심판대상조항]

출입국관리법(2014. 3. 18. 법률 제12421호로 개정된 것)

제63조(강제퇴거명령을 받은 사람의 보호 및 보호해제) ① 지방출입국·외국인관서의 장은 강제퇴거명령을 받은 사람을 여권 미소지 또는 교통편 미확보 등의 사유로 즉시 대한민국 밖으로 송환할 수 없으면 송환할 수 있을 때까지 그를 보호시설에 보호할 수 있다.

[관련조항]

출입국관리법(2010. 5. 14. 법률 제10282호로 개정된 것)

제2조(정의) 이 법에서 사용하는 용어의 뜻은 다음과 같다.

11. "보호"란 출입국관리공무원이 제46조 제1항 각 호에 따른 강제퇴거 대상에 해당된다고 의심할 만한 상당한 이유가 있는 사람을 출국시키기 위하여 외국인보호실, 외국인보호소 또는 그 밖에 법무부장관이 지정하는 장소에 인치(引致)하고 수용하는 집행활동을 말한다.

출입국관리법(2014. 3. 18. 법률 제12421호로 개정된 것)

제46조(강제퇴거의 대상자) ① 지방출입국·외국인관서의 장은 이 장에 규정된 절차에 따라 다음 각 호의 어느 하나에 해당하는 외국인을 대한민국 밖으로 강제퇴거시킬 수 있다.

2. 제7조의2를 위반한 외국인 또는 같은 조에 규정된 허위초청 등의 행위로 입국한 외국인
3. 제11조 제1항 각 호의 어느 하나에 해당하는 입국금지 사유가 입국 후에 발견되거나 발생한 사람
8. 제17조제1항·제2항, 제18조, 제20조, 제23조, 제24조 또는 제25조를 위반한 사람

제63조(강제퇴거명령을 받은 사람의 보호 및 보호해제) ② 지방출입국·외국인관서의 장은 제1항에 따라 보호할 때 그 기간이 3개월을 넘는 경우에는 3개월마다 미리 법무부장관의 승인을 받아야 한다.

③ 지방출입국·외국인관서의 장은 제2항의 승인을 받지 못하면 지체 없이 보호를 해제하여야 한다.

④ 지방출입국·외국인관서의 장은 강제퇴거명령을 받은 사람이 다른 국가로부터 입국이 거부되는 등의 사유로 송환될 수 없음이 명백하게 된 경우에는 그의 보호를 해제할 수 있다.

⑤ 지방출입국·외국인관서의 장은 제3항 또는 제4항에 따라 보호를 해제하는 경우에는 주거의 제한이나 그 밖에 필요한 조건을 붙일 수 있다.

제66조(보호 일시해제의 취소) ① 지방출입국·외국인관서의 장은 보호로부터 일시해제된 사람이 다음 각 호의 어느 하나에 해당하면 보호의 일시해제를 취소하고 다시 보호의 조치를 할 수 있다.

1. 도주하거나 도주할 염려가 있다고 인정되는 경우
2. 정당한 사유 없이 출석명령에 따르지 아니한 경우
3. 제1호 및 제2호에서 규정한 사항 외에 일시해제에 붙인 조건을 위반한 경우

② 지방출입국·외국인관서의 장은 제1항에 따라 보호의 일시해제를 취소하는 경우 보호 일시해제 취소서를 발급하고 보증금의 전부 또는 일부를 국고에 귀속시킬 수 있다.

출입국관리법(2018. 3. 20. 법률 제15492호로 개정된 것)

제65조(보호의 일시해제) ① 지방출입국·외국인관서의 장은 직권으로 또는 피보호자(그의 보증인 또는 법정대리인등을 포함한다)의 청구에 따라 피보호자의 정상(情狀), 해제요청사유, 자산, 그 밖의 사항을 고려하여 2천만 원 이하의 보증금을 예치시키고 주거의 제한이나 그 밖에 필요한 조건을 붙여 보호를 일시해제할 수 있다.

3. 제청법원의 위헌제청이유

가. 심판대상조항은 보호기간의 상한을 설정하지 아니하여 피보호자로 하여금 자신이 언제 풀려날지 전혀 예측할 수 없게 한다는 점에서 그 자체로 심각한 정신적 압박감을 가져온다. 단지 강제퇴거명령의 집행을 용이하게 한다는 행정목적 때문에 기간의 제한 없는 보호를 가능하게 하는 것은 행정의 편의성과 획일성만을 강조한 것으로, 과잉금지원칙에 위배되어 피보호자의 신체의 자유를 침해한다.

나. 출입국관리법상 보호는 형사절차상 '체포 또는 구속'에 준하는 것으로서 신체의 자유를 제한한다. 따라서 엄격한 영장주의의 적용을 받아야 하는데도 심판대상조항은 법원의 영장 없이 강제퇴거명령을 받은 외국인의 인신을 구속할 수 있도록 하고 있어 영장주의에 위배된다.

다. 보호의 개시 또는 연장 단계에서 제3의 독립된 중립적 기관이나 사법기관이 전혀 관여하고 있지 아니한 점, 피보호자는 법무부장관에게 보호명령에 대한 이의신청을 할 수 있고, 법무부장관의 승인이 있어야 보호를 연장할 수 있으나, 법무부장관은 보호명령을 발령·집행하는 행정청의 관리감독청에 불과하여 외부의 중립적·객관적 기관에 의한 사후 구제수단 내지 통제절차가 보장되어 있다고 볼 수 없는 점, 출입국관리법에 심판대상조항에 의한 보호명령을 발령하기 전 당사자에게 의견 제출의 기회를 부여하도록 하는 규정이 없는 점 등에 비추어 보면, 심판대상조항은 적법절차원칙에 위배된다.

4. 판 단

가. 출입국관리법상 외국인 보호제도

(1) 출입국관리법상 보호란 '출입국관리공무원이 출입국관리법 제46조 제1항에 따른 강제퇴거 대상에 해당된다고 의심할 만한 상당한 이유가 있는 사람을 출국시키기 위하여 외국인보호실, 외국인보호소 또는 그 밖에 법무부장관이 지정하는 장소에 인치하고 수용하는 집행활동'을 말한다(출입국관리법 제2조 제11호). 출입국관리법상 보호에는 제51조에서 정하는 '강제퇴거대상 심사결정을 위한 보호'와 심판대상조항에서 정하는 '강제퇴거명령의 집행을 위한 보호'가 있다.

(2) 심판대상조항에 따르면, 지방출입국·외국인관서의 장은 강제퇴거명령을 받은 외국인(이하 '강제퇴거대상자'라 한다)을 여권 미소지 또는 교통편 미확보 등의 사유로 즉시 대한민국 밖으로 송환할 수 없으면 송환할 수 있을 때까지 외국인보호실, 외국인보호소, 그 밖에 법무부장관이 지정하는 장소(이하 '보호시설'이라 한다)에 보호할 수 있다. 심판대상조항에 의한 보호는 외국인이 강제퇴거대상에 해당된다고 판단하여 강제퇴거명령을 하였으나 즉시 집행할 수 없는 경우에 강제퇴거명령의 집행을 확보하기 위한 것으로, 강제퇴거대상에 해당하는지 여부를 심사하기 위하여 외국인의 신병을 확보하는 출입국관리법 제51조의 보호와 구분된다.

심판대상조항은 '송환할 수 있을 때까지' 보호할 수 있다고 하여 법문상 보호기간의 제한을 두고 있지 않고, 대신 보호기간이 3개월을 넘는 경우에는 3개월마다 미리 법무부장관의 승인을 받아야 하며 승인을 받지 못하면 보호를 해제하여야 한다(출입국관리법 제63조 제2항, 제3항). 또한 심판대상조항에 따라 보호시설에 보호된 사람은 법무부장관에게 이의신청을 할 수 있고(출입국관리법 제63조 제6항, 제55조), 지방출입국·외국인관서의 장은 직권 또는 피보호자의 청구에 따라 피보호자의 정상, 해제요청사유, 자산, 그 밖의 사항을 고려하여 2,000만 원 이하의 보증금을 예치시키고 주거의 제한이나 그 밖에 필요한 조건을 붙여 보호를 일시해제할 수 있다(출입국관리법 제65조 제1항).

나. 쟁점 및 심사기준

(1) 심판대상조항에 의한 보호는 강제퇴거명령을 즉시 집행할 수 없는 경우 강제퇴거명령의 집행을 확보하기 위하여 강제퇴거대상자를 보호시설에 인치·수용하는 강제조치로, 피보호자의 신체의 자유를 제한한다(헌재 2018. 2. 22. 2017헌가29 참조). 따라서 심판대상조항이 기본권 제한의 한계 원리인 과잉금지원칙과 헌법 제12조의 적법절차원칙에 위배되어 신체의 자유를 침해하는지 여부가 이 사건의 쟁점이다.

(2) 출입국관리행정은 내·외국인의 출입국과 외국인의 체류를 적절하게 통제·조정하여 국가의 이익과 안전을 도모하는 국가행정이다. 출입국관리에 관한 사항 중 외국인의 입국과 국내 체류에 관한 사항은 주권국가로서의 기능을 수행하는 데 필요한 것으로서 광범위한 정책재량의 영역에 있고(헌재 2005. 3. 31. 2003헌마87; 헌재 2014. 4. 24. 2011헌마474등 참조), 강제퇴거명령의 집행을 확보하기 위하여 이루어지는 심판대상조항에 의한 보호는 출입국관리행정의 일환으로 볼 수 있다.

그러나 헌법 제12조 제1항의 신체의 자유는 인간의 존엄과 가치를 구현하기 위한 가장 기본적인 최소한의 자유이자 모든 기본권 보장의 전제가 되는 것으로서(헌재 2020. 9. 24. 2017헌바157등 참조) 그 성질상 인간의 권리에 해당하고, 국내 체류자격 유무에 따라 그 인정 여부가 달라지는 것이 아니다. 따라서 심판대상조항이 신체의 자유를 침해하는지 여부에 대해서는 엄격한 심사기준이 적용되어야 한다.

다. 재판관 유남석, 재판관 이석태, 재판관 김기영, 재판관 문형배, 재판관 이미선의 헌법불합치의견

(1) 과잉금지원칙 위반 여부

(가) 목적의 정당성 및 수단의 적합성

심판대상조항의 입법목적은, 강제퇴거대상자를 대한민국 밖으로 송환할 수 있을 때까지 보호시설에 인치·수용하여 강제퇴거명령을 용이하고 효율적으로 집행할 수 있도록 함으로써 외국인의 출입국과 체류를 적절하게 통제하고 조정하여 국가의 안전과 질서를 도모하고자 하는 데에 있다. 이러한 입법목적은 정당하고, 강제퇴거대상자를 대한민국 밖으로 송환할 수 있을 때까지 보호시설에 인치·수용하여 신병을 확보하는 것은 강제퇴거명령의 집행을 확보하는 효과적인 방법이므로 수단의 적합성도 인정된다.

(나) 침해의 최소성 및 법익균형성

그러나 심판대상조항은 다음과 같은 점에서 침해의 최소성과 법익균형성을 충족하지 못한다.

1) 심판대상조항에 의한 보호는 강제퇴거명령을 발령 즉시 집행할 수 없는 경우 그 집행을 확보하기 위하여 일시적·잠정적으로 취하는 강제조치이다(헌재 2018. 2. 22. 2017헌가29 참조). 그런데 심판대상조항은 강제퇴거대상자를 대한민국 밖으로 송환할 수 있을 때까지 보호할 수 있다고 규정하고 있을 뿐 보호기간의 상한을 설정하고 있지 않아 무기한 보호를 가능하게 한다.

강제퇴거명령의 집행을 목적으로 일시적·잠정적으로 강제퇴거대상자를 특정 장소에 수용하는 보호는 그 본질상 강제퇴거명령을 집행하는 데 필요한 합리적 기간 내에 수용할 때에만 그 정당성을 인정할 수 있다고 할 것이다. 그러나 심판대상조항에 따르면, 예컨대 피보호자가 난민법에 따라 난민인정신청을 하거나 난민불인정결정 등에 이의신청을 하여 관련 절차가 종료될 때까지 강제퇴거명령을 집행할 수 없는 경우(출입국관리법 제62조 제4항 참조), 피보호자가 강제퇴거명령에 대하여 취소소송 등을 제기하거나 민·형사 분쟁이 계류 중이어서 사실상 강제퇴거명령의 집행이 곤란한 경우 등에는 해당 절차의 진행 상황에 따라 보호기간이 무한정 늘어날 수 있다. 또한 심판대상조항은 다른 국가로부터 입국이 거부되어 송환이 불가능한 경우에도 송환이 가능할 때까지 기간의 제한 없이 계속해서 보호할 수 있도록 한다. 이처럼 상당한 기간 내에 강제퇴거명령을 집행할 수 없는 경우에도 강제퇴거대상자를 장기간 또는 무기한 보호하는 것은 일시적·잠정적 강제조치로서의 한계를 벗어나 피보호자의 신체의 자유를 중대하게 제한하는 것이다. 나아가 기간의 상한이 정해져 있지 않은 보호는 피보호자로 하여금 자신이 언제 풀려날지 전혀 예측할 수 없게 한다는 점에서 실제의 보호기간의 장단과 무관하게 그 자체로 심각한 정신적 압박감을 불러온다(헌재 2018. 2. 22. 2017헌가29 중 재판관 이진성, 재판관 김이수, 재판관 강일원, 재판관 이선애, 재판관 유남석의 위헌의견 참조).

심판대상조항에 의한 보호는 강제퇴거명령의 집행 확보 이외의 다른 목적을 위하여 발할 수 없다는 목적상의 한계와 송환이 가능할 때까지 필요한 최소한의 기간 동안 잠정적으로만 보호할 수 있고 다른 목적을 위하여 보호기간을 연장할 수 없다는 시간적 한계를 가지며(대법원 2001. 10. 26. 선고 99다68829 판결 참조), 실제 강제퇴거대상자가 송환되기까지의 보호기간의 평균은 10여 일 남짓에 불과하고 1년 이상의 장기 보호가 문제되는 경우는 소수에 불과하기는 하다. 그러나 이러한 한계는 일시적·잠정적 조치라는 보호의 성격에서 당연히 도출되는 것이고, 여기서 '송환이 가능할 때까지 필요한 최소한의 기간'이 상당한 기간 내로 제한되어야 하는 규범적 개념인지 여부는 고려되어 있지 않다. 따라서 위와 같은 해석상 한계에도 불구하고 보호기간의 상한을 설정하지 아니한 심판대상조항으로 인하여 장기간 또는 무기한 보호가 가능하고, 피보호자에게 책임을 물을 수 없는 사유로 강제퇴거명령을 집행할 수 없는 경우에도 '즉시 송환할 수 없으면' 실제로 송환될 때까지 장기간 보호할 수 있는 등 보호기간의 상한을 설정하지 않은 데 따른 문제는 여전히 남는다.

한편, 송환을 불가능하게 하는 객관적 사유가 없는데도 피보호자가 송환에 협조하지 않아 강제퇴거명령을 신속하게 집행할 수 없는 경우가 있을 수 있으나, 송환에 협조하지 않는다는 사정만으로 무기한 보호가 정당화되는 것은 아니다. 피보호자의 협조 거부로 강제퇴거명령의 집행이 지연되는 경우에 협조 거부를 보호기간의 연장 사유로 삼을 수는 있으나, 송환업무를 담당하는 출입국관리당국으로서는 송환을 지체시키는 장애를 제거하는 등 송환업무를 성실하게 수행하여야 하므로, 피보호자가 송환에 협조하지 않는다고 하여 언제까지고 송환이 실현될 때까지 계속해서 보호할 수는 없는 것이다.

2) 따라서 적정한 보호기간의 상한이 어느 정도인지는 별론으로 하더라도, 최소한 그 상한을 법에서 명시함으로써 보호기간의 비합리적인 장기화 내지 불확실성에서 야기되는 피해를 방지할 수 있어야 한다. 단지 강제퇴거명령의 효율적 집행이라는 행정목적 때문에 기간의 제한이 없는 보호를 가능하게 하는 것은 행정의 편의성과 획일성만을 강조한 것으로, 피보호자의 신체의 자유를 과도하게 제한한다. 다양한 사정으로 자진 출국하는 것을 선택하지 않았거나 자진 출국하는 것이 불가능했기 때문에 단속되어 보호된 외국인에게는 사실상 '출국할 수 있는 자유'가 있다고 보기 어려우므로, 강제퇴거대상자가 언제든지 출국할 자유가 있고 이로써 보호대상자에서 벗어날 수 있다는 이유로 보호기간의 상한을 두지 않음에 따른 기본권 침해가 완화된다고 볼 수 없다(헌재 2018. 2. 22. 2017헌가29 중 재판관 이진성, 재판관 김이수, 재판관 강일원, 재판관 이선애, 재판관 유남석의 위헌의견 참조).

국제적 기준과 외국 입법례를 살펴보더라도, 상당수의 국가가 강제퇴거명령을 받은 사람을 구금할 때 그 기간의 상한을 두고 있다. '제3국 불법체류자의 송환에 대한 회원국 내 공동 기준과 절차에 관한 지침'(이른바 '유럽연합 불법체류자 송환지침')(Directive 2008/115/EC of the European Parliament and of the Council of 16 December 2008 on common standards and procedures in Member States for returning illegally staying third-country nationals)은 불필요한 장기구금을 억제하고 강제퇴거대상 외국인의 기본적 인권을 존중하기 위하여 회원국으로 하여금 국내법으로 구금기간의 절대적 상한을 규정하도록 하고 있는데, 최초의 구금기간은 6개월을 넘을 수 없도록 하고 예외적으로 구금을 연장할 수 있으나 연장기간은 최대 12개월로 하도록 하는 등 장기구금에 대한 통제를 강화하고 있다. 이에 따라 유럽연합 회원국들은 위 지침에서 정한 기준과 같거나 혹은 보다 엄격한 구금요건과 절차를 국내법으로 입법하면서 구금기간의 상한을 정하고 있다. 즉 프랑스는 송환이 합리적으로 가능한 외국인을 대상으로 효과적인 신병 확보가 어렵고 효과적인 집행을 보장하기 위한 다른 조치가 충분치 않을 때에 한하여 최대 90일까지 구금을 명할 수 있도록 법으로 규정하고 있고, 독일은 강제추방을 위한 구금을 6개월까지 명할 수 있되, 연장하는 경우에도 최대 12개월을 넘지 못하도록 법으로 규정하고 있다. 대만과 남아프리카공화국도 법률로 강제퇴거대상자의 구금기간을 최대 100일 또는 120일로 제한하고 있다. 이처럼 국제적 기준이나 다른 입법례에서 구금기간의 상한을 정하고 있는 것은 기간이 정해져 있지 않은 구금상태가 중대한 인권침해를 초래할 가능성이 있기 때문이다.

실제 강제퇴거명령을 집행하는 과정에서 송환에 이르기까지 소요되는 기간은 강제퇴거대상자의 협조 여부나 우리나라 또는 송환국의 사정에 따라 달라질 수 있다. 이러한 점을 들어 심판대상조항이 보호기간의 상한을 두지 않은 것의 불가피성을 주장할 수 있으나, 심판대상조항에 의한 보호가 강제퇴거명령의 집행을 목적으로 일시적·잠정적으로 취해지는 조치라는 점과 위와 같이 강제퇴거대상자에 대한 구금기간의 상한을 정하고 있는 국가들이 상당수 있다는 점을 고려하면, 강제퇴거명령을 집행하는 데 필요한 합리적인 보호기간의 상한을 정하는 것이 불가능하다고 볼 수 없다.

3) 보호기간에 상한을 설정할 경우 송환이 지연되어 보호기간의 상한을 도과하게 되면 강제퇴거대상자의 보호를 해제하여야 하는데, 이 경우에 보호해제된 강제퇴거대상자가 잠적하거나 범죄에 노출될 수 있다는 주장이 있을 수 있다. 그러나 이는 아직 현실화되지 않은 막연하고 잠재적인 가능성 내지 일부 상황을 과장한 우려에 불과하므로, 위와 같은 막연한 추정만을 근거로 '기간의 상한이 없는 보호'와 같이 신체의 자유를 중대하게 제한하는 조치가 정당화되기는 어렵다. 대한민국에서 범죄를 범한 외국인이라고 하여 그가 보호해제되면 도주하거나 다시 범죄를 범할 것이라고 단정할 수는 없다. 게다가 강제퇴거대상자 중에는 범죄를 범하여 형을 선고받은 외국인뿐만 아니라 입국이나 체류에 관한 행정법규를 단순히 위반한 외국인도 있을 수 있는데, 이들 모두를 잠재적 도주자 내지는 잠재적 범죄자로 보아 기간의 제한 없이 보호하는 것은 과도한 조치이다

(헌재 2018. 2. 22. 2017헌가29 중 재판관 이진성, 재판관 김이수, 재판관 강일원, 재판관 이선애, 재판관 유남석의 위헌의견 참조).

보호기간에 상한을 두게 될 경우 피보호자가 강제퇴거명령에 대한 취소소송이나 난민인정신청 등을 통해 보호기간의 상한을 도과하게 될 것이라는 점에 대한 우려가 있을 수 있으나, 법원에서 해당 사건을 우선적·집중적으로 심리하고 난민인정 심사 및 결정을 신속히 진행하거나 난민인정신청의 남용을 방지하는 등 제도적 개선을 통하여 보호기간의 상한을 도과하는 경우를 최소화할 수 있다.

나아가 강제퇴거명령의 집행 확보는 심판대상조항에 의한 보호 외에 다양한 수단으로도 가능하다. 예를 들어 출국 요건이 구비될 때까지 강제퇴거대상자의 주거지를 제한하거나 주거지를 정기적으로 보고하는 방법, 신원보증인을 지정하거나 적정한 보증금을 내도록 하는 방법, 감독관 등을 통하여 강제퇴거대상자를 지속적으로 관찰하거나 감독하는 방법 등 보호를 대체하는 수단을 통하여 강제퇴거명령의 집행을 확보할 수 있다. 따라서 강제퇴거명령의 집행을 확보하기 위하여 기간의 상한 없는 보호와 같이 피보호자의 신체의 자유를 과도하게 제한하는 방식을 반드시 택하여야 하는 것은 아니다.

4) 한편, 현행 출입국관리법상의 절차나 제도의 운용만으로는 보호기간을 적절히 통제하여 신체의 자유에 대한 과도한 제한을 완화시키기에 부족하다.

먼저, 피보호자는 출입국관리법에 따라 지방출입국·외국인관서의 장에게 보호의 일시해제를 청구할 수 있고, 지방출입국·외국인관서의 장은 직권으로 보호를 일시해제할 수 있다(출입국관리법 제65조). 그러나 강제퇴거명령 등에 대한 취소소송에서 승소판결을 받은 사정이 있지 않은 한 보호일시해제 여부는 지방출입국·외국인관서의 장의 전적인 재량사항으로(출입국관리법 제65조, '보호일시해제업무 처리규정' 제6조 참조), 보호의 필요성에 대한 실질적인 검토보다는 행정의 편의를 위해 이루어질 가능성이 크다. 2020헌가1 사건의 법무부장관에 대한 2021. 7. 1.자 사실조회결과 및 법무부장관이 2022. 9. 5. 제출한 참고자료에 따르면, 2013년부터 2017년까지 5년간 이루어진 보호일시해제 건수가 연 평균 120건이고, 2018년부터 2020년까지 3년간 이루어진 보호일시해제 건수가 연 평균 131건이었던 데 비해, 2021년 이루어진 보호일시해제는 461건으로 급증하였는데, 2021년에 보호일시해제 청구와 이에 대한인용이 급증한 것은 코로나바이러스감염증-19 확산으로 보호소 내 방역관리에 어려움을 겪은 데 따른 것으로 행정상의 편의가 주된 이유였던 것으로 보인다. 출입국관리법 제63조 제4항은 지방출입국·외국인관서의 장은 강제퇴거대상자가 다른 국가로부터 입국이 거부되는 등의 사유로 송환될 수 없음이 명백하게 된 경우에는 보호를 해제할 수 있다고 정하고 있으나, 이 역시 지방출입국·외국인관서의 장의 전적인 재량사항이다. 이러한 점에 비추어 보면, 보호일시해제제도가 보호기간의 상한을 두지 않은 문제를 보완할 수 있는 장치로 기능한다고 보기 어렵다.

또한 출입국관리법은 보호명령에 대한 이의신청, 보호기간 연장에 대한 법무부장관의 승인제도를 두고 있으나, 뒤에서 살펴보는 바와 같이 이는 보호명령을 발령·집행하는 행정청의 관리감독청인 법무부장관에 의해 이루어지는 절차에 그쳐 보호기간의 상한을 두지 않은 문제를 보완할 정도의 실효성이 있다고 볼 수 없다. 특히 법무부장관이 2021. 7. 21. 및 2022. 9. 5. 제출한 참고자료에 따르면, 연장 불승인 비율은 2017년 4.9%, 2018년 6.7%, 2019년 6.4%, 2020년 4.0%, 2021년 9.4%로 최근 5년간 불승인율이 평균 6.28%에 그치는 점에 비추어 볼 때, 연장승인제도의 실효성에 의문을 제기하지 아니할 수 없다.

5) 이상의 사정을 종합하면, 보호시설에서의 무기한 보호 외에 강제퇴거명령의 집행을 확보할 수단이 있음에도 심판대상조항이 기간의 상한 없이 피보호자를 보호할 수 있도록 한 것은 입법목적을 달성하기 위하여 필요한 최소한의 정도를 넘어 피보호자의 신체의 자유를 과도하게 제한하는 것이고, 심판대상조항이 달성하고자 하는 공익이 중요하다고 하더라도 기간의 상한이 없는 보호로 인하여 피보호자의 신체의 자유가 제한되는 정도가 지나치게 크므로, 심판대상조항은 침해의 최소성 및 법익의 균형성 요건을 충족하지 못한다.

(다) 소결

심판대상조항은 과잉금지원칙을 위반하여 피보호자의 신체의 자유를 침해한다.

(2) 적법절차원칙 위반 여부

(가) 헌법 제12조 제1항은 '법률과 적법절차에 의하지 아니하고는 처벌·보안처분 또는 강제노역을 받지

아니한다.'고 규정하여 적법절차원칙을 천명하고 있다. 적법절차원칙은 형사소송절차에 국한되지 않고 모든 국가작용 전반에 대하여 적용되므로(헌재 1992. 12. 24. 92헌가8; 헌재 2018. 2. 22. 2017헌가29 등 참조), 심판대상조항에 의한 보호에 있어서도 헌법상 적법절차원칙은 준수되어야 한다. 그런데 심판대상조항은 헌법상 적법절차원칙의 관점에서 다음과 같은 점이 문제된다.

(나) 행정절차상 강제처분에 의해 신체의 자유가 제한되는 경우, 강제처분의 집행기관으로부터 독립된 중립적인 기관이 이를 통제하도록 하는 것은 적법절차원칙의 중요한 내용에 해당하는바, 구체적인 통제의 모습이나 수준은 강제처분의 목적과 이로써 달성하고자 하는 공익, 강제처분으로 인해 신체의 자유가 제한되는 정도 등 모든 요소를 고려하여 결정되어야 할 것이다. 심판대상조항에 의한 보호는 강제퇴거명령의 집행 확보를 목적으로 하면서도 신체의 자유를 제한하는 정도가 박탈에 이르러 형사절차상 '체포 또는 구속'에 준하는 것으로 볼 수 있는 점을 고려하면, 적법절차원칙상 보호의 개시 또는 연장 단계에서 그 집행기관인 출입국관리공무원으로부터 독립되고 중립적인 지위에 있는 기관이 보호의 타당성을 심사하여 이를 통제할 수 있어야 한다.

출입국관리법에 따르면 지방출입국·외국인관서의 장이 강제퇴거 여부를 심사·결정하여 강제퇴거명령서와 강제퇴거명령의 집행을 위한 보호명령서를 발급하고, 출입국관리공무원이 보호명령과 강제퇴거명령을 집행하도록 되어 있어(출입국관리법 제58조, 제59조 제2항, 제3항, 제62조 제1항, 제63조 제1항, 제6항, 제53조), 형식적으로는 보호명령서를 발급하는 자와 이를 집행하는 자가 분리되어 있기는 하다. 그러나 보호결정을 하는 지방출입국·외국인관서의 장은 독립된 제3의 기관이 아니라 출입국관리공무원이 속한 동일한 집행기관 내부의 상급자에 불과하여 실질적으로 보호결정기관과 그 집행기관이 분리되어 있다고 볼 수 없다. 또한 출입국관리법 제63조 제2항은 보호기간이 3개월을 넘는 경우 지방출입국·외국인관서의 장으로 하여금 3개월마다 미리 법무부장관의 승인을 받도록 하여 보호연장승인기관을 분리하고는 있으나, 법무부장관은 보호명령을 발령·집행하는 행정청의 관리감독청에 불과하여 이를 두고 외부의 중립적·객관적 기관에 의한 심사가 이루어진다고 보기 어렵다.

이와 같이 현재 출입국관리법상 보호의 개시 또는 연장 단계에서 집행기관으로부터 독립된 중립적 기관이 전혀 관여하고 있지 아니한데, 이러한 상황 하에서는 보호의 필요성 등에 대한 심사가 제대로 이루어진다고 보장할 수 없다. 강제퇴거명령이 있으면 거의 자동적으로 보호명령이 발령되고, 지방출입국·외국인관서의 장의 신청이 있으면 거의 예외 없이 법무부장관의 연장승인이 이루어지는 현실은 이러한 점을 방증한다고 할 것이다.

한편 피보호자는 법무부장관에게 보호명령에 대해 이의신청을 할 수 있으나, 법무부장관은 앞서 본 것과 같이 보호명령을 발령·집행하는 행정청의 관리감독청에 불과하여 이로써 외부의 중립적·객관적 기관에 의한 심사제도가 보장되어 있다고 볼 수 없다. 2013년부터 2020년까지 8년간 보호명령에 대한 이의신청이 인용된 사례가 단 한 건도 없었다는 점을 보더라도, 법무부장관의 심사가 보호의 적법성을 담보하기 위한 실질적인 통제절차로서의 의미를 갖는다고 보기 어렵다. 또한 피보호자는 강제퇴거명령이나 보호명령, 보호명령에 대한 이의신청을 기각한 결정 등에 대하여 행정소송을 제기할 수 있고 그 과정에서 보호명령의 집행정지를 신청할 수 있으나, 보호의 개시 또는 연장 단계에서 공정하고 중립적인 기관에 의한 사전통제가 전혀 이루어지지 아니하는 이상 이와 같은 일반적·사후적인 사법통제수단만으로는 피보호자를 충분히 보호한다고 볼 수 없다.

(다) 당사자에게 의견 및 자료 제출의 기회를 부여하는 것은 적법절차원칙에서 도출되는 중요한 절차적 요청이므로(헌재 2003. 7. 24. 2001헌가25; 헌재 2015. 9. 24. 2012헌바302 참조), 심판대상조항에 따라 보호를 하는 경우에도 피보호자에게 위와 같은 기회가 보장되어야 한다.

그런데 출입국관리법은 심판대상조항에 따른 보호명령을 발령하기 전에 당사자에게 의견을 제출할 기회를 부여하도록 하는 규정을 두고 있지 않다. 행정절차법은 행정청이 당사자에게 의무를 부과하거나 권익을 제한하는 처분을 할 때 당사자 등에게 의견제출의 기회를 주어야 한다고 규정하면서(행정절차법 제22조 제3항), '외국인의 출입국에 관한 처분'을 행정절차법의 적용대상에서 제외하고 있다(행정절차법 제3조 제2항 제9호, 행정절차법 시행령 제2조 제2호). 따라서 현행법상 피보호자는 보호명령절차에서 자신에게 유리한 진술을 하거나 의견을 제출할 수 있는 기회를 부여받고 있지 않다.

보호명령은 강제퇴거명령을 전제로 하고, 강제퇴거명령은 강제퇴거대상자에 해당된다고 의심되는 외국인, 이른바 용의자에 대한 조사를 근거로 이루어지며, 용의자에 대한 조사는 그의 진술을 조서에 적고 그 내용에 대한 추가·변경 등의 청구가 있으면 이를 조서에 적어야 하는 등(출입국관리법 제47조, 제48조 제3항, 제4항) 용의자는 강제퇴거명령절차에서 자신의 의견을 진술할 기회를 부여받는다고 볼 수 있다. 그러나 피보호자는 보호명령절차에서 보호의 필요성이나 도주 우려 등에 대한 의견을 진술할 수 있어야 하고, 강제퇴거명령절차에서 의견을 진술할 기회가 보장되었다고 하여 이와는 독립된 별도의 절차인 보호명령절차에서 의견을 진술할 기회를 배제할 수는 없다. 한편 보호명령에 대한 이의신청 단계에서는 법무부장관이 필요하면 관계인의 진술을 들을 수 있도록 재량으로 규정하고 있을 뿐이고(출입국관리법 제63조 제6항, 제55조 제3항), 보호 연장에 대한 법무부장관의 사전승인 역시 지방출입국·외국인관서의 장이 보호기간 연장의 필요성을 소명하여야 한다고만 규정하고 있어(출입국관리법 시행령 제78조 제2항) 피보호자가 법무부장관에게 의견 및 자료를 제출할 수 있는 절차적 기회가 법령상 마련되어 있다고 볼 수 없다.

(라) 이러한 점들을 종합하면, 심판대상조항은 보호의 개시 또는 연장 단계에서 공정하고 중립적인 기관에 의한 통제절차가 없고, 당사자에게 의견을 제출할 기회를 보장하고 있지 아니하므로, 헌법상 적법절차원칙에 위배된다.

(3) 헌법불합치결정과 잠정적용의 필요성

이상 살펴본 것과 같이 심판대상조항은 과잉금지원칙과 적법절차원칙을 위반하여 피보호자의 신체의 자유를 침해하므로, 심판대상조항에 대하여 단순위헌결정을 하는 것이 원칙이다.

그러나 심판대상조항의 위헌성은 보호기간의 상한을 설정하지 아니하여 장기간 또는 무기한 보호가 가능하도록 한 점과 보호의 개시 또는 연장 단계에서 공정하고 중립적인 기관에 의한 통제가 이루어지지 않고, 당사자에게 의견제출의 기회가 부여되어 있지 않은 점에 있다. 이러한 상황에서 심판대상조항에 대하여 단순위헌결정을 할 경우 강제퇴거명령의 집행을 위한 보호의 근거규정이 사라지게 되어 강제퇴거명령을 받은 사람의 신병을 확보할 수 없게 됨으로써 용인하기 어려운 법적 공백이 발생하게 된다. 더욱이 입법자는 보호기간의 상한을 어떻게 설정할 것인지, 보호의 개시나 연장 단계에서 인신구속의 타당성을 심사할 기관을 어떻게 구성할 것인지와 의견제출의 기회를 어떠한 형태로 보장할 것인지 등 절차 형성에 관하여 입법재량을 가진다.

따라서 심판대상조항에 대하여 헌법불합치 결정을 선고하되, 입법자의 개선입법이 이루어질 때까지 계속 적용을 명하기로 한다. 입법자는 가능한 한 빠른 시일 내에 개선입법을 해야 할 의무가 있으므로, 늦어도 2025. 5. 31.까지는 개선입법을 하여야 하고, 그때까지 개선입법이 이루어지지 않으면 심판대상조항은 2025. 6. 1.부터 효력을 상실한다.

라. 재판관 이선애의 헌법불합치의견

나는 심판대상조항이 헌법에 위반되어 헌법불합치결정을 하여야 한다는 점에서 재판관 유남석, 재판관 이석태, 재판관 김기영, 재판관 문형배, 재판관 이미선의 위헌의견과 결론을 같이 한다. 다만, 그 이유에 대하여는 이미 헌재 2018. 2. 22. 2017헌가29 결정의 위헌의견에 참여하여 논증한 바 있으므로, 이를 아래와 같이 인용하여 이 사건의 위헌의견을 남긴다. 헌법불합치결정에 이르는 논증은 재판관 유남석, 재판관 이석태, 재판관 김기영, 재판관 문형배, 재판관 이미선의 헌법불합치의견과 동일하다.

(1) 과잉금지원칙 위배 여부

(가) 목적의 정당성과 수단의 적정성

심판대상조항은 강제퇴거명령을 받은 자에 대한 집행을 용이하게 함으로써 외국인의 출입국과 체류를 적절하게 통제하고 조정하여 국가의 안전을 도모하기 위한 것이므로 그 입법목적은 정당하다. 또한 강제퇴거명령을 받은 사람을 출국 요건이 구비될 때까지 보호시설에 보호하여 신병을 확보하는 것은 강제퇴거명령의 신속하고 효율적인 집행을 위한 효과적인 방법이므로 수단의 적정성도 인정된다.

(나) 침해의 최소성 및 법익의 균형성

1) 심판대상조항에 의한 보호대상은 출입국관리법상 강제퇴거명령을 받은 사람이다. 이들은 이미 국내체류기간 동안 불법체류, 불법취업, 범죄행위 등의 범법

행위를 한 외국인으로서(법 제46조 제1항 참조) 도주의 가능성이나 잠재적 위험성이 없다고 볼 수 없으므로, 본국으로 송환될 때까지 그 신병을 확보하기 위한 보호와 관리가 필요하다는 점은 인정된다.

그러나 심판대상조항은 보호기간의 상한을 설정하고 있지 않아 강제퇴거명령을 받은 자를 대한민국 밖으로 송환할 수 있을 때까지 무기한 보호를 가능하게 한다. 기간의 상한이 정해져 있지 않은 보호는 피보호자로 하여금 자신이 언제 풀려날지 전혀 예측할 수 없게 한다는 점에서, 실제 보호기간의 장단과 관계없이 그 자체로 심각한 정신적 압박감을 가져온다. 따라서 적정한 보호기간의 상한이 어느 정도인지는 별론으로 하더라도, 최소한 그 상한을 법에서 명시함으로써 피보호자로 하여금 자신이 보호될 수 있는 최대기간을 예측할 수 있게 할 필요가 있으며, 단지 강제퇴거명령의 집행을 용이하게 한다는 행정목적 때문에 기간의 제한 없는 보호를 가능하게 하는 것은 행정의 편의성과 획일성만을 강조한 것으로 그 자체로 피보호자의 신체의 자유에 대한 과도한 제한이다(헌재 2016. 4. 28. 2013헌바196 중 재판관 이정미, 재판관 김이수, 재판관 이진성, 재판관 강일원의 반대의견 참조).

국제적 기준과 외국 입법례를 보면, 국제연합(UN)의 '자의적 구금에 관한 실무그룹'(Working Group on Arbitrary Detention)은 구금의 상한이 반드시 법률에 규정되어 있어야 하고 구금이 무기한이어서는 안 된다고 한다. 독일은 강제추방을 위한 구금은 6개월까지 명할 수 있고, 더 긴 기간이 소요될 것으로 예상되는 경우 최대 12개월 연장할 수 있도록 정하고 있으며, 유럽연합(EU) 불법체류자 송환지침(Directive 2008/115/EC of the European Parliament and of the Council of 16 December 2008 on common standards and procedures in Member States for returning illegally staying third-country nationals) 역시 이와 동일하게 규정하고 있다. 이와 같이 국제적 기준이나 다른 입법례에서 최대 구금기간을 정하도록 하고 있는 이유도, 기간이 정해져 있지 않은 구금 상태가 중대한 인권침해를 초래할 가능성이 있기 때문이다.

대법원은, '출입국관리법 제63조 제1항의 보호명령은 강제퇴거명령의 집행확보 이외의 다른 목적을 위하여 이를 발할 수 없다는 목적상의 한계 및 일단 적법하게 보호명령이 발하여진 경우에도 송환이 가능할 때까지 필요한 최소한의 기간 동안 잠정적으로만 보호할 수 있고 다른 목적을 위하여 보호기간을 연장할 수 없다는 시간적 한계를 가지는 일시적 강제'라고 하였다(대법원 2001. 10. 26. 선고 99다68829 판결 참조). 그러나 위 판시대로 하더라도 장기 내지 무기한 보호의 가능성이 사라지는 것은 아니며, 위 판결은 보호의 성질상 한계를 설시한 것일 뿐 보호기간의 상한을 설정한 것이 아니므로, 보호기간을 제한할 수 있는 적절하고 실질적인 통제 기능을 한다고 보기 어렵다. 가령 피보호자가 강제퇴거명령에 대한 취소소송을 제기하거나 난민인정신청을 하는 등의 경우에는 절차의 진행 상황에 따라 보호기간이 무한정 늘어날 수 있는데, 보호기간의 장단은 오로지 행정청과 사법부가 관련 절차를 얼마나 신속하게 진행시키는지 여부에 따라 결정된다(피보호자가 법원에 강제퇴거명령 및 보호명령에 대한 집행정지를 신청할 수 있지만, 이를 받아줄지 여부는 법원의 재량에 맡겨져 있다). 이 경우 피보호자에게 책임이 없는 사유로 보호가 장기화되는 결과가 초래될 수 있다.

2) 각 나라의 사정이나 절차 진행 상황에 따라 송환에 소요되는 기간이 달라져서 피보호자의 송환이 언제 가능해질 것인지 미리 알 수가 없으므로, 보호기간을 한정하지 않고 '송환할 수 있을 때까지' 보호할 수 있도록 한 것은 심판대상조항의 입법목적 달성을 위하여 불가피하다고 보는 입장이 있을 수 있다. 그러나 강제퇴거대상자에 대한 구금기간의 상한을 정하고 있는 국가들이 상당수 있다는 점을 고려할 때, 합리적인 보호기간의 상한을 정하는 것이 불가능하다고 볼 수 없다.

심판대상조항에 보호기간의 상한을 규정하면 송환가능시점이 지연되어 보호기간의 상한을 초과하게 되었을 때 강제퇴거대상자를 석방하여야 하는데, 이 경우 석방된 강제퇴거대상자들이 잠적하거나 범죄를 저지를 수 있다고 보는 입장이 있을 수 있다. 그러나 이는 아직 현실화되지 않은 막연하고 잠재적인 가능성에 불과하고, 이를 뒷받침할만한 실증적 근거도 충분하다고 볼 수 없으므로, 위와 같은 막연한 추정만을 근거로 '기한의 상한이 없는 보호'와 같이 신체의 자유를 중대하게 제한하는 조치가 정당화되기는 어렵다. 대한민국에서 범죄를 범한 외국인이라고 하여 그가 보호해제되면 도주하거나 다시 범죄를 범할 것이라고 단정할 수 없다. 게다가 강제퇴거대상자 중에는 범죄를 범하여 형을 선고받은 외국인뿐만 아니라 입국이나 체류에 관한 행정법규를 단순히 위반한 외국인도 있을 수 있는데, 이들 모두를 잠재적 도주자 내지는 잠재적 범죄자로 보아 기간의 제한 없이 보호하는 것은 과도한 조치이다.

피보호자가 강제퇴거명령에 대한 취소소송을 제기하거나 난민인정신청을 하는 등의 경우에 대하여는, 법원에서 해당 사건을 우선적·집중적으로 심리하고, 난민인정 심사 및 결정을 신속히 진행하는 등 제도적 개선을 통하여 보호기간의 상한을 초과하는 경우를 최소화할 수 있다. 보호기간의 상한을 초과하여 보호를 해제하더라도, 출국 요건이 구비될 때까지 이들의 주거지를 제한하거나 주거지에 대하여 정기적으로 보고하도록 하는 방법, 신원보증인을 지정하거나 적정한 보증금을 내도록 하는 방법, 감독관 등을 통하여 이들을 지속적으로 관찰 및 감독하는 방법 등을 통하여 도주나 추가적인 범법행위를 상당 부분 방지할 수 있을 것으로 보인다. 따라서 심판대상조항의 입법목적 달성을 위하여 기간의 상한 없는 구금과 같이 피보호자의 신체의 자유를 과도하게 제한하는 방식을 반드시 택하여야 하는지 의문이다.

3) 다양한 사정으로 자진 출국하는 것을 선택하지 않았거나 자진 출국하는 것이 불가능했기 때문에 단속되어 보호된 외국인들에게는 사실상 '출국할 수 있는 자유'가 있다고 보기 어려우므로, 강제퇴거대상자들이 언제든지 출국할 자유가 있고 이로써 보호대상자에서 벗어날 수 있다는 이유로 보호기간의 상한을 두지 않음에 따른 기본권 침해가 완화된다고 볼 수 없다(헌재 2016. 4. 28. 2013헌바196 중 재판관 이정미, 재판관 김이수, 재판관 이진성, 재판관 강일원의 반대의견 참조).

피보호자는 지방출입국·외국인관서의 장(이하 '소장 등'이라 한다)에게 보호일시해제를 청구할 수 있으나, 강제퇴거명령 등에 대한 취소 소송에서 승소 판결을 받은 사정이 있지 않는 한 보호일시해제 여부는 소장 등의 전적인 재량사항이므로, 보호일시해제제도는 장기구금의 문제를 보완할 수 있는 장치로서 실질적으로 기능한다고 보기 어렵다. 그 밖에 강제퇴거명령 및 보호명령에 대한 이의신청 등 사후적 구제수단 역시 뒤에서 보듯이 실효성이 있다고 볼 수 없다.

4) 이와 같이 심판대상조항이 달성하고자 하는 공익이 중대하고 강제퇴거대상자에 대한 보호가 그러한 공익의 달성을 위하여 필요하기는 하나, 이를 감안하더라도 기간의 상한이 없는 보호로 인하여 피보호자의 신체의 자유가 제한되는 정도가 지나치게 크므로, 심판대상조항은 침해의 최소성 및 법익의 균형성 요건을 충족하지 못한다.

(다) 소결

심판대상조항은 과잉금지원칙에 위배되어 피보호자의 신체의 자유를 침해한다.

(2) 적법절차원칙 위반 여부

헌법 제12조 제1항은 "법률과 적법한 절차에 의하지 아니하고는 처벌·보안처분 또는 강제노역을 받지 아니한다"고 규정하여 적법절차원칙을 규정하고 있다. 적법절차원칙은 형사소송절차에 국한하지 않고 모든 국가작용에 대하여 적용되므로(헌재 1992. 12. 24. 92헌가8; 헌재 2014. 8. 28. 2012헌바433 등 참조), 출입국관리행정의 일환으로 이루어지는 강제퇴거명령 및 보호명령의 집행에 대하여도 적법절차원칙이 준수되어야 한다.

(가) 출입국관리법상의 외국인보호는 형사절차상 '체포 또는 구속'에 준하는 것으로서 외국인의 신체의 자유를 박탈하는 것이므로, 검사의 신청, 판사의 발부라는 엄격한 영장주의는 아니더라도, 적어도 출입국관리공무원이 아닌 객관적·중립적 지위에 있는 자가 그 인신구속의 타당성을 심사할 수 있는 장치가 있어야 한다(헌재 2016. 4. 28. 2013헌바196 중 재판관 이정미, 재판관 김이수, 재판관 이진성, 재판관 강일원의 반대의견 참조). 그런데 현재 출입국관리법상 보호제도는 보호의 개시, 연장 단계에서 제3의 독립된 중립적 기관이나 사법기관이 전혀 관여하고 있지 않다는 점에서, 수사단계든 형집행단계든 구금의 개시, 연장을 법원에서 결정하고 그 종기도 명확하게 규정되어 있는 형사절차상 구금과 대조적이다.

(나) 먼저 보호명령의 발령과 집행에 관하여 보면, 출입국관리법상 외국인에 대한 강제퇴거절차는 ① 출입국관리공무원이 용의자를 단속하여 조사를 진행한 후(법 제47조), ② 소장 등이 보호명령서를 발급하여 출입국관리공무원이 집행하고(법 제51조 제1항, 제53조, 강제퇴거심사를 위한 보호), ③ 소장 등이 강제퇴거 여부를 심사하여 결정하고 강제퇴거명령서 및 보호명령서를 발급한 후(법 제58조, 제59조 제2항, 제3항, 심판대상조항, 출입국관리법 시행령 제78조 제1항), ④ 출입국관리공무원이 집행하는(법 제62조 제1항, 제63조

제6항, 제53조, 강제퇴거집행을 위한 보호) 구조로 되어 있다. 따라서 형식적으로는 조사절차와 심사절차가 분리되고 보호명령서의 발급주체와 집행기관이 분리되어 있으나, 실상은 출입국관리사무소 내의 하급자와 상급자가 용의자 조사, 강제퇴거명령과 보호명령의 발령 및 집행을 모두 함께 하고 있는 것이다. 즉 보호결정을 하는 소장 등은 독립된 제3의 기관이 아니라 출입국관리공무원이 속한 동일한 집행기관 내부의 상급자에 불과하여 실질적으로 기관이 분리되어 있다고 볼 수 없고, 그 밖에 사법부 등 외부기관이 관여할 여지가 전혀 없으므로, 이와 같이 동일 집행기관의 상급자에게 결정을 받는 정도로는 객관적·중립적 기관에 의한 절차적 통제가 이루어진다고 보기 어렵다(헌재 2016. 4. 28. 2013헌바196 중 재판관 이정미, 재판관 김이수, 재판관 이진성, 재판관 강일원의 반대의견 참조).

비록 심판대상조항은 '보호할 수 있다'는 임의규정으로 되어 있으나, 실무상 강제퇴거명령이 발령되면 보호의 필요성이나 도주 우려 등 보호명령 자체에 대한 특별한 심사 없이 강제퇴거명령과 동시에 또는 연이어 보호명령을 발령하는 경우가 대부분이며, 강제퇴거명령을 받았으나 즉시 송환할 수 없는 자에 대하여 보호명령이 발령되지 않은 사례는 없다. 그러나 강제퇴거명령을 받은 자라고 하여 항상 도주의 가능성이 있다고 간주할 수 없으므로 보호의 필요성에 대한 별도의 판단이 필요하고, 공정성과 객관성을 담보할 수 있는 중립적 기관이 개입하지 않는 한 강제퇴거명령이 있으면 보호명령이 거의 자동적으로 발령되는 현재의 구조는 변경될 가능성이 희박하다.

참고로 독일의 경우 퇴거 심사를 위한 준비구금(우리나라의 강제퇴거심사를 위한 보호와 유사)과 퇴거 집행을 위한 확보구금(심판대상조항에 의한 보호와 유사) 모두에 대하여 법관의 영장을 발부받을 것을 요건으로 하고 있어, 구금의 개시단계에서부터 법관에 의한 통제가 이루어진다.

(다) 사후 구제수단 내지 통제절차와 관련하여 보면, 피보호자는 법무부장관에게 보호 또는 강제퇴거명령에 대한 이의신청을 할 수 있고(법 제55조 제1항, 제60조 제1항), 소장 등은 보호기간이 3개월을 초과하는 경우 법무부장관으로부터 사전 승인을 받아 보호를 연장할 수 있다(법 제63조 제2항).

그러나 법무부장관은 사실상 보호명령을 발령·집행하는 행정청의 관리감독청에 불과하여 외부의 중립적·객관적 기관에 의한 심사제도가 보장되어 있다고 볼 수 없다. 실제로 최근 5년간(2013년부터 2017년까지) 보호 또는 강제퇴거명령에 대한 이의신청이 인용된 사례가 단 한 건도 없고, 보호기간 연장에 대한 법무부장관의 사전승인 역시 강제퇴거집행이 지연되는 상태에서 소장 등이 승인신청 서류를 제출하면 거의 예외 없이 승인되는 것이 현실임에 비추어 보더라도, 법무부장관의 심사 및 판단은 보호의 적법성을 담보하기 위한 실질적인 통제절차로서의 의미를 갖는다고 보기 어렵다(헌재 2016. 4. 28. 2013헌바196 중 재판관 이정미, 재판관 김이수, 재판관 이진성, 재판관 강일원의 반대의견 참조).

또한 피보호자는 강제퇴거명령이나 보호명령, 이의신청에 대한 기각결정 등에 대하여 행정소송을 제기할 수 있으나, 행정소송과 같은 일반적·사후적인 사법통제수단만으로는 우리나라의 사법시스템에 익숙하지 않고 한국어에 능통하지 못한 외국인의 신체의 자유를 충분히 보장하기에 미흡하다.

(라) 적법절차 원칙에서 도출할 수 있는 중요한 절차적 요청 중의 하나로, 당사자에게 의견 및 자료 제출의 기회를 부여할 것을 들 수 있으므로(헌재 2003. 7. 24. 2001헌가25; 헌재 2015. 9. 24. 2012헌바302 참조), 심판대상조항에 의한 보호를 함에 있어 피보호자에게 위와 같은 기회가 보장되어야 한다.

그런데 출입국관리법에는 심판대상조항에 의한 보호명령을 발령하기 전에 당사자에게 의견제출의 기회를 부여하도록 하는 규정이 없다. 행정절차법 제22조 제3항은 행정청이 당사자에게 의무를 부과하거나 권익을 제한하는 처분을 할 때 당사자 등에게 의견제출의 기회를 주어야 한다고 규정하고 있으나, '외국인의 출입국에 관한 처분'은 행정절차법의 적용대상에서 제외되어 있으며(행정절차법 제3조 제2항 제9호, 같은 법 시행령 제2조 제2호), 형사소송법상 구속 전 피의자심문(영장실질심사)과 같은 제도도 마련되어 있지 않다. 따라서 보호명령을 받는 자는 자신에게 유리한 진술을 하거나 의견을 제출할 수 있는 기회가 전혀 없다. 보호에 대한 이의신청 단계에서도 법무부장관이 필요하면 관계인의 진술을 들을 수 있도록 재량으로 규정하고 있을 뿐이며(법 제63조 제6항, 제55조 제3항), 보호 연장에 대한 법무부장관의 사전승인 역시 피보호자에게 진술이나 의견제출 기회를 부여하지 않은 채 소장 등이 제출한 서류의 심사를 통해서만 이루어지고 있다.

(마) 이러한 점들을 종합할 때, 심판대상조항은 보호의 개시나 연장 단계에서 공정하고 중립적인 기관에 의한 통제절차가 없고, 행정상 인신구속을 함에 있어 의견제출의 기회도 전혀 보장하고 있지 아니하므로, 헌법상 적법절차원칙에 위반된다.

(3) 소결

심판대상조항은 과잉금지원칙 및 적법절차원칙에 위배되어 피보호자의 신체의 자유를 침해하므로, 헌법에 위반된다.

5. 결 론

심판대상조항은 헌법에 합치되지 아니하므로 헌법불합치결정을 함과 동시에 2025. 5. 31.을 시한으로 입법자의 개선입법이 이루어질 때까지 잠정적으로 이를 적용하기로 한다. 아울러 종전에 헌법재판소가 이 결정과 견해를 달리해 심판대상조항이 헌법에 위반되지 아니한다고 판시한 헌재 2018. 2. 22. 2017헌가29 결정은 이 결정과 저촉되는 범위 내에서 변경하기로 한다. 이 결정에 대하여는 아래 6.과 같은 재판관 이은애, 재판관 이종석, 재판관 이영진의 반대의견이 있는 외에는 관여 재판관들의 의견이 일치되었고, 재판관 유남석, 재판관 이석태, 재판관 김기영, 재판관 문형배, 재판관 이미선의 헌법불합치의견에 대해서는 재판관 이미선의 아래 7.과 같은 보충의견이 있다.

6. 재판관 이은애, 재판관 이종석, 재판관 이영진의 반대의견

우리는 심판대상조항이 헌법에 위반되지 않는다고 판단하므로, 다음과 같이 견해를 밝힌다.

가. 헌법재판소의 선례

헌법재판소는 2018. 2. 22. 2017헌가29 결정에서 다음과 같은 이유로 심판대상조항이 과잉금지원칙 및 적법절차원칙에 위배되지 아니하여 신체의 자유를 침해하지 않는다고 판단하였다.

『(1) 과잉금지원칙 위배 여부

심판대상조항이 강제퇴거대상자의 신체의 자유를 침해하는지를 판단함에 있어서는 출입국관리법상 보호가 국가행정인 출입국관리행정의 일환이며, 주권국가로서의 기능을 수행하는 데 필요한 것이므로 일정 부분 입법정책적으로 결정될 수 있다는 점이 고려되어야 한다.

(가) 입법목적의 정당성과 수단의 적합성

심판대상조항은 외국인의 출입국과 체류를 적절하게 통제하고 조정하여 국가의 안전보장·질서유지 및 공공복리를 도모하기 위한 것으로 입법목적이 정당하고, 강제퇴거대상자를 출국 요건이 구비될 때까지 보호시설에 보호하는 것은 강제퇴거명령의 신속하고 효율적인 집행과 외국인의 출입국·체류관리를 위한 효과적인 방법이므로 수단의 적합성도 인정된다.

(나) 침해의 최소성

1) 강제퇴거대상자는 입국 자체가 불법이거나, 체류기간을 도과하는 등 체류조건을 위반하거나, 체류기간 동안 범법행위를 하는 등 질서유지를 해칠 우려가 있는 외국인 등이다. 이들에 대해서는 국가의 안전보장, 질서유지 및 공공복리를 위해서 본국으로 송환될 때까지 그 송환을 위한 보호 및 관리가 필요하다. 따라서 지방출입국·외국인관서의 장이 송환이 가능한 시점까지 강제퇴거대상자를 보호하는 것은 심판대상조항의 입법목적을 달성하기 위하여 필요한 조치이다.

2) 심판대상조항에 따른 강제퇴거대상자는 여권 미소지 또는 교통편 미확보 등의 사유로 즉시 대한민국 밖으로 송환할 수 없을 때 보호되는데, 각 나라의 사정이나 절차 진행 상황 등에 따라 이에 소요되는 기간이 달라질 수밖에 없으므로 언제 송환이 가능해질 것인지 미리 알 수가 없다. 따라서 심판대상조항이 보호기간의 상한을 두지 않고 '송환할 수 있을 때까지' 보호할 수 있도록 한 것은 입법목적 달성을 위해 불가피한 측면이 있다.

또한, 심판대상조항에 따른 보호는 강제퇴거명령의 집행확보의 목적으로만, 목적 달성을 위해 필요한 최소한의 기간 동안만 가능하다. 대법원 역시 심판대상조항에 의한 보호는 목적상 한계와 시간적 한계가 있다고 판시하였다(대법원 2001. 10. 26. 선고 99다68829 판결 참조). 실제 강제퇴거 집행은 대부분 신속하게 이루어지고 있으며, 보호기간의 평균은 11일 정도이다.

3) 강제퇴거대상자는 대한민국에 체류할 수 없을 뿐 본국 또는 제3국으로 임의로 자진출국함으로써 언제든지 보호상태에서 벗어날 수 있으므로, 강제퇴거대상자가 자신이 언제 풀려날지 예측할 수 없어 심각한 정신적 압박감을 가진다고 단정할 일은 아니다. 만일 심판대상조항에 보호기간의 상한이 규정될 경우, 그 상한을

초과하면 보호는 해제되어야 하는데, 강제퇴거대상자들이 보호해제된 후 잠적할 경우 강제퇴거명령의 집행이 불가능하거나 현저히 어려워질 수 있다. 또한, 강제퇴거대상자들이 범죄에 연루되거나 범죄의 대상이 될 수 있고, 그들이 불법체류하는 경우 임금 등 노동조건에서 열악한 처우를 받을 가능성도 크다.

따라서 심판대상조항에 보호기간의 상한을 규정하는 것은 국가안보·질서유지 및 공공복리에 위해가 될 수 있을 뿐만 아니라 강제퇴거대상자의 인권에도 결코 바람직하지 아니한 결과를 초래할 수 있다.

4) 다른 나라의 입법례를 살펴보아도 강제퇴거의 집행을 위한 보호 또는 구금기간의 상한을 설정해 두지 않은 나라가 적지 않다. 미국은 강제퇴거명령이 확정된 외국인을 90일의 퇴거기간 이내에 퇴거시켜야 하고, 그 기간 동안에는 해당 외국인을 구금하여야 한다고 규정하고 있고, 그 기간 내에 해당 외국인을 퇴거시키지 못하여 퇴거기간이 연장된 경우에는 연장된 기간 동안 구금할 수 있는데, 법률에서 퇴거기간이후의 구금기간의 상한에 대해서는 규정하고 있지 아니하다. 캐나다와 호주도 외국인에 대하여 강제퇴거의 집행을 위해 구금할 수 있다고 정하면서도 구금기간의 상한을 규정하지 아니하고 있으며, 일본은 강제퇴거대상자를 바로 출국시킬 수 없을 때에는 '송환가능한 때까지' 그 사람을 수용할 수 있다고 규정하고 있을 뿐 수용기간의 상한을 두고 있지 아니하다. 중국 역시 강제출국이 결정되었으나 즉시 집행할 수 없는 경우 해당 외국인을 구류소 혹은 외국인 송환 장소에 구금해야 한다고 규정하고 있을 뿐 구금기간의 상한을 두고 있지 아니하다. 이와 같은 점을 감안할 때 우리나라가 보호기간의 상한을 둘 경우, 이를 악용하여 우리나라에 불법으로 체류하는 외국인이 급증할 가능성도 배제할 수 없다.

5) 출입국관리법은 보호의 일시해제(제65조 제1항, 제2항), 연장승인(제63조 제2항, 제3항), 강제퇴거명령 및 보호명령에 대한 이의신청(제60조 제1항, 제4항, 제63조 제6항, 제55조 제1항, 제2항) 등 강제퇴거대상자가 보호상태에서 벗어날 수 있는 여러 가지 수단들을 마련하고 있으며, 나아가 강제퇴거대상자는 강제퇴거명령이나 그에 따른 보호의 취소를 구하는 행정소송을 제기하거나 집행정지를 신청할 수 있는바, 심판대상조항에 의한 보호에서 해제될 수 있는 다양한 제도가 마련되어 보호기간의 상한이 없는 점을 보완하고 있다.

6) 심판대상조항에 의한 보호 대신 주거지 제한, 신원보증인 지정, 보증금제도 등의 입법대안을 고려할 수 있으나, 강제퇴거대상자의 신병을 확보하지 않는 이상 강제퇴거명령의 신속한 집행과 효과적인 체류관리를 심판대상조항과 동등한 정도로 달성하기 어렵고, 그 밖에 심판대상조항과 동등하게 입법목적을 달성하면서도 강제퇴거대상자의 기본권을 덜 제한하는 입법대안을 상정하기 어렵다.

(다) 법익의 균형성

심판대상조항이 보호하고자 하는 국가의 안전보장·질서유지 및 공공복리는 매우 중대하고, 그 실현을 위해 심판대상조항에 의한 보호제도는 반드시 필요한 반면, 강제퇴거대상자는 강제퇴거명령을 집행할 수 있을 때까지 일시적·잠정적으로 신체의 자유를 제한받는 것이고 보호에서 해제될 수 있는 다양한 제도가 마련되어 있으므로, 심판대상조항은 법익의 균형성 요건도 충족한다.

(라) 소결

심판대상조항은 과잉금지원칙에 위배되어 강제퇴거대상자의 신체의 자유를 침해하지 아니한다.

(2) 적법절차원칙 위반 여부

(가) 심판대상조항이 적법절차원칙을 위배하였는지를 판단함에 있어서는 강제퇴거대상자는 대한민국에 체류할 수 없을 뿐 본국 또는 제3국으로 자진출국함으로써 언제든지 보호상태에서 벗어날 수 있는 점, 강제퇴거대상자는 규범적으로 대한민국에 머무를 수 없는 사람들이라는 점, 출입국관리법상 보호는 국가행정인 출입국관리행정의 일환이며 주권국가로서의 기능을 수행하는 데 필요한 것이므로 일정 부분 입법정책적으로 결정될 수 있다는 점이 고려되어야 한다.

(나) 강제퇴거대상자에 대한 보호의 특수성에 비추어, 강제퇴거명령 및 보호에 관한 단속, 조사, 심사, 집행 업무를 동일한 행정기관에서 하게 할 것인지, 또는 서로 다른 행정기관에서 하게 하거나 사법기관을 개입시킬 것인지는 입법정책의 문제이므로, 보호의 개시나 연장 단계에서 사법부의 판단을 받도록 하는 절차가 규정되어 있지 않다고 하여 곧바로 적법절차원칙에 위반된다고 볼 수는 없다. 오히려 출입국관리와 같은 전문적인 행정분야는 동일 행정기관으로 하여금 관련 업무를 동시에 수행하도록 하는 것이 효율적이기도 하며, 미국이나 일본 등 주요국가에서도 강제퇴거명령 및 구

금에 대한 결정, 그 결정의 집행에 사법부가 개입하지 아니한다.

한편 강제퇴거대상자는 강제퇴거명령이나 보호를 다투는 행정소송을 제기하거나 그 집행의 정지를 구하는 집행정지신청을 함으로써 사법부로부터 보호의 적법여부를 판단받을 수 있으므로, 객관적·중립적 기관에 의한 통제절차가 없다고 볼 수도 없다.

(다) 강제퇴거대상자는 강제퇴거 심사 전 조사과정에서 의견진술의 기회를 부여받으며(출입국관리법 제48조 제3항, 제4항), 보호에 대한 이의신청이나 행정소송 과정에서 의견을 진술하거나 자료를 제출할 수 있다(출입국관리법 시행령 제69조 제1항). 또한 출입국관리법은 보호명령서 집행 시 제시의무(출입국관리법 제63조 제6항, 제53조, 출입국관리법 시행령 제78조 제1항), 3일 이내 서면 통지의무(출입국관리법 제63조 제6항, 제54조)를 마련하고 있는바, 적법절차원칙으로부터 도출되는 절차적 요청을 준수하고 있다.

(라) 따라서 심판대상조항은 헌법상 적법절차원칙에 위반된다고 볼 수 없다.』

나. 선례변경의 필요성 인정 여부

(1) 헌법재판소법 제23조 제2항 제2호는 재판관 6명 이상의 찬성이 있으면 종전에 헌법재판소가 판시한 헌법 또는 법률의 해석 적용에 관한 의견을 변경할 수 있도록 하고 있다. 그러나 선례를 변경하기 위해서는 위와 같은 가중정족수라는 형식적 요건 외에도, 선례의 판단에 법리상 잘못이 있다거나 사정변경이 있다는 등 선례의 입장을 변경해야만 할 필요성이 인정되어야 한다. 또한, 예측가능성, 법적 안정성 및 신뢰보호의 이념에서 보았을 때 선례의 입장을 변경해야만 할 필요성, 즉 사회제도나 문화의 변화, 국민의 법감정 또는 의식의 변화, 다른 법률의 내용이나 그에 관한 법리 변경 등과 같은 규범상태 또는 사실상태의 변화가 있었고, 이로 인하여 선례의 입장이 변경되어야 한다는 점이 논증되어야 한다(헌재 2018. 12. 27. 2015헌바77등 중 재판관 이은애, 재판관 이종석의 반대의견 참조).

(2) 심판대상조항에 대한 재판관 유남석, 재판관 이석태, 재판관 김기영, 재판관 문형배, 재판관 이미선의 헌법불합치의견 및 재판관 이선애의 헌법불합치의견(이하 '헌법불합치의견'이라 한다)은 기간의 상한이 없는 보호는 일시적·잠정적 강제조치인 보호의 한계를 벗어나는 것이라는 점, 구금기간의 상한을 정하고 있는 외국의 상당수 사례에 비추어 보면 보호기간에 상한을 마련하지 않는 것을 불가피하다고 보기 어렵다는 점, 보호명령에 대한 이의신청, 보호기간 연장에 대한 법무부장관의 승인제도 및 보호일시해제제도만으로는 보호기간을 적절히 통제하여 신체에 대한 과도한 제한을 완화시키기에 부족하다는 점, 주거지 제한이나 보고, 신원보증인의 지정, 보증금제도, 감독관을 통한 관찰이나 감독 등 다양한 대체수단 등을 통해 강제퇴거명령의 집행 확보가 가능한 점 등을 근거로 심판대상조항이 과잉금지원칙에 위배되고, 보호의 개시 또는 연장 단계에서 제3의 독립된 중립적 기관이나 사법기관이 전혀 관여하고 있지 아니한 점, 보호명령을 발령하기 전부터 이의신청 단계에 이르기까지 피보호자가 의견을 진술하고 자료를 제출할 수 있는 절차적 기회가 보장되어 있지 아니한 점, 통상의 행정소송절차만으로 법원에 의한 신속하고 효율적인 구제절차가 보장된다고 보기 어려운 점을 이유로 심판대상조항이 적법절차원칙에 위배되어 신체의 자유를 침해한다고 하였다. 그런데 헌법불합치의견이 들고 있는 이러한 사유가 과연 선례를 변경할 필요성이 인정되는 규범 또는 사실상태의 변화에 해당하는지 의문이다.

(3) 먼저 심판대상조항에 따른 보호는 강제퇴거명령의 집행확보의 목적으로만 발하여져야 하며, 적법하게 보호가 이루어진 경우에도 그 보호는 송환이 가능할 때까지 목적 달성을 위해 필요한 최소한의 기간 동안만 가능하다는 것은 이미 선례에서 밝힌 바와 같다. 실제 이 사건 기록에 의하면 강제퇴거명령을 받은 사람이 송환 준비를 마치고 송환되기까지 평균 보호기간은 2018년 10.1일, 2019년 9.6일, 2020년 16.9일 정도이다. 2020년의 경우 코로나바이러스감염증-19의 확산으로 출국항공편이 중단, 감소되어 기간이 늘어난 사정을 감안한다면 보호기간은 선례 결정 당시에 비해 줄어들고 있는 추세라고 할 것인바, 이러한 점에 비추어 보면, 심판대상조항에 의한 보호는 실무에서도 대부분 목적상 한계 및 시간적 한계의 범위 내에서 집행되고 있는 것으로 보인다.

비록 출입국관리법이 보호기간에 상한을 두고 있지는 아니하나, 강제퇴거대상자는 보호명령에 이의가 있는 경우 법무부장관에게 이의신청을 할 수 있도록 하고(출입국관리법 제63조 제6항, 제55조), 보호의 기간이 3개월을 넘는 경우에는 지방출입국·외국인관서의 장으로 하여금 3개월마다 법무부장관의 승인을 받도록 하며(제63조 제2항), 지방출입국·외국인관서의 장이 직권 또는 피보호자 등의 청구에 따라 보호를 일시해제할 수 있도록 하는 등(제65조), 보호가 필요한 최소한도의 기간 동안에만 이루어질 수 있도록 제도를 보완하고 있다. 또한 지방출입국·외국인관서의 장은 강제퇴거 대상자가 다른 국가로부터 입국이 거부되는 등의 사유로 송환될 수 없음이 명백하게 된 경우에는 그의 보호를 해제할 수 있고(제63조 제4항), '보호일시해제업무 처리규정' 제6조 제2항은 보호일시해제 청구된 자가 강제퇴거명령 또는 난민불인정 처분에 대한 취소소송의 1심 또는 2심에서 승소한 경우에는 원칙적으로 해당 절차를 거쳐 일반해제 또는 특별해제를 허가하도록 정하고 있어, 헌법불합치의견에서 지적하는 바와 같이 다른 국가로부터 입국이 거부되어 송환이 불가능한 경우라거나 난민불인정결정이나 강제퇴거명령을 다투고 있다는 등의 사정만으로 보호기간이 무한정 늘어날 가능성은 크지 아니하다.

(4) 더욱이 선례는 이미 헌법불합치의견이 지적하고 있는 대부분의 사실들을 전제로 규범적 판단을 한 후 심판대상조항을 합헌이라고 결정하면서 제도를 정비할 필요성이 있다는 점을 지적하였으며, 이에 따라 제도와 실무가 지속적으로 개선되어 왔다.

(가) 출국명령 비율의 확대

지방출입국·외국인관서의 장은 전과 없는 외국인과 미성년자에 대해서 처음부터 보호명령이 수반되는 강제퇴거명령이 아니라 '비보호를 원칙으로 하는 출국명령'을 하는 방식을 통해 출국조치 대상자의 보호소 입소 비율을 축소해 나가고 있다. 2017년에는 출국조치 중 출국명령의 비율이 57.5%에 불과하였으나 2020년에는 78.3%, 2021년에는 73.2%에 달하는 등 강제퇴거명령의 비율은 줄어들고 출국명령의 비율이 늘어나고 있는 사실이 인정되는바, 지방출입국·외국인관서의 장은 보호의 필요성이 크지 아니한 경우 가급적 비보호를 원칙으로 하는 출국명령 방식으로 실무를 운영하고 있음을 확인할 수 있다.

(나) 이의신청제도의 실질화

보호명령은 강제퇴거명령을 전제로 하는 것으로, 법무부장관이 강제퇴거명령에 대한 이의신청이 이유 있다고 결정하면 용의자의 보호는 즉시 해제되고(출입국관리법 제60조 제4항) 원 체류자격이 회복되어 체류자격의 종류에 따라 취업 등도 가능해지는 반면, 보호명령에 대한 이의신청이 인용된다고 할지라도 그 자체로 강제퇴거명령에 영향을 미치지 아니한다. 따라서 당사자의 입장에서는 보호명령을 다투기보다는 강제퇴거명령에 대한 이의신청을 하는 것이 보다 근본적인 구제수단이 될 수 있다. 실제 보호명령에 대한 이의신청 건수는 2018년 9건, 2019년 5건, 2020년 7건으로 강제퇴거명령 이의신청 건수(2018년 72건, 2019년 54건, 2020년 67건)에 비해 현저히 적다.

현재까지 보호명령에 대한 이의신청이 인용된 사실이 없어 보호명령 자체에 대한 이의신청이 활성화되었다고 보기 어려운 점이 있기는 하다. 그러나 강제퇴거명령의 경우에는 2016년과 2017년에 0%였던 이의신청에 대한 인용률이 2018. 12. 5%, 2019년 2%, 2020년 6%로 증가하였다는 사실이 인정되는바, 이처럼 보호의 원인이 되는 강제퇴거명령에 대한 이의신청이 실질화되고 있는 추세임을 고려할 때 보호명령에 대한 이의신청이 인용된 사례가 없다는 사실만으로 이의신청이 실질적인 통제절차로서의 의미를 갖지 못한다고 단언할 수는 없다.

(다) 보호의 연장승인 및 보호일시해제 제도의 실효성 확대

지방출입국·외국인관서의 장은 보호의 기간이 3개월을 넘는 경우 3개월마다 보호기간 연장의 필요성을 소명하여 미리 법무부장관의 승인을 받아야 한다(출입국관리법 제63조 제2항, 출입국관리법 시행령 제78조 제2항). 그런데 이러한 보호기간 연장을 위한 승인제도 역시 점진적으로 실질화되어, 제도 시행부터 2015. 8.까지 총 12건에 불과하였던 불승인 사례가 2015. 9. 1.부터 2021. 5. 11.까지 총 181건으로 현저히 증가하고 있다.

또한 2020. 8. 14. 법무부훈령 제1303호로 개정된 '보호일시해제업무 처리규정' 제4조 제2항은 보호일시해제 심사를 함에 있어, ① 출입국관리법 제56조의3 제3항 각호에 따른 환자, 임산부, 노약자, 미성년자 등에 해당하는지 여부, ② 피보호자의 건강 상태 등을 고려할 때 피보호자를 보호하는 것이 적절한지 여부, ③ 피보호자가 18세 미만의 아동을 부양하고 있는 경우 피보호자 외 그 아동을 부양할 사람이 있는지 여부, ④ 즉시 송환할 수 없는 사유의 유무 등 대한민국 밖으로의 송환가능성 등을 우선적으로 고려하도록 규정하였다.

그리고 2013년부터 2017년까지 5년간 총 601건(연평균 120건)이 이루어졌던 보호일시해제가 2021년 한 해에만 주로 전과 없는 외국인을 대상으로 461건이 이루어졌으며 신청건수대비 인용률은 2019년 44%, 2020년 54%, 2021년 56%에 달하고, 특히 2018년과 2019년에 미성년자가 한 보호일시해제신청은 전부 인용된 사실이 인정된다. 이처럼 관련 규정이 개정되고, 실무에서는 지방출입국·외국인관서의 장이 전과 없는 외국인이나 미성년자의 보호일시해제신청을 적극적으로 인용하는 등 보호일시해제제도의 실효성도 확대되어 가고 있다.

(라) 이상에서 본 바와 같이, 선례의 결정이 이루어진 이후 보호기간의 상한을 마련하지 아니한 점을 보완해 나가는 긍정적인 제도와 실무의 개선이 이루어지고 있음을 고려한다면, 선례를 변경할 만한 규범이나 사실상태의 변경이 있다고 볼 수 없다.

(5) 헌법불합치의견은 구금기간의 상한을 정하고 있는 외국의 상당수 사례에 비추어 합리적인 보호기간의 상한을 설정하는 것이 가능하다고 한다. 그러나 미국의 경우 외국인이 90일의 퇴거기간 내에 퇴거하지 아니한 경우에는 퇴거기간 이후에도 외국인의 구금을 계속할 수 있다고 규정하고 있을 뿐 법률에서 그 상한을 명시하고 있지 아니하고 있으며, 연방대법원이 재드바이다스 대 데이비스(Zadvydas v. Davis) 사건에서 90일의 퇴거기간 경과 후 구금 가능한 합리적 기간이 6개월로 추정된다고 판단한 이후 제정된 퇴거기간 후 구금 조항에 대한 연방규칙 역시 안보나 테러상의 이유로 구금된 경우 등 일정한 경우에는 강제퇴거 집행이 불가능하더라도 지속적으로 구금할 수 있다고 규정하고 있을 뿐, 달리 구금기간에 특별한 제한을 두고 있지 아니함은 선례에서 이미 설명한 바와 같다. 우리나라의 주변국인 일본과 중국 등도 여전히 강제퇴거대상자에 대한 수용기간의 상한을 규정하고 있지 않아, 우리나라가 보호기간에 상한을 설정하게 되면 우리나라에 불법으로 체류하는 외국인이 급증할 가능성을 배제할 수 없다는 점도 선례 결정 당시와 마찬가지의 사정이다.

(6) 강제퇴거대상자의 보호기간에 상한을 설정하는 것은 강제퇴거 집행을 확보하는 방안이 있는지, 보호해제된 강제퇴거대상자를 관리할 수 있는 체계나 이들의 생계, 취업, 주거, 의료에 대한 지원책이 마련되어 있는지의 문제와 맞물려 있는바, 이에 대해 살펴본다.

(가) 출국거부자에 대한 강제퇴거 집행의 어려움

심판대상조항에 의한 보호는 강제퇴거의 집행을 확보하기 위한 것이므로, 보호기간의 상한을 정하기 위해서는 먼저 정해진 기간 내에 강제퇴거대상자의 본국송환이나 퇴거가 가능하여야 한다. 그러나 강제퇴거명령 및 보호명령 취소소송, 난민불인정처분 취소소송 등이 모두 기각되어 그 판결이 확정되었고, 더 이상 국내에서의 체류자격을 다투거나 주장할 수 있는 방법이 없게 된 이후에도 별다른 이유 없이 출국을 거부하고 있는 강제퇴거대상자의 경우, 면담을 통한 출국 유도, 가족·지인 등을 통한 설득, 강제퇴거대상자의 자국 영사에 대한 퇴거 지원·협조 요청, 국비를 통한 퇴거 집행 노력 이외에 강제적으로 퇴거시킬 수 있는 방법이 확보되어 있지 아니하고, 출입국관리공무원이 보호외국인과 함께 출국하는 국외호송방법에 의하더라도 보안상의 이유로 항공사에서 탑승을 거부하기도 하는 등 그 집행에 어려움이 있는바, 강제퇴거대상자가 출국을 거부하는 경우에는 일정한 기간 내에 강제퇴거를 집행하는 것이 현실적으로 불가능하다. 실제로 이 사건 기록에 의하면 1년 이상 장기보호 중인 강제퇴거대상자들 중 상당수는 고의로 여권을 훼손하거나 국비로 퇴서를 집행하겠다는 제안조차 거부하는 등 출국을 거부하고 있는 사람들이라는 점이 인정되는바, 이러한 상황에서 보호기간의 상한을 설정하여 일정한 기간이 경과하면 보호를 해제하도록 할 경우, 강제퇴거대상자들의 자발적인 출국의지를 저해할 가능성이 커질 우려가 있다.

(나) 보호해제된 강제퇴거대상자에 대한 체류관리의 어려움

보호기간의 상한을 정하기 위해서는 보호해제된 강제퇴거대상자들을 체계적으로 관리할 수 있는 제도의 확립이 전제되어야 한다. 보호기간 도과로 인해 보호를 해제하면서 주거를 제한하거나 보고하도록 하고, 신원보증인을 지정하거나 보증금을 납부하도록 하는 방안이 실효성을 가지기 위해서는 이를 관리하는 데 필요한 비용과 물적· 인적 자원이 모두 확보되어 있어야 하는 것이다. 그런데 2018년부터 2020년까지 총 394건의 보호일시해제가 이루어졌고, 이 중 60건의 경우 소재불명 및 도주로 일시해제가 취소되었음을 확인할 수 있는바, 현재에도 보호일시해제된 외국인에 대한 관리가 철저하게 이루어지고 있다고 보기 어렵다. 이러한 점을 고려해 볼 때, 보호기간의 상한을 설정하여 보호가 해

제된 강제퇴거대상자의 수가 지금보다 증가하게 될 경우, 이들의 국내체류를 효율적으로 관리할 수 있을지 의문이다.

나아가 보호기간의 상한을 도과한 강제퇴거대상자의 보호해제와 국내체류 허용 여부는 고용·임금 등 노동문제, 주거·의료·생계 지원 등의 국가정책과 밀접한 관련이 있다. 예컨대 보호기간에 상한을 두고 있는 독일의 경우, 출국의무는 있지만 사실적 또는 법적 이유로 강제퇴거가 어려운 외국인에게 강제퇴거 집행에 대한 임시적 중단인 용인(Duldung)을 부여하는데, 용인이 부여된 외국인은 해당 불가 사유에 대해 본인의 귀책사유가 있는 등의 예외적인 경우를 제외하고 3개월의 대기기간 후에 취업허가를 받을 수 있도록 하는 등, 보호해제된 외국인의 국내 체류여건을 완화할 수 있는 제도를 마련하고 있다. 반면 우리나라의 경우, 국내 체류자격을 얻지 못하였거나 국내 체류자격이 취소된 사람들에 대한 주거·의료·생계 지원 방안이 구체적으로 마련되어 있지 아니하고, 오히려 보호일시해제의 경우 해제기간 동안 취업 등 영리활동을 금지하는 조건이 부가되기도 하는 등(보호일시해제업무 처리규정 제13조 제3항 제4호) 보호해제된 강제퇴거대상자의 국내 체류여건을 완화할 수 있는 제도가 마련되어 있지 아니하다. 이러한 상황에서 보호기간에 상한을 두어 보호기간이 도과한 강제퇴거대상자의 국내체류를 허용하게 되면, 강제퇴거대상자의 생계, 건강 등이 위협받거나 이들이 범죄에 노출될 가능성이 커질 뿐만 아니라, 치안이나 질서유지에도 어려움이 발생할 수 있다.

(다) 이처럼 강제퇴거대상자의 보호기간에 상한을 두는 문제는 보호해제된 강제퇴거대상자의 관리로 인해 증가되는 행정비용을 어느 정도 감당할 것인지, 강제퇴거대상인 외국인에게 어떠한 취업기회를 부여하고, 어느 정도의 인도적 지원을 할 것인지에 대한 사회적 합의를 바탕으로 한 정책적 토대 위에서 논의되어야 한다. 선례에서 우리나라의 실정에 맞는 합리적인 보호기간의 상한을 설정할 수 있는지를 신중하게 검토할 필요가 있음을 지적하면서도 보호기간의 상한을 두지 아니한 것에 불가피한 측면이 있다고 본 것은, 보호기간의 상한을 정하는 것이 단순히 출입국관리행정만의 문제가 아니라 국가의 전반적인 정책과 밀접한 관련이 있다는 점을 고려한 것으로, 이러한 판단을 변경할 만한 정책적인 변화 등의 사정변경이 있다고 보기도 어렵다.

(7) 보호의 개시 또는 연장 단계에서 제3의 독립된 중립적 기관이나 사법기관이 개입하도록 할 것인지는 각국의 입법정책의 문제이다. 입법자가 행정의 전문성 확대, 신속한 대처, 외교관계 및 국제정세 등을 고려한 적절하고 효율적인 출입국관리 도모를 위해 강제퇴거대상자의 보호의 개시 또는 연장 단계에 법원의 관여를 배제했다는 이유만으로 심판대상조항이 적법절차원칙에 위배되었다고 판단할 수 없다. 강제퇴거명령의 집행은 지체 없이 이루어져야 함이 원칙이고(출입국관리법 제62조 제3항), 심판대상조항에 의한 보호는 강제퇴거명령을 받은 자가 즉시 대한민국 밖으로 송환될 수 없는 경우에 그를 보호함으로써 강제퇴거명령의 신속한 집행이라는 목적을 달성하기 위해 이루어지는 일시적·잠정적인 조치인 바, 보호의 개시 단계에서 독립되고 중립적인 제3의 기관이 보호의 타당성을 심사하여 통제하도록 하는 것이 '강제퇴거명령의 신속하고 효율적 집행'이라는 심판대상조항에 의한 보호의 목적과 취지에 비추어 현실적인 방안이 될 수 있는지 의문이다. 또한 법무부장관은 법무부 내에 변호사, 교수, 종교인, 국제기구 관련 단체나 시민단체 구성원 등 민간위원이 포함된 '외국인 장기보호 심의위원회'를 설치하여 1년 이상 보호된 외국인의 보호해제 또는 보호일시해제에 관한 사항을 심의하도록 하고 있는바[외국인 장기보호 심의위원회 운영지침(2020. 4. 14. 법무부예규 제1250호로 개정된 것) 제2조 제1항 및 제4항, 제3조 제1항], 장기보호의 해제 등에 있어 중립적인 제3자의 의견을 반영하기 위한 절차도 마련해 나가고 있다.

나아가 강제퇴거명령은 보호명령의 전제가 되고 보호는 강제퇴거명령의 집행을 위해 이루어지므로, 강제퇴거대상자가 의견 및 자료를 제출할 수 있는 절차적 기회를 부여받았는지 여부를 판단함에 있어서는 강제퇴거명령에서부터 보호에 이르기까지 일련의 절차를 유기적·종합적으로 살펴보아야 한다. 미국도 법무부 소속의 이민판사에 의해 이루어지는 강제퇴거명령 재판에서 청문과 증거조사, 증인심문의 기회 등을 보장하고 있으나[이민 및 국적법(Immigration and National Act) 제239조 및 제240조)], 보호의 개시, 보호해제 검토 요청이나 인신보호영장(Habeas Corpus)을 근거로 한 보호해제 신청단계에서는 필수적인 의견 진술의 기회를 부여하고 있지 아니하는 등, 강제퇴거명령에서부터 보호의 개시, 연장, 해제에 이르기까지 어느 단계에서 어떠한 절차적 권리를 보장할 것인가는 각국이 입법정책의 범위 내에서 정할 수 있는 것이다. 따라서 심판대상조항이 적법절차원칙을 준수하였는지 여부는 보호의 개시, 연장, 해제의 각 단계마다 별도의 의견 진술이나 자료 제출의 기회를 부여하고 있는지가 아니라 전체적인 절차 내에서 강제퇴거명령이나 보호명령, 보호해제에 대한 의견 및 자료 제출의 기회가 보장되어 있는지를 기준으로 판단되어야 한다.

먼저 보호명령의 전제가 되는 강제퇴거명령이 이루어지는 단계에서 강제퇴거대상에 해당된다고 의심되는 외국인, 즉 용의자에 대한 조사(출입국관리법 제47조), 출석요구 및 신문(제48조) 등에서 의견 진술 및 자료 제출의 절차적 기회가 보장되어 있는 이상, 보호명령이 이루어지기 전에 별도로 의견 및 자료 제출의 기회를 부여하지 아니하였다는 이유만으로 적법절차원칙에 위배된다고 볼 수는 없다. 또한 보호명령서에 따라 보호된 사람은 그 즉시 보호에 대한 이의신청을 통해 보호명령에 대해 다툴 수 있는 기회를 보장받고 있다. 특히 이의신청서에 이의의 사유를 소명하는 자료를 첨부하여 제출하여야 하고(출입국관리법 시행령 제69조), 법무부장관은 이의신청에 대한 결정에 앞서 필요하면 당사자의 진술을 들을 수 있다는 점(출입국관리법 제55조 제3항) 등에 비추어 보면, 이의신청 단계에서 당사자에게 의견 및 자료 제출의 기회가 완전히 배제되었다고 단정할 수도 없다. 그리고 피보호자는 보호 중에 언제든지 청구의 사유 및 보증금 납부능력을 소명하는 자료를 첨부한 보호일시해제 청구서를 제출함으로써 보호의 일시해제를 신청할 수도 있어(출입국관리법 제65조 제1항, 출입국관리법 시행령 제79조 제2항), 서면을 통해 보호일시해제에 관한 의견 및 소명 자료를 제출할 수 있다.

이외에도 출입국관리법 및 그 시행령은 보호명령서 집행 시 이를 제시하도록 하고(출입국관리법 제53조), 보호한 날로부터 3일 이내에 보호의 사유·일시 및 장소와 이의신청을 할 수 있다는 뜻을 적은 보호통지서를 법정대리인에게 통지하도록 하며(제54조 제1항), 보호된 사람이 원하는 경우에는 긴급한 사정이나 그 밖의 부득이한 사유가 없으면 국내에 주재하는 그의 국적이나 시민권이 속하는 영사에게 보호의 일시·장소 및 이유를 통지하도록 하고(제54조 제2항), 이의신청에 대한 결정은 반드시 주문, 이유, 적용 법조문 등을 적은 이의신청에 대한 결정서를 작성하여 신청인에게 보내야 하며(출입국관리법 시행령 제70조 제1항), 출입국관리법 제63조 제2항에 따라 보호기간 연장승인을 받고자 하는 경우에는 보호기간 연장의 필요성을 지방출입국·외국인관서의 장이 직접 소명하도록 하는 등(출입국관리법 시행령 제78조 제2항) 출입국관리 행정의 효율성을 해치지 아니하는 범위 내에서 당사자의 절차적 권리를 보장하기 위한 절차들을 충분히 마련하고 있다. 따라서 보호의 개시나 연장 단계에서 피보호자에게 의견 및 자료를 제출할 수 있는 명시적인 절차적 기회를 부여하고 있지 아니하다는 이유만으로 심판대상조항이 적법절차에 위배된다고 볼 수는 없다.

(8) 한편, 심판대상조항에 의한 보호는 강제퇴거명령의 집행을 확보하기 위하여 이루어지는 출입국관리행정의 일환으로 강제퇴거명령을 받은 사람을 일시적으로 인치하고 수용하는 행정처분으로 헌법 제12조 제3항에 의한 엄격한 영장주의가 적용되지 아니한다. 또한 헌법 제12조 제6항이 형사절차에 의한 체포·구속뿐만 아니라 행정상의 체포·구속에 대해서도 체포·구속 자체에 대한 적법 여부를 법원에 심사청구할 수 있는 절차를 마련할 것을 요구하고 있으나, 그 절차의 구체적인 내용을 형성함에 있어서는 입법자의 입법형성재량이 인정된다(헌재 2004. 3. 25. 2002헌바104 참조). 특히 심판대상조항에 의한 보호는 강제퇴거명령의 집행확보라는 행정목적을 담보하고 이를 효율적으로 집행하기 위해 행해지는 것으로서, 신체의 자유에 대한 제한 자체를 목적으로 하는 형사절차상의 인신구속 또는 여타의 행정상의 인신구속과는 그 목적이나 성질이 다르다고 할 것인바, 그 구체적 절차에 관한 사항은 정책재량의 영역에 있다(헌재 2005. 3. 31. 2003헌마87; 헌재 2014. 4. 24. 2011헌마474등 참조). 따라서 헌법재판소가 2014. 8. 28. 2012헌마686 결정에서 이미 밝힌 것처럼, 강제퇴거대상자가 보호의 원인이 되는 강제퇴거명령에 대하여 취소소송을 제기함으로써 그 원인관계를 다툴 수 있을 뿐만 아니라 보호명령 자체의 취소를 구하는 행정소송이나 그 집행의 정지를 구하는 집행정지신청을 할 수 있고, 앞서 본 바와 같이 보호명령 집행 시 보호명령서의 제시, 보호의 일시·장소 및 이유의 서면 통지 등 엄격한 사전적 절차와 강제퇴거명령에 대한 이의신청뿐만 아니라 보호명령에 대한 이의신청 등 사후적 보호수단들이 마련되어 행정소송절차를 통한

구제수단의 한계를 실효적으로 보완하고 있으며, 이러한 입법자의 판단이 입법형성의 재량 범위를 벗어난 것이라고 볼 수 없는 이상, 심판대상조항은 헌법 제12조 제6항에 위배되지 아니한다. 아울러 재판관 5인의 헌법불합치의견에 더하여 심판대상조항이 헌법 제12조 제6항에 위반된다는 보충의견 형식의 재판관 이미선의 헌법불합치의견에 대하여 이와 같은 이유로 반대의견을 밝힌다.

(9) 이상과 같은 점들을 종합하면, 헌법불합치의견이 제시하고 있는 점은 선례 결정을 변경할 만한 사정변경에 해당한다고 볼 수 없고, 달리 헌법재판소의 선례를 변경할 만한 필요성은 인정되지 않는다.

다. 소결

헌법재판소가 2018. 2. 22. 2017헌가29 결정에서 심판대상조항은 헌법에 위반되지 않는다고 밝힌 이후 심판대상조항의 위헌 여부를 이전보다 엄격히 판단해야 할 정도로 심판대상조항을 둘러싼 규범상태 또는 사실상태가 급변한 것으로 보이지 않고, 달리 새롭게 해석할 필요성도 찾아볼 수 없다. 오히려 관할 주무부처인 법무부는 위 2017헌가29 결정이 선고된 이후 관련 제도 및 실무를 지속적으로 개선하여 왔다. 출입국관리행정이 일정 부분 입법정책적으로 결정되는 영역임을 고려할 때, 불과 5년여 만에 선례를 변경하여 헌법재판소의 결정을 통해 입법부 및 행정부의 자발적이고 점진적인 제도 개선의 여지를 제거하는 것이 바람직한 것인지도 의문이 남는다.

주권국가로서 출입국관리행정을 수행하기 위하여 마련된 심판대상조항이 과잉금지원칙, 적법절차원칙에 위배되는 것은 아니라는 선례의 입장은 지금 시점에서도 그대로 타당하고, 그 판단에 잘못이 없으며, 달리 선례를 변경할 만한 필요하고도 충분한 사정변경이 있다고 인정할 수 없다.

그렇다면 심판대상조항은 헌법에 위반되지 않는다.

7. 재판관 이미선의 재판관 유남석, 재판관 이석태, 재판관 김기영, 재판관 문형배, 재판관 이미선의 헌법불합치의견에 대한 보충의견

나는 심판대상조항이 과잉금지원칙 및 적법절차원칙에 위배된다는 재판관 5인의 헌법불합치의견에 더하여, 체포·구속적부심사청구권을 규정하고 있는 헌법 제12조 제6항에도 위배된다는 점을 다음과 같이 밝혀 두고자 한다.

헌법 제12조 제6항은 "누구든지 체포 또는 구속을 당한 때에는 적부의 심사를 법원에 청구할 권리를 가진다."고 정하여 체포·구속적부심사제도를 규정하고 있다. 이는 공권력에 의한 체포·구속으로 신체의 자유를 제한당하는 경우 법원에 체포·구속의 적법 여부에 대한 심사를 청구할 수 있도록 하여 인신구속이 위법하게 개시된 경우뿐만 아니라 인신구속을 계속하는 것이 위법한 경우에 즉시 석방함으로써 신속하고 효과적인 구제를 도모하는 사후구제절차이다.

헌법 제12조가 보장하는 신체의 자유는 수사기관 뿐만 아니라 일반 행정기관을 비롯한 다른 국가기관 등에 의하여도 직접 제한될 수 있으므로, 헌법 제12조 제6항의 '체포 또는 구속' 역시 포괄적인 개념으로 해석해야 한다. 따라서 헌법 제12조 제6항은 모든 형태의 공권력 행사기관이 체포 또는 구속의 방법으로 신체의 자유를 제한하는 사안에 대해 적용된다. 또한 헌법 제12조 제6항은 당사자가 체포·구속된 원인관계 등에 대한 최종적인 사법적 판단절차와는 별도로 체포·구속 자체에 대한 적법 여부를 법원에 심사 청구할 수 있는 절차를 헌법적 차원에서 보장하는 규정으로, 이러한 체포·구속적부심사청구권은 헌법적 차원에서 독자적인 지위를 가지고 있기 때문에 입법자는 전반적인 법체계를 통하여 관련자에게 그 구체적인 절차적 권리를 제대로 행사할 수 있는 기회를 최소한 1회 이상 제공하여야 할 의무를 가진다(헌재 2004. 3. 25. 2002헌바104; 헌재 2014. 8. 28. 2012헌마686 참조). 나아가 헌법 제12조 제6항은 '누구든지' 법원에 체포·구속의 적부 심사를 청구할 권리를 가진다고 하여 외국인에 대해서도 체포·구속적부심사청구권을 인정하고 있다.

따라서 심판대상조항에 근거하여 보호된 외국인에 대해서는 보호 자체에 대한 적법 여부를 법원에 심사청구할 수 있는 기회가 최소한 1회 이상 제공되어야 한다(헌재 2014. 8. 28. 2012헌마686 참조).

그런데 심판대상조항을 비롯한 출입국관리법은 심판대상조항에 의하여 보호된 경우에 보호 개시 또는 계속의 적법 여부 심사를 법원에 청구할 수 있는 절차를 두고 있지 않다. 또한 인신보호에 관한 법원의 구제절차를 정하고 있는 인신보호법은 '출입국관리법에 따라 보호된 자'를 인신보호법의 적용대상에서 제외하고 있어(인신보호법 제2조, 제3조 참조), 심판대상조항에 의하여 보호된 외국인은 여타 행정상 인신구속의 경우와 달리 인신보호법상의 구제청구도 할 수 없다.

입법자는 체포·구속적부심사청구권을 실현하기 위한 절차를 구체화함에 있어 상대적으로 광범위한 입법형성권을 가지고 그 입법과정에서 법률의 구체적 내용, 명칭 등에 관련하여 다양한 선택을 할 수 있으며(헌재 2004. 3. 25. 2002헌바104 참조), 피보호자는 보호명령의 취소를 구하는 행정소송이나 그 집행의 정지를 구하는 집행정지신청을 할 수 있기는 하다. 그러나 헌법이 제27조 제1항에서 재판청구권을 보장하는 것과 별도로 제12조 제6항으로 체포·구속적부심사청구권을 보장하는 취지는, 공권력에 의해 인신구속이 된 경우 법원에 인신구속의 개시 또는 계속의 적법 여부 심사를 청구할 수 있도록 하여 신속하고 효율적인 구제절차를 마련하려는 데에 있다. 그런데 현행 출입국관리법상 보호의 개시나 연장 단계에서 법원의 관여가 전혀 이루어지지 않는 상황에서 이러한 통상의 행정소송절차만으로는 법원에 의한 신속하고 효율적인 구제절차가 보장된다고 보기 어렵다. 또한 보호의 개시는 적법하게 이루어졌으나 보호필요성의 소멸 등으로 보호의 계속이 위법하게 된 경우, 보호명령에 대한 취소소송이나 집행정지신청사건에서 적절하고 효율적인 구제가 이루어질 수 있을지 단정할 수도 없다. 출입국관리법은 법무부장관에게 보호에 대한 이의신청을 할 수 있도록 하여 사후구제절차를 마련하고 있으나, 이러한 이의신청제도가 법원의 심사를 핵심 요소로 하는 헌법 제12조 제6항의 체포·구속적부심사제도의 내용이 될 수 없음은 명백하다. 나아가 중립적·객관적 기관이 아닌 관리감독청에 불과한 법무부장관에 의한 사후 통제나 그 밖에 출입국관리법이 정하고 있는 절차, 예컨대 보호 연장에 대한 법무부장관의 승인, 보호명령서의 당사자 제시, 보호통지 등의 절차가 체포·구속적부심사제도를 보충하는 기능을 수행할 수 있다고 보기도 어렵다.

앞서 언급한 대로 입법자는 체포·구속적부심사청구권을 실현하기 위한 절차를 구체화함에 있어 상대적으로 광범위한 입법형성권을 가지지만, 헌법 제12조 제6항이 체포·구속적부심사청구권을 보장하고 있는 취지를 고려하면 심판대상조항에 따라 보호되고 있는 상태 그 자체에 대한 적법 여부 심사를 법원에 청구할 수 있는 절차는 보장되어야 하고, 이는 심판대상조항에 의한 보호가 출입국관리행정의 일환으로 이루어지는 것이라고 하더라도 보호로 인해 신체의 자유에 중대한 제한이 초래되는 이상 마찬가지이다.

이상을 종합하면, 심판대상조항에 의하여 보호된 경우 법원에 보호의 개시 또는 보호 계속의 적법 여부 심사를 청구할 수 있는 절차를 두고 있지 아니한 심판대상조항은 헌법 제12조 제6항에 위배된다.

재판관 유남석 이선애 이석태 이은애 이종석 이영진 김기영 문형배 이미선

84. 남양주시와 경기도 간의 권한쟁의

[2023. 3. 23. 2020헌라5]

【판시사항】

1. 감사가 이미 종료된 경우에도 심판청구의 이익을 인정할 수 있는지 여부(적극)

2. 광역지방자치단체가 기초지방자치단체의 자치사무에 대하여 실시하는 감사 중 연간 감사계획에 포함되지 아니하고 사전조사도 수행되지 아니한 감사의 경우 감사대상의 사전 통보가 감사의 개시요건인지 여부(소극)

3. 감사 진행 중에 감사대상을 확장 내지 추가하는 것이 허용되는지 여부(적극) 및 그 요건

4. 감사를 개시하기 위하여 요구되는 위법성 확인의 방법과 확인의 정도

5. 피청구인이 2020. 11. 16.부터 2020. 12. 7.까지 청구인에 대하여 실시한 감사(이하 '이 사건 감사'라 한다)가 헌법 및 지방자치법에 의하여 부여된 청구인의 지방자치권을 침해한 것인지 여부(일부 적극)

6. 감사항목 중 일부에 대한 인용이 가능한지 여부(적극) 및 그 요건

【결정요지】

1. 피청구인이 청구인에 대하여 이 사건 감사의 종료를 통보하면서 '이번에 진행하지 못한 사항에 대하여는 향후 별도계획을 수립하여 추진할 예정'임을 밝히고 있어 앞으로 같은 유형의 침해행위가 반복될 위험이 있다. 또한 이 사건에서 문제가 된 감사대상 통보의무의 유무, 감사대상의 특정과 관련하여 감사 개시 이후 감사대상의 확장이나 추가 가능 여부, 감사 개시 전 위법성의 확인 방법 및 정도 등에 대한 해명이 필요하므로 예외적으로 심판청구의 이익을 인정할 수 있다.

2. 연간 감사계획에 포함되지 아니하고 사전조사가 수행되지 아니한 감사의 경우 지방자치법에 따른 감사의 절차와 방법 등에 관한 사항을 규정하는 '지방자치단체에 대한 행정감사규정' 등 관련 법령에서 감사대상이나 내용을 통보할 것을 요구하는 명시적인 규정이 없다. 광역지방자치단체가 자치사무에 대한 감사에 착수하기 위해서는 감사대상을 특정하여야 하나, 특정된 감사대상을 사전에 통보할 것까지 요구된다고 볼 수는 없다.

3. 지방자치단체의 자치사무에 대한 무분별한 감사권의 행사는 헌법상 보장된 지방자치권을 침해할 가능성이 크므로, 원칙적으로 감사과정에서 사전에 감사대상으로 특정되지 아니한 사항에 관하여 위법사실이 발견되었다고 하더라도 감사대상을 확장하거나 추가하는 것은 허용되지 않는다. 다만, 자치사무의 합법성 통제라는 감사의 목적이나 감사의 효율성 측면을 고려할 때, 당초 특정된 감사대상과 관련성이 인정되는 것으로서 당해 절차에서 함께 감사를 진행하더라도 감사대상 지방자치단체가 절차적인 불이익을 받을 우려가 없고, 해당 감사대상을 적발하기 위한 목적으로 감사가 진행된 것으로 볼 수 없는 사항에 대하여는 감사대상의 확장 내지 추가가 허용된다.

4. 시·도지사 등이 제보나 언론보도 등을 통해 감사대상 지방자치단체의 자치사무의 위법성에 관한 정보를 수집하고, 객관적인 자료에 근거하여 해당 정보가 믿을만하다고 판단함으로써 위법행위가 있었으리라는 합리적 의심이 가능한 경우라면, 의혹이 제기된 사실관계가 존재하지 않거나 위법성이 문제되지 않는다는 점이 명백하지 아니한 이상 감사를 개시할 수 있을 정도의 위법성 확인은 있었다고 봄이 타당하다.

5. 이 사건 감사 중 [별지 1] 목록 순번 1 내지 8 기재 각 항목에 대한 감사는 감사 착수 시에 감사대상이 특정되고 감사 개시에 필요한 정도의 법령 위반 여부 확인도 있어 감사의 개시요건을 갖추었으나, 같은 목록 순번 9 내지 14 기재 각 항목에 대한 감사는 감사대상이 특정되지 않거나 당초 특정된 감사대상과의 관련성이 인정되지 않아 감사의 개시요건을 갖추지 못하였다.

6. 이 사건 감사 중 [별지 1] 목록 순번 9 내지 14 기재 각 항목에 대해서만 감사의 개시요건을 갖추지 못하였는바, 위 항목들에 대한 감사가 이 사건 감사의 주된 목적이고 같은 목록 순번 1 내지 8 기재 각 항목에 대한 감사는 부수적인 것에 불과하다는 등의 특별한 사정이 없는 이상 같은 목록 순번 9 내지 14 기재 각 항목에 대한 감사에 한정해서 위법한 감사로 봄이 타당하다.

재판관 이선애, 재판관 이종석, 재판관 이영진의 별개의견 및 반대의견

우리는 피청구인이 2020. 11. 11. 청구인에게 '언론보도 의혹사항, 주민감사청구 및 익명제보사항 등'에 대하여 조사를 개시한다고 통보한 후 2020. 11. 16.부터 2020. 12. 7.까지 실시한 조사행위(이하 '이 사건 조사행위'라 한다)가 헌법 및 지방자치법에 의하여 부여된 청구인의 지방자치권을 침해하였다고 생각한다. 우리의 이러한 의견은 법정의견을 기준으로 환언할 경우 [별지 1] 목록 순번 9 내지 14 기재 각 항목에 대한 별개의견 및 [별지 1] 목록 순번 1 내지 8 기재 각 항목에 대한 반대의견으로 표시될 수 있다.

헌법재판소 2006헌라6 결정의 취지 및 구 지방자치법 제171조 등을 종합하면, 지방자치단체의 자치사무에 관하여 법령위반사항에 대한 감사에 착수하기 위해서는 자치사무에 관하여 특정한 법령위반행위가 확인되었거나 위법행위가 있었으리라는 합리적 의심이 가능한 경우이어야 한다. 아울러 그 감사대상을 특정해야 할 뿐만 아니라 감사를 실시하기 전에 감사대상 지방자치단체의 장에게 그 감사대상을 특정하여 감사개시를 통보해야 한다고 봄이 상당하고, 이를 위반할 경우 포괄적·사전적 일반감사나 위법사항을 특정하지 않고 개시하는 감사 또는 법령위반사항을 적발하기 위한 감사의 개시통보로서 허용될 수 없다.

그런데, 이 사건 감사대상사무 중 ③ 코로나19 방역지침 위반, ④ 시정조정위원회 예산 지급 결정 적정성, ⑦ 공유재산 매입 특혜의혹, ㉠ 홍보팀의 댓글작업, ㉡ 금연지도원 부당 채용, ㉢ 인사권 행사 문제, ㉣ 보도자료 정정, ㉤ 에코랜드 야구장 관련 사무의 경우는 감사의 일환으로서 이 사건 조사행위를 실시하기 전에 해당 자치사무의 처리가 법령에 위반되는지 여부 등을 확인할 의무를 이행하였다고 보기 어렵다. 아울러 이 사건 감사대상사무는 포괄적인 항목(⑨ 기타 언론보도, 현장제보 사항 등)을 포함하고 있어 감사대상이 특정되었다고 볼 수 없고, 실제로 위 포괄 항목에 근거하여 감사가 진행된 위 ㉠ 내지 ㉤ 항목의 내용은 이 사건 감사계획상 중점 감사대상으로 언급된 ① 내지 ⑧ 항목과는 전혀 무관한 사무로서 이 사건 감사계획에서 예정하지 않은 새로운 사항이므로 감사대상으로 특정된 사무라고 보기도 어렵다.

또한, 지방자치단체의 자율성 보장 및 자치사무에 대한 합법성 감독의 지향, 행정안전부의 지방자치단체 자치사무에 대한 감사 실무매뉴얼의 내용 등을 고려하면, 지방자치단체의 자치사무에 대한 감사를 실시하기 전에 감사대상 지방자치단체의 장에게 위법성이 확인된 감사대상을 특정하여 감사개시를 통보해야 한다고 보는 것이 타당하다. 그런데 피청구인의 이 사건 조사개시 통보는 그 조사내용을 '언론보도 의혹사항, 주민감사청구 및 익명제보사항 등'이라고만 표시하고 있을 뿐 어떠한 자치사무에 대하여 무슨 위법사항이 있는지를 전혀 특정하여 통보하지 않았으므로, 감사 착수 전에 감사대상 지방자치단체의 장에게 그 감사대상을 특정하여 감사개시를 통보하였다고 볼 수 없다.

이처럼 피청구인의 이 사건 조사행위는 헌법재판소 결정의 취지와 구 지방자치법 제171조 등에 따른 지방자치단체의 자치사무에 대한 감사개시요건을 충족하지 못한 위법한 감사로서, 이는 포괄적·사전적 일반감사나 위법사항을 특정하지 않고 개시하는 감사 또는 법령위반사항을 적발하기 위한 감사에 해당하여 허용될 수 없다.

【참조조문】

헌법 제117조 제1항

구 지방자치법(2017. 7. 26. 법률 제14839호로 개정되고, 2021. 1. 12. 법률 제17893호로 전부개정되기 전의 것) 제171조

공공감사에 관한 법률(2010. 3. 22. 법률 제10163호로 제정된 것) 제24조

구 공공감사에 관한 법률(2021. 1. 12. 법률 제17893호로 개정되기 전의 것) 제3조

공공감사에 관한 법률 시행령(2015. 5. 18. 대통령령 제26241호로 개정된 것) 제11조, 제12조

구 지방자치단체에 대한 행정감사규정(2017. 7. 26. 대통령령 제28211호로 개정되고, 2021. 12. 16. 대통령령 제32223호로 개정되기 전의 것) 제1조, 제2조 제3호, 제7조

지방자치단체에 대한 행정감사규정(2017. 7. 26. 대통령령 제28211호로 개정된 것) 제4조, 제5조, 제6조

경기도 감사규칙(2019. 1. 14. 경기도규칙 제3826호로 개정된 것) 제1조, 제3조 제4호, 제24조

【참조판례】

1. 헌재 2003. 10. 30. 2002헌라1, 판례집 15-2하, 17, 28-29

헌재 2009. 5. 28. 2006헌라6, 판례집 21-1하, 418, 427

【당 사 자】

청 구 인 남양주시
대표자 시장 주광덕
대리인 변호사 이명웅

피청구인 경기도
대표자 도지사 김동연
대리인 변호사 이승엽

【주 문】

1. 피청구인이 2020. 11. 16.부터 2020. 12. 7.까지 청구인에 대하여 실시한 [별지 1] 목록 기재 각 항목에 대한 감사 중 순번 9 내지 14 기재 각 항목에 대한 감사는 헌법 및 지방자치법에 의하여 부여된 청구인의 지방자치권을 침해한 것이다.

2. 청구인의 나머지 심판청구를 기각한다.

【이 유】

1. 사건개요

가. 피청구인은 2020. 11. 10. 아래와 같은 내용의 청구인에 대한 특별조사 계획을 수립하였다(이하 '이 사건 조사계획'이라 한다).

남양주 사업 특혜의혹 등 특별조사 계획 청구인의 각종 특혜사업 등 다수의 의혹이 언론에 보도되고 있어 해당 논란과 익명제보 사항에 대한 조사·점검·확인을 통하여 부당 건에 대한 책임소재 확인 및 시 행정 투명성 검증을 위해 특별조사를 실시 ○ 기간: 2020. 11. 16. ~ 12. 4.(3주/사전조사 1주, 실지조사 2주) ○ 조사대상: 청구인 및 그 산하기관 ○ 중점 조사대상 [별지 1] 목록 순번 1 내지 9 기재 각 항목

나. 피청구인은 이 사건 조사계획에 따라 2020. 11. 11. 청구인에게 아래와 같은 내용으로 조사개시를 통보하였다(이하 '이 사건 조사개시 통보'라 한다).

조사개시 통보

○ '공공감사에 관한 법률' 제24조(징계 또는 문책사유의 시효정지) 및 '경기도 감사규칙' 제24조(징계 또는 문책사유의 시효정지) 규정에 따라 아래와 같이 조사개시통보하오니 조사업무 수행에 차질이 없도록 협조하여 주시기 바랍니다.

○ 조사개요

가. 조사기간: 2020. 11. 16. ~ 조사완료시까지

나. 조사대상: 청구인 및 그 산하기관

다. 조사내용: 언론보도 의혹사항, 주민감사청구 및 익명제보사항 등

라. 조사반: 조사총괄팀장 외 6명

다. 이후 피청구인의 조사반은 2020. 11. 16.부터 [별지 1] 목록 순번 1 내지 9 기재 각 항목(이하 '감사항목 1 내지 9'라 한다)에 대한 감사를 진행하였고, 감사 중에 추가로 제보된 내용 등을 바탕으로 같은 목록 순번 10 내지 14 기재 각 항목(이하 '감사항목 10 내지 14'라 한다)을 감사대상으로 추가하여 감사를 진행하였다(이하 '이 사건 감사'라 한다).

라. 청구인은 2020. 11. 26. 이 사건 감사가 구 지방자치법(2017. 7. 26. 법률 제14839호로 개정되고, 2021. 1. 12. 법률 제17893호로 전부개정되기 전의 것, 이하 위 개정연혁에 따른 구 지방자치법은 개정연혁을 생략하고 단순히 '구 지방자치법'이라고만 한다) 제171조의 자치사무에 대한 감사의 개시요건을 갖추지 못하여 청구인의 지방자치권을 침해한다고 주장하며 이 사건 권한쟁의심판을 청구하고, 같은 날 '이 사건 조사개시 통보의 효력을 권한쟁의심판 청구사건에 대한 종국결정의 선고 시까지 정지한다'는 결정을 구하는 효력정지 가처분신청(2020헌사1191)을 하였다.

마. 피청구인은 2020. 12. 7. 청구인에게 '청구인이 감사 협조를 거부하고 소속 공무원에게 감사 수감 중단 지시를 함에 따라 실질적인 조사 진행이 어려우므로 조사를 종료하되, 이번에 진행하지 못한 사항에 대하여는 향후 별도계획을 수립하여 추진할 예정'이라는 내용의 조사 종료 통보를 하였다. 이에 청구인은 2020. 12. 8. 위 가처분 신청을 취하하였다.

2. 심판대상

이 사건 심판대상은 피청구인이 2020. 11. 16.부터 2020. 12. 7.까지 청구인에 대하여 실시한 [별지 1] 목록 기재 각 항목에 대한 감사가 헌법 및 지방자치법에 의하여 부여된 청구인의 지방자치권을 침해한 것인지 여부이다.

관련조항은 [별지 2]와 같다.

3. 청구인의 주장 및 피청구인의 답변

가. 청구인의 주장

이 사건 감사는 자치사무에 대한 감사에 해당하는데, 구 지방자치법 제171조는 도지사의 지방자치단체의 자치사무에 대한 감사범위를 법령위반사항으로 한정하고 있으며, 사전에 법령 위반 여부를 확인할 것을 요구한다.

그런데 피청구인은 이 사건 감사를 개시하면서 감사대상을 '언론보도 의혹사항, 주민감사청구 및 익명제보사항 등'으로, 감사기간을 '2020. 11. 16. ~ 조사완료시까지'라고 정하여 청구인에게 통보하였는데, 이는 위법사항을 특정하지 않은 추상적·포괄적 감사로서 구 지방자치법 제171조에서 허용되는 합법성 감사의 범위를 넘어선 것이다. 또한 피청구인은 이 사건 감사를 실시하기 전에 감사대상사무의 처리가 법령에 위반되는지 여부를 확인하지 않고 위법행위가 있었으리라는 합리적 의심도 없이 감사를 개시하였다.

따라서 이 사건 감사는 구 지방자치법 제171조를 위반하여 청구인의 지방자치권을 침해하였다.

나. 피청구인의 답변 요지

(1) 이 사건 감사가 청구인의 비협조와 자료제공 거부로 정상적으로 진행되지 못하고 2020. 12. 7. 중단됨으로써 청구인이 주장하는 권한침해상태는 종료되었으므로, 이 사건 권한쟁의심판청구는 심판의 이익이 없어 부적법하다.

(2) 피청구인은 이 사건 조사개시 통보 전에 이미 이 사건 조사계획을 수립하여 감사대상을 특정하였으나 감사의 실효성 확보를 위하여 구체적인 감사대상을 청구인에게 미리 알리지 않았을 뿐이다. 이 사건 감사가 개시되면서 피청구인의 조사반이 구체적인 감사대상을 청구인 측에 알려주고 관련 자료를 요청하였으므로, 청구인이 감사대상을 알지 못한 채 감사를 받는 상황이 발생하지도 않았다. 이처럼 피청구인은 구체적이고 특정된 위법행위에 대한 감사를 계획하고 실시하였으므로, 이 사건 감사는 일반적이고 포괄적인 감사에 해당하지 않는다.

또한 피청구인은 충분히 신뢰할 만하다고 볼 수 있는 구체적인 내용의 언론보도나 내부자 제보, 주민들의 감사 요구 등을 근거로 법령 위반 여부를 확인하고 감사대상을 특정하였다.

따라서 이 사건 감사는 적법한 감사로서 청구인의 지방자치권을 침해하지 않았다.

4. 적법요건에 대한 판단

이 사건 감사는 2020. 12. 7. 종료되었으므로 이 사건 심판청구가 인용된다고 하더라도 청구인의 권리구제에는 도움이 되지 아니하여 원칙적으로 심판의 이익이 없다. 그러나 권한쟁의심판은 주관적 권리구제뿐만 아니라 객관적인 헌법질서 보장의 기능도 겸하고 있으므로, 청구인에 대한 권한침해상태가 이미 종료하여 이를 취소할 여지가 없어졌다 하더라도 같은 유형의 침해행위가 앞으로도 반복될 위험이 있고, 헌법질서의 수호·유지를 위하여 그에 대한 헌법적 해명이 긴요한 사항에 대하여는 예외적으로 심판청구의 이익을 인정할 수 있다(헌재 2009. 5. 28. 2006헌라6 참조).

피청구인이 청구인에 대하여 이 사건 감사의 종료를 통보하면서 '이번에 진행하지 못한 사항에 대하여는 향후 별도계획을 수립하여 추진할 예정'임을 밝히고 있어 앞으로 같은 유형의 침해행위가 반복될 위험이 있다. 또한 지방자치단체의 자치사무에 대한 감사의 근거조항인 구 지방자치법 제171조 제1항과 동일한 내용을 규정하고 있던 구 지방자치법(1994. 3. 16. 법률 제4741호로 개정되고, 2007. 5. 11. 법률 제8423호로 전부개정되기 전의 것) 제158조에 따른 감사의 범위 및 방법 등에 관하여 헌법재판소가 2009. 5. 28. 2006헌라6 결정에서 판단한 바 있으나, 이 사건에서 문제가 된 감사대상 통보의무의 유무, 감사대상의 특정과 관련하여 감사 개시 이후 감사대상의 확장이나 추가 가능 여부, 감사 개시 전 위법성의 확인 방법 및 정도 등에 대한 해명이 필요하므로 예외적으로 심판청구의 이익을 인정할 수 있다.

5. 본안에 대한 판단

가. 자치사무에 대한 감사의 개시요건

(1) 1987. 10. 29. 현행 헌법으로의 헌법 개정이 이루어져 지방자치제가 전면 실시됨에 따라 이를 뒷받침할 입법조치가 이어졌는데, 1994. 3. 16. 법률 제4741호로 개정된 지방자치법 제158조는 "내무부장관 또는 시·도지사는 지방자치단체의 자치사무에 관하여 보고를 받거나 서류·장부 또는 회계를 감사할 수 있다. 이 경우 감사는 법령위반사항에 한하여 실시한다."라고 규정하였다. 이는 종전 지방자치법이 "내무부장관 또는 시·도지사는 지방자치단체의 자치사무에 관하여 보고를 받거나 서류·장부 또는 회계를 감사할 수 있다."라고만 하였던 것에 후문을 신설한 것으로, 자치사무에 대한 감사의 범위를 '위법성 감사'로 축소함으로써 자치사무의 자율성을 보장하여 궁극적으로 지방자치단체의 자치권을 보장하려는 데에 그 입법취지가 있다고 할 것이다. 위와 같이 개정된 제158조는 지방자치법이 2007. 5. 11. 법률 제8423호로 전부개정되면서 내용의 변화 없이 제171조로 이동하였고, 이후 중앙행정기관의 명칭만 변경되다가 2021. 1. 12. 법률 제17893호로 전부개정된 현행 지방자치법에서는 조문의 위치가 제190조로 이동하였을 뿐 실질적인 내용의 변화 없이 현재에 이르고 있다.

헌법재판소는 2009. 5. 28 선고 2006헌라6 결정에서, 위와 같은 헌법 및 지방자치법의 개정취지와 자치사무에 대한 감사를 '위법성 감사'로 축소한 경위 등을 종합하여 중앙행정기관의 지방자치단체의 자치사무에 대한 감사권은 사전적·일반적인 포괄감사권이 아니라 그 대상과 범위가 한정적인 제한된 감사권으로 해석하여야 한다고 판시하였다. 나아가 중앙행정기관이 지방자치단체의 자치사무에 대한 감사에 착수하기 위해서는 자치사무에 관하여 특정한 법령위반행위가 확인되었거나 위법행위가 있었으리라는 합리적 의심이 가능한 경우이어야 하고, 그 감사대상을 특정하여야 한다고 하여 자치사무에 대한 감사의 개시요건에 관한 법리를 확립하였다.

위와 같은 헌법재판소 2006헌라6 결정의 취지를 반영하여 지방자치법이 2010. 6. 8. 법률 제10344호로 개정되면서 자치사무에 대한 감사 실시 전에 해당 사무의 처리가 법령에 위반되는지 여부 등을 확인하여야 한다는 점을 명시한 제171조 제2항이 신설되었다. 지방자치법에 따른 감사의 절차와 방법 등에 관한 사항을 규정하는 '지방자치단체에 대한 행정감사규정'(이하 '행정감사규정'이라 한다)도 2010. 10. 13. 대통령령 제22439호로 전부개정되면서 사전조사제도를 도입하여 지방자치단체의 자치사무에 대한 감사를 실시하기 전에 법령 위반 여부 등을 확인하기 위하여 해당 지방자치단체의 서류나 장부 등을 확인할 수 있도록 하고, 확인 결과 자치사무 처리가 법령을 위반하였거나 위반한 것으로 의심할 만한 상당한 이유가 있으면 그 사무를 감사대상으로 특정하여 미리 감사일정 등을 해당 지방자치단체의 장에게 통보하도록 정하였다(제7조 제2항, 제3항).

(2) 헌법재판소 2006헌라6 결정의 심판대상이 된 감사는 중앙행정기관의 지방자치단체의 자치사무에 대한 감사로, 광역지방자치단체의 기초지방자치단체의 자치사무에 대한 감사를 문제 삼고 있는 이 사건과는 차이가 있다.

그러나 지방자치단체의 자치사무에 관한 한 기초지방자치단체는 광역지방자치단체와 대등하고 상이한 권리주체에 해당하고, 광역지방자치단체의 기초지방자치단체에 대한 감사는 상이한 법인격 주체 사이의 감독권의 행사로서 외부적 효과를 가지는 통제에 해당한다고 보아야 한다. 따라서 중앙행정기관에 의한 통제나 상급지방자치단체에 의한 통제는 그 내용에 있어서 차이가 있다고 할 수 없는데, 구 지방자치법 제171조도 시·도지사의 지방자치단체의 자치사무에 대한 감사권을 법령위반사항으로 제한하여 상급지방자치단체에 의한 자치사무 감사 또한 중앙행정기관의 감독권과 마찬가지로 그 대상과 범위가 한정적인 감사임을 명시하고 있다.

따라서 헌법재판소 2006헌라6 결정의 내용은 광역지방자치단체의 기초지방자치단체의 자치사무에 대한 감사에 대해서도 그대로 적용되어야 할 것으로, 광역지방자치단체가 기초지방자치단체의 자치사무에 대한 감사에 착수하기 위해서는 자치사무에 관하여 특정한 법령위반행위가 확인되었거나 위법행위가 있었으리라는 합리적 의심이 가능한 경우이어야 하고 그 감사대상을 특정하여야 하며, 위법사항을 특정하지 않고 개시하는 감사 또는 법령위반사항을 적발하기 위한 감사는 허용될 수 없다.

나. 쟁점

이 사건 조사개시 통보 당시 피청구인이 이 사건 감사의 근거 규정을 명확히 제시하지는 아니하였으나, 이 사건 감사는 구 지방자치법 제171조에 따른 자치사무에 대한 감사에 해당한다. 청구인도 이를 전제로 이 사건 감사가 자치사무에 대한 감사의 개시요건을 갖추지 못한 위법한 감사로 청구인의 지방자치권을 침해한다고 주장한다.

먼저, 청구인은 피청구인이 이 사건 조사개시 통보 당시 조사내용을 '언론보도 의혹사항, 주민감사청구 및 익명제보사항 등'으로만 통보하였는데, 이러한 통보만으로는 감사대상이 특정되었다고 볼 수 없어 이 사건 감사는 감사대상이 특정되지 않은 위법한 감사라고 주장한다. 앞서 본 것과 같이 피청구인은 이 사건 조사개시 통보에 앞서 감사대상을 감사항목 1 내지 9로 특정하여 이 사건 조사계획을 수립하였으나 이와 같이 특정된 감사대상을 청구인에게 사전에 통보하지 않았는바, 위 주장과 관련해서는 내부적으로 특정된 감사대상을 감사대상 지방자치단체에 사전 통보하여야 감사대상의 특정을 인정할 수 있는지, 즉 감사대상의 사전 통보를 감사의 개시요건으로 볼 것인지 여부를 살펴본다.

한편, 앞서 본 것과 같이 피청구인은 이 사건 감사에 착수하여 감사항목 1 내지 9에 대한 감사를 진행하던 중에 감사항목 10 내지 14를 감사대상으로 추가하였는데, 감사대상의 특정과 관련하여 감사 진행 중에 감사대상을 확장 내지 추가하는 것이 허용되는지 여부를 살펴본다.

마지막으로, 청구인은 피청구인이 사전조사 등 법령위반 여부를 확인하지 않은 채 민원이나 언론보도 등만을 근거로 이 사건 감사를 개시하여 이 사건 감사는 법령위반행위가 확인되었거나 위법행위가 있었으리라는 합리적 의심조차 없이 착수된 위법한 감사라고 주장한다. 위 주장과 관련해서는 감사를 개시하기 위하여 요구되는 법령위반사항의 확인에 있어 위법성 확인의 방법과 확인의 정도 등을 살펴본다.

다. 이 사건 감사의 위법 여부

(1) 감사대상의 사전 통보 문제

(가) 피청구인은 이 사건 감사에 착수하기 전인 2020. 11. 11. 청구인에게 이 사건 조사개시 통보를 하면서 조사내용을 '언론보도 의혹사항, 주민감사청구 및 익명제보사항 등'으로 밝혔을 뿐 내부적으로 특정한 감사대상을 통보하지 않았다. 피청구인이 청구인에게 통보한 위와 같은 내용은 매우 추상적이고 포괄적이어서 감사대상이 특정되어 통보되었다고 보기 어렵다. 여기서 사전에 감사대상 지방자치단체에게 특정된 감사대상을 통보하는 것이 감사의 개시요건인지 여부가 문제된다.

(나) 행정감사규정 제5조에 의하면 시·도지사 등은 연간 감사계획의 주요 내용을 매년 1월 31일까지 감사대상 지방자치단체의 장에게 통보하여야 하고(제1항 본문), 연간 감사계획을 통보한 후 이를 변경하였을 경

우에는 지체 없이 그 내용을 감사대상 지방자치단체의 장에게 통보하여야 하는데(제2항 본문), 이 사건 감사와 같이 연간 감사계획에 포함되지 아니한 감사의 경우 감사대상이나 내용을 통보할 것을 요구하는 명시적인 규정을 발견할 수 없다.

한편, 구 행정감사규정(2017. 7. 26. 대통령령 제28211호로 개정되고, 2021. 12. 16. 대통령령 제32223호로 개정되기 전의 것, 이하 '구 행정감사규정'이라 한다)은 제7조 제2항에서 행정안전부장관 또는 시·도지사는 지방자치단체의 자치사무에 대한 감사를 실시하기 전에 해당 지방자치단체의 자치사무 처리가 법령에 위반되는지 여부 등을 확인하기 위하여 필요하다고 인정되는 경우에는 사전조사 업무를 수행할 수 있다고 규정하면서, 같은 조 제3항에서 행정안전부장관 또는 시·도지사는 사전조사 업무를 수행한 결과 해당 지방자치단체의 자치사무 처리가 법령을 위반하였거나 위반한 것으로 의심할 만한 상당한 이유가 있으면 그 사무를 감사대상으로 특정하여 미리 감사일정 등을 해당 지방자치단체의 장에게 통보하여야 한다고 규정하고 있다. 구 행정감사규정 제7조 제3항을 시·도지사 등에게 감사대상 통보의무를 부과하는 조항으로 보더라도, 위 조항의 문언에 따르면 그러한 의무는 같은 조 제2항에 따라 사전조사 업무를 수행한 경우에만 인정되는 것으로 봄이 타당하다고 할 것이다. 그런데 사전조사 업무 수행은 의무사항이 아닌 재량사항이고 피청구인은 이 사건 감사를 실시하면서 사전조사 업무를 수행하지 않았으므로, 위 규정이 이 사건 감사에 적용된다고 볼 수 없다.

(다) 청구인은 '공공감사에 관한 법률' 제24조를 근거로 감사대상이 특정되었다고 하기 위해서는 감사대상 지방자치단체에게 사전에 특정된 감사대상이 통지되어야 한다고도 주장한다.

'공공감사에 관한 법률' 제24조 제1항은 "중앙행정기관등의 장은 특정사건에 대한 조사를 개시한 때와 이를 종료한 때에는 10일 이내에 자체감사 대상기관의 장에게 그 사실을 통보하여야 한다."라고 규정하고 있다. 그러나 '공공감사에 관한 법률'은 원칙적으로 지방자치단체의 장이 그 소속되어 있는 기관(그 소속 기관 및 소관 단체를 포함한다) 및 그 기관에 속한 자의 업무와 활동을 감사하는 '자체감사'에 적용되는 법으로서(제3조 제1항, 제2조 제1호), 구 지방자치법 제171조에 따른 자치사무의 감사에 대하여는 '공공감사에 관한 법률'의 규정 중 제33조(중복감사 금지), 제34조(감사계획 협의), 제36조 제2항(감사정보시스템)이 적용될 뿐 제24조 제1항은 적용되지 않는다(제3조 제2항). 그뿐만 아니라 위 제24조 제1항의 통보는 특정사건에 대하여 조사를 개시하고 종료할 때 감사 대상기관의 장에게 이를 통보하여 조사기간 동안 해당 사건에 대한 징계 또는 문책 절차의 진행을 중단하도록 함으로써 감사의 실효성을 확보하고, 동시에 징계 또는 문책 사유의 시효정지를 위한 것으로서 감사의 개시요건을 규정한 것이라고 보기는 어렵다.

(라) 이상의 사정을 종합하면, 광역지방자치단체가 기초지방자치단체의 자치사무에 대한 감사에 착수하기 위해서는 감사대상을 특정하여야 하나, 이에 더하여 감사대상 지방자치단체에게 특정된 감사대상을 사전에 통보할 것까지 요구된다고 볼 수는 없다. 따라서 피청구인이 이 사건 조사개시 통보를 하면서 내부적으로 특정한 감사대상을 통보하지 않았다고 하더라도, 그러한 사정만으로는 이 사건 감사가 위법하다고 할 수 없다.

(2) 감사대상의 특정 여부 및 감사대상의 확장·추가 허용 여부

(가) 심사기준

1) 앞서 살핀 것과 같이 감사대상의 특정은 지방자치단체의 자치사무에 대한 감사의 개시요건이다. 중앙행정기관 및 광역지방자치단체의 지방자치단체의 자치사무에 대한 감사권을 사전적·일반적인 포괄감사권이 아닌 그 대상과 범위가 한정된 감사권으로 보는 이상, 자치사무에 대한 감사에 착수하기 위해서는 감사대상이 특정되어야 함은 당연하다고 할 것이다.

2) 이처럼 감사대상은 감사에 착수하기 전에 특정되어야 하는데, 피청구인은 이 사건 감사를 개시한 이후 당초 감사대상으로 특정하지 않았던 사항에 대해서도 감사를 실시하였는바, 이와 같이 감사 개시 이후에 감사대상을 확장하거나 추가하는 것이 허용되는지가 문제된다.

지방자치단체의 자치사무에 대한 무분별한 감사권의 행사는 헌법상 보장된 지방자치권을 침해할 가능성이 크므로, 원칙적으로 감사 과정에서 사전에 감사대상으로 특정되지 아니한 사항에 관하여 위법사실이 발견되었다고 하더라도 감사대상을 확장하거나 추가하는 것은 허용되지 않는다고 보아야 할 것이다. 다만, 자치사무의 합법성 통제라는 감사의 목적이나 감사대상 지방자치단체의 입장에서도 별도의 감사 절차가 개시되어

다시 처음부터 조사를 받는 것보다는 이미 개시된 절차에서 함께 감사를 받는 것이 효율적일 수 있다는 측면을 고려할 때, 예외적으로 감사대상의 확장이나 추가를 인정할 필요성도 인정된다. 어떠한 경우에 감사대상의 확장이나 추가가 허용될 것인지는 구체적인 사안에서 감사의 목적, 감사대상의 내용, 추가 감사대상을 특정하게 된 경위 등에 따라 개별적으로 판단하여야 할 것이지만, 적어도 당초 특정된 감사대상과 관련성이 인정되는 것으로서 당해 절차에서 함께 감사를 진행하더라도 감사대상 지방자치단체가 절차적인 불이익을 받을 우려가 없고, 해당 감사대상을 적발하기 위한 목적으로 감사가 진행된 것으로 볼 수 없는 사항에 대하여는 감사대상의 확장 내지 추가가 허용된다고 볼 것이다.

(나) 구체적 판단

1) 먼저, 앞서 사건개요에서 본 것과 같이 피청구인은 2020. 11. 10. 내부적으로 청구인에 대한 감사대상을 감사항목 1 내지 9로 정하였는데, 그 중 감사항목 1 내지 8의 내용은 아래에서 보는 것과 같이 모두 그 내용이 개별적이고 구체적이어서 감사대상이 특정되었다고 볼 수 있다.

① 양정역세권 개발사업 특혜의혹: 남양주시 상패동에 복합단지를 조성하는 양정역세권 개발사업의 사업자 선정 과정에서 특정 업체가 특혜를 받았는데 그 과정에서 청구인 산하의 남양주도시공사 사장이 불법적인 지시를 하여 관여하였다는 의혹이다.

② 남양주시 예술동아리 경연대회 사업자 선정 불공정: 2020. 5.경 실시된 남양주시 예술동아리 경연대회 사업자 선정 과정에서 심사위원이 공고에 기재되지 않은 서류를 제출하지 않았다는 이유로 문제를 삼고, 심사위원 선정도 당초 예고된 것과 다른 방법으로 이루어졌으며, 그 결과 사단법인 한국예술문화단체총연합회 남양주지회가 탈락하면서 청구인이 공모사업에 응모하라고 따로 안내한 다른 단체가 선정되었다는 의혹이다.

③ 코로나19 방역지침 위반: 남양주시 이통장연합회 등 청구인 산하 단체 구성원들이 2020. 8. 19.부터 2020. 9. 4.까지 사이에 청구인 청사 내부 등 실내에서 피청구인에 대하여 청구인에게 특별조정교부금을 지급하라는 성명을 발표하였는데, 청구인이 성명서 발표에 참석한 해당 단체 구성원들에게 코로나19 방역지침을 준수하도록 하지 않았다는 의혹이다.

④ 시정조정위원회 예산 지급 결정 적정성: 청구인 대표자 시장(이하 '남양주시장'이라 한다) 개인의 변호사 비용을 시 예산으로 지급하였다는 의혹이다.

⑤ 2021년 수도권 개발제한구역 관리계획 2차 변경(월문하수종말처리장): 청구인이 2015년경부터 관리계획을 변경하지도 아니한 채 2008년도 관리계획과 다른 내용으로 개별 인허가를 진행하여 해당 구역에서 건축물과 체육시설의 위치가 관리계획과 달리 시공되었고, 관리계획에 없던 배드민턴장이 신축되었으며, 완충녹지가 설치되지 않았다는 의혹이다.

⑥ 남양주시 진건읍 사능리 172-44번지 등 3개 구역 훼손지 정비 사업: 청구인이 기부채납을 받으면서 법률 규정의 내용과 달리 기부채납액을 산정한 의혹이다.

⑦ 공유재산 매입 특혜의혹

㉠ 남양주 궁집 관련: 청구인이 국가민속문화재인 남양주 궁집을 소유자로부터 기부채납 받으면서 그 주변 토지 및 지장물을 고가로 매입하여 특혜를 주었다는 의혹이다.

㉡ 예식장 관련: 청구인이 역사공원 조성사업을 시행하는 과정에서 오랜 기간 흉물로 방치된 예식장 건물을 고가로 매입하여 그 소유자에게 특혜를 주었다는 의혹이다.

⑧ 남양주시 와부읍 월문리 건축허가(변경) 적정성: 남양주시 와부읍 월문리 산5-3 토지는 경사도가 높고 진입도로 폭이 좁아 남양주시 조례에 의한 개발행위허가 기준을 충족하지 못함에도 불구하고 담당 공무원이 개발행위허가 신청서 등을 제출받지 아니한 채 공장 건축허가를 하였다는 의혹이다.

2) 그런데 감사항목 9의 '기타 언론보도, 현장제보 사항 등'은 피청구인 스스로도 이 사건 감사 착수 및 진행 전후에 추가로 제보를 받은 내용을 포함하기 위한 항목이라고 인정하듯이 그 자체로 내용이 추상적이고 포괄적이어서 감사 착수 시에 감사대상이 특정되거나 한정되었다고 볼 수 없다.

3) 한편, 피청구인이 이 사건 감사 개시 이후에 감사대상으로 추가한 항목들인 감사항목 10 내지 14는 그 내용에 비추어 모두 당초 감사대상으로 특정된 감사항목 1 내지 8과 관련성이 있다고 보기 어렵다. 피청구인은 추가된 위 항목들은 감사 개시 당시 감사대상으로 삼은 감사항목 9의 '기타 언론보도, 현장제보 사항 등'에 해당된다고 주장하나, 앞서 본 바와 같이 위 항목은 그 자체로 구체적으로 특정되었다고 보기 어려우므로 위 항목과의 관련성을 살펴볼 필요는 없다.

4) 그렇다면, 이 사건 감사 중 감사항목 1 내지 8에 대한 감사는 감사대상의 특정이라는 감사의 개시요건을 갖추었으나, 감사항목 9 내지 14에 대한 감사는 감사대상이 특정되지 않거나 당초 특정된 감사대상과의 관련성이 인정되지 않아 감사의 개시요건을 갖추지 못하였다고 할 것이다.

(3) 감사 개시 전 법령 위반 확인 여부

(가) 심사기준

구 지방자치법 제171조 제2항은 감사를 실시하기 전에 해당 사무의 처리가 법령에 위반되는지 여부 등을 확인하여야 한다고 규정하고 있는데, 구체적으로 어떠한 방법으로 어느 범위까지 위법성의 확인이 필요한지는 규정하고 있지 않다.

구 행정감사규정 제7조 제2항은 자치사무에 대한 감사를 위한 사전조사를 규정하면서, 자치사무 처리가 법령에 위반되는지 여부 등을 확인하기 위하여 필요하다고 인정되는 경우에는 사실관계를 파악하기 위한 서류나 장부 등의 확인을 할 수 있다고 규정하고 있으나, 이는 감사기관의 필요에 따라 선택할 수 있는 임의적인 절차로 봄이 타당하므로, 시·도지사 등은 사전조사 외에 다양한 방법으로 법령 위반 여부를 확인할 수 있다고 할 것이다.

나아가 구 지방자치법 제171조가 규정하는 지방자치단체의 자치사무에 대한 감사는 법령위반사항에 대한 감사로서 시·도지사 등이 감사를 통해 구체적인 법령위반사항을 확인하고 필요한 조치를 취함으로써 자치사무의 합법성을 보장함을 그 목적으로 하는 점, 자치사무의 위법성은 궁극적으로 감사라는 조사절차를 통해 확인할 수 있는 점 등을 고려하면, 감사 개시 전 단계에서 위법이 의심되는 사항에 대하여 엄격한 의미의 위법성 확인이 필요하다고 볼 경우에는 감사제도의 존재가 무의미해질 우려가 있다. 헌법재판소 2006헌라6 결정이 '특정한 법령위반행위가 확인되었거나 위법행위가 있었으리라는 합리적 의심이 가능한 경우'에 감사에 착수할 수 있다고 판시한 것도 이러한 사정을 고려한 것으로 볼 수 있다.

따라서 시·도지사 등이 제보나 언론보도 등을 통해 감사대상 지방자치단체의 자치사무의 위법성에 관한 정보를 수집하고, 객관적인 자료에 근거하여 해당 정보가 믿을만하다고 판단함으로써 위법행위가 있었으리라는 합리적 의심이 가능한 경우라면, 의혹이 제기된 사실관계가 존재하지 않거나 위법성이 문제되지 않는다는 점이 명백하지 아니한 이상 감사를 개시할 수 있을 정도의 위법성 확인은 있었다고 봄이 타당하다.

(나) 구체적 판단

위와 같은 기준에 따라 이 사건 감사에 관하여 보면, 아래에서 보는 것과 같이 감사항목 1 내지 8에 대해서는 감사 개시 전에 모두 법령 위반 여부에 대한 확인이 있었다고 봄이 타당하다.

① 양정역세권 개발사업 특혜의혹: 이에 관해서는 2020. 7.경부터 언론 보도를 통해 민간사업자 공모기간이 통상의 절반 수준에 그치고, 특정 평가 항목에 대한 배점이 과도하게 높아 일부 업체를 염두에 둔 것이 아니냐는 등의 의혹이 제기되었으며, 2020. 9.경에는 민간사업자 공모 심사과정에서 남양주도시공사 사장의 개입이 있었다는 전 남양주도시공사 직원의 진술이 언론에 보도되었다.

② 남양주시 예술동아리 경연대회 사업자 선정 불공정: 이에 관해서는 사단법인 한국예술문화단체총연합회 남양주지회장 이○○가 2020. 10. 13. 국민신문고를 통해 남양주시 문화교육국에 대한 감사를 청구하면서 구체적인 사실관계와 관련 의혹을 기재하였고, 그 주장을 뒷받침하기 위하여 각종 서류와 언론 기사 등을 첨부하였다.

③ 코로나19 방역지침 위반: 당시 방역지침에 의하면 2020. 8. 19.부터 수도권 지역의 방역 기준이 2단계로 격상됨에 따라 집합금지 대상에 포함되는 집합·모임·행사의 경우 실내 50인 미만으로 개최가 가능하되 이 경우에도 시설 내 이용자 간 2m(최소 1m) 간격을 유지하여야 하는데, 당시 성명 발표를 보도한 언론 기사의 사진에 의하면 참석자들이 2m의 거리두기를 준수하지 아니한 사실을 알 수 있다.

④ 시정조정위원회 예산 지급 결정 적정성: 남양주시 전 정무비서는 피청구인 측에 '시장의 변호사비용을 시 예산으로 사용하기 위해 내일(금) 시정조정위원회를 열어 의결할 예정'이라는 비교적 구체적인 내용의 제보를 하였고, 전 정무비서라는 제보자의 신원에 비추어 볼 때 피청구인이 제보 내용의 신빙성을 높게 평가한 것에 합리적인 이유가 있다.

⑤ 2021년 수도권 개발제한구역 관리계획 2차 변경(월문하수종말처리장) 및 남양주시 진건읍 사능리 172-44번지 등 3개 구역 훼손지 정비 사업: 피청구인의 관련 부서에서 해당 사업의 적법성 여부에 관하여 검토하여 보고한 두 차례의 검토보고서 내용이 상당히

구체적이고 객관적인 자료에 기초하고 있다.

⑥ 공유재산 매입 특혜의혹

㉠ 남양주 궁집 관련: 청구인이 남양주 궁집을 기부채납 받으면서 그 주변에 있는 상당한 면적의 토지와 지장물을 매입한 상황에서 그와 관련된 특혜가 있었다는 제보가 접수된 사정에 비추어 보면, 피청구인으로서는 청구인이 주변 토지 등을 매입하게 된 경위, 매입가격이 적정하였는지 여부, 그 과정에 실제로 특혜가 있었는지 여부 등에 관하여 충분히 의심을 가질 수 있고, 감사에 착수하여 계약의 내용, 매입가격의 평가근거가 된 감정평가서 등을 조사하여 살펴봄으로써 제기된 의혹이 사실인지 여부를 확인할 수 있다고 보아야 할 것이다.

㉡ 예식장 관련: 예식장 건물 매입과 관련한 비위의혹이 언론을 통해 비교적 구체적이고 상세하게 보도되었고, 이후 남양주 궁집 관련 특혜 매입 의혹이 제보로 접수됨으로써 같은 유형의 사유재산 매입에 해당하는 예식장 건물 매입 관련 의혹에 대해서도 의문을 가질 수 있게 된 사정에 비추어 보면, 피청구인이 감사를 개시하기 위한 정도의 위법성 확인은 있었다고 보아야 할 것이다. 비록 이 사건 감사 개시 전에 피청구인 측이 청구인 측으로부터 예식장 건물 매입과 관련한 감정평가자료, 매입(협약)검토보고서 등을 제출받은 사실은 있으나, 이 사건 감사 개시 당시까지 그 의혹이 사실이 아님이 확인되지 않았고, 남양주 궁집과 관련된 제보가 접수됨으로써 그에 관한 감사를 진행함과 동시에 예식장 건물에 관하여도 매입과정의 위법성 여부를 자세히 살펴보기 위해 감사대상으로 삼은 것이므로 그 과정에 별도의 새로운 위법성이 확인되어야 한다고 볼 수 없다.

⑦ 남양주시 와부읍 월문리 건축허가(변경) 적정성: 해당 토지 주변 주민들이 제기한 주민감사청구의 내용이 관련 법령과 대법원 판례 등을 적시하고 있으며 상당히 구체적이다.

(4) 소결

이상에서 살핀 것과 같이 이 사건 감사 중 감사항목 1 내지 8에 대한 감사는 감사 착수 시에 감사대상이 특정되고 감사 개시에 필요한 정도의 법령 위반 여부 확인도 있어 감사의 개시요건을 갖추었으나, 감사항목 9 내지 14에 대한 감사는 감사대상이 특정되지 않거나 당초 특정된 감사대상과의 관련성이 인정되지 않아 감사의 개시요건을 갖추지 못하였다.

이와 같이 이 사건 감사 중 감사항목 9 내지 14에 대해서만 감사의 개시요건을 갖추지 못하였는바, 위 항목들에 대한 감사가 이 사건 감사의 주된 목적이고 감사항목 1 내지 8에 대한 감사는 부수적인 것에 불과하다는 등의 특별한 사정이 없는 이상 이 사건 감사 중 감사항목 9 내지 14에 대한 감사에 한정해서 위법한 감사로 봄이 타당하다.

6. 결 론

그렇다면, 피청구인이 2020. 11. 16.부터 2020. 12. 7.까지 청구인에 대하여 실시한 [별지 1] 목록 기재 각 항목에 대한 감사 중 순번 9 내지 14 기재 각 항목에 대한 감사는 감사의 개시요건을 갖추지 못한 위법한 감사로서 헌법 및 지방자치법에 의하여 부여된 청구인의 지방자치권을 침해하였다고 할 것이므로 이 부분 심판청구는 이유 있어 이를 인용하고, 나머지 심판청구는 이유 없으므로 이를 기각하기로 하여 주문과 같이 결정한다. 이 결정은 아래 7.과 같은 재판관 이선애, 재판관 이종석, 재판관 이영진의 [별지 1] 목록 순번 9 내지 14 기재 각 항목에 대한 별개의견 및 [별지 1] 목록 순번 1 내지 8 기재 각 항목에 대한 반대의견이 있는 외에는 관여 재판관들의 일치된 의견에 따른 것이다.

7. 재판관 이선애, 재판관 이종석, 재판관 이영진의 별개의견 및 반대의견

가. 우리는 피청구인이 2020. 11. 11. 청구인에게 '언론보도 의혹사항, 주민감사청구 및 익명제보사항 등'에 대하여 조사를 개시한다고 통보한 후 2020. 11. 16.부터 2020. 12. 7.까지 실시한 조사행위가 헌법 및 지방자치법에 의하여 부여된 청구인의 지방자치권을 침해하였다고 생각한다. 우리의 이러한 의견은 법정의견을 기준으로 환언할 경우 [별지 1] 목록 순번 9 내지 14 기재 각 항목에 대한 별개의견 및 [별지 1] 목록 순번 1 내지 8 기재 각 항목에 대한 반대의견으로 표시될 수 있을 것이다. 이하에서 다음과 같이 이유를 남긴다.

나. 사건 개요

(1) 피청구인은 2020. 11. 11. 청구인에게 다음과 같은 내용으로 '조사개시 통보'[1]를 하였다(이하 '이 사건

1) 발신인 경기도지사, 수신인 남양주시장. 문서 제목은 '조사개시 통보'임.

조사개시 통보'라 한다).

> 2020. 11. 11. 조사개시 통보
> 1. 귀 기관의 무궁한 발전을 기원합니다.
> 2. 「공공감사에 관한 법률」 제24조(징계 또는 문책사유의 시효정지) 및 「경기도 감사규칙」 제24조(징계 또는 문책사유의 시효정지) 규정에 따라 아래와 같이 조사개시통보하오니 조사업무 수행에 차질이 없도록 협조하여 주시기 바랍니다.
> 3. 조사개요
> 가. 조사기간 : 2020. 11. 16. ~ 조사완료시까지
> 나. 조사대상 : 남양주시 및 市 산하기관
> 다. 조사내용 : 언론보도 의혹사항, 주민감사청구 및 익명제보사항 등
> 라. 조사반 : 조사총괄팀장 외 6명
> 마. 협조사항 : 준비 및 협조사항 별도통보
> ※ 조사관련 내용이 외부에 유출되지 않도록 열람불가 처리 등 각별히 주의하여 주시기 바랍니다. 끝.

이 사건 조사개시 통보 이후 피청구인의 조사반은 2020. 11. 16.부터 남양주시의 사무에 대한 조사를 실시하였다(이하 '이 사건 조사행위'[2]라고 한다).

(2) 한편, 피청구인은 2020. 11. 17. 보도자료를 통해 다음과 같이 이 사건 조사행위의 기간과 내용을 추가로 발표하였다(원문은 [별지 3-1] 참고).

> 2020. 11. 17. 경기도 보도자료
> ○ 경기도가 남양주시와 시 산하기관을 대상으로 지난 11월 16일부터 12월 4일까지 3주 동안 양정역세권 개발사업 특혜 의혹 등에 대한 특별조사를 실시함
> ○ 조사 대상은 다음과 같음:
> • 양정역세권 개발사업 특혜의혹
> • 남양주시 예술동아리 경연대회 사업자 선정 불공정성
> • 코로나19 방역지침 위반 사항
> • 공유재산 매입 특혜 의혹
> • 건축허가(변경) 적정성
> • 기타 언론보도, 현장제보 사항 등
> ○ 이들 조사 대상은 언론에 보도된 각종 특혜 의혹 사업과 함께 제보, 주민 감사를 통해 조사가 청구된 것들임

또한, 이 사건 조사행위가 보복행정이라고 비판하는 청구인의 언론보도에 대해 피청구인은 2020. 11. 18. 해명자료를 통해 아래와 같이 이 사건 조사행위가 '공공감사에 관한 법률'(이하 '공공감사법'이라 한다)을 근거로 한 것이라고 해명하였다(원문은 [별지 3-2] 참조).[3]

> 2020. 11. 18. 경기도 해명자료
> ○ 특별조사는 '공공감사에 관한 법률' 제19조(자체감사계획의 수립·실시) 및 같은 법 시행령 제10조(자체감사의 종류), 제11조(감사계획의 수립), 제12조(감사 대상기관 등에 대한 감사계획의 통보) 등에 따라 해당 기관에 적법하게 통보된 사항임

(3) 청구인은 이 사건 조사행위가 절차적으로나 내용상으로 위법하다는 이유로 2020. 11. 23. 피청구인의 조사를 거부하고 조사관들에게 철수하라고 통보했다.

이에 피청구인은 2020. 11. 23. 보도자료 및 김희수 감사관의 '남양주시 특별조사에 대한 입장문'을 발표하여 이 사건 조사행위의 기간, 법적근거, 조사 실시 이유를 다음과 같이 명시하였다(원문은 [별지 3-3] 참조).

> 2020. 11. 23. 경기도 보도자료
> ○ 경기도는 남양주시와 시 산하기관을 대상으로 지난 11월 16일부터 12월 4일까지 3주동안 양정역세권 개발사업 특혜 의혹 등에 대한 특별조사를 실시하고 있음

---

2) 지방자치단체에 대한 행정감사규정 제7조상의 '사전조사'와의 혼돈을 피하기 위하여 '조사'가 아닌 '조사행위'로 표현함

3) 공공감사법은 원칙적으로 지방자치단체의 장이 그 소속되어 있는 기관(그 소속 기관 및 소관 단체를 포함한다) 및 그 기관에 속한 자의 업무와 활동을 감사하는 '자체감사'에 적용되는 법이고(공공감사법 제3조 제1항, 제2조 제1호), 지방자치법 제167조에 따른 위임사무의 감사 및 지방자치법 제171조에 따른 자치사무의 감사에 대하여는 공공감사법 제33조(중복감사 금지), 제34조(감사계획 협의), 제36조 제2항(감사정보시스템)가 적용된다(공공감사법 제3조 제2항). 위와 같은 공공감사법의 적용범위에도 불구하고 피신청인은 이 사건 조사행위가 공공감사법 제19조에 근거한다고 하면서 그 이유를 설명하지 않았다.

○ 특별조사는 '공공감사에 관한 법률', '지방자치단체에 대한 행정감사규정', '경기도 감사규칙'각 규정에 따라 남양주시에 조사개시 통보 후 적법한 절차에 따라 조사 진행 중임
○ 법령에는 언론보도, 민원 등에 의하여 제기된 사실관계에 대해 지방자치단체의 자치 사무 처리가 법령에 위반되는지 사전조사를 할 수 있고, 관계서류·장부, 전산정보시스템에 입력된 자료의 조사, 출석·답변 등도 요구할 수 있음
○ 이번 남양주시 특별조사는 다음 사항에 대해 사실관계를 확인·조사하는 내용임:
• 양정역세권 복합단지 개발사업 2구역 민간 사업자에 대한 점수조작 요구 등의 특혜 부여 부패 의혹
• 남양주시 예술동아리 경연대회 사업자 선정 과정에서의 실체 없는 업체를 선정한 유착의혹과 불공정성
• 남양주시 월문리 건축허가 과정에 공무원 토착비리 의혹
• 지속적 익명제보 및 주민감사청구
• 언론 보도 등

(4) 청구인은 이 사건 조사행위는 감사의 일환인데 지방자치법 제171조 소정의 지방자치단체의 자치사무에 대한 감사를 실시하기 위한 요건을 충족하지 못한 채 이루어졌으므로, 청구인의 지방자치권을 침해한다고 주장하면서 2020. 11. 26. 이 사건 권한쟁의심판을 청구하였고, 같은 날 '이 사건 조사개시 통보의 효력은 위 권한쟁의심판 청구사건에 대한 종국결정의 선고 시까지 이를 정지한다'는 결정을 구하는 효력정지 가처분(2020헌사1191)을 신청하였다.

(5) 결과적으로 이 사건 조사행위는 다음사항을 대상으로 2020. 11. 16.부터 2020. 12. 7. 까지 실시되었다.

① 양정역세권 개발사업 특혜의혹
② 남양주시 예술동아리 경연대회 사업자 선정 불공정
③ 코로나19 방역지침 위반
④ 시정조정위원회 예산 지급 결정 적정성 (시장 변호사비용 지출)
⑤ 개발제한구역 관리계획 변경 (월문하수종말처리장)
⑥ 개발제한구역 훼손지 정비 사업 (사능리, 기부채납 금액)
⑦ 공유재산 매입 특혜의혹 (궁집, 예식장)
⑧ 와부읍 월문리 건축허가(변경) 적정성
⑨ 기타 언론보도, 현장제보 사항 등으로서
㉠ 홍보팀의 댓글작업
㉡ 금연지도원 부당 채용
㉢ 인사권 행사 문제(금연지도원, 남양주시 별정직 인사, 남양주시복 지재단 이사장 내정)
㉣ 보도자료 정정
㉤ 에코랜드 야구장에 관한 사무

(6) 피청구인은 이 사건 조사행위에 대하여 청구인의 대표자 시장이 '감사협조 거부 선언'을 하고 시 공무원에게 '경기도 감사 수감 중단 지시'를 함에 따라 실질적인 조사 진행이 어려워졌다는 이유를 들어 2020. 12. 7. 조사를 종료하면서, 이번 조사에서 진행하지 못한 사항에 대해서는 향후 별도계획을 수립하여 추진할 예정이라는 내용의 조사 종료 통보를 하였다(을 제2호증 참조). 이에 청구인은 2020. 12. 8. 위 2020헌사1191 가처분 신청을 취하하였다.

(7) 한편, 피청구인은 청구인의 대표자 시장이 소속 공무원들에게 이 사건 조사행위를 거부하도록 지시한 행위와 그에 따라 청구인 소속 감사관 조사팀장이 자료제출을 거부한 행위가 직권남용권리행사방해죄, 직무유기죄에 각 해당한다는 이유로 2020. 12. 30. 의정부지방 검찰청에 고발하였다.

다. 심판대상

이 사건의 심판대상은 피청구인이 2020. 11. 11. 청구인에게 '언론보도 의혹사항, 주민감사청구 및 익명제보사항 등'에 대하여 조사를 개시한다고 통보한 후 2020. 11. 16.부터 2020. 12. 7.까지 실시한 조사행위가 헌법 및 지방자치법에 의하여 부여된 청구인의 지방자치권을 침해한 것인지 여부이다.

라. 청구인의 주장 요지 및 피청구인의 답변 요지

(1) 청구인의 주장 요지

이 사건 조사행위는 감사의 일환으로 이루어진 것인데, 피청구인은 자치사무에 대한 감사를 실시하기 전에 해당 사무가 법령에 위반되는지 여부 등을 확인하지 않았으므로 지방자치법 제171조 제2항을 위반한 것이다.

피청구인은 감사의 일환인 이 사건 조사행위를 개

시함에 있어서 조사대상을 '언론보도 의혹사항, 주민 감사청구 및 익명제보사항 등'이라고만 특정하고, 조사기간을 '2020. 11. 16. ~ 조사완료시까지'라고 특정하여 청구인에게 이 사건 조사개시 통보를 하였는데, 이것은 청구인의 자치사무에 대하여 행하여진 포괄적·사전적 일반감사나 위법사항을 특정하지 않고 개시하는 감사 또는 법령위반사항을 적발하기 위한 감사로서 위법하다.

또한, 이 사건 조사개시 통보로 인하여 청구인은 공공감사에 관한 법률 제24조 및 경기도 감사규칙 제24조에 따라 조사대상 사무에 관하여 소속 공무원에 대한 징계 또는 문책사유를 진행하지 못하는바, 조사대상이 특정되지 않았으므로 모든 소속 공무원에 대한 징계 또는 문책을 할 수 없다.

위 사정들에 비추어, 이 사건 조사행위는 청구인의 지방자치권을 침해한다.

(2) 피청구인의 답변 요지

이 사건 조사행위는 청구인의 비협조와 자료제공 거부로 정상적으로 진행되지 못한 채 2020. 12. 7. 종료되었으므로, 이 사건 조사행위로 인한 청구인의 권한침해상태는 종료되었고 심판청구의 권리보호이익이 없어 부적법하다.

이 사건 조사행위로 개시된 감사의 대상은 청구인의 사무 중 ① 양정역세권 개발사업 특혜의혹, ② 남양주시 예술동아리 경연대회 사업자 선정 불공정성, ③ 공유재산 매입 특혜의혹, ④ 월문리 건축허가(변경) 적정성 여부, ⑤ 코로나19 방역지침 위반 여부에 관한 것으로, 이미 법령위반 가능성이 있는 사항으로 피청구인이 내부적으로 특정하고 있었고, 다만 감사의 실효성 확보를 위하여 구체적인 감사대상을 청구인에게 미리 알리지 않았을 뿐이다. 또한, 실제 감사를 개시하면서 피청구인의 조사반이 그 감사항목을 청구인에게 알려주고 해당 자료를 요청하였으므로 청구인이 감사항목을 알지 못한 채 감사를 받는 상황이 발생하지 않았다.

피청구인은 언론보도, 익명제보 등에 기하여 구체적이고 특정된 위법행위에 관한 감사를 계획하고 실시하였으므로, 이는 일반적이고 포괄적인 감사에 해당하지 않고 적법한 감사로서 청구인의 지방자치권을 침해한다고 볼 여지가 없다.

마. 적법요건에 대한 판단

피청구인은 2020. 12. 7. 이 사건 조사행위를 종료하였으므로, 그로 인한 권한침해상태는 이미 종료하였다.

그러나 헌법소원심판과 마찬가지로 권한쟁의심판도 주관적 권리구제뿐만 아니라 객관적인 헌법질서 보장의 기능도 겸하고 있으므로, 청구인에 대한 권한침해 상태가 이미 종료하여 이를 취소할 여지가 없어졌다고 하더라도 같은 유형의 침해행위가 앞으로도 반복될 위험이 있고, 헌법질서의 수호·유지를 위하여 그에 대한 헌법적 해명이 긴요한 사항에 대하여는 심판청구의 이익을 인정할 수 있다고 할 것이다(헌재 2003. 10. 30. 2002헌라1; 헌재 2009. 5. 28. 2006헌라6 참조).

피청구인은 청구인에 대하여 이 사건 조사개시 통보에 따른 조사는 청구인의 비협조와 자료제공 거부로 더 이상 진행할 수 없어 조사를 종료한다고 통보하면서도, '이번 조사에서 진행하지 못한 사항에 대하여 향후 별도 계획을 수립하여 추진할 예정'임을 밝히고 있으므로, 같은 유형의 침해행위가 앞으로 반복될 위험이 있다고 인정된다.

자치사무에 대한 감사의 근거조항인 구 지방자치법(2017. 7. 26. 법률 제14839호로 개정되고, 2021. 1. 12. 법률 제17893호로 전부개정되기 전의 것, 이하 '구 지방자치법'이라 한다) 제171조 제1항은 구 지방자치법(1994. 3. 16. 법률 제4741호로 개정되고, 2007. 5. 11. 법률 제8423호로 개정되기 전의 것) 제158조[4](이하 '구 지방자치법 제158조'라 한다)를 그대로 계수하였는데, 구 지방자치법 제158조에 따른 감사의 범위 및 방법 등에 관하여 헌법재판소 2006헌라6 결정이 있었다. 그런데, 이 결정은 중앙행정기관의 장의 자치단체에 대한 감사에 관한 사안이었고, 위 결정의 취지에 따라 구 지방자치법 제171조 제2항이 신설되는 등 관련 법령이 개정된 점을 고려할 때, 개정법 하에 광역자치단체의 기초자치단체 자치사무에 대한 감사의 범위와 방법 등에 관한 추가적인 헌법적 해명이 필요하다.

특히, 이 사건의 경우 피청구인은 이 사건 조사행위와 관련하여 감사대상이 내부적으로 적법하게 특정되어 있었고 다만 그 통보를 청구인에게 미리 하지 않은 것에 불과하다고 다투고 있는바, 헌법재판소 2006헌라

4) 구 지방자치법(1994. 3. 16. 법률 제4741호로 개정되고, 2007. 5. 11. 법률 제8423호로 개정되기 이전의 것) 제158조(지방자치단체의 자치사무에 대한 감사) 행정자치부장관 또는 시·도지사는 지방자치단체의 자치사무에 관하여 보고를 받거나 서류·장부 또는 회계를 감사할 수 있다. 이 경우 감사는 법령위반사항에 한하여 실시한다.

6 결정에서 다루어진 감사의 범위와 방법 외에도 자치사무에 대한 감사에 착수하기 위해 요청되는 감사대상 특정 및 그 통보와 관련한 해명이 긴요하다고 할 것이므로 예외적으로 심판청구의 이익을 인정할 수 있다.

바. 본안에 대한 판단

(1) 헌법재판소 선례

헌법재판소는 2009. 5. 28. 선고 2006헌라6 결정에서, "헌법은 제117조와 제118조에서 '지방자치단체의 자치'를 제도적으로 보장하고 있는바, 그 보장의 본질적 내용은 자치단체의 보장, 자치기능의 보장 및 자치사무의 보장이다(헌재 1994. 12. 29. 94헌마201 참조). 이와 같이 헌법상 제도적으로 보장된 자치권 가운데에는 자치사무의 수행에 있어 다른 행정주체로부터 합목적성에 관하여 명령·지시를 받지 않는 권한도 포함된다고 볼 수 있다. 위임사무는 지방자치단체가 위임받아 처리하는 국가사무(구 지방자치법 제156조)임에 반하여, 자치사무는 지방자치단체가 주민의 복리를 위하여 처리하는 사무이며(헌법 제117조 제1항 전단 참조) 법령의 범위 안에서 그 처리 여부와 방법을 자기책임 아래 결정할 수 있는 사무로서 지방자치권의 최소한의 본질적 사항이므로 지방자치단체의 자치권을 보장한다고 한다면 최소한 이 같은 자치사무의 자율성만은 침해해서는 안 된다. 지방자치단체의 자치사무에 대한 감사에 착수하기 위해서는 자치사무에 관하여 특정한 법령위반행위가 확인되었거나 위법행위가 있었으리라는 합리적 의심이 가능한 경우이어야 하고, 또한 그 감사대상을 특정해야 한다고 봄이 상당하다. 따라서 포괄적·사전적 일반감사나 위법사항을 특정하지 않고 개시하는 감사 또는 법령위반사항을 적발하기 위한 감사는 모두 허용될 수 없다. 왜냐 하면 법령위반 여부를 알아보기 위하여 감사하였다가 위법사항을 발견하지 못하였다면 법령위반사항이 아닌데도 감사한 것이 되어 결국 지방자치단체의 자치사무에 대한 합목적성 감사는 안 된다고 하면서 실제로는 합목적성 감사를 하는 셈이 되기 때문이다."라는 취지로 판단하였다.

(2) 관련 법령 규정

(가) 법령위반 사무의 확인

구 지방자치법 제171조 제1항은 행정안전부장관이나 시·도지사가 할 수 있는 지방자치단체의 자치사무에 대한 감사범위를 법령위반사항에 대한 것으로만 한정하고 있고, 같은 조 제2항은 헌법재판소 2006헌라6 결정의 취지를 반영하여 행정안전부장관 또는 시·도지사가 지방자치단체의 자치사무에 대한 감사를 실시하기 전에 해당 사무의 처리가 법령에 위반되는지 여부 등을 확인하여야 할 의무를 명시하고 있다.

또한 구 '지방자치단체에 대한 행정감사규정'(2017. 7. 26. 대통령령 제28211호로 개정되고, 2021. 12. 16. 대통령령 제32223호로 개정되기 전의 것, 이하 '구 행정감사규정'이라 한다) 제7조 제2항은 구 지방자치법 제171조 제2항의 이행을 위한 사전조사를 규정하고 있다. 즉 행정안전부장관 또는 시·도지사는 구 지방자치법 제171조 제2항에 따라 감사를 실시하기 전에 해당 지방자치단체의 자치사무 처리가 법령에 위반되는지 여부 등을 확인하기 위하여 필요하다고 인정하는 경우에는, ① 해당 지방자치단체에 소속된 사람이나 민원인, 그 밖의 제3자로부터 해당 지방자치단체의 사무처리가 법령에 위반된다는 정보가 수집된 경우 그 사실관계를 파악하기 위한 서류나 장부 등의 확인(구 행정감사규정 제7조 제2항 제1호), ② 신문·방송 등 언론매체나 정보통신매체 등에 의하여 해당 지방자치단체의 사무처리가 법령에 위반되는 것으로 공개된 내용의 사실관계를 파악하기 위한 서류나 장부 등의 확인(구 행정감사규정 제7조 제2항 제2호), ③ 해당 지방자치단체의 자치사무 중 특정 분야에 관하여 제출받은 자료 및 해당 지방자치단체의 정보시스템에 입력된 자료 중 법령에 위반되거나 위반되는 것으로 의심할 만한 상당한 이유가 있는 사무에 대한 서류나 장부 등의 확인(구 행정감사규정 제7조 제2항 제3호)의 업무를 수행할 수 있다.

(나) 감사계획의 수립과 통보 또는 협의

'지방자치단체에 대한 행정감사규정'(2017. 7. 26. 대통령령 제28211호로 개정된 것, 이하 '행정감사규정'이라 한다) 제4조 제1항 및 제2항은 주무부장관, 행정안전부장관 또는 시·도지사는 감사를 하려는 경우에 연간 감사계획을 미리 수립하여야 하고, 연간 감사계획에 포함되지 아니한 감사를 하려는 경우에도 감사계획을 별도로 수립하여야 한다고 하면서, 이러한 감사계획에는 ① 감사사항 ② 감사의 목적 및 필요성 ③ 감사의 종류와 감사대상 지방자치단체 ④ 감사의 범위 ⑤ 감사기간(감사활동 수행기간과 제18조 제2항에 따라 감사결과에 포함될 징계 등의 처분요구나 조치사항을 결정하는 기간)과 감사인원 ⑥ 그 밖에 감사에 필요한 사항을 포함하여야 한다고 규정하고 있다.

한편 행정감사규정 제4조 제3항은 주무부장관 또는

시·도지사는 위와 같은 감사계획을 수립하거나 변경할 경우 지체 없이 행정안전부장관에게 통보하도록 규정하고 있다. 아울러 행정감사규정 제6조 제1항은 주무부장관, 행정안전부장관 또는 시·도지사는 연간 감사계획을 수립하였거나 그 계획의 주요내용을 변경하였을 때에는 감사원과 협의하여야 한다고 하고 있고, 같은 조 제2항은 행정안전부장관은 주무부장관 또는 시·도지사가 연간 감사계획과 별도로 수립한 감사계획에 대하여 다른 감사와의 중복 여부를 검토하여 해당 주무부장관에게 의견을 제시할 수 있도록 규정하고 있다.

(다) 감사대상 지방자치단체에 대한 통보

행정감사규정 제5조에 따르면, 주무부장관, 행정안전부장관 또는 시·도지사는 연간 감사계획의 주요내용을 매년 1월 31일까지 감사대상 지방자치단체의 장에게 통보하여야 하고, 이를 사후에 변경하였을 경우에는 지체 없이 그 내용을 감사대상 지방자치단체의 장에게 통보하여야 한다. 다만, 신속히 감사를 진행하여야 할 긴급한 사정이 있거나 감사의 실효성을 거두기 위하여 부득이한 경우에는 그러하지 아니하다.

아울러 구 행정감사규정 제7조 제3항은 행정안전부장관 또는 시·도지사는 구 행정감사규정 제7조 제2항에 따른 업무[5]를 수행한 결과 해당 지방자치단체의 자치사무 처리가 법령에 위반하였거나 위반한 것으로 의심할만한 상당한 이유가 있으면 그 사무를 감사대상으로 특정하여 미리 감사일정 등을 해당 지방자치단체의 장에게 통보하여야 한다고 규정하고 있다.

지방자치법 제171조를 근거로 실시되는 행정안전부의 지방자치단체 자치사무에 대한 감사 실무 매뉴얼[2018. 12. 행정안전부, 인권중시·감사신뢰도 제고를 위한 감사(감찰) 단계별 실무 매뉴얼, 이하 '감사실무 매뉴얼'이라 한다]에 따르면, 감사대상 지방자치단체에 대한 감사실시 통보서에 자치사무 감사대상 목록을 첨부하도록 하여 감사 통보 시부터 감사대상을 특정하도록 하고 있고(감사실무 매뉴얼 75면 참조), 아울러 감사를 진행하는 중에 감사대상으로 특정된 사무 이외에 새로운 위법한 자치사무를 발견한 경우 이러한 새로운 사안에 대하여 그대로 감사를 실시할 수 없고, 관련 법령상의 절차에 따라서 대상기관의 감사기구에 동 위법사항을 특정하여 감사실시 통보 후 감사가 가능하다고 설명하고 있다(감사실무 매뉴얼 161-162면 참조).

(3) 쟁점의 정리

청구인과 피청구인 모두 이 사건 조사행위가 구 지방자치법 제171조가 규정한 지방자치단체의 자치사무에 대한 감사의 일환으로 이루어진 것이라는 점에 대하여 다툼이 없다. 따라서 이 사건 조사행위가 헌법재판소 2006헌라6 결정의 취지 및 구 지방자치법 제171조의 입법취지와 해석에서 도출되는 지방자치단체의 자치사무에 대한 감사의 개시요건을 충족하는지 여부가 문제된다.

(4) 지방자치단체의 자치사무에 대한 감사의 개시요건

헌법재판소는 구 지방자치법 제158조상 행정자치부장관이 지방자치단체의 감사에 착수하기 위해서는 자치사무에 관하여 특정한 법령위반행위가 확인되었거나 위법행위가 있었으리라는 합리적 의심이 가능한 경우이어야 하고, 그 감사대상을 특정해야 하며, 따라서 포괄적·사전적 일반감사나 위법사항을 특정하지 않고 개시하는 감사 또는 법령위반사항을 적발하기 위한 감사는 모두 허용될 수 없다고 확인한 바 있다(헌재 2009. 5. 28. 2006헌라6 참조).

감사의 일환인 이 사건 조사행위의 근거규정인 구 지방자치법 제171조 제1항의 내용은 구 지방자치법 제158조의 내용을 그대로 계수하고 있고, 광역지방자치단체에 의한 통제도 정부에 의한 행정적 통제에 준하는 것으로, 정부에 의한 통제가 기본적으로 광역지방자치단체에 향한 것인 반면 광역지방자치단체에 의한 통제는 기초지방자치단체에 향한 것으로, 그 통제 대상에 있어서 차이가 있을 뿐 그 근거 규정 및 규정 취지가 동일한 점을 고려할 때, 위 헌법재판소 결정에서 해명한 자치사무에 대한 감사 개시 요건은 이 사건에서도 그대로 적용된다고 볼 것이다. 따라서 피청구인이 청구인의 자치사무에 대한 감사에 착수하기 위해서는 자치사무에 관하여 특정한 법령위반행위가 확인되었거나 위법행위가 있었으리라는 합리적 의심이 가능한 경우이어야 하고, 그 감사대상을 특정해야 하며, 위법사항을 특정하지 않고 개시하는 감사 또는 법령위반사항을 적발하기 위한 감사는 모두 허용될 수 없다.

또한, 감사를 실시하기 전에 해당 자치사무의 처리가 법령에 위반되는지 여부 등을 확인할 의무를 규정한 구

---

5) 감사를 실시하기 전에 해당 지방자치단체의 자치사무 처리가 법령에 위반되는지 여부 등을 확인하기 위하여 필요하다고 인정되는 경우 수행할 수 있는 사전조사 업무

지방자치법 제171조 제2항은 위 헌법재판소 결정의 취지를 반영하여 자치사무의 자율성을 보장하고 포괄적·사전적 일반감사나 위법사항을 특정하지 않고 개시하는 감사 또는 법령위반사항을 적발하기 위한 감사를 방지하여 자치사무에 대한 합목적성 감사를 허용하지 않기 위한 것이므로, 위 규정을 위반한 자치사무에 대한 감사 역시 허용될 수 없다.

아울러 헌법상 보장된 지방자치단체의 자율권을 보장하기 위해 지방자치단체의 자치사무에 관하여 법령위반사항에 대한 감사에 착수하기 위해서는 그 감사대상을 특정해야 할 뿐만 아니라 감사를 실시하기 전에 감사대상 지방자치단체의 장에게 그 감사대상을 특정하여 감사개시를 통보해야 한다고 봄이 상당하며, 이를 위반할 경우 포괄적·사전적 일반감사나 위법사항을 특정하지 않고 개시하는 감사 또는 법령위반사항을 적발하기 위한 감사의 개시통보로서 허용될 수 없다.

(5) 감사대상 자치사무에 관련한 법령위반 여부의 확인 흠결

(가) 지방자치단체의 자치사무에 관한 감사에 착수하기 위해서는 자치사무에 관하여 특정한 법령위반행위가 확인되었거나 위법행위가 있었으리라는 합리적 의심이 가능한 경우이어야 하고, 그 감사대상을 특정해야 한다고 판시한 헌법재판소 2006헌라6 결정의 취지 및 이에 따라 신설된 구 지방자치법 제171조 제2항의 내용[6]과 구 행정감사규정 제7조 제2항의 내용[7]을 종합하면, 제보·보도 등을 통하여 위법의 의심이 있다고 지목된 자치사무가 있다고 하더라도 단순히 제보되거나 보도된 내용이 그 자체로 막연한 위법의 가능성을 내포하고 있다는 점만을 근거로 감사를 실시하는 것은 법령에서 요구하는 감사의 개시요건을 충족한 것이라고 볼 수 없다.

구 지방자치법 제171조 제2항에 따라서 감사를 실시하기 전에 해당사무의 처리가 법령에 위반되는지 여부 등을 확인할 법적 의무가 있는 이상, 피청구인은 객관적인 근거를 토대로 사무처리의 위법성에 대한 합리적인 의심을 형성하여야 하고, 필요한 경우 사전조사를 통하여 그 사실관계를 파악하고 법령 위반 여부를 확인하여야 하며, 단순히 의혹이 제기되고 있다는 사실만으로 이를 확인하였다고 할 수 없다.

(나) 이 사건 기록에 따르면, 피청구인은 2020. 11. 10. '남양주 사업 특혜의혹 등 특별조사 계획'(이하 '이 사건 감사계획'이라 한다)을 수립하였는데 그 내용은 사무 중 '① 양정역세권 개발사업 특혜의혹, ② 남양주 예술동아리 경연대회 사업자 선정 불공정, ③ 코로나19 방역지침 위반, ④ 시정조정위원회 예산 지급 결정 적정성, ⑤ 개발제한구역 관리계획 변경, ⑥ 개발제한구역 훼손지 정비 사업, ⑦ 공유재산 매입 특혜의혹, ⑧ 건축허가(변경) 적정성, ⑨ 기타 언론보도, 현장제보 사항 등'을 '중점 조사대상'으로 규정하였고, 이후 이 사건 조사행위를 진행하면서 중점 조사대상에 구체적으로 열거되지 아니한 ㉠ 홍보팀의 댓글작업, ㉡ 금연지도원 부당 채용, ㉢ 인사권 행사 문제(남양주시 별정직 인사, 남양주시복지재단 이사장 내정), ㉣ 보도자료 정정, ㉤ 에코랜드 야구장 관련 사무(이하 통틀어서 '이 사건 감사대상사무'라 한다)에 대한 감사를 추가로 진행하였다.

그런데, 이 사건 감사대상사무 중 ③ 코로나19 방역지침 위반, ④ 시정조정위원회 예산 지급 결정 적정성, ⑦ 공유재산 매입 특혜의혹, ㉠ 홍보팀의 댓글작업, ㉡ 금연지도원 부당 채용, ㉢ 인사권 행사 문제(남양주시 별정직 인사, 남양주시복지재단 이사장 내정), ㉣ 보도자료 정정, ㉤ 에코랜드 야구장의 경우는 추가 사실관계에 관한 확인 없이 관련 제보나 언론 보도만으로는 위법행위에 관한 합리적인 의심이 형성되었을 정도로 구체적인 사실관계 및 위법사항이 파악되었다고 인정하기 어렵다.

③ 코로나19 방역지침 위반 관련하여 피청구인은 언론보도상 참석자가 모두 마스크를 착용한 단체사진을 근거로 코로나 19 방역지침 위반행위가 있었음을 주장하면서도, 구체적으로 어떠한 법규 및 지침을 어떠한 내용으로 위반한 것인지 여부를 특정하지 못하고 있어 막연한 위법성의 의심만으로 감사의 일환으로 이 사건 조사행위를 개시한 것으로 판단된다.

---

6) 감사 실시 전에 해당 사무의 처리가 법령에 위반되는지 여부 등을 확인하여야 한다고 명시하고 있음

7) 해당 사무의 처리가 법령에 위반되는지 여부 등을 확인하기 위한 수단으로, 자치사무의 위법성과 관련하여 제보를 통한 정보가 수집된 경우, 언론보도 등을 통한 공개된 내용이 있는 경우, 특정 분야에 관하여 제출받은 자료 등을 근거로 위법(의심)행위가 있는 경우에 해당 사실관계를 파악하기 위하여 서류나 장부 등을 확인할 수 있는 사전조사 권한을 부여하고 있음

④ 시정조정위원회 예산지급 결정의 적정성과 관련하여서는 시정조정위원회에서 시 예산으로 시장의 변호사 비용 지급을 의결할 예정이라는 간단한 제보내용만을 근거로 한 채 실제 시정조정위원회 결정의 존부에 관한 확인 등 구체적 사실관계나 진위여부에 관한 최소한의 파악 없이 감사의 일환으로 이 사건 조사행위를 개시하였다.

⑦ 공유재산 매입 특혜의혹은 부동산 매입에 관한 언론보도와 특혜가 있었다는 간단한 내용의 익명제보만을 근거로 감사의 일환으로 이 사건 조사행위를 개시하였으나, 피청구인이 제출한 자료에 의하더라도 사실관계나 의혹의 진위여부에 대한 확인이나 구체적인 법령위반 내용에 관한 확인이 있었다고 인정하기 어렵다.

㉠ 홍보팀의 댓글작업의 경우, 피청구인은 홍보팀 직원들이 남양주시에 호의적인 댓글을 작성하였다는 남양주 직원의 제보를 근거로 지방공무원법상 공무원의 공정의 의무, 품위유지의무, 정치운동금지 위반이 문제된다고 주장하나, 댓글 작성 행위 자체만으로는 위법행위의 가능성을 합리적으로 인정하기 어렵다.

㉡ 금연지도원 부당 채용의 경우, 자격요건을 미달한 자가 채용되었다는 익명의 제보가 있었으나, 해당 제보 내용의 진위여부나 사실관계에 관한 확인이 전혀 없었던 이상, 제보 내용만을 근거로 합리적인 위법의 의심이 형성되었다고 보기 어렵다.

㉢ 인사권 행사 문제(남양주시 별정직 인사)의 경우도 부당한 전보인사에 관한 남양주 직원의 제보가 있었으나, 해당 제보 내용의 진위여부나 사실관계에 관한 확인이 전혀 없었던 이상, 제보 내용만을 근거로 합리적인 위법의 의심이 형성되었다고 보기 어렵다.

또 다른 ㉢ 인사권 행사 문제(남양주시 복지재단 이사장 내정)의 경우 피청구인은 언론에 보도된 대로 이사장이 내정되었다면 이사장 임명 절차 등을 위반한 것이라고 주장하나, 실제 임명 절차의 진행 등 사실관계에 관한 파악 없이 보도내용만으로는 위법행위의 가능성을 합리적으로 인정하기 어렵다.

㉣ 보도자료 정정의 경우에도, 피청구인은 청구인의 보도자료 정정 관련 언론기사를 근거로, 청구인이 보도자료의 내용을 정정하였으므로 수정 전 또는 후의 보도자료에 거짓을 포함한다고 추정할 수 있어 허위공문서작성에 해당하는 위법행위라고 주장하나, 보도자료를 배포하였다가 그 내용의 일부를 정정한 수정 보도자료를 배포하였다는 행위만으로는 위법행위의 가능성을 합리적으로 인정하기 어렵다.

㉤ 에코랜드 야구장에 관한 사무의 경우, 개발제한구역 관리계획에 없는 야구장의 조성과 운영에 관하여, 이미 형사처벌 및 징계가 완료된 사안에 대하여, 후속조치가 지연되고 있다는 점이 문제된다고 주장하나 재차 감사를 개시할 필요가 있는 위법사항이 확인된 경우라고 보기 어렵다.

(다) 이와 같이 이 사건 감사대상사무 중 ③ 코로나19 방역지침 위반, ④ 시정조정위원회 예산 지급 결정 적정성, ⑦ 공유재산 매입 특혜의혹, ㉠ 홍보팀의 댓글작업, ㉡ 금연지도원 부당 채용, ㉢ 인사권 행사 문제(남양주시 별정직 인사, 남양주시 복지재단 이사장 내정), ㉣ 보도자료 정정, ㉤ 에코랜드 야구장 관련 사무의 경우는 피청구인이 감사의 일환으로서 이 사건 조사행위를 실시하기 전에 해당 자치사무의 처리가 법령에 위반되는지 여부 등을 확인할 의무를 이행하였다고 인정하기 어려워 구 지방자치법 제171조 제2항을 위반한 것으로 이는 포괄적·사전적 일반감사나 위법사항을 특정하지 않고 개시하는 감사 또는 법령위반사항을 적발하기 위한 감사에 해당하여 허용될 수 없다.

(6) 감사대상 자치사무의 불특정

(가) 앞서 본 바와 같이, 이 사건 감사대상사무 중 ③ 코로나19 방역지침 위반, ④ 시정조정위원회 예산지급 결정 적정성, ⑦ 공유재산 매입 특혜의혹, ㉠ 홍보팀의 댓글작업, ㉡ 금연지도원 부당 채용, ㉢ 인사권 행사 문제(남양주시 별정직 인사, 남양주시복지재단 이사장 내정), ㉣ 보도자료 정정, ㉤ 에코랜드 야구장 관련 사무의 경우 는 감사의 일환으로서 이 사건 조사행위를 실시하기 전에 각 해당사무의 처리가 법령에 위반되는지 여부 등을 확인할 의무를 이행하였다고 인정하기 어려운 이상 위 사무들이 감사대상으로 특정되었다고 보기 어렵다.

아울러 이 사건 감사대상사무는 포괄적인 항목(⑨ '기타 언론보도, 현장제보 사항 등')을 포함하고 있어 감사대상이 특정되었다고 볼 수 없다. 실제로 위 포괄 항목에 근거하여 감사가 진행된 ㉠ 내지 ㉤ 항목의 내용은 이 사건 감사계획상 중점 감사대상으로 언급된 ① 내지 ⑧ 항목과 전혀 무관한 사무로서 이 사건 감사계획에서 예정하지 않은 새로운 사항이다. 이것은 이 사건 감사계획상 중점 조사대상이 감사대상사무를 특정하고 있지 않은 점을 방증한다.

(나) 피청구인은 이 사건 감사계획에 명시되지 않았고, 이 사건 조사개시 통보가 이루어진 2020. 11. 11. 후에 특정된 감사대상사무라도, 구체적인 사무에 대하여 감사를 진행한 이상 이를 포괄적인 감사나 사전적 감사라고 볼 수 없고, 특정한 자치사무에 대한 감사에 해당한다고 주장한다.

그러나 구 지방자치법 제171조 제2항 소정의 '감사실시' 시점이 개별 감사대상사무별로 실제 조사(자료요청, 문답)에 착수하는 시점이라는 전제 하에, 일정한 사무를 감사대상으로 특정하여 감사를 진행하는 기회에 전혀 새로운 감사대상을 지속적으로 추가하여 확대하는 것이 가능하도록 하는 위와 같은 해석은 지방자치권의 최소한의 본질적 사항인 자치사무의 자율성을 침해하는 것으로 받아들일 수 없다. 무엇보다도 헌법재판소는 2006헌라6 결정에서, 구 지방자치법 제158조는 지방자치제의 실현을 하기 위해 지방자치단체의 자율권을 확대하고 중앙행정기관의 지방자치단체의 자치사무에 대한 감사를 제한하는 방향으로 해석하여야 하고, 구 지방자치법 제158조의 감사에 착수하기 위해서는 자치사무에 관하여 특정한 법령위반행위가 확인되었거나 위법행위가 있었으리라는 합리적 의심이 가능하여야 하고, 그 감사대상을 특정하여야 한다는 점을 명확히 하였다. 감사의 일환인 이 사건 조사행위의 근거규정인 구 지방자치법 제171조 제1항의 내용은 위 결정에서 해석하고 있는 구 지방자치법 제158조의 내용을 그대로 계수하고 있고, 위 결정의 취지가 신설된 구 지방자치법 제171조 제2항에 반영되었음은 앞서 본 바와 같다. 구 지방자치법 제171조에 따르면, 지방자치단체의 자치사무에 관하여 법령위반사항에 대한 감사를 실시하기 전에 해당사무의 처리가 법령에 위반되는지 여부 등을 확인하여 그 감사대상을 특정하여야 한다고 해석되고, 이러한 해석에 비추어 보아도 피청구인의 위 주장은 받아들일 수 없다.

이 사건에 돌아와 보건대, 피청구인은 늦어도 청구인에게 이 사건 조사개시를 통보한 2020. 11. 11.에는 청구인의 자치사무에 대한 감사의 실시를 확정한 것이라고 볼 수 있으므로, 적어도 위 통보 시점에는 해당 자치사무의 처리가 법령에 위반되는지 여부 등에 대한 확인이 이루어져야 하고 그 감사대상이 특정되었어야 한다. 감사대상 지방자치단체에 대하여 감사의 실시를 확정적으로 표명한 시점까지도 해당 자치사무의 처리가 법령에 위반되는지 여부 등에 대한 확인이 이루어지지 않았거나 그 감사대상이 특정되지 않았다면, 이것은 자치사무에 대한 감사의 실시를 먼저 결정한 후에 비로소 감사대상을 특정한 것이 되어 구 지방자치법 제171조를 위반한 것으로서 이는 포괄적·사전적 일반감사나 위법사항을 특정하지 않고 개시하는 감사 또는 법령위반사항을 적발하기 위한 감사에 해당하여 허용될 수 없다.

(다) 결국 이 사건 감사대상사무 중 감사를 실시하기 전에 각 해당사무의 처리가 법령에 위반되는지 여부 등을 확인할 의무를 이행하였다고 인정하기 어려운 ③ 코로나19 방역지침 위반, ④ 시정조정위원회 예산지급 결정 적정성, ⑦ 공유재산 매입 특혜의혹, ㉠ 홍보팀의 댓글작업, ㉡ 금연지도원 부당 채용, ㉢ 인사권 행사 문제(남양주시 별정직 인사, 남양주시복지재단 이사장 내정), ㉣ 보도자료 정정, ㉤ 에코랜드 야구장의 경우는 감사대상으로 특정되었다고 보기 어렵다. 또한 이 사건 감사대상에는 ⑨ 기타 언론보도, 현장제보 사항 등과 같은 포괄적인 사무를 포함하고 있어 감사대상이 특정되었다고 볼 수 없고, 실제로 위 포괄 항목에 근거하여 감사가 진행된 ㉠ 내지 ㉤ 항목의 내용은 피청구인이 이 사건 조사의 개시를 청구인에게 통보한 2020. 11. 11. 후에 새로이 포함된 사무로서 이 사건 감사계획상 중점 감사대상으로 언급된 ① 내지 ⑧ 항목과는 전혀 무관한 사무이므로 감사대상으로 특정된 사무라고 보기도 어렵다. 따라서 위와 같이 감사대상이 특정되지 않은 채 감사의 일환으로서 시행된 이 사건 조사행위는 구 지방자치법 제171조에 위반된다고 할 것이고, 이는 포괄적·사전적 일반감사나 위법사항을 특정하지 않고 개시하는 감사 또는 법령위반사항을 적발하기 위한 감사에 해당하여 허용될 수 없다.

(7) 감사대상을 특정하지 않고 한 감사개시 통보

(가) 앞서 본 바와 같이 지방자치단체의 자치사무에 대한 감사는 이를 실시하기 전에 해당사무의 처리가 법령에 위반되는지 여부 등을 확인하여 그 감사대상을 특정하여야 한다고 해석함이 상당한데, 나아가 감사를 개시하면서 감사대상 지방자치단체의 장에게 감사대상을 특정하여 통보해야 되는지 여부에 대해서는 헌법이나 지방자치법 등 어디에도 명시적인 규정이 없다.

그런데 광역자치단체에 의한 통제도 정부에 의한 행

정적 통제에 준하는 것으로, 정부에 의한 통제가 기본적으로 광역자치단체에 향한 것인 반면 광역자치단체에 의한 통제는 기초자치단체에 향한 것으로, 그 통제대상에 있어서 차이가 있을 뿐 그 근거 규정 및 규정 취지가 동일하다. 이러한 점을 고려하면, 기초자치단체에 대하여 광역자치단체도 합목적성 감독보다는 합법성 감독을 지향하여야 하고, 광역자치단체의 무분별한 감사권의 행사 역시 헌법상 보장된 기초자치단체의 자율권을 저해할 가능성이 크므로, 지방자치단체의 자치사무에 관하여 법령위반사항에 대한 감사에 착수하기 위해서는 자치사무에 관하여 특정한 법령위반행위가 확인되었거나 위법행위가 있었으리라는 합리적 의심이 가능한 경우이어야 하고, 또한 그 감사대상을 특정해야 할 뿐만 아니라 감사를 실시하기 전에 감사대상 지방자치단체의 장에게 그 감사대상을 특정하여 통보해야 한다고 봄이 상당하다.

왜냐하면 감사에 착수하면서 감사대상을 특정하여 통보할 필요가 없다고 보게 되면, 그 감사대상이 불명확하고 유동적이 되어 헌법재판소 2006헌라6 결정에서 확인되었고 구 지방자치법 제171조에 반영되어 있는 지방자치단체의 자치사무에 대한 법령위반사항에 대한 감사의 한계, 즉 지방자치단체의 자치사무에 대한 합목적성 감사는 안 된다는 한계를 쉽게 우회할 수 있도록 하여 결국 지방자치단체의 자치사무에 대한 합목적성 감사를 할 가능성을 열어놓는 셈이 되기 때문이다.

아울러 행정사무규정 제5조는 신속히 감사를 실시하여야 할 긴급한 사정이 있거나 감사의 실효성을 거두기 위한 부득이한 경우 외에는 연간 감사계획의 주요내용을 감사대상 지방자치단체의 장에게 통보하여야 할 의무를 정하고 있고, 구 지방자치법 제171조 제2항은 지방자치단체의 자치사무에 관하여 법령위반사항에 대한 감사를 실시하기 전에 해당 사무의 처리가 법령에 위반되는지 여부 등을 확인하여야 한다고 명시하고 있으며, 이에 따른 구 행정사무규정 제7조 제2항과 제3항은 사전조사업무를 수행한 결과 자치사무 처리가 법령을 위반하였거나 위반한 것으로 의심할 만한 상당한 이유가 있으면 그 사무를 감사대상으로 특정하여 미리 감사일정 등을 해당 지방자치단체의 장에게 통보를 하여야 할 의무를 정하고 있다. 또한, 지방자치법 제171조를 근거로 실시되는 행정안전부의 지방자치단체 자치사무에 대한 감사 실무 매뉴얼[2018. 12. 행정안전부, 인권중시·감사신뢰도 제고를 위한 감사(감찰) 단계별 실무 매뉴얼, 이하 '감사실무 매뉴얼'이라 한다]에 따르면, 감사대상 지방자치단체에 대한 감사실시 통보서에 자치사무 감사대상 목록을 첨부하도록 하여 감사 통보시부터 감사대상을 특정하도록 하고 있고(감사실무 매뉴얼 75면 참조), 아울러 감사를 진행하는 중에 감사대상으로 특정된 사무 이외에 새로운 위법한 자치사무를 발견한 경우 이러한 새로운 사안에 대하여 그대로 감사를 실시할 수 없고, 관련 법령상의 절차에 따라서 대상기관의 감사기구에 동 위법사항을 특정하여 감사실시 통보 후 감사가 가능하다고 설명하고 있다(감사실무 매뉴얼 161-162면 참조). 이러한 관련 법령 규정의 취지에 비추어 보아도 위와 같이 해석함이 상당하다 할 것이다.

(나) 피청구인이 청구인에 대하여 한 감사개시 통보는 2020. 11. 11. 자 이 사건 조사개시 통보가 유일하다. 그런데 이 사건 조사개시 통보는 그 조사내용을 '언론보도 의혹사항, 주민감사청구 및 익명제보사항 등'이라고만 표시하고 있어 청구인의 어떠한 자치사무에 대하여 무슨 위법사항이 있는지를 전혀 특정하여 통보하지 않았으므로, 이는 포괄적·사전적 일반감사나 위법사항을 특정하지 않고 개시하는 감사 또는 법령위반사항을 적발하기 위한 감사로서 허용될 수 없다.

(다) 피청구인은 행정사무규정 제5조에서 감사대상 지방자치단체의 장에 대한 연간 감사계획 사전 통보를 생략할 수 있는 예외를 두고 있고, 구 행정사무규정 제7조 제3항에서 제2항에 따른 사전조사를 실시한 경우에 감사대상을 특정하여 통보하도록 규정하고 있음을 이유로, 이 사건 조사행위처럼 사전조사를 실시하지 아니한 경우에는 사전에 감사대상을 특정하여 통보할 의무가 없다는 취지로 주장한다.

그러나, 앞서 본 바와 같이 지방자치단체의 자치사무에 관하여 법령위반사항에 대한 감사에 착수하기 위해서는 자치사무에 관하여 특정한 법령위반행위가 확인되었거나 위법행위가 있었으리라는 합리적 의심이 가능한 경우이어야 하고, 또한 그 감사대상을 특정해야 할 뿐만 아니라 감사를 실시하기 전에 감사대상 지방자치단체의 장에게 그 감사대상을 특정하여 감사개시를 통보해야 한다고 봄이 상당하다고 보는 이상, 감사대상 지방자치단체의 장에 대한 연간 감사계획 사전 통보를 생략할 수 있는 예외를 정한 것에 불과한 규정이 있다는 이유로 삼아 위 감사개시요건을 회피할 수 있다고 볼 수 없다. 또한 구 행정감사규정 제7조 제2항에 따른 사전조사를 실시하지 아니하였다는 이유로 감사대상을 특정하여 통보할 필요가 없다고 보게 되면, 해당 자치사무의 처리가 법령에 위반되는지 여부 등을 확인할 의무를 이행하기 위해 마련한 사전조사제도를 의도적으로 회피함으로써 앞서 본 자치사무에 관하여 법령위반사항에 대한 감사의 한계를 우회하는 결과를 초래할 수 있게 되기 때문에 이러한 주장은 받아들일 수 없다.

(라) 피청구인은 2020. 11. 17. 보도자료를 배포하여 이 사건 조사행위의 감사대상이 무엇인지 확실히 밝혔다고 주장하나, 피청구인의 보도자료를 청구인에 대한 공식적인 통지의 형식으로 볼 수 없고, 청구인이 그 보도자료를 지득하여야 할 의무가 있다고도 할 수 없다. 따라서 피청구인이 한 보도자료 배포가 청구인에 대한 감사대상 통보에 해당한다고 할 수 없다.

(8) 소결

위에서 본 사정들을 종합하면, 이 사건 감사대상사무 중 ③ 코로나19 방역지침 위반, ④ 시정조정위원회 예산 지급 결정 적정성, ⑦ 공유재산 매입 특혜의혹, ㉠ 홍보팀의 댓글작업, ㉡ 금연지도원 부당 채용, ㉢ 인사권 행사 문제(남양주시 별정직 인사, 남양주시 복지재단 이사장 내정), ㉣ 보도자료 정정, ㉤ 에코랜드 야구장 관련 사무의 경우는 피청구인이 감사의 일환으로서 이 사건 조사행위를 실시하기 전에 해당 자치사무의 처리가 법령에 위반되는지 여부 등을 확인할 의무를 이행하였다고 인정하기 어렵고, 위와 같은 이유로 위 ③ 코로나19 방역지침 위반, ④ 시정조정위원회 예산 지급 결정 적정성, ⑦ 공유재산 매입 특혜의혹, ㉠ 홍보팀의 댓글작업, ㉡ 금연지도원 부당 채용, ㉢ 인사권 행사 문제(남양주시 별정직 인사, 남양주시복지재단 이사장 내정), ㉣ 보도자료 정정, ㉤ 에코랜드 야구장의 경우는 감사대상으로 특정되었다고 보기도 어려우며, 나아가 이 사건 감사대상에는 ⑨ 기타 언론보도, 현장제보사항 등과 같은 포괄적인 사무가 포함되어 있어 감사대상이 특정되었다고 볼 수 없고, 실제로 위 포괄 항목에 근거하여 감사가 진행된 ㉠ 내지 ㉤ 항목의 내용은 피청구인이 이 사건 감사의 개시를 청구인에게 통보한 2020. 11. 11. 후에 새로이 포함된 사무로서 이 사건 감사계획상 중점 감사대상으로 언급된 ① 내지 ⑧ 항목과는 전혀 무관한 사무라는 점에서도 감사대상으로 특정된 사무라고 보기 어려우며, 아울러 이 사건 조사개시 통보는 그 조사내용을 '언론보도 의혹사항, 주민감사청구 및 익명제보사항 등'이라고만 표시하고 있어 어떠한 자치사무에 대하여 무슨 위법사항이 있는지를 전혀 특정하여 통보하지 않았으므로, 감사에 착수 전에 감사대상 지방자치단체의 장에게 그 감사대상을 특정하여 감사개시를 통보했다고 볼 수 없다.

결국 감사의 일환이었던 이 사건 조사행위는 감사를 실시하기 전에 특정한 법령위반행위 등이 있었는지 여부의 확인을 하지도 않았고, 그 감사대상을 특정하지도 않았으며, 감사대상 지방자치단체에 만연히 '언론보도 의혹사항, 주민감사청구 및 익명제보사항 등'에 대하여 조사를 개시한다고만 알렸을 뿐 감사대상을 특정하여 통보하지도 않은 채 그대로 조사행위에 착수한 것이 분명하므로, 헌법 제117조와 제118조에서 지방자치단체의 자치를 제도적으로 보장하고 있는 취지와 헌법재판소 2006헌라6 결정의 취지 및 구 지방자치법 제171조의 입법취지 등에서 도출되는 지방자치단체의 자치사무에 대한 감사개시의 요건을 충족하지 못한 위법한 감사를 하였다고 할 것이다. 이와 같이 판단하는 이상 청구인의 나머지 주장에 대해서는 더 나아가 이를 살펴볼 필요가 없다.

사. 결론

그렇다면, 피청구인이 2020. 11. 11. 청구인에게 '언론보도 의혹사항, 주민감사청구 및 익명제보사항 등'에 대하여 조사를 개시한다고 통보한 후 2020. 11. 16.부터 2020. 12. 7.까지 실시한 이 사건 조사행위는 헌법 및 지방자치법에 의하여 부여된 청구인의 지방자치권을 침해하였다.

재판관 유남석 이선애 이석태 이은애 이종석 이영진 김기영 문형배 이미선

[별지 1] 목록

1. 양정역세권 개발사업 특혜의혹
2. 남양주시 예술동아리 경연대회 사업자 선정 불공정
3. 코로나19 방역지침 위반
4. 시정조정위원회 예산 지급 결정 적정성

5. 2021년 수도권 개발제한구역 관리계획 2차 변경(월문하수종말처리장)

6. 남양주시 진건읍 사능리 172-44번지 등 3개 구역 훼손지 정비 사업

7. 공유재산 매입 특혜의혹

8. 남양주시 와부읍 월문리 건축허가(변경) 적정성

9. 기타 언론보도, 현장제보 사항 등

10. 홍보팀의 댓글작업

11. 금연지도원 부당 채용

12. 인사권 행사 문제(남양주시 별정직 인사, 남양주시복지재단 이사장 내정)

13. 보도자료 정정

14. 에코랜드 야구장에 관한 사무

[별지 2] 관련조항

구 지방자치법(2017. 7. 26. 법률 제14839호로 개정되고, 2021. 1. 12. 법률 제17893호로 전부개정되기 전의 것)

제171조(지방자치단체의 자치사무에 대한 감사) ① 행정안전부장관이나 시·도지사는 지방자치단체의 자치사무에 관하여 보고를 받거나 서류·장부 또는 회계를 감사할 수 있다. 이 경우 감사는 법령위반사항에 대하여만 실시한다.

② 행정안전부장관 또는 시·도지사는 제1항에 따라 감사를 실시하기 전에 해당 사무의 처리가 법령에 위반되는지 여부 등을 확인하여야 한다.

구 공공감사에 관한 법률(2021. 1. 12. 법률 제17893호로 개정되기 전의 것)

제3조(적용 범위) ① 이 법은 자체감사활동 및 이에 따른 감사활동체계 등에 관하여 중앙행정기관, 지방자치단체 및 공공기관(이하 “중앙행정기관등”이라 한다)에 대하여 적용한다. 다만, 다른 법률에 자체감사기구의 설치에 관하여 특별한 규정이 있는 중앙행정기관등에 대하여는 제5조 제2항을 적용하지 아니한다.

② 제33조, 제34조 및 제36조 제2항은 「지방자치법」 제167조에 따른 위임사무의 감사, 같은 법 제171조에 따른 자치사무의 감사 및 「물품관리법」 제7조 제3항 제1호에 따른 감사에 대하여 적용한다. 이 경우 제33조 및 제36조 제2항 중 “감사기구의 장”은 “중앙행정기관등의 장”으로 본다.

공공감사에 관한 법률(2010. 3. 22. 법률 제10163호로 제정된 것)

제24조(징계 또는 문책사유의 시효정지) ① 중앙행정기관등의 장은 특정사건에 대한 조사를 개시한 때와 이를 종료한 때에는 10일 이내에 자체감사 대상기관의 장에게 그 사실을 통보하여야 한다.

② 제1항에 따라 조사 개시의 통보를 받은 기관·단체의 장은 감사가 진행 중인 특정사건에 대하여는 제1항에 따른 조사 개시의 통보를 받은 날부터 징계 또는 문책 절차를 진행하지 못한다.

③ 제2항에 따라 징계 또는 문책 절차를 진행하지 못하여 법령 또는 해당 기관·단체가 정한 징계 또는 문책 사유의 시효기간이 만료되거나 시효의 남은 기간이 1개월에 못 미치게 될 때에는 그 시효기간은 제1항에 따른 조사종료의 통보를 받은 날 또는 제23조 제2항에 따라 처분 요구 또는 조치사항을 통보받은 날(제25조 제1항에 따라 재심의를 신청하였을 때에는 그 결과를 통보받은 날을 말한다)부터 1개월이 경과한 날에 만료되는 것으로 본다.

공공감사에 관한 법률 시행령(2015. 5. 18. 대통령령 제26241호로 개정된 것)

제11조(감사계획의 수립) ① 감사기구의 장이 법 제19조 제2항에 따라 연간 감사계획을 수립하는 경우에는 다음 각 호의 사항을 포함하여야 한다.

1. 감사사항
2. 감사의 목적 및 필요성
3. 감사의 종류와 감사 대상기관 또는 대상부서
4. 감사의 범위
5. 감사 실시 기간과 인원
6. 그 밖에 감사에 필요한 사항

② 감사기구의 장이 제1항에 따른 연간 감사계획에 포함되지 않은 자체감사를 하는 경우에는 제1항 제1호부터 제6호까지의 사항이 포함된 감사계획을 별도로 수립하여야 한다.

③ 감사기구의 장은 필요하다고 인정하면 제1항 또는 제2항에 따른 감사계획을 변경할 수 있다.

제12조(감사 대상기관 등에 대한 감사계획의 통보) ① 감사기구의 장은 법 제19조제2항에 따라 감사예정일 7일 전까지 제11조 제1항 및 제2항에 따른 감사계획의 주요 내용(제11조 제1항 제1호, 제3호부터 제5호까지의 사항을 말한다)을 자체감사 대상기관

(자체감사 대상기관이 자체감사기구가 소속된 기관인 경우에는 자체감사 대상부서를 말한다. 이하 이 조, 제13조의2, 제13조의4 및 제15조에서 같다)의 장에게 통보하여야 한다. 다만, 신속히 감사를 하여야 할 긴급한 사정이 있거나 감사의 실효성을 거두기 위하여 부득이한 경우에는 그러하지 아니하다.

② 감사기구의 장이 제1항에 따라 감사계획을 자체감사 대상기관의 장에게 통보한 이후 감사계획을 변경하였을 때에는 그 내용을 자체감사 대상기관의 장에게 지체 없이 통보하여야 한다.

구 지방자치단체에 대한 행정감사규정(2017. 7. 26. 대통령령 제28211호로 개정되고, 2021. 12. 16. 대통령령 제32223호로 개정되기 전의 것)

제1조(목적) 이 영은 「지방자치법」 제167조, 제171조 및 제171조의2(「지방교육자치에 관한 법률」 제3조에서 준용하는 경우를 포함한다)에 따라 지방자치단체 및 시·도교육청에 대하여 실시하는 감사의 절차와 방법 등에 관한 사항을 규정함을 목적으로 한다.

제2조(정의) 이 영에서 "감사"란 주무부장관, 행정안전부장관 또는 특별시장·광역시장·도지사(이하 "시·도지사"라 한다)가 「지방자치법」(이하 "법"이라 한다) 제167조, 제171조 및 제171조의2에 따라 다음 각 호의 사무(이하 "감사대상사무"라 한다)에 관한 업무와 활동 등을 조사·점검·확인·분석·검증하고 그 결과를 처리하는 것을 말한다.

3. 법 제171조 제1항에 따른 지방자치단체의 자치사무

지방자치단체에 대한 행정감사규정(2017. 7. 26. 대통령령 제28211호로 개정된 것)

제4조(감사계획의 수립 등) ① 주무부장관, 행정안전부장관 또는 시·도지사는 감사를 하려는 경우에는 다음 각 호의 사항을 포함하는 연간 감사계획을 미리 수립하여야 한다.

1. 감사사항
2. 감사의 목적 및 필요성
3. 감사의 종류와 감사대상 지방자치단체
4. 감사의 범위
5. 감사기간(감사활동 수행기간과 제18조 제2항에 따라 감사결과에 포함될 징계 등의 처분요구나 조치사항을 결정하는 기간을 말한다. 이하 같다)과 감사인원
6. 그 밖에 감사에 필요한 사항

② 주무부장관, 행정안전부장관 또는 시·도지사는 제1항에 따른 연간 감사계획에 포함되지 아니한 감사를 하려는 경우에는 제1항 각 호의 사항이 포함된 감사계획을 별도로 수립하여야 한다.

③ 주무부장관 또는 시·도지사는 제1항 및 제2항에 따라 감사계획을 수립한 때에는 지체 없이 행정안전부장관에게 통보하여야 한다.

제5조(감사계획의 통보) ① 주무부장관, 행정안전부장관 또는 시·도지사는 제4조 제1항에 따른 연간 감사계획의 주요 내용을 매년 1월 31일까지 감사대상 지방자치단체의 장에게 통보하여야 한다. 다만, 신속히 감사를 실시하여야 할 긴급한 사정이 있거나 감사의 실효성을 거두기 위하여 부득이한 경우에는 그러하지 아니하다.

② 주무부장관, 행정안전부장관 또는 시·도지사는 제1항에 따라 연간 감사계획을 통보한 후 이를 변경하였을 경우에는 지체 없이 그 내용을 감사대상 지방자치단체의 장에게 통보하여야 한다. 다만, 신속히 감사를 실시하여야 할 긴급한 사정이 있거나 감사의 실효성을 거두기 위하여 부득이한 경우에는 그러하지 아니하다.

제6조(감사계획의 협의 등) ① 주무부장관, 행정안전부장관 또는 시·도지사는 제4조에 따라 연간 감사계획을 수립하였을 때에는 「공공감사에 관한 법률」 제3조 제2항에 따라 감사원과 협의하여야 한다. 이미 수립한 감사계획 중 감사사항, 감사대상 지방자치단체, 감사의 범위, 감사기간 등 주요 내용을 변경하였을 때에도 또한 같다.

② 행정안전부장관은 주무부장관 또는 시·도지사가 제4조 제2항에 따라 연간 감사계획과 별도로 수립한 감사계획에 대하여 다른 주무부장관 또는 시·도지사나 행정안전부장관이 실시하는 감사와의 중복 여부 등을 검토하여 해당 주무부장관에게 의견을 제시할 수 있다.

구 지방자치단체에 대한 행정감사규정(2017. 7. 26. 대통령령 제28211호로 개정되고, 2021. 12. 16. 대통령령 제32223호로 개정되기 전의 것)

제7조(사전조사 등) ① 주무부장관 또는 시·도지사는 법 제167조에 따라 위임사무에 대한 감사를 실시하기 전에 감사대상 선정의 적정성, 문제점의 도출 및

취약 분야의 확인 등을 위하여 다음 각 호의 사항에 관한 사전 조사를 실시할 수 있다.
1. 감사대상과 관련된 자료 및 정보의 수집과 확인
2. 감사대상의 일부에 대한 표본조사
② 행정안전부장관 또는 시·도지사는 법 제171조 제2항에 따라 감사를 실시하기 전에 해당 지방자치단체의 자치사무 처리가 법령에 위반되는지 여부 등을 확인하기 위하여 필요하다고 인정되는 경우에는 다음 각 호의 업무를 수행할 수 있다.
1. 해당 지방자치단체에 소속된 사람이나 민원인, 그 밖의 제3자로부터 해당 지방자치단체의 사무처리가 법령에 위반된다는 정보가 수집된 경우 그 사실관계를 파악하기 위한 서류나 장부 등의 확인
2. 신문·방송 등 언론매체나 정보통신매체 등에 의하여 해당 지방자치단체의 사무처리가 법령에 위반되는 것으로 공개된 내용의 사실관계를 파악하기 위한 서류나 장부 등의 확인
3. 해당 지방자치단체의 자치사무 중 특정 분야에 관하여 제출받은 자료 및 해당 지방자치단체의 정보시스템에 입력된 자료 중 법령에 위반되거나 위반되는 것으로 의심할 만한 상당한 이유가 있는 사무에 대한 서류나 장부 등의 확인
③ 행정안전부장관 또는 시·도지사는 제2항에 따른 업무를 수행한 결과 해당 지방자치단체의 자치사무 처리가 법령을 위반하였거나 위반한 것으로 의심할 만한 상당한 이유가 있으면 그 사무를 감사대상으로 특정하여 미리 감사일정 등을 해당 지방자치단체의 장에게 통보하여야 한다.

경기도 감사규칙(2019. 1. 14. 경기도규칙 제3826호로 개정된 것)

제1조(목적) 이 규칙은 「공공감사에 관한 법률」, 「지방자치법」 제167조·제171조 및 제171조의2, 「지방공기업법」 제73조, 「지방자치단체 출자·출연 기관의 운영에 관한 법률」 제26조 및 다른 법령에 따라 경기도지사가 실시하는 감사의 기준과 방법에 필요한 사항을 규정함을 목적으로 한다.

제3조(적용범위) 도지사가 다음 각 호의 어느 하나에 해당하는 기관(이하 "감사대상기관"이라 한다)에 실시하는 감사는 다른 법령 및 조례에 규정된 것을 제외하고는 이 규칙이 정하는 바에 따른다.
4. 도내 시·군의 본청, 직속기관·사업소, 출장소, 구청 및 읍·면·동

제24조(징계 또는 문책사유의 시효정지) 징계 또는 문책사유의 시효정지에 관한 사항은「공공감사에 관한 법률」 제24조를 준용한다.

[별지 3-1]

보 도 일 시
2020. 11. 17.(화) 배포 즉시

보 도 자 료

매 수	참고자료	사 진	담당부서 : 조사담당관 조사총괄팀
2	X	○	과장 : 하영민 (031-8008-2995)
			팀장 : 민주식 (031-8008-2962)
			담당 : 석인규 (031-8008-2053)

도, 내달 4일까지 남양주시 특별조사. 양정역세권 개발사업 특혜의혹 등

○ 경기도 조사담당관, 언론보도 및 익명·공익제보 등에 따른 남양주시 특별조사 단행
- 11월 16일 ~ 12월 4일까지 3주간.
- 익명·공익제보 사항에 대한 점검·확인·조사를 통해 문제점 확인 및 점검

경기도가 남양주시와 시 산하기관을 대상으로 지난 11월 16일부터 12월 4일까지 3주 동안 양정역세권 개발사업 특혜 의혹 등에 대한 특별조사를 실시한다.

조사 대상은 ▲양정역세권 개발사업 특혜의혹 ▲남양주시 예술동아리 경연대회 사업자 선정 불공정성 ▲코로나19 방역지침 위반 사항 ▲공유재산 매입 특혜 의혹 ▲건축허가(변경) 적정성 ▲기타 언론보도, 현장제보 사항 등이다.

이들 조사 대상은 언론에 보도된 각종 특혜 의혹 사업과 함께 제보, 주민 감사를 통해 조사가 청구된 것들이다.

양정역세권 개발사업 특혜의혹의 경우개발사업 2구역 민간사업자 공모 심사 과정에서 남양주도시공사사장 개입 정황이 의심된다고 언론을 통해 보도된 바 있다.

도는 주요사업 의사결정 과정상 직위를 이용해 부당 관여한 사실이 있는지, 사업자 선정을 부실하게 추진해 특정업체에 특혜가 있었는지 등 각종 의혹에 대한 위법 행정에 대해 확인할 계획이다.

경기도 관계자는 "이번 특별조사를 통해 보다 투명한 시(市) 행정이 될 수 있도록 적극적으로 지원하는 한편, 관련 의혹들이 사실로 밝혀질 경우에는 규정에 따라 엄격하게 처분할 예정"이라고 밝혔다.

[별지 3-2]

보 도 일 시
2020. 11. 18.(수) 배포 즉시

해 명 자 료

매 수	참고자료	사 진	담당부서 : 조사담당관 조사총괄팀
2	○	X	과장 : 하영민 (031-8008-2995)
			팀장 : 민주식 (031-8008-2962)
			담당 : 석인규 (031-8008-2053)

남양주시 특별조사는 각종 의혹에 대한 확인과 점검 목적입니다

남양주시에 대한 경기도 특별조사가 보복 행정이라는 일부 언론보도에 대해 다음과 같이 해명합니다.

□ 보도내용

○ “권한쟁의심판 청구 후 코로나19 격려 커피 상품권 목적외 사용 간부 중징계 요구 및 남양주도시공사 감사실장 채용 비리 의혹 수사의뢰”에 이어 특별조사 착수

○ 일각에서는 경기도와 남양주시간 재난지원금 지급을 둘러싼 갈등에 따른 '보복성 감사'라는 지적도 나와

□ 해명내용

○ 특별조사는 언론보도나 익명제보 등에 따라 제보된 의혹에 대하여 확인하기 위한 행정 절차 중 하나로 2020년 경기도가 벌인 특별조사는 33건으로 남양주 외에 군포(5월), 오산(6월), 성남(7월), 부천(9월) 등도 진행했음.

- 특별조사는「공공감사에 관한 법률」제19조(자체감사계획의 수립·실시) 및 같은법 시행령 제10조(자체감사의 종류), 제11조(감사계획의 수립), 제12조(감사 대상기관 등에 대한 감사계획의 통보) 등에 따라 해당 기관에 적법하게 통보된 사항임.

○ 코로나19 격려 커피 상품권 목적 외 사용 간부 중징계 요구는 매년 실시하는 소극행정 실태 특별 조사시(2020.4.20. ~6.30) 적발된 사항임.

- 소극행정 실태 특별조사를 통해 중징계 요구한 사례는 3건이 있음.

- 코로나19로 인한 의료진 희생에 대해 격려하기 위한 용도의 상품권을 빼돌려 착복한 것으로 죄질이 나쁜 행위였고, 수령자 중 본인도 포함돼 있으며, 상급자에게 제공하는 등 개인 이익을 위해 사용하여 중징계 요구한 것 임.

○ 남양주도시공사 감사실장 채용 비리 의혹은 언론보도(2020.6.23. / 6.25) 사항을 바탕으로 6월 23일부터 29일까지 경기도 조사가 진행됐음. 경기도는 조사를 통해 적발된 사항에 대해 수사를 의뢰했음.

○ 이번 남양주시 특별조사는 양정역세권 개발사업 특혜 의혹 등 언론 보도와 주민 감사 청구, 지속해서 들어오는 신빙성 있는 제보 내용을 확인하기 위한 절차임.

○ 언론의 ‘의혹’ 제기 보도 내용, 민원 및 제보사항에 대해 감사를 통해 사실여부를 밝히지 않는 것은 진실을 은폐하는 것이며, 감사제도의 존재이유를 부정하는 것임.

⇒ 따라서 이번 특별조사가 어떤 의도가 있거나, 보복성 감사라는 주장은 사실과 다름

참고	특별조사 관련 법령

□ 공공감사에 관한 법률

제19조(자체감사계획의 수립·실시) ① 감사기구의 장은 자체감사 대상기관에 대한 감사계획을 수립하여 자체감사를 하여야 한다.

② 제1항에 따라 하는 자체감사의 종류, 감사계획의 수립, 자체감사 대상기관에 대한 감사계획 통보 등에 관하여 필요한 사항은 대통령령으로 정한다.

□ 공공감사에 관한 법률 시행령

제10조(자체감사의 종류) 법 제19조제2항에 따른 자체감사의 종류는 다음 각 호와 같다. 다만, 중앙행정기관등의 업무 특성에 따라 달리 구분할 수 있다.

1. 종합감사: 자체감사 대상기관의 주기능·주임무 및 조직·인사·예산 등 업무 전반의 적법성·타당성 등을 점검하기 위하여 실시하는 감사
2. 특정감사: 특정한 업무·사업·자금 등에 대하여 문제점을 파악하여 원인과 책임 소재를 규명하고 개선대책을 마련하기 위하여 실시하는 감사
3. 재무감사: 예산의 운용실태 및 회계처리의 적정성 여부 등에 대한 검토와 확인을 위주로 실시하는 감사
4. 성과감사: 특정한 정책·사업·조직·기능 등에 대한 경제성·능률성·효과성의 분석과 평가를 위주로 실시하는 감사
5. 복무감사: 자체감사 대상기관에 속한 사람의 복무의무 위반, 비위(非違) 사실, 근무실태 점검 등을 목적으로 실시하는 감사

제11조(감사계획의 수립) ① 감사기구의 장이 법 제19조제2항에 따라 연간 감사계획을 수립하는 경우에는 다음 각 호의 사항을 포함하여야 한다.

1. 감사사항
2. 감사의 목적 및 필요성
3. 감사의 종류와 감사 대상기관 또는 대상부서
4. 감사의 범위
5. 감사 실시 기간과 인원
6. 그 밖에 감사에 필요한 사항

② 감사기구의 장이 제1항에 따른 연간 감사계획에 포함되지 않은 자체감사를 하는 경우에는 제1항제1호부터 제6호까지의 사항이 포함된 감사계획을 별도로 수립하여야 한다.

③ 감사기구의 장은 필요하다고 인정하면 제1항 또는 제2항에 따른 감사계획을 변경할 수 있다.

제12조(감사 대상기관 등에 대한 감사계획의 통보) ① 감사기구의 장은 법 제19조제2항에 따라 감사예정일 7일 전까지 제11조제1항 및 제2항에 따른 감사계획의 주요 내용(제11조제1항제1호, 제3호부터 제5호까지의 사항을 말한다)을 자체감사 대상기관(자체감사 대상기관이 자체감사기구가 소속된 기관인 경우에는 자체감사 대상부서를 말한다. 이하 이 조, 제13조의2, 제13조의4 및 제15조에서 같다)의 장에게 통보하여야 한다. 다만, 신속히 감사를 하여야 할 긴급한 사정이 있거나 감사의 실효성을 거두기 위하여 부득이한 경우에는 그러하지 아니하다. 〈개정 2011. 8. 3., 2015. 5. 18.〉

② 감사기구의 장이 제1항에 따라 감사계획을 자체감사 대상기관의 장에게 통보한 이후 감사계획을 변경하였을 때에는 그 내용을 자체감사 대상기관의 장에게 지체 없이 통보하여야 한다.

[별지 3-3]

보 도 일 시
2020. 11. 23.(월) 배포 즉시

보 도 자 료

매 수	참고자료	사 진	담당부서 : 조사담당관 조사총괄팀
2	○	○	과장 : 하영민 (031-8008-2995)
			팀장 : 민주식 (031-8008-2962)
			담당 : 석인규 (031-8008-2053)

도, 남양주시 특별조사 반발에 "부정부패 조사와 문책에 예외 없다"

○ 23일 김희수 감사관 명의 입장문 발표
- 법령에 근거해 적법한 절차에 따라 특별조사 진행 중
- 위법·보복성 감사 주장은 법치주의를 부정하는 행위에 해당

○ 부정부패에 대한 조사와 조사 결과에 따른 조치 역시 예외 있을 수 없어
- 진행 중인 조사에 대해 악의적 비방을 중지하고 성실하게 조사에 응해야

경기도가 도 특별조사에 반발한 남양주시에 대해 '부정부패 조사와 문책에 예외는 없다'며 남양주시는 진행 중인 조사에 성실하게 응해야 한다고 강조했다.

경기도는 23일 김희수 감사관 명의로 '남양주시 특별조사에 대한 입장문'을 발표하고 "특별조사는 '공공감사에 관한 법률'과 '지방자치단체에 대한 행정감사 규정', '경기도 감사규칙'에 따른 것"이라며 이같이 밝혔다.

법령에는 언론보도, 민원 등에 의하여 제기된 사실관계에 대해 지방자치단체의 자치 사무 처리가 법령에 위반되는지 사전조사를 할 수 있고, 관계 서류·장부, 전산정보시스템에 입력된 자료의 조사, 출석·답변 등도 요구할 수 있다고 규정하고 있다.

경기도는 특별 조사 실시 이유로 ▲양정역세권 복합단지 개발사업 2구역 민간사업자에 대한 점수조작 요구 등의 특혜 부여 부패 의혹 ▲남양주시 예술동아리 경연대회 사업자 선정 과정에서의 실체 없는 업체를 선정한 유착의혹과 불공정성 ▲남양주시 월문리 건축허가 과정에 공무원 토착비리 의혹' ▲지속적 익명제보 및 주민감사청구, 언론 보도 등에 대해 사실관계를 확인하기 위한 것이라고 구체적으로 제시했다.

김 감사관은 "법령에 근거해 진행되고 있는 특별조사에 대해 위법·보복성 감사라는 근거 없는 일방적 주장을 펼치며 경기도 감사관실 소속 조사관에 대해 철수를 요구하는 행위는 법치주의를 부정하는 행위"라며 "정당한 사유 없이 감사나 자료 제출 요구를 거부하거나 자체감사활동을 방해하는 것은 법령에 따라 별도의 처벌이 가능한 매우 유감스러운 행위"라고 말했다.

김 감사관은 이어 남양주시가 제기한 절차상 위법 주장 등에 대해서도 "이미 법령에 따라 남양주시에 사전 통보한 내용으로 허위 주장임이 명백하다"고 지적한 후 "언론보도 등에서 제기된 각종 의혹에 대한 사실여부를 규명하기 위해 관계 서류·장부 및 전산정보시스템에 입력된 아이디, 댓글 등을 살펴보는 것은 제기된 각종 의혹과 관련성이 있는 사항으로서 위법 운운하는 것 자체가 위법·부당한 행위"라고 비판했다.

김 감사관은 또, "언론의 '의혹' 제기 보도 내용, 민원 및 제보사항에 대해 감사를 통해 사실여부를 밝히지 않는 것은 진실을 은폐하는 행위와 다름없으며, 감사제도의 존재이유를 부정하는 것으로 있을 수 없는 일"이라며 "경기도에 적법한 조사를 포기하라고 요구하는 것은 결코 수용할 수 없는 직무유기를 강요하는 것과 같다"고 강조했다.

김 감사관은 끝으로 "부정부패에 대한 조사와 조사

결과에 따른 조치에는 예외가 있을 수 없으며 남양주시 역시 법치주의 예외 지역이 아니다"라며 "남양주시는 관련의혹을 적법한 절차에 의해 진행 중인 조사에 대해 악의적 비방을 중지하고, 성실하게 조사에 응할 의무가 있다는 점을 다시 한 번 지적한다."고 덧붙였다.

입 장 문

– 경기도, 남양주시 특별조사 –
부정부패 조사와 문책에 예외는 없다!!

경기도는 남양주시와 시 산하기관을 대상으로 지난 11월 16일부터 12월 4일까지 3주 동안 양정역세권 개발사업 특혜 의혹 등에 대한 특별조사를 실시하고 있다.

특별조사는 「공공감사에 관한 법률」 및 「지방자치단체에 대한 행정감사규정」, 「경기도 감사규칙」 각 규정에 따라 남양주시에 조사개시 통보 후 적법한 절차에 따라 조사를 진행 중에 있다. 법령에는 언론보도, 민원 등에 의하여 제기된 사실관계에 대해 지방자치단체의 자치 사무 처리가 법령에 위반되는지 사전조사를 할 수 있고, 관계 서류·장부, 전산정보시스템에 입력된 자료의 조사, 출석·답변 등도 요구할 수 있다고 규정하고 있다.

이번 남양주시 특별조사는 '양정역세권 복합단지 개발사업 2구역 민간사업자에 대한 점수조작 요구 등의 특혜 부여 부패 의혹', '남양주시 예술동아리 경연대회 사업자 선정 과정에서의 실체없는 업체를 선정한 유착 의혹과 불공정성', '남양주시 월문리 건축허가 과정에 공무원 토착비리 의혹'과 지속적 익명제보 및 주민감사 청구, 언론 보도 등에 대해 사실관계를 확인·조사하는 내용이다.

법령에 근거해 적법한 절차에 따라 진행되고 있는 조사에 대해, 남양주시장 등이 특별조사가 위법이고, 보복성 감사라는 근거 없는 일방적 주장을 펼치며 경기도 감사관실 소속 조사관에 대해 철수를 요구하는 행위는 법치주의를 부정하는 행위에 해당한다.

남양주시장 등의 위와 같은 행위는 적법한 조사에 대한 공무집행 방해에 해당하는 행위다. 정당한 사유 없이 감사나 자료 제출 요구를 거부하거나 자체감사활동을 방해하는 것은 법령에 따라 별도의 처벌이 가능한 매우 유감스러운 행위다.

절차상으로 위법하다는 주장은 이미 법령에 따라 남양주시에 사전 통보한 내용으로 허위 주장임이 명백하며, 언론보도 등에서 제기된 각종 의혹에 대한 사실 여부를 규명하기 위해 관계 서류·장부 및 전산정보시스템에 입력된 아이디, 댓글 등을 살펴보는 것은 제기된 각종 의혹과 관련성이 있는 사항으로서 위법 운운하는 것 자체가 위법·부당한 행위다. 언론의 '의혹' 제기 보도 내용, 민원 및 제보사항에 대해 감사를 통해 사실여부를 밝히지 않는 것은 진실을 은폐하는 행위와 다름없으며, 감사제도의 존재이유를 부정하는 것으로 있을 수 없는 일이다. 경기도에 적법한 조사를 포기하라고 요구하는 것은 결코 수용할 수 없는 직무유기를 강요하는 것과 같다.

부정부패에 대한 조사와 조사 결과에 따른 조치에는 예외가 있을 수 없으며 남양주시 역시 법치주의 예외 지역이 아니다.

남양주시는 관련의혹을 적법한 절차에 의해 진행 중인 조사에 대해 악의적 비방을 중지하고, 성실하게 조사에 응할 의무가 있다는 점을 다시 한 번 지적한다.

2020. 11. 23.
경 기 도 감 사 관

85. 국회의원과 국회 법제사법위원회 위원장 등 간의 권한쟁의

[2023. 3. 23. 2022헌라2]

【판시사항】

1. 피청구인 국회 법제사법위원회(이하 '법사위'라 한다) 위원장이 2022. 4. 27. 제395회 국회(임시회) 제4차 법제사법위원회 전체회의에서 검찰청법 일부개정법률안(대안)과 형사소송법 일부개정법률안(대안)(이하 '이 사건 개정법률안'이라 한다)을 법사위 법률안으로 각 가결선포한 행위(이하 '피청구인 법사위 위원장의 이 사건 가결선포행위'라 한다)가 청구인들의 법률안 심의·표결권을 침해하였는지 여부(적극)

2. 피청구인 법사위 위원장의 이 사건 가결선포행위가 무효인지 여부(소극)

3. 피청구인 국회의장이 2022. 4. 30. 제396회 국회(임시회) 제1차 본회의에서 이 사건 검찰청법 수정안(의안번호 2115408)을 가결선포한 행위와 2022. 5. 3. 제397회 국회(임시회) 제1차 본회의에서 이 사건 형사소송법 수정안(의안번호 2115407)(이하 위 두 수정안을 합하여 '이 사건 수정안'이라 한다)을 가결선포한 행위(이하 '피청구인 국회의장의 이 사건 가결선포행위'라 한다)가 청구인들의 법률안 심의·표결권을 침해하였는지 여부(소극)

4. 피청구인 국회의장의 이 사건 가결선포행위가 무효인지 여부(소극)

【결정요지】

1. 가. 재판관 이선애, 재판관 이은애, 재판관 이종석, 재판관 이영진의 인용의견

헌법상 다수결원칙은 다수에 의한 의사결정 이전에 합리적인 토론과 상호 설득의 과정에서 의사의 내용이 변동되거나 조정될 수 있음을 전제로 하며, 이를 위해 의원들에게 실질적이고 자유로운 토론의 기회가 부여되어 있을 것을 요구한다.

특히, 헌법 제49조 후문에서는 "가부동수인 때에는 부결된 것으로 본다."라고 규정하여 우리 헌법상 국회 내 회의의 의결정족수 충족에 있어 회의의 주재자가 다른 구성원과 동등한 지위의 표결권을 넘어서는 결정권을 갖지 못하도록 하고 있다. 이는 국회 내 의결 절차에서 회의 주재자의 중립적 지위를 엄격하게 요구하는 것이다.

또한, 국회의 의사절차를 의안에 대한 실질적 토론 및 이에 기초한 표결을 보장하지 않는 방식으로 형성한다면, 헌법상 다수결의 원칙에 반하게 되어 국회의 자율권의 한계를 벗어난다고 할 것이다.

민형배 위원의 탈당 과정과 피청구인 법사위 위원장의 조정위원 선임과정 및 법사위 위원 구성 등의 사정을 살펴보면, 민형배 위원은 법사위에서 조정위원회가 구성될 경우 비교섭단체 몫의 조정위원으로 선임되어 더불어민주당(이하 '민주당'이라 한다) 소속 조정위원들과 함께 조정위원회의 의결정족수를 충족시킬 의도로 민주당과 협의하여 민주당을 탈당하였고, 같은 당 소속으로 민형배 위원과 함께 그 교섭단체 대표의원이 발의한 법률안에 찬성자로 참여하였던 피청구인 법사위 위원장은 이러한 사정을 알고도 검사의 수사권을 폐지 또는 축소하는 내용의 입법이 민주당의 당론에 따라 신속하게 추진될 수 있도록 하기 위해 민형배 위원을 조정위원으로 선임한 것임을 합리적으로 추단할 수 있다.

피청구인 법사위 위원장은 위와 같이 회의의 주재자로서의 중립적인 지위에서 벗어나 그 위원회 활동의 일부인 조정위원회에 관하여 미리

가결의 조건을 만들어 두었고, 조정위원회에서 축조심사 및 질의·토론이 모두 생략되어 실질적인 조정심사 없이 의결된 조정안에 대하여, 법사위 전체회의에서도 심사보고나 실질적인 토론의 기회를 부여하지 않은 채 그 조정안의 내용 그대로 이 사건 개정법률안의 가결을 선포한 것이다.

이는 제1교섭단체 소속 조정위원 수와 그렇지 않은 조정위원 수를 동수로 구성하도록 한 국회법 제57조의2 제4항을 위반한 것이고, 제1교섭단체인 민주당 소속 조정위원 3명과 민형배 위원만으로 재적 조정위원 6명의 3분의 2인 4명이 충족되도록 함으로써 국회 내 다수세력의 일방적 입법 시도를 저지할 수 있도록 의결정족수를 규정한 국회법 제57조의2 제6항의 기능을 형해화한 것이며, 위원회의 안건심사절차에 관하여 규정한 국회법 제58조도 위반한 것이다. 그뿐만 아니라 피청구인 법사위 위원장은 이를 통해 회의 주재자의 중립적인 지위에서 벗어나 법사위 법안심사에서의 실질적인 토론의 기회를 형해화하였다는 점에서 헌법 제49조도 위반하였다.

따라서 피청구인 법사위 위원장의 이 사건 가결선포행위는 청구인들의 법률안 심의·표결권을 침해한 것이다.

나. 재판관 이미선의 인용의견

민형배 위원의 탈당 경위 등을 종합하면, 민형배 위원은 개정법률안 원안들의 4월 임시국회 처리를 위하여 양향자 위원 대신 비교섭단체 몫의 조정위원으로 선임될 목적으로 민주당을 탈당하였고, 피청구인 법사위 위원장은 같은 민주당 소속으로 이러한 민형배 위원의 탈당 경위를 충분히 알 수 있었음에도 민형배 위원을 비교섭단체 몫의 조정위원으로 선임하였음을 인정할 수 있다.

이는 제1교섭단체 소속 조정위원과 그 밖의 조정위원을 3:3 동수가 아닌 사실상 의결정족수를 충족시킬 수 있는 4:2가 되도록 하여 실질적인 조정심사 없이도 조정안 가결이 이루어지도록 한 것이므로, 제1교섭단체 소속 조정위원의 수와 그렇지 않은 조정위원의 수를 동수로 구성하여 대화와 타협을 통해 조정안 의결이 이루어지도록 한 국회법 제57조의2 제4항 및 제6항과 조정위원회 심사 시 축조심사와 토론을 거치도록 한 국회법 제57조의2 제10항, 제57조 제8항 및 제58조 제1항을 위반한 것이다.

또한, 피청구인 법사위 위원장은 제4차 법사위 전체회의에서 이 사건 개정법률안에 대하여 어떠한 조치도 취하지 않은 채 토론 등의 절차를 모두 생략하고 표결을 진행하여 위원회의 심사절차를 정한 국회법 제58조 제1항도 위반하였다.

따라서 피청구인 법사위 위원장의 이 사건 가결선포행위로 청구인들의 법률안 심의·표결권이 침해되었다고 봄이 타당하다.

2. 가. 재판관 유남석, 재판관 이석태, 재판관 김기영, 재판관 문형배의 기각의견

피청구인 법사위 위원장의 이 사건 가결선포행위는 아래 피청구인 법사위 위원장의 권한침해확인청구 기각의견(1.에 대한 반대의견)에서 밝힌 바와 같이 청구인들의 법률안 심의·표결권을 침해하지 않았으므로, 그 침해를 전제로 하는 무효확인청구는 더 나아가 살펴볼 필요 없이 이유 없다.

나. 재판관 이미선의 기각의견

헌법재판소법 제61조와 제66조는 권한쟁의 심판사건에서 권한침해확인에서 나아가 피청구인의 처분을 취소하거나 그 무효를 확인하는 것에 대하여는 헌법재판소에게 그의 재량에 따른 부가적인 심판 가능성을 부여하고 있을 뿐이다. 따라서 국가기관 상호간의 권한쟁의심판 결과 드러난 위헌·위법 상태를 제거함에 있어 피청구인인 국가기관에 여러 가지 정치적 형성의 여지가 있는 경우, 헌법재판소로서는 피청

구인의 정치적 형성권을 존중하여야 하므로 원칙적으로 처분의 권한 침해만을 확인하고 권한 침해로 야기된 위헌·위법 상태의 시정은 피청구인에게 맡겨두는 것이 바람직하며, 재량적 판단에 의한 무효확인 또는 취소를 통하여 피청구인의 처분의 효력을 직접 결정하는 것은 권한질서의 회복을 위하여 헌법적으로 요청되는 예외적인 경우에 한정되어야 한다.

특히 국회의원이 국회에서의 입법관련 처분의 하자로 인하여 심의·표결권을 침해받았음을 다투는 권한쟁의심판의 경우, 사법기관으로서 사법본질상의 한계에 구속되는 헌법재판소는 대의민주주의와 권력분립을 원칙으로 하는 헌법질서 아래에서 국민의 대표기관이자 정치적 헌법기관인 국회가 가지는 자율권과 정치적 형성권을 최대한 존중하여야 한다. 따라서 헌법재판소는 원칙적으로 처분의 권한 침해만을 확인하고, 권한 침해로 인하여 야기된 위헌·위법 상태의 시정은 피청구인에게 맡겨두는 것이 합당하다. 다만, 그 처분에 의회주의의 이념에 입각한 국회의 기능을 형해화할 정도의 중대한 헌법 위반이 있고, 국회의 정치적 형성권을 존중할 필요가 없거나 국회에 다른 정치적 형성방법을 기대할 수 없는 경우에는 예외적으로 헌법질서의 회복을 위하여 헌법재판소가 취소·무효확인 결정을 부가적으로 선언함으로써 직접 처분의 효력을 소멸시킬 수 있다고 할 것이다.

피청구인 법사위 위원장의 이 사건 가결선포행위는 청구인들의 법률안 심의·표결권을 침해하였으나, 이 사건 개정법률안에 대해서는 이 사건 조정위원회가 열리기에 앞서 이미 법사위 소위원회에서 청구인들이 출석한 가운데 위원들의 토론과 정부측 및 법원측 참석자의 의견 진술, 축조심사 등이 이루어지는 등 실질적인 심사가 이루어졌다. 또한 이 사건 개정법률안은 '국회의장 여야 합의문'을 토대로 민주당이 마련한 개정안에 기초한 것으로, '국회의장 여야 합의문'은 밀실에서 이루어진 것이 아니라 각 당의 의원총회를 거쳐 작성된 것이고, 법사1소위에서는 위 합의문을 토대로 각 당이 마련한 개정안에 대해 심사가 진행되었으며, 청구인들은 그 심사 과정에서 각 개정안에 대한 의견을 진술하는 등 실질적인 토론이 이루어졌다.

이상의 사정을 종합하면, 청구인들이 비록 이 사건 조정위원회의 의결 과정과 제4차 법사위 전체회의 표결 과정에서 심의·표결권을 침해받기는 하였으나, 법사위 법안 심사과정에서 전혀 심의·표결권을 행사할 수 없는 등 의회주의 이념에 입각한 국회의 기능이 형해화될 정도의 중대한 헌법 위반이 있었다고 보기 어렵다.

또한 국회법이 위원회 중심주의를 택하고 있으나, 위원회의 역할은 국회의 예비적 심사기관으로서 본회의에 판단자료를 제공하는 데 있으므로, 헌법재판소가 위원회 단계에서 이루어진 의결의 하자만을 기준으로 국회의 정치적 형성권을 존중할 필요가 없다거나 다른 정치적 형성방법을 기대할 수 없다고 평가하는 것은 적절하지 아니하다.

따라서 피청구인 법사위 위원장의 이 사건 가결선포행위가 청구인들의 법률안 심의·표결권을 침해하였다고 확인한 이상, 피청구인 법사위 위원장의 이 사건 가결선포행위에 대한 무효확인청구는 국회의 정치적 형성권을 존중하여 기각하여야 한다.

3. 가. 재판관 유남석, 재판관 이석태, 재판관 김기영, 재판관 문형배의 기각의견

피청구인 국회의장은 교섭단체 대표의원과 협의한 뒤 이 사건 검찰청법 개정법률안을 본회의에 상정하였으므로, 국회법 제93조의2를 위반하였다고 볼 수 없다.

또한 헌법과 국회법에서 임시회 회기, 특히 회기의 하한에 관한 규정을 두고 있지 않으므로, 회기를 본회의가 개회된 당일로 종료되도록 하거나 단 하루로 정하였다 하더라도 헌법

과 국회법을 위반한 회기로 볼 수 없다. 따라서 피청구인 국회의장이 무제한토론이 신청된 본회의 당일로 회기가 종료되거나 당일 하루만 회기로 정하는 회기결정의 건을 가결선포하였다고 하더라도 무제한토론권한을 침해한 것이라고 보기 어렵다.

이 사건 수정안은 이미 법사위에서 논의되었던 사항이 포함된 것이므로, 그 원안과의 직접 관련성이 인정되는 적법한 수정동의이다.

이처럼 피청구인 국회의장의 이 사건 가결선포행위는 헌법 및 국회법을 위반하였다고 볼 수 없으므로, 청구인들의 법률안 심의·표결권을 침해하였다고 보기 어렵다.

나. 재판관 이미선의 기각의견

위 3. 가.의 기각의견과 같으므로, 해당 부분을 원용하고 아래의 내용만 추가한다.

청구인들이 법사위 법안심사과정에서 법률안 심의·표결권을 침해받았으나 본회의에서 위원회 심사보고와 수정안 제안설명, 무제한토론 등 적법하게 의사절차가 진행되어 자유로운 토론의 기회를 보장받은 이상, 법사위에서의 절차상 하자만으로 본회의에서도 법률안 심의·표결권을 침해받았다고 보기 어렵다.

4. 재판관 유남석, 재판관 이석태, 재판관 김기영, 재판관 문형배의 기각의견 및 재판관 이미선의 기각의견

피청구인 국회의장의 이 사건 가결선포행위가 청구인들의 법률안 심의·표결권을 침해하지 않았으므로, 그 침해를 전제로 하는 피청구인 국회의장의 이 사건 가결선포행위에 대한 무효확인청구는 더 나아가 살펴볼 필요 없이 이유 없다.

재판관 유남석, 재판관 이석태, 재판관 김기영, 재판관 문형배의 피청구인 법사위 위원장의 권한침해확인청구 기각의견(1.에 대한 반대의견)

피청구인 법사위 위원장은 국회법 제58조 제4항에 규정된 소위원회 직회부 요건을 갖추어 박홍근 의원이 발의한 법안을 법사위 소위원회에 직회부하였다.

또한 피청구인 법사위 위원장은 조정위원 선임 당시 이미 민주당을 탈당하여 더 이상 교섭단체에 속하지 않은 민형배 위원을 비교섭단체 몫의 조정위원으로 선임한 것이므로, 국회법에서 이를 금지하거나 제한하는 규정을 두고 있지 않은 이상 국회법 제57조의2 제4항을 명백히 위반하였다고 볼 수 없다.

청구인들은 조정위원회에 출석하여 법률안 심의·표결에 참여할 기회를 보장받았고, 이 사건 개정법률안이 이미 소위원회 법안심사가 종결될 정도로 법안심사가 진행되었다는 점 등을 고려하면, 조정위원장이 당시 법사위 법안심사 과정과 회의장의 상황 등을 고려하여 질의·토론 등의 절차를 생략한 것이 실질적인 조정심사 없이 조정안을 가결선포한 것이라고 보기 어렵다.

청구인들은 법사위 전체회의에 참여하여 법률안 심의·표결에 참여할 기회를 보장받았고, 당시 피청구인 법사위 위원장은 정상적인 회의 진행을 시도하였으나 장내소란이 진정되지 않자, 그 동안의 법사위 법안심사 과정, 국회의장과 여야 교섭단체 대표의원의 합의, 당시 회의장의 상황 등을 종합적으로 고려하여 표결절차에 나아간 것이므로, 위원회 심사절차에 관한 국회법 제58조를 위반하였다고 볼 수 없다.

이처럼 피청구인 법사위 위원장의 이 사건 가결선포행위는 헌법 및 국회법을 위반하지 않았으므로, 청구인들의 법률안 심의·표결권을 침해하였다고 보기 어렵다.

재판관 이은애, 재판관 이종석, 재판관 이영진의 피청구인 법사위 위원장에 대한 무효확인청구 인용의견(2.에 대한 반대의견)

권한쟁의심판에서 피청구인의 처분으로 인하여 청구인의 권한이 침해된 것으로 확인하는 경우 그러한 처분을 취소하거나 그 무효를 확인할 것인지 여부는, 권한 침해 사유의 헌법적 중대성, 침해된 청구인의 권한과 그 원인이 된 피청구인의 처분이 헌법적 권한질서 내에서 가지는 의미, 권한쟁의심판의 결정을 통하여 달성될 수 있는 헌법적 권한질서 회복의 이익 등을 종합적으로 고려하여 판단한다.

앞서 1. 가.의 권한침해 인용의견에서 살펴본 바와 같이, 민형배 위원은 비교섭단체 몫의 조정위원으로 선임되어 조정위원회의 의결정족수를 충족시킬 의도로 민주당과 협의하에 민주당을 탈당하였고, 피청구인 법사위 위원장은 이러한 사정을 알고도 민형배 위원을 조정위원으로 선임하고 조정안을 가결시킨 다음 그 내용 그대로 법사위 전체회의에서 이 사건 개정법률안을 가결선포하였다. 피청구인 법사위 위원장의 이와 같은 가결선포행위는, 앞서 판단한 바와 같이 국회법 제57조의2 제4항과 제58조를 위반하고 제57조의2 제6항의 기능을 형해화하였을 뿐만 아니라 실질적 토론을 전제로 하는 헌법상 다수결의 원칙 및 국회 내 의결절차상 회의 주재자로서의 중립성을 규정한 헌법 제49조를 위반한 것이다. 또한 국회가 헌법상 다수결의 원칙을 구현하기 위하여 마련된 국회법상 의사절차에 관한 규정을 위반하여 입법을 하였다면, 이는 입법도 헌법과 법률에 따라 이루어져야 한다는 적법절차원칙에 위배될 뿐만 아니라 모든 국가권력은 헌법에 기속되어야 한다는 법치국가원리에도 부합한다고 보기 어렵다. 따라서 이 사건 권한 침해 사유는 단순한 국회법 규정을 위반한 것을 넘어서 민주주의와 법치주의라는 헌법의 기본원리를 훼손한 것으로 헌법적으로 매우 중대하다.

법사위 위원장의 이 사건 가결선포행위는, 국가의 형사사법기능과 그에 관련되는 국민의 기본권 보장에 관하여 규율하는 입법의 과정 중 중요한 단계로서 위원회가 제안하는 대안의 성립과 관련된 것으로, 만약 그러한 사유가 없었다면 이 사건 개정법률안이 제안되어 본회의에 부의 및 상정될 수 없었을 것임이 명백하다. 그리고 이 사건 개정법률안의 내용은 검사의 소추권과 수사권을 제한하는 것으로, 형사사법체계의 주요내용을 변화시키고 국민의 기본권에 광범위한 영향을 미치는 내용으로서 청구인들의 심의·표결권에 대한 실질적 보장이 중요하였다. 따라서 이 사건에서 침해된 청구인들의 권한과 그 원인이 된 피청구인 법사위 위원장의 처분은, 헌법적 권한질서 내에서 중요한 의미를 가진다.

피청구인 법사위 위원장의 이 사건 가결선포행위를 무효로 선언한다면, 법사위에서의 의사절차는 표결 전으로 회귀하여 침해된 청구인들의 법률안 심의·표결권을 회복시킬 수 있게 된다. 또한 이 사건과 같이 다수당이 당론에 기반하여 특정한 입법목적을 가진 법률의 제정 또는 개정을 일방적으로 추진하고자 하는 정치상황은 언제든 발생할 수 있는데, 입법과정의 각 단계에서 요구되는 의결정족수 충족에 관한 중대한 헌법 위반의 경우에도 국회의원의 심의·표결권을 침해만 확인하고 그 효력에 대해 침묵한다면, 이 사건과 유사한 위헌적 행위가 앞으로도 반복될 수 있으므로, 이를 무효를 선언하여 방지할 필요가 있다. 따라서 피청구인 법사위 위원장의 이 사건 가결선포행위에 대하여 무효를 확인함으로써 손상된 헌법적 권한질서를 회복할 이익이 인정된다.

재판관 이선애의 피청구인 법사위 위원장에 대한 무효확인청구 인용의견(2.에 대한 반대의견)

국회의 입법관련 행위를 대상으로 한 국가기관 상호간의 권한쟁의심판에 있어서 심판대상 행위에 대한 취소·무효확인의 형성적 결정은 자제하여야 함이 원칙이지만, 예외적으로 국회의 입법관련 행위라 하더라도 수평적·수직적 권력 상호간의 견제와 균형을 근본적으로 훼손하여 헌법재판소가 사법적 자제를 유지해서는 헌법적 가치질서 및 헌법의 규범적 효력을 보호할 수 없는 경우에는, 손상된 헌법상 권한질서의 회복을 위하여 부득이 심판대상 행위의 취소 또는 무효확인으로 그 효력을 소멸시키는 결정을 할 수밖에 없다.

국가기관 상호간의 권한쟁의에 있어서도 예외적으로 청구인의 권한을 침해한 피청구인의 처분이 헌법에 위반되어 그 하자가 중대하고, 피청구인에 대하여 정치적 형성권을 존중할 필요가 없거나 다른 정치적 형성방법을 기대할 수 없는 경우에는 취소·무효확인결정을 부가적으로 선언함으로써 피청구인의 처분의 효력을 형성적으로 소멸시킬 수 있고, 피청구인의 처분이 국회의 입법관련 행위라고 하더라도 의회제도를 보장하는 헌법적 가치를 본질적으로 부인하는 중대한 권한침해 사유가 있다면 그 취소 또는 무효확인을 결정할 여지가 있다.

피청구인 법사위 위원장의 이 사건 가결선포행위는, 법사위 조정위원회의 의결정족수 충족 및 의결된 조정안에 대한 법사위의 의결을 통한 대안 제안에 관하여, 실질적 토론을 전제로 하는 헌법상 다수결원칙 및 국회 내 의결 절차에서 회의 주재자의 중립성을 규정한 헌법 제49조를 중대하게 위반한 것이다. 이것은 의회제도의 헌법적 가치를 본질적으로 훼손하는 중대한 사유라 할 것이고, 이러한 경우에는 가결선포행위의 효력을 번복하거나 부인하지 않고는 손상된 헌법적 권한질서를 회복하기 어렵다.

국회 위원회의 심사 절차에서 조정위원회의 조정안 의결에 존재하는 위헌 또는 위법 사유는 그 소속된 위원회 전체회의의 심사를 통해 교정할 수 있다. 그런데 피청구인 법사위 위원장은 스스로 조정위원회 구성 및 조정안 의결에 관하여 헌법 및 국회법을 위반한 후, 이를 교정할 수 있는 법사위 전체회의에서 조정안에 대한 심사보고 및 토론 절차를 모두 생략하고 바로 표결에 부쳐 이 사건 가결선포행위를 함으로써 위헌 사유를 오히려 가중시켰다. 이러한 사정하에서 침해된 청구인들의 법사위 위원으로서의 법률안 심의·표결권을 회복하기 위해서는, 법사위의 심사를 다시 진행함으로써 조정안 의결의 위헌성 및 위법성을 확인하여 그 효력을 번복하거나 부인하여야 할 것이나, 법사위에서 의결된 이 사건 개정법률안은 본회의에 부의 및 상정되어 그 수정안이 의결되고 법률로서 공포·시행되기에 이르렀으므로, 국회 내에서 자율적으로 법사위의 심사를 다시 진행하는 등의 방법으로 헌법적으로 중대한 권한침해 상태를 회복하는 것은 불가능하게 되었다.

국회 본회의는 위원회의 심사절차상 하자가 있다면 위원장의 보고를 받은 후 의결로 다시 안건을 같은 위원회 또는 다른 위원회에 재회부하는 방법으로 그 하자를 교정하도록 할 수 있다(국회법 제94조 참조). 그런데 피청구인 법사위 위원장의 이 사건 가결선포행위의 중대한 위헌 및 위법 사유에 대해서는 본회의에서 이와 같은 교정이 시도되지 않았고, 오히려 본회의 의결의 과정에서 위헌 및 위법 사유가 추가되어 가중되었다. 그리고 본회의에서 피청구인 국회의장이 이 사건 개정법률안의 각 수정안의 가결을 선포한 행위의 효력도 부인되어야 하므로, 이미 공포·시행된 법률의 입법절차상 하자라는 점을 고려하여 피청구인 법사위 위원장의 이 사건 가결선포행위의 효력을 일단 유지하여야 할 필요성도 없다.

피청구인 법사위 위원장의 이 사건 가결선포행위는 입법절차의 일부에 해당하는 행위로서, 그 효력이 법사위 소속 개별 위원에 따라 달라질 수는 없고, 의결정족수 충족에 관한 중대한 위헌 사유로 가결선포행위의 효력을 부인하면서 법사위 대안을 본회의에 부의·상정한 국회의장과 같이 입법과정에 관여하는 다른 국가기관과의 관계에서는 그 의결의 효력이 그대로 유지되도록 하기도 어렵다. 따라서 피청구인 법사위 위원장의 이 사건 가결선포행위의 효력을 부인하는 형성적 결정으로는, 그 행위의 성질상 무효확인결정만 할 수 있을 뿐, 헌법재판소법 제67조 제2항의 적용을 고려한 취소결정은 할 수 없다.

재판관 이선애, 재판관 이은애, 재판관 이종석, 재판관 이영진의 피청구인 국회의장에 대한 권한침해확인청구 인용의견(3.에 대한 반대의견)

이 사건 본회의에서 의결되어 개정 법률의 내용으로 확정된 법률안은, 법사위에서 대안으로 제안된 이 사건 개정법률안을 원안으로 하는 각 수정안이다. 이러한 본회의의 이 사건 수정안 의결은 그 원안이 헌법을 중대하게 위반하여 제안된 것으로서 그 부의 및 상정 자체가 헌법 위반에 해당하므로, 더 나아가 살펴볼 필요 없이 헌법에 위반된다.

그러나 본회의 의결 절차에 국한해서 보더라도 피청구인 국회의장의 이 사건 가결선포행위는 회의 주재자의 중립적인 지위와 실질적 토론을 전제로 하는 다수결원칙을 규정한 헌법 제49조와 무제한토론 및 수정동의에 관한 국회법 규정을 위반하였다.

회기결정은 기본적으로 국회에서 자율적으로 결정할 수 있는 의사절차에 관한 것이나, 자율권이 보장된다고 하여 회기결정이 본래의 목적이나 취지에서 벗어나 헌법이나 국회법에서 보장된 국회의원의 심의·표결권을 침해하는 방법으로 이루어지는 것까지 헌법과 국회법에 의하여 허용된다고 볼 수는 없다.

무제한토론은 본회의에서 안건을 최종적으로 의결하기 전에 소수의견이 개진될 수 있는 마지막 기회로 국회법에서 최소 24시간을 보장하고 있다. 그런데 피청구인 국회의장은 무제한토론권한을 침해하기 위한 위법한 회기결정의 건이 다수당 소속 의원에 의하여 제안되었음에도 이를 상정하여 가결선포되도록 하였다. 이는 엄격한 무제한토론 종결 동의의 요건을 우회하여 무제한토론을 무력화하였다는 점에서 무제한토론권한을 보장하는 국회법 제106조의2에 위배될 뿐만 아니라, 소수의견이 개진될 수 있는 국회법상 마지막 기회를 무력화하였다는 점에서 회의 주재자의 중립적인 지위와 실질적 토론의 기회를 보장하는 다수결원칙을 규정한 헌법 제49조에도 위배된다.

이 사건에서 법사위의 제안으로 본회의에 부의 및 상정된 이 사건 형사소송법 개정법률안은 사법경찰관이 송치한 사건에 대한 검사의 보완수사의 범위에 관한 내용만 포함하고 있을 뿐, 사법경찰관의 송치 여부에 관한 규율로 검사의 소추권을 직접적으로 제한하는 내용을 포함하고 있지 않았다. 그런데 이 사건 형사소송법 수정안에 포함된 사법경찰관의 불송치결정에 대한 고발인의 이의신청권을 배제하는 내용은, 사건의 송치 여부와 관련된 규율로서 검사의 소추권을 직접적으로 제한하는 것이므로, 이러한 수정안은 원안과 '동일한 주제'를 다루는 것이 아니어서 '원안의 내용과 수정안의 내용 사이'에 직접 관련성이 없는 경우에 해당하고, 이와 같은 수정동의에 관해 피청구인 국회의장이 각 교섭단체 대표의원과 합의한 사정도 없다. 따라서 피청구인 국회의장이 이 사건 형사소송법 개정법률안에 대한 수정안을 상정하여 표결한 것은 수정동의에 관한 국회법 제95조 제5항에 위배된다.

이 사건의 본회의 의결 절차에서는 이 사건 검찰청법 개정법률안에 대한 무제한토론이 진행되던 도중 그에 대한 수정안이 제출되었고, 바로 다음 회기에서 수정안의 제안설명만 듣고 토론 없이 표결에 나아갔으므로, 이 사건 검찰청법의 개정에 관해서는 수정안에 대한 토론의 기회가 전혀 보장되지 않았다. 따라서 이 사건 검찰청법 수정안에 대한 가결선포는 실질적 토론 기회의 보장을 전제로 하는 헌법상 다수결원칙을 명백히 위반하였다.

따라서 피청구인 국회의장의 이 사건 가결선포행위는 국회 내 회의 주재자의 중립성을 엄격하게 요구하고 실질적 토론을 전제로 하는 다수결원칙을 규정한 헌법 제49조, 무제한토론에 관한 국회법 제106조의2, 본회의 수정동의 절차에 관한 국회법 제95조 제5항을 위반하여 청구인들의 법률안 심의·표결권을 침해하였다.

재판관 이선애의 피청구인 국회의장에 대한 권한침해확인청구 인용의견에 대한 보충의견

민주주의 및 법치주의와 같은 헌법의 기본원리는 헌법조항을 비롯한 모든 법령의 해석 및 모든 국가기관의 행위의 기준이 된다. 헌법상 다수결원칙과 의사공개원칙은 의회민주주의의 기본원리라 할 것이며, 이는 국회의 의사절차에 관한 헌법의 개별 규정 및 국회법 규정의 해석과 적용에도 일정한 지침을 제공한다. 의회민주주의의 기본원리인 헌법상 다수결원칙에 따라 국회의 의사절차가 의안에 대한 실질적 토론 및 이에 기초한 표결을 보장하는 방식으로 형성되어야 한다는 것은, 국회법뿐만 아니라 국회의 의사절차에 관한 제도를 명문화한 개별 헌법조항의 해석에도 적용되는 원리라 할 것이다.

헌법 제47조 제2항은 회기의 상한만을 규정하고 하한을 규정하지 않았으나, 같은 조 제1항에서 국회 내 소수세력도 임시회의 집회 요구를 할 수 있도록 한 점과 헌법 제51조에서 국회 내 심의의 연속성을 고려하여 회기계속의 원칙을 규정한 취지에 비추어보면, 국회의 회기결정에서 소수세력이 참여하는 국회법상 토론 절차 및 이에 기초한 의결이 보장되지 않도록 하는 것은 헌법상 회기제의 취지에 반하여 국회의 자율권의 한계를 벗어난다.

이 사건의 본회의 의결 절차에서는 무제한토론을 제한하는 여러 차례의 짧은 회기의 결정을 통하여 각 법률안별로 토론과 표결이 분리되는 방식으로 의사절차가 진행되는 중간에 이 사건 검찰청법 및 형사소송법 수정안이 제출된 결과, 검찰청법의 개정에 관해서는 수정안에 대한 토론의 기회가 전혀 보장되지 않았으며, 그 내용과 체계적으로 밀접하게 연관되는 이 사건 형사소송법 수정안에 대한 제안설명조차 시작되지 않은 상태에서 검찰청법의 개정에 관한 의결 절차가 마무리되었다. 그리고 이 사건 형사소송법 수정안에 포함된 사법경찰관의 불송치결정에 대한 이의신청권 배제 부분은 국회법상 수정동의 요건에도 위배된다. 이러한 의사절차의 형성은 법률안들 사이의 상호 연관성의 관점에서 중요한 내용에 대하여 실질적인 토론을 기반으로 한 표결을 할 수 없도록 한 것으로, 실질적 토론을 전제로 하는 헌법상 다수결원칙을 회기제에 제도적으로 구현한 헌법 제47조 제1항 및 제2항에 위배된다.

피청구인 국회의장의 이 사건 가결선포행위는 헌법상 다수결원칙 및 국회 내 의결 절차상 회의 주재자의 엄격한 중립성을 규정한 헌법 제49조를 위반한 것에 더하여, 헌법상 다수결원칙을 회기제에 제도적으로 구현한 헌법 제47조 제1항 및 제2항까지 위반한 것이므로, 이로써 청구인들에 대한 권한침해 사유가 가중되었다고 할 것이다.

재판관 이은애, 재판관 이종석, 재판관 이영진의 피청구인 국회의장에 대한 무효확인청구 인용의견(4.에 대한 반대의견)

앞서 3.에 대한 반대의견(피청구인 국회의장에 대한 권한침해확인청구 인용의견)에서 판단한 바와 같이, 무제한토론은 본회의에서 안건을 최종적으로 의결하기 전에 소수의견이 개진될 수 있는 마지막 기회로 국회법에서 최소 24시간을 보장하고 있다. 그런데 피청구인 국회의장은 위법한 회기결정으로 무제한토론을 무력화하였다. 또한 형사소송법 수정안에 포함된 사법경찰관의 불송치결정에 대한 고발인의 이의신청권을 배제하는 내용은 원안의 내용과 사이에 직접 관련성이 없어 수정안으로서의 요건을 갖추지 못하였음에도 피청구인 국회의장은 수정안을 상정하고 토론 없이 가결시켰다. 피청구인 국회의장의 이와 같은 가결선포행위는 국회법 제106조의2와 제95조 제5항을 위반하였을 뿐만 아니라 의회민주주의의 중요한 기본원리인 헌법상 다수결원칙과 입법작용에 적용되는 적법절차원칙을 위반한 것이며, 법사위에서 이미 헌법을 중대하게 위반하여 가결된 법률안을 부의 및 상정하고도 합헌적 상황을 회복하기 위한 노력 대신 본회의에서 위헌 및 위법 사유를 추가로 창출하여 이루어낸 것이므로, 헌법적으로 매우 중대한 위반에 해당한다.

피청구인 국회의장의 이 사건 가결선포행위는, 국가의 형사사법기능과 그에 관련되는 국민의 기본권 보장에 관하여 규율하는 입법의 과정 중 중요한 단계인 국회에서 법률안을 확정하는 종국적인 의결에 관한 것으로서, 만약 그 절차상 위헌 및 위법 사유가 없었다면 이 사건 검찰청법 및 형사소송법이 공포·시행될 수 없었을 것임이 명백하므로, 헌법적 권한질서 내에서 중요한 의미를 가진다.

이 사건 권한쟁의심판의 결정을 통하여 피청구인들의 행위가 모두 무효임을 확인하면, 법사위 심사에 관하여 청구인들의 침해된 법률안 심의·표결권을 회복할 수 있는 여지가 있고, 향후 동일한 유형의 행위가 반복되지 않도록 억제할 수도 있게 된다.

이 사건 검찰청법 및 형사소송법이 이미 시행되었다고 하더라도, 그로 인한 기본권의 제한 및 관련 제도에 미치는 영향은 의회입법의 우위의 근본적인 근거를 훼손한 입법행위의 결과로서 헌법적으로 정당화된다고 보기 어려우므로, 이러한 입법을 가능케 한 피청구인 국회의장의 이 사건 가결선포행위의 법적 효력을 제거하는 것은 손상된 헌법적 권한질서의 회복을 위하여 필요하다.

따라서 피청구인 국회의장의 이 사건 가결선포행위의 무효를 확인함으로써 손상된 헌법적 권한질서를 회복할 이익이 인정된다.

재판관 이선애의 피청구인 국회의장에 대한 무효확인청구 인용의견(4.에 대한 반대의견)

피청구인 국회의장의 이 사건 가결선포행위는, 의회제도를 보장하는 헌법적 가치를 본질적으로 훼손한 중대한 하자가 존재하는 법사위의 대안에 대하여, 그 하자를 교정할 수 있는 절차를 진행하지 않고, 오히려 그 법률안을 원안으로 하는 본회의 의사절차를 형성하면서 추가로 헌법 및 국회법을 위반함으로써 청구인들에 대한 권한침해 사유를 가중시킨 것이므로, 그 헌법 위반 사유가 중대하다.

입법행위의 절차가 의회입법의 우위의 근본적인 근거를 훼손한 경우에는 위헌적 입법행위의 결과인 개정 법률의 효력을 유지하여 국회 밖의 국가기관으로 하여금 후속 입법이 있을 때까지 해당 법률을 그대로 준수하라고 할 수는 없다. 또한, 위헌적 입법행위로 인한 기본권 침해 또는 그 현저한 위험이 확인되었음에도 국민 개개인으로 하여금 국회의 후속 입법이 있을 때까지 이를 감수하라고 할 수도 없다.

피청구인 국회의장의 이 사건 가결선포행위는 의회제도를 보장하는 헌법적 가치를 본질적으로 훼손한 중대한 하자가 있으며, 이로써 국회 밖의 국가기관인 검사와 법무부장관의 권한 및 국민의 기본권을 침해하고 헌법상 독립된 국가기관들 상호간의 견제 기능도 제한하는 입법을 가능케 하였으므로, 그 효력을 부인하지 않고 손상된 헌법상 권한질서를 회복하기는 어렵다.

피청구인 국회의장의 이 사건 가결선포행위는 입법절차의 일부에 해당하는 행위로서 그 효력이 개별 국회의원에 따라 달라질 수는 없고, 의결정족수 충족에 관한 중대한 위헌 사유로 가결선포행위의 효력을 부인하면서 의결된 법률안을 공포하는 대통령과 같이 입법과정에 관여하는 다른 국가기관과의 관계에서는 그 의결의 효력이 그대로 유지되도록 하기도 어렵다. 그러므로 피청구인 국회의장의 이 사건 가결선포행위의 효력을 부인하는 형성적 결정으로는, 그 행위의 성질상 무효확인결정만 할 수 있을 뿐, 헌법재판소법 제67조 제2항의 적용을 고려한 취소결정은 할 수 없다.

【참조조문】

헌법 제47조 제2항, 제49조

국회법(2020. 12. 22. 법률 제17756호로 개정된 것) 제51조, 제57조 제8항, 제57조의2, 제58조, 제93조의2, 제95조 제1항, 제5항, 제106조의2

【참조판례】

1. 헌재 2010. 12. 28. 2008헌라7, 판례집 22-2하, 567, 588

헌재 2020. 5. 27. 2019헌라3등, 판례집 32-1하, 80, 130-132

헌재 2020. 5. 27. 2019헌라5, 판례집 32-1하, 196, 203-206

헌재 2020. 5. 27. 2019헌라6등, 판례집 32-1하, 214, 261-264

2. 나. 헌재 2010. 12. 28. 2008헌라7, 판례집 22-2하, 567, 578, 595-596

헌재 2016. 5. 26. 2015헌라1, 판례집 28-1하, 170, 202-203

3. 가. 헌재 2006. 2. 23. 2005헌라6, 판례집 18-1상, 82, 91

헌재 2020. 5. 27. 2019헌라6등, 판례집 32-1하, 214, 250

【당 사 자】

청 구 인 1. 국회의원 유상범
2. 국회의원 전주혜
청구인들의 대리인 법무법인 소백
담당변호사 황정근 외 2인
변호사 김연호

피청구인 1. 국회 법제사법위원회 위원장
2. 국회의장
피청구인들의 대리인 법무법인 상록
담당변호사 장주영
변호사 노희범

【주 문】

1. 피청구인 국회 법제사법위원회 위원장이 2022. 4. 27. 제395회 국회(임시회) 제4차 법제사법위원회 전체회의에서 검찰청법 일부개정법률안(대안)과 형사소송법 일부개정법률안(대안)을 법제사법위원회 법률안으로 각 가결선포한 행위는 청구인들의 법률안 심의·표결권을 침해한 것이다.

2. 청구인들의 피청구인 국회 법제사법위원회 위원장에 대한 검찰청법 일부개정법률안(대안)과 형사소송법 일부개정법률안(대안)의 각 가결선포행위에 관한 무효확인청구 및 피청구인 국회의장에 대한 심판청구를 모두 기각한다.

【이 유】

1. 사건개요

가. 청구인들은 제21대 국회의원으로서 국민의힘 소속 국회 법제사법위원회(이하 '법사위'라 한다) 위원들이다.

나. 김용민 의원은 2020. 12. 29. '공소청법안'(의안번호 2106976) 및 '검찰청법 폐지법률안'(의안번호 2106977)을, 민형배 의원은 2021. 2. 1. '검찰청법 일부개정법률안'(의안번호 2107833) 및 '형사소송법 일부개정법률안'(의안번호 2107832)을, 이수진 의원은 같은 해 5. 20. '검찰청법 일부개정법률안'(의안번호 2110230) 및 '형사소송법 일부개정법률안'(의안번호 2110224)을, 황운하 의원은 같은 해 8. 12. '형사소송법 일부개정법률안'(의안번호 2112042)을 각 대표발의하였고, 박홍근 의원은 2022. 4. 15. 국회의원 171인의 찬성자와 함께 '검찰청법 일부개정법률안'(의안번호 2115284) 및 '형사소

송법 일부개정법률안'(의안번호 2115286)을 각 발의하였다(이하 각 법명에 따라 '검찰청법 개정법률안 원안들', '형사소송법 개정법률안 원안들', 또는 발의자 명에 따라 예를 들면 '박홍근 의원안'이라 하고, 위 개정법률안을 모두 합하여 '개정법률안 원안들'이라 한다). 위 9개 개정법률안 원안들은 모두 더불어민주당(이하 '민주당'이라 한다) 소속 국회의원들에 의하여 발의된 것으로 검사의 직무권한에서 범죄수사권한을 제외하여 수사권과 기소권을 분리하는 방향으로 형사사법체계를 개편하려는 내용을 포함하고 있었다.

다. 위 개정법률안 원안들은 2022. 4. 18. 개회된 제395회 국회(임시회) 법사위 제2차 법안심사제1소위원회(이하 '법사1소위'라 한다)에서 처음 심사되었다.

라. 2022. 4. 20. 무소속 법사위 양향자 위원이 위 개정법률안 원안들의 추진 방식에 대해 반대입장을 표명한 사실이 알려지자, 민주당 소속 법사위 민형배 위원은 같은 날 민주당을 탈당하였다. 같은 날 제4차 법사1소위가 개회되었으나, 민주당 소속 위원들이 안건조정위원회(이하 '조정위원회'라 한다) 구성을 요구할 계획이 알려짐에 따라 회의가 정회되었다. 같은 날 민주당 소속 김진표 위원 등 8인과 무소속 민형배 위원은 조정위원회 구성을 요구하였다.

마. 2022. 4. 22. 민주당과 국민의힘 각 교섭단체 대표의원은 검사의 수사권 제한에 관한 피청구인 국회의장의 중재안을 수용하여 피청구인 국회의장과 함께 '1. 검찰의 직접 수사권과 기소권은 분리하는 방향으로 한다. 검찰의 직접 수사권은 한시적이며 직접 수사의 경우에도 수사와 기소 검사는 분리한다.'는 등 총 8개의 항목에 관한 합의문(이하 '국회의장 여야 합의문'이라 한다)을 작성하였다.

바. 2022. 4. 25. 김진표 위원 등 9인은 조정위원회 구성 요구를 철회하였고, 같은 날 개회된 제5차 법사1소위에서 법사위 수석전문위원이 위 국회의장 여야 합의문을 반영하여 작성한 조정의견에 대하여 심사가 진행되었다.

사. 2022. 4. 26. 14:01경 개회된 제6차 법사1소위에서 위 9개 개정법률안 원안들을 폐기하고 민주당안을 기반으로 한 검찰청법 일부개정법률안(대안)과 형사소송법 일부개정법률안(대안)을 법사위 위원회안으로 제안하기로 하는 의결이 이루어졌다(이하 각 법률명에 따라 '이 사건 검찰청법 개정법률안', '이 사건 형사소송법 개정법률안'이라 하고, 위 둘을 합하여 '이 사건 개정법률안'이라 한다). 같은 날 21:19경 제395회 국회(임시회) 제3차 법사위 전체회의가 개회되었고 개정법률안 원안들과 이 사건 개정법률안이 안건으로 상정되었으나, 국민의힘 소속 청구인들 등 6인이 조정위원회 구성을 요구하여 전체회의가 정회되었다. 법사위 전체회의가 정회된 뒤 민주당과 국민의힘 각 교섭단체 대표의원, 피청구인 법사위 위원장, 청구인들과 민주당 소속 위원 일부는 법사위 수석전문위원실에 모여 조정안 도출을 위한 논의를 하였고 합의한 부분에 대하여는 협의안(이하 '이 사건 협의안'이라 한다)을 마련하였다. 피청구인 법사위 위원장은 같은 날 민주당 소속 김남국, 김진표, 이수진 위원과 국민의힘 소속 청구인들, 무소속 민형배 위원을 각 조정위원으로 선임하였다. 같은 날 23:37경 제395회 국회(임시회) 제1차 법사위 조정위원회(이하 '이 사건 조정위원회'라 한다)가 개회되었고, 이 사건 개정법률안이 상정되어 조정안으로 의결되었다. 이 사건 조정위원회는 같은 날 23:54경 산회되었다.

아. 이 사건 조정위원회 산회 직후인 2022. 4. 27. 00:03경 제395회 국회(임시회) 제4차 법사위 전체회의가 개회되었고, 이 사건 개정법률안이 상정되어 법사위 법률안으로 의결되었다. 이에 청구인들은 같은 날 헌법재판소에 이 사건 개정법률안의 본회의 부의를 금지하는 가처분신청을 하였다(2022헌사366).

자. 2022. 4. 27. 17:05경 제395회 국회(임시회) 제2차 본회의가 개의되었고, 이 사건 검찰청법 개정법률안(의안번호 2115408)이 상정되어 국회법 제106조의2에 따라 무제한 토론이 실시되었다. 위 본회의 도중 이 사건 개정법률안에 대한 각 수정안(이하 법명에 따라 '이 사건 검찰청법 수정안', '이 사건 형사소송법 수정안'이라 하고, 합하여 '이 사건 수정안'이라 한다)이 제출되었다.

차. 청구인들은 2022. 4. 29. 피청구인 법사위 위원장의 이 사건 개정법률안에 대한 가결선포행위와 피청구인 국회의장의 이 사건 개정법률안 및 그 수정안에 대한 상정행위 등으로 심의·표결권을 침해받았다고 주장하면서 이 사건 권한쟁의심판을 청구하였다.

카. 한편, 이 사건 권한쟁의심판 청구 이후인 2022. 4. 30. 제396회 국회(임시회) 제1차 본회의에 이 사건 검찰청법 개정법률안(의안번호 2115408)과 그 수정안이 상정되어 이 사건 검찰청법 수정안이 가결되었고(이하 '이 사건 검찰청법'이라 한다), 2022. 5. 2. 정부로 이송되었다. 또한 이 사건 형사소송법 개정법률안(의안번호 2115407)과 그 수정안도 2022. 4. 30. 제396회 국회

(임시회) 제1차 본회의에 상정되어 무제한토론이 이루어졌고, 2022. 5. 3. 제397회 국회(임시회) 제1차 본회의에서 이 사건 형사소송법 수정안이 가결되어 같은 날 정부로 이송되었다(이하 '이 사건 형사소송법'이라 한다). 이 사건 검찰청법(법률 제18861호)과 형사소송법(법률 제18862호)은 2022. 5. 9. 공포되었다.

타. 청구인들은 2022. 6. 9. 청구취지변경신청서를 제출하여 피청구인 법사위 위원장이 이 사건 개정법률안을 상정하여 각 가결선포한 행위와 피청구인 국회의장이 이 사건 검찰청법 개정법률안과 이 사건 형사소송법 개정법률안을 각 본회의에 부의하여 가결선포한 행위가 청구인들의 법률안 심의·표결권을 침해하였는지 여부 및 그 무효확인청구, 이 사건 검찰청법 및 형사소송법의 위헌확인을 구하는 취지로 청구취지를 변경하였다.

2. 심판대상

가. 이 사건 심판대상은 (1) 피청구인 법사위 위원장이 2022. 4. 27. 제395회 국회(임시회) 제4차 법사위 전체회의에서 이 사건 검찰청법 개정법률안과 이 사건 형사소송법 개정법률안을 각 가결선포한 행위(이하 '피청구인 법사위 위원장의 이 사건 가결선포행위'라 한다)가 청구인들의 법률안 심의·표결권을 침해하였는지 여부 및 그 무효 여부, (2) 피청구인 국회의장이 2022. 4. 30. 제396회 국회(임시회) 제1차 본회의에서 이 사건 검찰청법 수정안(의안번호 2115408)을 가결선포한 행위와 2022. 5. 3. 제397회 국회(임시회) 제1차 본회의에서 이 사건 형사소송법 수정안(의안번호 2115407)을 가결선포한 행위(이하 '피청구인 국회의장의 이 사건 가결선포행위'라 한다)가 청구인들의 법률안 심의·표결권을 침해하였는지 여부 및 그 무효 여부이다.

나. 한편, 청구인들은 피청구인들의 이 사건 개정법률안 또는 이 사건 수정안 상정행위도 청구취지에 포함시켜 심판을 구하고 있다. 그런데 위와 같은 절차에 대한 위법사유는 의결절차의 종결행위인 피청구인들의 이 사건 각 가결선포행위에 포함하여 판단될 수 있으므로, 이에 이르기까지의 일련의 절차에 해당하는 행위들은 별도 심판대상으로 삼지 않기로 한다(헌재 2009. 10. 29. 2009헌라8등; 헌재 2012. 2. 23. 2010헌라5등; 헌재 2020. 5. 27. 2019헌라6등 참조).

다. 또한 청구인들은 이 사건 검찰청법(2022. 5. 9. 법률 제18861호로 개정된 것)과 이 사건 형사소송법(2022. 5. 9. 법률 제18862호로 개정된 것) 자체에 대해서도 심판청구를 하고 있다. 그러나 법률에 대한 권한쟁의심판은 '법률' 그 자체가 아니라 '법률의 제·개정행위'를 그 심판대상으로 하여야 한다(헌재 2010. 6. 24. 2005헌라9등; 헌재 2016. 5. 26. 2015헌라1 참조). 그런데 법률의 제·개정행위의 주체는 국회이므로, 위 법률들의 개정행위는 피청구인 국회의장의 처분으로 볼 수 없다. 또한 이 사건 검찰청법과 형사소송법은 검사의 수사권을 조정하는 내용으로 국회의원인 청구인들의 법률안 심의·표결권에 영향을 미치는 내용을 전혀 규율하고 있지 않아 청구인들이 침해되었다고 주장하는 법률안 심의·표결권과는 아무런 관련이 없다. 이 사건 검찰청법 및 형사소송법의 개정과 관련하여 청구인들이 주장하는 절차상 하자는 피청구인들의 위 각 가결선포행위를 판단하면서 충분히 함께 판단될 수 있으므로, 이 사건 검찰청법과 형사소송법 자체에 대한 심판청구나 위 법률들의 개정행위에 대한 심판청구는 심판대상에 포함시키지 않기로 한다.

관련조항은 다음과 같다.

[관련조항]

헌법

제47조 ② 정기회의 회기는 100일을, 임시회의 회기는 30일을 초과할 수 없다.

제49조 국회는 헌법 또는 법률에 특별한 규정이 없는 한 재적의원 과반수의 출석과 출석의원 과반수의 찬성으로 의결한다. 가부동수인 때에는 부결된 것으로 본다.

국회법(2020. 12. 22. 법률 제17756호로 개정된 것)

제51조(위원회의 제안) ① 위원회는 그 소관에 속하는 사항에 관하여 법률안과 그 밖의 의안을 제출할 수 있다.

② 제1항의 의안은 위원장이 제안자가 된다.

제57조(소위원회) ⑧ 소위원회에 관하여는 이 법에서 다르게 정하거나 성질에 반하지 아니하는 한 위원회에 관한 규정을 적용한다. 다만, 소위원회는 축조심사(逐條審査)를 생략해서는 아니 된다.

제57조의2(안건조정위원회) ① 위원회는 이견을 조정할 필요가 있는 안건(예산안, 기금운용계획안, 임대형 민자사업 한도액안 및 체계·자구 심사를 위하여 법제사법위원회에 회부된 법률안은 제외한다. 이하 이 조에서 같다)을 심사하기 위하여 재적위원 3분의 1 이상의 요구로 안건조정위원회(이하 이 조에서 "조정위원회"라 한다)를 구성하고 해당 안건을 제58조 제1항

에 따른 대체토론(大體討論)이 끝난 후 조정위원회에 회부한다. 다만, 조정위원회를 거친 안건에 대해서는 그 심사를 위한 조정위원회를 구성할 수 없다.
② 조정위원회의 활동기한은 그 구성일부터 90일로 한다. 다만, 위원장은 조정위원회를 구성할 때 간사와 합의하여 90일을 넘지 아니하는 범위에서 활동기한을 따로 정할 수 있다.
③ 조정위원회는 조정위원회의 위원장(이하 이 조에서 "조정위원장"이라 한다) 1명을 포함한 6명의 조정위원회의 위원(이하 이 조에서 "조정위원"이라 한다)으로 구성한다.
④ 제3항에 따라 조정위원회를 구성하는 경우에는 소속 의원 수가 가장 많은 교섭단체(이하 이 조에서 "제1교섭단체"라 한다)에 속하는 조정위원의 수와 제1교섭단체에 속하지 아니하는 조정위원의 수를 같게 한다. 다만, 제1교섭단체가 둘 이상인 경우에는 각 교섭단체에 속하는 조정위원 및 어느 교섭단체에도 속하지 아니하는 조정위원의 수를 위원장이 간사와 합의하여 정한다.
⑤ 조정위원은 위원장이 소속 위원 중에서 간사와 협의하여 선임하고, 조정위원장은 조정위원회가 제1교섭단체 소속 조정위원 중에서 선출하여 위원장이 의장에게 보고한다.
⑥ 조정위원회는 제1항에 따라 회부된 안건에 대한 조정안을 재적 조정위원 3분의 2 이상의 찬성으로 의결한다. 이 경우 조정위원장은 의결된 조정안을 지체 없이 위원회에 보고한다.
⑦ 조정위원회에서 조정안이 의결된 안건에 대해서는 소위원회의 심사를 거친 것으로 보며, 위원회는 조정위원회의 조정안이 의결된 날부터 30일 이내에 그 안건을 표결한다.
⑧ 조정위원회의 활동기한까지 안건이 조정되지 아니하거나 조정안이 부결된 경우에는 조정위원장은 심사경과를 위원회에 보고하여야 한다. 이 경우 위원장은 해당 안건(소위원회의 심사를 마친 안건은 제외한다)을 소위원회에 회부한다.
⑨ 제85조의2 제2항에 따른 신속처리대상안건을 심사하는 조정위원회는 그 안건이 같은 조 제4항 또는 제5항에 따라 법제사법위원회에 회부되거나 바로 본회의에 부의된 것으로 보는 경우에는 제2항에 따른 활동기한이 남았더라도 그 활동을 종료한다.
⑩ 조정위원회에 관하여는 이 법에서 다르게 정하거나 성질에 반하지 아니하는 한 위원회 또는 소위원회에 관한 규정을 준용한다.

제58조(위원회의 심사) ① 위원회는 안건을 심사할 때 먼저 그 취지의 설명과 전문위원의 검토보고를 듣고 대체토론[안건 전체에 대한 문제점과 당부(當否)에 관한 일반적 토론을 말하며 제안자와의 질의·답변을 포함한다]과 축조심사 및 찬반토론을 거쳐 표결한다.
② 상임위원회는 안건을 심사할 때 소위원회에 회부하여 이를 심사·보고하도록 한다.
③ 위원회는 제1항에 따른 대체토론이 끝난 후에만 안건을 소위원회에 회부할 수 있다.
④ 제1항 및 제3항에도 불구하고 소위원회에 회부되어 심사 중인 안건과 직접 관련된 안건이 위원회에 새로 회부된 경우 위원장이 간사와 협의하여 필요하다고 인정할 때에는 그 안건을 바로 해당 소위원회에 회부하여 함께 심사하게 할 수 있다.
⑤ 제1항에 따른 축조심사는 위원회의 의결로 생략할 수 있다. 다만, 제정법률안과 전부개정법률안에 대해서는 그러하지 아니하다.
⑥ 위원회는 제정법률안과 전부개정법률안에 대해서는 공청회 또는 청문회를 개최하여야 한다. 다만, 위원회의 의결로 이를 생략할 수 있다.

제93조의2(법률안의 본회의 상정시기) 본회의는 위원회가 법률안에 대한 심사를 마치고 의장에게 그 보고서를 제출한 후 1일이 지나지 아니하였을 때에는 그 법률안을 의사일정으로 상정할 수 없다. 다만, 의장이 특별한 사유로 각 교섭단체 대표의원과의 협의를 거쳐 이를 정한 경우에는 그러하지 아니하다.

제95조(수정동의) ① 의안에 대한 수정동의(修正動議)는 그 안을 갖추고 이유를 붙여 30명 이상의 찬성 의원과 연서하여 미리 의장에게 제출하여야 한다. 다만, 예산안에 대한 수정동의는 의원 50명 이상의 찬성이 있어야 한다.
⑤ 제1항에 따른 수정동의는 원안 또는 위원회에서 심사보고(제51조에 따라 위원회에서 제안하는 경우를 포함한다)한 안의 취지 및 내용과 직접 관련이 있어야 한다. 다만, 의장이 각 교섭단체 대표의원과 합의를 하는 경우에는 그러하지 아니하다.

제106조의2(무제한토론의 실시 등) ① 의원이 본회의에 부의된 안건에 대하여 이 법의 다른 규정에도 불구하고 시간의 제한을 받지 아니하는 토론(이하 이 조에서 "무제한토론"이라 한다)을 하려는 경우에는

재적의원 3분의 1 이상이 서명한 요구서를 의장에게 제출하여야 한다. 이 경우 의장은 해당 안건에 대하여 무제한토론을 실시하여야 한다.

② 제1항에 따른 요구서는 요구 대상 안건별로 제출하되, 그 안건이 의사일정에 기재된 본회의가 개의되기 전까지 제출하여야 한다. 다만, 본회의 개의 중 당일 의사일정에 안건이 추가된 경우에는 해당 안건의 토론 종결 선포 전까지 요구서를 제출할 수 있다.

③ 의원은 제1항에 따른 요구서가 제출되면 해당 안건에 대하여 무제한토론을 할 수 있다. 이 경우 의원 1명당 한 차례만 토론할 수 있다.

④ 무제한토론을 실시하는 본회의는 제7항에 따른 무제한토론 종결 선포 전까지 산회하지 아니하고 회의를 계속한다. 이 경우 제73조 제3항 본문에도 불구하고 회의 중 재적의원 5분의 1 이상이 출석하지 아니하였을 때에도 회의를 계속한다.

⑤ 의원은 무제한토론을 실시하는 안건에 대하여 재적의원 3분의 1 이상의 서명으로 무제한토론의 종결동의(終結動議)를 의장에게 제출할 수 있다.

⑥ 제5항에 따른 무제한토론의 종결동의는 동의가 제출된 때부터 24시간이 지난 후에 무기명투표로 표결하되 재적의원 5분의 3 이상의 찬성으로 의결한다. 이 경우 무제한토론의 종결동의에 대해서는 토론을 하지 아니하고 표결한다.

⑦ 무제한토론을 실시하는 안건에 대하여 무제한토론을 할 의원이 더 이상 없거나 제6항에 따라 무제한토론의 종결동의가 가결되는 경우 의장은 무제한토론의 종결을 선포한 후 해당 안건을 지체 없이 표결하여야 한다.

⑧ 무제한토론을 실시하는 중에 해당 회기가 끝나는 경우에는 무제한토론의 종결이 선포된 것으로 본다. 이 경우 해당 안건은 바로 다음 회기에서 지체 없이 표결하여야 한다.

⑨ 제7항이나 제8항에 따라 무제한토론의 종결이 선포되었거나 선포된 것으로 보는 안건에 대해서는 무제한토론을 요구할 수 없다.

3. 청구인들의 주장 및 피청구인들의 답변

가. 청구인들의 주장

(1) 피청구인 법사위 위원장은 조정위원회 구성 직전 민주당을 탈당한 민형배 위원을 비교섭단체 몫의 조정위원으로 선임하여 제1교섭단체 소속 조정위원과 그렇지 않은 조정위원을 동수로 조정위원회를 구성하도록 한 국회법 제57조의2 제4항을 명백히 위반하였다.

(2) 조정위원장은 청구인들의 의사진행발언이나 조정위원장 선출의 건에 대한 조정위원회 구성 요구 등을 모두 무시하였고, 이 사건 조정위원회 직전 이 사건 협의안을 조정위원회 안건으로 상정하기로 합의하였음에도 이를 회의장에 배포하지 않아 조정위원들은 어떠한 안건이 상정되었는지도 알 수 없었다. 이러한 상황에서 조정위원장은 축조심사와 찬반토론을 모두 생략한 채 실질적인 조정심사 없이 이 사건 개정법률안을 조정안으로 가결선포하였는바, 이는 사실상 백지의결을 한 것으로 안건조정 절차 자체가 부존재한 것과 같은 중대한 절차상 하자가 존재한다.

(3) 피청구인 법사위 위원장은 박홍근 의원안을 국회법 제58조를 위반하여 간사와 협의 없이 법사위 전체회의에서의 대체토론을 거치지 않고 바로 법사1소위로 회부(이하 '직회부'라 한다)하였고, 박홍근 의원안이 발의된 후 15일이 지나지 않았음에도 국회법 제59조 제1호의 상정기간을 위반하여 제4차 법사위 전체회의에 상정하였다. 피청구인 법사위 위원장은 제4차 법사위 전체회의 당시 이 사건 조정위원회에서 의결된 안건이 무엇인지 설명조차 하지 않았고, 의결 없이 축조심사를 생략하였으며, 찬반토론 없이 기립표결을 강행하였다. 이는 위원회 심사절차를 규정하고 있는 국회법 제58조 제1항 및 제5항을 정면으로 위반한 것이다.

(4) 이 사건 조정위원회와 제4차 법사위 전체회의에서 의결된 법안은 이 사건 협의안이었다. 그런데 피청구인 국회의장은 법사위에서 가결된 적이 없었던 이 사건 개정법률안을 국회 본회의에 상정하였다. 설령 이 사건 개정법률안을 법사위에서 가결선포된 법률안으로 본다 하더라도, 피청구인 국회의장은 교섭단체 대표위원과의 협의 없이 이 사건 검찰청법 개정법률안을 법사위에서 가결된 당일 본회의에 상정하여 국회법 제93조의2의 본회의 상정기간을 위반하였다. 또한 법사위에서의 절차적 하자는 모두 피청구인 국회의장의 가결선포행위에 승계되는데, 본회의에서 침해된 청구인들의 심의·표결권이 회복되었다고 볼 만한 절차적 참여가 보장되지 못하였을 뿐만 아니라 회기를 본회의 당일로 종료시키는 회기결정의 건을 가결선포함으로써 무제한 토론권한을 침해하였다. 나아가 이 사건 수정안은 고발인의 이의신청권을 배제하는 등 원안과는 동일성을 인정할 수 없는 내용이 포함되어 있어 적법한 수정동의로 볼 수 없고, 이 사건 협

의안의 내용 일부가 반영되었다는 사정만으로 청구인들의 침해된 심의·표결권이 회복되었다고 보기도 어렵다.

(5) 피청구인들의 이 사건 각 가결선포행위는 실질적인 토론과 소수자의 참여를 전제로 하는 다수결원리와 의회민주주의에 위배되고 사실상 의결이 부존재하는 것과 같은 중대한 절차상 하자가 존재하므로, 무효를 선언하여야 한다.

나. 피청구인들의 답변

(1) 개정법률안 원안들에 대해서는 법사1소위 제2차 및 제3차 회의에서 검토보고, 대체토론, 질의응답 및 찬반토론이 모두 이루어졌다. 2022. 4. 22. 국회의장의 중재로 여야 합의가 이루어졌고, 제5차 및 제6차 법사1소위, 이 사건 조정위원회, 법사위 전체회의, 본회의에서 위 합의문의 조문화를 위한 실질적인 논의가 있었으며, 이 사건 검찰청법과 형사소송법은 이러한 논의가 반영되어 본회의에서 적법하게 가결선포된 것이다. 청구인들은 이 사건 조정위원회와 제4차 법사위 전체회의에서 심의·표결에 참여할 기회를 보장받았고, 회의가 정상적으로 진행되지 못한 것은 청구인들을 포함한 국민의힘 소속 의원들이 적극적으로 의사진행을 방해하였기 때문이다.

(2) 국회법상 조정위원회 구성 당시 탈당이나 당적을 바꾼 의원을 조정위원으로 선임해서는 안 된다는 규정이 없고, 조정위원 선임은 피청구인 법사위 위원장의 고유한 권한이므로, 헌법재판소는 이러한 국회의 자율권을 존중하여야 한다. 민형배 의원의 탈당은 스스로의 정치적 판단에 따른 결정으로 정치적 책임의 대상이 되는 것은 별론으로 하고, 피청구인 법사위 위원장이 이미 탈당한 민형배 의원을 비교섭단체 몫의 조정위원으로 선임한 것이 국회법이나 대의민주주의에 위배된다고 볼 수 없다.

(3) 조정위원장 선출의 건은 조정위원회 자체 안건으로서 대체토론의 대상이 되는 조정대상 안건이 아니므로, 조정위원회를 구성할 수 있는 사유에 해당하지 않는다.

(4) 이 사건 협의안은 이 사건 조정위원회 개회 직전 합의된 비공식 협의안으로 이를 참고하여 조정대상 법안에 반영하려고 하였던 것에 불과하다. 이 사건 조정위원회에 상정된 법안은 개정법률안 원안들과 법사1소위에서 의결된 이 사건 개정법률안이었다. 이 사건 조정위원회 회의 당일 위 법률안들은 이미 조정위원석 노트북에 게재되어 조정위원들이 알 수 있는 상태에 있었고, 이 사건 협의안도 조정위원들에게 배포되었다. 청구인들을 포함한 국민의힘 소속 의원들의 의사진행 방해가 없었더라면 충분히 이 사건 협의안을 반영한 조정안 의결이 이루어질 수 있었다.

(5) 박홍근 의원안은 이미 다른 개정법률안 원안들이 법사1소위에 회부되어 있어 피청구인 법사위 위원장이 양당 간사와의 협의절차를 거쳐 국회법에 따라 적법하게 법사1소위로 직회부한 것이고, 이 사건 개정법률안은 법사1소위의 실질적인 심사와 국회의장과 민주당 및 국민의힘 각 교섭단체 대표의원의 합의가 반영된 것이다.

(6) 피청구인 국회의장은 이 사건 검찰청법 개정법률안에 대한 법사위의 심사 이후 1일이 지나지 않아 이를 본회의에 상정하였으나, 각 교섭단체 대표와 협의를 거쳐 본회의에 상정하였고, 이 사건 수정안은 이 사건 개정법률안과 직접 관련성이 인정되는 법안이므로 적법한 수정동의이다. 국회법상 의사일정변경에는 그 사유를 묻지 않으며, 회기 결정의 건 또한 국회법에 따라 적법하게 의결되었다.

(7) 이 사건 개정법률안은 법사1소위에서 여러 차례 심사를 거쳤고, 청구인들은 그 과정에서 실질적인 심의에 참여하였으며, 양당 교섭단체 대표의원, 여야 법사위 위원 상호간의 다양한 수준의 비공식 협의과정을 거쳐 법사위 전체회의에서 의결된 것이다. 본회의에서도 청구인들의 주장 일부가 반영된 수정안이 제안되어 제안설명, 무제한 토론, 표결절차를 거쳐 이 사건 검찰청법과 형사소송법이 적법하게 가결선포되었다. 따라서 청구인들의 법률안 심의·표결권이 침해되었다고 볼 수 없다.

4. 판 단

가. 재판관 유남석, 재판관 이석태, 재판관 김기영, 재판관 문형배의 전부 기각의견

(1) 헌법상 다수결원칙과 국회의원의 법률안 심의·표결권

의회민주주의원리는 국가의 정책결정에 참여할 권한을 국민의 대표기관인 의회에 유보하는 것에 그치지 않고 나아가 의사결정과정의 민주적 정당성까지 요구한다. 절차의 민주성과 공개성이 보장되어야만 민주적 정당성도 획득될 수 있다. 의회민주주의국가에서 의사절차는 공개와 이성적 토론의 원리, 합리적 결정, 다원적 개방성, 다수결의 원칙에 따른 의결 등 여러 가지 요소에 의하여 이루어져야 하지만, 무엇보다도 중요한 요소는 헌법 제49조의 다수결의 원칙과 제50조의 의사공개의 원칙이라 할 것이다.

의회민주주의의 기본원리의 하나인 다수결의 원칙은 의사형성과정에서 소수파에게 토론에 참가하여 다수파의 견해를 비판하고 반대의견을 밝힐 수 있는 기회를 보장하여 다수파와 소수파가 공개적이고 합리적인 토론을 거쳐 다수의 의사로 결정한다는 데 그 정당성의 근거가 있다. 헌법 제49조는 의회민주주의의 기본원리인 다수결의 원칙을 선언한 것으로서 이는 단순히 재적의원 과반수의 출석과 출석의원 과반수에 의한 찬성을 형식적으로 요구하는 것에 그치지 않는다. 헌법 제49조는 국회의 의결은 통지가 가능한 국회의원 모두에게 회의에 출석할 기회가 부여된 바탕 위에 자유로운 토론의 기회가 부여되는 것을 전제조건으로 하여 재적의원 과반수의 출석과 출석의원 과반수의 찬성으로 이루어져야 한다는 것으로 해석하여야 한다.

다수결원칙을 위와 같이 실질적인 원리로 이해하여 다수결의 전제로서의 토론을 포함하는 것으로 볼 경우, 국회법의 의사정족수, 의결정족수에 관한 규정은 단순히 형식적으로 국회의 의사에 있어 의사정족수, 의결에 있어 의결정족수를 충족할 것만을 요구하는 것이 아니라, 실질적으로 모든 위원회의 구성원이나 본회의의 구성원에게 출석의 기회가 보장된 상태에서 자유로운 토론의 기회가 부여되는 것을 전제조건으로 하는 의사정족수 또는 의결정족수의 충족을 요하는 것으로 해석되어야 할 것이다(헌재 2010. 12. 28. 2008헌라7 참조).

국회의원은 국민에 의하여 직접 선출되는 국민의 대표로서 헌법과 법률에 따라 여러 가지의 권한을 부여받는데, 그중에서도 가장 중요하고 본질적인 것은 입법에 대한 권한이다. 국회의원의 입법에 대한 권한에는 법률안의 제출권(헌법 제52조) 및 심의·표결권이 포함되므로, 국회의원은 국회 본회의와 위원회에서 법률안 심의·표결권을 가진다(국회법 제54조, 제109조 참조). 국회의원은 위원회와 본회의에서 의제 또는 의사진행에 관하여 발언하고 동의를 함으로써 의제를 성립시킬 수 있고, 의제에 대한 찬반토론을 할 수 있으며, 위원회와 본회의의 표결에 참가할 권리를 가진다(헌재 2003. 10. 30. 2002헌라1; 헌재 2012. 2. 23. 2010헌라5등 참조).

(2) 피청구인 법사위 위원장의 이 사건 가결선포행위에 관한 판단

(가) 쟁점

청구인들은 피청구인 법사위 위원장이 ① 박홍근 의원안을 법사1소위에 직회부하였고, ② 민주당을 탈당한 민형배 위원을 비교섭단체 몫의 조정위원으로 선임하여 조정위원회에서 실질적인 조정심사 없이 조정안이 가결되도록 하였으며, ③ 법사위 전체회의에서 이러한 절차적 하자를 해결하기 위한 어떠한 노력도 하지 않은 채 오히려 질의와 토론을 모두 생략하고 이 사건 가결선포행위를 한 것은 ④ 청구인들의 법률안 심의·표결권을 침해한 것이고, ⑤ 이는 의회민주주의와 다수결원칙에 위반되는 중대한 하자로서 사실상 의결이 부존재한 것과 같아 무효라고 주장한다. 따라서 이를 순서대로 판단한다.

(나) 박홍근 의원안의 법사1소위 직회부 위법 여부

안건을 소위원회에 직회부하기 위해서는 ① 소위원회에 회부되어 심사 중인 안건이 존재하고, ② 새로 회부된 안건이 이미 회부된 안건과 직접 관련되어야 하며, ③ 위원장이 간사와 협의하여 필요하다고 인정하여야 한다(국회법 제58조 제4항).

박홍근 의원안이 발의된 2022. 4. 15. 당시에는 김용민 의원 등이 대표발의한 7개의 개정법률안 원안들이 법사1소위에 회부되어 있었다.

피청구인 법사위 위원장은 2022. 4. 18. 제2차 법사1소위 회의에서 위 7개 개정법률안 원안들이 상정되어 법안심사가 계속되는 중 박홍근 의원안을 법사1소위로 직회부하였다. 7개의 개정법률안 원안들은 검사의 기소권과 수사권을 완전히 분리하여 수사권은 수사전담기관에 이양하고 검사는 공소 제기와 유지를 전담하는 기관으로 재정립하려는 내용을 담고 있었고, 박홍근 의원안 또한 검사의 권한에서 수사권한 규정 등을 삭제하고 검사를 공소 제기 및 유지 전담기관으로 재정립하려는 내용을 포함하고 있었다. 따라서 박홍근 의원안은 위 7개의 개정법률안 원안들과 직접 관련된 안건이라고 볼 수 있다.

그런데 피청구인 법사위 위원장이 박홍근 의원안을 법사1소위로 회부하면서 간사와 협의하였는지 여부에 관하여는 당사자 사이에 다툼이 있다.

국회법상 '협의'는 의견을 교환하고 수렴하는 절차로서 그 성질상 다양한 방식으로 이루어질 수 있으므로, 위원장과 간사의 협의도 전화통화나 문자메시지, 이메일 통보 등 다양한 방식으로 할 수 있고, 이를 판단하고 결정하는 것은 종국적으로 위원장에게 맡겨져 있다고 볼 수 있다(헌재 2020. 5. 27. 2019헌라3등 참조).

제395회 국회(임시회) 제2차 법사1소위 회의록을 보면, 당시 국민의힘 간사였던 청구인 유상범 위원은 박홍근 의원안의 직회부 문제에 관하여 피청구인 법사위 위원장과 당시 민주당 간사였던 박주민 위원에게 반대의 의사를 밝혔다는 취지의 언급을 한 것을 확인할 수

있다. 국회법상 '협의'는 의견을 교환하고 수렴하는 절차로서 합의에 이를 것을 요구하는 것은 아니므로, 위와 같은 의견교환이 있었던 것을 확인할 수 있는 이상 간사와의 협의가 없었다고 단정할 수 없다.

따라서 피청구인 법사위 위원장이 박홍근 의원안을 법사1소위에 직회부한 것은 국회법 제58조 제4항을 위반하였다고 보기 어렵다.

(다) 조정위원회 조정안 의결의 위헌·위법 여부

1) 인정사실

민주당은 2022. 4. 12. 의원총회를 열고 검사의 수사권과 기소권을 분리하여 검사의 직접 수사권을 제한하려는 취지의 검찰개혁 법안을 4월 임시국회에서 처리하기로 당론을 정하였다. 당시 민주당 교섭단체 대표의원인 박홍근 의원은 2022. 4. 15. 박홍근 의원안을 단독발의하였고, 민형배 의원을 포함한 민주당 소속 국회의원 171명은 위 법안의 찬성자로 참여하였다. 또한, 박홍근 의원은 2022. 4. 18. 피청구인 국회의장에게 민형배 의원을 정무위원회 위원에서 법사위 위원으로, 김진표 의원을 국방위원회 위원에서 법사위 위원으로 사보임할 것을 요청하여 같은 날 위 의원들이 모두 법사위 위원으로 보임되었다. 같은 날 제2차 법사1소위도 개회되어 박홍근 의원안을 제외한 나머지 7개 개정법률안 원안들이 상정되어 회의가 진행되는 중 박홍근 의원안이 법사1소위로 직회부되어 상정됨에 따라 9개의 개정법률안 원안들에 대한 법사위 심사가 본격적으로 시작되었다.

그런데 2022. 4. 20. 무소속 법사위 양향자 위원이 위 개정법률안 원안들의 추진방식에 대해 반대입장을 표명한 사실이 알려지게 되자, 민주당 소속 법사위 민형배 위원은 같은 날 민주당을 탈당하였다. 같은 날 제4차 법사1소위가 개회되었으나, 민주당 소속 위원들이 조정위원회 구성을 요구할 계획이 알려짐에 따라 회의가 정회되었다. 같은 날 민주당 소속 김진표 위원 등 9인은 조정위원회 구성을 요구하였다.

이후 2022. 4. 22. 국회의장의 중재로 여야 교섭단체 대표의원들은 국회의장과 함께 '국회의장 여야 합의문'을 작성하였고, 김진표 위원 등 9인은 2022. 4. 25. 조정위원회 구성요구를 철회하였다. 같은 날 제5차 법사1소위가 개회되었고, 법사위 수석전문위원이 위 국회의장 여야 합의문을 반영하여 작성한 법사위 조정의견을 심사하였다.

2022. 4. 26. 14:01경 개회된 제6차 법사1소위에서 민주당과 국민의힘 소속 위원들은 위 법사위 조정의견에 대한 각 당의 입장을 반영한 법안을 제시하였다. 그런데 국민의힘 소속 위원들은 민주당안에 합의되지 않은 내용이 다수 포함되어 있다는 이유로 중간에 퇴장하였고, 국민의힘 소속 위원들이 퇴장한 상태에서 축조심사가 계속 진행된 다음, 9개의 개정법률안 원안들을 폐기하고 민주당안을 기반으로 한 이 사건 개정법률안을 법사위 위원회안으로 제안하기로 하는 의결이 이루어졌다.

피청구인 법사위 위원장은 같은 날 21:19경 제395회 국회(임시회) 제3차 법사위 전체회의를 개회하고 개정법률안 원안들과 이 사건 개정법률안을 안건으로 상정하였다. 그러나 국민의힘 소속 청구인들 등 6인이 조정위원회 구성을 요구하여 법사위 전체회의가 정회되었다.

법사위 전체회의가 정회된 뒤 여야 교섭단체 대표의원, 피청구인 법사위 위원장, 청구인들과 민주당 소속 위원 일부는 법사위 수석전문위원실에 모여 조정안 도출을 위한 논의를 하였고 합의한 부분에 대해서는 '이 사건 협의안'을 작성하였다.

한편, 피청구인 법사위 위원장은 같은 날 민주당 소속 김남국, 김진표, 이수진 위원, 국민의힘 소속 청구인들, 무소속 민형배 위원을 각 조정위원으로 선임하였다. 같은 날 23:37경 제395회 국회(임시회) 제1차 법사위 조정위원회가 개회되었다. 이 사건 개정법률안은 조정위원회에서 조정안으로 의결되었고, 조정위원회는 같은 날 23:54경 산회되었다.

2) 판단

가) 조정위원 선임절차의 하자 여부

피청구인 법사위 위원장이 조정위원을 선임할 당시 민형배 위원은 이미 민주당을 탈당하여 무소속 법사위 위원이었으므로, 제1교섭단체에 속하지 않은 조정위원으로 선임되는 데 국회법상 아무런 제한이 없었다. 피청구인 법사위 위원장은 국회법 제57조의2 제4항에 따라 제1교섭단체인 민주당 소속 조정위원의 수와 제1교섭단체가 아닌 조정위원의 수를 동수로 하여 조정위원을 선임하였다.

민형배 위원의 탈당은 의원 개인의 정치적 판단에 따른 자율적인 결정으로 설령 민형배 위원이 비교섭단체 몫의 조정위원으로 선임될 목적으로 민주당을 탈당하였다 하더라도, 국회법상 조정위원회 구성 직전 탈당한 의원의 조정위원 선임을 금지하거나 제한하는 규정이 없는 이상 피청구인 법사위 위원장이 민형배 위원을 조정위원으로 선임한 것이 정치적 책임의 대상이 되는 것은 별론으로 하고, 국회법 제57조의2 제4항을 명백히 위반하였다고 볼 수 없다.

따라서 피청구인 법사위 위원장이 민형배 위원을 비교섭단체 몫의 조정위원으로 선임한 것이 국회법 제57조의2 제4항을 위반하였다고 보기 어렵다.

나) 조정심사절차의 하자 여부

안건조정제도의 취지상 조정안의 의결은 당연히 안건에 대한 조정심사를 전제로 한다(헌재 2020. 5. 27. 2019헌라5 참조).

이 사건 조정위원회 회의록을 보면, 조정위원회는 2022. 4. 26. 23:37경 개회되었고, 조정위원장 선출의 건이 처리된 뒤 개회한 때로부터 6분이 지난 23:43경 9개의 개정법률안 원안들과 이 사건 개정법률안이 상정되었다. 위 안건들이 상정된 이후 당시 조정위원장 김진표 위원은 조정위원들의 착석을 요구하고, 조정위원들만 발언해달라고 수차례 협조를 요청하며 위 안건에 대한 의견을 묻는 등 조정안 심사를 진행하려고 하였다. 그러나 국민의힘 소속 의원들의 조정위원 구성에 대한 이의 제기 및 회의 진행에 대한 항의, 청구인 전주혜 위원의 의사진행발언 요청 등으로 장내가 소란하여 정상적인 회의 진행이 어려운 상황이었다. 이에 조정위원장은 "지금 토론을 할 수 없는 분위기라면 바로 표결처리하겠습니다."라고 선언한 뒤 표결을 진행하였다. 이에 따라 이 사건 검찰청법 개정법률안과 이 사건 형사소송법 개정법률안이 순차로 조정안으로 가결선포되었다. 조정위원회는 개회된 지 17분, 안건이 상정된 지 11분 뒤인 같은 날 23:54경 산회되었다.

위와 같은 회의록의 기재내용을 보면, 이 사건 개정법률안은 상정된 뒤 제안자의 제안취지 설명이나 전문위원의 검토보고, 대체토론, 축조심사, 찬반토론 등의 절차를 모두 생략하고 바로 표결절차에 나아가 조정안으로 가결선포된 것을 확인할 수 있다. 그러나 이는 조정위원회 개회 초반부터 조정위원이 아닌 의원들과 이 사건 개정법률안에 반대하는 조정위원들이 조정위원의 선임이나 조정위원장의 선임 절차 등과 관련하여 계속 항의하면서 의사진행에 협조하지 않아 정상적인 회의 진행이 어려웠기 때문으로 보인다. 당시 조정위원장은 안건을 상정한 뒤 의견을 제시하도록 하는 등 수차례 정상적인 의사절차 진행을 시도한 사실을 인정할 수 있는데, 이러한 질의·토론의 기회를 부여하였음에도 계속된 장내 소란으로 더 이상 정상적인 의사절차를 진행하지 못한 것이다.

조정위원회에서의 의사절차 진행과 관련된 권한은 조정위원장에게 포괄적으로 부여되어 있으므로(국회법 제57조의2 제10항, 제49조), 헌법재판소는 이러한 조정위원장의 자율권과 판단을 존중할 필요가 있다(헌재 2008. 4. 24. 2006헌라2 참조). 조정위원장은 회의를 개회하고 안건을 상정한 뒤 질의·토론 등의 기회를 제공하면서 정상적인 회의진행을 시도하였고, 그러한 시도를 하였음에도 장내 소란이 진정되지 않고 더 이상 정상적인 회의 진행이 어렵게 되자, 그 동안의 법사1소위에서의 심사 과정 등을 고려하여 질의·토론 등의 절차를 생략하고 표결절차에 나아간 것이다.

이 사건 개정법률안이 법사1소위에서 심사된 과정을 보면, 2022. 4. 18. 처음 법안심사가 개시된 뒤 수차례 법사1소위에서 법안심사가 이루어졌고, 2022. 4. 22. 국회의장의 중재로 여야가 합의문을 작성하며 상당한 이견을 해소하기도 하였다. 이후 제5차 및 제6차 법사1소위를 거치면서 이 사건 개정법률안이 소위원회안으로 결정되었고, 그 과정에서 청구인들뿐만 아니라 소위원회 위원들, 관계기관이 참석하여 다양한 의견을 제시하고 법안에 대한 논의를 하였다. 또한, 이 사건 조정위원회 회의가 이루어지기 직전에도 여야 교섭단체 대표의원, 피청구인 법사위 위원장, 청구인들과 민주당 소속 위원 일부가 법사위 수석전문위원실에 모여 조정안 도출을 위한 논의를 하여 합의한 내용을 바탕으로 이 사건 협의안을 작성하기도 하였다.

조정위원장은 위와 같은 조정위원회 전후의 사정, 이 사건 개정법률안의 법사1소위에서의 심사 경과, 당시 회의장의 상황 등을 종합적으로 고려하여, 장내 소란으로 더 이상 질의·토론을 진행하기 어려운 상황에서 당시 조정위원들이 이미 법안의 내용을 충분히 숙지하고 있었으므로 충분히 표결절차에 나아갈 수 있다고 판단하여 질의·토론 절차를 종결시키고 표결절차에 나아간 것이다.

청구인들은 조정위원회에 출석하여 자유롭게 조정안 심의에 참여할 수 있는 기회를 보장받았고, 이에 관하여 어떠한 제한이나 방해를 받은 사실이 발견되지 않는다. 오히려 청구인들과 조정위원이 아닌 국민의힘 소속 의원들은 회의장에서 조정위원장의 의사절차진행에 협조하지 않은 사실이 인정되는데, 이 사건 개정법률안이 이미 제6차 법사1소위에서 소위원회안으로 의결되어 소위원회 법안심사가 종결될 정도로 법안심사가 진행되었다는 점 등을 고려하면, 조정위원장이 당시 법안심사 과정과 회의장의 상황 등을 고려하여 질의·토론 등의 절차를 생략하였다고 하더라도 실질적인 조정심사 없이 조정안을 가결선포한 것이라고 보기 어렵다.

다) 조정안 의결정족수 충족과정의 하자 여부

피청구인 법사위 위원장은 국회법 제57조의2 제4항을 준수하여 민형배 위원을 비교섭단체 몫의 조정위원으로 선임하였고, 이 사건 개정법률안은 국회법 제57조의2 제6항에 따라 적법하게 조정안 표결이 이루어진 것이므로, 조정안 의결정족수 충족과정에 위헌·위법사유가 존재한다고 보기 어렵다.

라) 그 밖의 청구인들 주장

청구인들은 조정위원장 선임의 건에 대하여 조정위원회 구성을 요구하였는데 조정위원장이 조정위원회 구성에 관한 이의제기로 잘못 이해하고 이를 무시한 절차상 하자가 있다고 주장한다.

국회법 제57조의2 제1항은 위원회에서 이견을 조정할 필요가 있는 안건에 대하여 조정위원회 구성 요구가 있으면 위원회의 대체토론이 끝난 후에 조정위원회에 회부하도록 규정하고 있다. 따라서 조정위원회의 조정 심사의 대상이 되는 안건은 위원회에서 '이견을 조정할 필요가 있는 안건'으로서 위원회의 대체토론의 대상이 될 수 있는 안건이 된다.

그런데 국회법 제57조의2 제5항에 따르면, 조정위원장은 조정위원회가 제1교섭단체 소속 조정위원 중에서 선출하도록 되어 있어 조정위원장 선출이 위원회의 안건이 아닌 조정위원회의 안건으로 규정되어 있다. 이는 소위원회 위원장을 위원회에서 선출하도록 규정하고 있는 것과는 구분된다(국회법 제57조 제3항). 따라서 조정위원장 선임의 건은 위원회에서 이견을 조정할 필요가 있는 안건으로 새로이 조정위원회 구성 요구를 할 수 있는 대상이 된다고 보기 어렵다.

그러므로 조정위원장이 청구인 유상범 위원 등의 조정위원장 선임의 건에 대한 조정위원회 구성 요구를 조정위원회 구성에 대한 이의로 보아 표결에 부쳤다고 하더라도 국회법을 위반한 절차상 하자가 있다고 보기 어렵다.

마) 소결

피청구인 법사위 위원장이 민형배 위원을 조정위원으로 선임한 것은 국회법 제57조의2 제4항에 따라 적법하게 이루어진 것이고, 이 사건 개정법률안이 조정안으로 의결된 것 또한 국회법 제57조의2 제6항의 의결정족수를 충족하여 적법하게 이루어졌다. 따라서 이 사건 개정법률안이 조정안으로 의결된 것에 위헌·위법사유가 존재한다고 보기 어렵다.

(라) 제4차 법사위 전체회의의 위헌·위법 여부

1) 인정사실

제395회 국회(임시회) 제4차 법사위 전체회의는 조정위원회가 산회된 후인 2022. 4. 27. 00:03경 개회되었다. 피청구인 법사위 위원장은 00:04경 이 사건 개정법률안을 상정하였고, 조정위원장의 보고와 토론 등의 절차를 생략하고 바로 표결절차에 나아가 이 사건 개정법률안을 법사위 대안으로 의결하였다. 제4차 법사위 전체회의는 00:11경 산회되었다.

2) 판단

이 사건 개정법률안은 조정위원회에서 적법하게 조정안으로 가결선포된 것이므로, 피청구인 법사위 위원장이 2022. 4. 27. 제4차 법사위 전체회의에 이 사건 개정법률안을 상정한 것은 적법하다.

이미 소위원회의 심사를 마친 안건에 대해서는 소위원회에 회부하지 않아도 되는바, 조정위원회 심사는 소위원회 심사를 대체하는 효력을 가지고 있고(국회법 제57조의2 제7항), 이 사건 개정법률안은 이미 2022. 4. 26. 제6차 법사1소위에서 소위원회 심사를 마친 상태였으므로, 피청구인 법사위 위원장이 소위원회에 회부하지 않고 이 사건 개정법률안을 법사위 전체회의에 상정한 것은 적법하다.

또한, 청구인들은 모두 법사위 전체회의에 참석하여 법률안 심의·표결에 참여할 권리를 보장받았고, 달리 이를 방해받았다고 볼 만한 사정도 발견되지 않는다.

당시 제4차 법사위 전체회의 회의록을 보면, 피청구인 법사위 위원장은 회의 초반부터 다수의 의원들이 법사위 위원장을 둘러싸고 항의하는 등 장내가 소란한 상태에서 이 사건 개정법률안을 상정한 뒤 "회의를 원만하게 진행할 수 있도록 협조해 주시기 바랍니다.", "이 2건의 안건에 대한 안건조정위원장의 보고는 지금 회의장 환경 때문에 보고를 받기 어려운 관계로 생략하겠습니다."라고 한 뒤, "지금 이 2건의 검찰청법 일부개정법률안(대안)과 형사소송법 일부개정법률안(대안)에 대한 토론은 안건조정위원회에서 이뤄진 만큼 바로 의결을 하도록 하겠습니다."라고 발언한 것을 확인할 수 있다. 피청구인 법사위 위원장은 정상적인 회의 진행을 시도하였으나 당시 회의장이 정상적인 의사절차를 진행하기 어려운 상황이었음을 알 수 있다. 그럼에도 피청구인 법사위 위원장은 국민의힘 소속 청구인 유상범 위원에게 의사진행발언의 기회를 제공하는 등 정상적인 회의진행을 시도한 것으로 보인다. 그러나 계속된 장내 소란이 해결되지 않자 "사실상 이 안건조정위원회에 올라온 대안은 여야 원내대표와 여야 간사와 충분하게 협의를 거쳐서 대안이 마련됐다는 것을 다 아십니다."라고 하면서 "토론을 여기서 더 한다는 건 제가 보기에 소모적입니다."라고 발언한 뒤 토론을 종결하고 표결에 나아간 사실을 확인할 수 있다.

당시 피청구인 법사위 위원장은 장내가 소란한 상태에서도 정상적인 회의 진행을 시도하였으나, 장내 소란이 진정되지 않자, 그동안 이 사건 개정법률안이 법사위에서 법안 심사가 진행되어 온 과정, 국회의장과 여야 교섭단체 대표의원의 합의, 당시 회의장의 상황 등을 종합적으로 고려하여 표결절차에 나아간 것이다.

위원회에서의 의사절차 진행과 관련된 권한은 위원장에게 포괄적으로 부여되어 있으므로(국회법 제49조), 헌법재판소는 이러한 위원장의 자율권과 판단을 존중할 필요가 있다(헌재 2008. 4. 24. 2006헌라2 참조).

피청구인 법사위 위원장은 청구인들의 출석과 법률안 심의·표결에 참여할 기회를 보장한 상태에서 당시 회의장의 상황과 그동안의 법안심사 과정 등을 종합적으로 고려하여 표결절차에 나아간 것이고, 이러한 피청구인 법사위 위원장의 판단에 명백한 잘못이 있다고 볼 수 없는 이상, 피청구인 법사위 위원장이 이 사건 가결선포행위가 위원회 심사절차에 관한 국회법 제58조를 위반하였다고 볼 수 없다.

(마) 청구인들의 법률안 심의·표결권 침해 여부

청구인들은 모두 출석의 기회를 보장받은 상태에서 법사위 법안심사 전반에 걸쳐 참여할 기회를 보장받았다. 청구인들은 법사1소위 위원으로서 법사1소위 개정법률안 원안들에 대한 심사부터 법률안 심의에 실질적으로 참여하였다. 그럼에도 제6차 법사1소위에서 청구인들이 표결에 참여하지 않은 것은 청구인들 스스로 표결을 거부하고 퇴장하였기 때문이다. 이 사건 조정위원회에서도 청구인들은 모두 회의에 참여하여 조정안을 심의·표결할 기회를 보장받았고, 이러한 심의·표결권 행사에 방해를 받은 사실도 발견되지 않는다. 그럼에도 조정위원회에서 토론 등 정상적인 의사절차가 진행되지 못한 것은 청구인들을 포함한 국민의힘 소속 의원들이 의사절차 진행에 협조하지 않았기 때문이다. 제4차 법사위 전체회의에서도 청구인들은 모두 회의에 출석하여 법률안 심의·표결에 참여할 기회를 보장받았으나, 청구인들을 포함한 국민의힘 소속 의원들이 의사절차 진행에 협조하지 않아 조정위원장의 보고 등 정상적인 회의 진행을 할 수 없었다. 결국 청구인들은 법사위 법안심사 과정에서 법률안 심의·표결에 참여할 기회를 보장받았음에도 스스로 표결이나 토론에 참여하지 않거나 의사절차진행에 협조하지 않아 실질적인 토론 등이 진행되지 못한 것이므로, 피청구인 법사위 위원장의 이 사건 가결선포행위가 청구인들의 법률안 심의·표결권을 침해하였다고 보기 어렵다.

(바) 소결

피청구인 법사위 위원장의 이 사건 가결선포행위가 청구인들의 법률안 심의·표결권을 침해하지 않았으므로, 그 침해를 전제로 하는 피청구인 법사위 위원장의 이 사건 가결선포행위에 대한 무효확인청구는 더 나아가 살펴볼 필요 없이 이유 없다.

(3) 피청구인 국회의장의 이 사건 가결선포행위에 관한 판단

(가) 쟁점

청구인들은 피청구인 국회의장이 ① 이 사건 검찰청법 개정법률안을 국회법 제93조의2 본회의 상정기간을 위반하여 제395회(임시회) 제2차 본회의에 상정하였고, ② 제395회 국회 임시회와 제396회 국회 임시회 회기를 당일로 종료시키거나 당일 하루로 하는 회기 결정의 건을 가결선포함으로써 국회법 제106조의2에서 보장하는 무제한토론을 무력화하였으며, ③ 이 사건 수정안은 고발인의 이의신청권을 배제하는 등 원안과는 직접 관련성을 인정할 수 없는 내용을 포함하고 있음에도 국회법 제95조를 위반하여 상정하였고, ④ 법사위에서의 침해된 청구인들의 법률안 심의·표결권이 회복되었다고 볼 만한 절차적 참여가 보장되지 못하였음에도 본회의에서 이 사건 가결선포행위를 함으로써 청구인들의 법률안 심의·표결권을 침해하였으며, ⑤ 따라서 피청구인 국회의장의 이 사건 가결선포행위가 무효라고 주장한다. 이에 관하여 살펴본다.

(나) 이 사건 검찰청법 개정법률안 본회의 상정기간 준수 여부

1) 본회의는 위원회가 법률안에 대한 심사를 마치고 의장에게 그 보고서를 제출한 후 1일이 지나지 아니하였을 때에는 그 법률안을 의사일정으로 상정할 수 없다. 다만, 국회의장이 특별한 사유로 각 교섭단체 대표의원과 협의를 거쳐 정한 경우에는 상정이 가능하다(국회법 제93조의2).

2) 피청구인 법사위 위원장은 2022. 4. 27. 제395회 국회(임시회) 제4차 법사위 전체회의에서 이 사건 개정법률안이 법사위 대안으로 가결선포되자 같은 날 피청구인 국회의장에게 이를 제출하였다. 피청구인 국회의장은 이

사건 개정법률안이 제출된 지 1일이 지나지 않았음에도 같은 날 개의된 제395회(임시회) 제2차 본회의에 이 사건 개정법률안 중 검찰청법 개정법률안을 상정하였다.

이에 대하여 청구인들은 피청구인 국회의장이 교섭단체 대표의원과 협의 없이 이 사건 검찰청법 개정법률안을 본회의에 상정하였다고 주장한다.

국회법상 협의는 의견을 교환하고 수렴하는 절차로서 합의에 이를 것을 요구하는 것은 아니다. 피청구인 국회의장은 2022. 4. 27. 국회의장 집무실에서 박홍근 민주당 교섭단체 대표의원과 권성동 국민의힘 교섭단체 대표의원을 만나 이 사건 검찰청법 개정법률안의 본회의 상정 여부에 관하여 비공개 협의를 한 사실을 인정할 수 있으므로, 비록 본회의 상정 여부에 관하여 합의에 이른 것은 아니라 하더라도 피청구인 국회의장의 이 사건 검찰청법 개정법률안의 본회의 상정이 국회법 제93조의2를 위반하였다고 볼 수 없다.

(다) 피청구인 국회의장이 회기 결정의 건을 가결선포한 행위가 무제한토론권한을 침해하는지 여부

1) 인정사실

제395회 국회(임시회) 집회공고는 2022. 4. 1. 이루어졌다. 집회일은 2022. 4. 6. 오후 2시로 공고되었다. 제395회 국회(임시회)의 회기는 집회 후 즉시 회기를 결정하지 아니하여 2022. 4. 6.부터 종기를 정함이 없이 개시되었다. 피청구인 국회의장은 2022. 4. 27. 17:05경 제395회 국회(임시회) 제2차 본회의를 개의하고 임시회 회기결정의 건을 상정하였다. 회의결정의 건에 대하여는 제395회 임시회 회기를 2022. 4. 6.부터 2022. 5. 5.까지 30일간으로 하는 피청구인 국회의장의 안이 있었고, 제395회 임시회 회기를 2022. 4. 6.부터 본회의 당일인 2022. 4. 27.까지 22일간으로 하는 진성준 의원 외 170인의 수정안이 있었다. 진성준 외 170인이 제출한 수정안이 재석의원 212인 중 찬성 143인, 반대 65인, 기권 4인으로 가결되어 제395회 국회(임시회)는 제2차 본회의 당일 회기가 종료되는 것으로 결정되었다. 회기결정의 건 가결 이후 이 사건 검찰청법 개정법률안에 대한 무제한토론이 실시되었다. 국민의힘 소속 권성동 의원, 김웅 의원, 민주당 소속 김종민 의원, 안민석 의원이 무제한토론에 참여하였고, 안민석 의원의 무제한토론 이후 자정이 되어 회기가 종료됨에 따라 무제한토론도 종료되었다.

제396회 국회(임시회) 집회공고는 2022. 4. 27. 이루어졌다. 집회일은 2022. 4. 30. 오후 2시로 공고되었다. 피청구인 국회의장은 2022. 4. 30. 16:22경 제396회(국회) 임시회 제1차 본회의를 개의하였다. 제396회 국회(임시회) 제1차 본회의에도 회기결정의 건이 상정되었다. 피청구인 국회의장은 임시회 회기를 2022. 4. 30.부터 2022. 5. 29.까지 30일간으로 하는 안을 제안하였고, 진성준 의원 외 167인은 임시회 회기를 2022. 4. 30. 당일로 하는 수정안을 제출하였다. 진성준 의원 외 167인이 제출한 수정안이 재석의원 175인 중 찬성 169인, 반대 3인, 기권 3인으로 가결되어 제396회 국회(임시회) 회기는 당일 하루로 결정되었다. 그리고 이 사건 형사소송법 개정법률안에 대한 무제한토론이 실시되었다. 국민의힘 소속 김형동 의원, 김미애 의원, 민주당 소속 최기상 의원, 임호선 의원이 참여하였고, 임호선 의원의 무제한토론 중 자정이 되어 회기가 종료됨에 따라 무제한토론도 종료되었다.

2) 판단

헌법 제47조 제2항은 국회 임시회 회기가 30일을 넘지 못하도록 규정하고 있다. 그러나 그 외 헌법과 국회법에서 임시회 회기, 특히 회기의 하한에 관한 규정을 두고 있지 않으므로, 회기를 본회의가 개회된 당일로 종료되도록 하거나 단 하루로 정하였다 하더라도 헌법과 국회법을 위반한 회기로 볼 수 없다.

피청구인 국회의장은 회기 결정의 건과 관련하여 제395회 국회(임시회) 제2차 본회의와 제396회 국회(임시회) 제1차 본회의에서 모두 회기를 30일로 하는 안을 제안하였다. 그런데 진성준 의원 등이 위 본회의 당일로 회기가 종료되거나 당일 하루만 회기로 정하는 수정안을 제출한 것이다. 헌법과 국회법이 피청구인 국회의장에게 수정동의의 요건을 갖춘 수정안 제출에 대하여 이를 거부할 권한을 부여하고 있지 않으므로, 피청구인 국회의장은 진성준 의원 등이 제출한 수정안을 거부할 수 없고 그 수정안은 원안과 동시에 의제가 된다. 피청구인 국회의장은 국회법 제96조에 따라 위 수정안에 대한 표결을 먼저 실시하여 그 결과에 따라 가결을 선포한 것이므로, 피청구인 국회의장의 회기결정의 건에 대한 가결선포행위는 국회법에 따라 적법하게 이루어진 것이다.

국회법은 ① 무제한토론 종결동의가 국회의장에게 제출되어 재적의원 5분의 3 이상의 찬성으로 의결된 경우, ② 더 이상 토론할 의원이 없는 경우, ③ 무제한토론 실시 중 회기가 종료된 경우 무제한토론의 종결을 선포하거나 종결 선포가 간주된다고 규정하고 있다(제106조의2 제6항, 제7항, 제8항). 무제한토론의 종결동의에 대한 표결에 대해서는 동의가 제출된 때로부터 24시간이 지난 후에 하도록 시간적 제한을 두고 있으나

(제106조의2 제6항), 더 이상 토론할 의원이 없는 경우나 회기가 종료된 경우에 대해서는 아무런 시간적 제한을 두고 있지 않다. 따라서 무제한토론이 시작된 지 24시간이 지나지 않았다 하더라도 적법하게 결정된 회기가 종료된 경우에는 국회법 제106조의2 제8항에 따라 무제한토론이 종결된다.

그러므로 피청구인 국회의장이 무제한토론이 신청된 본회의 당일로 회기가 종료되거나 당일 하루만 회기로 정하는 회기결정의 건을 가결선포하였다고 하더라도 무제한토론권한을 침해한 것이라고 보기 어렵다.

더 나아가 이 사건에서는 무제한토론이 실시되었던 제395회 국회(임시회) 제2차 본회의와 제396회 국회(임시회) 제1차 본회의에서 민주당과 국민의힘 소속 의원들이 무제한토론에 참여하여 상당한 시간 토론하였는바, 무제한토론이 형해화될 정도에 이르렀다고 보기도 어렵다.

(라) 이 사건 수정안이 적법한 수정동의인지 여부

1) 인정사실

이 사건 검찰청법 개정법률안은 검사가 수사를 개시할 수 있는 범죄의 범위에서 공직자범죄, 선거범죄, 방위사업범죄, 대형참사 등 4개 범죄를 제외하고 부패범죄와 경제범죄 중 대통령령이 정하는 중요 범죄로 한정하며(제4조 제1항 제1호 가목), 사법경찰관이 송치한 사건의 직접 보완수사의 범위를 해당 사건과 동일한 범죄사실의 범위 내로 제한하고(제4조 제2항), 검사가 직접 수사개시한 범죄에 대하여는 공소를 제기할 수 없도록 하는 내용(제4조 제3항) 등을 포함하고 있었다.

또한, 이 사건 형사소송법 개정법률안은 사법경찰관이 송치한 사건의 직접 보완수사의 범위를 해당 사건과 동일한 범죄사실의 범위 내로 제한하고, 합리적인 근거 없는 별건 수사를 금지하는 내용 등을 포함하고 있었다.

그런데 진성준 의원 외 31인은 2022. 4. 27. 제395회 국회(임시회) 제2차 본회의 도중 위 개정법률안에 대한 수정안을 제출하였다. 이 사건 검찰청법 수정안은 검사의 직접수사대상 범죄의 범위를 '부패범죄, 경제범죄 중 대통령령으로 정하는 범죄'로 한정한 것을 '부패범죄, 경제범죄 등 대통령령으로 정하는 범죄'로 수정하고(제4조 제1항 제1호 가목), 사법경찰관 송치사건의 직접 보완수사 범위를 동일한 범죄사실의 범위 내로 제한한 규정을 삭제하였다. 이 사건 형사소송법 수정안은 사법경찰관 송치사건의 직접 보완수사의 범위를 '동일한 범죄사실의 범위 내'로 한정한 것을 '동일성을 해치지 아니하는 범위 내'로 수정하고, 사법경찰관의 불송치결정에 대한 이의신청권자에서 '고발인'을 제외하기로 하는 내용을 추가하였다.

2) 판단

가) 국회법 제95조 제5항 본문은 "제1항에 따른 수정동의는 원안 또는 위원회에서 심사보고(제51조에 따라 위원회에서 제안하는 경우를 포함한다)한 안의 취지 및 내용과 직접 관련이 있어야 한다."라고 규정하고 있다. 여기서 수정이란 원안에 대하여 다른 의사를 가하는 것으로 새로 추가, 삭제 또는 변경하는 것을 모두 포함하는 개념이고(헌재 2006. 2. 23. 2005헌라6 참조), 의안의 취지는 의안이 달성하고자 하는 근본 목적을 의미하며, 의안의 내용은 국회의 의결을 통하여 시행하고자 하는 사항을 의미한다. 또한, 직접 관련이 있어야 한다는 것은 원안과 수정안이 바로 연결되는 관계에 있어야 한다는 것을 의미하는데, 수정안이 원안의 취지 및 내용과 직접 관련이 있는지 여부는 '원안에서 개정하고자 하는 조문에 관한 추가, 삭제 또는 변경으로서, 원안에 대한 위원회의 심사절차에서 수정안의 내용까지 심사할 수 있었는지 여부'를 기준으로 판단하는 것이 타당하다(헌재 2020. 5. 27. 2019헌라6등 참조).

나) 이 사건 개정법률안은 검사의 수사권한을 제한하여 공소 제기 및 유지 전담기관으로 검찰의 위상을 재정립하려는 취지에 따라 검사의 수사권한을 축소하는 내용을 포함하고 있다. 이 사건 수정안은 검사의 직접 수사대상 범죄와 송치사건의 직접 보완수사의 범위를 이 사건 개정법률안보다 확대하고 있으나, 기본적으로 검사의 권한을 축소하려는 취지에 따라 기존보다 검사의 직접 수사권한을 제한하는 내용으로 되어 있다.

그런데 이 사건 형사소송법 수정안 중 사법경찰관의 불송치결정에 대한 이의신청권자에서 고발인을 제외하는 부분(제245조의7 제1항)은 이 사건 형사소송법 개정법률안에 포함되어 있지 않은 내용이 추가된 것이어서 이러한 수정안의 내용이 원안과 직접 관련성을 인정할 수 있는지 여부가 문제될 수 있다.

이 사건 형사소송법 개정법률안에는 사법경찰관의 불송치결정에 대한 이의신청권자의 범위에서 고발인이 제외되어 있지 않아 고발인이 사법경찰관의 불송치결정에 대하여 이의신청을 하는 경우 검사는 보완수사를 할 수 있었다(제196조 제2항 참조). 그러나 이 사건 형사소송법 수정안에 따르면 사법경찰관의 불송치결정에 대한 이의신청권자에서 고발인이 제외되어 있기 때문에 피해자가 있는 경우를 제외하고는 고발한 사건에 대해서는 사법경찰관의 불송치결정에 따라 그대로 종결되어 검사가 보완수사를 할 수 없게 된다.

그런데 사법경찰관의 불송치결정에 대한 이의신청권자의 범위는 결국 검사의 보완수사의 범위와 관련이 있고, 이 사건 개정법률안은 검사의 직접수사와 보완수사의 권한을 제한하는 내용을 포함하고 있으므로, 이 사건 형사소송법 수정안에서 검사의 보완수사의 범위를 제한하는 내용이 추가되었다 하더라도 이는 원안의 취지 및 내용과 직접 관련된 부분으로서 위원회 심사 과정에서 충분히 심사할 수 있었던 내용이다. 실제 법사위 법사1소위 심사 과정에서 사법경찰관의 불송치결정에 대한 이의신청권자에서 고발인을 제외할 것인지 여부가 논의되었고 제6차 법사1소위 회의에서 고발인을 이의신청권자의 범위에서 제외하지 않기로 결정되어 이 사건 개정법률안에 포함되지 않은 것이었다.

따라서 이 사건 수정안은 이 사건 개정법률안과의 직접 관련성을 인정할 수 있으므로, 적법한 수정동의로 볼 수 있다.

(마) 청구인들의 법률안 심의·표결권을 침해하였는지 여부

청구인들은 모두 본회의에서 출석하여 법률안 심의·표결에 참여할 권리를 보장받았고, 실제 출석하여 이 사건 개정법률안 및 수정안에 대한 법률안 심의·표결에 참여하였다. 다만, 청구인 유상범 의원이 제397회 국회(임시회) 제1차 본회의에 출석하지 않아 이 사건 형사소송법 개정법률안과 그 수정안에 대한 표결에 참여하지 못하였으나, 이는 출석기회를 보장받고도 스스로 출석하지 않은 것이다. 따라서 피청구인 국회의장의 이 사건 가결선포행위가 청구인들의 법률안 심의·표결권을 침해하였다고 보기 어렵다.

(바) 소결

피청구인 국회의장의 이 사건 가결선포행위가 청구인들의 법률안 심의·표결권을 침해하지 않았으므로, 그 침해를 전제로 하는 피청구인 국회의장의 이 사건 가결선포행위에 대한 무효확인청구는 더 나아가 살펴볼 필요 없이 이유 없다.

(4) 결론

그러므로 청구인들의 피청구인 법사위 위원장 및 피청구인 국회의장에 대한 심판청구는 모두 이유 없다.

나. 재판관 이미선의 일부 인용의견

(1) 피청구인 법사위 위원장의 이 사건 가결선포행위에 관한 판단

(가) 인정사실

1) 민주당은 2022. 4. 12. 의원총회를 열고 검사의 직접 수사권을 제한하는 내용의 검찰개혁 법안을 4월 임시국회에서 처리하기로 당론을 정하였다. 당시 민주당의 교섭단체 대표의원인 박홍근 의원은 2022. 4. 15. 박홍근 의원안을 단독발의하였고 민형배 의원을 포함한 민주당 소속 국회의원 171인은 위 법안의 찬성자로 참여하였다. 또한 박홍근 의원은 2022. 4. 18. 피청구인 국회의장에게 민형배 의원을 정무위원회 위원에서 법사위 위원으로, 김진표 의원을 국방위원회 위원에서 법사위 위원으로 사보임할 것을 요청하여 같은 날 위 의원들이 모두 법사위 위원으로 보임되었다.

2) 2022. 4. 18. 20:42경 제2차 법사1소위가 개회되었는데, 개정법률안 원안들 가운데 박홍근 의원안을 제외한 나머지 7개 개정법률안 원안들이 상정되어 회의가 진행되던 중 박홍근 의원안이 법사1소위로 직회부되어 상정됨에 따라 9개의 개정법률안 원안들에 대한 법사위 심사가 본격적으로 시작되었다. 제2차 법사1소위 법안심사는 자정에 이를 때까지 진행되었고, 2022. 4. 19. 00:15경 차수를 변경하여 제3차 법사1소위가 개회되어 법안 심사가 계속되었다. 위 법사1소위 제2차 및 제3차 회의에서는 위 개정법률안 원안들에 대한 보고와 위원들의 토론, 정부측 및 법원측 참석자의 의견 진술 등이 이루어졌다.

3) 2022. 4. 20. 무소속 법사위 양향자 위원이 위 개정법률안 원안들의 추진 방식에 대해 반대입장을 표명한 사실이 알려진 후 민주당 소속 민형배 위원은 민주당을 탈당하였다. 그리고 같은 날 제4차 법사1소위가 개회되었으나 실질적인 법안심사가 진행되지 못한 채 정회되었고, 민주당 소속 김진표 위원 등 8인과 무소속 민형배 위원은 조정위원회 구성을 요구하였다.

4) 2022. 4. 22. 민주당과 국민의힘은 각 의원총회를 열어 검사의 수사권 제한에 관한 국회의장의 중재안을 수용하기로 의결한 다음, 각 당의 교섭단체 대표의원은 국회의장과 함께 '국회의장 여야 합의문'을 작성하였다. 위 합의문의 내용 중 검사의 수사권 제한에 관한 부분은 다음과 같다.

> 1. 검찰의 직접 수사권과 기소권은 분리하는 방향으로 한다. 검찰의 직접 수사권은 한시적이며 직접 수사의 경우에도 수사와 기소 검사는 분리한다.

2. 검찰청법 제4조(검사의 직무) 제1항 제1호 가목 중 '공직자범죄, 선거범죄, 방위사업범죄, 대형참사'를 삭제한다. 검찰 외 다른 수사기관의 범죄 대응 역량이 일정 수준에 이르면 검찰의 직접 수사권은 폐지한다.

4. 범죄의 단일성과 동일성을 벗어나는 수사를 금지한다(별건 수사 금지). 검찰의 시정조치 요구사건(형사소송법 제197조의3)과 고소인이 이의를 제기한 사건(형사소송법 제245조의7) 등에 대해서도 당해 사건의 단일성과 동일성을 해치지 않는 범위 속에서 수사할 수 있다고 규정한다.

5) 위 국회의장 여야 합의문 작성 이후 2022. 4. 25. 김진표 위원 등 9인은 조정위원회 구성요구를 철회하였고, 같은 날 21:26경 제5차 법사1소위가 개회되었다. 위 회의에서는 법사위 수석전문위원이 위 국회의장 여야 합의문을 반영하여 법조문 형태로 작성한 조정의견에 대한 심사가 진행되었는데, 위 조정의견에 대하여 수석전문위원의 보고, 위원들의 토론, 정부측 및 법원측 참석자의 의견 진술 등이 이루어졌다. 제5차 법사1소위는 같은 날 23:29경 산회되었다.

6) 2022. 4. 26. 14:01경 개회된 제6차 법사1소위에서는 위 국회의장 여야 합의문을 토대로 국민의힘과 민주당 각 당이 제시한 개정안에 대한 심사가 진행되었다. 위 회의에서는 각 당이 제시한 개정안에 대한 축조심사와 위원들의 토론, 정부측 및 법원측 참석자의 의견 진술 등이 이루어졌는데, 청구인들을 비롯한 국민의힘 소속 위원들은 민주당이 제시한 개정안이 위 합의문의 내용과 다르다는 이의를 제기하고 중간에 퇴장하였다. 국민의힘 소속 위원들이 퇴장한 상태에서 축조심사가 계속 진행된 다음, 9개의 개정법률안 원안들을 폐기하고 민주당안을 기반으로 한 이 사건 개정법률안을 법사위 위원회안으로 제안하기로 하는 의결이 이루어졌다. 제6차 법사1소위는 같은 날 19:08경 산회되었다.

제6차 법사1소위가 산회된 후인 같은 날 21:19경 제395회 국회(임시회) 제3차 법사위 전체회의가 개회되어 이 사건 개정법률안이 안건으로 상정되었으나, 국민의힘 소속 청구인들 등 6인의 조정위원회 구성 요구로 정회되었다. 법사위 전체회의가 정회된 뒤 민주당 및 국민의힘의 각 교섭단체 대표의원, 피청구인 법사위 위원장, 청구인들과 민주당 소속 위원 일부는 법사위 수석전문위원실에 모여 조정안 도출을 위한 논의를 하여 이 사건 협의안을 마련하였다. 이 사건 협의안은, 이 사건 검찰청법 개정법률안 중 검사의 직접수사대상 범죄의 범위를 '부패범죄, 경제범죄 중 대통령령으로 정하는 범죄'로 정한 부분을 '부패범죄, 경제범죄 등 대통령령으로 정하는 범죄'로 수정하고, 사법경찰관 송치사건에 대한 직접 보완수사의 범위를 동일한 범죄사실의 범위 내로 제한한 부분을 삭제하며, 이 사건 형사소송법 개정법률안 중 사법경찰관 송치사건에 대한 직접 보완수사의 범위를 '동일한 범죄사실의 범위 내'로 정한 부분을 '동일성을 해치지 아니하는 범위 내'로 수정하는 등의 내용으로 되어 있다.

그러나 피청구인 법사위 위원장이 민형배 위원을 비교섭단체 몫의 조정위원으로 선임하자, 같은 날 23:37경 개회된 이 사건 조정위원회에 조정위원이 아닌 국민의힘 소속 의원들이 다수 참석하여 민형배 위원의 조정위원 선임을 강력하게 항의하였고, 국민의힘 소속 조정위원들은 의사진행발언을 요청하는 반면 민주당 소속 조정위원들은 표결 처리를 요구하는 등 장내 소란으로 정상적인 회의가 진행되지 못하였다. 이에 조정위원장은 개정법률안 원안들과 이 사건 개정법률안을 상정한 다음 축조심사와 토론을 모두 생략하고 표결에 부쳐 이 사건 개정법률안을 조정안으로 가결선포하였다. 이 사건 조정위원회는 23:54경 산회되었다.

7) 제395회 국회(임시회) 제4차 법사위 전체회의는 이 사건 조정위원회가 산회된 직후인 2022. 4. 27. 00:03경 개회되었다. 피청구인 법사위 위원장은 00:04경 이 사건 개정법률안을 상정하였고, 조정위원장의 보고와 토론 등을 생략하고 바로 표결절차에 나아가 이 사건 개정법률안을 법사위 대안으로 의결하고 00:11경 회의를 산회하였다.

(나) 피청구인 법사위 위원장의 이 사건 가결선포행위로 인한 청구인들의 심의·표결권 침해 여부

1) 이 사건 조정위원회 조정안 의결의 위법 여부

가) 앞서 사건개요와 위 인정사실에서 본 것과 같이, 민형배 위원은 민주당 소속 의원으로 2021. 2. 1. 검사의 직접 수사권을 박탈하는 내용의 개정법률안 원안을 대표발의하였고, 박홍근 의원이 민주당 당론에 따라 검찰개혁 법안의 4월 임시국회 처리를 위해 대표발의한 법안에 다른 민주당 의원들과 함께 찬성자로 참여하였으며, 법사1소위에서 개정법률안 원안들에 대한 법안심사가 처음 개시된 2022. 4. 18. 민주당의 교섭단체 대표의원의 요청에 따라 법사위 위원으로 보임되었다. 그런데 민형배 위원은 2022. 4. 20. 법사위에서 유일한 무소속 위원

으로 조정위원회가 구성될 경우 비교섭단체 몫의 조정위원으로 선임될 예정인 양향자 위원이 개정법률안 원안들의 추진방식에 대해 반대의견을 표명한 사실이 알려지자, 같은 날 민주당을 탈당하고 민주당 소속 김진표 위원 등 8인과 함께 조정위원회 구성을 요구하였다. 그리고 피청구인 법사위 위원장은 2022. 4. 26. 국민의힘 소속 청구인들 등 6인이 조정위원회 구성을 요구하자 민형배 위원을 비교섭단체 몫의 조정위원으로 선임하였다.

이러한 사정을 종합하면, 민형배 위원은 개정법률안 원안들의 4월 임시국회 처리를 위하여 양향자 위원 대신 비교섭단체 몫의 조정위원으로 선임될 목적으로 탈당하였고, 피청구인 법사위 위원장은 민형배 위원과 같은 민주당 소속으로 이와 같은 민형배 위원의 탈당 경위를 충분히 알 수 있었음에도 민형배 위원을 비교섭단체 몫의 조정위원으로 선임하였음을 인정할 수 있다.

국회법 제57조의2에 규정된 안건조정제도는, 위원회에서 직접 심사하거나 소위원회에서 심사할 경우 이견을 조정하기 어려운 안건에 대하여 위원회 재적위원 3분의 1 이상의 요구에 따라 소속 의원 수가 가장 많은 제1교섭단체 소속 조정위원과 그 밖의 조정위원을 각각 3인의 동수로 하는 조정위원회를 구성하여 논의하도록 함으로써 쟁점 안건을 대화와 타협을 통해 효과적으로 처리할 수 있도록 한 제도이다. 조정위원회에서는 조정위원의 3분의 2인 4명 이상의 찬성으로 조정안을 의결하도록 하여 최소한의 합의를 전제로 결론을 도출하도록 되어 있으며, 이러한 측면에서 안건조정제도는 국회 내 다수 세력의 일방적 입법 시도를 저지하는 기능도 가지고 있다(헌재 2020. 5. 27. 2019헌라5 참조).

그런데 피청구인 법사위 위원장은 위와 같은 안건조정제도의 목적과 취지에 반하여 비교섭단체 몫의 조정위원으로 선임될 목적으로 제1교섭단체인 민주당을 탈당한 민형배 위원을 제1교섭단체 소속이 아닌 조정위원으로 선임하였다. 이는 제1교섭단체 소속 조정위원과 그 밖의 조정위원을 3:3 동수가 아닌 사실상 의결정족수를 충족시킬 수 있는 4:2가 되도록 한 것이므로, 제1교섭단체 소속 조정위원의 수와 그 밖의 조정위원의 수를 동수로 구성하도록 한 국회법 제57조의2 제4항을 위반한 것이다.

나) 안건조정제도의 취지상 조정안의 의결은 당연히 안건에 대한 조정심사를 전제로 한다(헌재 2020. 5. 27. 2019헌라5 참조).

이 사건 조정위원회는 2022. 4. 26. 23:37경 개회되어 23:54경에 산회되었는데, 상정된 개정법률안 원안들과 이 사건 개정법률안에 대한 축조심사 및 토론 등이 모두 생략된 채 표결이 이루어졌다. 이 사건 조정위원회에서 안건에 대한 조정심사 없이 조정안 의결이 이루어진 것이다.

당시 이 사건 조정위원회 회의 초반부터 조정위원이 아닌 국민의힘 소속 의원들이 다수 참석하여 민형배 위원의 조정위원 선임을 강력하게 항의하는 등 정상적인 회의 진행이 어려울 정도로 장내 소란이 발생하기는 하였으나, 안건조정제도는 이견을 조정할 필요가 있는 안건에 대하여 다수당의 일방적인 의사절차 진행을 저지하고 대화와 타협을 통한 합의를 이루기 위하여 그 구성일로부터 최대 90일 동안의 활동기한을 보장하는 제도이다. 이러한 안건조정제도의 목적과 취지, 당시 장내 소란이 피청구인 법사위 위원장이 국회법을 위반하여 민형배 위원을 비교섭단체 몫의 조정위원으로 선임한 것을 항의하는 과정에서 발생한 점 등을 고려하면, 장내 소란이 발생하였다는 사정만으로 조정위원회가 개회된 첫날 축조심사를 포함하여 질의·토론 등 일련의 의사절차를 모두 생략한 채 의결한 것이 정당화되기 어렵다.

다) 이처럼 조정심사 없이도 조정안 의결이 가능하였던 것은 피청구인 법사위 위원장이 제1교섭단체에 속한 조정위원과 그 밖의 조정위원의 수를 동수로 구성하도록 한 국회법 조항을 위반하여 조정위원을 선임함으로써 미리 가결의 조건을 충족시켰기 때문으로 볼 수 있다.

앞서 본 것과 같이 조정위원회에서의 조정안 의결은 제1교섭단체에 속한 조정위원과 그 밖의 조정위원의 수를 동수로 구성한 상태에서 대화와 타협의 결과 재적 조정위원 3분의 2인 4명 이상의 찬성에 의하여 이루어지도록 규정되어 있다(국회법 제57조의2 제4항, 제6항). 조정안 의결정족수 충족은 단순히 그 숫자만 충족되는 것으로 정당화되는 것이 아니라 표결에 참여하는 조정위원들 사이의 자유로운 토론의 결과라는 점이 전제되어야 하는 것이다.

그런데 이 사건 조정안 가결선포는 재적 조정위원 6명 중 4명이 찬성하여 이루어졌으나, 이러한 표결 결과는 국회법 제57조의2 제4항에 반하여 조정위원으로 선임된 민형배 위원이 표결에 참여하여 의결정족수 충족 과정에 왜곡이 발생한 상태에서 이루어진 것으로, 이는 결국 조정위원회의 의결정족수에 관한 국회법 제57조의2 제6항을 위반한 것으로 보아야 한다.

라) 위와 같이 피청구인 법사위 위원장이 민형배 위원

을 조정위원으로 선임함으로써 이미 가결의 조건이 만들어졌고 이후 이 사건 조정위원회에서 축조심사와 토론 없이 조정안 가결이 이루어졌는바, 이는 제1교섭단체 소속 조정위원의 수와 그 밖의 조정위원의 수를 동수로 구성하여 대화와 타협을 통해 조정안 의결이 이루어지도록 한 국회법 제57조의2 제4항 및 제6항과 조정위원회 심사 시 축조심사와 토론을 거치도록 한 국회법 제57조의2 제10항, 제57조 제8항 및 제58조 제1항에 위배된다.

2) 제4차 법사위 전체회의의 위법 여부

앞서 인정한 사실에 의하면, 피청구인 법사위 위원장은 제4차 법사위 전체회의 개회 당시 이 사건 조정위원회에서 조정심사 없이 조정안 의결이 이루어져 청구인들을 포함한 국민의힘 소속 위원들이 의사절차 진행에 강하게 항의하고 있는 것을 충분히 인지하고 있었다고 할 것이다. 그런데도 피청구인 법사위 위원장은 어떠한 조치도 취하지 않은 채 이 사건 조정위원회가 산회된 지 9분 뒤인 2022. 4. 27. 00:03경 제4차 법사위 전체회의를 개회하여 이 사건 개정법률안을 상정하였고, 조정위원장의 심사 보고와 토론 등의 절차를 모두 생략한 채 표결을 진행하였다.

피청구인 법사위 위원장은 위와 같이 토론 등을 생략하면서 그 이유로 이 사건 개정법률안이 민주당 및 국민의힘의 각 교섭단체 대표의원과 간사가 충분하게 협의를 거쳐 마련한 대안이라는 점과 장내 소란으로 정상적인 토론을 진행하기 어려운 점을 들었다. 그러나 원외의 정치적 합의가 있었다 하더라도 이러한 합의의 내용은 회의가 공개되는 위원회 절차 내에서 논의되고 토론될 수 있어야 하며, 원외에서 정치적 합의가 있었다는 점만으로 국회법상의 토론 등 절차를 생략할 수는 없다. 또한 당시 장내 소란이 민형배 위원의 조정위원 선임, 조정위원회에서의 표결 처리 등 이 사건 조정위원회에서 제기된 문제 등을 항의하는 과정에서 발생한 점을 고려하면, 장내 소란이 발생하였다는 사정만으로 토론 등의 절차를 생략한 것이 정당하다고 보기 어렵다.

그렇다면 피청구인 법사위 위원장이 토론 등의 절차를 모두 생략한 채 표결을 진행한 것은 위원회의 심사절차를 정한 국회법 제58조 제1항에 위배된다.

3) 청구인들의 법률안 심의·표결권 침해 여부

이상 살펴 본 바와 같이 이 사건 조정위원회 조정안 의결에는 국회법 제57조의2 제4항 및 제6항, 제57조의2 제10항, 제57조 제8항 및 제58조 제1항을 위반한 하자가 있고, 제395회 국회(임시회) 제4차 법사위 전체회의의 표결절차에는 국회법 제58조 제1항을 위반한 하자가 있는바, 피청구인 법사위 위원장이 이 사건 조정위원회의 의결과 제4차 법사위 전체회의의 표결 결과에 따라 이 사건 개정법률안에 대한 가결을 선포한 행위는 청구인들의 법률안 심의·표결권을 침해한 것으로 봄이 타당하다.

(다) 피청구인 법사위 위원장의 이 사건 가결선포행위의 무효 여부

1) 헌법재판소법 제61조와 제66조는 권한쟁의심판사건에서 헌법재판소가 심판하여야 할 대상을 원칙적으로 피청구인의 처분 등이 헌법 또는 법률에 의하여 부여받은 청구인의 권한을 침해하였는지 여부로 정하고 있고, 권한 침해 여부의 확인에서 더 나아가 피청구인의 처분을 취소하거나 그 무효를 확인하는 것에 대하여는 헌법재판소에게 그의 재량에 따른 부가적인 심판 가능성을 부여하고 있을 뿐이다. 따라서 국가기관 상호간의 권한쟁의심판 결과 드러난 위헌·위법 상태를 제거함에 있어 피청구인인 국가기관에 여러 가지 정치적 형성의 여지가 있는 경우, 헌법재판소로서는 피청구인의 정치적 형성권을 존중하여야 하므로 원칙적으로 처분의 권한 침해만을 확인하고 권한 침해로 야기된 위헌·위법 상태의 시정은 피청구인에게 맡겨두는 것이 바람직하며, 재량적 판단에 의한 무효확인 또는 취소를 통하여 피청구인의 처분의 효력을 직접 결정하는 것은 권한질서의 회복을 위하여 헌법적으로 요청되는 예외적인 경우에 한정되어야 한다(헌재 2010. 12. 28. 2008헌라7 중 재판관 이공현의 무효확인 청구 부분에 대한 기각의견 참조).

특히 국회의원이 국회에서의 입법관련 처분의 하자로 인하여 심의·표결권을 침해받았음을 다투는 권한쟁의 심판의 경우, 사법기관으로서 사법본질상의 한계에 구속되는 헌법재판소는 대의민주주의와 권력분립을 원칙으로 하는 헌법질서 아래에서 국민의 대표기관이자 정치적 헌법기관인 국회가 가지는 자율권과 정치적 형성권을 최대한 존중하여야 한다. 따라서 헌법재판소는 원칙적으로 처분의 권한 침해만을 확인하고, 권한 침해로 인하여 야기된 위헌·위법 상태의 시정은 피청구인에게 맡겨두는 것이 합당하다. 다만, 그 처분에 의회주의의 이념에 입각한 국회의 기능을 형해화할 정도의 중대한 헌법 위반이 있고, 국회의 정치적 형성권을 존중할 필요가 없거나 국회에 다른 정치적 형성방법을 기대할 수 없는 경우에는 예외적으로 헌법질서의 회복을 위하여 헌법재판소가 취소·무효확인 결정을 부가적으로 선언함으로

써 직접 처분의 효력을 소멸시킬 수 있다고 할 것이다.

2) 위에서 살핀 바와 같이, 피청구인 법사위 위원장의 이 사건 가결선포행위는 조정위원 선임과 조정위원회 의결정족수에 관한 국회법 제57조의2 제4항 및 제6항, 조정위원회의 심사절차에 관한 국회법 제57조의2 제10항, 제57조 제8항 및 제58조 제1항, 위원회의 심사절차에 관한 국회법 제58조 제1항을 위반하여 청구인들의 심의·표결권을 침해하였다.

그런데 이 사건 개정법률안은 2022. 4. 26. 제6차 법사1소위에서 축조심사와 토론을 거쳐 의결된 후 같은 날 제3차 법사위 전체회의에 상정되었는데, 그대로 의사절차가 진행될 경우 법사위 대안으로 의결될 수 있는 상태에서 조정위원회 구성이 요구되었다. 조정위원회가 구성되기 전까지의 법사위 법안심사 과정을 살펴보면, 검사의 수사권을 제한하는 내용의 개정법률안 원안들에 대한 법안심사가 2022. 4. 18. 제2차 법사1소위에서 본격적으로 개시되어 제3차·제5차·제6차 법사1소위까지 진행되었고, 제5차 및 제6차 법사1소위에서는 '국회의장 여야 합의문'을 토대로 수석전문위원이 작성한 조정의견과 민주당과 국민의힘 각 당이 마련한 개정안을 중심으로 심사가 진행되었다. 위 각 회의에서는 위원들의 토론과 정부측 및 법원측 참석자의 의견 진술 등이 이루어지는 등 실질적인 심사가 이루어졌고, 청구인들은 법사1소위 위원으로서 위 각 회의에 출석하여 법안심사에 참여하였다. 제6차 법사1소위에서는 이 사건 개정법률안에 대한 축조심사와 토론절차가 진행되었는데 청구인들을 비롯한 국민의힘 소속 위원들은 위 회의에도 참여하였으나 표결을 거부하여, 의결은 민주당 소속 위원들만으로 이루어졌다. 이처럼 청구인들은 이 사건 조정위원회와 제4차 법사위 전체회의에서 법률안 심의·표결권을 침해받았으나, 그 이전의 법안심사 과정에서는 법안심사에 참여할 기회를 보장받았다. 특히 이 사건 개정법률안에 대해 청구인들의 참여 하에 축조심사와 토론이 이루어지는 등 청구인들은 이 사건 개정법률안 심의에 실질적으로 참여하였다.

이 사건 개정법률안은 '국회의장 여야 합의문'을 토대로 민주당이 마련한 개정안에 기초한 것으로, '국회의장 여야 합의문'은 민주당과 국민의힘 각 당에서 의원총회를 거쳐 작성되었다. 물론 원외에서 정치적 합의가 있었다고 하여 국회법상의 절차를 생략할 수 없고, 그러한 점에서 이 사건 조정위원회나 제4차 법사위 전체회의에서 토론이 생략된 채 의결이 진행된 것은 국회법 제57조 제8항 및 제58조 제1항에 위배됨은 앞서 본 것과 같다. 그러나 '국회의장 여야 합의문'은 밀실에서 이루어진 것이 아니라 각 당의 의원총회를 거쳐 작성된 것이고, 법사1소위에서는 각 당이 위 합의문을 토대로 마련한 개정안에 대해 심사가 진행되었으며, 청구인들은 그 심사 과정에 참여하여 각 개정안에 대한 의견을 진술하는 등 실질적인 토론이 이루어졌다. 나아가 이 사건 조정위원회가 열리기 전에 청구인들과 민주당 소속 위원들이 이 사건 개정법률안에 대한 이견을 조율하는 과정에서 이 사건 협의안이 마련되기도 하였다.

이상의 사정을 종합하면, 청구인들이 비록 이 사건 조정위원회의 의결 과정과 제4차 법사위 전체회의 표결 과정에서 심의·표결권을 침해받기는 하였으나, 법사위 법안 심사 과정에서 심의·표결권의 행사가 전면 차단되는 등 의회주의 이념에 입각한 국회의 기능이 형해화될 정도의 중대한 헌법 위반이 있었다고 보기 어렵다.

또한 국회법이 위원회 중심주의를 택하고 있으나, 위원회의 역할은 국회의 예비적 심사기관으로서 회부된 안건을 심사하고 그 결과를 본회의에 보고하여 본회의의 판단자료를 제공하는 데 있으므로(헌재 2010. 12. 28. 2008헌라7; 헌재 2016. 5. 26. 2015헌라1 참조), 헌법재판소가 위원회 단계에서 이루어진 의결의 하자만을 기준으로 국회의 정치적 형성권을 존중할 필요가 없다거나 다른 정치적 형성방법을 기대할 수 없다고 평가하는 것은 적절하지 아니하다.

따라서 피청구인 법사위 위원장의 이 사건 가결선포행위에 대한 무효확인청구는 이유 없어 기각하여야 한다.

(2) 피청구인 국회의장의 이 사건 가결선포행위에 관한 판단

피청구인 국회의장의 이 사건 가결선포행위가 청구인들의 법률안 심의·표결권을 침해하여 무효라는 청구인들의 주장에 대한 판단은 재판관 유남석, 재판관 이석태, 재판관 김기영, 재판관 문형배의 전부 기각의견과 같으므로, 해당 부분을 원용하고 다음의 내용만 추가한다.

앞서 본 것과 같이 청구인들은 이 사건 개정법률안에 대한 법사위 법안심사 과정에서 법률안 심의·표결권을 침해받았다. 그런데 위원회의 법안심사는 국회의 예비적 심사기관으로서 본회의의 판단자료를 제공하는 의미가 있으므로, 청구인들이 법사위 법안심사 과정에서 법률안 심의·표결권을 침해받았다 하더라도 본회의에서 위원회 심사보고와 수정안 제안설명, 무제한토론 등 적

법하게 의사절차가 진행되어 자유로운 토론의 기회를 보장받은 이상, 법사위에서의 절차상 하자만으로 본회의에서도 법률안 심의·표결권을 침해받았다고 보기 어렵다.

(3) 결론

이상과 같이 피청구인 법사위 위원장의 이 사건 가결선포행위는 청구인들의 심의·표결권을 침해하였으므로 그 확인을 구하는 청구인들의 심판청구는 이유 있다. 그러나 청구인들의 심판청구 중 피청구인 법사위 위원장의 이 사건 가결선포행위에 대한 무효확인을 구하는 부분과 피청구인 국회의장의 이 사건 가결선포행위에 대한 권한침해확인 및 무효확인을 구하는 부분은 모두 이유 없다.

다. 재판관 이선애, 재판관 이은애, 재판관 이종석, 재판관 이영진의 전부 인용의견

(1) 인정사실

(가) 법사위 법안심사 과정

민주당은 2022. 4. 12. 의원총회를 열고 검사의 수사권과 기소권을 분리하여 검사의 직접 수사권을 제한하려는 취지의 법안을 4월 임시국회에서 처리하기로 당론을 정하였다. 당시 민주당의 교섭단체 대표의원인 박홍근 의원은 2022. 4. 15. 박홍근 의원안을 단독발의하였고, 민형배 의원과 당시 법사위 위원장인 박광온 의원을 포함한 민주당 소속 국회의원 171명은 위 법안의 찬성자로 참여하였다. 또한, 박홍근 의원은 2022. 4. 18. 피청구인 국회의장에게 민형배 의원을 정무위원회 위원에서 법사위 위원으로, 김진표 의원을 국방위원회 위원에서 법사위 위원으로 보임할 것을 요청하여 같은 날 위 의원들이 모두 법사위 위원으로 보임되었다. 같은 날 20:42경 법사1소위 위원장은 제395회 국회(임시회) 제2차 법사1소위를 개회하고 박홍근 의원안을 포함한 9개의 개정법률안 원안들에 대한 심사를 개시하였다.

제2차 법사1소위 법안심사는 자정이 가까워지자 차수변경을 위해 23:55경 산회되었고, 2022. 4. 19. 00:15경 차수를 변경하여 제395회 국회(임시회) 제3차 법사1소위를 개회하고 법안심사를 계속하였다.

그런데 2022. 4. 20. 당시 법사위에서 유일하게 교섭단체에 소속되지 않은 양향자 위원이 민주당의 위 개정법률안 원안들에 대한 추진 방식에 반대의견을 표명한 사실이 알려졌고, 같은 날 민주당 소속 법사위 민형배 위원은 민주당을 탈당하였다. 같은 날 15:50경 제395회 국회(임시회) 제4차 법사1소위가 개회되었으나, 15:59경 정회되었고, 같은 날 김진표 위원 등 8인과 민형배 위원은 조정위원회 구성을 요구하였다.

이후 2022. 4. 22. 피청구인 국회의장의 중재로 여야 교섭단체 대표의원들은 국회의장과 함께 검찰의 직접 수사권과 기소권을 분리하는 등 총 8개의 항목에 관한 '국회의장 여야 합의문'을 작성하였다. 위 합의문이 마련됨에 따라 김진표 위원 등 9인은 2022. 4. 25. 조정위원회 구성요구를 철회하였다. 같은 날 제5차 법사1소위가 개회되었고, 위 국회의장 여야 합의문을 반영한 법사위 조정의견을 심사하였다.

2022. 4. 26. 14:01경 개회된 제395회 국회(임시회) 제6차 법사1소위에서 민주당과 국민의힘 소속 위원들은 위 법사위 조정의견에 대한 각 당의 입장을 반영한 법안을 제시하였다. 그런데 국민의힘 소속 위원들은 민주당안에 합의되지 않은 내용이 다수 포함되어 있다는 이유로 표결 전에 모두 퇴장하였고, 민주당 소속 위원들만 남은 상태에서 표결이 진행되어 위 9개 개정법률안 원안들을 폐기하고 민주당안을 기반으로 한 이 사건 개정법률안을 법사위 위원회안으로 제안하기로 의결하였다.

위 법사1소위의 법안심사에서는 특히, 사법경찰관의 불송치결정에 대한 이의신청을 할 수 있는 사람 중에서 고발인을 제외할 것인지 여부도 논의되었는데 해당 내용을 법안에서 제외하기로 하였고, 이에 따라 의결된 이 사건 형사소송법 개정법률안에는 그에 관한 형사소송법 제245조의7 제1항의 개정 내용이 포함되지 않았다.

피청구인 법사위 위원장은 같은 날인 2022. 4. 26. 21:19경 제395회 국회(임시회) 제3차 법사위 전체회의를 개회하고 개정법률안 원안들과 이 사건 개정법률안을 안건으로 상정하였다. 이에 국민의힘 소속 청구인들 등 6인은 조정위원회 구성을 요구하였고, 법사위 전체회의는 정회되었다.

법사위 전체회의가 정회된 뒤 여야 교섭단체 대표의원, 피청구인 법사위 위원장, 청구인들과 민주당 소속 위원 일부는 법사위 수석전문위원실에 모여 조정안 도출을 위한 논의를 하였고, 합의가 이루어진 부분에 대해서 '이 사건 협의안'을 작성하였다.

한편, 피청구인 법사위 위원장은 같은 날인 2022. 4. 26. 제1교섭단체인 민주당 소속 김남국, 김진표, 이수진 위원, 제2교섭단체인 국민의힘 소속 청구인들, 무소속 민형배 위원을 조정위원으로 선임하였다. 같은 날 23:37경 이 사건 조정위원회가 개회되었고, 민주당 소속 김진표 위원이 조정위원장으로서 회의를 주재한 가운데 축조심사 및 질의·토론이 모두 생략된 채 이 사건 개정법률안이 조정안으로 가결되었다. 조정위원회는 같은 날 23:54경 산회되었고, 그 회의시간은 약 17분이었다.

조정위원회 산회 직후인 2022. 4. 27. 00:03경 제395회 국회(임시회) 제4차 법사위 전체회의가 개회되었다. 피청구인 법사위 위원장은 00:04경 이 사건 개정법률안을 상정하였고, 조정위원장의 보고와 토론 등 절차를 생략하고 바로 표결에 나아가 이 사건 개정법률안을 법사위 대안으로 의결하였다. 법사위 전체회의는 같은 날 00:11경 산회되었고, 그 회의시간은 약 8분이었다.

(나) 본회의 법안심사 과정

피청구인 법사위 위원장은 2022. 4. 27. 제4차 법사위 전체회의에서 법사위 대안으로 가결선포된 이 사건 개정법률안을 피청구인 국회의장에게 제출하였다.

한편, 제395회 국회(임시회) 집회공고는 2022. 4. 1. 집회일시를 2022. 4. 6. 오후 2시로 하여 공고되었다. 제395회 국회(임시회)의 회기는 집회 후 즉시 회기를 결정하지 아니하여 2022. 4. 6.부터 종기(終期)를 정함이 없이 개시된 상태였다.

피청구인 국회의장은 2022. 4. 27. 17:05경 제395회 국회(임시회) 제2차 본회의를 개의하고 임시회 회기 결정의 건을 상정하였다. 회기결정의 건에 대하여는 제395회 임시회 회기를 2022. 4. 6.부터 2022. 5. 5.까지 30일간으로 하는 피청구인 국회의장의 안이 있었고, 제395회 임시회 회기를 2022. 4. 6.부터 본회의 당일인 2022. 4. 27.까지 22일간으로 하는 진성준 의원 외 170인의 수정안이 있었다. 진성준 외 170인이 제출한 수정안이 재석의원 212인 중 찬성 143인, 반대 65인, 기권 4인으로 가결되어 제395회 국회(임시회)는 제2차 본회의 당일 회기가 종료되는 것으로 결정되었다.

피청구인 국회의장은 회기결정의 건 가결 이후 이 사건 개정법률안 중 검찰청법 개정법률안이 제출된 지 1일이 지나지 않았음에도 2022. 4. 27. 17:08경 제395회(임시회) 제2차 본회의에 이 사건 검찰청법 개정법률안을 상정하였고, 제안설명을 들은 뒤 무제한토론을 실시하였다. 국민의힘 소속 권성동 의원, 김웅 의원, 민주당 소속 김종민, 안민석 의원이 무제한토론에 참여하였고, 안민석 의원의 무제한토론 이후 자정이 되어 회기가 종료됨에 따라 무제한토론도 종료되었다.

한편, 위와 같은 이 사건 검찰청법 개정법률안에 대한 무제한토론이 진행되는 중에 진성준 의원 외 31인은 이 사건 검찰청법 수정안 및 형사소송법 수정안을 제출하였다. 특히, 이 사건 형사소송법 수정안에는 원안에는 포함되어 있지 않았던, 사법경찰관의 불송치결정에 대하여 이의신청을 할 수 있는 자 중에서 고발인을 제외하는 형사소송법 제245조의7 제1항의 개정 내용이 포함되었다.

제396회 국회(임시회) 집회공고는 2022. 4. 27. 집회일시를 2022. 4. 30. 오후 2시로 하여 공고되었다. 피청구인 국회의장은 2022. 4. 30. 16:22경 제396회(국회) 임시회 제1차 본회의를 개의하였다. 피청구인 국회의장은 이 사건 검찰청법 개정법률안을 상정하였고, 진성준 의원 외 31인이 제출한 이 사건 검찰청법 수정안에 대한 제안설명을 들은 후 지난 본회의에서 무제한토론이 종결되었다는 이유로 곧바로 이 사건 검찰청법 수정안에 대한 표결을 실시하였다. 이 사건 검찰청법 수정안은 재석 177인 중 찬성 172인, 반대 3인, 기권 2인으로 가결선포되었고, 이에 따라 원안은 따로 표결되지 않았다. 이후 제396회 국회(임시회) 제1차 본회의에서도 회기결정의 건이 상정되었다. 피청구인 국회의장은 임시회 회기를 2022. 4. 30.부터 2022. 5. 29.까지 30일간으로 하는 안을 제안하였고, 진성준 의원 외 167인은 임시회 회기를 2022. 4. 30. 당일로 하는 수정안을 제출하였다. 진성준 의원 외 167인이 제출한 수정안이 재석의원 175인 중 찬성 169인, 반대 3인, 기권 3인으로 가결되어 제396회 국회(임시회) 회기는 당일 하루로 결정되었다. 그 다음의 의사일정으로 이 사건 형사소송법 개정법률안이 상정되었고 이 사건 형사소송법 개정법률안 및 수정안에 대한 제안설명이 있었으며, 이에 대한 무제한토론이 실시되었다. 국민의힘 소속 김형동 의원, 김미애 의원, 민주당 소속 최기상 의원, 임호선 의원이 참여하였고, 임호선 의원의 무제한토론 중 자정이 되어 회기가 종료됨으로써 무제한토론도 종료되었다.

제397회 국회(임시회) 집회공고는 2022. 4. 30. 집회일시를 2022. 5. 3. 오전 10시로 하여 공고되었다. 피청구인 국회의장은 2022. 5. 3. 오전 10:03경 제397회 국회(임시회) 제1차 본회의를 개의하였다. 피청구인 국회의장은 이 사건 형사소송법 개정법률안을 상정하고 진성준 의원 외 31인이 제출한 이 사건 형사소송법 수정안을 먼저 표결하였다. 이 사건 형사소송법 수정안은 재석 174인 중 찬성 164인, 반대 3인, 기권 7인으로 가결되었고, 이에 따라 원안은 따로 표결되지 않았다. 또한, 위 본회의에서 제397회 국회(임시회) 회기결정의 건이 상정되었고, 피청구인 국회의장이 제안한 2022. 5. 3.부터 2022. 6. 1.까지 30일간으로 회기를 정하는 안이 가결되었다.

(다) 이 사건 검찰청법 및 형사소송법 공포 및 시행

이 사건 검찰청법은 2022. 5. 2. 정부로 이송되었다. 이 사건 형사소송법은 2022. 5. 3. 정부로 이송되었다. 제19대 대통령은 2022. 5. 9. 이 사건 검찰청법과 형사소송법을 공포하였다. 2022. 5. 10. 제20대 대통령이 취임하였다.

한편, 이 사건 검찰청법과 형사소송법은 각 부칙 제1조에서 공포 후 4개월이 경과한 날부터 시행하도록 규정하였고, 이 사건 검찰청법 부칙 제3조에서는 검사가 수사를 개시할 수 있는 범죄의 범위에 관한 경과조치로 선거범죄에 관하여는 제4조 제1항 제1호 가목의 개정에도 불구하고 2022. 12. 31.까지 종전의 규정에 따르는 것으로 규정하였다.

(2) 재판관 이선애, 재판관 이은애, 재판관 이종석, 재판관 이영진의 권한침해확인청구 전부 인용의견

(가) 의회민주주의와 헌법상 다수결원칙

의회민주주의의 기본원리의 하나인 다수결의 원칙은 의사형성과정에서 소수파에게 토론에 참가하여 다수파의 견해를 비판하고 반대의견을 밝힐 수 있는 기회를 보장하여 다수파와 소수파가 공개적이고 합리적인 토론을 거쳐 다수의 의사로 결정한다는 데 그 정당성의 근거가 있다(헌재 2010. 12. 28. 2008헌라7 참조).

헌법 제49조는 "국회는 헌법 또는 법률에 특별한 규정이 없는 한 재적의원 과반수의 출석과 출석의원 과반수의 찬성으로 의결한다. 가부동수인 때에는 부결된 것으로 본다."라고 규정하고 있는바, 이는 의회민주주의의 기본원리인 다수결의 원칙을 선언한 것이고, 헌법상 다수결원칙은 다수에 의한 의사결정 이전에 합리적인 토론과 상호 설득의 과정에서 의사의 내용이 변동되거나 조정될 수 있음을 전제로 하며, 이를 위해 의원들에게 실질적이고 자유로운 토론의 기회가 부여되어 있을 것을 요구한다(헌재 2020. 5. 27. 2019헌라3등 중 재판관 이선애, 재판관 이은애, 재판관 이종석, 재판관 이영진의 반대의견 및 별개의견 참조).

특히, 헌법 제49조 후문에서는 '가부동수인 때에는 부결된 것으로 본다.'라고 규정하여 우리 헌법상 국회 내 회의의 의결정족수 충족에 있어 회의의 주재자가 다른 구성원과 동등한 지위의 표결권을 넘어서는 결정권을 갖지 못하도록 하고 있다. 이는 국회 내 의결 절차에서 회의 주재자의 중립적 지위를 엄격하게 요구하는 것이다.

또한, 국회의 의사절차를 의안에 대한 실질적 토론 및 이에 기초한 표결을 보장하지 않는 방식으로 형성한다면, 헌법상 다수결의 원칙에 반하게 되어 국회의 자율권의 한계를 벗어난다고 할 것이다.

(나) 피청구인 법사위 위원장의 이 사건 가결선포행위에 관한 판단

1) 위원회의 안건심사절차는 제안자의 취지설명, 전문위원의 검토보고, 대체토론, 소위원회 심사, 축조심사, 찬반토론, 표결의 순서로 이루어지는데(국회법 제58조 제1항, 제2항, 제3항), 헌법상 다수결원칙을 실질적으로 이해한다면, 위의 의사절차는 모든 위원회의 구성원에게 실질적으로 자유로운 토론의 기회가 부여되는 것을 전제조건으로 하는 의사정족수 또는 의결정족수의 충족을 요하는 것으로 해석되어야 한다(헌재 2020. 5. 27. 2019헌라3등 중 재판관 이선애, 재판관 이은애, 재판관 이종석, 재판관 이영진의 반대의견 및 별개의견 참조).

또한, 국회법 제57조의2에 규정된 안건조정제도는, 위원회에서 직접 심사하거나 소위원회에서 심사할 경우 이견을 조정하기 어려운 안건에 대하여 위원회 재적위원 3분의 1 이상이 요구에 따라 소속 위원 수가 가장 많은 제1교섭단체 소속 조정위원과 그 밖의 조정위원을 각각 3인의 동수로 하는 조정위원회를 구성하여 논의하도록 함으로써, 쟁점 안건을 대화와 타협을 통해 효과적으로 처리할 수 있도록 한 제도이다. 조정위원회에서는 조정위원의 3분의 2인 4명 이상의 찬성으로 조정안을 의결하도록 함으로써 최소한의 합의를 전제로 결론을 도출하도록 되어 있으며, 이러한 측면에서 안건조정제도는 국회 내 다수 세력의 일방적 입법 시도를 저지하는 기능도 가지고 있다. 안건조정제도의 취지상 조정안의 의결은 당연히 조정위원회에서 안건에 대하여 조정하는 심사를 전제로 하며, 실제로 적법한 절차로 조정이 이루어지지 않았다는 사실이 확인되어야만 조정안 의결의 위법성을 인정할 수 있다. 조정위원회의 활동은 그 소속된 위원회 활동의 일부가 된다(헌재 2020. 5. 27. 2019헌라5 참조).

2) 민주당은 2022. 4. 12. 의원총회에서 검사의 수사권과 기소권을 분리하여 검사의 직접 수사권을 제한하려는 취지의 법안을 4월 임시국회에서 처리하기로 당론을 채택하였다.

민형배 위원은 민주당 소속 의원으로서 이미 2021. 2. 1. 검사의 수사권에 관한 규정을 삭제하는 내용의 개정법률안 원안을 대표발의하였을 뿐만 아니라, 위와 같은 민주당 당론에 따라 2022. 4. 15. 민주당의 교섭단

체 대표의원인 박홍근 의원이 발의한 검찰청법 개정법률안과 형사소송법 개정법률안에 다른 민주당 의원들과 함께 찬성자로 참여하였으며, 민주당의 교섭단체 대표의원의 요청에 따라 법사1소위에서 개정법률안 원안들에 대한 법안심사가 처음 개시된 2022. 4. 18. 정무위원회에서 법사위로 보임된 의원이었다. 그런데 2022. 4. 20. 당시 법사위 위원 중 유일하게 교섭단체에 소속되지 않은 양향자 위원이 개정법률안 원안들의 법안 추진 방식에 대한 반대의견을 표명한 사실이 알려지게 되자 민주당을 탈당하였고, 이후 민주당 소속 김진표 위원 등 8인과 함께 조정위원회 구성을 요구하였다.

민형배 위원은 위와 같이 민주당 당론에 따라 법안 처리에 적극적이고 주도적인 역할을 담당한 의원이었는데, 법사위 위원으로 보임된 지 이틀 만에 개정법률안 원안들에 대한 입장이 민주당과 달라지거나 특별히 민주당을 탈당할 만한 사유가 없었음에도 양향자 위원의 법안 추진 방식에 대한 반대의견을 듣고 같은 날 민주당을 탈당한 것이다.

이후 국회의장의 중재로 여야 교섭단체 대표의원들이 합의함에 따라 2022. 4. 25. 김진표 위원 등 9인이 조정위원회 구성요구를 철회하여 실질적으로 조정위원 선임까지 절차가 진행되지는 않았으나, 이후 2022. 4. 26. 국민의힘 소속 청구인들 등 6인이 조정위원회 구성을 요구하자 피청구인 법사위 위원장은 민형배 위원을 비교섭단체 몫의 조정위원으로 선임함으로써, 제1교섭단체인 민주당 소속 위원 3인, 제2교섭단체인 국민의힘 소속 위원 2인, 그리고 민형배 위원 1인으로 조정위원회를 구성하였다.

당시 법사위 위원장인 박광온 의원은 민주당 소속 국회의원으로서 그 당론에 따라 검사의 직접 수사권을 제한하는 취지로 발의된 박홍근 의원안에 민형배 위원과 함께 찬성자로 참여한 바 있다.

한편, 양향자 위원은 2022. 4. 22. '국회의장 여야 합의문'에 기초한 법안 추진에 대하여는 찬반의 입장을 명확히 밝히지 않았으며, 조정위원회의 구성과 심사를 포함한 이 사건 법사위 법안심사의 전 과정에서 무소속 법사위 위원의 지위에 있었다.

이러한 민형배 위원의 탈당 과정과 피청구인 법사위 위원장의 조정위원 선임과정 및 법사위 위원 구성 등의 사정을 살펴보면, 민형배 위원은 법사위에서 조정위원회가 구성될 경우 비교섭단체 몫의 조정위원으로 선임되어 민주당 소속 조정위원들과 함께 조정위원회의 의결정족수를 충족시킬 의도로 민주당과 협의하여 민주당을 탈당하였고, 같은 당 소속으로 민형배 위원과 함께 그 교섭단체 대표의원이 발의한 법률안에 찬성자로 참여하였던 피청구인 법사위 위원장은 이러한 사정을 알고도 검사의 수사권을 폐지 또는 축소하는 내용의 입법이 민주당의 당론에 따라 신속하게 추진될 수 있도록 하기 위해 민형배 위원을 조정위원으로 선임한 것임을 합리적으로 추단할 수 있다.

피청구인 법사위 위원장은 위와 같이 회의의 주재자로서의 중립적인 지위에서 벗어나 그 위원회 활동의 일부인 조정위원회에 관하여 미리 가결의 조건을 만들어 두었고, 조정위원회에서 축조심사 및 질의·토론이 모두 생략되어 실질적인 조정심사 없이 의결된 조정안에 대하여, 법사위 전체회의에서도 심사보고나 실질적인 토론의 기회를 부여하지 않은 채 그 조정안의 내용 그대로 이 사건 개정법률안의 가결을 선포한 것이다. 이는 제1교섭단체 소속 조정위원 수와 그렇지 않은 조정위원 수를 동수로 구성하도록 한 국회법 제57조의2 제4항을 위반한 것이고, 제1교섭단체인 민주당 소속 조정위원 3명과 민형배 위원만으로 재적 조정위원 6명의 3분의 2인 4명이 충족되도록 함으로써 국회 내 다수세력의 일방적 입법 시도를 저지할 수 있도록 의결정족수를 규정한 국회법 제57조의2 제6항의 기능을 형해화한 것이며, 위원회의 안건심사절차에 관하여 규정한 국회법 제58조도 위반한 것이다. 그뿐만 아니라 피청구인 법사위 위원장은 이를 통해 회의 주재자의 중립적인 지위에서 벗어나 법사위 법안심사에서의 실질적인 토론의 기회를 형해화하였다는 점에서 헌법 제49조도 위반하였다.

3) 이 사건에서 조정위원회 구성 이전 법사1소위의 회의까지 법안 내용에 대한 심사가 있었다는 사실이 인정된다 하더라도, 이것은 그러한 심사로도 이견이 좁혀지지 않아 조정위원회 구성 요구가 있었다는 점에서 그 이후에 실질적 조정심사가 반드시 있었어야 할 이유에 해당한다.

또한, 법률안의 내용에 대하여 국회의원들 사이에 법정 절차 밖에서의 정치적 합의가 있었다고 하더라도 이러한 합의의 내용은 공개되고 국회법 소정의 절차를 따르는 위원회의 회의에서 충분히 논의되고 토론될 수 있어야 한다. 그렇지 않다면, 밀실에서의 정치적 합의가 민주적 통제를 위해 마련된 국회법상의 절차를 무용하게 만들 위험이 있어, 법치국가원리에 따라 입법작용에도 적용되는 적법절차원칙 및 헌법 제50조에서 규정한 국회 의사공개의 원칙을 형해화할 수도 있기 때문이다.

이 사건 조정위원회 및 법사위 전체회의 당시 장내 소란이 있었다는 사실이 인정되지만, 이는 다수당에 유리한 일방적 의사절차 진행에 항의하기 위한 것이었고, 회의 당시 장내 소란이 있었다는 것만으로는 국회법상 절차를 위반하여 위원들에게 실질적인 토론의 기회를 전혀 제공하지 않고 곧바로 표결을 강행하여야만 하는 긴박하고 중대한 공익을 발견하기 어렵다. 국회법은 안건조정제도를 단지 위원회 심사를 지연시키기 위한 도구로만 이용하지 않도록 할 필요에 따라 조정위원회의 활동기한을 원칙적으로 그 구성일로부터 90일로 정하였고(국회법 제57조의2 제2항 및 헌재 2020. 5. 27. 2019헌라5 참조), 위원회는 그 소속 조정위원회의 조정안이 의결된 날부터 30일 이내에 그 안건을 표결하도록 하였으므로(국회법 제57조의2 제7항), 조정 대상이 된 안건에 대한 위원회의 심사가 무한정 지연되지 않도록 하는 장치는 마련되어 있다. 또한, 이 사건 법사위에서 위와 같은 의결 절차를 거쳐 제안된 이 사건 개정법률안은 원칙적으로 공포 후 4개월이 경과한 날부터 시행하도록 하는 부칙 규정을 두었을 뿐이고, 그 규율 내용과 관련하여 각 개정 법률안을 수일 내에 긴급하게 의결하고 공포·시행하여야 할 객관적인 사유가 특별히 발견되지 않는다.

4) 따라서 이 사건 법률개정행위의 법사위 의결 절차는 이견이 있는 쟁점 안건을 대화와 타협을 통해 효과적으로 처리하도록 한 안건조정제도에 관한 국회법 제57조의2, 국회 위원회의 심사 및 표결에 관한 국회법 제58조를 위반하였다.

나아가 이 사건 법률개정행위의 법사위 의결 절차는 그 위원장이 회의 주재자의 중립적 지위에서 벗어나 미리 가결의 조건을 만들어 두고 법률안의 심사 과정에서 실질적 토론의 기회를 형해화한 상태에서 표결에 부쳐 의결에 이르도록 하였다는 점에서, 실질적 토론을 전제로 하는 헌법상 다수결원칙을 규정하면서 국회 내 의결 절차에서 회의 주재자의 중립성을 엄격하게 요구하는 헌법 제49조를 위반한 것이다.

(다) 피청구인 국회의장의 이 사건 가결선포행위에 관한 판단

1) 이 사건 본회의에서 의결되어 개정 법률의 내용으로 확정된 법률안은, 법사위에서 대안으로 제안된 이 사건 개정법률안을 원안으로 하는 각 수정안이다. 이러한 본회의의 이 사건 수정안 의결은 그 원안이 헌법을 중대하게 위반하여 제안된 것으로서 그 부의 및 상정 자체가 헌법 위반에 해당하므로, 더 나아가 살펴볼 필요 없이 헌법에 위반된다고 할 것이다.

다만, 본회의 의결 절차에 국한해서 보더라도 회의 주재자의 중립적인 지위와 실질적 토론을 전제로 하는 다수결원칙을 규정한 헌법 제49조와 무제한토론 및 수정동의에 관한 국회법 규정을 위반하였는지 여부가 문제되므로, 이에 대하여 살펴본다.

2) 본회의에 부의된 안건에 대하여 재적의원 3분의 1 이상의 요구가 있는 경우 국회의원은 본회의에서 시간의 제한을 받지 아니하고 무제한토론을 할 수 있다(국회법 제106조의2 제1항). 이는 본회의에서 안건을 최종적으로 의결하기 전에 소수의견을 개진할 수 있는 기회를 부여하고, 다수당과 소수당이 타협하도록 하여 안건이 합의를 통하여 처리되도록 유도하려는 것이다.

국회법상 무제한토론이 종결되기 위해서는 재적의원 3분의 1 이상의 종결동의가 의장에게 제출되어 그때로부터 24시간이 지난 후에 무기명투표로 재적의원 5분의 3 이상의 찬성으로 의결되거나(국회법 제106조의2 제5항, 제6항), 더 이상 토론할 의원이 없거나(국회법 제106조의2 제7항), 또는 무제한토론 실시 중 회기가 종료되어야 한다(국회법 제106조의2 제8항).

이 사건의 경우 2022. 4. 27. '17:05경 개의된' 본회의에서 제395회 국회(임시회)의 회기를 '당일 종료'하기로 하는 회기결정 및 2022. 4. 30. '16:22경 개의된' 본회의에서 제396회 국회(임시회)의 회기를 '당일 1일'로 정하는 회기결정을 각각 의결한 것은, 무제한토론 종결동의를 위한 재적의원 5분의 3 이상의 의결정족수가 적용되지 않도록 하면서 종결동의 제출 시로부터 24시간으로 보장된 최소한의 무제한토론 시간까지 대폭 제약하는 것으로 무제한토론권한을 보장하고 있는 국회법 제106조의2 제6항의 규율 내용에 반한다.

회기 종료로 무제한토론 종결선포가 간주된 경우 해당 안건은 다음 회기에서 지체 없이 표결되는데(국회법 제106조의2 제8항 후문), 이 사건 개정법률안에 대한 무제한토론 실시가 예정되었던 제395회 및 제396회 국회(임시회)의 회기가 회의 당일 종료되거나 당일 하루로 결정된 것과 달리, 무제한토론 실시가 예정되지 않았던 제397회 국회(임시회)의 회기는 통상의 경우와 같이 30일로 결정된 점에 비추어 보면, 제395회 및 제396회 국회(임시회)의 회기를 국회법 제106조의2 제6항에 반하여 무제한토론을 제한하는 내용으로 극단적으로

짧게 결정한 것은, 오로지 이 사건 개정법률안에 대한 무제한토론을 신속하게 마무리하고 바로 다음 회기에서 표결하기 위한 것 외에 다른 이유를 찾기 어렵다.

그런데 이 사건 검찰청법과 형사소송법은 원칙적으로 공포 후 4개월을 경과한 날에 시행하도록 하였을 뿐, 그 규율 내용과 관련하여 각 개정법률안을 수일 내에 긴급하게 의결하여 공포·시행하지 않으면 안 되는 객관적인 사유가 특별히 발견되지 않는다. 이와 관련하여 확인할 수 있는 사정은 위와 같은 의결 절차로 개정된 이 사건 검찰청법 및 형사소송법이 제20대 대통령이 취임하기 전날인 2022. 5. 9. 제19대 대통령에 의하여 공포되었다는 것뿐이다.

따라서 이 사건 본회의 의결 절차에서 제395회 국회(임시회)의 회기를 '당일 종료'하기로 하고 제396회 국회(임시회)의 회기를 '당일 1일'로 정한 각 회기결정은, 무제한토론 종결동의의 요건 및 절차에 관한 국회법 제106조의2 제6항을 위반하였다.

3) 헌법 제47조 제2항은 임시회의 회기는 30일을 초과할 수 없도록 하여 그 상한을 정하고 있을 뿐이고, 회기결정은 기본적으로 국회에서 자율적으로 결정할 수 있는 의사절차에 관한 것이나, 자율권이 보장된다고 하여 회기결정이 본래의 목적이나 취지에서 벗어나 헌법이나 국회법에서 보장된 국회의원의 심의·표결권을 침해하는 방법으로 이루어지는 것까지 헌법과 국회법에 의하여 허용된다고 볼 수는 없다.

무제한토론은 본회의에서 안건을 최종적으로 의결하기 전에 소수의견이 개진될 수 있는 마지막 기회로 국회법에서 최소 24시간을 보장하고 있다. 그런데 피청구인 국회의장은 무제한토론권한을 침해하기 위한 위법한 회기결정의 건이 다수당 소속 의원에 의하여 제안되었음에도 이를 상정하여 가결선포되도록 하였다. 이는 엄격한 무제한토론 종결동의의 요건을 우회하여 무제한토론을 무력화하였다는 점에서 무제한토론권한을 보장하는 국회법 제106조의2에 위배될 뿐만 아니라, 소수의견이 개진될 수 있는 국회법상 마지막 기회를 무력화하였다는 점에서 회의 주재자의 중립적인 지위와 실질적 토론의 기회를 보장하는 다수결원칙을 규정한 헌법 제49조에도 위배된다.

4) 국회법 제95조 제5항은 의안에 대한 수정동의는 "원안 또는 위원회에서 심사보고(제51조에 따라 위원회에서 제안하는 경우를 포함한다)한 안의 취지 및 내용과 직접 관련이 있어야 한다. 다만, 의장이 각 교섭단체 대표의원과 합의를 하는 경우에는 그러하지 아니하다."라고 규정하고 있다.

국회법 제95조 제5항 소정의 '원안의 취지 및 내용과의 직접 관련성'은 원안과 수정안의 근본 목적이 동일하여야 한다는 '원안의 취지와 수정안의 취지 사이의 직접 관련성', 수정안의 내용인 개정법률 조항이 원안이 법률개정을 통해 실현하고자 하는 근본 목적을 이루기 위한 적절한 수단이 되는 관계에 있어야 한다는 '원안의 취지와 수정안의 내용 사이의 직접 관련성', 원안과 수정안의 각 개정법률 조항이 동일한 주제(主題)를 다루어야 한다는 '원안의 내용과 수정안의 내용 사이의 직접 관련성'으로 나누어 볼 수 있다. 국회법 제95조 제5항 소정의 수정안은 위 3가지의 직접 관련성을 모두 갖추어야 할 것이고, 만일 그중 단 하나의 직접 관련성이라도 흠결할 경우에는 수정동의를 통해 발의할 수 있는 적법한 수정안이 될 수 없다(헌재 2020. 5. 27. 2019헌라6등 중 재판관 이선애, 재판관 이은애, 재판관 이종석, 재판관 이영진의 반대의견 참조).

이 사건에서 법사위의 제안으로 본회의에 부의 및 상정된 이 사건 형사소송법 개정법률안은 사법경찰관이 송치한 사건에 대한 검사의 보완수사의 범위에 관한 내용만 포함하고 있을 뿐, 사법경찰관의 송치 여부에 관한 규율로 검사의 소추권을 직접적으로 제한하는 내용을 포함하고 있지 않았다. 그러나 이 사건 형사소송법 수정안에 포함된 사법경찰관의 불송치결정에 대한 고발인의 이의신청권을 배제하는 내용은, 사건의 송치 여부와 관련된 규율로서 검사의 소추권을 직접적으로 제한하는 것이므로, 이러한 수정안은 원안과 '동일한 주제'를 다루는 것이 아니어서 '원안의 내용과 수정안의 내용 사이'에 직접 관련성이 없는 경우에 해당한다. 따라서 이러한 수정안의 제안, 상정 및 의결은 국회법 제95조 제5항의 '원안의 취지 및 내용과의 직접 관련성' 요건에 위배되며, 이와 같은 수정동의에 관해 피청구인 국회의장이 각 교섭단체 대표의원과 합의한 사정도 없다.

그러므로 피청구인 국회의장이 이 사건 형사소송법 개정법률안에 대한 수정안을 상정하여 표결한 것은 수정동의에 관한 국회법 제95조 제5항에도 위배되었다.

5) 이 사건의 본회의 의결 절차에서는 이 사건 검찰청법 개정법률안에 대한 무제한토론이 진행되던 도중 그에 대한 수정안이 제출되었고, 바로 다음 회기에서 수정안의 제안설명만 듣고 토론 없이 표결에 나아갔으므로, 이 사건 검찰청법의 개정에 관해서는 수정안에

대한 토론의 기회가 전혀 보장되지 않았다. 따라서 이 사건 검찰청법 수정안에 대한 가결선포는 실질적 토론 기회의 보장을 전제로 하는 헌법상 다수결원칙을 명백히 위반하였다.

6) 따라서 이 사건 법률개정행위의 본회의 의결 절차는 회기결정에 있어 무제한토론에 관한 국회법 제106조의2를 위반하였고, 수정안의 상정 및 표결에 있어 본회의 수정동의절차에 관한 국회법 제95조 제5항을 위반하였다.

나아가 이 사건 법률개정행위의 본회의 의결 절차는, 법사위에서 헌법상 다수결의 원칙을 위반하여 제안된 법률안들을 부의 및 상정한 것이었을 뿐만 아니라, 본회의의 절차만으로도 국회법 위반에 그치지 않고, 회의의 주재자인 국회의장이 중립적 지위에서 벗어나 소수의견이 개진될 수 있는 국회법상 마지막 기회를 무력화하였으며, 특히 이 사건 검찰청법 수정안에 대해서는 제안설명 이후 바로 표결에 나아가 토론의 기회를 전혀 보장하지 않았으므로, 헌법상 다수결의 원칙 및 국회 내 의결 절차상 회의 주재자의 엄격한 중립성을 규정한 헌법 제49조를 위반한 것이다.

(라) 결론

그렇다면 피청구인 법사위 위원장이 2022. 4. 27. 제395회 국회(임시회) 제4차 법사위 전체회의에서 이 사건 검찰청법 개정법률안과 이 사건 형사소송법 개정법률안을 법사위 법률안으로 각 가결선포한 행위는 청구인들의 법률안 심의·표결권을 침해한 것이다. 또한, 피청구인 국회의장이 2022. 4. 30. 제396회 국회(임시회) 제1차 본회의에서 이 사건 검찰청법 수정안을 가결선포한 행위와 2022. 5. 3. 제397회 국회(임시회) 제1차 본회의에서 이 사건 형사소송법 수정안을 가결선포한 행위도 청구인들의 법률안 심의·표결권을 침해한 것이다.

(3) 재판관 이선애의 권한침해확인청구 전부 인용의견에 대한 보충의견

나는 피청구인들의 이 사건 각 가결선포행위가 모두 헌법과 국회법을 중대하게 위반하여 청구인들의 권한을 침해하였다는 의견에 동의하면서, 그 권한침해의 사유에 더하여 피청구인 국회의장의 이 사건 가결선포행위는 헌법상 다수결원칙을 회기제에 제도적으로 구현한 헌법 제47조 제1항 및 제2항도 위반하였다고 생각하므로, 다음과 같이 보충의견을 남긴다.

(가) 의회민주주의의 기본원리에 따른 법규범의 해석·적용

민주주의 및 법치주의와 같은 헌법의 기본원리는 헌법조항을 비롯한 모든 법령의 해석 및 모든 국가기관의 행위의 기준이 된다.[8] 헌법상 다수결원칙과 의사공개원칙은 의회민주주의의 기본원리라 할 것이며(헌재 2010. 12. 28. 2008헌라7 참조), 이는 국회의 의사절차에 관한 헌법의 개별 규정 및 국회법 규정의 해석과 적용에도 일정한 지침을 제공한다.

헌법 제49조가 선언한 다수결의 원칙은 의회민주주의의 기본원리로서 다수에 의한 의사결정 이전에 합리적인 토론과 설득의 과정에서 의사의 내용이 변동되거나 조정될 수 있음을 전제로 하며, 이를 위해 의원들에게 실질적이고 자유로운 토론의 기회가 부여되어 있을 것을 요구한다(헌재 2020. 5. 27. 2019헌라3등 중 재판관 이선애, 재판관 이은애, 재판관 이종석, 재판관 이영진의 반대의견 및 별개의견 참조). 그리고 헌법 제49조 후문에 의하여 국회 내 의결 절차에서는 회의 주재자의 중립성이 엄격하게 요구된다.

피청구인들의 이 사건 각 가결선포행위는 위와 같이 실질적 토론을 전제로 하는 헌법상 다수결원칙과 국회 내 의결 절차에서 회의 주재자의 중립성을 규정한 헌법 제49조에 위배되는데, 피청구인 법사위 위원장이 안건조정제도에 관한 국회법 제57조의2, 위원회의 심사 및 표결에 관한 국회법 제58조를 위반하였고, 피청구인 국회의장이 무제한토론에 관한 국회법 제106조의2를 위반하였다는 것도, 국회법의 관련 조항들을 형식적으로 이해하지 않고 헌법 제49조에 부합하도록 해석하고 적용함에 따른 판단이다.

한편, 헌법 제50조에서 규정한 의사공개원칙은 대의민주주의 정치에 있어서 국정에 대한 국민의 참여도를 높이고 국정운영의 투명성을 확보하기 위하여 필요불가결한 요소이다. 헌법 제50조 제1항은 본문에서 국회의 회의를 공개한다는 원칙을 규정하면서, 단서에서 '출석의원 과반수의 찬성이 있거나 의장이 국가의 안전보장을 위하여 필요하다고 인정할 때'에는 이를 공개하지 아니할 수 있다는 예외를 두고 있다. 이에 비추어 볼 때, 헌법상 의사공개원칙은 모든 국회의 회의를 항상 공개하여야 하는 것은 아니나 이를 공개하지 아니할 경우에는 헌법에서 정하고 있는 일정한 요건을 갖추어야 함을 의미하며, 예외적인 비공개 사유는 문언에 따라 엄격하게 해

8) 계희열, 헌법학(상), 신정2판, 박영사, 2005, 194-195쪽 참조.

석되어야 한다(헌재 2022. 1. 27. 2018헌마1162등 참조).

피청구인 법사위 위원장의 이 사건 가결선포행위로 청구인들의 법률안 심의·표결권이 침해된 상태가 국회의원들의 법정 절차 밖에서의 합의 등으로 치유될 수 없다고 판단되는 것은, 이를 인정할 경우 예외적인 회의의 비공개 사유를 엄격하게 보아야 하는 헌법상 의사공개원칙의 적용을 국회법상 회의록도 작성되지 않는 비공식적인 심의를 통하여 실질적으로 회피하는 길을 열 수 있기 때문이다.

의회민주주의의 기본원리인 헌법상 다수결원칙에 따라 국회의 의사절차가 의안에 대한 실질적 토론 및 이에 기초한 표결을 보장하는 방식으로 형성되어야 한다는 것은, 국회법뿐만 아니라 국회의 의사절차에 관한 제도를 명문화한 개별 헌법조항의 해석에도 적용되는 원리라 할 것이다.

(나) 피청구인 국회의장의 이 사건 가결선포행위의 헌법상 회기제 위반

1) 헌법 제47조 제1항은 "국회의 정기회는 법률이 정하는 바에 의하여 매년 1회 집회되며, 국회의 임시회는 대통령 또는 국회 재적의원 4분의 1 이상의 요구에 의하여 집회된다.", 제2항은 "정기회의 회기는 100일을, 임시회의 회기는 30일을 초과할 수 없다."라고 규정하고, 제51조는 "국회에 제출된 법률안 기타의 의안은 회기 중에 의결되지 못한 이유로 폐기되지 아니한다. 다만, 국회의원의 임기가 만료된 때에는 그러하지 아니하다."라고 규정한다.

헌법 제47조 제1항에서 국회 재적의원 4분의 1 이상이 국회의 임시회에 대한 집회 요구를 할 수 있도록 한 것은, 국회의 소수세력이 국회에서 다루어야 한다고 판단하는 안건에 대해서도 그 심의의 대상이 될 수 있도록 보장하는 의미가 있다. 또한, 헌법 제47조 제2항에서 정기회의 회기는 100일, 임시회의 회기는 30일을 초과하지 못하도록 하여 각 회기의 상한이 있음을 전제로, 헌법 제51조에서 '회기계속의 원칙'을 규정한 것은 국회에서 의안에 대한 심의가 계속되다가 회기가 종료되는 경우에도 원칙적으로 그 심의의 연속성을 보장하여 의안의 의결에까지 이를 수 있도록 한 것이다. 이것은 국회 내에서 다수세력과 소수세력의 자유로운 토론이 실질적으로 이루어지고 이를 토대로 의결에 이르도록 하려는 것으로서, 실질적 토론을 전제로 하는 헌법상 다수결원칙을 국회의 회기에 관하여 제도적으로 구현한 모습이라고 할 것이다.

헌법 제47조 제2항은 회기의 상한만을 규정하고 하한을 규정하지 않았으나, 같은 조 제1항에서 국회 내 소수세력도 임시회의 집회 요구를 할 수 있도록 한 점과 헌법 제51조에서 국회 내 심의의 연속성을 고려하여 회기계속의 원칙을 규정한 취지에 비추어보면, 국회의 회기결정에서 소수세력이 참여하는 국회법상 토론 절차 및 이에 기초한 의결이 보장되지 않도록 하는 것은 위와 같은 헌법상 회기제의 취지에 반하여 국회의 자율권의 한계를 벗어난다.

2) 피청구인 국회의장의 이 사건 가결선포행위는 무제한토론을 제한하는 여러 차례의 짧은 회기를 결정함으로써 각 법률안별로 토론과 표결이 분리되는 방식으로 의사절차를 형성함에 따른 것인데, 이 사건에서는 이러한 방식으로 의사절차가 진행되는 중간에 이 사건 검찰청법 및 형사소송법 수정안이 제출되어 다음과 같은 헌법 위반 사유가 발생하였다.

이 사건의 본회의 의결 절차에서는 이 사건 검찰청법 개정법률안에 대한 무제한토론이 진행되던 도중 그에 대한 수정안이 제출되었고, 바로 다음 회기에서 수정안의 제안설명만 듣고 토론 없이 표결에 나아갔으므로, 이 사건 검찰청법의 개정에 관해서는 수정안에 대한 토론의 기회가 전혀 보장되지 않았다.

한편, 검찰청법 중 검사가 수사를 개시할 수 있는 범죄의 범위에 관한 내용은 형사소송법 중 사법경찰관이 1차로 수사하여 송치한 사건에 대한 검사의 보완수사 및 사법경찰관의 불송치결정 이후의 절차에 관한 내용과 체계적으로 연관되어 있다. 특히, 이 사건 형사소송법 수정안은 사법경찰관의 불송치결정에 대한 고발인의 이의신청권을 배제하는 내용을 포함하고 있었고, 이는 기관 고발의 문제와 관련하여 이 사건 검찰청법에서 검사의 직접 수사개시 범위에서 제외된 공직자범죄 및 선거범죄 등에 대한 검사의 소추권과 수사권을 크게 제약하는 것이었으므로, 위와 같은 내용의 형사소송법 개정은 검찰청법의 개정 내용과 체계상 밀접한 관계가 있었다. 법사위 법안 심사 단계에서는 이러한 체계적인 상호 연관성이 인정되어 검찰청법과 형사소송법의 개정법률안들이 함께 상정되고 의결되었으며, 이 사건 검찰청법 개정법률안과 형사소송법 개정법률안도 같은 날 법사위안으로 국회의장에게 함께 제출되었다. 그런데 본회의 의결 절차에서는 오로지 표결 절차를 신속하게 진행하기 위하여 검찰청법과 형사소송법의 개정법률안을 분리하여 상정하면서 각각의 토론과 표결도 분리하게 되었고,

이러한 절차가 진행되는 도중 각 개정법률안의 수정안이 제출된 결과, 이 사건 검찰청법과 체계적으로 밀접하게 연관되는 이 사건 형사소송법 수정안에 대한 제안설명조차 시작되지 않은 상태에서 검찰청법의 개정에 관한 의결 절차가 마무리되었다. 그리고 이 사건 형사소송법 수정안에 포함된 사법경찰관의 불송치결정에 대한 이의신청권을 배제하는 부분(이 사건 형사소송법 제245조의7 제1항)은, 수정동의에 관한 국회법 제95조 제5항의 '원안의 취지 및 내용과의 직접 관련성' 요건에도 위배된다. 이러한 의사절차의 형성은 법률안들 사이의 상호 연관성의 관점에서 중요한 내용에 대하여 실질적인 토론을 기반으로 한 표결을 할 수 없도록 한 것이다.

피청구인 국회의장이 이와 같은 의사절차의 형성으로 이 사건 가결선포행위를 한 것은, 실질적 토론을 전제로 하는 헌법상 다수결원칙을 회기제에 제도적으로 구현한 헌법 제47조 제1항 및 제2항을 위반한 것이다.

(다) 결론

피청구인 국회의장의 이 사건 가결선포행위는 헌법상 다수결원칙 및 국회 내 의결 절차상 회의 주재자의 엄격한 중립성을 규정한 헌법 제49조를 위반한 것에 더하여, 헌법상 다수결원칙을 회기제에 제도적으로 구현한 헌법 제47조 제1항 및 제2항까지 위반한 것이므로, 이로써 청구인들에 대한 권한침해 사유가 가중되었다고 할 것이다.

(4) 재판관 이은애, 재판관 이종석, 재판관 이영진의 무효확인청구 전부 인용의견

우리는 피청구인들의 이 사건 각 가결선포행위가 국회법 위반을 넘어 중대하게 헌법을 위반하여 청구인들의 법률안 심의·표결권을 침해하였으며, 다음과 같은 이유로 각 가결선포행위의 무효를 확인해야 한다고 생각한다.

(가) 헌법재판소법 제66조 제2항의 의미 및 제67조 제2항의 적용 여부

1) 헌법재판소법 제66조 제2항은 '헌법재판소는 권한침해의 원인이 된 피청구인의 처분을 취소하거나 그 무효를 확인할 수 있고, 헌법재판소가 부작위에 대한 심판청구를 인용하는 결정을 한 때에는 피청구인은 결정 취지에 따른 처분을 하여야 한다.'라고 규정한다.

권한쟁의심판에서 청구인의 권한이 침해되었다고 확인될 경우, 헌법재판소법 제66조 제2항에서 그 원인이 되는 피청구인의 처분을 취소하거나 그 무효를 확인할 것인지 여부에 대하여 헌법재판소에 재량을 부여한 취지는, 권한쟁의심판이 헌법적 권한질서의 객관적 확인이라는 객관적 쟁송의 성격과 침해된 청구인의 권한을 구제하는 주관적 쟁송의 성격을 동시에 지니고 있음을 반영하여, 헌법재판소로 하여금 권한쟁의심판제도의 기초가 되는 권력분립원리의 실질적 실현에 가장 적합한 결정을 하도록 하기 위함이라고 할 것이다. 따라서 권한쟁의심판에서 피청구인의 처분으로 인하여 청구인의 권한이 침해된 것으로 확인하는 경우 그러한 처분을 취소하거나 그 무효를 확인할 것인지 여부는, 권한 침해 사유의 헌법적 중대성, 침해된 청구인의 권한과 그 원인이 된 피청구인의 처분이 헌법적 권한질서 내에서 가지는 의미, 권한쟁의심판의 결정을 통하여 달성될 수 있는 헌법적 권한질서 회복의 이익 등을 종합적으로 고려하여 판단하여야 할 것이다(헌재 2020. 5. 27. 2019헌라6등 중 재판관 이은애, 재판관 이종석, 재판관 이영진의 별개의견 참조).

2) 헌법재판소법 제67조 제1항은 "헌법재판소의 권한쟁의심판의 결정은 모든 국가기관과 지방자치단체를 기속한다."라고 규정하고, 제2항은 "국가기관 또는 지방자치단체의 처분을 취소하는 결정은 그 처분의 상대방에 대하여 이미 생긴 효력에 영향을 미치지 아니한다."라고 규정한다.

헌법재판소법 제67조 제2항에 따라 피청구인의 처분을 취소할 경우 '처분의 상대방'에 대하여 이미 생긴 효력에 영향을 미치지 않는다는 것은 '제3자'인 상대방에 대하여만 적용된다. 그런데 국회 내 의결 절차에서 위원회 위원장 또는 국회의장의 법률안 등 의안에 대한 가결선포행위가 청구인인 국회의원의 심의·표결 권한을 침해한 것으로 확인되는 경우에는, 가결선포행위의 효력을 소멸시키는 결정을 할 때 그 상대방으로서 청구인 이외의 국회의원들에 대해서만 그 효력을 유지할 수는 없을 것이다. 이러한 경우에는 피청구인의 처분의 성질에 비추어 무효확인결정을 할 것인지 여부만 고려할 수 있을 뿐, 헌법재판소법 제67조 제2항의 적용을 염두에 둔 취소결정은 고려하기 어렵다.

(나) 피청구인 법사위 위원장의 이 사건 가결선포행위의 무효 여부

1) 이 사건 권한 침해 사유의 헌법적 중대성

가) 피청구인 법사위 위원장의 이 사건 가결선포행위는 이견을 조정할 필요가 있는 쟁점 안건을 대화와 타협을 통해 효과적으로 처리하도록 한 안건조정제도에 관한 국회법 제57조의2, 위원회의 심사 및 표결에 관한

국회법 제58조를 모두 위반한 것이며, 나아가 실질적 토론을 전제로 하는 헌법상 다수결의 원칙 및 국회 내 의결 절차상 회의 주재자로서의 중립성을 규정한 헌법 제49조를 위반한 것이다.

나) 피청구인 법사위 위원장이 위와 같이 조정위원회를 구성하면서 실질적 조정 심사 없이도 조정안의 의결 정족수가 충족될 수 있는 조건을 만든 것은, 국회법상 안건조정제도의 핵심 기능을 무력화한 것이고, 이후 실질적 조정 심사 없이 의결된 조정안에 대한 법사위 전체회의에서도 토론의 기회를 부여하지 않고 표결하도록 한 것은 법사위 법안심사의 중요한 부분을 생략한 것이므로, 피청구인 법사위 위원장의 이 사건 가결선포행위는 국회법 위반의 정도가 중대하다.

다) 또한 국회법상 심의와 표결에 관한 규정들은 구성원인 국회의원의 자유롭고 활발한 참여, 토론, 숙의 등을 보장함으로써 헌법상 다수결원칙의 정당성을 확보하기 위하여 국회법에 마련된 것이므로, 그 위반은 단순히 국회법 위반에만 머무는 것이 아니라 의회민주주의의 원리의 하나인 헌법상 다수결원칙을 위반한 것으로도 평가될 수 있다.

더욱이 오늘날의 법치주의는 단순히 형식적 법치주의에 그치지 아니하고 실질적 법치주의를 지향하고 있는바, 법치주의의 실현을 위한 제도나 원칙들도 형식적 합법률성의 관점에서만 파악하는 것이 아니라, 헌법의 가치를 실질적으로 구현할 수 있도록 헌법의 우위를 보장하는 '헌법적' 법치주의 또는 '입헌주의'의 관점에서 파악해야 하고, 법률의 제정을 비롯한 모든 국가권력의 행사는 헌법에 기속되어야 한다. 헌법 12조 제1항 후문과 제3항에 규정된 적법절차의 원칙도 법치주의의 실현을 위한 중요한 원칙의 하나로서 형사절차상의 제한된 범위뿐만 아니라 모든 입법 및 행정작용에도 광범위하게 적용된다(헌재 2009. 6. 25. 2007헌마451; 헌재 2009. 10. 29. 2009헌라8등 참조). 따라서 국회의 의사절차도 적법절차원칙에 부합하는 방식으로 이루어져야 하는데, 국회가 헌법상 다수결의 원칙을 구현하기 위하여 마련된 국회법상 의사절차에 관한 규정을 위반하여 입법을 하였다면, 이는 헌법과 법률에 따라 입법을 해야 한다는 적법절차원칙에 위배될 뿐만 아니라 모든 국가권력은 헌법에 기속되어야 한다는 법치국가원리에도 부합한다고 보기 어렵다.

그러므로 입법절차가 국회법상 의사절차에 관한 규정을 위반하여 헌법 제49조의 다수결원칙을 위반하였는지 여부는 민주주의와 법치주의라는 헌법의 기본원리를 훼손하였는지 여부와 밀접하게 관련된 것으로 헌법적으로 중대한 문제라 할 것이다.

그런데 피청구인 법사위 위원장은 위와 같이 국회법을 중대하게 위반하여 헌법상 다수결원칙의 전제가 되는 실질적 토론과 상호 설득의 과정을 생략함으로써 헌법 제49조의 다수결원칙을 위반하였고, 위원회 심사에 관한 안건조정제도의 기능상 특별하게 규정된 의결정족수 충족의 조건을 미리 만들어 냄으로써 국회 의사절차상 특히 의결정족수 충족의 과정에서 회의 주재자로서의 엄격한 중립성을 요구한 헌법 제49조 후문에도 위반하였으므로, 그 헌법 위반의 정도가 중대하다.

라) 따라서 피청구인 법사위 위원장의 이 사건 가결선포행위가 법사위 위원인 청구인들의 심의·표결권을 침해한 사유는 국회법의 중요한 규정을 위반한 것일 뿐만 아니라, 의회민주주의의 중요한 기본원리인 헌법상 다수결원칙과 국회 스스로도 적법절차원칙에 따라 입법을 하여야 한다는 법치국가원리에도 위반한 것으로, 헌법적으로 매우 중대하다고 할 것이다.

2) 이 사건에서 침해된 청구인들의 권한과 그 원인이 된 피청구인의 처분의 의미

청구인들이 침해받은 권한인 법사위 위원으로서의 법률안 심의·표결권 및 피청구인의 처분인 법사위 위원장의 이 사건 가결선포행위는, 법사위가 이 사건 개정법률안을 대안으로 제안하는 의결에 관련된 것이고, 헌법 및 국회법을 위반한 사유도 의결정족수의 충족에 관련되므로, 만약 그러한 사유가 없었다면 이 사건 개정법률안이 제안되어 본회의에 부의 및 상정될 수 없었을 것임이 명백하다.

국회가 회의체로서 심의와 표결을 거쳐 다수결로 입법권을 행사하면 그 법률은 국가작용의 근거와 기준이 되고 국민의 법적 지위를 규율하게 된다. 법사위에서 대안으로 제안한 이 사건 검찰청법 개정법률안 및 형사소송법 개정법률안의 내용은 준사법기관으로서의 검사의 소추권 및 수사권을 제한하는 것으로, 형사사법체계의 주요 내용을 변화시키고 이와 관련된 국민의 기본권에 광범위한 영향을 미치는 내용이다. 이 사건 조정위원회의 조정 심사 및 조정안에 대한 법사위 전체회의의 심사는, 위와 같이 국가의 형사사법기능과 국민의 기본권 보장에 중요한 내용을 담고 있는 법률안에 관하여 법사1소위 회의까지의 심사로도 이견이 좁혀지지 않아 위원들 사이의 대화와 타협 및 토론이 매우 중요한 상황에서

진행되었으므로, 법률안의 내용에 대한 청구인들의 심의·표결권에 대한 실질적 보장이 특히 중요하였다.

또한, 우리 국회는 의안 심의에 관한 국회운영의 원리로 '위원회 중심주의'를 채택하고 있어 위원회의 심사는 법률 제정 등 국회의 의사결정에 있어 무엇보다 중요하다(헌재 2016. 5. 26. 2015헌라1 참조). 특히, 동일한 주제에 관한 여러 건의 법률안들이 발의되었을 때, 그 내용을 조정하고 통합하여 하나의 위원회 대안으로 제안하는 심의와 표결은, 제정 또는 개정되는 법률의 기본적인 내용을 성립시키는 중요한 과정이라 할 것이다. 피청구인 법사위 위원장의 이 사건 가결선포행위는 위와 같은 입법절차상 의미를 가지는 법사위의 대안을 제안하는 의결에 관한 것으로서, 이에 터 잡아 이 사건 개정법률안이 본회의에 부의 및 상정될 수 있었다는 점에서 전체 입법과정에서 중요한 의미가 있다.

따라서 이 사건의 법사위 법안심사 과정에서 침해된 청구인들의 권한 및 그 원인이 된 피청구인의 처분은, 국가의 형사사법기능과 그에 관련되는 국민의 기본권 보장에 관하여 규율하는 입법의 과정 중 중요한 단계로서 위원회가 제안하는 대안의 성립과 관련된 것이므로, 헌법적 권한질서 내에서 중요한 의미를 가진다.

3) 이 사건 권한쟁의심판의 결정을 통한 헌법적 권한질서 회복의 이익

피청구인 법사위 위원장의 이 사건 가결선포행위는 위에서 살펴본 바와 같이 국회법 위반을 넘어 헌법을 중대하게 위반하여 가결선포된 것이므로, 이러한 경우 헌법재판소가 피청구인 법사위 위원장의 가결선포행위를 무효로 선언한다면, 법사위에서의 의사절차는 표결 전으로 회귀하여 침해된 청구인들의 법률안 심의·표결권을 회복시킬 수 있게 된다.

또한 이 사건과 같이 다수당이 당론에 기반하여 특정한 입법목적을 가진 법률의 제정 또는 개정을 일방적으로 추진하고자 하는 정치상황은 언제든 발생할 수 있는데, 입법과정의 각 단계에서 요구되는 의결정족수 충족에 관한 중대한 헌법 위반의 경우에도 국회의원의 심의·표결권을 침해만 확인하고 그 효력에 대해 침묵한다면, 국회 다수세력의 정치적 목적에 따라 이 사건과 유사한 위헌적 행위가 앞으로도 반복될 수밖에 없을 것이므로, 이에 대해서는 무효를 선언함으로써 향후 동일한 유형의 행위가 반복되지 않도록 해야 할 필요가 있다.

따라서 피청구인 법사위 위원장의 이 사건 가결선포행위에 대하여 무효를 확인함으로써 손상된 헌법적 권한질서를 회복할 이익이 인정된다.

4) 소결

따라서 피청구인 법사위 위원장의 이 사건 가결선포행위는, 국회법 위반을 넘어 중대하게 헌법을 위반하여 법사위 위원인 청구인들의 법률안 심의·표결권을 침해하였고, 그 침해된 권한과 피청구인의 행위가 헌법적 권한질서 내에서 가지는 의미 및 이 사건 권한쟁의심판의 이익 등을 종합적으로 고려하면, 그 무효를 확인하여야 할 것이다.

(다) 피청구인 국회의장의 이 사건 가결선포행위의 무효 여부

1) 이 사건 권한 침해 사유의 헌법적 중대성

피청구인 국회의장의 이 사건 가결선포행위는 회기결정에 있어 무제한토론에 관한 국회법 제106조의2를 위반하였고, 수정안의 상정 및 표결에 있어 본회의의 수정동의절차에 관한 국회법 제95조 제5항을 위반한 것이다.

나아가 피청구인 국회의장은 법사위에서 헌법상 다수결의 원칙을 중대하게 위반하여 제안된 법률안들을 부의 및 상정하였을 뿐만 아니라, 본회의의 의결 절차에 있어서도 국회법 위반에 그치지 않고, 회의의 주재자로서의 중립적 지위에서 벗어나 소수의견이 개진될 수 있는 국회법상 마지막 기회를 무력화하였으며, 특히 이 사건 검찰청법 수정안에 대해서는 제안설명 이후 바로 표결에 나아가 토론의 기회를 전혀 보장하지 않았으므로, 이 사건 가결선포행위는 헌법상 다수결의 원칙 및 국회 내 의결 절차상 회의 주재자로서의 엄격한 중립성을 규정한 헌법 제49조를 위반한 것이다.

따라서 피청구인 국회의장의 이 사건 가결선포행위가 국회의원인 청구인들의 심의·표결권을 침해한 사유는 국회법의 중요한 규정을 위반한 것일 뿐만 아니라, 의회민주주의의 중요한 기본원리인 헌법상 다수결원칙과 입법작용에 적용되는 적법절차원칙을 위반한 것이며, 법사위에서 이미 헌법을 중대하게 위반하여 가결된 법률안을 부의 및 상정하고도 합헌적 상황을 회복하기 위한 노력 대신 본회의에서 위헌 및 위법 사유를 추가로 창출하여 이루어낸 것이므로, 헌법적으로 매우 중대한 위반에 해당한다.

2) 이 사건에서 침해된 청구인들의 권한과 그 원인이 된 피청구인의 처분의 의미

청구인들이 침해받은 권한인 국회의원으로서의 법률안 심의·표결권 및 피청구인 국회의장의 처분인 이 사건 가결선포행위는, 국회에서 법률안을 확정하는 종국

적인 의결에 관한 것으로서, 만약 그 절차상 위헌 및 위법 사유가 없었다면 이 사건 검찰청법 및 형사소송법이 공포·시행될 수 없었을 것임이 명백하다.

피청구인 국회의장의 이 사건 가결선포행위로써 국회가 의결한 법률안으로 확정된 내용은 형사사법체계의 주요 내용을 변화시키고 이와 관련된 국민의 기본권에 광범위한 영향을 미치는 것이다. 그런데 피청구인 국회의장은 이 사건 검찰청법 수정안에 대해서는 토론의 기회가 전혀 보장되지 않은 상태에서 표결 절차를 진행함으로써 헌법상 다수결원칙을 명백하게 위반하였고, 이 사건 형사소송법 수정안에 관해서는 국회법 제95조 제5항의 '원안의 취지와 내용과의 직접 관련성' 요건을 위반한 수정안을 상정하여 표결에 이르도록 하였으며, 소수의견을 개진할 수 있는 국회법상 마지막 기회인 무제한토론 기회도 제대로 보장하지 않았다. 이와 같이 이 사건의 본회의 법안심사에서는 국가의 형사사법기능과 국민의 기본권 보장에 중요한 내용을 담고 있는 법률안이 국회의 의결로 확정되는 단계에서 그 주요 내용의 성립 여부에 밀접하게 관련된 국회의원들의 실질적 토론이 특히 중요하였음에도, 피청구인 국회의장은 헌법과 국회법에 보장된 청구인들의 법률안 심의·표결권을 침해하는 방식으로 의사절차를 형성하였다.

또한, 피청구인 국회의장의 이 사건 가결선포행위는 대통령의 공포를 위하여 정부에 이송할 법률안을 확정하는 국회의 최종적 의결에 관한 것이라는 점에서 전체 입법과정에서 중요한 의미가 있다.

따라서 이 사건의 본회의 법안심사 과정에서 침해된 청구인들의 권한 및 그 원인이 된 피청구인의 처분은, 국가의 형사사법기능과 그에 관련되는 국민의 기본권 보장에 관하여 규율하는 입법의 과정 중 중요한 단계로서 공포·시행될 법률안을 확정하는 의결과 관련된 것이므로, 헌법적 권한질서 내에서 중요한 의미를 가진다.

3) 이 사건 권한쟁의심판의 결정을 통한 헌법적 권한질서 회복의 이익

앞서 본 바와 같이 피청구인 법사위 위원장의 이 사건 가결선포행위가 무효라면, 법사위에서 대안으로 제안된 이 사건 개정법률안을 본회의에 부의 및 상정한 것 자체가 무효이고, 이를 전제로 하여 수정안의 의결에 관하여 피청구인 국회의장이 한 이 사건 가결선포행위도 무효라고 할 것인바, 이 사건 권한쟁의심판의 결정을 통하여 피청구인들의 행위가 모두 무효임을 확인하면, 법사위 심사에 관하여 청구인들의 침해된 법률안 심의·표결권을 회복할 수 있는 여지가 있고, 향후 동일한 유형의 행위가 반복되지 않도록 억제할 수도 있게 된다.

나아가 본회의 의결 절차에 국한해서 보더라도, 피청구인 국회의장은 이 사건 가결선포행위를 통하여 개별 형사사건의 당사자인 개인의 절차적 기본권 보장 및 국가의 기본적인 책무인 형사사법의 실효성과 공정성의 확보에 관련된 준사법기관으로서의 검사의 소추권 및 수사권을 제한하는 내용의 입법을 성립시켰으므로, 이러한 입법이 의회민주주의의 중요한 기본원리인 헌법상 다수결원칙과 입법작용에 적용되는 적법절차원칙을 중대하게 위반한 절차에 따른 것이라면, 그 무효를 확인하여 헌법적 권한질서를 바로 회복하여야 할 필요가 크다.

이 사건 검찰청법 및 형사소송법이 이미 시행되었다고 하더라도, 그로 인한 기본권의 제한 및 관련 제도에 미치는 영향은 의회입법의 우위의 근본적인 근거를 훼손한 입법행위의 결과로서 헌법적으로 정당화된다고 보기 어려우므로, 이러한 입법을 가능케 한 피청구인 국회의장의 이 사건 가결선포행위의 법적 효력을 바로 제거하는 것은 손상된 헌법적 권한질서의 회복을 위하여 필요하다고 할 것이다.

이 사건 권한쟁의심판의 결정을 통하여 피청구인 국회의장의 이 사건 가결선포행위의 무효를 확인한다면, 본회의에서의 의사절차는 표결 전으로 회귀하여 다시 적법하고 합헌적인 방식으로 의사절차를 형성하여야 할 것이므로, 청구인들은 침해된 법률안 심의·표결권을 실질적으로 행사할 수 있는 여지가 있게 된다.

또한, 국회의장의 위와 같은 권한침해 행위에 대해 형식적으로 의결정족수만 충족되면 어떠한 경우에도 의결의 효력에는 영향이 없다고 한다면, 반복적으로 발생하는 위와 같은 위헌적이고 위법한 행위를 억제할 수 없으므로, 본회의의 의결에 관해서도 헌법과 국회법을 중대하게 위반한 국회의장의 법률안 가결선포행위는 무효임을 선언함으로써 향후 동일한 유형의 행위가 반복되지 않도록 할 필요가 있다.

그러므로 피청구인 국회의장의 이 사건 가결선포행위의 무효를 확인함으로써 손상된 헌법적 권한질서를 회복할 이익이 인정된다.

4) 소결

따라서 피청구인 국회의장의 이 사건 가결선포행위는 국회의원인 청구인들의 법률안 심의·표결권을 침해하였고, 그 침해된 권한과 피청구인의 행위가 헌법적 권한질서 내에서 가지는 의미 및 이 사건 권한쟁의심판

의 이익 등을 종합적으로 고려하면, 그 무효를 확인하여야 할 것이다.

(라) 결론

그렇다면, 청구인들의 법률안 심의·표결권 침해의 원인이 된 피청구인들의 이 사건 각 가결선포행위에 대해서는 그 무효를 확인하여야 한다.

(5) 재판관 이선애의 무효확인청구 전부 인용의견

나는 피청구인들의 이 사건 각 가결선포행위는 헌법과 국회법을 중대하게 위반하여 청구인들의 권한을 침해하였음을 확인해야 할 뿐만 아니라, 손상된 헌법상 권한질서를 회복하고 이를 통해 국가기능의 수행을 원활히 하도록 하기 위해서는 그 행위의 무효를 확인하여야 한다고 생각하므로, 다음과 같이 그 이유를 남긴다.

(가) 국회의 입법관련 행위에 대한 형성적 결정의 원칙적 자제와 예외적 필요성

1) 헌법재판소법 제66조 제2항이 권한침해의 원인이 된 처분을 취소하거나 그 무효를 확인하는 것을 헌법재판소의 재량으로 하도록 정한 것은 '국가기관 상호간', '국가기관과 지방자치단체 간', '지방자치단체 상호간'의 3가지 서로 다른 성격의 권한쟁의심판의 본질과 기능에 상응하여 결정 주문이 달라져야 함을 고려할 것을 요청하고 있는 것으로 해석된다. 이러한 취지를 고려할 때 헌법재판소는 국가기관 상호간의 권한쟁의에서 정치적 헌법기관의 형성권을 침해할 우려가 있는 경우에는 취소결정이나 무효확인결정을 자제해야 한다고 생각한다.

국회의 입법관련 행위를 대상으로 한 국가기관 상호간의 권한쟁의심판에 있어서, 헌법재판소는 심판대상 행위의 위헌·위법 여부 및 권한의 침해 여부를 확인하는 것에 그쳐야 하고 이를 넘어 입법관련 행위에 대한 취소 내지 그 무효확인과 같은 형성적 결정을 내리는 것은 자제해야 한다. 국회는 스스로 다양한 절차와 방법을 통하여 합헌적 상태를 회복할 수 있는 광범위한 정치적 형성권을 가지고 있고, 국회의 정치적 형성권의 행사로서 회복된 합헌적 상태는 다양한 모습일 수 있기 때문에 국가기관 스스로 권한침해확인결정에 따라 합헌적인 상태를 구현하도록 함으로써 손상된 헌법상의 권한질서는 회복될 수 있다고 보기 때문이다(헌재 2011. 8. 30. 2009헌라7 중 재판관 이강국, 재판관 김종대의 각 별개의견 참조).

이것이 각 기관에게 주어진 권한을 보호함과 동시에 객관적 권한질서의 유지를 통하여 국가기능의 수행을 원활히 하고, 아울러 수평적 및 수직적 권력 상호간의 견제와 균형을 유지시켜 헌법적 가치질서 및 헌법의 규범적 효력을 보호하고자 하는 권한쟁의심판제도의 본래 목적과 의의에도 부합한다고 생각한다(헌재 2001. 5. 8. 2000헌라1 참조).

2) 이처럼 국회의 입법관련 행위를 대상으로 한 국가기관 상호간의 권한쟁의심판에 있어서 심판대상 행위에 대한 취소·무효확인의 형성적 결정은 자제하여야 함이 원칙이지만, 예외적으로 국회의 입법관련 행위라 하더라도 수평적·수직적 권력 상호간의 견제와 균형을 근본적으로 훼손하여 헌법재판소가 사법적 자제를 유지해서는 헌법적 가치질서 및 헌법의 규범적 효력을 보호할 수 없는 경우에는, 손상된 헌법상 권한질서의 회복을 위하여 부득이 심판대상 행위의 취소 또는 무효확인으로 그 효력을 소멸시키는 결정을 할 수밖에 없다.

그러므로 국가기관 상호간의 권한쟁의에 있어서도 예외적으로 청구인의 권한을 침해한 피청구인의 처분이 헌법에 위반되어 그 하자가 중대하고, 피청구인에 대하여 정치적 형성권을 존중할 필요가 없거나 다른 정치적 형성방법을 기대할 수 없는 경우에는 취소·무효확인결정을 부가적으로 선언함으로써 피청구인의 처분의 효력을 형성적으로 소멸시킬 수 있고, 피청구인의 처분이 국회의 입법관련 행위라고 하더라도 의회제도를 보장하는 헌법적 가치를 본질적으로 부인하는 중대한 권한침해 사유가 있다면 그 취소 또는 무효확인을 결정할 여지가 있다고 할 것이다(헌재 2011. 8. 30. 2009헌라7 중 재판관 이강국, 재판관 김종대의 각 별개의견 참조).

3) 헌법재판소법 제67조 제1항은 "헌법재판소의 권한쟁의심판의 결정은 모든 국가기관과 지방자치단체를 기속한다."라고 규정하고, 제2항은 "국가기관 또는 지방자치단체의 처분을 취소하는 결정은 그 처분의 상대방에 대하여 이미 생긴 효력에 영향을 미치지 아니한다."라고 규정한다.

헌법재판소법 제67조 제1항에서 권한쟁의심판의 결정은 심판청구의 인용 여부 및 결정의 구체적 유형을 불문하고 모든 국가기관과 지방자치단체를 기속하는 것으로 규정한 것은, 헌법상 객관적인 권한질서의 유지를 통하여 국가기능의 수행을 원활히 하고자 하는 권한쟁의심판의 목적에 부합하도록 그 결정의 효력을 정한 것이다. 같은 조 제2항에서 특히, 피청구인의 처분을 실효시키는 형성적 결정 중 취소결정에 한하여 그 처분의 상대방에 대하여 이미 생긴 효력에 영향을 미치지 않도록 규정함으로써 결정의 효력이 미치는 범위를 제

한한 것도 근본적인 목적은 같다고 할 것이다.

따라서 헌법상 객관적 권한질서의 유지를 통하여 국가기능의 수행을 원활히 하고자 하는 권한쟁의심판의 목적에 비추어볼 때, 국회의 입법관련 행위에 대하여 예외적으로 그 효력을 상실시키는 형성적 결정을 할 수밖에 없는 경우에도, 그 결정이 청구인이 아닌 처분의 상대방에 대하여 이미 생긴 효력에까지 영향을 미치는 것이 타당한지 여부에 따라, 심판대상 행위의 무효를 확인할지, 아니면 그 행위를 취소할지를 정해야 할 것이다.

(나) 피청구인 법사위 위원장의 이 사건 가결선포행위에 대한 무효확인결정의 필요성

1) 피청구인 법사위 위원장의 이 사건 가결선포행위는, 법사위 조정위원회의 의결정족수 충족 및 의결된 조정안에 대한 법사위의 의결을 통한 대안 제안에 관하여, 실질적 토론을 전제로 하는 헌법상 다수결원칙 및 국회 내 의결 절차에서 회의 주재자의 중립성을 규정한 헌법 제49조를 중대하게 위반한 것이다.

특히, "가부동수인 때에는 부결된 것으로 본다."라고 규정한 헌법 제49조 후문에 비추어볼 때, 국회 내 회의 주재자의 중립성은 의결정족수의 충족 과정에서 더욱 강조되어야 할 것이므로, 피청구인 법사위 위원장이 조정위원회 구성에 있어 실질적 조정 심사 없이도 조정안이 가결될 수 있는 조건을 미리 만든 것은 그 위헌성이 중대하다고 할 것이다.

또한, 피청구인 법사위 위원장의 이 사건 가결선포행위는 본회의에 부의 및 상정된 이 사건 개정법률안의 원안을 성립시키는 법사위 대안의 제안에 관한 것이었으며, 이는 위와 같이 위헌적으로 의결정족수가 충족된 이 사건 조정위원회의 조정안을 토론 기회의 부여 없이 그대로 표결에 부친 결과였다.

이처럼 법률안을 성립시키는 의결 과정에서 의결정족수 충족에 관한 중대한 위헌 사유가 있다는 것은, 국회의원의 법률안 심의·표결권을 침해하는 사유 중에서도 의회제도의 헌법적 가치를 본질적으로 훼손하는 중대한 사유라 할 것이고, 이러한 경우에는 가결선포행위의 효력을 번복하거나 부인하지 않고는 손상된 헌법적 권한질서를 회복하기 어렵다.

2) 국회 위원회의 심사 절차에서 조정위원회의 조정안 의결에 존재하는 위헌 또는 위법 사유는 그 소속된 위원회 전체회의의 심사를 통해 교정할 수 있다. 그런데 피청구인 법사위 위원장은 스스로 조정위원회 구성 및 조정안 의결에 관하여 헌법 및 국회법을 위반한 후, 이를 교정할 수 있는 법사위 전체회의에서 조정안에 대한 심사보고 및 토론 절차를 모두 생략하고 바로 표결에 부쳐 이 사건 가결선포행위를 함으로써 위헌 사유를 오히려 가중시켰다.

이러한 사정하에서 침해된 청구인들의 법사위 위원으로서의 법률안 심의·표결권을 회복하기 위해서는, 법사위의 심사를 다시 진행함으로써 조정안 의결의 위헌성 및 위법성을 확인하여 그 효력을 번복하거나 부인하여야 할 것이나, 법사위에서 의결된 이 사건 개정법률안은 본회의에 부의 및 상정되어 그 수정안이 의결되고 법률로서 공포·시행되기에 이르렀으므로, 국회 내에서 자율적으로 법사위의 심사를 다시 진행하는 등의 방법으로 헌법적으로 중대한 권한침해 상태를 회복하는 것은 불가능하게 되었다.

한편, 이 사건 조정위원회 구성 전까지 있었던 법사1소위의 법안에 대한 심사 내용이나, 국회의원들의 법정 절차 밖에서의 정치적 합의 등이 청구인들에 대한 권한침해 상태를 치유하는 사유가 될 수 없다는 점은 권한침해확인청구에 대한 판단에서 본 바와 같다.

3) 국회 본회의는 위원회의 심사절차상 하자가 있다면 위원장의 보고를 받은 후 의결로 다시 안건을 같은 위원회 또는 다른 위원회에 재회부하는 방법으로 그 하자를 교정하도록 할 수 있다(국회법 제94조 참조). 그런데 피청구인 법사위 위원장의 이 사건 가결선포행위의 중대한 위헌 및 위법 사유에 대해서는 본회의에서 이와 같은 교정이 시도되지 않았고, 오히려 본회의 의결의 과정에서 위헌 및 위법 사유가 추가되어 가중되었다.

그리고 본회의에서 피청구인 국회의장이 이 사건 개정법률안의 각 수정안의 가결을 선포한 행위는, 뒤에서 보는 바와 같이 의회입법의 우위의 근본적 근거를 훼손하여 국회 밖의 국가기관인 검사 및 법무부장관의 권한을 침해하고, 형사절차에 관련되는 국민 개개인의 기본권을 침해하는 등의 사유로 인하여 그 효력도 부인되어야 한다.

따라서 이미 공포·시행된 법률의 입법절차상 하자라는 점을 고려하여 피청구인 법사위 위원장의 이 사건 가결선포행위의 효력을 일단 유지하여야 할 필요성도 없다고 할 것이다.

4) 한편, 피청구인 법사위 위원장의 이 사건 가결선포행위는 입법절차의 일부에 해당하는 행위로서, 그 상대방은 청구인들 및 청구인들 이외의 법사위 위원들인데, 그 효력이 법사위 소속 개별 위원에 따라 달라질 수

는 없다. 또 의결정족수 충족에 관한 중대한 위헌 사유로 가결선포행위의 효력을 부인하면서 법사위 대안을 본회의에 부의·상정한 국회의장과 같이 입법과정에 관여하는 다른 국가기관과의 관계에서는 그 의결의 효력이 그대로 유지되도록 하기도 어렵다.

그러므로 피청구인 법사위 위원장의 이 사건 가결선포행위의 효력을 부인하는 형성적 결정으로는, 그 행위의 성질상 무효확인결정만 할 수 있을 뿐, 헌법재판소법 제67조 제2항의 적용을 고려한 취소결정은 할 수 없다고 할 것이다.

5) 이러한 사정들을 종합하여 볼 때, 피청구인 법사위 위원장의 이 사건 가결선포행위에 대해서는, 국회의 입법관련 행위임에도 불구하고 의회제도를 보장하는 헌법적 가치를 본질적으로 부인하는 중대한 하자가 존재하여 피청구인의 정치적 형성권을 존중하거나 피청구인에게 다른 정치적 형성방법을 기대할 수 없으므로, 손상된 헌법상 권한질서를 회복하기 위하여 예외적으로 그 효력을 소멸시키는 형성적 결정을 할 수밖에 없으며, 그 행위의 성질상 헌법재판소법 제67조 제2항의 적용을 고려한 취소결정은 어려우므로, 무효확인결정을 하여야 할 것이다.

(다) 피청구인 국회의장의 이 사건 가결선포행위에 대한 무효확인결정의 필요성

1) 피청구인 국회의장은, 법사위에서 헌법상 다수결원칙을 중대하게 위반하여 제안된 법률안들을 본회의에 부의 및 상정하고, 회의의 주재자로서의 중립적 지위에서 벗어나 소수의견이 개진될 수 있는 국회법상 마지막 기회인 무제한토론 절차를 무력화하였으며, 회기결정 등 의사절차 형성에 있어 실질적 토론에 기반한 표결을 할 수 없도록 하여 이 사건 가결선포행위를 함으로써 헌법상 다수결의 원칙 및 국회 내 의결 절차상 회의 주재자의 엄격한 중립성을 규정한 헌법 제49조, 헌법상 다수결의 원칙을 회기제에 제도적으로 구현한 헌법 제47조 제1항 및 제2항 등을 위반하였다.

피청구인 국회의장의 이 사건 가결선포행위는, 의회제도를 보장하는 헌법적 가치를 본질적으로 훼손한 중대한 하자가 존재하는 법사위의 대안에 대하여, 그 하자를 교정할 수 있는 절차를 진행하지 않고, 오히려 그 법률안을 원안으로 하는 본회의 의사절차를 형성하면서 추가로 헌법 및 국회법을 위반함으로써 청구인들에 대한 권한침해 사유를 가중시킨 것이므로, 그 헌법 위반 사유가 중대하다.

2) 입법, 행정, 사법으로 분립된 권력은 서로 다른 형태와 경로로 국민으로부터 민주적 정당성을 부여받는데, 행정부 및 사법부에 소속된 기관을 포함하는 모든 국가기관이 입법부인 국회가 제·개정한 법률을 준수해야 하는 근본적인 근거는, 국민이 직접 선출한 국회의원으로 구성된 회의체인 국회가 다양한 의견을 수렴하고 합리적인 토론을 거쳐 다수결원칙 등 민주주의원리에 부합하는 의사결정 방식으로 법률을 제정 또는 개정했다는 점에 있다. 그런데 헌법 제49조의 다수결원칙 위반과 같이 입법절차상 법위반의 정도와 내용이 의회입법의 우위의 근본적인 근거를 훼손할 정도의 중대한 헌법 위반에 이르렀다면, 그러한 입법행위로 국회 밖의 행정부나 사법부에 소속된 국가기관의 권한을 제한하는 것을 정당화할 헌법상 근거가 없게 된다.

또한, 검사는 법률이 유효하면 그대로 형사사법절차에 적용하여 집행하여야만 하는 준사법기관이므로, 위헌적 입법행위로써 검사의 직무상 권한을 제한함에 따라 형사절차상 기본권을 침해하게 된다면, 그러한 입법행위의 결과인 개정 법률의 효력이 지속되는 한 언제든 국민 개개인의 기본권이 침해되는 상황이 발생할 수 있다.

따라서 입법행위의 절차가 의회입법의 우위의 근본적인 근거를 훼손한 경우에는 위헌적 입법행위의 결과인 개정 법률의 효력을 유지하여 국회 밖의 국가기관으로 하여금 후속 입법이 있을 때까지 해당 법률을 그대로 준수하라고 할 수는 없다. 또한, 이러한 경우 위헌적 입법행위로 인한 기본권 침해 또는 그 현저한 위험이 확인되었음에도 국민 개개인으로 하여금 국회의 후속 입법이 있을 때까지 이를 감수하라고 할 수도 없다. 이러한 경우에는 권한침해확인결정에 그치고 침해의 원인이 된 입법행위를 실효시키지 않으면, 손상된 헌법적 권한질서를 회복하기 어렵다.

피청구인 국회의장의 이 사건 가결선포행위는 국회에서 이 사건 검찰청법 및 형사소송법의 법률안을 확정하는 종국적인 의결에 관한 것으로, 그 행위에 존재하는 중대한 권한침해 사유는 사법경찰관의 불송치결정에 대한 고발인의 이의신청권을 배제하는 내용의 이 사건 형사소송법 수정안을 국회법 제95조 제5항의 수정동의 요건에 반하여 상정하는 등 법률안의 주요 내용의 성립과 밀접한 관련이 있는 것이었으므로, 이러한 권한침해 사유가 없었다면 이 사건 검찰청법 및 형사소송법의 주요 내용이 성립될 수 없었다.

그런데 이 사건 검찰청법 및 형사소송법의 주요 내용

은 국회 밖의 국가기관인 검사 및 법무부장관의 권한을 제한하며, 이와 밀접하게 관련된 형사절차상 국민 개개인의 기본권을 제한하는 것이고, 나아가 감사원과 선거관리위원회가 그 관장 사무의 영역에서 고발 등을 통하여 위법 여부를 감시하는 권한, 법원이 재정신청제도를 통하여 소추 및 수사기능을 사법적으로 통제하는 권한에도 영향을 미치는 것이다.

이처럼 피청구인 국회의장의 이 사건 가결선포행위는 의회제도를 보장하는 헌법적 가치를 본질적으로 훼손한 중대한 하자가 있으며, 이로써 국회 밖의 국가기관의 권한 및 국민의 기본권을 침해하고 헌법상 독립된 국가기관들 상호간의 견제 기능도 제한하는 입법을 가능케 하였으므로, 그 효력을 부인하지 않고 손상된 헌법상 권한질서를 회복하기는 어렵다.

3) 한편, 피청구인 국회의장의 이 사건 가결선포행위는 입법절차의 일부에 해당하는 행위로서, 그 상대방은 청구인들 및 청구인들 이외의 국회의원들인데, 그 효력이 개별 국회의원에 따라 달라질 수는 없다. 또 의결정족수 충족에 관한 중대한 위헌 사유로 가결선포행위의 효력을 부인하면서 의결된 법률안을 공포하는 대통령과 같이 입법과정에 관여하는 다른 국가기관과의 관계에서는 그 의결의 효력이 그대로 유지되도록 하기도 어렵다.

그러므로 피청구인 국회의장의 이 사건 가결선포행위의 효력을 부인하는 형성적 결정으로는, 그 행위의 성질상 무효확인결정만 할 수 있을 뿐, 헌법재판소법 제67조 제2항의 적용을 고려한 취소결정은 할 수 없다고 할 것이다.

4) 이러한 사정들을 종합하여 볼 때, 피청구인 국회의장의 이 사건 가결선포행위에 대해서는, 국회의 입법관련 행위임에도 불구하고 의회제도를 보장하는 헌법적 가치를 본질적으로 부인하는 중대한 하자가 존재하여 피청구인의 정치적 형성권을 존중하거나 피청구인에게 다른 정치적 형성방법을 기대할 수 없으므로, 손상된 헌법상 권한질서를 회복하기 위하여 예외적으로 그 효력을 소멸시키는 형성적 결정을 할 수밖에 없으며, 그 행위의 성질상 헌법재판소법 제67조 제2항의 적용을 고려한 취소결정은 어려우므로, 무효확인결정을 하여야 할 것이다.

(라) 결론

그렇다면 피청구인들의 이 사건 각 가결선포행위에 대해서는 국회의 입법관련 행위이지만, 예외적으로 손상된 헌법상 권한질서를 회복하고 이를 통해 국가기능의 수행을 원활히 하도록 하기 위하여 부득이 그 행위의 무효를 확인할 수밖에 없다.

5. 결 론

청구인들의 이 사건 심판청구 중 피청구인 법사위 위원장의 이 사건 가결선포행위에 대한 권한침해확인청구에 관하여는 재판관 이선애, 재판관 이은애, 재판관 이종석, 재판관 이영진의 인용의견, 재판관 이미선의 인용의견, 재판관 유남석, 재판관 이석태, 재판관 김기영, 재판관 문형배의 기각의견으로 나뉘었고, 피청구인 법사위 위원장의 이 사건 가결선포행위에 대한 무효확인청구에 관하여는 재판관 유남석, 재판관 이석태, 재판관 김기영, 재판관 문형배의 기각의견, 재판관 이미선의 기각의견, 재판관 이은애, 재판관 이종석, 재판관 이영진의 인용의견, 재판관 이선애의 인용의견으로 나뉘었다.

또한 청구인들의 피청구인 국회의장의 이 사건 가결선포행위에 대한 권한침해확인청구에 관하여는 재판관 유남석, 재판관 이석태, 재판관 김기영, 재판관 문형배의 기각의견, 재판관 이미선의 기각의견, 재판관 이선애, 재판관 이은애, 재판관 이종석, 재판관 이영진의 인용의견으로 나뉘었고, 피청구인 국회의장의 이 사건 가결선포행위에 대한 무효확인청구에 관하여는 재판관 유남석, 재판관 이석태, 재판관 김기영, 재판관 문형배의 기각의견, 재판관 이미선의 기각의견, 재판관 이은애, 재판관 이종석, 재판관 이영진의 인용의견, 재판관 이선애의 인용의견으로 나뉘었다.

그러므로 피청구인 법사위 위원장의 이 사건 가결선포행위는 청구인들의 법률안 심의·표결권을 침해하였다 할 것이므로 이에 대한 권한침해확인청구는 이유 있어 이를 인용하고, 청구인들의 피청구인 법사위 위원장의 이 사건 가결선포행위에 대한 무효확인청구 및 피청구인 국회의장에 대한 심판청구는 이유 없어 이를 모두 기각하기로 하여, 주문과 같이 결정한다.

재판관 유남석 이선애 이석태 이은애 이종석 이영진 김기영 문형배 이미선

86. 법무부장관 등과 국회 간의 권한쟁의

[2023. 3. 23. 2022헌라4]

【판시사항】

1. 국회가 2022. 5. 9. 법률 제18861호로 검찰청법을 개정한 행위 및 같은 날 법률 제18862호로 형사소송법을 개정한 행위(이하 '이 사건 법률개정행위'라 한다)에 대한 권한쟁의심판에서, 법무부장관의 '청구인적격' 인정 여부(소극)

2. 이 사건 법률개정행위로 인한 검사의 '권한침해가능성' 인정 여부(소극)

【결정요지】

1. 법무부장관은 헌법상 소관 사무에 관하여 부령을 발할 수 있고 정부조직법상 법무에 관한 사무를 관장하지만, 이 사건 법률개정행위는 이와 같은 법무부장관의 권한을 제한하지 아니한다. 물론 법무부장관은 일반적으로 검사를 지휘·감독하고 구체적 사건에 대하여는 검찰총장만을 지휘·감독할 권한이 있으나, 이 사건 법률개정행위가 이와 같은 법무부장관의 지휘·감독권한을 제한하는 것은 아니다. 따라서 법무부장관은 이 사건 법률개정행위에 대해 권한쟁의심판을 청구할 적절한 관련성이 인정되지 아니하므로, 청구인적격이 인정되지 아니한다.

2. 국가기관의 '헌법상 권한'은 국회의 입법행위를 비롯한 다양한 국가기관의 행위로 침해될 수 있다. 그러나 국가기관의 '법률상 권한'은, 다른 국가기관의 행위로 침해될 수 있음은 별론으로 하고, 국회의 입법행위로는 침해될 수 없다. 국가기관의 '법률상 권한'은 국회의 입법행위에 의해 비로소 형성·부여된 권한일 뿐, 역으로 국회의 입법행위를 구속하는 기준이 될 수 없기 때문이다. 따라서 문제 된 침해의 원인이 '국회의 입법행위'인 경우에는 '법률상 권한'을 침해의 대상으로 삼는 심판청구는 권한침해가능성을 인정할 수 없다.

이 사건 법률개정행위는 검사의 수사권 및 소추권을 조정·배분하는 내용을 담고 있으므로, 해당 수사권 및 소추권이 검사의 '헌법상 권한'인지 아니면 '법률상 권한'인지 문제 된다. 수사 및 소추는 우리 헌법상 본질적으로 행정에 속하는 사무이므로, 특별한 사정이 없는 한 '대통령을 수반으로 하는 행정부'(헌법 제66조 제4항)에 부여된 '헌법상 권한'이다. 그러나 수사권 및 소추권이 행정부 중 어느 '특정 국가기관'에 전속적으로 부여된 것으로 해석할 헌법상 근거는 없다. 이에 헌법재판소는, 행정부 내에서 수사권 및 소추권의 구체적인 조정·배분은 헌법사항이 아닌 '입법사항'이므로, 헌법이 수사권 및 소추권을 행정부 내의 특정 국가기관에 독점적·배타적으로 부여한 것이 아님을 반복적으로 확인한 바 있다(94헌바2, 2007헌마1468, 2017헌바196, 2020헌마264등). 같은 맥락에서 입법자는 검사·수사처검사·경찰·해양경찰·군검사·군사경찰·특별검사와 같은 '대통령을 수반으로 하는 행정부' 내의 국가기관들에, 수사권 및 소추권을 구체적으로 조정·배분하고 있다.

헌법 제12조 제3항, 제16조는 검사의 영장신청권을 규정한다. 이에 헌법재판소는, 헌법상 영장신청권 조항은 수사과정에서 남용될 수 있는 다른 수사기관의 강제수사를 '법률전문가인 검사'가 합리적으로 '통제'하기 위한 취지에서 도입된 것임을 확인한 바 있다(96헌바28등). 물론 헌법은 검사의 수사권에 대해 침묵하므로, 입법자로서는 영장신청권자인 검사에게 직접 수사권을 부여하는 방향으로 입법형성을 하여 영장신청의 신속성·효율성을 증진시킬 수 있다. 그러나 형사절차가 규문주의에서 탄핵주의로 이행되어 온 과정을 고려할 때, 수사기관이 자신의 수사대상에 대한 영장신청 여부를 스스로 결정하도록 하는 것은 객관성을 담보하기 어려운 구조라는 점도 부인하기 어렵다. 이에 영장신청의 신속성·효율성 측면이 아니라, 법률전문가이자 인권옹호기관인 검사로 하여금 제3자의 입장에서 수사기관의 강제수사 남용을 통제하는 취지에서 영장신청권이 헌법에 도입된 것으로 해석되므로, 헌법상 검사의 영장신청권 조항에서 '헌법상 검사의 수사권'까지 도출된다고 보기 어렵다.

결국 이 사건 법률개정행위는 검사의 '헌법상 권한'(영장신청권)을 제한하지 아니하고, 국회의 입법행위로 그 내용과 범위가 형성된 검사의 '법률상 권한'(수사권·소추권)이 법률개정행위로 침해될 가능성이 있다고 볼 수 없으므로, 권한침해가능성이 인정되지 아니한다.

재판관 이선애, 재판관 이은애, 재판관 이종석, 재판관 이영진의 권한침해확인청구에 대한 반대의견

이 사건 법률개정행위의 내용은 검사의 수사권 및 소추권 행사의 범위를 제한할 뿐만 아니라, 일정한 범죄 영역에 관하여 수사를 개시한 검사가 공소를 제기하지 못하도록 함으로써 검사들 사이에 직무 영역을 분리하고, 수사를 개시할 수 있는 부의 직제 및 해당 부에 근무하고 있는 소속 검사와 공무원, 파견 내역 등의 현황을 검찰총장이 분기별로 국회에 보고하도록 하는 것으로, 검찰의 구체적인 조직 및 검사와 검찰청 직원의 보직에 관해서도 영향을 미쳐 수사권과 소추권의 일반적 행사기준과 검찰조직의 전반적인 운용에 대해서도 제한을 가하는 내용이다. 이는 법무부장관이 헌법상 행정각부의 장으로서 정부조직법에 의하여 검찰 및 검사에 관한 사무를 관장하면서 갖는, 검찰청법상 검사에 대한 일반적인 지휘·감독권, 검찰조직 전반의 운용 및 검사와 검찰청 직원의 보직에 관한 권한에 영향을 미치는 것이므로, 청구인 법무부장관의 청구인적격과 권한침해가능성이 인정된다.

검사는 국가기관 상호간의 권한쟁의심판의 당사자능력이 인정되며, 이 사건 법률개정행위의 내용은 검사의 수사권 및 소추권의 범위를 축소하고 검사의 직접 수사개시와 관련하여 국회가 통제를 가하는 것이므로, 청구인들 중 검사들의 청구인적격과 권한침해가능성도 인정된다.

이 사건 법률개정행위가 그 절차 또는 내용의 관점에서 헌법적 한계를 벗어나 실제로 청구인들의 권한을 침해하는지 여부는 본안 판단의 문제이고, 검사의 소추권과 수사권 및 법무부장관의 검사에 관한 관장 사무에 대한 권한을 대상으로 하는 입법행위의 한계는 본안을 판단하는 기준의 문제이다.

헌법 제49조의 다수결원칙 위반과 같이 입법절차상 법위반의 정도와 내용이 의회입법의 우위의 근본적인 근거를 훼손할 정도의 중대한 헌법 위반에 이르렀다면, 그러한 입법행위로 국회 밖의 행정부나 사법부에 소속된 국가기관의 권한을 제한하는 것을 정당화할 헌법상 근거가 없게 된다. 한편, 국가기관 상호간의 권한쟁의심판에서 '피청구인의 처분'은 청구인의 '권한을 침해하거나 침해할 현저한 위험'을 초래하는 '원인'이 되어야 한다.

이 사건 법률개정행위는 법제사법위원회 의결 절차에서는 안건조정제도에 관한 국회법 제57조의2 및 국회 위원회의 심사 및 표결에 관한 국회법 제58조를, 본회의 의결 절차에서는 무제한토론에 관한 국회법 제106조의2 및 본회의 수정동의절차에 관한 국회법 제95조 제5항을 위반하였고, 두 절차 모두에 있어서 실질적 토론을 전제로 하는 헌법상 다수결원칙 및 국회 내 의결 절차상 회의 주재자의 중립성을 엄격하게 요구한 헌법 제49조를 위반하였으므로, 그 헌법 위반 사유가 의회입법의 우위의 근본적 근거가 훼손될 정도로 중대하다. 이러한 입법절차상 하자는 의결정족수 충족 및 의결된 법률안의 주요 내용의 성립과 관련되어 그 하자가 없었다면 청구인들의 권한을 제한하는 내용의 입법이 이루어지지 못했을 것임이 명백하다. 따라서 이 사건 법률개정행위의 입법절차상 하자로 인한 청구인들의 권한침해가 인정된다.

형사상 소추와 관련된 여러 헌법조항들의 내용을 종합할 때, '소추기능'은 법률로써 폐지할 수 없는 '국가기능'이므로 '국가기관의 소추권'은 '헌법상 권한'이다. '소추기관'은 적법하게 수집된 객관적인 증거에 기초하여 공소제기 및 유지 여부를 결정하고, 법정에서 변론 및 입증활동을 하며, 이에 관한 법원의 재판에 대하여 불복하는 등의 기능을 수행하는 국가기관으로서, 형사사법절차에서 피의자 또는 피고인뿐만 아니라 피해자의 절차적 기본권 보장의무도 구체적으로 지는 '준사법기관'의 성격을 가져야 한다. 헌법상 이러한 기능을 하는 국가기관이 '검사'라는 점은 그 용어의 문언적 의미로 명백하다.

'수사'는 범죄혐의의 유무를 명백히 하여 공소의 제기·유지 여부를 결정하기 위하여 범인을 발견·확보하고 증거를 수집·보전하는 활동으로서, 소추와 마찬가지로 국가의 기본적 책무인 형사사법의 일환으로서 법률로써 폐지될 수 없는 '국가기능'에 해당한다. 소추와 수사에 관한 헌법 규범들을 고려할 때, 국가의 수사기능은 소추기능을 목적으로 하는 수단으로서 소추기능에 실효적으로 기여하여야 하며, 그 목적의 달성에 필요한 상당한 방법으로만 수행되어야 한다.

'헌법상 수사권'은 '국가의 수사기능'을 실현하는 권한으로서, 그 의미에 부합하는 법률상 수사기관의 여러 구체적인 권한들을 모두 포함한다. 헌법 제12조 제3항 및 제16조에 따라 검사가 영장을 신청하는 것도, 사법경찰관의 수사 중 신청에 따른 것이든, 검사가 직접 수사를 개시한 사건의 수사 또는 사법경찰관이 송치한 사건의 보완수사를 하면서 청구하는 것이든, 법관에게 영장발부를 신청하는 행위 그 자체로 '국가의 수사기능'을 실현하는 것이므로 '헌법상 수사권'의 행사에 해당한다.

검찰청법상 검사의 소추권과 수사권에 해당하는 구체적 권한들은 국가의 소추기능 및 수사기능을 실현하는 '헌법상 소추권 및 수사권'을 '헌법상 검사'에게 부여하는 입법을 구체적으로 형성한 것이다. 소추 및 수사기능은 형사사법절차의 핵심이면서도 사법부가 담당하는 심판기능과 분리된 행정영역에 속하여 '사법작용'과 '행정작용'의 성격을 겸유하는 '준사법작용'에 해당하고, 행정부 내에서 소추 및 수사기능에 속하는 권한들을 배분하는 입법을 할 때에도 준사법적 성격이 유지되도록 하여야 한다. 형사사법의 일부인 수사와 소추에 있어 '적극성', '능동성', '상하위계'를 특징으로 하는 행정작용의 성격이 '객관성', '중립성', '독립성'을 특징으로 하는 사법작용의 성격을 압도하게 되면, 피의자, 피고인 또는 피해자의 기본권이 침해될 위험이 있다. 따라서 검사의 소추권 또는 수사권을 제한하는 내용의 입법행위에는 기능적 권력분립의 관점에서 '준사법작용'인 소추 및 수사기능의 '객관성·중립성·독립성'을 훼손해서는 안 된다는 한계가 있다.

개정 검찰청법 제4조 제1항 제1호 가목은 검사가 수사를 개시할 수 있는 범죄의 범위를 변경하여 공직자범죄, 선거범죄, 방위사업범죄 및 대형참사 등에 관하여 검사가 직접 수사를 개시할 수 있는 범죄 영역을 축소하였다. 이 영역에서 검사의 소추권 또는 수사권의 본질적 내용이 침해되는지는, 검사의 직접 수사개시 범죄에서 배제된 결과 필연적으로 사법경찰관이 1차로 수사해야 하는 사건의 처리, 즉 송치사건에 대한 보완수사, 불송치결정에 대한 통제 등의 문제와 연관하여 판단해야 한다. 개정 검찰청법 제4조 제1항 제1호 가목의 규정상 검사가 직접 수사를 개시할 수 있는 영역에서는 검찰청법의 주요 개정 내용에 의하여 '검사의 직무상 독립성'이 훼손되는지 여부가, 검사가 직접 수사를 개시할 수 없게 되어 사법경찰관이 1차로 수사하게 된 영역에서는 형사소송법의 주요 개정 내용에 의하여 '검사의 직무상 객관성 및 중립성'이 훼손되는지 여부가 문제 된다.

개정 검찰청법 제4조 제2항은 검사는 원칙적으로 자신이 수사개시한 범죄에 대해서는 공소를 제기하지 못하며, 다만 사법경찰관이 송치한 범죄에 대하여는 그러하지 아니한 것으로 규정하였다. 이러한 입법은 검사가 직접 수사를 개시할 수 있는 부패범죄, 경제범죄 등 정치권력 또는 경제적·사회적 권력의 영향이 강하게 작용할 위험이 있는 범죄 영역에 대하여, 검찰사무의 지휘·감독에 관한 검찰청법 제7조와 결합하여 공소제기 검사가 수사개시 검사를 지휘할 수 있도록 제도화하고 검찰조직의 상하위계를 강화한 것이다. 이것은 준사법기관으로서의 검사의 직무상 독립성을 훼손하여 그 소추권 및 수사권의 본질적 내용을 침해한다.

개정 검찰청법 제24조 제4항은 검찰총장이 개정 검찰청법 제4조 제1항 제1호 가목의 '부패범죄, 경제범죄 등 대통령령으로 정하는 중요범죄'에 대한 수사를 개시할 수 있는 부의 직제 및 해당 부에 근무하고 있는 소속 검사와 공무원, 파견 내역 등의 현황을 분기별로 국회에 보고하여야 하는 것으로 규정하였다. 이러한 입법은 부패범죄, 경제범죄 등 정치권력 또는 경제적·사회적 권력의 영향이 강하게 작용할 위험이 있는 범죄 영역에 대한 검사의 수사 및 기소 문제에 대하여, 국회 내의 정치세력이 검찰조직 내의 강화된 상하위계를 통하여 영향력을 행사할 수 있도록 하는 것이다. 이것은 국회의 국정통제권한의 한계를 넘어 검사의 직무에 정치적 압력이 작용하는 외관을 형성하고 실제로 작용할 위험을 초래하기도 하므로, 준사법기관으로서의 검사의 직무상 독립성을 훼손하여 그 소추권 및 수사권의 본질적 내용을 침해한다.

개정 형사소송법 제196조 제2항은, 사법경찰관이 송치한 사건 중 시정조치요구 불이행에 따른 송치 요구, 체포·구속장소 감찰 시 위법한 체포·구속의 의심에 기초한 송치 명령, 사법경찰관의 불송치결정에 대한 이의신청에 따라 송치된 사건에 대해서는, '해당 사건과 동일성을 해치지 아니하는 범위 내'에서만 검사가 직접 수사할 수 있도록 하였다. 이와 같은 송치사건의 세 가지 유형은, 모두 사법경찰관의 1차 수사에 위법의 의심이 있거나 수사미진의 가능성이 있는 경우들로서, 사법경찰관의 1차 수사가 적정하지 않은 방향으로 진행되어 이를 바로잡을 필요가 있거나, 그 수사 방향에 고소인이나 피해자 등의 이의가 있는 경우들이므로, 수사의 실효성 확보가 사법경찰관이 기소의견으로 송치한 경우보다 더욱 절실하게 필요하다. 하지만, 이러한 경우 개정 형사소송법 제196조 제2항에 의하면, 검사가 수사할 때 공범이 확인되거나 추가 피해사실이 발견되는 등 송치된 범죄와 직접 관련성이 있는 범죄의 단서가 확인되더라도, 검사는 그 범죄를 인지하여 수사를 개시할 수 없으므로, 오히려 수사의 실효성이 저하된 절차에 의할 수밖에 없고, 그만큼 형사피의자의 신속하고 공정한 재판을 받을 권리 및 형사피해자의 재판절차진술권의 보장 수준도 저하된다. 이러한 입법은 검사가 수사권 및 소추권을 행사할 때 형사피의자나 형사피해자를 합리적 이유 없이 차별 취급하도록 함으로써, 검사로 하여금 그와 관련된 신속하고 공정한 재판을 받을 권리 또는 재판절차진술권 등 절차적 기본권 보장의 의무를 준수할 수 없도록 한다. 이것은 준사법기관으로서의 검사의 직무상 객관성과 중립성을 훼손하여 그 소추권 및 수사권의 본질적 내용을 침해하는 것이다.

개정 형사소송법 제245조의7 제1항은 사법경찰관으로부터 불송치의 취지와 이유를 통지받은 고소인, 피해자 등 이의신청을 할 수 있는 주체에서 '고발인을 제외'하였다. 사법경찰관의 불송치결정에 대한 고발인의 이의신청권이 배제됨에 따라 사건이 그대로 종결되면, 검사가 공소제기 여부의 결정을 비롯한 소추권을 행사할 여지가 없게 되고, 검사가 재수사요청을 통하여 소추권을 회복하는 것은 매우 어려우며, 중요한 국가적·사회적 법익에 관한 범죄 영역에서 기관 고발의 대상이 되거나 사회적 약자인 피해자가 있는 고발 사건의 영역에서는 수사의 실효성을 확보할 필요가 큼에도 불구하고 그 실효성이 크게 저하된다. 이러한 입법은 사실상 준사법기관인 검사의 소추권을 배제하고, 공공의 안전과 질서의 유지를 위하여 물리력을 행사할 수 있고 상하위계가 강한 특성이 있는 경찰조직에 소추기능의 일부로서 준사법작용인 '공소제기 여부를 결정하는 권한'을 일부 이전하면서, 이에 대한 준사법기관의 통제는 극도로 제한하는 것이다. 또한, 검사가 직무를 수행하면서 사회적 약자인 형사피해자를 보호할 필요가 있는 영역에서 재판절차진술권을 제대로 보장할 수 없도록 하고, 고발 사건의 피해자와 그렇지 않은 사건의 피해자 사이에 불합리한 차별 취급을 할 수밖에 없도록 하며, 국가적·사회적 법익을 보호해야 하는 사건의 공정한 처리를 어렵게 한다. 이것은 소추 및 수사기능의 준사법적 성격에 반하는 입법형성이며, 준사법기관으로서의 검사의 직무상 객관성과 중립성을 훼손하여 그 소추권 및 수사권의 본질적 내용을 침해하는 것이다.

사법경찰관의 불송치결정에 대한 고발인의 이의신청권 배제로 인하여, 고발인에게 보장된 검찰청법상 항고·재항고 및 공직선거법 등에 규정된 일정한 범위의 재정신청을 통한 시정의 기회가 제한되는데, 이것은 검사의 직접 수사개시 범죄의 범위를 축소한 개정 검찰청법 제4조 제1항 제1호 가목과 결합하여, 감사원이 고발하는 공직자범죄, 선거관리위원회가 고발하는 선거범죄 등에서 제도적 공백을 초래한다. 또한, 아동·청소년대상 성범죄 사건을 수사하는 검사의 친권상실선고 또는 후견인 변경 결정 청구와 같은, 수사과정에서의 피해자 보호에 관한 검사의 민사법상 권한을 행사하기 어렵게 될 수도 있다. 이러한 입법은 법체계의 정합성에 부합하지 않으므로, 법치국가원리에 따른 입법의 한계를 벗어난다.

개정 검찰청법 및 형사소송법의 각 부칙 조항들에 의하여, 개정 법률은 공포 후 4개월이 경과한 날인 2022. 9. 10. 시행되었고, 선거범죄에 관하여 검사가 직접 수사를 개시하지 못하도록 한 부분은 2023. 1. 1.부터 시행되었다. 그런데 사법경찰관의 불송치결정에 대한 고발인의 이의신청권 배제를 규정한 개정 형사소송법 제245조의7 제1항과 같은 경우, 앞서 본 바와 같이 여러 관련 법령들의 내용과 체계상 모순이 매우 심하여 4개월 이내에 이를 종합적으로 검토하고 정비하기 어려울 뿐만 아니라, 피청구인이 그러한 시도를 하지도 않았다. 이러한 입법은 법체계의 정합성에 부합하지 않으므로, 법치국가원리에 따른 입법의 한계를 벗어난다.

검사의 직접 수사개시 범죄의 범위를 축소한 개정 검찰청법 제4조 제1항 제1호 가목은 개정 형사소송법 제196조 제2항 및 제245조의7 제1항에 관한 부분과 결합하여 청구인들 중 검사들의 소추권과 수사권의 본질적 내용을 침해한다. 이 사건 법률개정행위의 주요 조항들 이외의 나머지 조항들 부분도 주요 조항들에 관한 부분과 체계적 관련이 있다.

따라서 이 사건 법률개정행위의 내용은 청구인들 중 검사들의 소추권 및 수사권을 침해한다.

이 사건 법률개정행위는 행정각부의 장인 법무부장관이 관장하는 검찰 또는 검사에 관한 사무에 관하여 국가의 필수기능인 소추 및 수사의 본질을 훼손하는 내용을 규정하였으므로, 법무부장관의 관장 사무를 구체적으로 정하는 입법의 한계를 일탈하였고, 이와 관련하여 국회의 국정통제기능에 관한 입법의 한계도 일탈하여, 청구인 법무부장관의 검사에 관한 사무에 대한 권한을 침해한다.

재판관 이선애의 권한침해확인청구에 대한 반대의견에 관한 보충의견

현대적 헌법원리로서의 권력분립원칙은 소극적으로 이미 존재하는 국가권력을 분리하여 억제하고 통제하는 데에 그치는 것이 아니라, 적극적으로 개개의 국가권력을 구성하여 그 권한을 확정하고 한정하며 상호간의 협력을 규율하는 국가기관의 조직 원리이다. 권력분립원칙에 따라 국가권력을 구성할 때 입법·행정·사법으로 구별되는 기능은 상호 배타적인 성격을 갖는 것이 아니라, 국가가 수행해야만 하는 과제를 민주적이고 법치국가적으로 수행하는 방식의 기본적인 유형을 나타내는 것으로, 국가의 여러 과제를 적절하게 수행하기 위한 기능은 이를 맡는 기관의 구조와 결부되어 있다. 그러므로 어떤 기관에 대하여 그 구조와 기본기능에 상응하지 않는 기능을 배정하여 수행하도록 하는 것은 권력분립의 원칙상 원칙적으로 허용되지 않는다.

검사의 소추권과 수사권의 근거가 되는 헌법규범은 형사사법절차에 관련된 다수의 헌법조항들의 해석을 통하여 확인된다. 검사의 영장신청권은 헌법상 소추권과 수사권을 전제로 하므로, 법률에 의하여 검사의 소추권과 수사권이 제한될 경우 그 구체적인 내용에 따라서는 검사의 영장신청권이 제한될 가능성도 전혀 없지 않다. 일례로 이 사건 법률개정행위에 따라 사법경찰관의 불송치결정에 대한 고발인의 이의신청권이 배제됨으로써 사건이 그대로 종결되어 검사의 소추권이 제한되는 영역에서 검사는 영장신청권을 행사할 수도 없게 된다.

이 사건 법률개정행위는 입법절차상 헌법 제49조를 위반한 하자가 있을 뿐만 아니라, 그 본회의 의결 절차는 법률안들 사이의 상호 연관성의 관점에서 중요한 내용에 대하여 실질적인 토론을 기반으로 한 표결을 할 수 없도록 의사절차가 형성되어, 헌법상 다수결원칙을 회기제에 제도적으로 구현한 헌법 제47조 제1항 및 제2항에도 위배된다.

이 사건 법률개정행위는 국가의 필수적인 기능인 소추 및 수사기능에 관하여 행정부 내 검사와 경찰 상호간뿐만 아니라, 소추·수사기관과 독립된 헌법기관인 감사원, 선거관리위원회, 법원 상호간의 협력과 통제, 그리고 국회의 행정부에 대한 국정통제기능과 관련하여 수평적·수직적 권력 상호간의 협력과 통제의 균형을 광범위하게 훼손하였으므로, 헌법상 기능적 권력분립원칙을 중대하게 위반하였다.

국가의 필수적 과제인 형사사법을 수행하는 소추기능과 수사기능은 헌법상 기능적 권력분립원칙에 따라 그 기능을 담당할 기관을 구성하고 관련 기관들 상호간의 협력과 통제의 관계를 유지해야 하는 대표적인 영역이고, 소추 및 수사기능의 준사법적 성격을 유지하는 것은 형사사법에 관련된 국민의 기본권 보장과 직결되는 문제이다. 그런데 이 사건 법률개정행위는 입법기능을 수행하는 절차와 검사의 소추권 및 수사권을 구체적으로 형성하고 제한하는 내용 모두에 있어서 헌법상 한계를 일탈하여 청구인들의 권한을 침해하였고, 국가기관 상호간 협력과 통제의 관계를 광범위하게 훼손하였다.

재판관 이은애, 재판관 이종석, 재판관 이영진의 무효확인청구에 대한 반대의견

권한쟁의심판에서 피청구인의 처분으로 인하여 청구인의 권한이 침해된 것으로 확인하는

경우 그러한 처분을 취소하거나 무효를 확인할 것인지 여부는, 권한 침해 사유의 헌법적 중대성, 침해된 청구인의 권한과 그 원인이 된 피청구인의 처분이 헌법적 권한질서 내에서 가지는 의미, 권한쟁의심판의 결정을 통하여 달성될 수 있는 헌법적 권한질서 회복의 이익 등을 종합적으로 고려하여 판단하여야 한다.

이 사건 법률개정행위는 그 절차의 측면에서 국회법상 관련 규정과 실질적 토론을 전제로 하는 헌법상 다수결원칙 및 국회 내 의결절차상 회의 주재자의 중립성을 요구하는 헌법 제49조를 위반하였다. 이러한 입법절차상 하자는 의결정족수의 충족 및 의결된 법률안의 주요 내용의 성립에 관한 하자로서 국회 밖의 국가기관인 청구인들의 헌법상 권한에 대한 침해의 원인이 되었는바, 이는 모든 국가기관이 국회가 제·개정한 법률을 준수해야 한다는 의회입법의 우위의 근본적인 근거를 훼손하는 것으로, 헌법적으로 매우 중대하다. 이 사건 법률개정행위의 주요 내용들은 준사법작용인 소추 및 수사기능의 객관성·중립성·독립성을 훼손하여 헌법상 검사의 소추권 및 수사권에 관한 입법형성의 한계를 일탈함으로써 청구인들 중 검사들의 권한을 본질적으로 침해하였고, 법체계의 정합성에 부합하지 않으므로 법치국가원리에 따른 입법형성의 한계도 일탈하였다. 법무부장관의 권한에 관해서도 행정각부의 장으로서 관장하는 사무에 관한 입법 및 국회의 국정통제기능에 관한 입법의 한계를 일탈하여, 청구인 법무부장관의 검사에 대한 일반적인 지휘·감독권, 검찰조직 전반의 운용 및 검사와 검찰청 직원의 보직에 관한 권한을 침해하였다. 이는 준사법작용으로서 행정작용과 사법작용의 성격을 겸유하는 소추 및 수사기능의 본질적 내용을 침해하고, 행정부와 입법부 사이의 견제와 균형을 훼손하는 것이므로, 헌법상 기능적 권력분립의 원칙에 대한 중대한 위반에 해당한다.

이 사건에서 침해된 청구인들의 권한 및 그 원인이 된 피청구인의 처분은, 개별 형사사건의 당사자인 개인의 절차적 기본권 보장 및 국가의 기본적인 책무인 형사사법의 실효성과 공정성의 확보에 관련된 것이므로, 국민의 기본권 및 국가의 권한질서에 중요한 의미를 가진다. 검사는 법률이 유효하면 그대로 형사사법절차에 적용하여 집행하여야만 하는 준사법기관이므로, 이 사건 법률개정행위로 인한 기본권 침해를 방지하고 관련 제도의 기능상 장애를 교정하기 위해서는, 그 법적 효력을 제거하여 침해된 검사의 권한을 즉시 회복해야 할 필요성이 크다.

권한쟁의심판의 대상인 '법률의 제정 또는 개정 행위'를 취소하거나 그 무효를 확인하여 그 법적 효력을 제거할 경우, 개정된 법률은 개정 전의 상태로 회귀한다. 이 경우 신설된 조항은 그 효력 발생 시점으로 소급하여 효력을 상실하고 폐지된 것과 같이 되지만, 개정된 조항은 위헌법률심판의 경우처럼 법률에서 사라지는 것이 아니라 개정 전의 상태로 돌아간다. 이 사건 법률개정행위를 취소하거나 그 무효를 확인하면, 그 효력이 부인되는 즉시 검사는 제한되었던 수사권과 소추권을 회복하게 되어 이를 행사할 수 있게 되고, 사법경찰관의 불송치결정에 대한 이의신청이 배제되었던 고발인은 즉시 이의신청을 함으로써 해당 사건이 검사에게 송치되도록 할 수 있게 된다. 국회의 입법행위의 효력을 헌법재판소의 사법적 판단으로 부인하는 것은 헌법 제111조 제1항 제4호, 헌법재판소법 제62조 제1항 제1호 및 제66조 제2항에 근거한 것이고, 이 사건 법률개정행위의 효력을 부인하여 형사사법절차가 그에 따른 검찰청법 및 형사소송법의 개정 전의 상태로 돌아간다고 해서 특별히 헌법적 권한질서에 어긋나는 문제가 생기지는 않는다. 따라서 권한쟁의심판의 결정을 통하여 이 사건 법률개정행위를 실효시

킴으로써 손상된 헌법적 권한질서를 회복할 이익이 인정된다.

이 사건 법률개정행위의 경우 그 법적 효력을 제거하여 청구인들의 침해된 권한을 즉시 회복할 필요성이 인정되지만, 개정 검찰청법과 형사소송법이 집행되는 모든 경우에 그 집행행위의 효력까지 소멸시킬 경우 법적 안정성이 훼손될 가능성이 전혀 없다고 단정하기는 어렵다. 위헌법률심판에서는 행정기관 및 사법기관의 조직법규와 형사소송에 관한 절차법규는 헌법재판소법 제47조 제2항에 따라 그 결정이 있는 날부터 효력을 상실하는데, 이와 같은 결정의 효력과의 균형을 고려할 필요도 있다. 따라서 이 사건 법률개정행위에 대해서도 원칙적으로 무효확인결정보다는 취소결정을 함으로써 헌법재판소법 제67조 제2항에 따라 그 처분의 상대방인 수범자에 대하여 이미 생긴 효력에는 영향을 미치지 않도록 하는 것이 타당하다.

따라서 이 사건 법률개정행위에 대해서는 그 행위를 취소하는 결정을 하여야 할 것이다.

재판관 이선애의 무효확인청구에 대한 반대의견

국회의 입법관련 행위를 대상으로 한 국가기관 상호간의 권한쟁의심판에 있어서 심판대상 행위에 대한 취소·무효확인의 형성적 결정은 자제하여야 함이 원칙이지만, 예외적으로 국회의 입법관련 행위라 하더라도 수평적·수직적 권력 상호간의 견제와 균형을 근본적으로 훼손하여 헌법재판소가 사법적 자제를 유지해서는 헌법적 가치질서 및 헌법의 규범적 효력을 보호할 수 없는 경우에는, 손상된 헌법상 권한질서의 회복을 위하여 부득이 심판대상 행위의 취소 또는 무효확인으로 그 효력을 소멸시키는 결정을 할 수밖에 없다.

이 사건 법률개정행위에는 그 절차에 있어 실질적 토론을 전제로 하는 헌법상 다수결원칙 및 이를 제도적으로 구현한 헌법조항들을 위반하여 의결정족수를 충족시키고 법률안의 주요 내용을 성립시킨 중대한 하자가 존재하고, 이는 국회 밖의 국가기관인 검사와 법무부장관에 대한 권한침해의 원인이 되었다. 이처럼 입법행위의 절차가 의회입법의 우위의 근본적인 근거를 훼손한 경우에는 개정 법률의 효력을 유지하여 국회 밖의 국가기관으로 하여금 후속 입법이 있을 때까지 해당 법률을 그대로 준수하라고 할 수 없다.

이 사건 법률개정행위의 내용은 수평적·수직적 권력 상호간의 견제와 균형을 광범위하게 훼손하여 헌법재판소의 권한쟁의심판을 통하여 객관적 권한질서를 회복해야 할 필요가 크다.

이 사건 법률개정행위의 내용은 준사법작용의 본질을 훼손하여 국민의 절차적 기본권을 침해하는 것으로, 개정 법률의 효력이 지속되는 한 언제든 국민 개개인의 기본권이 침해되는 상황이 발생할 수 있다. 이처럼 위헌적 입법행위로 인한 기본권 침해 또는 그 현저한 위험이 헌법재판소의 판단으로 확인되었음에도 국가기관 상호간 권한 배분에 관한 문제라는 이유로 국민 개개인으로 하여금 국회의 후속 입법이 있을 때까지 기본권 침해 또는 그 현저한 위험을 감수하라고 할 수는 없다.

이 사건 법률개정행위에 대해서는, 국회의 입법관련 행위임에도 의회제도를 보장하는 헌법적 가치를 본질적으로 부인하는 중대한 하자가 존재하여 피청구인의 정치적 형성권을 존중하거나 피청구인에게 다른 정치적 형성방법을 기대할 수 없으므로, 손상된 헌법적 권한질서를 회복하기 위하여 예외적으로 그 효력을 소멸시키는 형성적 결정을 할 수밖에 없다. 다만, 법적 안정성의 유지 및 위헌법률심판 또는 헌법소원심판의 결정과의 균형을 고려하여, 헌법상 객관적 권한질서의 회복 및 유지를 통한 국가기능의 원활한 수행에 적합한 결정으로서,

이 사건 법률개정행위의 무효를 확인하는 대신 그 행위를 취소하여야 할 것이다.

【참조조문】

헌법 제12조 제3항, 제16조, 제40조, 제66조 제4항, 제89조 제16호, 제95조, 제111조 제1항 제4호

헌법재판소법(2011. 4. 5. 법률 제10546호로 개정된 것) 제61조 제2항, 제62조 제1항 제1호

검찰청법(2022. 5. 9. 법률 제18861호로 개정된 것) 제4조 제1항 제1호 가목, 나목, 제2항, 제3항, 제24조 제4항

검찰청법 부칙(2022. 5. 9. 법률 제18861호) 제1조, 제2조, 제3조, 제4조

형사소송법(2022. 5. 9. 법률 제18862호로 개정된 것) 제196조 제2항, 제198조 제4항, 제245조의7 제1항

형사소송법 부칙(2022. 5. 9. 법률 제18862호) 제1조, 제2조

【참조판례】

2. 헌재 1997. 8. 21. 94헌바2, 판례집 9-2, 223, 232

헌재 2008. 1. 10. 2007헌마1468, 판례집 20-1상, 1, 29

헌재 2019. 2. 28. 2017헌바196, 판례집 31-1, 52, 57

헌재 2021. 1. 28. 2020헌마264등, 판례집 33-1, 72, 106-107

헌재 1997. 3. 27. 96헌바28등, 판례집 9-1, 313, 321-322

【당 사 자】

청 구 인 1. 법무부장관
대리인 검사 김석우, 남소정, 조아라, 차호동
법무법인 케이원챔버
담당변호사 강일원 외 1인
2. 검사 김석우
3. 검사 김선화
4. 검사 김진혁
5. 검사 남소정
6. 검사 윤원기
7. 검사 조아라
청구인 2.부터 7.까지의 대리인
법무법인 케이원챔버
담당변호사 강일원 외 1인

피청구인 국회
대표자 국회의장 김진표
대리인 법무법인 상록
담당변호사 장주영
변호사 노희범

【주 문】

이 사건 심판청구를 모두 각하한다.

【이 유】

1. 사건개요

가. 피청구인은 2022. 4. 30. 검찰청법 일부개정법률안(대안)(의안번호 제2115408호)에 대한 수정안을 본회의에서 가결하였다. 그 주요 내용은 검사가 수사를 개시할 수 있는 범죄의 범위를 부패범죄 및 경제범죄 등으로 축소하고, 검사는 자신이 수사개시한 범죄에 대하여는 공소를 제기할 수 없도록 하는 한편, 검찰총장이 부패범죄 및 경제범죄 등의 수사를 개시할 수 있는 부의 직제 및 해당 부에 근무하고 있는 소속 검사와 공무원, 파견 내역 등의 현황을 분기별로 국회에 보고하도록 하는 것이다.

나. 피청구인은 2022. 5. 3. 형사소송법 일부개정법률안(대안)(의안번호 제2115407호)에 대한 수정안을 본회의에서 가결하였다. 그 주요 내용은 사법경찰관으로부터 송치 받은 사건에 대하여 검사가 직접 보완수사를 할 수 있는 범위를 축소하여, 시정조치요구 불이행, 체포·구속 장소 감찰 시 위법한 체포·구속의 의심, 사법경찰관의 불송치결정에 대한 이의신청에 따라 송치된 사건의 경우에는 해당 사건과 동일성을 해치지 아니하는 범위 내에서만 검사가 수사할 수 있도록 하고, 수사기관의 준수사항으로서 별건 수사 금지에 관한 내용을 신설하며, 사법경찰관의 불송치결정에 대하여 이의신청을 할 수 있는 사람에서 고발인을 제외하는 것이다.

다. 위 개정 법률안들은 정부로 이송된 후 2022. 5. 9. 검찰청법 일부개정법률(법률 제18861호) 및 형사소송법 일부개정법률(법률 제18862호)로 공포되어 4개월이 경과한 날인 2022. 9. 10.부터 시행되었다.

라. 청구인들은 피청구인이 위와 같이 검찰청법 및 형사소송법을 개정한 행위가, 헌법과 법률에 의하여 부여된 검사들의 수사·소추권 및 법무부장관이 관장하는 검사에 관한 사무 권한을 침해한다고 주장하며 2022. 6. 27. 피청구인의 위와 같은 법률개정행위로 인한 청구인들의 권한침해확인 및 그 행위의 무효확인을 구하는 이 사건 권한쟁의심판을 청구하였다.

2. 심판대상

법률에 대한 권한쟁의심판은 법률 그 자체가 아니라 '법률의 제정 또는 개정 행위'를 그 심판대상으로 한다(헌재 2006. 5. 25. 2005헌라4 등 참조).

이 사건 심판대상은 피청구인이 2022. 5. 9. 법률 제18861호로 검찰청법을 개정한 행위 및 같은 날 법률 제18862호로 형사소송법을 개정한 행위(이하 '이 사건 법률개정행위'라 한다)가 청구인들의 권한을 침해하는지 여부 및 그 무효 여부이다.

이 사건 법률개정행위로 개정 또는 신설된 법률조항들 및 각 개정 법률의 부칙(이하 '이 사건 법률조항들'이라 하고, 이중 각 개별조항은 '개정 검찰청법' 또는 '개정 형사소송법'의 각 해당 조항으로 지칭한다)은 다음과 같다.

[이 사건 법률조항들]

검찰청법(2022. 5. 9. 법률 제18861호로 개정된 것)

제4조(검사의 직무) ① 검사는 공익의 대표자로서 다음 각 호의 직무와 권한이 있다.

1. 범죄수사, 공소의 제기 및 그 유지에 필요한 사항. 다만, 검사가 수사를 개시할 수 있는 범죄의 범위는 다음 각 목과 같다.
   가. 부패범죄, 경제범죄 등 대통령령으로 정하는 중요 범죄
   나. 경찰공무원(다른 법률에 따라 사법경찰관리의 직무를 행하는 자를 포함한다) 및 고위공직자범죄수사처 소속 공무원(「고위공직자범죄수사처 설치 및 운영에 관한 법률」에 따른 파견공무원을 포함한다)이 범한 범죄

② 검사는 자신이 수사개시한 범죄에 대하여는 공소를 제기할 수 없다. 다만, 사법경찰관이 송치한 범죄에 대하여는 그러하지 아니하다.

③ 검사는 그 직무를 수행할 때 국민 전체에 대한 봉사자로서 헌법과 법률에 따라 국민의 인권을 보호하고 적법절차를 준수하며, 정치적 중립을 지켜야 하고 주어진 권한을 남용하여서는 아니 된다.

제24조(부장검사) ④ 검찰총장은 제4조 제1항 제1호 가목의 범죄에 대한 수사를 개시할 수 있는 부의 직제 및 해당 부에 근무하고 있는 소속 검사와 공무원, 파견 내역 등의 현황을 분기별로 국회에 보고하여야 한다.

검찰청법 부칙(2022. 5. 9. 법률 제18861호)

제1조(시행일) 이 법은 공포 후 4개월이 경과한 날부터 시행한다.

제2조(검사의 직무에 관한 적용례) 제4조 제2항의 개정규정은 이 법 시행 이후 공소를 제기하는 경우부터 적용한다.

제3조(검사가 수사를 개시할 수 있는 범죄의 범위에 관한 경과조치) 이 법 시행 당시 종전의 제4조 제1항 제1호 가목에 따른 선거범죄에 관하여는 2022년 12월 31일까지는 제4조 제1항 제1호 가목의 개정규정에도 불구하고 종전의 규정에 따른다.

제4조(다른 법률의 개정) ① 고위공직자범죄수사처 설치 및 운영에 관한 법률 일부를 다음과 같이 개정한다.

제47조 중 "제4조 제1항 제2호, 제4호, 제5호는"을 "제4조 제1항 제2호·제4호·제5호 및 같은 조 제2항은"으로 한다.

② 공군 20전투비행단 이예람 중사 사망 사건 관련 군 내 성폭력 및 2차 피해 등의 진상규명을 위한 특별검사 임명 등에 관한 법률 일부를 다음과 같이 개정한다.

제6조 제6항 중 "「검찰청법」"을 "「검찰청법」(제4조 제2항은 제외한다)"으로 한다.

③ 특별검사의 임명 등에 관한 법률 일부를 다음과 같이 개정한다.

제7조 제7항 중 "「검찰청법」"을 "「검찰청법」(제4조 제2항은 제외한다)"으로 한다.

형사소송법(2022. 5. 9. 법률 제18862호로 개정된 것)

제196조(검사의 수사) ② 검사는 제197조의3 제6항, 제198조의2 제2항 및 제245조의7 제2항에 따라 사법경찰관으로부터 송치받은 사건에 관하여는 해당 사건과 동일성을 해치지 아니하는 범위 내에서 수사할 수 있다.

제198조(준수사항) ④ 수사기관은 수사 중인 사건의 범죄 혐의를 밝히기 위한 목적으로 합리적인 근거 없이 별개의 사건을 부당하게 수사하여서는 아니 되

고, 다른 사건의 수사를 통하여 확보된 증거 또는 자료를 내세워 관련 없는 사건에 대한 자백이나 진술을 강요하여서도 아니 된다.

제245조의7(고소인 등의 이의신청) ① 제245조의6의 통지를 받은 사람(고발인을 제외한다)은 해당 사법경찰관의 소속 관서의 장에게 이의를 신청할 수 있다.

형사소송법 부칙(2022. 5. 9. 법률 제18862호)

제1조(시행일) 이 법은 공포 후 4개월이 경과한 날부터 시행한다.

제2조(이의신청에 관한 적용례) 제245조의7의 개정규정은 이 법 시행 후 해당 개정규정에 따른 이의신청을 하는 경우부터 적용한다.

3. 청구인들의 주장 및 피청구인의 답변

[별지] 청구인들의 주장 및 피청구인의 답변과 같다.

4. 판 단

가. 당사자능력

(1) 당사자능력이란, 구체적 소송사건의 내용과 관계없이, 일반적으로 권한쟁의심판의 당사자가 될 수 있는 자격을 의미한다. 헌법 제111조 제1항 제4호는 '국가기관 상호간'의 권한쟁의심판을 규정하고, 헌법재판소법 제62조 제1항 제1호는 이를 '국회, 정부, 법원 및 중앙선거관리위원회 상호간'의 권한쟁의심판으로 규정한다. 이에 헌법재판소는, 헌법 제111조 제1항 제4호의 국가기관인지 여부는 '그 국가기관이 헌법에 의하여 설치되고 헌법과 법률에 의하여 독자적인 권한을 부여받고 있는지 여부, 헌법에 의하여 설치된 국가기관 상호간의 권한쟁의를 해결할 수 있는 적당한 기관이나 방법이 있는지 여부' 등을 종합적으로 고려해야 한다고 판시하면서, 헌법재판소법 제62조 제1항 제1호의 '국회, 정부, 법원 및 중앙선거관리위원회'에 관한 부분은 한정적·열거적 조항이 아닌 예시적 조항이므로 정부의 부분기관도 당사자가 될 수 있다고 판단한바 있다(헌재 1997. 7. 16. 96헌라2; 헌재 2008. 3. 27. 2006헌라1 등 참조).

이때, '헌법에 의해 설치되는 국가기관'이란 그 조직과 기능에 있어 헌법에 근거를 두고 있는 국가기관을 의미한다. 대한민국 헌법은 전문(前文), 총강(제1장), 기본권(제2장), 권력구조(제3장 내지 제8장), 경제(제9장), 헌법개정(제10장), 부칙(附則)으로 구성되어 있는바, 헌법 제3장 내지 제8장은 헌법에 의해 설치되는 국가기관의 조직법적·기능법적 기초를 규율하고 있다.

(2) '법무부장관'은 헌법 제4장(정부)에서 "행정각부의 장은 국무위원 중에서 국무총리의 제청으로 대통령이 임명한다."라고 규정한 헌법 제94조에 의해 설치된 국가기관으로서, 소관 사무에 관하여 부령을 발할 수 있고(헌법 제95조) 검찰·행형·인권옹호·출입국관리 그 밖에 법무에 관한 사무를 관장하여(정부조직법 제32조) 헌법과 법률에 의해 독자적인 권한을 부여받고 있다. 그러므로 청구인 법무부장관은 권한쟁의심판에서 일반적인 당사자능력이 인정된다.

(3) 한편, '검사'는 헌법 제4장(정부)에서 명시적으로 그 설치가 규정되어 있지 않다. 다만, 헌법 제2장(국민의 권리와 의무)의 신체의 자유와 주거의 자유에 관한 규정에 검사의 영장신청권이 명시되어 있고(헌법 제12조 제3항, 제16조), 헌법 제4장(정부)에서는 국무회의의 심의사항에 관한 규정에 검찰총장의 임명이 언급되어 있을 뿐이다(헌법 제89조 제16호). 이를 '헌법에 의해 설치되는 국가기관'의 조직법적·기능법적 기초로 볼 수 있을지 문제 된다.

(가) 이와 관련하여 헌법재판소는 2021. 1. 28. 2020헌마264등 결정에서, 아래와 같은 판시를 통해 '헌법 제12조 제3항 및 제16조에서의 검사'는 '검찰권을 행사하는 국가기관'으로서 일반적 의미의 검사(검찰청법상 검사, 군검사, 특별검사 등)를 의미하는 것이므로 '검찰청법상 검사'와 동일한 것은 아님을 확인한바 있다.

「우리 헌법이 영장주의를 실현하는 과정에서 수사단계에서의 영장신청권자를 검사로 한정한 것은 검찰의 다른 수사기관에 대한 수사지휘권을 확립시켜 종래 빈번히 야기되었던 검사 아닌 다른 수사기관의 영장신청에서 오는 인권유린의 폐해를 방지하고, 반드시 법률전문가인 검사를 거치도록 함으로써 다른 수사기관의 무분별한 영장신청을 막아 기본권침해가능성을 줄이는 데에 그 목적이 있다. 이처럼 영장신청권자를 검사로 한정한 취지를 고려할 때, 영장신청권자로서의 '검사'는 '검찰권을 행사하는 국가기관'인 검사로서 공익의 대표자이자 인권옹호기관으로서의 지위에서 그에 부합하는 직무를 수행하는 자를 의미하는 것이지, 검찰청법상 검사만을 지칭하는 것으로 보기 어렵다. 실제로 군사법원법 및 '특별검사의 임명 등에 관한 법률' 등에 의하여 검찰청법상 검사 외에 군검사와 특별검사도 영장신청권을 행사한다. 군검사와 특별검사는 검찰청법상 검사에 해당하지는 않으나 검찰권을 행사하는 국가기관으로서 수사단계에서 다른 수사기관을 지휘·감독하여 수사대상자의 인권을 보호하는 역할을 하고 법률전문가로서의 자격 또한 갖추고 있으므로, 검찰청법상 검사와 마찬가지로 수사단계에서 영장을 신청할 수 있도록 규정되어 있다 할 것이다. 따라서 헌법에 규정된 영장신청권자로서의 '검사'가 '검찰청법상 검사'에 한정된다고 할 수 없다.」(헌재 2021. 1. 28. 2020헌마264등)

(나) 이와 같이 '검사'는 헌법 제4장(정부)에서 명시적으로 그 설치가 규정되어 있지 아니하고, 헌법에 규정된 영장신청권자로서의 검사는 '검찰권을 행사하는 국가기관'으로서 일반적 의미의 검사를 의미하므로 '검찰청법상 검사'와 일치하는 것이 아닌 점을 고려하면, 검찰청법상 검사인 청구인은 당사자능력 인정의 전제인 '헌법에 의해 설치된 국가기관'에 해당되지 않는다고 판단할 여지도 있다.

다만, 헌법은 검찰청법상 검사의 경우 '검찰총장과 검사'로 구성된다는 조직법적 기초를 규정하는 것으로 해석할 여지가 있고(헌법 제89조 제16호), 수사기관이 국민의 신체의 자유와 주거의 자유를 제한하기 위해서는 '검찰권을 행사하는 국가기관'인 일반적 의미의 검사(검찰청법상 검사 포함)의 영장신청권의 통제를 받아야 한다는 기능법적 기초를 규정하는 것으로 해석할 여지가 있다는 점에서(헌법 제12조 제3항, 제16조), 검찰청법상 검사를 '헌법에 의해 설치된 국가기관'이 아니라고 단정하기 어려운 측면도 있다. 또한 검찰청법상 검사는 영장신청권을 행사하고(헌법 제12조 제3항, 제16조) 공익의 대표자로서 범죄수사, 공소제기 및 그 유지에 필요한 사항 등에 관한 직무를 담당하여(검찰청법 제4조 제1항) 헌법과 법률에 의해 독자적인 권한을 부여받고 있다. 그러므로 청구인 검사들에게도 일응 권한쟁의 심판에서 일반적인 당사자능력을 인정할 수 있다.

(4) 따라서 청구인 법무부장관과 청구인 검사들은 권한쟁의심판에서 일반적인 당사자능력이 인정된다.

나. 당사자적격

(1) 당사자적격이란, 구체적 권한쟁의심판 사건에서 당사자로서 소송을 수행하고 본안판단을 받을 수 있는 자격을 의미한다. 국가기관은 헌법과 법률에 의하여 부여받은 자신의 권한을 구제받기 위해서만 권한쟁의심판청구권을 가지는 것이므로, 이를 제3자가 수행하도록 하는 것은 자기책임의 원칙과 권한분할의 원리에 반할 뿐 아니라 헌법질서의 수호와 법적 안정성을 위해서도 바람직하지 않다. 또한 권한쟁의심판의 무한정한 확장은 국가기관이 민주적 방법으로 의견제출과 토론을 통해 의사를 결정하는 것을 등한시하게 하고 모든 문제를 헌법재판소에 제소하여 사법적 수단으로 해결하는 방향으로 남용될 우려가 있으므로, 그 적절한 균형점을 찾기 위해 당사자적격이 요구된다. 헌법재판소법 제61조 제2항은 "(권한쟁의) 심판청구는 피청구인의 처분 또는 부작위가 헌법 또는 법률에 의하여 부여받은 청구인의 권한을 침해하였거나 침해할 현저한 위험이 있는 경우에만 할 수 있다."라고 규정하므로, 피청구인의 처분 또는 부작위로 침해당했다고 주장하는 헌법상 또는 법률상 권한과 적절한 관련성이 인정되는 기관만이 '청구인적격'을 갖고, 그러한 처분 또는 부작위를 야기한 기관으로서 적절한 관련성이 인정되는 기관만이 '피청구인적격'을 가진다.

(2) '검사'는 앞서 살펴본 바와 같이 영장신청권을 행사하고(헌법 제12조 제3항, 제16조), 공익의 대표자로서 범죄수사, 공소제기 및 그 유지에 필요한 사항 등에 관한 직무를 담당하여(검찰청법 제4조 제1항), 헌법과 법률에 의해 독자적인 권한을 부여받고 있다. 이 사건 법률개정행위는 이와 같은 검사의 수사 및 공소제기에 관한 권한 중 일부를 조정·제한하는 것을 주요 골자로 하고 있으므로, 검사는 이 사건 법률개정행위에 대하여 권한쟁의심판을 청구할 적절한 관련성을 가지고 있다. 따라서 청구인 검사들은 이 사건 권한쟁의심판에서 청구인적격이 인정된다.

(3) '법무부장관'의 경우에도, 앞서 살펴본 바와 같이 소관 사무에 관하여 부령을 발할 수 있고(헌법 제95조), 검찰·행형·인권옹호·출입국관리 그 밖에 법무에 관한 사무를 관장하므로(정부조직법 제32조), 헌법과 법률에 의해 독자적인 권한을 부여받고 있다. 그러나 이 사건 법률개정행위는, 법무부장관의 이와 같은 독자적인 권한이 아닌, 수사 및 공소제기에 관한 검사의 독자적인 권한을 일부 제한하는 것을 주요 골자로 하고 있다. 물론 법무부장관에게는 일반적으로 검사를 지휘·감독하고 구체적 사건에 대하여는 검찰총장만을 지휘·감독할 권한이 있으나(검찰청법 제8조), 이 사건 법률개정행위가 이와 같은 법무부장관의 지휘·감독권한을 제한하는 것이 아님은 명백하며, 이 사건 법률개정행위에 대하여 수사권·소추권을 직접적으로 행사하는 검사들이 청구인으로서 권한쟁의심판을 청구한 이상, 수사권·소추권을 직접적으로 행사하지 아니하는 법무부장관에게 이 사건 법률개정행위에 대하여 권한쟁의심판을 청구할 적절한 관련성이 있다고 보기 어렵다. 따라

서 청구인 법무부장관은 이 사건 권한쟁의심판에서 청구인적격이 인정되지 아니한다.

(4) 따라서 이 사건 권한쟁의심판에서 청구인 검사들은 청구인적격이 인정되나, 청구인 법무부장관은 청구인적격이 인정되지 아니한다.

다. 권한침해가능성

(1) 권한침해가능성에 있어 '침해의 원인'과 '침해의 대상'의 관계

헌법재판소법 제61조 제2항은, '피청구인의 처분 또는 부작위'가 '헌법 또는 법률에 의하여 부여받은 청구인의 권한'을 '침해하였거나 침해할 현저한 위험이 있는 경우에만' 권한쟁의심판을 청구할 수 있도록 규정한다. 즉, 피청구인의 행위(처분 또는 부작위)로 인하여 청구인의 헌법상 또는 법률상 권한이 침해될 가능성이 있는 경우에만 권한쟁의심판을 청구할 수 있는 것이다. 그러므로 권한쟁의심판에서 '침해의 대상'인 청구인의 권한에는 헌법상 권한뿐만 아니라 법률상 권한도 포함된다고 할 것이나, 청구인이 구체적으로 문제삼고 있는 '침해의 원인'인 피청구인의 행위로 인하여 해당 권한이 '침해될 가능성'이 있어야 권한쟁의심판을 청구할 수 있다.

헌법 제111조 제1항 제4호는 '국가기관 상호간, 국가기관과 지방자치단체간 및 지방자치단체 상호간'의 권한쟁의심판을 규정하고, 헌법재판소법 제62조 제1항 제1호는 그 국가기관 상호간의 권한쟁의심판을 '국회, 정부, 법원 및 중앙선거관리위원회 상호간'의 권한쟁의 심판으로 구체화하고 있으므로, 국회·정부·법원·중앙선거관리위원회의 처분 또는 부작위가 권한 침해의 원인인 피청구인의 행위로 인정될 수 있다. 다만, 이와 같이 다양한 침해의 원인 중 '국회의 입법행위'는 침해의 대상 중 '법률에 의하여 부여받은 권한'과의 관계에서 특별한 의미를 가진다.

국가기관의 '헌법상 권한'은 헌법에 의하여 직접 부여된 권한이므로, 국회의 입법행위를 비롯한 다양한 국가기관의 작위 또는 부작위로 침해될 가능성이 있다. 그러나 국가기관의 '법률상 권한'은, 다양한 국가기관의 작위 또는 부작위로 침해될 가능성이 있음은 별론으로 하고, 국회의 입법행위로는 침해될 수 없다. 국가기관의 헌법상 권한이 아닌 법률상 권한은, 헌법에 의해 부여된 권한이 아니라 국회의 구체적인 입법행위에 의하여 비로소 그 내용과 범위가 형성되어 부여되는 것이기 때문이다. 국가기관의 법률상 권한은 국회의 입법행위에 의하여 형성·부여된 권한일 뿐, 역으로 국회의 입법행위를 구속하는 기준이 될 수 없으므로, 청구인이 문제 삼고 있는 침해의 원인이 '국회의 입법행위'인 경우에 청구인의 '법률상 권한'을 침해의 대상으로 삼는 심판청구는 그 권한침해가능성을 인정할 수 없다.

(2) 청구인 검사들이 다투고자 하는 '침해의 원인'의 내용

이 사건 권한쟁의심판청구서·준비서면·변론요지서 및 변론진술에 의하면, 청구인 검사들이 피청구인의 이 사건 법률개정행위를 침해의 원인으로 설정함으로써 권한쟁의심판청구를 통해 궁극적으로 권한 침해를 다투고자 하는 법률조항은, 개정 검찰청법 제4조 제1항 제1호 가목, 같은 조 제2항, 개정 형사소송법 제196조 제2항, 제198조 제4항, 제245조의7 제1항이다.

해당 법률조항은, 검사는 부패범죄·경제범죄 등 대통령령으로 정하는 중요 범죄에 대하여 수사개시할 수 있고(개정 검찰청법 제4조 제1항 제1호 가목), 자신이 수사개시한 범죄에 대하여는 공소제기할 수 없고(개정 검찰청법 제4조 제2항), 형사소송법 제197조의3 제6항, 제198조의2 제2항 및 제245조의7 제2항에 따라 사법경찰관으로부터 송치받은 사건에 관하여는 해당 사건과 동일성을 해치지 아니하는 범위 내에서 수사할 수 있으며(개정 형사소송법 제196조 제2항), 수사기관은 수사 중인 사건의 범죄 혐의를 밝히기 위한 목적으로 합리적인 근거 없이 별개의 사건을 부당하게 수사하여서는 아니 되고, 다른 사건의 수사를 통하여 확보된 증거 또는 자료를 내세워 관련 없는 사건에 대한 자백이나 진술을 강요하여서도 아니 된다고 규정하고(개정 형사소송법 제198조 제4항), 고소인 등은 해당 사법경찰관 소속 관서의 장에게 불송치결정에 대해 이의를 신청할 수 있다고 규정함으로써(개정 형사소송법 제245조의7 제1항), 해당 영역에 관한 구체적인 수사권 및 소추권을 조정 또는 배분하는 내용을 담고 있다.

그러므로 국회의 입법행위(이 사건 법률개정행위)를 '침해의 원인'으로 설정한 이 사건 심판청구에서, '침해의 대상'인 검사의 권한에 대한 침해가능성을 판단하기 위해서는, 해당 법률조항이 조정 또는 배분하는 구체적인 수사권 및 소추권이 '검사의 헌법상 권한'인지 여부가 선결적으로 검토되어야 한다.

(3) '침해의 대상'인 수사권·소추권이 검사의 헌법상 권한인지 여부

(가) 권력분립원리는 국가기능을 분할하여 이를 각각 독립된 국가기관에 귀속시키고, 국가기관 상호간의 견

제와 균형을 통하여 국가권력을 통제함으로써 국민의 자유와 권리를 보호하고자 하는 원리이다.

헌법은 권력분립원리에 입각하여, "입법권은 국회에 속한다."라고 규정하고(제40조), "행정권은 대통령을 수반으로 하는 정부에 속한다."라고 규정하고(제66조 제4항), "사법권은 법관으로 구성된 법원에 속한다."라고 규정하며(제101조 제1항), "헌법재판소는 다음의 사항(법원의 제청에 의한 법률의 위헌여부 심판, 탄핵의 심판, 정당의 해산 심판, 국가기관 상호간, 국가기관과 지방자치단체간 및 지방자치단체 상호간의 권한쟁의에 관한 심판, 법률이 정하는 헌법소원에 관한 심판)을 관장한다."라고 규정하고(제111조 제1항), "선거와 국민투표의 공정한 관리 및 정당에 관한 사무를 처리하기 위하여 선거관리위원회를 둔다."라고 규정함으로써(제114조 제1항), 국가권력을 국회·정부·법원·헌법재판소·선거관리위원회 등으로 분할하고 있다.

헌법 제66조 제4항은 "행정권은 대통령을 수반으로 하는 정부에 속한다."라고 규정하는데, 여기에서의 '정부'란 입법부와 사법부에 대응하는 개념으로서의 행정부를 의미한다. 전통적인 권력분립의 관점에서, 국민의 대표기관으로서 입법권을 행사하는 '입법부'와 구체적인 법적 분쟁의 사법적 해결에 그 사명이 있는 '사법부'와 달리, '행정부'는 법의 집행을 의미하는 행정권을 담당하는데 이때 행정이란 입법부와 사법부 등의 작용을 제외한 국가작용 일반을 의미한다. 그런데 수사와 공소제기·유지는 원칙적으로 입법권과 사법권에 포함되지 않는 국가기능으로서 우리 헌법상 본질적으로 행정에 속하는 사무이고, 법률로써 폐지·소멸시킬 수 없는 헌법상 기능이므로, 특별한 사정이 없는 한 수사권 및 소추권은 입법부·사법부가 아닌 '대통령을 수반으로 하는 행정부'에 부여된 '헌법상 권한'이라 할 것이다.

(나) 그러나 수사권 및 소추권이 행정부 중 어느 '특정 국가기관'에 전속적으로 부여된 것으로 해석할 헌법상 근거를 발견하기는 어렵다. 이에 헌법재판소는, 아래와 같은 다양한 선례를 통해, 우리 헌법은 수사 및 공소제기의 주체·방법·절차에 관하여 직접적인 규정을 두고 있지 아니하므로, 이는 입법자가 우리의 역사와 문화, 입법당시의 시대적 상황과 국민 일반의 가치관 내지 법감정, 범죄성향, 우리가 채택한 형사사법제도의 기본골격 등을 종합적으로 고려하여 결정해야 할 입법형성의 자유에 속하는 사항이라는 취지를 반복하여 판시함으로써, 행정부 내에서 수사권 및 소추권의 구체적인 조정·배분은 헌법사항이 아닌 '입법사항'이므로 헌법이 수사권 및 소추권을 행정부 내의 특정 국가기관에 독점적·배타적으로 부여한 것이 아님을 밝히고 있다.

「우리 헌법은 공소제기의 주체, 방법, 절차나 사후통제에 관하여 직접적인 규정을 두고 있지 아니하다. 따라서 형사소송에서 어떤 절차나 형식에 따라 공소를 제기하고 그에 대한 통제를 할 것인가의 문제는 헌법원리에 위배되지 아니하는 한 입법자가 정하여야 할 입법정책의 문제로서 그의 재량에 맡겨져 있다. 즉 어떠한 원칙에 따라 공소를 제기하고 그에 대한 통제를 어떻게 할 것인가의 문제는 입법자가 우리의 역사와 문화, 입법당시의 시대적 상황과 국민 일반의 가치관 내지 법감정, 범죄성향, 우리가 채택한 형사사법제도의 기본골격 등을 종합적으로 고려하여 결정해야 할 입법형성의 자유에 속하는 영역이다.」(헌재 1997. 8. 21. 94헌바2)

「검찰의 기소독점주의 및 기소편의주의에 대한 예외로서 특별검사제도를 인정할지 여부는 물론, 특정 사건에 대하여 특별검사에 의한 수사를 실시할 것인지 여부, 특별검사에 의한 수사대상을 어느 범위로 할 것인지는, 국민을 대표하는 국회가 검찰 기소독점주의의 적절성, 검찰권 행사의 통제 필요성, 특별검사제도의 장단점, 당해 사건에 대한 국민적 관심과 요구 등 제반 사정을 고려하여 결정할 문제로서, 그 판단에는 본질적으로 국회의 폭넓은 재량이 인정된다고 보아야 할 것이다.」(헌재 2008. 1. 10. 2007헌마1468)

「검찰의 기소독점주의 및 기소편의주의에 대한 예외로서 특별검사제도를 인정할지 여부는 물론, 특정 사건에 대하여 특별검사에 의한 수사를 실시할 것인지 여부, 특별검사에 의한 수사대상을 어느 범위로 할 것인지는, 국민을 대표하는 국회가 검찰 기소독점주의의 적절성, 검찰권 행사의 통제 필요성, 특별검사제도의 장단점, 당해사건에 대한 국민적 관심과 요구 등 제반 사정을 고려하여 결정할 문제로서, 그 판단에는 본질적으로 국회의 폭넓은 재량이 인정된다.」(헌재 2019. 2. 28. 2017헌바196)

「우리 헌법은 수사나 공소제기의 주체, 방법, 절차 등에 관하여 직접적인 규정을 두고 있지 않으므로, 입법자는 입법 당시의 시대적 상황과 국민 일반의 가치관 내지 법 감정 등을 고려하여 수사 및 공소제기의 주체를 누구로 할 것인지, 어떠한 절차나 형식에 따라 수사를 진행하고 공소를 제기할 것인지를 결정할 수 있다. 따라서 기존의 행정조직에 소속되지 않은 독립된 위치에서 고위공직자 등의 범죄에 대한 수사와 공소제기 및 그 유지에 관한 사무를 수행할 기관을 설치·운영할 것인지 여부를 포함하여 해당 기관에 의한 수사나 기소의 대상을 어느 범위로 정할 것인지는 독립된 기관의 설치 필요성, 고위공직자범죄의 척결 및 공직사회의 신뢰성 제고에 대한 국민적 관심과 요구 등 모든 사정을 고려하여 결정할 문제라 할 것이므로, 이에 대한 입법자의 결정은 명백히 자의적이거나 현저히 부당하다고 볼 수 없는 한 존중되어야 한다.」(헌재 2021. 1. 28. 2020헌마264등)

(다) 이와 같이 행정부 내에서 수사권·소추권의 구체적인 조정·배분은 헌법사항이 아닌 입법사항이라는 맥락에서 입법자는, ㉠[검사] 형사소송법에서 "검사는 범죄의 혐의가 있다고 사료하는 때에는 범인, 범죄사실과 증거를 수사한다." 및 "공소는 검사가 제기하여 수행한다."라고 규정하고(제196조 제1항, 제246조), ㉡[수사처검사] '고위공직자범죄수사처 설치 및 운영에 관한 법률'에서 "수사처검사는 제3조 제1항 각 호에 따른 수사와 공소의 제기 및 유지에 필요한 행위를 한다."라고 규정하고(제20조 제1항), ㉢[경찰] 형사소송법에서 "경무관, 총경, 경정, 경감, 경위는 사법경찰관으로서 범죄의 혐의가 있다고 사료하는 때에는 범인, 범죄사실과 증거를 수사한다." 및 "경사, 경장, 순경은 사법경찰리로서 수사의 보조를 하여야 한다."라고 규정하며(제197조 제1항, 제2항), '즉결심판에 관한 절차법'에서 "즉결심판은 관할경찰서장 또는 관할해양경찰서장이 관할법원에 청구한다."라고 규정하고(제3조 제1항), ㉣[해양경찰] 해양경찰청법에서 "해양경찰은 해양에서 공공의 안녕과 질서유지를 위하여 해양관련 범죄의 예방·진압·수사와 피해자 보호에 관한 직무를 수행한다."라고 규정하고(제14조 제2항), ㉤[군검사] 군사법원법에서 군검사의 직무로 "범죄 수사와 공소제기 및 그 유지(항소심을 포함한다)에 필요한 행위"를 규정하며(제37조 제1호), ㉥[군사경찰] '군사경찰의 직무수행에 관한 법률'에서 군사경찰의 직무범위로 "군사법원법 제44조 제1호에 규정된 범죄의 정보수집·예방·제지 및 수사"라고 규정하고(제5조 제1항 제3호), ㉦[특별검사] '특별검사의 임명 등에 관한 법률'에서 특별검사의 직무로 "특별검사 임명 추천서에 기재된 사건에 관한 수사와 공소제기 여부의 결정 및 공소유지"라고 규정함으로써(제7조 제1항 제1호), 수사권 및 소추권을 특정 국가기관에 독점적·배타적으로 부여하지 않고 '대통령을 수반으로 하는 행정부' 내의 국가기관 사이에서 구체적으로 조정·배분하고 있다.

(4) 영장신청권 조항에서 '헌법상 검사의 수사권' 도출 여부

(가) 비록 구체적인 수사권 및 소추권이 행정부 중 '특정 국가기관'에 전속적으로 부여된 것으로 해석할 헌법상 근거를 발견하기 어렵다 하더라도, 헌법 제12조 제3항 및 제16조가 영장신청권을 검사에게 부여하고 있음은 명백하다. 이에 청구인 검사들은 위와 같은 영장신청권 조항으로부터 '헌법상 검사의 수사권'이 도출된다는 취지로 주장하므로, 이를 영장신청권 뿐만 아니라 검사에게 독자적인 수사권을 부여하기 위한 헌법상 근거로 해석할 수 있는지 문제된다. 이는 직접적인 헌법 문언의 한계를 넘어 그 범위를 확장하는 해석론이므로, 해당 헌법규정을 두게 된 연혁 및 취지 등에 비추어 그와 같은 해석론을 도출할 근거가 있는지 살펴볼 필요가 있다.

한편, 청구인은 헌법 제27조 제5항, 제28조에서 '헌법상 검사의 소추권'이 도출된다는 취지로 주장하나, 이는 형사피해자의 재판절차진술권 및 형사피의자·피고인의 형사보상청구권에 관한 규정일 뿐 소추권 부여에 관한 헌법상 근거가 아니고, 무엇보다 검찰청법상 검사에게 어떠한 권한을 부여하는 조항으로 볼 수 없으므로, 이 부분 주장에 대해서는 더 나아가 판단하지 아니한다.

(나) 검사의 영장신청권은 제5차 개정헌법(1962. 12. 26. 헌법 제6호)에서 처음 도입되었다. 제5차 개정헌법은 제10조 제3항 본문에서 "체포·구금·수색·압수에는 검찰관의 신청에 의하여 법관이 발부한 영장을 제시하여야 한다."라고 규정함으로써, '검찰관의 영장신청권'을 명시적으로 도입하였고, 이후 검찰관을 '검사'로 수정하는 등 표현에 있어 일부 차이가 있지만 같은 내용으로 존속되어 현행 헌법에 이르고 있다.

제5차 개정헌법이 구속영장의 발부에 관하여 '검찰관의 신청'이라는 요건을 추가한 이유는 1961. 9. 1. 형사소송법의 개정과 관련하여 이해할 수 있다. 즉, 형사소송법이 처음 제정(1954. 9. 23. 법률 제341호)될 당시에는 수사기관의 영장신청에 관하여 "피의자가 죄를 범하였다고 의심할 만한 상당한 이유가 있고 제70조 제1항 각 호의 1에 해당하는 사유가 있을 때에는 검사 또는 사법경찰관은 관할지방법원판사의 구속영장을 받어 피의자를 구속할 수 있다"(제201조 제1항 본문)라고 규정함으로써 검사 뿐만 아니라 사법경찰관에게도 영장신청권을 주고 있던 것이 1961. 9. 1. 형사소송법 개정(법률 제705호)으로 "피의자가 죄를 범하였다고 의심할 만한 상

당한 이유가 있고 제70조 제1항 각 호의 1에 해당하는 사유가 있을 때에는 검사는 관할지방법원판사의 구속영장을 받아 피의자를 구속할 수 있다"(제201조 제1항 본문)로 개정되어 영장신청권자를 검사로 한정하였는데, 위와 같은 형사소송법의 개정내용이 1962년의 헌법개정에 반영된 것이다. 그렇다면 제5차 개정헌법이 영장의 발부에 관하여 "검찰관의 신청"이라는 요건을 규정한 취지는 검찰의 다른 수사기관에 대한 수사지휘권을 확립시켜 종래 빈번히 야기되었던 검사 아닌 다른 수사기관의 영장신청에서 오는 인권유린의 폐해를 방지하고자 함에 있다고 할 것이고, 따라서 현행 헌법 제12조 제3항 중 '검사의 신청'이라는 부분의 취지도 모든 영장의 발부에 검사의 신청이 필요하다는 것이 아니라 수사단계에서 영장의 발부를 신청할 수 있는 자를 검사로 한정한 것으로 해석함이 타당하다. 즉, 수사단계에서 영장신청을 함에 있어서는 반드시 법률전문가인 검사를 거치도록 함으로써 다른 수사기관의 무분별한 영장 신청을 막아 국민의 기본권을 침해할 가능성을 줄이고자 함에 그 취지가 있는 것이다(헌재 1997. 3. 27. 96헌바28등).

따라서 헌법상 검사의 영장신청권은, 종래 빈번히 야기되었던 검사 아닌 다른 수사기관의 영장신청에서 오는 인권유린의 폐해를 방지하기 위한 것으로서, 수사과정에서 남용될 수 있는 강제수사를 '법률전문가인 검사'가 합리적으로 '통제'하기 위하여 도입된 것임을 알 수 있다.

(다) 물론 헌법은 검사의 수사권에 대해 침묵하므로, 입법자로서는 영장신청권자인 검사에게 직접 수사권을 부여하는 방향으로 입법형성도 가능하고 그와 같은 방식에도 일정한 장점이 있다. 그러나 반대로 직접 수사권을 행사하는 수사기관은 자신의 수사에 대한 정당성을 의심하기 어려운 경향이 있어 영장신청을 상대적으로 남발하게 될 가능성이 있다는 점 역시 부인하기 어렵다. 즉, 직접 수사를 담당하는 국가기관이 그 수사대상에 대한 영장신청 여부를 스스로 결정하도록 하는 것은, 수사상황을 잘 알기 때문에 영장신청의 필요성 여부를 더 신속하고 효율적으로 결정할 것이라는 장점이 있겠지만, 역사적으로 형사절차가 규문주의에서 탄핵주의로 이행되어 온 과정을 고려할 때 자신의 수사대상에 대한 영장신청 여부를 스스로 결정하는 것은 객관성을 담보하기 어렵다는 구조적 약점도 있기 때문이다. 이에 헌법개정권자는 영장신청의 신속성·효율성 증진의 측면이 아니라 수사기관의 강제수사 남용 가능성을 경계하는 맥락에서, 법률전문가이자 인권옹호기관인 검사로 하여금 제3자의 입장에서 수사기관이 추진하는 강제수사의 오류와 무리를 통제하게 하기 위한 취지에서 영장신청권을 헌법에 도입한 것으로 해석되므로, 검사의 영장신청권 조항에서 검사에게 헌법상 수사권까지 부여한다는 내용까지 논리 필연적으로 도출된다고 보기 어렵다.

(라) 결국, 수사권 및 소추권이 본질적으로 '대통령을 수반으로 하는 행정부'에 부여된 헌법상 권한이고(제66조 제4항), 영장신청권이 '검사'에 부여된 헌법상 권한임은 다툼의 여지가 없으나(제12조 제3항, 제16조), 이를 바탕으로 헌법이 수사권을 (검찰청법상) 검사에게 부여한 것으로 해석하기는 어렵다. 헌법이 행정부에 속하는 국가기관 중 어느 기관에 수사권을 부여할 것인지에 대해 침묵하는 이상, 행정부 내에서 수사권의 구체적인 조정·배분의 문제는 헌법사항이 아닌 입법사항이고, 입법권은 국회에 속하므로(제40조), 특정 범죄에 대한 수사권을 반드시 특정 기관에 전속시켜야 한다는 헌법적 근거나 논리적 당위성은 없기 때문이다. 헌법상 영장신청권이 수사과정에서 남용될 수 있는 강제수사를 '법률전문가이자 인권옹호기관'인 검사가 합리적으로 '통제'하기 위한 연혁과 취지에서 도입된 것임을 고려할 때, 검사에 대한 영장신청권 부여 조항으로부터 검사에 대한 수사권 부여까지 헌법상 도출된다고 볼 수도 없다.

(5) 소결

사정이 이와 같다면, 국회가 입법사항인 수사권 및 소추권의 일부를 행정부에 속하는 국가기관 사이에서 조정·배분하도록 법률을 개정한 것으로 인해, 청구인 검사들의 헌법상 권한이 침해되거나 침해될 가능성이 있다고 볼 수 없다. 또한 이 사건 법률개정행위는 검사의 영장신청권에 대해서는 아무런 제한을 두고 있지 않으므로, 검사에게 부여된 헌법상 영장신청권이 침해될 가능성도 없다. 따라서 피청구인의 이 사건 법률개정행위로 인해 검사의 '헌법상 권한'(영장신청권)이 침해될 가능성은 존재하지 아니하고, 국회의 구체적인 입법행위를 통해 비로소 그 내용과 범위가 형성되어 부여된 검사의 '법률상 권한'(수사권 및 소추권)은 그 자체로 국회의 법률개정행위로 인해 침해될 가능성이 없으므로, 피청구인의 이 사건 법률개정행위로 인한 청구인 검사들의 헌법상 권한 침해가능성은 인정되지 아니한다.

(6) 방론

검사의 법률상 권한을 제한하는 국회의 입법행위가 입법절차 과정에서 국회의원의 법률안 심의·표결권을 제한하는 상황이 문제 된다면 해당 국회의원은 그에 관한 권한쟁의심판을 청구하여 자신의 권한 침해 여부를 다툴 수 있고(실제로 이와 관련된 국회의원의 권한쟁의심판이 2022헌라2 사건으로 선행 접수되었다), 만약 해당 입법행위로 인해 국민의 기본권을 제한하는 상황이 문제된다면 법적 관련성 있는 국민은 그에 관한 헌법소원심판을 청구하여 자신의 기본권 침해 여부를 다툴 수 있다.

그러므로 검사가 청구한 이 사건 권한쟁의심판에서, 국회의원의 법률안 심의·표결권 침해 여부 또는 국민의 기본권 침해 여부에 관한 판단을 위해, 권한침해가능성에 대한 특별한 예외를 인정하기도 어렵다.

라. 소결론

결국 청구인 법무부장관의 심판청구는 청구인적격이 없고, 청구인 검사들의 심판청구는 권한침해가능성이 없다.

5. 결 론

그렇다면 이 사건 심판청구는 모두 부적법하므로 이를 각하하기로 하여 주문과 같이 결정한다. 이 결정은 아래 6.과 같은 재판관 이선애, 재판관 이은애, 재판관 이종석, 재판관 이영진의 권한침해확인청구에 대한 반대의견, 아래 7.과 같은 재판관 이선애의 권한침해확인청구에 대한 반대의견에 관한 보충의견, 아래 8.과 같은 재판관 이은애, 재판관 이종석, 재판관 이영진의 무효확인청구에 대한 반대의견, 아래 9.와 같은 재판관 이선애의 무효확인청구에 대한 반대의견이 있는 외에는 관여 재판관들의 일치된 의견에 의한 것이다.

6. 재판관 이선애, 재판관 이은애, 재판관 이종석, 재판관 이영진의 권한침해확인청구에 대한 반대의견

우리는 법정의견과 달리 이 사건 심판청구는 모두 적법하며, 나아가 피청구인의 이 사건 법률개정행위는 그 절차 및 내용 모두에 있어 청구인들 중 검사들의 헌법상 소추권 및 수사권과 청구인 법무부장관의 검사에 관한 관장 사무에 대한 권한을 각각 침해하였다고 판단하므로, 다음과 같이 반대의견을 남긴다.

가. 적법요건에 대한 판단

(1) 이 사건의 쟁점

이 사건은 국회를 피청구인으로 하여 정부 내의 부분기관인 법무부장관과 검찰청법상 검사들이 청구한 국가기관 상호간의 권한쟁의심판이다(헌법재판소법 제62조 제1항 제1호 참조).

권한쟁의심판의 당사자로서 헌법 제111조 제1항 제4호 소정의 '국가기관'에 해당하는지 아닌지를 판별함에 있어서는 그 국가기관이 헌법에 의하여 설치되고, 헌법과 법률에 의하여 독자적인 권한을 부여받고 있는지 여부, 헌법에 의하여 설치된 국가기관 상호간의 권한쟁의를 해결할 수 있는 적당한 기관이나 방법이 있는지 여부 등을 종합적으로 고려하여야 한다(헌재 1997. 7. 16. 96헌라2; 헌재 2010. 10. 28. 2009헌라6 등 참조). 이 사건에서는 특히, 정부 내의 부분기관으로서 검찰청법상 검사인 청구인들 중 검사들이 권한쟁의심판의 당사자능력이 있는지 여부가 문제 된다.

국가기관 상호간의 권한쟁의심판에서는 침해당하였다고 주장하는 권한과 적절한 관련성이 있는 기관에 청구인적격이 있다. 이 사건에서는 특히, 검사의 소추권과 수사권에 대한 제한을 주요 내용으로 하는 이 사건 법률개정행위에 대하여 청구인 법무부장관이 권한쟁의 심판청구의 청구인적격이 있는지 여부가 문제 된다.

헌법재판소법 제61조 제2항에 따라 권한쟁의심판을 청구하려면 피청구인의 처분 또는 부작위로 인해 청구인의 권한이 침해되었거나 현저한 침해의 위험성이 존재하여야 한다. 여기서 '피청구인의 처분'은 입법행위인 국회의 법률 제·개정행위, 행정처분 및 행정입법과 같은 모든 행정작용, 법원의 재판 및 사법행정작용 등을 포함하는 넓은 의미의 공권력처분을 의미한다. 또한, '권한의 침해'란 피청구인의 처분 또는 부작위로 인한 청구인의 권한침해가 과거에 발생하였거나 현재까지 지속되는 경우를 의미하며, '현저한 침해의 위험성'이란 아직 침해라고는 할 수 없으나 침해될 개연성이 상당히 높은 상황을 의미한다. 권한쟁의심판청구의 적법요건 단계에서 요구되는 권한침해의 요건은, 청구인의 권한이 구체적으로 관련되어 이에 대한 침해가능성이 존재할 경우 충족되는 것으로 볼 수 있다. 권한의 침해가 실제로 존재하고 위헌 내지 위법한지의 여부는 본안의 결정에서 판단되어야 할 것이다(헌재 2006. 5. 25. 2005헌라4 등 참조). 이 사건 법률개정행위는 국회의 입법행위로서 '피청구인의 처분'에 해당하고, 그 내용이 검찰청법상 검사 및 법무부장관 각각의 권한에 구체적으로 관련되어 청구인들의 권한이 침해될 가능성이 있는지 여부가 문제 된다.

(2) 청구인들 중 검사들의 청구

(가) 헌법 제12조 제3항 및 제16조는 '검사'의 영장신청권을 규정하고, 헌법 제89조 제16호는 일반적으로

검찰권을 행사하는 검사들의 수장인 '검찰총장'의 임명을 국무회의의 심의를 거쳐야 하는 사항으로 정함으로써, 헌법은 '검사'라는 국가기관의 설치를 규정하고 있다. 헌법이 설치하도록 규정한 '검사'에는 직무 대상 범죄가 한정된 군사법원법상 군검사, '고위공직자범죄수사처 설치 및 운영에 관한 법률'상 수사처검사, '특별검사의 임명 등에 관한 법률'상 특별검사 등도 포함되는데, 원칙적으로 직무 대상 범죄가 한정되지 않고 일반적으로 검찰권을 행사하는 '검찰청법상 검사'는 정부조직법 제32조 제2항 및 제3항에 의하여 법무부장관 소속의 검찰청에 소속되지만, 이것은 '헌법에서 설치하도록 규정된 국가기관'인 '검사'를 행정각부에 소속된 기관으로 둘 것인지, 행정각부 중 어디에 소속되도록 할 것인지의 문제를 법률로 정한 것일 뿐, 검사라는 국가기관의 '설치 여부'를 법률로 정한 것은 아니다. 따라서 검사는 헌법에 의하여 설치된 국가기관이다.

헌법 제12조 제3항 및 제16조는 명문으로 검사에게 '영장신청권'을 부여하고 있고, 헌법 제13조 제1항, 제84조에서 형사상 '소추'를, 헌법 제28조에서 '불기소처분'을 규정하고 있으며, 검찰청법 및 형사소송법 등 관련 법률에서는 검사의 범죄수사와 공소제기 및 유지 등에 관한 직무와 권한에 관하여 규정하고 있다. 이에 따라 검사는 형사사법절차에서 수사와 소추기능을 담당하는 공익의 대표자이자 준사법기관으로서 구체적 사건에 관하여 객관적·중립적·독립적으로 그 직무를 수행하고, 공권력의 주체로서 피의자에 대하여 공소를 제기하거나 제기하지 않는 처분을 할 수 있으며, 형사재판에서 공소를 제기하고 유지하는 등의 권한을 '자신의 이름으로' 행사하는 '독임제 단독관청'의 지위에 있다. 따라서 검사는 헌법과 법률에 의하여 독자적인 권한을 부여받은 국가기관이다.

헌법에 의하여 설치된 국가기관인 검사에 대하여 헌법과 법률에 의하여 부여된 권한이, 다른 헌법상 국가기관인 국회의 입법행위로 침해되는지에 관련된 분쟁은 헌법재판소의 권한쟁의심판 이외에 달리 해결할 적당한 기관이나 방법이 없다. 특히, 검찰청법상 검사인 청구인들은 행정각부의 하나인 법무부의 검찰청에 소속되어 검사와 국회 사이의 분쟁은 정부 내의 상급기관에 의하여 조정되는 등의 방법으로 해결될 수 없다. 검사에게 부여된 권한의 본질적인 내용을 국회가 법률로써 침해하는 경우, 검사가 이를 다툴 수 있는 제도는 우리나라의 법제에서 헌법재판소의 권한쟁의심판 이외에는 존재하지 않는다.

따라서 청구인들 중 검사들은 국가기관 상호간의 권한쟁의심판의 당사자능력이 인정된다.

(나) 이 사건 법률개정행위의 내용은 검사의 수사권 및 소추권의 범위를 축소하고, 검사의 직접 수사개시와 관련하여 국회가 통제를 가하는 것이므로, 수사권 및 소추권의 침해를 주장하는 청구인들 중 검사들의 경우 청구인적격이 인정될 뿐만 아니라, 피청구인의 처분으로 인한 권한침해가능성도 인정된다.

(3) 청구인 법무부장관의 청구

(가) 청구인 법무부장관은 국무위원이자(헌법 제87조) 행정각부의 장(헌법 제94조)으로서 헌법과 정부조직법에 의하여 그 소관사무에 관한 독자적인 권한을 부여받은 국가기관이며, 헌법재판소의 권한쟁의심판 이외에 법무부장관의 권한을 국회가 침해하였는지 여부에 관한 분쟁을 해결할 수 있는 적당한 기관이나 다른 방법도 없으므로, 권한쟁의심판의 당사자능력이 있다.

(나) 검사가 수사, 소추 등을 담당하는 공익의 대표자로서 구체적인 사건에서 독자적이고 독립적으로 그 권한을 행사하는 것에 비하여, 법무부장관은 정부조직법 제32조에 따라 검찰 및 검사에 관한 사무를 관장하여, 검찰청법 제8조에 따라 검찰사무의 최고 감독자로서 일반적으로 검사들을 지휘·감독할 뿐만 아니라, 검찰청법 제34조 제1항에 따라 대통령이 하는 검사의 보직에 제청의 형식으로 관여하며, 검찰청법 제50조에 따라 검찰청 직원의 보직을 하는 권한이 있다.

이 사건 법률개정행위의 내용은, 검사의 수사권 및 소추권 행사의 범위를 제한할 뿐만 아니라(개정 검찰청법 제4조 제1항 제1호 가목, 개정 형사소송법 제196조 제2항, 제245조의7 제1항), 일정한 범죄 영역에 관하여, 수사를 개시한 검사가 공소를 제기하지 못하도록 함으로써 검사들 사이에 직무 영역을 분리하고(개정 검찰청법 제4조 제2항), 수사를 개시할 수 있는 부의 직제 및 해당 부에 근무하고 있는 소속 검사와 공무원, 파견 내역 등의 현황을 검찰총장이 분기별로 국회에 보고하도록 하는 것으로(개정 검찰청법 제24조 제4항), 검찰의 구체적인 조직 및 검사와 검찰청 직원의 보직에 관해서도 영향을 미친다. 이것은 개별 검사의 수사권 및 소추권뿐만 아니라, 수사권과 소추권의 일반적인 행사기준과 검찰조직의 전반적인 운용에 대해서도 제한을 가하는 내용이다.

이처럼 이 사건 법률개정행위의 내용은 법무부장관

이 헌법상 행정각부의 장으로서, 정부조직법에 의하여 검찰 및 검사에 관한 사무를 관장하면서 갖는, 검찰청법상 검사에 대한 일반적인 지휘·감독권, 검찰조직 전반의 운용 및 검사와 검찰청 직원의 보직에 관한 권한에 영향을 미치는 것이므로, 검사에 관한 관장 사무에 대한 권한의 침해를 주장하는 청구인 법무부장관의 경우 청구인적격이 인정될 뿐만 아니라, 피청구인의 처분으로 인한 권한침해가능성도 인정된다.

(4) 소결론

국가기관 상호간의 권한쟁의심판인 이 사건에서 청구인들은 모두 당사자능력 및 청구인적격이 인정되고, 피청구인의 처분인 이 사건 법률개정행위의 내용상 그로 인한 청구인들의 권한침해가능성이 인정되며, 청구기간이나 심판의 이익 등 다른 적법요건의 흠결도 없으므로, 이 사건 심판청구는 모두 적법하다.

이 사건 법률개정행위가 그 절차 또는 내용의 관점에서 헌법적 한계를 벗어나 실제로 청구인들의 권한을 침해하는지 여부는 본안 판단의 문제이고, 검사의 소추권과 수사권 및 법무부장관의 검사에 관한 관장 사무에 대한 권한을 내상으로 하는 입법행위의 한계가 무엇인지는 본안에서 권한침해 여부를 판단하는 기준의 문제이다. 그 판단의 기준은 국가기관 상호간의 권한쟁의심판을 통하여 보장되는 기능적 권력분립의 관점에서 찾아야 할 것이다.

나. 이 사건 법률개정행위의 절차로 인한 권한침해 여부

(1) 판단 기준

청구인들은 피청구인의 처분인 이 사건 법률개정행위가 그 절차에 있어 헌법상 다수결원칙 등을 중대하게 위반하여 청구인들의 권한을 침해한다고 주장한다.

권한쟁의심판의 대상으로 '피청구인의 처분'이 되는 국회의 입법행위는 전체로서의 '법률의 제정 또는 개정행위'이므로, 여기에는 법률안 발의부터 본회의 의결까지의 전체 과정이 포함되고, 그 과정 속에서 나타난 위헌 또는 위법사유는 '국회의 입법행위'의 위헌 또는 위법 사유가 될 수 있다.

헌법 제12조 제1항 후문과 제3항에 규정된 적법절차의 원칙은 형사절차상의 제한된 범위뿐만 아니라 국가작용으로서 모든 입법 및 행정작용에도 광범위하게 적용되며, 헌법 제49조는 입법절차에 관한 다수결원칙을 규정하고 있다(헌재 2009. 6. 25. 2007헌마451 참조).

입법, 행정, 사법으로 분립된 권력은 서로 다른 형태와 경로로 국민으로부터 민주적 정당성을 부여받는데, 행정부 및 사법부에 소속된 기관을 포함하는 모든 국가기관이 입법부인 국회가 제·개정한 법률을 준수해야 하는 근본적인 근거는, 국민이 직접 선출한 국회의원으로 구성된 회의체인 국회가 다양한 의견을 수렴하고 합리적인 토론을 거쳐 다수결원칙 등 민주주의원리에 부합하는 의사결정 방식으로 법률을 제정 또는 개정했다는 점에 있다. 그런데 헌법 제49조의 다수결원칙 위반과 같이 입법절차상 법위반의 정도와 내용이 의회입법의 우위의 근본적인 근거를 훼손할 정도의 중대한 헌법위반에 이르렀다면, 그러한 입법행위로 국회 밖의 행정부나 사법부에 소속된 국가기관의 권한을 제한하는 것을 정당화할 헌법상 근거가 없게 된다.

한편, 헌법재판소법 제62조 제1항 제1호에 규정된 국가기관 상호간의 권한쟁의심판에서 '피청구인의 처분'은 청구인의 '권한을 침해하거나 침해할 현저한 위험'을 초래하는 '원인'이 되어야 할 것인바(헌법재판소법 제61조 제2항, 제66조 제2항 참조), 만약 피청구인인 국회의 입법행위의 과정에 존재하는 절차상 위법 사유가 없었다면 청구인이 국회 밖의 국가기관의 권한을 제한하는 내용의 입법이 성립할 수 없었다고 볼 수 있다면, 피청구인의 처분인 '국회의 입법행위'가 청구인인 국회 밖 국가기관의 '권한침해의 원인'이 된다고 할 수 있다.

따라서 이 사건 법률개정행위의 입법절차로 인한 청구인들의 권한침해가 인정되는지는, 의회입법의 우위의 근본적 근거가 훼손될 정도의 중대한 헌법 위반 사유가 있는지 여부 또는 해당 사유가 없었다면 청구인들의 권한을 제한하는 내용의 입법이 성립할 수 없었다고 볼 수밖에 없는 중대한 위법 사유가 있는지 여부에 따라 판단해야 할 것이다.

(2) 인정되는 사실

이 사건의 기록과 변론의 결과에 의하면 다음과 같은 사실이 인정된다.

(가) 법제사법위원회 의결 절차

1) 더불어민주당은 2022. 4. 12. 의원총회를 열고 검사의 수사권과 기소권을 분리하여 검사의 직접 수사권을 제한하려는 취지의 법안을 4월 임시국회에서 처리하기로 당론을 정하였다.

더불어민주당의 교섭단체 대표의원인 박홍근 의원은 2022. 4. 15. 위와 같은 당론에 따른 검찰청법과 형사소송법의 각 일부개정법률안(의안번호 제2115284호, 제2115286호)을 발의하였고, 민형배 의원과 당시 국회

법제사법위원회 위원장인 박광온 의원을 포함한 더불어민주당 소속 국회의원 171명은 위 법안의 찬성자로 참여하였다.

민형배 의원은 2021. 2. 1. 검사의 수사권에 관한 규정을 삭제하는 내용의 검찰청법 및 형사소송법의 각 일부개정법률안(의안번호 제2107833호, 제2107832호)을 대표발의한 바 있는데, 2022. 4. 18. 더불어민주당의 교섭단체 대표의원인 박홍근 의원의 요청에 따라 민형배 의원과 김진표 의원이 법제사법위원회 위원으로 보임되었고, 같은 날 국회 법제사법위원회 제1소위원회에서는 위와 같이 박홍근 의원이 발의한 법률안과 민형배 의원이 대표발의한 법률안을 포함하여 검사의 수사권 축소에 관한 9건의 법률안들에 대한 심사를 개시하였다.

2022. 4. 20. 당시 법제사법위원회 위원 중 유일하게 교섭단체에 소속되지 않은 양향자 의원이 더불어민주당의 법안 추진 방식에 반대의견을 표명한 사실이 알려졌고, 같은 날 민형배 의원은 더불어민주당을 탈당하였으며, 김진표 의원 등 더불어민주당 소속 법제사법위원회 위원 8인과 민형배 의원은 조정위원회 구성을 요구하였다.

이후 2022. 4. 22. 국회의장의 중재로 더불어민주당과 국민의힘의 각 교섭단체 대표의원은 국회의장과 함께 검찰의 직접 수사권과 기소권을 분리하는 등 총 8개의 항목에 관한 합의문을 작성하였고, 이에 따라 조정위원회 구성을 요구했던 김진표 의원 등 9인은 2022. 4. 25. 그 요구를 철회하였다. 같은 날 제395회 국회(임시회) 제5차 법제사법위원회 제1소위원회가 개회되었고, 위 합의문의 내용을 반영한 조정의견을 마련하여 법안 심사를 재개하였다.

2022. 4. 26. 14:01경 개회된 제395회 국회(임시회) 제6차 법제사법위원회 제1소위원회에서 더불어민주당과 국민의힘 소속 위원들은 위 조정의견에 대한 각 당의 입장을 반영한 법률안을 제시하였다. 그런데 국민의힘 소속 위원들은 더불어민주당이 제시한 법률안에 합의되지 않은 내용이 다수 포함되어 있다는 이유로 표결 전에 모두 퇴장하였고, 더불어민주당 소속 위원들만 남은 상태에서 표결이 진행되어, 기존에 상정되어 있는 9개 법률안들을 폐기하고 위와 같이 더불어민주당이 제시한 법률안을 기반으로 한 법제사법위원회의 대안을 제안하기로 의결하였다.

이상의 법제사법위원회 제1소위원회의 심사에서는 특히, 사법경찰관의 불송치결정에 대하여 이의신청을 할 수 있는 자 중에서 고발인을 제외할 것인지 여부도 논의하여 해당 내용을 법안에서 제외하기로 하였고, 이에 따라 의결된 법률안에는 그에 관한 형사소송법 제245조의7 제1항의 개정 내용이 포함되지 않았다.

2) 국회 법제사법위원회 위원장은 같은 날인 2022. 4. 26. 21:19경 제395회 국회(임시회) 제3차 법제사법위원회 전체회의를 개회하고 위와 같이 법제사법위원회 제1소위원회에서 의결된 법률안을 안건으로 상정하였다. 이에 법제사법위원회의 국민의힘 소속 위원 6인은 조정위원회 구성을 요구하였고, 국회 법제사법위원회 위원장은 제1교섭단체인 더불어민주당 소속 김남국, 김진표, 이수진 의원과 제2교섭단체인 국민의힘 소속 유상범, 전주혜 의원, 그리고 어느 교섭단체에도 속하지 않은 민형배 의원을 조정위원으로 선임하였다.

제395회 국회(임시회) 법제사법위원회 제1차 안건조정위원회는 같은 날 23:37경 개회되었고, 더불어민주당 소속 김진표 의원이 조정위원장으로서 회의를 주재한 가운데 축조심사 및 질의·토론이 모두 생략된 채 위와 같이 제6차 법제사법위원회 제1소위원회에서 의결된 법률안이 조정안으로 가결되었다. 조정위원회는 같은 날 23:54경 산회되었고, 그 회의시간은 약 17분이었다.

3) 조정위원회 산회 직후인 2022. 4. 27. 00:03경 제395회 국회(임시회) 제4차 법제사법위원회 전체회의가 개회되었다. 국회 법제사법위원회 위원장은 조정위원회에서 조정안으로 의결된 법률안을 상정하였고, 조정위원장의 보고와 토론 등 절차를 생략하고 바로 표결에 나아갔으며, 상정된 법률안이 그대로 법제사법위원회가 제안하는 대안으로 의결되었다. 법제사법위원회 전체회의는 같은 날 00:11경 산회되었고, 그 회의시간은 약 8분이었다.

(나) 본회의 의결 절차

1) 국회 법제사법위원회 위원장은 2022. 4. 27. 법제사법위원회에서 의결된 검찰청법 및 형사소송법의 각 일부개정법률안(대안)(각 의안번호 제2115408호, 제2115407호)을 국회의장에게 제출하였다.

한편, 2022. 4. 6. 제395회 국회(임시회)의 회기는 집회 후 즉시 회기를 결정하지 아니하여 2022. 4. 6. 당일부터 종기(終期)를 정함이 없이 개시된 상태였다.

국회의장은 2022. 4. 27. 17:05경 제395회 국회(임시회) 제2차 본회의를 개의하고 임시회 회기결정의 건을 상정하였다. 회기결정의 건에 대하여는 제395회 임시회 회기를 2022. 4. 6.부터 2022. 5. 5.까지 30일간으로 하는 국회의장의 안이 있었고, 제395회 임시회 회기를 2022. 4. 6.부터 본회의 당일인 2022. 4. 27.까지 22일간으로 하는 진성준 의원 외 170인의 수정안이 있었는데, 이 수정안이 재석의원 212인 중 찬성 143인, 반대 65인, 기권 4인으로 가결되어 제395회 국회(임시회)는 제2차 본회의 당일 회기가 종료되는 것으로 결정되었다.

국회의장은 회기결정의 건이 가결된 이후 검찰청법 일부개정법률안(대안)을 상정하였고, 이에 대한 무제한토론을 실시하였으며, 무제한토론 중 자정이 경과함에 따라 회기가 종료되어 무제한토론도 종료되었다.

한편, 위와 같은 검찰청법 일부개정법률안(대안)에 대한 무제한토론이 진행되는 중에 진성준 의원 외 31인은 검찰청법 및 형사소송법의 각 일부개정법률안(대안)에 대한 각 수정안을 제출하였다. 특히, 형사소송법 일부개정법률안(대안)의 수정안에는 원안에 포함되어 있지 않았던, 사법경찰관의 불송치결정에 대하여 이의신청을 할 수 있는 자 중에서 고발인을 제외하는 형사소송법 제245조의7 제1항의 개정 내용이 포함되었다.

2) 국회의장은 2022. 4. 30. 16:22경 제396회(국회) 임시회 제1차 본회의를 개의하고 검찰청법 일부개정법률안(대안)을 상정하였으며, 진성준 의원 외 31인이 제출한 수정안에 대한 제안설명을 들은 후 지난 본회의에서 무제한토론이 종결되었다는 이유로 곧바로 수정안에 대한 표결을 실시하였다. 이 수정안은 재석 177인 중 찬성 172인, 반대 3인, 기권 2인으로 가결되었으며, 이에 따라 원안은 따로 표결되지 않았다.

이후 제396회 국회(임시회) 제1차 본회의에서도 회기결정의 건이 상정되었다. 국회의장은 임시회 회기를 2022. 4. 30.부터 2022. 5. 29.까지 30일간으로 하는 안을 제안하였고, 진성준 의원 외 167인은 임시회 회기를 2022. 4. 30. 당일로 하는 수정안을 제출하였는데, 이 수정안이 재석의원 175인 중 찬성 169인, 반대 3인, 기권 3인으로 가결되어 제396회 국회(임시회) 회기는 당일 하루로 결정되었다.

그 다음의 의사일정으로 형사소송법 일부개정법률안(대안)이 상정되어 그 원안 및 수정안에 대한 제안설명이 있었고, 이에 대한 무제한토론이 실시되었으며, 무제한토론 중 자정이 되어 회기가 종료됨으로써 무제한토론도 종료되었다.

3) 국회의장은 2022. 5. 3. 10:03경 제397회 국회(임시회) 제1차 본회의를 개의하여 형사소송법 일부개정법률안(대안)을 상정하고 이에 대하여 진성준 의원 외 31인이 제출한 수정안에 대한 표결을 먼저 진행하였다. 이 수정안은 재석 174인 중 찬성 164인, 반대 3인, 기권 7인으로 가결되었으며, 이에 따라 원안은 표결되지 않았다.

또한, 위 본회의에서 제397회 국회(임시회) 회기결정의 건이 상정되었고, 국회의장이 제안한 2022. 5. 3.부터 2022. 6. 1.까지 30일간으로 회기를 정하는 안이 가결되었다.

(다) 개정 검찰청법 및 형사소송법의 공포 및 시행

위와 같이 국회에서 의결된 검찰청법 일부개정법률안(대안)의 수정안은 2022. 5. 2., 형사소송법 일부개정법률안(대안)의 수정안은 2022. 5. 3. 각각 정부에 이송되었고, 제19대 대통령이 2022. 5. 9. 검찰청법 일부개정법률(법률 제18861호) 및 형사소송법 일부개정법률(법률 제18862호)로 공포하였으며, 다음 날인 2022. 5. 10. 제20대 대통령이 취임하였다.

한편, 위 각 개정 법률은 각 부칙 제1조에서 공포 후 4개월이 경과한 날부터 시행하도록 규정하였고, 개정 검찰청법 부칙 제3조에서는 검사가 수사를 개시할 수 있는 범죄의 범위에 관한 경과조치로 선거범죄에 관하여는 제4조 제1항 제1호 가목의 개정에도 불구하고 2022. 12. 31.까지 종전의 규정에 따르는 것으로 규정하였다.

(3) 입법절차상 위헌 또는 위법 여부 및 그 내용

(가) 의회민주주의와 헌법상 다수결원칙

의회민주주의의 기본원리의 하나인 다수결의 원칙은 의사형성과정에서 소수파에게 토론에 참가하여 다수파의 견해를 비판하고 반대의견을 밝힐 수 있는 기회를 보장하여 다수파와 소수파가 공개적이고 합리적인 토론을 거쳐 다수의 의사로 결정한다는 데 그 정당성의 근거가 있다(헌재 2010. 12. 28. 2008헌라7 참조).

헌법 제49조는 "국회는 헌법 또는 법률에 특별한 규정이 없는 한 재적의원 과반수의 출석과 출석의원 과반수의 찬성으로 의결한다. 가부동수인 때에는 부결된 것으로 본다."라고 규정하고 있는바, 이는 의회민주주의의 기본원리인 다수결의 원칙을 선언한 것이고, 헌법상 다수결원칙은 다수에 의한 의사결정 이전에 합리적인 토론과 상호 설득의 과정에서 의사의 내용이 변동되거나 조정될 수 있음을 전제로 하며, 이를 위해 의원들에게 실질적이고 자유로운 토론의 기회가 부여되어 있을 것을 요구한다(헌재 2020. 5. 27. 2019헌라3등 중 재판관 이선애, 재판관 이은애, 재판관 이종석, 재판관 이영진의 반대의견 및 별개의견 참조).

특히, 헌법 제49조 후문에서는 '가부동수인 때에는 부결된 것으로 본다.'라고 규정하여 우리 헌법상 국회 내 회의의 의결정족수 충족에 있어 회의의 주재자가 다른 구성원과 동등한 지위의 표결권을 넘어서는 결정권을 갖지 못하도록 하고 있다. 이는 국회 내 의결 절차에서 회의 주재자의 중립적 지위를 엄격하게 요구하는 것이다.

또한, 국회의 의사절차를 의안에 대한 실질적 토론 및 이에 기초한 표결을 보장하지 않는 방식으로 형성한다면, 헌법상 다수결의 원칙에 반하게 되어 국회의 자율권의 한계를 벗어난다고 할 것이다.

(나) 법제사법위원회 의결 절차의 위헌·위법 여부

1) 위원회의 안건심사절차는 제안자의 취지설명, 전문위원의 검토보고, 대체토론, 소위원회 심사, 축조심사, 찬반토론, 표결의 순서로 이루어지는데(국회법 제58조 제1항, 제2항, 제3항), 헌법상 다수결원칙을 실질적으로 이해한다면, 위의 의사절차는 모든 위원회의 구성원에게 실질적으로 자유로운 토론의 기회가 부여되는 것을 전제조건으로 하는 의사정족수 또는 의결정족수의 충족을 요하는 것으로 해석되어야 한다(헌재 2020. 5. 27. 2019헌라3등 중 재판관 이선애, 재판관 이은애, 재판관 이종석, 재판관 이영진의 반대의견 및 별개의견 참조).

또한, 국회법 제57조의2에 규정된 안건조정제도는, 위원회에서 직접 심사하거나 소위원회에서 심사할 경우 이견을 조정하기 어려운 안건에 대하여 위원회 재적위원 3분의 1 이상의 요구에 따라 소속 의원 수가 가장 많은 제1교섭단체 소속 조정위원과 그 밖의 조정위원을 각각 3인의 동수로 하는 조정위원회를 구성하여 논의하도록 함으로써, 쟁점 안건을 대화와 타협을 통해 효과적으로 처리할 수 있도록 한 제도이다. 조정위원회에서는 조정위원의 3분의 2인 4명 이상의 찬성으로 조정안을 의결하도록 함으로써 최소한의 합의를 전제로 결론을 도출하도록 되어 있으며, 이러한 측면에서 안건조정제도는 국회 내 다수 세력의 일방적 입법 시도를 저지하는 기능도 가지고 있다. 안건조정제도의 취지상 조정안의 의결은 당연히 조정위원회에서 안건에 대하여 조정하는 심사를 전제로 하며, 실제로 적법한 절차로 조정이 이루어지지 않았다는 사실이 확인되어야만 조정안 의결의 위법성을 인정할 수 있다. 조정위원회의 활동은 그 소속된 위원회 활동의 일부가 된다(헌재 2020. 5. 27. 2019헌라5 참조).

2) 민형배 의원은 이미 2021. 2. 1. 더불어민주당 소속 의원으로서 검사의 수사권에 관한 규정을 삭제하는 내용의 법률안을 대표발의하였을 뿐만 아니라, 2022. 4. 12.자 의원총회에서 검사의 수사권과 기소권을 분리하여 검사의 직접 수사권을 제한하려는 취지의 법안을 4월 임시국회에서 처리하기로 한 더불어민주당의 당론에 따라 2022. 4. 15. 그 교섭단체 대표의원이 발의한 법률안에도 더불어민주당에 소속된 다른 의원들과 함께 찬성자로 참여하였으며, 더불어민주당의 교섭단체 대표의원의 요청에 따라 국회 법제사법위원회 제1소위원회에서 위 법률안들을 포함한 관련 법률안들의 심사가 개시된 2022. 4. 18. 법제사법위원회로 보임된 의원이었다.

민형배 의원은 위와 같이 국회의 제1교섭단체인 더불어민주당의 당론에 따라 검사의 수사권을 축소 또는 폐지하는 취지의 법안 처리에 적극적이고 주도적인 역할을 담당한 의원이었는데, 2022. 4. 20. 당시 법제사법위원회 위원 중 유일하게 교섭단체에 소속되지 않은 양향자 의원이 더불어민주당의 위와 같은 법안 추진 방식에 대하여 반대의견을 표명한 사실이 알려지자, 법안에 대한 입장이 달라지거나 특별히 탈당할 만한 사유가 없었음에도 더불어민주당을 탈당하였고, 같은 날 김진표 의원 등 더불어민주당 소속 법제사법위원회 위원 8인과 함께 조정위원회 구성을 요구하였다.

2022. 4. 22. 국회의장과 더불어민주당 및 국민의힘의 각 교섭단체 대표의원의 합의 이후 2022. 4. 25. 위와 같은 조정위원회 구성요구가 철회되었으나, 2022. 4. 26. 국민의힘 소속 법제사법위원회 위원 6인이 다시 조정위원회 구성을 요구하자, 국회 법제사법위원회 위원장은 민형배 의원을 비교섭단체 몫의 조정위원으로 선임함으로써, 제1교섭단체인 더불어민주당 소속 의원 3인, 제2교섭단체인 국민의힘 소속 의원 2인, 그리고 민형배 의원 1인으로 조정위원회를 구성하였다.

당시 국회 법제사법위원회 위원장인 박광온 의원은 더불어민주당 소속 국회의원으로서 그 당론에 따라 검사의 직접 수사권을 제한하는 취지로 교섭단체 대표의원이 발의한 법률안에 민형배 의원과 함께 찬성자로 참여한 바 있다.

한편, 양향자 의원은 2022. 4. 22. 국회의장 및 더불어민주당과 국민의힘의 각 교섭단체 대표의원간의 합의에 기초한 법안 추진에 대하여는 찬반의 입장을 명확히 밝히지 않았으며, 조정위원회의 구성과 심사를 포함한 법제사법위원회 법안 심사의 전 과정에서 교섭단체에 소속되어 있지 않은 법제사법위원회 위원의 지위에 있었다.

위와 같은 민형배 의원의 탈당 과정과 국회 법제사

법위원회 위원장의 조정위원 선임 과정 및 법제사법위원회의 위원 구성 등의 사정을 종합해 보면, 민형배 의원은 법제사법위원회에서 조정위원회가 구성될 경우 비교섭단체 몫의 조정위원으로 선임되어 더불어민주당 소속 조정위원들과 함께 조정위원회의 의결정족수를 충족시킬 의도로 더불어민주당과 협의하여 더불어민주당을 탈당하였고, 같은 당 소속으로 민형배 의원과 함께 그 교섭단체 대표의원이 발의한 법률안에 찬성자로 참여하였던 국회 법제사법위원회 위원장은 이러한 사정을 알고도 검사의 수사권을 폐지 또는 축소하는 내용의 입법이 더불어민주당의 당론에 따라 신속하게 추진될 수 있도록 하기 위해 민형배 의원을 조정위원으로 선임한 것임을 합리적으로 추단할 수 있다.

국회 법제사법위원회 위원장은 위와 같이 법제사법위원회의 회의 주재자로서의 중립적인 지위에서 벗어나 그 위원회 활동의 일부인 조정위원회에 관하여 미리 가결의 조건을 만들어 두었고, 조정위원회에서 축조심사 및 질의·토론이 모두 생략되어 실질적인 조정심사 없이 의결된 조정안에 대하여, 법제사법위원회 전체회의에서도 심사보고나 실질적인 토론의 기회를 부여하지 않은 채 그 조정안의 내용 그대로 법제사법위원회가 제안하는 대안의 가결을 선포하였다.

이러한 법제사법위원회의 의결 절차는 제1교섭단체 소속 조정위원 수와 그렇지 않은 조정위원 수를 동수로 구성하도록 한 국회법 제57조의2 제4항을 위반하였고, 제1교섭단체인 더불어민주당 소속 조정위원 3명과 민형배 의원만으로 재적 조정위원 6명의 3분의 2인 4명이 충족되도록 함으로써 국회 내 다수세력의 일방적 입법 시도를 저지할 수 있도록 의결정족수를 규정한 국회법 제57조의2 제6항의 기능을 형해화하였으며, 위원회의 안건심사절차에 관하여 규정한 국회법 제58조도 위반하였다.

3) 이 사건에서 조정위원회 구성 이전 법제사법위원회 제1소위원회의 회의까지 법안 내용에 대한 심사가 있었다는 사실이 인정된다 하더라도, 이것은 그러한 심사로도 이견이 좁혀지지 않아 조정위원회 구성 요구가 있었다는 점에서 그 이후에 실질적 조정심사가 반드시 있었어야 할 이유에 해당한다.

또한, 법률안의 내용에 대하여 국회의원들 사이에 법정 절차 밖에서의 정치적 합의가 있었다고 하더라도 이러한 합의의 내용은 공개되고 국회법 소정의 절차를 따르는 위원회의 회의에서 충분히 논의되고 토론될 수 있어야 한다. 그렇지 않다면, 밀실에서의 정치적 합의가 민주적 통제를 위해 마련된 국회법상의 절차를 무용하게 만들 위험이 있어, 법치국가원리에 따라 입법작용에도 적용되는 적법절차원칙 및 헌법 제50조에서 규정한 국회 의사공개의 원칙을 형해화할 수도 있기 때문이다.

이 사건 법제사법위원회의 조정위원회 및 전체회의 당시 장내 소란이 있었다는 사실이 인정되지만, 이는 다수당에 유리한 일방적 의사절차 진행에 항의하기 위한 것이었고, 회의 당시 장내 소란이 있었다는 것만으로는 국회법상 절차를 위반하여 위원들에게 실질적인 토론의 기회를 전혀 제공하지 않고 곧바로 표결을 강행하여야만 하는 긴박하고 중대한 공익을 발견하기 어렵다. 국회법은 안건조정제도를 단지 위원회 심사를 지연시키기 위한 도구로만 이용하지 않도록 할 필요에 따라 조정위원회의 활동기한을 원칙적으로 그 구성일로부터 90일로 정하였고(국회법 제57조의2 제2항 및 헌재 2020. 5. 27. 2019헌라5 참조), 위원회는 그 소속 조정위원회의 조정안이 의결된 날부터 30일 이내에 그 안건을 표결하도록 하였으므로(국회법 제57조의2 제7항), 조정 대상이 된 안건에 대한 위원회의 심사가 무한정 지연되지 않도록 하는 장치는 마련되어 있다. 또한, 법제사법위원회에서 위와 같은 의결 절차를 거쳐 제안된 검찰청법 및 형사소송법의 각 일부개정법률안(대안)은 원칙적으로 공포 후 4개월이 경과한 날부터 시행하도록 하는 부칙 규정을 두었을 뿐이고, 그 규율 내용과 관련하여 각 개정 법률안을 수일 내에 긴급하게 의결하고 공포·시행하여야 할 객관적인 사유가 특별히 발견되지 않는다.

4) 따라서 이 사건 법률개정행위의 법제사법위원회 의결 절차는 이견이 있는 쟁점 안건을 대화와 타협을 통해 효과적으로 처리하도록 한 안건조정제도에 관한 국회법 제57조의2, 국회 위원회의 심사 및 표결에 관한 국회법 제58조를 위반하였다.

나아가 이 사건 법률개정행위의 법제사법위원회 의결 절차는 그 위원장이 회의 주재자의 중립적 지위에서 벗어나 미리 가결의 조건을 만들어 두고 법률안의 심사과정에서 실질적 토론의 기회를 형해화한 상태에서 표결에 부쳐 의결에 이르도록 하였다는 점에서, 실질적 토론을 전제로 하는 헌법상 다수결원칙을 규정하면서 국회 내 의결 절차에서 회의 주재자의 중립성을 엄격하게 요구하는 헌법 제49조를 위반한 것이다.

이러한 입법절차상 하자는 의결정족수 충족에 관련된 중대한 헌법 위반에 해당하며, 이러한 하자가 없었다면 법제사법위원회가 검찰청법 및 형사소송법의 각 일부개정법률안(대안)을 제안하고, 이 법률안들이 본회의에 부의 및 상정될 수 없었을 것임이 명백하다.

(다) 본회의 의결 절차의 위헌·위법 여부

1) 이 사건 본회의에서 의결되어 개정 법률의 내용으로 확정된 법률안은, 법제사법위원회의 대안으로 제안된 검찰청법 및 형사소송법의 각 일부개정법률안(대안)을 원안으로 하는 각 수정안이다. 이러한 본회의의 수정안 의결은 그 원안이 헌법을 중대하게 위반하여 제안된 것으로서 그 부의 및 상정 자체가 헌법 위반에 해당하므로, 더 나아가 살펴볼 필요 없이 헌법에 위반된다고 할 것이다.

다만, 본회의 의결 절차에 국한해서 보더라도 무제한토론 및 수정동의에 관한 국회법 위반 여부와 헌법상 다수결원칙 위반 여부가 문제되므로, 이에 대하여 살펴본다.

2) 본회의에 부의된 안건에 대하여 재적의원 3분의 1 이상의 요구가 있는 경우 국회의원은 본회의에서 시간의 제한을 받지 아니하고 무제한토론을 할 수 있다(국회법 제106조의2 제1항). 이는 본회의에서 안건을 최종적으로 의결하기 전에 소수의견을 개진할 수 있는 기회를 부여하고, 다수당과 소수당이 타협하도록 하여 안건이 합의를 통하여 처리되도록 유도하려는 것이다.

국회법상 무제한토론이 종결되기 위해서는 재적의원 3분의 1 이상의 종결동의가 의장에게 제출되어 그 때로부터 24시간이 지난 후에 무기명투표로 재적의원 5분의 3 이상의 찬성으로 의결되거나(국회법 제106조의2 제5항, 제6항), 더 이상 토론할 의원이 없거나(국회법 제106조의2 제7항), 또는 무제한토론 실시 중 회기가 종료되어야 한다(국회법 제106조의2 제8항).

이 사건의 경우 2022. 4. 27. '17:05경 개의된' 본회의에서 제395회 국회(임시회)의 회기를 '당일 종료'하기로 하는 회기결정 및 2022. 4. 30. '16:22경 개의된' 본회의에서 제396회 국회(임시회)의 회기를 '당일 1일'로 정하는 회기결정을 각각 의결한 것은, 무제한토론 종결동의를 위한 재적의원 5분의 3 이상의 의결정족수가 적용되지 않도록 하면서 종결동의 제출 시로부터 24시간으로 보장된 최소한의 무제한토론 시간까지 대폭 제약하는 것으로 무제한토론권한을 보장하고 있는 국회법 제106조의2 제6항의 규율 내용에 반한다.

회기 종료로 무제한토론 종결선포가 간주된 경우 해당 안건은 다음 회기에서 지체 없이 표결되는데(국회법 제106조의2 제8항 후문), 이 사건의 각 개정법률안에 대한 무제한토론 실시가 예정되었던 제395회 및 제396회 국회(임시회)의 회기가 회의 당일 종료되거나 당일 하루로 결정된 것과 달리, 무제한토론 실시가 예정되지 않았던 제397회 국회(임시회)의 회기는 통상의 경우와 같이 30일로 결정된 점에 비추어 보면, 제395회 및 제396회 국회(임시회)의 회기를 국회법 제106조의2 제6항에 반하여 무제한토론을 제한하는 내용으로 극단적으로 짧게 결정한 것은, 오로지 이 사건의 각 개정법률안에 대한 무제한토론을 신속하게 마무리하고 바로 다음 회기에서 표결하기 위한 것 외에 다른 이유를 찾기 어렵다.

그런데 개정 검찰청법과 형사소송법은 원칙적으로 공포 후 4개월이 경과한 날에 시행하도록 하였을 뿐, 그 규율 내용과 관련하여 각 개정법률안을 수일 내에 긴급하게 의결하여 공포·시행하지 않으면 안 되는 객관적인 사유가 특별히 발견되지 않는다. 이와 관련하여 확인할 수 있는 사정은 위와 같은 의결 절차로 개정된 검찰청법 및 형사소송법이 제20대 대통령이 취임하기 전날인 2022. 5. 9. 제19대 대통령에 의하여 공포되었다는 것뿐이다.

따라서 이 사건 본회의 의결 절차에서 제395회 국회(임시회)의 회기를 '당일 종료'하기로 하고 제396회 국회(임시회)의 회기를 '당일 1일'로 정한 각 회기결정은, 무제한토론 종결동의의 요건 및 절차에 관한 국회법 제106조의2 제6항을 위반하였다.

3) 헌법 제47조 제2항은 임시회의 회기는 30일을 초과할 수 없도록 하여 그 상한을 정하고 있을 뿐이고, 회기결정은 기본적으로 국회에서 자율적으로 결정할 수 있는 의사절차에 관한 것이나, 자율권이 보장된다고 하여 회기결정이 본래의 목적이나 취지에서 벗어나 헌법이나 국회법에서 보장된 국회의원의 심의·표결권을 침해하는 방법으로 이루어지는 것까지 허용된다고 볼 수는 없다.

무제한토론은 본회의에서 안건을 최종적으로 의결하기 전에 소수의견이 개진될 수 있는 마지막 기회로 국회법에서 최소 24시간을 보장하고 있다. 그런데 국회의장은 무제한토론권한을 침해하기 위한 위법한 회기결정의 건이 다수당 소속 의원에 의하여 제안되었음에도 이를 상정하여 의결되도록 하였다. 이는 엄격한 무제한토론 종결 동의의 요건을 우회하여 무제한토론을 무력화하였다는 점에서 무제한토론권한을 보장하는 국회법 제106조의2에 위배될 뿐만 아니라, 소수의견이 개진될 수 있는 국회법상 마지막 기회를 무력화하였다는 점에서 실질적 토론의 기회를 보장하는 다수결원칙을 규정하면서 국회 내 의결 절차에서 회의 주재자의 중립적인 지위를 엄격하게 요구하는 헌법 제49조에도 위배된다.

4) 국회법 제95조 제5항은 의안에 대한 수정동의는 "원안 또는 위원회에서 심사보고(제51조에 따라 위원회에서 제안하는 경우를 포함한다)한 안의 취지 및 내용과 직접 관련이 있어야 한다. 다만, 의장이 각 교섭단체 대표의원과 합의를 하는 경우에는 그러하지 아니하다."라고 규정하고 있다.

국회법 제95조 제5항 소정의 '원안의 취지 및 내용과의 직접 관련성'은 원안과 수정안의 근본 목적이 동일하여야 한다는 '원안의 취지와 수정안의 취지 사이의 직접 관련성', 수정안의 내용인 개정법률 조항이 원안이 법률개정을 통해 실현하고자 하는 근본 목적을 이루기 위한 적절한 수단이 되는 관계에 있어야 한다는 '원안의 취지와 수정안의 내용 사이의 직접 관련성', 원안과 수정안의 각 개정법률 조항이 동일한 주제(主題)를 다루어야 한다는 '원안의 내용과 수정안의 내용 사이의 직접 관련성'으로 나누어 볼 수 있다. 국회법 제95조 제5항 소정의 수정안은 위 3가지의 직접 관련성을 모두 갖추어야 할 것이고, 만일 그 중 단 하나의 직접 관련성이라도 흠결할 경우에는 수정동의를 통해 발의할 수 있는 적법한 수정안이 될 수 없다(헌재 2020. 5. 27. 2019헌라6등 중 재판관 이선애, 재판관 이은애, 재판관 이종석, 재판관 이영진의 반대의견 참조).

이 사건에서 법제사법위원회의 제안으로 본회의에 부의 및 상정된 형사소송법 일부개정법률안(대안)의 원안은 사법경찰관이 송치한 사건에 대한 검사의 보완수사의 범위에 관한 내용만 포함하고 있을 뿐, 사법경찰관의 송치 여부에 관한 규율로 검사의 소추권을 직접적으로 제한하는 내용을 포함하고 있지 않았다. 그러나 이에 대한 수정안에 포함된 사법경찰관의 불송치결정에 대한 고발인의 이의신청권을 배제하는 내용은, 사건의 송치 여부와 관련된 규율로서 검사의 소추권을 직접적으로 제한하는 것이므로, 이러한 수정안은 원안과 '동일한 주제'를 다루는 것이 아니어서 '원안의 내용과 수정안의 내용 사이'에 직접 관련성이 없는 경우에 해당한다. 따라서 이러한 수정안의 제안, 상정 및 의결은 국회법 제95조 제5항의 '원안의 취지 및 내용과의 직접 관련성' 요건에 위배되며, 이와 같은 수정동의에 관해 국회의장이 각 교섭단체 대표의원과 합의한 사정도 없다.

그러므로 이 사건의 본회의 의결 절차에서 형사소송법 일부개정법률안(대안)에 대한 수정안을 상정하여 표결한 것은 수정동의에 관한 국회법 제95조 제5항에도 위배되었다.

5) 이 사건의 본회의 의결 절차에서는 검찰청법 일부개정법률안(대안)의 원안에 대한 무제한토론이 진행되던 도중 그에 대한 수정안이 제출되었고, 바로 다음 회기에서 수정안의 제안설명만 듣고 토론 없이 표결에 나아갔으므로, 검찰청법의 개정에 관해서는 수정안에 대한 토론의 기회가 전혀 보장되지 않았다. 따라서 검찰청법 일부개정법률안(대안)의 수정안에 대한 의결은 실질적 토론 기회의 보장을 전제로 하는 헌법상 다수결원칙을 명백히 위반하였다.

6) 따라서 이 사건 법률개정행위의 본회의 의결 절차는 회기결정에 있어 무제한토론에 관한 국회법 제106조의2를 위반하였고, 수정안의 상정 및 표결에 있어 본회의 수정동의절차에 관한 국회법 제95조 제5항을 위반하였다.

나아가 이 사건 법률개정행위의 본회의 의결 절차는, 법제사법위원회에서 헌법상 다수결의 원칙을 위반하여 세안된 법률안들을 부의 및 상정한 것이었을 뿐만 아니라, 본회의의 절차만으로도 국회법 위반에 그치지 않고, 회의의 주재자인 국회의장이 중립적 지위에서 벗어나 소수의견이 개진될 수 있는 국회법상 마지막 기회를 무력화하였으며, 특히 검찰청법 일부개정법률안(대안)의 수정안에 대해서는 제안설명 이후 바로 표결에 나아가 토론의 기회를 전혀 보장하지 않았으므로, 헌법상 다수결의 원칙 및 국회 내 의결 절차상 회의 주재자의 엄격한 중립성을 규정한 헌법 제49조를 위반한 것이다.

이러한 입법절차상 하자는 본회의에서 의결된 법률안의 주요 내용의 성립과 관련된 중대한 헌법 위반에 해당하며, 이러한 하자가 없었다면 개정 검찰청법 및 형사소송법과 같이 청구인들의 권한을 제한하는 내용의 입법이 이루어지지 못했을 것임이 명백하다.

(4) 청구인들의 권한침해 여부

이 사건 법률개정행위는 법제사법위원회 의결 절차에서는 안건조정제도에 관한 국회법 제57조의2 및 국회 위원회의 심사 및 표결에 관한 국회법 제58조를, 본회의 의결 절차에서는 무제한토론에 관한 국회법 제106조의2 및 본회의 수정동의절차에 관한 국회법 제95조 제5항을 위반하였을 뿐만 아니라, 두 절차 모두에 있어서 실질적 토론을 전제로 하는 헌법상 다수결의 원칙 및 국회 내 의결 절차상 회의 주재자의 중립성을 엄격하게 요구한 헌법 제49조를 위반하였으므로, 그 헌법 위반 사유가 의회입법의 우위의 근본적 근거가 훼손될 정도로 중대하다.

아울러 이러한 하자는 의결정족수 충족 및 의결된 법률안의 주요 내용의 성립과 관련된 것으로 그 하자가 없었다면 청구인들의 권한을 제한하는 내용의 입법이 이루어지지 못했을 것임이 명백하다.

따라서 이 사건 법률개정행위의 입법절차상 하자로 인한 청구인들의 권한침해가 인정된다.

다. 이 사건 법률개정행위의 내용으로 인한 권한침해 여부

(1) 청구인들 중 검사들의 권한침해 여부

(가) 판단 기준

1) 검사의 소추권에 관한 헌법 규범

국민의 기본권을 보호하고 공동체의 안전과 질서를 확보하기 위하여 범인을 발견하여 처벌하는 형사사법은 국가의 기본적인 책무이다.

수사, 소추, 재판에 이르는 형사사법절차의 모든 과정에는 적법절차원칙이 엄격하게 적용되며(헌법 제12조 제1항 및 제3항 참조), 형사사법에서 소추기관과 심판기관의 분리는 근대 형사법의 대원칙으로 "누구도 자기 자신의 사건을 심판할 수 없다."라는 것은 불법적인 심문을 금지하는 적법절차원칙의 내용에 해당한다(헌재 2008. 1. 10. 2007헌마1468 참조).

형사상 '소추'(헌법 제13조 제1항, 제84조 참조)는 심판기관과 분리된 '소추권자'가 유죄 판결 및 적정한 처벌을 구하는 활동으로, '소추기능'은 공소의 제기와 유지 여부의 결정 및 공개된 법정에서 피고인의 상대방 당사자로서 수행하는 변론 및 입증활동, 이에 관한 법원의 재판에 대한 불복 등을 포함한다.

형사소송의 '정식재판'(헌법 제12조 제7항 참조)은 독립된 법관에 의하여 공개된 법정에서 소추권자와 피고인이 대등한 공격·방어의 기회를 가지며(헌법 제27조 제1항, 제103조, 제109조 참조), 적법절차원칙(헌법 제12조 제1항 및 제3항), 자백에 관한 증거법칙(헌법 제12조 제7항), 신속한 공개재판(헌법 제27조 제3항), 무죄추정원칙(헌법 제27조 제4항) 등 공정한 재판의 요소를 모두 갖춘 재판이라 할 것이고, 이러한 정식재판에서 '소추권자'는 증거의 적법성 및 신빙성을 확인하여 공소의 제기와 유지 여부의 결정, 공개된 법정에서의 변론 및 입증활동, 이에 관한 법원의 재판에 대한 불복 등 소추기능을 실현하는 권한을 객관적으로 행사해야 한다.

헌법은 제27조 제1항 및 제3항에서 형사피고인의 공정한 재판을 받을 권리를 보장함과 동시에, 제27조 제5항에서 형사피해자의 재판절차진술권을 보장하고, 제28조에서는 공소를 제기하지 않는 것을 형사피의자의 구금에 대하여 국가가 보상하는 책임의 요건이자, 공권력 주체의 개인에 대한 '처분'으로 규정한다.

이러한 점들을 종합할 때, '소추기능'은 법률로써 폐지할 수 없는 '국가기능'이므로 '국가기관의 소추권'은 '헌법상 권한'이다. '소추기관'은 적법하게 수집된 객관적인 증거에 기초하여 공소제기 및 유지 여부를 결정하고, 법정에서 변론 및 입증활동을 하며, 이에 관한 법원의 재판에 대하여 불복하는 등의 기능을 수행하는 국가기관으로서, 형사사법절차에서 피의자 또는 피고인뿐만 아니라 피해자의 절차적 기본권 보장의무도 구체적으로 지는 '준사법기관'의 성격을 가져야 한다. 헌법상 이러한 기능을 하는 국가기관이 헌법 제12조 제3항 및 제16조에 영장신청권의 주체로 규정되어 있는 '검사'라는 점은 그 용어의 문언적 의미로 명백하다.

2) 검사의 수사권에 관한 헌법 규범

'수사'는 범죄혐의의 유무를 명백히 하여 공소를 제기·유지할 것인가의 여부를 결정하기 위하여 범인을 발견·확보하고 증거를 수집·보전하는 수사기관의 활동으로서, 그 목적을 달성함에 필요한 경우에 한하여 사회통념상 상당하다고 인정되는 방법 등에 의하여 수행되어야 한다(대법원 1999. 12. 7. 선고 98도3329 판결 참조).

'수사'는 소추와 마찬가지로 국가의 기본적 책무인 형사사법의 일환으로서 법률로써 폐지될 수 없는 '국가기능'에 해당한다. 또한, 대통령의 불소추특권을 규정한 헌법 제84조의 해석과 관련하여 재직 중인 대통령에 대하여 내란 또는 외환의 죄 이외의 혐의에 관한 수사가 가능한지 문제될 수 있는 것과 같이, 국가기능인 수사와 소추의 기본적인 상호관계는 헌법의 해석으로 규명되어야 한다.

헌법 제13조 제1항 및 제84조는 개인의 행위가 특정한 범죄를 구성하는 것을 '형사상 소추'의 요건으로 규정하므로, 소추기능은 구체적인 범죄혐의의 유무의 확인 및 이에 대한 입증을 전제로 한다. 헌법 제12조 제3항 및 제16조에서 규정한 체포·구속·압수·수색은 국가의 형사사법절차에서 범인을 발견·확보하고 증거를 수집·보전하는 활동에 해당하며, 위 조항들은 이러한 강제수사에 검사의 신청에 의하여 법관이 발부한 영장이 필요함을 규정한다. 헌법 제12조에서는 형사사법에 적용되는 적법절차원칙을 명문화하고, 수사의 과정에서 일어날 수 있는 인권침해를 방지하기 위한 여러 제도들을 규정하였다. 또한, 구체적인 수사 활동은 신체의 자유나 주거의 자유뿐만 아니라 사생활의 비밀과 자유, 통신의 비밀 등 다양한 영역에서 개인의 기본권을 제한할 수 있는 공권력 작용이므로, 기본권 제한에 관한 헌법 제37조 제2항의 과잉금지원칙을 준수해야 한다.

소추와 수사에 관한 위와 같은 헌법 규범들을 고려할 때, 국가의 수사기능은 소추기능을 목적으로 하는 수단으로서 소추기능에 실효적으로 기여하여야 하며, 구체적인 수사는 그 목적의 달성에 필요한 상당한 방법으로만 수행되어야 한다.

'헌법상 수사권'은 위와 같은 기능적 목적과 방법상 한계가 있는 '국가의 수사기능'을 실현하는 권한으로서, 그 의미에 부합하는 법률상 수사기관의 여러 구체적인 권한들을 모두 포함한다. 형사소송법상 검사의 사법경찰관에 대한 보완수사요구 또는 재수사요청의 권한도 헌법상 수사권에 해당하며, 물리적으로 범인을 체포하거나 물건을 압수하는 행위, 피의자를 신문하는 행위와 같은 경우만 수사인 것은 아니다.

헌법 제12조 제3항 및 제16조에 따라 검사가 체포·구속·압수·수색을 위한 영장을 신청하는 것도, 사법경찰관의 수사 중 신청에 따른 것이든, 검사가 직접 수사를 개시한 사건의 수사 또는 사법경찰관이 송치한 사건의 보완수사를 하면서 청구하는 것이든, 법관에게 영장발부를 신청하는 행위 그 자체로 범인을 발견·확보하고 증거를 수집·보전하는 '국가의 수사기능'을 실현하는 것이므로 '헌법상 수사권'의 행사에 해당한다.

헌법이 수사단계에서 영장신청권자를 검사로 한정한 것은 종래 빈번히 야기되었던 검사 아닌 다른 수사기관의 영장신청에서 오는 인권유린의 폐해를 방지하고, 반드시 법률전문가인 검사를 거치도록 함으로써 다른 수사기관의 무분별한 영장신청을 막아 기본권침해가능성을 줄이는 데에 그 목적이 있는바(헌재 1997. 3. 27. 96헌바28등 참조), 영장신청권자로서의 '검사'는 '검찰권을 행사하는 국가기관'으로서 공익의 대표자이자 인권옹호기관의 지위에서 그에 부합하는 직무를 수행하는 자를 의미하며, 법률전문가의 자격을 갖추어야 한다(헌재 2021. 1. 28. 2020헌마264등 참조).

이처럼 '헌법상 검사'의 영장신청은 그 자체로 '헌법상 수사권'의 행사에 해당하고, 이는 영장주의가 적용되는 강제수사에 관하여 구체적이고 개별적인 수사 활동의 기능적 목적과 방법상 한계를 법관 이전에 준사법기관인 검사가 선행적으로 판단하도록 함으로써 기본권침해의 발생 가능성을 엄격하게 통제하는 의미가 있다. 이 밖에 국가의 수사기능을 실현하기 위한 '헌법상 수사권'에 해당하는 권한을 '검사' 이외의 다른 기관에 부여한 헌법의 명문 규정은 없다.

이러한 점들을 종합할 때, 검사의 영장신청에 관하여 규정한 헌법 제12조 제3항 및 제16조는 공익의 대표자이자 인권옹호기관의 지위에 있고 법률전문가의 자격을 갖춘 '헌법상 검사'에게 '헌법상 수사권'을 부여한 조항이라 할 것이다.

3) 헌법상 검사의 소추권·수사권에 관한 입법형성의 한계

가) '헌법상 검사'에 해당하는 법률상 기관의 구체적인 구성과 조직, '헌법상 소추권' 및 영장신청권 이외의 '헌법상 수사권'에 해당하는 법률상 권한의 종류와 주체 및 행사 방법 등은 헌법에서 명문으로 규정하지 않았으므로, 입법형성의 영역에 있다고 할 것이다. 따라서 검찰청법상 검사의 소추권과 수사권에 해당하는 구체적 권한들은 국가의 소추기능 및 수사기능을 실현하는 '헌법상 소추권 및 수사권'을 '헌법상 검사'에게 부여하는 입법을 구체적으로 형성한 것이며, 헌법에서 '검찰청법상 검사'가 소추권 또는 수사권에 해당하는 모든 법률상 권한들을 독점하도록 예정하였다고 볼 수는 없을 것이다.

하지만, 형사사법에서 소추기능이 갖는 의미 및 관련 헌법 규범을 고려할 때, 검찰청법상 검사를 포함하여 소추기관인 '헌법상 검사'에게는 준사법기관으로서의 직무상 권한이 보장되어야 하고, 입법자가 헌법상 소추기능을 구체화하여 검찰청법상 검사의 공소제기 또는 유지 여부, 법원의 재판에 대한 불복 여부를 결정하는 권한과 같은 법률상 소추권의 내용을 형성할 때에는 소추기능의 '준사법작용'으로서의 본질을 훼손해서는 안 된다는 헌법상 한계가 있다.

또한, 국가의 수사기능의 본질에 따라 법률로써 수사권의 구체적인 종류와 주체, 내용 및 행사 방법 등을 형성할 때에는, 소추기능에 대한 실효적 기여라는 수사의 기능적 목적에 부합해야 하고, 적법절차원칙 및 과잉금지원칙에 따라 구체적인 수사 활동이 그 목적의 달성에 필요한 상당한 방법으로만 수행되도록 하여야 한다는 헌법상 한계가 있다.

국가는 형사사법의 모든 과정에서 적법절차원칙을

준수하고 피의자와 피고인 및 피해자의 절차적 기본권을 보장할 의무가 있다는 점을 고려할 때, 개별적인 수사 활동이 위와 같은 기능적 목적과 방법상 한계에 부합하여야 한다는 점은 헌법상 영장주의가 적용되는 영역에만 국한된다고 보기 어렵다. 영장제도가 적용되지 않아 법관의 통제 범위 밖에 있는 다양한 개별적인 수사 활동에 대하여 준사법기관인 검사 이외의 다른 행정기관에 법률상 수사권을 부여하면서 사법적 관점에 따른 통제 장치를 전혀 두지 않는다면, 해당 영역에서는 수사의 필요성과 상당성에 관한 적법절차원칙에 따른 통제가 어렵게 되고, 수사의 결과 공소를 제기하지 않기로 하는 경우에는 법원이 형사재판을 통하여 증거 수집 과정의 적법성을 심사하는 것도 불가능하게 된다. 이는 헌법에서 영장주의가 적용되는 강제수사의 영역에 법관과 검사가 모두 관여하도록 하여 수사의 실효성과 적법성에 대한 법률전문가의 통제를 강화한 것과 균형이 맞지 않고, 형사사법에서 적법절차원칙을 엄격하게 적용하여 국민의 기본권을 두텁게 보장하고자 한 헌법의 취지에도 부합하지 않는다.

따라서 헌법이 명문으로 규정한 법관에 대한 영장신청 이외의 영역에서는 수사기능에 속하는 법률상 권한을 준사법기관의 성격이 없는 행정기관에 부여하는 입법형성을 할 수도 있을 것이나, 이 경우에도 법률상 수사권의 구체적인 내용과 행사 방법 등이 수사의 기능적 목적과 방법상 한계에 부합하도록 준사법기관인 헌법상 검사가 수사의 실효성과 적법성을 통제함으로써 소추 및 수사기능의 준사법작용으로서의 본질이 훼손되지 않도록 하여야 할 것이다.

나) 국회의 입법으로 기소 또는 불기소, 범인 확보 또는 증거 보전, 강제수사 또는 임의수사 등 소추 및 수사기능에 포함될 수 있는 여러 요소들 중 일부에 대하여 검찰청법상 검사의 권한을 제한하는 것도 헌법상 검사의 소추권 및 수사권의 형성에 해당한다. 이러한 입법행위의 내용이 헌법상 검사의 소추권 및 수사권을 침해하는지 여부는 기능적 권력분립의 관점에서 국가의 소추 및 수사기능의 본질에 따른 입법형성의 한계를 일탈하였는지를 기준으로 판단하여야 한다.

소추 및 수사기능은 형사사법절차의 핵심이면서도 사법부가 담당하는 심판기능과 분리된 행정영역에 속하여 '사법작용'과 '행정작용'의 성격을 겸유하는 '준사법작용'에 해당한다. 행정각부의 설치·조직과 직무범위를 법률로써 정하도록 한 헌법 제96조에 따라 행정부 내에서 소추 및 수사기능에 속하는 구체적 권한들을 배분하는 입법을 할 때에도, 소추 및 수사기능의 준사법적인 성격이 유지되도록 하여야 한다.

형사사법의 일부인 수사와 소추는, 범인에 대한 처벌과 이를 통한 피해자의 보호 및 사회방위라는 목적을 위해 신체의 자유나 주거의 자유 등 개인의 기본권을 직접적이고 강력하게 제한할 수 있는 국가기능이다. 이러한 국가기능의 구체적 내용을 형성하는 입법에 있어서, '적극성', '능동성' 및 '상하위계'를 특징으로 하는 행정작용의 성격이 '객관성', '중립성' 및 '독립성'을 특징으로 하는 사법작용의 성격을 압도하게 되면, 피의자, 피고인 또는 피해자의 기본권이 침해될 위험이 생길 수 있다. 따라서 헌법상 소추권 및 수사권에 해당하는 법률상 권한의 주체와 내용을 구체적으로 형성하는 입법행위에는, 그 내용상 소추 및 수사기능이 갖는 '준사법작용'으로서의 '객관성·중립성·독립성'을 훼손해서는 안 된다는 한계가 있다.

소추 및 수사기능의 객관성·중립성·독립성은, 공소제기 또는 공소유지의 '여부'를 결정하거나 이를 위한 개별적인 수사 활동의 시작 또는 계속 '여부'를 판단하는 등 소추 및 수사의 모든 과정에 요청되며, 개개의 형사사건 모두에 보장되어야 한다. 그러므로 검사의 소추권 또는 수사권이 제한될 경우 그 헌법상 권한의 본질적 내용이 침해되는지를, 예컨대 기소 또는 불기소의 권한과 같은 소추권의 어느 일부분이 검사에게 유보되어 있는지, 검사에게 수사권의 일부가 유보되어 있는 범죄 영역의 범위가 어떠한지와 같은 형식적인 기준으로만 판단할 수는 없다.

수사기능은 소추기능에 실효적으로 기여해야 하는 수단인바, 소추권자인 검사가 '수사의 실효성'을 통제하기 위하여 법률상 보유해야 하는 수사권의 종류, 내용 및 범위가 어느 정도까지인지는 원칙적으로 입법정책의 문제라 할 것이다. 다만, 수사의 실효성이 지나치게 축소되어 소추기능을 형해화할 정도이거나, 수사의 실효성 문제가 소추권 행사의 객관성 또는 중립성에 직접적 영향을 미치는 경우에는, 검사의 수사권에 대한 제한을 그 소추권 침해 여부의 판단에도 고려할 수 있다.

소추 및 수사기능의 '객관성'과 '중립성' 확보는 형사피고인의 공정한 재판을 받을 권리(헌법 제27조 제1항, 제3항) 및 형사피해자의 재판절차진술권(헌법 제27조 제5항) 등의 기본권 보장을 위한 것이고, 검사가 지는 기본권 보장의 의무(헌법 제10조 후문 참조)는 당사자의 절차적 권리 보장이라는 준사법기관의 본질과 직접적으로 연관된다. 그러므로 국회의 입법행위로 제·개정된 법률의 내용이 소추권 및 수사권을 행사하는 검사로 하여금 그와 관련된 '절차적 기본권 보장의 의무'를 준수할 수 없도록 하는 것이라면, 이는 '검사의 직무상 객관성과 중립성'을 훼손하므로, 검사가 준사법기관으로서 행사하는 권한의 본질적 내용을 침해한다고 볼 수 있다. 특히, 법률상 구체화된 검사의 소추권 또는 수사권의 행사가 피해자 또는 피의자를 불합리하게 차별할 수밖에 없게 되는지는, 단지 기본권 주체의 평등권 침해 여부에 그치는 것이 아니라, 검사의 직무상 객관성과 중립성이 유지되는지와 직접 관련되므로, 그 권한의 본질적 내용 침해 여부의 문제가 될 수 있다.

소추 및 수사기능의 '독립성' 확보는 그 객관성 및 중립성을 보장하기 위한 것으로, 소추 및 수사기능은 행정권 내의 상하위계 또는 정치권력으로부터 독립하여 오로지 법률 및 적법절차원칙에 따라 실현되도록 하여야 한다.

행정권 내의 상하위계와 관련하여, 특히 공공의 안전과 질서의 유지를 위한 행정작용을 수행하는 대표적인 기관으로서 준사법기관이 아닌 '경찰'에 법률로써 수사권을 부여하는 경우 그 조직과 기능의 속성에 유의해야 한다. 헌법에서 '경찰'이 언급되는 조항으로, 헌법 제29조에서는 국가배상청구권이 일정 범위로 제한되는 경우에 관하여 '경찰공무원'의 '전투·훈련 등 직무집행과 관련하여 받은 손해'를, 헌법 제32조 제6항은 '상이군경' 및 '전몰군경'의 유가족에 대한 우선적 근로기회의 부여를 각각 규정하고 있다. 이 조항들은 경찰의 기능 또는 권한에 관하여 규율한 것이 아니지만, 국가안전보장과 질서유지를 위한 공권력 행사로서 '경찰공무원'이 수행하는 직무가 '군인'과 유사하게 '신체적 위험을 수반하는 물리력의 동원'과 관련이 있음을 전제로 한다. 또한, '경찰'은 행정조직 중에서도 특히 '상하위계'가 강하다는 특징이 있다는 점에서도 '국군'과 유사하다. 이처럼 공권력 행사 시 물리력을 동원할 수 있고 상하위계가 강한 행정조직이라는 경찰의 속성 및 헌법 제12조 제3항과 제16조에서 체포·구속·압수·수색에 관하여 검사의 영장신청권을 규정함으로써 다른 수사기관에 의한 인권침해의 가능성을 줄이려 한 취지를 고려하면, 경찰에 법률상 수사권을 부여할 경우에는 반드시 준사법기관인 검사가 수사의 실효성과 적법성을 통제할 수 있어야 하고, 그 통제에 있어 객관성과 중립성이 훼손되지 않도록 하여야 한다.

소추 및 수사기능의 독립성은 준사법기관인 '검사의 직무수행'에서도 보장되어야 하므로, 개별 사건에 대한 구체적인 수사 및 소추의 과정에서 검사가 공소제기 여부와 같은 주요 결정을 객관적이고 적법한 증거에 의하여 할 수 있는 권한이 '검찰조직 내부'의 상하위계에 따른 지시로 본질적으로 침해되지 않도록 하여야 하고, 이러한 검사의 직무상 독립성은 '검찰조직 외부'의 정치권력으로부터도 지켜질 수 있도록 하여야 한다.

이와 같은 '검사의 직무상 독립성'을 전제로 소추 및 수사기능의 객관성과 중립성을 담보하기 위하여 검사의 권한 행사는 원칙적으로 '사법적인 관점에서 통제'되어야 하며, 범죄로부터 국민과 사회 안전을 보호하는 형사정책의 구체적인 방향 역시 법적인 관점에서 설정되어야 한다.

다) 이상 살펴본 바와 같이 검사의 소추권 또는 수사권을 제한하는 내용의 입법행위에는 기능적 권력분립의 관점에서 준사법작용인 소추 및 수사기능의 객관성·중립성·독립성을 훼손해서는 안 된다는 한계가 있고, 국회의 입법행위의 내용으로 헌법상 검사의 소추권 및 수사권의 본질적 내용이 침해되는지는 이러한 입법의 한계를 일탈하였는지 여부에 따라 판단해야 할 것이다.

4) 법치국가원리에 따른 입법형성의 한계

입법작용에도 법치국가원리가 적용되는바, 가령 법률 사이의 체계부조화나 불명확성으로 인하여 집행기관이 법률을 준수할 수 없거나 자의적으로 집행할 수밖에 없고 법률해석으로도 이를 극복할 수 없는 경우, 이러한 입법형성은 법치국가원리에 반한다. 만약, 검사의 수사권 또는 소추권을 제한하는 입법행위가 국회 스스로 마련한 검사에 관한 다른 제도와 명백하게 모순되어 그 기능이 정상적으로 실현되지 못하도록 한다면, 이는 법체계의 정합성에 부합하지 않으므로 법치국가원리에 따른 입법의 한계를 일탈한 것이며, 이로써 검사의 권한을 침해한다고 볼 수 있다.

입법절차상 하자 여부와 관련하여 입법작용에 적용되는 적법절차원칙도 법치국가원리상 한계에 해당한다.

(나) 권한침해 여부의 판단

1) 개정 검찰청법 제4조 제1항 제1호 가목

이 사건 법률개정행위로 개정된 검찰청법 제4조 제1항 제1호 가목에서는, 검사가 수사를 개시할 수 있는 범죄의 범위를 '부패범죄, 경제범죄, 공직자범죄, 선거범죄, 방위사업범죄, 대형참사 등 대통령령으로 정하는 중요 범죄'에서 '부패범죄, 경제범죄 등 대통령령으로 정하는 중요 범죄'로 변경함으로써, '공직자범죄, 선거범죄, 방위사업범죄 및 대형참사'에 관하여 검사가 직접 수사를 개시할 수 있는 범죄의 영역을 축소하였다.

어떤 종류의 범죄에 대하여 사법경찰관의 1차 수사 없이도 검사가 직접 수사를 개시할 수 있도록 하는 것이 수사기능의 실효성 확보에 기여하느냐는 원칙적으로 범죄에 대응하는 국가의 자원 투입에 관한 정책의 문제라 할 것이다.

그러나 개정 검찰청법 제4조 제1항 제1호 가목에 따라 검사가 1차로 수사를 개시할 수 없게 된 '공직자범죄, 선거범죄, 방위사업범죄, 대형참사'의 영역에서 검사의 소추권 또는 수사권의 본질적 내용이 침해되는지는, 수사기능의 실효성과 관련된 국가의 범죄 대응 정책의 문제가 아니라, 검사의 직접 수사개시 범죄에서 배제된 결과 필연적으로 사법경찰관이 1차로 수사해야 하는 사건의 처리, 즉 송치사건에 대한 보완수사 및 사법경찰관의 불송치결정에 대한 통제 등의 문제와 연관하여 판단해야 한다.

만약, 이 사건 법률개정행위에서 형사소송법을 개정함에 따른 몇 가지 유형의 송치사건에 대한 검사의 보완수사 범위의 제한(개정 형사소송법 제196조 제2항), 사법경찰관의 불송치결정에 대한 고발인의 이의신청권 배제(개정 형사소송법 제245조의7 제1항)와 관련하여, 검사의 직무상 객관성, 중립성 또는 독립성이 훼손됨이 확인된다면, 검사의 직접 수사개시 범죄에서 원칙적으로 제외된 공직자범죄, 선거범죄, 방위사업범죄 및 대형참사의 영역에서도 같은 사유가 있게 되므로, 이 경우 피청구인이 검찰청법 제4조 제1항 제1호 가목을 개정한 행위도 위와 같은 형사소송법의 개정행위와 결합하여 청구인들 중 검사들의 소추권 및 수사권을 침해한다고 볼 수 있다.

따라서 이 사건 법률개정행위 중 개정 검찰청법 제4조 제1항 제1호 가목에 관한 부분에 의한 청구인들 중 검사들의 권한침해 여부는, 이 사건 법률개정행위의 다른 주요 내용과의 연관 속에서 판단되어야 할 것이다.

이 사건 법률개정행위의 주요 내용을 살펴보면, 개정 검찰청법 제4조 제1항 제1호 가목의 규정상 검사가 직접 수사를 개시할 수 있는 범죄 영역에 대해서는 개정 검찰청법 제4조 제2항 및 제24조 제4항에 의하여 '검사의 직무상 독립성'이 훼손되는지 여부가 문제 되고, 개정 검찰청법 제4조 제1항 제1호 가목에 따라 검사가 직접 수사를 개시할 수 없게 되어 사법경찰관이 1차로 수사하게 된 영역에서는 개정 형사소송법 제196조 제2항 및 제245조의7 제1항에 의하여 '검사의 직무상 객관성 및 중립성'이 훼손되는지 여부가 문제 되는바, 이에 관하여 이하에서 상세히 검토한다.

2) 개정 검찰청법 제4조 제2항

이 사건 법률개정행위로 신설된 개정 검찰청법 제4조 제2항에서는, 검사는 원칙적으로 자신이 수사개시한 범죄에 대해서는 공소를 제기하지 못하며, 다만 사법경찰관이 송치한 범죄에 대하여는 그러하지 아니한 것으로 규정하였다. 이러한 입법의 취지는 검사의 직접 수사를 되도록 제한하고 수사개시 검사가 기소의 결론을 지향하여 수사하는 것을 통제하고자 한 것으로 판단된다.

개정 검찰청법 제4조 제2항에 의하면, 부패범죄, 경제범죄 등과 경찰공무원이 범한 범죄(검찰청법 제4조 제1항 제1호 가목, 나목) 및 이와 관련하여 인지한 직접 관련성이 있는 범죄(경합범, 공범, 위증, 증거인멸, 범인은닉 등, 검찰청법 제4조 제1항 제1호 다목)의 경우, 사법경찰관의 수사 없이 검사가 수사를 개시할 수 있고, 이와 같이 수사를 개시하여 수행한 검사는 '공소를 제기할 권한'이 없다.

위와 같은 경우 검사가 범죄혐의를 발견하여 수사를 개시하고 적법절차에 따라 유죄의 증거를 수집하였더라도 공소를 제기할 권한은 다른 검사에게 있게 되는데, 수사개시 검사의 기소의견과 공소제기 검사의 불기소의견이 상충되면, 공소제기 검사의 의견에 따라 불기소처분을 하게 된다. 이것은 개정 검찰청법 제4조 제2항의 입법취지에 비추어볼 때, 예외적인 상황이 아니라 이 조항으로 규율하고자 하는 전형적인 경우에 해당한다.

검찰청법 제7조 제1항은 "검사는 검찰사무에 관하여 소속 상급자의 지휘·감독에 따른다."라고 규정하고, 같은 조 제2항은 "검사는 구체적 사건과 관련된 제1항의 지휘·감독의 적법성 또는 정당성에 대하여 이견이 있을 때에는 이의를 제기할 수 있다."라고 규정하고 있다.

개정 검찰청법 제4조 제2항이 신설되기 이전에는 검사는 독임제 단독관청으로서 스스로 수사를 개시한 사건의 기소 여부를 최종적으로 결정할 권한과 책임을 보유하고 있었으므로, 수사개시 검사는 기소의견을 가진 사건에 대하여 검찰청법 제7조 제1항에 따라 지휘·감독권이 있는 상급자가 불기소의견을 제시하더라도, 검찰청법 제7조 제2항의 이의제기 등을 통하여 의견의 상충을 조정할 수 있었다.

그러나 개정 검찰청법 제4조 제2항에 의하면, 검찰청법 제7조 제1항에 따라 상급자인 검찰청의 장이나 부장검사 등이 스스로 공소제기 검사가 되거나, 수사개시 검사가 아닌 공소제기 검사를 지휘하는 방법으로 불기소의견을 제시하는 경우, 수사개시 검사는 스스로 적법하게 수집한 증거에 의하여 기소의견을 갖게 되더라도, 자신이 공소를 제기할 권한이 없으므로 상급자의 불기소의견의 적법성 또는 정당성에 대하여 이의를 제기할 수 없다.

수사기능은 소추기능의 실현을 위한 수단의 성격을 가지는 점과 보완수사의 가능성 및 필요성을 고려할 때, 수사개시 검사의 기소의견과 공소제기 검사의 불기소의견이 상충될 경우 법적으로 공소제기 검사의 불기소의견에 따를 수밖에 없도록 하고, 여기에 검찰사무에 관한 상급자의 지휘·감독권이 결합되면, 검찰조직 내에서 공소제기 검사가 수사개시 검사의 수사를 지휘하는 것이 제도화될 수 있다.

특히, 개정 검찰청법 제4조 제2항이 규율하는 주된 범죄 영역은, 개정 검찰청법 제4조 제1항 제1호 가목 및 나목에서 검사가 직접 수사를 개시할 수 있는 범죄로 규정한, 부패범죄, 경제범죄 등과 경찰공무원이 범한 범죄 및 이와 직접 관련성이 있는 공범, 위증 또는 증거인멸, 범인은닉 등으로, 이러한 영역에는 정치권력 또는 경제적·사회적 권력의 영향이 강하게 작용할 위험이 있다. 개정 검찰청법 제4조 제2항은 이러한 위험이 있는 범죄 영역에 대한 검사의 소추권 및 수사권 행사에 관하여 검찰조직을 구성하는 검사들 사이에 기소여부 결정권에 기초한 상하위계를 새롭게 형성하는 결과를 초래한다.

검사가 소추기능의 핵심 영역에 해당하는 기소 여부에 관하여 스스로 결정권을 보유하는 것은, 적법절차를 준수하여 증거에 따른 객관적이고 중립적인 판단으로 관할 사무를 처리하는 준사법기관의 본질적인 요소이다. 이러한 사무에 관하여 상급자의 지휘·감독을 받는다고 하더라도, 이는 그 권한을 적정하게 행사하도록 하는 통제에 해당할 뿐, 권한 행사의 독립성이 본질적으로 훼손되는 것은 아니라고 볼 수도 있다. 하지만, 검사가 기소 여부에 관한 결정권이 없는 상태에서 상급자의 지휘·감독을 받게 되면, 소추 및 수사기능의 '상하위계'에 따르는 행정작용의 성격이 '독립성'을 특징으로 하는 사법작용의 성격을 압도하게 되므로, 소추권뿐만 아니라 수사권의 행사에 관해서도 준사법기관으로서의 '직무상 독립성'이 본질적으로 훼손된다.

이와 같이 개정 검찰청법 제4조 제2항은 검사가 직접 수사를 개시할 수 있는 부패범죄, 경제범죄 등 정치권력 또는 경제적·사회적 권력의 영향이 강하게 작용할 위험이 있는 범죄 영역에 대하여, 검찰사무의 지휘·감독에 관한 검찰청법 제7조와 결합하여 공소제기 검사가 수사개시 검사를 지휘할 수 있도록 제도화하고 검찰조직의 상하위계를 강화함으로써, 검사의 소추권 및 수사권 행사에 관한 직무상 독립성을 훼손하고, 직무상 객관성과 중립성에 대한 위험도 증대시켰다.

따라서 이 사건 법률개정행위 중 개정 검찰청법 제4조 제2항에 관한 부분은 준사법기관으로서의 검사의 직무상 독립성을 훼손하여 그 소추권 및 수사권의 본질적 내용을 침해한다.

3) 개정 검찰청법 제24조 제4항

이 사건 법률개정행위로 신설된 개정 검찰청법 제24조 제4항에서는, 검찰총장이 개정 검찰청법 제4조 제1항 제1호 가목의 '부패범죄, 경제범죄 등 대통령령으로 정하는 중요 범죄'에 대한 수사를 개시할 수 있는 부의 직제 및 해당 부에 근무하고 있는 소속 검사와 공무원, 파견 내역 등의 현황을 분기별로 국회에 보고하여야 하는 것으로 규정하였다.

국회는 국정감사 또는 조사권(헌법 제61조), 국무총리·국무위원 또는 정부위원에 대한 출석요구 및 질문권(헌법 제62조) 등 헌법상 국정통제권한이 있으나, 여기에는 재판이나 범죄수사 및 소추 등 사법적 성격을 가진 작용에는 관여하지 못한다는 한계가 있다(국정감사 및 조사에 관한 법률 제8조 참조). 예컨대 국회는 형사정책의 수립과 이행 상황의 점검, 검찰사무의 투명성과 일관성 확보의 관점에서 검찰사무 전반의 성과와 관련된 통계를 보고 받는 등의 활동을 할 수 있을 것이나, 검사의 수사 및 소추에 정치적 영향력을 행사하는 행위를 할 수는 없다고 할 것이다.

그런데 개정 검찰청법 제24조 제4항의 보고의무 조항은 국회의 일반적인 국정감사·조사권(헌법 제61조) 및 국무위원이나 정부위원에 대한 출석요구·질문권(헌법 제62조)과는 별도로, 검찰의 조직 구성에 관하여 '지방검찰청 및 지청의 사무를 분장하기 위한 부'에 관하여 규율하는 '부장검사' 부분에 보고의 내용, 시기, 주체를 다음과 같이 규율하는 내용으로 신설되었다.

위 조항에서 국회에 대한 '보고의 내용과 시기'에 관

해 규정한 내용은, 개정 검찰청법 제4조 제1항 제1호 가목의 부패범죄, 경제범죄 등에 관하여 수사를 개시할 수 있거나 진행 중인 담당 인력에 대한 구체적인 정보를 국회가 분기별로 취득할 수 있도록 되어 있다.

국회에 대한 '보고의 주체'는 '검찰총장'으로 규정되어 있는데, 개정 검찰청법 제4조 제1항 제1호 가목의 부패범죄, 경제범죄 등의 영역에서는 수사개시 검사가 공소를 제기하지 못하도록 한 개정 검찰청법 제4조 제2항에 의하여 소추 및 수사에 관한 검찰조직 내 검사들 사이의 상하위계가 새롭게 형성될 수 있으므로, 검찰총장에 대한 정치적 압력이 있을 경우 구체적 사건에 대한 지휘·감독체계에 따라 일선 검찰청의 부서에까지 영향을 미칠 위험이 더욱 커졌다.

이와 같은 개정 검찰청법 제24조 제4항의 내용은 부패범죄, 경제범죄 등 정치권력 또는 경제적·사회적 권력의 영향이 강하게 작용할 위험이 있는 범죄 영역에 대한 검사의 수사 및 기소 문제에 대하여, 국회 내의 정치세력이 검찰조직 내의 강화된 상하위계를 통하여 영향력을 행사할 수 있도록 하는 것이다. 이러한 입법은 국회의 국정통제권한의 한계를 넘어선 것으로, 검사의 직무에 정치적 압력이 작용하는 외관을 형성하고, 실제로 작용할 위험을 초래하기도 하므로, 그 독립성을 훼손한다.

따라서 이 사건 법률개정행위 중 개정 검찰청법 제24조 제4항에 관한 부분은 준사법기관으로서의 검사의 직무상 독립성을 훼손하여 그 소추권 및 수사권의 본질적 내용을 침해한다.

4) 개정 형사소송법 제196조 제2항

가) 신설된 조항의 내용

이 사건 법률개정행위로 신설된 개정 형사소송법 제196조 제2항에서는, 사법경찰관이 송치한 사건 중 시정조치요구 불이행에 따른 송치 요구(형사소송법 제197조의3 제6항), 체포·구속장소 감찰 시 위법한 체포·구속의 의심에 기초한 송치 명령(형사소송법 제198조의2 제2항), 사법경찰관의 불송치결정에 대한 이의신청(형사소송법 제245조의7 제2항)에 따라 송치된 사건에 대해서는, '해당 사건과 동일성을 해치지 아니하는 범위 내'에서만 검사가 직접 수사할 수 있도록 하였다.

나) 사법경찰관의 송치결정 이후의 수사 절차

사법경찰관이 범죄를 수사한 때 혐의가 있다고 인정되는 경우에는 지체 없이 검사에게 사건을 송치하고, 관계 서류와 증거물을 검사에게 송부하여야 한다(형사소송법 제245조의5 제1호). 사법경찰관이 범죄를 수사한 사건에서 스스로 범죄 혐의가 있다고 인정하는 경우 이외에 검사에게 사건이 송치되는 경우로는, 개정 형사소송법 제196조 제2항에 규정된 위 세 가지 유형 및 검사가 사법경찰관과 동일한 범죄사실을 수사하게 되어 수사의 경합이 생김에 따라 사법경찰관에게 사건의 송치를 요구하는 경우(형사소송법 제 197조의4 참조)가 있다.

사법경찰관으로부터 사건을 송치받은 검사는 송치사건의 공소제기 여부 결정 또는 공소의 유지에 관하여 필요한 경우 사법경찰관에게 보완수사를 요구할 수 있으며, 사법경찰관은 정당한 이유가 없는 한 지체 없이 이를 이행하고, 그 결과를 검사에게 통보하여야 한다(형사소송법 제197조의2).

검사는 사법경찰관이 송치한 사건에 대하여 직접 보완수사를 할 수도 있다. 이 때 검사는 검찰청법 제4조 제1항 제1호 다목에 의하여 송치된 범죄와 '직접 관련성이 있는 범죄'를 인지하여 수사를 개시할 수 있는데, 사법경찰관이 스스로 범죄혐의가 인정된다고 판단하여 송치한 경우가 아닌 경우 중 개정 형사소송법 제196조 제2항의 세 가지 유형의 송치사건에 대해서는 검찰청법 제4조 제1항 제1호 다목의 적용이 제한되어 '해당 사건과 동일성을 해치지 아니하는 범위 내'에서만 수사할 수 있다. 이 경우 검사는 송치된 범죄와 직접 관련성이 있더라도 해당 사건의 범죄사실과 동일성이 인정되는 범위를 벗어나는 공범이나 추가 피해에 관한 범죄 등을 인지하여 수사할 수는 없다. 형사소송법 제197조의4에 의한 수사의 경합에 따른 사건 송치는 이미 검사가 동일한 범죄사실을 수사하게 된 경우를 전제로 하므로, 별도로 검사가 수사할 수 있는 범위가 문제 되지 않는다.

다) 검사의 소추권 및 수사권의 본질적 내용 침해 여부

① 범죄사실과 죄명은 객관적 증거가 확인되는 수사의 진행에 따라 정해지는 것이고, 때로는 피의자나 피해자 등이 수사 초기에 추정하는 바와 다르게 특정될 수도 있다. 이처럼 수사과정에서 사실관계에 대한 증거의 수집과 그 가치에 대한 판단은 유동적이고, 수사의 결과에 따른 범죄사실 및 죄명과 적용법조는 법률전문가로서 소추권자인 검사의 판단으로 특정되는 것이며, 준사법기관이 아닌 사법경찰관의 1차 수사만으로 확정될 수 없다.

개정 형사소송법 제196조 제2항에 규정된 '동일성'의 해석과 관련된 기준으로 제시되는 '동일한 범죄사실' 또는 '공소사실의 동일성'도, 형사소송법상 검사가 직접 수사를 하는 경우나(형사소송법 제197조의4 참조), 검사가 영장을 청구하는 체포 또는 구속의 경우(형사소

송법 제200조의2 제4항, 제208조 참조), 또는 검사가 하는 공소장 변경의 경우(형사소송법 제298조 제1항 참조)에 관하여 규정되어 있다.

형사소송법 제197조의2에서 검사가 송치된 사건에 대한 보완수사요구를 할 수 있도록 규정한 것, 그리고 형사처벌조항으로 인한 기본권침해를 이유로 하는 헌법소원심판의 청구기간에 관하여, 기본권침해사유가 발생한 시점은 청구인의 행위가 당해 법령의 위반행위에 해당한다는 이유로 형사처벌을 받을 가능성이 발생하는 시점으로서 당해 법령의 위반을 이유로 검사가 공소를 제기한 시점을 기준으로 판단하는 것(헌재 2011. 7. 28. 2010헌마432; 헌재 2011. 12. 29. 2009헌마476 등 참조)도 그 맥락이 같다.

② 사법경찰관이 송치한 사건에 대하여 검사가 기소 여부를 결정하기 위하여 기록을 검토하고 해당 범죄의 증거에 대한 보완수사를 진행한 결과, 공범 또는 추가 피해사실이 발견되는 등 해당 범죄와 직접 관련성이 있는 범죄의 단서가 발견되는 경우, 신속한 범인 확보와 증거의 수집 및 보전을 위해서는 검사가 곧바로 그와 같은 직접 관련성 있는 범죄를 인지하여 수사함으로써 수사의 실효성을 확보할 필요가 있다. 이것은 수사권이 남용되는 별건 수사라고 보기 어렵고, 검찰청법 제4조 제1항 제1호 다목에서 사법경찰관이 송치한 범죄와 관련하여 인지한 직접 관련성이 있는 범죄를 '검사가 수사를 개시할 수 있는 범죄'에 포함한 것도 같은 취지로 볼 수 있다.

그런데 개정 형사소송법 제196조 제2항에 규정된 송치사건의 세 가지 유형은, 사법경찰관의 수사과정에서 법령위반, 인권침해 또는 현저한 수사권 남용이 의심되는 경우의 시정조치요구 불이행에 따른 검사의 송치 요구(형사소송법 제197조의3 제6항), 적법한 절차에 의하지 아니하고 체포 또는 구속된 것이라고 의심할 만한 상당한 이유가 있는 경우에 하는 검사의 송치 명령(형사소송법 제198조의2 제2항), 그리고 사법경찰관의 불송치결정에 대한 고소인이나 피해자 등의 이의신청에 따른 송치 의무(형사소송법 제245조의7 제2항)에 근거하여 송치된 것으로, 모두 사법경찰관의 1차 수사에 위법의 의심이 있거나 수사미진의 가능성이 있는 경우들이다. 이러한 사건들은 사법경찰관의 1차 수사가 적정하지 않은 방향으로 진행되어 이를 바로 잡을 필요가 있거나, 그 수사 방향에 고소인이나 피해자 등의 이의가 있는 경우이므로, 수사의 실효성 확보가 사법경찰관이 기소의견으로 송치한 경우보다 더욱 절실하게 필요하다.

하지만, 개정 형사소송법 제196조 제2항에 의하면 위와 같은 유형의 송치사건에 관해서는, 검사가 수사할 때 공범이 확인되거나 추가 피해사실이 발견되는 등 송치된 범죄와 직접 관련성이 있는 범죄의 단서가 확인되더라도, 검사는 그 범죄를 인지하여 수사를 개시할 수 없으므로, 오히려 수사의 실효성이 저하된 절차에 의할 수밖에 없고, 그만큼 형사피의자의 신속하고 공정한 재판을 받을 권리 및 형사피해자의 재판절차진술권의 보장 수준도 저하된다. 이는 검사의 수사권뿐만 아니라 소추권 행사에 대해서도 그 객관성 및 중립성을 해치고, 당사자의 절차적 기본권 보장에 있어 수사기관의 노력과 상관없이 불합리한 차별을 초래한다.

③ 이와 같이 개정 형사소송법 제196조 제2항은 검사가 수사권 및 소추권을 행사할 때 형사피의자나 형사피해자를 합리적 이유 없이 차별 취급하도록 함으로써, 검사로 하여금 그와 관련된 신속하고 공정한 재판을 받을 권리 또는 재판절차진술권 등 절차적 기본권 보장의 의무를 준수할 수 없도록 한다.

따라서 이 사건 법률개정행위 중 개정 형사소송법 제196조 제2항에 관한 부분은 준사법기관으로서의 검사의 직무상 객관성과 중립성을 훼손하여 그 소추권 및 수사권의 본질적 내용을 침해한다.

5) 개정 형사소송법 제245조의7 제1항

가) 개정된 조항의 내용

이 사건 법률개정행위로 개정된 형사소송법 제245조의7 제1항에서는, 사법경찰관으로부터 불송치의 취지와 이유를 통지받은 고소인, 피해자 등 이의신청을 할 수 있는 주체에서 '고발인을 제외'하는 것으로 규정하였다.

나) 사법경찰관의 불송치결정 이후의 수사 절차

① 사법경찰관이 범죄를 수사한 결과 범죄의 혐의가 인정된다고 판단하지 아니하여 사건을 송치하지 않는 경우에는 그 이유를 명시한 서면과 함께 관계 서류와 증거물을 지체 없이 검사에게 송부하여야 하고, 검사는 이를 송부받은 날부터 90일 이내에 사법경찰관에게 반환하여야 한다(형사소송법 제245조의5 제2호).

검사는 사법경찰관의 불송치결정이 위법 또는 부당한 때에는 그 이유를 문서로 명시하여 사법경찰관에게 재수사를 요청할 수 있고, 이러한 요청이 있는 때에는 사법경찰관은 사건을 재수사하여야 한다(형사소송법 제245조의8).

② 검사의 재수사요청 이후의 절차에 관해서는 형사소송법에서 직접 규율하지 않으며, 대통령령인 '검사와

사법경찰관의 상호협력과 일반적 수사준칙에 관한 규정'(이하 '수사준칙'이라 한다)에 의하여 규율된다.

검사가 사법경찰관에게 재수사요청을 하려는 경우에는 관계 서류와 증거물을 송부받은 날부터 90일 이내에 해야 한다. 다만, 불송치결정에 영향을 줄 수 있는 명백히 새로운 증거 또는 사실이 발견된 경우, 또는 증거 등의 허위, 위조 또는 변조를 인정할 만한 상당한 정황이 있는 경우에는 위 90일이 지난 후에도 재수사를 요청할 수 있다. 검사가 재수사를 요청할 때에는 그 내용과 이유를 구체적으로 적은 서면으로 해야 하고, 송부받은 관계 서류와 증거물을 사법경찰관에게 반환해야 한다. 검사는 재수사를 요청한 경우 그 사실을 고소인 등에게 통지해야 한다(수사준칙 제63조).

사법경찰관이 검사의 재수사요청에 따라 재수사를 한 경우, 범죄의 혐의가 있다고 인정하는 경우에는 사건을 검사에게 송치하고 관계 서류와 증거물을 송부하는 반면, 기존의 불송치결정을 유지하는 경우에는 재수사결과서에 그 내용과 이유를 구체적으로 적어 검사에게 통보한다(수사준칙 제64조 제1항).

사법경찰관의 재수사 결과 범죄의 혐의가 있다고 인정하여 사건을 검사에게 송치하면, 검사는 보완수사요구(형사소송법 제197조의2) 또는 직접 보완수사를 할 수 있고 종국적으로 공소제기 여부를 결정한다.

반면, 사법경찰관이 기존의 불송치결정을 유지하는 재수사 결과를 통보한 경우에는 검사는 그 사건에 대해서 다시 재수사를 요청하거나 송치 요구를 할 수 없다. 다만, 사법경찰관의 재수사에도 불구하고 관련 법리에 위반되거나, 송부받은 관계 서류 및 증거물과 재수사 결과만으로도 공소제기를 할 수 있을 정도로 명백히 채증법칙에 위반되거나, 공소시효 또는 형사소추의 요건을 판단하는 데 오류가 있어 사건을 송치하지 않은 위법 또는 부당이 시정되지 않은 경우에는, 재수사 결과를 통보받은 날부터 30일 이내에 시정조치요구 불이행의 경우에 준하여 형사소송법 제197조의3에 따라 사건송치를 요구할 수 있다(수사준칙 제64조 제2항).

③ 한편, 사법경찰관은 불송치결정을 한 경우 검사에게 관계 서류와 증거물을 송부한 날부터 7일 이내에 서면으로 고소인·고발인·피해자 또는 그 법정대리인(피해자가 사망한 경우에는 그 배우자·직계친족·형제자매를 포함한다)에게 사건을 검사에게 송치하지 아니하는 취지와 그 이유를 통지하여야 한다(형사소송법 제245조의6).

이러한 통지를 받은 고소인 등은 해당 사법경찰관의 소속 관서의 장에게 이의를 신청할 수 있고, 사법경찰관은 이러한 이의신청이 있는 때에는 지체 없이 검사에게 사건을 송치하고 관계 서류와 증거물을 송부하여야 하며, 처리결과와 그 이유를 이의신청인에게 통지하여야 한다(형사소송법 제245조의7). 다만, 이 사건 법률개정행위에 따라 이와 같이 송치된 사건에 대한 검사의 직접 보완수사의 범위는 해당 사건과 동일성을 해치지 아니하는 범위 내로 제한되며(개정 형사소송법 제196조 제2항), 이의신청권자에서 고발인은 제외된다(개정 형사소송법 제245조의7 제1항).

사법경찰관의 불송치결정에 대한 검사의 재수사요청으로 재수사 중인 사건에 대하여도, 고소인, 피해자 등의 이의신청이 있는 경우에는 사법경찰관은 재수사를 중단해야 하며, 해당 사건을 지체 없이 검사에게 송치하고 관계 서류와 증거물을 송부해야 한다(수사준칙 제65조).

다) 사법경찰관의 불송치결정으로 인한 검사의 소추권 및 수사권 제한

① 사법경찰관이 불송치한 사건들 중에는 증거의 추가 수집 등 수사에 보완이 이루어지면 기소할 수 있는 사건이 있을 수 있는데, 사건이 그대로 종결되고 검사에게 송치되지 않으면 검사의 '기소할 권한'이 제한된다.

또한, 사건이 검사에게 송치되지 않으면 검사가 '불기소처분을 할 권한'도 행사할 수 없다. 특히, 검사가 기소를 유예할 권한(형사소송법 제247조)은 범죄수사의 결과 혐의가 인정되는 경우 행사할 수 있는데, 수사가 미진한 상태에서 사법경찰관의 불송치결정으로 사건이 검사에게 송치되지 않으면, 검사는 기소유예처분을 할 수 없다.

사법경찰관의 불송치결정으로 사건이 종결되어 검사가 해당 사건에 대한 공소제기 여부를 결정하지 못하면, 검사는 공소제기를 전제로 공판절차에서 변론과 입증, 공소취소 여부를 결정하는 등의 '공소유지'에 관한 권한을 행사할 여지도 없게 된다.

따라서 사법경찰관의 불송치결정으로 사건이 검사에게 송치되지 않고 종결되면, 해당 사건에 대해서는 검사의 '소추권'이 크게 제한된다.

② 사법경찰관이 불송치결정을 하더라도 이후 해당 사건이 검사에게 송치되면, 검사는 공소제기 여부를 결정하고 공소를 제기한 경우 그 유지에 관한 권한을 행사할 수 있으므로, 소추권에 대한 제한이 회복·완화될 수 있다.

그런데 사법경찰관이 불송치한 사건에 대하여 검사의 판단으로 사건을 송치하도록 할 수 있는 경우는 매우 예외적으로만 규정되어 있고, 그 요건도 엄격하다.

검사는 사법경찰관의 수사과정에서 법령위반, 인권침해 또는 현저한 수사권 남용이 의심된다는 이유로 시정조치를 요구할 수 있고, 사법경찰관이 정당한 이유 없이 이를 불이행한 경우 사건의 송치를 요구할 수 있으나(형사소송법 제197조의3), 현실적으로 사법경찰관이 사건의 송치 여부를 결정하여 검사에게 기록을 송부하기 전에 검사가 적극적으로 법령위반 등을 발견하여 시정조치를 요구하기는 어렵다.

검사는 사법경찰관이 불송치결정을 하였을 때 해당 서류와 증거물만으로 불송치결정의 위법 또는 부당 여부를 판단하여 재수사를 요청할 수 있으나(형사소송법 제245조의8), 사법경찰관으로부터 송부받은 관계 서류와 증거물을 90일 이내에 반환하여야 하고(형사소송법 제245조의5 제2호), 수사준칙 제63조 제1항 본문에 의하면 재수사요청도 해당 기간 내에 하여야 하는 것이 원칙이다.

예외적으로 수사준칙 제63조 제1항 단서에 의하면 불송치결정에 영향을 줄 수 있는 명백히 새로운 증거 또는 사실이 발견된 경우, 또는 증거 등의 허위, 위조, 변조를 인정할 만한 상당한 정황이 있는 경우에는 검사는 위 90일이 지난 후에도 재수사요청을 할 수 있으나, 같은 조 제2항 후문에 의하면 재수사요청을 할 때 검사는 사건의 관계 서류 및 증거물을 반환해야 하고, 이에 관한 90일 이내의 반환 기간은 형사소송법 제245조의5 제2호에 예외 없이 규정되어 있으며, 검사에게는 직접 수사를 개시할 수 없는 범죄 영역에서 사법경찰관의 수사에 대한 지휘권도 없으므로, 사건 기록의 범위를 벗어나서 명백히 새로운 증거 또는 사실 등이 발견되거나, 증거 등의 허위, 위조, 변조를 인정할 만한 상당한 정황이 나타나는 것은 매우 예외적인 상황이라고 볼 수 밖에 없다.

그런데 위와 같이 지극히 예외적인 상황이 아닌 일반적인 경우에 있어서, 사건 관련자가 다수이거나 범죄사실 또는 관련 쟁점 및 증거가 많은 경우에도 검사가 사법경찰관이 수사한 기록만으로 그 기록을 송부받은 날부터 90일 이내에 불송치결정의 위법 또는 부당 여부를 판단할 수 있다고 보기는 어렵다.

또한, 형사소송법은 사법경찰관이 재수사 이후에도 불송치결정을 유지할 경우에 관하여 별도로 규정하고 있지 않아 검사의 요청에 따른 재수사의 실효성이 보장되는 것도 아니다. 수사준칙 제64조 제2항에 의하면, 검사의 사법경찰관에 대한 재수사요청은 원칙적으로 1회에 한하며, 재수사의 결과 불송치결정이 유지될 때 검사가 시정조치요구에 준하여 사건 송치를 요구할 수 있는 경우는 관련 법리 위반, 송부받은 관계 서류 및 증거물과 재수사 결과만으로도 공소제기를 할 수 있을 정도의 명백한 채증법칙 위반, 공소시효 또는 형사소추 요건 판단의 오류와 같은 위법 사유가 있는 경우로 한정된다.

이와 같이 사법경찰관이 불송치결정을 한 경우에는, 송치결정의 경우 검사가 횟수 및 기간 제한 없이 보완수사요구를 할 수 있고 직접 보완수사를 할 수도 있는 것과 달리, 검사가 공소제기 여부를 결정하기 위하여 재수사요청 등을 통해 증거를 보완하여 수집하고 보전할 수 있는 수단이 크게 제약되어 있으며, 이처럼 사법경찰관이 불송치결정한 사건에 대한 검사의 '수사권'이 제한됨에 따라 그대로 사건이 종결되면, 검사가 해당 사건에 대한 '소추권'을 행사하는 것도 불가능해진다.

③ 그런데 사법경찰관의 불송치결정의 취지와 이유를 통지받은 고소인, 피해자 등의 이의신청은, 그 신청권자의 범위 이외에 특별한 요건 및 기간의 제한이 없고, 이의신청이 있다는 사유만으로 사건이 검사에게 송치되므로(형사소송법 제245조의6 및 제245조의7 참조), 위와 같은 사법경찰관의 불송치결정으로 인한 검사의 소추권에 대한 제한을 상당한 정도로 회복·완화하는 의미가 있다. 다만, 이러한 이의신청으로 사건이 검사에게 송치된 경우 검사가 직접 보완수사를 할 수 있는 범위는 송치된 사건과 동일성을 해치지 않는 범위 내로 제한된다(개정 형사소송법 제196조 제2항 참조).

라) 검사의 소추권 및 수사권의 본질적 내용 침해 여부

① 개정 형사소송법 제245조의7 제1항은 사법경찰관의 불송치결정을 통지받은 고소인, 고발인, 피해자 및 그 법정대리인 등 중에서 '고발인'은 이의신청을 할 수 없도록 규정하였다. 이에 따라 검사가 직접 수사를 개시할 수 없는 범죄에 대한 사법경찰관의 수사가 고발로 개시된 경우, 불송치결정이 있게 되면 위에서 본 바와 같이 매우 제한적인 요건에 따라서만 검사에게 사건이 송치될 수 있고, 그 밖의 경우에는 사건이 검사에게 송치되지 않고 그대로 종결됨으로써 검사의 소추권이 제한된다.

② 형사소송법 제245조의6에는 사법경찰관이 불송치의 취지와 이유를 통지해야 하는 대상으로 고소인,

고발인 이외에 피해자 또는 그 법정대리인 등이 별도로 규정되어 있으므로, 고발인이 피해자의 지위에 있는 경우에는 '피해자'로서 이의신청을 할 수 있을 것이다. 그런데 고발 사건에서 사법경찰관이 불송치결정을 하는 경우 중에는 실제로 존재하는 피해자가 사법경찰관의 수사에서 밝혀지지 않거나, 피해자가 불특정 다수인 경우 등 피해자에 대한 통지가 이루어지지 않는 경우가 있을 수 있고, 이러한 경우에는 해당 피해자의 이의신청도 있을 수 없다.

③ 고발 사건들 중에는 피해자가 특정되지 않는 국가적·사회적 중요 법익을 보호해야 하는 영역에서 국가기관 등에 고발 권한을 부여한 경우, 또는 아동이나 장애인과 같이 피해자가 스스로 권리행사를 하기 어려워 유관 단체나 기관 등의 고발을 통해 그 재판절차진술권을 보장하도록 하는 경우도 존재한다.

기관 고발의 대상이 되거나 사회적 약자가 피해자인 고발 사건들 중에는 범죄사실에 대한 입증이 어렵고, 사건 관계인 사이의 이해관계가 첨예하게 대립되거나, 범죄 혐의가 인정될 경우 피의자 또는 피고인의 불이익이 큰 것들이 많다. 예를 들어 감사원이 공직자가 저지른 범죄에 대하여 고발하는 경우(감사원법 제35조 참조), 해당 공직자는 형사피의자의 지위에 있게 될 뿐만 아니라, 공무원법상 징계처분을 받게 될 위험도 안게 된다. 선거관리위원회 등이 고발하는 선거범죄의 경우, 일정한 범위의 유죄판결이 있으면 피선거권 제한이나 당선무효, 또는 공무담임권 제한의 불이익이 발생할 수 있다(공직선거법 제19조, 제263조부터 제266조까지 참조). 성폭력범죄의 경우 유죄판결 이외에 관련 기관 취업제한 등의 법적인 불이익이 수반될 수 있고(아동·청소년의 성보호에 관한 법률 제56조 참조), 혐의가 있다는 사실만으로도 사회적 낙인 효과가 발생할 수 있다. 이러한 특성이 있는 범죄들은 그만큼 피의자 또는 피고인이 무혐의 또는 무죄를 강하게 주장하여 다툴 수 있으며, 조직적인 은폐나 정치적 압력, 증거인멸의 시도나 피해자에 대한 회유, 압박 등이 발생할 가능성도 크다.

위와 같은 범죄 영역에서는 수사기관이 특별히 위법하거나 부당한 행위를 하지 않더라도, 적정한 사건 처리 또는 피해자의 인권 보호에 사각지대가 발생할 가능성이 있으므로, 증거를 수집·보전하는 '수사기능의 실효성'을 높여야 할 필요가 크다. 그런데 사법경찰관의 불송치결정에 대하여 고발인의 이의신청권이 배제되면, 검사가 사법경찰관으로부터 송부받은 수사기록에서 90일 이내에 확인할 수 있는 위법 또는 부당 사유 이외의 수사지연이나 수사미진 등에 대해서는 검사의 통제가 거의 불가능해지므로, 수사의 실효성이 현저히 저하된다.

예를 들어 피해자를 특별히 보호하여야 하는 유형의 성폭력범죄 사건의 경우는 초기에 피해자의 증언을 확보하는 것이 매우 중요한데, 이와 관련하여 '성폭력범죄의 처벌 등에 관한 특례법' 제41조는 성폭력범죄의 피해자나 그 법정대리인 또는 경찰은 피해자가 공판기일에 출석하여 증언하는 것에 현저히 곤란한 사정이 있을 때에는 그 사유를 소명하여 피해자의 진술내용과 조사과정이 촬영된 영상물 또는 그 밖의 다른 증거에 대하여 해당 성폭력범죄를 '수사하는 검사'에게 증거보전의 청구를 할 것을 요청할 수 있도록 하는 '증거보전의 특례'를 규정하고 있다. 이 경우 피해자가 16세 미만이거나 신체적인 또는 정신적인 장애로 사물을 변별하거나 의사를 결정할 능력이 미약한 경우에는 공판기일에 출석하여 증언하는 것에 현저히 곤란한 사정이 있는 것으로 본다. 이러한 증거보전의 특례 규정은 '아동·청소년의 성보호에 관한 법률' 제27조에도 규정되어 있다.

위와 같이 피해자를 특별히 보호하여야 하는 유형의 성폭력범죄는 검찰청법 제4조 제1항 제1호 가목 또는 나목에 규정된, 검사가 직접 수사를 개시할 수 있는 범죄에 포함되어 있지 않고, 이러한 성폭력범죄를 제3자가 공익제보자로서 고발하는 경우, 사법경찰관이 불송치결정을 하고 이에 대한 고발인의 이의신청권이 배제되어 검사에게 사건이 송치되지 않으면, 검사는 해당 사건을 '수사하는 검사'가 아니므로 적기에 증거보전청구를 하기 어렵게 된다. 즉, 검사가 수사의 주체로서 사회적 약자인 피해자의 증언 등에 관해 초기에 증거보전청구를 할 필요가 큰 영역에서 불송치결정을 한 사법경찰관에게 재수사요청을 하더라도, 재수사 이후 사건이 송치되기 전에는 검사는 여전히 수사를 하고 있는 상태가 아니므로, 적기에 증거보전청구를 못하게 될 우려가 있어 수사의 실효성이 현저히 저하된다.

④ 이상 살펴본 바와 같이 개정 형사소송법 제245조의7 제1항에 의하여 사법경찰관의 불송치결정에 대한 고발인의 이의신청권이 배제됨에 따라 사건이 그대로 종결되면, 검사가 공소제기 여부의 결정을 비롯한 소추권을 행사할 여지가 없게 되고, 이 경우 검사가 재수사요청을 통하여 소추권을 회복하는 것은 매우 어려우며, 중요한 국가적·사회적 법익에 관한 범죄 영역에서 기관 고발의 대상이 되거나 사회적 약자인 피해자가 있는

고발 사건의 영역에서는 수사의 실효성을 확보할 필요가 큼에도 불구하고 그 실효성이 크게 저하된다.

이러한 입법은 사실상 준사법기관인 검사의 소추권을 배제하고, 공공의 안전과 질서의 유지를 위하여 물리력을 행사할 수 있고 상하위계가 강한 경찰조직에 소추기능의 일부로서 준사법작용인 '공소제기 여부를 결정하는 권한'을 일부 이전하면서, 이에 대한 준사법기관의 통제는 극도로 제한하는 것이므로, 소추 및 수사기능의 준사법적 성격에 반한다.

또한, 위와 같은 입법은 검사가 그 직무를 수행하면서 사회적 약자인 형사피해자를 보호할 필요가 있는 영역에서 그 재판절차진술권을 제대로 보장할 수 없도록 하고, 고발 사건의 피해자와 그렇지 않은 사건의 피해자 사이에 불합리한 차별 취급을 할 수밖에 없도록 하며, 국가적·사회적 법익을 보호해야 하는 사건의 공정한 처리를 어렵게 하므로, 검사의 준사법기관으로서의 직무상 객관성 및 중립성을 훼손한다.

따라서 이 사건 법률개정행위 중 개정 형사소송법 제245조의7 제1항에 관한 부분은 소추 및 수사기능의 준사법적 성격에 반하는 입법형성이며, 준사법기관으로서의 검사의 직무상 객관성과 중립성을 훼손하여 그 소추권 및 수사권의 본질적 내용을 침해한다.

마) 법치국가원리에 따른 입법형성의 한계 일탈 여부

① 소추 및 수사기능에 대한 준사법적·사법적 통제제도의 기능 상실

검찰청법 제10조는 검사의 불기소처분에 불복하는 고소인이나 고발인의 항고 및 재항고에 관하여, 형사소송법 제260조는 형법 제123조부터 제126조까지의 죄(직권남용, 불법체포·불법감금, 폭행·가혹행위, 피의사실공표의 죄)에 대한 고발인이 검사로부터 공소를 제기하지 아니한다는 통지를 받은 때의 재정신청에 관하여 규정하고 있다. 또한, 다수의 선거범죄에 관하여 고발한 후보자, 정당의 중앙당, 선거관리위원회의 재정신청권을 규정한 공직선거법 제273조와 같이 고발인의 재정신청에 관한 특례를 정한 법률들도 있다. 이러한 경우 사법경찰관의 불송치결정에 대한 고발인의 이의신청권이 배제된 결과 사건이 검사에게 송치되지 않으면, 해당 사건에 대해서는 '검사의 불기소처분'이 없으므로 고발인에게 보장된 검찰청법상 항고·재항고 및 일정한 범위의 재정신청을 통한 시정의 기회가 제한된다.

이러한 시정 기회의 제한은 검사의 직접 수사개시 범죄의 범위를 축소한 개정 검찰청법 제4조 제1항 제1호 가목과 결합하여 다음과 같은 제도적 공백을 초래한다.

예를 들어 감사원법상 감사원은 감사 결과 범죄혐의가 있다고 인정할 때에는 수사기관에 고발하여야 하는 것으로 규정되어 있다(감사원법 제35조). 그런데 개정 검찰청법 제4조 제1항 제1호 가목에서는 기존에 검사가 수사를 개시할 수 있는 범죄로 규정되어 있던 '공직자범죄'를 삭제하였으므로, 공직자범죄 중 부패범죄, 경제범죄 등 개정 검찰청법 제4조 제1항 가목 또는 나목에 따라 검사가 수사를 개시할 수 있는 범죄로 분류되지 않게 된 경우(검사의 수사개시 범죄 범위에 관한 규정 제2조 제1호 참조)에는, 감사원이 고발한 사건에서도 경찰의 수사가 반드시 선행되어야 한다. 여기서 사법경찰관이 불송치결정을 하고 고발인이 이의신청을 할 수 없어 사건이 검사에게 송치되지 않으면, 검사가 불기소처분을 할 여지가 없으므로, 검찰청법 제10조에 규정된 항고·재항고를 통한 시정의 기회가 차단된다.

'선거범죄'도 개정 검찰청법 제4조 제1항 제1호 가목에서 검사가 수사를 개시할 수 있는 범죄에서 제외되었고, 여기서 제외되지 않은 부패범죄로 볼 수 있는 선거범죄는 제한적이다(검사의 수사개시 범죄 범위에 관한 규정 제2조 제1호 별표1. 4호 가목 참조). 이처럼 부패범죄로 분류되지 않은 선거범죄에 대해서는 해당 조항이 적용되는 2023. 1. 1. 이후에는 경찰의 수사가 반드시 선행되어야 하고, 사법경찰관의 불송치결정이 있을 경우 고발인은 이의신청을 할 수 없는데, 이에 따라 사건이 검사에게 송치되지 않고 종결되면, 상당수 선거범죄에 대하여 검찰청법 제10조뿐만 아니라 고발인의 재정신청에 관한 특례를 규정한 공직선거법 제273조도 적용될 수 없게 된다.

중요한 공익과 인권을 보호하기 위하여 감사원, 선거관리위원회 등 여러 독립된 기관에 고발권을 부여하고, 검찰청법상 항고·재항고 또는 재정신청의 특례를 포함하여 이러한 기관에 의한 고발과 관련된 제도들을 둔 것은, 공익과 인권의 보호가 특히 중요한 영역에서 위와 같은 독립된 기관이 주도적으로 위법 여부를 감시하는 체계를 마련한 것이며, 이러한 감시의 대상에는 검사의 소추권 행사의 내용인 기소 여부의 결정까지 포함된다. 그런데 해당 영역에서 기관의 고발이 있을 경우 사법경찰관의 수사가 선행되어야 하고, 그 불송치결정에 대하여 고발한 기관이 이의신청을 하지 못하게 된 결과 그대로 사건이 종결되면, 검사의 기소 또는 불기소처분을 전제로 설계된 위와 같은 수사 및 소추기능에

대한 감시 체계는 제대로 작동하지 않게 된다. 이에 따라 해당 영역의 수사과정은 그 실효성 및 적법성에 관한 법률전문가에 의한 통제에서 벗어나, 경찰조직의 위계에 따라 행정경찰이 통제하는 결과가 된다.

검찰청법상 항고·재항고 및 형사소송법상 재정신청제도는 '검사의 직무상 독립성'을 전제로 검사의 직무에 대한 '준사법적·사법적 통제 수단'으로 마련된 것이다. 특히, 재정신청제도는 검사의 독립적인 소추권 행사를 전제로, 검사가 기소했을 때에는 형사재판절차에서 그 적법성이 사법적으로 통제될 수 있지만, 검사가 불기소처분을 했을 때에는 통제에서 벗어날 수 있다는 점을 고려하여, 형사피해자의 재판절차진술권을 보장하고 적정한 소추권 행사를 담보하기 위한 통제 장치로 고안된 제도이며, 검사의 소추권을 선행적으로 제한하여 다른 주체에게 배분한 제도가 아니다. 이와 관련하여 중요 국가기관 등의 고발 권한은 검사의 소추권 행사에 관해 실효적인 준사법적·사법적 통제를 보장한다.

검찰청법상 항고·재항고와 같은 통제 수단 또는 재정신청대상의 범위나 기관 고발의 범위를 정하는 것은 원칙적으로 입법정책의 영역에 있다. 하지만, 사법경찰관의 불송치결정에 대한 고발인의 이의신청권을 배제하여 법률상 고발인에게 보장된 검찰청법상 항고·재항고 및 재정신청제도의 기능에 공백을 초래하는 것은, 통제의 대상인 '검사의 직무 집행'을 선행적으로 배제 또는 형해화함으로써 해당 영역에서 국회가 스스로 마련한 '수사 및 소추기능' 그 자체에 대한 '준사법적·사법적 통제 제도'의 기능을 상실시키는 것이므로, 이는 법체계의 정합성에 부합하지 않아 법치국가원리에 따른 입법의 한계를 벗어난다고 할 것이다.

② 검사의 인권옹호기관으로서의 법률상 권한에 대한 입법의 한계 일탈

검사는 민사법상으로도 성년후견개시심판의 청구(민법 제9조 제1항 참조), 친권의 상실이나 일시 정지의 청구(민법 제924조 제1항 참조)와 같이 약자의 보호를 위하여 각종 심판을 법원에 청구할 수 있는 권한이 있는 것으로 규정되어 있다.

그런데 장애인이나 아동 성폭력 피해자 등 사회적 약자에 대한 범죄를 제3자가 고발하는 경우 사법경찰관의 불송치결정에 대하여 이의신청을 하지 못하면, 검사가 수사과정에서 피해자 보호에 관한 민사법상 권한을 행사하기 어렵게 될 수 있다.

예를 들어 아동·청소년대상 성범죄 사건을 '수사하는' 검사는 가해자가 피해아동·청소년의 친권자나 후견인인 경우 특별한 사정이 없는 한 법원에 친권상실선고 또는 후견인 변경 결정을 청구하여야 하고, 아동권리보장원, 아동보호전문기관, 성폭력피해상담소, 성폭력피해자보호시설, 청소년상담복지센터 및 청소년쉼터의 장은 이러한 검사의 청구를 요청할 수 있으며, 이 경우 검사는 요청받은 날부터 30일 내에 해당 기관·시설 또는 단체의 장에게 그 처리 결과를 통보하여야 한다. 그리고 위 기관·시설 또는 단체의 장은 처리 결과에 대하여 이의가 있을 경우 통보받은 날부터 30일 내에 직접 법원에 친권상실선고 또는 후견인 변경 결정 청구를 할 수 있다(아동·청소년의 성보호에 관한 법률 제23조).

이러한 유형의 사건은 검사가 직접 수사를 개시할 수 있는 범죄에 해당하지 않고, 아동·청소년을 보호하는 기관·시설 또는 단체의 장의 고발로 수사가 개시될 가능성이 높다. 그런데 만약, 수사를 선행한 사법경찰관이 불송치결정을 하여 고발인이 이의신청을 하지 못하면, 검사에게 사건이 송치되지 않아 검사는 '수사하는' 상태가 아니므로 친권상실선고나 후견인 변경 결정 청구와 같은 피해자 보호를 위한 조치를 할 수 없게 된다. 이 경우 검사가 사법경찰관에게 재수사요청을 하더라도, 재수사 후 사건이 송치되기 전에는 검사는 여전히 '수사하는' 상태가 아니므로, 피해자 보호에 관하여 필요한 조치를 적기에 취하지 못하게 될 수 있다.

검사가 공익의 대표자이자 수사과정에서의 인권옹호기관으로서 사회적 약자인 피해자의 보호에 관하여 보유하는 민사법상 청구에 관한 권한은 수사 또는 소추의 기능에 속하지 않는 법률상 권한으로, 그 구체적 내용은 입법형성의 영역에 있다. 하지만, 검사의 수사 또는 소추에 관한 권한을 제한하고자 한 입법행위가 위와 같이 국회 스스로 사회적 약자인 피해자를 보호하기 위해 마련한 제도와 명백하게 모순되어 그 기능이 정상적으로 실현되지 못하도록 한다면, 이는 법체계의 정합성에 부합하지 않으므로 법치국가원리에 따른 입법의 한계를 벗어난다고 할 것이다.

6) 개정 검찰청법 및 형사소송법의 각 부칙 조항 등 이 사건 법률개정행위의 나머지 내용으로 인한 권한침해

가) 이 사건 법률개정행위 중 개정 검찰청법 및 형사소송법의 각 부칙 조항들에 의하여, 개정 법률은 공포 후 4개월이 경과한 날인 2022. 9. 10. 시행되었고(개정 검찰청법 부칙 제1조, 개정 형사소송법 부칙 제1조 참조), 다만, 개정 검찰청법 제4조 제1항 제1호 가목의 경

우 선거범죄에 관하여 검사가 직접 수사를 개시하지 못하도록 한 부분은 2023. 1. 1.부터 시행되었다(개정 검찰청법 부칙 제3조 참조).

법률의 시행 시점을 정하는 것은 광범위한 입법재량의 범위 내에 있으나, 국가의 필수기능인 수사 및 소추기능을 법률로써 구체화하는 경우, 이는 국민의 기본권에 곧바로 영향을 미치므로, 제도 상호간의 정합성을 살피고 서로 연관이 있는 관련 법령 사이의 문제는 미리 조정하여 함께 법률을 개정하고 시행하여야 한다.

그런데 사법경찰관의 불송치결정에 대한 고발인의 이의신청권 배제를 규정한 개정 형사소송법 제245조의7 제1항과 같은 경우, 앞서 살펴본 검찰청법상 고발인의 항고·재항고, 공직선거법상 고발인의 재정신청 특례, 감사원법이나 공직선거법 등 여러 법령에 규정된 독립된 기관에 의한 고발, 성폭력범죄에 대한 증거보전의 특례 및 아동·청소년대상 성범죄를 수사하는 검사의 친권상실선고 또는 후견인 변경 결정 청구 등과 같이 개정되지 않은 여러 관련 법령들의 내용과 체계상 모순이 매우 심하여 4개월 이내에 이를 종합적으로 검토하고 정비하기 어려울 뿐만 아니라, 피청구인이 그러한 시도를 하지도 않았다.

위와 같이 이 사건 법률개정행위는 합리적 이유 없이 관련 법령들 사이의 정합성을 무시한 채 입법이 이루어진 것이고, 개정 검찰청법 및 형사소송법의 각 부칙 부분은 그에 대한 검토나 정비가 실질적으로 진행되기 어려운 기간이 지난 후 바로 개정 법률이 시행되도록 하였으므로, 법체계의 정합성 유지라는 측면에서 법치국가원리에 따른 입법형성의 한계를 일탈하였으며, 이로 인해 청구인들 중 검사들의 권한이 침해되었다.

나) 이 사건 법률개정행위 중 검사의 직접 수사개시범죄의 범위를 축소한 개정 검찰청법 제4조 제1항 제1호 가목에 관한 부분은 개정 형사소송법 제196조 제2항 및 제245조의7 제1항에 관한 부분과 결합하여 청구인들 중 검사들의 소추권 및 수사권의 본질적 내용을 침해한다.

또한, 이 사건 법률개정행위 중 위와 같이 청구인들 중 검사들의 권한침해 사유가 확인되는 주요 조항들 이외의 나머지 조항들에 관한 부분도, 위의 주요 조항들에 관한 부분과 체계적 관련이 있다.

(다) 소결론

따라서 이 사건 법률개정행위는 그 내용상 준사법작용인 소추 및 수사기능의 객관성·중립성·독립성을 훼손하여 헌법상 검사의 소추권 및 수사권에 관한 입법형성의 한계를 일탈하였고, 법체계의 정합성에 부합하지 않아 법치국가원리에도 어긋나므로, 청구인들 중 검사들의 소추권 및 수사권을 침해한다.

(2) 청구인 법무부장관의 권한침해 여부

(가) 판단 기준

행정각부의 설치·조직과 직무범위를 법률로 정하도록 규정한 헌법 제96조에 따라 국회는 행정각부의 장의 관장 사무를 법률로써 구체적으로 규정할 수 있다. 다만, 해당 사무가 필수적인 국가기능에 해당하는 경우 법률로써도 그 본질을 훼손하는 내용을 규정할 수는 없다는 한계가 있다.

한편, 국회는 국정감사 또는 조사권(헌법 제61조), 국무총리·국무위원 또는 정부위원에 대한 출석요구 및 질문권(헌법 제62조) 등 헌법상 국정을 통제하는 권한이 있다. 다만, 여기에는 재판이나 범죄수사 및 소추 등 사법적 성격을 가진 작용에는 관여하지 못한다는 한계가 있다(국정감사 및 조사에 관한 법률 제8조 참조). 국회의 국정통제권한에 관한 입법을 할 때에도 그 내용에는 이와 같은 한계가 있다고 할 것이다.

이 사건 법률개정행위의 내용으로 인하여 행정각부의 장인 법무부장관의 권한이 침해되는지는 기능적 권력분립의 관점에서 위와 같은 입법의 한계를 일탈하였는지 여부에 따라 판단해야 한다.

(나) 권한침해 여부의 판단

1) 이 사건 법률개정행위의 내용으로 인하여 청구인들 중 검사들의 소추권 및 수사권의 본질적 내용이 침해되었고, 이는 소추 및 수사기능의 준사법작용으로서의 객관성·중립성·독립성을 훼손하였다는 점에 그 근거가 있다. 따라서 이 사건 법률개정행위는 행정각부의 장인 법무부장관이 관장하는 검찰 또는 검사에 관한 사무에 관하여 국가의 필수기능인 소추 및 수사의 본질을 훼손하는 내용을 규정하였으므로, 법무부장관의 관장 사무를 구체적으로 정하는 입법의 한계를 일탈하였으며, 이와 관련하여 국회의 국정통제기능에 관한 입법의 한계도 일탈하였다.

2) 개정 검찰청법 제4조 제1항 제1호 가목, 개정 형사소송법 제196조 제2항 및 제245조의7 제1항은 검사의 소추권 및 수사권 행사의 범위를 제한하므로 검사의 직무수행에 관한 일반적 기준에도 영향을 미친다. 그런데 그 내용은 검사의 준사법기관으로서의 직무상 객관성과 중립성을 훼손하는 것이므로, 법무부장관의 검사

에 대한 일반적 지휘·감독권(검찰청법 제8조)에 대한 입법형성의 한계를 일탈하였다.

특히, 사법경찰관의 불송치결정에 대하여 고발인의 이의신청권을 배제한 개정 형사소송법 제245조의7 제1항의 경우, 그로 인해 사법경찰관의 불송치결정으로 사건이 종결되고 검사의 소추권 행사가 차단되면, 해당 영역의 수사 및 소추기능은 법무부장관의 일반적 지휘·감독의 범위를 벗어나 준사법기관이 아닌 행정경찰의 상하위계에 따른 지휘·감독만을 받게 되므로, 이러한 내용의 입법은 법무부장관이 검찰 및 검사에 관한 사무를 관장하는 권한(정부조직법 제32조)을 본질적으로 침해한다.

3) 개정 검찰청법 제4조 제2항의 내용은 부패범죄, 경제범죄 등의 수사 및 기소와 관련하여 수사개시 검사와 공소제기 검사의 직무 영역을 분리하는 방식으로 검찰조직의 운용에 영향을 미친다. 이러한 입법은 검사의 직무상 독립성을 침해하여 수사 및 소추기능의 준사법작용으로서의 본질을 훼손하는 것이므로, 법무부장관이 관장하는 검찰 및 검사에 관한 사무 중 중요한 영역에 대한 입법형성의 한계를 일탈하여, 법무부장관의 검사에 대한 일반적 지휘·감독권과 검사의 보직에 관여하는(검찰청법 제34조 제1항) 등 검찰조직의 운용에 관한 권한을 침해한다.

4) 개정 검찰청법 제24조 제4항의 검찰총장의 국회에 대한 보고의무는 일반적인 국회의 국정통제기능에 추가하여 특별하게 규정된 것인데, 그 내용은 국회 내의 정치권력이 부패범죄, 경제범죄 등에 대한 수사 및 기소 문제에 영향력을 행사할 수 있도록 하여 검사의 준사법기관으로서의 직무상 독립성을 훼손하는 것이다. 이러한 국회의 영향력은 법무부장관이 행사하는 검사에 대한 일반적 지휘·감독권과 검사 및 검찰청 직원의 보직에 관한 권한(검찰청법 제34조 제1항, 제50조)에도 미친다.

개정 검찰청법 제24조 제4항에서 규정한 내용은 법무부장관이 관장하는 검찰 및 검사에 관한 사무의 영역에서 국회가 정부를 견제하는 기능을 넘는 부당한 정치적 영향력을 행사하도록 하는 것이므로, 국회의 국정통제권한의 한계를 넘어선다. 이러한 입법행위는 그 형성의 한계를 일탈하여 법무부장관의 검사에 대한 일반적 지휘·감독권과 검사 및 검찰청 직원의 보직 등 검찰조직의 운용에 관한 권한을 침해한다.

5) 이 사건 법률개정행위 중 나머지 조항들에 관한 부분도 위와 같이 법무부장관의 권한침해가 확인되는 주요 조항들에 관한 부분과 체계적 관련이 있다.

(다) 소결론

따라서 이 사건 법률개정행위는 그 내용상 행정각부의 장이 관장하는 사무 및 국회의 국정통제기능에 관한 입법형성의 한계를 일탈하여, 청구인 법무부장관이 관장하는 검사에 관한 사무에 대한 권한을 침해한다.

라. 결론

피청구인의 이 사건 법률개정행위는 그 절차 및 내용 모두에 있어 청구인들 중 검사들의 헌법상 소추권 및 수사권과 청구인 법무부장관의 검사에 관한 관장 사무에 대한 권한을 각각 침해하였다.

7. 재판관 이선애의 권한침해확인청구에 대한 반대의견에 관한 보충의견

나는 피청구인의 이 사건 법률개정행위가 헌법을 중대하게 위반하여 청구인들의 권한을 침해하였다는 반대의견에 동의하면서, 이에 관하여 헌법상 기능적 권력분립원칙의 관점에서 다음과 같이 보충의견을 남긴다.

가. 헌법상 기능적 권력분립원칙과 권한쟁의심판

(1) 우리 헌법은 근대자유민주주의 헌법의 원리에 따라 국가의 기능을 입법·행정·사법으로 분리하여 상호간의 견제와 균형을 이루게 하는 권력분립원칙을 채택하고 있다. 헌법상 권력분립원칙은 국가권력의 기계적 분립과 엄격한 절연이 아니라, 권력 상호간의 견제와 균형을 통한 국가권력의 통제를 의미한다(헌재 2008. 1. 10. 2007헌마1468; 헌재 2021. 1. 28. 2020헌마264 등 참조). 특히, 오늘날에는 국가권력을 행사하는 여러 권한과 기능들의 실질적인 분산과 상호간의 조화를 도모하는 기능적 권력분립이 중요한 의미를 갖게 되었다(헌재 2014. 1. 28. 2012헌바216; 헌재 2021. 1. 28. 2020헌마264등 참조).

현대적 헌법원리로서의 권력분립원칙은 소극적으로 이미 존재하는 국가권력을 분리하여 억제하고 통제하는 데에 그치는 것이 아니라, 적극적으로 개개의 국가권력을 구성하여 그 권한을 확정하고 한정하며 상호간의 협력을 규율하는 국가기관의 조직 원리이다. 권력분립원칙에 따라 국가권력을 구성할 때 입법·행정·사법으로 구별되는 기능은 상호 배타적인 성격을 갖는 것이 아니라, 국가가 수행해야만 하는 과제를 민주적이고 법치국가적으로 수행하는 방식의 기본적인 유형을 나타내는 것으로, 국가의 여러 과제를 적절하게 수행하기

위한 기능은 이를 맡는 기관의 구조와 결부되어 있다.[9)]

권력분립원칙은 위와 같이 구성되는 기관 상호간의 협력과 통제를 통하여 국가의 과제를 수행하도록 함으로써, 특정한 권력의 일방적인 우위를 배제하고 각 권력기관의 본질적 기능을 조화롭게 유지하여 궁극적으로 국민의 기본권을 보장하는 것을 목적으로 한다.

우리 헌법은 고전적인 권력분립원칙에 따라 입법·행정·사법의 기능을 국회(헌법 제3장), 정부(헌법 제4장), 법원(헌법 제5장) 등 상호 독립적인 국가기관에 분리하여 귀속시키고, 아울러 기능적 권력분립원칙의 구현 형태인 직업공무원제도(헌법 제7조), 복수정당제도(헌법 제8조), 헌법재판제도(헌법 제6장) 및 지방자치제도(헌법 제8장) 등을 규범화하고 있다. 헌법에서 감사원을 행정부에 소속되었지만 독립적인 헌법기관으로 설치하고(헌법 제4장 제2절 제4관), 선거관리위원회를 국회, 정부, 법원, 헌법재판소와의 관계에서 독립적인 헌법기관으로 정한 것(헌법 제7장)도 기능적 권력분립원칙에 따른 것으로 볼 수 있다.

또한, 우리 헌법은 국가기관이 다른 국가기관과의 협력에 의하여 헌법적 과제를 이행할 수 있도록 하는 국가기관 상호간의 협력적 통제의 관계를 예정하고 있다(헌재 2021. 1. 28. 2020헌마264등 참조).

(2) 권한쟁의심판제도는 국가기관 또는 지방자치단체 사이에 권한의 존부 또는 범위에 관하여 다툼이 발생한 경우에 헌법재판소가 이를 유권적으로 심판하는 제도로서, 각 기관에게 주어진 권한을 보호함과 동시에 객관적 권한질서의 유지를 통하여 국가기능의 수행을 원활히 하고, 아울러 수평적 및 수직적 권력 상호간의 견제와 균형을 유지시켜 헌법적 가치질서 및 헌법의 규범적 효력을 보호하는 데 그 목적과 의의가 있다(헌재 2001. 5. 8. 2000헌라1 등 참조).

헌법재판소법 제62조 제1항 제1호는 헌법 제111조 제1항 제4호에서 헌법재판소의 관장사항으로 정한 '국가기관 상호간의 권한쟁의심판'을 '국회, 정부, 법원 및 중앙선거관리위원회 상호간의 권한쟁의심판'으로 규정하고 있는데, 헌법재판소는 이를 예시적인 조항으로 해석한다.

이에 따라 국회의 내부기관인 '국회의원'과 '국회의장'도 복수정당제도 하에서 여당과 야당의 대립과 타협에 의하여 국회가 운영되는 정당국가적 현실의 반영으로 권한쟁의심판의 당사자가 될 수 있다(헌재 1997. 7. 16. 96헌라2 등 참조). 또한, 국회의 '위원회 위원장'도 위원회 중심주의를 채택한 국회의 예비적 심사기관으로서의 위원회의 역할에 대한 고려에 따라 권한쟁의심판의 당사자능력이 인정된다(헌재 2010. 12. 28. 2008헌라7 등 참조).

한편, 헌법 제117조 제1항에 의해 지방자치단체에게 보장된 지방자치권은 절대적인 것이 아니고 법령에 의하여 형성되는 것이나, 법령에 의하여 지방자치단체의 지방자치권을 제한하는 것이 가능하다고 하더라도, 지방자치단체의 존재 자체를 부인하거나 각종 권한을 말살하는 것과 같이 그 제한이 불합리하여 지방자치권의 본질적인 내용을 침해하여서는 아니 된다(헌재 2010. 10. 28. 2007헌라4 등 참조). 즉, 권한쟁의심판에서 국회의 법률 제·개정행위가 지방자치단체의 지방자치권을 침해하는지 여부는 '법령에 의한 지방자치권의 형성과 제한의 한계'라는 관점에서 판단된다.

이렇듯 권한쟁의심판제도는 그 자체로 헌법상 기능적 권력분립원칙을 구현하는 형태의 하나인 '헌법재판을 통한 권력통제'에 해당할 뿐만 아니라, 그 실제 운용도 '의회 내 다수당과 소수당 사이의 견제와 균형', '국가기관 내부 조직 사이의 협력과 통제', '중앙정부와 지방자치단체 간의 수직적 권력분립'과 같은 기능적 권력분립원칙의 구현 형태와 관련된 개개의 권력 상호간의 협력과 통제의 관계를 보장하는 방식으로 이루어지고 있다.

(3) 국가의 소추 및 수사기능에 관하여 행정부에 소속된 검찰청법상 검사와 행정각부의 장인 법무부장관이 국회의 입법행위로 인한 권한침해를 주장하는 이 사건 권한쟁의심판의 주요 쟁점들도, 헌법상 기능적 권력분립원칙에 따라 국가의 필수적 기능으로서의 소추 및 수사기능과 국회의 입법기능에 관한 헌법규범을 파악하고 이에 따른 권한질서를 보호하는 관점에서 판단하여야 할 것이다. 이러한 견지에서 이 사건의 주요 쟁점들에 대한 의견을 보충적으로 제시한다.

나. 적법요건에 관한 쟁점

(1) 검사의 당사자능력

국가의 기능은 국민의 기본권을 보장하기 위한 것이

9) 계희열, 헌법학(상), 신정2판, 박영사, 2005, 358-359쪽 참조; Konrad Hesse, Grundzüge des Verfassungsrechts der Bundesrepublik Deutschland, Neudruck der 20.Aufl., Heidelberg: Müller Verl., 1999, Rdnr.475-491 [콘라드 헷세(계희열 역), 통일 독일헌법원론(제20판), 박영사, 2001, 297-304쪽] 참조.

라는 점과 헌법규범은 통일적으로 해석되어야 한다는 점을 고려하면, 국가기관 상호간의 권한쟁의심판의 당사자로서 '헌법에 의하여 설치되고, 헌법과 법률에 의하여 독자적인 권한을 부여받은 국가기관'에 해당하는지를 판단하는 근거가 되는 헌법조항이 헌법전의 편제상 어느 부분에 규정되어 있는지는 문제가 되지 않는다. 헌법에서 '검사'의 설치 및 그 '영장신청권'을 국회, 정부 및 법원 등 통치기구에 관한 장(章)이 아닌 국민의 권리와 의무에 관한 장(章)에 명문화한 것은, 소추 및 수사기능과 기본권 보장의 밀접한 관련성 때문이며, 이를 이유로 헌법에서 '검사'라는 국가기관의 설치를 예정하고 검사에게 '수사단계의 영장신청권'을 부여하였다는 점이 달라지는 것은 아니다.

또한, 헌법에서 설치를 예정한 '검사'가 반드시 '검찰청법상 검사'만을 의미하는 것은 아니라고 하더라도 '검찰청법상 검사'가 헌법에서 설치를 예정한 검사, 즉 '헌법상 검사'에 해당함은 명백하다.

헌법상 기능적 권력분립원칙은 국가기관 내부 조직 사이의 협력과 통제를 통해서도 구현되므로, 행정부 내부에서 상하위계에 놓인 기관들 사이에서도 그 담당하는 기능에 따라서는 각각 독자적인 지위를 전제로 협력과 통제가 이루어질 수 있다. 정부조직법상 법무부장관에 소속된 '검찰청법상 검사'가 '헌법상 검사'에 해당하는 국가기관으로서 헌법과 법률에 의하여 '독자적 권한'을 보유하는 것은, 헌법상 검사에게 귀속되는 준사법작용으로서의 소추 및 수사기능의 본질인 '직무상 독립성'에 따른 것이다.

'헌법상 검사'에 해당하는 '검찰청법상 검사'의 당사자능력이 인정되는 것은, '행정각부의 장'에 해당하는 '정부조직법상 법무부장관', '국회의 위원회'에 해당하는 '국회법상 상임위원회'의 위원장의 경우와 법규범의 적용 구조가 다르지 않다.

(2) 법무부장관의 청구인적격

법무부장관이 보유하는 검찰 및 검사에 관한 사무에 대한 권한은, 검찰청법상 검사들을 일반적으로 지휘·감독하며(검찰청법 제8조 참조), 대통령에게 검사의 보직을 제청하고(검찰청법 제34조 참조) 검찰청 직원의 보직을 행하는 주체가 되는(검찰청법 제50조 참조) 등 검찰조직 전반의 운용에 관한 것으로, 검찰청법상 검사가 구체적인 사건에 관하여 독자적으로 보유하는 소추권 및 수사권과는 구별된다.

이 사건 법률개정행위는 그 내용상 개별 검사의 소추권 및 수사권을 제한하는 데에 그치지 않고, 검찰청법상 검사의 소추권과 수사권의 일반적 행사 기준과 검찰조직의 전반적인 운용에 관한 법무부장관의 권한도 제한한다. 특히, 일정한 범죄영역에서 수사개시 검사의 공소제기를 금지하는 개정 검찰청법 제4조 제2항에 관해서는 피청구인도 검찰청의 부서 개편에 관한 의견을 제시하였는바, 그 규율 내용은 검사들 사이의 직무 영역을 분리하는 것으로 법무부장관이 검사의 보직에 관여하는 권한을 제한한다. 또 개정 검찰청법 제24조 제4항에서 규정한 검찰총장의 국회에 대한 보고의무의 내용은 법무부장관이 대통령에게 제청하는 검사의 보직뿐만 아니라, 법무부장관 스스로 행하는 검찰청 직원의 보직에도 연관되어 있으므로, 이는 법무부장관의 검찰조직 운용에 관한 사무를 대상으로 하는 국회의 국정통제기능과 관련된다.

이 사건 법률개정행위가 검찰청법상 검사의 소추권 및 수사권에 대한 제한과 구별되는, 법무부장관의 검찰 및 검사에 관한 사무에 대한 권한들을 제한하는 내용을 포함하는 이상, 검찰청법상 검사들이 권한쟁의심판을 청구하였는지 여부와 무관하게 법무부장관에게는 이 사건 법률개정행위로 인한 자신의 권한침해를 이유로 하는 권한쟁의심판청구의 청구인적격이 인정된다.

(3) 권한침해가능성

(가) 국가의 과제를 수행하는 방식인 기능과 이를 맡는 기관의 구조는 서로 결부되어 있으므로, 어떤 기관에 대하여 그 구조와 기본기능에 상응하지 않는 기능을 배정하여 수행하도록 하는 것은 권력분립의 원칙상 원칙적으로 허용되지 않는다.[10)]

소추권과 수사권이 법률로써 폐지할 수 없는 필수적 국가기능을 수행하는 '헌법상 권한'이라면, 그 구체적인 내용을 법률로 형성할 수 있고 헌법에서 행정부 내 특정 기관에 전속하도록 예정하지 않았다고 하더라도, 소추권과 수사권의 구체적인 내용을 형성하여 행정부에 속하는 국가기관 사이에 배분하는 입법행위에 아무런 헌법적 한계도 없다고 볼 수는 없다.

소추기능 및 수사기능은 국가의 필수적 과제인 형사사법절차를 이행하는 방식에 해당하면서도 사법부가 담당하는 심판기능과 분리된 행정영역에 속하여 '사법작용'과 '행정작용'의 성격을 겸유하는 '준사법작용'이므로, 이와 같은 '국가의 필수적인 준사법기능'의 본질을

10) Konrad Hesse, 앞의 책, Rdnr.489 [콘라드 헷세(계희열 역), 앞의 책, 303-304쪽] 참조.

훼손해서는 안 된다는 것은 '헌법적 요청'에 해당한다.

또한, '수사기능'은 '소추기능'을 목적으로 하는 수단으로서 소추기능에 실효적으로 기여하여야 하며, 적법절차원칙 및 과잉금지원칙에 따라 구체적인 수사는 그 목적의 달성에 필요한 상당한 방법으로만 수행되어야 한다는 헌법상 한계가 있다.

한편, 국가의 필수적 과제의 수행이 의회에 유보되어 있다면, 그 과제는 '입법기능'의 본질에 따라 다수결원칙 및 의사공개원칙 등 의회민주주의의 기본원리에 부합하는 방식으로 수행되어야 한다는 '헌법적 요청'이 있는 것이고, 헌법상 기능적 권력분립원칙에 따라 국회 밖의 국가기관의 권한을 법률로써 형성하고 제한할 때에는 '국가기관 상호간 협력과 통제의 관계'에 기초한 객관적 권한질서의 유지를 위해 다른 독립된 국가기관의 권한에 미치는 영향도 고려해야 할 것이다.

(나) 검사의 소추권과 수사권의 근거가 되는 헌법규범은 헌법 제12조, 제13조, 제16조, 제27조, 제28조 및 제84조 등 형사사법절차에 관련된 다수의 헌법조항들의 해석을 통하여 확인된다. 헌법에 명문화된 검사의 '영장신청권' 역시 보완수사요구나 재수사요청의 권한과 같은 검사의 법률상 권한들과 함께 '국가의 수사기능'을 실현하는 권한이므로 '헌법상 수사권'에 해당한다. 따라서 헌법에 명문화된 검사의 권한이 영장신청권뿐이라는 이유로 검사의 헌법상 권한이 영장신청권에만 국한되고, 기타 소추권 및 수사권에 해당하는 검사의 권한들은 아무런 헌법상 근거 없이 오로지 법률에 의하여 창설된 것이라고 볼 수는 없다.

검사의 영장신청권은 헌법상 소추권과 수사권을 전제로 하므로, 법률에 의하여 검사의 소추권과 수사권이 제한될 경우 그 구체적인 내용에 따라서는 검사의 영장신청권이 제한될 가능성도 전혀 없지 않다. 일례로 이 사건 법률개정행위에 따라 사법경찰관의 불송치결정에 대한 고발인의 이의신청권이 배제됨으로써 사건이 그대로 종결되어 검사의 소추권이 제한되는 영역에서 검사는 영장신청권을 행사할 수도 없게 된다. 이 사건의 심리 중 청구인들이 제출한 통계자료에서는 2020년의 검찰청법 및 형사소송법 개정 전 사법경찰관이 수사한 모든 사건을 검사에게 송치하던 시기에, 사법경찰관이 고발 사건을 불기소의견으로 송치하였으나 검사가 피의자를 구속하여 기소한 사례도 있었음이 확인된다.[11] 그러므로 이 사건 법률개정행위가 검사의 헌법상 영장신청권을 침해할 가능성도 완전히 부인하기는 어렵다.

(다) 따라서 헌법에서 영장신청권 외에는 검사의 소추권과 수사권에 관하여 명문으로 정한 바가 없다는 이유로, 검찰청법상 검사의 소추권 또는 수사권을 제한하는 이 사건 법률개정행위로 인하여 청구인들 중 검사들이 헌법과 법률에 의하여 부여받은 독자적 권한이 침해될 가능성이 없다고 볼 수는 없다.

이러한 법규범의 구조는 청구인 법무부장관의 경우도 다르지 않다. 법무부장관의 '행정각부의 장으로서의 권한'에 관해서 헌법은 제95조에서 소관 사무에 관하여 '부령을 발할 권한'만을 명문화하고 있다. 또한, 헌법 제96조는 "행정각부의 설치·조직과 직무범위는 법률로 정한다."라고 규정할 뿐, 특정 장관의 소관 사무가 무엇인지를 구체적으로 정하고 있지 않다. 하지만, 행정각부의 장이 부령을 발할 권한은 그 고유의 '소관 사무'를 전제로 하는 것이고, 그 소관 사무가 '헌법상 행정부가 수행하는 국가의 필수적 기능'에 관한 것이라면, 해당 기능에 관한 사무를 관장하는 행정각부의 장은 그에 관한 '헌법상 권한'이 있다고 보아야 할 것이다. 법률로써 행정각부의 장의 권한의 내용을 구체적으로 형성할 수 있다고 하더라도, 여기에는 국가의 필수적인 행정기능의 본질을 훼손해서는 안 된다는 헌법적 한계가 있다.

청구인들에 대한 권한침해의 가능성에 관한 위와 같은 법규범의 구조는, 법령으로 지방자치권의 구체적 내용을 형성할 수 있다고 하더라도 그 본질을 침해할 수는 없고, 법령에 의하여 지방자치권이 제한될 경우 실제로 지방자치권이 침해되는지는 본안 판단의 문제가 되는 사안과 다르지 않다.

다. 본안에 관한 쟁점

(1) 입법행위의 절차상 하자로 인한 권한침해

(가) 국회의 입법기능도 헌법상 의회에 유보된 과제를 수행하는 민주적이고 법치국가적인 방식의 하나이므로, 국회의 입법은 헌법상 다수결원칙 및 의사공개원칙과 같은 의회민주주의의 기본원리에 부합하는 방식에 따라야만 행정부 및 사법부를 구속하는 것이 헌법적으로 정

11) 2022. 10. 31.자 청구인 측 참고서면 (1) 석명준비사항에 대한 보충답변, 11쪽 참조: 2019년 하반기부터 2020년 하반기까지 사법경찰관의 불기소의견 송치 사건 수는 583,906건, 이 중 고발 사건 수는 15,805건, 이 중 검사가 기소한 사건 수는 217건으로 파악되며, 이 중에서 피의자가 구속된 사건 수는 3건으로 나타남.

당화된다. 그러므로 의회입법의 우위의 근본적 근거에 해당하는 헌법상 다수결원칙을 중대하게 위반한 입법행위로 행정부에 소속된 국가기관의 권한을 제한하는 것은, 해당 기관의 권한을 위헌적으로 침해하는 것이다.

(나) 국가기관 상호간의 권한쟁의심판에서 국회의 입법행위로 인한 국회 밖의 국가기관의 권한침해가 문제되는 경우 '입법절차상 하자'는 청구인에 대한 '권한침해의 원인'이 되는 '피청구인의 처분'의 '위헌·위법 사유'의 내용에 해당한다. 이것은 내용적으로 국회 내부의 국가기관인 국회의원과 국회의장 또는 위원회 위원장 상호간의 권한쟁의심판에서 문제 되는 '피청구인의 법률안 가결선포행위'의 '위헌·위법 사유'와 중복될 수도 있다.

하지만, 두 심판절차에서 각각 침해 여부가 문제 되는 청구인의 권한은 '국회 밖의 국가기관의 고유한 기능에 관한 권한'과 '입법기능상 국회의원의 법률안에 대한 심의·표결권'으로서 서로 다르므로, 국회의원이 법률안 심의·표결권의 침해를 다툴 수 있다는 이유로 국회 밖의 국가기관은 입법절차상 하자를 전혀 다투지 못한다고 볼 수는 없다. 권한쟁의심판을 통해 입법행위의 절차에 관한 분쟁을 해결함에 있어 헌법재판소법에 명문화되어 있지 않은 '국회의원과 국회의장 또는 위원회 위원장 상호간의 권한쟁의심판'이 가능하다는 이유로, 헌법재판소법 제62조 제1항 제1호에 명문화되어 있는 '국회, 정부, 법원 및 중앙선거관리위원회 상호간의 권한쟁의심판'을 배제할 법적 근거는 없기 때문이다.

국회의 의사자율권에 비추어볼 때 국회 밖의 국가기관이 국회법상 세부적인 입법절차의 위반 여부를 다투는 데에는 한계가 있을 수 있지만, 이것은 구체적 사안에서 문제 되는 입법절차상 하자로 인해 해당 입법행위가 국회 밖 국가기관에 대한 '권한침해의 원인'이 되는지 여부에 관하여 고려할 문제일 뿐, 국회 밖의 국가기관이 의회입법의 우위의 헌법적 정당성을 인정하기 어려울 정도의 중대한 입법절차상 하자까지 전혀 다툴 수 없다는 근거가 될 수는 없다.

국회의 입법행위를 대상으로 국회 밖의 국가기관이 청구한 권한쟁의심판에서, 피청구인의 처분인 '전체로서의 입법행위'에는 법률안 발의부터 본회의 의결까지의 입법의 모든 과정이 포함되고, 그 과정에 의회입법의 우위의 근본적 근거를 훼손하는 중대한 헌법 위반 사유가 존재하거나, 해당 사유가 없었다면 청구인의 권한을 제한하는 내용의 입법이 성립할 수 없었다는 중대한 위법 사유가 있다면, 해당 입법행위는 청구인에 대한 '권한침해의 원인'이 되므로 청구인은 권한쟁의심판에서 그와 같은 입법절차상 하자를 다툴 수 있다.

(다) 이 사건 법률개정행위는 법제사법위원회 및 본회의 의결 절차 모두에 있어서 실질적 토론을 전제로 하는 헌법상 다수결원칙을 규정하고 국회 내 회의 주재자의 엄격한 중립성을 요구한 헌법 제49조를 위반하여 그 하자가 의회입법의 우위의 근본적 근거를 훼손할 정도로 중대하며, 이러한 하자는 의결정족수 충족 및 의결된 법률안의 주요 내용의 성립과 관련된 것으로 그 하자가 없었다면 청구인들의 권한을 제한하는 내용의 입법이 이루어지지 못했을 것임이 명백하므로, 이러한 입법절차상 하자는 청구인들에 대한 권한침해 사유에 해당한다.

특히, 이 사건 법률개정행위는 위와 같이 헌법 제49조를 위반한 하자가 있을 뿐만 아니라, 그 본회의 의결절차가 헌법상 다수결원칙을 제도적으로 구현한 헌법 제47조 제1항 및 제2항 위반에도 해당하므로, 이에 대하여 보충적으로 살펴본다.

1) 의회민주주의의 기본원리인 헌법상 다수결원칙에 따라 국회의 의사절차가 의안에 대한 실질적 토론 및 이에 기초한 표결을 보장하는 방식으로 형성되어야 한다는 것은, 국회법뿐만 아니라 국회의 의사절차에 관한 제도를 명문화한 개별 헌법조항의 해석에도 적용되는 원리라 할 것이다.

헌법 제47조 제1항은 "국회의 정기회는 법률이 정하는 바에 의하여 매년 1회 집회되며, 국회의 임시회는 대통령 또는 국회 재적의원 4분의 1 이상의 요구에 의하여 집회된다.", 제2항은 "정기회의 회기는 100일을, 임시회의 회기는 30일을 초과할 수 없다."라고 규정하고, 제51조는 "국회에 제출된 법률안 기타의 의안은 회기중에 의결되지 못한 이유로 폐기되지 아니한다. 다만, 국회의원의 임기가 만료된 때에는 그러하지 아니하다."라고 규정한다.

헌법 제47조 제1항에서 국회 재적의원 4분의 1 이상이 국회의 임시회에 대한 집회 요구를 할 수 있도록 한 것은, 국회의 소수세력이 국회에서 다루어야 한다고 판단하는 안건에 대해서도 그 심의의 대상이 될 수 있도록 보장하는 의미가 있다. 또한, 헌법 제47조 제2항에서 정기회의 회기는 100일, 임시회의 회기는 30일을 초과하지 못하도록 하여 각 회기의 상한이 있음을 전제로, 헌법 제51조에서 '회기계속의 원칙'을 규정한 것은 국회에서 의안에 대한 심의가 계속되다가 회기가 종료되는 경우에도 원칙적으로 그 심의의 연속성을 보장하여 의안의 의결에까지 이를 수 있도록 한 것이다. 이것은 국회 내에서 다수세력과 소수세력의 자유로운 토론이 실질적으로 이루어지고 이를 토대로 의결에 이르도록 하려는 것으로서, 실질적 토론을 전제로 하는 헌법상 다수결원칙을 국회의 회기에 관하여 제도적으로 구현한 모습이라고 할 것이다.

헌법 제47조 제2항은 회기의 상한만을 규정하고 하한을 규정하지 않았으나, 같은 조 제1항에서 국회 내 소수세력도 임시회의 집회 요구를 할 수 있도록 한 점과 헌법 제51조에서 국회 내 심의의 연속성을 고려하여 회기계속의 원칙을 규정한 취지에 비추어보면, 국회의 회기결정에서 소수세력이 참여하는 국회법상 토론 절차 및 이에 기초한 의결이 보장되지 않도록 하는 것은 위와 같은 헌법상 회기제의 취지에 반하여 국회의 자율권의 한계를 벗어난다.

2) 이 사건의 본회의 의결 절차에서는 무제한토론을 제한하는 여러 차례의 짧은 회기의 결정을 통하여 각 법률안별로 토론과 표결이 분리되는 방식으로 의사절차가 형성되었고, 이러한 방식으로 의사절차가 진행되는 중간에 각 개정법률안의 수정안이 제출되어 다음과 같은 헌법 위반 사유가 발생하였다.

이 사건의 본회의 의결 절차에서는 검찰청법 일부개정법률안(대안)의 원안에 대한 무제한토론이 진행되던 도중 그에 대한 수정안이 제출되었고, 바로 다음 회기에서 수정안의 제안설명만 듣고 토론 없이 표결에 나아갔으므로, 검찰청법의 개정에 관해서는 수정안에 대한 토론의 기회가 전혀 보장되지 않았다.

한편, 검찰청법 중 검사가 수사를 개시할 수 있는 범죄의 범위에 관한 내용은 형사소송법 중 사법경찰관이 1차로 수사하여 송치한 사건에 대한 검사의 보완수사 및 사법경찰관의 불송치결정 이후의 절차에 관한 내용과 체계적으로 연관되어 있다. 특히, 형사소송법 일부개정법률안(대안)의 수정안은 사법경찰관의 불송치결정에 대한 고발인의 이의신청권을 배제하는 내용을 포함하고 있었고, 이는 기관 고발의 문제와 관련하여 검찰청법 일부개정법률안(대안) 및 그 수정안에서 검사의 직접 수사개시 범위에서 제외된 공직자범죄 및 선거범죄 등에 대한 검사의 소추권과 수사권을 크게 제약하는 것이었으므로, 위와 같은 내용의 형사소송법 개정은 검찰청법의 개정 내용과 체계상 밀접한 관계가 있었다. 법제사법위원회의 법안 심사 단계에서는 이러한 체계적인 상호 연관성이 인정되어 검찰청법과 형사소송법의 개정법률안들이 함께 상정되고 의결되었으며, 법제사법위원회의 각 대안도 같은 날 제안되어 국회의장에게 함께 제출되었다. 그런데 본회의 의결 절차에서는 오로지 표결 절차를 신속하게 진행하기 위하여 검찰청법과 형사소송법의 개정법률안을 분리하여 상정하면서 각각의 토론과 표결도 분리하게 되었고, 이러한 절차가 진행되는 도중에 각 개정법률안의 수정안이 제출된 결과, 검찰청법의 개정 내용과 체계적으로 밀접하게 연관되는 형사소송법 일부개정법률안(대안)의 수정안에 대한 제안설명조차 시작되지 않은 상태에서 검찰청법의 개정에 관한 의결 절차가 마무리되었다. 그리고 형사소송법 일부개정법률안(대안)의 수정안에 포함된 사법경찰관의 불송치결정에 대한 이의신청권을 배제하는 부분(개정 형사소송법 제245조의7 제1항)은, 수정동의에 관한 국회법 제95조 제5항의 '원안의 취지 및 내용과의 직접 관련성' 요건에도 위배된다. 이러한 의사절차의 형성은 법률안들 사이의 상호 연관성의 관점에서 중요한 내용에 대하여 실질적인 토론을 기반으로 한 표결을 할 수 없도록 한 것이다.

이 사건 법률개정행위의 이와 같은 본회의 의사절차의 형성은 실질적 토론을 전제로 하는 헌법상 다수결원칙을 회기제에 제도적으로 구현한 헌법 제47조 제1항 및 제2항에 위배되고, 이 역시 청구인들에 대한 권한침해 사유가 되는 입법절차상 하자에 해당한다.

(2) 수평적·수직적 권력 상호간의 견제와 균형의 훼손

권력분립원칙은 국가기관 상호간의 협력과 통제를 통하여 국가의 헌법적 과제를 이행하도록 함으로써 궁극적으로 국민의 기본권을 보장하고자 하는 원리이다. 국가의 필수적 과제인 형사사법절차를 이행함에 있어 '심판기능'과 '소추기능'을 분리하여 각각 사법부와 행정부에 귀속시키고 상호간 협력과 통제가 이루어지도록 한 것도 기능적 권력분립의 한 모습으로 볼 수 있다.

이 사건에서는 형사사법절차에서 '소추기능'과 '수사기능'의 분리 여부에 관하여 청구인들과 피청구인의 주장이 대립하나, 양자를 각각 담당하는 기관을 분리하든 그렇지 않든 국가의 필수기능으로서 형사사법의 일환인 소추 및 수사기능은 준사법작용의 본질을 유지하면서 원활히 수행되어야 한다. 그런데 이 사건 법률개정행위는 그 내용상 검사가 직접 수사를 개시할 수 있는 영역에서는 '검사의 직무상 독립성'을, 검사가 직접 수사를 개시할 수 없어 사법경찰관이 1차로 수사하는 영역에서는 '검사의 직무상 객관성과 중립성'을 훼손함으

로써 소추 및 수사기능의 준사법작용으로서의 본질을 침해하였다.

소추 및 수사기능의 준사법작용으로서의 객관성·중립성·독립성은 상하위계적인 행정기능의 성격에 압도되어서는 안 된다. 그런데 개정 검찰청법 제4조 제2항에서 수사개시 검사의 공소제기를 금지한 것은 검사들 사이에 검찰사무에 관한 상급자의 지휘·감독권(검찰청법 제7조 참조)과 결합하여 부패범죄, 경제범죄 등에 대한 소추 및 수사의 독립성이 검찰조직 내부의 상하위계질서에 압도되도록 하였다. 또한, 개정 형사소송법 제245조의7 제1항에서 사법경찰관의 불송치결정에 대한 고발인의 이의신청권을 배제한 것은 해당 영역에서 준사법작용으로서의 소추기능의 핵심적인 부분인 '공소 제기 여부를 결정할 권한'을 행정경찰의 강한 상하위계질서 아래에 두면서, 이에 대한 준사법적 통제를 극도로 제한하는 결과를 초래하였다. 이러한 입법은 국가의 소추 및 수사기능의 실현에 있어 행정부 내 수평적·수직적 권력 상호간의 협력과 통제의 균형을 중대하게 훼손한 것이다.

검사의 직무상 독립성을 전제로 소추 및 수사기능의 객관성과 중립성을 확보하기 위해서는 검찰조직 내·외부에서 사법적 관점에 따른 협력과 통제의 장치가 있어야 하는데, 국가적·사회적 법익에 관한 중요 범죄 영역에 대한 독립된 국가기관의 위법 여부 감시와 고발의 권한, 검찰조직 내부의 항고·재항고제도와 법원이 심판하는 재정신청제도가 이에 해당한다. 그런데 개정 검찰청법 제4조 제1항 제1호 가목은 공직자범죄의 영역에서 검사의 수사개시 권한을 축소하였고, 이에 따라 해당 영역에서는 사법경찰관이 1차로 수사하게 되었는데, 개정 형사소송법 제245조의7 제1항에서 사법경찰관의 불송치결정에 대하여 고발인의 이의신청권을 배제한 결과, 감사원의 고발 권한과 연계된 검찰청법상 항고·재항고제도를 통하여 소추 및 수사기능을 준사법적으로 통제하는 기능의 상당 부분이 훼손되었다. 또한, 이 사건 법률개정행위는 선거범죄의 영역에서도 같은 방식으로 선거관리위원회의 고발 권한과 연계된 검찰청법상 항고·재항고제도 및 재정신청제도를 통하여 소추 및 수사기능을 준사법적·사법적으로 통제하는 기능이 실현되지 못하도록 하였다. 이것은 공직제도 및 선거제도의 적법성과 공정성 보장에 관련된 범죄 영역의 소추 및 수사기능에 관하여 검사 및 경찰과 같은 소추·수사기관과 독립된 헌법기관인 감사원, 선거관리위원회, 법원 상호간의 협력과 통제의 균형을 중대하게 훼손한 것이다.

한편, 행정부 내에서의 검사의 소추 및 수사기능과 이에 대한 법무부장관의 일반적 지휘·감독 기능은 입법부인 국회의 국정통제의 대상이 될 수도 있다. 하지만, 이러한 통제는 형사정책의 수립과 이행 상황의 점검, 검찰사무 일반의 투명성과 일관성 확보의 관점에서 이루어져야 하는 것이고, 국회 내의 정치세력이 검사의 수사 및 소추에 영향력을 행사하는 방식이어서는 안 된다. 그런데 개정 검찰청법 제24조 제4항에서 규정한 검찰총장의 국회에 대한 보고의무의 내용은 부패범죄, 경제범죄 등의 영역에서 검사의 직무에 정치적 압력이 작용하는 외관과 위험을 발생시키는 것이므로, 이는 국회의 행정부에 대한 국정통제기능의 한계를 넘어서는 것이다.

따라서 이 사건 법률개정행위는 국가의 필수적인 기능인 소추 및 수사기능에 관하여 수평적·수직적 권력 상호간의 협력과 통제의 균형을 광범위하게 훼손하였으므로, 헌법상 기능적 권력분립원칙을 중대하게 위반하였다.

(3) 준사법기관의 절차적 기본권 보장의무

당사자의 절차적 권리의 보장은 사법절차의 특징적 요소로서(헌재 2000. 6. 1. 98헌바8; 헌재 2001. 6. 28. 2000헌바30 참조), 사법기관 또는 준사법기관의 권한 행사가 그 성격을 유지할 수 있도록 하는 것으로, 해당 기관은 당사자의 절차적 권리를 보장하는 권한만 있는 것이 아니라 이에 관한 의무도 구체적으로 진다.

검사가 지는 기본권 보장의 의무는 당사자의 절차적 권리 보장이라는 준사법기관으로서의 본질과 연결되어 그 '직무상 객관성과 중립성'에 직접적으로 연관되므로, 국회의 입법행위로 제·개정된 법률의 내용이 소추권 및 수사권을 행사하는 검사로 하여금 그와 관련된 '절차적 기본권 보장의 의무'를 준수할 수 없도록 하는 것이라면, 이는 준사법기관으로서의 검사의 권한을 본질적으로 침해하는 것이다.

검사의 권한과 당사자의 절차적 기본권 사이의 이러한 관계는 검사의 권한이 '준사법기능'의 수행이라는 점에서 비롯되는 것이고, 국가기관 상호간의 권한쟁의심판이 다른 심판절차에 대하여 보충적 지위에 있는 것도 아니므로, 입법에 의하여 신속하고 공정한 재판을 받을 권리나 재판절차진술권 등 절차적 기본권을 침해받은 당사자가 헌법소원심판을 청구할 수 있는지 여부는 이 사건 권한쟁의심판에서 절차적 기본권 침해 사유를 고려할 수 있는지 여부와는 무관한 문제이다.

특히, 이 사건에서 절차적 기본권 침해 사유가 문제 되는 기본권 주체들은 아동·청소년 등 스스로 자신의 기본권을 실효적으로 행사하는 것이 어려운 경우가 많다는 점을 고려하면, 형사사법에 관여하는 국민의 절차적 기본권 침해가 문제 되는 사유를 검사의 권한의 본질적 내용인 그 직무상 객관성과 중립성 문제의 테두리 내에서 고려하는 것은, 기본권 보장의 사각지대를 줄이는 측면에서 타당하다.

한편, 이 사건에서 피해자의 지위에 있는 고발인과 같은 당사자에 대하여 검사의 수사와 기소 여부 판단을 거치도록 하지 않더라도 재정신청 등으로 재판절차진술권을 보장할 수 있다는 취지의 주장은, 그 자체로 심판기능과 분리된 준사법기능으로서 검사가 수행하는 소추와 수사의 기능을 형해화해도 된다는 것이므로 타당하지 않다.

이 사건 법률개정행위의 내용 중 사법경찰관이 송치한 사건의 일정한 유형에서 검사의 직접 보완수사의 범위를 '해당 사건과 동일성을 해치지 아니하는 범위 내'로 제한한 개정 형사소송법 제196조 제2항과 사법경찰관의 불송치결정에 대한 이의신청권을 배제한 개정 형사소송법 제245조의7 제1항은, 검사가 소추권 및 수사권을 행사함에 있어 형사피의자 또는 형사피해자를 합리적 이유 없이 차별취급할 수밖에 없도록 하고, 그와 관련된 신속하고 공정한 재판을 받을 권리나 재판절차진술권과 같은 절차적 기본권 보장의 의무를 준수할 수 없도록 하는 것이므로, 검사의 직무상 객관성과 중립성을 훼손하여 청구인들 중 검사들의 권한을 본질적으로 침해한다.

(4) 검사의 준사법기관적 성격의 보편성

이 사건에서 청구인들과 피청구인은 대륙법계와 영미법계의 형사사법체계에 관련된 여러 주장을 하였으나, 형사사법체계의 유형이 다양함에도 불구하고 모든 국가는 형사소추를 국가의 핵심적 기능으로 보고 있으며, 소추기관인 검사가 오로지 법적인 관점에서 객관적, 중립적, 독립적으로 그 직무를 수행하는 준사법기관의 지위에 있다는 점은 보편적으로 받아들여지고 있다. 이는 대륙법계와 영미법계의 국가들을 아우르는 여러 국제기구의 권고안이나 보고서 등에서도 확인된다. 몇 가지 예를 들어보면 다음과 같다.

유럽평의회 각료위원회가 2000년에 채택한 '형사사법체계에서의 검찰의 역할에 관한 권고'에서는, 검사의 역할에 대하여 '모든 형사사법체계에서' 검사는 '공소의 제기 또는 유지 여부를 결정하고, 법원 앞에서 공소를 수행하며, 모든 또는 일부 법원의 결정에 대하여 상소하거나 상소를 수행할 수 있다'고 하였고, 이에 더하여 '특정한 형사사법체계'에서 검사는 '수사를 수행, 지시 또는 감독하고', '피해자가 효과적으로 지원을 받을 수 있도록 보장한다'고 하였다(The Role of Public Prosecution in the Criminal Justice System, Recommendation Rec(2000)19, Committee of Ministers of the Council of Europe, 2000. 10. 6. 참조).

국제검사협회가 1999년에 채택한 '직무상 책임의 기준 및 검사의 본질적 의무와 권한에 관한 선언'에서도 검사의 전문적 과제 수행, 독립성, 중립성, 그리고 형사절차에서의 역할(공정성, 일관성, 신속성, 객관성, 중립성, 인권보호 등)을 선언한 바 있다(Standards of professional responsibility and statement of the essential duties and rights of prosecutors, International Association of Prosecutors, 1999. 4. 23. 참조).

특히, '베니스위원회(Venice Commission)'로 약칭되는 '법을 통한 민주주의를 위한 유럽 위원회(European Commission for Democracy through Law)'에서는 검사에 관한 여러 권고 의견과 보고서들을 꾸준히 채택하고 있다. 베니스위원회가 1995년에 채택한 헝가리의 헌법 제정에 관한 안에 대한 의견에서는 '검찰의 독립성의 보장과 보호'에 관한 기본적인 내용은 '헌법에 포함되는 것이 바람직하다'고 한 바 있다(Opinion on the Regulatory concept of the Constitution of the Hungarian Republic, Venice Commission, 1995. 11. 24.-25. 참조). 그리고 2010년에 채택된 '사법시스템의 독립성에 관한 유럽기준에 대한 보고서' 중 '검찰 부분'에서는 검찰의 다양한 조직 모델과 검사의 지위, 검사의 내부적 독립과 외부적 독립 등에 관한 유럽의 기준에 대하여 정리하였는데, 이 보고서에는 특히, 형사사법체계의 다양성에도 불구하고 모든 국가는 형사소추를 국가의 핵심적 기능으로 본다는 점, 행정부가 검찰총장 및 검사에게 개별 사건에 대하여 지시하는 것은 허용되지 않으며, 검찰 외부로부터의 개입의 외관도 실제의 개입만큼 유해하다는 점, 부당한 지시를 피하기 위하여 검사의 활동이 상하위계상 상급자로부터 간섭을 받지 않도록 보장되는 일련의 목록이 있어야 한다는 점, 검사와 수사관이 분리된 경우 검사의 권력 남용의 위험이 줄어드는 대신 경찰의 권력 남용의 위험이 커진다는 점, 그리고 부패나 정치적 압력으로 기소할 사건을 불기소할 위험과 이에 대한 사법적 심사를 구할 피해자의 권리를 보장할 필요성 및 검사가 수사를 통제하지 않는 시스템에서의 불기소처분에 대한 법적 구제의 필요성 등이 언급되어 있다(Report on European Standards as regards the Independence of the Judicial System: Part II - The Prosecution Service, Venice Commission, 2010. 12. 17.-18. 참조).

라. 결론

국가의 필수적 과제인 형사사법을 수행하는 소추기능과 수사기능은 헌법상 기능적 권력분립원칙에 따라 그 기능을 담당할 기관을 구성하고 관련 기관들 상호간의 협력과 통제의 관계를 유지해야 하는 대표적인 영역이고, 소추 및 수사기능의 준사법적 성격을 유지하는 것은 형사사법에 관련된 국민의 기본권 보장과 직결되는 문제이다.

그런데 이 사건 법률개정행위는 입법기능을 수행하는 절차와 검사의 소추권 및 수사권을 구체적으로 형성하고 제한하는 내용 모두에 있어서 헌법상 한계를 일탈하여 청구인들의 권한을 침해하였고, 국가기관 상호간 협력과 통제의 관계를 광범위하게 훼손하였다. 이를 통제하고 교정해야 하는 이 사건 권한쟁의심판의 적법요건과 본안 판단에 있어서는 헌법조항을 비롯한 관련 법령을 형식적으로 파악하는 데에 그쳐서는 안 되며, 그 판단의 기준이 헌법상 기능적 권력분립원칙에 실질적으로 부합하도록 이해되고 적용되어야 한다.

8. 재판관 이은애, 재판관 이종석, 재판관 이영진의 무효확인청구에 대한 반대의견

우리는 피청구인의 이 사건 법률개정행위는 그 절차 및 내용 모두에 있어 헌법을 중대하게 위반하여 청구인들 중 검사들의 헌법상 소추권 및 수사권과 청구인 법무부장관의 검사에 관한 관장 사무에 대한 권한을 침해하였는바, 그 무효확인청구에 대해서는 다음과 같은 이유로 이 사건 법률개정행위를 취소하여야 한다고 생각한다.

가. 헌법재판소법 제66조 제2항 및 제67조의 의미

(1) 헌법재판소법 제66조 제2항은 "헌법재판소는 권한침해의 원인이 된 피청구인의 처분을 취소하거나 그 무효를 확인할 수 있고, 헌법재판소가 부작위에 대한 심판청구를 인용하는 결정을 한 때에는 피청구인은 결정 취지에 따른 처분을 하여야 한다."라고 규정한다.

권한쟁의심판에서 청구인의 권한이 침해되었다고 확인될 경우, 헌법재판소법 제66조 제2항에서 그 원인이 되는 피청구인의 처분을 취소하거나 그 무효를 확인할 것인지 여부에 대하여 헌법재판소에 재량을 부여한 취지는, 권한쟁의심판이 헌법적 권한질서의 객관적 확인이라는 객관적 쟁송의 성격과 침해된 청구인의 권한을 구제하는 주관적 쟁송의 성격을 동시에 지니고 있음을 반영하여, 헌법재판소로 하여금 권한쟁의심판제도의 기초가 되는 권력분립원리의 실질적 실현에 가장 적합한 결정을 하도록 하기 위함이라고 할 것이다. 따라서 권한쟁의심판에서 피청구인의 처분으로 인하여 청구인의 권한이 침해된 것으로 확인하는 경우 그러한 처분을 취소하거나 무효를 확인할 것인지 여부는, 권한 침해 사유의 헌법적 중대성, 침해된 청구인의 권한과 그 원인이 된 피청구인의 처분이 헌법적 권한질서 내에서 가지는 의미, 권한쟁의심판의 결정을 통하여 달성될 수 있는 헌법적 권한질서 회복의 이익 등을 종합적으로 고려하여 판단하여야 할 것이다.

(2) 헌법재판소법 제67조 제1항은 "헌법재판소의 권한쟁의심판의 결정은 모든 국가기관과 지방자치단체를 기속한다."라고 규정하고, 제2항은 "국가기관 또는 지방자치단체의 처분을 취소하는 결정은 그 처분의 상대방에 대하여 이미 생긴 효력에 영향을 미치지 아니한다."라고 규정한다.

법률의 제·개정행위에 대한 무효확인결정 또는 취소결정도 모든 국가기관과 지방자치단체를 기속하므로, 그러한 결정으로 법률이 제정되지 않거나 개정되기 전으로 회귀한 것과 같이 되면 청구인과 피청구인이 아닌 국가기관이나 지방자치단체도 이에 저촉되는 다른 판단이나 행위를 할 수 없고, 위와 같은 법률의 상태를 자신의 판단 및 조치의 기초로 삼아야 한다. 청구인인 국가기관이나 지방자치단체의 침해된 권한은 바로 회복되므로, 청구인은 즉시 그 권한을 행사할 수 있다. 피청구인인 국회는 입법행위의 내용으로 청구인의 권한이 침해되었다면 같은 내용의 입법행위를 다시 할 수 없으며, 만약 입법절차상 하자에 의해서만 청구인의 권한이 침해되었다면 같은 종류의 하자가 없는 절차를 다시 밟아서 동일한 내용의 입법행위를 할 수도 있다. 대통령은 취소되거나 무효가 확인된 법률의 제·개정행위의 대상 법률안을 다시 법률로 공포할 수 없다.

헌법재판소법 제67조 제2항에 따라 피청구인의 처분을 취소할 경우 '처분의 상대방'에 대하여 이미 생긴 효력에 영향을 미치지 않는다는 것은 '제3자'인 상대방에 대하여만 적용되며, 이 경우에도 '이미' 생긴 효력만 그대로 인정될 뿐 취소결정 이후의 장래에까지 그 효력을 계속 주장할 수 있는 것은 아니다.

법률의 제·개정행위의 상대방은 그 '법적 효력'을 받는 자이므로, 행위의 결과물인 법률이 적용되는 모든 수범자라고 할 것이다. 따라서 법률의 제·개정행위에 대하여 취소결정을 하면, 그로 인해 개정된 법률이 시행된 이후 헌법재판소의 취소결정 전까지 있었던 집행행위의 유효성은 소급하여 소멸되지 않는다.

헌법재판소법의 권한쟁의심판에 관한 규정에서 무효확인결정과 취소결정은 그 결정 여부 자체가 헌법재판소의 재량 영역에 있고, 권한침해가 확인될 경우 청구인의 청구가 없더라도 직권으로 결정할 수도 있으며, 취소결정은 처분의 상대방에 대하여 이미 생긴 효력에 영향을 미치지 않는다는 헌법재판소법 제67조 제2항 이외에 청구기간이나 다른 요건 등에서 무효사유와 취소사유가 차별적으로 규정된 바 없다. 권한쟁의심판에서 피청구인의 처분으로 인한 청구인의 권한침해가 확인되는 경우 그 처분에 대한 무효확인결정과 취소결정을 하는 것은 동일한 심판유형 내에서 결정의 주문을 정하는 문제이다. 따라서 청구인이 무효확인청구를 하였더라도 청구취지의 변경 없이 취소결정을 할 수 있다 할 것이다.

나. 이 사건 권한 침해 사유의 헌법적 중대성

(1) 이 사건 법률개정행위는 그 절차의 측면에서 다음과 같이 헌법과 국회법을 중대하게 위반하였다.

먼저 법제사법위원회의 의결 절차에서 안건조정제도에 관한 국회법 제57조의2, 위원회의 심사 및 표결에 관한 국회법 제58조를 위반하였고, 본회의 의결 절차에서도 무제한토론에 관한 국회법 제106조의2 및 본회의 수정동의절차에 관한 국회법 제95조 제5항을 위반하였다.

또한, 이 사건 법률개정행위의 법제사법위원회 의결 절차에서는 그 위원장이 조정위원회를 구성함에 있어, 제1교섭단체인 민주당의 당론에 따른 입법이 신속하게 추진되도록 조정위원회의 의결정족수를 충족시킬 의도로 민주당을 탈당한 민형배 의원을 그 사정을 알면서도 비교섭단체 몫의 조정위원으로 선임함으로써 미리 조정안에 대한 가결의 조건을 만들었고, 조정위원회의 조정안에 대한 법제사법위원회의 심사 과정에서 실질적 토론의 기회를 부여하지 않은 채 표결에 부쳐 의결에 이르도록 하였다. 본회의 의결 절차에서는 국회의장이 소수의견이 개진될 수 있는 국회법상 마지막 기회를 무력화하였고, 특히 검찰청법 일부개정법률안(대안)의 수정안에 대해서는 제안설명 이후 바로 표결에 나아가 토론의 기회를 전혀 보장하지 않았다. 이로써 이 사건 법률개정행위는 실질적 토론을 전제로 하는 헌법상 다수결의 원칙을 규정하고 국회 내 의결 절차상 회의 주재자로서의 중립성을 엄격하게 요구하는 헌법 제49조를 위반하였다.

이와 같은 입법절차상의 하자는 의결정족수의 충족 및 의결된 법률안의 주요 내용의 성립에 관한 하자로서 국회 밖의 국가기관인 청구인들의 헌법상 권한에 대한 침해의 원인이 되었는바, 이러한 권한침해의 사유는 모든 국가기관이 국회가 제·개정한 법률을 준수해야 한다는 의회입법의 우위의 근본적인 근거를 훼손하는 것으로, 헌법적으로 매우 중대하다고 할 것이다.

(2) 이 사건 법률개정행위는 그 내용의 측면에서도, 다음과 같이 헌법을 중대하게 위반하였다.

이 사건 법률개정행위는 검사가 수사를 개시할 수 있는 범죄의 범위를 변경하여 공직자범죄, 선거범죄, 방위사업범죄 및 대형참사 등에 관하여 검사가 직접 수사를 개시할 수 있는 범죄 영역을 축소하였는데(개정 검찰청법 제4조 제1항 제1호 가목), 그 주요 내용은 다음과 같이 검사가 직접 수사를 개시할 수 있는 범죄 영역에 대해서는 '검사의 직무상 독립성'을 훼손하고, 검사가 직접 수사를 개시할 수 없게 되어 사법경찰관이 1차로 수사하게 된 영역에서는 '검사의 직무상 객관성 및 중립성'을 훼손하는 것들이다.

먼저 검사가 직접 수사를 개시할 수 있는 부패범죄, 경제범죄 등에 대해서는, 정치권력 또는 경제적·사회적 권력의 영향이 강하게 작용할 위험이 있는 범죄 영역의 소추권 및 수사권 행사에 관하여, 검사들 사이에 검찰사무에 대한 상급자의 지휘·감독권(검찰청법 제7조)이 있는 상황에서 수사개시 검사의 공소제기를 금지하여(개정 검찰청법 제4조 제2항) 검찰조직 내의 상하위계를 강화하였고, 이러한 상황에서 관련 부서의 직제 등 현황을 검찰총장이 국회에 분기별로 보고하도록 하여(개정 검찰청법 제24조 제4항) 국회 내의 정치세력이 영향력을 행사할 위험을 증대시켰으므로, 이러한 입법행위는 '검사의 직무상 독립성'을 훼손한 것이다.

한편, 검사가 직접 수사를 개시할 수 없어 사법경찰관이 1차로 수사하는 영역에 대해서는, 사법경찰관이 범죄혐의를 인정하여 송치한 경우에 해당하지 않는 세

가지 유형의 송치사건에 대하여 검사가 직접 보완수사할 수 있는 범위를 '해당 사건과 동일성을 해치지 아니하는 범위 내'로 제한하여(개정 형사소송법 제196조 제2항) 사법경찰관의 1차 수사의 방향이 적정하지 않았거나 그 수사 방향에 고소인이나 피해자 등의 이의가 있는 경우에 오히려 수사의 실효성이 저하된 절차에 의할 수밖에 없도록 하였으며, 사법경찰관의 불송치결정에 대한 고발인의 이의신청권을 배제하여(개정 형사소송법 제245조의7 제1항) 그 사건이 검사에게 송치되는 것은 매우 제한적인 요건에서만 가능하도록 함으로써 검사의 소추권을 제한하고, 중요한 국가적·사회적 법익을 보호하기 위하여 기관 고발의 대상이 되거나 사회적 약자가 피해자인 고발 사건의 영역에서 수사의 실효성을 크게 저하시켰다. 이러한 입법행위는 검사가 소추권 및 수사권을 행사함에 있어 형사피의자 또는 형사피해자를 합리적 이유 없이 차별 취급할 수밖에 없도록 하고, 그와 관련된 신속하고 공정한 재판을 받을 권리나 재판절차진술권과 같은 절차적 기본권 보장의 의무를 준수할 수 없도록 하며, 국가적·사회적 법익을 보호해야 하는 사건의 공정한 처리를 어렵게 하므로, '검사의 직무상 객관성과 중립성'을 훼손한 것이다.

특히, 사법경찰관의 불송치결정에 대한 고발인의 이의신청권을 배제한 입법은, 물리력을 행사할 수 있고 상하위계가 강한 경찰조직에 소추기능인 '공소제기 여부를 결정하는 권한'의 일부를 사실상 이전하면서 이에 대하여 준사법기관인 검사의 통제를 극도로 제한하고 준사법기관이 아닌 행정경찰의 상하위계에 따른 지휘·감독만을 받게 한 것으로 소추 및 수사기능의 준사법적 성격에 반한다. 또한, 이러한 입법은 기관 고발 사건에서의 검찰청법상 항고·재항고나 재정신청제도 등 소추 및 수사기능을 준사법적·사법적으로 통제하는 제도의 기능을 상당 부분 상실시키며, 검사가 인권옹호기관으로서 사회적 약자인 피해자의 보호를 위하여 보유하는 법률상 권한의 기능도 정상적으로 실현되지 못하도록 하는 등 관련 법령과의 법체계상 정합성에도 부합하지 않는다.

이와 같이 이 사건 법률개정행위의 주요 내용들은 준사법작용인 소추 및 수사기능의 객관성·중립성·독립성을 훼손하여 헌법상 검사의 소추권 및 수사권에 관한 입법형성의 한계를 일탈함으로써 청구인들 중 검사들의 권한을 본질적으로 침해하였고, 법체계의 정합성에 부합하지 않으므로 법치국가원리에 따른 입법형성의 한계도 일탈하였다.

위와 같은 이 사건 법률개정행위의 주요 내용들은 법무부장관의 권한에 관해서도 행정각부의 장으로서 관장하는 사무에 관한 입법 및 국회의 국정통제기능에 관한 입법의 한계를 일탈하여, 청구인 법무부장관의 검사에 대한 일반적인 지휘·감독권, 검찰조직 전반의 운용 및 검사와 검찰청 직원의 보직에 관한 권한을 침해하였다.

이러한 권한침해의 사유는 준사법작용으로서 행정작용과 사법작용의 성격을 겸유하는 소추 및 수사기능의 본질적 내용을 침해하고, 행정부와 입법부 사이의 견제와 균형을 훼손하는 것이므로, 헌법상 기능적 권력분립의 원칙에 대한 중대한 위반에 해당한다.

(3) 따라서 이 사건에서 청구인들에 대한 권한침해의 사유는 어느 모로 보나 헌법적으로 중대하므로, 헌법적 권한질서의 훼손을 즉시 교정해야 할 필요가 크다.

다. 이 사건에서 침해된 청구인들의 권한과 그 원인이 된 피청구인의 처분의 의미

(1) 이 사건에서 침해된 청구인들의 권한은, 검사가 준사법기관으로서 개별 형사사건의 당사자에게 지는 절차적 기본권 보장의 의무와 밀접한 관련이 있는 헌법상 소추권 및 수사권, 법무부장관이 관장하는 사무 가운데 국가의 필수기능인 소추 및 수사기능에 관련된 검찰 및 검사에 관한 사무에 대한 권한이다.

이러한 권한침해의 원인이 된 이 사건 법률개정행위는, 형사사법절차의 핵심 영역에 해당하는 소추 및 수사기능에 관하여 그 권한 주체 및 절차의 주요 내용을 변경하는 입법행위로서, 그 중에서도 일반적으로 검찰권을 행사하는 검찰청법상 검사의 소추권 및 수사권을 제한하는 것이다.

따라서 이 사건에서 침해된 청구인들의 권한 및 그 원인이 된 피청구인의 처분은, 개별 형사사건의 당사자인 개인의 절차적 기본권 보장 및 국가의 기본적인 책무인 형사사법의 실효성과 공정성의 확보에 관련된 것이므로, 국민의 기본권 및 국가의 권한질서에 중요한 의미를 가진다.

(2) 검사가 이 사건 법률개정행위에 따라 그 수사권 및 소추권이 제한된 상태에서 직무를 행사하는 경우, 범죄수사에서 적시에 수집해야 하는 증거의 산일(散逸), 실효적이고 공정한 수사 및 소추기능의 장애로 인한 형사피해자의 재판절차진술권에 대한 침해, 형사피고인의 공정하고 신속한 재판을 받을 권리의 침해는 이

사건 법률개정행위의 효력이 그대로 유지되는 한 언제든 발생할 수 있다. 특별한 공익 또는 사회적 약자인 피해자를 보호하기 위하여 여러 관련 법령들에서 검사의 소추권 및 수사권을 전제로 규정된 검찰청법상 항고·재항고 및 재정신청제도 등의 준사법적·사법적인 통제수단, 그리고 검사가 수사의 주체임을 전제로 사회적 약자인 피해자 보호를 위하여 마련된 제도들이 정상적으로 기능하지 못하게 되는 것도 마찬가지이다.

검사는 법률이 유효하면 이를 그대로 형사사법절차에 적용하여 집행하여야만 하는 준사법기관이므로, 이 사건 법률개정행위로 인한 위와 같은 기본권 침해를 방지하고 관련 제도의 기능상 장애를 교정하기 위해서는, 그 입법행위의 법적 효력을 제거하여 침해된 검사의 권한을 즉시 회복해야 할 필요성이 크다.

라. 이 사건 권한쟁의심판의 결정을 통한 헌법적 권한질서 회복의 이익

권한쟁의심판의 대상인 전체로서의 '법률의 제정 또는 개정 행위'를 취소하거나 그 무효를 확인하여 그 법적 효력을 제거할 경우, 심판대상이 된 법률의 제·개정행위가 없었던 것과 같이 되어 개정된 법률은 개정 전의 상태로 회귀한다. 이 경우 신설된 조항은 그 효력 발생 시점으로 소급하여 효력을 상실하고 폐지된 것과 같이 되지만, 개정된 조항은 위헌법률심판의 경우처럼 법률에서 사라지는 것이 아니라 개정 전의 상태로 돌아간다. 가령 검사가 직접 수사를 개시할 수 있는 범죄의 범위를 축소한 개정 검찰청법 제4조 제1항 제1호 가목에 대한 개정행위에 대하여 무효확인결정 또는 취소결정이 있으면, 개정 전으로 돌아가 축소되었던 검사의 직접 수사개시 범죄의 범위가 다시 회복되는 것으로, 위헌법률심판에서의 법률의 위헌결정처럼 위 규정이 효력을 상실하여 검사의 직접 수사개시의 근거 자체가 사라지는 것이 아니다.

이 사건 법률개정행위를 취소하거나 그 무효를 확인하면, 그 효력이 부인되는 즉시 검사는 제한되었던 수사권과 소추권을 회복하게 되어 이를 행사할 수 있게 되고, 특히 사법경찰관의 불송치결정에 대한 이의신청은 그 신청 기간에 제한이 없어 이의신청이 배제되었던 고발인은 즉시 이의신청을 함으로써 해당 사건이 검사에게 송치되도록 할 수 있게 된다. 이처럼 이 사건 법률개정행위에 대하여 무효확인결정 또는 취소결정을 하면, 검사의 준사법기관으로서의 권한에 대한 침해와 밀접하게 연관되는 피의자, 피고인 및 피해자의 절차적 기본권 침해, 실효적이고 공정한 소추 및 수사기능의 장애 등이 발생하는 것을 방지할 수 있으므로, 이를 통해 손상된 헌법적 권한질서를 회복할 수 있다는 심판의 이익이 인정된다.

국회의 입법행위의 효력을 헌법재판소의 사법적 판단으로 부인하는 것은, 국가기관 상호간의 권한쟁의에 관한 심판을 헌법재판소의 관장사항으로 정한 헌법 제111조 제1항 제4호, 국회와 국회 밖의 국가기관 상호간의 권한쟁의심판을 명문으로 규정한 헌법재판소법 제62조 제1항 제1호, 헌법재판소가 권한침해의 원인이 된 피청구인의 처분의 취소 또는 그 무효를 확인할 수 있도록 규정한 헌법재판소법 제66조 제2항에 근거한 것이고, 이 사건 법률개정행위의 효력을 부인하여 형사사법절차가 그에 따른 검찰청법 및 형사소송법의 개정 전의 상태로 돌아간다고 해서 특별히 헌법적 권한질서에 어긋나는 문제가 생기지는 않는다.

다만, 이 경우 이미 시행된 개정 법률에 근거한 수사 및 소추와 관련된 구체적인 집행행위의 효력은 법적 안정성의 관점에서 이 사건 법률개정행위를 취소할 것인지, 아니면 그 무효를 확인할 것인지의 문제이고, 이 밖에 이 사건 법률개정행위를 실효시킴으로써 공공복리에 적합하지 않은 상황이 초래될 수 있는 특별한 사정은 발견하기 어렵다.

따라서 권한쟁의심판의 결정을 통하여 이 사건 법률개정행위를 실효시킴으로써 손상된 헌법적 권한질서를 회복할 이익이 인정되며, 그 방법으로 피청구인의 처분인 이 사건 법률개정행위를 취소할 것인지, 그 무효를 확인할 것인지는 권한쟁의심판의 결정의 효력에 관한 헌법재판소법 제67조 제2항의 적용 여부에 따라 판단해야 할 것이다.

마. 이 사건 법률개정행위에 대한 취소결정의 필요성

이 사건 법률개정행위의 경우 그 법적 효력을 제거하여 청구인들의 침해된 권한을 즉시 회복할 필요성이 인정되지만, 개정 검찰청법과 형사소송법이 집행되는 모든 경우에 그 집행행위의 효력까지 소멸시킬 경우 법적 안정성이 훼손될 가능성이 전혀 없다고 단정하기는 어렵다. 예를 들어 이 사건 법률개정행위에 따라 시행된 개정 검찰청법 및 형사소송법에 근거한 여러 하위법령이나 내규의 효력과 그 집행행위의 효력이 어떻게 되는지는 개별 사안에 대한 검토 없이 판단하기 쉽지 않다.

한편, 위헌법률심판에서는 행정기관 및 사법기관의 조직법규와 형사소송에 관한 절차법규는 헌법재판소법 제47조 제3항이 정한 형벌에 관한 법률 또는 법률조항이라고 보기 어려우므로, 위헌결정이 있을 경우 같은 조 제2항에 따라 그 결정이 있는 날부터 효력을 상실하는 장래효가 인정된다. 권한쟁의심판에서의 법률의 제·개정행위에 대한 무효확인결정 또는 취소결정의 효력이 위헌법률심판에서의 법률의 위헌결정과 같지는 않지만, 법규범의 효력이라는 관점에서 양자의 균형을 최대한 고려할 필요는 있다.

따라서 검찰청법 및 형사소송법을 대상으로 하는 이 사건 법률개정행위에 대해서도 그로 인한 청구인들의 권한침해가 확인될 경우, 원칙적으로 무효확인결정보다는 취소결정을 함으로써 헌법재판소법 제67조 제2항에 따라 그 처분의 상대방인 수범자에 대하여 이미 생긴 효력에는 영향을 미치지 않도록 하는 것이 타당하다.

바. 결론

이 사건 법률개정행위는 헌법과 국회법을 중대하게 위반하여 청구인들의 권한을 침해하였고, 그 침해된 권한과 피청구인의 행위가 헌법적 권한질서 내에서 갖는 의미 및 이 사건 권한쟁의심판의 이익을 고려하면, 그 법적 효력을 제거함으로써 청구인들의 침해된 권한을 즉시 회복할 필요가 인정된다.

다만, 법적 안정성 및 위헌법률심판에서의 법률의 위헌결정의 효력과의 균형 등을 고려하여 그 처분의 상대방인 개정 검찰청법 및 형사소송법의 수범자에 대하여 이미 생긴 효력에는 영향을 미치지 않도록 하는 것이 타당하므로, 이 사건 법률개정행위에 대해서는 그 무효를 확인하는 대신 그 행위를 취소하여야 할 것이다.

9. 재판관 이선애의 무효확인청구에 대한 반대의견

나는 피청구인의 이 사건 법률개정행위는 그 절차 및 내용 모두에 있어 헌법을 중대하게 위반하여 청구인들의 권한을 침해하였음을 확인해야 할 뿐만 아니라, 손상된 헌법상 권한질서를 회복하고 이를 통해 국가기능의 수행을 원활히 하도록 하기 위해서는 그 행위를 취소하여야 한다고 생각하므로, 다음과 같이 그 이유를 남긴다.

가. 국회의 입법관련 행위에 대한 형성적 결정의 원칙적 자제와 예외적 필요성

(1) 헌법재판소법 제66조 제2항이 권한침해의 원인이 된 처분을 취소하거나 그 무효를 확인하는 것을 헌법재판소의 재량으로 하도록 정한 것은 '국가기관 상호간', '국가기관과 지방자치단체 간', '지방자치단체 상호간'의 3가지 서로 다른 성격의 권한쟁의심판의 본질과 기능에 상응하여 결정 주문이 달라져야 함을 고려할 것을 요청하고 있는 것으로 해석된다. 이러한 취지를 고려할 때 헌법재판소는 국가기관 상호간의 권한쟁의에서 정치적 헌법기관의 형성권을 침해할 우려가 있는 경우에는 취소결정이나 무효확인결정을 자제해야 한다고 생각한다.

국회의 입법관련 행위를 대상으로 한 국가기관 상호간의 권한쟁의심판에 있어서, 헌법재판소는 심판대상 행위의 위헌·위법 여부 및 권한의 침해 여부를 확인하는 것에 그쳐야 하고 이를 넘어 입법관련 행위에 대한 취소 내지 그 무효확인과 같은 형성적 결정을 내리는 것은 자제해야 한다. 국회는 스스로 다양한 절차와 방법을 통하여 합헌적 상태를 회복할 수 있는 광범위한 정치적 형성권을 가지고 있고, 국회의 정치적 형성권의 행사로서 회복된 합헌적 상태는 다양한 모습일 수 있기 때문에 국가기관 스스로 권한침해확인결정에 따라 합헌적인 상태를 구현하도록 함으로써 손상된 헌법상의 권한질서는 회복될 수 있다고 보기 때문이다(헌재 2011. 8. 30. 2009헌라7 중 재판관 이강국, 재판관 김종대의 각 별개의견 참조).

이것이 각 기관에게 주어진 권한을 보호함과 동시에 객관적 권한질서의 유지를 통하여 국가기능의 수행을 원활히 하고, 아울러 수평적 및 수직적 권력 상호간의 견제와 균형을 유지시켜 헌법적 가치질서 및 헌법의 규범적 효력을 보호하고자 하는 권한쟁의심판제도의 본래 목적과 의의에도 부합한다고 생각한다(헌재 2001. 5. 8. 2000헌라1 참조).

(2) 이처럼 국회의 입법관련 행위를 대상으로 한 국가기관 상호간의 권한쟁의심판에 있어서 심판대상 행위에 대한 취소·무효확인의 형성적 결정은 자제하여야 함이 원칙이지만, 예외적으로 국회의 입법관련 행위라 하더라도 수평적·수직적 권력 상호간의 견제와 균형을 근본적으로 훼손하여 헌법재판소가 사법적 자제를 유지해서는 헌법적 가치질서 및 헌법의 규범적 효력을 보호할 수 없는 경우에는, 손상된 헌법상 권한질서의 회복을 위하여 부득이 심판대상 행위의 취소 또는 무효확인으로 그 효력을 소멸시키는 결정을 할 수밖에 없다.

그러므로 국가기관 상호간의 권한쟁의에 있어서도 예외적으로 청구인의 권한을 침해한 피청구인의 처분이 헌법에 위반되어 그 하자가 중대하고, 피청구인에 대하여 정치적 형성권을 존중할 필요가 없거나 다른 정치적 형성방법을 기대할 수 없는 경우에는 취소·무효확인결정을 부가적으로 선언함으로써 피청구인의 처분의 효력을 형성적으로 소멸시킬 수 있고, 피청구인의 처분이 국회의 입법관련 행위라고 하더라도 의회제도를 보장하는 헌법적 가치를 본질적으로 부인하는 중대한 권한침해 사유가 있다면 그 취소 또는 무효확인을 결정할 여지가 있다고 할 것이다(헌재 2011. 8. 30. 2009헌라7 중 재판관 이강국, 재판관 김종대의 각 별개의견 참조).

(3) 헌법재판소법 제67조 제1항은 "헌법재판소의 권한쟁의심판의 결정은 모든 국가기관과 지방자치단체를 기속한다."라고 규정하고, 제2항은 "국가기관 또는 지방자치단체의 처분을 취소하는 결정은 그 처분의 상대방에 대하여 이미 생긴 효력에 영향을 미치지 아니한다."라고 규정한다.

헌법재판소법 제67조 제1항에서 권한쟁의심판의 결정은 심판청구의 인용 여부 및 결정의 구체적 유형을 불문하고 모든 국가기관과 지방자치단체를 기속하는 것으로 규정한 것은, 헌법상 객관적인 권한질서의 유지를 통하여 국가기능의 수행을 원활히 하고자 하는 권한쟁의심판의 목적에 부합하도록 그 결정의 효력을 정한 것이다. 같은 조 제2항에서 특히, 피청구인의 처분을 실효시키는 형성적 결정 중 취소결정에 한하여 그 처분의 상대방에 대하여 이미 생긴 효력에 영향을 미치지 않도록 규정함으로써 결정의 효력이 미치는 범위를 제한한 것도 근본적인 목적은 같다고 할 것이다.

따라서 헌법상 객관적 권한질서의 유지를 통하여 국가기능의 수행을 원활히 하고자 하는 권한쟁의심판의 목적에 비추어볼 때, 국회의 입법관련 행위에 대하여 예외적으로 그 효력을 상실시키는 형성적 결정을 할 수 밖에 없는 경우에도, 그 결정이 청구인이 아닌 처분의 상대방에 대하여 이미 생긴 효력에까지 영향을 미치는 것이 타당한지 여부에 따라, 심판대상 행위의 무효를 확인할지, 아니면 그 행위를 취소할지를 정해야 할 것이다.

나. 이 사건 법률개정행위에 대한 취소결정의 필요성

(1) 피청구인의 처분인 이 사건 법률개정행위에는 그 절차에 있어 실질적 토론을 전제로 하는 헌법상 다수결원칙 및 이를 제도적으로 구현한 헌법조항들을 위반하여 의결정족수를 충족시키고 법률안의 주요 내용을 성립시킨 중대한 하자가 존재하고, 이는 국회 밖의 국가기관인 검사와 법무부장관에 대한 권한침해의 원인이 되었다.

이처럼 입법행위의 절차가 의회입법의 우위의 근본적인 근거를 훼손한 경우에는 위헌적 입법행위의 결과인 개정 법률의 효력을 유지하여 국회 밖의 국가기관으로 하여금 후속 입법이 있을 때까지 해당 법률을 그대로 준수하라고 할 수 없다.

이러한 경우 권한침해확인결정에 그치고 침해의 원인이 된 입법행위를 실효시키지 않으면, 손상된 헌법적 권한질서를 회복하기 어렵다.

(2) 이 사건 법률개정행위의 내용은 수평적·수직적 권력 상호간의 견제와 균형을 광범위하게 훼손하여 헌법재판소의 권한쟁의심판을 통하여 객관적 권한질서를 회복해야 할 필요가 크다.

개정 검찰청법 및 형사소송법은 행정부에 소속된 기관의 소추 및 수사기능을 형성함에 있어 준사법작용의 본질을 훼손하였는데, 그 구체적인 내용은 행정부에 소속된 검사와 법무부장관의 권한을 침해한 것에 그치지 않고, 감사원과 선거관리위원회가 그 관장 사무의 영역에서 고발 등을 통하여 위법 여부를 감시하는 권한, 법원이 재정신청제도를 통하여 소추 및 수사기능을 사법적으로 통제하는 권한까지 정상적으로 행사하지 못하게 하는 등 국회와 검사 상호간, 국회와 법무부장관 상호간뿐만 아니라, 행정부 내부에서 소추 및 수사기능을 수행하는 검사와 경찰 상호간, 그리고 이러한 소추·수사기관과 감사원, 선거관리위원회, 법원 등 여러 독립적인 헌법기관 상호간의 견제와 균형까지 광범위하게 훼손하는 것이다.

이러한 경우에는 헌법상 기능적 권력분립의 관점에서 헌법재판소가 사법적 자제를 유지해서는 헌법적 가치질서 및 헌법의 규범적 효력을 보호하기 어렵다.

(3) 또한, 이 사건 법률개정행위의 내용은 준사법작용의 본질을 훼손하여 국민의 절차적 기본권을 침해하는 것으로, 입법행위의 결과인 개정 법률의 효력이 지속되는 한 언제든 국민 개개인의 기본권이 침해되는 상황이 발생할 수 있다.

이처럼 위헌적 입법행위로 인한 기본권 침해 또는 그 현저한 위험이 헌법재판소의 심리에 의한 판단으로 확인되었음에도 국가기관 상호간 권한 배분에 관한 문제라는 이유로 국민 개개인으로 하여금 국회의 후속 입법이 있을 때까지 기본권 침해 또는 그 현저한 위험을 감수하라고 할 수는 없다.

이러한 경우 헌법재판제도의 기능상 다른 장애 사유가 없음에도 기본권 침해 또는 그 현저한 위험 상황을 방치하는 것은, 헌법재판소를 포함하여 모든 국가기관이 지는 기본권 확인 및 보장의 의무(헌법 제10조 후문 참조)에 어긋나는 것이다.

(4) 다만, 개정 법률이 이미 시행된 경우 헌법재판소의 결정 이전에 국가기관이 개정 법률을 집행한 행위의 효력 및 이로 인하여 이미 발생한 기본권 침해의 구제에 관해서는 법적 안정성 및 다른 유형의 헌법재판과의 관계를 고려할 필요가 있다.

이 사건 법률개정행위를 통하여 개정된 검찰청법과 형사소송법은 형사사법의 핵심적 기능인 소추 및 수사에 관한 중요한 내용을 담고 있는데, 이 사건 법률개정행위에 대하여 무효확인결정을 하였을 때, 하위 법령의 제·개정을 포함하여 개정 검찰청법과 형사소송법이 이미 집행된 모든 경우에 법적 안정성이 훼손될 가능성이 전혀 없을 것이라고 단정하기는 어렵다.

또한, 개정 검찰청법과 형사소송법의 각 조항들은 조직 또는 절차에 관한 법규로서 헌법재판소법 제47조 제3항이 정한 형벌에 관한 법률 또는 법률조항이라고 보기 어려우므로, 그에 관해서는 위헌법률심판에서 위헌결정이 있더라도 같은 조 제2항에 따라 그 결정이 있는 날부터 효력을 상실하는 장래효가 인정될 뿐이고, 이는 헌법소원심판에 준용되는 경우에도 같다는 점(헌법재판소법 제75조 제6항 등 참조)도 고려할 필요가 있다.

이러한 점들을 고려하면, 이 사건 법률개정행위에 대해서는 그 효력을 즉시 상실시켜 침해된 청구인들의 권한을 바로 회복할 필요가 인정되지만, 헌법재판소법 제67조 제2항에 따라 입법행위의 상대방인 수범자에 대하여 이미 생긴 효력에는 영향을 미치지 않도록 무효확인결정이 아닌 취소결정을 하는 것이 헌법상 객관적 권한질서의 회복 및 유지를 통한 국가기능의 원활한 수행에 적합하다.

다. 결론

따라서 이 사건 법률개정행위에 대해서는, 국회의 입법관련 행위임에도 불구하고 의회제도를 보장하는 헌법적 가치를 본질적으로 부인하는 중대한 하자가 존재하여 피청구인의 정치적 형성권을 존중하거나 피청구인에게 다른 정치적 형성방법을 기대할 수 없으므로, 손상된 헌법상 권한질서를 회복하기 위하여 예외적으로 그 효력을 소멸시키는 형성적 결정을 할 수밖에 없다.

다만, 입법행위의 효력을 소멸시키고 그로 인해 침해되는 기본권을 구제하는 결정에 관해서는 법적 안정성의 유지 및 위헌법률심판 또는 헌법소원심판의 결정과의 균형을 고려하지 않을 수 없으므로, 헌법상 객관적 권한질서의 회복 및 유지를 통한 국가기능의 원활한 수행에 적합한 결정으로서, 이 사건 법률개정행위에 대해서는 그 무효를 확인하는 대신 그 행위를 취소하여야 할 것이다.

재판관 유남석 이선애 이석태 이은애 이종석 이영진 김기영 문형배 이미선

[별지] 청구인들의 주장 및 피청구인의 답변

가. 청구인들의 주장

(1) 검사는 헌법에 의하여 독자적인 권한으로서 영장신청권을 부여받은 국가기관으로 당사자능력이 있고, 법무부장관은 정부조직법에 따라 검사에 관한 사무를 관장하므로 당사자적격이 있다.

(2) 헌법상 검사의 소추권은 소추와 재판의 분리, 국가소추주의, 소추권자인 국가기관으로 법률전문가인 검사 이외의 다른 기관을 전제로 하였다고 보기 어려운 점 등을 토대로 인정되고, 검사의 수사권은 헌법상 검사가 신청하는 영장은 강제수사 활동에 대한 법관의 허가장이라는 점, 수사는 본질적으로 사법작용으로서 치안전문가인 경찰의 고유 영역이 아니므로 법률전문가인 수사주재자가 필요하다는 점 등을 토대로 인정된다. 헌법상 검사의 소추권과 수사권에 대하여 국회도 입법으로 그 본질적 부분을 침해할 수 없다는 입법형성의 한계가 있다.

(3) 이 사건 심판대상은 '법률'이 아니라 '법률 개정행위'이고, 입법절차상 위헌성은 개정 대상이 된 모든 조문에 미치므로, 일부 조문에 대한 개정행위가 심판대상에서 분리·제외될 수 없다.

헌법재판소가 법률 제·개정행위에 대해 권한쟁의심판청구가 가능하다고 인정한 이상, 이에 대해서만 헌법재판소법 제66조 제2항의 무효확인조항이 적용되지 않는다고 볼 이유가 없다.

(4) 법치주의원리상 모든 국가기관은 헌법과 법률에 기속되므로 국회의 자율권도 헌법상 한계를 준수하여야 하고, 위헌적 절차에 의하여 법률이 제·개정되어 기

본권이나 권한을 침해한 경우에는 이를 사유로 법률의 위헌성까지 다툴 수 있다.

이 사건 법률개정행위의 상임위원회 안건조정절차에서는 위장 탈당한 의원을 조정위원으로 선정하여 안건조정위원회 구성 취지를 잠탈하였고, 실질적인 안건 심사 및 조정 절차 없이 조정심사를 종결하여 그 절차를 위반하였다. 본회의에서는 무제한토론 종결에 관한 국회법 규정을 고의적으로 회피하여 무제한토론을 형해화하였고, 헌법상 회기제의 취지에 반하여 토론과 표결을 인위적으로 분리하였으며, 상임위원회에서 삭제하기로 하여 본회의에 부의·상정된 원안에 포함되지 않았고 그 내용과 직접 관련성이 없는 개정 형사소송법 제245조의7 제1항의 '고발인 이의신청권 배제' 규정을 포함하는 수정안을 제출·표결함으로써 국회법을 위반하였다.

이 사건 법률개정행위는 헌법상 다수결원칙과 회기제 및 적법절차원칙에 위배되고, 복수정당제도의 취지를 잠탈하여 입법절차의 위헌성이 크며, 위헌적 절차와 내용이 수단과 목적으로 서로 밀접하게 관련되어 청구인들의 권한을 침해하였다.

(5) 개정 검찰청법 제4조 제1항 제1호 가목의 내용에 따르면, 검사의 수사개시의 '원칙적 금지, 예외적 허용'으로 대부분의 범죄 영역에서 검사가 직접 수사를 수행할 수 없게 되었는데, 이로써 검사의 수사지휘권이 폐지되고 경찰의 선별송치가 가능해져 검사의 불기소처분 권한이 침해된 상황에 더하여, 검사가 범죄에 관한 단서를 발견하더라도 경찰의 수사가 선행되지 않으면 소추권을 행사할 여지가 없게 되는 등 검사의 소추권과 수사권이 더욱 크게 침해된다.

개정 검찰청법 제4조 제2항에서 수사개시 검사와 기소 검사 분리 규정을 신설한 것은 헌법이 예정한 형사소추기관으로서 단독관청인 검사의 권한을 훼손하고, 검사로 하여금 직접 수사를 개시한 사건에 대한 온전한 소추권을 행사하지 못하게 하며, 헌법과 검찰청법 등에 따른 검찰총장의 지휘·감독체계에 반하고, 개념의 모호성에 따른 혼선을 일으킬 우려가 크다.

개정 검찰청법 제24조 제4항의 검찰총장의 직접 수사 부서 현황 국회 보고의무 규정에 따르면, 수사기밀이 유출될 수 있고, 해당 수사 부서에 대한 정치적 외압의 위험으로 검사의 정치적 중립성과 독립성이 훼손되며, 권력분립원칙에도 반하게 되어 독립적이고 중립적인 검사의 소추권과 수사권이 침해된다.

(6) 개정 형사소송법 제196조 제2항에서 규정한 이의신청 송치사건 등에 대한 검사의 수사범위 제한에 따라 이에 해당하는 사건의 수사 과정에서 적법하게 발견되는 범죄들 중 '동일성'의 개념에 포섭할 수 없는 유형에 대해서는 헌법상 검사의 소추권의 본질적 권능으로서의 수사권의 일부가 침해된다. 사법경찰의 1차 수사 과정에서 부실수사 또는 위법수사 등이 의심되는 사건들은 국민의 기본권 보호를 위하여 검사의 수사권이 더 확실하게 보장되어야 함에도, 오히려 아무런 합리적 이유 없이 다른 유형의 송치사건보다 더 많이 제약되므로, 이는 기본권 보호의무에도 역행한다.

개정 형사소송법 제198조 제4항의 별건 수사 금지 규정은 단순한 일반적·추상적 통제규범을 넘어 개별 사건에서 수사기관의 수사를 어느 범위에서 수행해야 하는지와 관련된 개별적·구체적 통제규범으로 해석될 여지가 충분하여 피의자 또는 피고인이 별건 수사 여부를 다툴 가능성이 높은데, 그 내용이 구체적 개념, 정의, 적용 범위 등을 명확히 하여 수범자가 예측하도록 하는 기능을 전혀 수행하지 못한다.

개정 형사소송법 제245조의7 제1항의 고발인의 이의신청권 박탈 규정은 고발 사건에 대한 '불기소의 종국적 결정'을 사법경찰이 하도록 하여, 형사소추권 중 기소 여부의 결정을 판사와 동일한 자격을 갖는 검사가 아닌 비법률전문가로 하여금 주관하게 함으로써 헌법에 반하여 검사의 소추권과 수사권을 침해한다. 국민의 입장에서는 형사소송법 등 관련 법률이 보장하는 재정신청권을 행사하지 못하게 하여 체계정합성에 반하고, 합리적 이유 없이 고발인을 고소인 등과 차별하여 평등원칙에 반하며, 피해자성 고발인의 재판절차진술권과 신속한 재판을 받을 권리를 침해한다.

(7) 이 사건 법률개정행위는 반헌법적 절차를 통해 헌법과 법률에 의하여 부여된, 법무부장관이 관장하는 검사의 소추·수사권을 본질적으로 침해하는 내용의 개정 법률을 가결시킨 것으로, 개정 경과 등에 비추어 국회의 자율적 시정 조치를 기대하는 것이 사실상 불가능하므로, 청구인들에 대한 권한침해를 확인하고, 해당 개정 법률(입법행위)의 무효도 확인하여야 한다.

나. 피청구인의 답변

(1) 검사는 헌법에 의하여 설치되고 헌법과 법률에 의하여 독자적 권한을 부여받은 국가기관이 아니므로 당사자능력이 없고, 법무부장관은 수사권 내지 소추권 자체를 부여받은 것이 아니므로 당사자적격이 없다.

(2) 검사의 수사권과 기소권은 헌법상 권한이 아니라 법률상 권한으로서, 법률의 개정으로 침해될 수 없고, 수사권 내지 소추권에 대하여 헌법에는 아무런 규정이 없으며, 수사 및 공소제기의 주체, 그 권한의 범위, 절차 등은 입법정책으로 결정할 수 있는 전형적인 입법사항이다.

검사의 영장신청을 규정한 헌법 제12조 제3항 및 제16조는 검사의 수사권을 전제로 한 것이 아니며, 이 사건 법률개정행위는 검사의 영장신청권을 축소·제한한 것이 아니라 수사권을 축소·조정한 것으로, 청구인들의 권한을 침해하거나 침해할 가능성이 없다.

(3) 개정 검찰청법 제4조 제1항 제1호 나목과 같이 청구인들이 다투지 않고 있는 조항에 대한 심판청구는 부적법하거나 심판대상에서 제외되어야 한다.

권한쟁의심판에서 국회의 법률 제·개정행위가 청구인의 권한을 침해하는 경우라도 헌법재판소는 권한침해확인 결정을 함에 그치는 것이고 법규범 자체에 대한 무효(위헌)확인을 할 수 없어, 이 사건 법률의 무효확인을 구하는 것은 부적법하다.

(4) 권한쟁의심판에서 국회의 입법절차상 하자는 그로써 절차적 권한을 침해당한 국회 내 기관이 주장할 수 있을 뿐, 국회 밖의 국가기관이 법률의 제·개정행위를 대상으로 하는 청구에서 독자적인 이유로 주장할 수 없다. 입법절차상 하자로 국회 밖의 국가기관인 검사의 수사권이라는 실체적 권한이 침해된다고 볼 수도 없으며, 권한쟁의심판은 위헌법률심판 및 헌법소원심판과는 그 제도의 목적과 본질, 기능이 다르다.

이 사건 법률개정행위의 상임위원회 안건조정절차와 관련하여, 개정 법률안을 발의하고 제1교섭단체에서 탈당한 의원이 조정위원으로 선임되었더라도 안건조정위원회의 구성이 국회법 또는 헌법에 위배되지 않으며, 안건조정위원회가 구성되기 전 이미 개정 법률안에 대한 충분한 논의와 심사를 거쳤고 회의 진행 방해 등으로 정상적인 회의가 불가능한 상황에서 토론을 종결하고 표결한 것이므로 조정안 의결도 적법하다. 본회의에 관하여 회기결정과 무제한토론은 모두 국회법에 따라 적법하게 이루어졌고, 이에 관한 국회의 자율권은 존중되어야 한다. 개정 형사소송법 제245조의7 제1항의 고발인의 이의신청권 배제 규정은 수사와 기소의 분리 및 검사의 수사권 내지 보완수사권을 가급적 축소하고자 하는 개정 법률안의 취지를 실현하기 위한 수단 중 핵심적인 부분에 해당하여 본회의에 부의·상정된 원안과 직접 관련성이 인정되므로, 이를 포함하는 본회의 수정안의 제출·표결도 국회법에 따라 적법하게 이루어졌다.

이 사건 법률개정행위는 제안, 심의 및 표결 과정에서 헌법과 국회법을 모두 준수하였으며, 여야 간 충분한 협의 및 숙의를 거쳐 법안이 의결되었다.

(5) 개정 검찰청법 제4조 제1항 제1호 가목의 검사의 직접 수사개시 범위에 관한 규정의 경우, 개정 법률의 입법목적 및 위임범위에 반하는 '검사의 수사개시 범죄 범위에 관한 규정'의 개정령에 의하면 청구인들의 권한이 오히려 확대되었으므로, 권한침해가 없거나 권한침해의 개연성이 없게 된다.

개정 검찰청법 제4조 제2항의 수사개시 검사와 기소 검사의 분리 규정의 경우, 수사한 검사가 공소제기를 못할 뿐, 다른 검사는 여전히 공소제기를 결정할 수 있으므로, 그로 인하여 검사의 소추권에는 변동이 없고 권한침해도 없다.

개정 검찰청법 제4조 제1항 제1호 나목에서 검사가 특별사법경찰관리와 고위공직자범죄수사처 공무원의 범죄를 수사할 수 있도록 한 규정에 대해서는 청구인들이 다투지 않고 있으므로, 이에 대한 청구는 부적법하거나 심판대상에서 제외되어야 한다.

개정 검찰청법 제24조 제4항의 직접 수사 부서의 국회 보고에 관한 규정은 수사내용이나 수사기밀을 보고하라는 내용이 아니어서 청구인들이 주장하는 검사의 소추권, 수사권, 수사지휘권과 무관하므로, 이에 대한 청구는 부적법하거나 심판대상에서 제외되어야 한다.

(6) 개정 형사소송법 제196조 제2항에서 이의신청 송치사건 등에 대한 검사의 수사범위를 '해당 사건과 동일성을 해치지 아니하는 범위'로 규정한 것은, '공소사실의 동일성'에 준하여 해석, 적용할 수 있으므로 명확성원칙에 반하지 않는다. 이 규정이 적용되더라도 검사는 송치된 사건과 직접 관련이 없다고 여겨지는 범죄는 경찰에 보내 수사하도록 하고, 수사가 미진하면 송치사건은 보완수사요구, 불송치사건은 재수사요청 등의 권한을 행사하면 되며, 사법경찰관이 보완수사요구나 시정조치요구에 불응하면 검찰은 직무배제나 징계, 교체임용을 요구할 수 있고, 나아가 사법경찰관의 직무유기나 직권남용 혐의를 조사할 수도 있다.

개정 형사소송법 제198조 제4항의 별건 수사 금지 규정은, 인권보장과 적법절차준수를 위해 당연히 이행되어야 할 내용으로서 청구인들이 주장하는 권한 침해와 명백히 무관하므로, 이에 대한 청구는 부적법하거나 심판대상에서 제외하여야 한다.

개정 형사소송법 제245조의7 제1항의 고발인의 이의신청 배제 규정의 경우, 우리 헌법은 수사나 기소의 주체, 방법, 절차, 사후통제에 관하여 직접적인 규정을 두고 있지 않으므로, 불송치결정에 대한 이의신청권자를 어느 범위로 제한할지는 입법정책에 속하며, 검사가 사법경찰관이 불송치한 사건의 재수사를 명할 수 있고, 시정조치를 취할 수 있는 제도가 있는 만큼 불합리한 차별이 있거나 검사의 소추권이 침해된다고 볼 수 없다.

그 밖에 청구인들이 형사피의자나 피고인, 피해자 등의 권리가 침해된다고 주장하는 사유들은 이 사건 법률개정행위와 직접 관련된 검사의 권한과 무관하다.

(7) 이 사건 심판청구는 권한쟁의심판청구의 적법요건을 충족하지 못하여 부적법 각하되어야 하고, 설령 적법요건을 충족한다고 하더라도 이 사건 법률개정행위가 청구인들의 권한을 침해하지 않으므로, 모두 기각되어야 한다.

87. 수형자 접견 제한 위헌확인

[2023. 3. 23. 2021헌마115]

【판시사항】

가. 마약류수형자를 아동 돌봄접견의 대상에서 제외하는 법무부 교정본부의 2020. 11. 25.자 '교정시설 수용자 접견 방식 변경 안내' 공고 중 '마약류사범은 아동 돌봄접견 불가'에 관한 부분(이하 '심판대상공고'라 한다)이 헌법소원의 대상이 되는 공권력의 행사에 해당하는지 여부(소극)

나. 마약류수형자를 스마트접견의 대상에서 제외하는 '수용관리 및 계호업무 등에 관한 지침' 제125조 제2항 본문 중 제132조 제1항 가운데 '마약류수형자'에 관한 부분(이하 '심판대상지침'이라 한다)에 대한 심판청구가 권리보호이익 요건을 충족하는지 여부(소극)

【결정요지】

가. 심판대상공고 발표 당시 시행 중이던 '형의 집행 및 수용자의 처우에 관한 법률'(이하 '형집행법'이라 한다) 제41조 제3항은, 수용자가 미성년자인 자녀와 접견하는 경우 등에 해당하면 접촉차단시설이 설치되지 아니한 장소에서 접견(이하 '장소변경접견'이라 한다)하게 할 수 있다고 규정하였으나, '수용관리 및 계호업무 등에 관한 지침'(이하 '수계지침'이라 한다) 제103조 제2항 본문 제4호 중 '규칙 제204조의 수용자' 부분(이하 '이 사건 지침조항'이라 한다)에 의하면, 마약류수용자의 경우에는 이러한 장소변경접견이 허용되지 않았다. 결국 심판대상공고 발표 이전부터 존재하던 이 사건 지침조항에 의하여, 마약류수용자의 경우 미성년자인 자녀와 접견할 때 그 실시일을 불문하고 접촉차단시설이 없는 장소에서 접견하는 것이 일체 허용되지 않는다는 점은 이미 확정되어 있었다.

따라서 심판대상공고는 이 사건 지침조항에 의하여 이미 확정된 내용을 확인한 것에 불과할 뿐 기본권을 새로이 제한한다고 볼 수 없어, 독자적으로 헌법소원의 대상이 되는 공권력의 행사에 해당하지 않는다.

나. 청구인은 이미 형기종료로 출소하였으므로 청구인에게 주관적 권리보호이익은 인정되지 않고, 2021. 12. 20.자 법무부 교정본부의 '미결수용자 등 스마트접견 확대 시행 계획'에 따라서 심판대상지침에도 불구하고 2022. 1. 3.부터는 마약류수형자에 대하여도 스마트접견이 허용되고 있으며, 심판대상지침은 삭제하는 내용의 개정이 예정되어 있다. 향후 마약류수형자에 대하여 스마트접견의 제한이 반복될 위험이 있다고 보기 어려우므로, 심판대상지침에 대하여는 예외적인 심판의 이익도 인정되지 아니한다.

재판관 이선애, 재판관 이영진, 재판관 문형배, 재판관 이미선의 심판대상공고에 대한 반대의견

형집행법 제41조 제3항 제1호는 장소변경접견을 규정하고 있고, 수계지침 제103조 제2항 제4호 및 형집행법 시행규칙 제204조에서는 마약류수용자를 장소변경접견의 대상에서 제외하도록 규정하고 있으나, 위 법령들에 규정된 장소변경접견은 원칙적으로 일반적인 접견시간대에 이루어지는 것이고, 접견의 상대방도 수용자의 13세 미만 자녀가 아닌 미성년자를 모두 포함하며, 실시 여부 자체가 소장의 재량이고, 그 예외로서 조직폭력수용자와 마약류수용자를 규정한다. 반면 이 사건 공고에 의하여 실시되는 아동 돌봄접견은 일반적인 접견시간대가 아닌 토요일에 시행되고, 접견의 상대방이 수용자의 미성년 자녀 중 13세 미만의 자녀로 제한되며, 실시 여부가 소장의 재량이 아니고, 그 예외로서 마약류사범과 성폭력·아동폭력·가정폭력 사범을 규정하였다는 점에서, 위의 장소변경접견과는 그 요건과 방식 등이 다른 새로운 접견제도이므로 청구인의 기본권침해사유는 심판대상공고에 의하여 비로소 발생된다.

따라서 심판대상공고는 헌법소원의 대상이 되는 공권력의 행사에 해당하고, 심판대상공고에 대하여는 예외적으로 심판의 이익도 인정되므로 심판대상공고에 대한 심판청구는 적법하다.

마약류수형자는 마약에 대한 중독성 및 그로 인한 높은 재범률이라는 마약류사범의 일반적 특성상 교정시설 내부로 마약이 반입될 위험이 항상 존재하고, 금단현상을 겪을 수 있는 마약류수형자가 접촉차단시설이 없는 곳에서 13세 미만의 아동을 직접 대면 접견할 경우에 아동에 대한 우발적 위해 가능성을 배제할 수 없으므로, 아동보호를 위하여 이를 제한할 필요도 있다. 마약류수형자에게 아동 돌봄접견을 불허한다고 하더라도 마약류수형자는 기존에 허용되던 일반접견 또는 화상접견의 이용이 가능하고, 2022. 1. 3.부터는 스마트접견도 허용되는 사정들을 종합해보면, 마약류수형자와 일반수형자 사이의 차별취급에는 합리적 이유가 있다.

따라서 심판대상공고는 청구인의 평등권을 침해하지 않는다.

【심판대상공고】

법무부 교정본부의 2020. 11. 25.자 '교정시설 수용자 접견 방식 변경 안내' 공고 중 '마약류사범은 아동 돌봄접견을 불가'에 관한 부분

【심판대상지침】

수용관리 및 계호업무 등에 관한 지침(2019. 3. 7. 법무부 훈령 제1211호로 개정된 것) 제125조 제2항 본문 중 제132조 제2항 제1호 가운데 '마약류수형자'에 관한 부분

【참조조문】

형의 집행 및 수용자의 처우에 관한 법률(2019. 4. 23. 법률 제16345호로 개정된 것) 제41조 제1항, 제3항, 제6항

형의 집행 및 수용자의 처우에 관한 법률 시행령(2008. 10. 29. 대통령령 제21095호로 전부개정된 것) 제59조 제1항, 제2항

형의 집행 및 수용자의 처우에 관한 법률 시행령(2019. 10. 22. 대통령령 제30134호로 개정된 것) 제59조 제3항

형의 집행 및 수용자의 처우에 관한 법률 시행규칙(2014. 11. 17. 법무부령 제831호로 개정된 것) 제204조

수용관리 및 계호업무 등에 관한 지침(2019. 3. 7. 법무부 훈령 제1211호로 개정된 것) 제132조 제2항

【참조판례】

가. 헌재 2007. 4. 26. 2003헌마947등, 판례집 19-1, 514, 529

헌재 2019. 11. 28. 2016헌마40, 판례집 31-2상, 462, 471

헌재 2021. 8. 31. 2020헌마12등, 판례집 33-2, 207, 214

나. 헌재 2008. 7. 31. 2004헌마1010등, 판례집 20-2상, 236, 247-248

【당 사 자】

청 구 인 이○○

국선대리인 변호사 태원우

【주 문】

이 사건 심판청구를 각하한다.

【이 유】

1. 사건개요

가. 청구인은 이 사건 헌법소원심판 청구 당시 마약류관리에관한법률위반(향정)죄로 ○○교도소에 수용 중이었고, 13세 미만의 자녀가 있는 사람이다.

나. 법무부 교정본부는 2020. 11. 25.자 '교정시설 수용자 접견 방식 변경 안내'를 통하여 19세 미만의 자녀를 둔 수용자들은 19세 미만의 자녀와 토요일 접견이 가능함을 공고하면서, 13세 미만의 자녀의 경우에는 접촉차단시설이 없는 가족접견실에서의 대면접견인 아동 돌봄접견이 실시되지만 마약류사범은 아동 돌봄접견의 대상에서 제외된다고 공고하였다.

한편, '수용관리 및 계호업무 등에 관한 지침' 제125조 제2항 및 제132조 제2항 제1호에서는 마약류수형자는 스마트접견 대상에서 제외되는 것으로 규정하고 있다.

다. 청구인은 마약류수형자를 스마트접견 및 아동 돌봄접견 대상에서 제외하는 것이 청구인의 평등권 및 행복추구권을 침해한다고 주장하며, 2021. 1. 25. 이 사건 헌법소원심판을 청구하였다.

2. 심판대상

청구인은 마약류수형자에 대한 스마트접견 및 아동 돌봄접견 제한이 청구인의 기본권을 침해한다고 주장하면서 '수용관리 및 계호업무 등에 관한 지침' 제125조 제2항에 대하여만 심판을 청구하였으나, 위 지침은 스마트접견 제한의 근거 규정일 뿐이고 아동 돌봄접견 제한의 근거는 법무부 교정본부의 2020. 11. 25.자 '교정시설 수용자 접견 방식 변경 안내' 공고(이하 '이 사건 공고'라고 한다)이다.

또한, 위 지침 및 공고 중 청구인에게 관련되고 청구인이 다투는 바는 마약류수형자를 스마트접견 및 아동 돌봄접견의 대상에서 제외하는 부분이므로 이 부분으로 심판대상을 한정함이 상당하다.

따라서 이 사건 심판대상은 '수용관리 및 계호업무 등에 관한 지침'(2019. 3. 7. 법무부 훈령 제1211호로 개정된 것) 제125조 제2항 본문 중 제132조 제2항 제1호 가운데 '마약류수형자'에 관한 부분(이하 '심판대상지침'이라 한다) 및 법무부 교정본부의 2020. 11. 25.자 '교정시설 수용자 접견 방식 변경 안내' 공고 중 '마약류사범은 아동 돌봄접견 불가'에 관한 부분(이하 '심판대상공고'라 한다)이다.

심판대상공고(밑줄 부분, 이 사건 공고 전부는 [별지 1]과 같다), 심판대상지침 및 주요 관련조항은 다음과 같고, 나머지 관련조항은 [별지 2]와 같다.

[심판대상공고]

교정시설 수용자 접견 방식 변경 안내

※ 마약류사범, 성폭력·아동폭력·가정폭력 사범은 아동 돌봄접견 불가

[심판대상지침]

수용관리 및 계호업무 등에 관한 지침(2019. 3. 7. 법무부 훈령 제1211호로 개정된 것)

제125조(인터넷화상접견 대상자) ② 제1항에도 불구하고 제132조 제2항에 해당하는 자, 제23조 제1항 따라 공안사범으로 지정된 수형자 스마트접견 대상에서 제외한다. 다만, 다음 각 호의 해당하는 경우에는 스마트접견을 하게 할 수 있다.

1. 최근 1개월 이내에 스마트접견 외에 다른 접견을 실시한 사실이 없는 경우
2. 60세 이상 직계 존속과 접견하는 경우
3. 미성년인 자녀와 접견하는 경우
4. 수형자의 교화, 사회복귀 및 가족관계 회복을 위해 특히 필요한 경우

[관련조항]

수용관리 및 계호업무 등에 관한 지침(2019. 3. 7. 법무부 훈령 제1211호로 개정된 것)

제132조(접견 녹음·녹화 대상자) ② 소장은 다음 각 호의 어느 하나에 해당하는 수형자 등에 대하여는 접견 시 녹음·녹화를 실시하여야 한다.

1. 조직폭력수형자, 마약류수형자, 관심대상 수형자
2. 규율위반으로 조사 또는 징벌집행 중인 수형자
3. 추가사건으로 수사 또는 재판 중인 수형자
4. 그 밖에 소장이 법 제41조 제2항 각 호에 해당한다고 인정하는 수형자

3. 청구인의 주장

마약류수형자를 스마트접견 및 아동 돌봄접견의 대상자에서 제외하는 것은 위 접견들이 허용되는 일반수형자들과 비교하여 차별취급을 통하여 달성하려는 입법목적의 비중에 비하여 차별로 인한 불평등의 효과가 극심하므로, 심판대상지침과 심판대상공고는 청구인의 평등권과 행복추구권을 침해한다.

4. 판 단

가. 심판대상공고 부분

(1) 공권력의 행사가 헌법소원의 대상이 되려면 당해 공권력의 행사가 기본권을 새로이 침해하여야 한다(헌재 2019. 11. 28. 2016헌마40 참조). 따라서 만약 당해 공

권력의 행사에 앞서 기본권을 제한하는 내용의 다른 공권력의 행사가 이미 존재하고 있고, 당해 공권력의 행사는 선행 공권력의 행사와 실질적으로 동일한 내용으로서 그에 대한 확인적 의미만을 갖고 있는 경우라면, 기본권을 새로이 제한하는 헌법재판소법 제68조 제1항 소정의 공권력의 행사에 해당하지 않는다(헌재 2007. 4. 26. 2003헌마947등; 헌재 2021. 8. 31. 2020헌마12등 참조).

(2) 심판대상공고 발표 당시 시행 중이던 '형의 집행 및 수용자의 처우에 관한 법률'(이하 '형집행법'이라 한다) 제41조 제3항은, 수용자가 미성년자인 자녀와 접견하는 경우(제1호) 등에 해당하면 접촉차단시설이 설치되지 아니한 장소에서 접견(이하 '장소변경접견'이라 한다)하게 할 수 있다고 규정하고 있었다. 그러나 '수용관리 및 계호업무 등에 관한 지침'(이하 '수계지침'이라 한다) 제103조 제2항 본문 제4호 중 '규칙 제204조의 수용자' 부분(이하 '이 사건 지침조항'이라 한다)에 의하면, '형집행법 시행규칙' 제204조에 규정된 마약류수용자 지정대상에 해당하는 수용자(이하 '마약류수용자'라 한다)의 경우에는 이러한 장소변경접견이 허용되지 않았다. 결국 심판대상공고 발표 이선부터 존재하던 이 사건 지침조항에 의하여, 마약류수용자의 경우 미성년자인 자녀와 접견할 때 그 실시일을 불문하고 접촉차단시설이 없는 장소에서 접견하는 것이 일체 허용되지 않는다는 점은 이미 확정되어 있었다고 할 것이다.

(3) 심판대상공고는 마약류사범의 경우 2021. 1. 1.부터 실시되는 아동 돌봄접견이 불가능하다는 내용이다. 여기서 말하는 아동 돌봄접견이란, 13세 미만의 자녀를 둔 수용자에 대하여 아동친화적 환경이 구비되어 있고 접촉차단시설이 없는 공간(가족접견실)에서 토요일에 실시하는 접견을 의미한다. 그런데 앞서 살펴본 바와 같이, 마약류수용자의 경우 이 사건 지침조항으로 인하여 심판대상공고 발표 이전부터 이미 미성년자인 자녀와 접견할 때 그 실시일과 관계없이 접촉차단시설이 없는 장소에서 접견하는 것이 불가능하였으므로, 마약류수용자에 속하는 마약류사범이 미성년자인 자녀에 속하는 13세 미만의 자녀와 토요일에 접견함에 있어서도 접촉차단시설이 없는 장소에서 접견하는 것은 당연히 불가능한 상황이었다. 결국 심판대상공고는 마약류사범에 대하여 기본권을 새로이 제한하는 내용을 포함하고 있지 아니하며, 오히려 2021. 1. 1.부터 실시되는 아동 돌봄접견은 마약류사범과 무관한 것으로서 이들에 대하여는 이 사건 지침조항에 따른 규율이 변경없이 지속된다는 점을 확인하고 있을 뿐이다.

(4) 따라서 심판대상공고는 이 사건 지침조항에 의하여 이미 확정된 내용을 확인한 것에 불과할 뿐 기본권을 새로이 제한한다고 볼 수 없어, 독자적으로 헌법소원의 대상이 되는 공권력의 행사에 해당하지 않는다.

나. 심판대상지침 부분

(1) 청구인은 2022. 10. 31. 형기종료로 출소하였으므로 청구인에게 주관적 권리보호이익은 인정되지 않는다.

(2) 한편, 헌법재판은 객관적 헌법질서의 보장 기능도 겸하고 있으므로 심판 계속 중 발생한 사정변경으로 인하여 주관적인 권리보호이익이 소멸된 경우라도 그러한 기본권침해행위가 장차 반복될 위험이 있거나 당해 분쟁의 해결이 헌법질서의 유지·수호를 위하여 긴요한 사항이어서 헌법적으로 그 해명이 중대한 의미를 지니고 있는 때에는 예외적으로 심판청구의 이익을 인정할 수 있다(헌재 2008. 7. 31. 2004헌마1010등 참조).

이 사건에서 살피건대, 2021. 12. 20.자 법무부 교정본부의 '미결수용자 등 스마트접견 확대 시행 계획'에 따라서 심판대상지침에도 불구하고 2022. 1. 3.부터는 마약류수형자에 대하여도 스마트접견이 허용되고 있고, 심판대상지침은 삭제하는 내용의 개정이 예정되어 있다. 향후 마약류수형자에 대하여 스마트접견의 제한이 반복될 위험이 있다고 보기 어려우므로, 심판대상지침에 대하여는 예외적인 심판의 이익도 인정되지 아니한다.

다. 소결론

따라서 심판대상공고에 대한 심판청구는 헌법소원의 대상이 되는 공권력의 행사에 해당하지 아니하여 부적법하고, 심판대상지침에 대한 심판청구는 권리보호이익이 인정되지 아니하여 부적법하다.

5. 결 론

그렇다면 이 사건 심판청구는 모두 부적법하므로 이를 각하하기로 하여, 주문과 같이 결정한다. 이 결정은 심판대상공고에 대하여 아래 6.과 같은 재판관 이선애, 재판관 이영진, 재판관 문형배, 재판관 이미선의 반대의견이 있는 외에는 나머지 관여 재판관 전원의 일치된 의견에 의한 것이다.

6. 재판관 이선애, 재판관 이영진, 재판관 문형배, 재판관 이미선의 심판대상공고에 대한 반대의견

우리는 심판대상공고가 헌법소원의 대상이 되는 공권

력의 행사에 해당하고, 그 밖에 이 부분 심판청구가 부적법하다고 볼 사정이 없으므로 본안판단을 하여야 하고, 나아가 심판대상공고가 청구인의 기본권을 침해하지 않는다고 생각하므로, 다음과 같이 반대의견을 남긴다.

가. 심판대상공고가 적법요건을 갖추었는지 여부

(1) 공권력 행사성

(가) 공권력의 행사가 헌법소원의 대상이 되려면 당해 공권력의 행사가 기본권을 새로이 침해하여야 한다(헌재 2019. 11. 28. 2016헌마40 참조). 그리고 공고나 계획 등의 형식으로 이루어지는 공권력의 작용들은 그것이 헌법소원의 대상이 되는 공권력의 행사에 해당하는지를 일률적으로 말할 수 없고, 개별적인 내용과 관련 법령의 규정에 따라 구체적으로 판단하여야 한다. 즉 공고 등이 법령에 근거하여 법령의 내용을 구체적으로 보충하거나 세부적인 사항을 확정하는 것일 때에는 이는 공권력의 행사에 해당하지만, 그것이 법령에 정해지거나 이미 다른 공권력 행사를 통하여 결정된 사항을 단순히 알리는 것 또는 대외적 구속력이 없는 행정관청 내부의 해석지침에 불과한 것인 때에는 공권력의 행사에 해당하지 아니한다(헌재 2019. 8. 29. 2019헌마616 참조).

(나) 수형자의 접견에 대하여는 형집행법 및 동법 시행령과 시행규칙, 법무부 훈령인 수계지침에서 정하고 있고, 심판대상공고는 위 법령들의 내용을 구체적으로 보충하고 그 세부적인 사항을 확정한 것이다.

형집행법(2019. 4. 23. 법률 제16345호로 개정된 것) 제41조 제6항은 "접견의 횟수·시간·장소·방법 및 접견내용의 청취·기록·녹음·녹화 등에 관하여 필요한 사항은 대통령령으로 정한다."라고 규정하고 있고, 동법 시행령(2008. 10. 29. 대통령령 제21095호로 전부개정된 것) 제59조 제1항은 '소장이 수형자의 교화 또는 건전한 사회복귀를 위하여 특히 필요하다고 인정하면 접견 시간대 외에도 접견을 하게 할 수 있고 접견시간을 연장할 수 있다.'고 규정하고 있으나, 이 사건 공고처럼 19세 미만 자녀를 토요일에 접견할 수 있고 13세 미만 자녀의 경우에는 접촉차단시설이 설치되지 않은 가족접견실에서 접견할 수 있도록 하는 내용은 규정되어 있지 않다.

(다) 형집행법(2019. 4. 23. 법률 제16345호로 개정된 것) 제41조 제3항 제1호는 수용자가 미성년자인 자녀와 접견하는 경우 소장의 재량에 의하여 접촉차단시설이 설치되지 아니한 장소에서 접견하게 할 수 있는 장소변경접견을 규정하고 있고, 수계지침 제103조 제2항 제4호 및 형집행법 시행규칙(2014. 11. 17. 법무부령 제831호로 개정된 것) 제204조에서는 마약류 수용자를 장소변경접견의 대상에서 제외하도록 규정하고 있다. 하지만, '마약류수형자가 아닌 자가 토요일에 접촉차단시설이 설치되지 않은 가족접견실에서 13세 미만 자녀를 접견할 수 있는 것'은 이 사건 공고를 통하여 비로소 구체적으로 확정된 내용이다.

위 법령들에 규정된 장소변경접견은 원칙적으로 일반적인 접견시간대(국가공무원 복무규정 제9조에 따른 근무시간 내)에 이루어지는 것이고, 접견의 상대방도 수용자의 13세 미만 자녀가 아닌 미성년 자녀를 모두 포함하며, 실시 여부 자체가 소장의 재량이고, 그 예외로서 조직폭력수용자와 마약류수용자를 규정한다. 반면 이 사건 공고에 의하여 실시되는 아동 돌봄접견은 일반적인 접견시간대가 아닌 토요일에 시행되고, 접견의 상대방이 수용자의 미성년 자녀 중 13세 미만의 자녀로 제한되며, 실시 여부가 소장의 재량이 아니고, 그 예외로서 마약류사범과 성폭력·아동폭력·가정폭력 사범을 규정하였다는 점에서, 위의 장소변경접견과는 그 요건과 방식 등이 다른 새로운 접견제도이다. 따라서 청구인의 기본권침해사유는 심판대상공고에 의하여 비로소 발생된다.

(라) 따라서 심판대상공고는 헌법소원의 대상이 되는 공권력의 행사에 해당한다.

(2) 권리보호이익

청구인은 2022. 10. 31. 형기종료로 출소하였으므로 청구인에게 주관적 권리보호이익은 인정되지 않는다. 그러나 이 사건 공고에 따른 아동 돌봄접견은 현재까지 마약류수형자를 대상에서 제외하고 있으며, 마약류수형자와 일반수형자 사이의 이와 같은 차별에 대해서는 충분한 헌법적 해명이 이루어지지 않은 점을 고려하면, 심판대상공고에 대하여는 예외적으로 심판의 이익이 인정된다.

(3) 소결론

따라서 심판대상공고에 대한 심판청구는 적법하다.

나. 심판대상공고가 청구인의 기본권을 침해하는지 여부

(1) 일반수형자와 달리 마약류수형자에게 아동 돌봄접견을 허용하지 않는 심판대상공고로 인하여 청구인의 평등권이 침해되는지 여부가 문제된다.

(2) 마약류수형자는 마약류에 대한 중독성 및 그로 인한 높은 재범률이라는 마약류사범의 일반적 특성상 교정시설 내부로 마약이 반입될 위험이 항상 존재하고, 그 경우 당해 수용자에 대한 교정의 목적이 근본적으로 훼손될 뿐만 아니라 다른 수용자들에 대한 위해로 인하여 또 다른 교정사고가 발생할 가능성이 있

다(헌재 2013. 7. 25. 2012헌바63 참조). 또한 마약류의 금단현상으로 불안, 흥분, 환각, 환청 등 여러 증상이 있는데, 금단현상을 겪을 수 있는 마약류수형자가 접촉차단시설이 없는 곳에서 13세 미만의 아동을 직접 대면 접견할 경우에 아동에 대한 우발적 위해 가능성을 배제할 수 없으므로, 아동보호를 위하여 이를 제한할 필요도 있다. 마약류수형자가 13세 미만 자녀의 보호자로서 함께 들어오는 성인과의 직접 대면 접견 과정에서 마약류를 교정시설 내부로 반입할 위험도 있다.

(3) 마약류수형자에게 아동 돌봄접견을 불허한다고 하더라도, 마약류수형자는 여전히 기존에 허용되던 일반접견 또는 화상접견을 이용하여 일반 민원인들과 접견이 가능하며, 13세 미만 자녀를 포함한 19세 미만 자녀 및 그 보호자와 일반접견 및 화상접견이 가능하다. 또한, 앞서 보았듯이 2022. 1. 3.부터는 마약류수형자에 대하여 스마트접견도 허용되었다.

(4) 위와 같은 사정들을 모두 종합해 보면, 법무부 교정본부가 심판대상공고를 통해 아동 돌봄접견과 관련하여 마약류수형자와 일반수형자 사이에 차별취급을 한 것에는 합리적인 이유가 있다. 따라서 심판대상공고는 청구인의 평등권을 침해하지 않는다.

(5) 청구인의 행복추구권 침해 주장은, 심판대상공고가 마약류수형자에게는 일반수형자의 경우와 달리 아동 돌봄접견을 인정하지 아니하여 평등권을 침해한다는 주장과 다르지 아니하므로, 이에 대하여 별도로 판단하지 아니한다.

재판관 유남석 이선애 이석태 이은애 이종석 이영진 김기영 문형배 이미선

[별지 1] 이 사건 공고

교정시설 수용자 접견 방식 변경 안내

2021. 1. 1.(금)부터 접견환경 개선을 통한 민원인 불편 해소, 미성년 자녀의 정서적 안정과 발달, 가족관계 회복을 통한 수용자의 재사회화 등을 위해 평일접견 예약 필수제, 19세 미만의 자녀에 대한 토요일 아동 접견의 날 운영을 주요 내용으로 하는 새로운 접견제도가 실시됩니다. 민원인께서는 아래 사항을 참고하시어 접견 예약 및 실시에 유의하시기 바랍니다.

■ 평일 접견

구분	개정 전	현재 (코로나 상황)	개정 후
접수 방식	예약접견 당일 방문접견	예약접견	예약 접견

※ 현재 평일 예약접견제를 그대로 유지(현장접수를 통한 당일접견 불가)

■ 토요일 접견

구분	개정 전	현재 (코로나 상황)	개정 후
수용 자의 범위	수용자 (미결, 기결)	수형자 (기결)	19세 미만의 자녀를 둔 수용자 (미결, 기결)
접견 방식	일반·스마 트·화상접견	스마트접견	일반·스마트· 화상접견 13세 미만 돌봄접견
민원 인의 범위	제한 없음 (미결은 평일 미실시자)	가족, 친지 등 스마트접 견 대상자	19세 미만의 자녀 주보호자 1인

• 토요일에 실시되는 접견 유형
- 19세 미만 자녀를 둔 수용자에 대해 일반·스마트·화상 접견 실시(매월 2회)

※ 미결수용자에 대한 스마트접견은 2021년 상반기 도입 예정
- 13세 미만의 자녀를 둔 수용자에 대해 아동친화적 환경과 접촉차단시설이 없는 공간(가족접견실)에서 아동 돌봄접견 병행 실시(2개월에 1회)

• 대상 민원인의 접견 절차
- 2020. 12. 7.(월)부터 민원인(19세 미만의 자녀, 주보호자 1인)은 신분증, 가족관계증명서 등 신분관계를 증명할 수 있는 서류를 지참하고 인근 교정기관을 방문하여 사전등록 실시

※ 미성년자녀는 별도의 방문 없이 사진 및 가족관계증명서 등 제출로 대체 가능

※ 마약류사범, 성폭력·아동폭력·가정폭력 사범은 아동 돌봄접견 불가

– 등록민원인은 해당 교정기관 민원실에 전화(방문)로 예약 후 예약일에 접견 실시

[별지 2] 관련조항

수용관리 및 계호업무 등에 관한 지침(2019. 3. 7. 법무부 훈령 제1211호로 개정된 것)

제103조(실시사유) ② 소장은 다음 각 호의 수용자에 대해서는 이를 장소변경접견을 하게하여서는 아니 된다. 다만, 1호에서 3호까지의 수용자로서 상담 등을 위해 특히 필요한 경우에는 제104조 제3항의 교도관회의의 심의를 거쳐 장소변경접견을 하게 할 수 있다.

1. 피의자
2. 규율위반으로 조사 중이거나 징벌 집행 중인 수용자
3. 규칙 제210조 각 호에 해당하는 수용자
4. 규칙 제198조, 제204조의 수용자

제106조(장소변경접견 시간대 등) ① 장소변경접견은 평일에 실시하고, 그 시간은 회당 30분 내외로 한다.

② 제1항에도 불구하고 소장이 수용자의 처우 또는 교화상 특히 필요하다고 인정하면 토요일에 장소변경접견을 하게 할 수 있다.

제124조(스마트접견 정의 등) ① “스마트접견”이란 민원인의 스마트폰(태블릿 PC 등 모바일 기기 포함) 또는 PC를 이용하여 화상으로 수용자와 민원인이 접견하는 것을 말한다.

② 수용자용 스마트접견실은 구내 접견실에 설치하되 각 기관의 시설 등을 고려하여 수용관리팀 사무실 등 적당한 장소에 설치할 수 있다.

제125조(스마트접견 대상자) ① 소장은 수형자에 대하여 스마트접견을 하게 할 수 있다.

형의 집행 및 수용자의 처우에 관한 법률(2019. 4. 23. 법률 제16345호로 개정된 것)

제41조(접견) ① 수용자는 교정시설의 외부에 있는 사람과 접견할 수 있다. 다만, 다음 각 호의 어느 하나에 해당하는 사유가 있으면 그러하지 아니하다.

1. 형사 법령에 저촉되는 행위를 할 우려가 있는 때
2. 「형사소송법」이나 그 밖의 법률에 따른 접견금지의 결정이 있는 때
3. 수형자의 교화 또는 건전한 사회복귀를 해칠 우려가 있는 때
4. 시설의 안전 또는 질서를 해칠 우려가 있는 때

③ 제2항에도 불구하고 다음 각 호의 어느 하나에 해당하는 경우에는 접촉차단시설이 설치되지 아니한 장소에서 접견하게 할 수 있다.

1. 수용자가 미성년자인 자녀와 접견하는 경우
2. 그 밖에 대통령령으로 정하는 경우

⑥ 접견의 횟수·시간·장소·방법 및 접견내용의 청취·기록·녹음·녹화 등에 관하여 필요한 사항은 대통령령으로 정한다

형의 집행 및 수용자의 처우에 관한 법률 시행령(2008. 10. 29. 대통령령 제21095호로 전부개정된 것)

제59조(접견의 예외) ① 소장은 제58조 제1항 및 제2항에도 불구하고 수형자의 교화 또는 건전한 사회복귀를 위하여 특히 필요하다고 인정하면 접견 시간대 외에도 접견을 하게 할 수 있고 접견시간을 연장할 수 있다.

② 소장은 제58조 제3항에도 불구하고 수형자가 다음 각 호의 어느 하나에 해당하면 접견 횟수를 늘릴 수 있다.

1. 19세 미만인 때
2. 교정성적이 우수한 때
3. 교화 또는 건전한 사회복귀를 위하여 특히 필요하다고 인정되는 때

형의 집행 및 수용자의 처우에 관한 법률 시행령(2019. 10. 22. 대통령령 제30134호로 개정된 것)

제59조(접견의 예외) ③ 법 제41조 제3항 제2호에서 “대통령령으로 정하는 경우”란 다음 각 호의 어느 하나에 해당하는 경우를 말한다.

1. 수형자가 제2항 제2호 또는 제3호에 해당하는 경우
2. 미결수용자의 처우를 위하여 소장이 특별히 필요하다고 인정하는 경우
3. 사형확정자의 교화나 심리적 안정을 위하여 소장이 특별히 필요하다고 인정하는 경우

형의 집행 및 수용자의 처우에 관한 법률 시행규칙(2014. 11. 17. 법무부령 제831호로 개정된 것)

제204조(지정대상) 마약류수용자의 지정대상은 다음 각 호와 같다.

1. 체포영장·구속영장·공소장 또는 재판서에 「마약류관리에 관한 법률」, 「마약류 불법거래방지에 관한 특례법」, 그 밖에 마약류에 관한 형사 법률이 적용된 수용자
2. 제1호에 해당하는 형사 법률을 적용받아 집행유예가 선고되어 그 집행유예 기간 중에 별건으로 수용된 수용자

88. 정부기관 및 공공법인 등의 광고시행에 관한 법률 제10조 등 위헌확인

[2023. 6. 29. 2019헌마227]

【판시사항】

1. 문화체육관광부장관이 필요하다고 인정하는 경우 정부광고 업무를 대통령령으로 정하는 기관이나 단체에 위탁할 수 있도록 한 '정부기관 및 공공법인 등의 광고시행에 관한 법률' 제10조 제1항(이하 '이 사건 법률조항'이라 한다)에 대한 심판청구가 기본권 침해의 직접성 요건을 충족하는지 여부(소극)

2. 문화체육관광부장관이 정부광고 업무를 한국언론진흥재단에 위탁하도록 한, '정부기관 및 공공법인 등의 광고시행에 관한 법률 시행령' 제6조 제1항(이하 '이 사건 시행령조항'이라 한다)이 광고대행업에 종사하는 청구인들의 직업수행의 자유를 침해하는지 여부(소극)

【결정요지】

1. 청구인들이 주장하는 기본권 침해는 이 사건 시행령조항에 의하여 발생하는 것이지 이 사건 법률조항에 의하여 곧바로 발생하는 것이 아니므로, 이 사건 법률조항에 대한 심판청구는 기본권 침해의 직접성 요건을 갖추지 못하여 부적법하다.

2. 이 사건 시행령조항은 정부광고의 업무 집행을 일원화함으로써 정부광고 업무의 공공성과 투명성, 효율성을 도모하여 정부광고의 전반적인 질적 향상을 이루고자 하는 것이다.

정부광고의 대국민 정책소통 효과를 높이기 위해서는 정부광고의 기획부터 집행에 이르는 과정을 통합적으로 관리할 필요가 있다. 또한, 정부광고 업무를 전담하여 수행할 기관을 두지 않을 경우, 광고사업자들 사이에 과다한 광고 유치 경쟁이 벌어져 정부광고 거래질서가 지금보다 혼란스러워질 수 있다.

정부광고는 그 대부분이 소액광고들인 반면, 광고주에 해당하는 정부기관등의 수는 매우 많다. 이에 이 사건 시행령조항은 단일한 공적 기관이 규모의 경제를 통하여 협상력을 가지고 정부광고 업무를 신속하고 효율적으로 처리할 수 있도록 한 것이다.

한국언론진흥재단은 정부광고에 특화된 경험을 가진 전문인력들과 정부광고 업무 지원에 필요한 시스템 등을 보유하고 있고, 민간 광고대행사에 비하여 낮은 수수료율을 적용하고 있으며, 위 재단이 수수하는 수수료는 언론진흥과 방송·광고 진흥을 위한 지원 등 공익 목적에 전액 사용되고 있다. 따라서 한국언론진흥재단에 정부광고 업무를 위탁한 것이 불합리하다고 보기는 어렵다.

정부광고가 전체 국내 광고시장에서 차지하는 비중이 크지 않고, 정부기관등을 제외한 나머지 광고주들이 의뢰하는 광고는 이 사건 시행령조항의 적용을 받지 않으므로, 이 사건 시행령조항으로 인한 기본권제한의 정도는 제한적이다. 나아가 민간 광고사업자들이 경우에 따라 한국언론진흥재단을 통하여 정부광고에 참여할 수 있는 길이 열려 있다.

따라서 이 사건 시행령조항은 과잉금지원칙에 위배되어 청구인들의 직업수행의 자유를 침해한다고 볼 수 없다.

재판관 이영진의 이 사건 시행령조항에 대한 반대의견

한국언론진흥재단은 사실상 정부광고 시장에 있어서의 광고대행을 독점하고 있다. 우리 헌법상의 시장경제질서에 비추어 볼 때, 위와 같은 독점 체제는 특별한 사정이 없는 한 헌법적 정당성을 갖기 어렵다.

정부광고 업무를 전담하여 수행할 기관을 두지 않을 경우 정부광고 거래질서가 혼란스러워질 것이라는 실증적 증거를 찾기 어렵다. 정부광고 규모를 고려하면 한국언론진흥재단을 포함하여 복수의 위탁형태가 되도록 민간 광고업체에게 정부광고 업무를 위탁하더라도 업무의 효율성을 충분히 도모할 수 있을 것으로 보이고, 이 경우 광고기획부터 매체 구입까지를 아우르는 통합 서비스가 가능해지므로 현재에 비하여 정부광고의 품질이 크게 개선될 것이다.

정부광고 수수료 수입 중 상당 부분을 정부광고 진흥이 아닌 언론 진흥을 위하여 사용하는 것은 특정 집단을 위한 수익 배분으로 볼 수 있는 것이다. 주요 외국의 입법례를 보더라도, 우리나라와 같이 단일한 공적 수탁기관이 독점적으로 정부광고를 집행하는 경우는 찾아보기 어렵다.

정부광고법 시행령은 광고물 제작 등 한정된 범위에서만 민간업체의 참여를 보장하고 있고, 매체구입 및 집행은 언제나 한국언론진흥재단이 수행한다는 점을 고려하면, 그와 같은 참여가 보장된다는 사정만으로 직업수행의 자유 침해 정도가 유의미하게 완화된다고 보기 어렵다.

따라서 이 사건 시행령조항은 과잉금지원칙에 위배되어 청구인들의 직업수행의 자유를 침해한다.

【심판대상조문】

정부기관 및 공공법인 등의 광고시행에 관한 법률(2018. 6. 12. 법률 제15640호로 제정된 것) 제10조 제1항

정부기관 및 공공법인 등의 광고시행에 관한 법률 시행령(2018. 12. 11. 대통령령 제29341호로 제정된 것) 제6조 제1항

【참조조문】

헌법 제15조, 제37조 제2항

헌법재판소법 제68조 제1항

정부기관 및 공공법인 등의 광고시행에 관한 법률(2018. 6. 12. 법률 제15640호로 제정된 것) 제2조, 제5조, 제6조 제1항, 제7조, 제8조 제1항, 제10조 제2항

정부기관 및 공공법인 등의 광고시행에 관한 법률(2021. 5. 18. 법률 제18164호로 개정된 것) 제10조 제4항

신문 등의 진흥에 관한 법률(2019. 11. 26. 법률 제16599호로 개정된 것) 제29조 제1항, 제2항

정부기관 및 공공법인 등의 광고시행에 관한 법률 시행령(2018. 12. 11. 대통령령 제29341호로 제정된 것) 제3조 제1항, 제7조 제2항

정부기관 및 공공법인 등의 광고시행에 관한 법률 시행령(2021. 11. 9. 대통령령 제32110호로 개정된 것) 제8조, 제9조

【참조판례】

1. 헌재 2013. 6. 27. 2011헌마475, 판례집 25-1, 584, 588

2. 헌재 2002. 11. 28. 2001헌마596, 판례집 14-2, 734, 742

헌재 2008. 7. 31. 2006헌마400, 판례집 20-2상, 304, 317-318

헌재 2008. 12. 26. 2005헌바34, 판례집 20-2하, 594, 610

헌재 2009. 9. 24. 2007헌마1345, 판례집 21-2상, 792, 801

헌재 2013. 9. 26. 2012헌마271, 판례집 25-2하, 68, 83-84

【당 사 자】

청 구 인 1. 박○○
2. 주식회사 ○○
대표이사 박○○
청구인들의 대리인 변호사 김연호

【주　문】

1. 정부기관 및 공공법인 등의 광고시행에 관한 법률 시행령(2018. 12. 11. 대통령령 제29341호로 제정된 것) 제6조 제1항에 대한 심판청구를 기각한다.

2. 청구인들의 나머지 심판청구를 각하한다.

【이　유】

1. 사건개요

청구인 주식회사 ○○는 광고대행업을 영위하는 법인이고, 청구인 박○○는 청구인 주식회사 ○○의 대표이사로서 '정부기관 및 공공법인 등의 광고시행에 관한 법률' 제2조 제1호 및 제2호에 따른 정부기관 또는 공공법인(이하 '정부기관등'이라 한다)으로부터 정부광고의 대행 업무를 수주하고자 하는 광고업계 종사자이다.

청구인들은 문화체육관광부장관이 정부광고 업무를 한국언론진흥재단에만 위탁하도록 한 위 법률 제10조, 같은 법 시행령 제6조 및 제7조로 인해, 청구인들이 정부기관등으로부터 정부광고 대행 업무를 직접 수주하지 못하고 수탁기관인 한국언론진흥재단을 통해서만 수주할 수 있게 되어 계약의 자유, 영업의 자유, 평등권 등을 침해받았다고 주장하면서, 2019. 2. 26. 헌법소원심판을 청구하였다.

2. 심판대상

청구인들은 '정부기관 및 공공법인 등의 광고시행에 관한 법률' 제10조, 같은 법 시행령 제6조, 제7조에 대하여 헌법소원심판을 청구하고 있다. 그러나 청구인들 주장의 요지는 문화체육관광부장관이 정부광고 업무를 한국언론진흥재단에만 위탁하도록 한 것이 청구인들의 기본권을 침해한다는 것이므로, 이 사건 심판대상을 이와 직접 관련이 있는 위 법률 제10조 제1항 및 같은 법 시행령 제6조 제1항으로 한정한다.

이 사건 심판대상은 '정부기관 및 공공법인 등의 광고시행에 관한 법률'(2018. 6. 12. 법률 제15640호로 제정된 것, 이하 '정부광고법'이라 한다) 제10조 제1항(이하 '이 사건 법률조항'이라 한다) 및 '정부기관 및 공공법인 등의 광고시행에 관한 법률 시행령'(2018. 12. 11. 대통령령 제29341호로 제정된 것, 이하 '정부광고법 시행령'이라 한다) 제6조 제1항(이하 '이 사건 시행령조항'이라 하고, 이 사건 법률조항과 이 사건 시행령조항을 모두 합하여 '심판대상조항들'이라 한다)이 청구인들의 기본권을 침해하는지 여부이다.

심판대상조항은 아래와 같고, 관련조항은 [별지]와 같다.

[심판대상조항]

정부기관 및 공공법인 등의 광고시행에 관한 법률(2018. 6. 12. 법률 제15640호로 제정된 것)

제10조(정부광고 업무의 위탁) ① 문화체육관광부장관은 필요하다고 인정하는 경우 제5조부터 제8조까지에 따른 정부광고 업무를 대통령령으로 정하는 기관이나 단체에 위탁할 수 있다.

정부기관 및 공공법인 등의 광고시행에 관한 법률 시행령(2018. 12. 11. 대통령령 제29341호로 제정된 것)

제6조(업무의 위탁) ① 문화체육관광부장관은 법 제10조 제1항에 따라 법 제5조부터 제8조까지의 규정에 따른 정부광고 업무를 「신문 등의 진흥에 관한 법률」 제29조에 따른 한국언론진흥재단에 위탁한다.

3. 청구인들의 주장

심판대상조항들은 한국언론진흥재단에 정부광고 업무를 독점적으로 위탁하고 있다. 이에 따라 청구인들처럼 광고대행업을 영위하는 개인이나 법인은 정부기관등으로부터 정부광고 대행 업무를 직접 수주할 수 없고, 수탁기관인 한국언론진흥재단을 통해서만 위 업무를 수주할 수 있다. 이처럼 특정 단체로 하여금 위탁이라는 명목으로 정부광고 업무의 대행을 독점하도록 하는 것은, 광고대행업자가 정부기관등과 직접 광고대행 계약을 맺을 자유를 원천적으로 봉쇄하여 청구인들의 계약의 자유와 영업의 자유를 침해하고, 정부광고 대행 업무 수주에 있어서 한국언론진흥재단에 비하여 청구인들을 불합리하게 차별하여 청구인들의 평등권을 침해하며, 시장경제원리와 독점배제를 규정한 헌법 제119조에 위반된다.

4. 이 사건 법률조항에 대한 판단

법률조항 자체가 헌법재판소법 제68조 제1항의 헌법소원의 대상이 될 수 있으려면 그 법률조항에 의하여 구체적인 집행행위를 기다리지 아니하고 직접 자기의 기본권을 침해받아야 한다. 집행행위에는 입법행위도 포함되므로, 법률규정이 그 규정의 구체화를 위하여 하위규범의 시행을 예정하고 있는 경우에는 원칙적으로 당해 법률의 직접성은 부인된다(헌재 2013. 6. 27. 2011헌마475 참조).

이 사건 법률조항은 문화체육관광부장관이 필요하다고 인정하는 경우 일정한 정부광고 업무를 대통령령으로 정하는 기관이나 단체에 위탁할 수 있다고 규정하여 위 정부광고 업무의 위탁을 받는 기관이나 단체를 대통령령으로 정하도록 위임하고 있을 뿐이고, 문화체육관광부장관이 위 정부광고 업무를 한국언론진흥재단에만 위탁하도록 한 것은 이 사건 시행령조항이다.

그렇다면 청구인들이 주장하는 기본권 침해는 이 사건 시행령조항에 의하여 비로소 발생하는 것이지 이 사건 법률조항에 의하여 곧바로 발생하는 것이 아니므로, 이 사건 법률조항에 대한 심판청구는 기본권 침해의 직접성 요건을 갖추지 못하여 부적법하다.

5. 이 사건 시행령조항에 대한 판단

가. 정부광고의 의미와 정부광고 업무 위탁제도

(1) 정부광고의 의미

정부광고란 정부기관 또는 공공법인이 국내외의 홍보매체에 광고, 홍보, 계도 및 공고 등을 하기 위한 모든 유료고지 행위를 말한다(정부광고법 제2조 제3호). 여기서 '정부기관'이란 국가기관, 지방자치단체 및 특별지방자치단체, 교육감 및 하급교육행정기관을 말하고(같은 조 제1호), '공공법인'이란 공공기관, 지방공기업 및 특별법에 따라 설립된 법인을 말한다(같은 조 제2호). '홍보매체'란 신문·인터넷신문·인터넷뉴스서비스, 정기간행물, 방송, 옥외광고물, 방송통신, 뉴스통신, 인터넷 멀티미디어 방송 및 그 밖에 이와 유사한 국내외의 매체를 포함한다(같은 조 제4호).

(2) 정부광고 업무의 위탁제도

이 사건 법률조항은 문화체육관광부장관이 필요하다고 인정하는 경우 정부광고법 제5조부터 제8조까지에 따른 정부광고 업무(광고의뢰, 홍보매체 선정, 자료요청, 소요경비 지출)를 대통령령으로 정하는 기관이나 단체에 위탁할 수 있다고 규정하고 있고, 이 사건 시행령조항은 위 정부광고 업무를 한국언론진흥재단에 위탁한다고 규정하고 있다.

한국언론진흥재단은 신문 및 인터넷신문의 건전한 발전과 읽기문화 확산 및 신문 산업의 진흥을 위하여 '신문 등의 진흥에 관한 법률'(이하 '신문법'이라 한다) 제29조에 따라 설립된 법인으로서, '공공기관의 운영에 관한 법률' 제5조 제4항 제2호 가목에 따른 기금관리형 준정부기관이다.

나. 입법연혁

정부광고법 시행 이전에는 국무총리훈령으로 정부광고를 규율하고 있었는데, 2009. 10. 6. 국무총리훈령 제541호로 개정된 구 '정부광고 시행에 관한 규정'은 문화체육관광부장관이 필요하다고 인정할 때에는 정부광고 업무를 문화체육관광부장관이 지정하는 기관이나 단체에 대행하게 할 수 있다고 규정하였다(위 규정 제9조 제1항). 위 규정에 따라 문화체육관광부지침인 구 '정부광고 업무 시행지침'에서는 국내매체 광고는 한국언론진흥재단이, 해외매체 광고는 재단법인 국제방송교류재단이 각각 대행하도록 하였다(위 지침 제3조).

위와 같이 정부기관등의 광고대행을 준정부기관인 한국언론진흥재단에서 독점하고 있는데도 이를 법률이 아닌 국무총리훈령으로 규정하고 있는 것은 '국가를 당사자로 하는 계약에 관한 법률'을 위반한 것이라는 지적이 제기되었고, 그 외에도 정부광고 시행에 대한 법적 기준 강화가 필요하다는 요구가 확산되었다. 이에 정부광고에 대한 공정성과 투명성을 높이고 제도 운영에 대한 문제점을 보완하기 위하여, 2018. 6. 12. 법률 제15640호로 정부광고법이 제정되어 같은 해 12. 13. 시행되었다.

다. 제한되는 기본권

이 사건 시행령조항은 문화체육관광부장관이 정부광고 업무를 한국언론진흥재단에 위탁하도록 하고 있다. 이로 인해 청구인들과 같은 광고사업자들은 정부기관등으로부터 정부광고 대행 업무를 직접 수주할 수 없고, 수탁기관인 한국언론진흥재단을 통해서만 위 업무를 수주할 수 있게 된다. 따라서 이 사건 시행령조항은 광고대행업을 영위하는 청구인들의 직업수행의 자유를 제한한다.

청구인들은 이 사건 시행령조항이 계약의 자유를 침해한다고 주장한다. 그러나 이 사건 시행령조항은 개별 정부광고 업무의 대행계약을 직접 제한한다기보다, 광고대행업을 영위하는 청구인들이 한국언론진흥재단을 통해서만 정부광고 대행 업무를 수주할 수 있도록 하여 광고대행 업무의 수행방식을 제한한다는 점에서, 직업수행의 자유 제한과 더 밀접하게 관련이 있다. 따라서 이 문제와 관련해서는 직업수행의 자유를 중심으로 살펴본다(헌재 2013. 9. 26. 2012헌마271 참조).

한편, 청구인들은 이 사건 시행령조항이 정부광고 수

주에 있어서 한국언론진흥재단에 비하여 청구인들을 불합리하게 차별하여 청구인들의 평등권을 침해한다고 주장한다. 그러나 위 조항의 직업수행의 자유에 대한 제한 내용에는 이미 한국언론진흥재단을 청구인들과 달리 취급하는 문제가 내포되어 있으므로, 직업수행의 자유 침해 여부를 판단하는 이상 평등권 침해 여부에 대해서는 별도로 살피지 아니한다.

나아가 청구인들은 이 사건 시행령조항이 헌법 제119조에 위반된다고 주장한다. 그러나 헌법 제119조 제1항은 대한민국의 경제질서에 관하여, 제119조 제2항은 경제에 관한 국가의 규제와 조정에 관하여 규정한 조항으로, 헌법재판소법 제68조 제1항에 의한 헌법소원에서 헌법상의 원리나 헌법상 보장된 제도의 내용이 침해되었다는 사정만으로 바로 청구인들의 기본권이 직접 현실적으로 침해된 것이라고 할 수 없다. 그리고 이 사건 시행령조항이 헌법 제119조에 위반되는지 여부는 직업수행의 자유 침해 여부에 대한 판단을 통해 밝혀질 수 있으므로, 이 부분 주장에 관하여는 더 나아가 판단하지 아니한다(헌재 2008. 7. 31. 2006헌마400 참조).

따라서 이 사건 시행령조항이 청구인들의 직업수행의 자유를 침해하는지 여부를 살펴본다.

라. 직업수행의 자유 침해 여부

(1) 심사기준

헌법 제15조에 의하여 보장되는 직업선택의 자유는 자신이 원하는 직업을 자유롭게 선택하는 좁은 의미의 직업선택의 자유와 그가 선택한 직업을 자기가 원하는 방식으로 자유롭게 수행할 수 있는 직업수행의 자유를 포함하는 직업의 자유를 뜻한다(헌재 2002. 11. 28. 2001헌마596 참조). 그런데 직업수행의 자유가 보장된다 하더라도 헌법 제37조 제2항에 따라 국가안전보장·질서유지 또는 공공복리를 위하여 불가피한 경우에는 이를 제한할 수 있고, 이 경우 직업선택의 자유에 비하여 상대적으로 폭넓은 입법적 규제가 가능하다. 물론 이러한 경우 그 수단은 목적달성에 적합한 것이어야 하고, 또한 필요한 정도를 넘는 지나친 것이어서는 아니된다(헌재 2009. 9. 24. 2007헌마1345 참조).

(2) 목적의 정당성 및 수단의 적합성

이 사건 시행령조항은 정부광고의 업무 집행을 일원화함으로써 정부광고 업무의 공공성과 투명성, 효율성을 도모하여 궁극적으로는 정부광고의 전반적인 질적 향상을 이루고자 하는 것으로, 위와 같은 입법목적은 정당하다. 그리고 한국언론진흥재단이라는 단일한 준정부기관에 정부광고 업무를 위탁하는 것은 위와 같은 입법목적을 달성하기 위한 적합한 수단이다.

(3) 침해의 최소성

(가) 정부광고는 대국민 소통의 창구로서 국민들의 정책 이해도 및 호응도를 높여 국정 수행의 효과를 증진시키는 공적 기능을 수행한다. 이러한 정부광고의 대국민 정책소통 효과를 높이기 위해서는 정부광고의 기획부터 집행에 이르는 과정을 통합적으로 관리하여 정책 홍보의 일관성을 유지할 필요가 있으므로, 정부광고 업무를 단일 기관에 위탁할 필요성이 인정된다.

또한, 정부광고 업무를 전담하여 수행할 기관을 두지 않을 경우, 광고사업자들 사이에 과다한 광고 유치 경쟁이 벌어져 정부광고 거래질서가 지금보다 혼란스러워질 수 있다. 이에 이 사건 시행령조항은 준정부기관인 한국언론진흥재단에 정부광고 업무를 일괄적으로 위탁하여 위와 같은 과다한 광고 유치 경쟁, 그에 따른 비리나 각종 부정행위 등을 방지함으로써 정부광고 거래질서를 공정하게 유지하고자 하는 것이다.

(나) 정부광고는 법적 의무에 따른 공고, 안내 등을 하거나, 정부기관등의 정책, 법규, 행정서비스 등을 홍보하여 국민들의 이해, 협력, 지지를 구하거나, 그 밖의 공공의 이익을 위한 목적 등에서 시행하는 광고로서, 이윤 추구를 목적으로 하는 민간의 상업적 광고와는 다른 특성을 갖는다. 또한, 정부광고는 그 대부분이 간단한 형식의 공고성 광고로서 소액광고들인 반면, 광고주에 해당하는 정부기관등의 수는 매우 많아, 규모가 큰 일부의 광고를 제외하고는 수익성 부족을 이유로 민간 광고사업자들이 그 대행을 꺼리는 경우가 많다.

따라서 정부광고 대행 업무를 민간에 전면 개방할 경우, 민간 광고사업자들이 수익성을 기대할 수 있는 고액 정부광고만을 대행하려고 하고, 나머지 대부분의 정부광고들은 대행기관을 찾지 못할 가능성이 있다. 그렇다고 고액 정부광고는 민간 광고사업자들에게 개방하고, 나머지 정부광고만을 전담하는 공조직을 운영하는 것은 비용 대비 효율 측면에서 무리가 있다.

나아가 정부광고는 국민의 세금을 재원으로 하는 각 정부기관등의 예산을 통하여 그 광고료가 지급되므로, 광고료의 효율적인 집행이 매우 중요하다. 정부광고와 관련한 충분한 예산 확보가 어렵고 예산집행 절차의 유연성이 부족한 현실을 감안하면, 민간 광고사업자가 정부광고를 직접 대행할 경우 예산이 부족한 정부기관 등은 홍보효과가 높은 매체에 광고를 시행하는 것이 매우 어렵게 될 수도 있다.

이에 이 사건 시행령조항은 단일한 공적 기관이 정부광고 업무를 통합하여 수행하도록 함으로써, 해당 기관이 정부광고 업무의 특성과 정부예산의 구조적 한계를 이해하는 가운데 규모의 경제를 통하여 협상력을 가지고 정부광고 업무를 신속하고 효율적으로 처리할 수 있도록 한 것이다.

(다) 한국언론진흥재단은 신문법에 의하여 설립된 문화체육관광부 산하 기금관리형 준정부기관으로서, 오랜 기간 정부광고 위탁업무를 수행하면서 정부광고에 특화된 경험을 가진 전문인력들을 보유하고 있고, 정부광고 업무 지원에 필요한 정부광고 통합지원시스템과 정부광고료 및 소요 경비, 위탁수수료를 관리하는 회계 시스템, 세금계산서 발행 시스템 등을 구비하고 있어 효율적인 정부광고 시행이 가능하다.

또한, 한국언론진흥재단은 민간 광고대행사에 비하여 낮은 수수료율(정부광고료의 10%, 정부광고법 시행령 제7조 제2항)을 적용하고 있고, 위 재단이 수수하는 정부광고 수수료는 언론진흥과 방송·광고 진흥을 위한 지원, 언론진흥기금에 대한 출연 등 공익 목적에 전액 사용되고 있다(정부광고법 제10조 제4항, 같은 법 시행령 제8조, 제9조). 만약 정부광고를 민간 광고사업자가 직접 대행하게 할 경우 대행 수수료 수입이 민간 광고사업자의 이윤으로 돌아가게 되어 위와 같은 공익 목적의 재원이 감소할 것이다. 이와 같은 사정을 고려하면, 한국언론진흥재단에 정부광고 업무를 위탁한 것이 불합리하다고 보기는 어렵다.

(라) 이상의 내용을 종합하면, 정부광고 업무를 민간 광고사업자에게 완전히 개방하거나 한국언론진흥재단 외에 다른 민간 광고사업자를 수탁기관으로 선정할 경우 수익을 창출해야 하는 민간업체의 특성으로 인해 한국언론진흥재단이 단일한 수탁기관이 되는 것에 비하여 정부광고 업무의 공공성과 투명성, 효율성을 도모하여 궁극적으로는 정부광고의 전반적인 질적 향상을 이루고자 한 이 사건 시행령조항의 목적을 동등한 정도로 달성할 수 있다고 보기 어렵다. 따라서 이 사건 시행령조항보다 청구인들의 기본권을 덜 제한하면서 그와 동등하게 입법목적을 달성할 수 있는 다른 수단을 상정하기 어려우므로, 이 사건 시행령조항은 침해의 최소성 요건을 충족한다.

(4) 법익의 균형성

앞서 보았듯이 정부광고는 대국민 소통의 창구로서 국민들의 정책 이해도 및 호응도를 높여 국정 수행의 효과를 증진시키는 중요한 공적 기능을 수행하고, 정부광고의 광고료는 국민의 세금을 재원으로 하는 예산으로 지급된다. 따라서 이 사건 시행령조항이 달성하고자 하는, 정부광고 업무의 공공성과 투명성, 효율성을 도모하고자 하는 공익은 매우 중대하다.

한편, 이 사건 시행령조항으로 인해 청구인들은 정부광고 업무를 직접 대행할 수 없게 되고, 이에 따라 위 업무를 직접 대행할 경우 얻게 되는 대행수수료 수익을 온전히 얻지 못하는 불이익을 입게 된다. 그러나 정부광고가 전체 국내 광고시장에서 차지하는 비중이 크지 않고, 정부기관등을 제외한 나머지 광고주들이 의뢰하는 광고는 이 사건 시행령조항의 적용을 받지 않으므로, 이 사건 시행령조항으로 인한 기본권제한의 정도는 제한적이다.

나아가 정부광고법 시행령은 정부기관등의 장이 정부광고를 요청할 때 광고물 제작 등이 필요한 경우 직접 민간 광고제작사 등을 선정하거나 선정을 요청할 수 있도록 하여 정부광고 업무에 대한 민간업체의 참여를 일정 부분 보장하고 있다(정부광고법 시행령 제3조 제1항). 이처럼 비록 민간 광고사업자들이 정부광고를 직접 대행할 수는 없다 할지라도, 경우에 따라 한국언론진흥재단을 통하여 정부광고에 참여할 수 있는 길이 열려 있으므로, 이 사건 시행령조항이 민간 광고사업자들의 영업활동을 지나치게 제약한다고 보기는 어렵다.

그렇다면 이 사건 시행령조항으로 인하여 청구인들이 입는 불이익이 이 사건 시행령조항이 추구하는 공익에 비하여 크다고 보기 어려우므로, 이 사건 시행령조항은 법익의 균형성 요건도 충족하고 있다.

(5) 소결

이 사건 시행령조항은 과잉금지원칙에 위배되어 청구인들의 직업수행의 자유를 침해한다고 볼 수 없다.

6. 결 론

그렇다면 이 사건 시행령조항에 대한 심판청구는 이유 없으므로 이를 기각하고, 이 사건 법률조항에 대한 심판청구는 부적법하므로 이를 각하하기로 하여, 주문과 같이 결정한다. 이 결정은 아래 7.과 같은 재판관 이영진의 이 사건 시행령조항에 대한 반대의견이 있는 외에는 관여 재판관들의 일치된 의견에 의한 것이다.

7. 재판관 이영진의 이 사건 시행령조항에 대한 반대의견

나는 이 사건 법률조항에 대한 심판청구가 부적법하다는 점에 대하여는 법정의견과 견해를 같이 하나, 법정의견과 달리 이 사건 시행령조항이 과잉금지원칙에 위배되어 청구인들의 직업수행의 자유를 침해한다고 생각하므로, 다음과 같이 그 의견을 남긴다.

가. 목적의 정당성 및 수단의 적합성

이 사건 시행령조항은 정부광고 업무의 공공성과 투명성, 효율성을 도모하여 궁극적으로는 정부광고의 전반적인 질적 향상을 이루고자 하는 것으로, 위와 같은 입법목적은 정당하다. 그리고 한국언론진흥재단에 정부광고 업무를 위탁하는 것은 위와 같은 입법목적을 달성하기 위한 적합한 수단이다.

나. 침해의 최소성

(1) 헌법 제119조 제1항은 "대한민국의 경제질서는 개인과 기업의 경제상의 자유와 창의를 존중함을 기본으로 한다."라고 규정하여 자유시장 경제질서를 기본으로 하고 있음을 선언하고 있고(헌재 2008. 12. 26. 2005헌바34 참조), 같은 조 제2항은 시장의 지배와 경제력 남용의 방지를 규정하고 있다. 정부광고는 정부기관등이 어디까지나 사경제의 주체로서 수행하는 업무일 뿐이므로, 해당 영역에서는 위와 같은 헌법상 시장경제질서에 따라 민간에서와 마찬가지로 공정하고 자유로운 경쟁이 이루어져야 한다.

그런데 이 사건 시행령조항은 정부광고 업무를 한국언론진흥재단에 독점 위탁하고 있고, 위탁하는 업무들은 광고의뢰의 접수, 홍보매체 선정, 자료 요청, 소요경비 지출 등으로서, 민간에서 광고대행사가 수행하는 핵심적인 영역들을 대부분 포함하고 있다. 그 결과 한국언론진흥재단은 사실상 정부광고 시장에서의 광고대행을 독점하고 있고, 해당 영역에서는 제한적인 경쟁체제조차 갖추어져 있지 않은 상황이다. 앞서 살펴본 우리 헌법상의 시장경제질서에 비추어 볼 때, 위와 같은 독점 체제는 특별한 사정이 없는 한 헌법적 정당성을 갖기 어렵다.

(2) 법정의견에서는, 정부광고 업무를 전담하여 수행할 기관을 두지 않을 경우 광고사업자들 사이에 과다한 광고 유치 경쟁이 벌어져 정부광고 거래질서가 혼란스러워질 것이라고 한다. 그러나 이는 단지 추측에 기반한 주장으로서 그 실증적 증거를 찾기 어렵다.

현재 '국가를 당사자로 하는 계약에 관한 법률' 제7조 등 관련 법령에서 일반경쟁 입찰에 따른 국가계약 체계가 완비되어 있고, 실제로 다른 국가계약 분야에서는 이러한 일반경쟁 입찰이 보편화되어 있으므로, 유독 정부광고 업무의 경우에만 민간개방이 이루어졌을 때 위와 같은 거래질서의 혼란이 발생할 것이라고 볼 근거가 부족하다. 오히려 단일 수탁기관인 언론진흥재단이 이념적 편향성을 가지고 특정 정치성향을 가진 매체에 광고를 몰아주는 등의 행태를 보일 경우, 정부광고의 투명성이 현저하게 낮아질 위험도 있다.

(3) 한편, 위에서 본 바와 같이 정부광고는 그 광고주가 되는 정부기관등의 범위가 지방자치단체와 하급교육행정기관은 물론이고 지방공기업 및 특별법에 따라 설립된 법인까지도 포함하여 매우 광범위하고, 광고집행의 대상이 되는 홍보매체도 국내외의 거의 모든 매체를 망라하므로, 한국언론진흥재단의 독점 수탁이 광고업계에 미치는 영향이 결코 작다고 할 수 없다. 법정의견이 설시한 것처럼 비록 정부광고가 전체 광고시장에서 차지하는 비중 자체는 크지 않다 하더라도, 지방에서 입무를 영위하는 광고대행사의 경우에는 지방자치단체나 지방공기업, 지방에 소재한 공공기관 등이 의뢰하는 광고대행 업무가 업무에서 차지하는 비중이 상당히 높을 수 있으므로, 정부광고의 독점 위탁으로 인한 직업수행의 자유 제한 정도가 매우 크게 나타날 수 있다.

(4) 법정의견은, 규모의 경제를 통하여 정부광고 업무를 신속하고 효율적으로 처리하기 위해 정부광고 업무를 한국언론진흥재단에 단독 위탁할 필요성이 인정된다고 한다. 그러나 2021년 기준으로 정부광고(국내광고)의 규모는 건수로는 216,850건, 광고료로는 1조 1,243억 원에 육박한다. 위와 같은 정부광고 규모를 고려하면 한국언론진흥재단을 포함하여 복수의 위탁형태가 되도록 민간 광고업체에게 정부광고 업무를 위탁하더라도 규모의 경제를 통하여 업무의 효율성을 충분히 도모할 수 있을 것으로 보이고, 민간 업체들이 기피하는 소액광고 등은 순번을 정하여 배당하거나 고액광고와 결합하여 위탁하는 방식 등을 고려할 수 있을 것이다.

만약 민간 광고업체의 업무수행 능력이 의심스럽다면, 일정한 수준의 자본 및 전문인력, 업무실적 등을 갖춘 업체에 한하여 허가제로 수탁업체로 선정하는 등의 방안을 채택할 수 있고, 민간 광고업체들이 정부광고

업무를 계속 수행할 경우 그에 따른 전문성도 자연스럽게 쌓일 수 있을 것이다.

(5) 광고 업무는 광고기획과 광고물 제작, 매체 선정 및 구입 등이 일관성 있게 이루어질 때 제대로 된 광고효과가 나타날 수 있다. 현재 한국언론진흥재단은 민간 광고업체에 비하여 광고 기획 등에 대한 전문화된 역량을 충분히 갖추지 못한 데다가 조직 규모에 비해 너무 많은 정부광고 업무를 담당하고 있어 사실상 매체 구입만을 대행하는 데 그치고 있는 수준으로서, 광고물 제작 및 홍보 등 그 밖의 다른 영역에서 민간 광고업체와 협업이 이루어진다 하더라도 광고효과를 극대화하는 데에는 한계가 있을 수밖에 없다. 그 결과 정부광고가 민간 광고에 비하여 품질이 떨어진다는 지적이 끊이지 않고 있다. 민간 광고업체들에게 정부광고 업무를 위탁할 경우, 광고기획부터 매체 구입까지를 아우르는 통합서비스가 가능해지므로, 현재에 비하여 정부광고의 품질이 크게 개선될 것이다. 따라서 정부광고의 전반적인 질적 향상이라는 이 사건 시행령조항의 목적에 비추어 보더라도, 현재와 같은 독점 위탁 방식보다는 민간 위탁 방식이 입법목적을 더 잘 달성할 수 있을 것으로 보인다.

(6) 법정의견에서는 한국언론진흥재단이 수수하는 정부광고 수수료가 공익 목적에 전액 사용되고 있다고 한다. 그런데 문화체육관광부에 의하면, 2023년 한국언론진흥재단 정부광고수수료회계 총 1,014억 2,400만 원 중 '정부광고진흥사업비' 항목으로 편성된 예산은 221억 2,900만 원으로 전체의 약 21.8%에 불과하고, 나머지 대부분의 예산은 일반관리비, 언론진흥사업비, 언론기금 출연금 등에 편성되어 있다. 이처럼 정부광고 수수료 수입 중 상당 부분을 정부광고 진흥이 아닌 언론 진흥을 위하여 사용하는 것은 특정 집단을 위한 수익 배분으로 볼 수 있는 것으로서, 이는 언론의 진흥을 위하여 설립된 한국언론진흥재단에, 언론 진흥과 거리가 먼 정부광고 업무를 위탁하는 데에서 근본적으로 비롯되는 문제이다. 정부 차원의 언론 진흥이 필요하다면 이는 별도의 예산을 마련하여 해결함이 타당하고, 정부광고 업무는 민간 광고업체들이 대행하도록 함으로써 그 대행 수수료 수입이 광고업계에 환원되어 광고산업이 발전되도록 할 필요가 있다.

(7) 주요 외국의 입법례를 보더라도, 우리나라와 같이 단일한 공적 수탁기관이 독점적으로 정부광고를 집행하는 경우는 찾아보기 어렵다. 미국에서는 각 정부부처 및 공공기관이 개별적으로 민간 광고대행사와 직접 계약을 체결해서 독자적으로 광고를 시행하고 있다. 프랑스에서도 원칙적으로 정부광고는 개별 정부부처, 공공기관 및 지방자치단체가 독자적으로 시행하며, 다만 여러 부처가 관여하는 정책이나, 정부가 큰 의제로 삼아 정책홍보를 추진하는 사안의 경우 총리실 산하 정부공보처(SIG: Service d'information du Gouvernement)가 정부광고의 시행을 주도한다. 일본에서는 개별 정부부처가 독자적으로 홍보를 실시하되, 내각관방 산하의 내각광보실(内閣広報室) 및 정부광보실(政府広報室)에서 내각 및 정부의 중요 시책의 홍보에 관한 계획을 수립하고 그에 따라 각 정부부처의 홍보 내용을 협의, 조정하는 역할을 하고 있으며, 광고의 집행은 경쟁입찰을 통하여 민간사업자에게 위임한다. 영국의 경우 과거에 우리나라와 유사하게 정부 부처가 반드시 중앙공보원(COI: Central Office of Information)을 통해서만 광고매체를 구매하도록 하였으나, 정부광고 관련 예산의 과도한 배정에 대한 우려 등으로 2012년 중앙공보원을 폐지하였다.

정부광고의 공공성, 효율성을 도모해야 할 필요성은 국가에 따라 근본적인 차이가 있다고 볼 수 없고, 정부광고의 종류나 형태 역시 국가에 따라 큰 차이를 보이지 않는다는 점을 고려하면, 위와 같은 외국의 입법례는 시사하는 바가 적지 않다. 우리도 외국 입법례처럼 각 정부기관등이 필요에 따라 직접 민간 광고사업자에게 정부광고 업무 대행을 의뢰할 수 있도록 하는 길을 열어주어, 정부광고 업무가 보다 효율적이면서도 내실 있게 처리될 수 있도록 하는 방안을 고려할 필요가 있다.

(8) 위와 같은 사정들을 고려하면, 이 사건 시행령조항은 침해의 최소성 요건을 충족하지 못하였다.

다. 법익의 균형성

정부광고 업무의 공공성과 투명성, 효율성을 도모하고자 하는 공익이 중요하다는 점은 인정된다. 그러나 앞서 보았듯이 그와 같은 공익은 한국언론진흥재단 외에 민간 광고업체를 포함하여 복수의 수탁업체를 두는 등 다른 방식으로도 충분히 달성이 가능하다. 반면, 이 사건 시행령조항이 한국언론진흥재단에 정부광고를 독점 위탁함으로 인해 광고대행업을 영위하는 청구인들은 정부광고 업무를 대행하는 것이 불가능하다. 정부광고법 시행령 제3조 제1항은 정부광고 업무에 대한 민간업체의 참여를 일정 부분 보장하고 있기는 하나, 이는 광고물 제작 등 한정된 범위에서의 참여만을 보장하는 것일 뿐이다. 광고대행 업무의 핵심 중 하나인 매체구입 및 집행은 언제나 한국언론진흥재단이 수행한다는 점을 고려하면, 그와 같은 참여가 보장된다는 사정만으로 청구인들의 직업수행의 자유 침해 정도가 유의미하게 완화된다고 보기 어렵다. 결국 이 사건 시행령조항은 정부광고 시장에서 제한적인 경쟁체제조차 도입하지 않은 것으로서, 그로 인하여 청구인들의 직업수행의 자유가 제한되는 정도가 매우 크다.

따라서 이 사건 시행령조항은 법익의 균형성 요건도 충족하지 못하였다.

라. 소결론

이 사건 시행령조항은 과잉금지원칙에 위배되어 청구인들의 직업수행의 자유를 침해한다.

재판관 유남석 이은애 이종석 이영진 김기영 문형배 이미선 김형두 정정미

[별지] 관련조항

정부기관 및 공공법인 등의 광고시행에 관한 법률(2018. 6. 12. 법률 제15640호로 제정된 것)

제2조(정의) 이 법에서 사용하는 용어의 뜻은 다음과 같다.

1. "정부기관"이란 「정부조직법」에 따른 국가기관, 「지방자치법」 제2조 제1항 각 호에 따른 지방자치단체 및 같은 조 제3항에 따른 특별지방자치단체, 「지방교육자치에 관한 법률」 제18조에 따른 교육감 및 같은 법 제34조에 따른 하급교육행정기관을 말한다.
2. "공공법인"이란 「공공기관의 운영에 관한 법률」 제4조 제1항에 따라 지정된 공공기관, 「지방공기업법」에 따른 지방공기업 및 특별법에 따라 설립된 법인을 말한다.
3. "정부광고"란 정부기관 또는 공공법인(이하 "정부기관등"이라 한다)이 국내외의 홍보매체에 광고, 홍보, 계도 및 공고 등을 하기 위한 모든 유료고지 행위를 말한다.
4. "홍보매체"란 「신문 등의 진흥에 관한 법률」 제2조에 따른 신문·인터넷신문·인터넷뉴스서비스, 「잡지 등 정기간행물의 진흥에 관한 법률」 제2조 제1호에 따른 정기간행물, 「방송법」 제2조 제1호에 따른 방송, 「옥외광고물 등의 관리와 옥외광고산업 진흥에 관한 법률」 제2조 제1호에 따른 옥외광고물, 「방송통신발전 기본법」 제2조 제1호에 따른 방송통신, 「뉴스통신 진흥에 관한 법률」 제2조 제1호에 따른 뉴스통신, 「인터넷 멀티미디어 방송사업법」 제2조 제1호에 따른 인터넷 멀티미디어 방송 및 그 밖에 문화체육관광부장관이 지정하는 매체로서 이와 유사한 국내외의 매체를 포함한다.

제5조(광고의뢰) 정부기관등의 장은 소관업무에 관하여 홍보매체에 정부광고를 하려는 경우 소요 예산, 내용, 광고물 제작 여부 등 정부광고에 필요한 사항을 명시하여 미리 문화체육관광부장관에게 요청하여야 한다.

제6조(홍보매체 선정) ① 문화체육관광부장관은 정부기관등으로부터 정부광고를 요청받은 경우 정부기관등의 의견을 우선하여 홍보매체를 선정하여야 한다. 이 경우 광고의 목적, 국민의 보편적 접근성 보장 등을 고려하여야 한다.

제7조(자료 요청) 문화체육관광부장관은 제6조 제2항에 따른 홍보매체를 선정하기 위하여 신문 및 잡지를 경영하는 사업자에게 전체 발행부수 및 유가 판매부수에 대한 자료를 요청할 수 있다.

제8조(소요경비 지출) ① 문화체육관광부장관은 홍보매체로부터 정부광고료 및 정부광고에 소요된 경비의 청구가 있을 때에는 이를 확인하여 정부광고를 요청한 기관에 정부광고 증빙자료 및 경비지출 내역 등을 송부하여야 한다.

제10조(정부광고 업무의 위탁) ② 제1항에 따라 정부광고 업무를 위탁받은 기관이나 단체(이하 "수탁기관"이라 한다)는 수수료를 징수할 수 있다.

정부기관 및 공공법인 등의 광고시행에 관한 법률(2021. 5. 18. 법률 제18164호로 개정된 것)

제10조(정부광고 업무의 위탁) ④ 수탁기관은 제2항에 따라 징수된 수수료는 문화체육관광부장관의 승인을 받아 다음 각 호의 지원에 사용하여야 한다.

1. 신문, 인터넷신문, 인터넷뉴스서비스, 뉴스통신 및 잡지의 진흥을 위한 지원
2. 방송, 광고 진흥을 위한 지원
3. 그 밖에 언론진흥을 위하여 대통령령으로 정하는 사항

신문 등의 진흥에 관한 법률(2019. 11. 26. 법률 제

16599호로 개정된 것)

제29조(한국언론진흥재단의 설치 등) ① 신문 및 인터넷신문의 건전한 발전과 읽기문화 확산 및 신문 산업의 진흥을 위하여 한국언론진흥재단을 둔다.

② 한국언론진흥재단은 법인으로 한다.

정부기관 및 공공법인 등의 광고시행에 관한 법률 시행령(2018. 12. 11. 대통령령 제29341호로 제정된 것)

제3조(광고의뢰 절차) ① 정부기관등의 장은 법 제5조에 따라 문화체육관광부장관에게 정부광고를 요청하는 경우로서 광고물 제작이 필요한 경우에는 민간 광고제작사 등을 선정하여 요청하거나 선정하여 줄 것을 함께 요청할 수 있다.

제7조(수수료의 징수) ② 제1항에 따른 수수료는 법 제8조에 따른 정부광고료의 100분의 10으로 한다. 다만, 제1항 단서에 따라 광고판매대행자로부터 수수료를 징수하는 경우에는 「방송광고판매대행 등에 관한 법률 시행령」 제11조 제2항에도 불구하고 같은 조 제1항에 따른 방송광고판매액의 100분의 10으로 한다.

정부기관 및 공공법인 등의 광고시행에 관한 법률 시행령(2021. 11. 9. 대통령령 제32110호로 개정된 것)

제8조(언론진흥을 위한 수수료 사용) 법 제10조 제4항 제3호에서 "대통령령으로 정하는 사항"이란 다음 각 호의 사항을 말한다.

1. 「신문 등의 진흥에 관한 법률」 제34조에 따른 언론진흥기금(이하 "언론진흥기금"이라 한다)에 대한 출연
2. 미디어교육 지원 사업
3. 정보격차 해소 지원 사업
4. 그 밖에 문화체육관광부장관이 필요하다고 인정하는 언론진흥 사업

제9조(그 밖의 수수료 사용) ① 수탁기관은 법 제10조 제2항에 따라 징수된 수수료를 법 제10조 제4항 각 호의 지원 외에 다음 각 호의 용도에 사용해야 한다.

1. 정부광고 품질 향상에 관한 사업
2. 공익광고 사업
3. 제3조 제1항에 따른 민간 광고제작사 등의 광고물 제작 등에 대한 대가의 지급
4. 제12조에 따른 정부광고 업무종사자에 대한 교육의 지원 사업
5. 수탁기관의 인건비 및 운영 경비

② 수탁기관은 제1항에 따라 수수료를 사용하고 잔액이 발생하는 경우에는 언론진흥기금에 출연해야 한다.

89. 자산유동화에 관한 법률 제22조 제1항 제6호 등 위헌제청

[2023. 10. 26. 2023헌가1]

【판시사항】

1. 자산유동화계획에 의하지 아니하고 여유자금을 투자한 자를 처벌하는 '자산유동화에 관한 법률'(이하 '자산유동화법'이라 한다) 제40조 제2호 중 '제22조의 규정에 위반하여 자산유동화계획에 의하지 아니하고 여유자금을 투자한 자' 부분(이하 '심판대상조항'이라 한다)이 죄형법정주의의 법률주의에 위반되는지 여부(소극)

2. 심판대상조항이 죄형법정주의의 명확성원칙에 위반되는지 여부(소극)

【결정요지】

1. 심판대상조항은 처벌대상을 '자산유동화계획에 의하지 아니하고 여유자금을 투자하는 행위'로 한정함으로써 형벌을 통해 금지하고자 하는 행위의 실질을 법률 스스로 직접 규정하고 있다. 따라서 구체적인 사건에서 심판대상조항 위반 여부를 판단하기 위하여 개별 자산유동화계획의 내용을 살펴보아야 한다고 하여, 심판대상조항이 범죄와 형벌에 관하여는 입법부가 제정한 형식적 의미의 법률로써 정하여야 한다는 죄형법정주의의 법률주의원칙에 위반된다고 볼 수 없다.

2. 심판대상조항의 수범자는 유동화전문회사의 임직원이거나 자산유동화거래 업무와 관련된 전문 지식과 경험을 가진 자로 한정될 것인데, 이들은 자산유동화계획의 내용 중 여유자금의 투자에 관한 사항이 무엇인지, 그리고 어떠한 행위가 '자산유동화계획에 의하지 않은 여유자금 투자'인지를 충분히 파악하고 예측할 수 있는 지위에 있다. 따라서 심판대상조항이 수범자의 입장에서 예측가능성 내지 명확성을 결여한 조항이라고 보기 어렵다.

또한 '여유자금'의 사전적 정의와 심판대상조항의 입법목적, 관련 판례 등을 종합적으로 고려하면, 어떠한 행위가 자산유동화계획에 의하지 않은 여유자금 투자로서 처벌되는지에 관한 합리적이고 객관적인 해석기준이 법관의 보충적 해석을 통하여 충분히 마련되어 있다고 판단되므로, 심판대상조항이 죄형법정주의의 명확성원칙에 반한다고 볼 수 없다.

재판관 이영진, 재판관 김기영, 재판관 문형배의 반대의견

자산유동화법은 '여유자금'의 정의규정을 비롯하여 그 운용 대상, 방법 등에 관한 규정을 두고 있지 않으므로, 유동화전문회사가 여유자금의 투자에 관하여 자산유동화계획에 규정할 수 있는 내용이나 자산유동화계획에 의하지 아니한 여유자금 투자 행위의 양태가 법률에 의하여 구체적으로 형성되어 있거나 제한을 받는다고 볼 수 없다. 즉 심판대상조항은 형벌을 통하여 금지하고자 하는 행위의 실질을 자산유동화계획의 내용에 모두 내맡기고 있고, 이는 사실상 자산유동화계획의 작성권자에게 처벌법규의 내용을 형성할 권한을 부여하는 것이나 다름없으므로, 심판대상조항은 죄형법정주의의 법률주의원칙에 위반된다.

또한 유동화전문회사가 여유자금의 투자에 관하여 자산유동화계획에 규정할 수 있는 내용은 특정이 불가능할 정도로 그 범위가 넓어 금지되는 행위가 무엇인지를 예측하기 어렵다. 따라서 심판대상조항은 수범자에게 법규의 의미내용에 대한 예측가능성을 명확히 하고 있다거나, 자의적인 법해석 내지 법집행 가능성을 배제하고 있다고 볼 수 없으므로, 죄형법정주의의 명확성원칙에도 위반된다.

【심판대상조문】

자산유동화에 관한 법률(2007. 8. 3. 법률 제8635호로 개정되고, 2023. 7. 11. 법률 제19533호로 개정되기 전의 것) 제40조 제2호 중 '제22조의 규정에 위반하여 자산유동화계획에 의하지 아니하고 여유자금을 투자한 자' 부분

【참조조문】

헌법 제12조 제1항

자산유동화에 관한 법률(1998. 9. 16. 법률 제5555호로 제정되고, 2023. 7. 11. 법률 제19533호로 개정되기 전의 것) 제1조

자산유동화에 관한 법률(1998. 9. 16. 법률 제5555호로 제정되고, 2023. 7. 11. 법률 제19533호로 개정되기 전의 것) 제4조

자산유동화에 관한 법률(2007. 8. 3. 법률 제8635호로 개정되고, 2023. 7. 11. 법률 제19533호로 개정되기 전의 것) 제22조 제1항

【참조판례】

1. 헌재 1998. 3. 26. 96헌가20, 판례집 10-1, 213, 219-220

헌재 2019. 2. 28. 2017헌바486등, 판례집 31-1, 114, 122

2. 헌재 2000. 6. 29. 98헌가10, 판례집 12-1, 741, 748

헌재 2005. 6. 30. 2002헌바83, 판례집 17-1, 812, 821

헌재 2007. 7. 26. 2006헌가9, 판례집 19-2, 12, 20

헌재 2017. 5. 25. 2014헌바459, 판례집 29-1, 121, 128

【당 사 자】

제청법원 서울남부지방법원

당해사건 서울남부지방법원 2022고합214 특정경제범죄가중처벌등에관한법률위반(배임), 자산유동화에관한법률위반

【주　문】

자산유동화에 관한 법률(2007. 8. 3. 법률 제8635호로 개정되고, 2023. 7. 11. 법률 제19533호로 개정되기 전의 것) 제40조 제2호 중 '제22조의 규정에 위반하여 자산유동화계획에 의하지 아니하고 여유자금을 투자한 자' 부분은 헌법에 위반되지 아니한다.

【이　유】

1. 사건개요

가. ○○ 유한회사(이하 '피해회사'라 한다)는 '자산유동화에 관한 법률'(이하 '자산유동화법'이라 한다)에 의하여 설립된 유동화전문회사로서, 금융위원회에 자산유동화계획을 등록하였다. 위 자산유동화계획에는 피해회사의 여유자금 운용에 관하여, "자산유동화계획의 수행과정에서 자금의 여유가 있을 경우 향후 유동화계획의 지장을 초래하지 않는 범위 내에서 안전한 방법으로 여유자금을 운용할 계획"이라고 기재되어 있다.

나. 공소사실에 의하면 당해 사건 피고인 김○○는 피해회사의 자산유동화계획을 수립한 설립자로서, 피해회사의 실질적인 업무수탁회사인 □□ 주식회사(이하 '□□'라 한다)에 대한 지시·승인·감독을 통하여 실질적으로 피해회사의 재무·자산 관리 업무를 수행하였다. 피고인 유○○은 □□의 대표이며, 피고인 변○○은 □□의 이사이자 실무자이다.

위 피고인들은 공모하여 피해회사의 여유자금을 자산유동화계획에 의하지 아니하고 투자하여 자산유동화법 제40조 제2호, 제22조를 위반하였다는 이유로, 피고인 □□는 변○○과 유○○이 □□의 업무에 관하여 위와 같은 자산유동화법 위반행위를 하였다는 이유로 각 기소되었다.

다. 제청법원은 재판 계속 중인 2023. 1. 17. 자산유동화법 제22조 제1항 제6호와 제40조 제2호 중 '제22조의 규정에 위반하여 자산유동화계획에 의하지 아니하고 여유자금을 투자한 자' 부분에 대하여 직권으로 위헌법률심판을 제청하였다.

2. 심판대상

제청법원은 위 자산유동화법 조항들이 범죄 구성요건의 중요한 부분을 법률 또는 법규명령에서 직접 규정하지 아니하고 자산유동화계획에 위임함으로써 죄형법정주의를 위반하였다는 이유로 위헌제청을 하였는데,

이는 유동화전문회사의 업무 범위를 규정한 제22조가 아니라 처벌조항인 제40조 제2호와 관련된 것이고 제청법원도 제22조만의 고유한 위헌성을 위헌제청의 논거로 삼고 있지 아니하므로, 심판대상을 처벌조항 부분으로 한정한다.

따라서 이 사건 심판대상은 '자산유동화에 관한 법률'(2007. 8. 3. 법률 제8635호로 개정되고, 2023. 7. 11. 법률 제19533호로 개정되기 전의 것) 제40조 제2호 중 '제22조의 규정에 위반하여 자산유동화계획에 의하지 아니하고 여유자금을 투자한 자' 부분(이하 '심판대상조항'이라 한다)이 헌법에 위반되는지 여부이다. 심판대상조항과 주요 관련조항은 다음과 같고, 그 외의 관련조항은 [별지] 기재와 같다.

[심판대상조항]

자산유동화에 관한 법률(2007. 8. 3. 법률 제8635호로 개정되고, 2023. 7. 11. 법률 제19533호로 개정되기 전의 것)

제40조(벌칙) 다음 각호의 1에 해당하는 자는 1년 이하의 징역 또는 1천만원 이하의 벌금에 처한다.

2. 제22조의 규정에 위반하여 자산유동화계획에 의하지 아니하고 자금을 차입하거나 여유자금을 투자한 자

[주요 관련조항]

자산유동화에 관한 법률(2007. 8. 3. 법률 제8635호로 개정되고, 2023. 7. 11. 법률 제19533호로 개정되기 전의 것)

제22조(업무) ① 유동화전문회사는 자산유동화계획에 따라 다음 각호의 업무를 행한다.

1. 유동화자산의 양수·양도 또는 다른 신탁업자에의 위탁
2. 유동화자산의 관리·운용 및 처분
3. 유동화증권의 발행 및 상환
4. 자산유동화계획의 수행에 필요한 계약의 체결
5. 유동화증권의 상환 등에 필요한 자금의 일시적인 차입
6. 여유자금의 투자
7. 기타 제1호 내지 제6호의 업무에 부수하는 업무

3. 제청법원의 위헌제청이유

가. 심판대상조항은 유동화전문회사의 여유자금 운용 대상·방법 등을 구체적으로 규정하고 있지 아니한 채, 자산유동화계획에 의하지 아니하고 여유자금을 투자한 경우 이를 형사처벌하도록 정하고 있으므로, 심판대상조항에 의하면 자산유동화계획에서 정하는 사항이 범죄 구성요건의 중요부분이 되는 결과가 발생한다.

나. 자산유동화계획은 유동화전문회사 등이 스스로 작성하여 금융위원회에 등록하는 것으로서, 헌법에서 예정하는 위임입법에 해당하지 아니하고, 생성과정 측면에서도 법규명령과 성질상 차이가 크다. 심판대상조항은 범죄 구성요건의 중요부분을 법률 또는 법규명령에서 직접 규정하지 아니하고 자산유동화계획에 위임하고 있으므로 죄형법정주의의 법률주의에 위반된다.

다. 또한 자산유동화법은 여유자금의 정의나 그 운용 내지 투자 업무의 내용에 관하여 구체적으로 규정하지 않은 채, 유동화전문회사가 자산유동화계획에 여유자금 관련 사항 기재 여부를 임의로 결정하거나 그 내용을 자유롭게 정할 수 있도록 하고 있다. 이로 인하여 수범자는 법률의 규정만으로 자산유동화계획에 기재될 여유자금 투자에 관한 사항이 무엇인지 예견하거나, 심판대상조항을 통해 처벌하고자 하는 행위가 무엇인지를 알기 어려운바, 심판대상조항은 죄형법정주의에서 파생되는 명확성원칙에도 위반된다.

4. 판 단

가. 헌법 제12조 제1항은 누구든지 법률과 적법한 절차에 의하지 아니하고는 처벌을 받지 아니한다고 규정하여 죄형법정주의를 천명하고 있다. "법률이 없으면 범죄도 없고 형벌도 없다."라는 말로 표현되는 죄형법정주의는 법치주의, 국민주권 및 권력분립의 원리에 입각한 것으로서, 범죄와 형벌이 입법부가 제정한 형식적 의미의 법률로 정해져야 하고, 위임이 불가피한 경우라도 반드시 구체적이고 개별적으로 한정된 사항에 대하여 행해져야 함을 의미한다(헌재 1998. 3. 26. 96헌가20; 헌재 2019. 2. 28. 2017헌바486등 참조).

한편, 죄형법정주의에서 파생되는 명확성원칙은 누구나 법률이 처벌하고자 하는 행위가 무엇이고, 그에 대한 형벌이 어떠한 것인지를 예견할 수 있으며, 그에 따라 자신의 행위를 결정할 수 있도록 구성요건을 명확히 정하여야 함을 의미한다(헌재 2000. 6. 29. 98헌가10 참조). 명확성원칙은 법규범의 의미내용이 불확실하면 법적 안정성과 예측가능성을 확보할 수 없고 법집행 당국의 자의적인 법해석과 집행을 가능하게 한다는 것을 그 근거로 하므로, 처벌법규의 구성요건이 명확한

지 여부는 수범자에게 법규의 의미내용을 알 수 있도록 공정한 고지를 하여 예측가능성을 주고 있는지 여부 및 법을 해석·집행하는 기관이 자의적인 법해석이나 법집행을 할 수 없도록 충분한 의미내용을 규율하고 있는지 여부, 다시 말하면 예측가능성 및 자의적 법집행 배제가 확보되는지 여부에 따라 판단할 수 있다(헌재 2005. 6. 30. 2002헌바83 참조).

나. 심판대상조항은 자산유동화계획에 의하지 아니하고 유동화전문회사의 여유자금을 투자한 자를 처벌하도록 규정하고 있으므로, 자산유동화계획은 결과적으로 범죄 구성요건의 일부를 이루게 된다. 그런데 심판대상조항이 포함된 자산유동화법 제40조 제2호는 자산유동화계획에 의하지 아니한 모든 행위를 처벌하는 것이 아니고, 유동화전문회사가 자산유동화계획에 따라 행하는 여러 업무 중 유동화전문회사의 건전성 및 투자자 보호와 밀접한 관련이 있는 '자금 차입 행위'와 '여유자금 투자 행위'만을 처벌대상으로 규정하고 있다(자산유동화법 제22조, 제40조 제2호).

이와 같이 심판대상조항은 처벌의 대상을 자산유동화계획에 의하지 아니하고 여유자금을 투자하는 행위로 한정함으로써 형벌을 통해 금지하고자 하는 행위의 실질을 법률 스스로 직접 규정하고 있으므로, 구체적인 사건에서 수범자가 심판대상조항을 위반하였는지 여부를 판단하기 위하여는 개별 자산유동화계획의 내용을 살펴보아야 함이 전제된다고 하여, 심판대상조항이 범죄와 형벌에 관하여는 입법부가 제정한 형식적 의미의 법률로써 정하여야 한다는 죄형법정주의의 법률주의원칙에 위반된다고 볼 수 없다.

다. 한편, 처벌법규의 구성요건이 명확한지 여부는 수범자의 입장에서 예측가능성이 있는지 및 공권력에 의한 자의적 법집행을 배제할 수 있는지 여부를 기준으로 판단할 수 있는데(헌재 2005. 6. 30. 2002헌바83 참조), 처벌법규의 수범자들이 일정한 범위로 한정되어 있는 경우에는 수범자들이 금지되는 행위의 구체적인 내용을 충분히 파악하거나 예측할 수 있음을 전제로 명확성에 대한 요구가 다소 완화될 수 있다(헌재 2007. 7. 26. 2006헌가9; 헌재 2017. 5. 25. 2014헌바459 참조).

'여유'의 사전적 정의는 '물질적·공간적·시간적으로 넉넉하여 남음이 있는 상태'이고 '여유자금' 역시 '남는 자금'이라는 의미로 일상적으로 사용되는 점, 자산유동화법은 제22조 제1항에서 유동화증권의 상환 등에 필요한 자금(제5호)과 여유자금(제6호)을 구별하고 있는 점 등을 종합적으로 고려하면, 자산유동화법상 여유자금은 유동화전문회사가 유동화자산의 운용, 유동화증권 기타 지급기한이 도래한 채무의 상환 등을 위하여 바로 필요로 하는 자금 이외의 자금을 의미하는 것으로 이해할 수 있다. 금융당국 역시 이와 같은 맥락에서, 여유자금을 자산유동화의 기초자산에서 회수된 현금이 유동화증권의 상환일정보다 일찍 발생할 경우 일시적으로 발생하는 자금으로 보고 그 투자에 관하여 규율하고 있다.

심판대상조항의 수범자는 유동화전문회사의 임직원이거나 자산유동화거래 업무와 관련된 전문 지식과 경험을 가진 자로 한정될 것인데, 이들은 자산유동화계획의 내용 중 여유자금의 투자에 관한 사항이 무엇인지, 그리고 어떠한 행위가 '자산유동화계획에 의하지 않은 여유자금 투자'인지를 충분히 파악하고 예측할 수 있는 지위에 있다. 따라서 자산유동화법이 여유자금의 정의나 유동화전문회사가 이를 운용할 수 있는 방법에 관하여 구체적인 규정을 두고 있지 않은 점을 감안하더라도, 심판대상조항이 수범자의 입장에서 예측가능성 내지 명확성을 결여한 조항이라고 보기 어렵다.

또한 자산유동화법이 제1조에서 유동화증권에 투자한 투자자의 보호를 주된 입법목적의 하나로 명시하고 있는 점, 법원 역시 이러한 입법목적을 고려하여 유동화전문회사의 업무범위를 자산유동화계획에 따른 행위로 제한하는 자산유동화법 제22조를 단순한 단속규정이 아닌 권리능력의 범위에 관한 강행규정으로 해석하여 온 점(서울중앙지방법원 2008. 9. 9. 선고 2008가합3898 판결 등 참조) 등을 고려하더라도, 어떠한 행위가 자산유동화계획에 의하지 않은 여유자금 투자로서 처벌되는지에 관한 합리적이고 객관적인 해석기준을 법관의 보충적 해석을 통하여 충분히 마련하고 있다고 판단되므로, 심판대상조항이 죄형법정주의의 명확성원칙에 반한다고 볼 수 없다.

법률에서 여유자금의 정의 및 유동화전문회사의 여유자금 운용 방법을 직접 규정하거나 대통령령 등 위임입법의 형식으로 규율할 수 있으므로, 이를 통하여 심판대상조항이 금지하고자 하는 행위의 실질을 현재보다 명확하게 할 수 있다는 취지의 주장도 있을 수 있다. 그러나 유동화전문회사가 여유자금을 운용·관리·투자하는 방법은 각 자산유동화거래의 구조와 성격에 따라 달라질 수밖에 없으므로, 이를 입법자가 획일적으로 정하는 것은 어려울 뿐만 아니라 바람직하다고 볼 수도 없다.

라. 이상과 같은 이유로, 심판대상조항은 죄형법정주의에 위반되지 아니한다.

5. 결 론

그렇다면 심판대상조항은 헌법에 위반되지 아니하므로 주문과 같이 결정한다. 이 결정은 아래 6.과 같은 재판관 이영진, 재판관 김기영, 재판관 문형배의 반대의견이 있는 외에는 관여 재판관들의 일치된 의견에 따른 것이다.

6. 재판관 이영진, 재판관 김기영, 재판관 문형배의 반대의견

우리는 심판대상조항이 죄형법정주의에 반하여 헌법에 위반된다고 생각하므로, 다음과 같이 반대의견을 밝힌다.

가. 심판대상조항은 자산유동화계획에 의하지 아니하고 유동화전문회사의 여유자금을 투자한 자를 처벌하도록 규정하고 있으므로, 심판대상조항에서 '자산유동화계획에 의하지 아니함'은 범죄 구성요건의 중요부분에 해당한다. 그런데 자산유동화법은 비록 제4조에서 자산유동화계획에 포함될 사항을 제시하고 있기는 하나, '여유자금' 자체에 관하여는 이를 정의하는 규정을 비롯하여 운용 대상, 방법 등에 관한 규정을 전혀 두고 있지 않으므로, 유동화전문회사가 여유자금의 투자에 관하여 자산유동화계획에 규정할 수 있는 내용이나, 자산유동화계획에 의하지 아니한 여유자금 투자 행위의 양태가 법률에 의하여 구체적으로 형성되어 있거나 제한을 받는다고 볼 수 없다.

결국 심판대상조항은 범죄의 구성요건을 '자산유동화계획에 의하지 아니하고 … 여유자금을 투자한 자'라고만 규정함으로써 구성요건의 외피만 설정하였을 뿐이고, 그 실질적 내용에 관하여는 스스로 아무런 규정을 하지 아니하고 있는바, 이는 형벌을 통하여 금지하고자 하는 행위의 실질을 자산유동화계획의 내용에 모두 내맡기고 있는 것에 해당한다.

입법자가 자산유동화법이나 동법 시행령에 유동화전문회사의 여유자금 투자에 관한 규정을 두어, 여유자금 투자 방법을 '유동화증권의 상환에 지장을 초래하지 않는 범위 내에서의 은행 등 금융기관 예치, 국채·지방채·특수채증권 매수, 정부·금융기관이 지급을 보증한 증권의 매수' 등으로 구체적으로 제한하는 것이 입법기술상 충분히 가능하다고 보이고, 실제로 공탁법 등 상당수의 법률에서 공적 기금의 여유자금 운용에 관하여 유사한 규정 형식을 취하고 있다. 그런데도 형사처벌에 관련되는 주요사항을 사경제주체인 유동화전문회사가 스스로 작성하여 금융위원회에 등록하는 문서에 불과한 자산유동화계획에 위임하는 것은 사실상 자산유동화계획의 작성권자에게 처벌법규의 내용을 형성할 권한을 부여하는 것이나 다름없다. 따라서 심판대상조항은 범죄와 형벌에 관하여는 입법부가 제정한 형식적 의미의 법률로써 정하여야 한다는 죄형법정주의의 법률주의원칙에 위반된다.

이에 대하여는 자산유동화계획은 비록 형식적 의미의 법률은 아니지만 자산유동화법에서 정하는 절차를 거쳐 금융위원회에 등록되고 공시된다는 점에서 법규명령에 준하는 규범적 성질을 가지고 있고, 금융시장의 특수성과 자산유동화 과정의 특이성 등을 고려할 때 심판대상조항이 자산유동화계획에 의하지 아니한 여유자금 투자 행위를 처벌하도록 규정한 것만으로는 죄형법정주의의 법률주의원칙에 위배되지 않는다는 주장도 있을 수 있다.

그러나 사경제주체인 유동화전문회사가 자율적으로 작성하는 자산유동화계획은 아무리 금융위원회의 통제를 받는다고 하더라도 국회의 의결과 대통령의 공포를 거쳐 비로소 효력이 발생하는 형식적 의미의 법률이나, 입법예고 및 심사 등의 단계를 거쳐 공포됨으로써 효력이 발생하는 법규명령과는 그 생성과정 및 효력발생요건에 있어 차이가 크므로, 자산유동화계획이 법규명령에 준하는 규범적 성질을 가지고 있다고 보기 어렵다. 심판대상조항에 의하면 동일한 방법으로 여유자금을 투자하여도 자산유동화계획의 내용에 따라 처벌되는 경우와 처벌되지 않는 경우가 나뉠 수 있는데, 이는 곧 국가의 형벌권 행사 가부가 사경제주체인 유동화전문회사의 의사에 따라 달라지는 것으로서 허용될 수 없다.

나. 자산유동화법에서 유동화전문회사의 여유자금 투자를 규제하는 것은 투자자에 대한 유동화증권 상환에 지장을 초래하는 과도한 위험자산 투자를 제한하려는 취지에서이다. 그런데 유동화전문회사가 여유자금의 투자에 관하여 자산유동화계획에 규정할 수 있는 내용은 특정이 불가능할 정도로 그 범위가 넓은바, 현재 심판대상조항의 내용만으로는 자산유동화법의 입법취

지 및 법원의 법률해석을 종합적으로 고려하더라도 수범자 입장에서 금지되는 행위가 무엇인지 예측하기 어렵다.

당해 사건의 경우를 살펴보면, 피해회사의 자산유동화계획에는 여유자금 투자에 관하여 "향후 유동화계획의 지장을 초래하지 않는 범위 내에서 안전한 방법으로 여유자금을 운용할 계획"이라고 기재되어 있다. 그런데 '안전한 방법'이라는 문구는 그 의미가 포괄적일 뿐 아니라, 금융기법이 급속하게 변화하고 금융이 국제화되고 있는 작금의 현실을 고려하였을 때 심판대상조항에 따라 유동화전문회사가 금융위원회에 등록한 자산유동화계획에서조차도 금지되는 행위가 무엇인지가 명확하지 않다.

결국 심판대상조항은 수범자에게 법규의 의미내용에 대한 예측가능성을 명확히 하고 있다거나, 법률을 해석·집행하는 기관에게 충분한 의미내용을 제공하여 자의적인 법해석이나 법집행 가능성을 배제하고 있다고 볼 수 없으므로, 죄형법정주의의 명확성원칙에도 위배된다.

자산유동화계획을 유동화전문회사가 스스로 작성하는 이상 유동화전문회사 및 그 핵심 관계자인 수범자들은 자산유동화계획의 내용을 잘 알고 있거나 잘 알 수 있는 지위에 있고, 투자자 보호라는 자산유동화법의 목적을 고려하였을 때 수범자들은 심판대상조항에 의하여 금지되는 여유자금 투자 행위가 무엇인지도 충분히 예상 가능하므로, 심판대상조항이 예측가능성을 충족한다고 볼 여지도 있다. 그러나 당해 사건에서 유동화전문회사로부터 여유자금 투자 업무를 위탁받은 자들도 자산유동화법 위반으로 기소되었다는 점에서 볼 수 있듯이 심판대상조항의 수범자가 유동화전문회사 및 그 핵심 관계자로만 국한된다고 할 수 없고, 수범자 모두가 심판대상조항에 의하여 금지되는 여유자금 투자 행위가 무엇인지를 충분히 예상할 수 있다고 단정하기도 어렵다.

나아가 수범자들이 공시된 자산유동화계획의 내용을 직접 열람함으로써 금지되거나 허용되는 여유자금 투자가 무엇인지 확인할 수 있는 길이 열려 있다고 하더라도, 자산유동화계획까지 보아야 비로소 무엇이 처벌되는 행위인지를 예측할 수 있다면 이는 심판대상조항 자체의 예측가능성이 없음을 자인하는 것에 불과하다 (헌재 2010. 7. 29. 2008헌바106; 헌재 2016. 11. 24. 2015헌가29 참조).

다. 이상과 같은 이유로, 심판대상조항은 죄형법정주의에 위반된다.

재판관 유남석 이은애 이종석 이영진 김기영 문형배 이미선 김형두 정정미

[별지] 관련조항

자산유동화에 관한 법률(2008. 2. 29. 법률 제8863호로 개정되고, 2023. 7. 11. 법률 제19533호로 개정되기 전의 것)

제3조(자산유동화계획의 등록) ① 유동화전문회사·자산유동화업무를 전업으로 하는 외국법인 및 신탁업자(이하 "유동화전문회사등"이라 한다)는 자산유동화에 관하여 이 법의 적용을 받고자 하는 경우에는 유동화자산의 범위, 유동화증권의 종류, 유동화자산의 관리방법등 자산유동화에 관한 계획(이하 "자산유동화계획"이라 한다)을 금융위원회에 등록하여야 한다. 자산유동화계획을 변경하고자 하는 경우에도 또한 같다. 다만, 대통령령이 정하는 경미한 사항을 변경하는 경우에는 그러하지 아니하다.

자산유동화에 관한 법률(1998. 9. 16. 법률 제5555호로 제정되고, 2023. 7. 11. 법률 제19533호로 개정되기 전의 것)

제4조(자산유동화계획) 자산유동화계획에는 다음 각호의 사항이 포함되어야 한다.

1. 유동화전문회사등의 명칭, 사무소의 소재지등에 관한 사항
2. 자산보유자에 관한 사항
3. 자산유동화계획기간
4. 유동화자산의 종류·총액 및 평가내용 등 당해 유동화자산에 관한 사항
5. 유동화증권의 종류·총액·발행조건 등에 관한 사항
6. 유동화자산의 관리·운용 및 처분에 관한 사항
7. 제10조 제1항의 규정에 의한 자산관리자에 관한 사항
8. 기타 대통령령이 정하는 사항

자산유동화에 관한 법률(2008. 2. 29. 법률 제8863호로 개정되고, 2023. 7. 11. 법률 제19533호로 개정되기 전의 것)

제9조(등록서류 등의 공시) ① 금융위원회는 제3조 및 제6조의 규정에 의한 등록 또는 변경등록에 관한 서류와 제38조의2 제1항에 따른 등록취소에 관한 서류를 일반인의 열람에 제공하여야 한다.

자산유동화에 관한 법률(1998. 9. 16. 법률 제5555호로 제정되고, 2023. 7. 11. 법률 제19533호로 개정되기 전의 것)

제20조(겸업 등의 제한) ① 유동화전문회사는 제22조의 규정에 의한 업무외의 업무를 영위할 수 없다.

자산유동화에 관한 법률(2008. 2. 29. 법률 제8863호로 개정되고, 2023. 7. 11. 법률 제19533호로 개정되기 전의 것)

제22조(업무) ② 유동화전문회사의 회계는 금융위원회가 정하는 회계처리기준에 의하여 처리하여야 한다.

제40조(벌칙) 다음 각호의 1에 해당하는 자는 1년 이하의 징역 또는 1천만원 이하의 벌금에 처한다.

1. 제11조 제1항의 규정에 위반하여 관리위탁을 받은 유동화자산을 고유재산과 구분하여 관리하지 아니한 자

3. 제35조의 규정에 의한 업무개선명령을 이행하지 아니한 자

자산유동화에 관한 법률 부칙(2023. 7. 11. 법률 제19533호)

제1조(시행일) 이 법은 공포 후 6개월이 경과한 날부터 시행한다.

90. 국회의원과 국회 과학기술정보방송통신위원회 위원장 등 간의 권한쟁의

[2023. 10. 26. 2023헌라2]

【판시사항】

1. 국회법 제86조 제3항의 '이유 없이'의 의미

2. 피청구인 국회 과학기술정보방송통신위원회 위원장(이하 과학기술정보방송통신위원회를 '과방위', 그 위원장을 '과방위 위원장'이라 한다)이 2023. 3. 21. 피청구인 국회의장에게 방송법 일부개정법률안(대안), 방송문화진흥회법 일부개정법률안(대안), 한국교육방송공사법 일부개정법률안(대안)(이하 '이 사건 각 법률안'이라 한다)의 본회의 부의를 요구한 행위가 법제사법위원회(이하 '법사위'라 한다) 소속 위원인 청구인들의 법률안 심의·표결권을 침해하여 무효인지 여부(소극)

3. 피청구인 국회의장이 2023. 4. 27. 제405회 국회(임시회) 제5차 본회의에서 '이 사건 각 법률안 본회의 부의의 건'을 안건으로 상정하여 무기명투표로 표결한 후 이에 대해 가결을 선포한 행위(이하 '이 사건 가결선포행위'라 한다)가 청구인들의 법률안 심의·표결권을 침해하여 무효인지 여부(소극)

【결정요지】

1. 국회법 제86조 제3항은 법사위의 체계·자구 심사가 그 권한의 범위 내에서 기간 내에 신속하게 이루어지도록 함으로써, 입법절차가 지연되는 것을 방지하기 위한 목적으로 마련된 조항이다. 그런데 국회법 제86조 제3항은 '심사를 마치지 아니한 데 이유가 없을 것'을 법률안에 대해 본회의 부의 요구를 하기 위한 요건으로 정하면서도, '이유 없이'의 의미를 상세하게 규정하지 아니한 채, 소관 위원회 내에서 소관 위원회 위원장이 간사와 협의하거나, 이의가 있는 경우에는 본회의 부의 요구 여부를 해당 위원회 재적위원 5분의 3 이상의 찬성이라는 가중된 의결정족수를 통해 의결하도록 하는 절차적 요건을 두고 있다. 이에 더하여 국회법 제86조 제4항은 소관 위원회 위원장의 본회의 부의 요구가 있을 때에는, 국회의장이 각 교섭단체 대표의원과 합의하여 바로 본회의에 부의하거나, 합의가 없는 경우에는 부의 요구 이후 30일이 지난 후 개회되는 본회의에서 본회의 부의 여부를 무기명투표로 표결하도록 정하고 있다.

이러한 국회법의 취지와 국회법 제86조 제3항 및 제4항의 내용을 종합하면, 국회법은 법사위의 심사지연에 이유가 있는지 여부를 둘러싸고 소관 위원회 내부 또는 소관 위원회와 법사위 사이에 이견이 발생한 경우, 일차적으로 소관 위원회 내에서 간사와의 협의 또는 의결절차를 통해 해결하도록 하고, 그 판단의 당부가 다시 국회의장과 교섭단체 대표의원과의 합의 또는 본회의에서의 표결이라는 국회 내의 절차를 통해 판단되도록 정하고 있다고 봄이 타당하다.

따라서 국회가 국회법 제86조 제3항 및 제4항이 정하고 있는 절차를 준수하여 법률안을 본회의에 부의하기로 결정하였다면, 여기에 헌법적 원칙이 현저히 훼손되었다는 등의 특별한 사정이 없는 한, 국회 이외의 기관이 그 판단에 개입하는 것은 가급적 자제함이 바람직하다.

또한, '이유 없이' 유무에 대하여 실체적으로 판단한다고 하더라도, 국회법 제86조 제3항의 입법취지를 고려할 때 '이유'의 유무는 법사위가 '법사위의 책임 없는 불가피한 사유로 그 기간을 준수하지 못하였는지 여부'를 기준으로 엄격하게 판단하여야 한다.

2. 가. 피청구인 과방위 위원장의 이 사건 본회의 부의 요구행위는 국회법 제86조 제3항의 절차를 준수하여 이루어졌고, 그 정당성이 국회법 제86조 제4항이 정하고 있는 본회의 내에서의 표결절차를 통해 인정되었다. 따라서 피청구인 과방위 위원장의 이 사건 본회의 부의 요구행위에는 국회법을 위반한 위법이 없다. 한편, 법사위는 방송법 등 일부개정법률안에 대해서는 체계·자구 심사권한을 벗어나는 내용에 대한 정책적 심사를 하면서 60일의 심사기간을 도과한 것으로 보이고, 달리 국회 내의 사정에 비추어 법사위가 심사절차를 진행하는 것이 현저히 곤란하거나 심사기간 내에 심사를 마치는 것이 물리적으로 불가능하였다고 볼만한 사정도 인정되지 아니하므로, 국회법 제86조 제3항의 '이유 없이'를 실체적으로 판단하더라도 법사위의 심사지연에는 여전히 이유가 없다.

따라서 피청구인 과방위 위원장의 이 사건 본회의 부의 요구행위는 청구인들의 법률안 심의·표결권을 침해하지 아니한다.

나. 피청구인 과방위 위원장의 이 사건 본회의 부의 요구행위는 청구인들의 법률안 심의·표결권을 침해하지 아니하였다고 판단되므로, 그 침해를 전제로 하는 이에 대한 무효확인청구는 더 나아가 살펴볼 필요 없이 이유 없다.

3. 선행 절차인 피청구인 과방위 위원장의 이 사건 본회의 부의 요구행위에 권한침해 사유가 존재하지 아니하는 이상, 그 하자가 후행 절차인 피청구인 국회의장의 이 사건 가결선포행위에 승계된다는 청구인들의 주장은 이유 없고, 직권으로 살펴보아도 피청구인 국회의장의 이 사건 가결선포행위는 국회법 제86조 제4항의 절차를 준수한 것으로, 여기에 독자적인 절차나 내용상의 하자가 없다.

따라서 피청구인 국회의장의 이 사건 가결선포행위는 청구인들의 법률안 심의·표결권을 침해하지 아니하고, 그 침해를 전제로 하는 이에 대한 무효확인청구 역시 이유 없다.

재판관 이은애, 재판관 이종석, 재판관 이영진, 재판관 김형두의 피청구인 과방위 위원장의 이 사건 본회의 부의 요구행위의 권한침해확인청구에 대한 반대의견 및 피청구인 과방위 위원장의 이 사건 본회의 부의 요구행위의 무효확인청구와 피청구인 국회의장의 이 사건 가결선포행위의 권한침해 및 무효확인청구에 대한 별개의견

1. 신속처리안건의 경우 이유 유무를 따지지 않고 법사위의 체계·자구 심사기간을 최대 90일로 정하고 있는 국회법 제85조의2 제3항과 달리, 국회법 제86조 제3항은 '법사위의 심사지연에 이유가 없을 것'을 소관 위원회 위원장이 법률안에 대해 본회의 부의 요구를 하기 위한 유의미한 요건으로 명시하고 있다. 이는 입법절차를 효율적이고 신속하게 진행할 수 있도록 하면서도 입법의 완성도를 높이는 역할을 수행하는 법사위의 체계·자구 심사권을 실질적으로 보장함으로써 국회 내의 각 위원회가 고유의 역할을 통해 입법절차를 균형있게 진행할 수 있도록 하기 위한 것이다. 따라서 '이유 없이'를 '법사위의 책임이 없는 불가피한 사유'가 존재하는지 여부를 기준으로 엄격하게 해석하여 이러한 요건을 사실상 무력화하는 것은 입법자의 의사에 반한다.

또한 법정의견과 같이 법사위의 심사지연에 대한 이유 유무의 판단이 소관 위원회 내에서의 절차를 통해 이루어진다고 해석할 경우, 소관 위원회가 심사기간이 도과된 법률안들 중 특정 법률안을 임의로 선택하여 본회의에 부의 요구하거나, 개별적 사정을 전혀 고려하지 아니한 채 심사기간 도과만을 이유로 법률안을 본회의에 부의 요구할 수 있게 되어, 주요 법안에 대한 법사위의 체계·자구 심사권이 형해화될 우려가 있다.

따라서 국회법 제86조 제3항의 '이유 없이'는 '60일의 기간 내에 법률안에 대한 체계·자구 심사를 마칠 것을 기대하기 어려운 객관적이고 합리적인 사유 없이'를 의미한다고 봄이 타당하다. 그리고 이에 대한 구체적 판단은 국회법의 취지, 국회의 입법 관행, 당해 법률안의 내용, 법률안에 대한 소관 위원회에서의 구체적인 심사 경위 및 내용, 소관 위원회에서 법률안의 의결에 이르게 된 경위 등 구체적이고 개별적인 사정을 종합적으로 고려하여 이루어져야 할 것이다.

다만, 심사절차를 통해 법사위가 입법절차를 지연시킬 고의나 의도를 가지고 있음이 인정되는 경우에는 그 자체로 합리적인 이유가 인정되지 아니한다고 할 것이므로, 법사위가 법률안을 안건으로 상정조차 하지 아니한 채 심사기간이 도과하거나, 법사위의 심사 내용이 체계·자구 심사권의 범위를 벗어났음이 명백하거나, 입법절차를 지연시킬 목적으로 이미 소관 상임위원회 단계에서 충분한 심사가 이루어진 사항에 대해 실질적으로 동일한 내용의 심사나 절차를 반복하는 경우에는 그 자체로 심사 지연에 이유가 있다고 볼 수 없다.

2. 가. 법사위 전체회의 및 법안심사제2소위원회 회의의 회의록에 의하면, 피청구인 과방위 위원장이 이 사건 본회의 부의 요구행위를 할 당시 법사위가 체계·자구 심사권의 범위 내에서 이 사건 각 법률안에 대한 심사를 계속하고 있었음이 인정된다. 또한 소관 위원회인 과방위에서의 심사 과정을 전반적으로 살펴볼 때, 과방위가 이 사건 각 법률안의 주요 쟁점인 이사의 수, 이사회의 구성방법 및 사장의 선임방식 등에 대해 구체적이고 충분한 심의를 하였다고 보기 어려워, 법사위 단계에서 법률안의 위헌성이나 체계정합성에 대한 심사를 계속하였어야 할 필요성도 인정된다. 나아가 법사위의 심사 당시 일부 위원들이 퇴장하여, 법사위가 이 사건 각 법률안에 대한 심사를 신속하게 진행하기 어려웠을 것으로 보인다.

이러한 점들을 종합해 볼 때, 법사위가 60일의 기간 내에 이 사건 각 법률안에 대한 체계·자구 심사를 마칠 것을 기대하기 어려운 객관적이고 합리적인 사유가 인정되고, 따라서 피청구인 과방위 위원장의 이 사건 본회의 부의 요구행위는 국회법 제86조 제3항을 위반한 것으로 청구인들의 법률안 심의·표결권을 침해한다.

나. 다만, 종전에 국회법 제86조 제3항의 '이유 없이'의 의미가 규명된 바가 없는 상황에서 피청구인 과방위 위원장이 나름의 해석을 전제로 이 사건 본회의 부의 요구행위로 나아간 데에는 참작할만한 사정이 있으므로 그 침해의 사유가 헌법적으로 중대하다고 보기 어렵고, 이 사건 본회의 부의 요구행위의 효력을 직접 판단하는 사법적 개입은 가급적 자제할 필요가 있으며, 권한침해를 확인하는 결정만으로도 피청구인 과방위 위원장의 이 사건 본회의 부의 요구행위의 위헌성을 해명하고 향후 유사한 행위의 반복을 억제하는 데에는 충분하다고 할 것이므로, 피청구인 과방위 위원장의 이 사건 본회의 부의 요구행위에 대해서 무효임을 확인하지는 아니하기로 한다.

3. 선행 절차인 피청구인 과방위 위원장의 이 사건 본회의 부의 요구행위에 존재하는 권한침해 사유가 헌법적으로 매우 중대하다고 볼 수 없고, 피청구인 국회의장의 가결선포행위는 선행 절차를 그대로 따르는 피청구인 국회의장 단독의 행위가 아니라 '이 사건 각 법률안 본회의 부의의 건'에 대한 본회의에서의 별도의 심의 및 표결 절차를 거친 후 그 결과를 선포하는 행위이므로, 피청구인 과방위 위원장의 이 사건 본회의 부의 요구행위가 국회법 제86조 제3항을 위배하였다는 이유만으로 본회의에서의 별도의 심의 및 표결 절차를 거쳐 이루어진 후

행절차인 피청구인 국회의장의 이 사건 가결선포행위에 권한침해 사유가 있다고 볼 수도 없다. 또한 피청구인 국회의장의 이 사건 가결선포행위는 국회법 제86조 제4항의 절차를 준수하여 이루어진 것으로, 여기에 독자적인 내용상 또는 절차상의 하자도 존재하지 아니한다.

따라서 피청구인 국회의장의 이 사건 가결선포행위는 청구인들의 심의·표결권을 침해하지 아니하며, 그 침해를 전제로 하는 피청구인 국회의장의 이 사건 가결선포행위의 무효확인청구는 더 나아가 살펴볼 필요 없이 이유 없다.

재판관 이영진의 피청구인 과방위 위원장의 이 사건 본회의 부의 요구행위의 권한침해확인청구에 대한 반대의견 및 피청구인 과방위 위원장의 이 사건 본회의 부의 요구행위의 무효확인청구에 대한 보충의견

국회법 제86조 제3항은 소관 위원회의 법률안 심의와 의결이 법률안에 대한 충분한 논의와 토론, 이견의 조정을 통해 이루어질 것을 전제로 하고 있다. 따라서 국회법 제86조 제3항이 입법취지대로 기능하도록 하기 위해서는, 소관위원회가 법률안에 대한 심의 등 의사운영을 충실히 해야 한다. 이 사건의 반대의견에서 '이유 없이'의 의미가 확인된 이상, 앞으로는 소관위원회 위원장이 국회법 제86조 제3항에 대한 자의적 해석에 근거하여 법사위의 심사지연 법률안에 대해 본회의 부의 요구행위를 하는 일이 반복되어서는 아니 될 것이다.

또한 이 사건 기록에 첨부된 법사위 전체회의의 의사일정에 의하면, 법사위에 회부된 날부터 60일이 도과될 때까지 심사를 마치지 아니한 법률안의 비율이 상당히 높다는 점을 확인할 수 있다. 국회법 제86조 제3항이 이러한 현실을 반영하지 못한 채 법사위의 심사기간을 60일로 짧게 정하고 있는 것은, 제3의 기관이 국회 내부의 갈등에 반복적으로 개입할 여지를 허용하는 것으로 국회의 자율성을 훼손할 우려가 있다. 따라서 국회법 제86조 제3항의 60일의 심사기간을 현실을 반영하여 개정하거나, 국회법 제63조에서 정하고 있는 연석회의를 활용하거나 별도의 위원회를 구성하는 등 소관 위원회와 법사위의 체계·자구 심사기간을 둘러싼 갈등이 국회 내에서 해결될 수 있도록 제도를 근본적으로 개선할 필요가 있다.

【참조조문】

국회법(2018. 4. 17. 법률 제15620호로 개정된 것) 제86조 제1항, 제2항, 제4항

국회법(2021. 9. 14. 법률 제18453호로 개정된 것) 제86조 제3항, 제5항

【당 사 자】

청 구 인 1. 국회의원 정점식
2. 국회의원 박형수
3. 국회의원 유상범
4. 국회의원 장동혁
5. 국회의원 전주혜
6. 국회의원 조수진
청구인들의 대리인
법무법인 소백
담당변호사 황정근 외 2인

피청구인 1. 국회 과학기술정보방송통신위원회 위원장
대리인 변호사 이범균 외 4인
2. 국회의장
대리인 법무법인(유한) 원
담당변호사 유선영 외 2인

【주　문】

이 사건 심판청구를 모두 기각한다.

【이　유】

1. 사건의 개요

가. 청구인들은 제21대 국회의원으로서 국민의힘 소속 국회 법제사법위원회(이하 '법사위'라 한다) 위원들이다.

나. 국회 과학기술정보방송통신위원회(이하 '과방위'라 한다) 내에 설치된 정보통신방송법안심사소위원회(이하 '정보법안심사소위'라 한다)는 2022. 11. 29. 제400회 국회(정기회) 과방위 정보법안심사소위 제3차 회의를 개의하여, '방송법 일부개정법률안(대안)', '방송문화진흥회법 일부개정법률안(대안)' 및 '한국교육방송공사법 일부개정법률안(대안)'을 의결하였다.

다. 2022. 12. 1. 제400회 국회(정기회) 과방위 제11차 전체회의에 위 대안들이 안건으로 상정되자, 국민의힘 소속 과방위 위원들은 국회법 제57조의2 제1항에 따라 안건조정위원회의 구성을 요구하였다. 이에 2022. 12. 1. 제400회 국회(정기회) 과방위 안건조정위원회 제1차 회의가 개의되었고, 안건조정위원회는 정보법안심사소위에서 의결한 대안을 위원회의 대안으로 제안하기로 의결하였다.

피청구인 국회 과학기술정보방송통신위원회 위원장(이하 '과방위 위원장'이라 한다)은 2022. 12. 2. 제400회 국회(정기회) 과방위 제12차 전체회의에서 안건조정위원회가 심사보고한 '방송문화진흥회법 일부개정법률안(대안)', '한국교육방송공사법 일부개정법률안(대안)' 및 '방송법 일부개정법률안(대안)'과 '언론자유와 공영방송의 정치적 독립을 위한 법률 개정에 관한 청원'을 통합·조정한 최종적인 대안(이하 '이 사건 각 법률안'이라 한다)에 대한 의결을 거쳐 가결을 선포하였으며, 이 사건 각 법률안은 국회법 제86조 제1항에 따라 같은 날 법사위에 회부되었다.

라. 법사위는 2023. 1. 16. 제402회 국회(임시회) 법사위 제1차 전체회의에서 이 사건 각 법률안을 심의한 후 이를 법사위 법안심사제2소위원회(이하 '제2소위'라 한다)에 회부하였고, 제2소위는 2023. 2. 22. 제403회 국회(임시회) 법사위 제2소위 제1차 회의에서 이 사건 각 법률안에 대한 일괄 심사를 진행한 후 추가적인 논의를 위해 이 사건 각 법률안에 대한 심사를 계속하기로 하였다.

마. 법사위가 이 사건 각 법률안에 대한 심사를 계속 중이던 2023. 3. 21. 피청구인 과방위 위원장은 법사위가 이유 없이 이 사건 각 법률안이 회부된 날부터 60일 이내에 심사를 마치지 아니하고 있음을 이유로 국회법 제86조 제3항 단서에 따라 '이 사건 각 법률안에 대한 각 본회의 부의 요구의 건'을 제404회 국회(임시회) 과방위 제1차 전체회의에 안건으로 상정하여 무기명투표로 표결하였다. 과방위 재적위원 5분의 3 이상이 찬성하여 위 안건이 가결되자, 피청구인 과방위 위원장은 이에 대하여 가결을 선포하고, 같은 날 피청구인 국회의장에게 이 사건 각 법률안의 본회의 부의를 요구하였다.

바. 이에 청구인들은 2023. 4. 14. 피청구인 과방위 위원장이 '이 사건 각 법률안에 대한 각 본회의 부의 요구의 건'에 대하여 가결을 선포한 행위 및 피청구인 국회의장이 장차 개의될 국회 본회의에서 '이 사건 각 법률안 본회의 부의의 건'을 본회의 안건으로 부의·상정할 행위가 청구인들의 권한을 침해한다며 그 무효확인을 구하고, 이 사건 각 법률안이 본회의에 부의·상정되어 가결되더라도 방송법, 방송문화진흥회법, 한국교육방송공사법은 입법과정에 중대한 절차위반이 있는 것이라며 위 법률들의 위헌확인을 구하는 취지의 이 사건 권한쟁의심판을 청구함과 동시에(2023헌라2), 피청구인 과방위 위원장의 위 가결선포행위의 효력정지를 구하고, 피청구인 국회의장의 '이 사건 각 법률안 본회의 부의의 건' 본회의 상정 등 이후 절차 진행의 금지를 구하는 취지의 가처분신청을 하였다(2023헌사386).

사. 한편, 이 사건 본회의 부의 요구행위가 있었던 날부터 30일이 경과한 이후의 첫 본회의인 제405회 국회(임시회) 제5차 본회의가 2023. 4. 27. 개의되었고, 피청구인 국회의장은 '이 사건 각 법률안 본회의 부의의 건'을 본회의의 안건으로 상정하여 국회법 제86조 제4항 단서에 따라 무기명투표로 표결한 후, 총 투표수 177표 중 가(可) 174표로 가결되었음을 선포하였다. 이에 청구인들은 2023. 6. 5. 피청구인 국회의장의 '이 사건 각 법률안 본회의 부의의 건' 본회의 상정 등에 관한 청구취지를 피청구인 국회의장이 2023. 4. 27. '이 사건 각 법률안 본회의 부의의 건'을 가결선포한 행위가 청구인들의 권한을 침해하여 무효라는 확인을 구하는 것으로 변경하고, 법률들의 위헌확인을 구하는 취지를 심판대상에서 제외하는 취지로 청구취지를 변경하였다.

2. 심판대상

청구인들은 피청구인 과방위 위원장이 제404회 국회(임시회) 과방위 제1차 전체회의에서 '이 사건 각 법률안에 대한 각 본회의 부의 요구의 건'에 대하여 가결을 선포한 행위 및 피청구인 국회의장이 제405회 국회(임시회) 제5차 본회의에서 '이 사건 각 법률안 본회의 부의의 건'에 대하여 가결을 선포한 행위의 권한침해 및 무효확인을 구하고 있다. 그런데 피청구인 과방위 위원장의 가결선포는 그 자체로는 법사위 소속 위원인 청구인들의 권한에 직접 영향을 미치지 아니하고, 피청구인 과방위 위원장이 피청구인 국회의장에게 이 사건 각 법률안에 대한 본회의 부의 요구를 한 이후에야 비로소 국회법 제86조 제4항에 따른 절차가 진행되어 청구인들의 권한에 영향을 미친다고 할 것이므로, 이 부분 심판대상은 피청구인 과방위 위원장이 피청구인 국회의장에게 이 사건 각 법률안에 대한 본회의 부의를 요구한 행위로 특정한다.

그렇다면 이 사건 심판대상은 피청구인 과방위 위원장이 2023. 3. 21. 피청구인 국회의장에게 이 사건 각 법률안에 대한 본회의 부의를 요구한 행위(이하 '이 사건 본회의 부의 요구행위'라 한다) 및 피청구인 국회의장이 2023. 4. 27. 제405회 국회(임시회) 제5차 본회의에서 '이 사건 각 법률안 본회의 부의의 건'에 대하여 가결을 선포한 행위(이하 '이 사건 가결선포행위'라 한다)가 청구인들의 권한을 침해하여 무효인지 여부이다. 관련조항은 다음과 같다.

[관련조항]

국회법(2018. 4. 17. 법률 제15620호로 개정된 것)

제86조(체계·자구의 심사) ① 위원회에서 법률안의 심사를 마치거나 입안을 하였을 때에는 법제사법위원회에 회부하여 체계와 자구에 대한 심사를 거쳐야 한다. 이 경우 법제사법위원회 위원장은 간사와 협의하여 심사에서 제안자의 취지 설명과 토론을 생략할 수 있다.

② 의장은 제1항의 심사에 대하여 제85조 제1항 각 호의 어느 하나에 해당하는 경우에는 심사기간을 지정할 수 있으며, 법제사법위원회가 이유 없이 그 기간 내에 심사를 마치지 아니하였을 때에는 바로 본회의에 부의할 수 있다. 이 경우 제85조 제1항 제1호 또는 제2호에 해당하는 경우에는 의장이 각 교섭단체 대표의원과 협의하여 해당 호와 관련된 안건에 대하여만 심사기간을 지정할 수 있다.

④ 의장은 제3항에 따른 본회의 부의 요구가 있을 때에는 해당 법률안을 각 교섭단체 대표의원과 합의하여 바로 본회의에 부의한다. 다만, 제3항에 따른 본회의 부의 요구가 있었던 날부터 30일 이내에 합의가 이루어지지 아니하였을 때에는 그 기간이 지난 후 처음으로 개의되는 본회의에서 해당 법률안에 대한 본회의 부의 여부를 무기명투표로 표결한다.

국회법(2021. 9. 14. 법률 제18453호로 개정된 것)

제86조(체계·자구의 심사) ③ 법제사법위원회가 제1항에 따라 회부된 법률안에 대하여 이유 없이 회부된 날부터 60일 이내에 심사를 마치지 아니하였을 때에는 심사대상 법률안의 소관 위원회 위원장은 간사와 협의하여 이의가 없는 경우에는 의장에게 그 법률안의 본회의 부의를 서면으로 요구한다. 다만, 이의가 있는 경우에는 그 법률안에 대한 본회의 부의 요구 여부를 무기명투표로 표결하되, 해당 위원회 재적위원 5분의 3 이상의 찬성으로 의결한다.

⑤ 법제사법위원회는 제1항에 따라 회부된 법률안에 대하여 체계와 자구의 심사 범위를 벗어나 심사하여서는 아니 된다.

3. 청구인들의 주장 및 피청구인들의 답변

가. 청구인들의 주장 요지

(1) 국회법 제86조 제1항은 소관 위원회에서 법률안의 심사를 마친 경우 이를 법사위에 회부하여 '체계와 자구에 관한 심사'를 거치도록 정하고 있으므로, 법사위 위원들은 법률안의 체계·자구에 관한 심사를 함을 내용으로 하는 법률안 심의·표결권을 가진다.

(2) 국회법 제86조 제3항은 법사위에 회부된 지 60일이 지난 모든 법률안에 대하여 소관 위원회가 본회의 부의 요구를 할 수 있다고 정하고 있는 것이 아니라, 법사위가 회부된 날부터 60일 이내에 '이유 없이' 심사를 마치지 않은 법률안에 대하여 본회의 부의 요구를 할 수 있다고 정하고 있다. 여기서의 '이유 없이'는 '정당한 사유가 없이'를 의미하는 것으로, 이를 판단함에 있어서는 국회법 제86조 제3항의 목적과 기능, 법사위의 체계·자구 심사제도의 입법취지 및 위 제도가 헌법과 국회법을 비롯한 전체 국가법 질서에서 가지는 취지, 그 동안의 국회 입법과정의 관행, 다른 법률안들에 대한 법사위의 심사 경위와 관행, 당해 법률안의 내용과 중요성, 당해 법률안에 대한 체계·자구 심사의 필요성과 그 정도 및 그에 대한 심사에 필요하다고 인정되는 상당한 기간 등을 비롯하여 구체적이고 개별적인 사정을 고려하여야 한다.

(3) 법사위는 2023. 1. 16.자 법사위 전체회의와 2023. 2. 22.자 법사위 제2소위 회의에서 이 사건 각 법률안의 위헌성과 체계정합성 등에 대한 심사를 계속 중이었다. 이처럼 법사위가 60일 이내에 이 사건 각 법률안에 대한 심사를 마치지 아니한 것에 이유가 있음에도 불구하고, 피청구인 과방위 위원장은 이 사건 각 법률

안이 법사위에 회부된 날부터 60일이 경과하였다는 이유만으로 2023. 3. 21. 이 사건 각 법률안에 대해 본회의 부의 요구를 하였다. 따라서 피청구인 과방위 위원장의 이 사건 본회의 부의 요구행위는 국회법 제86조 제3항을 위반한 것으로, 청구인들의 법률안 심의·표결권을 침해하여 무효이다.

(4) 피청구인 국회의장은 피청구인 과방위 위원장의 이 사건 본회의 부의 요구행위에 국회법 제86조 제3항을 위배한 하자가 있음에도 불구하고, 2023. 4. 27. 제405회 국회(임시회) 제5차 본회의에서 '이 사건 각 법률안 본회의 부의의 건'을 본회의의 안건으로 상정하여 무기명투표로 표결한 후 이에 대해 가결을 선포하였다. 따라서 피청구인 국회의장의 이 사건 가결선포행위 역시 청구인들의 법률안 심의·표결권을 침해하여 무효이다.

나. 피청구인 과방위 위원장의 답변 요지

(1) 법률안에 대한 체계·자구 심사권한은 법사위에 부여된 고유한 권한이고 입법절차의 핵심이다. 이러한 체계·자구 심사의 중대성을 고려할 때, '이유 없이'는 '합리적인 또는 정당한 이유 없이 60일 이내에 심사를 마치지 아니한 경우'로 한정적으로 해석되어야 한다.

(2) 이 사건 각 법률안에 대해서는 과방위 단계에서 충실한 심사가 이루어졌다고 보기 어려운 점, 양곡관리법이나 간호법과 같은 종전에 본회의 부의 요구된 다른 사건과 비교하여 상당히 이른 시기에 본회의 부의 요구가 이루어졌다는 점, 이 사건 각 법률안의 내용이 최고규범인 헌법에 위반되는 내용을 포함하고 있다는 점, 법사위가 이 사건 각 법률안에 대한 실질적인 심사를 계속하고 있었다는 점 등을 종합적으로 살펴본다면, 피청구인 과방위 위원장의 이 사건 본회의 부의 요구는 국회법의 취지를 무시한 형식적인 판단에 따라 청구인들의 법률안 심의·표결권을 침해하는 것으로 무효이다.

다. 피청구인 국회의장의 답변 요지

(1) 국회법 제86조 제3항의 '이유 없이'는 '기간 내에 심사를 마치지 못한 객관적 이유'를 의미하는 것이다. 또한 국회법 제86조 제3항은 '이유 없이'에 대한 판단을 둘러싸고 여야 간에 갈등하고 대립하는 것을 방지하기 위하여 재적위원 5분의 3 이상의 찬성이라는 의결 절차를 거치도록 정하고 있다. 피청구인 과방위 위원장의 이 사건 본회의 부의 요구행위가 이러한 절차를 거쳐 이루어졌고, 법사위의 심사지연에 천재지변 등 객관적 사유가 존재하지 아니한 이상, 피청구인 과방위 위원장의 이 사건 본회의 부의 요구행위는 국회법 제86조 제3항이 정한 절차를 준수한 것이다.

(2) 국회법 제86조 제4항은 국회의장으로 하여금 소관 위원회 위원장이 국회법상 절차 요건을 갖추어 부의 요구를 하는 경우, 각 교섭단체 대표의원과 합의가 이루어진 경우에는 해당 법률안을 바로 본회의에 부의하고, 합의가 이루어지지 아니하였을 때에는 부의 요구가 있었던 날부터 30일이 지난 후 처음으로 개의되는 본회의에서 해당 법률안에 대한 본회의 부의 여부를 무기명투표로 표결하여 본회의 부의 여부를 정하도록 규정하고 있다. 피청구인 국회의장에게는 소관 위원회 위원장의 법률안에 대한 본회의 부의 요구가 적법한지 여부를 실질적으로 심사할 권한이나, 법률안의 본회의 부의 여부에 관한 표결 실시 여부를 정할 수 있는 재량이 부여되어 있지 아니한 것이다. 따라서 피청구인 국회의장이 2023. 4. 27. 이 사건 본회의 부의 요구행위가 있은 날부터 30일이 지난 후 처음으로 개의된 본회의에서 '이 사건 각 법률안 본회의 부의의 건'을 안건으로 상정하고, 무기명투표로 표결한 후 이에 대해 가결을 선포한 것은 국회법 제86조 제4항을 따른 것으로 여기에 독자적인 위법사유가 있다고 볼 수 없다. 또한 이는 국회의 의사를 결정하기 위한 절차이행에 불과한 것으로 피청구인 과방위 위원장의 본회의 부의 요구에 위법사유가 있다고 할지라도 이러한 하자가 피청구인 국회의장의 이 사건 가결선포행위에 영향을 미치는 것도 아니다.

따라서 피청구인 국회의장의 이 사건 가결선포행위는 청구인들의 법률안 심의·표결권을 침해하지 아니한다.

4. 판 단

가. 청구인들의 법률안 심의·표결권

국회법 제86조 제1항은 "위원회에서 법률안의 심사를 마치거나 입안을 하였을 때에는 법제사법위원회에 회부하여 체계와 자구에 대한 심사를 거쳐야 한다."라고 규정하여 원칙적으로 법사위의 체계·자구 심사를 거쳐야 본회의에 법률안을 부의할 수 있도록 정하고 있다. 따라서 법사위 소속 위원인 청구인들은 법사위의 법률안 심사 단계에서 법률안의 체계와 자구에 대해 심사함을 내용으로 하는 법률안 심의·표결권을 가진다. 그런데 피청구인 과방위 위원장의 이 사건 본회의 부의 요구행위와 이에 따른 피청구인 국회의장의 이 사건 가결선포행위로 인하여 이 사건 각 법률안은 본회의에 부의되었고, 청구인들은 더 이상 법사위에서 이 사건 각 법률안에 대한 체계·자구 심사를 진행할 수 없게 되었는바, 피청구인 과방위 위원장의 이 사건 본회의 부의 요구행위와 피청구인 국회의장의 이 사건 가결선포행위가 청구인들의 법률안 심의·표결권을 침해한 것인지를 본다.

나. 피청구인 과방위 위원장의 이 사건 본회의 부의 요구행위에 관한 판단

(1) 국회법 제86조 제3항의 의미

(가) 국회는 의안 심의에 관한 국회운영의 원리로 '위원회 중심주의'를 채택하고 있으므로, 소관 위원회는 국회법 제58조에 따라 법률안에 대한 심사권을 가진다. 다만, 국회법은 소관 위원회의 심사를 거친 법률안이 국가 전체의 법률체계에 통일·조화될 수 있도록 하기 위해, 소관 위원회의 심사를 마친 법률안에 대해서 원칙적으로 법사위의 체계·자구 심사를 거치도록 하는 이중의 입법 심의 절차를 마련하고 있다.

그런데 법사위의 체계·자구 심사가 지체됨으로써 법률안의 본회의 심의가 지연되는 경우가 반복적으로 발생하면서, 국회에서의 법률안 심의가 신속하고 효율적으로 이루어질 수 있도록 제도를 개선할 필요가 있다는 공감대가 형성되었고, 이에 따라 2012. 5. 25. 법률 제11453호로 개정된 국회법은 제86조 제3항에서 법사위가 법률안에 대하여 이유 없이 회부된 날부터 120일 이내에 심사를 마치지 아니하였을 때에는 소관 위원회 위원장이 간사와 협의하거나 위원회의 의결을 거쳐 국회의장에게 법률안의 본회의 부의를 서면으로 요구할 수 있도록 하는 제도를 마련하였다. 이후 2021. 9. 14. 법률 제18453호로 개정된 국회법은 제86조 제3항의 법사위 심사기간을 120일에서 60일로 단축함과 동시에 제5항에서 법사위가 체계와 자구의 심사 범위를 벗어나 심사하여서는 아니된다고 명시하였는데, 이러한 개정은 법사위의 체계·자구 심사가 소관 위원회의 법률안에 대한 심의·표결권을 침해하는 일이 없이 체계·자구의 심사권한 범위 내에서 기간 내에 신속하게 이루어져야 한다는 입법적 결단이 반영된 것이다.

(나) 국회법 제86조 제3항은 "법사위가 제1항에 따라 회부된 법률안에 대하여 이유 없이 회부된 날부터 60일 이내에 심사를 마치지 아니하였을 때"에 소관 위원회 위원장이 국회의장에게 법률안의 본회의 부의 요구를 할 수 있다고 규정함으로써, '회부된 날부터 60일 이내에 법률안에 대한 체계·자구 심사를 마치지 아니할 것'과 함께 '심사를 마치지 아니한 데 이유가 없을 것'을 본회의 부의 요구를 하기 위한 실체적 요건으로 정하고 있다.

그런데 국회법 제86조 제3항은 '이유 없이'의 의미나 요건을 달리 상세하게 규정하지 아니한 채, 소관 위원회 위원장이 법률안에 대한 본회의 부의 요구를 할 것인지를 결정함에 있어, 먼저 간사와 협의하도록 하고, 이의가 있는 경우에는 그 법률안에 대한 본회의 부의 요구 여부를 무기명투표로 표결하되 해당 위원회 재적위원 5분의 3 이상의 찬성으로 의결하도록 하는 절차적 요건만을 정하고 있다. 이에 더하여 국회법 제86조 제4항은 소관 위원회 위원장의 국회법 제86조 제3항에 따른 본회의 부의 요구가 있을 때에는 국회의장이 해당 법률안을 각 교섭단체 대표의원과 합의하여 바로 본회의에 부의하거나, 본회의 부의 요구가 있었던 날부터 30일 이내에 합의가 이루어지지 아니하였을 때에는 본회의 부의 요구 이후 30일이 지난 후 처음으로 개의되는 본회의에서 해당 법률안에 대한 본회의 부의 여부를 무기명투표로 표결하도록 규정하고 있다.

국회법 제85조의2 제3항 및 제5항이 법사위가 신속처리대상 안건에 대한 체계·자구 심사를 90일의 기간 내에 마치지 아니하면 이유 유무를 불문하고 그 기간이 끝난 다음 날에 해당 법률안이 바로 본회의에 부의된 것으로 본다고 정하고 있는 것과 달리, 국회법 제86조 제3항 및 제4항은 법사위가 안건에 대한 체계·자구 심사를 '이유 없이' 60일의 기간 내에 마치지 아니하는 경우 그 '이유 없음' 판단을 위해 법률안의 본회의 부의 이전에 소관 위원회 위원장의 간사와의 협의 또는 소관 위원회 재적위원 5분의 3 이상의 찬성 의결, 국회의장의 교섭단체 대표의원과의 합의 또는 본회의에서의 표결이라는 절차를 두고 있는 것이다.

(다) 앞서 본 국회법의 개정 경위에 더하여, 국회법 제86조 제3항에서 '이유 없이'의 요건을 상세히 규정하는 대신 이유 유무를 판단하기 위한 소관 위원회 내의 절차를 정하고 있는 것을 종합하면, 국회법은 법사위가 '이유 없이' 심사를 지연하였다고 볼 것인지 여부를 둘러싸고 소관 위원회 내부 또는 소관 위원회와 법사위 사이에 이견이나 분쟁이 발생한 경우, 일차적으로 소관 위원회 위원장과 간사와의 협의 또는 소관 위원회의 의결이라는 절차를 통해 심사지연의 이유 유무를 판단하도록 정하였다고 봄이 타당하다. 나아가 국회법 제86조 제3항은 소관 위원회 위원장이 법률안에 대한 본회의 부의 요구를 하기 위해서는 소관 위원회 재적위원 5분

의 3 이상의 찬성이라는 가중된 의결정족수를 충족하도록 정함으로써, 소관 위원회의 자의적 판단에 의해 법사위의 체계·자구 심사권이 과도하게 제한되는 것을 방지하고, 이유 유무에 대한 일차적인 판단을 소관 위원회 내의 절차에 맡길 경우 발생할 수 있는 제도의 남용 가능성을 차단하고 있다. 또한 국회법 제86조 제4항은 법률안의 본회의 부의를 위해서는 국회의장과 교섭단체 대표의원과의 합의 또는 본회의에서의 표결을 거치도록 함으로써 법사위의 심사지연에 이유가 없다는 소관 위원회의 의결 결과의 당부가 국회 내의 절차를 통해 판단될 수 있도록 하는 이중의 절차도 마련하고 있다.

즉 국회법은 판단의 주체, 기준, 개별적 사안에 따라 그 판단이 달라질 수 있는 불확정개념인 '이유 없이'에 대한 판단을 둘러싼 국회의 대립을 막기 위해, 이에 대한 판단이 국회 내부의 절차를 통해 자율적으로 이루어질 수 있도록 제도를 설계하면서도, 소관 위원회의 자의적 판단에 의해 제도가 남용되는 것을 막기 위한 절차적 장치를 함께 두고 있는 것이다. 이에 따라 '법사위의 심사지연이 이유 없는 것인지 여부'에 대한 소관 위원회의 일차적인 판단과 소관 위원회의 판단을 전제로 한 소관 위원회 위원장의 법률안의 본회의 부의 요구가 적정한지 여부에 관한 최종적인 판단 및 향후 해당 법률안에 대한 구체적 입법절차는 국회법이 정하고 있는 위와 같은 절차에 의해 정해지게 된다. 그리고 이러한 국회법 규정의 취지에 비추어 볼 때, 국회가 국회법 제86조 제3항 및 제4항이 정하고 있는 일련의 절차를 준수하여 법률안을 본회의에 부의하기로 결정을 하였다면, 이러한 결정은 가급적 존중됨이 마땅하고, 절차의 진행과정에서 헌법적 원칙이 현저히 훼손되었다는 등의 특별한 사정이 없는 한, 국회 이외의 기관이 그 판단에 개입하는 것은 자제함이 바람직하다.

(라) 또한 '이유 없이' 여부에 대하여 실체적으로 판단한다고 하더라도, 그 구체적인 판단 기준을 정함에 있어서는 국회법 제86조 제3항의 입법취지와 앞서 본 국회법의 개정경위를 고려하여야 한다. 각각의 사건에서 국회의 입법 관행, 법사위에 회부된 법률안의 구체적인 내용과 중요성, 이에 대한 체계·자구 심사의 필요성과 그 정도, 법사위의 심사지연 경위, 소관 위원회의 심사정도, 소관 위원회의 부의 요구 의결 경위 등의 구체적이고 개별적인 사정을 일일이 고려하여 법사위의 심사기간 경과에 합리적 이유가 있는지 여부를 판단해야 한다고 해석하는 것은 국회법 제86조의 전체적인 개정취지에 부합하지 아니한다.

법사위가 종전의 심사 관행에서 벗어나 체계·자구 심사권의 범위 내에서 법률안에 대한 심사를 최대한 신속하게 진행하도록 함으로써 입법절차를 효율적으로 진행시키고자 하는 국회법 제86조 제3항의 입법취지에 비추어 볼 때, 국회법 제86조 제3항의 '이유'의 유무는 법사위가 '법사위의 책임 없는 불가피한 사유로 그 기간을 준수하지 못하였는지 여부'를 기준으로 엄격하게 판단된다고 봄이 타당하다. 여기서 '법사위의 책임 없는 불가피한 사유'란 천재지변, 국가비상사태 등 국회의 개회 자체가 불가능한 경우뿐만 아니라, 국회 내의 여러 사정에 비추어 법사위가 체계·자구 심사를 위한 절차를 진행하는 것이 현저히 곤란하거나 심사기간 내에 심사를 마치는 것이 물리적으로 불가능한 경우 등을 의미한다. 또한 법사위의 심사지연이 정당화되기 위해서는 법사위가 체계·자구 심사권의 범위 내에서 법률안에 대한 심사를 계속하고 있을 것이 당연한 전제라고 할 것이므로, 법사위가 체계·자구 심사권의 범위를 벗어난 심사를 하면서 60일의 기간을 도과하였다면 이러한 심사지연은 그 자체로 이유가 없다.

(2) 이 사건에서의 판단

(가) 과방위는 2022. 12. 2. 제400회 국회(정기회) 과방위 제12차 전체회의에서 이 사건 각 법률안을 위원회의 대안으로 제안하기로 의결하였고, 이 사건 각 법률안은 같은 날 국회법 제86조 제1항에 따라 체계·자구 심사를 위해 법사위에 회부되었다. 법사위는 2023. 1. 16. 제402회 국회(임시회) 법사위 제1차 전체회의에 이 사건 각 법률안을 상정하여 논의한 후 제2소위에 회부하기로 결정하였고, 법사위에 회부된 날부터 60일이 도과한 이후인 2023. 2. 22. 제403회 국회(임시회) 제2소위 제1차 회의에서 이 사건 각 법률안에 대해 재차 논의한 후 이에 대한 심사를 계속하기로 결정하였다.

이에 법사위에 이 사건 각 법률안이 회부된 날부터 110일째인 2023. 3. 21. 피청구인 과방위 위원장은 법사위가 이 사건 각 법률안에 대한 체계·자구 심사를 이유 없이 회부된 날부터 60일 이내에 마치지 아니하고 있다고 판단하여 제404회 국회(임시회) 과방위 제1차 전체회의에 '이 사건 각 법률안에 대한 각 본회의 부의 요구의 건'을 안건으로 상정하였고, 위 안건은 무기명투표로 이루어진 표결에서 과방위 재적위원 5분의 3 이상의 찬성으로 의결되었으며, 이에 따라 피청구인 과방위 위원장은 같은 날 피청구인 국회의장에게 이 사건 본회의 부의 요구행위를 하였다.

이처럼 과방위는 국회법 제86조 제3항이 정하고 있는 절차에 따라 '무기명투표를 통한 과방위 재적위원 5분의 3 이상의 의결'로써 법사위의 이 사건 각 법률안에 대한 심사지연에 이유가 없다고 판단하였고, 피청구인 과방위 위원장은 과방위의 의결을 통해 이루어진 이러한 판단을 전제로 이 사건 본회의 부의 요구행위를 하였다. 나아가 피청구인 국회의장은 국회법 제86조 제4항에 따라 피청구인 과방위 위원장의 이 사건 본회의 부의 요구행위가 있은 날부터 30일이 지난 후 개의된 첫 본회의인 제405회 국회(임시회) 제5차 본회의에 '이 사건 각 법률안 본회의 부의의 건'을 안건으로 상정하여 무기명투표 방식으로 표결을 실시하였고, 재적의원 과반수가 출석하고 출석의원 과반수가 찬성하여, 이 사건 각 법률안에 대한 법사위의 심사지연에 이유가 없다는 과방위의 판단과 이를 전제로 한 피청구인 과방위 위원장의 이 사건 본회의 부의 요구행위의 정당성이 국회 내의 표결 절차를 통해 인정되었다.

이와 같이 국회가 국회법 제86조 제3항 및 제4항이 정하고 있는 일련의 절차를 준수하여 이 사건 각 법률안을 본회의에 부의하기로 결정을 하였고, 그 과정에서 헌법적 원칙이 현저히 훼손되었다는 등의 특별한 사정도 없는 이상, 피청구인 과방위 위원장의 이 사건 본회의 부의 요구행위에는 국회법을 위반한 위법이 인정되지 아니한다.

(나) 한편, 2023. 1. 16. 제402회 국회(임시회) 법사위 제1차 전체회의 및 2023. 2. 22. 제403회 국회(임시회) 제2소위 제1차 회의의 각 회의록의 기재내용을 살펴보면, 이 사건 각 법률안에 대한 체계·자구 심사는 이미 제1차 전체회의에서 별다른 이견 없이 모두 이루어진 것으로 보이고, 법사위에서 이 사건 각 법률안을 제2소위에 회부하고 계속 심사하기로 결정한 것은 체계·자구 심사의 범위를 넘어 이 사건 각 법률안의 실질적 내용을 심사하기 위한 것으로 판단된다. 제2소위 제1차 회의의 심사내용도 이 사건 각 법률안에 의할 경우 특정단체들의 의견을 지나치게 많이 수용하게 되고, 사장후보국민추천위원회가 사장을 결정하도록 할 필요가 있으며, 정관으로 정하는 시청자위원회에서 이사 4명을 추천하도록 한다는 규정에 문제가 있다는 정책적 내용에 관한 것이어서 이를 뒷받침한다.

이러한 사정을 종합해 볼 때, 법사위는 이 사건 각 법률안의 체계와 자구에 대한 심사에서 더 나아가 체계·자구 심사권한을 벗어나는 내용에 대한 정책적 심사를 하면서 60일의 심사기간을 도과하였는바, 이러한 심사지연은 그 자체로 이유 없다고 할 것이고, 달리 국회 내의 여러 사정에 비추어 볼 때 법사위가 심사절차를 진행하는 것이 현저히 곤란하였다거나 심사기간 내에 심사를 마치는 것이 물리적으로 불가능하였다고 볼만한 사정도 인정되지 아니한다. 따라서 국회법 제86조 제3항의 '이유 없이'를 실체적으로 판단하더라도, 법사위가 자신의 책임 없는 불가피한 사유로 60일의 심사기간 내에 이 사건 각 법률안에 대한 체계·자구 심사를 마치지 못하였다고 볼 수 없으므로, 피청구인 과방위 위원장의 이 사건 본회의 부의 요구행위에는 여전히 국회법 제86조 제3항을 위반한 위법이 없다.

(3) 소결

이상에서 살펴본 바를 종합해 보면, 피청구인 과방위 위원장의 이 사건 본회의 부의 요구행위는 국회법 제86조 제3항이 정하고 있는 요건과 절차에 따라 이루어진 것으로, 청구인들의 법률안 심의·표결권을 침해하지 아니한다.

또한 이 사건 본회의 부의 요구행위가 청구인들의 법률안 심의·표결권을 침해하지 아니하였으므로, 그 침해를 전제로 하는 피청구인 과방위 위원장의 이 사건 본회의 부의 요구행위의 무효확인청구는 더 나아가 살펴볼 필요 없이 이유 없다.

다. 피청구인 국회의장의 이 사건 가결선포행위에 관한 판단

(1) 청구인들은 피청구인 과방위 위원장의 이 사건 본회의 부의 요구행위가 청구인들의 심의·표결권을 침해하여 무효임을 전제로, 피청구인 국회의장의 이 사건 가결선포행위 역시 그 하자가 승계되어 무효라고 주장한다. 그러나 앞서 살펴본 바와 같이, 피청구인 과방위 위원장의 이 사건 본회의 부의 요구행위는 청구인들의 심의·표결권을 침해하지 아니하므로, 이 사건 본회의 부의 요구행위의 무효를 전제로 하는 이 사건 가결선포행위의 심의·표결권 침해에 대한 주장은 이유 없음이 명백하다.

또한 직권으로 살펴보아도, 피청구인 국회의장은 피청구인 과방위 위원장의 이 사건 본회의 부의 요구행위가 있은 날부터 30일이 지난 후 개의된 첫 본회의인 제405회 국회(임시회) 제5차 본회의에서 '이 사건 각 법률안 본회의 부의의 건'을 안건으로 상정하여 무기명투표로 표결한 후, 재적의원 과반수의 출석, 출석의원 과반수의 찬성으로 가결을 선포하였는바, 여기에 청구인들의 심의·표결권을 침해하였다고 볼 만한 절차나 내용상의 하자가 있다고 볼 수 없다.

따라서 피청구인 국회의장의 이 사건 가결선포행위는 청구인들의 심의·표결권을 침해하지 아니한다.

(2) 이처럼 피청구인 국회의장의 이 사건 가결선포행위가 청구인들의 심의·표결권을 침해하지 아니한 이상, 그 침해를 전제로 하는 피청구인 국회의장의 이 사건 가결선포행위의 무효확인청구는 더 나아가 살펴볼 필요 없이 이유 없다.

5. 결 론

그렇다면 이 사건 심판청구는 이유 없으므로 이를 모두 기각하기로 하여 주문과 같이 결정한다. 이 결정에는 아래 6.과 같은 재판관 이은애, 재판관 이종석, 재판관 이영진, 재판관 김형두의 피청구인 과방위 위원장의 이 사건 본회의 부의 요구행위의 권한침해확인청구에 대한 반대의견 및 피청구인 과방위 위원장의 이 사건 본회의 부의 요구행위의 무효확인청구와 피청구인 국회의장의 이 사건 가결선포행위의 권한침해 및 무효확인청구에 대한 별개의견, 아래 7.과 같은 재판관 이영진의 피청구인 과방위 위원장의 이 사건 본회의 부의 요구행위의 권한침해확인청구에 대한 반대의견 및 무효확인청구에 대한 별개의견에 대한 보충의견이 있는 외에는 나머지 관여 재판관들의 의견이 일치되었다.

6. 재판관 이은애, 재판관 이종석, 재판관 이영진, 재판관 김형두의 피청구인 과방위 위원장의 이 사건 본회의 부의 요구행위의 권한침해확인청구에 대한 반대의견 및 피청구인 과방위 위원장의 이 사건 본회의 부의 요구행위의 무효확인청구와 피청구인 국회의장의 이 사건 가결선포행위의 권한침해 및 무효확인청구에 대한 별개의견

가. 피청구인 과방위 위원장의 이 사건 본회의 부의 요구행위의 권한침해확인청구에 대한 판단

우리는 피청구인 과방위 위원장의 이 사건 본회의 부의 요구행위가 국회법 제86조 제3항에 위배되어 청구인들의 법률안 심의·표결권을 침해하였다고 판단하므로, 다음과 같이 의견을 밝힌다.

(1) 국회법 제86조 제3항의 '이유 없이'의 의미

(가) 국회법은 소관 위원회의 심사를 마친 법률안을 본회의에 부의하기 전에 법사위에 회부하여 체계와 자구에 대한 심사를 거치도록 함으로써(국회법 제86조 제1항) 법률안이 소관 위원회의 심사와 법사위의 체계·자구 심사를 거쳐 본회의에 회부되도록 하는 입법심의 구조를 마련하고 있다. 법사위의 체계·자구 심사단계에서의 체계 심사는 법률안 내용의 위헌 여부, 관련 법률과의 저촉 여부, 자체 조항 간의 모순 유무를 심사하는 것이고, 자구 심사는 법규의 정확성, 용어의 적합성 및 통일성 등을 심사하는 것을 의미한다. 법사위의 심사범위는 체계와 자구에 한하며 법률안의 내용까지 심사할 수 없음이 원칙이나, 법률안의 내용이 헌법에 위배되는 등 상위법이나 타법과 상충·저촉될 때에는 일정부분 체계 심사의 대상이 될 수 있다.

법사위의 체계·자구 심사가 입법절차를 지연시키는 수단으로 이용된다는 비판도 있으나, 법사위가 체계·자구 심사 단계에서 법률의 위헌성, 관련 법률과의 저촉 여부 및 균형 유지 여부나 자체 조항 간의 모순 유무 등에 대해 심사함으로써 입법의 완성도를 높이는 긍정적인 역할을 수행하고 있음을 부인할 수는 없다.

(나) 국회법 제86조 제3항은 법사위가 회부된 법률안에 대하여 이유 없이 회부된 날부터 60일 이내에 심사를 마치지 아니하였을 때에는 소관 위원회 위원장이 간사와 협의하거나, 협의가 이루어지지 아니한 경우에는 법률안에 대한 본회의 부의 요구 여부를 무기명투표로 표결하여 해당 위원회 재적위원 5분의 3 이상의 찬성으로 의결하도록 정하고 있는바, '법사위의 심사지연에 이유가 없을 것'은 소관 위원회 위원장이 법률안에 대해 본회의 부의 요구를 하기 위한 객관적 요건 중 하나이다.

국회법 제86조 제3항이 '이유 없이'라는 요건을 마련하여 이유가 있는 경우에는 법사위가 심사기간을 도과하여 법률안에 대한 체계·자구 심사를 계속할 수 있도록 규정한 것은, 입법절차를 효율적이고 신속하게 진행할 수 있도록 하면서도 입법의 완성도를 높이는 역할을 수행하는 법사위의 체계·자구 심사권을 실질적으로 보장함으로써, 국회 내의 각 위원회가 고유의 역할을 통해 입법절차를 균형 있게 진행할 수 있도록 하기 위한 것이다. 특히, 신속처리안건에 대한 체계·자구 심사에 대해 정하고 있는 국회법 제85조의2 제3항이 이유 유무를 따지지 않고 법사위의 체계·자구 심사기간을 최대 90일로 정하고 있음에 반해, 국회법 제86조 제3항은 60일 이내에 이유 없이 심사를 마치지 아니한 법률안에 대해서만 본회의 부의 요구를 할 수 있도록 규정하고 있는바, 입법자는 '심사지연에 이유가 없을 것'을 소관 위원회 위원장이 법률안을 본회의에 직접 부의 요구하기 위한 유의미한 요건으로 명시적으로 정하고 있는 것이다. 따라서 국회법 제86조 제3항의 '이유 없이'를 천재지변, 국가비상사태, 국회 내부의 사정에 비추어 법사위가 회의를 개의하거나 심사를 진행하는 것이 현저히 곤란한 사유 등 법사위의 책임이 없는 불가피한 사유가 존재하는지 여부를 기준으로 엄격하게 해석하는 것은 '이유 없이'라는 요건을 무의미하게 만드는 것으로 입법자의 의사에 반한다.

특히 현재 법사위에 회부된 법률안의 수와 법사위의 심사일정 등을 고려한다면, 법사위가 회부된 모든 법률안에 대해서 60일 이내에 체계·자구 심사를 마치는 것은 사실상 어려운 것이 현실이다. 그리고 이러한 현실과 법사위의 심사 관행을 모두 알면서 국회법 제86조 제3항을 마련한 것은 바로 입법자인 국회인바, 입법자의 의사는 천재지변, 국가비상사태, 국회 내부의 사정상 법사위에서 심사절차를 진행하는 것이 현저히 곤란하거나 법사위가 심사기간 내에 심사를 마치는 것이 물리적으로 불가능한 사유 등 기간 내에 심사를 마치는 것이 객관적으로 불가능한 불가피한 사유가 없는 한 모든 법률안에 대해서 무조건 60일 이내에 심사를 종료하라는 것이 아니라, 법사위가 법률안에 대한 심사를 정당한 이유 없이 지연시키면서 특정 법률안에 대한 입법절차를 의도적으로 방해하여서는 안 된다는 것을 명확하게 하고자 함에 있다고 해석하는 것이 보다 합리적이다.

(다) 법정의견과 같이 법사위의 심사지연에 이유가 있는지 여부에 대한 일차적인 판단이 소관 위원회에서 무기명투표와 재적위원 5분의 3 이상의 찬성이라는 절차를 통해 이루어진다고 해석할 경우, 소관 위원회는 심사기간이 도과된 다수의 법률안들 중 특정 법률안을 임의적으로 선택하여 선별적으로 본회의에 부의 요구하거나, 법률안에 대한 법사위의 충분한 심사 필요성과 같은 개별적 사정을 전혀 고려하지 아니한 채 심사기간 도과만을 이유로 법률안을 본회의에 부의 요구할 수 있게 된다. 국회법 제86조 제4항이 본회의에서 해당 법률안에 대한 본회의 부의 여부를 무기명투표로 표결하여 정하도록 하여 소관 위원회 위원장의 본회의 부의 요구의 당부를 본회의에서 판단할 수 있는 절차를 규정하고 있기는 하나, 국회의 원구성이 불균형한 경우 등에는 본회의에서의 표결 절차를 통해 소관 위원회 위원장의 부의 요구에 대한 실질적 판단이나 통제가 이루어질 것을 기대하기도 어렵다. 따라서 국회법 제86조 제3항이 소관 위원회 위원장의 본회의 부의 요구의 요건으로 명시하고 있는 '이유 없이'의 실체적 의미를 간과한 채 이유 유무에 대한 판단이 소관 위원회에서의 의결 및 본회의에서의 표결이라는 국회 내의 절차를 통해서 이루어진다고 해석하는 것은, 주요 법안에 대한 법사위의 체계·자구 심사권을 형해화시킬 수 있어 허용되기 어렵다.

(라) 결국 국회법 제86조 제3항이 입법취지에 따라 적절히 기능하도록 하기 위해서는 '심사지연의 정당한 이유'의 범위를 설정하는 것이 필요하다. 그리고 소관 위원회의 법률안에 대한 심의·의결권과 법사위의 체계·자구 심사권 사이에서의 균형과 조화의 도모라는 본회의 직접 부의 요구제도의 취지에 비추어 볼 때, 여기서의 '이유 없이'는 '60일의 기간 내에 법률안에 대한 체계·자구 심사를 마칠 것을 기대하기 어려운 객관적이고 합리적인 사유 없이'를 의미한다고 봄이 타당하다. 심사지연에 이유가 있는지에 대한 구체적 판단은 소관 위원회의 심사를 마친 법률안에 대해 체계·자구 심사를 거치도록 한 국회법의 취지, 국회의 입법 관행, 당해 법률안의 내용, 법률안에 대한 소관 위원회에서의 구체적인 심사 경위 및 내용, 소관 위원회에서 법률안의 의결에 이르게 된 경위 등 구체적이고 개별적인 사정을 종합적으로 고려하여 이루어져야 할 것이다.

다만 심사절차를 통해 법사위가 입법절차를 지연시킬 고의나 의도를 가지고 있음이 인정되는 경우에는 그 자체로 합리적인 이유가 인정되지 아니한다고 할 것이므로, 법사위 회의의 안건으로 법률안을 상정조차 하지 아니하여 이에 대한 심사가 전혀 이루어지지 아니한 채 60일의 심사기간이 도과하거나, 법사위의 심사 내용이 체계·자구 심사권의 범위를 벗어났음이 명백하거나, 입법절차를 지연시킬 목적으로 이미 소관 상임위원회 단계에서 충분한 심사가 이루어진 사항에 대해 실질적으로 동일한 내용의 심사나 절차를 반복하는 경우에는 심사지연에 이유가 있다고 볼 수 없다.

(2) 피청구인 과방위 위원장의 이 사건 본회의 부의 요구행위가 청구인들의 심의·표결권을 침해하는지 여부

(가) 이 사건 각 법률안에 대한 과방위의 심사 및 의결 경위

방송지배구조의 개정과 관련한 21대 국회 과방위 내의 최초의 논의는 2020. 9. 24. 제382회 국회(정기회) 과방위 정보법안심사소위 제2차 회의에서 이루어졌다.

당시 회의에서 과방위 소속 위원들은 방송법, 방송문화진흥회법, 한국교육방송공사법(이하 '방송법 등'이라 한다)의 개정 방향과 구체적 개정 내용을 정하기 위해서는 추가적인 논의가 필요하다는 데에 대체로 의견을 같이 하였다. 이에 과방위는 2021. 2. 23. 제384회 국회(임시회) 과방위 정보법안심사소위 제2차 회의에서 간단한 논의를 거쳐 2021. 2. 24. 제384회 국회(임시회) 과방위 제4차 전체회의에서「방송지배구조」관련 공청회를 개최하였다.

이후 1년 9개월 동안 과방위에서 방송법 등에 대한 논의가 이루어지지 아니하다가, 2022. 11. 24. 제400회 국회(정기회) 과방위 정보법안심사소위 제2차 회의에서 방송법 등 일부개정법률안에 대한 논의가 다시 이루어졌다. 당시의 회의록의 기재 내용에 의하면, 더불어민주당 소속 고민정 위원이 "저희 소위원회에서 이 법안에 대해서 심도 깊게 논의를 하면서 때로는 조정도 하고 그래야 되는 것 아닌가 하는 생각이 듭니다, 제가 민주당 위원이기는 하지만."이라고 발언하는 등, 국민의힘뿐만 아니라 더불어민주당 소속 위원들 역시 방송법 등 일부개정법률안에 대해 심도 있는 논의를 진행하면서 각 개정법률안의 공통사항을 추리고 세부사항을 조정하여야 할 필요성을 인정한 것으로 보인다.

그런데 이로부터 5일 후에 개의된 2022. 11. 29. 제400회 국회(정기회) 과방위 정보법안심사소위 제3차 회의에서 정부 측을 대표하여 출석한 방송통신위원회 부위원장이 "이 법은 공영방송 전체의 지배구조와 관련된 큰 틀의 구조가 잡힌 다음에 논의하는 것이 적절"하다고 발언하였고, 국민의힘 소속 위원들이 공영방송의 개념 정립이 필요하고 방송법 등의 개정이 미칠 영향력 등에 대한 추가적인 논의가 필요하다고 주장하였음에도 불구하고, 정보법안심사소위 소위원장은 위 회의에 안건으로 상정되어 있던 '방송법 일부개정법률안'과 '방송통신위원회 설치 및 운영에 관한 법률 일부개정법률안', '방송문화진흥회법 일부개정법률안', '한국교육방송공사법 일부개정법률안'들을 각 통합·조정한 '방송법 일부개정법률안(대안)', '방송문화진흥회법 일부개정법률안(대안)', '한국교육방송공사법 일부개정법률안(대안)'을 위원회의 대안으로 제안하는 안건에 대해 표결을 실시하였다. 국민의힘 소속 위원들이 표결에 반대하며 퇴장하였으나, 소위원장은 일부 위원들이 퇴장한 상태로 표결을 진행한 후 위 안건에 대해 가결을 선포하였다.

이에 국민의힘 소속 위원들은 2022. 12. 1. 제400회 국회(정기회) 과방위 제11차 전체회의에서 국회법 제57조의2 제1항에 따라 위 법률안들에 대한 안건조정을 신청하여 2022. 12. 1. 제400회 국회(정기회) 과방위 안건조정위원회 제1차 회의가 개의되었으나, 안건조정위원회는 약 1시간 50분의 논의를 거친 후 정보법안심사소위에서 논의한 바와 같이 방송법 등 일부개정법률안을 과방위의 위원회 대안으로 제안하기로 의결하였다.

이후 과방위는 2022. 12. 2. 제400회 국회(정기회) 과방위 제12차 전체회의에서 안건조정위원회가 심사보고한 대안인 '방송법 일부개정법률안(대안)'과 1건의 '언론자유와 공영방송의 정치적 독립을 위한 법률 개정에 관한 청원'을 통합·조정한 최종적 대안과 '방송문화진흥회법 일부개정법률안(대안)', '한국교육방송공사법 일부개정법률안(대안)'인 이 사건 각 법률안을 위원회의 안으로 제안하기로 최종의결하였으며, 이에 따라 이 사건 각 법률안은 같은 날 법사위에 회부되었다.

(나) 법사위의 심사지연에 정당한 이유가 있는지 여부

1) 먼저 이 사건 각 법률안에 대한 법사위의 심사 과정 및 내용을 살펴본다.

가) 법사위 위원장은 2023. 1. 16. 이 사건 각 법률안을 제402회 국회(임시회) 법사위 제1차 전체회의(이하 '제1차 심사'라 한다)에 상정하여 심사한 후 충분한 논의를 거칠 필요가 있음을 이유로 제2소위로 회부하였고, 제2소위 위원장은 2023. 2. 22. 제403회 국회(임시회) 법사위 제2소위 제1차 회의(이하 '제2차 심사'라 한다)에 이 사건 각 법률안을 상정하여 일괄 심사한 후 추가적인 심사가 요구됨을 이유로 제2소위에서 심사를 계속하기로 결정하였다.

법사위에서의 심사 내용을 구체적으로 살펴보면, 먼저 법사위는 제1차 심사에서 이 사건 각 법률안이 법사위에 회부되기까지 절차가 편법적으로 진행되었고, 한국방송공사, 방송문화진흥회, 한국교육방송공사(이하 '방송 관련 공사'라 한다)의 이사의 수를 줄이고 시민단체 등에 이사 추천권을 부여한 것에 대해 충분한 검토가 이루어지지 아니하였으며, 공정하고 객관적인 공영방송의 운영을 위한 방송법 등 개정 방향에 대해서 추가적인 논의가 필요하다는 이유로 이 사건 각 법률안을 제2소위에 회부하였다. 제2차 심사에서는 이 사건 각 법률안의 개정 방향이 오히려 편파적인 방송지배구조를 만들어 방송의 중립성 확보를 방해할 우려가 있다는 점, 사장후보국민추천위원회가 방송 관련 공사의 사장을 추천한 후 이사회에서 이를 최종적으로 결정하도록 하는 것이 법체계상 적절한 것인지 의문이 있다는 점 등에 대한 논의가 이루어졌다. 그런데 입법자에게는 국가권력이나 사회세력으로부터 독립된 방송을 실현할 수 있는 제도를 마련함과 동시에 민주주의를 기본원리로 하는 헌법적 요청에 따라 국민의 다양한 의견들이 방송에서 가능한 한 균형 있고 완전하게 표현될 것을 보장하도록 법률을 정할 것이 요청되는바(헌재 2012. 8. 23. 2009헌가27 참조), 방송 관련 공사의 독립성이나 정치적 중립성 확보에 관한 논의는 헌법 제21조 제1항으로부터 도출되는 방송의 자유의 실질적 보장에 관한 것으로 이 사건 각 법률안의 위헌성에 대한 심사에 해당하며, 방송 관련 공사의 사장 선임 방식에 대한 문제제기는 법률의 체계정합성에 대한 심사에 해당한다.

당시 법사위의 심사 내용 중 일부가 이 사건 각 법률안의 내용에 관한 문제제기나 정치적 주장을 포함하고 있기는 하나, 법률의 위헌성이나 체계정합성에 대한 심사 과정에서 불가피하게 법률의 내용에 대한 심사가 일정 부분 이루어질 수밖에 없으므로, 심사 과정에서 이 사건 각 법률안의 내용에 대한 문제제기가 있었다는 이유만으로, 법사위의 심사가 체계·자구 심사의 권한을 넘어선 것이라고 볼 수는 없으며, 심사 내용 중 일부가 정치적인 주장에 해당한다고 할지라도 심사내용이 전체적으로 체계·자구 심사권의 범위 내에 있다면 법사위가 그 권한의 범위 내에서 체계·자구 심사를 하였다고 봄이 타당하다.

따라서 피청구인 과방위 위원장의 이 사건 본회의 부의 요구행위 당시 법사위는 체계·자구 심사권의 범위 내에서 이 사건 각 법률안에 대한 심사를 계속하고 있었던 것으로 판단된다.

나) 법사위는 피청구인 과방위 위원장의 이 사건 본회의 부의 요구행위가 이루어진 이후인 2023. 4. 19. 제405회 국회(임시회) 법사위 제2소위 제1차 회의에서 이 사건 각 법률안에 대한 공청회를 개최하고, 전문위원의 검토보고 및 대체토론 절차를 진행하였다. 위 공청회는 방송 관련 공사의 이사의 수와 선출 방법, 사장 선임의 구체적 절차 등이 확정된 이후 이루어진 최초의 공청회로, 2인의 진술인이 출석하여 이 사건 각 법률안에 대한 의견을 진술하였으며, 진술인들의 진술 후 법사위 위원들은 이 사건 각 법률안이 정치적 중립성을 해칠 우려가 있는지, 방송 관련 공사의 이사 추천 시 정치적 중립성, 지역성, 대표성 등을 고려할 수 있는 방안이 있는지 등에 대해 질의하였다. 공청회가 종료된 이후 이루어진 전문위원의 검토보고와 대체토론 과정에서도 이 사건 각 법률안은 방송 관련 공사의 이사회 구성에 있어 특정 단체들의 의견을 지나치게 많이 수용하도록 하여 방송의 정치적 중립성이 훼손될 우려가 있다는 점에 대한 논의가 이루어지는 등, 법사위는 피청구인 과방위 위원장의 이 사건 본회의 부의 요구행위가 이루어진 이후에도 공청회 등을 통해 그 권한의 범위 내에서 이 사건 각 법률안에 대한 체계·자구 심사를 계속하였다.

2) 다음으로 법사위가 이 사건 각 법률안에 대한 체계·자구 심사를 계속하여야 할 객관적이고 합리적인 사유가 있었는지를 본다.

가) 이 사건 각 법률안의 주요 쟁점은 방송 관련 공사의 이사의 수, 이사회의 구성 방법 및 사장의 선임 방식이다. 그런데 이러한 쟁점들은 세부적인 사항을 어떻게 정하는지에 따라 소요되는 비용, 관련자들의 이해관계, 파급효과가 달라질 수 있기 때문에, 이사의 수 증원, 이사 추천권한의 다양화, 일반 국민의 사장 추천 과정 참여 등 전반적인 개정 방향에 대해서는 논의가 이루어졌다고 하더라도, 이사의 수를 얼마나 증원할 것인지, 이사의 추천권한을 구체적으로 어느 단체에 부여할 것인지, 사장후보국민추천위원회를 어떻게 구성할 것인지 등 세부사항에 대한 별도의 조정과 논의의 과정이 필요하다.

그런데 소관 위원회인 과방위에서의 심사 과정에서는 이 사건 각 법률안의 구체적인 내용이나 세부적인 사항에 대한 충분한 논의가 이루어졌다고 보기 어렵다. 과방위가 2020. 9. 24. 제382회 국회(정기회) 과방위 정보법안심사소위 제2차 회의에서 당시 발의되었던 방송법 등 개정안에 대해 논의하고, 2021. 2. 24. 제384회 국회(임시회) 과방위 제4차 전체회의에서 「방송지배구조」 관련 공청회를 개최하는 등 이에 관해 심사를 한 사실은 있다. 그러나 2020. 9. 24. 제382회 국회(정기회) 과방위 정보법안심사소위 제2차 회의 당시의 논의는 추상적인 선에 머물렀으며, 2021. 2. 24. 제384회 국회(임시회) 과방위 제4차 전체회의에서 공청회가 개최될 당시에는 이사의 구체적인 수나 이사의 추천 권한이 구체적으로 누구에게 부여되어 있는지, 사장후보국민추천위원회가 어떠한 방식으로 구성되는지 등에 대해 확정된 방법이 없었기 때문에, 공청회 단계에서 이 사건 각 법률안의 위헌성에 대한 구체적 논의가 이루어졌다고 볼 수도 없다. 이후 1년 9개월 동안 과방위에서 관련 논의가 이루어지지 아니하다가 2022. 11. 24. 제400회 국회(정기회) 과방위 정보법안심사소위 제2

차 회의에서 방송법 등 일부개정법률안이 상정되어 논의가 재개되었으나, 당시에도 오히려 방송법 등 일부개정법률안에 대해 심도 있는 논의를 할 필요성이 있다는 점을 확인하였을 뿐 방송법 등 일부개정법률안의 각 쟁점에 대한 충분한 논의가 이루어지지는 아니하였다. 특히 2022. 11. 29. 제400회 국회(정기회) 과방위 정보법안심사소위 제3차 회의에서 조승래 정보법안심사소위 소위원장은 "우리가 소위, 전체회의, 법사위, 본회의를 두는, 정치적 절차를 두는 이유가 있어요. 그 이유는 그 과정을 통해서 내용이 의결됐다 하더라도 수정을 거칠 수 있고 합의에 따라 조정할 수 있고 아주 다양한 과정들이 남아 있어요. 그런 과정들이 있기 때문에 그것들을 염두에 두면서 여기서 모든 것들이 끝난다고 생각하지 마시고 우리가 현재 수준에서 처리할 수 있는 것들을 처리하면 되는 거예요"라고 발언한 후, 이 사건 각 법률안에 대한 의결절차를 진행하였다. 이러한 발언 취지에 비추어 보면, 소위원장은 정보법안심사소위에서의 의결 당시까지 이루어진 이 사건 각 법률안에 대한 논의에 다소 미흡한 면이 있기는 하나 입법절차의 효율적 진행을 위해 소위원회에서의 논의를 일단 마무리하되, 추후 법사위 체계·자구 심사의 과정에서 이 사건 각 법률안에 대한 수정이나 조정이 이루어질 가능성이 있다는 점을 인식하고 있었던 것으로 보인다.

2022. 12. 1. 방송법 등 개정법률안에 대한 이견을 조정하기 위한 제400회 국회(정기회) 과방위 안건조정위원회 제1차 회의가 개의되었으나, 각 정당의 방송법 등 개정 관련 입장에 대해서만 반복적으로 언급한 채 1시간 50분 만에 종료되었으며, 2022. 12. 2. 제400회 국회(정기회) 과방위 제12차 전체회의에서도 국민의힘 소속 과방위 위원들이 이 사건 각 법률안에 대한 반대토론을 계속할 것을 주장하였으나 피청구인 과방위 위원장이 토론을 종결하고 바로 표결을 실시하였다.

이외에 2021. 9. 29. 제391회 국회(정기회) 제9차 본회의에서 '언론·미디어 제도개선 특별위원회'가 구성되어 2022. 5. 29.까지 활동한 바가 있으나, 이는 방송법 등뿐만 아니라 '언론중재 및 피해구제 등에 관한 법률', '정보통신망 이용촉진 및 정보보호 등에 관한 법률', '신문 등의 진흥에 관한 법률' 등 언론과 미디어 관련 법률을 전반적으로 논의하기 위한 것으로 위 특별위원회의 논의 단계에서도 이 사건 각 법률안의 위헌성이나 체계정합성에 대한 구체적인 논의가 이루어졌다고 보기 어렵다.

이처럼 소관 위원회인 과방위의 심사 및 국회 내의 관련 특별위원회에서의 논의를 전체적으로 살펴보아도, 이 사건 각 법률안의 위헌성이나 체계정합성에 대한 충실하고 심도 있는 논의가 이루어졌다고 볼 수 없다.

나) 법사위가 이 사건 각 법률안에 대해 신속하게 심사를 진행하기 어려웠을 것이라는 사정도 인정된다. 법사위에서의 체계·자구 심사절차는 일반 안건의 심사절차와 원칙적으로 차이가 없으며, 대체토론, 찬반토론 등을 거쳐 표결한다. 따라서 이러한 심사절차가 원활하게 이루어지기 위해서는 법사위 소속 위원들이 대화와 타협을 전제로, 이 사건 각 법률안에 대한 토론과 논의의 과정을 거쳐 세부적인 사항을 조정하고 수정하는 과정이 필요하였다.

그러나 2023. 1. 16. 법사위의 제1차 심사는 양곡관리법을 제2소위로 회부할 것인지 아니면 전체회의에 계류시킬 것인지에 대한 각 정당 간의 의견 차이로 더불어민주당 소속 위원들이 모두 퇴장한 상태에서 진행되었고, 2023. 2. 22. 법사위의 제2차 심사 역시 더불어민주당 소속 위원들이 이미 본회의 부의 요구가 이루어진 간호법 등을 법사위 제2소위의 안건으로 상정한 것에 대해 이의를 제기한 후 모두 퇴장한 상태에서 이루어졌다. 이러한 사정을 고려한다면, 이 사건 각 법률안에 대한 법사위의 체계·자구 심사가 국회운영의 기본원리인 대화와 타협의 큰 틀 안에서 국회법이 정하고 있는 대체토론 및 찬반토론 등의 절차를 거쳐 신속하게 이루어지기 어려웠다는 사정이 인정된다.

다) 이상에서 살펴본 바를 종합하면, 소관 위원회가 이 사건 각 법률안의 주요 쟁점사항인 이사의 수나 이사회 구성 방법, 사장의 선임 방법의 위헌성이나 체계정합성에 대해 충분히 심사를 하였다고 보기 어려우므로 법사위가 이에 대한 심사를 계속하였어야 할 필요성이 인정되고, 달리 법사위가 소관 위원회인 과방위에서 이미 논의를 마친 사항에 대해 실질적으로 동일한 내용의 심사를 반복하거나 체계·자구 심사권한의 범위를 넘어서는 심사를 진행하면서 입법절차를 의도적으로 지연시키고 있었다고 보이지도 아니한다. 여기에 더하여 법사위의 심사 당시 일부 위원들이 퇴장하여 이 사건 각 법률안에 대한 충실한 논의와 토론이 이루어지기 어려웠던 사정까지 고려한다면, 법사위가 60일의 기간 내에 이 사건 각 법률안에 대한 체계·자구 심사를 마칠 것을 기대하기 어려운 객관적이고 합리적인 사유가 인정된다고 봄이 상당하다.

(다) 소결

앞서 본 바와 같이 법사위가 이 사건 각 법률안에 대한 체계·자구 심사를 60일 안에 마치지 못한 데에는 정당한 이유가 인정되므로, 이는 국회법 제86조 제3항의 "회부된 법률안에 대하여 이유 없이 회부된 날부터 60일 이내에 심사를 마치지 아니하였을 때"에 해당하지 아니한다.

그럼에도 불구하고, 피청구인 과방위 위원장은 이 사건 각 법률안이 법사위에 회부된 날부터 60일이 도과하였음에도 법사위가 이에 대한 심사를 계속 중이라는 이유만으로 과방위의 의결을 거쳐 이 사건 본회의 부의 요구행위를 하였는바, 이는 국회법 제86조 제3항을 위반하여 청구인들의 법률안 심의·표결권을 침해한 것이다.

나. 피청구인 과방위 위원장의 이 사건 본회의 부의 요구행위의 무효확인청구에 대한 판단

우리는 피청구인 과방위 위원장의 이 사건 본회의 부의 요구행위에 대한 무효확인청구를 다음과 같은 이유로 기각하여야 한다고 판단한다.

(1) 헌법재판소법 제66조 제2항의 의미

헌법재판소법 제66조 제2항은 "헌법재판소는 권한침해의 원인이 된 피청구인의 처분을 취소하거나 그 무효를 확인할 수 있고, 헌법재판소가 부작위에 대한 심판청구를 인용하는 결정을 한 때에는 피청구인은 결정 취지에 따른 처분을 하여야 한다."라고 규정하고 있다.

권한쟁의심판에서 청구인의 권한이 침해되었다고 확인될 경우, 헌법재판소법 제66조 제2항에서 그 원인이 되는 피청구인의 처분을 취소하거나 그 무효를 확인할 것인지 여부에 대하여 헌법재판소에 재량을 부여한 취지는, 권한쟁의심판이 헌법적 권한질서의 객관적 확인이라는 객관적 쟁송의 성격과 침해된 청구인의 권한을 구제하는 주관적 쟁송의 성격을 동시에 지니고 있음을 반영하여, 헌법재판소로 하여금 권한쟁의심판제도의 기초가 되는 권력분립원리의 실질적 실현에 가장 적합한 결정을 하도록 하기 위함이라고 할 것이다. 따라서 권한쟁의심판에서 피청구인의 처분으로 인하여 청구인의 권한이 침해된 것으로 확인하는 경우 그러한 처분을 취소하거나 그 무효를 확인할 것인지 여부는, 권한침해 사유의 헌법적 중대성, 침해된 청구인의 권한과 그 원인이 된 피청구인의 처분이 헌법적 권한질서 내에서 가지는 의미, 권한쟁의심판의 결정을 통하여 달성될 수 있는 헌법적 권한질서 회복의 이익 등을 종합적으로 고려하여 판단하여야 할 것이다(헌재 2020. 5. 27. 2019헌라6등 중 재판관 이은애, 재판관 이종석, 재판관 이영진의 별개의견 참조).

(2) 판단

(가) 국회법 제86조 제3항은 법사위가 "회부된 법률안에 대하여 이유 없이 회부된 날부터 60일 이내에 심사를 마치지 아니하였을 때"에 소관 위원회 위원장이 법률안에 대해 본회의 부의 요구를 할 수 있다고 하면서도, '이유 없이'의 요건을 구체적으로 정하고 있지 아니하다. 또한 제21대 국회 이전에는 국회법 제86조 제3항에 따라 법률안에 대해 본회의에 직접 부의 요구를 하는 경우가 거의 없었기 때문에 국회 내에도 '이유 없이'에 대한 해석례가 축적되어 있다고 볼 수 없으며, 법률해석기관에 의해 그 의미가 규명된 바도 없다. 이러한 상황에서 피청구인 과방위 위원장은 국회법 제86조 제3항의 '이유 없이'에 대한 나름의 해석을 전제로 법사위의 이 사건 각 법률안에 대한 심사지연에 이유가 없다고 판단한 후 국회법 제86조 제3항이 정하고 있는 절차를 갖추어 이 사건 본회의 부의 요구행위를 하였는바, 이러한 피청구인 과방위 위원장의 해석이 합리적 법률해석의 한계를 현저히 일탈하여 이루어진 것으로 보이지는 아니한다.

이러한 사정들을 고려한다면, 피청구인 과방위 위원장의 이 사건 본회의 부의 요구행위는 국회법 제86조 제3항을 위반하여 이루어진 것이기는 하나 여기에는 참작할 만한 사정이 있고, 달리 헌법상 원칙을 위반하였다고 볼만한 사정도 없으므로, 이러한 권한침해 사유가 이 사건 본회의 부의 요구행위의 무효를 확인하여야 할 정도로 헌법상 중대하다고 볼 수 없다.

(나) 국회법 제86조 제3항은 법률안에 대한 일차적인 심사권한을 가지고 있는 소관 위원회의 법률안에 대한 심의·표결권과 법사위의 법률안에 대한 체계·자구 심사권 사이의 균형을 도모하기 위한 조항이다. 따라서 법사위의 이 사건 각 법률안에 대한 심사지연이 이유가 있는지에 대한 판단은 가급적 국회 안에서 법사위와 소관 상임위원회의 대화와 타협을 통해 이루어지는 것이 바람직하다.

이 사건 각 법률안에 대하여 소관 위원회에서 충분한 심사가 이루어졌다고 보기 어려워 법사위가 이 사건 각 법률안의 위헌성이나 체계정합성에 대한 심사를 계속하여야 할 필요성이 인정된다는 점은 앞서 판단한 바와 같으나, 법사위가 어느 정도의 기간 동안 어느 범위까지 이 사건 각 법률안에 대해 심사를 하여야 할 것인지는 법사위와 소관 위원회인 과방위가 대화와 타협을 통해 협의해 나가는 것이 필요한 영역이다. 더욱이 앞서 살펴본 바와 같이, 피청구인 과방위 위원장의 이 사건 본회의 부의 요구행위가 국회법 제86조 제3항의 '이유 없이'의 의미에 대한 확립된 해석이 존재하지 아니한 상황에서 이루어졌음을 고려한다면, 이 사건 본회의 부의 요구행위의 효력을 직접 판단하는 사법적 개입은 가급적 자제할 필요가 있다.

(3) 피청구인 과방위 위원장의 이 사건 본회의 부의 요구행위가 청구인들의 권한을 침해하였음을 확인하는 과정에서 국회법 제86조 제3항의 '이유 없이'의 의미가 명확해졌고, 이 사건 본회의 부의 요구행위가 국회법 제86조 제3항을 위반한 하자가 있다는 점 역시 충분히 해명되었다. 또한 권한침해확인 결정만으로 국가기관으로 하여금 장래에 동일한 사정하에서 동일한 내용의 행위를 하여서는 아니 된다는 의무가 부과되는 기속력이 인정되므로(헌재 2010. 11. 25. 2009헌라12 참조), 장래에 소관 위원회가 국회법 제86조 제3항에 대한 자의적인 해석에 근거하여 법사위의 심사지연 법률안에 대해 직접 본회의 부의 요구를 하는 것은 더 이상 허용되지 아니한다. 따라서 청구인들의 권한침해를 확인하는 결정만으로도 이 사건 본회의 부의 요구행위에 대한 권한쟁의심판청구를 통한 헌법적 권한질서 회복의 이익이 달성된다고 할 것이다.

(4) 이와 같이 피청구인 과방위 위원장의 이 사건 본회의 부의 요구행위는 국회법 제86조 제3항을 위반하여 이루어진 것이나 여기에는 참작할만한 사정이 있어 그 침해의 사유가 헌법적으로 중대하다고 보기 어렵고, 이 사건 본회의 부의 요구행위의 효력을 직접 판단하는 사법적 개입은 가급적 자제할 필요가 있으며, 권한침해를 확인하는 결정만으로도 피청구인 과방위 위원장의 이 사건 본회의 부의 요구행위의 위헌성을 해명하고 향후 유사한 행위의 반복을 억제하는 데에는 충분하다고 할 것이므로, 피청구인 과방위 위원장의 이 사건 본회의 부의 요구행위에 대해서는 그 무효를 확인하지 않는 것이 타당하다.

다. 피청구인 국회의장의 이 사건 가결선포행위의 권한침해 및 무효확인청구에 대한 판단

우리는 피청구인 국회의장의 이 사건 가결선포행위의 권한침해 및 무효확인청구를 다음과 같은 이유로 기각하여야 한다고 판단한다.

(1) 청구인들은 피청구인 과방위 위원장의 이 사건 본회의 부의 요구행위에 국회법을 위반한 하자가 있고 이러한 하자는 피청구인 국회의장의 이 사건 가결선포행위에 승계되므로, 피청구인 국회의장의 이 사건 가결선포행위 역시 청구인들의 법률안 심의·표결권을 침해한다고 주장한다.

피청구인 과방위 위원장의 이 사건 본회의 부의 요구행위 및 피청구인 국회의장의 이 사건 가결선포행위는 법사위가 체계·자구 심사를 마치지 아니한 이 사건 각 법률안을 본회의 부의하여 본회의에서의 심의 및 의결로 나아가기 위한 일련의 절차이다. 그런데 앞서 살펴본 바와 같이, 선행 절차인 피청구인 과방위 위원장의 이 사건 본회의 부의 요구행위에 국회법 제86조 제3항을 위배한 권한침해의 사유가 존재하기는 하나 그 사유가 헌법적으로 매우 중대하다고 볼 수는 없고, 피청구인 국회의장의 가결선포행위는 선행 절차를 그대로 따르는 피청구인 국회의장 단독의 행위가 아니라 '이 사건 각 법률안 본회의 부의의 건'에 대한 본회의에서의 별도의 심의 및 표결 절차를 거친 후 그 결과를 선포하는 행위이므로, 선행 절차인 피청구인 과방위 위원장의 이 사건 본회의 부의 요구행위가 국회법 제86조 제3항을 위배하였다는 사유만으로 곧바로 후행 절차인 피청구인 국회의장의 이 사건 가결선포행위에 권한침해 사유가 발생한다고 볼 수는 없다.

또한 국회법 제86조 제4항은 소관 위원회 위원장의 본회의 부의 요구가 있었던 날부터 30일 이내에 국회의장과 각 교섭단체 대표의원 사이에 합의가 이루어지지 아니하였을 때에는, 국회의장이 그 기간이 지난 후 처음으로 개의되는 본회의에서 해당 법률안에 대한 본회의 부의 여부를 무기명투표로 표결한다고 정하고 있을 뿐 국회의장에게 소관 위원회 위원장의 본회의 부의 요구의 당부나 적법성을 판단할 권한을 부여하고 있지 아니하다. 따라서 피청구인 과방위 위원장의 이 사건 본회의 부의 요구행위에 국회법 제86조 제3항의 실체적 요건을 위배한 위법이 있다고 하더라도, 피청구인 국회의장이 이러한 위법을 적극적으로 교정하거나 이를 이유로 법률안에 대한 본회의 부의 여부를 본회의의 안건으로 상정하지 아니할 수는 없다. 나아가 피청구인 국회의장은 2023. 4. 27. 제405회 국회(임시회) 제5차 본회의에서 '이 사건 각 법률안 본회의 부의의 건'을 안건으로 상정하고 피청구인 과방위 위원장의 본회의 부의 요구 이유 설명, 박성중 의원 및 정필모 의원의 토론을 거쳐 무기명투표 방식으로 표결한 후, 재적의원 과반수가 출석하고 출석의원 과반수가 이에 찬성하였음을 이유로 이 사건 가결선포행위를 하였다. 이러한 점들을 종합하여 살펴보면, 피청구인 국회의장의 이 사건 가결선포행위에 독자적인 내용상 또는 절차상의 하자가 있다고 볼 수도 없다.

따라서 피청구인 국회의장의 이 사건 가결선포행위는 청구인들의 심의·표결권을 침해하지 아니한다. 그리고 피청구인 국회의장의 이 사건 가결선포행위가 청구인들의 심의·표결권을 침해하지 아니한 이상, 그 침해를 전제로 하는 피청구인 국회의장의 이 사건 가결선포행위의 무효확인청구는 더 나아가 살펴볼 필요 없이 이유 없다.

(2) 그렇다면 피청구인 국회의장의 이 사건 가결선포행위의 권한침해 및 무효확인청구는 이유 없으므로, 이를 모두 기각하여야 한다.

7. 재판관 이영진의 피청구인 과방위 위원장의 이 사건 본회의 부의 요구행위의 권한침해확인청구에 대한 반대의견 및 무효확인청구에 대한 별개의견에 대한 보충의견

나는 피청구인 과방위 위원장의 이 사건 본회의 부의 요구행위가 청구인들의 법률안 심의·표결권을 침해하나 무효임을 확인할 수는 없다는 재판관 이은애, 재판관 이종석, 재판관 이영진, 재판관 김형두의 반대의견 및 별개의견에 동의하면서, 소관 위원회와 법사위 사이의 이견이나 갈등이 국회 내에서 자율적으로 조정될 수 있도록 하기 위해서는 국회가 의사운영을 충실히 하는 것에서 더 나아가 제도를 개선할 필요가 있다는 점을 밝혀두고자 한다.

가. 국회는 국민의 대표기관이자 입법기관으로서 의사와 내부규율 등 국회운영에 관하여 다른 국가기관의 간섭을 받지 아니하고 스스로의 문제를 자주적으로 처리할 수 있는 폭넓은 자율권을 가진다. 국회의 자율권은 의회주의사상에 그 뿌리를 두고 권력분립의 원칙에 입각한 것으로, 현대국가의 의회에서는 국회가 갖는 입법·재정·견제·인사기능의 실효성을 높이기 위해서 필요불가결한 국회기능의 하나이다(헌재 2020. 5. 27. 2019헌라1 참조).

국회의 자율권에는 내부조직에 관한 자율권, 국회규칙의 자율적 제정권(헌법 제64조 제1항), 국회의원 신분에 관한 자율권(헌법 제64조 제2항), 질서유지권 뿐만 아니라 집회 등에 관한 자율권 및 의사에 관한 자율권이 포함된다(헌재 2020. 5. 27. 2019헌라1 참조). 의사에 관한 자율권은 위원회의 운영이나 의사진행에 관한 사항을 포함하는 것으로, 소관 위원회의 심의, 법사위의 체계·자구 심사, 본회의에서의 심의 및 표결에 이르는 일련의 절차를 따라 이루어지는 국회의 입법절차에서의 위원장의 위원회 운영과 의사진행, 국회의장의 본회의 운영과 의사진행 역시 국회의 자율권의 내용에 속한다.

나. 상임위원회를 포함한 국회의 위원회는 국회운영에서 논의의 전문화와 효율성을 위하여 구성되는 국회의 내부기관이자, 본회의 심의 전에 회부된 안건을 심사하거나 그 소관에 속하는 의안을 입안하는 국회의 합의체 기관이다. 국회법 제86조 제3항이 법사위가 회부된 법률안에 대하여 이유 없이 회부된 날부터 60일이라는 비교적 짧은 기간 내에 심사를 마치지 아니하였을 때에 소관 위원회 위원장이 간사와의 협의 또는 소관 위원회에서의 의결을 거쳐 법률안을 본회의에 직접 부의 요구할 수 있도록 한 것은, 전문성을 갖춘 위원회 내에서 법률안에 대한 충분한 논의 및 이해관계의 조정 등이 이루어졌음을 전제로 하는 것이다. 따라서 소관 위원회는 법률인 의결 이전에 대화와 토론을 통해 법률안에 대해 충분히 심의하고 각 교섭단체의 의견뿐만 아니라 주무부처나 이해관계인의 의견을 청취함으로써 법률안의 여러 가지 구체적 사항들을 형량하고 조정하여야 한다. 또한 국회법 제57조의2의 안건조정위원회 구성 요구가 있는 경우라면, 소수 의견이 개진될 수 있는 기회를 보장하면서도 안건을 효율적으로 심의함으로써 이견이 조정될 수 있도록 하기 위한 안건조정위원회의 취지를 고려하여, 안건조정위원회의 운영 및 의사절차의 진행에 있어서는 각 교섭단체 소속 위원들의 발언 기회를 충분히 보장하고 대화와 토론을 통해 이견이 조정될 수 있도록 하여야 할 것이다.

이처럼 소관 위원회의 법률안 심의와 의결이 법률안에 대한 충분한 논의와 토론, 이견의 조정을 통해 이루어진 경우에야 비로소 국회법 제86조 제3항이 입법자의 의사에 따라 기능하게 된다. 소관 위원회가 법률안 심의 과정에서 소수 의견을 경청하지 아니하거나, 소관 위원회의 의결이 의석수의 불균형에 기대어 일방적인 표결을 통해 이루어진 것이라면, 소관 위원회의 입법절차에 대한 신뢰를 전제로 하고 있는 국회법 제86조 제3항의 입법취지는 퇴색될 수밖에 없다.

이 사건에서 과방위가 이 사건 각 법률안에 대해 충실

하고 심도 있는 논의를 하였다고 볼 수 없다는 것은 이미 재판관 이은애, 재판관 이종석, 재판관 이영진, 재판관 김형두의 피청구인 과방위 위원장의 이 사건 본회의 부의 요구행위의 권한침해확인청구에 대한 반대의견에서 밝힌 바와 같다. 비록 권한쟁의심판의 성격과 권력분립원리를 고려하여, 피청구인 과방위 위원장의 이 사건 본회의 부의 요구행위가 청구인들의 권한을 침해함을 확인하는 데서 그치고 무효임을 확인하지는 아니하였으나, 이러한 결정이 피청구인 과방위 위원장의 이 사건 본회의 부의 요구행위가 정당하다거나 그 하자가 경미함을 의미하는 것은 아니다. 특히 4인의 재판관은 이 사건에서 종전에 국회법 제86조 제3항의 '이유 없이'의 의미가 규명된 바가 없었음을 참작하여, 국회법 제86조 제3항을 위배한 권한침해 사유가 이 사건 본회의 부의 요구행위의 무효를 확인할 정도로 헌법상 중대하다고 보기는 어렵다고 판단하였다. 이 사건 본회의 부의 요구행위의 권한침해확인청구에 대한 반대의견에서 국회법 제86조 제3항의 의미가 확인된 이상, 향후 소관 위원회 위원장이 '이유 없이'의 의미가 불명확함을 이유로 자의적인 해석에 근거하여 법사위의 심사지연 법률안에 대하여 본회의 부의 요구행위를 하는 경우에는 헌법재판소의 '권한침해 사유의 헌법적 중대성'에 대한 판단이 달라질 수도 있다는 점을 밝혀둔다. 또한 법사위 소속 국회의원들의 권한을 침해하는 선행 입법절차의 하자는, 이러한 흠결이 선행 절차의 효력을 무효로 하거나 후행의 입법절차나 법률안의 효력에 직접 영향을 미치지 아니하는 경우에도, 그 자체로 국회의 입법절차와 그 결과인 법률에 대한 국민의 신뢰를 저하시킨다고 할 것이므로, 국회는 앞으로 이와 같은 일이 반복되지 않도록 하여야 할 것이다.

다. 나아가 국회법 제86조 제3항이 법사위의 심사일정이나 국회의 관행 등을 현실적으로 반영하지 못하여 제3의 기관이 국회 내부의 갈등에 반복적으로 개입할 여지를 두는 것은, 결과적으로 국회의 자율성을 훼손하게 된다.

이 사건 기록에 의하면 2023. 1. 16. 제402회 국회(임시회) 법사위 제1차 전체회의 당시 미상정 및 전체회의에 계류 중인 타위원회 법률안 총 31건 중 법사위에 회부된 날부터 60일이 도과한 법률안은 총 14건, 2023. 2. 16. 제403회 국회(임시회) 법사위 제2차 전체회의 당시 미상정 및 전체회의에 계류 중인 타위원회 법률안 총 134건 중 법사위에 회부된 날부터 60일이 도과한 법률안은 총 115건이다. 2023. 7. 26. 제408회 국회(임시회) 법사위 제2차 전체회의를 보더라도, 당시 미상정 및 전체회의에 계류 중인 타위원회 법률안 총 86건 중 2건을 제외한 84건의 법률안이 법사위에 회부된 날부터 이미 60일을 도과하는 등, 법사위에 회부된 날부터 60일이 도과될 때까지 심사를 마치지 아니한 법률안의 비율이 상당히 높다는 것을 알 수 있다. 이는 국회법 제86조 제3항이 법사위의 체계·자구 심사기간으로 정하고 있는 "60일"이 현실을 반영하지 못하였음을 의미한다. 그리고 이러한 규범과 현실의 불일치는, 법사위가 심사기간 내에 체계·자구 심사를 마치지 못한 다수의 법률안에 대해 소관 위원회가 언제든지 국회법 제86조 제3항에 의한 권한을 일방적으로 행사할 수 있는 여지를 둠으로써, 소관 위원회와 법사위 사이의 갈등을 야기하는 요소가 될 수 있다. 나아가 소관 위원회와 법사위 사이의 이견이나 갈등을 해결하는 과정에서 헌법재판소와 같은 제3의 기관이 개입하는 일이 빈번해지거나, 갈등이 국회 내에서 해결되지 아니한 채 입법절차가 계속 진행되어 법률안에 대한 최종적인 입법절차인 본회의 표결을 거쳐 법률안이 정부에 이송된 이후의 단계에서 대통령이 헌법 제53조 제2항에 따라 법률안을 국회로 환부하여 재의를 요구하는 일이 반복될 가능성도 있다. 이처럼 국회가 그 핵심 기능이라고 할 수 있는 입법기능을 수행함에 있어 제3의 기관이 사후적으로 관여할 수 있는 여지를 열어두는 것은 입법절차 전반, 나아가 국회에 대한 국민의 신뢰를 훼손할 수 있다.

따라서 국회법 제86조 제3항의 '60일 이내에' 부분을 법사위의 심사일정 등 현실을 반영하여 개정함으로써 갈등의 요소를 제거하거나, 심사기간이 도과한 경우 소관 위원회 위원장이 본회의 부의 요구 이전에 법사위 위원장에게 법률안에 대한 체계·자구 심사를 일정 기간 이내에 마칠 것을 촉구하도록 하거나, 국회법 제63조에서 정하고 있는 연석회의와 같이 소관 위원회와 법사위가 협의하여 법률안에 대한 의견을 교환할 수 있는 협의체를 구성하도록 하거나, 소관 위원회와 법사위 사이의 이견이나 갈등을 조정할 수 있는 별도의 위원회 등을 구성하도록 하는 등 다양한 해결책을 모색함으로써, 소관 위원회와 법사위의 체계·자구 심사기간을 둘러싼 갈등이 제3자의 개입에 의해서가 아니라 국회 내에서 해결될 수 있도록 근본적으로 제도를 개선할 필요가 있다.

재판관 유남석 이은애 이종석 이영진 김기영 문형배 이미선 김형두 정정미

91. 국회의원과 국회 환경노동위원회 위원장 등 간의 권한쟁의

[2023. 10. 26. 2023헌라3]

【판시사항】

1. 국회법 제86조 제3항의 '이유 없이'의 의미

2. 피청구인 국회 환경노동위원회 위원장(이하 환경노동위원회를 '환노위', 그 위원장을 '환노위 위원장'이라 한다)이 2023. 5. 24. 피청구인 국회의장에게 '노동조합 및 노동관계조정법 일부개정법률안'(이하 '이 사건 법률안'이라 한다)의 본회의 부의를 요구한 행위가 법제사법위원회(이하 '법사위'라 한다) 소속 위원인 청구인들의 법률안 심의·표결권을 침해하여 무효인지 여부(소극)

3. 피청구인 국회의장이 2023. 6. 30. 제407회 국회(임시회) 제7차 본회의에서 '이 사건 법률안 본회의 부의의 건'을 안건으로 상정하여 무기명투표로 표결한 후 이에 대해 가결을 선포한 행위(이하 '이 사건 가결선포행위'라 한다)가 청구인들의 법률안 심의·표결권을 침해하여 무효인지 여부(소극)

【결정요지】

1. 국회법 제86조 제3항은 법사위의 체계·자구 심사가 그 권한의 범위 내에서 기간 내에 신속하게 이루어지도록 함으로써, 입법절차가 지연되는 것을 방지하기 위한 목적으로 마련된 조항이다. 그런데 국회법 제86조 제3항은 '심사를 마치지 아니한 데 이유가 없을 것'을 법률안에 대해 본회의 부의 요구를 하기 위한 요건으로 정하면서도, '이유 없이'의 의미를 상세하게 규정하지 아니한 채, 소관 위원회 내에서 소관 위원회 위원장이 간사와 협의하거나, 이의가 있는 경우에는 본회의 부의 요구 여부를 해당 위원회 재적위원 5분의 3 이상의 찬성이라는 가중된 의결정족수를 통해 의결하도록 하는 절차적 요건을 두고 있다. 이에 더하여 국회법 제86조 제4항은 소관 위원회 위원장의 본회의 부의 요구가 있을 때에는, 국회의장이 각 교섭단체 대표의원과 합의하여 바로 본회의에 부의하거나, 합의가 없는 경우에는 부의 요구 이후 30일이 지난 후 개회되는 본회의에서 본회의 부의 여부를 무기명투표로 표결하도록 정하고 있다.

이러한 국회법의 취지와 국회법 제86조 제3항 및 제4항의 내용을 종합하면, 국회법은 법사위의 심사지연에 이유가 있는지 여부를 둘러싸고 소관 위원회 내부 또는 소관 위원회와 법사위 사이에 이견이 발생한 경우, 일차적으로 소관 위원회 내에서 간사와의 협의 또는 의결절차를 통해 해결하도록 하고, 그 판단의 당부가 다시 국회의장과 교섭단체 대표의원과의 합의 또는 본회의에서의 표결이라는 국회 내의 절차를 통해 판단되도록 정하고 있다고 봄이 타당하다.

따라서 국회가 국회법 제86조 제3항 및 제4항이 정하고 있는 절차를 준수하여 법률안을 본회의에 부의하기로 결정하였다면, 여기에 헌법적 원칙이 현저히 훼손되었다는 등의 특별한 사정이 없는 한, 국회 이외의 기관이 그 판단에 개입하는 것은 가급적 자제함이 바람직하다.

또한, '이유 없이' 유무에 대하여 실체적으로 판단한다고 하더라도, 국회법 제86조 제3항의 입법취지를 고려할 때 '이유'의 유무는 법사위가 '법사위의 책임 없는 불가피한 사유로 그 기간을 준수하지 못하였는지 여부'를 기준으로 엄격하게 판단하여야 한다.

2. 가. 피청구인 환노위 위원장의 이 사건 본회의 부의 요구행위는 국회법 제86조 제3항의

절차를 준수하여 이루어졌고, 그 정당성이 국회법 제86조 제4항이 정하고 있는 본회의 내에서의 표결절차를 통해 인정되었다. 따라서 피청구인 환노위 위원장의 이 사건 본회의 부의 요구행위에는 국회법을 위반한 위법이 없다.

한편, 법사위 전체회의의 기재내용에 의하면, 법사위는 체계·자구 심사를 위해 반드시 필요하다고 보기 어려운 절차를 반복하면서 체계·자구 심사절차를 지연시키고 있었던 것으로 보이고, 달리 국회 내의 사정에 비추어 법사위가 심사절차를 진행하는 것이 현저히 곤란하거나 심사기간 내에 심사를 마치는 것이 물리적으로 불가능하였다고 볼만한 사정도 인정되지 아니하므로, 국회법 제86조 제3항의 '이유 없이'를 실체적으로 판단하더라도 법사위의 심사지연에는 여전히 이유가 없다.

따라서 피청구인 환노위 위원장의 이 사건 본회의 부의 요구행위는 청구인들의 법률안 심의·표결권을 침해하지 아니한다.

나. 피청구인 환노위 위원장의 이 사건 본회의 부의 요구행위는 청구인들의 법률안 심의·표결권을 침해하지 아니하였다고 판단되므로, 그 침해를 전제로 하는 이에 대한 무효확인청구는 더 나아가 살펴볼 필요 없이 이유 없다.

3. 선행 절차인 피청구인 환노위 위원장의 이 사건 본회의 부의 요구행위에 권한침해 사유가 존재하지 아니하는 이상, 그 하자가 후행 절차인 피청구인 국회의장의 이 사건 가결선포행위에 승계된다는 청구인들의 주장은 이유 없고, 직권으로 살펴보아도 피청구인 국회의장의 이 사건 가결선포행위는 국회법 제86조 제4항의 절차를 준수한 것으로, 여기에 독자적인 절차나 내용상의 하자가 없다.

따라서 피청구인 국회의장의 이 사건 가결선포행위는 청구인들의 법률안 심의·표결권을 침해하지 아니하고, 그 침해를 전제로 하는 이에 대한 무효확인청구 역시 이유 없다.

재판관 이은애, 재판관 이종석, 재판관 이영진, 재판관 김형두의 피청구인 환노위 위원장의 이 사건 본회의 부의 요구행위의 권한침해 확인청구에 대한 별개의견

1. 신속처리안건의 경우 이유 유무를 따지지 않고 법사위의 체계·자구 심사기간을 최대 90일로 정하고 있는 국회법 제85조의2 제3항과 달리, 국회법 제86조 제3항은 '법사위의 심사지연에 이유가 없을 것'을 소관 위원회 위원장이 법률안에 대해 본회의 부의 요구를 하기 위한 유의미한 요건으로 명시하고 있다. 이는 입법절차를 효율적이고 신속하게 진행할 수 있도록 하면서도 입법의 완성도를 높이는 역할을 수행하는 법사위의 체계·자구 심사권을 실질적으로 보장함으로써 국회 내의 각 위원회가 고유의 역할을 통해 입법절차를 균형있게 진행할 수 있도록 하기 위한 것이다. 따라서 '이유 없이'를 '법사위의 책임이 없는 불가피한 사유'가 존재하는지 여부를 기준으로 엄격하게 해석하여 이러한 요건을 사실상 무력화하는 것은 입법자의 의사에 반한다.

또한 법정의견과 같이 법사위의 심사지연에 대한 이유 유무의 판단이 소관 위원회 내에서의 절차를 통해 이루어진다고 해석할 경우, 소관 위원회가 심사기간이 도과된 법률안들 중 특정 법률안을 임의로 선택하여 본회의에 부의 요구하거나, 개별적 사정을 전혀 고려하지 아니한 채 심사기간 도과만을 이유로 법률안을 본회의에 부의 요구할 수 있게 되어, 주요 법안에 대한 법사위의 체계·자구 심사권이 형해화될 우려가 있다.

따라서 국회법 제86조 제3항의 '이유 없이'는 '60일의 기간 내에 법률안에 대한 체계·자구 심사를 마칠 것을 기대하기 어려운 객관적이고 합리적인 사유 없이'를 의미한다고 봄이 타당하다. 그리고 이에 대한 구체적 판단은 국회법의 취지, 국회의 입법 관행, 당해 법률안의 내용, 법률안에 대한 소관 위원회에서의 구체적인 심사 경위 및 내용, 소관 위원회에서 법률안의 의결에 이르게 된 경위 등 구체적이고 개별적인 사정을 종합적으로 고려하여 이루어져야 할 것이다.

다만, 심사절차를 통해 법사위가 입법절차를 지연시킬 고의나 의도를 가지고 있음이 인정되는 경우에는 그 자체로 합리적인 이유가 인정되지 아니한다고 할 것이므로, 법사위가 법률안을 안건으로 상정조차 하지 아니한 채 심사기간이 도과하거나, 법사위의 심사 내용이 체계·자구 심사권의 범위를 벗어났음이 명백하거나, 입법절차를 지연시킬 목적으로 이미 소관 상임위원회 단계에서 충분한 심사가 이루어진 사항에 대해 실질적으로 동일한 내용의 심사나 절차를 반복하는 경우에는 그 자체로 심사 지연에 이유가 있다고 볼 수 없다.

2. 환노위는 이 사건 법률안을 의결하기 전에 1차례의 전체회의와 공청회, 4차례의 고용노동법안심사소위원회 회의를 개최하여 이 사건 법률안의 주된 쟁점들에 대해 충분히 논의하였고, 주무부처인 고용노동부에서는 차관 등이 위 회의에 참석하여 정부의 입장에 대해 충분히 설명하였다.

법사위는 법원행정처와 법무부, 법제처의 의견을 듣고 질의답변을 할 수 있는 의사진행이 필요하다는 이유로 이 사건 법률안에 대한 심사를 계속하기로 결정하였으나, 법원행정처와 법무부는 이미 이 사건 법률안에 대한 의견을 환노위에 전달하여 이러한 내용이 전문위원의 체계자구검토보고서에 반영되어 있고, 60일의 기간을 초과하여 위 부처들의 의견을 청취하는 것이 필요하였다고 보기도 어렵다.

이러한 점들을 종합적으로 살펴보면, 법사위의 이 사건 법률안에 대한 심사지연에는 합리적이고 객관적인 이유가 인정되지 아니한다.

따라서 법사위가 이유 없이 이 사건 법률안에 대한 심사를 지연하고 있음을 전제로 환노위 재적위원 5분의 3 이상의 찬성을 얻어 이루어진 피청구인 환노위 위원장의 이 사건 본회의 부의 요구행위는 국회법 제86조 제3항을 준수한 것으로 청구인들의 심의·표결권을 침해하지 아니한다.

【참조조문】

국회법(2018. 4. 17. 법률 제15620호로 개정된 것) 제86조 제1항, 제2항, 제4항

국회법(2021. 9. 14. 법률 제18453호로 개정된 것) 제86조 제3항, 제5항

【당 사 자】

청 구 인 1. 국회의원 정점식
2. 국회의원 박형수
3. 국회의원 유상범
4. 국회의원 장동혁
5. 국회의원 전주혜
6. 국회의원 조수진
청구인들의 대리인 법무법인 소백
담당변호사 황정근 외 2인

피청구인 1. 국회 환경노동위원회 위원장
대리인 법무법인(유한) 한결
담당변호사 김진한 외 1인
2. 국회의장
대리인 법무법인(유한) 원
담당변호사 유선영 외 2인

【주　문】

이 사건 심판청구를 모두 기각한다.

【이　유】

1. 사건의 개요

가. 청구인들은 제21대 국회의원으로서 국민의힘 소속 국회 법제사법위원회(이하 '법사위'라 한다) 위원들이다.

나. 국회 환경노동위원회(이하 '환노위'라 한다) 내에 설치된 고용노동법안심사소위원회(이하 '고용법안심사

소위'라 한다)는 2023. 2. 15. 제403회 국회(임시회) 환노위 고용법안심사소위 제1차 회의를 개의하여, 11건의 '노동조합 및 노동관계조정법 일부개정법률안'과 1건의 '모든 노동자의 노동권 보장을 위한 노조법 2조·3조 개정에 관한 청원'을 본회의에 부의하는 대신 이를 통합·조정하여 소위원장이 배포한 조정안을 위원회의 대안으로 제안하기로 의결하였다.

다. 이에 국민의힘 소속 환노위 위원들은 이에 대한 이견을 조정할 필요가 있다며 국회법 제57조의2 제1항에 따라 안건조정위원회의 구성을 요구하였고, 2023. 2. 17. 제403회 국회(임시회) 환노위 안건조정위원회 제1차 회의가 개의되었고, 안건조정위원회는 고용법안심사소위에서 의결한 조정안을 위원회의 대안(이하 '이 사건 법률안'이라 한다)으로 제안하기로 의결하였다.

라. 피청구인 국회 환경노동위원회 위원장(이하 '환노위 위원장'이라 한다)은 2023. 2. 21. 제403회 국회(임시회) 환노위 제3차 전체회의에서 이 사건 법률안에 대한 의결을 거쳐 가결을 선포하였으며, 이 사건 법률안은 국회법 제86조 제1항에 따라 같은 날 법사위에 회부되었다.

마. 법사위는 2023. 3. 27. 제404회 국회(임시회) 법사위 제2차 전체회의에서 이 사건 법률안을 심사한 후 추가적인 논의를 위하여 다음 전체회의에서 이에 대한 논의를 계속하기로 결정하였고, 2023. 4. 26. 제405회(임시회) 법사위 제2차 전체회의에서 이 사건 법률안에 대한 심사를 계속하였으나, 추가적인 논의가 필요한지 여부 및 법제처, 법무부, 법원행정처의 의견을 청취하는 절차를 거칠 것인지 여부에 대한 더불어민주당 소속 법사위 위원들과 국민의힘 소속 법사위 위원들 간의 의견 대립으로 심사를 마치지 못하고 추후 의사일정을 정하여 전체회의에서 이 사건 법률안에 대한 논의를 계속하기로 하였다.

바. 법사위가 이 사건 법률안에 대한 심사를 계속 중이던 2023. 5. 24. 피청구인 환노위 위원장은 법사위가 이유 없이 이 사건 법률안이 회부된 날부터 60일 이내에 심사를 마치지 아니하고 있음을 이유로 국회법 제86조 제3항 단서에 따라 '이 사건 법률안에 대한 본회의 부의 요구의 건'을 제406회 국회(임시회) 환노위 제1차 전체회의에 안건으로 상정하여 무기명투표로 표결하였다. 환노위 재적위원 5분의 3 이상이 찬성하여 위 안건이 가결되자, 피청구인 환노위 위원장은 이에 대하여 가결을 선포하고, 같은 날 피청구인 국회의장에게 이 사건 법률안의 본회의 부의를 요구하였다.

사. 이에 청구인들은 2023. 5. 30. 피청구인 환노위 위원장이 '이 사건 법률안에 대한 본회의 부의 요구의 건'에 대하여 가결을 선포한 행위 및 피청구인 국회의장이 장차 개의될 국회 본회의에서 '이 사건 법률안 본회의 부의의 건'을 본회의 안건으로 부의·상정할 행위가 청구인들의 권한을 침해한다며 그 무효확인을 구하는 이 사건 권한쟁의심판을 청구함과 동시에(2023헌라3), 피청구인 환노위 위원장의 위 가결선포행위의 효력정지를 구하고, 피청구인 국회의장의 '이 사건 법률안 본회의 부의의 건'의 본회의 상정 등 이후 절차 진행의 금지를 구하는 취지의 가처분신청을 하였다(2023헌사584).

아. 한편, 이 사건 본회의 부의 요구행위가 있었던 날부터 30일이 경과한 이후의 첫 본회의인 제407회 국회(임시회) 제7차 본회의가 2023. 6. 30. 개의되었고, 피청구인 국회의장은 '이 사건 법률안 본회의 부의의 건'을 본회의의 안건으로 상정하여 국회법 제86조 제4항 단서에 따라 무기명투표로 표결한 후, 총 투표수 184표 중 가(可) 178표로 가결되었음을 선포하였다. 이에 청구인들은 2023. 8. 8. 피청구인 국회의장의 '이 사건 법률안 본회의 부의의 건' 본회의 상정 등에 관한 청구취지를 피청구인 국회의장이 2023. 6. 30. '이 사건 법률안 본회의 부의의 건'을 가결선포한 행위가 청구인들의 권한을 침해하여 무효라는 확인을 구하는 것으로 변경하였다.

2. 심판대상

청구인들은 피청구인 환노위 위원장이 제406회 국회(임시회) 환노위 제1차 전체회의에서 '이 사건 법률안에 대한 본회의 부의 요구의 건'에 대하여 가결을 선포한 행위 및 피청구인 국회의장이 제407회 국회(임시회) 제7차 본회의에서 '이 사건 법률안 본회의 부의의 건'에 대하여 가결을 선포한 행위의 권한침해 및 무효확인을 구하고 있다. 그런데 피청구인 환노위 위원장의 가결선포행위는 그 자체로는 법사위 소속 위원인 청구인들의 권한에 직접 영향을 미치지 아니하고, 피청구인 환노위 위원장이 피청구인 국회의장에게 이 사건 법률안에 대한 본회의 부의 요구를 한 이후에야 비로소 국회법 제86조 제4항에 따른 절차가 진행되어 청구인들의 권한에 영향을 미친다고 할 것이므로, 이 부분 심판대상은 피청구인 환노위 위원장이 피청구인 국회의장에게 이 사건 법률안에 대한 본회의 부의를 요구한 행위로 특정한다.

그렇다면 이 사건 심판대상은 피청구인 환노위 위원장이 2023. 5. 24. 피청구인 국회의장에게 이 사건 법률안에 대한 본회의 부의를 요구한 행위(이하 '이 사건 본회의 부의 요구행위'라 한다) 및 피청구인 국회의장이 2023. 6. 30. 제407회 국회(임시회) 제7차 본회의에서 '이 사건 법률안 본회의 부의의 건'에 대하여 가결을 선포한 행위(이하 '이 사건 가결선포행위'라 한다)가 청구인들의 권한을 침해하여 무효인지 여부이다. 관련조항은 다음과 같다.

[관련조항]

국회법(2018. 4. 17. 법률 제15620호로 개정된 것)

제86조(체계·자구의 심사) ① 위원회에서 법률안의 심사를 마치거나 입안을 하였을 때에는 법제사법위원회에 회부하여 체계와 자구에 대한 심사를 거쳐야 한다. 이 경우 법제사법위원회 위원장은 간사와 협의하여 심사에서 제안자의 취지 설명과 토론을 생략할 수 있다.

② 의장은 제1항의 심사에 대하여 제85조 제1항 각 호의 어느 하나에 해당하는 경우에는 심사기간을 지정할 수 있으며, 법제사법위원회가 이유 없이 그 기간 내에 심사를 마치지 아니하였을 때에는 바로 본회의에 부의할 수 있다. 이 경우 제85조 제1항 제1호 또는 제2호에 해당하는 경우에는 의장이 각 교섭단체 대표의원과 협의하여 해당 호와 관련된 안건에 대하여만 심사기간을 지정할 수 있다.

④ 의장은 제3항에 따른 본회의 부의 요구가 있을 때에는 해당 법률안을 각 교섭단체 대표의원과 합의하여 바로 본회의에 부의한다. 다만, 제3항에 따른 본회의 부의 요구가 있었던 날부터 30일 이내에 합의가 이루어지지 아니하였을 때에는 그 기간이 지난 후 처음으로 개의되는 본회의에서 해당 법률안에 대한 본회의 부의 여부를 무기명투표로 표결한다.

국회법(2021. 9. 14. 법률 제18453호로 개정된 것)

제86조(체계·자구의 심사) ③ 법제사법위원회가 제1항에 따라 회부된 법률안에 대하여 이유 없이 회부된 날부터 60일 이내에 심사를 마치지 아니하였을 때에는 심사대상 법률안의 소관 위원회 위원장은 간사와 협의하여 이의가 없는 경우에는 의장에게 그 법률안의 본회의 부의를 서면으로 요구한다. 다만, 이의가 있는 경우에는 그 법률안에 대한 본회의 부의 요구 여부를 무기명투표로 표결하되, 해당 위원회 재적위원 5분의 3 이상의 찬성으로 의결한다.

⑤ 법제사법위원회는 제1항에 따라 회부된 법률안에 대하여 체계와 자구의 심사 범위를 벗어나 심사하여서는 아니 된다.

3. 청구인들의 주장 및 피청구인들의 답변

가. 청구인들의 주장 요지

(1) 국회법 제86조 제1항은 소관 위원회에서 법률안의 심사를 마친 경우 이를 법사위에 회부하여 '체계와 자구에 관한 심사'를 거치도록 정하고 있으므로, 법사위 위원들은 법률안의 체계·자구에 관한 심사를 함을 내용으로 하는 법률안 심의·표결권을 가진다.

(2) 국회법 제86조 제3항은 법사위에 회부된 지 60일이 지난 모든 법률안에 대하여 소관 위원회가 본회의 부의 요구를 할 수 있다고 정하고 있는 것이 아니라, 법사위가 회부된 날부터 60일 이내에 '이유 없이' 심사를 마치지 않은 법률안에 대하여 본회의 부의 요구를 할 수 있다고 정하고 있다. 여기서의 '이유 없이'는 '정당한 사유가 없이'를 의미하는 것으로, 이를 판단함에 있어서는 국회법 제86조 제3항의 목적과 기능, 법사위의 체계·자구 심사제도의 입법취지 및 위 제도가 헌법과 국회법을 비롯한 전체 국가법 질서에서 가지는 취지, 그 동안의 국회 입법과정의 관행, 다른 법률안들에 대한 법사위의 심사 경위와 관행, 당해 법률안의 내용과 중요성, 당해 법률안에 대한 체계·자구 심사의 필요성과 그 정도 및 그에 대한 심사에 필요하다고 인정되는 상당한 기간 등을 비롯하여 구체적이고 개별적인 사정을 고려하여야 한다.

(3) 법사위는 2023. 3. 27.자 법사위 전체회의 및 2023. 4. 26.자 법사위 전체회의에서 이 사건 법률안의 위헌성에 대한 심사를 계속 중이었으며, 심도 있는 토론을 위하여 관계기관의 의견을 듣고자 하였으나 더불어민주당 소속 위원들이 협조하지 아니하여 심사를 마치지 못하였다. 이처럼 법사위가 60일 이내에 이 사건 법률안에 대한 심사를 마치지 아니한 것에 이유가 있음에도 불구하고, 피청구인 환노위 위원장은 이 사건 법률안이 법사위에 회부된 날부터 60일이 경과하였다는 이유만으로 2023. 5. 24. 이 사건 법률안에 대해 본회의 부의 요구를 하였다. 따라서 피청구인 환노위 위원장의 이 사건 본회의 부의 요구행위는 국회법 제86조 제3항을 위반한 것으로, 청구인들의 법률안 심의·표결권을

침해하여 무효이다.

(4) 피청구인 국회의장은 피청구인 환노위 위원장의 이 사건 본회의 부의 요구행위에 국회법 제86조 제3항을 위배한 하자가 있음에도 불구하고, 2023. 6. 30. 제407회 국회(임시회) 제7차 본회의에서 '이 사건 법률안 본회의 부의의 건'을 본회의의 안건으로 상정하여 무기명투표로 표결한 후 이에 대해 가결을 선포하였다. 따라서 피청구인 국회의장의 이 사건 가결선포행위 역시 청구인들의 법률안 심의·표결권을 침해하여 무효이다.

나. 피청구인 환노위 위원장의 답변 요지

(1) 국회법 제86조 제3항의 요건에 대한 해석

(가) '법사위 회부 이후 60일 이내에 심사를 마치지 아니하였을 것'

60일 이내에 심사를 마치지 않았다는 사실이 중요할 뿐 그 기간 내에 심사를 개시하였다거나, 현재 심사 중에 있다는 사실은 중요하지 아니하다. 심사를 개시하였고, 현재 심사하고 있는 경우라고 하여도 60일 이내에 심사를 마치지 않았다면 이는 '심사를 마치지 아니하였을 때'에 해당한다.

(나) '이유 없이' 심사를 마치지 아니하였을 것

여기서의 '이유 없이'는 '그 기간을 도과시킨 것을 특별히 정당화할 수 있는 예외적인 사정이 없이'를 의미하는 것으로 엄격하게 해석되어야 한다. 따라서 천재지변 등으로 인해 국회나 법사위가 제대로 활동할 수 없었던 특별한 사정, 60일의 기간 내에 반복적으로 여러 차례 회의를 집중적으로 열었고 심사의 대상도 내용이나 정책으로 넘어가지 않은 채 자구와 체계에 한정하였음에도 심사를 마칠 수 없었다는 사정 등 객관적으로 수긍할 수 있는 특별한 사정이 있는 경우에 한하여 '이유 없음'이 인정될 수 있다. 또한 이에 대한 입증책임은 법사위가 부담하므로, 법사위가 '심사를 마치지 못한 것을 정당화할 이유가 있었다는 것'을 주장하고 입증하여야 한다.

청구인들은 법사위가 이 사건 법률안에 대하여 심사 중이었으므로 이유 없이 심사를 마치지 아니한 경우에 해당한다고 하나, '심사 중'이라는 외관은 쉽게 만들어 낼 수 있는 것이므로 '심사 중'이라는 이유만으로 '이유 없이 심사를 마치지 않은 경우'를 인정한다면 국회법 제86조 제3항의 본회의 부의 요구제도는 형해화되어 유명무실한 제도가 된다. 또한 국회법의 취지에 비추어 볼 때, 법사위의 체계·자구 심사가 그 권한을 넘은 것인지 여부도 심사지연에 이유가 있는지를 판단함에 있어 중요한 고려 요소라고 할 것인데, 이 사건 법률안에 대한 법사위의 심사는 정책과 내용에 관한 심사로 체계와 자구의 심사에 집중한 것이라고 볼 수는 없다.

(2) 국회법 제86조 제3항의 절차적 요건

'이유 없이'는 주관적 요소가 개입될 수 있는 당위판단으로, 이를 판단할 수 있는 절차가 적절히 마련되어 있지 아니한다면 이를 둘러싼 국회 내의 대립이 극대화될 수 있다. 이에 국회법 제86조 제3항은 '소관 상임위원회 내에서의 표결'이라는 요건을 마련함으로써 이러한 이견을 해결할 수 있는 절차를 두고 있다. 국회법 제86조 제3항이 '재적위원 5분의 3'의 찬성이라는 엄격한 요건을 정하고 있는 것은 소수자의 의견을 존중하고, 법사위의 체계·자구 심사권이 지나치게 통제되는 것을 방지하기 위한 것이다. 청구인들은 이를 다수당의 횡포라는 취지로 주장하나, 회의와 토론, 표결과 그 계산이 적법하고 정상적으로 진행된 경우라면 그 표결결과를 받아들이는 것이 의회주의와 민주주의 원칙에 부합한다.

이 사건에서의 쟁점은 '환노위가 재적위원의 5분의 3의 찬성이라는 방식으로 행한 의사결정이 청구인들의 권한을 침해하여 위법한 것인가'하는 것이고, 헌법재판소는 입법권과 국회의 입법절차를 존중하는 전제에서 그 심판권을 행사하여야 한다.

(3) 소결

이러한 점에 비추어 보면, 피청구인 환노위 위원장의 이 사건 본회의 부의 요구행위는 국회법 제86조 제3항을 위배하지 아니한 것으로 청구인들의 심의·표결권을 침해하지 아니하며, 달리 헌법상 심의·표결권이 침해되었다고 볼 수도 없다.

다. 피청구인 국회의장의 답변 요지

(1) 국회법 제86조 제3항에 따라 소관 위원회 위원장이 법률안에 대한 본회의 부의 요구를 하면, 해당 법률안의 본회의 부의 여부는 피청구인 국회의장과 각 교섭단체 대표의원 간의 합의 또는 본회의에서의 무기명투표로 결정되고, 피청구인 국회의장이 단독으로 본회의 부의 여부를 결정할 방법은 없다. 따라서 피청구인 국회의장이 '이 사건 법률안 본회의 부의의 건'을 본회의의 안건으로 상정한 것은 국회법이 정한 절차를 이행하는 행위에 불과하다. 그리고 피청구인 국회의장에게는 이 사건 법률안의 본회의 부의 여부를 본회의의 안건으로 상정하여 표결을 할 것인지를 결정할 수 있는 어떠한 재량도 없으며, 소관 위원회 위원장의 본회의

부의 요구의 적법 여부를 실질적으로 심사할 권한도 없으므로, 이 사건 가결선포행위에는 독자적인 위법사유가 없다.

(2) 소관 위원회 위원장인 피청구인 환노위 위원장이 국회법 제86조 제3항에서 정하고 있는 엄격한 절차요건을 모두 준수하여 법률안에 대한 본회의 부의 요구를 하였다면, 본회의 부의 요구 단계에서 법사위의 심사지연에 이유가 없음에 대해 1차적인 판단이 이루어졌다고 볼 수 있으므로, 피청구인 환노위 위원장의 이 사건 본회의 부의 요구행위에는 위헌·위법사유가 존재하지 아니한다. 따라서 이 사건 본회의 부의 요구행위를 전제로 이루어진 이 사건 가결선포행위 역시 적법한 것이므로, 피청구인 국회의장의 이 사건 가결선포행위는 청구인들의 법률안 심의·표결권을 침해하지 아니한다.

(3) 피청구인 국회의장의 이 사건 가결선포행위는 국회 본회의의 무기명투표의 표결 결과를 선포하는 행위이므로, 무기명투표 표결 절차의 위법성 외의 다른 요소가 선포행위의 적법성 및 효력에 영향을 미친다고 볼 수 없다. 또한 국회법 제86조 제4항에 따라 국회는 본회의 부의 요구의 적법성을 포함하여 법률안을 본회의에 부의할 것인지 여부를 판단하여 표결할 것이므로, 본회의 부의 요구의 적법성은 국회의 의사결정 절차에서 판단의 대상일 뿐 의사결정 절차의 이행의 효력에 영향을 미치지 아니한다.

4. 판 단

가. 청구인들의 법률안 심의·표결권

국회법 제86조 제1항은 "위원회에서 법률안의 심사를 마치거나 입안을 하였을 때에는 법제사법위원회에 회부하여 체계와 자구에 대한 심사를 거쳐야 한다."라고 규정하여 원칙적으로 법사위의 체계·자구 심사를 거쳐야 본회의에 법률안을 부의할 수 있도록 정하고 있다. 따라서 법사위 소속 위원인 청구인들은 법사위의 법률안 심사 단계에서 법률안의 체계와 자구에 대해 심사함을 내용으로 하는 법률안 심의·표결권을 가진다. 그런데 피청구인 환노위 위원장의 이 사건 본회의 부의 요구행위와 이에 따른 피청구인 국회의장의 이 사건 가결선포행위로 인하여 이 사건 법률안은 본회의에 부의되었고, 청구인들은 더 이상 법사위에서 이 사건 법률안에 대한 체계·자구 심사를 진행할 수 없게 되었는바, 피청구인 환노위 위원장의 이 사건 본회의 부의 요구행위와 피청구인 국회의장의 이 사건 가결선포행위가 청구인들의 법률안 심의·표결권을 침해한 것인지를 본다.

나. 피청구인 환노위 위원장의 이 사건 본회의 부의 요구행위에 관한 판단

(1) 국회법 제86조 제3항의 의미

(가) 국회는 의안 심의에 관한 국회운영의 원리로 '위원회 중심주의'를 채택하고 있으므로, 소관 위원회는 국회법 제58조에 따라 법률안에 대한 심사권을 가진다. 다만, 국회법은 소관 위원회의 심사를 거친 법률안이 국가 전체의 법률체계에 통일·조화될 수 있도록 하기 위해, 소관 위원회의 심사를 마친 법률안에 대해서 원칙적으로 법사위의 체계·자구 심사를 거치도록 하는 이중의 입법 심의 절차를 마련하고 있다.

그런데 법사위의 체계·자구 심사가 지체됨으로써 법률안의 본회의 심의가 지연되는 경우가 반복적으로 발생하면서 국회에서의 법률안 심의가 신속하고 효율적으로 이루어질 수 있도록 제도를 개선할 필요가 있다는 공감대가 형성되었고, 이에 따라 2012. 5. 25. 법률 제11453호로 개정된 국회법은 제86조 제3항에서 법사위가 법률안에 대하여 이유 없이 회부된 날부터 120일 이내에 심사를 마치지 아니하였을 때에는 소관 위원회 위원장이 간사와 협의하거나 위원회의 의결을 거쳐 국회의장에게 법률안의 본회의 부의를 서면으로 요구할 수 있도록 하는 제도를 마련하였다. 이후 2021. 9. 14. 법률 제18453호로 개정된 국회법은 제86조 제3항의 법사위 심사기간을 120일에서 60일로 단축함과 동시에 제5항에서 법사위가 체계와 자구의 심사 범위를 벗어나 심사하여서는 아니된다고 명시하였는데, 이러한 개정은 법사위의 체계·자구 심사가 소관 위원회의 법률안에 대한 심의·표결권을 침해하는 일이 없이 체계·자구의 심사권한 범위 내에서 기간 내에 신속하게 이루어져야 한다는 입법적 결단이 반영된 것이다.

(나) 국회법 제86조 제3항은 "법사위가 제1항에 따라 회부된 법률안에 대하여 이유 없이 회부된 날부터 60일 이내에 심사를 마치지 아니하였을 때"에 소관 위원회 위원장이 국회의장에게 법률안의 본회의 부의 요구를 할 수 있다고 규정함으로써, '회부된 날부터 60일 이내에 법률안에 대한 체계·자구 심사를 마치지 아니할 것'과 함께 '심사를 마치지 아니한 데 이유가 없을 것'을 본회의 부의 요구를 하기 위한 실체적 요건으로 정하고 있다.

그런데 국회법 제86조 제3항은 '이유 없이'의 의미

나 요건을 달리 상세하게 규정하지 아니한 채, 소관 위원회 위원장이 법률안에 대한 본회의 부의 요구를 할 것인지를 결정함에 있어, 먼저 간사와 협의하도록 하고, 이의가 있는 경우에는 그 법률안에 대한 본회의 부의 요구 여부를 무기명투표로 표결하되 해당 위원회 재적위원 5분의 3 이상의 찬성으로 의결하도록 하는 절차적 요건만을 정하고 있다. 이에 더하여 국회법 제86조 제4항은 소관 위원회 위원장의 국회법 제86조 제3항에 따른 본회의 부의 요구가 있을 때에는 국회의장이 해당 법률안을 각 교섭단체 대표의원과 합의하여 바로 본회의에 부의하거나, 본회의 부의 요구가 있었던 날부터 30일 이내에 합의가 이루어지지 아니하였을 때에는 본회의 부의 요구 이후 30일이 지난 후 처음으로 개의되는 본회의에서 해당 법률안에 대한 본회의 부의 여부를 무기명투표로 표결하도록 규정하고 있다.

국회법 제85조의2 제3항 및 제5항이 법사위가 신속처리대상 안건에 대한 체계·자구 심사를 90일의 기간 내에 마치지 아니하면 이유 유무를 불문하고 그 기간이 끝난 다음 날에 해당 법률안이 바로 본회의에 부의된 것으로 본다고 정하고 있는 것과 달리, 국회법 제86조 제3항 및 제4항은 법사위가 안건에 대한 체계·자구 심사를 '이유 없이' 60일의 기간 내에 마치지 아니하는 경우 그 '이유 없음' 판단을 위해 법률안의 본회의 부의 이전에 소관 위원회 위원장의 간사와의 협의 또는 소관 위원회 재적위원 5분의 3 이상의 찬성 의결, 국회의장의 교섭단체 대표의원과의 합의 또는 본회의에서의 표결이라는 절차를 두고 있는 것이다.

(다) 앞서 본 국회법의 개정 경위에 더하여, 국회법 제86조 제3항에서 '이유 없이'의 요건을 상세히 규정하는 대신 이유 유무를 판단하기 위한 소관 위원회 내의 절차를 정하고 있는 것을 종합하면, 국회법은 법사위가 '이유 없이' 심사를 지연하였다고 볼 것인지 여부를 둘러싸고 소관 위원회 내부 또는 소관 위원회와 법사위 사이에 이견이나 분쟁이 발생한 경우, 일차적으로 소관 위원회 위원장과 간사와의 협의 또는 소관 위원회의 의결이라는 절차를 통해 심사지연의 이유 유무를 판단하도록 정하였다고 봄이 타당하다. 나아가 국회법 제86조 제3항은 소관 위원회 위원장이 법률안에 대한 본회의 부의 요구를 하기 위해서는 소관 위원회 재적위원 5분의 3이상의 찬성이라는 가중된 의결정족수를 충족하도록 정함으로써, 소관 위원회의 자의적 판단에 의해 법사위의 체계·자구 심사권이 과도하게 제한되는 것을 방지하고, 이유 유무에 대한 일차적인 판단을 소관 위원회 내의 절차에 맡길 경우 발생할 수 있는 제도의 남용 가능성을 차단하고 있다. 또한 국회법 제86조 제4항은 법률안의 본회의 부의를 위해서는 국회의장과 교섭단체 대표의원과의 합의 또는 본회의에서의 표결을 거치도록 함으로써 법사위의 심사지연에 이유가 없다는 소관 위원회의 의결 결과의 당부가 국회 내의 절차를 통해 판단될 수 있도록 하는 이중의 절차도 마련하고 있다.

즉 국회법은 판단의 주체, 기준, 개별적 사안에 따라 그 판단이 달라질 수 있는 불확정개념인 '이유 없이'에 대한 판단을 둘러싼 국회의 대립을 막기 위해, 이에 대한 판단이 국회 내부의 절차를 통해 자율적으로 이루어질 수 있도록 제도를 설계하면서도, 소관 위원회의 자의적 판단에 의해 제도가 남용되는 것을 막기 위한 절차적 장치를 함께 두고 있는 것이다. 이에 따라 '법사위의 심사지연이 이유 없는 것인지 여부'에 대한 소관 위원회의 일차적인 판단과 소관 위원회의 판단을 전제로 한 소관 위원회 위원장의 법률안의 본회의 부의 요구가 적정한지 여부에 관한 최종적인 판단 및 향후 해당 법률안에 대한 구체적 입법절차는 국회법이 정하고 있는 위와 같은 절차에 의해 정해지게 된다. 그리고 이러한 국회법 규정의 취지에 비추어 볼 때, 국회가 국회법 제86조 제3항 및 제4항이 정하고 있는 일련의 절차를 준수하여 법률안을 본회의에 부의하기로 결정을 하였다면, 이러한 결정은 가급적 존중됨이 마땅하고, 절차의 진행과정에서 헌법적 원칙이 현저히 훼손되었다는 등의 특별한 사정이 없는 한, 국회 이외의 기관이 그 판단에 개입하는 것은 자제함이 바람직하다.

(라) 또한 '이유 없이' 여부에 대하여 실체적으로 판단한다고 하더라도, 그 구체적인 판단 기준을 정함에 있어서는 국회법 제86조 제3항의 입법취지와 앞서 본 국회법의 개정경위를 고려하여야 한다. 각각의 사건에서 국회의 입법 관행, 법사위에 회부된 법률안의 구체적인 내용과 중요성, 이에 대한 체계·자구 심사의 필요성과 그 정도, 법사위의 심사 지연 경위, 소관 위원회의 심사정도, 소관 위원회의 부의 요구 의결 경위 등의 구체적이고 개별적인 사정을 일일이 고려하여 법사위의 심사기간 경과에 합리적 이유가 있는지 여부를 판단해야 한다고 해석하는 것은 국회법 제86조의 전체적인 개정취지에 부합하지 아니한다.

법사위가 종전의 심사 관행에서 벗어나 체계·자구

심사권의 범위 내에서 법률안에 대한 심사를 최대한 신속하게 진행하도록 함으로써 입법절차를 효율적으로 진행시키고자 하는 국회법 제86조 제3항의 입법취지에 비추어 볼 때, 국회법 제86조 제3항의 '이유'의 유무는 법사위가 '법사위의 책임 없는 불가피한 사유로 그 기간을 준수하지 못하였는지 여부'를 기준으로 엄격하게 판단된다고 봄이 타당하다. 여기서 '법사위의 책임 없는 불가피한 사유'란 천재지변, 국가비상사태 등 국회의 개회 자체가 불가능한 경우뿐만 아니라, 국회 내의 여러 사정에 비추어 법사위가 체계·자구 심사를 위한 절차를 진행하는 것이 현저히 곤란하거나 심사기간 내에 심사를 마치는 것이 물리적으로 불가능한 경우 등을 의미한다. 또한 법사위의 심사지연이 정당화되기 위해서는 법사위가 체계·자구 심사권의 범위 내에서 법률안에 대한 심사를 계속하고 있을 것이 당연한 전제라고 할 것이므로, 법사위가 체계·자구 심사권한을 초과하는 심사를 하면서 60일의 기간을 도과하였다면 이러한 심사지연은 그 자체로 이유가 없다.

(2) 이 사건에서의 판단

(가) 환노위는 2023. 2. 21. 제403회 국회(임시회) 환노위 제3차 전체회의에서 이 사건 법률안을 위원회의 대안으로 제안하기로 의결하였고, 이 사건 법률안은 같은 날 국회법 제86조 제1항에 따라 체계·자구 심사를 위해 법사위에 회부되었다. 법사위는 2023. 3. 27. 제404회 국회(임시회) 법사위 제2차 전체회의에 이 사건 법률안을 상정하여 논의한 후, 이 사건 법률안에 대해 전체회의에서 심사를 계속하되 추후 법원행정처의 출석을 요청한 후 토론을 계속하기로 결정하였고, 법사위에 회부된 날부터 60일이 도과된 이후인 2023. 4. 26. 제405회 국회(임시회) 법사위 제2차 전체회의에서도 법원행정처와 법무부, 법령 유권해석기관인 법제처의 이 사건 법률안에 대한 의견을 청취한 후 질의답변을 할 수 있는 의사진행이 필요하다며 이에 대해 전체회의에서 계속 심사하기로 결정하였다.

이에 법사위에 이 사건 법률안이 회부된 날부터 93일 째인 2023. 5. 24. 피청구인 환노위 위원장은 법사위가 이 사건 법률안에 대한 체계·자구 심사를 이유 없이 회부된 날부터 60일 이내에 마치지 아니하였다고 판단하여 제406회 국회(임시회) 환노위 제1차 전체회의에 '이 사건 법률안에 대한 본회의 부의 요구의 건'을 안건으로 상정하였고, 위 안건은 무기명투표로 이루어진 표결에서 환노위 재적위원 5분의 3 이상의 찬성으로 의결되었으며, 이에 따라 피청구인 환노위 위원장은 같은 날 피청구인 국회의장에게 이 사건 본회의 부의 요구행위를 하였다.

이처럼 환노위는 국회법 제86조 제3항이 정하고 있는 절차에 따라 '무기명투표를 통한 환노위 재적위원 5분의 3 이상의 의결'로써 법사위의 이 사건 법률안에 대한 심사지연에 이유가 없다고 판단하였고, 피청구인 환노위 위원장은 환노위의 의결을 통해 이루어진 이러한 판단을 전제로 이 사건 본회의 부의 요구행위를 하였다. 나아가 피청구인 국회의장은 국회법 제86조 제4항에 따라 피청구인 환노위 위원장의 이 사건 본회의 부의 요구행위가 있은 날부터 30일이 지난 후 개의된 첫 본회의인 제407회 국회(임시회) 제7차 본회의에 '이 사건 법률안 본회의 부의의 건'을 안건으로 상정하여 무기명투표 방식으로 표결을 실시하였고, 본회의의 표결에서 재적의원 과반수가 출석하고 출석의원 과반수가 찬성하여, 이 사건 법률안에 대한 법사위의 심사지연에 이유가 없다는 환노위의 판단과 이를 전제로 한 피청구인 환노위 위원장의 이 사건 본회의 부의 요구행위의 정당성이 국회 내의 표결 절차를 통해 인정되었다.

이와 같이 국회가 국회법 제86조 제3항 및 제4항이 정하고 있는 일련의 절차를 준수하여 이 사건 법률안을 본회의에 부의하기로 결정을 하였고, 그 과정에서 헌법적 원칙이 현저히 훼손되었다는 등의 특별한 사정도 없는 이상, 피청구인 환노위 위원장의 이 사건 본회의 부의 요구행위에는 국회법을 위반한 위법이 인정되지 아니한다.

(나) 한편, 2023. 3. 27. 제404회 국회(임시회) 법사위 제2차 전체회의 및 2023. 4. 26. 제405회 국회(임시회) 법사위 제2차 전체회의의 각 회의록의 기재 내용을 살펴보면, 법사위의 심사내용은 쟁의행위로 인한 손해 발생시 조합원의 공동책임을 제한하는 것이 민법이 정하고 있는 불법행위책임과 상충되고, 사용자의 개념을 확대하는 것이 명확성의 원칙 내지 죄형법정주의에 반할 우려가 있으며, 쟁의행위의 범위를 넓힐 경우 현재의 권리구제절차와의 관계에서 혼란이 초래될 우려가 있다는 것이다. 그런데 소관 위원회인 환노위는 이 사건 법률안을 의결하기 전에 1차례의 공청회와 4차례의 고용법안심사소위 회의, 1차례의 전체회의 등을 통해 위와 같은 사항들에 대해 이미 논의하였다. 또한 주무부처인 고용노동부는 환노위의 공청회와 고용법안심사소위 회의, 전체회의에 모두 차관 등을 참석시켜 주무

부처의 의견을 전달하였으며, 환노위는 2022. 11. 17. 제400회 국회(정기회) 환노위 제8차 전체회의에서 이루어진 공청회에 한국노동조합총연맹 중앙법률원 변호사, 한국경영자총협회 노동정책본부장 등 6인을 진술인으로 출석하도록 하여 이해관계인들의 의견을 청취하였을 뿐만 아니라 이후의 입법 과정에서도 이해당사자인 사용자와 근로자들의 이해관계를 지속적으로 조정하였다. 공청회와 고용법안심사소위 및 전체회의에서 위헌성에 대한 지적이 계속되어 왔던 근로자의 개념 확대, 노동쟁의로 인한 형사책임 면제와 같은 사항이 최종적인 위원회 대안인 이 사건 법률안에서 제외된 사실은 이 사건 법률안이 의결되기까지의 과정에 환노위의 지속적인 조정과 형량이 있었음을 보여준다. 또한 법원행정처와 법무부는 모두 환노위의 심사 과정에서 부처의 의견을 서면으로 제출한 바 있고, 이러한 의견은 법사위 전문위원의 '노동조합 및 노동관계조정법 일부개정법률안(대안)'에 대한 체계·자구검토보고서에 모두 반영되어 있다.

그럼에도 불구하고 법사위는 환노위에서 이미 논의한 사항에 대해 반복적으로 심사하고, 이미 서면으로 의견을 제출하여 법사위 전문위원의 검토보고서에 그 내용이 반영된 법원행정처와 법무부의 의견을 재차 청취하거나, 법률의 유권해석 기관인 법제처의 의견을 청취하는 절차와 같이 체계·자구 심사 과정에 반드시 필요하다고 볼 수 없는 절차의 진행을 주장하면서 이 사건 법률안에 대한 심사를 계속하였다.

이러한 사정을 종합해 볼 때, 법사위는 반복적 절차를 진행하면서 체계·자구 심사절차를 지연시키고 있었던 것으로 보이고, 달리 국회 내의 사정에 비추어 법사위가 심사절차를 진행하는 것이 현저히 곤란하거나 심사기간 내에 심사를 마치는 것이 물리적으로 불가능하였다고 볼만한 사정도 인정되지 아니한다. 따라서 국회법 제86조 제3항의 '이유 없이'를 실체적으로 판단하더라도, 법사위가 자신의 책임 없는 불가피한 사유로 60일의 심사기간 내에 이 사건 법률안에 대한 체계·자구 심사를 마치지 못하였다고 볼 수 없으므로, 피청구인 환노위 위원장의 이 사건 본회의 부의 요구행위에는 여전히 국회법 제86조 제3항을 위반한 위법이 없다.

(3) 소결

이상에서 살펴본 바를 종합해 보면, 피청구인 환노위 위원장의 이 사건 본회의 부의 요구행위는 국회법 제86조 제3항이 정하고 있는 요건과 절차에 따라 이루어진 것으로 청구인들의 법률안 심의·표결권을 침해하지 아니한다.

또한 이 사건 본회의 부의 요구행위가 청구인들의 법률안 심의·표결권을 침해하지 아니하였으므로, 그 침해를 전제로 하는 피청구인 환노위 위원장의 이 사건 본회의 부의 요구행위에 대한 무효확인청구는 더 나아가 살펴볼 필요 없이 이유 없다.

다. 피청구인 국회의장의 이 사건 가결선포행위에 관한 판단

(1) 청구인들은 피청구인 환노위 위원장의 이 사건 본회의 부의 요구행위가 청구인들의 심의·표결권을 침해하여 무효임을 전제로, 피청구인 국회의장의 이 사건 가결선포행위 역시 그 하자가 승계되어 무효라고 주장한다. 그러나 앞서 살펴본 바와 같이, 피청구인 환노위 위원장의 이 사건 본회의 부의 요구행위는 청구인들의 심의·표결권을 침해하지 아니하므로, 이 사건 본회의 부의 요구행위의 무효를 전제로 하는 이 사건 가결선포행위의 심의·표결권 침해에 대한 주장은 이유 없음이 명백하다.

또한 직권으로 살펴보아도, 피청구인 국회의장은 피청구인 환노위 위원장의 이 사건 본회의 부의 요구행위가 있은 날부터 30일이 지난 후 개의된 첫 본회의인 제407회 국회(임시회) 제7차 본회의에서 '이 사건 법률안 본회의 부의의 건'을 안건으로 상정하여 무기명투표로 표결한 후, 재적의원 과반수의 출석과 출석의원 과반수의 찬성으로 가결을 선포하였는바, 여기에 청구인들의 심의·표결권을 침해하였다고 볼 만한 절차나 내용상의 하자가 있다고 볼 수 없다.

따라서 피청구인 국회의장의 이 사건 가결선포행위는 청구인들의 심의·표결권을 침해하지 아니한다.

(2) 이처럼 피청구인 국회의장의 이 사건 가결선포행위가 청구인들의 심의·표결권을 침해하지 아니한 이상, 그 침해를 전제로 하는 피청구인 국회의장의 이 사건 가결선포행위의 무효확인청구는 더 나아가 살펴볼 필요 없이 이유 없다.

5. 결 론

그렇다면 이 사건 심판청구는 이유 없으므로 이를 모두 기각하기로 하여 주문과 같이 결정한다. 이 결정에는 피청구인 환노위 위원장의 이 사건 본회의 부의 요구행위의 권한침해확인청구에 대한 아래 6.과 같은 재판관 이은애, 재판관 이종석, 재판관 이영진, 재판관 김형두의 별개의견이 있는 외에는 나머지 관여 재판관들의 의견이 일치되었다.

6. 재판관 이은애, 재판관 이종석, 재판관 이영진, 재판관 김형두의 피청구인 환노위 위원장의 이 사건 본회의 부의 요구행위의 권한침해확인청구에 대한 별개의견

우리는 피청구인 환노위 위원장의 이 사건 본회의 부의 요구행위에 대하여 다음과 같은 이유로 청구인들의 법률안 심의·표결권을 침해하지 아니한다고 판단한다.

가. 국회법 제86조 제3항의 '이유 없이'의 의미

(1) 국회법은 소관 위원회의 심사를 마친 법률안을 본회의에 부의하기 전에 법사위에 회부하여 체계와 자구에 대한 심사를 거치도록 함으로써(국회법 제86조 제1항) 법률안이 소관 위원회의 심사와 법사위의 체계·자구 심사를 거쳐 본회의에 회부되도록 하는 입법심의 구조를 마련하고 있다. 법사위의 체계·자구 심사단계에서의 체계 심사는 법률안 내용의 위헌 여부, 관련 법률과의 저촉 여부, 자체 조항 간의 모순 유무를 심사하는 것이고, 자구 심사는 법규의 정확성, 용어의 적합성 및 통일성 등을 심사하는 것을 의미한다. 법사위의 심사범위는 체계와 자구에 한하며 법률안의 내용까지 심사할 수 없음이 원칙이나, 법률안의 내용이 헌법에 위배되는 등 상위법이나 타법과 상충·저촉될 때에는 일정부분 체계 심사의 대상이 될 수 있다.

법사위의 체계·자구 심사가 입법절차를 지연시키는 수단으로 이용된다는 비판도 있으나, 법사위가 체계·자구 심사 단계에서 법률의 위헌성, 관련 법률과의 저촉 여부 및 균형 유지 여부나 자체 조항 간의 모순 유무 등에 대해 심사함으로써 입법의 완성도를 높이는 긍정적인 역할을 수행하고 있음을 부인할 수는 없다.

(2) 국회법 제86조 제3항은 법사위가 회부된 법률안에 대하여 이유 없이 회부된 날부터 60일 이내에 심사를 마치지 아니하였을 때에는 소관 위원회 위원장이 간사와 협의하거나, 협의가 이루어지지 아니한 경우에는 법률안에 대한 본회의 부의 요구 여부를 무기명투표로 표결하여 해당 위원회 재적위원 5분의 3 이상의 찬성으로 의결하도록 정하고 있는바, '법사위의 심사지연에 이유가 없을 것'은 소관 위원회 위원장이 법률안에 대해 본회의 부의 요구를 하기 위한 객관적 요건 중 하나이다.

국회법 제86조 제3항이 '이유 없이'라는 요건을 마련하여 이유가 있는 경우에는 법사위가 심사기간을 도과하여 법률안에 대한 체계·자구 심사를 계속할 수 있도록 규정한 것은, 입법절차를 효율적이고 신속하게 진행할 수 있도록 하면서도 입법의 완성도를 높이는 역할을 수행하는 법사위의 체계·자구 심사권을 실질적으로 보장함으로써, 국회 내의 각 위원회가 고유의 역할을 통해 입법절차를 균형 있게 진행할 수 있도록 하기 위한 것이다. 특히, 신속처리안건에 대한 체계·자구 심사에 대해 정하고 있는 국회법 제85조의2 제3항이 이유 유무를 따지지 않고 법사위의 체계·자구 심사기간을 최대 90일로 정하고 있음에 반해, 국회법 제86조 제3항은 60일 이내에 이유 없이 심사를 마치지 아니한 법률안에 대해서만 본회의 부의 요구를 할 수 있도록 규정하고 있는바, 입법자는 '심사지연에 이유가 없을 것'을 소관위원회 위원장이 법률안을 본회의에 직접 부의 요구하기 위한 유의미한 요건으로 명시적으로 정하고 있는 것이다. 따라서 국회법 제86조 제3항의 '이유 없이'를 천재시변, 국가비상사태, 국회 내부의 사정에 비추어 법사위가 회의를 개의하거나 심사를 진행하는 것이 현저히 곤란한 사유 등 법사위의 책임이 없는 불가피한 사유가 존재하는지 여부를 기준으로 엄격하게 해석하는 것은 '이유 없이'라는 요건을 무의미하게 만드는 것으로 입법자의 의사에 반한다.

특히 현재 법사위에 회부된 법률안의 수와 법사위의 심사일정 등을 고려한다면, 법사위가 회부된 모든 법률안에 대해서 60일 이내에 체계·자구 심사를 마치는 것은 사실상 어려운 것이 현실이다. 그리고 이러한 현실과 법사위의 심사 관행을 모두 알면서 국회법 제86조 제3항을 마련한 것은 바로 입법자인 국회인바, 입법자의 의사는 천재지변, 국가비상사태, 국회 내부의 사정상 법사위에서 심사절차를 진행하는 것이 현저히 곤란하거나 법사위가 심사 기간 내에 심사를 마치는 것이 물리적으로 불가능한 사유 등 기간 내에 심사를 마치는 것이 객관적으로 불가능한 불가피한 사유가 없는 한 모든 법률안에 대해서 무조건 60일 이내에 심사를 종료하라는 것이 아니라, 법사위가 법률안에 대한 심사를 정당한 이유 없이 지연시키면서 특정 법률안에 대한 입법절차를 의도적으로 방해하여서는 안 된다는 것을 명확하게 하고자 함에 있다고 해석하는 것이 보다 합리적이다.

(3) 법정의견과 같이 법사위의 심사지연에 이유가 있는지 여부에 대한 일차적인 판단이 소관 위원회에서 무기명투표와 재적위원 5분의 3 이상의 찬성이라는 절차를 통해 이루어진다고 해석할 경우, 소관 위원회는 심사기간이 도과된 다수의 법률안들 중 특정 법률안을 임의적으로 선택하여 선별적으로 본회의에 부의 요구하거나, 법률안에 대한 법사위의 충분한 심사 필요성과 같은 개별적 사정을 전혀 고려하지 아니한 채 심사기간 도과만을 이유로 법률안을 본회의에 부의 요구할 수 있게 된다. 국회법 제86조 제4항이 본회의에서 해당 법률안에 대한 본회의 부의 여부를 무기명투표로 표결하여 정하도록 하여 소관 위원회 위원장의 본회의 부의 요구의 당부를 본회의에서 판단할 수 있는 절차를 규정하고 있기는 하나, 국회의 원구성이 불균형한 경우 등에는 본회의에서의 표결 절차를 통해 소관 위원회 위원장의 부의 요구에 대한 실질적 판단이나 통제가 이루어질 것을 기대하기도 어렵다. 따라서 국회법 제86조 제3항이 소관 위원회 위원장의 본회의 부의 요구의 요건으로 명시하고 있는 '이유 없이'의 실체적 의미를 간과한 채 이유 유무에 대한 판단이 소관 위원회에서의 의결 및 본회의에서의 표결이라는 국회 내의 절차를 통해서 이루어진다고 해석하는 것은, 주요 법안에 대한 법사위의 체계·자구 심사권을 형해화시킬 수 있어 허용되기 어렵다.

(4) 결국 국회법 제86조 제3항이 입법취지에 따라 적절히 기능하도록 하기 위해서는 '심사지연의 정당한 이유'의 범위를 설정하는 것이 필요하다. 그리고 소관 위원회의 법률안에 대한 심의·의결권과 법사위의 체계·자구 심사권 사이에서의 균형과 조화의 도모라는 본회의 직접 부의 요구제도의 취지에 비추어 볼 때, 여기서의 '이유 없이'는 '60일의 기간 내에 법률안에 대한 체계·자구 심사를 마칠 것을 기대하기 어려운 객관적이고 합리적인 사유 없이'를 의미한다고 봄이 타당하다. 심사지연에 이유가 있는지에 대한 구체적 판단은 소관 위원회의 심사를 마친 법률안에 대해 체계·자구심사를 거치도록 한 국회법의 취지, 국회의 입법 관행, 당해 법률안의 내용, 법률안에 대한 소관 위원회에서의 구체적인 심사 경위 및 내용, 소관 위원회에서 법률안의 의결에 이르게 된 경위 등 구체적이고 개별적인 사정을 종합적으로 고려하여 이루어져야 할 것이다.

다만 심사절차를 통해 법사위가 입법절차를 지연시킬 고의나 의도를 가지고 있음이 인정되는 경우에는 그 자체로 합리적인 이유가 인정되지 아니한다고 할 것이므로, 법사위 회의의 안건으로 법률안을 상정조차 하지 아니하여 이에 대한 심사가 전혀 이루어지지 아니한 채 60일의 심사기간이 도과하거나, 법사위의 심사 내용이 체계·자구 심사권의 범위를 벗어났음이 명백하거나, 입법절차를 지연시킬 목적으로 이미 소관 상임위원회 단계에서 충분한 심사가 이루어진 사항에 대해 실질적으로 동일한 내용의 심사나 절차를 반복하는 경우에는 심사 지연에 이유가 있다고 볼 수 없다.

나. 피청구인 환노위 위원장의 이 사건 본회의 부의 요구행위가 청구인들의 심의·표결권을 침해하는지 여부

(1) 이 사건 법률안에 대한 환노위의 심사 및 의결 경위

(가) 제21대 국회에서는 11건의 '노동조합 및 노동관계조정법'(이하 '노동조합법'이라 한다) 일부개정법률안이 발의되었고, 1건의 '모든 노동자의 노동권 보장을 위한 노조법 2조·3조 개정에 관한 청원'이 제출되었다. 발의된 노동조합법 일부개정법률안에 대한 본격적인 심사는 2022. 11. 17. 제400회 국회(정기회) 환노위 제8차 전체회의에서 이루어지기 시작하였다. 당시 환노위는 6건의 노동조합법 일부개정법률안을 고용법안심사소위로 회부하여 논의하기로 결정한 후 정회하였다가, 오후에 회의를 속개하여 '쟁의행위에 대한 손해배상 제한 관련 노동조합법 일부개정법률안 입법공청회'를 개최하였다. 당시 6인의 진술인이 출석하여 이 사건 법률안의 주된 쟁점이라고 할 수 있는 사용자의 개념 확대, 쟁의행위의 범위를 권리분쟁에 관한 사항으로 확대, 노동조합의 행위 등으로 인한 손해배상책임을 인정하는 경우 조합원인 근로자 개인의 귀책사유와 기여도에 따른 배상책임 범위 제한, 신원보증인의 손해배상책임 면제를 포함하여, 이 사건 법률안에서 제외된 내용인 근로자의 개념 확대, 형사책임의 제한, 쟁의행위로 인한 손해배상책임의 면제 등에 대한 의견을 진술하였다. 이후 환노위 소속 위원 대부분이 참여하여 여러 쟁점에 대해 질의 및 재추가질의를 하였고, 미진한 부분에 대한 재재추가질의까지 짧게 이어지는 등 노동조합법 일부개정법률안의 내용에 대한 심도 있는 논의가 진행되어 14:05에 시작된 공청회는 18:13이 되어서야 종료되었다.

(나) 2022. 11. 30. 개의된 제400회 국회(정기회) 환노위 고용법안심사소위 제3차 회의에 10건의 노동조합법 일부개정법률안이 안건으로 상정되었는데, 당시 회의에서 노동조합법상 사용자의 개념을 확대하는 것이 죄형법정주의의 명확성원칙에 위배되고, 쟁의행위의 범위를 근로조건의 결정에 관한 사항에서 근로조건에 관한 사항으로 확대하는 것이 사용자의 경영권의 본질적인 사항을 침해할 우려가 있으며, 개인에게 집단적 행위로 인해 발생한 손해의 배상을 청구하는 것을 금지하는 것이 불법행위에 대한 손해배상책임에 대해 규정하고 있는 민법의 체계와 정면으로 배치되고, 신원보증인에 대해 손해배상책임을 면제하는 것이 신원보증인 제도의 취지에 부합하지 아니한다는 점 등이 논의되었다. 이후 2022. 12. 7. 개의된 제400회 국회(정기회) 환노위 고용법안심사소위 제4차 회의에서 10건의 노동조합법 일부개정법률안에 대한 심사가 재차 이루어졌으며, 주로 쟁의행위로 인한 형사책임 면제의 위헌성 등에 대한 논의가 이루어졌다. 2022. 12. 26. 개의된 제401회 국회(임시회) 환노위 고용법안심사소위 제1차 회의에서 11건의 노동조합법 일부개정법률안과 1건의 청원이 모두 안건으로 상정되기는 하였으나, 의사진행과 관련한 위원들 사이의 이견으로 국민의힘 소속 위원들이 이석한 상태에서 근로자의 개념 확대에 대한 전문위원의 검토보고, 고용노동부차관의 의견진술 및 논의가 이루어졌다. 이후 이석하였던 임이자 위원이 돌아와 노동조합법 일부개정법률안에 대해 발언하였다.

2023. 2. 15. 개의된 제403회 국회(임시회) 환노위 고용법안심사소위 제1차 회의에서 위원들 간에 노동조합법 일부개정법률안에 대한 토론이 이루어졌고, 소위원장은 조정안을 배포한 후 이를 위원회의 대안으로 제안할 것인지에 대한 표결을 실시하고, 이에 대해 가결을 선포하였다. 이에 국민의힘 소속 위원들이 국회법 제57조의2 제1항에 따라 안건조정위원회의 구성을 요구하여 2023. 2. 17. 제403회 국회(임시회) 환노위 안건조정위원회 제1차 회의가 개의되었으나, 안건조정위원회 역시 고용법안심사소위에서 논의한 바와 같이 소위원장이 배포한 조정안을 위원회의 대안으로 제안하기로 의결하였다.

이후 환노위는 2023. 2. 21. 제403회 국회(임시회) 환노위 제3차 전체회의에서 기존에 발의되었던 11건의 노동조합법 일부개정법률안과 1건의 청원을 모두 본회의에 부의하지 아니하고, 그 내용을 통합·조정한 이 사건 법률안을 위원회의 대안으로 제안하기로 최종 의결하였으며, 이에 따라 이 사건 법률안은 같은 날 법사위에 회부되었다.

(2) 법사위의 심사지연에 정당한 이유가 있는지 여부

(가) 먼저 이 사건 법률안에 대한 법사위의 심사과정 및 내용을 살펴본다.

법사위 위원장은 이 사건 법률안을 2023. 3. 27. 제404회 국회(임시회) 법사위 제2차 전체회의에 상정하여 논의한 후 이를 전체회의에 계류시킨 상태로 심사를 계속하기로 결정하였고, 2023. 4. 26. 제405회 국회(임시회) 법사위 제2차 전체회의에 재차 안건으로 상정한 후, 법을 집행하는 기관인 법원행정처와 법무부, 법령 유권해석기관인 법제처의 의견을 듣고 질의답변을 할 수 있는 의사진행이 필요하다는 이유로 이 사건 법률안에 대한 심사를 계속하기로 결정하였다.

제404회 국회(임시회) 법사위 제2차 전체회의 및 제405회 국회(임시회) 법사위 제2차 전체회의의 각 회의록의 기재 내용에 의하면, 법사위는 이 사건 법률안이 환노위에서 의결되기까지의 절차에 위법이 있다는 점, 사용자의 개념 확대가 명확성의 원칙 내지 죄형법정주의에 반할 우려가 있다는 점, 쟁의행위의 범위를 확대할 경우 쟁의행위가 상시적으로 발생할 우려가 있고 현재의 근로자의 권리구제절차와 상충될 우려가 있다는 점, 쟁의행위로 인한 손해 발생 시 조합원의 공동책임을 부인하고 개별책임을 인정하는 것은 결과적으로 행위자의 책임을 면제하는 결과를 초래할 뿐만 아니라 기본적인 소송법 체계와 민법 체계에 어긋날 우려가 있다는 점, 신원보증인의 책임을 면제하는 것이 신원보증인 제도의 취지에 반하는 점 등에 대해 심사하였다. 이러한 심사 내용은 이 사건 법률안의 위헌성 및 체계정합성에 대한 심사에 해당하는 것으로, 피청구인 환노위 위원장의 이 사건 본회의 부의 요구행위 당시 법사위가 체계·자구 심사권의 범위 내에서 이 사건 법률안에 대한 심사를 계속하고 있었던 점은 인정된다.

(나) 법사위가 이 사건 법률안에 대한 체계·자구 심사를 계속하여야 할 객관적이고 합리적인 사유가 있었는지를 본다.

환노위는 이 사건 법률안에 대해 의결하기 전에 이미 1차례의 전체회의와 공청회, 4차례의 고용법안심사소위 회의를 개의하여 이 사건 법률안에 대하여 논의하였다. 앞서 살핀 바와 같이, 제400회 국회(정기회) 환노위 제8차 전체회의에서 이루어진 공청회에는 6인의 진술인이 출석하여 당시 발의되었던 노동조합법 일부개정법률안과 관련한 찬성과 반대 입장, 사용자측과 근로자측의 입장을 모두 균형 있게 진술하였으며, 위원들 역시 적극적으로 질의와 재추가질의 및 재재추가질의를 하고 이에 대한 답변을 청취하는 등 노동조합법 개정과 관련된 각 쟁점의 위헌성이나 체계정합성에 대한 심도 있는 논의가 이루어졌다. 고용법안심사소위 역시 여러 쟁점에 대해 충분히 논의한 후, 발의된 노동조합법 일부개정법률안의 내용 중 위헌성에 대한 지적이나 다른 법률의 체계와 어긋난다는 비판이 계속되었던 근로자의 개념 확대, 노동쟁의로 인한 형사책임의 면제, 쟁의행위로 인한 손해배상책임 면제와 같은 사항들을 이 사건 법률안에서 최종적으로 제외하는 등, 제21대 국회에서 발의된 노동조합법 일부개정법률안과 청원을 통합·조정하여 최종적인 위원회의 대안을 마련하기 위한 논의 및 조정의 과정을 계속하였다. 특히 법사위의 심사단계에서 논의된 사항들 중 사용자의 개념 확대가 명확성원칙 내지 죄형법정주의에 위배되는지와 쟁의행위의 범위 확대가 쟁의행위를 증가시키고 현재의 권리구제절차와 상충될 우려가 있는지에 대해서는 4차례의 고용법안심사소위에서, 쟁의행위로 인한 손해 발생 시 조합원의 공동책임을 제한하고 개별책임만을 인정하는 것이 기본적인 소송법 및 민법 체계와 어긋나는지와 신원보증인의 책임을 면제하는 것이 신원보증인 제도의 취지에 어긋나는 것인지에 대해서는 2차례의 고용법안심사소위에서 이미 충분한 논의가 이루어졌다. 이처럼 환노위는 법사위가 지적한 위헌성이나 체계정합성에 대한 문제들을 인식하지 못하거나 간과한 것이 아니라, 이미 소관 위원회의 심사단계에서 이에 대해 충분히 논의하면서 여러 가지 고려 사항들을 형량한 후, 위와 같은 사항들을 이 사건 법률안에 포함시키기로 결정한 것이다.

2023. 2. 21. 개의된 제403회 국회(임시회) 환노위 제3차 전체회의에서도 이 사건 법률안을 위원회의 대안으로 의결하는 과정에서 일부 위원이 이의를 제기하자, 피청구인 환노위 위원장은 위원들에게 의견진술의 기회를 부여하여 이 사건 법률안의 쟁점인 사용자와 노동쟁의의 범위 확대, 조합원의 개별 손해배상책임 제한 등에 대해 논의할 수 있도록 하는 등, 전체회의에서도 이 사건 법률안에 대해 충분한 심사가 이루어졌다.

또한 환노위가 이 사건 법률안을 안건으로 상정하여 심의한 4차례의 고용법안심사소위 회의 및 이 사건 법률안을 의결한 2023. 2. 21.자 전체회의에는 이 사건 법률안의 주무부처인 고용노동부의 차관, 기획조정실장, 고용정책실장, 노동정책실장 등이 참석하여 노동조합법 일부개정법률안의 각 쟁점에 대한 정부의 입장을 충분히 설명하였을 뿐만 아니라, 위원들의 질의에도 충실하게 답변하였다. 법원행정처 역시 사용자의 범위 또는 노동쟁의의 범위를 어디까지 인정할 것인지, 법원이 각 손해의 배상의무자별로 귀책사유와 기여도에 따라 개별적으로 책임범위를 정하도록 할 것인지, 신원보증인의 배상책임 면제 여부 등에 관해서는 노동조합법의 입법목적, 다른 법률과의 체계적 정합성, 다른 사안과의 형평성 등을 고려하여 입법정책적으로 결정할 사항이라는 취지의 의견을 제출하였고, 법무부도 위법한 노조활동으로 인한 민사상 손해배상까지 제한하는 이 사건 법률안의 내용은 불법행위로 막대한 재산상 피해를 입은 사용자가 손해배상청구를 하지 못하게 되어 사용자의 평등권·재산권 및 재판청구권을 침해할 소지가 있고 헌법상 과잉금지원칙에 반할 우려가 있다는 의견을 제출하는 등 법 집행기관인 법원행정처와 법무부도 이미 이 사건 법률안에 대한 의견을 환노위에 전달하였으며, 이러한 내용은 전문위원의 '노동조합 및 노동관계조정법 일부개정법률안(대안)'에 대한 체계·자구검토 보고서에도 충분히 반영되어 있다.

이러한 점들을 종합적으로 살펴보면, 법사위는 이미 이 사건 법률안의 소관 위원회인 환노위가 충분한 논의를 거친 사항에 대한 실질적으로 동일한 내용의 심사를 반복하고 있었고, 법원행정처, 법무부, 법제처의 의견을 청취하는 의사진행을 하고자 하는 목적은 주무부처나 이해관계기관의 의견을 청취함으로써 관련 법률과의 체계정합성에 대한 심사를 하기 위한 것이기는 하나, 이미 환노위에서도 의견을 듣고 일부 반영까지 한 사실이 있었으므로, 법사위에서 60일의 기간을 초과하여 의견청취가 필요한 것이었다고 보기는 어렵다고 할 것이어서, 법사위의 이 사건 법률안에 대한 심사지연에는 합리적이고 객관적인 이유가 인정되지 아니한다.

(3) 소결

법사위가 이 사건 법률안이 회부된 날부터 60일의

기간이 도과한 이후에도 이 사건 법률안에 대한 체계·자구 심사를 계속하자, 피청구인 환노위 위원장은 이 사건 법률안이 법사위에 회부된 지 93일째 되는 날인 2023. 5. 24. 법사위가 환노위에서 충분한 논의와 숙고 끝에 입법 내용에 포함시키기로 의결한 사항에 대하여 실질적으로 동일한 논의를 반복하는 등, 이 사건 법률안에 대한 체계·자구 심사를 이유 없이 회부된 날부터 60일 이내에 마치지 아니하고 있다고 판단하여, 제406회 국회(임시회) 환노위 제1차 전체회의에 '이 사건 법률안에 대한 본회의 부의 요구의 건'을 안건으로 상정하였고, 위 안건은 무기명투표로 이루어진 표결에서 환노위 재적위원 5분의 3 이상의 찬성으로 의결되었다. 이에 따라 피청구인 환노위 위원장은 같은 날 피청구인 국회의장에게 이 사건 본회의 부의 요구행위를 하였는바, 여기에는 국회법 제86조 제3항이 정하고 있는 요건 및 절차를 위반한 위법이 없다.

그렇다면 피청구인 환노위 위원장의 이 사건 본회의 부의 요구행위는 국회법을 위반하지 아니하였으므로, 청구인들의 심의·표결권을 침해하지 아니한다.

재판관 유남석 이은애 이종석 이영진 김기영 문형배 이미선 김형두 정정미

92. 입법부작위 위헌확인

[2023. 10. 26. 2020헌마93]

【판시사항】

1. 피청구인 대통령이 구 '고용보험 및 산업재해보상보험의 보험료징수 등에 관한 법률'(이하 '구 산재보험료징수법'이라 한다) 제49조의3 제2항 단서(이하 '이 사건 위임규정'이라 한다)의 위임에 따른 대통령령을 제정하지 아니한 행정입법부작위(이하 '이 사건 행정입법부작위'이라 한다)에 대한 심판의 이익을 인정할 수 있는지 여부(적극)

2. 이 사건 위임규정에 따라 대통령령을 제정할 작위의무가 인정되는지 여부(적극)

3. 이 사건 행정입법부작위에 정당한 사유가 있는지 여부(적극)

【결정요지】

재판관 문형배, 재판관 김형두, 재판관 정정미의 기각 의견

1. 개정된 산재보험료징수법에도 구 산재보험료징수법 제49조의3 제2항 단서와 내용이 실질적으로 동일한 위임규정이 존재한다고 볼 수 있다. 개정 산업재해보상보험법(이하 '산재보험법'이라 하고, 그 보험료를 '산재보험료'라 한다)의 '노무제공자'에 청구인들과 같은 '특수형태근로종사자'가 포함되어 있는 이상, 개정법의 위 위임규정 아래에서도 청구인들이 제기하는 문제의 기본권침해상태는 여전히 계속되고 있다. 그렇다면 청구인들이 주장하는 행정입법부작위는 개정법 아래에서도 문제되어 이에 대한 헌법적 해명의 필요성이 있다고 할 것이므로, 심판의 이익을 인정할 수 있다.

2. 이 사건 위임규정이 산재보험료의 사업주 전액 부담과 관련하여 그 시행 여부를 행정부의 재량에 맡긴 것으로 해석하기 어렵고, 특수형태근로종사자를 산재보험제도 내로 편입할 당시의 입법 경위에 비추어 보더라도 산재보험료의 사업주전액부담제도의 시행은 이미 예정되어 있었던 것으로 볼 수 있으므로 피청구인에게는 산재보험료를 사업주가 전부 부담하는 직종을 대통령령으로 제정할 의무가 있다.

3. 입법부가 행정부에 시행령의 제정이나 개정을 위임하면서 제시하고 있는 기준이 일의적이지 않고 구체적인 시행시기나 그 내용에 대하여 행정부에 광범위한 재량을 부여한 경우에, 행정부가 법의 위임 기준에 따른 행정입법을 이행하려 노력하였으나 이를 이행하는 것이 헌법상의 평등원칙 위반 등의 문제를 야기할 수밖에 없어 행정입법을 지체하고 있다면, 이러한 경우 역시 행정부가 위임 입법에 따른 시행명령을 제정하지 못한 것에 정당한 이유가 있다고 할 것이다.

행정부가 대통령령을 제정하려고 시도하였으나 실무적인 문제에 부딪혀 이를 제정하지 못하고 다른 방향에서 특수형태근로종사자를 보호하기 위한 제도를 개선시켜 왔으며, 그 위임 입법에 따른 행정입법 의무의 이행이 오히려 사용종속관계가 다른 특수형태근로종사자들을 획일적으로 취급함으로써 헌법상의 평등원칙 위반 등의 문제를 야기할 수 있다는 점 등을 고려하면 피청구인이 사업주가 산재보험료를 전액 부담하는 직종에 관해 대통령령을 제정하지 못하고 있는 것에는 정당한 이유가 있다고 볼 수 있다.

재판관 김기영, 재판관 이미선의 인용 의견

이 사건 위임규정이 입법기술상 원천적으로 불가능한 내용의 입법을 위임하였다거나 이 사건 위임규정에 따른 입법이 평등원칙에 위반될 위험이 있다고 볼 수 없고, 피청구인이 현재 대통령령의 제정을 추진하고 있다거나 그동안 이 사건 위임규정에 따른 대통령령을 제정하기 위해 실질적인 노력을 하였음을 인정할 자료가 없으므로 피청구인이 이 사건 위임규정에 따른 대통령령을 제정하지 아니한 데에는 정당한 이유가 없다. 따라서 피청구인의 이 사건 행정입법부작위는 청구인들의 근로의 권리를 침해한 것으로 헌법에 위반된다.

재판관 유남석, 재판관 이은애, 재판관 이종석, 재판관 이영진의 각하의견

입법 당시 특수형태근로종사자의 지위에 대하여 완전한 사회적 합의가 되지는 않았지만 보호의 단계적 개선 과정상 우선적 조치로 입법부는 사업주와 특수형태근로종사자로 하여금 산재보험료를 각각 2분의 1씩 부담하도록 하면서 특수형태근로종사자에 대한 산재보험제도를 실시하기로 우선 결단한 것이고, 향후 사회적 합의나 상황에 따라 특수형태근로종사자로 분류된 직종 가운데 사용종속관계의 정도 등을 고려하여 한정적으로 특정 직종의 특수형태근로종사자에 대하여 산재보험료 전부를 그 사업주에게 부담하게 하는 내용으로 행정입법을 할 수 있는 포괄적인 권한 내지 재량을 피청구인에게 부여한 것으로 봄이 타당하다. 따라서 이 사건 심판청구는 작위의무가 없는 행정입법부작위를 대상으로 한 것으로 부적법하다.

【참조조문】

헌법 제32조 제1항, 제3항

구 고용보험 및 산업재해보상보험의 보험료징수 등에 관한 법률(2010. 6. 10. 법률 제10366호로 개정되고, 2022. 6. 10. 법률 제18919호로 개정되기 전의 것) 제49조의3 제1항, 제2항

구 고용보험 및 산업재해보상보험의 보험료징수 등에 관한 법률(2021. 1. 5. 법률 제17858호로 개정되고, 2022. 6. 10. 법률 제18919호로 개정되기 전의 것) 제49조의3 제5항

고용보험 및 산업재해보상보험의 보험료징수 등에 관한 법률(2022. 6. 10. 법률 제18919호로 개정된 것) 제48조의6 제1항, 제2항, 제6항, 제7항

구 산업재해보상보험법(2010. 1. 27. 법률 제9988호로 개정되고, 2020. 5. 26. 법률 제17326호로 개정되기 전의 것) 제125조 제1항

산업재해보상보험법(2022. 6. 10. 법률 제18928호로 개정된 것) 제91조의15

【참조판례】

2. 헌재 2009. 5. 28. 2005헌바20등, 판례집 21-1하, 446, 454

3. 헌재 2004. 2. 26. 2001헌마718, 판례집 16-1, 313, 321

【당 사 자】

청 구 인 [별지 1] 청구인 명단과 같음

피청구인 대통령

【주 문】

이 사건 심판청구를 기각한다.

【이 유】

1. 사건개요

가. 청구인들은 배달 업무에 종사하면서 산업재해보상보험법에 따른 보험료(이하 '산업재해보상보험법'을 '산재보험법'이라 하고, 그 보험료를 '산재보험료'라 한다)를 납부하여 온 사람들로, 구 산업재해보상보험법(2010. 1. 27. 법률 제9988호로 개정되고, 2020. 5. 26. 법률 제17326호로 개정되기 전의 것, 이하 '구 산재보험법'이라 한다) 제125조 제1항, 구 산업재해보상보험법 시행령(2011. 12. 30. 대통령령 제23468호로 개정되고, 2023. 6. 27. 대통령령 제33593호로 개정되기 전의 것, 이하 '구 산재보험법 시행령'이라 한다) 제125조 제6호에 따른 특수형태근로종사자에 해당한다.

나. 구 '고용보험 및 산업재해보상보험의 보험료징수 등에 관한 법률'(2010. 6. 10. 법률 제10366호로 개정되고, 2022. 6. 10. 법률 제18919호로 개정되기 전의 것) 제49조의3 제2항 본문에서는 사업주와 특수형태근로종사자가 각각 2분의 1씩 산재보험료를 부담하도록 하나, 같은 항 단서에서는 '사용종속관계의 정도 등을 고려하여 대통령령으로 정하는 직종에 종사하는 특수형태근로종사자의 경우'에는 예외적으로 사업주가 산재보험료를 전액 부담하도록 규정하고 있다. 그러나 위 대통령령이 제정되지 않았다.

다. 이에 청구인들은 이와 같은 행정입법부작위로 인해 자신들의 근로의 권리 등이 침해되었다고 주장하며, 2020. 1. 16. 이 사건 헌법소원심판을 청구하였다.

2. 심판대상

이 사건 심판대상은 피청구인이 구 '고용보험 및 산업재해보상보험의 보험료징수 등에 관한 법률'(2010. 6. 10. 법률 제10366호로 개정되고, 2022. 6. 10. 법률 제18919호로 개정되기 전의 것, 이하 '구 산재보험료징수법'이라 한다) 제49조의3 제2항 단서의 위임에 따른 대통령령을 제정하지 아니한 행정입법부작위(이하 '이 사건 행정입법부작위'이라 한다)가 청구인들의 기본권을 침해하는지 여부이다.

관련조항은 [별지 2] 기재와 같다.

3. 청구인들의 주장

이 사건 행정입법부작위는 업무상 재해를 신속하고 공정하게 보상한다는 산재보험법은 물론 일하는 모든 국민에게 최소한의 안전한 근로조건에 대한 권리를 보장하는 헌법 제32조 제3항에 위반되고, 청구인들의 인간다운 생활을 할 권리를 침해하며 우리 헌법상 사회국가원리에 위배된다.

동일한 직종에 종사하면서 사용종속관계의 정도 등이 본질적으로 동일한 근로자보다 오히려 부담능력이 낮은 청구인들인 특수형태근로종사자에게 산재보험료를 부과함으로써 청구인들의 평등권을 침해하고, 청구인들로 하여금 산재보험료의 2분의 1을 납부하도록 강제함에 따라 청구인들의 재산권을 침해한다.

4. 특수형태근로종사자 제도

가. 특수형태근로종사자의 의의

1980년대 중반부터 사업주들은 제반 책임과 비용의 경감을 위하여 새로운 인력정책을 도입하거나 확대하게 되었다. 사업주의 새로운 인력정책의 핵심은 상시 또는 직접 고용하는 근로자의 수를 최소화하는 것으로, 비정규직 사용의 확대, 외부화 및 비근로자화 등은 이를 실현하기 위하여 도입된 대표적인 방식이었다. 새로운 인력정책에 따라 사업에 노무를 제공하는 독립적 자영인의 수가 증가하였고, 그중에는 노무수령자와의 관계에서 근로자와 유사한 정도로 인적 또는 경제적 종속 또는 의존의 성질을 가진 사람들이 다수 나타나게 되었다. 또, 이러한 노무제공자들 중에는 고전적인 의미에서의 근로자들이 제공하는 노무와 달리 노무제공의 성격, 방법 등에 있어서 특수성을 가지는 노무제공자도 나타나게 되었다. 이들은 근로기준법상 근로자는 아니지만 사업주에 대한 경제적 종속성도 보유한 지위에서 사업주에게 노무를 제공하는 사람들로, 오늘날에 이르러서는 전체 취업자 가운데 상당한 비율을 차지하고 있다.

이러한 노무제공자들은 이른바 '특수고용직' 또는 '특수형태근로종사자'라고 지칭되어 왔다. 특수형태근로종사자의 구체적 정의는 다양한데, 주로 '자영인의 외양을 띠면서도 실질에서는 근로자와 유사한 자' 또는 '해당 사업주와 특정 노무의 제공을 약정하고 그 업무수행과 관련하여 사업주의 특정한 지시나 지휘·감독에 구속되지 않는다는 의미에서 근로계약이 아닌 그 밖의 노무공급계약, 즉 자유로운 고용계약·도급·위임에 의거하여 노무제공의무를 부담하는 자' 등으로 정의되고 있다(헌재 2016. 11. 24. 2015헌바413등 참조).

근로자에게는 업무상의 재해를 신속·공정하게 보상하여 당해 근로자와 그 가족의 생활을 보장하고, 사업주에게는 산업재해로 인한 불시의 부담을 분산·경감시켜 주기 위하여 산재보험법이 1963. 11. 5. 법률 제1438호로 제정되었으나 위와 같은 특수형태근로종사자는 2007. 12. 14. 법률 제8694호로 개정되기 전까지 산재보험법의 적용을 받지 못하였다. 이와 같이 개정된 산재보험법에 따라 2008. 6. 25. 대통령령 제20875호로 전부개정된 시행령에서 보험설계사 등 보험 또는 공제를 모집하는 사람, 콘크리트믹서트럭 운전자, 학습지교사, 골프장 캐디 등 4개 직종의 종사자를 특수형태근로종사자의 범위로 포함하였고, 계속 직종이 확대되어 2022. 3. 15. 대통령령 제32539호로 개정된 시행령에서는 15개 직종에 종사하는 사람을 특수형태근로종사자로 보고 있다(제125조).

나. 특수형태근로종사자에 대한 산재보험 적용 및 산재보험료 징수

구 산재보험법은 특수형태근로종사자를 계약의 형식에 관계없이 근로자와 유사하게 노무를 제공함에도 ① 근로기준법 등이 적용되지 아니하여 업무상의 재해로부터 보호할 필요가 있고, ② 주로 하나의 사업에 그 운영에 필요한 노무를 상시적으로 제공하고 보수를 받아 생활하며(전속성, 계속성), 노무를 제공할 때 타인을 사용하지 아니하고(비대체성), ③ 대통령령으로 정하는 직종에 종사하는 사람이라고 규정하고 있었다(구 산재보험법 제125조 제1항). 그리고 산재보험료는 사업주와 특수형태근로종사자가 각각 2분의 1씩 부담하고, 다만, 사용종속관계(使用從屬關係)의 정도 등을 고려하여 대통령령으로 정하는 직종에 종사하는 특수형태근로종사자의 경우에는 사업주가 부담하도록 하였다(구 산재보험료징수법 제49조의3 제2항).

특수형태근로종사자를 산재보험제도 내로 편입시킨 2007. 12. 14. 법률 제8694호로 개정된 산재보험법 적용 당시 특수형태근로종사자의 경우에는 산재보험법의 적용을 원치 않는 경우 공단에 그 적용 제외를 신청할 수 있었다(제125조 제4항). 이와 같이 적용 제외 신청을 가능하도록 한 위 조항은 특수형태근로종사자의 저조한 산재보험 가입률의 주요 원인으로 지적되어 왔다. 이에 따라 산재보험 적용률을 제고하기 위하여 2021. 1. 5. 법률 제17865호로 개정된 산재보험법에서는 특수형태근로종사자의 산재보험 적용 제외 신청사유를 종사자의 부상·질병, 임신·출산·육아로 인한 휴업 또는 사업주의 귀책사유로 인한 휴업 등으로 제한하였다.

2021. 1. 5. 법률 제17859호로 개정된 고용보험법의 경우 특수형태근로종사자의 개념이 노무제공플랫폼을 활용한 퀵서비스 등을 명확하게 포함하지 못하고 있다는 점을 고려하여 노무제공자라는 보다 포괄적인 개념을 사용하고 있다. 그리고 2022. 6. 10. 법률 제18928호로 개정되어 2023. 7. 1. 시행된 개정 산재보험법은 특수형태근로종사자에 대한 정의규정이라고 할 수 있는 특례조항인 제125조를 삭제하는 한편, 특수형태근로종사자에 대하여 '노무제공자'로 재정의하면서 기존 '전속성' 요건이 폐지되고 산재보험의 적용대상에 온라인 플랫폼을 통해 노무를 제공하는 플랫폼 종사자는 물론 여러 사업장에서 일하는 경우도 산재보험 가입대상에 포함시켰다(제91조의15 신설). 이와 같이 2023. 7. 1.부터 시행된 산재보험법에서는 '특수형태근로종사자'라는 용어가 '노무제공자'로 대체되고, 여러 사업장이나 플랫폼에 가입되어 일을 하는 사람도 산재보험법의 적용을 받는 등 산재보험의 적용 대상이 대폭 확대되었다.

5. 판 단

가. 재판관 문형배, 재판관 김형두, 재판관 정정미의 기각 의견

(1) 이 사건 행정입법부작위의 적법요건에 대한 판단

(가) 권리보호이익

이 사건 헌법소원심판청구 후인 2022. 6. 10. '고용보험 및 산업재해보상보험의 보험료징수 등에 관한 법률'(이하 '산재보험료징수법'이라 한다)이 법률 제18919호로 개정되면서 청구인들이 주장하는 대통령령 제정의 근거규정인 제49조의3 제2항 단서를 포함한 제49조의3 조항 전체가 삭제되었다. 이에 따라 구 산재보험료징수법 제49조의3 제2항 단서에 따른 대통령령 제정이 문제 될 여지가 없게 되었고, 삭제된 법률조항의 위임에 따른 행정입법부작위에 대해 위헌결정을 선고하더라도 청구인들의 권리구제에는 도움이 되지 않으므로 주관적 권리보호이익은 소멸되었다고 할 수 있다.

그런데 2022. 6. 10. 법률 제18919호로 개정된 산재보험료징수법은, 같은 날 법률 제18928호로 개정된 산재보험법이 '노무제공자' 개념을 도입하여 산재보험의 적용 대상을 특정 사업에 전속되지 않는 노무제공자까지로 확장함에 따라 제48조의6을 신설하였는바, 같은 조 제6항에서 "산재보험료는 사업주와 산재보험 노무제공자가 각각 2분의 1씩 부담한다. 다만, 사용종속관계의 정도 등을 고려하여 대통령령으로 정하는 직종에 종사하는 산재보험 노무제공자의 경우에는 사업주가 부담한다."라는 규정을 여전히 두고 있으므로 개정된 산재보험료징수법에도 구 산재보험료징수법 제49조의3 제2항 단서와 내용이 실질적으로 동일한 위임규정이 존재한다고 볼 수 있다.

개정 산재보험법의 '노무제공자'와 종전 산재보험법의 '특수형태근로종사자'는 모두 '다른 사람의 사업을 위하여 노무를 제공하고 그 대가를 지급받는 사람'을 전제로 한 개념이다. 그런데 '특수형태근로종사자'가 '전속성'을 그 개념적 구성요소로 한 것과 달리 '노무제공자'는 '전속성'을 개념적 구성요소로 하고 있지 않다. 이에 따라 '노무제공자'는 특수형태근로종사자와 특정 사업에 전속되지 않은 채 노무를 제공하는 사람(온라인 플랫폼을 통해 노무를 제공하는 사람 포함)을 포괄하는 더욱 폭넓은 개념이라고 할 수 있다. 이와 같이 개정 산재보험법의 '노무제공자'에 청구인들과 같은 '특수형태근로종사자'가 포함되어 있는 이상, 개정법의 위 위임규정 아래에서도 청구인들이 제기하는 문제의 기본권 침해상태는 여전히 계속되고 있다.

그렇다면 청구인들이 주장하는 행정입법부작위는 개정법 아래에서도 문제되어 이에 대한 헌법적 해명의 필요성이 있다고 할 것이므로, 예외적 심판의 이익을 인정할 수 있다.

(나) 구 산재보험료징수법 제49조의3 제2항 단서(이하 '이 사건 위임규정'이라 한다)에 따라 대통령령을 제정할 작위의무가 인정되는지 여부

1) 이 사건 위임규정은 '대통령령으로 정하는 직종'에 종사하는 특수형태근로종사자의 경우에는 사업주가 산재보험료를 전액 부담하도록 규정하고 있는데, 그 문언상 사업주로 하여금 산재보험료 전액을 부담하도록 하되 그 대상 직종을 대통령령으로 정하도록 한 것으로 해석하는 것이 자연스럽다. 이와 달리 이 사건 위임규정이 피청구인에게 대통령령의 제정 여부에 대한 재량, 즉 산재보험료의 사업주 전액 부담과 관련하여 그 시행 여부 자체에 대한 재량을 부여한 것으로 해석하는 것은 문언에 부합하지 아니한다. 이 사건 위임규정에서 사용하고 있는 '대통령령으로 정하는 직종'이라는 표현은 산재보험의 적용 대상인 특수형태근로종사자의 범위에 포함될 직종의 선정을 대통령령에 위임한 구 산재보험법 제125조 제1항과 산재보험료를 경감 받을 특수형태근로종사자의 선정을 대통령령에 위임한 구 산재보험료징수법 제49조의3 제5항에서도 동일하게 사용하고 있는 표현으로서, 피청구인에게 특수형태근로종사자의 산재보험제도로의 편입 여부 내지 산재보험료 경감제도의 시행 여부 자체에 대한 재량을 부여한 것으로 볼 수 없다.

이해관계인 고용노동부장관은, 이 사건 위임규정이 사업주가 산재보험료를 전액 부담하는 직종의 선정을 대통령령에 위임하면서 '사용종속관계의 정도'를 고려하도록 한 것은, 동일 직종 내에서도 사업장이나 종사자별로 사용종속관계의 정도가 상이한 점 등을 반영하여 피청구인에게 행정입법이 필요한 경우에 한하여 입법을 할 수 있는 재량을 부여하기 위한 것이므로, 대통령령을 제정할 법적 의무가 없다고 주장한다. 그러나 이 사건 위임규정이 '사용종속관계의 정도 등을 고려하여'라고 규정한 것은 그 위임에 따라 제정되는 대통령령에서 사업주가 산재보험료를 전액 부담하는 직종을 선정함에 있어 그 기준을 제시한 것으로 보아야지, 대통령령 제정 여부 자체에 대한 재량을 부여한 것으로 볼 수 없다.

2) 특수형태근로종사자를 산재보험제도 내로 편입하는 산재보험법이 2007. 12. 14. 법률 제8694호로 개정될 당시 특수형태근로종사자가 산재보험법의 적용을 원하지 아니하는 경우에는 적용 제외를 신청할 수 있도록 하여 임의적 적용 제외를 인정하였으나, 사업주가 산재보험료를 전액 부담하는 특수형태근로종사자는 적용 제외를 신청할 수 없도록 하였다(제125조 제4항). 이러한 법조항의 내용에 비추어 볼 때, 산재보험법은 '특수형태근로종사자에 대한 특례' 규정을 신설할 당시 이미 사업주가 산재보험료 전액을 부담하는 특수형태근로종사자의 존재를 전제하고 있었다고 해석하는 것이 합리적이다. 이와 같은 산재보험법 조항과의 체계적인 해석상으로도 이 사건 위임규정이 산재보험료의 사업주 전액 부담과 관련하여 그 시행 여부를 행정부의 재량에 맡긴 것으로 해석하기 어렵다.

3) 특수형태근로종사자를 산재보험제도 내로 편입할 당시의 입법 경위에 비추어 보더라도 산재보험료의 사업주전액부담제도의 시행은 이미 예정되어 있었던 것으로 볼 수 있다.

고용형태의 다변화로 경제적·조직적으로는 사업주에 종속되어 노무를 제공하면서도 근로기준법상 근로자로 인정받지 못하는 노무제공자들이 급증하면서 이들에 대한 보호문제가 사회적 과제로 대두되었고, 이들 노무제공자를 보호하기 위한 여러 방안이 논의된 끝에 이들을 산재보험의 적용 대상으로 포섭하는 데에 사회적 합의가 이루어져 산재보험법에 '특수형태근로종사자에 대한 특례' 규정이 신설되게 되었다.

당시 정부는 7년간에 걸쳐 노사정위원회 등에서 이들 노무제공자의 보호 방안을 논의하여 '특수형태근로종사자 보호 등에 관한 법률안'을 마련한 다음 2007. 6. 14. 의원입법 형식으로 국회에 제출하였는데, 위 법안은 사업주와 종사자에게 산재보험법을 일반적으로 적

용하고 적용·징수·보상 등의 구체적인 사항에 관하여는 산재보험법에서 정하는 바에 따르도록 규정하였다(법안 제31조). 정부는 위 법률안과 별도로 '특수직종종사자' 개념을 도입하여 이들 노무제공자를 산재보험제도 내로 편입하는 내용의 산재보험법 개정안을 정부안으로 제출하기도 하였다. 이후 국회는 이들 노무제공자에 대하여 산재보험을 적용하는 것이 시급하다고 보아 우선적으로 산재보험법을 개정하여 '특수형태근로종사자에 대한 특례' 규정을 신설한 것이다.

산재보험제도는 피재근로자와 그 가족의 생활을 보장하기 위하여 국가가 책임을 지는 의무보험으로, 원래 사용자의 근로기준법상 재해보상책임을 보장하기 위하여 국가가 사업주로부터 소정의 보험료를 징수하여 그 재원으로 사업주를 대신하여 피재근로자에게 보상해주는 제도이다(헌재 2009. 5. 28. 2005헌바20등 참조). 산재보험법은 업무상 재해에 대하여 사용자인 사업주에게 무과실책임을 부과하는데, 이는 업무상 재해가 업무에 내재하는 위험이 발현된 것으로 볼 수 있는 점과 근로자로부터 노무를 제공받아 자신의 사업에 활용하여 이익을 취하는 사업주에게 그 업무에서 발생하는 위험을 책임지고 동시에 근로자의 생활을 보장할 책임을 부담하도록 하여 업무상 재해로부터 근로자를 보호하고자 하는 점 등을 배경으로 한다. 그런데 타인의 사업을 위해 노무를 제공하고 그 대가를 지급받음에도 근로자성을 인정받지 못하여 산재보험제도에서 배제된 노무제공자들이 급증하게 되자, 국회는 이들을 업무상 재해로부터 보호하기 위하여 '특수형태근로종사자' 개념을 도입하여 산재보험제도 내로 편입한 것이다.

그렇다면 특수형태근로종사자도 업무상 재해로부터 보호하고 사업주 역시 그 업무에서 발생하는 위험을 책임질 필요가 있다고 보아 위와 같은 입법이 이루어졌다고 보는 것이 합리적이다.

위와 같은 산재보험제도의 취지와 산재보험법의 개정 경위 등을 고려하면, 국회는 특수형태근로종사자의 특수성을 고려하여 특수형태근로종사자와 사업주가 산재보험료의 절반씩을 부담하되 노무제공의 방법이나 노무의 내용 및 성격, 사업주에 대한 경제적·조직적 종속성의 정도에 따라 근로자에 준한 보호를 요하는 특수형태근로종사자에 대하여는 사업주가 산재보험료 전액을 부담하도록 제도를 설계한 것으로 볼 수 있다. 따라서 사업주전액부담제도의 시행은 '특수형태근로종사자에 대한 특례' 규정을 도입할 당시에 이미 예정되었고, 다만 그 직종의 선정과 구체적인 시행시기를 행정권의 재량에 위임한 것으로 봄이 타당하다.

4) 이상에서 살펴본 바와 같이 구 산재보험법과 구 산재보험료징수법은 특수형태근로종사자에 대한 산재보험료의 사업주전액부담제도를 도입하고 그 시행을 예정하였으므로, 피청구인에게는 산재보험료를 사업주가 전부 부담하는 직종을 대통령령으로 제정할 의무가 있다.

(2) 이 사건 행정입법부작위에 정당한 사유가 있는지 여부

행정부가 위임 입법에 따른 시행명령을 제정하지 않거나 개정하지 않은 것에 정당한 이유가 있었다면 그런 경우에는 헌법재판소가 위헌확인을 할 수 없을 것이다. 그러한 정당한 이유가 인정되기 위해서는 그 위임 입법 자체가 헌법에 위반된다는 것이 누가 보아도 명백하거나, 위임 입법에 따른 행정입법의 제정이나 개정이 당시 실시되고 있는 전체적인 법질서 체계와 조화되지 아니하여 그 위임 입법에 따른 행정입법 의무의 이행이 오히려 헌법질서를 파괴하는 결과를 가져옴이 명백할 정도는 되어야 한다(헌재 2004. 2. 26. 2001헌마718 참조). 다만 입법부가 행정부에 시행령의 제정이나 개정을 위임하면서 제시하고 있는 기준이 일의적이지 않고 구체적인 시행시기나 그 내용에 대하여 행정부에 광범위한 재량을 부여한 경우에, 행정부가 법의 위임 기준에 따른 행정입법을 이행하려 노력하였으나 이를 이행하는 것이 헌법상의 평등원칙 위반 등의 문제를 야기할 수밖에 없어 행정입법을 지체하고 있다면, 이러한 경우 역시 행정부가 위임 입법에 따른 시행명령을 제정하지 못한 것에 정당한 이유가 있다고 할 것이다.

먼저 정부에서 특수형태근로종사자 보호를 위한 법 제정을 추진한 경과를 살펴본다. 2000. 10. 정부의 경제정책조정회의 안건인 '비정형근로자 보호대책' 방안에 특수형태근로종사자 관련 보고가 포함된 것을 계기로, 정부는 2006. 6. '특수형태근로종사자 대책추진위원회'를 구성·운영하고, 2006. 10. 경제법적 보호방안을 중심으로 '특수형태근로종사자 보호대책'을 발표하였다. 이후 고용노동부는 2006. 11. '특수형태근로종사자 보호법안 기초위원회'를 구성하였고, 2007. 4. 기초위원회가 법안을 마련하여 고용노동부에 제출하였으나 경영계는 입법 자체에 반대하면서 그 이후 논의에 불참

하였다. 고용노동부는 2007. 5. 3.부터 6. 5.까지 '특수형태근로종사자 대책추진위원회'를 개최하여 기초위원회의 초안에 대하여 논의하고 정부안을 마련하였으나, 정부안으로 국회에 제출하지는 아니하고, 2007. 6. 14. 의원입법(김진표 의원 대표발의) 형식으로 단일한 특별법 형태인 '특수형태근로종사자 보호 등에 관한 법률안'을 국회에 제출하였다. 정부는 이와 같은 특별법과 별도로 우선 특수형태근로종사자에 대하여 산재보험을 적용시키는 제도의 도입을 위하여 2007. 6. 1. 산재보험법 개정안(의안번호 176743)을, 2007. 6. 4. 산재보험료징수법 개정안(의안번호 176762)을 각각 별도의 정부안으로 국회에 제출하였다. 그런데 2007. 12. 23. 산재보험법, 산재보험료징수법은 국회에서 통과되었으나, '특수형태근로종사자 보호 등에 관한 법률안'은 의원 임기 만료로 폐기되었다.

2008년 산재보험법 제125조의 특수형태근로종사자 특례 규정이 시행될 때에는 대통령령으로 그 적용 대상이 보험설계사, 콘크리트믹서트럭 운전자, 학습지 교사, 골프장 캐디의 4개 직종으로 지정되었지만, 2022년에 이르러서는 15개 직종으로 그 보호대상이 확대·추가되었고 특례 규정 시행 이후 특수형태근로종사자에 대한 보호는 계속하여 확대되었다. 특수형태근로종사자는 고용보험의 사각지대에 놓여 있었으나 2020. 9. 특수형태근로종사자 등 노무제공자의 고용보험 당연적용 등을 내용으로 하는 고용보험법안이 정부안으로 제출되어 2021. 1. 5. 법률 제17859호로 개정된 고용보험법은 노무제공자에 대하여도 고용보험을 적용하도록 하였다(제77조의6).

그리고 2021. 1. 5. 법률 제17858호로 개정된 산재보험료징수법은 "재해율 등을 고려하여 대통령령으로 정하는 직종에 종사하는 특수형태근로종사자에 대해서는 그 산재보험료를 대통령령으로 정하는 바에 따라 경감할 수 있다(제49조의3 제5항)"라는 규정을 신설하여 직종에 따라 산재보험료를 경감하는 제도를 두었다. 정부는 2021. 7. 1.부터 2022. 6. 30.까지 위 산재보험료징수법 제49조의3 제5항, 같은 법 시행령 제56조의11에 따라 고시로 택배기사, 퀵서비스기사, 대리운전기사, 대여제품 방문점검원, 가전제품 설치기사, 화물차주 등 6개 직종을 대상으로 산재보험료의 100분의 50을 경감하여 주고 있었다. 나아가 2022. 6. 29. "고위험 저소득 특수형태근로종사자 산재보험료 경감고시"(고용노동부고시 제2022-48호)에서는 재해율과 보험료 부담 수준 등을 고려해 산재보험이 적용되는 유통배송기사, 택배지간선기사, 특정품목 화물차주 등 3개 직종을 추가하였다. 2022. 6. 10. 법률 제18919호로 개정되어 2023. 7. 1.부터 시행된 산재보험료징수법은 "산재보험 노무제공자의 재해율, 월 보수액, 산재보험료율 및 노무제공 형태 등을 고려하여 대통령령으로 정하는 산재보험 노무제공자와 해당 사업주에 대해서는 제2항에 따른 산재보험료를 대통령령으로 정하는 바에 따라 감면할 수 있다(제48조의6 제7항)"라고 규정함으로써 직종으로 단정하지 아니하고 위에 열거된 여러 가지 구체적 기준을 고려하여 노무제공자와 해당 사업주에 대하여 개별적으로 산재보험료를 감면할 수 있게 되었다.

'산재보험 적용 제외 신청 제도'에 대하여는 특수형태근로종사자들이 자발적으로 산재보험 적용 제외를 신청하는 것 외에도, 사용자가 보험료 부담을 줄이기 위해 특수형태근로종사자들에게 적용 제외 신청을 유도·강요하는 사례가 적지 않게 발생함에 따라 이들의 산재보험 적용률이 저조하다는 문제점이 지적되자, 법률 개정을 통해 2021. 7. 1.부터 임신·질병 등으로 인한 휴업 등 산재보험법이 정하고 있는 사유에 해당될 경우에만 적용 제외 신청을 할 수 있도록 제도를 개선한 바도 있다. 2023. 7. 1.부터 시행된 산재보험법에 의하여 적용 제외 신청제도는 아예 사라지게 되었고, 특수형태근로종사자의 성립요건인 이른바 '전속성' 요건을 폐지하여 복수 사업장, 보조 사업장의 문제가 해결됨으로써 산재보험의 적용 영역을 대폭 확대하는 등 정책적으로 계속하여 청구인들과 같은 특수형태근로종사자에 대하여 산재보험법 등의 보호를 확대해 나가고 있다. 이와 같은 특수형태근로종사자에 대한 보호의 확대 과정을 보면 정부가 이들을 보호하기 위한 노력을 계속하여 왔다고 평가할 수 있을 것이다.

고용노동부는 ○○연구원에 수탁연구과제로 특수형태근로종사자의 산재보험료 부담제도에 대하여 연구를 위탁하였고, 위 연구원은 2021. 8. "특고 산재보험료 사업주 전액부담 직종에 관한 연구" 보고서를 제출하면서 '현실적으로 사용종속관계의 정도에 따라 사업주가 보험료를 전액 부담하는 특수형태근로종사자 직종을 정하는 것은 불가능하다'고 지적하였고(제36면), '산재보험료징수법 제49조의3 제2항 단서는 특수형태근로종사자에 대한 산재보험 적용을 위한 논의과정에서 전액 부담 직종 선정에 관한 현실적 가능성 등에 대한 신중한 검토 없이 보험료의 절반 부담에 대한 비판을 무마하기 위한 미봉책이었다'고 평가하고 있다. 나아가, '특수형태근로종사자의 산재보험료 전액 부담 직종을 선정하는 것은 현재의 법체계 아래에서는 실제적으로도 법리적으로 매우 많은 문제를 야기할 수 있기 때문에 대통령령으로 이를 현재까지 정하지 않은 것에는 정당한 이유가 있다고 할 것이다'고 평가하고 있다(제120면).

정부도 당초에는 가능한 것으로 보고 사용종속의 정도 등을 고려하여 사업주 전액 부담 직종을 정하려고 하였으나 직종별 형평성의 문제, 직종별 사용종속관계의 정도에 대한 정확한 평가의 어려움 등 실무적, 현실적 문제로 인하여 이를 정할 수 없었다는 취지로 그 입장을 밝히고 있다[제397회 환경노동소위 제1차(2022. 5. 9) 국회회의록 제18면]. 나아가 정부는 대통령령 제정이 위와 같이 실무적인 문제 등으로 어렵게 되자 다른 차원에서 특수형태근로종사자들을 보호하기 위한 제도들을 계속 확대하여 왔는데, 보호 대상 측면에서는 이른바 '전속성 요건'이 폐지됨으로써, 산재보험을 적용받지 못하던 전속성 없는 노무제공자 43.5만 명에 신규 적용 대상인 화물차주, 관광통역안내원, 어린이통학버스기사, 방과 후 강사 등 49만 명을 더한 약 92.5만 명이 새로 추가되어, 기존 산재보험을 적용받던 특수형태근로종사자 80만 명을 포함하면 총 172.5만 명이 산재보험의 보호를 받게 될 것으로 전망된다.

현재까지 '사용종속관계의 정도'에 대하여 법률로 규정된 기준이 전혀 없고, 법원이 구체적, 개별적 사건에서 근로기준법상의 근로자성을 판단하면서 사용종속성을 판단하는 상황이며, 사용종속관계 등은 직종에 따라 획일적으로 정하거나 직종별로 일반화할 수 있는 문제가 아니라는 학계의 비판이 제기되는 실정이다. 이러한 가운데 행정부가 대통령령을 제정하려고 시도하였으나 실무적인 문제에 부딪혀 이를 제정하지 못하고 위에서 본 바와 같이 다른 방향에서 특수형태근로종사자를 보호하기 위한 제도를 개선시켜 왔으며, 그 위임 입법에 따른 행정입법 의무의 이행이 오히려 사용종속관계가 다른 특수형태근로종사자들을 획일적으로 취급함으로써 헌법상의 평등원칙 위반 등의 문제를 야기할 수 있다는 점 등을 고려하면 피청구인이 사업주가 산재보험료를 전액 부담하는 직종에 관해 대통령령을 제정하지 못하고 있는 것에는 정당한 이유가 있다고 볼 수 있다.

(3) 소결

청구인들의 이 사건 행정입법부작위에 대한 심판청구는 이유 없으므로 이를 기각하여야 할 것이다.

나. 재판관 김기영, 재판관 이미선의 인용 의견

우리는 피청구인의 이 사건 행정입법부작위가 청구인들의 근로의 권리를 침해한다고 생각하므로, 아래와 같이 그 의견을 밝힌다.

(1) 이 사건 행정입법부작위에 정당한 사유가 있는지 여부

(가) 재판관 문형배, 재판관 김형두, 재판관 정정미의 기각 의견에서 살핀 바와 같이 피청구인은 이 사건 위임규정에 따라 사업주가 산재보험료 전액을 부담하는 직종에 관하여 대통령령을 제정할 의무를 부담함에도 현재까지 어떠한 내용도 규정하고 있지 아니한바, 이 사건 행정입법부작위는 상당한 기간 계속되고 있다.

행정부가 위임 입법에 따른 시행명령을 제정하지 않거나 개정하지 않은 것에 정당한 이유가 있는 경우에는 행정입법부작위에 대하여 위헌확인을 할 수 없다. 그런데 행정입법의무의 불이행에 정당한 이유가 있다고 인정되기 위해서는 그 위임 입법 자체가 헌법에 위반된다는 것이 누가 보아도 명백하거나, 위임 입법에 따른 행정입법의 제정이나 개정이 당시 실시되고 있는 전체적인 법질서 체계와 조화되지 아니하여 그 위임 입법에 따른 행정입법의무의 이행이 오히려 헌법질서를 파괴하는 결과를 가져옴이 명백할 정도는 되어야 한다(헌재 2004. 2. 26. 2001헌마718 참조).

(나) 이해관계인 고용노동부장관은 다음과 같은 점을 들어 이 사건 행정입법부작위에 정당한 이유가 있다고 주장한다. 먼저 '사용종속관계의 정도'는 사안별로 구체적·개별적 사정을 고려하여 판단할 수밖에 없어 사전적·일률적으로 정립할 수 있는 기준이 아닌데도, 이 사건 위임규정이 '사용종속관계의 정도'를 고려하여 사업주가 산재보험료 전액을 부담하는 직종을 정하도록 위임한 것은 입법기술상 원천적으로 불가능한 내용의 입법을 위임한 것으로 법의 체계에 어긋난다는 취지의 주장을 한다. 그리고 이 사건 위임규정이 '직종'으로 사업주전액부담 대상을 분류하도록 하여, 같은 직종의 특수형태근로종사자를 이용한다는 이유만으로 본질적으로 다른 정도의 사용종속관계를 가지는 사업주들이 모두 같은 취급을 받는 결과가 발생할 수 있어 평등의 원칙에

위반될 위험이 있다고 주장한다.

1) 동일 직종 내에 종사하는 특수형태근로종사자들 사이에서도 구체적인 노무제공의 방식이나 그 양태가 상이하여 사용종속관계의 정도에 차이가 있을 수 있음은 부인하기 어렵다.

그러나 이러한 문제는 비단 이 사건 위임규정에서만 제기되는 것이 아니고, 산재보험의 적용을 받는 특수형태근로종사자를 '직종'별로 정하는 경우에도 제기된다. 동일 직종 내에 종사하는 경우에도 노무제공방식 등의 차이로 구 산재보험법이 특수형태근로종사자의 요건으로 들고 있는 '전속성'이나 '비대체성'을 충족하지 못하는 경우가 있을 수 있고, '전속성'의 정도가 다를 수도 있다. 그런데 실제 산업현장에서의 고용형태는 상당한 정도로 정형화되어 있는 것이 일반적인데, 이에 따라 구 산재보험법은 직종별로 존재하는 공통적인 특성을 고려하여 특수형태근로종사자에 해당될 직종을 대통령령으로 정하도록 위임하였고, 그 위임을 받은 구 산재보험법 시행령은 특수형태근로종사자의 범위에 포함되는 직종을 정하였다.

그렇다면 이 사건 위임규정에 따른 행정입법의 제정이 입법기술상 원천적으로 불가능한 것은 아니라고 보아야 한다.

2) 구 산재보험료징수법이 특수형태근로종사자와 사업주에게 산재보험료를 절반씩 부담하도록 하면서 이 사건 위임규정을 두어 대통령령으로 정하는 직종에 종사하는 특수형태근로종사자에 대해서는 사업주로 하여금 산재보험료 전액을 부담하게 한 취지는, 사업주에 대한 사용종속관계의 정도 등을 고려하여 일정 범위의 특수형태근로종사자에 대해서는 근로자에 준하는 보호를 하려는 데에 있다고 할 것이다. 그런데 사용종속관계의 정도는 시장 및 고용상황의 변화에 따라 변동될 수 있고, 직종을 기준으로 한 분류가 불가능한 것은 아니라고 하더라도 동일 직종 내에 존재하는 사용종속성의 차이를 반영하여 형평을 도모하여야 할 필요가 있을 수도 있다. 또한 이 사건 위임규정은 피청구인에게 구체적인 직종 선정에 대한 재량을 부여하면서 '사용종속관계의 정도 등'이라는 기준을 제시하여, 피청구인으로 하여금 '사용종속관계의 정도' 외에 다른 요소들도 함께 고려하여 직종을 선정할 수 있도록 하고 있다.

이러한 사정들을 고려할 때, 피청구인은 사용종속관계의 정도를 판단할 수 있는 세부적인 요소와 그 밖의 다른 요소를 선정 기준으로 정하고, 그 기준에 따른 구체적인 직종의 선정은 고용노동부장관의 고시에 재위임하는 내용으로 대통령령을 제정할 수도 있다. 이에 따라 고용노동부장관은 현장조사 등을 통해 주기적으로 사업자전액부담 직종을 정하여 시장 및 고용상황의 변화에 탄력적으로 대응할 수 있고, 동일 직종 내에서 사용종속관계의 정도 등의 편차가 지나치게 큰 경우에는 보호의 필요성이 있는 영역으로 사업자전액부담의 대상을 한정함으로써 사업자들 사이의 형평을 도모할 수 있을 것이다. 이와 같은 위임과 재위임의 방식을 취한 사례로 2021. 1. 5. 법률 제17858호로 개정된 산재보험료징수법 제49조의3 제5항을 들 수 있는데, 위 조항은 '재해율 등을 고려하여 대통령령으로 정하는 직종에 종사하는 특수형태근로종사자에 대해서는 산재보험료를 경감할 수 있다'고 하여 산재보험료가 경감되는 '직종'의 선정을 대통령령에 위임하였다. 그런데 2021. 6. 8. 대통령령 제31749호로 개정된 산재보험료징수법 시행령 제56조의10은 산재보험료가 경감되는 직종을 직접 규정하는 대신 직종의 재해율이 전체 업종의 평균재해율의 2분의 1 이상인 직종 중에서 산재보험료의 부담 수준, 특수형태근로종사자의 규모 등을 고려하여 고용노동부장관이 경감대상 직종을 정하도록 재위임하였고, 위 재위임에 따라 고용노동부장관은 '고위험 저소득 특수형태근로종사자 산재보험료 경감 고시'를 제정하여 1년 단위로 경감대상 직종을 정하였다.

한편 앞서 본 바와 같이 이 사건 위임규정은 '사용종속관계의 정도 등'이라는 기준을 정하여 피청구인에게 직종 선정에 대한 재량을 부여하고 있는바, 직종 선정을 위한 구체적인 기준은 전문성을 지닌 행정부가 그 재량으로 설정할 수 있다. 피청구인은 사안별로 구체적·개별적 사정을 고려하여 판단할 수밖에 없는 '사용종속관계의 정도'로는 사전적·일률적 기준을 정립할 수 없다고 주장하나, 특수형태근로종사자에 대하여 근로자에 준한 보호를 할 필요가 있을 정도의 사용종속성을 인정할 수 있는 요소를 추출하여 기준을 설정하는 것이 불가능하다고 볼 수 없다. 현행 산재보험료징수법은 전속성을 요건으로 하지 않는 '노무제공자' 개념을 도입하면서도 여전히 '사용종속관계의 정도 등'을 고려하여 대통령령이 정하는 직종에 종사하는 노무제공자의 경우에는 사업주가 산재보험료 전액을 부담하도록 규정하고 있는데, 현행 산재보험료징수법 하에서는 '전속성'의 정도가 사용종속관계의 정도를 구분할 수 있는 하나의 기준이 될 수도 있을 것이다. 또한 앞서 살핀 대로 이 사건 위임규정이 '사용종속관계의 정도' 외에 다른 요소들도 함께 고려하여 직종을 선정할 수 있도록 하고 있으므로, 사업의 규모나 해당 사업에서 특수형태근로종사자의 노무가 차지하는 비중 등 사업주로 하여금 자신의 영업으로 인하여 발생한 위험을 전부 인수하도록 하는 것이 적절하다고 인정할 수 있는 요소 등을 고려하여 선정 기준을 정할 수도 있을 것이다.

3) 이상 검토한 바와 같이 이 사건 위임규정이 입법기술상 원천적으로 불가능한 내용의 입법을 위임하였다거나 이 사건 위임규정에 따른 입법이 평등원칙에 위반될 위험이 있다고 볼 수 없다.

(다) 2007. 12. 27. 법률 제8812호로 개정되고 2008. 7. 1.부터 시행된 산재보험료징수법은 제49조의3 제2항에서 이 사건 위임규정과 동일한 내용을 규정하고 있었는바, 이 사건 행정입법부작위는 실질적으로 2008. 7. 1.부터 현재까지 계속되고 있다. 그런데 피청구인이 현재 대통령령의 제정을 추진하고 있다거나 그동안 이 사건 위임규정에 따른 대통령령을 제정하기 위해 실질적인 노력을 하였음을 인정할 자료가 없다.

정부는 특수형태근로종사자를 산재보험제도 내로 편입한 이후 특수형태근로종사자의 범위에 포함되는 직종을 계속해서 확대·추가하였고, 특수형태근로종사자의 신청으로 산재보험의 적용 대상에서 제외할 수 있도록 한 조항을 삭제하였으며, 산재보험료 감면제도를 도입하는 등 특수형태근로종사자에 대한 보호를 지속적으로 확대하여 왔다. 그러나 특수형태근로종사자의 범위 확대나 임의적용제외제도의 폐지는 산재보험의 적용 대상에 관한 것으로 산재보험료의 납부 문제와는 직접적인 관련이 있다고 보기 어렵고, 산재보험료 감면제도는 특수형태근로종사자의 납부의무뿐만 아니라 사업주의 납부의무도 감면대상으로 하는 것이어서, 이와 같은 보호조치들이 이 사건 위임규정에 따른 행정입법의무의 이행을 대체할 수는 없다.

(라) 이상의 사정을 종합하여 보면, 피청구인이 이 사건 위임규정에 따른 대통령령을 제정하지 아니한 데에는 정당한 이유가 없다.

(2) 청구인들의 기본권 침해

헌법 제32조는 제1항에서 "모든 국민은 근로의 권리를 가진다. 국가는 사회적·경제적 방법으로 근로자의 고용의 증진과 적정임금의 보장에 노력하여야 하며, 법률이 정하는 바에 의하여 최저임금제를 시행하여야 한다."라고 규정하여 근로의 권리를 보장하고 있고, 제3항에서 위와 같은 근로의 권리가 실효적인 것이 될 수 있도록 "근로조건의 기준은 인간의 존엄성을 보장하도록 법률로 정한다."라고 하여 근로조건 법정주의를 규정하고 있다. 근로조건이라 함은 임금과 그 지불방법, 취업시간과 휴식시간, 안전시설과 위생시설, 재해보상 등 근로계약에 의하여 근로자가 근로를 제공하고 임금을 수령하는 데에 관한 조건들로서, 근로조건에 관한 기준을 법률로써 정한다는 것은 근로조건에 관하여 법률이 최저한의 제한을 설정한다는 의미이다(헌재 2003. 7. 24. 2002헌바51 참조).

특수형태근로종사자는 근로기준법상의 근로자는 아니지만 사업주에 경제적·조직적으로 종속되어 노무를 제공하고, 구 산재보험법은 이 법을 적용할 때에는 특수형태근로종사를 해당 사업의 근로자로 보도록 규정하고 있다(제125조 제2항 본문). 즉 청구인들과 같은 특수형태근로종사자에 대하여 산재보험제도를 적용할 때에는 산재보험법은 이들을 기본적으로 근로자로 간주하고 있는 것이다.

산재보험제도는 특수형태근로종사자를 포함한 산재보험법상의 근로자의 업무상 재해를 신속하고 공정하게 보상하며, 재해근로자의 재활 및 사회복귀를 촉진하기 위하여 이에 필요한 보험시설을 설치·운영하고, 재해 예방과 그 밖에 산재보험법상의 근로자의 복지 증진을 위한 사업을 시행하여 이들의 보호에 이바지하는 것을 목적으로 한다. 산재보험법상의 산재보험료 부담 문제는 산업재해 대책인 산재보험제도의 일부로서 근로조건에 해당한다고 볼 수 있으므로 산재보험료와 관련된 권리는 근로의 권리의 내용에 포함된다고 할 것이다. 그런데 이 사건 위임규정에 따른 행정입법이 이루어져 청구인들이 속한 직종이 사업주가 산재보험료 전액을 부담하는 직종에 해당한다면 청구인들은 산재보험료를 부담하지 않는 사업의 산재보험법상의 근로자로서 산재보험의 혜택을 받을 수 있으므로, 이 사건 행정입법부작위는 청구인들의 근로의 권리를 침해한다.

청구인들은 이 사건 행정입법부작위로 인하여 인간다운 생활을 할 권리, 재산권 등이 침해되었다고 주장하나, 그 내용을 살펴보면 사업주가 산재보험료를 전액 부담하는 근로조건에서 일할 권리, 즉 근로의 권리가 침해된다는 주장과 다르지 않으므로 따로 살펴보지 아니한다.

(3) 소결

피청구인의 이 사건 행정입법부작위는 청구인들의 근로의 권리를 침해한 것으로 헌법에 위반된다.

다. 재판관 유남석, 재판관 이은애, 재판관 이종석, 재판관 이영진의 각하 의견

우리는, 이 사건 행정입법의 작위의무가 인정되지 아니하여 이 사건 심판청구가 부적법하다고 판단하므로, 다음과 같이 의견을 밝힌다.

(1) 삼권분립의 원칙과 법치행정의 원칙을 당연한 전제로 하고 있는 우리 헌법 아래에서 행정권의 행정입법 의무는 헌법적 의무라고 보아야 할 것이나, 입법부가 어떤 법률조항의 시행 여부나 시행 시기까지 행정권에 위임하여 재량권을 부여한 경우에는 행정권이 설사 하위 행정입법을 하지 아니하더라도 행정권에 의하여 입법권이 침해되는 결과를 초래하는 것이 아니므로, 행정권에게 헌법에서 유래하는 행정입법의 작위의무가 있다고 볼 수 없다(헌재 1998. 7. 16. 96헌마246 참조).

(2) 이 사건 행정입법의 작위의무가 인정되는지 여부

(가) 2007. 12. 27. 근로자와 자영인의 이중적 지위를 갖는 특수형태근로종사자를 산재보험 적용 영역에 편입시키면서 그 산재보험료 부담에 관하여 구 산재보험료징수법(2007. 12. 27. 법률 제8812호로 개정되고, 2009. 12. 30. 법률 제9896호로 개정되기 전의 것) 제49조의3 제2항은 "제1항에 따른 산재보험료는 사업주와 특수형태근로종사자가 각각 2분의 1씩 부담한다. 다만, 사용종속(使用從屬) 관계의 정도 등을 고려하여 대통령령으로 정하는 직종에 종사하는 특수형태근로종사자의 경우에는 사업주가 부담한다."라고 규정하였고, 그 후 2022. 6. 10. 개정되기 전까지 자구의 일부 수정 외에 실질적으로 동일한 내용으로 유지되었다. 한편, 2021. 1. 5. 같은 조 제5항에 "재해율 등을 고려하여 대통령령으로 정하는 직종에 종사하는 특수형태근로종사자에 대해서는 제1항에 따른 산재보험료를 대통령령으로 정하는 바에 따라 경감할 수 있다."라는 규정을 신설하였다.

이 사건 위임규정인 같은 조 제2항 단서는 그 문언 자체만으로 행정입법의무를 부과한 것이라고 단정하기 어렵고, 오히려 산재보험료 경감에 관한 같은 조 제5항은 그 문언과 내용에 비추어 산재보험료 경감에 관하여 그 시행 여부나 시행 시기, 시행 범위를 행정권에 위임한 것으로 해석되고, 실제로 아래 (라)항에서 보는 바와 같이 운용되고 있는 점, 이 사건 위임규정은 특수형태근로종사자의 입장에서 보면 산재보험료 면제에 관한 것으로 볼 수 있는 점 등을 종합하면 관련 법률조항과의 체계적 해석상 이 사건 위임규정은 특수형태근로종사자의 산재보험료 면제, 즉 사업자가 특수형태근로종사자에 대한 산재보험료를 전부 부담하는 제도의 시행 여부나 시행 시기, 시행 범위를 행정권에 위임하여 재량권을 부여한 것으로 볼 수 있다.

(나) 특수형태근로종사자를 산재보험 적용 영역에 편입시키면서 그 산재보험료 부담에 관하여 입법을 한 2007. 12. 27. 당시 상황은 특수형태근로종사자의 법적 지위에 대하여 명확하게 사회적 합의가 되지 않았다.

당시 국회에 계류 중이던 '특수형태근로종사자 보호 등에 관한 법률안'과는 별도로 특수형태근로종사자가 자영인으로서의 성격과 근로자로서의 성격을 띠는 점을 고려하여 산재보험제도에 일단 편입시키게 되었다. 따라서 이 당시에는 산재보험료의 부담 비율을 50:50으로 하여 특수형태근로종사자에 대하여도 산재보험법의 보호영역으로 포함시켜 제도를 운영하는 데 논의의 중점을 두었다. 다만, 사업주의 산재보험료 전부 부담과 관련하여서는 당시 사회적 합의가 되지 않았고, 특수형태근로종사자의 노무 제공 형태가 다양하고 유동적으로 변화가능성이 있다는 점을 고려하여 행정부의 정책적 판단에 따라 사용종속관계 등을 중심으로 사업주가 산재보험료를 전부 부담할 수 있는 직종을 규정할 수도 있는 가능성을 확보하여 둔 것으로 볼 수 있다.

즉, 입법 당시 대립되는 특수형태근로종사자의 보호에 대한 노동계와 경영계의 입장을 고려하면서도, 사업주의 업무상 재해보상책임의 근거를 자신의 이익을 위하여 노무를 활용하는 점에 둔다면 근로자와 특수형태근로종사자 사이의 차이가 본질적인 것이 아닐 수도 있는 측면을 반영하여, 단서로서 행정입법에 의하여 사업주가 산재보험료를 전부 부담할 수도 있는 여지를 남겨 놓은 것으로 입법부가 행정권에 재량을 부여하였던 것으로 볼 수 있다.

(다) 한편, 입법 당시부터 특수형태근로종사자가 속한 직종 사이에 사용종속성의 정도 등에 따라 사업주의 산재보험료 부담 책임에 차등을 두는 것은 논리적으로 타당하지 않고 형평성에 맞지 않을 수 있다는 비판이

제기되었다. 또한 특수형태근로종사자는 같은 직종으로 분류되더라도 그 노무제공의 실태가 개별적·구체적으로 다양함에도 불구하고 이 사건 위임규정과 같이 대통령령으로 직종을 한정하는 제한적 규정방식에 따르면 노무제공의 실태에 따라 근로자로 인정되어야 할 특수형태근로종사자까지 직종에 의하여 근로자성이 부정되어 타당하지 않을 수 있다는 비판도 있었다. 이러한 비판들은 특수형태근로종사자가 근로자로서의 성격과 자영인으로서의 성격을 함께 가지고 있는 점, 근로기준법상 근로자인지 여부는 노무제공의 실태에 따라 개별적·구체적으로 판단되어야 할 성격의 것인 점에서 비롯된 것이고, 이러한 사정은 특수형태근로종사자의 산재보험 영역 편입 이전부터 논의되었던 것이다.

(라) 구 산재보험료징수법 제49조의3 제2항 본문이 특수형태근로종사자의 산재보험료 부담에 관한 내용을 정하면서, 같은 조 제5항에서 재해율 등을 고려하여 대통령령으로 정하는 직종에 종사하는 특수형태근로종사자에 대해서는 그 산재보험료를 대통령령으로 정하는 바에 따라 경감할 수 있도록 하고, 정부에서는 그 직종의 재해율이 전체 업종의 평균재해율의 2분의 1 이상인 직종 중에서 산재보험료의 부담 수준, 특수형태근로종사자의 규모 등을 고려하여 2022. 7. 1. 기준으로 9개 특수형태근로종사자 직종에 대하여 산재보험료의 100분의 50을 경감하여 주고 있다.

(마) 이상에서 살펴본 내용을 종합하여 보면, 2007. 12. 27. 입법 당시 특수형태근로종사자의 지위에 대하여 완전한 사회적 합의가 되지는 않았지만 그 보호의 단계적 개선 과정상 우선적 조치로 입법부는 사업주와 특수형태근로종사자로 하여금 산재보험료를 각각 2분의 1씩 부담하도록 하면서 특수형태근로종사자에 대한 산재보험제도를 실시하기로 우선 결단한 것이고, 향후 사회적 합의나 상황에 따라 특수형태근로종사자로 분류된 직종 가운데 사용종속관계의 정도 등을 고려하여 한정적으로 특정 직종의 특수형태근로종사자에 대하여 산재보험료 전부를 그 사업주에게 부담하게 하는 내용으로 행정입법을 할 수 있는 포괄적인 권한 내지 재량을 피청구인에게 부여한 것으로 봄이 타당하다.

(3) 소결

피청구인에게 청구인들이 주장하는 대통령령을 제정하여야 할 헌법상 의무는 인정되지 아니하므로, 이 사건 심판청구는 작위의무가 없는 행정입법부작위를 대상으로 한 것으로 부적법하다.

6. 결 론

그렇다면 이 사건 행정입법부작위에 대하여 재판관 문형배, 재판관 김형두, 재판관 정정미는 기각의견이고, 재판관 김기영, 재판관 이미선은 인용의견이며, 재판관 유남석, 재판관 이은애, 재판관 이종석, 재판관 이영진은 각하의견이므로, 이 사건 심판청구를 기각하기로 하여 주문과 같이 결정한다.

재판관 유남석 이은애 이종석 이영진 김기영 문형배 이미선 김형두 정정미

[별지 1] 청구인 명단

1. 박○○
2. 김○○

청구인들의 대리인 법무법인(유한) 지평
담당변호사 권창영
법무법인(유한) 원
담당변호사 김도형
법무법인 지향
담당변호사 김진, 전다운
법무법인 서정
담당변호사 이흥복, 송정훈, 최지윤
법무법인 마중
담당변호사 정민준
법무법인 한율
담당변호사 권석현
변호사 천지선
변호사 민성진

[별지 2] 관련조항

구 고용보험 및 산업재해보상보험의 보험료징수 등에 관한 법률(2010. 6. 10. 법률 10366호로 개정되고, 2022. 6. 10. 법률 제18919호로 개정되기 전의 것)

제49조의3(특수형태근로종사자에 대한 특례) ① 「산업재해보상보험법」 제125조에 따라 산재보험의 적용을 받는 특수형태근로종사자와 사업주에 대한 산재보험료 산정의 기초가 되는 보수액은 고용노동부

장관이 정하여 고시하는 금액으로 하고, 산재보험료율은 그 사업이 적용받는 사업의 산재보험료율로 한다.

② 제1항에 따른 산재보험료는 사업주와 특수형태근로종사자가 각각 2분의 1씩 부담한다. 다만, 사용종속관계(使用從屬關係)의 정도 등을 고려하여 대통령령으로 정하는 직종에 종사하는 특수형태근로종사자의 경우에는 사업주가 부담한다.

구 고용보험 및 산업재해보상보험의 보험료징수 등에 관한 법률(2021. 1. 5. 법률 제17858호로 개정되고, 2022. 6. 10. 법률 제18919호로 개정되기 전의 것)

제49조의3(특수형태근로종사자에 대한 특례) ⑤ 재해율 등을 고려하여 대통령령으로 정하는 직종에 종사하는 특수형태근로종사자에 대해서는 제1항에 따른 산재보험료를 대통령령으로 정하는 바에 따라 경감할 수 있다

고용보험 및 산업재해보상보험의 보험료징수 등에 관한 법률(2022. 6. 10. 법률 제18919호로 개정된 것)

제48조의6(노무제공자의 산재보험 특례) ①「산업재해보상보험법」제91조의15에 따라 산재보험의 적용을 받는 노무제공자(이하 "산재보험 노무제공자"라 한다)의 노무를 제공받는 사업의 사업주는 당연히 산재보험의 보험가입자가 된다.

② 공단이 제16조의2 제1항에 따라 매월 부과하는 산재보험 노무제공자의 월별보험료(산재보험료에 한한다)는 사업주가 매월 지급하는 보수액에 산재보험료율을 곱한 금액으로 한다.

⑥ 제2항에 따른 산재보험료는 사업주와 산재보험 노무제공자가 각각 2분의 1씩 부담한다. 다만, 사용종속관계(使用從屬關係)의 정도 등을 고려하여 대통령령으로 정하는 직종에 종사하는 산재보험 노무제공자의 경우에는 사업주가 부담한다.

⑦ 산재보험 노무제공자의 재해율, 월 보수액, 산재보험료율 및 노무제공 형태 등을 고려하여 대통령령으로 정하는 산재보험 노무제공자와 해당 사업주에 대해서는 제2항에 따른 산재보험료를 대통령령으로 정하는 바에 따라 감면할 수 있다.

구 산업재해보상보험법(2010. 1. 27. 법률 제9988호로 개정되고, 2020. 5. 26. 법률 제17326호로 개정되기 전의 것)

제125조(특수형태근로종사자에 대한 특례) ① 계약의 형식에 관계없이 근로자와 유사하게 노무를 제공함에도「근로기준법」등이 적용되지 아니하여 업무상의 재해로부터 보호할 필요가 있는 자로서 다음 각 호의 모두에 해당하는 자 중 대통령령으로 정하는 직종에 종사하는 자(이하 이 조에서 '특수형태근로종사자'라 한다)의 노무(勞務)를 제공받는 사업은 제6조에도 불구하고 이 법의 적용을 받는 사업으로 본다.

1. 주로 하나의 사업에 그 운영에 필요한 노무를 상시적으로 제공하고 보수를 받아 생활할 것
2. 노무를 제공함에 있어서 타인을 사용하지 아니할 것

구 산업재해보상보험법(2020. 5. 26. 법률 제17326호로 개정되고, 2022. 6. 10. 법률 제18928호로 개정되기 전의 것)

제125조(특수형태근로종사자에 대한 특례) ① 계약의 형식과 관계없이 근로자와 유사하게 노무를 제공함에도「근로기준법」등이 적용되지 아니하여 업무상의 재해로부터 보호할 필요가 있는 사람으로서 다음 각 호의 모두에 해당하는 사람 중 대통령령으로 정하는 직종에 종사하는 사람(이하 이 조에서 '특수형태근로종사자'라 한다)의 노무(勞務)를 제공받는 사업은 제6조에도 불구하고 이 법의 적용을 받는 사업으로 본다.

1. 주로 하나의 사업에 그 운영에 필요한 노무를 상시적으로 제공하고 보수를 받아 생활할 것
2. 노무를 제공할 때 타인을 사용하지 아니할 것

산업재해보상보험법(2022. 6. 10. 법률 제18928호로 개정된 것)

제91조의15(노무제공자의 범위 등) 이 장을 적용함에 있어 노무제공자 등은 다음을 의미한다.

1. "노무제공자"란 자신이 아닌 다른 사람의 사업을 위하여 다음 각 목의 방법에 따라 자신이 직접 노무를 제공하고 그 대가를 지급받는 사람으로서 업무상 재해로부터의 보호 필요성, 노무제공 형태 등을 고려하여 대통령령으로 정하는 직종에 종사하는 사람을 말한다.
   가. 노무제공자가 사업주로부터 직접 노무제공을 요청받은 경우
   나. 노무제공자가 사업주로부터 일하는 사람의 노무제공을 중개·알선하기 위한 전자적 정보처

리시스템(이하 "온라인 플랫폼"이라 한다)을 통해 노무제공을 요청받는 경우

2. "플랫폼 종사자"란 온라인 플랫폼을 통해 노무를 제공하는 사람을 말한다.

산업재해보상보험법 시행령(2011. 12. 30. 대통령령 제23468호로 개정되고, 2023. 6. 27. 대통령령 제33593호로 개정되기 전의 것)

제125조(특수형태근로종사자의 범위 등) 법 제125조 제1항에서 "대통령령으로 정하는 직종에 종사하는 자"란 다음 각 호의 어느 하나에 해당하는 자를 말한다.

5. 한국표준직업분류표의 세분류에 따른 택배원인 사람으로서 택배사업(소화물을 집화·수송 과정을 거쳐 배송하는 사업을 말한다)에서 집화 또는 배송 업무를 하는 사람

6. 한국표준직업분류표의 세분류에 따른 택배원인 사람으로서 고용노동부장관이 정하는 기준에 따라 주로 하나의 퀵서비스업자로부터 업무를 의뢰받아 배송 업무를 하는 사람

산업재해보상보험법 시행령(2023. 6. 27. 대통령령 제33593호로 개정된 것)

제83조의5(노무제공자의 범위) 법 제91조의15 제1호 각 목 외의 부분에서 "대통령령으로 정하는 직종에 종사하는 사람"이란 다음 각 호의 사람을 말한다.

5. 한국표준직업분류표의 세분류에 따른 택배원으로서 다음 각 목의 어느 하나에 해당하는 사람

가. 「생활물류서비스산업발전법」 제2조 제6호 가목에 따른 택배서비스종사자로서 집화 또는 배송(설치를 수반하는 배송을 포함한다) 업무를 하는 사람

나. 가목 외의 택배사업(소화물을 집화·수송 과정을 거쳐 배송하는 사업을 말한다)에서 집화 또는 배송 업무를 하는 사람

6. 한국표준직업분류표의 세분류에 따른 택배원으로서 퀵서비스업의 사업주로부터 업무를 의뢰받아 배송 업무를 하는 사람. 다만, 제5호 또는 제14호에 해당하는 사람은 제외한다.

93. 의료법 제27조 제1항 등 위헌소원

[2024. 2. 28. 2019헌바239]

【판시사항】

비의료인의 의료행위를 금지하고 위반 시 처벌하는 '의료법 제27조 제1항 본문 전단' 및 '구 의료법 제87조 제1항 제2호 중 의료법 제27조 제1항 본문 전단에 관한 부분'(이하 위 두 조항을 합하여 '심판대상조항'이라 한다)이, 죄형법정주의의 명확성원칙 및 과잉금지원칙에 위반되어 침구술을 시술하고자 하는 자의 직업선택의 자유 및 일반적 행동의 자유를 침해하는지 여부(소극)

【결정요지】

헌법재판소는 2017. 11. 30. 2017헌바217등을 비롯한 여러 결정에서, '의료행위'는 의료인이 하지 않으면 보건위생상 위해를 가져올 우려가 있는 일체의 행위를 의미하므로 죄형법정주의의 명확성원칙에 반하지 않고, 비의료인의 의료행위를 전면적으로 금지하고 위반 시 처벌하는 것은 국민의 생명권과 건강권을 보호하려는 것으로서 다른 방법으로는 이를 효율적으로 실현할 수 없으므로 과잉금지원칙에도 반하지 않는다고 판단하였다. 위 선례들을 변경할 사정이 없으므로, 심판대상조항은 직업선택의 자유 및 일반적 행동의 자유를 침해하지 않는다.

재판관 이영진, 재판관 김기영, 재판관 정정미의 보충의견

비록 심판대상조항이 직업선택의 자유 및 일반적 행동의 자유를 침해하지 않는다고 하더라도, 침구술 시술은 통상의 의료행위보다 위험성이나 부작용이 크지 않은 점, 전통적으로 널리 행해져 온 시술로서 이에 대한 수요가 지속되고 있는 점, 무상의 봉사활동 단체도 존재하는 등 의료취약 상태에 놓인 사람들도 수월하게 시술받을 여지가 있는 점, 과거에는 침사 및 구사 자격제도가 존재하였던 점 등을 고려한다면, 입법정책적으로는 침구술 시술에 관한 별도의 자격제도를 마련함으로써 의료소비자인 국민들에게 접근성과 비용을 고려한 보다 폭넓은 의료행위 선택의 가능성을 보장할 필요가 있다.

【심판대상조문】

의료법(2010. 1. 18. 법률 제9932호로 개정된 것) 제27조 제1항 본문 전단

구 의료법(2016. 12. 20. 법률 제14438호로 개정되고, 2019. 4. 23. 법률 제16375호로 개정되기 전의 것) 제87조 제1항 제2호 중 의료법 제27조 제1항 본문 전단에 관한 부분

【참조조문】

헌법 제10조, 제12조 제1항, 제15조, 제36조 제3항, 제37조 제2항

【참조판례】

헌재 2002. 12. 18. 2001헌마370, 판례집 14-2, 882, 887

헌재 2005. 5. 26. 2003헌바86, 판례집 17-1, 630, 637-642

헌재 2010. 7. 29. 2008헌가19등, 판례집 22-2상, 37, 56-59

헌재 2013. 6. 27. 2010헌마658, 판례집 25-1, 556, 563-566

헌재 2014. 8. 28. 2013헌마359, 공보 215, 1423, 1425

헌재 2017. 11. 30. 2017헌바217등

헌재 2019. 11. 28. 2017헌바504등, 공보 278, 1258, 1262

헌재 2022. 3. 31. 2017헌마1343등, 판례집 34-1, 286, 295
대법원 1999. 6. 25. 선고 98도4716 판결
대법원 2000. 2. 25. 선고 99도4542 판결

【당 사 자】

청 구 인 1. 이○○
2. 손○○
3. 김○○
청구인들의 대리인 법무법인 진성
담당변호사 이재화 외 2인
당해사건 서울중앙지방법원 2018고정1430
의료법위반방조 등

【주 문】

1. 청구인 손○○의 심판청구를 모두 각하한다.

2. 의료법(2010. 1. 18. 법률 제9932호로 개정된 것) 제27조 제1항 본문 전단 및 구 의료법(2016. 12. 20. 법률 제14438호로 개정되고, 2019. 4. 23. 법률 제16375호로 개정되기 전의 것) 제87조 제1항 제2호 중 의료법 제27조 제1항 본문 전단에 관한 부분은 모두 헌법에 위반되지 아니한다.

【이 유】

1. 사건개요

가. 청구인 이○○은 '한의사 자격이 없음에도 불구하고 2015. 11.경부터 2018. 4. 23.경까지 사이에 불특정 다수인을 상대로 침과 뜸 시술을 해주는 방법으로 무면허 의료행위를 하였다'는 의료법위반의 범죄사실로, 청구인 손○○ 및 청구인 김○○는 '위 청구인 이○○의 무면허 의료행위를 방조하였다'는 의료법위반방조의 범죄사실로 기소되었고, 제1심 법원은 2019. 6. 12. 청구인 이○○ 및 청구인 김○○에 대하여 각 벌금 100만 원 등을, 청구인 손○○에 대하여 무죄를 선고하였다(서울중앙지방법원 2018고정1430). 이에 청구인 이○○, 청구인 김○○ 및 검사가 항소하였는데, 항소심 법원은 2019. 11. 7. 제1심 판결 중 청구인 이○○에 대한 부분을 파기하고 벌금 200만 원 등에 처하는 한편 나머지 항소를 모두 기각하였고[서울중앙지방법원 2019노1858, 2535(병합)], 2020. 1. 30. 이에 대한 상고가 모두 기각되었다(대법원 2019도17353).

나. 청구인들은 위 소송 제1심 계속 중 의료법 제27조 제1항 및 제87조 제1항 제2호에 대하여 위헌법률심판제청신청을 하였으나 2019. 6. 12. 기각되자(서울중앙지방법원 2018초기1811), 2019. 7. 10. 위 조항들에 대하여 헌법소원심판을 청구하였다.

2. 심판대상

의료법 제27조 제1항 및 제87조 제1항 제2호 가운데 당해 사건에 적용된 것은, 의료인이 아니면 의료행위를 할 수 없도록 하고 위반 시 이를 처벌하는 의료법 제27조 제1항 본문 전단 및 제87조 제1항 제2호 중 제27조 제1항 본문 전단에 관한 부분이므로, 심판대상을 이에 한정한다. 그렇다면 이 사건 심판대상은 의료법(2010. 1. 18. 법률 제9932호로 개정된 것) 제27조 제1항 본문 전단 및 구 의료법(2016. 12. 20. 법률 제14438호로 개정되고, 2019. 4. 23. 법률 제16375호로 개정되기 전의 것) 제87조 제1항 제2호 중 의료법 제27조 제1항 본문 전단에 관한 부분(이하 위 두 조항을 합하여 '심판대상조항'이라 한다)이 헌법에 위반되는지 여부이다. 심판대상조항은 다음과 같다.

[심판대상조항]

의료법(2010. 1. 18. 법률 제9932호로 개정된 것)

제27조(무면허 의료행위 등 금지) ① 의료인이 아니면 누구든지 의료행위를 할 수 없으며 의료인도 면허된 것 이외의 의료행위를 할 수 없다. (단서 및 각 호 생략)

구 의료법(2016. 12. 20. 법률 제14438호로 개정되고, 2019. 4. 23. 법률 제16375호로 개정되기 전의 것)

제87조(벌칙) ① 다음 각 호의 어느 하나에 해당하는 자는 5년 이하의 징역이나 5천만원 이하의 벌금에 처한다.

2. 제12조 제2항 및 제3항, 제18조 제3항, 제21조의2 제5항·제8항, 제23조 제3항, 제27조 제1항, 제33조 제2항·제8항(제82조 제3항에서 준용하는 경우를 포함한다)·제10항을 위반한 자. (단서 생략)

3. 청구인들의 주장

심판대상조항은 의료인이 할 수 있는 '의료행위'가 무엇인지 명확히 규정하지 않았으므로, 죄형법정주의의 명확성원칙에 위반된다. 심판대상조항은 생명·신

체나 공중위생에 대한 위해 발생 가능성을 고려하지 않은 채 비의료인의 모든 의료행위를 금지하고 위반 시 이를 처벌하므로, 비의료인의 직업선택의 자유 및 일반적 행동의 자유 등을 침해하고 의료소비자의 건강권 및 자기결정권 등을 침해한다. 심판대상조항은 민간의술을 부정하는 것으로서, 국가가 전통문화 계승·발전과 민족문화 창달에 노력해야 한다는 헌법 제9조에도 위반된다.

4. 청구인 손○○의 심판청구에 관한 판단

가. 헌법재판소법 제68조 제2항의 헌법소원심판청구가 적법하기 위해서는 법률이 헌법에 위반되는지 여부가 재판의 전제가 되어야 하는바, 여기서 재판의 전제가 된다는 것은 그 법률이 당해 사건에 적용될 법률이어야 하고 그 위헌 여부에 따라 재판의 주문이 달라지거나 재판의 내용과 효력에 관한 법률적 의미가 달라지는 것을 말한다. 그런데 당해 사건이 형사사건이고 청구인에 대한 무죄판결이 확정된 경우에는 헌법소원이 인용되더라도 재심을 청구할 수 없어, 위 판결을 종국적으로 다툴 수 없게 된다. 따라서 법률의 위헌 여부에 따라 당해 사건 재판의 주문이 달라지거나 재판의 내용과 효력에 관한 법률적 의미가 달라진다고 할 수 없으므로, 더 이상 재판의 전제성이 인정되지 아니한다(헌재 2019. 11. 28. 2017헌바504등 참조).

나. 앞서 본 바와 같이 청구인 손○○에 대하여는 공소사실 전부에 대한 무죄판결이 확정되었으므로, 청구인 손○○의 심판청구는 재판의 전제성이 인정되지 아니하여 부적법하다.

5. 심판대상조항에 관한 판단

가. 제한되는 기본권

(1) 심판대상조항은 비의료인의 의료행위를 금지하고 위반 시 이를 처벌하는바, 의료행위에 해당하는 침구술(鍼灸術) 시술을 업으로 하고자 하는 사람에 대하여는 직업선택의 자유를 제한하고, 이를 취미나 일시적 활동 또는 무상의 봉사활동으로 하고자 하는 사람에 대하여는 헌법 제10조의 행복추구권에서 파생되는 일반적 행동의 자유를 제한한다(헌재 2002. 12. 18. 2001헌마370;헌재 2005. 5. 26. 2003헌바86 참조). 따라서 심판대상조항이 죄형법정주의의 명확성원칙 및 과잉금지원칙에 위반되어 직업선택의 자유 및 일반적 행동의 자유를 침해하는지 여부가 문제된다.

(2) 청구인 이○○ 및 청구인 김○○(이하 '청구인들'이라 한다)는 심판대상조항이 의료소비자의 건강권 및 의료행위에 관한 자기결정권 등도 침해한다고 주장하나, 심판대상조항은 침구술을 시술받는 행위를 제한하는 것이 아니며 심판대상조항으로 인하여 침구술을 시술하는 사람의 범위가 축소되어 침구술을 시술받는 것이 사실상 어려워진다고 하더라도 이는 침구술을 시술하는 사람의 기본권 제한으로 발생할 수 있는 간접적·사실적 불이익일 뿐이므로(헌재 2014. 8. 28. 2013헌마359; 헌재 2022. 3. 31. 2017헌마1343등 참조), 별도로 살피지 아니한다.

(3) 청구인들은 심판대상조항이 전통문화의 계승·발전과 민족문화의 창달에 관한 헌법 제9조에 위반된다고 주장하나, 이는 결국 의료인이 아니면 의료행위에 해당하는 침구술 시술을 할 수 없다는 점을 문제 삼는 것으로서 그 실질적 취지는 직업선택의 자유 및 일반적 행동의 자유 침해 여부를 다투는 것과 다름없으므로, 이 부분 주장 역시 따로 살피지 아니한다.

나. 헌법재판소 선례

헌법재판소는 침구술과 관련된 사안에서 심판대상조항 또는 실질적으로 그 내용이 동일한 심판대상조항의 구법조항들에 대하여 여러 차례 합헌 또는 기각 결정을 한 바 있다(헌재 2005. 5. 26. 2003헌바86; 헌재 2010. 7. 29. 2008헌가19등; 헌재 2013. 6. 27. 2010헌마658; 헌재 2017. 11. 30. 2017헌바217등 등). 그 요지는 다음과 같다.

『(1) 죄형법정주의의 명확성원칙 위반 여부

의료법의 입법취지와 각 규정내용 등에 비추어 보면, 의료인의 의료행위는 고도의 전문적 지식과 경험을 필요로 함과 동시에 사람의 생명·신체 또는 일반 공중위생과 밀접하고 중대한 관계에 있기 때문에 의료법에서 의료인이 되는 자격에 대하여 엄격한 요건을 규정하고 있다는 점을 알 수 있고, 따라서 무면허 의료행위를 처벌하는 취지는 의료행위를 의료인에게만 독점적으로 허용하고 일반인이 이를 하지 못하게 금지하여 비의료인이 의료행위를 함으로써 생길 수 있는 사람의 생명·신체나 일반 공중위생상의 위험을 방지하고자 함에 있다고 할 수 있다.

위와 같은 사정들을 종합하여 보면, 의료행위는 반드시 질병의 치료와 예방에 관한 행위에만 한정되지 않고, 그와 관계없는 것이라도 의학 지식과 기능을 갖춘 의료인이 하지 아니하면 보건위생상 위해를 가져올 우려가 있는 일체의 행위를 포함한다. 대법원도 의료행위라 함은 의학적 전문지식을 기초로 하는 경험과 기능으로 진찰, 검안, 처방, 투약 또는 외과적 시술을 시행하여서 하는 질병의 예방 또는 치료행위 이외에도 의료인이 행하지 아니하면 보건위생상 위해가 생길 우려가 있는 행위를 의미한다고 해석하고 있다(대법원 1999. 6. 25. 선고 98도4716 판결; 대법원 2000. 2. 25. 선고 99도4542 판결 등 참조). 의료법의 입법목적, 의료인의 사명에 관한 의료법상의 여러 규정 및 의료행위의 개념에 관한 대법원 판례 등을 종합적으로 고려해 보면, 심판대상조항 중 '의료행위'의 개념은 건전한 일반상식을 가진 사람이 일의적으로 파악하기 어렵다거나 법관에 의한 적용단계에서 다의적으로 해석될 우려가 있다고 보기 어렵다.

그러므로 심판대상조항은 죄형법정주의의 명확성원칙에 위반되지 아니한다.

(2) 과잉금지원칙 위반 여부

의료행위는 인간의 존엄과 가치의 근본인 사람의 신체와 생명을 대상으로 하는 것이므로, 의과대학에서 기초의학부터 시작하여 단순한 의료기술 이상의 '인체 전반에 관한 이론적 뒷받침'과 '인간의 신체 및 생명에 대한 외경심'을 체계적으로 교육받고 상당기간 임상실습을 한 후 이 점에 관한 국가의 검증(국가시험)을 거친 의료인에 의하여 행하여져야 한다. 과학적으로 검증되지 아니한 방법 또는 무면허 의료행위자에 의한 약간의 부작용도 존엄과 가치를 지닌 인간에게는 회복할 수 없는 치명적 위해를 가할 수 있기 때문이다. 또 무면허 의료행위자 중에서 부작용 없이 의료행위를 할 수 있는 특별한 능력을 갖춘 사람이 있다고 하더라도 이를 구분하는 것은 실제로는 거의 불가능하며, 부분적으로 그 구분이 가능하다고 하더라도 일반인들이 이러한 능력이 있는 무면허 의료행위자를 식별할 수 있는 것은 결국 국가에서 일정한 형태의 자격인증을 하는 방법 이외에는 달리 대안이 없다. 이와 같은 사정을 종합해 보면, 무면허 의료행위를 일률적·전면적으로 금지하고 이를 위반한 경우 그 치료결과에 관계없이 처벌하는 심판대상조항의 규제방법은 비례의 원칙에 합치된다.

법이 인정하는 의료인이 아니지만 특정 분야에 관하여 우수한 의료능력을 갖춘 사람들이 있다고 한다면, 국민건강의 보호증진을 위하여 입법자로서는 이들의 지식과 능력을 충분히 검증하고 이들에게 의료인 자격을 부여하는 경우의 순기능과 역기능을 면밀히 검토한 뒤 긍정적 평가가 나오면 이들에게도 의료행위를 할 수 있는 길을 열어 주는 것이 바람직할 수 있다. 그러나 이는 어디까지나 입법정책의 문제이다.

심판대상조항이 비의료인에 의한 의료행위를 전면적으로 금지한 것은 중대한 헌법적 법익인 국민의 생명권과 건강권을 보호하고 국민의 보건에 관한 국가의 보호의무(헌법 제36조 제3항)를 이행하기 위하여 적합한 조치로서, 국민의 기본권을 더 적게 침해하는 다른 방법으로는 위와 같은 중대한 공익이 효율적으로 실현될 수 없다. 따라서 심판대상조항으로 말미암은 기본권의 제한은 비례의 원칙에 부합한다.』

다. 선례 변경의 필요성 유무

청구인들은 외국에서 침구술 시술을 하는 우리나라 국민의 수가 점차 증가하고 있음을 들어 위 선례가 변경되어야 한다고 주장하나, 이것이 국내에서 국가가 자격을 검증한 의료인에게만 의료행위에 해당하는 침구술 시술을 허용하는 것에 대한 헌법적 평가를 달리해야 할 만한 사정이라고 보기는 어렵고, 그 밖에 심판대상조항에 대한 마지막 선례(헌재 2017. 11. 30. 2017헌바217등)가 선고된 이후 침구술 시술과 관련하여 특별히 변경된 사정도 발견되지 않는다. 따라서 위 선례들의 결정 이유는 이 사건에서도 그대로 타당한바, 심판대상조항은 죄형법정주의의 명확성원칙 및 과잉금지원칙에 위반되어 직업선택의 자유 및 일반적 행동의 자유를 침해하지 아니한다.

라. 소결

심판대상조항은 헌법에 위반되지 아니한다.

6. 결 론

그렇다면 청구인 손○○의 심판청구는 부적법하므로 이를 모두 각하하기로 하고, 심판대상조항은 모두 헌법에 위반되지 아니하므로, 주문과 같이 결정한다. 이 결정은 재판관 이영진, 재판관 김기영, 재판관 정정미의 아래 7.과 같은 보충의견이 있는 외에는 관여 재판관의 일치된 의견에 의한 것이다.

7. 재판관 이영진, 재판관 김기영, 재판관 정정미의 보충의견

가. 우리는 심판대상조항이 침구술을 시술하고자 하는 비의료인의 직업선택의 자유 및 일반적 행동의 자유를 침해하지 않는다고 판단하나, 입법정책적으로는 침

구술 시술에 관한 별도의 자격제도를 마련함으로써 의료소비자들에게 보다 폭넓은 선택의 가능성을 보장할 필요가 있음을 밝히고자 한다.

나. 모든 국민에게 수준 높은 의료 혜택을 받을 수 있도록 함으로써 국민의 건강을 보호하고 증진시키려면(의료법 제1조), 국가로서는 국민 개개인으로 하여금 접근성 및 비용을 고려한 최선의 의료행위를 선택할 수 있도록 하여야 한다. 그런데 의료행위를 할 수 있는 의료인의 자격은 그 취득이 가장 엄격하고 어려운 자격 중 하나이므로 이를 보유하고 있는 사람의 수(數)가 제한되어 있을 뿐만 아니라, 의료취약 상태에 놓여 있어 의료인에게 접근하는 비용 또는 의료인이 행하는 의료행위 자체의 비용 등을 부담할 능력이 충분하지 않은 국민들도 존재한다. 이에 더하여 오늘날 우리 사회에서는 건강과 의료에 관한 국민의 욕구와 수요가 대폭 증대되고 있는바, 위와 같은 사정들로 인하여 심판대상조항에도 불구하고 적지 않은 국민들이 비의료인에 의한 치료방법을 이용하고 있는 것이 현실이다.

다. 한편, 의료행위는 그 태양에 따라서 의학적 전문지식의 요구 정도나 생명·신체 및 공중위생에 미치는 위해성의 정도에 차이가 존재한다. 의료인 자격을 취득할 정도의 전문적인 지식과 기술이 필요하다고 보기 어렵고 생명·신체나 공중위생에 대한 위해발생 가능성이 낮은 일부 의료행위의 경우, 의료인의 자격 취득 기준보다 낮은 수준의 의료기술로도 자격을 취득할 수 있도록 하고 그 범위 내에서만 해당 의료행위를 할 수 있도록 하는 제도를 만들어 시행한다면, 국민들에게 보다 저렴한 비용으로 손쉽게 치료를 받을 수 있는 또 다른 선택의 가능성을 제공할 수 있을 것이다. 이러한 제도는 음성적으로 이루어지고 있던 비의료인의 일부 의료행위에 대하여 객관적이고 과학적인 검증체계를 확보함과 동시에, 해당 의료행위 시술자의 자격에 대한 엄격한 관리체계를 갖추도록 함으로써 부작용 및 피해를 방지하는 효과도 가져올 수 있다.

라. 이 사건에서 문제되는 침구술 시술은 이러한 별도의 자격제도 마련에 적합한 대표적인 예라고 할 수 있다. 침(鍼)은 경혈에 침을 사용하여 전기적 자극을 주는 것이고, 구(灸)는 쑥을 이용하여 경혈 부위에 열을 가하는 것이므로, 통상의 의료행위와 비교하여 생명·신체에 대한 위험성이나 부작용이 크지 않고 시술을 중단하면 쉽게 시술 전의 상태로 돌아갈 수도 있다. 또한 침구술 시술은 우리의 옛 선조들로부터 전통적으로 널리 행해져 오던 한방의료행위의 일종으로서 이에 대한 수요가 광범위하고 보편적으로 지속되고 있을 뿐만 아니라, 관련 민간 교육 역시 활성화되어 있음과 동시에 무상의 봉사활동으로서 시술하는 단체도 존재하는 등 의료취약 상태에 놓인 사람들도 비교적 수월하게 시술을 받을 여지가 있다.

마. 일본의 경우 현재까지 의업유사행위자로서 침사, 구사 등을 인정하고 있으며, 미국의 일부 주들에서도 침사 면허제도를 두고 있다. 우리나라 역시 과거에는 한의사와 구별되는 침사 및 구사의 자격제도가 존재하였고, 현행 의료법 제81조는 "이 법이 시행되기 전의 규정에 따라 자격을 받은 접골사(接骨士), 침사(鍼士), 구사(灸士)(이하 "의료유사업자"라 한다)는 제27조에도 불구하고 각 해당 시술소에서 시술(施術)을 업(業)으로 할 수 있다."라고 규정하여, 1962. 3. 20. 전에 침사 및 구사의 자격을 취득한 사람들에 대하여는 침구술 시술을 허용하고 있다. 그렇다면 위 조항의 의료유사업자에 '보건복지부장관이 실시하는 침구사 자격시험에 합격한 자'를 포함시키는 등의 방법으로 침구술 시술만을 행할 수 있는 사람을 신규로 인정한다면, 의료소비자인 국민들에게 접근성 및 비용을 고려한 최선의 의료행위를 보다 폭넓게 선택할 수 있는 가능성을 제공할 수 있게 될 것이다.

재판관 이종석 이은애 이영진 김기영 문형배 이미선 김형두 정정미 정형식

94. 의료기사 등에 관한 법률 제12조 제5항 위헌제청

[2024. 3. 28. 2020헌가10]

【판시사항】

안경사가 전자상거래 등의 방법으로 콘택트렌즈를 판매하는 것을 금지하고 있는 '의료기사 등에 관한 법률' 제12조 제5항 제1호 중 '안경사의 콘택트렌즈 판매'에 관한 부분이 과잉금지원칙에 위반하여 안경사의 직업수행의 자유를 침해하는지 여부(소극)

【결정요지】

전자상거래 등을 통한 콘택트렌즈 거래가 허용된다면, 착용자의 시력 및 눈 건강상태를 고려하지 않은 무분별한 콘택트렌즈 착용이 이뤄질 수 있고, 배송 과정에서 콘택트렌즈가 변질·오염될 가능성을 배제할 수 없으므로, 국민보건의 향상·증진이라는 심판대상조항의 입법목적이 달성되기 어려울 수 있다. 또한 안경사 아닌 자에 의한 콘택트렌즈 판매행위를 규제하기가 사실상 어려워지게 되고, 안경사로 하여금 소비자에게 콘택트렌즈의 사용방법, 유통기한 및 부작용에 관한 정보를 제공하도록 한 '의료기사 등에 관한 법률' 제12조 제7항의 취지가 관철되기도 어려워진다. 우리나라는 소비자의 안경업소 및 안경사에 대한 접근권이 상당히 보장되어 있어, 심판대상조항으로 인한 소비자의 불편이 과도하다고 보기도 어렵다. 따라서 심판대상조항이 과잉금지원칙에 위반하여 안경사의 직업수행의 자유를 침해한다고 볼 수 없다.

재판관 이영진의 반대의견

의료기기법은 의료기기의 제조·수입과정에서 발생할 수 있는 문제를 미연에 방지하고, 문제발생시 책임의 소재를 밝히기 위한 규정을 두고 있으므로, 전자상거래 등을 통해 거래되었다는 이유만으로 콘택트렌즈의 사용상 위험성이 현저히 높아진다거나 콘택트렌즈의 변질·오염에 관한 책임소재가 불분명해진다고 보기 어렵다. 안경사는 콘택트렌즈의 사용방법 등에 관한 정보를 소비자의 휴대전화 등으로 전송할 수 있고, 음성통화 등을 통해 소비자에게 추가적인 정보를 제공할 수도 있다. 콘택트렌즈의 판매방법을 규제할 필요가 있다고 하더라도, 잠재적 위해성의 정도가 낮은 콘택트렌즈에 대한 규제를 달리 할 수 있다. 따라서 심판대상조항은 과잉금지원칙에 위반하여 안경사의 직업수행의 자유를 침해한다.

【심판대상조문】

의료기사 등에 관한 법률(2016. 5. 29. 법률 제14219호로 개정된 것) 제12조 제5항 제1호 중 '안경사의 콘택트렌즈 판매'에 관한 부분

【참조조문】

헌법 제15조, 제36조 제3항, 제37조 제2항

의료기사 등에 관한 법률(2011. 11. 22. 법률 제11102호로 개정된 것) 제1조의2 제3호, 제12조 제1항, 제2항, 제6항

의료기사 등에 관한 법률(2016. 5. 29. 법률 제14219호로 개정된 것) 제12조 제5항 제2호, 제7항

의료기사 등에 관한 법률(2016. 12. 2. 법률 제14331호로 개정된 것) 제31조 제3호의2

전자상거래 등에서의 소비자보호에 관한 법률(2012. 6. 1. 법률 제11461호로 개정된 것) 제2조 제1호, 제2호

전자상거래 등에서의 소비자보호에 관한 법률 시행규칙(2012. 8. 17. 총리령 제991호로 개정된 것) 제2조

【참조판례】

헌재 2018. 6. 28. 2016헌바77등, 판례집 30-1하, 496, 508

헌재 2020. 10. 29. 2019헌바249, 판례집 32-2, 389, 397

헌재 2021. 6. 24. 2017헌가31, 판례집 33-1, 620, 628-630

【당 사 자】

제청법원 서울중앙지방법원

제청신청인 김○○

당해사건 서울중앙지방법원 2019고정2439 의료기사 등에 관한 법률 위반

【주 문】

의료기사 등에 관한 법률(2016. 5. 29. 법률 제14219호로 개정된 것) 제12조 제5항 제1호 중 '안경사의 콘택트렌즈 판매'에 관한 부분은 헌법에 위반되지 아니한다.

【이 유】

1. 사건개요

가. 제청신청인은 안경사로서, '누구든지 안경 및 콘택트렌즈를 전자상거래 및 통신판매의 방법으로 판매하여서는 안됨에도 불구하고, 제청신청인은 2018. 1. 23.경 인터넷에 ○○(www.□□.com)라는 전자상거래 사이트를 개설한 뒤, 2018. 2. 17. 위 사이트를 이용한 구매자 이○○에게 ○○ 콘택트렌즈 90개를 82,800원에 판매한 것을 비롯하여, 그 때부터 2018. 6. 30.까지 총 3,938회에 걸쳐 합계 357,986,500원 상당의 콘택트렌즈를 전자상거래의 방법으로 판매하였다'는 '의료기사 등에 관한 법률' 위반의 범죄사실로 2019. 11. 1. 벌금 200만 원의 약식명령을 받고(서울중앙지방법원 2019고약18072), 이에 불복하여 정식재판을 청구하였다(서울중앙지방법원 2019고정2439).

나. 제청신청인은 당해사건 계속 중인 2020. 3. 13. '의료기사 등에 관한 법률' 제12조 제5항 중 '콘택트렌즈' 부분에 대하여 위헌법률심판제청신청을 하였고(서울중앙지방법원 2020초기602), 제청법원은 2020. 6. 8. 이 사건 위헌법률심판을 제청하였다.

2. 심판대상

제청법원은 '의료기사 등에 관한 법률' 제12조 제5항 중 '콘택트렌즈' 부분에 대하여 위헌법률심판을 제청하였다.

한편 위 조항은 누구든지 콘택트렌즈를 전자상거래 등의 방법으로 판매하는 것을 금지하고 있으나, 제청신청인은 같은 법 제1조의2 제3호의 안경사로서 '의료기사 등에 관한 법률'에 따라 콘택트렌즈 판매 업무를 수행할 수 있음에도 불구하고(제3조, 같은 법 시행령 제2조 제1항 [별표1]) 전자상거래의 방법으로 판매하였다는 사실로 기소되었으므로 이와 관련된 부분으로 심판대상을 한정하기로 한다.

따라서 이 사건 심판대상은 '의료기사 등에 관한 법률'(2016. 5. 29. 법률 제14219호로 개정된 것, 이하 '의료기사법'이라 한다) 제12조 제5항 제1호 중 '안경사의 콘택트렌즈 판매'에 관한 부분(이하 '심판대상조항'이라 한다)이 헌법에 위반되는지 여부이다. 심판대상조항 및 주요 관련조항은 다음과 같고, 나머지 관련조항은 [별지]와 같다.

[심판대상조항]

의료기사 등에 관한 법률(2016. 5. 29. 법률 제14219호로 개정된 것)

제12조(안경업소의 개설등록 등) ⑤ 누구든지 안경 및 콘택트렌즈를 다음 각 호의 어느 하나에 해당하는 방법으로 판매 등을 하여서는 아니 된다.

1. 「전자상거래 등에서의 소비자보호에 관한 법률」 제2조에 따른 전자상거래 및 통신판매의 방법

[주요 관련조항]

의료기사 등에 관한 법률(2016. 5. 29. 법률 제14219호로 개정된 것)

제12조(안경업소의 개설등록 등) ⑤ 누구든지 안경 및 콘택트렌즈를 다음 각 호의 어느 하나에 해당하는 방법으로 판매 등을 하여서는 아니 된다.

2. 판매자의 사이버몰(컴퓨터 등과 정보통신설비를 이용하여 재화 등을 거래할 수 있도록 설정된 가상의 영업장을 말한다) 등으로부터 구매 또는 배송을 대행하는 등 보건복지부령으로 정하는 방법

의료기사 등에 관한 법률(2016. 12. 2. 법률 제14331호로 개정된 것)

제31조(벌칙) 다음 각 호의 어느 하나에 해당하는 자는 500만원 이하의 벌금에 처한다.

3의2. 제12조 제5항을 위반한 사람
전자상거래 등에서의 소비자보호에 관한 법률(2012. 6. 1. 법률 제11461호로 개정된 것)
제2조(정의) 이 법에서 사용하는 용어의 뜻은 다음과 같다.

1. "전자상거래"란 전자거래(「전자문서 및 전자거래 기본법」 제2조 제5호에 따른 전자거래를 말한다. 이하 같다)의 방법으로 상행위(商行爲)를 하는 것을 말한다.
2. "통신판매"란 우편·전기통신, 그 밖에 총리령으로 정하는 방법으로 재화 또는 용역(일정한 시설을 이용하거나 용역을 제공받을 수 있는 권리를 포함한다. 이하 같다)의 판매에 관한 정보를 제공하고 소비자의 청약을 받아 재화 또는 용역(이하 "재화등"이라 한다)을 판매하는 것을 말한다. 다만, 「방문판매 등에 관한 법률」 제2조 제3호에 따른 전화권유판매는 통신판매의 범위에서 제외한다.

전자상거래 등에서의 소비자보호에 관한 법률 시행규칙(2012. 8. 17. 총리령 제991호로 개정된 것)
제2조(통신판매에 관한 정보의 제공방법 등) 「전자상거래 등에서의 소비자보호에 관한 법률」(이하 "법"이라 한다) 제2조 제2호 본문에서 "총리령으로 정하는 방법"이란 다음 각 호의 방법을 말한다.

1. 광고물·광고시설물·전단지·방송·신문 및 잡지 등을 이용하는 방법
2. 판매자와 직접 대면하지 아니하고 우편환·우편대체·지로 및 계좌이체 등을 이용하는 방법

3. 제청법원의 위헌제청이유

콘택트렌즈 시장은 글로벌 기업들이 과점하는 형태로서 그러한 글로벌 기업들은 콘택트렌즈를 규격화하여 기성품으로 생산 및 판매하고 있는 점, 콘택트렌즈 구매자는 검사 및 그에 따른 처방을 통해 한 번 자신에게 맞는 규격을 알게 되면 이후 콘택트렌즈를 구매할 때마다 안경사로부터 처방전을 받을 필요는 없어 보이는 점, 눈 건강상태의 변화 주기에 비하여 콘택트렌즈 구매를 반복하는 주기가 짧을 수 있어 고객들로서는 단순 반복 구매의 필요성이 있는 점 등을 종합하여 고려하였을 때, 기성품 콘택트렌즈를 규격대로 반복 구매하기만 하면 되는 경우에까지 콘택트렌즈 전자상거래를 일괄적으로 금지하는 것은 콘택트렌즈 판매자의 직업의 자유와 고객의 선택의 자유를 필요 이상으로 침해하는 것일 가능성이 있다.

또한, 심판대상조항은 국내업체의 전자상거래의 방법 등을 통한 콘택트렌즈 판매를 전면적으로 금지하고 있으나, 해외업체의 같은 행위에 대해서는 어떠한 금지 규정도 없다. 따라서 심판대상조항은 해외업체와 국내업체를 합리적 이유 없이 차별하는 것으로서 평등의 원칙에 위배될 소지가 있다.

4. 판 단

가. 쟁점의 정리

(1) 심판대상조항은 안경사가 콘택트렌즈를 '전자상거래 등에서의 소비자보호에 관한 법률'(이하 '전자상거래법'이라 한다) 제2조에 따른 전자상거래(이하 '전자상거래'라 한다) 및 같은 조항에 따른 통신판매(이하 '통신판매'라 하고, 전자상거래와 합하여 '전자상거래 등'이라 한다)의 방법으로 판매하는 것을 금지하고 있는바, 이는 안경사의 직업수행의 자유를 제한한다.

(2) 나아가, 제청법원은 심판대상조항이 소비자의 자기결정권을 침해한다고 주장한다. 그러나 소비자의 자기결정권 제한은 콘택트렌즈 판매방법 제한으로 인해 발생하는 부수적 효과이므로, 이는 콘택트렌즈 판매자의 직업수행의 자유 침해 여부를 판단하는 과정에서 고려하는 것으로 충분하다. 따라서 소비자의 자기결정권 침해 여부는 별도로 판단하지 아니한다(헌재 2018. 6. 28. 2016헌바77등 참조).

(3) 또한, 제청법원은 심판대상조항이 국내업체의 콘택트렌즈 판매 행위만을 규율하고 있고, 해외업체의 동일한 행위에 대해서는 아무런 제한이 없으므로, 심판대상조항이 국내업체와 해외업체를 차별취급하고 있다고 주장한다.

그러나 심판대상조항은 국내업체와 해외업체를 별도로 규율하고 있지 아니하여 심판대상조항으로 인한 차별취급 자체가 존재한다고 보기 어려우므로, 이에 대하여는 더 나아가 판단하지 않기로 한다.

나. 심사기준

심판대상조항은 안경사가 전자상거래 등을 통하여 콘택트렌즈를 판매하는 것을 금지하여 직업수행의 자유를 제한하고 있으므로 헌법 제37조 제2항의 과잉금지원칙을 준수하여야 한다. 한편, 헌법 제36조 제3항은 "모든 국민은 보건에 관하여 국가의 보호를 받는다."라

고 규정하고 있다. 그런데 심판대상조항은 국민의 건강에 직접적인 영향을 미칠 수 있는 보건의료 분야를 규율하고 있는바, 이 분야의 업무는 내재된 위험이 현실화되기 전까지 그 위험의 존재와 정도가 불확실한 반면, 현실화되고 나서는 회복하기 어려운 성격을 지닌다. 따라서 입법자로서는 예측판단에 기초하여 가능한 한 위험의 현실화를 최소화시키는 조치를 취할 수 있고, 이러한 점은 과잉금지원칙 위반 여부 심사 과정에서도 고려되어야 한다(헌재 2020. 10. 29. 2019헌바249 참조).

다. 직업수행의 자유 침해 여부

(1) 목적의 정당성

심판대상조항은 안경사가 전자상거래 등을 통하여 콘택트렌즈를 판매하는 것을 금지하는 내용을 담고 있는데, 콘택트렌즈는 손상되기 쉬운 부위인 각막에 직접 부착하여 사용하는 물품이므로, 콘택트렌즈의 유통과정에서 변질·오염이 발생할 경우 콘택트렌즈의 착용자는 심각한 건강상 위험에 처할 수 있다. 콘택트렌즈 착용자가 정확한 사용 및 관리방법을 안내받지 못하는 경우에도 마찬가지 위험성이 있다.

심판대상조항은 이와 같은 콘택트렌즈의 위험성을 고려하여, 안경사가 소비자를 직접 대면하여 콘택트렌즈의 사용 및 관리 방법을 충실히 안내할 수 있도록 하고, 보관과 유통과정에서의 변질·오염 가능성을 사전에 차단하며, 콘택트렌즈의 직접 전달을 통하여 변질·오염 시 책임소재를 분명하게 함으로써, 궁극적으로는 국민보건을 향상·증진시키기 위한 것인바, 이러한 입법목적은 정당하다고 할 것이다.

(2) 수단의 적합성

안경사가 직접 대면하여 콘택트렌즈를 판매·전달하는 경우 콘택트렌즈를 각막에 부착하거나 각막에서 분리하는 방법을 직접 시연하는 등 콘택트렌즈의 사용 및 관리 방법을 보다 충실히 안내할 수 있다. 또한 콘택트렌즈가 우편이나 택배 등 중간 매개를 거치지 않고 바로 소비자에게 전달될 수 있으므로, 배송과정에서 적정한 보관상태가 유지되지 못하여 부패되거나 봉합이 훼손되어 공기 중의 오염물질에 노출될 가능성이 적어지며, 콘택트렌즈가 안경사로부터 소비자에게 직접 전달되므로 콘택트렌즈 변질·오염사고가 발생하더라도 책임의 소재가 명확해진다.

따라서 안경사가 전자상거래 등을 통해 콘택트렌즈를 판매하는 행위를 금지하는 것은 입법목적 달성을 위한 적합한 수단이라 볼 수 있다.

(3) 침해의 최소성

(가) 콘택트렌즈는 각막에 직접 부착되는 의료기기에 해당하므로(의료기기법 제2조 제1항 제1호), 콘택트렌즈의 사용에 관한 결정은 착용자의 시력 및 눈 건강상태를 면밀히 고려하여 이뤄질 필요성이 크다. 그런데 사람의 시력과 눈 건강상태는 시간의 경과에 따라 변화할 수 있는 것이므로, 콘택트렌즈 착용자는 주기적으로 시력과 눈 건강상태에 대한 점검을 받아야 하는데, 전자상거래 등으로 콘택트렌즈가 판매된다면 착용자의 시력 및 눈 건강상태를 고려하지 않은 무분별한 콘택트렌즈 착용이 이뤄질 가능성이 있다고 할 것이므로, 국민보건의 향상·증진이라는 심판대상조항의 입법목적이 달성되기 어려울 수 있다.

(나) 심판대상조항은 '전자상거래'와 '통신판매'에 의한 콘택트렌즈 판매를 금지하고 있는데, 여기서의 '전자상거래'는 재화나 용역을 거래할 때 그 전부 또는 일부가 정보처리시스템에 의하여 작성·송신·수신되는 등 전자적 방식으로 처리되는 거래의 방법으로 이뤄지는 상행위를 의미하고(전자상거래법 제2조 제1호, 전자문서 및 전자거래 기본법 제2조 제1호, 제5호), '통신판매'는 우편·전기통신 및 판매자와 대면하지 아니하고 우편환 등 방법으로 재화 등의 판매에 관한 정보를 제공하고 소비자의 청약을 받아 재화 등을 판매하는 것을 말한다(전자상거래법 제2조 제2호, 같은 법 시행규칙 제2조).

전자상거래 등을 통한 거래는 이와 같이 거래절차의 일부 혹은 전부가 전자적(비대면)으로 이뤄지므로 사업자는 통상 우편배달 방식으로 물품을 제공하게 되는데, 우편배달 방식은 그 자체로 콘택트렌즈 변질·오염의 위험성을 내포하고 있다. 더욱이 보건복지부에서 발간한 연구용역보고서(콘택트렌즈 및 돋보기안경 온라인판매의 안전성 분석연구, 2018)에 따르면, 전자상거래 등에 의한 콘택트렌즈 판매가 금지된 시점인 2011년 이후 콘택트렌즈 매출액 증가 대비 콘택트렌즈 주 사용자의 각막염(H16.9) 발생 증가가 상대적으로 둔화되었다는 것을 알 수 있는바, 전자상거래 등에 의한 콘택트렌즈 판매 금지가 국민의 안건강에 어느 정도 기여한 것으로 볼 수 있다.

(다) 또한, 심판대상조항은 이 법의 다른 제도와도 밀

접한 관련을 갖고 있다. 만일 콘택트렌즈를 전자상거래 등으로 판매할 수 있다면, 안경사가 개설할 수 있는 안경업소의 수를 1개로 제한함으로써 안경사가 직접 업무를 수행할 수 있는 장소적 범위 내에서만 안경업소 개설을 허용하여 안경사 아닌 자에 의하여 안경업소가 관리되는 것을 그 개설단계에서 미리 방지하고자 하는 의료기사법 제12조 제2항의 취지에 어긋나게 된다.

나아가 안경사의 업무범위는 안경(시력보정용에 한함)의 조제 및 판매와 콘택트렌즈(시력보정용이 아닌 경우 포함)의 판매 등이고(의료기사법 제1조의2 제3호, 제3조, 같은 법 시행령 제2조 제1항 [별표1]), 안경사 아닌 자는 원칙적으로 안경사의 업무를 수행할 수 없는데(같은 법 제9조 제1항 본문), 만약 전자상거래 등을 통한 콘택트렌즈 판매가 허용된다면 안경사 아닌 자에 의한 콘택트렌즈 판매행위를 규제하기가 사실상 어려워져, 위 의료기사법 규정을 잠탈할 우려가 있다. 그리고 전자상거래 등을 통한 콘택트렌즈 판매가 허용된다면, 안경사가 콘택트렌즈 판매 시 콘택트렌즈의 사용방법과 유통기한 및 부작용에 관한 정보를 제공하도록 한 의료기사법 제12조 제7항의 취지가 관철되기도 어려워지게 된다.

(라) 한편, 해외 사례 등을 고려하여 처방전의 유무 및 콘택트렌즈의 종류에 따라 판매방법의 제한을 달리 설정할 수 있다는 견해가 있을 수 있다.

콘택트렌즈의 전자상거래 등을 허용한 해외 사례가 일부 확인되기는 하나, 전자상거래 등 허용 여부는 안경사의 업무범위, 콘택트렌즈 판매의 수요와 공급 상황, 안경업소에 대한 접근성 정도, 국민들의 서비스 이용 특성 등 나라마다 경제, 사회, 문화적인 배경과 구체적·개별적 상황을 감안하여 결정할 문제이다(헌재 2021. 6. 24. 2017헌가31 참조). 따라서 일부 해외 사례만을 근거로 심판대상조항보다 완화된 규제로도 입법목적을 동일하게 실현할 수 있다고 단정하기 어렵다.

(마) 유통업체의 전체 매출 중 온라인 유통업체 매출의 비중이 점차 증가하고 있는 우리나라의 상황을 고려할 때, 전자상거래 등을 통한 콘택트렌즈 판매를 제한하고 있는 심판대상조항으로 인해 일부 소비자가 불편을 겪게 된다는 사실을 부인할 수는 없다.

그러나 심판대상조항이 소비자의 안건강 보호를 위한 것인 이상 이로 인하여 발생하는 일부 소비자의 불이익을 이유로 전자상거래 등을 통한 콘택트렌즈 판매 금지가 과도하다고 보기 어렵다. 나아가 우리나라의 인구 만 명당 안경업소 수 및 안경사 수, 국가 면적당(1,000㎢) 안경업소 수 모두 높은 수준이므로(헌재 2021. 6. 24. 2017헌가31), 소비자의 안경업소 및 안경사에 대한 접근권이 상당히 보장되어 있다고 볼 수 있어, 소비자가 안경업소에 방문하여 콘택트렌즈를 구매하는 것이 용이하므로, 심판대상조항으로 인한 소비자의 불편이 과도하다고 보기도 어렵다.

(바) 따라서, 심판대상조항에 따른 직업수행의 자유 제한이 그 입법목적 달성을 위하여 필요한 정도를 넘어선 과도한 제한이라 보기는 어렵다.

(4) 법익의 균형성

심판대상조항에 의하여 제한되는 사익은 안경사가 전자상거래 등 방법으로 콘택트렌즈를 판매할 수 없게 됨에 따른 일정한 영업상 불이익과 소비자들의 다소간의 불편함에 불과하다. 반면 심판대상조항이 달성하고자 하는 국민보건의 향상이라는 공익은 매우 크다. 따라서 심판대상조항은 법익의 균형성에 위반되지 않는다.

(5) 소결

심판대상조항은 과잉금지원칙에 반하여 직업의 자유를 침해하지 아니한다.

5. 결 론

심판대상조항은 헌법에 위반되지 아니하므로 주문과 같이 결정한다. 이 결정은 아래의 6.과 같은 재판관 이영진의 반대의견이 있는 외에는 관여 재판관들의 일치된 의견에 의한 것이다.

6. 재판관 이영진의 반대의견

나는 법정의견과 달리 심판대상조항이 과잉금지원칙에 위배되어 안경사의 직업수행의 자유를 침해한다고 생각하므로, 아래와 같이 견해를 밝힌다.

가. 목적의 정당성 및 수단의 적합성

법정의견이 설시한 것과 같이 심판대상조항은 콘택트렌즈의 사용 및 관리 방법에 관한 충실한 안내 등을 통해 국민보건의 향상·증진을 도모하기 위한 것으로서 그 목적이 정당하고, 안경사가 전자상거래 등을 통해 콘택트렌즈를 판매하는 행위를 금지하는 것은 위와 같은 목적달성에 적합한 수단인 점은 인정된다.

나. 침해의 최소성

(1) 심판대상조항은 콘택트렌즈의 판매 방법을 제한하고 있는데, 콘택트렌즈는 착용자의 각막에 직접 부착되는 의료기기에 해당하므로(의료기기법 제2조 제1항 제1호), 의료기기법에 따른 의료기기의 제조·수입에 관한 규정이 그대로 적용된다. 따라서 콘택트렌즈의 제조·수입 과정에서 허가·인증·신고 등의 절차를 거쳐야 하고(의료기기법 제6조 제2항, 제15조 제2항), 콘택트렌즈 제조업자·수입업자 등은 의료기사법에 따라 안경사 면허를 가진 품질책임자로 하여금 품질관리 등의 업무를 수행하도록 하여야 한다(같은 법 제6조 제7항, 제6조의2, 제15조 제6항, 같은 법 시행규칙 제11조 제2항 제1호 가목).

그리고 콘택트렌즈의 용기나 외장에는 제조업자·수입업자의 상호와 주소, 중량 혹은 포장단위, '의료기기'의 표시 등을 기재하여야 하고(같은 법 제20조), 첨부문서에는 사용방법과 사용 시 주의사항, 보수점검이 필요한 경우 보수점검에 관한 사항, 제품의 사용목적, 제품의 보관 또는 저장방법 등을 기재하여야 한다(같은 법 제22조, 같은 법 시행규칙 제43조).

이와 같이 의료기기법은 의료기기의 제조·수입과정 등 유통과정에서 발생할 수 있는 문제를 미연에 방지하고, 문제발생시 책임의 소재를 밝히기 위한 규정을 두고 있고, 콘택트렌즈의 유통과정에 위 규정들이 모두 적용될 수 있다는 점을 고려할 때, 전자상거래 등을 통해 거래되었다는 이유만으로 콘택트렌즈의 사용상 위험성이 현저히 높아진다거나 콘택트렌즈의 변질·오염에 관한 책임소재가 불분명해진다고 보기는 어렵다.

(2) 전자상거래 등에 의한 콘택트렌즈 판매가 허용될 경우, 콘택트렌즈 판매 시 안경사가 그 사용방법과 유통기한 및 부작용에 관한 정보를 제공하도록 한 의료기사법 제12조 제7항의 취지가 형해화된다는 지적이 있다.

그러나 콘택트렌즈의 사용방법과 유통기한 및 부작용에 관한 정보를 소비자의 휴대전화 혹은 이메일 등을 통해 전송하는 것이 기술적으로 어렵지 아니하고, 필요할 경우 안경사가 사용방법과 유통기한 및 부작용에 관한 추가적인 정보를 음성통화 혹은 화상통화 등을 통해 제공할 수도 있다. 소비자가 안경사와 대면하여 구두로 정보제공을 받고 그 내용을 설명한 서류를 직접 교부받는 것이 바람직한 정보제공의 방식이라 볼 여지도 있으나, 휴대전화 등 정보통신수단을 통해 정보를 제공받을 경우 그 정보를 분실할 우려가 상대적으로 적고, 필요할 경우 언제든지 재차 그 정보를 확인할 수 있는 이점이 있다. 정보통신기술의 급격한 발전으로 전자적 방식으로 교부된 정보의 저장기간이 길어지고, 그 정보의 재열람이 상당히 용이해진 점을 고려해본다면, 위와 같은 이점이 국민보건 향상·증진에 미치는 영향력을 무시하기는 어렵다. 따라서 콘택트렌즈의 거래가 전자상거래 등의 방식으로 이뤄진다고 하여, 의료기사법 제12조 제7항의 입법취지가 관철되기 어렵다고 단정할 것은 아니다.

(3) 한편, 심판대상조항은 전자상거래의 방법에 의한 콘택트렌즈의 판매를 모두 금지하고 있고, 여기서의 '전자상거래'란 재화나 용역을 거래할 때 그 전부 또는 일부가 정보처리시스템에 의하여 작성·송신·수신되는 등 전자적 방식으로 처리되는 거래의 방법으로 이뤄지는 상행위를 의미한다(전자상거래법 제2조 제1호, 전자문서 및 전자거래 기본법 제2조 제1호, 제5호). 위 조항들의 문언 및 체계 등에 비춰보았을 때, 계약의 성립단계(청약, 승낙 등)와 계약의 이행단계(대금의 지급, 물품의 제공 등) 중 일부라도 전자적 방식으로 이뤄진다면, 그 거래행위는 예외없이 전자상거래에 해당된다. 결국 심판대상조항은 이러한 유형의 콘택트렌즈의 판매행위를 모두 금지하고 있는 것이다.

또한 심판대상조항은 통신판매의 방법에 의한 콘택트렌즈의 판매도 금지하고 있는데, 여기서의 '통신판매'란 우편·전기통신 및 판매자와 대면하지 아니하고 우편환 등 방법으로 재화 등의 판매에 관한 정보를 제공하고 소비자의 청약을 받아 재화 등을 판매하는 것을 말한다(전자상거래법 제2조 제2호, 같은 법 시행규칙 제2조). 이와 같이 심판대상조항은 '정보의 제공'과 '소비자의 청약'이 비대면으로 이뤄지는 콘택트렌즈 판매방식을 절대적으로 금지하고 있기도 하다.

결국 심판대상조항에 따르면 콘택트렌즈 거래의 모든 과정이 전자적(혹은 비대면) 방식에 의하지 아니하여야 한다는 것이다. 그러나 콘택트렌즈 구매의 의사표시(청약·승낙)가 전자적(혹은 비대면) 방식으로 이뤄진다고 하더라도 안경사가 소비자에게 해당 콘택트렌즈를 안경업소에서 직접 제공한다면, 안경사는 그 과정에서 콘택트렌즈의 사용방법 등을 충실히 안내할 수 있고, 콘택트렌즈의 유통과정에 문제가 생긴다고 볼 수도 없으며, 콘택트렌즈의 변질·오염에 관한 책임소재가 불분명하게 된다고 보기도 어렵다. 오히려 콘택트렌즈 판매가 전자적 방식의 의사표시(청약·승낙)를 통해 이뤄진다면, 거래 당사자 및 거래 시점에 관한 기록이 전자적인 형태로 오랜 기간 보존될 수 있어, 콘택트렌즈의 변질·오염에 관한 책임을 추궁하기 용이하게 만드는 측면도 있다. 이렇듯 심판대상조항은 그 입법목적과 무관한 콘택트렌즈 판매유형까지도 광범위하게 금지하고 있는 것이다.

(4) 나아가 전자상거래 등을 통한 콘택트렌즈 거래를 규제할 필요성이 인정된다고 할지라도, 콘택트렌즈의 종류에 따라 규제의 정도를 달리하면서 입법목적을 충분히 달성할 수 있는 방안을 모색할 여지도 있다.

의료기기법은 잠재적 위해성의 정도에 따라 의료기기의 등급을 분류하도록 규정하고 있는데, 잠재적 위해성이 거의 없는 의료기기는 1등급으로, 잠재적 위해성이 낮은 의료기기는 2등급으로, 중증도의 잠재적 위해성을 가진 의료기기는 3등급으로, 고도의 위해성을 가진 의료기기는 4등급으로 분류하고 있다(의료기기법 제3조 제1항, 제2항, 같은 법 시행규칙 제2조 [별표1]).

의료기기법 제3조 제1항의 위임에 따라 '의료기기 품목 및 품목별 등급에 관한 규정'(식품의약품안전처 고시)이 시행되고 있는데, 위 고시는 '연속착용 하드 콘택트렌즈'와 '연속착용 소프트 콘택트렌즈'의 경우 중증도의 잠재적 위해성을 인정하여 3등급 의료기기로 분류하고 있으나, '매일착용 하드 콘택트렌즈'와 '매일착용 소프트 콘택트렌즈'는 잠재적 위해성이 낮다고 보아 2등급 의료기기로 분류하고 있다(의료기기 품목 및 품목별 등급에 관한 규정 제3조 [별표]).

이러한 점에 비춰볼 때 콘택트렌즈의 종류에 따라 인체에 미치는 잠재적 위해성이 상이한 것으로 보이고, 따라서 모든 콘택트렌즈에 대한 동일한 규제를 적용하는 것이 아니라 콘택트렌즈의 종류별로 판매방법의 제한을 달리 하는 방안을 고려해볼 수 있는 것이다.

(5) 또한 전자상거래 등을 통한 콘택트렌즈 판매를 전면적으로 금지하는 것이 아니라, 처방전을 제시하는 소비자에게 콘택트렌즈를 판매하는 경우 그 처방전의 유효기간 범위 내에서 전자상거래 등을 통한 거래를 허용하는 방안도 존재한다. 이러한 방안은 전문가에 의한 정기적인 눈 검진을 촉진하여 국민의 건강에 오히려 긍정적인 영향을 미칠 가능성까지도 있다.

해외사례를 살펴보면, 독일·캐나다·스웨덴·일본·중국 등과 같이 처방전 없이도 전자상거래 등 방법에 의한 콘택트렌즈 판매를 허용하는 국가도 있으나, 미국·영국·프랑스·호주·뉴질랜드 등의 국가에서는 처방전 발급을 전제로 전자상거래 등을 통한 콘택트렌즈 판매를 허용하고 있는바, 이러한 해외사례를 고려하면 위 방안은 충분히 실현가능한 대안으로 보인다. (6) 앞서 살펴본 바와 같이 심판대상조항은 콘택트렌즈의 종류·처방전 발급 여부 등을 불문하고 전자상거래 방식에 의한 콘택트렌즈 판매를 광범위하게 금지하고 있는 것이다. 이에 더하여 심판대상조항이 형벌의 구성요건으로도 기능하고 있다는 점(의료기사법 제31조 제3호의2)을 고려한다면, 심판대상조항의 광범위한 규율이 과도한 형벌권 행사로 이어질 가능성을 배제하기 어려운바, 이를 두고 입법목적을 달성하기 위하여 필요한 최소한의 조치라고 볼 수는 없다.

다. 법익의 균형성

(1) 단기적인 시각에서는 전자상거래 등을 통한 콘택트렌즈 판매를 금지하는 심판대상조항이 국민 보건 향상이라는 중대한 공익을 충실히 달성하고 있는 듯 보이지만, 장기적인 관점에서는 달성되는 공익의 정도가 높지 않다.

콘택트렌즈를 이용하는 소비자는 콘택트렌즈의 정기적 교체를 위하여 매번 안경업소에 방문하여야 하는 불편함을 겪어야 하고, 이러한 불편을 피하기 위하여 소비자로서는 국내법의 직접적 적용을 받지 않는 해외업체로부터 심판대상조항이 금지하지 아니하는 방법으로 콘택트렌즈를 구매하는 방법(이른바 해외직구)을 고려하게 된다. 위 방법에 따라 콘택트렌즈를 구매하는 소비자가 늘어날수록 의료기기법 등 국내법에 따라 제조·수입·판매 등의 과정이 통제되지 아니한 콘택트렌즈의 유통이 만연하게 되고, 결국 국민의 건강 증진이라는 공익을 해하게 되는 결과를 초래하게 되는 것이다.

(2) 이에 반해, 심판대상조항이 제한하는 사익의 정도는 크다. 심판대상조항은 콘택트렌즈 판매 시에 예외 없이 '소비자에 대한 정보제공행위', '소비자의 청약 의사표시' 등을 직접 대면의 방식으로 하여야 한다는 것인데, 안경사로서는 사용방법에 관한 충분한 상담, 전문가에 의한 처방전 발급을 통해 소비자의 콘택트렌즈 사용의 안전성이 이미 담보된 경우까지 소비자의 안경업소 방문을 강요하여야 하는 상황에 처하게 되고, 이는 안경사의 직업수행의 자유에 큰 제약이 된다.

그리고 콘택트렌즈의 교체주기는 통상 1일부터 3개월까지인데, 콘택트렌즈 착용자의 시력은 이보다 느린 속도로 변화하는 것이 일반적이므로, 소비자가 동일한 도수의 콘택트렌즈를 단순·반복적으로 구매하는 경우가 다수 존재한다. 이러한 경우까지 전자상거래 등을 통한 콘택트렌즈 판매를 금지하는 것은 소비자의 과도한 불편을 야기하는 것이다. 법정의견은 우리나라의 인구 만 명당 안경업소의 수 등이 높은 수준이라는 점을 근거로 심판대상조항으로 인한 소비자의 불편이 과도하지 않다고 보고 있으나, 지역 간 불균형으로 농어촌, 도서·산간오지 등에는 안경업소의 수가 많지 않은 상황에서 콘택트렌즈의 전자상거래 등을 전면적으로 금지하는 것은 소비자의 접근성에 큰 제약을 초래하게 되는바, 결국 심판대상조항은 사익을 지나치게 크게 제한하고 있는 것이다.

(3) 이러한 점에 비춰보면, 심판대상조항으로 인해 달성되는 공익의 정도는 크지 않은 반면, 제한되는 사익의 정도는 중대하다. 따라서 심판대상조항은 법익의 균형성에 위반된다.

라. 소결

심판대상조항은 과잉금지원칙에 반하여 안경사의 직업수행의 자유를 침해한다.

재판관 이종석 이은애 이영진 김기영 문형배 이미선 김형두 정정미 정형식

[별지] 나머지 관련조항

의료기사 등에 관한 법률(2011. 11. 22. 법률 제11102호로 개정된 것)

제1조의2(정의) 이 법에서 사용하는 용어의 뜻은 다음과 같다.

3. "안경사"란 안경(시력보정용에 한정한다. 이하 같다)의 조제 및 판매와 콘택트렌즈(시력보정용이 아닌 경우를 포함한다. 이하 같다)의 판매를 주된 업무로 하는 사람을 말한다.

의료기사 등에 관한 법률(2011. 11. 22. 법률 제11102호로 개정된 것)

제12조(안경업소의 개설등록 등) ① 안경사가 아니면 안경을 조제하거나 안경 및 콘택트렌즈의 판매업소(이하 "안경업소"라 한다)를 개설할 수 없다.

② 안경사는 1개의 안경업소만을 개설할 수 있다.

⑥ 안경사는 안경 및 콘택트렌즈를 안경업소에서만 판매하여야 한다.

의료기사 등에 관한 법률(2016. 5. 29. 법률 제14219호로 개정된 것)

제12조(안경업소의 개설등록 등) ⑦ 안경사는 콘택트렌즈를 판매하는 경우 콘택트렌즈의 사용방법과 유통기한 및 부작용에 관한 정보를 제공하여야 한다.

95. 민법 제1003조 제1항 위헌소원 등

[2024. 3. 28. 2020헌바494, 2021헌바22(병합)]

【판시사항】

1. 청구인의 민법 제839조의2 제1항, 제2항, 제843조 중 제839조의2 제1항, 제2항에 관한 부분(이하 위 조항들을 합하여 '재산분할청구권조항'이라 한다)에 대한 심판청구는 헌법재판소법 제68조 제2항에 의한 헌법소원에서 허용되지 아니하는 진정입법부작위를 다투는 것에 해당하여 부적법하다고 본 사례

2. 생존 사실혼 배우자에게 상속권을 인정하지 않은 민법 제1003조 제1항 중 '배우자' 부분(이하 '상속권조항'이라 한다)이 청구인의 재산권(상속권)을 침해하고 평등원칙에 반하는지 여부(소극)

【결정요지】

1. 민법은 혼인관계가 '일방 당사자의 사망으로 종료된 경우'에는 생존 배우자도 다른 상속인들과 마찬가지로 상속제도의 규율을 받도록 정하고, 혼인관계가 '쌍방 생전에 해소된 경우'에는 재산분할제도의 규율을 받도록 정하여 그 체계를 달리하고 있다. 그러므로 입법자는 이혼과 같이 생전에 혼인이 해소된 경우의 재산분할제도만을 재산분할청구권조항의 입법사항으로 하였다고 봄이 타당하다. 그렇다면 청구인이 문제삼는 '일방의 사망으로 사실혼이 종료된 경우 생존 사실혼 배우자에게 재산분할청구권을 부여하는 규정을 두지 않은 부작위'는, 입법자가 애당초 그러한 입법적 규율 자체를 전혀 하지 않은 경우에 해당한다. 따라서 이 부분 심판청구는 외형상 특정 법률조항을 심판대상으로 삼아 제기되었으나 실질적으로는 헌법재판소법 제68조 제2항에 의한 헌법소원에서 허용되지 아니하는 진정입법부작위를 다투는 것이므로 그 자체로 부적법하다.

2. 헌법재판소는 2014. 8. 28. 선고한 2013헌바119 결정에서, 상속권조항이 사실혼 배우자에게 상속권을 인정하지 아니하는 것은 상속인에 해당하는지 여부를 객관적인 기준에 의하여 파악할 수 있도록 함으로써 상속을 둘러싼 분쟁을 방지하고, 상속으로 인한 법률관계를 조속히 확정시키며, 거래의 안전을 도모하기 위한 것이고, 사실혼 배우자는 혼인신고를 함으로써 상속권을 가질 수 있고, 증여나 유증을 받는 방법으로 상속에 준하는 효과를 얻을 수 있으며, 근로기준법, 국민연금법 등에 근거한 급여를 받을 권리 등이 인정되므로 위 조항이 상속권을 침해한다고 할 수 없다고 보았다. 나아가 법률혼주의를 채택한 취지에 비추어 볼 때 제3자에게 영향을 미쳐 명확성과 획일성이 요청되는 상속과 같은 법률관계에서는 사실혼을 법률혼과 동일하게 취급할 수 없으므로, 위 조항이 사실혼 배우자의 평등권을 침해한다고 보기 어렵다고 판단하였다. 선례와 달리 판단해야 할 사정변경이나 필요성이 인정되지 않으므로, 상속권조항은 생존 사실혼 배우자의 재산권(상속권)을 침해하지 않고 평등원칙에도 반하지 아니한다.

재판관 김기영, 재판관 문형배, 재판관 이미선의 재산분할청구권조항에 대한 반대의견

재산분할청구권조항은 실질적인 부부 공동재산의 청산·분배를 본질로 하는 재산분할제도의 내용을 구체화한 규정으로, 그 입법사항은 혼인의 해소에 따른 재산분할청구권의 발생과 그 내용에 관한 것이다. 그런데 혼인의 해소 사유에는 이혼, 사실혼 파기와 같은 생전 해소

사유 외에 사망도 있으므로, 위 조항이 일방의 사망으로 사실혼이 해소된 경우를 배제한 것은 부진정입법부작위에 해당한다. 따라서 이 부분 심판청구는 적법하다.

재산분할제도의 본질은 실질적인 부부 공동재산의 청산·분배에 있고 일방의 사망으로 혼인이 해소된 경우에도 이러한 청산·분배가 필요하나 생존 사실혼 배우자는 상속이나 재산분할 어느 것으로도 실질적인 부부 공동재산을 청산·분배받을 수 없다. 생존 사실혼 배우자에게 재산분할청구권을 인정하더라도 제3자와의 법률관계에서 거래의 안전이 문제 될 여지는 크지 않고, 이는 잠재되어 있던 지분권을 현재화하는 것에 지나지 않으므로 상속인 등의 권리를 침해하는 것이라 볼 수도 없다. 현재의 법체계 및 재산분할제도 하에서는 사실혼 부부가 협력하여 이룬 재산이 그 형성에 아무런 기여도 하지 않은 상속인에게 모두 귀속되는 등 불합리한 상황이 발생하게 된다. 위 조항은 재산분할제도의 본질을 훼손하는 바, 입법형성에 관한 한계를 일탈하여 생존 사실혼 배우자의 재산권을 침해한다.

재판관 이영진의 법정의견에 대한 보충의견

사실혼은 부부로서의 생활공동체라는 실질에 있어서는 법률혼 부부와 전혀 다를 바 없다. 그러나 현행 법제 하에서는 사실혼이 일방의 사망으로 해소된 경우 부부재산의 적절한 청산 내지 부양을 도모할 수 있는 방법이 충분히 마련되어 있지 않고, 생존 사실혼 배우자에게 지나치게 가혹한 결과를 야기한다. 입법자는 생존 사실혼 배우자의 재산청산 내지 부양에 관한 권리가 적절히 담보될 수 있도록, 관련 제도를 조속히 정비할 필요가 있다.

【심판대상조문】

민법(1990. 1. 13. 법률 제4199호로 개정된 것) 제839조의2 제1항, 제2항, 제1003조 제1항 중 '배우자' 부분

민법(2012. 2. 10. 법률 제11300호로 개정된 것) 제843조 중 제839조의2 제1항, 제2항에 관한 부분

【참조조문】

헌법 제11조 제1항, 제23조

민법(1990. 1. 13. 법률 제4199호로 개정된 것) 제839조의2 제3항, 제1000조 제1항

【참조판례】

1. 헌재 2010. 2. 25. 2009헌바95, 판례집 22-1상, 322, 326-327
2. 헌재 2014. 8. 28. 2013헌바119, 판례집 26-2상, 311, 315-317

【당 사 자】

청 구 인 김○○
대리인 법무법인 비전
담당변호사 박명환 외 4인

당해사건 1. 서울중앙지방법원 2019가합556350 상속회복 등 청구의 소(2020헌바494)
2. 서울가정법원 2019느합1488 재산분할(2021헌바22)

【주 문】

1. 민법(1990. 1. 13. 법률 제4199호로 개정된 것) 제1003조 제1항 중 '배우자' 부분은 헌법에 위반되지 아니한다.
2. 청구인의 나머지 심판청구를 각하한다.

【이 유】

1. 사건개요

가. 사건의 배경

(1) 청구인은 망 이○○(이하 '망인'이라 한다)를 만나 교제를 시작하여, 2007. 12. 7.경부터 망인과 동거를 시작하였다. 이후 망인은 2018. 3. 17. 새벽에 갑자기 발작증세를 보여 병원 응급실로 이송되어 치료를 받았으나 2018. 4. 2. 사망하였다.

(2) 청구인은 2018. 5. 30. 서울중앙지방검찰청 검

사를 상대로 사실상 혼인관계존부 확인의 소를 제기하였고(서울가정법원 2018드단15720), 위 법원은 2018. 11. 7. '청구인과 망인 사이에 2007. 12. 7.부터 2018. 4. 2.까지 사실상 혼인관계가 존재하였음을 확인한다'는 판결을 선고하였다. 위 판결은 2018. 12. 1. 확정되었다.

(3) 한편, 망인의 사망 당시 법정상속인들로 망인의 형제자매들인 이□□, 이△△, 이▽▽ 및 망인보다 먼저 사망한 형제자매의 대습상속인들인 하○○, 하□□가 있었다.

나. 2020헌바494

(1) 청구인은 2019. 8. 14. 사실혼 배우자에게도 상속권이 인정되어야 함을 전제로, 청구인이 망인의 단독상속인이 된다고 주장하면서 망인의 법정상속인들인 이□□, 이△△, 이▽▽, 하○○, 하□□(이하 '망인의 법정상속인들'이라 한다)를 상대로 망인으로부터 상속받은 재산의 반환을 구하는 소를 제기하였다(서울중앙지방법원 2019가합556350).

(2) 청구인은 위 소송 계속 중 민법 제1003조 제1항 중 '배우자' 부분에 대하여 위헌법률심판제청 신청을 하였으나(서울중앙지방법원 2019카기51362) 2020. 8. 27. 위 본안 청구 및 신청이 모두 기각되었다.

(3) 이에 청구인은 2020. 9. 28. 위 조항에 대하여 헌법재판소법 제68조 제2항에 따른 헌법소원심판을 청구하였다.

다. 2021헌바22

(1) 청구인은 2019. 10. 4. '사실혼이 일방의 사망으로 해소된 경우에 있어 생존한 사실혼 배우자'(이하 '생존 사실혼 배우자'라고 한다)에게도 재산분할청구권이 인정되어야 한다고 주장하면서 망인의 법정상속인들을 상대로 재산분할심판을 청구하였다(서울가정법원 2019느합1488).

(2) 청구인은 위 소송 계속 중 민법 제839조의2 제1항, 제2항, 제843조에 대하여 위헌법률심판제청 신청을 하였으나(서울가정법원 2019즈기31878) 2021. 1. 5. 위 본안 청구는 기각되고 위 신청은 각하되었다.

(3) 이에 청구인은 2021. 1. 26. 위 조항들에 대하여 헌법재판소법 제68조 제2항에 따른 헌법소원심판을 청구하였다.

2. 심판대상

청구인은 민법 제843조 전체에 대하여 심판을 청구하였으나, 그 중 청구인의 주장과 관련 있는 민법 제839조의2 제1항 및 제2항에 관한 부분으로 심판대상을 한정한다.

따라서 이 사건 심판대상은 민법(1990. 1. 13. 법률 제4199호로 개정된 것) 제839조의2 제1항, 제2항, 민법(2012. 2. 10. 법률 제11300호로 개정된 것) 제843조 중 제839조의2 제1항, 제2항에 관한 부분(이하 위 조항들을 합하여 '재산분할청구권조항'이라 한다) 및 민법(1990. 1. 13. 법률 제4199호로 개정된 것) 제1003조 제1항 중 '배우자' 부분(이하 '상속권조항'이라 한다)이 헌법에 위반되는지 여부이다. 심판대상조항 및 관련조항은 다음과 같다.

[심판대상조항]

민법(1990. 1. 13. 법률 제4199호로 개정된 것)

제839조의2(재산분할청구권) ① 협의상 이혼한 자의 일방은 다른 일방에 대하여 재산분할을 청구할 수 있다.

② 제1항의 재산분할에 관하여 협의가 되지 아니하거나 협의할 수 없는 때에는 가정법원은 당사자의 청구에 의하여 당사자 쌍방의 협력으로 이룩한 재산의 액수 기타 사정을 참작하여 분할의 액수와 방법을 정한다.

민법(2012. 2. 10. 법률 제11300호로 개정된 것)

제843조(준용규정) 재판상 이혼에 따른 손해배상책임에 관하여는 제806조를 준용하고, 재판상 이혼에 따른 자녀의 양육책임 등에 관하여는 제837조를 준용하며, 재판상 이혼에 따른 면접교섭권에 관하여는 제837조의2를 준용하고, 재판상 이혼에 따른 재산분할청구권에 관하여는 제839조의2를 준용하며, 재판상 이혼에 따른 재산분할청구권 보전을 위한 사해행위취소권에 관하여는 제839조의3을 준용한다.

민법(1990. 1. 13. 법률 제4199호로 개정된 것)

제1003조(배우자의 상속순위) ① 피상속인의 배우자는 제1000조 제1항 제1호와 제2호의 규정에 의한 상속인이 있는 경우에는 그 상속인과 동순위로 공동상속인이 되고 그 상속인이 없는 때에는 단독상속인이 된다.

[관련조항]

민법(1990. 1. 13. 법률 제4199호로 개정된 것)

제839조의2(재산분할청구권) ③ 제1항의 재산분할 청구권은 이혼한 날부터 2년을 경과한 때에는 소멸한다.

제1000조(상속의 순위) ① 상속에 있어서는 다음 순위로 상속인이 된다.

1. 피상속인의 직계비속
2. 피상속인의 직계존속
3. 피상속인의 형제자매
4. 피상속인의 4촌 이내의 방계혈족

3. 청구인의 주장

가. 상속권조항에 관한 주장

(1) 사실혼에 관한 사회적 인식의 변화로, 상속인을 객관적 기준에 따라 파악함으로써 거래의 안전 등을 도모하겠다는 상속권조항의 입법목적은 그 정당성이 인정될 수 없게 되었다. 또한, 주택임대차보호법 등 특별법상 보호규정 등은 생존 사실혼 배우자에 대한 실효적인 보호수단이 될 수 없고, 재판에 의하여 사실혼의 존부가 확정된 사람에 한하여 상속권을 인정하되 그 범위와 행사기간을 제한하는 등 사실혼 배우자의 상속권을 인정하면서도 법률관계의 안정을 도모할 수 있는 다른 수단을 상정할 수 있으므로 위 조항은 침해의 최소성도 갖추지 못하였다. 따라서 생존 사실혼 배우자의 상속권을 전면적으로 부인하는 상속권조항은 과잉금지원칙을 위반하여 재산권을 침해한다.

(2) 사실혼 배우자와 법률혼 배우자는 상속권의 인정 필요성 등에 있어 본질적으로 차이가 없어 양자를 달리 취급할 합리적인 이유가 없다. 그럼에도 상속권조항은 '법률혼 배우자'에게만 상속권을 인정함으로써 생존 사실혼 배우자에게 불합리한 결과를 야기하고 있는바, 위 조항은 평등원칙에 반한다.

나. 재산분할청구권조항에 관한 주장

(1) 사실혼에 관한 사회적 인식이 변화한 점, 주택임대차보호법 등 특별법상 보호규정 등은 생존 사실혼 배우자에 대한 실효적인 보호수단이 될 수 없는 점, 일방의 사망으로 사실혼이 해소된 경우에도 일정한 요건 하에 생존 사실혼 배우자에게 재산분할청구권을 인정하는 등 그 재산권을 보호하면서도 법률관계의 안정을 도모할 수 있는 다른 수단을 상정할 수 있는 점, 재산분할청구권은 일률적으로 정하여지는 상속권에 비하여 해당 사실혼 배우자가 재산형성 등에 기여한 정도를 고려하게 되므로 이를 인정하는 것은 생존 사실혼 배우자 보호를 위한 최소한의 합리적 조치가 될 수 있는 점 등을 종합할 때, 생존 사실혼 배우자의 재산분할청구권을 인정하지 않고 있는 재산분할청구권조항은 과잉금지원칙을 위반하여 재산권을 침해한다.

(2) 법률혼 배우자와 달리, 사실혼 배우자에게는 상속권이 인정되지 않으므로 재산분할청구권까지 인정되지 않을 경우 법률혼 배우자에 비하여 불합리한 차별을 받게 된다. 또한, 사실혼이 사망에 의해 해소된 경우와 생전에 해소된 경우는 사실혼의 해소라는 측면에서 본질적인 차이가 없다. 그럼에도 부부 공동생활의 실체를 평생 유지하다 일방의 사망으로 사실혼이 해소된 배우자는, 혼인파탄 등으로 생전에 사실혼이 해소된 배우자와 달리 재산분할청구를 할 수 없어 부부재산에 대한 어떠한 기여도 인정받을 수 없는바, 생전에 사실혼이 해소된 배우자에 비하여 불합리한 차별을 받게 된다. 따라서 재산분할청구권조항은 평등원칙에 반한다.

4. 재산분할청구권조항에 관한 판단

가. 청구인은 형식적으로는 재산분할청구권조항에 관하여 심판을 청구하고 있다. 그러나 실질적으로는 '재산분할청구권조항에서 일방의 사망으로 사실혼이 종료된 경우 생존 사실혼 배우자에게 재산분할청구권을 부여하는 규정을 두지 않은 것'의 위헌성을 문제삼고 있으므로, 이는 입법자가 위와 같은 규정을 마련하지 않은 부작위의 위헌성을 다투는 취지라 할 것이다.

나. 넓은 의미의 입법부작위에는, 입법자가 헌법상 입법의무가 있는 어떤 사항에 관하여 전혀 입법을 하지 아니함으로써 입법행위의 흠결이 있는 경우(입법권의 불행사)와 입법자가 어떤 사항에 관하여 입법은 하였으나 그 입법의 내용·범위·절차 등이 당해 사항을 불완전, 불충분 또는 불공정하게 규율함으로써 입법행위에 결함이 있는 경우(즉, 결함이 있는 입법권의 행사)가 있는데, 일반적으로 전자를 진정입법부작위, 후자를 부진정입법부작위라고 부르고 있다.

헌법재판소법 제68조 제2항에 의한 헌법소원은 '법률'의 위헌성을 적극적으로 다투는 제도이므로 '법률의 부존재', 즉 입법부작위를 다투는 것은 그 자체로 허용되지 아니하고, 다만 법률이 불완전·불충분하게 규정되었음을 근거로 법률 자체의 위헌성을 다투는 취지로 이해될 경우에는 그 법률이 당해 사건의 재판의 전제가 된다는 것을 요건으로 허용될 수 있다(헌재 2010. 2. 25. 2009헌바95 참조).

따라서 청구인의 이 부분 심판청구가 진정입법부작위를 다투는 청구에 해당한다면 이는 그 자체로 부적법하게 된다.

다. 살피건대, 현행 민법은 그 체계상 혼인관계가 '일방 당사자의 사망으로 종료된 경우'에는 생존 배우자도 다른 상속인들과 마찬가지로 상속제도의 규율을 받도록 정하되, 배우자가 직계비속 또는 직계존속과 공동상속하는 경우에는 그 직계비속 또는 직계존속의 상속분에 5할을 가산하도록 규정하고 있다(제1009조 제2항). 그에 비해 혼인관계가 '쌍방 생전에 해소된 경우'에는 재산분할제도의 규율을 받도록 정하여 그 체계를 달리하고 있다. 재산분할청구권조항도 위와 같은 민법의 이원적 체계에 따라 '이혼한 자의 일방은 다른 일방에 대하여 재산분할을 청구할 수 있다'고 규정하여 생전에 혼인이 해소된 경우를 전제로 각 당사자의 재산분할청구권을 입법하고 있을 뿐, 일방의 사망으로 혼인이 종료되어 상속이 개시된 경우에 관하여는 전혀 규율하고 있지 않다.

라. 위와 같은 사정을 종합할 때, 입법자는 이혼과 같이 쌍방 생존 중 혼인이 해소된 경우의 재산분할제도만을 재산분할청구권조항의 입법사항으로 하였다고 봄이 타당하다. 그렇다면 청구인이 문제삼는 일방의 사망으로 사실혼이 종료된 경우의 재산분할제도를 두지 않은 부작위는, 입법자가 어떠한 입법적 규율을 하였는데 그 내용이 불완전·불충분한 경우가 아니라, 애당초 그러한 입법적 규율 자체를 전혀 하지 않은 경우, 즉 진정입법부작위에 해당한다.

마. 따라서 이 부분 심판청구는 외형상 특정 법률조항을 심판대상으로 삼아 헌법재판소법 제68조 제2항에 따라 제기되었으나 실질적으로는 진정입법부작위의 위헌성을 다투는 것이므로 그 자체로 부적법하다.

5. 상속권조항에 관한 판단

가. 헌법재판소 선례

헌법재판소는 2014. 8. 28. 선고한 2013헌바119 결정에서, 상속권조항은 입법형성권의 한계를 일탈하지 아니하여 생존 사실혼 배우자의 재산권(상속권)을 침해하지 않고, 자의금지원칙을 위반하여 평등권을 침해하지 않는다고 판단하였다. 그 이유의 요지는 다음과 같다(아래 결정이유의 '이 사건 법률조항'은 '상속권조항'과 동일한 법률조항을 약칭한 것이다).

『(1) 이 사건 법률조항이 사실혼 배우자에게 상속권을 인정하지 아니하는 것은 상속인에 해당하는지 여부를 객관적인 기준에 의하여 파악할 수 있도록 함으로써 상속을 둘러싼 분쟁을 방지하고, 상속으로 인한 법률관계를 조속히 확정시키며, 거래의 안전을 도모하기 위한 것이다. 사실혼 배우자는 혼인신고를 함으로써 상속권을 가질 수 있고, 증여나 유증을 받는 방법으로 상속에 준하는 효과를 얻을 수 있으며, 근로기준법, 국민연금법 등에 근거한 급여를 받을 권리 등이 인정된다. 따라서 이 사건 법률조항이 사실혼 배우자의 상속권을 침해한다고 할 수 없다.

(2) 법률혼주의를 채택한 취지에 비추어 볼 때 제3자에게 영향을 미쳐 명확성과 획일성이 요청되는 상속과 같은 법률관계에서는 사실혼을 법률혼과 동일하게 취급할 수 없으므로, 이 사건 법률조항이 사실혼 배우자의 평등권을 침해한다고 보기 어렵다.』

나. 선례 변경의 필요성

(1) 위와 같은 선례의 결정이유는 심판대상이 동일한 이 사건에도 그대로 적용될 수 있고, 이와 달리 판단해야 할 사정변경이나 필요성이 있다고 보이지 아니한다.

(2) 청구인은 사실혼 등에 대한 사회적 인식이 보다 긍정적으로 변화하고 있는 상황에서 위와 같은 선례의 판단은 더 이상 유지될 수 없다는 취지로 주장한다. 그러나 설령 청구인의 주장과 같이 사실혼에 대한 사회적 인식이 일부 변화된 측면이 있다 하더라도, 상속제도의 형성에 관하여는 입법자에게 광범위한 재량이 인정되는 점, 현행 민법상 상속인은 상속개시된 때로부터 피상속인의 재산에 관한 포괄적 권리의무를 승계함이 원칙인바(제1005조), 상속채권자 등 관련 이해관계인의 이익을 보호하기 위해서는 상속인의 확정 등에 있어 법적안정성이 특히 중요하게 고려될 필요가 있는 점, 사실혼 부부에게도 혼인관계의 실체가 존재하기는 하나 이러한 요소만으로는 가족관계등록부의 기재와 같은 객관적·획일적인 공시방법이 되기 어려워 현행 민법하에서 사실혼 배우자에게 상속권을 인정하기는 여전히 쉽지 않은 측면이 있는 점 등을 고려할 때, 청구인이 주장하는 사정들이 앞서 본 선례의 판단을 변경해야 할 만한 사정변경 등에 해당한다고 보기는 어렵다.

(3) 따라서 상속권조항은 생존 사실혼 배우자의 재산

권(상속권)을 침해하지 아니하고 평등원칙에도 반하지 아니한다.

6. 결 론

그렇다면 상속권조항은 헌법에 위반되지 아니하고, 청구인의 나머지 심판청구는 부적법하므로 이를 각하하기로 하여 주문과 같이 결정한다. 이 결정은 아래 7.과 같은 재판관 김기영, 재판관 문형배, 재판관 이미선의 재산분할청구권조항에 대한 반대의견이 있는 외에는 관여 재판관들의 일치된 의견에 따른 것이고, 법정의견에 대하여는 재판관 이영진의 아래 8.과 같은 보충의견이 있다.

7. 재판관 김기영, 재판관 문형배, 재판관 이미선의 재산분할청구권조항에 대한 반대의견

우리는 법정의견과 달리 청구인의 재산분할청구권조항에 대한 심판청구가 부진정입법부작위를 다투는 것으로서 적법하고, 나아가 재산분할청구권조항은 생존 사실혼 배우자의 재산권을 침해하여 헌법에 위반된다고 생각하므로, 다음과 같이 견해를 밝힌다.

가. 재산분할청구권조항에 대한 심판청구의 적법 여부

(1) 재산분할청구권조항에 대한 청구인의 주장은, 혼인(법률혼과 사실혼을 포함하는 개념이고, 이하에서 언급되는 '혼인' 역시 특별히 구분하는 경우를 제외하고는 마찬가지이다)이 해소된 경우에는 그 해소사유를 불문하고 혼인 중에 부부 쌍방이 협력하여 이룩한 공동재산을 청산·분배받을 수 있어야 함에도 재산분할청구권조항이 일방의 사망으로 사실혼이 해소된 경우에 재산분할청구권을 인정하지 아니하여 생존 사실혼 배우자의 재산권을 침해한다는 것이다.

(2) 민법은 부부별산제를 채택하여 부부의 일방이 혼인(해당 조항에서는 '법률혼'을 지칭한다) 중 자기의 명의로 취득한 재산은 그 특유재산으로 하고, 부부 중 누구에게 속한 것인지 분명하지 아니한 재산은 부부의 공유로 추정하고 있다(제830조 제1항, 제2항). 부부별산제에 관한 내용은 사실혼에 대해서도 그대로 적용된다.

혼인 중에 부부 쌍방의 협력으로 이룩한 재산은 실질적으로 부부의 공동재산이라고 볼 수 있다. 그런데 여러 이유에서 그러한 재산을 부부 중 일방의 명의로 취득하는 경우가 적지 않은데, 부부별산제 하에서 일방의 명의로 취득한 재산은 그 명의자의 특유재산으로 추정되고, 다른 일방 배우자가 위 추정을 번복하기 위해서는 해당 재산을 취득하는 데 대가를 부담하였다는 점을 입증하여야 하나 입증이 쉽지 않은 경우가 많다. 특히 가사노동에 전념한 배우자는 가사노동을 통한 간접적인 기여가 일반적이어서 특유재산의 추정을 번복하는 것이 사실상 불가능하다.

이처럼 부부별산제 하에서는 혼인 중에 취득한 재산이 일방의 명의로 되어 있는 경우 해당 재산의 취득에 협력한 다른 배우자의 기여가 제대로 반영되지 않는다는 문제가 있고, 이러한 문제점은 혼인이 해소되어 혼인관계가 종료될 때 현실적으로 드러난다. 혼인이 해소될 때 재산을 그 명의에 따라 귀속시킨다면 실질적인 부부재산관계에 부합하지 않는 부당한 결과가 발생할 수 있는 것이다.

이에 민법은 재산분할제도를 도입하였는데, 혼인 해소 시 부부의 실질적인 공동재산을 청산하여 쌍방의 기여도에 따라 공평하게 분배하고자 하는 것이 재산분할제도의 본질이고, 따라서 재산분할에 의한 재산 이전은 혼인의 해소를 계기로 공동재산에 잠재되어 있던 지분권을 현재화하는 것이라고 할 수 있다(헌재 1997. 10. 30. 96헌바14 참조). 재산분할청구권조항은 이와 같은 재산분할제도의 내용을 구체화한 규정으로, 그 입법사항은 혼인의 해소에 따른 재산분할청구권의 발생과 그 내용에 관한 것으로 봄이 타당하다.

그런데 혼인의 해소사유에는 이혼이나 사실혼 파기와 같은 생전 해소사유 외에 사망도 있는데, 재산분할청구권조항은 생전 해소사유로 혼인이 해소된 경우에만 재산분할청구권이 발생하는 것으로 정하고 있다. 즉 이혼 시 재산분할청구권 발생을 정하고 있는 재산분할청구권조항은 사실혼이 파기된 경우에도 준용 또는 유추적용된다는 법원의 해석에 따라 이혼 또는 사실혼 파기로 혼인이 해소된 경우에 있어서의 재산분할청구권에 관한 사항을 정한 것으로 그 내용이 구체화되었는바, 혼인 해소 중 일방의 사망으로 사실혼이 해소된 경우를 재산분할청구권의 발생에서 배제하고 있는 것이다.

그렇다면 재산분할청구권조항이 혼인의 해소에 따른 재산분할청구권을 규정하면서 일방의 사망으로 사실혼이 해소된 경우를 배제한 것은 부진정입법부작위에 해당한다고 봄이 타당하므로, 이를 다투는 청구인의 재산분할청구권조항에 대한 심판청구는 적법하다.

나. 재산분할청구권조항의 재산권 침해 여부

(1) 입법자는 재산분할제도의 내용을 구체적으로 형성함에 있어 일반적으로 광범위한 입법형성권을 가진다고 볼 수 있다. 그러나 실질적인 부부 공동재산을 혼인의 해소를 계기로 청산·분배하고자 하는 것이 재산분할제도의 본질인 이상, 입법자는 이러한 재산분할제도의 본질적 내용을 훼손하지 아니하는 범위 내에서 입법형성권을 행사하여야 하는 한계를 갖는다.

이하에서는 재산분할청구권조항이 일방의 사망으로 사실혼이 해소된 경우를 재산분할청구권의 발생에서 배제한 것이 입법형성권의 한계를 일탈하여 생존 사실혼 배우자의 재산권을 침해하는지 여부를 살펴본다.

(2) 앞서 본 바와 같이 재산분할제도는 민법이 혼인 중 일방이 자기 명의로 취득한 재산을 그의 특유재산으로 하는 부부별산제를 취하고 있는 것을 보완하기 위하여 도입된 제도로서, 혼인의 해소 시 부부가 혼인 중 공동으로 형성한 재산을 청산·분배하는 것을 목적으로 한다. 혼인 해소 이후 당사자들의 생활보장에 대한 배려 등 부양적 요소도 재산분할의 고려대상이 되지만, 재산분할제도의 본질은 어디까지나 실질적인 부부 공동재산의 청산·분배에 있고, 재산분할에 의한 재산 이전은 공동재산에 잠재되어 있던 지분권을 현재화하는 것, 즉 원래의 권리자에게 그 권리를 회복시켜주는 것이다.

한편 혼인이 일방의 사망으로 해소된 경우에도 부부의 실질적인 공동재산을 청산·분배할 필요가 있는바, 입법자는 일방의 사망으로 혼인이 해소된 경우 재산분할제도가 아닌 상속제도를 통해 실질적인 부부 공동재산을 청산·분배하는 입장을 채택하여 상속권을 인정하는 대신(민법 제1003조 제1항), 사망으로 혼인이 해소된 경우를 재산분할청구권의 발생에서 배제하고 있다(재산분할청구권조항). 그러나 민법의 상속제도는 법률혼 배우자에게만 상속권을 인정하고 있어 결국 생존 사실혼 배우자는 상속이나 재산분할 어느 것으로도 실질적인 부부 공동재산을 청산·분배받을 수 없다.

객관적·획일적 공시를 통해 혼인관계를 확인하기 어려운 사실혼 배우자에게 상속권을 인정하게 되면 상속채권자와의 법률관계 등에 있어 거래의 안전이 문제될 수 있기 때문에, 생존 사실혼 배우자에게 상속권을 인정하지 않는 것에는 합리적인 이유가 있다고 볼 수 있다. 하지만 재산분할청구권조항이 일방의 사망으로 사실혼이 해소된 경우를 재산분할청구권의 발생에서 배제하여 생존 사실혼 배우자에게 재산분할청구권을 인정하지 않는 것은 다음과 같은 점에서 그 합리적인 이유를 찾기 어렵다.

(가) 사실혼은 혼인의사와 실질적인 부부 공동생활의 실체가 존재하지만 혼인신고라는 형식적 요건을 갖추지 않아 법적인 부부관계로 인정받지 못하는 것일 뿐 부부로서의 생활공동체라는 실질에 있어서는 법률혼과 전혀 다를 것이 없는바, 사실혼 해소 시 실질적인 부부 공동재산을 청산·분배받을 수 있도록 할 필요가 있다는 점 역시 법률혼 해소 시와 다를 것이 없다. 한편 혼인이 해소된 경우 실질적인 부부 공동재산을 청산·분배하여 재산명의자 아닌 배우자가 그의 권리를 회복할 필요성은 혼인이 생전에 해소되었는지 아니면 일방의 사망으로 해소되었는지에 따라 다르지 않고, 다만 구체적인 청산의 방법을 달리할 수 있을 뿐이라고 보아야 한다.

그런데 재산분할청구권조항은 일방의 사망으로 사실혼이 해소된 경우에 재산분할청구권의 발생을 인정하지 않고, 이로써 생존 사실혼 배우자는 상속권자에서 배제된 상태에서 재산분할청구권까지 부정되어 실질적인 부부 공동재산을 청산·분배받을 수 없는데, 이는 일방의 사망으로 법률혼이 해소된 경우 또는 생전에 사실혼이 해소된 경우에 비하여 지나치게 불리하다.

반면 생존 사실혼 배우자에 대해 재산분할청구권을 인정하더라도 사망한 사실혼 배우자의 재산분할의무를 승계한 상속인과의 관계만 문제될 뿐 그 외 상속채권자 등 제3자와의 법률관계에서 거래의 안전이 문제 될 여지는 크지 않다고 할 수 있다. 생존 사실혼 배우자에 대해 재산분할청구권을 인정하게 되면 상속재산이 일부 감소할 수 있으나, 이는 실질적인 부부 공동재산에 잠재되어 있던 지분권을 현실화하는 것에 지나지 않으므로 상속인이나 수유자에게 귀속될 권리를 침해하는 것이라 볼 수도 없다.

그럼에도 생존 사실혼 배우자에 대해 재산분할청구권을 인정하지 않음으로써 실질적인 부부 공동재산에 대한 자신의 권리를 회복할 기회를 차단하는 것은 재산분할제도의 본질적 내용을 침해하는 것이라고 볼 수밖에 없다.

(나) 민법상 특별연고자에 대한 상속재산분여의 규정(제1057조의 2)이 적용되는 경우에는 생존 사실혼 배

우자도 상속재산의 전부 또는 일부를 분여받을 수 있지만, 이는 사망한 사실혼 배우자에게 상속인이 존재하지 않는 예외적인 경우에만 적용되는 조항일 뿐이다.

주택임대차보호법은 임차인이 사망한 경우 임차인과 가정공동생활을 하던 생존 사실혼 배우자의 임차권 승계를 인정하나(제9조), 그 주된 취지는 생존 사실혼 배우자의 거주권을 보호하는 데에 있지 실질적인 부부 공동재산을 청산·분배하는 데에 있지 아니하다. 그 밖에 생존 사실혼 배우자는 근로기준법, 산업재해보상보험법, 공무원연금법, 군인연금법 등에 따라 유족급여 등을 받을 권리가 인정되기는 하나, 이 역시 실질적인 부부 공동재산을 청산·분배하기 위한 제도라고 볼 수 없다.

이처럼 생존 사실혼 배우자의 법적 지위를 보호하는 현행 제도들은 재산분할청구권을 대체 또는 보완하는 제도로는 뚜렷한 한계를 가질 수밖에 없다.

(다) 이와 같이 현재의 법체계 및 재산분할제도 하에서는 사실혼이 일방의 사망으로 해소되면 생존 사실혼 배우자는 실질적인 부부 공동재산에 대한 자신의 권리를 회복할 수 없는데, 그 결과 사실혼 부부가 협력하여 이룬 재산이 그 형성에 아무런 기여도 하지 않은 상속인에게 모두 귀속되는 불합리한 상황이 발생할 수 있다. 한편 사실혼 배우자 일방의 생명이 위독한 상황에서 다른 일방 배우자가 사실혼 해소의사를 표시하고 재산분할청구를 한 경우 이후 사망한 사실혼 배우자의 상속인에게 재산분할의무가 승계되어 생존 사실혼 배우자는 자신의 지분을 청산·분배받을 수 있는데(대법원 2009. 2. 9.자 2008스105 결정 참조), 상대방이 사망할 때까지 사실혼을 유지하며 부양의무를 다한 배우자보다 상대방의 사망에 임박하여 사실혼을 해소한 배우자가 더욱 두텁게 보호받게 되는 역설적인 상황도 야기되고 있는 것이다. 이러한 상황들은 재산분할청구권조항이 일방의 사망으로 사실혼이 해소된 경우를 합리적인 이유 없이 재산분할청구권의 발생에서 배제함에 따라 발생하는 문제점을 단적으로 보여주는 사례라 하겠다.

(3) 결국 재산분할청구권조항이 일방의 사망으로 사실혼이 해소된 경우 생존 사실혼 배우자에게 재산분할청구권을 인정하지 않는 것은 실질적인 부부 공동재산의 청산·분배를 위하여 도입된 재산분할제도의 본질을 훼손하는 것으로서, 재산분할청구권조항은 입법형성에 관한 한계를 일탈하여 생존 사실혼 배우자의 재산권을 침해한다.

다. 결론

이상 살핀 바와 같이 재산분할청구권조항은 생존 사실혼 배우자의 재산권을 침해하여 헌법에 위반된다. 다만 재산분할청구권조항의 위헌성은 일방의 사망으로 사실혼이 해소된 경우 생존 사실혼 배우자에게 재산분할청구권을 전혀 인정하지 않은 점에 있는데, 재산분할청구권조항에 대하여 단순위헌결정을 하게 되면 재산분할청구의 근거조항이 사라지게 되어 생전에 혼인이 해소된 당사자까지 재산분할을 청구할 수 없게 되는 용인하기 어려운 법적 공백이 발생하게 된다. 나아가 생존 사실혼 배우자의 재산분할청구권 발생의 구체적인 요건, 청구절차, 청구기간 등에 관한 내용은 상속인과의 관계 등 여러 사정을 고려하여 입법정책적으로 결정할 사항으로 입법자에게 재량이 부여된다.

따라서 재산분할청구권조항에 대하여 헌법불합치 결정을 선고하되, 입법자의 개선입법이 이루어질 때까지 계속 적용을 명할 필요가 있다.

8. 재판관 이영진의 법정의견에 대한 보충의견

나는 결론에 있어서는 법정의견과 견해를 같이 하지만, 생존 사실혼 배우자의 재산권 등을 보호할 수 있는 방식으로 상속 또는 재산분할청구권 관련 규정 등의 입법개선이 필요하다고 생각하므로, 다음과 같이 견해를 밝힌다.

가. 사실혼의 의의와 보호의 정도

사실혼은 혼인의사와 실질적인 부부 공동생활의 실체가 존재함에도 혼인신고라는 법규상의 형식적 요건을 충족하지 않아서 법적인 부부관계로 인정받지 못하는 것일 뿐 부부로서의 생활공동체라는 실질에 있어서는 법률혼 부부와 전혀 다를 바 없다. 이 때문에 학설과 대법원 판례는 사실혼 배우자 사이에도 부부로서의 동거·부양·협조의무가 있고, 부부 간의 정조의무를 지켜야 하며, 정당한 사유 없이 사실혼을 파기한 자는 상대방에 대하여 손해배상책임을 부담한다고 보고 있다(대법원 1998. 8. 21. 선고 97므544, 551 판결 등 참조). 또한, 사실혼이 생전에 해소된 경우에는 부부재산에 관한 청산의 의미를 갖는 재산분할에 관한 규정을 준용 또는 유추적용하여 재산분할을 청구할 수 있다고 해석한다(대법원 1995. 3. 28. 선고 94므1584 판결 등 참조). 그 밖에 산업재해보상보험법이나 공무원연금법 등 각종 연금 관련법령에서 사실혼 배우자에게도 유족급여를 받을 권리를 인정하거나, 주택임대차보호법에서 일정한 경우 사실혼 배우자에게도 임차권의 승계를 인정한 것 등도 사실혼을 실제상 법률혼과 같이 적극 보호할 필요가 있다는 점을 입법적으로 확인한 것에 지나지 않는다(헌재 2014. 8. 28. 2013헌바119 중 재판관 김창종의 보충의견 참조).

나. 사실혼이 일방의 사망으로 종료된 경우의 문제점

(1) 그런데 사실혼이 생전에 해소된 경우가 아니라 일방 당사자의 사망으로 인하여 종료된 경우에는, 생존 법률혼 배우자에게도 재산분할청구권이 인정되지 아니한다는 점을 근거로, 생존 사실혼 배우자에게도 재산분할청구권을 인정하지 않는 것이 대법원 판례이다(대법원 2006. 3. 24. 선고 2005두15595 판결 참조).

(2) 사망에 의한 법률혼 종료의 경우에는 재산분할청구권이 인정되지 않더라도 생존 배우자에게 상속권이 인정되기 때문에 이를 통해 부부 재산관계의 청산 및 생존 배우자의 부양을 도모할 여지가 있다. 그러나 일방의 사망으로 사실혼이 종료된 경우에는 생존 사실혼 배우자에게 상속권이 인정되지 않고 재산분할청구권을 비롯하여 부부재산의 적절한 청산 내지 부양을 도모할 수 있는 다른 방법도 충분히 마련되어 있지 않다. 혼인 중 취득한 부부 일방 명의의 재산 가운데 부부 쌍방의 노동과 협력으로 취득한 재산을 대외적인 명의와 관계없이 내부적으로 실질적인 부부 공동재산으로 보아 공유물분할청구나 명의신탁해지를 원인으로 한 소유권이전청구 등을 통하여 자신의 재산을 찾아오는 방법이 있으므로 별도의 재산청산 수단을 마련할 필요가 없다는 주장이 있을 수 있다. 그러나 혼인 중 취득한 재산을 부부의 공유재산으로 인정받기 위하여는 그 재산 취득에 있어서 대가를 공동으로 부담하였다는 등 구체적으로 재산형성에 직접 기여하였다는 점을 입증하여야만 할 터인데, 실제 그러한 입증이 쉽지 않은 경우가 많다.

이와 같은 점들을 고려할 때, 현행 법제 하에서 생존 사실혼 배우자는 자신의 기여로 형성된 재산에 대하여도 아무런 권리를 가지지 못하게 될 가능성이 크고, 가사와 육아 등을 위하여 자신의 직업능력을 발휘하거나 별도의 수입을 얻는 데 지장을 받게 된 경우에는 배우자의 사망 후 생계유지가 어려워질 우려가 적지 않다. 이는 형평에 어긋날 뿐만 아니라 생존 사실혼 배우자에게 지나치게 가혹한 결과를 야기하게 된다(헌재 2014. 8. 28. 2013헌바119 중 재판관 김창종의 보충의견 참조).

다. 입법개선의 필요성

(1) 앞서 살핀 문제점들에도 불구하고, 입법자에게는 생존 사실혼 배우자를 어떻게 보호할 것인지에 관하여 넓은 입법재량이 있다고 할 것인바, 법정의견에서 본 바와 같이 사실혼 배우자에게 상속권을 규정하지 않았다는 사정만으로 해당 조항이 헌법에 위반된다고 판단하기는 어렵다. 또한, 현재의 법 상태에서 제도적 보완을 거치지 않고 단순히 사실혼 배우자의 상속권이나 재산청산에 관한 권리를 인정하도록 결정한다면, 민법의 전체 체계와 어긋나는 문제가 발생할 수 있다. 특히 상속채권자 등 이해관계인의 이익이 침해되어 관련 법률관계가 불안정하게 되는 부작용을 막기 어렵다. 따라서 입법을 통하여 생존 사실혼 배우자에 대하여도 일정한 경우 재산청산 내지 부양 등에 관한 권리를 인정하되, 우리의 사회문화적 특성과 법적안정성이 충분히 고려될 수 있도록 관련 제도를 정비할 필요가 있다.

(2) 현재 학계에서도 생존 사실혼 배우자를 보호하기 위하여 상속권, 재산분할청구권, 부양적 청구권의 입법론 등 다양한 견해가 제시되고 있다. 가령, 사실혼 배우자에게 상속권을 인정하되, 법적안정성 확보 등을 위하여 재판으로 사실혼관계의 존재가 확정된 사람의 경우에만 상속권을 소급하여 인정하고, 이 경우에도 제3자에게 대항할 수 없도록 하여 법정상속인에 대한 가액반환만을 허용할 필요가 있다는 견해(상속권 입법론), 사실혼이 일방의 사망으로 해소된 경우에도 생전에 해소된 경우와 마찬가지로 재산분할청구권을 행사할 수 있도록 재산분할청구권조항에 관련 내용을 추가하자는 견해(재산분할청구권 입법론), 생존 사실혼 배우자가 상속인들에 대하여 부양적 청구권을 행사할 수 있도록 하면서 생존 사실혼 배우자가 사망한 사실혼 배우자에게 현저한 재산적 기여를 하였을 경우에는 청산적 요소를 가미하여 청구할 수 있도록 하는 제도를 신설하자는 견해(부양적 청구권 입법론) 등을 참조할 수 있다.

(3) 외국의 사례를 살피더라도, 영국, 스웨덴, 뉴질랜드 등 여러 국가들에서 사실혼 내지 이에 준하는 관계가 일방의 사망으로 해소된 경우, 생존한 당사자에게 재산청산 내지 부양에 관한 권리를 인정하고 있다. 구체적인 제도에 있어서는, 일정한 요건 하에 법률혼과 마찬가지로 생존한 당사자에게 상속권을 인정하는 방

법, 공동생활관계가 해소된 경우 각 당사자가 일정한 재산의 분할을 청구할 수 있도록 하고 사망으로 인한 해소의 경우에도 사망한 상대방의 상속인들에 대하여 이를 분할받을 수 있도록 하는 방법, 위와 같은 권리를 인정하지는 아니하나 부양을 위한 합리적인 범위 내에서 상속재산에 대한 분여를 청구할 권리를 인정하는 방법 등 다양하게 나타나고 있으나, 적어도 일방의 사망으로 인한 부부 공동생활 등의 해소가 생존한 다른 일방에게 가혹한 결과가 되지 않도록 규율하고 있음을 알 수 있다. 이처럼 나라마다 역사적, 사회문화적 특성에 따라 혼인제도에 관한 법적 규율 및 보호의 정도, 요건 등은 다양하게 나타나고 있으나, 적어도 법률혼이 아닌 혼인관계의 경우에도 생존 배우자 일방을 보호할 필요가 있다는 점은 널리 받아들여지고 있고, 우리의 경우에도 생존 사실혼 배우자의 보호 필요성에 있어 달리 살필만한 특수한 상황이 있다고 보이지는 않는다.

라. 소결

이상에서 살핀 바와 같은 이유로, 입법자는 사실혼이 일방의 사망으로 종료된 경우 생존 사실혼 배우자의 재산청산 내지 부양에 관한 권리가 적절히 담보될 수 있도록, 현행법의 규율 체계 및 학계의 관련 논의, 외국의 사례 등을 종합적으로 검토하여, 관련 제도를 조속히 정비할 필요가 있다.

재판관 이종석 이은애 이영진 김기영 문형배 이미선 김형두 정정미 정형식

96. 구 지방자치법 제4조 제3항 위헌소원

[2024. 3. 28. 2021헌바57]

【판시사항】

행정자치부장관이 공유수면 매립지의 관할 지방자치단체를 결정하도록 하는 구 지방자치법 제4조 제3항(이하 '심판대상조항'이라 한다)이 지방자치단체의 지방자치권을 침해하고 법률유보원칙에 위배되는지 여부(소극)

【결정요지】

개정된 구 지방자치법의 취지 및 공유수면과 공유수면 매립지의 성질상 차이 등을 종합하여 볼 때, 새로 만들어진 공유수면 매립지는 구 지방자치법 제4조 제3항에 따라 같은 조 제1항이 처음부터 배제되어 종전의 관할구역과의 연관성이 단절되고, 행정자치부장관의 결정이 확정됨으로써 비로소 관할 지방자치단체가 정해지며, 그 전까지 해당 매립지는 어느 지방자치단체에도 속하지 않는다.

이와 같이 행정자치부장관이 공유수면 매립지를 관할하는 지방자치단체를 결정하기 전까지 관련 지방자치단체는 해당 공유수면 매립지에 대하여 어떠한 자치권한도 보유하고 있지 않으므로, 심판대상조항이 지방자치단체의 지방자치권을 침해한다고 볼 수 없고, 아울러 심판대상조항이 공유수면 매립지에 대한 관할 지방자치단체를 결정하는 실질적 기준을 정하지 않은 것이 법률유보원칙에 위반된다고 볼 수도 없다.

재판관 이영진의 별개의견

지방자치단체는 자신의 관할구역에 대하여 자치권을 가지고, 공유수면에 조성된 매립지역 역시 지방자치단체의 자치권한이 미치는 관할구역이다. 따라서 심판대상조항에 따른 행정자치부장관의 결정은 공유수면 매립지의 전부 또는 일부가 관련된 지방자치단체들 중 어느 지방자치단체가 공유수면 매립지를 관할하는지를 확인하는 처분이다.

심판대상조항은 구 지방자치법 제4조 제1항에서 규정한 '종전'이라는 지방자치단체의 관할구역 경계확정의 실체법적 기준을 전제로 하여, 행정자치부장관이 지방자치단체중앙분쟁조정위원회의 심의·의결에 따라서 공유수면 매립지를 관할하는 지방자치단체를 확인적으로 결정하도록 하고 있으므로, 지방자치단체의 지방자치권을 침해하지 않고, 법률유보원칙에도 위반되지 않는다.

【심판대상조문】

구 지방자치법(2014. 11. 19. 법률 제12844호로 개정되고, 2017. 7. 26. 법률 제14839호로 개정되기 전의 것) 제4조 제3항 제1호

【참조조문】

구 지방자치법(2014. 11. 19. 법률 제12844호로 개정되고, 2017. 7. 26. 법률 제14839호로 개정되기 전의 것) 제4조

【참조판례】

헌재 1994. 12. 29. 94헌마201, 판례집 6-2, 510, 522

헌재 2002. 10. 31. 2002헌라2, 판례집 14-2, 378, 387

헌재 2020. 7. 16. 2015헌라3, 판례집 32-2, 1, 11-13

【당 사 자】

청 구 인 군산시장

대리인 법무법인(유한) 태평양
담당변호사 박상현 외 5인
당해사건 대법원 2015추566 새만금 방조제 일부 구간 귀속 지방자치단체 결정 취소

【주 문】

구 지방자치법(2014. 11. 19. 법률 제12844호로 개정되고, 2017. 7. 26. 법률 제14839호로 개정되기 전의 것) 제4조 제3항 제1호는 헌법에 위반되지 아니한다.

【이 유】

1. 사건개요

지방자치단체중앙분쟁조정위원회(이하 '분쟁조정위원회'라 한다)는 2015. 10. 26. 새만금 제1호 방조제 구간 공유수면 매립지 중 일부가 속할 지방자치단체를 전라북도 부안군으로, 새만금 제2호 방조제 구간 공유수면 매립지가 속할 지방자치단체를 전라북도 김제시로 각각 결정하는 의결을 하였고, 당시 행정자치부장관('행정자치부장관'에서 '행정안전부장관'으로 명칭이 바뀌었다. 이하 '행정자치부장관'으로 통일하여 사용한다)은 2015. 11. 13. 위 의결에 따른 결정(이하 '이 사건 결정'이라 한다)을 하였다.

청구인은 이 사건 결정에 불복하여 2015. 11. 27. 대법원에 새만금 방조제 일부구간 귀속 지방자치단체 결정 취소의 소를 제기하였으나, 2021. 1. 14. 기각되어 확정되었다(대법원 2015추566).

청구인은 소송계속 중 이 사건 결정의 근거가 되는 구 지방자치법(2014. 11. 19. 법률 제12844호로 개정되고, 2017. 7. 26. 법률 제14839호로 개정되기 전의 것, 이하 '구 지방자치법'이라 한다) 제4조 제3항이 헌법에 위반된다고 주장하면서 위헌법률심판제청신청을 하였으나 2021. 1. 14. 기각되었고(대법원 2020쿠516), 2021. 1. 29. 기각결정문을 송달받아서, 2021. 2. 26. 이 사건 헌법소원심판을 청구하였다.

2. 심판대상

청구인은 구 지방자치법 제4조 제3항을 심판대상으로 주장하고 있다. 그러나 이 사건 결정은 '공유수면 관리 및 매립에 관한 법률'에 따른 매립지의 관할에 관한 것이므로 구 지방자치법 제4조 제3항 제1호로 심판대상을 한정한다.

따라서, 이 사건 심판대상은 구 지방자치법(2014. 11. 19. 법률 제12844호로 개정되고, 2017. 7. 26. 법률 제14839호로 개정되기 전의 것) 제4조 제3항 제1호(이하 '심판대상조항'이라 한다)가 헌법에 위반되는지 여부이다. 심판대상조항 및 관련조항은 다음과 같다.

[심판대상조항]

구 지방자치법(2014. 11. 19. 법률 제12844호로 개정되고, 2017. 7. 26. 법률 제14839호로 개정되기 전의 것)

제4조(지방자치단체의 명칭과 구역) ③ 제1항에도 불구하고 다음 각 호의 지역이 속할 지방자치단체는 제4항부터 제7항까지의 규정에 따라 행정자치부장관이 결정한다.

1. 「공유수면 관리 및 매립에 관한 법률」에 따른 매립지

[관련조항]

구 지방자치법(2014. 11. 19. 법률 제12844호로 개정되고, 2017. 7. 26. 법률 제14839호로 개정되기 전의 것)

제4조(지방자치단체의 명칭과 구역) ① 지방자치단체의 명칭과 구역은 종전과 같이 하고, 명칭과 구역을 바꾸거나 지방자치단체를 폐지하거나 설치하거나 나누거나 합칠 때에는 법률로 정한다. 다만, 지방자치단체의 관할구역 경계변경과 한자 명칭의 변경은 대통령령으로 정한다.

② 제1항에 따라 지방자치단체를 폐지하거나 설치하거나 나누거나 합칠 때 또는 그 명칭이나 구역을 변경할 때에는 관계 지방자치단체의 의회(이하 "지방의회"라 한다)의 의견을 들어야 한다. 다만, 「주민투표법」 제8조에 따라 주민투표를 한 경우에는 그러하지 아니하다.

③ 제1항에도 불구하고 다음 각 호의 지역이 속할 지방자치단체는 제4항부터 제7항까지의 규정에 따라 행정자치부장관이 결정한다.

1. 생략
2. 「공간정보의 구축 및 관리 등에 관한 법률」 제2조 제19호의 지적공부(이하 "지적공부"라 한다)에 등록이 누락되어 있는 토지

④ 제3항 제1호의 경우에는 「공유수면 관리 및 매립에 관한 법률」 제28조에 따른 면허관청 또는 관련

지방자치단체의 장이 같은 법 제45조에 따른 준공검사 전에, 제3항 제2호의 경우에는 「공간정보의 구축 및 관리 등에 관한 법률」 제2조 제18호에 따른 소관청(이하 "지적소관청"이라 한다)이 지적공부에 등록하기 전에 각각 행정자치부장관에게 해당 지역이 속할 지방자치단체의 결정을 신청하여야 한다. 이 경우 제3항 제1호에 따른 매립지의 매립면허를 받은 자는 면허관청에 해당 매립지가 속할 지방자치단체의 결정 신청을 요구할 수 있다.

⑤ 행정자치부장관은 제4항에 따른 신청을 받은 후 지체 없이 그 사실을 20일 이상 관보나 인터넷 등의 방법으로 널리 알려야 한다. 이 경우 알리는 방법, 의견의 제출 등에 관하여는 「행정절차법」 제42조·제44조 및 제45조를 준용한다.

⑥ 행정자치부장관은 제5항에 따른 기간이 끝난 후 제149조에 따른 지방자치단체중앙분쟁조정위원회(이하 이 조에서 "위원회"라 한다)의 심의·의결에 따라 제3항 각 호의 지역이 속할 지방자치단체를 결정하고, 그 결과를 면허관청이나 지적소관청, 관계 지방자치단체의 장 등에게 통보하고 공고하여야 한다.

⑦ 위원회의 위원장은 제6항에 따른 심의과정에서 필요하다고 인정되면 관계 중앙행정기관 및 지방자치단체의 공무원 또는 관련 전문가를 출석시켜 의견을 듣거나 관계 기관이나 단체에 자료 및 의견 제출 등을 요구할 수 있다. 이 경우 관계 지방자치단체의 장에게는 의견을 진술할 기회를 주어야 한다.

⑧ 관계 지방자치단체의 장은 제3항부터 제7항까지의 규정에 따른 행정자치부장관의 결정에 이의가 있으면 그 결과를 통보받은 날부터 15일 이내에 대법원에 소송을 제기할 수 있다.

⑨ 행정자치부장관은 제8항에 따라 대법원의 인용결정이 있으면 그 취지에 따라 다시 결정하여야 한다.

3. 청구인의 주장

가. 구 지방자치법 제4조 제1항은 지방자치단체의 구역을 변경할 때에는 법률로 정하도록 규정하고 있음에도, 심판대상조항은 행정자치부장관(실질은 분쟁조정위원회)의 결정만으로 구역 변경을 초래하는 '공유수면 관리 및 매립에 관한 법률' 에 따른 매립지(이하 '공유수면 매립지'라 한다)의 귀속 결정이 가능하도록 규정하여 헌법상 지방자치권을 침해한다.

나. 구 지방자치법 제4조 제2항은 지방자치단체의 구역을 변경할 때 지방의회의 의견을 듣거나 또는 주민투표법상의 주민투표를 하도록 규정하고 있다. 그런데 심판대상조항은 공유수면의 매립으로 인하여 관련 지방자치단체의 구역이 변경됨에도 불구하고 위와 같은 절차를 규정하고 있지 않고 있어 지방자치단체의 자치권한을 침해한다.

다. 심판대상조항이 공유수면 매립지가 속할 지방자치단체를 결정하는 실질적 기준을 규정하고 있지 않아서 행정자치부장관의 자의적 결정을 방지하지 못하고, 오로지 행정자치부장관의 결정으로 공유수면 매립지의 관할을 결정하도록 하는 것은 법률유보의 원칙에도 위배되며, 백지위임과 같은 위헌적 결과를 초래한다.

라. 심판대상조항으로 인하여 공유수면 매립지 인근 주민의 선거권, 공무담임권, 거주이전의 자유 등이 침해되었다.

4. 판 단

가. 쟁점정리

(1) 청구인은 심판대상조항이 ① 구 지방자치법 제4조 제2항 소정의 지방의회의 의견을 듣거나 주민투표를 거치는 절차를 규정하지 아니하고, 법률이 아닌 행정자치부장관의 결정만으로 공유수면 매립지의 관할 지방자치단체를 결정하도록 한 것이 관련 지방자치단체의 지방자치권을 침해하고, ② 공유수면 매립지가 속할 지방자치단체를 결정하는 실질적 기준을 전혀 규정하고 않아서 법률유보원칙에 위배된다고 주장하므로, 이에 대하여 판단한다.

(2) 한편 청구인은 심판대상조항에 따른 행정자치부장관의 결정으로 인하여 지방자치단체의 구역과 경계가 바뀜으로써 공유수면 매립지 인근에 거주하는 주민들의 행정구역을 관할하는 지방자치단체가 변경되고, 이로 인하여 해당 주민들의 선거권, 공무담임권, 거주이전의 자유 등이 침해된다고 주장한다.

그러나 단지 공유수면 매립지 인근에 거주하는 주민들의 행정구역을 관할하던 지방자자치단체가 변경되었다는 사정만으로 위와 같은 기본권이 직접 제한된다고 보기 어렵고, 설령 관할 지방자치단체의 변경으로 인하여 주민들에게 어떤 피해가 발생한다고 하여도 이는 간접적이고 사실적인 불이익에 불과하므로 이에 대한 판단은 하지 않기로 한다.

나. 지방자치권의 침해 여부

(1) 헌법은 제117조와 제118조에서 '지방자치단체의 자치'를 제도적으로 보장하고 있는바, 그 보장의 본질적 내용은 자치단체의 보장, 자치기능의 보장 및 자치사무의 보장이다(헌재 1994. 12. 29. 94헌마201 참조). 다만, 헌법 제117조 제1항 후단에서 '법령의 범위 안에서 자치에 관한 규정을 제정할 수 있다'고 하였고, 제118조 제2항에서는 '지방자치단체의 조직과 운영에 관한 사항은 법률로 정한다'고 규정하고 있으므로 헌법상의 자치권의 범위는 법령에 의하여 형성되고 제한된다. 그러나 지방자치단체의 자치권은 헌법상 보장을 받고 있으므로 비록 법령에 의하여 이를 제한하는 것이 가능하다고 하더라도 그 제한이 불합리하여 자치권의 본질을 훼손하는 정도에 이른다면 이는 헌법에 위반된다고 보아야 할 것이다(헌재 2002. 10. 31. 2002헌라2).

(2) 2009. 4. 1. 법률 제9577호로 개정되기 전의 지방자치법 제4조 제1항에서는 "지방자치단체의 명칭과 구역은 종전과 같이 하고, 명칭과 구역을 바꾸거나 지방자치단체를 폐지하거나 설치하거나 나누거나 합칠 때에는 법률로 정하되, 시·군 및 자치구의 관할구역 경계변경은 대통령령으로 정한다."고 규정하였고, 이에 공유수면 매립지의 경계 획정이 문제된 경우 종래에는 헌법재판소가 위 '종전'이 무엇인지 살펴본 후 공유수면 해상경계선을 기준으로 매립지가 속할 지방자치단체를 결정하여 왔다.

그러나 2009. 4. 1. 법률 제9577호로 개정된 지방자치법에서는 제4조 제3항을 신설하여 '제1항에도 불구하고 공유수면 매립지가 속할 지방자치단체를 행정자치부장관이 결정'하도록 하고, 이러한 결정을 위한 신청을 의무로 규정하며, 부칙 제2조 제1항에서는 개정 지방자치법 시행 전에 이미 준공검사를 받은 매립지라 하더라도 법 시행 후에 지적공부에 등록하려면 그 전에 행정자치부장관에의 신청 및 결정 절차를 반드시 거치도록 하였다. 그렇다면 구 지방자치법 제4조 제3항은, 매립지의 관할에 대하여는 앞으로 같은 조 제1항이 처음부터 배제되고, 행정자치부장관의 결정에 의하여 비로소 관할 지방자치단체가 정해지며, 그 전까지 해당 매립지는 어느 지방자치단체에도 속하지 않는다는 의미로 해석함이 타당하다.

한편, 일반적으로 공유수면은 그 해상경계가 연안 해역을 중심으로 오랜 기간에 걸쳐 형성되고 인근 어민의 어업활동에 이용되는 반면, 공유수면의 매립은 막대한 사업비와 장기간의 시간 등이 투입될 뿐 아니라 해당 해안지역의 갯벌 등 가치 있는 자연자원의 상실 내지 환경의 파괴를 동반하는 등 국가 전체적으로 중대한 영향을 미치는 사업일 뿐만 아니라 그 매립지의 주체와 목적이 명확하게 정해져 있어 매립지의 이용은 그 구체적인 내용에 있어서 공유수면과는 상당히 다르다. 따라서 공유수면의 경계를 그대로 매립지의 '종전' 경계로 인정하기는 어렵다.

이와 같이 개정된 구 지방자치법의 취지와 공유수면과 매립지의 성질상 차이 등을 종합하여 볼 때, 신생 매립지는 구 지방자치법 제4조 제3항에 따라 같은 조 제1항이 처음부터 배제되어 종전의 관할구역과의 연관성이 단절되고, 행정자치부장관의 결정이 확정됨으로써 비로소 관할 지방자치단체가 정해지며, 그 전까지 해당 매립지는 어느 지방자치단체에도 속하지 않는다. 그렇다면 매립지의 매립 전 공유수면에 대한 관할권을 가졌을 뿐인 지방자치단체가 새로이 형성된 매립지에 대해서까지 어떠한 권한을 보유하고 있다고 볼 수 없다(헌재 2020. 7. 16. 2015헌라3 참조).

(3) 이와 같이 행정자치부장관이 공유수면 매립지를 관할하는 지방자치단체를 결정하기 전까지 관련 지방자치단체는 해당 공유수면 매립지에 대하여 어떠한 자치권한도 보유하고 있지 않은 이상, 심판대상조항이 지방의회의 의견을 듣거나 주민투표를 거치는 절차를 규정하지 아니하고, 행정자치부장관으로 하여금 공유수면 매립지의 관할 지방자치단체를 결정하도록 한 것이 지방자치단체의 지방자치권을 침해한다고 볼 수 없다.

다. 법률유보원칙의 위배 여부

(1) 우리 헌법 제40조는 "입법권은 국회에 속한다."라고 규정하면서, 아울러 제75조는 "대통령은 법률에서 구체적으로 범위를 정하여 위임받은 사항과 법률을 집행하기 하기 위하여 필요한 사항에 관하여 대통령령을 발할 수 있다.", 제95조는 "국무총리 또는 행정각부의 장은 소관사무에 관하여 법률이나 대통령령의 위임 또는 직권으로 총리령 또는 부령을 발할 수 있다."라고 각 규정함으로서 행정기관으로의 위임입법을 인정하고 있는데, 우리 헌법 제40조의 의미는 적어도 국민의 권리와 의무의 형성에 관한 사항을 비롯하여 국가의 통치조직과 작용에 관한 기본적이고 본질적인 사항은 반드시 국회가 정하여야 한다는 것이다(헌재 1998. 5. 28.

96헌마1; 헌재 2001. 4. 26. 2000헌마122).

헌법상 지방자치단체의 지방자치권 역시 국가 통치조직의 분배와 작용에 관한 것으로서 국가권력의 일부분을 담당하는 권한인 이상 지방자치단체의 조직과 자치기능 및 자치사무의 자율성에 관한 기본적이고 본질적 사항은 법률에서 직접 규정하여야 한다.

(2) 앞서 본 바와 같이, 심판대상조항에 따라서 행정자치부장관이 공유수면 매립지를 관할하는 지방자치단체를 결정하기 전까지 관련 지방자치단체는 해당 공유수면 매립지에 대하여 어떠한 자치권한도 보유하지 않는다. 따라서 설령 행정자치부장관이 공유수면 매립지가 속할 지방자치단체를 결정할 때 적용할 실질적 기준이 필요하다고 하여도 그러한 기준이 지방자치단체의 자치사무와 본질적으로 관련이 있어 반드시 법률에 규정되어야 한다고 볼 수 없다.

나아가 헌법 제117조 및 제118조에 따라서 입법자는 지방자치단체의 종류 및 조직과 운영 등에 관하여 폭넓은 입법형성권을 가지므로, 공유수면 매립지의 관할을 정하는 기준을 법률에서 직접 정하는 대신에 공유수면 매립지를 관할하는 지방자치단체를 정하는 별도의 절차를 법률로써 형성할 수 있다. 더욱이 공유수면 매립지에 대한 행정자치부장관의 관할 지방자치단체 결정은 단독으로 이루어지는 것이 아니라, 분쟁조정위원회의 심의·의결에 따라서 이루어지는데(구 지방자치법 제4조 제4항 및 제6항 참조), 분쟁조정위원회는 헌법재판소와 대법원이 제시한 공유수면 매립지의 관할구역 경계 획정에 관한 구체적 기준(형평의 원칙)을 적극적으로 고려하여 심의·의결하고 있고(헌재 2019. 4. 11. 2015헌라2; 대법원 2013. 11. 14. 선고 2010추73 판결 등 참조), 이에 따른 행정자치부장관의 결정에 위법성이 있으면 관계 지방자치단체의 장이 대법원에 소송을 제기하여 시정할 수 있다(구 지방자치법 제4조 제8항 및 제9항 참조).

(3) 이와 같은 사정을 종합하면, 심판대상조항에서 행정자치부장관이 공유수면 매립지를 관할하는 지방자치단체를 결정하도록 하면서 그 실질적 기준을 규정하고 있지 않더라도 그것이 법률유보원칙에 위배된다고 볼 수 없다.

5. 결 론

그렇다면 심판대상조항은 헌법에 위반되지 아니하므로 주문과 같이 결정한다. 이 결정은 아래 6.과 같은 재판관 이영진의 별개의견이 있는 외에는 나머지 관여 재판관들의 일치된 의견에 의한 것이다.

6. 재판관 이영진의 별개의견

나는 심판대상조항이 지방자치단체의 지방자치권한을 침해하지 않고, 법률유보원칙에도 위배되지 않아서 헌법에 위반되지 아니한다는 법정의견의 결론에는 동의하지만 그 이유를 달리하므로, 다음과 같이 별개의견을 남긴다.

가. 지방자치권의 침해 여부

(1) 지방자치단체는 자신의 관할구역 내에서 헌법 제117조 제1항과 지방자치법 제9조 및 기타 개별 법령에서 부여한 자치권한 내지 관할권한을 가진다(헌재 2020. 7. 16. 2015헌라3 중 재판관 이선애, 재판관 이영진의 반대의견). 한편 헌법재판소는 공유수면에 대하여도 지방자치단체의 자치권한이 존재한다고 보고 있고(헌재 2004. 9. 23. 2000헌라2; 헌재 2015. 7. 30. 2010헌라2 등 참조), 공유수면에 조성된 매립지 역시 지방자치법 제4조 제1항에 규정된 지방자치단체의 구역으로서 지방자치단체의 자치권한이 미치는 관할구역이라는 점을 인정하고 있다(헌재 2004. 9. 23. 2000헌라2; 헌재 2019. 4. 11. 2015헌라2 등 참조).

지방자치단체의 관할구역에 대해서는 구 지방자치법 제4조 제1항이 "지방자치단체의 명칭과 구역은 종전과 같이 하고, 명칭과 구역을 바꾸거나 지방자치단체를 폐지하거나 설치하거나 나누거나 합칠 때에는 법률로 정한다. 다만, 지방자치단체의 관할구역 경계변경과 한자 명칭의 변경은 대통령령으로 정한다."라고 규정하고 있다. 지방자치법 제4조 제1항의 규정에서 '종전'이라 함은 지방자치단체의 관할구역 경계확정의 실체법적 기준 내지 원칙을 의미하는데, 공유수면 매립지에 대한 지방자치단체의 관할구역 경계 역시 위와 같은 기준에 따르며, 이에 대한 명시적인 법령상의 규정이나 불문법마저 존재하지 않는 경우에는 형평의 원칙에 따라 합리적이고 공평하게 그 경계를 획정할 수밖에 없다(헌재 2015. 7. 30. 2010헌라2; 헌재 2019. 4. 11. 2015헌라2 참조).

한편 헌법 제117조 및 제118조에 따라서 입법자는 지방자치단체의 종류 및 조직과 운영 등에 관하여 폭넓은 입법형성권을 가지므로, 공유수면 매립지의 관할을 법률에서 직접 정하는 대신에 공유수면 매립지를 관할하는 지방자치단체를 정하는 별도의 절차를 법률로써 형성할 수 있다.

(2) 심판대상조항은 공유수면 매립지의 관할과 관련하여 분쟁조정위원회의 심의·의결에 따라서 행정자치부장관이 그 소속 지방자치단체를 결정하도록 하고 있다. 이는 같은 조 제1항에서 지방자치단체의 경계변경은 대통령령으로 정하도록 한 원칙에 대하여, '기존의 공유수면에 연접하여 위치한 여러 지방자치단체들의 관할구역으로서 경계가 존재하는 공유수면을 가로질러 걸쳐서 조성된 매립지'의 전부 또는 일부에 대하여 소속 지방자치단체를 결정하는 것은 지방자치단체 관할구역의 경계변경에 해당하지만, 그 형식을 대통령령이 아닌 행정자치부장관의 결정으로 해야 한다는 예외를 정한 것에 불과하다(헌재 2020. 7. 16. 2015헌라3 중 재판관 이선애, 재판관 이영진의 반대의견).

지방자치단체 관할구역의 경계변경은 지방자치단체의 존폐와 관계없이 단순히 경계만 달라지는 구역변경으로서 지방자치단체의 자치권이 미치는 지리적 범위를 변경하는 것이다. 심판대상조항 소정의 행정자치부장관의 결정은 공유수면 관할 경계상 매립지에 대하여 관할구역 경계의 존재 및 그 구체적인 형태에 대한 확인을 통해 공유수면 매립지의 전부 또는 일부가 연접하여 위치한 지방자치단체들 중 어느 지방자치단체에는 속하고, 어느 지방자치단체에는 속하지 않는지를 확인하는 처분이다(헌재 2020. 7. 16. 2015헌라3 중 재판관 이선애, 재판관 이영진의 반대의견).

(3) 앞서 본 바와 같이, 지방자치단체는 자신의 관할구역에 대하여 자치권을 가지고, 공유수면에 조성된 매립지역 역시 지방자치단체의 자치권한이 미치는 관할구역이다. 그런데 심판대상조항은 구 지방자치법 제4조 제1항에서 규정한 '지방자치단체의 구역은 종전과 같이 한다'가 지방자치단체의 관할구역 경계확정의 실체법적 기준 내지 원칙으로서 공유수면 매립지의 경우에도 적용된다는 것을 전제하고 있다. 따라서 행정자치부장관은 이러한 구 지방자치법 제4조 제1항 소정의 '종전'이라는 지방자치단체의 관할구역 경계확정의 실체법적 기준 아래에서 새로 조성된 공유수면 매립지의 목적·기능까지 고려하여 공유수면 매립지의 관할구역 경계의 존재 및 그 구체적인 형태를 확인하는 결정을 하여야 한다.

이와 같이 심판대상조항이 구 지방자치법 제4조 제1항 소정의 '종전'이라는 지방자치단체 관할구역 경계확정 기준을 전제로 하여 행정자치부장관으로 하여금 공유수면 매립지를 관할하는 지방자치단체를 결정하도록 하는 이상 지방자치권의 본질을 훼손한다고 보기 어렵다.

(4) 아울러 심판대상조항에 따르면 행정자치부장관이 공유수면 매립지를 관할하는 지방자치단체를 결정할 때 분쟁조정위원회의 심의·의결에 따라서 결정하여야 한다(구 지방자치법 제4조 제6항). 그런데 분쟁조정위원회의 위원장은 심의과정에서 필요하다고 인정되면 관계 중앙행정기관 및 지방자치단체의 공무원 또는 관련 전문가를 출석시켜 의견을 듣거나 관계 기관이나 단체에 자료 및 의견 제출 등을 요구할 수 있고, 이 경우 관계 지방자치단체의 장에게는 의견을 진술할 기회를 주어야 하므로(구 지방자치법 제4조 제7항), 지방의회는 분쟁조정위원회의 심의과정에서 지방자치단체의 장을 통해서 또는 직접 지방의회의 공무원을 대표로 출석시켜 의견을 개진하거나 자료를 제출할 수 있다.

따라서 심판대상조항이 지방의회의 의견을 듣거나 주민투표를 거치는 절차를 규정하지 아니하고, 행정자치부장관으로 하여금 공유수면 매립지 관할 지방자치단체를 결정하도록 하여도 그것이 지방자치권을 침해한다고 볼 수 없다.

나. 법률유보원칙의 위배 여부

(1) 구 지방자치법 제4조 제1항은 "지방자치단체의 명칭과 구역은 종전과 같이 하고, 명칭과 구역을 바꾸거나 지방자치단체를 폐지하거나 설치하거나 나누거나 합칠 때에는 법률로 정한다. 다만, 지방자치단체의 관할구역 경계변경과 한자 명칭의 변경은 대통령령으로 정한다."라고 규정하고 있다. 심판대상조항은 구 지방자치법 제4조 제1항에서 규정한 '지방자치단체의 구역은 종전과 같이 한다'가 지방자치단체의 관할구역 경계확정의 실체법적 기준 내지 원칙으로서 공유수면 매립지의 경우에도 적용된다는 것을 전제로 하여, 행정자치부장관이 공유수면 매립지의 관할 지방자치단체를 확인적으로 결정하도록 하고 있다.

(2) 아울러 행정자치부장관의 공유수면 매립지에 대한 관할 지방자치단체 결정은 단독으로 이루어지는 것이 아니라, 분쟁조정위원회의 심의·의결에 따라서 이루어지는데(구 지방자치법 제4조 제4항 및 제6항 참

조), 분쟁조정위원회는 헌법재판소와 대법원이 제시한 공유수면 매립지의 관할구역 경계획정에 관한 구체적 기준(형평의 원칙)을 적극적으로 고려하여 심의·의결하고 있고(헌재 2019. 4. 11. 2015헌라2; 대법원 2013. 11. 14. 선고 2010추73 판결 등 참조), 이에 따른 행정자치부장관의 결정에 위법성이 있으면 관계 지방자치단체의 장은 대법원에 소송을 제기하여 시정할 수 있다(구 지방자치법 제4조 제8항 및 제9항 참조).

그렇다면 심판대상조항이 공유수면 매립지의 관할을 결정하는 본질적인 기준을 정하지 않아서 행정자치부장관이 자의적으로 공유수면 매립지를 관할하는 지방자치단체를 결정하도록 하고 있다고 볼 수 없으므로 법률유보원칙에 위배되지 않는다.

다. 결론

심판대상조항은, 구 지방자치법 제4조 제1항 소정의 '종전'이라는 지방자치단체의 관할구역 경계확정의 실체법적 기준 내지 원칙을 전제로 하여 행정자치부장관이 분쟁조정위원회의 심의·의결에 따라서 공유수면 매립지에 대한 관할 지방자치단체를 확인적으로 결정하도록 하고 있기 때문에, 지방자치단체의 지방자치권을 침해하지 아니하고, 법률유보원칙에도 위배되지 아니하여 헌법에 위반되지 아니한다.

재판관 이종석 이은애 이영진 김기영 문형배 이미선 김형두 정정미 정형식

97. 의료법 제33조 제2항 위헌확인

[2024. 3. 28. 2020헌마387]

【판시사항】

치과의사에게 요양병원을 개설할 자격을 부여하지 않는 구 의료법 제33조 제2항 후문 중 '치과의사는 치과병원 또는 치과의원을'에 관한 부분이 치과의사의 평등권을 침해하는지 여부(소극)

【결정요지】

요양병원의 입원 대상은 노인성질환자, 만성질환자, 외과적 수술 후 또는 상해 후 회복기간에 있는 자로서 주로 요양이 필요한 사람이다. 요양병원의 설치목적과 공공성, 국민의 건강을 보호하고 적정한 의료급여를 보장해야 하는 사회국가적 의무를 감안하면, 인체 전반에 관한 의료 및 보건지도를 임무로 하는 의사 및 한의사에게는 요양병원의 개설을 허용하면서, 치과의료와 구강 보건지도를 임무로 하고 치과진료에 특화된 의료인인 치과 의사에게는 요양병원의 개설을 허용하지 않고 있는 것에는, 합리적인 이유가 있다고 보아야 한다. 심판대상조항은 청구인의 평등권을 침해한다고 볼 수 없다.

재판관 이영진의 반대의견

치과의사는 의사나 한의사와 같이 예과 2년, 본과 4년, 총 6년 이상의 교육과정을 거치고 고도의 전문성을 갖춘 의료인이며, 예과 재학중에는 해부학 등의 인체 관련 기초의학과목도 이수한다. 외국의 입법례를 보더라도 의사 등이 아닌 자의 의료기관 개설을 제한하는 나라는 많지 않다. 요양병원에서 의사나 한의사를 두어 의과나 한의과 진료를 보게 할 수도 있다. 치과의사가 건전한 의료질서 확립을 어지럽히는 등의 부작용을 초래할 우려도 높다고 보기 어려우므로 요양병원 개설자체를 원천적으로 차단할 필요까지 인정하기 어렵다. 그렇다면 위 조항은 치과의사를 의사나 한의사와 차별함에 합리적인 이유가 있다고 보기 어려워, 청구인의 평등권을 침해한다.

【심판대상조문】

구 의료법(2009. 1. 30. 법률 제9386호로 개정되고, 2020. 3. 4. 법률 제17069호로 개정되기 전의 것) 제33조 제2항 후문 중 '치과의사는 치과병원 또는 치과의원을'에 관한 부분

【참조조문】

헌법 제11조 제1항

의료법 제2조 제2항

구 의료법(2009. 1. 30. 법률 제9386호로 개정되고, 2020. 3. 4. 법률 제17069호로 개정되기 전의 것) 제3조

의료법 시행규칙(2020. 9. 11. 보건복지부령 제749호로 개정된 것) 제36조

【참조판례】

헌재 2020. 2. 27. 2017헌바422, 17-19

【당 사 자】

청 구 인 이○○

대리인 변호사 추동기 외 1인

【주 문】

이 사건 심판청구를 기각한다.

【이 유】

1. 사건개요

가. 청구인은 2016. 2. 29. 치과의사 면허를 취득한 사람이다. 청구인은 치과의사 면허를 취득한 직후인 2016.

3.경부터 2020. 2.경까지 ○○치과병원에서 인턴 및 구강악안면외과학 전공의 과정을 수료하고, 2020. 3. 2. 구강악안면외과전문의 자격을 취득하였다.

나. 청구인은 구강악안면외과전문의 자격 취득 후 요양병원을 개설하려고 하였으나, 의료법 제33조 제2항 후문에 의하여 치과의사의 요양병원 개설이 금지되어 있다는 사실을 알게 되었다.

다. 이에 청구인은 의료법 제33조 제2항의 '치과의사는 치과병원 또는 치과의원을'에 관한 부분이 치과의사로서 요양병원을 개설하고자 하는 청구인의 직업의 자유와 평등권을 침해한다고 주장하면서, 2020. 3. 13. 이 사건 헌법소원심판을 청구하였다.

2. 심판대상

이 사건 심판대상은 구 의료법(2009. 1. 30. 법률 제9386호로 개정되고, 2020. 3. 4. 법률 제17069호로 개정되기 전의 것) 제33조 제2항 후문 중 '치과의사는 치과병원 또는 치과의원을'에 관한 부분이 청구인의 기본권을 침해하는지 여부이다.

심판대상조항 및 관련조항은 다음과 같다.

[심판대상조항]

구 의료법(2009. 1. 30. 법률 제9386호로 개정되고, 2020. 3. 4. 법률 제17069호로 개정되기 전의 것)

제33조(개설) ② 다음 각 호의 어느 하나에 해당하는 자가 아니면 의료기관을 개설할 수 없다. 이 경우 의사는 종합병원·병원·요양병원 또는 의원을, 치과의사는 치과병원 또는 치과의원을, 한의사는 한방병원·요양병원 또는 한의원을, 조산사는 조산원만을 개설할 수 있다.

1. 의사, 치과의사, 한의사 또는 조산사
2. 국가나 지방자치단체
3. 의료업을 목적으로 설립된 법인(이하 "의료법인"이라 한다)
4. 「민법」이나 특별법에 따라 설립된 비영리법인
5. 「공공기관의 운영에 관한 법률」에 따른 준정부기관, 「지방의료원의 설립 및 운영에 관한 법률」에 따른 지방의료원, 「한국보훈복지의료공단법」에 따른 한국보훈복지의료공단

[관련조항]

구 의료법(2009. 1. 30. 법률 제9386호로 개정되고, 2020. 3. 4. 법률 제17069호로 개정되기 전의 것)

제3조(의료기관) ① 이 법에서 "의료기관"이란 의료인이 공중(公衆) 또는 특정 다수인을 위하여 의료·조산의 업(이하 "의료업"이라 한다)을 하는 곳을 말한다.

② 의료기관은 다음 각 호와 같이 구분한다.

3. 병원급 의료기관: 의사, 치과의사 또는 한의사가 주로 입원환자를 대상으로 의료행위를 하는 의료기관으로서 그 종류는 다음 각 목과 같다.
   라. 요양병원(「정신건강증진 및 정신질환자 복지서비스 지원에 관한 법률」 제3조 제5호에 따른 정신의료기관 중 정신병원, 「장애인복지법」 제58조 제1항 제4호에 따른 의료재활시설로서 제3조의2의 요건을 갖춘 의료기관을 포함한다. 이하 같다)

의료법 시행규칙(2020. 9. 11. 보건복지부령 제749호로 개정된 것)

제36조(요양병원의 운영) ① 법 제36조 제3호에 따른 요양병원의 입원 대상은 다음 각 호의 어느 하나에 해당하는 자로서 주로 요양이 필요한 자로 한다.

1. 노인성 질환자
2. 만성질환자
3. 외과적 수술 후 또는 상해 후 회복기간에 있는 자

3. 청구인의 주장

가. 심판대상조항에 의하면 의사와 한의사만이 요양병원을 운영할 수 있도록 되어 있어, 치과의사는 요양병원을 개설할 수 없다. 그래서 치과의사인 청구인의 직업의 자유를 침해한다.

나. 치과의사는 의사, 한의사와 마찬가지로 의료인으로서 요양병원에 고용되어 근무하거나 요양병원의 당직의사로 근무할 수 있다. 치과의사는 양약을 처방할 수도 있고 응급환자가 발생하는 경우에도 적극적 대처를 할 수 있다. 그럼에도 불구하고 의사 및 한의사와 달리 치과의사만 요양병원을 개설할 수 없도록 한 심판대상조항은 치과의사인 청구인의 평등권을 침해한다.

4. 판 단

가. 쟁점의 정리

치과의사도 의사나 한의사와 마찬가지로 의료기관을 개설할 수 있는 의료인임에도 불구하고 심판대상조항은 치과의사에 대해서만 요양병원의 개설을 금지하고 있다. 이것이 치과의사를 의사나 한의사와 달리 취

급하여 불합리하게 차별하는 것인지 여부가 문제된다. 청구인은 심판대상조항이 치과의사인 청구인의 직업의 자유도 침해한다고 주장하나, 그 취지는 의사나 한의사에게는 요양병원의 개설을 허용하면서 치과의사에게는 그 개설을 금지하는 것을 다투는 것으로서 평등권 침해 주장과 내용이 다르지 않으므로 이에 대해서는 별도로 판단하지 않기로 한다.

나. 평등권 침해 여부에 관한 판단

(1) 우리나라의 요양병원제도는 국민의 생활수준 향상에 따른 의료수요 증가에 적극적으로 대응하고, 의료이용에 편의를 도모할 수 있는 제도적 장치를 마련하며, 만성질환자 등 장기요양환자에게 저렴한 의료서비스를 제공할 수 있도록 하기 위하여, 1994. 1. 7. 법률 제4732호로 개정된 의료법에 그 기준과 근거가 마련되었다. 신설된 요양병원은 장기입원이 필요한 환자를 대상으로 의료행위를 할 수 있도록 30인 이상을 수용할 수 있는 시설을 갖춘 의료기관을 의미하는 것으로 규정되었다.

통계청의 전망에 따르면 우리나라는 2025년 전체 인구 중 65세 이상 노인이 차지하는 비율이 20.6%에 달하여 세계에서 가장 빠른 속도로 초고령 사회에 진입할 것으로 예상된다. 정부는 초기에는 단기적 효과가 큰 양적 확대에 무게를 두면서 요양병원 설립 시 재정지원을 함으로써 요양병원 설립 단계에서 진입장벽을 낮추는 정책을 펼친 바 있고, 2000년대 이후 인구구조의 변화에 따른 노인인구의 증가와 맞물려 요양병원의 개원은 급속도로 증가하였다. 우리나라의 노인인구 대비 요양병상은 OECD 국가 중 최고 수준이며, 이는 노인이 거주하는 곳에서 의료와 요양을 하기보다는 요양병원에서 생을 마감하는 경우가 많음을 의미한다고 할 수 있다. 2021년을 기준으로 하여 우리나라의 요양병원 기관수는 전체 의료기관수의 2.1%를 차지하는데, 요양병원의 병상수는 전체 의료기관 병상수의 40%에 육박하고 있다. 요양병원 환자 1인당 입내원일수는 전체 요양기관의 환자 1인당 입내원일수의 약 10배에 달하고, 요양병원 환자 1인당 전체 진료비는 전체 요양기관의 환자 1인당 전체 진료비의 약 13배에 이르고 있다. 요양병원 환자 1인당 입내원일수와 진료비가 많은 이유는 요양병원에 장기입원 환자가 많기 때문이다.

(2) 요양병원은 30개 이상의 요양병상(장기입원이 필요한 환자를 대상으로 의료행위를 하기 위하여 설치한 병상)을 갖추고(의료법 제3조의2), 주로 입원환자를 대상으로 의료행위를 하는 병원급 의료기관이다(의료법 제3조 제2항 제3호 라목). 요양병원의 입원 대상은 노인성 질환자, 만성질환자, 외과적 수술 후 또는 상해 후 회복기간에 있는 자로서 주로 요양이 필요한 사람이다(의료법 시행규칙 제36조 제1항). 돌봄을 주된 기능으로 하는 생활시설로서 의사 등 의료인이 상주하지 않고 노인복지법에 의한 노인장기요양보험이 적용되는 노인요양시설과 달리, 요양병원은 의사 또는 한의사가 상주하여야 하고 국민건강보험법에 따라 건강보험의 적용을 받는다. 이와 같은 요양병원에서는 노인성 질환자와 만성질환자 등 장기요양환자에게 의학적 전문지식을 기초로 하는 경험과 기능으로 진찰, 검안, 처방, 투약 또는 외과적 시술을 시행하여 질병의 예방 또는 치료행위 및 그 밖에 의료인이 행하지 않으면 보건위생상 위해가 생길 우려가 있는 행위 등의 의료행위가 이루어지므로, 그와 같은 의료행위를 할 수 있는 자격이 있는 사람이 요양병원을 개설할 수 있다고 보아야 한다. '의료기관 개설자'는 의료법에 따라 국민의 생명·신체 보호와 밀접한 관련이 있는 여러 의무들을 부담하는 자로서, 이를 단순히 '일정한 장비를 갖추어 의료업을 시행하는 사업자'에 불과하다고 보기는 어렵기 때문이다.

(3) 의사는 의료와 보건지도를 임무로 하는 의료인으로(의료법 제2조 제2항 제1호) 국내 의과대학(또는 의학전문대학원)을 졸업하고 의사국가시험에 합격하여 보건복지부장관의 면허를 받아야 법적 자격을 획득하고 진료할 수 있다. 의학총론(몸의 정상 구조와 기능, 정상 발생·성장 및 노화, 질병의 발생과 죽음, 주요 증상과 병태생리, 진찰 및 진단, 검사, 치료와 합병증, 건강증진·질병 예방 및 보건의료 관리를 말한다), 의학각론(영양, 소화기 질환, 손상·중독, 신생물, 혈액·조혈기관 질환, 심혈관 질환, 근골격계·결합조직 질환, 신경계 질환, 알레르기 및 면역질환, 호흡기 질환, 감염 및 기생충 질환, 내분비·대사성 질환, 신장·요로 및 남성생식기 질환, 유전 질환과 선천성기형, 주산기 및 신생아 질환, 눈 및 눈부속기 질환, 귀 및 유양돌기 질환, 피부질환, 여성생식기 질환, 임신·출산 및 산욕기 질환, 정신질환을 말한다), 보건의약관계법규에 관한 필기시험과 병력 청취, 신체 진찰, 환자와의 의사소통, 진료 태도, 기본 기술적 수기에 관한 실기 시험에 합격하여야 한다.

그리고 한의사는 한방 의료와 한방 보건지도를 임무로 하는 의료인으로서(의료법 제2조 제2항 제3호), 국내 한의대를 졸업하고 한의사 국가시험에 합격하여 보건복지부장관의 면허를 받아야 법적 자격을 획득하고 진료할 수 있으며, 내과학, 침구학, 부인과학, 소아과학, 외과학, 신경정신과학, 안이비인후과학, 본초학, 한방생리학, 예방의학, 보건의약관계법규를 시험과목으로 하는 필기시험에 합격하여야 한다.

(4) 한편, 치과의사는 치과 의료와 구강 보건지도를 임무로 하는 의료인으로(의료법 제2조 제2항 제2호), 국내 치과대학(또는 치의학전문대학원)을 졸업하고 치과의사국가시험에 합격하여 보건복지부장관의 면허를 받아야 법적 자격을 획득하고 진료할 수 있다. 국가시험 필기시험과목으로는 구강악안면외과학, 치과보존학, 치과보철학, 소아치과학, 구강악안면방사선학, 치주과학, 구강내과학, 치과재료학, 치과교정학, 구강병리학, 구강보건학, 구강생물학, 보건의약관계법규가 있으며, 병력 청취, 구강내·외부 진찰, 환자와의 의사소통, 진료 태도, 기본 기술적 수기에 대하여 실기시험을 보아야 한다.

살피건대, 의사와 한의사가 각 양방과 한방이라는 체계 내에서 의학 전반에 관한 교육을 받고 이를 평가하는 국가시험을 거쳐 의사, 한의사 면허를 취득하는 것과 달리, 치과의사는 치과 의료와 구강 보건에 관한 교육을 받고 치과의사 면허취득을 위하여 필요한 국가시험 과목도 보건의약관계법규 이외에는 구강과 치과 의료에 특화되고 한정된 분야이다.

(5) 초고령화 시대의 진입 및 인구구조 변화에 따른 요양병원의 수요 증가, 요양병원의 설치목적과 공공성, 국가가 국민의 건강을 보호하고 적정한 의료급여를 보장해야 하는 사회국가적 의무 등을 감안하면, 심판대상조항이 인체 전반에 관한 의료 및 보건지도를 임무로 하는 의사 및 한의사에게는 요양병원의 개설을 허용하면서 치과 의료와 구강 보건지도를 임무로 하고 치과진료에 특화된 의료인인 치과의사에게는 요양병원의 개설을 허용하지 않고 있는 것에는 합리적인 이유가 있다고 볼 수 있다. 그러므로 심판대상조항이 청구인의 평등권을 침해한다고 볼 수 없다.

5. 결 론

그렇다면 이 사건 심판청구는 이유 없으므로 이를 기각하기로 하여 주문과 같이 결정한다. 이 결정은 아래 6.과 같은 재판관 이영진의 반대의견이 있는 외에는 관여 재판관들의 일치된 의견에 의한 것이다.

6. 재판관 이영진의 반대의견

나는 법정의견과 달리 심판대상조항이 청구인의 평등권을 침해한다고 생각하므로 다음과 같이 견해를 밝힌다.

가. 치과의사는 기초의학, 해부학 등을 포함한 6년 이상의 교육과정을 거친 고도의 전문성을 가진 의료인이라는 점에서 의사나 한의사와 다르지 않다. 의사나 한의사가 국내 의대나 한의대를 졸업하고 의사나 한의사 국가시험에 합격하여 보건복지부장관의 면허를 받아야 자격을 취득하는 것과 같이, 치과의사 또한 국내 치과대학을 졸업하고 치과의사국가시험에 합격하여 보건복지부장관의 면허를 받는 과정을 거쳐야만 비로소 자격을 취득하여 진료를 볼 수 있다. 특히 조산사, 간호사 등의 다른 의료인과 달리 치과의사는 예과 2년의 기간 동안 화학, 물리학뿐 아니라, 생화학, 해부학 등의 인체와 관련한 기초의학 등의 교과를 일정 학점 이상 이수하고, 성적도 일정 수준을 상회하였을 때에만 본과 진급요건을 갖추게 된다는 점, 본과에 진급한 이후로도 4년 이상의 교과 과정을 이수하여 총 6년 이상의 교육과정을 수료하여야만 졸업할 수 있고 국가시험을 볼 자격을 갖춘다는 점에서 본다면 공부의 양이나 질이 의사나 한의사와 다르다고 보기 어렵다.

나. 나라마다 보건의료환경이나 의료보험체계가 다르다는 점을 감안하더라도 외국 입법례 중 의사 등이 아닌 자의 의료기관 개설을 제한하는 사례는 많지 않다.

다. 요양병원에서 노인성 질환자와 만성질환자 등 장기요양환자에게 의학적 전문지식을 기초로 하는 경험과 기능으로 진찰, 검안, 처방, 투약 또는 외과적 시술을 시행하여 질병의 예방 또는 치료행위 및 그 밖에 의료인이 행하지 않으면 보건위생상 위해가 생길 우려가 있는 행위 등의 의료행위가 이루어질 수밖에 없고, 치과 의료 및 구강 보건이 아닌 분야의 의료행위가 필요하다고 하더라도, 이는 요양병원에서 의사나 한의사를 고용하여 진료를 보게 하는 방법으로 얼마든지 해결할 수 있는 문제이다. 이미 현행 의료법상 치과병원이 한의사를 두어 한의과 진료과목을 추가로 설치·운영할 수 있고, 의사를 두어 의과 진료과목을 추가로 설치·운영할 수 있다(의료법 제43조 제1항 및 제2항). 그렇다면 치과의사가 요양병원을 개설하는 경우 치과 진료 및 구강 보건 관리는 물론이고, 의사를 두어 의과 진료를 하게 하거나 한의사를 두어 한의과 진료를 하게 하는 방법이 충분히 가능하다고 할 것이다.

라. 관련규정에서도 이미 요양병원에서 할 수 있는 치과의사의 역할 및 능력이 의사, 한의사와 다르지 않음을 전제로 하고 있다. 즉 의료법 시행규칙 제39조의18 제2항은 요양병원에 두어야 하는 당직의료인의 수를 규정하면서, 제1호에서 "의사·치과의사 또는 한의사의 경우에는 입원환자 300명까지는 1명, 입원환자 300명을 초과하는 300명마다 1명을 추가한 인원 수", 제2호에서 "간호사의 경우에는 입원환자 80명까지는 1명, 입원환자 80명을 초과하는 80명마다 1명을 추가한 인원 수"라고 규정하고 있다.

마. 의사 등이 아닌 자가 의료기관을 개설할 경우 의료인이 외부의 자본에 종속되고, 의료기관이 상업적으로 이용되거나 지나친 영리추구의 수단으로 악용될 위험이 가능하다는 우려가 있을 수 있으나(헌재 2020. 2. 27. 2017헌바422 참조), 이미 의사나 한의사와 유사한 자격을 갖춘 의료인인 치과의사가 건전한 의료질서 확립을 어지럽히는 등의 부작용을 초래할 우려는 일반인에 비하여 거의 없다고 할 것이고, 있다고 하더라도 그 정도 면에서 일반인과 같다고 볼 수 없다. 위법행위가 발생한다면 그러한 위법행위를 처벌하면 족하다고 할 것이지, 비의료인의 병원개설을 금지하는 경우와 같이 치과의사의 요양병원 개설을 원천차단할 필요까지 인정하기는 어렵다.

바. 이를 종합하여 보면, 치과의사 면허를 가진 의료인을 의사나 한의사 면허를 가진 의료인과 달리 취급하여 요양병원을 개설하지 못하게 하는 심판대상조항은 같은 것을 다르게 대우하는 것으로서 합리적인 이유가 있다고 보기 어렵다.

사. 따라서 심판대상조항은 치과의사인 청구인의 평등권을 침해한다.

재판관 이종석 이은애 이영진 김기영 문형배 이미선 김형두 정정미 정형식

98. 군인사법 시행령 제6조 제1항 위헌확인 등

[2024. 3. 28. 2020헌마1401, 2021헌마973(병합)]

【판시사항】

1. 단기법무장교의 의무복무기간을 장교에 임용된 날부터 기산하도록 한 군인사법 시행령 제6조 제1항 전문 중 '법 제7조에 규정된 의무복무기간을 계산할 때에는 장교에 임용된 날부터 기산하고' 부분 가운데 단기법무장교에 관한 부분(이하 '심판대상조항'이라 한다)이 법률유보원칙을 위반하여 청구인들의 일반적 행동자유권을 침해하는지 여부(소극)

2. 심판대상조항이 과잉금지원칙을 위반하여 청구인들의 일반적 행동자유권을 침해하는지 여부(소극)

3. 심판대상조항이 현역병 및 군간부후보생 교육기관에서 교육을 받다가 퇴교되어 현역병, 승선근무예비역, 사회복무요원, 예술·체육요원, 전문연구요원, 산업기능요원으로 복무하게 된 사람(이하 '퇴교 후 복무자'라고 한다)과의 관계에서 단기법무장교인 청구인들의 평등권을 침해하는지 여부(소극)

【결정요지】

1. 심판대상조항은 군인사법 제7조 제1항 제4호의 해석상 가능한 것을 명시하거나 위 조항의 취지에 근거하여 이를 구체화하기 위한 것으로서 법률상의 근거가 없거나, 모법의 위임범위를 벗어난 것이라고 보기 어렵다. 심판대상조항은 법률유보원칙을 위반하여 청구인들의 일반적 행동자유권을 침해하지 않는다.

2. 입법자는 군사교육기간을 거쳐 능력과 자격을 갖춘 법무사관후보생을 단기법무장교로 임용한 후, 그들로 하여금 이때부터 3년간 단기법무장교로 의무복무를 하도록 하고 있다. 이는 구체적인 안보상황, 재정능력, 국내외 정세 등을 고려하여 결정된 법무 병과의 수요를 충족하고 최적의 전투력을 유지하여 국가의 안전보장과 국토방위를 달성하기 위한 것이다. 입법목적에 비추어 볼 때 법무사관후보생으로서의 군사교육기간을 단기법무장교의 의무복무기간에 산입하는 방안을 취하지 않았다 하여 지나치게 기본권을 제한하고 있다고 볼 수 없다. 심판대상조항은 과잉금지원칙을 위반하여 청구인들의 일반적 행동자유권을 침해하지 않는다.

3. 심판대상조항이 현역병과 달리 법무사관후보생에 대한 군사교육기간을 단기법무장교의 의무복무기간에 산입하지 않도록 규정한 것은, 단기법무장교와 현역병의 차이, 즉 계급 및 선발과정, 전체적인 복무내용, 군사교육의 목적과 내용, 군사교육기간 동안의 신분 등을 종합적으로 고려하여 결정한 것이다. 또한 심판대상조항이 퇴교 후 복무자와 달리 단기법무장교의 경우 군간부후보생 교육기관에서의 교육기간을 복무기간으로 산입하지 않도록 규정한 것은, 단기법무장교와 퇴교 후 복무자의 복무내용의 차이에 비추어 해당 교육기관에서의 교육기간을 실제 복무하게 된 병역의 종류에 따른 복무로 인정할 수 있는지 여부를 달리 평가한 것이다. 이와 같이 차별을 정당화할 합리적인 이유가 있으므로 심판대상조항이 청구인들의 평등권을 침해한다고 보기 어렵다.

재판관 이은애, 재판관 이영진의 반대의견

단기법무장교나 현역병, 승선근무예비역, 사회복무요원, 예술·체육요원, 전문연구요원, 산업기능요원으로 복무하게 된 사람은 모두 국가안보를 위한 병력 자원으로서 병역의무를 이행하는 사람들이다. 현역병에 대한 기초군사훈련과 법무사관후보생에 대한 군사교육은 병역의무의 이행을 위하여 이루어지는 것이라는 점에서 동일한 목적을 가지는 군사교육에 해당한다. 더욱이 단기법무장교와 퇴교 후 복무자는 군간부후보생 교육기관에서 동일한 교육을 받는다. 법무사관후보생은 군인에 준하는 지위에 있고, 법무사관후보생에 대한 군사교육은 입영 후 군의 엄격한 통제하에 자유와 권리가 제한된 상태에서 이루어지므로, 위 기간을 복무기간에 산입할 것인지 여부를 판단함에 있어 본질적으로 현역병의 기초군사훈련기간 내지는 퇴교 후 복무자의 군사교육기간과 달리 판단할 만한 이유가 없다. 따라서 심판대상조항이 현역병이나 퇴교 후 복무자와 달리 단기법무장교의 군사교육기간을 의무복무기간에 산입하지 않는 것은 합리적인 이유가 있다고 보기 어려우므로, 심판대상조항은 청구인들의 평등권을 침해한다.

【심판대상조문】

군인사법 시행령(2012. 1. 31. 대통령령 제23569호로 개정된 것) 제6조 제1항 전문 중 '법 제7조에 규정된 의무복무기간을 계산할 때에는 장교에 임용된 날부터 기산하고' 부분 가운데 단기법무장교에 관한 부분

【참조조문】

헌법 제10조, 제11조 제1항, 제37조 제2항, 제39조 제1항

군인사법(2012. 12. 18. 법률 제11560호로 개정된 것) 제7조 제1항 제4호

병역법(2009. 6. 9. 법률 제9754호로 개정된 것) 제18조 제1항, 제58조 제4항

병역법(2013. 6. 4. 법률 제11849호로 개정된 것) 제58조 제1항 제2호, 제2항 제2호, 제8항

병역법(2016. 5. 29. 법률 제14183호로 개정된 것) 제58조 제3항

병역법 시행령(2009. 12. 7. 대통령령 제21867호로 개정된 것) 제27조 제1항

병역법 시행령(2016. 11. 29. 대통령령 제27620호로 개정된 것) 제30조 제1항

병역법 시행령(2017. 9. 22. 대통령령 제28340호로 개정된 것) 제30조 제7항

【참조판례】

1. 헌재 2010. 10. 28. 2008헌마408, 판례집 22-2하, 150, 170

헌재 2023. 3. 23. 2019헌마758, 판례집 35-1상, 760, 766

헌재 2023. 7. 20. 2017헌마1376, 공보 322, 1220, 1222

2. 헌재 2023. 10. 26. 2019헌마392등, 공보 325, 1680, 1683

3. 헌재 2020. 9. 24. 2019헌마472등, 판례집 32-2, 348, 363

【당 사 자】

청 구 인　1. 이○○(2020헌마1401, 변호사)
　　　　　2. 박○○(2021헌마973, 군법무관)

【주　문】

청구인들의 심판청구를 모두 기각한다.

【이　유】

1. 사건개요

가. 2020헌마1401

청구인 이○○은 2020. 4. 24. 제9회 변호사시험에 합격하고, 2020. 5. 21. 법무사관후보생으로 육군학생군사학교에 입영하여 군사교육을 마친 후, 2020. 8. 1. 단기복무 장교인 법무장교(이하 '단기법무장교'라 한다)로 임용되었다.

청구인 이○○은 단기법무장교의 의무복무기간을 법무사관후보생으로 육군학생군사학교에 입영한 날이 아니라, 단기법무장교에 임용된 날부터 기산하도록 한 군인사법 시행령(2012. 1. 31. 대통령령 제23569호로 개정된 것) 제6조 제1항 및 단기법무장교의 의무복무기간에서 군사교육기간을 제외하는 해석과 단기법무장교의 의무복무기간에서 군사교육기간을 제외하여 산정하는 전역처분이 청구인 이○○의 행복추구권 및 신체의 자유 등을 침해한다고 주장하며 2020. 10. 19. 헌법소원

심판을 청구하였다.

나. 2021헌마973

청구인 박○○은 2021. 4. 21. 제10회 변호사시험에 합격하고, 2021. 5. 18. 법무사관후보생으로 육군학생군사학교에 입영하여 군사교육을 마친 후, 2021. 8. 1. 단기법무장교로 임용되었다.

청구인 박○○은 단기법무장교의 의무복무기간을 법무사관후보생으로 육군학생군사학교에 입영한 날이 아니라, 단기법무장교에 임용된 날부터 기산하도록 한 군인사법 시행령(2012. 1. 31. 대통령령 제23569호로 개정된 것) 제6조 제1항이 청구인 박○○의 일반적 행동자유권, 신체의 자유, 거주·이전의 자유, 직업선택의 자유, 평등권을 침해한다고 주장하며 2021. 8. 16. 헌법소원심판을 청구하였다.

2. 심판대상

가. 청구인들은 군인사법 시행령 제6조 제1항 전부에 대하여 헌법소원심판을 청구하였으나, 청구인들이 다투는 부분은 단기법무장교로 임용된 청구인들의 의무복무기간을 장교에 임용된 날부터 기산하도록 한 부분이므로, 이 부분으로 심판대상을 한정하기로 한다.

나. 청구인 이○○은 군인사법 시행령 제6조 제1항 이외에도 '단기법무장교의 의무복무기간에서 군사교육기간을 제외하는 해석' 및 '위 조항에 근거하여 단기법무장교의 의무복무기간에서 군사교육기간을 제외하여 산정을 하는 전역처분'이 청구인 이○○의 기본권을 침해한다고 주장한다. 그러나 청구인 이○○이 이에 대하여 독자적인 위헌성 주장을 구체적으로 하고 있지 않으므로 이 부분들은 심판대상에서 제외하기로 한다.

다. 따라서 이 사건 심판대상은 군인사법 시행령(2012. 1. 31. 대통령령 제23569호로 개정된 것) 제6조 제1항 전문 중 '법 제7조에 규정된 의무복무기간을 계산할 때에는 장교에 임용된 날부터 기산하고' 부분 가운데 단기법무장교에 관한 부분(이하 '심판대상조항'이라 한다)이 청구인들의 기본권을 침해하는지 여부이다.

심판대상조항은 다음과 같고, 관련조항은 별지와 같다.

[심판대상조항]

군인사법 시행령(2012. 1. 31. 대통령령 제23569호로 개정된 것)

제6조(현역복무기간 계산) ① 법 제7조에 규정된 의무복무기간 및 법 제8조 제1항 제2호에 규정된 근속정년을 계산할 때에는 장교·준사관 및 부사관에 임용된 날부터 기산(起算)하고, 전역하는 날을 포함한다. 이 경우 장교·준사관 또는 부사관의 복무기간은 서로 합산하지 아니한다.

3. 청구인들의 주장

가. 일반적 행동자유권, 신체의 자유, 거주·이전의 자유, 직업선택의 자유

(1) 병역법 제2조 제1항 제3호, 제18조 제1항에 따르면 청구인들이 법무사관후보생으로 입영한 날부터 의무복무기간이 기산되어야 함에도 불구하고, 심판대상조항은 상위 법률에 반하여 단기법무장교에 임용된 날부터 단기법무장교의 의무복무기간이 기산되도록 하고 있으므로 법률우위원칙에 위반된다. 또한 심판대상조항은 병역의무의 본질적인 사항인 의무복무기간의 기산점을 시행령에 규정하고 있으므로 의회유보원칙에 위반된다. 설령 의회유보원칙에 위반되지 않더라도, 심판대상조항은 법률의 위임 없이 단기법무장교의 의무복무기간의 기산점을 정하고 있으므로 법률유보원칙에도 위반된다. 심판대상조항으로 인해 청구인들의 실질적인 의무복무기간이 군사교육기간에 따라 자의적으로 결정될 위험도 있는바, 심판대상조항은 법적안정성원칙에 위반된다.

(2) 군사교육기간을 단기법무장교의 의무복무기간에 포함시키더라도 국방력에 별다른 지장이 발생하지 않는 반면, 심판대상조항으로 인해 단기법무장교 개개인이 받는 기본권의 제한은 중대하다. 따라서 심판대상조항은 과잉금지원칙에 위반되어 청구인들의 일반적 행동자유권, 신체의 자유, 거주·이전의 자유, 직업선택의 자유를 침해한다.

나. 평등권(2021헌마973)

심판대상조항이 현역병이나 사관학교, 육군3사관학교, 그 밖의 군간부후보생 교육기관에서 교육을 받다가 퇴교되어 현역병, 승선근무예비역, 사회복무요원, 예술·체육요원, 전문연구요원, 산업기능요원으로 복무하게 되는 사람의 경우와 달리 법무사관후보생의 군사교육기간을 단기법무장교의 의무복무기간에 산입하지 않는 것은 합리적인 이유 없는 차별에 해당한다. 따라서 심판대상조항은 청구인의 평등권을 침해한다.

4. 판 단

가. 쟁점의 정리

(1) 청구인들은 심판대상조항이 청구인들의 일반적 행동자유권, 신체의 자유, 거주·이전의 자유, 직업선택의 자유를 제한한다고 주장한다. 청구인들의 위 주장은 심판대상조항으로 인해 청구인들의 실질적인 의무복무기간이 군사교육기간을 포함한 기간만큼 장기화되어 병역의 의무를 추가적으로 부담하게 된다는 것으로 이해된다. 이는 국가가 청구인들에게 병역의무의 부과를 통하여 특정 행위를 해야 할 법적 의무를 부과하는 경우에 해당하므로 일반적 행동자유권을 제한한다고 볼 수 있고, 따라서 심판대상조항이 법률유보원칙 및 과잉금지원칙을 위반하여 청구인들의 일반적 행동자유권을 침해하는지 여부가 문제된다.

청구인들은 심판대상조항이 법률우위원칙 및 법적안정성원칙을 위반하였다고도 주장하나, 위 주장들은 심판대상조항이 법률유보원칙 및 과잉금지원칙을 위반하였다는 주장을 강조하기 위한 것으로 보이므로, 위 주장들은 법률유보원칙 및 과잉금지원칙 위반 여부와 함께 판단하기로 한다.

청구인들은 심판대상조항이 신체의 자유, 거주·이전의 자유, 직업선택의 자유도 침해한다고 주장하나, 영내 거주의무 및 군사훈련의 강제, 군사교육기간 동안 다른 직업 선택 불가 등은 군인의 지위 및 복무에 관한 기본법(이하 '군인복무기본법'이라 한다) 및 관련 법령에 의한 것일 뿐 심판대상조항으로 인한 것이 아니므로, 청구인들의 위 주장에 대하여는 별도로 판단하지 않기로 한다.

(2) 한편 현역병 및 군간부후보생 교육기관에서 교육을 받다가 퇴교되어 현역병, 승선근무예비역, 사회복무요원, 예술·체육요원, 전문연구요원, 산업기능요원으로 복무하게 된 사람(이하 '퇴교 후 복무자'라고 한다)의 경우 군사교육기간이 의무복무기간에 산입되는 데에 비하여(병역법 제18조 제1항, 같은 법 시행령 제27조 제1항, 제30조 제7항), 심판대상조항은 단기법무장교가 법무사관후보생으로서 군사교육을 받은 기간을 의무복무기간에 산입하지 않고 있다. 따라서 심판대상조항이 현역병 및 퇴교 후 복무자와의 관계에서 단기법무장교인 청구인들의 평등권을 침해하는지 여부가 쟁점이 된다.

나. 일반적 행동자유권의 침해 여부

(1) 법률유보원칙 위반 여부

(가) 관련 법리

국민의 기본권은 헌법 제37조 제2항에 의하여 국가안전보장·질서유지 또는 공공복리를 위하여 필요한 경우에 한하여 '법률로써' 제한할 수 있다. 이는 '법률에 근거한 규율'을 요청하는 것으로, 그 형식이 반드시 법률일 필요는 없다고 하더라도 법률상의 근거가 있어야 한다. 따라서 법률상의 근거가 없거나, 모법의 위임범위를 벗어난 하위법령은 법률유보원칙에 위반된다(헌재 2023. 7. 20. 2017헌마1376 등 참조).

나아가 오늘날의 법률유보원칙은 단순히 행정작용이 법률에 근거를 두기만 하면 충분한 것이 아니라, 국가공동체와 그 구성원에게 기본적이고도 중요한 의미를 갖는 영역, 특히 국민의 기본권 실현에 관련된 영역에 있어서는 행정에 맡길 것이 아니라 국민의 대표자인 입법자 스스로 그 본질적 사항에 대하여 결정하여야 한다는 요구, 즉 의회유보원칙까지 내포하는 것으로 이해되고 있다(헌재 2023. 3. 23. 2019헌마758 등 참조).

이하에서는 단기법무장교의 의무복무기간의 기산점이 국민의 대표자인 입법자가 스스로 정하여야 할 본질적인 사항인지 여부, 나아가 심판대상조항이 법률상의 근거가 없거나 모법의 위임범위를 벗어난 것인지 여부에 대하여 살펴보기로 한다.

(나) 단기법무장교 의무복무기간의 기산점이 입법자가 스스로 정하여야 할 본질적인 사항인지 여부

현역병 입영대상자 중 법학전문대학원 등에서 정해진 과정을 이수하고 있는 사람이 법무사관후보생을 지원하여 병무청장에 의해 신체등급, 성적 등을 기준으로 법무사관후보생에 선발되는 경우 법무사관후보생 병적에 편입되고(병역법 제58조 제2항, 같은 법 시행령 제119조 제1항, 제2항, 제4항, 제5항), 법무사관후보생의 병적에 편입된 사람이 정해진 과정을 마치고 판사, 검사 또는 변호사의 자격을 취득하면 국방부장관에 의해 신체등급, 성적 등을 기준으로 법무장교로 선발된 후 현역입영 통지서를 송달받아 군부대에 입영하여 군사교육을 마친 다음날 법무장교로 임용되어 법무장교 병적에 편입되게 된다(병역법 제58조 제4항, 제8항, 같은 법 시행령 제119조의3 제1항 제1호의2, 제3항, 제121조 제3항, 제5항, '법무장교의 선발에 관한 규칙' 제5조, 제7조).

여기서 단기법무장교의 의무복무기간의 기산점을 어

떻게 규정할 것인지는, 병역의무자가 법무사관후보생의 병적에 편입된 때부터 단기법무장교로 임용되어 단기법무장교의 병적에 편입된 후 단기법무장교의 업무를 수행하게 되는 일련의 과정에서 부담하게 되는 의무의 내용, 병력 형성에의 기여도, 단기법무장교의 업무 수행과의 연관성 등을 고려하여 어느 시점부터를 단기법무장교의 복무로 평가할 것인지에 대한 전문적이고 정책적인 판단을 요한다. 또한 이 부분은 변동하는 구체적인 안보상황이나 국내외 정세 등에 따라 각각의 단계에서 병역의무자가 부담하게 되는 의무의 내용 등이 달라질 경우 그에 따라 탄력적으로 대응할 필요가 있는 부분이기도 하다. 이와 같은 점을 고려하면 단기법무장교의 의무복무기간의 기산점이 반드시 입법자가 스스로 정하여야 할 본질적인 사항이라고 보기 어렵다.

(다) 심판대상조항이 법률상의 근거가 없거나, 모법의 위임범위를 벗어난 것인지 여부

1) 하위법령에 규정된 내용이 상위법령이 위임한 범위 안에 있는지 여부를 판단함에 있어서는, 당해 특정 법령조항 하나만 가지고 판단할 것이 아니라 관련 법령조항 전체를 유기적·체계적으로 고려하여 종합적으로 판단하여야 한다. 수권법령조항 자체가 위임하는 사항과 그 범위를 명확히 규정하고 있지 않다고 하더라도 관련 법규의 전반적 체계와 관련 규정에 비추어 위임받은 내용과 범위의 한계를 객관적으로 확인할 수 있다면 그 범위 안에서 규정된 하위법령 조항은 위임입법의 한계를 벗어난 것이 아니다(헌재 2010. 10. 28. 2008헌마408 참조).

또한 법률의 시행령이나 시행규칙은 그 법률에 의한 위임이 없으면 개인의 권리·의무에 관한 내용을 변경·보충하거나 법률이 규정하지 아니한 새로운 내용을 정할 수 없지만, 그 내용이 모법의 입법 취지와 관련 조항 전체를 유기적·체계적으로 살펴보아 모법의 해석상 가능한 것을 명시한 것에 지나지 아니하거나 모법 조항의 취지에 근거하여 이를 구체화하기 위한 것인 때에는 모법의 규율 범위를 벗어난 것으로 볼 수 없다(대법원 2016. 1. 1. 선고 2014두8650 판결 등 참조).

2) 군인사법에 단기법무장교의 의무복무기간 기산점에 대하여 하위법령에 명시적으로 위임한 규정은 없다. 그러나 군인사법 제7조 제1항 제4호는 "단기복무 장교의 의무복무기간은 3년으로 한다."라고 규정하고 있고, 이는 '단기복무 장교'로서의 의무복무기간이 3년일 것을 요구하고 있는 것으로 볼 수 있다. 단기복무 장교의 신분은 임용된 때에 발생하고, 이는 단기복무 장교에 해당하는 단기법무장교 역시 마찬가지이므로 심판대상조항이 단기법무장교의 의무복무기간을 임용된 날부터 기산하도록 한 것은 군인사법 제7조 제1항 제4호의 해석상 가능한 것을 명시한 것이거나 위 조항의 취지에 근거하여 이를 구체화하기 위한 것으로 볼 수 있다. 따라서 심판대상조항이 법률상의 근거가 없거나, 모법의 위임범위를 벗어난 것이라고 보기는 어렵다.

3) 청구인들은, 병역법 제18조 제1항에서 현역은 입영한 날부터 군부대에서 복무한다고 규정하고 있으므로, 이에 따르면 법무사관후보생으로서 입영한 날부터 단기법무장교의 3년의 의무복무기간이 기산되게 되는데, 심판대상조항은 이와 달리 단기법무장교로 '임용된 날'부터 의무복무기간이 기산되도록 하고 있는바, 이는 법률이 정한 범위를 벗어나 법률유보원칙에 위반되는 것이라고 주장한다.

그러나 청구인들의 주장에 따르더라도, 청구인들이 단기법무장교로 임용되기 이전에 법무사관후보생으로서 입영하여 군사교육을 받은 기간은 법무사관후보생의 교육기간 내지는 복무기간에 해당할 뿐이다. 현역에 복무하는 장교인 단기법무장교와, 사관후보생에 해당하는 법무사관후보생은 서로 구분되고(군인사법 제2조 제1호, 제2호), 법무사관후보생의 교육기간 내지 복무기간은 장차 단기법무장교로서의 복무를 준비하는 기간이므로, 별도의 규정이 없는 이상 이를 단기법무장교의 복무기간과 동일한 것으로 볼 수는 없다.

따라서 청구인들이 들고 있는 병역법 제18조 제1항의 규정만으로는 법무사관후보생이 군사교육을 받기 위하여 입영한 날부터 단기법무장교의 3년의 의무복무기간이 기산되어야 한다고 볼 수 없으므로, 심판대상조항이 법률이 정한 범위를 벗어나 법률유보원칙에 위반된다고 볼 수 없다.

(2) 과잉금지원칙 위반 여부

(가) 심판대상조항은 법무사관후보생의 군사교육기간을 단기법무장교의 의무복무기간에 산입하지 않고, 단기법무장교로 임용된 날부터 단기법무장교의 의무복무기간이 기산되도록 규정하고 있다. 위 군사교육기간은 법무사관후보생으로 하여금 단기법무장교로 복무를 하기 위한 최소한의 기본소양 및 임무수행능력을 함양하도록 하고, 이들이 단기법무장교로 임용될 자격이 있는지를 검증하는 기간에 해당한다.

입법자는 위와 같은 군사교육기간을 거쳐 능력과 자

격을 갖춘 법무사관후보생을 단기법무장교로 임용한 후, 그들로 하여금 이때부터 3년간 단기법무장교로 의무복무를 하도록 하고 있다. 이는 구체적인 안보상황, 재정능력, 국내외 정세 등을 고려하여 결정된 법무 병과의 수요를 충족하고 최적의 전투력을 유지하여 국가의 안전보장과 국토방위를 달성하기 위한 것으로, 목적의 정당성 및 수단의 적합성이 인정된다.

(나) 헌법 제39조 제1항은 모든 국민은 '법률이 정하는 바에 의하여' 국방의 의무를 진다고 하고, 병역법 제3조 제1항은 "대한민국 국민인 남성은 대한민국헌법과 이 법에서 정하는 바에 따라 병역의무를 성실히 수행하여야 한다."라고 하므로, 결국 '국방의 의무' 및 '병역의무'의 내용과 범위는 입법자가 헌법에 위반되지 않는 범위에서 어떠한 내용을 '국방의 의무' 또는 '병역의무'로 규정하느냐에 따라 결정된다. 입법자가 형성하는 국방의 의무 또는 병역의무의 구체적인 내용은 안보상황, 재정능력, 국내외 정세 등에 탄력적으로 대응하면서 최적의 전투력을 유지할 수 있도록 합목적적으로 정해야 하는 사항이기 때문에 본질적으로 입법자의 입법형성권이 넓게 인정된다(헌재 2023. 10. 26. 2019헌마392 등 참조).

만약 심판대상조항이 법무사관후보생의 군사교육기간을 단기법무장교의 의무복무기간에 산입할 경우, 단기법무장교의 임무를 수행할 수 있는 기간은 실질적으로 3년보다 단축될 수밖에 없다. 단기법무장교는 군사법원 및 군검찰의 운영, 국방행정에 대한 법률 지원, 군사작전의 적법성 보장 등의 임무를 수행하고, 이는 상당히 전문적인 영역이다. 능력과 자격을 갖춘 단기법무장교로 하여금 3년간 의무복무를 하도록 하여 최적의 전투력을 유지할 수 있도록 한다는 입법목적에 비추어 볼 때 법무사관후보생으로서의 군사교육기간을 단기법무장교의 의무복무기간에 산입하는 방안을 취하지 않았다 하여 지나치게 기본권을 제한하고 있다고 볼 수는 없다. 따라서 침해의 최소성도 인정된다.

(다) 심판대상조항으로 인하여 법무사관후보생의 군사교육기간이 단기법무장교의 의무복무기간에 산입되지는 않으나, 청구인들이 군사교육을 마치고 단기법무장교로 임용되는 경우에는 장교로서의 지위와 계급에 걸맞은 보수와 대우를 받게 되고, 자신의 전문지식과 능력을 그대로 활용할 수 있는 점, 이 때문에 청구인들은 스스로의 지원으로 단기법무장교로서 임관하고 전역하기를 선택하였고, 단기법무장교의 자격과 능력을 갖추기 위하여 군사교육을 받기로 한 점, 공무원보수규정 제5조 [별표 13]에 따르면 청구인들이 군사교육기간 동안 현역병의 수준을 상회하는 일정한 보수를 지급받기도 하는 점을 고려하면, 심판대상조항으로 인한 기본권 제한의 정도가 지나치게 크다고 볼 수 없다.

반면, 심판대상조항을 통해 달성하고자 하는 법무병과 수요의 충족, 전투력의 유지 및 이를 통한 국가 안전보장과 국토방위와 같은 공익은 매우 중대하므로, 심판대상조항이 법익의 균형성을 상실하였다고 보기 어렵다.

(라) 따라서 심판대상조항은 과잉금지원칙에 위반되지 않는다.

(3) 소결론

이상에서 살펴본 내용을 종합하면, 심판대상조항은 법률유보원칙 및 과잉금지원칙을 위반하여 청구인들의 일반적 행동자유권을 침해하지 않는다.

다. 평등권의 침해 여부

(1) 단기법무장교와 현역병 사이의 차별의 합리성

단기법무장교는 중위 이상의 계급에서 군사법원과 군검찰의 운영, 국방행정에 대한 법률 지원, 군사 작전의 적법성 보장 등의 특수한 업무를 담당하고 있는 반면, 병은 군의 기초를 이루며 장교의 지휘에 따라 병역의무를 수행하는 지위에 있다. 따라서 단기법무장교와 현역병은 계급 및 복무의 내용, 직무의 곤란성과 책임에 있어 차이가 있다.

위와 같은 직무의 전문성으로 인해 단기법무장교에게는 하위 계급인 현역병에 비해 높은 수준의 군사적·업무적 능력과 소양이 요구되고, 이에 병역법 제58조 제1항은 현역병 입영대상자로서 본인이 원할 경우 판사, 검사 또는 변호사의 자격을 취득한 사람 중에서 단기법무장교를 선발하도록 하였다. 그리고 병역법 제58조 제4항은 장차 단기법무장교로 복무를 하기 위한 최소한의 기본소양 및 임무수행능력을 함양하고, 단기법무장교로 임용될 자격이 있는지를 검증받는 기간으로서 법무사관후보생에 대한 군사교육기간을 두고 있다. 현재 법무사관후보생은 장교로 임용되기까지 약 5주간 육군학생군사학교에서 군인으로서 갖춰야 할 기본적인 군사지식, 야전에서 필요한 전투기술 훈련, 정신교육, 군사훈련을 거치고, 그 후 약 4주간 육군종합행정학교에서 임무 수행을 위해 갖춰야 할 법무 분야 전문지식과 행정 절차에 관한 교육을 받고 있다. 이러한 법무사관후보생에 대한 군사교육기간은 단기법무장교의 신분을 취득하기 위해 필요한 자격을 부여받는 절차에 해당한다.

반면, 현역병의 경우에는 특별한 자격요건이나 임용절차를 두고 있지 않고, 징병검사 결과 일정한 신체등급 이상으로 현역병 입영대상자로 처분된 사람은 모두 징집을 통하여 현역병으로 입영하게 된다(병역법 제8조, 제11조 제1항, 제12조 제1항, 제14조 제1항, 제15조 제1항, 제16조 제1항). 현역병은 입영과 동시에 신병교육의 일환으로 기초군사훈련을 받고 있다. 현역병의 기초군사훈련기간은 육·해군 6주, 공군 5주, 해병대 7주이며, 기초군사훈련의 내용은 '정신교육(26시간), 군사훈련(175시간), 군사지식(24시간), 기타(행정업무 등 45시간)'로 구성된다. 현역병에 대한 기초군사훈련은 주로 야전에서 필요한 전투기술 훈련과목으로 구성되어 있다. 이러한 현역병에 대한 기초군사훈련은 현역병의 신분을 취득하기 위해 필요한 자격을 부여받기 위한 절차가 아니라, 전투력 향상을 목적으로 복무기간 내내 행하여지는 훈련과정의 일부로서 현역병 복무의 일환에 해당한다.

나아가 법무사관후보생은 군사교육기간 동안에도 준사관 다음의 서열로 대우받는 반면, 현역병은 입영과 동시에 이등병의 서열에서 기초군사훈련을 받게 된다(군인사법 제3조 제1항, 제4항, 제4조 제2항, 같은 법 시행령 제2조 제1항 제1호). 이와 같이 법무사관후보생과 현역병은 군사교육기간 동안의 신분에 있어서도 차이가 있다.

결국, 심판대상조항이 현역병의 경우와 달리 법무사관후보생에 대한 군사교육기간을 단기법무장교의 의무복무기간에 산입하지 않도록 규정한 것은, 단기법무장교와 현역병의 차이, 즉 계급 및 선발과정, 전체적인 복무내용, 군사교육의 목적과 내용, 군사교육기간 동안의 신분 등을 종합적으로 고려하여 결정한 것이므로, 이를 불합리한 차별이라고 보기 어렵다.

(2) 단기법무장교와 퇴교 후 복무자 사이의 차별의 합리성

(가) 법무사관후보생으로서 교육을 받다가 퇴교되면 현역병, 승선근무예비역, 사회복무요원, 예술·체육요원, 전문연구요원, 산업기능요원 등 퇴교 후 복무자로 복무하게 된다.

승선근무예비역이란 전시·사변 또는 이에 준하는 비상시에 국민경제에 긴요한 물자와 군수물자를 수송하기 위한 업무 등을 위하여 소집되어 승선근무하는 사람을 말하고, 사회복무요원, 예술·체육요원, 전문연구요원, 산업기능요원은 보충역으로서 공익 목적 수행에 필요한 업무, 문화창달과 국위선양을 위한 예술·체육 분야의 업무, 학문과 기술의 연구를 위한 전문 분야의 연구업무, 산업을 육성하고 지원하기 위한 분야의 업무에 복무하는 사람을 말한다(병역법 제2조 제1항 제9호, 제10호, 제10호의3, 제16호, 제17호). 이들은 현역 복무 외의 군복무의무 또는 공익 분야에서의 복무의무를 부과받은 사람들로서, 현역의 군인으로서 전체 군 병력 체계에서 직접적인 병력 형성에 기여하고 있는 단기법무장교와는 병역의 종류 및 복무 내용을 달리한다. 또한 앞서 본 바와 같이 현역병의 경우 단기법무장교와 계급 및 복무의 내용, 직무의 곤란성과 책임에 있어 차이가 있다. 이에 따라 단기법무장교에게는 퇴교 후 복무자에 비해 높은 군사적 능력과 소양이 요구된다.

(나) 위에서 살펴본 바와 같이 심판대상조항이 법무사관후보생의 교육기간을 단기법무장교의 의무복무기간에 산입하지 아니한 것은, 법무사관후보생의 교육기간은 단기법무장교의 신분을 취득하기 위해 필요한 자격을 부여받기 위한 절차에 불과하여 이를 단기법무장교의 복무기간과 동일하게 볼 수 없다는 고려에 기초한 것이다.

반면, 퇴교 후 복무자가 퇴교 전 군간부후보생 교육기관에서 받은 교육기간을 복무기간에 포함하는 것은, 이들이 퇴교 전에 교육기관에서 받은 교육은 군간부후보생에 대한 교육으로서 그 내용이나 강도 등에 비추어 볼 때, 최소한 현역병이나 승선근무예비역, 사회복무요원, 예술·체육요원, 전문연구요원, 산업기능요원의 복무의 수준에 상응하는 것으로는 평가할 수 있다는 정책적 판단에 기초한 것이다.

(다) 결국 심판대상조항이 퇴교 후 복무자와 달리 단기법무장교의 경우 군간부후보생 교육기관에서의 교육기간을 복무기간으로 산입하지 않았다고 하더라도, 이는 단기법무장교와 퇴교 후 복무자의 복무 내용의 차이에 비추어 해당 교육기관에서의 교육기간을 실제 복무하게 된 병역의 종류에 따른 복무로 인정할 수 있는지 여부를 달리 평가한 것이므로, 그 차별을 정당화할 합리적인 이유가 있다고 할 것이다.

(3) 소결론

결국 심판대상조항이 현역병 및 퇴교 후 복무자와 달리 법무사관후보생의 군사교육기간을 단기법무장교의 의무복무기간에 산입하지 않도록 규정하였다고 하더라

도, 여기에는 그 차별을 정당화할 합리적인 이유가 있으므로 이를 현저하게 불합리한 차별로서 청구인들의 평등권을 침해한다고 보기 어렵다.

5. 결 론

그렇다면 청구인들의 심판청구는 이유 없으므로 이를 모두 기각하기로 하여 주문과 같이 결정한다. 이 결정은 아래 6.과 같은 재판관 이은애, 재판관 이영진의 반대의견을 제외한 나머지 관여 재판관 전원의 일치된 의견에 따른 것이다.

6. 재판관 이은애, 재판관 이영진의 반대의견

우리는 법정의견과 달리 심판대상조항이 현역병 및 퇴교 후 복무자와의 관계에서 단기법무장교인 청구인들을 합리적인 이유 없이 차별하여 청구인들의 평등권을 침해한다고 판단하므로, 아래와 같이 반대의견을 밝힌다.

가. 단기법무장교나 현역병은 모두 병역법상의 현역 군인에 해당하고, 승선근무예비역, 사회복무요원, 예술·체육요원, 전문연구요원, 산업기능요원으로 복무하게 된 사람 역시 현역 복무 외의 군복무의무 또는 공익분야에서의 복무의무를 부과받은 사람들로서, 이들은 모두 국가안보를 위한 병력 자원으로서 병역의무를 이행하는 사람들이다.

나. 현역병에 대한 기초군사훈련과 법무사관후보생에 대한 군사교육은 구체적인 기간과 내용에는 차이가 있을지라도, 모두 장차 현역병 또는 단기법무장교로서의 복무를 하기 위한 최소한의 기본소양 및 임무수행능력을 함양하는 기간으로서, 병역의무의 이행을 위하여 이루어지는 것이라는 점에서 동일한 목적을 가지는 군사교육에 해당한다. 더욱이 단기법무장교와 퇴교 후 복무자는 군간부후보생 교육기관을 수료하였는지 여부에는 차이가 있을지라도, 퇴교 전에는 군간부후보생 교육기관에서 동일한 교육을 받으며, 이 역시 병역의무의 이행을 위하여 이루어지는 것이다.

다. 병역법 제2조 제1항 제3호는 "'입영'이란 병역의무자가 징집(徵集)·소집(召集) 또는 지원(志願)에 의하여 군부대에 들어가는 것을 말한다."라고 규정하고 있고, 같은 법 제5조 제1항 제1호는 '징집이나 지원에 의하여 입영한 병(兵)' 과 '이 법 또는 군인사법에 따라 현역으로 임용 또는 선발된 장교(將校)·준사관(準士官)·부사관(副士官) 및 군간부후보생'을 현역으로 구분하고 있다. 같은 법 제18조 제1항은 "현역은 입영한 날부터 군부대에서 복무한다."라고 규정하고 있고, 같은 법 제58조 제4항은 "제1항·제3항 및 제59조에 따라 현역장교의 병적에 편입할 사람에 대하여는 군부대에 입영시켜 군사교육을 받게 할 수 있다."라고 규정하고 있다. 즉, 법무사관후보생에 대한 군사교육기간 역시 군부대에 입영한 후 현역 복무의 일환으로 이루어지는 것으로서 이를 복무기간에의 산입 여부에 있어서 현역병의 기초군사훈련기간과 달리 볼만한 이유가 없다. 더욱이 앞서 언급한 바와 같이 단기법무장교와 퇴교 후 복무자는 군간부후보생 교육기관에서 동일한 교육을 받았으므로, 그 군사교육기간을 복무기간에 산입할 것인지 여부에 관하여 양자를 달리 취급할 합리적 이유를 발견하기는 더욱 어렵다.

라. 군인복무기본법 제3조는 "이 법은 군인에게 적용하되, 다음 각 호의 사람에게는 군인에 준하여 이 법을 적용한다."라고 하여 제1호에서 '사관생도·사관후보생·준사관후보생 및 부사관후보생'을 정하고 있어, 법무사관후보생은 군사교육기간 동안 군인복무기본법에 따른 명령 복종의 의무(제25조), 직무이탈 금지 의무(제29조), 영리행위 및 겸직금지 의무(제30조), 집단행위 금지 의무(제31조), 정치 운동의 금지 의무(제33조) 등의 각종 의무를 부과받게 된다.

또한 군형법은 제1조 제3항 제2호에서 '군적을 가진 군의 학교의 학생·생도와 사관후보생·부사관후보생 및 병역법 제57조에 따른 군적을 가지는 재영(在營) 중인 학생'의 경우 군인에 준하여 이를 적용하도록 하고 있고, 군사법원법 제2조 제1항은 "군사법원은 다음 각 호의 어느 하나에 해당하는 사람이 범한 죄에 대하여 재판권을 가진다."라고 하면서 제1호에서 '군형법 제1조 제1항부터 제4항까지에 규정된 사람'을 규정하고 있다. 이에 따라 법무사관후보생은 군사교육기간 동안 군형법의 적용을 받으며, 군사재판의 대상이 된다.

결국 법무사관후보생도 군인에 준하는 지위에 있고, 법무사관후보생에 대한 군사교육은 입영 후 군의 엄격한 통제하에 자유와 권리가 제한된 상태에서 이루어지므로, 위 기간을 복무기간에 산입할 것인지 여부를 판단함에 있어 본질적으로 현역병의 기초군사훈련기간 내지는 퇴교 후 복무자의 군사교육기간과 달리 판단할 만한 이유가 없다.

마. 최근 군은 병력 중심의 군에서 과학기술 중심의 군으로 변화하면서 국가 인적자원의 효율적인 관

리를 위하여 현역병, 사회복무요원 및 산업기능요원의 복무기간을 단축하고 있다. 예를 들면, 현역병의 경우 2020. 6. 16. 입대자부터 18개월로, 사회복무요원은 2020. 3. 16. 입대자부터 21개월로 복무기간을 단축하고 있다(병역법 제19조 제1항, 제42조 제1항, 사회복무요원 소집업무 규정 제47조 제1항 [별표 5]). 이러한 상황 속에서 단기법무장교는 3년이라는 복무기간 외에도 법무사관후보생의 군사교육기간까지 추가로 복무해야 하는 것이다. 즉, 단기법무장교는 상대적으로 더 긴 기간 동안 병역의무를 이행해야 하는 것인데, 병역의무의 형평이라는 관점에서 바람직한 것인지 의문이다(헌재 2020. 9. 24. 2019헌마472등 반대의견 참조).

단기법무장교의 경우 그 징집이나 소집이 국가에 의하여 일방적으로 결정되는 것이 아니라 자율적인 의사에 기한 편입 지원 절차에 의하여 결정되므로 위와 같은 차별이 정당화될 수 있다는 주장도 제기될 수 있으나, 단기법무장교에 지원하게 된 것 역시 대한민국 국민인 남성에게 부과된 병역의무를 이행하기 위한 것이므로 단기법무장교에의 지원 여부가 온전히 자율적인 의사에 따라 결정된 것이라고 볼 수는 없다. 더욱이 현역병 등의 복무기간 단축에 따른 상대적 박탈감으로 인해 판사·검사 또는 변호사의 자격을 얻기 위하여 해당 연수기관이나 법학전문대학원에서 정하여진 과정을 이수하고 있는 사람이나 그 자격을 취득한 사람들이 단기법무장교에의 지원을 기피할 경우 병력 자원의 확보에 어려움이 초래될 수 있는데, 이는 심판대상조항을 통해 달성하고자 하는 정책적 목적에도 부합하지 않는다.

바. 따라서 심판대상조항이 현역병이나 퇴교 후 복무자와 달리 단기법무장교의 군사교육기간을 의무복무기간에 산입하지 않는 것은 합리적인 이유가 있다고 보기 어려우므로, 심판대상조항은 청구인들의 평등권을 침해한다.

재판관 이종석 이은애 이영진 김기영 문형배 이미선 김형두 정정미 정형식

[별지] 관련조항

군인사법(2012. 12. 18. 법률 제11560호로 개정된 것)

제7조(의무복무기간) ① 장교, 준사관 및 부사관(지원에 의하지 아니하고 임용된 하사는 제외한다)의 의무복무기간은 다음 각 호와 같다. 다만, 전시·사변 등의 국가비상시에는 예외로 한다.

4. 단기복무 장교의 의무복무기간은 3년으로 한다. (단서 생략)

병역법 시행령(2009. 12. 7. 대통령령 제21867호로 개정된 것)

제27조(현역병의 복무기간 등) ① 현역병의 복무기간은 입영한 날부터 기산하며, 입영한 날에 이등병이 된다. 다만, 입영부대에서 귀가된 사람은 입영하기 전의 신분으로 복귀된다.

병역법 시행령(2016. 11. 29. 대통령령 제27620호로 개정된 것)

제30조(사관학교 등에서 퇴교된 사람의 처리) ① 사관학교, 육군3사관학교, 그 밖의 군간부후보생 교육기관에서 교육을 받던 사람이 퇴교된 경우에는 입교하기 전의 신분으로 복귀된다.

병역법 시행령(2017. 9. 22. 대통령령 제28340호로 개정된 것)

제30조(사관학교 등에서 퇴교된 사람의 처리) ⑦ 제1항의 교육기관에서 퇴교되어 다음 각 호의 어느 하나에 해당하는 사람에 대해서는 퇴교 전에 교육기관에서 받은 교육기간을 복무기간에 포함한다. 다만, 법 제63조 제2항에 따라 복무기간이 6개월로 단축되는 사람은 예외로 한다.

1. 제1항에 따라 입교 전의 신분으로 복귀된 사람으로서 다음 각 목의 어느 하나에 해당하는 사람
   가. 현역병으로 복귀된 사람
   나. 현역병 외의 신분으로 복귀된 후 현역병(법 제21조 및 제25조에 따라 복무 중인 사람을 포함한다. 이하 제9항에서 같다), 승선근무예비역, 사회복무요원, 예술·체육요원, 전문연구요원 또는 산업기능요원으로 복무하게 되는 사람

99. 민법 제1112조 등 위헌제청 등

[2024. 4. 25. 2020헌가4·14, 2021헌가11·15·26·29, 2022헌가11·12·17·30·38·43, 2023헌가7·22, 2020헌바295·342·351·353·502, 2021헌바15·16· 43·72·91·193·255·256·275·277·386, 2022헌바6·29·35·55·111·134·152·267·315, 2023헌바43·109·156·229·309·414·415, 2024헌바38(병합)]

【판시사항】

1. 민법 제1112조, 제1113조, 제1114조, 제1115조, 제1116조, 제1118조에 따른 유류분제도의 입법목적의 정당성이 인정되는지 여부(적극)

2. 유류분상실사유를 별도로 규정하지 아니한 민법 제1112조 제1호부터 제3호 및 형제자매의 유류분을 규정한 민법 제1112조 제4호가 재산권을 침해하여 헌법에 위반되는지 여부(적극)

3. 유류분 산정에 관한 민법 제1113조, 유류분 산정 기초재산에 산입되는 증여의 범위에 관한 민법 제1114조 전문이 재산권을 침해하여 헌법에 위반되는지 여부(소극)

4. 해의에 의한 증여의 산입에 관한 민법 제1114조 후문 및 공동상속인 중 특별수익자의 상속분에 관한 민법 제1008조를 준용하는 민법 제1118조 부분이 재산권을 침해하여 헌법에 위반되는지 여부(소극)

5. 유류분 반환에 관한 민법 제1115조, 증여와 유증의 반환 순서에 관한 민법 제1116조, 그리고 대습상속에 관한 민법 제1001조, 제1010조를 유류분에 준용하는 민법 제1118조 부분이 재산권을 침해하여 헌법에 위반되는지 여부(소극)

6. 기여분에 관한 민법 제1008조의2를 유류분에 준용하는 규정을 두지 아니한 민법 제1118조가 재산권을 침해하여 헌법에 위반되는지 여부(적극)

7. 형제자매의 유류분을 규정한 민법 제1112조 제4호에 대하여 단순위헌을, 유류분상실사유를 별도로 규정하지 아니한 민법 제1112조 제1호부터 제3호와 기여분에 관한 제1008조의2를 유류분에 준용하는 규정을 두지 아니한 민법 제1118조에 대하여 계속적용 헌법불합치결정을 각 선고한 사례

【결정요지】

1. 유류분제도는 피상속인의 재산처분행위로부터 유족의 생존권을 보호하고, 법정상속분의 일정비율에 상당하는 부분을 유류분으로 산정하여 상속재산형성에 대한 기여, 상속재산에 대한 기대를 보장하려는 데에 그 취지가 있고, 가족의 연대가 종국적으로 단절되는 것을 저지하는 기능을 가지는바, 입법목적의 정당성이 인정된다.

2. 유류분권리자와 유류분을 개별적으로 적정하게 입법하는 것이 현실적으로 매우 어려운 점, 법원이 구체적 사정을 고려하여 정하도록 하는 것은 법원의 과도한 부담 등을 초래할 수 있는 점 등을 고려하면, 민법 제1112조가 유류분권리자와 유류분을 획일적으로 규정한 것이 매우 불합리하다고 단정하기 어렵다. 그러나 패륜적인 상속인의 유류분을 인정하는 것은 일반 국민의 법감정과 상식에 반한다고 할 것이므로, 민법 제1112조 제1호부터 제3호가 유류분상실사유를 별도로 규정하지 아니한 것은 불합리하고 기본권제한입법의 한계를 벗어나 헌법에 위반된다. 또한 상속재산형성에 대한 기

여나 상속재산에 대한 기대 등이 거의 인정되지 않는 피상속인의 형제자매에게까지 유류분을 인정하는 민법 제1112조 제4호 역시 불합리하고 기본권제한입법의 한계를 벗어나 헌법에 위반된다.

3. 민법 제1113조는 유류분권리자를 보호하는 한편, 공정하고 객관적인 유류분의 산정을 위한 것으로 수긍할 수 있고, 민법 제1114조 전문은 선의의 수증자를 보호하고 거래의 안전을 위한 것으로서 합리적이라 할 것이므로 위 조항들은 재산권을 침해하지 않는다.

4. 당사자 쌍방이 유류분권리자에게 손해를 가할 것을 알고 증여를 한 경우 그러한 증여는 더 이상 보호할 필요가 없으므로, 민법 제1114조 후문을 통해 거래의 안전보다 유류분권리자를 두텁게 보호하려는 입법자의 의사는 합리적이라고 할 수 있으며, 법원은 해의의 요건을 엄격하게 해석하여 수증자가 불측의 피해를 보는 것을 방지하고 있다. 한편, 민법 제1008조를 유류분에 준용하는 민법 제1118조 부분은, 공동상속인들 사이의 공평을 기하기 위하여 그 수증재산을 상속분의 선급으로 다루어 구체적인 상속분이나 유류분을 산정함에 있어 이를 참작하도록 하려는 것으로, 유류분권리자를 보호하고 관계 당사자들의 이해관계를 합리적으로 조정하기 위한 것이라고 볼 수 있으므로 위 조항들은 재산권을 침해하지 않는다.

5. 민법 제1115조는 유류분 권리자의 보호와 함께 수증자의 이해관계 및 거래의 안전을 모두 고려하고 유류분반환의무자 사이의 공평하고 합리적인 부담을 도모하는 것으로 볼 수 있고, 민법 제1116조는 수증자의 신뢰보호 필요성이 수유자보다 큰 점을 고려하여 거래의 안전을 보호하려는 것으로서 불합리하다고 보기 어려우므로 위 조항들은 재산권을 침해하지 않는다. 또한 민법 제1001조, 제1010조를 유류분에 준용하는 민법 제1118조 부분은 대습상속인의 상속에 대한 기대를 보호하고 상속에서의 공평을 실현하고자 하는 이념을 유류분에도 적용하기 위한 것으로 합리성이 인정되므로 재산권을 침해하지 않는다.

6. 기여분에 관한 민법 제1008조의2를 유류분에 준용하는 규정을 두고 있지 않은 민법 제1118조는, 피상속인을 오랜 기간 부양하거나 상속재산형성에 기여한 기여상속인이 기여의 대가로 받은 증여재산을 비기여상속인에게 반환하여야 하는 부당한 상황을 발생시키고, 기여상속인에게 보상을 하려고 한 피상속인의 의사를 부정하는 불합리한 결과를 초래하는 등 현저히 불합리하므로 기본권제한입법의 한계를 일탈하여 헌법에 위반된다.

7. 형제자매의 유류분을 규정한 민법 제1112조 제4호는 위헌결정을 통하여 재산권에 대한 침해를 제거함으로써 합헌성이 회복될 수 있으므로 단순위헌을 선언한다. 하지만 민법 제1112조 제1호부터 제3호와 기여분에 관한 제1008조의2를 유류분에 준용하는 규정을 두지 아니한 민법 제1118조에 대하여 위헌결정을 선고하여 효력을 상실시키면, 법적 혼란이나 공백 등이 발생할 우려가 있으므로, 위 조항들에 대하여는 2025. 12. 31.까지 계속적용을 명하는 헌법불합치결정을 선고하기로 한다.

재판관 이영진, 재판관 김기영, 재판관 문형배, 재판관 김형두의 민법 제1114조 후문 및 민법 제1118조 중 제1008조를 준용하는 부분에 관한 반대의견

민법 제1114조 후문 및 민법 제1118조 중 제1008조를 준용하는 부분으로 인하여 유류분반환의무자가 반환하여야 하는 증여재산의 규모가 지나치게 확대되고 유류분반환의무자에게 과도한 부담이 초래된다. 특히 증여재산의 가액은 원칙적으로 상속개시 당시를 기준으로 산정하므로, 물가상승률이나 부동산 시가상승률 등에 따라서 수증자는 증여 당시 재산의 가액보다 훨씬 더 많은 가액의 증여재산을 반환하여야 하는 불합리한 결과가 발생한다. 또한 피상속인이 수십 년 전에 행한 증여도 그 실질적인 효과가 부인됨으로써 법적 안정성이 크게 위협받게 되고, 단지 상속의 기대를 가지고 있었을 뿐이던 유류분권리자의 이익을 위하여 수증자 또는 제3자의 이익을 일방적으로 희생시키는 것은 형평에도 어긋난다. 따라서 위 조항들은 재산권을 침해하여 헌법에 위반되나, 위헌결정으로 인한 법적 혼란 및 공백을 방지하기 위하여 헌법불합치를 선고하는 것이 타당하다.

재판관 이영진, 재판관 김형두의 민법 제1112조에 관한 별개의견 및 민법 제1113조 제1항 및 제1115조 제1항에 관한 보충의견

피상속인의 사망 이후 배우자가 생존권을 보호받아야 할 필요성은 직계비속보다 더 절실하고, 피상속인을 부양하고 상속재산형성에 기여한 배우자가 상속에서 직계비속보다 우대를 받아야 하는 것은 당연하다. 그럼에도 민법 제1112조 제1호 및 제2호는 피상속인의 직계비속과 배우자의 유류분을 동일하게 규정하고 있는데, 이는 현저히 불합리하여 헌법에 위반된다.

한편, 민법 제1113조 제1항은 피상속인이 공익단체에 증여한 경우 또는 피상속인이 자신의 가업승계를 위하여 가업의 지분을 증여한 경우도 유류분 산정 기초재산에 산입하여 유류분반환의 대상이 되도록 함으로써 피상속인의 정당한 의사에 정면으로 배치되고, 공익에도 반하는 문제를 발생시킨다. 민법 제1115조 제1항은 유류분반환시 원물반환을 원칙으로 하므로, 부동산에 대한 유류분반환청구의 경우 매우 복잡한 법률관계를 발생시킨다. 이러한 문제의 해결을 위하여 민법 제1113조 제1항 및 제1115조에 제1항에 대한 입법개선을 촉구한다.

【심판대상조문】

민법(1977. 12. 31. 법률 제3051호로 개정된 것) 제1112조, 제1113조, 제1114조, 제1115조, 제1116조, 제1118조

【참조조문】

헌법 제23조 제1항

민법(2014. 12. 30. 법률 제12881호로 개정된 것) 제1001조, 제1008조, 제1010조

민법(2005. 3. 31. 법률 제7427호로 개정된 것) 제1008조의2

민법(1977. 12. 31. 법률 제3051호로 개정된 것) 제1117조

【참조판례】

1. 헌재 2010. 4. 29. 2007헌바144, 판례집 22-1상, 622, 633

헌재 2013. 12. 26. 2012헌바467,판례집 25-2하, 691, 696

3. 헌재 2013. 12. 26. 2012헌바467, 판례집 25-2하, 691, 696

4. 헌재 2010. 4. 29. 2007헌바144, 판례집 22-1상, 622, 633-634

대법원 1996. 2. 9. 선고 95다17885 판결

대법원 1998. 12. 8. 선고 97므513, 520, 97스12 판결

대법원 2005. 6. 23. 선고 2004다51887 판결

대법원 2009. 7. 23. 선고 2006다28126 판결

대법원 2022. 8. 11. 선고 2020다247428 판결

5. 대법원 2005. 6. 23. 선고 2004다51887 판결

6. 대법원 1994. 10. 14. 선고 94다8334 판결

대법원 2015. 10. 29. 선고 2013다60753 판결

대법원 2022. 3. 17. 선고 2021다230083, 230090 판결

【당 사 자】

제청법원 [별지 1] 제청법원 목록과 같음

제청신청인 [별지 2] 제청신청인 명단과 같음

청 구 인 [별지 3] 청구인 명단과 같음

당해사건 [별지 4] 당해사건 목록과 같음

【주　문】

1. 2020헌가4 사건의 위헌법률심판제청을 각하한다.

2. 민법(1977. 12. 31. 법률 제3051호로 개정된 것) 제1112조 제4호는 헌법에 위반된다.

3. 민법(1977. 12. 31. 법률 제3051호로 개정된 것) 제1112조 제1호부터 제3호 및 제1118조는 모두 헌법에 합치되지 아니한다. 위 조항들은 2025. 12. 31.을 시한으로 입법자가 개정할 때까지 계속 적용된다.

4. 민법(1977. 12. 31. 법률 제3051호로 개정된 것) 제1113조, 제1114조, 제1115조, 제1116조는 모두 헌법에 위반되지 아니한다.

【이　유】

1. 사건개요

가. 위헌제청 사건

(1) 2020헌가4

망 김▲▲(2019. 1. 1. 사망)은 배우자로 이■■와 자녀로 딸 김▼▼, 아들 김◆◆을 두었다.

김◆◆은 2019. 8. 29. 망 김▲▲이 생전에 이■■ 및 김▼▼에게 부동산 등을 증여하여 자신의 유류분이 침해되었다고 주장하면서 이■■ 및 김▼▼을 상대로 유류분의 반환을 청구하는 소를 제기하였다(서울중앙지방법원 2019가합559939).

당해사건 법원은 소송계속 중 직권으로 민법(1977. 12. 31. 법률 제3051호로 개정된 것, 이하 '민법'이라 한다) 제1112조, 제1113조 및 제1118조에 대하여 2020. 3. 2. 이 사건 위헌법률심판을 제청하였다.

(2) 2021헌가29

망 이▲▲(2019. 11. 12. 사망)은 자녀로 이○○, 이▼▼, 이◆◆, 이☆☆를 두었다.

이▼▼는 2021. 3. 29. 망 이▲▲이 토지를 이○○에게 유증하여 자신의 유류분이 침해되었다고 주장하면서 이○○을 상대로 유류분의 반환을 청구하는 소를 제기하였다(부산지방법원 동부지원 2021가합102248).

이○○은 소송계속 중 유류분에 관한 민법 제1112조에 대하여 위헌법률심판제청신청을 하였고(부산지방법원 동부지원 2021카기100939), 당해사건 법원은 이를 받아들여 2021. 11. 17. 이 사건 위헌법률심판을 제청하였다.

(3) 나머지 각 사건들의 개요는 [별지 5] 중 위헌제청 사건의 기재와 같다.

나. 헌법소원 사건

(1) 2020헌바295

망 유○○(2017. 10. 6. 사망)은 자녀로 아들 안◇◇, 딸 안◎◎과 안▷▷을 두었고, 이△△는 안◇◇의 배우자(망 유○○의 며느리)이며, 안△△, 안▽▽은 안◇◇의 아들(망 유○○의 손자)이다.

안◎◎과 안▷▷은 망 유○○이 생전에 이△△, 안△△, 안▽▽에게 부동산을 증여하여 자신들의 유류분이 침해되었다고 주장하면서 이△△, 안△△, 안▽▽을 상대로 유류분의 반환을 청구하는 소를 제기하여 승소하였고(수원지방법원 성남지원 2018가단206188), 이에 이△△, 안△△, 안▽▽은 항소하였다(수원지방법원 2019나57572).

이△△, 안△△, 안▽▽은 항소심 계속 중 민법 제1114조 후문에 대하여 위헌법률심판제청신청을 하였으나, 2020. 4. 21. 기각되었고(수원지방법원 2020카기20232), 2020. 5. 20. 이 사건 헌법소원심판을 청구하였다.

(2) 2021헌바72

망 김☆☆(2019. 5. 3. 사망)은 자녀로 김◁◁, 김♧♧, 민○○, 민□□를 두었다. 망 김☆☆은 생전에 유럽인문학을 전공하는 대학(원)생들을 지원하기 위한 '재단법인 ○○장학재단'(이하 '장학재단'이라 한다)을 설립하였고, 이후 부동산 및 채권을 장학재단에 유증하였다.

김♧♧은 2020. 4. 29. 위와 같은 유증으로 인하여 자신의 유류분이 침해되었다고 주장하면서 장학재단 등을 상대로 유류분의 반환을 청구하는 소를 제기하였다(서울중앙지방법원 2020가합538884).

장학재단 등은 소송계속 중 민법 제1112조 등에 대하여 위헌법률심판제청신청을 하였으나, 2021. 2. 15. 기각 및 각하되었고(서울중앙지방법원 2020카기51679), 2021. 3. 22. 이 사건 헌법소원심판을 청구하였다.

(3) 2021헌바91

망 이♧♧(2020. 3. 26. 사망)는 미혼으로 배우자와 자식이 없었다. 이♤♤과 이♡♡은 망 이♧♧의 형제자매이고, 박▷▷는 망 이♧♧의 형제인 망 이★★(1976. 8. 25. 사망)의 배우자이며, 이♣♣과 이♠♠은 망 이★★의 자식들이다.

망 이♧♧는 생전에 사단법인 ○○, 재단법인 □□재단, 재단법인 △△, 사회복지법인 ○○ 및 재단법인 ▽

▽재단(이상 모든 법인을 통칭할 때에는 '공익법인들'이라고 한다)에 부동산 등의 재산을 유증 또는 사인증여를 하였다.

이♤♤, 이♡♡, 이♣♣, 이♠♠, 박▷▷는 2020. 7. 7. 위와 같은 망 이♧♧의 유증 또는 사인증여로 인하여 자신들의 유류분이 침해되었다고 주장하면서 공익법인들을 상대로 유류분의 반환을 청구하는 소를 제기하였다(서울중앙지방법원 2020가합560539).

사단법인 ○○은 소송계속 중 민법 제1112조 및 제1115조가 헌법에 위반된다고 주장하면서 위헌법률심판제청신청을 하였으나, 2021. 3. 23. 기각되었고(서울중앙지방법원 2020카기52089), 2021. 4. 22. 이 사건 헌법소원심판을 청구하였다.

(4) 나머지 각 사건들의 개요는 [별지 5] 중 헌법소원사건의 기재와 같다.

2. 심판대상

가. 민법은 유류분과 관련하여, ① 유류분권리자를 직계비속·배우자·직계존속·형제자매로 정하고 각 유류분을 법정상속분의 2분의 1 또는 3분의 1로 규정한 제1112조, ② 유류분 산정의 기초재산 범위 및 조건부·불확정부 권리의 산정을 규정한 제1113조, ③ 유류분 산정 기초재산에 산입되는 증여의 범위를 규정한 제1114조, ④ 유류분반환청구 및 그 범위와 방법을 규정한 제1115조, ⑤ 유류분반환의 순서를 규정한 제1116조, ⑥ 유류분반환청구권의 소멸시효를 규정한 제1117조, ⑦ 대습상속을 규정한 제1001조·특별수익자의 상속분을 규정한 제1008조·대습상속분을 규정한 제1010조를 유류분에 준용하는 제1118조 등 모두 7개의 조항들(이하 '유류분 조항들'이라 한다)을 두고 있다.

나. 민법상 유류분 조항들이 체계적으로 밀접하게 관련되어 유류분제도를 구성하고 있고, 제청법원들과 청구인들이 유류분제도의 입법목적이 부당하다고 하면서 그 제도 자체의 위헌성을 함께 주장하고 있다. 이러한 사정을 고려하고 법적 통일성 및 소송경제의 측면 등에 비추어 보면 민법상 유류분 조항들인 민법 제1112조, 제1113조, 제1114조, 제1115조, 제1116조 및 제1118조를 모두 심판대상으로 삼는 것이 타당하다. 다만, 유류분반환청구권의 소멸시효제도를 규정한 민법 제1117조의 경우 유류분권리자가 유류분제도가 합헌임을 전제로 유류분반환청구권의 단기소멸시효의 위헌성을 주장하는 경우 문제가 된다는 점에서(헌재 2010. 12. 28. 2009헌바20 참조), 유류분반환청구의 상대방이 유류분제도의 위헌성을 다투는 이 사건 헌법소원과는 본질적인 차이가 있다. 따라서 민법 제1117조는 심판대상에서 제외한다.

다. 그러므로 이 사건 심판의 대상은, 민법(1977. 12. 31. 법률 제3051호로 개정된 것) 제1112조, 제1113조, 제1114조, 제1115조, 제1116조, 제1118조(모두 합하여 '심판대상조항'이라 한다)가 헌법에 위반되는지 여부이고, 심판대상조항 및 관련조항은 다음과 같다.

[심판대상조항]

민법(1977. 12. 31. 법률 제3051호로 개정된 것)

제1112조(유류분의 권리자와 유류분) 상속인의 유류분은 다음 각 호에 의한다.

1. 피상속인의 직계비속은 그 법정상속분의 2분의 1
2. 피상속인의 배우자는 그 법정상속분의 2분의 1
3. 피상속인의 직계존속은 그 법정상속분의 3분의 1
4. 피상속인의 형제자매는 그 법정상속분의 3분의 1

제1113조(유류분의 산정) ① 유류분은 피상속인의 상속개시시에 있어서 가진 재산의 가액에 증여재산의 가액을 가산하고 채무의 전액을 공제하여 이를 산정한다.

② 조건부의 권리 또는 존속기간이 불확정한 권리는 가정법원이 선임한 감정인의 평가에 의하여 그 가격을 정한다.

제1114조(산입될 증여) 증여는 상속개시전의 1년간에 행한 것에 한하여 제1113조의 규정에 의하여 그 가액을 산정한다. 당사자 쌍방이 유류분권리자에 손해를 가할 것을 알고 증여를 한 때에는 1년 전에 한 것도 같다.

제1115조(유류분의 보전) ① 유류분권리자가 피상속인의 제1114조에 규정된 증여 및 유증으로 인하여 그 유류분에 부족이 생긴 때에는 부족한 한도에서 그 재산의 반환을 청구할 수 있다.

② 제1항의 경우에 증여 및 유증을 받은 자가 수인인 때에는 각자가 얻은 유증가액의 비례로 반환하여야 한다.

제1116조(반환의 순서) 증여에 대하여는 유증을 반환받은 후가 아니면 이것을 청구할 수 없다.

제1118조(준용규정) 제1001조, 제1008조, 제1010조의 규정은 유류분에 이를 준용한다.

[관련조항]

민법(2014. 12. 30. 법률 제12881호로 개정된 것)

제1001조(대습상속) 전조 제1항 제1호와 제3호의 규정에 의하여 상속인이 될 직계비속 또는 형제자매가 상속개시 전에 사망하거나 결격자가 된 경우에 그 직계비속이 있는 때에는 그 직계비속이 사망하거나 결격된 자의 순위에 갈음하여 상속인이 된다.

제1008조(특별수익자의 상속분) 공동상속인 중에 피상속인으로부터 재산의 증여 또는 유증을 받은 자가 있는 경우에 그 수증재산이 자기의 상속분에 달하지 못한 때에는 그 부족한 부분의 한도에서 상속분이 있다.

제1010조(대습상속분) ① 제1001조의 규정에 의하여 사망 또는 결격된 자에 갈음하여 상속인이 된 자의 상속분은 사망 또는 결격된 자의 상속분에 의한다.

② 전항의 경우에 사망 또는 결격된 자의 직계비속이 수인인 때에는 그 상속분은 사망 또는 결격된 자의 상속분의 한도에서 제1009조의 규정에 의하여 이를 정한다. 제1003조 제2항의 경우에도 또한 같다.

민법(2005. 3. 31. 법률 제7427호로 개정된 것)

제1008조의2(기여분) ① 공동상속인 중에 상당한 기간 동거·간호 그 밖의 방법으로 피상속인을 특별히 부양하거나 피상속인의 재산의 유지 또는 증가에 특별히 기여한 자가 있을 때에는 상속개시 당시의 피상속인의 재산가액에서 공동상속인의 협의로 정한 그 자의 기여분을 공제한 것을 상속재산으로 보고 제1009조 및 제1010조에 의하여 산정한 상속분에 기여분을 가산한 액으로써 그 자의 상속분으로 한다.

② 제1항의 협의가 되지 아니하거나 협의할 수 없는 때에는 가정법원은 제1항에 규정된 기여자의 청구에 의하여 기여의 시기·방법 및 정도와 상속재산의 액 기타의 사정을 참작하여 기여분을 정한다.

③ 기여분은 상속이 개시된 때의 피상속인의 재산가액에서 유증의 가액을 공제한 액을 넘지 못한다.

④ 제2항의 규정에 의한 청구는 제1013조 제2항의 규정에 의한 청구가 있을 경우 또는 제1014조에 규정하는 경우에 할 수 있다.

민법(1977. 12. 31. 법률 제3051호로 개정된 것)

제1117조(소멸시효) 반환의 청구권은 유류분권리자가 상속의 개시와 반환하여야 할 증여 또는 유증을 한 사실을 안 때로부터 1년 내에 하지 아니하면 시효에 의하여 소멸한다. 상속이 개시한 때로부터 10년을 경과한 때도 같다.

3. 제청법원들의 위헌제청이유 및 청구인들의 주장

가. 제청법원들의 위헌제청이유 요지

유류분제도의 목적은 유족의 생존권 보호, 상속재산 형성에 대한 기여, 상속재산에 대한 기대보장이다. 그런데 사회구조가 농경 사회에서 도시화·정보화 사회로 변하였고, 성년이 된 자녀들은 대체로 독립적인 경제활동을 영위하므로 피상속인의 자녀들이 상속재산형성에 기여하는 경우는 찾기 어렵다.

과거 호주제로 대표되는 가장(家長)의 통합적인 자산관리 및 가족 구성원에 대한 부양의무는 폐지되었고, 평균수명의 연장 및 산업구조의 변화 등을 고려하면 일률적으로 유족들이 생존권을 위협받는다고 보기 어렵다. 상속의 의미도 '가산(家産)유지'에서 '불로소득'으로 바뀌고 있는 현실을 고려할 때 '상속재산에 대한 기대'도 보장할 필요성이 없어졌다. 또한 피상속인의 부양의무가 사후에도 계속된다고 보기 어렵고, 부양의무가 생전증여보다 우선해야 할 이유도 찾기 어려우며, 피상속인 생전에 제3자에게로의 재산처분은 막을 수 없으면서 사후에는 유류분을 근거로 피상속인의 처분을 소급하여 소멸시킬 수 있는 점도 납득하기 어렵다.

과거 차별받았던 약자인 여성의 권리 보호를 목적으로 유류분제도가 도입되었으나, 현재는 성평등이 확대되면서 여성의 사회진출이 증가하고, 남녀의 지위가 동등해지고 있다. 따라서 더 이상 유류분제도의 목적의 정당성이 인정되지 않는다.

현행 유류분제도는 구체적 사정을 고려하지 않은 채 일률적으로 유류분을 정하고 있고 그 비율 자체도 과도하여 침해 최소성에 위배되고, 패륜적인 상속인과 형제자매들까지 유류분반환청구권을 인정하며, 수십 년 전에 이루어진 증여도 유류분 산정 기초재산에 포함하여 유류분 산정 기초재산을 지나치게 확대할 뿐만 아니라 상속개시 당시를 기준으로 유류분을 산정하여 수증자가 받은 증여재산보다 더 많은 가액을 반환하도록 하고, 공익에 부합하는 증여를 제한하며, 대습상속인에게도 유류분을 무조건 인정하는 등 법익 균형성의 요건을 갖추지 못하였다.

나. 청구인들의 주장 요지

시대의 변화 및 핵가족화·평균수명의 연장·여성 지위의 향상 등에 따라서 유류분제도의 입법목적의 정당성이 상당 부분 상실되었고, 아울러 상속개시 당시 남아있는 잔여 재산만 상속의 대상이 된다는 상속제도의 본질이 훼손되고 있다.

피상속인의 공동상속인에 대한 증여의 경우 수십 년 전에 이루어진 증여라도 상속개시시에 소급하여 유류분 산정 기초재산에 산입되어 유류분반환청구의 대상이 됨으로써 수증자의 재산권을 침해하고, 증여 이후 오랜 기간 동안 형성된 경제적·법률적 관계를 매우 불안정하게 만든다. 특히 공동상속인이 아닌 제3자에 대한 증여도 유류분권리자를 해할 의사가 인정되면 유류분 산정 기초재산에 무제한으로 산입되어 유류분반환청구의 대상이 됨으로써 거래 안전에 중대한 위협이 되고, 수증자의 재산권을 침해한다.

피상속인과 상속인 사이의 관계, 상속인의 부양의무 이행의 정도 및 상속재산형성에 대한 기여 등과 같은 구체적 사정들을 고려하지 않고 일률적으로 유류분을 정하여 불합리하고, 피상속인의 공익 목적의 유증이나 증여까지도 유류분 산정 기초재산에 산입함으로써 공익에 반한다. 피상속인을 부양하거나 상속재산형성에 있어 기여가 인정되어 그 보답으로 피상속인으로부터 받은 증여도 유류분 산정 기초재산에 포함되어 유류분반환청구의 대상이 되는 불합리함이 발생한다.

전근대적 가족제도가 해체된 이상 달성할 수 있는 공익은 불분명한 반면에, 일률적인 유류분으로 인하여 침해되는 사익은 구체적이고 현실적이어서 법익의 균형성 요건을 갖추지 못하였다.

4. 적법요건에 관한 판단(2020헌가4)

가. 헌법 제107조 제1항과 헌법재판소법 제41조 제1항에 의하면 법률에 대한 위헌심판제청이 적법하기 위해서는 문제가 된 법률의 위헌 여부가 재판의 전제가 되어야 한다. 여기에서 재판의 전제성이라 함은 원칙적으로 구체적인 사건이 법원에 계속 중이어야 하고, 위헌 여부가 문제되는 법률이 당해 소송사건의 재판에 적용되는 것이어야 하며, 그 법률이 헌법에 위반되는지의 여부에 따라 당해사건을 담당하는 법원이 다른 내용의 재판을 하게 되는 경우를 말한다. 그리고 재판의 전제성은 법률의 위헌여부심판제청 시만 아니라 심판 시에도 갖추어져야 함이 원칙이다(헌재 1993. 12. 23. 93헌가2; 헌재 2021. 2. 25. 2013헌가13등 참조).

나. 2020헌가4 사건에서의 당해사건 원고가 2024. 1. 23. 당해사건인 서울중앙지방법원 2019가합559939 사건의 소를 취하하여 소송이 종료되었으므로, 심판대상조항은 구체적 사건이 법원에 계속 중이 아니어서 당해사건에 적용될 여지가 없게 되었다. 따라서 2020헌가4 사건의 위헌법률심판제청은 재판의 전제성 요건을 갖추지 못하여 부적법하다.

5. 본안에 관한 판단

가. 민법상 유류분제도의 개관

(1) 의의 및 연혁

유류분제도란, 피상속인이 증여 또는 유증으로 자유로이 재산을 처분하는 것을 제한하여 법정상속인 중 일정한 범위의 근친자에게 법정상속분의 일부가 귀속되도록 법률상 보장하는 민법상 제도를 말한다. 여기서 '유류분'은 법정상속인에게 귀속되는 것이 법률상 보장되는 상속재산의 일정비율을 말하고, '유류분권'은 상속개시 후 일정범위의 법정상속인에게 보장되는 권리로서 상속재산의 일정비율을 확보해 주는 것을 그 내용으로 한다. '유류분반환청구권'은 상속개시 후 확보된 유류분권에 미치지 못하는 부족분이 발생하는 경우 그의 유류분을 침해하는 증여 또는 유증의 상대방(수증자 또는 수유자)에 대해 부족분의 반환을 청구하는 권리로서 유류분권으로부터 파생되어 나오는 권리이다.

현행 유류분제도는 민법이 1977. 12. 31. 법률 제3051호로 개정되면서 신설되었고, 현재까지 그대로 유지되고 있다. 위와 같이 민법을 개정하면서 유류분제도를 처음으로 도입한 입법자의 의도는 공동상속인 사이의 공평한 이익이 피상속인의 증여나 유증으로 인하여 침해되는 것을 방지하고, 나아가 피상속인의 재산처분의 자유, 거래의 안전과 가족생활의 안정, 상속재산의 공정한 분배라는 대립되는 이익을 합리적으로 조정하기 위한 것이었다. 그러나 오늘날 사회구조가 변하고 가족제도의 모습 등이 크게 달라지면서 유류분제도의 본래 목적과 기능이 퇴색되고 있다는 비판이 꾸준히 제기되고 있다.

(2) 구체적 내용

민법 제1112조는 피상속인의 직계비속과 배우자는 각 그 법정상속분의 2분의 1(제1호 및 제2호)을, 피상속인의 직계존속과 형제자매는 각 그 법정상속분의 3분의 1(제3호 및 제4호)을 유류분으로 규정하고 있다. 한편 민법 제1118조는 유류분에 제1001조와 제1010조를 준용함으로써 대습상속의 법리가 유류분에 적용됨을 분명히 하고 있다. 따라서 피상속인의 직계비속 중 사망한 사람이나 상속결격인 사람이 있을 때에는 그 배우자와 직계비속이 대습상속분의 비율에 따라 유류분권을 나누어 가진다.

민법 제1113조 제1항은 "유류분은 피상속인의 상속개시시에 있어서 가진 재산의 가액에 증여재산의 가액을 가산하고 채무의 전액을 공제하여 이를 산정한다." 라고 하여 '유류분 산정 기초재산'을 규정하고 있다. 다만 조건부의 권리 또는 존속기간이 불확정한 권리는 가정법원이 선임한 감정인의 평가에 의하여 그 가격을 정한다(민법 제1113조 제2항).

민법 제1114조는 민법 제1113조의 유류분 산정 기초재산에 산입되는 증여재산의 범위에 대하여 규정하고 있는데, 원칙적으로 증여는 상속개시전의 1년간에 행한 것에 한하여 유류분 산정 기초재산에 산입되지만(민법 제1114조 전문), 증여의 당사자 쌍방이 유류분 권리사에 손해를 가할 것을 알고 증여를 한 때에는 1년 전에 한 것도 유류분 산정 기초재산에 산입된다(민법 제1114조 후문). 한편, 피상속인의 공동상속인에 대한 증여는 그것이 상속분의 선급으로서의 특별수익에 해당할 경우 민법 제1118조가 특별수익에 관한 민법 제1008조를 준용하고 있으므로, 민법 제1114조가 배제되어 증여 시기나 해의 의사를 불문하고 모두 유류분 산정 기초재산에 산입된다(대법원 1996. 2. 9. 선고 95다17885 판결 등 참조). 유류분 산정의 기초가 되는 증여재산의 가액은 상속개시시를 기준으로 하여 산정하는 것이 원칙이다(대법원 1996. 2. 9. 선고 95다17885 판결 참조).

피상속인의 증여 또는 유증으로 인하여 상속인이 유류분에 미치지 못하는 상속재산을 받게 된 경우 그는 유류분에 부족한 한도에서 수증자 또는 수유자를 상대로 증여 또는 유증된 재산의 반환을 청구하여 유류분을 보전할 수 있다(민법 제1115조 제1항). 또한 증여 및 유증을 받은 자가 수인인 때에는 각자가 얻은 유증가액의 비례로 반환하여야 한다(민법 제1115조 제2항). 다만 민법 제1115조 제1항이 '부족한 한도에서 그 재산의 반환을 청구할 수 있다'고 규정한 점 등에 비추어 반환의무자는 통상적으로 피상속인으로부터 증여 또는 유증대상 재산 그 자체를 반환하면 될 것이나, 위 원물반환이 불가능하면 그 가액 상당액을 반환할 수밖에 없고, 이 경우 사실심 변론종결시를 기준으로 가액을 산정한다(대법원 2005. 6. 23. 선고 2004다51887 판결 참조). 증여에 대하여는 유증을 반환받은 후가 아니면 이것을 청구할 수 없다(민법 제1116조).

나. 심판대상조항에 따른 유류분제도의 위헌 여부

(1) 쟁점정리

심판대상조항에 따른 유류분제도는 그 구체적 내용에 비추어 볼 때, 피상속인의 증여나 유증에 의한 자유로운 재산처분을 제한하고, 피상속인으로부터 증여나 유증을 받았다는 이유로 유류분반환청구의 상대방이 되는 자의 재산권을 역시 제한한다(헌재 2010. 4. 29. 2007헌바144; 헌재 2013. 12. 26. 2012헌바467 참조). 따라서 이하에서는 심판대상조항에 따른 유류분제도가 헌법상 재산권을 침해하여 헌법에 위반되는지 여부에 대하여 살펴본다.

(2) 심사기준

상속제도나 상속권의 내용은 입법자가 입법정책적으로 결정하여야 할 사항으로서 원칙적으로 입법자의 입법형성의 자유에 속한다고 할 것이지만, 입법자가 상속제도나 상속권의 내용을 정함에 있어서 입법형성권을 자의적으로 행사하여 헌법 제37조 제2항이 규정하는 기본권제한의 입법한계를 일탈하는 경우에는 그 법률조항은 헌법에 위반된다(헌재 2004. 10. 28. 2003헌가13; 헌재 2008. 2. 28. 2005헌바7 등 참조). 넓은 의미로 유류분은 상속인의 구체적 상속분을 산정하기 위한 하나의 절차라는 점에서 상속제도나 상속권의 한 내용으로 볼 수 있으므로, 유류분과 관련한 민법 조항의 위헌성 여부를 심사함에 있어 이러한 심사기준을 동일하게 적용하여 판단하여야 할 것이다(헌재 2010. 4. 29. 2007헌바144; 헌재 2013. 12. 26. 2012헌바467 참조).

(3) 판단

(가) 목적의 정당성 및 수단의 적합성

심판대상조항에 따른 유류분제도는 피상속인의 재산처분행위로부터 유족들의 생존권을 보호하고, 법정상속분의 일정비율에 상당하는 부분을 유류분으로 산정하여 상속재산형성에 대한 기여, 상속재산에 대한 기대를 보장하려는 데에 그 취지가 있다(헌재 2010. 4. 29. 2007헌바144). 유류분권리자는 일반적으로 혈연이나 가족 공동생활을 통하여 피상속인을 중심으로 긴밀한 유대관계를 가졌던 사람들로서, 유류분은 피상속인이 법정상속에서 완전히 벗어난 형태로 재산을 처분하는 것을 일정 부분 제한함으로써 가족의 연대가 종국적으로 단절되는 것을 저지하는 기능을 갖는다(헌재 2013. 12. 26. 2012헌바467).

오늘날 사회구조가 농업사회에서 산업화·정보화 사회로 급격히 변화하고 있고, 부모와 자녀로만 이루어진 핵가족 중심의 가족제도가 일반화되고 1인 가구의 수도 증가하고 있으며, 국민 개개인의 평균수명이 과거보다 훨씬 늘어났고, 여성의 사회적 지위가 향상되고 있기는 하지만, 위와 같은 여러 변화에도 불구하고 사회의 기초단위로서 구성원 스스로 존엄과 행복을 지킬 수 있도록 경제적·물리적·정서적으로 지원하는 가족의 역할은 오늘날에도 중요한 의미를 가진다. 상속인은 유류분제도를 통하여 사망한 피상속인과의 관계가 지속되고 있음을 확인하고 다른 공동상속인과 경제적인 결합체를 이루면서 가족 간의 연대를 유지해 나가고 있다. 오늘날 고령화를 넘어 초고령화 사회에 진입한 현실에 비추어 볼 때 피상속인의 배우자나 직계비속도 상속개시 당시 이미 고령이 되어 특별한 경제적 부양이 필요한 경우가 더 늘어날 것으로 예상되고, 아직은 모든 세대와 지역에서 남녀평등이 완전히 실현되었다고 보기 어려운 상황에서 유류분제도가 상속인의 상속재산에 대한 기대를 일정 부분 보장하는 기능을 수행하고 있는 사실은 부인하기 어렵다.

따라서 피상속인의 재산처분행위로부터 유족들의 생존권 보호, 상속재산형성에 대한 기여 및 상속재산에 대한 기대 보장, 그리고 가족제도의 종국적 단절의 저지라는 유류분제도 입법목적의 정당성은 여전히 수긍할 수 있다.

심판대상조항이 피상속인의 상속재산 중 일정비율을 상속인의 유류분으로 보장하고 유류분 산정 기초재산을 기준으로 하여 유류분에 부족분이 생기는 경우 유류분반환청구를 할 수 있도록 하는 등의 조치는 위와 같은 입법목적 달성에 기여하는 적합한 수단이다.

(나) 개별 조항의 합리성 여부

심판대상조항에 따른 유류분제도를 구성하는 각 유류분 조항이 합리적으로 규정되어 입법재량의 범위 내에 있는지 여부에 대하여 살펴본다.

1) 민법 제1112조

가) 민법 제1112조는 유류분권리자와 유류분에 관하여 획일적으로 피상속인의 직계비속과 배우자는 법정상속분의 2분의 1(제1호 및 제2호), 직계존속과 형제자매는 법정상속분의 3분의 1(제3호 및 제4호)로 규정하고 있다.

유류분에 관한 다양한 사례에 맞추어서 유류분권리자와 각 유류분을 적정하게 정하는 입법을 하는 것이 현실적으로 매우 어려운 점, 법원이 재판에서 구체적 사정을 고려하여 유류분권리자와 각 유류분을 개별적으로 정할 수 있도록 하는 것은 심리의 지연 및 재판비용의 막대한 증가 등을 초래할 수 있는 점 등을 고려하면, 민법 제1112조가 유류분권리자와 각 유류분을 획일적으로 규정한 것이 매우 불합리하다고 단정하기 어렵다.

나) 다만, 비록 민법 제1004조 소정의 상속인 결격사유에는 해당하지 않지만 피상속인을 장기간 유기하거나 정신적·신체적으로 학대하는 등의 패륜적인 행위를 일삼은 상속인의 유류분을 인정하는 것은 일반 국민의 법감정과 상식에 반한다고 할 것이다. 따라서 민법 제1112조에서 유류분상실사유를 별도로 규정하지 아니한 것은 불합리하다고 아니할 수 없다.

다) 원래 유류분제도는 과거 농경 사회에서 여러 가족이 함께 모여 사는 대가족을 중심으로 가족 구성원들이 작물을 수확하고 가축을 기르는 등의 노동을 함께 하면서 재산을 공동으로 형성하는 이른바 '가산'제도가 존재하였던 시절에, 집안의 가장인 피상속인의 무분별한 유언이나 증여에 따른 재산의 무상처분으로부터 각 가족 구성원의 상속재산형성에 대한 기여의 대가를 일정 부분 보장하기 위하여 생겨난 제도이다.

그러나 오늘날 사회구조가 산업화를 거쳐 정보화 사회로 변화하면서 가산의 개념이 사라지고, 가족구조도 부모와 자녀로만 구성되는 핵가족제도로 보편화되었으며, 1인 가구도 증가하는 등 가족의 의미와 형태에 많은 변화가 이루어진 상황에서, 피상속인의 형제자매는 상속재산형성에 대한 기여나 상속재산에 대한 기대 등이 거의 인정되지 않음에도 불구하고 피상속인의 의사를 제한하여 유류분권을 부여하는 것은 그 타당한 이유를 찾기 어렵다. 유류분제도에 관한 외국의 입법례를 살펴보아도, 독일·오스트리아·일본 등에서는 피상속인의 형제자매를 유류분권리자에서 제외하고 있다(독일민법 제2303조 및 제2309조; 오스트리아일반민법 제757조;

일본민법 제1042조 각 참조).

라) 결국 민법 제1112조에서 유류분권리자와 각 유류분을 획일적으로 정하고 있는 것 자체는 불합리하다고 보기 어렵다. 그러나 민법 제1112조 제1호부터 제3호가 유류분상실사유를 별도로 규정하지 않고, 같은 조 제4호가 유류분권리자의 범위에 피상속인의 형제자매를 포함하는 것은 현저히 불합리하다고 할 것이다.

2) 민법 제1113조 및 제1114조 전문

가) 민법 제1113조 제1항에서는 유류분은 피상속인의 상속개시시에 있어서 가진 재산의 가액에 증여재산의 가액을 가산하고 채무의 전액을 공제하여 이를 산정하도록 규정하고 있다.

유류분제도는 피상속인의 증여나 유증으로 인해 법정상속분이 침해된 경우 그러한 증여나 유증이 이루어진 개별적·구체적인 사정에 관계없이 유류분권리자로 하여금 상속재산의 일정 부분에 대해서만큼은 법적으로 취득할 수 있도록 함으로써 유류분권리자를 보호하고자 하는 데에 그 의의가 있다. 따라서 피상속인이 생전에 증여를 통해 상속재산을 감소시키는 경우 유류분권리자의 보호를 위해 위와 같은 증여재산의 가액을 산입하여 유류분을 산정하도록 하는 것은 어느 정도 불가피한 측면이 있다(헌재 2013. 12. 26. 2012헌바467 참조).

또한 증여의 목적이나 성격 등과 관계없이 증여재산을 유류분 산정 기초재산에 산입하도록 함으로써 피상속인이 상속재산을 공익적 목적으로 증여(기부)하거나 가업승계를 위하여 자신의 지분을 특정상속인에게 증여하는 것을 제한할 수 있으나, '피상속인의 재산처분으로부터 유족들의 생존권 보호'와 '가족제도의 종국적 단절의 저지'라는 유류분제도의 입법목적을 고려하면 위와 같은 공익 목적의 증여 및 가업승계 목적의 증여까지도 유류분 산정 기초재산에 산입하는 것이 크게 부당하거나 불합리하다고 보기 어렵다.

아울러 민법 제1113조 제2항은 조건부의 권리 또는 존속기간이 불확정한 권리는 가정법원이 선임한 감정인의 평가에 의하여 그 가격을 정하도록 하고 있는데, 이는 공정하고 객관적인 유류분의 산정을 위한 것으로 충분히 수긍할 수 있다.

나) 민법 제1114조 전문은 민법 제1113조 제1항에 따른 유류분 산정 기초재산에 산입되는 증여의 범위를 피상속인이 상속개시 전 1년간에 행한 증여로 한정하고 있다. 이는 유류분 산정 기초재산에 산입되는 증여의 범위를 한정하여 선의의 수증자를 보호하고 거래의 안전을 유지하기 위한 것이다.

다) 이처럼 민법 제1113조 및 제1114조 전문은 피상속인의 생전 처분에 의하여 유류분제도를 회피하지 못하도록 증여재산을 유류분 산정 기초재산에 산입하도록 하여 유류분권리자를 보호하면서도, 거래의 안전을 위하여 산입되는 증여의 범위를 일정 부분으로 한정하고 있어 양자의 합리적 조화를 도모하고 있다.

따라서 민법 제1113조 및 제1114조 전문이 불합리하다고 볼 수 없다.

3) 민법 제1114조 후문 및 민법 제1118조 중 제1008조를 준용하는 부분

가) 민법 제1113조의 유류분 산정 기초재산에 산입되는 증여의 범위와 관련하여, 민법 제1114조 후문은 상속개시 전 1년간에 행한 증여로 한정하는 민법 제1114조 전문에 대한 예외로서, 당사자 쌍방이 유류분권리자에 손해를 가할 것을 알고(이하 '해의'라 한다) 증여를 한 경우에는 1년 전에 행한 증여도 포함하여 그 증여의 시기와 상관없이 모두 유류분 산정 기초재산에 산입하도록 규정하고 있다.

이처럼 민법 제1114조 후문에서 당사자 사이에 유류분권리자에 대한 해의의 의사로 증여가 이루어진 경우에는 그 시기를 불문하고 유류분 산정 기초재산에 산입하도록 한 것은, 그러한 증여는 더 이상 보호할 필요가 없으므로 거래의 안전보다는 유류분권리자를 두텁게 보호하는 것이 타당하다는 입법자의 의사에 따른 것으로 합리적이라고 할 수 있다.

아울러 대법원은 '민법 제1114조 후문에 따른 해의로 보기 위해서는, 해당 증여의 당사자 쌍방이 증여 당시 증여재산의 가액이 증여하고 남은 재산의 가액을 초과한다는 점을 알았던 사정뿐만 아니라, 장래 상속개시일에 이르기까지 피상속인의 재산이 증가하지 않으리라는 점까지 예견하고 증여를 한 사정이 인정되어야 하고, 이러한 당사자 쌍방의 가해의 인식은 증여 당시를 기준으로 판단하여야 하는데, 그 증명책임은 유류분반환청구권을 행사하는 상속인에게 있다'고 판시하여 해의의 요건을 엄격하게 해석하고 있고(대법원 2022. 8. 11. 선고 2020다247428 판결 참조), 이를 통하여 민법 제1114조 후문이 무분별하게 적용되어 수증자가 불측의 피해를 보는 것을 방지하고 있다.

나) 한편, 민법 제1118조는 공동상속인 중 특별수익자의 상속분 산정에 관한 민법 제1008조를 유류분에 준용하고 있다. 이 때문에 공동상속인이 피상속인으로부터 생전에 특별수익으로 증여를 받은 경우에는 민법 제1114조의 적용이 배제되고 그러한 증여는 그 시기를 불문하고 모두 유류분 산정 기초재산에 산입된다. 이는 공동상속인 중에 피상속인으로부터 재산의 증여를 받은 특별수익자가 있는 경우에 공동상속인들 사이의 공평을 기하기 위하여 그 수증재산을 상속분의 선급으로 다루어 구체적인 상속분이나 유류분을 산정함에 있어 이를 참작하도록 하려는 데 그 취지가 있다(대법원 1996. 2. 9. 선고 95다17885 판결 등 참조).

공동상속인에 대한 증여의 경우에도 피상속인이 상속개시 전의 1년간에 행한 증여만 유류분 산정의 기초재산에 산입하고, 상속개시 전의 1년 이전에 행한 증여는 당사자 쌍방이 유류분권리자에게 손해를 가할 것을 알고 한 증여에 한하여 유류분 산정 기초재산에 산입하는 것을 상정해 볼 수 있다(민법 제1114조 참조).

그러나 이와 같이 입법한다면 피상속인이 상속개시 전의 1년 이전에 대다수의 재산을 공동상속인 중 일부에게 증여하는 경우 유류분권리자는 증여행위의 당사자 쌍방인 피상속인과 공동상속인인 수증자가 증여 당시 해당 유류분권리자에게 손해를 가할 것을 알고 한 것임을 입증하여야만 유류분반환청구를 할 수 있게 되는데, 이는 유류분권리자의 지위를 매우 불안정하게 하고, 유류분제도 자체를 유명무실하게 만들 우려가 크다.

또한 유류분 산정 기초재산에 산입되는 공동상속인인 수증자의 증여재산의 구체적인 범위는 특별수익자의 상속분의 평가와 동일하여야 한다. 왜냐하면 유류분, 특별수익분은 모두 각 상속인의 구체적 상속분을 산정하기 위한 하나의 절차이기 때문이다. 따라서 민법 제1008조가 "공동상속인 중에 피상속인으로부터 재산의 증여 또는 유증을 받은 자가 있는 경우에 그 수증재산이 자기의 상속분에 달하지 못한 때에는 그 부족한 부분의 한도에서 상속분이 있다."라고 규정하고 있으므로, 유류분 산정에 있어서도 위 조항을 준용하여 공동상속인의 특별수익분은 상속개시 1년 이전에 행한 증여인지 여부나 당사자 쌍방이 유류분권리자에게 손해를 가할 것을 알고 하였는지 여부를 묻지 않고 모든 증여재산을 유류분 산정 기초재산에 산입하는 것이 타당하다.

그리고 대법원은 "민법 제1008조는 … 공동상속인 중에 피상속인으로부터 재산의 증여 또는 유증을 받은 특별수익자가 있는 경우에 공동상속인들 사이의 공평을 기하기 위하여 그 수증재산을 상속분의 선급으로 다루어 구체적인 상속분을 산정함에 있어 이를 참작하도록 하려는 데 그 취지가 있는 것이므로, 어떠한 생전 증여가 특별수익에 해당하는지는 피상속인의 생전의 자산, 수입, 생활수준, 가정상황 등을 참작하고 공동상속인들 사이의 형평을 고려하여 당해 생전 증여가 장차 상속인으로 될 자에게 돌아갈 상속재산 중의 그의 몫의 일부를 미리 주는 것이라고 볼 수 있는지 여부에 의하여 결정하여야 할 것이다."라고 해석하고 있고(대법원 1998. 12. 8. 선고 97므513, 520, 97스12 판결), 이에 따르면 산입되는 생전 증여가 불합리하게 산정된다고 할 수 없어 생전 증여자의 처분의 자유에 대한 제한 정도가 완화되어 있다고 할 것이다.

따라서 공동상속인이 피상속인으로부터 특별수익으로 증여 받은 재산은 그 증여가 이루어진 시기를 묻지 않고 모두 유류분 산정을 위한 기초재산에 산입하도록 하는 것이 현저히 불합리하다고 보기 어렵다(헌재 2010. 4. 29. 2007헌바144 참조).

다) 유류분 산정 기초재산에 산입되는 증여재산의 평가시기를 상속개시시로 하는 것이 적절한지 여부에 관하여 살펴본다.

대법원은 "유류분반환범위는 상속개시 당시 피상속인의 순재산과 문제된 증여재산을 합한 재산을 평가하여 그 재산액에 유류분청구권자의 유류분을 곱하여 얻은 유류분액을 기준으로 하는 것인바, 그 유류분액을 산정함에 있어 반환의무자가 증여받은 재산의 시가는 상속개시 당시를 기준으로 하여 산정하여야 한다."라고 판시하여(대법원 2009. 7. 23. 선고 2006다28126 판결), 민법 제1113조에 따라서 유류분 산정 기초재산에 산입되는 증여재산의 평가시기를 상속개시시로 보고 있다.

기본적으로 유류분권 또는 유류분권리자로서의 지위는 피상속인이 사망하여 상속이 개시되는 시점에서 비로소 발생하는 것이고, 구체적인 권리 또는 구체적인 권리자로서의 지위가 확정되는 것이다. 그리고 유류분을 산정함에 있어서 그 기초가 되는 재산의 평가시기를 일률적으로 정해 놓는 것이 유류분권리자나 수증자의 입장에서도 불안정하지 않기 때문에 합리적인 면이 있다. 물가나 화폐가치는 항상 변동하는 것이므로 평가시기가 확정적이지 않다면 유류분의 산정과 관련된 당사자들에게 오히려 불안과 혼란을 가져다 줄 수 있기 때문이다. 이러한 점에서 유류분 산정 기초재산의 평가시기를 특별수익이 되는 증여를 포함하여 모두 상속개시시로 정하는 것은 유류분권리자를 보호하고, 유류분반환청구에 관한 당사자들의 이해관계를 합리적으로 조정하기 위한 것으로 법적 안정성이라는 공익을 도모하고 있다고 할 것이다.

아울러 특별수익을 받은 공동상속인 또는 수증자가 그 목적물을 처분한 경우나 증여재산이 수용된 경우에는 그 처분시나 수용시를 기준으로 증여재산의 가액을 평가하는 것이 타당하다는 견해가 있을 수 있으나, 그러한 경우 증여재산을 처분하지 않거나 증여재산이 수용되지 않은 다른 공동상속인 또는 수증자와의 형평의 문제가 발생하고, 또 평가시기가 증여재산마다 개별화될 뿐만 아니라 유동적으로 되어 다른 유류분반환의무자의 지위를 매우 불안정하게 하며, 수증자가 증여받은 목적물을 처분한 경우 그 처분으로 인하여 얻은 금원 등의 이용기회를 평가하지 못하게 됨으로써 유류분권리자에게 일방적으로 불리한 결과를 초래할 수 있다.

또한 유류분 산정의 기초재산에 산입되는 증여재산의 평가시기는 특별수익자의 상속분이나 구체적 상속분 산정을 위한 기여분의 평가시기와 동일하여야 한다. 왜냐하면 유류분, 특별수익분, 기여분은 모두 각 상속인의 구체적 상속분을 산정하기 위하여 고려해야 할 하나의 요소이기 때문이다. 그런데 민법 제1008조의2는 기여분의 산정시기를 상속개시시로 규정하고 있으므로, 유류분 산정 기초재산, 특별수익재산, 구체적 상속분의 산정시기 등도 상속개시시로 보아야 합리적이다.

나아가 대법원은 수증자가 증여받은 재산을 상속개시 전에 처분하였거나 증여재산이 수용되었다면 유류분을 산정함에 있어서 그 증여재산의 가액은 증여재산의 현실 가치인 처분 당시의 가액을 기준으로 상속개시까지 사이의 물가변동률을 반영하는 방법으로 산정하도록 판시하여 공정한 평가를 추구하고 있고(대법원 2023. 5. 18. 선고 2019다222867 판결 참조), 수증자가 증여받은 재산의 가액이 상속개시시에 이르러 반드시 증가한다는 보장이 없으며, 오히려 증여받은 재산의 가액이 상속개시시에 이르러 처분 당시의 가격보다 낮게 될 가능성도 배제할 수 없다.

따라서 유류분 산정 기초재산에 증여재산의 가액을 산입하면서 그 가액을 상속개시시를 기준으로 평가하는 것이 불합리하거나 부당하다고 보기 어렵다(헌재 2010. 4. 29. 2007헌바144 참조).

라) 따라서 민법 제1114조 후문 및 민법 제1118조 중 제1008조를 준용하는 부분은 불합리하다고 볼 수 없다.

4) 민법 제1115조 및 제1116조

가) 민법 제1115조 제1항은 피상속인의 증여 또는 유증으로 인하여 유류분권리자가 받은 상속재산이 자신의 유류분에 부족한 때에 그 부족한 한도에서만 유류분반환을 청구할 수 있도록 규정하고 있다. 이는 유류분을 침해하는 증여 또는 유증을 당연히 무효로 하지 않고, 단지 피상속인의 증여 또는 유증으로 인하여 유류분권리자가 유류분에 미치지 못하는 상속재산을 받게 된 때 비로소 그 부족분에 한하여 유류분반환을 청구할 수 있도록 함으로써 유류분권리자의 보호와 함께 상대방인 수증자(또는 수유자)와의 이해관계 및 거래의 안전을 모두 합리적으로 고려하고 있는 것이다.

아울러 비록 민법 제1115조 제1항은 유류분의 반환을 원물로써 하도록 하고 있지만, 원물반환이 불가능한 경우에는 법원이 가액반환을 명할 수 있어 구체적 타당성을 함께 고려하고 있다(대법원 2005. 6. 23. 선고 2004다51887 판결 참조).

민법 제1115조 제2항은 유류분의 반환 시 유증 또는 증여를 받은 자가 수인인 경우 각자가 얻은 증여가액 또는 유증가액의 비례로 반환하도록 규정하여 수인의 유류분반환의무자 사이의 공평하고 합리적인 부담을 도모하고 있다.

나) 민법 제1116조는 증여와 유증이 병존하는 경우 그 순서와 관련하여 유류분권리자가 유증을 먼저 반환받은 후 그것으로도 부족한 경우에 비로소 증여에 대하여 반환청구를 할 수 있도록 규정하고 있다. 이는 증여가 상속개시에 앞서 유증보다 먼저 효력이 발생한 것이므로 수증자의 신뢰보호의 필요성이 수유자보다 더 크다는 점을 고려하고, 유류분반환청구로부터 거래의 안전을 최대한 보호하기 위한 것이다.

다) 따라서 민법 제1115조와 제1116조는 불합리하다고 볼 수 없다.

5) 민법 제1118조 중 제1001조와 제1010조를 준용하는 부분

민법 제1118조는 대습상속에 관한 민법 제1001조와 제1010조를 유류분에 준용하여 대습상속인도 피대습상속인의 상속분 범위 내에서 유류분권을 가지도록 하고 있는데, 이는 대습상속인의 상속에 대한 기대를 보호하고 상속에서의 공평을 실현하고자 하는 이념을 유류분에도 적용하기 위한 것으로 그 타당성과 합리성이 인정된다.

6) 제1008조의2를 준용하는 규정을 두지 않은 민법 제1118조

민법이 1990. 1. 13. 법률 제4199호로 개정되면서 상속과 관련하여 피상속인을 특별히 부양하거나 피상속인의 재산의 유지 또는 증가에 특별히 기여한 공동상속인(이하 '기여상속인'이라 한다)에 대한 기여분을 인정하는 제도를 도입하였다(제1008조의2 참조). 그런데 민법 제1118조는 유류분반환청구 사건의 성질과 절차에 반하지 않는 범위 내에서 기여분에 관한 민법 제1008조의2를 유류분에 준용하는 규정을 두고 있지 않아서 상속에서의 기여분제도와 유류분제도는 서로 관계가 없는 단절된 상태로 남아있다(대법원 2015. 10. 29. 선고 2013다60753 판결 참조). 이 때문에 피상속인으로부터 기여에 대한 보답으로 재산의 일부를 증여받은 기여상속인은 비기여상속인의 유류분반환청구에 대하여 기여의 대가로 받은 증여재산을 유류분 산정 기초재산에서 공제해달라는 취지의 항변을 할 수 없고(대법원 1994. 10. 14. 선고 94다8334 판결 참조), 그 결과 기여상속인이 기여의 대가로 피상속인으로부터 증여받은 재산도 유류분 산정 기초재산에 산입되어 비기여상속인에게 반환하여야 하는 부당한 상황이 발생하게 된다.

예컨대, 피상속인이 생전에 기여상속인(배우자)이 행한 부양 등 기여에 대한 보답으로 기여상속인에게 살던 주택을 증여해 주었고 피상속인의 사망 당시 다른 상속재산이 남아있지 않은 경우, 비기여상속인(직계비속)은 기여상속인이 위와 같이 증여받은 특별수익으로 인하여 자신의 유류분이 침해되었음을 이유로 기여상속인을 상대로 위 주택에 대한 유류분반환을 청구할 수 있고, 기여상속인은 법정상속분을 기준으로 획일적으로 산정된 유류분 부족액 전액을 반환할 의무를 부담하게 된다.

이와 같이 기여분에 관한 제1008조의2를 유류분에 준용하지 않은 민법 제1118조 때문에 기여분제도와 유류분제도가 단절되고 이로 인하여 기여상속인이 정당한 대가로 받은 기여분 성격의 증여까지도 유류분반환의 대상이 됨으로써, 기여상속인과 비기여상속인 간의 실질적 형평과 연대가 무너지고, 기여상속인에게 보상을 하려고 하였던 피상속인의 의사가 부정되는 불합리한 결과를 초래한다.

최근 대법원은 피상속인으로부터 생전 증여를 받은 상속인이 피상속인을 특별히 부양하였거나 피상속인의 재산의 유지 또는 증가에 특별히 기여하였고, 피상속인의 생전 증여에 상속인의 위와 같은 특별한 부양 내지 기여에 대한 대가의 의미가 포함되어 있는 경우와 같이 상속인이 증여받은 재산을 상속분의 선급으로 취급한다면 오히려 공동상속인들 사이의 실질적인 형평을 해치는 결과가 초래되는 경우에는 그러한 한도 내에서 생전 증여를 특별수익에서 제외할 수 있다고 판시하여(대법원 2022. 3. 17. 선고 2021다230083, 230090 판결), 기여상속인이 자신의 기여에 대한 대가로 피상속인으로부터 증여를 받은 경우에는 해당 증여가 유류분 산정 기초재산에 산입되지 않을 수 있는 가능성을 열어 놓았다. 그러나 ① 대법원은 유류분반환청구 소송에서 기여분 공제의 항변을 인정하고 있지 아니한 판례(대법원 2015. 10. 29. 선고 2013다60753 판결 참조)를 유지하고 있는 점, ② 기여분결정청구는 상속재산의 분할청구가 있는 때에 비로소 할 수 있는데(민법 제1008조의2 제4항 참조), 상속재산분할청구 사건은 가사비송사건(가사소송법 제2조 제1항 제2호 나목 마류 가사비송사건)으로서 민사사건인 유류분반환청구 사건과는 병합하여 처리할 수 없으므로, 결국 기여분결정청구 사건도 유류분반환청구 사건과 병합할 수 없는 점, ③ 대법원은 기여분의 결정 문제와 유류분반환청구 소송에서 특별수익을 부정하는 문제 간에 어떤 차이가 있는지에 대하여 명시적으로 밝히지 않고 있는 점 등을 고려할 때, 대법원의 2021다230083, 230090 판결만으로는 기여분에 관한 민법 제1008조의2를 유류분에 준용하는 효과를 거두고 있다고 평가하기는 어렵다. 따라서 대법원의 2021다230083, 230090 판결에도 불구하고 민법 제1118조가 기여분에 관한 제1008조의2를 준용하지 않은 결과 기여분과 유류분의 단절로 인하여 기여상속인의 정당한 이익이 침해되는 불합리한 문제는 여전히 남아있게 된다.

비교법적으로 볼 때, 독일은 상속재산을 유지·증가

시키거나 피상속인을 장기간 간호하는 등의 특별 기여를 한 상속인에 대하여 급부가 조정된 경우 유류분을 정할 때도 이를 참작하도록 하는 규정을 두고 있다(독일민법 제2316조 제1항 참조).

그렇다면 기여분에 관한 민법 제1008조의2를 유류분반환청구 사건의 성질과 절차에 반하지 않는 범위 내에서 유류분에 준용하지 않고 있는 민법 제1118조가 합리적이거나 정당하다고 보기 어렵다.

(다) 법익의 균형성

1) 개인의 존엄과 양성의 평등을 기초로 한 가족생활의 보장을 규정한 헌법 제36조 제1항에 비추어 볼 때, 심판대상조항에 따른 유류분제도가 추구하는 유족의 생존권 보호, 상속재산형성에 대한 기여, 상속재산에 대한 기대보장 및 가족 간의 연대라는 공익은 매우 중요하다.

2) 다만, 형제자매까지 유류분권리자로 규정하고 있는 민법 제1112조 제4호, 유류분상실사유를 별도로 규정하지 않은 민법 제1112조 제1호부터 제3호 및 기여분에 관한 제1008조의2를 준용하지 않음으로써 유류분과 기여분을 단절하는 민법 제1118조는 현저히 불합리하고 부당하여 이로 인해 피상속인과 수증자(수유자)가 받는 재산권의 침해가 위 공익보다 더 중대하고 심각하다고 할 것이다. 따라서 위 조항들에 관하여는 법익균형성이 충족되지 않는다.

3) 민법 제1112조 중 유류분권리자와 각 유류분을 획일적으로 정하고 있는 부분, 유류분 산정 기초재산을 규정한 민법 제1113조, 유류분 산정 기초재산에 산입되는 증여의 범위를 규정한 민법 제1114조, 유류분의 반환을 규정한 민법 제1115조, 유증을 증여보다 먼저 반환하도록 규정한 민법 제1116조, 그리고 대습상속에 관한 제1001조 및 제1010조와 공동상속인 중 특별수익자의 상속분에 관한 제1008조를 각 준용한 민법 제1118조는 모두 합리적이어서 이들로 인하여 침해되는 사익이 공익보다 더 크다고 보기 어렵다. 따라서 위 조항들은 모두 법익균형성을 충족한다.

(4) 소결

(가) 심판대상조항에 따른 유류분제도 자체의 입법목적의 정당성은 인정된다.

(나) 그러나 각 유류분 조항을 살펴보면, 민법 제1112조의 경우 유류분권리자와 각 유류분을 획일적으로 정한 부분은 헌법에 위반되지 않지만, 유류분상실사유를 별도로 정하고 있지 않는 부분(제1호부터 제3호)과 피상속인의 형제자매를 유류분권리자에 포함시키는 부분(제4호)은 불합리하고 자의적이어서 헌법 제37조 제2항의 기본권제한의 입법한계를 일탈하여 재산권을 침해하므로 헌법에 위반된다.

민법 제1118조의 경우 대습상속에 관한 제1001조 및 제1010조와 공동상속인 중 특별수익자의 상속분에 관한 제1008조를 유류분에 준용하는 부분은 헌법에 위반되지 않지만, 기여분에 관한 제1008조의2를 준용하는 내용을 두지 않아서 결과적으로 기여분과 유류분의 관계를 단절하고 있는 것은 현저히 불합리하고 자의적이어서 헌법 제37조 제2항에 따른 기본권제한의 입법한계를 일탈하여 재산권을 침해하므로 헌법에 위반된다.

(다) 심판대상조항에 따른 유류분제도 중 유류분 산정 기초재산을 규정하고 조건부권리 또는 불확정한 권리에 대한 가격을 감정인이 정하도록 한 민법 제1113조, 유류분 산정 기초재산에 산입되는 증여의 범위를 피상속인이 상속개시 전 1년간에 행한 증여로 한정하면서도 예외적으로 당사자 쌍방이 유류분권리자에 대한 해의를 가지고 증여한 경우에는 상속개시 1년 전에 행한 증여도 유류분 산정 기초재산에 산입하도록 하는 민법 제1114조, 유류분 부족분을 원물로 반환하도록 하고 증여 및 유증을 받은 자가 수인인 경우 각자가 얻은 각각의 가액에 비례하여 유류분을 반환하도록 한 민법 제1115조 및 유류분반환시 유증을 증여보다 먼저 반환하도록 한 민법 제1116조는 모두 합리적이어서 헌법 제37조 제2항에 따른 기본권제한의 입법한계를 일탈하지 아니하므로 헌법에 위반되지 않는다.

다. 기타 주장에 관한 판단

(1) 민법 제1118조 중 제1008조를 준용하는 부분이 피상속인으로부터 증여를 받은 공동상속인 수증자를 피상속인으로부터 증여를 받은 공동상속인이 아닌 수증자와 다르게 취급하는 것이 평등원칙에 위반된다는 주장에 대하여 살펴본다(2021헌바16, 2022헌바111).

공동상속인인 수증자의 경우에 수증자가 피상속인으로부터 받은 증여재산은 상속분의 선급으로서의 성격을 가지고 있는 반면에, 공동상속인이 아닌 수증자의 경우에는 단순한 증여재산에 불과하다. 따라서 민법 제1118조가 피상속인으로부터 증여를 받은 공동상속인의 상속분을 규정한 제1008조를 유류분에 준용하여 공동상속인인 수증자를 공동상속인이 아닌 수증자와 다르게 취급하는 것은 합리적인 이유가 있으므로 평등원칙에 위반되지 않는다(헌재 2010. 4. 29. 2007헌바144 참조).

(2) '부양의 정도에 차이가 현저한 상속인들' 사이나 '혈연관계에 있는 상속인과 혈연관계에 있지 아니한 상속인' 사이 또는 '기여상속인과 비기여상속인' 사이에 일률적으로 똑같이 유류분을 보장하는 것은 불합리한 차별이어서 평등원칙에 위반된다는 주장도 있으나(2020헌바342), 이는 사실상 민법 제1112조 및 제1118조의 위헌성에 관한 것으로서 이미 재산권 부분에서 위 조항들이 헌법에 위반된다고 판단한 이상, 더 나아가 판단하지 않기로 한다.

라. 민법 제1112조 제1호부터 제3호 및 제1118조에 대한 헌법불합치결정

(1) 법률이 헌법에 위반되는 경우 원칙적으로 위헌결정을 하여야 하지만, 위헌결정을 통하여 법률조항을 법질서에서 제거하는 것이 법적 공백이나 혼란을 초래할 우려가 있는 경우에는 위헌조항의 잠정 적용을 명하는 헌법불합치결정을 할 수 있다(헌재 2011. 6. 30. 2008헌바166등).

(2) 피상속인의 형제자매의 유류분을 규정한 민법 제1112조 제4호는 헌법 제37조 제2항에 따른 기본권제한의 입법한계를 일탈하여 피상속인 및 유류분반환청구의 상대방인 수증자 및 수유자의 재산권을 침해하므로 헌법에 위반된다. 따라서 민법 제1112조 제4호는 위헌선언을 통하여 재산권에 대한 침해를 제거함으로써 합헌성이 회복될 수 있다(헌재 2014. 1. 28. 2012헌마409등 참조).

(3) 한편, 유류분상실사유를 별도로 규정하지 아니한 민법 제1112조 제1호부터 제3호 및 기여분에 관한 제1008조의2를 유류분에 준용하지 아니한 민법 제1118조는 모두 헌법 제37조 제2항에 따른 기본권제한의 입법한계를 일탈하여 재산권을 침해하므로 헌법에 위반된다. 그런데 민법 제1112조 제1호부터 제3호는 피상속인의 직계비속, 배우자 및 직계존속의 각 유류분이라는 핵심적 사항을 규정하고 있고, 민법 제1118조는 대습상속에 관한 제1001조 및 제1010조, 그리고 공동상속인 중 특별수익자의 상속분에 관한 제1008조를 유류분에 준용하는 기본적인 사항을 규정하고 있다.

따라서 위 조항들에 대하여 위헌결정을 선고하여 효력을 상실시키면, 남은 조항만으로는 유류분제도를 제대로 시행할 수 없게 되어 오히려 법적 혼란이나 공백이 발생할 우려가 있을 뿐 아니라, 심판대상조항에 따른 유류분제도 자체가 헌법에 위반된다는 것이 아니라 이를 구성하는 유류분 조항들 중 일부의 내용이 헌법에 위반된다는 이 사건 결정의 취지에도 반하게 된다.

아울러 심판대상조항에 따른 유류분제도를 그대로 유지하면서 이 사건 결정의 취지에 따라서 위 각 위헌적 규정들의 구체적 위헌성을 제거하고 유류분제도를 헌법에 합치되도록 개선하는 임무는 1차적으로 입법형성의 권한을 가진 입법자에게 속한다고 할 것이고, 입법자는 충분한 사회적 합의를 거쳐 그 방안을 강구할 필요가 있다.

그러므로, 민법 제1112조 제1호부터 제3호 및 제1118조에 대하여 위헌결정을 선고하는 대신 입법자의 개선입법이 있을 때까지 계속 적용을 명하는 헌법불합치결정을 선고함이 타당하다. 입법자는 가능한 빠른 시일 내에 개선입법을 하여야 할 의무가 있고, 2025. 12. 31.까지 개선입법이 이루어지지 않으면 그 다음날부터 위 조항들은 효력을 상실한다.

6. 결 론

그렇다면 2020헌가4 사건의 위헌법률심판제청은 부적법하므로 이를 각하하고, 민법 제1112조 제4호는 헌법에 위반되며, 민법 제1112조 제1호부터 제3호 및 제1118조는 모두 헌법에 합치되지 아니하나 2025. 12. 31.을 시한으로 입법자의 개선입법이 이루어질 때까지 계속 적용하기로 하고, 민법 제1113조, 제1114조, 제1115조, 제1116조는 모두 헌법에 위반되지 아니하므로 주문과 같이 결정한다.

이 결정에 대하여는 아래 7.과 같은 재판관 이영진, 재판관 김기영, 재판관 문형배, 재판관 김형두의 민법 제1114조 후문 및 민법 제1118조 중 제1008조를 준용하는 부분도 포함하여 헌법에 위반된다고 보는 반대의견과 아래 8.과 같은 재판관 이영진, 재판관 김형두의 민법 제1112조에 관한 별개의견 및 민법 제1113조 제1항 및 제1115조 제1항에 관한 보충의견이 있는 외에는 관여 재판관들의 의견이 일치되었다.

7. 재판관 이영진, 재판관 김기영, 재판관 문형배, 재판관 김형두의 민법 제1114조 후문 및 민법 제

1118조 중 제1008조를 준용하는 부분에 관한 반대 의견

우리는, 심판대상조항에 따른 유류분제도 중 유류분 상실사유를 별도로 규정하지 않고 유류분권리자의 범위에 피상속인의 형제자매를 포함하는 민법 제1112조와 기여분에 관한 제1008조의2를 준용하지 아니한 민법 제1118조에 한정하여 헌법에 위반된다고 보는 법정의견과는 달리, 이러한 민법 제1112조 및 제1118조의 각 위헌 부분과 함께 민법 제1114조 후문 및 민법 제1118조 중 제1008조를 준용하는 부분도 헌법에 위반된다고 생각하므로, 아래와 같이 의견을 남긴다.

가. 심판대상조항 중 민법 제1114조 후문 및 민법 제1118조 중 제1008조를 준용하는 부분의 위헌성

(1) 민법 제1114조는 민법 제1113조에 따라서 유류분 산정 기초재산에 산입되는 증여 재산의 범위와 관련하여, 원칙적으로 상속개시 전 1년간 행해진 증여로 한정하면서도(전문), 예외적으로 당사자 쌍방이 유류분권리자에게 해의를 가지고 증여를 한 경우에는 1년 전에 행한 증여도 포함하여 그 증여의 시기와 상관없이 모두 유류분 산정 기초재산에 산입하도록 규정(후문)하고 있다. 또한 피상속인이 공동상속인에게 행한 증여는 그것이 상속분의 선급으로서의 특별수익에 해당할 경우, 민법 제1118조가 공동상속인 중 특별수익자의 상속분에 관한 제1008조를 준용하고 있으므로 민법 제1114조가 배제되어 그 증여 시기나 해의 의사를 불문하고 모두 유류분 산정 기초재산에 산입된다(대법원 1996. 2. 9. 선고 95다17885 판결 등 참조).

이와 같이 공동상속인 외의 제3자가 유류분권리자에 대한 해의를 가지고 피상속인으로부터 증여를 받은 경우(민법 제1114조 후문)와 공동상속인이 피상속인으로부터 특별수익으로서 증여를 받은 경우(민법 제1118조 중 제1008조를 준용하는 부분)에는 그 시기를 불문하고 해당 증여를 모두 유류분 산정 기초재산에 산입되도록 함으로써, 유류분반환의무자가 유류분권리자의 유류분반환청구에 응하여 반환하여야 하는 재산의 규모가 지나치게 확대되어 유류분반환의무자에게 과도한 부담을 초래하게 된다. 특히 증여재산의 가액은 원칙적으로 상속개시 당시를 기준으로 산정하므로 물가상승률이나 부동산 시가상승률 등에 따라서 수증자는 증여 당시 재산의 가액보다 훨씬 더 많은 가액의 증여재산을 반환하여야 하는 불합리한 결과가 발생하게 된다.

아울러 피상속인이 수십 년 전에 유효하게 행한 증여도 그 실질적인 효과가 부인됨으로써 법적 안정성이 크게 위협받게 되고, 한때 피상속인이 가진 재산에 대하여 상속의 기대를 가지고 있었을 뿐이던 유류분권리자의 이익을 위하여 이미 해당 물건을 장기간 적법하게 보유해 온 수증자 또는 그로부터 물건을 이전받은 제3자의 이익과 법적 안정성을 일방적으로 희생시키는 것은 형평에도 어긋난다.

(2) 피상속인으로부터 특별수익으로 증여를 받은 공동상속인이라도 상속을 포기하게 되면 처음부터 상속인이 아니었던 것으로 간주되므로 민법 제1114조가 적용되어, 상속개시 전 1년간 행한 증여 또는 당사자 쌍방이 해의를 가지고 한 증여만이 유류분 산정 기초 재산에 산입될 수 있다(대법원 2022. 3. 17. 선고 2020다267620 판결 참조). 이와 같이 공동상속인은 자신의 선택에 따라서 민법 제1118조 중 제1008조를 준용하는 부분에 근거하여 증여받은 시기에 관계없이 유류분반환의무를 지거나, 아니면 상속을 포기하고 민법 제1114조에 따라 상속개시 전 1년간 행해진 증여의 범위 내에서 유류분반환의무를 질 수 있다. 이러한 사정을 고려하면, 굳이 공동상속인이 피상속인으로부터 받은 증여에 대하여 민법 제1118조가 제1008조를 준용한다는 이유만으로 유류분 산정 기초재산에 산입되는 증여재산의 범위를 제한적으로 규정한 민법 제1114조의 적용을 배제하여야 할 합리적 이유를 찾기 어렵다.

(3) 유류분제도에 관한 외국의 입법례를 살펴보아도, 유류분 산정 기초재산에 산입되는 증여재산의 범위를 제한하고 있는 국가들을 다수 볼 수 있다. 예컨대 독일은 공동상속인에 대한 증여와 제3자에 대한 증여를 구별하지 않고 상속개시 전 10년 내의 증여까지만 유류분 산정 기초재산에 산입하며, 10년 내의 증여라도 그 가액을 전부 산입하는 것이 아니라 매년 10%씩 감액 평가한 금액으로 산입하고 있다(독일민법 제2325조 참조). 스위스는 상속개시 전 5년 이내의 증여만 유류분 산정 기초재산에 산입하고(스위스민법 제527조 참조), 오스트리아는 상속개시 전 2년 내의 증여로서 증여 당시 이미 유류분권리자가 존재하고 있었던 경우에만 산입을 허용한다(오스트리아일반민법 제782조 참조). 일본의 경우도 2018년에 민법을 개정하여 공동상속인에 대한 증여는 상속 개시 전 10년간에 행한 것에 한정하여 유류분 산정 기초재산에 산입하도록 규정하고 있다

(일본민법 제1044조 제3항 참조).

(4) 이와 같은 사정을 종합하면, 민법 제1114조 후문에 따라서 공동상속인 외의 제3자가 해의를 가지고 피상속인으로부터 증여를 받은 경우와 민법 제1118조 중 제1008조를 준용하는 부분에 따라서 공동상속인이 피상속인으로부터 특별수익으로서 증여를 받은 경우에는 그 시기의 제한이 없이 해당 증여를 모두 유류분 산정 기초재산에 산입하여 유류분반환의 대상이 되도록 하는 것은 재산권에 대한 과도한 제한일 뿐 아니라 지나치게 불합리하므로 기본권제한의 입법한계를 일탈하여 수증자의 재산권을 침해한다.

나. 결론

따라서 법정의견과 같이 유류분상실사유를 별도로 규정하지 아니하고 유류분권리자의 범위에 피상속인의 형제자매를 포함한 민법 제1112조 및 기여분에 관한 민법 제1008조의2를 유류분에 준용하지 아니한 민법 제1118조가 헌법에 위반될 뿐만 아니라, 나아가 피상속인이 행한 증여를 그 시기를 불문하고 모두 유류분 산정 기초재산에 산입할 수 있도록 하는 민법 제1114조 후문 및 민법 제1118조 중 제1008조를 준용하는 부분까지도 모두 헌법에 위반된다.

다만, 민법 제1114조 후문 및 민법 제1118조 중 제1008조를 준용하는 부분에 대하여 위헌으로 선고하게 되면 유류분제도를 제대로 시행할 수 없게 되어 법적 공백과 혼란이 야기될 수 있으므로, 위 조항에 대하여도 계속 적용의 헌법불합치결정을 선고하여야 한다.

8. 재판관 이영진, 재판관 김형두의 민법 제1112조에 관한 별개의견과 민법 제1113조 제1항 및 제1115조 제1항에 관한 보충의견

우리는, 민법 제1112조 및 제1118조만이 헌법에 위반된다는 법정의견과는 달리, 이에 더하여 피상속인이 행한 증여를 그 시기를 불문하고 모두 유류분 산정 기초재산에 산입할 수 있도록 하는 민법 제1114조 후문 및 민법 제1118조 중 제1008조를 유류분에 준용하는 부분까지도 모두 헌법에 위반된다는 반대의견에 동의한다. 다만, 우리는 민법 제1112조가 헌법에 위반된다는 법정의견의 결론에는 동의하지만 그 이유로서 민법 제1112조 중 피상속인의 배우자와 직계비속의 유류분을 동일하게 규정한 부분도 포함하여 헌법에 위반된다고 생각하므로 아래와 같은 민법 제1112조에 관한 별개의견을 밝힌다.

아울러 피상속인의 공익 목적의 증여나 가업승계를 위한 증여까지도 유류분 산정 기초재산에 산입하는 민법 제1113조 제1항 및 유류분반환시 원물로 반환하도록 하는 민법 제1115조 제1항도 비록 헌법에 위반되지 않지만 피상속인의 의사에 반하거나 공익에 배치되는 등의 문제가 있어 입법개선이 바람직하다는 의견이므로, 이와 관련하여 아래와 같은 보충의견을 밝힌다.

가. 민법 제1112조에 관한 별개의견

(1) 민법 제1112조는 유류분권리자와 각 유류분에 관하여 피상속인의 직계비속과 배우자는 법정상속분의 2분의 1(제1호 및 제2호), 직계존속과 형제자매는 법정상속분의 3분의 1(제3호 및 제4호)이라고 획일적으로 규정하고 있다. 이와 관련하여 법정의견은, 민법 제1112조가 유류분상실사유를 별도로 규정하지 않고 피상속인의 형제자매를 유류분권리자로 규정한 것은 불합리하여 헌법에 위반되지만, 반면에 민법 제1112조가 유류분권리자와 각 유류분을 획일적으로 규정한 것은, 유류분권리자와 각 유류분을 개별적으로 적정하게 입법하는 것이 현실적으로 매우 어려운 점, 법원으로 하여금 결정하도록 하는 것도 법원 심리의 지연 및 재판비용의 증가 등을 초래할 수 있다는 점 등을 이유로 헌법에 위반된다고 보기 어렵다고 판단하였다.

(2) 그러나 일반적으로 피상속인의 사망 이후 그 배우자가 생존권을 보호받아야 할 필요성은 그 나이와 상황에 비추어 볼 때 직계비속보다 더 절실하다고 할 것이다. 또한 피상속인과 혼인하여 가정을 이루어 자식을 양육하고, 상속재산의 형성에도 공동으로 기여하면서, 피상속인의 사망 시까지 서로 부양하고 의지하면서 살았던 배우자가 상속에서 직계비속보다 우대를 받아야 하는 것은 당연하다. 민법 제1009조 제2항에서 피상속인의 배우자에 대하여 피상속인의 직계비속 상속분의 5할을 가산하여 상속분을 산정하고 있는 것도 이러한 이유 때문이다.

그럼에도 민법 제1112조는 유류분에서 피상속인의 배우자와 직계비속을 동일하게 취급하고 있는데, 이는 유류분이 상속을 전제로 한 제도라는 점에 비추어 볼 때 불합리하고 유류분제도의 입법목적에도 부합하지 않는다.

(3) 따라서 민법 제1112조가 유류분상실사유를 별도로 규정하지 않고, 유류분권리자의 범위에 피상속인

의 형제자매를 포함하기 때문에 헌법에 위반된다는 법정의견의 이유에 더하여, 민법 제1112조가 피상속인의 배우자와 직계비속의 각 유류분을 동일하게 정하고 있는 것 역시 불합리하고 기본권제한의 입법한계를 일탈하여 헌법에 위반된다.

나. 민법 제1113조 제1항 및 제1115조 제1항에 관한 보충의견

(1) 민법 제1113조 제1항에 대한 입법개선의 필요성

민법 제1113조 제1항은 유류분 산정 기초재산과 관련하여, 피상속인이 남긴 상속재산의 가액에 증여재산의 가액을 가산하고 채무의 전액을 공제하도록 규정하고 있다. 그런데 증여라는 것이 무상의 처분행위이기는 하지만, 현실의 구체적 모습에 따라서 그 의미와 성격은 다양하게 나타날 수 있다. 그럼에도 민법 제1113조 제1항은 피상속인의 증여 목적과 이유, 피상속인과 수증자의 관계 등과 같은 구체적 사정을 고려하지 아니한 채 증여이기만 하면 유류분 산정 기초재산에 산입하고 있다. 그 결과 피상속인이 사회에 기여하고자 공익단체에 증여를 한 경우 또는 피상속인이 자신의 가업승계를 위하여 선택한 특정 상속인에게 가업의 지분을 증여한 경우까지도 유류분 산정 기초재산에 산입하여 유류분반환의 대상이 되도록 함으로써 궁극적으로 피상속인의 정당한 의사에 정면으로 배치되고, 공익에도 반하는 문제가 발생할 수 있다.

예컨대, 2021헌바72 사건의 경우 망 김☆☆은 생전에 학생들에게 장학금을 지원하는 공익 목적으로 장학재단을 설립하여 16년 동안 611명의 학생에게 총 118억여 원의 장학금을 지원하였고, 사망 당시 남은 부동산과 채권도 이러한 공익사업을 지속하기 위하여 장학재단에게 유증하였다. 그러나 망 김☆☆의 일부 자녀들이 상속개시 이후 장학재단을 상대로 유류분반환을 청구함으로써 결과적으로 장학재단의 경영이나 존속에 큰 어려움을 겪게 되었다.

이와 관련하여 외국의 입법례를 살펴보면, 독일의 경우 '윤리적 의무 또는 도의관념에 적합한 증여'로 인정되면 유류분 산정 기초재산에서 제외할 수 있는 규정(독일민법 제2330조 참조)을 두어서 구체적 타당성을 도모하고 있다.

이러한 사정에 비추어 볼 때, 향후 입법개선을 통하여 피상속인의 공익 목적 증여나 가업승계를 목적으로 한 증여의 경우에는 민법 제1113조 제1항에 따른 유류분 산정 기초재산에서 제외할 수 있는 합리적 방안을 마련하는 것이 바람직하다.

(2) 민법 제1115조 제1항에 대한 입법개선의 필요성

민법 제1115조 제1항은 피상속인의 증여나 유증으로 인하여 생긴 유류분의 부족분을 반환하여야 하는 경우 원물로 반환하는 것을 원칙으로 하고, 다만 예외적으로 수증자의 처분 등으로 원물반환이 어려운 경우에만 가액반환을 할 수 있도록 하고 있다(대법원 2005. 6. 23. 선고 2004다51887 판결 참조). 이와 같은 유류분반환에서의 원물반환원칙 때문에 유류분반환청구의 대상이 부동산인 경우 갈등관계에 있는 유류분권리자와 유류분반환의무자 사이에 매우 복잡한 법률관계를 발생시키고, 당사자 사이의 다툼의 심화로 법원의 심리가 지연되는 등의 부작용을 초래할 수 있다. 아울러 피상속인이 자신의 재산을 공익단체에 기부하거나 가업승계를 목적으로 자신의 주식을 증여한 경우 수증자로 하여금 원물로 반환하도록 함으로써 일방적으로 피상속인의 의사를 좌절시키고 공익에 반하는 결과를 초래할 수 있게 된다.

예컨대, 앞서 본 2021헌바72 사건의 경우, 망 김☆☆이 생전에 설립한 장학재단은 망 김☆☆의 일부 자녀들의 유류분반환청구로 인하여 유증받은 부동산과 채권을 원물로서 그대로 반환해야 할 의무를 지게 되었고, 그 결과 유증받은 부동산에 관한 당사자 또는 제3자와의 분쟁이 장기간 심화되어 장학재단의 운영이 어려워지게 되고, 나아가 장학재단이 해산될 위험에 처할 수도 있게 되었다. 마찬가지로, 2021헌바91 사건에서도, 미혼인 망 이♧♧의 유증이나 사인증여를 통하여 재산을 받은 공익법인들이 망 이♧♧의 형제자매 등으로부터 유류분반환청구를 당하여, 결과적으로 각 공익법인의 운영에 많은 어려움을 겪게 되었다.

유류분제도가 실효성 있게 그 입법목적을 달성하기 위해서는 유류분권리자가 피상속인으로부터 유증 또는 증여받은 수유자나 수증자를 상대로 유류분반환청구권을 행사할 수 있도록 보장하는 것이 필수적이다. 그러나 그것이 반드시 원물반환의 형태로 구현되어야 할 필연적 이유는 없고, 오히려 유류분 부족액 상당의 가액을 반환하도록 하는 것만으로도 그 입법목적을 충분히 달성할 수 있다

이와 관련하여 독일 및 오스트리아는 유류분반환 시 금전에 의한 가액반환을 원칙으로 하고 있고(독일민법

제2303조, 제2325조 및 제2329조; 오스트리아일반민법 제763조 참조), 프랑스도 2006년 민법 개정으로 유류분반환 시 가액반환을 하는 것으로 개정하였으며(프랑스민법 제924조 참조), 일본 역시 2018년에 민법을 개정하여 유류분채권이 금전채권임을 명시하여 가액반환을 원칙으로 하고 있다(일본민법 제1046조 참조).

이와 같은 사정에 비추어 볼 때, 민법 제1115조 제1항을 개정함에 있어 유류분반환을 원물이 아닌 가액으로 반환하도록 입법개선을 하는 것이 바람직하다고 할 것이다.

다. 결론

현행 유류분제도는 민법이 1977. 12. 31. 법률 제3051호로 개정되면서 신설되었다. 그러나 오늘날 사회구조가 산업화·도시화를 거쳐 고도의 정보화 사회로 진입하고 있고, 가족의 모습도 부모와 자녀 중심의 핵가족이 일반화되고 1인 가구도 증가하고 있으며, 국민의 평균수명도 연장되고, 여성의 사회 진출 증가와 함께 사회 각 분야에서 남녀평등이 점차로 실현되어 가고 있는 등 빠르게 변화하고 있는 현실에도 불구하고, 유류분제도는 지난 46년 동안 단 한 번의 개정도 없이 신설 당시 모습 그대로 오늘날까지 유지되고 있다.

그 결과 유류분상실사유를 별도로 규정하지 아니하고 유류분권리자의 범위에 피상속인의 형제자매를 포함하며 피상속인의 배우자와 직계비속에게 모두 동일한 유류분을 규정한 민법 제1112조, 기여분에 관한 민법 제1008조의2를 유류분에 준용하지 아니한 민법 제1118조, 그리고 피상속인이 행한 증여를 그 시기를 불문하고 모두 유류분 산정 기초재산에 산입할 수 있도록 하는 민법 제1114조 후문 및 민법 제1118조 중 제1008조를 준용하는 부분이 모두 현저히 불합리하여 헌법에 위반된다.

그 외에도 ① 민법 제1113조 제1항에서 피상속인의 공익 목적 증여나 가업승계를 위한 증여까지도 유류분 산정 기초재산에 포함시켜 유류분반환의 대상이 되도록 하고 있는 점, ② 민법 제1115조 제1항에서 유류분의 반환을 원물로 하도록 하여 복잡한 법률관계를 발생시키거나 당사자 또는 제3자 사이의 분쟁을 심화시키고 있는 점 등은 오늘날 유류분제도의 올바른 시행을 위하여 입법적으로 개선이 필요한 문제로 남아있다.

따라서 입법자는 이번 헌법재판소의 헌법불합치결정을 계기로 유류분제도의 입법개선을 도모하여 변화된 현실에 부합하는 합리적이고 공정한 유류분제도로 탈바꿈시켜야 할 것이다.

재판관 이종석 이은애 이영진 김기영 문형배 이미선 김형두 정정미 정형식

[별지 1] 제청법원 목록

1. 서울중앙지방법원(2020헌가4)
2. 부산지방법원(2020헌가14)
3. 부산지방법원 동부지원(2021헌가11)
4. 부산지방법원 동부지원(2021헌가15)
5. 수원지방법원 안산지원(2021헌가26)
6. 부산지방법원 동부지원(2021헌가29)
7. 제주지방법원(2022헌가11)
8. 대구지방법원 경주지원(2022헌가12)
9. 제주지방법원(2022헌가17)
10. 부산지방법원 동부지원(2022헌가30)
11. 부산지방법원 동부지원(2022헌가38)
12. 부산지방법원 동부지원(2022헌가43)
13. 서울중앙지방법원(2023헌가7)
14. 부산지방법원 동부지원(2023헌가22)

[별지 2] 제청신청인 명단

1. 박○○(2020헌가14)
2. 송○○(2020헌가14)
3. 박□□(2020헌가14)
4. 박△△(2020헌가14)
5. 우○○(2020헌가14)
6. 김○○(2021헌가11)
7. 김□□(2021헌가11)
8. 안○○(2021헌가15)
9. 신○○(2021헌가15)
10. 안□□(2021헌가15)
11. 이○○(2021헌가29)
12. 황○○(2022헌가12)
13. 이○○(2022헌가30)
14. 박▽▽(2022헌가38)
15. 이□□(2022헌가38)

신청인 14, 15의 대리인 법무법인 대원서울

담당변호사 정오균, 김형식,
김현우, 오승준
16. 박◇◇(2022헌가43)
17. 김△△(2023헌가7)
18. 박◎◎(2023헌가22)

[별지 3] 청구인 명단
1. 이△△(2020헌바295)
2. 안△△(2020헌바295)
3. 안▽▽(2020헌바295)
청구인 1 내지 3의 대리인 법무법인(유한) 로고스
담당변호사 배인구, 정호영
4. 송□□(2020헌바342)
5. 송△△(2020헌바342)
청구인 4, 5의 대리인 법무법인(유한) 동인
담당변호사 이동국, 이해림
6. 이▽▽(2020헌바351)
7. 김▽▽(2020헌바351)
8. 이◇◇(2020헌바351)
9. 한○○(2020헌바351)
청구인 6 내지 9의 대리인 법무법인(유한) 태평양
담당변호사 임채웅, 부광득,
장성순
10. 권○○(2020헌바353)
11. 권□□(2020헌바353)
청구인 10, 11의 대리인 법무법인 평천
담당변호사 정기돈
12. 김◇◇(2020헌바502)
대리인 법무법인 공유
담당변호사 전용우, 김남균
13. 김◎◎(2021헌바15)
대리인 변호사 김용규
14. 송▽▽(2021헌바16)
대리인 법무법인 이안
담당변호사 김원중, 윤수경
15. 김▷▷(2021헌바43)
대리인 법무법인 감천
담당변호사 이종승, 박호현,
김창훈, 김윤중, 황윤희
16. 재단법인 ○○장학재단(2021헌바72)
17. 김◁◁(2021헌바72)
청구인 16, 17의 대리인 법무법인 린
담당변호사 강인철, 김형완,
전성한, 김창혁
18. 사단법인 ○○(2021헌바91)
대리인 법무법인 동우
담당변호사 김종주
19. 조○○(2021헌바193)
20. 홍○○(2021헌바193)
21. 홍□□(2021헌바193)
청구인 19 내지 21의 대리인 법무법인 당찬
담당변호사 조형진
22. 정○○(2021헌바255, 2021헌바256)
23. 정□□(2021헌바255, 2021헌바256)
청구인 22, 23의 대리인 변호사 김동진
24. 강○○(2021헌바275)
대리인 법무법인 태림
담당변호사 이승형, 임방현,
곽여명, 이지훈, 백지예
25. 김▣▣(2021헌바277)
대리인 변호사 조원칠
26. 김◈◈(2021헌바386)
대리인 법무법인 율천
담당변호사 황태영
27. 김◉◉(2022헌바6, 2022헌바55, 2022헌바315)
대리인 변호사 이강수, 최주연
28. 양○○(2022헌바29)
29. 양□□(2022헌바29)
30. 양△△(2022헌바29)
청구인 28 내지 30의 대리인 법무법인 수호
담당변호사 이영대, 김양안,
김지수
31. 최○○(2022헌바35)
대리인 동화 법무법인
담당변호사 조영선, 이정일,
이혜정
32. 김●●(2022헌바111)
33. 조□□(2022헌바111)
청구인 32, 33의 대리인 법무법인 인화국제
담당변호사 송정원, 황주환
34. 조△△(2022헌바134)
대리인 법무법인 문장

담당변호사 차민철, 조성환

35. 김■■(2022헌바152)

36. 신□□(2022헌바152)

37. 신△△(2022헌바152)

청구인 35 내지 37의 대리인 리마크 법무법인

담당변호사 박주범, 박주완, 박주언, 정인선

38. 이◎◎(2022헌바267)

39. 방○○(2022헌바267)

청구인 38, 39의 대리인 변호사 김재훈, 백승희

40. 오○○(2023헌바43)

대리인 변호사 허명, 이용우

41. 송◇◇(2023헌바109)

42. 송◎◎(2023헌바109)

청구인 41, 42의 대리인 변호사 이준호, 이재혁, 이계진, 박주연

43. 이▷▷(2023헌바156)

44. 이◁◁(2023헌바156)

45. 류○○(2023헌바156)

청구인 43 내지 45의 대리인 변호사 김종환

46. 윤○○(2023헌바229)

대리인 법무법인 티와이로이어스

담당변호사 강현성, 김대규, 정회일, 이유리, 임서정

47. 권△△(2023헌바309)

대리인 법무법인(유한) 국제

담당변호사 신동기, 이승훈

48. 이▣▣(2023헌바414)

49. 이◈◈(2023헌바414)

50. 이◉◉(2023헌바414)

청구인 48 내지 50의 대리인 변호사 김영완

51. 한□□(2023헌바415)

52. 한△△(2023헌바415)

청구인 51, 52의 대리인 법무법인(유한) 지평

담당변호사 임형태, 최영남, 강경운, 한재철

53. 이●●(2024헌바38)

대리인 변호사 이영규

[별지4] 당해사건 목록

1. 서울중앙지방법원 2019가합559939 유류분 반환 청구(2020헌가4)

2. 수원지방법원 2019나57572 유류분반환청구의 소(2020헌바295)

3. 서울중앙지방법원 2019가합508078 유류분반환 청구의 소(2020헌바342)

4. 서울중앙지방법원 2017가합580465 유류분 반환 청구의 소(2020헌바351)

5. 서울서부지방법원 2018가합41214 유류분반환청구의 소(2020헌바353)

6. 부산지방법원 2019나57398 유류분 청구의 소(2020헌가14)

7. 서울중앙지방법원 2018가단5049068 유류분반환 청구의 소(2020헌바502)

8. 대법원 2020다265617 유류분반환청구(2021헌바15)

9. 서울고등법원 2020나2018321 유류분반환 청구의 소(2021헌바16)

10. 서울고등법원 2019나2052226 유류분반환(2021헌바43)

11. 부산지방법원 동부지원 2018가합104664 유류분반환 청구의 소(2021헌가11)

12. 부산지방법원 동부지원 2018가합104091 유류분반환 청구의 소(2021헌가15)

13. 서울중앙지방법원 2020가합538884 유류분반환 청구의 소(2021헌바72)

14. 서울중앙지방법원 2020가합560539 유류분반환 청구의 소(2021헌바91)

15. 의정부지방법원 고양지원 2021가단71775 유류분 반환 청구의 소(2021헌바193)

16. 수원지방법원 2019가단561339 유류분반환(2021헌바255)

17. 수원지방법원 2020가단508174 유류분 반환 청구(2021헌바256)

18. 수원지방법원 안산지원 2019가합8501 유류분반환 청구의 소(2021헌가26)

19. 수원고등법원 2020나21790 소유권이전등기(2021헌바275)

20. 서울서부지방법원 2020가합32152 유류분반환 청구의 소(2021헌바277)

21. 부산지방법원 동부지원 2021가합102248 유류분청구의 소(2021헌가29)

22. 부산고등법원 2020나54121 부당이득금(2021헌바386)

23. 서울북부지방법원 2019가단113328 유류분반환(2022헌바6)

24. 대법원 2017다265884 유류분반환 청구의 소(2022헌바29)

25. 서울중앙지방법원 2020가합592093 소유권이전등기(2022헌바35)

26. 서울북부지방법원 2019가단119357 유류분청구의 소(2022헌바55)

27. 제주지방법원 2021가단64001 유류분반환청구의 소(2022헌가11)

28. 대구지방법원 경주지원 2021가단10077 유류분반환청구(2022헌가12)

29. 창원지방법원 마산지원 2020가합100994 유류분반환 청구의 소(2022헌바111)

30. 제주지방법원 2018가단60177 유류분반환청구(2022헌가17)

31. 부산지방법원 동부지원 2021가합101856 유류분반환청구의 소(2022헌가30)

32. 부산시방법원 동부지원 2021가합101153 상속회복청구(2022헌가38)

33. 부산지방법원 동부지원 2022가합103866 유류분반환청구의 소(2022헌가43)

34. 서울중앙지방법원 2021가단5127548 유류분반환 등(2023헌가7)

35. 수원고등법원 2021나20312 유류분반환청구의 소(2022헌바134)

36. 서울북부지방법원 2020가단114082 유류분반환청구의 소(2022헌바152)

37. 부산지방법원 동부지원 2020가단228139 유류분청구의 소(2022헌바267)

38. 서울북부지방법원 2020가단119322 소유권이전등기(2022헌바315)

39. 대구고등법원 2022나21744 소유권이전등기(2023헌바43)

40. 서울중앙지방법원 2017가단5229843 유류분 반환 청구의 소(2023헌바109)

41. 서울고등법원 2021나2027414 유류분반환(2023헌바156)

42. 서울중앙지방법원 2021가합526529 유류분반환(2023헌바229)

43. 부산지방법원 동부지원 2023가합101638 유류분반환 등(2023헌가22)

44. 부산고등법원 2021나51143, 2021나51150(병합) 상속회복 및 유류분반환 등 청구의 소(2023헌바309)

45. 서울중앙지방법원 2021가합521623 유류분 등 반환(2023헌바414)

46. 서울동부지방법원 2020가단106085 유류분반환(2023헌바415)

47. 대구고등법원 2022나23658 유류분반환(2024헌바38)

[별지 5] 사건개요

가. 위헌제청 사건

(1) 2020헌가14

망 박◁◁(2014. 10. 31. 사망)은 배우자로 우○○과 자녀로 박○○, 박▣▣, 박◈◈을 두었고, 대습상속인으로 망 박◉◉(망 박◁◁보다 먼저 사망한 자녀임)의 배우자 전○○과 자녀 박●●, 박■■이 있다. 송○○은 박○○의 배우자이고, 박□□과 박△△은 박○○과 송○○의 자녀들이다.

전○○, 박●●, 박■■은 2018. 1. 29. 망 박◁◁이 생전에 부동산을 박○○, 송○○, 박□□, 박△△, 박◈◈(박◈◈ 사망 후 우○○이 단독 상속)에게 각각 증여해 줌으로써 자신들의 유류분이 침해되었다고 주장하면서 박○○, 송○○, 박□□, 박△△, 우○○을 상대로 유류분의 반환을 청구하는 소를 제기하여 2019. 8. 22. 일부 패소하였고(부산지방법원 동부지원 2018가단201780), 항소하여 현재 항소심이 계속 중이다(부산지방법원 2019나57398).

박○○, 송○○, 박□□, 박△△, 우○○은 항소심 계속 중 민법 제1112조부터 제1116조에 대하여 위헌법률심판제청신청을 하였고(부산지방법원 2020카기10149), 당해사건 법원은 2020. 9. 3. 이를 받아들여 2020. 9. 21. 이 사건 위헌법률심판을 제청하였다.

(2) 2021헌가11

망 박▲▲(2018. 6. 8. 사망) 자녀로 김○○, 김□□, 김♤♤, 김♡♡을 두었다.

김♤♤, 김♡♡은 2018. 7. 27. 망 박▲▲이 생전에 김○○에게 부동산 구입자금과 부동산의 지분을 유증하였고, 김□□에게 또 다른 부동산을 증여하여 자신들의 유류분이 침해되었다고 주장하면서 김○○, 김□□를 상대로 유류분의 반환을 청구하는 소를 제기하였다(부산지방법원 동부지원 2018가합104664).

김○○, 김□□는 소송계속 중 민법 제1112조에 대하여 위헌법률심판제청신청을 하였고(부산지방법원 동부지원 2020카기100442), 당해사건 법원은 2021. 2. 5. 이를 받아들여 2021. 2. 19. 이 사건 위헌법률심판을 제청하였다.

(3) 2021헌가15

망 이♥♥(2017. 10. 31. 사망)은 자녀로 안○○, 안◁◁, 안▣▣, 안◈◈, 안◉◉, 안●●, 안■■를 두었다. 신○○은 안○○의 배우자이고, 안□□은 안○○의 자녀이다.

안◁◁, 안▣▣, 안◈◈, 안◉◉, 안●●, 안■■는 2018. 7. 2. 망 이♥♥이 생전에 부동산 및 지분을 안○○, 신○○, 안□□에게 각각 증여하여 자신들의 유류분이 침해되었다고 주장하면서 안○○, 신○○, 안□□을 상대로 유류분의 반환을 청구하는 소를 제기하였다(부산지방법원 동부지원 2018가합104091).

안○○, 신○○, 안□□은 소송계속 중 민법 제1112조에 대하여 위헌법률심판제청신청을 하였고(부산지방법원 동부지원 2021카기100178), 당해사건 법원은 2021. 3. 5. 이를 받아들여 2021. 3. 19. 이 사건 위헌법률심판을 제청하였다.

(4) 2021헌가26

망 이◑◑(2011. 5. 16. 사망)과 망 이▶▶(2018. 6. 1. 사망)은 자녀로 이◀◀, 이㉠㉠, 이㉡㉡, 이㉢㉢를 두었고, 이◀◀은 자녀로 이㉣㉣, 이㉤㉤을, 이㉠㉠는 자녀로 이㉥㉥, 이㉦㉦을 각 두고 있다.

망 이◑◑과 망 이▶▶은 생전에 안산시 소재 부동산의 각 지분을 이㉢㉢에게 모두 증여하였고, 망 이▶▶은 생전에 안산시 및 안양시 소재 각 부동산의 1/2지분씩을 이◀◀, 이㉣㉣, 이㉤㉤, 이㉠㉠, 이㉥㉥, 이㉦㉦에게 각 유증하였고, 서울시 소재 부동산을 이㉢㉢에게 유증하였다.

이㉡㉡은 2019. 7. 11. 위와 같은 증여 및 유증으로 인하여 자신의 유류분이 침해되었다고 주장하면서 이◀◀, 이㉣㉣, 이㉤㉤, 이㉠㉠, 이㉥㉥, 이㉦㉦, 이㉢㉢를 상대로 유류분의 반환을 청구하는 소를 제기하였다(수원지방법원 안산지원 2019가합8501).

제청법원은 소송계속 중 민법 제1112조에 대하여 직권으로 2021. 9. 14. 이 사건 위헌법률심판을 제청하였다.

(5) 2022헌가11

망 김★★은 공동상속인으로 김♣♣, 김♠♠, 김♥♥, 김◑◑, 김▶▶을 두었다.

김♣♣, 김♠♠, 김♥♥은 2021. 9. 9. 망 김★★이 생전에 김◑◑, 김▶▶에게 재산을 증여하여 자신들의 유류분이 침해되었다고 주장하면서 김◑◑, 김▶▶을 상대로 유류분의 반환을 청구하는 소를 제기하였다(제주지방법원 2021가단64001).

당해사건 법원은 소송계속 중 유류분에 관한 민법 제1112조 및 제1115조 제1항에 대하여 직권으로 2022. 4. 12. 이 사건 위헌법률심판을 제청하였다.

(6) 2022헌가12

망 황□□(2019. 6. 29. 사망)은 전 배우자인 망 박▼▼과의 사이에 자녀로 딸 황△△와 아들 황○○을 두었다. 황△△는 설○○와 혼인하여 슬하에 1남 1녀를 두었는데 1992. 2. 22. 교통사고로 사망하였고, 자녀들 역시 같은 교통사고로 함께 사망하였다.

설○○는 2021. 1. 8. 망 황□□이 생전에 토지와 건물 등을 황○○에게 증여하여 자신의 유류분이 침해되었다고 주장하면서, 황○○을 상대로 유류분의 반환을 청구하는 소를 제기하였다(대구지방법원 경주지원 2021가단10077).

황○○은 소송계속 중 민법 제1112조 등에 대하여 위헌법률심판제청신청을 하였고, 당해사건 법원은 2022. 4. 1. 이를 받아들여(대구지방법원 경주지원 2021카기3200), 2022. 4. 18. 이 사건 위헌법률심판을 제청하였다.

(7) 2022헌가17

망 문○○(사망일자 미상)은 공동상속인으로 문□□, 문△△, 문▽▽, 문◇◇, 문◎◎, 문▷▷, 문◁◁을 두었다.

문□□, 문△△, 문▽▽은 2018. 8. 10. 망 문○○이 생전에 문◇◇, 문◎◎, 문▷▷, 문◁◁에게만 재산을 증여하여 자신들의 유류분이 침해되었다고 주장하면서 문◇◇, 문◎◎, 문▷▷, 문◁◁을 상대로 유류분의 반환을 청구하는 소를 제기하였다(제주지방법원 2018가단60177).

당해사건 법원은 소송계속 중 유류분에 관한 민법 제

1112조 및 제1115조 제1항에 대하여 직권으로 2022. 6. 15. 이 사건 위헌법률심판을 제청하였다.

(8) 2022헌가30

망 이▲▲(2019. 11. 12. 사망)은 자녀로 이○○, 이◆◆, 이▼▼, 이☆☆를 두었다.

망 이▲▲은 자신의 부산 해운대 소재 토지를 이○○에게 유증하였고, 이○○은 위 토지를 주식회사 ○○에 매도하였다.

이◆◆은 2021. 4. 2. 위와 같은 유증으로 인하여 자신의 유류분이 침해되었다고 주장하면서, 이○○을 상대로 유류분의 반환을 청구하는 소를 제기하였다(부산지방법원 동부지원 2021가합101856).

이○○은 소송계속 중 2021. 10. 26. 민법 제1112조 등에 대하여 위헌법률심판제청신청을 하였고(부산지방법원 동부지원 2021카기100940), 당해사건 법원은 2022. 8. 30. 이를 받아들여 2022. 9. 8. 이 사건 위헌법률심판을 제청하였다.

(9) 2022헌가38

망 이ⓞⓞ(2020. 9. 24. 사망)는 전 배우자 차○○과의 사이에 자녀로 이㉨㉨, 이㉩㉩, 이㉪㉪를 두었고, 이후 차○○과 이혼하고 박▽▽과 재혼하여 자녀로 이□□를 두었다.

이㉨㉨, 이㉩㉩은 2021. 3. 2. 박▽▽, 이□□ 등을 상대로 주위적으로 상속회복청구를, 예비적으로 유류분의 반환을 청구하는 소를 제기하였다가, 2022. 1. 30. 위 주위적 청구를 철회하였다(부산지방법원 동부지원 2021가합101153).

박▽▽, 이□□는 소송계속 중 민법 제1112조 등에 대하여 위헌법률심판제청신청을 하였고(부산지방법원 동부지원 2021카기100672), 당해사건 법원은 2022. 4. 21. 이를 받아들여, 2022. 11. 3. 이 사건 위헌법률심판을 제청하였다.

(10) 2022헌가43

망 박◆◆(2022. 8. 9. 사망)은 배우자로 서○○과 자녀로 박◇◇, 박☆☆, 박♧♧, 박♤♤을 두었다.

박☆☆는 2022. 10. 26. 망 박◆◆이 생전에 박◇◇에게 토지 및 건물을 증여하여 자신의 유류분이 침해되었다고 주장하면서 박◇◇를 상대로 유류분의 반환을 청구하는 소를 제기하였다(부산지방법원 동부지원 2022가합103866).

박◇◇는 소송계속 중 민법 제1112조 등에 대하여 위헌법률심판제청신청을 하였고(부산지방법원 동부지원 2022카기100453), 당해사건 법원은 2022. 12. 14. 이를 받아들여, 2022. 12. 20. 이 사건 위헌법률심판을 제청하였다.

(11) 2023헌가7

망 박♡♡(2021. 4. 24. 사망)은 자녀로 아들 김◀◀와 딸 김㉠㉠, 김㉢㉢, 김㉣㉣, 김▽▽, 김△△을 두었다.

김㉠㉠, 김◀◀, 김㉢㉢은 2021. 6. 8. 망 박♡♡이 생전에 부동산 지분을 김△△에게 유증하여 자신들의 유류분이 침해되었다고 주장하면서 김△△을 상대로 유류분의 반환을 청구하는 소를 제기하였다(서울중앙지방법원 2021가단5127548).

김△△은 소송계속 중 민법 제1112조에 대하여 위헌법률심판제청신청을 하였고(서울중앙지방법원 2022카기51456), 당해사건 법원은 2023. 2. 6. 이를 받아들여, 2023. 2. 10. 이 사건 위헌법률심판을 제청하였다.

(12) 2023헌가22

망 박★★(2022. 9. 8. 사망)는 배우자로 양▽▽과 자녀로 박◎◎, 박♣♣, 박♠♠을 두었다.

양▽▽, 박♣♣, 박♠♠은 2023. 5. 24. 망 박★★가 생전에 박◎◎에게 토지를 유증하여 자신들의 유류분이 침해되었다고 주장하면서 박◎◎를 상대로 유류분의 반환을 청구하는 소를 제기하였다(부산지방법원 동부지원 2023가합101638).

박◎◎는 소송계속 중 유류분에 관한 민법 제1112조 등에 대하여 위헌법률심판제청신청을 하였고(부산지방법원 동부지원 2023카기100435), 제청법원은 2023. 9. 18.이를 받아들여 2023. 9. 27. 이 사건 위헌법률심판을 제청하였다.

나. 헌법소원 사건

(1) 2020헌바342

망 송▷▷(2018. 8. 9. 사망)은 전 배우자 윤□□과의 사이에 송◁◁, 송▣▣을 자식으로 두었고, 1974. 1. 21. 망 정△△(2018. 12. 13. 사망)와 재혼하여 그 사이에 송△△, 송□□을 자식으로 두었다.

송◁◁과 송▣▣은 2019. 2. 18. 망 송▷▷이 생전에 망 정△△에게 부동산을 증여하여 자신들의 유류분이 침해되었다고 주장하면서 망 정△△의 공동상속인 송△△와 송□□을 상대로 유류분의 반환을 청구하는 소를 제기하였다(서울중앙지방법원 2019가합508078).

송△△와 송□□은 소송계속 중 민법 제1112조 및 제1113조에 대하여 위헌법률심판제청신청을 하였으나, 2020. 6. 2. 기각되었고(서울중앙지방법원 2020카기50426), 2020. 6. 29. 이 사건 헌법소원심판을 청구하였다.

(2) 2020헌바351

망 이ⓔⓔ(2016. 11. 28. 사망)은 1943. 10. 20. 망 최□□(1986. 10. 22. 사망)과 혼인신고를 하였으나 슬하에 자녀가 없었고, 성명불상의 여자와의 사이에서 이▽▽을 낳고, 박♥♥와의 사이에서 이ⓟⓟ, 이ⓗⓗ을 낳았는데, 이▽▽, 이ⓟⓟ, 이ⓗⓗ을 생전에 망 최□□과의 사이의 자녀로 입적시켰다. 망 이ⓔⓔ은 1987. 4. 29. 한○○와 혼인신고를 하였다. 이▽▽은 배우자로 김▽▽를, 자녀로 이◇◇와 이㉮㉮, 이㉯㉯을 두고 있다.

이ⓟⓟ, 이ⓗⓗ은 2017. 11. 21. 망 이ⓔⓔ이 생전에 이▽▽, 김▽▽, 이◇◇, 한○○에게 주식과 부동산 등을 증여하여 자신들의 유류분이 침해되었다고 주장하면서 이▽▽, 김▽▽, 이◇◇, 한○○를 상대로 유류분의 반환을 청구하는 소를 제기하였다(서울중앙지방법원 2017가합580465).

이▽▽, 김▽▽, 이◇◇, 한○○는 소송계속 중 민법 제1112조, 제1113조, 제1118조에 대하여 위헌법률심판제청신청을 하였으나, 2020. 5. 22. 기각되었고(서울중앙지방법원 2020카기50465), 2020. 6. 2. 기각결정문을 송달받았으며, 2020. 7. 1. 이 사건 헌법소원심판을 청구하였다.

(3) 2020헌바353

망 권▽▽(2018. 10. 31. 사망)은 자녀로 딸 권□□와 아들 권◇◇, 권◎◎, 권○○를 두고 있었다.

권◎◎은 2018. 12. 6. 망 권▽▽이 생전에 권□□와 권○○에게 총 5,861,871,417원(추정액) 상당의 재산을 유증 또는 증여하여 자신의 유류분이 침해되었다고 주장하면서 권□□와 권○○를 상대로 유류분의 반환을 청구하는 소를 제기하였다(서울서부지방법원 2018가합41214).

권□□와 권○○는 소송계속 중 민법 제1112조부터 제1118조에 대하여 위헌법률심판제청신청을 하였으나, 2020. 6. 9. 기각되었고(서울서부지방법원 2020카기5128), 2020. 7. 7. 이 사건 헌법소원심판을 청구하였다.

(4) 2020헌바502

망 임○○(2017. 6. 8. 사망)은 자녀로 아들 김ⓜⓜ, 김◇◇과 딸 김ⓑⓑ, 김ⓢⓢ을 두고 있었다.

김ⓜⓜ, 김ⓑⓑ, 김ⓢⓢ은 2018. 3. 12. 망 임○○이 생전에 부동산과 그 밖의 재산을 김◇◇에게 유증하여 자신들의 유류분이 침해되었다고 주장하며 김◇◇을 상대로 유류분의 반환을 청구하는 소를 제기하였다(서울중앙지방법원 2018가단5049068).

김◇◇은 소송계속 중 민법 제1112조 및 제1114조에 대하여 위헌법률심판제청신청을 하였으나, 2020. 8. 21. 기각되었고(서울중앙지방법원 2020카기50472), 2020. 9. 10. 기각결정문을 송달받았으며, 2020. 10. 8. 이 사건 헌법소원심판을 청구하였다.

(5) 2021헌바15

망 오□□(2017. 6. 28. 사망)은 전 배우자인 이㉰㉰와의 사이에서 오△△, 오▽▽을, 그리고 현 배우자인 김◎◎과의 사이에서 오◇◇, 오◎◎을 각 자식으로 두었다.

오△△과 오▽▽은 2017. 12. 7. 망 오□□이 생전에 김◎◎에게 부동산을 유증하여 자신들의 유류분이 침해되었다고 주장하면서 김◎◎을 상대로 유류분의 반환을 청구하는 소를 제기하여 2019. 7. 10. 일부 승소하였다(부산지방법원 동부지원 2017가합106892). 김◎◎은 항소하였으나 2020. 8. 26. 일부 패소하였고(부산고등법원 2019나55807), 다시 상고하였으나 2020. 12. 24. 심리불속행기각으로 재판이 확정되었다(대법원 2020다265617).

김◎◎은 상고심 계속 중 민법 제1112조부터 제1116조에 대하여 위헌법률심판제청신청을 하였으나, 2020. 12. 24. 기각되었고(대법원 2020카기1042), 2021. 1. 20. 이 사건 헌법소원심판을 청구하였다.

(6) 2021헌바16

망 송◈◈(2014. 7. 11. 사망)는 자녀로 송◉◉, 망 송●●(2006. 7. 15. 사망), 송▽▽, 망 송■■(2009. 7. 1. 사망), 송▲▲을 두었다. 망 송●●은 배우자로 김⊙⊙와 자녀로 송▼▼, 송◆◆을 두었고, 망 송■■은 자녀로 박◑◑, 박▶▶을 두었다.

송◉◉, 송▲▲, 김⊙⊙, 송▼▼, 송◆◆, 박◑◑, 박▶▶은 망 송◈◈가 생전에 송▽▽에게 부동산, 현금 및 주식 등을 증여하여 자신들의 유류분이 침해되었다고 주장하면서 송▽▽을 상대로 유류분의 반환을 청구하는 소를 제기하여 2020. 5. 7. 일부 승소하였다(서울중앙지방법원 2015가합513737). 송▽▽은 항소하였으나 2020. 12. 17. 일부 패소하였고(서울고등법원 2020나2018321), 다시 상고하였으나, 2021. 4. 29. 심리불속행기각으로 재판이 확정되었다(대법원 2021다204923)

송▽▽은 항소심 계속 중 민법 제1112조 등에 대하여 위헌법률심판제청신청을 하였으나, 2020. 12. 17. 기각되었고(서울고등법원 2020카기20062), 2020. 12. 25. 기각결정문이 송달되었으며, 2021. 1. 21. 이 사건 헌법소원심판을 청구하였다.

(7) 2021헌바43

망 김◁◁(2016. 8. 1. 사망)은 자녀로 김▷▷, 김㉧㉧, 김㉨㉨, 김㉩㉩, 김㉪㉪을 두었다.

김㉧㉧, 김㉨㉨, 김㉩㉩, 김㉪㉪은 2016. 10. 16. 망 김◁◁이 생전에 김▷▷에게 한 유증으로 인하여 자신들의 유류분이 침해되었다고 주장하면서 김▷▷를 상대로 유류분의 반환을 청구하는 소를 제기하였고, 2019. 10. 24. 일부 승소하였다(서울북부지방법원 2016가합25335). 김▷▷는 항소하였으나 2021. 1. 28. 일부 패소하였고(서울고등법원 2019나2052226), 다시 상고하였으나 2021. 5. 27. 심리불속행기각으로 재판이 확정되었다(대법원 2021다215565).

김▷▷는 항소심 계속 중 민법 제1112조에 대하여 위헌법률심판제청신청을 하였으나, 2021. 1. 28. 기각되었고(서울고등법원 2020카기20060), 2021. 2. 18. 이 사건 헌법소원심판을 청구하였다.

(8) 2021헌바193

망 홍△△(2020. 5. 15. 사망)은 배우자로 조○○와 자녀로 홍▽▽, 홍○○, 홍□□을 두었다.

홍▽▽은 2021. 1. 21. 망 홍△△이 생전에 부동산을 조○○, 홍○○, 홍□□에게 유증하여 자신의 유류분이 침해되었다고 주장하면서 조○○, 홍○○, 홍□□을 상대로 유류분의 반환을 청구하는 소송을 제기하였다(의정부지방법원 고양지원 2021가단71775).

조○○, 홍○○, 홍□□은 소송계속 중 민법 제1112조에 대하여 위헌법률심판제청신청을 하였으나, 2021. 6. 9. 기각되었고(의정부지방법원 고양지원 2021카기782), 기각결정문이 조○○ 및 홍□□에게는 2021. 6. 14., 홍○○에게는 2021. 7. 13. 각 도달하였으며, 2021. 7. 13. 이 사건 헌법소원심판을 청구하였다.

(9) 2021헌바255

망 정▽▽(2019. 9. 4. 사망)는 자녀로 정○○, 정◇◇, 정◎◎, 정▷▷을 두었으며, 정○○은 자녀로 정□□를 두고 있다.

정◇◇, 정◎◎은 2019. 10. 20. 망 정▽▽가 생전에 부동산 매매대금 중 일부를 정○○에게, 또 다른 부동산을 정□□에게 각 증여하여 자신들의 유류분이 침해되었다고 주장하면서 정○○, 정□□를 상대로 유류분의 반환을 청구하는 소를 제기하였다(수원지방법원 2019가단561339).

정○○, 정□□는 소송계속 중 민법 제1112조 등에 대하여 위헌법률심판제청신청을 하였으나, 2021. 7. 26. 기각되었고(수원지방법원 2020카기21107), 2021. 8. 24. 이 사건 헌법소원심판을 청구하였다.

(10) 2021헌바256

망 정▽▽(2019. 9. 4. 사망)는 자녀로 정○○, 정◇◇, 정◎◎, 정▷▷을 두었으며, 정○○은 자녀로 정□□를 두었다.

정▷▷은 2020. 2. 10. 망 정▽▽가 생전에 부동산 매매대금 중 일부를 정○○에게, 또 다른 부동산을 정□□에게 각 증여하여 자신의 유류분이 침해되었다고 주장하면서 정○○, 정□□를 상대로 유류분의 반환을 청구하는 소를 제기하였다(수원지방법원 2020가단508174).

정○○, 정□□는 소송계속 중 민법 제1112조 등에 대하여 위헌법률심판제청신청을 하였으나, 2021. 7. 26. 기각되었고(수원지방법원 2020카기21108), 2021. 8. 24. 이 사건 헌법소원심판을 청구하였다.

(11) 2021헌바275

망 강□□(2009. 6. 9. 사망)과 배우자 망 이㉱㉱(2009. 6. 1. 사망)는 자녀로 망 강△△(1974. 6. 9. 사망), 강◇◇, 강○○, 강◎◎, 강▷▷을 두었다. 망 강△△은 배우자로 김㉥㉥과 자녀로 망 강▽▽(2009. 5. 18. 사망), 강◁◁, 강■■, 강◈◈를 두었고, 망 강▽▽는 배우자 김㉫㉫과 자녀로 김㉬㉬, 김㉭㉭을 두었다.

김㉥㉥, 강■■, 강◈◈, 김㉫㉫, 김㉬㉬, 김㉭㉭은 2018. 12. 14. 망 강□□이 생전에 부동산들을 강○○에게 증여하여 자신들의 유류분이 침해되었다고 주장하면서 강○○을 상대로 소유권이전등기청구 소송을 제기하였고, 2020. 9. 11. 승소하였다(수원지방법원 성남지원 2018가합410571). 강○○은 항소하였으나

2021. 9. 1. 패소하였고(수원고등법원 2020나21790), 다시 상고하였으나 2021. 12. 30. 심리불속행기각으로 확정되었다(대법원 2021다274366).

강○○은 항소심 계속 중 민법 제1112조 등에 대하여 위헌법률심판제청신청을 하였으나, 2021. 9. 1. 기각되었고(수원고등법원 2021카기10019), 2021. 9. 15. 이 사건 헌법소원심판을 청구하였다.

(12) 2021헌바277

망 정■■(2019. 9. 4. 사망)은 자녀로 아들 김■■, 김㉮㉮, 김㉯㉯, 김㉰㉰을 두었으며, 이㉴㉴는 김■■의 배우자이다.

김㉮㉮, 김㉯㉯, 김㉰㉰은 2020. 2. 28. 망 정■■이 부동산과 현금 등을 김■■과 이㉴㉴에게 증여 및 유증을 하여 자신들의 유류분이 침해되었다고 주장하면서 김■■과 이㉴㉴를 상대로 유류분의 반환을 청구하는 소를 제기하였다(서울서부지방법원 2020가합32152).

김■■과 이㉴㉴는 소송계속 중 2021. 3. 11. 민법 제1112조 등에 대하여 위헌법률심판제청신청을 하였으나, 2021. 8. 12. 기각되었고(서울서부지방법원 2021카기5244), 기각결정문을 2021. 8. 17. 송달받았으며, 2021. 9. 16. 이 사건 헌법소원심판을 청구하였다.

(13) 2021헌바386

망 김㉱㉱(2018. 5. 10. 사망)는 배우자로 망 이㉳㉳(항소심 계속 중 사망)과 자녀로 아들 김㉴㉴, 김◆◆와 딸 김㉳㉳, 김㉵㉵를 두었으며, 김㉶㉶은 김◆◆의 배우자이고, 김㉷㉷는 김◆◆의 아들이다.

망 이㉳㉳, 김㉳㉳는 2018. 11. 22. 망 김㉱㉱가 생전에 부동산을 김◆◆, 김㉶㉶, 김㉷㉷에게 증여하여 자신들의 유류분이 침해되었다고 주장하며 김◆◆를 상대로 부당이득금청구의 소를 제기하여 2020. 6. 25. 승소하였다(부산지방법원 서부지원 2018가합103438). 김◆◆는 항소하였으나 일부 패소하였고(부산고등법원 2020나54121), 상고하였으나 2022. 3. 17. 심리불속행기각으로 확정되었다(대법원 2021다300500).

김◆◆는 항소심 계속 중 민법 제1113조 제1항 등에 대하여 위헌법률심판제청신청을 하였으나, 2021. 11. 10. 기각되었고(부산고등법원 2021카기5004), 2021. 12. 9. 기각결정문을 송달받았으며, 2021. 12. 15. 이 사건 헌법소원심판을 청구하였다.

(14) 2022헌바6

망 김㉸㉸(2018. 10. 19. 사망)은 자녀로 김㉹㉹, 김㉺㉺, 김㉻㉻, 김㉼㉼, 김Ⓐ Ⓐ, 김●●을 두었다.

김㉹㉹은 2019. 3. 19. 망 김㉸㉸이 부동산을 김●●에게 유증하여 자신의 유류분이 침해되었다고 주장하면서 김●●을 상대로 유류분의 반환을 청구하는 소를 제기하였다(서울북부지방법원 2019가단113328).

김●●은 소송계속 중 민법 제1112조에 대하여 위헌법률심판제청신청을 하였으나, 2021. 12. 10. 기각되었고(서울북부지방법원 2020카기20161), 2021. 12. 16. 결정문을 송달받았으며, 2022. 1. 12. 이 사건 헌법소원심판을 청구하였다.

(15) 2022헌바29

망 양◇◇(2012. 3. 24. 사망)은 배우자, 직계비속 및 직계존속이 없이 형제자매로 망 양◎◎, 양▷▷, 양◁◁, 망 양■■, 양□□을 두고 있었다. 망 양◎◎는 양▲▲, 양○○을 자녀로 두고 사망하였고, 망 양■■는 이㉵㉵과 혼인하여 이㉶㉶, 이㉷㉷를 자녀로 두고 사망하였으며, 양△△은 양□□의 아들이다.

이㉶㉶, 이㉷㉷는 2013. 3. 6. 망 양◇◇이 생전에 부동산을 양○○, 양□□, 양△△, 양◁◁, 신▽▽(양◁◁의 남편)에게 각 유증하여 자신들의 유류분이 침해되었다고 주장하며 양○○, 양□□, 양△△을 상대로 유류분의 반환을 청구하는 소를 제기하여 2016. 7. 1. 일부 승소하였다(서울남부지방법원 2013가합101143). 이에 양○○, 양□□, 양△△은 항소하였으나 2017. 8. 18. 일부 패소하였고(서울고등법원 2016나2054092), 다시 상고하여 2022. 1. 27. 파기환송되었다(대법원 2017다265884).

양○○, 양□□, 양△△은 상고심 계속 중 민법 제1112조 제4호에 대하여 위헌법률심판제청신청을 하였으나, 2022. 1. 27. 기각되었고(대법원 2020카기1006), 2022. 2. 9. 이 사건 헌법소원심판을 청구하였다.

(16) 2022헌바35

망 김ⒷⒷ(2018. 12. 26. 사망)은 자녀로 최△△, 최○○, 최▽▽, 최◇◇, 최◎◎, 최▷▷를 두었다.

최△△, 최▽▽, 최◇◇, 최◎◎, 최▷▷는 2019. 2. 22. 망 김ⒷⒷ이 생전에 부동산을 최○○에 증여하여 자신들의 유류분이 침해되었다고 주장하면서 최○○를 상대로 소유권이전등기청구의 소를 제기하였고, 2020. 10. 28. 합의부로 재배당되었다(서울중앙지방법원 2020가합592093).

최○○는 소송계속 중 민법 제1114조 후문에 대하여 위헌법률심판제청신청을 하였으나, 2022. 1. 13. 기각되었고(서울중앙지방법원 2020카기51689), 2022. 1. 17. 결정문을 송달받았으며, 2022. 2. 15. 이 사건 헌법소원심판을 청구하였다.

(17) 2022헌바55

망 김㉬㉬(2018. 10. 19. 사망)은 자녀로 김㉭㉭, 김㉮㉮, 김㉯㉯, 김㉰㉰, 김ⒶⒶ, 김◉◉을 두었다.

김㉯㉯는 2019. 4. 25. 망 김㉬㉬이 부동산을 김◉◉에게 유증하여 자신의 유류분이 침해되었다고 주장하면서 김◉◉을 상대로 유류분의 반환을 청구하는 소를 제기하였다(서울북부지방법원 2019가단119357).

김◉◉은 소송계속 중 민법 제1112조에 대하여 위헌법률심판제청신청을 하였으나, 2022. 2. 15. 기각되었고(서울북부지방법원 2020카기20162), 2022. 2. 28. 이 사건 헌법소원심판을 청구하였다.

(18) 2022헌바111

망 김ⒸⒸ(2018. 10. 18. 사망)은 배우자로 조□□과 자녀로 아들 김●●, 김ⒹⒹ과 딸 김ⒺⒺ을 두었다.

김●●의 이복형제인 김ⒹⒹ은 2019, 8, 28, 망 김ⒸⒸ이 생전에 조□□과 김●●에게 부동산과 현금을 증여하거나 유증하여 자신의 유류분이 침해되었다고 주장하면서 조□□과 김●●를 상대로 유류분의 반환을 청구하는 소를 제기하였고, 2020. 9. 2. 합의부로 재배당되었다(창원지방법원 마산지원 2020가합100994).

조□□과 김●●는 소송계속 중 민법 제1112조 등에 대하여 위헌법률심판제청신청을 하였으나, 2022. 5. 2. 기각되었고(창원지방법원 마산지원 2021카기20026), 2022. 5. 24. 이 사건 헌법소원심판을 청구하였다.

(19) 2022헌바134

망 조▽▽(2019. 8. 19. 사망)은 자녀로 조◇◇, 조△△, 조◎◎을 두었다.

조◎◎은 2019. 10. 21. 망 조▽▽이 생전에 부동산을 조△△에게 증여하여 자신의 유류분이 침해되었다고 주장하면서 조△△를 상대로 유류분의 반환을 청구하는 소를 제기하였으나 2021. 7. 22. 패소하였다(수원지방법원 성남지원 2019가합410431). 이에 조◎◎은 항소하여 일부 승소하였고(수원고등법원 2021나20312), 다시 조△△가 상고하여 심리 중이다(대법원 2022다241721).

조△△는 항소심 계속 중 민법 제1112조 등에 대하여 위헌법률심판제청신청을 하였으나, 2022. 5. 18. 기각되었고(수원고등법원 2022카기10004), 2022. 6. 17. 이 사건 헌법소원심판을 청구하였다.

(20) 2022헌바152

망 김ⓁⓁ(2019. 4. 13. 사망)는 자녀로 신◇◇, 신◎◎, 신▷▷을 두었다. 신◇◇은 배우자 김■■과 자녀 신□□, 신△△을 두었다.

신◎◎는 2020. 3. 27. 망 김ⓁⓁ가 생전에 부동산을 김■■, 신□□, 신△△에게 각 증여하여 자신의 유류분이 침해되었다고 주장하면서 김■■, 신□□, 신△△을 상대로 유류분의 반환을 청구하는 소를 제기하였다(서울북부지방법원 2020가단114082).

김■■, 신□□, 신△△은 소송계속 중 민법 제1112조 등에 대하여 위헌법률심판제청신청을 하였으나, 2022. 6. 20. 기각되었고(서울북부지방법원 2021카기21898), 2022. 7. 7. 이 사건 헌법소원심판을 청구하였다.

(21) 2022헌바267

망 김ⒻⒻ(사망일자 미상)은 자녀로 이㉬㉬, 이㉭㉭, 이㉮㉮, 망 이㉯㉯을 두었는데, 이㉬㉬, 이㉭㉭, 이㉮㉮은 2020. 12. 8. 망 이㉯㉯의 공동상속인인 방○○, 이◎◎을 상대로 유류분의 반환을 청구하는 소를 제기하였다(부산지방법원 동부지원 2020가단228139).

방○○, 이◎◎은 소송계속 중 민법 제1112조 등에 대하여 위헌법률심판제청신청을 하였으나, 2022. 9. 23. 기각되었고(부산지방법원 동부지원 2022카기100271), 2022. 10. 14. 결정문을 송달받았으며, 2022. 11. 2. 이 사건 헌법소원심판을 청구하였다.

(22) 2022헌바315

망 김㉬㉬(2018. 10. 19. 사망)은 자녀로 김㉭㉭, 김㉮㉮, 김㉯㉯, 김㉰㉰, 김ⒶⒶ, 김◉◉을 두었다.

김ⒶⒶ은 2020. 5. 4. 망 김㉬㉬이 부동산을 김◉◉에게 유증하여 자신의 유류분이 침해되었다고 주장하면서 김◉◉을 상대로 소유권이전등기청구의 소를 제기 하였다(서울북부지방법원 2020가단119322).

김◉◉은 소송계속 중 민법 제1112조에 대하여 위헌법률심판제청신청을 하였으나, 2022. 11. 25. 기각되었고(서울북부지방법원 2021카기20111), 2022. 12. 13. 이 사건 헌법소원심판을 청구하였다.

(23) 2023헌바43

망 김ⒼⒼ(2020. 1. 14. 사망)은 자녀로 아들 오▷▷,

오◁◁, 오○○과 딸 오■■, 오◈◈을 두었다.

오■■, 오▷▷, 오◈◈, 오◁◁은 2020. 2. 14. 망 김Ⓖⓖ이 생전에 부동산과 금융재산 등을 오○○에게 증여 및 유증하여 자신들의 유류분이 침해되었다고 주장하면서 오○○을 상대로 소유권이전등기청구의 소를 제기하여 2022. 3. 17. 일부 승소하였다(대구지방법원 2020가합201464). 오○○은 항소하였으나 2023. 1. 10. 일부 패소하였고(대구고등법원 2022나21744), 2023. 2. 1. 판결은 확정되었다.

오○○은 항소심 계속 중 민법 제1112조 등에 대하여 위헌법률심판제청신청을 하였으나, 2023. 1. 10. 기각되었고(대구고등법원 2022카기112), 2023. 1. 17. 결정문을 송달받았으며, 2023. 2. 14. 이 사건 헌법소원심판을 청구하였다.

(24) 2023헌바109

망 송☆☆(2017. 2. 16. 사망)과 망 김ⒽⒽ(2017. 1. 8. 사망)은 자녀로 송◇◇, 송♧♧, 송♤♤을 두었고, 송◎◎은 송◇◇의 자녀이며, 송♡♡, 송★★은 송♧♧의 자녀이다.

송♤♤은 2017. 12. 5. 자신의 유류분이 침해되었다고 주장하면서 송◇◇, 송♧♧, 송◎◎, 송♡♡, 송★★을 상대로 유류분의 반환을 청구하는 소를 제기하였다(서울중앙지방법원 2017가단5229843).

송◇◇, 송◎◎은 소송계속 중 민법 제1112조 등에 대하여 위헌법률심판제청신청을 하였으나, 2023. 4. 6. 기각되었고(서울중앙지방법원 2022카기51564), 이에 2023. 4. 24. 이 사건 헌법소원심판을 청구하였다.

(25) 2023헌바156

망 이㉭㉭(2017. 10. 24. 사망)은 배우자로 류○○을, 자녀로 아들 이▷▷, 이◁◁과 딸 이ⒶⒶ, 이ⒷⒷ을 두었다.

이ⒶⒶ, 이ⒷⒷ은 2018. 7. 30. 망 이㉭㉭가 생전에 이▷▷, 이◁◁, 류○○에게 현금 등을 증여하여 자신들의 유류분이 침해되었다고 주장하면서 이▷▷, 이◁◁, 류○○을 상대로 유류분의 반환을 청구하는 소를 제기하여 2021. 6. 17. 일부 승소하였고(서울중앙지방법원 2018가합551990), 항소심에서도 일부 승소하였으며(서울고등법원 2021나2027414), 상고심에서 2023. 7. 27. 심리불속행기각되어 확정되었다(대법원 2023다239879).

이▷▷, 이◁◁, 류○○은 항소심 계속 중 민법 제1112조 제1호에 대하여 위헌법률심판제청신청을 하였지만 2023. 5. 4. 기각되었고(서울고등법원 2021카기20048), 2023. 6. 2. 이 사건 헌법소원심판을 청구하였다.

(26) 2023헌바229

망 박◀◀(2015. 4. 7. 사망)와 망 윤△△(2020. 9. 25. 사망)은 자녀로 윤▽▽, 윤◇◇, 윤◎◎, 윤▷▷, 윤○○를 두었다.

윤▽▽, 윤◇◇, 윤◎◎, 윤▷▷은 2021. 4. 14. 망 박◀◀와 망 윤△△이 생전에 윤○○에게 부동산 등을 증여하여 자신들의 유류분이 침해되었다고 주장하면서 윤○○를 상대로 유류분의 반환을 청구하는 소를 제기하였다(서울중앙지방법원 2021가합526529).

윤○○는 소송계속 중 민법 제1112조 제1호 등에 대하여 위헌법률심판제청신청을 하였으나, 2023. 6. 20. 기각되었고(서울중앙지방법원 2022카기51675), 결정문을 2023. 6. 27. 송달받았으며, 2023. 7. 26. 이 사건 헌법소원심판을 청구하였다.

(27) 2023헌바309

망 권▷▷(2017. 4. 11. 사망)은 배우자로 망 김ⒾⒾ(항소심 계속 중 사망)과 자녀로 권◁◁, 권■■, 권◈◈, 권◉◉, 권△△을 두었다.

망 김ⒾⒾ, 권◁◁, 권■■은 2017. 9. 22. 망 권▷▷이 토지와 건물을 권△△, 권◈◈에게 각 유증하여 자신들의 유류분이 침해되었다고 주장하면서, 권△△, 권◈◈을 상대로 상속회복 및 유류분반환청구의 소를 제기하여 일부 승소하였고[부산지방법원 2017가합49689, 2018가합42012(병합)], 항소심에서도 일부 승소하였으며[부산고등법원 2021나51143, 2021나51150(병합)]), 현재 상고심 계속 중이다[(대법원 2023다277192, 2023다277208(병합)].

권△△은 항소심 계속 중 민법 제1112조 등에 대하여 위헌법률심판제청신청을 하였으나, 2023. 8. 23. 기각되었고(부산고등법원 2022카기5000), 2023. 8. 28. 결정문이 송달되었으며, 2023. 9. 27. 이 사건 헌법소원심판을 청구하였다.

(28) 2023헌바414

망 이ⒸⒸ(2019. 2. 10. 사망)가 다른 자녀인 이■■, 이◈◈, 이◉◉ 등에게 부동산을 증여 및 유증하자, 이ⒹⒹ는 2020. 1. 23. 이로 인하여 자신의 유류분이 침해되었다고 주장하면서 유류분의 반환을 청구하는 소를 제기하였고(서울중앙지방법원 2020가단5023908), 2021. 3. 23. 원고의 청구취지확장으로 이송되었다(서울중앙지방법원 2021가합521623).

이■■, 이◈◈, 이◉◉는 소송계속 중 민법 제1112조 등에 대하여 위헌법률심판제청신청을 하였으나, 2023. 11. 29. 기각되었고(서울중앙지방법원 2020카기51130), 2023. 12. 14. 이 사건 헌법소원심판을 청구하였다.

(29) 2023헌바415

망 맹○○(2019. 12. 26. 사망)와 망 한▽▽(1997. 11. 14. 사망)는 자녀로 한◇◇, 한◎◎, 한□□, 한▷▷, 망 한◁◁(1988년경 사망), 한▣▣을 두었다. 한□□은 여○○과 혼인하여 자녀로 한◈◈, 한◉◉, 한△△를 두고 있다.

한◎◎, 한▷▷, 한▣▣은 2020. 2. 14. 망 맹○○가 생전에 한□□, 한△△에게 거액의 금전 등을 증여하여 자신들의 유류분이 침해되었다고 주장하면서 한□□, 한△△를 상대로 유류분의 반환을 청구하는 소를 제기하였다(서울동부지방법원 2020가단106085).

한□□, 한△△는 소송계속 중 민법 제1112조 등에 대하여 위헌법률심판제청신청을 하였으나, 2023. 11. 28. 각하 및 기각되었고(서울동부지방법원 2023카기5178), 2023. 12. 14. 이 사건 헌법소원심판을 청구하였다.

(30) 2024헌바38

망 이ⒺⒺ(2020. 11. 16. 사망)은 자녀로 딸 이ⒻⒻ, 이ⒼⒼ, 이ⒽⒽ, 이ⒾⒾ과 아들 이ⒿⒿ, 이●●를 두었다.

이ⒻⒻ, 이ⒼⒼ, 이ⒽⒽ, 이ⒾⒾ은 2020. 12. 18. 망 이ⒺⒺ이 이ⒿⒿ, 이●●에게 재산을 유증하여 자신들의 유류분이 침해되었다고 주장하면서 이ⒿⒿ, 이●●를 상대로 유류분의 반환을 청구하는 소를 제기하여 2023. 10. 5. 패소하였고(대구지방법원 2020가합213658), 항소하여 2024. 1. 17. 일부 승소하였으며(대구고등법원 2022나23658), 이●●는 다시 상고하였다(대법원 2024다222922).

이●●는 항소심 계속 중 민법 제1112조 제1호에 대하여 위헌법률심판제청신청을 하였으나, 2024. 1. 17. 기각되었고(대구고등법원 2022카기116), 2024. 2. 5. 이 사건 헌법소원심판을 청구하였다.

100. 공무원연금법 제3조 제1항 제1호 가목 단서 위헌소원

[2024. 4. 25. 2020헌바322]

【판시사항】

지방자치단체장을 공무원연금법상 퇴직급여 및 퇴직수당의 지급 대상에서 제외하고 있는 구 공무원연금법 제3조 제1항 제1호 가목 단서 중 ‘선거에 의하여 취임하는 공무원’ 가운데 ‘지방자치단체장의 퇴직급여 및 퇴직수당’에 관한 부분(이하 ‘심판대상조항’이라 한다)이 인간다운 생활을 할 권리를 침해하거나 평등원칙에 반하는지 여부(소극)

【결정요지】

헌법재판소는 2014. 6. 26. 2012헌마459 결정에서, 지방자치단체장을 공무원연금법의 적용대상에서 제외하고 있다고 하더라도, 국민연금법에 따른 노령연금, 연계퇴직연금 제도, 국민기초생활보장법에 따른 사회보장 등을 고려하면, 인간다운 생활을 보장하기 위하여 국가가 실현해야 할 객관적 내용의 최소한도 보장에도 이르지 못하였다고 보기 어려우므로 인간다운 생활을 할 권리를 침해하였다고 볼 수 없고, 지방자치단체장은 특정 정당을 정치적 기반으로 할 수 있는 선출직공무원으로, 정해진 임기가 대체로 짧고 총 재임기간을 미리 특정할 수 없다는 점에서, 경력직공무원 및 다른 특수경력직공무원과 근본적인 차이가 있으므로, 장기근속을 전제로 운용되는 공무원연금법의 적용대상에서 이들을 제외하는 것에는 합리적 이유가 있어 평등권을 침해하지 않는다고 판단한 바 있다. 이후 공무원연금법이 개정되면서 연금 수급을 위한 최소 재직기간이 20년에서 10년으로 단축되었으나, 이는 공무원임용 응시연령 제한 폐지와 국민연금 수급 자격과의 형평을 고려한 것으로서, 이러한 사정만으로는 지방자치단체장과 다른 공무원 사이의 공무원법상 신분보장, 정치운동 금지의 제한, 재임기간 등의 본질적인 차이가 해소되었다고 보기 어렵다.

따라서 선례와 달리 판단할 사정변경이나 필요성이 인정되지 않으며, 심판대상조항은 인간다운 생활을 할 권리를 침해하거나 평등원칙에 위배되지 아니한다.

재판관 이은애, 재판관 이영진, 재판관 김기영, 재판관 김형두의 퇴직수당에 관한 반대의견

지방자치단체장은 직접 주민에 의하여 선출된 주민의 대표자로 민주적 정당성을 부여받은 지방자치단체의 기관이자 지방행정을 책임지는 공직자이므로, 이들이 수행하는 공무의 중요도 및 국가적 헌신도는 다른 공무원에 비하여 결코 가볍지 않다. 퇴직수당은 민간기업의 퇴직금제도에 상응하는 급여로서 근로보상적 성격을 가지는바, 지방자치단체장이 국민연금법에 따라 노령연금을 지급받는다고 하더라도 퇴직수당을 대체할 수 없으며, 퇴직수당은 퇴직급여와는 달리 준비금을 적립하지 아니하고 매년 필요한 만큼의 비용을 산정하여 국가나 지방자치단체가 부담하므로, 입법기술적으로도 지방자치단체장을 적용대상에 포함하는 것이 충분히 가능하다.

그렇다면 공무원연금법이 정한 퇴직수당의 지급에 있어 지방자치단체장을 다른 공무원과 달리 취급하는 것에는 합리적 이유를 찾을 수 없으므로, 심판대상조항 중 지방자치단체장의 퇴직수당에 관한 부분은 평등원칙에 위배된다.

【심판대상조문】

구 공무원연금법(2009. 12. 31. 법률 제9905호로 개정되고, 2018. 3. 20. 법률 제15523호로 전부개정되기 전의 것) 제3조 제1항 제1호 가목 단서 중 '선거에 의하여 취임하는 공무원' 가운데 '지방자치단체장의 퇴직급여 및 퇴직수당'에 관한 부분

【참조조문】

헌법 제11조 제1항, 제34조 제1항

구 공무원연금법(2009. 12. 31. 법률 제9905호로 개정되고, 2018. 3. 20. 법률 제15523호로 전부개정되기 전의 것) 제25조, 제61조의2

구 공무원연금법(2016. 1. 27. 법률 제13927호로 개정되고, 2018. 3. 20. 법률 제15523호로 전부개정되기 전의 것) 제42조 제1호, 제4호

구 공무원연금법(2015. 6. 22. 법률 제13387호로 개정되고, 2018. 3. 20. 법률 제15523호로 전부개정되기 전의 것) 제46조 제1항 제1호

구 지방자치법(2011. 5. 30. 법률 제10739호로 개정되고, 2021. 1. 12. 법률 제17893호로 전부개정되기 전의 것) 제93조, 제94조

【참조판례】

헌재 2001. 9. 27. 2000헌마342, 판례집 13-2, 422, 434

헌재 2014. 6. 26. 2012헌마459, 판례집 26-1하, 629, 638-642

헌재 2016. 6. 30. 2014헌바365, 판례집 28-1하, 516, 523

【당 사 자】

청 구 인 김○○
대리인 법무법인 시민
담당변호사 이영직 외 2인

당해사건 서울행정법원 2019구합82196 퇴직일시금 및 퇴직수당 청구서 반려 처분 취소

【주 문】

구 공무원연금법(2009. 12. 31. 법률 제9905호로 개정되고, 2018. 3. 20. 법률 제15523호로 전부개정되기 전의 것) 제3조 제1항 제1호 가목 단서 중 '선거에 의하여 취임하는 공무원' 가운데 '지방자치단체장의 퇴직급여 및 퇴직수당'에 관한 부분은 헌법에 위반되지 아니한다.

【이 유】

1. 사건개요

가. 청구인은 지방자치단체장 선거에서 당선되어 1998. 7. 1.부터 2006. 6. 30.까지, 2010. 7. 1.부터 2018. 6. 30.까지 ○○시장으로 재직하였던 사람이다.

나. 청구인은 2019. 9. 11. 공무원연금공단에 '퇴직(연금)일시금·퇴직수당 청구서'를 제출하면서 퇴직연금일시금 및 퇴직수당의 지급을 청구하였으나, 위 공단은 2019. 9. 18. 청구인이 선거에 의하여 취임한 공무원이었던 자로서 공무원연금법의 적용대상자가 아니라는 이유로 청구를 반려하였다(이하 '이 사건 처분'이라 한다).

다. 청구인은 이 사건 처분의 취소를 구하는 소를 제기하였으나 2020. 5. 19. 기각되었고(당해 사건), 당해 사건 계속 중 공무원연금법 제3조 제1항 제1호 가목 단서 중 '선거에 의하여 취임하는 공무원' 부분이 헌법에 위반된다는 취지로 위헌법률심판제청신청을 하였으나 2020. 5. 19. 기각되자(서울행정법원 2019아13195), 2020. 6. 12. 위 조항에 대하여 이 사건 헌법소원심판을 청구하였다.

2. 심판대상

당해 사건은 지방자치단체장의 공무원연금법상 퇴직급여(퇴직연금일시금) 및 퇴직수당의 지급 청구에 대한 거부처분을 다투는 것이므로, 심판대상을 이와 관련된 부분으로 한정한다.

따라서 이 사건 심판대상은 구 공무원연금법(2009. 12. 31. 법률 제9905호로 개정되고, 2018. 3. 20. 법률 제15523호로 전부개정되기 전의 것) 제3조 제1항 제1호 가목 단서 중 '선거에 의하여 취임하는 공무원' 가운데 '지방자치단체장의 퇴직급여 및 퇴직수당'에 관한 부분(이하 '심판대상조항'이라 한다)이 헌법에 위반되는지 여부이다. 심판대상조항 및 관련조항은 다음과 같다.

[심판대상조항]

구 공무원연금법(2009. 12. 31. 법률 제9905호로 개

정되고, 2018. 3. 20. 법률 제15523호로 전부개정되기 전의 것)

제3조(정의) ① 이 법에서 사용하는 용어의 뜻은 다음과 같다.

1. "공무원"이란 상시 공무에 종사하는 다음 각 목의 어느 하나에 해당하는 자를 말한다.

가. 「국가공무원법」, 「지방공무원법」, 그 밖의 법률에 따른 공무원. 다만, 군인과 선거에 의하여 취임하는 공무원은 제외한다.

[관련조항]

구 지방자치법(2011. 5. 30. 법률 제10739호로 개정되고, 2021. 1. 12. 법률 제17893호로 전부개정되기 전의 것)

제93조(지방자치단체의 장) 특별시에 특별시장, 광역시에 광역시장, 특별자치시에 특별자치시장, 도와 특별자치도에 도지사를 두고, 시에 시장, 군에 군수, 자치구에 구청장을 둔다. 제94조(지방자치단체의 장의 선거) 지방자치단체의 장은 주민이 보통·평등·직접·비밀선거로 선출한다.

구 공무원연금법(2009. 12. 31. 법률 제9905호로 개정되고, 2018. 3. 20. 법률 제15523호로 전부개정되기 전의 것)

제25조(급여) 공무원의 공무로 인한 질병·부상과 재해에 대하여는 제34조에 따른 단기급여를 지급하고, 공무원의 퇴직·장애 및 사망에 대하여는 제42조에 따른 장기급여를 지급한다.

구 공무원연금법(2016. 1. 27. 법률 제13927호로 개정되고, 2018. 3. 20. 법률 제15523호로 전부개정되기 전의 것)

제42조(장기급여) 이 법에 따른 장기급여는 다음과 같다.

1. 퇴직급여

가. 퇴직연금

나. 퇴직연금일시금

다. 퇴직연금공제일시금

라. 퇴직일시금

4. 퇴직수당

구 공무원연금법(2015. 6. 22. 법률 제13387호로 개정되고, 2018. 3. 20. 법률 제15523호로 전부개정되기 전의 것)

제46조(퇴직연금 또는 퇴직연금일시금) ① 공무원이 10년 이상 재직하고 퇴직한 경우에는 다음 각 호의 어느 하나에 해당하는 때부터 사망할 때까지 퇴직연금을 지급한다.

1. 65세가 되었을 때

구 공무원연금법(2009. 12. 31. 법률 제9905호로 개정되고, 2018. 3. 20. 법률 제15523호로 전부개정되기 전의 것)

제61조의2(퇴직수당) ① 공무원이 1년 이상 재직하고 퇴직하거나 사망한 경우에는 퇴직수당을 지급한다.

3. 청구인의 주장

지방자치단체장은 선거에 의하여 취임하는 공무원이지만 근무형태 및 보수체계에 있어 다른 일반 공무원과 차이가 없고, 장기간 지방자치단체장으로 재직하는 공무원이 증가함에 따라 재직기간이 공무원연금 수급을 위한 최소 재직기간을 넘어서는 경우도 다수 존재하므로, 지방자치단체장에게도 공무원연금법을 적용함으로써 퇴직 후의 생활 안정을 도모하고 이를 통해 공직수행의 청렴성과 공익성을 확보할 필요가 있다. 군인은 군인연금법에 따른 연금 등을 지급받고, 선거로 취임하는 공무원 중 대통령, 국회의원은 특별법에 따른 연금 또는 변형된 형태의 금전적 보조를 받고 있다. 따라서 지방자치단체장을 공무원연금법의 적용대상에서 제외하여 퇴직한 지방자치단체장에게 퇴직급여와 퇴직수당을 지급하지 않는 심판대상조항은 청구인을 다른 공무원과 합리적인 이유 없이 차별하는 것으로서 평등원칙에 위배된다.

4. 판 단

가. 쟁점

(1) 심판대상조항이 지방자치단체장을 공무원연금법의 적용대상에서 제외하여 퇴직한 지방자치단체장에게 공무원연금법상 퇴직급여와 퇴직수당을 지급하지 않는 것이 헌법 제34조가 보장하는 인간다운 생활을 할 권리를 침해하는지 살펴본다.

(2) 지방자치단체장도 공무원법상 각종 의무를 부담하고 영리업무 및 겸직 금지 등 기본권 제한이 수반된다는 점에서 경력직공무원 또는 선거로 취임하는 공무원이 아닌 다른 특수경력직공무원 등과 차이가 없는바, 공무원연금법의 적용에 있어 지방자치단체장을 다른 공무원과 달리 취급하는 것이 평등원칙에 위배되는지

살펴본다.

(3) 한편, 심판대상조항은 선출직 공무원 모두를 적용대상에서 제외하고 있으므로 청구인이 주장하는 차별 중 대통령, 국회의원 등 다른 선출직 공무원과의 차별은 심판대상조항에 의하여 발생한다고 보기 어렵다. 따라서 이 주장에 대하여는 별도로 판단하지 아니한다.

나. 헌법재판소 선례

헌법재판소는 2014. 6. 26. 2012헌마459 결정에서, 심판대상조항을 포함한 구 공무원연금법(2009. 12. 31. 법률 제9905호로 개정되고, 2018. 3. 20. 법률 제15523호로 전부개정되기 전의 것) 제3조 제1항 제1호 가목 단서 중 선거에 의하여 취임하는 공무원 가운데 '지방자치단체의 장'에 관한 부분(이하 '선례조항'이라 한다)이 지방자치단체장의 인간다운 생활을 할 권리 및 평등권을 침해하지 아니한다고 판단하였다. 그 요지는 다음과 같다.

『(1) 인간다운 생활을 할 권리의 침해 여부

지방자치단체장은 일반 국민의 노후의 생활안정과 복지증진에 기여할 목적으로 마련된 국민연금법에 따른 노령연금 등을 지급받을 수 있다(국민연금법 제9조). 또한 지방자치단체장으로 재직하기 전에 공무원으로 재직한 적이 있는 경우 '국민연금과 직역연금의 연계에 관한 법률'에 따라 국민연금 가입기간과 공무원연금 등 직역재직기간을 합산·연계하여 연계퇴직연금 등의 급여를 지급받을 수도 있다. 그 밖에 생활이 어려운 사람에게 필요한 급여를 행하여 이들의 최저생활을 보장하고 자활을 조성할 목적으로 국민기초생활보장법이 마련되어 있고, 저소득 노인층에 대한 경로연금 지급, 건강진단, 공공시설 등의 무료이용 및 노인복지시설을 설치하고 이를 이용하도록 하여 노인의 생활안정, 보건 및 복지를 시행하게 하고 있다. 또한 국민건강보험법상 직장가입자로서 각종 의료혜택을 받을 수도 있다.

그렇다면 선례조항이 지방자치단체장을 공무원연금법의 적용대상에서 제외하고 있다고 하더라도, 이들의 인간다운 생활을 보장하기 위하여 국가가 실현해야 할 객관적 내용의 최소한도 보장에도 이르지 못하였다고 보기 어려우므로, 선례조항은 지방자치단체장의 인간다운 생활을 할 권리를 침해하지 아니한다.

(2) 평등권 침해 여부

(가) 지방자치단체장은 특정 정당을 정치적 기반으로 할 수 있고 주민의 선거를 통해 취임하며 정해진 임기동안 재직하는 정무직공무원으로서, 공무원법상 신분보장 및 정치운동 금지의 제한을 받지 않는다는 점에서(지방공무원법 제3조), 공무원법상 신분보장을 받고 정치운동이 금지되며 평생 또는 장기간 공무원으로 근무할 것이 예정된 경력직공무원과는 차이가 있다. 그리고 지방자치단체장의 경우 임기가 4년으로 제한되어 있고 계속 재임도 3기로 제한되어 있어(지방자치법 제108조) 지방자치단체장의 총 재임기간 내지 퇴직시점을 미리 확정하기 어렵기 때문에, 장기근속을 전제로 하는 경력직공무원을 주된 대상으로 하고 이들이 재직기간 동안 납부하는 기여금을 일부 재원으로 하여 설계된 공무원연금법의 적용대상에 지방자체단체장을 포함하는 것은 입법기술적으로도 어려움이 있다.

따라서 선례조항이 공무원연금법의 적용에 있어 지방자치단체장을 경력직공무원과 달리 취급하는 데에는 합리적 이유가 인정된다.

(나) 공무원연금법은 1960년 공무원연금법 제정 시부터 대통령, 국회의원, 지방의회의원, 교육감 등 모든 선출직 공무원을 그 적용대상에서 제외하고 있다. 이는 선출직 공무원이 경우 선출 기반 및 재임 가능성이 모두 투표권자에게 달려 있고 정해진 임기가 대체로 짧다는 점에서, 다른 공무원이 재직기간 동안 납부하는 기여금을 주된 재원으로 하여 운용되는 공무원연금체계에 선출직 공무원을 포함하는 것이 부적절하다는 입법자의 판단에 따른 것이다. 나아가 지방자치단체장의 경우 차기 선거를 통한 연임 가능성으로 직무의 충실성이 자동적으로 담보되고 총 재임기간을 미리 특정할 수 없다는 점에서, 임명권자에 의하여 임명되고 정해진 기간이나 임명권자의 해임 등에 의하여 그 직에서 물러나게 되는 다른 특수경력직공무원과 근본적으로 차이가 있다. 따라서 심판대상조항이 공무원연금법의 적용에 있어 지방자치단체장을 다른 특수경력직공무원과 달리 취급하는 데에도 합리적 이유가 인정된다.

(다) 한편, 퇴직연금이나 유족연금 등 소득보장적 성격의 급여가 아닌 퇴직수당의 경우에는 공무원의 장기근속이나 기여금 납부를 전제로 하지 아니한다. 그러나 공무원연금의 전체 기금은 기본적으로 기여금을 바탕으로 국가 또는 지방자치단체가 일부 비용을 부담하여 운용되는 것이므로, 공무원연금급여의 종류를 구별하여 일부 급여의 경우 선출직 공무원에게도 지급이 가능하다고 보기도 어렵다.

(라) 따라서 선례조항은 지방자치단체장의 평등권을 침해하지 않는다.』

다. 선례 변경의 필요성 여부

공무원연금법이 2015. 6. 22. 법률 제13387호로 개정되면서 공무원연금 수급을 위한 최소 재직기간이 20년에서 10년으로 완화되었으나, 이는 응시연령 제한 폐지로 고령자의 임용이 증가함에 따라 경력직공무원이 정년까지 근무해도 재직기간이 20년에 미달하는 사례가 증가하고 10년 이상 보험료를 납부하면 연금을 받을 수 있는 국민연금과의 형평을 맞추기 위한 것이다. 따라서 이러한 사정변경만으로 지방자치단체장과 다른 공무원 사이에서 앞서 본 것과 같은 공무원법상의 신분보장, 정치운동 금지의 제한, 재임기간 및 해임 사유 등의 본질적인 차이가 해소되었다고 보기 어렵다.

위와 같은 점을 고려하여 보면, 이 사건에서 선례와 달리 판단할 만한 사정 변경이나 필요성이 있다고 보기 어렵다. 심판대상조항은 인간다운 생활을 할 권리를 침해하거나 평등원칙에 위배되지 아니한다.

5. 결 론

그렇다면 심판대상조항은 헌법에 위반되지 아니하므로 주문과 같이 결정한다. 이 결정은 아래 6.과 같은 재판관 이은애, 재판관 이영진, 재판관 김기영, 재판관 김형두의 반대의견이 있는 외에는 나머지 관여 재판관들의 일치된 의견에 의한 것이다.

6. 재판관 이은애, 재판관 이영진, 재판관 김기영, 재판관 김형두의 반대의견

우리는 심판대상조항 중 지방자치단체장의 '퇴직급여'에 관한 부분이 헌법에 위반되지 않는다는 점에서는 다수의견과 견해를 같이한다. 그러나 심판대상조항 중 지방자치단체장의 '퇴직수당'에 관한 부분은 평등원칙에 반하여 헌법에 위반된다고 판단하므로, 다음과 같이 그 의견을 밝힌다.

가. 지방자치단체장은 직접 주민에 의하여 선출된 주민의 대표자로 민주적 정당성을 부여받은 지방자치단체의 기관이자 지역의 다양한 이해와 갈등을 조정하는 중대한 역할을 담당하고 있고, 이러한 풀뿌리 민주주의를 실현하기 위하여 지방행정을 책임지며 국민의 가장 가까이에서 생활안정과 복지를 실현해 나가는 공직자로, 이들이 수행하는 공무의 중요도 및 국가적 헌신도는 경력직공무원이나 다른 특수경력직공무원에 비하여 결코 가볍지 않다. 또한 지방자치단체장이 국가의 사무를 위임받아 처리하는 범위 내에서는 국가의 하급행정기관으로서의 지위도 가지는데(지방자치법 제115조), 지방자치단체장이 수행하는 공무 중 국가사무의 처리도 상당 부분을 차지하고, 이러한 국가사무의 처리에 있어서는 지방자치단체장이 임명직으로 운용되던 과거와 비교할 때 크게 차이가 없다.

따라서 지방자치단체장 역시 헌법 제7조 제1항에 따라 국민전체에 대한 봉사자로서 국민에게 법적·정치적 책임을 지는 공무원에 해당하므로, 퇴직금 성격의 퇴직수당에 대하여는 국가가 보상책을 마련해 줄 필요가 있다. 지방자치단체장을 위한 별도의 퇴직급여제도가 입법으로 마련되어 있지 아니한 상황에서, 이를 통해 자치단체장의 임기 중 직무수행의 충실성 및 효율성을 담보할 수 있고, 지방자치단체장의 퇴직 후 생활의 유지 및 안정에 기여할 수 있는 등 지방자치단체장의 국가적 헌신에 대한 은혜적·공로보상적 기능을 실현할 수 있다(헌재 2014. 6. 26. 2012헌마459 중 반대의견 참조).

나. 퇴직수당은 민간기업의 퇴직금제도에 상응하는 근로보상적 성격이 강한 급여로서(헌재 2001. 9. 27. 2000헌마342 참조), 노후의 장기소득보장이 아닌 근로에 대한 대가를 미뤄두었다가 퇴직할 때 일시불로 지급하는 성격의 급여이다. 이에 따라 공무원연금법은 퇴직수당을 산정할 때에 재임용 전의 재직기간과 특례로 인정되는 가산기간을 제외하는 등 실제로 근무하지 아니한 기간에 대해서는 퇴직수당 지급을 제한하고(공무원연금법 제25조 제4항, 제5항), 재직기간이 길어질수록 퇴직수당을 산정할 때에 곱해지는 비율이 증가하도록 정하고 있다(공무원연금법 제62조 제2항, 공무원연금법 시행령 제58조 제1항).

지방자치단체장은 국민연금에 가입하여 노령연금을 지급받게 되는데, 국민연금은 근로관계로부터 독립하여 제3자인 보험자로 하여금 피보험자의 생활위험을 보호하도록 함으로써 순수한 사회정책적 차원에서 가입자의 노령보호를 주된 목적으로 하는 것이므로(헌재 2016. 6. 30. 2014헌바365 참조), 지방자치단체장이 국민연금법에 따라 노령연금을 지급받는다고 하더라도 이로써 근로보상적 성격의 퇴직수당을 대체할 수 없다.

다. 퇴직수당은 공무원이 1년 이상 재직하고 퇴직하거나 사망한 경우 지급되므로(공무원연금법 제62조 제

1항), 퇴직급여와 같이 장기근속을 전제로 설계된 급여가 아니다. 이러한 점을 고려하여 공무원연금법은 퇴직급여와 퇴직수당의 연금재정 운영방식을 달리 정하고 있다. 퇴직급여는 공무원이 납입하는 기여금과 국가나 지방자치단체가 부담하는 연금부담금으로 책임준비금을 연금기금에 적립하고 그 기금을 통하여 지급되나(공무원연금법 제72조), 퇴직수당은 준비금을 적립하지 아니하고 매년 필요한 만큼의 비용을 산정하여 국가나 지방자치단체가 부담한다(공무원연금법 제73조). 이와 같이 입법기술적으로도 퇴직금 성격을 가지는 퇴직수당에 대하여는 지방자치단체장을 그 적용대상에 포함하는 것이 충분히 가능하고, 재직기간 동안 기여금을 납부해 온 다른 공무원들과의 관계에서 형평성 문제를 야기하지도 않는다.

라. 이러한 점을 종합하면, 지방자치단체장에게 다른 공무원과 달리 공무원연금법이 정한 퇴직수당을 지급하지 아니하는 것에는 합리적 이유를 찾을 수 없으므로 평등원칙에 위반된다.

따라서 심판대상조항 중 지방자치단체장의 퇴직수당에 관한 부분은 헌법에 위반된다.

재판관 이종석 이은애 이영진 김기영 문형배 이미선 김형두 정정미 정형식

101. 주민등록법 제24조 제2항 위헌확인 등

[2024. 4. 25. 2020헌마542]

【판시사항】

1. 시장·군수·구청장으로 하여금 주민등록증 발급신청서를 관할 경찰서 지구대장 등에게 보내도록 한 구 주민등록법 시행규칙 제8조(이하 '이 사건 규칙조항'이라 한다)에 관하여, 주민등록증 발급신청을 하지 않은 청구인에게 기본권침해의 자기관련성 및 현재성이 인정되는지 않는다고 본 선례를 변경하여 자기관련성 및 현재성을 인정한 사례

2. 주민등록증 발급신청서에 열 손가락 지문을 날인하도록 한 구 주민등록법 시행령 제36조 제3항에 의한 별지 제30호 서식 중 열 손가락의 지문을 찍도록 한 부분(이하 '이 사건 시행령조항'이라 한다)이 법률유보원칙을 위반하여 개인정보자기결정권을 침해하는지 여부(소극)

3. 피청구인 경찰청장이 주민등록증 발급신청서에 날인되어 있는 지문정보를 보관·전산화하고 이를 범죄수사목적에 이용하는 행위(이하 '이 사건 보관등행위'라 한다)가 법률유보원칙을 위반하여 개인정보자기결정권을 침해하는지 여부(소극)

4. 주민등록증에 지문을 수록하도록 한 구 주민등록법 제24조 제2항 본문 중 '지문(指紋)'에 관한 부분(이하 '이 사건 법률조항'이라 한다), 이 사건 시행령조항 및 이 사건 보관등행위가 과잉금지원칙을 위반하여 개인정보자기결정권을 침해하는지 여부(소극)

5. 이 사건 규칙조항이 개인정보자기결정권을 침해하는지 여부(소극)

6. 이 사건 규칙조항에 대한 심판청구에 대하여 재판관 2인의 기각의견, 재판관 4인의 인용의견 및 재판관 3인의 각하의견으로 의견이 나뉘어 위 심판청구를 기각한 사례

【결정요지】

1. 청구인은 이 사건 법률조항 및 이 사건 시행령조항에 따라 주민등록증 발급신청서를 제출하여야 하는데, 이 사건 규칙조항은 청구인이 발급신청서를 제출할 경우 시장·군수·구청장으로 하여금 이를 관할 경찰서의 지구대장 또는 파출소장에게 송부하도록 예정하고 있으므로, 이 사건 규칙조항에 의한 기본권 침해 또한 이 사건 법률조항 및 이 사건 시행령조항과 마찬가지로 청구인이 주민등록증 발급신청서를 제출할 의무를 부담하게 된 때 발생한다. 이 사건 규칙조항에 대한 심판청구는 기본권침해의 자기관련성 및 현재성이 인정되어 적법하다.

종래 이 사건 규칙조항과 동일한 내용의 구 주민등록법 시행규칙 조항에 관하여 주민등록증 발급신청서를 제출하지 아니한 청구인은 기본권침해의 자기관련성 및 현재성이 인정되지 않는다고 본 헌재 2005. 5. 26. 99헌마513등 결정은 이 결정과 저촉되는 범위 내에서 이를 변경하기로 한다.

2. 헌법재판소는 2005. 5. 26. 99헌마513등 결정에서 이 사건 시행령조항과 동일한 내용을 규정한 구 주민등록법 시행령 제33조 제2항에 의한 별지 제30호 서식 중 '열 손가락의 회전지문과 평면지문을 날인하도록 한 부분'이 법률유보원칙에 위반되지 않는다고 판단하였고, 또한 2015. 5. 28. 2011헌마731 결정에서도 이 사건 시행령조항과 동일한 내용을 규정한 구 주민등록법 시행령 제36조 제2항에 의한 별지 제30호 서식 중 '열 손가락의 지문을 찍도록 한 부분'이 법률유보원칙에 위반되지 않는다고 판단하였다. 위와 같은 선례들의 결정 이유는 이 사건에서도 그대로 타당하고, 위 선례들이 적

시하고 있는 주민등록법 조항들은 법률개정에 따라 위치만 변경되었을 뿐 그 내용이 그대로 유지되고 있으므로(주민등록법 제24조 등), 이 사건에서 위 선례들과 달리 판단하여야 할 특별한 사정변경이나 필요성이 인정되지 않는다. 즉, 이 사건 법률조항은 주민등록증의 수록사항의 하나로 지문을 규정하고 있을 뿐 "오른손 엄지손가락 지문"이라고 특정한 바가 없으며, 이 사건 시행령조항에서는 주민등록법 제24조 제7항의 위임규정에 근거하여 주민등록증발급신청서의 서식을 정하면서 보다 정확한 신원확인이 가능하도록 하기 위하여 열 손가락의 지문을 날인하도록 하고 있는 것이므로, 이를 두고 법률에 근거가 없는 것으로서 법률유보의 원칙에 위배되는 것으로 볼 수는 없다.

3. 헌법재판소는 2005. 5. 26. 99헌마513등 결정에서 경찰청장이 주민등록증 발급신청서에 날인되어 있는 지문정보를 보관하고, 이를 전산화하여 범죄수사목적에 이용하는 행위는 법률유보원칙에 위반되지 않는다고 판단하였다. 위 선례가 경찰청장이 지문정보를 보관·전산화하고 이를 범죄수사목적에 이용하는 행위의 법률상 근거로 든 법률조항들은 현행법에서도 여전히 그 내용을 유지하고 있으므로, 이 사건 보관등행위가 법률유보원칙에 위반되지 않는다고 본 선례의 결정 이유는 이 사건에서도 그대로 타당하고, 이 사건에서 위 선례와 달리 판단하여야 할 특별한 사정변경이나 필요성이 인정되지 않는다. 이 사건 보관등행위는 법률유보원칙에 위반되지 않는다.

4. 헌법재판소는 2005. 5. 26. 99헌마513등 결정에서 이 사건 시행령조항과 동일한 내용을 규정한 구 주민등록법 시행령 제33조 제2항에 의한 별지 제30호 서식 중 '열 손가락의 회전지문과 평면지문을 날인하도록 한 부분' 및 경찰청장이 주민등록증 발급신청서에 날인되어 있는 지문정보를 보관하고, 이를 전산화하여 범죄수사목적에 이용하는 행위가 모두 과잉금지원칙에 위반되지 않는다고 판단하였다. 헌법재판소는 또한, 2015. 5. 28. 2011헌마731 결정에서도 이 사건 시행령조항과 동일한 내용을 규정한 구 주민등록법 시행령 제36조 제2항에 의한 별지 제30호 서식 중 '열 손가락의 지문을 찍도록 한 부분'이 과잉금지원칙에 위반되는지 여부에 대하여, 위 99헌마513등 결정의 이유는 그대로 타당하고, 달리 판단하여야 할 아무런 사정변경이 없다고 판단하였다.

이 사건 시행령조항과 이 사건 보관등행위는 불가분의 일체를 이루어 지문정보의 수집·보관·전산화·이용이라는 넓은 의미의 지문날인제도를 구성하는 것이어서, 이 사건 시행령조항과 이 사건 보관등행위의 법률상 근거가 되는 이 사건 법률조항 또한 마찬가지로 넓은 의미의 지문날인제도를 구성한다고 할 것이고, 또한 이 사건 법률조항은 열 손가락 지문을 요구하지 않는다는 점을 제외하고는 이 사건 시행령조항과 기본권 제한의 내용에 큰 차이가 없으므로, 이 사건 시행령조항 및 이 사건 보관등행위가 과잉금지원칙에 위반되지 않는다고 본 선례의 설시는 이 사건 법률조항에 대해서도 그대로 타당하다.

주민등록법상 지문날인제도는 신원확인기능의 효율적인 수행을 도모하고, 신원확인의 정확성 내지 완벽성을 제고하기 위하여 17세 이상 모든 국민의 열 손가락 지문정보를 수집하고 이를 보관·전산화하여 이용하는 것이다. 경찰이 범죄수사나 사고피해자의 신원확인 등을 위하여 지문정보를 효율적으로 이용하기 위해서는 사전에 광범위한 지문정보를 보관하여야 할 필요가 있는 점, 한 손가락 지문정보로는 신원확인이 불가능하게 되는 경우가 흔히 발생할 수 있는 점, 다른 여러 신원확인수단 중에서 정확성·간편성·효율성 등의 종합적인 측면에서 지문정보와 비견할 만한 것은 현재에도 찾아보기 어려운 점을 종합하면, 이 사건 법률조항, 이 사건 시행령조항 및 이 사건 보관등행위는 과잉금지원칙에 위반되지 않는다.

5. (가) 재판관 이영진, 재판관 정정미의 이 사건 규칙조항에 대한 기각의견

주민등록법상 지문날인제도는 주민등록제도 일반에 관한 입법목적 외에도 치안유지나 국가안보가 보다 적극적으로 고려된 것이고, 이러한 입법목적에는 날인된 지문의 범죄수사목적상 이용도 포함된다. '개인정보 보호법' 제15조 제1항 제3호, 제18조 제2항 제7호의 규정내용과 '국가경찰과 자치경찰의 조직 및 운영에 관한 법률' 및 '경찰관 직무집행법'이 국민의 생명·신체 및 재산의 보호, 범죄의 예방·진압 및 수사 등을 경찰의 임무로 규정하고 있는 점 등을 고려하면, 시장·군수·구청장이 주민등록증 발급신청서를 관할 경찰서의 지구대장 또는 파출소장에게 보내도록 한 이 사건 규칙조항이 법률유보원칙에 위반된다고 볼 수 없다.

이 사건 규칙조항은 신원확인기능의 효율적 수행을 도모하고 신원확인의 정확성을 제고하기 위한 것으로, 경찰이 사전에 광범위한 지문정보를 보관하고 있지 않다면 지문대조가 효율적으로 이루어지기 어려운 점, 지문정보는 정확성·간편성·효율성 등 종합적인 측면에서 우수한 신원확인수단이라고 할 수 있는 점, 주민등록증에 개선된 보안기술이 적용됨에 따라 주민등록증에 수록된 지문정보의 부정사용 가능성은 해소된 것으로 볼 수 있는 점 등을 종합하여 고려하면, 이 사건 규칙조항은 과잉금지원칙에 위반되지 않는다.

(나) 재판관 김기영, 재판관 문형배, 재판관 이미선, 재판관 정형식의 이 사건 규칙조항에 대한 인용의견

행정안전부장관 소속으로 치안에 관한 사무를 관장하는 경찰청은 시장·군수·구청장과 독립된 기관이므로, 시장·군수·구청장이 자신의 사무인 주민등록에 관하여 취득한 개인정보를 별도의 기관인 경찰청 소속의 경찰서 지구대장 또는 파출소장에게 송부하는 행위는 기관 내부적인 행위에 불과한 것이 아니라, 정보주체의 개인정보자기결정권을 제한하는 새로운 행위에 해당하므로, 이에 대하여는 법률의 근거가 필요하다. 그러나 주민등록법령은 주민등록 사무 내지 주민등록과 관련한 개인정보의 수집·이용에 관한 권한을 경찰청이나 각급 경찰기관에게 부여하는 내용의 조항을 두고 있지 않다.

'개인정보 보호법'의 입법취지에 비추어보면, '개인정보 보호법' 제15조 제1항 제3호, 제18조 제2항 제7호는 수사기관에서 향후 범죄수사를 위하여 사전에 주민등록증 발급신청서상 지문정보를 모두 송부받고 이를 전산화하여 범죄수사목적으로 활용할 수 있도록 하는 법률적 근거라고는 볼 수 없고, '국가경찰과 자치경찰의 조직 및 운영에 관한 법률' 제3조, '경찰관 직무집행법' 제2조는 경찰 내지 경찰관의 일반적인 임무 내지 직무의 범위를 규정한 것에 불과하므로, 구체적인 범죄수사나 신원확인의 필요성과 상관없이 17세 이상 모든 국민의 주민등록증 발급신청서상 지문원지를 송부 받아 보관할 수 있는 근거규정이라고 해석할 수 없다. 즉, 이 사건 규칙조항은 주민등록법, 같은 법 시행령 등에 아무런 근거가 없이 제정된 것이라고 볼 수밖에 없으므로, 법률유보원칙에 위반되어 개인정보자기결정권을 침해한다.

6. 이 사건 규칙조항에 대한 심판청구에 관하여는 재판관 2인의 기각의견, 재판관 4인의 인용의견 및 재판관 3인의 각하의견으로 재판관의 의견이 나뉘었는바, 인용의견이 다수이지만 헌법 제113조 제1항, 헌법재판소법 제23조 제2항 단서 제1호에서 정한 헌법소원심판 인용결정을 위한 심판정족수에는 이르지 못하였으므로 위 심판청구를 기각한다.

재판관 이종석, 재판관 이은애, 재판관 김형두의 이 사건 규칙조항에 대한 각하의견

선례를 변경하기 위해서는 위와 같은 가중정족수라는 형식적 요건 외에도, 선례의 판단에 법리상 잘못이 있다거나 사정변경이 있다는 등 선례의 입장을 변경해야만 할 필요성이 인정되고 논증되어야 한다.

이 사건 규칙조항은 열 손가락의 지문이 날인된 주민등록증 발급신청서가 시장·군수·구청장에게 접수된 때에 비로소 문제되고, 주민등록증 발급신청을 하지 않았음을 이유로 청구인에게 과태료가 부과될 수 있다고 하더라도 이는 주민등록증 발급신청을 하지 않은 것과 관련될 뿐, 이 사건 규칙조항과 관련된 것이 아니다. 따라서 헌재 2005. 5. 26. 99헌마513등의 법리는 이 사건에서도 여전히 타당하고, 이러한 법리가 잘못되었다거나 이를 변경할만한 사정변경도 보이지 않는다. 이 사건 규칙조항에 대한 심판청구는 기본권침해의 자기관련성 및 현재성 요건을 갖추지 못하여 부적법하다.

재판관 김기영의 이 사건 시행령조항에 대한 반대의견

이 사건 시행령조항의 입법목적은 정확한 신원확인을 통해 행정사무를 적정히 처리하는 한편, 신원확인기능의 효율성 및 정확성을 도모하려는 것으로, 치안유지, 국가안보 내지 범죄수사는 이 사건 시행령조항의 입법목적이 될 수 없다. 행정상 목적으로 신원을 확인하기 위해 지문정보가 사용되는 경우에도 열 손가락의 지문정보가 모두 필요하다고 볼 수 없으므로, 이 사건 시행령조항이 열 손가락 지문 모두를 요구하는 것은 행정목적을 위한 신원확인에 필요한 범위를 넘어 과도한 것이다. 설령 범죄수사 등 치안유지의 목적을 위한 지문정보의 수집이 이 사건 시행령조항의 입법목적이라고 하더라도, 17세 이상의 모든 국민을 대상으로 열 손가락의 지문날인을 강제할 것은 아니다. 이처럼 이 사건 시행령조항은 그 입법목적의 달성을 위하여 필요한 범위를 넘는 것으로, 과잉금지원칙에 위반되어 개인정보자기결정권을 침해한다.

재판관 김기영, 재판관 문형배, 재판관 이미선, 재판관 정형식의 이 사건 보관등행위에 대한 반대의견

앞서 이 사건 규칙조항에 대한 재판관 김기영, 재판관 문형배, 재판관 이미선, 재판관 정형식의 인용의견에서 살펴본 바와 같이 이 사건 규칙조항이 법률유보원칙에 위반되는 이상 이 사건 보관등행위는 아무런 법률적 근거가 없고, 법률유보원칙에 위반되어 개인정보자기결정권을 침해한다.

【심판대상조문】

구 주민등록법(2007. 5. 11. 법률 제8422호로 전부개정되고, 2021. 7. 20. 법률 제18304호로 개정되기 전의 것) 제24조 제2항 본문 중 '지문(指紋)'에 관한 부분

구 주민등록법 시행령(2019. 2. 8. 대통령령 제29511호로 개정되고, 2020. 10. 13. 대통령령 제31111호로 개정되기 전의 것) 제36조 제3항에 의한 별지 제30호 서식 중 열 손가락의 지문을 찍도록 한 부분

구 주민등록법 시행규칙(2009. 3. 10. 행정안전부령 제67호로 개정되고, 2023. 1. 12. 행정안전부령 제374호로 개정되기 전의 것) 제8조

【참조조문】

헌법 제37조 제2항

헌법재판소법 제23조 제2항, 제68조 제1항

주민등록법(2016. 12. 2. 법률 제14286호로 개정된 것) 제24조 제4항

주민등록법(2014. 1. 21. 법률 제12279호로 개정된 것) 제24조 제7항

주민등록법(2007. 5. 11. 법률 제8422호로 전부개정된 것) 제26조 제1항

주민등록법(2016. 5. 29. 법률 제14191호로 개정된 것) 제40조 제4항

개인정보 보호법(2011. 3. 29. 법률 제10465호로 제정된 것) 제15조 제1항 제3호

개인정보 보호법(2023. 3. 14. 법률 제19234호로 개정된 것) 제18조 제1항, 제2항 제7호

국가경찰과 자치경찰의 조직 및 운영에 관한 법률(2020. 12. 22. 법률 제17689호로 전부개정된 것) 제3조

경찰관 직무집행법(2020. 12. 22. 법률 제17688호로 개정된 것) 제2조

【참조판례】

2. 헌재 2005. 5. 26. 99헌마513, 판례집 17-1, 668, 685-691

헌재 2015. 5. 28. 2011헌마731, 27-1하, 279, 288-290

3. 헌재 2005. 5. 26. 99헌마513등, 판례집 17-1, 668, 685-691

4. 헌재 2005. 5. 26. 99헌마513등, 판례집 17-1, 668, 691-694

헌재 2015. 5. 28. 2011헌마731, 판례집 27-1하, 279, 288-290

【당 사 자】

청 구 인　1. 김○○
　　　　　　대리인 변호사 강성민
　　　　　2. 강○○(변호사)

피청구인　경찰청장

【주　문】

청구인들의 심판청구를 모두 기각한다.

【이　유】

1. 사건개요

가. 청구인 김○○는 2003. 2. 24.생으로, 2020. 2. 3. 주민등록증 발급통지서를 받았으나 주민등록증 발급신청서에 열 손가락의 지문날인을 거부하며 주민등록증 발급신청을 하지 않았다. 청구인 강○○은 1985. 11. 20.생으로, 17세가 된 해인 2002년 주민등록증 발급을 신청하여 같은 해 주민등록증을 발급받았다.

나. 청구인 김○○는 주민등록증에 지문을 수록하도록 한 주민등록법 제24조 제2항 본문 중 '지문(指紋)'에 관한 부분, 주민등록증의 발급을 위해서는 주민등록증 발급신청서에 좌우 열 손가락의 회전지문과 평면지문을 날인하도록 한 주민등록법 시행령 제36조 제3항에 의한 별지 제30호 서식 중 열 손가락의 지문을 찍도록 한 부분 및 시장·군수·구청장으로 하여금 주민등록증 발급신청서를 해당자의 주민등록지를 관할하는 경찰서의 지구대장 또는 파출소장에게 보내도록 한 주민등록법 시행규칙 제8조가 자신의 기본권을 침해한다고 주장하며, 청구인 강○○은 피청구인이 주민등록증 발급신청서에 날인되어 있는 자신의 지문정보를 보관·전산화하고 이를 범죄수사목적에 이용하는 행위가 자신의 기본권을 침해한다고 주장하며, 2020. 4. 8. 이 사건 헌법소원심판을 청구하였다.

2. 심판대상

이 사건 심판대상은 구 주민등록법(2007. 5. 11. 법률 제8422호로 전부개정되고, 2021. 7. 20. 법률 제18304호로 개정되기 전의 것) 제24조 제2항 본문 중 '지문(指紋)'에 관한 부분(이하 '이 사건 법률조항'이라 한다), 구 주민등록법 시행령(2019. 2. 8. 대통령령 제29511호로 개정되고, 2020. 10. 13. 대통령령 제31111호로 개정되기 전의 것) 제36조 제3항에 의한 별지 제30호 서식 중 열 손가락의 지문을 찍도록 한 부분(이하 '이 사건 시행령조항'이라 한다), 구 주민등록법 시행규칙(2009. 3. 10. 행정안전부령 제67호로 개정되고, 2023. 1. 12. 행정안전부령 제374호로 개정되기 전의 것) 제8조(이하 '이 사건 규칙조항'이라 하고, 이 사건 법률조항, 이 사건 시행령조항과 이 사건 규칙조항을 묶어 '심판대상조항들'이라 한다)가 청구인 김○○의 기본권을 침해하는지 여부 및 피청구인이 주민등록증 발급신청서에 날인되어 있는 청구인 강○○의 지문정보를 보관·전산화하고 이를 범죄수사목적에 이용하는 행위(이하 '이 사건 보관등행위'라 한다)가 청구인 강○○의 기본권을 침해하는지 여부이다. 심판대상조항은 다음과 같고, 구 주민등록법 시행령(2019. 2. 8. 대통령령 제29511호로 개정되고, 2020. 10. 13. 대통령령 제31111호로 개정되기 전의 것) 제36조 제3항 별지 제30호 서식 전체는 [별지 1]과 같으며, 관련조항은 [별지 2]와 같다.

[심판대상조항]

구 주민등록법(2007. 5. 11. 법률 제8422호로 전부개정되고, 2021. 7. 20. 법률 제18304호로 개정되기 전의 것)

제24조(주민등록증의 발급 등) ② 주민등록증에는 성명, 사진, 주민등록번호, 주소, 지문(指紋), 발행일, 주민등록기관을 수록한다. 다만, 혈액형에 대하여는 대통령령으로 정하는 바에 따라 주민의 신청이 있으면 추가로 수록할 수 있다.

구 주민등록법 시행령(2019. 2. 8. 대통령령 제29511호로 개정되고, 2020. 10. 13. 대통령령 제31111호로 개정되기 전의 것)

제36조(주민등록증의 발급절차) ③ 제1항 및 제2항에 따라 주민등록증 발급통지를 받은 사람 또는 공고된 사람은 그 통지서 또는 공고문에 적힌 발급신청기간 내에 본인이 직접 주민등록이 되어 있는 시·군·자치구(이하 "주민등록지의 시·군·구"라 한다)의 관계 공무원에게 사진(6개월 이내에 촬영한 가로 3.5센티미터, 세로 4.5센티미터의 모자 등을 쓰지 않은 상반신 사진을 말한다. 이하 같다) 1장을 제출하고 본인임을 밝힌 후, 그 공무원 앞에서 별지 제30호 서식에 따른 주민등록증 발급신청서에 지문을 찍거나 전산조직을 이용하여 지문을 찍어 신청하여야 한다. 다만, 제출한 사진으로 본인임을 확인하기 곤란한 경우에는 보완을 요구할 수 있으며, 이에 대한 구체적인 사항은 행정안전부령으로 정한다.

구 주민등록법 시행규칙(2009. 3. 10. 행정안전부령 제67호로 개정되고, 2023. 1. 12. 행정안전부령 제374호로 개정되기 전의 것)

제8조(주민등록증 발급신청서의 송부) 시장·군수 또는 구청장은 주민등록증 발급신청서와 별지 제4호 서식의 주민등록증 발급신청서 집계표를 다음 달 5일까지 해당자의 주민등록지를 관할하는 경찰서의 지구대장 또는 파출소장에게 보내야 한다.

3. 청구인들의 주장

가. 주민등록법상 지문날인제도는 주민의 거주관계를 파악하기 위한 것이 아니라 범죄자 검거와 대형사고 등에서의 신원확인을 위한 것인데, 이는 주민등록법 제1조에 규정된 목적과 전혀 관계없을 뿐만 아니라, 지극히 행정우위적 목적에 불과하다. 모든 국민을 대상으로 지문을 채취하여 개인식별의 수단으로 사용하는 것은 개인의 모든 사생활이 노출될 위험이 있고 악용될 소지도 크다. 생체정보인 지문이 개인에게 노출될 경우에는 악용의 가능성이 더욱 커진다. 생체정보의 안전한 활용 및 보호방안 제시가 요구되는 시점에 국가가 개인의 열 손가락 지문 모두를 수집하는 것이 불가피한 수단이라고 볼 수 있는지 의문이고, 주민등록증에 수록된 지문정보가 본인식별용도로 사용되는 경우가 있는지도 의문이다. 따라서 심판대상조항들 및 이 사건 보관등행위는 과잉금지원칙에 위반되어 청구인들의 개인정보자기결정권을 침해한다.

나. 주민등록법은 제24조 제2항에서 지문을 주민등록증에 수록하도록 하고 있고, 같은 조 제7항에서 주민등록증 및 그 발급신청서의 서식과 발급절차를 대통령령으로 정하도록 위임하고 있으나, 위 조항들은 주민등록증 발급신청서에 열 손가락 지문을 찍도록 한 이 사건 시행령조항 및 제출된 주민등록증 발급신청서를 관할 경찰서의 지구대장 또는 파출소장에게 보내도록 한 이 사건 규칙조항의 법률상 근거가 될 수 없다. 또한, 경찰청장이 지문을 수집·보관할 수 있도록 하는 명시적인 법률규정은 전혀 존재하지 않는다. 따라서 이 사건 시행령조항, 이 사건 규칙조항 및 이 사건 보관등행위는 법률유보원칙에 위반되어 청구인들의 개인정보자기결정권을 침해한다.

4. 판 단

가. 이 사건 규칙조항에 대한 심판청구의 적법 여부에 관한 판단

(1) 청구인 김○○(이하 이 항에서는 '청구인'이라고만 한다)는 주민등록증 발급신청을 하지 않았고, 이 사건 규칙조항은 시장·군수·구청장을 직접적인 수범자로 하고 있다. 따라서 이 사건 규칙조항에 관하여 청구인에게 기본권침해의 자기관련성 및 현재성이 인정되는지 문제된다.

(2) 청구인은 이 사건 법률조항, 이 사건 시행령조항 등에 따라 시장·군수·구청장에게 자신의 지문정보가 담긴 주민등록증 발급신청서를 제출하여야 하는데, 정당한 사유 없이 기간 내에 주민등록증 발급신청을 하지 않은 경우 주민등록법 제24조 제4항 전단 및 제40조 제4항에 따라 과태료가 부과된다. 그리고 청구인이 위 발급신청서를 제출한다면 시장·군수·구청장은 이 사건

규칙조항에 따라 이를 관할 경찰서의 지구대장·파출소장에게 송부하여야 한다. 이처럼 청구인은 주민등록증 발급신청서를 제출할 의무가 있고, 이 사건 규칙조항은 청구인이 위 신청서를 제출한 때 시장·군수·구청장이 그 발급신청서를 관할 경찰서의 지구대장·파출소장에게 보낼 것을 당연히 예정하고 있으므로, 청구인은 주민등록증 발급신청서에 지문을 날인하여 시장·군수·구청장에게 이를 제출하여야 할 의무를 부담하게 된 때 이 사건 규칙조항으로 인한 기본권 제한을 받게 되었다 할 것이다.

(3) 청구인은 이 사건 법률조항 및 이 사건 시행령조항에 따라 자신의 지문정보가 시장·군수·구청장에 의하여 수집되고, 이렇게 수집된 지문정보가 이 사건 규칙조항을 근거로 관할 경찰서의 지구대장·파출소장에게 송부되며, 이로써 경찰청장이 지문정보를 보관·관리하면서 이용할 수 있게 되는 것에 대하여 문제를 제기하면서 이 사건 헌법소원심판을 청구하였다. 이러한 청구인에게 주민등록증 발급신청서를 작성·제출한 후에야 이 사건 규칙조항에 대하여 헌법소원심판을 청구할 것을 요구할 수도 없다.

(4) 따라서 청구인이 주민등록증 발급신청을 하였는지 여부에 따라 이 사건 규칙조항에 관하여 기본권침해의 자기관련성이나 현재성이 달리 판단될 수 없고, 청구인의 이 사건 규칙조항에 대한 심판청구는 기본권침해의 자기관련성 및 현재성이 인정되므로, 이 부분 심판청구는 적법하다. 이 사건 규칙조항과 동일한 내용을 규정한 구 주민등록법 시행규칙(1999. 7. 24. 행정자치부령 제59호로 전부개정되고, 2008. 2. 22. 행정자치부령 제425호로 전부개정되기 전의 것) 제9조에 관하여 기본권침해의 자기관련성 및 현재성이 인정되지 않는다고 판시한 헌재 2005. 5. 26. 99헌마513등 결정은 이 결정과 저촉되는 범위 내에서 이를 변경하기로 한다.

나. 제한되는 기본권

(1) 개인정보자기결정권은 자신에 관한 정보가 언제 누구에게 어느 범위까지 알려지고 또 이용되도록 할 것인지를 그 정보주체가 스스로 결정할 수 있는 권리이다. 즉 정보주체가 개인정보의 공개와 이용에 관하여 스스로 결정할 권리를 말한다. 개인정보자기결정권의 보호대상이 되는 개인정보는 개인의 신체, 신념, 사회적 지위, 신분 등과 같이 개인의 인격주체성을 특징짓는 사항으로서 그 개인의 동일성을 식별할 수 있게 하는 일체의 정보라고 할 수 있고, 반드시 개인의 내밀한 영역이나 사사(私事)의 영역에 속하는 정보에 국한되지 않고 공적 생활에서 형성되었거나 이미 공개된 개인정보까지 포함한다. 또한 그러한 개인정보를 대상으로 한 조사·수집·보관·처리·이용 등의 행위는 모두 원칙적으로 개인정보자기결정권에 대한 제한에 해당한다(헌재 2005. 5. 26. 99헌마513등).

(2) 주민등록증에 발급대상자의 지문을 수록하도록 한 이 사건 법률조항, 주민등록증 발급대상자로 하여금 주민등록증 발급신청서에 열 손가락의 지문을 찍도록 하고 있는 이 사건 시행령조항은 지문정보의 수집에 관한 규정이고, 개인의 고유성, 동일성을 나타내는 지문은 그 정보주체를 타인으로부터 식별가능하게 하는 개인정보이므로, 시장·군수 또는 구청장이 개인의 지문정보를 수집하는 것은 정보주체인 청구인 김○○의 개인정보자기결정권을 제한한다(헌재 2015. 5. 28. 2011헌마731 참조). 이 사건 규칙조항은 주민등록증 발급을 신청하는 사람이 신청서에 열 손가락의 지문을 찍어 시장·군수·구청장에게 제출할 경우, 시장·군수·구청장은 관할 경찰서의 지구대장 또는 파출소장에게 위 신청서를 보내도록 함으로써 경찰청장이 지문정보를 수집·보관할 수 있도록 하는 조항인바, 이 사건 법률조항 및 이 사건 시행령조항과 마찬가지로 정보주체인 청구인 김○○의 개인정보자기결정권을 제한한다. 따라서 이 사건 시행령조항과 이 사건 규칙조항이 법률유보원칙에 위반되어 청구인 김○○의 개인정보자기결정권을 침해하는지 여부 및 심판대상조항들이 과잉금지원칙에 위반되어 청구인 김○○의 개인정보자기결정권을 침해하는지 여부가 문제된다.

(3) 이 사건 보관등행위는 위와 같이 수집된 개인의 지문정보를 피청구인이 보관, 전산화하여 범죄수사목적에 이용하는 것으로써 정보주체인 청구인 강○○의 개인정보자기결정권을 제한한다(헌재 2005. 5. 26. 99헌마513등 참조). 따라서 이 사건 보관등행위가 법률유보원칙 및 과잉금지원칙에 위반되어 청구인 강○○의 개인정보자기결정권을 침해하는지 여부가 문제된다.

(4) 청구인들은 사생활의 비밀과 자유, 양심의 자유, 인격권, 행복추구권 등의 침해 주장도 하고 있으나, 청구인들의 이러한 주장은 개인정보자기결정권 침해 주장과 크게 다르지 않고, 청구인들 스스로 주장하고 있는 바와 같이 심판대상조항들 및 이 사건 보관등행위와 가

장 밀접한 관련을 가지는 기본권은 개인정보자기결정권이므로, 개인정보자기결정권 침해 여부를 살펴보는 이상 위 다른 기본권의 침해 여부에 관하여는 따로 살펴보지 않는다(헌재 2015. 5. 28. 2011헌마731 참조).

다. 이 사건 법률조항, 이 사건 시행령조항 및 이 사건 보관등행위에 대한 판단

(1) 이 사건 시행령조항이 법률유보원칙에 위반되는지 여부

(가) 헌법재판소의 선례

1) 헌법재판소는 2005. 5. 26. 99헌마513등 결정에서 이 사건 시행령조항과 동일한 내용을 규정한 구 주민등록법 시행령(2005. 3. 31. 대통령령 제18772호로 개정되기 전의 것) 제33조 제2항에 의한 별지 제30호 서식 중 '열 손가락의 회전지문과 평면지문을 날인하도록 한 부분'이 법률유보원칙에 위반되지 않는다고 판단하였다. 그 이유의 요지는 다음과 같다.

『기본권은 헌법 제37조 제2항에 의하여 국가안전보장·질서유지 또는 공공복리를 위하여 필요한 경우에 한하여 이를 제한할 수 있으나, 그 제한의 방법은 원칙적으로 법률로써만 가능하고 제한의 정도도 기본권의 본질적 내용을 침해할 수 없고 필요한 최소한도에 그쳐야 한다. 그런데 위 조항에서 규정하고 있는 기본권 제한에 관한 법률유보원칙은 '법률에 의한 규율'을 요청하는 것이 아니라 '법률에 근거한 규율'을 요청하는 것이므로, 기본권의 제한에는 법률의 근거가 필요할 뿐이고 기본권 제한의 형식이 반드시 법률의 형식일 필요는 없다.

구 주민등록법 제17조의8 제1항 및 제3항은 주민등록이 된 자 중 17세 이상의 자에 대하여 주민등록증을 발급하도록 하면서 그 발급은 발급대상자의 신청에 의하도록 하고 있고, 같은 조 제2항 본문은 "주민등록증에는 성명·사진·주민등록번호·주소·지문·발행일·주민등록기관을 수록한다."라고 하여 주민등록증의 수록사항의 하나로 지문을 규정하고 있으며, 같은 조 제5항은 "주민등록증 및 그 발급신청서의 서식과 그 발급절차는 대통령령으로 정한다."라고 규정하고 있다.

이에 따라 구 주민등록법 시행령 제33조 제2항은 주민등록증 발급대상자는 관계공무원 앞에서 별지 제30호 서식에 의한 주민등록증 발급신청서에 지문을 날인하여 주민등록증 발급을 신청하도록 규정하고 있고, 별지 제30호 서식은 열 손가락의 회전지문과 평면지문을 날인하도록 규정하고 있다.

구 주민등록법 제1조는 "이 법은 시·군 또는 구의 주민을 등록하게 함으로써 주민의 거주관계 등 인구의 동태를 상시로 명확히 파악하여 주민생활의 편익을 증진시키고 행정사무의 적정한 처리를 도모함을 목적으로 한다."라고 규정하고 있는바, 주민등록법의 이러한 입법목적은 구 주민등록법 제7조 이하에서 규정하고 있는 개인별 및 세대별 주민등록표의 작성에 의하여 대부분 달성되고 있다고 할 수 있다.

그러나 지문날인제도와 밀접한 관련을 맺고 있는 주민등록증제도는 위와 같은 주민등록법의 일반적인 입법목적과는 다른 측면을 가지고 있다. 즉 주민등록증제도는 원래 치안유지나 국가안보를 위하여 탄생한 제도로서, 이를 뒷받침하기 위한 신원확인을 직접적인 목적으로 하고 있고, 그 목적 달성을 위하여 주민등록증에는 성명·사진·주민등록번호·주소·지문 등을 수록하도록 하고 있는바, 특히 주민등록표의 수록사항이 아닌 지문을 수록하도록 한 것은 국민의 자기식별성을 강화함으로써 보다 확실한 신원확인이 가능하도록 하기 위한 것이다.

살피건대, 구 주민등록법 제17조의8 제2항 본문은 주민등록증의 수록사항의 하나로 지문을 규정하고 있을 뿐 '오른손 엄지손가락 지문'이라고 특정한 바가 없으며, 위 시행령조항에서는 구 주민등록법 제17조의8 제5항의 위임규정에 근거하여 주민등록증 발급신청서의 서식을 정하면서 보다 정확한 신원확인이 가능하도록 하기 위하여 열 손가락의 지문을 날인하도록 하고 있는 것이므로, 이를 두고 법률에 근거가 없는 것으로서 법률유보원칙에 위배되는 것으로 볼 수는 없다.』

2) 헌법재판소는 또한, 2015. 5. 28. 2011헌마731 결정에서도 이 사건 시행령조항과 동일한 내용을 규정한 구 주민등록법 시행령(2008. 2. 29. 대통령령 제20741호로 개정되고, 2011. 8. 29. 대통령령 제23102호로 개정되기 전의 것) 제36조 제2항에 의한 별지 제30호 서식 중 '열 손가락의 지문을 찍도록 한 부분'이 법률유보원칙에 위반되는지 여부에 대하여, 다음과 같은 사정을 보태어 보면 앞서 본 99헌마513등 결정의 이유는 그대로 타당하고, 달리 판단하여야 할 아무런 사정변경이 없다고 판단하였다.

『오늘날 현대사회는 개인의 인적 사항이나 생활상의 각종 정보가 정보주체의 의사와는 전혀 무관하게 타인의 수중에서 무한대로 집적되고 이용 또는 공개될 수

있는 새로운 정보환경에 처하게 되었고, 개인정보의 수집·처리에 있어서의 국가적 역량의 강화로 국가의 개인에 대한 감시능력이 현격히 증대되어 국가가 개인의 일상사를 낱낱이 파악할 수 있게 되었다. 정보화 사회로의 이러한 급속한 진전에 직면하여 개인정보 보호의 필요성은 날로 증대하고 있다고 볼 때, 국가권력에 의하여 개인정보자기결정권을 제한함에 있어서는 개인정보의 수집·보관·이용 등의 주체, 목적, 대상 및 범위 등을 법률에 구체적으로 규정함으로써 그 법률적 근거를 보다 명확히 하는 것이 바람직하다. 그러나 개인정보의 종류와 성격, 정보처리의 방식과 내용 등에 따라 수권법률의 명확성 요구의 정도는 달라진다 할 것이고, 일반적으로 볼 때 개인의 인격에 밀접히 연관된 민감한 정보일수록 규범명확성의 요청은 더 강해진다고 할 수 있다(헌재 2005. 7. 21. 2003헌마282등 참조).

그런데 지문정보는 일반적인 개인정보와는 달리 생체정보에 해당하기는 하지만, 개인의 동일성을 확인할 수 있는 하나의 징표일 뿐, 종교, 학력, 병력, 소속 정당, 직업 등과 같이 정보 주체의 신상에 대한 인격적·신체적·사회적·경제적 평가가 가능한 내용이 담겨 있지 아니하므로, 그 자체로는 타인의 평가로부터 단절된 중립적인 정보라는 특성을 가지고 있어, 유전자정보와 같은 다른 생체정보와는 달리 개인의 인격에 밀접히 연관된 민감한 정보라고 보기는 어려워 수권법률의 명확성이 특별히 강하게 요구된다고는 할 수 없다.』

(나) 선례 변경의 필요성

위와 같은 선례들의 결정 이유는 이 사건에서도 그대로 타당하고, 위 선례들이 적시하고 있는 주민등록법 조항들은 법률개정에 따라 위치만 변경되었을 뿐(주민등록법 제24조 등) 그 내용이 그대로 유지되고 있으므로, 이 사건에서 위 선례들과 달리 판단하여야 할 특별한 사정변경이나 필요성이 인정되지 않는다. 따라서 이 사건 시행령조항은 법률유보원칙에 위반되지 않는다.

(2) 이 사건 보관등행위가 법률유보원칙에 위반되는지 여부

(가) 헌법재판소의 선례

헌법재판소는 2005. 5. 26. 99헌마513등 결정에서, 경찰청장이 주민등록증 발급신청서에 날인되어 있는 지문정보를 보관하고, 이를 전산화하여 범죄수사목적에 이용하는 행위는 법률유보원칙에 위반되지 않는다고 판단하였다. 그 이유의 요지는 다음과 같다.

『1) 경찰청장이 주민등록증 발급신청서에 날인되어 있는 지문정보를 보관하는 행위에 법률의 근거가 있는 것인지 여부에 관하여 보건대, '공공기관의 개인정보보호에 관한 법률' 제10조 제2항 제6호는 컴퓨터에 의하여 이미 처리된 개인정보뿐만 아니라 컴퓨터에 의하여 처리되기 이전의 원 정보자료 자체도 경찰청장이 범죄수사목적을 위하여 다른 기관에서 제공받는 것을 허용하는 것으로 해석되어야 하고, 경찰청장은 같은 법 제5조에 의하여 소관 업무를 수행하기 위하여 필요한 범위 안에서 이를 보유할 권한도 갖고 있으며, 여기에는 물론 지문정보를 보유하는 것도 포함된다.

따라서 경찰청장이 지문정보를 보관하는 행위는 '공공기관의 개인정보보호에 관한 법률' 제5조, 제10조 제2항 제6호에 근거한 것으로 볼 수 있고, 그 밖에 지문을 신원확인의 수단으로 활용할 수 있는 근거를 규정한 주민등록법 제17조의8 제2항 본문, 제17조의10 제1항과, 범죄의 예방, 진압 및 수사, 치안정보의 수집을 경찰의 임무 내지 경찰관의 직무의 하나로 규정한 경찰법 제3조 및 '경찰관 직무집행법' 제2조에도 근거하고 있다.

2) 경찰청장이 보관하고 있는 지문정보를 전산화하고 이를 범죄수사목적에 이용하는 행위가 법률의 근거가 있는 것인지 여부에 관하여 보건대, 경찰청장은 개인정보화일의 보유를 허용하고 있는 '공공기관의 개인정보보호에 관한 법률' 제5조에 의하여 자신이 업무수행상의 필요에 의하여 적법하게 보유하고 있는 지문정보를 전산화할 수 있고, 지문정보의 보관은 범죄수사 등의 경우에 신원확인을 위하여 이용하기 위한 것이므로, 경찰청장이 지문정보를 보관하는 행위의 법률적 근거로서 거론되는 법률조항들은 모두 경찰청장이 지문정보를 범죄수사목적에 이용하는 행위의 법률적 근거로서 원용될 수 있다.

3) 따라서 경찰청장의 보관 등 행위는 그 법률의 근거가 있다.』

(나) 선례 변경의 필요성

1) '공공기관의 개인정보보호에 관한 법률'은 2011. 3. 29. 법률 제10465호로 폐지되었고, '개인정보 보호법'이 제정되어 2011. 9. 30.부터 시행되었다. 현행 '개인정보 보호법'은 제1조에서 "이 법은 개인정보의 처리 및 보호에 관한 사항을 정함으로써 개인의 자유와 권리를 보호하고, 나아가 개인의 존엄과 가치를 구현함을 목적으로 한다."라고 규정하고 있다. 또한 '개인정보 보

호법' 제15조 제1항 제3호는 공공기관이 법령 등에서 정하는 소관 업무의 수행을 위하여 불가피한 경우 개인정보처리자는 개인정보를 수집할 수 있으며 그 수집 목적의 범위에서 이용할 수 있다고 규정하고, 같은 법 제18조 제1항은 개인정보처리자로 하여금 개인정보를 법 제15조 제1항에 따른 범위를 초과하여 이용하거나 법 제17조 제1항 및 제28조의8 제1항에 따른 범위를 초과하여 제3자에게 제공하여서는 아니 된다고 규정하며, 같은 법 제18조 제2항 제7호는 범죄의 수사와 공소의 제기·유지를 위하여 필요한 경우에는 개인정보처리자는 정보주체 또는 제3자의 이익을 부당하게 침해할 우려가 없는 한 개인정보를 목적 외의 용도로 이용하거나 이를 제3자에게 제공할 수 있다고 규정하고 있다. '개인정보 보호법'의 위 조항들에 비추어보면 경찰청장은 소관 업무를 수행하기 위하여 지문정보를 보유할 권한이 있다고 해석되어야 한다. 따라서 피청구인이 현재 청구인 강○○의 지문정보를 보관·전산화하고 이를 범죄수사목적에 이용하는 행위는 현행 '개인정보 보호법' 제15조 제1항 제3호, 제18조 제1항, 제2항 제7호에 근거한 것으로 볼 수 있다.

2) 또한, 선례가 언급한 구 주민등록법 제17조의8 제2항 본문, 제17조의10 제1항은 현행 주민등록법 제24조 제2항, 제26조 제1항으로 위치가 각 변경되었을 뿐 그 내용이 현행 법령에 그대로 유지되고 있고, 현행 '국가경찰과 자치경찰의 조직 및 운영에 관한 법률' 제3조 및 현행 '경찰관 직무집행법' 제2조도 여전히 국민의 생명·신체 및 재산의 보호, 범죄의 예방·진압 및 수사 등을 경찰의 임무로 규정하고 있다.

3) 이상과 같이, 선례가 경찰청장이 지문정보를 보관·전산화하고 이를 범죄수사목적에 이용하는 행위의 법률상 근거로 든 법률조항들은 현재 '개인정보 보호법' 제15조 제1항 제3호, 제18조 제1항, 제2항 제7호, 주민등록법 제24조 제2항, 제26조 제1항, '국가경찰과 자치경찰의 조직 및 운영에 관한 법률' 제3조 및 '경찰관 직무집행법' 제2조에서 여전히 그 내용을 유지하고 있으므로, 위 지문정보의 보관·이용행위가 법률유보원칙을 위반하지 않는다고 본 선례의 결정 이유는 이 사건에서도 그대로 타당하고, 이 사건에서 위 선례와 달리 판단하여야 할 특별한 사정변경이나 필요성이 인정되지 않는다. 따라서 이 사건 보관등행위는 법률유보원칙에 위반되지 않는다.

(3) 이 사건 법률조항, 이 사건 시행령조항 및 이 사건 보관등행위가 과잉금지원칙에 위반되는지 여부

(가) 헌법재판소의 선례

1) 헌법재판소는 2005. 5. 26. 99헌마513등 결정에서 이 사건 시행령조항과 동일한 내용을 규정한 구 주민등록법 시행령(2005. 3. 31. 대통령령 제18772호로 개정되기 전의 것) 제33조 제2항에 의한 별지 제30호 서식 중 '열 손가락의 회전지문과 평면지문을 날인하도록 한 부분' 및 경찰청장이 주민등록증 발급신청서에 날인되어 있는 지문정보를 보관하고, 이를 전산화하여 범죄수사목적에 이용하는 행위가 모두 과잉금지원칙에 위반되지 않는다고 판단하였다. 그 이유의 요지는 다음과 같다.

『가) 이 사건 시행령조항 및 경찰청장의 보관 등 행위는 불가분의 일체를 이루어 지문정보의 수집·보관·전산화·이용이라는 넓은 의미의 지문날인제도를 구성하고 있다고 할 수 있으므로, 지문정보의 수집·보관·전산화·이용을 포괄하는 의미의 지문날인제도(이하 '이 사건 지문날인제도'라 한다)가 과잉금지원칙에 위반되어 개인정보자기결정권을 침해하는지 여부가 문제된다.

나) 이 사건 지문날인제도가 범죄자 등 특정인만이 아닌 17세 이상 모든 국민의 지문정보를, 그것도 한 손가락만이 아니라 열 손가락 모두의 지문정보를 수집하여 보관하도록 한 것은 신원확인기능의 효율적인 수행을 도모하고, 신원확인의 정확성 내지 완벽성을 제고하기 위한 것으로 볼 수 있다.

위와 같은 이 사건 지문날인제도의 목적의 정당성은 충분히 인정되고, 또한 17세 이상 모든 국민의 열 손가락 지문정보를 수집하고 이를 보관·전산화하여 이용하는 것이 위와 같은 목적을 달성하기 위한 효과적이고 적절한 방법의 하나가 될 수 있음은 물론이다.

다) 이 사건 지문날인제도는 다음과 같은 이유로 침해의 최소성에 어긋나지 않는다.

첫째, 이 사건 지문날인제도가 17세 이상 모든 국민의 지문정보를 구체적 사건과 관련 없이 사전에 포괄적으로 수집하고 이를 보관·전산화하여 범죄수사목적 등에 이용하는 것이 침해최소성에 어긋난 것으로서 개인정보에 대한 과도한 수집 및 이용이 아닌가 하는 의문이 있을 수 있다. 경찰이 범죄수사나 사고피해자의 신원확인 등의 경우에 행하는 지문정보의 이용은 구체적

사건에서 채취한 지문과 경찰이 미리 수집하여 보관중인 지문정보를 대조하는 방식에 의하여 이루어지기 때문에, 만일 경찰이 사전에 광범위한 지문정보를 보관하고 있지 않다면 지문정보를 통한 신원확인작업이 효율적으로 이루어지기는 매우 어렵다. 따라서 범죄자 등 특정인의 지문정보만 보관해서는 17세 이상 모든 국민의 지문정보를 보관하는 경우와 같은 수준의 신원확인 기능을 도저히 수행할 수 없는 것이다.

둘째, 개인별로 한 손가락만이 아닌 열 손가락 모두의 지문정보를 수집하여 이를 보관·이용하는 것에 대하여도 정보의 과잉수집 문제가 있을 수 있다. 그러나 한 손가락만의 지문정보를 수집하는 경우 그 손가락 자체의 손상, 세월의 경과나 사고발생으로 인한 지문의 손상 등으로 인하여 한 손가락만의 지문정보로는 신원확인이 불가능하게 되는 경우가 흔히 발생할 수 있을 뿐만 아니라, 그 정확성 면에 있어서도 열 손가락 모두의 지문을 대조하는 것과 비교하기 어렵다고 할 것이므로, 열 손가락 모두의 지문정보를 수집하여 이용하는 것이 지나친 정보수집이라고 보기도 어렵다.

셋째, 다른 신원확인수단의 존재와 관련하여 침해최소성 위배 여부에 대한 의문이 제기될 수 있다.

우선 가장 간편한 신원확인수단이라고 할 수 있는 사진의 경우를 보면, 사람의 용모는 성장이나 세월의 경과에 따라 수시로 변할 수 있고, 성형수술에 의한 사후적 변화도 얼마든지 가능하므로 사진으로는 신원확인의 정확성을 담보하기 어려울 뿐만 아니라, 그것만으로는 경찰행정에서 발생할 수 있는 다양한 신원확인의 수요 및 필요성에 효과적으로 부응할 수 없음이 명백하다. 그 밖에 신원확인수단으로 유전자, 홍채, 치아 등을 들 수 있으나, 이들에 대하여는 대체로 지문의 경우에 비하여 그 수집·보관과 관련한 인권침해의 우려가 매우 높고, 그 확인시스템의 구축에 비용 및 시간이 너무 많이 들 뿐만 아니라, 남겨진 흔적과의 대조를 통하여도 쉽게 신원확인이 가능한 지문에 비하여 신원확인이 가능한 범위가 협소하다는 점 등의 단점이 지적되고 있다.

따라서 다른 여러 신원확인수단 중에서 정확성·간편성·효율성 등의 종합적인 측면에서 현재까지 지문정보와 비견할 만한 것은 찾아보기 어렵다고 할 수 있다.

라) 이 사건 지문날인제도는 법익의 균형성에도 위배되지 않는다. 지문정보는, 개인의 동일성을 확인할 수 있는 하나의 징표일 뿐, 종교, 학력, 병력, 소속 정당, 직업 등과 같이 정보 주체의 신상에 대한 인격적·신체적·사회적·경제적 평가가 가능한 내용이 담겨 있지 아니하므로, 그 자체로는 타인의 평가로부터 단절된 중립적인 정보에 해당하고, 누구나 손쉽게 정보주체를 확인할 수 있는 성명, 사진, 주민등록번호 등과는 달리 일반인의 경우 지문정보의 내용을 가지고 정보주체를 파악하는 것이 거의 불가능하고 이에 대한 전문적인 감식능력이 있는 경우에만 그 정보주체의 확인이 가능하며, 지문을 직접 날인하는 방법에 의하여 생성되기 때문에 정보주체로부터 정보수집자에게로 전달되는 과정에서 정보의 내용이 실제 내용과 다르게 왜곡될 염려가 없는 객관적인 정보라는 특성을 가지고 있음을 고려하여 보면, 이 사건 지문날인제도에 의하여 17세 이상 모든 국민의 열 손가락 지문정보를 수집하고 경찰청장이 이를 보관·전산화하여 범죄수사목적 등에 이용한다고 하더라도, 그로 인하여 정보주체가 현실적으로 입게 되는 불이익은 그다지 심대한 것으로 보기 어렵다.

따라서 경찰청장이 앞에서 본 바와 같이 보관·전산화하고 있는 지문정보를 범죄수사활동, 대형사건사고나 변사자가 발생한 경우의 신원확인, 타인의 인적 사항 도용 방지 등 각종 신원확인의 목적을 위하여 이용함으로써 달성할 수 있게 되는 공익이 그로 인한 정보주체의 불이익에 비하여 더 크다고 보아야 할 것이다.

마) 결국 이 사건 지문날인제도가 과잉금지원칙에 위배되어 청구인들의 개인정보자기결정권을 침해하였다고 볼 수 없다.』

2) 헌법재판소는 또한, 2015. 5. 28. 2011헌마731 결정에서도 이 사건 시행령조항과 동일한 내용을 규정한 구 주민등록법 시행령(2008. 2. 29. 대통령령 제20741호로 개정되고, 2011. 8. 29. 대통령령 제23102호로 개정되기 전의 것) 제36조 제2항에 의한 별지 제30호 서식 중 '열 손가락의 지문을 찍도록 한 부분'이 과잉금지원칙에 위반되는지 여부에 대하여, 다음과 같은 사정을 보태어 보면 앞서 본 99헌마513등 결정의 이유는 그대로 타당하고, 달리 판단하여야 할 아무런 사정변경이 없다고 판단하였다.

『위 선례의 결정 이유는 이 사건 시행령조항에 대한 과잉금지원칙 위배 여부의 판단에 그대로 적용할 수 있고, 위 선례의 결정을 변경할 특별한 사정을 찾아 볼 수 없으므로 위 결정 이유를 이 사건에 그대로 원용하기로 하되, 다음과 같이 몇 가지 이유를 덧붙이기로 한다.

먼저, 개인정보의 종류 및 성격, 수집목적, 이용형태, 정보처리방식 등에 따라 개인정보자기결정권의 제한이 인격권 또는 사생활의 자유에 미치는 영향이나 침해의 정도는 달라지므로 위와 같은 요소들과 추구하는 공익의 중요성을 헤아려야 하는데, 일반적으로 인간의 존엄성이나 인격의 내적 핵심, 내밀한 사적 영역에 근접하는 민감한 개인정보에 대하여는 엄격한 검증이 필요하나, 그렇지 않은 정보들은 다른 위험스런 정보에 접근하기 위한 연결자 역할을 하거나, 다른 개인정보들과 결합함으로써 개인의 전체적·부분적 인격상을 추출해 내는 데 사용되지 않는 한 그 자체로 언제나 엄격한 보호의 대상이 된다고 하기 어렵다(헌재 2005. 7. 21. 2003헌마282등 참조). 그런데 지문정보는 앞에서 본 바와 같이 그 자체로 개인의 존엄과 인격권에 큰 영향을 미칠 수 있는 민감한 정보라고 보기 어려우므로, 이러한 사정도 이 사건 시행령조항의 과잉금지원칙 위배 여부를 판단함에 있어서 고려되어야 한다.

다음으로 지문정보가 다른 개인정보를 통합하는 연결자(key data)로 사용될 수 있어 새로운 개인정보의 침해가능성이 크고, 지문정보는 구체적인 범죄수사를 위해서 뿐 아니라 일반적인 범죄예방 등을 빙자하여 특정한 개인에 대한 행동의 감시에 남용될 수 있다는 견해가 있다.

그러나 최근 빈번하게 발생하고 있는 주민등록번호 유출 및 남용사고나 사회적으로 문제가 되고 있는 휴대전화나 스마트폰을 통한 위치추적으로 개인의 행동을 감시하는 것과 달리, 지문정보가 위와 같은 연결자로 이용되거나 개인 행동을 감시하는 수단으로 사용되어 개인의 사생활을 침해한 사건이 실제로 발생하고 있다는 아무런 자료가 없다.

최근에는 범죄수사를 위한 신원확인, 대형사고의 피해자나 변사자 확인을 위한 수단으로 유전자 분석방법이 지문확인방법보다 더 많이 사용되고 그 정확성 또한 높다고 알려져 있다고 하면서 이 사건 시행령조항은 침해의 최소성을 갖추지 못하였다는 주장이 있다. 그러나 앞서 본 바와 같이 개인의 민감한 정보라고 보기 어려운 지문정보와 달리 유전자정보는 개인의 현재 건강상태와 과거 병력 등을 포함한 생체정보로서 인간의 존엄성이나 내밀한 사적 영역에 밀접히 연관된 민감한 정보에 해당하여 그 수집으로 인한 인권침해의 위험이 매우 높아 제한적으로만 그 수집이 허용되고, 그에 따라 신원확인을 위해 비교할 수 있는 수집·보관된 정보가 지문정보에 비해 훨씬 부족하여 유전자정보의 신원확인 수단으로서의 효율성은 아직까지 지문정보에 이르지 못하고 있다.

결국 선례의 결정 이후 신원확인수단에 대한 과학기술의 꾸준한 발전에도 불구하고 현재로서도 간편하고 정확하며 효율적인 신원확인수단으로 지문정보에 상응하면서 보다 덜 기본권 제한적인 수단을 발견하기 어렵다.』

(나) 이 사건과의 관계 및 선례 변경의 필요성

1) 앞서 본 바와 같이, 헌법재판소는 2005. 5. 26. 99헌마513등 결정과 2015. 5. 28. 2011헌마731 결정에서 이 사건 시행령조항과 같은 내용의 구 시행령조항 및 경찰청장이 주민등록증 발급신청서에 날인되어 있는 지문정보를 보관하고, 이를 전산화하여 범죄수사목적에 이용하는 행위가 과잉금지원칙에 위반되지 않는다고 판단하였다.

2) 위 99헌마513등 결정과 2011헌마731 결정에서는 이 사건 법률조항이 과잉금지원칙에 위반되는지 여부가 판단되지 아니하였으나, 선례가 지적하고 있는 바와 같이 열 손가락 지문을 날인하도록 한 이 사건 시행령조항과 이 사건 보관등행위는 불가분의 일체를 이루어 지문정보의 수집·보관·전산화·이용이라는 넓은 의미의 지문날인제도를 구성하는 것이어서(헌재 2005. 5. 26. 99헌마513등), 이 사건 시행령조항과 이 사건 보관등행위의 법률상 근거가 되는 이 사건 법률조항 또한 마찬가지로 넓은 의미의 지문날인제도를 구성한다고 할 것이고, 또한 이 사건 법률조항은 열 손가락 지문을 요구하지 않는다는 점을 제외하고는 이 사건 시행령조항과 기본권 제한의 내용에 큰 차이가 없으므로, 이 사건 시행령조항 및 이 사건 보관등행위가 과잉금지원칙에 위반되지 않는다고 본 선례의 설시는 이 사건 법률조항에 대해서도 그대로 타당하다.

3) 청구인은 위 2011헌마731 결정 이후 헌법재판소가 2015. 12. 23. 개인별로 주민등록번호를 부여하면서 주민등록번호 변경에 관한 규정을 두고 있지 않은 주민등록법 제7조에 대하여 헌법불합치결정을 하였는바(2013헌바68등), 주민등록번호보다 훨씬 더 광범위하게 활용되고 있으나 변경 자체가 불가능한 지문정보는 보호의 필요성이 더 크므로, 위 결정의 취지를 고려하면 이 사건 시행령조항 및 이 사건 보관등행위에 대

하여 선례를 변경하여 위헌이 선언되어야 한다고 주장한다. 그러나 위 2013헌바68등 결정은 표준식별번호로 기능함으로써 개인정보를 통합하는 연결자로 사용되고 있는 주민등록번호에 관한 결정일 뿐 주민등록증에 수록되는 지문에 관한 결정이 아니고, 주민등록번호 변경과 지문날인 및 이용에 대한 판단이 같아야 하는 것은 아니므로, 선례의 판단을 변경할 만한 사정변경이 있다고 볼 수 없다.

4) 청구인들은 지문정보를 통하여 휴대전화의 잠금을 해제하고, 지문 기반의 결제시스템을 사용하거나 금융서비스를 이용할 수 있으며, 주거 등의 잠금장치로 지문인식 기능을 사용하고 있는데, 오늘날 기술의 발달로 지문정보의 복사가 가능하므로, 지문정보의 악용 가능성이 높아졌다고 주장한다. 그러나 이러한 주장은 해당 기술을 이용하기 위하여 지문정보를 사용하는 데 따라 발생하는 위험성에 관한 것으로, 주민등록법령에 따라 주민등록증에 지문을 수록하도록 한 것에 기인한 것으로 보기 어렵다. 그리고 최근까지 빈번하게 발생하였던 주민등록번호 유출 및 남용사고나 사회적으로 문제가 되고 있는 휴대전화나 스마트폰을 통한 위치추적으로 개인의 행동을 감시하는 것과 달리, 국가기관이 수집한 지문정보가 다른 개인정보를 통합하는 연결자로 이용되거나 개인행동을 감시하는 수단으로 사용되어 개인의 사생활을 침해한 사건이 실제로 발생하고 있다는 점을 인정할 자료가 부족하다. 그뿐만 아니라, 주민등록법 시행령 제37조는 주민등록증의 서식 등을 규정하면서, 주민등록증의 재질과 그 밖의 사항은 행정안전부장관이 정하도록 하고 있는데, 행정안전부는 2020. 1. 1.부터 주민등록증에 수록된 지문의 복제를 방지할 수 있도록 하는 국립과학수사연구원의 보안기술을 적용하고 있으므로, 주민등록증에 수록된 지문정보의 부정사용 가능성은 해소되었다고 할 것이다.

5) 이상과 같은 점들을 종합하면 위 선례들의 결정이유는 이 사건에서도 그대로 타당하고, 이 사건에서 위 선례들과 달리 판단하여야 할 특별한 사정변경이나 필요성이 인정되지 않는다. 따라서 이 사건 법률조항, 이 사건 시행령조항 및 이 사건 보관등행위는 과잉금지원칙에 위반되지 않는다.

(4) 소결론

이 사건 법률조항 및 이 사건 시행령조항은 청구인 김○○의 개인정보자기결정권을 침해하지 않고, 이 사건 보관등행위는 청구인 강○○의 개인정보자기결정권을 침해하지 않는다.

라. 이 사건 규칙조항에 대한 판단

(1) 재판관 이영진, 재판관 정정미의 기각의견

(가) 법률유보원칙 위반 여부

주민등록법상 지문날인제도는 주민의 거주관계 파악 및 행정사무의 적정, 간이한 처리라는 주민등록제도 일반에 관한 입법목적 외에도 치안유지나 국가안보가 보다 적극적으로 고려된 것이고, 이러한 입법목적에는 날인된 지문의 범죄수사목적상 이용도 포함된다(헌재 2005. 5. 26. 99헌마513등; 헌재 2015. 5. 28. 2011헌마731 참조). 즉, 주민등록법은 위와 같은 입법목적으로 지문정보를 수집하고, 이를 범죄수사목적으로 이용하는 것을 전제하고 있다. 그리고 앞서 이 사건 보관등행위가 법률유보원칙에 위반되는지 여부에서 살펴본 바와 같이, '개인정보 보호법' 제15조 제1항 제3호는 공공기관이 법령 등에서 정하는 소관 업무의 수행을 위하여 불가피한 경우 개인정보를 수집할 수 있고, 그 수집목적의 범위에서 이용할 수 있도록 하고 있는 점, 같은 법 제18조 제2항 제7호는 범죄의 수사와 공소의 제기·유지를 위하여 필요한 경우에는 개인정보처리자는 정보주체 또는 제3자의 이익을 부당하게 침해할 우려가 없는 한 개인정보를 목적 외의 용도로 이용하거나 이를 제3자에게 제공할 수 있다고 규정하고 있는 점, '국가경찰과 자치경찰의 조직 및 운영에 관한 법률'과 '경찰관직무집행법'이 국민의 생명·신체 및 재산의 보호, 범죄의 예방·진압 및 수사 등을 경찰의 임무로 규정하고 있는 점 등까지 아울러 고려하면, 시장·군수·구청장이 주민등록증 발급신청서를 관할 경찰서의 지구대장 또는 파출소장에게 보내도록 한 이 사건 규칙조항이 법률유보원칙에 위반된다고 볼 수 없다.

(나) 과잉금지원칙 위반 여부

앞서 이 사건 법률조항, 이 사건 시행령조항 및 이 사건 보관등행위와 마찬가지의 이유로, 이 사건 규칙조항도 과잉금지원칙에 위반되지 않는다.

이 사건 규칙조항은 치안유지 및 국가안보의 목적을 달성하기 위하여 시장·군수·구청장으로 하여금 열 손가락의 지문이 날인된 주민등록증 발급신청서를 관할 경찰서의 지구대장 또는 파출소장에게 보내도록 하고 있는바 그 목적이 정당하고, 신원확인기능의 효율적 수행을 도모하고 신원확인의 정확성을 제고하기 위한 것이어서 수단의 적합성도 인정된다.

경찰이 범죄수사나 사고피해자의 신원확인 등을 위하여 지문정보를 이용하는 경우 그 방법은 구체적 사건에서 채취한 지문과 경찰이 미리 수집하여 보관 중인 지문정보를 대조하는 방식으로 이루어질 것이므로, 경찰이 사전에 광범위한 지문정보를 보관하고 있지 않다면 이러한 방식이 효율적으로 이루어지기 어려운 점, 사진·유전자·홍채·치아 등과 같은 신원확인수단에 비하여 지문정보는 정확성·간편성·효율성 등 종합적인 측면에서 여전히 보다 우수한 신원확인수단이라고 할 수 있는 점, 주민등록증에 개선된 보안기술이 적용됨에 따라 주민등록증에 수록된 지문정보의 부정사용 가능성은 해소된 것으로 볼 수 있는 점 등을 종합하여 고려하면, 이 사건 규칙조항은 침해의 최소성 및 법익의 균형성도 갖추었다고 할 것이다.

(다) 소결

이상과 같이 이 사건 규칙조항은 법률유보원칙 및 과잉금지원칙에 위반되어 청구인 김○○의 개인정보자기결정권을 침해하지 않는다.

(2) 재판관 김기영, 재판관 문형배, 재판관 이미선, 재판관 정형식의 인용의견

(가) 지문은 개인의 고유성과 동일성을 나타내는 생체정보로서 한 번 생성되면 사망할 때까지 그대로 유지되고 개인이 임의로 변경할 수 없는 정보이므로, 정보의 유출이나 오·남용이 있는 경우 정보를 변경하는 방법으로 그 피해를 예방하거나 대처하기 어렵고, 수집된 지문정보를 폐기하거나 사용을 중단한다 하더라도 유출된 지문은 그 개인의 신원확인 용도로 계속 사용될 수 있어 이로 인한 피해는 전 생애에 걸쳐 모든 생활 영역에서 광범위하게 발생할 수 있으므로 함부로 취급되어서는 안 된다.

지문정보가 내부자 또는 해킹 등과 같은 외부의 공격에 의하여 대규모로 유출될 가능성을 부정하기 어렵고, 유출된 정보는 국내뿐만 아니라 해외로까지 거래되어 정보유통의 범위가 국제적으로 확산될 수 있으며, 정보화 사회로의 급속한 진전과 발달된 정보처리기술 및 과학기술에 의하여 지문을 매개로 각종 개인정보를 연결하여 개인의 사생활에 대한 광범위한 정보를 수집하고 분석하는 것이 가능해졌으므로, 지문정보의 수집·보관·이용 등은 더욱 신중하게 취급될 필요가 있다. 따라서 지문정보의 수집·보관·이용 등을 규정하는 법률의 경우 그 주체, 목적, 대상, 범위 등을 명확하게 구체적으로 규정하여야 하며, 그 해석 또한 엄격하게 하여 지문정보의 수집 범위가 필요한 최소한의 범위 내에서 이루어질 수 있도록 하여야 한다(헌재 2015. 5. 28. 2011헌마731 중 반대의견 참조).

(나) 이 사건 규칙조항은 주민등록증 발급신청서를 받은 시장·군수·구청장으로 하여금 주민등록증 발급신청서 집계표와 함께 다음 달 5일까지 주민등록지를 관할하는 경찰서의 지구대장 또는 파출소장에게 보내도록 하고 있다.

그런데 주민등록법 제2조 제1항은 특별자치시장·특별자치도지사·시장·군수 또는 자치구의 구청장이 주민등록에 관한 사무를 관장하도록 하고 있고, 같은 법 제3조 제1항은 행정안전부장관에게 주민등록에 관한 사무의 지도·감독을 하도록 하고 있는바, 행정안전부장관 소속으로 치안에 관한 사무를 관장하는 경찰청(국가경찰과 자치경찰의 조직 및 운영에 관한 법률 제12조)은 시장·군수·구청장과 독립된 기관이다. 따라서 시장·군수·구청장이 자신의 사무인 주민등록에 관하여 취득한 개인정보를 별도의 기관인 경찰청 소속의 경찰서 지구대장 또는 파출소장에게 송부하는 행위는 기관 내부적인 행위에 불과한 것이 아니라, 정보주체의 개인정보자기결정권을 제한하는 새로운 행위에 해당한다. 따라서 이에 대하여는 법률유보원칙에 따라 법률의 근거가 필요하다. 그러나 주민등록법은 제26조에서 사법경찰관리의 주민등록증 제시요구 권한을 인정하고 있을 뿐, 주민등록 사무 내지 주민등록과 관련한 개인정보의 수집·이용에 관한 권한을 경찰청이나 각급 경찰기관에게 부여하는 내용의 조항을 두고 있지 아니하고, 이는 주민등록법 시행령 또한 마찬가지이다.

(다) '개인정보 보호법'은 개인정보의 처리 및 보호에 관한 사항을 정함으로써 개인의 자유와 권리를 보호하고, 나아가 개인의 존엄과 가치를 구현함을 목적으로 한다(제1조). '개인정보 보호법'은 개인정보처리자로 하여금 개인정보의 처리 목적을 명확하게 하고, 그 목적에 필요한 범위에서 최소한의 개인정보만을 적법하고 정당하게 수집하도록 하는 등 개인정보 보호의 원칙들을 선언하고 있으며(제3조), 정보주체에게 개인정보의 처리에 관한 정보를 제공받을 권리, 개인정보 처리에 관한 동의 여부, 동의 범위 등을 선택하고 결정할 권리를 부여하고(제4조), 국가와 지방자치단체로 하여금 개

인정보의 목적 외 수집·오용·남용 및 무분별한 감시·추적 등에 따른 폐해를 방지하여 인간의 존엄과 개인의 사생활 보호를 도모하기 위한 시책을 강구할 책무 등을 부여한다(제5조).

이러한 '개인정보 보호법'의 규정들을 통해 알 수 있는 '개인정보 보호법'의 취지에 비추어보면, 공공기관이 법령 등에서 정하는 소관 업무의 수행을 위하여 불가피한 경우 개인정보를 수집할 수 있고 그 수집 목적의 범위에서 이용할 수 있도록 한 '개인정보 보호법' 제15조 제1항 제3호, 범죄의 수사와 공소의 제기 및 유지를 위하여 필요한 경우 개인정보를 제공받을 수 있도록 한 같은 법 제18조 제2항 제7호는 수사기관에서 향후 범죄수사를 위하여 사전에 주민등록증 발급신청서상 지문정보를 모두 송부받고 이를 전산화하여 범죄수사목적으로 활용할 수 있도록 하는 법률적 근거라고는 볼 수 없다. 특히 '개인정보 보호법' 제18조 제2항 제7호는 범죄수사기관에서 어떤 수사대상자나 범죄혐의의 단서가 발견되어 수사상 필요한 경우 그 관련 개인정보를 보유하고 있는 기관의 장에게 그에 대한 소명과 함께 개인정보자료를 송부해 줄 것을 요청하여 특정 개인정보를 제공받을 수 있도록 하는 데 그 취지가 있는 것이므로, 경찰청장이 사전에 일반적으로 지문정보를 송부 받을 수 있는 근거가 되지 못한다.

(라) '국가경찰과 자치경찰의 조직 및 운영에 관한 법률' 제3조는 경찰의 임무를 일반적으로 규정한 것에 불과하고, '경찰관 직무집행법' 제2조 또한 경찰관의 일반적인 직무의 범위를 규정한 것에 불과하다. 이러한 법률규정들이 경찰청장으로 하여금 구체적인 범죄수사나 신원확인의 필요성과 상관없이 17세 이상 모든 국민의 주민등록증 발급신청서상 지문원지를 송부 받아 보관할 수 있는 근거규정이라고 해석할 수는 없다.

(마) 그렇다면 이 사건 규칙조항은 주민등록법, 같은 법 시행령 등에 아무런 법령상 근거가 없이 제정된 것이라고 볼 수밖에 없으므로, 법률유보원칙에 위반되어 청구인 김○○의 개인정보자기결정권을 침해한다.

(3) 재판관 이종석, 재판관 이은애, 재판관 김형두의 각하의견

우리는 청구인 김○○의 이사건 규칙조항에 대한 심판청구에 관하여 본안판단을 하기에 앞서, 이 부분 심판청구가 기본권침해의 자기관련성 및 현재성 요건을 갖추지 못하여 부적법하다고 생각하므로, 아래와 같이 그 이유를 밝힌다.

(가) 헌법재판소의 선례

헌법재판소는 2005. 5. 26. 99헌마513등 결정에서, 이 사건 규칙조항과 동일한 내용을 규정한 구 주민등록법 시행규칙(1999. 7. 24. 행정자치부령 제59호로 전부개정되고, 2008. 2. 22. 행정자치부령 제425호로 전부개정되기 전의 것) 제9조(이하 '구 규칙조항'이라 한다)의 경우, 지문날인을 거부하며 주민등록증 발급신청서를 제출하지 아니한 청구인에게는 기본권침해의 자기관련성 및 현재성을 인정할 수 없다고 판단하였다. 그 요지는 다음과 같다.

『헌법재판소법 제68조 제1항에 의하면, 헌법소원심판은 공권력의 행사 또는 불행사로 인하여 헌법상 보장된 기본권을 침해받은 자가 청구할 수 있는바, 여기에서 기본권을 침해받은 자라 함은 공권력의 행사 또는 불행사로 인하여 자기의 기본권이 현재 그리고 직접적으로 침해받은 자를 의미하며 단순히 간접적, 사실적 또는 경제적인 이해관계가 있을 뿐인 제3자는 이에 해당하지 않는다(헌재 1992. 9. 4. 92헌마175; 헌재 1998. 8. 27. 97헌마372등).

구 규칙조항은 지문날인이 된 주민등록증 발급신청서의 작성을 전제로 시장·군수 또는 구청장으로 하여금 이를 해당자의 주민등록지를 관할하는 경찰서의 파출소장에게 송부하도록 하는 규정이다.

그렇다면 지문날인을 거부한 청구인으로서는 구 규칙조항에 의하여 자신의 기본권을 현재 침해받고 있다고 볼 여지가 없음은 명백하다.

한편, 기본권의 침해가 장래에 발생하더라도 그 침해가 틀림없을 것으로 현재 확실히 예측된다면 기본권구제의 실효성을 위하여 침해의 현재성이 인정된다고 할 것이나(헌재 1992. 10. 1. 92헌마68등; 헌재 2002. 7. 18. 2001헌마605 등), 이 사건의 경우 지문날인제도를 다투고 있는 청구인이 장래 지문날인을 할 것이 확실히 예측된다고 보기도 어려우므로, 구 규칙조항에 의한 기본권침해 역시 확실히 예측된다고 할 수 없다.

따라서 구 규칙조항에 대한 이 부분 심판청구는 기본권침해의 자기관련성 및 현재성 요건을 결여한 것으로서 부적법하다.』

(나) 선례 변경의 필요성

1) 헌법재판소법 제23조 제2항 제2호는 재판관 6명 이상의 찬성이 있으면 종전에 헌법재판소가 판시한 헌

법 또는 법률의 해석 적용에 관한 의견을 변경할 수 있도록 하고 있다. 그러나 선례를 변경하기 위해서는 위와 같은 가중정족수라는 형식적 요건 외에도, 선례의 판단에 법리상 잘못이 있다거나 사정변경이 있다는 등 선례의 입장을 변경해야만 할 필요성이 인정되어야 한다. 또한, 예측가능성, 법적 안정성 및 신뢰보호의 이념에서 보았을 때 선례의 입장을 변경해야만 할 필요성, 즉 사회제도나 문화의 변화, 국민의 법감정 또는 의식의 변화, 다른 법률의 내용이나 그에 관한 법리 변경 등과 같은 규범상태 또는 사실상태의 변화가 있었고, 이로 인하여 선례의 입장이 변경되어야 한다는 점이 논증되어야 한다(헌재 2018. 12. 27. 2015헌바77등 중 반대의견; 헌재 2023. 3. 23. 2020헌가1등 중 반대의견 참조).

2) 청구인 김○○가 주민등록증을 발급받기 위해서는 이 사건 법률조항 및 이 사건 시행령조항에 따라 주민등록증 발급신청서에 열 손가락의 지문을 날인하여야 한다. 그런데 이 사건 규칙조항은 열 손가락의 지문이 날인된 주민등록증 발급신청서가 제출되었다는 전제에서 시장·군수·구청장으로 하여금 이를 관할 경찰서의 지구대장 또는 파출소장에게 보내도록 하고 있으므로, 이 사건 규칙조항은 열 손가락의 지문이 날인된 주민등록증 발급신청서가 시장·군수·구청장에게 접수된 때에 비로소 문제된다. 따라서 청구인 김○○가 주민등록증 발급신청서에 지문을 날인하는 것을 거부하여 위 발급신청서를 제출하지 않고 있는 이상 위 청구인의 지문정보가 관할 경찰서의 지구대장 또는 파출소장에게 송부될 수는 없는 것이므로, 위 청구인이 이 사건 규칙조항에 의하여 자신의 기본권을 침해받고 있다고 볼 수 없다. 나아가 위 청구인이 지문날인을 거부하고 있는 이상 이 사건 규칙조항에 의한 위 청구인의 기본권 침해가 장래 확실히 예측된다고도 볼 수 없다.

3) 주민등록법 제24조 제4항 전단 및 제40조 제4항은 정당한 사유 없이 법정된 기간 내에 주민등록증 발급신청을 하지 않은 사람에 대하여 과태료를 부과하도록 하고 있다. 그런데 이러한 과태료 부과처분은 주민등록증 발급신청서를 제출하는 방법으로 주민등록증의 발급을 신청하여야 할 의무를 다하지 아니한 데 대한 행정제재이다. 주민등록증 발급신청서를 제출하지 아니하였다는 이유로 위 조항들에 따라 과태료를 부과받은 사람 또는 과태료가 부과될 상황에 있는 사람은 그 지문정보를 시장·군수·구청장에게 제출하지 않았을 것이고, 따라서 시장·군수·구청장은 그의 지문정보를 취득한 적이 없는 이상 이를 관할 경찰서의 지구대장 또는 파출소장에게 송부할 수 없게 되므로, 시장·군수·구청장의 송부 의무를 규정한 이 사건 규칙조항은 주민등록증 발급신청서를 제출한 바 없는 사람의 기본권에는 아무런 영향을 미치지 않는다. 그렇다면 위 과태료 조항들은 주민등록증 발급신청서의 제출의무를 담보하기 위한 것으로서 이 사건 법률조항 및 이 사건 시행령조항의 기본권침해의 자기관련성 및 현재성을 인정할 근거가 될 수 있지만, 주민등록증 발급신청서의 제출을 전제로 하여 규정된 이 사건 규칙조항에 관해서는 기본권침해의 자기관련성 및 현재성을 인정할 근거가 되지 못한다.

4) 그렇다면 지문날인제도를 다투며 지문날인을 거부한 청구인에게는 이 사건 규칙조항에 관하여 기본권침해의 자기관련성 및 현재성을 인정할 수 없다고 본 헌재 2005. 5. 26. 99헌마513등의 법리는 이 사건에서도 여전히 타당하고, 이러한 법리가 잘못되었다고 볼 수 없다. 그리고 이러한 선례를 변경할만한 규범이나 사실상태의 변경도 보이지 않는다.

(다) 소결

따라서 청구인 김○○의 이 사건 규칙조항에 대한 심판청구는 기본권침해의 자기관련성 및 현재성 요건을 갖추지 못하여 부적법하다.

5. 결 론

그렇다면 청구인들의 심판청구는 이유 없으므로 이를 모두 기각하기로 하여, 주문과 같이 결정한다. 이 사건 규칙조항에 대한 심판청구에 관하여 재판관 이영진, 재판관 정정미는 기각의견이고, 재판관 김기영, 재판관 문형배, 재판관 이미선, 재판관 정형식은 인용의견이며, 재판관 이종석, 재판관 이은애, 재판관 김형두는 각하의견으로, 인용의견이 다수이지만 헌법 제113조 제1항, 헌법재판소법 제23조 제2항 단서 제1호에서 정한 헌법소원심판 인용결정을 위한 심판정족수에는 이르지 못하였으므로 기각결정을 선고하는 것이고, 나머지 청구에 대해서는 아래 6.과 같은 재판관 김기영의 이 사건 시행령조항에 대한 반대의견, 아래 7.과 같은 재판관 김기영, 재판관 문형배, 재판관 이미선, 재판관 정형식의 이 사건 보관등행위에 대한 반대의견이 있는 외에는 관여 재판관의 일치된 의견에 의한 것이다.

6. 재판관 김기영의 이 사건 시행령조항에 대한 반대의견

나는 아래와 같이 이 사건 시행령조항이 과잉금지원칙에 위반되므로, 법률유보원칙 위반 여부에 대하여 더 나아가 살필 필요 없이 청구인 김○○의 개인정보자기결정권을 침해한다고 생각한다.

가. 목적의 정당성 및 수단의 적합성

법정의견은 주민등록증제도가 원래 치안유지나 국가안보를 위하여 탄생한 제도로, 이를 뒷받침하기 위한 신원확인을 직접적인 목적으로 하고 있고, 이 사건 시행령조항이 주민등록증 발급신청서에 열 손가락의 지문을 날인하도록 한 것은 국민의 자기식별성을 강화함으로써 보다 확실한 신원확인이 가능하도록 한 것이라고 한다. 그러나 주민등록법은 제1조에서 "주민의 거주관계 등 인구의 동태(動態)를 항상 명확하게 파악하여 주민생활의 편익을 증진시키고 행정사무를 적정하게 처리하도록 하는 것을 목적으로 한다."라고만 규정하고 있을 뿐, 치안유지나 국가안보를 입법목적으로 제시하지 않고 있고, 또한 주민등록증에 지문정보를 수록하도록 한 것이 범죄를 수사하기 위한 것이라고 규정하지도 않고 있다. 따라서 치안유지, 국가안보 내지 범죄수사라는 목적은 이 사건 시행령조항의 입법목적이 될 수 없다.

이 사건 시행령조항의 입법목적은 정확한 신원확인을 통해 행정사무를 적정히 처리하는 한편, 신원확인기능의 효율성 및 정확성을 도모하려는 것으로, 이러한 목적은 정당하다. 그리고 주민등록증 발급신청서에 열 손가락의 지문을 날인하도록 한 것은 위와 같은 목적을 달성하기 위한 적합한 수단이다.

나. 침해의 최소성 및 법익의 균형성

(1) 신원확인이란 특정 인물의 동일성 여부를 확인하는 것인데, 지문정보는 만인부동(萬人不同), 종생불변(終生不變)의 특징을 지니고 있어 서로 다른 인물 사이에 지문이 동일한 경우를 거의 찾아보기 어려우므로, 열 손가락 지문 전부가 아니더라도 동일성을 식별하는 데 별다른 문제가 없다. 그러나 이 사건 시행령조항은 행정목적을 위한 신원확인에 사용되지도 않는 불필요한 지문들까지 주민등록증 발급신청서에 찍도록 하고 있다.

(2) 행정상 목적으로 지문정보가 사용되는 경우는 성명, 사진, 주민등록번호, 주소만으로는 정확한 신원확인이 어렵거나 무인민원발급기의 이용과 같이 간이하면서도 정확한 신원확인이 필요한 경우이다. 그런데 이러한 목적의 신원확인에 열 손가락의 지문정보가 모두 필요하다고 볼 수 없다. 실제 주민등록증 발급이나 무인민원발급기, 여권의 발급을 위한 신원확인의 경우 오른쪽 엄지손가락 또는 양 손 엄지손가락 지문만이 사용되고 있다. 이는 신원확인을 위해서는 반드시 열 손가락 지문이 필요하지 않다는 것을 의미한다. 그럼에도 불구하고 이 사건 시행령조항이 열 손가락 지문 모두를 요구하는 것은 행정목적을 위한 신원확인에 필요한 범위를 넘어 과도한 것이다(헌재 2015. 5. 28. 2011헌마731 중 반대의견 참조). 다른 한편으로는, 정보주체가 신원 확인 등과 같은 필요에 의하여 사전에 열 손가락의 지문을 스스로 등록하는 경우에 한하여 지문정보를 보관하는 방법도 고려될 수 있고, 17세 이상의 모든 국민을 대상으로 열 손가락의 지문날인을 강제할 것은 아니다.

(3) 설령 범죄수사 등 치안유지의 목적을 위한 지문정보의 수집이 이 사건 시행령조항의 입법목적이라고 하더라도, 위와 마찬가지로 17세 이상의 모든 국민을 대상으로 열 손가락의 지문날인을 강제할 것은 아니다. 범죄수사나 사고피해자에 대한 신원확인의 경우에도 엄지손가락의 지문 대조만으로 충분히 신원확인이 가능하며, 비록 엄지손가락의 지문 손상 등으로 인해 이를 통해서는 신원확인이 어려운 경우가 있다고 하더라도 연령이나 성별, 그 밖에 나타나 있는 주변 정보를 종합하여 신원을 식별할 수 있다. 물론 위와 같은 주변 정보로도 신원확인이 어려운 경우가 있을 수 있으나, 그렇다고 하여 열 손가락 지문 모두가 필요한 것은 아니다. 열 손가락의 지문정보가 모두 필요한 경우가 있다고 하더라도 그 인적범위는 최소한의 범위로 제한되어야 한다. 즉, 범죄수사나 치안유지의 목적을 위해서는 구체적으로 범죄혐의가 인정되거나 범죄단서를 포착한 경우, 이미 범죄를 행한 사람 등을 중심으로 지문정보를 수집·보관하는 것만으로도 충분히 그 목적을 달성할 수 있고, 이러한 사람에 대한 지문채취의 근거는 이미 '형의 실효 등에 관한 법률' 등에서 규정하고 있다(형의 실효 등에 관한 법률 제2조 제4호). 또한, 과학기술의 발달에 따라 유전자감식과 같이 지문보다 정확한 신원확인의 수단이 나타나게 되었는데, '디엔에이신원확인정보의 이용 및 보호에 관한 법률'에서는 일정한 범죄를 저지른 자에 대하여 디엔에이를 채취·관리할 수

있도록 규정하여 신원확인 수단을 확보하고 있다(헌재 2015. 5. 28. 2011헌마731 중 반대의견 참조).

(4) 이와 같이 이 사건 시행령조항은 그 입법목적의 달성을 위하여 필요한 범위를 넘어 17세 이상의 모든 국민에 대하여 열 손가락의 지문을 날인하도록 함으로써 이 사건 시행령조항이 달성하고자 하는 공익보다 개인의 개인정보자기결정권을 과도하게 제한하고 있으므로, 이 사건 시행령조항은 침해의 최소성 및 법익의 균형성에 위반된다.

다. 소결론

이 사건 시행령조항은 과잉금지원칙에 위반되어 청구인 김○○의 개인정보자기결정권을 침해한다.

7. 재판관 김기영, 재판관 문형배, 재판관 이미선, 재판관 정형식의 이 사건 보관등행위에 대한 반대의견

우리는 이 사건 보관등행위가 법률유보원칙에 위반되어 청구인 강○○의 개인정보자기결정권을 침해한다고 생각하므로, 아래와 같이 그 의견을 밝힌다.

앞서 이 사건 규칙조항에 대한 재판관 김기영, 재판관 문형배, 재판관 이미선, 재판관 정형식의 인용의견에서 살펴본 바와 같이 이 사건 규칙조항은 주민등록법에 근거가 없고, '개인정보 보호법', '국가경찰과 자치경찰의 조직 및 운영에 관한 법률' 또는 '경찰관 직무집행법'도 이 사건 규칙조항의 법률상 근거가 될 수 없으므로, 이 사건 규칙조항은 법률유보원칙에 위반된다. 이 사건 규칙조항이 법률유보원칙에 위반되는 이상 피청구인이 지문정보를 취득할 아무런 법률적 근거가 없고, 따라서 피청구인이 지문정보의 취득을 전제로 이를 보관·전산화하고 이를 범죄수사목적에 이용하는 행위 또한 마찬가지로 아무런 법률적 근거가 없다. 따라서 이 사건 보관등행위는 법률유보원칙에 위반되어 청구인 강○○의 개인정보자기결정권을 침해한다.

재판관 이종석 이은애 이영진 김기영 문형배 이미선 김형두 정정미 정형식

[별지 1]

[별지 2] 관련조항

주민등록법(2016. 12. 2. 법률 제14286호로 개정된 것)

제24조(주민등록증의 발급 등) ④ 제1항에 따라 주민등록증을 발급받을 나이가 된 사람(재외국민 및 해외체류자는 제외한다)은 대통령령으로 정하는 바에 따라 시장·군수 또는 구청장에게 주민등록증의 발급을 신청하여야 한다. 이 경우 시장·군수 또는 구청장은 대통령령으로 정하는 기간 내에 발급신청을 하지 아니한 사람(재외국민 및 해외체류자는 제외한다)에게 발급신청을 할 것을 최고할 수 있다.

주민등록법(2014. 1. 21. 법률 제12279호로 개정된 것)

제24조(주민등록증의 발급 등) ⑦ 주민등록증 및 그 발급신청서의 서식과 발급절차는 대통령령으로 정한다.

주민등록법(2007. 5. 11. 법률 제8422호로 전부개정된 것)

제26조(주민등록증의 제시요구) ① 사법경찰관리(司法警察官吏)가 범인을 체포하는 등 그 직무를 수행할 때에 17세 이상인 주민의 신원이나 거주 관계를 확인할 필요가 있으면 주민등록증의 제시를 요구할 수 있다. 이 경우 사법경찰관리는 주민등록증을 제시하지 아니하는 자로서 신원을 증명하는 증표나 그 밖의 방법에 따라 신원이나 거주 관계가 확인되지 아니하는 자에게는 범죄의 혐의가 있다고 인정되는 상당한 이유가 있을 때에 한정하여 인근 관계 관서에서 신원이나 거주 관계를 밝힐 것을 요구할 수 있다.

주민등록법(2016. 5. 29. 법률 제14191호로 개정된 것)

제40조(과태료) ④ 정당한 사유 없이 제11조부터 제13조까지, 제16조 제1항 또는 제24조 제4항 전단에 따른 신고 또는 신청을 기간 내에 하지 아니한 자에게는 5만 원 이하의 과태료를 부과한다.

개인정보 보호법(2011. 3. 29. 법률 제10465호로 제정된 것)

제15조(개인정보의 수집·이용) ① 개인정보처리자는 다음 각 호의 어느 하나에 해당하는 경우에는 개인정보를 수집할 수 있으며 그 수집 목적의 범위에서 이용할 수 있다.

3. 공공기관이 법령 등에서 정하는 소관 업무의 수행을 위하여 불가피한 경우

개인정보 보호법(2023. 3. 14. 법률 제19234호로 개정된 것)

제18조(개인정보의 목적 외 이용·제공 제한) ① 개인정보처리자는 개인정보를 제15조 제1항에 따른 범위를 초과하여 이용하거나 제17조 제1항 및 제28조의8 제1항에 따른 범위를 초과하여 제3자에게 제공하여서는 아니 된다.

② 제1항에도 불구하고 개인정보처리자는 다음 각 호의 어느 하나에 해당하는 경우에는 정보주체 또는 제3자의 이익을 부당하게 침해할 우려가 있을 때를 제외하고는 개인정보를 목적 외의 용도로 이용하거나 이를 제3자에게 제공할 수 있다. 다만, 제5호부터 제9호까지에 따른 경우는 공공기관의 경우로 한정한다.

7. 범죄의 수사와 공소의 제기 및 유지를 위하여 필요한 경우

국가경찰과 자치경찰의 조직 및 운영에 관한 법률(2020. 12. 22. 법률 제17689호로 전부개정된 것)

제3조(경찰의 임무) 경찰의 임무는 다음 각 호와 같다.

1. 국민의 생명·신체 및 재산의 보호
2. 범죄의 예방·진압 및 수사
3. 범죄피해자 보호
4. 경비·요인경호 및 대간첩·대테러 작전 수행
5. 공공안녕에 대한 위험의 예방과 대응을 위한 정보의 수집·작성 및 배포
6. 교통의 단속과 위해의 방지
7. 외국 정부기관 및 국제기구와의 국제협력
8. 그 밖에 공공의 안녕과 질서유지

경찰관 직무집행법(2020. 12. 22. 법률 제17688호로 개정된 것)

제2조(직무의 범위) 경찰관은 다음 각 호의 직무를 수행한다.

1. 국민의 생명·신체 및 재산의 보호
2. 범죄의 예방·진압 및 수사

2의2. 범죄피해자 보호

3. 경비, 주요 인사(人士) 경호 및 대간첩·대테러 작전 수행
4. 공공안녕에 대한 위험의 예방과 대응을 위한 정보의 수집·작성 및 배포
5. 교통 단속과 교통 위해(危害)의 방지
6. 외국 정부기관 및 국제기구와의 국제협력
7. 그 밖에 공공의 안녕과 질서 유지

102. 검사(안동완) 탄핵

[2024. 5. 30. 2023헌나2]

【판시사항】

1. 피청구인이 2014. 5. 9. 유○○에 대하여 외국환거래법위반 혐의로 공소를 제기한 행위(이하 '이 사건 공소제기'라 한다)가 헌법 또는 법률을 위반한 것인지 여부 및 (법위반이 인정된다면) 피청구인에 대한 파면 결정을 정당화하는 사유가 인정되는지 여부(소극)

2. 이 사건 공소제기가 공소권남용에 해당한다는 이유로 공소를 기각한 항소심판결에 대하여 상고한 행위(이하 '이 사건 상고'라 한다)와 관련하여 피청구인의 헌법 또는 법률 위반을 인정할 수 있는지 여부(소극)

【결정요지】

1. 재판관 이영진, 재판관 김형두, 재판관 정형식의 기각의견

피청구인은 유○○의 외국환거래법위반 혐의에 관한 재수사가 필요하다고 판단하여 수사를 개시하였고, 유○○이 외당숙과 공모하여 적극적으로 '환치기' 범행에 가담한 점, 사실은 중국 국적의 화교임에도 이를 숨기고 북한이탈주민으로 인정받은 후 각종 범행을 저지른 점 등 종전 기소유예처분을 번복하고 유○○을 기소할 만한 사정이 밝혀져 이 사건 공소제기를 하였으므로, 이 사건 공소제기가 형법 제123조, 구 검찰청법 제4조 제2항, 국가공무원법 제56조를 위반한 것으로 볼 수 없다.

재판관 이종석, 재판관 이은애의 기각의견

종전 기소유예처분과 비교할 때 외국환거래법위반 범행의 총 거래액수가 오히려 줄어들었고, 주요 범행 가담 내용은 동일한 점 등을 고려하면, 피청구인의 수사 결과 종전 기소유예처분을 번복하고 유○○을 기소할 만한 사정이 밝혀졌다고 보기 어려우므로, 이 사건 공소제기는 구 검찰청법 제4조 제2항 및 국가공무원법 제56조를 위반한 것이다. 다만, 이 사건 공소제기의 위법·부당의 정도가 직무 본래의 수행이라고 평가할 수 없을 정도에 이르러 형법 제123조가 규정한 직권남용에 해당한다고 보기는 어렵고, 피청구인에게 직권남용의 고의도 인정할 수 없으므로, 이 사건 공소제기가 형법 제123조를 위반한 것이라고 볼 수 없다.

피청구인이 법질서에 역행하고자 하는 적극적인 의도로 법률을 위반하였다고 보기 어렵고, 실체적 진실에 반하는 국가형벌권의 행사를 도모한 것도 아닌 점, 이 사건 공소제기가 공소권남용에 해당한다고 판단한 법원의 판결 등이 존재하는 이상 검사의 공소권남용이 반복될 가능성이 높다고 보기 어려운 점, 이 사건 공소제기 이후 피청구인은 9년이 넘는 기간 동안 공직을 수행해 왔으므로 이 사건 공소제기가 헌법질서에 미친 부정적인 영향은 상당 부분 희석된 점 등을 고려하면, 피청구인에 대한 파면결정을 정당화하는 사유가 인정된다고 보기 어렵다.

2. 피청구인이 이 사건 상고에 관여하였음을 인정할 아무런 증거가 없으므로, 이 사건 상고와 관련하여 피청구인의 헌법 또는 법률 위반을 인정할 수 없다.

재판관 김기영, 재판관 문형배, 재판관 이미선, 재판관 정정미의 판시사항 1. 부분에 관한 인용의견

피청구인은 유○○의 외국환거래법위반 혐의를 재수사할 이유가 없는 상황에서 충분한 검토 없이 본격적인 수사에 착수하였고, 수사

결과 종전 기소유예처분을 번복하고 유○○을 기소할 만한 사정이 밝혀지지 않았음에도 이 사건 공소제기를 하였는데, 이는 검찰이 제출한 증거가 위조된 것으로 밝혀져 국가보안법위반(간첩) 등 혐의에 관하여 무죄가 선고된 유○○에게 실질적인 불이익을 가할 의도에서 비롯된 것이다. 따라서 이 사건 공소제기는 구 검찰청법 제4조 제2항, 국가공무원법 제56조 및 형법 제123조를 위반한 것이다.

이 사건 공소제기는 공익의 대표자이자 인권옹호기관인 검사가 오히려 그 권한을 남용하여 소추의 공정성을 해하고 피의자의 정당한 이익을 침해한 것이므로, 그 법위반의 정도가 매우 중대하다. 피청구인을 파면함으로써 얻는 헌법수호의 이익이 파면에 따르는 국가적 손실을 압도할 정도로 크므로, 피청구인에 대한 파면결정을 정당화하는 사유가 인정된다.

재판관 이종석, 재판관 이은애, 재판관 이영진, 재판관 김형두의 기각의견에 대한 보충의견

탄핵심판제도의 실효성을 제고하기 위해서는 탄핵절차에도 소추기간을 제한할 필요성이 인정되므로 탄핵소추시효 또는 탄핵심판의 청구기간에 관한 규정을 마련할 필요가 있다.

【참조조문】

헌법 제7조 제1항, 제65조

헌법재판소법(2011. 4. 5. 법률 제10546호로 개정된 것) 제23조 제2항 제1호, 제48조 제4호, 제49조, 제53조 제1항

구 검사징계법(2014. 5. 20. 법률 제12585호로 개정되고, 2019. 4. 16. 법률 제16312호로 개정되기 전의 것) 제3조 제1항, 제25조 제1항

구 검찰사건사무규칙(2007. 2. 20. 법무부령 제606호로 개정되고, 2014. 6. 26. 법무부령 제818호로 개정되기 전의 것) 제1조, 제69조 제3항 제5호

구 검찰청법(2009. 11. 2. 법률 제9815호로 개정되고, 2020. 2. 4. 법률 제16908호로 개정되기 전의 것) 제4조 제1항 제1호, 제4조 제2항, 제7조 제1항, 제7조의2 제2항, 제11조, 제34조 제1항, 제36조 제1항, 제37조

구 공무원 징계령 시행규칙(2013. 12. 31. 안전행정부령 제46호로 개정되고, 2015. 8. 19. 총리령 제1189호로 개정되기 전의 것) 제2조 제1항 [별표 1]

구 국가공무원법(2012. 12. 11. 법률 제11530호로 개정되고, 2015. 5. 18. 법률 제13288호로 개정되기 전의 것) 제2조 제2항 제2호, 제83조의2 제1항

국가공무원법(2008. 3. 28. 법률 제8996호로 개정된 것) 제56조

형법(1995. 12. 29. 법률 제5057호로 개정된 것) 제123조

구 형사소송법(2007. 12. 21. 법률 제8730호로 개정되고, 2020. 12. 8. 법률 제17572호로 개정되기 전의 것) 제246조, 제247조, 제249조 제1항 제4호, 제276조, 제327조 제2호

【참조판례】

1. 헌재 1991. 7. 8. 91헌마42, 판례집 3, 380, 383-384

헌재 1995. 6. 29. 93헌바45, 판례집 7-1, 873, 884

헌재 2002. 12. 18. 2002헌마527, 공보 76, 100, 101

헌재 2004. 5. 14. 2004헌나1, 판례집 16-1, 609, 655

헌재 2017. 3. 10. 2016헌나1, 판례집 29-1, 1, 20-21

헌재 2023. 7. 25. 2023헌나1, 공보 322, 1267, 1272

【당 사 자】

청 구 인 국회
소추위원 국회 법제사법위원회 위원장
대리인 1. 법무법인(유한) 백송
담당변호사 김용관 외 1인
2. 법무법인 율립
담당변호사 하주희 외 1인

피청구인 검사 안동완
대리인 1. 변호사 이동흡
2. 법무법인(유한) 해광
담당변호사 김후균 외 4인

3. 법무법인 케이디에이치
담당변호사 고홍

【주 문】

이 사건 심판청구를 기각한다.

【이 유】

1. 사건개요

가. 피청구인의 공소제기 및 이에 대한 공소권남용 판결

(1) 서울동부지방검찰청 검사는 2010. 3. 29. 유○○의 외국환거래법위반 혐의에 대하여 기소유예처분을 하였다(서울동부지방검찰청 2010년 형제571호, 이하 '종전 기소유예 사건'이라 하고, 위 처분을 '종전 기소유예처분'이라 한다).

(2) 2014. 3. 21. 서울중앙지방검찰청에 위 유○○의 외국환거래법위반 혐의 등에 대한 고발장이 제출되었다. 서울중앙지방검찰청 검사로서 그 사건을 담당하게 된 피청구인은 종전 기소유예 사건의 재기 및 이송을 요청한 후 위 유○○의 외국환거래법위반 혐의를 수사하여 2014. 5. 9. 유○○을 외국환거래법위반 및 위계공무집행방해 혐의로 기소하였다(이하 '피청구인 기소 사건'이라 한다).

(3) 유○○은 위 혐의들 중 외국환거래법위반 혐의에 대한 피청구인의 공소제기(이하 '이 사건 공소제기'라 한다)에 관하여 특별한 사정변경이 없음에도 종전 기소유예 사건을 재기하여 기소한 것은 공소권남용에 해당한다고 다투었으나, 피청구인 기소 사건의 제1심법원은 2015. 7. 16. 이 사건 공소제기가 공소권남용에 해당하지 않는다고 보고 공소사실을 모두 유죄로 판단하여 유○○에 대하여 벌금 1천만 원을 선고하였다(서울중앙지방법원 2014고합539). 위 제1심판결에 대하여 유○○과 검사 모두 항소하였는데, 항소심법원은 2016. 9. 1. 이 사건 공소제기가 공소권남용에 해당한다고 판단하여 외국환거래법위반의 점에 대한 공소를 기각하였고, 위계공무집행방해의 점만 유죄로 인정하여 유○○에 대하여 벌금 7백만 원을 선고하였다(서울고등법원 2015노2312). 위 항소심판결에 대하여 검사가 상고하였으나(이하 '이 사건 상고'라 한다), 대법원은 원심의 판단에 공소권남용에 관한 법리를 오해한 잘못이 없다는 등의 이유로 2021. 10. 14. 상고를 기각하였다(대법원 2016도14772).

나. 국회의 피청구인에 대한 탄핵소추 의결 및 탄핵심판 청구

(1) 국회의원 김용민 등 106인은 피청구인이 이 사건 공소제기 및 이 사건 상고를 함으로써 법률을 위반하였다는 이유로 2023. 9. 19. 검사(안동완) 탄핵소추안을 발의하였다.

(2) 국회는 2023. 9. 21. 제410회 국회(정기회) 제8차 본회의에서 피청구인에 대한 탄핵소추안을 총 투표수 287표 중 찬성 180표로 가결하였고, 소추위원은 2023. 9. 22. 헌법재판소법 제49조 제2항에 따라 소추의결서 정본을 헌법재판소에 제출하여 피청구인에 대한 탄핵심판을 청구하였다.

다. 탄핵소추사유 및 청구인의 변론 요지

(1) 이 사건 공소제기의 법률 위반

(가) 형법 제123조 위반

피청구인 기소 사건의 항소심법원 및 대법원이 판단한 것처럼 이 사건 공소제기는 피청구인이 공소권을 자의적으로 행사하여 소추재량권을 현저히 일탈한 것이므로, 직권을 남용한 것에 해당한다. 이 사건 공소제기로 인하여 유○○은 약 7년 5개월에 걸쳐 피고인의 신분으로 재판을 받게 되었고 본인의 무죄를 밝히고자 시간과 비용을 들여 재판에서 본인을 방어하게 되었으므로, 피청구인은 이 사건 공소제기를 통하여 유○○으로 하여금 법률상 의무가 없는 일을 하게 하였다. 당시 수사가 개시된 경위, 고발 이후 수사가 진행된 과정, 기소에 이르기까지 경위 등을 고려하면, 피청구인은 유○○에 대한 별건 국가보안법위반(간첩) 등 사건에서 검사가 위조된 증거를 제출한 사실이 밝혀지자 처음부터 유○○에 대하여 범죄자라는 낙인을 찍어 보복하고 추락한 검찰의 위신을 세울 의도로 유○○의 외국환거래법위반 혐의에 대하여 수사를 진행하고 이 사건 공소제기를 한 것이라고 볼 수 있으므로, 피청구인이 고의로 직권남용 행위를 하였음이 인정된다. 따라서 이 사건 공소제기는 형법 제123조를 위반한 것이다.

(나) 구 검찰청법 제4조 제2항 위반

이 사건 공소제기는 피청구인이 공소권을 자의적으로 행사하여 소추재량권을 현저히 일탈한 것이므로, 검사가 그 직무를 수행할 때 주어진 권한을 남용하여서는 아니 된다고 규정한 구 검찰청법 제4조 제2항을 위반한 것이다.

(다) 국가공무원법 제56조 위반

이 사건 공소제기는 형법 제123조, 구 검찰청법 제4조 제2항, 구 검찰사건사무규칙 제69조 제3항 제5호를 위반한 것이므로, 공무원은 법령을 준수하며 성실히 직무를 수행하여야 한다고 규정한 국가공무원법 제56조 역시 위반하였다.

(2) 이 사건 상고의 법률 위반

피청구인은 상고권을 남용하여 이 사건 상고를 함으로써 구 검찰청법 제4조 제2항 및 국가공무원법 제56조를 위반하였다.

(3) 법률 위반의 중대성

검사의 공소권남용에 관하여 매우 엄격한 기준으로 판단해 온 대법원도 이 사건 공소제기에 관하여 공소권 남용의 의도 및 소추재량권의 현저한 일탈을 인정하고 헌정사상 최초로 공소권남용에 해당한다고 판단한 점 등에 비추어 볼 때, 이 사건 공소제기는 검사의 본질적이고 핵심에 해당하는 직무집행과 관련하여 법률을 정면으로 위반한 것으로서 국민의 신임을 배반한 행위이며 헌법 수호의 관점에서 용납될 수 없는 중대한 법률 위반행위이다. 반면, 검사는 파면되더라도 대통령이나 행정각부의 장과 달리 정치적 혼란이나 국정 공백 등이 발생할 우려가 없고 검찰청법 제7조의2 제2항에 따라 다른 검사들이 그 직무를 수행할 수 있으므로 파면 결정으로 인한 효과가 적다. 피청구인의 법률 위반은 일반 공무원의 경우에도 파면의 징계처분을 받을 정도로 중대한 것이므로, 검사로서의 신분보장을 고려하더라도 피청구인에 대한 파면을 정당화할 정도의 중대한 법률 위반에 해당한다.

2. 심판대상

이 사건 심판대상은 검사 안동완이 직무집행에 있어서 헌법이나 법률을 위반했는지 여부 및 파면 결정을 선고할 것인지 여부이다.

3. 탄핵의 요건

가. 헌법 제65조 제1항은 '기타 법률이 정한 공무원'도 탄핵심판의 대상이 될 수 있도록 규정하고 있고, 검찰청법 제37조는 검사가 탄핵심판의 대상임을 규정하고 있다. 검사는 경력직공무원 중 특정직공무원에 속하는 국가공무원으로서(국가공무원법 제2조 제2항 제2호, 검찰청법 제36조 제1항 참조), 검사의 임명과 보직은 법무부장관의 제청으로 대통령이 한다(검찰청법 제34조 제1항 참조). 검사의 직위는 해임 또는 면직의 징계처분에 의하여도 박탈될 수 있으나(검사징계법 제3조 제1항 참조), 파면을 통한 직위의 박탈은 오로지 탄핵심판에 의해서만 가능하다.

검사에 대한 탄핵심판은 검사에 의한 헌법 위반을 경고하고 사전에 방지하는 기능을 하며, 검사가 직무집행에 있어서 헌법이나 법률을 위반한 경우 국회가 탄핵소추의결을 하고 헌법재판소가 법적 책임을 추궁하여 파면함으로써 헌법의 규범력을 확보하는 기능을 한다. 검사에 대한 탄핵심판은 누구도 법 위에 있지 않다는 법의 지배 원리를 구현하고 국가권력을 통제하며 침해된 헌법질서를 회복하고 헌법을 수호하기 위한 제도이다.

나. 헌법은 탄핵소추사유를 '그 직무집행에 있어서 헌법이나 법률을 위배한 때'라고 명시하고 헌법재판소가 탄핵심판을 관장하게 함으로써 탄핵절차를 정치적 심판절차가 아닌 규범적 심판절차로 규정하고 있다(헌재 2017. 3. 10. 2016헌나1; 헌재 2023. 7. 25. 2023헌나1 참조).

여기에서 '직무'란 법제상 소관 직무에 속하는 고유 업무와 사회통념상 이와 관련된 업무를 말하고, 법령에 근거한 행위뿐만 아니라 검사의 지위에서 직무수행과 관련하여 행하는 모든 행위를 포괄하는 개념이다. 또 '헌법'에는 명문의 헌법규정뿐만 아니라 헌법재판소의 결정에 따라 형성되어 확립된 불문헌법도 포함되고, '법률'에는 형식적 의미의 법률과 이와 동등한 효력을 가지는 국제조약 및 일반적으로 승인된 국제법규 등이 포함된다(헌재 2017. 3. 10. 2016헌나1; 헌재 2023. 7. 25. 2023헌나1 참조).

다. 헌법재판소법은 제53조 제1항에서 "탄핵심판 청구가 이유 있는 경우에는 헌법재판소는 피청구인을 해당 공직에서 파면하는 결정을 선고한다."라고 규정하고 있다. 피청구인의 책임에 상응하는 헌법적 징벌의 요청 및 침해된 헌법질서를 회복하고 헌법을 수호하기 위한 탄핵심판의 제도적 기능에 비추어 보면, '탄핵심판 청구가 이유 있는 경우'란 피청구인의 파면을 정당화할 수 있을 정도로 중대한 헌법이나 법률 위반이 있는 경우를 말한다(헌재 2023. 7. 25. 2023헌나1 참조).

4. 인정 사실

가. 이 사건 공소제기

이 사건 공소제기와 관련하여 인정되는 사실은 다음과 같다.

(1) 인천해양경찰서 등 수사기관은 2009년경 유□□(유○○의 개명 전 이름), 이○○, 유△△ 명의의 계좌를 압수·수색하고, 유○○, 유△△을 소환하여 조사하는 등 유○○의 외국환거래법위반 혐의에 관하여 수사하였다(종전 기소유예 사건).

유○○은 종전 기소유예 사건의 피의자신문에서 '2005년경 중국 연길에서 소개를 받아 '연길삼촌'을 알게 되었고, '연길삼촌'의 성명은 모르나 중국에서 3번 정도 만났고 저녁식사를 한 적이 있다', '본인 및 이○○, 유△△ 명의의 계좌번호, 비밀번호, 보안카드번호 등을 '연길삼촌'에게 알려주었고, '연길삼촌'의 지시에 따라 위 계좌에 입금된 돈을 현금 인출기(CD), 현금 자동 입출금기(ATM)를 통하여 이체하거나 환전해서 해외로 송금하는 등 '연길삼촌'이 국내에서 필요한 거래를 대행하였다', '위와 같은 범행의 대가로, 다른 탈북자들은 송금액의 약 30% 정도를 비용으로 지불함에도 불구하고 자신은 약 5% 정도의 비용만 지불하거나 비용을 지불하지 않고 북한에 있는 가족에게 식료품 등을 약 2회 정도 보내고, 총 3회 합계 약 400만 원 정도를 보내어 약 154만 원 상당의 송금 비용 및 수수료를 면제받는 이익을 취득하였다', '최○○는 북한에서부터 알고 지내던 탈북자인데 집에 돈을 보내고 싶다고 하여 본인 명의 통장으로 입금했고 그 돈을 '연길삼촌'이 지시하는 통장에 이체하여 북한으로 송금해 주었다'는 등의 진술을 하였다.

유△△은 종전 기소유예 사건의 피의자신문에서 진○○, 남○○ 명의 계좌로 총 3회 합계 530만 원을 입금한 경위에 관하여, 중국에 체류할 때 유○○으로부터 소개받은 유○○의 매형인 조○○으로부터 중국 인민폐를 빌려 쓰고, 빌려 쓴 만큼의 한화를 조○○이 알려준 위 계좌로 송금한 사실이 있다고 진술하였다.

(2) 종전 기소유예 사건의 담당 검사는 2010. 3. 29. 유○○의 외국환거래법위반 혐의에 관하여 피의사실은 인정되나 유○○은 초범이고 탈북한 대학생으로서 일명 '연길삼촌'의 부탁으로 예금계좌를 빌려 주어 속칭 '환치기' 영업을 하도록 도와준 것으로 가담 정도가 경미하고 그 경위가 참작할만하며 범행을 깊이 뉘우치고 있다는 이유로 기소유예처분을 하였다(종전 기소유예처분). 그 피의사실의 요지는 다음과 같다.

『유○○은 일명 '환치기' 수법의 불법 외국환 거래상인 중국 길림성 연길시 거주 40대 성명불상(일명 '연길삼촌')의 중국인과, 북한에 거주하는 유○○ 자신의 가족에게 식료품과 금원을 전달함에 있어 저비용 또는 무비용으로 용역을 제공받는 대가로 국내은행계좌 등 접근매체를 양도·양수하고 수익금의 환전, 송금 등 국내에 필요한 금융거래를 대행해 주기로 공모·공동하여, 2007. 2. 7.부터 2009. 8. 20.까지 본인 및 이○○, 유△△ 명의의 계좌를 이용하여 입출금 도합 1,646회 금 2,640,049,230원을 일명 '환치기' 수법으로 국내외간 송금을 대행함으로써 외국환업무를 하였다.』

(3) 서울중앙지방검찰청 검사는 2013. 2. 26.경 유○○을 국가보안법위반(간첩) 등의 혐의로 구속기소하였다(이하 '국가보안법위반 등 사건'이라 한다). 그 공소장에는 유○○이 중국 국적의 재북 화교 신분을 숨기고 탈북자로 인정받은 점, 2005년경 탈북자 최○○의 부탁으로 북한에 있는 최○○의 가족에게 150만 원 상당의 금전을 전달해 준 이후 외당숙 국○○ 및 북한에 있는 부 유▽▽과 연계하여 국내 탈북자들의 부탁을 받고 그 재북 가족에게 금품을 전달하고 중개수수료를 받는 등 불법 대북송금 브로커로 활동한 점 등이 기재되어 있었으나, 외국환거래법위반 혐의는 공소사실에 포함되지 않았다. 다만, 국가보안법위반 등 사건의 공소사실에는 종전 기소유예처분 이전뿐 아니라 종전 기소유예처분 이후의 국가보안법위반, 북한이탈주민의보호및정착지원에관한법률위반 등 범행도 포함되어 있었다.

(4) 국가보안법위반 등 사건의 제1심법원은 2013. 8. 22. 국가보안법위반 관련 공소사실을 모두 무죄로 판단하고 북한이탈주민의보호및정착지원에관한법률위반 등 나머지 공소사실을 유죄로 인정하여 유○○에 대하여 징역 1년, 집행유예 2년 등을 선고하였다(서울중앙지방법원 2013고합186). 위 판결에 대하여 유○○과 검사 모두 항소하였다(서울고등법원 2013노2728).

(5) 유○○의 국가보안법위반(간첩) 등 혐의를 수사한 국가정보원 직원들은 국가보안법위반 등 사건의 항소심 재판에서 유○○의 국가보안법위반 관련 공소사실을 입증하기 위해 유○○의 북한 출입경 기록 등을 위조하여 공판 관여 검사들로 하여금 증거로 제출하도록 하였다. 유○○은 2014. 1.경 국가정보원 직원들과

수사검사 등을 국가보안법위반(무고·날조) 혐의로 고소하였고, 2014. 2.경 중국 당국의 회신에 따라 위 출입경 기록 등이 위조되었다는 사실이 밝혀졌다. 위 증거위조에 관여한 국가정보원 직원들은 2014. 3. 31. 모해증거위조 등의 혐의로 구속기소되었다.

(6) ○○포럼의 대표 박○○은 2014. 3. 20. 언론보도기사 4개를 첨부하여 사기 및 업무방해 혐의로, 2014. 3. 21. 언론보도기사 2개를 첨부하여 외국환거래법위반 및 전자금융거래법위반 혐의로 유○○을 서울중앙지방검찰청에 고발하였다. 그 중 외국환거래법위반 혐의 관련 고발취지는 다음과 같다.

『유○○은 2007년부터 2009년까지 불법 대북송금 행위를 통해 26억 원을 북한으로 송금하고 수수료 4억 원을 취득하였다. 검찰은 다른 사업자를 도왔을 뿐이라는 유○○의 주장을 인정하여 2010. 3.경 위 유○○의 외국환거래법위반 및 전자금융거래법위반 혐의에 관하여 기소유예처분을 내렸다. 그러나 유○○은 국가보안법위반 등 사건으로 재판 중에 있으므로 위 혐의들과 유○○의 간첩 혐의의 연계성을 확인하여야 한다.』

(7) 피청구인은 고발인 박○○의 유○○에 대한 2014. 3. 21.자 외국환거래법위반 및 전자금융거래법위반 혐의 고발 사건(서울중앙지방검찰청 2014년 형제26963호)을 2014. 3. 24. 배당받았다. 피청구인은 다음 날인 2014. 3. 25. 서울동부지방검찰청에 종전 기소유예 사건의 기록 사본을 신속히 송부해 줄 것을 요청하여 당일 그 기록을 송부받았고, 대검찰청에 유○○의 외국환거래법위반 혐의에 관하여 계좌 추적이 필요하다는 이유로 금융계좌추적 전문수사관 2명의 지원을 요청하여 그 다음 날인 2014. 3. 26. 대검찰청으로부터 '첨단범죄 수사지원'을 받았다. 피청구인은 2014. 3. 25. 19:50경 고발인 박○○도 조사하였는데, 고발인 박○○은 고발장에 첨부한 언론보도 외에 유○○의 외국환거래법위반 및 전자금융거래법위반 혐의를 입증할 다른 자료를 가지고 있지 않다고 진술하였다.

(8) 피청구인은 2014. 3. 26. 서울동부지방검찰청에 종전 기소유예 사건의 재기 및 이송을 요청한 후 국가보안법위반 등 사건 등 관련사건 기록을 송부받아 검토하고, 압수수색검증영장을 발부받아 집행하는 등 유○○의 외국환거래법위반 혐의에 대한 수사를 진행하였다.

피청구인은 2014. 4. 13. 유△△을 조사하였는데, 유△△은 진○○, 남○○, 이○○ 명의의 계좌로 총 5회 합계 1130만 원을 송금한 경위에 관하여 중국에서 공부할 때 유○○이 자신의 친척 조○○이 도와줄 수 있다고 하여 돈이 필요할 때마다 유○○에게 이야기하면 유○○이 한국 돈을 보내줄 통장을 알려주었고, 해당 통장에 돈을 송금하면 송금한 한국 돈에 상응하는 중국 인민폐가 자신의 중국 통장으로 입금되었다고 진술하였다.

피청구인은 2014. 4. 17. 유○○을 조사하려다가 유○○이 피의자신문 연기를 요청하여 2014. 4. 30. 유○○을 조사하였는데, 유○○은 진술을 거부하였다.

(9) 한편, 고발인 박○○의 유○○에 대한 2014. 3. 20.자 사기 및 업무방해 혐의 고발 사건(서울중앙지방검찰청 2014년 형제26306호)을 2014. 3. 24. 배당받아 수사를 진행한 서울중앙지방검찰청 검사는 국가보안법위반 등 사건의 항소심 공판 관여 검사에게 관련 자료를 송부하였고, 자료를 송부받은 검사는 2014. 4. 7. 국가보안법위반 등 사건의 공소사실에 고발인 박○○이 고발한 혐의를 추가하기 위하여 북한이탈주민의보호및정착지원에관한법률위반의 점에 관하여 유○○이 지원받은 정착지원금 등을 약 2500만 원에서 약 8500만 원으로 증액하고 죄명으로 '사기'를 추가하는 내용의 공소장변경을 신청하여 허가를 받았다.

(10) 국가보안법위반 등 사건의 항소심법원은 2014. 4. 25. 국가보안법위반 관련 모든 공소사실 및 북한이탈주민의보호및정착지원에관한법률위반 관련 공소사실 중 일부에 대하여 각 무죄로, 사기 등 나머지 공소사실에 대하여 각 유죄로 판단한 다음, 유○○에 대하여 제1심과 같은 형인 징역 1년, 집행유예 2년을 선고하였다(서울고등법원 2013노2728).

(11) 대검찰청은 2014. 5. 1. 법무부에 국가보안법위반 등 사건의 항소심 공판 관여 검사들 및 부장검사의 징계를 청구하였고, 2014. 8. 25. 공판 관여 검사들은 정직 1월의, 부장검사는 감봉 1월의 징계를 받았다.

(12) 피청구인은 종전 기소유예처분에서 누락된 거래내역을 추가하고 유○○이 외국환거래법위반 범행에 사용한 계좌들 사이의 거래내역을 제외하는 등 수사 결과를 반영하여 2014. 5. 9. 유○○을 외국환거래법위반 및 위계공무집행방해 혐의로 기소하였다(피청구인 기소 사건). 그 중 유○○의 외국환거래법위반 혐의(이 사건 공소제기)에 관한 공소사실의 요지는 다음과 같다.

『유○○은 2005. 6. 25.부터 2009. 10. 10.까지 중

국에 있는 외당숙인 국○○(이른바 '연길삼촌')과 함께 대한민국에서 중국을 경유하여 북한으로 송금을 원하는 전○○ 등으로부터 본인 및 이○○, 유△△ 명의의 계좌 등으로 1,314회(항소심에서 1,311회로 공소장변경됨)에 걸쳐 합계 1,315,599,194원(항소심에서 1,313,848,721원으로 공소장변경됨)을 송금 받고, 그 무렵 위 계좌에서 국외송금을 위해 돈을 인출하거나 국○○이 지정·관리·사용하는 김○○ 명의의 예금계좌 등으로 송금하는 방법 등으로 총 354회(항소심에서 344회로 공소장변경됨)에 걸쳐 합계 1,291,566,636원(항소심에서 1,281,978,883원으로 공소장변경됨)을 출금하여 외국환업무를 업으로 하였다.』

(13) 피청구인 기소 사건의 제1심법원은 2015. 7. 16. 이 사건 공소제기가 공소권남용에 해당하지 않는다고 판단하면서 공소사실을 모두 유죄로 판단하고 유○○에 대하여 벌금 1천만 원을 선고하였다(서울중앙지방법원 2014고합539). 피청구인 기소 사건의 제1심법원이 이 사건 공소제기가 공소권남용에 해당하지 않는다고 판단한 이유의 요지는 다음과 같다.

『국○○은 유○○의 외당숙으로 유○○의 외국환거래법위반 범행 무렵까지 유○○의 부 유▽▽ 등과 함께 '환치기' 수법으로 탈북자들의 북한 가족에 대한 송금을 중개하는 일명 '프로돈 사업'을 해 왔고, 유○○에게 한국 입국 방법을 알려주는 등 유○○과 가까운 관계를 유지하고 있었다. 유○○은 국○○의 지시 없이도 최○○, 유△△ 등으로부터 돈을 입금받아 '환치기' 범행에 사용하였다. 또 유○○과 그 가족들은 모두 중국 국적의 재북 화교였다. 그렇다면 종전 기소유예처분의 기초로 삼았던 사정의 상당 부분은 허위로 드러났고, 그와 더불어 유○○이 유치한 송금자들에 의한 '환치기' 범행도 일부 밝혀졌으므로, 피청구인이 유○○의 외국환거래법위반 혐의에 대하여 반드시 종전 기소유예 사건과 같이 기소유예처분을 하여야 한다고 보기는 어렵다.

박○○의 고발은 유○○의 대북송금 영업 가담 정도가 기소유예된 피의사실과 다르다거나 유○○의 수수료 취득 여부에 관한 수사를 촉구하는 내용으로 위와 같이 기소유예 이후에 검찰이 확보한 증거 및 진술에 비추어 보면, 피청구인이 고발을 각하하지 않고 수사를 재기한 것이 부당한 조치라고 하기는 어렵다.

피청구인의 수사 결과, 유○○이 2008. 8. 5. 및 2008. 8. 9. 유△△, 이○○, 진○○ 등의 계좌에서 입금받은 돈으로 김□□에게 4800만 원을 송금하였고, 2009. 3. 30.경 김□□으로부터 유○○이 관리하던 정○○ 명의의 계좌로 2580만 원을 입금받아 그 중 2271만 원을 자신의 전세보증금으로 사용한 사실이 밝혀졌으므로, 유○○의 이전 진술과 달리, '환치기' 금액의 일부는 유○○의 개인적인 용도로 사용되었다고 볼 여지가 있었다.

'프로돈 사업'을 하다가 발각된 권○○, 허○○이 벌금형의 확정판결을 받은 사실에 비추어 보면, 유○○의 외국환거래법위반 혐의가 지극히 경미하여 반드시 기소유예처분을 해야 할 사안이라고 볼 수도 없다.

박○○의 고발이 있고 한 달 보름이 지난 후 이 사건 공소제기가 있었고, 검찰이 2014. 4. 17.경 유○○에게 출석을 요청하였으나 유○○은 국가보안법위반 등 사건의 재판 진행을 이유로 불응한 점에 비추어, 검사가 자의적으로 이 사건을 국가보안법위반 등 사건의 항소심판결이 선고된 직후에 별도로 기소한 것도 아니라고 보인다.』

(14) 위 제1심판결에 대하여 유○○과 검사 모두 항소하였는데, 항소심법원은 2016. 9. 1. 이 사건 공소제기가 공소권남용에 해당한다고 판단하여 형사소송법 제327조 제2호가 규정한 공소제기의 절차가 법률의 규정에 위반하여 무효인 때에 해당한다는 이유로 외국환거래법위반의 점에 대한 공소를 기각하였고, 위계공무집행방해의 점만 유죄로 인정하여 유○○에 대하여 벌금 7백만 원을 선고하였다(서울고등법원 2015노2312). 피청구인 기소 사건의 항소심법원이 이 사건 공소제기가 공소권남용에 해당한다고 판단한 이유의 요지는 다음과 같다.

『(가) 기소할 만한 사정변경이 있었는지

종전 기소유예처분의 피의사실과 피청구인 기소 사건의 공소사실은 약간의 차이만 있을 뿐이고, 유○○이 기소유예처분을 받은 후 다시 동종 범행을 저지른 사정은 없는 점, 유○○이 '환치기' 범행에 직접 가담하였다는 점은 새로운 사정이 될 수 없고, 이를 넘어 유○○이 '환치기' 범행에 적극적, 조직적으로 가담하였다는 증거는 없으며, 검사가 제출한 증거들만으로는 유○○이 '환치기'한 금액 일부를 개인적인 용도로 사용하였다거나 '환치기' 범행으로 2000만 원 이상의 이익을 얻었다는 사실을 인정하기 어려운 점 등을 고려하면, 애당초 기소유예의 근거가 되었던, 초범이고, 가담 내용이 경미하며, 반성하는 사정은 달라지지 않았고, 경위 역시 참작할 만하다. 따라서 피청구인이 종전 기소유예처분을 번복하여 기소할 만한 사정변경이 있다고 보기 어렵다.

(나) 박○○의 고발에 따라 기소한 것이 적정한지

박○○은 고발장에 소명자료로 언론보도기사를 첨부하였으나, 그 기사의 내용은 추측성 보도에 불과하므로 이를 새로이 중요한 증거가 발견된 경우로 볼 수 없는 점, 박○○이 고발인조사에서 '고발 사실을 입증할 다른 자료는 없다'고 진술하여 고발인이 새로이 중요한 증거가 발견되었음을 소명한 때에 해당한다고 볼 수 없는 점 등에 비추어 보면, 박○○의 고발에 대하여는 검찰사건사무규칙에 따라 각하처분을 함이 원칙이라 할 것이다. 그럼에도 불구하고 피청구인은 수사 재기와 재수사를 거쳐 위 규칙을 위반하여 이 사건 공소제기를 하였다.

(다) 다른 시기에 기소할 수 있었는지

만일 종전 기소유예처분에도 불구하고 이 사건 공소제기를 할 만한 정당한 사유가 있었다면, 2013. 2. 26. 유○○을 국가보안법위반 등 사건으로 구속기소할 당시 유○○의 외국환거래법위반 혐의에 대하여 기소할 수 있었을 것이고, 기소하였을 것으로 보인다.

(라) 쟁점에 관한 결론

① 종전 기소유예처분이 있었던 2010. 3. 29.로부터 만 4년이나 지난 2014. 5. 9. 이 사건 공소제기가 이루어진 점, ② 그 사이에 국가정보원 직원들이 조작한 증거가 2013. 9. 공판 관여 검사들에 의하여 국가보안법위반 등 사건의 항소심법원에 제출되었고, 이에 유○○이 2014. 1.경 서울중앙지방검찰청에 '국가정보원 직원들과 수사검사, 수사관들이 공모하여 국가보안법위반 등 사건의 항소심 재판부에 허위로 날조된 유○○에 대한 출입경 기록 등을 증거로 제출하였다'는 이유로 국가보안법위반(무고·날조)죄로 이들을 고소하였으며, 2014. 2. 위 증거 위조가 밝혀지고, 그로 인해 위 직원들이 2014. 3. 31. 모해증거위조 등으로 구속되었으며, 그 후 국가보안법위반 등 사건의 항소심법원이 2014. 4. 25. 국가보안법위반 관련 혐의를 모두 무죄로 판단하였고, 위 사건의 공판 관여 검사들이 2014. 5. 1.경 위 증거 위조와 관련하여 징계를 받는 일련의 사건들이 발생하였는바, 피청구인 기소 사건이 그 직후인 2014. 5. 9. 기소된 점 등 앞서 인정한 사정들을 모두 종합해 보면, 피청구인이 이 사건 공소제기를 한 것은 통상적이거나 적정한 소추재량권 행사라고 보기 어려운바, 어떠한 의도가 있다고 보여지므로 공소권을 자의적으로 행사한 것으로 위법하다고 평가함이 상당하다. 또한 이로 인하여 유○○이 실질적인 불이익을 받았음이 명백하므로 이 사건 공소제기는 소추재량권을 현저히 일탈한 경우에 해당한다고 인정된다. 따라서 이 사건 공소제기는 그 공소제기의 절차가 법률의 규정에 위반하여 무효인 때에 해당한다.』

(15) 위 항소심판결에 대하여 검사가 상고하였는데, 대법원은 원심의 판단에 공소권남용에 관한 법리를 오해한 잘못이 없다는 등의 이유로 2021. 10. 14. 상고를 기각하였다(대법원 2016도14772).

나. 이 사건 상고

이 사건 상고와 관련하여 인정되는 사실은 다음과 같다.

(1) 피청구인은 이 사건 공소제기 후 피청구인 기소 사건의 제1심 공판절차에 관여하였다가, 2015. 2.경 대구지방검찰청으로 전근되었다. 검찰총장은 2015. 7. 10. 피청구인 기소 사건의 공판 관여를 사유로 하여 피청구인에 대하여 2015. 7. 13.부터 2015. 7. 15.까지 3일간 서울중앙지방검찰청 검사 직무대리 근무를 명하였다. 이에 따라 피청구인은 2015. 7. 13.부터 2015. 7. 16.까지 피청구인 기소 사건의 제1심 공판기일에 출석하여 공판절차에 참여하였다.

(2) 피청구인 기소 사건의 제1심판결이 2015. 7. 16. 선고되었고(서울중앙지방법원 2014고합539), 이후 검사 이□□은 2015. 7. 21. 항소장을, 2015. 9. 18. 항소이유서를 제출하였다. 피청구인은 피청구인 기소 사건의 항소심 공판기일에 출석하지 않았다.

(3) 피청구인 기소 사건의 항소심판결이 2016. 9. 1. 선고되었고(서울고등법원 2015노2312), 검사 최□□은 2016. 9. 7. 상고장을, 2016. 10. 17. 상고이유서를 제출하였다.

5. 재판관 이영진, 재판관 김형두, 재판관 정형식의 기각의견

가. 이 사건 공소제기의 법률 위반 여부

(1) 형법 제123조 위반 여부

(가) 형법 제123조의 직권남용권리행사방해죄에서 '직권의 남용'이란 공무원이 일반적 직무권한에 속하

는 사항을 불법하게 행사하는 것, 즉 형식적, 외형적으로는 직무집행으로 보이나 그 실질은 정당한 권한 이외의 행위를 하는 경우를 의미하고, 남용에 해당하는지는 구체적인 직무행위의 목적, 그 행위가 당시의 상황에서 필요성이나 상당성이 있는 것이었는지 여부, 직권행사가 허용되는 법령상의 요건을 충족했는지 등의 여러 요소를 고려하여 결정하여야 한다(대법원 2013. 1. 31. 선고 2012도2409 판결; 대법원 2018. 2. 13. 선고 2014도11441 판결 등 참조).

공무원이 위법·부당한 행위를 한 경우 그 위법성의 정도는 불법행위책임에 그치는 경우, 징계사유에 해당하는 경우, 형사처벌사유에 해당하는 경우 등으로 다양하게 나타날 수 있고, 그중 형사처벌은 기본권 침해의 정도가 가장 무거우므로, 공무원의 직무행위가 형사처벌의 대상인 직권남용에 해당하는지 여부는 기본권 제한에 관한 최소침해의 원칙을 참작하여 엄격하게 판단하여야 한다. 구체적 사건에서 직권남용 여부를 판단함에 있어서는, 직권행사의 주된 목적이 직무 본연의 수행에 있지 않고 본인 또는 제3자의 사적 이익 추구나 청탁 또는 불법보복적의 실현 등에 있는 경우, 권한 행사의 형식을 갖추기 위하여 관련 자료나 근거를 작출, 조작, 은닉, 묵비하는 등의 적극적 또는 소극적 행위가 개입된 경우 등과 같이, 직권행사의 목적과 방법에 있어 그 위법·부당의 정도가 실질적·구체적으로 보아 직무 본래의 수행이라고 평가할 수 없을 정도에 이른 경우라면 직권을 남용하였다고 평가할 수 있을 것이나, 위법·부당의 정도가 그에 미치지 못하는 경우라면 직권남용 해당 여부를 보다 신중하게 판단할 필요가 있다(대법원 2022. 10. 27. 선고 2020도15105 판결 참조).

(나) 위 인정 사실 및 이 사건 기록에 의하여 알 수 있는 아래와 같은 사정들을 종합하여 보면, 이 사건 공소제기는 공평한 소추를 담보하고 피의자나 피고인의 정당한 이익을 옹호하기 위하여 공익의 대표자이자 인권옹호기관으로서 준사법기관의 지위를 가진 검사에게 공소제기 여부를 결정할 권한을 부여한 형사소송법 등 관련 법령의 목적에 명백하게 반한다고 볼 수 없고, 그 필요성·상당성이 없다고 단정하기도 어려우며, 법령상의 요건도 모두 충족한 것으로 보인다. 이 사건 공소제기의 위법·부당의 정도가 실질적·구체적으로 보아 직무 본래의 수행이라고 평가할 수 없을 정도라고 보기 어려우므로 이 사건 공소제기는 형법 제123조가 규정한 직권남용에 해당하지 않는다. 따라서 이 사건 공소제기가 형법 제123조를 위반한 것이라고 볼 수 없다.

1) 피청구인은 고발인 박○○이 2014. 3. 21. 유○○을 외국환거래법위반 등의 혐의로 고발한 사건을 2014. 3. 24. 배당받아 그 사건의 처리를 담당하게 되었다. 위 혐의에 대하여 종전 기소유예처분이 있었으나, 고발인 박○○이 제출한 고발장에 첨부되어 있는 언론보도기사에는 법원이 국가보안법위반 등 사건에서 유○○이 재북 화교인 사실을 인정하였다는 점이 기재되어 있으므로, 피청구인은 종전 기소유예처분에서 유○○의 신분을 탈북한 대학생이라고 보았던 것과 달리 유○○이 재북 화교라는 새로운 사실이 종전 기소유예처분 이후 밝혀졌음을 알 수 있었다. 또한 위 언론보도기사에는 유○○이 2005년 무렵부터 외당숙인 국모씨 등 가족들과 함께 외국환거래법위반 범행을 하였다는 점, 유○○이 위 범행을 통해 4억 원을 벌었으며 중국 연길시 강변에 고급 아파트를 구입한 점 등 종전 기소유예처분에서 인정한 사실과 배치되는 사실들이 기재되어 있었으므로, 국가보안법위반 등 사건의 수사 및 공판 과정에서 유○○의 외국환거래법위반 혐의와 관련하여 새로이 밝혀진 사정 등을 추가로 수사하여 위 사실들의 진위 여부를 밝힐 필요성이 있다고 판단할 여지가 있었던 것으로 보인다.

이와 관련하여 청구인은 “동일사건에 관하여 검사의 불기소처분이 있는 경우(다만, 새로이 중요한 증거가 발견된 경우에 고소인 또는 고발인이 그 사유를 소명한 때에는 그러하지 아니하다)”를 각하사유로 규정한 구 검찰사건사무규칙(2007. 2. 20. 법무부령 제606호로 개정되고, 2014. 6. 26. 법무부령 제818호로 개정되기 전의 것, 이하 ‘구 검찰사건사무규칙’이라 한다) 제69조 제3항 제5호에 따라 피청구인이 위 외국환거래법위반 혐의 고발 사건에 대하여 각하처분을 하였어야 한다고 주장한다. 그러나 앞에서 살펴본 것처럼 고발인 박○○은 법원이 국가보안법위반 등 사건에서 유○○이 재북 화교인 사실을 인정하였다는 점 등을 소명하였고, 유○○의 외국환거래법위반 혐의와 관련하여 범행기간, 가족들과의 공동범행 여부, 유○○이 범죄를 통하여 취득한 이익 등을 추가로 수사할 필요성을 제시하였다. 또한 구 검찰사건사무규칙은 사건사무의 적정한 운영을 기하기 위하여 검찰청법 제11조의 위임에 따라 각급 검찰청의 사건의 수리·수사·처리 및 공판수행 등에 관하여 정한 법무부령으로(제1조), 검찰청 내부의 사무처리 지침에 불과한 것일 뿐 법규적 효력을 가진 것은 아니므로(헌재 1991. 7. 8. 91헌마42 참조), 구 검찰사건사무규칙에 위반되어 공소가 제기되었다고 하여 곧바로 위법하다고 볼 수 없다(수원지방법원 2023. 2. 14. 선고 2022노2432 판결; 대법원 2023. 6. 29. 선고 2023도3988 판결 등 참조). 따라서 고발인 박○○이 유○○의 외국환거래법위반 혐의와 관련하여 새로이 중요한 증거가 발견되었음을 소명하지 못하였다고 하더라도, 이 사건 공소제기가 직권남용에 해당하는지 여부는 제반 사정을 종합적으로 고려하여 실질적·구체적으로 보아 직무 본래의 수행이라고 평가할 수 없을 정도로 위법·부당한지를 기준으로 판단하여야 한다.

2) 피청구인은 2014. 3. 26. 서울동부지방검찰청에 종전 기소유예 사건의 재기 및 이송을 요청하고, 법원으로부터 압수수색검증영장을 발부받아 집행하는 등 적법한 절차를 준수하면서 유○○의 외국환거래법위반 혐의에 관한 수사를 진행하였다. 그 결과 다음과 같이 종전 기소유예처분을 번복하고 유○○을 기소할 만한 사정들이 밝혀졌다.

가) 종전 기소유예 사건에서는 유○○의 외국환거래법위반 혐의에 관련된 계좌들에 대하여 2007. 1. 1.부터 2009. 8. 20.까지의 거래내역만 수사되었다. 피청구인은 유○○이 2010. 7. 26. 혐의없음의 불기소처분을 받은 남북교류협력에관한법률위반 사건(서울동부지방검찰청 2010년 형제29085호)의 기록을 송부받아 검토한 결과 유○○이 2007. 1. 1. 이전에도 외국환거래법위반 범행을 하였다는 진술이 있었음을 발견하고, 관련 계좌들에 대하여 2004. 4. 25.부터 2006. 12. 31.까지의 거래내역도 수사를 진행하였다. 이에 따라 종전 기소유예처분에서는 유○○의 범행기간을 2007. 2. 7.부터 2009. 8. 20.까지로 인정하였으나, 피청구인은 유○○이 2005. 6. 25.부터 2009. 10. 10.까지 외국환거래법위반 범행을 하였음을 밝혀내었다. 유○○이 2004. 4. 25. 대한민국에 입국하여 북한이탈주민 보호대상자로 결정된 후 2004. 8.경 사회로 배출된 점을 고려하면, 유○○은 대한민국에 정착한지 1년이 채 되지 않은 시점부터 4년이 넘는 기간 동안 외국환거래법위반 범행을 한 것이므로 그 사안이 경미하다고 보기 어렵다.

나) 피청구인은 종전 기소유예 사건에서 유○○이 2009. 2. 5. 및 2009. 8. 19. 주민등록번호를 변경한 점을 고려하지 아니한 채 거래내역을 수사한 점 등을 발견하고 추가 수사를 진행하여 누락된 거래내역을 추가하였다.

다) 피청구인은 유△△을 수사하여 유○○이 국○○의 지시 없이 유△△으로부터 직접 '환치기' 의뢰를 받아 입금받은 금액을 명확히 하여 공소사실에 포함시켰고, 유○○이 최○○로부터 직접 '환치기' 의뢰를 받아 입금받은 금액도 추가로 발견하여 공소사실에 포함시켰다. 유○○이 단순히 국○○의 지시에 따라 이체, 환전, 송금 등의 행위를 하는 것에 그치지 아니하고, 직접 '환치기' 의뢰를 받아 입금 계좌를 알려주는 등 적극적으로 '환치기' 범행을 하였다는 점은 유○○을 기소할 만한 중요한 사정에 해당한다.

라) 피청구인 기소 사건의 공소사실에 기재된 유○○의 외국환거래법위반 범행의 총 거래액수가 종전 기소유예처분의 피의사실에 기재된 총 거래액수보다 줄어들기는 하였으나, 이는 피청구인이 거래액수를 정확히 산정하기 위하여 송금의뢰인들로부터 입금받은 금액과 별도로 거래액수에 포함시켜야 한다고 보기 어려운 유○○이 사용한 계좌들 사이의 거래금액을 공소사실에서 제외하였기 때문이므로, 단순히 총 거래액수가 줄어들었다는 사정만으로 유○○의 외국환거래법위반 혐의에 대한 기소의 필요성이 낮다고 보기는 어렵다.

마) 종전 기소유예 사건에서 유○○은 일명 '연길삼촌'이라는 자에게 이용당한다는 것을 알면서도 북한에 있는 가족들 때문에 어쩔 수 없이 '환치기' 범행에 가담하게 되었다는 취지로 진술하였고, 종전 기소유예처분은 유○○의 범행 가담 경위가 참작할 만하다고 보았다. 그러나 피청구인이 국가보안법위반 등 사건의 기록을 조사한 결과 유○○은 탈북하기 전에도 국내 거주 탈북자들의 대북 송금을 도와준 사실이 밝혀졌고, 앞에서 본 것처럼 유○○은 직접 '환치기' 의뢰를 받아 입금계좌를 알려주는 등 적극적으로 '환치기' 범행을 하였으므로, 유○○이 일명 '연길삼촌'에게 이용당하였다거나 어쩔 수 없이 '환치기' 범행을 한 것으로 볼 수 없다.

바) 종전 기소유예 사건에서 유○○은 2005년경 중국 연길에서 소개를 받아 '연길삼촌'을 알게 되었고, '연길삼촌'의 성명은 모르나 중국에서 3번 정도 만났고 저녁식사를 한 적이 있다고만 진술하였고, 종전 기소유예처분은 유○○이 범행을 깊이 뉘우치고 있는 점을 고려하였다. 그러나 피청구인이 국가보안법위반 등 사건의

기록을 조사한 결과 '연길삼촌'은 유○○의 외당숙인 국○○이고, 국○○은 '환치기' 수법으로 탈북자들의 대북 송금을 중개하는 일명 '프로돈 사업'을 해 왔으며, 유○○의 탈북을 도와주는 등 유○○과 가까운 관계를 유지하고 있었던 사실이 드러나 유○○이 거짓으로 진술하였다는 점이 밝혀졌다.

사) 종전 기소유예처분은 유○○이 탈북한 대학생의 신분인 점을 고려하였는데, 이후 유○○은 국가보안법위반 등 사건에서 사실은 중국 국적의 화교임에도 그 사실을 숨기고 북한이탈주민으로 인정받은 후 정착지원금 등을 지원받고, 여권을 발급받아 행사하였다는 사기 등의 혐의로 유죄판결을 받았고, 이 사건 공소제기 당시에는 유○○이 북한이탈주민인 것처럼 가장하여 서울시 공무원으로 채용되었다는 위계공무집행방해 혐의까지 드러났다. 형사정책적인 관점에서 탈북한 대학생과 중국 국적의 화교임을 숨기고 북한이탈주민으로 인정받아 각종 범행을 저지른 자를 동일하게 취급하기는 어렵다.

3) 유○○의 공범인 국○○과 별도의 '환치기' 범행을 한 권○○은 2007. 2. 8.부터 2009. 8. 18.까지 508회에 걸쳐 합계 1,511,447,958원을 송금받는 등 외국환업무를 업으로 하였다는 외국환거래법위반 혐의로 2014. 4. 3. 벌금 1천만 원을 선고받았다(인천지방법원 2013노3574). 허○○은 2007. 10.경부터 2008. 1.경까지 10여 차례에 걸쳐 110,770,000원을 입금 받아 해외로 송금하는 등 외국환업무를 영위하였다는 외국환거래법위반 혐의로 2009. 11. 19. 벌금 250만 원을 선고받았다(수원지방법원 안산지원 2009고정2151). 위와 같이 유○○과 유사한 범행을 저질렀거나 더 경미한 범행을 저지른 피의자들이 기소되어 유죄판결을 받은 사실은 종전 기소유예처분을 번복하고 유○○을 기소하기로 한 피청구인의 결정이 형사소송법이 피청구인에게 부여한 재량권의 범위 내에 있다는 점을 보여준다.

4) 청구인은 국가보안법위반 등 사건에서 검사가 위조된 증거를 제출한 사실이 밝혀지자 유○○에 대하여 범죄자라는 낙인을 찍어 보복하고 추락한 검찰의 위신을 세울 의도로 피청구인이 유○○의 외국환거래법위반 혐의에 대하여 수사를 진행하고 이 사건 공소제기를 하였다고 주장한다.

그러나 피청구인은 유○○의 외국환거래법위반 혐의를 인지하여 수사를 개시한 것이 아니라 고발인 박○○의 유○○에 대한 2014. 3. 21.자 외국환거래법위반 및 전자금융거래법위반 혐의 고발 사건을 배당받아 수사를 진행한 것인 점, 피청구인의 수사 결과 앞에서 살펴본 것처럼 유○○이 외당숙인 국○○과 공모하여 적극적으로 '환치기' 범행에 가담한 점, 사실은 중국 국적의 화교임에도 그 사실을 숨기고 북한이탈주민으로 인정받은 후 각종 범행을 저지른 점 등 종전 기소유예처분을 번복하고 유○○을 기소할 만한 사정들이 밝혀진 점, 2014. 2.경 국가보안법위반 등 사건의 항소심 공판관여 검사들이 제출한 증거가 위조된 것이라는 사실이 밝혀졌으나 이 사건 공소제기 당시에는 대검찰청이 법무부에 항소심 공판 관여 검사들 및 부장검사의 징계를 청구하였을 뿐 검찰 측에 어떠한 과실이 있음이 밝혀진 상태는 아니었던 점, 이 사건 공소제기 당시 시행되던 검찰사건처리기준은 외국환거래법위반 사건의 송금액이 5억 원 이상인 경우 피의자를 구공판하도록 정하고 있었던 점 등을 고려하면, 피청구인이 단지 유○○에 대하여 범죄자라는 낙인을 찍어 보복하고 추락한 검찰의 위신을 세울 의도로 이 사건 공소제기를 하였다고 인정하기 어렵다.

나아가 피청구인이 본인 또는 제3자의 사익을 추구하거나 청탁 또는 불법 목적을 실현하고자 이 사건 공소제기를 하였다고 볼 만한 사정은 발견되지 않고, 피청구인이 권한 행사의 형식을 갖추기 위하여 관련 자료나 근거를 작출, 조작, 은닉, 묵비하는 등의 적극적 또는 소극적 행위를 하였다는 사정 역시 발견되지 않는다.

오히려 피청구인은 유○○의 외국환거래법위반 혐의를 수사하고 이 사건 공소제기를 함에 있어서 법령이 규정한 적법한 절차를 준수한 것으로 보이고, 유○○의 요청을 받아들여 피의자신문을 연기하였으며, 송금의뢰인들로부터 입금받은 금액과 별도로 외국환거래법위반 거래금액에 포함시켜야 한다고 보기 어려운 유○○이 사용한 계좌들 사이의 거래금액을 공소사실에서 제외하는 등 유○○에게 유리한 사정도 반영하였으므로 유○○의 소송법적 권리를 보호하고 정당한 이익을 옹호하였다고 볼 수 있다.

5) 청구인은, 국가보안법위반 등 사건 수사 당시 유○○이 재북 화교인 사실, 성명미상의 '연길삼촌'이 유○○의 외당숙인 국○○인 사실, 유○○이 다른 범죄를 저지른 사실 등이 확인되었음에도 종전 기소유예 사건

을 재기하여 유○○의 외국환거래법위반 혐의를 수사하지 않았는데, 피청구인은 국가보안법위반 등 사건에서 검사가 제출한 증거가 위조된 것임이 밝혀지고 유○○의 국가보안법위반(간첩) 등 혐의에 대하여 무죄가 선고되자 종전 기소유예 사건을 재기하여 유○○의 외국환거래법위반 혐의를 수사한 후 종전 기소유예처분일로부터 4년이 지나 이 사건 공소제기를 하였으므로 피청구인이 직권을 남용하였다고 주장한다. 그러나 피청구인은 국가보안법위반 등 사건의 수사 및 기소에 관여한 적이 없고, 이 사건 공소제기가 종전 기소유예처분일로부터 상당한 기간이 경과한 후에 이루어진 것은 유○○의 외국환거래법위반 혐의에 대한 고발 자체가 2014. 3. 21.에서야 이루어졌기 때문이므로, 청구인이 주장하는 사정들을 근거로 삼아 피청구인이 직권을 부당하게 행사하였다고 평가하여 피청구인에게 그 책임을 귀속시키기는 어렵다.

(2) 구 검찰청법 제4조 제2항 위반 여부

(가) 구 검찰청법(2009. 11. 2. 법률 제9815호로 개정되고, 2020. 12. 8. 법률 제17566호로 개정되기 전의 것, 이하 '구 검찰청법'이라 한다) 제4조 제2항은 "검사는 그 직무를 수행할 때 국민 전체에 대한 봉사자로서 정치적 중립을 지켜야 하며 주어진 권한을 남용하여서는 아니 된다."라고 규정하고 있다. 수사기관으로서 피의사건을 조사하여 진상을 명백히 하는 구체적인 직무를 수행하는 검사로서는 제반 상황에 대응하여 자신에게 부여된 여러 가지 권한을 적절하게 행사하여 필요한 조치를 취할 수 있는 것이고, 이러한 권한은 일반적으로 검사의 전문적 판단에 기한 합리적인 재량에 위임되어 있는 것이지만, 검사에게 이러한 권한을 부여한 취지와 목적에 비추어 볼 때 구체적인 사정에 따라 권한의 행사 또는 불행사가 현저하게 불합리하다고 인정되거나 경험칙이나 논리칙상 도저히 합리성을 긍정할 수 없는 정도에 이르렀다고 인정되는 경우에는 그 권한을 남용하여 구 검찰청법 제4조 제2항을 위반하였다고 보아야 한다(대법원 2002. 2. 22. 선고 2001다23447 판결; 대법원 2005. 9. 9. 선고 2003다29517 판결 등 참조).

(나) 앞에서 살펴본 것처럼 피청구인의 수사 결과, 범행기간, 거래내역, 가담 정도, 범행 경위, 범행 후의 정황 등과 관련하여 종전 기소유예처분을 번복하고 유○○을 외국환거래법위반 혐의로 기소할 만한 여러 가지 사정들이 밝혀진 점, 유○○의 공범인 국○○과 공모하여 유○○과 유사하거나 더 경미한 '환치기' 범행을 저지른 피의자들이 기소되어 유죄판결을 받은 점 등을 고려하면, 이 사건 공소제기가 공평한 소추를 담보하고 피의자나 피고인의 정당한 이익을 옹호하기 위하여 검사에게 공소제기 여부를 결정할 권한을 부여한 취지와 목적에 반한다고 볼 수 없다. 여기에 피청구인의 수사 착수 경위, 수사 결과, 공소제기 범위 등을 종합하여 보면, 이 사건 공소제기가 현저하게 불합리하다고 인정된다거나 경험칙이나 논리칙상 도저히 합리성을 긍정할 수 없는 정도에 이르렀다고 보기 어려우므로, 이 사건 공소제기는 구 검찰청법 제4조 제2항을 위반한 것이라고 볼 수 없다.

(3) 국가공무원법 제56조 위반 여부

(가) 국가공무원법 제56조는 "모든 공무원은 법령을 준수하며 성실히 직무를 수행하여야 한다."라고 하여 공무원의 성실의무를 규정하고 있다. 이러한 성실의무는 공무원에게 부과된 가장 기본적이고 중요한 의무로서 최대한으로 공공의 이익을 도모하고 그 불이익을 방지하기 위하여 전 인격과 양심을 바쳐서 성실히 직무를 수행하여야 하는 것을 그 내용으로 한다(대법원 2017. 12. 22. 선고 2016두38167 판결 등 참조).

다만 법령에 대한 해석이 그 문언 자체만으로는 명백하지 아니하여 여러 견해가 있을 수 있는데다가 이에 대한 선례나 학설, 판례 등도 귀일된 바 없어 의의(疑意)가 있는 경우에 관계 공무원이 그 나름대로 신중을 다하여 합리적인 근거를 찾아 그중 어느 한 견해를 따라 내린 해석이 후에 대법원의 사법적 판단과 같지 아니하여 결과적으로 잘못된 해석으로 돌아가고, 이에 따른 처리가 역시 결과적으로 위법하다고 평가되더라도 그와 같은 처리방법 이상의 것을 평균적 공무원에게 기대하기는 어려운 일이므로(대법원 2014. 2. 27. 선고 2012추213 판결 참조), 이러한 경우에까지 성실의무 위반을 인정하기는 어렵다.

(나) 검사인 피청구인은 경력직공무원 중 특정직공무원에 속하는 국가공무원으로서 국가공무원법 제56조에 따른 직무상 의무를 부담한다(국가공무원법 제2조 제2항 제2호, 검찰청법 제36조 제1항 참조).

앞에서 살펴본 것처럼 피청구인은 유○○의 외국환거래법위반 혐의에 관한 재수사가 필요하다고 판단하여 수사를 개시하였고, 수사 결과 종전 기소유예처분을 번복하고 유○○을 기소할 만한 사정이 밝혀져 이 사건 공소제기를 하였으므로, 이 사건 공소제기가 구 검찰사건사무규칙 제69조 제3항 제5호, 형법 제123조 및 구 검찰청법 제4조 제2항을 위반한 것이라고 볼 수 없다.

피청구인 기소 사건의 항소심법원은 이 사건 공소제기가 공소권남용에 해당한다고 판단하고 공소를 기각하는 판결을 선고하였고, 대법원은 위 항소심판결에 대한 검사의 상고를 기각함으로써 최초로 검사의 공소제기가 공소권남용에 해당한다고 판단하였다. 그러나 이 사건 공소제기 당시에는 검사가 절도죄에 관하여 일단 기소유예의 처분을 한 것을 그 후 다시 재기하여 기소하였다 하여도 기소의 효력에 아무런 영향이 없고(대법원 1983. 12. 27. 선고 83도2686, 83감도456 판결), 무혐의결정이 있었던 범죄사실에 대하여 3년 후에 동일한 혐의로 고소됨에 따라, 검사가 새로이 수사결과에 터잡아 공소를 제기한 것이 공소권남용이라 볼 수 없으며(대법원 1995. 3. 10. 선고 94도2598 판결), 검사가 관련사건과 함께 기소할 수 있었던 일부 범죄사실을 관련사건의 항소심판결 선고 이후 공소를 제기한 것만으로 공소권을 남용하였다고 볼 수 없다(대법원 1996. 2. 13. 선고 94도2658 판결)는 등의 대법원 판례들이 존재하고 있었다. 이처럼 이 사건 공소제기 당시에는 구체적으로 어떠한 경우에 종전에 기소유예처분이 있었던 사건을 재기하여 기소하는 것이 공소권남용에 해당하는지 여부에 관하여 참고할 만한 법원의 선례가 없었던 점, 피청구인 기소 사건의 제1심법원도 이 사건 공소제기가 공소권남용에 해당하지 않는다고 판단한 점 등을 고려하면, 이 사건 공소제기가 최종적으로 대법원에 의하여 위법하다고 평가되었다는 것만으로 곧바로 피청구인이 어떠한 직무상의 의무를 위반하였다고 인정할 수는 없다. 앞에서 살펴본 것처럼 피청구인은 그 나름대로 신중을 다하여 유○○의 외국환거래법위반 혐의를 수사하고 종전 기소유예처분을 번복하고 유○○을 기소할만한 합리적인 근거를 찾아 이 사건 공소제기를 한 것이므로, 성실히 직무를 수행할 의무를 위반하였다고 보기 어렵다.

그렇다면 이 사건 공소제기는 국가공무원법 제56조를 위반한 것이라고 볼 수 없다.

나. 피청구인의 이 사건 상고 관여 여부

청구인은 피청구인이 이 사건 공소제기가 공소권남용에 해당한다고 판단한 항소심판결에 불복하여 상고권을 남용함으로써 구 검찰청법 제4조 제2항 및 국가공무원법 제56조를 위반하였다고 주장한다. 그러나 위 인정 사실에 의하면 피청구인은 피청구인 기소 사건의 제1심 공판절차에만 관여한 사실이 인정되고, 달리 피청구인이 이 사건 상고에 관여하였음을 인정할 아무런 증거가 없다. 따라서 이 사건 상고와 관련하여 피청구인의 헌법 또는 법률 위반을 인정할 수 없다.

다. 소결

이상에서 살펴본 바와 같이 피청구인의 이 사건 공소제기는 헌법상 탄핵소추사유인 '그 직무집행에 있어서 헌법이나 법률을 위배한 때'에 해당하지 아니하고, 피청구인이 이 사건 상고에 관여하였음을 인정할 수 없으므로, 이 사건 심판청구는 이유 없다.

6. 재판관 이종석, 재판관 이은애의 기각의견

가. 이 사건 공소제기의 법률 위반 여부

(1) 구 검찰청법 제4조 제2항 위반 여부

(가) 구 검찰청법 제4조 제2항은 "검사는 그 직무를 수행할 때 국민 전체에 대한 봉사자로서 정치적 중립을 지켜야 하며 주어진 권한을 남용하여서는 아니 된다." 라고 규정하고 있다. 수사기관으로서 피의사건을 조사하여 진상을 명백히 하는 구체적인 직무를 수행하는 검사로서는 제반 상황에 대응하여 자신에게 부여된 여러 가지 권한을 적절하게 행사하여 필요한 조치를 취할 수 있는 것이고, 이러한 권한은 일반적으로 검사의 전문적 판단에 기한 합리적인 재량에 위임되어 있는 것이지만, 검사에게 이러한 권한을 부여한 취지와 목적에 비추어 볼 때 구체적인 사정에 따라 권한의 행사 또는 불행사가 현저하게 불합리하다고 인정되거나 또는 경험칙이나 논리칙상 도저히 합리성을 긍정할 수 없는 정도에 이르렀다고 인정되는 경우에는 그 권한을 남용하여 구 검찰청법 제4조 제2항을 위반하였다고 보아야 한다 (대법원 2002. 2. 22. 선고 2001다23447 판결; 대법원 2005. 9. 9. 선고 2003다29517 판결 등 참조).

(나) 위 인정 사실 및 이 사건 기록에 의하여 알 수 있는 아래와 같은 사정들을 종합하면, 피청구인의 수사결과 종전 기소유예처분을 번복하고 유○○을 외국환거래법위반 혐의로 기소할 만한 사정이 밝혀졌다고 보기 어려우므로, 이 사건 공소제기는 공평한 소추를 담보하고 피의자나 피고인의 정당한 이익을 옹호하기 위해서 공익의 대표자이자 인권옹호기관으로서 준사법

기관의 지위를 가진 검사에게 공소제기 여부를 결정할 권한을 부여한 형사소송법 등 관련 법령의 목적에 비추어 볼 때 현저하게 불합리하다고 인정된다. 따라서 이 사건 공소제기는 구 검찰청법 제4조 제2항을 위반한 것이다.

1) 유○○의 혐의는 외국환거래법에 따른 등록을 하지 아니하고 외국환업무를 하였다는 것인데[구 외국환거래법(2009. 1. 30. 법률 제9351호로 개정되고, 2017. 1. 17. 법률 제14525호로 개정되기 전의 것) 제27조 제1항 제5호, 구 외국환거래법(2009. 1. 30. 법률 제9351호로 개정되고, 2011. 4. 30. 법률 제10618호로 개정되기 전의 것) 제8조 제1항 본문 참조], 거래액수는 위 혐의의 중대성을 판단하는 중요한 기준이다. 그런데 종전 기소유예처분의 피의사실과 피청구인 기소 사건의 공소사실을 비교하여 보면, 범행기간과 거래횟수는 늘어났으나 거래액수는 오히려 줄어들었다.

2) 유○○의 주요 범행 가담 내용이 본인 명의 계좌 및 이○○, 유△△ 명의 계좌에 입금된 돈을 유○○의 외당숙인 국○○의 지시에 따라 현금 인출기(CD), 현금 자동 입출금기(ATM)를 통하여 이체하거나 환전해서 해외로 송금하는 것이었다는 점은 종전 기소유예 사건과 피청구인 기소 사건에서 모두 동일하고, 유○○이 '환치기' 범행에 보다 적극적으로 가담하였다고 볼만한 새로운 사정은 밝혀지지 않았다.

유○○은 국○○의 지시 없이도 평소 알고 지내던 탈북자인 최○○, 평소 알고 지내다가 중국으로 유학을 간 유△△으로부터 직접 '환치기' 의뢰를 받고 돈을 입금받기도 하였으나, 위 인정 사실에 의하면 그와 같은 사정은 종전 기소유예 사건에서도 이미 밝혀졌던 것이고, 유○○이 최○○, 유△△으로부터 의뢰받은 금액은 전체 거래금액의 극히 일부에 불과하다.

3) 종전 기소유예 사건에서 유○○은 국○○의 지시로 위와 같은 범행을 한 대가로 북한에 거주하는 가족에게 식료품과 금원을 전달함에 있어 저비용 또는 무비용으로 용역을 제공받아 약 154만 원 상당의 송금 비용 및 수수료를 면제받는 이익을 취득한 것으로 인정되었는데, 이와 달리 유○○이 위 범행을 통하여 더 큰 이익을 취득하였다는 사정은 피청구인 기소 사건에서 밝혀지지 않았다.

4) 종전 기소유예처분은 유○○이 탈북한 대학생이고, 본명을 알지 못하는 일명 '연길삼촌'의 지시를 받고 위와 같은 범행을 한 것으로 인정하였는데, 국가보안법위반 등 사건의 수사과정에서 유○○이 재북 화교이고 '연길삼촌'은 유○○의 외당숙인 국○○이라는 점이 밝혀졌다. 그러나 이러한 사실만으로 유○○이 '환치기' 범행에 보다 적극적으로 가담하였다거나 그 범행을 통하여 더 큰 이익을 취득하였다고 인정하기는 어려우므로, 위와 같은 사실은 종전 기소유예처분을 번복하고 유○○을 기소하는 것을 정당화할 수 있는 중요한 사정에 해당한다고 보기 어렵다.

5) 유○○이 종전 기소유예처분 이후 동종 범죄를 범하였다는 사정은 밝혀지지 않았다. 고발인 박○○은 유○○의 외국환거래법위반 혐의와 국가보안법위반(간첩) 혐의의 연계성을 밝혀야 한다는 취지에서 고발한 것인데, 유○○은 2013. 8. 22. 국가보안법위반 등 사건의 제1심법원에서 국가보안법위반 관련 혐의들에 관하여 무죄 판결을 받았고, 2014. 4. 25. 항소심법원에서도 무죄 판결을 받았다.

유○○은 국가보안법위반 등 사건에서 사실은 중국 국적의 화교임에도 그 사실을 숨기고 북한이탈주민으로 인정받은 후 정착지원금 등을 지원받고, 여권을 발급받아 행사하였다는 사기 등의 혐의가 인정되어 유죄 판결을 받았고, 이 사건 공소제기 당시 북한이탈주민인 것처럼 가장하여 서울시 공무원으로 채용되었다는 위계공무집행방해 혐의로도 함께 기소되어 이 부분에 대하여는 유죄 판결을 받았으나, 위 혐의들은 외국환거래법위반 혐의와 관련성이 있는 것은 아니므로, 위 혐의들이 인정되었다는 것만으로 종전 기소유예처분을 번복할 만한 사정변경이 있다고 보기 어렵다.

6) 위 인정 사실에 의하면 국가보안법위반 등 사건의 공소장에는 유○○이 중국 국적의 재북 화교 신분을 숨기고 탈북자로 인정받은 점, 2005년경 탈북자 최○○의 부탁으로 북한에 있는 최○○의 가족에게 150만 원 상당의 금전을 전달해준 이후 외당숙 국○○과 북한에 있는 부 유▽▽과 연계하여 국내 탈북자들의 부탁을 받고 그 재북 가족에게 금품을 전달하고 중개수수료를 받는 등 불법 대북송금 브로커로 활동한 점 등이 기재되어 있었다. 또한 그 공소사실에는 종전 기소유예처분 이후의 국가보안법위반, 북한이탈주민의보호및정착지원에관한법률위반 등 범행도 포함되어 있었다.

이는 유○○을 국가보안법위반(간첩) 등의 혐의로 기소할 당시 유○○이 재북 화교이고 주범인 국○○이 유

○○의 외당숙이라는 사실, 유○○이 2005년경부터 외국환거래법위반 범행을 한 사실, 유○○이 종전 기소유예처분 후 북한이탈주민의보호및정착지원에관한법률위반 등의 범죄를 범하였다는 사실 등이 이미 밝혀졌음을 보여준다. 만일 위와 같은 사실들이 종전 기소유예처분을 번복하고 유○○을 기소할 정도로 중요한 사정에 해당한다면, 유○○을 국가보안법위반(간첩) 등의 혐의로 기소할 당시 유○○이 간첩뿐 아니라 대북 송금 브로커로도 활동하였다는 취지로 외국환거래법위반 혐의로도 함께 기소하였을 것인데, 외국환거래법위반 혐의는 국가보안법위반 등 사건의 공소사실에 포함되지 않았다. 이는 위 사실들이 유○○의 외국환거래법위반 혐의에 대한 공소제기 여부를 결정함에 있어서 중요한 사정에 해당하지 않는다는 점을 뒷받침한다.

(2) 국가공무원법 제56조 위반 여부

(가) 국가공무원법 제56조는 "모든 공무원은 법령을 준수하며 성실히 직무를 수행하여야 한다."라고 하여 공무원의 성실의무를 규정하고 있다. 이러한 성실의무는 공무원에게 부과된 가장 기본적이고 중요한 의무로서 최대한으로 공공의 이익을 도모하고 그 불이익을 방지하기 위하여 전 인격과 양심을 바쳐서 성실히 직무를 수행하여야 하는 것을 그 내용으로 한다(대법원 2017. 12. 22. 선고 2016두38167 판결 등 참조).

검사가 직무를 수행할 때 직무수행의 목적, 방법, 절차 등에 관하여 규정한 법령을 준수하는 것은 그 직무수행의 공평성과 공정성을 담보함으로써 공공의 이익을 도모하기 위하여 검사에게 요구되는 가장 기본적인 사항이다. 나아가 검사는 피의자나 피고인에 대립되는 당사자이면서도 단순한 당사자가 아니라 공익의 대표자이자 인권옹호기관으로서 그 권한을 행사하여야 하므로, 실체적 진실에 입각한 국가형벌권의 실현을 위하여 공소제기와 유지를 할 의무뿐만 아니라 그 과정에서 피의자나 피고인의 소송법적 권리를 보호하고 그들의 정당한 이익을 옹호하여야 할 의무를 진다(헌재 2002. 12. 18. 2002헌마527 참조). 이러한 검사의 객관의무는 검사가 국가공무원법 제56조에 따라 성실히 직무를 수행하였는지 여부를 판단하는 준거가 된다.

(나) 앞에서 본 바와 같이 피청구인은 수사 결과 종전 기소유예처분을 번복하고 유○○을 외국환거래법위반 혐의로 기소할 만한 사정이 밝혀지지 않았음에도 불구하고 이 사건 공소제기를 함으로써 구 검찰청법 제4조 제2항을 위반하였다.

피청구인은 이 사건 공소제기 당시 외국환거래법위반 혐의의 중대성을 판단하는 중요한 기준인 거래액수가 종전 기소유예처분에 비하여 줄어들었고, 유○○의 주요 범행 가담 내용은 종전 기소유예처분과 동일하며, 유○○이 종전 기소유예처분 이후 동종 범죄를 범하지 않았다는 사정 등을 알고 있었으므로, 피의자의 정당한 이익을 옹호하여야 할 의무를 지닌 검사로서 신중하게 유○○의 외국환거래법위반 혐의에 대한 공소제기 여부를 결정하였다면, 이 사건 공소제기가 자신의 권한을 남용하는 것이라는 결론을 내릴 수 있었을 것으로 보인다. 그럼에도 불구하고 피청구인은 만연히 이 사건 공소제기를 하였으므로, 최대한으로 공공의 이익을 도모하고 그 불이익을 방지하기 위하여 전 인격과 양심을 바쳐서 성실히 직무를 수행하였다고 볼 수도 없다.

그렇다면 이 사건 공소제기는 국가공무원법 제56조를 위반한 것이다.

(3) 형법 제123조 위반 여부

(가) 직권남용에 해당하는지 여부

1) 공무원이 위법·부당한 행위를 한 경우 그 위법성의 정도는 불법행위책임에 그치는 경우, 징계사유에 해당하는 경우, 형사처벌사유에 해당하는 경우 등으로 다양하게 나타날 수 있고, 그중 형사처벌은 기본권 침해의 정도가 가장 무거우므로, 공무원의 직무행위가 형사처벌의 대상인 직권남용에 해당하는지 여부는 기본권 제한에 관한 최소침해의 원칙을 참작하여 엄격하게 판단하여야 한다. 구체적 사건에서 직권남용 여부를 판단함에 있어서는, 직권행사의 주된 목적이 직무 본연의 수행에 있지 않고 본인 또는 제3자의 사적 이익 추구나 청탁 또는 불법목적의 실현 등에 있는 경우, 권한 행사의 형식을 갖추기 위하여 관련 자료나 근거를 작출, 조작, 은닉, 묵비하는 등의 적극적 또는 소극적 행위가 개입된 경우 등과 같이, 직권행사의 목적과 방법에 있어 그 위법·부당의 정도가 실질적·구체적으로 보아 직무본래의 수행이라고 평가할 수 없을 정도에 이른 경우라면 직권을 남용하였다고 평가할 수 있을 것이나, 위법·부당의 정도가 그에 미치지 못하는 경우라면 직권남용 해당 여부를 보다 신중하게 판단할 필요가 있다(대법원 2022. 10. 27. 선고 2020도15105 판결 참조).

검사가 공소권을 남용하는 경우 형사소송법 제327조 제2호에 따라 선고하는 공소기각의 판결은 검사의 위법한 공소제기를 억제하고 법원과 피고인의 절차적 부담을 면제시켜 소송경제를 도모하고 피고인의 이익을 보호하기 위하여 실체심리를 하지 않고 소송을 신속히 종결시키는 것이다. 한편, 검사의 공소제기가 형법 제123조가 규정한 직권남용에 해당한다고 보는 것은 국가기능의 공정한 행사에 대한 사회 일반의 신뢰를 보호하고 개인의 자유와 권리를 보호하기 위해서 그 공소를 제기한 검사에 대하여 형사적 제재를 가할 필요성이 인정된다는 것을 의미한다. 이처럼 검사의 공소제기에 대하여 형사소송법 제327조 제2호에 따라 공소기각의 판결을 선고하는 것과 공소를 제기한 검사에 대하여 형법 제123조에 따라 형벌을 부과하는 것은 그 목적과 기본권 제한의 정도를 달리하므로, 검사의 공소제기에 대하여 형사소송법 제327조 제2호에 따라 공소기각의 판결이 선고되었다는 것만으로 곧바로 그 공소제기가 형법 제123조가 규정한 직권남용에 해당한다고 볼 수는 없다. 형법 제123조의 보호법익과 형벌의 보충성 원칙을 고려하면, 공소제기의 목적과 방법에 있어 그 위법·부당의 정도가 실질적·구체적으로 보아 직무 본래의 수행이라고 평가할 수 없을 정도에 이르지 않는 이상 검사의 공소제기가 형법 제123조가 규정한 직권남용에 해당한다고 단정할 수 없다.

2) 위 인정 사실 및 이 사건 기록에 의하여 알 수 있는 아래와 같은 사정들을 종합하여 보면, 이 사건 공소제기의 목적과 방법에 있어 그 위법·부당의 정도가 실질적·구체적으로 보아 직무 본래의 수행이라고 평가할 수 없을 정도에 이르렀다고 보기는 어려우므로, 이 사건 공소제기가 형법 제123조가 규정한 직권남용에 해당한다고 인정할 수 없다.

가) 이 사건 공소제기 당시 유○○의 자백 등 관련 증거에 의하여 유○○의 외국환거래법위반 혐의가 인정되는 상황이었으므로, 피청구인은 제반 사정을 참작하여 공소제기 여부를 결정할 수 있는 재량을 가지고 있었다.

나) 이 사건 공소제기 당시 법원은 검사가 자의적으로 공소권을 행사하여 피고인에게 실질적인 불이익을 줌으로써 소추재량권을 현저히 일탈하였다고 보여지는 경우 공소권남용에 해당한다는 법리를 설시하기는 하였으나(대법원 2001. 9. 7. 선고 2001도3026 판결 등), 실제로 공소권남용에 해당한다고 판단한 선례는 없었다. 오히려 법원은 검사가 절도죄에 관하여 일단 기소유예의 처분을 한 것을 그 후 다시 재기하여 기소하였다 하여도 기소의 효력에 아무런 영향이 없다고 판단하였었다(대법원 1983. 12. 27. 선고 83도2686, 83감도456 판결). 또한 법원은 검사가 관련사건을 수사할 당시 다른 범죄사실이 확인된 경우 이를 입건하여 관련사건과 함께 기소하는 것이 상당하기는 하나, 이를 간과하였다고 하여 검사가 자의적으로 공소권을 행사하여 소추재량권을 현저히 일탈한 위법이 있다고 보여지지 아니하므로 공소권을 남용한 경우에 해당하지 않는다고 판단하였었다(대법원 1996. 2. 13. 선고 94도2658 판결).

다) 피청구인이 유○○의 외국환거래법위반 혐의를 수사한 결과, 종전 기소유예처분에서 인정하였던 것과 달리 유○○은 대한민국에 정착한 지 1년이 채 되지 않은 시점부터 4년이 넘는 기간 동안 외국환거래법위반 범행을 한 사실, 종전 기소유예처분에서 누락된 거래내역이 존재하는 사실 등이 밝혀졌다. 또한 종전 기소유예처분은 유○○이 범행을 깊이 뉘우치고 있는 점 및 탈북한 대학생의 신분인 점을 고려하였으나 이후 유○○은 주범인 국○○이 자신의 외당숙인 사실을 속이고 거짓 진술을 하였던 사실, 중국 국적의 화교임을 숨기고 북한이탈주민으로 인정받아 각종 범행을 저지른 사실 등이 밝혀졌다.

비록 피청구인의 수사 결과 밝혀진 위와 같은 사정들이 종전 기소유예처분을 번복하고 이 사건 공소제기를 하는 것을 정당화할 수 있다고 보기는 어려우나, 앞에서 본 바와 같이 이 사건 공소제기 당시에는 구체적으로 어떠한 경우에 종전에 기소유예처분이 있었던 사건을 재기하여 기소하는 것이 공소권남용에 해당하는지 여부에 관하여 참고할 만한 법원의 선례가 없었던 점을 고려하면, 피청구인으로서는 위와 같은 사정들이 밝혀진 것만으로도 유○○을 외국환거래법위반 혐의로 기소하는 것이 정당화될 수 있다고 믿고 이 사건 공소제기를 하였을 가능성도 배제하기 어렵다. 피청구인 기소사건의 제1심법원이 이 사건 공소제기가 공소권남용에 해당하지 않는다고 판단한 점도 이를 뒷받침한다.

이에 더하여 피청구인은 이 사건 공소제기를 하면서 송금의뢰인들로부터 입금받은 금액과 별도로 외국환거래법위반 거래금액에 포함시켜야 한다고 보기 어려운 유○○이 사용한 계좌들 사이의 거래금액을 공소사실에서 제외함으로써 유○○에게 유리한 사실을 반영한 점, 유○○의 공범인 국○○과 공모하여 유○○과 유사하거나 더 경미한 '환치기' 범행을 저지른 피의자들이 벌금 1천만 원 및 벌금 250만 원의 확정판결을 받은 점, 이 사건 공소제기 당시 시행되던 검찰사건처리기준에 따르면 외국환거래법위반 사건의 송금액이 5억 원 이상인 경우 구공판 대상인 점 등을 감안하면, 이 사건 공소제기의 주된 목적이 직무 본래의 수행에 있지 않았다고 단정하기 어렵다.

라) 청구인은 국가보안법위반 등 사건에서 검사가 위조된 증거를 제출한 사실이 밝혀지자 유○○에 대하여 범죄자라는 낙인을 찍어 보복하고 추락한 검찰의 위신을 세울 의도로 피청구인이 유○○의 외국환거래법위반 혐의에 대하여 수사를 진행하고 이 사건 공소제기를 하였다고 주장하나, 제출된 증거만으로는 피청구인이 그와 같은 의도를 가지고 이 사건 공소제기를 하였다고 인정하기 어렵다. 달리 피청구인이 본인 또는 제3자의 사적 이익을 추구하거나 청탁 또는 불법 목적을 실현하고자 이 사건 공소제기를 하였다고 볼 만한 사정은 밝혀지지 않았으므로, 이 사건 공소제기의 목적에 있어 그 위법·부당의 정도가 실질적·구체적으로 보아 직무 본래의 수행이라고 평가할 수 없을 정도에 이르렀다고 볼 수 없다.

마) 피청구인이 이 사건 공소제기를 함에 있어서 권한 행사의 형식을 갖추기 위하여 관련 자료나 근거를 작출, 조작, 은닉, 묵비하는 등의 적극적 또는 소극적 행위를 하였다는 사정은 발견되지 않았다. 오히려 앞에서 본 바와 같이 피청구인은 유○○의 자백 등 관련 증거에 의하여 유○○의 외국환거래법위반 혐의가 인정되는 상황에서 유○○에게 유리한 사정도 반영하여 이 사건 공소제기를 하였으므로, 이 사건 공소제기의 방법에 있어서도 그 위법·부당의 정도가 실질적·구체적으로 보아 직무 본래의 수행이라고 평가할 수 없을 정도에 이르렀다고 보기 어렵다.

(나) 직권남용의 고의 인정 여부

1) 직권남용권리행사방해죄에 관한 주관적 구성요건으로서의 고의는 직권을 남용한다는 인식도 포함하므로, 공무원의 직무행위가 직권남용에 해당하더라도 행위자에게 자신의 직권을 남용한다는 인식이 없는 경우에는 직권남용권리행사방해죄가 성립하지 않는다(대법원 1993. 7. 26.자 92모29 결정 참조).

2) 앞에서 본 바와 같이 이 사건 공소제기 당시에는 구체적으로 어떠한 경우에 종전에 기소유예처분이 있었던 사건을 재기하여 기소하는 것이 공소권남용에 해당하는지 여부에 관하여 참고할 만한 법원의 선례가 없었던 점, 피청구인이 유○○의 외국환거래법위반 혐의를 수사한 결과 종전 기소유예처분에서 인정하였던 것과 다른 사실들이 일부 밝혀진 점, 피청구인 기소 사건의 제1심법원은 이 사건 공소제기가 공소권남용에 해당하지 않는다고 판단한 점 등을 고려하면, 피청구인으로서는 유○○을 외국환거래법위반 혐의로 기소하는 것이 정당화될 수 있다고 믿고 이 사건 공소제기를 하였을 가능성을 배제하기 어렵다.

나아가 피청구인은 이 사건 공소제기를 하면서 유○○에게 유리한 사실을 반영한 점, 유○○의 공범인 국○○과 공모하여 유○○과 유사하거나 더 경미한 '환치기' 범행을 저지른 피의자들이 벌금 1천만 원 및 벌금 250만 원의 확정판결을 받은 점 등 제반 사정을 종합적으로 고려하면, 제출된 증거만으로는 피청구인이 이 사건 공소제기가 직권을 남용하는 것이라는 점을 인식하였다거나 그와 같은 결과를 용인하였다는 점이 합리적인 의심을 할 여지가 없을 정도로 증명되었다고 볼 수 없다.

(다) 소결

이 사건 공소제기는 형법 제123조가 규정한 직권남용에 해당한다고 보기 어렵고, 피청구인에게 직권남용의 고의를 인정할 수도 없으므로, 이 사건 공소제기가 형법 제123조를 위반한 것이라고 볼 수 없다.

나. 피청구인의 이 사건 상고 관여 여부

재판관 이영진, 재판관 김형두, 재판관 정형식의 기각의견 중 '나. 피청구인의 이 사건 상고 관여 여부' 부분에서 설시하고 있는 것처럼, 피청구인이 이 사건 상고에 관여하였음을 인정할 아무런 증거가 없으므로, 이 사건 상고와 관련하여 피청구인의 헌법 또는 법률 위반을 인정할 수 없다.

다. 피청구인을 파면할 것인지 여부

(1) 헌법재판소법 제53조 제1항에서 규정한 '탄핵심판 청구가 이유 있는 경우'란 피청구인의 파면을 정당화할 수 있을 정도로 중대한 헌법이나 법률 위반이 있는 경우를 말한다(헌재 2023. 7. 25. 2023헌나1 참조). 즉, 검사의 법 위반행위가 헌법질서에 미치는 부정적 영향이나 해악이 중대하여 침해된 헌법질서를 다시 회복하고 헌법을 수호하기 위해 임명권자인 대통령을 통

하여 간접적으로 부여된 국민의 신임을 박탈하여야 할 정도로 검사가 법 위반행위를 통하여 국민의 신임을 배반한 경우에 검사에 대한 탄핵사유가 존재한다고 볼 수 있다.

검사는 범죄의 수사, 공소의 제기 및 유지, 재판의 집행 등 국가형벌권 행사와 관련하여 중요한 권한을 가지고 있고, 그 권한 행사는 형사사법의 운용에 중대한 영향을 미친다. 이처럼 검사의 권한 행사는 사법권과 밀접한 관계에 있기 때문에 검사는 준사법기관으로서의 지위를 가지고(헌재 1995. 6. 29. 93헌바45 참조), 검찰청법은 검사의 직무상 정치적 중립성과 독립성을 보장하기 위하여 검사의 신분을 보장하고 있다(제37조). 검사에 대한 탄핵심판에 있어서는 이와 같은 검사의 준사법기관으로서의 지위와 신분보장의 취지가 고려될 필요성이 있다.

다만 대통령 또는 행정각부의 장과 비교할 때, 검사는 정치적 기능이나 비중에서 본질적인 차이가 있고, 검사에 대한 파면 결정이 국정공백이나 정치적 혼란 등 중대한 국가적 손실을 가져올 가능성이 높다고 보기 어려운 점을 고려하면 파면의 효과 측면에서도 근본적인 차이가 있다(헌재 2004. 5. 14. 2004헌나1 참조). 따라서 '법 위반행위의 중대성'과 '파면 결정으로 인한 효과' 사이의 법익형량을 함에 있어 이와 같은 점이 고려되어야 한다.

(2) 피청구인은 이 사건 공소제기를 함으로써 구 검찰청법 제4조 제2항 및 국가공무원법 제56조를 위반하였다.

그러나 앞에서 본 바와 같이 이 사건 공소제기 당시에는 구체적으로 어떠한 경우에 종전에 기소유예처분이 있었던 사건을 재기하여 기소하는 것이 공소권남용에 해당하는지 여부에 관하여 참고할 만한 법원의 선례가 없었던 점, 피청구인이 유○○의 외국환거래법위반 혐의를 수사한 결과 종전 기소유예처분에서 인정하였던 것과 다른 사실들이 일부 밝혀진 점, 피청구인 기소 사건의 제1심법원은 이 사건 공소제기가 공소권남용에 해당하지 않는다고 판단한 점 등을 고려하면, 피청구인으로서는 유○○을 외국환거래법위반 혐의로 기소하는 것이 정당화될 수 있다고 믿고 이 사건 공소제기를 하였을 가능성도 배제하기 어렵다. 나아가 피청구인은 이 사건 공소제기를 하면서 유○○에게 유리한 사실도 반영한 점, 피청구인이 본인 또는 제3자의 사적 이익을 추구하거나 청탁 또는 불법 목적을 실현하고자 이 사건 공소제기를 하였다고 볼 만한 사정이 밝혀지지 않은 점 등을 고려하면, 피청구인이 법질서에 역행하고자 하는 적극적인 의도로 법률을 위반하였다고 보기 어렵고, 관련 자료나 근거를 작출, 조작, 은닉, 묵비하는 등으로 실체적 진실에 반하는 국가형벌권의 행사를 도모한 것도 아니다. 피청구인은 유○○의 외국환거래법위반 혐의 외에 위계공무집행방해 혐의도 함께 기소하였는데, 위계공무집행방해 혐의에 대한 공소제기는 그 권한을 남용한 것이 아니었고, 피청구인이 이 사건 공소제기 이후 또다시 검사로서의 권한을 남용한 사례도 발견되지 않았다.

헌법과 법률에는 검사의 법위반을 통제하기 위한 다양한 제도적 장치가 마련되어 있고, 그와 같은 제도적 장치들이 적절히 작동한다면 검사의 법위반이 헌법질서에 미치는 부정적 영향이나 해악도 어느 정도 방지하거나 회복될 수 있다. 이 사건 공소제기로 인하여 유○○이 피고인으로서 재판을 받게 되는 불이익을 받은 것은 사실이나, 피청구인 기소 사건의 항소심법원 및 대법원이 이 사건 공소제기가 공소권남용에 해당한다고 판단하고 유○○의 외국환거래법위반 혐의에 대한 공소를 기각함으로써 위법한 공소제기에 기인하여 국가형벌권이 행사되는 사태는 발생하지 않았다. 또한 법원은 위법한 이 사건 공소제기 등으로 인하여 유○○이 정신적 손해를 입었다는 사실을 인정하고 유○○이 제기한 국가배상청구를 일부 인용하였다(서울중앙지방법원 2017가합578530; 서울고등법원 2020나2047046). 위와 같은 판결들이 존재하는 이상 검사가 공소권을 남용하여 공소를 제기하는 행위가 반복될 가능성이 높다고 보기 어려우므로, 검사의 부당한 공소제기로 인한 헌법 위반을 경고하고 검사의 권한 행사를 통제하는 한편, 법의 지배 원리를 구현하고 헌법의 규범력을 확보하고자 하는 탄핵심판제도의 목적은 어느 정도 구현된 것으로 볼 수 있다.

한편, 피청구인에 대한 탄핵심판 청구는 이 사건 공소제기가 있었던 2014. 5. 9.로부터 9년이 넘게 지난 2023. 9. 22.에서야 비로소 이루어졌다. 그 사이 이 사건 공소제기에 관하여 구 검사징계법(2014. 5. 20. 법률 제12585호로 개정되고, 2019. 4. 16. 법률 제16312호로 개정되기 전의 것)이 규정한 '징계등의 사유가 있는 날부터 3년'의 징계시효(제25조 제1항) 및 형사소송법이 규정한 7년의 공소시효(제249조 제1항 제4호)가 모두 도과하였다. 이 사건 공소제기가 공소권남용에 해당하는지 여부에 관한 대법원의 최종 판결이 2021. 10. 14.에 나오기는 하였으나, 피청구인에 대한 탄핵심판 청구는 그 때로부터도 거의 2년이 지난 시점에 이루어졌다. 피청구인은 이 사건 공소제기 이후 피청구인에 대한 탄핵소추 의결이 있기까지 9년이 넘는 기간 동안 계속하여 공직을 수행해 왔고, 관련 법률들이 규정한 시효기간이 도과한 후에도 상당한 기간 동안 공직을 수행해 온 점, 일정한 시간의 경과로 인하여 발생한 사실상태를 존중하여 사회와 개인생활의 안정을 도모하고자 하는 각종 시효제도의 취지 등을 고려하면, 이 사건 공소제기가 헌법질서에 미친 부정적 영향과 임명권자인 대통령을 통하여 간접적으로 부여된 국민의 신임을 박탈하여야 할 필요성은 이미 시간의 경과로 상당 부분 희석된 것으로 볼 수 있다.

피청구인은 법 위반행위를 하였음에도 불구하고 아무런 징계를 받지 않았으나, 탄핵심판절차는 행정부와 사법부의 고위공직자에 의한 헌법침해로부터 헌법을 수호하고 유지하기 위한 제도로서 징계절차와는 그 목적과 기능을 달리하고, 공무원이 직권을 남용하였더라도 그 비위의 정도나 고의 또는 과실의 인정 여부에 따라 파면보다 경한 징계를 받을 수도 있는 것이므로[검사징계법 제3조 제1항, 구 공무원 징계령 시행규칙(2013. 12. 31. 안전행정부령 제46호로 개정되고, 2015. 8. 19. 총리령 제1189호로 개정되기 전의 것) 제2조 제1항 [별표 1] 참조], 피청구인이 이 사건 공소제기와 관련하여 아무런 불이익을 받지 않았다는 이유를 들어 피청구인을 파면할 수는 없다.

이와 같은 사정을 종합하여 보면, 파면 결정을 통하여 헌법을 수호하고 손상된 헌법질서를 다시 회복하는 것이 요청될 정도로 피청구인의 법위반이 헌법수호의 관점에서 중대한 의미를 가진다고 볼 수 없고, 또한 임명권자인 대통령을 통하여 간접적으로 부여된 국민의 신임을 박탈하여야 할 정도로 국민의 신임을 배반한 경우에 해당한다고 단정하기도 어렵다. 따라서 피청구인에 대한 파면 결정을 정당화하는 사유가 존재한다고 보기 어렵다.

라. 소결

이 사건 공소제기는 구 검찰청법 제4조 제2항 및 국가공무원법 제56조를 위반한 것이나, 피청구인의 파면을 정당화할 수 있을 정도로 중대한 법률 위반이라고 보기는 어려우므로, 이 사건 심판청구는 이유 없다.

7. 결 론

그렇다면 이 사건 심판청구는 이유 없으므로 이를 기각하기로 하여, 주문과 같이 결정한다. 이 결정에는 아래 8.과 같은 재판관 김기영, 재판관 문형배, 재판관 이미선, 재판관 정정미의 인용의견과 아래 9.와 같은 재판관 이종석, 재판관 이은애, 재판관 이영진, 재판관 김형두의 기각의견에 대한 보충의견이 있다.

8. 재판관 김기영, 재판관 문형배, 재판관 이미선, 재판관 정정미의 인용의견

우리는 이 사건 상고와 관련하여 피청구인의 헌법 또는 법률 위반을 인정할 수 없다는 점에 관하여 재판관 이영진, 재판관 김형두, 재판관 정형식의 기각의견 및 재판관 이종석, 재판관 이은애의 기각의견에 동의한다. 그러나 위 기각의견들과 달리, 이 사건 공소제기는 형법 제123조, 구 검찰청법 제4조 제2항 및 국가공무원법 제56조를 위반한 것이고, 이는 피청구인의 파면을 정당화할 수 있을 정도로 중대한 법률 위반이라고 생각하므로 아래와 같이 인용의견을 밝힌다.

가. 이 사건 공소제기의 법률 위반 여부

(1) 피청구인의 공소권남용

아래와 같은 사정들을 종합적으로 고려하면, 이 사건 공소제기는 피청구인 기소 사건의 항소심법원 및 대법원이 판단한 것과 같이 피청구인이 자의적으로 공소권을 행사하여 유○○에게 실질적인 불이익을 가함으로써 소추재량을 현저히 일탈하여 공소권을 남용한 것에 해당한다.

(가) 검사는 범죄의 구성요건에 해당하여 형사적 제재를 함이 상당하다고 판단되는 경우에는 공소를 제기할 수 있고 또 형법 제51조의 사항을 참작하여 공소를 제기하지 아니할 수 있는 재량이 있다(형사소송법 제246조, 제247조). 위와 같은 검사의 소추재량은 공익의 대표자인 검사로 하여금 객관적 입장에서 공소의 제기 및 유지 활동을 하게 하는 것이 형사소추의 적정성 및 합리성을 기할 수 있다고 보기 때문이므로 그 스스로 내재적인 한계를 가지는 것이고, 따라서 검사가 자의적으로 공소권을 행사하여 피고인에게 실질적인 불이익을 가함으로써 소추재량을 현저히 일탈하였다고

판단되는 경우에는 이를 공소권의 남용으로 보아 그 공소제기의 효력을 부인할 수 있다. 여기서 자의적인 공소권의 행사라 함은 단순히 직무상의 과실에 의한 것만으로는 부족하고 적어도 미필적이나마 어떤 의도가 있어야 한다(대법원 1996. 2. 13. 선고 94도2658 판결; 대법원 2001. 9. 7. 선고 2001도3026 판결; 대법원 2001. 10. 9. 선고 2001도3106 판결; 대법원 2017. 8. 23. 선고 2016도5423 판결 등 참조).

(나) 종전 기소유예 사건에서 밝혀진 사정들, 국가보안법위반 등 사건에서 밝혀진 사정들, 그리고 피청구인의 수사 결과 새로이 드러난 사정들을 종합적으로 고려하면, 피청구인의 수사 결과 종전 기소유예처분을 번복하고 유○○을 외국환거래법위반 혐의로 기소할 만한 사정이 밝혀졌다고 보기 어려우므로, 이 사건 공소제기는 형사소추의 적정성 및 합리성에 반하는 공소권의 행사에 해당한다. 이에 대하여는 재판관 이종석, 재판관 이은애의 기각의견 중 '가. (1) (나)' 부분에서 판단하고 있는 내용과 의견을 같이 한다.

이에 관하여 피청구인은 유○○의 공범인 국○○과 별도의 '환치기' 범행을 한 권○○과 허○○이 각각 벌금 1천만 원 및 벌금 250만 원의 확정판결을 받은 점을 고려하면, 유○○의 외국환거래법위반 혐의에 대하여도 공소를 제기하는 것이 형평에 부합한다고 주장한다.

그러나 기소유예처분은 범인의 연령, 성행, 지능과 환경, 피해자에 대한 관계, 범행의 동기, 수단과 결과, 범행 후의 정황을 참작하여 이루어진다(형사소송법 제247조). 이 사건 공소제기는 같은 혐의에 대하여 종전 기소유예처분이 있었다는 점에서 위 사건들과는 구별되고, 유○○과 유사한 외국환거래법위반 혐의가 인정되는 피의자에 대하여 기소유예처분을 한 사례들도 존재한다. 따라서 단순히 범죄 혐의가 유사하다는 이유만으로 공소제기 여부에 관하여 동일한 결정을 하여야 하는 것은 아니다.

또한 피청구인은 이 사건 공소제기 당시 시행되던 검찰사건처리기준에 따르면 외국환거래법위반 사건의 송금액이 5억 원 이상인 경우 구공판 대상이고, 동일 피의자에 대하여 수개의 혐의사실이 인정되는 경우 일부 혐의만 기소하고 나머지 혐의는 기소유예하지 않고 모두 함께 기소하는 것이 일반적인 업무처리라고 주장한다.

그러나 위 검찰사건처리기준은 '주거·직업·기간·이득액·범행동기 등을 고려하여 탄력적으로 운영'한다고 정하고 있으므로 외국환거래법위반 사건의 송금액이 5억 원 이상이면 기소유예사유가 인정되는 경우에도 기소하여야 한다는 취지는 아닌 것으로 보인다. 위 검찰사건처리기준 또는 실무 관행이 외국환거래법위반 혐의의 송금액이 5억 원 이상이거나 다른 혐의를 기소하는 경우에는 종전에 외국환거래법위반 혐의에 대하여 기소유예처분이 있었더라도 반드시 이를 재기하여 기소하여야 한다는 취지라고 보기도 어렵다.

(다) 이와 같이 형사소추의 적정성 및 합리성에 반하는 공소권 행사에 해당하는 이 사건 공소제기로 인하여 유○○은 이 사건 공소제기일인 2014. 5. 9.경부터 대법원 판결이 선고된 2021. 10. 14.경까지 피고인으로서 피청구인 기소 사건 제1심에서는 공판준비기일에 14회, 공판기일에 4회, 항소심에서는 공판기일에 7회 출석하고, 형사처벌을 면하기 위해서 이 사건 공소제기의 효력과 외국환거래법위반죄의 인정 여부를 다투는 등으로 형사재판을 받아야 하는 실질적인 불이익을 입게 되었다.

나아가 다음과 같은 사정을 종합하면, 피청구인은 이 사건 공소제기로 유○○에게 실질적인 불이익이 초래되리라는 사정을 알고 있었을 뿐만 아니라 이를 적극적으로 의도한 것으로 볼 수 있다.

1) 피청구인은 박○○이 유○○을 외국환거래법위반 및 전자금융거래법위반 혐의로 고발한 사건을 배당받은 바로 다음날인 2014. 3. 25. 서울동부지방검찰청에 (긴급)공문을 발송하여 종전 기소유예 사건의 기록 사본을 급히 송부 받았고, 같은 날 박○○을 불러 고발인 조사까지 진행하였다. 그런데 박○○이 제출한 고발장에는 유○○의 외국환거래법위반 혐의와 관련한 의혹 제기 수준의 내용이 기재된 두 개의 언론보도기사만 첨부되어 있었고, 다른 증거 자료는 없었으며, 박○○은 고발인 조사 당시 고발장에 첨부된 언론보도기사 외에 다른 증거 자료를 가지고 있지 않다고 진술하였다. 그럼에도 피청구인은 2014. 3. 25. 대검찰청에 유○○의 외국환거래법위반 혐의에 관하여 계좌 추적이 필요하다는 이유로 2014. 3. 26.부터 2014. 4. 8.까지 금융계좌추적 전문수사관 2명의 지원을 요청하는 공문을 발송하였다.

사실관계가 이러하다면, 피청구인은 종전 기소유예처분에도 불구하고 유○○의 외국환거래법위반 혐의를 다시 수사할 필요성과 상당성이 있다고 인정할 만한 뚜렷한 근거가 없는 상황임에도, 충분한 검토를 거치지 않은 채 위 고발 사건을 배당받은 바로 다음날 서둘러 대검찰청에 금융계좌추적 전문수사관의 지원을 요청하는 등으로 본격적인 수사에 착수한 것으로 볼 수 있다. 그렇다면 피청구인은 유○○의 외국환거래법위반 혐의에 대한 재수사의 필요성과 상당성이 인정된다고 보았기 때문이 아니라, 위 고발 사건을 배당받은 무렵 이미 다른 어떤 의도를 가지고 있었기 때문에 유○○의 위 혐의에 대한 재수사를 진행한 것으로 보는 것이 합리적이다.

이에 관하여 피청구인은 유○○에 대하여 별건, 즉 국가보안법위반 등 사건의 재판이 진행 중이어서 그 항소심 종결 전에 유○○의 외국환거래법위반 혐의를 수사하여 기소한 후 두 사건이 병합되게 하여 함께 재판을 받도록 하기 위하여 신속히 수사를 진행하였다고 주장한다. 그러나 피의자에 대하여 별건 재판이 진행 중이라는 사유가 기소유예처분이 있었던 사건을 다시 수사할 사유가 된다고 볼 수는 없다. 따라서 피청구인의 위 주장은 받아들이기 어렵다.

2) 앞에서 살펴본 것처럼 피청구인의 수사 결과 종전 기소유예처분을 번복하고 유○○을 기소할 만한 사정은 밝혀지지 않았다. 피청구인이 수사를 통해 밝힌 사정들은 대부분 종전 기소유예처분 이후 유○○이 국가보안법위반(간첩) 등 혐의로 수사를 받고 기소될 당시에 이미 밝혀진 사정들에 불과하였다. 유○○의 외국환거래법위반 혐의는 유○○이 국가보안법위반(간첩) 등 혐의로 기소될 당시에 제외되기도 하였다. 그럼에도 피청구인은 종전 기소유예처분을 번복하고 이 사건 공소제기를 하였다. 그렇다면 피청구인이 단지 외국환거래법위반죄의 보호법익을 지키고자 하는 공익을 실현하기 위하여 이 사건 공소제기를 하였다고 보기는 어렵다.

3) 또한 앞에서 살펴본 바와 같이 국가보안법위반 등 사건의 항소심 재판에서, 국가정보원 직원들이 유○○의 북한 출입경 기록 등을 위조하여 공판 관여 검사들로 하여금 증거로 제출하게 하자, 유○○은 2014. 1.경 위 국가정보원 직원들과 수사검사 등을 국가보안법위반(무고·날조) 혐의로 고소하였고, 2014. 2.경 위 증거가 위조된 사실이 밝혀져 위 항소심법원은 2014. 4. 25. 유○○의 국가보안법위반 관련 모든 공소사실에 대하여 무죄로 판단하였다. 위 증거 위조에 관여한 국가정보원 직원들은 2014. 3. 31. 모해증거위조 등의 혐의로 구속 기소되었고, 위 항소심 공판 관여 검사들 및 부장검사에 대하여는 2014. 5. 1. 징계청구가 이루어졌다.

피청구인이 유○○의 외국환거래법위반 혐의에 대한 고발 사건을 배당받아 이 사건 공소제기를 한 시점은 위와 같은 증거 위조 관련 사건들로 인해 검찰권 행사의 적정성과 공정성에 대한 국민의 신뢰가 심각하게 훼손되어 검찰 조직의 위신이 크게 손상된 직후였다.

그렇다면 유○○의 외국환거래법위반 혐의를 재수사할 필요성과 상당성을 인정할 만한 뚜렷한 이유가 없는 상황에서 충분한 검토 없이 위 혐의에 대하여 본격적인 수사에 착수하고, 그 수사 결과 종전 기소유예처분을 번복하면서까지 유○○을 기소할 만한 사정이 밝혀지지 않았음에도 이 사건 공소제기를 한 피청구인의 일련의 행위는 위와 같은 증거 위조 관련 사건들과 단절해서 생각할 수 없고, 피청구인은 공익의 대표자이자 인권옹호기관으로서 적정한 소추권을 행사할 의무가 있음에도 피의자인 유○○의 정당한 이익을 옹호할 의무를 저버린 채 국가보안법위반(간첩) 등 혐의에 관하여 무죄가 선고된 유○○에게 실질적인 불이익을 가할 의도에서 이 사건 공소제기를 한 것으로 볼 수 있다.

(2) 구 검찰청법 제4조 제2항 위반 여부

구 검찰청법 제4조 제2항은 "검사는 그 직무를 수행할 때 국민 전체에 대한 봉사자로서 정치적 중립을 지켜야 하며 주어진 권한을 남용하여서는 아니 된다."라고 규정하고 있다. 수사기관으로서 피의사건을 조사하여 진상을 명백히 하는 구체적인 직무를 수행하는 검사로서는 제반 상황에 대응하여 자신에게 부여된 여러 가지 권한을 적절하게 행사하여 필요한 조치를 취할 수 있는 것이고, 이러한 권한은 일반적으로 검사의 전문적 판단에 기한 합리적인 재량에 위임되어 있는 것이지만, 검사에게 이러한 권한을 부여한 취지와 목적에 비추어 볼 때 구체적인 사정에 따라 권한의 행사 또는 불행사가 현저하게 불합리하다고 인정되거나 또는 경험칙이나 논리칙상 도저히 합리성을 긍정할 수 없는 정도에 이르렀다고 인정되는 경우에는 그 권한을 남용하여 구 검찰청법 제4조 제2항을 위반하였다고 보아야 한다(대법원 2002. 2. 22. 선고 2001다23447 판결; 대법원 2005. 9. 9. 선고 2003다29517 판결 등 참조).

앞에서 살펴본 것처럼 이 사건 공소제기가 피청구인이 자의적으로 공소권을 행사하여 유○○에게 실질적인 불이익을 가함으로써 소추재량을 현저히 일탈하여 공소권을 남용한 것에 해당하는 이상, 이 사건 공소제기는 공소권을 검사에게 부여한 취지와 목적에 비추어 볼 때 현저하게 불합리하다고 인정되므로 구 검찰청법 제4조 제2항을 위반한 것이다.

(3) 국가공무원법 제56조 위반 여부

국가공무원법 제56조는 "모든 공무원은 법령을 준수하며 성실히 직무를 수행하여야 한다."라고 하여 공무원의 성실의무를 규정하고 있다. 이러한 성실의무는 공무원에게 부과된 가장 기본적이고 중요한 의무로서 최대한으로 공공의 이익을 도모하고 그 불이익을 방지하기 위하여 전 인격과 양심을 바쳐서 성실히 직무를 수행하여야 하는 것을 그 내용으로 한다(헌재 2023. 7. 25. 2023헌나1 중 재판관 김기영, 재판관 문형배, 재판관 이미선의 별개의견 등 참조).

검사가 직무를 수행할 때 직무수행의 목적, 방법, 절차 등에 관하여 규정한 법령을 준수하는 것은 그 직무수행의 공평성과 공정성을 담보함으로써 공공의 이익을 도모하기 위하여 검사에게 요구되는 가장 기본적인 사항이다. 나아가 검사는 피의자나 피고인에 대립되는 당사자이면서도 단순한 당사자가 아니라 공익의 대표자이자 인권옹호기관으로서 그 권한을 행사하여야 하므로, 실체적 진실에 입각한 국가형벌권의 실현을 위하여 공소제기와 유지를 할 의무뿐만 아니라 그 과정에서 피의자나 피고인의 소송법적 권리를 보호하고 그들의 정당한 이익을 옹호하여야 할 의무를 진다(헌재 2002. 12. 18. 2002헌마527 참조). 이러한 검사의 객관의무는 검사가 국가공무원법 제56조에 따라 성실히 직무를 수행하였는지 여부를 판단하는 준거가 된다.

앞에서 살펴본 것처럼 피청구인은 공소권을 남용하여 이 사건 공소제기를 함으로써 구 검찰청법 제4조 제2항을 준수하지 않았다. 또한 피청구인은 공익의 대표자이자 인권옹호기관으로서 피의자인 유○○의 정당한 이익을 옹호하여야 할 의무를 저버린 채 유○○에게 실질적인 불이익을 가할 의도에서 이 사건 공소제기를 하였다. 그렇다면 피청구인은 이 사건 공소제기를 함에 있어서 법령을 준수하지 않았고, 최대한으로 공공의 이익을 도모하고 그 불이익을 방지하기 위하여 전 인격과 양심을 바쳐서 성실히 직무를 수행하였다고 볼 수도 없으므로, 이 사건 공소제기는 국가공무원법 제56조를 위반한 것이다.

(4) 형법 제123조 위반 여부

(가) 관련 법리

형법 제123조의 직권남용권리행사방해죄는 공무원이 일반적 직무권한에 속하는 사항에 관하여 직권을 행사하는 모습으로 실질적, 구체적으로 위법·부당한 행위를 한 경우에 성립한다. 남용에 해당하는가를 판단하는 기준은 구체적인 공무원의 직무행위가 본래 법령에서 그 직권을 부여한 목적에 따라 이루어졌는지, 직무행위가 행해진 상황에서 볼 때 필요성·상당성이 있는 행위인지, 직권행사가 허용되는 법령상의 요건을 충족했는지 등을 종합하여 판단하여야 한다(대법원 2020. 1. 30. 선고 2018도2236 판결 참조).

또한 직권남용권리행사방해죄가 성립하려면 공무원이 직권을 남용하여 현실적으로 다른 사람이 법령상 의무 없는 일을 하게 하였거나 다른 사람의 구체적인 권리행사를 방해하는 결과가 발생하여야 하고, 그 결과의 발생은 직권남용 행위로 인한 것이어야 한다. '의무 없는 일'에 해당하는지는 직권을 남용하였는지와 별도로 상대방이 그러한 일을 할 법령상 의무가 있는지를 살펴 개별적으로 판단하여야 한다(대법원 2020. 1. 30. 선고 2018도2236 판결 참조). 직권남용 행위의 상대방이 일반 사인인 경우 특별한 사정이 없는 한 직권에 대응하여 따라야 할 의무가 없으므로 그에게 어떠한 행위를 하게 하였다면 '의무 없는 일을 하게 한 때'에 해당할 수 있다(대법원 2020. 2. 13. 선고 2019도5186 판결 등 참조).

직권남용권리행사방해죄에 관한 주관적 구성요건으로서의 고의는 공무원으로서 직권을 남용한다는 점과 그로 인하여 타인으로 하여금 의무 없는 일을 하게 하거나 타인의 권리행사를 방해한다는 점에 대한 인식과 의사이다. 여기에서 고의는 확정적 고의뿐만 아니라 결과 발생에 대한 인식이 있고 이를 용인하는 의사인 이른바 미필적 고의도 포함한다(대법원 1993. 7. 26.자 92모29 결정; 대법원 2017. 3. 9. 선고 2013도16162 판결 참조).

(나) 직권남용에 해당하는지 여부

피청구인은 검사인 공무원이고, 검사가 공소를 제기하는 것은 그의 일반적 직무권한에 속하는 사항이다[구 검찰청법(2009. 11. 2. 법률 제9815호로 개정되고, 2020. 2. 4. 법률 제16908호로 개정되기 전의 것) 제4조 제1항 제1호 참조]. 공소의 제기란 법원에 대하여 특정한 형사사건의 재판을 요구하는 의사표시를 말한다. 공소를 누가 제기하느냐는 나라에 따라 상이한 모습을 보여주고 있으나, 우리 형사소송법은 공소는 검사가 제기하여 수행한다고 규정하여(제246조), 형사사건에 관하여 사인에 의한 기소를 인정하지 않고 국가기관인 검사가 형사소추를 행하는 국가소추주의를 택하고 있다. 이는 공소제기가 피해자의 개인적 감정이나 집단적 이해관계 또는 여론에 좌우되지 아니하고 공익의 대표자이자 인권옹호기관으로서 준사법기관의 지위를 가진 검사에 의하여 전국적으로 통일되게 이루어지도록 함으로써 획일적이며 공평한 소추를 담보하기 위한 것이다(헌재 1989. 4. 17. 88헌마3; 헌재 1997. 8. 21. 94헌바2; 헌재 1998. 10. 29. 97헌마17; 헌재 2007. 7. 26. 2005헌마167 등 참조).

또한 형사소송법은 검사는 범인의 연령, 성행, 지능과 환경, 피해자에 대한 관계, 범행의 동기, 수단과 결과, 범행 후의 정황을 참작하여 공소를 제기하지 아니할 수 있다고 규정하여(제247조), 범죄의 혐의가 인정되고 소송조건이 구비되어 있는 경우에도 검사가 제반 사정을 참작하여 재량으로 불기소처분을 할 수 있도록 하는 기소편의주의를 채택하고 있다. 이는 검사의 적정한 재량권 행사를 통하여 구체적 정의를 실현하고, 형사정책적 고려에 의하여 범죄자에게 갱생의 기회를 줌으로써 범죄 예방의 효과를 달성하며, 불필요한 공소를 억제하여 법원 및 피고인의 절차적 부담을 완화하기 위한 것이다(헌재 1989. 4. 17. 88헌마3; 헌재 1997. 8. 21. 94헌바2 참조).

그렇다면 형사소송법이 검사에게 공소를 제기할 것인지 여부를 결정할 수 있는 권한을 부여한 목적은 공익의 대표자이자 인권옹호기관으로서 준사법기관의 지위를 가진 검사로 하여금 공평하고 공정한 소추를 하도록 함으로써 궁극적으로 국가형벌권의 적정한 행사를 담보하기 위한 것이다. 따라서 검사는 피의자나 피고인에 대립되는 당사자이면서도 단순한 당사자가 아니라 공익의 대표자이자 인권옹호기관으로서 그 권한을 행사하여야 하므로, 실체적 진실에 입각한 국가형벌권의 실현을 위하여 공소제기와 유지를 할 의무뿐만 아니라 그 과정에서 피의자나 피고인의 소송법적 권리를 보호하고 그들의 정당한 이익을 옹호하여야 할 의무를 진다(헌재 2002. 12. 18. 2002헌마527 참조).

유○○은 이미 2010년경 외국환거래법위반 혐의에 관하여 수사를 받은 후 기소유예처분을 받았고, 2013년경 국가보안법위반(간첩) 등 혐의로 수사를 받으면서 유○○이 재북 화교이고 주범인 국○○이 유○○의 외당숙이라는 사실, 유○○이 2005년경부터 외국환거래법위반 범행을 한 사실, 유○○이 종전 기소유예처분 후 북한이탈주민의보호및정착지원에관한법률위반 등의 범죄를 범하였다는 사실 등이 밝혀졌음에도 외국환거래법위반 혐의로 기소되지 않았다. 공익의 대표자이자 인권옹호기관으로서 피의자의 정당한 이익을 옹호하여야 할 의무를 지는 검사로서는 위와 같은 사정을 고려하여 종전 기소유예처분을 번복하고 같은 혐의로 공소를 제기할 만한 사정이 인정되는 경우에 한하여 그 공소를 제기하여야 한다.

그런데 피청구인은 앞에서 살펴본 것처럼 유○○의 외국환거래법위반 혐의를 재수사할 필요성과 상당성을 인정할 만한 수사의 단서가 존재하지 않는 상황에서 충분한 검토 없이 위 혐의에 대한 고발 사건을 배당받은 바로 다음날 위 혐의를 본격적으로 수사하기로 결정하였고, 그 수사 결과 종전 기소유예처분을 번복하고 유○○을 기소할 만한 사정이 밝혀지지 않았음에도 불구하고 종전 기소유예처분일로부터 만 4년이 지난 시점에 이 사건 공소제기를 하였다. 또한 피청구인은 공익의 대표자이자 인권옹호기관으로서 피의자인 유○○의 정당한 이익을 옹호할 의무를 저버린 채 유○○에게 실질적인 불이익을 가할 의도에서 위와 같이 형사소추의 적정성 및 합리성에 반하는 공소제기를 감행하였다.

그렇다면 이 사건 공소제기는 그 필요성·상당성을 인정하기 어렵고, 공평한 소추를 담보하고 피의자나 피고인의 정당한 이익을 옹호하기 위해서 공익의 대표자이자 인권옹호기관으로서 준사법기관의 지위를 가진 검사에게 공소제기 여부를 결정할 권한을 부여한 형사소송법 등 관련 법령의 목적에 부합한다고 보기도 어렵다.

따라서 이 사건 공소제기는 형법 제123조가 규정한 직권남용에 해당한다.

(다) 유○○으로 하여금 의무 없는 일을 하게 하였는지 여부

앞에서 살펴본 것처럼 이 사건 공소제기로 인하여 유○○은 이 사건 공소제기일인 2014. 5. 9.경부터 대법원 판결이 선고된 2021. 10. 14.경까지 피고인으로서 피청구인 기소 사건 제1심에서는 공판준비기일에 14

회, 공판기일에 4회, 항소심에서는 공판기일에 7회 출석하게 되었고, 형사처벌을 면하기 위해서는 이 사건 공소제기의 효력과 외국환거래법위반죄의 인정 여부를 다투어야만 하였다. 따라서 피청구인은 이 사건 공소제기를 통하여 직권을 남용함으로써 유○○으로 하여금 의무 없는 일을 하게 하였음이 인정된다.

피청구인은 유○○의 외국환거래법위반 혐의가 인정되는 이상 유○○이 피고인으로서 재판을 받는 것은 범죄를 범한 사람이 형사소송법에 따라 부담하여야 할 법적 책임에 불과하다고 주장하나, 피청구인이 직권을 남용하여 이 사건 공소제기를 하지 않았더라면 유○○은 외국환거래법위반 혐의와 관련하여 피고인으로서 재판을 받지 않아도 되었을 것이므로, 피청구인의 위 주장은 받아들이기 어렵다.

(라) 피청구인의 고의 인정 여부

앞에서 살펴본 것처럼 유○○의 외국환거래법위반 혐의에 대하여 종전 기소유예처분을 번복하고 이 사건 공소제기를 할 필요성과 상당성이 인정되지 않음에도, 피청구인은 공익의 대표자이자 인권옹호기관으로서 피의자인 유○○의 정당한 이익을 옹호할 의무를 저버린 채 유○○에게 실질적인 불이익을 가할 의도에서 이 사건 공소제기를 하였는바, 피청구인에게 자신의 직권을 남용한다는 점에 대한 인식과 의사가 있었음을 넉넉히 인정할 수 있다.

또한 검사인 피청구인은 이 사건 공소제기를 하면 형사소송법 제276조 등에 따라 유○○이 공판기일에 출석하게 될 것이라는 점을 알고 있었을 것이고, 유○○이 피의자신문에서 진술을 거부한 점 등을 고려하면, 유○○이 공판준비기일에 출석하는 등으로 공소사실의 인정 여부 등을 다툴 것이라는 점 역시 알고 있었던 것으로 보인다. 따라서 피청구인이 이 사건 공소제기로 인하여 유○○으로 하여금 의무 없는 일을 하게 한다는 점을 인식하고 그와 같은 결과를 용인하였음을 인정할 수 있다.

(마) 소결

이 사건 공소제기는 형법 제123조를 위반한 것이다.

나. 피청구인을 파면할 것인지 여부

(1) 헌법재판소법 제53조 제1항에서 규정한 '탄핵심판 청구가 이유 있는 경우'란 피청구인의 파면을 정당화할 수 있을 정도로 중대한 헌법이나 법률 위반이 있는 경우를 말한다(헌재 2023. 7. 25. 2023헌나1 참조).

검사는 국민의 선거로 선출된 헌법기관이 아니므로 검사에 대한 탄핵심판에서 법위반의 중대성을 판단함에 있어서는 민주적 정당성의 박탈이라는 관점이 국민으로부터 직접 민주적 정당성을 부여받은 대통령에 대한 탄핵심판에서와 같은 정도로 고려되기는 어렵다. 헌법상 신분이 보장되어 있는 법관과는 달리(헌법 제106조 제1항), 검사는 검찰청법에 의하여 신분이 보장되고 있고 징계처분에 의하여도 그 직위가 박탈될 수 있는 점(검찰청법 제37조), 검사는 검찰사무에 관하여 소속 상급자의 지휘·감독에 따르는 점(같은 법 제7조 제1항) 등을 고려하면, 검사의 준사법기관으로서의 지위와 신분보장의 취지 역시 검사에 대한 탄핵심판에 있어서 중요한 의미를 가진다고 보기 어렵다. 또한 대통령이나 행정각부의 장과 비교할 때, 검사는 정치적 기능이나 비중에서 본질적인 차이가 있고, 검사에 대한 파면 결정이 국정공백이나 정치적 혼란 등 중대한 국가적 손실을 가져올 가능성이 높다고 보기 어려운 점을 고려하면 파면의 효과 측면에서도 근본적인 차이가 있다. 검사에 대한 탄핵심판에서 '법 위반행위의 중대성'과 '파면결정으로 인한 효과' 사이의 법익형량을 함에 있어서는 이와 같은 점들이 고려되어야 한다.

(2) 피청구인은 이 사건 공소제기를 함으로써 형법 제123조, 구 검찰청법 제4조 제2항 및 국가공무원법 제56조를 위반하였다.

공무원은 대의민주제에서 주권자인 국민으로부터 국가권력의 행사를 위임받은 사람이므로 업무를 수행할 때 중립적 위치에서 공익을 위해 일해야 한다. 헌법 제7조 제1항은 국민주권주의와 대의민주주의를 바탕으로 공무원을 '국민 전체에 대한 봉사자'로 규정하고 공무원의 공익실현의무를 천명하고 있다(헌재 2017. 3. 10. 2016헌나1; 헌재 2023. 7. 25. 2023헌나1 중 재판관 김기영, 재판관 문형배, 재판관 이미선의 별개의견 참조).

국민 전체에 대한 봉사자인 공무원이 그 권한 행사의 상대방인 국민의 정당한 이익을 저버리는 것은 그 직위를 불문하고 허용될 수 없다. 특히 검사는 범죄수사, 공소의 제기 및 그 유지 등 국가형벌권 실현에 중추적인 역할을 담당하고 있어 그 권한을 남용하는 경우 국민의 기본권을 침해하거나 법치국가원리를 훼손할 우려가 크므로, 그 직무수행에 공익실현의무가 더욱 강조된다.

피청구인이 이 사건 공소제기를 한 때는 국가보안법

위반 등 사건의 항소심에서 공판 관여 검사들이 유○○의 혐의를 입증하기 위하여 위조된 증거를 제출하였다는 점이 밝혀져, 그 사건을 담당한 국가정보원 직원 등이 모해증거위조 혐의 등으로 구속기소되고 위 항소심 공판 관여 검사들 및 부장검사에 대하여 징계가 청구된 때로부터 얼마 지나지 않은 시점이어서, 이미 검사의 권한 행사 및 형사사법 전체의 공정성에 대한 국민의 신뢰가 심각하게 훼손된 상태였다. 또한 유○○은 이미 수사기관의 부당한 권한 행사로 인하여 상당한 불이익을 받은 상태였으므로, 공익의 대표자이자 인권옹호기관으로서 피의자의 정당한 이익을 옹호하여야 할 의무를 지닌 피청구인으로서는 더욱 신중하게 그 권한을 행사할 필요가 있었다.

그럼에도 불구하고 피청구인은 공익의 대표자이자 인권옹호기관으로서 피의자인 유○○의 정당한 이익을 옹호할 의무를 저버린 채 유○○에게 실질적인 불이익을 가할 의도에서 검사의 본질적이고 핵심적인 권한 중 하나인 공소제기 여부를 결정할 권한을 남용하여 유○○으로 하여금 부당하게 피고인으로서 형사재판을 받도록 하였고, 그로 인하여 검사의 권한 행사 및 형사사법 전체의 공정성에 대한 국민의 신뢰는 또 한 번 심각하게 훼손되었다.

결국 피청구인이 이 사건 공소제기를 한 것은, 공익의 대표자이자 인권옹호기관으로서 형사소송법상 각종 권한을 부여받은 검사가 오히려 그 권한을 남용하여 소추의 공정성을 해하고 피의자의 정당한 이익을 침해함으로써 검사 본연의 의무를 저버린 행위로서, 검사로서의 공익실현의무를 중대하게 위반한 것이고, 그 법위반의 정도가 매우 중하다. 피청구인의 이 사건 공소제기로 인하여 헌법질서에 미친 부정적 영향과 파급 효과 역시 매우 중대하다. 그런데도 피청구인은 이 사건 공소제기에 대하여 어떠한 징계나 형사처벌도 받지 않았고, 그 시효도 모두 지났다.

따라서 피청구인의 이 사건 공소제기에 대하여 엄중한 헌법적 징벌을 가함으로써 이 사건 공소제기로 인하여 침해된 헌법질서를 회복하고, 더는 검사에 의한 헌법위반이 되풀이되지 않도록 엄중히 경고할 필요가 있다.

그렇다면 피청구인을 파면함으로써 얻는 헌법수호의 이익이 검사 파면에 따르는 국가적 손실을 압도할 정도로 크다고 할 것이므로, 탄핵심판청구가 이유 있는 경우에 해당한다.

다. 소결

이 사건 공소제기는 형법 제123조, 구 검찰청법 제4조 제2항 및 국가공무원법 제56조를 위반한 것이고, 이는 피청구인의 파면을 정당화할 수 있을 정도로 중대한 법률 위반이므로, 이 사건 심판청구는 이유 있는 경우에 해당하여 피청구인을 그 직에서 파면하여야 한다.

9. 재판관 이종석, 재판관 이은애, 재판관 이영진, 재판관 김형두의 기각의견에 대한 보충의견

우리는 이 사건 심판청구를 기각하여야 한다고 생각하나, 탄핵소추시효 또는 탄핵심판의 청구기간에 관한 규정을 입법할 필요가 있음을 밝히고자 한다.

현행법은 탄핵소추시효 또는 탄핵심판의 청구기간에 관하여 아무런 규정을 두고 있지 않으므로, 국회는 탄핵대상 공직자의 직무집행이 헌법이나 법률을 위반한 경우 해당 공직자가 그 직을 보유하는 한 언제든지 탄핵소추를 의결할 수 있다. 이에 관하여는, 아무리 오래전에 법 위반행위를 하였더라도 언제든지 이를 탄핵소추사유로 삼아 탄핵심판을 청구할 수 있도록 하는 것은 공직자들의 신분안정성의 관점에서나 오래된 사실관계에 대한 조사와 판단의 어려움이라는 시효제도 자체의 관점에서 적정하지 않고, 탄핵소추사유가 발생하였음을 국회가 인식하였음에도 불구하고 탄핵소추를 하지 않고 있다가 오랜 시간이 지난 후에 문제삼는 것은 헌법이나 법률을 위반한 고위공직자를 공직에서 파면시킴으로써 헌법질서를 수호·유지하려는 탄핵심판제도의 목적에도 부합하지 않는다는 비판이 있어 왔다.

공직자의 법 위반행위에 대하여 탄핵소추가 가능함에도 불구하고 탄핵소추가 이루어지지 아니한 채 해당 공직자가 상당한 기간 동안 계속하여 공직을 수행하였다면, 그 행위로 인하여 손상된 헌법질서는 이미 시간의 경과로 회복되었을 가능성이 높은 반면, 관련 증거는 산일·멸실되어 적정한 심판을 기대하기 어렵다. 따라서 일정한 시간의 경과로 인하여 발생한 사실상태를 존중하여 공직수행의 안정을 도모할 필요가 있다. 독일과 일본은 검사를 탄핵대상으로 삼고 있지는 않지만, 다른 공직자들에 대한 탄핵소추 기간을 제한하고 있다. 독일은 연방대통령에 대한 탄핵소추의 경우 소추권이 있는 기관이 탄핵소추의 기초가 되는 사실을 안 때로부터 3개월 이내에 제기하도록 규정하고 있고, 연방법관이 직무를 위반한 경우에는 연방법관이 위반하였다고 주장된 재판절차의 확정력 있는 종결로부터 6개월, 직무 외의 위반을 한 경우에는 위반을 한 때로부터 2년이 각 경과하면 탄핵소추를 허용하지 않고 있다(독일 연방헌법재판소법 제50조, 제58조 제2항, 제3항 참조). 일본은 재판관(법관)에 대하여 탄핵소추사유가 있은 후 3년이 경과한 때에는 원칙적으로 탄핵소추를 할 수 없도록 하면서, 동일한 사유에 대하여 형사소추가 있는 때에는 사건의 판결이 확정된 후 1년이 경과할 때까지 탄핵소추를 할 수 있도록 하는 등의 예외사유를 규정하고 있다(일본 재판관탄핵법 제12조 참조).

이처럼 탄핵심판제도의 실효성을 제고하기 위해서는 탄핵절차에도 소추기간을 제한할 필요성이 인정되므로, 입법자는 징계시효에 관한 규정(국가공무원법 제83조의2, 검사징계법 제25조 등 참조) 및 공소시효에 관한 규정(형사소송법 제249조 등 참조) 등과의 체계적 정합성, 소추대상 공직자의 종류, 소추사유의 경중 등을 종합적으로 고려하여 탄핵소추시효 또는 탄핵심판의 청구기간에 관한 규정을 마련할 필요가 있다.

재판관 이종석 이은애 이영진 김기영 문형배 이미선 김형두 정정미 정형식

103. 민법 제1014조 등 위헌확인

[2024. 6. 27. 2021헌마1588]

【판시사항】

상속개시 후 인지 또는 재판확정에 의하여 공동상속인이 된 자가 다른 공동상속인에 대해 그 상속분에 상당한 가액의 지급에 관한 청구권(상속분가액지급청구권)을 행사하는 경우에도 상속회복청구권에 관한 10년의 제척기간을 적용하도록 한 민법 제999조 제2항의 '상속권의 침해행위가 있은 날부터 10년' 중 제1014조에 관한 부분(이하 '심판대상조항'이라 한다)이 청구인의 재산권과 재판청구권을 침해하는지 여부(적극)

【결정요지】

'침해행위가 있은 날'부터 10년 후에 인지 또는 재판의 확정이 이루어진 경우에도 추가된 공동상속인이 상속분가액지급청구권을 원천적으로 행사할 수 없도록 하는 것은, '가액반환의 방식'이라는 우회적·절충적 형태를 통해서라도 인지된 자의 상속권을 뒤늦게나마 보상해 주겠다는 상속분가액지급청구권의 입법취지에 반하며, 추가된 공동상속인의 권리구제 실효성을 완전히 박탈하는 결과를 초래한다. 기존 공동상속인이 상속재산의 유지·증가에 특별히 기여하였다면 그 기여분은 상속재산에서 공제되므로 이를 통해 기존 공동상속인과 추가된 공동상속인의 이해관계가 조정될 수 있는 점, 민법은 인지청구의 소를 '망인의 사망을 안 날로부터 2년'으로 제한하고 상속분가액지급청구권의 행사도 '상속권의 침해를 안 날부터 3년'으로 제한하므로 인지재판을 바탕으로 한 상속분가액지급청구권의 행사가 무한정 늦춰지지 않도록 이중으로 제한하고 있는 점 등도 함께 고려할 필요성이 있다. 심판대상조항은 입법형성의 한계를 일탈하여 청구인의 재산권과 재판청구권을 침해한다.

재판관 이종석, 재판관 이영진의 반대의견

새로운 공동상속인의 이익과 법적 안정성에 관한 이익을 어떻게 조화시킬 것인가의 문제는 입법자의 형성재량에 맡길 수밖에 없다. 상속분가액지급청구권 행사의 상대방인 다른 공동상속인은 진정한 상속인으로서 그 법적 안정성과 신뢰를 보호할 필요성은 큰 반면, 침해행위가 있은 날부터 10년이 경과된 후 인지 또는 판결확정으로 공동상속인이 추가되는 것은 예상하기 어렵고 매우 이례적이다. 침해행위가 있은 날부터 10년 후에도 상속분가액지급청구권이 행사될 수 있다면, 상속을 둘러싼 법률관계는 조기에 확정되지 못하고 기존 공동상속인으로서는 이미 분할 또는 처분이 이루어진 상태에서 예상치 못한 금전적 손실을 받게 된다. 심판대상조항의 제척기간에는 합리적 이유가 있으므로 청구인의 재산권과 재판청구권을 침해하지 아니한다.

【심판대상조문】

민법(2002. 1. 14. 법률 제6591호로 개정된 것) 제999조 제2항의 '상속권의 침해행위가 있은 날부터 10년' 중 민법 제1014조에 관한 부분

【참조조문】

헌법 제23조 제1항, 제27조 제1항

민법(1958. 2. 22. 법률 제471호로 제정된 것) 제860조, 제863조, 제1014조

민법(1990. 1. 13. 법률 제4199호로 개정된 것) 제999조 제1항

민법(2005. 3. 31. 법률 제7427호로 개정된 것) 제864조

【참조판례】

헌재 2001. 7. 19. 99헌바9등, 판례집 13-2, 1, 8

헌재 2010. 7. 29. 2005헌바89, 판례집 22-2, 212, 219-220, 222-223, 231-232

헌재 2018. 8. 30. 2014헌바148등, 판례집 30-2, 237, 246

헌재 2018. 8. 30. 2014헌바180등, 판례집 30-2, 259, 271

대법원 1981. 2. 10. 선고 79다2052 판결

서울중앙지방법원 2005. 9. 30. 선고 2005가합36293 판결

서울고등법원 2006. 9. 7. 선고 2005나89423 판결

대법원 2007. 1. 12.자 2006다65927 판결

대법원 2007. 7. 26. 선고 2006므2757, 2764 판결

【당 사 자】

청 구 인 김○○

대리인 변호사 주현덕

【주 문】

민법(2002. 1. 14. 법률 제6591호로 개정된 것) 제999조 제2항의 '상속권의 침해행위가 있은 날부터 10년' 중 민법 제1014조에 관한 부분은 헌법에 위반된다.

【이 유】

1. 사건개요

가. 이○○(母)는 1969. 11. 7. 청구인(女)을 출산하였다. 이○○는 1984. 9. 1. 김□□와 혼인하였고, 김□□(表見父)는 1984. 9. 17. 청구인을 인지하였다.

나. 청구인은 2019. 2.경 이○○로부터 망 김△△(1998. 1. 20. 사망)가 생부(生父)라는 이야기를 듣고, 2020. 8. 9. 김□□를 상대로 친생자관계부존재확인의 소를 제기하고, 2020. 9. 22. 서울중앙지방검찰청 검사를 상대로 망 김△△의 친생자로서 인지를 구하는 소를 제기하였다.

다. 수원가정법원 여주지원은 2021. 10. 22. 김□□의 1984. 9. 17.자 인지가 무효임을 확인하여, 2021. 11. 16. 그 판결이 확정되었다(2021드단11582). 서울가정법원은 2021. 12. 3. 청구인이 망 김△△의 친생자임을 인지하여, 2021. 12. 21. 그 판결이 확정되었다(2020드단136149).

라. 청구인은, 민법 제1014조에 민법 제999조 제2항 중 '상속권의 침해행위가 있은 날부터 10년' 부분을 적용하는 것 및 민법 제999조 제2항 중 '상속권의 침해행위가 있은 날로부터 10년' 부분으로 인하여 다른 공동상속인에 대해 상속분에 상당한 가액의 지급을 청구할 수 없게 되어 기본권이 침해된다고 주장하면서, 2021. 12. 27. 이 사건 헌법소원심판을 청구하였다.

2. 심판대상

청구인은 상속개시 후 인지에 의하여 공동상속인이 된 자가 다른 공동상속인에 대해 그 상속분에 상당한 가액의 지급에 관한 청구권(이하 '상속분가액지급청구권'이라 한다)을 행사할 경우에도 상속회복청구권에 관한 10년의 제척기간을 적용하는 부분의 위헌성을 다투고 있으므로, 심판대상을 해당 부분으로 한정함이 상당하다.

따라서 이 사건 심판대상은 민법(2002. 1. 14. 법률 제6591호로 개정된 것) 제999조 제2항의 '상속권의 침해행위가 있은 날부터 10년' 중 민법 제1014조에 관한 부분(이하 '심판대상조항'이라 한다)이 청구인의 기본권을 침해하는지 여부이다. 심판대상조항 및 관련조항은 다음과 같다.

[심판대상조항]

민법(2002. 1. 14. 법률 제6591호로 개정된 것)

제999조(상속회복청구권) ② 제1항의 상속회복청구권은 그 침해를 안 날부터 3년, 상속권의 침해행위가 있은 날부터 10년을 경과하면 소멸된다.

[관련조항]

민법(1958. 2. 22. 법률 제471호로 제정된 것)

제860조(인지의 소급효) 인지는 그 자의 출생시에 소급하여 효력이 생긴다. 그러나 제삼자의 취득한 권리를 해하지 못한다.

제863조(인지청구의 소) 자와 그 직계비속 또는 그 법정대리인은 부 또는 모를 상대로 하여 인지청구의 소를 제기할 수 있다.

제1014조(분할후의 피인지자 등의 청구권) 상속개시 후의 인지 또는 재판의 확정에 의하여 공동상속인이

된 자가 상속재산의 분할을 청구할 경우에 다른 공동상속인이 이미 분할 기타 처분을 한 때에는 그 상속분에 상당한 가액의 지급을 청구할 권리가 있다.

민법(1990. 1. 13. 법률 제4199호로 개정된 것)

제999조(상속회복청구권) ① 상속권이 참칭상속권자로 인하여 침해된 때에는 상속권자 또는 그 법정대리인은 상속회복의 소를 제기할 수 있다.

민법(2005. 3. 31. 법률 제7427호로 개정된 것)

제864조(부모의 사망과 인지청구의 소) 제862조 및 제863조의 경우에 부 또는 모가 사망한 때에는 그 사망을 안 날로부터 2년내에 검사를 상대로 하여 인지에 대한 이의 또는 인지청구의 소를 제기할 수 있다.

3. 청구인의 주장

망 김△△는 1998년 사망하였고, 청구인은 그로부터 10년이 경과한 2021년 망 김△△가 청구인의 부(父)라는 인지판결을 받았다. 이와 같이 망 김△△의 사망 후 10년의 경과에 대해 청구인에게 책임을 물을 사유도 없는 상황에서 청구인에게 상속회복의 기회를 주지 않도록 규정한 심판대상조항은, 상속회복의 권리를 원천적으로 봉쇄하는 것으로서 청구인의 재산권 및 재판청구권을 침해하며, 다른 상속인들에 비하여 청구인을 합리적 이유 없이 차별취급하는 것으로서 청구인의 평등권을 침해한다.

4. 판 단

가. 판단의 전제

민법 제999조 제2항은 "상속회복청구권은 그 침해를 안 날부터 3년, 상속권의 침해행위가 있은 날부터 10년을 경과하면 소멸된다."라고 규정하고, 제1014조는 "상속개시후의 인지 또는 재판의 확정에 의하여 공동상속인이 된 자가 상속재산의 분할을 청구할 경우에 다른 공동상속인이 이미 분할 기타 처분을 한 때에는 그 상속분에 상당한 가액의 지급을 청구할 권리가 있다."라고 규정하는바, 민법 제1014조에 의한 피인지자의 상속분가액지급청구권에는 민법 제999조 제2항의 제척기간이 적용된다(대법원 1981. 2. 10. 선고 79다2052 판결; 대법원 2007. 7. 26. 선고 2006므2757, 2764 판결; 헌재 2010. 7. 29. 2005헌바89 중 재판관 이강국, 재판관 이공현, 재판관 민형기의 의견 및 재판관 이동흡, 재판관 송두환의 의견 참조).

이와 관련하여 법원은, 상속재산의 분할 또는 처분이 있은 후 인지 또는 재판이 확정된 경우 제척기간 10년의 기산점인 '상속권의 침해행위가 있은 날'을 '인지 또는 재판확정일'이 아닌 '상속재산의 분할 또는 처분일'로 해석하고 있으므로(서울중앙지방법원 2005. 9. 30. 선고 2005가합36293 판결; 서울고등법원 2006. 9. 7. 선고 2005나89423 판결; 대법원 2007. 1. 12.자 2006다65927 판결 참조), 이 사건에서도 이를 전제로 심판대상조항의 기본권 침해 여부를 판단한다.

나. 이 사건의 쟁점

(1) 심판대상조항은 상속개시 후 인지 또는 재판의 확정에 의하여 공동상속인이 된 자가 상속권의 일종인 상속분가액지급청구권을 행사할 경우 그 기간을 '상속권의 침해행위가 있은 날부터 10년'으로 한정하고 그 후에는 상속분가액지급청구의 소를 제기할 수 없도록 하고 있으므로, 청구인의 재산권과 재판청구권을 제한한다.

(2) 청구인은, 상속권의 침해행위가 있은 날부터 10년의 경과에 대해 청구인에게 귀책사유가 없는 경우에도 상속분가액지급청구의 기회를 주지 않도록 규정한 심판대상조항이 합리적 이유 없이 청구인을 다른 상속인과 차별취급하는 것으로서 평등권을 침해한다고 주장한다. 그러나 이러한 주장은 심판대상조항으로 인하여 재산권 및 재판청구권이 침해된다는 주장을 강조하는 것에 불과하고, 그와 같은 차별취급에 합리적 이유가 있는지 여부는 심판대상조항으로 인한 재산권 및 재판청구권 침해 여부를 판단하는 과정에서 함께 판단될 수 있으므로, 평등권 침해 주장에 대해서는 별도로 판단하지 아니한다.

다. 재산권 및 재판청구권 침해 여부

(1) 헌법은 제23조 제1항에서 "모든 국민의 재산권은 보장된다. 그 내용과 한계는 법률로 정한다."라고 규정하여 재산권을 보장하고 있는바, 상속제도나 상속권의 구체적인 내용과 한계는 국회에서 제정되는 형식적 의미의 법률에 의하여 정해지는 것이므로 원칙적으로 입법형성의 자유에 속한다(헌재 2001. 7. 19. 99헌바9 등 참조). 또한 헌법은 제27조 제1항에서 "모든 국민은 헌법과 법률이 정한 법관에 의하여 법률에 의한 재판을 받을 권리를 가진다."라고 규정하여 재판청구권을 보장하고 있는바, 이러한 재판청구권의 실현은 재판권을 행사하는 법원의 조직과 소송절차에 관한 입법에 의존하

고 있기 때문에 형식적 의미의 법률에 의한 구체적 형성이 불가피하므로, 원칙적으로 입법형성의 자유에 속한다(헌재 2018. 8. 30. 2014헌바180등 참조).

다만, 헌법이 재산권의 내용 및 이를 실현하기 위한 재판청구권을 법률에 의해 구체화하도록 정하고 있다 하더라도, 재산권 및 재판청구권에 관한 입법은 단지 형식적인 권리나 이론적인 가능성만을 허용하는 것이어서는 아니되고, 권리구제의 실효성이 상당한 정도로 보장되도록 하여야 한다. 입법자가 재산권 및 재판청구권을 행사할 수 있는 형식적인 권리나 이론적인 가능성만을 제공할 뿐 권리구제의 실효성을 보장하지 않는다면, 재산권 및 재판청구권의 보장은 사실상 무의미할 수 있기 때문이다(헌재 2018. 8. 30. 2014헌바148등; 헌재 2018. 8. 30. 2014헌바180등 참조).

(2) 인지의 소급효를 완전히 인정하면 피인지자에 대하여 상속재산의 분할을 다시 하게 하여야 하는데 이는 법률문제를 복잡하게 만들고 거래의 안전을 위협하게 되는 문제가 있고, 그 반대로 인지의 소급효를 완전히 제한하면 피상속인의 사망 후 인지에 따른 상속권을 전혀 실효성 없는 것으로 만드는 결과가 되는 문제가 있다. 이에 민법은 제860조에서 "인지는 그 자의 출생시에 소급하여 효력이 생긴다. 그러나 제삼자의 취득한 권리를 해하지 못한다."라고 규정하여 인지의 소급효 제한에 대해 정하면서, 제1014조에서 "상속개시 후의 인지 또는 재판의 확정에 의하여 공동상속인이 된 자가 상속재산의 분할을 청구할 경우에 다른 공동상속인이 이미 분할 기타 처분을 한 때에는 그 상속분에 상당한 가액의 지급을 청구할 권리가 있다."라고 규정하여 상속분가액지급청구권만을 인정하고 있다. 즉, 인지 또는 재판의 확정으로 공동상속인이 추가되기 전에 기존의 공동상속인이 상속재산을 분할 기타 처분한 경우, 추가된 공동상속인에게 민법 제999조에 의한 상속회복청구의 방식 중 '원물반환의 방식'을 차단하여 이미 공동상속인으로 확정된 자의 분할 또는 처분의 효력을 유지함으로써 그 처분으로 새롭게 권리를 취득한 제3취득자의 거래 안전을 존중하는 한편, 추가된 공동상속인에게는 '가액반환의 방식'으로만 상속권을 보장함으로써 기존의 공동상속인, 제3취득자, 추가된 공동상속인(피인지자) 사이의 이해관계를 조정하는 것이다.

그런데 민법 제999조 제2항은 인지 또는 재판의 확정으로 추가된 공동상속인의 상속분가액지급청구권에 '침해를 안 날부터 3년, 침해행위가 있은 날부터 10년'의 제척기간을 추가하고 있는바, 이는 제3취득자의 거래 안전과는 아무런 관계가 없는 것이므로, 결국 '기존의 공동상속인과 추가된 공동상속인' 사이의 권리의무 관계를 조속히 안정시킨다는 기능만을 수행하게 된다(헌재 2010. 7. 29. 2005헌바89 중 재판관 조대현, 재판관 김희옥, 재판관 김종대, 재판관 목영준의 반대의견 참조).

여기서 '침해를 안 날'이라 함은 피인지자가 자신이 공동상속인이란 사실과 자신이 상속에서 제외된 사실을 안 때를 의미하므로, 인지 또는 재판의 확정으로 공동상속인이 된 때에는 그 인지 또는 재판이 확정된 날에 상속권이 침해되었음을 알았다고 할 것인바, 그로부터 3년의 제척기간을 인정하는 것은 추가된 공동상속인의 권리구제를 실효성 있게 보장하는 것이므로 합리적인 이유가 있다.

그러나 심판대상조항은 상속권의 '침해행위가 있은 날'부터 10년이 지난 후에 인지 또는 재판의 확정이 이루어진 경우에도 추가된 공동상속인의 상속분가액지급청구권을 원천적으로 행사할 수 없도록 하는바, 이는 '가액반환의 방식'이라는 우회적·절충적 형태를 통해서라도 피인지자의 상속권을 뒤늦게나마 보상하여 주겠다는 입법취지에 반할 뿐만 아니라 피인지자의 권리구제 실효성을 완전히 박탈하는 결과를 초래한다(헌재 2010. 7. 29. 2005헌바89 중 재판관 조대현, 재판관 김희옥, 재판관 김종대, 재판관 목영준의 반대의견 참조).

물론, 상속재산을 이미 받은 기존의 공동상속인의 입장에서는, 상당한 기간이 경과한 후에 인지 또는 재판의 확정으로 공동상속인이 추가됨으로써 그 재산 중 일부에 상당하는 가액을 반환하게 되는 것은 당혹스러운 일일 수 있다. 그러나 ① 기존의 공동상속인이 받았던 상속재산은 자신의 노력이나 대가 없이 법률의 규정에 의하여 취득한 재산이므로 '추가된 공동상속인의 상속권'을 회복의 기회 없이 희생시키면서까지 '기존의 공동상속인의 상속권'만을 더 보호해야 할 특별한 이유가 있다고 보기 어려운 점, ② 만약 기존의 공동상속인이 피상속인을 특별히 부양하거나 피상속인 재산의 유지·증가에 특별히 기여하였다면 그 기여분은 상속재산에서 공제되므로 기여분 제도를 통해 기존의 공동상속인과 추가된 공동상속인 사이의 이해관계가 조정될 수 있는 점(민법 제1008조의2), ③ 민법 제1014조는 제3

취득자의 거래안전 보호를 위해 '원물반환 청구'를 인정하지 않는 대신 '가액반환 청구'라는 우회적·절충적 형태로 추가된 공동상속인의 상속권을 뒤늦게나마 보장해주겠다는 취지이므로, 그 상속분가액지급청구권의 행사가능성 자체를 박탈하는 것은 민법 제1014조의 취지에도 부합하지 않는 점, ④ 제척기간은 일단 권리가 발생하여 일정기간 존속함을 전제로 하는바, 상속권의 '침해행위가 있은 날'부터 10년이 지난 후에 인지 또는 재판의 확정이 이루어진 경우에도 제척기간이 도과된다면 피인지자로서는 '공동상속인이 아니었던 시점(인지 또는 재판의 확정 이전 시점)'에 이미 10년의 제척기간이 도과되는 것으로서 민법 제1014조가 정한 상속분가액지급청구권의 보장은 시원적으로 형해화될 수밖에 없는 점, ⑤ 민법 제864조는 부 또는 모가 사망하여 검사를 상대로 인지청구의 소를 제기하는 경우 '그 사망을 안 날로부터 2년' 이내에 제기하도록 정하고 있고 제999조 제2항은 '그 침해를 안 날부터 3년'이 경과하면 상속회복청구권이 소멸하도록 정하고 있으므로, 인지에 관한 재판의 확정 및 이를 바탕으로 한 상속분가액지급청구권의 행사가 부당하게 늦춰지지 않도록 제한되고 있는 점을 함께 고려할 필요가 있다.

(3) 사정이 이와 같다면, 상속개시 후 인지 또는 재판의 확정에 의하여 공동상속인이 된 자의 상속분가액지급청구권의 경우에도 '상속권의 침해행위가 있은 날부터 10년'의 제척기간을 정하고 있는 것은, 제척기간을 통한 법적 안정성만을 지나치게 중시한 나머지 상속개시 후 공동상속인이 된 자에게 상속회복에 관한 형식적인 권리나 이론적인 가능성만을 허용하는 것일 뿐 권리구제의 실효성을 외면하는 것이므로, 심판대상조항은 입법형성의 한계를 일탈하여 청구인의 재산권 및 재판청구권을 침해한다.

5. 결 론

그렇다면 심판대상조항은 헌법에 위반되므로 주문과 같이 결정한다. 종전에 헌법재판소가 이 결정과 견해를 달리하여 "민법 제1014조에 민법 제999조 제2항 중 '상속권의 침해행위가 있은 날부터 10년' 부분을 적용하는 것 및 민법 제999조 제2항 중 '상속권의 침해행위가 있은 날부터 10년' 부분은 헌법에 위반되지 아니한다."라고 판시한 헌재 2010. 7. 29. 2005헌바89 결정은 이 결정과 저촉되는 범위 안에서 이를 변경하기로 한다. 이 결정은 아래 6.과 같은 재판관 이종석, 재판관 이영진의 반대의견이 있는 외에는 관여 재판관들의 일치된 의견에 의한 것이다.

6. 재판관 이종석, 재판관 이영진의 반대의견

우리는 심판대상조항이 청구인의 재산권과 재판청구권을 침해하지 않는다고 생각하므로 다음과 같이 그 이유를 밝힌다.

가. 심판대상조항은 상속개시 후 인지 또는 재판의 확정으로 공동상속인이 된 자의 상속권 행사를 애초부터 박탈하는 것이 아니라 그 권리행사의 기간만을 제한하는 것이고, 통상 그러한 권리행사의 기간을 얼마로 할 것인지는 새로 공동상속인이 된 자의 이익과 상속관계의 불안정한 법률상태를 제거함으로써 거래의 안전 등 법적 안정성을 도모하고자 하는 이익을 어떻게 조화시킬 것인가 하는 문제로서 입법자의 형성재량에 맡길 수밖에 없다(헌재 2004. 4. 29. 2003헌바5 참조).

이에 입법자는 '상속권의 침해를 안 날부터 3년, 상속권의 침해행위가 있은 날부터 10년'으로 상속분가액지급청구권의 제척기간을 정함(민법 제999조 제2항)으로써, 인지 또는 재판의 확정으로 공동상속인이 된 자의 재산권 및 재판청구권 행사 가능성(민법 제1014조)을 일정기간 보장함과 동시에 상속관계를 둘러싼 거래의 안전 등 법적 안정성을 조화시키고 있다.

나. 상속분가액지급청구권 행사의 상대방인 다른 공동상속인은 일반적으로 진정한 상속인일 것이므로, 그들의 상속재산 내지 그 가액 상당에 대한 법적 안정성과 신뢰를 보호할 필요성은 크다. 반면, 상속권의 침해행위가 있은 날부터 10년이 경과하도록 인지되거나 재판이 확정되지 아니하여 상속분가액지급청구권을 행사할 수 없는 경우는 사실상 예상하기 어려울 뿐만 아니라, 이 사건과 같이 청구인이 그로부터 10년이 지난 이후에 인지 또는 재판의 확정에 의하여 공동상속인이 되는 경우는 매우 이례적이다(헌재 2010. 7. 29. 2005헌바89 중 재판관 이강국, 재판관 이공현, 재판관 민형기의 의견 참조). 입법론적으로는, 상속개시 후 인지 또는 재판의 확정으로 공동상속인이 된 자의 상속권 보장을 위하여, 상속권의 침해행위가 있은 날부터 10년이 경과한 이후에도 기존의 공동상속인들에 대해 상속분가액지급청구권을 행사할 수 있도록 정할 수도 있다. 하지만 그렇게 된다면, 기존의 공동상속인들로서는 10년이

지난 후에도 언제 새로운 공동상속인이 출현하여 그 권리를 행사할지 전혀 예측할 수 없게 되어 상속을 둘러싼 법률관계가 조기에 확정되지 못하게 되고, 이미 상속재산에 대하여 분할이나 처분이 이루어진 상태에서 예상치 못한 금전적 손실을 입게 되어 그 법적 지위가 기약 없이 불안정해진다는 문제점이 발생한다.

한편, 민법 제999조 제1항, 제2항은 악의로 다른 공동상속인의 상속권을 침해한 참칭상속인의 경우에도 '상속권의 침해행위가 있은 날부터 10년'이 지난 이후에는 그 제척기간에 따른 반사적 이익을 얻도록 허용하고 있는바, 하물며 정당하게 상속을 받은 기존의 공동상속인들이 그러한 제척기간을 적용받지 못하게 된다면 상속제도의 체계와 형평에 어긋나는 결과가 초래된다는 새로운 문제점이 발생할 수 있다(헌재 2010. 7. 29. 2005헌바89 중 재판관 이강국, 재판관 이공현, 재판관 민형기의 의견 참조).

다. 사정이 이와 같다면 상속분가액지급청구권의 경우에도 '상속권의 침해행위가 있은 날부터 10년'의 제척기간을 정하고 있는 것은 합리적 이유가 있다고 할 것이므로, 심판대상조항은 입법형성의 한계를 일탈하여 청구인의 재산권 및 재판청구권을 침해하지 아니한다.

재판관 이종석 이은애 이영진 김기영 문형배 이미선 김형두 정정미 정형식

104. 민간임대주택에 관한 특별법 제44조 등 위헌확인

[2024. 7. 18. 2020헌마1434]

【판시사항】

가. 100세대 이상 민간임대주택단지 임대사업자(이하 '100세대 이상 민간임대사업자'라고 한다)가 증액할 수 있는 임대료 증액 비율의 상한을 법령에서 정하고 있는 산식에 따라 산출된 비율로 정하도록 하고, 그 상한의 최고한도는 5퍼센트를 넘지 않도록 규정하고 있는 '민간임대주택에 관한 특별법 시행령' 제34조의2 제1호(이하 '심판대상조항'이라 한다)가 법률유보원칙에 위반되어 청구인의 계약의 자유 및 직업수행의 자유를 침해하는지 여부(소극)

나. 심판대상조항이 과잉금지원칙에 위반되어 청구인의 계약의 자유 및 직업수행의 자유를 침해하는지 여부(소극)

다. 심판대상조항이 청구인의 평등권을 침해하는지 여부(소극)

【결정요지】

가. 심판대상조항 중 '소비자물가지수'는 각 가정이 생활을 위해 구입하는 상품과 서비스 가격 변동을 알아보기 위해 통계청장이 통계법 및 관련 법령에 따라 고시하는 통계로서 그 의미가 명확하고, 통계청장이 고시하는 위 지수의 내용을 심판대상조항이 규정하고 있는 산식에 대입하면 임대료 증액 비율의 상한이 도출될 것이라는 점이 해석상 분명하다. 따라서 심판대상조항은 위임 범위 내에서 그 내용을 명확하게 정하고 있다고 볼 수 있으므로, 법률유보원칙에 위반되어 청구인의 계약의 자유 및 직업수행의 자유를 침해하지 아니한다.

나. 심판대상조항은 민간임대주택을 과도한 영리 목적에 이용하는 것을 방지하고, 이를 통하여 민간임대주택에 거주하는 국민의 주거생활을 안정시키고자 하는 것이다. 100세대 이상 민간임대주택단지의 임대료 증액은 해당 단지뿐만 아니라 인근 지역의 임대료 시세에 영향력을 미칠 수 있어 그 파급 효과가 매우 큰 점, 100세대 이상 민간임대사업자에게는 토지 수용·사용 및 건물 용적률 등 관련 공적 지원 및 각종 세제 혜택이 주어지는 점, 심판대상조항은 임대료 증액 비율 산출에 있어 주거비 관련 물가변동을 고려하도록 하고 있으므로 지역에 따라 주변의 임대료 상승률을 과소 반영하게 된다거나 모법에 의한 상한인 5퍼센트에 비하여 다소 낮아진다고 하더라도 이를 지나치다고 볼 수 없는 점 등을 종합할 때, 심판대상조항이 침해의 최소성을 갖추지 못하였다고 보기 어렵다. 나아가 민간임대주택에 거주하는 국민의 주거생활을 안정시킨다는 공익은 매우 중대한 반면, 제한되는 사익은 각종 혜택에 의하여 어느 정도 전보될 수 있으므로, 심판대상조항은 법익의 균형성도 갖추었다. 따라서 심판대상조항은 과잉금지원칙에 위반되어 청구인의 계약의 자유 및 직업수행의 자유를 침해하지 아니한다.

다. 주택임대차보호법, 민간임대주택에 관한 특별법 및 공공주택 특별법은 규율하는 주택의 종류 및 임대인의 성격이 상이하므로, 임대료에 대한 규정 또한 위와 같은 특성을 반영할 필요가 있고, 심판대상조항은 100세대 이상 민간임대사업자들이 국민의 주거생활을 안정시키는 데에 미치는 영향력을 고려하여, 이들에게 더욱 엄격한 증액 비율이 적용되도록 하고 위반 시 과태료 부과 등의 제재를 함으로써 공공성을 확보하려는 것으로 이해할 수 있으므로, 이는 자의적인 차별 취급이라고 할 수 없다. 더불어 주택임대차보호법과 공공주택 특별법 또한 임대료 증액 비율의 상한을 정하고 있고, 임대료와 관련하여 각종 규제를 두고 있으므로, 심판대상조항이 이들 법률들의 규정에 비하여 100세대 이상 민간임대사업자에게 합리적인 이유 없이 심한 부담을 부과하고 있다고 보기도 어렵다. 따라서 심판대상조항은 청구인의 평등권을 침해하지 않는다.

재판관 이영진의 보충의견

심판대상조항은 청구인의 기본권을 침해하지는 아니하나, 수범자인 100세대 이상 민간임대사업자 및 임대료 증액에 있어 이해관계를 가지는 임차인으로서는 심판대상조항의 내용만으로는 그 의미를 쉽게 알기 어렵고, 각종 관련 고시 및 게시물의 내용까지 종합하여 그 의미를 해석해야만 정확한 임대료 증액 비율의 상한이 도출할 수 있다. 따라서 입법자로서는 심판대상조항의 의미가 쉽게 이해될 수 있도록 일부 조세법령의 예에 의거하여 수식의 형태로 심판대상조항을 규정하고, 심판대상조항의 의미를 이해하기 위해 필요한 최소 개념들의 내용을 심판대상조항에서 밝혀 규정하는 방법을 고려할 필요가 있다.

【심판대상조문】

민간임대주택에 관한 특별법 시행령(2019. 2. 12. 대통령령 제29550호로 개정된 것) 제34조의2 제1호

【참조조문】

헌법 제10조, 제15조

민간임대주택에 관한 특별법(2020. 8. 18. 법률 제17482호로 개정된 것) 제44조 제1항, 제2항

민간임대주택에 관한 특별법 시행령(2019. 2. 12. 대통령령 제29550호로 개정된 것) 제34조의2 제2호

공공주택 특별법(2015. 8. 28. 법률 제13498호로 개정된 것) 제49조 제1항, 제2항, 제4항

공공주택 특별법 시행령(2020. 9. 8. 대통령령 제31005호로 개정된 것) 제44조 제1항

주택임대차보호법(2020. 7. 31. 법률 제17470호로 개정된 것) 제7조

【참조판례】

가. 헌재 2022. 9. 29. 2019헌마1352, 공보 312, 1235, 1241

헌재 2022. 5. 26. 2021헌마619, 판례집 34-1, 501, 517

나. 헌재 2019. 7. 25. 2018헌마349, 공보 274, 885, 889

【당 사 자】

청 구 인 주식회사 ○○
대표이사 최○○, 이○○, 김○○,
이□□, 서○○
대리인 법무법인(유한) 클라스한결
담당변호사 이강국 외 2인
법무법인(유한) 바른
담당변호사 박성호
법무법인 안세
담당변호사 이성환 외 3인

【주 문】

이 사건 심판청구를 기각한다.

【이 유】

1. 사건개요

가. 청구인은 100세대 이상의 민간임대주택단지를 임대하는 임대사업자로서, 2015. 6. 16. 하남시 (주소 생략) 소재 ○○아파트 1,104세대(이하 '이 사건 임대주택'이라 한다)에 대하여 이를 임대주택으로 건설하는 내용의 사업계획승인을 받고, 임대시작일 2016. 11. 21., 임대의무기간 5년의 임대주택(민간)으로 등록하여 임대업을 영위하여 왔다.

나. 청구인은 '민간임대주택에 관한 특별법'(이하 연혁에 상관없이 '민간임대주택법'이라 한다) 제44조 제2항 및 같은 법 시행령 제34조의2가 임대료의 증액 청구 시 고려사유로 주거비 물가지수, 인근 지역의 임대료 변동률, 임대주택 세대 수 등만을 규정하고 있을 뿐이

어서, 위 법령조항에 따르면 청구인의 조세 부담이 증가하였다는 사유로는 임대료를 증액할 수 없어 자신의 기본권이 침해된다고 주장하면서, 2020. 10. 22. 이 사건 헌법소원심판을 청구하였다.

다. 이후 청구인은 2024. 4. 19. 민간임대주택법 제44조 제2항 및 같은 법 시행령 제34조의2 제2호에 대한 심판청구를 취하하였다.

2. 심판대상

이 사건 심판대상은 '민간임대주택에 관한 특별법 시행령'(2019. 2. 12. 대통령령 제29550호로 개정된 것) 제34조의2 제1호(이하 '심판대상조항'이라 한다)가 청구인의 기본권을 침해하는지 여부이다. 심판대상조항은 다음과 같고, 관련조항은 [별지]와 같다.

[심판대상조항]

민간임대주택에 관한 특별법 시행령(2019. 2. 12. 대통령령 제29550호로 개정된 것)

제34조의2(임대료) 법 제44조 제2항 본문에서 "대통령령으로 정하는 증액 비율"이란 다음 각 호의 구분에 따른 비율을 말한다.

1. 100세대 이상 민간임대주택단지: 「통계법」에 따라 통계청장이 고시하는 지출목적별 소비자물가지수 항목 중 해당 임대주택이 소재한 특별시, 광역시, 특별자치시, 도 또는 특별자치도의 주택임차료, 주거시설 유지·보수 및 기타 주거관련 서비스 지수를 가중 평균한 값의 변동률. 다만, 임대료의 5퍼센트 범위에서 시·군·자치구의 조례로 해당 시·군·자치구에서 적용하는 비율을 정하고 있는 경우에는 그에 따른다.

3. 청구인의 주장

가. 심판대상조항은 '통계법에 따라 통계청장이 고시하는 지출목적별 소비자물가지수 항목 중 해당 임대주택이 소재한 특별시, 광역시, 특별자치시, 도 또는 특별자치도의 주택임차료, 주거시설 유지·보수 및 기타 주거관련 서비스 지수를 가중 평균한 값의 변동률'(이하 '이 사건 변동률'이라 한다)을 초과하여 임대료 증액을 청구하지 못하도록 규정하고 있으나, 해당 조항만으로는 이 사건 변동률에 대한 계산식을 전혀 예측할 수 없어 명확성원칙에 위반된다.

나. 심판대상조항에서 정한 임대료 증액 비율의 상한 산정 방식은 조세 부담을 임대료에 반영하지 못하여 임대료 증액을 과도하게 규제하고, 특히 서울특별시나 경기도와 같이 그 관할지역이 광범위하고 동일 관할 내이더라도 임대주택이 소재하는 최소 행정구역 단위 지역별로 부동산 시장의 상황이 상이하여 임대료 수준이 다른 경우에도 그러한 시장 사정은 전혀 고려하지 않은 채 일률적으로 발표되는 이 사건 변동률을 임대료 증액 비율의 상한으로 정하고 있는바, 이는 임대사업자에게 지나치게 부담을 지우며, 위 조항에 따라 실제 산정되는 임대료 증액 비율 상한은 약 1퍼센트 정도에 불과하여 임대인의 임대료 증액 청구권을 형해화함에 따라, 청구인의 계약의 자유 및 직업수행의 자유를 침해한다.

다. '공공주택 특별법'에 따른 공공임대사업자(이하 '공공임대사업자'라고 한다)나 주택임대차보호법의 적용을 받는 임대사업자 등록을 하지 않은 임대인(이하 '일반주택임대인'이라 한다)은 청구인과 마찬가지로 주택임대업을 영위하고 있어 본질적으로 동일한 집단이다. 그러나 공공임대사업자는 주거비 물가지수 등을 고려하여 '임대료의 100분의 5 이내'의 범위에서 증액할 수 있도록 규정하고 있고, 일반주택임대인의 경우 임대료 증액 시 임대인이 부담하는 조세 부담이나 공과금을 고려할 수 있도록 하는 반면, 민간임대주택법상 임대사업자(이하 '민간임대사업자'라고 한다) 중 심판대상조항의 적용을 받는 100세대 이상 민간임대주택단지 임대사업자(이하 '100세대 이상 민간임대사업자'라고 한다)의 경우, 심판대상조항에서 이 사건 변동률을 초과하여 임대료를 증액하지 못하도록 하고, 위반 시 과태료를 부과하고 있으므로, 이는 청구인의 평등권을 침해한다.

라. 심판대상조항은 임대료 증액 비율 산정 시 고려할 사항을 정하면서 모법인 민간임대주택법 제44조 제2항에서 규정한 '인근 지역의 임대료 변동률'을 누락하고 있는바, 이는 정당한 이유가 인정되지 아니하는 부진정행정입법부작위에 해당하므로 수권조항에 반한다.

4. 판 단

가. 쟁점

(1) 심판대상조항은 100세대 이상 민간임대주택단지에 해당하는 이 사건 임대주택에 대하여 5퍼센트를 상한으로 하여 이 사건 변동률을 초과하여 임대료를 증액할 수 없도록 정하고 있으며, 이에 따라 임대료 증액 비

율을 정함에 있어 세액의 증가를 고려할 수도 없다. 따라서 심판대상조항은 100세대 이상 민간임대사업자인 청구인의 계약의 자유를 제한함과 아울러 직업수행의 자유를 제한한다. 또한 심판대상조항은 100세대 이상의 민간임대주택단지에 대하여 임대료 증액 비율의 상한을 달리 정하고 있으므로, 평등권 침해 여부도 문제된다.

(2) 청구인은 심판대상조항이 명확성원칙에 위반된다고 주장하나, 이는 심판대상조항이 모법에서 위임한 내용을 구체화하여 이를 명확히 알 수 있도록 규정하고 있지 않다는 취지인바, 법률유보원칙 위반 여부와 관련하여 심판대상조항이 수권법률에서 위임한 범위 내에서 그 의미와 내용을 명확하게 정하고 있는지를 살펴본다(헌재 2022. 5. 26. 2021헌마619 참조).

(3) 한편, 청구인은 심판대상조항이 임대료 증액 비율의 상한을 정함에 있어 고려 요소로 '인근 지역의 임대료 변동률'을 규정하지 아니하여 수권조항에 반한다고 주장하나, 심판대상조항은 소비자물가지수 항목 중 해당 임대주택이 소재한 특별시, 광역시, 특별자치시, 도 또는 특별자치도의 주택임차료 등의 변동률을 고려하도록 하고 있고, 이러한 주장은 결국 심판대상조항이 정한 임대료 증액 비율의 상한이 과도하게 낮다는 것이므로, 심판대상조항의 과잉금지원칙 위반 여부를 판단하는 이상 이 부분 주장을 별도로 판단하지 아니한다.

(4) 따라서 아래에서는 심판대상조항이 법률유보원칙과 과잉금지원칙을 위반하여 청구인의 계약의 자유 및 직업수행의 자유를 침해하는지 여부, 평등권을 침해하는지 여부를 차례로 살펴본다.

나. 계약의 자유 및 직업수행의 자유 침해 여부

(1) 법률유보원칙 위반 여부

국민의 기본권은 헌법 제37조 제2항에 의하여 국가안전보장·질서유지 또는 공공복리를 위하여 필요한 경우에 한하여 이를 제한할 수 있으나, 그 제한의 방법은 원칙적으로 법률로써만 가능한바, 여기서 기본권 제한에 관한 법률유보원칙은 '법률에 근거한 규율'을 요청하는 것이므로, 그 형식이 반드시 법률일 필요는 없다 하더라도 법률상의 근거는 있어야 한다. 모법의 위임범위를 벗어난 하위법령은 법률의 근거가 없는 것으로 법률유보원칙에 위반되는바(헌재 2022. 9. 29. 2019헌마1352 참조), 하위법령의 내용은 위임 범위 내일 것을 요한다.

그러므로 심판대상조항이 수권법률로부터 위임된 범위 안에서 그 의미와 내용을 명확하게 정하고 있는지를 살펴본다.

심판대상조항의 수권법률인 민간임대주택법 제44조 제2항은 임대료의 5퍼센트의 범위 내에서 주거비 물가지수, 인근 지역의 임대료 변동률, 임대주택 세대 수 등을 고려하여 임대료 증액 비율의 상한을 대통령령으로 정하도록 하고 있다. 심판대상조항은 그러한 위임을 받아 100세대 이상 민간임대주택단지의 임대료 증액 비율의 상한을 '통계법에 따라 통계청장이 고시하는 지출목적별 소비자물가지수 항목 중 해당 임대주택이 소재한 특별시, 광역시, 특별자치시, 도 또는 특별자치도의 주택임차료, 주거시설 유지·보수 및 기타 주거관련 서비스 지수를 가중 평균한 값의 변동률'로 규정하고 있다. 이 중 '소비자물가지수'는 각 가정이 생활을 위해 구입하는 상품과 서비스 가격 변동을 알아보기 위해 통계청장이 통계법 및 관련 법령에 따라 고시하는 통계로서(통계법 제17조 제1항) 그 의미가 명확하고, 심판대상조항에서는 통계청장이 고시하는 지출목적별 소비자물가지수 항목 중 '해당 임대주택이 소재한 특별시, 광역시, 특별자치시, 도 또는 특별자치도의 주택임차료, 주거시설 유지·보수 및 기타 주거관련 서비스 지수를 가중 평균한 값의 변동률'을 대통령령이 정하는 증액 비율의 상한으로 명시하고 있으므로, 통계청장이 고시하는 위 지수들을 심판대상조항에서 명시하고 있는 산식에 대입하면 임대료 증액 비율의 상한이 도출될 것이라는 점이 해석상 분명하다. 결국 민간임대주택법 및 관련 법령의 내용 등에 비추어보면, 심판대상조항은 위임범위 내에서 그 내용을 명확하게 정하고 있다고 볼 수 있다.

따라서 심판대상조항은 법률유보원칙에 위반되어 청구인의 계약의 자유 및 직업수행의 자유를 침해하지 아니한다.

(2) 과잉금지원칙 위반 여부

(가) 목적의 정당성 및 수단의 적합성

심판대상조항은 100세대 이상 민간임대사업자가 소비자물가지수나 주변 임대료 시세 등 경제 여건을 고려하지 않고 무분별하게 모법에서 정하고 있는 임대료 증액 비율의 상한 한도인 5퍼센트로 임대료를 증액하여 민간임대주택을 과도한 영리 목적에 이용하는 것을 방지하고, 이를 통하여 민간임대주택에 거주하는 국민의 주거생활을 안정시키고자 하는 것이므로(민간임대주택법 제1조), 입법목적의 정당성이 인정된다.

나아가 이를 위하여 100세대 이상 민간임대사업자가 임대기간 동안 임대료를 증액하여 신규 임대차계약을 체결하거나 종전 임대차계약을 갱신하는 경우 이 사건 변동률을 초과하여 계약하는 것을 금지하고 있으므로, 수단의 적합성 또한 인정된다.

(나) 침해의 최소성

1) 민간임대주택법 시행 전에도 구 임대주택법(2015. 8. 28. 법률 제13499호로 전부개정되기 전의 것) 제20조 제2항에서 임대료 증액에 관하여는 임대사업자가 주거비 물가지수 등 경제 여건을 고려하도록 규정을 두고 있었고, 2015. 8. 28. 법률 제13499호로 민간임대주택법으로 전부개정됨에 따라 종전 임대사업자에게 적용된 규제들을 폐지하면서도 임대료 증액 제한에 관한 규정은 유지하였다. 그러나 대규모의 민간임대주택단지를 임대하는 임대사업자들이 임대료를 증액함에 있어 주거비 물가지수, 인근 지역의 임대료 변동률 등을 고려하지 않고 일률적으로 당시 시행 중이던 구 민간임대주택법(2018. 8. 14. 법률 제15730호로 개정되기 전의 것)에서 허용하는 한도인 연 5퍼센트 비율로 증액하는 등 규제의 실효성이 담보되지 못하였다. 이에 심판대상조항에서 100세대 이상 민간임대사업자에 대하여는 임대료 증액을 청구할 수 있는 한도를 보다 세밀하게 정한 것이다. 이와 같은 사정에 비추어 볼 때, 심판대상조항은 임대료 증액의 적정성을 유지함으로써 국민의 주거생활 안정을 도모하기 위한 것으로, 그 제한이 과도하다고 볼 수 없다.

2) 특히 100세대 이상 민간임대사업자는 해당 단지뿐만 아니라 인근 지역의 임대료 시세에 영향력을 미칠 수 있으므로, 중·소규모의 임대주택을 운영하는 임대사업자에 비하여 국민의 주거생활의 안정에 미치는 파급 효과가 매우 크다. 따라서 100세대 이상 민간임대사업자가 소비자물가지수나 인근 지역 임대료 시세에 대한 고려 없이 일률적으로 민간임대주택법에서 정하고 있는 상한 한도인 5퍼센트까지 임대료를 증액할 경우, 이는 주변 중·소규모 민간임대주택이나 일반 주택의 임대료 시세를 상승시키는 원인이 될 수 있다. 따라서 100세대 이상 민간임대사업자에 대하여 더욱 엄격한 기준을 적용한 것은 납득할 만하다.

3) 민간임대주택법은 민간임대사업자에 대하여 종전 임대주택법에 따라 적용되던 임차인 자격 제한, 최초 임대료 제한, 분양전환의무, 담보권 설정 제한 등의 규제를 폐지하였다. 또한 청구인과 같은 법인임대사업자는 임대주택 등록 시점에 따라 혜택의 내용에 차이는 있으나 법인세, 종합부동산세 등의 세제혜택을 받을 수 있다(종합부동산세법 제8조 제2항 제1호, 종합부동산세법 시행령 제3조 제1항 제1호 다목, 제2호 다목, 조세특례제한법 제96조 제1항, 조세특례제한법 시행령 제96조 제2항 제4호, 법인세법 제55조의2 제1항 제2호, 법인세법 시행령 제92조의2 제2항). 특히 전용면적 85제곱미터 이하의 민간임대주택을 100세대 이상의 범위에서 대통령령으로 정하는 호수 이상 건설하는 일정한 경우에는 해당 민간임대사업자에게 '공익사업을 위한 토지 등의 취득 및 보상에 관한 법률'상 토지 수용권 및 사용권이 부여되고 있고(민간임대주택법 제20조), 민간임대주택법이 2018. 1. 16. 법률 제15356호로 개정되기 전까지는 8년 이상 임대할 목적으로 100세대 이상의 민간임대주택단지를 임대하는지 여부를 기준으로 이를 상회하는 민간임대사업자(이른바 '기업형임대사업자')에 한하여 용적률·건폐율·층수 제한 완화, 판매시설·업무시설 허용 등의 혜택을 부여해왔다[구 민간임대주택법(2015. 8. 28. 법률 제13499호로 전부개정되고, 2018. 1. 16. 법률 제15356호로 개정되기 전의 것) 제21조, 제35조 참조]. 그럼에도 불구하고, 100세대 이상 민간임대사업자들은 국민의 주거생활을 안정시키는 데에 충분한 공적 역할을 수행하지 못하였다(헌재 2019. 7. 25. 2018헌마349 참조). 이에 심판대상조항은 위와 같은 공적 지원 및 영향력에 상응하는 공공성을 확보하기 위하여 마련된 것으로 볼 수 있다.

4) 한편, 이 사건 변동률의 산출 기준이 되는 소비자물가지수는 각 시·도별로 매월 발표되고 있으며, 이 사건 변동률에서는 소비자물가지수 항목 중 '주택임차료', '주거시설 유지·보수', '기타 주거관련 서비스' 지수를 사용하고 공공요금 성격인 수도·전기·연료 항목은 제외된다. 또한 소비자물가지수에 품목별·시도별 가중치를 적용함으로써 대상 임대주택단지 인근 지역의 시세와 지역별로 주거비용에 따른 상대적 중요도, 지출에서 차지하는 비중을 반영하고, 위와 같은 가중치는 0, 2, 5, 7자로 끝나는 연도를 기준으로 개편된다. 결국 이 사건 변동률은 해당 지역에서의 주거비 관련 물가변동률을 고려하도록 함으로써, 임차인 보호를 도모

하는 한편 민간임대사업자의 계약의 자유나 직업수행의 자유에 대한 제한을 최소한으로 하고 있다.

청구인은 심판대상조항에서 이 사건 변동률을 정함에 있어 소비자물가지수나 인근 지역의 임대료만을 고려하고 조세 부담을 고려하지 않은 것이 청구인의 기본권을 침해한다고 주장하나, 민간임대주택의 공적 성격에 비추어 볼 때 임차인이 부담하는 주택임차료 등 주거비용이 임대료 증액을 결정함에 있어 우선적으로 고려되어야 할 것이고, 앞서 살펴본 바와 같이 민간임대사업자에게는 세제 혜택을 지원함으로써 조세 부담을 경감시킬 수 있는 방법이 마련되어 있으므로, 이 사건 변동률에 민간임대사업자의 조세 부담을 반영하지 않은 것은 수긍할 수 있다.

5) 청구인은 이 사건 변동률 산출의 기준이 되는 시·도의 관할지역이 지나치게 광범위하다고 주장한다. 그러나 이 사건 변동률 산출방식은 통계청장이 고시하는 소비자물가지수를 전제로 하는바, 청구인이 주장하는 바와 같이 최소 행정구역 단위 지역을 기준으로 하려면 해당 행정구역 단위별 소비자물가지수 및 가중치에 대한 통계청의 조사가 선행되어야 하므로 많은 행정력이 투입되어야 한다. 따라서 적정한 행정력 투입을 통해 효율적으로 이 사건 변동률을 산출하기 위하여 현재 소비자물가지수의 지역별 산출단위인 시·도 등의 행정구역을 기준으로 하는 것은 납득할 수 있다. 나아가 이 사건 변동률은 종전 임대료 대비 증액 비율을 정한 것이어서 임대료의 편차가 아닌 임대료 상승률의 편차가 고려 대상이 되는데, 시·도 내 지역 간 편차가 주변 지역 임대료 상승률의 실질을 반영하지 못할 정도로 크다고 보기 어렵다. 또한, 일부 투기과열지역의 임대료 상승률이 다른 지역에 비해 현저히 높다고 하더라도 국민의 주거생활 안정을 목적으로 하는 민간임대주택제도의 취지를 고려하면, 일부 지역의 과도한 상승률까지 반영하여 민간임대사업자의 이익을 보호해야 할 필요성을 인정하기 어렵다.

6) 청구인은 심판대상조항으로 인하여 임대료를 증액할 수 있는 비율이 모법의 상한인 5퍼센트에 비하여 크게 낮아져 막대한 손해를 입는다고 주장한다. 실제 청구인은 이 사건 임대주택에 관하여 임대차계약기간 및 임대차보증금 및 차임(임대료) 조정 주기를 1년으로 정하여 매년 모든 임차인에 대하여 10. 31.을 기준일로 하여 증액 내지 동결하여 왔으며, 이에 따라 2020. 10. 31. 1.3퍼센트, 2021. 10. 31. 2.8퍼센트 각 증액하였다는 자료를 제출한 바 있다.

살피건대 임대 시점과 증액 시점 및 해당 지역 등에 따라 이 사건 변동률에 따른 임대료 증액 비율의 상한은 달리 산출되므로, 임대료를 증액할 수 있는 비율이 모법의 상한인 5퍼센트에 비하여 낮아질 가능성도 있다. 그러나 앞서 본 바와 같이 심판대상조항은 해당 지역에서의 주거비 관련 물가변동률을 고려하도록 함으로써, 임차인 보호를 도모하는 한편 민간임대사업자의 계약의 자유나 직업수행의 자유에 대한 제한을 최소한으로 하고자 하는 것이므로, 이 사건 변동률에 따른 임대료 증액 비율의 상한이 다소 낮아진다 하더라도 이를 지나치다고 볼 수 없다.

7) 따라서 심판대상조항은 침해의 최소성을 갖추지 못하였다고 보기 어렵다.

(다) 법익의 균형성

주거의 안정은 인간다운 생활을 하기 위한 필수불가결한 요소이며, 국가는 경제적 약자인 임차인을 보호하고 사회복지의 증진에 노력할 의무를 진다(헌법 제34조 제1항, 제2항, 헌재 1998. 2. 27. 97헌바20 참조). 이와 같은 점에서 볼 때 민간임대주택에 거주하는 국민의 주거생활을 안정시킨다는 공익은 그 중대성을 인정할 수 있으며, 특히 100세대 이상 민간임대사업자의 경우, 해당 임대주택이 지역 임대료 등에 미칠 파급력 등을 고려할 때 임대료 증액 비율의 상한을 더욱 세밀하게 규정해야 할 필요성이 크다. 반면 심판대상조항으로 인하여 100세대 이상 민간임대사업자의 임대료 증액 청구권의 행사가 그 증액 비율에 있어 제한을 받게 되나, 이로 인한 부담은 100세대 이상 민간임대사업자에게 주어지는 각종 혜택에 의하여 어느 정도 전보될 수 있으므로, 심판대상조항으로 인하여 침해되는 사익은 위 공익에 비하여 크지 않다.

따라서 심판대상조항은 법익의 균형성도 갖추었다.

(라) 소결

심판대상조항은 과잉금지원칙에 위반되어 청구인의 계약의 자유 및 직업수행의 자유를 침해하지 아니한다.

다. 평등권 침해 여부

(1) 청구인은 '공공주택 특별법'의 적용을 받는 공공임대사업자나 주택임대차보호법의 적용을 받는 일반주택임대인은 100세대 이상 민간임대사업자와 마찬가지로 주택임대업을 영위하고 있어 본질적으로 동일한 집

단임에도, '공공주택 특별법'에서는 공공임대사업자가 주거비 물가지수 등을 고려하여 '임대료의 100분의 5 이내'의 범위에서 증액할 수 있도록 규정하고 있고, 주택임대차보호법의 경우 임대료 증액 시 임대인이 부담하는 조세 부담이나 공과금을 고려할 수 있도록 하는 반면, 심판대상조항에서는 주거비 물가지수 변동률을 초과하여 임대료를 증액하지 못하도록 하고, 위반 시 과태료를 부과하는 등 임대료 증액에 대하여는 더 가혹한 기준을 적용하여 청구인의 평등권이 침해된다고 주장한다.

(2) 앞서 본 바와 같이, 국가는 임대주택에 거주하는 국민의 주거생활의 안정을 위하여 노력하여야 하는데, 주택임대차보호법, 민간임대주택법 및 '공공주택 특별법' 모두 위와 같은 국가의 의무를 실현하기 위한 법률들이라고 볼 수 있다. 그러나 주택임대차보호법, 민간임대주택법 및 '공공주택 특별법'은 규율대상 및 내용에서 그 성격을 달리한다. 주택임대차보호법은 주거용 건물의 임대차를 규율하는 법률로서, 민법에 대한 특례를 규정한 것이고(주택임대차보호법 제1조, 제2조), '공공주택 특별법'은 공공주택의 원활한 건설과 효과적인 운영을 위하여 필요한 사항을 규정함으로써 공적 자금의 지원을 통해 공공주택사업자가 공급하는 임대주택을 규율하고 있다(공공주택 특별법 제1조). 반면 민간임대주택법은 주거용 건물 중 민간인이 임대 또는 임대 후 분양전환을 목적으로 건설 또는 매입된 민간임대주택의 건설·공급 및 관리를 규율할 뿐만 아니라 주택임대사업자 육성 등에 관한 사항도 함께 정하고 있다(민간임대주택법 제1조). 따라서 위 각 법률들이 규율하는 주택의 종류 및 임대인의 성격이 상이하므로, 임대료에 대한 규정 또한 위와 같은 특성을 반영할 필요가 있다.

(3) 특히 심판대상조항은 100세대 이상 민간임대사업자를 규율하고 있는데, 이들은 해당 단지뿐만 아니라 인근 지역의 임대료 시세에 영향력을 미칠 수 있으므로, 국민의 주거생활의 안정에 미치는 영향력이 중·소규모의 임대주택을 운영하는 임대사업자에 비하여 매우 큼에도 불구하고, 그동안 100세대 이상 민간임대사업자들이 이에 대한 고려 없이 임대료를 증액하여 국민의 주거생활을 안정시키는 데 부족함이 있었다는 판단에서, 이들에게 더욱 엄격한 증액 비율이 적용되도록 하고 위반 시 과태료 부과 등의 제재를 함으로써 공공성을 확보하려는 것으로 이해할 수 있으므로, 이는 자의적인 차별 취급이라고 할 수 없다.

(4) 나아가 공공임대사업자 또는 일반주택임대인에 대해서도 100세대 이상 민간임대사업자와 마찬가지로 임대료 증액 비율에 있어 상한이 정해져 있고(공공주택 특별법 제49조 제2항 전문, 주택임대차보호법 제7조 제2항), 임대료 증액이 있은 후 1년 이내에는 증액하지 못하도록 하고 있다(공공주택 특별법 제49조 제2항 후문, 주택임대차보호법 제7조 제1항 후문). 특히 공공임대사업자의 경우 임대료 증액 상한을 정함에 있어 주거비 물가지수 및 인근 지역의 임대료 변동률을 고려하도록 하고 있을 뿐만 아니라, 최초 임대료는 국토교통부장관이 정하여 고시하는 표준 임대료를 초과할 수 없고(공공주택 특별법 제49조 제1항, 같은 법 시행령 제44조 제1항), 임대료를 정하는 경우 임차인의 소득수준을 고려하여 차등적으로 정할 수 있도록 하고 있다(공공주택 특별법 제49조 제4항). 위와 같은 사정 등을 종합하면, 100세대 이상 민간임대사업자가 공공임대사업자 또는 일반주택임대인에 비해 합리적인 이유 없이 심한 부담을 받는다고 단정하기도 어렵다.

(5) 따라서 심판대상조항은 청구인의 평등권을 침해하지 아니한다.

5. 결 론

그렇다면 이 사건 심판청구는 이유 없으므로 이를 기각하기로 하여, 주문과 같이 결정한다. 이는 아래 6.과 같은 재판관 이영진의 보충의견이 있는 외에는 관여 재판관의 일치된 의견에 의한 것이다.

6. 재판관 이영진의 보충의견

나는 심판대상조항이 청구인의 기본권을 침해하지 않는다는 법정의견에는 동의하지만, 심판대상조항의 입법형식에 관하여는 개선이 필요하다고 생각하므로, 다음과 같은 의견을 보충하여 밝혀두고자 한다.

법치국가원리의 한 표현인 명확성원칙은 기본적으로 모든 기본권제한 입법에 대하여 요구된다. 규범의 의미내용으로부터 무엇이 금지되는 행위이고 무엇이 허용되는 행위인지를 수범자가 알 수 없다면 법적 안정성과 예측가능성은 확보될 수 없게 될 것이고, 또한 법집행 당국에 의한 자의적 집행을 가능하게 할 것이기 때문이다. 따라서 법률은 명확한 용어로 규정함으로써 적용대상자에게 그 규제내용을 미리 알 수 있도록 공정한 고지를 하여 장래의 행동지침을 제공하고, 동시에 법집행자에게 객관적 판단지침을 주어 차별적이거나 자의적인 법해석을 예방할 수 있어야 한다(헌재 1992. 4. 28. 90헌바27; 헌재 2002. 6. 27. 99헌마480; 헌재 2015. 10. 21. 2012헌바415 등 참조).

심판대상조항은 이 사건 변동률을 '통계법에 따라 통계청장이 고시하는 지출목적별 소비자물가지수 항목 중 해당 임대주택이 소재한 특별시, 광역시, 특별자치시, 도 또는 특별자치도의 주택임차료, 주거시설 유지·보수 및 기타 주거관련 서비스 지수(이하 '시·도별 주거비물가지수'라고 한다)를 가중 평균한 값의 변동률'로 정하고 있다. 그러나 수범자인 100세대 이상 민간임대사업자 및 임대료 증액에 있어 이해관계를 가지는 임차인으로서는 위 내용만으로는 '가중 평균한 값'을 도출하기 위하여 통계청장이 별도로 고시하는 품목별·시도별 가중치가 필요하다는 사실이나 위 가중치를 적용하여 '시·도별 주거비물가지수를 가중 평균한 값'을 어떻게 구할 수 있는지 파악하기 어렵다.

나아가 '이 사건 변동률'이란, 임대료를 증액하고자 하는 월의 해당 임대주택 소재 최신 주거비물가지수를 가중 평균한 값(이하 '비교지수'라고 한다)에서 임대차계약이 체결된 월의 해당 임대주택 소재 주거비물가지수를 가중 평균한 값(이하 '기준지수'라고 한다)을 제한 값을 기준지수로 나눈 값에 100을 곱하여 산출된 값을 의미한다. 그런데 수범자 등의 입장에서 심판대상조항의 내용만으로는 기준지수, 비교지수 및 위 계산 방법을 쉽게 도출하는 것은 용이하지 않다. 결국 수범자 등으로서는 통계청장이 고시하는 품목별·시도별 가중치가 있음을 인지하고 국가통계포털(KOSIS) 등을 통해 이를 파악하는 작업이 선행되어야 하는 것은 물론, 이 사건 변동률의 정확한 의미를 파악하기 위하여 국토교통부 등록민간임대주택 임대등록시스템(www.renthome.go.kr)에 게시된 이 사건 변동률의 내용을 정리한 수식과 이 사건 변동률을 적용하여 임대료 증액 비율 상한을 산출한 예시에 의존할 수밖에 없다.

수범자 등의 입장에서 볼 때, 위와 같은 심판대상조항의 형식은 민간임대주택법상 관련규정에서 더 나아가 각종 관련 고시 및 게시물의 내용까지 종합하여 그 의미를 해석해야만 정확한 임대료 증액 비율의 상한이 도출될 수 있다는 것에 다름 아니고, 이는 법규범의 문언은 어느 정도 일반적·규범적 개념을 사용하지 않을 수 없기 때문에 기본적으로 최대한이 아닌 최소한의 명확성을 요구하는 것(헌재 2012. 3. 29. 2010헌바432 등 참조)임을 감안하더라도 가혹한 측면이 있다. 특히 100세대 이상 민간임대사업자의 경우, 심판대상조항의 임대료 증액 비율 상한을 초과하여 임대료를 증액할 경우 3천만 원 이하의 과태료 처분을 받을 수 있고(민간임대주택법 제67조 제1항 제4호), 각종 세제혜택에서도 배제되는 등 불이익을 받게 되므로, 심판대상조항의 의미를 보다 알기 쉽게 규정할 필요가 있다.

따라서 입법자로서는 심판대상조항의 의미가 쉽게 이해될 수 있도록 일부 조세법령의 예에 의거하여 수식의 형태로 이 사건 변동률을 규정할 수 있을 것이다. 또한 이 사건 변동률의 의미를 이해하기 위해 필요한 최소 개념인 '품목별·시도별 가중치', '기준지수' 및 '비교지수'의 내용을 심판대상조항에서 밝혀 규정하는 방법 또한 고려할 필요가 있다.

재판관 이종석 이은애 이영진 김기영 문형배 이미선 김형두 정정미 정형식

[별지] 관련조항

민간임대주택에 관한 특별법(2020. 8. 18. 법률 제17482호로 개정된 것)

제44조(임대료) ① 임대사업자가 민간임대주택을 임대하는 경우에 최초 임대료(임대보증금과 월임대료를 포함한다. 이하 같다)는 다음 각 호의 임대료와 같다.

1. 공공지원민간임대주택의 경우: 주거지원대상자 등의 주거안정을 위하여 국토교통부령으로 정하는 기준에 따라 임대사업자가 정하는 임대료
2. 장기일반민간임대주택의 경우: 임대사업자가 정하는 임대료. 다만, 제5조에 따른 민간임대주택 등록 당시 존속 중인 임대차계약(이하 "종전임대차계약"이라 한다)이 있는 경우에는 그 종전임대차계약에 따른 임대료

② 임대사업자는 임대기간 동안 임대료의 증액을 청구하는 경우에는 임대료의 5퍼센트의 범위에서 주거비 물가지수, 인근 지역의 임대료 변동률, 임대주택 세대 수 등을 고려하여 대통령령으로 정하는 증액 비율을 초과하여 청구해서는 아니 된다.

민간임대주택에 관한 특별법 시행령(2019. 2. 12. 대통령령 제29550호로 개정된 것)

제34조의2(임대료) 법 제44조 제2항 본문에 "대통령령으로 정하는 증액 비율"이란 다음 각 호의 구분에 따른 비율을 말한다.

2. 제1호를 제외한 민간임대주택: 임대료의 5퍼센트. 다만, 주거비 물가지수 및 인근 지역의 임대료 변동률 등을 고려해야 한다.

공공주택 특별법(2015. 8. 28. 법률 제13498호로 개정된 것)

제49조(공공임대주택의 임대조건 등) ① 공공임대주택의 임대료(임대보증금 및 월 임대료를 말한다. 이하 같다) 등 임대조건에 관한 기준은 대통령령으로 정한다.

② 공공임대주택의 공공주택사업자가 임대료 증액을 청구하는 경우(재계약을 하는 경우를 포함한다)에는 임대료의 100분의 5 이내의 범위에서 주거비 물가지수, 인근 지역의 주택 임대료 변동률 등을 고려하여 증액하여야 한다. 이 경우 증액이 있은 후 1년 이내에는 증액하지 못한다.

④ 공공임대주택의 임대료 등 임대조건을 정하는 경우에는 임차인의 소득수준 및 공공임대주택의 규모 등을 고려하여 차등적으로 정할 수 있다. 이 경우 소득수준 등의 변화로 임대료가 변경되는 경우에는 제2항 및 제3항을 적용하지 아니한다.

공공주택 특별법 시행령(2020. 9. 8. 대통령령 제31005호로 개정된 것)

제44조(공공임대주택의 임대료) ① 제2조 제1항 제1호부터 제3호까지, 제3호의2, 제4호 및 제5호에 따른 공공임대주택의 최초의 임대료(임대보증금 및 월 임대료를 말한다. 이하 같다)는 국토교통부장관이 정하여 고시하는 표준 임대료를 초과할 수 없다. (단서 생략)

주택임대차보호법(2020. 7. 31. 법률 제17470호로 개정된 것)

제7조(차임 등의 증감청구권) ① 당사자는 약정한 차임이나 보증금이 임차주택에 관한 조세, 공과금, 그 밖의 부담의 증감이나 경제사정의 변동으로 인하여 적절하지 아니하게 된 때에는 장래에 대하여 그 증감을 청구할 수 있다. 이 경우 증액청구는 임대차계약 또는 약정한 차임이나 보증금의 증액이 있은 후 1년 이내에는 하지 못한다.

② 제1항에 따른 증액청구는 약정한 차임이나 보증금의 20분의 1의 금액을 초과하지 못한다. 다만, 특별시·광역시·특별자치시·도 및 특별자치도는 관할 구역 내의 지역별 임대차 시장 여건 등을 고려하여 본문의 범위에서 증액청구의 상한을 조례로 달리 정할 수 있다.

105. 법원조직법 제43조 제1항 제5호 위헌확인

[2024. 7. 18. 2021헌마460]

【판시사항】

과거 3년 이내의 당원 경력을 법관 임용 결격사유로 정한 법원조직법 제43조 제1항 제5호 중 '당원의 신분을 상실한 날부터 3년이 경과되지 아니한 사람'에 관한 부분(이하 '심판대상조항'이라 한다)이 공무담임권을 침해하는지 여부(적극)

【결정요지】

현행법상 공무담임권을 지나치게 제한하지 않으면서 법관(대법원장·대법관·판사)이 정치적 중립성을 준수하고 재판의 독립을 지킬 수 있도록 하는 제도적 장치는 이미 존재한다. 즉, 법관의 정당가입 및 정치운동 관여 금지, 임기보장, 탄핵제도, 제척·기피·회피제도, 심급제 등을 통해 법관의 정치적 중립과 재판의 독립을 제도적으로 보장하고, 재판의 객관성과 공정성이 유지되도록 하고 있다. 특히 대법원장과 대법관은 국회에서 인사청문 절차를 거치므로, 판사보다 더 엄격한 수준에서 정치적 중립성에 대한 검증이 이루어지고 있다. 가사 과거에 당원 신분을 취득한 경력을 규제할 필요성이 있더라도, 적극적으로 정치적 활동을 하였던 경우에 한하여 법관 임용을 제한할 수 있고, 이에 법원조직법은 관련 규정을 별도로 두고 있다. 그럼에도 불구하고, 심판대상조항과 같이 과거 3년 이내의 모든 당원 경력을 법관 임용 결격사유로 정하는 것은, 입법목적 달성을 위해 합리적인 범위를 넘어 정치적 중립성과 재판 독립에 긴밀한 연관성이 없는 경우까지 과도하게 공직취임의 기회를 제한한다. 따라서 심판대상조항은 과잉금지원칙에 반하여 청구인의 공무담임권을 침해한다.

재판관 이은애, 재판관 이영진의 일부위헌 의견

공정한 재판은 사법에 대한 국민의 신뢰에서 출발하므로, 입법자로서는 그 독립성과 중립성에 영향을 미칠 것으로 추단되는 경우에 일정 범위를 정하여 법률로 법관의 자격을 제한할 수 있다. 다만, 심판대상조항의 적용을 받는 법관에는 대법원장·대법관·판사가 모두 포함되는데, 대법원장·대법관과 달리 판사의 경우에는 그 임명 과정에 정치적 관여가 없고, 가사 판사가 과거 당원 경력으로 개별사건의 판결에 불공정한 영향을 미치더라도 이는 심급제도를 통해 상급심 재판으로 해소될 수 있다. 그러므로 사법에 대한 국민의 신뢰를 회복하기 위해 과거 당원 경력을 법관 임용 결격사유로 정할 필요성이 있더라도, 대법원장·대법관이 아닌 판사의 경우까지 그 결격사유의 적용대상에 포함시키는 것은 입법목적 달성을 위한 필요최소한의 제한이라 보기 어렵다. 따라서 심판대상조항 중 '판사에 관한 부분'은 과잉금지원칙에 반하여 청구인의 공무담임권을 침해한다.

【심판대상조문】

법원조직법(2020. 3. 24. 법률 제17125호로 개정된 것) 제43조 제1항 제5호 중 '당원의 신분을 상실한 날부터 3년이 경과되지 아니한 사람'에 관한 부분

【참조조문】

헌법 제7조 제2항, 제25조, 제101조 제3항, 제103조

법원조직법(2014. 12. 30. 법률 제12886호로 개정된 것) 제49조 제3호

법원조직법(2020. 3. 24. 법률 제17125호로 개정된 것) 제43조 제1항

법원조직법 부칙(2020. 3. 24. 법률 제17125호) 제1조, 제2조

법관징계법(2011. 4. 12. 법률 제10578호로 개정된 것) 제2조

국가공무원법(2008. 3. 28. 법률 제8996호로 개정된 것) 제65조 제1항, 제78조 제1항 제1호

국가공무원법(2014. 1. 14. 법률 제12234호로 개정된 것) 제84조 제1항

【참조판례】

헌재 1999. 12. 23. 98헌마363, 판례집 11-2, 770, 797-798.

【당 사 자】

청 구 인　김○○(변호사)

【주　문】

법원조직법(2020. 3. 24. 법률 제17125호로 개정된 것) 제43조 제1항 제5호 중 '당원의 신분을 상실한 날부터 3년이 경과되지 아니한 사람'에 관한 부분은 헌법에 위반된다.

【이　유】

1. 사건개요

가. 청구인은 2012. 3. 23. 제1회 변호사시험에 합격하여 2012. 4. 17. 대한변호사협회에 등록한 변호사이다. 청구인은 2017. 12. 18. 정당에 가입하였으나 2021. 3. 15. 탈당하였다.

나. 법원행정처장이 2021. 1. 28. '2021년도 일반 법조경력자 법관 임용 계획'을 공고하자, 청구인은 2021. 3. 21. 형사분야 법률서면작성평가에 응시하여 2021. 4. 15. 그 평가를 통과하였다. 청구인은 법률서면작성평가 통과자로서 그 후속절차 진행을 위해 법원행정처에 제출할 '결격사유 확인 및 서약서'를 2021. 4. 18. 작성하게 되었는데, 해당 서식에는 '정당법 제22조에 따른 당원 또는 당원의 신분을 상실한 날부터 3년이 경과되지 아니한 사람'이 법관 결격사유로 기재되어 있었다.

다. 이에 청구인은, 법원조직법 제43조 제1항 제5호 중 '당원의 신분을 상실한 날부터 3년이 경과되지 아니한 사람'에 관한 부분으로 인하여 법관에 임용될 수 없게 되어 기본권이 침해된다고 주장하면서, 2021. 4. 21. 이 사건 헌법소원심판을 청구하였다.

2. 심판대상

이 사건 심판대상은 법관 임용 결격사유를 정하고 있는 법원조직법(2020. 3. 24. 법률 제17125호로 개정된 것) 제43조 제1항 제5호 중 '당원의 신분을 상실한 날부터 3년이 경과되지 아니한 사람'에 관한 부분(이하 '심판대상조항'이라 한다)이 청구인의 기본권을 침해하는지 여부이다. 심판대상조항 및 관련조항은 다음과 같다.

[심판대상조항]

법원조직법(2020. 3. 24. 법률 제17125호로 개정된 것)

제43조(결격사유) ① 다음 각 호의 어느 하나에 해당하는 사람은 법관으로 임용할 수 없다.

5.「정당법」제22조에 따른 정당의 당원 또는 당원의 신분을 상실한 날부터 3년이 경과되지 아니한 사람

[관련조항]

법원조직법(2014. 12. 30. 법률 제12886호로 개정된 것)

제49조(금지사항) 법관은 재직 중 다음 각 호의 행위를 할 수 없다.

3. 정치운동에 관여하는 일

법원조직법(2020. 3. 24. 법률 제17125호로 개정된 것)

제43조(결격사유) ① 다음 각 호의 어느 하나에 해당하는 사람은 법관으로 임용할 수 없다.

1. 다른 법령에 따라 공무원으로 임용하지 못하는 사람
2. 금고 이상의 형을 선고받은 사람
3. 탄핵으로 파면된 후 5년이 지나지 아니한 사람
4. 대통령비서실 소속의 공무원으로서 퇴직 후 3년이 지나지 아니한 사람
6.「공직선거법」제2조에 따른 선거에 후보자(예비후보자를 포함한다)로 등록한 날부터 5년이 경과되지 아니한 사람
7.「공직선거법」제2조에 따른 대통령선거에서 후보자의 당선을 위하여 자문이나 고문의 역할을 한 날부터 3년이 경과되지 아니한 사람

법원조직법 부칙(2020. 3. 24. 법률 제17125호)
제1조(시행일) 이 법은 2021년 2월 9일부터 시행한다. 다만, 제43조의 개정규정은 공포 후 6개월이 경과한 날부터 시행한다.
제2조(결격사유에 관한 적용례) 제43조의 개정규정은 같은 개정규정 시행 후 최초로 법관으로 임용하는 자부터 적용한다.
법관징계법(2011. 4. 12. 법률 제10578호로 개정된 것)
제2조(징계 사유) 법관에 대한 징계 사유는 다음 각 호와 같다.
1. 법관이 직무상 의무를 위반하거나 직무를 게을리한 경우
2. 법관이 그 품위를 손상하거나 법원의 위신을 떨어뜨린 경우
국가공무원법(2008. 3. 28. 법률 제8996호로 개정된 것)
제65조(정치 운동의 금지) ① 공무원은 정당이나 그 밖의 정치단체의 결성에 관여하거나 이에 가입할 수 없다.
제78조(징계 사유) ① 공무원이 다음 각 호의 어느 하나에 해당하면 징계 의결을 요구하여야 하고 그 징계 의결의 결과에 따라 징계처분을 하여야 한다.
1. 이 법 및 이 법에 따른 명령을 위반한 경우
국가공무원법(2014. 1. 14. 법률 제12234호로 개정된 것)
제84조(정치 운동죄) ① 제65조를 위반한 자는 3년 이하의 징역과 3년 이하의 자격정지에 처한다.

3. 청구인의 주장

정치적 중립성과 재판의 독립을 유지하기 위하여 법관의 정당 가입을 제한해야 한다면 그 임용일 현재 당원의 신분을 보유하고 있는 자에 한하여 임용 결격사유로 정할 수 있고, 가사 과거 정당 경력을 제한할 필요가 있다 하더라도 적극적인 권력의지를 가지고 선거에 후보자로 등록하였던 사람 또는 선거사무연락소장·지역위원장과 같은 일정한 직책을 가지고 활동하였던 사람으로 한정함으로써 그 제한 범위를 최소화할 수 있음에도 불구하고, 3년 이내에 당적을 가졌던 모든 사람들은 재판상 독립을 훼손할 것이라는 논리로 법관 임용 결격사유로 정한 심판대상조항은 청구인의 정당활동의 자유와 공무담임권을 침해한다.

정치적 중립성이 요구되는 검사, 고위공직자범죄수사처검사 등의 경우에는 3년 이내의 당원 경력이 임용결격사유에 해당하지 아니함에도, 심판대상조항은 법관으로 임용되려는 자를 합리적 이유 없이 다르게 취급함으로써 청구인의 평등권을 침해한다.

심판대상조항은 2020. 3. 24. 개정되어 그 공포일로부터 6개월이 경과한 날부터 시행됨에 따라 청구인은 그 직후인 '2021년도 일반 법조경력자 법관 임용' 절차에서 해당 결격사유의 적용을 받게 되었는바, 이처럼 경과규정 없이 도입된 심판대상조항은 신뢰보호원칙에 위반된다.

4. 외국의 입법례

먼저 주요 국가에서 법관 자격에 관하여 정하고 있는 내용을 살펴본다.

독일 기본법은 연방법관이 기본법의 원칙이나 주의 헌법질서를 위반한 경우 연방헌법재판소가 전직·퇴직·파면을 선고할 수 있다고 규정하고(제98조), 독일 법관법은 연방법관의 자격에 관하여 자세히 정하고 있지만 당원신분 또는 경력에 관한 내용은 없이 '법관은 직무범위 내외에서 정치적 활동을 하는 경우에 있어서도 자신의 독립성에 대한 신뢰에 위험이 초래되지 않도록 행동해야 한다'고 정하고 있을 뿐이다(제39조).

일본 재판소법은 '다른 법률에 의하여 일반 공무원으로 임용될 수 없는 자, 금고 이상의 형을 받은 사람, 탄핵재판소에서 파면 재판을 받은 사람' 등을 법관 임명 결격사유로 정하고 있으나 당원 신분 또는 경력으로 인한 결격사유는 두고 있지 않으며(제46조), 재직 중에 국회의원·지방자치단체의원이 되거나 정치운동에 적극적으로 참여하는 행위를 할 수 없도록 명시하고 있다(제52조). 일본 국가공무원법은 '일본 헌법 또는 그 헌법 하에서 수립된 정부를 폭력에 의하여 파괴하는 것을 주장하는 정당 또는 기타 단체를 결성하거나 가입한 사람'을 국가공무원 결격사유로 정하고 있다(제38조).

미국의 연방헌법이나 연방법률에는 연방법관의 자격 및 결격사유에 관하여 특별한 규정이 없으며, 연방법관은 '부적절하게 처신하지 않는 한 그 직을 유지한다'는 규정을 두고 있을 뿐이다(미국 연방헌법 제3조 제1항).

5. 판 단

가. 이 사건의 쟁점

헌법은 제25조에서 "모든 국민은 법률이 정하는 바

에 의하여 공무담임권을 가진다."라고 규정하여 공무담임권의 보장을 선언하고 있는바, 이때 공무담임권은 각종 선거에 입후보하여 당선될 수 있는 피선거권과 공직에 임명될 수 있는 공직취임권을 포괄한다(헌재 1999. 12. 23. 98헌마363 참조). 심판대상조항은 과거 3년 이내에 당원 경력이 있었던 사람을 법관에 임용할 수 없도록 정하고 있으므로, 과잉금지원칙에 반하여 청구인의 공무담임권을 침해하는지 문제된다.

나. 과잉금지원칙에 반하여 공무담임권을 침해하는지 여부

(1) 목적의 정당성

헌법은 제7조 제2항에서 "공무원의 신분과 정치적 중립성은 법률이 정하는 바에 의하여 보장된다."라고 규정하여 공무원의 신분 보장과 정치적 중립성을 선언한다. 또한 헌법은 제101조 제3항에서 "법관의 자격은 법률로 정한다."라고 규정하고 제103조에서 "법관은 헌법과 법률에 의하여 그 양심에 따라 독립하여 심판한다."라고 규정하여 법관 자격 법정주의와 재판의 독립을 선언한다. 이에 심판대상조항은 당파적 이해관계로 재판의 독립이 훼손되는 것을 방지함과 동시에 법관의 정치적 중립성을 보장함으로써 궁극적으로는 국민의 공정한 재판을 받을 권리(헌법 제27조 제1항)를 보장하기 위하여 도입된 것이므로 목적의 정당성이 인정된다.

(2) 수단의 적합성

심판대상조항은 3년 이내 당원 경력을 가진 사람을 법관 임용 결격사유로 정하므로, 임용절차에서 법관 임용 지원자의 과거 당원 경력을 확인해야 하는 것은 결국 법원행정처의 몫이다. 이에 법원행정처는 심판대상조항에 따라 법관 임용 지원자의 과거 3년 이내 당원 경력 여부를 확인하기 위하여 각 정당에 협조 공문을 발송하여 회신을 받는 방법을 취하고 있다.

그런데 정당에서 협조 회신을 거부하거나 지연하는 경우에 법원행정처로서는 이를 강제할 방법이 없다. 각 정당에게 협조공문에 응하여야 할 법적 의무가 있는 것도 아니기 때문이다. 정당법 제24조에 의하면, 당원명부는 법원이 재판상 요구하는 경우와 관계 선거관리위원회가 당원에 관한 사항을 확인하는 경우를 제외하고는 이의 열람을 강요당하지 아니하며, 범죄수사를 위한 당원명부의 조사에는 법관이 발부하는 영장이 있어야 한다. 법관으로 임용된 사람이 정당에 가입된 경우에는 형사처벌의 대상이 되므로(국가공무원법 제84조 제1항, 제65조 제1항) 수사기관에서 압수·수색 영장을 발부받아 당원명부를 조사할 수 있으나, 법관으로 임용되기 이전에 정당에 가입한 적이 있었다는 사실은 범죄에도 해당하지 아니하므로 당해 정당 이외의 외부기관인 법원행정처가 이를 파악할 방법이 없다는 문제점이 있다.

그럼에도 불구하고, 당파적 이해관계로 재판의 독립이 훼손되는 것을 방지함과 동시에 법관의 정치적 중립을 보장하기 위해서는 임용 시점을 기준으로 일정 기간 내에 당원 경력을 가진 사람을 임용에서 배제하는 것도 하나의 방법인바, 당원의 신분을 상실한 날부터 3년이 경과하지 아니한 사람을 법관 임용 결격사유에 추가하는 것은 당원 경력이 재판의 독립과 법관의 정치적 중립에 영향을 미치는 것에 상당한 억지효과를 가질 것으로 예상되므로 수단의 적합성이 인정된다.

(3) 침해의 최소성

(가) 선출직 공무원과 달리 직업공무원에게는 정치적 중립성과 더불어 효율적으로 업무를 수행할 수 있는 능력이 요구되므로, 입법자가 직업공무원으로의 공직취임권을 구체화함에 있어서는 임용희망자의 능력·전문성·적성·품성을 기준으로 하는 능력주의를 바탕으로 하여야 한다.

헌법은 이를 명시적으로 밝히고 있지 아니하지만, 제7조에서 보장하는 직업공무원제도의 기본적 요소에 능력주의가 포함되는 점에 비추어 제25조의 공무담임권은 모든 국민이 누구나 그 능력과 적성에 따라 공직에 취임할 수 있는 균등한 기회를 보장함을 내용으로 한다. 이에 국가공무원법은 제26조에서 '공무원의 임용은 시험성적·근무성적, 그 밖의 능력의 실증에 따라 행한다'라고 규정하고, 제35조에서 '공개경쟁에 따른 채용시험은 같은 자격을 가진 모든 국민에게 평등하게 공개하여야 하며'라고 규정하여, 직업공무원으로서 공직취임권의 요체는 능력주의와 기회균등에 있음을 밝히고 있다.

그러므로 직업공무원에 관하여 능력주의와 기회균등에 바탕한 임용기준을 마련하지 아니하고, 해당 공직이 요구하는 직무수행능력과 무관한 요소를 기준으로 삼는 것은 국민의 공직취임권을 침해할 수 있다. 다만, 헌법의 기본원리나 개별조항에 따라 예외 인정의 필요성이 있는 경우, 능력주의는 그 헌법적 요청을 달성하기 위해 합리적인 범위에서 제한될 수 있다(헌재 1999.

12. 23. 98헌마363 참조).

(나) 공무담임권을 지나치게 제한하지 않으면서 법관이 직업공무원으로서 정치적 중립성을 준수하고 재판의 독립을 지킬 수 있도록 하는 제도적 장치는 이미 존재한다.

먼저 '정치적 중립성' 보장을 위하여, 법관을 포함한 직업공무원은 재직 중에 정당에 가입할 수 없고(국가공무원법 제65조 제1항), 이를 위반한 경우 징계사유에 해당함은 물론이며(제78조 제1항 제1호), 3년 이하의 징역과 3년 이하의 자격정지의 형사처벌을 받을 수 있다(제84조 제1항). 또한 법관은 재직 중에 정치운동에 관여할 수 없고(법원조직법 제49조 제3호), 그 직무상 의무를 위반하거나 품위를 손상한 경우 징계사유에 해당하며(법관징계법 제2조), 직무집행에 있어서 헌법이나 법률을 위반한 때에는 국회의 탄핵소추의결 및 헌법재판소의 탄핵심판에 따라 파면될 수 있다(헌법 제65조).

다음으로 '재판의 독립' 보장을 위하여, 헌법은 '대법원장'의 임기를 6년으로 정하고(제105조 제1항), '대법관'의 임기를 6년으로 정하되 연임할 수 있도록 하고(제105조 제2항), '대법원장·대법관이 아닌 법관'(이하 '판사'라 한다)의 임기를 10년으로 정하고 연임할 수 있도록 하며(제105조 제3항), 탄핵 또는 금고 이상의 형의 선고에 의하지 아니하고는 파면되지 아니하도록 정함으로써(제106조 제1항) 모든 법관(대법원장, 대법관, 판사)의 신분을 제도적으로 보장한다. 또한 헌법은 대법원이 법률에 저촉되지 아니하는 범위에서 소송에 관한 절차 등에 관한 규칙을 제정할 수 있으며(제108조), 모든 법관은 헌법과 법률에 의하여 그 양심에 따라 독립하여 심판하도록 정함으로써(제103조) 법원의 독립과 재판의 독립을 제도적으로 보장하고 있다.

나아가 법관의 과거 당원 경력이 개별사건의 특수성에 비추어 불공정한 영향을 미치는 것으로 합리적으로 인식될 수 있는 경우에는 제척·기피·회피제도를 통하여 이를 해소할 수 있고, 심급제도에 의한 상급심의 재판과 합의제도에 의한 다른 법관들의 관여를 통하여 법관 개인의 정치적 성향 및 과거 경력과 무관하게 재판의 객관성과 공정성이 유지될 수 있도록 하고 있다.

(다) 물론 헌법은 제7조 제2항에서 공무원의 정치적 중립성을 보장하고 제103조에서 재판의 독립을 강조하므로, 공무원의 정치적 중립성과 재판의 독립이란 헌법적 요청을 달성하기 위하여 합리적인 범위에서 법관에 관한 공직취임권도 제한될 수 있다.

그런데 과거 당원의 신분을 취득한 경력이 있다 하더라도 실제 정치활동의 내용과 정도에는 차이가 있을 수 있다. 예컨대 ① 당원으로 소속된 정당에서 당대표·최고위원·사무총장·대변인·지역위원장·당협위원장 등 보직을 부여받거나 공직선거에서 소속 정당의 후보자로 등록됨으로써 본인의 의지에 따라 적극적으로 정치적 활동을 하였던 경우도 있을 수 있다. 반면 ② 배우자 등 가족이나 지인이 선거에 출마하는 과정에서 당내경선에 도움을 받고자 하는 부탁에 의하여 입당원서만을 제출하거나 소액의 당비만 납부하면서 소극적으로 당원 지위를 유지하였던 경우도 있을 수 있다. 또한 현행법상 당원 가입은 16세부터 가능한데 18세 미만인 미성년자인 경우 그 법정대리인이 지인의 당내경선에 도움을 주고자 미성년자 본인도 모르게 당원으로 가입시키고 이후 본인이 모르는 상태에서 장기간 방치되는 상황도 발생할 수 있다(정당법 제22조 제1항, 제23조 제1항).

위 ①의 경우와 위 ②의 경우는 정치적 활동의 내용 및 정도에 있어 분명 차이가 있으므로, 가사 정치적 중립성과 재판의 독립을 위하여 과거 당원 경력을 법관 임용 결격사유로 정해야 할 불가피한 필요성이 있다 하더라도 그 경중을 가려 이를 다르게 규율함으로써 입법목적을 달성할 수도 있다. 이와 같은 취지에서 법원조직법은 공직선거법 제2조에 따른 선거에 후보자(예비후보자를 포함한다)로 등록한 날부터 5년이 경과되지 아니한 사람과 공직선거법 제2조에 따른 대통령선거에서 후보자의 당선을 위하여 자문이나 고문의 역할을 한 날부터 3년이 경과되지 아니한 사람을 법관 임용 결격사유로 정하고 있다(제43조 제1항 제6호, 제7호). 그럼에도 불구하고 심판대상조항은 '과거 3년 이내의 모든 당원 경력'을 법관 임용 결격사유로 정함으로써 그 입법목적 달성을 위하여 합리적인 범위를 넘어 임용 후 정치적 중립성 및 재판의 독립과 긴밀한 연관성이 없는 경우까지 공직취임권을 과도하게 제한하고 있다.

(라) 헌법은, 대법원장은 국회의 동의를 얻어 대통령이 임명하고(제104조 제1항), 대법관은 대법원장의 제청으로 국회의 동의를 얻어 대통령이 임명하며(제104조 제2항), 판사는 대법관회의의 동의를 얻어 대법원장이 임명하도록 정함으로써(제104조 제3항) 그 임명 과

정에서 국회·대통령의 관여 여부에 차이를 두고 있다. 그러나 이는 국민에 의하여 직접 선출되는 국회의원·대통령과 달리 법관의 경우 민주적 정당성이 간접적으로 부여되는 단계적 과정에서 발생하는 절차적 차이일 뿐, 정치적 중립성과 재판의 독립에 있어 대법원장·대법관과 판사 사이에 어떠한 질적인 차이가 존재하기 때문인 것은 아니다.

대법원장·대법관의 경우에도 자신의 과거 경력이 개별사건에 불공정한 영향을 미치는 것으로 합리적으로 인식될 수 있는 경우에는 제척·기피·회피제도로 이를 해소할 수 있고, 비록 더 이상의 상급심 재판은 없지만 합의제도를 통하여 대법관 개인의 과거 경력과 무관하게 대법원 재판의 객관성과 공정성이 유지될 수 있다는 점에서, 정치적 중립성과 재판의 독립에 있어 대법원장·대법관과 판사를 다르게 취급할 이유는 없고, 판사와 달리 대법원장·대법관의 경우에는 과거 당원 경력을 결격사유로 정해야 할 불가피한 필요성이 있다고 보기도 어렵다.

또한, 대법원장·대법관은 판사와 달리 국회에서 인사청문 절차를 거친 후 국회 본회의에서 동의를 얻어야 임명된다. 국회법은 대법원장·대법관에 대한 인사청문회를 실시하기 위한 인사청문특별위원회를 국회에 두도록 하고(제46조의3 제1항), 인사청문특별위원회의 구성과 운영에 필요한 사항 및 인사청문회의 절차 및 운영 등에 필요한 사항을 따로 법률로 정하도록 규정한다(제46조의3 제2항, 제65조의2 제6항). 이에 인사청문회법은, 인사청문특별위원회의 위원정수를 13인으로 하되 그 위원은 교섭단체 등의 의원수의 비율에 의하여 각 교섭단체대표의원의 요청으로 국회의장이 선임·개임하도록 하고(제3조), 인사청문은 인사청문회를 열어 공직후보자를 출석하게 하여 질의를 행하고 답변과 의견을 청취하는 방식으로 하되 필요한 경우 증인·감정인·참고인으로부터 증언·진술을 청취할 수 있도록 하며(제4조), 공직후보자의 직업·학력·경력에 관한 사항, 공직자등의병역사항신고및공개에관한법률의 규정에 의한 병역신고사항, 공직자윤리법 규정에 의한 재산신고사항, 최근 5년간의 소득세·재산세·종합토지세의 납부 및 체납 실적에 관한 사항, 범죄경력에 관한 사항에 관한 증빙서류를 첨부하여 국회에 제출하도록 한다(제5조). 인사청문회 당일 공직후보자는 '양심에 따라 숨김과 보탬이 없이 사실 그대로 말할 것을 맹서합니다'라고 선서한 후 1문1답의 방식으로 위원의 질의에 응답해야 한다(제7조). 인사청문특별위원회는 의결 또는 재적의원 3분의 1 이상의 요구로 공직후보자의 인사청문과 직접 관련된 자료의 제출을 국가기관·지방자치단체 등에 요구할 수 있고(제12조), 필요한 경우 그 의결로 검증을 행할 수 있다(제13조). 인사청문특별위원회는 인사청문에 대한 경과보고서를 작성하여 국회의장에게 제출하고 인사청문특별위원장은 이를 본회의에 보고하며(제9조, 제10조, 제11조), 이후 본회의에서 재적의원 과반수의 출석과 출석의원 과반수의 찬성에 의한 의결 절차를 거치게 된다. 이와 같은 국회에서의 인사청문 절차 및 본회의 의결 절차를 통하여 대법원장·대법관에 대해서는 판사보다 더 엄격한 수준에서 정치적 중립성과 재판의 독립에 관한 검증이 이루어지게 된다.

(마) 심판대상조항은 과거 3년 이내에 당원 경력이 있으면 법관으로서 정치적 중립을 유지할 수 없고 재판의 독립이 침해될 것이라는 추론 내지 추단에 근거한다. 그러나 탈당 등으로 법관 임용 시점에 당원 신분을 상실하였음에도 불구하고, 과거 3년 이내에 당원 경력이 있었다면 정치적 중립을 유지할 수 없고 재판의 독립이 침해될 것이라는 논리필연적 근거는 발견되지 아니한다.

우리 헌법이 제7조 제2항에서 공무원의 정치적 중립성을 선언함과 동시에 제8조 제1항에서 복수정당제를 인정하여 국민의 정당가입의 자유를 보장하는 이상, 공무원 신분을 취득한 상태에서 정당가입의 자유가 제한될 수 있음은 별론으로 하더라도(국가공무원법 제65조 제1항), '공무원 신분에서 정치적 중립성의 요구'와 '공무원 신분 취득 전 국민의 정당가입의 자유 보장'에 관한 헌법적 요청은 규범조화적으로 해석되어야 한다. 그러나 심판대상조항은, 공무원 신분 취득 전에 적극적인 정치활동을 하였기에 향후 법관으로서 정치적 중립을 유지할 수 없다는 특별한 사정도 없이, 단지 당원 신분에 관한 과거 경력만으로 향후 당파적 편향성을 가지고 재판에 임할 것이라는 예단에 근거하므로 적절하다고 보기 어렵고, 그로 인하여 공무원 신분이 아니었던 기간 동안 정당가입의 자유마저 폭넓게 영향을 미치게 되었다는 점에서 규범조화적이거나 필요최소한의 제한이라고 보기도 어렵다.

(바) 사정이 이와 같다면, 모든 법관의 정치적 중립성

과 재판의 독립 보장이란 입법목적을 달성하기 위한 제도적 장치는 이미 마련되어 있고, 가사 과거 당원 경력을 법관 임용 결격사유에 포함시켜야 할 필요성이 있다 하더라도 실제 정치활동에 대한 경중을 가려 그 입법목적 달성을 위해 합리적인 범위로 한정할 수 있음에도 불구하고, 심판대상조항은 그 입법목적을 달성함에 기여하는 정도를 넘어 관련성을 인정하기 어려운 경우까지 광범위하게 제한하고 있으므로, 침해의 최소성이 인정되지 아니한다.

(4) 법익의 균형성

정치적 이해관계로 재판의 독립이 훼손되는 것을 방지함과 동시에 법관의 정치적 중립성을 보장하기 위한 것이라는 입법취지에 공감하지만, 이 점만을 지나치게 강조한 나머지 과거 3년 이내의 단순 당원 경력까지 법관 임용 결격사유에 포함시키게 되면 공무담임권이 광범위하게 제한되는 것은 물론, 장래 법관 임용에 불이익 받을 것을 우려하게 됨으로써 국민으로서 당연히 보장되어야 할 정당가입의 자유마저 지나치게 위축될 수 있다는 점에서, 심판대상조항으로 인한 사익 침해는 결코 가볍지 않다.

특히 법원조직법 제43조는 '① 다른 법령에 따라 공무원으로 임용하지 못하는 사람, ② 금고 이상의 형을 선고받은 사람, ③ 탄핵으로 파면된 후 5년이 지나지 아니한 사람'을 법관 임용 결격사유로 정하고 있는바, 심판대상조항으로 신설된 '당원의 신분을 상실한 날부터 3년이 경과되지 아니한 사람'이 위와 같은 기존 결격사유에 준할 정도로 중대하고 명백한 법관 임용 하자에 해당한다고 보기 어렵다. 반면, 특별한 사정이 없는 한 단지 임용 시점으로부터 3년 이내에 당원 경력이 있었다는 사실만으로는 그 사람이 장래 법관으로 임용될 경우 정치적 중립성과 재판의 독립을 훼손할 것이라는 논리필연적 연관성을 확인하기 어렵다는 점에서, 심판대상조항이 정치적 중립성과 재판의 독립이란 공익에 어느 정도 기여할 수 있을지는 불분명하다.

결국, 심판대상조항은 불확실한 공익 기여를 위하여 법관에 임용되려는 자의 기본권을 과도하게 제한하고 있으므로, 법익의 균형성을 충족하고 있다고 보기 어렵다.

(5) 소결

이상과 같이 살펴본 내용을 종합하면, 심판대상조항은 과잉금지원칙에 반하여 청구인의 공무담임권을 침해한다.

다. 나머지 주장에 대한 판단

심판대상조항이 과잉금지원칙에 반하여 청구인의 공무담임권을 침해한다고 판단하는 이상, 청구인이 주장한 다른 기본권 침해 사유에 대해서는 더 나아가 판단하지 아니하기로 한다.

6. 결 론

그렇다면 심판대상조항은 헌법에 위반되므로 주문과 같이 결정한다. 이 결정은 아래 7.과 같은 재판관 이은애, 재판관 이영진의 일부위헌의견이 있는 외에는 관여 재판관들의 일치된 의견에 의한 것이다.

7. 재판관 이은애, 재판관 이영진의 일부위헌의견

우리는 심판대상조항 중 '대법원장·대법관에 관한 부분'은 헌법에 위반되지 아니하지만 '판사에 관한 부분'은 헌법에 위반된다고 생각하므로, 다음과 같이 그 이유를 밝힌다.

가. 목적의 정당성 및 수단의 적합성

심판대상조항이 당파적 이해관계로 재판의 독립이 훼손되는 것을 방지함과 동시에 법관의 정치적 중립을 보장함으로써 궁극적으로는 국민의 공정한 재판을 받을 권리를 보장하기 위하여 도입된 것으로 목적의 정당성이 인정된다는 점은 앞서 법정의견에서 살펴본 바와 같다. 또한 정당의 당원의 신분을 상실한 날부터 3년이 경과하지 아니한 사람을 법관 임용 결격사유에 추가하는 것은 당원 경력이 재판의 독립과 법관의 정치적 중립에 영향을 미치는 것에 상당한 억지효과를 가질 것으로 예상되므로 수단의 적합성이 인정된다는 점도 앞서 법정의견에서 살펴본 바와 같다.

나. 침해의 최소성

(1) 대의제 민주주의에 바탕을 둔 우리 헌법은 국민의 공무담임권을 보장하면서, '선거제도'와 '직업공무원제도'를 통해 공직자를 선출·임명하도록 하고 있다. 즉, 헌법은 선거 과정을 통해 국회의원과 대통령의 능력과 자질을 검증하여 국민의 대표라는 민주적 정당성을 부여함과 동시에(제41조 제1항, 제67조 제1항), 선발 과정을 통해 해당 공직이 요구하는 전문성·능력·적성 등을 검증하여 직업공무원의 신분을 부여하는 것이다(제7조). 이처럼 대의제 민주주의 체제에서 공무원은 선거제도 또는 직업공무원제도라는 이원적 구조를 통해 선출 또는 임명되기 때문에, 선출직 공무원과 직업

공무원은 정치적 기본권의 향유에 있어서 상당한 정도의 차이가 발생할 수밖에 없다. 헌법이 공직자 선출 및 임명 제도를 이원화한 것은, 선거결과에 따라 임면되는 선출직 공무원을 통해 주권자인 국민의 의사가 입법·행정에 잘 반영될 수 있도록 하되, 선거결과와 무관하게 공직을 수행할 수 있는 직업공무원을 둠으로써 선거결과에 따른 국가작용의 전면적 중단과 혼란을 방지하기 위함에 있다. 이에 헌법은 공무원의 신분 보장과 정치적 중립의 보장을 함께 명시하고 있고(제7조 제2항), 법관 역시 헌법상 정치적 중립의 적용을 받는 직업공무원의 일원이다.

(2) 헌법은 제27조 제1항에서 "모든 국민은 헌법과 법률이 정한 법관에 의하여 법률에 의한 재판을 받을 권리를 가진다."라고 규정함으로써 공정한 재판을 받을 권리를 보장하고 있다. 법관이 행하는 사법작용은 국민의 사법에 대한 신뢰로부터 출발하므로, 법관이 대내외적으로 어떠한 영향도 받지 않고 오로지 헌법과 법률에 의하여 그 양심에 따라 독립하여 심판한다는 전제조건이 무너지게 된다면, 국민의 공정한 재판을 받을 권리를 보장하고 법치주의를 실현하기 위해 마련된 재판 독립의 제도적 기반도 흔들리게 된다. 법관이 독립하여 '공정한 재판'을 할 것이라는 국민의 신뢰는, 법관 스스로 선입견이나 정치적 영향을 받지 않고 불편부당하게 재판한다는 법관의 주관적인 인식과 이러한 인식을 가진 법관이 구체적으로 형성하는 재판 과정 및 결과에 기반을 둔다. 그런데 재판의 독립과 정치적 중립에 관한 법관의 주관적 인식은 외부에서 확인하거나 검증하기 어렵기 때문에 결국 그에 대한 국민의 신뢰는 재판의 외관에 크게 의존할 수밖에 없게 된다. 따라서 입법자로서는 그 독립성과 중립성에 영향을 미칠 것으로 추단되는 경우에는 일정한 범위를 정하여 형식적 의미의 법률로 법관의 자격을 제한할 수 있다.

(3) 법관 임용과 가까운 시점까지 당원이었던 사람은 해당 정당의 영향력에서 자유롭지 못할 가능성이 있고 그렇지 않다 하더라도 해당 법관이 내린 판결은 정치적으로 편향된 판결로 인식될 가능성이 있으므로, 그러한 사람을 법관으로 임용하는 것은 재판의 독립과 정치적 중립에 대한 우려를 불러일으키고 결국 사법에 대한 국민의 신뢰에 타격을 줄 수 있다. 특히 최근 '정치의 사법화' 경향이 심화됨에 따라 정치적으로 예민한 사건이 사법심사의 대상이 되고 이를 둘러 싼 정치적 논쟁이 치열해지게 되자, 법관의 정치적 중립 확보와 재판의 독립 유지는 더욱 중요한 헌법적 요청이 되었다. 이에 법관 임용 이후뿐만 아니라 임용 직전의 일정 시점까지 임용희망자가 당적을 가지지 아니할 것을 요구할 현실적인 필요성이 커지게 되었으므로, 법관 임용 직전의 일정 시점을 정함으로써 향후 법관으로 임용되고자 하는 자에게 미리 탈당하여 법관 임용 결격사유를 스스로 해소할 기회를 부여하는 것 자체를 과도한 제한이라 단정하기 어렵다.

다만, 당파적 이해관계로 재판의 독립이 훼손되는 것을 방지함과 동시에 법관의 정치적 중립을 보장함으로써 사법에 대한 국민의 신뢰를 회복하기 위해 과거 일정기간 동안의 당원 경력을 법관 임용 결격사유로 정할 필요성이 있더라도, 입법자로서는 그 목적을 달성하기 위하여 필요최소한의 범위로 이를 한정하여야 한다. 심판대상조항의 결격사유를 적용 받는 법관에는 '대법원장·대법관'과 '판사'가 모두 포함된다. 그런데 판사는 대법관회의의 동의를 얻어 대법원장이 임명하므로 그 임명 과정에 정치적 관여가 없음에 반하여(헌법 제104조 제3항), 대법원장과 대법관은 국회의 동의를 얻어 대통령이 임명하므로 그 임명 과정에 입법부와 행정부의 관여가 있다는 차이가 있다(헌법 제104조 제1항, 제2항). 또한 판사의 경우 과거 당원 경력으로 개별사건의 판결에 불공정한 영향을 미칠 가능성이 있어도 이는 심급제도를 통해 상급심 재판으로 해소될 수 있음에 반하여, 대법원장과 대법관으로 구성되는 대법원은 법원 조직 내에서 최고법원의 지위에 있으므로(헌법 제101조 제2항) 그 사후적 교정 가능성 측면에서 차이가 있다.

물론 과거 당원 경력으로 인한 재판의 독립과 법관의 정치적 중립성 문제 해결에 제척·기피·회피 제도가 도움을 줄 수 있다는 점에서, 대법원장·대법관과 판사는 동일하다. 그러나 법관의 제척은 그 사유가 법률상 한정적으로 열거되어 있다는 점(민사소송법 제41조, 형사소송법 제17조), 기피는 사유가 포괄적이지만(민사소송법 제43조, 형사소송법 제18조) 그 신청에 대한 인용률이 매우 낮을 수밖에 없다는 점, 회피는 해당 법관 스스로 소속 법원에 신청해야 한다는 점에서(민사소송법 제49조, 형사소송법 제24조), 모두 실효성이 크지 않다는 문제점이 있다. 법원행정처가 발행한 '2023 사법연감' 통계자료에 의하면, 2022년 민사 지방법원에서 처리된 제척·기피·회피 사건 605건 중 인용으로 처리된 사건은 2건에 불과하고, 2022년 형사 지방법원에서 처리된 제척·기피·회피 사건 272건 중 인용으로 처리된 사건은 1건에 불과한 것으로 확인된다. 고등법원, 대법원 등 다른 법원의 경우에도 그 인용 비율은 크게 다르지 않을 것으로 보인다.

대법원은 법원 조직 내에서 법적 분쟁의 최종적인 결정기관이므로, 대법원 재판을 담당하는 대법원장과 대법관은 재판의 독립과 정치적 중립의 측면에서 판사보다 더 높은 신뢰가 요구될 수밖에 없다. 유사한 취지에서, 임명 과정에 정치적 관여를 받고(헌법 제111조) 그 결정에 상급심 재판이 없는 헌법재판소의 경우에도, 정치적 중립성에 대한 국민의 신뢰 보장을 위해 과거 3년 이내의 당원 경력을 재판관 임용 결격사유로 정하고 있다(헌법재판소법 제5조 제2항 제4호).

그러므로 사법에 대한 국민의 신뢰를 회복하기 위해 과거 3년 이내의 당원 경력을 법관 임용 결격사유로 정할 필요성이 있더라도, 그 임명 과정에 정치적 관여가 없고 불공정한 재판이 심급제도를 통해 해소될 가능성이 있는 판사의 경우까지 과거 당원 경력으로 임용 결격사유를 정하는 것은 그 입법목적을 달성하기 위한 필요최소한의 제한이라 보기 어렵고, 판사에 대하여 그러한 임용 결격사유를 정하지 않는다고 하여 재판의 독립과 법관의 정치적 중립이 저해된다거나 사법에 대한 국민의 신뢰가 훼손된다고 보기 어렵다.

(4) 이와 같은 사정을 종합적으로 고려하면, 심판대상조항 중 판사에 관한 부분은 입법목적 달성에 필요한 최소한의 정도를 넘어서 공무담임권을 광범위하게 제한하므로 침해의 최소성이 인정되지 아니한다.

다. 법익의 균형성

임명 과정에 정치적 관여가 없고 심급제로 정치적 판결에 대한 사후적 교정이 가능한 판사의 경우 법관 임용 3년 이내에 당원 경력이 있었다는 사실만으로 재판의 독립과 법관의 정치적 중립에 직접적인 위험을 초래한다고 보기 어려움에 반하여, 심판대상조항으로 인하여 청구인은 탈당한 시점으로부터 3년의 기간 동안 판사 임용이 불가능하게 됨으로써 공무담임권에 심각한 제한이 초래되었으므로, 법익의 균형성도 인정되지 아니한다.

라. 결론

따라서 심판대상조항 중 판사에 관한 부분은 과잉금지원칙에 반하여 청구인의 공무담임권을 침해한다.

재판관 이종석 이은애 이영진 김기영 문형배 이미선 김형두 정정미 정형식

106. 개별소비세법 제1조 제3항 제4호 위헌소원

[2024. 8. 29. 2021헌바34]

【판시사항】

가. 골프장 입장행위에 대하여 1명 1회 입장마다 1만 2천 원의 개별소비세를 골프장 경영자에게 부과하는 개별소비세법 제1조 제3항 제4호(이하 '심판대상조항'이라 한다)가 과잉금지원칙에 위반되어 재산권을 침해하는지 여부(소극)

나. 심판대상조항이 조세평등주의에 위반되는지 여부(소극)

【결정요지】

가. 헌법재판소는 2012. 2. 23. 2011헌가8 결정에서 심판대상조항과 동일한 내용의 구 개별소비세법 조항에 대하여, 골프장 입장행위에 대한 개별소비세 부과는 담세력에 상응하는 조세부과를 통해 과세의 형평을 도모하기 위한 것으로서 세율이 자의적이라거나 골프장 이용객 수의 과도한 감소를 초래할 정도라고 보이지 아니하며, 사치성이 없다고 볼 수 있는 골프장 입장에 대하여는 개별소비세를 배제할 수 있는 길을 열어놓고 있는 점에 비추어 과잉금지원칙에 위반되어 재산권을 침해하지 않는다고 판단한 바 있다.

위 결정 선고 이후 지속적으로 골프 인구가 늘어나고 골프장이 증설되었으나, 여전히 비용과 이용접근성, 일반 국민의 인식 측면에서 골프장 이용행위가 사치성 소비로서의 성격이 완전히 희석되었다거나 대중적인 소비행위로 자리 잡았다고 보기는 어려우며, 이 사건에서 선례와 달리 판단하여야 할 사정이 없으므로, 심판대상조항은 과잉금지원칙에 반하여 재산권을 침해한다고 볼 수 없다.

나. 헌법재판소는 위 결정에서, 시설이용의 대중성, 일반국민의 인식 등을 근거로 골프장 입장행위와 달리 승마장 입장행위는 개별소비세 부과가 적절하지 아니하다고 본 입법자의 판단이 자의적인 조치라고 보기 어려우므로 구 개별소비세법 조항은 조세평등주의에 위배되지 아니한다고 판단하였고, 이와 관련하여 선례와 달리 판단할 사정변경은 인정되지 않는다. 한편, 요트장, 스키장, 고가의 회원제 스포츠클럽의 경우 매출액, 이용료, 이용방법, 이용객 수 등에 비추어, 그 입장행위에 대해 개별소비세를 부과하지 않는 것이 골프장 입장행위에 대한 과세와의 관계에서 자의적이라고 보기 어렵고, 경마장 등 사행행위 장소 입장에 부과되는 개별소비세는 과세의 목적과 세율이 다르므로 다른 것을 같게 취급하는 것이라 할 수 없다. 따라서 심판대상조항은 조세평등주의에 위배되지 않는다.

재판관 이종석, 재판관 이영진, 재판관 김형두의 반대의견

오늘날 골프장 이용행위는 대중적 스포츠로서 국가가 적극 장려하고 지원해주어야 할 건전한 체육활동이라고 봄이 상당하고, 더 이상 사치성 소비행위로 보기 어려우므로, 이에 대해 개별소비세를 부과하는 심판대상조항은 개별소비세의 입법목적에 기여할 수 있는 적절한 수단이라 할 수 없다. 또한 골프장의 사정을 고려한 차등적 세율 설정과 같이 입법목적 달성을 위해 보다 덜 제한적인 다른 수단을 선택할 수 있는 점 등을 종합하면, 심판대상조항은 과잉금지원칙에 반하여 재산권을 침해한다.

승마장이나 고가의 회원제 스포츠클럽, 요트장 등은 비용이나 일반인의 이용접근성 측면에서 골프장과 유사하다고 볼 여지가 상당함에도, 골프장에 대해서만 개별소비세를 부과하는 것에 합리적인 이유가 있다고 보기 어렵고 그 차별취급의 필요성 또한 발견할 수 없다. 따라서 심판대상조항은 조세평등주의에도 위반된다.

다만, 심판대상조항의 위헌적인 요소를 구체적으로 어떠한 내용으로 합헌적으로 조정할 것인지는 원칙적으로 입법자의 형성재량에 속하므로, 심판대상조항에 대하여 헌법불합치 결정을 선고함이 타당하다.

【심판대상조문】

개별소비세법(2010. 1. 1. 법률 제9909호로 개정된 것) 제1조 제3항 제4호

【참조조문】

헌법 제11조 제1항, 제23조, 제37조 제2항

개별소비세법(2014. 12. 23. 법률 제12846호로 개정된 것) 제1조 제6항

체육시설의 설치·이용에 관한 법률(2007. 4. 11. 법률 제8349호로 전부개정된 것) 제10조 제1항 제1호

체육시설의 설치·이용에 관한 법률(2022. 5. 3. 법률 제18860호로 개정된 것) 제10조 제2항, 제10조의2

구 체육시설의 설치·이용에 관한 법률(2007. 4. 11. 법률 제8349호로 전부개정되고, 2022. 5. 3. 법률 제18860호로 개정되기 전의 것) 제10조 제2항

구 개별소비세법 시행령(2010. 12. 30. 대통령령 제22569호로 개정되고, 2022. 11. 3. 대통령령 제32978호로 개정되기 전의 것) 제1조 [별표2]

개별소비세법 시행령(2023. 2. 28. 대통령령 제33273호로 개정된 것) 제1조 [별표2]

【참조판례】

가. 헌재 2012. 2. 23. 2011헌가8, 판례집 24-1상, 1, 13-15

나. 헌재 2012. 2. 23. 2011헌가8, 판례집 24-1상, 1, 15-17

【당 사 자】

청 구 인　주식회사 ○○
공동대표이사 박○○, 박□□
대리인　법무법인(유한) 세종
담당변호사 민일영 외 3인

당해사건　의정부지방법원 2019구합14730 개별소비세등 경정거부처분 취소청구

【주　문】

개별소비세법(2010. 1. 1. 법률 제9909호로 개정된 것) 제1조 제3항 제4호는 헌법에 위반되지 아니한다.

【이　유】

1. 사건개요

가. 청구인은 경기 가평군 (주소 생략) 일원에서 회원제 골프장인 ○○을 운영하고 있는 법인이다. 청구인은 2018. 4. 12. 남양주세무서장에게 2018년 1분기 골프장 입장행위에 관한 개별소비세 58,512,000원, 교육세 17,553,600원, 농어촌특별세 17,553,600원을 신고하고, 2018. 4. 25. 이를 납부하였다.

나. 청구인은 2018. 11. 9. 남양주세무서장에게 청구인이 납부한 개별소비세 등의 근거법률이 위헌이라고 주장하며, 납부한 위 개별소비세, 교육세, 농어촌특별세 전액을 감액하여 달라는 내용의 경정청구를 하였다. 그러나 남양주세무서장은 2019. 1. 24. 청구인이 납부한 위 세금은 개별소비세법 제1조, 제3조 등에 따라 적법하게 납부된 것이라는 이유로 청구인의 경정청구를 거부하였다(이하 '이 사건 처분'이라 한다).

다. 청구인은 의정부지방법원에 이 사건 처분의 취소를 구하는 소송을 제기한 뒤 그 소송 계속 중 개별소비세법 제1조 제3항 제4호가 청구인의 재산권을 침해하고 조세평등주의에 위반된다는 취지로 위헌법률심판제청신청을 하였으나, 당해 사건 법원은 2021. 1. 12. 청구인의 청구를 기각하면서(의정부지방법원 2019구합14730), 같은 날 청구인의 위헌법률심판제청신청도 기각하였다(의정부지방법원 2020아50257). 이에 청구인은 2021. 2. 10. 이 사건 헌법소원심판을 청구하였다.

2. 심판대상

이 사건 심판대상은 개별소비세법(2010. 1. 1. 법률 제9909호로 개정된 것) 제1조 제3항 제4호가 헌법에

위반되는지 여부이다. 심판대상조항 및 관련조항의 내용은 다음과 같다.

[심판대상조항]

개별소비세법(2010. 1. 1. 법률 제9909호로 개정된 것)

제1조(과세대상과 세율) ③ 입장행위(관련 설비 또는 용품의 이용을 포함한다. 이하 같다)에 대하여 개별소비세를 부과할 장소(이하 "과세장소"라 한다)와 그 세율은 다음과 같다.

4. 골프장 : 1명 1회 입장에 대하여 1만 2천 원

[관련조항]

개별소비세법(2014. 12. 23. 법률 제12846호로 개정된 것)

제1조(과세대상과 세율) ⑥ 과세물품(제2항 제2호 나목 1), 같은 항 제4호 바목·사목 및 같은 항 제6호는 제외한다), 과세장소, 과세유흥장소 및 과세영업장소의 세목(細目)과 종류는 대통령령으로 정한다.

구 개별소비세법 시행령(2010. 12. 30. 대통령령 제22569호로 개정되고, 2022. 11. 3. 대통령령 제32978호로 개정되기 전의 것)

제1조(과세물품·과세장소 및 과세유흥장소의 세목등) 「개별소비세법」 제1조 제6항에 따른 과세물품의 세목은 별표 1과 같이 하고, 과세장소의 종류는 별표 2와 같이 하며, 과세유흥장소의 종류는 유흥주점·외국인전용 유흥음식점 및 그 밖에 이와 유사한 장소로 하고, 과세영업장소의 종류는 「관광진흥법」 제5조 제1항에 따라 허가를 받은 카지노(「폐광지역개발 지원에 관한 특별법」 제11조에 따라 허가를 받은 카지노를 포함한다)로 한다.

[별표2] 과세장소(제1조 관련)

3. 골프장. 다만, 다음 각 목의 어느 하나에 해당하는 골프장은 제외한다.

가. 「체육시설의 설치·이용에 관한 법률 시행령」 제5조 제3항 단서에 따라 국방부장관이 지도·감독하는 골프장

나. 「체육시설의 설치·이용에 관한 법률 시행령」 제7조 제1항 제2호에 따른 대중체육시설업에 해당하는 골프장

개별소비세법 시행령(2023. 2. 28. 대통령령 제33273호로 개정된 것)

제1조(과세물품·과세장소 및 과세유흥장소의 세목등) 「개별소비세법」 제1조 제6항에 따른 과세물품의 세목은 별표 1과 같이 하고, 과세장소의 종류는 별표 2와 같이 하며, 과세유흥장소의 종류는 유흥주점·외국인전용 유흥음식점 및 그 밖에 이와 유사한 장소로 하고, 과세영업장소의 종류는 「관광진흥법」 제5조 제1항에 따라 허가를 받은 카지노(「폐광지역개발 지원에 관한 특별법」 제11조에 따라 허가를 받은 카지노를 포함한다)로 한다.

[별표2] 과세장소(제1조 관련)

3. 골프장. 다만, 다음 각 목의 어느 하나에 해당하는 골프장은 제외한다.

가. 「체육시설의 설치·이용에 관한 법률 시행령」 제5조 제3항 단서에 따라 국방부장관이 지도·감독하는 골프장

나. 「체육시설의 설치·이용에 관한 법률」 제10조의2 제2항에 따라 문화체육관광부장관이 지정한 대중형 골프장

체육시설의 설치·이용에 관한 법률(2007. 4. 11. 법률 제8349호로 전부개정된 것)

제10조(체육시설업의 구분·종류) ① 체육시설업은 다음과 같이 구분한다.

1. 등록 체육시설업 : 골프장업, 스키장업, 자동차 경주장업

구 체육시설의 설치·이용에 관한 법률(2007. 4. 11. 법률 제8349호로 전부개정되고, 2022. 5. 3. 법률 제18860호로 개정되기 전의 것)

제10조(체육시설업의 구분·종류) ② 제1항 각 호에 따른 체육시설업은 그 종류별 범위와 회원 모집, 시설 규모, 운영 형태 등에 따라 그 세부 종류를 대통령령으로 정할 수 있다.

체육시설의 설치·이용에 관한 법률(2022. 5. 3. 법률 제18860호로 개정된 것)

제10조(체육시설업의 구분·종류) ② 제1항 각 호에 따른 체육시설업(골프장업은 제외한다)은 그 종류별 범위와 회원 모집, 시설 규모, 운영 형태 등에 따라 그 세부 종류를 대통령령으로 정할 수 있다.

제10조의2(골프장업의 세부 종류) ① 골프장업의 세부 종류는 다음 각 호와 같다.

1. 회원제 골프장업: 회원을 모집하여 경영하는 골프장업

2. 비회원제 골프장업: 회원을 모집하지 아니하고 경영하는 골프장업

② 문화체육관광부장관은 국민체육진흥을 위하여

제1항 제2호에 따른 비회원제 골프장(이하 "비회원제 골프장"이라 한다) 중에서 대통령령으로 정하는 바에 따라 이용료 등의 요건을 충족하는 골프장을 대중형 골프장으로 지정할 수 있다.

③ 국가와 지방자치단체는 제2항에 따라 지정된 대중형 골프장에 대하여 필요한 지원을 할 수 있다.

구 체육시설의 설치·이용에 관한 법률 시행령(2007. 11. 20. 대통령령 제20394호로 전부개정되고, 2022. 11. 3. 대통령령 제32978호로 개정되기 전의 것)

제7조(체육시설업의 세부 종류) ① 법 제10조 제2항에 따른 체육시설업의 세부 종류는 다음 각 호와 같다.

1. 회원제체육시설업 : 회원을 모집하여 경영하는 체육시설업
2. 대중체육시설업 : 회원을 모집하지 아니하고 경영하는 체육시설업

3. 청구인의 주장

가. 과잉금지원칙 위반

골프장 입장행위에 대해 과세하는 심판대상조항은 사치·낭비 풍조의 억제를 목적으로 최초 입법되었으나, 국민 생활수준의 향상 및 골프의 대중화, 골프 육성 필요성 등에 비추어 이제는 그 목적의 정당성을 인정하기 어렵다. 설령 목적의 정당성을 인정하더라도, 회원제 골프장에만 개별소비세를 부과하는 것은 회원제 골프장을 대중골프장으로 전환시키는 효과밖에 없어 사치성 소비 억제의 목적 달성에 적합한 수단이 아니다. 개별 골프장의 사치성을 고려하지 않고 일률적인 12,000원의 개별소비세를 부과하는 것은 침해의 최소성에 반하며, 사치·낭비 풍조의 억제에 관한 공익은 불분명한 반면 조세로 인한 사익의 침해는 중대하므로 법익의 균형성도 인정되지 않는다. 따라서 심판대상조항은 과잉금지원칙에 반하여 청구인의 재산권 또는 직업의 자유를 침해하는 것으로서 헌법에 위반된다.

나. 조세평등주의 위반

심판대상조항은 요트장, 승마장, 스키장 또는 고가의 회원제 스포츠센터 등 다른 사치성 체육시설이나 대중골프장에 대해서는 개별소비세를 부과하지 않으면서 회원제 골프장에 대하여만 개별소비세를 부과하여 같은 것을 합리적 이유 없이 다르게 취급하고, 경마장, 경륜장 등 사행시설에만 부과되고 있는 입장행위에 대한 개별소비세를 골프장에 부과하여 다른 것을 합리적 이유 없이 같게 취급한다. 따라서 심판대상조항은 조세평등주의 및 평등원칙에 반하여 헌법에 위반된다.

4. 판 단

가. 이 사건의 쟁점

청구인은 심판대상조항이 과잉금지원칙에 반하여 골프장 경영자의 재산권과 직업의 자유를 침해한다고 주장한다. 그런데 직업의 자유 침해에 관한 청구인의 주장은 개별소비세 부담으로 인해 골프장 경영에 재정적 어려움이 발생한다는 것으로서 재산권 침해에 대한 주장과 다르지 않으므로, 재산권 침해 여부에 대하여 판단하는 이상 이 부분에 대해서는 별도로 살피지 아니한다.

또한 청구인은 심판대상조항이 체육시설 중 골프장에 대해서만 그 입장행위에 개별소비세를 부과하고, 경마장 등 사행시설의 입장행위에만 부과하는 개별소비세를 골프장 입장행위에도 부과하고 있어 조세평등주의 및 평등원칙에 위배된다고 주장하므로, 이에 대하여도 살펴본다.

그렇다면 이 사건의 쟁점은 심판대상조항이 과잉금지원칙에 반하여 골프장 경영자의 재산권을 침해하는지 여부 및 조세평등주의에 위배되는지 여부이다.

나. 헌법재판소의 선례

헌법재판소는 헌재 2012. 2. 23. 2011헌가8 사건에서 이 사건 심판대상조항과 동일한 내용의 구 개별소비세법(1998. 1. 8. 법률 제5495호로 개정되고, 2008. 12. 26. 법률 제9259호로 개정되기 전의 것) 제1조 제3항 제4호(이하 '구 개별소비세법 조항'이라 한다)가 과잉금지원칙에 반하여 재산권을 침해하지 않고, 조세평등주의에도 반하지 않는다고 판단한 바 있다. 그 요지는 다음과 같다.

『(1) 과잉금지원칙 위반 여부

(가) 목적의 정당성 및 수단의 적합성

골프장 입장행위에 대한 개별소비세 부과는 세수 확보는 물론 사치성 소비의 담세력에 상응하는 조세부과를 통해 부가가치세의 역진성을 완화하고 과세의 형평성을 도모한다는 경제·사회 정책적 목적을 위한 것이다.

현재 우리나라의 골프 인구와 회원제 골프장 회원의 수 및 회원권의 가격이나 그린피 등을 고려할 때 골프장 이용행위에 사치성이 없다고 단정할 수 없고 골프는

아직 많은 국민들이 경제적 부담 없이 이용하기에는 버거운 고급스포츠임을 부인할 수 없다. 가사 골프가 더 이상 사치성 스포츠가 아니라는 인식이 확립되었다 하더라도 사회적 인식의 변화를 반영하여 법률의 개정 시점을 정하는 것은 입법자에게 판단의 여지가 있고, 특히 개별소비세 부과와 같은 조세정책적 영역에 있어서는 입법자의 재량이 더욱 넓어진다고 할 것이므로, 충분한 실증과 확신 없이 입법자의 판단이 잘못된 것이라고 섣불리 단정할 수도 없다. 다만, 골프인구의 증가와 그간의 경제사정의 변화를 감안할 때, 골프장 입장에 대한 개별소비세 부과가 과거에는 사치성 소비의 '억제'라는 측면에 초점이 맞추어졌다면, 이제는 사치성 소비에 대한 응능부담과 부가가치세의 역진성 완화라는 부분에 더 초점이 맞추어질 수는 있다.

이상의 점들을 종합할 때 골프장 입장행위에 대한 개별소비세 부과가 정당성을 상실하였다거나 그 수단이 부적절하다고 볼 수는 없다.

(나) 침해의 최소성 및 법익의 균형성

1998. 1.부터 지금까지 그대로 유지되어 오고 있는 1인 1회 입장에 대한 12,000원이라는 세율이 그린피 수준 등을 고려할 때 입법목적 달성에 필요한 정도를 넘는 자의적 세율이라거나 골프장 이용객 수의 과도한 감소를 초래할 정도의 세율이라고 보이지는 아니하므로, 위와 같은 세율의 설정은 필요한 범위 내의 것이라고 판단된다. 나아가 골프장의 운영형태 및 규모 등 제반사정에 비추어 사치성이 없다고 볼 수 있는 골프장 입장에 대하여는 개별소비세를 배제할 수 있는 길을 열어 놓고 있는 점에 비추어 보면, 구 개별소비세법 조항은 개별소비세 과세로 인한 국민의 피해를 가급적 적게 하고 골프장 경영을 희망하는 국민으로서도 자신의 선택에 따라 개별소비세 과세라는 규제로부터 벗어날 수 있는 길을 열어 놓음으로써 보호되는 공익과 제한되는 기본권 사이에 법익의 균형성이 유지되도록 하고 있다.

(2) 조세평등주의 위반 여부

구 개별소비세법 조항이 승마장 입장행위와 달리 골프장 입장행위에 대하여 개별소비세를 부과하는 것이 자의적인 차별에 해당하는지 살펴본다.

개별소비세의 입법과 관련하여 입법자는 과세할 경우 그 대상을 무엇으로 한정할 것이며 그 세율은 어느 정도로 할 것인가 등에 관하여 광범위한 입법형성의 자유를 갖는다. 다만 이러한 결정이 재정정책적, 국민경제적, 사회정책적, 조세기술적 제반 요소들에 대한 교량을 통하여 비합리적이고 불공정한 조치라고 인정될 때에는 조세평등주의에 반하여 위헌이 된다고 할 것이다.

수요가 미비한 품목에 대한 개별소비세의 부과는 그 품목의 수요를 더욱 감퇴시켜 자원배분의 왜곡을 초래하고 세수확보의 기능도 상실하게 되며 종국에는 세수보다 더 높은 징수비용을 초래할 수 있으므로 이를 과세대상에서 제외하는 것이 바람직할 수 있다. 2010년 현재 국내 승마인구는 25,000여 명, 승마장은 전국에 290여 개인 점에 비추어볼 때 승마장의 이용은 아직까지는 개별소비세를 부과할 정도의 수요가 있다고 보기는 어렵다. 나아가 어떠한 시설에 사치성이 있다고 판단되는 경우에도 그 중 어느 범위 내의 것을 개별소비세 과세대상으로 할 것인지 그리고 이에 대하여 어느 정도의 부담을 과할 것인지에 관하여는 입법자에게 광범위한 정책판단의 권한이 부여되어 있다 할 것인데, 시설이용의 대중성, 일반국민의 인식 등을 근거로 승마장 입장행위는 그 수요에 비추어 개별소비세 부과가 적절하지 아니하다고 본 입법자의 판단이 정책형성권의 한계를 일탈한 자의적인 조치라고 보기는 어렵다. 이상과 같은 점을 고려해보면 골프장 입장행위에 대하여 개별소비세를 부과하는 구 개별소비세법 조항은 승마장 입장행위에 비하여 불합리한 차별을 가하는 것이라 할 수 없어 조세평등주의에 위배되지 아니한다.』

다. 선례변경의 필요성

(1) 과잉금지원칙 위반 여부

(가) 선례 결정이 선고된 이래 지속적으로 골프 인구가 늘어나고 골프장이 증설되었으나, 2023년 현재 회원제 골프장의 비회원에 대한 주말 골프장의 1인당 이용료는 그린피와 기타 부가 비용을 포함하여 30만 원 내외에 이르고, 골프장 회원권의 평균 가격은 2억 원을 상회하는 것으로 나타나며, 체육활동으로서 골프를 경험한 국민의 비율도 5%대에 그치는 것으로 조사되는 등 여전히 비용과 이용접근성, 일반 국민의 인식 측면에서 골프장 이용행위가 사치성 소비로서의 성격이 완전히 희석되었다거나 대중적인 소비행위로 자리 잡았다고 보기는 어렵다. 여기에 개별 골프장의 이용료가 지속적으로 상승해온 것에 비해, 개별소비세의 세율은 1998년 이래 12,000원의 고정된 세율이 유지되고 있는 점도 고려할 필요가 있다.

(나) 정부는 2022. 1. '골프장 이용 합리화 및 골프산업 혁신방안'을 마련하여 골프산업 저변 확대와 골프의

대중화를 추진하였고, 이에 따라 골프 관련 법령과 세제가 정비되었다.

먼저, 2022. 5. 3. 법률 제18860호로 개정된 '체육시설의 설치·이용에 관한 법률'은 골프장업을 '회원제 골프장업'과 '비회원제 골프장업'으로 분류한 다음 비회원제 골프장 중에서 대통령령으로 정하는 바에 따라 이용료 상한 등 대중성 요건을 충족하는 골프장을 '대중형 골프장'으로 지정할 수 있도록 하였으며, 국가와 지방자치단체가 이러한 대중형 골프장에 필요한 지원을 할 수 있도록 하였다(제10조의2 제1항 내지 제3항).

또한 정부는 공공형 골프장과 같은 대중친화적 골프장의 확충, 골프에 대한 사회적 인식 개선 등 골프산업 저변의 확대를 추진하면서, 국내 골프장의 대중화를 유도할 목적으로 융자 지원 등 강화된 정책적 지원과 세제혜택이 대중형 골프장에 집중되도록 하였다. 심판대상조항에 의한 개별소비세도 2023. 2. 28 대통령령 제33273호로 개별소비세법 시행령이 개정되면서 대중형 골프장에는 부과되지 않고, 대중성 요건에 구애됨 없이 고가·고급화를 고수하는 비회원제 골프장과 회원제 골프장에만 부과되도록 과세 대상이 변경되었다. 이는 정부가 골프 산업의 발전과 골프의 대중화를 적극 장려하고 지원하고자 함을 분명히 하면서, 여전히 사치성 또는 고가·고급화 경향이 드러나는 회원제·비회원제 골프장에 대해서만 개별소비세를 부과하기로 한 것으로 볼 수 있다.

(다) 선례 결정이 선고된 당시와 마찬가지로, 심판대상조항에 의한 개별소비세는 국가가 과세 정책을 운용하면서 그 정책목적과 필요에 부합하는 방향과 수준에 맞추어 과세 대상의 조정이 가능하도록 규정되어 있다. 실제 과세 정책의 운용 역시 정책목적과 사회의 변화에 따라 이제는 골프를 장려하고 그 대중화를 지원하면서 사치성이 두드러지는 골프장에만 과세하는 방향으로 제도가 변화하여 현행에 이르고 있음을 알 수 있다. 개념상 개별소비세의 면제 대상이 되는 골프장 유형이 줄어들어 과세 대상이 늘어난 것처럼 보일 소지가 있으나, 실제 개별소비세를 신고하여 납부한 골프장의 수는 총 골프장 수의 지속적 증가에도 불구하고 2012년 약 200개소에서 2023년 기준 약 160개소로 감소하였다.
(라) 이상의 내용을 종합하면, 이 사건에서 선례와 달리 판단하여야 할 사정변경이나 필요성은 인정되지 않는다. 따라서 심판대상조항은 과잉금지원칙에 반하여 재산권을 침해한다고 볼 수 없다.

(2) 조세평등주의 위반 여부

(가) 선례에서 골프장과 비교집단으로 설정되어 판단한 바 있는 승마장의 경우, 선례 선고 당시에 비해 승마장업의 활성화 지표라 할 수 있는 승마인구, 승마장, 승마용 말의 수가 상당히 증가한 것은 사실이다. 그러나 2022년 기준 승마 부문의 산출총액은 약 1,000억 원대로 추산되고 있어 6조 원을 상회하는 골프장 운영업의 매출액과 비교할 때 승마 부문의 수요는 여전히 개별소비세를 부과할 정도의 수요라고 보기 어렵다. 수요가 미비한 품목의 경우 그에 대한 개별소비세 과세가 가져올 수 있는 역효과나 징수비용, 시설이용의 대중성 및 일반국민의 인식 등을 고려해 과세대상에서 제외할 수 있다고 본 선례의 논지는 이 사건에서도 타당하다 할 것이므로, 승마장과 관련하여 선례와 달리 판단할 사정변경은 인정되지 않는다.

(나) 청구인은 승마장 외에도 요트장, 스키장, 고가의 회원제 스포츠클럽의 입장행위에 대해서는 부과되지 않는 개별소비세가 골프장에만 부과되는 것이 조세평등주의에 반한다는 취지로 주장한다.

요트장의 경우 요트장을 포함한 기타 수상스포츠시설 운영업 전체의 매출액이 2022년 기준 1,300억 원대로 조사되고 있는데, 개별소비세 과세대상 설정에 있어서 입법자가 갖는 재량에 비추어 볼 때 승마장과 마찬가지로 이를 과세대상에서 제외하는 것이 자의적인 조치라고 보기는 어렵다. 스키장은 이용료 수준과 이용시기·방법이 골프장과 다르고, 스키장업의 연 매출과 연간 이용객 수도 골프장에 비해 현저히 낮은 수준으로 이를 골프장과 단순히 비교할 수 없다. 고가의 회원제 스포츠클럽 역시 그 업체수가 골프장에 비해 적고 통상 연회비 방식으로 이용되고 있어 개별 입장행위에 대한 과세가 적절하지 않고 징수비용이 세수에 비해 과도할 수 있으므로, 이에 대해 개별소비세를 부과하지 않는 것이 골프장 입장행위에 대한 과세와의 관계에서 자의적인 과세라고 하기는 어렵다.

(다) 청구인은 입장행위에 대한 개별소비세가 골프장을 제외하고는 경마장, 경륜장, 투전기장, 카지노 등(이하 '경마장 등'이라 한다) 사행행위가 이루어지는 장소에만 부과되고 있으므로, 심판대상조항이 합리적인 이유 없이 '다른 것을 같게' 취급하여 평등원칙에 위배된다고도 주장한다.

그러나 경마장 등 입장행위에 대한 개별소비세는 사행행위를 규제하고 억제하기 위한 것으로, 위에서 살뀐 골프장 입장행위에 대한 과세와 그 목적과 세율이 다르다. 경마장 등과 골프장에 대한 개별소비세는 각 입장행위에 대한 과세라는 과세 방식의 공통점으로 인하여 입법기술상 같은 항목에 규정되어 있을 뿐이며, 단순히 형식상 같은 조항에 규정되었다는 사정만으로 서로 다른 것을 같게 취급하는 것이라고 할 수 없다.

(라) 이상의 내용을 종합하면, 이 사건에서 선례와 달리 판단하여야 할 사정변경이나 필요성은 인정되지 않으므로, 심판대상조항은 조세평등주의에 위배되지 않는다.

5. 결 론

그렇다면 심판대상조항은 헌법에 위반되지 아니하므로 주문과 같이 결정한다. 이 결정에는 아래 6.과 같은 재판관 이종석, 재판관 이영진, 재판관 김형두의 반대의견이 있는 외에는 관여 재판관들의 일치된 의견에 의한 것이다.

6. 재판관 이종석, 재판관 이영진, 재판관 김형두의 반대의견

우리는 법정의견과 달리 심판대상조항이 헌법에 합치되지 아니한다고 판단하므로 아래와 같이 반대의견을 밝힌다.

가. 과잉금지원칙 위반 여부

(1) 목적의 정당성 및 수단의 적합성

골프장 입장행위에 대하여 개별소비세를 부과하는 심판대상조항은 오락적인 면도 가지고 있는 고액의 소비행위에 담세력을 인정하여 이에 대한 응능부담을 통해 과세의 형평성을 도모하고자 한 것으로, 이러한 입법목적의 정당성은 인정된다.

그러나 골프장을 일부 특수부유층의 전유물인 호화사치성 위락시설로 보고 그 입장행위에 대한 과세를 처음 도입했던 구 입장세법이 제정된 1949년이나, 현행 개별소비세법의 원형이라 할 수 있는 구 특별소비세법이 제정된 후 시행되었던 1977년의 사정과, 지난 수십 년 동안의 고도의 경제성장과 사회발전 및 생활수준 향상으로 국민의 생활방식이 근본적으로 달라진 오늘의 현실을 비교해볼 때, 골프장의 입장행위에 대하여 개별소비세를 부과하는 것이 여전히 타당하다고 할 수 있는지는 면밀히 살펴볼 필요가 있다.

구 특별소비세법이 제정되어 시행되었던 1977년에 비하여 명목국민총소득은 2023년까지 30배 이상 증가하였고, 국내총생산(GDP)은 세계 10위권대에 달하게 되었다. 그동안의 경제성장에 힘입어 골프도 급속히 확산되어 1973년에 8개에 불과했던 국내 골프장 수는 2023년에 500개를 넘어섰으며, 연간 골프장 이용객 연인원은 약 5,000만 명에 달하고 있다. 문화체육관광부가 최근 발표한 국민생활체육조사에 따르면 골프는 종목별 생활체육 참여율에서는 걷기, 등산, 보디빌딩, 수영에 이은 5위, 생활체육 경험률에서는 7위를 기록한 종목으로 조사되었다. 스크린 골프장의 활성화로 골프의 잠재적인 수요층은 더욱 확산되고 있다. 골프는 1986년부터 전국체육대회에 정식 종목으로 채택되었고, 1982년부터 아시안게임에서, 2016년부터 올림픽에서 정식 종목으로 채택되어 국내외적으로 공식적인 종합체육행사의 인기 종목으로 자리 잡은 지 오래이다.

그동안 이루어낸 눈부신 경제성장과 이를 바탕으로 한 레저문화의 발달, 골프 인구와 시설의 증가 추세 등에 비추어보면 골프장 이용행위는 특수부유층이 향유하는 고가의 오락성 소비활동이라고 보기는 어렵고, 오히려 다수의 일반인들이 즐길 수 있는 대중적 스포츠로서 국가가 적극 장려하고 지원해주어야 할 건전한 체육활동으로 자리 잡았다고 봄이 상당하다.

이처럼 골프장 이용행위는 더 이상 응능부담과 과세의 형평을 위해 부과되는 개별소비세의 과세 대상이 될 만한 사치성 소비행위로 보기 어렵다 할 것이므로, 골프장 이용행위에 대하여 개별소비세를 부과하는 심판대상조항은 개별소비세법의 입법 목적에 기여할 수 있는 적절한 수단이라 할 수 없다.

(2) 침해의 최소성 및 법익의 균형성

심판대상조항은 골프장 1인 1회의 입장에 대하여 12,000원이라는 획일적 세율을 정하고 있다. 골프장 이용행위가 고액의 소비행위라는 점을 인정하고 그 담세력을 인정하여 세금을 부과한다 하더라도 골프장의 규모, 시설의 정비상황, 이용료 등 다양한 요소를 고려하여 세율을 차등적으로 적용할 수 있는 가능성을 완전히 배제한 것은 구체적인 사안에 따라서는 지나친 세율의 적용이 될 수도 있다.

게다가 교육세법 제3조 제2호, 농어촌특별세법 제3조 제3호에 따라 심판대상조항에 의한 개별소비세 납세의무자는 교육세 및 농어촌특별세를 납부하여야 한다. 이에 따라 실제 납세의무자는 개별소비세(12,000원), 교육세(3,600원), 농어촌특별세(3,600원), 부가 가치세(1,920원)를 합하여 1인 1회의 입장행위마다 21,120원을 납부하여야 하는데, 위 금액은 골프장에 따라서는 그린피의 10% 내외에 달하여 적지 않은 부담이 되고 있다.

그러므로 골프장 시설 수준, 이용요금, 정비 상황 등을 고려하여 차등적으로 세율을 설정함으로써 입법목적 달성을 위해 보다 덜 제한적인 다른 수단을 선택할 수 있음에도 불구하고 일률적으로 1인 1회의 입장에 대하여 12,000원의 세율을 적용하고, 이에 더하여 교육세 등 합계 21,120원의 세금을 부과하는 것은 침해의 최소성에 반한다. 나아가 골프장 입장행위에 대한 과세로 달성될 수 있는 과세형평 등 공익은 불분명한 반면, 해당 조세 부담에 의해 침해되는 사익은 헌법이 보호하는 재산권의 침해에 이르는 정도에 해당하는 것이므로, 심판대상조항이 달성하고자 하는 공익과 침해되는 사익 사이에 적정한 비례관계를 이루고 있다고 보기 어렵다.

(3) 소결

요컨대, 골프장 입장행위에 개별소비세를 부과하는 것에 대하여는 위에서 본 바와 같은 시대적 변화의 진지한 반영이 필요하고, 설령 이를 개별소비세로 규제한다 하더라도 세율의 적용에 있어서는 골프장의 규모나 시설 상황 등에 따라 적정한 세금을 부과할 수 있도록 하여야 한다. 이러한 사정에 대한 고려 없이 골프장 입장행위에 대해 일률적인 세율의 개별소비세를 부과하는 심판대상조항은 과잉금지원칙에 반하여 재산권을 침해한다.

나. 조세평등주의 위반 여부

(1) 심판대상조항은 '체육시설의 설치·이용에 관한 법률'의 적용을 받는 체육시설 중 골프장에 대해서만 그 입장행위에 개별소비세를 부과하고 있으므로, 다른 체육시설과 달리 골프장만을 차별취급할 합리적인 이유가 있는지 여부를 살펴본다.

(2) '체육시설의 설치·이용에 관한 법률'의 적용을 받는 체육시설 중 일반적으로 이용료가 높다고 할 수 있는 승마장이나, 고가의 회원권을 보유한 자가 배타적·우선적으로 시설을 이용하는 회원제 스포츠클럽, 요트장 등은 비용이나 일반인의 이용접근성 측면에서 골프장과 유사하다고 볼 여지가 상당하다.

승마의 경우 관련 통계에 따르면 2023년 기준 정기승마 인구수는 약 6만 6천여 명에 불과하고, 이용료·레슨비 또한 고액이어서 고급 스포츠라는 인식이 강한 것이 사실이다. 또한 일부 호텔 피트니스 클럽의 경우 회원권의 가격이 수 천만 원을 초과하고, 회원권을 구입한 회원만이 그 시설을 배타적·우선적으로 이용할 수 있다. 요트장 역시 이용료나 이용접근성 등 측면에서 사치성 스포츠 시설로 인식되고 있다. 이들 체육시설의 회원권인 승마회원권, 종합체육시설 이용회원권, 요트회원권에 대해서는 골프회원권과 함께 그 취득에 취득세가 부과되고 있는데(지방세법 제7조 제1항), 이는 사치성이나 이용접근성에 있어 이들 회원제 체육시설을 동일하게 평가한 것으로 볼 수 있다.

그런데, 위 체육시설 중 입장행위에 대하여 개별소비세가 부과되는 것은 골프장이 유일하다. 개별소비세의 정책적 목적이나 입법자가 조세법 영역에서 폭넓은 입법형성권을 가진다는 점을 긍정한다고 하더라도, 입장료 수준이나 이용행위의 태양 등 이용접근성 측면에서 본질적인 차이가 없는 체육시설 중 골프장에 대하여만 개별소비세를 부과하는 것은 합리적인 이유가 있다고 볼 수 없고, 그 차별취급의 필요성 또한 발견할 수 없다.

따라서 심판대상조항은 합리적 이유 없이 같은 것을 다르게 대우한 것으로서 조세평등주의에 위반된다.

다. 결론

앞서 살펴본 바와 같이 심판대상조항은 과잉금지원칙 및 조세평등주의에 반하여 헌법에 위반된다. 그러나 심판대상조항에 대하여 단순위헌으로 선언하여 즉시 효력을 상실하게 될 경우에는 골프장 입장행위에 대하여 개별소비세를 부과하는 법적 근거가 사라져 법적인 공백 상태를 초래하게 될 뿐만 아니라 앞서 지적한 위헌적인 요소를 구체적으로 어떠한 내용으로 합헌적으로 조정할 것인지는 원칙적으로 입법자의 형성재량에 속한다. 특히 일률적·장기적으로 다수의 국민을 대상으로 하는 세법규정에 있어서는 입법자로 하여금 정책적 판단을 숙고할 수 있는 여유를 주어 충분한 사회적 합의를 거쳐 위헌적인 문제점을 해결하도록 함이 상당하다. 따라서 심판대상조항에 대하여 헌법불합치 결정을 선고하되, 이를 대체하여 적용할 새로운 입법이 이루어질 때까지 심판대상조항을 잠정적으로 계속 적용하도록 함이 타당하다.

재판관 이종석 이은애 이영진 김기영 문형배 이미선 김형두 정정미 정형식

107. 저탄소 녹색성장 기본법 제42조 제1항 제1호 위헌확인 등

[2024. 8. 29. 2020헌마389, 2021헌마1264, 2022헌마854, 2023헌마846(병합)]

【판시사항】

가. 폐지된 구 '저탄소 녹색성장 기본법'(이하 '구 녹색성장법'이라 한다) 제42조 제1항 제1호와 같은 법 시행령 제25조 제1항에 대한 심판청구의 주관적 권리보호이익 소멸 여부 및 헌법적 해명의 필요성 인정 여부(소극)

나. 정부가 2023. 4. 11. 수립한 '제1차 국가 탄소중립 녹색성장 기본계획'(이하 '이 사건 기본계획'이라 한다) 중 'Ⅶ. 재정계획 및 기대효과' 가운데 '1. 재정투자 계획' 부분(이하 '이 사건 재정계획'이라 한다)이 공권력행사로서 헌법소원심판의 대상이 되는지 여부(소극)

다. 국가의 온실가스 감축목표 설정 행위가 국민의 환경권에 관한 보호의무를 위반하였는지 여부에 관한 심사기준

라. 정부가 '국가 온실가스 배출량을 2030년까지 2018년의 국가 온실가스 배출량 대비 35퍼센트 이상의 범위에서 대통령령으로 정하는 비율만큼 감축하는 것'을 '중장기 국가 온실가스 감축 목표'로 하도록 규정한 '기후위기 대응을 위한 탄소중립·녹색성장 기본법'(이하 '탄소중립기본법'이라 한다) 제8조 제1항이 국민인 청구인들의 환경권을 침해하는지 여부(적극)

마. 탄소중립기본법 제8조 제1항에 대한 헌법불합치 결정의 필요성

바. 탄소중립기본법 제8조 제1항의 '대통령령으로 정하는 비율'을 40퍼센트로 규정한 같은 법 시행령 제3조 제1항이 청구인들의 환경권 등 기본권을 침해하는지 여부(소극)

사. 이 사건 기본계획 중 'Ⅴ. 중장기 감축 목표' 가운데 '나. 부문별 감축목표' 부분 및 '다. 연도별 감축목표' 부분(이하 '이 사건 부문별 및 연도별 감축목표'라 한다)이 과소보호금지원칙 또는 법률우위원칙을 위반하였는지 여부(소극)

아. 이 사건 부문별 및 연도별 감축목표에 관하여 4인의 재판관이 기각의견, 5인의 재판관이 위헌의견으로, 헌법소원에 관한 인용결정을 위한 심판정족수에 이르지 못하여 기각결정을 선고한 사례

【결정요지】

가. 구 녹색성장법 제42조 제1항 제1호와 같은 법 시행령 제25조 제1항(2016. 5. 24. 개정된 조항 및 2019. 12. 31. 개정된 조항)이 규정한 '온실가스 감축 목표'는 탄소중립기본법 제8조 제1항 및 같은 법 시행령 제3조 제1항이 2022. 3. 25. 각각 시행됨으로써 폐지되었고, 국가의 중장기 온실가스 감축목표가 변경되어 다시 설정되었으므로, 더 이상 청구인들을 비롯한 국민에게 적용될 여지가 없게 되었으며, 이로써 감축 기준이 상향되고, 그 형식과 관련된 조항들의 체계도 변경되었다. 따라서 이 사건 심판청구 중 위 조항들에 대한 부분은 주관적 권리보호이익이 소멸하였고, 헌법적 해명의 필요성도 인정되지 않는다.

나. 이 사건 재정계획은 정부가 편성하고 국회가 의결하는 규범인 예산에 관한 중장기적인 계획을 정한 것일 뿐, 국민의 기본권에 직접적 영향을 미치는 공권력행사라고 보기 어려우므로, 헌법소원심판의 대상이 되지 않는다.

다. 국가가 국민의 건강하고 쾌적한 환경에서 생활할 권리에 관한 보호의무를 다하지 않았는지를 헌법재판소가 심사할 때에는 '과소보호금지원칙'의 위반 여부를 기준으로 삼아, 개별 사례에서 기본권침해가 예상되어 보호가 필

요한 ‘위험상황’에 대응하는 ‘보호조치’의 내용이, 문제 되는 위험상황의 성격에 상응하는 보호조치로서 필요한 최소한의 성격을 갖고 있는지에 따라 판단하는데, 위험상황의 성격 등은 ‘과학적 사실’과 ‘국제기준’에 근거하여 객관적으로 검토되어야 한다.

탄소중립기본법 제8조 제1항 및 같은 법 시행령 제3조 제1항이 설정한 중장기 감축목표와 이 사건 부문별 및 연도별 감축목표가 과소보호금지원칙을 위반하였는지 여부는 기후위기라는 위험상황의 성격에 상응하는 보호조치로서 필요한 최소한의 성격을 갖추었는지를 기준으로 판단하며, 온실가스 감축의 구체적인 목표치가 전 지구적인 감축 노력의 관점에서 우리나라가 기여해야 할 몫에 부합하는지, 감축목표 설정의 체계가 기후변화의 영향과 온실가스 배출 제한의 측면에서 미래에 과중한 부담을 이전하지 않는 방식으로, 또한 온실가스 감축이 실효적으로 담보될 수 있는 방식으로 제도화되어 있는지 등을 과학적 사실과 국제기준을 고려하여 판단하여야 한다.

한편, 탄소중립기본법 제8조 제1항이 의회유보원칙을 포함하는 법률유보원칙을 위반하였는지 여부는 그 규율 대상인 온실가스 감축목표의 설정 방식이 기후위기에 대한 보호조치로서 갖추어야 하는 성격을 고려하여 판단하여야 한다.

라. 탄소중립기본법 제8조 제1항과 같은 법 시행령 제3조 제1항이 설정한 2030년까지의 중장기 감축목표로서 국가 온실가스 배출량을 2018년 대비 40%만큼 감축한다는 감축비율의 수치만으로는, 전 지구적 온실가스 감축 노력의 관점에서 우리나라가 기여해야 할 몫에 현저히 미치지 못한다거나, 기후변화의 영향과 온실가스 배출 제한의 측면에서 미래에 과중한 부담을 이전하는 것이라고 단정하기 어렵다.

연도별 감축목표의 이행현황 점검이나 배출권거래제 등 배출량 목표 달성을 보장하기 위한 수단들과 관련하여, 매년 정량적 감축목표가 달성되지 않은 경우 추후의 감축목표에 미달성 부분을 추가하는 규율이 법률에 명시되어 있지 않다는 이유로, 탄소중립기본법 제8조 제1항의 온실가스 감축목표 설정 방식이 온실가스 감축을 실효적으로 담보할 수 있도록 설계되지 않은 것으로 볼 수도 없다.

그러나 탄소중립기본법 제8조 제1항에서 2031년부터 2049년까지의 감축목표에 관하여 어떤 형태의 정량적 기준도 제시하지 않은 것은, 같은 조 제4항의 온실가스 감축목표 재설정 주기나 범위 등 관련 법령의 체계를 살펴보더라도 2050년 탄소중립의 목표 시점에 이르기까지 점진적이고 지속적인 감축을 실효적으로 담보할 수 없으므로, 미래에 과중한 부담을 이전하는 방식으로 온실가스 감축목표를 규율한 것이다. 구체적인 감축목표를 정할 때 단기적일 수도 있는 정부의 상황 인식에만 의존하는 구조로는 온실가스 감축정책의 적극성 및 일관성을 담보하기 어렵다.

따라서 탄소중립기본법 제8조 제1항은 2031년부터 2049년까지의 감축목표에 대한 규율에 관하여 기후위기라는 위험상황에 상응하는 보호조치로서 필요한 최소한의 성격을 갖추지 못하였으므로 과소보호금지원칙을 위반하였다.

한편, 탄소중립기본법 제8조 제1항에서 2030년까지의 감축목표에 대하여 2030년을 목표연도로 한 2018년 대비 감축비율의 하한만 법률에서 정하였을 뿐, 구체적인 감축비율의 수치는 대통령령에 위임하고 감축의 경로는 정부가 설정하는 부문별 및 연도별 감축목표에 따르도록 한 것은 법률유보원칙을 위반한 것으로 볼 수 없다. 그러나 중장기적인 온실가스 감축목표와 감축경로를 계획할 때에는 매우 높은 수준의 사회적 합의가 필요하다는 점, 미래세대는 민주적 정치과정에 참여하는 것이 제약되어 있다는 점과 관련하여 입법자에게 더욱 구체적인 입법의무와 책임이 있음을 고려할 때, 2031년부터 2049년까지의 감축목표에 관하여 대강의 정량적 수준도 규정하지 않고 이에 관해 정부가 5년마다 정하도록 한 것은 의회유보원칙을 포함하는 법률유보원칙을 위반한 것이다.

결국 탄소중립기본법 제8조 제1항은 과소보호금지원칙 및 법률유보원칙에 반하여 기본권 보호의무를 위반하였으므로 청구인들의 환경권을 침해한다.

마. 탄소중립기본법 제8조 제1항의 규범영역 전부에 대한 효력을 상실시킬 경우, 2050년의 탄소중립 목표 시점 이전에 존재하는 정량적인 중간 목표가 사라지므로, 오히려 온실가스 감축에 관한 제도적 장치가 후퇴하는 더욱 위헌적인 상황이 발생하게 되며, 2031년부터 2049년까지의 정량적인 온실가스 감축목표의 수준을 어떻게 정할지 등에 관해서는 입법자에게 광범위한 입법형성의 권한이 있다. 따라서 탄소중립기본법 제8조 제1항에 대해서는, 2026. 2. 28.을 시한으로 개선입법이 있을 때까지 계속 적용을 명하는 헌법불합치결정을 한다.

바. 탄소중립기본법 시행령 제3조 제1항은 같은 법 제8조 제1항의 위임을 받아 2030년 중장기 감축목표의 구체적인 비율의 수치를 정한 것일 뿐이므로, 과소보호금지원칙에 반하여 기본권 보호의무를 위반하였다고 볼 수 없어 청구인들의 환경권 등 기본권을 침해하지 않는다.

사. 재판관 이종석, 재판관 이은애, 재판관 이영진, 재판관 김형두의 기각의견

(1) 이 사건 부문별 및 연도별 감축목표는 감축경로 및 감축수단에 관한 계획을 수립하는 관점에서는, 미래에 과중한 부담을 이전한 것이라거나 탄소중립기본법 제8조 제1항 및 같은 법 시행령 제3조 제1항이 설정한 중장기 감축목표를 달성할 수 없도록 설계되었다고 단정할 수 없고, 기후위기라는 위험상황에 상응하는 보호조치로서 필요한 최소한의 성격을 갖추지 못하였다고 보기 어려우므로, 과소보호금지원칙을 위반하였다고 할 수 없다.

(2) 탄소중립기본법 제8조 제1항은 '배출량'이라는 용어를 사용하고 있을 뿐이고, 탄소중립기본법 및 같은 법 시행령에서 사용되는 '배출량'의 의미를 정의하거나 그 산정 방식을 구체화한 규정은 없다. 우리나라는 탄소중립기본법 제정으로 폐지된 구 녹색성장법 등에서 2030년의 국가 온실가스 감축목표를 설정하고 그 이행을 위한 노력을 지속적으로 해왔으므로, 구법에서 정한 '기준연도의 총배출량 기준'을 새로운 법에서도 유지할 필요가 있다. 2050년 탄소중립을 달성하기 위한 중간 목표인 2030년의 '배출량'은 그에 상응하여 '순배출량'으로 해석하는 것이 타당한 것으로 보이나, 2018년은 이미 지나간 시점으로서 비교 대상으로서의 의미만 가지므로, 이를 반드시 '순배출량'으로 새겨야 할 당위는 없다.

우리나라가 국가결정기여에 2018년도 기준 온실가스 배출량에 관해 흡수원 부문을 제외하였음을 명시한 이상, 2018년의 '배출량(합계)' 부분에 '흡수 및 제거' 부분을 반영하지 않은 '총배출량'만을 기재한 것이 파리협정이 추구하는 '투명성'에 반한다고 볼 수 없고, 탄소중립기본법 제8조 제1항 및 같은 법 시행령 제3조 제1항이 정한 40퍼센트라는 수치는 탄소중립으로 나아가는 중간 단계로, 향후 수립될 행정계획을 종합하여 2050년까지 탄소중립을 달성할 가능성이 열려 있으므로 설령, 이 사건 부문별 및 연도별 감축목표의 '배출량(합계)'을 '순배출량'으로 통일하는 경우 40퍼센트에 다소 못 미치는 감축목표가 설정된다고 하더라도 국가가 환경권의 보호를 위한 '최소한의 보호조치도 다 하지 않았다'고 판단하기는 어렵다.

따라서 이 사건 부문별 및 연도별 감축목표는 배출량 목표치 산정방식에 관하여 상위 법령에 위반되지 않으며, 과소보호금지원칙에도 반하지 않는다.

재판관 김기영, 재판관 문형배, 재판관 이미선, 재판관 정정미, 재판관 정형식의 위헌의견

(1) 이 사건 부문별 및 연도별 감축목표가 감축경로 및 감축수단에 관하여 과소보호금지원칙을 위반하지 않았다는 점에 대해서는 기각의견과 같다.

(2) 탄소중립기본법 제8조 제1항은 하나의 조항에서 '국가 온실가스 배출량'이라는 동일한 용어를 2018년도와 2030년도에 관하여 두 번 사용하면서 다른 설명은 붙이지 않았으므로, 이에 따르면 양자의 '배출량' 기준을 달리 할 수 없고, 감축의 비율을 정한 계산식의 측면에서도 입력 값과 산출 값의 기준이 다를 수 없다.

탄소중립기본법의 체계와 입법목적 등에 비추어 보면, 정부가 부문별 및 연도별 감축목표를 설정할 때, 기준연도와 목표연도의 '국가 온실가스 배출량' 수치 모두 '순배출량'을 기준으로 산정하는 것이 합리적으로 보이고, 기준점과 목표점의 수치 산정 기준을 달리하면 과학적·정책적으로 합리적인 감축경로가 관리되지 않는다. 만약 기준연도에는 흡수량을 반영하지 않고 목표연도에만 반영한다면, '국가 온실가스 배출량' 감축에 관한 왜곡이 발생하게 되는데, 이는 파리협정이 추구하는 '투명성'에 반하고, 다른 부문의 실질적인 감축 노력을 강화하는 데에도 장애가 된다.

이 사건 부문별 및 연도별 감축목표에서 설정한 2030년의 국가 온실가스 배출량 목표치는, 탄소중립기본법 제8조 제1항의 '국가 온실가스 배출량'을 모두 '순배출량'으로 해석하거나(2018년 대비 36.4%), '총배출량'으로 해석하거나(2018년 대비 29.6%), 법령이 설정한 40%의 감축비율에 미치지 못하고, 기후위기에 대한 완화 조치를 규율하는 법적인 제도로서의 실효성을 확보하지 못하였다.

이 사건 부문별 및 연도별 감축목표에서 정부가 채택한 '기준연도 총배출량 - 목표연도 순배출량'의 배출량 목표치 산정 방식은, 탄소중립기본법 제8조 제1항에서 입법자가 온실가스 감축목표를 정량화한 체계를 자의적으로 변경하여 기후위기를 완화하는 보호조치의 수준을 낮추는 것이므로, 이와 같은 정부의 법률해석은 받아들일 수 없다.

따라서 이 사건 부문별 및 연도별 감축목표는, 배출량 목표치 산정 방식의 관점에서 과소보호금지원칙을 위반하였거나, 또는 법치행정의 법률우위원칙을 위반하였다. 다만 그 효력을 바로 상실시킬 경우, 온실가스 감축에 관한 제도적 장치가 후퇴하는 더욱 위헌적인 상황이 발생하게 되므로, 청구인들의 환경권을 침해하여 위헌임을 확인하는 결정을 선고해야 할 것이다.

아. 이 사건 부문별 및 연도별 감축목표에 대한 심판청구에 관하여는, 재판관 4인이 기각의견이고, 재판관 5인이 위헌의견으로, 위헌이라는 의견이 다수이지만, 헌법 제113조 제1항, 헌법재판소법 제23조 제2항 단서 제1호에서 정한 헌법소원에 관한 인용결정에 필요한 심판정족수에 이르지 못하였으므로 기각결정을 선고한다.

【심판대상조문】

구 저탄소 녹색성장 기본법(2010. 1. 13. 법률 제9931호로 제정되고, 2021. 9. 24. 법률 제18469호로 폐지되기 전의 것) 제42조 제1항 제1호

구 저탄소 녹색성장 기본법 시행령(2016. 5. 24. 대통령령 제27180호로 개정되고, 2019. 12. 31. 대통령령 제30303호로 개정되기 전의 것) 제25조 제1항

구 저탄소 녹색성장 기본법 시행령(2019. 12. 31. 대

통령령 제30303호로 개정되고, 2022. 3. 25. 대통령령 제32557호로 폐지되기 전의 것) 제25조 제1항

기후위기 대응을 위한 탄소중립·녹색성장 기본법(2021. 9. 24. 법률 제18469호로 제정된 것) 제8조 제1항

기후위기 대응을 위한 탄소중립·녹색성장 기본법 시행령(2022. 3. 25. 대통령령 제32557호로 제정된 것) 제3조 제1항

정부가 2023. 4. 11. 수립한 제1차 국가 탄소중립 녹색성장 기본계획 중 'V. 중장기 감축 목표' 가운데 '나. 부문별 감축목표' 부분 및 '다. 연도별 감축목표' 부분, 'Ⅶ. 재정계획 및 기대효과' 가운데 '1. 재정투자 계획' 부분

【참조조문】

헌법 전문, 제10조, 제34조 제6항, 제35조 제1항, 제2항, 제37조 제2항, 제113조 제1항, 제122조

헌법재판소법 제23조 제2항 단서 제1호, 제40조 제1항, 제68조 제1항, 제75조 제3항

구 저탄소 녹색성장 기본법(2010. 1. 13. 법률 제9931호로 제정되고, 2021. 9. 24. 법률 제18469호로 폐지되기 전의 것) 제42조 제1항 제2호, 제3호, 제4호

구 저탄소 녹색성장 기본법 시행령(2010. 4. 13. 대통령령 제22124호로 제정되고, 2016. 5. 24. 대통령령 제27180호로 개정되기 전의 것) 제25조 제1항

기후위기 대응을 위한 탄소중립·녹색성장 기본법(2021. 9. 24. 법률 제18469호로 제정된 것) 제7조 제1항, 제8조 제2항, 제3항, 제4항, 제10조 제1항, 제2항 제1호, 제4호, 제10호

기후위기 대응을 위한 탄소중립·녹색성장 기본법 시행령(2022. 3. 25. 대통령령 제32557호로 제정된 것) 제3조 제2항, 제4항

【참조판례】

가. 헌재 1995. 5. 25. 91헌마44, 판례집 7-1, 687, 694

헌재 2003. 5. 15. 2001헌마565, 판례집 15-1, 568, 575-576

헌재 2009. 4. 30. 2007헌마103, 판례집 21-1하, 278, 308-309

나. 헌재 2006. 4. 25. 2006헌마409, 공보 115, 604, 605

다. 헌재 1992. 10. 1. 92헌마68등, 판례집 4, 659, 667-669

헌재 1999. 5. 27. 98헌바70, 판례집 11-1, 633, 643-644

헌재 2004. 3. 25. 2001헌마882, 판례집 16-1, 441, 454

헌재 2008. 12. 26. 2008헌마419등, 판례집 20-2하, 960, 974-975

헌재 2009. 10. 29. 2007헌바63, 판례집 21-2하, 103, 116-117

헌재 2015. 4. 30. 2012헌마38, 판례집 27-1하, 12, 28-29

헌재 2015. 10. 21. 2012헌마89등, 판례집 27-2하, 84, 95-97

헌재 2016. 10. 27. 2012헌마121, 판례집 28-2상, 654, 666

헌재 2019. 12. 27. 2018헌마730, 판례집 31-2하, 315, 320-322

헌재 2020. 3. 26. 2017헌마1281, 공보 282, 546, 548-549

헌재 2022. 12. 22. 2021헌마271, 공보 315, 132, 134

서울행정법원 2024. 1. 25. 선고 2023구합59001 판결

사. 헌재 2019. 12. 27. 2018헌마730, 판례집 31-2하, 315, 322

【당 사 자】

청 구 인 　　[별지 1] 명단과 같음
공동심판참가인 　　[별지 1] 명단과 같음

【주　문】

1. 기후위기 대응을 위한 탄소중립·녹색성장 기본법(2021. 9. 24. 법률 제18469호로 제정된 것) 제8조 제1항은 헌법에 합치되지 아니한다. 위 법률조항은 2026. 2. 28.을 시한으로 개정될 때까지 계속 적용된다.

2. 기후위기 대응을 위한 탄소중립·녹색성장 기본법 시행령(2022. 3. 25. 대통령령 제32557호로 제정된 것) 제3조 제1항, 정부가 2023. 4. 11. 수립한 제1차 국가 탄소중립 녹색성장 기본계획 중 'V. 중장기 감축 목표' 가운데 '나. 부문별 감축목표' 부분 및 '다. 연도별 감축목표' 부분에 대한 심판청구를 모두 기각한다.

3. 청구인들의 나머지 심판청구와 공동심판참가인의 공동심판참가 및 보조참가 신청을 모두 각하한다.

【이 유】

1. 사건개요

가. 2020헌마389 사건

(1) 청구인들은 2001. 2. 15.생부터 2006. 11. 6.생까지의 사람들로서 청소년 환경단체인 '청소년 기후행동'의 회원들이다.

(2) 청구인들은 2020. 3. 13. ① 구 '저탄소 녹색성장 기본법'(이하 연혁을 기재하지 않는 경우 '구 녹색성장법'이라 한다) 제42조 제1항 제1호에서 정부가 온실가스 감축 목표를 설정하도록 한 것, ② 대통령이 구 녹색성장법 시행령 제25조 제1항을 2016. 5. 24. 개정함으로써 국가 온실가스 총배출량 감축에 관하여 2020년 기준 목표에서 2030년 기준 목표로 변경한 행위, ③ 2019. 12. 31. 개정된 구 녹색성장법 시행령 제25조 제1항에서 구 녹색성장법 제42조 제1항 제1호에 따른 '온실가스 감축 목표'를 '2030년의 국가 온실가스 총배출량을 2017년의 온실가스 총배출량의 1000분의 244만큼 감축하는 것'으로 규정한 것이, 기후위기에 대응하기 위한 온실가스 감축목표를 설정함에 있어 청구인들의 생명권, 환경권 및 평등권 등을 침해한다고 주장하면서 이 사건 헌법소원심판을 청구하였다.

(3) 청구인들은 이후 ④ 2022. 2. 16. 정부가 '국가 온실가스 배출량을 2030년까지 2018년의 국가 온실가스 배출량 대비 35퍼센트 이상의 범위에서 대통령령으로 정하는 비율만큼 감축하는 것'을 '중장기 국가 온실가스 감축 목표'로 하도록 규정한 '기후위기 대응을 위한 탄소중립·녹색성장 기본법'(이하 연혁을 기재하지 않는 경우 '탄소중립기본법'이라 한다) 제8조 제1항에 대하여, ⑤ 2022. 6. 8. 위 조항의 '대통령령으로 정하는 비율'을 40퍼센트로 규정한 탄소중립기본법 시행령 제3조 제1항에 대하여, 위 규정들은 각각 국가의 기본권 보호의무를 위반하고 미래세대 청구인들의 기본권을 과잉 침해하며 차별적으로 취급한다고 주장하면서 각 조항을 심판대상에 추가하는 청구취지 및 청구이유 추가신청서를 제출하였다.

나. 2021헌마1264 사건

청구인들은 2021. 10. 12. 탄소중립기본법 제8조 제1항에 대하여, 파리협정 등 국제사회에서 합의된 기준에 따라 기후재난으로부터 청구인들의 생명과 안전을 보호하기에 불충분한 목표를 정한 것으로, 청구인들의 생명권, 행복추구권 및 일반적 행동자유권, 건강하고 쾌적한 환경에서 생활할 권리, 자유권 및 평등권을 보호하기에 적절하고 효율적인 최소한의 조치에 해당하지 않으므로, 청구인들의 기본권을 침해한다고 주장하면서 이 사건 헌법소원심판을 청구하였다.

다. 2022헌마854 사건

(1) 청구인들은 이 사건 심판청구 당시 출생하지 않은 태아 및 2012. 1. 4.생부터 2022. 3. 25.생까지의 사람들이다.

(2) 청구인들은 2022. 6. 13. 탄소중립기본법 시행령 제3조 제1항에 대하여, 파리협정 등 국제사회에서 합의된 기준에 따라 기후재난으로부터 청구인들의 생명과 안전을 보호하기에 불충분한 목표를 정한 것으로, 청구인들의 생명권, 행복추구권 및 일반적 행동자유권, 건강하고 쾌적한 환경에서 생활할 권리, 평등권 및 재산권을 보호하기에 적절하고 효율적인 최소한의 조치에 해당하지 않으므로, 청구인들의 기본권을 침해한다고 주장하면서 이 사건 헌법소원심판을 청구하였다.

(3) 태아였던 청구인은 2022. 10. 6. 출생하였고, 청구인 최○○로 당사자표시를 정정하였다.

라. 2023헌마846 사건

(1) 정부는 탄소중립기본법 제10조에 따라 '제1차 국가 탄소중립 녹색성장 기본계획'을 수립하여 2023. 4. 10. '2050 탄소중립녹색성장위원회'의 심의 및 같은 달 11. 국무회의의 심의를 거쳐 확정하였다.

(2) 위 기본계획 중 'Ⅴ. 중장기 감축 목표' 가운데 '나. 부문별 감축목표'에서는 탄소중립기본법 제8조 제1항 및 같은 법 시행령 제3조 제1항에서 정한 바대로 국가 온실가스 배출량을 2030년까지 2018년 대비 40퍼센트만큼 감축한 후의 배출량을, 총배출량에서 흡수·제거량을 제외한 순배출량을 기준으로 하여 436.6백만 톤[tCO2-eq(이산화탄소상당량톤), 이하 같다]으로 정하고, 전환, 산업, 건물, 수송, 농축수산, 폐기물, 수소, 탈루 등의 배출 부문, 그리고 흡수원, CCUS(Carbon Capture and Utilization and Storage, 탄소포집·이용·저장), 국제감축의 흡수 및 제거 부문으로 구분된 2030년의 부문별 배출량 및 흡수량 목표를 정하였다.

(3) 위 기본계획 중 'Ⅴ. 중장기 감축 목표' 가운데

'다. 연도별 감축목표'에서는 기준연도인 2018년의 합계 순배출량과 부문별 배출량, 그리고 2023년부터 2030년까지의 매년 합계 순배출량 목표와 부문별 배출량 및 흡수량 목표를 정하였다.

(4) 위 기본계획 중 'Ⅶ. 재정계획 및 기대효과' 가운데 '1. 재정투자 계획' 부분에서는 탄소중립·녹색성장 지원을 위하여 2023년부터 2027년까지 총 89.9조 원 이상의 재정투자 계획을 정하였다.

(5) 청구인들은 위 기본계획에 대하여, 파리협정 등 국제사회에서 합의된 기준에 따라 기후재난으로부터 청구인들의 생명과 안전을 보호하기에 불충분한 목표를 정한 것으로, 청구인들의 생명권, 행복추구권 및 일반적 행동자유권, 평등권, 재산권 및 건강하고 쾌적한 환경에서 생활할 권리를 보호하기에 적절하고 효율적인 최소한의 조치에 해당하지 않으므로, 청구인들의 기본권을 침해한다고 주장하면서 2023. 7. 6. 이 사건 헌법소원심판을 청구하였다.

마. 공동심판참가 및 보조참가 신청

헌법재판소는 2024. 2. 15. 위 가.의 2020헌마389 사건에 나.부터 라.까지의 사건들을 병합하였고, 이후 공동심판참가신청인(이하 '신청인'이라 한다)은 2024. 5. 29. 병합된 이 사건 헌법소원심판에 주위적으로 공동심판참가를, 예비적으로 보조참가를 신청하였다.

2. 심판대상

가. 2020헌마389 사건의 청구인들은 '대통령의 2020년 온실가스 감축 목표 폐지행위'를 심판대상의 하나로 삼았다. 이는 구 녹색성장법 시행령 제25조 제1항에서, 2016. 5. 24. 개정 전에는 구 녹색성장법 제42조 제1항 제1호에 따른 '온실가스 감축 목표'를 '2020년의 국가 온실가스 총배출량을 2020년의 온실가스 배출 전망치 대비 100분의 30까지 감축하는 것'으로 설정하였는데, 2016. 5. 24. 개정으로 '2030년의 국가 온실가스 총배출량을 2030년의 온실가스 배출 전망치 대비 100분의 37까지 감축하는 것'으로 변경한 것을 다투는 취지로, 이에 관해서는 2016. 5. 24. 개정된 위 시행령 조항을 심판대상으로 특정한다.

나. 2023헌마846 사건의 청구인들은 정부가 2023. 4. 11. 국무회의 심의·의결로 확정하여 수립한 '제1차 국가 탄소중립 녹색성장 기본계획' 전체를 심판대상으로 하여 헌법소원심판을 청구하였으나, 기본권침해사유로는 각 부문별 감축목표의 비중, 연도별 감축목표의 수치와 감축경로, 재정계획의 미비에 관한 주장을 하고 있으므로, 심판대상은 위 기본계획 중 이에 관한 부분으로 한정한다.

다. 따라서 이 사건 심판대상은 ① 구 '저탄소 녹색성장 기본법'(2010. 1. 13. 법률 제9931호로 제정되고, 2021. 9. 24. 법률 제18469호로 폐지되기 전의 것) 제42조 제1항 제1호, ② 구 '저탄소 녹색성장 기본법 시행령'(2016. 5. 24. 대통령령 제27180호로 개정되고, 2019. 12. 31. 대통령령 제30303호로 개정되기 전의 것, 이하 '2016년 구 녹색성장법 시행령'이라 한다) 제25조 제1항, ③ 구 '저탄소 녹색성장 기본법 시행령'(2019. 12. 31. 대통령령 제30303호로 개정되고, 2022. 3. 25. 대통령령 제32557호로 폐지되기 전의 것, 이하 '2019년 구 녹색성장법 시행령'이라 한다) 제25조 제1항, ④ '기후위기 대응을 위한 탄소중립·녹색성장 기본법'(2021. 9. 24. 법률 제18469호로 제정된 것) 제8조 제1항, ⑤ '기후위기 대응을 위한 탄소중립·녹색성장 기본법 시행령'(2022. 3. 25. 대통령령 제32557호로 제정된 것) 제3조 제1항, ⑥ 정부가 2023. 4. 11.수립한 '제1차 국가 탄소중립 녹색성장 기본계획'(이하 '이 사건 기본계획'이라 한다) 중 'V. 중장기 감축 목표' 가운데 '나. 부문별 감축목표' 부분(이하 '이 사건 부문별 감축목표'라 한다) 및 '다. 연도별 감축목표' 부분(이하 '이 사건 연도별 감축목표'라 하고, 양자를 합하여 '이 사건 부문별 및 연도별 감축목표'라 한다), ⑦ 이 사건 기본계획 중 'Ⅶ. 재정계획 및 기대효과' 가운데 '1. 재정투자 계획' 부분(이하 '이 사건 재정계획'이라 하고, ⑥과 ⑦을 '심판대상계획'이라 한다)이 청구인들의 기본권을 침해하는지 여부이다. 심판대상조항과 관련조항은 다음과 같고, 심판대상계획은 [별지 2] 심판대상계획과 같다.

[심판대상조항]

구 저탄소 녹색성장 기본법(2010. 1. 13. 법률 제9931호로 제정되고, 2021. 9. 24. 법률 제18469호로 폐지되기 전의 것)

제42조(기후변화대응 및 에너지의 목표관리) ① 정부는 범지구적인 온실가스 감축에 적극 대응하고 저탄소 녹색성장을 효율적·체계적으로 추진하기 위하여 다음 각 호의 사항에 대한 중장기 및 단계별 목표를 설정하고 그 달성을 위하여 필요한 조치를 강구하여야 한다.

1. 온실가스 감축 목표

구 저탄소 녹색성장 기본법 시행령(2016. 5. 24. 대통령령 제27180호로 개정되고, 2019. 12. 31. 대통령령 제30303호로 개정되기 전의 것)

제25조(온실가스 감축 국가목표 설정·관리) ① 법 제42조 제1항 제1호에 따른 온실가스 감축 목표는 2030년의 국가 온실가스 총배출량을 2030년의 온실가스 배출 전망치 대비 100분의 37까지 감축하는 것으로 한다.

구 저탄소 녹색성장 기본법 시행령(2019. 12. 31. 대통령령 제30303호로 개정되고, 2022. 3. 25. 대통령령 제32557호로 폐지되기 전의 것)

제25조(온실가스 감축 국가목표 설정·관리) ① 법 제42조 제1항 제1호에 따른 온실가스 감축 목표는 2030년의 국가 온실가스 총배출량을 2017년의 온실가스 총배출량의 1000분의 244만큼 감축하는 것으로 한다.

기후위기 대응을 위한 탄소중립·녹색성장 기본법(2021. 9. 24. 법률 제18469호로 제정된 것)

제8조(중장기 국가 온실가스 감축 목표 등) ① 정부는 국가 온실가스 배출량을 2030년까지 2018년의 국가 온실가스 배출량 대비 35퍼센트 이상의 범위에서 대통령령으로 정하는 비율만큼 감축하는 것을 중장기 국가 온실가스 감축 목표(이하 "중장기감축목표"라 한다)로 한다.

기후위기 대응을 위한 탄소중립·녹색성장 기본법 시행령(2022. 3. 25. 대통령령 제32557호로 제정된 것)

제3조(중장기 국가 온실가스 감축 목표 등) ① 법 제8조 제1항에서 "대통령령으로 정하는 비율"이란 40퍼센트를 말한다.

[관련조항]

구 저탄소 녹색성장 기본법(2010. 1. 13. 법률 제9931호로 제정되고, 2021. 9. 24. 법률 제18469호로 폐지되기 전의 것)

제42조(기후변화대응 및 에너지의 목표관리) ① 정부는 범지구적인 온실가스 감축에 적극 대응하고 저탄소 녹색성장을 효율적·체계적으로 추진하기 위하여 다음 각 호의 사항에 대한 중장기 및 단계별 목표를 설정하고 그 달성을 위하여 필요한 조치를 강구하여야 한다.

2. 에너지 절약 목표 및 에너지 이용효율 목표
3. 에너지 자립 목표
4. 신·재생에너지 보급 목표

구 저탄소 녹색성장 기본법 시행령(2010. 4. 13. 대통령령 제22124호로 제정되고, 2016. 5. 24. 대통령령 제27180호로 개정되기 전의 것)

제25조(온실가스 감축 국가목표 설정·관리) ① 법 제42조 제1항 제1호에 따른 온실가스 감축 목표는 2020년의 국가 온실가스 총배출량을 2020년의 온실가스 배출 전망치 대비 100분의 30까지 감축하는 것으로 한다.

기후위기 대응을 위한 탄소중립·녹색성장 기본법(2021. 9. 24. 법률 제18469호로 제정된 것)

제7조(국가비전 및 국가전략) ① 정부는 2050년까지 탄소중립을 목표로 하여 탄소중립 사회로 이행하고 환경과 경제의 조화로운 발전을 도모하는 것을 국가비전으로 한다.

제8조(중장기 국가 온실가스 감축 목표 등) ② 정부는 중장기감축목표를 달성하기 위하여 산업, 건물, 수송, 발전, 폐기물 등 부문별 온실가스 감축 목표(이하 "부문별감축목표"라 한다)를 설정하여야 한다.

③ 정부는 중장기감축목표와 부문별감축목표의 달성을 위하여 국가 전체와 각 부문에 대한 연도별 온실가스 감축 목표(이하 "연도별감축목표"라 한다)를 설정하여야 한다.

④ 정부는 「파리협정」(이하 "협정"이라 한다) 등 국내외 여건을 고려하여 중장기감축목표, 부문별감축목표 및 연도별감축목표(이하 "중장기감축목표등"이라 한다)를 5년마다 재검토하고 필요할 경우 협정 제4조의 진전의 원칙에 따라 이를 변경하거나 새로 설정하여야 한다. 다만, 사회적·기술적 여건의 변화 등에 따라 필요한 경우에는 5년이 경과하기 이전에 변경하거나 새로 설정할 수 있다.

제10조(국가 탄소중립 녹색성장 기본계획의 수립·시행) ① 정부는 제3조의 기본원칙에 따라 국가비전 및 중장기감축목표등의 달성을 위하여 20년을 계획기간으로 하는 국가 탄소중립 녹색성장 기본계획(이하 "국가기본계획"이라 한다)을 5년마다 수립·시행하여야 한다.

② 국가기본계획에는 다음 각 호의 사항이 포함되어야 한다.

1. 국가비전과 온실가스 감축 목표에 관한 사항
4. 중장기감축목표등의 달성을 위한 부문별·연도별 대책
10. 탄소중립 사회로의 이행과 녹색성장의 추진을

위한 재원의 규모와 조달 방안

기후위기 대응을 위한 탄소중립·녹색성장 기본법 시행령(2022. 3. 25. 대통령령 제32557호로 제정된 것)

제3조(중장기 국가 온실가스 감축 목표 등) ② 환경부장관은 법 제8조 제1항부터 제3항까지의 규정에 따른 중장기 국가 온실가스 감축 목표, 부문별 온실가스 감축 목표 및 연도별 온실가스 감축 목표(이하 "온실가스중장기감축목표등"이라 한다)의 설정·변경에 관한 업무를 총괄·조정한다.

④ 정부는 법 제8조 제1항부터 제4항까지의 규정에 따라 온실가스중장기감축목표등을 설정·변경하거나 새로 설정하는 경우에는 법 제33조 제1항에 따른 탄소흡수원등을 활용한 감축실적과 법 제35조 제3항 본문에 따른 국제감축실적 등을 고려할 수 있다.

3. 청구인들의 주장 및 이해관계기관의 의견

[별지 3] 청구인들의 주장 및 이해관계기관의 의견과 같다.

4. 참가신청의 적법 여부

가. 공동심판참가신청

법령 등에 대한 헌법소원심판에서 그 목적이 청구인과 제3자에게 합일적으로 확정되어야 할 경우, 헌법재판소법 제40조 제1항에 의하여 준용되는 민사소송법 제83조 제1항에 따라 그 제3자는 공동 청구인으로서 심판에 참가할 수 있다. 다만, 공동심판참가인은 별도의 헌법소원을 제기하는 대신에 계속 중인 심판에 공동 청구인으로서 참가하는 것이므로, 그 참가신청은 헌법소원 청구기간 내에 이루어져야 한다(헌재 2023. 9. 26. 2021헌마1379; 헌재 2024. 4. 25. 2023헌마105 등 참조).

신청인의 주장은 기후변화에 대한 적응과 관련된 교정처우의 문제를 제기하는 것으로, 신청인은 기후변화의 완화 조치로서의 온실가스 감축에 관한 이 사건 심판청구의 결과에 관하여 합일적으로 확정되어야 할 법적 지위에 있다고 보기 어렵다.

나아가 심판대상조항 중 구 녹색성장법 제42조 제1항 제1호는 2010. 4. 14., 2016년 구 녹색성장법 시행령 제25조 제1항은 2016. 6. 1., 2019년 구 녹색성장법 시행령 제25조 제1항은 2019. 12. 31., 탄소중립기본법 제8조 제1항과 같은 법 시행령 제3조 제1항은 2022. 3. 25. 각각 시행되었고[구 저탄소 녹색성장 기본법 부칙(2010. 1. 13. 법률 제9931호) 제1조 본문, 같은 법 시행령 부칙(2016. 5. 24. 대통령령 제27180호) 제1조, 같은 법 시행령 부칙(2019. 12. 31. 대통령령 제30303호), 기후위기 대응을 위한 탄소중립·녹색성장 기본법 부칙(2021. 9. 24. 법률 제18469호) 제1조 본문, 같은 법 시행령 부칙(2022. 3. 25. 대통령령 제32557호) 제1조 본문], 심판대상계획은 2023. 4. 11. 수립되어 시행되었는데, 신청인은 이들로부터 각각 1년의 청구기간이 모두 지난 2024. 5. 29. 공동심판참가를 신청하였다.

따라서 신청인의 공동심판참가신청은 부적법하다.

나. 보조참가신청

신청인은 예비적으로 보조참가신청을 하고 있다. 헌법소원심판의 결과에 이해관계가 있는 제3자는 한 쪽 당사자를 돕기 위하여 계속 중인 헌법소원심판에 참가할 수 있다(헌법재판소법 제40조 제1항, 민사소송법 제71조 본문; 헌재 2024. 4. 25. 2023헌마105 등 참조).

그러나 위 공동심판참가신청에 관하여 본 바와 같이 신청인의 주장은 교정처우에 관련된 것으로, 신청인은 이 사건 심판청구의 결과에 법률상 이해관계가 있다고 보기 어렵다.

따라서 신청인의 보조참가신청도 부적법하다.

5. 구 녹색성장법 제42조 제1항 제1호, 2016년 및 2019년 구 녹색성장법 시행령 제25조 제1항에 대한 판단

가. 권리보호이익

헌법소원심판청구 후 심판의 대상이 되었던 법령조항이 개정되어 더 이상 청구인에게 적용될 여지가 없게 된 경우에는, 특별한 사정이 없는 한 심판대상인 구법조항에 대하여 위헌결정을 받을 주관적 권리보호의 이익은 소멸하므로, 그러한 헌법소원심판청구는 부적법하다(헌재 2009. 4. 30. 2007헌마103 등 참조).

다만, 기본권침해행위가 반복될 위험이 있거나 당해 분쟁의 해결이 헌법질서의 유지·수호를 위하여 긴요한 사항이어서 헌법적으로 그 해명이 중대한 의미를 지니고 있는 때에는 예외적으로 심판청구의 이익을 인정할 수 있고(헌재 1995. 5. 25. 91헌마44 등 참조), 심판대상인 구법조항의 위헌 여부에 관하여는 아직 그 해명이 이루어진 바 없고 개정된 조항에도 유사한 내용이 규정되어 있어 동종의 기본권 침해의 위험이 상존하며,

개정되기 전의 법령조항의 위헌 여부가 개정된 조항의 재개정 여부에 영향을 미칠 수 있다면, 개정되기 전의 법령조항의 위헌 여부에 관한 헌법적 해명이 중대한 의미를 지니고 있어 권리보호이익을 인정할 수 있다(헌재 2003. 5. 15. 2001헌마565 등 참조).

나. 판단

온실가스 감축의 목표를 설정하는 법령은 장래의 시점을 전제로 한 국가 전체의 목표 및 계획에 관한 것인데, 그 시점이 도래하기 전에 감축목표가 변경되어 다시 설정되었다면, 이미 폐지된 감축목표가 청구인들을 포함한 국민의 권리 및 국가기관의 행위에 어떤 영향을 미칠 가능성은 없다.

구 녹색성장법 제42조 제1항 제1호, 2016년 및 2019년 구 녹색성장법 시행령 제25조 제1항이 규정한 '온실가스 감축 목표'는 탄소중립기본법 제8조 제1항 및 같은 법 시행령 제3조 제1항이 2022. 3. 25. 각각 시행됨으로써 폐지되었고[기후위기 대응을 위한 탄소중립·녹색성장 기본법 부칙(2021. 9. 24. 법률 제18469호) 제1조 본문, 제2조, 같은 법 시행령 부칙(2022. 3. 25. 대통령령 제32557호) 제1조 본문, 제2조 제2항], 위 탄소중립기본법 제8조 제1항 및 같은 법 시행령 제3조 제1항에 의하여 '국가 온실가스 배출량을 2030년까지 2018년 대비 40퍼센트만큼 감축하는 것'으로 국가의 중장기 온실가스 감축목표가 변경되어 다시 설정되었으므로, 위 구법조항들은 더 이상 청구인들을 비롯한 국민에게 적용될 여지가 없게 되었다.

청구인들은 심판대상조항들이 규정한 온실가스 감축목표가 불충분하다고 주장하고 있다. 그런데 구 녹색성장법 제42조 제1항 제1호, 2016년 및 2019년 구 녹색성장법 시행령 제25조 제1항이 폐지되고 시행된 탄소중립기본법 제8조 제1항과 같은 법 시행령 제3조 제1항이 정한 온실가스 감축목표는, 2030년의 감축 후 배출량 목표가 536.0백만 톤에서 436.6백만 톤으로 변경되어 감축 기준이 상향된 것이고, 그 형식도 대통령령만으로 정한 것이 아니라 법률에서 하한을 정하고 대통령령에서 구체화하는 것으로 변경되었다. 또한, 법령상 2030년 온실가스 감축목표 설정의 의미도, 구 녹색성장법에서는 저탄소 녹색성장의 효율적·체계적 추진을 위한 수단의 하나였던 것에서(구 녹색성장법 제42조 등 참조), 탄소중립기본법에서는 2050년 탄소중립의 국가비전을 향한 중간 목표를 설정한 것으로 바뀌었고(탄소중립기본법 제7조 등 참조), 이와 관련된 조항들의 체계 역시 대폭 변경되었다. 그러므로 설령 구 녹색성장법 제42조 제1항 제1호, 2016년 및 2019년 구 녹색성장법 시행령 제25조 제1항의 내용이 청구인들이 주장하는 바와 같이 기본권 보호의무를 위반하였다고 하더라도, 같은 종류의 위헌사유가 반복될 위험이 있거나, 그 위헌 여부가 새롭게 온실가스 감축목표를 설정한 탄소중립기본법 제8조 제1항 및 같은 법 시행령 제3조 제1항의 재개정 여부에 영향을 미쳐 그 헌법적 해명이 중대한 의미가 있다고 보기는 어렵다.

따라서 이 사건 심판청구 중 구 녹색성장법 제42조 제1항 제1호, 2016년 및 2019년 구 녹색성장법 시행령 제25조 제1항에 대한 부분은 주관적 권리보호이익이 소멸하였고, 헌법적 해명이 필요하다고 볼 수도 없으므로, 부적법하다.

6. 이 사건 재정계획에 대한 판단

가. 예산의 공권력행사성 인정 여부

예산도 일종의 법규범이고 법률과 마찬가지로 국회의 의결을 거쳐 제정되지만 예산은 법률과 달리 국가기관만을 구속할 뿐 일반국민을 구속하지 않는다. 가사 예산이 정부의 재정행위를 통하여 국민의 기본권에 영향을 미친다고 하더라도 그것은 관련 법령에 근거한 정부의 구체적인 집행행위로 나타나는 것이지 예산 그 자체나 예산안의 의결행위와는 직접 관련성이 없다. 따라서 국회가 의결한 예산 또는 국회의 예산안 의결은 헌법재판소법 제68조 제1항 소정의 '공권력의 행사'에 해당하지 않아 헌법소원의 대상이 되지 아니한다(헌재 2006. 4. 25. 2006헌마409 참조).

나. 판단

이 사건 재정계획은 탄소중립기본법 제10조 제2항 제10호에 따라 '국가 탄소중립 녹색성장 기본계획'에 포함되어야 하는 '탄소중립 사회로의 이행과 녹색성장의 추진을 위한 재원의 규모와 조달 방안'으로, 내용상 국가의 중장기적인 투자 계획을 정한 것이고, '구체적 투자 계획은 재정여건, 사업 타당성 등을 종합적으로 고려하여 변경 가능'한 것으로 정해져 있으며, 그 실행은 매년 국회가 의결하는 정부의 예산을 통해 이루어진다.

그러므로 이 사건 재정계획은 성격상 정부가 편성하고 국회가 의결하는 규범인 예산에 관한 중장기적인 계획을 정한 것일 뿐, 국민의 기본권에 직접적 영향을 미치는 공권력행사라고 보기 어려우므로, 헌법소원심판의 대상이 되지 않는다.

따라서 이 사건 심판청구 중 이 사건 재정계획에 대한 부분은 부적법하다.

7. 탄소중립기본법 제8조 제1항, 같은 법 시행령 제3조 제1항, 이 사건 부문별 및 연도별 감축목표에 대한 판단

가. 이 사건의 쟁점

(1) 침해 여부가 문제 되는 기본권

(가) 탄소중립기본법 제8조 제1항과 같은 법 시행령 제3조 제1항은 '국가 온실가스 배출량을 2030년까지 2018년의 국가 온실가스 배출량 대비 40퍼센트만큼 감축하는 것'을 '중장기 국가 온실가스 감축 목표'(이하 '중장기 감축목표'라 한다)로 설정한 법령이다. 그리고 이 사건 부문별 및 연도별 감축목표는 정부가 탄소중립기본법 제8조 제2항 및 제3항에 따라 위와 같은 중장기 감축목표를 달성하기 위하여 국가 전체 온실가스 배출량 및 흡수량의 구체적인 목표 수치를 부문별 및 연도별로 설정한 행정계획이다.

특히, 행정계획에 해당하는 이 사건 부문별 및 연도별 감축목표는 뒤에서 보는 바와 같이 '기후위기라는 위험상황에 대응하는 보호조치의 하나인 온실가스 감축목표를 설정하는 국가의 행위'로서 국가의 기본권 보호의무의 관점에서는 국민의 환경권 등 기본권에 직접적으로 영향을 미치고, 탄소중립기본법 등 관련 법령의 뒷받침에 의하여 구체적이고 개별적인 온실가스 감축 시책들로 이행될 것이 예정되어 있으므로, 헌법소원심판의 대상이 되는 공권력행사에 해당한다(헌재 1992. 10. 1. 92헌마68등; 헌재 2022. 12. 22. 2021헌마271 등 참조). 한편, 국민은 법령 및 행정계획으로 정한 온실가스 감축목표가 불충분하다는 이유로 관련 계획이나 개별 시책에 대한 행정소송 등 다른 절차를 통하여 다투기도 어렵다(서울행정법원 2024. 1. 25. 선고 2023구합59001 판결 등 참조).

국가가 법령과 행정계획으로 온실가스 감축목표를 설정함으로써 대응하고자 하는 기후위기의 위험은, 기후변화로 인하여 초래되는 극단적 날씨, 물 부족, 식량 부족, 해양산성화, 해수면 상승, 생태계 붕괴 등의 현상으로 인한 피해의 위험이다(탄소중립기본법 제2조 제2호 참조). 이는 국민의 생명·신체의 안전 및 건강뿐만 아니라, 자연환경과 생활환경을 포함하는 환경의 전부 또는 일부가 훼손될 위험까지 포괄하므로, 이러한 구체적 위험으로부터 보호되어야 하는 국민의 기본권으로서 위 조항들 및 계획과 가장 밀접한 기본권은 환경권이라고 할 것이다. 이 사건에서는 위 조항들 및 계획에서 정한 온실가스 감축목표의 내용이 청구인들의 환경권을 침해하는지가 문제 된다.

청구인들은 위 조항들 및 계획이 설정한 온실가스 감축목표는 현재 세대가 져야 할 감축의 부담을 미래세대에게 과도하게 전가함으로써 미래세대의 자유를 비례원칙에 어긋나게 침해하고, 평등권도 침해한다고 주장한다. 이것은 뒤에서 보는 바와 같이 기후위기라는 위험상황 및 이에 대응하는 보호조치의 성격을 전제로 한 주장으로, 결국 국가가 헌법 제35조 제1항이 규정하는 '환경보전'을 위하여 노력할 의무를 위반하였다는 취지이므로, 이에 관해서는 환경권 침해 여부의 문제에 포함하여 판단한다.

(나) 청구인들은 위 조항들 및 계획으로 인하여 '건강하고 쾌적한 환경에서 생활할 권리'뿐만 아니라, 생명권, 행복추구권과 멸종저항권, 신체의 자유, 거주이전의 자유, 직업선택의 자유, 주거의 자유 등을 포함하는 포괄적 자유권, 인간다운 생활을 할 권리 등이 침해된다고 주장한다.

그런데 기후위기로 인한 환경훼손의 위험에는 생명·신체의 안전에 대한 위험도 포함되고, 행복추구권은 다른 기본권에 대한 보충적 기본권으로서의 성격을 지니고 있으며, 기타 여러 기본권들이 침해된다는 청구인들의 주장은 결국 기후위기로 인하여 생활의 기반이 되는 환경이 훼손되는 결과 다양한 자유와 권리가 침해될 위험이 있다는 것이다. 그러므로 심판대상인 위 조항들 및 계획과 가장 밀접한 관계에 있는 환경권의 침해 여부를 판단하는 이상 생명권, 행복추구권 및 기타 청구인들이 주장하는 권리들의 침해 여부에 대해서는 별도로 판단하지 않는다.

(2) 환경권 침해 여부의 심사기준

(가) 건강하고 쾌적한 환경에서 생활할 권리의 헌법적 보장

헌법은 "모든 국민은 건강하고 쾌적한 환경에서 생활할 권리를 가지며, 국가와 국민은 환경보전을 위하여 노력하여야 한다."라고 규정하여(제35조 제1항) 국민의 환경권을 보장함과 동시에 국가에게 국민이 건강하고 쾌적하게 생활할 수 있는 양호한 환경을 유지하기 위하여 노력하여야 할 의무를 부여하고 있다. 환경권은 생명·신체의 자유를 보호하는 토대를 이루며, 궁극적으로 '삶의 질' 확보를 목표로 하는 권리이다.

환경권을 행사함에 있어 국민은 국가로부터 건강하고 쾌적한 환경을 향유할 수 있는 자유를 침해당하지 않을 권리를 행사할 수 있고, 일정한 경우 국가에 대하여 건강하고 쾌적한 환경에서 생활할 수 있도록 요구할 수 있는 권리가 인정되기도 하는바, 환경권은 그 자체가 종합적 기본권으로서의 성격을 지닌다.

환경권의 내용과 행사는 법률에 의해 구체적으로 정해지는 것이기는 하나(헌법 제35조 제2항), 이 헌법조항의 취지는 특별히 명문으로 헌법에서 정한 환경권을 입법자가 그 취지에 부합하도록 법률로써 내용을 구체화하도록 한 것이지 환경권이 완전히 무의미하게 되는 데도 그에 관한 입법을 전혀 하지 아니하거나, 어떠한 내용이든 법률로써 정하기만 하면 된다는 것은 아니다. 그러므로 일정한 요건이 충족될 때 환경권 보호를 위한 입법이 없거나 현저히 불충분하여 국민의 환경권을 침해하고 있다면 헌법재판소에 그 구제를 구할 수 있다고 해야 할 것이다(헌재 2019. 12. 27. 2018헌마730; 헌재 2020. 3. 26. 2017헌마1281 참조).

(나) 건강하고 쾌적한 환경에서 생활할 권리를 보장해야 할 국가의 의무

헌법 제10조의 규정에 의하면, 국가는 개인이 가지는 불가침의 기본적 인권을 확인하고 이를 보장할 의무를 지고 기본권은 공동체의 객관적 가치질서로서의 성격을 가지므로, 적어도 생명·신체의 보호와 같은 중요한 기본권적 법익 침해에 대해서는 그것이 국가가 아닌 사인에 의해서 유발된 것이라고 하더라도 국가가 적극적인 보호의 의무를 진다.

그렇다면 국가에게 국민의 기본권을 적극적으로 보장하여야 할 의무가 인정되는 점, 헌법 제35조 제1항이 국가와 국민에게 환경보전을 위하여 노력하여야 할 의무를 부여하고 있는 점, 환경침해는 사인에 의해서 빈번하게 유발되므로 입법자가 그 허용 범위에 관해 정할 필요가 있는 점, 환경피해는 생명·신체의 보호와 같은 중요한 기본권적 법익 침해로 이어질 수 있는 점 등을 고려할 때, 일정한 경우 국가는 사인에 의한 국민의 환경권 침해에 대해서도 적극적으로 기본권 보호조치를 취할 의무를 부담한다(헌재 2019. 12. 27. 2018헌마730; 헌재 2020. 3. 26. 2017헌마1281 참조).

'건강하고 쾌적한 환경에서 생활할 권리'를 보장하는 환경권의 보호대상이 되는 환경에는 자연환경뿐만 아니라 인공적 환경과 같은 생활환경도 포함된다(헌재 2019. 12. 27. 2018헌마730; 헌재 2020. 3. 26. 2017헌마1281 참조).

그리고 국가와 국민이 '환경보전'을 위하여 노력할 의무에는, 자연환경과 생활환경을 오염 및 훼손으로부터 보호하고, 오염되거나 훼손된 환경을 개선함과 동시에 쾌적한 환경 상태를 유지·조성하기 위한 행위 등을 할 의무가 포함된다(환경정책기본법 제3조 제6호 참조).

기후변화로 인하여 생활의 기반이 되는 제반 환경이 훼손되고 생명·신체의 안전 등을 위협할 수 있는 위험에 대하여, 기후변화의 원인을 줄여 이를 완화하거나 그 결과에 적응하는 조치를 하는 국가의 기후위기에 대한 대응의 의무도 여기에 포함된다.

(다) 과소보호금지원칙

1) 국가가 국민의 건강하고 쾌적한 환경에서 생활할 권리를 보호할 의무를 진다고 하더라도, 국가의 기본권 보호의무를 입법자 또는 그로부터 위임받은 집행자가 어떻게 실현하여야 할 것인가 하는 문제는 원칙적으로 권력분립과 민주주의의 원칙에 따라 국민에 의하여 직접 민주적 정당성을 부여받고 자신의 결정에 대하여 정치적 책임을 지는 입법자 또는 집행자의 책임범위에 속한다. 헌법재판소는 단지 제한적으로만 입법자 또는 집행자에 의한 보호의무의 이행을 심사할 수 있다.

따라서 국가가 국민의 건강하고 쾌적한 환경에서 생활할 권리에 관한 보호의무를 다하지 않았는지를 헌법재판소가 심사할 때에는 국가가 이를 보호하기 위하여 적어도 적절하고 효율적인 최소한의 보호조치를 취하였는가 하는 이른바 '과소보호금지원칙'의 위반 여부를 기준으로 삼아야 한다(헌재 2008. 12. 26. 2008헌마419등; 헌재 2015. 10. 21. 2012헌마89등; 헌재 2016. 10. 27. 2012헌마121; 헌재 2019. 12. 27. 2018헌마730; 헌재 2020. 3. 26. 2017헌마1281 등 참조).

어떠한 경우에 과소보호금지원칙에 미달하게 되는지에 대해서는 일반적·일률적으로 확정할 수 없다. 이는 개별 사례에 있어서 관련 법익의 종류 및 그 법익이 헌법질서에서 차지하는 위상, 그 법익에 대한 침해와 위험의 태양과 정도, 상충하는 법익의 의미 등을 비교 형량하여 구체적으로 확정하여야 한다(헌재 2019. 12. 27. 2018헌마730).

개별 사례에서 과소보호금지원칙 위반 여부는 기본권침해가 예상되어 보호가 필요한 '위험상황'에 대응하는 '보호조치'의 내용이, 문제 되는 위험상황의 성격에 상응하는 보호조치로서 필요한 최소한의 성격을 갖고 있는지에 따라 판단한다. 이에 대한 판단이 전문적이고

기술적인 영역에 있거나 국제적 성격을 갖는 경우, 그러한 위험상황의 성격 등은 '과학적 사실'과 '국제기준'에 근거하여 객관적으로 검토되어야 한다(헌재 2008. 12. 26. 2008헌마419등; 헌재 2015. 4. 30. 2012헌마38; 헌재 2015. 10. 21. 2012헌마89등 참조).

2) 국가의 온실가스 감축목표를 설정한 탄소중립기본법 제8조 제1항과 같은 법 시행령 제3조 제1항, 그리고 이 사건 부문별 및 연도별 감축목표는, 기후변화의 원인이 되는 온실가스 배출을 줄이려는 국가적인 노력의 일환으로, 기후변화가 청구인들을 비롯한 국민의 생명·신체의 안전 등을 위협하고 생활의 기반이 되는 환경을 훼손하는 구체적 위험상황에 대응하는 보호조치에 해당한다.

기후변화는 인간의 활동에 의한 온실가스 배출과 대기 중 축적이 자연의 기후체계에 불가역적인 변동을 일으켜 발생하는 것으로 이에 대한 대응은 전문적이고 과학적인 예측과 분석에 기초해야 하고, 기후위기는 인류 공통의 문제이므로 이에 대응하는 조치를 함에 있어서는 국제적 협력의 필요가 크다.

'기후변화에 관한 정부 간 협의체'(Inter-Governmental Panel on Climate Change: IPCC, 이하 'IPCC'라 한다)는 1988. 11. 국제연합 산하 세계기상기구(World Meteorological Organization: WMO)와 유엔환경계획(United Nations Environment Programme: UNEP)이 공동으로 설립한 국제기구로서, 기후변화와 관련된 전 지구적인 환경 문제에 대처하기 위해 각국의 기상학자, 해양학자, 빙하 전문가, 경제학자 등 3천여 명의 전문가로 구성된 정부 간 협의체이다. 우리나라를 포함하여 총 195개 회원국으로 구성된 IPCC는 전 세계 과학자들이 참여하여 기후변화 추세 및 원인 규명, 기후변화로 인한 생태학적, 사회경제적 영향 평가 및 그에 대한 대응 전략을 분석한 평가보고서를 5~7년 주기로 발간하며, 이들 보고서는 기후변화 관련 정책, 연구 및 국가 간 기후변화 협상의 근거자료로 활용되고 있다.

한편, 우리나라에서도 가입·비준절차를 거쳐 발효된 다자조약인 '기후변화에 관한 국제연합 기본협약'(United Nations Framework Convention on Climate Change)(조약 제1213호, 1994. 3. 21. 발효, 이하 '유엔기후변화협약'이라 한다), '기후변화에 관한 국제연합 기본협약에 대한 교토의정서'(Kyoto Protocol to the United Nations Framework Convention on Climate Change)(조약 제1706호, 2005. 2. 16. 발효, 이하 '교토의정서'라 한다), 파리협정(PARIS AGREEMENT)(조약 제2315호, 2016. 12. 3. 발효, 이하 '파리협정'이라 한다) 등은 기후위기에 대응하기 위한 국제적 노력의 구체적인 내용을 규범화한 것이다.

3) 이 사건에서는 중장기 감축목표를 설정한 탄소중립기본법 제8조 제1항 및 같은 법 시행령 제3조 제1항, 이를 달성하기 위하여 부문별 및 연도별 배출·흡수량 목표치를 설정한 이 사건 부문별 및 연도별 감축목표가 환경권 등 기본권 보호의무에 관한 과소보호금지원칙을 위반하였는지 여부가 문제 된다. 이를 판단함에 있어서는 기후위기라는 위험상황의 성격 및 이에 상응하여 국가의 온실가스 감축목표를 설정하는 보호조치가 갖추어야 할 성격에 관하여, IPCC의 보고서 등에서 제시하는 과학적 분석과 예측, 그리고 파리협정 등에서 정한 국제적 행동의 기준 등을 객관적으로 검토해야 한다.

(라) 법률유보원칙

1) 헌법은 법치주의를 그 기본원리의 하나로 하고 있고, 법치주의는 법률유보원칙, 즉 행정작용에는 국회가 제정한 형식적 법률의 근거가 요청된다는 원칙을 그 핵심적 내용으로 하고 있다. 나아가 오늘날의 법률유보원칙은 단순히 행정작용이 법률에 근거를 두기만 하면 충분한 것이 아니라, 국가공동체와 그 구성원에게 기본적이고도 중요한 의미를 갖는 영역, 특히 국민의 기본권 실현에 관련된 영역에 있어서는 행정에 맡길 것이 아니라 국민의 대표자인 입법자 스스로 그 본질적 사항에 대하여 결정하여야 한다는 요구, 즉 의회유보원칙까지 내포하는 것으로 이해되고 있다. 이 때 입법자가 형식적 법률로 스스로 규율하여야 하는 사항이 어떤 것인가는 일률적으로 획정할 수 없고 구체적인 사례에서 관련된 이익 내지 가치의 중요성, 규제 내지 침해의 정도와 방법 등을 고려하여 개별적으로 결정할 수 있을 뿐이나 적어도 헌법상 보장된 국민의 자유나 권리를 제한할 때에는 그 제한의 본질적인 사항에 관한 한 입법자가 법률로써 스스로 규율하여야 할 것이다(헌재 1999. 5. 27. 98헌바70 등 참조).

한편, 국회의 입법절차는 국민의 대표로 구성된 다원적 인적 구성의 합의체에서 공개적 토론을 통하여 국민의 다양한 견해와 이익을 인식하고 교량하여 공동체의 중요한 의사결정을 하는 과정이며, 일반 국민과 야당의 비판을 허용하고 그들의 참여 가능성을 개방하고 있다는 점에서 전문관료들만에 의하여 이루어지는 행정입법 절차와는 달리 공익의 발견과 상충하는 이익 간의 정당한 조정에 보다 적합한 민주적 과정이다. 이러한 견지에서, 규율대상이 기본권적 중요성을 가질수록 그리고 그에 관한 공개적 토론의 필요성 내지 상충하는 이익 간 조정의 필요성이 클수록, 그것이 국회의 법률에 의해 직접 규율될 필요성 및 그 규율밀도의 요구정도는 그만큼 더 증대되는 것으로 보아야 한다(헌재 2004. 3. 25. 2001헌마882; 헌재 2009. 10. 29. 2007헌바63 등 참조).

2) 헌법 제37조 제2항은 기본권 제한에 관한 일반적인 법률유보원칙을 규정하고, 헌법 제35조 제2항은 "환경권의 내용과 행사에 관하여는 법률로 정한다."라고 규정하고 있는바, 환경권에 관한 보호조치의 구체적인 내용과 수준을 법률에 어느 정도 규정해야 하는지는 법률유보 또는 의회유보의 문제가 될 수 있다. 따라서 청구인들의 환경권 침해 여부의 심사기준으로는 기본권 보호의무의 이행과 관련된 범위에서 의회유보의 문제를 포함하는 법률유보원칙 위반 여부도 문제 된다.

3) 청구인들은 탄소중립기본법 제8조 제1항 및 같은 법 시행령 제3조 제1항이 포괄위임금지원칙에도 위배된다고 주장하나, 그 내용은 온실가스 감축목표에 관하여 감축경로 설정 등에 관한 본질적 사항을 법률에 직접 규정하지 않고 하위법규에 위임하였다는 것으로 의회유보원칙 위반의 주장과 다르지 않다.

탄소중립기본법 제8조 제1항에서 대통령령에 위임한 것은 2030년의 배출량 감축목표로서 2018년의 국가 온실가스 배출량 대비 35퍼센트 이상의 범위에 해당하는 구체적 비율의 수치에 한하고, 2018~2030년과 2031~2049년의 감축경로 등에 관한 규율은 대통령령에 위임되지 않았다. 대통령령에 위임된 부분에 국한하여 볼 때 청구인들이 주장하는 바는 2018년 대비 감축비율의 하한인 35퍼센트가 지나치게 낮다는 것인데, 이에 관해서는 과소보호금지원칙 위반 여부의 문제로 판단된다. 따라서 이 사건에서 포괄위임금지원칙 위반 여부는 별도로 판단하지 않는다.

탄소중립기본법 제8조 제1항의 위임을 받아 감축비율을 40퍼센트로 규정한 같은 법 시행령 제3조 제1항에 대한 법률유보원칙 또는 포괄위임금지원칙 위반 주장도, 과소보호금지원칙 위반 주장과 실질적으로 다르지 않으므로 따로 판단하지 않는다.

(3) 이 사건의 위험상황 및 보호조치의 성격과 심사기준

(가) 위험상황으로서의 기후위기

1) 인간의 활동에 의한 온실가스의 배출이 지구온난화를 유발하는 주요 원인이라는 점은 IPCC의 보고서 등에서 지속적으로 지적하여 오고 있는 과학적 사실이다.

인간의 화석연료 사용 등 활동으로 배출되는 온실가스는 자연의 기후체계에서 모두 흡수되지 못하고 일부가 남아서 대기 중에 계속 누적되어 대기 중 온실가스의 총량이 지속적으로 증가되며, 온실가스의 농도가 높아지는 만큼 온실효과로 인한 지구의 온도 상승이 유발된다. 2023. 3. 19. 종합보고서의 요약보고서까지 승인된 IPCC의 제6차 평가보고서에 의하면, 전 지구 지표면 온도는 산업화 이전인 1850~1900년보다 2011~2020년에 1.09℃ 높아졌고, 인간의 활동으로 1,000GtCO2의 온실가스가 배출될 때마다 0.45℃씩 상승한다.

이러한 지구온난화는 자연적인 기후변동의 범위를 벗어나 평균적인 상태로 돌아오지 않는 기후체계의 변화를 유발하고, 기후변화는 세계 곳곳에서 폭염, 가뭄, 홍수 등의 극단적인 날씨, 물 부족, 식량 부족, 해양산성화, 해수면상승, 생태계의 붕괴 등의 현상을 초래하고 있다. 인간의 생명과 건강을 위협하고, 자연환경과 이를 기초로 구성된 생활환경을 훼손하는 기후변화의 부정적 영향은 지구온난화가 심화할수록 더욱 심각한 수준으로, 그리고 광범위하게 나타난다.

특히, 지구의 온도 상승 수준이 어떤 임계점에 다다르면, 기후변화가 갑작스럽고 돌이킬 수 없는 모습으로 나타날 개연성도 없지 않다. 예를 들어 전 세계의 해수면 상승 수준은 빙상의 대규모 융해로 갑자기 수 미터 이상이 될 수 있고, 특정 지역 해류의 순환 체계가 바뀌어 그 영향을 받는 지역의 기후가 급격하게 변경될 수도 있다.

기후변화의 부정적 영향을 억제하는 행동으로는, 지구온난화의 주요 원인인 온실가스 배출을 줄이는 '완화'와 기후변화를 전제로 그 피해를 줄이거나 예방하는 제반 활동인 '적응'이 모두 필요하다. 그런데 지구온난화가 심화하여 그 피해가 증가할수록 적응조치에는 더 큰 어려움이 따르고 더 많은 비용이 든다. 그러므로 기후위기의 원인인 지구온난화의 속도를 늦추려면 인간이 배출하는 온실가스의 양을 줄이는 노력이 반드시 필요하다.

2) 온실가스의 배출이 기후체계에 미치는 영향과 그로 인한 기후변화의 위험, 그리고 온실가스 감축의 효과 등은 모두 전 지구적인 성격이 있고, 온실가스 감축의 노력에는 조약과 같은 국제적 합의에 따른 행동의

기준이 적용된다.

우리나라도 평균 기온, 해수 온도 및 해수면 상승의 현상이 관측되고 있고, 여름이 길어지고 겨울이 짧아지며, 태풍, 폭염, 폭설 등 극단적인 기상현상이 점점 빈발하는 등 전 지구적인 기후변화의 영향 아래에 있다. 또한, 온실가스종합정보센터의 '2021년 온실가스 감축 이행실적 평가'(2022. 12.) 등 자료에 의하면, 우리나라는 2018년까지 온실가스 배출량이 늘어났고 2021년 기준 1인당 온실가스 배출량이 약 13.1톤에 이르고 있는바, 온실가스 배출로 인한 기후변화의 책임에서도 자유롭지 않다.

한편, 유엔기후변화협약, 교토의정서, 파리협정 등 이른바 유엔기후체제를 이루는 다자조약들은 우리나라에서도 가입·비준절차를 거쳐 발효된 기후변화에 관한 국제규범이다.

3) 인간의 활동으로 배출된 온실가스가 대기 중에 축적되는 수준에 따라 지구 평균 기온이 상승한다는 과학적 사실로 인해 온실가스 배출로 인한 기후변화의 영향은 배출된 이후 회복할 수 없다는 '불가역성'을 그 특징으로 한다. 이에 따라 온실가스 감축의 노력이 늦어질수록 기후변화에 따른 위험과 기후변화의 결과에 대한 적응조치의 부담이 커지므로, 온실가스의 감축에는 '긴급한 필요성'이 인정된다. 지구 평균 기온의 상승을 특정 수준으로 억제하려면 온실가스가 대기 중에 더 이상 누적되지 않도록 배출과 흡수가 균형을 이루는 수준까지 온실가스의 배출량을 감축해야 한다.

국가가 온실가스 감축목표를 설정하고 그 이행을 추진하는 것은, 한편으로는 기후위기라는 위험상황에 직면하여 환경을 보전하는 보호조치로서의 성격을 가지지만, 다른 한편으로는 화석연료 사용 등 온실가스를 배출하는 방식의 경제활동이나 생활양식의 제한 또는 변경을 요구하고, 나아가 국가 산업 및 국민 생활 전반에 대한 구조적 변경의 문제와 연관되어 국토의 이용·개발과 보전에 관련된 광범위하고 다양한 제한 조치를 수반할 수 있으므로, 직업의 자유나 재산권 행사 등 국민의 자유를 제한하는 성격을 가진다. 그런데 지구 평균 기온의 상승 수준은 특정 시점의 온실가스 배출 수준이 아니라 대기 중에 누적되는 양에 비례하므로, 온실가스 감축의 노력이 늦어질수록 온실가스를 배출하는 방식의 경제활동이나 생활양식에 대한 제약의 부담도 커질 수 있으며, 이는 생활환경의 보전에 관한 문제이기도 하다.

(나) 보호조치로서의 온실가스 감축목표 설정

1) 기후위기의 심각한 영향을 예방하기 위해서는, 기후변화를 완화 또는 지연시키기 위한 온실가스 감축과 기후위기의 파급효과와 영향을 최소화하기 위한 적응대책이 모두 필요하다(탄소중립기본법 제1조, 제2조 제7호, 제11호 참조). 그런데 지구온난화가 심해질수록 적응대책의 어려움이 가중되어 적응의 한계에 달하는 영역이 증가하므로, 지구 평균 기온 상승을 제한하기 위하여 국제적으로 합의된 온도 목표는 기후위기에 대응하는 보호조치인 온실가스 감축목표 설정에 중요한 의미가 있다.

파리협정 제2조 제1항 가.에서는 '기후변화의 위험 및 영향을 상당히 감소시킬 것이라는 인식하에, 산업화 전 수준 대비 지구 평균 기온 상승을 섭씨 2도보다 현저히 낮은 수준으로 유지하는 것 및 산업화 전 수준 대비 지구 평균 기온 상승을 섭씨 1.5도로 제한하기 위한 노력의 추구'를 협정의 목표로 규정하여, 지구온난화의 진행을 멈추기 위한 범지구적인 온도 목표를 정하였다.

그리고 파리협정 제4조 제1항은 "형평에 기초하고 지속가능한 발전과 빈곤 퇴치를 위한 노력의 맥락에서, 제2조에 규정된 장기 기온 목표를 달성하기 위하여, 개발도상국 당사자에게는 온실가스 배출최대치 달성에 더욱 긴 시간이 걸릴 것임을 인식하면서, 당사자는 전 지구적 온실가스 배출최대치를 가능한 한 조속히 달성할 것을 목표로 하고, 그 후에는 이용 가능한 최선의 과학에 따라 급속한 감축을 실시하는 것을 목표로 하여 금세기의 하반기에 온실가스의 배출원에 의한 인위적 배출과 흡수원에 의한 제거 간에 균형을 달성할 수 있도록 한다."라고 규정하였다.

탄소중립기본법 제3조 제8호는 '기후위기가 인류 공통의 문제라는 인식 아래 지구 평균 기온 상승을 산업화 이전 대비 최대 섭씨 1.5도로 제한하기 위한 국제사회의 노력에 적극 동참'하는 것을 기본원칙의 하나로 정하고 있다. 탄소중립기본법 제2조 제3호는 '탄소중립'을 '대기 중에 배출·방출 또는 누출되는 온실가스의 양에서 온실가스 흡수의 양을 상쇄한 순배출량이 영(零)이 되는 상태'로, 같은 조 제4호는 '탄소중립 사회'를 '화석연료에 대한 의존도를 낮추거나 없애고 기후위기 적응 및 정의로운 전환을 위한 재정·기술·제도 등의 기반을 구축함으로써 탄소중립을 원활히 달성하고 그 과정에서 발생하는 피해와 부작용을 예방 및 최소화할 수 있도록 하는 사회'로 정의하였다. 이를 기초로 탄소중립기본법 제7조 제1항은 "정부는 2050년까지 탄소중립을 목표로 하여 탄소중립 사회로 이행하고 환경과 경제의 조화로운 발전을 도모하는 것을 국가비전으로 한다."라고 규정하고 있다.

탄소중립기본법 제8조 제1항 및 같은 법 시행령 제3조 제1항은, 파리협정에서 정한 바와 같이 지구 평균 기온의 상승 수준을 산업화 이전 대비 최대 섭씨 1.5도로 제한하기 위한 국제사회의 노력에 동참하는 것을 원칙으로 하면서, 금세기 하반기에 온실가스의 배출원에 의한 인위적 배출과 흡수원에 의한 제거 간에 균형을 달성할 수 있도록 하는 탄소중립기본법 제7조 제1항의 '2050년 탄소중립'이라는 목표를 전제로 한다. 그리하여 우리나라의 온실가스 배출량이 정점에 이른 2018년부터 탄소중립 목표 시점인 2050년까지 지속적으로 온실가스를 감축하는 것을 전제로, 그 중간 시점인 2030년까지의 중장기 감축목표를 설정하였다.

2) 기후변화는 그 원인과 영향 모두에 있어서 전 지구에 공통적이다. 어떤 국가도 기후위기의 원인 제공에 책임이 전혀 없다고 할 수 없는 이상, 다른 나라의 온실가스 배출을 지적하는 것만으로 자국 몫의 책임을 회피할 수는 없다.

다른 한편, 기후변화에는 국가와 지역, 계층과 연령, 성별 등에 따른 차별적 요소가 존재한다. 국가들 사이의 문제에 국한하여 볼 때, 온실가스 배출은 선진국에 더 큰 책임이 있는 반면, 기후변화로 인한 피해는 적응능력이 취약한 개발도상국에 더 크게 나타나고, 각국의 지리적 여건에 따라 피해의 규모와 양상이 차별적으로 나타난다. 온실가스 배출을 감축할 수 있는 기술적·경제적·산업구조적인 능력도 개발도상국은 선진국에 비하여 취약하며, 감축능력과 관련된 지리적 여건도 나라마다 다양하다.

파리협정은 선진국과 개발도상국을 구분하지 않고 공동으로 온실가스 감축의 노력에 동참하는 체제로서, 온실가스 감축에 관한 각국의 책임에 관하여 제2조 제2항에서 '상이한 국내 여건에 비추어 형평 그리고 공통적이지만 그 정도에 차이가 나는 책임과 각자의 능력의 원칙을 반영하여 이행될 것'을 원칙으로 정하였다. 그 방법으로 파리협정 제3조 및 제4조에서는 모든 당사국으로 하여금 자국의 '국가결정기여'(Nationally Determined Contribution: NDC, 이하 '국가결정기여'라 한다)를 스스로 준비, 통보 및 유지하며 이행하도록 정하고 있다.

구체적으로 파리협정 제4조는 "각 당사자는 달성하고자 하는 차기 국가결정기여를 준비하고, 통보하며, 유지한다. 당사자는 그러한 국가결정기여의 목적을 달성하기 위하여 국내적 완화 조치를 추구한다(제2항).", "각 당사자의 차기 국가결정기여는 상이한 국내 여건에 비추어 공통적이지만 그 정도에 차이가 나는 책임과 각자의 능력을 반영하고, 당사자의 현재 국가결정기여보다 진전되는 노력을 시현할 것이며 가능한 한 가장 높은 의욕 수준을 반영할 것이다(제3항).", "각 당사자는 결정 1/CP.21과 이 협정의 당사자회의 역할을 하는 당사자총회의 모든 관련 결정에 따라 5년마다 국가결정기여를 통보하며, 각 당사자는 제14조에 언급된 전 지구적 이행점검의 결과를 통지받는다(제9항)."라고 규정하였다. 그리고 파리협정 제14조에서는 당사자총회가 협정의 목적과 그 장기적 목표의 달성을 위한 공동의 진전을 평가하기 위하여 협정의 이행을 정기적으로 점검하는 '전 지구적 이행점검'(Global Stocktake)을 2023년부터 5년마다 실시하도록 하였다.

탄소중립기본법 제8조 제1항과 같은 법 시행령 제3조 제1항에서 설정한 중장기 감축목표로서 국가 온실가스 배출량을 2030년까지 2018년 대비 40퍼센트만큼 감축하는 목표는, 위와 같은 파리협정의 기준에 따라 2021. 12. 유엔기후변화협약 사무국에 제출되어 등록된 우리나라의 '국가결정기여' 중 핵심요소에 해당한다.

이 사건 부문별 감축목표는, 위와 같은 2030년까지의 중장기 감축목표를 달성하기 위하여 정부가 탄소중립기본법 제8조 제2항에 근거하여 산업, 건물, 수송, 발전, 폐기물 등 '부문별 온실가스 감축 목표'(이하 '부문별 감축목표'라 한다)를 설정한 것이다. 그리고 이 사건 연도별 감축목표는, 위와 같은 중장기 감축목표 및 이 사건 부문별 감축목표를 달성하기 위하여 정부가 탄소중립기본법 제8조 제3항에 근거하여 국가 전체와 각 부문에 대한 '연도별 온실가스 감축 목표'(이하 '연도별 감축목표'라 한다)를 설정한 것이다. 그러므로 이 사건 부문별 및 연도별 감축목표는 파리협정 제4조 제2항에서 정한 바대로, 우리나라의 국가결정기여의 목적을 달성하기 위하여 추구하는 '국내적 완화 조치'에 해당한다.

탄소중립기본법 제8조 제4항은 "정부는 「파리협정」(이하 "협정"이라 한다) 등 국내외 여건을 고려하여 중장기감축목표, 부문별감축목표 및 연도별감축목표(이하 "중장기감축목표등"이라 한다)를 5년마다 재검토하고 필요할 경우 협정 제4조의 진전의 원칙에 따라 이를 변경하거나 새로 설정하여야 한다. 다만, 사회적·기술적 여건의 변화 등에 따라 필요한 경우에는 5년이 경과하기 이전에 변경하거나 새로 설정할 수 있다."라고 규정하였다. 이것은 파리협정 제4조 제9항과 제14조에 따른 '전 지구적 이행점검'의 절차를 준수하면서 파리협정 제4조 제3항에 규정된 '현재 국가결정기여보다 진전되는 노력을 시현할 것'이라는 원칙(이하 '진전의 원칙'이라 한다)에 따라 온실가스 감축의 노력을 지속적으로 강화하는 구조를 규범화한 것이다.

(다) 이 사건의 심사기준

1) 헌법은 제35조 제1항에서 "국가와 국민은 환경보전을 위하여 노력하여야 한다."라고 규정할 뿐만 아니라, 제34조 제6항에서는 "국가는 재해를 예방하고 그 위험으로부터 국민을 보호하기 위하여 노력하여야 한다."라고 규정하고 있다. 기후변화가 초래하는 극단적인 날씨, 물 부족, 식량 부족, 해양산성화, 해수면 상승, 생태계 붕괴 등으로 국민의 생명, 신체, 재산 등에 피해가 발생하는 것은 재해 또는 재난의 성격도 가진다. 국가가 기후위기에 대응하여 온실가스 감축을 위한 목표와 계획을 세우고 이행하는 것은, 헌법 제35조 제1항에 따른 환경보전을 위한 노력임과 동시에 헌법 제34조 제6항에 따른 재해 예방을 위한 노력으로서, 이러한 노력은 헌법상 국가의 의무에 해당한다.

그런데 환경권은 이른바 제3세대 인권으로서 국제적 연대에 의한 보장이 필요한 영역이 많고, 기후위기의 위험상황은 전 지구적인 연대로써 대응하여야 하는 대표적인 영역에 해당한다. 어떤 국가가 자국의 온실가스 감축 노력만으로는 전 지구적인 기후위기에 대응하기 어렵다는 이유로, 또는 다른 나라의 감축 노력이 불충분하다는 이유를 들어 감축 노력을 소홀히 한다면, 결과적으로 모든 국가의 온실가스 감축 노력이 불충분하게 되어 전 지구적 차원의 기후위기 대응은 실패하고 환경권은 실효적으로 보장될 수 없게 된다. 반대로 개별 국가가 각각 최선의 온실가스 감축 노력을 함으로써 국가들 상호 간에 감축 노력을 촉진하고 회피를 방지한다면, 전 지구적인 차원의 기후위기 대응이 실효적인 환경권 보장으로 이어질 수 있다.

따라서 헌법상 환경권의 해석과 관련해서는 국제기준을 고려할 수 있고, 이러한 맥락에서 기후위기에 대한 대응으로서 국가가 온실가스 감축목표를 설정할 때에는 전 지구적 차원의 온실가스 감축 노력에 대한 우리나라의 기여가 그 몫에 부합하도록 할 필요가 있다.

2) 헌법 제35조 제1항은 국가뿐만 아니라 국민도 '환경보전'을 위하여 노력하여야 한다고 규정하고, 헌법 제122조에서 국가는 '국민 모두의 생산 및 생활의 기반이 되는 국토'의 효율적이고 균형 있는 이용·개발과 '보전'을 위하여 법률이 정하는 바에 의하여 그에 필요한 제한과 의무를 과할 수 있다고 규정하고 있다. 헌법 제35조 제1항에 따라 환경을 '보전'한다는 것에는 미래에도 생산 및 생활의 기반이 되는 환경적 조건을 훼손하지 않고 유지한다는 의미가 포함되어 있다.

특히, 기후변화의 주요 원인인 지구 평균 기온의 상승이 온실가스의 대기 중 축적 수준에 거의 비례한다는 과학적 사실로 인하여, 기후변화의 부정적 영향에 노출되는 측면과 기후변화를 완화하기 위하여 온실가스를 배출하는 경제활동과 생활양식을 제한하는 측면 모두에 있어서, 현재의 온실가스 감축 노력이 불충분하면 그만큼 미래의 부담이 가중된다. 이것은 기후위기라는 위험상황의 중요한 특성이다.

헌법 전문에서는 '우리들과 우리들의 자손의 안전과 자유와 행복을 영원히 확보할 것을 다짐'한다고 하고 있는바, 국가가 기후위기의 위험상황에 대응하는 보호조치를 마련함에 있어 미래에 과중한 부담이 이전되지 않도록 하는 것은, 미래의 국민의 자유 보장을 위하여 필요할 뿐만 아니라, 현재 세대와 미래세대 사이의 평등한 기본권 보장을 위해서도 필요하다. 이에 탄소중립기본법 제3조 제1호도 탄소중립 사회로의 이행과 녹색성장 추진의 기본원칙의 하나로, "미래세대의 생존을 보장하기 위하여 현재 세대가 져야 할 책임이라는 세대간 형평성의 원칙과 지속가능발전의 원칙에 입각한다."라고 규정하고 있다.

따라서 기후위기에 대한 대응으로서 국가가 온실가스 감축의 목표를 설정하고 이행할 때에는 미래의 환경적 조건에 대한 책임을 고려하는 것이 헌법적으로 요청된다. 온실가스의 감축은 그 배출과 흡수가 균형을 이룰 때까지 지속되어야 한다고 볼 때, 국가가 온실가스 감축의 목표와 계획을 세울 때에는 기후변화의 영향과 온실가스 배출 제한의 측면에서 미래에 과중한 부담이 이전되지 않도록 할 필요가 있다.

3) 기후위기에 대한 완화 조치로서 국가가 온실가스 감축목표를 설정하는 것은 그 목표를 달성하기 위하여 국가와 국민이 생산 및 생활의 모든 부문에서 노력함으로써 대기 중에 배출되어 축적되는 온실가스의 양을 줄이기 위한 것이므로, 감축목표 설정의 체계는 그에 따

라 실제로 온실가스의 감축이 이루어질 수 있는 방식으로 제도화되어야 한다.

이에 관해서는 정량적 감축목표에 관한 중장기적인 시간 계획, 감축 후의 배출량 목표치가 달성되지 않은 경우에 대한 규율, 기후위기에 대한 완화 조치를 규율하는 법적인 제도의 실효성 등이 문제 될 수 있다.

4) 탄소중립기본법 제8조 제1항 및 같은 법 시행령 제3조 제1항이 설정한 중장기 감축목표와 이 사건 부문별 및 연도별 감축목표가 과소보호금지원칙을 위반하였는지 여부는 기후위기라는 위험상황의 성격에 상응하는 보호조치로서 필요한 최소한의 성격을 갖추었는지를 기준으로 판단된다.

이에 관해서는 앞서 살펴본 바와 같이 온실가스 감축의 구체적인 목표치가 전 지구적인 감축 노력의 관점에서 우리나라가 기여해야 할 몫에 부합하는지, 감축목표 설정의 체계가 기후변화의 영향과 온실가스 배출 제한의 측면에서 미래에 과중한 부담을 이전하지 않는 방식으로, 또한 온실가스 감축이 실효적으로 담보될 수 있는 방식으로 제도화되어 있는지 등을 과학적 사실과 국제기준을 고려하여 판단하여야 한다.

또한, 탄소중립기본법 제8조 제1항이 의회유보원칙을 포함하는 법률유보원칙을 위반하였는지 여부도 그 규율 대상인 온실가스 감축목표의 설정 방식이 기후위기에 대한 보호조치로서 갖추어야 하는 성격을 고려하여 판단하여야 한다.

나. 탄소중립기본법 제8조 제1항 및 같은 법 시행령 제3조 제1항에 대한 판단

(1) 쟁점의 정리

(가) 탄소중립기본법 제8조 제1항은 중장기 감축목표에 관하여 국가 온실가스 배출량을 2030년까지 2018년 대비 35퍼센트 이상의 범위에서 대통령령으로 정하는 비율만큼 감축하는 것으로 규정하고, 같은 법 시행령 제3조 제1항은 그 비율을 40퍼센트로 정하였다.

과소보호금지원칙 위반 여부와 관련하여, 우선 위와 같이 설정된 2030년까지의 감축목표 비율이 전 지구적 온실가스 감축 노력의 관점에서 우리나라가 기여해야 할 몫에 부합하는지, 그리고 기후변화의 영향과 온실가스 배출 제한의 측면에서 미래에 과중한 부담을 이전하는 것인지가 문제 된다.

한편, 탄소중립기본법 제8조 제1항은 2030년까지의 2018년 대비 감축비율만 정하였을 뿐, 그 이후 탄소중립 목표연도인 2050년에 이르기 전까지의 기간인 2031년부터 2049년까지의 감축목표에 관해서는 정량적인 수준을 별도로 정하지 않았고, 같은 조 제4항에서 5년마다 진전의 원칙을 적용하여 감축목표를 새로 설정하는 방식의 규율만 존재한다. 이러한 규율이 2031년 이후의 미래에 과중한 부담을 이전하는 것인지가 문제 된다.

청구인들은 탄소중립기본법 제8조에는 온실가스 감축목표의 이행을 실효적으로 보장하는 수단이 없다고 하면서, 온실가스 감축목표 설정의 체계에 정량적 감축목표가 달성되지 않은 경우 추후의 감축목표에 미달성 부분을 추가하는 규율이 없거나 불충분하다고 주장한다. 이와 관련하여 탄소중립기본법 제8조 제1항의 온실가스 감축목표 설정 방식이 온실가스 감축을 실효적으로 담보할 수 있도록 설계되어 있는지가 문제 된다.

(나) 탄소중립기본법 제8조 제1항이 법률유보원칙을 위반하였는지에 관하여, 2030년까지의 감축목표에 대해서는 2030년을 목표연도로 한 2018년 대비 감축비율의 하한만 법률에서 정하였을 뿐, 구체적인 감축비율의 수치는 대통령령에 위임하고 감축의 경로는 탄소중립기본법 제8조 제2항과 제3항에 의하여 정부가 설정하는 부문별 및 연도별 감축목표에 따르도록 한 점이 문제 된다.

그리고 2031년부터 2049년까지의 감축목표에 대해서는 그 정량적 수준을 법률에서 정하지 않고 탄소중립기본법 제8조 제4항에 따라 정부가 5년마다 갱신하도록 한 점이 문제 된다.

(2) 과소보호금지원칙 위반 여부

(가) 2030년까지의 감축목표

1) 지구 평균 기온은 대기 중 누적되는 온실가스의 농도에 비례하여 상승한다는 과학적 사실을 토대로, 지구 평균 기온의 상승 수준을 특정한 온도 목표 이내로 억제하기 위한 특정 연도 이후의 전 지구적인 잔여탄소배출허용총량, 즉 탄소예산이 추정될 수 있다. IPCC의 제6차 평가보고서에 의하면, 전 지구적 관점에서 2020년부터의 잔여탄소배출허용총량의 최적의 추정치는, 산업화 이전 대비 지구 평균 기온 상승을 50% 확률로 1.5℃로 제한하는 경우 500GtCO2이고, 67% 확률로 2℃로 제한하는 경우 1,150GtCO2이다.

한편, IPCC 보고서 등에서 보고된 과학적 사실에 기초하여, 유엔기후변화협약, 파리협정 등의 다자조약과 그 구체적인 이행을 위한 당사국총회 등에서는 기후위기에 대응하기 위한 전 지구적인 행동의 방향이나 기준 등에 관한 국제적 합의가 이루어질 수 있다. 2023년 제

28차 유엔기후변화협약 당사국총회의 '전 지구적 이행 점검'에 관한 결정(Decision 1/CMA.5) 제27항에서는 "또한 오버슛이 없거나 제한하면서 지구온난화를 1.5°C로 제한하려면 2030년까지 전 세계 온실가스 배출량을 깊이 있고, 신속하고, 지속적인 방식으로 2019년 대비 43%, 2035년까지 60% 감축하고 2050년까지 이산화탄소 순배출 제로를 달성해야 한다는 점을 인지한다."라고 하였다.

이처럼 과학적으로 추정되는 전 지구적인 탄소예산, 그리고 과학적 연구결과에 기초한 국제적 합의를 통하여 형성된 전 지구적인 온실가스 감축경로에 관한 공동의 인식을 전제로 하여, 개별 국가는 자국의 온실가스 감축목표 설정을 통해 전 지구적인 온실가스 감축의 노력에 기여하는 몫을 정하고 그 목표를 달성하기 위한 정책을 마련하고 시행해야 한다.

이에 관하여 청구인들은 우리나라의 2030년 '중장기 국가 온실가스 감축 목표'인 2018년 국가 온실가스 배출량 대비 40% 감축의 비율이, 파리협정에서 정한 '상이한 국내 여건에 비추어 형평 그리고 공통적이지만 그 정도에 차이가 나는 책임과 각자의 능력의 원칙'에 비추어 전 지구적 온실가스 감축 노력에 우리나라가 기여해야 할 몫에 현저히 미치지 못한다고 주장한다.

청구인들은 전 세계 인구 대비 우리나라의 인구 비율로 공평하고 합리적으로 우리나라의 탄소예산을 산출할 수 있고, 여기에 탄소중립기본법 제8조 제1항 및 같은 법 시행령 제3조 제1항이 설정한 2030년 감축목표와 이를 달성하기 위하여 심판대상계획이 설정한 연도별 배출량 목표를 대비하여 보면, 우리나라의 목표 온도 1.5도 기준 탄소예산은 2025년경, 1.7도 기준 탄소예산은 2028년경 모두 소진된다고 주장한다. 그리고 현재 전 세계 대비 우리나라의 배출량 비중에 따라 분배되는 탄소예산을 산출하더라도 우리나라의 목표 온도 1.5도 기준 탄소예산은 2032년경, 1.7도 기준 탄소예산은 2042년경 모두 소진된다고 한다.

또한, 청구인들은 우리나라는 기후위기 대응의 '능력'과 관련된 지표인 선진국과 개발도상국의 구분에 관하여 IPCC에서 제시한 모든 기준에서 선진국에 해당하고, 기후변화의 '책임'에 관한 지표인 현재 배출량, 1인당 배출량 및 누적 배출량에서도 세계적으로 상위권에 있어 전 지구적 온실가스 감축 노력에 더 크게 기여해야 함에도 불구하고, 우리나라의 2030년 감축목표의 비율은 전 지구적인 감축비율로 공인된 2019년 대비 43% 감축에 미치지 못한다고 한다.

청구인들은 우리나라의 2030년 온실가스 감축목표의 비율은, 우리나라가 온실가스 감축목표를 설정하기 시작한 2010년을 기준으로 하거나, 배출량 정점인 2018년을 기준으로 하더라도 총배출량에서 흡수·제거량을 제외한 순배출량의 감축 비율을 비교하면, 주요 국가들의 온실가스 감축비율보다 낮다고 주장한다.

한편, 유엔환경계획(UNEP)은 전 지구적인 관점에서 각국이 약속한 온실가스 배출 감축량과 파리협정의 목표 달성을 위하여 필요한 온실가스 배출 감축량의 차이인 '배출격차'를 포함하여 온실가스 감축 노력의 현황 등을 분석한 '배출격차보고서'(Emissions Gap Report)를 매년 발간하는데, 2023년의 배출격차보고서에서는 각국의 국가결정기여가 모두 이행되더라도 지구 평균기온의 상승은 산업화 이전 수준 대비 2.9도에 이른다고 하였다. 청구인들은 이와 같은 배출격차 해소를 위하여 우리나라의 2030년 국가결정기여의 감축목표도 상향되어야 한다고 주장한다.

그러나 나라마다 인구, 국내총생산, 기존의 온실가스 배출규모, 온실가스 감축을 위한 기술력 및 경제력, 산업구조 등이 다양한데, 어떠한 요소를 어떠한 방식으로 고려하는 것이 온실가스 감축 노력의 국가 간 공평한 분담이라고 할 것인지에 관해서는 여러 연구가 진행되고 있지만, 개별 국가의 구체적 분담 기준에 관하여 우리나라에 적용될 수 있고 국제적으로 이의를 제기하기 어려운 합의는 존재하지 않는다. 개별 국가에서 '특정 연도'의 온실가스 감축목표 비율의 '구체적 수치'를 설정할 때에는, 탄소예산의 배분 방식, 선진국과 개발도상국의 지위에 관한 종합적인 지표뿐만 아니라, 산업구조나 지리적 여건, 에너지 공급 사정 등 추가적으로 고려할 여러 가지 요소가 있을 수 있다. 이 사건에서도 정부는 제조업 중심의 산업구조에 따른 급속한 감축의 어려움, 다른 선진국에 비하여 늦은 배출량 정점, 에너지의 안정적 공급 필요성 등의 사정을 들고 있다.

한편, 파리협정에 따라 국가결정기여를 설정하여 제출하고 관련 정보를 제공하는 것은 정부의 외교적 권한 내에 있기도 하다. 정부가 외교적 권한을 행사할 때에는 에너지 위기에 대한 국가적 대응 능력 등 에너지 안보의 문제, 차기의 국가결정기여는 이전의 국가결정기여보다 진전하여야 하고 후퇴할 수는 없다는 점 등을 고려할 수 있다.

온실가스 감축목표 설정에 있어 국가별 공평한 분담

의 기준이 명확하지 않은 상태에서는 특정 시점의 전지구적인 배출격차가 곧 개별 국가의 배출격차로 바로 판단될 수 있는지도 명확하지 않다.

파리협정 제4조 제1항은 협정의 당사국으로 하여금 '이용 가능한 최선의 과학에 따라 급속한 감축을 실시하는 것을 목표로' 하도록 하고, 제3항은 각 당사국의 국가결정기여에 관하여 '가능한 한 가장 높은 의욕 수준을 반영할 것'을 규정하고 있다. 우리나라도 원칙적으로 이러한 입장에서 국가결정기여를 정하고 이행해야 할 것이다. 다만, 특정 시점의 구체적인 감축목표 비율을 정할 때 어떤 요소를 어떻게 고려해야 하며, 구체적 수치가 어떠해야 하는지를 정하는 권한과 책임은 원칙적으로 입법자와 그 위임을 받은 집행자에게 있다.

다양한 통계적 평가의 기법과 계산식, 그리고 단계별 평가 요소에 많은 불확실성을 내포하는 추정적 방법으로 온실가스 감축목표 비율의 수치를 도출하는 경우, 이러한 도출 방식에 국제적으로 이의를 제기하기 어려운 합의 또는 사법기관에서 원용할 수 있을 정도로 신뢰할 만한 국내 기관의 공개적인 산출 절차는 존재하지 않는 상황이다. 더 나아가 온실가스 감축목표 비율의 구체적 수치를 결정하는 것은 사회경제정책이나 외교정책 등의 요소까지 고려할 수밖에 없는 영역이기도 하다.

그러므로 입법자 또는 그로부터 위임받은 집행자가 위와 같은 여러 요소를 종합적으로 고려하여 정한 '특정 연도'의 감축목표 비율에 관한 '구체적 수치'에 대하여, 헌법재판소가 원칙적으로 입법자 또는 그로부터 위임받은 집행자의 권한과 책임을 전제로 하는 과소보호금지원칙을 적용하면서, 어떤 특정한 추정 방식과 평가 요소들을 채택하여 그 결과에 부합하지 않는다는 이유로 전지구적 온실가스 감축 노력에 기여해야 할 우리나라의 몫에 부합하지 않는다고 단정하여 판단하기는 어렵다.

2) 국가 온실가스 배출량을 2030년까지 2018년 대비 40%만큼 감축하는 중장기 감축목표는, 우리나라의 온실가스 배출량이 정점에 이른 2018년부터 탄소중립 목표 시점인 2050년까지 지속적인 온실가스 감축을 전제로 하여, 그 중간 시점인 2030년까지의 감축목표로 정해진 것이다.

온실가스의 감축이 2018년의 국가 온실가스 배출량부터 2050년 순배출량 영(零)이 될 때까지의 선형경로를 따를 때, 2030년에 해당하는 배출량은 2018년 대비 약 37.5%를 감축하는 것이 되는데, 온실가스 감축의 구체적인 목표를 정할 때에는 여러 산업과 국민의 일상생활에 미치는 영향, 재생에너지 등 기술발전의 속도, 부문별 감축 수단에 따른 이행가능성 등 다양한 요소들을 고려하여야 하는 점에서 탄소중립기본법 제8조 제1항은 35%를 감축목표의 하한으로 정하고 대통령령에서 그 이상으로 감축비율을 정하도록 하였으며, 같은 법 시행령 제3조 제1항은 이러한 위임에 따라 위와 같은 선형감축경로를 상회하는 40%를 감축의 목표 비율로 정한 것이다.

청구인들은 위와 같은 감축목표는 앞서 본 바와 같이 산출되는 우리나라의 탄소예산을 조기에 소진시키는 것이고, 선형감축경로는 법적인 의미가 없을 뿐만 아니라, 그 자체로도 '균등한 비율'이 아니라 '균등한 양'의 감축으로 후반부로 갈수록 실질적인 감축부담을 증가시키는 형태이므로, 미래에 과중한 부담을 이전하는 것이라고 주장한다.

그러나 우리나라의 탄소예산 배분에 관해서는 국제적 합의나 국가적으로 공인될 만한 객관적인 도출 방식이 정해져 있지 않고, 감축경로의 모양이 어떤 형태가 되는지는 개별적인 감축수단들의 특성과 이들 사이의 조합 등 여러 요소가 영향을 미치는 것인데, 2030년의 감축목표 비율은 2050년 탄소중립에 이를 때까지의 중간 시점의 목표에 관하여 일응 선형감축경로보다 상회하는 수준으로 정하였다는 것일 뿐, 전체 감축경로의 모양을 정한 것으로 보기는 어렵다.

또한, 정부가 2021. 10. 18. 수립한 '2030 국가 온실가스 감축목표(NDC) 상향안' 등 이 사건에서 제출된 자료에 의하면, 탄소중립기본법 제8조 제1항의 위임을 받아 같은 법 시행령 제3조 제1항에서 설정한 '2030년까지 2018년 대비 40%만큼 감축'한다는 목표는 여러 부문별 감축대책과 목표량을 함께 고려하고 다양한 의견을 수렴하는 등의 절차에 따라 결정된 비율로, 단순하게 선형감축경로만을 전제로 설정되었다고 보기도 어렵다.

2030년 감축목표 비율의 수치는 배출량이 정점에 이른 2018년부터 2050년 탄소중립의 목표 시점에 이를 때까지 점진적이고 지속적인 감축을 전제로 한 중간 목표에 해당함은 분명하고, 그 비율의 구체적 수치 설정에는 개별적인 감축수단들의 특성과 이들 사이의 조합 등 다양한 고려 요소와 변수가 영향을 미치는 이상, 그 수치만을 이유로 미래에 과중한 부담을 이전하는 것이라고 단정하여 판단하기는 어렵다.

3) 따라서 탄소중립기본법 제8조 제1항 및 같은 법 시행령 제3조 제1항이 설정한 2030년까지의 온실가스

감축목표 비율의 수치만으로는, 기후위기라는 위험상황에 상응하는 보호조치로서 필요한 최소한의 성격을 갖추지 못한 것으로 볼 수 없다.

(나) 2031년부터 2049년까지의 감축목표

1) 2030년까지의 온실가스 감축목표 비율인 '2018년 대비 40%만큼 감축'이라는 수치만으로는 기후위기의 위험상황에 상응하는 보호조치로서 필요한 최소한의 성격을 갖추지 못하였다고 볼 수 없다는 것은, 특정 연도의 정량적인 목표 수치에 대하여 이견이 있을 수 있는 특정한 방법론을 제시하여 위헌으로 판단하기 어렵다는 것일 뿐, 위와 같은 수치가 2050년 탄소중립에 이르기 위한 중간 목표로서 최선이라는 취지는 아니다.

2030년까지의 온실가스 감축목표 비율은 배출량이 정점에 이른 연도가 2018년임을 전제로 규정된 것인데, 우리나라가 2009년경부터 온실가스 감축목표를 설정하고 관련 법제를 시행하여 왔음에도 2018년경까지 배출량이 지속적으로 증가한 사실은 부인할 수 없다. 이 점에서 2018년의 배출량을 기준으로 2030년까지의 감축목표 비율을 정한 것이 과학적·정책적으로 최선이라고 볼 수는 없다고 하더라도, 이는 2018년까지 온실가스 배출량이 증가한 만큼 온실가스 다배출 산업구조를 포함한 제반 여건을 개선하는 등의 부담이 커졌다는 점이 반영된 결과로 볼 수 있다.

이에 비추어볼 때, 현재 설정된 2030년의 감축목표를 달성하고 2031년 이후의 감축목표를 강화하기 위하여 사전에 필요하고 가능한 조치를 다하지 않으면, 2031년 이후의 감축부담은 더욱 증가하여 과학적·정책적으로 충분한 감축목표 설정과 이행의 어려움이 가중될 수밖에 없고, 궁극적으로 2050년 탄소중립 목표를 달성하지 못할 위험이 커질 것이다.

그러므로 중장기적으로 국가의 온실가스 감축목표를 설정하는 체계는 미래에 과중한 부담이 이전되지 않도록 2050년 탄소중립의 목표 시점에 이르기까지 실제로 점진적인 감축이 이루어질 수 있는 방식으로 설계되어야 하고, 그 제도적 실효성에 대한 심사는 배출량 정점에 이른 시점이 늦어져 급속한 감축의 필요성이 커진 만큼 보다 엄격해야 한다.

배출량의 증가와 감축, 그리고 탄소중립에 이르는 전체 경로에 관한 파리협정 제4조 제1항에 비추어 보면, 우리나라는 배출량 최대치 달성 이후 이용 가능한 최선의 과학에 따라 급속한 감축을 실시하는 것을 목표로 하는 단계에 있다고 할 수 있으므로, 위와 같은 실효성에 대한 심사는 국제적인 행동 기준에도 부합한다.

2) 탄소중립기본법 제8조 제1항은 2030년까지의 중장기 감축목표의 비율을 규정하였을 뿐, 2031년부터 2050년 탄소중립의 목표 시점에 이르기 전인 2049년까지의 감축목표에 대해서는 어떤 형태의 정량적인 기준도 제시하지 않았다.

비록 탄소중립기본법 제7조 제1항에서 2050년 탄소중립의 목표를 규정하고, 같은 법 제8조 제4항에서는 정부가 진전의 원칙에 따라 원칙적으로 5년 주기로 온실가스 감축목표를 변경하거나 재설정하도록 규정하고 있지만, 이것은 아래와 같은 이유로 미래에 과중한 부담이 이전되는 것을 방지할 수 있는 실효적인 장치로 보기 어렵다.

가) 탄소중립기본법 제8조 제4항에서 온실가스 감축목표를 원칙적으로 5년마다 재검토하고 변경하거나 새로 설정하도록 한 것은, 파리협정 제4조 제9항의 국가결정기여 제출 주기와 동일한 규율이다. 그리고 5년마다 제출하는 국가결정기여의 목표 시점이 '제출 시로부터 10년 후'라는 점은 탄소중립기본법이나 파리협정에 직접 규정되어 있지 않고, '파리협정 제4조 제10항의 국가결정기여를 위한 공통의 시간 계획'에 관한 2021년 제26차 유엔기후변화협약 당사국총회의 결정(Decision 6/CMA.3)에 근거를 두고 있다. 이 결정은 제1항에서 국가결정기여를 '국가별로 결정한다는 성격'을 '재확인하고'(reaffirms), 제2항에서 5년 주기 10년 후 목표의 제출을 '장려한다'(encourages)라고 정하여, 각 당사국에 대한 효력이 매우 완화된 형태로 되어 있다. 2023년 제28차 유엔기후변화협약 당사국총회의 '전 지구적 이행점검'에 관한 결정(Decision 1/CMA.5) 제170항도 각 당사국이 위와 같은 제26회 당사국총회의 결정(Decision 6/CMA.3)에 따라 2035년까지의 국가별 감축목표를 2025년에 제출할 것을 '장려한다'라는 완화된 형태를 유지하였다.

온실가스 감축수단의 종류에 따라서는 기술개발과 상용화에 상당한 시간이 필요할 수 있고, 국가의 정책에 기업 등 사인이 부응하여 실제로 온실가스 배출량을 줄이는 효과가 나타나는 데에도 시간이 필요하므로, 구체적인 감축목표는 그 목표 시점 이전에 상당한 시간적 간격을 두고 설정되어야 한다. 또한, 온실가스 배출을 줄이기 위하여 설비 투자를 포함한 사업계획을 세워야 하는 기업과 같이 각 부문에서 노력하는 국민의 입장에서는, 온실가스 감축정책의 일관성이 실제 배출량 목표가 달성될 가능성을 좌우하는 중요한 요소이다.

그런데 5년마다 제출하는 국가결정기여의 목표 시점을 '제출 시로부터 10년 후'로 정하는 것은 위와 같이 법령상 의무가 아니라, 상황에 따라 바뀔 수도 있는 정부의 판단 영역에 있으므로, 2031년 이후 온실가스 감축경로에 대한 일관된 정책의 준비와 이행을 담보한다고 보기 어렵다.

나) 탄소중립기본법 제8조 제4항 및 파리협정 제4조 제9항, 제10항과 제26차 유엔기후변화협약 당사국총회의 위와 같은 결정에 따르고 '진전의 원칙'을 적용하더라도 '진전의 속도'는 현실적인 여러 여건 때문에 느려질 수도 있다.

온실가스 다배출 업종이 많은 제조업 중심의 산업구조를 가진 우리나라에서 정부가 사회경제정책 등을 고려하여 온실가스 감축목표를 결정할 경우, 단기적인 감축의 부담을 완화하고자 하는 유인이 많을 것인데, 이 때문에 감축비율을 가속화하지 못하면 그만큼 산업구조의 개선 속도도 느려져서 이후의 감축부담이 다시 가중되는 악순환이 생길 수도 있다.

이와 같이 온실가스 감축목표가 상향되는 진전의 속도가 지나치게 느려지면, 감축경로 전체의 모양도 크게 볼록한 형태가 되어 온실가스의 누적 배출량이 많아질 뿐만 아니라, 2050년 탄소중립의 목표 달성은 요원해질 수밖에 없다.

그런데 2031년 이후의 감축목표에 관하여 그 정량적인 기준을 법률에 미리 대강이라도 정하지 않고, 오로지 정부의 재량으로 5년마다 새롭게 정하도록 한 탄소중립기본법 제8조의 체계에서는 '진전의 속도'를 적정하게 유지할 수 있는 법령상 규율을 찾기 어렵다.

탄소중립기본법 제8조 제5항에서는 정부가 중장기 감축목표 등을 설정 또는 변경할 때 고려해야 할 사항을 제1호부터 제9호까지 나열하고 있는데, 이 중에서 현실적으로 온실가스 감축의 노력을 가속할 수 있는 요소는 제2호의 '국가비전 및 국가전략'으로서 '2050년 탄소중립'의 상대적으로 장기적인 목표 정도인 반면, 온실가스 감축 속도를 늦출 수 있는 요소는 제6호의 '국내 산업, 특히 화석연료 의존도가 높은 업종 및 지역에 미치는 영향'으로서 상대적으로 단기적이고 구체적인 요소이고, 나머지 요소들은 그 내용이 상황에 따라 유동적일 수 있는 중립적인 성격을 가진다.

특히, 탄소중립기본법 제8조 제5항 제9호의 '국제사회의 기후위기 대응 동향'의 경우, 파리협정상 국가결정기여의 자발성, 5년 주기 10년 후 목표 제출의 공통의 시간 계획에 대한 느슨한 규율 등에 비추어 볼 때, 국가적인 온실가스 감축의 노력을 가속화할 수 있는 실질적인 요소로서는 부족할 수 있다.

2016년 구 녹색성장법 시행령 제25조 제1항이 개정되어 온실가스 감축목표의 시점이 2020년에서 2030년으로 이동하면서 감축목표가 강화되지 못하고 실제 배출량은 계속 증가하던 당시에도 유엔기후체제에 관한 국제사회의 논의 흐름이 영향을 미쳤던 점, 유엔환경계획의 2023년 배출격차보고서에서 각국의 국가결정기여가 모두 이행되더라도 지구 평균 기온의 상승은 산업화 이전 수준 대비 2.9도에 이른다고 하는 등 현재까지도 전 지구적 차원의 감축 노력이 미흡한 것으로 확인되고 있는 점 등을 고려하면, 유엔기후체제를 전제로 하더라도 법률로 중장기 감축목표를 설정하지 않은 상태에서 5년 주기로 온실가스 감축목표를 재검토하는 것만으로는 국가의 온실가스 감축목표를 적정한 속도로 강화하는 데에 한계가 있다고 할 것이다.

다) 탄소중립기본법 제8조 제4항에 따라 정부가 원칙적으로 5년마다 재검토하여 변경하거나 새로 설정하는 온실가스 감축목표에는 중장기 감축목표뿐만 아니라, 이를 달성하기 위한 부문별 및 연도별 감축목표도 포함되어 있다.

그런데 탄소중립기본법 제8조 제2항은 부문별 감축목표를 중장기 감축목표의 달성을 위한 수단으로, 같은 조 제3항은 연도별 감축목표를 중장기 및 부문별 감축목표의 달성을 위한 수단으로 규율하고 있으므로, 결국 모든 단계의 목표가 5년마다 설정되는 중장기 감축목표의 단일 연도 목표를 향하여 있을 뿐, 그 목표 시점에 이르기까지의 구간 전체의 배출량에 대한 고려는 없다. 중장기 감축목표의 수치 그 자체는 정부가 5년마다 설정하는 시점에서 파악하는 제반 상황과 여건을 고려하여 정하도록 하였고, 누적 배출량에 대하여 고려할 수 있는 준거가 되는 우리나라의 탄소예산 산출 절차도 존재하지 않는다.

이러한 체계에서 2031년 이후의 구체적인 감축목표에 대한 정량적 기준이 대강이라도 정해져 있지 않으면, 5년 주기로 감축목표를 상향하는 속도는 구체적인 감축목표 수치를 정하는 시점에 정부가 파악하는 단기적인 상황과 여건에만 의존하게 될 가능성이 크다.

3) 탄소중립기본법 제8조에 따른 중장기 감축목표와 부문별 및 연도별 감축목표를 달성하기 위한 구체적이

고 개별적인 시책들은 모두 관련 법령상 독자적인 근거에 따라 시행되고, 각각의 감축수단별 특성도 매우 다양하다. 다양한 특성을 갖는 개별 부문의 감축목표와 그 이행에 대한 관리체계 모두를 하나의 완전한 법체계로 통합하는 것은 매우 어렵고, 현행 법령도 이렇게 되어 있지 않다. 이러한 다양한 감축수단들 사이의 조정과 통합은 원칙적으로 정부의 권한과 책임으로 부문별 및 연도별 감축목표와 그 이행 대책을 포함한 기본계획을 수립하고, 또 그 이행을 지속적으로 점검하는 과정에서 이루어질 수밖에 없다.

그런데 2050년 탄소중립의 목표 시점에 이르기까지의 장기적인 국가 전체의 감축목표가 그때그때의 개별 감축수단별 특성과 제반 상황에 대한 정부의 종합적 고려에만 전적으로 의존한다면, 정부가 어떤 부문의 어떤 특성에 정책 역량을 집중하느냐에 따라 특정 연도의 감축목표 및 특정 기간의 감축경로가 크게 좌우될 수 있고, 온실가스 감축정책의 일관성도 확보되기 어렵다.

반면, 2050년 탄소중립의 목표 시점에 이르기까지 일정 기간의 구간별로 어느 정도 정량적 수치를 전제로 한 감축목표가 있다면, 정부는 그 범위 안에서 개별 감축수단별 특성과 제반 상황을 종합적으로 고려하여 부문별 수단의 조정과 통합을 통한 구체적인 감축목표를 정할 수 있으므로, 온실가스 감축정책에 관한 정부의 재량을 존중하면서도 어느 정도 정책의 일관성을 확보할 수 있을 것이다.

2031년 이후 2049년까지의 기간 중의 중간적인 감축목표를 미리 정할 경우에도 중간적인 목표 사이의 간격과 구체적인 수치는 입법형성의 영역에 있으며, 2030년까지의 감축목표와 유사하게 최소한의 감축비율을 법률로 정하고 최종적인 수치는 대통령령 등에 위임하는 방식으로 어느 정도의 유연성을 둘 수도 있다.

또한, 배출량의 누적을 고려하면서 감축량의 진전을 담보할 수 있는 감축목표 설정 체계에도 다양한 방식이 있을 수 있고, 이 역시 입법형성의 영역에 있다. 예컨대 2050년 탄소중립에 이르기 전까지 '단년도 목표(Single-year target)'를 여러 시점으로 설정하는 방식뿐만 아니라, '다년도 목표(Multi-year target)'로서 일정 구간별로 구간 전체 또는 평균적인 감축비율을 정해두는 방식으로 누적 배출량을 어느 정도 통제하는 방식도 고려할 수 있을 것이다.

4) 따라서 탄소중립기본법 제8조 제1항에서는 2030년까지의 감축목표 비율만 정하고 2031년부터 2049년까지 19년간의 감축목표에 관해서는 어떤 형태의 정량적인 기준도 제시하지 않았는바, 같은 조 제4항의 온실가스 감축목표 재설정 주기나 범위 등 관련 법령의 체계를 살펴보더라도 2050년 탄소중립의 목표 시점에 이르기까지 점진적이고 지속적인 감축을 실효적으로 담보할 수 있는 장치가 없으므로, 이는 미래에 과중한 부담을 이전하는 방식으로 감축목표를 규율한 것으로, 기후위기라는 위험상황에 상응하는 보호조치로서 필요한 최소한의 성격을 갖추지 못하였다고 할 것이다.

(다) 감축목표 미달성 시의 규율

1) 파리협정 체제에서는 2023년부터 5년 주기로 당사국총회에서 전 지구적 이행점검을 실시하여 그 결과를 당사국에 알려 주고(파리협정 제4조 제9항, 제14조 참조), 각 당사국은 2년 주기의 '격년 투명성 보고서'(Biennial Transparency Report)로서 온실가스의 배출원에 의한 인위적 배출과 흡수원에 의한 제거에 관한 국가별 통계 보고서인 '국가 온실가스 인벤토리 보고서'(National Inventory Report) 및 국가결정기여 이행 등에 있어서의 진전 추적에 필요한 정보를 제출하고 기술 전문가의 검토를 받는다(파리협정 제13조 제4항, 제7항, 제11항 등 참조).

탄소중립기본법 제8조 제4항에 따라 정부는 원칙적으로 5년마다 온실가스 감축목표를 재검토하고 변경하거나 새로 설정할 때 '파리협정 등 국내외 여건을 고려'하고 파리협정 제4조의 '진전의 원칙'에 따라야 하므로, 위와 같은 파리협정 체제에 따른 지속적인 점검 결과는, 중장기 감축목표와 부문별 및 연도별 감축목표의 설정과 그 이행을 위한 대책에 반영될 수 있다.

2) 탄소중립기본법에 따르면, 2050 탄소중립녹색성장위원회(이하 '탄소중립녹색성장위원회'라 한다) 주도로 '연도별 목표'의 이행현황과 그 목표를 포함하는 '국가기본계획'의 추진상황이 매년 정성·정량적으로 점검 및 공개되고, 국가기본계획 추진상황의 점검 결과는 매년 국회에 보고되며, 온실가스 배출량이 연도별 감축목표에 부합하지 않는 경우 업무를 관장하는 행정기관의 장이 감축계획을 작성하여 탄소중립녹색성장위원회에 제출하고, 이행현황 점검 결과 보고서상 부진사항 또는 개선사항은 행정기관 등의 정책 등에 반영되어야 한다(탄소중립기본법 제9조, 제13조, 제78조 참조). 이러한 탄소중립기본법상 연도별 감축목표의 이행현황 점검과 국가기본계획 등의 추진상황 점검절차는 부문별 및 연도별 감축목표의 이행을 실효적으로 보장하는 수단으

로 기능한다.

3) 탄소중립기본법 제25조 및 '온실가스 배출권의 할당 및 거래에 관한 법률'(이하 '배출권거래법'이라 한다)에 따른 '배출권거래제'는, 시장기능을 활용하여 효과적으로 국가의 온실가스 감축목표를 달성하고자, 정부가 탄소중립기본법 제8조에 따른 중장기 감축목표를 고려하여 5년 단위의 계획기간별로 설정한 '온실가스 배출허용총량'의 범위에서 개별 온실가스 배출업체에 할당되는 배출허용량인 '배출권'을 거래하도록 하는 제도이다(배출권거래법 제1조, 제2조 제3호, 제5조 제1항 제1호).

배출권거래법은 정부로 하여금 5년 단위의 '계획기간'과 계획기간별 1년 단위의 '이행연도'로 나누어 온실가스 배출업체에 배출권을 할당하고 그 이행실적을 관리하도록 하고 있는데(배출권거래법 제2조 제4호, 제5호), 배출권을 보유한 자는 보유한 배출권을 주무관청의 승인을 받아 계획기간 내의 다음 이행연도 또는 다음 계획기간의 최초 이행연도로 이월할 수 있고(배출권거래법 제28조 제1항: 배출권의 이월), 할당대상업체는 종료된 이행연도의 배출권 제출 시 제출해야 할 배출권 수량보다 보유한 배출권의 수량이 부족하여 배출권 제출의무를 완전히 이행하기 곤란한 경우, 대통령령으로 정하는 한도 내에서 주무관청의 승인을 받아 계획기간 내의 다른 이행연도에 할당된 배출권의 일부를 차입할 수 있다(배출권거래법 제28조 제2항, 제3항, 같은 법 시행령 제45조: 배출권의 차입). 이처럼 배출권거래제의 적용을 받는 영역의 온실가스 배출량은 5년의 계획기간과 매 이행연도별로 그 총량이 상대적으로 엄격하게 관리되고, 배출권의 이월 및 차입 제도를 통하여 일정한 기간 내에 온실가스 감축목표를 달성하지 못한 경우 그 달성하지 못한 부분이 차회 기간에 반영된다는 측면에서 계획된 온실가스 배출허용량에 대한 적극적인 통제가 이루어진다.

2021. 12. 23. 유엔기후변화협약 사무국에 제출되어 등록된 우리나라의 국가결정기여에는 감축목표 이행의 체계 또는 기간에 관하여, 우리나라는 2030년의 '단년도 목표'로 온실가스 감축목표를 정하고 있고, 2030년 감축목표를 고려한 2021~2030년의 '제3차 배출권거래제 기본계획'을 수립함으로써 전체 배출량의 73.5%에 대하여 5년 단위의 배출권 할당을 하여 온실가스 배출을 감축하는 것으로 기재되어 있다.

또한, 원칙적으로 5년으로 설정되는 국가 배출권 할당계획의 기초가 되는 온실가스 배출허용총량은 탄소중립기본법 제8조의 중장기 감축목표를 고려하여 설정되고(배출권거래법 제2조 제3호, 제5조 제1항 제1호 참조), 배출권거래제 기본계획과 국가 배출권 할당계획의 수립 및 변경은 대통령령이 정하는 경미한 사항을 제외하고는 탄소중립녹색성장위원회 및 국무회의의 심의를 거쳐 확정되는 등(배출권거래법 제4조 제5항, 제5조 제5항), 배출권거래제는 탄소중립기본법 제8조에 따른 온실가스 감축목표와 연관을 맺도록 되어 있다.

4) 청구인들은 감축목표가 설정된 기간 전체의 배출총량, 즉 누적 배출량을 관리하여야 하므로, 매년 추가 배출량이 있을 경우 차년도 이후에 감축목표를 추가하는 방식의 규율이 법률에 규정되어야 한다는 취지로 주장한다.

이러한 추가계획을 수립한다면, 그 구간을 차년도 1년으로 정할지, 몇 년 정도의 기간으로 정할지, 또 감축목표의 추가계획을 부문별로 규율할지, 전체 연도별 배출량으로만 관리할지 등에 대하여 여러 정책적인 요소를 고려하여 정하여야 한다. 이것은 감축목표 설정의 체계를 '단년도 목표' 또는 '다년도 목표' 방식 등 어떤 형태로 규율할 것인지에 관한 문제와도 관련이 있다. 특히, 감축목표가 달성되지 않은 이유가 업무 관장기관의 불성실한 집행 때문이 아니라, 민간 영역의 생산 및 소비의 기반과 관련된 구조적인 문제 때문이라면, 부문별로는 단기간 내에 극복하기 어려운 사정이 있을 수 있다는 점도 고려할 수 있다.

탄소중립기본법의 체계에서 2050년 탄소중립의 목표는 변함이 없고(탄소중립기본법 제7조 제1항), 정부는 사회적·기술적 여건의 변화 등에 따라 필요한 경우에는 5년이 경과하기 이전에도 온실가스 감축목표를 변경하거나 새로 설정할 수 있으며, 이 경우에도 '진전의 원칙'이 적용된다고 보면(탄소중립기본법 제8조 제4항 참조), 2030년까지의 부문별 및 연도별 감축목표의 미달성 부분을 이후의 감축목표에 어떻게 반영할 것인지는 정부의 정책적 판단 영역에 있다고 보아야 할 것이다. 그런데 정량적인 부문별·연도별 감축목표 및 그 달성을 위한 비교적 구체적인 여러 시책이 마련되어 있고, 진전의 원칙에 따른 감축목표의 변경 및 재설정 가능성을 전제로 하고 있는 2030년까지의 감축목표에 관하여, 매 연도별로 감축목표 미달성 부분을 차년도 이후 계획에 추가로 반영하는 문제를 위와 같이 법률에 직접 규정하지 않고 온실가스 감축목표를 변경 또는 새로 설정할 수 있는 정부의 정책 영역에 맡겨두었다는 이유만으로 감축목표 이행 수단의 실효성이 없다고 단정하기는 어렵다.

한편, 일정한 시간적 구간의 온실가스 배출허용총량(누적 배출량)을 관리한다는 관점에서, 원칙적으로 '5년 단위 계획기간'을 전제로 하며 '배출권 이월·차입 제도'를 포함하는 배출권거래제가 어느 정도 실효적 수단이 된다는 점을 부인하기도 어렵다. 배출권거래제는 계획기간별 배출허용총량을 관리하는 '다년도 목표'에 유사한 방식이라는 점에서 중장기 감축목표의 '단년도 목표' 방식을 보완하는 측면도 있다.

배출권거래제의 적용 영역은 우리나라 전체 온실가스 배출영역의 73.5%를 포괄하는바, 개별 부문의 성격에 따라서는 배출권거래제가 적용되기 어려운 영역이 있을 수도 있으므로, 배출권거래제가 전체 온실가스 배출영역을 포괄하지 못한다고 하여 제도적으로 실효성을 갖추지 못한 것이라고 단정하기도 어렵다.

5) 이상 살펴본 바와 같이 탄소중립기본법 제8조의 체계에 따라 설정된 온실가스 감축목표의 설정과 이행은, 파리협정 체제상 전 지구적 이행점검, 그리고 격년 투명성 보고서 제출·점검 등의 투명성 체계를 통하여 지속적으로 점검되고, 연도별 감축목표에 관해서는 매년 탄소중립녹색성장위원회 중심의 이행현황 점검 등을 통하여 목표가 달성되지 못한 부분에 대한 감축계획이 해당 부문의 업무를 관장하는 행정기관에 의하여 작성되고 정책에 반영된다. 특히, 배출권거래제가 적용되는 영역에서는 탄소중립기본법 제8조의 중장기 감축목표를 고려하여 설정되는 국가 배출권 할당계획의 계획기간별로 온실가스 배출허용총량이 적극적으로 관리되는 등의 방식으로 구체적인 배출량 목표의 달성이 실효적으로 보장된다.

배출량 목표 달성을 보장하기 위한 이러한 수단들을 탄소중립기본법 제8조 제4항의 온실가스 감축목표 재설정 주기 및 범위 등에 관한 체계에 보태어 보면, 매년 정량적 감축목표가 달성되지 않은 경우 추후의 감축목표에 미달성 부분을 추가하는 규율이 법률에 명시되어 있지 않다는 이유만으로, 탄소중립기본법 제8조 제1항의 온실가스 감축목표 설정 방식이 온실가스 감축을 실효적으로 담보할 수 있도록 설계되지 않은 것으로 보기는 어려우므로, 이 점에서 기후위기라는 위험상황에 상응하는 보호조치로서 필요한 최소한의 성격을 갖추지 못하였다고 볼 수는 없다.

6) 다만, 배출량 목표 달성을 보장하기 위한 위와 같은 수단들이, 탄소중립기본법 제8조 제1항에서 정량적인 감축목표 수준을 규정하지 않은 2031년부터 2049년까지의 기간에 관해서도 점진적이고 지속적인 감축을 실효적으로 담보할 수 있는 장치가 된다고 볼 수는 없다. 정량적인 감축목표의 미달성 부분을 이후의 감축목표에 반영하는 문제를 그때그때의 정부의 정책적인 판단에만 맡기는 데에 그칠 경우, 중장기적으로는 감축목표의 진전이 계속 미루어질 위험이 있기 때문이다.

특히, 배출권거래제가 일정한 시간적 구간의 온실가스 배출허용총량을 어느 정도 관리할 수 있는 기능도, 정량적인 중장기 감축목표와 이를 달성하기 위한 부문별 및 연도별 감축목표가 이미 설정되어 있는 상황을 전제로 하는 것이지, 온실가스 감축목표가 정량적으로 설정되어 있지 않은 상황까지 보완하는 것은 아니다. 이것은 2016년 구 녹색성장법 시행령 제25조 제1항이 개정되어 온실가스 감축목표의 시점이 2020년에서 2030년으로 이동할 당시에 배출권거래제상 배출허용총량이 추가되었던 전례를 통해서도 알 수 있다. 즉, 정부의 2019. 12. 30.자 '제3차 배출권거래제 기본계획' 중 '2. 성과와 한계' 부분에 의하면, 2015~2017년의 제1차 계획기간에는 제도 안착을 위해 '2020 온실가스 감축 로드맵'상 연도별 감축률보다 감축부담을 완화하여 16억 7,300만 톤의 배출허용총량을 설정했는데, 제1차 계획기간의 제3차 이행연도인 2017년에 '2030 온실가스 감축 로드맵('16.12)'에서 제시한 2030년의 목표 및 감축수단을 고려하면서 2017년도의 배출허용총량을 재산정하여 1,763만 톤을 추가로 증가시킨 사례가 있다.

(라) 소결론

탄소중립기본법 제8조 제1항과 같은 법 시행령 제3조 제1항이 설정한 2030년까지의 중장기 감축목표로서 국가 온실가스 배출량을 2018년 대비 40%만큼 감축한다는 감축비율의 수치만으로는, 전 지구적 온실가스 감축 노력의 관점에서 우리나라가 기여해야 할 몫에 현저히 미치지 못한다거나, 기후변화의 영향과 온실가스 배출 제한의 측면에서 미래에 과중한 부담을 이전하는 것이라고 단정하기 어렵다.

연도별 감축목표의 이행현황 점검이나 배출권거래제 등 배출량 목표 달성을 보장하기 위한 수단들과 관련하여, 매년 정량적 감축목표가 달성되지 않은 경우 추후의 감축목표에 미달성 부분을 추가하는 규율이 법률에 명시되어 있지 않다는 이유로, 탄소중립기본법 제8조

제1항의 온실가스 감축목표 설정 방식이 온실가스 감축을 실효적으로 담보할 수 있도록 설계되지 않은 것으로 볼 수도 없다.

그러나 탄소중립기본법 제8조 제1항에서 2031년부터 2049년까지의 감축목표에 관하여 어떤 형태의 정량적 기준도 제시하지 않은 것은, 2050년 탄소중립의 목표 시점에 이르기까지 점진적이고 지속적인 감축을 실효적으로 담보할 수 없으므로, 미래에 과중한 부담을 이전하는 방식으로 온실가스 감축목표를 규율한 것이다.

따라서 탄소중립기본법 제8조 제1항은 2031년부터 2049년까지의 감축목표에 대한 규율에 관하여 기후위기라는 위험상황에 상응하는 보호조치로서 필요한 최소한의 성격을 갖추지 못하였으므로 과소보호금지원칙을 위반하였다.

(3) 탄소중립기본법 제8조 제1항의 법률유보원칙 위반 여부

(가) 2030년까지의 감축목표

탄소중립기본법 제8조 제1항이 규율하는 중장기 감축목표는 기후위기에 대응하여 청구인들을 보호하는 조치이고, 국가의 온실가스 감축목표의 수치와 경로를 정하는 것은 과학적 예측과 분석에 기반한 전문적이고 기술적인 영역에 해당하여 법률에 이를 상세하게 정하는 것은 한계가 있다. 또한, 중장기 감축목표는 파리협정에 근거하여 제출하여야 하는 국가결정기여의 핵심적인 요소로서 그 구체적인 내용을 정하는 데에는 정부의 외교적 권한도 존중되어야 한다.

탄소중립기본법 제8조 제1항은 2030년까지의 중장기 감축목표에 대하여 국가 온실가스 배출량을 2018년 대비 35퍼센트 이상의 범위에서 대통령령이 정하는 비율만큼 감축하는 것으로 규정함으로써, 2030년까지의 감축목표의 정량적 수치의 하한을 정하고 대통령령으로 구체적 수치를 확정하도록 하였으며, 같은 조 제2항과 제3항에서는 정부가 구체적인 온실가스 감축수단의 특성 등 여러 가지 요소들을 종합적으로 고려하여 중장기 감축목표를 전제로 한 부문별 및 연도별 감축목표를 설정함으로써 2030년까지의 구체적인 감축목표를 정하도록 하였다.

이러한 규율은 온실가스 감축목표와 감축경로의 설정이 과학적·전문적인 영역임과 동시에 여러 가지 사회경제정책, 외교적 상황 등도 고려해야 하는 영역이라는 점을 고려한 것으로, 탄소중립기본법 제8조 제1항에서 2030년까지의 감축목표를 규율하는 이러한 방식이 법률유보원칙을 위반한 것으로 보기는 어렵다.

(나) 2031년부터 2049년까지의 감축목표

기후위기에 대응하여 온실가스 감축목표와 감축경로를 설정하고 계획하는 것은, 과학적·전문적인 영역에서 여러 가지 사회경제정책, 외교적 상황 등도 종합적으로 고려하여야 하는 정책 형성에 해당하는 한편, 헌법 제35조 제1항에 따른 환경보전을 위하여 노력할 국가 의무의 이행임과 동시에 국민의 직업의 자유나 재산권 행사 등에 대한 포괄적이고 광범위한 제한을 초래하는 것이기도 하다.

탄소중립기본법 제8조 제1항에 근거한 중장기 감축목표를 전제로 부문별 및 연도별 감축목표와 구체적인 감축의 수단도 정해지며, 이는 국가경제와 산업에 미치는 영향이 커서 정부가 그 목표를 설정 또는 변경할 때에도 관련된 사항들을 두루 고려하여야 하고, 공청회 개최 등을 통하여 관계 전문가나 이해관계자 등의 의견을 듣고 이를 반영하도록 노력하여야 한다(탄소중립기본법 제8조 제5항, 제6항 참조).

그런데 탄소중립기본법 제8조 제1항에서 2031년부터 2049년까지의 감축목표에 관하여 대강의 정량적 수준도 정하지 않은 것은, 앞서 본 바와 같이 미래에 과중한 부담을 이전하여 기후위기라는 위험상황에 상응하는 보호조치로서 필요한 최소한의 성격을 갖추지 못한 것이고, 그 주된 이유는 구체적인 감축목표를 정할 때 단기적일 수도 있는 정부의 상황 인식에만 의존하는 구조로는 온실가스 감축정책의 적극성 및 일관성을 담보하기 어렵다는 것이다.

온실가스 감축목표를 설정하고 그에 따른 감축경로를 계획하는 것은 현재의 국민의 기본권을 광범위하고 지속적으로 제한하게 되는 것임에도, 위험상황으로서의 기후위기의 성격상 미래의 부담을 가중시키지 않기 위해서는 가장 의욕적으로 감축목표를 정하고 계속 진전시켜야 한다. 구체적인 감축수단에 관해서는 감축목표를 둘러싼 이해관계가 매우 다양하게 대립할 수도 있다. 이러한 사정들을 고려하면 중장기적인 온실가스 감축목표와 감축경로를 계획하는 것은 매우 높은 수준의 사회적 합의가 필요한 영역에 해당하므로, 2031년 이후의 기간에 대해서도 그 대강의 내용은 헌법 외에 가장 높은 수준의 사회적 합의를 반영하는 규범인 '법률'에 직접 규정되어야 한다.

한편, 정기적인 선거를 통하여 구성되는 입법자의 경우 상대적으로 장기적인 대응책을 추구해야 할 기후위

기와 같은 문제에 적절하게 대응하지 못하게 될 구조적 위험이 있고, 특히 이른바 미래세대는 기후위기의 영향에 더 크게 노출될 것임에도 현재의 민주적 정치과정에 참여하는 것이 제약되어 있다. 이러한 점에서 중장기적인 온실가스 감축계획에 대하여 입법자에게는 더욱 구체적인 입법의 의무와 책임이 있다고 볼 수 있다.

따라서 탄소중립기본법 제8조 제1항에서 2031년부터 2049년까지의 감축목표에 관하여 대강의 정량적 수준도 규정하지 않은 것은 의회유보원칙을 포함하는 법률유보원칙을 위반한 것이다.

(4) 환경권 침해 여부 및 결정 주문

(가) 탄소중립기본법 제8조 제1항

1) 탄소중립기본법 제8조 제1항은 2031년부터 2049년까지의 감축목표에 관하여 그 정량적 수준을 어떤 형태로도 제시하지 않았다는 점에서 과소보호금지원칙 및 법률유보원칙에 반하여 기본권 보호의무를 위반하였으므로 청구인들의 환경권을 침해한다.

국가가 온실가스 감축목표를 설정하고 그 이행을 위하여 여러 감축 시책을 시행하는 것은, 실제로 대기 중에 배출되어 누적되는 온실가스의 양이 설정된 목표만큼 줄어들 수 있어야 기후위기라는 불가역적이고 긴급한 위험상황에 상응하여 청구인들의 환경권 등 기본권을 보호하는 조치로서 의미가 있다. 이러한 보호조치가 최소한의 실효성이 있으려면 온실가스 감축목표가 정량적으로 계획되고 그 이행이 관리되어야 하며, 법치국가에서 그 실효성은 법률을 통하여 확보되어야 한다.

온실가스 감축목표의 정량적 수준이 설정되어 있지 않으면 감축이 제대로 이루어지는지 측정할 수 없고, 감축대책을 관리할 수도, 개선하여 진전시킬 수도 없다.

정량적인 온실가스 감축목표의 구체적인 수치가 얼마인지를 정하는 것은 여러 과학적·정책적·외교적인 요소와 다양한 이해관계를 고려해야 하는 문제이므로 민주주의원리에 따라 입법자와 그 위임을 받은 집행자의 몫이라고 할 것이지만, 이를 실효적으로 제도화하기 위하여 필요한 입법자의 의무를 확인하여 선언하는 것은 법치국가원리에 따른 헌법재판소의 책무이다.

특히, 온실가스 감축목표를 설정하는 입법은 미래의 국민의 기본권 보장을 위하여 현재의 국민의 기본권을 제한하는 성격을 띠고, 미래세대일수록 민주적 정치과정에 대한 참여에 제약이 있으므로, 이러한 영역에서의 입법의무 이행에 대해서는 사법적 심사의 강도가 보다 엄격해질 필요가 있다. 이 사건의 변론에 출석한 청구인 한○○(12세)의 "어른들은 투표를 통해 국회의원이나 대통령을 뽑을 수 있지만, 어린이들은 그럴 기회가 없습니다. 이 소송에 참여한 것이 미래를 위해 제가 할 수 있는, 또 해야만 하는 유일한 행동이었습니다."라는 진술은 이 점을 상징적으로 보여준다.

2) 다만, 탄소중립기본법 제8조 제1항이 정한 2030년까지의 중장기 감축목표의 구체적인 비율에 대해서는 과소보호금지원칙 또는 법률유보원칙 위반으로 보기 어렵고, 위 조항의 규범영역 전부에 대한 효력을 상실시킬 경우 2050년 탄소중립의 목표 시점 이전에 그나마 존재하는 정량적인 중간 목표마저 사라지게 되며, 해당 중간 목표를 기초로 계획되고 실행 중인 온실가스 감축대책들도 그 정량적 목표를 잃게 되므로, 오히려 온실가스 감축에 관한 제도적 장치가 후퇴하는 더욱 위헌적인 상황이 발생하게 된다.

또한, 2031년부터 2049년까지의 정량적인 온실가스 감축목표에 대하여 그 수준을 어떻게 정하고 어떤 방식과 체계로 법률에 규정할 것인지에 대해서는 입법자에게 광범위한 입법형성의 권한이 있다.

따라서 탄소중립기본법 제8조 제1항에 대해서는 단순위헌결정을 선고하는 대신, 우리나라의 차기 국가결정기여 제출 일정, 구 녹색성장법을 폐지하고 체계를 변경하여 탄소중립기본법을 제정하는 국회 입법절차에 소요된 기간(약 1년 2개월), 전문적·기술적인 자료를 활용할 수 있는 제도적 기반, 기후위기의 긴급성에 비추어 온실가스의 급속한 감축을 위해 노력하고 관련 정책의 방향을 늦지 않게 제시할 필요성, 입법자가 2031년부터 2049년까지의 정량적인 온실가스 감축목표의 대강에 관한 사회적 합의를 도출하는 데에 필요한 시간 등을 종합적으로 고려하여 2026. 2. 28.을 시한으로 개선입법이 있을 때까지 계속 적용을 명하는 헌법불합치결정을 선고할 필요가 있다. 다만, 이 사건에서 2026. 2. 28.까지 개선입법이 이루어지지 않을 경우 이미 설정된 2030년까지의 감축목표까지 그 효력을 상실시키는 것은 중장기적인 온실가스 감축목표의 정량적 수준을 계획하고 그 이행을 관리하여야 한다는 헌법불합치결정의 취지에 어긋난다는 점을 지적해 둔다.

(나) 탄소중립기본법 시행령 제3조 제1항

탄소중립기본법 시행령 제3조 제1항은 같은 법 제8조 제1항의 위임을 받아 2030년 중장기 감축목표의 구체적인 비율을 정한 것일 뿐, 2031년부터 2049년까지의 온실가스 감축목표나 배출량 목표 달성을 담보하는 수단 등은 그 규율 대상이 아니다. 그리고 앞서 본 바와 같이 2030년 중장기 감축목표로 설정된 구체적 비율의 수치만으로는 기후위기에 상응하는 보호조치로서 필요한 최소한의 성격을 갖추지 못한 것으로 보기 어렵다.

따라서 탄소중립기본법 시행령 제3조 제1항은 과소보호금지원칙에 반하여 기본권 보호의무를 위반하였다고 볼 수 없으므로, 청구인들의 환경권 등 기본권을 침해하지 않는다.

다. 이 사건 부문별 및 연도별 감축목표에 대한 판단

(1) 쟁점의 정리

(가) 이 사건 부문별 및 연도별 감축목표는 2023년부터 2030년까지의 구체적인 온실가스 감축경로에 관한 행정계획으로서, 탄소중립기본법 제8조 제1항 및 같은 법 시행령 제3조 제1항에서 설정한 2030년까지의 중장기 감축목표를 달성하기 위한 수단이자, 파리협정상 우리나라의 국가결정기여의 목적을 달성하기 위한 국내적 완화 조치에 해당한다.

온실가스 감축경로에 관한 행정계획이 미래에 과중한 부담을 이전하는 방식으로 수립된 경우, 이는 기후위기라는 위험상황에 상응하는 보호조치로서 필요한 최소한의 성격을 갖추지 못하게 된다.

또한, 법령상 설정된 온실가스 감축목표를 달성하기 위하여 수립된 행정계획이 해당 감축목표를 달성할 수 없도록 설계되었다면, 법령상 온실가스 감축목표가 실제로 그만큼의 온실가스 감축으로 이어질 수 없음이 명백해진다. 이러한 행정계획은 기후위기에 대한 완화 조치를 규율하는 법적인 제도로서의 실효성 측면에서 위험상황에 상응하는 보호조치로서 필요한 최소한의 성격을 갖추지 못한 것이 된다.

이 사건 부문별 및 연도별 감축목표가 과소보호금지원칙을 위반하였는지에 관해서는, 위와 같은 쟁점들을 과학적 사실과 국제기준을 고려하여 판단하여야 한다.

(나) 이 사건 부문별 및 연도별 감축목표에 대하여 청구인들은, 산업 부문과 탄소포집·이용·저장(CCUS) 및 국제감축 부문의 비중으로 인하여 온실가스의 누적 배출량을 증대시키고 미래의 부담을 가중시키는 볼록한 모양의 감축경로가 설정되었으며, 불확실한 감축수단에 과도하게 의존하여 2030년 감축목표의 달성 가능성을 크게 낮추었다고 주장한다.

이에 따라 이 사건 부문별 및 연도별 감축목표가 온실가스 감축경로 및 감축수단에 관한 행정계획으로서 미래에 과중한 부담이 이전되도록 수립된 것인지, 그리고 탄소중립기본법 제8조 제1항 및 같은 법 시행령 제3조 제1항이 설정한 2030년 중장기 감축목표를 달성할 수 없도록 설계된 것인지 여부가 문제 된다.

(다) 이 사건 부문별 및 연도별 감축목표는, 2018년 국가 온실가스 배출량은 '총배출량' 727.6백만 톤을 기준으로 하면서도 해당 배출량 대비 40%만큼 감축한 2030년의 국가 온실가스 배출량 목표는 총배출량에서 흡수·제거량을 제외한 '순배출량'을 기준으로 하여 436.6백만 톤으로 정하였다.

이와 같은 배출량 목표치 산정 방식이 탄소중립기본법의 체계 등에 비추어 허용되는지, 그리고 이와 관련하여 이 사건 부문별 및 연도별 감축목표가 탄소중립기본법 제8조 제1항 및 같은 법 시행령 제3조 제1항이 설정한 2030년 중장기 감축목표를 달성할 수 있게 설계된 행정계획인지가 문제 된다.

배출량 목표치 산정 방식의 문제는 이 사건 부문별 및 연도별 감축목표가 과소보호금지원칙을 위반하였는지의 문제임과 동시에, 탄소중립기본법 제8조 제1항의 중장기 감축목표를 달성하기 위하여 같은 조 제2항 및 제3항에 의하여 수립된 행정계획으로서 법치행정의 법률우위원칙을 위반하였는지의 문제이기도 하다.

(라) 청구인들은 이 사건 기본계획은 탄소중립기본법 제10조 제1항에 따라 20년을 계획기간으로 하는데, 이 사건 부문별 및 연도별 감축목표는 2023년에 확정되었으면서도 2030년까지의 계획만 정하였을 뿐, 2031년부터 2042년까지의 계획을 정하지 않았으므로, 탄소중립기본법 제10조 제1항을 위반하였다고 주장한다. 그러나 탄소중립기본법 제10조 제1항이 규정한 20년의 계획기간은 기후위기에 대한 대응 가운데 '완화 조치'에 해당하는 온실가스 감축뿐만 아니라 '적응대책' 등 같은 조 제2항 각호에 규정된 내용을 모두 포괄하는 전체적인 계획의 기간이다. 이 사건 부문별 및 연도별 감축목표는 그 중에서 탄소중립기본법 제10조 제2항 제4호의 '중장기 감축목표등의 달성을 위한 부문별·연도별 대책'의 전제가 되는 같은 법 제8조 제2항의 부문별 감축목표 및 제3항의 연도별 감축목표를 정한 것이고, 그 달성 목표인 같은 조 제1항의 2030년까지의 중장기 감축목표를 전제로 한다. 따라서 2031년 이후의 온실가스 배출량 목표치는 근거 법령상 이 사건 부문별 및 연도별 감축목표에서 정할 대상이 아니므로, 이 사건 부문별 및 연도별 감축목표가 탄소중립기본법 제10조 제1항을 위반하였다는 주장에 대해서는 더 나아가 판단하지 않는다.

청구인들은 심판대상계획에는 연도별로 온실가스를 감축하는 대책이 없다고 주장한다. 그러나 이 사건 부문별 및 연도별 감축목표 달성을 위한 구체적인 부문별·연도별 대책은 이 사건 기본계획 중 'Ⅴ. 중장기 감축 목표' 가운데 '라. 주요 부문별 감축 방향' 부분에서 정한 바를 기초로 'Ⅵ. 국가 기본계획 추진과제' 가운데 '1. 부문별 중장기 감축 대책' 부분에서 상세히 정하고 있고, 개별적이고 구체적인 감축대책별로 그 시행 시기를 부기하고 있다. 따라서 심판대상계획에 관한 연도별 감축대책을 세우지 않았다고 볼 수는 없으며, 다만 매 연도별로 감축대책을 세분하는 형식을 취하지 않은 것일 뿐이다.

청구인들은 심판대상계획에는 연도별 감축 목표 실패 시의 감축계획이 없다고 주장하는데, 이는 구체적인 배출량 목표치가 달성되지 않은 경우 추후의 감축목표에 미달성 부분을 추가하는 규율이 없다는 주장과 그 취지가 같다. 이 사건 기본계획은 탄소중립기본법을 포함한 관련 법령들의 적용을 전제로 수립된 것인바, 위 주장에 대해서는 앞서 탄소중립기본법 제8조 제1항에 관하여 판단하였으므로, 이 사건 부문별 및 연도별 감축목표에 관해서는 별도로 판단하지 않는다.

(2) 감축경로 및 감축수단에 관하여 과소보호금지원칙을 위반하였는지 여부

(가) 청구인들은 이 사건 연도별 감축목표에 따른 누적 감축량은 2023~2027년보다 2028~2030년에 약 3배가량 되는데, 이처럼 온실가스 감축의 부담을 후반부에 집중시키는 볼록한 감축경로는 선형의 감축경로에 비하여 누적 배출량을 증가시키고, 다음 정부 및 미래세대에 감축의 부담을 전가하여 과중한 부담을 지운다고 주장한다.

특히, 청구인들은 우리나라 재생에너지의 잠재량, 에너지 소비에 관한 적극적인 수요 관리의 필요성 등을 이유로 제시하면서 초기에 적은 비용으로 빠르게 온실가스를 감축하는 오목한 감축경로를 계획하고 이를 이행하는 것이 불가능하지 않다고 하고, 법익형량에 있어 현재의 단기적인 부담보다 온실가스를 제대로 감축하지 못했을 경우의 피해가 막대하다는 점을 고려해야 한다고 주장한다.

지구 평균 기온의 상승 수준은 온실가스의 대기 중 누적량과 비례하므로 온실가스 감축경로는 되도록 누적 배출량이 적게 되는 형태가 바람직하고, 미래에 과중한 감축부담을 이전하지 않기 위해서는 매 연도를 기준으로 한 감축비율이 과도하게 되지 않도록 할 필요가 있으므로, 청구인들의 주장과 같이 온실가스의 감축경로는 되도록 오목한 모양에 가까운 형태가 이상적이기는 하다.

그러나 온실가스 감축수단의 종류에 따라서는 기술개발과 상용화를 위하여 상당한 시간이 필요할 수 있으며, 본격적인 정책 시행과 효과 발생 사이에 시차가 있을 수 있으므로, 현실적 이행가능성의 측면에서는 볼록한 모양의 감축경로가 불가피한 부문도 있고, 개별 부문의 감축경로가 다른 부문과 상호 연관성을 갖는 경우도 있다.

또한, 에너지 공급 체계와 산업 부문 전반의 구조를 바꾸기 위해서는 대규모의 설비 투자가 필요하고, 수요관리의 측면까지 포함하여 보면, 에너지 비용의 급상승에 대한 우려가 있을 수 있으며, 이에 정책결정자의 입장에서는 물가 관리 등 여러 사회경제적인 요소들까지 종합적으로 고려할 수도 있다.

결국 구체적인 연도별 배출량 목표로 구성되는 감축경로의 형태는 부문별로 이용 가능한 감축수단의 구체적인 특성과 기술적·경제적인 여러 여건, 개별 감축수단과 부문 간의 상호관계 등이 종합적으로 고려되어 결정된다. 파리협정 제4조 제1항에 의하여 개별 국가는 이용 가능한 최선의 과학에 따라 급속한 감축을 실시하도록 하는 감축경로를 계획해야 하지만, 구체적인 감축경로의 형태는 원칙적으로 부문별 감축수단의 선택과 조정에 관한 정부의 권한과 책임으로 결정될 수밖에 없다.

따라서 이 사건 부문별 및 연도별 감축목표에서 설정한 감축경로의 계획이 미래에 과중한 부담을 이전하는 형태라는 이유로 과소보호금지원칙 위반이라고 할 것인지는, 감축경로의 형태를 결정하는 요소인 부문별 감축수단의 선택과 조정에 관한 정부의 권한 행사에 위법 사유 또는 명백한 재량일탈이 있었는지에 따라 판단해야 할 것이다.

(나) 청구인들은 이 사건 부문별 감축목표에서, 2021년에 정부가 2030년까지의 중장기 감축목표를 발표할 때에 비하여 산업 부문의 감축 비중을 줄인 것은 오염자 부담의 원칙에 반하고 세계 경제의 탈탄소화 흐름에 비추어 산업경쟁력을 오히려 약화시킨다고 주장한다.

그러나 2021년에 정부가 발표한 부문별 감축 비중이 우리나라가 유엔기후변화협약 사무국에 제출한 국가결정기여에 수치로 명시되어 있는 것은 아니다. 또한, 이는 법령에 근거한 공식적인 계획의 내용이 아니라, 국가결정기여 상향안을 마련할 당시에 정책 결정을 위한 과정에서 검토한 내용으로서, 이후 법령에 근거하여 확정된 이 사건 부문별 감축목표에서 부문들 사이에 감

축의 비중을 일부 조정한 것으로 볼 수 있다.

탄소중립기본법 제3조 제5호에 언급된 '오염자 부담의 원칙'은 '환경오염이나 온실가스 배출로 인한 경제적 비용이 재화 또는 서비스의 시장가격에 합리적으로 반영되도록 조세체계와 금융체계 등을 개편'하는 것과 관련되는데, 이는 배출량의 감축 비중과 직접적으로 연결된다고 보기 어렵다. 또한, 각 부문에 구체적으로 어느 정도의 감축 비중을 할당하여야 오염자 부담의 원칙에 부합하는지에 관하여 이의를 제기하기 어려운 기준이 발견되지도 않는다.

청구인들이 주장하는 산업 부문의 실질적 감축부담과 감축의 잠재력, 경쟁력 확보 등과 관련된 정책의 당부 문제는, 이 사건 부문별 및 연도별 감축목표의 부문간 목표치의 조정에 관한 정부의 권한 행사에 위법사유 또는 명백한 재량일탈이 있다고 판단할 근거가 되기에는 부족하다.

(다) 이 사건 연도별 감축목표가 후반부로 갈수록 감축비율이 커지는 볼록한 형태를 띠게 된 주된 이유는, 탄소포집·이용·저장(CCUS)에 의한 흡수가 2026년 이후부터 비로소 반영되었고, 국제감축의 경우 오로지 2030년 목표에만 반영되었기 때문이다.

이에 관해 청구인들은 불확실한 감축수단에 과도하게 의존하여 2030년 감축목표의 달성 가능성을 크게 낮춘 것이고, 국제감축의 경우 국가재정이 많이 투입되어야 하므로 산업 부문의 비중을 줄이고 국제감축의 비중을 늘린 것은 오염자 부담의 원칙에 반한다고 주장한다.

탄소포집·이용·저장(CCUS)에 의한 흡수는 다른 부문의 감축수단에 비하여 기술적·경제적으로 성숙한 상태가 아니고, 탄소포집·이용(CCU)과 국제감축의 경우 감축량 산정에 관하여 아직 국제적 합의가 이루어지지 않은 부분들이 있으므로, 탄소포집·이용·저장기술과 국제감축을 이용한 흡수 및 제거 방식은 현 시점에서 감축량에 대한 구체적 예측이 상대적으로 어려운 측면이 있다.

그러나 탄소포집·이용·저장기술은 탄소중립기본법 제34조(탄소포집·이용·저장기술의 육성)에서, 국제감축을 이용한 흡수 및 제거 방식은 같은 법 제35조(국제감축사업의 추진)에서 각각 예정하고 있는 온실가스 감축 시책의 내용에 해당한다. 탄소포집·이용·저장기술은 제28차 유엔기후변화협약 당사국총회에서의 '전 지구적 이행점검'에 관한 결정(Decision 1/CMA.5) 제28항 (e)에도 1.5도 목표 달성을 위한 주요 감축 수단의 하나로 명시되었으며, 국제감축은 파리협정 제6조에 근거를 두고 있다.

탄소중립기본법 제8조 제4항 본문은 정부가 중장기 감축목표와 부문별 및 연도별 감축목표를 "5년마다 재검토하고 필요할 경우 협정 제4조의 진전의 원칙에 따라 이를 변경하거나 새로 설정하여야 한다."라고 규정하였는데, 같은 항 단서에서는 "다만, 사회적·기술적 여건의 변화 등에 따라 필요한 경우에는 5년이 경과하기 이전에 변경하거나 새로 설정할 수 있다."라고 정하였다. 그리고 이 사건 연도별 감축목표에는 '국제감축은 관련 국제기준 확정, 최초 활용시기('26년 예상) 등을 고려하여 연도별 목표를 설정할 예정으로 '30년 목표에만 반영'이라고 기재되어 있다. 이러한 점에서 국제감축 부문은 추후 감축량 산정 등에 관한 국제적 합의가 마무리되면 최초 활용시기 이후에 연도별 목표를 다시 설정할 수도 있고, 이 경우 이 사건 연도별 감축목표에 따른 감축경로의 볼록한 형태는 좀 더 완화될 수 있다.

한편, 탄소포집·이용·저장기술은 이 사건 부문별 및 연도별 감축목표에서 흡수 및 제거 부분에 별도로 항목화한 것이고, 전환이나 산업 부문의 여러 감축수단의 하나가 될 수도 있는 성격을 띠고 있다. 국제감축 부문은 각각의 여러 배출 부문에 관련되어 있는 영역으로, 이 사건 부문별 감축목표에는 '국제감축은 국내감축의 보충적 수단으로 활용하고 파리협정 등 전 지구적 탄소저감에 기여하는 방향으로 추진'하는 것으로 기재되어 있다. 이와 같은 각각의 영역별로 구체적으로 어느 수준으로 감축 비중을 할당하여야 오염자 부담의 원칙에 부합하는지에 관하여 이의를 제기하기 어려운 기준이 발견되지 않는다는 점은 앞서 본 바와 같다.

이러한 점들을 종합하여 볼 때, 정부가 여러 가지 감축수단의 비중을 조정하면서, 국내법과 국제조약 및 국제적 합의에 따라 허용되는 감축수단이지만 아직 구체적인 감축량 산정 등에는 불확실한 측면이 있는 탄소포집·이용·저장(CCUS) 및 국제감축 부문을 포함하여 구체적인 감축경로를 계획하였다는 사정과 각 부문의 비중에 관한 수치만으로는, 그에 관한 정부의 권한 행사에 위법사유 또는 명백한 재량일탈이 있다고 보기 어렵다.

(라) 따라서 이 사건 부문별 및 연도별 감축목표는, 각 부문별 감축수단의 선택과 조정에 관련된 정부의 권한 행사에 위법사유 또는 명백한 재량일탈을 발견하기 어려우므로, 그에 따라 형성되는 감축경로의 형태만으로 미래에 과중한 부담을 이전한 것으로 단정할

수 없다.

이 사건 부문별 및 연도별 감축목표는, 전체적인 감축 후의 배출량 목표치를 2021년에 국가결정기여 상향안을 마련할 당시와 동일하게 유지하면서 산업 부문과 탄소포집·이용·저장(CCUS) 및 국제감축 부문의 비중을 조정한 것이고, 이에 관해 위법사유 또는 명백한 재량일탈이 있다고 보기 어려운 이상, 위와 같은 감축 부문 간 비중의 조정을 이유로 탄소중립기본법 제8조 제1항 및 같은 법 시행령 제3조 제1항이 설정한 중장기 감축목표를 달성할 수 없도록 설계된 것이라고 단정할 수도 없다.

이 사건 부문별 및 연도별 감축목표는 감축경로 및 감축수단에 관한 계획을 수립하는 관점에서는 기후위기라는 위험상황에 상응하는 보호조치로서 필요한 최소한의 성격을 갖추지 못하였다고 보기 어려우므로, 과소보호금지원칙을 위반하였다고 할 수 없다.

(3) 배출량 목표치 산정 방식에 관하여 과소보호금지원칙 또는 법률우위원칙을 위반하였는지 여부

(가) 재판관 이종석, 재판관 이은애, 재판관 이영진, 재판관 김형두의 기각의견

1) 이 사건 부문별 및 연도별 감축목표는 중장기 감축목표를 달성하기 위한 것인데, 중장기 감축목표의 근거가 되는 탄소중립기본법 제8조 제1항은 '국가 온실가스 배출량'이라는 표현을 사용하고 있다. 여기서 탄소중립기본법 제8조 제1항의 '배출량'이 총배출량 또는 순배출량 중 어느 하나만을 의미하거나 순배출량만을 의미하는 것이어서 이 사건 부문별 및 연도별 감축목표가 상위 법령에 위반되는 것인지 살펴본다.

가) 탄소중립기본법 제8조 제1항은 그 자체로 '총배출량', '순배출량'이 아닌 '배출량'이라는 용어를 사용하고 있을 뿐이고, 위 조항의 위임에 따른 같은 법 시행령 제3조 제1항 역시 배출량에 대한 언급 없이 그 감축비율만을 40퍼센트로 규정하고 있으며, 그 밖에 탄소중립기본법 및 같은 법 시행령에서 사용되는 '배출량'의 의미를 정의하거나 그 산정 방식을 구체화한 규정은 없다. 다만 같은 법 제2조 제3호는 '탄소중립'을 '대기 중에 배출·방출 또는 누출되는 온실가스의 양에서 온실가스 흡수의 양을 상쇄한 순배출량이 영(零)이 되는 상태'라고 정의하고 있는바, 이처럼 '탄소중립'을 정의하면서 '순배출량'이라는 용어를 명시적으로 사용하면서도, 그러한 탄소중립을 달성하기 위한 국가 온실가스 감축 목표에 관한 위 제8조 제1항에서는 단순히 '배출량'이라는 용어를 사용하였다는 점에 비추어 보면, 위 제8조 제1항의 '배출량'이 반드시 '순배출량'을 의미한다고 단정할 수 없다.

나) 탄소중립기본법은 국회의원이 발의한 기후변화 대응 관련 법률안 8개를 통합·조정한 환경노동위원회 대안을 의결하여 제정된 것이다. 이들 국회의원 발의 법률안 중 현행 탄소중립기본법 제8조 제1항과 같은 '중장기 감축목표'에 관한 조항이 포함된 것은 6개이고, 그중 4개 법률안은 '온실가스 총배출량'이라는 표현을, 1개 법률안은 '온실가스 배출량'이라는 표현을 사용하였으며, 1개 법률안은 단지 '중장기 국가 온실가스 감축목표를 설정하여야 한다'고만 하였는데, 대안을 의결하는 과정에서 '배출량'의 구체적 의미에 관한 논의는 없었던 것으로 보인다.

다) 탄소중립기본법 시행령이 시행됨에 따라 폐지된 2019년 구 녹색성장법 시행령 제25조 제1항은 "법 제42조 제1항 제1호에 따른 온실가스 감축 목표는 2030년의 국가 온실가스 총배출량을 2017년의 온실가스 총배출량의 1000분의 244만큼 감축하는 것으로 한다."라고 규정하여 비교 기준이 되는 2017년과 목표가 되는 2030년 모두에 관하여 '총배출량'이라는 용어를 사용한 바 있다. 그런데 같은 조 제2항은 "제1항에 따른 감축 목표 달성 여부에 대한 실적을 계산할 때에는 국제탄소시장 등을 활용한 국외 감축분, 법 제55조 제2항 및 제3항에 따른 탄소흡수원을 활용한 감축분을 포함한다."라고 규정하여 제1항에서 정한 감축 목표 시점의 총배출량을 계산할 때는 탄소흡수원을 활용한 감축분 등을 포함하도록 하였는바, 이 경우 목표가 되는 2030년의 '총배출량'은 실질적으로는 '순배출량'을 의미하는 것으로 볼 여지가 있다. 이처럼 같은 조항에서 동일한 용어를 사용하였다고 하더라도, 이를 반드시 같은 의미로 새겨야 하는 것은 아니고, 그러한 용어를 사용한 맥락에 따라서 다른 의미로 새길 수도 있는 것이다. 비록 탄소중립기본법이나 같은 법 시행령에는 2019년 구 녹색성장법 시행령 제25조 제2항과 같은 규정을 두지 않았지만, '배출량'을 정의하거나 그 구체적 산정 방식을 정한 규정도 없으므로, 맥락에 따라 같은 용어라도 다르게 해석할 여지가 있다는 점은 마찬가지이다.

라) 파리협정에 따라 우리나라가 제출한 국가결정기여에 따르면, 2018년도를 기준연도로 명시하여 그 배출량을 '727.6백만 톤'이라 기재하면서, '토지이용, 토지이용 변화 및 임업'(LULUCF: Land Use, Land Use Change and Forestry, 탄소흡수원 유지 및 증진에 관

한 법률 제2조 제9호 참조, 이하 'LULUCF'라 한다) 제외(excluding LULUCF)를 병기하였고, 2030년까지 2018년도 '전체 국가 온실가스 배출량'(total national GHG emission) 대비 40퍼센트를 감축하겠다는 목표를 제시하면서 이를 위하여 LULUCF 부문을 포함한 노력을 하겠다고 하였을 뿐 그 구체적 방식을 명시하지는 않았다. 그렇다면 이 사건 부문별 및 연도별 감축목표에서의 '배출량(합계)' 표시는 위에서 본 바와 같이 탄소중립기본법 및 같은 법 시행령에서 배출량의 의미를 정의하지 않은 상황에서 우리나라가 제출한 국가결정기여에 기재된 내용과 대체로 일치하는 방향으로 기준연도 배출량을 총배출량으로, 목표연도 배출량을 순배출량으로 산정한 것이므로 탄소중립기본법 제8조 제1항에 위반되는 산정 방식이라고 할 수 없다.

마) 앞서 본 바와 같이 우리나라는 탄소중립기본법 제정으로 폐지된 구 녹색성장법 제42조 제1항 및 2019년 구 녹색성장법 시행령 제25조 제1항 등에서 2030년의 국가 온실가스 감축목표를 설정하고 그 이행을 위한 노력을 지속적으로 해 온바, 구법에서 정한 기준연도의 총배출량 기준을 새로운 법에서도 유지할 필요가 있다.

바) 탄소중립기본법 제7조 제1항에서 보는 바와 같이 정부는 2050년까지 탄소중립을 목표로 하고 있고, 탄소중립은 '순배출량이 영(零)이 되는 상태'를 의미하므로, 탄소중립을 달성하기 위한 중간 목표가 되는 2030년의 '배출량'은 이에 상응하여 '순배출량'으로 해석하는 것이 타당한 것으로 보인다. 탄소중립기본법 제2조 제7호는 '온실가스 감축'을 '기후변화를 완화 또는 지연시키기 위하여 온실가스 배출량을 줄이거나 흡수하는 모든 활동'이라고 정의하는바, 온실가스 감축을 위한 '목표' 시점에는 '온실가스를 흡수하는 활동'이 '온실가스 배출량을 줄이는 활동'과 함께 반영될 필요도 있다. 그러나 2018년은 이미 지나간 시점으로, 단지 특정 목표의 달성 여부를 측정할 때 비교 대상으로서의 의미만 가지므로, 법문이 '배출량'이라고만 하였는데도 이를 반드시 '순배출량'으로 새겨야 할 당위는 없다.

사) 나아가 '이 사건 연도별 감축목표의 흡수원 부문 수치를 보면, 기준연도인 2018년은 '-41.3백만 톤'인데 목표연도인 2030년은 '-26.7백만 톤'이어서 흡수량이 감소하는 것으로 되어 있으며, 2023년부터 2030년에 이르기까지 매 연도의 흡수량 목표치도 지속적으로 감소하는 것으로 되어 있는바, 만약 기준연도에 흡수량을 반영하지 않고 목표연도에만 반영한다면 실제로는 흡수량이 줄었음에도 흡수량이 늘어서 국가 온실가스 배출량이 감축된 것과 같은 왜곡이 발생하게 된다'고 지적할 수 있다. 그러나 이것도 결국은 비교 기준이 되는 2018년의 '배출량(합계)' 부분에 '흡수 및 제거' 부분을 반영하지 않은 '총배출량'만을 표시한 것에서 비롯되는 문제를 지적하는 것인바, 앞서 살펴본 바와 같이 법문이 '배출량'이라고만 하였는데도 이를 반드시 '순배출량'으로 새겨야 할 당위가 없는 이상, 이 사건 부문별 및 연도별 감축목표가 '위법'이라고 할 근거는 되지 못한다.

아) 이러한 점들을 종합하면, 탄소중립기본법 제8조 제1항의 '배출량'이 총배출량 또는 순배출량 중 어느 하나만을 의미하거나 순배출량을 의미하는 것으로 해석할 수 없으므로, 이러한 해석을 전제로 이 사건 부문별 및 연도별 감축목표가 상위 법령에 위반되었다고 할 수 없다.

2) 한편, 헌법재판소는 국가의 환경권에 대한 보호의무 이행 여부를 '적어도 적절하고 효율적인 최소한의 보호조치를 하였는지', 즉 과소보호금지원칙을 기준으로 하여 심사하여 왔다. 과소보호금지원칙 위반 여부는 개별 사례에서 문제된 법익의 종류, 그 법익이 헌법질서에서 차지하는 위상, 그 법익에 대한 침해와 위험의 태양·정도, 상충하는 법익의 의미 등을 비교 형량하여 구체적으로 판단하여야 한다(헌재 2019. 12. 27. 2018헌마730 참조).

기후변화는 청구인들을 비롯한 국민의 생명·신체의 안전 등을 위협하고 생활의 기반이 되는 환경을 훼손할 구체적 위험상황에 해당하고, 이에 대응하기 위해서는 전문적이고 과학적인 예측·분석에 기초하는 접근이 필요하며, 기후위기 해소를 위한 국제적 협력의 필요성이 크다는 점에는 의견을 달리하지 않는다. 그렇다면 2018년의 '배출량(합계)'은 총배출량으로, 2030년의 '배출량(합계)'은 순배출량으로 기재한 후, 이에 기초하여 40퍼센트라는 부문별·연도별 감축목표를 설정한 것이 헌법재판소 선례가 심사기준으로 삼고 있는 과소보호금지원칙에 반하여 청구인들의 환경권 등 기본권을 침해하는지 여부를 살펴본다.

가) 탄소중립기본법 제7조 제1항이 2050년까지 '탄소중립'이라는 목표를 설정한 이상, 같은 법 제8조 제1항 및 같은 법 시행령 제3조 제1항이 정한 40퍼센트라는 수치는 탄소중립으로 나아가는 중간 단계라 할 수 있다. 2018년과 2030년의 '배출량(합계)'을 '순배출량'으로 통일하는 경우에는 40퍼센트에 다소 못 미치는 감축목표가 설정될 것으로 보이나, 그러한 약간의 수치 감소

만을 들어 탄소중립이라는 목표를 달성할 수 없도록 설계된 것이라거나, 기후위기에 대한 완화 조치를 규율하는 법 제도로서 '최소한의' 실효성도 확보하지 못한 것이라 단정할 수 없다. 이 사건 부문별 및 연도별 감축목표를 보면, 배출량을 세부 부문별로 나누어 매년 지속적으로 줄여나가는 것으로 계획되어 있고, 산림의 노령화로 인한 흡수능력 감소 가능성도 반영되어 있다. 미래를 정확히 예측할 수는 없으나, 기후위기를 완화하기 위한 과학기술이 진보할 것이라 보는 것이 합리적이고, 기후위기에 관한 국가들의 공감대가 확산하고 있는 이상, 행정계획에는 기후위기 해소를 위한 기술 확보와 국제협력 확대를 전제로 하는 '흡수 및 제거량' 증가 가능성을 수치로 반영할 수 있다고 보아야 하고, 현재 이것이 과도하게 설정되어 있다고 단언하기 어렵다. 이처럼 이 사건 부문별 및 연도별 감축목표가 기후위기 해소를 지향한다는 점이 명백하고, 기후위기를 완화하기 위한 구체적 목표를 일응 합리적으로 설정하고 있는 이상, 건강하고 쾌적한 환경에서 생활할 권리를 보장해야 할 국가의 의무를 최소한으로도 이행하지 않았다고 볼 수 없다.

나) 이 사건 부문별 감축목표에 비교 기준이 되는 2018년의 '배출량(합계)' 부분에 '흡수 및 제거' 부분을 반영하지 않은 '총배출량'만을 기재함으로써 산림 노령화 등의 영향으로 온실가스 흡수량이 줄어드는 추세를 반영하지 못하는 결과가 된다 하더라도, 앞서 본 바와 같이 우리나라가 국가결정기여에 2018년도를 기준으로 온실가스 배출량을 '727.6백만 톤'이라 기재하면서 'LULUCF 제외'(excluding LULUCF)를 명시한 이상, 이 사건 부문별 및 연도별 감축목표가 위와 같은 추세를 반영하지 못하였다는 사정만으로 파리협정이 추구하는 '투명성'에 반한다고 볼 수는 없다.

다) 헌법재판소의 선례에 의할 때, 청구인들의 환경권 침해 여부를 기본권 보호의무의 관점에서 심사하는 이상, '적어도 적절하고 효율적인 최소한의 보호조치를 하였는지' 여부를 기준으로 하게 된다. 그렇다면 탄소중립기본법 제7조 제1항이 2050년까지 '탄소중립'이라는 목표를 설정한 이상, 같은 법 제8조 제1항 및 같은 법 시행령 제3조 제1항이 정한 40퍼센트라는 수치는 탄소중립으로 나아가는 중간 단계이고, 향후 수립될 행정계획을 종합하여 2050년까지 탄소중립을 달성할 가능성이 열려 있으므로 설령, 이 사건 부문별 및 연도별 감축목표의 '배출량(합계)'을 '순배출량'으로 통일하는 경우에는 40퍼센트에 다소 못 미치는 감축목표가 설정된다고 하더라도 이를 이유로 국가가 환경권의 보호를 위한 '최소한의 보호조치도 다 하지 않았다'고 판단하기는 어렵다. 오히려 우리나라는 탄소중립기본법 제정 이전부터 탄소중립을 위하여 노력해 왔고, 이 사건 부문별 및 연도별 감축목표 역시 이러한 노력의 연장선상에서 지속적으로 '온실가스 흡수' 활동을 확대·증진하여 탄소중립을 달성하고 궁극적으로 기후위기를 해소하는 것을 명백히 지향하고 있는 이상, 이 사건 부문별 및 연도별 감축목표가 건강하고 쾌적한 환경에서 생활할 권리를 보장해야 할 국가의 의무를 최소한으로도 이행하지 않았다고 보기는 어렵다.

3) 이상에서 본 바와 같이, 탄소중립기본법 제8조 제1항을 해석함에 있어 비교 기준이 되는 2018년의 '배출량(합계)'은 총배출량으로, 목표가 되는 2030년의 '배출량(합계)'은 순배출량으로 해석하면 안 된다는 명확한 근거가 없으므로, 위와 같은 해석에 기초하여 40퍼센트라는 부문별·연도별 감축목표를 설정한 이 사건 부문별 및 연도별 감축목표는 탄소중립기본법 제8조 제1항 및 같은 법 시행령 제3조 제1항 등 법령에 위반되지 않으며, 이 사건 부문별 및 연도별 감축목표가 기후위기 해소를 지향하면서 기후위기를 완화하기 위한 구체적 목표를 일응 합리적으로 설정하고 있는 이상 과소보호금지원칙에도 반하지 않는다.

(나) 재판관 김기영, 재판관 문형배, 재판관 이미선, 재판관 정정미, 재판관 정형식의 위헌의견

1) 탄소중립기본법 제8조 제1항은 "정부는 국가 온실가스 배출량을 2030년까지 2018년의 국가 온실가스 배출량 대비 35퍼센트 이상의 범위에서 대통령령으로 정하는 비율만큼 감축하는 것을 중장기 국가 온실가스 감축 목표(이하 "중장기감축목표"라 한다)로 한다."라고 규정하였다. 이처럼 탄소중립기본법 제8조 제1항은 하나의 조항에서 '국가 온실가스 배출량'이라는 동일한 용어를 2018년도와 2030년도에 관하여 두 번 사용하면서 다른 설명은 붙이지 않았으므로, 이러한 법률조항의 문언에 따르면 양자의 '배출량' 기준을 달리 할 수 없다.

탄소중립기본법 제8조 제1항은 온실가스 감축목표의 정량적 수준을 기준연도에 대비하여 목표연도까지 국가 온실가스 배출량을 감축하는 비율로 정하였고, 이로부터 정부가 구체적인 배출량 목표치를 정하는 계산식이 도출되는바, 감축의 비율을 정한 계산식의 측면에서도 입력되는 값과 산출되는 값의 기준이 다를 수는 없다.

앞서 온실가스 감축목표의 정량적인 수준이 대강이라

도 법률에 규정되어 있어야 하고, 이에 따라 탄소중립기본법 제8조 제1항에서 2031년부터 2049년까지의 온실가스 감축목표의 정량적 수준에 대하여 법률에 직접 규정하지 않은 것이 과소보호금지원칙과 법률유보원칙에 위배된다고 판단한 주된 이유는, 온실가스 감축목표의 정량적 수준의 설정을 오로지 정부의 판단에만 맡길 경우, 단기적인 감축부담만을 고려하여 장기적으로는 감축부담을 더욱 증가시키고 정책의 일관성도 유지하기 어렵게 됨으로써 기후위기에 상응하는 보호조치로서 필요한 제도적 실효성을 갖추지 못하게 되기 때문이다. 그런데 이미 탄소중립기본법 제8조 제1항으로 설정한 정량적 감축목표의 체계를 정부의 해석으로 변경하여 구체적인 배출량 목표치를 정할 수 있다고 한다면, 정량적 감축목표의 체계를 설정한 위 법률조항은 위와 같이 헌법적으로 요청되는 제도적 실효성을 상실하게 된다.

이 사건 부문별 및 연도별 감축목표의 배출량 목표치를 기준연도 대비 목표연도의 감축비율로 환산할 경우, '총배출량 - 순배출량' 기준에 따르면 40%, '순배출량 - 순배출량' 기준에 따르면 36.4%, '총배출량 - 총배출량' 기준에 따를 경우에는 29.6% 감축된 배출량이 된다. 이처럼 정부가 기준연도와 목표연도의 배출량 기준을 달리하여 '총배출량 - 순배출량' 기준으로 배출량의 목표치를 산정한 것은, 2030년의 단년도 감축목표를 정하면서 기준연도인 2018년과 목표연도인 2030년에 관하여 동일하게 '국가 온실가스 배출량'이라고 하고, 양자 사이의 '감축비율'을 정량화한 탄소중립기본법 제8조 제1항의 체계를 정부가 자의적으로 변경함으로써, 실질적으로는 감축의 수준을 낮추어 탄소중립기본법 제8조 제1항이 정한 중장기 감축목표의 제도적 실효성을 훼손한 것이다.

따라서 탄소중립기본법 제8조 제1항의 중장기 감축목표를 달성하기 위한 행정계획을 수립함에 있어 이 사건 부문별 및 연도별 감축목표와 같이 '기준연도 총배출량 - 목표연도 순배출량'을 기준으로 부문별 및 연도별 배출·흡수량의 목표치를 산정하는 것은 허용될 수 없다.

2) 탄소중립기본법 제2조 제3호는 '탄소중립'을 '대기 중에 배출·방출 또는 누출되는 온실가스의 양에서 온실가스 흡수의 양을 상쇄한 순배출량이 영(零)이 되는 상태'로 정의함으로써 '순배출량'의 개념을 사용하고 있다.

그리고 탄소중립기본법 제8조 제1항이 설정한 중장기 감축목표는 탄소중립기본법 제7조 제1항에서 국가비전으로 규정한 '2050년 탄소중립'의 목표를 향한 중간 목표의 의미를 갖는다. 탄소중립기본법 제8조 제1항이 규정한 감축목표 비율인 '2018년 대비 35퍼센트 이상의 범위에서 대통령령으로 정하는 비율' 및 같은 법 시행령 제3조 제1항이 규정한 '40퍼센트'의 수치가 위헌인지 여부, 또한 2031년부터 2049년까지의 정량적 감축목표 수준을 정하지 않은 것이 위헌인지 여부에 관해서도 '2050년 탄소중립'의 목표는 중요한 전제가 된다.

또한, 탄소중립기본법 시행령 제3조 제4항은 "정부는 법 제8조 제1항부터 제4항까지의 규정에 따라 온실가스중장기감축목표등을 설정·변경하거나 새로 설정하는 경우에는 법 제33조 제1항에 따른 탄소흡수원등을 활용한 감축실적과 법 제35조 제3항 본문에 따른 국제감축실적 등을 고려할 수 있다."라고 규정하였다.

한편, 구 녹색성장법 시행령 제25조 제1항 및 제2항은 '탄소중립' 개념을 전제로 하지 않았다. 탄소중립기본법 제8조 제1항에서는 '국가 온실가스 배출량'이라고만 정하였을 뿐, 구 녹색성장법 시행령 제25조 제1항과 같이 '국가 온실가스 총배출량'이라고 규정하지 않았다. 그리고 탄소중립기본법 시행령 제3조 제4항에서는 정부가 '온실가스중장기감축목표등을 설정·변경하거나 새로 설정하는 경우' '탄소흡수원등을 활용한 감축실적'을 '고려할 수 있다.'라고 정하였지만, 구 녹색성장법 시행령 제25조 제2항에서는 '감축 목표 달성 여부에 대한 실적을 계산할 때' '탄소흡수원을 활용한 감축분을 포함한다.'라고 정하였으므로, 양자의 규정 체계도 다르다. 그러므로 위와 같은 구 녹색성장법 시행령의 내용은 탄소중립기본법 제8조 제1항의 해석에 영향을 미치지 않는다.

이러한 점들에 비추어 보면, 정부가 탄소중립기본법 제8조 제2항 및 제3항에 근거하여, 같은 조 제1항 및 같은 법 시행령 제3조 제1항이 정한 중장기 감축목표의 비율을 달성하기 위하여 부문별 및 연도별 감축목표를 설정할 때에는, 기준연도와 목표연도의 '국가 온실가스 배출량' 수치를 산정하면서 '탄소흡수원등을 활용한 감축실적'을 고려하여 양자 모두 '순배출량'을 기준으로 하는 것이 합리적으로 보인다.

과학적·정책적으로 기준점과 목표점의 수치 산정 기준을 달리하면 기준점부터 목표점에 이르는 경로의 곡선을 그릴 수 없다. IPCC의 보고서에서도 '넷제로'와 관련한 배출량의 감축경로는 '순배출량'을 일관된 기준으로 하고 있다. 만약, 탄소중립기본법 제8조 제1항에 두 번 언급된 '국가 온실가스 배출량'에 대하여 기준연도는 총배출량을, 목표연도는 순배출량을 산정 기준으로 삼는다면, 2050년 탄소중립 목표에 이르기까지의 경로에 관하여 '2018년 총배출량 - 2030년 순배출량 - 2050년 순배출량'과 같이 시점에 따라 서로 다른 기준을 사용한 수치가 산정될 것이므로, 과학적·정책적으로 합리적인 감축경로가 관리되지 않는다.

또한, 이 사건 연도별 감축목표의 흡수원 부문 수치를 보면, 기준연도인 2018년은 '−41.3'백만 톤의 흡수량이 산출되어 있고, 목표연도인 2030년의 흡수량 목표치는 '−26.7'백만 톤으로서 흡수량이 감소하는 것으로 되어 있으며, 2023년부터 2030년에 이르기까지 매 연도의 흡수량 목표치도 지속적으로 감소하도록 되어 있다. 그러므로 만약, 기준연도에는 흡수량을 반영하지 않고 목표연도에만 반영한다면, 실제로는 흡수량이 줄었음에도 흡수량이 늘어서 '국가 온실가스 배출량'이 감축된 것과 같은 왜곡이 발생하게 되는데, 이는 파리협정이 추구하는 '투명성'에 반하고 그만큼 다른 부문의 실질적인 감축 노력을 상화하는 데에도 장애가 된다.

이처럼 탄소중립기본법 제8조 제1항의 '국가 온실가스 배출량'을 기준연도인 2018년에는 '총배출량'으로, 목표연도인 2030년에는 '순배출량'으로 보는 해석은, 탄소중립기본법 제8조 제1항의 문언, 체계 및 입법목적에 맞지 않을 뿐만 아니라, 온실가스 감축경로에 대한 과학적인 관리와 파리협정이 추구하는 투명성에도 부합하지 않아 전 지구적인 온실가스 감축 노력에 부정적 영향을 미칠 수 있는 방식이라는 점에서도 허용되지 않는다.

이 사건 부문별 및 연도별 감축목표에서 설정한 2030년의 국가 온실가스 배출량 목표치는, 탄소중립기본법 제8조 제1항의 '국가 온실가스 배출량'을 모두 '순배출량'으로 해석하는 경우 2018년 대비 36.4%만큼을, '총배출량'으로 해석하더라도 2018년 대비 29.6%만큼을 감축하는 것이 되어, 어느 모로 보나 탄소중립기본법 제8조 제1항 및 같은 법 시행령 제3조 제1항이 설정한 40%의 감축비율에 미치지 못한다.

탄소중립기본법 제8조 제1항은 중장기 감축목표의 설정 방식을 정하고 단지 구체적인 감축비율의 수치만 35퍼센트 이상의 범위에서 대통령령으로 정하도록 위임하였고, 이 사건 부문별 감축목표는 같은 조 제2항에 근거하여 제1항에 따라 설정된 2030년 중장기 감축목표를 달성하기 위한 수단으로 설정된 것이며, 이 사건 연도별 감축목표는 같은 조 제3항에 근거하여 위와 같은 중장기 감축목표와 이 사건 부문별 감축목표를 달성하기 위한 수단으로 설정된 것이다. 이러한 탄소중립기본법 제8조의 체계에 따르면, 이 사건 부문별 및 연도별 감축목표에서 설정한 2030년의 국가 온실가스 배출량 목표치가 '순배출량' 기준으로는 2018년 대비 36.4%만큼 감축하는 것이 되어 '35퍼센트 이상'의 감축에는 해당한다고 하더라도 '대통령령이 정하는 비율'인 40퍼센트의 감축에 미치지 못하므로, 이는 탄소중립기본법 제8조 제1항의 중장기 감축목표를 달성하지 못하는 목표치에 해당한다.

위와 같이 이 사건 부문별 및 연도별 감축목표는, 그 산출된 2030년의 국가 온실가스 배출량 목표치를 기준연도와 목표연도에 동일한 '순배출량' 또는 '총배출량' 기준으로 비교할 경우, 탄소중립기본법 제8조 제1항 및 같은 법 시행령 제3조 제1항에서 설정한 2030년까지의 중장기 감축목표를 달성할 수 없도록 설계되었고, 이것은 각 부문의 감축목표 비중과 감축경로의 형태와 무관하다. 이에 따라 법령상 온실가스 감축목표가 실제로 그만큼의 온실가스 감축으로 이어질 수 없음이 명백해지므로, 이 사건 부문별 및 연도별 감축목표는 기후위기에 대한 완화 조치를 규율하는 법적인 제도로서의 실효성을 확보하지 못하였다.

3) 법치행정의 원칙상 행정작용에는 법률에 반하지 않아야 한다는 '법률우위원칙'이 적용되고, 이에 더하여 해당 행정작용의 본질적인 사항에 관해서는 법률에 적극적인 근거가 있어야 한다는 '법률유보원칙'이 적용된다. 이 경우 법률을 해석하는 최종적인 권한은 권력분립의 원칙에 따라 사법부에 있다.

특히, 기본권침해의 위험상황에 대응하는 보호조치의 제도적 형성과 집행에 관하여 과소보호금지원칙을 적용하는 것은 입법자에 대한 존중에서 출발하는데, 그 위임을 받은 집행자의 법률해석으로 입법자가 형성한 제도의 체계를 자의적으로 변경하여 보호조치의 수준을 낮추는 것까지 허용할 수는 없다.

기후위기라는 위험상황에 상응하는 보호조치로서 온실가스 감축목표를 법적으로 제도화하는 관점에서 볼 때, 법률로써 정량화된 감축목표의 체계를 세운 경우, 이에 기초하여 부문별 및 연도별로 구체적인 배출·흡수량 목표치를 설정하는 행정계획은 법률우위원칙의 적용을 받는 행정작용에 해당한다. 이 사건 부문별 및 연도별 감축목표도 이러한 행정작용이라 할 것이고, 여기서 배출량 목표치 산정 방식을 도출하기 위하여 적용되는 탄소중립기본법 제8조 제1항과 중장기 감축목표와 부문별 및 연도별 감축목표의 상호관계에 관한 같은 조 제2항 및 제3항의 최종적 해석 권한은 사법적 심사를 하는 헌법재판소에 있다.

그런데 이 사건 부문별 및 연도별 감축목표에서 정부가 채택한 '기준연도 총배출량 - 목표연도 순배출량'의 배출량 목표치 산정 방식은, 앞서 살펴본 바와 같이 탄소중립기본법 제8조 제1항에서 입법자가 온실가스 감축목표를 정량화한 체계를 자의적으로 변경하여 기후위기를 완화하는 보호조치의 수준을 낮추는 것이므로, 이와 같은 정부의 법률해석은 받아들일 수 없다.

4) 따라서 이 사건 부문별 및 연도별 감축목표는, 배출량 목표치 산정 방식의 관점에서 탄소중립기본법의 문언과 체계, 입법목적에 어긋날 뿐만 아니라, 구체적인 온실가스 감축목표의 수치 산정에 고려되어야 하는 과학적 사실과 국제적 행동 기준, 법령이 설정한 온실가스 감축목표를 달성하기 위하여 수립된 행정계획으로서의 제도적 실효성의 측면에서도 기후위기의 위험상황에 상응하는 보호조치로서 필요한 최소한의 성격을 갖추지 못한 것으로 과소보호금지원칙을 위반하였거나, 또는 탄소중립기본법 제8조 제1항에서 온실가스 감축목표를 정량화한 체계를 정부가 자의적으로 변경하여 보호조치의 수준을 낮춘 행정계획으로서 법치행정의 법률우위원칙을 위반하였다.

온실가스 감축대책의 관리와 진전에 있어서는 감축목표의 정량적 수준을 설정하는 것이 중요한 만큼, 이미 설정된 정량적 수준을 제대로 측정하는 것도 중요하다. 이를 제대로 측정하지 않고 그 수치를 왜곡할 경우, 감축대책을 제대로 관리할 수 없다는 것은 자명하기 때문이다.

이 사건 부문별 및 연도별 감축목표의 이행현황과 관하여, 탄소중립녹색성장위원회는 2024. 4. 7. 보도참고자료를 통하여 2023년 온실가스 배출량 중 주요 4대 부문에 대한 추정치를 공개하였는데, 그 수치는 백만 톤 단위로 '전환 203.7, 산업 244.7, 건물 45.2, 수송 95.0'으로서, 잠정적 추정치이기는 하나 2023년도 한 해에 주요 4대 부문에서만 이 사건 연도별 감축목표의 목표치보다 32.3백만 톤가량을 더 많이 감축한 것으로 나타난다. 이것은 이 사건 부문별 및 연도별 감축목표의 2030년 순배출량 목표인 436.6백만 톤과, 기준연도와 목표연도에 모두 '순배출량' 기준을 적용할 경우 2018년 대비 40퍼센트의 감축비율에 따른 2030년 순배출량 목표인 411.7백만 톤의 차이보다 많은 수치이다.

이러한 상황을 두고 이 사건 부문별 및 연도별 감축목표의 구체적인 수치가 각 부문의 감축 여력의 측면에서 적정한 것인지에 관해서는 정책적으로 다양한 견해가 있을 수 있고 이에 근거한 사법적 심사는 어려울 것이다. 하지만, 적어도 법령이 설정한 중장기 감축목표의 달성을 위한 정책을 이행하는 첫 단계인 행정계획의 수립에 있어, 구체적인 배출량 목표 수치의 산정 방식이 법령의 문언과 체계에 부합하지 않는지, 이로써 감축실적에 대한 평가에 왜곡을 초래하여 전 지구적인 감축 노력에 부정적 영향을 미치는지 여부 등의 문제는 사법적 심사의 대상이 된다.

5) 이 사건 부문별 및 연도별 감축목표는 국가 온실가스 배출량의 목표치 산정 방식에 관하여 과소보호금지원칙 또는 법률우위원칙에 반하여 기본권 보호의무를 위반하였으므로 청구인들의 환경권을 침해한다.

다만, 이 사건 부문별 및 연도별 감축목표의 효력을 바로 상실시킬 경우 이를 기초로 계획된 개별적인 온실가스 감축대책들이 그 정량적 목표를 잃게 되어 오히려 온실가스 감축에 관한 제도적 장치가 후퇴하는 더욱 위헌적인 상황이 발생하게 된다.

또한, 기준연도와 목표연도의 배출량 산정 기준을 탄소중립기본법 제8조 제1항의 해석에 따라 바로잡으면서 각 부문별 및 연도별 배출량 목표의 수치를 구체적으로 어떻게 조정할지에 대해서는 정부에게 광범위한 행정계획 형성의 권한이 있다.

헌법재판소법 제75조 제3항은 "제2항의 경우에 헌법재판소는 기본권 침해의 원인이 된 공권력의 행사를 취소하거나 그 불행사가 위헌임을 확인할 수 있다."라고 규정하여 헌법소원을 인용할 경우 그 심판대상이 된 공권력 행사의 취소 여부에 대하여 헌법재판소에 재량이 있음을 전제로 하고 있다. 이 사건 부문별 및 연도별 감축목표에 대해서는 위헌임을 확인하되, 그 결정의 기속력으로 정부가 부문별 및 연도별 감축목표를 결정의 취지에 부합하도록 변경하는 계획을 세워 시행할 때까지 효력을 유지하는 의미에서 취소결정은 하지 않는 것이 타당하다.

따라서 이 사건 부문별 및 연도별 감축목표에 대해서는 청구인들의 환경권을 침해하여 위헌임을 확인하는 주문의 결정을 선고해야 할 것이다.

(4) 소결론

이 사건 부문별 및 연도별 감축목표에 대하여 각 부

문 간 감축 비중을 구체적으로 조정한 내용과 그 결과로 형성된 2023년부터 2030년까지의 감축경로의 형태만으로는 과소보호금지원칙을 위반한 것이라고 판단할 수 없다.

이 사건 부문별 및 연도별 감축목표에서 '기준연도 총배출량 - 목표연도 순배출량'기준으로 국가 온실가스 배출량의 목표치를 산정한 것에 관하여, 재판관 이종석, 재판관 이은애, 재판관 이영진, 재판관 김형두의 기각의견은 과소보호금지원칙과 법률우위원칙을 위반하지 않았다는 것이고, 재판관 김기영, 재판관 문형배, 재판관 이미선, 재판관 정정미, 재판관 정형식의 위헌의견은 과소보호금지원칙 또는 법률우위원칙을 위반함으로써 청구인들의 환경권을 침해하였다는 것이다.

8. 결 론

그렇다면 탄소중립기본법 제8조 제1항은 헌법에 합치되지 아니하나 2026. 2. 28.을 시한으로 개정될 때까지 계속 적용하기로 하고, 같은 법 시행령 제3조 제1항 및 이 사건 부문별 및 연도별 감축목표에 대한 심판청구는 이유 없으므로 이를 모두 기각하며, 청구인들의 나머지 심판청구와 신청인의 공동심판참가 및 보조참가 신청은 부적법하므로 이를 모두 각하하기로 하여, 주문과 같이 결정한다.

이 사건 부문별 및 연도별 감축목표에 대한 심판청구에 관하여는, 재판관 이종석, 재판관 이은애, 재판관 이영진, 재판관 김형두는 기각의견이고, 재판관 김기영, 재판관 문형배, 재판관 이미선, 재판관 정정미, 재판관 정형식은 위헌의견으로, 청구인들의 환경권을 침해하여 위헌이라는 의견이 다수이지만, 헌법 제113조 제1항, 헌법재판소법 제23조 제2항 단서 제1호에서 정한 헌법소원에 관한 인용결정에 필요한 심판정족수에는 이르지 못하였으므로 기각결정을 선고하는 것이고, 나머지 심판청구에 대해서는 관여 재판관들의 의견이 일치되었다.

재판관 이종석 이은애 이영진 김기영 문형배 이미선 김형두 정정미 정형식

[별지 1] 명단

[2020헌마389 사건 청구인]

1. ~19. 김○○ 외 18인

청구인들의 대리인 변호사 신영무, 이근웅, 성기문, 김민경, 윤세종, 김주진

청구인들의 복대리인 변호사 최창민

청구인 1, 2, 3, 5, 6, 8, 10, 11, 12, 14, 15, 16, 17, 18의 대리인 법무법인 디엘지

담당변호사 최재욱, 김용혁, 조선희, 강송욱

변호사 이병주, 최창민

[2021헌마1264 사건 청구인]

1.~122. 김□□ 외 121인

청구인들의 대리인 법무법인 해우
담당변호사 이치선
법무법인 자연
담당변호사 최재홍
법무법인 지향
담당변호사 김영주
변호사 서채완, 조은호, 김석연, 김영희, 지현영, 이수연

[2022헌마854 사건 청구인]

1. ~62. 최○○ 외 61인

청구인들의 대리인 법무법인 자연
담당변호사 이영기, 최재홍
법무법인 창조
담당변호사 이덕우
법무법인 해우
담당변호사 이치선
법무법인 진심
담당변호사 이정민, 류제성, 윤두철, 장우혁
변호사 김석연, 김영희, 서채완, 이수연, 조은호, 서성민

[2023헌마846 사건 청구인]

1. ~51. 박○○ 외 50인

청구인들의 대리인 법무법인 자연
담당변호사 이영기, 최재홍
변호사 김영희, 김석연, 이병주

[공동심판참가인]

강○○

나 부문별 감축목표

□ **'30년 감축 후 배출량 436.6백만톤**('18년 배출량 대비 △40%)

ㅇ **전환 부문**은 원전과 재생에너지의 조화, 태양광·수소 등 청정에너지 전환 가속화를 통해 **45.9% 감축**

ㅇ **산업 부문**은 원·연료 전환, 공정배출 감축 등을 통해 감축하되, 기술개발 상용화 시기 등을 고려하여 **11.4% 감축**

ㅇ **건물·수송·농축수산·폐기물** 등 타 부문에서도 합리적 이행수단을 발굴, **27.1 ~ 46.8% 감축** 및 **흡수원, CCUS** 등을 통한 **배출 상쇄**

ㅇ 이외 **국제감축**은 국내감축의 보충적 수단으로 활용하고 파리협정 등 **전지구적 탄소저감**에 기여하는 방향으로 추진

【 부문별 배출량 목표 】

(단위: 백만톤CO_2e, 괄호는 '18년 대비 감축률)

구분	부문	2018 실적	2030 목표	
			기존 ('21.10)	수정 ('23.3)
배출량(합계)		727.6	436.6 (40.0%)	436.6 (40.0%)
배출	전환	269.6	149.9 (44.4%)	145.9 (45.9%)[1]
	산업	260.5	222.6 (14.5%)	230.7 (11.4%)
	건물	52.1	35.0 (32.8%)	35.0 (32.8%)
	수송	98.1	61.0 (37.8%)	61.0 (37.8%)
	농축수산	24.7	18.0 (27.1%)	18.0 (27.1%)
	폐기물	17.1	9.1 (46.8%)	9.1 (46.8%)
	수소	(-)	7.6	8.4[2]
	탈루 등	5.6	3.9	3.9
흡수 및 제거	흡수원	(-41.3)	-26.7	-26.7
	CCUS	(-)	-10.3	-11.2[3]
	국제감축	(-)	-33.5	-37.5[4]

※ 기준연도('18) 배출량은 총배출량 / '30년 배출량은 순배출량 (총배출량 – 흡수·제거량)

1) 태양광, 수소 등 청정에너지 확대로 400만톤 추가 감축
2) 수소수요 최신화(블루수소 +10.5만톤), 블루수소 관련 탄소포집량은 CCUS 부문에 반영(0.8백만톤)
3) 국내 CCS 잠재량 반영(0.8백만톤), CCU 실증경과 등을 고려한 확대(0.1백만톤)
4) 민관협력 사업 발굴 및 투자 확대 등을 통해 국제감축량 400만톤 확대

다 연도별 감축목표

□ 온실가스 **감축정책의 본격 시행** 이후 **실질적 효과**로 이어지기까지의 **시차 발생**을 고려하여 연도별 감축목표 설정

【 연도별 배출량 목표 】

(단위: 백만톤CO_2e)

부문	2018 (기준연도)	2023	2024	2025	2026	2027	2028	2029	2030
합계	**686.3***	**633.9**	**625.1**	**617.6**	**602.9**	**585.0**	**560.6**	**529.5**	**436.6****
전환	269.6	223.2	218.4	215.8	211.8	203.6	189.9	173.7	145.9
산업	260.5	256.4	256.1	254.8	252.9	250.0	247.3	242.1	230.7
건물	52.1	47.6	47.0	46.0	44.5	42.5	40.2	37.5	35.0
수송	98.1	93.7	88.7	84.1	79.6	74.8	70.3	66.1	61.0
농축수산	24.7	22.9	22.4	21.9	21.2	20.4	19.7	18.8	18.0
폐기물	17.1	15.1	14.7	14.1	13.3	12.5	11.4	10.3	9.1
수소	(-)	3.4	4.1	4.8	5.5	6.2	6.9	7.6	8.4
탈루 등	5.6	5.1	5.0	5.0	4.9	4.8	4.5	4.2	3.9
흡수원	-41.3	-33.5	-31.3	-28.9	-30.4	-29.1	-28.3	-27.6	-26.7
CCUS	(-)	-	-	-	-0.4	-0.7	-1.3	-3.2	-11.2

* 국제사회에 제출된 '18년 총 배출량은 727.6백만톤이나 순배출량 기준으로는 686.3백만톤이며, 모든 연도별 합계는 순배출량 기준(부문별 소수점 첫째자리 아래 절삭)

** 국제감축은 관련 국제기준 확정, 최초 활용시기('26년 예상) 등을 고려하여 연도별 목표를 설정할 예정으로 '30년 목표에만 반영

Ⅶ. 재정계획 및 기대효과

1. 재정투자 계획

□ 탄소중립·녹색성장 지원을 위해 향후 5년간('23~'27) **총 89.9조원** 이상 소요 추정

ㅇ 5년간 부문별 감축 대책(54.6조원), 기후변화 적응대책(19.4조원), 녹색산업 성장(6.5조원) 등

ㅇ **'23~'27년간 연평균 증가율은 약 11.5%**로, 과거 5년간 정부 전체 재정규모 증가율(연평균 8.0%) 수준 상회

(단위: 억원, %)

구 분	'23	'24 ~ '27	합계	연평균 증가율
합 계	**133,455**	**765,738**	**899,193**	**11.54**
▸부문별 중장기 감축 대책	79,480	466,283	545,763	11.48
▸기후변화 적응대책	29,856	164,213	194,068	9.43
▸녹색산업 성장	10,459	54,453	64,912	7.34
▸정의로운 전환	2,366	19,837	22,203	37.57
▸지역 탄소중립·녹색성장	4,602	30,319	34,922	25.36
▸인력양성 및 인식제고	5,999	26,881	32,881	2.11
▸국제협력	693	3,751	4,444	1.59

※ 구체적 투자 계획은 재정여건, 사업 타당성 등을 종합적으로 고려하여 변경 가능

[별지 3] 청구인들의 주장 및 이해관계기관의 의견

가. 청구인들의 주장

(1) 기후변화가 인위적인 온실가스 배출로 인해 발생하고 있다는 점과 이로 인하여 기후가 전례 없는 속도로 변하고 있다는 점은 의문의 여지가 없는 과학적 사실이다. 현재와 같은 기후변화가 지속될 경우 자연환경과 생태계 전반에 심각한 타격을 가져올 것이고, 인류의 생명과 건강, 사회적 안정과 경제활동에 막대한 위협을 가할 것이며, 이것은 대한민국도 예외가 아니다.

(2) 파리협정 등의 국제조약으로 합의된 바에 따르면, 온실가스로 인한 기후변화를 인류가 감내할 수 있는 한계점으로서, 지구 평균 기온의 상승을 산업화 이전 대비 2도보다 현저히 낮은 수준으로 유지하고 그 상승 수준을 1.5도 이내로 제한하기 위해 노력해야 한다. IPCC의 보고서 등 국제적으로 인정되는 과학적 사실에 의하여 지구 기온 상승으로 인한 파국을 저지하기 위한 온실가스의 누적 배출량은 그 한계치인 '탄소예산'의 범위를 넘어서는 안 되고, 개별 국가는 해당 국가의 정당한 탄소예산 이상으로 대기 중에 탄소를 배출해서는 안 될 책임이 있다.

(3) 2030년 온실가스 감축목표를 설정한 탄소중립기본법 제8조 제1항 및 같은 법 시행령 제3조 제1항은, 2031년 이후를 살아갈 국민과 미래세대의 생명권, 행복추구권, 환경권 등에 대한 국가의 보호의무에 관한 과소보호금지원칙을 위반한 것이고, 이들의 기본권을 2020~2030년의 기간을 살아갈 국민에 비하여 비례적이지 않게 사전적으로 침해하며, 탄소배출에 관한 세대간 형평성에 반하여 평등권을 침해한다.

(가) 탄소중립기본법 제8조 제1항에서 2030년의 국가 온실가스 감축목표를 2018년 배출량의 35% 이상의 범위에서 대통령령으로 정하는 비율만큼 감축하도록 설정하고, 같은 법 시행령 제3조 제1항에서 그 비율을 40%로 정한 것은, 탄소예산 등의 관점에서 현저하고 명백하게 기후과학 및 국제규범의 최저 수준에 미치지 못한다.

IPCC 제6차 평가보고서는 2020년 기준으로 산업화 전 수준 대비 지구 평균 기온 상승을 제한하는 목표 온도와 확률에 따른 전 지구적인 잔여탄소배출허용총량, 즉 '탄소예산'을 제시하였고, 이를 전 세계 인구 대비 우리나라의 인구 비율로 계산하면 공평하고 합리적으로 대한민국의 탄소예산을 산출할 수 있다. 여기에 위 조항들이 설정한 2030년 온실가스 감축목표와 심판대상계획이 설정한 연도별 배출량 목표를 적용하면, 대한민국의 목표 온도 1.5도 기준 탄소예산은 2025년경, 1.7도 기준 탄소예산은 2028년경 모두 소진된다. 위 조항들이 설정한 2030년 온실가스 감축목표는 유엔환경계획(UNEP)의 배출격차보고서에 비추어 보거나, 다른 OECD 국가들의 감축목표와 비교해 보더라도 매우 불충분한 수준이다.

(나) 탄소중립기본법 제8조 제1항과 같은 법 시행령 제3조 제1항은 2031년 이후 2050년까지의 온실가스 감축목표를 정하지 않았다.

(다) 탄소중립기본법 제8조에는 위와 같은 국가 온실가스 감축목표의 실효성 있는 집행을 보장하기 위한 법률조항이 없다.

(4) 탄소중립기본법 제8조 제1항은 2030년까지의 온실가스 배출의 하한선만을 정해 놓았을 뿐, 구체적인 목표 설정과 그 변경에 관한 사항을 법규명령에 위임하였다. 이는 2030년까지의 감축목표뿐만 아니라, 경제부문별·연도별 배출량 목표, 2050년 탄소중립에 이르기까지의 감축경로 등 국가공동체와 그 구성원들에게 중요한 영향을 미치는 본질적인 사항들에 대하여 스스로 결정하지 않고, 법규명령 제정의 권한 범위에 대해 적절하고도 상세한 요건을 규정하지도 아니한 채 만연히 대통령령에 위임한 것으로, 의회유보원칙과 포괄위임금지원칙에 위배된다.

(5) 심판대상계획은 온실가스 배출량의 감축에 있어 현재 세대가 져야 할 책임을 미래세대에 전가하고 있으며, 기후변화에 대응하여 적절하고 효율적인 최소한의 보호조치를 취하지 아니하여 국가의 기본권 보호의무를 과소하게 이행함으로써, 청구인들의 생명권, 건강권, 평등권, 환경권, 재산권, 행복추구권 등을 침해한다.

(가) 심판대상계획은 2018년 국가 온실가스 배출량은 '총배출량' 727.6백만 톤을 기준으로 하면서도 해당 배출량 대비 40%만큼 감축한 2030년의 국가 온실가스 배출량 목표는 총배출량에서 흡수·제거량을 제외한 '순배출량'을 기준으로 하여 436.6백만 톤으로 정하였다. 이것은 2030년까지 2018년의 배출량에 대비하여 '총배출량' 기준으로는 29.6%, '순배출량' 기준으로는 36.4% 감축하는 것에 불과하므로, 탄소중립기본법 제8조 제1항이 규정하는 감축목표의 범위에 부합하지 않는다.

(나) 이 사건 연도별 감축목표에 따른 2023~2027년

의 누적 감축량은 4,890만 톤인 반면, 2028~2030년의 누적 감축량은 1억 4,840만 톤으로 2030년까지의 총 감축량의 75%가 다음 정부로 미루어졌다. 이처럼 감축 부담을 후반부에 집중시키는 볼록한 감축경로는 계획 기간 내 온실가스 배출 총량을 증가시키는데, 이 사건 연도별 감축목표에 따르면 선형 감축을 전제로 2021년 설정된 온실가스 감축목표의 경로에 비하여 총 5억 1,500만 톤의 추가 배출이 발생한다. 이와 같은 감축경로는 2030년 온실가스 감축목표 이행을 2028년 이후로 대폭 미루어, 비례의 원칙에 따라 탄소중립에 필요한 온실가스 배출량 감축을 시간적으로 골고루 배분하여야 하는 최소한의 요청을 충족하지 못하고, 다음 정부 및 미래세대에 감축 부담을 전가하여 과중한 부담을 지우는 것이다.

(다) 심판대상계획은 20년을 계획기간으로 하면서도 2030년까지의 부문별·연도별 감축목표만 있을 뿐, 2031~2042년의 계획이 없어 탄소중립기본법 제10조 제1항을 위반하였고, 2031년 이후의 탄소배출 감축목표를 정하지 않음으로써 명확성원칙을 충족하지 않았다.

심판대상계획에는 연도별 감축목표의 수치만 나열되어 있을 뿐, 연도별로 어떻게 온실가스를 줄일 것인지에 관한 연도별 대책이 없고, 연도별 감축목표 실패 시의 감축계획도 없다.

(라) 2030년까지의 국가 온실가스 감축목표(NDC)를 2021년에 발표했을 때에는 2018년 대비 산업 부문의 감축 비율이 14.5%였으나, 이 사건 부문별 감축목표에 따르면 그 비율이 11.4%로 감소하였다. 산업 부문의 감축 비중을 줄이고 국제감축 부문의 비중을 늘리면 산업계의 부담이 줄어드는 대신 정부가 국제감축량을 확보하기 위한 재정 부담이 늘게 되는 등 감축 책임이 전가되고, 기업에 온실가스 감축이 긴급한 일이 아니라는 잘못된 신호를 주게 되며, 배출권거래제도의 정상화를 어렵게 하고, 세계 경제의 탈탄소화 흐름에도 맞지 않아 경제에 도움이 되지도 않는다. 산업 부문 배출량은 2018년 기준 국가 온실가스 배출량의 35%를 차지하는 최대 배출원 중 하나임에도 가장 적은 감축량을 할당하는 것은 오염자부담의 원칙에 반한다.

(마) 탄소포집·이용·저장(CCUS)기술은 기술적·경제적 측면에서 아직 충분히 검증되지 않았다. 탄소포집·이용(CCU)은 현재 국가 배출량을 산정하는 국제기준인 IPCC 가이드라인상 온실가스 감축으로 인정되지 않고 있고, 탄소포집·저장(CCS)기술은 국내에서는 포집한 탄소를 저장할 해저 공간인 유전과 가스전이 마땅치 않고 비용도 많이 드는 기술이며, 주로 화석에너지의 생산 과정에서 이용되므로 화석에너지 산업의 수명 연장에 활용되는 문제도 있다.

국제감축의 경우 관련된 협상이 여전히 진행 중이고, 파리협정 이후 개발도상국도 의무 감축을 하므로 국제감축량을 온전히 감축량으로 반영하기 어려우며, 수조 원의 국가 재정이 투입되는 방법이다.

이 사건 부문별·연도별 감축목표는, 이처럼 아직 충분히 검증되지 않아 불확실한 감축 수단인 탄소포집·이용·저장 부문의 감축 비중을 늘리고, 국제감축으로 2030년에 3,750만 톤의 배출량을 줄이겠다고 하면서도, 연도별로 얼마나 줄일지, 이를 위한 재원이 얼마인지는 구체적으로 밝히지 않았다.

(바) 이 사건 재정계획은 탄소중립·녹색성장 지원을 위해 2023~2027년의 향후 5년 간 총 89.9조 원 이상이 소요될 것으로 추정하면서도 재원 조달 방안을 누락하였고 그 액수 역시 현저하게 부족하다. 또한, 탄소중립기본법에서 정한 20년 기간의 재정규모가 아닌 향후 5년간의 재정규모만 포함되었다.

(6) 구 녹색성장법 제42조 제1항 제1호, 2016년 및 2019년 구 녹색성장법 시행령 제25조 제1항도 청구인들의 기본권을 침해하였다.

(가) 구 녹색성장법 제42조 제1항 제1호는 국가의 온실가스 감축목표의 구체적 내용을 법률로써 규정하지 않고 행정부에 백지위임하였는데, 이는 환경권의 내용과 행사를 법률로써 정하도록 한 헌법 제35조 제2항과 법률유보원칙을 위반하고, 헌법 제75조의 포괄위임금지원칙도 위반한 것이다.

(나) 2016년 구 녹색성장법 시행령 제25조 제1항의 내용은 정부가 국가 온실가스의 감축목표에 관하여 2020년의 목표를 불이행한 상태에서 유사한 수준으로 2030년의 목표를 설정한 것으로, 이는 대통령이 2020년 온실가스 감축목표를 자의적으로 폐지한 것이다.

(다) 2019년 구 녹색성장법 시행령에서 2030년의 국가 온실가스 감축 목표를 2017년 배출량의 1000분의 244로 설정한 것은 유엔기후변화협약 및 파리협정 등의 국제조약으로 합의된 기준에 따른 지구 기후재난의 위험을 실효적으로 예방하기 위한 최소한의 보호조치에 미치지 못하므로, 기본권 보호의무에 관한 과소보호금지원칙을 위반한 것이다.

나. 국무조정실장 및 환경부장관의 의견

(1) 이 사건 심판청구는 적법요건을 갖추지 못하였다.

(가) 구 녹색성장법은 온실가스 감축과 관련하여 규율 내용이 강화된 탄소중립기본법으로 대체되어 현행 법령이 아니므로, 심판대상조항들 중 구 녹색성장법과 같은 법 시행령의 조항들은 존재하는 공권력이 아니다. 심판대상계획은 행정계획으로서 그 자체로는 구체적으로 국민의 권리의무를 직접 제한하는 효력이 없다. 따라서 이들 심판대상은 헌법소원의 대상이 되는 공권력 행사가 아니다.

(나) 청구인들은 심판대상조항들 및 계획의 효력을 직접 받는 상대방이 아니고 사실상 이해관계가 있을 뿐이므로 자기관련성이 없고, 심판대상조항들 및 계획은 구체적인 온실가스 감축 시책 등으로 실질적으로 구현되는 것이므로 직접성이 없으며, 심판대상계획으로 인한 기본권침해의 현재성도 인정되지 않는다.

(다) 구 녹색성장법 제42조 제1항 제1호는 2010. 4. 14., 2016년 구 녹색성장법 시행령 제25조 제1항은 2016. 6. 1. 시행되었는데, 그로부터 각각 약 10년, 약 4년이 지난 뒤에 제기된 위 조항들에 대한 이 사건 헌법소원심판청구는 청구기간을 준수하지 않았다.

(2) 탄소중립기본법 제8조 제1항, 같은 법 시행령 제3조 제1항은 기본권 보호의무에 관한 과소보호금지원칙에 위배되지 않는다.

(가) 탄소중립기본법 제8조 제1항과 같은 법 시행령 제3조 제1항에서 2030년 온실가스 감축목표를 2018년 배출량 대비 40%만큼 감축하는 것으로 결정한 것은, 기존의 감축목표를 대폭 상향한 값으로, 이는 우리나라의 배출량 정점인 2018년부터 2050년 탄소중립 목표 시점까지의 선형감축경로상 2030년 감축량(37.5% 감축)보다 크다.

(나) 우리나라는 주요 선진국보다 온실가스 배출량 정점이 늦고 감축기간이 짧아, 기준연도인 2018년부터 2030년까지의 연 평균 감축률이 4.17%로 주요 선진국보다 높다. 또한, 우리나라는 산업구조의 특성상 온실가스 배출량이 많은 제조업의 비중이 다른 나라보다 높은 편이므로, 위와 같은 중장기 감축목표도 매우 도전적인 목표에 해당하며, 경제계와 산업계에서도 부담이 크다는 의견이 다수 제기되었다.

(다) 각국은 온실가스 배출량 정점 연도, 그 온실가스 배출량, 산업구조, 온실가스 배출 감축을 시작한 시기 등을 달리하므로 선형감축경로가 상이할 수밖에 없고, 각국의 실정에 맞게 감축기준을 정할 수밖에 없으므로, 위와 같은 2030년 온실가스 감축목표를 IPCC가 제시한 전 세계적 감축목표 범위의 중간 값과 단순 비교하여 헌법에 위반된다고 할 수 없다.

IPCC는 탄소예산을 국가별로 산정하지 않고 전 지구적으로 산정하였으며, 그 수치도 범위 설정의 형태로 표현하고 있다. 또한, EU 의회 등을 통하여 보다 강화된 별도의 국가별 감축의무를 인정한 유럽과 달리 우리나라는 별도로 국가 잔류 탄소예산을 정하고 있지 않으며, 탄소배출량은 해당 국가의 산업구조에 크게 좌우되므로 인구에 비례하여 각국에 탄소예산이 할당된다고 볼 수 없다. 교토의정서 체제와 달리 당사국의 자발적 목표 설정을 전제로 하는 파리협정 체제에서, 이처럼 합의되지 않은 개념을 전제로 하여 온실가스 감축목표 설정에 관한 법령과 계획이 헌법에 위반된다고 보기는 어렵다.

(라) 2050년 탄소중립 목표 설정, 5년을 주기로 10년 뒤의 목표를 설정하게 되어 있는 체계, 그리고 진전의 원칙 적용 등으로 2031년 이후 2050년까지의 감축목표와 경로 설정의 계획은 그 대강의 내용이 마련된 것이나 다름없다.

(마) 파리협정상 5년 주기의 '전 지구적 이행점검(GST)', 2년 주기의 '격년 투명성 보고서(BTR)'의 제출과 점검을 통해 범지구적인 이행보장체계가 작동하고, 탄소중립기본법 제9조의 이행현황 점검, 제13조의 국가기본계획 등의 추진상황 점검을 통해 국내법적 이행보장이 이루어질 뿐만 아니라, 우리나라 온실가스 배출량의 70% 이상에 해당하는 영역에 적용되는 배출권거래제의 배출권 이월·차입 제도를 통하여 배출량에 대한 적극적인 통제가 이루어지고 있으며, 감사원의 기능을 통해서도 이행보장이 이루어지므로, 온실가스 감축목표의 이행보장 수단은 충분하다.

(바) 따라서 탄소중립기본법 제8조 제1항, 같은 법 시행령 제3조 제1항이 정한 온실가스 감축목표는 국가가 환경에 관한 국민의 법익을 보호하기 위하여 아무런 보호조치를 취하지 않았거나 그 조치가 법익 보호에 전적으로 부적합하거나 매우 불충분한 것임이 명백한 경우에 해당한다고 볼 수 없다.

(3) 탄소중립기본법 제8조 제1항은 국가 온실가스 감축목표의 최소 수준을 설정하면서 그 기준에 따라 대통령령을 정하도록 한 것이며, 처벌법규나 조세법규와 같이 국민의 기본권을 직접적으로 제한하거나 침해하는 법규가 아니고, 규율 대상이 지극히 다양하거나

수시로 변화하는 성질의 것이므로 위임의 구체성·명확성의 요건이 완화되는 점 등을 고려하면, 의회유보원칙 내지 포괄위임금지원칙에 위배되지 않는다.

(4) 심판대상계획은 기본권 보호의무에 관한 과소보호금지원칙에 위배되지 않는다.

(가) 탄소중립은 단순한 온실가스 배출의 감축에 그치는 것이 아니라, 이미 배출된 온실가스의 흡수를 위한 보다 적극적이고 능동적인 조치가 요구되고 포함되는 개념으로, 심판대상계획의 합헌성 여부를 단순히 '총배출량' 감소 수치만을 두고 판단하는 것은 탄소중립기본법의 입법취지에 반한다. 한편, 이 사건 부문별 및 연도별 감축목표에서 '기준연도 총배출량 - 목표연도 순배출량' 기준으로 배출량 목표치를 정한 것은 교토의정서 체제의 부속서 1 국가 중 일부의 사례를 참조한 것이다.

(나) 심판대상계획은 기본적으로 미래세대의 이익이 고려된 것으로, 정책적 목표 달성을 위한 제도적 효과가 나타나는 데 장기간의 시일이 소요되는 특성을 가지고 있는바, 연도별 감축계획이 적정한지 여부는 국가의 광범위한 재량이 인정될 수밖에 없는 영역에 해당한다. IPCC는 탄소예산을 국가별로 산정하지 않고 전 지구적으로 산정하였으며, 그 수치도 범위 설정의 형태로 표현하고 있는데, 파리협정 체제에서 국가별로 배정 또는 할당되지 않은 탄소예산을 근거로 각 국가의 미래세대에 대한 기본권 제한에 연결시키는 것은 지나친 논리적 비약에 해당한다. 후반부에 목표량이 높은 감축경로는 온실가스 감축을 위한 기술개발과 상용화에 필요한 시간, 정책의 본격적 시행과 효과 발생 간의 시차로 인하여 불가피한 것이다. 따라서 심판대상계획이 단순한 선형감축이 아닌 위로 볼록한 형태의 감축계획을 수립하였다고 하여 기본권 보호의무를 위반한 것으로 볼 수는 없고, 감축경로의 형태에 관해서는 행정계획으로서 행정목표를 달성하기 위한 각종의 수단들을 통합하고 조정하는 데 인정되는 국가의 광범위한 재량의 특수성이 고려되어야 한다.

(다) 심판대상계획은 추후 보완·변경될 가능성이 있고, 파리협정 제4조의 진전의 원칙 및 탄소중립기본법 제8조 제4항에 따라 일단 설정된 목표를 하향 조정하는 것은 불가능하므로 감축목표의 설정은 매우 신중하게 접근하여야 하며, 2025년에 2035년까지의 국가결정기여를 제출할 예정인바, 2031년 이후의 온실가스 감축계획은 5년간의 이행실적과 모니터링 등을 기초로 마련하는 것이 합리적이다.

심판대상계획은 명확성원칙에 반하지 아니하고, 전 부문에서 모든 시책들이 종합적으로 추진되어야 하는 것이므로, 연도별로 특정한 대책이 결합되어야만 합헌적이라고 판단할 근거는 없다.

(라) 심판대상계획에서 산업 부문의 감축 부담을 줄인 것은, 탄소 저감이 어려운 철강, 석유화학, 반도체 등 제조업 비중이 높은 국내 여건에서 경제에 미칠 영향과 '정의로운 전환'을 고려한 것으로, 단지 일정 부문에 대한 감축비율 조정을 두고 위헌적이라고 볼 수는 없다.

(마) 탄소포집 등과 관련된 신기술의 반영과 국제감축의 활용 및 포괄적인 재정계획은 행정계획의 특성에서 비롯된 것으로 위헌적이라고 볼 수 없다.

현재 세계 주요국들이 탄소중립을 위한 핵심 기술로 '탄소포집·이용·저장(CCUS)'을 활용할 것으로 예측되고 있고, 우리나라에서도 '이산화탄소 포집·수송·저장 및 활용에 관한 법률'이 2025. 2. 7.부터 시행 예정이며, 제28차 유엔기후변화협약 당사국 총회의 최종 결과 문서에도 온실가스 감축을 위하여 CCUS 기술 가속화를 위해 노력한다는 명시적 합의가 도출되어, 온실가스 감축에 있어 CCUS 기술 활용에 대해서는 이미 국제적인 공감대가 형성되어 있다.

국제감축은 국내 감축의 한계를 넘어설 수 있는 유용한 온실가스 감축 목표 달성의 수단으로, 특히 개발도상국의 수요와 맞물려 비용면에서 효과적인 결과를 낼 수 있고, 선진국이 개발도상국을 지원하여 온실가스 감축을 위해 국제사회가 함께 노력할 것을 요구하는 파리협정의 취지에도 부합한다.

국가가 선택한 행정적 수단이 사실상 아무런 효과가 없다거나 불필요하다는 명백한 증거가 없는 이상, 특정한 수단을 선택하였다거나 그 수단을 통해 달성하고자 하는 비율에 이견이 있다고 하여 당해 행정계획을 위헌적이라고 할 수는 없다.

(5) 심판대상조항들과 계획은 청구인들의 환경권, 생명권, 행복추구권 및 평등권을 침해하지 않는다.

(가) 청구인들에게 온실가스 감축목표 설정·이행 등에 관하여 정부에 대하여 특정한 작위 내지 부작위를 청구할 수 있다는 등의 구체적 권리는 인정되지 않으므로 환경권이 침해된다고 볼 수 없으며, 온실가스 배출로 인해 향후 기후재난 등 위기를 겪을 가능성이 있다는 사정만으로 청구인들이 생명권을 침해받는 것은 아

니다. 환경권·생명권 침해 여부를 판단하는 이상 행복추구권 침해 여부를 독자적으로 판단할 필요는 없으며, 온실가스 감축목표에 관한 법령과 계획으로 청구인들의 행복추구권이 구체적·실제적으로 침해된다고 볼 수도 없다.

(나) 심판대상조항들과 계획은 기후변화에 대응하는 정부의 역할과 계획을 규정할 뿐, 현재 세대와 미래세대를 차별하고 있지 않고, 그 효과는 기본적으로 전 국민에게 미치는 것으로 정부 조치의 효과 및 영향이 연령별·세대별로 달라지는 것은 아니므로, 차별의 발생 자체가 인정되지 않아 평등권 침해 문제는 생기지 않으며, 이시적 자유권 침해 문제도 상정하기 어렵다. 청구인들이 주장하는 '세대 간 불평등'과 관련하여, 시간을 초월하여 현재 상황과 불확실한 미래 상황을 동일한 비교대상으로 볼 수는 없고, 차별적인 미래의 모습을 현 단계에서 구체적으로 상정하기도 어렵다.

(6) 구 녹색성장법 제42조 제1항 제1호, 2016년 및 2019년 구 녹색성장법 시행령 제25조 제1항도 청구인들의 기본권을 침해하지 않았다.

(기) 구 녹색성장법 제42조 제1항 제1호와 관련하여, 다양한 변수가 존재하는 온실가스 감축목표의 수치를 국회가 법률로써 정하는 것은 성질상 맞지 않고, 그 수치는 정부가 전문가 분석, 국회 토론회 및 공청회 등을 통해 결정해야 한다. 이에 관해 정부가 구 녹색성장법 시행령 제25조 제1항을 입법한 것은 헌법 제75조 후단의 '집행명령'을 규정한 것이므로, 위임명령을 전제로 한 포괄위임금지원칙 위반 여부가 문제 되지 않고, 문제된다고 하더라도 구 녹색성장법 제42조 각 항에서 온실가스 감축목표 설정의 기준 내지 방향을 구체적으로 정하였으므로 포괄위임금지원칙에 위배되지 않는다.

(나) 2016년 구 녹색성장법 시행령 제25조 제1항에서 2030년 온실가스 감축목표를 배출전망치 대비 100분의 37까지 감축하는 것으로 설정한 것은, 다양한 변수를 현실 상황에 반영하여 분석한 결과를 토대로 당시로서는 의욕적으로 목표치를 설정한 것이다. 파리협정 등에서 '목표', '노력의 추구' 등의 표현을 사용한 것은 정밀한 분석을 통하여 목표를 설정한 후 이를 달성하기 위하여 노력하여야 한다는 의미로서, 추진 과정에서 나타날 수 있는 다양한 변수로 인해 목표치를 달성하지 못하였거나 목표치를 수정한다고 하여 그 자체로 위법하다고 평가할 수는 없다.

(다) 2019년 구 녹색성장법 시행령 제25조 제1항에서 2030년 온실가스 감축목표를 2017년 배출량의 1000분의 244만큼 감축하는 것으로 설정한 것은 기존의 배출전망치 방식을 절대량 방식으로 수정한 것일 뿐, 536백만 톤의 구체적인 배출량 목표치를 변경한 것이 아니며, 이는 기존 로드맵은 미래 전망이 바뀔 때마다 소모적 논란 등을 초래할 수 있고 목표의 선명성이 부족한 측면이 있었다는 점을 고려한 것이다.

부 록

헌법재판관 임명장

임명장

이영진

헌법재판소 재판관에 임함

2018년 10월 18일

대통령 문재인

재판관 취임사

존경하는 헌법재판소 가족 여러분!

저는 25년간의 법관 생활을 마치고 오늘 헌법재판소의 새로운 가족이 되었습니다. 여러모로 부족한 저를 축하하고 격려하기 위해 이 자리를 마련해주시고 참석하여 주신 여러분께 깊은 감사의 말씀을 드립니다.

헌법재판소는 1988년 창설된 이래 지난 30년간 헌법의 이념과 가치를 수호하고, 국민의 기본권을 보장하는 데 혼신의 힘을 다하였습니다. 그 결과 헌법재판소는 국민이 가장 신뢰하는 헌법기관으로 우뚝 서게 되었습니다. 이는 그간 선배 재판관님들과 헌법재판소 가족 여러분들이 헌신적인 노력을 기울여 온 결과라고 생각합니다.

이 자리를 빌려 선배 재판관님들과 여러분의 노고에 존경과 감사를 표합니다.

헌법재판소의 사회적 역할이 중요하게 인식되고, 국민들의 기대 역시 커진 이 시점에서, 제가 헌법재판관으로 취임하게 되어 한없이 영광스러우면서도 한편으로는 무거운 책임감과 사명감을 느낍니다.

저는 오늘 헌법재판관으로 첫 발걸음을 내딛으면서, 우선 헌법정신이 국민의 생활 구석구석에까지 스며들어 국민이 언제 어디서나 헌법의 보호를 받으면서 행복하게 살아갈 수 있도록 최선의 노력을 다하겠다고 다짐해 봅니다.

맡은 사건에서 인간에 대한 사랑을 바탕으로 '따뜻한 재판', '인간미 있는 재판'을 하고, 단순히 법리만을 추종하는 '형식적인 재판'이 되지 않도록 경계하겠습니다. 소수자의 인권을 보호하고, 사회적 약자에게 안전망이 되도록 하겠습니다. 보수와 진보의 분류를 넘어, 시대정신을 탐구하여 중립성과 균형감각을 갖춘 재판을 하겠습니다.

사무실에서 기록을 검토하는데 그치지 않고, 현장의 목소리에 귀를 기울여 구체적이고 객관적인 사실을 파악함으로써 실질적인 정의를 세울 수 있도록 끊임없이 노력하겠습니다.

법원과 국회에서 얻은 경험과 헌법 연구를 통해 얻은 지식을 바탕으로, 항상 깨어있는 자세로 다양한 가치를 존중하고 사회구성원 사이의 갈등을 조정하겠습니다. 국민의 신뢰와 사랑을 듬뿍 받으면서 우리 사회가 나아가야 할 바람직한 방향을 제시하는 헌법재판소가 될 수 있도록 혼신의 힘을 다하겠습니다.

끝으로, 헌법재판소 가족 여러분과 소통하고, 배려하는 재판관이 되겠습니다.

저는 이러한 다짐을 실천하는 것이 쉽지 않음을 잘 알고 있습니다. 부족한 저를 위하여 존경하는 선배, 동료 재판관님들의 가르침과 헌법재판소 가족 여러분의 도움이 절실하게 필요합니다.

사무엘 울만의 '청춘'이라는 시에 나오는, "세월의 흐름은 이마의 주름살을 늘리지만, 열정의 상실은 영혼의 주름살을 늘린다"라는 글귀처럼, 저도 항상 헌법을 사랑하는 열정을 가지고 하루하루 정성을 다하여 재판관으로서의 업무를 수행하는 데 최선을 다하겠습니다.

오늘 이 자리에 이르기까지 저를 성원해 주신 많은 분들과 바쁘신 가운데서도 이 자리에 함께 해 주신 여러분께 다시 한 번 진심으로 감사드리며, 헌법재판소의 발전과 여러분의 건승과 행복을 기원하면서 인사를 마치겠습니다.

감사합니다.

2018. 10. 18.

헌법재판소 재판관

이 영 진

공무국외출장 발표문

Ⅰ. 공무국외출장 발표문(몽골, 2019년)

Ⅱ. 공무국외출장 발표문(독일, 2019년)

Ⅲ. 공무국외출장 발표문(태국, 2024년)

이영진 헌법재판관
공무국외출장 발표문

- 몽골 헌법재판소 초청 공식 방문 -

2019년 6월 4일 ~ 2019년 6월 9일

헌 법 재 판 소

이영진 헌법재판관 발표문

International Conference "Separation of Power and Constitutional Court" (Ulaanbaatar, Mongolia)

대한민국에서 법원의 사법권에 대한 헌법재판소의 통제

Constitutional Court of Korea's Regulation on the Power of the Judiciary

June 7, 2019

Lee Youngjin

Justice of the Constitutional Court of Korea

1. Introduction

Honorable Chairman Dorj Odbayar, esteemed Justices from all across the world, distinguished members of delegations, and ladies and gentlemen!

It is a great pleasure for me to attend this international conference organized by the Constitutional Court of Mongolia and deliver my presentation under the theme of "Judicial Power and Constitutional Court."

All state agencies in constitutional state are constitutionally bound to safeguard its written Constitution and ensure the people's basic rights. The same shall apply for the ordinary courts and the Supreme Court (hereinafter,"the Courts"), the state agencies that exercise judicial power. In my presentation, I would like to share with you Constitutional Court of Korea's experience in regulation on judicial power performed by the Courts.

2. Constitutional Provisions on the Constitutional Court and the Courts

The Constitution of the Republic of Korea mandates judicial power to be separately exercised by two judicial branches. Under the Constitution, "judicial power" in principle shall be vested in the Supreme Court – the highest court of the state - and other courts at specified levels.[1] The Supreme Court thereunder holds jurisdiction over civil, criminal, administration and patent affairs to list a few. However, the Constitution also stipulates that the Constitutional Court shall exercise "judicial power regarding constitutional issue," namely adjudication on ① constitutionality of statutes, ② impeachment, ③ dissolution of a political party and ④ competence dispute as well as ⑤ constitutional complaint[2]. As such, the Courts cannot stretch their judicial power to the above mentioned jurisdictions of the Constitutional Court.

1) Constitution of the Republic of Korea Article 101

2) Constitution of the Republic of Korea Article 111

As explained, the Constitutional Court commits to perform constitutional review as to safeguard constitutional order, guarantee people's basic rights and keep a check on state power.

To recap, the Constitutional Court is the highest constitutional institution in Korea that affirms the supremacy of constitution. It controls state power under constitutional standard in order to guarantee basic rights of the people. The state power in this context encompasses that of the legislature, administration and judiciary.

3. The Constitutional Court's Regulation on judicial power of the Courts

Let me explain in detail how the Constitutional Court's regulation on judicial power of the Courts is carried out.

(1) Regulation through adjudication on the constitutionality of statutes

(A) The Constitutional Court's declaration of unconstitutionality of statute binds the entire Courts including the Supreme Court.

Referral from ordinary court is a prerequisite to adjudicating constitutionality of a statute. In case an ordinary court refuses to request for a constitutional review, the petitioner who has made a motion to request for a constitutional review may directly file a constitutional complaint to the Constitutional Court. When the complaint has been upheld, the decision shall bind the Courts and the party concerned may claim for a retrial to a final judgment. As you can see, Constitutional Court's jurisdiction over constitutional review of law restrains the Courts' power over legal interpretation and indirectly affects trial outcome.

(B) The Constitutional Court may issue a decision of limited unconstitutionality when conditions are met. Unlike a decision of simple unconstitutionality, this type of decision declares that the statute in question may be valid in many forms of interpretation but it would be deemed void insofar as it is to be interpreted or applied as the Constitutional Court found unconstitutional. The Constitutional Court stated that such a modified decision deserves recognition from the Courts, given the fact that it is clearly a type of unconstitutionality decision.

(2) Constitutional Complaint on judgment of ordinary courts

Article 111 of the Constitution give the Constitutional Court jurisdiction over "constitutional complaint as prescribed by Act." However, Article 68 of the Constitutional Court Act which specifies the condition for request states that judgment of the ordinary courts is excluded as a cause for filing constitutional complaint.

As you are all aware of, judgment is the representative function exercised by the Courts. To date, around 1,800 constitutional complaints against court judgments were filed to the Constitutional Court. In principle, the Constitutional Court attests to constitutionality of Article 68 of the Constitutional Court Act which prohibits the Constitutional Court to adjudicate on ordinary court judgments.

However, the Constitutional Court recognized few exceptions to its rules regarding the cases where ordinary court applied a law declared unconstitutional by the Constitutional Court and thereby infringed the people's basic rights. The Constitution vests Constitutional Court with the authority to make a final decision on constitutionality of statutes. If ordinary courts do not wish to conform to such final decisions made by the Constitutional Court, it implies that the Courts are to solely determine the constitutionality of statutes. Against this backdrop, the Constitutional Court held that the abovementioned exceptional judgments were subject of constitutional complaint as a means to ensure constitutional supremacy of the Constitution. To this end, the Constitutional Court once directly revoked the Supreme Court's ruling that denied binding effect of the Constitutional Court's decision of limited unconstitutionality (96Hun-Ma172, 24 December 1997, Constitutional Court of Korea).

As you can see, the Constitutional Court is found to impose restraints on unconstitutional actions by ordinary courts in a certain degree.

(3) Constitutional complaint against judge's presiding power or authority in trial proceeding

Judge's presiding power over trial or issuance of an order in trial proceeding is an intermediate, supplementary stage that are considered stepping stones to making a final judgment. In this manner, constitutional complaint on these actions is deemed a complaint against the judgment itself. Unless categorized as exceptional judgment which can be subject of constitutional complaint, it is illegitimate for the Constitutional Court to adjudicate on court judgment. Against this background, Constitutional Court once found it inadmissible to adjudicate on a constitutional complaint by one petitioner against a judge who denied to permit oral hearing at a trial (89Hun-Ma271, 26 June 1992, Constitutional Court of Korea). The Constitutional Court viewed making an appeal to a higher court is the only way to object to judge's presiding power or authority in trial proceeding.

(4) Constitutional complaint against regulations established by the Supreme Court

The Supreme Court may establish, within the scope of Act, regulations pertaining to judicial proceedings and internal discipline and regulations on administrative matters of the court.[3] If the people's basic rights is directly infringed by such regulations, they could be subject of constitutional complaint. There is only one case in which the Constitutional Court upheld constitutional complaint against a supreme court regulation.

(5) Impeachment of judge

Status of judge is guaranteed to ensure fair trial. No judge is removed from office except by impeachment or a sentence of imprisonment or heavier. A judge cannot be subject to suspension from office, to a reduction of salaries or to any other unfavorable treatment except by disciplinary action[4]. In case a judge has violated the Constitution or other acts in the performance of official duties, the National Assembly may pass motions for his/her impeachment. However, no motion for impeachment of judges has been filed yet. There only exists a case wherein the Constitutional Court upheld the petition for a presidential impeachment. (2016Hun-Na1, 10 March 2017, Constitutional Court of Korea)

---

3) Constitution of the Republic of Korea Article 108

4) Constitution of the Republic of Korea Article 106

4. Conclusion

The Constitutional Court of Korea was established in September 1st 1988 following the latest revision of the Constitution in 1987. Having experienced that equipping the Supreme Court with constitutional adjudication was insufficient to faithfully guarantee the people's basic rights, current Constitution bestowed upon the Constitutional Court the jurisdiction over constitutional review.

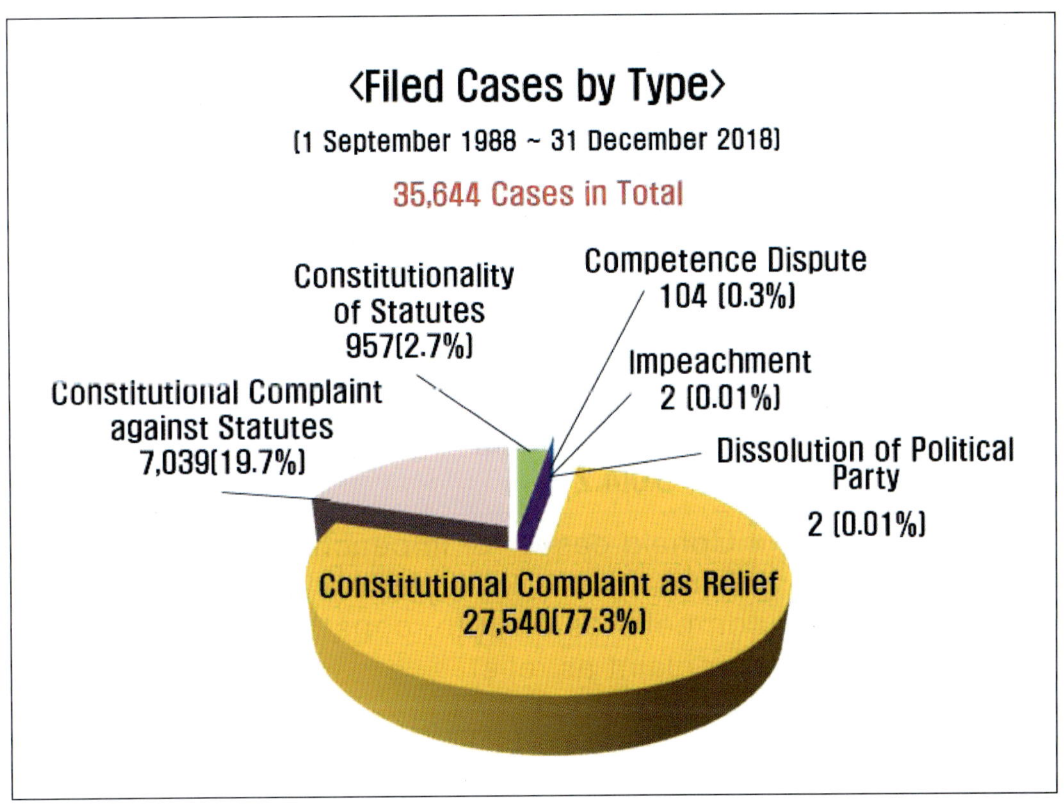

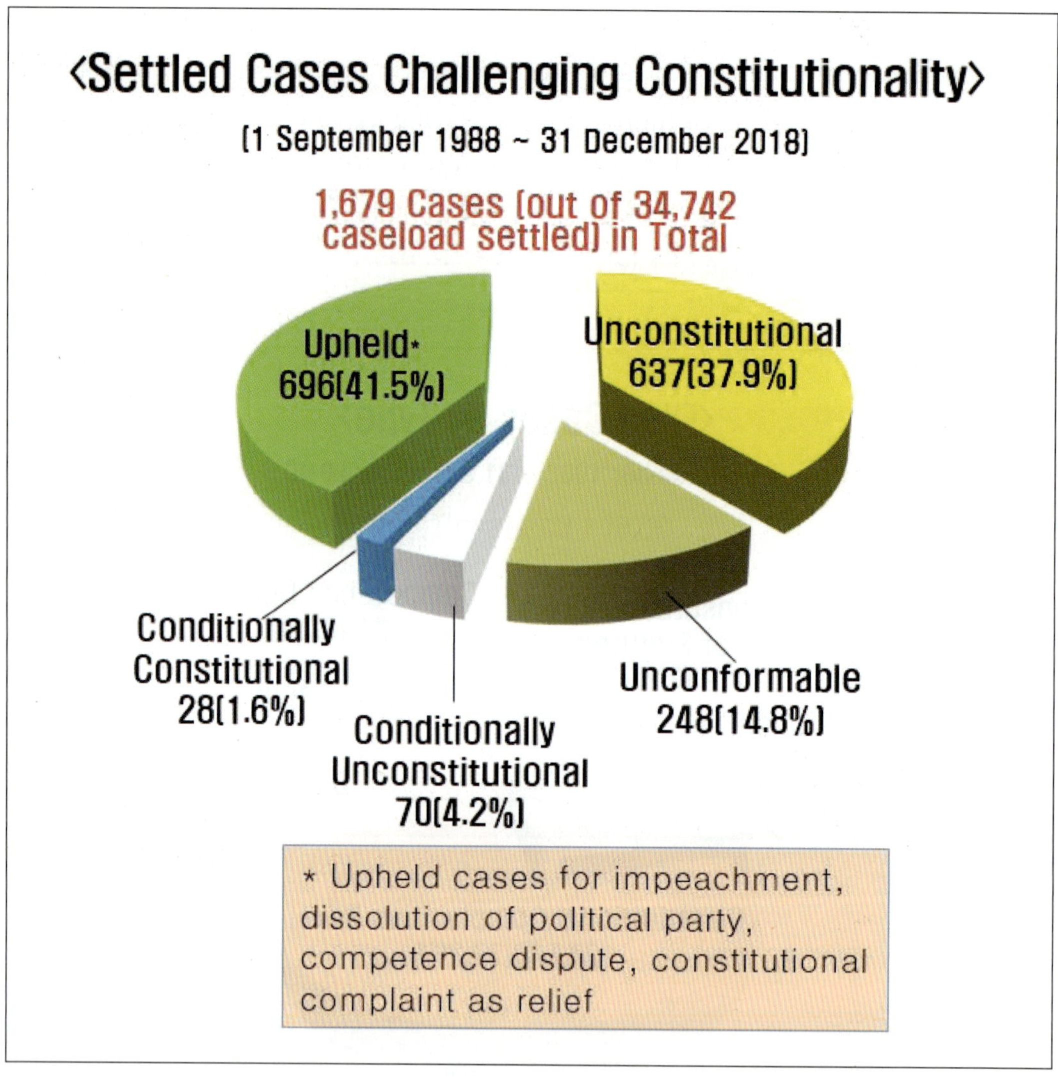

For the past 30 years, the Constitutional Court aimed at protecting basic rights of the people and safeguarding constitutional order by pronouncing 1,679 decisions finding unconstitutionality out of 34,742 settled cases. According to recent surveys, the Constitutional Court ranks among the most trusted state agencies of Korea.

〈 Survey on the Most Trusted State Agencies (2017, Economic Review) 〉

Rank	State Agency	Confidence Index (max: 10)
1	Constitutional Court	6.04
2	Supreme Court	4.85
3	National Police Agency	3.78
4	National Tax Service	3.69
	Board of Audit and Inspection	3.69
6	Financial Supervisory Service	3.67
7	Prosecution Service	3.41
8	National Intelligence Service	3.28
9	National Assembly	2.8
10	Cheong Wa Dae (The Office of President)	2.64

Justification of constitutional review lies in the people's trust. Building on the very trust of the people, the Constitutional Court of Korea will attend to its mission endowed by the Constitution and duly serve the purpose of safeguarding constitutional value.

Last but not least, on behalf of the Constitutional Court of Korea, I wish the best of luck and continued success to Chairman Dorj Odbayar and all the delegates who are present here.

Thank you for your attention.

독일 연방헌법재판소 초청 세미나 발표문

(이영진 재판관)

2019. 10. 27. ~ 11. 3.

헌법재판소

사인간의 관계에서의 기본권보호

이영진 재판관

논의에 앞서 이번 한독 재판관 회의의 제1세션의 주제로서 '사인간의 관계에서의 기본권보호(the protection of fundamental rights in the relationships between private parties)'라는 시의성 있는 주제를 제시해 주신 안드레아스 포스쿨레 소장님과 여러 재판관님들께 감사드립니다.

또한 위 주제와 관련하여 한국에서 어떤 논의가 이루어지고 있고, 한국 헌법재판소가 어떠한 심사 방식을 취하고 있으며, 사실상 우월적 지위를 갖는 사인으로부터 개인의 기본권을 보호하기 위하여 새롭게 시도되어야 할 논의들이 무엇인지에 대하여 심도 있게 토론할 수 있는 소중한 기회를 갖게 되어서 무척 기쁘게 생각합니다.

1. 우선 제3자효 논의에 관한 한국 헌법재판소의 기본적인 입장에 대하여 소개하겠습니다.

전통적인 공법 이론에 의하면, 기본권은 국가에 대한 주관적 공권으로 이해되었습니다. 그러나 오늘날 다양한 분야에서 공공 영역이 민영화되고, 국가를 대신하는 거대 사조직이 출현하면서, 사인과 사인 간의 수평적 관계에 대해서도 기본권이 확대 적용될 필요성이 대두되었습니다.

독일에서 기본권의 수평적 효력에 관한 논의는 헤르베르트 크뤼거의 "민사판결에서의 헌법"에서 처음으로 촉발된 이래, 수많은 학설과 판례를 통하여 수정되고 발전되었습니다. 특히 연방헌법재판소(이하 '연방헌재'라고 함)는 1958년의 뤼트 판결에서 2018년의 축구장출입금지 결정에 이르기까지 사인 간의 관계에 기본권이 미칠 수 있는 영역을 지속적으로 확장하여 왔습니다.

한국의 통설과 대법원의 판례는 독일 이론의 영향을 받아 원칙적으로 기본권의 제3자효를 인정하고 있지만, 실제 적용은 민사재판에서 일반조항을 해석할 때 간접적으로 기본권이 적용될 수 있다는 정도의 논의에 그치고 있습니다. 더욱이 헌법재판소법 제68조 제1항은 명시적으로 재판소원을 금지하고 있어서, 민사법원의 일반조항의 해석 문제에 헌법재판소가 직접적으로 관여하기는 어려운 실정입니다. 따라서 한국 헌법재판소(이하 '한국 헌재'라고 함)는 제3자효 논의에 대해 보수적인 입장입니다.

2. 다음으로 사인 간의 관계에서 기본권 보호와 관련된 한국 헌재의 주요 결정들을 소개하겠습니다.

사인간의 관계에 있어서 기본권 보호 문제가 제3자효 논의에만 국한되는 것은 아닐 것입니다. 국가는 사인간의 관계에서 발생할 수 있는 기본권 침해를 미리 예방하고 보호할 의무가 있습니다. 한국 헌재는 이러한 국가의 보호의무를 기본권의 객관법적 기능으로부터 도출해 내고 있습니다.

특히 기본권 보호의무의 적용영역은 생명이나 신체 등의 중요한 기본권적 법익과 관련됩니다. 대표적으로 쇠고기 소비자들이 미국산 쇠고기의 수입위생조건에 관한 고시 조항에 대하여 헌법소원심판을 청구한 사건(헌재 2008. 12. 26. 2008헌마419등)에서 한국 헌재는, 광우병의 원인물질이 축적된 미국산 쇠고기가 수입·유통되는 경우 쇠고기 소비자의 생명·신체의 안전이라는 중요한 기본권적인 법익이 침해될 가능성이 있으므로, 국가에게 적절하고 효율적인 조치를 취하여야 할 구체적인 보호의무가 있다고 판시하였습니다.

한편 대한민국 헌법은 개별 기본권 조항들을 통하여 이미 그 자체에 사적 자치를 수정하는 원리들을 담고 있습니다. 가령 제23조 제2항은 재산권의 행사가 공공복리에 적합하여야 한다는 점을 명시하고 있고, 제32조는 사용자와 근로자의 관계에서 근로자를 보호하기 위한 조항들을 두고 있습니다. 위 조항들은 사적 자치를 수정할 의무를 일차적으로 입법자에게 위임하고 있는데, 임대차보호법이나 노동법, 소비자보호법과 같이 사회적 약자를 보호하기 위하여 마련된 다수의 법영역들이 그러한 의무를 구체화한 법률에 해당한다고 할 것입니다. 이 경우에 입법적 불비나 불충분에 대해서는 기본권의 과소보호 여부가 문제될 수 있습니다.

한국 헌재는, 학원 강사로서 근무하던 중 아무런 예고 없이 해고된 청구인이, 근무기간 6개월 미만인 근로자에게는 해고예고를 하지 않아도 된다고 한 근로기준법 조항에 대하여 헌법소원심판을 청구한 사건에서(헌재 2015. 12. 23. 2014헌바3, 영문판례 제공), 기본권 보호의무를 반영하여 위헌 결정을 한 바 있습니다.

사인간의 관계에서의 기본권 보호의 문제는 종종 기본권 충돌의 모습으로 발현됩니다. 한국 헌재는 택시운전기사들이 노동조합 가입강제, 이른바 유니온 샵 협정을 용인하고 있는 법률조항이 근로자의 단결하지 아니할 자유를 침해한다고 주장하면서 헌법소원심판을 청구한 사건에서, 근로자의 단결하지 아니할 자유와 노동조합의 적극적 단결권 사이의 충돌 문제를 실제적 조화의 관점에서 판단한 바 있습니다(헌재 2005. 11. 24. 2002헌바95등, 영문판례 제공). 다만 위 사건에서 한국 헌재는 근로자에게 보장되는 적극적 단결권이 자유권적 성격뿐만 아니라 사회권적 성격도 가지고 있는 점을 고려하여서, 합헌 결정을 하였습니다.

3. 다음으로 사인 간의 기본권 보호와 관련하여 새롭게 논의될 필요가 있는 영역들에 대하여 말씀드리겠습니다.

연방헌재는 프라포트(Fraport) 결정과 경기장출입금지(Stadionverbot) 결정 등에서 사인에게도 국가와 유사한 의무적 지위(staatsgleiche Pflichtenstellung Privater)를 인정하였고, 제한적으로나마 일반적 평등원칙에 대하여서도 제3자효가 미칠 수 있는 가능성을 보여주었습니다. 이러한 결정들은 오늘날 무분별하게 진행되고 있는 공적 영역의 민영화와 공론장의 축소에 대한 연방헌재의 적극적인 대응을 보여주고 있어서, 한국 헌재에도 시사하는 바가 적지 않습니다.

이와 관련하여 한국 헌재는, 아직 군복무 중이던 청구인이, 병역 미필자의 경우 채용시험에 응시할 수 없도록 한 한국방송공사의 채용공고에 대하여 헌법소원심판을 청구한 사건(헌재 2006. 11. 30. 2005헌마855)에서, 공법인이라 하더라도 내부 근무관계에 관한 사항은 사법관계에 속하므로 채용공고는 공권력의 행사에 해당하지 않는다고 판시한 바 있습니다. 이에 대하여는 오늘날 국가기능의 확대 내지 민간화 추세에 따라 국가기관은 아니면서 그 기능의 일부를 대신하거나 공익적 업무를 수행하는 공법인이 늘어나고 있음을 강조하면서 심판청구를 각하할 것이 아니라, 본안판단을 할 필요가 있다는 재판관 3인의 반대의견이 존재합니다. 한국 헌재도, 연방헌재의 프라포트 결정과 마찬가지로, 기본권 기속의 주체를 확대하기 위하여 고민해 왔음을 알 수 있습니다.

다만 공적 영역을 사적 영역으로 끌어들이거나, 사인에게 국가와 동일한 의무적 지위를 인정하기 위해서는 그 요건이나 법적 효과에 대한 면밀한 검토가 있어야 할 것입니다. 사적 영역과 공적 영역의 경계선을 허물고 공적 영역을 확장시키는 경우에는 개인이나 집단의 자유를 제한하고 정부의 통제를 확대시키게 될 위험성도 분명히 존재하기 때문입니다.

연방헌재는 2014년 카톨릭 수석의사(Katholischer Chefarzt) 사건에서, 법원이 사인간 충돌하는 법익에 대한 형량을 실시하기에 앞서, 종교단체가 가지는 자치권의 특수한 헌법적 의미를 존중하여야 한다는 점을 강조한 바 있습니다. 재혼을 이유로 한 해고가 오늘날의 국제 기준에 부합하지 않을 수 있음에도 불구하고, 연방헌재가 헌법상 보호되는 고유한 사적 영역을 발견해 내고 이에 대한 법원의 통제를 엄격히 제한하고 있는 점은 무척 흥미롭게 느껴졌습니다.

참고로 종교단체가 설립한 대학의 학생이, 졸업요건으로 채플 수강을 강제하고 있는 학칙 조항에 대하여 종교의 자유, 학문의 자유를 침해한다고 주장하며 헌법소원심판을 청구한 사건(헌재 2017. 9. 26. 2017헌마1022)에서, 한국 헌재는 사립대학의 학칙 제정행위는 헌법소원의 대상이 되는 공권력의 행사라고 볼 수 없다고 판시함으로써, 종립학교의 종교교육은 고유한 사적 자치의 영역임을 확인한 바 있습니다.

4. 이제 마무리를 하겠습니다.

오늘 우리가 긴 시간을 할애하여 '사인 간의 관계에서 기본권 보호'에 관한 논의를 진행하는 것은, 공적 영역과 사적 영역의 경계가 모호해진 오늘날의 현실에서도 여전히 중요한 헌법적 가치인 "자유"와 "안전"을 조화롭게 실현해 나갈 수 있는 방법을 모색해 나가는 과정이라 할 것입니다.

이와 관련하여 귀 재판소의 여러 훌륭한 재판관님들을 모시고 경험을 공유하고 의견을 나눌 수 있게 된 것에 다시 한 번 감사와 기쁨을 전합니다.

긴 시간 경청해 준 것에 감사드립니다.

AACC 제6차 총회 발표자료
(이영진 재판관)

Session 2: The Evolvement of Constitutional Justice for Sustainable Justice in the Changing World

Youngjin LEE

Justice, Constitutional Court of the Republic of Korea

1. Greeting

Honorable President of the Constitutional Court of the Kingdom of Thailand, Distinguished Presidents and Chief Justices of AACC member institutions, Esteemed Justices, Ladies and Gentlemen,

Allow me to extend my gratitude to the organizers for successfully coordinating the 6th AACC Congress and to express my appreciation to all participants. I am pleased to have the opportunity to share the Constitutional Court of Korea's experience on this timely topic of "Strengthening Constitutional Justice for Sustainable Society by Constitutional Court."

2. Main Parts

(1) The 'Sustainable Development Goals' were adopted as global objectives to achieve sustainable development by the United Nations in 2015. The Goal 16 of SDGs is to "promote peaceful and inclusive societies for sustainable development, provide access to justice for all and build effective, accountable and inclusive institutions at all levels."

Recently, there have been several significant cases regarding this matter among the decisions of the Constitutional Court of Korea. They are about prohibiting discrimination against foreigners and ensuring fair treatment to them. These align with the goal of achieving sustainable justice. Let me introduce three recent notable cases.

(2) The first case concerns discrimination against foreign nationals in the national health insurance system (2019Hun-Ma1165, Sep. 26, 2023).

According to the National Health Insurance Act, if a Korean self-employed insured fails to pay insurance contributions six times or more, the National Health Insurance Service can decide to suspend insurance benefits. However, in the case of a foreign self-employed insured, insurance benefits are immediately suspende after just one instance of failing to pay insurance contributions.

The Constitutional Court held that the challenged provision infringed upon complainants' right to equality and violated the Constitution because it was a discrimination deviating significantly from a reasonable standard. The main rationale is as follows:

a) It is unreasonable to discontinue insurance benefits immediately after a single instance of overdue premiums without considering the individual's past payment history or economic circumstances. It is also unreasonable to deny benefits without exception, even if the missed premiums are fully paid afterward.

b) Allowing foreigners to subscribe to the health insurance serves the public objective of providing public insurance, which applies the principle of social solidarity, to foreigners.

However, the challenged provision can lead to a fatal consequences of foreign nationals to give up necessary medical treatments and surgeries, or to lose the economic foundation of their livelihood.

(3) The second case pertains to the eligibility for emergency disaster relief payments due to COVID-19 (2020Hun-Ma1079, March 28, 2024).

The Korean government offered emergency disaster relief payments to support people affected economically by the COVID-19 pandemic. The subject matter of review was the processing criteria for the relief payments in May 2020. Under the criteria, permanent residents and marriage immigrants1) were eligible for the assistance while recognized refugees were excluded from it.

The Constitutional Court found that "determining the eligibility of emergency disaster relief payments falls within the State's broad discretion. However, by including only permanent residents and marriage immigrants[1] among foreign nationals while excluding recognized refugees[2], the criteria constitute discrimination without justifiable

1) Foreigners residing in Korea who have been married to Korean citizens or are in a marital relationship with a Korean citizen

2) Foreigners who are recognized as refugees under the Refugee Act

reason, thereby infringing upon the Complainant's right to equality and violating the Constitution." The main rationale is as follows:

a) Recognized refugees as well as permanent residents and marriage immigrants are all economically affected by the COVID-19 pandemic.

b) There is no justifiable reason for treating recognized refugees differently from permanent residents and marriage immigrants. They reside in Korea, engage in work and economic activities, and pay taxes.

c) Considering the number of recognized refugees, providing the relief payments to them would not pose a significant financial burden.

(4) The third case concerns a provision of the Immigration Act regarding the detention of deportees with no upper time limit (2020Hun-Ka1, etc., March 23, 2023).

The challenged provision allowed foreign nationals under a deportation order to be placed in protective custody until they could be sent abroad while not setting an upper time limit on the custody. The Constitutional Court held that not setting an upper time limit violated both the rule against excessive restriction and the principle of due process of law, and thus infringed the personal liberty and violated the Constitution.

The main grounds for finding that the challenged provision violates the rule against excessive restriction are as follows:

a) Protective custody is a temporary and provisional measure. Allowing indefinite custody goes beyond the limits of temporary and provisional measures.

b) The relevant law should stipulate an upper limit to prevent unreasonable extension. In light of international standards and overseas legislations, it is not impossible to set an upper limit.

c) Enforcing deportation orders can be achieved by other means, such as restricting the place of residence and paying an appropriate amount of deposit.

The main grounds for concluding that the challenged provision violates the principle of due process is that "the protective custody can be deemed equivalent to 'arrest or detention' in criminal proceedings. However, there is no mechanism to oversee the initiation or extension by an independent and impartial institution."

But there was also a dissenting opinion by three justices. The opinion noted that "The precedent in 2018 determined that the challenged provision did not violate the Constitution. Considering the characteristics of immigration control administration and related systems and practices of the protective custody, the precedent's position still remains valid."

3. Assessment and Conclusion

The abovementioned decisions affirmed the unconstitutionality of challenged provisions which infringed foreigners' right to equality or personal liberty. The decisions were to improve the eligibility of foreigners to access the health insurance; to grant them eligibility to receive emergency disaster relief payments; and to ensure the personal liberty of foreigners who are not even deemed eligible to stay in Korea.

Korea has vibrant exchanges with foreign countries. The number of foreigners in Korea has been growing over time. In this context, the decisions mentioned above mark an encouraging milestone towards sustainable justice, as they have prompted the establishment and implementation of non-discriminatory laws and policies for foreigners.

In summary, I have presented a selection of cases by the Constitutional Court of Korea. I hope these will contribute to the advancement of constitutional adjudication in Asia. Thank you for listening.

재판관 퇴임사

존경하는 재판소 가족 여러분!

저는 오늘 지난 6년간의 헌법재판소 재판관 임기를 마치면서, 여러분께 퇴임인사를 드리기 위해 이 자리에 섰습니다.

1991년 3월 사법연수원생을 시작으로, 제가 33년이 넘도록 법원, 국회 그리고 우리 재판소에서 맡은 소임을 무사히 마칠 수 있었던 것은, 재판소장님과 동료 재판관님들, 연구관, 연구원과 사무처 직원들, 그리고 저의 가족과 지인 등 주위의 많은 분들께서, 여러모로 부족한 저를 아낌없이 도와주시고 격려해 주신 덕분입니다.

모든 분들께 진심으로 감사드립니다.

저는 6년 전 이 자리에서 재판관으로 취임하면서, "헌법정신이 국민의 생활 구석구석에까지 스며들어 국민이 언제 어디서나 헌법의 보호를 받으면서 행복하게 살아갈 수 있도록 최선의 노력을 다하겠다."고 다짐을 드린 바 있습니다.

재판관의 직무를 수행하면서 이와 같은 다짐을 실천하기 위해 노력하였지만 능력의 부족으로 약속드린 바를 모두 지켰다고 자신 있게 말씀드리기에는 걱정이 앞섭니다. 다만, "사법부에 대한 불신은 한 사회의 종말이 시작되는 징표"라고 한 프랑스 혁명기의 대문호 발자크의 말을 항상 되새기면서, 재판관으로서 국민의 신뢰를 얻기 위한 노력을 한시도 게을리 하지 않았습니다.

퇴임사를 준비하면서 우리 재판소의 역할에 대해 다시 한 번 생각해 보았습니다. '헌법을 국가의 심장이라고 한다면, 헌법재판은 그 심장을 뛰게 하는 박동'으로 비유할 수 있을 것입니다. 헌법재판을 할 때 다양한 가치를 존중하면서 사회구성원 사이의 갈등을 조정함과 동시에 우리 사회가 나아가야 할 바람직한 방향을 제시하여 헌법의 생명력을 건강하게 유지시키는 것, 이것이 우리 재판소의 역할이라고 생각합니다.

이와 관련하여 제가 심리에 참여하였던 사건 중에서 기억에 남는 몇몇 사건에 대해 소회를 말씀드리고자 합니다.

우선, 비의료인의 문신시술업을 금지하는 사건, 시각장애인에 한하여 안마사 자격인정을 받을 수 있도록 한 사건과 같이 규범과 현실에 다소 괴리가 있는 경우에는 문신시술이나 안마사를 업으로 하고자 하는 국민의 기본권 보장에 미흡한 면이 있을 수 있어서 아쉬움이 남습니다. 기본권이 상호 충돌하는 경우에는 기본권 모두가 최대한 존중될 수 있는 조화로운 해결책을 모색하여야 하는데, 대안제시에 미흡한 점이 많았습니다.

그리고, 선거운동기간 전 개별적으로 유권자와 대면해 말로 행하는 선거운동을 금지하는 공직선거법 조항에 대해 위헌을 선고하였고, 또한 후보자가 되고자 하는 자에 대한 비방을 금지하는 공직선거법 조항에 대해서도 위헌을 선고하여, 공직선거에 있어서 선거운동의 자유와 표현의 자유가 최대한 보장되도록 하였습니다.

그 밖에 낙태죄 사건, 국가보안법 사건, 변호사 광고규정사건, 대북전단 사건, 검사의 수사권 축소 등에 관한 사건, 탄핵 사건, 유류분제도 사건, 외국인의 보호시설 장기유치사건 등에서도 우리 재판소가 심도 깊은 논의를 하면서 나름의 역할을 충실히 다하였다고 생각합니다.

덧붙여, 헌법재판소의 운영과 관련하여 개선이 되었으면 하는 점이 있어서 이 자리를 빌려서 말씀드리고자 합니다. 다름이 아니라, '지연된 정의는 정의가 아니다'라는 법 격언과 함께 우리 재판소에 대해 신속한 사건처리를 요청하는 목소리가 점점 커져오고 있습니다. 후임 헌법재판관이 선출되지 않은 상황이어서 사건의 심리와 처리는 더욱 정체될 것입니다.

‘정의는 지각을 하는 경우는 있을지언정 결석을 하지 않는다’는 신념으로 신속한 재판을 위하여 재판관들은 6년 내내 모두 최선을 다하여 직무를 수행하였지만, 워낙 많은 사건이 접수되는 탓에 국민의 기대에 부응하지 못한 경우가 많았습니다.

우선 헌법상의 기본권보장과 아무런 관련이 없는데도 무분별하게 헌법소원을 제기하는 남소자에 대한 제도적 해결책이 필요합니다.

또한 검사의 기소유예처분 취소사건은 법원 등으로 관할을 이전하는 것이 필요하다고 생각합니다. 대부분의 불기소처분은 고등법원에 재정신청을 할 수 있게 됨에 따라 헌법소원의 대상에서 제외되었습니다. 그럼에도 기소유예처분에 대해서는 여전히 헌법소원심판을 청구할 수 있도록 하고 있어 재판관 전원이 심리에 참여하여야 하는데, 이는 헌법재판의 효율성과 신속성을 크게 저해하는 요소로 작용하고 있습니다.

그리고 헌법연구관 증원이 매우 절실합니다. 양적으로 접수사건의 수가 증가하는 것과 함께 질적으로도 보다 심도 있는 헌법적 연구와 검토가 필요한 사건이 증가하는 상황에서 향후 신속한 사건처리를 위해서는 헌법연구관을 획기적으로 증원하는 것이 시급하다고 생각됩니다.

오늘 이 자리에 이르기까지 변함없이 저를 성원해 주셨던 많은 분들과 바쁘신 가운데서도 이 자리에 함께 해주시고 계신 여러분들께 다시 한 번 진심으로 감사드리며, 우리 재판소의 발전과 여러분의 건승과 행복을 기원합니다.

이제 저는, 그리운 곳에 풍경을 달아 두고 바람처럼 문득문득 보고 싶은 마음을 전하려 했던 정호승 시인의 시 ‘풍경달다’에서처럼 헌법재판소에 작은 풍경 하나 달아 두고 헌법재판소를 떠나겠습니다.

안녕히 계십시오. 감사합니다.

2024. 10. 17.

헌법재판소 재판관

이 영 진

성균관대학교 법학전문대학원 입학식 축사

1. 축하 인사말씀

2025년도 성대 법학전문대학원 신입생으로 입학하심을 축하드립니다. 우수한 사람들 사이의 치열한 경쟁률을 뚫고 합격하였다고 들었습니다. 이로써 여러분은 역사와 전통을 자랑하는 성대 법학전문대학원 17기 입학생이 되셨습니다.

여러분의 입학을 축하하는 축사를 하면서 우선 3가지 점을 말씀드리고자 합니다.

2. 첫째, 성대에 대하여 감사하고, 성대에서 여러분의 꿈을 실현하라라는 말씀을 드립니다.

높은 경쟁을 뚫고 들어 왔지만, 한편으로 성대가 입학을 받아주었기 때문에 들어올 수 있었습니다. 합격의 자부심을 느끼면서, 입학을 받아 준 성대에 감사하는 마음도 가져야 할 것입니다.

여러분의 입학을 받아 준 성대에서 여러분의 꿈을 마음껏 펼쳐보십시오, 다른 대학으로 가려는 생각을 버리시고, 이곳에서 최선을 다하고 여러분의 탑을 쌓고, 여러분의 무덤을 만든다는 각오로 열심히 하십시오.

물론 다른 훌륭한 대학도 있지만 성대 법학전문대학원 졸업 이력만으로도 여러분은 이 사회의 최고가 될 수 있습니다.

저는 1980년 성대 법대 80학번으로 입학하였었습니다만, 그때의 입학 정원은 35명이었습니다. 입학 후 약 1/3의 학생이 다른 대학으로 다시 시험을 치러 나갔었지만, 그 친구들이 나중에 사법시험에 합격하였다는 소식을 듣지 못하였습니다.

'네가 시방 가시방석처럼 여기는 너의 앉은 그 자리가 꽃자리'이다 라는 구상 시인의 시구처럼, 지금의 성대 법학전문대학원, 이 자리가 여러분의 꽃자리입니다. 이 자리에서 최선을 다 하십시오

성대는 세계 100위권 안에 드는 대학이고, 유구한 역사를 가지고 있습니다. 성대는 1398년에 설립한 조선 최고학부 성균관의 전통을 계승해 왔습니다. 이탈리아 볼로냐 대학은 1088년에, 미국 하버드대학은 1636년에 각각 설립되었지만, 이러한 대학과 비교하여도 성대의 역사는 손색이 없을 만큼 유구합니다. 교내 명륜당 앞 뜰과 그 좌우에 있는 동재 서재 기숙사에 가보십시오. 옛 우리의 선배이신 성삼문, 황희, 이황, 이이, 조광조, 정약용 등 선현들이 여러분을 반기고, 정신적으로 여러분을 성원하고 있는 소리를 들을 수 있을 것입니다.

당시 성균관에는 공자, 맹자의 사상을 전파하는 훌륭한 스승님이 계셨었지만, 지금의 성대 법학전문대학원 교수들은 이론과 실무를 겸비한 세계 최고의 교수진이고, 삼성그룹이 학교재단으로서 여러분을 위한 전폭적인 지원을 하고 있습니다.

성대는 지금까지 많은 우수한 인재를 배출해 왔습니다. 성균관 시절의 조선왕조의 인재는 물론이고, 작금에 들어서도 국무총리 3명, 장관, 대법관, 헌법재판관, 판검사 등 법조인, 은행장, 대기업 CEO 등 많은 인재를 배출하였습니다. 많은 동문이 공직과 기업에 진출하여 큰 활약을 하고 있습니다. 법원 로클럭과 검사 임용에서도 매년 1,2위를 다투고 있습니다. 졸업생 선배들의 훌륭한 인품과 성실한 근무태도로 여러 기업과 법조계의 인사담당자들이 성대 출신들을 가장 선호하고 있음은 주지의 사실입니다.

성대에 입학하셨으니, 성대의 정신을 기억하는 것이 중요합니다. 성대의 교훈은 수기치인(修己治人)이고, 교시는 인의예지(仁義禮智)입니다. '수기치인'은 자신을 잘 연마하여 이 사회를 다스리라는 의미이고, '인의예지'는 어질고, 의리를 지키며, 예절을 알고 지혜를 터득하라는 뜻입니다. 이는 논어 맹자 등의 사상에서 나온 가르침이지만, 오늘날에도 여전히 유용한 가치입니다. 나아가 훌륭한 법조인으로 성장하기 위한 인품을 갖추십시오. 이를 위해서는, 우선 풍부한 상식을 함양하여야

하고, 합리적이면서 균형 잡힌 사고를 하고, 공익을 사익에 우선하려는 지혜와 불의를 이겨내려는 용기를 배우고, 타인을 배려하는 겸손과 역지사지의 정신을 익혀야 할 것입니다.

독일의 유명한 법학자 루돌프 폰 예링은 '로마법의 정신'에서 로마는 세계를 3번 지배(성대 법학전문대학원 한동일 교수님의 '로마인들의 지혜'라는 책에 나오는 말입니다)하였다고 하였습니다. 1번은 무력으로, 한 번은 그리스도교로, 또 한 번은 법률로 지배하였다고 하였습니다. 21세기에서는 성대가 '수기치인·인의예지'의 '성대 정신'(SKKU SPIRIT)으로 세계를 지배하고, 세계 속에서 주목을 받을 것입니다. 장차 여러분이 그 주목의 한 가운데 주인공으로 우뚝 서 있을 것입니다.

3. 둘째로, 법학전문대학원에서 만난 인연을 소중히 여기고 많은 훌륭한 사람들과 소통하라라는 말씀을 드립니다.

존경하는 신입생 여러분~
여러분이 서 있는 주위를 잠시 둘러보십시오. (좌우 앞뒤를 둘러보십시오). 이번에 합격하신 입학생들은 모두 훌륭하신 분들이고, 영재들이십니다. 훌륭하신 영재 132명이 한자리에서 모여 훌륭한 스승 밑에서 공부한다는 것은 대단한 인연이고, 행운입니다.

'예로부터 나라의 인재는 성균에 모여왔으니 그대 머묾이 우연이겠는가'라는, 교정에서 펄럭이고 있는 Catchphrase처럼 훌륭하신 여러분이 이 곳 성대 법학전문대학원 한 곳에 모임은 우연이 아니라 필연이고, 대단한 인연인 것입니다.

여러분은 이미 훌륭한 부모님과 우수한 중·고교·대학 친구들과 인연을 맺은바 있는데, 이에 더하여 법전원에서 훌륭한 친구와 스승을 만나고, 나아가 법전원의 우수한 많은 선배들을 만나는 행운을 얻으신 것입니다.

피천득 선생님은 '인연'이란 수필집에서 "인생은 작은 인연들로 아름답다"라고 하였습니다. 어리석은 사람은 소중한 인연이 와도 이를 잡지 못하고 그냥 흘려보내지만, 현명한 사람은 옷깃만 스쳐도 인연으로 삼고 잘 관리하여 성공한다 라고 하였습니다.

"행복 탐구 보고서"란 책에 의하면, 하버드의대에서는 어떠한 사람이 행복한가에 대한 연구를 1930년대 이후 지금까지 80년간 해 오고 있습니다. 하버드 졸업생이나 주변 사람들에 대하여 장기간에 걸쳐 인터뷰를 하는 등 실증적 추적조사를 오랫동안 한 결과, '행복한 사람은 가족과 친구, 그리고 주위와 건강한 인간관계를 유지하는 사람'이라는 결론을 내었습니다. 여러분도 성대에서 맺은 인연을 중심으로 친구와 스승님들, 그리고 선배들과 잘 소통하면서 건강한 관계를 유지하십시오.
성대의 인연 속에서 인연을 잘 관리하고 소통하면서 여러분의 성공 스토리를 만드십시오.

특히, 법학전문대학원 졸업 후에는 법대 법학전문대학원 동창회에도 자주 나오셔서 선배들과도 소통을 하시면 더 좋은 일이 많을 것입니다. 타인을 잘 배려하면서 동료를 도와주면, 그도 여러분을 도와 서로의 상생작업을 통하여 여러분의 성장이 배가될 것입니다.

4. 끝으로 희망찬 미래 설계를 하고 열정을 가지고 노력하라라는 말씀을 드립니다.

법학전문대학원 3년의 과정은 전체 인생으로 봐서는 매우 짧은 기간일 것이나 법학전문대학원 3년의 기간은 여러분의 인생에서 가장 중요한 시기가 될 것입니다. 이 3년을 어떻게 보내느냐에 따라서 여러분의 미래는 확 달라질 것입니다.

우선은 변호사시험에 합격하는 계획을 세우고, 정진하십시오. 여러분은 매우 우수한 학생들이므로 학교에서 마련한 3년의 수업과정을 잘 따라간다면 여러분은 무조건 시험에 합격하실 것입니다.

수업시간 중 질문도 많이 하시고, 필요하면 학생들끼리 스터디그룹을 만들고, 이해가 안 되는 과목에 대하여는 따로 추가 공부를 하십시요.
그러나 너무 단기간적인 목표, 근시안적인 계획만을 세우지는 마십시오. 3년의 과정을 지내고, 변호사시험에 합격한 이후의 인생설계에도 염두에 두고 법학전문대학원 생활을 하십시오.

인생계획을 세우실 때, 변호사 송무업무에만 매달리지 마십시오. 자신의 적성, 성격, 취미, 특징, 국내외 동향 등을 감안하고, 자신이 잘 할 수 있거나 좋아하는 일을 찾도록 하십시오. 가슴이 뛰도록 좋아하는 일을 찾아보십시오. 판사, 검사의 법조 현역 외에도 사내 변호사, 행정부처 공직, 국제기구, 공익단체 활동, 대학교수 등 여러 직역에 대한 관심을 넓히고, 미리 준비를 하십시오. 변호사 업무 중에서도 법률전반에 대한 일반적인 지식도 필요하지만 더 나아가 노동법, 지재법, 특허법, 조세법, IT, AI법, 엔터테인먼트법 등 시대동향에 따른 수요, 전망 등도 고려하여 개별법에 대한 연구도 미리 준비하십시오. 필요하면 외국어 공부도 병행하고, 수료 후 박사과정에 진학하여 연구를 계속하여야 합니다.

법조인은 제너럴리스트(Generalist)가 우선 되어야 하지만, 나아가 스페셜리스트(Specialist)도 되어야 합니다. 고깃집에서도 등심과 안심도 맛있지만, 안창살, 살치살, 토시살 등 특수부위가 더 맛있고 값이 비싼 것과 같이, 또 참치 집에 가면, 스페셜 참치가 좋은 부위이기 때문에 더 맛있고 가격도 더 비싼 것과 같이, 특별하고 전문적인 법에 대한 공부도 해 둔 전문가가 되어 있어야, 그러한 여러분을 지식을 필요로 하는 고객이나 이 사회에 더 많은 기여를 할 수 있을 것입니다.

제가 헌법재판관으로 근무하던 2023년도에 신임헌법연구관 모집심사에 관여한 적이 있었습니다. 그때 신임헌법연구관으로 채용된, 모 신임연구관의 경우, 사법시험 합격 후 독일로 바로 유학을 가 3년만에 박시학위를 받고 헌법재판소 헌법연구관을 지망하여 우선적으로 채용되었습니다. 제가 이런 좋은 스팩을 가지고 왜 헌법재판소에 지원하였냐고 물었더니, “본인은 헌법을 나무나 사랑하고 좋아했고, 기본권보장을 더 확실하게 할 수 있도록 계속 헌법만을 공부하였다”고 하였습니다.

또 한가지 예로서, 성대 법학전문대학원의 여러분 선배 얘기입니다만, 그분은 성대 법학전문대학원 1학년 때 국내 굴지의 로펌에 컨펌되었는데, 변호사 활동 2, 3년 만에 다시 더 좋은 로펌으로 최고대우를 받고 이적하였습니다. 학부 때 홍콩과 일본의 대학에 교환학생으로 다녀와 일본어와 영어가 능숙하고, 법학전문대학원 재학 중 외국 세미나에도 여러 번 다녀와 국제사회의 경험을 쌓고, 주위 분들과 좋은 인간관계를 맺어온 덕분이라고, 그 학생을 지도한 교수님이 말씀해 주셨습니다.

사랑하는 법학전문대학원 신입생 여러분!
여러분은 왜 법학전문대학원에 입학하셨습니까? 돈을 벌기 위함입니까? 출세하기 위함입니까? 아니면 정의를 실현하기 위함입니까? 다 좋습니다. 다만, 눈 앞의 단기간의 이익, 작은 이익에만 혈안이 되어서는 큰 인물이나 훌륭한 법조인이 되기 어렵습니다. 여러분의 꿈을 실현하기 위한 중장기 계획도 세우고 이의 달성을 위해 매사 열정을 가지고 최선을 다하십시오. 또한 지금까지 여러분을 뒷바라지 해 주신 부모님의 은혜를 잊어서는 안 됩니다.

'연탄재 함부로 발로 차지마라 너는 누구에게 한 번이라도 뜨거운 사람이었느냐'라는 안도현의 시구처럼, 자기 자신 또는 부모와 이 사회를 위하여 활활 타고 남은 연탄재가 되도록 열정을 가지고 공부에 매진해 보십시오.

과거는 이미 지나갔고, 미래를 잘 준비하여야 하는데, 미래는 오늘, 오늘이 거듭 모여서 됩니다. 지나간 과거에 연연하지 마시고, 매일 마주하는 오늘을 성실하게 보내십시오.

법학전문대학원 3년 과정 힘들지만 포기하지 마십시오.
처칠은 옥스퍼드대학 졸업식 연설식장에서, "Don't give up. Never, never give up!"이란 말로 매우 짧게 졸업식사를 하고 내려와 졸업생들에게 감동을 주고, 격려하였습니다.

신입생 여러분! 법학전문대학원 생활 중, 포기하고 싶은 마음이 들 때는 도종환 시인의 '담쟁이'란 시를 읽어보십시오. "저것은 벽, 어쩔 수 없는 벽이라고 우리가 느낄 때 담쟁이는 그 때 말없이 그 벽을 오른다. (중략) 저것은 넘을 수 없는 벽이라고 고개를 떨구고 있을 때 담쟁이 잎 하나는 담쟁이 잎 수천 개를 이끌고 결국 그 벽을 넘는다".

우리가 매일 지나는 도로변 담벼락에 매달려 있는 무수한 담쟁이 덩굴을 보면서, 담쟁이 정신을 배우고 익힌다면, 여러분은 담쟁이처럼 법학전문대학원의 힘든 허들을 마침내 넘고, 여러분의 꿈을 이룰 수 있을 것입니다.

5. 마무리 격려

사랑하는 법학전문대학원 신입생 여러분~
여러분은 이제 법학전문대학원이라는 새로운 길로 들어섰습니다. '인류와 미래사회를 위한 담대한 도전'의 길을 가는 것을 이 성대에서 인연을 맺고 시작한 것입니다. 여러분이 가는 여정에는 많은 고개도 있을 것이고 비와 눈보라도 칠 것입니다.

김종해 시인이 갈파하였듯이, '우리 살아가는 일 속에 파도치는 날 바람 부는 날이 어디 한두 번이겠으며, 상처받지 않은 사랑이 어디 있겠습니까'? (도종환 시인의 시에 나오는 시구처럼) 흔들리지 않고 피는 꽃은 없으며, 비바람에 젖지 않고 피는 꽃도 없습니다.

윤동주 시인은 '새로운 길'이라는 시에서 "어제도 가고 내일도 갈 나의 길은 언제나 새로운 길"이라고 하면서 오늘도, 내일도 묵묵히 자신의 길을 가는 것을 찬양하였습니다.

장석주 시인은 '대추 한 알'이라는 시에서, 대추가 저절로 붉어지지 않고, 혼자서 둥글어지지 않는다고 하였습니다. '저 안에 태풍 몇 개, 천둥 몇 개, 벼락 몇 개, 그리고 번개 몇 개가 들어서서 붉게 익히는 것이고, 저 안에 무서리 내리는 몇 밤, 땡 볕 두어 달, 초승달 몇 날이 들어서서 둥글게 만드는 것'이라고 노래하였습니다.

이처럼 여러분은 새로운 도전의 길을 걸어가면서 마주하게 되는 온갖 시련을 이겨내었을 때, 여러분 자신의 '대추'는 매우 아름답게 붉고, 둥글게 만들어져 있을 것입니다.

담쟁이 덩굴이 서로 손을 잡고 한걸음 한걸음 전진하여 벽을 넘듯이 여러분이 3년의 기간 동안 도전정신과 열정을 가지시고 하루하루를 성실하게 보낸다면, '마침내 추운 겨울은 다 지내고 꽃 필 차례가 바로 여러분 앞에 있게 되는 것'이고, 여러분의 꽃은 흔들리면서도 줄기를 곧게 세우고, 바람과 비에 젖으면서도 꽃 잎 따뜻하게 피울 것입니다.

새로운 길을 걸어가시되, 무소의 뿔처럼 혼자서 씩씩하게 가시고, 때로는 담쟁이처럼 동료들과 서로 손에 손을 잡고 함께 협심하여 끝까지 가십시오.

여러분이 가시는 길을, 성대의 교수님과 동창인 선, 후배는 계속 성원할 것입니다. 신입생 여러분의 입학 축하와 함께 앞날의 건승을 기원합니다.

2025. 2. 27.

석좌교수

이 영 진

수록 헌법재판소 결정 주요 쟁점 색인

7	2019. 11. 28. 2017헌바504, 2018헌바336(병합) 조세범 처벌법 제10조 제3항 등 위헌소원 등	조세범 처벌법 제10조 제3항 소정의 가중처벌조항이 죄형법정주의의 명확성원칙에 위반되는지 여부 등	96
8	2019. 11. 28. 2018헌바455 구 사립학교교직원 연금법 제42조 제1항 전문 위헌소원	사립학교 교원이 재직 중의 사유로 금고 이상의 형이 확정된 경우 퇴직급여를 감액하도록 하고 있는 구 '사립학교교직원 연금법' 제42조 제1항 전문 중 공무원연금법 제64조 제1항 제1호 준용 부분이 재산권을 침해하는지 여부	108
9	2019. 11. 28. 2016헌마40 평가인정 학습과정 운영에 관한 규정 제2조 제2항 제2호 등 위헌확인	'평가인정 학습과정 운영지침'(교육부고시) 소정의 모집방법 제한조항과 명칭사용 금지조항이 교육훈련기관 운영자들의 직업수행의 자유를 침해하는지 여부	113
10	2019. 11. 28. 2016헌마90 공직선거법 제8조의5 제6항 등 위헌확인	인터넷언론사에 대하여 선거일 전 90일부터 선거일까지 후보자 명의의 칼럼이나 저술을 게재하는 보도를 제한하는 구 '인터넷선거보도 심의기준 등에 관한 규정'이 법률유보원칙에 반하여 청구인의 표현의 자유를 침해하는지 여부	125
11	2019. 11. 28. 2017헌마399 구 아동·청소년의 성보호에 관한 법률 제42조 제1항 위헌확인	아동·청소년에 대한 강제추행죄로 유죄판결이 확정된 자를 신상정보 등록대상자로 규정하는 '성폭력범죄의 처벌 등에 관한 특례법' 제42조 제1항 본문이 개인정보자기결정권을 침해하는지 여부 등	143
12	2019. 12. 27. 2014헌바381 재건축초과이익 환수에 관한 법률 제3조 등 위헌소원	주택재건축사업에서 발생되는 재건축초과이익에 대하여 재건축부담금을 징수하도록 규정한 구 '재건축초과이익 환수에 관한 법률' 제3조가 과잉금지원칙에 반하여 청구인의 재산권을 침해하는지 여부	154
13	2019. 12. 27. 2016헌바96 형법 제105조 위헌소원	형법 제105조의 '국기모독죄'가 과잉금지원칙에 위배되어 표현의 자유를 침해하는지 여부	174
14	2019. 12. 27. 2017헌마1366, 2018헌마1072(병합) 고용노동부 고시 제2017-42호 위헌확인 등	고용노동부의 최저임금 고시 부분이 청구인들의 계약의 자유 및 기업의 자유를 침해하는지 여부	181

29	2020. 6. 25. 2019헌가9·10 (병합) 구 도로교통법 제93조 제1항 제8호 위헌제청	거짓이나 그 밖의 부정한 수단으로 운전면허를 받은 경우 모든 범위의 운전면허를 필요적으로 취소하도록 한 구 도로교통법 조항이 일반적 행동의 자유 또는 직업의 자유를 침해하는지 여부	424
30	2020. 7. 16. 2015헌라3 충청남도 등과 행정자치부장관 등 간의 권한쟁의	매립 전 공유수면에 대한 관할권을 가졌던 청구인들이 새로이 형성된 공유수면 매립지와 관련하여 청구한 권한쟁의심판에서 청구인들의 자치권한이 침해되거나 침해될 현저한 위험이 인정되는지 여부	436
31	2020. 8. 28. 2017헌가35, 2019헌가23(병합) 의료기기법 제24조 제2항 제6호 등 위헌제청	의료기기와 관련하여 심의를 받지 아니하거나 심의받은 내용과 다른 내용의 광고를 하는 것을 금지하고 이를 위반한 경우 행정제재와 형벌을 부과하도록 한 의료기기법 조항이 사전검열금지원칙에 위반되는지 여부	456
32	2020. 8. 28. 2017헌바474 지방세법 제10조 제2항 단서 등 위헌소원	취득자가 신고한 취득 가액이 시가표준액보다 적은 때에는 그 시가표준액을 취득세 과세표준으로 하는 지방세법 조항이 과잉금지원칙에 위반되어 청구인의 재산권을 침해하는지 여부	465
33	2020. 9. 24. 2017헌마643 군인보수법 제2조 제1항 위헌확인	공중보건의사에 편입되어 군사교육에 소집된 사람에 대하여 군사교육 소집기간 동안의 보수를 지급하지 않도록 한 군인보수법 제2조 제1항의 위헌 여부	476
34	2020. 9. 24. 2019헌마472·473·474·511·696·697·698·950 (병합) 병역법 제34조 제3항 단서 위헌확인 등	공중보건의사가 군사교육에 소집된 기간을 복무기간에 산입하지 않도록 규정한 병역법 제34조 제3항 단서가 평등권을 침해하는지 여부	485
35	2020. 10. 29. 2019헌가15 특정경제범죄 가중처벌 등에 관한 법률 제5조 제4항 제2호 위헌제청	금융회사 임직원이 그 직무에 관하여 약속한 금품 기타 이익의 가액이 5천만 원 이상 1억 원 미만인 경우 가중처벌 하도록 정하고 있는 '특정경제범죄 가중처벌 등에 관한 법률' 제5조 제4항 제2호가 책임과 형벌 간의 비례원칙과 평등원칙에 위배되는지 여부	494

36	2020. 10. 29. 2016헌마86 장애인시험용 이륜자동차 미비치 위헌확인	신체장애를 가진 청구인이 운전면허시험장에서 제2종 소형 운전면허를 취득하고자 기능시험에 응시함에 있어서 청구인에게 관련법령에서 운전면허 취득이 허용된 신체장애 정도에 적합하게 제작·승인된 기능시험용 이륜자동차를 제공하지 않은 부작위가 청구인의 기본권을 침해하는지 여부	499
37	2020. 12. 23. 2019헌바484 구 지적법 제34조 제1항 등 위헌소원	당해 사건이 고의 또는 과실에 의한 위법행위를 이유로 손해배상을 구하는 민사소송인 경우, 행위의 근거가 된 구 지적법 제34조가 재판의 전제성이 있는지 여부	514
38	2020. 12. 23. 2019헌마502 교육공무원법 제10조의4 제3호 위헌확인	벌금 100만 원 이상의 성폭력범죄 전과가 있기만 하면 영구히 고등교육법상의 교원임용대상에서 제외하고 있는 교육공무원법 조항의 위헌 여부	518
39	2021. 1. 28. 2018헌마456, 2020헌마406, 2018헌가16 (병합) 공직선거법 제82조의6 제1항 등 위헌확인 등	인터넷언론사는 선거운동기간 중 당해 홈페이지 게시판 등에 정당·후보자에 대한 지지·반대 등의 정보를 게시하는 경우 실명을 확인받는 기술적 조치를 하도록 정한 공직선거법 조항의 위헌 여부 등	525
40	2021. 1. 28. 2020헌마264 ·681(병합) 고위공직자범죄수사처 설치 및 운영에 관한 법률 위헌확인	구 공수처법 제2조 및 공수처법 제3조 제1항이 권력분립원칙을 위반하여 청구인들의 평등권, 신체의 자유 등을 침해하는지 여부 등	547
41	2021. 4. 29. 2019헌가11 공직선거법 제57조의6 제1항 등 위헌제청	광주광역시 광산구 시설관리공단의 상근직원이 당원이 아닌 자에게도 투표권을 부여하는 당내경선에서 경선운동을 할 수 없도록 금지·처벌하는 공직선거법 조항이 정치적 표현의 자유를 침해하는지 여부	595
42	2021. 5. 27. 2018헌마1168 정치자금법 제27조 제1항 등 위헌확인	정치자금법에 따라 회계보고된 자료의 열람기간을 3월간으로 제한한 정치자금법 제42조 제2항 본문 중 '3월간' 부분이 과잉금지원칙에 위배되어 청구인의 알권리를 침해하는지 여부	602

43	2021. 6. 24. 2017헌가31 구 의료기사 등에 관한 법률 제12조 제1항 등 위헌제청	안경사 면허를 가진 자연인에게만 안경업소의 개설 등을 할 수 있도록 한 구 의료기사 등에 관한 법률 제12조 제1항이 과잉금지원칙에 반하여 자연인 안경사와 법인의 직업의 자유를 침해하는지 여부 등	612
44	2021. 6. 24. 2017헌바479 보안관찰법 제2조 등 위헌소원	보안관찰처분대상자가 교도소 등에서 출소한 후 7일 이내에 출소사실을 신고하도록 정하고, 이를 위반할 경우 처벌하도록 정한 보안관찰법 법조항의 위헌 여부 등	622
45	2021. 6. 24. 2018헌마1103 공직선거법 제56조 제1항 제2호 등 위헌확인	헌법재판소법 제68조 제1항에 의한 헌법소원 심판청구가, 이미 헌법재판소의 심판을 거친 종전 사건과 당사자, 심판대상인 법령 조항(지역구국회의원선거에 후보자등록을 신청하는 자에 대하여 1천500만 원의 기탁금을 납부하도록 한 구 공직선거법 제56조 제1항 제2호중 '지역구국회의원선거'에 관한 부분 등)과 헌법적 쟁점이 동일한 경우 일사부재리의 원칙에 위반되는지 여부	637
46	2021. 7. 15. 2018헌마279·344, 2020헌마961(병합) 세무사법 제3조 등 위헌확인 등	변호사의 자격이 있는 자에게 더 이상 세무사 자격을 부여하지 않는 구 세무사법 제3조가 시행일 이후 변호사 자격을 취득한 청구인들의 직업선택의 자유를 침해하는지 여부 등	641
47	2021. 8. 31. 2019헌마516·586 ·768, 2020헌마411(병합) 공탁규칙 제20조 제2항 제5호 위헌확인	'피고인인 공탁자'가 형사공탁을 할 때 '피해자인 피공탁자'의 성명·주소·주민등록번호를 기재하도록 한 공탁규칙 조항이 피고인의 공정한 재판을 받을 권리를 침해하는지 여부	656
48	2021. 9. 30. 2016헌마1034 행정부작위 위헌확인	행정안전부장관, 법무부장관이 진실규명사건의 피해자 및 그 가족인 청구인들의 피해를 회복하기 위해 국가배상법에 의한 배상이나 형사보상법에 의한 보상과는 별개로 금전적 배상·보상이나 위로금을 지급하지 아니한 부작위가 헌법소원의 대상이 되는 공권력의 불행사인지 여부 등	664

49	2021. 10. 28. 2019헌바50 구 약사법 제47조 등 위헌소원	약사법에 따라 의약품을 판매할 수 있는 자는 보건복지(가족)부령으로 정하는 바에 따라 의약품 등의 유통 체계 확립과 판매 질서 유지에 필요한 사항을 지켜야 하도록 규정하고 있는 구 약사법 제47조 및 이를 위반할 경우 형사처벌하는 제95조 제1항 제8호가 포괄위임금지원칙에 위배되는지 여부	681
50	2021. 10. 28. 2019헌마106, 1049 상가건물 임대차보호법 부칙 제2조 위헌확인	임차인의 계약갱신요구권 행사 기간을 10년으로 규정한 '상가건물 임대차보호법' 제10조 제2항을 개정법 시행 후 갱신되는 임대차에 대하여도 적용하도록 규정한 '상가건물 임대차보호법' 부칙 조항이 소급입법금지원칙에 위배되어 임대인의 재산권을 침해하는지 여부	694
51	2021. 10. 28. 2019헌마1091 삼보일배 행진 제지행위 등 위헌확인	대한민국을 방문하는 외국의 국가 원수를 경호하기 위하여 지정된 경호구역 안에서 서울 종로경찰서장이 안전 활동의 일환으로 청구인들의 삼보일배 행진을 제지한 행위 등이 청구인들의 집회 또는 시위의 자유를 침해하는지 여부	702
52	2021. 10. 28. 2020헌마229 상표권압류기입등록거부 처분취소	특허청장이 서울서부지방법원의 상표등록번호 제0820076호의 상표권에 대한 압류기입등록 촉탁을 반려한 처분에 대한 헌법소원심판청구가 보충성을 갖추었는지 여부	709
53	2021. 11. 25. 2017헌마1384, 2018헌마90, 145, 391(병합) 정부의 가상통화 관련 긴급대책 등 위헌확인	'금융위원회가 2017. 12. 28. 시중 은행들을 상대로 가상통화 거래를 위한 가상계좌의 신규 제공을 중단하도록 한 조치' 및 '금융위원회가 2018. 1. 23. 가상통화 거래 실명제를 2018. 1. 30.부터 시행하도록 한 조치'가 헌법소원의 대상인 공권력의 행사에 해당하는지 여부	714
54	2021. 11. 25. 2019헌마534 사회복무요원 복무관리 규정 제27조 등 위헌확인	사회복무요원이 정당 가입을 할 수 없도록 규정한 병역법 조항이 청구인의 정치적 표현의 자유 및 결사의 자유를 침해하는지 여부 등	725
55	2021. 12. 23. 2018헌바198 의료법 제87조 제1항 제2호 등 위헌소원	안마사가 아니면 안마시술소 또는 안마원을 개설할 수 없다고 규정한 의료법 조항이 직업선택의 자유 및 평등권을 침해하는지 여부	739

56	2021. 12. 23. 2018헌바524 구 성폭력범죄의 처벌 및 피해자보호 등에 관한 법률 제21조의3 제4항 등 위헌소원	영상물에 수록된 '19세 미만 성폭력범죄 피해자'의 진술에 관하여 조사 과정에 동석하였던 신뢰관계인 내지 진술조력인의 법정진술에 의하여 그 성립의 진정함이 인정된 경우에도 증거능력을 인정할 수 있도록 정한 '성폭력범죄의 처벌 등에 관한 특례법' 조항이 과잉금지원칙을 위반하여 공정한 재판을 받을 권리를 침해하는지 여부	746
57	2021. 12. 23. 2019헌바87, 2020헌바409(병합) 구 약사법 제50조 제1항 본문 위헌소원 등	약국개설자로 하여금 약국 이외의 장소에서 의약품을 판매할 수 없도록 하고 있는 약사법 제50조 제1항 본문 중 '약국개설자'에 관한 부분이 죄형법정주의의 명확성원칙에 위반되는지 여부 등	764
58	2021. 12. 23. 2018헌마629, 630(병합) 최저임금법 제6조 제4항 등 위헌확인	매월 1회 이상 정기적으로 지급하는 상여금 등 및 복리후생비의 일부를 최저임금에 산입하도록 한 최저임금법 제6조 제4항 제2호, 제3호 나목, 최저임금법 부칙 제2조가 적법절차원칙, 명확성원칙 및 포괄위임금지원칙에 위배되어 근로자의 근로의 권리를 침해하는지 여부	773
59	2021. 12. 23. 2019헌마656 의료법 제82조 제3항 등 위헌확인	시각장애인만이 안마사 자격인정을 받을 수 있도록 규정하고, 시·도지사로부터 안마사 자격인정을 받지 아니한 자는 안마시술소 또는 안마원을 개설할 수 없도록 규정한 의료법 조항이 비시각장애인인 청구인들의 직업선택의 자유와 평등권을 침해하는지 여부	794
60	2021. 12. 23. 2019헌마825 대구교육대학교 총장임용후보자 선정규정 제23조 제1항 제2호 등 위헌확인	대학교 총장임용후보자선거에서 후보자가 되려는 사람은 1,000만 원의 기탁금을 납부하도록 규정한 '대구교육대학교 총장임용후보자 선정규정' 제23조 제1항 제2호 등이 과잉금지원칙에 위배되어 후보자가 되려는 청구인의 공무담임권을 침해하는지 여부	803
61	2022. 1. 27. 2018헌마1162, 2020헌바428(병합) 국회법 제54조의2 제1항 본문 위헌확인 등	정보위원회 회의는 공개하지 아니한다고 정하고 있는 국회법 제54조의2 제1항 본문이 의사공개원칙에 위배되어 청구인들의 알 권리를 침해하는지 여부	817

62	2022. 2. 24. 2018헌마1010 형의 집행 및 수용자의 처우에 관한 법률 시행령 제58조 제4항 위헌확인 등	접촉차단시설이 설치되지 않은 장소에서의 수용자 접견 대상을 소송사건의 대리인인 변호사로 한정한 구 '형의 집행 및 수용자의 처우에 관한 법률 시행령' 제58조 제4항 제2호가 변호사인 청구인의 직업수행의 자유를 침해하는지 여부 등	828
63	2022. 3. 31. 2018헌바522 사립학교법 제53조 제3항 단서 위헌소원	사립 초·중등학교의 장을 1회에 한하여 중임할 수 있도록 하는 구 사립학교법 조항이 학교법인의 사립학교 운영의 자유와 학교장이 되려는 자의 직업의 자유 및 이들의 평등권을 침해하는지 여부	837
64	2022. 3. 31. 2017헌마1343, 2019헌마993, 2020헌마989, 1486, 2021헌마1213, 1385 (병합) 의료법 제27조 제1항 본문 전단 위헌확인 등	의료인이 아닌 자의 문신시술업을 금지하고 처벌하는 의료법과 '보건범죄 단속에 관한 특별조치법' 조항이 청구인들의 직업선택의 자유를 침해하는지 여부	845
65	2022. 5. 26. 2019헌가12 예비군법 제15조 제10항 전문 위헌제청	예비군대원 본인의 부재시 예비군훈련 소집통지서를 수령한 같은 세대 내의 가족 중 성년자가 정당한 사유없이 소집통지서를 본인에게 전달하지 아니한 경우 형사처벌을 하는 예비군법 소정 조항이 책임과 형벌 간의 비례원칙에 위반되는지 여부	856
66	2022. 5. 26. 2021헌마619 변호사 광고에 관한 규정 제3조 제2항 등 위헌확인	'변호사 광고에 관한 규정' 제4조 제14호 중 '협회의 유권해석에 반하는 내용의 광고' 부분, 제8조 제2항 제4호 중 '협회의 유권해석에 위반되는 행위를 목적 또는 수단으로 하여 행하는 경우' 부분이 법률유보원칙에 위반되어 청구인들의 표현의 자유, 직업의 자유를 침해하는지 여부 등	866
67	2022. 5. 26. 2020헌마1275 기소유예처분취소	청구인이 게재한 칼럼의 제목, 구체적인 내용, 행위의 시기와 당시 사회상황 등을 종합하여, 청구인의 칼럼 게재행위가 공직선거법 제58조의2 단서 제3호 및 제256조 제3항 제3호에 의하여 금지·처벌되는 투표참여 권유행위에 해당한다고 본 사례	888

68	2022. 6. 30. 2021헌가24 공직선거법 제57조의6 제1항 본문 등 위헌제청	서울교통공사의 상근직원이 당원이 아닌 자에게도 투표권을 부여하는 당내경선에서 경선운동을 할 수 없도록 금지·처벌하는 공직선거법 소정 조항이 정치적 표현의 자유를 침해하는지 여부	895
69	2022. 7. 21. 2018헌바164 공직선거법 제103조 제3항 위헌소원	누구든지 선거기간 중 선거에 영향을 미치게 하기 위하여 그 밖의 집회나 모임을 개최할 수 없고, 이를 위반하는 자를 처벌하는 공직선거법 제103조 제3항이 집회의 자유, 정치적 표현의 자유를 과도하게 침해하는지 여부 등	902
70	2022. 7. 21. 2018헌바357, 2021헌가7(병합) 공직선거법 제90조 제1항 제1호 등 위헌소원 등	일정기간 선거에 영향을 미치게 하기 위한 현수막, 그 밖의 광고물의 게시를 금지하는 공직선거법 제90조 제1항 제1호 중 '현수막, 그 밖의 광고물 게시'에 관한 부분 및 이에 위반한 경우 처벌하는 공직선거법 소정 조항이 정치적 표현의 자유를 침해하는지 여부 등	920
71	2022. 7. 21. 2013헌마496 재판취소 등	"구 조세감면규제법의 시행에도 불구하고 구 조세감면규제법 부칙 제23조가 실효되지 않은 것으로 해석하는 것은 헌법에 위반된다."는 헌재 2012. 5. 31. 2009헌바123등 결정의 기속력을 부인하고 청구인의 재심청구를 기각한 법원의 재판이 '법률에 대한 위헌결정의 기속력에 반하는 재판'으로 예외적으로 헌법소원심판의 대상이 되고 청구인의 기본권을 침해하는지 여부	938
72	2022. 7. 21. 2016헌마388, 2022헌마105·110·126(병합) 통신자료 취득행위 위헌확인 등	수사기관 등이 전기통신사업자에게 이용자의 성명 등 통신자료의 열람이나 제출을 요청할 수 있도록 한 전기통신사업법 소정 조항이 개인정보자기결정권을 제한하는지 여부 등	947
73	2022. 9. 29. 2019헌마813 영유아보육법 제16조 제8호 등 위헌확인	아동학대관련범죄로 벌금형이 확정된 날부터 10년이 지나지 아니한 사람은 어린이집을 설치·운영하거나 어린이집에 근무할 수 없고, 같은 이유로 보육교사 자격이 취소되면 그 취소된 날부터 10년간 자격을 재교부받지 못하도록 한, 영유아보육법 소정 조항이 직업선택의 자유를 침해하는지 여부	966

74	2022. 10. 27. 2018헌바115 민법 제809조 제1항 등 위헌소원	8촌 이내의 혈족 사이에서는 혼인할 수 없도록 하는 민법 제809조 제1항이 혼인의 자유를 침해하는지 여부 및 위 금혼조항을 위반한 혼인을 무효로 하는 민법 제815조 제2호가 혼인의 자유를 침해하는지 여부	975
75	2022. 11. 24. 2020헌마417 공직선거법 제60조 제1항 제5호 등 위헌확인	농업협동조합법·수산업협동조합법에 의하여 설립된 조합의 상근직원에 대하여 선거운동을 금지하는 구 공직선거법 소정 조항이 협동조합 상근직원인 청구인들의 선거운동의 자유를 침해하는지 여부	987
76	2022. 11. 24. 2020헌바463 국립묘지의 설치 및 운영에 관한 법률 제5조 제3항 제1호 단서 위헌소원	국립묘지 안장 대상자의 사망 당시의 배우자가 재혼한 경우에는 국립묘지에 안장된 안장대상자와 합장할 수 없도록 규정한 ‘국립묘지의 설치 및 운영에 관한 법률’ 소정 조항이 평등원칙에 위배되는지 여부	995
77	2022. 11. 24. 2019헌마572 공증인법 제10조 제2항 등 위헌확인	공증인법 제10조 제2항 전문 및 법무부령으로 각 지방검찰청 소속 공증인의 정원을 정한 ‘공증인의 정원 및 신원보증금에 관한 규칙’ 제2조가 청구인들의 직업의 자유를 침해하는지 여부 등	1001
78	2022. 11. 24. 2019헌마941 육군훈련소 내 종교행사 참석 강제 위헌확인	피청구인이 청구인들로 하여금 육군훈련소 내 종교행사에 참석하도록 한 행위가 정교분리원칙에 위배되어 청구인들의 종교의 자유를 침해하는지 여부	1012
79	2022. 12. 22. 2020헌바39 국군포로의 송환 및 대우 등에 관한 법률 제9조 제1항 위헌소원	국군포로로서 억류기간 동안의 보수를 지급받을 권리를 국내로 귀환하여 등록절차를 거친 자에게만 인정하는 ‘국군포로의 송환 및 대우 등에 관한 법률’ 제9조 제1항이 귀환하지 않은 국군포로를 합리적 이유 없이 차별하여 평등원칙에 위배되는지 여부	1019
80	2023. 2. 23. 2019헌바43 가정폭력범죄의 처벌 등에 관한 특례법 제55조의2 제1항 위헌소원	우편을 이용한 접근금지를 피해자보호명령에 포함시키지 아니한 구 ‘가정폭력범죄의 처벌 등에 관한 특례법’ 제55조의2 제1항이 평등원칙에 위배되는지 여부	1025

81	2023. 2. 23. 2020헌바11·12·13·77·78·312·388·464·465·512, 2021헌바45·56·69·78·81·87·93·98·147·197·209·210·211·212·213·214·215·216·217·287·288·296·299·326·334·335·423, 2022헌바23·125·151·158·161·196·205·224·236·272·278·279·283·312·316(병합) 최저임금법 제6조 제5항 위헌소원	최저임금법(2008. 3. 21. 법률 제8964호로 개정된 것) 제6조 제5항 중 '생산고에 따른 임금을 제외한' 부분이 일반택시운송사업자의 계약의 자유와 직업의 자유 및 평등권을 침해하는지 여부	1033
82	2023. 2. 23. 2021헌마374·743·1043(병합) 의료법 제45조의2 제1항 등 위헌확인 등	의료기관의 장으로 하여금 보건복지부장관에게 비급여 진료비용에 관한 사항을 보고하도록 한 의료법 제45조의2 제1항 중 '비급여 진료비용'에 관한 부분이 법률유보원칙에 반하여 의사의 직업수행의 자유와 환자의 개인정보자기결정권을 침해하는지 여부 등	1045
83	2023. 3. 23. 2020헌가1, 2021헌가10(병합) 출입국관리법 제63조 제1항 위헌제청	강제퇴거명령을 받은 사람을 보호할 수 있도록 하면서 보호기간의 상한을 마련하지 아니한 출입국관리법 제63조 제1항이 과잉금지원칙 및 적법절차원칙에 위배되어 피보호자의 신체의 자유를 침해하는지 여부	1065
84	2023. 3. 23. 2020헌라5 남양주시와 경기도 간의 권한쟁의	경기도가 2020. 11. 16.부터 2020. 12.7.까지 남양주시에 대하여 실시한 감사가 헌법 및 지방자치법에 의하여 부여된 남양주시의 지방자치권을 침해한 것인지 여부 등	1088
85	2023. 3. 23. 2022헌라2 국회의원과 국회 법제사법위원회 위원장 등 간의 권한쟁의	피청구인 국회 법제사법위원회 위원장이 2022. 4. 27. 제395회 국회 (임시회) 제4차 법제사법위원회 전체회의에서 검찰청법 일부개정법률안(대안)과 형사소송법 일부개정법률안(대안)을 법사위 법률안으로 각 가결선포한 행위가 청구인들의 법률안 심의·표결권을 침해하였는지 여부 등	1116

86	2023. 3. 23. 2022헌라4 법무부장관 등과 국회 간의 권한쟁의	국회가 2022. 5. 9. 법률 제18861호로 검찰청법을 개정한 행위 및 같은 날 법률 제18862호로 형사소송법을 개정한 행위에 대한 권한쟁의심판에서, 법무부장관의 '청구인적격' 인정 여부 및 이 사건 법률개정행위로 인한 검사의 '권한침해가능성' 인정 여부	1159
87	2023. 3. 23. 2021헌마115 수형자 접견 제한 위헌확인	마약류수형자를 아동 돌봄접견의 대상에서 제외하는 법무부 교정본부의 2020. 11. 25.자 '교정시설 수용자 접견 방식 변경 안내' 공고중 '마약류사범은 아동 돌봄접견 불가'에 관한 부분이 헌법소원의 대상이 되는 공권력의 행사에 해당하는지 여부 등	1216
88	2023. 6. 29. 2019헌마227 정부기관 및 공공법인 등의 광고시행에 관한 법률 제10조 등 위헌확인	문화체육관광부장관이 정부광고 업무를 한국언론진흥재단에 위탁하도록 한, '정부기관 및 공공법인 등의 광고시행에 관한 법률 시행령' 제6조 제1항이 광고대행업에 종사하는 청구인들의 직업수행의 자유를 침해하는지 여부	1223
89	2023. 10. 26. 2023헌가1 자산유동화에 관한 법률 제22조 제1항 제6호 등 위헌제청	자산유동화계획에 의하지 아니하고 여유자금을 투자한 자를 처벌하는 '자산유동화에 관한 법률' 제40조 제2호 중 '제22조의 규정에 위반하여 자산 유동화계획에 의하지 아니하고 여유자금을 투자한 자' 부분이 죄형법정주의의 법률주의에 위반되는지 여부	1233
90	2023. 10. 26. 2023헌라2 국회의원과 국회 과학기술정보방송통신위원회 위원장 등 간의 권한쟁의	피청구인 국회 과학기술정보방송통신위원회 위원장이 2023. 3. 21. 피청구인 국회의장에게 방송법 일부개정법률안(대안), 방송문화진흥회법 일부개정법률안(대안), 한국교육방송공사법 일부개정법률안(대안)의 본회의 부의를 요구한 행위가 법제사법위원회 소속 위원인 청구인들의 법률안 심의·표결권을 침해하여 무효인지 여부	1240
91	2023. 10. 26. 2023헌라3 국회의원과 국회 환경노동위원회 위원장 등 간의 권한쟁의	피청구인 국회 환경노동위원회 위원장이 2023. 5. 24. 피청구인 국회의장에게'노동조합 및 노동관계조정법 일부개정법률안'의 본회의 부의를 요구한 행위가 법제사법위원회 소속 위원인 청구인들의 법률안 심의·표결권을 침해하여 무효인지 여부	1259

92	2023. 10. 26. 2020헌마93 입법부작위 위헌확인	피청구인 대통령이 구 '고용보험 및 산업재해보상보험의 보험료징수 등에 관한 법률' 제49조의3 제2항 단서의 위임에 따른 대통령령을 제정하지 아니한 행정입법부작위에 대한 심판의 이익을 인정할 수 있는지 여부	1274
93	2024. 2. 28. 2019헌바239 의료법 제27조 제1항 등 위헌소원	비의료인의 의료행위를 금지하고 위반 시 처벌하는 '의료법 소정 조항이 죄형법정주의의 명확성원칙 및 과잉금지원칙에 위반되어 침구술을 시술하고자 하는 자의 직업선택의 자유 및 일반적 행동의 자유를 침해하는지 여부	1288
94	2024. 3. 28. 2020헌가1 의료기사 등에 관한 법률 제12조 제5항 위헌제청	안경사가 전자상거래 등의 방법으로 콘택트렌즈를 판매하는 것을 금지하고 있는 '의료기사 등에 관한 법률' 소정 조항이 과잉금지원칙에 위반하여 안경사의 직업수행의 자유를 침해하는지 여부	1293
95	2024. 3. 28. 2020헌바494, 2021헌바22(병합) 민법 제1003조 제1항 위헌소원 등	생존 사실혼 배우자에게 상속권을 인정하지 않은 민법 제1003조 제1항 중 '배우자' 부분이 청구인의 재산권(상속권)을 침해하고 평등원칙에 반하는지 여부 등	1301
96	2024. 3. 28. 2021헌바57 구 지방자치법 제4조 제3항 위헌소원	행정자치부장관이 공유수면 매립지의 관할지방자치단체를 결정하도록 하는 구 지방자치법 제4조 제3항이 지방자치단체의 침해하고 법률유보원칙에 위배되는지 여부	1311
97	2024. 3. 28. 2020헌마387 의료법 제33조 제2항 위헌확인	치과의사에게 요양병원을 개설할 자격을 부여하지 않는 구 의료법 소정 조항이 치과의사의 평등권을 침해하는지 여부	1318
98	2024. 3. 28. 2020헌마1401, 2021헌마973(병합) 군인사법 시행령 제6조 제1항 위헌확인 등	단기법무장교의 의무복무기간을 장교에 임용된 날부터 기산하도록 한 군인사법 시행령 소정 조항이 법률유보원칙을 위반하여 청구인들의 일반적 행동자유권을 침해하는지 여부	1323

99	2024. 4. 25. 2020헌가4·14, 2021헌가11·15·26·29, 2023헌가7·22, 2020헌바295·342·351·353·502, 2021헌바15·16·43·72·91·193·255·256·275·277·386, 2022헌바6·29·35·55·111·134·152·267·315, 2023헌바43·109·156·229·309·414·415, 2024헌바38(병합) 민법 제1112조 등 위헌제청 등	유류분상실사유를 별도로 규정하지 아니한 민법 제1112조 제1호부터 제3호 및 유류분을 규정한 민법 제1112조 제4호가 재산권을 침해하여 헌법에 위반되는지 여부 등	1332
100	2024. 4. 25. 2020헌바322 공무원연금법 제3조 제1항 제1호 가목 단서 위헌소원	지방자치단체장을 공무원연금법상 퇴직급여 및 퇴직수당의 지급 대상에서 제외하고 있는 구 공무원연금법 소정 조항이 인간다운 생활을 할 권리를 침해하거나 평등원칙에 반하는지 여부	1362
101	2024. 4. 25. 2020헌마542 주민등록법 제24조 제2항 위헌확인 등	주민등록증 발급신청서에 열 손가락 지문을 날인하도록 한 구 주민등록법 시행령 소정 조항이 법률유보원칙을 위반하여 개인정보자기결정권을 침해하는지 여부 등	1368
102	2024. 5. 30. 2023헌나2 검사(안동완) 탄핵	피청구인이 2014. 5. 9. 유○○에 대하여 외국환거래법위반 혐의로 공소를 제기한 행위가 헌법 또는 법률을 위반한 것인지 여부 및 피청구인에 대한 파면 결정을 정당화하는 사유가 인정되는지 여부	1387
103	2024. 6. 27. 2021헌마1588 민법 제1014조 등 위헌확인	상속개시 후 인지 또는 재판확정에 의하여 공동상속인이 된 자가 다른 공동상속인에 대해 그 상속분에 상당한 가액의 지급에 관한 청구권(상속분가액지급청구권)을 행사하는 경우에도 상속회복청구권에 관한 10년의 제척기간을 적용하도록 한 민법 제999조 제2항의 '상속권의 침해행위가 있은 날부터 10년' 중 제1014조에 관한 부분이 청구인의 재산권과 재판청구권을 침해하는지 여부	1413

104	2024. 7. 18. 2020헌마1434 민간임대주택에 관한 특별법 제44조 등 위헌확인	100세대 이상 민간임대주택단지 임대사업자가 증액할 수 있는 임대료 증액 비율의 상한을 법령에서 정하고 있는 산식에 따라 산출된 비율로 정하도록 하고, 그 상한의 최고한도는 5퍼센트를 넘지 않도록 규정하고 있는 '민간임대주택에 관한 특별법 시행령' 제34조의2 제1호가 법률유보원칙에 위반되어 청구인의 계약의 자유 및 직업수행의 자유를 침해하는지 여부 등	1419
105	2024. 7. 18. 2021헌마460 법원조직법 제43조 제1항 제5호 위헌확인	과거 3년 이내의 당원 경력을 법관 임용 결격사유로 정한 법원조직법 제43조 제1항 제5호 중 '당원의 신분을 상실한 날부터 3년이 경과되지 아니한 사람'에 관한 부분이 공무담임권을 침해하는지 여부	1428
106	2024. 8. 29. 2021헌바34 개별소비세법 제1조 제3항 제4호 위헌소원	골프장 입장행위에 대하여 1명 1회 입장마다 1만 2천 원의 개별소비세를 골프장 경영자에게 부과하는 개별소비세법 제1조 제3항 제4호가 과잉금지원칙에 위반되어 재산권을 침해하는지 여부	1437
107	2024. 8. 29. 2020헌마389, 2021헌마1264, 2022헌마854, 2023헌마846(병합) 저탄소 녹색성장 기본법 제42조 제1항 제1호 위헌확인 등	정부가 '국가 온실가스 배출량을 2030년까지 2018년의 국가 온실가스 배출량 대비 35퍼센트 이상의 범위에서 대통령령으로 정하는 비율만큼 감축하는 것'을 '중장기 국가 온실가스 감축 목표'로 하도록 규정한 '기후위기 대응을 위한 탄소중립·녹색성장 기본법' 제8조 제1항이 국민인 청구인들의 환경권을 침해하는지 여부 등	1445

이영진 헌법재판관 퇴임기념 판례집

헌법은 누구의 편인가?
: 소수의견과 기본권보호

초 판 인 쇄　2025년 06월 25일
초 판 발 행　2025년 07월 10일

저　　　자　**이 영 진**
발　행　인　**정 상 훈**
디　자　인　**신 아 름**
발　행　처　**고시계사**
서울특별시 관악구 봉천로 472
코업레지던스 B1층 102호

대 표 817-2400　팩 스 817-8998
考試界 · 고시계사 · 미디어북 817-0419
www.gosi-law.com
E-mail : goshigye@gmail.com

정가 85,000원　ISBN 978-89-5822-655-0　93360